# 中国工运通史

## 第一册（1840—1949）

中華全國總工會

国家出版基金项目
NATIONAL PUBLICATION FOUNDATION

中国工人出版社

**图书在版编目（CIP）数据**

中国工运通史．第一册，1840–1949 / 中华全国总工会编著．-- 北京：中国工人出版社，2025. 7. -- ISBN 978-7-5008-8715-7

Ⅰ．K261.3

中国国家版本馆 CIP 数据核字第 2025PN7931 号

中国工运通史

| | |
|---|---|
| **出 版 人** | 董 宽 |
| **责任编辑** | 赵晨羽 |
| **责任校对** | 张 彦 |
| **责任印制** | 黄 丽 |
| **出版发行** | 中国工人出版社 |
| **地　　址** | 北京市东城区鼓楼外大街45号　邮编：100120 |
| **网　　址** | http://www.wp-china.com |
| **电　　话** | （010）62005043（总编室）<br>（010）62005039（印制管理中心） |
| **发行热线** | （010）82029051　62383056 |
| **经　　销** | 各地书店 |
| **印　　刷** | 北京盛通印刷股份有限公司 |
| **开　　本** | 710毫米×1000毫米　1/16 |
| **总 印 张** | 126 |
| **总 字 数** | 1470千字 |
| **版　　次** | 2025年7月第1版　2025年10月第2次印刷 |
| **定　　价** | 392.00元（全四册） |

# 《中国工运通史》编审委员会

## （2023—2025年）

# 《中国工运通史》编审委员会

## （2022—2023年）

# 《中国工运通史》编审委员会办公室

## 《中国工运通史》编撰部

**主　　任**　徐　璐

**副 主 任**　逄国君　张立新

**主要成员**　田晓青　韩亚光　韩建旭　王　莹
杨　鹏　李五明

**参加人员**（按姓氏笔画为序）

丁　玲　王晓华　卢衍诚　刘　鹏
刘中华　刘玉芳　刘庚业　朱海波
关　明　杨露佳　李宛莹　李荣喜
李嘉娜　李志培　吴　尚　何　雨
陈思宇　陈超迪　时银龙　范晓婧
封　蕾　袁朝辉　柴芳墨　雷　懿
戴潇雅

# 推动新时代新征程工会工作高质量发展

王 东 明

4 月 28 日，党中央隆重举行庆祝中华全国总工会成立 100 周年暨全国劳动模范和先进工作者表彰大会，习近平总书记出席大会并发表重要讲话。这是我国工运事业发展史上具有里程碑意义的一件大事，充分体现了以习近平同志为核心的党中央对工人阶级和工会工作的高度重视，对全国广大劳动群众的亲切关怀，是对工人阶级和广大劳动群众及全体工会工作者的巨大鼓舞。总书记的重要讲话贯通历史、现实、未来，科学回答了事关党的工运事业发展的一系列方向性、根本性、战略性问题，进一步丰富发展了习近平总书记关于工人阶级和工会工作的重要论述，具有很强的政治性、思想性、战略性、指导性，为新时代新征程工运事业和工会工作指明了前进方向、提供了根本遵循。

## 深刻领会党的领导是百年工人运动蓬勃发展的根本保证

习近平总书记指出，100 年来，在中国共产党领导下，中国工会紧紧围绕党在各个历史时期的中心任务，团结动员我国工人阶级紧跟党的步伐、走在时代前列，在推进革命、建设、改革伟大事业中建立不朽功勋，谱写了我国工人运动的壮丽篇章；强调中华全国总工会成立以来的100年，是马克思主义工运理论同中国工人运动具体实际相结合的100年，是我国工人阶级和工会组织矢志不渝跟党走、为实现中华民族伟大复兴团结奋斗的100年。总书记的重要论述，高度评价百年来我国工人运动的光辉历程和伟大成就，深刻揭示了百年工运历史发展的主题主线和主流本质。

回顾百年历程，我国工人运动之所以能够不断从胜利走向新的胜利，根本在于始终不渝坚持党对工运事业和工会工作的领导。早在建党之初，党的一大通过《关于当前实际工作的决议》，明确党成立后的中心工作是领导、组织和推进工人运动。我们党的许多早期领导人，如毛泽东、周恩来、刘少奇等，都亲自领导过工人运动。新中国成立后，党领导制定《中华人民共和国工会法》，确定了中国工会在国家政治、经济和社会生活中的重要地位和作用。改革开放和社会主义现代化建设新时期，党更加重视加强和改善对工会工作的领导，为增强工会生机活力、发挥工会作用创造良好条件和环境。党的十八大以来，以习近平同志为核心的党中央着眼巩固党长期执政的阶级基础和群众基础，坚持党对工运事业和工会工作的全面领导，就工人阶级和工会工作作出一系列重要论述，部署推进一系列重要工作，推动党的工运事业取得历史性成就、实现全方位进步。历史昭示我们，中国共产党始终是推动我国工运事业发展的坚强领导核心。没有党的领导，就没有波澜壮阔、蓬勃发展的中国工人运动。

新征程上，工会必须永远保持自觉接受党的领导这一优良传统，把坚持党的领导作为最高政治原则和根本政治保证，深刻领悟“两个确立”的决定性意义，进一步增强“四个意识”、坚定“四个自信”、做到“两个维护”，把党的领导全面有效地贯彻落实到工会工作全过程和各方面，确保我国工运事业始终沿着正确方向奋勇前进。

## 深刻领会我国工人阶级和工会组织的重要地位作用

习近平总书记高度评价工人阶级和工会组织在党和国家事业发展中的重要地位和作用，作出我国工人阶级“四个不愧是”和我国工会“三个不愧是”的重大判断；提出“不论时代条件和社会群体怎样发展变化，我国工人阶级的地位和作用不容动摇，全心全意依靠工人阶级的根本方针不容动摇，我国工会的性质和职能不容动摇”的鲜明论断。总书记的重要论述，是基于对党领导的百年工运史深刻把握得出的历史结论，是对工人阶级和工会的最大信任和鼓励，充分彰显了我们党作为无产阶级政党的鲜明政治立场。

中国工人阶级是近代中国新生的伟大的革命阶级。五四运动期间，工人阶级作为独立的政治力量登上历史舞台。百余年来，工人阶级始终紧跟党的步伐、走在时代前列，在新民主主义革命时期前赴后继、浴血奋战，在社会主义革命和建设时期发愤图强、艰苦创业，在改革开放和社会主义现代化建设新时期锐意进取、甘于奉献，在中国特色社会主义新时代自信自强、勇挑重担，为推进革命、建设、改革伟大事业建立了不朽功勋。中国工会是党领导的工人阶级群众组织，百年来，中国工会引导职工群众听党话、跟党走，把广大职工群众紧密团结在党的周围，发挥了党联系职工群众的桥梁和纽带作用；组织职工群众依法参与管理国家和社会事务，维护社会主义制度，发挥了社会主义国家政权的重要社会支柱作用；高举维护职工合法权益旗帜，竭诚服务职工群众，发挥了职工利益代表者维护者作用。总之，我国工人阶级的地位作用和我国工会的性质职能，是由我们党的性质、我们国家的社会主义制度所决定的，任何时候都不能动摇、不能改变。

新征程上，工会必须继承和发扬优良传统，坚持全心全意依靠工人阶级的根本方针，坚持自身的社会主义性质，立足职能定位，依法履职尽责，团结动员广大职工群众在推进中国式现代化中作出新贡献。

## 深刻领会中国特色社会主义工会发展道路的丰富内涵

习近平总书记指出，100 年来，党的工运事业理论创新和实践发展的最重要成果，就是形成了中国特色社会主义工会发展道路。总书记强调，这条道路，坚持党对工运事业和工会工作的全面领导，确保工人运动始终沿着正确方向前进；坚持全心全意依靠工人阶级的根本方针，充分发挥工人阶级主力军作用；坚持服从和服务于党的中心任务，使工人运动和工会工作自觉在大局下行动；坚持工会组织的政治性、先进性、群众性，充分发挥党联系职工群众的桥梁和纽带作用；坚持以服务职工群众为生命线，切实维护职工合法权益、促进职工全面发展；坚持依法依章程开展工作，推动工会组织和工会工作在守正创新中不断增强生机活力。这些都是100年来党领导工运事业和工会工作宝贵经验的深刻总结，必须长期坚持。总书记的重要论述，深刻阐明中国特色社会主义工会发展道路的重大意义、科学内涵、精神实质，深化了我们党对工运事业和工会工作的规律性认识。

中国特色社会主义工会发展道路，是中国特色社会主义道路的重要组成部分，体现了共产主义远大理想与中国特色社会主义共同理想的统一，体现了时代要求与中国国情的统一，体现了工人阶级长远利益和当前利益的统一，是党的工运事业蓬勃发展的唯一正确道路。“六个坚持”既是百年来党的工运事业和工会工作始终走在时代前列的制胜法宝，也是中国特色社会主义工会发展道路科学内涵的集中体现，涵盖了我国工运事业的政治保证、根本方针、历史使命、本质特征、基本职责、自身建设等各个方面，事关中国工会的发展方向、发展目标、发展路径、发展动力等重大问题，具有重大理论和实践意义。

新征程上，工会必须坚定不移走中国特色社会主义工会发展道路，深刻理解把握“六个坚持”的核心要义，增强坚持和拓展这条道路的责任感和使命感，始终保持战略定力，不为任何风险所惧，不为任何干扰所惑，勇于实践、守正创新，努力使这条道路越走越宽广。

## 深刻领会新征程上我国工人运动的时代主题

习近平总书记指出，党的二十大明确了以中国式现代化全面推进强国建设、民族复兴伟业的中心任务。这一中心任务，就是我国工人运动的时代主题。新时代新征程，必须紧紧围绕党的中心任务，汇聚起工人阶级和广大劳动群众的磅礴力量。总书记强调，要聚焦推动高质量发展，动员激励广大职工和劳动群众建功立业、创新创造；要顺应新一轮科技革命和产业变革，全面提升劳动者素质；要深入践行社会主义核心价值观，大力弘扬劳模精神、劳动精神、工匠精神；要着眼推进共同富裕，稳步增进广大职工和劳动群众福祉。总书记的重要论述，是立足新的历史方位、着眼新的发展目标对工运事业发展提出的重大论断，是对工会坚持围绕中心、服务大局提出的明确要求。

我国工人运动从来都同党的中心任务紧密联系在一起，团结动员工人阶级为实现党在不同历史时期的中心任务而不懈奋斗，始终是我国工人运动和工会工作的主题和方向。当前，我们党领导人民正意气风发向着以中国式现代化全面推进强国建设、民族复兴的宏伟目标奋勇前进。推进中国式现代化建设，既符合工人阶级根本利益和共同愿望，也离不开包括工人阶级在内的全体人民的劳动、创造、奉献。工会只有把自身工作与党领导的伟大事业紧密联系在一起，紧紧围绕推进中国式现代化履职尽责，才能把党的工运事业不断推向前进。

新征程上，工会必须牢牢把握以中国式现代化全面推进强国建设、民族复兴伟业这一主题，聚焦推动高质量发展这一首要任务，围绕国家重大战略、重大工程、重大项目、重点产业，广泛深入持久开展各种形式的劳动和技能竞赛，深入开展“五小”（小发明、小创造、小革新、小设计、小建议）等群众性创新创造活动，组织动员广大职工群众奋进新征程、建功新时代。认真履行工会牵头抓总职责，推动《中共中央 国务院关于深化产业工人队伍建设改革的意见》各项任务举措落到实处，加快建设一支宏大的知识型、技能型、创新型产业工人大军，培养造就更多高技能人才和大国工匠，为推进中国式现代化提供有力人才和技能支撑。

## 深刻领会劳模精神、劳动精神、工匠精神的时代内涵

习近平总书记指出，劳动模范和先进工作者是人民的楷模、国家的栋梁，长期以来，一代又一代劳动模范和先进工作者在促进事业发展、推动时代进步中发挥了示范引领作用；强调要进一步讲好他们的故事，引导全社会学习他们的事迹、弘扬他们的精神；勉励受到表彰的劳动模范和先进工作者珍惜荣誉、保持本色，继续努力、再立新功。总书记的重要论述，充分体现了对劳模先进的尊崇礼赞和关心厚爱，激励着广大劳模先进在新的起点上为党和国家事业作出新贡献。

在我们党团结带领人民进行革命、建设、改革各个历史时期，劳动模范始终是我国工人阶级中一个闪光的群体。在革命战争年代，“边区工人一面旗帜”赵占魁、“兵工事业开拓者”吴运铎、“新劳动运动旗手”甄荣典等劳动模范，以“新的劳动态度对待新的劳动”，带动广大群众投身党领导的人民解放事业。新中国成立后，“高炉卫士”孟泰、“铁人”王进喜、“两弹元勋”邓稼先等一大批先进模范，响应党的号召，带动广大群众自力更生、奋发图强。改革开放以来，

“蓝领专家”孔祥瑞、“金牌工人”窦铁成、“中国航空发动机之父”吴大观等一大批劳模先进，干一行、爱一行，专一行、精一行，带动广大群众锐意进取，积极投身改革开放和社会主义现代化建设。进入新时代，更多劳模先进竞相涌现，他们拼搏奋斗、敢为人先、勇攀高峰，谱写了“中国梦·劳动美”的新篇章。广大劳模以高度的主人翁责任感、卓越的劳动创造、忘我的拼搏奉献，为全国各族人民树立了学习榜样，体现在他们身上的劳模精神、劳动精神、工匠精神，是社会主义核心价值观的生动体现，是鼓舞亿万人民风雨无阻、勇敢前进的强大精神动力。

新征程上，工会必须始终尊重劳模、关心劳模，落实劳模待遇政策，帮助劳模解决生产生活中的问题，支持劳模充分发挥示范引领作用。大力弘扬劳模精神、劳动精神、工匠精神，广泛宣传劳模和其他典型的先进事迹，激励广大职工群众学先进赶先进，用劳模先进的崇高精神和高尚品格鞭策自己，焕发劳动热情、恪守职业道德，把辛勤劳动、诚实劳动、创造性劳动变成自觉行动，争做新时代的奋斗者。

## 深刻领会新征程上工会组织的职责使命

习近平总书记指出，百年工会正站在新的历史起点上，党和国家对工会组织寄予厚望，职工群众对工会组织充满期待；强调工会要坚持正确政治方向，把广大职工和劳动群众紧紧团结在党的周围；要坚持以职工为中心的工作导向，竭诚服务职工群众、促进职工全面发展；要深化工会改革和建设，不断增强引领力、组织力、服务力；强调各级党委要加强和改进对工会的领导，及时研究解决工会工作中的重大问题，为工会履职创造良好条件。总书记的重要论述，涵盖了工会工作的根本保证、政治责任、主责主业、内在动力，体现了总书记对工会工作一以贯之的高度重视，为做好新时代新征程工会工作注入了强大力量。

站在新的历史起点上，我国工运事业前景广阔、大有可为，工会组织使命光荣、责任重大。全面建设社会主义现代化国家，是一项伟大而艰巨的事业，前途光明，任重道远，更加需要坚定信念、鼓舞斗志，更加需要同心同德、团结奋斗，这对工会做好职工思想政治引领工作，引导职工群众坚定不移听党话、跟党走，为实现党的中心任务而团结奋斗提出了更高要求。我国已经进入扎实推动共同富裕的历史阶段，职工群众的美好生活需要日益增长，呈现多样化、多层次、多方面的特点，他们期盼有更稳定的工作、更满意的收入、更可靠的社会保障、更好的职业发展、更丰富的精神文化生活，这对工会履行维权服务基本职责，实现好、维护好、发展好广大职工群众合法权益提出了更高要求。随着新一轮科技革命和产业变革深入发展，新技术新业态新模式不断涌现，我国产业结构、就业形态、职工队伍结构等发生深刻变化，与之相比工会还存在基层基础薄弱、有效覆盖面不足、吸引力凝聚力不够等问题，这对持续深化工会改革和建设，有效发挥党联系职工群众的桥梁和纽带作用提出了更高要求。

新征程上，工会必须加强和改进职工思想政治工作，团结引导广大职工坚定不移听党话、跟党走，确保工人阶级始终是我们党最坚实最可靠的阶级基础。完善“普惠性+特殊性”职工维权服务工作体系，实实在在地为职工群众办实事、办好事，用心用情用力解决好广大职工的急难愁盼问题。牢牢把握增强政治性、先进性、群众性的改革方向，在建强组织体系、拓宽服务领域、创新工作方法上下更大功夫，构建联系广泛、服务职工的工会工作体系。全面加强工会系统党的建设，打造忠诚干净担当的高素质专业化工会干部队伍，以高质量党建引领工会工作高质量发展。

历史照亮未来，征程未有穷期。我们要更加紧密地团结在以习近平同志为核心的党中央周围，永葆艰苦奋斗、团结奋斗、不懈奋斗的精神，组织动员广大职工群众在新征程上再接再厉、接续奋斗，为以中国式现代化全面推进强国建设、民族复兴伟业作出新的更大贡献，奋力书写我国工运事业更加壮丽的时代篇章。

（本文发表于《求是》2025 年第 10 期，作者系全国人大常委会副委员长、中华全国总工会主席）

# 目录 / CONTENTS

第一编

## 中国近代工人阶级的产生与自发斗争（1840—1919）

第六编

## 解放战争时期的工人运动（1945—1949）

# 第一编

# 中国近代工人阶级的产生与自发斗争（1840—1919）

# 第一章

# 中国近代工人阶级的产生

自16世纪中叶（明朝中后期）起，在中国封建社会内部逐渐孕育出了资本主义萌芽，并由此产生了中国最早的雇佣工人。但是，在一个封建历史极为悠久的古老国度，这种新兴的生产力及与之相适应的生产方式，几乎一直被抑制在萌芽状态。1840年鸦片战争之后，帝国主义列强的不断入侵打破了这种状态，让中国成为半殖民地半封建社会。近代中国工人阶级就产生和形成于这苦难深重的畸形社会中，并呈现出自身的历史独特性。

## 一、明清时期的资本主义萌芽与早期工人状况

### （一）明清时期的资本主义萌芽

中国的资本主义萌芽主要是在16世纪中叶到17世纪40年代初的明代后期开始的，从1644年至1840年鸦片战争以前的清代前期和中期，是这一历史过程的继续和发展。在这个时期的有些地区，大约有20个手工行业、农业和航运业出现过一些手工工场和包买商一类的资本主义萌芽形式。如苏州、杭州、南京等地的丝织业和扎染，广东佛山等地的冶铁和铁器铸造业，云南东川等地的铜矿开采和冶炼业，四川井盐以及山西河东、淮北池盐的生

产和转运业，陕南的伐木业，北京西郊等地的煤业，福建、江西、安徽等省的制茶业、制纸业，广东、台湾、四川等地的制糖业，湖南、山东、广西等地的制烟业，以及南北各省由地主、商人经营的规模较大、主要为市场生产的农牧渔业等。

从具体发展过程来看，这些资本主义萌芽性质的手工工场是在家庭手工业日益分化的基础上发展起来的。它们生产规模较大，且有了明确的分工，生产效率进一步提高，特别是丝织业。据张瀚《松窗梦语》记载：明代成化末年，浙江杭州人张毅安最初购机一张，织诸色纻币（帛），备极精工，每一下机，人争鬻之，计获利五之一。积两旬，复增一机，后增至二十余，商贾所货者常满户外，尚不能应，自是家业大饶。从张毅安的发家史，我们可以看到一幅家庭手工业向手工工场演变的图画。在分工上，清代的手工业中，纺织业已有轧花、纺纱、织布、印染等不同专业化工种，制瓷也有了陶泥、拉坯、印坯、施坯、画坯等细致分工。分工的日益细致，是家庭手工业向工场手工业过渡的重要特征。

与这种生产效率提高对应的，就是这个时期出现了具有一定普遍性的雇佣劳动关系。如明末，苏杭一带丝织业中，就有一种自由劳动力市场，每日黎明，按不同技艺各在一定地方等待雇佣。在景德镇制瓷业中，民办瓷窑不断增多。民窑是带有资本主义性质的手工工场，工匠按年、季发给工资。这时业主与工匠的关系已不再是师徒关系，而是出现了阶级的对立。业主对待工匠，一旦老、病，不能执业，就摒弃之，工匠对于业主，往往也会以停工为要挟，要求加工钱，否则就聚众停工或另寻别处。

这种资本主义萌芽在清朝康乾盛世后，有了更进一步的发展。首先，在丝织、造纸、瓷业、制盐和采矿等行业中，具有资本主义生产因素的手工作坊和工场数目增多，规模扩大。据统计，此期间，南京丝织工场织机约有五万台，苏州有三四千台。当时手工工场内部分工也极为细致。苏州的染纸业有刷、托、洒、推、梅、插、拖、表等各种工序，并有拖胶匠、刀纸匠、粘补打杂匠等分工。其次，在这期间，包买商的活动范围和发展程度也大为扩展，在江南地区的丝织业中出现了一些“大帐房”，这些“大帐房”不仅有自己的手工工场，而且控制了很多分散的小作坊，使其成为“大帐房”手工工场的场外部分。“大帐房”通过预付原料、借贷、供应生产工具等方式控制小生产或小作坊，“按绸匹计工资”。最后，景德镇制瓷业中，也出现了商人先买来原料，分给各窑户，订立订货、收购合同，到期由商人雇佣庄头，挑收窑户瓷器。这些包买商就这样通过借贷、预付原料、供应生产工具等方式把小生产控制在手，把商业钱财逐步转化为工业资本。①

因此，不管是从生产力的角度还是从生产关系的角度来看，在17—18世纪时期，我国已经出现了一些资本主义萌芽，但这些萌芽没有进一步发育成长起来，这归因于中国传统社会特定的文化观念、政治经济和社会结构。具体来说，有以下因素抑制了资本主义萌芽在中国的发展。②

1. 生产上小农业和家庭手工业牢固结合

除少量富农外，中国的小农处于人多地少的境地，只能一方面不断地精耕细作，另一方面从事一些家庭手工业或副业，来维持家庭的基本生计，这就形成了一种自给自足的小农业与家庭手工业的结合体。农民通过家庭手工业，可以获得颇有效率的经济收益，用以交租还债、婚丧嫁娶和渡过灾荒。这就使得中国的小农经济，对于封建剥削具有较大的负荷能力，对于人口增殖具有较强的适应能力，同时，对于新的生产方式具有较大的排斥力。这种在生产方式上的保守性和顽固性，归因于小农在特殊的生存

① 王永玺主编：《中国工会史》，中共党史出版社1992年版，第3—4页。
② 许涤新、吴承明主编：《中国资本主义发展史》第1卷，社会科学文献出版社2007年版，第520—550页。

压力下所形成的一种生存理性。这与古典经济学所刻画的经济理性是不同的，前者强调安全第一，后者强调利润第一。因此，尽管引入新的生产方式很可能会带来更高的利润，但是高利润就意味着高风险，对于小农来说，他们根本不敢拿全家的生存去做赌注。在这种情况下，小农不愿意寻求新的生产方式，而是在生存压力下，通过不断寻求以家庭手工业的方式或者通过外出当佣工来补贴家用，这自然不利于新生产方式的引入。

2. 流通中市场的狭隘性和自然经济的优势地位

明清以来中国国内市场有了不小的发展，比如，从最有代表性的粮食的长途运销来看，清代的长途运销量大约增至明代的三倍。但是，这种国内市场的发展仍是以地方小市场和城市市场为主。从每种市场的交换性质，特别是从工农业产品交换的角度来看，它们都具有地域上的狭隘性，即使长距离贩运贸易也不例外。因此，直到鸦片战争前，中国农村的自然经济体系基本没有受到商品流通的破坏。

3. 分配上地主、商人、高利贷者的“三位一体”

在西欧，一般来说，到封建社会后期，商业资本和高利贷资本的发展及土地占有权力的削弱，导致了资本主义的产生和封建制度的瓦解。“资本在历史上起初到处是以货币形式，作为货币财产，作为商人资本和高利贷资本，与地产相对立。”① 封建制度以土地占有、人身奴役关系为基础，封建等级权力表现为土地权力。随着资产阶级的兴起和壮大，它用非人身的经济力量即货币权力，战胜了土地权力，进而终结了欧洲封建社会制度。在中国却并非如此，拥有货币财富的商人不断地购买土地，让自己的商业利润和利息转化为地租。同时，商业和高利贷相比土地占有，虽然有更多风险，但也有更高的剥削率，因此地主也希望用货币

① 马克思：《资本论》第1卷，人民出版社2004年版，第171页。

财富去经商放贷，使地租转化为利润和利息。这样，土地财产、商业资本和高利贷资本互相转化，地主、商人和高利贷者成为“通家”，逐渐形成了“三位一体”的封建剥削体系，特别是在清代，它成为社会财富分配的基本结构和社会积累的主要方向。这样，微弱的资本主义萌芽无法与此巨人般的“三位一体”在经济收益上一比高低，只能在有特殊条件的地方滋生，在封建社会的夹缝中苟存。因此，“三位一体”的财富分配结构和积累方向，无疑加强了地主经济，遏制了资本主义萌芽。

4. 封建社会上层建筑的反作用

在中国传统封建社会中，一直存在“重农抑商”的观念，这直接反映在中国社会地位结构中不同职业群体的等级结构上。通常来说，传统中国社会结构被分为“士农工商”四个主要职业群体，相互之间存在非常明确的等级地位差异。相比而言，“士”和“农”的社会地位要高于“工”和“商”，特别是“士”群体，往往有着非常特殊的社会身份地位，而且容易成为官僚，能够在法律上享有更多的特权①，从而诱使整个社会的成员都力图“出仕”，形成了中国的“官本位”文化。相反，“工”与“商”的社会地位一直相对较低，有些时期，“商”甚至会被剥夺一些政治权利。这些观念具有巨大的抑制作用，使得经商者往往在取得一定成功之后，就可能出现发展停滞，转而谋求官职，以获取更高的社会地位。此外，还有一些政策也会抑制工商业的发展：比如实施官营工业和矿禁政策，这都不利于民间资本的发展；又如闭关禁海政策，不仅限制了海外市场的开拓，也限制了资本的原始积累，因为海外贸易是资本原始积累的重要来源；再如赋税剥削过重，也是抑制民间资本发展的重要因素，清代赋税在很多地方超过了当地商品货币经济发展的程度。

---

① 瞿同祖：《中国法律与中国社会》，中华书局2007年版，第224—235页。

正是上述因素的结合，使得明清时期的资本主义萌芽发展极为缓慢，甚至处于停滞状态。因此，直至鸦片战争之前，中国社会的基本经济形态，仍然是封建的个体农业和家庭手工业相结合的自给自足的自然经济。① 鸦片战争之后，这些抑制因素在外力的侵入下开始瓦解，但这并不意味着中国社会就能走向资本主义，而是被迫沦为半殖民地半封建社会。

### （二）早期工人状况与工人反抗斗争

从一些零星的史料记载中，可以大致了解资本主义萌芽时期的工人基本状况。据王世懋《二酉委谭》记载，万历年间，在景德镇，“镇上佣工，皆聚四方无籍游民，每日不下数万人”；在冶铁和采煤业中，也有些商人雇人多达上千人。明末江南民间机户所雇的工匠约三万人。到了清代，商品经济发展更快，雇佣劳动在手工作坊、工场中普遍存在，相应地，受雇工人也迅速增加。据记载，1730 年，仅苏州 45 家棉染踹布坊就雇工 1.9 万人；1833 年，广东佛山镇有织布工场 2500 家，雇工五万人；1743 年，江西景德镇有窑 300 至 400 座，雇工匠、人夫数十万人；1774 年，广东有 50 至 60 座冶铁工场，雇工数万人；1793 年，苏州 30 家作坊雇工匠 800 人；1798 年，汉口镇有 13 家铁器工场，雇工 5000 余人；1833 年，福建瓯宁县有 1000 家制茶作坊，雇工约万人，加上客贩、担夫，合计又数千人等。② 这些数据表明，在资本主义萌芽时期，雇佣工人已是一个较为普遍存在的现象，只是在规模上并不算大，局限在一些商品经济较为发达的地区。但是，就这些地区来说，工人的规模已足以对当地的政治经济和社会生活产生重要影响，尤其是当他们起来进行利益抗争时，更是如此。

---

① 刘明逵、唐玉良主编：《中国工人运动史》第 1 卷，广东人民出版社 1998 年版，第 5 页。

② 王永玺主编：《中国工会史》，中共党史出版社 1992 年版，第 5 页。

引发工人斗争的原因各有不同，但大体可以归为两种：一是官府的压迫，长期“重农抑商”的国策或社会环境，使工商业者一直地位较低，与此同时，官府也试图从工商业者那里谋求更多的好处，通过各种巧取豪夺的方式，对这些从业者进行压迫，从而引发工人的反抗；二是雇主的剥削和压迫，这是雇佣关系内在的利益矛盾，如果这种矛盾被激化，工人必然会采取较为激进的方式进行反抗。

相应地，当时的工人斗争也主要有两种类型：一种是工人起来反抗官府的斗争。在万历年间（1573—1620），明王朝以宦官为矿监、税监，四处横征暴敛、贪赃枉法，使得很多地方的手工业、矿业和商业遭受打击，在损害工商业利益的同时，也特别威胁到了手工业者和雇佣工人的生计。于是各地的反抗斗争不断发生，其中规模较大的有20余起，规模稍小的则有上百起。参与者包括了手工业工人、手工工场主、手工业者、商人、生员、缙绅甚至地方官吏。如万历二十九年（1601），苏州丝织业机匠葛成领导“机房织手聚众誓神，围逼织造衙门，要挟罢税”，当时丝织工人“二千余人，推昆山人葛成为首，分作六队，每队一人前行，摇蕉扇为号，后持绞棍随之”，先后捶毙税监爪牙黄彦节和徐怡春，并“付汤莘（税监爪牙）等家于烈焰之中，而乡官丁元复家亦与焉”，而税监孙隆则吓得越墙逃亡杭州。① 类似的事情也发生在清代，如顺治十七年（1660），山西潞安府丝织业机户和雇工为反对“狡吏积事”苛扰，相率“焚烧绸机，辞行碎碑，痛哭逃奔”。另如康熙十九年（1680），芜湖合县商民为反抗钞关监督“额外苛征”，于7月14日起“罢市三日”②。上述工人的斗

① 刘明逵、唐玉良主编：《中国工人运动史》第1卷，广东人民出版社1998年版，第8—9页。

② 刘明逵、唐玉良主编：《中国工人运动史》第1卷，广东人民出版社1998年版，第9页。

争，基本上是手工业工人和雇工与雇主、商人等联合起来与官府进行斗争，有些“官逼民反”的性质。

另一种是工人起来反抗雇主的斗争。这个时期工人反抗雇主的斗争也不时发生，尤其是在清朝前中期，随着市场的扩大、自由竞争的发展以及资本主义萌芽的成长，作坊主和工匠之间的矛盾必然随时发生。其中，苏州手工业中的斗争非常具有典型性，据不完全统计，从康熙至道光年间，仅苏州就爆发了16次较大的罢工斗争，波及棉织、丝织、造纸、蜡烛、金箔、印书和屠宰等行业。在这些斗争中，还出现了手工业工人相互传单约会，组建团体，号召罢工的做法，形成了较大的规模和声势。比如踹坊工人在康熙九年（1670），有窦桂甫倡言年荒米贵，传单约会众匠停踹，索添工银。康熙四十年（1701），苏州再次爆发踹匠罢工，其规模和斗争激烈程度罕见，罢工号令一出，“千百踹匠景从，成群结队，抄打竟无虚日，以致包头畏避，各坊束手，莫敢有动工开踹者”①。又如在清代前期和中期，江西景德镇制瓷业数以万计的雇佣工人，也常常为工银、工食等问题举行罢工斗争，仅雍正至道光二十五年（1845）间有文字记载的就有7起。②

在早期工人进行反抗斗争的同时，早期的工人组织也开始出现，可以分为两种类型。一类是公开的、正式的组织，其组织形式之一是以地域为基础形成的各种同乡会。注重地缘关系是中国传统社会人际关系的重要特征之一。工人背井离乡到城市从事各种体力活，为了谋求生存，自然倾向于以地域为基础形成一些同乡会性质的劳工团体，这些团体后来逐渐演变为帮口或苦力帮。早期工人公开的、正式的组织的另一种组织形式是以行业或职业为基础形成的各种公所。这种公所的组织方式源自封建社会中的

---

① 王永玺主编：《中国工会史》，中共党史出版社1992年版，第8—9页。

② 刘明逵、唐玉良主编：《中国工人运动史》第1卷，广东人民出版社1998年版，第10页。

手工业行会，每个行会内部制订详尽的行规，对成员进行约束，避免出现对外的种种行业欺诈行为，也联合起来对付外来的压迫，还通过联合的方式进行行业或职业内的垄断。以同一行业手工业工人为主体的劳工团体的出现，使封建社会手工业行会开始向手工业工人同业公会演变，它们跨越了地域的界限，在一定意义上具有现代职业群体的特点。在现实中，上述两种组织方式往往相互结合，即同一行业又是同乡的人，往往会相互组织起来，而这种结合更具有利益上的凝聚力，从而成为较强有力的集体行动单位。上述组织可能有不同的名称或形式，但是总的来说，这些组织具有公开性、正式性特点。另一类组织则具有一定的秘密性、非正式性特点，这就是各种会党和秘密结社等，其中最为著名的就是洪帮和青帮。对于它们的起源，历史上有不同版本的说法，但基本可以确定的是这两个帮派创建于明末清初，是农民和手工业工人长期形成的民间秘密结社。它们具有严格的帮规、严密的组织和独特的活动方式，在清朝和近代历史演变中，具有一定的势力及影响，尤其对于近代工人和工会运动具有不可忽视的作用。①

总的来说，在中国近代史上，曾出现过资本主义萌芽，并产生了具有近代雇佣性质的雇佣工人，特别是在商品经济比较发达的地方，这些雇佣工人的组织也颇具规模。从那时起，早期中国工人的斗争就开始了。他们虽然不成熟，往往还受封建关系的束缚，但是，他们开创的斗争经验和组织形式，注定要对近代中国工人运动产生重要的历史影响，这也是历史传统具有延续性的表现。

① 王永玺主编：《中国工会史》，中共党史出版社 1992 年版，第 12 页。

## 二、鸦片战争后中国近代工业和工人阶级的产生

### （一）中国近代工业的产生与发展

从 1840 年鸦片战争开始，西方列强的入侵，彻底阻断了中国传统社会原有的文明进程，也对中国近代工业的发展产生了一定的刺激作用。首先，西方列强为了能够在中国谋求殖民利益，不仅把中国变成它们的商品市场和原料供应地，而且还创办工业厂矿，这在一定程度上刺激了中国近代工业的发展。其次，西方列强让清政府认识到了“船坚炮利”的威力，而这背后依托的是西方国家的近代工业体系，促使清政府开始推动中国近代工业的发展。最后，在丰厚利润的引诱和实业救国理念的激励下，民族资本家开始投资设厂，积极兴办民族工业。以上三种因素的交互作用，推动了中国近代工业的形成和发展。

从主导力量或推动力量来看，中国近代工业的发展最初主要始于外国资本经营的近代产业。虽然鸦片战争后至甲午战争前，外国资本并不享有开办厂矿的权利，但它们利用各种不平等条约给予的种种特权，擅自在华投资，非法设立工厂。起初主要是兴办一些为其商业活动和航运服务的工厂。船舶修造业是外资早期在华投资制造业的最主要行业，据现有资料记载，1850—1859 年的 10 年间，外资在华开设船厂共计 18 家，其中在上海修造船舶的工厂和行号就有 12 家。① 外国资本为了便于在中国掠夺原料和推销商品，还创办了一些加工业，比如制作药品、化妆品及其他化学品的化学工业。另外，在 19 世纪 60 年代初，外资还创办了

---

① 汪敬虞：《十九世纪西方资本主义对中国的经济侵略》，人民出版社 1983 年版，第 364 页。

一些为近代工业服务的新型公用事业，包括煤气、水、电和邮电等行业。①

清政府主要是从 19 世纪 60 年代起开始积极发展近代产业，开启了中国近代史上所谓的“洋务运动”。在同治元年（1862）至光绪七年（1881）的大约 20 年里，清政府推动的近代产业主要是军工业，这个时期也被称作“军用工业时期”。② 其中比较著名的军工产业有李鸿章分别在 1862 年和 1863 年创办的上海洋炮局和苏州洋炮局，曾国藩和李鸿章于 1865 年创办的江南制造局，左宗棠于 1866 年创办的福州船政局，崇厚于 1867 年创办的天津机器局和丁宝桢于 1877 年创办的四川机器局等。其实，当时朝野很少注意制造工业，只有李鸿章在请求创办江南制造总局的奏折中提及“臣料数十年后，中国富农大贾，必有仿造洋机器制作以自求利益者”，薛福成《治平六策》奏疏中有奖励制器、造船两条，足见其眼光较为长远。这个时期，主要是购买西方的机器，借助外国工程师，然后训练若干中国工头工人，并且将总办大权委派给一些不学无术的官僚。

由于在经营军事工业的过程中，洋务派发现受到了燃料工业、采掘工业和交通运输业发展不足的严重制约，而且军事工业也需要大量金钱的支持。于是，洋务派提出了“求富”的口号，开始陆续兴办煤矿、冶炼、纺织、铁路、电报等民用工业。1882 年，李鸿章奏请在上海试办机器织布局，开官办工业之先河，但到 1890 年才实行筹备，1893 年该厂毁于大火。这个时期的工厂最初大多是官办，但因业绩不佳，后逐渐改成官督商办。截至甲午战争爆发前，洋务派共创办民用工业企业 29 个，包括煤矿 12 个，

---

① 《中国经济发展史》编写组：《中国经济发展史（1840—1949）》第 1 卷，上海财经大学出版社 2016 年版，第 384 页。

② 刘明逵、唐玉良主编：《中国近代工人阶级和工人运动》第 1 册，中共中央党校出版社 2002 年版，第 14 页。

钢铁厂2个，纺织厂4个，其中开平煤矿、漠河煤矿、上海织布局和湖北官布局规模较大。① 需要指出的是，这个时期虽然开始出现民族资本企业，但总体上它们的出现比外资企业和洋务企业晚三四十年，而且主要附股于外资企业或洋务企业。自19世纪80年代起，才开始出现民族资本企业独立兴办的势头，不过当时发展还是相对缓慢的，至1894年，全国设立的民族资本机器工厂有资料可查的有16家，其特点是原始资本小，总共只有约1万银两，工人也仅有四五百人，大多数为小型工厂。②

中日甲午战争后，清政府被迫同日本签订了《马关条约》，其中第六款第四项规定："日本臣民得在中国通商口岸城邑，任便从事各项工艺制造。"这是近代以来中国政府首次被迫以不平等条约形式，允许外商在通商口岸兴办工厂。其后签订的《中日通商行船条约》、各国在华《内港行船章程》等，进一步为外资工业的兴办提供法律保障。从此，外资在华投资合法化，不仅在华的外资企业迅速发展起来，对华的投资额也大幅增加，而且外国资本对华投资的行业范围不断扩大，在大多行业领域占据垄断地位。从外国资本的企业数量来看，中日甲午战争以后，至1898年，在华境内外资商行共达773家，其中英商398家，日商114家，德商107家，美商43家，法商37家。③ 另外，外资创办的工矿企业也不断出现。据统计，中日甲午战争前，在华的外资工矿企业只有23家，而在1895年至1913年间，外国资本在华开办的厂矿共计136家，较中日甲午战争前增加了5倍。④ 从投资额来

---

① 《中国经济发展史》编写组：《中国经济发展史（1840—1949）》第1卷，上海财经大学出版社2016年版，第396页。

② 《中国经济发展史》编写组：《中国经济发展史（1840—1949）》第1卷，上海财经大学出版社2016年版，第402页。

③ 王渭泉、吴征原、张英恩：《外商史》，中国财政经济出版社1996年版，第4页。

④ 《中国经济发展史》编写组：《中国经济发展史（1840—1949）》第1卷，上海财经大学出版社2016年版，第406页。

看，中日甲午战争前，外国资本在华投资总额为2亿—3亿美元；1902年时激增至15.1亿美元。①

在内外交困的严重危机下，清政府在1900年八国联军侵华后，被迫宣布实行新政。1901年1月，清政府发布上谕，宣示改革的决心，拉开了清末十年“新政”的序幕。其中，经济方面的新政内容，主要包括设立经济行政职能部门和制定经济法规、条例、章程，加强对实业的倡导和管理，劝导和奖励官绅、商人开办企业，并举办实业教育，引进和传播国外近代科学技术。1903年9月，光绪谕令设立商部，任命载振为尚书。1906年，商部与工部合并，改为农工商部，又从商部分出邮传部。为“认真劝办”实业，清政府于1907年决定在各省设立专管实业的劝业道，以改变以往各省虽有农工商矿局，但“无专官以资董率”的局面。② 这样，清政府在管理实业方面，从中央到地方形成了一个比较完整的职能机构体系，这从侧面反映了清政府对发展实业的重视。此后，商部（农工商部）、邮传部在振兴实业方面做了一些工作，比如颁行法律、章程，倡立组织商会、农会，设立劝工陈列所，举办南洋劝业会，开设实业学堂，统一度量衡等。不仅如此，清政府还实行了奖励实业政策。1906年制定的《奖给商勋章程》中设了五等商勋，对于不够授予五等商勋的官营手工业制品厂家授予匾额，对于个体手工业工匠则颁给奖牌。1907年，农工商部颁发了《华商办理实业爵赏章程》，以鼓励国内巨富和海外侨商投资兴办实业。1910年，在南京举办了劝业会，参展物品达10万余件，美、德、日等国的实业团体均来观览，“为六十年仅见之盛举”。

如前所述，此前民族资本工业虽已出现，但一直发展较弱，

---

① 吴承明编：《帝国主义在旧中国的投资》，人民出版社1955年版，第45页。

② 《中国经济发展史》编写组：《中国经济发展史（1840—1949）》第1卷，上海财经大学出版社2016年版，第412页。

且往往依附于外资企业或洋务企业，而在中日甲午战争后的几年里，近代民族资本工业开始出现第一次小小的发展热潮。据统计，在中日甲午战争前的1872年至1894年的20余年里，中国有资本额可查的近代厂矿企业共计72家，其中商办企业53家，资本额仅470.4万元；官办、官督商办企业虽只有19家，但资本额达到1620.8万元。[①] 甲午战争后的1895年至1900年的6年里，中国新设工矿企业共计144家，其中商办企业127家，官办和官督商办企业15家，官商合办企业2家。总资本额（不包括官商合办企业数额）2333.1万元，其中商办企业的资本额为2026.9万元，占总额的86.9%。[②] 其后，在清政府新政的激励下，民族资本又出现了一次兴办企业的高潮。据统计，在1902年至1911年的清末新政10年里，全国共设立创办资本额在1万元以上的本国民用工矿企业642家，创办资本额共13848.2万元，其中完全商办性质的企业共558家，资本额10158.6万元，占新设企业资本总额的73.4%；官办、官商合办、中外合办企业共84家，资本额3689.6万元，占新设企业资本总额的26.6%。[③] 可见，无论是在数量上还是在投资额上，民族资本企业都大大超过了官办或官商合办企业，占据绝对优势，表明民族资本主义正在兴起，民族资产阶级作为新兴阶级开始登上中国历史舞台。

1911年10月，辛亥革命爆发并取得胜利，推翻了清王朝，创立中华民国，为中国民族资本主义的进一步发展提供了新的条件。孙中山领导下的南京临时政府存在时间虽然短暂，但确定了

---

① 严中平等编：《中国近代经济史统计资料选辑》，科学出版社1955年版，第93页。

② 杜恂诚：《民族资本主义与旧中国政府（1840—1937）》，上海社会科学院出版社1991年版，第29—33页。

③ 杜恂诚：《民族资本主义与旧中国政府（1840—1937）》，上海社会科学院出版社1991年版，第29—33页。

大力发展民族资本主义经济的总目标，颁布了一些有利于发展经济、振兴实业的方针和政策。北洋军阀政府统治时期，虽然政局动荡，但总体上继续提倡“以实务为先”的经济政策。因此，这一时期民族资本主义获得了蓬勃发展的机会。特别是第一次世界大战的爆发，让民族资本主义获得难得的发展机遇，形成了民族资本发展的“黄金时期”。据统计，辛亥革命前后历年设厂数，1910 年为 986 家，1911 年为 787 家，1912 年为 1504 家，1913 年为 1373 家，1914 年为 1123 家，出现了一个开办工厂的热潮。① 另据统计，1895 年至 1911 年间，中国民族资本年均新设工矿企业 29 家，年均新投资本 655 万元。而第一次世界大战后，1914—1919 年间，中国民族资本新设的工矿企业共 379 家，新投入资本额共计 8580 万元，即年均开设 63 家工矿企业，年均新投资本 1430 万元，无论是设厂数还是投资额都比前期增加 1 倍以上。②

简言之，鸦片战争后中国近代工业的发展起初非常缓慢，后来虽然有了一些快速发展，但相比整个国家的经济结构，仍然是缓慢的。导致这种结果的原因很多，其中一个重要原因是当时观念仍然落后，社会各界也缺乏近代工业发展所必需的社会合作精神。有时评者曾指出，“军用工业时期国人犹在梦中，可置不论，若官督商办以至政府奖励之三时期，则官倡于上而社会退缩不前，故其效甚微。自动发展时期，社会似有觉悟矣，而官吏军人又从而挠之抑之，故其效仍不大。清末之官贤而民不肖，民国之民贤而官不肖，中国之政府与人民对于工业遂竟无一日之通力合作，

① 黄逸平、虞宝棠主编：《北洋政府时期经济》，上海社会科学院出版社 1995 年版，第 96 页。

② 吴承明：《中国资本主义的发展述略》，中华书局编辑部编：《中华学术论文集》，中华书局 1981 年版，第 330 页。

五十年之光阴草草过矣”①。当然，还有一个重要的外部因素，就是帝国主义对中国工业发展的压迫。它们侵略中国，不是想让中国走向现代化，而是企图让中国成为它们的殖民地。

中国近代铁路工业的发展大致可以反映中国近代工业发展的上述历程和特点。1876年英美等国商人在上海擅自修筑的吴淞铁路，长13公里，是中国大地上最早出现的铁路。经营一年后，清政府慑于沿路人民的反抗斗争，同时也为避免类似情况再度发生，在1877年高价收回，即予拆毁。清政府在1880年至1894年间，共计修建铁路447公里；1895—1900年间，除去义和团反帝斗争中扒毁的，新设铁路约700公里。帝国主义在19世纪掠取的铁路权益，进入20世纪才加紧转化为现实。俄国全力加速修筑中东铁路并在1903年7月正式营业，德国修筑的胶济铁路于1904年建成，法国在1903—1909年修筑滇越铁路，英国强行修筑了道清铁路，日本在日俄战争期间擅自在东北地区修筑了安奉、新奉两线，又在1909年至1912年间修建了吉长铁路。

在20世纪的头11年里，中国增建了约8200公里铁路，其中帝国主义直接修筑的3700余公里，约占46%；通过向清政府提供贷款而间接修筑的3300公里，约占40%；中国自己修筑的，包括京张铁路在内，约1200公里，仅占约14%。1912年至1927年北洋军阀统治时期添设的3800公里铁路，其中有2/3在东北，这些铁路又有一半以上是日本控制下修建的或强行修建的。②

---

① 刘明逵、唐玉良主编：《中国近代工人阶级和工人运动》第1册，中共中央党校出版社2002年版，第39页。

② 刘明逵、唐玉良主编：《中国近代工人阶级和工人运动》第1册，中共中央党校出版社2002年版，第69—72页。

## （二）中国近代产业工人的产生与发展

### 1. 中国近代产业工人的产生

中国近代产业工人较早产生于外国资本在中国经营的企业中，这些外国资本企业成了中国近代产业工人形成的第一个场所。

1842 年《南京条约》规定五口“通商”后，外国资本为了更好地输出商品和掠夺原料，便在中国非法创办企业。其中，首先创办的就是轮船公司和船舶修造公司。如 1845 年英国人柯拜在广州黄埔兴建船坞，1853 年英国人又在上海建造董家渡船坞。在第二次鸦片战争之后，英国的北欧轮船公司（即后来的太古公司）和印度中国船运公司（即后来的怡和公司）于 1867 年、1877 年先后成立。这些轮船公司自然需要雇佣中国工人在其轮船、码头、仓库等处工作。于是，这些侵略者在胁迫清政府签订的不平等条约中，规定了允许他们在中国自由雇佣航运工人的特权。比如 1844 年 7 月签订的中美《望厦条约》第八款规定：美国商人“准其自雇引水”，并“雇用内地艇只搬运货物、附载客商，或添雇工匠、厮役、水手人等，均属事所必需，例所不禁，应各听其便”①。根据这些条约规定，外国资本在中国经营的轮船运输业中，产生了中国最早的一批新式海员和航运工人。船舶修造业是外资在中国经营最早和最重要的近代工业。自鸦片战争后至 1894 年前，外商在中国先后建立了 20 多个船舶修造厂，主要集中在上海，其次是香港和广州黄埔，其雇佣的中国工人约 9000 人。此外，外国资本还建立了一些加工工业和公用事业，以方便其在华侨民的消费，同时也向市场销售产品，如 1863 年俄国人在汉口设立顺丰砖茶厂，1866 年法国人在上海设立自来火行，制造

---

① 聂宝璋编：《中国近代航运史资料》第 1 辑上册，上海人民出版社 1983 年版，第 82 页。

煤气，1878 年美国人在上海创办宝昌丝厂。[①] 据统计，从 1840 年鸦片战争到 1894 年中日甲午战争前夕，外国资本总共在中国开办了 191 个近代企业，共投资 2800 万元，雇佣工人累计约 3.4 万人。[②]

中国近代产业工人形成的第二个场所，则是官僚资本企业。从 19 世纪 60 年代起，清政府洋务派官僚以“富国强兵”为名，在各地创办一批官办军事工业。从 19 世纪 70—80 年代起，这些洋务派官僚又以官办和官商合办、官督商办等形式，开办了一批采矿、冶炼、纺织、航运、铁路交通和邮电等民用工业。从 1862 年至 1894 年中日甲午战争以前，清政府在这 30 多年的“洋务运动”中，共创办了军事工厂 19 个，民用工矿交通企业 28 个。根据不完全统计，在这个时期的官办军事工业中，有雇佣工人 1 万余人；在官办煤矿中雇佣工人 0.63 万—0.8 万人；官办金属矿和冶铁工业中雇佣工人 0.94 万—1.15 万人；纺织工业中雇用了大约 0.7 万人；北洋官铁路局雇用了约 0.3 万人。以上合计为 3.5 万—4 万人。[③]

从 19 世纪 70 年代起，很多地主、买办和商人在“实业救国”的激励下或在经济利润的刺激下，开始投资近代工业，成为近代民族资本家。在他们的厂矿中，出现了第三批中国近代产业工人。在这个过程中，机器缫丝业出现最早。1872 年广东商人陈启源在南海创办了继昌隆缫丝厂，1882 年上海几家缫丝厂也陆续建立。其余如面粉、火柴、造纸、印刷等民族资本工业也相继出现。据估计，1894 年前民族资本经营的各种近代加工工业，共计雇佣工

① 刘明逵、唐玉良主编：《中国近代工人阶级和工人运动》第 1 册，中共中央党校出版社 2002 年版，第 1—2 页。

② 王建初、孙茂生主编：《中国工人运动史》，辽宁人民出版社 1987 年版，第 2 页。

③ 许涤新、吴承明主编：《中国资本主义发展史》第 2 卷，社会科学文献出版社 2007 年版，第 258—343 页。

人约2.7万人；加上民族资本经营的矿业工人约0.5万人，再加民营航运和公用事业等方面的工人，总数应在3.3万人以上。①

上述产业工人的形成，发生在中日甲午战争之前，规模甚小。中日甲午战争之后，中国近代工业有了新的发展，同时产业工人队伍也迅速扩大，其中，中日甲午战争的影响最为直接。中日甲午战争后至第一次世界大战前，帝国主义对中国的经济侵略从以商品输出为主转变为以资本输出为主，而《马关条约》的签订让帝国主义在中国建立工厂具有了“合法”保障。这一时期，外国资本纷纷在中国创办企业，首先是在各地修筑铁路，到1913年，各国在中国直接或间接投资修筑的铁路已达10944公里；接着它们又在中国铁路附近开采矿山，到1913年，各国投资建立的新式煤矿已达29个。此外，为了能够直接利用中国的原料和廉价劳动力，各国还在中国开设各种工厂，到1913年，工厂总数已达166家之多。在这些工厂中，增加了一大批铁路工人、海员工人、矿山工人及其他各种工业企业工人。

第一次世界大战爆发后，由于欧洲列强忙于战争，暂时减轻了对华的商品输出和资本输出，中国民族工业获得了前所未有的发展。战前，中国的民族工业（包括官办的）约有工厂698家，到1920年，工厂增至1759家，六年间工厂增加152%，资本增加54.5%，其中纺织、面粉、卷烟、造纸、制革等轻工业的发展尤为迅速。②“一战”期间，日美的资本也乘虚而入，并加紧扩张，1914年至1921年间，日本资本在华开设的规模较大的厂矿有222家，其中棉纺织业扩张最快，纱锭1913年为11.19万余枚，1919年增至33.29万余枚，增加了198%，布机1919年比1913年增加

① 刘明逵、唐玉良主编：《中国工人运动史》第1卷，广东人民出版社1998年版，第31页。

② 刘明逵、唐玉良主编：《中国近代工人阶级和工人运动》第1册，中共中央党校出版社2002年版，第4页。

了86%；美国资本也扩大了在中国的市场，对中国的贸易额，1918年增长为1912年的190%。① 相应地，中国产业工人也获得了迅速的发展。

2. 中国近代产业工人的规模

中日甲午战争之前中国近代产业工人的规模情况，见表1.1。

**表1.1 近代工业中雇佣工人人数的总估计（1894）** 单位：人

| 业别 | 工人人数 |
|---|---|
| 外国资本在中国经营的近代工业 | 34000 |
| 清政府经营的近代军用工业 | 9100—10810 |
| 清政府经营的炼铁与纺织工业 | 5500—6000 |
| 近代矿业 | 16000—20000 |
| 民族资本经营的近代工业 | 27250 |
| 共计 | 91850—98060 |

资料来源：孙毓棠编：《中国近代工业史资料》第1辑（下），科学出版社1957年版，第1174—1201页。

从表1.1中可以看到，从鸦片战争以来，直到中日甲午战争之前，中国近代产业工人的发展并不迅速，近半个世纪的时间里，也仅仅发展到10万人左右的规模。中日甲午战争之后，随着外国资本在中国开设厂矿的规模迅速扩大，官僚资本和民族资本的快速扩张，至1913年前夕，全国中外工矿企业中的工人人数在50万至60万人之间，即20年中，工人人数增加了四倍到五倍。② 也有研究者估计1913年中国产业工人总人数约117.6万人，包括了

① 刘明逵、唐玉良主编：《中国近代工人阶级和工人运动》第1册，中共中央党校出版社2002年版，第4—5页。

② 刘明逵、唐玉良主编：《中国近代工人阶级和工人运动》第1册，中共中央党校出版社2002年版，第109页。

工厂工人、矿业工人、铁路工人、邮电工人、海员等。[①] 刘明逵和唐玉良则估计此时的产业工人总数约 90 万人，具体来说，近代工矿企业工人约 70 万人，铁路工人约 9. 5 万人，轮船航运企业工人约 8 万人，邮政电讯工人约 2. 5 万人。[②]

从 1914 年起，由于第一次世界大战的原因，欧洲国家忙于战事，对华的侵入和压迫有所减弱，给中国民族资本工业的发展提供了非常难得的机遇。同时，美日等国也乘机在中国扩大殖民范围，加速在中国开设厂矿。因此在这个时期，中国产业工人发展速度更快。到 1919 年前后，全国产业工人总人数，按刘立凯和王真的估算，总数约 260 万人[③]；张宗仁的估计是 190 多万人；法国社会学家谢诺估计，1919 年前后中国工人总数是 148. 9 万人。而其中，近一半是被外国人开办的企业所雇用。这些工人不仅人数众多，而且所在的工厂比较集中，技术先进，在重工业中占有优势。此外，中国无产阶级的大多数，不论是否受外国人控制，都是在轻工业和交通运输业，这两类工人占工人总数的 78%以上。[④]

据刘明逵和唐玉良的推算，到 1919 年前后，全国共有产业工人 288 万多人，具体分布见表 1. 2。

---

① 刘明逵、唐玉良主编：《中国近代工人阶级和工人运动》第 1 册，中共中央党校出版社 2002 年版，第 110 页。

② 刘明逵、唐玉良主编：《中国工人运动史》第 1 卷，广东人民出版社 1998 年版，第 52 页。

③ 刘明逵、唐玉良主编：《中国近代工人阶级和工人运动》第 1 册，中共中央党校出版社 2002 年版，第 113 页。

④ 刘明逵、唐玉良主编：《中国近代工人阶级和工人运动》第 1 册，中共中央党校出版社 2002 年版，第 116—132 页。

表 1.2　1919 年前后全国产业工人人数　　单位：人

| 工人类别 | 人数 |
|---|---|
| 中国工厂工人 | 800000 |
| 外资工厂工人 | 400000 |
| 近代矿业工人 | 700000 |
| 轮船航运业：海员 | 150000 |
| 船务、栈房、码头工人 | 400000 |
| 铁路工人 | 165000 |
| 邮电工人 | 40000 |
| 电车、汽车工人 | 30000 |
| 近代建筑工人 | 200000 |
| 合计 | 2885000 |

资料来源：刘明逵、唐玉良主编：《中国工人运动史》第 1 卷，广东人民出版社 1998 年版，第 73 页。

总的来说，中国的产业工人的出现虽然较晚，但是其发展速度是惊人的，这可以与全国人口发展速度做一个比较：1895 年，全国人口约 42100 万人，上海人口约 40.5 万人，全国工业工人约 7.3 万人，而到 1910 年，全国人口约 43800 万人，增长 4.0%，上海人口约 118.6 万人，增长 192.8%，全国工业工人为 50 万人，增长约 584.9%。[①] 从这种规模的迅速增长中，我们也看到了中国工人力量的迅速扩展，这预示着中国产业工人将在近代中国政治舞台上占据重要地位。

① 刘明逵、唐玉良主编：《中国近代工人阶级和工人运动》第 1 册，中共中央党校出版社 2002 年版，第 141 页。

## 三、中国近代工人阶级的主要来源、内部结构与基本特点

### （一）近代工人阶级的主要来源

中国产业工人有两个主要来源，其中绝大多数来源于破产的农民，另一部分是破产的手工业者和城市居民。

明清以来，中国的小农经济已经走到了一种高度集约化的生产状态，加上人均土地非常少，小农家庭难以仅凭土地收入维持生计。人们往往就会通过一些家庭手工业或外出帮工来补贴家用，以维系家庭基本生计，但这种状态又会受到各种自然灾害或生活变故的影响，使得小农陷入债务之中，并逐渐走向破产。不过，传统封建社会中残存着一些村庄共同体内部的宗族关系，还有可能通过内部的接济而使这些小农免于破产。随着帝国主义侵略加剧，资本主义经济对传统小农经济的剥削和挤压，最终使人们难以为继，彻底破产，只能到城市中靠出卖自己的劳动力来谋求生存。

第一次世界大战结束不久，几乎所有中国新式工业和运输业的工人都是涌进城市的农民，但他们仍然和农村保持着密切的联系。他们都是在农村不能维持生存的农业劳动力和小土地所有者，由于很多行业并不要求他们有什么技术，所以他们很容易加入工人阶级队伍。他们每月给家里寄钱，夏收季节旷工现象经常发生，在农忙季节，有些工厂只好干脆停工。这些工人往返于城乡之间，路费开销往往较大，在食、衣、住之后占到第四位；而且个人的路费开支往往和工资收入成反比，说明越是没有技术的，越对城镇生活不适应。铁路工人最早提出的要求之一就是乘火车免费或减费。

对于那些熟练手工业者和城市居民来说，如苏州、杭州的针

织业，武汉碾米业，天津、武汉的面粉厂和广东的缫丝厂的工人，他们基本上也遭遇到了类似小农的困境。中国工业化并不是在早期手工业基础上逐步发展起来的，而是由外国资本、官僚资本和民族资本在沿海地区推动起来的，如开辟通商口岸，让外国人修铁路，开矿山等。现代工矿企业没有机会直接吸收那些竞争不过现代工业的旧式手工业过剩劳动力，因为城乡距离常常会把手工业和现代工业隔开，所以旧式手工业者在中国工人阶级中的地位并不重要。

现代工矿企业一般开设在没有制造业传统的地区，因而它们在雇佣工人方面不得不降格以求，即雇佣农民出身的非技术劳动力；然而它们还需要最低限度的熟练工人，唯一的办法就是到制造业有一定发展的外地，甚至到远方去招募。一方面，这些外来工人，虽然人数较少，但是，他们是工人阶级队伍里一个非常重要的因素，这些人中产生了许多优秀的无产者领袖，有助于工人阶级发起团结统一的行动。另一方面，他们也容易产生地区性的对立和纠纷。从外地找熟练工人的另一个原因，是有些企业主在某个地方开办工厂，更愿意找自己省里的熟练工人。如20世纪初，对于华北工业化起过很大作用的广州商业资本家。在他们所办的新式工厂、矿山和铁路修配厂中，很多熟练的机修工人都是广州人。同样，英国人在京奉路开办铁路修配厂以及在唐山开办其他工厂时，熟练工人是从香港带来的广州人。不过，在一般情况下，熟练工人的动向主要是由早期的工业地区到近期发展的工业地区。

雇佣工人的另一来源就是城市贫民，如商店店员、街头小贩、被军队开除的士兵、叫卖商贩、按日打短工的苦力、看夜人、船夫、清道夫、富家的奴仆等。在上海城市居民中，最底层的人特别多，使上海的工人阶级独具特色。他们组织半秘密的团体或帮会，如著名的青洪帮等，妨碍了上海真正工会的发展。①

由于中国近代工业没有像西欧社会那样，先后经历工场手工业、机器大工业等阶段，所以在一定程度上，中国也就缺乏长期工业化发展过程中所形成的“血统工人”，而只能从破产的农民和城市贫民中转化而来，这自然使得中国早期工人在文化和技术素养方面，比不上西方“血统工人”。② 这对于中国的工人运动来说是一个不利因素。不过，随着时间的推移，一方面，破产的农民和手工业者向产业工人转化的过程，在 20 世纪 20 年代至 30 年代还一直在延续；另一方面，在进入 20 世纪以后，中国工人阶级已经形成了一部分“不再到农村去”的工人，或者是“世袭的无产者”，如塘沽久大盐厂和永利碱厂的工人。在 20 年代，来厂以前的职业，属于“工人”和“苦力”的，已经占到了 40%—50%。③ 这也就意味着，尽管时间短暂，但一些现代无产者也正在缓慢形成。

从上述来源情况及特点可以看到，早期工人仍然带有强烈的乡土性和地方性特点，使得他们难以被组织成“作为一个整体”的工人阶级，从而成为一支强有力的战斗队伍。相反，他们中存在很多分裂因素，使得后来的工运组织者和领袖们不得不寻求各种可能的组织方式和策略来进行整合。同时还要看到，这些工人与农村那种藕断丝连的特性，也使得中国的工人和农民成为天然的盟友，这对于中国工人运动来说，又是极大的优势。

---

① 刘明逵、唐玉良主编：《中国近代工人阶级和工人运动》第 1 册，中共中央党校出版社 2002 年版，第 173 页。

② 王建初、孙茂生主编：《中国工人运动史》，辽宁人民出版社 1987 年版，第 11 页。

③ 刘明逵、唐玉良主编：《中国近代工人阶级和工人运动》第 1 册，中共中央党校出版社 2002 年版，第 7 页。

## （二）近代工人阶级的内部结构

工人阶级内部的社会构成和分布特点，对中国工人运动具有重要的影响。因为不同性质的工人在政治参与上存在显著的差异，像性别、年龄、技术、文化、地域等因素，都会对工人的观念和价值产生重要影响，使得他们在面对不同的政治行动选择时，可能有所不同。比如有技术有文化的工人往往见多识广，具有政治远见，并且具有持久的战斗力，他们的经济实力相对较优越也支持他们能够较长久地坚持战斗。而没有技术的苦力工人，他们可能在短时期内具有巨大的战斗力量，但往往因为家庭生活压力而难以持久战斗，容易在眼前利益的诱惑下，为了家庭生计而被迫放弃斗争。因此，工人内部结构的差异容易导致工人立场和行动上的差异。为了更好地把握中国工人运动特点，必须了解中国工人阶级的内部结构。

### 1. 年龄和性别结构

在中国早期工人中，一个显著的特点是年轻人占据多数。这是因为随着小农经济的破产，很多农民为了谋求生计而涌往城市。通常来说，年轻人外出的意愿更高，竞争力也较强，作为家庭中的重要劳动力，能够在城市中谋得生计。还有一个重要原因，就是工厂普遍使用学徒制和包工制，资本家更愿意在农村招收大量青少年甚至童工，这必然导致工人年龄结构年轻化。

普遍采用女工和童工，是资本主义厂矿剥削的一个重要发展趋势，特别是随着现代工业的发展，机器工业的扩张，技术越来越单一化和程序化，技术工人和熟练工人日益被非技术工人和非熟练工人所取代，其中就包括妇女和儿童。对于资本家来说，这大大降低了用工成本。

从相关统计情况来看，中国近代工人中女工和童工的比例比较高，表 1.3 是 1912 年到 1920 年间女工的比例情况。

**表 1.3　历年全国女工人数比较表**

| 年份 | 全国职工数（人） | 全国女工数（人） | 女工占比（%） |
|---|---|---|---|
| 1912 | 661784 | 239790 | 36.2 |
| 1913 | 630890 | 212586 | 33.7 |
| 1914 | 624524 | 233398 | 37.4 |
| 1915 | 648524 | 245076 | 37.8 |
| 1916 | 576032 | 239954 | 41.7 |
| 1917 | 555592* | 237745 | 42.8 |
| 1918 | 488605* | 181285 | 37.1 |
| 1919 | 410279* | 183589 | 44.7 |
| 1920 | 413040* | 167367 | 40.5 |

注：该表中有＊号的数据，“不足以代表全国”，即低于实际的全国职工数。

资料来源：刘明逵、唐玉良主编：《中国近代工人阶级和工人运动》第 1 册，中共中央党校出版社 2002 年版，第 218 页。

表 1.4 提供了青岛华新纱厂住厂工人的年龄和性别的统计情况，该工厂的统计情况可以作为一个参考个案。

**表 1.4　青岛华新纱厂住厂工人年龄表**

| 年龄（岁） | 男工（人） | 女工（人） | 年龄（岁） | 男工（人） | 女工（人） |
|---|---|---|---|---|---|
| 11—15 | 94 | 13 | 36—40 | 11 | 0 |
| 16—20 | 194 | 12 | 41—45 | 14 | 1 |
| 21—25 | 84 | 1 | 46—50 | 3 | 6 |
| 26—30 | 34 | 1 | 51—55 | 3 | — |
| 31—35 | 29 | 1 | 56—60 | 3 | — |

资料来源：刘明逵、唐玉良主编：《中国近代工人阶级和工人运动》第 1 册，中共中央党校出版社 2002 年版，第 187 页。

从表 1. 3 和表 1. 4，可以很清楚地看到，中国早期工人在年龄上普遍较年轻，而且有大量的童工，女工的比例也较高。这种特殊的年龄和性别结构，使得中国工人运动有着与西方资本主义国家工人运动不同的特点。

2. 地域结构

中国工人在地域分布上存在非常明显的集中性。据 1894 年的有关统计（表 1. 5），仅上海、广州、汉口三大城市的工人，就占了全国工人总数的 76. 7%，其中上海一地占 46. 4%。①

表 1. 5　1894 年中国产业工人在地区分布上的集中性

| 地域 | 工人数（人） | 占比（%） |
|---|---|---|
| 上海 | 36220 | 47. 75—46. 40 |
| 汉口 | 12850—13350 | 16. 94—17. 10 |
| 广州 | 10300 | 13. 58—13. 20 |
| 天津 | 3080—4180 | 4. 06—5. 35 |
| 福州及其附近 | 2970—3240 | 3. 92—4. 15 |
| 九江 | 1000 | 1. 32—1. 28 |
| 南京 | 700—1000 | 0. 92—1. 28 |
| 汕头 | 600 | 0. 79—0. 77 |
| 厦门 | 500 | 0. 66—0. 64 |
| 其他 | 7630—7670 | 10. 06—9. 83 |
| 共计 | 75850—78060 | 100 |

注：此表包括工厂工人而不包括采矿业工人。

资料来源：孙毓棠编：《中国近代工业史资料》第 1 辑（下），科学出版社 1957 年版，第 1202 页。

① 刘明逵、唐玉良主编：《中国近代工人阶级和工人运动》第 1 册，中共中央党校出版社 2002 年版，第 8 页。

表 1.6 提供了 1910 年 500 人以上的工厂在全国主要城市的分布情况，从表中可以看到，少数几个城市集中了大多数大规模的工厂。

**表 1.6　1910 年地区分布上的集中**　　单位：人

| 地区 | 500 人以上的工厂的工人数 | | |
|---|---|---|---|
| | 合计 | 中厂 | 外厂 |
| 天津 | 1350 | 750 | 600 |
| 青岛 | 2430 | 1230 | 1200 |
| 上海 | 76951 | 41921 | 35030 |
| 武汉 | 15129 | 11829 | 3300 |
| 无锡 | 6095 | 6095 | — |
| 其他各市县 | 67081 | 56400 | 10681 |
| 共计 | 169036 | 118225 | 50811 |

资料来源：汪敬虞编：《中国近代工业史资料》第 2 辑，科学出版社 1957 年版，第 5 章。

另外，法国社会学家谢诺提供了 1919 年前后中国工人在地域分布上的情况，当时全国工人的分布可以划分为六个地区：（1）上海地区和长江口；（2）广州和广东内地以及香港地区；（3）华中的湖北、湖南；（4）山东的低地中心区；（5）直隶的东北边区；（6）东北平原的南部地区。在这六个地区里，集中了外国 100%和中国 95%的棉纺工业，外国 100%和中国 98%的现代缫丝厂，外国 100%和中国 75%的面粉厂，外国 100%和中国绝大多数的榨油厂，75%的打蛋厂，100%的卷烟厂，100%的炼铁厂，外国 93%和中国 90%的造船厂、100%的水泥厂，外国 95%的新式砖厂和中国 83%的土法砖厂、100%的毛纱和面纱厂，外国 84%的煤矿，外国 100%和中国 70%的金属矿场。这些数据表明，在这六个地区，外国企业比中国企业更为集中。其余有浙江的丝厂和棉纺织厂工人，四川的丝厂和印刷厂工人，在长江流域和华北大平原各中等城市的面粉厂工人，在福州的罐头厂和兵工厂的工人，在华中若干城市的小火柴厂的工人以及在直隶、河南、山东、江苏等地的现代煤矿的工人。这些工人总数不超过 7.5 万人。大体上，中国工人阶级集中在人口密度很高的几个大城市，这些大城市互相距离很远，工人团体互相交往很困难。工人阶级的核心群体在当时中国人口中只占很小的比例，不到 0.5%。但他们集中在这些大城市，因此他们有力量承担起比他们在全国人口的数量比例上更大、更重要的责任。按照《新青年》的估计，上海男女工人 30 万人，中国邮政局估计的上海总人口 153.8 万人，上海工人阶级人口约占城市总人口的 20%。①

### 3. 产业结构

中国近代工人阶级不仅在地域分布上高度集中，而且在产业分布上也高度集中。

首先是集中在少数产业，表 1.7 是 1894 年相关产业的工人数统计。从表 1.7 中可以看到，在当时，约 30%的工人集中在棉纺织行业（表中的机器缫丝业、轧花业与棉纺织业），而船舶修造业与机器铁工业和军用工业的工人数占比也超过 20%。

**表 1.7　1894 年中国工人在产业类别上的分布集中情况**

| 业别 | 工人数（人） | 占比（%） |
|---|---|---|
| 机器缫丝业 | 19600 | 21.34—19.98 |
| 船舶修造业与机器铁工业 | 10100 | 10.00—10.29 |
| 军用工业 | 9100—10810 | 9.91—11.04 |
| 轧花业与棉纺织业 | 9050—9550 | 9.85—9.75 |

① 刘明逵、唐玉良主编：《中国近代工人阶级和工人运动》第 1 册，中共中央党校出版社 2002 年版，第 192—196 页。

续表

| 业别 | 工人数（人） | 占比（%） |
|---|---|---|
| 煤矿开采业 | 7900—9600 | 8.60—9.78 |
| 制茶业 | 7400 | 8.06—7.55 |
| 金属各矿开采业 | 6300—8200 | 6.86—8.36 |
| 火柴制造业 | 3400 | 3.70—3.47 |
| 炼铁业 | 3000 | 3.27—3.06 |
| 造纸业与印刷业 | 2830 | 3.08—2.88 |
| 铁矿开采业 | 1800—2200 | 1.96—2.24 |
| 公用事业 | 1400 | 1.52—1.44 |
| 其他工业 | 9970 | 10.85—10.16 |
| 共计 | 91850—98060 | 100 |

资料来源：孙毓棠编：《中国近代工业史资料》第1辑（下），科学出版社1957年版，第1202页。

产业上的高度集中还有一个重要表现，就是不仅少数产业部门集中了大多数的产业工人，而且这些工人还非常高密度地集中在少数大型厂矿企业之中。表1.8中列出了当时雇佣500人以上的企业人数情况。如果将表1.8、表1.1和表1.7相比较就会发现，在1894年，全国产业工人总数大约10万人，而这些雇佣500人以上的厂矿企业，它们所雇佣的工人总数就达到了6万人左右，即有60%的产业工人被这些为数不多的大型厂矿企业雇佣，显示出很高的集中度。

表 1.8　1894 年雇佣 500 人以上的厂矿工人人数

| 业别 | 外国资本经营 | | 清政府经营 | | 民族资本经营 | | 合计 | |
|---|---|---|---|---|---|---|---|---|
| | 企业数 | 工人数 | 企业数 | 工人数 | 企业数 | 工人数 | 企业数 | 工人数 |
| 机器缫丝业 | 5 | 5400 | — | — | 9 | 6400 | 14 | 11800 |
| 军用工业 | — | — | 5 | 7830—9500 | — | — | 5 | 7830—9500 |
| 棉纺织业 | — | — | 1 | 2500—3000 | 2 | 5000 | 3 | 7500—8000 |
| 采煤业 | — | — | 3 | 5300—7000 | 2 | 1000 | 5 | 6300—8000 |
| 船舶修造业 | 3 | 7900 | — | — | — | — | 3 | 7900 |
| 机器铁工业 | — | — | — | — | — | — | — | — |
| 砖茶制造业 | 4 | 5000 | — | — | — | — | 4 | 5000 |
| 金属各矿开采业 | — | — | 1 | 2800—3600 | — | — | 1 | 2800—3600 |
| 炼铁业 | — | — | 1 | 3000 | — | — | 1 | 3000 |
| 铁矿开采业 | — | — | 2 | 1800—2200 | — | | 2 | 1800—2200 |
| 造纸业与印刷业 | 1 | 600 | — | — | 1 | 500 | 2 | 1100 |
| 火柴制造业 | — | — | — | — | 1 | 800 | 1 | 800 |
| 公用事业 | 1 | 700 | — | — | — | — | 1 | 700 |
| 其他工业 | 1 | 600 | — | — | — | — | 1 | 600 |
| 共计 | 15 | 20200 | 13 | 23230—28300 | 15 | 13700 | 43 | 57130—62200 |

资料来源：孙毓棠编：《中国近代工业史资料》第 1 辑（下），科学出版社 1957 年版，第 1203 页。

这种集中特点也存在于后来的产业工人当中。据 1900 年至 1910 年间 13 个省不完全统计，工人人数 500 人以上的大型企业有 156 家，共雇佣工人 24 万余人，约占同期全部工业工人总数的 30%—40%。其中雇佣千人以上的有 65 家，共有工人 15.2 万余人。在 156 家大型企业中，外国资本企业有 40 家，占 25.6%；雇佣工人达10.9万余人，占45.5%。[①]

4. 技能结构

中国近代产业工人的来源基本上反映出早期产业工人的技能特点，那就是绝大部分是非技术工人，因为他们中绝大多数是破产的农民，基本没有什么技能。工人阶级当中的这种技能结构，使得他们不太容易形成行业或职业工会，但有利于他们形成产业工会，这对于工人运动来说是较为有利的一面。同时，也正是因为他们缺乏技术的特点，使得他们很容易被替代，特别是在大量破产农民涌入城市而造成丰富的剩余劳动力的情况下，这种替代对于工人坚持长期罢工斗争非常不利。事实也表明，那些能够坚持长期罢工斗争的是技术工人，如印刷工人、铁路工人和机器工人等。

有关当时工人的技能结构情况，并没有明确可靠的全国性统计数据。不过，可以以一项在1910年时对华北各路工人的统计结果作为参照，如平汉铁路工人，技能工1680人，占23.62%，半技能工1421人，占19.98%，无技能工4012人，占56.40%；北宁铁路工人，技能工341人，占11.56%，半技能工322人，占10.92%，无技能工2286人，占77.52%。[②] 考虑到铁路工人在技术程度上总体要高于很多厂矿工人，所以，当时中国工人普遍缺乏技能的状况也就可想而知了。

综上可见，早期中国产业工人在分布上存在非常高的集中度，即在地区分布上的集中、产业类别分布上的集中以及大型厂矿企业中的集中。而与这种集中特点相关的另一个特点就是，非熟练工在整个工人阶级中占绝大多数，同时女工童工在整个工人阶级

① 刘明逵、唐玉良主编：《中国近代工人阶级和工人运动》第1册，中共中央党校出版社2002年版，第9页。

② 刘明逵、唐玉良主编：《中国近代工人阶级和工人运动》第1册，中共中央党校出版社2002年版，第225页。

中占很大的比例。

### （三）近代工人阶级的基本特点

作为机器大工业的产物，新兴的中国工人阶级具有国际无产阶级的基本特性：与最先进的生产方式相联系，是最进步、最有前途的阶级；没有私人占有的生产资料，富有大公无私精神，革命最坚决最彻底；在大工业生产中养成了高度的组织性和纪律性。而由于中国工人阶级是在半殖民地半封建社会中产生和发展起来的，因此具有自身的一些独特性，并对中国工人运动产生了深刻影响。

#### 1. 中国工人阶级的特点

中国工人阶级产生和发展的特殊环境，及其规模、来源和内部结构等特性，决定了中国工人阶级具有不同于国际工人阶级的独特优点，主要表现在三个方面。①

第一，中国工人阶级是从外国资本企业、官僚资本企业和民族资本企业中产生的，深受帝国主义、封建主义和官僚资本主义三重压迫，其中帝国主义的压迫和剥削尤为残酷。所以，中国工人阶级具有改变自己悲惨处境的强烈要求，具有最坚决、最彻底的革命性，特别是具有鲜明的反帝国主义精神，而且，中国工人阶级中技术工人比例非常小，缺乏受改良主义和其他党派影响的客观条件，除极少数分子外，整个阶级都是革命的。正是基于此，当中国工人阶级自己的政党，即中国共产党诞生后，中国工人阶级能够担当起中国反帝反封建的新民主主义革命的领导阶级重任，使中国工人运动成为中国新民主主义革命不可或缺的组成部分。

第二，中国近代工业的集中性，决定了中国工人阶级主要集中在少数大城市和大型厂矿企业及矿山、铁路、海运、纺织等产

① 高爱娣：《中国工人运动史》，中国劳动社会保障出版社 2008 年版，第 41—42 页。

业中，这种相对集中的状况有利于工人阶级的组织和团结，有利于在工人阶级中传播革命思想和发展革命力量，从而形成强大的战斗力。因此，虽然中国工人阶级在绝对数量上，特别是在与全国人口的相对比例上，只占很少数，但因其高度集中性，能够形成强大的战斗力。正如毛泽东所指出的，中国工业无产阶级能够作为中国革命的领导阶级的一个重要原因，就是他们的集中性，"无论哪种人都不如他们的集中"①。

第三，中国近代工业的产生和发展，不像独立发展的资本主义国家经历了三个发展阶段——从简单协作发展到工场手工业，再发展到机器大工业，而是由于帝国主义入侵而突发性产生的，并且大多数工人来自破产农民。中国工人阶级产生的这一特点延续到 20 世纪 30 年代，才在中国的第二代产业工人中，出现了一部分"世袭无产者"。中国工人阶级因此在血缘关系、生活习性、思想文化等方面，都与农民有千丝万缕的天然联系。这有助于工人阶级与农民结成巩固的亲密联盟，有利于加强工人阶级对农民的领导，为中国共产党领导的中国革命和工人运动的发展，提供了有利的条件。

但是，中国工人阶级也有其不可避免的弱点，它的人数较少（和农民比较），年龄较轻（和资本主义国家的无产阶级比较），文化水准较低（和资产阶级比较）等。特别是近代中国工人阶级主要来源于破产农民，大部分属于非技术工人，文化水平低，只能靠自己的苦力来谋求生存，而这使得他们难以与资本家进行地位对等的谈判。同时，他们的小农意识也使得他们难以形成非常稳定的联合，以便进行长远目标的斗争，尤其是他们内部的组织形态以地域为主，因此容易造成内部的分裂。而大量妇女和儿童

① 毛泽东：《中国社会各阶级的分析》（1925 年 12 月 1 日），《毛泽东选集》第 1 卷，人民出版社 1991 年版，第 8 页。

被迫源源不断地加入产业大军，更是加剧了他们在劳动力市场中的竞争而降低了他们集体团结的可能性和力量。然而，在中国半殖民地半封建社会的土壤上，工人阶级必然成为革命最基本的动力。

2. 中国工人阶级的特点对工人运动的影响

近代中国工人阶级的这些独特优点和弱点，都必然对中国工人运动产生深刻影响。①

第一，由于中国工人阶级直接遭受帝国主义的剥削和压迫，中国工人阶级的斗争从一开始就自然将斗争锋芒指向帝国主义，中国工人运动因而具有鲜明的反帝爱国斗争特点。在中国近现代史上具有重要影响的工人运动，都紧紧围绕反帝爱国斗争而展开。

第二，中国工人运动相对集中在少数大城市和某些特定的行业。由于近代工业主要集中在通商口岸等少数交通便利的大城市，因此这些大城市，特别是上海、广州等，自然成为中国工人运动的各大中心。在纺织、矿山、铁路、造船、航运等行业中，工人阶级相对集中，因此规模和影响力较大的工人运动也多发生在这些行业中。

第三，由于外国资本和中国官僚资本勾结起来垄断了中国的经济，操纵了中国的政治，因此，中国工人在政治上没有丝毫的民主和自由，没有开展工人运动的合法权利。其还在中心城市和工业区集中了强大的武装力量，野蛮镇压工人的反抗斗争。因此中国工人阶级难以取得城市武装暴动的胜利，这也就决定了城市工人运动在中国新民主主义革命的全局中起的是战略配合作用。

第四，中国工人阶级因产生于半殖民地半封建社会而具有的弱点，也不可避免地会影响后来的工人运动。早期中国工人的小生产意识和农民意识，使他们难以成为独立的革命势力，他们大

① 高爱娣：《中国工人运动史》，中国劳动社会保障出版社 2008 年版，第 42—44 页。

多数还沉睡在宗法社会之中，脱离不了神权王权的迷信。因此，早期中国工人大多没有进行阶级斗争的需要和意识，往往不能从工人阶级的长远利益出发，多注意眼前利益或局部利益，而且有时会因为宗法、血缘或地缘的因素，而出现内部分裂，不利于工人运动的组织和团结，在一定程度上也导致了后来中国工人运动的一些失败。

# 第二章

# 中国近代工人阶级的政治地位与经济状况

在半殖民地半封建社会中诞生的中国工人阶级，深受帝国主义、封建主义和官僚资本主义三重压迫和剥削。当时，工人阶级不仅没有任何政治地位，而且在经济和社会生活中遭遇到极为罕见的剥削和压迫。

## 一、中国近代工人阶级的政治地位

工人阶级的政治地位有广义和狭义之分。狭义上的政治地位只是指工人在国家层面是否享有各种政治权利；广义上的政治地位则不仅包括了工人在国家层面的政治权利，还包括了工人在行业或企业中的政治地位，主要表现为是否享有保障自身合法权益的权利。

### （一）中国近代工人阶级在国家层面的政治地位

中国近代工人阶级在国家层面的政治地位非常低下。中国两千多年的封建统治中，普通百姓的政治地位很低。在小农经济下，各个村庄或地方都保持了自给自足的自然经济状态，百姓生活得过且过，人们也没有什么政治诉求。随着近代产业的兴起，工人在遭到资本严重剥削和压迫的情形下，开始出现了一些自发反抗，但是这些反抗并没有在国家政治和法律层面得到支持，甚至有时被认为是违法行为。

清末时期，帝国主义与封建势力狼狈为奸，相互勾结，通过各种反动措施打击新兴的工人阶级，如清政府先后制定了压迫工人的法律和条例。光绪三十三年（1907）和三十四年（1908），清朝政府制定的新《刑律》和《结社集会律》，都严禁工人“集会”“结社”和“罢工”，对于“聚众威胁者”要处以罚款、笞刑或徒刑。《大清矿务章程》更进一步规定，“借端罢工要挟者”，“交由地方官惩办”，并且准许矿场设置枷、笞二刑，以便直接镇压工人的反抗。[①]

辛亥革命胜利后，清政府被推翻，新成立的中华民国临时政府于 1912 年 3 月 11 日公布了《中华民国临时约法》，明确规定了“人民之身体非依法律不得逮捕拘禁审问处罚”“人民有言论著作刊行及集会结社之自由”等权利，但实际上并没有执行。此时的工人运动和工会组织，不但得不到法律的保护，反而受到两项法律的打击。一是 1912 年 3 月 10 日公布的《中华民国暂行新刑律》（1912 年 3 月 10 日奉大总统令暂行援用，同年 4 月删改颁行），其中第二二四条关于“妨害秩序罪”规定，“从事同一业务之工人，同盟罢工者，首谋处四等以下有期徒刑、拘役或 300 元以下罚金，余人处拘役或 30 元以下罚金。聚众为强暴胁迫或为首者，依第 164 至 167 条（骚扰罪——编者注）之例处断”。[②] 二是 1914 年 3 月公布的《治安警察条例》，其中第九条规定：“行政官署对于结社认为有下列情形之一者，命其解散。一、结社宗旨有扰乱

---

① 王建初、孙茂生主编：《中国工人运动史》，辽宁人民出版社 1987 年版，第 14 页。

② 刘明逵、唐玉良主编：《中国近代工人阶级和工人运动》第 1 册，中共中央党校出版社 2002 年版，第 712 页。

安宁秩序之虞者；二、结社宗旨有妨害善良风俗之虞者；三、其他秘密结社者。”第十五条也规定：“警察官吏对于屋外集合及公众运动游行或众人之群集，认为有下列情形之一者，得限制禁止或解散之。一、有扰乱安宁秩序之虞者；二、有妨害善良风俗之虞者。”第二十二条规定：“警察官吏对于劳动工人之聚集，认为有下列情形之一者，得禁止之。一、同盟解雇之诱惑及煽动；二、同盟罢业之诱惑及煽动；三、强索报酬之诱惑及煽动；四、扰乱安宁秩序之诱惑及煽动；五、妨害善良风俗之诱惑及煽动。”① 很显然，《中华民国暂行新刑律》和《治安警察条例》这两个法令，根本没有贯彻《中华民国临时约法》中关于人民集会、结社、言论自由的条款。

由此可见，近代中国产业工人在国家层面根本就没有什么政治地位，也没有多少政治权利。不仅如此，官商之间还相互勾结，对工人进行压制。

### （二）中国近代工人阶级在厂矿层面的政治地位

近代中国工人阶级在国家层面政治地位低下、政治权利极少，这必然决定了在厂矿企业层面，工人也很难享有应有的地位和权利，完全受资本家的压迫和剥削。

列宁曾说，“农奴制的社会劳动组织是靠棍棒纪律来维持的”“资本主义的社会劳动组织是靠饥饿纪律来维持的”。② 在中国半殖民地半封建社会中，资本主义和封建主义相结合的压迫形式，在厂矿中随处可见。工头、监工对工人可以任意鞭打，他们“常手拿白木棒，立于工人身旁，稍有怠息，即挞楚随之，甚至有至

---

① 刘明逵、唐玉良主编：《中国近代工人阶级和工人运动》第 1 册，中共中央党校出版社 2002 年版，第 711 页。

② 列宁：《伟大的创举》，《列宁全集》第 37 卷，人民出版社 1990 年版，第 11 页。

死者”①。在矿场中，有的甚至私设刑具，对工人施以死刑。如萍乡煤矿，“矿局职员，自矿长以下至各下级职员及工头管班等，无不可以殴打工人，工人对于彼等之无理命令，亦莫敢稍有违抗。工人稍有不如意者，即滥用私刑，如跪火炉、背铁球、带篾枷、抽马鞭、跪壁块等，或送警拘留蛮加拷打”②。这不仅出现在中国官办的厂矿企业中，同时也出现在外国资本在华企业中。如山东德华矿务公司坊子煤矿工人劳动时，“有德人持枪督工”③。又如抚顺、本溪等地日本资本家在厂矿中私设矿警和卫队，任意拷打工人。中国的民族资本家虽然没有什么政治特权，却对雇佣工人有明文规定可以鞭笞。如上海裕华纱厂就规定：“工人有言笑坐息者，管厂者得指责并笞挞之。”④

在1894年以前，甚至有封建军队驻扎厂矿管束工人。如光绪十四年（1888）正月，总理各国事务衙门在《议覆漠河开矿事宜疏》中上奏有一条“募勇保护”：“查新设之罗博哈达卡伦防兵只500名，以之弹压矿厂，兼顾防秋，尚嫌单薄。既据称另募一营，饷由金厂筹给，即归该员统领，俾收指臂之效，事亦可行。至勇营编成后，应仍造册详报该将军，以备稽考。”⑤ 其中，设置封建刑罚更是普遍存在。如光绪八年（1882）三月初六，唐廷枢上奏的《禀拟请委派吴守督查矿务准予设立刑具由》中就指出：“窃

---

① 刘明逵、唐玉良主编：《中国近代工人阶级和工人运动》第1册，中共中央党校出版社2002年版，第373页。

② 刘明逵、唐玉良主编：《中国近代工人阶级和工人运动》第1册，中共中央党校出版社2002年版，第374页。

③ 刘明逵、唐玉良主编：《中国近代工人阶级和工人运动》第1册，中共中央党校出版社2002年版，第373页。

④ 刘明逵、唐玉良主编：《中国近代工人阶级和工人运动》第1册，中共中央党校出版社2002年版，第348页。

⑤ 刘明逵、唐玉良主编：《中国近代工人阶级和工人运动》第1册，中共中央党校出版社2002年版，第359页。

职道等前奉宪台奏调广西候补知府吴守炽昌来直，督查开平煤铁两厂事务。该守现已抵直，禀到仰蒙札委会办矿局在案。伏查现在煤觔旺出，工役日增，不无良莠不齐。在本局工人招雇有保，稽查有章，尚易约束。窃恐外来土棍勾引工匠聚赌，及土匪偷窃等情，虽应送滦州、丰润两处该管地方惩办，以儆效尤；但滦、丰相距百余里，往返既需时日，且虞烦扰地方。拟请如有情节较重者，仍照例备文移请地方官按律究治，其有酗酒斗殴、外匪潜集、赌博行窃之事，可否即由吴守就近讯问。凡须枷示一月或三月开释从轻掌责发落之犯，概归该守讯办，以省案牍。惟刑具未能私设，应请宪台假以事权，准予就地督查审问责任，俾得人知畏法，庶可蹈法者少。”①

这种封建性的督工和体罚举措一直以各种形式存在于厂矿企业中，可以从各种资料文件中得到大量例证。比如在上海纺纱局，监督者常携棒巡视场内，验职工之勤惰，若见有怠惰者，即以棒击之。上海各纱厂各部有组长一人，监督职工的勤惰，随时鞭打，以期加紧工作，门口有印度巡捕警戒出入。② 此外，体刑与罚金或减薪兼用，并将这些惩罚举措张贴在厂内容易看见的地方，以告诫所有工人。至于矿山中则更为悲惨，特别是在外国资本的厂矿中。如《时报》1911 年 10 月报道：每日计算工账，任意克扣，至开支工钱之日，再七折八扣。各处有日本人巡视，稍不顺意，则以木棍毒打。欲走不能，欲死不得。如欲逃走，被彼人知觉，则性命难保，况四处要路口皆有人看守；众工人视彼毒打之时，声

① 刘明逵、唐玉良主编：《中国近代工人阶级和工人运动》第 1 册，中共中央党校出版社 2002 年版，第 359—360 页。

② 刘明逵、唐玉良主编：《中国近代工人阶级和工人运动》第 1 册，中共中央党校出版社 2002 年版，第 364 页。

嘶若屠猪，惨不忍闻。至于压死坑内者，时有所见。①

除上述各种体罚和罚金外，还有各种人身侮辱制度，典型的就是搜身制。比如上海南洋兄弟烟草公司 1915 年 10 月 4 日布告中就明确规定：“本工场向有盘查之例，盖此举一则以念造物之艰难，一则以表行为之清洁。然为日已久，未免废弛。今特重申前议，实行严重盘查。凡男女工人皆有遵行之义务。”②

此外，还有一些封建性剥削制度，如在很多工厂中实施的学徒制、养成工制、包身工制、包工制等。

1. 学徒制

学徒制是从封建社会沿袭下来的行会手工业制度。资本家保留并利用雇主和学徒之间的宗法性师徒关系，来对学徒进行剥削。学徒进厂时，要找铺保，签订艺徒合同，被迫写上习艺期内，“如违厂规，甘受一切处分，倘遇不测，安于天命，与厂无涉”③ 等，学艺期限一般为三年至四年，其间没有工资，资本家只供给低劣的伙食和一些旧衣服。工厂总是尽量多用学徒，尽量延长学艺的年限。以下是一份北京地毯业学徒制的合同格式。

---

① 汪敬虞编：《中国近代工业史资料》第 2 辑（下），科学出版社 1957 年版，第 1222 页。

② 刘明逵、唐玉良主编：《中国近代工人阶级和工人运动》第 1 册，中共中央党校出版社 2002 年版，第 375 页。

③ 刘明逵、唐玉良主编：《中国近代工人阶级和工人运动》第 1 册，中共中央党校出版社 2002 年版，第 598 页。

立担保人________今保到________省________县人________姓名________岁情愿投在________地毯工厂为徒肄业，自进厂之后，严守厂中规则，如有违反厂中章程，厂中必要从严管束。该徒若中途无故辍业，情愿包赔饭钱，每日按大洋二角核算。再有潜逃失匿，发生性命之危险等事，均归保人，担完全责任，不与________相干。毕业期限以三年另六个月为满，满______期______之后，由本厂发给证书。恐口无凭，立此保单为证。

铺保　　　　　　盖印

保人　　　　　　盖印

民国____年____月____日　　　　　　立

在合同期内，学徒全由行主处置，即有疾病或不幸因病而死，其家族也无控告行主之权，其医药或棺木钱，也是家族为之担负。①

2. 养成工制

养成工制是从日本传入中国的，实际上是学徒制的变种。资本家委派招工头到农村招收男女幼童，和招学徒一样，进厂时要铺保和签订合同，进厂后，先在车间进行三至六个月的工艺“训练”，没有工资，只供伙食和监狱般的住处。期满艺成后，养成工必须在本厂做几年工，工资极低，只相当于一般工人的一半。上海的日本纱厂“更有一个极奸狡的阴谋——另外专养一批男女幼童，叫作‘养成工’，平日便施以奴隶教育；等到长成以后，便想一批一批的将他们调换成年男工，把那些‘不安分’的分子开除出去，——使全厂都是些女人、小孩子，可以随便虐使剥削而不受反抗”②。

① 刘明逵、唐玉良主编：《中国近代工人阶级和工人运动》第 1 册，中共中央党校出版社 2002 年版，第 601 页。

② 刘明逵、唐玉良主编：《中国近代工人阶级和工人运动》第 1 册，中共中央党校出版社 2002 年版，第 610 页。

3. 包身工制

包身工制也是从日本资本家在中国开办的纱厂开始施行的，实际上是一种卖身的劳动雇佣制度。包工老板多为城市中的地痞流氓，到农村花言巧语骗贫困的农家儿女充当包身工，包身银价二三十元，期限三年至五年。一经签订了包身契约，包身工实际上就成为包工老板买来的定期的卖身奴隶，没有人身自由，不能与外界和家人接触，上下工都由包工老板押送。工资比一般工人低40%左右，经常受到监工、工头的任意鞭笞和罚工，而且工资往往还被包工老板至少克扣50%。①

4. 包工制

包工制是一种由资本家把工作包给大工头，由大工头转包给小工头，小工头再包给工人的层层剥削的雇佣劳动制度。这种制度在矿业和码头工人中比较盛行，包工头一般都是原来的行帮头目、封建把头和土豪恶霸。他们招雇同乡工人，由此在工人中形成地方性的帮派，垄断某一行业的劳动力的雇佣，并借以对工人进行封建性的超经济剥削。如矿业中的包工制，包工头要在每个工人工资中，扣除10%至20%的佣金②。此外，包工头还采取诱赌、放债等方式对工人进行盘剥。

从以上种种厂矿管理制度来看，中国近代产业工人在厂矿或企业层面几乎没有政治权利，且不说正常的利益得不到保障，甚至丧失了人身自由，在精神和肉体上都遭受着残酷的剥夺和压迫。

---

① 刘明逵、唐玉良主编：《中国近代工人阶级和工人运动》第1册，中共中央党校出版社2002年版，第390页。

② 刘明逵、唐玉良主编：《中国近代工人阶级和工人运动》第1册，中共中央党校出版社2002年版，第618页。

## 二、中国近代工人阶级的劳动状况

在缺乏基本政治地位的情况下，中国近代工人阶级的经济权益也就不可能得到基本保障，其结果必然会导致极为悲惨的劳动状况。以下分别从劳动时间、劳动条件和劳动灾害、工资水平三个方面，来分析在封建压迫与资本剥削下中国工人阶级的劳动状况。

### （一）劳动时间

从一般情况来看，中国工人在劳动时间的问题上有两个特点，一是工人每日劳动时间有增无减，二是日夜两班制更加盛行。在现代工厂特别是棉纺厂夜班较普遍，就整个厂矿企业来说，最普遍的还是长日班，即长达12小时甚至以上。除了极少数厂，一个劳动日很少低于10小时，通常是12小时以上，最长的达十三四小时甚至十五六小时。而且全月或全年劳动日数也很多，全年假日主要是农历三节（春节、端午节、中秋节），星期日休息的权利几乎被剥夺，大多数是每月分班休息一日或两日。①

表2.1是根据1880—1896年间的相关史料整理出来的各个主要工厂的劳动时间安排。从表中可以看到，工人每天的劳动时间普遍在10小时以上，而基本每两星期才能休息一日。

① 刘明逵、唐玉良主编：《中国近代工人阶级和工人运动》第1册，中共中央党校出版社2002年版，第227—229页。

表 2.1 各工厂工人的劳动日时长（1880—1896 年）

| 工厂 | 年份 | 工人的劳动日时长 | 休息日 |
|---|---|---|---|
| 上海机器织布局（计划） | 1880 | 11 小时 | 每星期日停工 |
| 上海机器织布局 | 1891 | 11 小时 | 不详 |
| 湖北织布官局 | 1893（3 月） | 10—12 小时 | 每两星期停工一日 |
| 湖北织布官局 | 1893（11 月） | 13 小时 | 每两星期停工一日 |
| 宁波通久源纱厂 | 1895 | 12 小时 | 不详 |
| 上海各缫丝厂 | 1896 前后 | 11 小时（或以上） | 不详 |
| 江南制造局 | 1890 | 9 小时 | 不详 |
| 金陵制造局 | 1880 | 11 小时以上 | 每两星期停工一日，加工时不休息 |
| 天津机器局 | 1880 | 11 个半小时 | 每两星期停工一日 |
| 汉阳铁厂建筑工人 | 1891 | 12 个半小时 | 不详 |

资料来源：孙毓棠编：《中国近代工业史资料》第 1 辑（下），科学出版社 1957 年版，第 1222 页。

虽然有些厂矿的工作时间表面上规定并不长，但事实上工人的劳动时间往往要长于规定时间。比如上海杨树浦某英国纱厂的布厂是做 16 点钟的工作（早上 4 点半进工，晚 8 点半放工）。①又如唐山煤矿，工作不分昼夜，每星期也没有休息，每日分三班，每班工作 8 小时（晨 6 时，午 2 时，晚 10 时换班）。矿工因工资不够生活，所以一天上两班，做 16 小时的工作，叫作双工。②

这种超长的劳动时间对于女工和童工也没有什么差别。据相关资料揭露，上海童工工作时间，普遍为 12 小时，停工就餐，最

① 刘明逵、唐玉良主编：《中国近代工人阶级和工人运动》第 1 册，中共中央党校出版社 2002 年版，第 252 页。

② 刘明逵、唐玉良主编：《中国近代工人阶级和工人运动》第 1 册，中共中央党校出版社 2002 年版，第 258 页。

多1小时。① 一般来说，女工忍受与男工同样长的劳动时间，或昼夜轮流，每班12小时，或只做日工12至15小时，甚至17小时。②

如此超长的劳动时间对于工人身体的影响是不言而喻的。有资料显示，天津造币总厂的工人，“因加工时间过多，劳动过度，类多鸠形鹄面，颜色枯槁，已失人生本来面目，全无人生乐趣”③。另外，有关于上海丝厂的报道称，“丝厂开工过早，天未破晓，即汽笛呜呜，催人上工。缫丝工人路远者，往往三更即起，披星戴月而奔。七时上工，晚六时始散，全日工作时间往往12小时之多。日未出而作，日既没而息，终日劳动于巨厂之炉火机釜之间，不许其有片刻领略太阳之滋味，故丝厂女工面色苍白，精神萎靡者十而八九”④。

### （二）劳动条件和劳动灾害

中国近代工人阶级的劳动条件是极为不人道的，从一些摘录中可以知道当时工人究竟是在怎样的环境下工作的。例如上海英美烟草公司工人揭露：“整天工作是处于垂头曲背的状态，并且含胶粘贴，引起唇破舌裂，偶然失手制错，立被辱打罚金。又当天阴风雨的日子，不问冬夏，都是四窗紧闭，因此，烟气弥漫全室，脑

---

① 刘明逵、唐玉良主编：《中国近代工人阶级和工人运动》第1册，中共中央党校出版社2002年版，第265页。

② 刘明逵、唐玉良主编：《中国近代工人阶级和工人运动》第1册，中共中央党校出版社2002年版，第263页。

③ 刘明逵、唐玉良主编：《中国近代工人阶级和工人运动》第1册，中共中央党校出版社2002年版，第277页。

④ 刘明逵、唐玉良主编：《中国近代工人阶级和工人运动》第1册，中共中央党校出版社2002年版，第277页。

子都被熏得麻醉，衣服被汗染湿。此等状况，实不异于身囚牢狱。”① 又如上海报馆的排印工人揭露：“许许多多的人，集在一间很气闷的房子里，油墨的臭气，汗气，再加上铅里面发散出来的毒素，弄到空气的成分，腐坏到了十分。报馆为经济上的关系，又不能够有相当的卫生设备，所以也就只好在这恶臭的瓦斯中间过日子……既得不着太阳光，又呼吸不着良好的空气，又没有相当的定期休息，因此，一个个没有不颜色苍白，形容枯槁。”②

矿山工人更是冒着生命的危险在井下作业。有人曾报道他们去唐山的煤矿所看到的情景：“余每到唐山就看见那挖煤的苦汉，穿着木头底的履，跟那腻垢破烂的衣，开口露出雪白的牙，抬头现出锅底似的脸，结群成帮的，走在大街上。这般苦汉，到在煤洞子里，虽是隆冬，也热过盛夏；甚而至于空气不足，窒闷欲死。且常有土地塌陷，或煤石下坠，压成肉饼的。井下的煤，用人工挖，用马车运，要是坍塌的时候，外国工师一定问伤马了没有？至于人的死活，他们不很注意，因为死一马价值百八十元；死一工人，仅出抚恤 40 元，工人的生命，比牛马还贱几倍！”“我们现在去调查的是第七层和第八层。大路阔十一尺高十尺，途中昏黑没灯火及种种设备，非常泥泞，路旁有水沟，水深过膝。路中设轨，用骡车运煤，小路阔只七尺，高只四尺半。走的须俯伏行走。顶和两旁用木柱上撑，身首偶触之，煤块纷纷从上下坠。工作的地方非常狭窄，且煤层向上作斜坡，矿工赤身涂炭，屈曲如蜎，借一点灯光，在内工作。这种情状，看见的都要想这是宗教里的地狱，而非人间。并且还有许多危险的工作。虽然里面有通气的风筒，但是一些流动的空气都没有。空气里夹着煤气，水汽，

① 刘明逵、唐玉良主编：《中国近代工人阶级和工人运动》第 1 册，中共中央党校出版社 2002 年版，第 289 页。

② 刘明逵、唐玉良主编：《中国近代工人阶级和工人运动》第 1 册，中共中央党校出版社 2002 年版，第 290 页。

硫磺气和种种重浊的臭气。气温高至华氏83度，气压达到水银柱32寸7/10（在第八层1466尺下）。地面都是水，伸腰须覆在地上。别处做工的恐没再比他更苦了。并且唐山的煤矿总算开得最早，但是几十年来工资半文都没加。以几十年前的工资想在这生活程度比几十年前高十几倍的社会里生活，怎样成功呢？”①

女工和童工同样是在极为恶劣的劳动条件下工作。比如上海缫丝业“女工和童工，非常熟练地不使她们的手浸入水中，然而她们的手仍然脱皮并烫伤，因为指头一定有必要不断地泡在水里。这时，中国的女监工也经常往返梭巡，对于效率低或者假设是偷懒的童工，不时把她的小手放在沸腾的锅里加以惩罚。工作时间是长的，从早上五点半钟做到晚上五点或六点，如果在日落黄昏的时候，青春的感觉已经呆钝，精力已经衰竭，这是毫不稀奇的。大部分童工都是这么小的女孩，有些简直还是女婴，小脸被长期的热雾熏得发白，细弱的躯体，甚至在冬天都经常为汗水浸湿”②。青岛纺织业“十三四岁小孩，做夜工得站着做十三四点钟；稍一合眼，在冬季里，日本人就拿水龙管子，披头浇下，将衣服与皮肉冻成一块，还不许停工，不准哭泣，并且还打还骂，还罚钱；在夏季里，将小孩子以麻绳绑起，悬于钱筒上，30分钟方放下，再打一顿，罚两天工钱”。“女工一天也是十三四点钟的工，我们中国妇女多缠足的，站上十几点钟，实支持不住，脚痛时稍微一坐，日人马上就拳打脚踢，还得罚钱。重者将脚带脱下，赤足罚站一小时。”“放工的时候，每日照例搜查一次。所以一放工，好几千人分四人一排往外出来，得在外等一点多钟，不管下

---

① 刘明逵、唐玉良主编：《中国近代工人阶级和工人运动》第1册，中共中央党校出版社2002年版，第293—294页。

② 汪敬虞编：《中国近代工业史资料》第2辑（下），科学出版社1957年版，第1206—1207页。

雨下雪，得等他挨次搜查；因此，工人的衣服，都淋透了。”①

在这种恶劣的劳动条件下，出现劳动灾害就是必然了，而且其结果是非常严重的。在当时，不断有相关报纸报道各种工伤事故。此处仅选择几个记载比较详细的报告做典型例子。

第一个就是对上海工业医院的880个纱厂工人病情的分析报告（分别见表2.2和表2.3）。从表2.2中可以发现，工伤事故占了所有病人总数的43%，而且其中童工的比例最高，达到了67%，这显然与童工心智和生理发育不成熟有关，这也是如今禁止使用童工的原因之一。在当时，使用童工不仅不被严格禁止，反而非常普遍，这必然会加大工伤事故的比例。从表2.3中还可以发现，这些工伤事故中，有近1/4的工人是永久残废，平均死亡率也达到了1.8%。

**表2.2　住院疾病人数与工伤事故百分比**

| 工人类别 | 病人总数（人） | 各类工人百分比（%） | 工伤事故人数（人） | 占疾病总数百分比（%） | 其他疾病人数（人） | 占疾病总数百分比（%） |
|---|---|---|---|---|---|---|
| 男工 | 566 | 65 | 231 | 41 | 335 | 59 |
| 女工 | 164 | 18 | 43 | 26 | 121 | 74 |
| 童工 | 150 | 17 | 100 | 67 | 50 | 33 |
| 共计 | 880 | 100 | 374 | 43 | 506 | 57 |

资料来源：刘明逵、唐玉良主编：《中国近代工人阶级和工人运动》第1册，中共中央党校出版社2002年版，第304页。

① 刘明逵、唐玉良主编：《中国近代工人阶级和工人运动》第1册，中共中央党校出版社2002年版，第283—284页。

表 2.3　因工伤事故而致永久残废与死亡的比较　　单位：%

| 工人类别 | 永久残废 | 死亡 |
|---|---|---|
| 男工 | 20 | 1.7 |
| 女工 | 44 | 0 |
| 童工 | 29 | 3 |
| 共计 | 25 | 1.8 |

资料来源：刘明逵、唐玉良主编：《中国近代工人阶级和工人运动》第 1 册，中共中央党校出版社 2002 年版，第 307 页。

第二个例子是日本资本家控制下的抚顺煤矿的劳动灾害。这个煤矿自诩“关怀劳动保险”，其灾害次数与伤亡人数却有增无减。从表 2.4 统计的该煤矿历年工人死伤人数中可以看到，1907 年灾害事故 125 次，伤亡工人 141 名，到 1919 年，灾害事故增加到 4724 次，伤亡工人 4799 名，约占该矿工人总数 46353 的 10%。

表 2.4　抚顺煤矿历年工人死伤人数　　单位：人

| 年份 | 坑内外事故次数 | 死者 | | | 伤者 | | | 死伤合计 | | |
|---|---|---|---|---|---|---|---|---|---|---|
| | | 采煤夫 | 其他 | | 采煤夫 | 其他 | | 采煤夫 | 其他 | |
| | | | 中国人 | 日本人 | | 中国人 | 日本人 | | 中国人 | 日本人 |
| 1907 | 125 | 14 | | | 127 | | | 141 | | |
| 1908 | 203 | — | | | 209 | | | 209 | | |
| 1909 | 356 | 21 | | 7 | 268 | | 147 | 289 | | 154 |
| 1910 | 570 | — | — | 1 | 466 | | 122 | 466 | | 123 |
| 1911 | 1901 | 5 | 4 | 1 | 325 | 617 | 151 | 330 | 621 | 151 |
| 1912 | 1685 | 6 | 3 | 1 | 717 | 795 | 167 | 723 | 798 | 167 |
| 1913 | 2794 | 18 | 14 | 1 | 1195 | 1632 | 200 | 1213 | 1646 | 201 |
| 1914 | 3338 | 24 | 12 | 1 | 1294 | 1954 | 195 | 1318 | 1966 | 195 |
| 1915 | 3440 | 14 | 14 | 1 | 1252 | 2226 | 230 | 1266 | 2240 | 231 |
| 1916 | 3809 | 558 | 538 | 28 | 1343 | 2542 | 270 | 1901 | 3038 | 298 |

续表

| 年份 | 坑内外事故次数 | 死者 | | | 伤者 | | | 死伤合计 | | |
|---|---|---|---|---|---|---|---|---|---|---|
| | | 采煤夫 | 其他 | | 采煤夫 | 其他 | | 采煤夫 | 其他 | |
| | | | 中国人 | 日本人 | | 中国人 | 日本人 | | 中国人 | 日本人 |
| 1917 | 3507 | 55 | 17 | 3 | 1527 | 2097 | 185 | 1582 | 2114 | 188 |
| 1918 | 4130 | 32 | 39 | — | 1636 | 2768 | 223 | 1668 | 2807 | 223 |
| 1919 | 4724 | 33 | 17 | — | 1457 | 3082 | 211 | 1490 | 3098 | 211 |

资料来源：刘明逵、唐玉良主编：《中国近代工人阶级和工人运动》第1册，中共中央党校出版社2002年版，第325页。

而对于这些伤亡工人，资本家基本不承担赔偿责任，有时迫于社会舆论的声势，略给“抚恤”，但还不及一个牲畜的价值。如开滦煤矿“工人因公致死者恤金20元，但死马一匹须损失60元”①。可见，在资本家眼中，工人的命连一匹马都不值。

### （三）工资水平

在如此恶劣的劳动条件下，劳动时间又是如此超长，可工人的工资却极其低，甚至都不能维持他们自身的生存，更不用说维持他们的家庭生存了。

以纺织工人为例，在20世纪最初10年间，外国工人的工资比中国工人高出5倍、15倍甚至25倍。剩余价值最能反映资本家对雇佣工人的剥削程度，20世纪前10年，美国本土工业中的剩余价值率为84%至94%，而在中国开办的外国资本工业中，剩余价值率竟高达300%至400%。② 表2.5是由美国绢业协会调查

① 邓中夏：《中国职工运动简史：1919—1926》，人民出版社1953年版，第80页。

② 刘明逵、唐玉良主编：《中国近代工人阶级和工人运动》第1册，中共中央党校出版社2002年版，第378—379页。

到的各国纺织工人一日的工资情况。从表 2.5 中可以看到，不管是男工还是女工，中国工人工资是最低的，特别是与美国比，相差了近 10 倍。需要补充说明的是，表 2.5 中的“一日的工资”的工作时间是不同的，美国是 8—10 小时，法、瑞、意等是 9—12 小时，中国和日本是 10—14 小时。将劳动时间也算进来，中国工人的工资相比来说就更低了。

**表 2.5　各国纺织工人一日的工资**

| 国别 | 男工 | 女工 |
|---|---|---|
| 美国 | 1.50—3.00 弗［元］ | 1.00—2.50 弗［元］ |
| 佛［法］及瑞［士］ | 0.75—1.50 | 0.50—0.90 |
| 意大利 | 0.50—0.80 | 0.30—0.60 |
| 日本 | 0.15—0.20 | 0.10—0.12 |
| 中国 | 0.10—0.12 | 0.06—0.09 |

资料来源：刘明逵、唐玉良主编：《中国近代工人阶级和工人运动》第 1 册，中共中央党校出版社 2002 年版，第 412 页。

这种工资相差悬殊的情况在其他行业同样存在。表 2.6 是一些常见行业工人在不同国家的工资数额，从中可以看出，中国工人工资不仅最低，而且远低于其他国家。和工资最高的美国相比，最大的差距达到 30 多倍（石工），最小的差距也达到 4.5 倍（机器工），和比利时这个工资相对较低的西方国家相比，差距仍然很大，平均来说也相差 3—5 倍。

**表 2.6　中国工人与各国工人工资比较**

| 工别 | 每一小时做工佣值 | | | | | |
|---|---|---|---|---|---|---|
| | 民国 | 美国 | 英国 | 德国 | 法国 | 比国 |
| 普通工人 | 2.00 | 33.52 | 20.38 | 15.94 | 19.30 | 10.98 |
| 锻金工人 | 13.00 | 59.24 | 34.80 | 24.74 | 32.58 | 不详 |

续表

| 工别 | 每一小时做工佣值 | | | | | |
|---|---|---|---|---|---|---|
| | 民国 | 美国 | 英国 | 德国 | 法国 | 比国 |
| 锅釜工人 | 4.00 | 56.96 | 34.38 | 22.46 | 29.10 | 15.06 |
| 冶金工人 | 12.50 | 109.42 | 41.24 | 26.56 | 26.50 | 16.90 |
| 木工 | 2.50 | 71.88 | 40.56 | 26.02 | 30.88 | 14.24 |
| 排字工人 | 6.00 | 89.34 | 35.90 | 28.22 | 25.10 | 19.10 |
| 掘煤工人 | 5.00 | 57.26 | 25.00 | 16.98 | 19.30 | 不详 |
| 铁工 | 3.00 | 60.71 | 35.74 | 不详 | 26.30 | 13.84 |
| 机器工 | 12.00 | 54.18 | 33.54 | 26.20 | 26.52 | 不详 |
| 油漆工 | 3.50 | 69.00 | 35.48 | 23.88 | 25.10 | 13.34 |
| 雕刻工 | 4.00 | 84.50 | 39.88 | 23.54 | 28.96 | 13.74 |
| 铅工 | 5.60 | 87.41 | 40.54 | 22.96 | 21.02 | 15.68 |
| 石工 | 2.80 | 89.72 | 41.56 | 26.56 | 28.96 | 16.90 |

资料来源：刘明逵、唐玉良主编：《中国近代工人阶级和工人运动》第1册，中共中央党校出版社2002年版，第498页。

面对这种工资，连外国资本家都不由得感叹，“当我们看到[中国纱厂的]成年工人毫无怨言地一天为5便士而工作11小时，同时在现在又不能对雇主提出刺激性的要求，这时，我们有什么话可说呢？我们看到童工一天只有1.5至3个便士的工资，而一个负责本车间的工人和机器的工头，每天工资为7.5至8个便士，人们不禁要深思，这究竟是怎么一回事”。①

尽管工人工资已经如此之低了，但是在工资最终发到工人手里前，还需要经过种种盘剥。其中包括各种罚款，比如湖南的一家纱厂的罚款条目达158条之多，上海法国资本经营的电车公司，

① 刘明逵、唐玉良主编：《中国近代工人阶级和工人运动》第1册，中共中央党校出版社2002年版，第412页。

竟规定“售票员帽上铜牌没擦亮”“查票时打哈欠”都为罚款理由。有人统计，该公司每天罚款收入超过 200 元。很多厂矿还通过强迫工人“存工”和储蓄等形式剥削工人，存工制度在上海纱厂比较流行，工人缴半月工资存在厂里，以防备工人“跳厂”；有的纱厂强迫工人储蓄，每月从工资里扣除，但工人死伤疾病时，并不发还。[①] 如果工人还是在学徒期间，那么甚至连工资都可能没有，其间主人供给每日饮食和四季衣服，有时给些剃头钱，不给工资，给的衣服也并非新衣服，而是主人穿旧了的。[②]

## 三、中国近代工人阶级的生活状况

中国近代工人阶级政治地位的低下，在很大程度上导致了他们日常生活状况的糟糕，其直接表现就是工人阶级经济上的日益贫困和社会文化生活上的普遍贫乏。

### （一）工人阶级的贫困

在恶劣的劳动条件下工作，工资又很低廉，早期工人阶级不可避免地陷入贫困状态。由于实际生活状况是不能仅从工资的数额上反映出来的，而应该从工资的实际购买力来衡量，因此一个比较简便的可比方法，就是将工资的增长与物价的增长进行比较，如果前者低于后者，那么工人的生活日渐贫困是不言而喻的。

表 2. 7 是 1913 年到 1919 年四个城市的工资和物价变动情况，从表 2. 7 中可以清楚看到，从 1913 年到 1919 年，虽然工人工资有所增长，但是增长幅度是低于物价增长幅度的，特别是广州，

① 刘明逵、唐玉良主编：《中国近代工人阶级和工人运动》第 1 册，中共中央党校出版社 2002 年版，第 379—380 页。

② 刘明逵、唐玉良主编：《中国近代工人阶级和工人运动》第 1 册，中共中央党校出版社 2002 年版，第 415 页。

工资只增加了5.3%，物价却增加了32.9%。

**表2.7 广州等四大城市物价和工资变动对比**

| 广州 | | | 汉口 | | | 上海 | | | 天津 | | |
|---|---|---|---|---|---|---|---|---|---|---|---|
| 年份 | 工资 | 食物费 | 年份 | 工资 | 食物费 | 年份 | 工资 | 米价 | 年份 | 工资 | 小米价 |
| 1913 | 100.0 | 100.0 | 1911 | 100.0 | 100.0 | 1913 | 100.0 | 100.0 | 1911 | 100.0 | 100.0 |
| 1919 | 105.3 | 132.9 | 1921 | 220.0 | 250.0 | 1919 | 123.1 | 138.4 | 1921 | 133.3 | 166.7 |

资料来源：汪敬虞等：《五四运动的经济背景》，《经济研究》1959年第4期，第45—56页。

另外，据相关统计资料，北京工人工资和生活费的指数，1913年为100，到1924年工资指数上升到107，生活指数上升到126。据《劳动界》第八册记载，1920年初，上海米价比10年前涨了4倍，棉纱涨了5倍，而工资只涨了30%有余。换言之，10年前的工钱一天可以买1斗5升米，或8尺布，或付10天的房租；到1920年初，则只能买5升米，或1尺8寸布，或付3天的房租。①

工人生活的日趋贫困，从另一个角度也得以反映，那就是工资在生产中所占的份额。华商大生纱厂在1907年至1912年的6年中，工资在纱棉差价中的比例，从16.4%下降到4.4%②。另外，以上海煤气公司历年来工资在总收入中的比例变化情况为例（参见表2.8），从中可以看出，尽管工资总额在逐年增长，但是增长幅度非常小，反映在工资占公司总收入或净收入的比例上，是逐渐变小的趋势。

① 刘明逵、唐玉良主编：《中国近代工人阶级和工人运动》第1册，中共中央党校出版社2002年版，第382页。

② 刘明逵、唐玉良主编：《中国近代工人阶级和工人运动》第1册，中共中央党校出版社2002年版，第511页。

表 2.8　上海煤气公司历年工资占总收入比例统计表

| 年份 | 总收入（千元） | 净收入（千元） | 工资（千元） | 工资占总收入的百分比（%） | 工资占净收入的百分比（%） |
|---|---|---|---|---|---|
| 1895 | 190 | 79 | 27 | 14.21 | 34.18 |
| 1896 | 225 | 104 | 28 | 12.44 | 26.92 |
| 1897 | 262 | 103 | 30 | 11.45 | 29.13 |
| 1898 | 281 | 107 | 32 | 11.59 | 29.91 |
| 1899 | 306 | 133 | 33 | 10.78 | 24.81 |
| 1900 | 317 | 141 | 36 | 11.36 | 25.53 |
| 1901 | 354 | 154 | 38 | 10.73 | 24.68 |
| 1902 | 408 | 205 | 45 | 11.03 | 21.95 |
| 1903 | 512 | 256 | 50 | 9.77 | 19.53 |
| 1904 | 605 | 255 | 55 | 9.09 | 21.57 |
| 1905 | 741 | 273 | 66 | 8.91 | 24.18 |
| 1906 | 870 | 291 | 78 | 8.97 | 26.80 |
| 1907 | 900 | 435 | 87 | 9.67 | 20.00 |
| 1908 | 932 | 401 | 94 | 10.09 | 23.44 |
| 1909 | 970 | 318 | 94 | 9.69 | 29.56 |

资料来源：汪敬虞编：《中国近代工业史资料》第 2 辑（下），科学出版社 1957 年版，第 1240 页。

此外，货币贬值和币制紊乱，导致工人的实际工资降低，更是加剧了工人生活的贫困化。如东三省市面上同时流行奉票、小洋、日金和大洋等，各厂矿所发工资应有尽有。据调查，抚顺煤矿工价，中国人以小洋、日本人以日金为单位计算，发给工价时，复以其时价，换给日金。这样，各种货币兑换折算中间，劳动者大受损失。[①] 另外，对于以铜元来支付工资的地方来说，还容易受到私铸及劣币的影响，实际购买力贬值就更加厉害。以上海的铜元为例，当光绪二十八年时，每元（银元）只兑得 88 枚铜元，到光绪三十一年的十二月，高达 107 枚，次年一月为 110 枚，光绪三十四年三月为 120 枚。民国六年六月为 129 枚 8，七年六月为 130 枚 5，八年六月为 130 枚 2。[②]

由此可见，近代中国工人阶级的生活日渐贫困，并最终变成彻底的“无产者”“赤贫者”。

### （二）工人阶级的社会文化生活

除基本生计外，人们还有着各种社会生活和文化生活的需求，社会文化生活水平是反映生活质量的重要指标。近代中国工人阶级处于极端贫困的生活处境下，根本没有太多的精力和财力来发展基本的社会文化生活。

首先，从工人的消费结构看，基本生活费用占比过高。据调查，在 1922 年，上海工人家庭生活费用伙食费占 63. 1%，房租占 15. 7%，衣服占 10. 6%，其他占 10. 6%。1922 年，北京工人家庭生活费，伙食费占 73. 6%，房租占 11. 1%，衣服占 6. 7%，其他占 8. 7%。[③] 用现代的学术术语来说，这表明近代中国工人家庭的恩格尔系数是极高的，即基本生活资料的费用占总费用的比例过高，这是贫困的直接表现。

其次，工人伙食的营养成分非常差。在华北，如北京地毯工

① 刘明逵、唐玉良主编：《中国近代工人阶级和工人运动》第 1 册，中共中央党校出版社 2002 年版，第 383 页。

② 刘明逵、唐玉良主编：《中国近代工人阶级和工人运动》第 1 册，中共中央党校出版社 2002 年版，第 536 页。

③ 刘明逵、唐玉良主编：《中国近代工人阶级和工人运动》第 1 册，中共中央党校出版社 2002 年版，第 384 页。

厂工人每天只吃两餐：窝窝头、生葱及大碗汤，或大碗米饭、生葱及汤，或汤面、酱小菜及生葱，一月只吃一次肉。① 有研究者从更为专业的角度对工人的生活质量进行了测算。一般来说，每个成年男子每日约需要热量3000卡，根据这个标准，当时北京和上海的劳工每天从食物中所得的热量都不够。

再次，在住房方面，工人饱尝房屋拥挤的痛苦。北京手工艺人和人力车夫的居住最为拥挤，每间屋住4.16人。根据当时英国劳工部的规定，每间房屋以住2人为标准，相比而言，中国劳工家庭的居住情形属于过于拥挤，而且“中国工人所住的房屋没有丝毫习俗的功用，如为休息和愉快，为私密的享受，为家属聚居或会友密谈等等；这些功用是一概没有的，所有的只是一席之地以供睡眠，甚或有连这一席之地都得不到的。这种过挤的情形赐给家人们的恶果，不胜枚举。污秽、疾病，不道德和犯罪只是其中不可避免的几种罢了。如果一个人在这种环境之下尚且能够过着健康和安分的生活，那可真要算得咄咄怪事了。上海是罪恶的渊薮，那是尽人皆知的了，而造成这种罪恶的原因，居住情形的不良是其中很重要的一个”②。

除了食和住，另一重要的生活必需品就是衣服。而在中国劳工的生活费中，衣服费用占比极低。在早期的一项调查中，69位被调查者中，家庭衣服费用最少的只占全部生活费的2.1%，半数以上的家庭衣服费用只占全部生活费的5%—10%。③

在衣食住行等基本生活费用之外，工人的其余杂费就微乎其

---

① 刘明逵、唐玉良主编：《中国近代工人阶级和工人运动》第1册，中共中央党校出版社2002年版，第384页。

② 刘明逵、唐玉良主编：《中国近代工人阶级和工人运动》第1册，中共中央党校出版社2002年版，第553页。

③ 刘明逵、唐玉良主编：《中国近代工人阶级和工人运动》第1册，中共中央党校出版社2002年版，第546页。

微了。调查显示，北京劳工的杂费在生活费中只占 3.1%，上海工人则占 2.6%。杂费应分必需费和社会文化费两种：必需费包括交通和卫生医药等费用，如果省免，就连最低的生存需要都没法维持；社会文化费包括教育娱乐和应酬等费用，也是人在社会上必须满足的需要。仅就社会文化费而论，上海工人家庭每年平均教育费，如学费、书籍、报纸和文具等，只有 7 角 7 分，平均娱乐费，如电影和戏剧等，也只有 1 元。仅就上海工人的杂项费用而言，也只仅仅用以维持必需的消费，社会文化需要实在过于不足。总的来说，劳工的生活程度充其量只是维持生存，生活费用中食品的占比过高而杂项的占比过低，劳工的食品消费从各方面来看都嫌不足，其住房过于简陋，衣物和食品减无可减，而社会文化消费几乎为零。中国劳工的生活仅仅止于维持身体的生存而已。①

最后，需要提及的就是工人的节日庆典活动。传统的节日仍是工人们的主要节日，即使一些比较现代化的外商厂家也把农历新年作为节日。当然，在一些大的现代工业中心，民间传统和老习惯风俗无疑地在工人中渐趋弱化。其重要原因在于工资低，生活费用高，又时常担心失业，确实没有余钱来举办老一套的婚丧喜庆、过节请客或其他娱乐活动了。连茶叶这种常见的消费品，在被调查的家庭中，1/3 以上家庭的预算中甚至根本没有这一项，这更有力地说明了工人实在没有什么余钱。中国工人阶级作为一个新兴的阶级，已经开始和中国过去的精神世界分离，已能够采取和别的阶级，特别是和农民迥然不同的行动。春节虽然被保留着，新的节日，如五一国际劳动节和其他工人斗争纪念日，在全中国的工人群众中日益获得重要地位。中国工人逐渐建立起一个

---

① 刘明逵、唐玉良主编：《中国近代工人阶级和工人运动》第 1 册，中共中央党校出版社 2002 年版，第 554—555 页。

新的工人阶级节假日历。①

综上所述，近代产业工人在国家层面没有什么政治地位，甚至政府对工人阶级的结社和集会活动都采取压制的态度，至于罢工更是绝不容忍。这种在国家层面政治地位的缺失，使得近代产业工人在厂矿企业层面的政治地位也完全缺失。工人不仅没有任何民主参与的机会，反而遭受到残酷的封建压迫和资本剥削。首先就是超长的劳动时间，很多工人为了生计不得不劳动 12 小时以上。其次是劳动条件极其恶劣，不断出现劳动灾害，伤亡人数之多令人发指。而恶劣的劳动条件和超长的劳动时间，并未为中国近代产业工人换来能够维持其家庭幸福生活的工资，相反，与西方国家的工人相比，中国产业工人的工资是最为低廉的，不仅如此，很多工人因为各种惩罚和克扣而连这些低廉工资也不能完全拿到手。此外，物价不断上涨，而工人工资的增长又赶不上物价的增长，所以进一步加剧了工人生活的贫困，普遍性的贫困成为中国近代产业工人的基本特征。这种普遍性的贫困使得中国近代产业工人除了基本生活需求，其他社会交往活动少之又少，造成了他们精神文化生活的匮乏状态。由此可见，中国近代产业工人身处水深火热之中，这也是激发他们起来斗争的原动力。

① 刘明逵、唐玉良主编：《中国近代工人阶级和工人运动》第 1 册，中共中央党校出版社 2002 年版，第 579—582 页。

# 第三章

# 中国近代工人阶级的自发斗争与组织状况

从诞生之日起，中国工人阶级就同时遭受帝国主义、封建主义和官僚资本主义的压迫与剥削。哪里有压迫，哪里就有反抗，因此，中国工人阶级的斗争与工人阶级的成长是相伴而来的。由于中国工人阶级身处半殖民地半封建社会之中，他们的成长道路不同于一般欧美国家的工人阶级，他们的斗争也表现出自身的历史独特性。早期工人阶级不仅与资本家进行经济斗争，还进行反帝反封建的斗争。只不过这个时期的中国工人阶级还处于“自在”阶段，其斗争表现出明显的自发性特点，但这种自发性斗争是阶级斗争的起点，是工人运动从自发走向自觉的必经阶段。在这种自发性斗争过程中，中国早期工人阶级的组织也逐渐形成和发展起来，同样，工人阶级的组织也经历了从非阶级性组织发展到阶级性组织，从封建宗法色彩浓厚的旧式组织发展到现代产业工人的工会组织的过程。

## 一、中国近代工人阶级的自发斗争

中国近代工人阶级的自发斗争大体上经历过三个阶段，分别是 1840 年鸦片战争后至 1894 年甲午战争前的原始阶段，1895 年至辛亥革命前后的初步发展阶段，以及 1914 年至 1919 年五四运动前的高涨阶段。

## （一）鸦片战争后至甲午战争前的原始阶段

自鸦片战争以来，直到甲午战争之前，中国近代产业工人的发展并不迅速，在近半个世纪的时间里，产业工人的规模也不过数十万人。虽然人数不多，但他们从一开始就英勇地投身反抗外国侵略、封建压迫和资本剥削的斗争当中。

### 1. 反抗外国侵略的斗争

鸦片战争之后，外国资本主义、帝国主义的侵略不仅破坏中国领土的完整，还残酷掠夺中国人民，尤其是中国工人阶级最直接地承受了这种掠夺所带来的深重灾难。因此，从一开始，中国工人阶级就是一股重要的反对外国侵略的新生力量。

在 1841 年 5 月发生的著名的三元里人民抗英斗争中，就有广州附近的丝织工人、打石工人等参与其中。在第二次鸦片战争期间，香港、澳门等地的工人举行了中国近代史上第一次反对侵略的爱国大罢工。1858 年 3 月广东团练总局成立，号召“在香港、麦高等处为外洋人教书、办理文案及一切雇工服役人等，限一月内概行辞退回家”。不到一个月，就有两万多名各行业雇佣工人、职员等，从香港的工商企业、码头和外国人家庭中辞职，致使香港的生产停顿、商店关门。澳门为英法人办理文案和服务的员工也响应“不给洋人办事”的号召，参与了联合罢工，让外国人的商务活动被迫停止。①

在 1884 年中法战争期间，香港的船舶修造工人要求港英当局拒绝接受修理法国的兵舰。在遭到拒绝后，这些船舶修造工人便

---

① 刘明逵、唐玉良主编：《中国工人运动史》第 1 卷，广东人民出版社 1998 年版，第 270—272 页。

举行罢工。这一斗争得到了香港其他各业工人的积极响应，他们拒绝为法国商船运货和服务，但遭到了港英当局的阻止和镇压，不仅无理拘捕并处罚拒绝为法国商船运货的工人，还吊销了许多民艇的执照。这种蛮横行径激起了更大的民愤，工人们联合起来对所有“中外货皆不搬运”。于是，一场反对法国侵略者的斗争扩大为反对一切外国侵略者的斗争，使“整个港口工作陷于完全停顿”。此次香港工人的罢工斗争从 1884 年 9 月 3 日起，一直持续至 10 月 7 日，历时 35 天，最终迫使港英当局向工人屈服，“还所罚款，放所拘人”“听华民不装法货”。事后，一家英国报纸报道说，这是“香港有史以来最严重的一次暴动”①。

2. 反抗中外资本家的剥削与奴役的斗争

早期工人阶级除了参加反抗外国侵略的斗争，还自发反对中外资本家的剥削和奴役。这种斗争基本上都是经济斗争，也并不是为了提高工资、缩短工时等改善劳动条件而进行的主动斗争，而是为了反对人身侮辱和奴役，反对摊派捐税、延长工时和克扣工资等进行的被动斗争。

工人反抗延长工时和克扣工资的斗争不时发生在中外企业中。这一阶段有文字记载的产业工人最早的一次经济斗争，是 1868 年 10 月上海英资耶松船厂广东籍工人为反对厂方无理降低工资举行的罢工。据统计，从 1877 年至 1894 年，在外资航运业中发生过 7 次经济性质的罢工斗争。② 1890 年，上海江南机器制造局新任总办要将工时从以前规定的每日 8 小时延长至 9 小时，工人坚决不同意，在新规定实施当日举行罢工，但因担心总办可能下令长期停工而最终停止了罢工。

---

① 刘明逵、唐玉良主编：《中国工人运动史》第 1 卷，广东人民出版社 1998 年版，第 272—275 页。

② 刘明逵、唐玉良主编：《中国工人运动史》第 1 卷，广东人民出版社 1998 年版，第 333—334 页。

香港工人最早开展反抗中外反动势力摊派捐税的斗争。1844年10月30日，香港工人为反对港英当局颁布和实施“人头税”法案举行罢工，有3000多名工人离开香港，回到广州。斗争坚持3个月之久，迫使当局对该法案“延缓执行”①。1848年11月，香港艇工为反对英国殖民当局颁布的对艇工的统治法规举行罢工，许多艇工离开香港。1860年和1862年，香港的轿夫、水艇工人和码头搬运工人，先后举行了反对交纳牌照费和登记注册费的罢工斗争。②

除近代产业工人，传统的手工业工人和苦力运输业工人也曾发动过一些反抗经济剥削的斗争。他们直接或间接地受雇于中外资本家，因此他们的斗争也是近代工人运动的重要组成部分。1882年6月，上海水木作工人为要求作头改善饭食供给和增加工资，进行了一次规模较大的罢工。经过大约一星期的斗争，最后由鲁班殿宁、绍帮和上海帮董事“与各作头并众匠议妥”“每日供饭三次”“工洋价照衣牌抬高10文”③，工人随即胜利复工。1886年12月，上海公和祥栈房装卸工人因把头拖欠工资发起罢工，经会审后，命令把头“在公廨上付清”④ 拖欠工人的工资，才结束此次斗争。

在反对资本剥削的同时，工人阶级还奋起反抗各种人身侮辱和奴役。例如，1872年1月，上海江南机器制造局的600多名工人，为反对总办殴打和监禁工人举行罢工。工人提出，不释放被

---

① 唐玉良、王瑞峰主编：《中国工运大事记：民主革命时期》，辽宁人民出版社1990年版，第2页。

② 李玉赋主编：《新编中国工人运动史》上卷，中国工人出版社2020年版，第57页。

③ 刘明逵、唐玉良主编：《中国近代工人阶级和工人运动》第2册，中共中央党校出版社2002年版，第7页。

④ 刘明逵、唐玉良主编：《中国工人运动史》第1卷，广东人民出版社1998年版，第343页。

监禁人员，不对此侮辱工人事件做出改正，就拒绝复工。罢工坚持到第三天时，总办被迫“释放被监禁者”①，工人复工。1881年5月，上海英商天克楷司轮船的外国人任意殴打中国籍水手工人；同时，很多水手工人生病，外国医生不管不问。于是工人集体辞职，经过官府调解，最终外国船主答应不得任意毒打工人等要求，工人才复工。1891年，开平煤矿100多名工人，为了反对外国技师的欺压，自动聚集起来，手持木棍、石头，痛打了英国技师。英国的监工、技师害怕类似事件再次发生，集体撤退到天津。②

自鸦片战争至甲午战争之间的50多年里，中国早期工人阶级的自发斗争还处于较为原始的低级阶段。不仅斗争次数较少，规模不大，持续时间不长，还呈现零散性和偶发性特征。这些斗争大多因剥削和压迫加重而被动引发，斗争结果也是失败居多。此外，由于这个时期近代产业工人刚产生不久，力量薄弱，因此他们的斗争还没有在所有的工人斗争中占主导地位，而传统手工业工人和苦力工人的斗争反倒占多数。在斗争形式上，在罢工的同时向官府告状的形式居多，这表明当时的工人还对官府抱有幻想，也反映了当时的工人斗争缺乏自觉意识，更没有坚强的组织领导，也就无法形成阶级意识。

### （二）1895年至辛亥革命前后的初步发展阶段

1895年至1913年是中国工人阶级早期自发斗争的初步发展阶段。这个时期，西方列强进入帝国主义阶段，对中国的侵略进一步加剧，在经济领域的侵略方式也从商品输出变为资本输出，

① 唐玉良、王瑞峰主编：《中国工运大事记：民主革命时期》，辽宁人民出版社1990年版，第9页。
② 李玉赋主编：《新编中国工人运动史》上卷，中国工人出版社2020年版，第58页。

纷纷在中国投资建厂挖矿、修筑铁路等，并在经济掠夺的同时进行势力范围的瓜分。中国社会彻底沦为半殖民地半封建社会，民族危机和社会阶级矛盾都空前严重起来。与此同时，随着民族资本主义工商业的初步发展，中国新兴资产阶级开始登上历史舞台。特别是辛亥革命，它推翻了帝国主义的代理人清王朝的统治，给予外国侵略者和中国封建势力以沉重打击，结束了在中国延续了几千年的君主专制制度，冲破了封建主义的藩篱，推动了中国民族资本主义经济的发展。它以巨大的震撼力和深刻的影响力推动了中国社会变革。

这一时期工人运动的主要特点，是工人阶级追随资产阶级，参加反帝反封建斗争，并在这个过程中逐步发展壮大自己。

1. 积极参加资产阶级领导的反帝斗争

辛亥革命前后，中国工人阶级在资产阶级立宪派领导下，参加了抵制美货运动。此次运动是因美国排华政策所引发的。1848年，美国加利福尼亚发现金矿，美国资本家因华人劳工廉价，便引入了大量华人劳工。这些苦力不仅挖掘金矿，后来还从事铁路修建、垦荒和工厂做工等劳动，让美国资本家获得了丰厚的利润。到1877年，因发生经济危机，美国资本家开始将经济危机归咎于华人劳工太多，并煽起排华运动。从1880年起，美国政府多次要求清政府与其签订限制中国人入境的条约，同时还颁布各种对中国人的禁令。这激起了华人的愤怒，他们的反抗呼声得到国内各地的响应。1905年5月，上海商务总会决定，要求清政府拒绝与美国签订限制条约，并提出如果美国政府不改变排华政策，就将号召进行抵制美货的运动。由于美国没有让步，于是两个月后，一场以抵制美货为主要形式的反美爱国运动在全国掀起高潮。这次运动虽然是由资产阶级发起，但工人阶级不仅积极参加，而且态度更为坚决。广州工人相约不买美货，食品工人相约不用美国面粉，东莞、广州等地的运输工人拒绝装运美货。7月25日，营口码头工人拒绝为美孚洋行从纽约运来的8万桶煤油卸货。11月12日，汉口码头工人相约不运美货。11月26日，上海工界和平社再次召开会议，一致表示，美国禁止华工的条约“一日不废，彼美货一日不用”①。11月28日，上海英租界二码头教会设立的英翰印书馆，因禁止工人承揽印刷抵制美货的传单，激起全体工人罢工。其他各地包括武汉三镇、南京、扬州、苏州和东北营口等地的工人也积极投入这次运动中。

与抵制美货运动差不多同时兴起的还有收回权利运动。此次运动也是在资产阶级的倡议和领导下，反对帝国主义掠夺我国的经济主权，要求收回铁路、矿山等权利的一次反帝斗争。收回路矿利权运动始于1904年湘鄂粤绅商收回粤汉铁路筑路权的斗争。1898年和1900年，美国银行团组织的美华合兴公司与清政府铁路总公司先后签订了《粤汉铁路借款合同》和《粤汉铁路借款续约》，即以中国铁路财产及筑路权为担保向美国人借款。不过《粤汉铁路借款续约》规定，美国人不能将此合同转与他国之人，但美国人不仅一再延长工期，而且还在1903年将2/3的股票转售给比利时。与此同时，美工程师在施工过程中还任意强占土地，打伤甚至枪杀中国工人。这激起了普遍的民愤。1904年冬，湘粤两省绅商首先起来要求废约自办铁路，得到其他各省民众的支持与声援。广东铁路工人参与进来。终于在废约运动的压力下，清政府于1905年8月与美方签订了《收回粤汉铁路美国合兴公司售让合同》，以675万元赎回路权，废除原定借款条约。

1911年，湘鄂粤川等省人民反对所谓“铁路国有”的保路运动，把收回路矿利权运动发展到了顶点。1911年4月和5月，清政府一方面借口四省商办铁路“毫无成效”，宣布铁路“干线国

① 唐玉良、王瑞峰主编：《中国工运大事记：民主革命时期》，辽宁人民出版社1990年版，第37页。

有”，另一方面则派邮传部尚书盛宣怀与英法德美四国银行团谈判签订《粤汉川汉铁路借款合同》，企图将路权出卖给外国资本。这激起了四省绅商和参与华资修路的广大工农群众的强烈反对。5月18日，长沙、株洲一带的筑路工人1万余人，进入长沙城内，向湖南巡抚请愿，并声称如果不上奏挽回，则商人罢市、学生罢课、工人罢工。四川保路运动发展的规模最大，也最为激烈。6月17日，四川铁路公司在成都召开股东会议，实际是绅商学界代表会议。会议决定成立四川保路同志会，以保路废约、反对清政府出卖国家主权为宗旨。9月7日，因四川总督逮捕保路同志会正副会长等9人，引发数千群众前往总督衙门请愿，但被军队开枪射杀群众30多人。于是，成都附近的保路同志会立即武装起来，改称同志军，围攻省城，走上了起义的革命道路。清政府命镇守武汉的端方带兵前往四川镇压，削弱了武汉的兵力，给武汉革命党人的起义造成了有利时机，10月10日的武昌起义正是在这样的时机下发动并取得胜利的。因此，人们把四川的保路运动和武装起义，看作辛亥革命和武昌起义的导火线。① 而在此次保路运动中，一直有工人群众的积极参与。

2. 参加孙中山领导的推翻清政府的革命斗争

在孙中山领导的推翻清政府的革命斗争中，工人阶级更是成为一支不容忽视的重要力量。在最早建立的兴中会中，在有据可考的286名会员中，工人占54人。1905年成立的同盟会中，7%的会员是工人。② 很多与革命党人有联络的秘密结社或会党中，有很多成员是城市中的苦力、手工业工人和厂矿工人。他们以各种形式积极参加并支援了孙中山领导的革命，比如为革命活动筹

① 刘明逵、唐玉良主编：《中国工人运动史》第1卷，广东人民出版社1998年版，第307—309页。

② 王建初、孙茂生主编：《中国工人运动史》，辽宁人民出版社1987年版，第35页。

款、秘密运送武器弹药、偷运革命党人或传递消息等，有时直接参加武装起义。

从兴中会、同盟会成立起，至辛亥革命爆发前，在孙中山领导下，革命党人曾发动过10多次武装起义，每次都有大量工人参加。1895年10月，孙中山在广州组织发动了第一次武装起义，参加这次起义的多数是工人。① 1906年12月4日，同盟会组织发动了萍浏醴起义。起义开始后，很快大败清军，6日，即攻占上栗市，并以“中华国民军南军革命先锋队都督”的名义发表檄文。起义坚持一个多月，与清军打了20多场仗，后被清军镇压，宣告失败。参加这次起义的会党群众共3万多人，其中，6000名安源煤矿工人参加了这次起义。1911年3月广州黄花岗起义中，广州、香港、澳门等地的机器工人和海员、码头装卸工人等，负责秘密运输枪支弹药。起义过程中牺牲的86人里，有工人17名。②

1911年10月10日，在以武昌起义为标志的辛亥革命高潮中，各地工人积极投身革命事业。他们以各种方式支持革命党人，包括帮助起义军运送军火、准备武器，以及直接参加革命军等。早在起义之初，楚望台军械库工人一方面为革命党廉价收买子弹和炸药，另一方面在为清军修理枪支时，故意破坏零件。10月上旬，革命军攻打武昌城时，徐家棚工人、武昌纱厂工人和人力车工人积极帮助起义军运送军火。10月14日，武昌起义之后建立的军政府招募新兵，武汉工农踊跃参加革命军。10月19日，武汉的民军攻打刘家庙，铁路工人和铁厂工人直接参战。

武昌起义后，工人纷纷以各种形式响应辛亥革命，工人运动也逐渐进入高潮。10月中旬，武昌起义的消息传出，宜昌地区的

---

① 刘明逵、唐玉良主编：《中国工人运动史》第1卷，广东人民出版社1998年版，第299页。

② 刘明逵、唐玉良主编：《中国工人运动史》第1卷，广东人民出版社1998年版，第304—305页。

铁路工人和筑路工人3万多人，把向路局讨还欠薪的斗争发展成“暴动”。10月27日，陕西张家河煤窑工人，在窑工、会党首领赵瞎子等领导下，参加革命党人白喜发动的起义，攻克县城。11月9日，同盟会福建分会领导福州起义，福州土木工人自愿参加起义部队民团义勇队。福州电报局职工李达瀛、王启文等密切配合革命党人，顺利地接管该局的通讯器材，随即发布了“通电各县，传报民军声势及清军败亡”① 的消息。11月15日，厦门铁路工人参加同盟会领导的武装起义。11月18日，香港印刷工人为抗议港英当局逮捕该行业职工中的同盟会会员，举行同盟罢工。当地英、中文报纸全部停刊。

辛亥革命前后，工人阶级还没有在政治上形成一个独立的阶级，追随孙中山领导的资产阶级革命就成为必然。在这个过程中，工人阶级得到了历练和洗礼，积累了越来越多的斗争经验，为自身成为独立的阶级创造了条件。

3. 经济斗争的增加与同盟罢工的出现

甲午战争之后，外国资本、官僚资本和民族资本都快速扩张，全国产业工人数也随之增至近百万人。他们与广大苦力和手工业工人一起，在参加反帝反封建斗争的同时，也为争取自身的经济利益而与中外资本家进行经济斗争。

与前一个阶段相比，这一阶段的经济斗争有明显的进步。首先就是罢工次数增多，规模扩大。据不完全统计，从1840年至1904年的60多年中，全国工人罢工仅50多次，平均每年不到一次。而从1895年到1913年的19年里，全国共发生经济斗争性质的罢工277次，平均每年14.58次。特别是从1905年到1913年的9年间，除1907年以外，其余各年罢工都在22次以上。其中，

---

① 唐玉良、王瑞峰主编：《中国工运大事记：民主革命时期》，辽宁人民出版社1990年版，第51页。

1909年30多次，1905年和1906年各24次，1910年25次，1911年26次，1913年27次。①

不仅如此，在一些近代工业和手工业比较集中的大城市，还出现了罢工连续不断，进而发展成局部性的罢工潮的情形。例如，1906年6月和7月，上海连续发生了绍兴帮印染工人、英租界工程工人和水木作工人、英美烟厂和三泰纱厂工人、城厢内外皮箱业工人等6次罢工。同年9月，又发生了煤气公司和自来水公司工人的罢工。据统计，从1909年7月至1910年8月的14个月间，上海共发生罢工21次。其中，除1910年4月没有发生罢工外，其他各月均有罢工发生。特别是1909年的9月与1910年的1月和3月，均发生罢工3次，1909年8月和10月各发生罢工2次。

此外，这个时期的工人运动还出现新的发展，那就是同盟罢工的出现。1905年，上海集成纱厂工人为反对工头压迫和克扣工资，先后组织了南、北两厂工人的同盟罢工，共有4600多人参加了罢工。1909年，沙俄在汉口创办的茶砖厂工人发动同盟罢工，参加工人达八九千人。1911年8月，上海闸北四家丝厂女工举行同盟罢工，并在厂前张贴“同盟宣告”，指出：“今我闸北同业不下三四千人，愿结同盟，要求每工给洋三角五分，否则另图别业，决不就范。”② 这次罢工还得到了梧州路勤昌丝厂和法租界久成丝厂女工的罢工响应。罢工过程中，女工不受欺骗，不畏恫吓，终于在资方同意每日给女工工资增加一分的条件下复工。1912年7月15日，上海翻砂工人为争取改善劳动条件和增加工资，举行同盟罢工，迫使厂主承认工人议定的行规。1913年3月下旬，上海翻砂工人因各厂厂主强行增加工时、减少工资和瑞记翻砂厂工头

① 刘明逵、唐玉良主编：《中国工人运动史》第1卷，广东人民出版社1998年版，第358页。

② 刘明逵、唐玉良主编：《中国近代工人阶级和工人运动》第2册，中共中央党校出版社2002年版，第18页。

周瑞源诬陷工人一事，举行同盟罢工，最终获得胜利，于 29 日复工。

在罢工起因上，这一阶段与前一阶段形成较为鲜明的对比。在前一阶段，工人更多的是因为剥削和压迫的加重而抗争。而这一阶段，工人主动提出增加工资、改善待遇以及其他权利要求的次数明显增多，并取得一定胜利。据不完全统计，这个阶段载明原因的 259 次罢工中，有 184 次是由工资问题引起的，其中有 130 次是为要求增加工资而举行的，占 70.65%。这表明为要求增加工资而进行的罢工次数，大大超过了为反对降低、克扣或拖欠工资而进行的罢工次数。例如，1903 年秋天，东清铁路哈尔滨临时总工厂（于 1903 年 12 月开工兴建，1907 年正式建成，占地面积 84.3 万平方米，工人达 2000 余人，其中中国工人占比在 80%以上）工人在张永贵的领导下联合起来，提出“我们要享受人的待遇”“我们要房子住”等口号，展开斗争。在工人强烈要求下，厂方在该厂西北角搭起了 36 个人字形窝棚，作为工人的住宅区，即后来人们所说的“三十六棚”。一棚中至少住 10 人，多者住 30 余人。[①] 虽然“三十六棚”的条件也非常艰苦，但至少是工人主动提出要求，为自己争取做人的权利与待遇而得到的改善。

从斗争的手段看，从以前的告状、怠工，发展到罢工、捣毁资本家的机器和烧毁财务账簿等，并且开始采用威力更大的同盟罢工。与此同时，罢工的组织形式也发生了重要变化，前一阶段往往是分散的、自发的罢工，这一阶段则大多在有组织的领导下进行。只不过这些组织基本上以旧式行会、帮会等传统组织为主。

总之，与前一阶段相比，辛亥革命前后的工人斗争有了较大的进步，但由于追随软弱的资产阶级的领导，还没有达到真正的

---

① 唐玉良、王瑞峰主编：《中国工运大事记：民主革命时期》，辽宁人民出版社 1990 年版，第 31 页。

阶级自觉，因此在很大程度上仍处于自发斗争阶段。从斗争结果来看，既没有为工人阶级争取到真正的民主和自由，也没有让他们的经济生活得到根本改善。不过，这个时期的斗争，有助于工人阶级开阔视野，提升觉悟和积累经验。

### （三）1914 年至 1919 年五四运动前的高涨阶段

从 1914 年第一次世界大战爆发至 1919 年五四运动前的五年里，是中国近代产业工人迅速壮大，早期工人阶级自发斗争走向高潮的阶段，并为工人阶级成为历史舞台上的独立政治力量奠定了基础。这种转变，归因于国内外形势的一些重要变化。首先，第一次世界大战爆发后，欧美帝国主义忙于战争，暂时放松了对中国的侵略，让中国民族资本获得了一个黄金发展时机，而日美帝国主义也加紧了对中国的经济侵略。这也带来了中国工人阶级队伍的迅速壮大，人数成倍地增长，同时，工人与资本家的矛盾也越发加重。其次，从辛亥革命前后开始出现的物价上涨、通货膨胀等问题，到这个时期变得更为严重，一般用于支付工资的铜元和纸币则在急剧贬值，其结果就是工人的生活日益艰难，势必激起工人的斗争。最后，经过前两个阶段的斗争，工人已经积累了一定的斗争经验，阶级意识开始萌发，特别是俄国工人阶级取得十月革命的伟大胜利，更加鼓舞了中国工人阶级的斗志，使这一时期的工人斗争走向高潮。

#### 1. 经济罢工越发频繁且同盟罢工日益增多

据不完全统计，在这五年多的时间里，全国各地共发生经济性质的罢工斗争 185 次，平均每年罢工 34.7 次，是前一阶段的两倍多。在前一阶段，虽然出现了连续性的罢工，但频次相对较少。而在这一阶段，连续性罢工变得较为频繁，到五四运动爆发前夕，各地工人的经济斗争已经达到相当频繁的程度。例如，1918 年 5 月罢工 9 次，6 月 8 次，8 月 7 次，9 月 14 次；1919 年 2 月罢工 4

次，3 月 6 次，4 月 13 次。[1] 罢工斗争的频繁，还表现在有的工厂在几年内连续发生罢工，甚至一年内罢工数次。从 1914 年到 1919 年初，约有 26 个企业和行业发生过多次罢工，其中中东铁路哈尔滨总工厂和沿线各站工人，在 1916 年 7 月到 1918 年 9 月间曾连续罢工 8 次。上海英美烟厂工人曾罢工 6 次，上海冷作业铁工和抚顺煤矿工人各罢工 5 次。[2]

在日益增多的罢工中，工人的斗争方式和策略水平也在提高。比如在罢工时，工人开始学会利用散发传单来争取社会的同情和支持，懂得选择有利的罢工时机，并预见资本家可能进行的报复等。而其中一种重要方式，即同盟罢工日益增多。据不完全统计，这个阶段产业工人的 114 次罢工斗争中，大约就有 25 次或多或少地突破了帮口、行会的界限，不同职业、企业的工人联合起来进行同盟性质的罢工，约占产业工人罢工总数的 22%，其中，又有 18 次发生在上海，占总数的 72%。[3] 例如，1917 年 3 月 24 日，上海商务印书馆的印刷、排字两部工人 200 余人，为争取结社、集会自由，反对资方无理解雇工人，举行罢工。接着中华书局、文明书局的工人举行同情罢工，罢工人数增至 700 余人。同盟罢工有利于冲破传统的行会、帮口的界限，显示工人团结的力量。1914 年 10 月至 11 月，上海沪、宁（波）、绍（兴）三帮水木作工人，为要求增加工资举行同盟罢工。1916 年，上海油漆业南北市两帮工人为要求增加工资和改按“洋码”支付工资，举行长达

---

① 刘明逵、唐玉良主编：《中国工人运动史》第 1 卷，广东人民出版社 1998 年版，第 397 页。

② 刘明逵、唐玉良主编：《中国工人运动史》第 1 卷，广东人民出版社 1998 年版，第 400 页。

③ 刘明逵、唐玉良主编：《中国工人运动史》第 1 卷，广东人民出版社 1998 年版，第 403—404 页。

1个多月的同盟罢工等，这些罢工大都取得了胜利。[①] 1919年3月中旬，上海、宁波雨伞业工人和上海印刷局装订工人因生活艰难，屡次要求增加工资均遭到拒绝，于是分别举行同盟罢工。

这个阶段的许多罢工，不仅规模较大，参加人数众多，而且斗争激烈，持续时间较长。这个阶段中有罢工人数记载的罢工共计92次，其中参加人数在500至1000人之间的有23次，占25%；参加人数在1000至1万人之间的，有42次，占45.7%；还有1次罢工人数超过2万人。[②] 另据不完全统计，在这个阶段记载有经过情况的130余次罢工中，工人群众与资方和军警发生激烈冲突，造成财物损失和人员伤亡的，共有20余次。[③] 例如，1919年2月25日，汉口扬子机器厂总办等“设立条规，勒令工人请出五百银之铺保，方准做工。各工人不服，以致肆行滋闹”。厂方具禀省督军署并镇守使署，从附近驻军中抽调步兵一连，开往该厂镇压工人。“工等闻军队鸣号而至”，“数百人一拥而出，各执铁械短刀猛与军队抵抗”。军队“开枪射击，击毙工人数名”，工人也“将士兵杀伤四人”，后来军队“以冲锋直追工等”，才将工人驱散。最后，厂方被迫暂缓实行要工人“立具保单”的规定，并“允将死者从厚安葬，优给抚恤”，工人于3月5日以后才停止罢工。[④]

此外，这个阶段的经济斗争具有了一个新的特点，就是组织化程度明显提高。一些传统的帮工组织，也开始改变陈规，努力

---

① 高爱娣：《中国工人运动史》，中国劳动社会保障出版社2008年版，第99—100页。

② 刘明逵、唐玉良主编：《中国工人运动史》第1卷，广东人民出版社1998年版，第414页。

③ 刘明逵、唐玉良主编：《中国工人运动史》第1卷，广东人民出版社1998年版，第417页。

④ 刘明逵、唐玉良主编：《中国工人阶级和工人运动》第2卷，中共中央党校出版社2002年版，第210—211页。

摆脱雇主的控制，开始在罢工中发挥积极作用。近代意义上的工会组织也萌生了，并在组织工人经济斗争时开始发挥应有作用。在斗争过程中，工人群众除采取传统的方式进行请愿和抗议外，也有了一些新的做法。比如提出的要求更为明确，学会采用散发传单的形式，还会在罢工时召集群众大会，发表演说，进行宣传鼓动，以争取其他工人群众的支援。

2. 更为坚决地参加反帝反封建斗争

这一阶段的工人斗争表现出更为坚决、更为鲜明的反帝反封建意识，具有更为浓厚的政治特性，彰显了工人阶级的强大力量。

1913 年 3 月，袁世凯派人刺杀了国民党核心人物宋教仁。5 月，下令禁止一切政党活动。6 月，下令解除国民党人江西都督李烈钧、广东都督胡汉民、安徽都督柏文蔚的职务，并南下进攻以孙中山为代表的民主力量。在孙中山、黄兴等领导下，国民党的一部分军事力量进行了第一次讨袁战争，被称为“二次革命”。有不少工人参加了这次斗争。在上海，由国民党人陈其美发动的“攻击制造局”事件中，不少失业工人和苦力参加了战斗。在武汉，革命党人曾计划攻占汉阳兵工厂，该厂许多工人准备配合行动，以作内应，后因事情被泄露，遭到镇压，有 2 名工人被杀，二三十人被捕。

“二次革命”失败后，袁世凯公然解散国会以复辟帝制，于 1915 年 12 月正式自称“洪宪皇帝”。这种倒行逆施激起了全国人民的激烈反抗。在以孙中山为首的革命党人掀起的“护国运动”中，也有不少工人参与斗争。1915 年 12 月，陈其美策动肇和兵舰起义，革命党人在陆上发动武装起义响应。上海苦力工人三四百人援助肇和兵舰袭击制造局，“攻击第二警察区署”①，12 月 2

① 刘明逵、唐玉良主编：《中国近代工人阶级和工人运动》第 2 册，中共中央党校出版社 2002 年版，第 541—542 页。

日，上海人力车夫约 1 万人，因反对增加车租而罢工。革命党乘机发动罢工的人力车夫参加起义，“约有四五千人，为革党所利用雇充前敌”①。上海制造局工人“因党人运动，希图哗变”，工人“陆续散去”，不为袁世凯赶造军械。1916 年 3 月，北京财政部印刷厂 300 多名工人，正值“滇乱发生，关于财政上各项印刷费事项倍益加多”，当局“加添夜工”，要求“各工徒益当勤劳”的时候，提出加薪要求，举行罢工。由于该局局长动用警察镇压工人，激起工人骚动。工人将局内机器全部捣毁，并且与巡警发生冲突。② 最终工人的骚动被镇压下去，有 20 多名工人被逮捕。以上只是简单列举了一些事例，从中可看到，很多地区的工人都积极主动地配合支持反对袁世凯复辟的斗争。

这个时期，日本帝国主义趁第一次世界大战爆发的时机，加紧了对中国的侵略。1915 年 1 月，日本驻华公使代表日本向北京政府提出旨在灭亡中国的“二十一条”。5 月 9 日，袁世凯正式承认丧权辱国的“二十一条”修正案。消息一经传出，全国掀起了一场以反对签订“二十一条”卖国条约为目的、以抵制日货为主要形式的反日爱国运动。在这当中，中国工人阶级表现出坚定的反帝立场和强烈的爱国热情。全国各地工人不仅积极参加抵制日货的运动，而且纷纷罢工。在上海，日资企业搬运工人，纷纷罢工，“不准与日商工作”。在长沙，“闻省城各日本商店所雇华工，亦于日前就水浒庙开茶话会，除决定一律辞工外，并愿任劝导不买日货之责任”。在武汉，“所有日本商品，市中已不多见。该国商人自行设肆者，皆终日无人过问。即行驶长江上下游轮船，每

① 刘明逵、唐玉良主编：《中国近代工人阶级和工人运动》第 2 册，中共中央党校出版社 2002 年版，第 542 页。

② 刘明逵、唐玉良主编：《中国工人运动史》第 1 卷，广东人民出版社 1998 年版，第 322 页。

次开行，亦无人搭载”①。浙江的搬运工人、船工亦拒购和拒运日货。

在此期间，日本借对德宣战之机出兵中国山东，霸占青岛。为反对“二十一条”和抗议日本出兵山东，1917 年 7 月，汉口码头工人 5000 多人，涌入日租界，捣毁三菱、大和、九三等洋行，将停泊的大阪公司的趸船烧毁。1918 年，日本人向汉口政府当局索取了赔款，工人闻讯后，组织反日会，实行对日本的经济绝交，号召各界拒买日本货。

这次反日斗争虽然没有达到阻止日本与袁世凯签订“二十一条”的目的，却显示了中国人民反对“二十一条”的决心与勇气。由于抵制日货的深入发展，特别是有了广大工人和其他劳动者的参与，这次斗争在经济上给日本侵略者以沉重打击。据外国人雷赉的统计，1915 年与 1914 年相比，日本对中国的输出下降了 12. 3%。②

在此期间，工人参加反帝斗争的另一重要例子，就是天津法租界工人反对法国侵略者强占老西开③的反帝斗争。老西开是天津法租界与华界接壤的地方，早在 1902 年，法国驻天津领事照会清政府，要求将老西开划入法租界，但未能成功。法租界当局便在老西开不断购买土地，建立教堂、商店，开办学校等，妄图在时机成熟后，以保护教民为由，迫使清政府当局承认既成事实。1913 年，法国在老西开设巡捕，遭到天津人民的反对，北京政府才派两个警察驻扎在张庄大桥，以示抵制。1916 年 10 月 2 日，法

---

① 刘明逵、唐玉良主编：《中国工人运动史》第 1 卷，广东人民出版社 1998 年版，第 324—325 页。

② 李玉赋主编：《新编中国工人运动史》上卷，中国工人出版社 2020 年版，第 70 页。

③ 龙新民主编：《中国共产党历史重要事件辞典》，中共党史出版社、党建读物出版社 2019 年版，第 2 页。

国驻天津领事派巡捕绑走了中国警察，公然强占老西开。于是，一场反对法国侵略者强占老西开的斗争爆发了。虽然充当此次反帝斗争领导者的是资产阶级的商务总会，但天津法租界的工人是主要斗争力量。

法租界工人从11月12日开始罢工，参加罢工的有法商电灯公司、仪品砖窑、仪品铁场、华利铁厂等单位的工人1400余人。由于法资开办的电灯公司的中国工人罢工，使“法租界内之电灯全部熄灭，忽然化为黑暗世界”。由该电灯公司供给用电的各工厂，也因此宣告休业。16日，罢工更加扩大，法资开办的旅馆和饭店的中国工人与法国人家中的女佣人全体罢工，甚至法租界的中国警察也实行罢岗，最后法租界的清道夫、清粪工也加入了罢工的行列中。法租界工人的总罢工，使“灿烂繁荣之法租界，几化为鬼市荒墟”。天津法租界的工人还组织了“工团”，成立了“工团事务所”，据说1600多名工人被组成了18个部。工团组织工人进行政治示威，“由各部分代表率领全体，结队出发游行街市，以表爱国热忱”，同时召开“法界工人之罢工大会”，进行示威抗议活动。①

虽然遭到法租界当局的各种阴谋破坏，但法租界工人团结一致，坚持斗争，同时也得到了各地各界的声援。最后，在坚持4个月的斗争之后，最终经中法两国政府谈判决定，将老西开改为“中法共管”。虽然我国的主权仍遭到侵犯，但并未被法国完全侵占，还是取得了部分胜利。

### （四）第一次世界大战期间海外华工的斗争

在中国工运史上，有一个特殊的劳工群体，他们不仅对中国

① 刘明逵、唐玉良主编：《中国工人运动史》第1卷，广东人民出版社1998年版，第327—328页。

的早期工运产生了重要影响，而且他们自身的运动史也构成了国际工运的重要组成部分。这个群体就是曾在第一次世界大战期间前往欧洲协约国工作的华人劳工。

华工之所以前往欧洲，一个重要原因是协约国自己的劳动力大多开赴前线，导致劳动力匮乏，特别是法国政府，劳动力匮乏问题更为严重。于是，法国政府便在欧洲其他国家及非洲与安南等殖民地征募工人，同时也将华工列为招募对象。法国驻华公使与当时在中国政坛颇具影响力的梁士诒进行了接洽，后者在第一次世界大战时曾力劝袁世凯参战，但因日本的强烈反对而未遂。法国公使提出的招募华工前往法国工作的提议，触发了梁士诒的灵感。他基于国家立场，为使中国脱离孤立状态，并提高战后中国的国际地位，拟定了一套“以工代兵”的参战原则。这开启了大量华工前往欧洲做工之举。战争结束后，法国因此赠予梁士诒法国大十字勋章，感谢他为法国招募华工所做出的贡献。①

当然，华工涌入欧洲也有经济的原因。在第一次世界大战之前，中国的经济日益陷入巨大的危机之中。在帝国主义的剥削和压迫下，国内实业发展缓慢，破产失业者日渐增多。在这种情况下，工人被迫向海外发展。这也得到当时一些社会有识之士的赞同，认为“法为文明之邦，工厂林立，制造精良，土地膏腴，农务发达”，华工借此机会“既可稍事积蓄，兼可增长见闻与普通知识，将来归国于实业之发达，及社会之改良，均大有裨益也”。②

英国、美国、俄国等其他西方国家也效仿法国，相继来华招工。根据相关历史记载，在第一次世界大战期间，华工在法国、英国、美国等协约国工作的总人数在 17.5 万至 20 万人之间，其中在英国工作的约 10 万人，占总数近半或稍多些。在籍贯上，十

① 陈三井：《华工与欧战》，岳麓书社 2013 年版，第 9—10 页。

② 陈三井：《华工与欧战》，岳麓书社 2013 年版，第 13 页。

之八九来自山东；在年龄上，大多在 20 岁至 40 岁之间，正处于年富力强且具有冒险精神的阶段；在文化程度上，大部分是文盲，但其中约有 400 位学生充当翻译；在职业上，既有没有技艺的农民、伙计、挑夫、轿夫等，也有具有专门手艺的铁匠、木工、泥水匠等。①

大多数的华工前往欧洲，是为了补充协约国劳力的不足，因此他们的主要任务不在于参战，而是在口岸搬运货物，在工厂做工等。他们吃苦耐劳，备受雇主好评，但他们并未因此而得到应有的待遇。据统计，在法国的华工虽然每日所得工资比国内提高了八九倍，但工资收入仅为法国工人的 1/2 或 2/3。工厂对华工的惩罚也多于奖励，在英国，惩罚和羞辱是十分常见的纪律处分方法。比如一名叫黑格的英军士兵在日记中写道，1917 年 9 月 18 日，他亲眼看见 6 名华工受到战地处罚。在炎炎烈日下，他们手脚张开靠在铁丝网上，手腕脚踝被用绳索捆在柱子上。这一惩罚持续了好几小时。②

对于华工的管理，通常都是采取军事化的管理方式，特别是那些为英军服务的华工，常常就在战场或战场附近工作，如果违反纪律，就会被送上军事法庭，接受军法处置。英国人并没有完全遵守当时签订的招工合同，因为合同规定，华工不应被派往危险地区，但英国人对这一特殊条款视而不见，华工经常被派往危险地带，在炮火下工作。死于炮火之下的华工数量，最保守的估计是 2000 多人，最高的估计多达 2 万人。③ 此外，华工染病或因伤致病致残，甚至丧命的情形也不少见。

---

① 陈三井：《华工与欧战》，岳麓书社 2013 年版，第 31—33 页。

② 徐国琦：《一战中的华工》，潘星、强舸译，上海人民出版社 2014 年版，第 116 页。

③ 徐国琦：《一战中的华工》，潘星、强舸译，上海人民出版社 2014 年版，第 100—101 页。

这种恶劣的工作环境和管理方式，自然不时地引起华工的不满。当时一些华工领袖已经接触到了民族主义、无政府主义以及马克思主义等思潮，他们便利用华工的不满情绪，发动各式各样的罢工，以达成其特定目的。据统计，1916 年 11 月至 1918 年 7 月，华工在法国工厂发动过 25 次罢工。罢工的原因大多是资方未完全履行合同的规定，对待工人较为粗暴，工人的工作环境也比较危险，稍有过失就遭到严厉惩罚等。① 这些罢工对于华工是重要的政治历练。

第一次世界大战结束后，华工大多被遣送回国。他们的归来，对国内的工人运动产生了重要的影响。国外的工作和生活，让他们增长了知识和开阔了视野。他们不仅带回来一些工业知识，也带来了良好的生活习惯和组织观念。他们对国内忽视安全卫生的工作环境感到不满，对工资收入也有了增长的要求，并产生了自尊自爱的需求。这些变化不断地激发出工人改善劳动条件的情感和诉求。更重要的是，他们的组织能力得到了极大提升。而之所以出现这种组织能力的提升，一个非常关键的因素就是在当时出现了知识分子与工人的首次结合。

当中国政府派遣劳工前往欧洲的计划刚浮出水面时，李石曾、蔡元培等知识界的精英就纷纷表示支持。他们一方面运用声望和影响力进一步推动该计划的落实，另一方面呼吁要在该计划中突出劳工在海外接受教育的重要性。这些知识界的精英都热切希望将新的知识、新的世界观灌输给华工们。他们通过在法国的中国知识分子向法国政府施压，要求后者为华工提供职业教育。而身处海外的中国知识分子还创办了一些面向华工的出版物。1917 年 1 月，李石曾在巴黎创办了《华工杂志》，专门为华工提供重要信息及教育之用。1919 年 11 月在巴黎创刊的《旅欧周刊》不仅鼓

① 陈三井：《华工与欧战》，岳麓书社 2013 年版，第 129 页。

励华工采取各种行动，而且呼吁他们为国内的工人树立良好榜样，它还将《国际歌》翻译成中文并刊登出来。在这些刊物中，最有影响力的当数晏阳初于1919年1月15日在巴黎创办的《华工周报》，其创办的宗旨是“开通华工的知识，辅助华工的道德，联络华工的感情”。它注重提高华工的思想境界，加强他们的国家和民族认同感。在其巅峰时期，该报的销售量高达15000份。①

此外，华工在欧洲工作时，有一些为之服务的秘书或翻译与他们合作。他们在朝夕相处的生活中，逐渐产生了组织意识和领导权观念。在知识分子的协助下，华工在法国组织了巴黎华工会、工人社会等各种各样的工人团体及数量甚多的储蓄俱乐部、读书俱乐部和自治俱乐部等。这种组织经历在华工归国后组织国内工人或创建工会时发挥了重要作用。②

知识分子与华工的交流与合作，也让知识分子认识到了工人的重要性。事实上，当时流行的两个口号，即“公理战胜强权”和“劳工神圣”都直接与在法华工相关。③ 同时，这种交流也加强了知识分子与劳工的密切联系，这直接启发了国内的知识分子，让他们认识到，必须走到新兴的工人阶级中去，发动他们，组织他们，如此才能形成一股新的革命力量。

总之，1840年至1919年这近80年的中国工人阶级发展史，就是一部中国工人阶级的斗争史。在斗争初期，中国工人阶级还没有形成明确的阶级意识，没能提出自己独立的政治主张，更没有自己的统一组织和政党的领导。所以，早期的斗争表现出明显的自发特征，不仅多数斗争规模较小，也比较分散。即便后期的

---

① 徐国琦：《一战中的华工》，潘星、强舸译，上海人民出版社2014年版，第211页。

② 陈三井：《华工与欧战》，岳麓书社2013年版，第168—170页。

③ 李永昌：《觉醒前的狂热——论“公理战胜”和“劳工神圣”两个口号》，《近代史研究》1996年第4期，第195—210页。

斗争越来越频繁，规模也越来越大，还不时出现同盟罢工，斗争时间也持续较长，但总体上仍缺乏坚强统一的领导，没能作为一个独立的阶级站上历史舞台，更多是追随资产阶级，参与反帝反封建运动。不过，早期的这些斗争经历为中国工人阶级走向自觉，最终成为中国新民主主义革命的领导阶级，奠定了良好基础。

## 二、中国近代工人阶级的组织状况

马克思指出，“资本是一种集中的社会力量，而工人只拥有自己的劳动力。因此，劳资之间永远不可能在公平的条件下缔结协定”，“工人的社会力量仅在于他们的数量”。① “但是只有当工人通过组织而联合起来并获得知识的指导时，人数才能起举足轻重的作用”②。所以，工人必须组织起来，才能拥有与资本家进行斗争的力量。事实上，工人阶级的斗争史，也是工人阶级的组织史。随着工人阶级的斗争从自发走向自觉，中国工人阶级的组织也从带有封建色彩的传统组织，向以阶级意识为团结纽带的现代组织转变。在 1919 年五四运动之前的早期中国工人阶级发展阶段，工人组织最初主要是封建性的旧式行会、帮口、秘密结社等。后来在资产阶级的影响下，开始出现了一些劳资混合团体和自发的工人组织。随着工人阶级逐步走向自觉，一些近代意义上的工会组织也开始萌生。

### （一）中国工人早期参加的行会、帮口和秘密结社

中国工人大多是从封建制度下的手工业工人、苦力、店员、

---

① 马克思：《临时中央委员会就若干问题给代表的指示》，《马克思恩格斯全集》第 16 卷，人民出版社 1964 年版，第 219—220 页。

② 马克思：《国际工人协会成立宣言》，《马克思恩格斯选集》第 3 卷，人民出版社 2012 年版，第 10 页。

破产农民和小业主等转化而来，因此，他们在思想观念、行动方式和社会交往等方面都保留着浓厚的封建主义色彩。这表现在其参与的组织形式上，大多是一些封建性的组织，其中最主要的就是各种行会、帮口和秘密结社。

1. 行会

行会是封建社会中城镇手工业者和商人的同业组织。为了抑制行业内的竞争，他们联合起来垄断某种技术或产品市场，以谋求本行业从业者的共同生存和更大利益。为此，行会都会制订详细的行规以约束会员，对违反者将处以相应程度的惩罚。而且，每个行会通常都会有各自信奉、祭祀的神，并会在祭祀时举行隆重的仪式，还会有一些宴请和聚会等。行会通常都带有封建宗法迷信的特点。

早期行会的成员通常以雇主、师傅、工头或商人为主，一些手工业工人、学徒或帮工也会参与其中，但更多的是附属角色。虽然在雇主和雇工之间、师傅与学徒之间，会出现一些利益矛盾，但这种矛盾在早期阶段并不是很尖锐，更不会发展成阶级冲突。这是因为在他们之间存在着错综复杂的封建宗法关系，且并不存在固定不变的雇佣关系。比如师傅或雇主其实也是从学徒开始逐步发展起来的，所以学徒也许过不了多久，自己也成为师傅或雇主，这样并不存在一成不变的剥削关系。又如，师傅有时也是雇主的身份，所以雇佣关系中又夹杂着师徒关系，他们彼此之间利益有共同的一面，同时又有宗法关系来调和二者之间的利益矛盾。此外，在学徒或雇工出现困难时，行会还可能会有一些慈善资助。

但是，随着商品经济的发展和社会分工的发达，特别是随着资本主义萌芽的出现，竞争也变得激烈了。这样，雇主、师傅对帮工、学徒的剥削也愈加严重。而这些帮工和学徒上升为雇主或师傅的希望也越来越小，沦为终身的雇佣工人，行会内部的矛盾也就开始变得越来越尖锐和不可调和了。这种情况下，这些雇佣工人开始组建或参加一些不包括雇主及师傅在内的行会。在广东石湾陶瓷业“花盆行历例工价列”木榜中，有“乾隆六年（1741）八月忌日，联行东西家会同面议各款工价实银”[①] 记载，列300多种产品工价，说明该业有东家行、西家行。石湾窑灶系地主、宗祠所有，租给烧窑户烧瓷。故东家行应当为烧窑户的组织，西家行则是陶工和个体坯户的组织。陶工是受雇的工匠。个体户或向烧窑户领料加工成坯，收取计件工资，也属雇工性质。或自料自制成坯，委托烧窑户代烧，那就不是雇工身份了。但他们都参加西家行的组织。[②] 工人行会的名称与雇主的行会类似，大多叫行、会、殿、庙等，建有专门会所的，也称为堂、公所、会馆等。同治三年（1864）《江苏善后总局永禁烟业私立公所擅设行头把持垄断碑》记载：“近有苏帮烟匠人等，称有烟业公所，以办善举为名，勒派钱文，把持垄断”，可见，这里的苏帮烟匠组织称为公所。另据清人小说《万年青》记载，在广州丝织业锦纶行中，“西家行多系手作，单身汉子十居七八，……一经有事，东家亦不敢阻止，……若不如此，即上会馆知照通行，不接这家字号生意”。据调查，广州丝织业工匠曾有11个帮，有些帮下设有会馆，如丛信馆、联合馆、英杰馆等。[③]

与雇主的行会一样，为维护成员的利益，工人行会也会有成文或不成文的行规，其内容包括针对工资、工时、膳食等劳动条件的标准所作的规定，对从业资格的规定，关于集资兴建神庙、会馆和举行聚会祭祀活动以及举办互助性的慈善事业的规定，等等。不过，这些工人行会因其封建宗法特点，在后期往往容易发展成为一种封建把头制或包工头制度。另外，工人行会往往注重

① 王宏钧、刘如仲：《广东佛山资本主义萌芽的几点探讨》，《中国历史博物馆馆刊》1980年第2期，第58—79页。

② 高爱娣：《中国工人运动史》，中国劳动社会保障出版社2008年版，第68页。

③ 高爱娣：《中国工人运动史》，中国劳动社会保障出版社2008年版，第68—69页。

地域和乡土关系，从而形成各种地域性的势力。因此，工人行会逐渐演变为一种破坏工人团结的组织形式。

2. 帮口

工人中的帮口，也称作工帮、帮会，是在城镇工人中产生发展起来的一种封建性的帮派组织。通常来说，它们是按照工人的籍贯组建起来的，比如潮州帮、宁波帮、绍兴帮、浙江帮等。有时，它们也会与工人从事的工作或行业相结合起来，从而与行会也有一些联系，因此有时会将帮口和行会合称为行帮。与行会一样，帮口也要维护会员的利益，要祭祀祖师神明，有内部的慈善活动等。

不过，工人的帮口与工人行会还是有显著差异的。首先，行会是按行业组建的，而帮口通常是同一行业中的工人按照不同籍贯分别组建的。其次，二者虽然都是要维护自己成员的利益，但具体举措不同，行会通常会团结全行业工人，统一规定工资工时等劳动条件，而帮口则是通过团结本帮的工人，占有或垄断劳动业务范围，从而保住本帮工人的工作机会。再次，二者虽然都具有排外性，都会与外部势力进行斗争，但行会主要反对的是来自雇主的剥削以及未入会而妄图从事本业之人，而帮口则主要反对那些侵入其势力范围的帮外工人或别的帮口。最后，二者在组织结构和原则上也存在差异。行会的董事、值年、司事等职务，通常由一年一次结合祭神的会员大会推选出来，重大事项也由这样的大会或董事会来商议决定。帮口则通常采取独裁制，头领具有绝对的支配权，在大头领下会有一些小头目，或者把头，负责各自手底下的帮众。

在各种帮口中，尤为复杂和特别的则算是苦力帮。苦力帮并非某一帮会的名称，而是城市里各种运输业的苦力，包括车夫、轿夫、挑夫、水夫、粪夫、码头工、清洁工等，各自按照一定的势力范围结成的帮口组织的总称。可见，苦力帮是非技术劳动者的团体，对于他们来说，由于没有技术壁垒，因此更需要通过团结起来，守住自己的势力范围，从而保护自己的饭碗。比如“人力车夫往往把一个城市分割为几区，他们不可以从一个区域到另一个区域去。运输苦力或装货工人拿港口的位置或搬运的种类来分割。吹打手和乞丐也有自己的帮口，他们相互之间拿街道来分割。水运搬夫相互之间以街道和住屋来划分”①。

苦力帮与其他一些按照地域或同乡关系建立的帮口不同，前者主要是按照有势力的把头或帮头所把持的某个区域的某种苦力业务建立起来的。所以，苦力帮一般不是按照出身地区命名，而是按照帮头们把持的某个区域的某项业务命名的，比如天津各区的脚行、北京各城的人力车帮等。苦力帮虽然不是按照工人的出身地区建立的，但帮头往往倾向于招收来自同一地区的工人，这样可以叠加一重同乡关系，更有利于其内部管理和控制。苦力们自然也愿意选择同乡作为靠山，所以，苦力帮实际上也跟其他帮口一样，其成员大多来自同一地区。

由于同一行业中不同籍贯的工人之间，也会为工作相互竞争和冲突，因此，工人往往会把同乡的帮口组织看得比他们的行会组织更重要。所以，有些行业没有工人参加的行会组织，但有工人建立的帮口组织，而有些行业既有工人参加的行会组织，也有工人建立的帮口组织。特别是鸦片战争以后，在近代工矿交通企业的各种产业工人中，大多建有其同乡的帮口组织。

简言之，早期工人的帮口组织的数量及其在各种产业和非产业工人中的普遍程度，都比他们的行会组织大得多。帮口在早期工人斗争中，是非常重要的组织形式，但也因为各帮口之间的矛盾和冲突，而使得工人的斗争因缺乏团结甚至相互拆台而失败。

① 刘明逵、唐玉良主编：《中国工人运动史》第1卷，广东人民出版社1998年版，第483页。

1902年5月，上海英商耶松船厂广东帮木工罢工，要求增加工资，但因宁波帮不配合，仍继续工作，致使广东帮木工的罢工失败。1914年10月，上海招商局和怡和、太古三轮船公司船上的待役和厨役都是宁波帮人，因物价高涨而要求增加工资，并举行联合罢工，虽然公司勾结官方，派警察镇压，但均未能使罢工工人屈服。后来，资本家利用宁波帮与广东帮的矛盾，雇佣广东人代替宁波籍罢工工人，并派警察保护其上下班安全。此次罢工也即因此而失败，宁波帮工人因此被开除失业的多达八九千人。①

3. 秘密结社

秘密结社（也称会党）原本是明清时期农民和手工业工人，为了反抗封建统治者的奴役和清王朝的民族压迫而结成的秘密团体。这种秘密团体组织严密、帮规严格、等级森严，有共同信奉的宗旨和秘密联系的暗语，招收和发展成员都有一定的仪式和手续。人们熟知的秘密结社有天地会、三合会、哥老会、小刀会、青帮等。据有关研究者考察，这类秘密团体的具体名称很多，"仅中国第一历史档案馆的档案史料记载，就有二百一十五种名目。如果加上地方志和其他文书记载的名目，估计有三四百种"②。

鸦片战争后，随着近代工商业在沿海及交通方便的城镇的发展，这些秘密结社的活动中心也从农村山寨、运河码头转入城镇和工业区，吸收了很多苦力和手工业工人。对此，毛泽东曾在《中国社会各阶级的分析》中这样描述："还有数量不小的游民无产者，为失了土地的农民和失了工作机会的手工业工人。他们是人类生活中最不安定者。他们在各地都有秘密组织，如闽粤的

① 刘明逵、唐玉良主编：《中国工人运动史》第1卷，广东人民出版社1998年版，第493—494页。

② 刘明逵、唐玉良主编：《中国工人运动史》第1卷，广东人民出版社1998年版，第496页。

‘三合会’，湘鄂黔蜀的‘哥老会’，皖豫鲁等省的‘大刀会’，直隶及东三省的‘在理会’，上海等处的‘青帮’，都曾经是他们的政治和经济斗争的互助团体。”①

这些秘密结社的组织原则和结构，基本上仿照传统的封建家族制度。为此，它们采用了自古以来流传的歃血结盟的办法，作为结会或入会的一项重要仪式。在帮会首领的主持下，新入会者跪在供奉着各种神像或牌位的香案前，用银针刺破手指或以割鸡血代替，滴血入酒，然后吟唱一些誓言性的诗句，最后共饮一杯血酒，这是利用迷信观念来虚构出血缘关系。在组织结构方面，各秘密结社仿照家庭或家族的宗法伦理关系，来构造其内部成员之间的相关关系，使整个帮会就像一个具有血缘关系的大家庭。比如青帮是按纵的关系，实行师徒相承制，即在上是师父、师祖，在下是师叔、师兄、师弟及徒子、徒孙等，从而建立起以掌门师父为中心和绝对权威的、尊卑有序的等级体系。天地会则是按横的关系实行异姓弟兄结盟制，即凡入会之人都以弟兄相称。洪帮内的弟兄按资历、声望、职务和贡献等，划分长幼尊卑的排行，在不同排行之间，也存在严格的上下尊卑等级，并形成了以龙头大哥为中心和绝对权威的封建家长制统治。围绕这种建构起来的血缘关系，它们极力推崇和维护孝悌忠信、礼义廉耻等封建宗法伦理，并制订了各种信条以及违反这些信条的各种惩罚条例。

这些秘密结社中，有的对早期工人运动产生了很大的影响。比如洪门，又称洪帮，就曾积极参与过早期工人运动和斗争。1906 年，同盟会联络洪江会发动的萍浏醴起义，其中的主力是萍乡安源煤矿的 6000 多名矿工，他们大多是洪江会的成员。1911 年，在湖南、湖北和四川等地爆发的“保路运动”中，同样有洪

① 毛泽东：《中国社会各阶级的分析》（1925 年 12 月 1 日），《毛泽东选集》第 1 卷，人民出版社 1991 年版，第 8—9 页。

门的参与。对中国早期工人运动产生重大影响的另一重要的秘密结社就是青帮。该帮有200多年的历史，最早是直接从清代前期的漕运水手中产生的，原本是一个随漕船流动、只吸收漕船水手入帮的单一行业的秘密结社，后来变成了以上海、武汉等许多城市为基地，以城市游民、苦力和其他各业工人为主，具有广泛社会性的秘密结社。青帮通过控制各业工人的行会、帮口，支持或组织工人进行过一些反对加重剥削和要求增加工资的经济斗争。

不过，需要特别指出的是，秘密结社虽然有时会对工人运动产生积极作用，但更多的时候是产生消极作用。这些秘密结社中的封建等级关系、宗法伦理观念及愚昧习气，都不利于工人阶级的团结和斗争，特别是它们还容易在反对势力的威逼利诱下，成为工人运动的一股破坏力量。正如毛泽东指出的那样，“处置这一批人，是中国的困难的问题之一。这一批人很能勇敢奋斗，但有破坏性，如引导得法，可以变成一种革命力量”①。

### （二）受资产阶级领导或影响的工人团体

在半殖民地半封建的社会条件下，资产阶级从产生之初便表现出了先天不足、软弱无力的特点。因此，早在辛亥革命前，以孙中山先生为代表的革命党人，就深感资产阶级民主革命的力量不足。随着近代产业工人的不断发展和壮大，资产阶级认识到了广大工人群众是一股可资利用的力量。所以，孙中山领导资产阶级民主革命运动期间，一开始便致力于联络洪帮、青帮等秘密团体，以便利用工人群众的力量进行革命斗争。后来，他们利用同乡或行帮关系，在工人当中组建各类团体，以吸收工人参加或支持革命。当然，并非所有资产阶级都是出于革命的目的而将工人

① 毛泽东：《中国社会各阶级的分析》（1925年12月1日），《毛泽东选集》第1卷，人民出版社1991年版，第9页。

组织起来，也有的是为了将其作为调和劳资矛盾的组织载体。

1. 资产阶级领导的劳资混合团体

1906 年，孙中山为加强国内尤其是华南的革命力量，先后派革命党人去香港和广州的机器工人中开展秘密工作，创建工人团体。1909 年 3 月 13 日，在香港成立了以机器工人为主体的香港研机书塾。该会主要事务包括以下几种：其一是协调劳资争议，比如 1909 年 9 月 16 日在九龙船坞发生了车房西管工侮辱华工的事件，于是工人罢工，该会即出面调停，由该船坞致函道歉。其二是介绍会员工作，而且雇佣条件、工人待遇、寄款回家及运送工人回港等事宜都由该会承办。其三是兴办救济事业，这既包括对会员的救济，也包括对会外的慈善事业。比如 1914 年 7 月发生西江北江水灾时，即让每人捐一日工资以助赈灾。其四是发展教育事业，该会成立后不久即议决开办夜校，以增进会员的知识。其五是鼓动爱国及政治运动。① 不仅如此，该会还积极参与了广东机器研究公会的筹建工作。

1909 年 5 月 13 日，广东机器研究公会宣布成立。该会以“结合团体，研究机器事业”为宗旨，在会内设有补习学校，传授机器数学绘图常识等。该会包括劳资双方的会员，凡属会员，都可以免费入学，随着公会的壮大，后改名为广东机器研究总会。由于该会“除对于会员的教育及救济有些帮助之外，别无他种重要工作”②，且该会是在同盟会的组织和领导下，由进步的民族资本家和机器工人联合组成的团体，因此并非一种工会组织，而是一种劳资混合团体，但它在团结广大机器工人方面起到了积极作用。

在广东机器研究总会成立后不久，广州工团总会宣告成立，

---

① 刘明逵、唐玉良主编：《中国近代工人阶级和工人运动》第 2 册，中共中央党校出版社 2002 年版，第 724—728 页。

② 刘明逵、唐玉良主编：《中国近代工人阶级和工人运动》第 2 册，中共中央党校出版社 2002 年版，第 718 页。

这也是一个劳资混合团体。实际上，该总会的发起者，是一些旧式行会。广州原本不仅有很多行会，而且内部的分类还很细，比如织造帮锦纶堂，内分朝蟒、云纱等行，而各行中又有宫、绩、缎、平之别。正是由于这种细致分类引致职业分界上的种种争议，小则聚众械斗，大则诉讼不断。当时的官吏也不胜其烦，后来考虑在公堂之外寻求解决办法。于是，便以堂内各行为基础，联合玉石行裕兴堂，酸枝花梨行永胜堂，木料洋装行成业堂，共同组建了广州工团总会，作为解决各业纠纷的枢纽组织。从性质上看，该会相当于一个劳资争议调解机构，而并非完全代表工人利益的组织。因此，该会成立，雇主觉得较为便利，但工人却往往感到不满，这也导致该会的发展并不顺利。随着各业工会相继成立，该会更是举步维艰。特别是后来，华侨工业联合会会长陈鹤俦因会内分裂，便与中国机器总会董事局局长黄焕庭联合发起组建了广东总工会，至此，广州工团总会趋于瓦解。①

1910 年 11 月至 12 月间，在湖南工业界的资本家的发起下，成立了湖南工业总会。该会历任会长多为官僚政客和资本家，并得到湖南地方当局的支持和保护。该会“以研究工学改良工艺倡导工业拓增实际上之进步为宗旨”，会员包括劳资双方的所有成员，坚决反对阶级斗争，并且在章程中明文规定“不得藉端纠众罢工”。不过该会也宣扬对工人利益“力膺保护，不使稍有损害”，而且扶植工艺革新，因此兴办了一些有利于工业发展的事业。比如建立贫民工厂，1912 年开办的长沙贫民工艺厂“收入贫民 1000 余人，人人授以相当之工艺”；设立工业补习学校，“夜间教导，日间做工”。直至 1917 年，根据北洋军阀政府农商部《工商同业公会规则》的要求，该会决定暂行停顿。②

① 马超俊：《中国劳工运动史》，商务印书馆 1942 年版，第 82 页。
② 刘明逵、唐玉良主编：《中国工人运动史》第 1 卷，广东人民出版社 1998 年版，第 569—570 页。

另据史料记载，四川都督府于1912年4月，为适应民主共和、发展工业的新潮流，资助白银数千两，由资产阶级政客罗法言等出面组织成立了四川总工会，并将原清朝四川当局的藩库厅署作为会址。1913年，经省民政长同意，各县成立县工会。例如，南川县工会组织机构在原劝工局，草拟了简章30条，呈省总工会存查。该会性质与湖南工业总会相似。1914年，因袁世凯下令取缔所有工人组织，四川总工会"奉袁大总统令停止，县分工会随之"①。

这些由资产阶级组建并主导的劳资混合团体，都有着强烈的反帝爱国的热情，并信奉劳资合作与阶级调和的信条。这些资产阶级代表认为，中国工人之所以受压迫、受剥削，主要是由外国资本造成的，并否认中国民族资本企业中存在阶级对立。因此，当时革命党人倡导的工运指导思想，都是强调阶级调和，他们组织起来的劳资混合团体，更是主张以"实业救国"为本。这些团体的领导者和骨干大多是资产阶级及其政党成员，在团体成立之后，也积极支持资产阶级民主革命，发展中国近代工业，同时在团结工人群众并改善其劳动生活条件方面也发挥过一定的积极作用。但他们对阶级调和的强调，在一定程度上也影响了工人阶级觉悟的提高。

2. 受资产阶级影响的工人团体

早期资产阶级为了实现自己的政治经济目的，不仅建立了一些劳资混合团体，还建立了一些主要由工人组成的团体。特别是辛亥革命后，资产阶级各个阶层或政治集团，为了获得工人的支持，纷纷帮助工人组建政党或团体，其中比较有名的是中华民国工党和中国社会党。

---

① 刘明逵、唐玉良主编：《中国近代工人阶级和工人运动》第2册，中共中央党校出版社2002年版，第723页。

中华民国工党于1912年1月成立于上海，发起人是上海小职员家庭出身的徐企文。1911年底，徐企文便开始联络工厂主朱志尧等人，在上海酝酿成立工党。1912年初酝酿成熟，召开了一次发起人谈话会，徐企文被选举为临时干事，负责筹备工作。1月21日徐企文召集大会，推选朱志尧为正长，徐企文等为副长，中华民国工党上海总部宣告成立。会后制订章程，规定“工界同志年在16岁以上能自营生计者，不分贫富、男女、宗教均得入党”①。随后，南京、苏州、嘉兴等各地相继建立支部，至11月3日在南京举行该党联合大会时，宣称支部发展到16省，党员约40万人。1913年“二次革命”前夕，徐企文等在资产阶级革命分子张尧卿等人的推动下，为“巩固共和，声讨民贼”，于5月28日晚发动了进攻上海江南制造局的反袁起义。起义失败后，徐企文当场被捕，并被押送北京处死。此后，上海工人运动和工人组织遭到严厉镇压，中华民国工党也随之瓦解。

中华民国工党的成员成分复杂，有机器工人、手工业工人、知识分子、职员和工头，还有资本家、侨商等。但该党成员还是以工人为主，只不过其领导人一般不是工人。在简章中，该党罗列了五条宗旨，即促进工业发达、开通工人智识、消减工人困难、提倡工人尚武和主持工界参政。为实现上述宗旨，该党也明确提出了一些举措：在促进工业发达方面，可组织物品陈列所、劝工场、模范工场、工业赛会、工业学校以及调查各国实业等；在开通工人智识方面，可组织补习科、星期学校，发行杂志、新闻报纸，并定期或临时开办通俗演讲会等；在消减工人困难方面，可开办劝业银行、工人储蓄银行，议定工作时间、优待职工，并创

① 刘明逵、唐玉良主编：《中国近代工人阶级和工人运动》第2册，中共中央党校出版社2002年版，第812—813页。

办各种慈善事业等；在提倡工人尚武方面，可组织工团；在工界参政方面，可在国会上提出关于工界的议案等。① 同时，该党还特别强调："工党者以联络感情，共谋进步，尊重人道，趋尚平等，非专为反对资本家而设也。"② 因此，在手段上，该党强调"慎重稳健"，并特别拿自己与欧美的工党对比，认为后者破坏工业，扰乱治安；认为工党的组建不应是为了反对资本家，而应是为了融洽资本家与工人的关系。所以，工党不提倡罢工，但支持反对不人道的资本家。

整体来看，中华民国工党的指导思想是孙中山的民生主义。在具体举措方面，工党创办了一些企业，以发展工业，解决工人就业问题。它还举办了工人福利事业，以改善工人生活。此外，它也会参与解决劳资纠纷问题。工党之所以创办企业，一方面是为了解决部分工人的就业问题，尤其是在罢工未能取得胜利时。比如 1913 年长沙染工全体加入工党，向店主要求增加工资，但店主们宁可停业半年也不同意增加工资，双方争执不下。于是工党便筹备组织了工党湖南辉光染工厂有限公司，招收股本，每股 5 元，染工可以去该厂工作。另一方面也是为了体现工党的团结全体工界以发展工业的设想，比如 1912 年工党大会决议由各支部分组招股，组建工人银行，并在上海设立工党第一铁厂，等等。

中华民国工党对工人的经济利益也表现出一定的关心。比如曾推动上海制造局工人争取成立上海制造工人同盟会，支持上海缫丝女工成立工党缫丝女工同仁会。另外，1912 年 6 月至 1913 年 6 月，上海发生过十多次较大规模的罢工，其中大部分与工党有密切联系。中华民国工党的地方支部也曾在地方组织了一些工人

---

① 刘明逵、唐玉良主编：《中国近代工人阶级和工人运动》第 2 册，中共中央党校出版社 2002 年版，第 812 页。

② 刘明逵、唐玉良主编：《中国近代工人阶级和工人运动》第 2 册，中共中央党校出版社 2002 年版，第 813—814 页。

团体。比如唐山工党曾经势力较大，维持了五年左右，其间曾组织公益社，专为工人谋幸福，包括举办演讲、开办夜校、设立阅报室等。①

中国社会党是1911年11月在上海成立的政党，是中国第一个宣布自己是社会主义者的政党。该党发起人为江亢虎，早年受维新派思想影响，后留学日本，与社会主义运动著名领袖片山潜、幸德秋水有接触，回国后倡导社会主义。社会党章程中提出其宗旨为在不妨害国家破旧立新范围内主张纯社会主义，拟定了八条党纲，即（1）赞成共和；（2）融化种界；（3）改良法律，尊重个人；（4）破除世袭遗产制度；（5）组织公共机关，普及平民教育；（6）振兴直接生利之事业，奖励劳动家；（7）专征地税，罢免一切税；（8）限制军备，并力军备以外之竞争。② 从该党的章程及实际作为来看，它虽然标榜为社会主义政党，但实际上仍是一种资产阶级改良主义，并且有政治投机的成分。邓中夏曾一针见血地指出了社会党成立的目的，“当民国成立，选举国会，江亢虎为了要多得选票，想拉拢工人替他捧场。因此派出党徒，倡言组织工人团体”③。江亢虎扬言当时社会党已拥有党员数十万人，但实际上，它在工人中的活动与影响并不如中华民国工党。1913年“二次革命”爆发后，袁世凯下令禁止一切反对党的活动，中国社会党也随之解散。

中国社会党曾发挥过一些积极影响。比如1913年5月1日，中国社会党召集工人举行演讲大会，到会者约3000人。江亢虎首

---

① 刘明逵、唐玉良编：《中国近代工人阶级和工人运动》第2册，中共中央党校出版社2002年版，第735页。

② 刘明逵、唐玉良编：《中国近代工人阶级和工人运动》第2册，中共中央党校出版社2002年版，第855页。

③ 刘明逵、唐玉良编：《中国近代工人阶级和工人运动》第2册，中共中央党校出版社2002年版，第854页。

先报告了开会的理由，并解释了五一国际劳动节的由来；其次提出社会应尊重劳动者，主张教育平等、地税归公等。会上，该党党员徐安镇、王文典还提出，“工商两界，宜谋文明对待政府之法，勿徒托诸空言”。最后，江亢虎明示：“该党对于政府违法之举动，在以社会党人及公民资格为特别之主张，谋正当之解决，超然独立，无所偏倚。”① 此外，中国社会党还与中华民国工党进行联合，并发表了联合宣言，宣言中说道：“历观欧美各国社会党党员大半工人，而工党重要人物亦多社会主义宗旨，两党本有密切不可离之关系。兹经社会党发起人江亢虎君与工党发起人徐企文君协商定议，切实联合，一致进行。”“社会党员与工业有关系者，同时为工党党员；了解且信从社会主义者，同时为社会党党员。”②

除中华民国工党和中国社会党外，戴季陶曾鼓吹和筹建过劳动党，谭仁凤和陈其美等组织过自由党和工党促进会等。与此同时，也有一些人曾帮助工人创建了一批早期的工人团体。1912 年 3 月，洛潼铁路工程师徐世远发动职工组建了铁路工人同人共济会。同年 6 月至 9 月，上海工人在留日学生俞惠民和丝商吴菊庭、敖保安等人的帮助下，先后成立了制造工人同盟会、制造工人维持会和缫丝女工同仁会等。

此外，当时还有以刘师复为代表的小资产阶级分子在国内传播无政府主义思潮。刘师复曾于 1905 年加入同盟会，并多次组织和参与暗杀清朝高级官员的活动，但辛亥革命后开始宣传无政府主义思想。1912 年 5 月，刘师复等人在广州组织了晦鸣学舍，这是国内第一个无政府主义团体。1913 年 8 月，出版机关报《晦鸣

① 刘明逵、唐玉良主编：《中国近代工人阶级和工人运动》第 2 册，中共中央党校出版社 2002 年版，第 858 页。

② 刘明逵、唐玉良主编：《中国近代工人阶级和工人运动》第 2 册，中共中央党校出版社 2002 年版，第 859 页。

录》（后改名为《民声》）。其主张的目标主要有：废除一切形式的政府或统治机关，无须军队警察和监狱，也无须法律规条；一切生产资料，包括土地、矿山、工厂、机器等，都归为社会公有，废除一切私有财产权，所有生产者可以自由使用生产资料；没有资本家与劳动者的阶级区分，所有人都应从事劳动，自由选择和从事与自己性情相近、力所能及的工作，再无强迫和限制；所有劳动成果也都为社会公共物品，每个人都可以自由取用；人们自由组织各种公会，以改良工作，组织生产，公会的组织者也是其中的劳动者，而非首领也非职员，并无管理他人的权力，同时，公会中也没有章程规则来限制个人的自由；每人每日工作时间二到四小时，"其余时日自由研究科学，以助社会之进化，及游息于美术技艺，以助个人体力脑力之发达"①；等等。为了达成上述目标，他们认为，一方面可以用报刊演说等方式，传播无政府主义思想，让多数人知晓和接受；另一方面则根据形势，可采用抵抗（比如抗税、抗兵役、罢工罢市）和扰动（比如暗杀、暴动）两种手段，在时机成熟之际，可以鼓动平民大革命，乃至世界大革命，推翻政府和资本家，改造社会。

无政府主义者在工人当中也曾进行过一些组织和宣传活动。刘师复就曾在广州首创理发工会和茶居工会，理发工会在当时还曾有基金 10 万元。② 1914 年秋，上海发生了漆业和水木业工人罢工。此次罢工以增加工资为目的，虽然取得了一些胜利，但组织形式和斗争形式都比较落后。《民声》对此发表了《上海之罢工风潮》的评论，认为中国工人运动之所以落后，是因为工人们经济地位低下，知识贫乏。据此，评论提出了"结团体，求知识"

---

① 刘明逵、唐玉良主编：《中国近代工人阶级和工人运动》第 2 册，中共中央党校出版社 2002 年版，第 844—845 页。

② 刘明逵、唐玉良主编：《中国近代工人阶级和工人运动》第 2 册，中共中央党校出版社 2002 年版，第 843 页。

六字方针，并提出了三条建议：一是按行业组建工团，二是无政府党对工团予以宣传、赞助和指导，三是工团的宗旨是以革命的工团主义为核心。为此，无政府主义者还曾在广州的汽车、机器、洋服、印刷、酒楼、旅馆等处工人当中组织过读书会，宣传无政府主义思想，对于当地工人运动的发展产生了一些影响。

### （三）工人自发组织的现代工人团体

中国早期工人阶级为了维护自身利益，或为了能在城市生活中谋得生计，会组建或参加一些行会、帮口和秘密结社等传统组织。而随着工人斗争经验的丰富，思想觉悟的提高，特别是辛亥革命和第一次世界大战期间，在一些国外工会运动思潮的影响下，中国工人也开始自发组建起现代意义上的工人团体或工会组织。

广州的新工业发展较早，加上受香港影响较大，因此这个地区工人自发组建现代意义的工人团体的时间也较早。据有关记载，早在清咸丰年间（1851—1861），广州就出现了打包工人组织的打包工人联合会，入会人数约 250 人。[①] 虽然该联合会并非现代意义上的工会，但作为工人团体，其名称已经不同于传统的组织名称了。1906 年，广州沙面外商企业中的中国工人，成立了惠群工社，拥有会员 800 余人。该社宗旨是保护会员的社会利益。同年，广州邮递员自发成立了邮员俱乐部。上海是工业发展最早的地区，工人运动也开展较早。据史料记载，在辛亥革命前夕，上海法租界法兴印字馆排字工人曾建立西字团体社，并组织该馆工人开展过以增加工资为目的的罢工。不过总体上，在辛亥革命之前，这种工人团体数量非常稀少。

辛亥革命后，特别是《中华民国临时约法》的颁布，激发了

---

① 唐玉良、王瑞峰主编：《中国工运大事记：民主革命时期》，辽宁人民出版社 1990 年版，第 3 页。

工人组建团体的热情，至五四运动前，全国各地纷纷出现工人自发组织的各种团体。1912 年，上海金银首饰业工人组织了饰业团，并于当年 12 月领导了一次实际上扩大到上海整个行业的罢工，罢工以迫使雇主答应大大提高工人的工资而胜利告终。1913 年春，上海商务印书馆印刷工人成立了工界青年励志会，至 1915 年 4 月时有会员 200 多人。该会“以德智体三育养成优良工人之资格为宗旨”，“设立夜学校，发行杂志，且设有演说部、运动部、音乐部、藏书室、娱乐部等”，因此是一个带有俱乐部性质的工人团体。这让它在北洋军阀统治时期能继续生存，并在当时条件下对于工人文化素质的提升、组织意识的增强发挥了积极作用。后来，商务印书馆中文排字部工人杨昌元、钱瑞镛等人于 1917 年发起组建了集成同志社。该社的组建动机是“目击资方之压迫，工友生活之痛苦，遂毅然联络同志数十人，以谋解放之策”。为反对资方克扣华字部工人工资，该社在 1917 年组织领导了商务印书馆创立以来第一次罢工风潮，可惜的是此次罢工在资方的各种阴谋和破坏下以失败告终。①

在武汉，也出现了一些工会性质的工人团体。1912 年 6 月，汉口租界“因英商车行，欲将每年车价，由七百文加至一千二百文，车夫不允，车行则坚持必加，遂发生罢工，事延两星期之久，双方情势极为激昂……在罢工期内，并成立汉口租界车夫同益会于德壹里，以为随时召集代表集议之机关。会长为王玉山，即罢工之领袖也。但其后该会卒被租界当局，勒令解散”②。另在 1913 年 6 月，汉阳兵工厂发生大罢工，在罢工中产生了汉阳兵工厂工业同盟会。

在东北，工人运动受日本与俄国影响较多，在南满一度建立

① 刘明逵、唐玉良主编：《中国工人运动史》第 1 卷，广东人民出版社 1998 年版，第 584—587 页。

② 马超俊：《中国劳工运动史》，商务印书馆 1942 年版，第 84 页。

了受日本国内劳工组成员指导的工人团体。在北满，1905 年成立了俄国社会民主工党哈尔滨工人团；1906 年成立哈尔滨印刷工会；1917 年至 1918 年，相继建立了中东铁路职工委员会、哈尔滨工人委员会和完全由中国工人组成的工业维持会。这些组织因受俄国革命、工会运动的影响，出现了蓬勃发展之势。①

从产业角度来看，铁路是工人力量较为集中且强大的产业，因此，该产业中也较早出现工人的现代团体。1912 年，津浦铁路南段职工同志会成立，这可能是成立最早的铁路工会，会员都是该路段的员工，其宗旨是注重互助与联络。1913 年至 1914 年间，沪宁和沪杭铁路的员工先后组建了 3 个团体，即由管理局部分职员组建的两路同人会，由吴淞机厂员工组建的员工协进会，以及由上海至南京各机车房、客厢房的员工组建的进德会。1917 年，中东铁路的工人开始试图成立工会。俄国十月革命爆发后，北洋军阀政府中东铁路督办鲍贵卿为骗取工人的支持，允许并帮助工人成立工会，名为东省铁路哈尔滨地包维持总会，沿路各地也相继组织分工会。工会成立后，曾领导工人进行过两次经济罢工并取得胜利。②

航运业是另一个工人较为集中的产业。1914 年，在上海的广东籍生火工人和加油工人，为维护自己的利益，成立了焱盈社，会员多达 6000 余人。这是一个按照地域和职业结成的近似于职业工会的团体。成立当年，该社组织怡和公司、太古公司和招商局所属轮船的海员，举行了要求加薪的同盟罢工。1918 年，在上海的水手钱孝裕、朱宝庭等发起组建了均安水手公所，意思是航海归来，大家平安无事。会员约 4000 人，且大部分是宁波人，带有

① 李玉赋主编：《新编中国工人运动史》上卷，中国工人出版社 2020 年版，第 55 页。

② 刘明逵、唐玉良主编：《中国工人运动史》第 1 卷，广东人民出版社 1998 年版，第 589—590 页。

同乡会的性质，它是上海海员水手中第一个有力的组织。该公所的职能之一便是对水手进行福利救济，水手失业时会提供捐款或贷款，并给介绍工作，对遇难水手发放丧葬费，介绍水手免费看病和资助穷孩子上学等。①

与前文介绍的受资产阶级领导或影响的工人团体不同，这些工人自发组织的团体，虽然大多数并非现代意义上的工会组织，不同程度上还保留了一些传统团体的色彩，但它们是在工人经历了斗争的洗礼，已经具有了一定的阶级觉悟和组织要求的情形下产生的。所以，它们的产生和活动的开展，是为了代表和维护工人的利益。正因如此，它们成为反动势力严厉镇压的首要对象。它们大多数处境艰难，存在时间往往不长，但它们见证了中国工人阶级的成长和成熟，让中国工人运动的发展开始进入一个新的阶段，并为现代工会的产生打下了基础。

① 刘明逵、唐玉良主编：《中国工人运动史》第 1 卷，广东人民出版社 1998 年版，第 590 页。

第二编

# 中国工人阶级登上政治舞台与中国共产党的成立（1919—1923）

# 第四章

# 中国工人运动发展与中国共产党成立

五四运动是中国旧民主主义革命走向新民主主义革命的转折点，在这场运动中工人阶级以独立的姿态登上政治舞台。中国共产党的建立标志着工人阶级实现了从自在阶级向自为阶级的转变，这个先进坚强的政党成为凝聚工人阶级力量的领导核心。在中国共产党的领导下，工人运动进入了有意识、有组织的经济斗争、政治斗争和文化斗争的新时期。1921 年 1 月至 1923 年 2 月，在中国共产党的领导下，全国掀起了工人运动第一次高潮，扩大了工人阶级和中国共产党的政治影响。

## 一、五四运动与中国工人阶级登上政治舞台

### （一）五四运动的爆发

鸦片战争以后，中国逐步成为半殖民地半封建社会，受尽西方列强的侵略和凌辱。在第一次世界大战期间，中国的北洋军阀政府参战，并成为战胜国。1919 年初，第一次世界大战的战胜国在法国巴黎召开会议。在英、法、美、日、意五个帝国主义国家的操纵下，这次会议旨在重新瓜分世界。参加这次会议的中国代

表，在会上提出废除外国在中国的势力范围、撤退外国在中国的军队和巡警、撤销领事裁判权、归还租界、取消中日“二十一条”及换文的陈述书。中国的这些要求是正义合理的，但都遭到了拒绝。在讨论德属殖民地问题时，中国代表又提出，战前德国在山东攫取的各项特殊权益应直接归还中国。但日本代表却无理地提出，在大战期间强占的德国在胶州湾的租借地、胶济铁路以及德国在山东的其他特殊权益，应该无条件让与日本。4 月 29 日至 30 日，英、法、美三国在议定巴黎和约中关于山东问题的条款时，完全接受日本的提议。中国代表对和会的这种做法提出抗议。但是，北洋军阀政府屈从于帝国主义列强的压力，居然准备在这样的和约上签字。消息传到国内，激起了各阶层人民的强烈愤慨，以学生斗争为先导的五四爱国运动如火山爆发般地开始了。

5 月 3 日，北京大学学生和北京十几所学校的学生代表举行集会，决议致电巴黎专使，要求拒签和约，通电全国各省市，定于 5 月 4 日齐集天安门举行示威游行。

5 月 4 日，北京大学等 13 所学校的学生 3000 余人齐集天安门前举行示威。学生们高呼“取消二十一条”“还我青岛”“外争主权，内除国贼”等爱国口号，明确要求拒绝在和约上签字，严惩曹汝霖、章宗祥、陆宗舆这三个亲日派卖国贼。随后，游行队伍前往日本驻华使馆进行抗议。受到阻拦以后，游行队伍转到赵家楼胡同，火烧曹汝霖住宅，痛打章宗祥。在这种情况下，北洋军阀政府出动大批军警进行镇压，逮捕爱国学生 32 人。但学生们并没有屈服，他们在斗争中联合起来，成立了北京中等以上学校学生联合会，北京 2.5 万名学生举行了总罢课。

爱国学生还到街头进行爱国讲演，开展抵制日货、提倡国货的宣传活动等。由于反动当局公然表彰曹汝霖等，并再次严令取缔爱国运动，从 6 月 3 日起，北京学生重新走上街头讲演，讲演者“垂泪而道”，听众则“掩面而泣”。第一天，学生被捕者 170

余人；第二天，又有700余人被捕；第三天，2000余名学生走上街头，受到军警马队的冲击。天津、上海和其他一些城市的学生，纷纷响应北京学生，进一步采取抗议行动。

## （二）中国工人阶级登上政治舞台

五四运动是知识分子发起的，在运动初期也是以知识分子为主的。随着形势的变化和抗议行动的发展，知识分子继续发挥重要作用，而工人群众的影响则逐步突显和扩大。

6月5日以后，这场爱国运动的中心从北京转移到上海，逐步呈现学生罢课、工人罢工、商人罢市的“三罢”局面。在“三罢”斗争中，工人的罢工起了决定性作用。6月5日，上海日商内外棉第三、第四、第五纱厂的五六千名工人最早停止了工作，呼喊“不替仇人做工”的口号，涌向街头，启动了上海工人政治大罢工。杨树浦等处日商纱厂的两万名工人闻讯后，也立即宣布罢工。接着，商务印书馆、中华书局、锦华丝织厂的工人，亦投入罢工的行列。6月6日，华商电车公司、法商电车公司、英商祥生铁厂、求新机器厂工人罢工。6月9日，罢工迅猛展开，全市的汽车工人，江南造船厂的工人，铜铁业工人，英美烟厂、耶松船厂、瑞镕船厂的工人，美孚和亚细亚火油栈房、浦东荣昌火柴第一二厂、华昌盒片厂、叉袋角日商各厂的工人，英美电话公司、中国电话公司的工人，水木业工人，马车夫、清道夫、船员，电灯公司、自来水公司、小菜场的工人，以及其他一些行业的工人，都非常踊跃地参加了罢工。6月10日，罢工达到高潮。沪宁、沪杭两条铁路的工人，义无反顾，坚决罢工。结果，整个上海陷于瘫痪状态。总起来看，罢工者以纺织、运输、机械等产业工人为主，罢工者总数约为 10 万人。① 至此，五四爱国运动的中心由北京转移到上海，斗争的主力由学生转变为工人。在罢工过程中，上海工人表现出很高的政治觉悟，具有很高的政治目标。可以说，上海工人罢工的人数之众多、规模之巨大，是前所未有的；上海工人罢工的目标之一致、行动之团结，也是空前的。

上海工人的大罢工呈现向全国发展的势头，对全国局势产生了深刻的影响。6 月 11 日，上海各界 1 万多名工人参加大会，提出设共同总机关、成立中华工界大会、通电全国工界采取一致行动等主张。6 月 12 日，上海 2000 多名工人，在四明公所召开工界大会，准备成立全国性的工人团体。上海工人的罢工浪潮很快席卷全国，各地工人纷纷响应，积极投入这场伟大的反帝爱国斗争。宁波的水手罢工了，广东的水手也罢工了。唐山、南京、济南、杭州、九江、南昌、长沙、武汉、芜湖、无锡、厦门、安庆等城市的工人，开展了罢工、游行、示威及其他形式的爱国斗争。风起云涌的工人运动涉及全国 20 多个省的 100 多个城市。6 月 17 日，北洋军阀政府违背全国人民的意愿，悍然决定在巴黎和约上签字。北京、上海等地的学生、工人和市民群众继续开展坚决拒签和约的斗争。6 月 27 日，旅法华工、留学生、华侨数百人前往中国出席巴黎和会首席代表陆徵祥所住医院，要求拒签和约。

中国工人阶级如此大规模地参与反对帝国主义和封建主义的政治斗争，是史无前例的。在全国工人运动浪潮的冲击和影响下，北洋军阀政府在无奈中释放了全部被捕学生，并公开道歉，亦被迫免除了曹汝霖、章宗祥、陆宗舆的职务，中国代表没有出席巴黎和约的签字仪式，拒绝在和约上签字。至此，这场爱国运动取得了最后胜利。

---

① 李玉赋主编：《新编中国工人运动史》上卷，中国工人出版社 2020 年版，第 76 页。

上述情况表明，工人阶级作为一个觉悟了的独立的阶级力量登上政治的舞台。所谓“觉悟了的”工人阶级，意味着这个时候的工人群众已经能够超越自身利益的狭小范围，懂得其命运与人民、民族、国家的命运是息息相关的，必须关注和致力人民的解放、民族的独立、国家的进步，因而表现出宽广的社会视野、高度的革命热忱、坚决的斗争态度。所谓“独立的阶级力量”，意味着这个时候的中国工人群众突破了工厂局限和行业局限，建立起自己的阶级认同，实现了前所未有的团结协作，采取了非常广泛的联合行动。所谓“登上政治的舞台”，意味着这个时候的工人阶级开展了反对帝国主义、反对封建主义的政治斗争，这种政治斗争在全国许多地方得以发生和持续。虽然这个时候的政治斗争还是自发的，但是此时的中国工人阶级已经与此前的中国工人阶级有了很大不同，与其他国家的工人阶级亦有不少区别。这个时候的中国工人阶级，以其组织的严密性和斗争的坚决性在运动中起了决定性的作用。如果没有工人阶级的这种独特作用，其他群众的正义行动很难坚持到最后，更无法取得最后胜利。可以说，工人阶级的行动深刻影响了全国人民。当然，工人阶级的行动也得到全国人民的大力支持。

在全国人民中，知识分子是首先觉悟的群体。在旧中国，知识分子属于不同的阶级，真正的工人阶级知识分子很少。五四运动既表现出一些知识分子初步的共产主义觉悟，又呈现出整个工人阶级的决定性作用。这些状况，必然引发和存在着知识分子同工人阶级以及其他劳动群众的关系问题。在实际斗争中，知识分子亲眼看到了工人阶级的伟大力量，不少知识分子开始与工人等劳动群众相结合。从工人阶级的发展趋势来看，他们也迫切需要马克思主义的指导，需要一大批知识分子为其服务。五四运动在客观上开启了知识分子与工人等劳动群众相结合的发展道路和历史进程，推动了马克思主义在中国的传播，锻炼了具有初步共产主义觉悟的知识分子，表现了刚刚登上政治舞台的中国工人阶级的伟大力量，为中国共产党的诞生做了思想上、干部上的准备，为中国工人阶级登上历史舞台创造了条件。

在五四运动以前，中国民主革命的领导阶级是民族资产阶级。在五四运动中，中国工人阶级登上政治舞台，在运动中发挥了主力军作用，开始成为中国民主革命的领导阶级。由此，中国进入新民主主义革命时期。虽然新民主主义革命仍然需要进行和完成反对帝国主义和封建主义这个资产阶级民主革命的任务，但是它已经成为无产阶级社会主义世界革命的一部分。新民主主义革命涉及经济、政治、文化等方面，而五四运动既是政治性的，又是文化性的，对于新民主主义革命的全过程乃至后来的社会主义事业都具有重大而深远的影响。

## 二、党的一大与工人运动的发展

### （一）马克思主义的广泛传播

五四运动以后，马克思主义在中国得到广泛传播。然而，在开始的时候，一些反马克思主义的思潮正在流行，一些并非社会主义却冠以“社会主义”的思潮也颇有市场。1919 年 7 月，胡适在《每周评论》第三十一号发表《多研究些问题，少谈些“主义”!》一文。胡适的这种论调似是而非，属于诡辩论。无政府主义者虽然看到当时社会制度的弊端和罪恶，主张对其加以改变，但是又笼统地反对无产阶级的国家制度，走了极端。改良主义者则否定马克思主义的阶级斗争学说，反对在中国进行暴力革命，以为在不改变当时社会制度的前提下而进行点滴的改良，就能发展科学和事业。张东荪就赞成中国的当务之急是开发资源、发展实业。这些观点，在一段时间里迷惑了不少人。

1919 年 8 月，李大钊针对胡适之文，撰写《再论问题与主义》。李大钊认为，我们要想解决一个问题，应该设法使它成为社会上多数人共同的问题。要想使一个社会问题，成为社会上多数人共同的问题，应该使这社会上可以共同解决这个或那个社会问题的多数人，先有一个共同趋向的理想、主义，作他们实验自己生活上满意或不满意的尺度（即一种工具）。那共同感觉生活上不满意的事实，才能一个一个地成为社会问题，才有解决的希望。李大钊强调：我们唯有一面认定我们的主义，用它作材料、作工具，以为实际的运动；一面宣传我们的主义，使社会上多数人都能用它作材料、作工具，以解决具体的社会问题。李大钊指出，依马克思的唯物史观，社会上法律、政治、伦理等精神的构造，都是表面的构造。它的下面，有经济的构造作它们一切的基础。经济组织一有变动，它们都跟着变动。不久，李大钊又在《新青年》上发表《我的马克思主义观》一文。李大钊指出，马氏社会主义的理论可大别为三部：一为关于过去的理论，就是他的历史论，也称社会组织进化论；二为关于现在的理论，就是他的经济论，也称资本主义的经济论；三为关于将来的理论，就是他的政策论，也称社会主义运动论。李大钊这篇文章系统介绍了马克思主义的组成部分及其相互关系，对马克思主义在中国的传播具有非常重要的推动作用。

1920 年，陈独秀在《新青年》上发表《谈政治》一文。陈独秀指出，我们中国不谈政治的人很多，主张不谈政治的只有三派人：一是学界，张东荪先生和胡适之先生可算是代表；一是商界，上海的总商会和最近的各马路商界联合会可算是代表；一是无政府党人。前两派主张不谈政治是一时的不是永久的，是相对的不是绝对的；他们之所以不谈政治，是受了争权夺利的冒牌的政治的刺激，并不是从根本上反对政治。后一派是从根本上绝对主张人类不应该有一切政治的组织，他们不但反对君主的贵族的政治和争权夺利的政治，就是民主的政治也要反对的。陈独秀在经过详细论证的基础上，鲜明地提出，我承认人类不能够脱离政治，但不承认行政及做官争地盘攘夺私的权利这等勾当可以冒充政治；我承认用革命的手段建设劳动阶级（即生产阶级）的国家，创造那禁止对内外一切掠夺的政治法律，为现代社会第一需要。不久，陈独秀针对张东荪的观点进一步强调，中国劳动（农工）团体为反抗资本家资本主义而战，就是为保全中国独立而战。只有劳动团体能够达到中国独立之目的。

五四运动以后，毛泽东主编《湘江评论》，热情讴歌十月社会主义革命。1921 年 1 月，毛泽东在新民学会长沙会员大会上指出："社会政策，是补苴罅漏的政策，不成办法。社会民主主义，借议会为改造工具，但事实上议会的立法总是保护有产阶级的。无政府主义否认权力，这种主义恐怕永世都做不到。温和方法的共产主义，如罗素所主张极端的自由，放任资本家，亦是永世做不到的。激烈方法的共产主义，即所谓劳农主义，用阶级专政的方法，是可以预计效果的，故最宜采用。"①

总起来看，五四时期在报刊上发表的介绍马克思主义的文章多达 200 多篇，其中包括马克思、恩格斯部分著作的译文在内。在马克思主义传播的过程中，中国南北方各形成一个宣传马克思主义的中心。1920 年 3 月，李大钊在北京主持成立了马克思学说研究会。同年 5 月，陈独秀在上海发起成立了马克思主义研究会。通过对马克思主义各个组成部分及其相互关系的宣传，使许多人对马克思主义有了完整的认识。马克思主义在传播过程中显示出其他社会思潮不具有的、无法比拟的高度科学性和强大生命力，越来越多的人开始向往和接受马克思主义。马克思主义成为中国

---

① 毛泽东：《在新民学会长沙会员大会上的发言》（1921 年 1 月 1 日、2 日），《毛泽东文集》第 1 卷，人民出版社 1993 年版，第 2 页。

先进分子观察社会现象和探索国家出路的强大思想武器。

### （二）共产党早期组织深入工人群众

五四运动以后，伴随着马克思主义的广泛传播，工人运动得到不断发展。1919 年 6 月至 10 月，沈阳、大连、抚顺、本溪等地的日商企业工人为提高经济待遇进行了数十次罢工。同年 7 月，中东铁路和机车厂的上万名中苏工人举行罢工。1920 年 3 月，为了反对美国陆战队打伤中国工人，九江搬运工人举行罢工。同年 4 月，为了反对军阀殴打学生，上海船坞和兵工厂的工人举行罢工。同月，香港海军船厂等企业的机器工人举行罢工。五六月间，开滦各煤矿约两万名工人举行罢工。1921 年 6 月，广州机器工人与粤汉、广九、广三等铁路工人举行罢工。除这些以外，罢工还有不少。在所有这些罢工斗争中，有些取得了完全胜利，有些取得了部分胜利，有些则以失败告终。罢工的胜利使工人群众积累了经验，罢工的失败则使工人群众获得了教训。无论何种情况的罢工，都在当地有着一定影响或相当影响，有些还在全国发挥了重要作用。需要特别指出的是，1920 年“五一”之际，北京、上海、哈尔滨、唐山、九江、长沙、广州等地的工人们举行了纪念国际劳动节的群众性活动。这些活动呼吁劳工群众联合起来，改变黑暗的现实，争取光辉的前景。这种情况，使国内外反动派非常害怕，但是他们不能阻挡工人群众纪念国际劳动节的活动。国际劳动节纪念活动在中国的广泛开展，说明中国工人群众的觉悟有了明显提高，中国工人阶级已经初步认识到自身的历史使命。这一年，李大钊在《“五一”May Day 运动史》一文中说：“五一”纪念日，是一日工作八小时的运动胜利的纪念日。它的起源，是 1884 年 10 月 7 日在芝加哥（Chicago）所开国际的并国民的八大联合（Union）大会里，决议以每年 5 月 1 日为期，举行以一日工作八小时制度实行为目的的示威运动——总同盟罢工，指定 1886 年的 5 月 1 日为第一回示威运动的日子。李大钊在回顾“五一”运动史的基础上，又基于中国实际情况，希望中国的劳工同胞认今年的“五一”纪念日作一个觉醒的日期，早日完成那“八小时”运动的使命，更进而负起“六小时”运动的新使命来。李大钊是中国第一个传播马克思主义并主张向俄国十月革命学习的先进分子，他的这些言论可以视为在事实上为随后不久相继成立的共产党早期组织深入工人群众作了直接而重要的舆论准备。

五四运动前后，出现了一些有联合之名、无联合之实的“招牌工会”。所谓“招牌工会”，顾名思义，就是这些组织具有工会的形式，但从根本上来说并非维护工人阶级的权益，实际上受帝国主义、封建军阀和资产阶级操控。“招牌工会”在五四运动前开始出现，五四运动后得到迅速发展。拿所谓“中华工业协会”来说，它既具有“中华”的头衔，又有“工业”的范围，还有“协会”的名义，好像是标准的全国范围内的工人阶级群众组织。到 1921 年中国共产党成立前夕，“中华工业协会”在上海已有数十个组织，在其他一些地方也有组织。与“招牌工会”不同，真正的革命工会组织从根本上是维护工人阶级权益的。然而，真正的革命工会组织之产生并非容易的事情，它是在共产党早期组织成立以后才出现的。在马克思主义与中国工人运动日益紧密结合的过程中，具有初步共产主义思想的知识分子认识到工人阶级的伟大力量，决心到工人中间去。在上海，陈独秀等人深入工人群众之中，盛赞做工的人之伟大作用。他们以马克思主义研究会为基础，加快建党进程。1920 年 6 月，陈独秀等人开会研究，决定成立共产党组织。8 月，上海的共产党早期组织正式成立。这个组织在上海出版《劳动界》《伙友》，宣传革命真理。这些刊物认为工人是替世界谋幸福的人，强调以公共集合的团体做公共的事情，呼吁工人们团结和组织起来进行斗争。上海的共产党早期组织还在小沙渡举办劳工半日学校，帮助工人学习马克思主义和科学文化知识，培养了不少工人骨干，为后来的工人罢工斗争作了重要准备。1920 年 11 月，上海机器工会成立，这是在上海的共产党早期组织领导下建立的第一个工会组织。参加上海机器工会成立大会的人员，既有机器工会的会员，又有别的工人团体的代表，还有其他来宾，累计 900 多人。世界工人联合会有关人士发来支持的信件，孙中山、陈独秀等人士到会祝贺。上海机器工会不仅立足于本地，而且与其他一些地方的机器工人建立起联系，促进了相互之间的交流。在北京，李大钊等人依托马克思学说研究会，密切与工人群众的联系。李大钊等人在深入工人群众的过程中，既增进了与工人群众的感情，又教育引导了工人群众。这些努力，有利于在北京建立共产党早期组织。1920 年 10 月，北京的共产党早期组织正式成立。这个组织在北京出版了《劳动音》等小册子，宣传革命真理。这些刊物揭露资本家对工人的残酷剥削，反映工人阶级的合理诉求，产生了积极的影响。北京的共产党早期组织还在长辛店铁路工人中创办劳动补习学校，提高工人群众的觉悟，培养工人运动的骨干。这些工作，对于长辛店工人俱乐部的成立起到推动作用。1921 年“五一”国际劳动节，长辛店铁路工人举行庆祝大会，通过组织工会的决议，对北方工人运动的长远发展具有重要影响。

1920 年 8 月，武汉的共产党早期组织成立。这个组织创办了《武汉星期评论》，宣传马克思主义。武汉的共产党早期组织派人到码头、铁路、工厂，了解群众疾苦，向他们指出出路所在，拉近了与普通群众的距离。在武汉的共产党早期组织领导下，汉口人力车夫为反对车行加租而举行罢工，提出“奋斗、争自由、争人格”的口号。

1920 年初冬，长沙的共产党早期组织成立。这个组织创立了俄罗斯研究会，研究革命真理。在长沙的共产党早期组织领导下，长沙工人成立了革命的工会组织。在长沙的共产党早期组织推动下，革命的工会组织深入工人群众，采用通俗易懂的语言，做好群众的思想工作，推动了湖南工人运动。

1921 年春，广州、济南的共产党早期组织成立。广州的共产党早期组织创办《劳动者》《广东群报》，济南的共产党早期组织创办《济南劳动周刊》《励新》半月刊，宣传新文化、新思想。在广州、济南的共产党早期组织领导下，广州、济南的工人成立了革命的工会组织，这些工会组织在宣传和引导工人群众方面发挥了积极的作用。

在国内共产党早期组织纷纷成立的同时，在旅日、旅法华人中也成立了共产党早期组织。这些组织吸收和借鉴国际工人运动的经验和教训，研究和介绍马克思主义，在旅日、旅法劳工中宣传革命道理。所有这些努力，直接或间接地促进和推动了中国国内工人运动的发展。

总体来说，共产党的早期组织采取多种形式和途径做好工人群众的工作：面向基层和实际，通过调查访问等形式，找工人谈话，了解他们的困难疾苦，向他们宣传革命道理，受到他们的热烈欢迎；举办工人夜校，将其办成传播马克思列宁主义的坚强阵地，为培养工人运动骨干打下了坚实基础；出版工人刊物，用通俗的语言揭露资本家对工人群众的残酷剥削，强调工人阶级需要联合起来以反对资产阶级压迫，帮助工人建立工会组织和开展罢工斗争。所有这些努力，使得马克思主义与工人运动的结合不断巩固和强化，终于促成了中国共产党的正式成立。

### （三）党的一大的召开与中国工人运动的崭新局面

1921 年 7 月 23 日，中国共产党第一次全国代表大会在上海法租界望志路 106 号（现兴业路 76 号）开幕。最后一天的大会，是在嘉兴南湖的一艘游船上举行的。大会通过《中国共产党第一个纲领》《中国共产党第一个决议》等文件。

《中国共产党第一个纲领》提出：革命军队必须与无产阶级一起推翻资本家阶级的政权，必须援助工人阶级，直到社会阶级区分消除的时候；承认无产阶级专政，直至阶级斗争结束为止，即直到社会的阶级区分消灭为止；消灭资本家私有制，没收机器、土地、厂房和半成品等生产资料，归社会所有；联合第三国际。该文件还提出，党要把工人、农民和士兵组织起来，并以社会革命为自己政策的主要目的。党的一大通过的纲领，表明中国共产党从成立开始就旗帜鲜明地把实现社会主义、共产主义作为自己的奋斗目标。

中国产生了共产党，这是开天辟地的大事变，深刻改变了近代以来中华民族发展的方向和进程，深刻改变了中国人民和中华民族的前途和命运，深刻改变了世界发展的趋势和格局。中国共产党一经诞生，就把为中国人民谋幸福、为中华民族谋复兴确立为自己的初心使命。中国共产党的先驱们创建了中国共产党，形成了坚持真理、坚守理想，践行初心、担当使命，不怕牺牲、英勇斗争，对党忠诚、不负人民的伟大建党精神，这是中国共产党的精神之源。

大会通过的《中国共产党第一个决议》对工人运动的若干方面和问题作出明确规定，具体内容如下：

第一，对工人组织作出规定。决议指出，党的基本任务是成立产业工会（工会）。凡有一个以上产业部门的地方，均应组织工会；在没有大工业而只有一两个工厂的地方，可成立比较适于当地条件的工厂工会。决议强调，党应在工会里灌输阶级斗争的精神。党应警惕，使工会避免成为其他党派之傀儡。为此，党应特别机警地注意，勿使工会执行其他政治路线。对于手工业工会，应迅速派出党员，尽快进行改组工作。决议认为，拥有会员二百人以上方能成立工会，而且至少要派我党党员二人到该工会去工作。

第二，对宣传作出规定。决议指出，一切书籍、日报、标语和传单的出版工作，均应受中央执行委员会或临时中央执行委员会的监督。决议强调，每个地方组织均有权出版地方通报、日报、周刊、传单和通告。无论中央或地方出版的一切出版物，其出版工作均应受党员的领导。决议提出，任何出版物，无论是中央的或地方的，均不得刊登违背党的原则、政策和决议的文章。

第三，对工人学校作出规定。决议指出，因工人学校是组织产业工会过程中的一个阶段，所以在一切产业部门均应成立这种学校。例如，应成立“运输工人预备学校”和“纺织工人预备学校”，等等。在这种学校里，除非常必要的情况外，不应教若干门不同的课程。决议强调，学校管理处和校务委员会应完全由工人组成。党聘请的教员可以出席校务委员会的会议。工人学校应逐渐变成工人政党的中心机构，否则，这种学校就无须存在，可予以解散或改组。决议提出，学校的基本方针是提高工人的觉悟，使他们认识到成立工会的必要。

第四，对工会组织的研究机构作出规定。决议指出，这种机构应由各个产业部门的领导人、有觉悟的工人和党员组成，应研究产业工会组织的工作方法等问题。成立这种机构的主要目的应为教育工人使其在实践中能够实现共产党的思想。应特别注意组织工人工会，援助其他部门的工人运动，研究工人工会以及其他无产阶级组织的情况。决议提出，为了更适当地进行工作，这种机构的研究工作应分为以下几类：工人运动史，组织工厂工人的方法，马克思的经济学说，各国工人运动的现状。研究的成果应定期发表。应特别注意中国工人运动问题。

中国共产党是马克思主义与中国工人运动相结合的产物。从中国共产党成立第一天开始，党就是中国工人阶级的先锋队，同时是中国人民和中华民族的先锋队。党的中国工人阶级先锋队之性质，决定和支配着党的中国人民和中华民族先锋队之性质；党的中国人民和中华民族先锋队之性质，巩固和强化着党的中国工人阶级先锋队之性质。在“两个先锋队”之中，中国工人阶级的先锋队是首要的。中国共产党的诞生，使中国工人阶级有了自己的先锋队。从此，中国工人阶级在阶级认同的基础上，实现了自在阶级向自为阶级的转变。中国工人运动进入了一个新的伟大历史时期，具有无限广阔的发展前景。

# 第五章

# 中国共产党成立初期的工人运动

## 一、中国劳动组合书记部与第一次全国劳动大会

### （一）中国劳动组合书记部的设立

中国共产党成立以后，十分注重对工人运动的领导。1921 年 9 月，陈独秀主持召开中共中央局扩大会议，着重讨论工人运动等问题。11 月，陈独秀签署《中国共产党中央局通告》，向全国各地党组织通告工人运动等问题，并宣布了具体的计划。这个文件指出，依团体经济状况，议定最低限度必须办到下列四件事，其中第三件是上海、北京、广州、武汉、长沙各区必须有直接管理的工会一个以上，其余的工会也须有切实的联络；在次年大会席上，各区代表关于该区劳动状况，必须有统计的报告。这个文件又指出，关于劳动运动，议决以全力组织全国铁道工会，上海、北京、武汉、长沙、广州、济南、唐山、南京、天津、郑州、杭州、长辛店诸同志，都要尽力于此计划。

为了加强对工人运动的领导，有必要设立专门的机构。1921 年 8 月 11 日，在上海设立了中国劳动组合书记部：主任张国焘，秘书李启汉，干事李启汉（兼）、李震瀛等。办事机关设在上海北成都路 19 号。这是中国共产党领导工人运动的第一个公开机构。《中国劳动组合书记部宣言》呼吁中国的工人们赶紧联合成

劳动组合。中国劳动组合书记部还出版机关刊物《劳动周刊》，由李启汉、李震瀛负责编辑。《劳动周刊》强调，这份刊物是中国全体劳动者的言论机关。中国工人们都拿材料来供给这个唯一的言论机关，都来维护这个唯一的言论机关，扩大解放全人类的声浪，促进解放全人类的事业实现。

中国劳动组合书记部在上海成立总部之后，相继在北京、汉口、长沙、广州、济南等地设立分部。

1921 年 8 月，在北京设立中国劳动组合书记部北方分部。罗章龙为北方分部主任。北方分部的工作范围包括直隶、山东、山西、陕西、甘肃以及东北三省，工作重点是发动和组织北方地区的铁路工人和开滦煤矿工人。

1921 年 8 月，在长沙设立中国劳动组合书记部湖南分部。毛泽东为湖南分部主任。湖南分部的工作重点是发动和组织湖南各地以及江西安源路矿工人。

1921 年 9 月，设立中国劳动组合书记部武汉分部。包惠僧为武汉分部主任，后由林育南、项英继任。武汉分部的工作重点是发动和组织湖北各地和京汉、粤汉铁路工人。

1921 年 9 月，在广州设立中国劳动组合书记部广东分部。谭平山为广东分部主任，后由冯菊坡继任。广东分部的工作重点是发动和组织机器工人。

1922 年 6 月，在济南设立中国劳动组合书记部山东分部。王尽美为山东分部主任。同年 7 月，王尽美调到北方分部为副主任兼秘书，邓恩铭、王翔千接任。

1922 年 8 月，中国劳动组合书记部总部迁到北京以后，设立上海分部。袁达时为上海分部主任。上海分部直接领导上海地区的工人运动。

中国劳动组合书记部采用特派员制度。党的二大以后，特派员的使用更加频繁。以北方区来说，为推动工运，拓展党、团、工会组织，中共北京地执委与劳动组合书记部北方分部先后派出罗章龙、邓中夏、高君宇、陈为人、何孟雄等人到华北一些重要城市开展工作。仅向华北地区的京汉、陇海、奉张铁路线及其沿线的唐山、天津、郑州等 14 个城市，就派出特派员 30 名。中国共产党成立初期，财力和物力十分有限，给予特派员的费用非常少。在中国劳动组合书记部成立以后，有共约 30 人按月领用生活津贴，每人需 20 元至 35 元。① 特派员既要解决吃饭问题，又要推进革命事业，他们需要作出无私奉献和自我牺牲。这些共产党人省吃俭用，牢记党的指示，胸怀劳苦大众，在艰难中做了大量卓有成效的工作。在劳动组合书记部以及各分部同各地工人群众的联系中，在工会组织发展中，在工人罢工中，都有特派员的重要作用。当然，特派员制度也不是十全十美的，会存在一些局限和问题。例如，某些特派员权力过大，工作亦有片面性，等等。然而，在中国共产党成立初期，特派员制度在劳动组合书记部工作的开展中是必不可少的。

中国劳动组合书记部以及各分部成立以后，积极对工人群众进行教育，不仅派人在工人学校授课，而且通过工人刊物进行宣传，使工人群众懂得团结联合的重要性，知晓阶级斗争的必要性，从而提高了他们的思想认识和阶级觉悟。同时，中国劳动组合书记部以及各分部还派人深入工人群众中间，组织工会，开展罢工。

### （二）第一次全国劳动大会的召开

为了加强对工人运动的领导，巩固工人阶级内部团结，中国共产党决定，由中国劳动组合书记部发起召开第一次全国劳动大会。中国劳动组合书记部确立了不分地域、不分党派，只要是工

---

① 潘朗、邹宁译：《苏联共产党（布）关于工会问题的决议》第 1 册，工人出版社 1954 年版，第 23—35 页。

会组织便可派代表参加大会的原则。1922 年 4 月 11 日，中国劳动组合书记部在《民国日报》上发表关于召开第一次全国劳动大会的通告，邀请全国各工人团体选派代表一人，持团体选派证书，于当年 5 月 1 日在广州报到。这个通告，受到全国工人阶级的广泛欢迎，得到各个工人团体的热烈响应。

1922 年 5 月 1 日至 6 日，第一次全国劳动大会在广州召开。出席大会的代表有 173 名，分别来自 12 个城市，110 多个工会，代表着 34 万名会员。就代表的身份而言，有些代表是共产党员，有些代表是国民党员，有些代表是无政府主义者，还有些代表来自“招牌工会”，情况十分复杂。从地域来看，来自广州、香港的代表在全体代表中占 80%。在大会进程中，经常发生各种各样的分歧和冲突。在这些情况下，中国共产党和中国劳动组合书记部牢牢把握大会的宗旨和方向，积极主动做好沟通协商工作，适当采取求同存异的态度和做法，妥善处理各种问题，实现了团结，避免了分裂，从而促使大会在矛盾中趋利向好，按照日程安排顺利进行。大会通过 10 项决议案：《八小时工作制案》《罢工援助案》《全国总工会组织原则案》《统一全国工会旗帜及徽章案》《规定湖南劳工会黄、庞死难日为纪念节日案》《规定海员罢工沙田烈士死难日为纪念节日案》《铲除工界虎伥案》《组织全国人力车夫联合会案》《规定明年在汉口召开第二次全国劳动大会案》《全国总工会未成立以前请中国劳动组合书记部为全国通讯机关案》。在这 10 项决议案中，大部分是中国共产党领导的工会组织提出的。大会宣言强调，工人们必须联络起来，互相援助，才能得到胜利。可以说，大会达到了预期的目的。

第一次全国劳动大会的召开，是中国共产党和中国工人阶级的伟大创举，在中国工人运动史上树立起了一个光辉的里程碑，开辟了工人阶级联合的新纪元。大会号召全国工人阶级团结起来，组成一个阶级战线。大会确立中国革命工会的产业组合原则，这有利于工会事业的发展。第一次全国劳动大会决定，在全国总工会未成立前，承认中国劳动组合书记部为全国总通信机关，并负责召集第二次全国劳动大会。第一次全国劳动大会进一步明确了中国共产党在全国工人运动中的领导地位，进一步加强了中国共产党在全国工人运动中的领导作用。大会总结工人运动的经验和教训，接受中国共产党的政治主张，把反对帝国主义和反对封建主义作为中国工人运动基本的任务和目标，具有重大而深远的意义。

## 二、党的二大与争取劳动立法的努力、工会组织的发展

### （一）党的二大召开

1922 年 7 月 16 日至 23 日，中国共产党第二次全国代表大会在上海召开。大会通过《中国共产党第二次全国代表大会宣言》《关于“工会运动与共产党”的议决案》等文件，对工人运动给予了充分重视。

大会通过的《中国共产党第二次全国代表大会宣言》指出，各种事实证明，加给中国人民（无论是资产阶级、工人或农人）最大的痛苦是资本帝国主义和军阀官僚的封建势力，因此反对那两种势力的民主主义的革命运动是极有意义的，即因民主主义革命成功，便可得到独立和比较的自由。因此我们无产阶级审察今日中国的政治经济状况，我们无产阶级和贫苦的农民都应该援助民主主义革命运动。党的二大通过的宣言提出，中国共产党为工人和贫农的利益奋斗的目标是消除内乱，打倒军阀，建设国内和平；推翻国际帝国主义的压迫，达到中华民族完全独立；统一中国本部（东三省在内）为真正民主共和国。这实际上制定了党在现阶段反帝反封建的民主革命纲领，即党的最低纲领。党的二大

通过的宣言强调，中国共产党是中国无产阶级政党，是要组织无产阶级，用阶级斗争的手段，建立劳农专政的政治，铲除私有财产制度，渐次达到一个共产主义的社会。这表明党的二大宣言坚持了党的一大纲领所规定的党的最终奋斗目标，即党的最高纲领。党的二大宣言初步阐明了现阶段中国革命的性质、对象、动力、策略、任务和目标，指明了中国革命的前途，党的二大在全中国人民面前第一次提出了明确的反帝反封建的民主革命纲领。

党的二大通过的《关于“工会运动与共产党”的议决案》认为，中国的劳动运动是在第一个阶段中发展，还脱不了旧行会和手艺组合的束缚。同时劳动阶级的奋斗还不过是为某种手艺或某个工厂特别状况的单独运动，并没有普遍性质的运动。工人的组织也不强固，组合的人数也不多。切实研究这种现状，集中、扩大和正当指挥这种运动，是中国共产党的根本任务。基于这种情况，议决案作出一系列规定，具体内容如下：

第一，议决案明确工会的初心和性质。议决案提出工会为什么成立的问题，并且认为工会就是保护工人切身的利益和为工人的利益奋斗的机关，因为劳动者是创造各种物品者，所以劳动者应该享受劳动者所创造的东西。这个事实，便是真正工会的出发点。议决案指出，工会的性质不能与行会一样，不能有雇主在里面。同时，只要是赚工钱的工人，无论男、女、老、少，信仰，地域，种族，国籍，政见，熟练、不熟练等区别，都须加入工会。因此，工会不得有收费过重或经过严苛审查等办法，以限制工人的加入，这样才能使工会变成一个阶级群众的工会。

第二，议决案指明工会的组建。议决案强调，劳动阶级和劳苦群众从资产阶级掠夺中解放自己的奋斗，必须伴着劳苦群众中的最进步和最能战斗的部分——无产阶级——的利益奋斗进行。因此中国共产党在工会运动范围内，必须集中力量为产业工人的组合运动，如铁路、海员、五金、纺织工人等。议决案指出，工会最好的基本组织是工厂委员会，每种产业下的一个工厂里的工人组织一个工厂委员会为基本单位，再组织一个产业组合。但工厂委员会须属纯粹工人的组织，绝不可用雇主和工人的代表混合组成之。同时工厂委员会又不可离工会而独立。

第三，议决案强调党对工会的领导。议决案认为，共产党与工会的分别是共产党是所有阶级觉悟的无产阶级分子的组合，是无产阶级的先锋军，有一定的党纲，是一个以打倒资产阶级和资本主义为目的的无产阶级的政党；工会是所有工人的组合（不管政治见解怎样），工人们在工会里，去接受“怎样用社会主义和共产主义精神去奋斗”的教育，与共产党向同一目的进行，但是较缓的全阶级的组合。共产党也可以说是一个人的头脑，全体工人便是人的身体。议决案强调，只有共产党是工人的先锋，是工人的政党。共产党为实际率领工会和实际为无产阶级的先锋，必须在工会中和各个工厂委员会以及一切的劳动团体中组织强有力的团体，很少有例外。

第四，议决案提出工会的任务。议决案认为，工会自身一定要是一个很好的学校，应当花许多时候努力去教育工会会员，用工会运动的实际经验做课程，为的是要发展工人们的阶级自觉。议决案指出，工会进行劳动者的经济改良运动，必须进于为劳动立法运动。同时，使工会明白：获得劳动立法和争得劳动改良条件，均必须工会组织得强固；在资本制度之下，要能够使劳动立法或劳动改良条件真正实现，都必须劳动者的力量能够压迫政府和东家才行的。议决案强调，工会必须做民族独立政治的和市民的权利与自由（包括普通选举权和废除罢工刑律的运动）的奋斗，并在民主主义联合战线中占独立的重要的地位，这样才能促进工人们得到最后的胜利。

第五，议决案指出中国工会和国际工会的关系。议决案认为，各国革命的工会必须有统一的联合，去同全世界资本主义奋斗，这个全世界革命的工会的统一联合，就是赤色工会国际协会。中国共产党必须根据上面的原则组成工会，带到赤色工会国际旗帜之下。

议决案除了对重要产业工人的工会运动作出规定以外，还有如下内容：工人消费合作社是工人利益自卫的组织，共产党须注意和活动此种组织；较进步的行会里，共产党也必须进内去活动，为的是要把行会里的雇主驱逐出来，结合性质相近或同一原料作工的各种的行会，组成一个工会；很守旧的行会和资产阶级为愚弄工人起见所组织的团体、俱乐部、学校等，共产党也要进去活动，在里面组织小团体。

党的二大通过的《关于“工会运动与共产党”的议决案》是党指导工会运动的第一个纲领性文献。这个文献既回答了工会的一般基础问题，又将工会问题结合于中国社会实际，对工会运动作出了比较系统的理论探讨，为当时和后来工会运动的发展提供了指导。

## （二）争取劳动立法的努力和工会组织的发展

1922 年 8 月，中国劳动组合书记部根据党的二大关于必须为劳动立法运动的精神，乘着北洋军阀政府高唱“保护劳工”、召开“国会”、准备制定“宪法”的机会，向全国发出《关于开展劳动立法运动的通告》，强调劳动立法的作用和意义，要求将劳动者应有之权利以宪法规定之，并且拟定了劳动立法四项原则和《劳动法大纲》。

劳动立法四项原则是保护工人政治上的自由，改良经济生活，参加劳动管理，对工人实行劳动补习教育。

《劳动法大纲》内容十分丰富，具体内容如下。

《劳动法大纲》提出：承认劳动者之集会结社权，承认劳动者之同盟罢工权，承认劳动者之团体的契约缔结权，承认劳动者之国际的联合。

《劳动法大纲》又提出：日工不得超过 8 小时，夜工不得超过 6 小时，每星期连续 24 小时。18 岁以下青年男女工人及吃力的工作，不得超过 6 小时。禁止超过法定的工作时间，如在特别情形须得工会同意才得增加工作时间。农工的工作时间虽可超过 8 小时，但所超过之工作时间的工值，须按照 8 小时制的基础计算。须以法律担保一般不掠夺别人劳动之农人的农产品价格，此项价格由农人代表提出，以法律规定之。吃力的工作及有碍卫生的工作，对于 18 岁以下的男女工人，绝对禁止超过法定时间。绝对禁止女工及 18 岁以下男工做夜工。体力的女工产前、产后各 8 星期休工，其他工作之女工产前、产后各 6 星期休工，均照常领取工资。

《劳动法大纲》还提出：禁止雇用 16 岁以下之男女童工。为保障工人适当以至低限度的工钱，国家须制定这种保障法律。当立此项法律时，须准全国总工会代表出席。无论公私企业或机关的工资，均不得低于此项法律保障的至低限度。各种工人，由他们产业组合或职业组合保障，可选举代表参加政府经济机关，及选举代表参加政府企业机关，及政府所管理的私人企业或机关之权。国家对于全国公私各企业均须设立劳动检查局。国家保障工人有完全参加国家所设劳动检查局之权。一切保险事业，须由工人参加规定之，以保障所有在政府的、公共的、私人的企业和机关内的工人之损失或危险。保险费完全由雇主或国家出之，受保险者决不分担。各种工人和雇用人，一年工作中有一月之休息，半年中有两星期之休息，并领薪之权。国家须以法律保证男女工人有受补习教育的机会。

劳动立法四项原则和《劳动法大纲》反映了工人阶级的迫切愿望和根本利益，受到工人群众的热烈拥护。中国劳动组合书记部的各分部，努力筹建劳动立法运动大同盟。许多地方的工人俱乐部、工会发表宣言和通电，工人们举行游行和示威，强烈要求国会通过劳动法大纲。部分国会议员亦表示同情和支持，甚至有一些议员在中国劳动组合书记部的请愿书上签名。经过艰苦的努力，劳动立法运动深入人心，造成了广泛的积极影响。这场运动是中国共产党进行合法斗争的一次成功尝试，不但揭露了北洋军阀政府所谓“保护劳工”、召开“国会”、制定“宪法”的虚伪性和欺骗性，而且提高了工人群众的思想认识和阶级觉悟。

这一时期，中国共产党利用铁路交通的便利，将工人刊物运送到各铁路沿线，加强宣传工作。此外，在工人中发展党员的工作也很有起色。当时，在京汉铁路、京绥铁路、津浦铁路以及其他一些铁路沿线，都发展了工人党员。同时，北方许多城市的工会组织发展壮大，人员数量显著增加。那时，主要的铁路工会组织有长辛店工人俱乐部、京绥铁路车务工人同人会、京汉铁路总工会、京奉铁路唐山制造厂职工同人联合会、山海关桥梁厂工人俱乐部、陇海铁路总工会、津浦铁路工人俱乐部、济南大槐树机车厂工会、道清铁路工人俱乐部、正太铁路总工会，等等。罗章龙曾回忆道：“北方书记部工作范围管辖北方二十个省和十六个大城市的工人运动。后来为全国铁路总工会所管辖的全国各铁路工会，亦包括在内，所以事实上北方书记部涉及范围很广。沿铁路南至上海、武汉、广州、安源、昆明、腾越、蒙自等城市都有工作联系。”总之，北方的工会运动与南方的工会运动紧密联系，互相呼应，壮大了中国共产党领导下的工会力量。

在南方，工会运动风起云涌。在中国劳动组合书记部武汉分部领导下，汉口人力车夫工会、京汉铁路江岸工人俱乐部、汉阳钢铁厂工会、武汉第一纱厂工会等组织建立。1922 年 10 月，湖北全省工团联合会成立，这是中国共产党领导建立的全国第一个地方总工会。同年 12 月，汉冶萍总工会建立，这是在中国成立最早、规模最大的产业工会。在中国劳动组合书记部湖南分部领导下，建立起湖南劳工会、安源路矿工人俱乐部、粤汉铁路新河俱乐部、长沙泥木工会、粤汉铁路总工会、株萍铁路总工会、水口山工人俱乐部、长沙第一纱厂工人俱乐部等组织。1922 年 11 月，湖南全省工团联合会成立。在上海，中国劳动组合书记部领导建立起上海印刷工会、上海烟草工人会、上海浦东纺织工会等组织；中国劳动组合书记部上海分部领导建立了上海海员工会、上海金银业工人俱乐部等组织。在广东，中国劳动组合书记部广东分部领导建立起广州理发工会、广东土木建筑工会、油业工会等组织。

总的来说，在中国共产党的领导和影响下，全国主要城市都有了工会组织，一大批工矿企业基层工会、手工业工会以及其他许多方面的工会都建立起来。中国共产党成立初期的工会运动虽然存在一些不足和缺点，但成就是主要的，呈现蓬勃发展的势头，为后来全国总工会的正式建立奠定了坚实基础。

## 三、中国工人运动的第一次高潮

### （一）香港海员大罢工

中国共产党成立以后，经过艰苦细致的工作，兴起了中国工人运动的第一次高潮。这次高潮的起点是香港海员大罢工。

长期以来，香港海员遭受英帝国主义的歧视和压迫，受到包工头和资本家的剥削和欺辱，收入微薄，生活困苦。1921 年 3 月 6 日，海员中的先进分子苏兆征、林伟民等人在香港成立中华海员工业联合总会。9 月，中华海员工业联合总会向资本家提出增加工资、工会有权介绍职业等要求，但是遭到拒绝。11 月，中华海员工业联合总会第二次向资本家提出前述要求，再次遭到拒绝。1922 年 1 月 12 日，中华海员工业联合总会第三次提出增加工资的要求，限令 24 小时之内给予圆满答复。资本家依然置之不理，香港海员们忍无可忍，开始罢工。

最初参加罢工的有 6500 人，到 1 月底，罢工人数迅速扩大到 3 万人。从 1 月底开始，香港运输工人举行同情罢工。罢工使 5 条太平洋航线和 9 条近海航线陷于瘫痪。2 月下旬，实现了香港工人同盟罢工。3 月初，罢工人数激增至 10 万人以上，罢工浪潮席卷整个香港。

中国共产党对香港海员罢工极为关注。中共广东支部发表《敬告罢工海员》书，及时对罢工运动予以支持和引导，号召海员团结一致，严守秩序，注重自治，坚持到底。中国劳动组合书记部秘书李启汉慰问罢工的海员，并且与有关人员一道同港英当局破坏罢工的阴谋进行了坚决斗争。党组织通过中国劳动组合书记部向罢工的海员捐款，发动上海工人成立香港海员后援会。在党的动员下，内地的许多工人群众通过各种形式支持香港海员。此外，国民党的广州革命政府也对香港海员罢工给予帮助，借出每日数千元的罢工经费。

对于香港海员罢工，港英当局采取了残酷的镇压做法。1922 年 3 月 4 日，港英当局出动大批军警，在沙田地区向返回广州的罢工工人进行扫射，导致多人死亡，数百人受伤，这就是骇人听闻的沙田惨案。沙田惨案激起了海员们更大的怒火，他们以更坚强的决心将罢工斗争继续下去。海员们持续进行斗争，造成了香港航运中断，进而引发贸易停止和物价飞涨，就连人们的生活用品都严重匮乏，香港陷入混乱和危机之中。在这种情况下，港英当局，被迫于 3 月 8 日答应工人提出的恢复海员工会原状、增加工资、抚恤死难工人家属等要求。至此，香港海员大罢工取得了完全胜利。

香港海员大罢工的胜利，沉重打击了英帝国主义。中国人民不会忘记，中国近代的屈辱史就始于英帝国主义者发动的鸦片战争，他们依靠坚船利炮打开了古老中国的大门。从 1842 年中英签订《南京条约》到1922年香港海员大罢工，整整80年。香港海员大罢工的胜利，不仅促进了广东工人运动的蓬勃发展，而且鼓舞了全国工人阶级的斗争意志，推动了全国工人运动的迅速高涨。许多地方的工人相继罢工，形成了波澜壮阔的工人运动的景象。

在中国工人运动第一次高潮兴起之际，共产国际于1922年一二月间召开远东各国共产党及民族革命团体第一次代表大会。会议期间，全世界无产阶级革命的伟大导师列宁接见了中国部分代表，殷切希望中国工人阶级和人民群众共同推进中国革命事业的发展。

### （二）工人运动向纵深发展

党的二大以后，工人运动迅速发展，中国劳动组合书记部及其分部推动了工人运动的广泛开展，在北方及武汉、湖南、上海、广东等地形成了工人运动的高潮。

在北方，1922年8月爆发长辛店铁路工人大罢工，促进了铁路工人运动的发展。京奉路山海关铁厂和唐山制造厂工人罢工，京绥铁路车务工人罢工、正太路工人罢工，不同程度地取得了胜利，而开滦五矿工人大罢工则将北方的工人运动推向高潮。开滦五矿包括唐山、赵各庄、林西、马家沟和唐家庄等5个矿区。同年10月23日，唐山矿、林西矿、唐家庄矿、赵各庄矿和秦皇岛码头的工人同时宣布罢工。随后，唐山启新洋灰公司、华新纺纱厂以及马家沟矿的工人举行同情罢工。罢工者有近5万人。矿局的英国资本家勾结反动军阀，调集3000多名军警，对罢工工人进行武力镇压，制造了重伤7人、轻伤57人的流血惨案。开滦五矿工人俱乐部和启新洋灰公司工会遭到查封。但是，罢工斗争继续进行，并且得到了中国劳动组合书记部和全国各地工人、学生的支持。这次罢工终因敌我力量悬殊而失败，但是这次罢工表现出工人阶级的强大力量，沉重打击了帝国主义，在国内外产生了重大的影响。赤色职工国际认为这次罢工表现出工人具有强大的组织能力，在近代史上具有重大政治意义。

在武汉，汉阳钢铁厂罢工获得胜利。在此基础上，武汉工团联合会于1922年7月成立。同年10月，武汉工团联合会发展为湖北全省工团联合会。同年12月，在汉阳又成立了汉冶萍总工会。这一年，在中国劳动组合书记部武汉分部陈潭秋、林育南以及湖南分部何叔衡、郭亮领导下，粤汉铁路武（昌）长（沙）段工人举行反虐待、反侮辱的罢工。粤汉铁路工人俱乐部发表宣言，提出铁路局增加工人薪金、撤革铁路局中压迫工人的亲信人员等要求。粤汉铁路局不但没有答应工人俱乐部的要求，反而进行残酷镇压。然而，铁路工人没有屈服，经过十余天的艰苦斗争，终于使粤汉铁路局答应了工人的正义要求，罢工斗争获得胜利。

在湖南，矿业工人、铁路工人、手工业工人等群众进行的罢工斗争接连不断。其中，安源路矿工人大罢工影响最大。1921年秋冬，毛泽东就两次到安源调查，了解工人的困难和疾苦，向他们宣讲革命道理。1922年5月，安源路矿工人俱乐部成立。9月初，毛泽东又来到安源，部署罢工斗争。9月14日，安源路矿工人大罢工开始，提出保障工人权利、增加工资、改善待遇、发清欠饷、废除封建把头制等要求。9月18日，路矿当局迫于严重压力，只好派人与工人俱乐部代表签订条约，接受工人的要求。如果说中国工人阶级在五四运动中登上了政治舞台，不过其斗争还具有自发性质，而五四运动以后中国共产党的成立促使中国工人运动实现了从自发到自觉的转变，而且这种自觉在安源路矿工人大罢工中表现得十分明显。1922年2月，中共安源支部就成立了。这在时间上比安源路矿工人大罢工的爆发早了半年多。也就是说，安源路矿工人大罢工始终是在党的坚强领导下进行的。在党组织的引导下，工人的罢工将经济斗争和政治斗争紧密结合起来，将原则的坚定性和策略的灵活性结合起来，适度掌握发展进程和根本目的的关系，因而掌握了斗争的主动权，最终赢得了成功。安源路矿工人大罢工，成为中国共产党第一次独立领导并取得完全胜利的工人罢工斗争。

在上海，1922 年 2 月爆发三新纱厂工人罢工和上海第二纱厂工人罢工，4 月爆发全市信差罢工和华纱厂工人罢工，8 月有上海海员罢工。这一年，上海发生各种各样的罢工 50 多次。有些罢工的参加者达到数千人之多，有些罢工的时间持续数十天之久。

在广东，1922 年 5 月爆发盐业工人罢工，6 月爆发澳门华工罢工。这一年，广东出现的罢工有数十次。

上海和广东的罢工，有些胜利了，有些失败了。但它们都呼应了全国其他地方的工人群众，形成了全国范围内工人运动如火如荼的生动景象。

### （三）京汉铁路工人大罢工

中国工人运动第一次高潮的顶点是京汉铁路工人大罢工。1922 年，京汉铁路沿线 16 个车站都正式建立了工会，会员达 3 万余人，建立京汉铁路总工会的条件已经成熟。中国共产党召开了三次筹备会议，决定于 1923 年 2 月 1 日在郑州举行京汉铁路总工会成立大会。党对这次大会十分重视，派遣张国焘、陈潭秋、罗章龙、包惠僧、林育南等人出席。但是，当筹备委员会如期在郑州召开成立大会时，直系军阀吴佩孚撕掉所谓“保护劳工”的伪装，实行全城军事戒严，派军警包围会场。全体代表和来宾无所畏惧，冒着生命危险，冲破军警包围，冲进会场，群情激昂，在荷枪实弹的敌人包围中宣布京汉铁路总工会正式成立。与会者高呼“劳动阶级胜利万岁”“京汉铁路总工会万岁”等口号，口号声响彻云霄。然而，代表和来宾所住的旅馆随即又被控制了，军警不允许代表和来宾正常活动，甚至禁止饭馆向代表和来宾出售饭菜，大家只能饿肚子。同时，军警强行占领京汉铁路总工会所在地，捣毁总工会的牌子，洗劫文件和资料。当晚，京汉铁路总工会中的党组织召开秘密会议，决定2月4日全路工人总同盟罢工，号召全路工人为自由和人权而战。党组织还决定，将京汉铁路总工会临时总办公处迁移到汉口江岸。2月4日上午，江岸机器厂工人首先罢工。到中午12时，全路2万多名工人全部罢工。罢工者要求赔偿京汉铁路总工会成立大会的损失费，提出撤销京汉铁路局局长、郑州警察局局长等人的职务。罢工以后，全路的客车、货车、军车一概停运，1200多公里的京汉铁路运输线彻底陷入瘫痪。在这次罢工中，中国共产党人发挥了重要的领导作用。

2月7日，反动军阀疯狂镇压京汉铁路工人的罢工，造成了震惊中外的二七惨案。共产党员、京汉铁路总工会江岸分会委员长林祥谦被绑在电线杆上，敌人威逼林祥谦下令复工，遭到林祥谦严词拒绝。敌人用刀连续砍向林祥谦，也无法使其屈服。敌人气急败坏，凶残地杀害了林祥谦。共产党员、湖北全省工团联合会法律顾问施洋在被捕以后表现得也很英勇，几天以后被杀害于武昌洪山脚下。在江岸，在长辛店，在郑州，在涞水，在高碑店，都有牺牲者，数量达数十人之多。罢工工人被捕的有40多人，被开除的更是有1000多人。

鉴于反动军阀的暴行，中国共产党发表《为吴佩孚惨杀京汉路工告工人阶级与国民书》，号召全国人民和工人阶级团结起来，打倒反动军阀，为自由而奋斗。在全国的许多地方，都举行了抗议军阀暴行和声援京汉铁路工人的活动。共产国际执行委员会称赞中国共产党捍卫铁路工人的利益和整个工人阶级的利益，相信中国工人阶级能够增加自己团体的斗争力，达到中国人民的解放。赤色职工国际第四次代表大会也对中国工人阶级表示热烈的支持。基于严酷的现实，为了保存工人阶级的实力，避免遭受更大的损失，京汉铁路工人最终忍痛复工。

京汉铁路工人大罢工虽然失败了，但是沉重打击了国内外的反动派，显示了中国工人阶级严密的组织性和坚强的斗争性，扩大了中国共产党在全国人民中的影响。人民群众加深了对中国共产党的认识，对中国工人阶级的认识，从而有了新的觉醒。通过京汉铁路工人大罢工的惨痛失败，中国共产党人对中国革命的认识得以深化。他们深切地感受到，虽然工人阶级领导着中国反帝和反封建的民主革命，但是工人阶级孤军奋战是不行的，需要有广大的同盟军一道前进，以战胜强大的内外反动派。否则，中国工人阶级和劳苦大众无法获得解放。

从 1922 年 1 月至 1923 年 2 月的一年多时间里，全国共出现罢工斗争 130 多次，参加罢工的工人达 30 万人以上，形成了中国历史上的工人运动第一次高潮。这些罢工，大部分是中国共产党组织或党领导下的工会直接发动的。工人运动的迅猛发展，提高了工人阶级的战斗力，巩固了中国共产党的阶级基础，扩大了党在全国的政治影响。

## 四、党的三大前后的工人运动

### （一）全国范围内工人运动陷入低潮

京汉铁路工人大罢工失败以后，很多工人群众受到反动军阀的残酷迫害。许多地方的工人俱乐部和工人夜校被查封，牌子被捣毁，资财被掠夺，人员被通缉，大量工会组织被迫转入地下甚至停止活动。中国劳动组合书记部关于 1923 年“五一”劳动节召开第二次全国劳动大会的计划，都无法实行；筹备建立中华全国总工会的活动也受到极大干扰，以致陷于停顿。最为严重的是，由上海迁到北京的中国劳动组合书记部遭到反动当局的查封，有关领导人员受到封建军阀的通缉和搜捕。在这种情况下，中国劳动组合书记部不得不迁回上海。然而，上海的政治环境也是残酷的。在敌人严密控制之下，中国劳动组合书记部遇到极大的困难，无法像以前那样开展工作。

中国劳动组合书记部是中国共产党领导工人运动的机构。在中国劳动组合书记部工作遭受挫折的情况下，那些“招牌工会”活跃起来。它们嚣张地排斥革命工会组织，疯狂地否定阶级斗争和暴力革命，竭力地鼓吹阶级调和与改良主义。最为恶劣的是，一些“招牌工会”妄图取代中国劳动组合书记部，幻想取得对全国工人阶级的领导权。拿上海来说，那里的“招牌工会”在“兴盛”时曾在具有工人名义的团体中大约占了三分之二的比例。这种“招牌工会”于 1923 年 2 月发起成立“全国工团工人自救会”，进而于同年 7 月发起组织“全国工界救亡大会”。所谓“全国工团工人自救会”“全国工界救亡大会”，其实都是欺人之谈，实质在于满足“招牌工会”自身私利，同时适应帝国主义和封建军阀破坏工人运动的需要。

上述情况和因素，导致了这样的结果和局面，就全国范围来说，工人运动出现了一年多时间的低潮。

## （二）党的三大在工人运动低潮中的探索

中国工人运动从第一次高潮转入低潮，促使中国共产党深刻认识到，帝国主义和封建主义在中国的统治势力过于强大，革命性很强但是人数较少的中国工人阶级要想将革命事业引向胜利，必须尽可能多地联合同盟者一道奋斗。1923 年 6 月 12 日至 20 日，中国共产党第三次全国代表大会在广州召开。

党的三大通过了《关于国民运动及国民党问题的议决案》《中国共产党第三次全国代表大会宣言》等文件。《关于国民运动及国民党问题的议决案》认为，半殖民地的中国应该以国民革命运动为中心工作，以解除内外压迫。国民党比较是一个国民革命的党，中国共产党须与中国国民党合作，共产党党员应加入国民党。议决案强调，我们加入国民党，但仍旧保存我们的组织，并须努力从各工人团体中，从国民党左派中，吸收具有阶级觉悟的革命分子，渐渐扩大我们的组织，谨严我们的纪律，以立强大的群众共产党之基础。议决案指出，我们须努力扩大国民党的组织于全中国，使全中国革命分子集中于国民党，以应目前中国国民革命之需要。同时我们特别的工作，须努力促成全国总工会之独立的组织，从事经济的及政治的争斗。我们须努力引导劳动群众由日常生活的争斗到政治的争斗。《中国共产党第三次全国代表大会宣言》强调，拥护工人农民的自身利益是我们不能一刻忽忘的，对于工人农民之宣传与组织是我们特殊的责任，引导工人农民参加国民革命更是我们的中心工作。

党的三大通过了《关于劳动运动的议决案》。议决案认为，中国目下劳动运动方取守势，党的活动须多于工会活动，恢复工会口号须在被封工会各工友中宣传，引起压迫下之工人作政治的斗争。全国铁路总工会筹备委员会应从速召集全国各路代表会议讨论各路统一之工作，改造筹备委员会及讨论救济二七被难工友之方法。议决案提出，哈尔滨及山东两地在产业上及地位上皆甚重要，该两地方之劳动运动不可忽视。哈尔滨方面之劳动运动更宜作与苏俄工人联合之宣传，现时反对苏俄之趋向亟宜纠正。广东方面劳动运动，须注意新式产业之工人。至进步的手工业工人组织同时亦须整顿，促进其阶级觉悟。省、港、澳三方面产业及手工业的工人组织，须适用国民运动口号作统一运动。香港地方在产业上甚为重要，在该地方之劳动运动须设法改职业组织为产业组织，以增加工人势力反抗英国帝国主义及资本主义之压迫。南洋华工为数极大，须设法使其与国内工人发生密切关系，但须纠正其省界国界分别之趋向。议决案指出，工厂劳动运动须通用下列口号：男女工资平等，废止未满十四岁之童工，推翻包工制，星期日休息，以引起男女工人争取自身利益之觉悟。议决案强调，劳动组合书记部今后之责任为组织天津、哈尔滨、山东、上海等处已组成之路矿等工会以外之各种工会。

党的三大决定采取共产党员以个人身份加入国民党的方式实现国共合作，这是当时能够为孙中山和国民党所接受的唯一合作方式。党的三大清醒地认识到工人运动已经处于低潮，党的主要任务不再是单纯地组织工人群众去开展斗争，而是要使工人阶级与其他能够同情和参加革命的阶级组成统一战线，共同推翻帝国主义和封建主义在中国的反动统治，在当时特别要进行国共合作来推进国民革命。党的三大为即将到来的大革命高潮作了准备，有利于工人运动的恢复。但是，大会没有提出工人阶级争取对民主革命的领导权问题，这是历史局限性。

### （三）工人运动低潮中蕴含的希望和转机

党的三大以后，共产党人真诚帮助孙中山改组国民党。长期坚持民主革命而又屡遭挫折的孙中山，认识到民众的伟大力量，欢迎共产党人的帮助。广东是孙中山的故乡，是许多国民党人进行革命活动的地方，中国共产党也在那里进行了卓有成效的革命工作，因而广东的革命基础比较好。在国共合作的背景下，广东的革命政府对工人运动持积极态度，广东工人运动呈现蓬勃的发展势头。广东工会联合会领导广东工人声讨北洋军阀曹锟、争取关税自主权，产生了重要影响。广东油业工会领导数千名油业工人罢工，要求增加工资和改善待遇，在历经半年多艰苦努力以后，终于取得最后胜利。

在广东工人运动得到较好发展的时候，中国劳动组合书记部湖南分部领导下的工人运动也取得很大成就。安源路矿工人大罢工作为中国工人运动第一次高潮时期党独立领导并取得完全胜利的工人罢工斗争，其胜利成果获得巩固和发展。在政治上，安源路矿工人俱乐部实行代表会议制，保障工人群众当家作主；在经济上，创办中国第一个工人消费合作社，改善工人的生活；在思想文化上，发挥工人学校的作用，丰富和提高工人群众的精神生活；在与外地的关系上，积极支援其他区域工人的正义斗争；在与农民的关系上，帮助农民建立自己的组织，巩固工农联盟。完全可以说，这些工作是全方位的和有成效的。这种局面的形成，离不开党组织的建设。安源党支部的建立早于安源路矿工人俱乐部，安源的党员数量也一直在稳定增长，党组织对革命工会实行坚强的领导。在党组织的领导下，工人运动坚持原则的坚定性和策略的灵活性相结合，尽可能多地团结可以团结的力量。这种情况推广开来，就形成了湖南区工人运动日益发展的局面。

广东濒临南海，湖南靠近长江，这两个地方的工人运动能够辐射中国南方各地，进而影响全中国，成为工人运动低潮时期的希望所在。需要特别指出的是，湖南工人运动的突出成就，同毛泽东的卓越领导是分不开的。毛泽东在领导湖南工人运动时期就强调党组织的领导和建设，善于实行统一战线的政策和策略，注重兼顾经济斗争和政治斗争，并且善于解决好工人和农民的关系。大革命失败以后，以毛泽东同志为主要代表的中国共产党人开辟出农村包围城市、武装夺取政权的新道路，统一战线、武装斗争与党的建设被毛泽东称为“中国共产党在中国革命中战胜敌人的三个法宝”①。基于如此宏大的视角，来看待湖南工人运动的意义，是十分必要和特别清晰的。

① 毛泽东：《〈共产党人〉发刊词》（1939 年 10 月 4 日），《毛泽东选集》第 2 卷，人民出版社 1991 年版，第 606 页。

第三编

# 工人运动在大革命洪流中蓬勃发展（1923—1927）

# 第六章

# 中华全国总工会的成立与五卅反帝风暴

1924 年 1 月，中国国民党第一次全国代表大会在广东召开，在事实上确立了联俄、联共、扶助农工的三大革命政策，标志着第一次国共合作的正式形成。这一重要事件，结束了二七惨案以来工人运动的沉寂，成为工人运动复兴和高涨的标志性起点。1925 年 5 月，在各地工人运动持续复兴的基础上，中华全国总工会正式成立。在席卷全国的五卅反帝爱国运动中，中国工人阶级以最坚定的立场、最坚决的奋斗、最伟大的力量，向世界展示了中国工人阶级的领导力和革命精神。这充分证明了中国工人阶级在中国革命中的核心地位和领导作用。

## 一、革命统一战线的建立与党的四大和工人运动的复兴

### （一）国共合作的开启

1923 年 1 月 12 日，共产国际执行委员会作出《关于中国共产党与国民党的关系问题的决议》。决议认为：中国共产党在民主革命中同国民党合作是必要的，它的党员应该“留在国民党

内”，但共产党要保持自己在政治上的独立性。[①] 这个决议传到中国后，对促进国共合作起了重要的作用。

中共三大接受共产国际的指示，决定采取共产党员以个人身份加入国民党的方式实现国共合作。党团制度是国共合作的重要制度依据。党团本是指党在一切党外政权与群众组织中进行组织活动的秘密机关。围绕它而衍生出一整套渗透、整合、领导党外组织乃至其活动的组织作用和行动规则，即党团制度。在处理国共关系以及党与工人关系的过程中，中国共产党的党团制度均发挥了重要作用。

1924 年 1 月 18 日，国民党一大召开前夕，20 名共产党代表与鲍罗廷召开党团会议，共同讨论在国民党一大上中共党团如何运作的问题。1 月 20 日至 30 日，中国国民党第一次全国代表大会在广州召开，大会讨论并通过了由共产党帮助起草的宣言和宪章，重新解释了三民主义，使其成为具有反帝反封建内容的革命纲领，并决定实行联俄、联共、扶助农工的三大革命政策。第一次国共合作的实现，标志着革命统一战线的正式建立。

由于共产党党团制度的制度优势，组织严密，行动统一，加之党员信仰坚定，能力出众，加入国民党的中共党员在国民党中央和地方党部很快崭露头角。国民党从中央党部到各地省市都设立了工、农、青、妇等部，用以执行“唤起民众”“扶助农工”的政策。这些部门的部长大多由共产党人或国民党左派担任，特别是其中的秘书、干事等负责实际工作的人员，大多是加入国民党的共产党员。例如，国民党中央工人部的部长是著名的国民党左派领袖廖仲恺，该部秘书是共产党人冯菊坡；国民党北京执行部工人部秘书是张昆弟，助理是王尽美；国民党上海执行部工人

---

① 《共产国际执行委员会关于中国共产党与国民党的关系问题的决议》（1923 年 1 月 12 日），中共中央党史研究室第一研究部译：《联共（布）、共产国际与中国国民革命运动》第 2 卷，中共党史出版社 2020 年版，第 436—437 页。

农民部秘书是邵力子（当时是共产党员），干事是邓中夏，办事员是王荷波等；国民党汉口工农部部长是刘伯垂，组织部部长和干事是林伯渠、李立三和许白昊，宣传部干事是项英和林育南。这些加入国民党的共产党员，他们在全国大部分地区以合法半合法的身份，充分利用各种方便条件，积极推动了当地工人运动的恢复和发展。

1924 年 5 月，中国共产党中央扩大执行委员会会议通过了《工会运动问题议决案》。议决案强调，党应重视领导铁路工人、矿工及海员等产业工人群体。同时，议决案还强调在国共合作的背景下，党对工会的独立领导。该议决案指出："我们的党，对于国民党的最好的帮助，在工会运动方面并不是帮助他设立国民党的铁路工会及矿工工会，或者使已成的工会全体加入国民党，这可以使工会沉溺在国民党里而失去阶级的性质；我们对于国民党的最好的帮助，却是先组织纯粹阶级的斗争的工会，于每次用得着的时候，指挥这些工会赞助国民党所指导的国民革命运动。"①

1924 年 10 月，中共中央在上海创办《中国工人》，作为当时中国工人运动的灯塔，宣传革命理论，总结实践经验，有效地促进了工人运动的发展。

## （二）工人运动的复兴

### 1. 广东地区工人运动的新局面

广东地区工人运动历史甚长，但在 1924 年以前，中国共产党仅掌握广东油业工会、广州电话女司机工会这两个工会，工会统一运动面临很大的阻碍。以广东机器工会为代表的广州传统工人组织，是工会统一运动的重大障碍。与上海的工团联合会不同，

① 《工会运动问题议决案》（1924 年 5 月），中央档案馆编：《中共中央文件选集》第 1 册，中共中央党校出版社 1989 年版，第 237—238 页。

广州的工会组织实力更为雄厚。著名的“老板工会”——广东总工会，拥有工会数量最多，是由行会演变而成的手工业和服务业工会组织。广东机器工会仅下属武装就达近五百人。中国共产党有意识针对广东地区工人组织的特点，力图打开工人运动的新局面。①

中国共产党以新成立的广州工人代表会为依托，开展工人运动。邓中夏回顾1925年工会组织状况时，谈到以前广州有组织工人的数量，虽无统计可查，但可推测约有10万人。直到1925年4月1日第一次全市工人代表大会才有调查，当时工会有138个，会员16万余人。而6月15日第二次大会时，工会已有166个，会员约17万余人。到11月1日的第三次大会时，工会已经达到206个，会员为19万余人。由此，工会运动已经到了“急遽发展”的阶段。而据广州市政厅社会调查股报告，截至1926年10月，工会已有200余个，共有人员29万余人。②

就数量而言，工会发展蓬勃，势头强劲，但从质量而言，情况略显复杂。广州工人代表大会在其统一宣言中谈到，该会为实行第二次全国劳动大会的决议案，主张工会统一。虽然工会统一运动开始已近两个月，仍停留在“白纸黑字”阶段。工会增加，不仅未使工会统一，反而增添统一障碍，工会纠纷日增。这虽与手工业的工会历来组织散漫、难以统一有关，但就方法而言，工人代表大会的组织者单做领袖间的联络，没有兼顾各个工会的组织，不能使各种不同类型职业或产业的工人“互相谅解，互相团

① 陈志文：《大革命时期广州工人运动》，中国人民政治协商会议广东省广州市委员会、文史资料研究委员会编：《广州文史资料》第21辑，广东人民出版社1980年版，第5、6、8页。

② 刘明逵、唐玉良主编：《中国近代工人阶级和工人运动》第5册，中共中央党校出版社2002年版，第709—710页。

结”，也是重要原因。①

邓中夏认为广州工人纠纷频发，主要原因有四方面：一是黄色工会引发的组织纠纷；二是部分广州工会领袖为争夺会员而建工会，克扣工钱以自肥；三是国民党右派与工会领袖相互勾结；四是广州工人本身亦少阶级觉悟，受封建宗法社会的影响，“工会间偶有不同的意见，便出之于械斗”。解决方案只有从速组织广州工人代表会，而不应依赖政府或法律解决。广州政治环境宽松，优待工会，邓中夏反而担心工会依赖党政机关。邓一再向冯菊坡、刘尔崧指示：“广州工人最不好的风气，一有什么问题，就要依靠国民党工人部和农工厅来解决。我们要扭转这种风气，工人的问题要由工人本身来解决，最好是广州工代会能负责解决，工代会解决不来时，可由全国总工会来解决。”② 邓中夏希望成立工会垂直管理的体系，独立于国民党和国民政府。

当时，反动的广州总工会为阻碍中国共产党领导的工会，以建筑工人研究社去破坏广东土木建筑总工会，以土洋杂货华强工会去破坏广州土洋杂货店员工会，以果栏职工会去破坏广州果栏工会。广州总工会的头目陈森还率打手打死打伤数十名工人。③后来广州工人查获陈森勾结买办陈廉伯的秘密信件以及枪支，证明其阴谋破坏工运。工人将陈森捆送广州公安局法办，但吴铁城又私自将他释放，此事激怒了全广州的工会。广州各工会派出1000多名代表联合向国民党党部和国民政府请愿，非把工贼陈森严办不可。然而由于国民党右派的包庇，最终该案不了了之。这

① 《工代会对工会统一运动宣言》，《广州民国日报》1925年8月7日。

② 罗声：《省港大罢工中的广州工人运动》，广东省政协学习和文史资料委员会编：《广东文史资料存稿选编》第3卷，广东人民出版社2005年版，第360—361页。

③ 罗醒：《第一次国共合作时期广州工人代表会的沿革》，中国人民政治协商会议广东省委员会文史资料研究委员会、广东革命历史博物馆编：《广东文史资料》第42辑，广东人民出版社1984年版，第135页。

一事件提醒了中国共产党，要警惕旧式工会组织的消极作用。

针对广州地区工运存在的问题，中共广东区委认为必须统一工会组织，为此采取了以下措施：第一，建立工人运动委员会；第二，召开广州工人代表会；第三，整顿和改组广州工会。刘尔崧等通过广州工人代表会，对广州地区100多个工会进行了整顿和改组，成立了以产业联合为原则的三个支部执行委员会，分别把产业工人、手工业工人组织和团结起来，从而统一了工人群众的行动，增强了斗争的力量。

2. 军阀统治区工人运动的恢复

经过中国共产党的努力工作，上海工人运动开始摆脱沉寂状态，出现恢复和发展势头。1924年，上海共发生罢工23起，参加人数3万余人，罢工次数明显增加。其中，斗争激烈、规模较大的是6月间14家丝厂1.5万余工人的同盟罢工，9月间南洋烟厂7000多工人的罢工。这两次罢工都得到中国共产党的坚决支持和援助，并取得了一定胜利。

北方工人运动在以李大钊为首的中共北方区委领导下也开始恢复。唐山铁路工人此前在直奉战争中被裁汰的3000余人，亦恢复工作。同时，恢复各铁路及武汉工会的工作亦开展起来了，如京津、正太、陇海、胶济、京绥、京奉各路工会，或恢复全部，或恢复一部分，差不多恢复到二七惨案以前的局面。

1924年2月7日，中华全国铁路总工会在北京秘密成立，选举孙云鹏为委员长。全国铁路工人第一次全国代表大会共开4天，到者计九路代表，共计二十余人，通过决议案十余件。这次大会的纲要有以下几点：（1）恢复所有曾经组织之工会；（2）整顿现有工会，建立巩固的组织基础；（3）力谋工会之统一；（4）确立经济基础；（5）救济失业；（6）要求以前罢工争得条件之实行；（7）争工人切身的经济利益；（8）争集会言论罢工之自由；（9）参加国民革命，并参加国民会议；（10）训练并教育工友群众。大会还听取了太平洋、汉堡、莫斯科三个国际运输会议的报告。

中华全国铁路总工会宗旨有四点：第一，改良生活，提高地位，谋全体铁路工会之福利；第二，联络感情，实行互助，消除地域界限及职业歧视，排解工人相互争端，谋工会之统一；第三，提高知识，促进工人的阶级自觉；第四，协助各铁路工人组织各种总工会，并与全国各业工会和世界工会建立密切的关系。中华全国铁路总工会成立后，对北方铁路工会进行了恢复和整顿工作，会员迅速发展到近 3000 人。

1924 年 10 月，中共中央在上海创办《中国工人》，定位为革命理论与实践综合性的工人运动刊物，向工人阶级宣传党的立场和主张，很快产生较大影响。

## （三）党的四大和职工运动的勃兴

### 1. 党的四大关于职工运动的决议

在全国工人运动已经复兴，并且日益高涨的同时，国民党内部左右派的分化也在加快，国共关系逐步复杂化。为了加强对日益高涨的革命运动的领导，1925 年 1 月 11 日至 22 日，中国共产党在上海召开了第四次全国代表大会。大会对革命形势、社会各阶级在革命中的地位和作用、无产阶级在民主革命中的领导权和工农联盟等问题，作了比较深刻的分析和论述。大会通过了《对于职工运动之议决案》等多项决议案，分析了全国工运所处的形势，详细制订了进一步开展职工运动的计划。决议案强调中国共产党是中国工人阶级唯一的指导者。中国的职工运动应当独立发展，进而参加民族革命，以取得其领导地位。两者互为促进，工人运动因民族运动进展而扩大化，民族运动因职工运动的领导而充分革命化。①

第一，对全国职工运动形势作了正确分析。决议案指出：国民党改组以后，尤其是北京政变以后，全国职工运动已由退守转入进取。随着这一趋势的出现，“职工运动公开的可能愈多，工人势力膨胀的机会愈多，帝国主义的力谋摧残也愈急，军阀及资产阶级奸细‘工贼’的力谋破坏或利用的方式也愈复杂”。

第二，阐明了职工运动和民族运动的关系，分析了工人阶级在民族革命中掌握领导权的必要性。决议案指出：工人阶级当前最重要的任务，就是发展“自己独立的职工运动，同时参加民族革命以取得其领导地位”。为此，工人阶级必须“成为独立的政治势力”，各种产业工人“尤其要力求其完全组织在我们共产党指导之下，成为纯阶级性的独立组织”，并在其中“尽力发展我们自己党的组织”。中国工人阶级不仅要参加民族革命运动，保持自己的独立性，取得领导权，在工人中建立“强固的群众的独立的阶级组织”，使其成为“独立的政治势力”，而且必须进行党领导的职工运动，把职工运动与民族革命运动结合起来，把政治斗争与经济斗争结合起来，这样，才能保证工人阶级的领导权，职工运动才能够得到发展。

第三，规定了指导职工运动的策略。首先，在国民党管辖地区，必须引导工人“主动力争工会的公开”，争取集会结社、言论自由等，使工人认识到这种权利的获得是自己力争的，不是国民党或所谓的“进步的”军阀的恩惠。其次，主张工会的统一，党在领导工人进行罢工斗争时，斗争口号要适当，不宜提得过高。最后，党的工运干部应该充分运用阶级斗争的理论武器与帝国主义、国民党右派和资本家的剥削进行坚决斗争。这样，党才能在领导工运斗

① 《对于职工运动之议决案》（1925 年 1 月），中共中央文献研究室、中央档案馆编：《建党以来重要文献选编（1921—1949）》第 2 册，中央文献出版社 2011 年版，第 229—230 页。

争中，战胜“各种反动派，尤其是国民党右派的势力，因为他们在这种地方必然显出他们不能代表工人群众利益的真相”。

第四，提出了职工运动的具体计划。以产业工人运动为重点，尤其注重铁路、矿山、海员和纺织工人运动。铁路总工会应加强与各路的联系，建立真正群众的基础；矿山运动应努力打破停滞局面；海员运动既要从上层改造海员工会，又要进入各帮公所、寄宿舍和俱乐部，实行上下活动结合，把海员工会改造成产业的斗争的工会；纺织工人运动要努力建成全国统一的产业工会。对上海、汉口、天津三大工业区的工人运动应特别注意，从中建立全国工人运动稳固的基础。对青岛、无锡、南通、大连等地，也应予以相当的重视。加强大城市手工业工人运动的力量。与党的妇女部和青年团协同，分别开展女工运动和青工运动。推广合作社建设，引导工人从经济斗争中加强团结。

此外，《对于职工运动之议决案》还对工会的组织建设、工人的政治教育、党的组织发展等方面作了明确规定，重申了在中共中央和各地方党组织的工农部内设立职工运动委员会，同时由中共向各重要产业地区派巡视员，以加强对职工运动的领导的措施。中共四大这些决定，对全国正在复兴并即将进入高潮的工人运动发挥了重要的指导作用，还为即将成立的中华全国总工会在思想和政治上作了准备。

### 2. 上海、青岛日商纱厂工人大罢工

党的四大以后，全国工人运动进一步发展，在军阀统治地区也爆发了许多罢工斗争。其中规模和影响最大的是 1925 年 2 月的上海日商纱厂工人大罢工和 4 月的青岛日商纱厂工人大罢工。

第一次世界大战期间和大战结束以后，日资在中国纺织工业中急剧扩张。20 世纪 20 年代，日本纺织业资本集团大肆在华投资设厂，在中国纱厂中所占比重巨大。大批华工在日本纱厂做工。当时中国有 23 万余名纱厂工人，在日本纱厂工作的即有 8 万人。

上海中国纱厂 24 家，实际是 20 个资本团体所有，日本纱厂 30 家，却只是 9 个资本团体所有，其中仅内外棉就有 10 家工厂。由于日资企业用工量巨大，加之企业管理严格，手段粗暴，因而劳资关系十分紧张，时有冲突爆发。

上海内外棉第八厂资本家无故开除粗纱间夜班男工数人，想用女工、养成工替换，引起工人不满而决定罢工。1925 年 2 月 9 日，小沙渡日本内外棉纱厂第五厂、第七厂、第八厂、第十二厂一致罢工，而后各日本商人之纱厂陆续响应，举行同盟总罢工，截至 2 月 24 日，参加工厂已达 22 家，人数约计 3. 5 万人。各纱厂均提出罢工要求，内容大同小异，共同的几条原则是“不准打人”“不准无故开除工人”“罢工期间的工钱须照常发给”。

上海日商纱厂工人大罢工还有两大间接原因：一为纱厂内部变化。日本驻沪总领事矢田向外相币原呈报中承认，厂内对工人处罚“极为苛酷”。内外棉第八厂新任厂长一心想表现工厂经营成绩，招致工人的反感，因而罢工发生，各纱厂难辞其咎，“应负一半责任”。二为工人的组织化程度加强。1925 年 3 月 26 日，在共青团上海地委关于小沙渡杨树浦日商纱厂工人总同盟罢工经过情形的报告中提到，“沪西工友俱乐部的工人，对于此次罢工煽动实颇有力”。这些工人或散发罢工传单，或强制让工厂停工。工人领袖秘密组成“总指挥处”，并在小沙渡和杨树浦各设一“分指挥处”。指挥机关的确立，令罢工能够举措得宜，“没有慌张”。日本领事亦承认沪西工友俱乐部为罢工策源地，“可巧妙操纵各纱厂，伺机而动”①。

为扩大罢工规模，中国共产党还借助工团联合会，获取各团体声援，努力使斗争扩大化。中国共产党在纱厂罢工中首次引入

---

① 上海社会科学院历史研究所编：《五卅运动史料》第 1 卷，上海人民出版社 1981 年版，第 361—362 页。

工人纠察队，一方面保护工人，维持秩序，安慰人心，劝导工友莫上工。另一方面以武力迫使工厂停工，名曰“打厂”，也颇为有效。纠察队的组织后扩展到各日本纱厂，时有冲突发生。2月10日，有16名日本人在冲突中受伤。工部局派警力逮捕了13名工人，但仍被日方认为处理不彻底，敷衍塞责。2月17日，警察与罢工工人发生冲突，逮捕30名工人，双方均有负伤。日本领事对此次警察的镇压行为表示满意。

面对中外反动派的威逼，3.5万多名罢工工人一律听“工会的话”，相互扶助，坚持团结战斗。2月25日，由中国官员和商人作为中间调解人，罢工工人与纱厂主在总商会达成四项协议。3月1日，同兴、内外棉、日华、丰田四厂工会，在沪西工友俱乐部后面空场上开会。刘华在会上报告了罢工经过与条件内容，罢工宣布结束。

继上海2月罢工之后，青岛日商纱厂工人也发动了同盟罢工。青岛罢工的直接原因，是大康纱厂厂主招募了一批见习生。这批见习生大半都有高小毕业和中学一、二年级的程度，知识水平较高，爱国心切，“仇视日人的心思极盛”。他们暗中联络工人，组织工会。1925年4月初，纱厂工会已初步形成，加入工会者有2000余人。此次工会组织过程中，中共济南地委青岛支部书记邓恩铭以新闻记者身份为掩护，参与工人会议，提出组织罢工委员会和纠察队。

日本人得知工会成立消息后竭力破坏。4月15日，日本人趁工人不备，抄走工会文件和会员名册，后又买通警察厅厅长，拘押了前来质询的工人代表。工人为此召开工会委员会，研究应对办法。4月18日晚，劳资双方未能达成一致意见，工会决定罢工。而后，纱厂罢工规模日益扩大，日本内外棉、隆兴两厂各有7000名工人宣布罢工，罢工者达万余人。党领导的上海纱厂工人联合会也派代表，表示愿予罢工者以精神上及物质上之助力。在工人运动的强大压力下，日方被迫妥协。5 月 10 日，1 万余名工人举行大罢工胜利大会，同时举行工会挂牌仪式。

对此，日方软硬兼施，收买工人代表，妄图让工人自行取消工会，但工人严词拒绝了日方的要求。5 月 25 日，日本人再次向张宗昌施压，要求其用武力解散工会。大批武装警察保安队至工厂，欲以武力封闭工会，遭到工人的坚决反抗。日本纱厂方面仿照上海日纱厂的办法，停止机器，驱逐工人。工人见情况不妙，日夜班仍轮流进厂静候做工。

在共产党人李慰农等领导下，罢工工人成立罢工委员会和纠察队、演讲团以及下层军警接待委员会等专门机构，向资方提出了和上海类似的一些条件。罢工还得到青岛其他一些工厂、上海日商纱厂工会和全国铁路工人的同情和声援。上海日商纱厂工会在宣言中指出，如果厂方不能承认青岛工人的要求，上海工人就要罢工。在各方面的支持和声援下，这次罢工共坚持 22 天，终于迫使日本资本家同意了改善工人待遇、不得打骂工人等条件。随后工人于 6 月 10 日复工。

上海、青岛日商纱厂工人的大罢工，谱写了五卅运动的序曲，迎来了席卷全国的工人运动高潮。

### （四）第二次全国劳动大会的召开和中华全国总工会的成立

1924 年上半年中国工人运动开始回暖以后，革命迎来了新一波的高潮。此时中国共产党的首要任务是扩展和巩固工人阶级的力量，召开第二次全国劳动大会势在必行。

根据中共中央的决定，1925 年 5 月 1 日，由中华海员工业联合总会、汉冶萍总工会、中华铁路总工会和广州工人代表会 4 个团体发起，在广州召开了第二次全国劳动大会。5 月 2 日中午 12 时，第二次全国劳动大会及广东全省农民协会共同在广东大学大礼堂举行开幕式，除双方代表 200 余人全体出席外，还有青年军人联合会代表、赤色职工国际代表、国民党代表及各界来宾，合计约1000人。劳动大会方面代表为刘少奇、苏兆征、邓少山；农民协会方面代表为邓贯香、廖仲恺；青年军人联合会代表为王一飞。出席会议的包括共产党、各农会等团体，共计100余个。到会代表281人，代表166个工会，属于大产业者有中华铁路总工会，上海14个工会，湖南6个工会，湖北1个工会，广东92个工会，其他还有大连、天津、北京、济南、青岛、淄博、太原、郑州、九江、浙江等地工会，代表有组织的工人50余万人。农民协会代表总共112人，代表22县，代表有组织的农民21万余人。大会通过了30多个决议案，其中主要有《工人阶级与政治争斗的决议案》《经济斗争的决议案》《组织问题的决议案》《工农联合的决议案》《对于赤色职工国际代表报告的决议案》《铲除工贼决议案》《工人教育的决议案》《中华全国总工会总章》等。

第二次全国劳动大会通过的各项决议案指明了工人运动的发展方向。大会宣言中提出，大会代表全国工人与广东有组织的21万农民和数千革命军人联合，正式加入国际革命的无产阶级队伍，“因为中国劳苦群众的解放，第一，要由进步的无产阶级领导广大的农民群众；第二，要与世界的无产阶级联盟，共同奋斗，才能获得最后的胜利”。《工人阶级与政治争斗的决议案》中明确指出，“工人阶级的每个经济争斗，同时一定要变成政治争斗”“民族革命既是各阶级共同参加的，所以无产阶级在此革命运动中，一方面固然协力以反抗我们更大的仇敌帝国主义及军阀，一方面更要森严在我们各种组织上的阶级性，不可和其他阶级混和”。“工人阶级与资本家、军阀、帝国主义者的利益是绝对不可调和的，工人阶级不根本推翻现存社会制度，就不能完全解放自己。在这个议案的第二段中还说明为什么工人阶级要参加目前的国民革命运动和为什么须成为国民革命运动的指导力量，工人阶级参加国民革命是为自己的利益参加的。最后还指明争集会、结社、言论、出版自由，罢工自由，普选和加资减时运动是目前政治争斗的具体目标。”① 总之，这些主要决议案对于指导和推动工人运动的发展，发挥了重要作用。

中国共产党在给第二次全国劳动大会的信中，明确指出工人运动的前进方向在于工农结合，“有明了的政治观念，有集合的战斗力，在国民运动中，能够给敌人以最后致命的打击者，只有工农联合的力量”②。

第二次全国劳动大会在组织上的硕果，是中华全国总工会（以下简称全国总工会）的成立。按照会议通过的《中华全国总工会总章》的规定，选举出执行委员25人：林伟民、苏兆征、戴卓民、邓培、刘文松、孙云鹏、刘少奇、李森（即李启汉）、谭影竹、刘和森、曾西盛、刘公素、梁桂华、吕棠、何耀全、李铃、郑绎生、孙良惠、邓中夏、李成、袁告成、高秀炳、刘俊才、钟伯兰、赵悟尘。5月7日，召开第一次执行委员全体会议，推选林伟民为委员长，刘少奇、邓培、郑绎生为副委员长，并组织干事局，内分四部办理，林伟民兼干事局总干事，李森为组织部部长，秘书部主任为戴卓民，宣传部部长为邓中夏，经济部部长为孙云鹏。各部以事务之繁简，推举干事若干人。

中华全国总工会的诞生，标志着中国工人阶级在中国共产党的领导下，正式实现了全国工会在政治上和组织上的团结与统一，揭开了中国工人运动新的篇章。第二次全国劳动大会探索了工人运动理论的新境界，正如邓中夏所言：“这些认识虽然还不能说已很深刻，但至少可说已有了布尔什维克思想的萌芽，这次大会之所以有伟大的历史价值就在于此。”中华全国总工会的成立，为全国工人阶级和工会组织在即将到来的大革命高潮中发挥先锋

① 亦农（罗亦农）：《中国第二次全国劳动大会之始末》，《向导》1925年第115期。

② 《中国共产党给第二次全国劳动大会的信》，《向导》1925年第112期。

和骨干作用，作了重要的准备。

## 二、五卅运动爆发和“三罢”斗争的开展

### （一）五卅反帝爱国运动的兴起

1925 年 5 月 15 日发生的顾正红惨案，是点燃五卅运动的导火索。该日，日本纱厂第七厂监工与工人发生冲突，内外棉副总大班元木、七厂大班川村，竟开枪击伤工人顾正红。顾正红被送往医院后不治身亡。中共开会决议，在力量尚未巩固之前，“以退为进”，暂不扩大罢工规模，而是向全国宣传顾正红案。5 月 21 日，上海文治大学学生为死伤工友募集救济金，被租界逮捕两人。5 月 22 日，内外棉第七厂的工人举行顾正红追悼大会，租界巡捕沿途加以阻挠，并逮捕多名参加追悼的上海大学学生和纱厂工人。社会各界展开广泛宣传和募捐工作，全国学联向全国发起宣言，希望唤起民众注意，同时积极与工部局交涉，救援被捕学生工人。上海学生联合会一面进行募捐，以援助日纱厂工人，同时通知各校组织演讲队，发表宣言，“以资向外宣传”。

5 月 28 日，中共中央在上海召开紧急会议，会议决定，5 月 30 日在租界内举行大规模的反帝示威活动，反对公共租界提出的压迫华人的四项提案，援助罢工工人。随后在上海大学、文治大学、大夏大学等校代表的会议上，共产党员恽代英又具体部署了在租界发放传单和演讲的办法。

5 月 30 日，上海各大、中学校学生 2000 余人分散到公共租界繁华的马路，进行宣传、讲演和示威游行。他们手持旗帜，上书“抵制日货”“援助被捕学生”“实行经济绝交”“反对越界筑路”“反对印刷附律”“反对码头捐”等字，沿途分发演讲，并在道旁电线杆上贴上印有口号的字条。多名演讲学生被巡捕逮捕，

其他学生按预定计划跟随巡捕，要求释放被捕者。早有戒备的租界巡捕突然开枪，打死13人，伤数十人。

中共中央于5月30日晚8时左右，举行紧急会议。会议决定，发动反抗外力压迫的罢市、罢工、罢课（简称“三罢”）运动，并拟定了要求条件的大纲，主要内容是租界当局须承认此次屠杀的罪行，并负责善后；租界统治权应移交上海市民，废除不平等条约，废除在华的领事裁判权；撤退驻华外国军队等要求。6月1日，成立了由李立三任委员长的上海总工会。

### （二）上海总工会成立

全国总工会的架构，以地域为单位，以产业结合为基础，层层隶属。所有市镇手工业工人，应组织在统一的市镇工人组合之下。此种组织须以市镇为单位，由市镇而县，由县而省，由省而全国。上海总工会是全国工会统一运动的重要一环。第二次全国劳动大会专门讨论了上海问题，鉴于总会偏处广州一隅，难以指导其他地区工会的工作，遂决定在上海秘密设立一个办事处。

上海总工会的组织基础，是1924年以来党在工人群众中培育的工会组织。1924年初，共产党尝试建立工会，在邮差工会、机器工会发展了几名同志，但能召集的工人不足百人。因此，党改换策略，从教育入手，发展平民夜校，促进工人觉悟。至1924年底，平民学校已有6所，学生共计840余人，以日本纱厂工人为主的沪西工友俱乐部、杨树浦工人进德会等已吸纳会员1400余人，组织建设初有成效。

1925年春季，随着日本纱厂罢工潮的升级，党建立的工会组织逐渐壮大，与工团联合会系统的冲突也有加剧的趋势。针对1925年2月上海各日商纱厂3.5万余工人的大罢工，工团联合会不仅未予支持，反而组织所谓“上海维持日商纱厂工友罢工后援会”，与共产党组织的“东洋纱厂罢工后援会”争夺工人。它企图献媚淞沪护军使署和江苏特派员公署，求得官方承认之资格。作为交换，它为交涉署充当耳目，侦察工人运动，并设法抑止暴动。

在第二次全国劳动大会召开之际，5 月 2 日，中华海员工业联合总会上海支部、上海公共租界电车工会、大康纱厂工会等 24 个团体代表召开了上海总工会筹备会。五卅惨案发生后，中共讨论组织上海总工会的详细办法，并确定了主要负责人员。

上海总工会的成立酝酿已久。上海总工会是全国总工会的一个分支，“代表上海工人与全国工人谋密切之结合”。由表 6.1 可知，上海总工会的职责安排，是全国总工会在上海地区的翻版。而且，上海总工会的重点不在代表，而在领导。它致力于组织工会，为工会发展指引方向。

**表 6.1 《中华全国总工会总章》与《上海总工会简章》关于工会职责设计比较**

| 名称 | 《中华全国总工会总章》 | 《上海总工会总章》 |
|---|---|---|
| 工会职责 | 发展全国工人之组织<br>统一全国工会运动，务期密切的团结<br>整理各工会之组织系统<br>指挥各工会之行动<br>仲裁各工会间或各工会内之争端<br>发布全国工人共同奋斗之目标<br>代表全国工人与国际工人谋密切之结合<br>提高工人知识，联络互相之感情<br>促进各工会彼此间有效之互助<br>保障工人利益，设法解决救济及职业介绍等事项 | 工人组织之发展<br>统一工会运动，务期密切的团结<br>整理各工会之组织系统<br>指挥各工会之行动<br>仲裁各工会间或各工会内之争端<br>指示上海工人共同奋斗之目标<br>代表上海工人与全国工人谋密切之结合<br>提高工人之智识，联络相互之感情<br>促进各工会彼此间有效之互助<br>保障工人利益，设法解决救济及职业介绍等事项 |

资料来源：刘明逵、唐玉良主编：《中国近代工人阶级和工人运动》第 1 册，中共中央党校出版社 2002 年版，第 205—206 页；中华全国总工会中国工人运动史研究室编：《中国工会历次代表大会文献》第 1 卷，工人出版社 1984 年版，第 34 页。

统合基层工会，是建立上海总工会的题中之义。按全国总工会要求，在同一产业及职业内，只能有一个工会。如有两个或两个以上同等性质之工会时，应依劝告，互相让步，合并成一个工会。同时，如有工人运动，各工会接到本会之通告后，应一致提供“声势上、经济上或实力上”的援助。上海总工会的设计，是将上海工会组织统合，一业一会，合而为一，进而形成一个统一的工人阶级群体，为组织工人运动张本。

“招牌工会”林立，黄色工会横行，这是20世纪20年代初上海工界的普遍状况，也是工会统一运动的阻力。上海工团联合会是党领导的工人运动的主要敌手。上海工团联合会乃湖南劳工会之余续。20世纪20年代初，在黄爱、庞人铨的主持下，湖南劳工会成为当地相当有影响力的劳工组织。1922年，黄、庞等人因组织工运而被捕身亡。湖南劳工会成员也被迫四散逃匿。其中，萧同兹、谢作舟、王光辉等人在上海组织了工团联合会。

鱼龙混杂，泥沙俱下，是上海工团联合会的一大特点。中国共产党为统一工人运动之需要，曾谋求从内部改造工团联合会。虽然上海工团联合会由“招牌工会”组成，但“影响于工人的宣传和组织是很利害的”。因此，中共上海地委决定组织店员联合会，机器工人俱乐部、金银工人互助会等工会加入改组。工团联合会部分成员也一度赞成改组。但该组织对工人运动心生犹疑，对政治活动更是采取作壁上观的态度，提出“只问面包，不问政治”“我们不要政党，我们只要工会”，与中共的主张大相径庭。

### （三）“三罢”运动中与“招牌工会”的斗争

上海总工会成立后，不仅立即发动和领导上海工人阶级投入反帝爱国斗争中，而且是上海五卅运动的组织者和指挥者，是“三罢”斗争的核心和旗帜。

党在号召和发动“三罢”斗争时，正确估计到工人罢工和学生罢课容易实现，唯有商界罢市，虽有部分店员积极推动，但许多资本家出于本身利益不会轻易答应。于是，5 月 31 日，上海总工会动员了几千工人、店员和学生齐赴天后宫上海总商会会所，召开各界联席会议，一致敦促总商会发布罢市命令。在广大群众一再强烈要求下，直到深夜，总商会才被迫宣布于 6 月 1 日起实行罢市。

五卅运动爆发之初，党领导的上海总工会与工团联合会，已有数次摩擦。1925 年 6 月 5 日，工团联合会召开所谓“工界大会”，与在场的洋务工人发生冲突，工团联合会领导人狼狈逃窜。上海工团联合会对上海总工会亦无所不用其极，曾以金钱笼络工人，离间上海总工会与下级工会关系。

对工团联合会破坏团结的行径，上海总工会予以坚决地回击。工团联合会曾扬言代表 30 万工人，要求加入工商学联合会，结果遭到拒绝。工团联合会又企图召开大会，表明立场。上海总工会提早准备，在大会上列举工团联合会破坏罢工等罪状，让工团联合会自乱阵脚。次日，上海总工会开会，工团联合会代表又来破坏，扬言洋务工会、码头工会均在他们领导之下，遭两工会代表驳斥，只得悻悻而归。

为争取工人统一罢工的局面，上海总工会和济安会起初对工团联合会取宽容态度，尽量合作。济安会改组后，上海总工会不再向工团联合会及其下属工会拨款，于是工团联合会登报攻击上海总工会要求各工会加入的做法，质疑其“法定机关”的资格，主张“入会一事”，而“救济发款”为另一事。上海总工会则登报回击，直指工团联合会已无存在之必要，原因有二：一为“组织紊乱，毫无系统”，如纺织工会本身不过千人，其中包含工厂数十个，每厂数人至数十人不等，不符纺织总工会之名。其他如安徽劳工总会、湖南劳工会等，也均系“招牌工会”，有名无实。二则该工团联合会领袖行为都不清白，投靠资本家久已失工会信仰，甚至为工人所唾弃。总之，工团联合会从组织架构到领导体系，均无法担当领导工会运动的重任。

工团联合会招架不住经济、舆论的双重打击，组织分崩离析。7 月 31 日，上海总工会趁势提出接收工团联合会下属工会计划：（1）由彼方宣布工联领袖王光辉、郭寄生、徐锡麟等人的罪状；（2）登报声明脱离关系；（3）加入本会后须照本会章程改组；（4）救济费办法，各工厂工人各自领取，此外调查实在，另设办法。①

至此，上海总工会彻底取代工团联合会，成为上海地区工会系统的统一组织和五卅工人运动的核心枢纽。

## （四）上海工人坚持罢工和复工

上海人民轰轰烈烈的“三罢”斗争开始后，帝国主义动用武力进行镇压。英、美、日、法等国调动了铁甲车、炮车、骑巡队、海军陆战队、武装巡捕和由职业杀人犯组成的万国商团，使用了各种武器屠杀手无寸铁的中国人民。从 5 月 30 日至 6 月 10 日，杀害 60 余人，重伤 70 余人，轻伤者不计其数。

在中国共产党的领导下，上海工商学联合会成为五卅运动期间领导上海各界民众对抗列强压迫的公开联合机关。1925 年 6 月 2 日，上海各马路商界联合会、上海学生联合会、全国学生总会、上海总工会等团体，联合对外宣称，因无集中组合的机关，“一切进行，难于接洽”，故而决定组织工商学联合会。但上海总商会随即又对外宣称，为方便做调停人，决定不加入联合会。实则，上海总商会自恃历史与社会地位特殊，不愿与其他团体联合，而倾向另起炉灶，独立组织五卅惨案委员会。工商学联合会与上海总商会的分歧，从运动伊始即埋下伏笔。

---

① 《关于工联会下属工会加入总工会的条件》，上海社会科学院历史研究所编：《五卅运动史料》第 3 卷，上海人民出版社 2005 年版，第 441 页。

6月4日，上海工商学联合会成立。按计划，上海总工会、中华全国学生联合总会和上海学生联合会和上海各马路商界联合总会各派6名代表参加该会。由于上海总工会和学生团体在中共掌握之中，占据多数，因而中共实际控制了工商学联合会。邓中夏回忆，在工商学联合会中，上海总工会是中坚势力，差不多一切政策，都由上海总工会决定，商人、学生及一切民众都只是跟着走。[①] 按照设计，工商学联合会并非以往松散的市民联合组织，而是纪律严明的行动中枢，凡加入工商学联合会的团体，必须受其指挥，服从其决议。这样一来，工商学联合会就能对内团结，一致对外，势力更为稳固，这符合中共对群众组织的要求。

工商学联合会下设七部，分别为总务部、文书部、交际部、庶务部、经济部、调查部、宣传部，前四部之设，与一般社会团体相似，属常设性机构，而后三部则属特设的功能性部门。工商学联合会成立以后，迅即开展各项工作，如对外交涉、协调整合、救济抚恤、宣传动员等。

五卅运动中，大批工人罢工示威，工人生计问题随之而来。工商学联合会动员各界捐款捐物。工商学联合会下辖两大学生团体，劝捐更为尽力。同时，联合会另一重要成员——上海各马路商界联合总会，在商界影响重大并有一定财力。工商学联合会要求，商界联合会须督促下属各商店，以每日收入的5%救济罢工工人。工商学联合会还曾令南北市保卫团收取华界房租的十分之一，作为救济罢工工人的经费。

工商学联合会为宣传五卅惨案，刊发了中文日刊和英文三日刊，通过邮寄方式分发各地，通告最新消息。工商学联合会还发起了市民讲演大会，由市民自由组织，分队演讲，以使“酣沉民

---

① 邓中夏：《“五卅”后中国职工运动之新现象》（1926年2月7日），《邓中夏全集》（中），人民出版社2014年版，第885页。

气得以鼓励”“外交当局得有所凭借”。① 一方面，工商学联合会向各地传递运动的最新信息，指示运动方针，统一运动步骤；另一方面，工商学联合会也收集各地的运动情况，协调各地五卅运动的进展，例如沟通全国罢工、罢市示威的时间、形式，一致要求交涉，形成全国的共鸣。

反观上海总商会，由于其优柔寡断，进退失据，既不愿加入工商学联合会，积极进行反帝斗争，也不愿与外方决裂，颇失人望。

“十七条”的提出改变了五卅交涉的态势。11 日，上海工商学联合会召开有 500 余个团体、近 10 万人参加的市民大会，敦请执政府特派员蔡廷干、曾宗鉴，以及交涉员许沅，向外方提出“十七条”交涉条件。政府和总商会只能在“十七条”的基础上修修补补，无法在方向上有大的调整。12 日，上海总商会会长虞洽卿等人将“十七条”加以修改，缩为十三项条件交予蔡廷干、曾宗鉴。次日早晨，交涉员许沅将总商会的“十三条”正式提交领事团②。

此后，围绕“十七条”和“十三条”，工商学联合会与政府、总商会之间展开多次论争。工商学联合会表示了对上海总商会独断专行做法的不满。上海总商会并不承认上海工商学联合会的领

① 《工商学联合会组织市民演讲会》，《申报》1925 年 7 月 12 日。

② “十七条”交涉条件包括四项先决条件和十三项正式条件。四项先决条件是：（一）宣布取消戒严令；（二）撤退海军陆战队，并解除商团及巡捕之武装；（三）所有被捕华人一律送回；（四）恢复公共租界被封及被占据之各学校原状。十三项正式条件是：（一）惩凶；（二）赔偿；（三）道歉；（四）撤换工部局总书记鲁和；（五）华人在租界有言论、集会、出版之绝对自由；（六）优待工人；（七）分配华人任高级巡捕；（八）撤销印刷附律、加征码头捐、交易所领照案；（九）制止越界筑路；（十）收回会审公廨；（十一）解决工部局投票权案；（十二）取消领事裁判权；（十三）永远撤退驻沪之英、日海陆军。上海总商会删去撤退海军陆战队并解除商团及巡捕之武装，分配华人任高级巡捕，永远撤退驻沪之英、日海陆军等条件。

导。商会会董穆藕初即表示，上海总商会“自有主权”，不会听命于其他团体。6 月 21 日，上海工商学联合会发表《工商学联合会关于交涉破裂宣言》，批评政府庸弱，外人蛮横，宣布与英日经济绝交，号召为英日人佣工者罢业。工商学联合会掌握了主动地位，而政府和上海总商会始终处于被动招架的不利状况。

随着工会的成立，有组织的罢工也蓬勃展开。据统计，全国罢工工人人数超过 50 万人。[①] 而上海总工会的会员就有 20 万之众，所占比例即超过 40%。其中日商和英商的罢工人数与次数均位列前茅。党领导的工会遍布各外商工厂，小沙渡有 23 个工会，引翔港有 15 个工会，杨树浦有 16 个工会，油东有 7 个工会，曹家渡有 17 个工会，南市有 7 个工会。可以说，工会组织的发展，在五卅运动时期，达到一个高峰。

**表 6.2　五卅罢工期间上海各业罢工一览表**

| 罢工分布 | 罢工数量（起） | 罢工人数（人次） | 罢工分布 | 罢工数量（起） | 罢工人数（人次） |
|---|---|---|---|---|---|
| 日商系统 | 46 | 66702 | 丹麦系统 | 1 | 80 |
| 英商系统 | 42 | 47688 | 英、美、日、中合资系统 | 21 | 27268 |
| 工部局系统 | 13 | 5520 | 国籍不明者 | 38 | 19087 |
| 美商系统 | 5 | 1460 | 华商系统 | 35 | 33868 |
| 德商系统 | 5 | 305 | 总计 | 206 | 201978 |

注：有些工厂未算入统计，因而实际罢工人数可能更多。

资料来源：上海社会科学院历史研究所编：《五卅运动史料》第 2 卷，上海人民出版社 2005 年版，第 71 页。

① 刘少奇：《一年来中国职工运动的发展》（1926 年 5 月），上海社会科学院历史研究所编：《五卅运动史料》第 1 卷，上海人民出版社 1981 年版，第 70 页。

在上海总工会的领导下，上海工人的五卅反帝大罢工迅猛发展。据当时全国总工会调查，到6月13日为止，上海共有107处外资企业，13万余工人参加了大罢工；另据当时的报刊和其他史料记载，到7月21日，参加罢工的共计206处，达20余万人。这个数字尚不包括参加罢市的一二十万店员。随着罢工斗争的不断扩大，中国共产党指示上海总工会抓紧有利时机，加快各厂工会组织的发展。到7月底，各工厂工会由五卅前的20多个，猛增到117个，会员从2万人增加到22万人。上海总工会在工人中的威信大大提高了，在上海总工会领导下，工人阶级成为“三罢”斗争的主力军。

7月下旬，帝国主义利用他们在租界设立的发电所，以停电进一步迫使资产阶级就范。上海总商会为了求得与帝国主义妥协，采取扣发罢工工人救济费的手段来破坏罢工。与此同时，军阀加紧了镇压工会的活动。

鉴于形势的严峻性，党中央决定改变罢工策略。邓中夏在《中国职工运动简史》中说明了这一变化。“以经济的要求及地方性质的政治要求为最低条件；至于全国性质的根本要求，工人方面应该提议委托南北政府合组一委员会来解决。工人群众应该纠合全国的力量，努力督促这委员会，不准它对外让步，使它不能不拥护民众的要求”，并且认定“为扩大上海香港罢工运动的新途径，增加总斗争中民权运动的成分，一直到平民的革命政权之实现，工人并联合一般平民起来反对摧残民族运动的奉天军阀是必要的，甚至于联合同情民族运动的军人反抗奉天军阀都是可以的”。

五卅惨案发生后，日本资本家便提出先行单独解决的方案。8月中旬由日本领事、中国官厅商界调停人几经协商，在上海总工会的领导下，日本纱厂工人于8月25日复工。26日，上海总商会与日轮公司代表及海员工会代表达成一致。日轮海员随即在8月28日复工。

9月4日，经中方交涉员、工厂代表及上海总工会和上海总商会代表商议达成共识，工部局电气工人也决定复工。最后，最顽固的英资企业也于9月26日接受了工人复工条件。从9月30日起，英资企业工人陆续复工。

## 三、五卅反帝爱国运动中的省港大罢工

发生在广州和香港的省港大罢工，是五卅运动的重要组成部分。全国总工会直接领导并指挥罢工工人，坚持斗争达16个月之久。五卅反帝爱国运动在全国各地引起了广泛反响。

### （一）省港大罢工的发动和实现

1925年6月初，全国总工会秘书长兼宣传部部长邓中夏与中共广东区委书记陈延年商议后，即在中共广东区委会议上提出发动省港大罢工问题。邓中夏认为，应该扩大反帝革命运动，组织广大港九产业、市政和各行业工人的队伍，进行罢工斗争。这一罢工行动，不仅可以声援上海和扩大全国性反帝斗争的声势，并且可以带动广东全省的工农运动，对广东革命形势和摇摆的广东政局有重要影响。此时香港九龙各工会领袖受到全国第二次劳动大会的影响，已经与全国总工会产生了联系，因此具备组织罢工的条件。会后，邓中夏、杨殷、杨匏安等共产党员即先后往香港联系发动。这次会议上同时决定，由冯菊坡、刘尔崧、周文雍负责发动沙面、东山洋务罢工，造成反帝省港大罢工形势。根据党的政策决定，区团委同时决定派陈志文等团员赴港，协助香港团组织和香港新学生分社发动港九学生罢课，互相声援，造成反帝

运动的形势。①

6 月 13 日，在中共广东区委领导下，省港罢工委员会临时办事处成立，负责统筹罢工事宜。全国总工会致函香港各工团，号召一致反对英国。“我工人阶级在民族革命中，本负重大使命，对此更应敌忾同仇，为民族独立之先锋，引导全国同胞，一致动员，向帝国主义者反攻，匪特援助被害之同胞，抑亦为我工人阶级之本身利益所应有之工作也。本总工会前已派代表往各处工团，指导一致作实力的对抗，现据代表回报，贵处各工友对此异常热烈，进行方法亦准备妥当，并组织全港委员会筹谋指挥，闻听之下，殊深嘉慰。兹仍派代表前来协助进行，特此函达贵工团等立即通令全体工友一致罢工，以制帝国主义者死命，并希提出要求条件，不达目的不止。”②

6 月 19 日，经过充分酝酿的省港大罢工全面展开。海员、电车、邮局、码头、木匠、煤炭等几十个工会的 20 余万工人举行大罢工。6 月 23 日，省港罢工工人和广州农商学兵各界群众 10 万人在东校场举行集会，并举行反帝示威大游行，沿途高呼“打倒帝国主义”“取消一切不平等条约”等口号。当游行队伍到达沙基时，沙面英法军队警枪扫射游行队伍，当场打死 52 人，重伤 170 多人，轻伤无数。沙基惨案的发生，更激发了工人的斗志。全国总工会省港罢工委员会于 7 月 2 日和 6 日先后发出通告，号召罢工工人更要努力奋斗，将罢工坚持到底。到 6 月底，罢工工人猛增到 25 万人。

---

① 赖先声：《在广东大革命洪流中——回忆 1922 年—1927 年的斗争》，中共广东省委党史资料征集委员会办公室、中共广东省委党史研究委员会办公室编：《广东党史资料》第 1 辑，广东人民出版社 1983 年版，第 104—105 页。

② 《中华全国总工会为“五卅”惨案致香港各工团的信》，广东省哲学社会科学研究所历史研究室编：《省港大罢工资料》，广东人民出版社 1980 年版，第 120 页。

## （二）省港大罢工的组织机构

作为一个社会运动的领导机关，省港罢工委员会无疑具有特殊的时代意义。以往的社会组织仅限于自我管理，或能影响政策，但不会自立政权。而正如邓中夏所言，省港罢工委员会不但是“社会民众团体的总领袖”，更有“独立的政权性质”，因而被称为“第二政府”。它有绝对权力，可以处置一切与罢工相关之事，而广东政府不得过问。

共产党将省港罢工委员会作为最高执行机关。省港罢工委员会的实际领导者是以邓中夏为代表的共产党人，包括全国总工会2人、香港7人、沙面4人。罢工委员会下层实际负责的干部，也由中共派驻。但一些罢工领袖渐觉无利可图，无权可用，频起争端，造谣生事。据黄平回忆，他与邓中夏曾为此请教鲍罗廷。鲍罗廷建议组织罢工工人代表大会，使工人明了真相，此为罢工工人代表大会之始。① 6月26日，全国总工会召开了省港罢工工人临时代表会议，讨论通过了《省港罢工工人代表大会组织法》和《省港罢工委员会章程》。

省港罢工委员会是领导罢工的最高执行机关，负责贯彻执行代表大会的决议。根据《省港罢工委员会章程》的规定，省港罢工委员会由全国总工会派出林伟民、李森2人，全港工团罢工委员会选出苏兆征、李棠、何耀全、麦捷成、陈锦泉、麦波杨、冯煜南7人，广州洋务工会罢工委员会选出曾子严、梁德礼、陈瑞楠、黎福畴4人，共13人组成。7月3日，罢工委员会正式宣告成立，苏兆征当选为委员长，何耀全、曾子严为副委员长，李森为干事局局长。汪精卫、廖仲恺、邓中夏、黄平、杨匏安为顾问。

在罢工委员会之下设立有干事局，处理罢工委员会日常事务；

---

① 黄平：《往事回忆》，人民出版社1981年版，第25—26页。

保管拍卖处，筹措及管理罢工经费；纠察委员会，指挥、保管、拍卖工人纠察队截获的仇货；审计局，审核各部门开支账目；会审处，处理破坏罢工的案件；拘留所，关押破坏罢工的犯人；劳动学院，培养香港、广东的工会干部；工人医院，给罢工工人治病。罢工委员会还出版了自己的机关报《工人之路特号》。以往社会自发组织社会运动，依赖的是各种各样的社会联系，如同乡、同业或同学，可以依仗政权，但本身不具有政治权力。但省港罢工则不然，省港罢工工人代表大会仿照苏维埃模式，它不仅是形式上的议事机关，更有向政治权力机关转变的趋向，这从罢工委员会的下设机关可以看出。除去一般群众团体常设的文书部、宣传部、游艺部、庶务部、交际部以外，罢工委员会还设有纠察队、保管拍卖处、会审处等，均仿效国家政权机关设置，拥有垄断性权力。外国报纸判断罢工委员会与政府有同等权力，依据就是前者拥有自己的警察和法庭。

省港罢工委员会的决策核心落实于其中的中共党团。中国共产党多推国民党人在大会上作政治报告，但将决策权牢牢掌握在自己手中。在省港罢工委员会中，党团成员白天处理罢工事宜，晚上参加罢委会会议，深夜12点左右才有时间召开党团会议。党团成员先行汇报各自部门工作情况和问题，然后讨论和决策。苏联顾问鲍罗廷在党团会议中处于关键地位。黄平指出，“省港大罢工的重要决策无一不是同鲍顾问商量过的，多数是他提出来的”①。

省港罢工工人代表大会和罢工委员会，在领导罢工中发挥了巨大的作用。罢工斗争的策略，由代表大会确定；罢工工人内部的纠纷，依靠代表大会的权威加以解决；罢工工人的意见，通过代表带到大会；大会的决定，通过代表带回工人群众之中贯彻执

① 黄平：《往事回忆》，人民出版社1981年版，第25—26页。

行；罢工委员会的会务和财政，在代表大会上报告；罢工委员会各机构的重要职员，经过代表大会选举、任命，不称职的，随时撤换。邓中夏称：这样组织“一方面对于各种问题以大多数公意取决，不致为少数腐败领袖垄断；一方面对于职员加以严重监督，不使其违法舞弊，变节捣乱，以破坏罢工”，这是罢工得以长期坚持的重要条件之一。

### （三）省港大罢工的成功策略

省港大罢工对香港的封锁，使港英当局在经济、政治上受到前所未有之打击。香港变为“死港”“臭港”“饿港”，经济损失严重，罢工一日，即损失 700 万元。而广州的对外贸易却得到相当发展，广州国民政府的税收迅速增加，经济状况获得明显的改善。

国民政府的稳固，也为省港罢工提供了诸多有利条件。首先，国民政府反帝态度之决绝，为民国以来历届政府所未有。1925 年 6 月 23 日，广州革命政府就沙基惨案提出第一次抗议，提出“以和平正当之方法”，取消不平等条约。同日，中国国民党对外发表主张废除不平等条约的宣言，并下令对沙基惨案的死难者进行国葬，这既表明国民政府对外毫不妥协的强硬态度，同时也是对省港罢工的支持和肯定。

其次，国民政府为罢工工人提供了住宿、饮食等多方保障。省港罢工的开始，与政府东征的成功，在时间上刚好接续。国民政府可以从容安排罢工工人在广东的生活，而鲍罗廷又从政治上对国民政府加以影响，因此这一过程极其顺利。有国民政府的政权保障，香港工人罢工便无后顾之忧。时任香港工团总会主席的黄金源曾对工人说：“罢工十万八万人都上广州，不忧食、不忧住，廖仲恺是工人部长，他答应替我们解决食宿问题，所以唔使

(不用) 愁。"①

国民政府为统一思想，命广东省政府向各县乡通告惨案实情，并告以处置策略，继而请求各地各阶层人士一致援助。同时，国民政府为维持民众"正义之行为"，促其"收效宏远"，出台了七项政策，分别安排了省港罢工委员会的办公地点，经济来源，以及省港罢工工人的工作去向，夯实了坚持罢工的组织、社会和经济基础。省港罢工委员会对此深表谢忱，"誓死为我政府后盾"。

省港罢工委员会得到了廖仲恺等国民党高层的支持，将一批赌馆、祠堂、空屋等征作罢工工人宿舍。香港罢工工人因有地方安置，得以安心返回广东。由于房间充足，来一批就派人接一批，从未发生争吵。罢工工人到食堂凭饭票吃饭，实行包餐制，费用由罢委会支付。

国民政府还向香港学生提供学习机会，鼓励香港学生运动。继罢工之后，香港学生罢课风潮也是风起云涌。罢工伊始，香港学生联合会呈请国民政府收容学生，得到国民政府首肯。国民政府将罢课学生安置在广东大学，并免除其学费。后广东大学因经费难以为继，决定停膳。国民政府不允其请，要求广东大学继续供应饮食，并保证学生入学。学生也表示将动员在港学生一致回广东。省港罢工在国民政府的支持下，声势更壮。

省港罢工以前的群众运动，乃至同时期其他地区的群众运动，往往囿于一地，既无权渗透至区乡，也不能横向拓展；既无系统，也无资源，故难以持久。与五卅运动相比，省港罢工由于国民政府的支持，在财政、住宿等方面有所保障，也无警察、军队等因素干扰，因而得以坚持一年之久。

---

① 陆鉴：《对工人纠察队的点滴回忆》，广东省政协学习和文史资料委员会编：《广东文史资料存稿选编》第3卷，广东人民出版社2005年版，第350页。

## （四）省港工会组织在罢工中的发展

1925年5月，第二次全国劳动大会对广东和省港工会问题作了专门决议，要求广东和香港工会必须破除门户，重新组织全省工会的总联合机关，使所有工会统一。省港大罢工爆发后，25万名罢工工人回到广州，在广州成立了统一的省港罢工委员会，为广东、香港工会的统一提供了有利条件。

### 1. 广东工会统一运动

1925年5月的第二次全国劳动大会，既是上海工会运动的组织起点，也是广州地区工会运动的转折点。1924年国民党改组后，大批中共党员进入国民党内担任职务。其中，冯菊坡任国民党中央工人部秘书，实际负责部务。在他的推动下，广州工人代表会成立，参与工会有70余家。然而工作效果有限，大会流于形式。1925年全国总工会成立后，邓中夏对广州工人代表会的现有状况表示不满，认为工代会“仍然是空的”，“有上层而无基层”。①

经邓中夏指示后，广州区委工人运动委员会决定与机器工会、广东总工会的领导取得联络，交换意见，争取建立统一战线。于是，在1925年4月1日，广州工人代表大会得以召开。结果在会议进行中，一位广东总工会的代表质疑大会主席团的产生过程。为此，机器工会和广东总工会的代表全数退出会场。全国总工会派出代表婉劝他们保持团结，但被坚决拒绝。

机器工会和广东总工会所担心的，是中共党团的居间作用。中共亦坚持原则，双方无法调和。1925年5月1日，中国共产党

---

① 罗醒：《第一次国共合作时期广州工人代表会的沿革》，中国人民政治协商会议广东省委员会文史资料研究委员会、广东革命历史博物馆编：《广东文史资料》第42辑，广东人民出版社1984年版，第131页。

领导策划了一个超过五万人的劳动节纪念大会，充分展示党团运作的成果。会后举行了大规模的游行示威。大会进行得相当顺利，这得益于中共党团的有力组织。广州工人代表大会上既有中共专任党团成员，也有下属各工会的党团成员。经过这次大会，有产业组织条件的工会，都陆续进行了改组。各职业工会，也先后建立了下层的组织。

战事突起和政局变动，往往也会促成工会成立。1925 年 6 月，平定杨希闵、刘震寰叛乱的杨刘之役，即成为组织工会的重要契机。中共广东区委本打算试探发起小规模铁路工人罢工，但杨刘战役事起，区委觉得有统一各路之必要，于是多方联络，即分向三铁路组织罢工委员会。而工人方面亦有感于战事紧迫，对联合表示支持。区委反思，战时环境对工人运动有四项益处：第一，可以使工会组织严密；第二，使铁路工人受党团指挥；第三，使工人参加实际的政治运动；第四，使工人知道自己的力量可以左右政局。杨刘叛乱对于铁路工会的成立，意义重大。罢工委员会虽是临时组织，不啻铁路工会的建立之先声。区委事后总结，铁路工会可谓“此次罢工之产物”，亦可谓“罢工委员会之变相也”。

如表 6.3 所示，中共和青年团在重要工会组织中遍设党团。工会大致分为三类。中共首要目标在于指挥工会，因此党团成员多集中在工会上层。人数少则一两名，多则数十名。党团的设立，旨在控制重要职位，取得工人运动的领导权。

**表 6.3　省港工会内中共党团活动状况**

| 工会名称 | 党团成员人数 | 活动状况 |
|---|---|---|
| 兵工厂 | 10 余人 | 上级不能活动，但在下级可以活动 |
| 电灯局、自来水厂 | — | 不能活动 |
| 油业、辗谷 | 若干 | 可以指挥 |

续表

| 工会名称 | 党团成员人数 | 活动状况 |
| --- | --- | --- |
| 粤汉路 | 若干 | 党员控制上层重要职位，下级亦有同志活动 |
| 广三路 | 2人 | 党员可以在上级活动，可以指挥 |
| 广九路 | — | 不能活动 |
| 轮渡工会 | 1人 | 可以指挥 |
| 人力车工会 | 2人 | 可以完全指挥 |
| 电报工会 | 2人 | 可以完全指挥 |
| 电话女工会 | 若干 | 可以完全指挥 |
| 邮差工会 | 1人 | 尚可指挥 |
| 香港船厂及机器厂工会 | 20余人 | 可以指挥 |
| 油业工会 | 8人 | 可以完全指挥 |
| 辗谷工会 | 2人 | 可以指挥 |
| 沙面洋务工会 | 10余人 | 可以完全指挥 |
| 建筑工会及建筑工会总工会 | 3人 | 可以指挥 |
| 香港木匠工会 | 多人 | 可以指挥 |
| 杂役工会 | 2人 | 可以指挥 |

资料来源：《中共广东区委关于工人运动的报告——一九二四年十月十日至一九二五年十月十日工人组织状况、工人运动趋势、党对工人运动的策略》，《广东革命历史文件汇集》，《广东区委文件》（甲6），第75—78页。

### 2. 香港总工会成立

第二次全国劳动大会还推动了香港地区的工会统一。大会通过了《香港问题决议案》，呼吁香港地区两大工会系统工团总会、华工总会，捐弃门户之见，组织全港工人的总机关。1925年11月28日，全国总工会发出《对于香港工会统一问题意见书》，并具体地提出《香港总工会章程草案》。此后，香港运输工业联合会、香港金属业总工会次第成立，形成全香港工会统一的基础。而省港大罢工后，香港工人返回广东，大部分集中在几个安置点，加之国民政府、全国总工会、省港罢工委员会的推动，社会基础和政治基础均已具备。1926 年 4 月 16 日至 24 日，全港工会代表大会在广州召开，出席大会代表 600 多人，刘少奇、邓中夏等分别在会上作了报告。大会通过了宣言和《香港总工会章程》，并推选执行委员 21 人，冯敬、陈权等 7 人当选为常务委员，正式宣告了香港总工会的成立。这标志着香港工会建设进入新阶段。

#### 3. 第一次全国海员代表大会召开

在省港工会统一运动中，第一次全国海员代表大会的召开具有重要意义。1921 年中华海员工业联合总会在香港成立后，先后在上海、天津、广州、厦门等地设立分会。但全国海员没有召开过一次代表大会，下属组织极不健全。省港大罢工开始后，香港、广州及汕头、上海的部分罢工海员齐聚广州。林伟民、苏兆征等海员工会领导人，决定利用这个时机，在广州召开第一次全国海员代表大会，将该会改组为中共领导的全国海员的革命群众组织。

经过充分准备，大会于 1926 年 1 月 5 日至 9 日在广州举行，出席代表 122 人。大会通过了组织问题、打破帮口、运输工人联合、政治斗争和教育宣传等决议案，决定改组中华海员工业联合总会为中华全国海员总工会，选举苏兆征、林伟民等 15 人为执行委员，苏兆征为委员长，邓中夏、黄平被聘为顾问。大会还决定继续出版《中国海员》会刊。第一次全国海员代表大会对海员工会进行了改组，将会长制改为民主的委员制，并决定加强基层组织的建设，对推动全国海员工运的发展，促进全国运输工人的大联合起到了重要作用。

### （五）根据形势变化自动停止罢工

1926 年下半年，北伐军进至长江流域，革命的形势已由广东扩大到全国。同时，省港大罢工长期封锁，与沿海农民对农产品的输出利益产生矛盾。纠察队封锁的旧办法若再继续维持下去，人民群众内部的矛盾将愈益扩大，罢工的效果将逐渐减低。共产国际代表内部也有自主解决罢工的声音。

主持罢工最有力的中共广东区委，也在寻求解决罢工之道。在区委看来，形势已经变化，罢工反而成为政治对手的武器，英国借此进攻，国民党右派也趁机闹事，若不解决罢工，只会“助反动派及蒋声势”。

罢工工人代表大会决定自动取消纠察队对港的封锁。善后的具体措施包括：（1）由国民政府和省港罢工委员会共同派员征收海关“二五”附加税，全数用作津贴罢工工友。（2）罢工委员会及所属各机构和纠察队仍旧存在。国民政府财政部照旧拨给维持罢工补助费。（3）罢工工友未找到工作前，待遇照旧。由政府通令各机关及新兴或复建企业尽先录用罢工工友。

中共广东区委发表《为省港罢工自动的停止封锁宣言》，肯定了省港工人“牺牲、毅力、勇敢、坚忍、纪律与组织”，是革命民众“永远的模范”。赞扬中国工人无愧于“中国无产阶级的先锋队”“在事实上证实了，无产阶级在中国民族运动中是领导者”。正式宣布决定于10月10日12时起一律撤退纠察队，停止封锁。10月10日，广州各界30万人举行大会，拥护自动停止封锁和扩大对英帝国主义进行抵制斗争的新政策，并决定成立广东各界扩大对英经济绝交委员会，继续进行对英帝国主义的斗争。

省港罢工委员会宣布自动停止封锁后，多数罢工工人陆续回原单位要求复工，或另谋职业，但还有约3万名罢工工人滞留广州，无处可去。因此，省港罢工委员会及其各种机构依然存在，并继续坚持工作。罢工委员会同各方面商定，对罢工工人采取了一系列善后措施。例如，由国民政府和罢工委员会共同在海关附设一机构，增收“二五”附加税，作为津贴罢工工人之用；罢工工人食堂和宿舍照旧保留，国民党政府财政部照旧拨给罢工委员会罢工补助费等。滞留广州的罢工工人继续坚持反帝爱国革命斗争。工人纠察队经过整编后，一部分到农村帮助农会组织和训练农民自卫军，另一部分由共产党秘密输送到国民革命军，还有100多人改编为缉私工商委员会保卫队。这些滞留广州的省港罢工工人和武装纠察队队员，大多数在后来的广州暴动中发挥了重要作用。

## 四、席卷全国的五卅反帝怒潮及帝国主义军阀的疯狂镇压

### （一）五卅反帝爱国运动席卷全国

五卅运动迅速形成了全国性的群众运动。北京、天津、青岛、南京、武汉、长沙、大连等各地都举行了声势浩大的抗议集会和示威活动。据估算，全国范围内约有1200万人直接参与了此次运动，其中工人约为50万人。在当时的情况下，工人阶级几乎呈现全国总罢工的态势。据不完全数据表明，全国各地为支援上海人民的罢工活动达135次之多。

1925年6月3日，北京举行了有5万人参加的示威游行；10日，在天安门广场举行了有20万人参加的国民大会；14日，5000名长辛店工人又在天安门前举行集会，表示坚决支持上海人民的斗争。8月6日，北京英国驻华使馆华工260余人集体罢工，宣称“交涉一日不解决，同人一日不复工”。

在全国范围内，为了声援五卅惨案的工人罢工、学生罢课、商人罢市，各地的斗争也如火如荼地展开。1925年6月3日，南京举行了市外交大会，工人、学生和商人纷纷响应，加入了罢工、罢课、罢市的行列中。6月5日，南京英商和记蛋厂工人们为了抗议帝国主义在上海的暴行，纷纷举行罢工，并成立了工会。这

次罢工持续了40多天，最终取得了胜利。7月8日，焦作煤矿的万余名工人也因为不堪忍受英国资本家的压迫，为援助上海工人而发起了大罢工。这次罢工持续了8个月之久，直至1926年3月才结束。

在天津，五卅惨案发生后，各界人民迅速行动，由天津学联、国民会议促成会、反帝大同盟和学术研究会等爱国群众团体组成了各界联合会。该组织积极领导天津的民众，于6月5日、14日和30日，连续三次组织大规模的集会和示威游行，强烈抗议英日帝国主义的暴行。同时，天津的工人阶级也展现出了顽强的斗争精神。从6月初至8月，各纱厂、印刷厂、码头等行业的工人相继罢工，表达了对帝国主义的不满和反抗。6月11日，日文《天津日报》的中国工人首先发起罢工，随后英商天津印字馆的工人也加入罢工行列中。至8月2日，全市印刷行业的75家印刷局3000多名工人，举行了反对帝国主义的联合罢工。此外，在共产党的领导下，中华海员工业联合总会天津支部成立，并组织了有2600多名海员和码头工人参加的联合大罢工。

五卅事件发生前夕，青岛工人运动遭遇了严重的镇压，受到了重大损失。然而，当五卅惨案的消息传到青岛时，工人和各界人民纷纷响应，他们迅速召开了雪耻会，并决定支援上海。这次行动共有3万人参加，人们群情激昂，展现了强烈的团结和反抗意识。

6月14日，5000名胶济铁路工人勇敢地冲进青岛市区，举行了大规模的示威游行。这次行动向世界展示了工人阶级的力量和决心。同时，青岛的日本和英国企业的工人也纷纷加入了罢工的行列。码头工人拒绝装卸英国货物，人力车夫和理发工人也拒绝为英日帝国主义者服务。这种团结一致的行动对帝国主义势力造成了沉重的打击。青岛的工人和各界人民通过团结一致的行动，展现了他们的力量和决心。他们的反抗意识和行动对于推动中国工人运动的发展具有重要意义。

在武汉，原定于6月14日的示威和罢工活动，因汉口发生的惨案而被迫调整。然而，这并未抑制武汉工人和其他民众的抗议热情。6月12日，武汉工人和学生纷纷走上街头，举行了声势浩大的抗议活动。6月15日，汉口地区的《和文日报》、《日日新闻》、英文《楚报》等为帝国主义者服务的印刷馆华工也加入罢工行列，甚至毁弃了铅字版。同时，汉口英国工厂和洋行的中国职员、工人也响应号召，参与罢工。6月30日，武汉各界民众5万余人集会，为沪、汉死难烈士举行追悼会，以此纪念五卅惨案一周月，共同表达对帝国主义行径的强烈反对。

五卅运动得到了国际无产阶级和海外侨胞的广泛同情与声援。在五卅惨案发生后，爱国侨胞和华工迅速行动，为上海和省港罢工提供支援，仅捐款一项就达到了200万元。国际无产阶级，特别是苏联政府和人民，纷纷通过集会、游行、演说和发表通电等方式，表达对中国工人阶级的慰问和支持。6月3日，共产国际和赤色职工国际发表宣言，号召全世界工人阶级和东方被压迫民族人民起来反对国际帝国主义的压迫，支援中国工人阶级。在莫斯科，苏联人民举行了有50万人参加的声势浩大的示威游行。法国劳动同盟和捷克工会分别捐献了5万法郎和2000美元。印度共产党发表宣言，强烈抗议英帝国主义在中国犯下的野蛮罪行，并劝告在华的印度巡捕不要参与帝国主义镇压中国工人的行动。英、美、德、日等国的工人团体也纷纷发出电文并捐款支持中国工人。日本工会还派出代表团前往上海和广州，向广大罢工群众表示慰问和支持。

五卅运动后，欧美无产阶级对于中国工人运动的态度发生了显著的转变。这一变化是在“苏联同情中国的浪潮”的影响下逐渐形成的。在七八月间，苏联工会代表团访问了中国，他们先后走访了北京、上海和广州等地。在回国后，他们向赤色职工国际详细报告了中国劳动运动的实际情况。该国际执行部随后向世界各国发出通告，指出中国劳动运动已经取得了显著的进步，其政治运动时机已经成熟。他们呼吁赤色国际下的全世界工人团体直接与全国总工会联系，以“使各国无产阶级能积极一致地援助中国劳动运动”。这一举措表明，西方无产阶级开始认真对待中国工人，不仅将其视为“苦力”，更视为反对世界帝国主义的“共同战友”。这一新的态度和心理特点，在后来的世界革命运动中发挥了积极的作用。

### （二）各地工会组织的壮大

随着中共党员规模日益扩大，党团实践探索日益成熟，加之共产国际的指导，党团相关的规章制度日益完善。1925 年 1 月，中共四大通过的《对于组织问题之议决案》，8 月，中共中央发出的第 53 号通告，陆续对党团性质、作用、设置范围、具体任务等方面加以规定。

中国共产党较早师法苏俄，学习党团制度，并将其与工人运动结合起来。从理论上看，党团既是党与工会的重要连接，也是两者之间的必要区隔。作为无产阶级的政党，中国共产党的基本任务就是成立产业工会。一方面，党与工会同为无产阶级的组织，有着天然的密切关系。中国共产党必须领导工会，工会必须跟随党。但党不是单纯的工人组织，而是领导各个群体的总机关。中国共产党还要在“一切的劳动团体”中组织强有力的团体，即便行会、俱乐部、工人学校，共产党也要进去活动，组织小团体。所以，党需要党团作为党与工会之间的媒介。另一方面，党和工会也需要党团加以区分。中共二大规定，共产党之于工会，犹如“先锋”之于“军队”，“头脑”之于“身体”，中国共产党集中而有觉悟，工会松散而需教育。中国共产党必须对工会加以政治教育，确保工会的政治路线正确。必要时，还须对旧式工会加以改组。

中国共产党和青年团派党员与团员积极参加各种群众组织，发挥组织和宣传作用。天津地区历来受到封建军阀和帝国主义双重压迫，但这里工厂林立，学校众工人和学生具有革命的积极性、主动性。天津的党组织和团组织发起和参与多个职业团体、学术团体，组织国民会议促成会。党员和团员在文书、宣传、交际各方面占重要位置，影响力甚至辐射至周边石家庄、唐山等地。天津的各界联合会和学生联合会中的党员与团员合组党团，随时发起党团会议，沟通联络，指挥活动。工人、学生及大部分市民，可以在党的指挥下活动。在天津党组织和团组织的推动下，天津群众得以接触更多进步思想。

为实现自身的“无产阶级化”，青年团自成立之初，便号召开展青年工人运动。1925 年 1 月，团湖南区委感慨过去青工运动实在太少，“非努力于青工运动，实危险于本团之根本立场”。经历五卅运动的大规模动员，情况有所好转。浙江绍兴则有绍兴市民大会、绍兴店员联合会、绍兴印刷工人联合会、绍兴青年工人互助会。团绍兴地委以相似方式领导绍兴店员联合会、绍兴印刷工人联合会、绍兴青年工人互助会等群众组织。团武昌地委则掌握武昌电话工人俱乐部和工人互助友谊会两个群众组织。各地党组织和团组织发挥党团作用，组织群众团体，成功把群众运动引向高潮。

随着五卅运动的推进，各地工会组织也随之发展。1926 年，全国有组织的工人从第二次全国劳动大会时的 54 万人，增加到 90 多万人，形成工会运动蓬勃发展的局面。

在五卅运动的推动下，天津的工会组织得以迅速壮大。1925 年 8 月 4 日，天津总工会成立大会在广东会馆召开，安幸生担任总工会委员长。8 月底，天津的纺织、印刷、地毯、码头、铁路、油漆等各行业均已成立了自己的工会组织。然而，随着八一三惨案的发生，天津市总工会与纺织总工会一度遭到封闭，但其内部工作始终没有中断。

国民军进驻天津后，天津总工会于1926年元旦举行了盛大的升旗仪式，并重新恢复了人力车工会、烟草工会、电力工会、邮务工会以及津浦大厂工会等多个工会组织。统计数据显示，截至1925年底，天津市工会会员数量已从1924年的1430人激增至1.79万余人，与工会保持联系的工人数量更是超过了10万人。

在五卅运动的推动下，河南省的工人运动得以迅速复兴。至8月，除京汉、陇海、道清等铁路工会已恢复运作外，焦作煤矿，郑州豫丰纱厂，开封铜元局、兵工局、打蛋厂、电灯厂，信阳人力车夫、厨业等19个大型工会组织也相继成立。河南全省总工会于1925年9月18日在郑州成立，张昆弟担任总工会委员长。随后，全省各地的工会组织持续发展壮大。截至1925年底，全省共有工会会员3万余人，与工会有联系的工人总数达到了5万余人。

五卅运动后，北京工会运动也得到迅速发展。党即以工人雪耻会的名义把北京工人俱乐部的工作合法化。后在工人俱乐部的基础上，组织起北京印刷工会，又由北京印刷工会发展成北京总工会。京华印书局参加工会为会员的近百人。京华印书局内也成立了工会，但没有以工会名义公开活动。内部组织是通过积极分子互相串联的形式。北京机器工人俱乐部于1925年8月3日召开成立会，升昌、裕昌、和兴、首善、海京等10余家工厂代表参加。

在五卅运动期间，济南工会组织实现了显著的发展。新城兵工厂、鲁丰纱厂、电灯公司、丰年面粉厂等纷纷成立了工会，使得全市产业工人的会员数量迅速增加，达到了8000多人。然而，1925年7月20日，原本计划筹建的济南临时总工会，由于受到军阀张宗昌的武力镇压而未能顺利成立。另外，7 月 6 日，青岛港政局、水道局等单位的工会和胶济路总工会联合发起了青岛工界联合会。在五卅运动的推动下，山东有组织的工人数量大幅提升，达到了 3 万人左右。

在五卅运动期间，南方各地的工人组织呈现出蓬勃发展的态势。除了上海、广东和广西等地，湖南和湖北等地的工会组织也有所壮大。在厦门，中华海员工业联合总会厦门分会正式成立，并与省港罢工达成了共同行动的协议。此外，奉化、慈溪、镇海等地也纷纷建立起或扩大了工会组织。仅在绍兴一地，就有数十个工会成立，吸引了近万名会员加入。同时，九江、南昌和成都等地的工会组织也得到了较大的发展。

### （三）帝国主义和军阀对五卅反帝爱国运动的疯狂镇压

五卅运动及全国工人运动的蓬勃发展，遭到帝国主义和封建军阀的残酷镇压和血腥屠杀，上海、青岛、武汉、南京、天津、安源等地都有流血惨案的发生。

除上海以外，全国其他省份的军阀对五卅运动态度不一，因与列强、与民众关系好坏而有所差异。但可以肯定的是，身处中外交涉一线的各省督军，均望运动尽快结束，恢复秩序，不愿运动扩大。

湖北督军萧耀南一方面宣布戒严，保护市民，另一方面抓捕多名所谓“苦力流氓”，称其抛掷石子，滋扰商店。同时，他还禁止学生讲演募捐，遏制游行示威，强行检查邮电，压制运动。萧耀南的倒行逆施，引起湖北各界的强烈不满。团武昌地委认为，这并非偶然，而是直系军阀系统压迫民众的结果。汉口民众多因害怕而趋于消沉，不但一般民众如此，就是党和团的一些同志也因反动军阀的施压，而心生畏缩。

汉口惨案的交涉起初并不顺利，但萧耀南对此不甚热心，仅派交涉员胡钧提出抗议。同时执政府外交部对英国公使的抗议，也遭到对方强硬的回应，称当时有开枪的必要。胡钧交涉员再提出抗议，英国驻汉口领事干脆置之不理，日本领事反倒要求赔偿惨案发生前后日商遭受的损失。1925 年 7 月 15 日，汉口各团体经酝酿整体提出六项条件移京办理，如收回英租界、英舰不得入内河等条件，另有五条就地交涉。7 月 23 日，胡钧正式向英领事提出五项交涉条件。此后经三次开议，英国领事托词推诿，最终于 8 月 19 日声明拒绝讨论赔偿，交涉因之决裂。

湖南督军赵恒惕起初对五卅运动敷衍塞责，对示威游行睁一只眼闭一只眼。但他内心并不支持民众运动，而是讨好列强，主张“妥善保护侨民财产，以免排外赤化的嫌疑”。而对于罢工，赵恒惕则认为此非长久之计，应鼓励实业，扩大招工规模，让工人运动早日结束。当示威规模扩大，并有反对直系的意味时，赵恒惕态度大变，大肆封闭工会，逮捕学生，查封学生会。本来高涨的革命斗争气氛，转而消沉。

天津方面，1925 年 8 月 11 日，日商裕大纱厂工人举行罢工，天津军阀李景林派军警三千人包围工厂，并开枪击毙数十人。天津联合会前去营救被押工人的代表，也被李景林拘押。李景林辩称罢工有意扰乱治安，破坏实业，因此必须予以制裁；对于擅用总工会名目的团体，也应予以取缔。

据当时中共天津地委观察，李景林不但压制工人，而且封闭了多个社会团体，连学生在学校里开会，亦被禁止。他还要求，公立学校的校长和教职员取缔学生的革命刊物，并以开除、记过、留级、停学威胁学生，防止其搞学生运动。新闻舆论“均在李氏暴力压迫之下”，不敢发出反对奉系的言论。封建官僚、政客、绅士也在推波助澜，支持李景林的高压手段。因此社会上“民气沉闷已极”，群众惧怕迫害，连灰色的群众运动也不敢参加。

云南唐继尧也不愿鼓励反帝爱国运动，嘱咐属下一定按照条约，保护外人财产。山东的张宗昌不但逮捕日资纱厂工人，解散工会，还枪毙了记者李慰农。社会气氛十分恐怖，不但群众人人自危，就连党团骨干也不能正常活动，为保护安全不得不东躲西藏，无法见面。

北洋军阀执政府内部对运动也是态度各异。至 1925 年 7 月底，执政府在表面上维持了对运动的支持，实际上希望通过运动向列强施压，达成自己的需求。它在沪案中的诉求，集中体现在修约问题上。8 月 5 日，华盛顿会议的参与国交换批准书，《华盛顿条约》正式生效。8 月 18 日，执政府照会美比法英意日葡等国，宣布关税特别会议即将举行。执政府借由群众运动，达成其外交目标之后，遂转而采取压制态度。9 月 19 日，段祺瑞批评上海总工会为非法集会，要求对工会组织的一切行动"从严制止""即行解散"。此后总工会虽数次启封，但政治风声日渐紧张，工会基本不再发挥公开的社会影响。

9 月 16 日以后，围绕汉口惨案的谈判又断断续续地进行，直至 10 月 5 日，双方才将先决条件五条谈判结束。结果华军警保护租界一条，英方部分承认，同时答应贴出保护工人的布告。但第一条撤退军舰还要移京解决，最为关键的赔偿问题及太古公司码头问题，竟定为俟后再议。英帝国主义的强硬推诿，就此可见。至所谓本案条件七条，虽呈交外交部，但自上海谈判停顿，这些条件便无从交涉。双方都弃置不理了。①

截至 1926 年 4 月，除国民政府所辖地区外，全国各地的工人阶级多遭受军阀的残酷压迫。这些军阀封闭了工人团体，剥夺了工人的各种自由。许多工人领袖遭受不幸，其中包括刘华、黄静源、李慰农、高克谦等。数百名工人领袖被监禁在军阀和帝国主

① 《汉案交涉》，上海社会科学院历史研究所编：《五卅运动史料》第 3 卷，上海人民出版社 2005 年版，第 657 页。

义的牢狱中，超过一千人被迫流亡，一万多人失业，还有数百人因受伤而无法工作。

自五卅运动以来，全国人民的反帝爱国主义斗争此起彼伏，但屡遭帝国主义和封建军阀的镇压与屠杀。这些事实充分证明，中国的工人运动必须与反帝反封建的国民革命相结合。只有在国民革命取得胜利之后，中国工人阶级才能摆脱帝国主义和封建军阀的压迫与剥削，真正实现自身的解放。

# 第七章

# 北伐战争期间工人运动高涨

北伐战争的胜利和工人运动的高涨，让工人阶级更加深刻地认识到，只有将工人运动与反帝反封建的国民革命紧密结合，才能取得革命的胜利。然而，由于当时共产国际的错误指导以及中国共产党自身的缺点，未能及时遏制国民党新老右派的反共分裂活动，导致了革命统一战线的瓦解和大革命的失败。

这次失败使共产党人认识到，要想取得革命的胜利，必须克服自身的幼稚和软弱，坚定地站在工人阶级立场上，领导工人阶级进行斗争。同时，也必须与国民党左派合作，重新建立革命统一战线，共同反对帝国主义和封建军阀的统治。

在共产党的领导下，工人阶级重新组织起来，投入新的斗争中。他们深刻认识到，只有通过艰苦卓绝的斗争，才能实现自身的解放和国家的独立。在这个过程中，工人阶级将不断成长壮大，成为推动中国革命事业发展的重要力量。

## 一、北伐中的全国总工会

### （一）召开第三次全国劳动大会，准备迎接北伐

五卅运动在全国范围内引发的反帝斗争风潮，遭到了帝国主义和各地军阀的残酷镇压。在军阀统治的地区，各界人民都将希

望寄托在了由国共合作领导的国民革命和广州国民政府的北伐事业上。1926 年初，众多国民党地方党部和革命群众团体在军阀统治地区纷纷致电或派出代表前往广州，强烈要求国民政府开始北伐行动。

1926 年 2 月，中共中央在北京召开特别会议，通过了《关于现时政局与共产党的主要职任议决案》，议决案指出："现在的时局，实在是中国革命的生死存亡的关头。固然应该在北方努力集中一切革命势力来抵御帝国主义的反攻，然而根本的解决，始终在于广州国民政府北伐的胜利，才能使全国人民得着必需的保证。"

1926 年 5 月 1 日至 12 日，第三次全国劳动大会在广州举行。邓中夏在开幕词中提到，"现在中国的革命潮流，已经高涨不少，这种革命潮流之高涨，可以说是我们工农努力的结果。所以不及一年，我们工农团体的数量，便有很大的发展，这是值得欢欣的。"此次大会共有 502 名代表，他们分别代表了 699 个工人团体和超过 124.1 万的会员。大会经过 12 天的讨论和审议，通过了包括《组织问题与其运用之方法决议案》《经济斗争最近目标与其步骤决议案》《罢工战术决议案》《工会运动中之女工及童工问题决议案》《劳动法大纲决议案》等重要决议案，并向国民政府提交了《为促进北伐向国民政府请愿书》及其他相关文件。经过选举，产生了新的全国总工会领导机构，由苏兆征担任委员长，项英任副委员长，刘少奇任秘书长，并选举产生了 35 名执行委员和 17 名候补执行委员。此次大会具有重要意义，为推动中国工人运动的发展和进步奠定了基础。

中国共产党在致大会的贺词中指出，工人运动的前进方向在于与劳苦的农民结成同盟。"我们今后积聚我们的组织力量，不应仅仅是产业工人，并要普及于一般劳苦群众，以扩大我们在数量上的战斗力；我们的力量在数量上增加了，我们的力量在争斗的质量上也是会增加的。而且，我们不但要组织一般劳苦的工人群众，并且要和劳苦的农民群众结成亲密的同盟，领导他们参加一切经济的、政治的争斗，才免得工人阶级孤军独战之困难。”

刘少奇受主席团委托，作了一年来工人运动发展的报告。刘少奇首先对第二次全国劳动大会前后的工人运动作了概述，指出第二次全国劳动大会的精神得到了广泛宣传，影响了大部分中国工人，这为五卅运动的爆发埋下了伏笔。刘少奇随后对五卅运动作了相当高的评价，指出五卅运动是中国有史以来一次反对帝国主义的最大运动，也是中国工人运动“自有历史以来一个最高涨的时期”。工人在此次运动中发挥了重要作用，“差不多处处都站在领导地位”。上海工人除自己参加斗争外，还引导学生、小商人参加，并能集中自己的组织，举行极大的游行示威等。其他各处在五卅运动中，均有工人起来罢工，“均能拼命与帝国主义及军阀争斗，均能给敌人以极大之打击”。

刘少奇同时指出，一年来，工人运动受到军阀压迫与摧残，尤以五卅运动时奉直军阀摧残工人阶级更为残酷。这些事实证明“帝国主义与国内军阀永远是群众的敌人，也即是国民革命的对象。同时又可证明国内军阀必须打倒，方能使反帝国主义运动得到胜利”。而中国的资产阶级本来是受帝国主义与军阀压迫，有参加国民革命的可能，但终究是妥协的，不彻底的，而且“当无产阶级起来参加革命时，或要求生活改良时，资产阶级就马上反动起来了”。

刘少奇还指出，工人运动的前途在于组织工会，“中国工人阶级在组织上，已有极大之进步及发展，全国工会会员不但在数量上有很大的增加，且能改良他们的组织。现在各处工人群众，都有统一工会组织之呼声，譬如香港、广东工会之统一运动，及上海工人群众在严重压迫之下，尚能有二十万工人在秘密组织之内，且能不时为各种问题而奋斗，以此即可证明中国工人阶级之组织，已非反动势力所能消灭的了。”他还提到，工会是工人群众的经济组织，所以必须公开。现在中国的工会尚不能得到法律上的保障和社会的承认，中国工人阶级应为要发展中国的工人运动，积极公开地作争工会条例的运动，虽然不能争得工会条例的颁布，但也可引导中国工人群众走到政治争斗的路上。①

曾参加赤色工人国际大会的李立三也在会上作了报告。报告分为四部分：（1）赤色职工国际此次大会的意义；（2）中国工人运动在世界职工运动上的地位；（3）赤色国际对中国工人运动的决议案；（4）农民国际的情形。李立三谈到，西欧的工人阶级知道中国工人阶级的敌人，就是他们的敌人，所以积极援助，认为中国工人阶级的斗争，是世界反帝国主义战线中伟大的力量。因此，中国工人在世界职工运动中已经占据很重要的位置。

《第三次全国劳动大会关于职工运动总策略决议案》中指出了工人阶级当下应该注意的问题：（1）工人群众要用种种组织的形式团结工人，巩固工人阶级势力的基础；（2）利用许多小的争斗，扩大产业工人和手工业者的组织；（3）要求工会组织的自由和劳动法；（4）号召全国工人及民众拥护省港罢工，务必使省港罢工得到适当解决；（5）立即与农民代表大会商定密切联合一致奋斗的方法，并决定各地有组织的工人如何帮助农民组织团体的种种问题；（6）随时尽力铲除工贼。

大会通过的宣言指出，第三次全国劳动大会最重要的问题，是“结算‘五卅’以来全国工人运动的经验和工人运动在国民革命中之地位；并规定在经济上和政治上一切斗争的策略”。宣言号召全国工人当下最为重要的是“在政治上要拥护广州国民政府北伐，肃清北方的反动势力；要求最低限度如集会、结社、言论、出版等自由权；在经济上我们要求最高限度的工作时间和最低限

---

① 刘少奇：《一年来中国职工运动的发展》，《政治周报》1926 年第 14 期。

度工资的规定”。

第三次全国劳动大会对第二次全国劳动大会以来工人运动发展进行了全面总结，不仅为大革命时期的工人运动积累了宝贵经验，而且为工人运动下一步的发展指明了方向，即基于新的政治形势动员工人支援北伐，这为北伐战争的顺利开展做了重要铺垫。

### （二）全国总工会发表《对国民政府出师北伐宣言》

1926 年 5 月，第三次全国劳动大会期间，全国总工会发表《为促进北伐向国民政府请愿书》指出，近来奉系军阀到处残杀工人，封闭工会，压迫民众运动，监禁各界领袖，种种残酷行为，无所不用其极，以致五卅运动不能胜利。工人阶级更知欲使反帝国主义运动得到胜利，非打倒国内军阀不可。全国工人阶级除国民政府势力所到之地外，均在军阀残酷压迫之下，所有工人团体被封闭，各种自由被剥夺。国民政府作为中国国民革命的中心，代表一切被压迫民众利益而奋斗。因此，大会谨代表全国工人阶级向国民政府表示“最亲挚之同情与拥护”，特此前来请愿，出师北伐，打倒一切军阀。

1926 年 7 月，广州革命政府发动北伐战争，赢得了全国各阶层民众的广泛支持。但以蒋介石为代表的国民党右派企图借助民众的支持，抢夺地盘，取代旧军阀，建立起自己的独裁统治，而并非出于解救长期被压迫的工人、农民阶层的目的。中国共产党人一方面推动国民政府推翻反动军阀统治，为广大工人、农民阶层争取自由，另一方面也对国民党内部的反动倾向有所警觉。

1926 年 7 月 25 日，全国总工会发表《对国民政府出师北伐宣言》（以下简称《宣言》）。《宣言》中提醒国民革命军，如果要得到民众对于北伐的支持，“要巩固国民革命的基础，在北伐的时期尤其应该拥护人民一切的利益与自由，不能借口于北伐军事行动的便利，来牺牲民众的利益，禁止民众的自由，授反革命派以挑拨和煽动的机会”。全国总工会鼓励全国工人争取自己应有的权利，支援北伐，“国民革命军所胜利的地方，我们所有被反赤军封闭的工会，应该要求启封；坐在监牢间的领袖，应该得到释放；被通缉开除失业的工友，应该要求恢复工作；以前罢工胜利的条件，应该要求履行；被惨杀死伤的工友，应该要求抚恤和救济；太低的经济生活和恶劣的待遇，应该要求改良。同时我们在政治上应该要求颁布保护劳工的劳动法，发展工人运动的工会条例，召集以人数为比例选派代表的国民会议。工人应有集会、结社、言论、出版、罢工的绝对自由，我们为得要求这些利益与自由赶快的实现，我们应该努力参加国民革命，站在一切民众之前，引导一切民众援助国民革命军，使之得到胜利”。

全国总工会还号召工会发起救护伤兵大募捐，让接近战区如沿京汉、粤汉两路的各业工会组织伤军救护队及慰劳队，征集伤员需要的食物用品，派男女工友到伤员医院充当看护，派化装宣传队、音乐队组织慰问活动，赠送奖励的彩旗礼物，安慰伤员的身体及精神。

### （三）全国总工会迁驻武汉和《全国工人阶级目前行动总纲》的发布

北伐军顺利推进至长江流域，革命重心也随之北移。1926 年 11 月 26 日，国民党中央执行委员会经过慎重考虑，决定将国民党中央党部和政府由广州迁至武汉。12 月 13 日，国民党中央执行委员国民政府委员临时联席会议正式成立，标志着中国大革命武汉时期的开始。自 1927 年 1 月 1 日起，国民党政府各部在武汉正式办公。

1927 年 1 月 3 日，全国总工会在汉口召开了执委会议，经过慎重讨论，决定在当年的二七罢工纪念日前，完成全国总工会机关向武汉的迁移工作。为了更好地指导广东、广西、福建、香港等地的工人运动，在广州设立了办事处，并任命李启汉为办事处主任。2 月 11 日，全国总工会正式在汉口歆生路义成里的华扬旅馆挂牌办公，开始履行职责。12 日，全国总工会召集各部职员会议，讨论各部工作，并增设国际通信局，宣传国内工人运动及暴露帝国主义对弱小民族的残暴行为，并介绍世界职工运动情形及各国对华舆论，向全国各界发表重要通电。

2 月 20 日，全国总工会在汉口举行执行委员扩大会议。会议通过了《全国工人阶级目前行动总纲》（以下简称《总纲》）等 30 多个决议案。《总纲》合计 26 条，在政治方面，“反对一切资本帝国主义向中国武装进攻”“要求彻底完成国民革命；反对一切与帝国主义及军阀等妥协之倾向”“拥护一切民主革命势力之争斗，反对代表封建势力之个人专政及军事独裁等”“拥护国民政府继续北伐，肃清一切军阀”。

在工人权益方面，《总纲》提出“要求政府颁布劳动保护法”“要求八小时为最高限度工作时间，反对直接或间接延长工作时间；要求礼拜日休息，照给工资”“要求随时增加以物价为比例之真正工资，反对降低工资”“要求男女作同等工作者，应得同等工资”“要求禁止雇用不满十三岁之童工工作”“要求减少女工、童工之工作时间，并全力拥护改女工、童工劳动条件的争斗”“拥护手工业工人一切反封建争斗，打破前次之主奴关系”。

在工人组织方面，《总纲》提出“要求工会组织之完全自由，无论平时、战时，不受任何法律命令之束缚”“要求各省、各县市组织统一的总工会，反对一切分裂工会的企图”“各省总工会、各产业总工会均统一在全国总工会之下”“要求赤色、黄色两职工国际，共同发起组织统一全世界之职工国际；要求建立东方各国工会间的亲密关系；反对各国政府、资本家把持的国际劳工局”。

在劳资关系方面，《总纲》提出“反对有强迫性质的劳资仲裁机关”“反对资本家提倡改良主义欺骗工人，如分给工人红利等；反对资本家向工人进攻的新形势，如加重工人工作等”“要求团体契约权，各企业不得雇用非会员工人及工人解雇前必须将正当理由通知工会”等。

《总纲》针对当时的政治、社会形势，提出了很多进步性的指导意见。《总纲》的制定对于统一工人运动，维护工人合法权益有一定的积极意义。

### (四) 纠正工人运动“左”倾错误的努力

大革命时期工人运动的发展取得了很大的成绩，但也存在一定的问题。刘少奇回忆，当时在长沙、武汉、广州等城市，工人运动有着严重的“左”倾错误。刘少奇指出，工会是当时最有力量、命令最能通行的“政府”，“他的权力有时超过正式政府”，不仅工资加到骇人的程度，自动缩短工时到每天 4 小时以下，提出使企业倒闭的要求，而且随便逮捕人，组织法庭监狱，检查轮船火车，随便断绝交通，没收分配工厂店铺。①

工人运动的“左”倾错误在经济上、社会上、政治上均产生了严重的影响。首先是经济方面，企业倒闭，资本家停业，导致缺乏货物，物价飞涨；其次是社会方面，物价腾贵导致市民不满，也引起士兵与农民的反感；最后是政治层面，由于工人运动是由中国共产党所领导，因而工人运动日益严重的“左”倾错误，影响到了共产党与社会各阶层民众的关系。

在革命初期，工人运动也表现出了不成熟的一面。为了改善这一状况，全国总工会及其下属各级工会组织采取了一系列措施。

首先，整顿了工会组织，提高工会干部和职工群众的教育水平，加强对工人斗争的指导。1926 年 12 月，湖北全省总工会在

① 刘少奇：《关于大革命历史教训中的一个问题》（1937 年 2 月 20 日），中共中央文献研究室、中华全国总工会编：《刘少奇论工人运动》，中央文献出版社 1988 年版，第 213 页。

武汉开办了工人运动讲习所。李立三、刘少奇、董必武、陈潭秋等知名人士都曾在此任教，向学员们传授革命理论和工人运动知识，为工会培养了一批优秀干部。

其次，湖北全省总工会还成立了教育委员会和汉口市教育局，负责领导各行业工会和大型厂矿开办工人学校和子弟学校。截至1927年4月，武汉地区共开设了40所工会学校，吸引了5万余名工人参加学习。这些学校为工人们提供了学习机会，提高了他们的文化素质和政治觉悟，有力地推动了工人运动的发展。

为了加强对工人斗争的领导，湖北全省总工会在1926年11月正式成立了劳资争议委员会，并任命刘少奇担任主任一职，同时邀请李立三、项英等担任委员和秘书，负责调解劳资纠纷。此举旨在保障工人的合理经济诉求。

在全省总工会的倡议下，湖北省劳资问题临时委员会应运而生，该委员会由省总工会、省党部、省总商会、政务委员会、北伐军总政治部、卫戍司令部等单位的代表共同组成。由于委员会会址设在武昌，解决汉口的劳资纠纷存在诸多不便，因此在12月初，由国民党汉口特别市党部发起建立了汉口劳资争议仲裁委员会，并通过了仲裁工资的标准。

湖北省劳资问题临时委员会和汉口劳资争议仲裁委员会，致力于维护广大工人的权益。经过持续不断的努力，成功调解了百多起劳资纠纷，显著提升了武汉地区工人的劳动环境及生活待遇。同时，委员会也对部分基层工会提出的不符合实际的高要求和盲目行动进行了及时纠正，以确保各项工作得以稳妥推进。

为了规范和强化各级工会组织，全国总工会在1926年冬颁布了《各县或独立市工会组织法大纲》16条，明确了县市工会的组织和职责。同年12月，全国总工会秘书长兼全国总工会驻汉口办事处秘书长刘少奇发表了《工会代表会》《工会经济问题》和《工会基本组织》三篇重要著作，为加强各级工会组织建设提供了重要的指导。1927 年 1 月，湖北全省总工会第一次代表大会在武汉召开。大会听取了省总秘书长许白昊和刘少奇的报告，通过了关于工会组织、工会经济、宣传及教育等问题的决议案。根据这些决议案，对武汉地区工会的组织和工作进行了整顿。

## 二、北伐战争期间工人运动空前高涨

### （一）北伐胜利进军和各地工人阶级的大力支持

在全国总工会的号召下，多个省份的工人阶级以极大的热情参与到支援北伐的队伍之中。

广东工人在中共广东区委和全国总工会的领导和组织下，组织运输队、卫生队、宣传队等随军出征。省港罢工委员会组织北伐运输特别委员会，召集工人担任运输工作，应募者 2000 余人。此后，为征讨吴佩孚，罢工委员会北伐运输委员会又召集海员、金属、运输、西业、煤业等工会代表开会，有 13 名代表到场，最终会议决定，以此事刻不容缓，由各工会向各工友宣传加入，煤炭工会、海员工会和金属业总工会至少需要召集 500 人参加，西业工会需要召集 300 人，运输业工会除煤炭海员以外再召集 1500 人。在粤汉、广九和广三铁路总工会的引领下，以及香港金属业罢工工人的积极参与下，铁路交通队应运而生，他们紧密团结，随军北伐。在进军过程中，铁路交通队肩负起修复铁路交通的重任，全力保障铁路军运的顺畅。这支具有高度觉悟的工人队伍，为北伐军的快速进军提供了坚实的后盾，有力地推动了军队迅速进入湖南。

在湖南，由工人和学生共同组织的平民救国团和农民武装队等群众组织给予北伐军以有力支援。1926 年 7 月，北伐军开始攻打长沙后，长沙工人即准备在城内袭击叶开鑫军，响应北伐军，后因敌军众多，工人缺乏武装，未果。叶开鑫逃走后，长沙人心惶惶，湖南工团联合会组织1000人的工人保安队，分守于八门及城内要道，与革命军游击队共同维护城内秩序。后自湘潭溃退入城的残兵，多被工人保安队缴械并遣散。长沙城没有受到军阀残兵的骚扰抢掠，全靠长沙工人维持秩序。

湖南省总工会、湖南工人第一次代表大会及各地工会组织，纷纷向北伐军致以慰问电文，或亲自前往会场与北伐军进行友好互动，以增强军民之间的情感联系。正是得益于广大工农群众的鼎力支持，北伐军才得以势如破竹，顺利挺进长江流域。在短短不到半年的时间内，成功击败吴佩孚、驱逐孙传芳。

在湖北，因北伐士兵受伤人数颇多，由前线送回武汉医治，在途中耗费八九十个小时，但又无人在车上看护，所以伤兵既无药料敷伤又缺少饮食供给。武汉各界虽有各慰劳救护团体的组织，但都在后方，途中缺少护理人员。京汉铁路战时工作委员会虽然组织了慰劳伤兵队，携带药品，专在车上救护，限于经费，不能一一照料。因此，湖北全省总工会、省农民协会、京汉铁路总工会、汉口商民协会、妇女协会、二七学校等团体组织湖北工农商学妇慰劳前线负伤将士代表团，筹集经费4000元，购买大宗药品食物，救护负伤将士。汉阳兵工厂工人举行大罢工，夺取了兵工厂，有力地配合了前线作战的北伐军。

### （二）北伐胜利进军的两湖地区工人运动的迅猛发展

工人运动的发展与所在地区的政治、社会状况息息相关，但更重要的是中国共产党的坚强领导。北伐军胜利进占两湖地区后，工人运动得到了很大的促进。两湖地区作为北伐军最早占领的地区，工农群众运动迅猛发展。

这一期间，中共湖南区第六次代表大会制定了最低限度政治经济要求，对工人的言论、集会、结社、出版、罢工权有了明确规定，同时提出了多项维护工人权益的举措，如改良工厂卫生，实行劳动保险；改良学徒及艺徒制度，酌量技术程度，规定学徒期限至多不得超过两年，学习期内给最低限度生活工资，并不得虐待侮辱及为私人服务；不得雇用12岁以下的童工，禁止童工及青年工人做危险及有害身体卫生的工作；每年应有连续两星期以上的长期休假等。

在湖南，北伐军进军之前已有工会76个，拥有会员约11万人。北伐军占领长沙后，1926年9月1日，长沙总工会正式成立。截至1927年初，基层工会数量已增至120多个。1926年12月1日，湖南省工人代表大会在长沙顺利召开，选举产生了湖南全省总工会，郭亮担任委员长。当时，全省范围内已建立县级以上总工会和各大产业工会共计49个，会员数量达到18万人。截至1927年2月，湖南省总工会下属基层工会进一步壮大至533个，支会166个，会员总数高达32.6万人。此外，还有5万名矿工正在筹备组织工会。

在湖北，北伐前武汉只有13个工会。从1926年9月6日国民军攻占武汉，到9月14日武汉总工会成立时，已有基层工会30多个。9月17日，全国总工会在汉口设立办事处，李立三为主任，刘少奇为秘书长，刘尔崧为组织部部长、项英为宣传部部长，负责指挥两湖、江西等地工人运动。9月21日，湖北全省总工会筹备委员会成立。随即中华海员工业联合总会汉口分会，于1926年11月14日召开成立大会。武汉店员工会有组织工会共计38处，工人约23500名。

1926年10月10日，湖北全省总工会在汉口正式成立。经过会议讨论，原湖北全省工团联合会正式更名为湖北全省总工会，以更全面地代表全省工人阶级的利益和诉求。在选举中，向忠发被选为委员长，许世光出任秘书长一职（后由刘少奇接任）。此外，刘尔崧、吴明、朱宝庭、刘少白、周兆秋分别担任各部门主任，包括庶务部、宣传部、交际部、指导部和组织部。为了更好地服务全省工会组织，总工会下设武昌、汉阳、硚口等三个办事处，以推动湖北全省工会的迅速恢复和建立。

湖北全省总工会成立后，湖北工人运动蓬勃发展，不到两个月，各种工会已成立 300 个以上，与湖北全省总工会成立时比较，差不多增加了 4 倍。从工会会员的数量上看，成立时不满 10 万人，现在增加到 25 万人。此外，总工会指挥的维持秩序纠察工贼的纠察队有 3000 人，对内对外做宣传工作的宣传队有千余人，工人运动讲习所培养工会工作人员 200 余人，出版工人导报、工人画报及各种标语、传单、宣传大纲等 200 份以上。两个多月以来，提出改良工人待遇的议案有 150 余件，已有一半以上议案得到圆满解决。

在斗争中，广大工人群众的经济生活得到了显著改善，政治地位得到了提高。在北伐军占领湖南的五个月间，共开展了 253 次政治运动和 108 次罢工，均取得了胜利。这使得 30 万名工人的平均工资增长了 20% 至 50%。在武汉地区，从 1926 年 10 月至 1927 年 4 月，工人进行了 300 多次罢工，平均工资增长了一倍。在斗争中，封建把头的统治和包工制度被废除。在国共合作的国民党统治区，工人群众在政治上开始摆脱被压迫的地位，并获得了集会、结社、游行示威、言论、出版和罢工等自由权利。

### （三）东南各省工人运动的迅猛发展

1926 年 10 月，北伐军攻占武昌后，主力转移至江西战场，并全面展开对长江下游军阀孙传芳的攻击。1926 年 11 月北伐军成功攻克南昌，12 月占领福州。1927 年 2 月，北伐军进占杭州，平定浙江全省；3 月，北伐军相继占领安庆、南京等地。至此，孙传芳在东南地区的统治土崩瓦解。

随着北伐战争的胜利，东南各省的工会组织迅速发展起来。

在江西，北伐之前，工会组织的基础相对薄弱。然而，随着北伐军的顺利进军并成功占领南昌，工会组织开始迅速壮大。在10月中下旬，九江的工人阶级在党组织的有力领导下，积极投身于支援北伐军攻打九江的行动中。他们通过一系列秘密工作，展现了顽强的斗争精神和卓越的组织能力。面对军阀的镇压，码头工人毫不畏惧，他们多次举行罢工，坚决拒绝为敌人搬运军用物资。这些英勇的行动有力地破坏了敌人的后勤供应，削弱了敌人的战斗力。

同时，工人们还采取了多种方式形成政治攻势。他们与学生一道，张贴标语、散发传单，通过宣传鼓动，动摇了敌人的军心。还有一些工人与郊区农民紧密合作，共同筹集粮草、恢复交通、运输弹药等，为前线提供了宝贵的支援。这些工人的英勇行为，充分展现了工人阶级在革命中的重要作用。他们用自己的实际行动，为北伐军的胜利作出了不可磨灭的贡献。最终，在1927年1月12日，江西省第一次工人代表大会在南昌顺利召开，标志着江西全省总工会的正式成立。

1926年9月，在江苏的北伐军胜利进军期间，中共南京职工运动委员会立即组织成立了工人代表会，该组织统辖了多个工会组织，包括津浦路浦口浦镇分会、浦口码头工会、驳船工会、黄包车工会、大美烟草公司工会、木业工会、机织工人筹备会以及东大校工俱乐部等，共计领导了13万产业工人和手工业工人。在1927年3月25日，北伐军攻克南京后的次日，南京市工人代表大会正式召开，并宣布成立南京总工会。南京总工会公开领导工人运动，并吸引了超过200个基层工会加入。

在无锡市，1927年1月就已秘密成立了无锡总工会。北伐军进驻后，无锡总工会公开运作，并吸引了印刷、纱丝、面粉、转运、成衣、机械、邮电、煤业、袜厂、木工、油厂和人力车夫等领域的55个工会加入。

同年3月22日，北伐军进驻苏州两天后，苏州总工会正式成立。随后，苏州铁机工会也宣告成立，并设立了 17 个分会。

1927 年 2 月至 4 月，杭州市内建立了 260 多个各行各业的工会，吸纳了超过 10 万名会员。这一时期杭州总工会进行了三方面的工作：一是督促各劳动界，迅速组织团体，加入总工会，以厚集势力；二是指导各工会，向资本家提出增加薪金改良待遇；三是创设工人训练班，以养成工人运动人才凡各工会负责人员有愿加入训练者，由各工会转送总工会，经考验核准，方得接受训练。相关训练课程有：（1）工会之意义及其作用；（2）工会组织法；（3）工人纠察队；（4）工会的纪律；（5）工会的宣传教育工作；（6）工会领袖与工人群众；（7）经费问题；（8）资本家如何剥削工人；（9）资本主义制度与工人阶级；（10）经济斗争与政治斗争；（11）罢工战术；（12）工贼问题；（13）工会与革命；（14）工人和农民的关系；（15）中国工人运动概况；（16）工会派别；（17）国民革命与世界革命。

宁波总工会于 1926 年 10 月成立，3 月 14 日召开下属各工会代表大会，选举产生宁波总工会执委会，先后建立百余个工会组织，会员达 8 万余人。绍兴县工会于 2 月 28 日正式成立，截至 4 月 12 日，各业工会已发展到 107 个，拥有 3 万多名会员。随着北伐军的到来，仅杭州、宁波、绍兴和瑞安四地，工会组织就达到了 573 个。

在安徽，1927 年 3 月中旬，北伐军打下安庆后，安徽省总工会筹备委员会、安庆市总工会以及各业工会等 50 多个工会纷纷成立。省总工会领导人舒传贤和市总工会负责人王少虞都是共产党员。共产党为加强省、市工会的领导，派人担任安庆市总工会工人纠察队副队长。杨元钧、钱邦文也被派到市总工会工作。安庆市各行业工会在市总工会的领导下，纷纷成立，如劳工联合会、鞋业工会、挑水业同人工会、报业工会、实业协会等。

## （四）北方地区工人响应北伐

北伐开始以后，北洋军阀加强了对华北地区的控制，严密防范和镇压工人运动。在中共北方区委领导下，各地工会因地制宜，通过秘密和半公开形式坚持活动，领导工人从事政治、经济斗争。

1926 年 10 月 25 日，北京总工会发表宣言，反对北洋军阀政府与帝国主义列强召开关税会议，号召受压迫的民众参加北伐战争。北京是军阀统治的中心，工人要求增加工资的斗争不断发生。1927 年初，京华印书局工人，先是要求分得年终奖金，结果每人得到 12 元，继而要求加薪。各课工人推出代表 10 余人，分成三批，准备前赴后继地坚持下去。厂主以营业亏损为由拒绝，工人断电怠工，最后，迫使厂主不得不给工人每月加薪 3 元。

在天津，自国民军退出后，天津工人惨遭奉系军阀压迫，剥夺一切自由，虽然从事工会宣传及组织工作也非常困难，但在党的领导下，工人仍坚持经济斗争，如纱厂工人要求加薪及不准任意开除工友、否认罢工等运动，如铁路工人、印刷工人的索薪运动等。1927 年 1 月 1 日，天津总工会召集代表大会。大会提出三项议案：（1）工人回厂后自由募捐，援助在狱中的王健文、王玉山两位工友，并设法营救其出狱。（2）成立天津总工会扩大组织委员会，委任各厂代表为委员，以期最短时间将天津所有的工人，组织在总工会旗帜之下，共同奋斗。（3）各纱厂工会立即普遍扩大组织，当即成立天津纱厂总工会。1 月 13 日，天津总工会在法租界普爱里 72 号附设的天津工人俱乐部为援助汉口案开全津工人代表大会。法工部局巡捕密探数十人将俱乐部包围，总工会委员长吴雨铭，委员及代表邢克让、傅茂公、张贵祥、陶卓然、粟泽、李铁钧、阎瑞生、薛世五等数十人被捕。

在山东，由于军阀张宗昌的统治，工人运动长期受到压制。共产党坚持发动工人，曾在胶济铁路工人中号召全路举行反对开发山东省银行纸币的罢工，四方、高密、坊子、张店等地工人都参加了罢工，结果局长明令取消开发山东省票。共产党还通告全路经常做破坏工作，如损坏机车零件、放火之类。陈以荣在高密反戈时，高密工会全体动员参加。青岛的邮局工人中也已成立工会。

在河南，因为军阀的严厉压制，工人很难组织起大规模的工会。1926 年 10 月，吴佩孚大肆逮捕京汉铁路工人。15 日，郑州劳工会委员长汪胜友、纠察团团长史文德被杀。但工人仍坚持组织小规模的工会。以焦作为例，焦作煤矿总工会大约有 2500 名工人，道清铁路总工会约有 1000 名工人，厨司工会有 100 多人，河南青年协社焦作分社有 30 多名工人。其他手工业者，如油漆、泥、木、理发、缝纫等工人，总数不下 2000 人，也联络起来成立了一个行会。

## 三、北伐战争中工人阶级的伟大壮举

### （一）汉口、九江收回英租界

1926 年 12 月底，湖北全省总工会第一次代表大会预备会在汉口血花世界（今民众乐园）举行。会议通过了大会主席团、秘书厅和提案审查委员会的名单以及大会议事日程和规划等，选举李立三、刘少奇、许白昊等 21 人为大会主席，林育南为大会秘书长。

1927 年 1 月 1 日，湖北全省总工会第一次代表大会开幕。这是湖北工人阶级的盛大聚会。出席这次盛典的代表共 588 人，代表工会 340 余个，会员 30 万人。中共湖北区委、全国总工会、中国国民党中央执行委员会、中国国民党湖北省党部以及各军政机关、人民团体都派代表前往祝贺。

大会选举向忠发、李立三、刘少奇、林育南、项英、许白昊等经过斗争考验的具有丰富斗争经验的工人领袖为总工会负责人。大会期间，发生了一三惨案。李立三、刘少奇、林育南等人立即领导湖北工人群众，投入反对英帝国主义、收回英租界的斗争。

1927 年 1 月 1 日至 3 日，武汉工人阶级和各界人民举行庆祝国民党政府迁都武汉和北伐胜利大会。1 月 3 日大会之后，各团体分别走上街头讲演。下午 2 时，中央军事政治学校宣传队在汉口江汉关前面的广场向群众发表演说。这时，英帝国主义租界当局从停在长江的军舰上调集大批水兵上岸，驱赶宣传队和群众，用刺刀向人群乱刺乱戳，当场刺死 1 人，刺伤数十人，造成惨案。

帝国主义屠杀中国人民的罪行，激起了全国人民愤慨。汉口各团体的代表义愤填膺，在李立三、刘少奇等同志指导下，连夜召开紧急会议，商量对策，并恳请国民政府对英提出强烈抗议。参加全省总工会第一次代表大会的代表怒不可遏，并在李立三、刘少奇、林育南等人领导下，召开声讨会。林育南慷慨激昂发言，痛诉惨案经过，怒斥英帝国主义暴行，领导大会秘书处草拟了《为反对英水兵惨杀同胞通电》，提出六项条件和五项办法，通电全国。通电还号召全国人民："一致奋起，以最大之势力，扑灭此人类公敌世界恶魔之英帝国主义。"此通电于 4 日在《汉口民国日报》上发表。

当晚，中共湖北省委、全国总工会汉口办事处和湖北全省总工会召开联席会议，决定领导各界人民开展废除不平等条约和收回英租界的斗争。同时，武汉国民党政府外交部部长陈友仁召见英国驻汉口领事，提出抗议，限其在 24 小时内撤退英水兵和义勇队，由中国派兵进驻英租界。英领事采取拖延战术，但英租界外愤怒的群众越聚越多，迫使英领事于 1 月 4 日凌晨撤退英水兵和义勇队。武汉工农商学各界 200 余个团体召开联席会议，在省总工会提出的六项条件基础上，形成了对英斗争的八条办法：（1）立即向英领事提出严重抗议；（2）英政府须负责赔偿此次同胞死伤之损失；（3）英政府须立即将肇祸凶手交国民政府依法惩办；（4）英政府须立即撤退驻汉英舰及英界之沙包电网等作战物；（5）英政府须向国民政府道歉，并担保此后再不得有此类惨案发生；（6）英租界内，华人须有集会结社言论出版游行演讲之绝对自由；（7）英界巡捕及义勇队，须一律解除武装；（8）英租界须由国民政府派军警管理。同时，推代表至南洋大楼向武汉政府提出这8条对英办法，请政府据此向英领交涉，限72小时内圆满答复。否则，便请政府：（1）立即收回英租界；立即收回海关；（2）立即取消英轮内河航行权；（3）立即撤销英人领事裁判权。

武汉中央党政联席会议接受了各团体所提八条对英办法，立即派国民党中央党部代表陈群到英租界巡捕房，并命卫戍司令部派三个连进驻英租界。湖北省总工会也派300名纠察队队员进英租界维持秩序。4日下午7时，联席会议成员徐谦、蒋作宾等，在新市场向农工商学各界宣布了政府以上的态度和办法。在此前后，群众涌入租界，拔除电网、沙袋等作战设施，张贴“打倒英帝国主义”“收回汉口英租界”等标语。

5日下午2时，在省总工会负责人李立三指挥下，武汉各界三十万人在汉口济生三马路举行反英大会。大会宣布了惨案真相，重申了八条对英办法，并通电全国和全世界。大会强调：“国民政府对英态度，与民众完全一致，民众应一致团结，服从政府，谨守秩序，誓为政府后盾。”会后，举行了声势浩大的反英示威游行。在各界群众高涨的革命情绪鼓舞下，以共产党人和国民党左派为主体的武汉政府决定组织汉口英租界临时管理委员会，以外交、财政、交通三部各派一人，加上武汉卫戍司令部汉口办事处处长及中央党部代表陈群共五人组成，管理租界公安市政事宜。同时声明，完全保护英租界内中外居民之生命财产，劝告他们安心居住和营业。至此，汉口英租界被武汉政府实际接管。

1927 年 1 月 6 日，九江发生了英帝国主义枪杀中国工人的惨案。其经过是九江太古（英）、怡和（英）和日清（日）码头工人，为维持生计要求承认工会、增加工资、改善待遇。日清码头接受了工人的要求，英属太古、怡和码头拒不接受工人的要求，希图继续施行过去剥削工人的伎俩，于是码头工人宣布罢工。同日，有工贼为外国人搬运行李上船，破坏罢工，工人纠察队队员吴宜山上前阻止，被英水兵打死。另有 12 名工人被打成重伤，英国军舰还鸣炮两响示威。

在场工人和市民义愤填膺，高呼“反对英兵在九江杀人”“打倒英帝国主义”等口号，手持扁担、棍棒，涌进租界，把英帝国主义分子和英国水兵赶上英舰，夺回了被帝国主义霸占 60 余年的租界。租界外国人住宅皆关门禁闭。四周的沙袋、木椿、带刺铁丝等障碍物，均被工人拆毁，革命军也携枪出入，九江海关与工务司门前，遍贴“打倒帝国主义，为被难同志报仇”等标语。

与此同时，进驻九江的北伐军独立二师师长贺耀祖到英领事馆提出口头抗议及维持租界治安问题。1927 年 1 月 7 日上午 11 时，英领事派人来到独立二师，请求派兵入界维持秩序。请求函写道：“敬启者，兹因风潮日形紧张，大有不可收拾之势，本领事业经定意携外侨退上兵舰，再行将本埠情形报告本国政府。”于是，独立二师在当日下午 4 时正式接收租界，并派第三团负责维持秩序。次日，北伐军总政治部主任邓演达召集各界各团体开联席会议，讨论善后办法，一致议决派员向英领事提出抗议，并组织九江市民对英外交行动委员会，处理租界事务。共产党人领导的九江市党部和九江总工会等组成了调解委员会。经过力争，九江码头工人的工资增加一倍，死伤工人的医疗费用由英人负责赔偿。

1927 年 1 月 9 日，九江民众各团体联合组织的九江市民对英外交行动委员会正式成立，并发表了宣言，向全国人民陈述了收回英租界的原委，揭露了英帝国主义干涉中国革命的阴谋。宣言指出："九江的事件不是仅仅内部的问题，也不是九江一市、江西一省的问题，而是全国的问题。我们对于这个问题，决不能用一种割肉补疮的办法来救济。我们所要求的是一种根本总解决。这个总解决是什么？便是废除中英间一切不平等条约，禁止英兵舰在中国的内河航行权，收回租界。换一句话说，就是打倒英帝国主义。"1月10日，武汉国民政府委派赵畸、周雍能组织九江英租界临时管理委员会，周雍能任委员长，会同军警，管理租界内的一切行政事务。

武汉、九江人民要求收回英租界的斗争，得到了全国各界人民和国际无产阶级的极大同情和支援。全国总工会发出了"打倒这个一息仅存的帝国主义，湔雪我们数十年来的奇耻大辱"的号召，各地群众纷纷举行反英大会。北京、上海、西安等地各界团体和人民群众纷纷发表通电，对英帝国主义的暴行表示了极大的愤慨，支持武汉和九江人民的正义斗争。1927年1月14日，南昌召开了10万人参加的群众大会。16日，长沙举行了20万人参加的湖南人反英示威运动暨追悼死难烈士大会，决定实行对英经济绝交，声援汉口、九江人民的示威斗争。共产国际向全世界工人发出通告号召全世界无产者团体，"在勿侵略中国之旗帜下而奋斗"。英国共产党也号召英国劳工团结起来要求政府撤回军队战舰，承认武汉国民党政府。在强大的反英斗争潮流下，英国政府代表被迫于2月19日和20日，与武汉国民党政府先后签订了《收回汉口英租界之协定》和《收回九江英租界之协定》，同意无条件将汉口、九江英租界还给中国。至此，汉口、九江人民收回英租界的斗争取得了完全胜利。

### （二）租界收回之后的斗争

中国人民要求的是国家的独立、自由和主权，反对的是帝国主义对中国的侵略和暴行，并不反对一般的外国侨民。中共中央在一份文件中曾经告诫大家："绝对制止对外国人个人的暴行，以及侵害外人住宅商店等，当使群众明了反对帝国主义是有计划的行动，须极力避免一切原始暴动的状况。"武汉政府 1927 年 1 月 5 日接管汉口英租界，6 日便通告英国领事：我民众运动是反对英国水兵屠杀人民群众，对于英国侨民绝无敌视之意，不必自相惊扰。现在英租界既已接管，"英侨之生命安全，由国民政府负完全保护之责"。当晚，陈友仁又约见美国驻汉领事和汉口美商领袖，"郑重声言在汉美侨及各外国人士，国民政府当始终予以切实之保护"，请他们转告所有外国人各安各业，照常工作。

武汉政府对接管租界的工作人员要求十分严格，要求"接管后，凡所有英租界以内之一切公安市政等项，必须较英人管理尤佳为善"。为此，租界管理委员会于 7 日召开警务会议，制订出警察服务规则多条。湖北全省总工会也发出公告，要求工人阶级严守纪律，服从政府军警的管理。所以，汉口英租界自武汉政府接管后，秩序很好。从 6 日起，租界内交通秩序恢复，邮局也开始办公。一些外国洋行和重要企业都派有士兵保护，以防坏人趁火打劫。看到中国人民确实不伤害一般的外侨，汉口的英国商会在一度宣布停业后，于 24 日起全部复业，恢复正常的经济活动。

国共合作的武汉政府在蓬勃发展的工农运动支持下，决心把收回汉口、九江英租界的斗争进行到底。全国总工会和湖北全省总工会秘书长刘少奇在一次群众大会上号召大家："准备我们的头颅，我们的血，往前奋斗。"国民党湖北省党部负责人董用威在武昌市民反英大会上说："我们要求生存，就要于今日大会中集中力量，续死难同胞精神，以与英帝国主义者奋斗。"

中共中央 1 月 12 日发表宣言，"号召全国工人农民及一切被压迫的民众，在目前帝国主义者以英国为首直接危害中国革命这一危险的顷刻，赶紧站立起来，拥护国民政府，在群众会议中，在舆论中，在议决案中，公开表明对于国民政府的赞助并要求英国人承认汉口1月5日群众大会所提出的条件。为取得保证1月3日的挑拨手段不至重演和英国帝国主义者不帮助北方进攻南方起见，我们起来要求撤退英国驻华海军，取消治外法权，收回英国租界，撤退一切帝国主义之驻华的军队”。共产党同时并向西方无产阶级提议，在各国举行抗议英国帝国主义者这种挑拨手段及其干涉中国的准备。①

国际无产阶级坚决站在中国人民一边，向中国人民伸出援手。第三国际执委会在宣言中强调：英帝国主义出兵中国，无疑是向全世界无产阶级挑战。世界革命势力应迅速地以有组织的力量保卫和援助中国的革命运动。国际运输工人委员会号召各国，特别是英国的海员工人拒绝运输军队及军需去中国。苏联外交部代表表示了对中国革命的深切同情。英国共产党号召本国工人和广大群众组织“勿侵略中国”委员会，要求政府撤退驻华海陆军，放弃干涉中国革命。其他各国人民也不断集会，反对出兵中国。

广大群众表示，对英经济绝交，工厂工人不为英帝国主义做工，码头工人不为英帝国主义搬运，商店不卖英国货。武汉组织了对英经济绝交委员会，要求政府禁止英国汇丰、麦加利两银行偷运现金出口，提取存在两银行的海关盈余和贪官污吏的存款。广东对英经济绝交委员会在调查了广东现有英货数额及储存地后，决定将英货公卖。武汉政府领导人在回答日本记者时说：“倘英国竟用武力相对付，则夺回租界之举或得暂时成功，亦未可知。但其结果，必使我国民之对英恶感愈深，结局英租界将不免成为有名无实之状态。”②

面对中国共产党和武汉政府领导下中国人民的坚决斗争和国际无产阶级对中国革命的大力支援，英帝国主义既不能联合其他

① 《中国共产党为汉口英水兵枪杀和平民众宣言》（1927年1月12日），中央档案馆编：《中共中央文件选集》第3册，中共中央党校出版社1989年版，第11页。

② 《孙科与东方社记者谈话》，《申报》1927年1月22日。

列强一致行动，也不能动员英国人民支持它侵略中国的政策，保守党内阁摇摇欲坠，濒临倒台的危险。在此情况下，英国外交大臣张伯伦作出让步，调遣来华军队的大部分将不集中于上海，而改向香港进发。

3月22日，北伐军占领镇江后，直鲁联军妄图反扑，形势紧张。镇江人民拟召开示威大会，声援北伐军。英国人害怕中国人民会对镇江英租界采取行动，便由英国驻镇江领事于24日致函北伐军的外交人员，表示愿撤回镇江英租界的巡捕，请中国派警察接岗维持，以期相安。北伐军即派警察厅厅长、丹徒县县长、商会会长、商团团长率警察和商团前往接岗。至6月18日，镇江市公安局将租界内之第五区署改为特别区署，前英租界工部局遂无形取消，租界的警察权为中国收回。

北伐军光复厦门后，也援引收回汉口、九江英租界之例，要求英国领事撤销厦门英租界工部局，所有界内警察权由中国方面接收。英国领事慑于中国人民的反帝情绪，未敢拒绝。因此，从1927年春起，厦门英租界仅存名义，实权已为中国接收。

## 四、上海工人三次武装起义

为了配合北伐战争的胜利进军，从1926年10月至1927年3月，中国共产党领导上海工人阶级，先后举行了三次武装起义。

### （一）上海工人第一次武装起义

1926年10月，北伐军攻击统治东南五省的军阀孙传芳，造成其军阀集团内部分化，10月16日，孙部浙江省省长夏超宣布独立，归顺国民政府，倒戈反孙，向上海进兵。当时孙军大部分调往江西，后防空虚，在上海只有警察2000人，步兵1000人。

在这样的形势下，中国共产党决定发动武装起义，以配合北伐进军，推翻军阀统治，中共上海区委和上海总工会根据中共中央的指示，从1926年9月起就着手进行工人武装起义的准备。中共上海区委和上海总工会秘密建立了一支约有2000人的工人纠察队，在北洋军阀驻沪海军中设法建立了共产党的秘密组织，策动部分海员准备配合武装起义。

党的计划是首先由铁路工人于10月16日拂晓破坏铁路，断绝列车三天，组织南京军运列车开出，从而配合北伐军在江西的总攻击，创造上海工人起义的有利条件；其次，把海员、五金、市政、纺织等工人纠察队集合起来，等夏超军队逼近上海，就袭击高昌庙兵工厂和龙华军阀司令部，夺取政权，占领上海。

上海资产阶级从他们自身利益出发，也要求摆脱孙传芳的统治，因而发起“上海自治运动”。中国共产党为了联合各个阶级赶走军阀，支援了这个运动。于是，上海总工会即联合商、学界，提出“上海市政归上海市民管理”，鼓动群众停止纳税，拒用军用票，以动摇孙传芳的统治。

与此同时，广州国民党政府也派钮永建为驻沪军事特派员，策动进行推翻上海军阀的活动。他策动浙江省主席夏超准备倒戈反对军阀孙传芳，并与中共方面约定，待夏超在浙江宣布独立，派部队向上海进军时，共同举行武装暴动。

10月23日上午，中共上海区委根据钮永建提供的夏超独立和孙传芳在江西前线溃败的传闻，决定当天下午与钮永建各自指挥自己的队伍举行武装起义。但是，当时夏超独立已遭失败，孙传芳在前线溃败的消息是误传，钮永建的队伍并没有行动，少数缺乏武装的工人纠察队进行了零星的起义战斗，很快就被敌人镇压下去。上海总工会执行委员、码头总工会副委员长、共产党员陶静轩和起义的技术总指挥、共产党员奚佐尧等10多人惨遭杀害，100多人被捕。

第一次武装起义在主观和客观条件上都是不成熟的。起义失败后，中共上海区委及时总结经验教训，决定更广泛地发动和组织群众，扩大反帝反军阀的联合战线，为举行第二次武装起义，进行思想上和组织上的准备。

### （二）上海工人第二次武装起义

1927 年 2 月中旬，北伐军在浙江取得了决定性进展，上海工人起义的有利形势开始到来。2 月 16 日，中共上海区委召开全体会议，决定举行以工人为主体的武装暴动来迎接北伐军。2 月 18 日晚，得知北伐军先锋已进抵距上海仅 80 公里的嘉兴，上海总工会决定于 19 日举行全沪工人总同盟罢工，“援助北伐军，打倒孙传芳”。从 2 月 19 日至 22 日，参加总同盟罢工的工人达到 36 万人。这样大规模的政治大罢工，在上海和全国都是没有先例的。

上海工人的总同盟罢工实现后，在沪的中共中央委员连续召开临时会议，经过一天半的讨论，决定将总同盟罢工转为武装起义。2 月 21 日，中共上海区委发出《中共上海市委特别通讯（第一号）》，指出“目前我们唯一的重大责任，在于指示上海的市民及工人阶级创造民主的革命的市政府，只有这个革命的政府实现，才能解决上海市民的一切压迫。这一个革命政府之实现，是要人民共同的血战出来的”。这个新生的革命政权，定名为革命委员会。

共产党人与钮永建、王晓籁经过谈判达成协议。2 月 22 日中午 12 时，由汪寿华、罗亦农、钮永建、杨杏佛、虞洽卿、王晓籁、章郁庵、王承伟、刘荣简、周孝公、张曙时组成的上海市民临时革命委员会正式成立。下午 4 时，中共上海区委发出特别紧急通告，宣布于当晚 6 时，实行全上海暴动，开展第二次武装起义。

共产党人原本的行动计划是以停泊在黄浦江上的起义军舰炮击高昌庙兵工厂、龙华李宝章司令部等战略要点为信号，浦东方面以 200 余人从军舰上取得武器，上岸攻打兵工厂，各区清缴军警枪械，夺取龙华司令部。按照当初的设计，起义的发动以工人为主。因此，共产党人在对第二次武装起义作了部署以后，在临时革命委员会的会议上，正式提出立即发动起义。然而，钮永建、吴稚晖等国民党人心存戒备，不肯下起义命令。

2月22日下午6时，停泊在黄浦江上的军舰“建威”号、“建康”号，发炮轰击高昌庙兵工厂，宣告了第二次武装起义的开始。

但是，由于驻守嘉兴的白崇禧所部北伐军按兵不动，国民党人钮永建策动的兵变和资产阶级配合举行罢市，都没能实现，使工人的起义行动陷于孤立，加上暴动的组织指导和技术准备等方面存在的缺点，使第二次武装起义也失败了。

2月23日，中共中央与上海区委举行联席会议，决定停止暴动，经过商界调停，由上海总工会下令复工。2月24日，上海总工会下达复工令，在复工宣言中指出：现在的复工，非因退让而复工，是为准备更大的争斗而复工。中共中央也发表了《中国共产党为上海总同盟罢工告上海全体工友书》，盛赞上海工人“这样伟大的政治总同盟罢工是中国工人阶级直接反抗封建军阀的第一次伟大的政治斗争”，“表现出上海工人阶级的伟大势力、伟大的团结力量”，“是真正反抗恶势力为一切民众争自由的先锋队”。① 中共中央号召全上海的工人，集中战斗力于上海总工会的指导之下，充分准备武装，领导其他市民坚决奋斗，根本消灭孙传芳的暴政，建立民主政权。

尽管第二次武装起义未能取得成功，但相对于第一次武装起义，仍取得了重大进展。第一次武装起义尚未具备真正的起义性质，而此次起义则是一场真正的武装行动。在整个总同盟从罢工到武装起义的过程中，中国共产党始终掌握了主动权和

---

① 《中国共产党为上海总同盟罢工告上海全体工友书》，中共上海党史资料征集委员会主编：《上海工人三次武装起义研究》，知识出版社1987年版，第146—147页。

领导权。

革命委员会虽因起义失败而未正式行使职权，但上海区委书记罗亦农以共产党名义加入，公开在政权中“占得委员一席为全国从来未有之创举”。上海总工会代理委员长汪寿华以上海总工会名义加入，代表工会参政，也是全国前所未有的创举。

## （三）上海工人第三次武装起义

随着北伐军的步步逼近，上海地区的局势越发紧张。在此背景下，中共中央、上海区委以及上海总工会决定加快准备第三次武装起义。为确保起义的成功，特地组成了特别委员会，成员包括陈独秀、周恩来、罗亦农、赵世炎和汪寿华等，作为上海工人第三次武装起义的决策和指挥机关，以期实现夺取政权的目标。

中共特委作出决定，上海市委和总工会开始着力强化工会组织工作。截至2月，上海市工会会员人数已经大幅增加至289180人，而工人纠察队也已扩充至5000人。在3月7日，区委主席团经过慎重考虑，决定对上海总工会领导机构进行调整。此次调整增设了经济斗争部、交际部、纠察部，与原有的秘书、组织、宣传三部共计六个部门。

3月8日，上海总工会执行委员会选举汪寿华为委员长，杨培生为副委员长。同时，还任命了部门负责人：李泊之为组织部部长，赵子敬为宣传部部长，龙大道为经济斗争部部长，顾顺章为纠察部部长，郭景仁为交际部部长，赵并欢为秘书长。

3月15日，罗亦农代表上海区委主席团在全区活动分子大会上发表报告。他强调，工会运动是我们党当前最重要的工作，必须把握时机，在所有工人中进行广泛宣传，积极建立工会组织。同时，他要求资本家承认工人的权利，提出缩短工时、增加工资、改善待遇等合理要求。

3 月 16 日，上海总工会召开工人代表大会，300 余人出席，当场表决 60 万工人罢工援助北伐军。各级工会做好在总工会下令后，六小时内实现总罢工的准备。

正当工人起义的准备工作逐渐完善起来的时候，白崇禧的东路北伐军先头部队抵达上海近郊新龙华。北伐大军兵临城下，城内本已空虚的军阀统治势力成了惊弓之鸟，上海工人第三次武装起义的时机已到。根据中共特委的决定，3 月 21 日 10 时，上海总工会发出全市总同盟罢工的命令，决定中午 12 时，领导 80 万名工人协同各界市民罢工、罢市、罢课，并随即开始武装起义。按预定计划，全市分为 7 个地区，罢工工人在武装纠察队的带领下，各向指定地区集合，分头攻占了警察署、警察所、巡逻队等反动机关和电话局等要害部门，各区起义工人大多没有遇到顽强的抵抗，在几小时内就迫使反动军警缴械投降，顺利完成了任务。只有攻占东方图书馆的军事据点和歼灭天通庵敌人增援部队的战斗颇为激烈，特别是与北火车站负隅顽抗的敌军激战至 22 日晚 6 时，才最后结束战斗。至此，上海工人第三次武装起义推翻了北洋军阀在上海的统治，取得了胜利。

3 月 22 日，上海市民大会在南市新舞台召开，通过了工人阶级政治经济总要求 22 条，选举产生了上海特别市临时委员会，准备于 3 月 29 日建立上海临时政府。上海工人第三次武装起义的胜利，把上海工会运动的发展推向了新的高潮。3 月 24 日，长期遭到军阀封闭，处在非法地位的上海总工会宣布公开办公。3 月 27 日，上海总工会召开全市工人代表大会，选举了新的执行委员，汪寿华正式被选为委员长。会议通过了整顿工会组织的决议。会后，经过整顿，全市共成立 16 个产业总工会和 8 个地区工会联合会。到 3 月底，向总工会登记的工会组织达 502 个，会员人数猛增到 82 万人。同时，工人纠察队经过整顿，充实了武器装备，建成了一支精干的共 2700 多人的武装纠察队，于 4 月 6 日举行了隆重的授旗典礼。

起义胜利后，上海工人阶级在总工会的领导下，从 3 月 24 日开始复工。随后，各业工人纷纷向资本家提出改善生活待遇的要求，各业厂主、店东除少数顽固分子外，大都或多或少地应允了工人的要求。工人的工资增加了，工作时间缩短了，劳动条件改善了，政治地位空前提高了。如丝织业工人的工资增加了三成，每日劳动时间由原来的 14. 5 个小时减少到 11. 5 个小时，假日工资照给，男女工人生病及女工生育都能得到津贴等。

上海工人第三次武装起义的胜利是大革命时期中国工人运动的一次壮举，是大革命高潮和工人运动发展的顶峰，为在中国开展城市武装斗争做了大胆的尝试。起义胜利不久，以蒋介石为首的国民党右派就在上海发动了反革命政变，轰轰烈烈的大革命和工人运动遭到破坏而走向失败。

## 五、大革命失败工人运动遭受重大挫折与党的五大决议出台

### （一）蒋介石集团发动四一二反革命政变和华东华南等地工会遭受的摧残

1927 年 3 月，羽翼已丰的蒋介石决心背叛革命。3 月 6 日，蒋介石指使国民党新编第一师党代表倪弼杀害了江西省总工会执行委员、赣州总工会委员长、共产党员陈赞贤，制造了赣州惨案，并在江西吉安、上饶、萍乡等 10 余个县制造了多起残害工农的惨案。3 月 16 日，蒋介石又指使流氓捣毁了拥护三大政策的国民党九江市党部和九江总工会，杀害总工会干部 1 人、工人纠察队队长 1 人，打死 20 多人。3 月 23 日，蒋介石又指使其特务处处长杨虎纠集流氓捣毁国民党安徽省党部、安庆市党部和安徽省总工会

等革命团体，打伤多人。

为了镇压上海总工会和上海工人纠察队，蒋介石指使其爪牙、兵痞流氓董福开等，于4月4日和5日组织了上海工界联合总会和中华共进会，作为反革命打手和急先锋。

4月12日，蒋介石突然在上海发动四一二反革命政变。12日清晨，由数十名臂缠白布黑工字的流氓，向纠察队攻击。各处纠察队驻扎地，如闸北湖州会馆、商务印书馆俱乐部总指挥处、江湾路、华商电车公司等处，都发生类似的变乱行动。工人纠察队为保持地方安宁，只采取防守式进攻，以图保持工人与革命军的联合战线。不料反动军队早已奉有命令，于流氓进攻时，分派军队将纠察队四面包围，协同进攻。其首先由军队收缴流氓武装，并佯示推诚合作，使纠察队不疑，并且竭诚欢迎，反动派得以安然进驻纠察队驻扎所。次乃以司令部邀请代表商议善后为名，将各处负责人骗至司令部软禁。再则令纠察队架枪休息，纠察队中其奸计，以致各区枪械即时全被反动军队抢去。缴械后各区纠察队多被驱逐。

4月13日上午，上海总工会在闸北青云路召集市民大会，到会者近20万人，多为各区罢工工人。散会后工人整队游行示威，并至司令部请愿，沿途由纠察队维持秩序。不料大队行至宝山路第二师司令部时，守门兵士毫无警告，即以预先架好的机关枪向群众扫射，顿时秩序大乱，呼号震天，群众向后溃退，又被宝山路、宝通路各处预伏的兵士开枪射击，以致宝山路一带尸首遍地，血流成河。

同一天，上海工界联合总会擅自宣布解散上海总工会。4月14日，国民党反动派成立上海清共委员会，对上海工人运动进行了残酷的镇压。据统计，从4月12日至6月初，近200名上海工人被杀害，1200人被捕，5000余人失业。在严峻的白色恐怖之下，上海总工会、各区工联以及各产业总工会的领导机关不得不转入地下活动。两个月后，上海总工会领导下的工会会员数量从82万人急剧减少至28万人。

在上海四一二反革命政变前夕，浙江的国民党右派率先行动起来。4月8日，当蒋介石对上海的反革命政变一切布置准备就绪以后，便向“已克复各省”，下达“一致实行清党”的命令。4月9日，国民党右派首先在宁波开始“清党”，袭击和捣毁了宁波总工会。4月11日，国民党反动派在杭州实行“清党”，查封了市党部和杭州总工会等机关，大肆捕杀工人领袖，浙江省党部工人部部长、共产党员韩宝华等人被捕牺牲。据不完全统计，从政变开始到7月中旬，在浙江省仅杭州、宁波两地被捕者就有400余人，其中牺牲117人，浙江省各地革命工会全部被封闭和解散。

4月6日，蒋介石将北伐第二军、第六军调往江北，将其嫡系部队第一军调来南京。4月9日，国民党左派领导的江苏省党部、南京市党部和南京总工会，被国民党右派雇用的流氓打手捣毁封闭，省市党部和总工会负责人及工作人员20余人被捕，南京工人纠察队亦被解散。四一二反革命政变后，国民党反动派进一步在江苏全省各地进行“清党”，捕杀共产党人和革命工人。4月12日，国民党右派在苏州的驻军，捣毁了苏州市党部，封闭了苏州总工会。4月14日，反动军队又捣毁了无锡总工会，总工会委员长、共产党员秦起等30余人被捕，当夜秦起被秘密杀害。

国民革命军总司令部参谋长李济深在广州发动四一五惨案。他下令派遣大批反动军队，对全国总工会广州办事处、省港罢工委员会、广州工人代表会及其下属各工会、全国铁路总工会广州办事处、香港总工会等革命群众团体进行搜查和封闭。同时，李济深部还收缴了省港罢工工人纠察队的武器，并大肆逮捕、杀害共产党员和工人积极分子及其他革命群众。在四一五惨案中，共有2300余人被杀，2000余名铁路工人被驱逐。著名共产党人和工人领袖邓培、李森、刘尔崧、李亦愚、何耀全等均被杀害。

在四一二反革命政变前后，安庆、芜湖、厦门、福州、汕头、梧州、北海等地，也都发生了封闭革命工会、屠杀共产党人和革命工人的事件。

根据统计数据，在蒋介石反革命集团发动四一二反革命政变前后三四个月内，全国共产党员、工农群众和革命学生被杀害者达 12 万余人。上海和华东、华南等地区的工人运动也受到了严重的打压，由高潮转入低潮。

### （二）党的五大关于工人运动的决议

蒋介石发动反革命政变后，革命到了生死存亡的紧急关头。中国共产党于 1927 年 4 月 27 日至 5 月 9 日在武汉召开第五次全国代表大会，确定紧急时期的任务和策略。党的五大提出争取无产阶级对革命的领导权，建立革命民主政权和实行土地革命的一些正确原则，但对无产阶级如何争取革命领导权，特别是如何建立党领导的革命武装等问题，没有提出有效的具体措施，难以承担起挽救革命的任务。大会通过了《职工运动议决案》，由于认定整个资产阶级已经叛变，要使中国革命“向非资本主义前途发展”。决议总结了两年来工人运动的发展，分析了目前的形势，制定了工人运动的新方针，并对经济斗争、组织问题、失业问题、童工与女工问题、宣传与教育工作、工人纠察队与武装、工农关系、与各国工会建立亲密的关系、党与工会的关系等方面作出了规定。

关于工人运动新的工作方针，决议提出：第一，要极力从政治上、经济上向资产阶级勇猛进攻，直到没收一切银行、矿山、铁路、轮船、大企业、大工厂，收归国有；第二，要求工人参加国有产业的生产管理，监督生产，使国有产业能向非资本主义的路线发展，不致官僚化；第三，要求政府实行高度劳工政策，颁布劳工保护法、工厂法，规定 8 小时工作制，最低限度工资等，使工人生活水平线能随时提高；第四，要求实施社会保险，救济失业工人，建立工人宿舍、公共食堂等；第五，要求设立国家商店，公卖一切日需品（食粮、燃料等），发展合作社等组织；第六，各地总工会应该随时提出工人行动的总纲，作为工人阶级奋斗的目标；第七，发展全国一致的政治的经济的斗争，各全国产业总工会应即提出总的经济要求。①

关于工会组织问题，决议把强固全国总工会，强固并建立各产业总工会，作为首要的任务。提出在行会主义色彩浓重的地方，要限制手工工厂主、店东、包头等加入工会，同行会主义作斗争；在工厂中，要组织强固的工厂委员会；决议把国民党新军阀控制的工会确定为黄色工会，提出要开展这些工会中的群众工作；按职业和习惯规范手工业工人、店员的组织；铁路、海员、矿山、重工业的工运，都要极力加强。决议认为目前工人领袖官僚化的问题严重，应当切实实行“工会民主化”。②

关于经济斗争问题，决议提出在南京政府统治区内，应该极力提高工人的经济要求，尽量发展经济斗争；在北洋军阀统治区，在宣传上提出总的经济要求以吸引群众，并在可能时举行大的斗争，以增强工人的团结；在武汉，一方面提高工人的经济要求，继续斗争，另一方面要求政府限制物价，或设立国家商店，公卖一切日需品，反对限制工人的斗争。③

决议对工人纠察队极为重视，认为它是保障工人、农民、小资产阶级民主政权的武装之一，只要有工会，不论是秘密的或公开的，都应有这样的组织，应当组织工人到军队中，促使军队的

① 《职工运动议决案》，中央档案馆编：《中共中央文件选集》第3册，中共中央党校出版社1989年版，第74—75页。

② 《职工运动议决案》，中央档案馆编：《中共中央文件选集》第3册，中共中央党校出版社1989年版，第78—80页。

③ 《职工运动议决案》，中央档案馆编：《中共中央文件选集》第3册，中共中央党校出版社1989年版，第75—76页。

革命化并建立真正的革命军队。①

决议还谈到了党与工会的关系问题，认为工会的斗争应当完全在党的指导之下，同时不能使工会丧失了独立的性质。第一，应该是党的支部在群众中起作用，使群众完全受党的影响；第二，在工会的机关中，应该有党团的组织，使党的意志去影响工会的一切工作。这样自然可使工会的机关和群众，都完全在党的指导之下。同时，党在每个时期的政策（如宣言、主张等）应尽可能公开在工会中讨论，增加群众对党的认识。②

中共五大关于工人运动的决议对下一阶段工人运动的发展，在思想上、理论上，具有一定影响。但值得注意的是，该决议包含若干“左”的规定，脱离实际，并不能解决问题，也并没有真正贯彻下去。

### （三）在革命危急关头召开的第四次全国劳动大会

四一二反革命政变后，武汉国民政府辖区内的工人运动，包括湖南、湖北、江西以及河南部分地区的工人运动依然有所发展。1927 年 6 月，全国总工会发表了《第四次全国劳动大会宣言》强调，中国的革命运动转入了一个新的时期，工人阶级在国民革命中的任务和责任已更加重要，并且愈趋急迫。

此时，武汉革命政府处于内外交困的境地，一方面帝国主义多次向武汉国民政府发出“通牒”，要求镇压“工潮”，另一方面，湖北等地商品缺乏，物价飞涨，工人大量失业，生活异常困难，并且还发生屠杀工农领袖及群众，压迫工农组织，制止工人运动等事件。因此，有很多问题摆在全国总工会面前，如：应该

---

① 《职工运动议决案》，中央档案馆编：《中共中央文件选集》第 3 册，中共中央党校出版社 1989 年版，第 83 页。

② 《职工运动议决案》，中央档案馆编：《中共中央文件选集》第 3 册，中共中央党校出版社 1989 年版，第 84—85 页。

如何帮助农民，打倒土豪劣绅，铲除乡村封建势力，解决土地问题，建立乡村民主政权，扩大并巩固革命的基础；应该如何领导全国革命民众，建立工、农、小有产者的革命同盟，向反革命的势力进攻，同时督促政府肃清一切反革命派；应该如何与全世界无产阶级建立亲密且坚固的关系等。为了解决以上问题，全国总工会决定召开第四次全国劳动大会。

1927 年 6 月 19 日至 28 日，第四次全国劳动大会在汉口顺利召开。此次大会会聚了 420 名代表，他们代表着全国 280 万名有组织的工人。大会由苏兆征主持，李立三致开幕词并作了政治报告，刘少奇提交了《全国总工会会务报告》。经过选举，产生了 35 名执行委员和 20 名候补执行委员，他们共同组成了新的全国总工会执行委员会，苏兆征担任委员长，李立三担任秘书长。大会还通过了《国民革命的前途和工会的任务》，以及包括组织问题、经济斗争、反对法西斯主义及对法西斯工会斗争、女工童工等在内的 13 个决议案。这次大会不仅是一次重要的工人运动集会，更是一次推动中国工人运动向前发展的历史性会议。

中共中央在致第四次全国劳动大会的信中，肯定了工人阶级力量的壮大，但也指出，革命越发展，帝国主义越惊恐发狂，教唆其走狗的范围越扩大——不独旧军阀受其教唆，就连曾经投机混入革命的新军阀，及一切游疑中立分子，亦受其教唆，转过头来，戴着革命的假面具，向工人阶级毫无顾忌地进攻。

中共中央认为，今后不但要集中工人阶级自己的势力，而且要领导农民阶级和小资产阶级，以结成工、农、小资产阶级的革命联盟，向共同的敌人作战。因为农民阶级、小资产阶级和工人阶级同样受到帝国主义、新旧军阀及大资产阶级的压迫，这三个阶级都是中国革命的势力。所以此次大会的中心口号应该是“工农小资产阶级的革命联盟”。

大会回顾了第三次全国劳动大会以来全国总工会的工作，执行委员会共35人，召开过4次会议，议案60余件，在政治上发表了许多主张。比如当北伐时，一部分人想假借北伐，限制工人的自由，要求工人牺牲自己的利益，要求停止一切罢工的行动。全国总工会发表宣言，不仅反对因北伐而牺牲工人的利益，并且要求在北伐中使工人获得更多的利益，同时还宣布全国工人要参加并支持北伐。宣言发表后，各方面的舆论为之一变，工人全力支持这个宣言的主张。因此，在这个期间工人没有牺牲自己的一点利益。可以说，这是全国总工会的一大功绩。

根据中共中央的指示精神，大会指出当前工人阶级的任务有两方面：第一，向帝国主义、军阀、买办、大资产阶级进行猛烈的攻击，粉碎反革命的封锁，铲除工商业发展的障碍；第二，巩固自己的组织，壮大自己的力量，纠正过去非组织的行动。对于手工业工人、店员的经济要求，应当照顾小资产阶级经济条件的可能性；只有这样，才能进一步巩固工、农、小资产阶级的革命联盟，加强工人阶级革命的领导作用。

值得注意的是，鉴于当时革命局势的紧迫性，大会特别提出了《反对法西斯主义及对法西斯工会斗争决议案》，明确反对蒋介石的反革命势力，以及各地利用青、洪帮会匪等组织的法西斯工会，认为只有消灭一切新旧军阀，实行大工业、银行的国有化，把地主的土地分配给农民，建立农村的民主政权，与城市小资产阶级密切联系，彻底实现中国的伟大革命，中国工人阶级才能获得自由与发展。

另外，大会反映了共产国际对中国工人运动的影响。共产国际执委会第七次全会制定了中国走非资本主义发展道路即社会主义发展道路的战略方针。为实现这一目标，必须夺取无产阶级领导权、开展土地革命及建立无产阶级和农民的专政。大会的多项决议均体现了这一战略方针。例如，《政治报告决议案》指出，目前有不少人希望中国革命是资本主义的胜利，这实际上是帝国主义的胜利，帝国主义将以资本输出来控制中国的经济。必须对这种倾向坚决斗争。中国革命必须以工、农、小资产阶级联盟的力量，消灭一切反动派，建立工、农、小资产阶级的民主专政，然后将一切帝国主义手中的企业，及关系国计民生的重要企业收归国有。这样才能彻底完成国民革命，国民革命才能走向非资本主义的前途。

第四次全国劳动大会旗帜鲜明地反对军阀和法西斯工会对工人运动的压迫，也指明了工农小资产阶级联盟的发展前景，对既有工人运动经验做了很好的总结，同时也对革命危机作出了正确的应对，让工人找到了新的奋斗方向。

### （四）汪精卫发动七一五反革命政变，两湖等省工运遭受摧残

在汪精卫的包庇和纵容下，两湖地区接连出现压迫工农运动的反革命事件。1927 年 5 月 17 日，国民革命军独立第十四师师长夏斗寅在宜昌发动叛变。夏公开发动叛乱，并联合四川军阀杨森的部队，准备攻打武汉。叶挺受命为前敌总指挥，恽代英为师党代表，率第二十四师七十二、七十五两个团及中央独立师第一团击溃夏斗寅叛军。武汉政府转危为安，但由于汪精卫的妥协庇护，夏斗寅残部未遭继续追歼。

继夏斗寅叛变之后，1927 年 5 月 21 日，许克祥又在长沙发动了马日事变。驻长沙国民革命军第三十五军第三十三团团长许克祥所部于 19 日晚向工人纠察队挑衅，乘机收缴了工人枪支；20 日许军占领了邮电局；21 日晚 11 时左右，叛军分头袭击省工会，省农会，国民党省、市党部，省党校，省特别法庭等 20 余处革命机关，解除全部工人纠察队和农民自卫军的武装，并枪杀 100 余名共产党员和革命群众。事变发生后，汪精卫等却指责马日事变是共产党没有及早制止工农运动“过火”行为造成的，为许克祥的叛变行为寻找借口。至 6 月 10 日，湖

南全省二三十个县中有 1 万多人被杀，工会组织和革命团体被摧残殆尽。

蒋介石公开叛变革命后，中共中央不仅不反对汪精卫集团压制工农运动的训令，反而跟在汪精卫后面一味指责工农运动“幼稚”“过火”，帮助武汉国民政府压制工农运动。5 月 25 日，中共中央政治局会议通过了《工人政治行动议决案》。该案规定武汉工人武装纠察队的大队调动必须得到国民党武汉卫戍司令部的同意，“工会无政府命令不得拘捕非工人”。1927 年 5 月以后，武汉工人基本上停止了罢工斗争。

6 月 28 日，陈独秀在汉口鲍罗廷住宅召开中央政治局紧急会议，讨论应付时局办法。与会大多数中央委员认为，工人纠察队及童子团问题已到了非解决不可的时候，除自动解散工人纠察队外别无良策。于是，会议决定“公开宣布解散纠察队，实际编入张发奎的十一军”，解散湖北省劳动童子团。同日，湖北全省总工会发出《湖北全省总工会解散纠察队的布告》《湖北全省总工会致国民政府军事委员会的信》《湖北全省总工会致管理武汉卫戍事宜汉口办事处的信》，宣布为避免反动派造谣起见，于 28 日将纠察队全体解散，所有枪弹即刻交存管理武汉卫戍事宜汉口办事处。

7 月 15 日，汪精卫集团公开叛变革命。国民党中央执行委员会常务委员会举行第二次扩大会议。会上，汪精卫宣读共产国际“五月指示”电报译文后，即就电报内容发表反对共产党和革命群众运动的长篇讲话。在汪精卫的控制下，大会通过了“分共”三项决议案，彻底背叛了孙中山制定的国共合作政策和反帝反封建革命纲领。随后，汪精卫集团封闭了全国总工会、湖北全省总工会，封禁《工人导报》，通缉工会领袖，强令湖北省内的人民团体一律停止活动。当时，仅武汉被解散的工会就有 84 处，会员有 20 多万人。

马日事变发生以后，武汉国民党逐渐加大对农工运动的限制力度。七一五反革命政变以后，武汉国民党中央虽然在名义上仍训令保护农工，但其实质已发生改变。在工人运动方面，强调“严密党与工会的关系，党对于工人团体必须密切地联系”，“严密工会特别党部的组织”，“加紧工会里党团的组织”，“使有力量的党员在工会活动”，着力加强党对工会的监督与控制。农民运动方面虽令各省宣传二五减租，但着意于整顿纠正“以往之错误”，“农民协会及其分子之行动……应绝对服从党与政府之指导，倘有逾越正轨，及私擅逮捕监禁情事”，“当执行革命纪律，以绳其后，决不稍予宽贷”。

据统计，在七一五反革命政变前后，从 1927 年 5 月中旬到 11 月，全国被杀害的共产党员和工农群众达 16. 8 万余人。

# 第四编

# 土地革命战争时期工人运动在曲折中行进（1927—1937）

# 第八章

# 白区工人运动的曲折探索

中国革命形势在大革命失败后发生了深刻的变化，实现了名义上统一的国民党政府对工人运动采取了血腥镇压，导致工人运动严重削弱，并且国民党政府开始通过制定系列法律法规和改组工会等行动来压制工人运动。在这种形势下，白区的工人运动方针政策需要适时调整，以适应中国共产党的革命道路。然而，受三次“左”倾错误路线的影响，党在白区工人运动的正确策略思想的形成经历了曲折的探索，并付出了惨重的代价。

## 一、20世纪二三十年代白区工人的劳动生活状况

### （一）工人的劳动时间

工人劳动时间长是当时社会的普遍问题，尽管各种社会运动和国民党的《工厂法》中已明确提出八小时工作制，但实际上工人的工作时间远超于此。

第一，制造业工厂劳动中普遍存在工作时间长的问题。1928年、1929年上海社会局发表的分行业工作时间统计显示，工作时间最长的首先是缫丝、棉纺及棉织等业的男工、女工和童工，以及面粉业的男工和造纸业的男工及女工，平均每日在11小时到12小时。其次是丝织业男工、女工，针织业和烟草业的男工以及

印刷业的童工，平均每日工作时间在 10 小时到 11 小时。对于全国工人的劳动时间，1930 年《第二次中国劳动年鉴》列出的 9 省 29 个城市各业工人工作时间表显示，上海平均每日工作时间最多为 12 小时，最少为 8 小时，中位数为 11 小时；上海平均每年放假日数最少为 7 天，中位数为 33 天。其中普通（中位数）工作时间最长的是南昌，为每日 14 小时。平均每年放假日数多少不等，多的可达 69 天，少的则不到 10 天，甚至最少为 3 天，其中杭州的统计数据显示平均每年放假天数最少为 3 天。

第二，由于预备工作和轮换工作的需要，实际工时超过名义工时。这种情况在矿业尤其明显，对于矿业工人的工作时间来说，各矿山虽有相当的规定，但工人们实际的活动时间要远超出规定的时间，尤其是地下工人的工作，实际活动要超过规定时间 1 小时或 2 小时，《劳工月刊》曾有一部分对实地调查的陈述："外工之工作时间，是依三八制计算的，每一日夜分作三班，每班工作八小时。但事实上外工在下井之前和上井之后，因其他手续之牵制，每班所需的时间，总计须在十小时左右……名义上虽是八小时工作，而实际上却得花费十小时的时间。且外工因工资微薄之故，平均每两天须做三班，方能生活，甚至有因家庭负担过重，而每次下井做连班两班者，这样每个工人每日的工作时间便在 12—16 小时了，童工的工作时间和成年工人相同。"从这段描述中，可以看出当时矿工实际的工作时间远超出 8 小时。对于煤矿工人每年劳动的日数，据 1934 年记载，中国煤矿工人每年劳动的日数平均在 340 日。

第三，交通运输等行业同样存在工作时间长的情况。对于汽车司机的劳动时间，上海汽车司机业工会曾改良工作时间制，为此通告全市会员，将工作时间改为 12 小时制。对于铁路工人的工作时间，因业务不同，长短各异，通常是每日 10 小时，短的每日工作 8 小时，长的为 12 小时，甚至延长至 18 小时。其中值得注意的是，邮务业的工作时间以每日 8 小时为原则，并不因特种关系或业务上之需要超过或少于 8 小时。

第四，手工业工人的劳动时间，据 1929 年南开大学经济学院所调查的地毯、针织及织布 3 种工业中每日工作时间，平均为 11.1 小时。店员工作时间，在天津两大商场的调查显示，绸缎布匹店雇用的卖货女子每日工作时间自早上 9 时起到中夜 12 时或 1 时止，共计 15—16 小时，终日在灯光下生活。

第五，工厂等生产组织还采取各种方式延长劳动时间和提高劳动强度，比如上海申新四厂规定："一年请假不能超过 30 天，超过则要计大过一次，重则开除，甚至追回养成期间的膳宿费。少请假、少停工者，则大有奖励，如：（1）在一年之内，停工未超过 10 天者，年赏 7 天工，红利 38 天，停工未超过 15 天者，年赏 7 天工，红利 34 天……"①

### （二）工人的劳动条件和劳动保护

工厂工人劳动条件恶劣，当时在各类工厂中的相关调查显示了具体情况，包括织绸厂、纱厂、玻璃厂、橡胶厂、烟草公司、矿业等。对于劳动条件，缫丝工业的调查显示"丝车间车声震荡，煮茧盆中，热气沸腾，间内空气，较外间空气加热四十度。年幼的女工终日将双手泡在热水之中，皮破血流"。在纺织工厂中，"灰尘与原棉之纤维，亦时飞散空中，有时温度过高，灰尘四处飞扬，殊为不合卫生"。在烟草工厂中，"不问冬夏，都是四窗紧闭，因此，烟气弥漫全室。脑子都被熏得麻醉，衣服被汗染湿"。工人诉苦认为"此等状况，实不异于身囚牢狱"。矿厂的劳动条件比工厂还要恶劣。采煤工人工作的地方非常狭窄，"矿工

---

① 刘明逵、唐玉良主编：《中国近代工人阶级和工人运动》第 7 册，中共中央党校出版社 2002 年版，第 350—453 页。

操作，困苦莫如，首戴一灯，手足并进，颈不能伸，臂不能直，佝偻而行，从事深掘”。工作面上空气流通很差，气温高至 83 华氏度，“夹杂着煤气、水汽、硫磺气和种种重浊的臭气”。矿工们不仅从事极艰苦的劳动，而且随时都可能遭遇水患岩崩、瓦斯爆炸等灾难性事故。①

同时，工厂和政府采取的劳动保护措施则非常有限。1932 年，国民政府实业部曾派员分赴各地调查劳动保护状况，实际了解各类劳动保护情况，主要涉及是否有清洁设备，是否有医室、医药设备等。在上海调查了 238 家工厂中关于清洁的设备，发现设有浴室、浴盆或浴池的有华兴制帽等 106 家企业，占比不到一半。洗手处虽多有设置，但多是由工人自备用具。最简陋者有少数工厂连厕所也比较缺乏。其中设有医室的工厂共有 28 家，委托医院治疗的有 225 家，有 11 家工厂既没有自设医院，也没有委托医院。每年举行预防注射的有 180 家工厂，没有预防注射的有 58 家工厂。在青岛，共调查了 35 家工厂，有 11 家工厂全无任何劳动保护设备，有 24 家工厂没有浴室等。在北平，调查了 10 家工厂，关于工厂清洁卫生的设备，除一家工厂外，都有设置洗手处；仅有一家有浴室。关于医药设备的情况，自设医院的有一家工厂，委托医院治疗的有 4 家工厂。② 以上调查可以看到当时各工厂劳动保护水平还比较低，在设立清洁设备，设立医室和委托医院等方面虽已经有了进展，但覆盖面还不广，也存在完全没有此类劳动保护设施的工厂。

---

① 中国社会科学院近代史研究所刘明逵编：《中国工人阶级历史状况》第 1 卷第 1 册，中共中央党校出版社 1985 年版，第 241—247、256—259、267—292、301—310 页。

② 刘明逵、唐玉良主编：《中国近代工人阶级和工人运动》第 7 册，中共中央党校出版社 2002 年版，第 483—485 页。

### （三）产业工人的工资状况

对于20世纪30年代初各行业的工资水平，高低差异非常大，且中位数工资水平偏低，女工工资更是明显低于男工工资。1930年国民党工商部调查的全国29个城市劳动者的平均工资和各业各地劳动者工资表显示，在上海，男工最高工资为50元，最低工资为8元，普通工资（中位数）为15.28元；女工最高工资为24元，最低工资为7元，普通工资（中位数）为12.5元；童工最高工资为21元，最低工资为5元，普通工资（中位数）为8.7元。资料显示，不论男工、女工还是童工，上海的最高工资都高于其他地区。在1933年的国内分行业工人工资统计表中，以机器制造业（男工最高80元）、金属制钉业（男工最高70元）、动力电气业（男工最高99元）、印刷业（男工最高80元）中的最高工资水平最突出。而同样是男工工资，最低工资则低至1.5元，其中制皮业、石业、成衣业、漂染业、面粉业男工最低工资都是1.5元，制革业、瓷器业、制帽业、棉织业、染织业、毛巾业、印刷业、编席业、柳器业、农作业的男工最低工资都为2.0元。同样的行业，女工工资要远低于男工工资，童工工资更低。在1930年《第二次中国劳动年鉴》中，关于各地各业女工与男工比例的统计情况，其中上海女工占男工工资百分比，在最高工资中为48%，最低工资中为87.5%，普通（中位数）水平为82.2%。

工人实际工资收入本就不高，而物价的高涨进一步降低了工人生活水平，据《中国煤矿工人运动史》记载，1928年至1929年开滦等30多个煤矿，工人平均工资每天是4角7分，到了1933年，物价已经上涨了数倍，而煤矿工人的平均工资每天仍是4角

7 分。[1] 此外，1933—1934 年间南京等 12 个城市货币紊乱也影响工人工资收入。

与生活恶化并存的还有工人的失业问题，失业是世界各资本主义国家的严重问题，《中国职工运动状况（1929—1930 年）》中指出，海员的失业人数经常在 10 万人以上，矿山有 70%以上的失业工人，铁路工人的失业数目因军阀混战而增加，烟厂工人在经济危机中 90%失业。纱厂丝厂同样在生产合理化中开除了几万男女工人。其他工业工人的失业数更大，大略估计占在业工人总数的 60%，全国产业工人、手工业工人、店员工人，直接间接受失业影响者总计在几千万人。[2] 这庞大的失业队伍，当时是没有救济措施的，而且失业数量还会因经济恶化而增加。同时农村破产也在加剧，破产农民跑到城市，使得劳动后备军更加庞大，在业的工人也处在失业恐慌中，缺乏生活安定感。

## 二、国民党对工人运动的镇压和工人阶级的英勇反抗

### （一）国民党残酷镇压工人运动

大革命失败后，国民党对工人运动进行了残酷镇压和严密控制，工人群众的政治经济权利被剥夺殆尽，革命工会处境异常艰难，工人运动转入低潮。四一二反革命政变之后，革命工会的领导骨干和积极分子大批被拘捕和杀害，从 1927 年 3 月至 1928 年上半年，被杀害的共产党员和革命群众达 31 万多人。全国总工会及其所属省、市、县各级地方总工会和产业工会的领导机关全部

---

① 刘明逵、唐玉良主编：《中国近代工人阶级和工人运动》第 7 册，中共中央党校出版社 2002 年版，第 544—545、624、646 页。

② 刘明逵、唐玉良主编：《中国近代工人阶级和工人运动》第 7 册，中共中央党校出版社 2002 年版，第 652 页。

遭到封闭，大批革命工会的基层组织被强行解散或改组。同时，国民党组织御用工会控制和破坏工人运动。与此同时，各地国民党当局都严禁工人罢工、怠工、集会、游行，经常实行军事戒严，并在许多重要工矿企业驻扎军队，在工人中实行“联保制”，以防范、镇压工人的反抗。①

大革命失败后，国民党对工人运动镇压和控制的手段主要有以下几个方面。

第一，拘捕和杀害领导革命工会的骨干和积极分子。蒋介石、汪精卫“清党”政策对共产党和工人领袖采取斩尽杀绝的政策，到处搜捕屠杀共产党员和革命群众，扬言“宁可错杀千人，也不使一人漏网”。在武汉，仅 1927 年 12 月到 1928 年 1 月，被杀害的就有千余人。各地反动派都派出大批军警密探，疯狂屠杀工会的领导骨干和积极分子，企图通过这种方法从根本上扼制工人革命力量。据统计，从大革命失败到当年底，上海被杀害的共产党员和革命工人共计 2000 人，被逮捕、监禁和失业的已达万人。同一时期，广州被杀的共产党人、工运积极分子及革命群众共计 8000 余人。第四次全国劳动大会选举的全国总工会执行委员多数被敌人拘捕杀害。② 在江西，根据 1927 年 8 月 11 日《世界日报》报道，张发奎在江西驱逐共产党，有相关党部主席、总工会执行委员长和其他各地劳动组织领导者 70 余人被捕。在广西，国民党广西政府严厉镇压工会活动，南宁党组织遭受多次破坏，其在职工运动方面的工作宣告停顿，11 月团的市委全体被捕，党与团在

① 李玉赋主编：《新编中国工人运动史》上卷，中国工人出版社 2020 年版，第 135—136 页。

② 刘明逵、唐玉良主编：《中国工人运动史》第 4 卷，广东人民出版社 1998 年版，第 4 页。

南宁受到了重大打击，无法活动。[1] 另外，《中华全国总工会关于最近中国工运报告》(1928 年 10 月 21 日) 记载，据统计，1928 年 1 月到 8 月被屠杀的工农不下十万人，其中有 27699 人经过正式宣布罪状执行死刑，有 17200 人拘系于狱中。为了断绝工人同共产党和革命工会的联系，反动派在工厂中实行连坐法，也就是发现工人与革命工会有关系时，对于他附近的五个乃至十个工人实行连坐制，“轻则开除，重则拘系、屠杀”。[2]

第二，用武力解散革命工会。大革命失败后，全国总工会及其所属省、市、县各级地方总工会和产业工会的领导机关，均被国民党占领、封闭。大批革命工会的基层组织被强行解散或改组。《民国史料丛刊：十七年各地工会调查报告》附录中显示，各地大量工会组织被解散。1927 年 6 月，湖北全省总工会调查，“清党”后被解散工会的具体情况如表 8.1 所示。而广东省“清党”后被解散的工会有 200 个左右，包括广东酒楼茶室总工会、纸业工会、革命工人联合会、洋务工会等。除上述两大省份外，江苏、浙江、江西、福建、广西等地的革命工会也大都被国民党反动派封闭解散。广西被解散工会有 15 个，包括桂林文员工会、南宁市秤工会等。革命工会失去合法地位，已很难公开组织工人群众的斗争。

---

① 《中共广西临时省委给中央的报告（第三号）》(1929 年 4 月 22 日)，《广西革命历史文件汇集》(第 2 册)，中央档案馆、广西壮族自治区档案馆 1982 年版，第 44—45 页。

② 《中华全国总工会关于最近中国工运报告》(1928 年 10 月 21 日)，中华全国总工会中国职工运动史研究室编：《中国工会历史文献》第 2 卷，工人出版社 1958 年版，第 50 页。

**表 8.1　湖北省“清党”后被解散各总工会一览表**

| 总工会名称 | 分会数（人） | 分部数（人） | 支部数（人） | 会员数（人） |
|---|---|---|---|---|
| 武汉码头总工会 | 17 | 1 | 120 | 26718 |
| 武汉店员总工会 | 15 | — | 1089 | 33184 |
| 武汉车工总工会 | 12 | — | 98 | 26534 |
| 武汉纺织总工会 | 11 | — | 224 | 38173 |
| 武汉棉花业总工会 | 5 | — | 24 | 10000 |
| 武汉五金业总工会 | 10 | 4 | 141 | 13986 |
| 武汉燃液总工会 | 4 | — | 23 | 6728 |
| 武汉水电市政总工会 | 10 | — | 29 | 5104 |
| 武汉烟厂总工会 | 4 | — | 4 | 5080 |
| 武汉粮食总工会 | 3 | 11 | 39 | 7641 |
| 武汉木桥总工会 | 20 | — | 96 | 17300 |
| 交通类 | 8 | 13 | 88 | 11696 |
| 总计：总工会 11 | 111 | 16 | 1887 | 190448 |

资料来源：国民政府工商部编：《十七年各地工会调查报告附录》，工商部总务司编辑科 1930 年版，第 23 页。

第三，组织“工统会”等，破坏工人运动。大革命时期，中国共产党在领导工人进行反帝反封建的斗争中，在工人中深深地扎下了根。大革命时期的工会几乎都是在共产党领导下的，国民党在工人中没有群众基础。在逮捕杀害共产党工人运动领袖的同时，国民党反动派采取了建立御用工会控制工人运动的方式，企图用“以组织对组织”的手段来打击破坏共产党与工人群众的血肉联系，消灭工人革命力量。

在湖北，武汉的国民党当局曾一度成立中华全国总工会改组委员会，企图通过这个机构代替全国总工会，篡夺其对全国工人运动的领导权。在湘鄂赣三省厉行“清党”后，国民党中央工人部接收总工会，改组全国工人组织，清除共产党员。全国总工会改组委员会的组织体系是在常务委员之下，分设秘书处、组织部、宣传部等。全国总工会改组委员会成立未久，宁汉即行合作，其具体工作情形也就无从查考。①

此外，还对各种产业工会进行了“清理”，也称为“整理”。1928 年 5 月，国民党中央民众训练委员会成立，拟订了民众训练计划大纲和工会组织暂行条例，规定铁路工会、海员工会、矿业工会、邮务工会、电务工会等五种为特种工会，主要产业工会也就是特种工会的情况见表 8.2。其中数据显示，原有工人数最多的海员工会有 160000 人，国民党“清党”后，登记会员数为 21500 人②。

**表 8.2　国民党“清党”后典型产业工会整理（清理）情况简表**

单位：人

| 工会名称 | 成立日期 | 原有工人数 | 登记会员数（整理后） |
| --- | --- | --- | --- |
| 中华海员工业联合总会整理委员会 | 1928 年 8 月 10 日 | 160000 | 21500 |
| 津浦铁路工会筹备委员会 | 1928 年 8 月 10 日 | 13000 | 8865 |
| 京沪杭甬铁路工会整理委员会 | 1928 年 8 月 15 日 | 6000 | 3116 |
| 陇海路铁路工会整理委员会 | 1928 年 8 月 14 日 | 6000 | 3916 |
| 枣庄矿区工会整理委员会 | 1928 年 8 月 1 日 | 6000 | 2271 |
| 平汉铁路工会整理委员会 | 不详 | 不详 | 8754 |

① 刘明逵、唐玉良主编：《中国近代工人阶级和工人运动》第 8 册，中共中央党校出版社 2002 年版，第 26 页。

② 刘明逵、唐玉良主编：《中国近代工人阶级和工人运动》第 8 册，中共中央党校出版社 2002 年版，第 29 页。

续表

| 工会名称 | 成立日期 | 原有工人数 | 登记会员数（整理后） |
|---|---|---|---|
| 平绥铁路工会整理委员会 | 不详 | 不详 | 1150 |
| 北宁铁路工会整理委员会 | 1928 年 8 月 17 日 | 不详 | 4279 |

各地革命工会在遭到军阀政府封闭、逮捕领袖后被要求改组，如广州、汕头、上海等地工会均被政府要求改组，同时香港工会也被封闭，军阀政府指示海员公会（航海公会）出来组织工会，以压迫工人。

在上海，1927 年 4 月，成立上海工会组织统一委员会；1927 年 11 月，成立上海工人总会；1928 年 5 月，国民党中央党部成立上海工会整理委员会。① 之后通过《上海工会整理委员会组织条例》，规定了整理上海工会的原则，包括："（一）取消非工人之工会会员。（二）取消非工人或冒充工人之工会职员，此项职员，仅许现有职业之工人，方得当选，但因办理工会而失业，并经本会认可之工会，亦得当选。……（十二）在同一工厂或同一公司之下，虽有若干分厂或若干部分，仅许组织一个基本工会。该会确立整理原则后，即进而规定整理之程序……"在组织上，国民党成立"上海工会组织统一委员会"，即"工统会"，工统会的主要职责是帮助蒋介石清除共产党在工人中的力量和影响，掌握工人运动的领导权，对于他们认为与共产党有关的工会，一律封闭解散，强令所有的工会都要到工统会登记立案。工会一切活动都要通知工统会，重要会议须经工统会批准。同时借"清党"之机，用开除、逮捕、屠杀等手段迫害革命工人。

① 沈以行、姜沛南、郑庆声主编：《上海工人运动史》，辽宁人民出版社 1991 年版，第 397—407 页。

在广东，国民党反动当局利用广东总工会、机器工会和所谓“革命工人联合会”等反动团体来控制工人运动，并成立“改组委员会”，据此占据工会会所，没收工会财产，将革命工会强行改组。在国民党的各派势力中，各类工会成为扩张政治势力、争权夺利的砝码。除湖北、上海、广东外，国民党还在广西、江苏、浙江、湖南、山东、山西等地以及航运、铁路等产业中都成立了国民党控制的工会，并借此进行了许多破坏工人运动的活动。①

第四，推动限制工人权利的法规出台。国民党为了确立在全国，尤其在城市和工矿企业的统治，大肆镇压工人运动，屠杀工人领袖和积极分子。之后通过立法、司法机构，制定政策和法令、颁布条例，限制工人的政治权利，以便利用法律强制贯彻其理论和政策，保障其对工人运动的控制。1927 年 7 月 9 日，国民党南京政府成立不久即设立了劳动法规起草委员会，以马超俊为主任，着手进行劳动法规的起草工作。1928 年 6 月 9 日，公布《劳资争议处理法》。1929 年 1 月《劳动法典》完成，共七编二十一章。后续陆续制定的工会法和工厂法、团体协约法等多是以此为蓝本，其中 1929 年颁布《工会法》限定了工会的目的和成立手续等，成立工会需要集合 16 岁以上现在从事业务之产业工人 100 人以上或职业工人 50 人以上。同时《工会法》第五条指出，发起组织工会须向主管官署呈请立案。并于同年制定和修正了《工厂法》，规定了 30 人以上的工厂需要遵守的相应劳动标准。为了进一步限定工会的设立、解散、合并、分立、联合等事项，又于 1930 年 6 月颁布《工会法施行法》。② 到 1932 年底，国民政府继续制定公布劳动法律，具体有 1930 年 10 月公布的《团体协约法》，1931

① 刘明逵、唐玉良主编：《中国工人运动史》第 4 卷，广东人民出版社 1998 年版，第 10—11 页。

② 中国劳工运动史编纂委员会编：《中国劳工运动史（三）》，中国文化大学劳工研究所理事会 1984 年版，第 863—980 页。

年2月公布的《工厂检查法》等，这些法律成为控制和镇压工人运动的根据。其中对于工人的集体劳动权利进行了严格限制，按照当时法律规定，同一产业或职业工人在当地政府的许可和监督下，可以组织工会，但不得组织省市总工会和全国总工会；未经当地政府的许可和监督而组织的工会，为“非法组织”，实行取缔；工会的会议、人选及其他重要活动，均须经当地政府批准，并由当地政府派员“指导”；当地政府的主管官员可以指定工会理事；劳资纠纷必须经过调解仲裁程序等。《工厂法》还规定，省市县的主管官署有权监督工人选举工厂代表；工人不能违反厂主订立的“厂规”，违者开除；工人因政治原因斗争，以扰乱社会治安治罪等。①

国民党严厉镇压工人运动的同时，也支持资本家推翻大革命时期承诺给予工人的条件，导致工人的各项劳动条件恶化。具体表现有如下方面：一是工资减少，大革命高潮中各地工人在经济斗争中普遍增加了工资，大革命失败后，资本家纷纷取消原来订立的增加工资的条约，重新订立了大幅降低工人工资的条约。二是工时加长，大革命高潮中工人为争取八小时工作制而斗争，取得了一定成效，各地工人的工时普遍有所减少。大革命失败后，除铁路及某些国家企业仍保留着8—9小时工作制以外，其他各业都恢复到10小时以上。三是失业增多，大革命失败后工人失业的数量是巨大的，而且参加过工会成为资本家拒绝雇用工人的理由。1927年七八月间，沪西内外棉东西五厂的日本资本家以“有发动工潮嫌疑”为借口，开除了120余人。汉口市布业公会甚至公开声称“凡是搞过工会的店员，各家都要开除，一律永不录用，否则，政治责任自负”。许多工厂甚至明确规定，凡参加过工会的人，都不雇用，这种做法导致工人中有觉悟的成年工人所占比重

① 陈君聪、曹宏遂：《刘少奇工运思想研究》，工人出版社1988年版，第95页。

严重下降。四是待遇恶化，大革命高潮中工人殊死斗争争得的工作和生活条件的些许改善，如女工产前产后一个月休息、童工不做过重工作、因公受伤抚恤、吃饭、休息、工厂卫生、工人教育等都被资本家取消了。①

### （二）工人反抗白色恐怖的英勇斗争

尽管国民党不断镇压工人和取消工人的权利，但是工人阶级的斗争和反抗并未停歇，工人抗争的决心和勇气也并未消失，各地的罢工仍是接连不断。面对国民党的屠杀和资本家的进攻，工人阶级的应对和反抗手段主要体现在反对国民党对工会的改组和整理、组织罢工、领导武装起义这三个方面。

第一，组织起来反对国民党的工会改组运动。在上海，反对工统运动在1927年7月间曾开展一次，但效果不明显，没有在群众中产生多少影响，至九十月间在新的政治形势之下，共产党组织设法恢复了上海总工会组织。其间反对工统运动主要有三种形式：首先，永安、厚生两纱厂召集会议，宣传脱离工统会，后来实现了脱离；其次，在浦东，一部分工人将各工厂工统会的会址、招牌、图章，打掉劈掉；最后，自动解散工会，或消极地与工统会脱离关系（如棉织祥生及许多店员工会等）。其间反对工统运动的举行在上海工人运动中主要起到了两方面的作用：一方面揭破了工统会的面具，另一方面扩大了革命的红色的上海总工会的声望，使工人们不忘记曾经真正为他们谋利益的上海总工会。②

在广东，工人也与改组委员会展开了激烈斗争。海员工人是

---

① 刘明逵、唐玉良主编：《中国工人运动史》第4卷，广东人民出版社1998年版，第13—17页。

② 刘明逵、唐玉良主编：《中国近代工人阶级和工人运动》第8册，中共中央党校出版社2002年版，第52—53页。

中国南方工人运动中主要的角色，江门的海员在组织上与改组委员会做了很长时间的斗争，他们组织港江六轮海员代表团，团结六轮工人，并准备收回江门海员工会分部，这个代表团成立以后，工人不再向改组委员会交纳会费，改组委员会也收不到特别捐了。由于海员工人对于改组委员会极为不满，想趁机推翻它恢复原有的组织，在10月间，正值张发奎回师广东与李济深争夺地盘，省港各地海员便以反对“新南海”开除工人为号召，会集广州，10月14日上午，有5000名海员在广州开大会，许多秘密的革命工会都派代表参加，还有许多工人群众主动来参加大会，到会者万余人，开会后一致决议“驱逐改组委员会”，组织工人自己的工会，接着便示威游行，高呼“只有镰刀斧头的红色旗，才是我们的革命的旗子”，并由此引发了广州海员10月14日大示威。[①] 广州工人受到海员大示威的影响后，都要起来与改组委员会斗争。

第二，组织反抗镇压的罢工。在上海，四一二反革命政变后，在“清党”期间，由于当时国民党用全副的暴力镇压上海的革命工人阶级，所以上海工人的争斗有一段时间的确是沉寂的。到8月以后，上海的工人开始有所行动，8月22日至9月22日，中共江苏省委和上海总工会发动沪西8个纱厂1.2万人先后举行大罢工，提出恢复旧工会和被开除工人工作等条件；11月1日至24日，发动沪东9个纱厂1.4万余工人大罢工。自9月到11月的3个月中，从纱业的工人直到店员，经济罢工不断爆发，各企业罢工共有42次，参加罢工人数的总和为52833人，罢工总天数为334天，如果将每个工人罢工的时日总计，预计在200万日以上。[②] 其间的罢工并不易取得胜利，在10月间杨树浦恒丰纱厂发

① 刘明逵、唐玉良主编：《中国近代工人阶级和工人运动》第8册，中共中央党校出版社2002年版，第71页。

② 贫秋：《上海今日的罢工潮》（1927年12月17日），《布尔塞维克》1927年第10期。

生罢工，半月余未能解决，沪东总罢工由此发动起来，但当时指导者未用宣传的方法去促成罢工潮的扩大，且与群众脱离关系，最终导致罢工失败。沪东纱厂的大罢工虽遭受打击，但其他企业的罢工又接踵而来了，如公共租界电车罢工中，3000 余名工人以群众的力量给帝国主义者以威吓，给新军阀以打击。12 月 1 日至 23 日，领导英商电车公司全体 2000 余名工人大罢工。1928 年初，又号召各业工人进行年关斗争。南货、酱菜、杂货、绸布、米粮等业店员工人先后举行全行业大罢工，大都取得胜利。此外，还有估衣罢工、邮务工人罢工、南货业店员罢工等。

武汉工人罢工接连发生，1927 年 7 月底，汉口人力车夫为抗议国民党驻军用贬值纸币强迫兑换工会铜元并打死打伤工人，举行了 8000 人的大罢工。为了支援人力车夫罢工，配合南昌起义，中共湖北省委和省总工会号召武汉三镇工人于 8 月 2 日举行总同盟罢工。武汉工人阶级的反抗斗争，本以车夫全体罢工为始，后为抵抗国民政府的叛变革命，将罢工扩大为政治的反抗大罢工。罢工范围非常大，除电灯、自来水外，各行业一律总罢工，武昌有震寰、裕华、第一纱厂、丝麻、纱布四局工厂以及店员等，汉口有印刷、染织、邮务行业，汉阳有车夫、码头工人等，罢工总数在 7 万人以上。汉阳兵工厂工人罢工坚持了 10 天，最终虽因步骤不齐，动员不够深入，反动力量过于强大而失败了，但也给了反革命势力一定打击。此次罢工也被称为“八二罢工”，从 9 月下旬起，武汉邮务、纺织、染织、人力车夫等又先后进行多次罢工，要求增加工资、反对用贬值纸币发放工资、反对增加车租等。罢工后不久，资本家便向工人进攻，罢工成果虽不显著，但其中的斗争精神值得称道。

在广州，工人罢工示威游行不断，广东工人面对豪绅资产阶级白色恐怖的摧残和英帝国主义的压迫，他们的反抗运动不断展开，如江门汕头海员罢工、省港罢工工人游行示威，广州铁路电灯工人反对欠薪及改良待遇酝酿罢工，佛山油业工人为厂方开除工人进行罢工等。[①] 香港造船厂工人等也在赤色工会领导下起来斗争。上面这些，都证明了工人阶级并没有因国民党屠杀及资产阶级进攻而屈服，这些外部不利因素反而推动了工人阶级抗争的发展。[②]

党领导工人阶级对国民党的镇压展开了英勇反抗。在党的工人运动指导方针方面，1927 年 4 月 27 日到 5 月 9 日召开的中国共产党第五次全国代表大会上，通过了《职工运动议决案》，回顾了工人运动的形势，指出经过五卅运动、省港罢工，河南、天津等地工人运动勃兴。决议总结了大革命以来工人运动的成果，在经济上，劳动条件已有很显著的改善；在组织上，工会的权力已渐次集中；在工会会员数量上，由 54 万人增加到 280 万人。并指出工人运动在政治上推进了国民革命的发展，给帝国主义以莫大的打击，从争集会、结社、罢工之自由，一直到参加政权的实现，充分表现了无产阶级在国民革命中的领导作用。中国职工运动发展的结果，使资产阶级受了莫大的威吓，国民党政府不惜与帝国主义妥协，专力来打击工人阶级以保护资产阶级的利益。[③] 党的五大的决议案可以说是党对这一时期工人运动形势的概括与回顾，反映了工人运动一度勃兴，又横遭摧残的实际状况。

在 1927 年大革命失败后的半年多，上海、武汉、广州和其他城市工人及其铁路、海员、矿山工人，或者在共产党和革命工会领导下，或者自发地组织起来，进行了不屈不挠的英勇斗争，反

---

① 黄剑：《白色恐怖下的广东工人》，《中国工人》1929 年第 3 期。

② 《中国工人阶级的指南针——全国总工会目前总任务议决案》（1928 年 2 月 7 日），中华全国总工会中国职工运动史研究室编：《中国工会历史文献》第 2 卷，工人出版社 1958 年版，第 18—19 页。

③ 《中国共产党第五次全国代表大会职工运动议决案》（1927 年 5 月），中华全国总工会编：《中共中央关于工人运动文件选编》（上），档案出版社 1985 年版，第 172 页。

抗国民党反动派的镇压屠杀。

第三，领导武装起义。中国共产党是从大革命失败的惨痛教训中懂得武装斗争的极端重要性的。毛泽东讲过："我是一个知识分子，当一个小学教员，也没学过军事，怎么知道打仗呢？就是由于国民党搞白色恐怖，把工会、农会都打掉了，把五万共产党员杀了一大批，抓了一大批，我们才拿起枪来，上山打游击。"① 正是国民党反动派的镇压政策迫使中国共产党人和革命人民拿起武器去进行战斗。各地工人积极参加了共产党领导的武装起义斗争，在其中发挥了骨干作用，作出了巨大的牺牲和贡献。

在革命即将失败之际，共产党人开始走上武装反抗国民党反动政策的道路，以应对严重的白色恐怖。1927 年 7 月中旬开始，中共中央对党领导的武装力量问题不断进行商议，从 7 月 20 日开始先后在九江召开过三次会议，最后确定在南昌举行武装起义。8 月 1 日，在以周恩来为书记的中共中央前敌委员会的领导下，贺龙、叶挺、朱德、刘伯承等率领党所掌握和影响的军队两万多人，举行南昌起义。南昌起义主要是军事武装起义，在起义的准备、进行和起义部队的南下途中，都得到了各地工会和工人群众的支持和援助。起义前夕，全国总工会委员长苏兆征曾到九江工人中为起义进行准备工作。起义中乃至起义军南下途中，都有工人参加，铁路工人连夜修复被敌人破坏的铁路大桥，南昌工人纠察队组织了担架队和运输队。起义军到达广东时，潮汕铁路工人举行罢工，以此破坏国民党军队运兵，中共汕头市委和市总工会组织 500 名工人进行暴动，迎接起义军。南昌起义打响武装反抗国民党反动派的第一枪，在全党全国人民面前树起一面革命武装斗争的旗帜，标志着中国共产党独立地领导革命战争、创建人民军队

① 毛泽东：《支持被压迫人民反对帝国主义的战争》（1964 年 6 月 23 日），《毛泽东文集》第 8 卷，人民出版社 1999 年版，第 378 页。

和武装夺取政权的开端。

1927 年 8 月 9 日，在中共中央临时政治局第一次会议上，决定由毛泽东以中央特派员身份到湖南传达八七会议精神，改组省委，领导秋收起义。以毛泽东为书记的中共湖南省委前敌委员会，将参加起义的各路武装 5000 余人统一编为工农革命军第一军第一师，于 9 月 9 日发动了湘赣边界秋收起义。秋收起义是由工人、农民和士兵三部分组成的，工人是其中的中坚和骨干力量。秋收起义部队，即中国工农红军第一军第一师，下辖三个团，其中第二团是由安源路矿工人纠察队、矿警队和安源附近各县工农武装组成。起义中，第二团曾进攻萍乡，攻下醴陵、浏阳县城，在浏阳遭优势敌人包围，大部分成员在突围中壮烈牺牲，余部退到文家市，由毛泽东带领上了井冈山。长沙等地工人为了接应起义，进行了长沙和全省暴动的准备工作。粤汉、株萍铁路工人配合起义进行了破路斗争。株萍铁路工人按照起义计划破坏了长沙至岳阳、长沙至株洲的铁路，揭开了秋收起义的序幕。

继南昌起义和秋收起义之后，中国共产党又于 1927 年 12 月 11 日发动了广州起义。起义由中共广东省委书记张太雷和叶挺、恽代英、叶剑英、杨殷、周文雍、聂荣臻、陈郁等领导。共产国际代表诺伊曼等参加了对起义的指导，参加起义的有国民革命军第四军教导团全部、警卫团一部和广州工人赤卫队七个联队以及市郊部分农民武装。起义爆发后，乘国民党军主力外调的机会，起义军一度占领广州绝大部分市区，成立了苏维埃政府，颁布了维护工农权益的法令。由于敌我力量对比悬殊，无力坚守广州，担任起义总指挥的叶挺主张趁敌人主力尚未开回广州前将起义部队撤出，这个正确主张遭到诺伊曼反对。起义军同敌人进行了顽强战斗，终因敌众我寡，在起义的第三天即告失败，张太雷和许多革命者英勇牺牲。[1] 广州起义是工人和士兵合作的起义，工农红军中半数以上是工人。除了在起义前整编的3000人的广州工人赤卫队、由海员和省港罢工工人组成的两连敢死队、由汽车工人组成的交通队，起义中工人自动到总指挥部和赤卫队总部支前参战的也是络绎不绝，两处共发枪8000余支，加上自动以刀剑棍棒等武器参战的，共约两万人，至于自动参加运输、救护和各种后勤工作的工人，不计其数。起义失败后，敌人对起义群众进行疯狂屠杀，被杀害的5900余人中绝大多数是工人。[2]

广州起义是对国民党反动派屠杀政策的又一次英勇反击，然而实践证明，面对国民党新军阀在中心城市拥有强大武装的形势，通过城市武装起义或攻占大城市来夺取革命胜利是不可能的。除了这几次规模较大的起义外，到1928年初，党还在一些省份领导了一系列武装起义，这些起义大多数由于敌我力量悬殊、领导者实行了错误的政策及客观条件不成熟，结果都失败了。但一些起义部队在数省边界地区的偏僻山村坚持了下来，在这里开展游击战争，实行土地革命，建立革命政权，为以后红军和根据地的更大发展奠定了初步基础。[3] 中国共产党从此走上了农村包围城市、武装夺取政权的道路。

---

① 中共中央党史和文献研究院著：《中国共产党的一百年（新民主主义革命时期）》，中共党史出版社2022年版，第101—103页。

② 李玉赋主编：《新编中国工人运动史》上卷，中国工人出版社2020年版，第138页。

③ 中共中央党史和文献研究院著：《中国共产党的一百年（新民主主义革命时期）》，中共党史出版社2022年版，第103页。

## 三、党的六大前后工运策略调整和工人运动的恢复

### （一）中国共产党走上武装反抗的道路和政策中的“左”倾盲动

1927 年 8 月 7 日，即南昌起义后的第六天，中共中央在湖北汉口秘密召开紧急会议，即八七会议，会议着重批评了大革命后期党内以陈独秀为代表的右倾机会主义错误。毛泽东根据大革命失败的惨痛教训，在发言中指出：“以后要非常注意军事。须知政权是由枪杆子中取得的。”会议确定实行土地革命和武装起义的方针，提出整顿队伍、纠正错误而“找着新的道路”的任务，并选出以瞿秋白为首的新的中共中央临时政治局。在中国革命处于严重危机的情况下，八七会议及时制定出继续进行革命斗争的新方针，使党在政治上前进了一大步。中国革命从此实现了由大革命失败到土地革命战争兴起的历史性转变。受到共产国际及其代表的“左”倾思想和党内“左”倾情绪的影响，这次会议在反对右倾错误时没有注意防止“左”的错误。党内“左”倾情绪在这次会议上虽然是次要的，但其发展给后来的中国革命造成很大危害。①

八七会议通过的《最近职工运动议决案》提出，“革命已经到了最严重而向新的方向进展的时期，必须有新的策略去领导劳动群众起来，……方能使无产阶级真正获得领导权”。而该《最近职工运动议决案》还指出，当前职工运动的重要点，就是真工会与假工会之战。南京、武汉政府，已经都是代表封建资产阶级

① 中共中央党史和文献研究院著：《中国共产党的一百年（新民主主义革命时期）》，中共党史出版社 2022 年版，第 99 页。

的政权，成为反革命的工具，它们想尽办法把持着工会机关，而中国共产党作为无产阶级政党必须坚决地领导工农群众反对这些政府，反对北方军阀的政府，对于它们摧残工会或所谓改组工会，都应当立刻坚决地号召群众起来反对。《最近职工运动议决案》明确提出了几方面的具体情况：（一）对于工会的性质，提出工会应当是工人阶级的组织，群众的组织，现在各地如上海、南京、广东、福建、浙江、安徽等省市，以及最近湖北全省总工会机关都被反革命派所占领或改组，全国总工会也遭同样的摧残。（二）关注工会的政治和经济斗争，中国共产党应该领导群众力争真正工会之公开，实行工人结社、集会、言论、罢工的自由之政治斗争，再则工人阶级目前最急切的要求，便是经济问题……经济斗争，不但以改良生活为目的，而且可以增进工人的革命化，并强固其战斗力，决不用怕着工人只顾经济斗争而忘却政治，将来成为经济主义。其中，对于经济斗争的要求，涉及八小时工作制、失业救济、妇女产前产后应有八个星期（五十六天）照发工资、同样工作须有同样工资、劳动保险及工厂工人住宅之卫生设备、增加工资并按照物质高涨照加工资、工资须发现金、不得以信用低落的钞票或国库券等代替。（三）对于公开还是秘密的问题，提出现在职工运动在严重的压迫之下，各工会应有秘密的组织。但也提出，工人阶级应时刻准备能领导并参加武装暴动。（四）对于工会的机构设置，提出职工运动是本党的基本工作，应改正以前把它看作部分工作之错误，应以整个的党来指导它，所以各级党部之工人部应即取消，另设职工运动委员会，经过党部委员会直接指导职工运动中的党团。① 八七会议后，党中央于 1927 年 8 月 25 日发出《中央通告第八号——关于职工运动》，通告指出当时面

① 《最近职工运动议决案》（1927 年 8 月 7 日），中共中央党史和文献研究院、中央档案馆编：《中国共产党重要文献汇编》第 11 卷，人民出版社 2022 年版，第 243—246 页。

临的劳动情况，资产阶级推翻工商互订条件，无故关闭工厂，任意开除工人，用无信用低价纸币券来发工资，用借端抬高物价等手段对付工人，使工人面临失业的极大恐慌。通告提出中国共产党要积极领导工人和失业工人，组织起来作有系统的斗争，尤其引导工人奋斗取得经济要求条件之胜利，以及要求救济失业工人或介绍失业工人，并时时注意罢工斗争的策略。

1927 年 11 月，党中央召开临时政治局扩大会议，会议否定革命已经转入低潮，决定实行全国武装暴动的总策略。① 由于没有对当时白色恐怖的严峻形势作出正确判断，各地实际工作中出现盲动倾向，工人斗争大都遭到残酷镇压，大批工会干部和工人积极分子遭到迫害，革命力量再次遭受损失，城市工人运动举步维艰。

1927 年冬和 1928 年初，各地城市暴动和工人运动遭受严重挫折，促使党中央和全国总工会开始纠正错误，改进城市工人运动的策略。对于出现“左”倾盲动错误问题，“这是因为中共中央主要领导人和许多共产党人对中国政局的复杂性和中国革命的长期性缺乏认识。对敌人的野蛮屠杀的满腔愤怒和复仇渴望，像一团火燃烧在许多革命者的胸中，使他们容易产生一种近乎拼命的冲动，并把一部分先进分子的认识水平看成是广大群众的认识水平。这种情绪在当时是相当普遍的”②。

1928 年 5 月，日本侵略者在山东济南制造震惊中外的济南惨案，杀害中国军民近万人，其中包括国民政府派驻山东的特派交涉员蔡公时等 17 名外交人员，也称五三惨案。该事件激起了全国人民的反日浪潮，党中央发表告民众书，公开号召人民反对日本

① 《中国现状与党的任务决议案》，中央档案馆编：《中共中央文件选集》第 3 册，中共中央党校出版社 1989 年版，第 445—467 页。

② 中共中央党史和文献研究院著：《中国共产党的一百年（新民主主义革命时期）》，中共党史出版社 2022 年版，第 104 页。

帝国主义的侵略和国民党的不抵抗政策，还向党内发出了一系列通告和指示，指出这次反帝运动的兴起，是我党恢复城市工作、复活城市群众运动的机会，要求各地党和革命工会全力参加和推动这一运动的发展。在策略上，党中央明确提出："把反帝运动和民权运动汇合起来，并且联系到工农小资产阶级本身的利益的斗争"；"要改正幻想大斗争轻视小斗争的错误观念"，强调共产党人和革命工会工作者"应当加入国民党所组织的反日团体"，在有黄色工会或反动工会的地方，"要运用群众的统一战线揭破反动领袖的假面具而取得群众"，"取得公开的地位以便到群众中去活动"。[①] 这些指示对改进和恢复城市工人运动，引导五三惨案后全国反日浪潮的蓬勃发展，起了重要指导作用。

1928 年 2 月 8 日至 12 日，全国总工会在上海秘密召开了第一次扩大会议，这是第四次全国劳动大会和大革命失败后全国总工会的第一次会议。这次会议的文件，目前能收集到的有两个，分别为《中华全国总工会扩大会议宣言》《中国工人阶级的指南针——全国总工会目前总任务决议案》。其中《中国工人阶级的指南针——全国总工会目前总任务决议案》指出：国民党去年四月十二日在上海等处反动；四月十五日在广东、广西反动；七月在武汉、两湖反动。国民党反动之后，实行空前未有的白色恐怖，在上海、南京、杭州、无锡、广州、武汉、长沙、安庆、芜湖、九江、福建、四川、河南各地，屠杀工人有几万之多，解散各地工会、农会，逮捕、残杀各地工人领袖，造成失业大恐慌，压迫罢工，颁布压迫工人的条例；又组织反动工会，如两湖的改组委员会，上海的工统会、工人总会，广东的总工会、机器工会、革命工人联合会等，又如上海卫戍司令部禁止工人罢工，凡外国厂

① 《中央通告第四十八号——"五三"以来的形势与深入反帝斗争的问题》（1928 年 5 月 18 日），中华全国总工会编：《中共中央关于工人运动文件选编》（上），档案出版社 1985 年版，第 247—250 页。

工人罢工，要先经政府批准，否则军法从事。上海市政府农工商局允许工厂店东在新年初二任意开除工人、店员。广东、浙江、湖北解散一切的工会，就是反动工会也要解散。文件在对工人运动的不利形势进行概括的同时，提出工人斗争的形势是直接武装斗争的形势，号召工人阶级发展各种群众斗争，建立赤色工会的群众基础，在工人群众中实行联合战线，去反对资本家进攻、反对国民党，提出斗争的前途是武装暴动。在当时的情况下，面对国民党的残酷镇压，工会工作者提出了坚持斗争的策略，体现了不怕艰难困苦的决心和勇气，在一定程度上纠正了盲动的倾向，但是，其中还存在对斗争形势的低估。

### （二）党的六大通过《职工运动决议案》

对中国的社会性质和中国革命的性质、动力、前途等重大问题，当时党内还存在认识上的分歧和争论。工人运动中“左”倾盲动错误带来的损失，更加表明正确认识中国革命基本问题的重要意义。因此，尽快召开新一次党的全国代表大会已刻不容缓。从八七会议提出召开党的六大的提议后，经过了近一年的酝酿和准备。由于国内白色恐怖非常严重，难以找到一个安全的地方开会，党中央报请共产国际同意后，决定党的六大在苏联莫斯科召开。

在党的六大召开前，赤色职工国际在莫斯科召开了第四次代表大会。全国总工会派出苏兆征、邓中夏等15人代表团出席了这次会议。大会在《殖民地半殖民地职工运动决议案》中，规定了“目前中国职工运动的任务”，还通过了一个《中国职工运动行动大纲》，其精神与党的六大有关决议是一致的。在这次大会上，苏兆征和邓中夏被选为赤色职工国际执行委员，邓中夏会后留在莫斯科任全国总工会驻赤色职工国际代表。

1928年6月9日，斯大林会见瞿秋白、苏兆征、李立三、向忠发、周恩来等，正确地解释了对中国革命性质和革命形势的看法。他指出，现阶段的中国革命是资产阶级民主革命，不是社会主义革命；现在的形势是处在两个革命高潮之间即低潮时期。斯大林的看法对中共六大具有重要的指导意义。

1928 年 6 月 18 日至 7 月 11 日，中国共产党第六次全国代表大会在莫斯科近郊五一村召开。党的六大在中国革命的性质、任务和当前革命形势等问题上，澄清了一些模糊认识。大会分析了大革命失败后中国的政治经济状况，明确指出中国仍然是一个半殖民地半封建的国家，中国革命现在阶段的性质是资产阶级民主革命；当前中国的政治形势是处于两个革命高潮之间，第一个革命浪潮已经过去，而新的浪潮还没有来到；党的总路线是争取群众，党的中心工作不是千方百计地组织暴动，而是做艰苦的群众工作，积蓄力量。目前“最主要的危险倾向就是盲动主义和命令主义，他们都是使党脱离群众的”。这是党的工作方针的一次重要转变。①

党的六大通过《职工运动决议案》，对工会如何在白色恐怖下积极动员群众进行了阐述，同时讨论了工会组建中的委派制、党与工会的关系以及工会的组织宣传原则等多个方面。针对“左”倾的做法，作出了一些正确的规定。在斗争策略方面，《职工运动决议案》要求革命工会应当在领导工人日常生活的经济斗争中去团结群众，而不是动辄组织政治罢工和暴动；在组织罢工时，斗争口号不宜过高，并且“一切罢工都需要有非常谨慎的预备”。在组织形式上，《职工运动决议案》提出要利用一些合法的形式组织群众，包括领导和运用群众自发的“兄弟会”一类的组织，达到争取群众的目的。《职工运动决议案》还强调“许多

① 中共中央党史和文献研究院著：《中国共产党的一百年（新民主主义革命时期）》，中共党史出版社 2022 年版，第 105 页。

有工人群众的反动工会，改良工会、行会工会中……我们是应当到里面去作工的”①。这些正确的策略思想，对工人运动的恢复和发展起了积极作用。

党的六大对中国革命根本问题所做的基本正确的回答，大体上统一了全党的思想，对克服党内的“左”倾情绪、实现有关认识和工作的转变起到了积极作用，促进了中国革命的恢复和发展；但党的六大也有不足，主要是仍把城市工作放在中心地位，没有认识到中国革命的长期性和复杂性，没有认识到建立农村根据地在中国革命中具有特殊重要的地位等方面。②

### （三）党的六大的贯彻和全国总工会第二次执委扩大会议

为了贯彻党的六大和赤色职工国际四大精神，改进白区革命工会的工作，1929年2月17日至20日，全国总工会在上海秘密召开第二次执委扩大会议。会议听取了苏兆征《关于出席赤色职工国际四大的报告》和项英《关于过去一年来的职工运动形势和目前任务的报告》，通过了《全国职工运动之目前总任务》等决议案。会议在改进白区职工运动的策略等问题上，较党的六大有所发展。会议强调在领导群众日常斗争时，必须依靠客观环境及主观力量随时改变进攻或退守的战略，“必须以胜利为原则”；主张在国民党黄色工会中提出工会民主化的口号，以反对国民党的包办控制，争取以工人中的革命分子代替黄色领袖，并可以利用黄色工会的下层组织和俱乐部、体育会等去开展工作，不需要另行组织秘密工会。但是，会议对于工会问题的基本方针，还是发

---

① 《职工运动决议案》（1928年7月9日），中共中央文献研究室、中央档案馆编：《建党以来重要文献选编（1921—1949）》第5册，中央文献出版社2011年版，第441页。

② 中共中央党史和文献研究院著：《中国共产党的一百年（新民主主义革命时期）》，中共党史出版社2022年版，第106页。

展赤色工会和打倒黄色工会，在群众斗争中拒绝利用合法手段，因此它对白区工运策略的改进同样是有局限性的。①

### （四）白区工人运动的复兴及其局限

党的六大以后，为加强对工人运动的领导，中共中央设立了以项英为书记的工人运动委员会，健全了全国总工会的领导机构。中央政治局将指导上海工人运动作为自己的中心工作。在党的领导下，工人运动开始出现一定程度的复兴。主要表现在：

第一，各地反日集会、示威游行和抵制日货的活动增加。在湖北汉口，1929 年 1 月，8000 多名工人举行反日大罢工，直接的导火索是日本炮车在汉口大街上压死一名人力车夫。罢工坚持了半年之久，后来迫使日本领事同意“以文书道歉”，并抚恤车夫遗属。

第二，各地工人的经济斗争明显增加。据统计，1928 年 1 月至 5 月，在国民党统治的中心地区，鲜有工人罢工发生。在历来产业发达的江苏省和广东省广州市，当年竟无一例工人罢工事件；浙江上半年全省劳资纠纷 50 起，罢工仅 2 起。1928 年下半年起，工人斗争普遍复苏，罢工次数和参加人数明显增长。江苏省劳资纠纷 6 起，罢工 14 起；浙江省劳资纠纷 34 起，罢工 6 起；广州劳资纠纷 10 起。② 另据上海市社会局的调查统计，从 1928 年 1 月至 4 月罢工有 35 起发生，打破国民党对于工人压迫的命令，1928 年 5 月至 12 月，上海的罢工次数、涉及厂号数和职工数，有明显

---

① 李玉赋主编：《新编中国工人运动史》上卷，中国工人出版社 2020 年版，第 142 页。

② 王清彬等：《第二次中国劳动年鉴》中册，北平社会调查部 1928 年版，第 105—132 页。

增加。每个月均有着稳定的罢工活动，具体见表 8.3[①]。

**表 8.3　上海 1928 年 5 月到 12 月发生的罢工事件统计表**

| 月份 | 罢工件数（件） | 参加人数（人） |
|---|---|---|
| 5 | 7 | 2492 |
| 6 | 5 | 66095 |
| 7 | 14 | 7697 |
| 8 | 15 | 18102 |
| 9 | 14 | 9755 |
| 10 | 13 | 9078 |
| 11 | 22 | 11587 |
| 12 | 16 | 22237 |
| 总计 | 106 | 147043 |

第三，革命工会的组织开始有了一定的恢复和发展。党的六大以后，中共中央为了尽快落实职工运动的总方针，推动工人运动的恢复和发展，发布了一系列通告和指示，各地党组织深入工人中做组织和发动工作，工会组织开始恢复，革命工会会员逐渐增加。据全国总工会统计，到第五次全国劳动大会之前，赤色工会会员在产业工人中已恢复到 39800 多人。其中，上海工联恢复 20 多个工会，会员 27500 人；香港海员工会从停顿恢复到 800 多人；唐山五矿革命工会会员恢复到 1.8 万人。党对工人斗争的领导能力和影响力也有所增强。1928 年下半年上海的 187 次工人斗争中，上海总工会领导的有 70 次，占 37%；[②] 1929 年上海的 304

① 刘明逵、唐玉良主编：《中国近代工人阶级和工人运动》第 8 册，中共中央党校出版社 2002 年版，第 702 页。

② 中华全国总工会中国职工运动史研究室编：《中国历次全国劳动大会文献》，工人出版社 1957 年版，第 255 页。

次工人斗争中，上海总工会领导和影响的有 178 次，占 58.6%。[①]

1928 年下半年至 1929 年上半年，工人运动有了一定的恢复和发展，但是形势仍然不乐观。从总体上看，工人斗争规模不大，产业工人参加的不多，斗争结果完全胜利的不多，带有明显的防御性。从党领导的工会组织的力量看，组织基础依然很薄弱，远没有实现争取工人阶级大多数、积蓄力量的要求。当时党的主要领导人受共产国际的影响，没有看到工人运动恢复的局限性，过高地估计了形势的发展，导致“左”倾错误路线重新滋长。[②]

## 四、第五次全国劳动大会前后的工人运动形势

### （一）共产国际六大对中国革命的错误指导和党在白区工运中“左”倾错误的重新滋长

1929 年 2 月 8 日，共产国际执行委员会写给中共中央的信，把共产国际六大的精神传到中国。共产国际第六次代表大会认为资本主义危机已经进入第三时期，在新的时期里各种矛盾不断发展，将不可避免地导致资本主义的总崩溃。在第三时期理论指导下，共产国际制定了“进攻路线”，强调各国党都要反右倾。特别是关于中国革命问题的报告和决议，使刚刚结束的党的六大的路线、策略发生了根本的改变。5 月 15 日，中共中央作出了接受国际指示的决议。自此，工人运动和工会工作从共产国际六大前后着重反“左”倾转到主要反右倾，利用合法的一些正确做法被

---

① 文虎：《中国职工运动状况（1928 年—1930 年）》，中华全国总工会中国职工运动史研究室编：《中国工运史料》第 23 期，工人出版社 1983 年版，第 163—168 页。

② 李玉赋主编：《新编中国工人运动史》上卷，中国工人出版社 2020 年版，第 143 页。

当作合法主义、右倾机会主义完全停止执行，重新采取了许多“左”的做法。

1929 年 5 月 19 日，中共中央政治局开会专门讨论纪念五卅运动。按照共产国际代表的指示，决定在上海举行示威游行，并组成五卅行动委员会。5 月 30 日，上海各区工人和革命群众 3000 余人不顾严重的白色恐怖，在南京路等主要街道上举行飞行集会和示威游行，党和工会的干部与积极分子 100 余人被捕，使革命力量遭到很大损失。这种暴露了组织力量，使组织受到重大打击的冒险行动，在当时没有得到及时反思，还作为经验加以推广。刘少奇在《肃清关门主义与冒险主义》中对这段情况进行了反思，他指出，不顾严重白色恐怖下的条件和环境，不管自己的力量和群众的情绪，不管敌人的戒备和阴谋，照例要发传单、出特刊、关车、罢工、到马路上示威、喊口号、开会等，这类冒险活动给党和革命工会造成的损失是难以计算的。①

1929 年 7 月，共产国际执行委员会第十次全会，对世界革命形势进一步作出“左”的估计，认为共产国际六大以后世界革命已经复兴，并且日益接近直接革命形势。8 月，共产国际执委会通过了《共产国际执行委员会关于中国共产党在工会中的工作的决议》，认为中国工运的新高潮到来了，要求中共在工会工作中必须立即实行新转变，“反对党内对于赤色工会的取消主义倾向”②。

1929 年间，共产国际先后向党中央发来四封指示信。这些指示信的精神都是反右，特别是在 10 月 26 日的信中，认定“中国进到了深刻的全国危机的时期”，“现在已经可以并且应当准备群众，去实行革命的推翻地主资产阶级联盟的政权，而建立苏维埃

---

① 刘少奇：《肃清关门主义与冒险主义》（1936 年 4 月 10 日），《刘少奇选集》上卷，人民出版社 1981 年版，第 26 页。

② 李玉赋主编：《新编中国工人运动史》上卷，中国工人出版社 2020 年版，第 144 页。

形式的工农独裁”。指示信重申要首先反对中共党内的主要危险即“右倾的机会主义情绪和倾向”①。这些不符合中国实际的策略，进一步助长了中国工人运动中“左”的倾向。

### （二）第五次全国劳动大会和“红五月”的冒险活动

1929年9月10日，全国总工会发布关于召开第五次全国劳动大会的通知，指出：自国民党叛变革命以来，革命的工会运动在艰难困苦的恶劣环境中不懈地坚持，特别是五卅以后，广大工人群众的罢工斗争，更是普遍地爆发起来。但由于“工会的群众组织的弱点和斗争的战术策略之缺乏”，使各个斗争不能联系汇合起来形成总的进攻形势，而使敌人得以运用各种破坏手段，将各地工人的罢工斗争各个击破，为了“集中全国革命工人的力量，检阅自己的队伍，计划一切斗争的战略，与敌人作坚决的死战”，决定在本年“十月革命节”，召开全国劳动大会。

1929年11月7日至11日，第五次全国劳动大会在上海秘密召开。出席大会的代表共有29人，来自全国8个省市地方工会、5个产业工会和闽西苏区，代表上海、天津、香港等地区及苏区和海员、铁路等产业的赤色工会会员39800多人。项英代表全国总工会作《中华全国总工会工作报告》等，大会通过了《中华全国工人斗争纲领》《工会组织问题决议案》《工厂委员会决议案》《对黄色工会问题决议案》《反对国民政府工会法决议案》《工农联合决议案》《农村工人工作大纲决议案》等12个决议，发表了13项宣言、通电和告工人书。会议选举了由项英、邓中夏、罗登贤、林育南、史文彬等27名执行委员和18名候补委员组成的全国总工会第五届执行委员会。大会闭幕后，五届一次执行委员会

① 中共中央党史和文献研究著：《中国共产党的一百年（新民主主义革命时期）》，中共党史出版社2022年版，第121页。

选举项英为委员长，罗登贤为党团书记，罗章龙为宣传部部长。中共中央在致大会的祝词中，为“全国革命运动正在复兴时期”的工人运动，提出：反对黄色工会；建立工厂委员会的组织；争取集会、结社、言论、出版、罢工的自由；打倒帝国主义；帮助农民进行土地革命；反对国民党帝国主义进攻苏联；实行工会民主化、强固工会组织7大任务。在“左”倾错误思想的影响下，第五次全国劳动大会认为革命高潮就要到了，提出工人阶级目前阶段最根本的任务是准备武装暴动，积极推翻帝国主义与国民党的反动统治。为了实现这一任务，《中华全国工人斗争纲领》具体地规定了工人阶级目前的行动纲领：在政治上，要争取工人集会、结社、言论、罢工的自由，反对国民党束缚工会行动的工会法，反对国民党的御用工会和黄色工会，要力争在各厂，尤其是在黄色工会中，建立工厂管理委员会及工人自己的革命组织。在经济上，要求立即实行8小时工作制，规定最低工资，每星期有连续36小时的休息，每年有4个星期带薪休假，实行保护女工、童工，废除包工制及包工头制，举办工人社会保险等。①

《中华全国工人斗争纲领》要求各地赤色工会要根据全国工人斗争纲领，系统地组织本产业、本地区的同盟罢工，进而把全国的工人斗争“联系汇合起来，形成总的进攻形势”，“与敌人作坚决的死战”。在组织问题上，大会认为“赤色工会与黄色工会是绝对对立的”，强调赤色工会要独立发展，独立地领导斗争，坚决反对黄色工会，“反对一切合法和平倾向”，“反对隐藏于黄色工会组织之下”去开展工作。这就改变了中共六大关于在革命处于低潮形势下，党的主要任务是争取群众的正确思想，否定和放弃了有利于争取群众的一些正确策略和在实践中摸索出来的一

① 王永玺主编：《从一次劳大到工会十五大——中国工会历次代表大会巡礼》，中国工人出版社2013年版，第58—60页。

些正确做法，肯定了不符合中国工人运动实际的“左”的策略，助长了白区工人运动中“左”倾错误的发展。

第五次全国劳动大会之后，全国总工会在 1929 年 12 月 13 日发布《中华全国总工会通告第三号——目前全国政治形势与我们的任务》，并发表《中华全国总工会告全国工人书》，对当时的工人运动形势进行了概括，指出了以下方面的形势：第一，在军阀混战的发展和扩大中，工人阶级更加遭受空前的灾祸，生活达到空前的痛苦，也增加了工人阶级的阶级仇恨，更加具备革命斗争的基础。第二，黄色工会日益反动，完全是反动派压迫工人的工具，黄色领袖日益官僚化、工贼化，反对黄色工会必然会成为趋势。第三，赤色工会必须坚决领导工人群众为一切经济利益而斗争，反对军阀战争，反对黄色工会，反对一切改良主义，作剧烈地反抗；加强革命工会的力量，积极准备武装暴动，领导全国工人群众起来推翻国民党的反动统治，以阶级斗争消灭军阀战争，消灭封建军阀，达到革命彻底胜利道路。①

1930 年 3 月 1 日，《中华全国总工会通告第十五号——“五一”运动》和《中华全国总工会三、四、五三个月工作计划》发布，不仅要求持续进行斗争，还提出了准备武装暴动和巷战的具体要求，是红五月计划的初步策划。通告认为全国革命运动日益走向高潮，五一运动的意义是“发动广大的工人群众反抗资本进攻、反对国民党军阀混战，武装拥护苏联，反对帝国主义，力争八小时工作制，争取革命工会的自由，扩大并集中全国工人阶级的各种斗争，形成总的进攻敌人的阵势，并积极准备武装暴动，汇合全国工农兵革命的斗争和力量，以武装暴动来消灭军阀战争，争取直接革命形势到来，推翻国民党统治，建立苏维埃政权”。

① 《中华全国总工会通告第三号——目前全国政治形势与我们的任务》（1929 年 12 月 13 日），中华全国总工会中国职工运动史研究室编：《中国工会历史文献》第 2 卷，工人出版社 1958 年版，第 318 页。

并且决定举行全国工人的总罢工，举行广大的群众示威运动，进行普遍的宣传和鼓动，以充实组织的和领导的力量，提出要“调动全国广大的工人群众，演习准备武装暴动和巷战的艺术，集合全国工人的斗争力量，形成全国工人总的进攻敌人的阵势。这个任务的完成，是推进中国革命高潮加速到来之最强大的动力”。在 1930 年 3 月，全国总工会通过《目前政治的形势与工会的任务决议案》，提出了工作的总任务，即“加强全国工人的政治领导，坚决发动广大群众政治经济的斗争，强大赤色工会的力量，组织政治和总同盟罢工，以反抗统治阶级的压迫与进攻，以加紧武装暴动的准备，争取直接革命形势到来”①。

为了实施红五月的计划，全国总工会在 1930 年 3 月 20 日召开了全国特派员会议，会议共进行了 8 天，会议的主要任务是检查第五次全国劳动大会后四个月的工作，具体讨论有关工运的策略问题和部署今后一个时期的工作。会上李立三、项英、大汉（李震瀛）、关向应分别作了报告，指出目前工人运动的中心任务是组织政治罢工、同盟罢工，农民运动的中心任务是组织地方暴动。② 党中央负责人李立三出席会议作了政治报告。在报告中，李立三对革命的形势作了过于有利和夸张的估计，认为革命高潮已不是“不可避免地快要到来”，而是已经“快要到我们面前了”，“革命高潮随时都可以到来”。③

尽管各地党和工会为实现这个计划进行了极大的努力，但由于白色恐怖严重，5 月 1 日这一天，全国只有上海、香港、广州、

---

① 《目前政治的形势与工会的任务决议案》（1930 年 3 月 8 日），中华全国总工会中国职工运动史研究室编：《中国工会历史文献》第 2 卷，工人出版社 1958 年版，第 489 页。

② 《政治报告》（1930 年 3 月），中华全国总工会中国职工运动史研究室编：《中国工会历史文献》第 2 卷，工人出版社 1958 年版，第 505、526 页。

③ 刘明逵、唐玉良主编：《中国工人运动史》第 4 卷，广东人民出版社 1998 年版，第 141—142 页。

武汉等10多个城市举行了示威活动，参加群众共计7700余人。其中，上海、唐山、阜阳等地各有2000余人，广州仅几十人，政治罢工和同盟罢工都没有实现。①

### （三）“左”倾冒险错误的发展和危害

在接连收到共产国际指示信的情况下，1930年1月11日，中共中央政治局通过接受共产国际指示的决议。2月26日，党中央发出第七十号通告，提出要执行集中力量积极进攻的策略，各地要组织工人政治罢工、武装暴动和兵变，并集中红军进攻中心城市。促使党内“左”倾冒险错误急剧升温的另一原因，是中共中央一些领导人对革命形势作了过于乐观的估计。这时，周恩来已去莫斯科向共产国际报告工作，实际主持党中央工作的政治局常委兼宣传部部长李立三，认为革命高潮已经到来，提出了关于中国革命的一系列“左”倾观点。②

1930年6月11日，中共中央政治局召开会议，通过了由李立三起草的《目前政治任务的决议》（即《新的革命高潮与一省或几省首先胜利》），李立三“左”倾冒险错误在党的领导机关取得了统治地位。决议对整个革命形势和工人运动的形势作出了根本错误的估计，断定全国范围内已经有了“直接革命的形势”，提出“准备一省或几省的首先胜利，建立全国革命政权”，是党目前战略的总方针；“组织政治罢工，扩大到总同盟罢工，加紧工人武装的组织与训练，以树立武装暴动的中心力量，是准备一省或几省首先胜利的主要策略”。在这种错误思想主导下，李立三等制定了以武汉为中心的全国中心城市起义和集中所有红军主力攻打中心城市的冒

---

① 李玉赋主编：《新编中国工人运动史》上卷，中国工人出版社2020年版，第145页。

② 中共中央党史和文献研究院著：《中国共产党的一百年（新民主主义革命时期）》，中共党史出版社2022年版，第121页。

险计划，要求各路红军“会师武汉”“饮马长江”。①

党中央为了贯彻这个决议，制定了以武汉为中心的全国中心城市武装起义和集中全国红军攻打中心城市的冒险主义计划，并将共产党、共青团、革命工会的各级领导机关合并组成各级行动委员会，作为实现这一计划的各级指挥机关，停止了党、团、工会的正常活动。

“左”倾冒险计划的推行，对工人运动造成巨大的危害。由于当时条件下所提出的不切实际的政治罢工和同盟罢工的要求，各地党组织和工会把主要精力放在制定同盟罢工计划，号召和组织同盟罢工上，完全放弃了日常的经济斗争，不顾群众的实际需要和可能，去要求工人把经济斗争变为政治罢工和同盟罢工，试图用命令的方式去调动群众罢工，结果不仅同盟罢工没有搞起来，党和革命工会在各地工人斗争中的影响也大大减弱了。

更为严重的是在执行“左”倾冒险计划中，各地党和革命工会不顾白色恐怖严重，不顾力量对比悬殊，到处散发和张贴反对国民党政府的罢工、示威、暴动的传单、标语，不断地号召举行飞行集会、街头示威等一类冒险活动，暴露了革命力量，党和工会的领导人被捕、被杀，辛苦积蓄的革命力量遭到令人痛心的损失。在执行计划的 3 个多月间（1930 年 6 月至 9 月），白区有 11 个中共省委机关遭到破坏，上海、武汉、南京、哈尔滨等重要城市党和革命工会组织，几乎全部瓦解，白区革命工会会员急剧下降。如上海在 1930 年 6 月尚有赤色工会会员 2102 人，到年底只剩下约 700 人。②

---

① 中共中央党史和文献研究院著：《中国共产党的一百年（新民主主义革命时期）》，中共党史出版社 2022 年版，第 122 页。

② 中华全国总工会中国职工运动史研究室编：《中国工会历史文献》第 3 卷，工人出版社 1958 年版，第 70 页。

### (四)“左”倾冒险错误的停止和“左”倾教条主义的出现

虽然李立三“左”倾冒险错误主要来自共产国际，但李立三对中国革命形势高潮的估计，比共产国际更“左”，1930 年 7 月 23 日共产国际执委政治秘书处通过的《关于中国问题的决议案》和 8 月在莫斯科召开的赤色职工国际第五次代表大会，都对李立三提出了批评，认为中国“暂时还不具备全国的客观革命形势，工人运动和农民运动还未汇成一股巨流，即使工人运动与农民工运加在一起，也不足以保证有必要的力量去打击帝国主义和国民党政权”。基于对形势的这种估计，共产国际不同意马上举行全国暴动的计划，这对停止李立三“左”倾冒险错误是有利的。但决议仍认为“中国革命运动的新高涨，已成为无可争辩的事实”，指示中国共产党继续大力开展罢工运动，并且要把经济斗争和政治斗争结合起来。决议仍然认为当时“右倾机会主义是主要危险”，必须“集中火力反对右倾这个主要危险”。这就决定了共产国际的决议虽然对在全国停止立三路线有积极作用，但不能从根本上纠正工人运动中“左”的错误。①

1930 年 8 月中旬，周恩来和瞿秋白受共产国际派遣，回国纠正李立三“左”倾冒险错误。1930 年 9 月 24 日至 28 日，瞿秋白、周恩来在上海主持召开了党的扩大的六届三中全会。周恩来作《关于传达国际决议的报告》和《组织报告》，瞿秋白作政治问题讨论的结论。李立三作了自我批评。会议改选了中共中央政治局，毛泽东被选为中央政治局候补委员。会议还决定建立中共苏区中央局。会后，李立三离开了中央领导岗位。②

---

① 刘明逵、唐玉良主编：《中国工人运动史》第 4 卷，广东人民出版社 1998 年版，第 164 页。

② 中共中央党史和文献研究院著：《中国共产党的一百年（新民主主义革命时期）》，中共党史出版社 2022 年版，第 123 页。

接着，全国总工会于10月6日至8日举行了常委扩大会议，根据党的扩大的六届三中全会的精神，重新布置了各主要产业和地方工会的工作，并开始加强对革命根据地工会运动的指导。

党的扩大的六届三中全会后，由于共产国际的直接干预，党内又产生了“左”倾教条主义的严重错误。1931年1月，在中共中央六届四中全会上，在米夫的直接干预下，王明被补选为中共中央委员，而且成为中央政治局委员。从这时起，以王明为代表的“左”倾教条主义在党内开始了长达4年的错误领导。①

之后，国民党统治区内党的工作再遭破坏。1931年1月17日发生“东方旅社事件”，何孟雄、林育南、李求实等一批党的重要干部，由于叛徒告密而被捕牺牲。党和革命工会在白区的处境更加艰难和危险。

## 五、九一八事变、抗日救亡运动兴起和“左”倾路线对工人运动的危害

### （一）抗日救亡运动和白区工人经济斗争

1931年9月18日，日本侵略者制造了震惊中外的九一八事变。之后仅仅4个多月，整个东北三省沦为日本的殖民地。1932年1月28日，日军在上海发动了一二八事变，企图用武力扩大对中国的侵略。尽管驻上海的国民党第十九路军在上海和全国人民的支持下，违反了国民党政府的命令奋起抵抗，但国民党政府却与日本侵略者签订了出卖上海主权的《淞沪停战协定》。日本侵略军的大举进攻和国民党政府的不抵抗政策，使中华民族的生存

① 中共中央党史和文献研究院著：《中国共产党的一百年（新民主主义革命时期）》，中共党史出版社2022年版，第143—144页。

受到了空前严重的威胁，这激发了全国工人阶级和各阶层人民的抗日救亡运动。从九一八事变的第二天起，全国各地的工人、农民、商人、学生和士兵等各界民众都纷纷行动起来，发表宣言、通电，举行集会、游行和请愿，反对日本帝国主义的侵略，并要求政府对日本进行抗战。这些民众组织了各种抗日救亡团体，开展了各种抗日救国宣传活动，如抵制日货、募捐支援东北抗日义勇军和上海国民党第十九路军等，掀起了全国性的抗日救亡运动高潮。在这个过程中，工人阶级发挥了积极的作用，他们在上海、广州、香港、厦门、重庆等许多地方的日资工厂、商店、轮船和码头工作中，不顾失业的痛苦，自动离职和罢工以表示抗议。①

中国共产党及其领导下的革命工会，尽管组织力量十分薄弱，但仍然在各地工人群众中努力进行宣传和组织工作。九一八事变发生后，全国各地的工人阶级奋起反抗，在中国共产党的领导下展开了一系列包括成立组织、发表宣言、召开集会、举办游行和发起罢工在内的抗日行动。②

第一，成立反日工人组织。各地工人纷纷成立反日组织，其中上海工人的组织力最强，上海 23 家日商纱厂百余名工人代表于 1931 年 9 月 26 日召开紧急会议，成立了反日救国会；同年 12 月，上海民众反日救国会成立，成为上海民众反日运动的中坚力量；同时，上海工界单独成立了上海各界工人反日救国联合会，直接领导工人反日斗争。在北平，北平邮务工人于 1931 年 9 月底召开了抗日救国会第一次筹备会，10 月 10 日，抗日救国会成立；10 月 18 日，北平工人抗日救国会成立，作为北平统一的工人抗日救

① 李玉赋主编：《新编中国工人运动史》上卷，中国工人出版社 2020 年版，第 147—148 页。

② 刘明逵、唐玉良主编：《中国近代工人阶级和工人运动》第 9 册，中共中央党校出版社 2002 年版，第 623—629、640—644、685—672 页。

亡组织，领导全市工人斗争。在天津，天津全市性的工人团体天津市各业工会救国联合会（简称“天津工联会”）于1931年12月23日宣告成立。在南京，1931年10月2日，20余个工会举行各工会代表谈话会，决定成立首都工界抗日救国会，10月5日，召开工界抗日救国会成立大会。在湖南，1931年9月25日，长沙工商学各界举行反对日本侵略大会，决定将湖南反日援侨会改名为湖南人民反日救国会，领导全市反日斗争，并在全省各县市成立了70余个分会。1932年1月12日，长沙工人抗日救国会正式成立。除上述各处外，河北、山东、河南、汉口、成都、广州、云南等地工人也都成立了反日组织，成为全国抗日救亡运动的重要组成部分。

第二，各地反日抗日组织成立后，立刻开展了一系列活动，其中以发表宣言和通电为先。上海民众反日救国联合会分别于1931年12月7日、1932年2月26日发表了《上海民众反日救国联合会成立宣言》和《民众反日救国联合会告上海难民书》；上海各业工人反日救国联合会于1932年3月5日发表了《上海各业工人反日救国联合会为反对撤兵继续反日告全上海工人及一切劳苦群众书》；1931年12月发表的《上海大东书局全体罢工工人为抗日救国宣言》，通过宣言提出自救救国的办法，即“罢工、罢课、罢市、罢税以与帝国主义、资本家奋斗，才是我们自救救国的办法”，号召工人们一方面谋求改善自身生活，另一方面反抗日本帝国主义，并提出改善工人生活状况和打倒帝国主义对华统治这不可分离的两大任务，即一方面要一致对外，另一方面要改善自己的生活状况。工人们认为资本家提出的“国难方殷，不准罢工、怠工”是压迫工人的借口。在江西，南昌各业工会分别于1932年2月25日、27日在《江西民国日报》发表《各业工会通电抗日》《各业工会吁请抗日》。在天津，天津工联会于淞沪抗战期间，1932年2月2日和3月9日，两次发表御侮救亡通电，呼吁全国各界立即行动，共纾国难，救国家民族于危亡；要求政府速调劲旅，收复失地。1932 年 9 月 18 日，为纪念九一八事变一周年，天津工联会发表《告工友书》，呼吁抗日。

第三，各地积极组织开展召开集会的活动。在上海，1931 年 12 月 13 日，上海民众反日会召开反日救国大会，并作出多项决议号召反日；1932 年 1 月 10 日，上海民众反日救国会组织近万名工人、学生和市民举行了“一二一七”惨案追悼大会；1 月 17 日，上海民众反日救国会再次召开有 200 余工人和学生团体、1 万余人（一说四五千人）参加的市民大会，通过 10 余项提案。在安徽，合肥各业工人和学生、市民万余人于 1931 年 10 月 5 日举行抗日救亡大会；芜湖全市工人、学生、商人和市民群众万余人，于 1931 年 10 月 10 日在体育场召开芜湖各界人民抗日救国大会。

第四，举办游行示威活动。在上海多次举行大规模游行，在 1931 年 9 月 26 日的抗日救国市民大会、12 月 13 日的民众反日救国大会和 1932 年 1 月 10 日的“一二一七”惨案追悼大会后，均举办了大规模游行。在湖南，1931 年 9 月 25 日举行反对日本武力侵占辽宁示威大会，到会团体千余个，人数逾 20 万人，会后数万群众举行反日大游行。

第五，工人阶级在抗日救亡运动中组织发起罢工运动。在上海，1931 年 9 月 21 日早晨，三菱、日邮等各日商轮船公司码头工人首先罢工，此后，由于抗日活动持续，日货受到强烈抵制，难以获取利润，日本资本家决定取消上海所有日本纱厂的工人月赏，引发了 1932 年上海日商纱厂工人大罢工。淞沪战争爆发后，形势发生变化。沪西纱厂工人罢工的性质由争取恢复月赏、改善待遇的经济斗争，转为以反对日本帝国主义侵略上海、配合国民党第十九路军作战为中心内容的政治斗争。由于日本帝国主义对中国的经济侵略在纺织业尤为突出，1936 年 10 月上海再次出现小规模罢工，随后规模逐渐扩大，11 月 25 日与日商纺织工会协商解决，取得重大胜利。此次胜利标志着白区工人运动逐渐步入正轨，同时对全国工人运动起到了积极的推动作用。另外，青岛日商纱厂也在上海大罢工的影响下展开，从 11 月 17 日到 12 月 14 日，青岛 2.4 万余工人先后举行了罢工，最终日本驻青岛总领事同意了工人的部分条件，但随后派出日本海军陆战队进行武力镇压，罢工工人被迫于 12 月 14 日复工。尽管如此，此次大罢工依然意义重大。中共满洲省委、满洲总工会、哈尔滨市总工会等党和工会组织，也进行了卓有成效的斗争，1932 年 9 月，赵一曼等领导的中共哈尔滨电业局支部发动电车工人罢工，要求增加工资和撤出驻厂的武装军队，罢工遭到日本侵略军的武装包围和威胁，但最终在党的领导下取得了胜利，显示了工人团结斗争的力量。另外，当地在动员组织东北各地工人群众参加和支援东北抗日义勇军及后来的东北抗日联军方面，也进行了艰苦的工作。

### （二）九一八事变后东北沦陷区的工人运动

九一八事变后，面对日军的侵略行动，国民党采取了屈辱的“不抵抗”政策，张学良奉命将东北军撤至山海关一线。日军在短短 16 个小时内占领了沈阳、长春、鞍山、抚顺等 18 个城市；不到 5 天时间，便控制了辽宁和吉林两省的绝大部分地区；随后长驱直入，于 11 月 19 日占领齐齐哈尔，完全掌握了黑龙江。1932 年 1 月 3 日，日军攻下锦州，2 月 5 日，又进占了哈尔滨。仅仅 4 个月零 18 天的时间，日本帝国主义者就完成了对东北的全境占领。九一八事变预示着日本企图采取暴力手段将中国独占为其殖民地。

在九一八事变前，日本帝国主义者已经通过控制经济、获取铁路修筑权和贸易优势等，在中国东北获得了大量利益。日本在东北进行了广泛的经济控制，控制了煤炭等关键工业，修筑了大量铁路并占据铁路经营权，还通过金融手段操纵了东北的金融市场。这些措施使得日本在东北拥有了强大的经济影响力，在九一八事变以前，东北已经非常接近于被日本独占的原料供应基地和工业品销售市场。日本帝国主义者同时攫取了东北的行政和政治权力。他们通过不平等条约强迫中国开辟多处商埠，并通过“满铁附属地”等名义控制南满铁路沿线及附近地区。此外，日本在东北设立多个领事馆，并拥有大量警察力量。在军事上，日本在东北驻扎了大批军队和各种名称的武装力量。

日本侵略者挟其军事力量的优势，通过暴力手段镇压工人和民众，以树立其统治地位。九一八事变以前，在日本军警管辖所及的地方，中国人的生命财产就经常受到危害。1927 年间，辽宁省境内发生了 7 起日本守备队示威式的无故杀人案，被害中国人 10 名。1928 年 12 月间，抚顺煤矿工人彭风山、傅鸣九，被日本守备队无故射杀。1929 年 4 月 6 日，抚顺煤矿日本守备队士兵，看到矿工张德义在煤矿用地附近走动，认为“有窃取电线嫌疑”，便把张射杀。九一八事变以后，这些情况更变本加厉。1932 年 9 月 16 日，日军在辽宁抚顺平顶山，射杀了煤矿工人及其家属 2700 余人，制造了灭绝人性的平顶山惨案。①

日本侵略者的残暴和屠杀行为激起了中国人民的民族义愤。全国抗日救亡运动的兴起也为东北人民反抗日本侵略者提供了强大的声势和动力。面对国家的危机和国民政府的“不抵抗”政策，东北人民纷纷自发或半自发地组织起抗日义勇军，进行武装抵抗。这些义勇军在 1932 年上半年达到了高峰，总计人数超过 30 万，并在多个县开展了抗日活动。许多工人、农民和青年学生加入了抗日义勇军。这些义勇军虽然在一定程度上对日本侵略者进行了打击，但由于缺乏明确的政治纲领、统一的领导和指挥、

① 齐武：《东北工人运动史纲》，中共中央党校出版社 1992 年版，第 123—124 页。

不擅长游击战术等问题，大多在日军的集中攻击下溃散。

九一八事变后，中共满洲省委及其地方组织在辽宁地区积极发动工人群众进行反日斗争，但由于指导思想上的准备不足，未能及时将力量武装起来。尽管工人提出了武装抗日的建议，但由于担心工人变成胡匪而遭到拒绝，错过了组织工人武装的机会。然而，仍有大量失业工人和其他工人群体加入义勇军参与抗日斗争。中共满洲省委及其地方组织也积极建立反日会，组织工人、农民、青年学生等支援抗日武装和参与游击战争。这一时期，中东路沿线的铁路工人主动帮助当地的自卫军，呼海铁路和鹤岗煤矿的工人纷纷参加义勇军。1932 年间，阜新地区的抗日义勇军发展到 2000 多人，成员大部分是煤矿工人，北票煤矿便有 200 多名搬运工人参加了当地义勇军。1933 年春，阜新煤矿工人在义勇军的领导下，焚烧了日本人经营的新邱大新公司，驱逐了该公司的日籍职员。[①] 尽管工人在义勇军中的比例不是最高的，但他们的表现是最坚决和最有战斗力的。

九一八事变发生时，中共中央占统治地位的王明“左”倾教条主义者，没有根据东北地区主要矛盾和阶级关系的根本变化来制定革命策略，而是坚持国内革命战争的方针，以开展土地革命、建立苏维埃政权和创造新苏区为主要任务。在策略上，他们拒绝了统一战线，孤立行事，未能有效地团结和争取义勇军中的原东北军旧部。虽然党从 1932 年起在东北地区建立了多支抗日游击队和多个游击根据地，但受“左”倾路线和策略的影响，这些抗日游击队的发展有限。1933 年 1 月 26 日，中共中央发出指示信开始转变在东北的策略，改变长期坚持的关门主义策略，在分析了满洲的形势和阶级关系的变化，强调了日本帝国主义对满洲的侵略和压迫，以及满洲各界对日本侵略者的普遍敌视态度后，提出

---

① 齐武：《东北工人运动史纲》，中共中央党校出版社 1992 年版，第 140 页。

中国共产党在满洲的主要任务是组织和动员民众进行武装斗争，赶走日本侵略者。此外，还提出了党的总策略方针，即建立全民族的反帝统一战线，团结一切可能的力量共同抵抗日本帝国主义。①

中共满洲省委积极调整策略，清除关门主义错误，联合原义勇军余部扩大抗日武装力量，先后建立和扩编了人民革命军，1936 年后成立了抗日联军。在这期间，各地工人踊跃参加抗日游击队和抗日联军，成为部队中的骨干和核心力量。他们在中国共产党的领导下，在艰苦环境中与日军作战，同时也在其他领域通过破坏铁路交通线、在兵工厂生产物资等，为抗日提供重要支持和援助。如铁路工人在 1934 年 3 月至 10 月期间频繁破坏交通运输线，有效地破坏了日本侵略者的运输系统，阻碍兵员、军火和物资的运送，迫使日军不得不增加兵力用于铁路的守卫。同时，部分工人在抗日游击根据地的兵工厂，通过缝制被服、修理军械和制造武器等方式，为抗日武装提供了后勤支持，为抗战作出了重要贡献。

为了反抗日本侵略者的野蛮统治和争取生存权利，东北工人在积极参与和支援抗日武装斗争的同时，也进行了许多经济斗争。这些在 1931 年至 1935 年期间的斗争主要具有以下的特点：第一，由于日伪残酷的殖民统治和“左”倾机会主义的错误指导，工人斗争条件极为困难，导致工人运动规模相对较小。第二，这一时期的经济斗争大多是自发的，且要求条件较低，同时熟练劳动力的缺乏等原因也使得资本家倾向于满足工人的基本需求，以避免事态扩大和斗争的持久化。因此，尽管面临诸多困难，但东北工人的经济斗争在这一时期仍然取得了一定的胜利。

---

① 刘明逵、唐玉良主编：《中国工人运动史》第 4 卷，广东人民出版社 1998 年版，第 198 页。

东北经济斗争中规模较大的有奉天英美烟草公司工人罢工、哈尔滨电车工人罢工、鹤岗煤矿工人罢工、海克线土木工人索薪斗争、辽阳启东烟卷公司工人罢工、长春建筑工人罢工等。其中奉天英美烟草公司工人多次罢工的情况是，在 1932 年 2 月工人们为增加工资和改善待遇举行罢工，但因提出的条件过高而失败；随后，公司进一步剥削工人，增加工作时间但不加薪，1932 年 12 月，工人们包围办公室，迫使公司同意加班一小时支付一个半小时工资；1933 年，该厂包装部女工为改善劳动条件而罢工并取得胜利；1934 年工人们再次罢工要求增加工资，但这次事件没有结果。这一时期，哈尔滨电车工人多次为争取权益而举行罢工活动，在 1932 年 9 月电车工人因要求增加工资和撤出驻厂的武装军队而罢工，尽管遭到日本侵略者的武装包围和威胁，但在共产党的领导下，罢工坚持了 3 天并取得胜利；同年 11 月，电车工人因抗议伪军警逮捕和殴打工人再次罢工，提出惩凶、道歉、治疗受伤工人、保证不再发生类似事件等要求，并成功迫使当局答应工人的要求；在 1933 年 4 月，工人再次罢工，工人因抗议宪兵无理殴打电车车长而提出与前次相同的要求，但这次罢工在局方的欺骗和镇压下失败，导致 6 名罢工工人被开除。这些罢工斗争事件反映了东北工人在艰苦环境下坚持斗争的坚定立场和不懈努力。

### （三）“左”倾教条主义对白区工运的严重危害

九一八事变后国内形势的变化和抗日救亡运动的兴起，给白区工人运动的恢复和发展提供了有利的条件和机会，白区各地党和革命工会即使在这样的条件下，也为革命的工会运动的恢复作出了巨大的努力。但是，受王明“左”倾教条主义和关门主义的错误影响，加上 1932 年 3 月，国民党恢复了对民众反日斗争和其他爱国民主运动的高压政策，白区工人运动没有能够在抗日救亡运动的高潮中得到发展，却不断地遭受严重挫折。

“左”倾教条主义主要是指当时不从中国的实际情况和各阶层人民的共同要求出发，去分析形势和决定政策，而是照搬共产国际从莫斯科发出的不符合中国实际情况的指示。关门主义的思想主要是指当时忽视了九一八事变后中日民族矛盾上升和国内阶级关系的变化，否定了以民族资产阶级为主体的中间势力的抗日要求，不仅不团结一切可以团结的抗日力量，反而视中间势力为最危险的敌人；并且拒绝利用合法的斗争方式，在可以合法半合法的群众抗日组织和活动中，公开进行反对国民党政府、拥护苏维埃政府和红军等活动。这样的策略，导致当时在工人运动中不顾不利的形势和悬殊的敌我力量，坚持冒险进攻，不切实际地坚持在中心城市推动革命，试图由群众的反日反帝运动发展到总同盟罢工和武装起义，推翻国民党统治。①

“左”倾教条主义和关门主义路线的推行，使白区工人运动中的革命力量不断地遭到严重损失。1933 年初，临时中央和全国总工会在白区已无法立足，被迫从上海迁到江西中央革命根据地，在上海设立中共上海中央执行局和全国总工会白区执行局，继续领导白区斗争。同年 3 月，中共上海中央执行局常委、全国总工会白区执行局党团书记罗登贤被捕；5 月，中国工人运动的开创者之一——工运领袖邓中夏在上海被捕。但是，临时中央仍然没有吸取教训，没有注意利用合法组织保存和积蓄力量，1934 年 1 月，党的六届五中全会通过的《关于白色区域中经济斗争与工会工作的决议》仍然强调扩大罢工，组织同盟罢工；仍然拒绝利用合法组织，强调发展赤色工会，建立赤色反对派。“左”的错误

① 李玉赋主编：《新编中国工人运动史》上卷，中国工人出版社 2020 年版，第 151 页。

路线的贯彻执行，使白区仅存的一点革命力量几乎损失殆尽。①

### （四）刘少奇与“左”倾错误路线的斗争

“左”倾冒险主义和关门主义方针，在国民党统治区受到有实际工作经验的重要干部的批评和抵制，中共中央职工部部长兼全国总工会党团书记刘少奇，北平反帝同盟党团书记、河北省委宣传部部长李铁夫等都明确提出了不同的看法。在工人运动的总体趋势、对待黄色工会的策略等方面，刘少奇提出了正确的观点和判断。

关于当时的斗争形势，刘少奇在领导工人斗争的实践中提出，工人斗争的形势是防卫的反攻的，而不是进攻的。当时“左”倾的领导者认为工人斗争的形势是进攻的，主张搞总罢工、大示威，甚至搞武装暴动，并作为第一重要的任务提出来。1931 年 10 月 5 日和 10 日，刘少奇为了阐明工人斗争形势，保存白区工人阶级的力量，两次写信给中央，提出了自己关于工人斗争形势的看法。他提出，判断工人斗争形势是防卫的反攻的还是进攻的，目的是为着要规定我们在职工运动中的策略和我们用什么口号与要求去组织工人的斗争。对于确定工人斗争的形势，他主张应考虑以下三点：第一，资本进攻的形势、工人阶级的组织力，以及两者在斗争中力量的对比关系；第二，在斗争中工人所提出的要求和斗争口号；第三，斗争中力量的重新组合，斗争口号和要求的转变。刘少奇以这三点为依据，根据当时整个工人运动的现状，提出工人最迫切的要求是反对减少工资和增加工时、反对开除和解散工会，工人斗争形势应是防御性的。刘少奇从环境、力量对比和工人诉求角度提出对工人斗争形势的判断，但这未能使“左”倾冒

---

① 李玉赋主编：《新编中国工人运动史》上卷，中国工人出版社 2020 年版，第 151 页。

险主义者转变看法，在工人运动实践中继续推动激进的工运路线。[①] 在这一时期，刘少奇写了《最近中国职工运动，国民党工厂法、工会法与赤色工会目前的任务》《关于工运的意见》《关于工运问题给中央信》《建立辅助组织问题》《一九三一年职工运动的总结》等一系列文章，向中央阐明当时工人斗争的形势是防卫的反攻的，明确提出了赤色工会的主要任务是争取群众、积蓄工人阶级力量。

关于黄色工会和对待黄色工会的策略，刘少奇也进行了深入细致的考察，提出了对待黄色工会的策略，也和"左"倾的观点不一致，同当时赤色职工国际的判断发生了冲突。刘少奇的主要论述体现在如下方面：第一，提出应利用黄色工会争取群众。1930 年夏，刘少奇率中国工会代表团前往莫斯科，出席赤色职工国际第五次代表大会，大会起草了一个要在中国黄色工会中建立公开的赤色反对派，把黄色工会变为赤色工会的决议案。决议案提出后，刘少奇认为它不适合中国国情，立即表示反对。在中国，只有动员赤色工会会员秘密地加入黄色工会中，利用黄色工会这种合法身份，做争取群众、提高群众觉悟的工作，才能使赤色工会的力量既得到保存，又得以发展。刘少奇的主张被赤色职工国际的领导人诬为"反提纲""反决议"，还被扣上右倾机会主义的帽子。第二，提出黄色工会有内部派别，欺压群众的方式也不一样，他分析了对待黄色工会的各种不同意见中体现的问题。主要阐述这一问题的文件是刘少奇在 1931 年夏撰写的《最近中国职工运动，国民党工厂法、工会法与赤色工会目前的任务》。这是刘少奇在担任赤色职工国际第五届执行局委员期间向赤色职工国际作的报告，在文中他认真地研究了黄色工会的内部结构，指出了当时对于黄色工会存在的不同意见，并分析了各种意见。第三，

---

① 陈君聪、曹宏遂：《刘少奇工运思想研究》，工人出版社 1988 年版，第 104 页。

提出加入黄色工会进行斗争。1932 年 1 月，刘少奇撰写《批评“退出黄色工会”的策略》，之后又撰写《在黄色工会里面建立什么?》，在文章中着重论述了如何在黄色工会里面做争取工人群众的工作问题。为了明确加入黄色工会的目的，他指出，我们加入黄色工会，就是为了利用黄色工会这个公开组织和阵地，来进行我们争取工人群众、组织工人斗争、扩大赤色工会的影响的工作。①

在当时的情况下，刘少奇的主张受到临时中央的批评，没有得到支持。1932 年 3 月和 4 月，临时中央对刘少奇进行了错误批判，给他扣上“取消主义”“向黄色工会投降”等帽子，撤销了他中央职工部部长职务，扼杀了党内对白区工运策略的正确意见。白区工人运动在“左”倾路线的指导下陷入更加严重的困境。②

① 陈君聪、曹宏遂：《刘少奇工运思想研究》，工人出版社 1988 年版，第 93—94 页。

② 李玉赋主编：《新编中国工人运动史》上卷，中国工人出版社 2020 年版，第 150 页。

# 第九章

# 苏区工会的创建和工人运动的探索

土地革命战争时期，一方面，在城市中的革命力量不断遭到摧折，通过武装暴动、攻占大城市来夺取胜利的路线给革命带来了巨大损失，党在城市中的革命活动遇到了前所未有的困难；另一方面，随着农村包围城市、武装夺取政权道路的探索与实践，中国工人运动的范畴也从城市扩展到了革命根据地。中国共产党领导下的革命根据地也被称为苏区，在苏区建立的工会简称苏区工会。由于苏区工人阶级的地位与帝国主义和国民党统治地区有着根本不同，工人阶级的具体任务和方针策略也不相同。在苏区，中国共产党开辟了一个崭新的工人运动领域，在新民主主义革命时期的工人运动中具有独特的历史地位。

## 一、苏区工会的产生

### （一）苏区经济、社会情况和劳动条件基本状况

在土地革命战争时期，中国共产党领导的革命根据地借鉴了苏俄“苏维埃”的名称和组织形式，建立了“苏区”。苏区有中央苏区，位于江西南部、福建西部，由赣南、闽西两块苏区组成，还有湘赣苏区、湘鄂西苏区、闽浙赣苏区、湘鄂川黔苏区、陕甘苏区、鄂豫皖苏区、海陆丰苏区、川陕苏区等。由于中国经济发

展不平衡，农村革命根据地多是在敌人统治力量比较薄弱、经济落后、交通不便的地区建立和发展起来的，特别是在几省交界的偏僻山区。

由于这个时期的革命根据地都处在远离中心城市的偏僻山区，这些地区在成为革命根据地以前，是毛泽东所说的“严重的半封建经济”存在的地方。其特点主要有：第一，经济形态主要是以农业经济为主的自然经济，同时卷入半殖民地化的经济发展进程中；第二，缺少现代工业，商业较落后，交通不便，主要是传统的个体农业和小手工业、小作坊相结合的经济形态。毛泽东 1930 年曾在赣南寻乌县和兴国县永丰区做过调查，撰写的调查报告反映了苏区当时主要的社会经济状况。这个时期革命根据地的地理环境和社会经济状况，决定了各个革命根据地的工人阶级队伍特点，工人队伍主要由以下几类工人组成：（1）县镇和农村手工业工人；（2）苦力运输工人，包括船夫、挑夫等；（3）部分地区的煤窑、钨砂等旧式矿业工人；（4）商业店员；（5）农业雇工，即雇农。①

苏区的工业和产业并不发达，中国共产党在建立革命根据地后，开始着手发展工业。为满足军民所需，在中央苏区和其他苏区普遍建立了一些公营工厂，包括炼铁厂、被服厂、造纸厂、造币厂等。另外，由于应对国民党的军事“围剿”，也开始大力发展军事工业，举办了枪械所、子弹厂、炸弹厂等兵工厂。开发当地的矿产资源，组织开采钨、煤、铁、锡等矿藏，积极发展手工业，组织生产合作社，开设商店，组织运输体系等。随着工业的发展，在苏区产生了典型的工厂工人群体。但由于苏区地处偏僻、交通不便，且由于国民党的经济封锁，当地工业并没有大规模发

① 刘明逵、唐玉良主编：《中国工人运动史》第 4 卷，广东人民出版社 1998 年版，第 327 页。

展，苏区的工人阶级以乡村工人和旧式工人为主，工厂工人仅占少数。

对于工人的数量，并没有具体的统计数据，但相关行业的工人数量在不同文献中有所提及。关于手工业工人，在1930年11月《中共中央政治局关于苏维埃区目前工作计划》中指出，“在现在许多苏区中，手工业工人决不在少数，如赣西南便有四十多万手工业工人”。店员的数量并不多，当时商业以每隔几日的市集贸易为主，但店铺雇用店员的不多，据估计，整个中央苏区的店员工人“只千多人”①。对于矿业工人的数量，也有一些数据呈现了局部情况，资料显示赣南各县的钨矿，矿工人数当以万计，到1934年时，在苏维埃临时中央政府建立的中华钨矿公司有矿工5000余人。另外，由于革命根据地地处偏僻，崇山峻岭间交通多有不便，在有河流通行的地方，有水运业的船工、竹木排工人和码头搬运工人；在部分商业通道和矿区，有赶骡马进行运输的骡马工人；此外便是靠肩挑背扛的苦力运输工人。据《中央革命根据地工人运动史》记载，在闽西“航行在汀江、永定河、丰稔河、归县河、连南河等河流的木船有4700多条，船工2万余人，挑担苦力遍布各县”。另外，在农村还存在一定比例的雇农，据推断，各根据地雇农合计应有10万人以上。②

革命根据地工业经济并不发达，工人生活困苦，劳动条件恶劣。有资料表明，当时工人多是日出而作、日落而息，每日工作12小时以上，多的达到15小时，而且只有年节的三天或五天休假。劳动繁重艰苦，劳动安全也没有保障，劳动中经常遭遇事故

---

① 《中华全国总工会给赤色职工国际报告——中国苏维埃区域工会工作概况》（1934年3月1日），中华全国总工会中国职工运动史研究室编：《中国工会历史文献》第3卷，工人出版社1958年版，第624页。

② 刘明逵、唐玉良主编：《中国工人运动史》第4卷，广东人民出版社1998年版，第329—330页。

和伤害，比如，船工常面临着急流险滩、船沉人亡的风险，矿工经常面临冒顶塌方的风险和硅肺等职业病的威胁，还有失业的风险。在工资方面，资料中着重提到农村工人的工资，当时雇农无论是工资还是其他形式的收入都非常微薄，多数只够本人勉强生活，难以养家糊口，很多人没有能力娶妻，终身都是光棍。而且工人多数家住农村，处在亦工亦农的状态，由于工作无保障，在失业和无工可做的时候，兼顾耕种土地。

1931 年 11 月，在瑞金召开的中华苏维埃第一次全国代表大会，正式宣告中华苏维埃共和国临时中央政府成立，标志着革命根据地的发展进入一个新的阶段。在苏区，中国共产党大力改善工人的劳动条件，使得各项劳动条件有了较大提高。在 1934 年 3 月 1 日《中华全国总工会给赤色职工国际的报告——中国苏维埃区域工会工作概况》中，较详细地反映了这一时期苏区劳动条件的基本情况，以及在中国共产党领导下发生的一些变化。第一，工作时间缩短。当时的报告指出，在苏区实行八小时工作制，并实行星期日休息、纪念日休假及每年例假工资照给的制度，缩短了工人的工作时间。在国有企业、合作社企业和私人企业大多贯彻实行了八小时工作制，只有少数生产合作社、入股的工人自己不愿意实行的，没有实行。第二，工人的工资大大增加，中央苏区规定了每月 7 元的最低工资（后因工人要求，特殊合作社和国有企业最低工资每月 5 元），一般工资比革命前最少增长 20%，有的增加了几倍甚至十几倍，在中央苏区最大的城市汀州，工资增长最多的布业店员工由每月 2—10 元增至 31—35 元，增幅高达 3. 5—15 倍。在乡村的工人及家属，差不多都分得了土地，政府免了土地税，工人工资也普遍增加。以江西几个县的乡村工人零工工资为例，兴国由革命前每日 500 文增加至 600 文，公略由革命前每日 360 文增加到 700 文。中央苏区的船工和陆路上的苦力运输工人工资，也有成倍增加，只是他们还不能保证经常有可挣工资的活干。第三，中央苏区和闽浙赣工人在社会保险和学徒待遇等方面，也都有了改善，在社会保险方面，工厂作坊的长期工人开始实行了生老病死伤残和失业的社会保险。但是，由于生产力水平还不发达，不足以负担增长过快的劳动标准，劳动政策中体现出了过“左”的倾向，导致出现了资本家关停工厂、工人失业的情况。在发现其中的问题后，苏区对于过“左”的劳动政策进行了一定的纠正，但由于很快走上了长征的道路，修正后的政策实施时间并不长。

### （二）中央苏区工会的产生

革命根据地建立以后，中国共产党很快开始在各根据地组建工会。在大革命中，湘、粤、鄂、赣等地的许多地方都组织过工会和农民协会，手工业工人、矿工、船工等大多在共产党的领导和革命潮流的影响下参加过斗争活动，具有一定的革命斗争经验和觉悟。在这种情况下，苏区工会随着根据地的建立很快发展起来。①

革命根据地的工会建设不仅是工人运动的要求，也是革命根据地政权建设的要求。毛泽东非常重视革命根据地的工会建设，在井冈山革命根据地的开辟过程中，同时推动工会组建。在湖南茶陵县，革命军在攻克茶陵后，仍然用旧的办法继续管理，仍然坐堂审案，靠商会派款派捐，群众十分不满。毛泽东得知后，立即指示改变做法，要求部队发动和组织群众，成立工会、农会，成立真正由人民当家作主的工农民主政府。② 当时曾担任过工人纠察队队长的茶陵印刷工人谭震林联合各界工人，重新成立了茶陵县总工会，并当选为会长，总工会组织各行业工人，又成立了

---

① 李玉赋主编：《新编中国工人运动史》上卷，中国工人出版社 2020 年版，第 153 页。

② 谭震林：《井冈山斗争的实践与毛泽东思想的发展》，《毛泽东同志八十五诞辰纪念文选》，人民出版社 1979 年版，第 14—18 页。

店员工会、学徒工会、缝纫工会、铁业工会和磨工工会等，共有会员800余人。随后，毛泽东率部攻占遂川县城。这时茶陵被敌人占领，毛泽东派谭震林到遂川帮助当地恢复县总工会和各行业工会，蒋世良、毛泽覃、罗凤鸣等人均在遂川开展工会工作，并在工会中组织工人赤卫队，配合工农革命军作战和维持地方秩序。

随着形势的发展，1929年1月，毛泽东、朱德、陈毅率领红四军主力从井冈山出发，转战赣南、闽西各县，开辟新的革命根据地。红四军广泛宣传推翻帝国主义、推翻封建剥削、建立工农兵代表会议政府的三大任务，号召工人组织工会、农民组织农民协会、工农联合组织革命委员会和代表会议政府。在赣南、闽西革命根据地，红四军、中共江西省委、中共福建省委大力推动组织工会。1929年6月，红四军第一纵队政治部发出《告工人书》，号召各地工人组织革命赤色工会，开展各种经济政治斗争。1929年4月，中共江西省委通过《关于职工运动决议案》，要求在割据区域尽量发展职工会的组织，扩大工会的作用，以增强工人阶级在苏维埃政权上的领导作用。1929年7月，中共闽西第一次代表大会通过了《政治决议案》，要求“从日常斗争中发展工会组织，在重要城市（各县城及重要市镇）及重要职业（店员、烟、纸、运输）中建立工会基础”，并强调“赤色区域农村中的雇农及手工业工人应该组织工会”。到1930年3月，赣西南苏区共有31个县，其中25个县建立了总工会，其余各县也建立了一些行业和集镇工会。同年5月间，闽西地区发展工会会员1.5万余人。①

在苏区工会的组建程序方面，各地苏区分别通过召开工农兵代表大会和出台相关工会法规的形式组建工会。在闽西，1930年3月，召开闽西第一次工农兵代表大会，在选举产生闽西苏维埃

① 刘明逵、唐玉良主编:《中国工人运动史》第4卷，广东人民出版社1998年版，第335—337页。

政府的同时，通过了《劳动法》和《工会法草案》，大会还决定将各界的工人纠察队编入红十二军，以扩充红军。在赣东北，1929 年 5 月，分别召开了弋阳、横峰两县工人代表大会，成立了两县的总工会。1929 年 10 月，信江召开第一次工农兵代表大会，成立信江特区苏维埃政府，在大会通过的《施政大纲》中，规定了保护工人利益和工会职权的 4 项条款。次年 1 月，信江召开第二次工农兵代表大会，通过了《工会临时组织条例》，根据条例在大会期间建立了信江总工会筹备会，推动了万年、余江、上饶、铅山、余平、乐平等县工会组织的建立和发展，5 月 1 日，信江特区总工会正式成立。

其他苏区，如湘鄂西苏区、鄂豫皖苏区、湘鄂赣苏区，也都随着革命根据地的建立和发展，组建了各地和各行业的工会组织。1931 年 6 月，湘鄂西特区改为湘鄂西省，建立了中共湘鄂西临时省委。7 月 20 日，临时省委召开湘鄂西第二次工人代表大会，建立了湘鄂西省总工会，选举张昆弟为委员长。到 1932 年 2 月，全省 20 余个县建立了总工会，特别是建立了监利、沔阳、江陵、潜江、汉川、汉阳、荆南、江南等中心县的工会组织，全省工会会员共有 20244 人。1931 年 11 月，鄂豫皖特区总工会在新集召开执委扩大会议，通过了《关于工会组织问题决议案》和《工会详细章程》等文件，改进加强了特区工会的组织和工作。到 1931 年 12 月，在特区总工会直接领导下的有 10 个县总工会，还有新集市工会和兵工厂、印刷厂等直属工会，共计会员 19954 人。加上皖西北根据地 1931 年 5 月统计的会员 12570 人，全鄂豫皖苏区共有工会会员 32524 人。1932 年 4 月，鄂豫皖特区总工会改称鄂豫皖省总工会后，全省工会的组织和工作继续有所发展。① 另外，

① 刘明逵、唐玉良主编：《中国工人运动史》第 4 卷，广东人民出版社 1998 年版，第 367 页。

除主要革命根据地外，在1927年5月以后开始发展起来的琼崖革命根据地、1927年10月建立的海陆丰根据地及其以后的东江革命根据地、1929年10月和1930年2月由邓小平等领导建立的广西左右江革命根据地等，也都有工会组织的恢复、建立等活动。据1930年6月全国总工会收到的部分报告材料的不完全统计，当时部分苏区（主要包括信江、浏阳、阳新、龙岩、上杭、永定、武平、龙州地区）的工会会员共有43970人。如果加上未统计的赣西南、湘鄂西、湘赣、鄂豫皖等革命根据地的工会会员，有学者估计，1930年6月前后，全国苏维埃区域的工会会员总数，至少应在12万人。①

### （三）党加强对苏区工会的领导和全国总工会苏区执行局的建立

苏区工人运动是与以城市为中心的白区工人运动同时展开的，苏区工会在发展过程中，受到了党中央和全国总工会的重视，中共中央关于工人运动的文件中开始正式提出农村工人运动。1929年6月，党的六届二中全会在《职工运动决议案》中强调：要开展“农村工人运动”，在“苏维埃区域内，应立即建立组织”。②之后，全国总工会开始探讨苏区工会的问题并决定加强指导，1929年9月29日，全国总工会常委会决定起草一个关于苏区工会工作的大纲，年底发布了《苏维埃区域工会工作大纲》（以下简称《大纲》），其中提出苏区工会工作的根本路线是“发挥无产阶级在农民斗争中的领导作用”，要动员苏区城镇工人和乡村的广大雇农加入工会。《大纲》还对怎样建立工会生活、工会组

---

① 刘明逵、唐玉良主编：《中国工人运动史》第4卷，广东人民出版社1998年版，第336—337、341页。

② 《中共六届二中全会职工运动决议案》（1929年6月），中华全国总工会编：《中共中央关于工人运动文件选编》（上），档案出版社1985年版，第358—359页。

织系统、工会的经济斗争等作出原则规定。

1930 年 9 月，党的扩大的六届三中全会决定在苏维埃区域建立中央局，以统一苏区党的领导。会议通过了《职工运动议决案》，明确提出："苏维埃区域的赤色工会运动，成为最中心的问题之一。"强调党和全国总工会要派出大批工会干部，到苏区领导工会运动，建立系统的、统一的、集中的产业工会和手工业工会的联合，并提出在中央临时政府所在地，全国总工会要设立苏维埃区域的执行局，派全国总工会的得力执行委员去主持工作，以统一对苏区工会运动的指导。[①] 全国总工会苏区执行局的建立，使分散在各省边界地区的苏区工会运动，开始有了统一的组织和指导，标志着苏区工人运动开始走上了新的发展道路。

1930 年 10 月，全国总工会召开常委扩大会议，讨论贯彻党的扩大的六届三中全会精神。会议通过的《目前政治形势与工会任务决议案》决定，立即选派干部去苏区建立全国总工会执行局，并决定从各重要产业工会中挑选有能力有经验的干部，到苏区"担负指导责任"。[②] 1930 年末，发布《中华全国总工会对于苏维埃区域工会工作计划大纲》，该文件具体发布时间存在争议，根据文内涉及的历史事实看，应该是全国总工会常委扩大会议以后，全国苏维埃代表大会以前发布的文件。其中指出了目前革命形势与苏维埃区域工会运动的重要性，指出苏区工会运动中一般的任务，即在巩固苏维埃政权、建立苏维埃政权的根据地的任务之下，领导工人阶级的阶级斗争，彻底地执行土地革命，积极改

---

① 《中共中央六届三中全会关于职工运动议决案》（1930 年 9 月），中华全国总工会编：《中共中央关于工人运动文件选编》（中），档案出版社 1985 年版，第 90—91 页。

② 《目前政治形势与工会任务决议案》（1930 年 10 月），中华全国总工会中国职工运动史研究室编：《中国工会历史文献》第 3 卷，工人出版社 1958 年版，第 181—190 页。

良工人生活，加紧阶级性的群众组织，组织广大的工人群众参加苏维埃政权，为苏维埃政府建立真正的群众基础。对于苏区工会运动中的中心工作，该文件指出要组织产业工会，树立对产业工人的领导；要很迅速地坚决地去组织雇农工会；建立苦力工会、运输工人的组织、店员工会的组织；组织手工业工人等。其中尤其提到了苏区工会发展中的各个方面，包括苏区工会的组织任务和组织系统；发展工人的武装组织和训练问题；工人管理与苏区政府中的企业问题；失业工人运动问题；工会与苏维埃政府的关系；苏区工会运动中的干部、宣传和教育工作；苏区赤色工会与反动统治下赤色工会的关系等。①

另外，对于斗争纲领，在1930年发布的《中华全国总工会目前斗争纲领》中指出了关于经济斗争和组织的纲领，其中经济斗争的纲领提到了团结全国工人，反对资本进攻；强迫政府与资本家维持失业工人的生活；实行八小时工作制、按物价增加工资；反对减工；反对增加工作时间；反对减少工人、加重工作；反对打骂工人；改良工人待遇；改良工厂卫生；工人监督生产；反对开除工人；反对取消保障工人利益的条件；发清欠饷；工钱一律发现洋，不要抵折纸币及库券；同等工作同样工资；反对虐待工人的工头、监工；反对虐待童工、女工；女工产前产后休息六星期，工资照发；童工不得做过重的工作；规定起码工资的数目，每月不得少于15元；由政府、资本家建筑工人宿舍、食堂；工人疾病由资本家供给医药费，工资照发；反对压迫工人的一切劳资仲裁机关，由工人与雇主直接交涉。②

---

① 《中华全国总工会对于苏维埃区域工会工作计划大纲》（1930年12月），中华全国总工会中国职工运动史研究室编：《中国工会历史文献》第3卷，工人出版社1958年版，第285—300页。

② 《中华全国总工会目前斗争纲领》（1930年），中华全国总工会中国职工运动史研究室编：《中国工会历史文献》第3卷，工人出版社1958年版，第302页。

## 二、《中华苏维埃共和国劳动法》颁布与苏区工会的发展

苏区工人运动随着根据地的建设而快速推进，通过召开工人代表会议等方式，各地工会得以迅速建立。1931 年 11 月，《中华苏维埃共和国劳动法》颁布，苏区工人运动有了明确而统一的法律依据。之后，闽赣两省联合的工人代表大会召开，苏区工会工作有了更明确而统一的指导方针。这一时期，在白区城市的工人运动不断遭遇挫折，1933 年初全国总工会迁入中央苏区，刘少奇、陈云担任全国总工会苏区中央执行局领导，在工会工作中着力纠正了苏区工人运动中的“左”倾问题，从各方面加强了工会的组织建设，推动各苏区的工人运动更加迅速地向前发展。

### （一）《中华苏维埃共和国劳动法》颁布

为了维护工人群众的利益，调动工人群众的积极性，改善工人群众的生活，苏区在建立时期就发展劳动立法，例如，1929 年 10 月《上杭县劳动法》，1930 年 2 月《永定县劳动法》，1930 年 3 月《闽西劳动法》，还有 1930 年 5 月全国苏维埃区域代表大会通过的《劳动保护法》等。这些法律法规在保护劳动者利益方面都提出了具体的要求，如《上杭县劳动法》第二条规定“店东不得无故辞退工人，否则除将全年薪资发给外，另以路途远近酌发川资”；《闽西劳动法》第四章第十三条规定“东家无故停业半年以上者，其工具由工人没收使用”等。① 这些劳动法规是早期的、地方性的劳动政策法令，相对而言是比较简单和初步的。

中华苏维埃共和国临时中央政府成立后，颁布了《中华苏维

① 张希坡、韩延龙主编：《中国革命法制史》，中国社会科学出版社 2007 年版，第 615 页。

埃共和国劳动法》（以下简称《苏维埃劳动法》），这部法律共12章75条，第一章总则，规定了法律的适用范围；第二章至第十一章，分别为雇佣手续、集体合同和劳动合同、工作时间、休息时间、工资、女工青工及童工、劳动保护、全国总工会及其他地方的组织、社会保险、解决劳资冲突及取缔违犯劳动法的机关等，以及第十二章附则。可以说集劳动标准、劳动安全、劳动合同、集体合同、工会制度、社会保险制度、劳动争议处理制度等各项制度于一体，是一部综合性的劳动立法。

这是苏维埃区域第一个以国家基本法形式通过的最为完备的劳动法。它的中心内容和主要目的，是改善工人阶级的生活状况，反对雇主对工人的压迫，限制私人雇主对工人的剥削。在《苏维埃劳动法》中，首先规定了法律的适用范围，即第一条规定“凡在企业、工厂、作坊及一切生产事业和各种机关（国家的、协作社的、私人的都包括在内）的雇佣劳动者，都享受本劳动法的规定”。并规定了工作时间、休息休假、工资支付等一系列规定。其中规定，对雇佣劳动者普遍适用最高八小时工作制，16岁到18岁的青年工人每日工作时间不得超过6小时，14岁至16岁的童工每日工作时间不得超过4小时。劳动者每周要有连续42小时的休息，也就是每周至少休息一天半，这是我国周休息制度的雏形。而且除非经过劳动检查机关或者工会的特别允许，不得安排加班。得到许可的加班，工人要得双薪。同时还规定了带薪休假制度，即劳动者连续工作6个月以上就应该享有两周的带薪休假。

《苏维埃劳动法》对于工会建设进行了具体的规定，涉及工会的地位、工会与政府的关系、工会职能、工会经费等各个方面。《苏维埃劳动法》明确了全国总工会的独有地位，即“各项职工会及其地方组织，须根据全国总工会全国代表大会通过的章程而组织，不根据该章程所组成的各种联合会，不得称为职工会，也不得享受职工大会在法律上应享受的权利”。《苏维埃劳动法》还明确指出，“职工会主要的任务是代表个别的或集体的工人，保护一切雇佣劳动者的利益，并努力设法改善工人的一切经济和文化的条件，用各种方法积极地帮助和加强、发展并保护苏维埃运动及苏维埃政府”。此外，《苏维埃劳动法》规定了工会经费的来源，即“由雇主出工资总数以外的百分之二的数目作为工会的办公费，又百分之一作为工人的文化费”，这是对工会经费制度的明确规定。

但是，《苏维埃劳动法》的条款仍受到“左”倾政策的影响。该部法律是以1930年5月制定的《劳动保护法》为基础，经过修改补充而制定的，而《劳动保护法》是在“左”倾冒险错误的指导下制定的，所以《苏维埃劳动法》的很多条款并不能适应苏区的小农经济情况，出现了标准过高等问题，因此，《苏维埃劳动法》在出台后很快经历了一次大修改。

### （二）中华苏维埃政府成立后推动苏区工会发展

在中华苏维埃第一次全国代表大会后，全国总工会苏区执行局发动各苏区工会开展了“拥护全苏大会和临时中央政府的群众运动”，广泛宣传全国苏维埃代表大会通过的法令和决议，号召广大工人、苦力和雇农带头拥护这些法令和决议，积极参加苏维埃政权建设和支援革命战争的各项工作。

此前，很多根据地在革命的发展中都召开了工农兵代表大会，包括在闽西、赣东北等地，都依托工农兵代表会出台相关劳动法规、制定工会工作方略。在此基础上，中华苏维埃第一次全国代表大会后，全国总工会苏区执行局决定召开闽赣两省工人代表大会，来落实全国苏维埃代表大会给苏区工运提出的任务，贯彻中共中央和苏区中央局在全国苏维埃代表大会前后作出的关于苏区工运的新的决议，推动苏区工会组织的改造和各项工作的发展。为做好闽赣两省工人代表大会的准备工作，全国总工会苏区执行局制定了《苏维埃区域工会组织大纲》，起草了《雇农工会章程》，发表了《为发展革命战争告工人书》，编印了《两省工人代表大会问答》《两省代表大会工作指南》《集体合同与劳动合同》等小册子，还出版了刊物和画报等，进行了广泛宣传。

经过了一系列准备，1932 年 2 月 7 日，在瑞金叶坪附近的黄家山召开了闽赣两省工人代表大会。出席大会的代表共 256 人，陈寿昌主持开幕式。大会共持续了 7 天，听取并讨论了周恩来的政治报告，通过了《职工会在苏维埃中的任务决议案》等 8 个决议案。这次闽赣两省工人代表大会基于当时闽赣两省工会运动的实际情况，明确提出了苏区工人阶级在巩固苏维埃政权，发展革命战争中担负的基本任务，即规定了两省职工会的 10 项任务，具体是：（1）从斗争中建立和改造各级工会，使之成为“真正的阶级的斗争的民主组织”；（2）发展工人的经济斗争，彻底实现劳动法，争取工人生活的切实改善；（3）将工人的经济利益与农民土地革命、反帝运动和巩固扩大苏维埃区域的利益联系起来，既反对只顾工人经济利益不顾革命利益的经济主义，更反对不发动群众斗争的机会主义；（4）加强职工会在土地革命中的作用，巩固雇农苦力与贫农中农的联合，设法救济失业工人；（5）领导工人群众协助实现苏维埃的一切法令，努力增加生产；（6）扩大红军，建立铁的红军，是职工会的第一等任务；（7）加强青工女工工作，维护他们的特殊利益；（8）领导组织合作社特别是生产合作社，粉碎敌人的经济封锁；（9）扩大宣传教育工作，普遍开展识字运动，创办工人报刊，建立工会宣传队、俱乐部、文化娱乐等组织；（10）派得力干部到附近白区工人中开展工作，发展赤色工会，组织经济斗争和反帝反国民党黄色工会的斗争，并提出在江西要首先注意赣江交通工人和湘赣边界的矿工工作，在福建要首先注意韩江交通工人的工作。①

在闽赣两省工人代表大会上，同时建立了两省职工联合会和雇农总工会。大会闭幕后，两省职工联合会和雇农总工会分别召开了第一次执行委员会，选举委员长和组织部、宣传部等部长及青工、女工委员，组成了领导机构。各苏区先后召开了各级工人代表大会，改建或新建了省县区三级职工联合会。在县职工联合会下，建立各业工会及其下属的支部、小组；在区工联下建立各业分会和乡支部；在工会支部下，按业或村建立了工会小组。据1932年3月17日全国总工会苏区执行局给全国总工会的报告，当时中央苏区有25个县，其中福建有6个县建立了职工联合会，江西有11个县建立了职工联合会，其他各县大多建立了部分行业工会和工会支部，有的建立了县工会联合会筹备处。除了两省代表大会上建立的全省雇农工会外，福建还建立了全省木船工会。逐渐形成了从全国总工会苏区执行局到各地各业的组织体系，改变了过去苏区工会分散、零乱的状态。

### （三）全国总工会迁入苏区

1933年初，由于白区工人运动形势进一步恶化，临时中央和全国总工会在白区无法立足，被迫由上海迁到江西中央革命根据地。全国总工会的名义仍然保留，撤销原全国总工会苏区执行局，改设全国总工会苏区中央执行局，指导全国的工人运动。全国总工会苏区中央执行局的委员长由刘少奇担任，副委员长由陈云担任，陈云还兼任中共驻全国总工会党团书记和全国总工会社会部部长（即白区工作部部长）。从福建调回梁广任组织部部长，陈荣洲任组织部副部长，倪志侠任社会经济部部长，王子刚任宣传

① 刘明逵、唐玉良主编:《中国工人运动史》第4卷，广东人民出版社1998年版，第362—363页。

文教部部长，王秀任青工部部长，刘群仙任女工部部长，郭南熏任秘书。全国总工会增设国家企业部和军事工业委员会后，由马文任该部部长兼委员会主任。原全国总工会苏区执行局主任陈寿昌，于同年7月调任中共湘鄂赣省委书记兼军区政委，次年7月在战斗中牺牲。

全国总工会苏区中央执行局成立后，刘少奇和陈云立即与各苏区工会取得联系，或派出得力干部到各苏区去加强工会领导力量，或派干部前去巡视指导工作。在工会组织建设方面，继续整顿健全各级工会组织，刘少奇、陈云带头深入基层，调查研究，指导各级工会干部改进工作作风和工作方法。另外，为了便于全面指导推动工作，全国总工会苏区中央执行局还着力打造宣传阵地。不仅参与合办党、政、工、团联合中央机关报《红色中华》，还创办了名为《战斗》的四开油印小报，并于1933年6月重新恢复出版铅印机关报《苏区工人》。《苏区工人》主要登载全国总工会苏区中央执行局及其领导人的重要文件和文章，报道国内外工运消息，介绍苏区工人运动和工人组织，还刊有揭露国民党反动行径的文章，到1934年9月8日，红军长征前夕被迫宣布停刊。

全国总工会苏区中央执行局的建立及其为加强苏区工运的领导而采取的各项措施，有力地推动了各苏区工人运动的全面发展。据1934年3月1日全国总工会给赤色职工国际的报告记载：各苏区在政府机关、群众团体和医院、学校等单位的职工中普遍建立了工会；特别是从1933年4月起，全国总工会苏区中央执行局领导各苏区的各级工会，广泛开展了“征求会员运动”，计划吸收苏区90%以上的工人、雇农、苦力加入工会；到1934年2月，“这一计划在几个主要苏区是实现了、超过了、增加了5万以上的新会员”。而在中央苏区的基本区域（即巩固的苏区）与闽浙赣苏区，有95%的工人加入了工会，在兴国县达到98%。具体数据为，中央苏区有工会会员14.5万人，湘鄂赣苏区有4万人，湘赣苏区有 2.5 万人，闽赣苏区有 7000 人，闽北苏区有 7500 人，闽浙赣苏区有 1.8 万人，各苏区附近白区有 1.1 万人；加上鄂豫皖、湘鄂川黔等苏区，全国苏维埃区域的工会会员人数总计近 26 万人以上。[①]

## （四）苏区成立五个产业工会

产业工会是以产业为原则建立的工会联合，是工人运动的重要支柱。中国共产党历来重视产业工会的发展，党的一大决议即明确提出组建产业工会。在白区工人运动中，历来重视发动和组织产业工人和按产业系统去建立工会组织。在苏区，也逐步开始了产业工会的建设。苏区很多县在工会组建中，根据当地情况也已经建立了一些产业工会，比如，1928 年在湖南茶陵组建工会的过程中，就曾组建缝纫工会、铁业工会等产业性质的工会。但这些产业工会主要是县级或市级区域的，缺乏自上而下的组织和相互间的联络。1930 年 9 月，党的六届三中全会《职工运动决议案》提出苏区“应当有系统地建立当地统一集中的产业工会和手工业工会的联合”。同年 12 月，全国总工会制定的《对于苏维埃区域工会工作计划大纲》，规定苏区要组织产业工会，并树立其在各种斗争中的中心领导地位。同时根据当地的经济特点，明确指出要建立这几类工会：（1）组织雇农工会，以便在反富农斗争中，彻底深入土地革命；（2）建立苦力工会，主要成员为肩挑担担的、推车子的、抬轿子的、做短工的、帮闲的等工人；（3）建立木船、码头、城市车夫等运输工人的组织；（4）组织店员工会；（5）建立各种手工业工人的工会组织。1931 年 3 月 1 日，中共苏区中央局在《关于工会运动与工作路线的通告》中规定苏区

① 中华全国总工会中国职工运动史研究室编：《中国工会历史文献》第 3 卷，工人出版社 1958 年版，第 623—624 页。

应当按照产业和职业关系组织工会，每种工会都要有系统的组织。

各苏区在发展的过程中，已经逐步建立了雇农工会、店员工会、手工业工会、木船工会等，各地分散、零散的业别工会组织需要有更明确而统一的系统建设。全国总工会迁入苏区后，全国总工会苏区中央执行局即将筹备建立苏维埃全国性产业工会列入重要工作日程，基于苏区的经济特点，陆续建立了中国农业工人工会、中国店员手艺工人工会、中国纸业工人工会、中国苦力运输工人工会、苏维埃国家企业职工会这五个产业工会。

中国农业工人工会是全国总工会苏区中央执行局首先成立的产业工会。农业工人也称为雇农，在 1929 年 6 月党的六届二中全会的《职工运动决议案》中就曾提出应该组织雇农。在苏区进行土地革命的过程中，强调雇农在分了田地之后应继续组织工会。从 1929 年下半年起，各苏区都开始将雇农从农民中划分出来组织工会，同时参加贫农团和农民协会。在中华苏维埃共和国成立后，闽赣两省工人代表大会在建立两省职工联合会的同时，也建立了两省雇农总工会。之后，又相继成立了湘鄂赣省雇农总工会、湘赣省雇农总工会，到 1932 年底，各苏区大多已初步形成了省、县、区雇农工会到乡和村的支部、小组的雇农工会系统。由于组织基础较好，全国总工会苏区中央执行局于 1933 年 2 月 11 日，通过了《中国农业工会临时组织大纲》，1933 年 4 月 1 日至 7 日，在瑞金举行了中国农业工人第一次全国代表大会，共有 244 名苏区的雇农工会代表参会。毛泽东代表苏维埃临时中央政府向大会致词，刘少奇在大会上作了《目前的政治形势与中国农业工人的任务》的报告。大会确定了农业工会的各项工作任务，通过了《中国农业工人工会章程》和农业工人的经济斗争纲领，选举产生了以朱地元为委员长、李又棠和张念仁为副委员长的中央委员会，正式建立了中国农业工人工会。

1933 年 5 月 1 日，在瑞金召开了中国店员手艺工人第一次全国代表大会。由于当时苏区的手工业和商业有着自然的联系，商铺中的店员本身也是手艺工人，所以将店员和手艺工人组织在同一个产业工会中。在这次大会上，刘少奇担任主持人，陈云参加了会议，中共临时中央政治局常委洛甫（即张闻天）到会作了政治报告。大会讨论通过了《关于洛甫同志政治报告的决议》和《中国店员手艺工人工会章程》《店员手艺工人工会在苏区内的组织任务决议案》《苏区店员手艺工人在经济斗争中的任务》《中国店员手艺青工第一次代表大会的决议》《关于帮助机关工作人员与红军家属的决议》等文件。为了扩充红军，大会决定建立中国工农红军店员手艺工人师，并提出赣东北、湘鄂赣、湘赣等苏区各建立一个店员手艺工人团，号召全苏区工人加入赤卫队和少年先锋队。大会还提出要巩固扩大工会组织，批评了不允许沿门卖艺的手艺工人加入工会的错误。大会选举产生了中国店员手艺工人工会中央委员会，邓振询为委员长，罗梓铭为副委员长。

1933 年 7 月 1 日，在瑞金召开中国纸业工人代表大会，成立了中国纸业工人工会。由于当时的苏区所处地区大多盛产竹木，以竹木为原料的手工造纸业也有多年历史，行业成熟，工种复杂，涉及人数众多。基于此，全国总工会苏区中央执行局决定将纸业工人从其他手艺工人中划分出来，单独成立纸业工会。中国纸业工人代表大会选举产生了中国纸业工人工会中央委员会，罗梓铭为委员长。

1933 年 9 月 1 日，在瑞金召开了中国苦力运输工人第一次全国代表大会，刘少奇和博古（即秦邦宪）在大会上发表了讲话，共有 271 名代表参加。大会制订了苦力运输工人的经济斗争纲领，宣告成立中国苦力运输工人工会，选举了王贤选为委员长，谢瑞生为副委员长。由于苏区所处地多具有山多、河流多的地形特征，水运历来是当地非常重要的运输力量，苦力运输工会主要是为木船和竹筏、木排工人，码头工人，以及常年在城镇或长途进行肩挑、背扛、拉车、赶牲口等运输业务的苦力工人建立组织。由于当时正处在第五次反“围剿”战争即将开始的紧要关头，大会还讨论了战争动员问题，一方面动员苏区广大苦力运输工人积极参军参战，另一方面鼓励运输工人扩大水上运输能力，争取突破敌人的经济封锁，开辟水上红色交通线。

为发展苏区经济和支持革命战争，在苏区陆续建立了各类国家工厂，1934 年 3 月 20 日，全国总工会苏区中央执行局决定成立苏维埃国家企业职工会。1934 年 7 月 1 日，在瑞金召开了苏维埃国家企业工人第一次代表大会，共有 160 余名代表参会，宣布成立苏维埃国家企业职工会，选举朱荣生为委员长、陆宗昌为副委员长。全国总工会苏区中央执行局委员长刘少奇、中共中央主要领导人博古、红军总司令朱德等出席了会议，并先后讲话，号召国家企业职工用新的态度对待新的劳动，为革命战争和苏维埃政权的胜利而奋斗。

随着上述五次产业和职业性质的工人代表大会的召开，五个产业工会相继成立，并制订了相应的决议和纲领，组织动员不同产业的工人群众积极参加革命战争和苏区建设，为苏区建设发挥了重要作用。但是产业工会在建设和发展中也逐渐出现了问题。由于当时苏区工会整体处在农村山区，各地区之间交通和联络并不便利，除国家企业职工会外，其余四个产业工会在单独进行工作方面存在很多困难，各产业工会的下层工作主要还是在各地区的区县职工联合会领导下进行的。①

## 三、“左”倾错误对苏区工会的危害及其初步纠正

苏区工人运动在发展过程中受到“左”倾思想的影响，遭遇

① 刘明逵、唐玉良主编：《中国工人运动史》第 4 卷，广东人民出版社 1998 年版，第 387 页。

了很多挫折，其中工会建设方面的问题有工会会员成分过窄和劳动标准过高以至于不符合经济发展状况等方面，在发现问题后，工会领导者通过理论分析、修订法规等方式推动了问题的纠正。

### （一）“左”倾思想导致工会会员成分狭窄及纠正

苏区工会处在经济落后的农村，如何划分工人阶级及其他劳动者的界限，从而正确规定吸收工会会员的条件，是个没有先例可循的复杂问题。在苏区工会的初创时期，各地在这个问题上出现过一些混乱现象。尤其是把大量没有固定雇主的个体手工业工人和苦力运输工人，作为“独立劳动者”从工会中清洗出去，还提出了“驱逐师傅出工会”的口号。在 1931 年 11 月到 1932 年 9 月以前的八九个月间，各苏区普遍开展了“改造工会的运动”，大批撤换各级工会干部，大批驱逐被错划为“独立劳动者”和老板的手工业工人和师傅出工会，使工会会员人数减少，各地工会组织人数遭到了严重的削减。这被称为工会发展中的“左”倾关门主义错误。

在苏区，作为独立劳动者的手艺人和苦力数量较多，各业熟练的手工艺者也有带徒弟的传统，将其驱逐出工会大大减弱了工会的群众基础。另外，由于把师傅视为剥削者，也不允许其加入工会，导致当时没有师傅愿意带徒弟，很多青年工人没有机会学习手艺。上述情况的出现，使党和工会的领导机关逐渐意识到了问题的严重性，开始寻求解决办法。在苏区工会会员成分问题上，刘少奇把理论和实际结合起来，提出了正确的主张。当时，刘少奇已被推行王明“左”倾路线的中共临时中央撤销了中央职工部部长和全国总工会党团书记的职务，但他仍是中共中央政治局委员，仍在上海参与指导工运工作。他从苏区工会的一些报告材料中，看到一些苏区工会在会员成分问题上存在的混乱现象，于 1932 年 4 月撰写了《苏区阶级工会的会员成分》一文，并于 1932

年5月2日发表在中共中央的《红旗周报》第35期上，根据马克思主义的阶级观点和阶级分析方法具体分析了苏区劳动者的阶级属性，提出：凡属“以出卖自己劳动力为生活的主要来源”的工人、职员、雇农、苦力，都是阶级工会的会员成分，都应加入工会。[①] 他明确提出了可以加入工会的劳动者的核心判断标准，即“以出卖自己劳动力为生活的主要来源”，而其他标准都不具有决定性，包括身份是工人还是雇农，工作形式是固定还是灵活，是否有自己的生产工具，是否带徒弟等都不是决定性标准。同年9月，全国总工会常委会接受了刘少奇的主张，通过了《为工会会员问题给苏区工会的信》，规定：“凡是承认工会的章程，以出卖自己劳动力为生活资料的唯一来源（无产阶级）或主要来源（半无产阶级）之工人、雇农、店员、苦力等，不论他的年龄、性别和籍贯及宗教信仰与政治见解如何，均可加入工会为会员。”

全国总工会常委会《为工会会员问题给苏区工会的信》中对各苏区存在的“限制和驱逐苏区的无产阶级与半无产阶级的工人雇员等于工会之外”的种种规定和做法，逐一进行了批评、纠正。这些被批评纠正的错误规定和做法如下：

第一，对于“独立劳动者和沿门卖工的个人劳动者，都没资格加入工会”的说法，信中指出“这样规定加入工会的条件，实际是要取消苏区工会的”。为了纠正这个错误，规定所谓的“独立劳动者”和“沿门卖工的个人劳动者”中，凡是以出卖劳动力为生活资料主要来源的，都是阶级工会的会员成分，都应吸收他们入会。

第二，“认为凡是出卖劳动力而有自己很少的生产工具的工人，都不能算工人，都不能加入工会（中央区）”。信中指出，

① 刘少奇：《苏区阶级工会的会员成份》（1932年4月25日），中共中央文献研究室、中华全国总工会编：《刘少奇论工人运动》，中央文献出版社1988年版，第119页。

这是错误的。因为仅有很少的生产工具并不能独立进行生产，许多工人有一点自己的生产工具，只是他出卖劳动力的必需条件，只要他们主要是以出卖劳动力为生的，都应算是工人，都可加入工会。

第三，“认为土地革命后分了土地的农村工人已经变成了农民，丧失了工人地位”。信中认为这也是错误的，照这样的“理论”，土地革命后就要取消雇农工会，或者反对农村工人在土地革命中分得土地，这对革命都是不利的。信中说：“农村工人在土地革命中，不独没有因分得了土地而丧失他的革命，丧失了他原来的阶级地位，而且要大大的提高他的革命积极性。”为此，信中强调在土地革命以后，“苏区工会应将农村工人吸收入工会，成立统一的雇农工会（虽然那些分了土地的农村工人暂时很少出来出卖自己的劳动力）”。

第四，针对苏区党代表大会决议和一些地方提出的“驱逐师傅出工会”的口号，信中指出“一般的提‘驱逐师傅出工会’的口号，是不对的”，规定“被雇在工厂、作坊及商店中作工，从来没有剥削学徒的师傅，是可以加入工会”。但是信中强调反对师傅的剥削，提议除领导手艺工人（包括学徒）与雇主订立集体合同之外，还要领导学徒与师傅订立“学习手艺的合同”；在这种师徒合同上明确规定学习期限和工资待遇等条件，以保障学徒的利益，反对师傅的剥削和虐待。

第五，对反对机关雇员加入工会的做法提出了批评。对鄂豫皖地区关于“每年要出卖一百八十工以上的工人才能加入工会”的规定，和清洗“中农工人、富农工人”的做法，以及湘赣苏区“坚决洗刷带流氓性的工人”和中央苏区洗刷“行会主义”的工人等提法和做法，进行了批评和纠正。同时，全国总工会的信中还指出：“各苏区工会对于组织季节工人、家庭工人及登记失业工人的工作做得不够。工会应该吸收生产中排挤出来的工人加入工会。”信中还批评了用“沿门造册”的办法强迫加入工会的做法，强调“加入工会实行完全自愿制”，禁止采用一切有形无形的强迫方法。

最后，全国总工会常委会在信中向各苏区的工会组织提议：“在一切工会的刊物上、会议上讨论这封信”，“在广大民主的自我批评的精神上”，开展反对工会会员问题上所犯的“左”、右机会主义错误，“并在章程上、文件上尤其在实际行动上改正这些错误”，同时在领导工人经济斗争等工作中，“来实现组织工人阶级大多数的任务，使工会成为苏维埃政权最主要的坚强的群众柱石”。①

全国总工会常委会的信在各苏区贯彻执行以后，纠正了苏区工会在会员成分问题上的关门主义错误。1933 年初，全国总工会迁入中央苏区后，刘少奇、陈云担任了全国总工会苏区中央执行局的领导，从各方面加强了工会的组织建设。继续贯彻执行全国总工会关于工会会员问题的指示信，彻底地纠正了会员成分问题上的错误。特别是中国农业工人第一次全国代表大会和中国店员手艺工人代表大会，都在决议中强调要贯彻全国总工会指示信的精神加强工会组织建设，之后中央苏区的各级工会也都彻底纠正了会员成分问题上的错误，全部恢复了被错划为“独立劳动者”等非工人阶级成分而被错误清洗出工会的工人、苦力和师傅的会籍，同时恢复发展了在土地革命中已经分得土地的雇农工人的工会。另外，各苏区工会根据全国总工会指示信的规定，在政府机关、群众团体和医院、学校等单位的职工中普遍建立了工会。在此基础上，苏区工会组织才有了进一步的大发展。

---

① 刘明逵、唐玉良主编：《中国工人运动史》第 4 卷，广东人民出版社 1998 年版，第 372—375 页。

### （二）劳动标准过高问题及《苏维埃劳动法》的修改

《苏维埃劳动法》通过后，1931 年 12 月 20 日，中华苏维埃共和国中央执行委员会通过了《关于实施劳动法的决议案》，宣布该劳动法“从一九三二年一月一日起发生效力”，“自本劳动法实施之后，以前各级政府颁布的一切劳动法令及关于劳动问题的决议，都不发生效力”，“凡违犯本劳动法各条之规定以及将来颁布关于劳动问题的各种法令，须按照刑法以应得之罪惩罚之”。

但是，由于《苏维埃劳动法》很多条款本是针对城市产业工人的，不能适应苏区的农业和手工业经济形态，导致实际执行中出现了很多问题。如湘赣苏区省委给中央局的总结报告中说：有的工人利用劳动法对工人工作没有要求实行消极怠工，许多工人每天只做五六个小时就散工了，茶陵有的缝工两天才做一条短裤，莲花有的工人一天织四尺布，引起雇主的不满；理发合作社机械实行八小时工作制，使群众理发不便；永新的各种生产合作社工人实行八小时工作制后，怕独立劳动者多做工多赚钱，便用命令方式禁止他们做八小时以上的工，引起独立劳动者的不满。还有的地方工资增长太多，如攸县职工工资从一天三角三分增加到五角，结果有的店家无法承受，便不雇用工人了；执行《苏维埃劳动法》后，学徒、青工增加了工资，过去的师傅都不带学徒了。[①]

一些苏区的党政领导和工会组织，在开始贯彻执行《苏维埃劳动法》时，对遇到的一些困难和问题，采取了比较实际的态度，并将遇到的困难和问题分别向中共临时中央、中共苏区中央局和全国总工会苏区执行局写了报告。但是，当时中共临时中央和中共苏区中央局，正在加紧向苏区推行王明“左”倾机会主义

---

① 李玉赋主编：《新编中国工人运动史》上卷，中国工人出版社 2020 年版，第 161 页。

路线，对有些苏区在贯彻《苏维埃劳动法》的工作上采取比较实际的态度和做法，不仅不予支持，反而加以严厉的指责。在“左”倾思想指导下，盲目追求过高的工资和福利待遇，不顾苏区经济承受能力的情况在各苏区快速蔓延起来。各地发动群众订立经济斗争纲领和集体合同、劳动合同，在《苏维埃劳动法》已经规定了过高标准的情况下，提出更高的要求，并且在实现这些过高要求的斗争中，采取了一些过火的行动，如强迫雇用失业工人等。这严重打击了城镇手工业和商业经营者的积极性，给经济和社会生活造成了严重的危害。尤其严重的是，在 1933 年初红军反“围剿”期间，中央苏维埃区域 6 个县城发生总罢工，致使红军的供给出现了严重困难。由于当时劳动立法已经对劳动者的各方权益给予了很高的保障，而苏区经济本身的负荷能力又有限，这种情况下还不断要求提高劳动条件妨碍了生产的发展，给经济造成了极大的困难。

这种错误在中共临时中央和全国总工会迁入中央苏区以后，开始逐步得到纠正。1933 年初，中共临时中央政治局常委张闻天，负责全国总工会苏区中央执行局工作的刘少奇、陈云等领导人发现《苏维埃劳动法》执行中的“左”倾错误造成苏区经济遭到破坏，导致工人失业增加，工农关系紧张，军需民用物资供应困难的严重局面，认为必须立即采取措施加以纠正。1933 年 3 月 28 日，毛泽东主持召开了苏维埃临时中央政府人民委员会第 38 次例会，决定修改《苏维埃劳动法》，使之适应苏区的实际条件。会后建立了负责修改《苏维埃劳动法》的起草委员会，立即着手对《苏维埃劳动法》的审查修改工作。

为了纠正《苏维埃劳动法》执行中的错误，刘少奇、陈云等领导人深入进行调查研究，通过开会、指导工作和报刊宣传等各种方式，教育工会干部和工人群众，纠正《苏维埃劳动法》执行中的“左”倾错误。在 1933 年 4 月至 7 月间，张闻天、刘少奇、陈云等在苏区党的刊物《斗争》和《苏区工人》等报刊上，先后发表了一系列的重要文章，从理论政策上系统阐明了正确的劳动政策，包括张闻天发表《五一节与〈劳动法〉执行的检阅》，刘少奇发表《在两条战线斗争中来改订合同》《模范的要求纲领》《停止“强迫介绍”与救济失业工人》，陈云发表《苏区工人的经济斗争》和《怎样订立劳动合同》等。

在刘少奇发表的《停止“强迫介绍”与救济失业工人》中，不仅指出了当时政策的问题，还提出了失业救助政策的正确思路。刘少奇认为，强迫介绍工人到工厂店铺不仅不能解决失业问题，反而会导致工厂店铺无法负担而倒闭，从而引发更严重的失业，他将这称为“挖肉补疮”。他指出，法律虽然要求工人到劳动介绍所登记，但是并没有规定雇主不需要请工人的时候，可以派工人去强迫雇主雇用。对于怎么帮助失业工人这一问题，刘少奇提出苏维埃政府对于每个饿饭的失业工人是负责的，“当失业工人饿饭的时候，工会和苏维埃是从资本家剥削者那里抽出钱来，给失业工人以救济”①。这些方法帮助工人提高了对苏维埃的认识以及参与革命斗争的积极性。在福建汀州实施了这样的失业救济后，得到了工人的认可，并且激发了工人对苏维埃的热情，当场就有五人自动报名加入红军。至于救济失业工人的基金，涵盖在当时的社会保险基金中。对于实际工作中失业基金的征缴，刘少奇认为是可以实现的，他在文章中指出在中央劳动部训令下去一个星期后，“瑞金已向老板抽取了七百多元，汀州也有五百多元”。他还提出工会应组织失业工人从所得的津贴中，划出资本来组织合作社等，为工人解决工作问题。这样的论述不仅是解决实际问题的方法，更是对社会保险运行原理的理论阐述和探索。

① 刘少奇：《停止“强迫介绍”与救济失业工人》（1933年6月），中共中央文献研究室、中华全国总工会编：《刘少奇论工人运动》，中央文献出版社1988年版，第152—153页。

1933年10月15日，中华苏维埃临时中央政府正式公布了经过修正的《中华苏维埃共和国劳动法》。新的《苏维埃劳动法》共15章121条。① 它在保留了原《苏维埃劳动法》的各项重要条款基础上，增加了可以根据苏区实际情况灵活执行的规定。

第一，1933年修改后的《苏维埃劳动法》对适用范围条款进行了例外规定，对农民雇工和小手工业予以一定条件的放宽，在劳动标准适用上适当缩小了范围。对于学徒也允许工厂作坊招收，并设专章对学徒进行规定，要求学徒最长的学习期限不得超过三年，每天须有一小时以上专门学习技艺的时间，学徒在学习技艺三个月后，须得相当工资，以后须按照学徒学习期限与生产率的标准提高工资等。这些制度一方面承认学徒在学习技术方面和普通劳动者不同，另一方面又明确了对学徒的劳动保护。同时将工会成员的范围扩大，其中在第106条明确指出"职工联合会（简称职工会或工会），系联合各企业、各机关、各商店以及家庭中的雇用劳动者而成立的机关"，涵盖了各种类型的劳动者。

第二，修改后的《苏维埃劳动法》去掉了工会可以提前取消合同的规定，规定了只有在各企业、各机关、各商店转移于新业主时，订立集体合同的双方，有权声明重新审议该项合同。这些变化体现着早期共产党人对于集体合同制度构建的考量。关于集体合同对苏维埃国家的作用，刘少奇作为工会的领导人，明确提出："我们的目的，是要在改订合同的运动中，更广大的发挥工人群众的积极性，提高工人群众的觉悟程度，来参加苏维埃国家

① 《中华苏维埃共和国劳动法》（1933年10月15日颁布），韩延龙、常兆儒：《革命根据地法制文献选编》下卷，中国社会科学出版社2013年版，第1408—1423页。

与红军的建设，巩固与扩大苏维埃政权。”①

第三，修改后的《苏维埃劳动法》在雇佣制度方面做了放宽，允许雇主在一定情形下自行招雇劳动者。社会保险制度更加清晰具体，对社会保险基金的比例方面进行了修改，改为5%—20%，增加了灵活性。对于工人领取失业津贴的条件，也有所放宽。修改前要求为工会会员做工一年以上、非工会会员做工两年以上可以得失业津贴，改后为工会会员做工半年以上并由雇主交纳保险金者，可得失业津贴；非工会会员，做工一年以上并由雇主交纳保险金者，可得失业津贴。

《苏维埃劳动法》的修改为纠正各个苏区劳动政策执行中的“左”倾错误提供了正式的法律依据。但是，由于王明“左”倾错误路线导致红军第五次反“围剿”失败，南方各个苏区相继被敌人占领，修改后的劳动法并没有实施太长时间。

另外，苏区工会在发展过程中遭遇的重大挫折还包括肃反扩大化的影响。受到严酷的战争环境影响，20世纪30年代初期，在赣西南苏区、闽西苏区、鄂豫皖苏区、湘赣苏区、湘鄂赣苏区、湘鄂西苏区、闽浙赣苏区，以及在后来成立的川陕苏区等，肃反扩大化都给工会工作造成严重打击和损失。其中赣西南的肃反扩大化以抓“AB团”为中心展开，闽西的肃反扩大化以肃清“社会民主党”为中心展开。在肃反扩大化中，错捕错杀了一批工会干部，包括一些省、县级工会领导干部，使工会工作遭受了严重打击和损失，赣西南、闽西等苏区工会工作曾因此一度陷于瘫痪，

---

① 刘少奇：《在两条战线斗争中来改订合同》（1933年6月30日），中共中央文献研究室、中华全国总工会编：《刘少奇论工人运动》，中央文献出版社1988年版，第155页。

这是中国革命和工人运动史上的沉重灾难和悲剧。①

## 四、苏区工会的历史贡献

苏区工会是在中国共产党领导的苏维埃人民政权中新开辟的一个崭新的工人运动领域，尽管在其发展过程中由于共产国际和中共党内“左”倾错误路线的影响，经历了一些曲折，但它在中国的新民主主义革命中作出了重要的历史贡献。毛泽东在 1934 年召开的第二次全国苏维埃代表大会的报告中，对苏区工会作出高度评价，“苏区工会是组织了坚强的阶级工会。这种工会是苏维埃政权的柱石，是保护工人利益的堡垒，同时他又成为广大工人群众学习共产主义的学校”②。

### （一）对工会职能的新探索

由于苏维埃政府与国民党政府不同，在苏区工会的职能也发生了相应变化。在第一次全国苏维埃代表大会上，项英在《劳动法的报告》中就指出：“这一劳动法的颁布，正是表明苏维埃政府与国民党政府的不同，表明在苏维埃政权下的工人有政府和劳动法的保护，而在国民党政府下的工人是被剥削、被压迫的奴隶。这证明工人阶级只有在苏维埃政权下才能得到自由和解放；只有苏维埃政权才是工人自己的政权。这一劳动法的颁布，不仅使全苏区的工人群众热烈的起来拥护，而围绕在苏维埃政府的周围，

① 刘明逵、唐玉良主编：《中国工人运动史》第 4 卷，广东人民出版社 1998 年版，第 387—391 页。根据该著作的记述，党的十一届三中全会以后，牺牲的革命者和工会干部中能够查清姓名和受冤屈的事实的，都已平反昭雪；姓名无存，无从考查的，也成为无名英雄，受到了历史的尊重和人民的纪念。

② 《中华苏维埃共和国中央执行委员会与人民委员会对第二次全国苏维埃代表大会的报告》（1934 年 1 月 24 日），江西省档案馆、中共江西省党校党史教研室：《中央革命根据地史料选编》（下），江西人民出版社 1982 年版，第 317 页。

去争取苏维埃在全国的胜利；而且要引起反动统治区域内的千百万工人群众起来热烈的拥护，起来在苏维埃的旗帜之下为推翻帝国主义、国民党的统治，为实现全中国的苏维埃政权和劳动法而斗争。”

基于苏维埃政权的性质和苏区工会工作的实践，1934 年 3 月，刘少奇在《斗争》第 54 期上发表《用新的劳动态度对待新的劳动》，提出苏区的劳动是一种新的劳动，文章指出：“你们现在再不是为地主资本家而劳动了，而是为工人阶级自己、为人类的最后解放而劳动着。这种劳动的性质的变换，是我国历史未曾有过的最大变换，你们应该用新的态度来对待新的劳动。”并强调，“我们国有企业中的工人，大多数能够了解这一点。他们用了新的态度来对待新的劳动，他们感觉到现在是为着自己而工作了，很大地发挥了他们的劳动热忱，创造了劳动的新形式——生产竞赛、生产突击队、义务劳动，及为苏维埃与合作社工作而自动减低工资等”①。

此外，张闻天等中共领导人也多次撰文阐述关于工会职能上的主张。在《苏维埃政权下的阶级斗争》一文中，张闻天强调在工农民主专政之下，工人阶级在政治上已经是国家的主人翁，因此，工人阶级在阶级斗争的方式与内容等的选择上要改变原有的思维方式，即不能只顾一部分工人眼前的、狭隘的利益，而要从“整个工人阶级的利益”和“苏维埃政权整个的利益”的角度来思考相关的问题。同时强调工人阶级要对“苏维埃经济的发展与衰落”负责。对于工会在企业中的作用，刘少奇在 1934 年发表《论国家工厂的管理》，提出工厂中应建立厂长完全的个人负责制，工会应协助工厂管理和组织完善。厂长应有在不违反劳动法

① 刘少奇：《用新的劳动态度对待新的劳动》（1934 年 3 月 20 日），中共中央文献研究室、中华全国总工会编：《刘少奇论工人运动》，中央文献出版社 1988 年版，第 173—174 页。

的范围内，决定工资工时、生产数量、处分开除工人等各方面的权力。① 在这些思想的指导下，苏区各级工会组织广大工人群众积极发展生产，改善了工人的生活水平，提高了工人群众的阶级觉悟、劳动热情和革命积极性，促进了苏区经济的恢复和发展。

随着苏区工人政治地位的提高和物质生活的改善，苏区工人的文化生活和工会文化教育工作也日益发展起来。苏区处在经济文化落后的农村，工人群众中十有八九是文盲。在苏区工人中开展文化技术教育，是发挥工人阶级在苏区政治经济生活中领导作用的需要，也是翻身后工人群众的迫切要求。从 1932 年起，各苏区工会都配合政府和公营企业行政，大力开办工人夜校、识字班、训练班、俱乐部，在城乡工人中广泛开展了文化技术教育和文娱活动。②

### （二）开展生产竞赛、提高劳动热情

在苏区的公营工厂和合作社工厂，由于处在经济技术十分落后的农村和残酷的战争环境中，需要经常组织加班加点，突击生产，其中需要充分发挥职工的生产积极性，克服原材料和设备、技术等方面的种种困难才能完成生产任务，满足革命战争和根据地建设的需要。这就要求这些工厂的党政领导和工会组织，不断加强对职工的政治思想教育和宣传，不断提高职工的革命觉悟和劳动热情。在具体的工作中，组织职工开展劳动竞赛成为发挥职工劳动积极性，促进苏区公营工厂和合作社工厂生产发展的重要形式。1932 年 3 月 23 日，中共中央组织局发出《关于革命竞赛

① 刘少奇：《论国家工厂的管理》（1934 年 3 月 31 日），中共中央文献研究室、中华全国总工会编：《刘少奇论工人运动》，中央文献出版社 1988 年版，第 179 页。

② 李玉赋主编：《新编中国工人运动史》上卷，中国工人出版社 2020 年版，第 163 页。

与模范队的问题》的通知，第一次明确地提出了在苏区的工厂中开展革命竞赛的任务和办法。通知指出："在苏区，广大的工农群众在党的领导之下，正在为巩固和扩大苏区而斗争。……我们应尽量发动他们的积极性和创造性，来组织模范队，在红军中、在工厂中、在学校中组织起模范队。模范队是革命竞赛运动的基本，每个模范队的任务是用布尔什维克的速度，百分之百的完成工作计划，完成党与苏维埃政府的每一个决议和指示。"①

中共中央组织局关于革命竞赛和模范队问题的通知发出以后，各苏区的各级工会组织都根据通知的要求和办法，制定了竞赛条约，其中大多包括组织职工参加经济建设和在国家工厂中开展劳动竞赛的内容。例如，1932 年 5 月，赣东北苏区制定了《生产冲锋队条例》，其中规定："为要提高工农群众对生产的积极和努力，发动广泛的生产革命竞赛，增加工业和农业——特别是农业的生产，改善群众生活，发展苏区经济……特决定在工厂农村普遍的组织生产冲锋队。"1932 年 8 月 22 日，江西省职工联合会制定《各县职工联合会革命竞赛条约草案》，其第一部分就是兵工厂与中央印刷厂之间的"国家企业革命竞赛条约"，内容包括"参战工作""增加生产""文化教育工作"等 3 个方面。1933 年 4 月以后，随着各级苏维埃政府国民经济部的建立和各苏区经济建设运动的高涨，苏区工人和工会在经济建设方面的竞赛活动，特别是国营工厂和合作社工厂中厂与厂、车间与车间、班组与班组、个人与个人之间的劳动竞赛，以及农业工人和工会带动农民在农业生产和农田基本建设方面进行的竞赛，都日益广泛和热烈地开展起来。②

---

① 刘明逵、唐玉良主编：《中国工人运动史》第 4 卷，广东人民出版社 1998 年版，第 474—475 页。

② 刘明逵、唐玉良主编：《中国工人运动史》第 4 卷，广东人民出版社 1998 年版，第 475—476 页。

1933 年，在农业生产中开展了春耕生产运动，在江西瑞金武阳区开展的生产比赛，激发了群众的积极性和革命热忱。由于武阳区在春耕中取得了很好的经验，中央政府为了总结和推广经验，决定在武阳召开春耕生产运动代表大会。这次会议在武阳区苏维埃政府所在地邹家祠召开，毛泽东出席武阳劳模表彰大会，向模范单位赠送锦旗，并在大会上作了重要讲话。武阳劳模表彰大会从 1933 年 5 月 18 日到 22 日，毛泽东在会上对当前革命战争的形势以及革命战争与发展生产的关系、改善群众的生活等工作作了报告，表扬了武阳区全体干部群众参军支前、发展生产的精神；号召到会人员学习武阳的好经验，把它推广到全苏区去。毛泽东还结合武阳生产经验起草了“春耕生产运动大纲”。妇女劳动模范也于此时开始涌现，苏维埃政府为了表彰和推动妇女参加生产劳动，于 1934 年春在瑞金叶坪召开了苏区妇女劳动模范代表大会，福建、湘赣、粤赣地区的妇女代表都来参加，毛泽东亲自参加了现场会。在毛泽东给苏区妇女颁发的奖品中，竹笠上印有“劳动模范妇女”这几个大字，这应是中国首次使用“劳动模范”这一称谓来称呼在生产建设中成绩卓越的劳动者，这一名词的出现在中国劳模史上具有重要意义。①

1934 年 1 月，中华苏维埃第二次全国代表大会在瑞金召开，毛泽东代表中华苏维埃共和国中央执行委员会和人民委员会向代表们作了长篇报告。会上通过的《关于苏维埃经济建设的决议》提出：必须更进一步来发扬与提高苏区工农群众的劳动热忱；乡村中由农民自己所组织的生产突击队、冲锋劳动队以及国家企业中的革命竞赛等，应该广泛地散布出去，以提高生产；苏维埃政府应该特别奖励模范乡村的农户，模范的工厂、生产队以及个别的劳动战线上的英雄。这篇报告中的内容可以说是最早的对于奖

---

① 姚荣启：《中国劳模史 1932—1979》，中国工人出版社 2020 年版，第 8 页。

励劳动模范、促进生产发展所进行的专门的理论阐述。

总之，在苏维埃政府和工会的领导下，苏区通过各种形式的劳动竞赛，发挥了高度的革命积极性和创造精神，为发展苏区经济、支援革命战争作出了重要贡献。

### （三）苏区工会在经济建设方面的探索和历史贡献

#### 1. 参与建立发展以军工生产为主的公营工业和邮电事业

苏区在创建之初就非常重视组织工人群众进行军事生产、工业生产和农业生产。由于苏维埃临时中央政府重视经济建设，苏区掀起了空前规模的群众性经济建设高潮。在苏区经济发展的各个阶段，苏区工会做了大量工作，为恢复和发展苏区生产、建立军工产业、打破敌人经济封锁等方面作出了重要贡献。

在根据地建设早期，以军工为主的公营工业已开始发展。早在1927年冬，毛泽东领导创建井冈山革命根据地时，就在宁冈县组织裁缝师傅为红军生产被服和米袋、子弹袋等。1927年底和1928年春，井冈山根据地在宁冈的茅坪、永新县的塘边村和遂川县的茨坪都建立了修械所，还在莲花县建立了沿江修械所等。1928年春，在朱德、陈毅领导的湘南起义过程中，各县铁匠工人纷纷组织起来，为起义部队打造和修理武器。除井冈山外，其他各个革命根据地，也都在创建过程中组织工人建立发展了修械所、兵工厂、被服厂等军工工厂。1929年以后，随着革命战争的发展和根据地的逐步巩固、扩大，各根据地的军工生产有了较快较大的发展，同时发展了一些军民两用和民用的公营工业，如印刷、造币、造纸、纺织等工业企业。在1931年11月苏维埃临时中央政府建立以后，特别是在1933年8月中央苏区的经济建设大会后，各苏区的军工、民用公营工业（包括军队和各级政府经营的）迎来了更大发展。据1934年3月刘少奇在《论国家工厂的管理》一文中称，当时中央苏区的苏维埃工厂已有32个，包括工人

2000余人；此外，还有包括几千工人的钨矿生产和“几十以至百多工人”的许多合作社工厂。其中最主要的有中央军委兵工厂、被服厂、印刷厂、中央造币厂、中央钨矿公司、中央造纸厂、中央织布厂、通信材料厂、卫生材料厂。此外，中央苏区还有分散在各地的硝盐厂、樟脑厂、农具厂、夏布厂、制茶厂、制糖厂、肥料厂、印染厂、烟草加工厂等。这些工厂都为打破敌人经济封锁，提供军民工业品发挥了重要作用。除中央苏区外，1933年前后，其他各个苏区以军工为主的公营自给工业，也都有了较大发展。依托工业的发展，苏区工会开展了积极的工作。各革命根据地在建立发展军工生产和民用工业的同时，还建立发展了邮电交通事业。

在各苏区以军工生产为主的公营工业和以军用为主的邮电交通事业的建设和发展过程中，苏区工人发挥了重要作用，苏区各地工会也积极参加了这方面的工作。有些军工和民用工厂，是由当地工会组织工人创办起来的，如在湘鄂西根据地，1928年9月沔阳县总工会组织裁缝和铁匠建立被服厂和兵工厂，1930年3月和6月，鹤峰县总工会和该县五里坪区工会分别建立两个苏维埃被服厂，等等。各苏区的公营工厂建立后，都在工人中发展了工会组织，配合协助厂长组织教育工人积极完成生产任务，为发展各苏区的公营工业作出了贡献。随着苏区邮电事业的发展，苏区工会在邮政工人中也积极开展了工作。1932年建立了中央苏区邮政工会，协同各级邮政进行管理，贯彻执行《苏维埃劳动法》和邮务章程、计划，组织邮工开展工作竞赛，促进了革命邮电事业的发展。①

**2. 开展合作社运动**

建立发展各种合作社，促进苏区农业、手工业和商业的恢复

---

① 刘明逵、唐玉良主编：《中国工人运动史》第4卷，广东人民出版社1998年版，第441—451页。

和发展，是苏区经济建设的一个重要方面。苏区工会在这方面也进行了许多工作，发挥了重要作用。在苏区，建立发展各种合作社，最初是为解决工农业产品价格的剪刀差问题，是从闽西等革命根据地开始的。1929 年 9 月 30 日，中共闽西特委发出了“关于剪刀差问题”的通告，要求“县区政府经济委员会有计划地向群众宣传，并帮助奖励群众创造合作社，如生产合作社、消费合作社、信用合作社等，使农民卖米买货不受商人剥削”。1930 年 3 月，闽西第一次工农兵代表大会通过的《经济问题决议案》中，又作出了“组织纸、木、烟贩卖合作社”和“办米合作社”、米粮“贩卖合作社”等规定。大会还通过了《合作社条例》，规定了合作社的组织原则、分红办法等。自此以后，各种合作社就在闽西和其他苏区开始建立发展起来。苏区农业上的互助合作活动，是为了解决劳力和耕牛不足的问题产生发展起来的。

各苏区在建立发展合作社的工作中，一开始就得到了各级工会的积极参加和支持。根据有关史料，将这一阶段工会在促进合作社运动中的主要工作整理如下①：

1930 年 8 月，兴国县总工会第三次会员代表大会通过的《兴国职工运动目前工作计划》，提出了以各业为单位，组织缝衣、理发等合作社的任务和办法。此后，各苏区的工会都开展了这方面的工作。

1932 年 2 月，全国总工会苏区执行局主持召开的闽赣两省工人代表大会，根据全国苏维埃代表大会《关于经济政策的决议案》精神，通过了《失业与合作社问题决议案》，要求“职工会领导工人组织生产合作社、消费合作社、购买合作社与信用合作社”，同时要求雇农工会“领导雇农贫农及中农组织犁牛站及耕

---

① 刘明逵、唐玉良主编：《中国工人运动史》第 4 卷，广东人民出版社 1998 年版，第 451—460 页。

种协社”，并对合作社的性质、入社条件、经营方针和组织机构、要求政府帮助等问题，作了规定。

在中华苏维埃第一次全国代表大会以后，各个苏区的工会组织都为发展合作社采取了积极行动。如1932年3月6日，湘鄂西省总工会制定公布了《关于湘鄂西苏区生产协作社组织章程草案》，强调要把组织协作社的工作作为“湘鄂西工会目前最迫切的工作之一”。1932年4月，湘鄂赣赤色职工联合会在《三个月工作计划》中，强调“工会要号召工人群众拥护苏维埃经济政策，集股组织与开办合作社，如纸槽、石灰窑、油榨、土布厂、金矿、碗厂等”。同年9月，湘鄂赣第二次全省工人代表大会决定与湘赣省开展竞赛，“要在一周年（今年十月至明年九月）内，发展一百二十个合作社”。在发展合作社的活动中，湘赣省工会组织表现尤为积极。1932年3月18日，湘赣全省职工第一次代表大会在《关于湘赣苏区职工会任务的决议》中，要求各级工会领导工人组织各种合作社，并组织“失业工人的劳动公社及合作社”。大会还通过了《生产合作社简章》，指导推动了全省合作社运动的发展。4月30日，省职工联合会在致全国总工会的信中说：该省“合作社运动要算永新的更完善，木业、缝业、泥业、篾业、铁业、理发都组织了合作社。其余各县亦正在建立”。5月6日，省职工联合会第一次执委会议把发展合作社的工作，列入了《两个月工作竞赛条约》，要求各县在两个月内各组织2—10个生产合作社，并按《生产合作社简章》的规定，彻底改造旧的带营业性的和由少数人垄断的合作社。到1933年初，湘赣“全省有生产合作社五十余个”，同时全省各县农村大部分已成立了犁牛站和劳动互助组织。

1933年，中华苏维埃临时中央政府决定建立各级国民经济部和召开了中央苏区经济建设大会以后，苏区合作社运动进一步大发展。1933年4月1日和5月1日，全国总工会苏区中央执行局主持召开的中国农业工人全国代表大会和中国店员手艺工人全国代表大会，都在检查纠正劳动经济政策执行中的过“左”错误的基础上，作出了动员组织农业工人和店员手艺工人参加经济建设、继续发展互助合作运动的决定。

中华苏维埃临时中央政府和苏区工会的上述措施，促进了苏区合作社运动的大发展，对恢复各苏区的农业、手工业和商业起到了重要作用。

3. 发展苏区对外贸易，反对经济封锁

国民党对苏区采取了以经济封锁配合军事进攻的政策，各个苏区都处在敌人的包围之中，敌人加紧封锁，使“苏区许多生产品，如竹木、油、纸……不能出口；而另一方面，白区的日常必需品，如洋油、盐、布等的输入也发生极大困难。因此生产竹木、油、纸等的农业工人，陷于贫困与失业，而苏区一般民众则因输入的日常必需品的昂贵，影响到他们的生活”①。

为了打破敌人的经济封锁，保障红军给养和人民生活的需要，各级苏维埃政府在工会等组织的密切配合、支持下，从两个方面进行了艰苦斗争和顽强的努力。一是自力更生，努力恢复、发展工业（主要是手工业）和农副业的生产，竭力做到粮食和某些工业品的生产自给，以减少经济上对白区的依赖。二是千方百计地开展根据地的内外贸易，尤其是开展对白区的进出口贸易，直接冲破敌人的经济封锁，向敌人统治的白区出口苏区多余的农副产品，换回食盐、布匹、军工器材和西药等苏区紧缺的工业品。

冲破敌人严密残酷的重重封锁，到敌人统治的白区去销售苏区生产的物资和采购苏区需要进口的物资，都是十分危险、艰苦和困难的战斗任务。要开展这项工作，完成这方面的任务，单靠专门机构的少数专门人才是不可能的，必须有苏区内外广大群众

① 洛甫：《论苏维埃经济发展的前途》，《红旗周报》1933 年第 50 期。

尤其是广大工人农民的积极参加、支持和配合。因此，实行专业机关、专业人员与苏区内外群众相结合是当时苏区外贸战线的一条根本方针。在这方面，苏区和邻近苏区的白区工人和工会，特别是水路运输工人和工会，发挥了重要作用，作出了重大贡献。

1932年国民党开始加紧对苏区的经济封锁以后，全国总工会苏区执行局和江西、福建两省工会联合会，配合苏维埃政府，组织木船工人和陆路挑担工人，在中央苏区开辟了5条通向白区的秘密水陆运输线路。1933年初，全国总工会迁入苏区以后，更加重视发动组织苦力运输工人参加反对敌人经济封锁的工作。这时，敌人对苏区的经济封锁也更加严重，上述各条通向白区的运输线大多被敌人阻截、破坏，能够进出的物资急剧下降，只有通向赣州的水路还能被充分利用。针对这种情况，全国总工会苏区中央执行局在筹备建立全苏区的中国苦力运输工会的同时，发动各地苦力运输工人积极配合协助政府对外贸易局，设法恢复或重新开辟对白区的贸易通道，特别着重地设法加强通往赣州的水运力量。为了充分利用苏维埃船队加强反封锁斗争，中国苦力运输工会中央委员会根据刘少奇、陈云关于“工会干部要学会做生意”的指示，以江口办事处为主要据点，派出人员率领船队深入白区开展贸易活动。为了打破敌人经济封锁，广大苏区和附近白区工人，特别是战斗在各条通往白区的秘密运输线上的水陆苦力运输工人，表现出了高度的机智勇敢和不怕困难、不怕牺牲的革命精神。①

### 4. 动员工人踊跃购买和捐献公债

为了筹集建设资金和支援战争，苏区工会还动员工人群众踊跃购买公债、无偿退还到期公债和购买新的经济建设公债。1932年6月25日，中华苏维埃临时中央政府根据革命战争的需要，决

① 刘明逵、唐玉良主编：《中国工人运动史》第4卷，广东人民出版社1998年版，第462—469页。

定发行短期革命战争公债60万元，定期半年还本付息。在临时中央政府宣布发行短期革命战争公债后，中央印刷厂工人首先响应号召，纷纷主动拿出半个月至一个月工资购买公债；盘古山钨矿工人最多的购买了公债100元，全矿共购买公债12万元，占这期公债发行总额的1/5。1932年10月21日，临时中央政府又决定发行第二期革命战争公债120万元，工人群众认购第二期公债更加踊跃，到1932年底，仅江西省15个县的工人就购买了公债48.8万余元，占这期公债发行总额的三分之一多。1933年7月，中华苏维埃临时中央政府决定发行经济建设公债后，中央苏区的广大工人群众热烈响应号召，不仅掀起了带头认购经济建设公债的热潮，而且同时开展了带头无偿退回第二期公债券的运动。除中央苏区发行的这三次公债外，1932年和1933年湘赣苏区曾发行两次公债，共约60万元。闽浙赣省苏维埃政府在这期间也曾发行经济建设公债。在完成所有这些公债发行任务的运动中，苏区各地工人和工会都起了重要的模范带头作用。

此外，工会还动员工人积极参加了为弥补红军战争经费不足而开展的各种节约捐献运动，如每人每日节省一两米的运动，每人每天节省一个铜板的运动，每人每月节省一天或几天工资的运动等。在当时苏区工人收入微薄、生活原本就很艰苦的情况下，这些感人的行动充分体现了工人阶级的革命坚定性和高度的牺牲奉献精神。①

### （四）参与苏维埃政权建设、支援革命战争

#### 1. 参与苏维埃政权建设、土地革命和反帝同盟建设

第一，工会在苏维埃选举制度建设中作出了重要贡献。苏维

---

① 刘明逵、唐玉良主编：《中国工人运动史》第4卷，广东人民出版社1998年版，第478—482页。

埃政权的建立依托于工农兵代表大会，1928年7月，中国共产党第六次全国代表大会通过的《苏维埃政权组织问题决议案》规定："苏维埃应在劳动群众直接选举的基础上组织起来"，"代表成分的分配，应使大多数为直接选出的工人和贫民"，"选举苏维埃与进行苏维埃工作时，产业工人应有特权，以保证其在苏维埃中领导的作用"。1931年11月中华苏维埃第一次全国代表大会召开，大会通过《中华苏维埃共和国宪法大纲》，其中规定："苏维埃全政权是属于工人，农民，红军兵士及一切劳苦民众的。""凡上述苏维埃公民在十六岁以上均享有选举权和被选举权"。在选举中，各级工会在其中做了大量的宣传教育工作，不仅组织工人按照选举法规定的程序和名额选出工人代表，组织工人准备提交代表大会讨论的提案，还要求工会会员带领其他有选举权的劳动人民积极参加选举活动。另外，各苏区的各级苏维埃代表和政府领导成员中，工人成分都占了很大的比重。在中华苏维埃第一次和第二次全国代表大会上，被选为中华苏维埃共和国中央执行委员会的工人和工会干部均在10人以上。

第二，苏区工会培养了一批优秀的革命干部，为各级苏维埃政府培养和输送了人才。各苏区的各级工会都曾举办过多种干部训练班、补习学校，选拔培养了大批工人干部，输送到各级苏维埃政府去工作。1933年3月，全国总工会苏区中央执行局协同中共苏区中央局和临时中央政府，在瑞金洋溪开办了马克思主义学校（即苏维埃中央党校），为党政军和群众团体培养了高级领导人才，其中很多干部就是从工会系统选派的。到1933年底，据中央苏区12个县的不完全统计，工会会员参加苏维埃政府和群众团体机关工作的有6752人；① 全中央苏区，工会为党政军各级领导

---

① 刘明逵、唐玉良主编：《中国工人运动史》第4卷，广东人民出版社1998年版，第424页。

机关输送的工人干部在万人以上，其中 192 人担任了县团级以上领导职务。①

第三，苏区工会积极参加了查田运动等苏区土地革命。土地革命是苏区革命建设的重要内容，在全国总工会苏区中央执行局的领导下，1933 年 4 月召开了中国农业工人第一次代表大会，会上通过了《关于苏区查田运动的决议》，要求农业工人担负起领导查田运动的责任。之后，刘少奇主持召开了中央苏区农业工会 12 县查田大会，并撰写了《农业工会十二县查田大会总结》一文，讨论了以下问题：首先，大会做了自我批评，指出前一时期没有很好发挥工会组织在查田运动中的作用问题，提出“参加和领导查田运动是乡村中工会组织目前的中心工作，各级工会组织尤其是乡村中的工会支部，必须召集各种会议，采用一切方法，来动员工人、雇农”，并提出“各县苏维埃的查田工作团，工会必须派二三个代表去参加，一切阶级成分调查表，必须经过工会支部主任及贫农团主任负责的审慎的检查后签字盖章证明。各县工会必须经常检查各区乡工会在查田运动中的工作，并给下面以具体的指导”。其次，指出了查田运动中在农村阶级划分方面存在的误区，明确了如何正确地划分农村阶级的问题，有利于防止和纠正当时的“左”倾错误。最后，着重讨论了如何在查田运动中加强工会支部和贫农团的工作问题。大会认为，在查田运动中，发挥主要作用的贫农团必须在工会支部的领导下，才能正确发挥它的最大作用。这次会议推动了各地苏区查田运动的正确开展，为纠正其中“左”倾错误做了大量努力。

第四，苏区工会组织成立反帝大同盟。1931 年底，中共中央将领导农民的土地革命、发展反帝国主义的斗争列为当时苏区工

① 江西省总工会、江西省档案馆编：《江西工人运动史料选编》，江西人民出版社 1986 年版，第 174 页。

会运动的主要工作之一，强调苏区工会要在领导农民深入进行土地革命的同时，去发展反帝国主义的斗争。1932 年 3 月 4 日，全国总工会苏区执行局在《给湘赣省总工会筹备会的信》中，要求“加紧反帝国主义宣传与领导群众组织反帝大同盟”。5 月 5 日，由全国总工会苏区执行局发起，在瑞金建立了苏区反帝总同盟筹备委员会。6 月 23 日，苏区反帝总同盟第一次代表大会在瑞金召开，大会由全国总工会苏区执行局主任兼反帝总同盟筹委会主任陈寿昌主持，出席大会的工人、农民、学生、红军战士、机关职员和群众团体代表共 172 人，大会通过了《反帝斗争纲领》《反帝大同盟章程》《大会决议案》和《大会宣言》，宣告了苏区反帝总同盟的正式成立。在苏区工会和工人群众的积极参加和领导下，各地反帝大同盟积极开展了反帝宣传和参军参战、查田运动、经济建设等各项动员工作，为支援战争、保卫苏维埃政权发挥了重要作用。①

2. 参军参战支援革命战争

苏区工会是在革命战争中产生发展起来的，动员组织工人参加和支援革命战争，是苏区工会的重要任务。1931 年 11 月，在中华苏维埃第一次全国代表大会上通过了《关于红军问题的决议案》，其中强调在中华苏维埃共和国临时中央政府建立后，“中国工农群众必须以极大的努力在数量上和质量上巩固红军”，同时强调要“设法增加红军中的工人与雇农成分，尽量吸收工人雇农加入红军”。1932 年 2 月，在全国总工会苏区执行局主持召开的闽赣两省工人代表大会上通过了《扩大与拥护红军问题决议案》，强调动员工人群众参加和拥护红军“是职工会经常的中心工作”，并决定在闽赣两省工会之间开展扩红拥军的工作竞赛。

① 刘明逵、唐玉良主编:《中国工人运动史》第 4 卷，广东人民出版社 1998 年版，第 437—440 页。

1933年初，中共临时中央从上海迁到中央苏区以后，苏区的扩大红军运动进一步得到了发展。1933年2月8日，中共临时中央以苏区中央局的名义通过了《关于在粉碎敌人四次“围剿”的决战面前党的紧急任务的决议》，提出了“在全中国各苏区，创造一百万铁的红军，来同帝国主义国民党军队作战”的口号和任务。各苏区在“创造一百万铁的红军”“争取苏维埃在全中国的胜利”等口号下，持续不断地开展扩大红军的群众运动。

苏区各地工会建立以后，配合军政部门大力推动了动员工人参加红军的工作。在全国总工会苏区中央执行局建立以后，陆续成立了产业工会，其中在中国农业工人代表大会和中国店员手艺工人代表大会上，分别作出了在中央苏区创建中国工农红军农业工人师和店员手艺工人师的决定。大会以后，闽赣两省苏区各级工会为创建这两个工人师，展开了紧张的动员工作。到7月中旬，仅中央苏区江西省的15个县中，报名参加工人师的工人已达4018人。① 1933年7月，中革军委决定将已报名参加两个工人师的工人合编为中国工农红军中央警卫师。8月1日，中央警卫师（即工人师）在瑞金城南竹马岗广场举行成立大会，中革军委主席朱德等出席大会并讲话，检阅队伍，授予军旗。成立时，全师8000余人，编为3个团。8月份，中央苏区各级工会继续动员1500名工人加入中央警卫师。9月，中央警卫师增建一个补充团，全师兵员增至1.26万人。中央警卫师先在红色首都执行警卫任务，后于1934年2月18日改为红二十三师，开赴前线作战，成为第五次反“围剿”战争的一支劲旅。同年9月21日，红二十三师奉命与红二十一师合编为红八军团，不久即参加了长征。

除创建工人师外，中央苏区各级工会还在“创建一百万铁的

---

① 江西省总工会、江西省档案馆编：《江西工人运动史料选编》，江西人民出版社1986年版，第527页。

红军”的口号下，动员更多的工人参加其他红军部队。到1933年底，据中央苏区江西省的公略、万太、龙江、兴国、于都、胜利、西江、寻乌等8县和福建省的上杭、宁化、长汀、新泉等4县的统计，这12县共有工会会员70580人，已参加红军和游击队的共19960人，约占会员总数的28%。当时中央苏区已划分为江西、福建、闽赣、粤赣四省，共50余个县，工会会员总数为14.5万余人。如按有统计的这12县的比例推算，到1933年底，全中央苏区参加红军和游击队的工人，当在4万人以上。①

在开展扩大红军运动的同时，苏区工会还积极参与了拥军优属工作。在闽赣两省工人代表大会上，曾号召工人“自动举行礼拜六耕种红军公田，帮助红军家属耕田做事”②。红军公田是苏区土地革命中为优待红军而设立的。《中国工农红军优待条例》第二条规定：“凡红军战士家眷在白色区域，以及新由白军中过来的，则在苏区内分得公田，由当地政府派人代耕。”在1934年3月全国总工会在给赤色职工国际的报告中，对各苏区工会动员组织工人开展拥军优属工作的情况作了概括性的说明，报告指出：“在慰劳红军帮助红军家属方面，工会也起了最积极的作用。几十万双的草鞋布鞋由工会会员及其家属制好送给红军，食品、肉类、军用品等，经常募集送给红军。优待红军家属，为红军家属做礼拜六，差不多都实行了；在业工人大多数是拿出四天工资来帮助红军家属；乡村工人义务为红军家属耕田至少每月四天，多的每月十二天”，另外，还介绍了当时苏区工会会员帮助红军做义工、送草鞋、捐钱、帮助运输，以及女工慰劳伤兵及为红军洗衣、理发、补衣等方面的情况。

① 刘明逵、唐玉良主编：《中国工人运动史》第4卷，广东人民出版社1998年版，第488页。

② 江西省总工会、江西省档案馆编：《江西工人运动史料选编》，江西人民出版社1986年版，第256—257页。

## 五、红军长征期间的工人运动

1934 年 10 月，中央苏区红军在第五次反“围剿”斗争中失败，被迫进行战略转移和长征。在这期间，苏区工会和工人通过各种方式配合与援助了红军的战略转移行动。

在主力红军转移、渡河突围的过程中，首先是苦力运输工会和工人发挥了重要作用。为协助红军主力突破敌人设在赣粤边界的第一道封锁线，全国总工会苏区中央执行局刘少奇等领导人召集赣南省职工联合会和中国苦力运输工会的负责人，对援助红军转移和转移以后的工人群众工作做了布置。赣南省职工联合会和苦力运输工会动员 1000 多条木船和 3000 多名船工，集中在从瑞金到于都红军突围必经的河道、渡口，建立了架桥指挥部，配合红军的工兵部队，经过三个昼夜的奋战，用木船、木板等架起 8 座简易浮桥。同时，船工还根据自己掌握的水情，协助部队在江水较浅的河段，设置了 11 个可以涉水过河的标志，协助红军大兵团渡河突围。此外，苏区工会还动员组织工人，紧急疏散和隐藏红军转移后遗留下来的物资，安置、保护红军伤病员和未能随红军转移的干部家属，在支援红军战略转移方面进行了大量的工作。①

中央红军主力突破了敌人设在赣粤边境的第一道防线后，于 1934 年 10 月底 11 月初进入湘南汝城县境。在汝城，钨矿工人和划渡工人积极为红军带路，还有许多工农群众为红军送水、砻谷、煮饭，帮助红军顺利通过敌人设在粤北城口与汝城之间的第二道封锁线，并消灭了沿途堵截的国民党军队。1935 年 1 月 14 日，红

---

① 李玉赋主编：《新编中国工人运动史》上卷，中国工人出版社 2020 年版，第 166—167 页。

军从宜章通过敌人的第三道封锁线时，宜章的地下党员和工农群众除给了红军同样的援助外，还把30多名伤病员护送到游击区治疗和休养。同时，红军长征所到之处，都要召开群众大会，宣传革命政策和抗日主张，激起了工农群众拥军参军的热情。红军经过汝城县时，有30多名伐木工人子女参加红军；在宜章白石渡，有300多名修铁路工人参加红军；在郴州地区，有500多名工农青年参加红军。

红军突破敌人第三道封锁线以后，在广西全县与敌人激战，付出了极大牺牲，终于渡过湘江，冲破敌人第四道封锁线，转入贵州。随后，红军根据毛泽东的建议，放弃前往湘西北与红二、六军团会合，改向贵州北部进军，1935年1月7日，红军攻克黔北重镇遵义。红军在黔北地区转战3个多月，在赶制宣传品、筹备军装和粮草补给等方面，均得到了当地工人群众的大力支援。

没有跟随红军长征留在苏区的工会干部和工人群众，在艰苦的环境中开始了三年游击战争。主力红军准备出发长征时，中共中央和苏维埃中央政府在《红色中华》上发表了《为发展群众的游击战争告苏区民众》（1934年10月3日），号召苏区工农群众用一切新旧武器武装起来，建立游击组、游击队，袭击、扰乱和牵制敌人，配合主力红军保卫苏区，“保护自己的生命、儿女、土地、财产”。在苏区根据地相继失守的情况下，广大工农群众坚持斗争，在多地建立了分散的小块游击根据地。

在赣南，在敌人占领瑞金、于都等县城后，赣南省工联原领导人在瑞西县境内收编失散的工人赤卫队员，组织了一支百余人的独立营，配合留守红军打击敌人；在于都县动员183名工人参加战斗，其中大部分编入了留守的地方红军赣南独立团，其余70余人组成了一支游击中队，在瑞金、于都、会昌交界的山区开展游击活动；还有流散的铁山龙钨矿工人320余人，组建了一支武装游击队。

在闽西地区，主力红军出发长征后，福建省职工联合会随中共福建省委、省苏维埃和省军区等机关，转移到四都山坚持斗争。不久，四都山被敌攻占，省工联和其他省级领导机关均被敌人打垮冲散，省工联所属各级工会组织也不再公开存在。之后，广大工会干部和职工群众积极参加和支援了张鼎臣等领导的以永定、龙岩、上杭三县交界地区为中心的闽西三年游击战争。在湘赣苏区，留守红军和省党政军领导机关转移至武功山地区坚持游击战争。在鄂豫皖苏区，留守红军坚持在大别山各深山区开展游击战争，其中以杨山煤矿工人为主的商城县工人纠察大队在金刚台开辟了游击根据地。

苏区工会随着农村革命根据地的建立而产生，在革命根据地快速发展并作出了重大贡献，在红军遭遇反“围剿”战争的失败后，各苏区的广大工人群众和工会干部坚持游击战争，保留了革命的火种。1935 年 1 月 7 日，红军占领黔北重镇遵义城。1 月 15 日至 17 日，中央政治局在遵义召开扩大会议即遵义会议。这次会议确立了毛泽东在中共中央和红军的领导地位，在极端危急的历史关头，挽救了党，挽救了红军，挽救了中国革命。从此，中国共产党能够在以毛泽东为代表的马克思主义正确路线领导下，克服重重困难，一步步地引导中国革命走向胜利。

中央红军在遵义期间，在遵义建立地方和产业赤色工会。在进驻遵义后，为让更多群众了解红军的政策和主张，红军总政治部在遵义老城天主教堂召开遵义各界群众代表会，散发宣传资料，号召各行业工人组织起来，得到了与会工人代表的赞同和拥护。随后参会工人代表和红军干部一起，在各自行业工友中进行宣传，选举各行业工人代表。同年 1 月 11 日，由吴相臣带领的泥工、冉海臣带领的石工、冯树清带领的缝纫工、邓云山带领的木工，还有油漆工、黄包车车夫，各商店、旅店的店员等 400 余人，齐聚柿花园鲁班庙（现遵义四中），成立了以木工代表邓云山为主席、泥工代表吴相臣为主任的遵义赤色工会，红军代表向他们颁发了工会印章。赤色工会成立后，工会成员积极帮助红军宣传、扩红，为红军印刷文件和宣传品 1 万余份；发动缝纫工为红军赶制军服近万套，并组织工人碾米 10 万余斤送到红军驻地和革委会驻地；积极参与红军组织的“遵义万人大会”会场布置工作，主动承担搭建主席台、搬运重物等重体力活。此外，工会成员还组织了 300 余人的革命游击队开展军事训练，后来与遵义县其他几支游击队合编为“政治部保卫游击队”，积极开展清理奸细和组织游行等工作。红军离开时，很多工会成员参加红军随军北上。中央红军在党的正确领导和广大工农群众的支援下，经过艰苦卓绝的战斗和行军，于 1935 年 10 月胜利到达陕北。1936 年 10 月，红一、红四方面军在甘肃会宁会师；红一、红二方面军在甘肃隆德将台堡（今属宁夏西吉）会师。至此，三大主力红军胜利会师。长征是人类历史上的伟大壮举，是一次理想信念、检验真理、唤醒民众、再创新局的伟大远征。长征的胜利，是中国革命转危为安的关键，铸就了伟大的长征精神。

# 第十章

# 抗日民族统一战线政策的确立和党的工运方针的转变

在民族危亡空前严重和抗日救亡运动重新高涨的形势下，1935 年 12 月，党中央在瓦窑堡召开政治局会议，通过了《中共中央关于目前政治形势与党的任务决议》等决议案，毛泽东根据会议精神在党的活动分子会议上作了《论反对日本帝国主义的策略》的报告。瓦窑堡会议的决议和毛泽东的报告，正确分析了当时全国的政治形势，确定了发动、团结和组织一切抗日力量，建立广泛的抗日民族统一战线，准备实现对日抗战的基本政策，并相应地调整了各项具体政策。为了正确贯彻这一基本政策，决议和报告着重批评了党内长期存在的“左”倾冒险错误和关门主义错误，同时提出要坚持无产阶级在统一战线中的领导权。瓦窑堡会议继遵义会议着重解决军事路线问题和组织问题之后，开始努力解决政治路线问题，并推动中国革命由土地革命战争转向抗日民族革命战争的新阶段。

## 一、党在白区转变工运方针

### （一）抗日民族统一战线的逐步确立

在中共中央率领红军北上到达陕甘地区前后，日本侵略者利用国民党统治者的不抵抗政策，开始大规模越过长城南下，企图直接控制华北。1935 年 5 月，日本帝国主义发动了以侵吞华北五省为直接目的，进而图谋灭亡全中国的华北事变。

华北事变后，整个华北危在旦夕。在李常青和彭涛、周小舟等组成的中共北平临时工作委员会领导下，在姚依林、郭明秋、黄敬、宋黎等的组织、指挥下，12 月 9 日，北平学生高喊“反对日本帝国主义”“停止内战，一致对外”等口号，到新华门向北平当局请愿。由于请愿没有结果，他们把请愿改为示威游行。当游行队伍走到王府井大街时，人数增加到 3000 人。后发生军警袭击学生的事件，致使 30 多名学生被捕，数百人受伤。12 月 10 日，北平各校学生举行全市总罢课。这就是著名的一二九运动。在一二九运动的影响下，从 12 月 11 日开始，天津、保定、太原、杭州、上海、武汉、成都、重庆、广州等大中城市纷纷爆发学生的爱国行动。许多地方的工人也进行罢工。上海和其他地方的爱国人士和团体成立各界救国会，要求停止内战，出兵抗日。抗日救亡斗争发展成为全国规模的群众运动。①

中共中央和红一方面军在长征结束后不久，于 12 月 17 日至 25 日，在陕北瓦窑堡召开政治局扩大会议，讨论国家政治形势、党的策略路线和军事战略问题。毛泽东在会上强调，战略方针应是坚决的民族革命战争，首先把国内战争与民族战争相联系，一切战争都在民族战争的口号下进行。他认为，中国的民族资产阶级有两重性，是可以争取的。会议通过《中共中央关于目前政治形势与党的任务的决议》。决议指出：“目前政治形势已经起了一个基本上的变化”，“党的策略路线，是在发动，团聚与组织全中国全民族一切革命力量去反对当前主要的敌人：日本帝国主义与

① 中共中央党史和文献研究院著：《中国共产党的一百年（新民主主义革命时期）》，中共党史出版社 2022 年版，第 169 页。

卖国贼头子蒋介石”。决议还指出“关门主义是党内的主要危险”。两天后，毛泽东根据会议精神，在党的活动分子会议上作了《论反对日本帝国主义的策略》的报告。报告以九一八事变以来民族资产阶级的政治代表人物政治态度的变化，充分论证了和民族资产阶级在抗日的条件下，重新建立统一战线的可能性和重要性，并且报告着重指出了，共产党和红军在这个统一战线中的具有决定意义的领导作用。瓦窑堡会议决议和毛泽东的报告，分析了日本侵略者打进中国之后社会各阶级之间相互关系的变化，明确提出了党的基本策略任务是建立广泛的抗日民族统一战线。①

对于抗日民族统一战线中的职工运动，1936 年，全国总工会发布《职工运动的原则（草案）》，提出这一时期职工运动的路线、行动目标、组织任务和斗争方式、斗争纲领等方面内容。对于职工运动的路线，《职工运动的原则（草案）》提出，在每个企业、每个区域、每省以至全国的范围内建立工人阶级的政治经济的统一战线，实行工人阶级的行动统一，形成抗日民族统一战线中的骨干。行动的目标是，反对日本帝国主义及其在华的资本家，反对一切内战，反对汉奸卖国贼及阶级敌人的进攻，要求改良生活待遇，要求集会结社罢工等自由，要求有最低限度的文化教育基金，要尽力拥护工人阶级切身的经济利益与政治利益。当时职工运动的任务是利用一切公开或半公开的可能，取得职工会合法的存在，以便团结更广大的有组织的与无组织的工人，进行民族的阶级的训练，取消过去狭隘的秘密的赤色工会的组织方式，形成以统一的行动和阶级斗争做基础的统一工会。尤其是在大工厂和大企业中，特别是日本帝国主义在华的工厂和企业里首先实施上述策略。对于斗争的方式，提出在大多数工人的要求和客观

① 中共中央党史和文献研究院著：《中国共产党的一百年（新民主主义革命时期）》，中共党史出版社 2022 年版，第 170—171 页。

有利的条件下，发动经济和政治斗争，依据客观情形，采取请愿、怠工，以及同盟罢工的方式，在日厂应多带民族色彩，以取得各方的同情和援助。并且要进行灵活斗争，注意到争取斗争胜利的结果，也就是在客观形势不利于继续斗争时，应该有组织地结束罢工斗争，以便准备下次的斗争。

《职工运动的原则（草案）》还明确提出了斗争纲领，为接下来的工人运动指明了方向，共包括十项，涉及以下方面：第一，权利方面，要求民主权利，实现集会、结社、言论、出版、罢工的自由；要求参加救亡运动的自由；反对民族压迫、侮辱，不分民族，同工同酬。第二，劳动条件和劳动标准方面，要求修改南京政府颁布的工厂法、工会法，并立即实现所允许的法令（如十小时工作制，星期日、纪念休息日工资照给，工人疾病、年老、伤亡的救济等）；规定最低工资，要求增加工资，改良待遇；反对克扣工资，欠押工资，资方出钱办理工人文化教育事业；保护女工、童工，女工产前至少需有40天的休养，工资照给；设立托儿所，男女童工，同工同酬。第三，在劳动制度方面，要求撤退工厂内驻兵及警察等；厂方不得无故开除工人，经双方同意时须发给解雇费；政府救济失业，工会内设立失业介绍所；反对包工制；反对养成工制，学徒期间不得超过二年，并须给相当工资，改良学徒待遇。①

## （二）党在白区工运方针的转变

这一时期，南京国民政府制定并颁布了《工会法》《工厂法》《劳资争议处理法》《团体协约法》等一系列有关劳工运动的法律法规，在多地成立了劳资争议调解和仲裁机构，以图把工人运动

① 《职工运动的原则（草案）》（1936年），中华全国总工会中国职工运动史研究室编：《中国工会历史文献》第3卷，工人出版社1958年版，第680—681页。

限制和规范在“法律许可”的范围之内，从而达到控制工人阶级、维护资本家利益的目的。不过，各项劳动法令出台后难以得到落实，而且工矿企业中盛行包工制、把头制、打骂搜身制等不合理的劳动制度，工人劳动条件依然恶劣、生活困苦。

在白区工人运动中，三次“左”倾政策的影响使得工人运动的基础遭到了严重破坏。1935 年 1 月，中共中央政治局召开遵义会议，确立了新的正确的领导，为党的白区工作、白区职工运动走上正确轨道提供了前提条件。1935 年 12 月，中共中央政治局召开瓦窑堡会议，确立了抗日民族统一战线的策略方针。从此，党的白区工作、白区职工运动，重新进入了恢复发展时期。

对于白区工人运动，刘少奇曾在 20 世纪 30 年代初就写过一系列文章，向中共中央阐明当时工人斗争的形势是防卫的反攻的，明确提出赤色工会的主要任务是争取群众、积蓄力量，应加强对工人自发斗争的领导，并提出了一系列保存白区工人阶级力量的有效措施和策略原则。1936 年春，刘少奇赴天津担任中共中央驻北方代表，领导华北抗日救亡工作。中共北方局是当时党在白区的领导机关，当时在北方党的组织中，“左”倾思想仍然有很大影响，反对在一定条件下必要的防御和退却，反对利用合法手段等。也就是说，党内“左”倾关门主义与冒险错误还严重存在。为了阐释清楚“左”倾错误的影响和危害，转变党的白区工作、白区职工运动的被动局面，刘少奇于 1936 年 4 月写了《肃清关门主义与冒险主义》《关于白区职工运动的提纲》，以及其后的一系列有关白区工作、白区职工运动的文章，全面总结了白区工作的经验和教训，系统地总结了“左”倾冒险错误在白区工作中的危害，提出了白区职工运动的工作任务。他在《关于白区职工运动的提纲》中的阐述体现了他的主要主张，包含以下几个方面。

第一，以争取群众、积蓄力量为任务。他提出中心城市和大的产业中心是反革命力量的支撑点，反革命在这些地方防守严密，而党的组织基础较薄弱。因此，当前的任务是争取群众，特别是工人阶级，以便积蓄力量，以备将来可能的斗争。他指出在形势不利时，应避免与敌人进行关键战斗。

第二，要尽力保持组织力量。刘少奇提出，“为着要积蓄我们在工人阶级中的雄厚力量，必须首先注意保存与巩固我党和工会在工厂企业中现有的组织和工作，只有这些组织和工作能够大体保存和巩固起来的时候，才能从这些已有的基础上去扩大和发展我们的工作和组织。因此，必须彻底肃清实际工作中的关门主义与冒险主义，更加改善我党的秘密工作。要使我们逐渐建立起来的组织和工作，不致有无谓的损失，并且能够防御敌人的袭击，然后我们才能积蓄工人阶级中的雄厚力量”。刘少奇进一步指出，“当着我们仅在某几个工厂企业中建立了强大的组织，并能实际指挥这些工厂的工人大多数时，那么，我们在这些工厂的工作任务应该是：(1) 把组织更加巩固起来，培养与训练大批的工人干部和领袖；(2) 派干部到其他工厂去，开辟工作和建立组织；(3) 分派积极的工人到农村中去参加游击队、义勇军等；(4) 参加一般的公开的社会活动与政治活动。我们的主要目的，是把我们在这些工厂中的堡垒保存与巩固起来，以便在此基础上开展我们的工作，避免单独地和敌人作战，被敌人各个击破”。

第三，要注重对日常斗争的领导和斗争的策略。他提出，“为着争取群众，创立和积蓄工人阶级的力量，必须特别注意领导工人群众经济的政治的日常斗争。领导这些斗争必须从争取胜利（即使是最小的胜利）的观点出发。要使用一切方法争取这些斗争之具体要求的胜利。对于完全没有胜利把握的斗争，应该停止。在斗争延长对于工人不利时，应该在某种相当条件下，适可而止地暂时停止战斗。在原则上我们当然反对国民党的强迫仲裁，但是，为着争取群众斗争的胜利，对于国民党的调解与仲裁，在事实上我们不应该完全拒绝。在某种情形下，我们应该利用国民党的调解与仲裁，去取得工人某些具体要求之实现，并使我们更能公开地指导群众斗争”。

第四，要利用合法的手段进行斗争。对于国民党政府出台的工人法令，“左”倾冒险错误者持绝对反对的态度，并在工人中加以宣传、要求工人付诸行动。对于这种做法，刘少奇明确反对，他主张对于国民党工厂法中有利于工人阶级改善的条款应加以利用，提出应利用一切机会和可能，向国民党政府要求增加对改善工人阶级现状有利的条文，要求国民党政府马上实现工厂法、工会法中于改善工人阶级现状有利的条文。除了利用国民党及国民政府的法律，刘少奇还提出要利用国民党在工人中进行的一些运动，如卫生运动、文化娱乐运动、民族扫墓运动、纪念节的运动等，在其中用合法的形式提出工人的要求，开展工人群众的斗争。另外，他还强调要利用黄色工会公开合法地组织工人群众。他指出，“在有国民党黄色工会的工厂和企业中，我们同志和革命的工人均应加入黄色工会，并参加黄色工会中的各种工作和活动，利用黄色工会来组织工人群众和斗争”，还提出“在没有组织的工人群众中，如果依照国民党工会法的程序（如立案等），我们能够在这些工人中公开地成立新的工会，那末，这种公开组织工会之可能的机会，我们无论如何不应该放弃”“只要有可能，我们就依照国民党工会法的程序，在各厂各业无组织的工人群众中去公开组织工会”。①

总而言之，白区职工运动的工作任务，主要的出发点是提出在工作中应避免冒险进攻，而是在保存和巩固已有组织的情况下，进行防御的斗争，同时，这种防御的方针不是消极的，而是积极的，其目的是在形势不利的情况下，有效地积蓄力量，争取群众。

① 刘少奇：《关于白区职工运动的提纲》（1936 年 4 月），中共中央文献研究室、中华全国总工会编：《刘少奇论工人运动》，中央文献出版社 1988 年版，第 194—195 页。

之后，刘少奇又发表文章阐述了群众工作的重要性和领导群众运动的基本原则，以便加强在白区的群众工作。

在白区工人运动的策略方面，很多中央领导人也意识到了长期存在的问题。在1935年1月，张闻天在为遵义会议起草的决议中，提出“对白区群众斗争的领导方式，必须有彻底的转变”。刘少奇陆续发表的关于白区工人运动的多篇文章，以及向中央的报告和党内通信，对张闻天的白区工运策略的根本转变产生了重要影响。1936年8月9日，张闻天在《给刘少奇同志的信》中，也明确提出了利用合法的策略方针，指出为了建立统一战线，应该克服关门主义，并且“一切可以利用的公开组织，都应利用。一切合法的条文，可以利用的，也应尽量利用”。

西安事变和平解决之后，1937年2月，国民党中央五届三中全会实际上接受了中共的国共合作、停战抗日的主张，国内抗日民族统一战线初步形成，为白区工人运动策略的转变提供了良好的契机。1937年3月，刘少奇在给中央的信中提出，白区工作中“左”倾冒险主义和关门主义错误的影响是深远的，需要进行策略的转变和传统的转变。

1937年5月，中共中央在延安召开中国共产党全国代表会议。其中张闻天强调了白区工作的重要性，指出战争的前线已经从苏区转移到白区，但白区党的工作存在严重问题。为了应对这种情况，中共中央决定召开白区工作会议，总结经验教训，改进工作方式和组织方式。1937年5月17日至6月10日，中国共产党白区工作会议在张闻天的主持下召开。会上，刘少奇作了《关于白区的党与群众工作》的报告，他提出，要使党成为伟大群众的党，要改变历史传统中的错误，特别是关门主义和冒险主义的恶劣传统，以便更好地应对抗日战争；这次转变是一项极具挑战性的任务，需要全党同志的艰苦工作和学习。刘少奇强调实现这次转变需要从思想方法上克服主观主义和形式主义的严重问题。

他指出，这些问题的表现包括只看重事物的外表和形式，而不注重其实质；死记马克思主义的理论，却不能活用于实际情境；混淆公开工作与秘密工作，导致盲目性；将不相关的口号混在一起，使工作失去重点；使文件和刊物变得刻板而无生气；口头上支持某些路线，但在实际工作中违反这些路线。这些问题导致了机械化的处理方式，让许多同志失去思考和活力。因此，为了消除关门主义和冒险主义错误，必须抛弃主观主义和形式主义，以改进思维方式。为了转变白区的党和群众工作，刘少奇还着重论述了党与群众、公开工作与秘密工作的关系，以及领导白区群众斗争的策略等问题。

在之后的会议中，与会代表热烈地讨论了刘少奇的报告。一些代表支持报告的基本思想，认为需要总结经验，纠正“左”倾错误，并接受白区工作的必要转变。然而，也有一部分代表受“左”倾思想束缚，不同意刘少奇的看法，认为白区工作总体路线是正确的。中共中央于 1937 年 6 月 1 日至 4 日召开政治局会议，会议中专门讨论了白区工作和白区工作会议上争论的问题。6 月 6 日，白区工作会议继续举行。张闻天代表党中央作了《白区党目前的中心任务》的报告。报告分析了当时形势的特点，论述了新时期的中心任务，是建立全民族的统一战线，实现党对统一战线的领导权，指出目前党内主要危险是“左”倾关门主义，必须开展反对关门主义的斗争。在领导群众斗争策略方面，报告指出了利用合法的重要性等问题。

这次会议对改变白区工作中的“左”倾关门主义和冒险错误，推动白区工作的彻底转变，具有重要作用。刘少奇在报告中所提出的正确方针和策略，对于在新的形势下转变白区的党和群众工作，动员组织白区的广大工人群众，巩固国内和平，准备对日抗战，具有重要的指导意义。

在党的白区工作会议期间，中共中央职工运动委员会领导人张浩等按照毛泽东提出的“为争取千百万群众进入抗日民族统一战线而斗争”的口号和白区党代表会议精神，为全国总工会起草了《关于职工运动的经验及转变方式问题》的文件。文件根据当时建立抗日民族统一战线的形势需要，对工人运动的对象、任务、原则、方式、方法等作出了具体规定。文件指出，“组织工人阶级的大多数在自己政党——共产党的周围，以保证和实现党的正确的政治任务，而争取工人阶级的利益，这是党的基本任务之一，也就是职工会唯一的任务”。在领导工人运动的方式方法上，文件实事求是地区别了沦陷区、国民党统治区和根据地三种地区，并根据各个地区的情况，提出了不同的斗争方式和方法。这些规定对转变职工运动的方式作出原则规定，对于在职工运动中执行中共抗日民族统一战线政策和正确的白区工运路线，推动工人运动在抗日战争的新的历史条件下的健康发展具有重要意义。①

## 二、抗日救亡运动的高涨和经济斗争的新发展

随着抗日民族统一战线的酝酿和形成，国民党统治区在中国共产党正确方针策略的贯彻下，工人运动逐步走出低谷，在全国掀起了工人抗日救亡运动的高潮。

### （一）国民党统治区工人抗日救亡运动的高涨

1935 年 12 月 9 日，在中国共产党的领导下，北平学联组织学生冲破国民党的高压政策，举行了一场声势浩大的游行请愿，反对日本对华北的侵略和国民党的卖国政策，喊出了“停止内战，一致抗日”的口号。之后不久，广州和上海的铁路以及上海和武

① 李玉赋主编：《新编中国工人运动史》上卷，中国工人出版社 2020 年版，第 189 页。

汉的邮务工人举行群众集会，要求国民党政府对日宣战，声援北平学生的爱国行动。全国总工会于 12 月 18 日发出了《为援助北平学生救国运动告工友书》，号召全国职工不分帮派和党派，一致团结，反对日本帝国主义的侵略，支援学生的爱国行动。党中央通过共青团呼吁广大青年扩大反日救国运动，同时平津学生联合会组织了宣传队，向农民、工人宣传抗日救国的主张。一二九运动推动了抗日救亡运动的发展，激发了全国各阶层人民，尤其是工人阶级的行动，掀起了抗日救亡运动的新高潮。毛泽东高度评价它是“动员全民族抗战的运动，它准备了抗战的思想，准备了抗战的人心，准备了抗战的干部”，“将成为中国历史上的一个非常重要的纪念”。[①] 在全国抗日救亡运动高涨的影响下，全国各主要城市和重要企业纷纷成立了救国会和其他名义的抗日团体。

在上海，一二九运动爆发后不久，多个工人团体和群众团体纷纷成立，支持抗日救亡运动。这包括上海女工救国会、中国海员团体救国联合会、职业教育学校的职工组成的职救会以及其他工人团体，如上海美亚绸厂工人救国会。1936 年 6 月，刘少奇的《关于白区职工运动的提纲》传到上海，共青团江苏临时省委工委与上海工联，在救国会领导人沈钧儒、沙千里等的支持下，于 8 月初在上海成立上海工人救国会，旨在推动抗日救亡运动并改善工人生活。这些组织宣传抗日救国，组织罢工和示威游行，积极参与抗日救亡运动，掀起了上海工人运动的新高潮。这些组织在共产党的领导下团结了各阶层人士，为抗日救亡运动作出了贡献。

在其他地区，各种抗日救国组织相继成立。在北方的石家庄，

---

① 毛泽东：《一二九运动的伟大意义》（1939 年 12 月 9 日），《毛泽东文集》第 2 卷，人民出版社 1993 年版，第 253 页。

抗日民主运动从正太铁路发展为全市规模的运动，包括石门工人救国会和妇女救国会。在西北，木泥业工人、起卸工人、印刷工人等在西安成立了救国会，还建立了抗日救国联合会陕西民运武装部。在四川，由银行职员、商店店员、学徒组成的青救会和工人救国会成立。在浙江，沪杭甬铁路工人组织了抗日救国协会，并成立了一系列团体，宣传抗日理念，绍兴箔业工人也组织了工人服务团以准备抗日自卫。这些组织在不同地区为抗日救亡运动作出了贡献。不同地区的工人抗日救亡团体的涌现标志着中国共产党的抗日民族统一战线政策和国民党统治区城市工人运动的基本原则在实践中得到了贯彻执行。这同时也为全国工人抗日救亡运动的蓬勃发展奠定了坚实的组织和群众基础。

这一时期，人们在积极组织各种抗日救亡组织的同时，开展了各种抗日救亡活动。在上海，人们举行了一二八淞沪抗战四周年纪念大会和五卅运动十一周年纪念大会，这些活动中会聚了职工和青年学生，他们通过游行、公祭等方式展现了反抗日本侵略的坚定决心。同时，在这个时期，抗日救亡歌咏活动也广泛开展，包括著名的歌曲《义勇军进行曲》《毕业歌》《打回老家去》等，这些歌曲鼓舞了人们的士气激发了团结意识。在石家庄，中共石家庄市委建立了石门各界慰劳前方将士后援会，集结各行各业的人们，组织各种抗日救亡活动，如慰问绥远抗日将士等。这些活动将不同社会群体，包括工人、学生、商人、知识分子等，团结起来，通过宣传、歌咏、话剧等形式，推动了抗日救国运动的发展。在四川，1936 年 7 月成立了重庆职业青年救国联合会，秘密开展了举办新文字暑期讲习班，开办平民夜校，积极演唱救亡歌曲，举办学术讲演会等救亡活动，团结了一大批职员、店员、学徒走上抗日救亡道路，为推动全市抗日救亡运动的发展作出了重大的贡献。在这一时期，重庆、成都两地工人还开展了反对日本在成都设立领事馆斗争，有力地反击了日本帝国主义的侵略。

在工人抗日救亡运动兴起的背景下，国民党内从事劳工运动的上层人士的政治态度发生变化。朱学范等一些国民党内的劳工领导人开始表现出支持团结劳工、建立联合战线的倾向。中国共产党看到这些变化后，开始与工界人士进行上层统战工作。毛泽东曾在给易礼容的信函中，表明希望与国民党控制的工会在抗日旗帜下联合的意愿。在中共中央重视建立工人统一战线的同时，各地方党组织也积极转变对待国民党官方工会的策略，不再一味反对和抵制，放弃了将黄色工会变成赤色工会和组织赤色工会的做法，动员工人参加合法工会，通过各种艰苦的工作，争取对工会的领导权。抗战前夕上海的几次大的工潮中，在上海从事工人运动的共产党员，同朱学范领导的国民党上海市总工会建立行动上的统一战线，争取了对工人有利的结局。党组织的这些举措为工人的抗日救亡运动提供了有力的组织和支持。

### （二）工人经济斗争的形势变化和上海等地日商工厂大罢工

1932 年至 1935 年，中国的民族工业经历了一场严重的危机，包括工厂停工、停产，企业倒闭，进出口贸易急剧减少，市场萎缩，国民经济陷入崩溃的边缘。经济衰退的原因是多方面的，主要是帝国主义的入侵。第一，1931 年日本帝国主义侵占东北三省，对中国经济造成了巨大损害。东北在中华民国建立后迅速发展，是农业、交通运输和对外贸易的重要地区，尤其以大豆出口著名，东北沦陷后，中国失去了大豆生产基地，出口量急剧下降，对民族经济发展造成了严重影响。此外，东北地区与内地的经济有重要的互补性，东北提供了生铁和煤炭等重要原料，同时也是内地许多轻工业产品的市场。日本侵占东北三省后，破坏了这种互补性，减少了生铁、煤炭和大豆等原材料输入内地，也限制了内地的轻工业产品销售到东北。这对中国的民族经济发展造成了严重损害。此外，日本的武装走私活动也对中国民族经济造成了巨大破坏，使情况更加恶化。第二，1929 年至 1933 年，全球资本主义世界爆发了一次经济危机，对中国经济造成了严重冲击。第三，在 20 世纪 30 年代初期，中国的官僚资本开始形成，并逐渐扩张到国民经济的各个部门。国民政府实行的“经济统制”政策和南京政府的财政搜刮也对民族工商业的发展产生了负面影响。由于这些原因，中国的经济陷入危机。①

长达 4 年的经济危机，对中国脆弱的民族经济造成了前所未有的破坏。为了减少损失，资本家采取了降低工资、减少工时、裁员、停工和关闭工厂等措施，导致工人阶级原本困难的生活状况进一步恶化。为了维持生计，工人被迫与资本家展开斗争。这期间的劳资纠纷中，工资问题是最主要的，其次是雇佣和解雇，然后是工厂的歇业或停业。这反映出在经济不景气的情况下，工人被迫要求增加工资的基本需求，因此进行工资斗争。这期间大多数罢工是反对减低工资和反对资方拖欠工资引起的。这反映了工人在努力维护已经很低的工资和待遇，主要进行防御性斗争。大多数罢工并没有取得完全胜利，工人运动处于低潮，有组织的工人力量相对薄弱。

1936 年，是中国白区工人运动发生重大转变的年份，国民党统治区的城市工商业在经历了长达四五年的经济萧条后开始复苏，主要表现为新设工厂的增加和工厂充分开工，各工厂销售额增长，工厂获利丰厚，商品价格上涨，进出口贸易也都在增加。国民经济的整体改善对工人阶级的生活状况和工人运动的发展产生了积极的影响。这种好转有利于工人阶级，为工人运动提供了更多支持和动力。同时，全国的抗日救亡运动迎来了高潮，各地纷纷成立抗日救亡团体，广泛展开抗日救亡运动，工人救国会等群众团

---

① 刘明逵、唐玉良主编：《中国工人运动史》第 4 卷，广东人民出版社 1998 年版，第 205—208 页。

体的成立，以及与工人有关的其他组织，促进了工人运动的广泛开展。另外，共产党的正确策略开始贯彻到白区工人运动中，对“左”倾错误的纠正，使白区党的组织和白区工作迅速地恢复和发展起来，推动工人运动进一步发展。在这几方面因素作用下，白区工人运动在沉寂了几年后又开始发展起来。上海的工人运动在1936年表现尤为明显，发生了128起罢工停业案件，比上年增加了34起。大多数罢工仍然是因工资和雇佣、解雇问题，但与上年相比，工人要求增加工资的案件明显增多，表明工人运动由消极的防御性斗争向积极的进攻性斗争转变。

1936年的白区工人运动中，标志性的事件是1936年秋天在上海和青岛发生的日商纱厂大罢工。上海日商纱厂大罢工的实现与党的领导密切相关。1936年2月，建立了中共江苏省委临时委员会，全国总工会白区执行局成立了上海纱厂工作委员会，组织上有了一些恢复。但在对工人运动的策略指导上，依然进行冒险的飞行集会，和敌人硬碰，不善于把反日斗争和工人为争取自身利益的斗争有机地结合起来，利用合法手段去争取斗争的胜利，以致1936年上半年党领导的几次日商纱厂工人的罢工都失败了。刘少奇的《关于白区职工运动的提纲》和《肃清关门主义与冒险主义》等文件，让因斗争失败感到非常苦闷的纱委干部受到启发，联系实际工作进行了初步检查。上海纱厂工作委员会开始认识到过去的错误，包括脱离实际、提出不切实际的政治口号、不合理地组织抗议活动，以及不正确的斗争方式。这些认识，标志着他们的思想开始发生积极转变，也为11月的日商纱厂工人大罢工做好了准备。

1936年11月，上海日商纱厂大罢工发生，纱厂工作委员会为主要领导者，得到共青团江苏省临时委员会和救国会等各界人士的支持。当时上海有30家日商纱厂，占全市纱厂总数的46%，雇用工人约5万人。日本资本家通过政治势力和经济实力，加重对工人的压迫和剥削。1936年秋季，部分华商纱厂增加了10%的工人工资，日本资本家却强迫工人延长工时，取消工人的用餐休息时间，但工资未作任何增加。工人出于民族义愤和生活困难，反抗情绪不断高涨。纱厂工作委员会认为，工人罢工既包含经济斗争又包含政治斗争，决定将抗议活动组织在国民党统治区合法的抗日救国会名义下进行，而不采用赤色工会的方式。罢工爆发于11月7日，在11月8日，共有7个纱厂约1.5万人参与。罢工首先实现了沪东区日本纱厂的总罢工，后逐渐蔓延到沪西地区。日本纱厂工人要求加薪、停车吃饭时间延长、停止开除工人、停止体罚工人，以及减少工作时长。随着罢工的蔓延，日本纱厂面临巨大的经济损失。一些华商纱厂和英商怡和纱厂则借机扩大生产规模，招收新工人，加剧了日本纱厂的压力。最终，为了解决罢工问题，罢工工人代表与日本纺织业公会会长达成协议，接受工人的要求，包括加薪、改善工作条件、不准无故开除工人、不得打骂工人等。尽管加薪仅为5%，但其他条件基本得到满足，罢工工人决定结束罢工，在11月27日恢复工作。这场罢工使日本资本家遭受了巨大的经济和政治打击。

上海日商纱厂工人大罢工，是华北事变后上海以及全国工人运动中规模最大且获得胜利的一次大罢工，这次罢工的显著特点是，工人通过经济斗争的方式，成功实现了动员群众参与反日斗争的政治目标。这次罢工的胜利也标志着白区工人运动向正确的轨道转变，是刘少奇《关于白区职工运动的提纲》在实践中的成功应用。罢工的胜利对全国工人运动产生了积极的推动作用，并直接影响了青岛日商纱厂工人大罢工的爆发。

青岛的罢工与上海的罢工在组织领导方面存在一些不同。青岛地方的共产党和青年团组织在1935年4月遭到破坏，直到1936年尚未完全恢复，青岛日商纱厂工人在罢工斗争中没有形成统一的领导和协调的行动。从11月17日到12月14日，青岛的9家日商纱厂总计超过2.4万名工人相继进行了罢工。整个罢工是分散进行的，不同工厂的工人相互影响和相互推动，形成了一连串的罢工和怠工行动。日商纱厂工人罢工开始不久，日本纺织同业工会依靠驻青岛总领事馆采用外交手段，强迫国民党当局镇压罢工。其间，日本总领事西春彦同意接受工人的部分条件：（1）从12月1日起，提高工资5%；（2）吃饭期间原则上停车；（3）不得无故解雇工人；（4）不得虐待工人。工人拒绝妥协，继续罢工。12月3日，日本海军陆战队接管了日本纱厂的警戒。在日本侵略者和国民党当局的联合高压下，罢工工人被迫于14日复工。尽管这次大罢工未能达到最终胜利，但它对青岛工人阶级反日斗争的意义却绝不能低估。

上海、青岛日商纱厂工人大罢工，打破了大革命失败后国民党统治区工人运动的沉闷局面，对工人运动的恢复和发展具有积极的推动作用。特别是上海日商纱厂工人大罢工，是贯彻抗日民族统一战线方针和工运策略的结果，其成功的经验是（1）高举抗日救国旗帜，斗争目标对准日本资本家，中国纱厂不罢工；（2）密切与上海各界救国会人士联系，取得他们的支持，并且在行动中与国民党上海市总工会实行统一战线；（3）注意非法斗争与合法斗争相结合，采取请愿方式，接受调停；（4）根据工人群众的迫切要求提出罢工条件，不硬塞政治口号，不提出过高的经济要求；（5）在对工人有利的条件下，适可而止地结束罢工。①

1937年上半年，随着白区共产党组织的恢复和策略的调整，白区工人运动呈现出新的发展态势。在上海，从年初到全民族抗战爆发前的7个月内，发生了120多起罢工，涉及工人人数超过8

---

① 刘明逵、唐玉良主编：《中国工人运动史》第4卷，广东人民出版社1998年版，第574页。

万人。其中，1937 年 2 月至 6 月间的上海绸厂工人同盟罢工是继 1936 年秋季日商纱厂大罢工之后的又一次重大同盟罢工。在这次罢工中，中国共产党的绸厂工作委员会改变了以往的“左”倾做法，采取了新策略，发动工人参与官办工会，并尽量利用合法手段组织工人斗争。面对敌人进攻，他们采取了正确的防御措施，以减少损失，保护工人的革命力量。然而，由于共产党在这一时期的力量仍然相对薄弱，国民党仍然掌握着白区工会领导权，因此共产党的正确策略无法有效贯彻，尽管取得了一些胜利，但也遭受了挫折。这凸显了共产党在白区工人运动中任务的艰巨与困难。

## 三、全国总工会西北执行局建立和陕甘宁边区工会运动的发展

### （一）陕北、陕甘等苏区工会及全国总工会西北执行局的建立

在陕北苏区，工会组织成立较晚，是在中央红军抵达陕北之前开始建立的。在大革命失败后，中国共产党的革命力量在陕北转入地下开展革命工作。他们在城镇成立了名为工人之友社的组织，在农村组织了农民之友社，并在军阀部队内组织了士兵之友社等半公开的革命组织，以推动革命活动。从 1928 年开始，在刘志丹和谢子长的领导下，渭华、清涧、旬邑等地发动了工农起义。到了 1931 年，建立了一个二三百人的游击队，开始了建立工农红军和革命根据地的游击战争。1932 年 11 月，根据中共陕西省委的决定，将陕甘游击队扩编为红二十六军，建立了以照金为中心的陕甘革命根据地。1934 年 7 月，在清涧、安定、延川边界开展游击战争的武装力量，组成红二十七军，建立了陕北革命根据地。在陕甘和陕北根据地，开展了争取民族独立，实行分配土地、取消苛捐杂税，改善工人生活，开展文化教育和社会教育，进行游

击战争等一系列革命工作。

1935 年 3 月，陕北和陕甘边两个革命根据地合并成统一的红色区域，在随后的几个月中，特委委员高长久被委以筹备建立工会的任务，并组建了陕甘晋省工会筹备委员会，高长久任筹备委员会主任，并任命了组织部部长、福利部部长、青工部部长、女工部部长和秘书兼文教部部长。筹备委员会成立后，制定了雇农工会、手工业工会和苦力运输工会的章程，并开始在各级地方成立工会组织。到了 1935 年 10 月，工会的会员人数已经增长到了 1 万多人。1935 年 10 月 22 日，中央红军长征抵达陕甘苏区的吴起镇后，中共中央召开政治局扩大会议，宣布了长途行军结束的消息，并确定了新的战略任务，即建立西北革命根据地，领导全国大革命。随后，中共中央决定建立中华苏维埃临时中央政府西北办事处，将原陕甘晋苏维埃区域分为陕北、陕甘两个省以及关中、神府两个特区。同时决定由刘少奇继续负责领导工会工作，撤销原来的全国总工会苏区中央执行局，建立全国总工会西北执行局，职责是领导西北苏区和附近白区的工人运动，保留了全国总工会的名义。在 1935 年 11 月初，全国总工会西北执行局正式建立，刘少奇担任执行局的委员长，高长久担任组织部部长，蔡乾担任文化教育部部长，朱学辉担任国家企业部部长，管瑞才担任社会福利部部长，刘群仙担任女工部部长。随着全国总工会西北执行局的成立，陕北省举行了第二次各县工会干部联席会议，讨论并修改了工会章程，起草了《工会选举法》，还决定将原本名为陕甘晋省工会筹备会的机构改为陕北省总工会筹备委员会，并将其隶属全国总工会西北执行局。在这次会议上，刘少奇代表党中央提出了建立黄河水手工会的任务，并强调了建立这个工会的重要性。1936 年春季，刘少奇受中共中央的派遣前往天津负责北方局的工作，全国总工会西北执行局的领导职务由刚刚从苏联归国的刘长胜接任。刘长胜接任后，继续积极推动西北根据地的工会组织和工作。之后，全国总工会西北执行局和陕北省总工会随中共中央转移到安塞、保安一带，又于 1937 年 1 月迁到延安。

1937 年 5 月 2 日至 14 日，中共中央在延安召开党的全国代表会议（苏区代表大会），会议闭幕后，为贯彻党的会议精神，全国总工会西北局要求各级工会组织一律根据工人群众民主选举的办法进行改选，改变过去的委派制度。6 月 19 日，在全国总工会西北执行局举行的干部联席会议上，成立了陕甘宁边区总工会临时委员会，刘长胜兼任临委会主任。刘长胜把工会的改选工作作为“第一要务”。在工会改选中，通过登记工会会员的工作，提高了广大职工对工会的认识和加入工会的热情，吸收了一批工人加入工会。更重要的是，边区工会的工人群众积极参政议政，不仅使许多工人成为政府或群众团体的领导人、工作人员，也使边区政府的工作得到了改善，去除了政府机关中的官僚主义与腐化现象。同时，工会积极参政议政也加强了边区政府与群众之间的联系。① 全国总工会西北执行局建立后，随着根据地工会组织的建设和发展，各级工会和广大工人群众在恢复发展根据地生产、支援红军和准备抗日战争等方面，开展了大量工作，发挥了重要作用。

### （二）党关于开展西北根据地工会运动的重要指示及西北根据地工会运动的探索实践

关于这一时期工会的工作任务和贡献，主要在全国总工会西北执行局、陕北省工会以及陕甘省工会发布的一系列文件和刘少奇等工会领导人的论述中有所体现。

为了开展西北革命根据地的工会工作，动员和组织工人参加根据地的建设，准备迎接抗日战争，从 1935 年 11 月至 1937 年 6

① 闫永飞：《工会奇人刘长胜》，《工会信息》2019 年第 10 期。

月间，党中央和全国总工会西北执行局等党和工会的领导机关，先后发出许多重要决定和指示。1935 年 11 月 27 日，刘少奇在《斗争》第 75 期发表《在苏维埃政权下工会的作用与任务》[①]。其中关于工会运动的重要指示，吸取了过去苏区工会运动的历史经验和教训，结合陕北根据地工人的具体情况和面临的任务，对根据地工会运动的一些重要理论问题和政策问题作出了正确的论述和规定。

在这一时期的工会建设中逐渐明确了根据地工会的性质、任务和作用。刘少奇在《在苏维埃政权下工会的作用与任务》一文中强调，根据地工会“是苏维埃政权最重要的群众柱石”，它的任务是组织真正的群众的阶级工会，努力改善工人生活，动员工人参加红军和根据地建设。1936 年 1 月 10 日中共中央在《关于陕甘苏区工会工作的决定》中指出，“有计划的改善苏区工人生活状况，是工会主要的任务之一”[②]，但是在改善工人生活的工作中，必须纠正行会主要倾向，避免提出过高的使企业无法接受的要求。强调党发展工人群众为争取自身直接经济利益的斗争，直接目的是要提高工人群众的阶级觉悟和参加革命战争、参加根据地建设的积极性与劳动热忱。随后，1936 年 3 月 27 日，《陕北省总工会关于苏维埃国家企业工会工作的决议》[③] 发布，其中提出，国家企业工会的主要任务是要加紧对全体工人共产主义教育，巩固阶级团结，保证劳动法令和劳动纪律的实施，成为执行苏维埃

---

① 中共中央党史和文献研究院编：《刘少奇年谱》第 1 卷，中央文献出版社 2018 年版，第 163 页。

② 《中共中央关于陕甘苏区工会工作的决定》（1936 年 1 月 10 日），中华全国总工会编：《中共中央关于工人运动文件选编》（中），档案出版社 1985 年版，第 424 页。

③ 《陕北省总工会关于苏维埃国家企业工会工作的决议》（1936 年 3 月 27 日），中华全国总工会中国职工运动史研究室编：《中国工会历史文献》第 3 卷，工人出版社 1958 年版，第 688—692 页。

法令的模范公民，特别是使工人自觉地采取新的劳动态度，对待自己的工厂。并且在当时的情况下，应鼓起工人抗日救国的热情，发扬更高度的工作积极性和技术，加快生产速度，保证生产计划的完成，为争取民族革命的胜利而斗争。在提高生产技术问题方面，提出："研究和改善生产技术，是工会中心工作之一，要增加生产速度，不是单纯依靠着增加工人，主要是依靠改良技术和工具，苏联在第二个五年计划的建设中，依靠斯达汉诺夫运动得到伟大而迅速的成功，已是很明显的例子。因此工会应积极领导有进步的工人参加技术研究会工作。在日常工作中提出很多新的生产方法，指出他们以研究的目标，同时要倾听每个工人的意见，收集这些意见作为研究技术的材料。工会应采用革命竞赛的方法，更高度的激起工人为适合于革命战争的需要而提高生产技术的浪潮……"

关于改善工人生活，在《陕北省总工会关于苏维埃国家企业工会工作的决议》中也提出了五项具体工作：（1）建立估价委员会工作，按照地方生活程度和上级规定的标准工资额及工人的技术与劳动态度正确及时估定工资；（2）开展卫生委员会工作，应有经常的会议，讨论公共与个人卫生，建立澡堂、养病室等，并加紧工人的卫生教育，以消灭疾病；（3）组织伙食委员会工作，时常检查和按时公布伙食账目，防止贪污，多提出改善给养的办法；（4）开展娱乐和体育工作，实施早晚运动，建立有系统的娱乐工作，克服工人的疲劳，保证身体的健康；（5）开办合作社，多多采办日常生活需要品，尽可能满足工人的需要。

在促进工人参加红军方面，1936 年 2 月 5 日发布的《陕北省工会对于扩红的通知》中提出，中共中央局提出为创造一百万铁的红军而斗争的口号，陕北省委为迎接这个口号的顺利实现，由一、二、三月内扩大四千红军而斗争，团省委扩大一千五百。并且提出，在扩红期间，并不是与别的工作隔离，一定与改善工人生活联系起来解决工人的各种困难，主要是春耕中的各种困难，要将扩红与春耕齐驰并进。①

在抗日民族统一战线逐步确立的情况下，又进一步明确了工会工作应围绕抗日统一战线大局而展开。1936 年 9 月，全国总工会西北执行局在《给省县工会的信》中指出：我们的工会工作在党的新策略条件下，不只是吸收整个工人阶级积极地参加抗日统一战线的运动，而且要教育工人大众和通过他们以身作则的英勇模范去影响和团结其他各阶级、各阶层一切不愿意当亡国奴的人们，来参加这个唯一的救国运动，为此，“工会一切斗争的出发点都应当根据和适合抗日统一战线的基本要求，一切工作努力都应为胜利地完成抗日事业而斗争”②。

在工会的自身组织建设方面，明确了三人团制度中各方的职责。在《陕北省总工会关于苏维埃国家企业工会工作的决议》中规定，国家企业、工会除关于工会本身工作单独进行外，所有与厂方有关系之工作都由三人团来讨论（三人团中最后决定权属于厂长)，工会委员长应代表工人积极在三人团会议中提出意见，但经过三人团作最后的决定后，工会应绝对地服从，遇有不同的意见，可以向上级工会提出，但在未得到变更的决定之前仍要执行三人团的原决定。同时着重指出，就工会本身的工作在必要时也应提交三人团讨论，得到厂方及党支部的帮助，将使工会的工作任务能更顺利地完成。并对国家企业工会的具体组织工作提出了要求，强调要建立健全工会委员会，实行分工负责制，要及时了解和迅速解决工人中的各种问题，获得工人的认可和爱戴；要建立经常的会议生活，扩大工会的民主化，吸收会员的意见，发动会员参加工会的积极性；要不疲倦地培养和选拔干部，要准备

① 《陕北省工会对于扩红的通知》，中华全国总工会中国职工运动史研究室编：《中国工会历史文献》第 3 卷，工人出版社 1958 年版，第 686—687 页。

② 刘明逵、唐玉良主编：《中国工人运动史》第 4 卷，广东人民出版社 1998 年版，第 583 页。

着在不妨碍生产部门工作的条件下输送干部到苏维埃和红军工作。[①] 在工会组织建设中，还确定了按照根据地工业和工人分布的实际状况建立工会的原则。1937 年 3 月，中华全国总工会西北执行局通过《关于改善目前工会工作的决议》，根据陕北工业落后、工人分布极不平衡的实际状况，强调不应机械地按照行政区划来建立工会的组织系统，而应该实行“哪里有工人群众就在哪里建立工会”的组织原则，确立“以生产和地区的组织原则”来改组过去单纯按地区建立的各级工会，并且决定把根据地工会工作的“中心”，放在城市工人中、国家工厂中以及产业工人中。[②] 在产业行业工会建设方面，确立了雇农工会的章程和纲领。1936 年 9 月发布《陕甘省雇农工会简章及斗争纲领》，明确提出了雇农工会的定名、设立宗旨、会员资格、组织系统、组织方式、会期与任期、纪律、会费等情况，其中在会员资格方面体现了开放性的特征，提出：“凡十四岁以上的雇农、牧畜工人、苦力及没有独立工会的手工业工人，不分男女，赞成本会简章与斗争纲领，并经本会的会员二人以上的介绍者，都得为本会会员。凡以上工人的女人如从事家庭手工业或季节劳动者，亦得为本会会员。”[③]

以上这些论述，为后来抗日根据地工会运动方针政策的探索奠定了理论基础，对于组织和动员根据地工人准备和迎接抗日战争，推动抗日根据地工会运动的健康发展，都具有重要的历史意义。

---

① 《陕北省总工会关于苏维埃国家企业工会工作的决议》（1936 年 3 月 27 日），中华全国总工会中国职工运动史研究室编：《中国工会历史文献》第 3 卷，工人出版社 1958 年版，第 688—692 页。

② 《中华全国总工会西北执行局关于改善目前工会工作的决议》（1937 年 3 月 3 日），中华全国总工会中国职工运动史研究室编：《中国工会历史文献》第 3 卷，工人出版社 1958 年版，第 695—698 页。

③ 《陕甘省雇农工会简章及斗争纲领》（1936 年 9 月 24 日），中华全国总工会中国职工运动史研究室编：《中国工会历史文献》第 3 卷，工人出版社 1958 年版，第 692—693 页。

第五编

# 全民族抗战时期的工人阶级和工人运动（1937—1945）

## 第十一章

# 战略防御阶段工人抗日救亡运动的高涨

抗日战争全面爆发后，抗日民族统一战线的形成对中国工人运动具有重大的意义。尽管国民党把结成这个统一战线看作不得已的敷衍的临时办法，但中国共产党却通过这个统一战线把全国工人团结在抗日救亡的旗帜之下，从根本上扭转了第一次国共分裂以来的困难局面，把中国工人运动推向新高潮。

## 一、工人抗日救亡运动的高涨

具有光荣革命传统的中国工人阶级，在民族存亡的关键时刻，在全民族的抗战热潮中，表现了最英勇无私的牺牲精神和最坚定的民族革命立场。在抗日民族统一战线的推动下，在中国共产党的领导、组织和影响下，工人阶级掀起了轰轰烈烈的抗日救亡运动。

七七事变发生后，长辛店和廊坊车站的铁路工人，立即组织起来，援助中国守军抗战。八一三事变中，上海工人阶级的作用更加显著。在中国共产党的领导下，上海纺织、印刷、机器、邮务、电业、煤业等各业工人和商、学、青、妇等各界群众纷纷组织各种战时服务团和战地服务队，奔赴前线，开展战地宣传、战地慰问、救护伤员、运输弹药、煮饭烧水等各种战地服务工作，给上海守军以极大的支持与鼓舞。许多工人直接拿起武器，参加战斗。他们捣毁敌人的工厂、仓库，出其不意地袭击敌人，有力地打击了敌人的气焰，鼓舞了守军的斗志。

上海、天津、青岛、武汉、香港等地在日本工厂和商店中做工的数万名中国工人，相继举行大罢工，以宁愿自己挨饿，也不为仇敌做工的实际行动，反抗日本帝国主义的侵略，充分表现了中国工人阶级誓死不做亡国奴的民族气节。1937 年 7 月 19 日，上海日商中山钢厂的工人首先冲破日本人的武装警戒，全体罢工；7 月 31 日，日商亚细亚钢铁厂的全体工人罢工；8 月 11 日，日商印刷厂的 200 余名中国工人离厂，要求上前线杀敌。9 月，青岛英文《泰晤士报》报社的工人为反对该社发表袒护日本侵略中国的言论而罢工；10 月，青岛怡和洋行泽生轮的中国船员举行罢工，反对该船开往大连为日本人运货。在香港，从 1937 年 8 月至 10 月，在 20 多艘日轮上工作的 623 名中国海员全部离船回到广州，以抗议日军对中国的野蛮侵略。与此同时，天津、武汉等地各日本纱厂的中国工人，也都纷纷举行反对日本侵略的罢工斗争。各地工人的罢工，使日本帝国主义利用在华经济支持大规模侵略战争的企图难以顺利实现，间接地支援了前线的抗敌战斗，对推动全民族抗战产生了积极的影响。

各种形式的工人抗日救亡团体在全国各地纷纷建立。这种局面极大地增强了抗战阵营中的进步力量，并且为发展中国共产党在城市的工人运动打下了广泛的群众基础。在上海，中国共产党领导下的纱厂工人救亡协会、印刷界工人战时服务团、黄包车车夫救亡协会和银钱业职工战时服务团等工人群众团体，如雨后春笋般纷纷成立。据不完全统计，仅在 3 个月的淞沪战役中，在中国共产党领导和影响下组织起来的上海各业职工的抗日救亡团体，即达 40 多个。不久，又在这一基础上成立了全市性的上海工人抗日救亡协会。通过这个组织，中共上海党组织在各业工人中广泛开展抗日救亡活动，并在斗争中培养和考察积极分子，发展党员，在上海各产业秘密建立了党的基层组织。

华北各地数万名产业工人，在中国共产党的号召下，纷纷组织工人抗日游击队、自卫队等抗日武装，迅速掀起了工人武装抗战的热潮。这一行动不仅有力地威胁了日寇在占领区的统治，而且使工人运动从抗战一开始就与中国共产党大力开展敌后游击战争、建立敌后抗日根据地的战略任务紧密地结合在一起，一开始就以最高的斗争形式——武装斗争直接参加民族解放战争，使这一时期的中国工人运动出现了新的特点。

在中国共产党积极倡导的抗日民族统一战线政策的感召下，1938 年 3 月，中国劳动协会的负责人朱学范等，联合上海、广州、武汉、南京等地的劳工团体代表 40 余人，在武汉发起成立了中国工人抗敌总会筹备会。该会“以普及并统一工人组织，发动全国工人抗敌运动，增加抗敌力量为宗旨”。筹备会向国民党当局申请备案，并准备在这一基础上正式成立中国工人抗敌总会，实现全国工人运动的统一。这一行动得到中国共产党的积极支持。由于国民党当局的阻挠，中国工人抗敌总会未能正式成立。但这次行动冲破了国民党对工人运动的统制与包办政策，开始建立了陕甘宁边区工会与中国劳动协会的统战关系，这对开展国民党统治区的工人工作，促进全国工人运动的统一，创造了必要的条件。

总之，抗日战争全面爆发后，全国工人英勇地投入救亡运动中。在危难时刻，工人阶级显示了高度的民族责任感，充分表现出中国工人阶级以民族利益为重的崇高爱国主义精神和宽广的政治胸怀。

## 二、中国共产党关于工人运动的基本方针

1937 年 7 月，抗日战争全面爆发后，国共两党第二次合作实现，抗日民族统一战线正式建立。

为了在国共合作抗战的历史条件下开展工人运动，中共中央在 1937 年 8 月 22 日发布的《中共中央关于抗战中地方工作的原则指示》中，正确规定了工人运动应当以争取抗战胜利为基本原则，由此出发确定自己的斗争方法与斗争方式。8 月 25 日，中共中央政治局洛川会议召开，会议通过的《中共中央关于目前形势与党的任务的决定》和著名的《中国共产党抗日救国十大纲领》，系统地阐明了实现全面抗战路线的具体主张。决定指出，中国共产党的最中心的任务是，动员一切力量争取抗战的最后胜利。而争取抗战胜利的中心关键，在于使已经发动的抗战发展为全面的全民族的抗战。因此，共产党应该用极大的力量去发展抗日的群众运动，不放松一刻工夫一个机会去宣传群众、组织群众、武装群众。洛川会议确定的上述方针任务，既是中国共产党在全面抗战初期领导一切群众工作的根本方针和根本任务，也是工人运动的根本方针和根本任务。10 月 17 日，针对国民党对工人运动和各种民众运动既想利用又想控制的“包办”与“统制”（实际上是包而不办）政策，中共中央在党内发布了《中央关于开展全国救亡运动的指示草案》，要求在国民党统治区从事工人运动的共产党员，“不应该拒绝去参加国民党所包办的，有群众的抗敌后援会”，以便“争取后援会的群众走上积极抗日的道路”，“并利用后援会的合法组织与其中的积极分子去开展群众的救亡运动”。同时又指出：“共产党员绝不应该以参加抗敌后援会的活动为满足”，还“应该用一切方法力争各种群众的救亡团体的公开存在与公开活动，力争救亡运动中共产党的主动性”，强调“在任何

时候，决不放弃动员群众、组织群众与教育群众的完全自由”。

随着抗日战争的深入进行，中共中央总结了当时工人运动的经验和教训，于 1939 年 4 月 12 日作出《中共中央关于开展职工运动与“五一”工作的决定》。这个决定系统地阐明了抗战中工人运动的基本方针与任务，即“与各抗日党派和抗日团体的工人运动进行统一战线，在统一运动中把工人组织起来，积极参加战争的各方面工作，在抗战中去解决工人失业、饥饿的问题与改善工人阶级政治、经济、文化的地位，以增加抗战建国的力量”。

上述文件贯穿着一个共同的思想，就是要充分利用抗日民族统一战线的形式，利用一切合法的可能，独立自主地发动和组织工人群众，开展抗日救亡运动，争取抗战的胜利。这就是全民族抗战初期党关于工人运动的指导思想。这个正确的指导思想推动了工人抗日救亡运动的开展。抗战以来，工人群众虽然遭受了空前的牺牲，但是他们英勇参战，不顾敌人的轰炸，日夜维护交通运输；积极生产，保障军队和居民的供给，在生活已经很艰难的情况下，踊跃购买公债，参加募捐慰劳。他们的行动表明：工人阶级是抗战中的一支重要力量。

中共中央提出的工人运动的基本方针，是抗战以来工人运动经验的结晶，是党的抗日民族统一战线政策在工人运动领域中的体现。它完全适应国共合作后的全民族抗战的新形势，符合一切抗日的党派、团体共同抗日救国的意愿。这个方针的贯彻实施，使工人运动摆脱了“左”倾关门主义的长期束缚，从狭小的圈子走向联合一切工人团体共同抗战的广阔天地。

## 三、海外华侨工人的抗日爱国斗争

全民族抗日战争爆发后，广大海外爱国侨工积极支援祖国的抗战事业，表现出高度的爱国热忱和牺牲精神。日本在马来西亚一带经营了很多铁矿，仅马来半岛的九州，日资铁矿就有五处。全面抗战开始以后，特稜加努地方日资企业的4000名中国矿工，立即罢工①。1937年11月12日，日本在南洋最大的铁矿——马来西亚龙运铁矿公司，2000余名华侨工人罢工，离矿到新加坡。罢工工人中的一部分人，组织了侨工服务团，回国参加抗战。同年，在柔佛的一家日本铁厂和在新加坡的一家铅厂的机器设备，被华侨工人炸毁。甘马挽日本I. S. K铁矿公司华工300余人，宣誓不为日本资本家做工，自行回国。各地华工还不断开展募捐、献金和义卖活动，把赚到的钱财寄往祖国，支援抗战。据国民党政府的统计，自1937年七七事变，到1939年12月末，这种捐款共达1.05亿元（法币，香港、澳门同胞的捐款也包括在内）。②1939年，国民党军事委员会所属的西南运输处从国外购进大批车辆，以加强滇缅公路的运输。各地华工3330人回国担任司机或技工。有些华侨工人还直接参加了中国共产党领导的敌后游击区的武装斗争，为开辟和建立敌后抗日根据地作出了贡献。

总体来看，在全民族抗战初期，抗日民族统一战线的正式建立，和中国共产党工运方针的正确运用，全国工人抗日救亡运动有了新的高涨。但是，各地工人运动的发展并不平衡，许多工作还落后于客观形势的发展。之所以造成这种状况，除了国民党当局统制包办政策的限制，也与工运干部的缺乏和基层干部的工作方式不能适应新形势有直接关系。在土地革命战争时期，中国共产党内连续三次“左”倾错误，尤其是王明“左”倾错误使全国大中城市的工运干部与工运骨干力量遭受重大损失。1935年后情况虽有改观，但为时太短，元气未全恢复。所以，当全国抗战形

① 傅丰豪、王厚康、吴韵纯译：《斯特朗文集（三）》，新华出版社1988年版，第14页。

② 齐武：《抗日战争时期中国工人运动史稿》，人民出版社1986年版，第53页。

势到来之际，各地深感缺乏工运干部，力不从心，没有足够的力量去放手发展抗日的工人运动。在从事工人运动的干部中，不少人因为长期习惯于秘密工作，在抗日民族统一战线业已建立、形势飞快发展的情况下，他们的工作方式还一下转变不过来，不会或不善于运用公开的、合法的工作方式和斗争手段去提出任务、解决问题。因此，他们就落在客观形势发展的后面，全民族抗战初期工人运动这种好的局面还只能是个别地区，如武汉，由于受王明右倾错误的影响，工人运动缺乏深入的思想教育工作和组织工作。武汉沦陷之前，没有按照党中央和毛泽东的指示，积极动员和组织城市工人到农村参加抗日游击战争，也没有在武汉沦陷后留下党的地下组织。除少数工运骨干撤到延安外，多数工人随国民党撤到了四川，致使武汉工人运动没能得到应有的发展。

1938 年 11 月结束的党的扩大的六届六中全会，确定了巩固华北、发展华中的战略部署，把中国共产党的主要工作放在战区和敌后，建立了以刘少奇为书记的中原局和以周恩来为书记的南方局。从此以后，全国工人抗日救亡运动走上了更加健康和深入的发展道路。

# 第十二章

# 战略相持阶段抗日民主根据地建设中的工人和工人运动

抗日根据地的工业和工人阶级队伍是在抗日战争的艰苦环境下建立和发展起来的。抗日根据地工业的发展，不仅满足了军需民用，克服了敌人经济封锁造成的困难，使整个抗日根据地在抗日战争中更加巩固，而且还造就了意志坚强的工人阶级队伍。抗日战争进入相持阶段后，随着敌后战争形势恶化，人力物力的过度消耗，使得各阶层人民的生活水平都大为降低。面对这种形势，以毛泽东同志为主要代表的中国共产党人，以广大人民群众为基础，形成了党、政、军及各阶层人民同心协力、艰苦奋斗的局面。在此期间，陕甘宁边区和各敌后抗日根据地的工会工作进入一个深入发展的阶段。特别是 1942 年和 1943 年的整风运动，根据地工会进一步明确了新劳动者运动，为战胜困难，巩固发展抗日民主根据地发挥了重要作用。

## 一、抗日民主根据地的工业发展和工人阶级概况

### （一）抗日民主根据地的工业和工会发展

中国共产党领导的抗日根据地是抗日战争的重要阵地。根据

地工人阶级是抗战最坚决的力量之一。敌后各抗日根据地绝大部分处于农村和山区，这些地区原来几乎没有近代工业可言，农业和地方性的手工业生产也很落后，日用工业品几乎全靠外地供给。以陕甘宁边区为例，抗战爆发前，农业用的锄头、缝衣用的针线甚至吃饭用的碗筷，也全靠外地供给。抗日战争转入相持阶段后，敌后抗日根据地面临日、伪、顽三面夹击，处境十分艰难。一方面，日本侵略者对国民党采取以政治诱降为主，停止对正面战场进行战略进攻，同时采用“扫荡”“囚笼”“蚕食”等政策，加紧对抗日根据地的军事进攻和经济封锁；另一方面，国民党妥协投降倾向增长，实行“溶共、防共、限共、反共”的政策，对根据地实施包围和封锁。这一切，造成根据地财政经济和军民生活的严重困难。因此，尽快建立根据地的自给工业，保障战时的军需民用，打破日伪与国民党对根据地的军事进攻和经济封锁，就成为坚持抗战的头等大事。

1939 年 2 月，中共中央提出了“生产自给”的方针，号召根据地全体军民，自己动手，发展生产，有组织地克服经济和财政上的困难，巩固抗日民主根据地。各抗日根据地的机关、学校、部队、工厂和乡村的广大民众热烈响应，开展了军民大生产运动，以发展农业为主，兼办小工厂和手工业生产合作社。根据地的经济以农业为基础，发展根据地的生产，首先和最基本的是发展农业生产。但是，如果根据地内工业品的供给得不到适当满足，经济上摆脱不掉对敌占城市的依附地位，那就无法构建根据地自足自给的独立经济，就不能彻底粉碎敌人的经济封锁。因此，适当发展一些小型的公营、私营工业企业，充分利用根据地的手工作坊和家庭手工业，以解决军需民用的工业品问题，就成为生产运动中不可缺少的环节，而这是一个十分艰巨的任务。共产党和边区政府的工业政策是军民结合，公私兼顾，在大力发展公营工业的同时，还积极鼓励合作事业和私营经济的发展。

在中共中央关于自力更生、艰苦奋斗的正确方针指引下，从1939年起，各地军民团结奋战，在很短的时间内，就建立了一批军用和民用工厂。如陕甘宁边区，战前没有一个像样的工厂，只有一些手工作坊和小盐池、小炭窑。从1939年到1940年，边区公营工厂在生产自给中迅速发展，从抗战初期只有3个为军工服务的小厂，发展到包括兵工、农具、纺织、造纸、印刷在内的军需民用工厂共26个，职工人数达1000多名。1941年，边区的工业生产继续发展，到年底已有公营、民营厂矿111个，职工达6485人。经过1942年的整顿和提高，1943年至1944年，全边区已拥有轻重工业的厂矿共130多个，职工人数发展到1.2万多人。不但煤炭、石油、纺织、造纸、肥皂、制药、被服、皮革等日用工业品可以达到全部自给和半自给，而且还有了炼铁、炼油、制造硝酸、盐酸、硫酸和大批生产子弹、手榴弹、掷弹筒和自造步枪等各类重工业的工厂。

敌后其他各抗日根据地和陕甘宁边区相比，虽然处在更为激烈的“扫荡”与反“扫荡”的艰苦环境中，但也都克服重重困难，积极发展当地工业，职工人数也大有增加。以晋东南根据地为例，据1939年6月的统计，该地25个县中职工总数达20多万人，相当于该地总人口的6%以上。晋察冀边区，1942年已有兵工、纺织等工厂30多个，各类手工业合作社160多个。晋绥边区，1942年有修械、化学、纺织、造纸、煤矿等厂矿31个。晋冀豫边区，1941年统计，有各类工厂170个，其中太行区的梁沟和黄崖洞两地，成为八路军总部直属的两个规模很大的军工生产中心。山东根据地，据1945年的统计，全区有公营工厂88个，职工总数为3万多人。苏北、苏南、苏中、淮北、淮南、皖中、鄂豫皖及浙东等8个抗日根据地，也都根据当地条件，开办兵工厂，并发展了被服、造纸、碾米、榨油、制盐等各类工业，职工队伍也随之增加。

敌后各抗日根据地的工会，就是在八路军、新四军开辟敌后战场，建立敌后抗日根据地的民主政权和发展根据地自给工业的过程中建立和发展起来的。1938 年上半年，成立了陕甘宁边区总工会和晋察冀边区总工会。1940 年前后，晋冀豫边区、晋绥边区和山东抗日根据地总工会相继建立。淮南、淮北、苏南、苏北、苏中等几个抗日根据地的工会，是在 1941 年刘少奇主持华中局工作后成立的。

各根据地工会成立后，都规定了自己的任务。陕甘宁边区总工会制定的《抗战期间工作纲领》提出，边区工会的主要任务是：广泛动员边区工人积极参加抗战，赞助全国职工运动的统一与普及，以巩固扩大抗日统一战线，积极参加边区经济建设，发展国防工业，实施国防的职工教育，改良边区工人生活，合理解决劳资争议，等等。其他根据地的工会，也都提出了类似的任务，把动员和组织工人参加抗战作为中心任务。

随着根据地工业生产的发展，各根据地工会组织也获得了相当大的发展。据统计，到 1940 年初，华北各根据地的工会会员有近 50 万人。1944 年初，全国根据地的工会会员发展到 80 余万人。1945 年初，增至 92 万人。其中陕甘宁边区 6 万多人，晋察冀边区 23 万多人，晋冀鲁豫边区 12 万多人，山东根据地 14 万多人，华中各地 20 多万人。由于根据地原来的工业基础薄弱，产业工人队伍较少，因此，工会会员中产业工人所占的比例不大。根据地工会会员构成状况大致如下：农业工人（雇工）约占总数的 55%，店员、苦力、农村手工业工人约占 25%，各类产业工人约占 15%，其他各业，如渔业、盐业等工人约占 5%。

为了加强党对根据地工会和沦陷区工人运动的统一领导，1939 年 4 月，中共中央职工运动委员会（简称“中央职委”）在延安正式成立，康生任中央职委书记，张浩任中央职委副书记。1940 年 5 月后，邓发任书记，张浩仍任副书记。中央职委的工作方针是调查研究，掌握政策，总结经验，培养干部。中央职委成立不久，又接办了原属抗大的职工大队，改为延安工人学校。5月15日，延安工人学校正式开学，刘少奇为学员讲授中国职工运动史。1940年2月7日，《中国工人》在延安二次创刊，成为中央职委的机关刊物，毛泽东同志亲自题写刊名并撰写《发刊词》。发刊词指出：中国工人阶级是中国革命的领导阶级。中国工人阶级在当前的任务，是团结自己和团结人民，反对帝国主义和封建主义，为建立新民主主义的新中国而奋斗。工人阶级和全体人民的解放，只能在社会主义实现的时代，中国工人阶级必须为此最后目的而奋斗。发刊词强调，要培养大批的工人干部，他们应该有知识，有能力，不务空名，会干实事。没有一大批这样的干部，工人阶级要求得解放是不可能的。发刊词还强调，工人阶级应欢迎革命的知识分子帮助自己，绝不可拒绝他们的帮助。因为没有他们的帮助，自己就不能进步，革命也不能成功。发刊词全面提出了中国工人运动的目标和任务，它所强调的只有实现社会主义，才能最后解放工人阶级和全体人民的思想，只有团结自己和团结人民，革命才能胜利的思想，只有培养大批具有务实精神的干部，充分重视发挥知识分子的作用，才能实现工人阶级解放事业的思想，至今仍有重要的现实意义。

### （二）抗日民主根据地的劳动政策和法规

抗日根据地的劳动政策是由根据地的政治经济制度和实际条件决定的。随着敌后抗日根据地的开辟，民主政权的建立，各种社会改革政策的实施，根据地的社会性质由原来的半殖民地半封建社会，变成了新民主主义社会。在这里，工人阶级不再是被压迫与被统治的阶级，而是掌握了政权的领导阶级；它团结其他阶级结成广泛的抗日民族统一战线，建立了以共产党为核心、工农群众为基础的抗日民主政权。同时，根据地又是处于敌后战争状态中的经济落后的农村，需要调动一切力量发展生产，繁荣经济，实行“公私兼顾，劳资两利”的经济政策。正是基于这种需要，根据地的劳动政策体现了既保证工人阶级的利益不受侵害，又避免阶级对抗，以利于经济发展的特点。

1940 年 12 月 3 日，中共中央在党内下达了《关于各抗日根据地劳动政策的初步指示》（以下简称《指示》），规定了劳动政策的一般原则。毛泽东在 12 月 25 日为中共中央起草的党内指示中，扼要概括了根据地劳动政策的基本原则，他说：“关于劳动政策。必须改良工人的生活，才能发动工人的抗日积极性。但是切忌过左，加薪减时，均不应过多。在中国目前的情况下，八小时工作制还难于普遍推行，在某些生产部门内还须允许实行十小时工作制。其他生产部门，则应随情形规定时间。劳资间在订立契约后，工人必须遵守劳动纪律，必须使资本家有利可图。否则，工厂关门，对于抗日不利，也害了工人自己。至于乡村工人的生活和待遇的改良，更不应提得过高，否则就会引起农民的反对、工人的失业和生产的缩小。”①

《指示》肯定前一时期各根据地从政治、经济、文化各个方面改革工人阶级的生活地位，并广泛发动工人群众参加抗日战争的政策是正确的，组织工人的工作是有成绩的。但同时指出，在执行劳动政策中存在着过“左”的偏向。《指示》认为：为了不使根据地经济发展遭受不利的影响，不致造成尖锐的阶级对抗和工农对立，这种倾向必须纠正。

敌后抗战的坚持，抗日民主政权的建立，各种社会改革政策（首先是减租减息政策）的实施，使根据地的社会性质发生了变化。原来半殖民地半封建的社会，变成了新民主主义社会。在这

① 毛泽东：《论政策》（1940 年 12 月 25 日），《毛泽东选集》第 2 卷，人民出版社 1991 年版，第 766 页。

里，工人阶级不再是被压迫与被统治的阶级，而是执掌政权的阶级。这种变化，一定要引起工人运动的方针、工会组织的作用与任务的巨大变化。而这些变化并不是立即为大家所认识与理解的。有些工运工作干部，习惯于按照过去白区工人运动的观点对待问题。他们对于根据地工人运动所面临的新局面与新任务，缺乏认识或认识不足。因而在广泛发动乡村雇农和手工工人的工作中，发生了某些偏向。

这些工运工作干部，在对待发展生产与改善工人生活的关系问题上，片面强调改善工人生活、保护工人当前的经济利益，而没有把这项工作和发展抗日根据地的生产事业、坚持和巩固根据地这个长远的和根本的利益紧密联系起来。这种偏向，在一些地区造成了劳资关系的紧张，影响了雇主、业主的经营积极性，堵塞了雇工的就业门路，对根据地经济的恢复与发展，产生了不利的影响。在某些地区，公营工厂中也出现了生产纪律松弛，劳动生产率低下，以致企业行政、工会互相对立的现象。1941 年 3 月 20 日，中共中央又发布了《劳动政策提纲（草案）》，从理论上阐述了中国工人阶级的历史使命，分析了各种“左”的倾向产生的社会历史根源，并进一步对劳动政策问题作出原则规定。这些文件是针对当时在贯彻劳动政策问题上，一些地方发生的“左”倾偏向而作出的，对根据地劳动政策的正确制定和执行，具有重大和深远的影响。

党中央的这些文件，反复强调的有三点：第一，根据地的劳动政策，以支持长期抗战，争取抗战胜利为基本原则。因此，对于工人阶级一方面应力求在政治、经济、文化方面予以可能的改善，以便动员工人阶级积极领导和参加抗战；另一方面，又要避免与各阶级尖锐对立的斗争，而要协调各阶级关系，以便争取各阶级共同抗战。在照顾工人利益的同时，又要照顾统一战线各阶级的利益。工人阶级眼前的局部利益必须服从长远的整体利益。

第二，根据地的劳动政策是新民主主义政权下的经济政策的一部分，必须符合新民主主义的政治和经济的一般要求，即它必须有利于根据地新民主主义政权的巩固和经济的繁荣发展，而不是相反。第三，改善工人生活必须考虑到根据地所处的特殊环境与其他各阶层人民群众的生活水平，按照战时的具体情况逐步实行。

基于以上几点，上述文件对劳动政策的具体问题也作出了相应规定。其中，以下几个方面体现了根据地劳动政策的特点：一是工作时间。一般规定为 10 小时，农业工人则依照当地习惯而定。这一方面减轻了工人的劳动，另一方面又使生产的发展不受大的影响。二是工资。按照当时当地国民经济生活状况，由劳资双方契约而定。三是劳动合同。“合同之规定，主雇双方须本自愿洽商原则办理。任何一方不得无理强迫对方接受自己一面的要求。”四是劳动纪律。劳资双方签订合同后，“雇主既不得无故扣工人工资，借此虐待，雇工也不能额外要求，消极怠工”。

按照中共中央有关劳动政策的各项原则，各抗日民主根据地分别修订了与上述精神不符的政策和规定，制定了相应的劳动法规。例如，《陕甘宁边区战时工厂集体合同暂行准则》于 1940 年 11 月 1 日公布后，又于 1942 年 5 月修正（改为《陕甘宁边区战时公营工厂集体合同准则》），将其中不符合根据地实际情况的部分加以修改，如工时，由原来规定的“每日工作 8 小时”改为“每日 10 小时”；工资，取消了原有“工人最低工资 16 元，最高工资不得超过 40 元”的规定，而保留了“工资之大小，根据技术之高低与熟练程度及劳动热忱，由估价委员会估定，经厂方批准公布”，并增加了“劳动纪律之管理规则”一章等。由晋冀鲁豫边区政府颁布的《晋冀鲁豫边区劳动保护暂行条例》（1944 年 1 月 17 日经修正后称为《修正晋冀鲁豫边区劳工保护暂行条例》）是抗日战争期间，在敌后抗日根据地中最具代表性的劳动立法文献，举凡工人的基本权利、工资、工时、休息与医药、劳动保护、劳动契约与职工会的权利等，都有具体的规定。这个条例正确地反映了中共中央关于劳动政策的基本精神，用法律的形式规定了根据地工人生活地位的实际状况。

### （三）抗日民主根据地工人阶级的队伍状况

根据地工业的发展，不仅满足了军需民用，克服了敌人经济封锁造成的困难，使整个抗日根据地在抗日战争中愈加巩固，而且还造就了一支坚强的工人阶级队伍。各抗日根据地工人阶级队伍的人数和构成情况，没有比较完整的统计材料。但是，各主要根据地的工人绝大多数（一般是90%左右）都参加了工会组织。所以，从各根据地有关工会会员的一些统计中，可以了解到各根据地工人阶级队伍的一些基本状况。

据1942年6月23日《邓发给周恩来报送根据地职运材料的电文》中记载：当时陕甘宁边区有工会会员56954人。按照行业划分，其中农业工人占63%，产业工人占15%①，手工业工人占22%；按照所有制性质划分，其中公营工厂工人占78%，私营工厂工人占2%，工业合作社工人占20%。晋察冀边区北岳区有工会会员104806人，冀中区有工会会员129876人；全区工人成分，农村雇工占41%，手工业工人占48%，产业工人占11%。晋冀豫边区有组织的工人共124008人。晋西北边区有组织的工人共16803人。山东方面，胶东有组织的工人55876人，鲁中区63151人，鲁南区4303人，清河区21039人。其中农业工人占50%，产业工人占15%，手工业工人占25%，渔业、盐业工人占10%。

另据1945年初，中央职委在《中国解放区工人在战斗中》一文中列举的各解放区工会会员统计材料，当时陕甘宁边区总工

① 产业工人中，纺织工人23%，被服工人6%，机器工人5%，矿工41%，造纸工人5%，化学工人4%，印刷工人4%，其他各业工人12%。

会共有会员 60956 人，晋察冀边区工人抗日救国总会 234673 人，晋冀鲁豫边区晋东南总工会 124008 人，晋绥边区总工会 16803 人，山东总工会 144369 人，苏北、苏中、苏南、淮北、淮南、皖中、鄂豫皖、浙东等八个区总工会共约 20 万人。以上各解放区工会共有会员 780809 人。此外，在华中（华东）沿海沿江有些根据地还有大约 35 万名渔业和盐业工人未统计在内。照此推算，到抗日战争后期各解放区工人阶级队伍的总人数当在 120 万人以上。

关于工会会员的成分，中央职委这个文件列举的数字如下：在陕甘宁边区总工会的 6 万多名会员中，有产业工会会员（包括矿冶、机械工具、化学、纺织、被服、造纸、印刷、木工、面粉、榨油、制盐及其他各业工厂、作坊工人）12538 人，其中公营工厂 6174 人，私营工厂 6364 人。照此推算，在陕甘宁边区的工会会员中，产业工人约占 20%，其余 80% 为农业工人（雇农）和分散的手艺工人、店员等。在晋察冀、晋冀鲁豫、晋绥、山东及华中各解放区的工会会员中，也是“农业工人占最多数，约占 55%；农村手艺工人次之，约占 25%；产业工人主要是公营工业部分，只占 15%；其他各业如渔业、盐业等工人约占 5%”。这里有必要说明一点，即这些统计中所谓的产业工人，就其实际劳动状况而言，大多还是工场手工业工人性质，除少数公营工厂有撤运来的少量机床或自制的部分手工机械外，一般工厂工人，特别是一般煤窑等采矿工人，从事的都是手工劳动，与近代机器大工业中的产业工人大不相同。

处在农村环境的抗日根据地工人阶级与广大农民有着密切联系。他们中不仅占多数的农业雇工本身同时就是农民的一个阶层（即雇农），而且农村、集镇以及县城的多数手艺工人、矿窑工人、苦力运输工人和店员，也大多要兼种土地，其中许多人是亦工亦农或半工半农。他们一般文化技术水平很低，大多是文盲、半文盲，并且大多带有比较浓厚的狭隘保守的农民意识和散漫习气。但是，各抗日根据地工人阶级队伍中，有一部分是出于爱国热情从沦陷区的工厂和铁路、矿山逃出来，投奔根据地的产业工人，还有一些是从国民党统治区的工矿交通企业投奔根据地的产业工人，甚至还有从欧洲和东南亚地区等地归国参加抗日的华侨工人。这些外来的产业工人虽然为数不多，但是他们一般都具有较高的文化技术水平和近代产业工人的一些突出优点和特点，是各根据地工人阶级队伍中的骨干。此外，各抗日根据地的职工队伍中，还有一部分是从抗战前的老红军和抗战开始后的八路军、新四军退伍转业来的，他们经受过严格的革命教育和战争锻炼，也是各抗日根据地工人阶级队伍中的坚强骨干。由于各根据地的工人阶级在旧社会受尽中外反动派和地主资产阶级的压迫剥削，抗日战争开始后，又受到日本侵略者残暴的侵害和生存威胁，他们普遍都有抗日救国和翻身求解放的强烈要求，他们在共产党和根据地政府、工会的领导和教育下，一般都有积极参加抗战和根据地建设的高度政治热情，并能为此努力学习政治、文化和生产技术，努力克服自己身上的一些弱点和落后意识。所以，他们以外来的部分产业工人和退伍转业军人为骨干，迅速地成长为各抗日根据地比较有觉悟的阶级，在各根据地的大生产运动等方面作出了重要贡献，并在根据地各阶层人民中发挥了带头模范作用。

### （四）抗日民主根据地工人的工资待遇和生活状况

总体来说，在抗日战争时期，根据地工人的生活是艰苦的。但是，抗日民主政府和根据地工会尽可能在当时的条件下改善了工人的生活。这主要反映在工人的工资制度和福利待遇上。

根据支付形式，陕甘宁边区工资制度可分四个时期，即 1938 年至 1941 年 8 月的货币工资时期；1941 年 9 月至 1942 年 4 月的货币、实物混合工资时期；1942 年 5 月至 1943 年 4 月的实物工资时期；1943 年 5 月以后的全面工资（即将实物按照物价升降，折合货币发给）时期。从工资标准和工资高低的差别来说，这四个时期又大致可分为两个阶段：前三个时期为第一阶段，是基本上的供给制；第二阶段即实行全面工资时期。

货币工资时期：1938 年至 1941 年 5 月，边区为适应战时物价上涨，把工人的货币工资逐渐提高，以资维持日益困难的生活，同时工厂按月从工资中扣去工人的伙食及衣服费用。1938 年时，最高的工资为每人每月 18 元，合小米 6 斗；最低的工资为每人每月 10 元，合小米 3. 3 斗（小米价为每斗 3 元）。至 1941 年 2 月，最高工资增至每人每月 55 元，但仅合小米 1. 8 斗（小米价为每斗 19 元），但工人的伙食费与衣服费仍照旧价扣除，不足之数由工厂补贴。1941 年 5 月至 8 月，货币工资的上涨数额，远赶不上物价的上涨数额，但边区政府还想采用增加货币工资的方式，来解决工人的经济困难。1941 年五一劳动节，边区政府宣布了新工资的标准：轻工业的最高工资为每人每月 90 元（合小米 4. 7 斗），最低工资为每人每月 65 元（合小米 3. 4 斗），与当年 2 月相比，最高工资增加了 62. 3%，最低工资增加了 85. 8%（小米价仍按每斗 19 元计算）。实际一般的工厂有较高的标准，例如，难民工厂铁机织布工每月织布 15 匹，可得小米 1. 6 斗，每月织布 20 匹，可得小米 2. 9 斗，每月织布 24 匹，可得小米 5. 5 斗，至于衣食的实物工资均在外。

全面工资时期：1943 年 5 月，陕甘宁边区公营工厂联席会议决定将混合工资全部折成小米支付。工人按技术及劳动热情分等级，接受不同的工资。货币部分完全改用小米支付；此外，工人尚有关于食品及衣服等的实物工资，一如以前。织布工厂的织布工人，每织 1 匹布可得小米工资若干，多织多得，公私两利。① 1945 年，边区遭受旱灾，建设厅因贯彻政府的备荒政策颁布了备荒期间的工资修正办法。1945 年 6 月以后，工厂工人的工资及生活待遇有了新规定。

全面工资实行后，工人因多做工可多得工资，提高了劳动热情。此制度可与南区合作社的分红制比较。该社将资本与社中设备作股 20 元，又以工人 13 人及工作人员作股 20 元。这些工人及工作人员中，因工作效率不同，每人作股自 8000 元至 1.9 万元不等。年终结账时，以每人成品的多少及成绩的高低，再定个人股份的大小。工人中也有拿出资本的，则钱作钱入股，人作人入股。伙食由社供给，算作管理费。工人平时不领工资，每月仅支小米 1 斗，作为衣服及零用的开支，于年终从应得的红利中扣除。社中除一切费用外，年终结账有红利时，资本与劳力平分。

此种办法使资本与劳力进一步结合。此前仅从事生产而不出资金者，不认为自己是社员，对损坏工具和浪费与社的成败，觉得没有关系，现在却不是如此了，认为自己是社员，将个人经济利益与社的成败紧密结合在一起。因此这个制度产生了很大效果，特别是生产效率的提高、质量的改进、生产热情的激发以及人对社务积极性的提高。

---

① 例如，难民工厂的织布工苏春田，有妻及两小孩，由于实行多做多得工资后，他在 1943 年的收入，比前一年增加了一倍。全家 4 口除丰衣足食外，还余存麦子 5 斗和一些物资。他依赖这些存货，买进猪 3 头，又换了被面。1944 年，他计划每月织布 25 匹，每月可得工资 1.1 斗，妻计划全年纺纱 120 斤，可得小米 6 斗。两人全年可得工资 21 石（包括食品衣服的实物工资及小米工资）。他打算吃好一些的食品，每月吃白面 26 大斤（即 30 小斤），猪肉 6 大斤（即 9 小斤），油 4 大斤，小米 3 斗。据他估计，1944 年全家共须支出 15 石，尚可余 6 石（总收入是 21 石）。此外，他计划养猪 4 头（出卖 2 头，自用 2 头），种菜 2 亩，由上两项可余小米 4 石。因此，他劳动一年，可得余粮 10 石。又如难民工厂的打铁工李跃华，1943 年的工资是小米 15 石，全年的支出是小米 9.7 石，尚余小米 5.3 石。

历年工资的增加：化学工厂与实验工厂是半供给性质的工厂，后者的工资较高于前者，但两厂的工资都不算高。全面工资包括四项：工资（小米支付的货币工资）、伙食、衣服及杂费（包括奖金），完全以小米折合支付。化学工厂 1943 年的一般工资是每月 6.5 斗，若与 1938 年（保持战前的工人生活水平）相比，要较最高工资（每月 6 斗）高出 8.3%。实验工厂的一般工资是每月 9.8 斗，若与 1938 年的最高工资（每月 6 斗）相比，要高出 63.3%。

根据地的多数工人（私营工厂和少数技术人员除外）的待遇，基本上是供给制，却还不是完全的供给制。这种制度采取了工资的形式，但带有军事共产主义色彩。这是在特殊历史条件下形成的。在战争环境的特定时期，这种制度发挥了良好作用。然而对于发展生产，却有它消极的一面。这就是分配上的平均主义，勤惰不分，一样待遇。工资制度的演变，就含有补救供给制的缺陷和逐步加以改变的意味。

从边区工资制度及其演变过程中，我们可以看出：第一，尽管经济极端困难，边区政府总是力求保持工人的战前生活水平，并力争有所提高。第二，边区最早按照物价的升降，调整了工人的工资收入。第三，边区的工资制度使工人可以全力投入工作，而无家庭后顾之忧。第四，就总的情况而言，根据地的工资待遇还没有完全脱离供给制的范围，基本上还是平均主义的。再考虑到边区工人没有失业问题，那就可以说，边区工人虽然生活条件较差，但他们的生活有保障，而且是当时当地生活较好的阶层。其中的技术人员和技术工人，则是边区最高的给薪生活者。

各敌后根据地的工资制度与陕甘宁边区大同小异。不过，由于战争频繁，社会经济遭到敌人严重破坏，人民生活水平普遍下降，工人的生活自然不能像陕甘宁边区那样有较快的回升。但晋察冀边区则是例外。由于那里经济条件较好，临近平津，技术工人也较多，所以，从开始实行工资制，工人的工资标准便高于陕甘宁边区。

应当指出的是，根据地工人生活的改变，首先和最根本的，是他们社会地位的改变与政治地位的提高。“首先，边区工人不是为个人而劳动，不是做任何私人的劳动工具，他们是在替边区人民做工，是在替自己做工。其次，边区工人有充分的民主抗日的权利和自由，他们能够自由发表言论，选择信仰，自由集会、结社和出版。他们有直接的选举权和被选举权。再次，他们都没有失业的危险。边区物质生活条件诚然较低，但他们都丰衣足食，生活更一天天在改善。最后，边区还保障他们每个人都有光明的前途，他们在这里能够充分发挥自己的天才。这里的工厂同时又是学校，他们在工作和学习中，能够锻炼和培养自己，在技术上和政治上不断进步，成为将来的干部和领导者，成为技师、工程师和各种专家”①。

## 二、中国共产党关于抗日根据地的方针政策和工人的深入发动

### （一）中国共产党关于坚持敌后抗战的方针政策

中国共产党关于抗日根据地工人运动的方针政策，是根据工人阶级在根据地负担的抗战、建设任务和抗日民族统一战线的总方针制定的。为了动员组织根据地工人参加抗日战争和根据地建设，中国共产党在抗日战争和根据地发展的不同阶段，从根据地工人面临的不同形势、任务和具体条件出发，制定了具体的方针

---

① 《参观边区工厂后对边区工人的希望》（1940 年 11 月 1 日），中华全国总工会中国职工运动史研究室编：《中国工会历史文献》第 4 卷，工人出版社 1959 年版，第 8—9 页。

政策，指导了各抗日根据地工会运动的发展。

1937 年 8 月，中共中央洛川会议确定了在敌人后方开展独立自主的游击战争，建立抗日根据地的战略方针。为此，中共中央要求共产党员和党所领导的武装力量，应该用极大的力量发展抗日的群众运动，不放松一刻工夫和一个机会去宣传群众、组织群众、武装群众。其后，中共中央又针对战局的变化，多次向党内发布指示，大力开展群众运动，放手发动和武装工农群众，并把它作为实现中心任务的中心环节。这些方针任务的提出及其贯彻，对推动抗战初期的工人抗日救亡运动，掀起武装抗战热潮，起到极大作用。

抗战进入相持阶段后，随着敌后战争形势的恶化，人力物力的过度消耗，使得各阶层人民的生活水平都大为降低，抗战初期的高涨热情也有所回落。因此，如何动员抗战力量，巩固和发展根据地，坚持敌后持久抗战等一系列问题，又尖锐地摆在了中国共产党的面前。面对这种形势，中共中央清醒地认识到，敌后根据地各项任务的中心环节仍然是发动群众。然而，这个时候再用一般的抗日口号来动员群众，已经减弱了它的号召力，必须采取实际有效的工作来凝聚民众的力量，激发他们的斗志，克服困难，坚持抗战。1939 年 11 月 1 日，中共中央发出了《关于深入群众工作的决定》，要求各地党组织“认真地研究群众生活，群众情绪，群众要求”，“在不同的环境，不同的时间，不同的具体口号之下，一步一步地组织他们，教育他们，领导他们改善生活，发动他们的积极性”，并把改良工人生活、实行民选制度，作为经济改革和政治改革的重要内容。

党关于敌后抗日根据地民众运动——工人运动的方针政策，概括起来有以下几点：一是群众工作的重要性。“充分发动群众是一切工作的关键”，不抓好群众工作这一环，“便无法坚持抗日根据地，无法坚持长期的游击战争”。二是群众工作的方法。“在党的领导下，从维护群众自己的利益出发，从群众内部去发动群众，把群众团体自下而上地建立起来。”“只有这样，才易于使群众懂得维护本身利益与打倒日本帝国主义是不能分离的，才能使群众更加积极地从多方面地援助军队，军队的扩大、加强和物质保证才有深厚的来源，坚持抗战才说得上有了可能性。”三是群众运动的政策。“一方面要认定民众生活有改善的必要，另一方面又必须使民众改善生活的要求和运动服从抗日战争，服从统一战线的利益。”① 四是根据地的任务。概括而言，包括四点即将最大多数的工人组织于工会之中；动员工人积极参加抗战工作，尤其是战时经济建设，提高劳动热情；改善工人生活，以增加抗战的积极性；担负起教育的责任，提高工人群众的政治认识和文化水平。

1941 年 1 月 26 日，陕甘宁边区工会主任高长久发表《1941 年工会工作的方向》的文章，明确提出边区工会 1941 年工作的方针是：“动员教育工人，拥护政府法令，提高生产效率，以完成边区经济建设与军需供给。”这表明，边区工会领导的指导思想已经开始发生了转变。1941 年 4 月下旬，边区总工会召开第四次执委扩大会议。会议的决定指出：组织领导积极参加各种经济建设，“是边区目前最重要的中心任务”。

不仅如此，在这次会议上，还根据中共中央关于劳动政策的指示精神，检查了在处理劳资关系与解决工人生活问题上存在的一些偏向，作出了《关于处理劳资关系与适当的改善工人生活的决定》，阐明工会这项工作的出发点是：一切为了巩固提高边区；适合于边区工农商业的发展与经济的繁荣；估计到战时的特殊环境和边区人民的生活水平与实际条件；进一步提高工人的生活状

① 刘少奇：《关于抗日游击战争中的政策问题》（1938 年 2 月 5 日），中共中央文献研究室、中央档案馆编：《建党以来重要文献选编（1921—1949）》第 15 册，中央文献出版社 2011 年版，第 71 页。

况、文化程度与政治地位。应当说，这次会议的结果是工会领导机关认识上的一次很大进步。

### （二）根据地工人运动的深入发动

从八路军、新四军进入敌后战场，到1940年，抗日根据地一直维持着发展的局面。在三年作战中，中国共产党领导的人民抗日军队，已经发展到近50万人。人民武装从日、伪军手中收复县城150座，在敌后广大地区建立了抗日根据地或游击根据地。各抗日根据地的民主政府，废除了国民党政府的苛捐杂税，实行合理负担；减租减息，发展农业生产；同时发展手工业，兴办可能的军需工业；展开对敌经济斗争，为构建自足自给的经济创造条件。这些成就，保障和巩固了军事斗争的胜利，为以后克服严重经济困难、坚持敌后抗战打下了坚实的基础。

敌后抗战的坚持，从根本上说，要依靠根据地广大群众的充分发动。毛泽东在1938年10月党的六届六中全会的报告中指出："长期艰苦的抗日战争，一切须取给于民众，没有普遍发展的，并全国统一的民众运动，要长期支持战争是不可能的。尤其在战区与敌人后方亟须这样做。"报告在指出民众运动的组织任务的同时，特别提出了在当时"改良民众生活，激发民众的抗战热情与生产热忱"的重要意义。报告说："改良民众生活问题，过去实行得太微弱了，因此不能激发广大劳动人民的抗战热忱与生产热忱，对于坚持长期战争是非常不利的。"报告提出了要在敌后开始减租减息，救济失业工人，适当地增加工资，改善工人职员的待遇。

抗日根据地大都建立在一省或数省的边界地区，经济比较落后。在革命政权建立以前（甚至建立后的一段时间以内），完全没有或几乎完全没有近代工业和产业工人，半封建性地榨取是主要的剥削形态。有些地区，富农经营也很少发展，半自然经济还占着统治地位。雇农和手工业者虽然有相当的数量，然而异常分散。手工业者的阶级分化，还不很显著。有些手工业，还处于家庭副业的状态。这一基本情况决定了：根据地的基本群众主要是农民（包括雇农），群众运动主要是发动农民；这一运动只能是以反对封建剥削与封建压迫为中心内容的民主改革运动，而不是普遍地发展反对资本主义关系的斗争。工人运动只能以工厂、矿山和工人集中的地方为重点，同时加强接敌区和敌占城市及交通要道的工人工作，以利于根据地的坚持和巩固。这是社会、历史条件所形成的客观要求，是不能违背的。

全民族抗战初期，在组织城市工人救亡运动、动员及武装城市工人参加游击战争的同时，工运工作逐步转向农村，发动和组织农村的失业工人，特别是发动与组织手工工人和雇农，把他们吸引到开展游击战争、开辟敌后抗日根据地的斗争中来。这样，根据地的工人运动，一开始就鲜明地表现出自己的特点：工人群众积极地参加了根据地的开辟和建设，工人运动和根据地一同发展起来；根据地的开辟和建设，又为工人运动的进一步发展创造了条件。工人运动在反对日本帝国主义的进攻和根据地的缔造中，和农民运动、青年及妇女运动，彼此密切配合，共同形成全面高涨的抗日群众运动，成为坚持敌后抗战、巩固抗日根据地的巨大的力量源泉。

但是，全民族抗战初期的群众运动，大半侧重于武装抗战的发动和抗战勤务的动员。除个别地区外，一般没有在群众抗战热情高涨的基础上，结合改善生活要求民主的斗争，把广大基本群众普遍发动和组织起来。战争进入相持阶段，根据地的情况有了重大变化。群众对抗日的态度，和全民族抗战初期有了很大的不同。像暴风骤雨一般的激情，随着战争的长期化而逐渐低沉。战争的重担使人们产生了有如极度紧张以后的那种疲劳感。社会积蓄过量消耗，各阶层人民的生活水平都大为降低，广大劳动人民迫切要求经济生活的改善。而这时，敌后的斗争更加尖锐，根据地的巩固和坚持需要人们作出更大的努力，付出更多的牺牲。面对这种形势，一般的抗日口号已经减弱了它的号召力，必须给予群众以适当的经济利益，解决他们的切身问题，并且使这种眼前利益与抗战的长远利益结合起来，才能进一步激发群众的热情，动员他们继续战斗。因此，当敌后战争形势日益紧张，巩固、发展根据地各项建设事业等一系列任务被提到面前的时候，群众运动的进一步加强和深入，也就被提到日程上来。国民党的反共投降活动，使得这一任务更为急迫。

1939 年 11 月 1 日，中共中央发布了《关于深入群众工作的决定》（以下简称《决定》）。《决定》指出："共产党必须进一步依靠群众，必须深入群众工作，才能克服投降与反共危险，巩固统一战线，争取继续抗日，准备反攻力量。"《决定》批评了那种只"重视了上层统一战线工作，忽视了下层群众工作"，以及在初步发展群众工作之后，"没有深入群众工作……使群众工作陷于停顿状态"的错误。《决定》认为，在八路军、新四军的活动区域，"必须实行激进的有利于广大抗日民众的经济改革与政治改革""在经济改革方面，必须实行减租减息，废止苛捐杂税与改良工人生活……在政治改革方面，必须实行民选制度"。《决定》要求各地党组织"认真地研究群众生活，群众情绪，群众要求""在不同的环境，不同的时间，不同的具体口号之下，一步一步地组织他们，教育他们，领导他们改良生活，发动他们的积极性"。根据上述方针，根据地各群众团体必须深入群众，发动为着群众自己利益而斗争的运动；并依照自愿原则，把大多数群众逐步地组织到各群众团体及民众武装之中，为参加抗战、改善生活、提高政治与文化水平而斗争。各抗日根据地的工会组织，从 1939 年底开始，先后在工人中，主要是在乡村雇农和手工业工人中，开展了以改善经济生活和提高政治地位为中心的群众斗争。

晋察冀边区在1940年开展的雇工增加工资运动中，70%的雇工增加工资10%—20%，还实行了实物工资或半实物工资制度，以保障雇工的生活水平，使不致因物价变动而下降。同时，还普遍减少工时，使工人获得了集会、学习和参加各项抗战工作的自由。1940年5月，晋东南总工会公布了《农村工人生活要求纲领草案》（以下简称《草案》），作为雇工经济要求的目标。《草案》要求"禁止打骂侮辱工人"，废止一切封建压迫。此外还要求：减少工时，"保证有当地农民习惯的足够休息时间"；要"以当地生活为标准，除工人本身伙食由雇主供给外，所余工资最低能养活一个人"，以及"允许工人参加抗日各种活动与参加工会工作"的权利，等等。通过斗争，这一纲领所提出的要求大部分得到实现。晋东南某些地区（如太行区），也相继实行了以粮食代替货币工资或者按照物价计算工资的办法。晋绥区由于当地政权还没有得到改造，1939年间，在旧政权与厂主、矿主联合进攻下，工人运动开展比较迟缓。十二月政变①后，晋绥区工人结合着反对阎锡山反共投降活动的斗争，纷纷组织工会，开展斗争，取消了雇主所加于他们的各种封建性的剥削。

山东地区在乡村雇农中开展以增加工资为中心的运动时间稍迟。但是那里的工会比农会建立得早，在一段时间内，工会在组织手工工人的同时，曾组织了佃农的减租及废除对地主的劳役负担的斗争，他们的工作进程和山西地区稍有不同。

和山东地区大体一致，华中各根据地也都发动了包括雇农和

---

① 1939年12月1日，山西军阀阎锡山以六个军的兵力，突然攻击驻隰县、孝义一带的山西新军决死二纵队。驻晋南的阎军与日军配合，夹攻上党地区的决死一、三纵队及附近的八路军。自12月4日起，阎军先后袭击了山西第五行政区主任公署及牺盟会长治中心区，对阳城、晋城、长治、高平等县的抗日政府和各民众团体，横加摧残。一个月之内，阎军在上党地区共捕杀进步青年、共产党员及区村干部达五六百人。这一反共暴行事件，时称"十二月政变"，现习称"十二月事变"。

手工业工人在内的大规模的群众运动，并且取得了很大的成绩。比如淮北区，1940 年共有 28422 名雇工增加了工资。据该区 1941 年第二届农民代表大会对 10 个县的调查，因增加工资和根据地政府发放春荒贷款，雇工已普遍上升为贫农。

这一时期，陕甘宁边区工会同样进行了一系列改善工人生活的工作。工会非常注意保护乡村雇农和手工业工人在土地革命中的既得利益，同时发放春荒救济款，组织他们参加生产合作。

除组织雇农和手工业工人的经济斗争外，根据地的工会组织还大力发动雇农和各业工人，参加根据地的政权建设和民主斗争以摧毁封建统治，健全乡村政权，树立基本群众的政治优势。运动提高了雇工和乡村手工工人的阶级觉悟和社会地位。运动中的积极分子，许多当选为各级参议会的参议员，或担任了村主任、区长、县长等职务，成为抗日政府的工作干部。据中共中央职工委员会的统计：陕甘宁边区参议会有工人参议员 23 名，其中 7 人是由工厂直接选出的；21 个县的 1955 个县参议员中，有雇工及手工工人 97 名；延安等 19 个县的 5370 名乡政委员中，雇工及手工工人有 383 名。晋察冀边区阜平等 7 县，县参议会中工人参议员占 4%；选举产生的区长中，工人占 3%。华中各抗日根据地，县及县以上各级参议会中，工人参议员占参议员总数的 20%—30%。①

敌后抗战的坚持，抗日民主政权的建立，各种社会改革政策（首先是减租减息政策）的实施，使根据地的社会性质发生了变化，由半殖民地半封建社会变为新民主主义社会。在根据地，工人阶级不再是被压迫被统治阶级，而是执掌政权的统治阶级了。

---

① 《中国解放区工人在战斗中》（1945 年 1 月），中华全国总工会中国职工运动史研究室编：《中国工会历史文献》第 4 卷，工人出版社 1959 年版，第 45—46 页。

## 三、根据地整风运动和工会工作的改进

### （一）根据地工会开展的工作

抗战进入相持阶段后，日军加紧进攻根据地，国民党反共投敌的倾向也日趋严重，根据地受到很大的威胁。因此，只有深入做好群众工作，进一步依靠人民群众，才能巩固敌后抗日根据地，支持持久抗战。根据中共中央的指示，各根据地工会在这一时期，着重开展以下几项工作：

第一，实行经济改革，改善工人生活。华北各根据地工会在1940年前后，山东和南方各根据地工会在1942年前后，都开展了这一工作。各地工会结合农村的减租减息、实行合理负担和民主建政的群众运动，普遍发动工人、雇农，开展削弱封建势力，减轻雇主对工人的剥削、改善生活待遇的斗争。与此同时，各公营工厂也提高了工人的工资。通过改革，无论是公营工厂还是民营工厂的工人，无论是产业工人还是农村的雇工和手工业工人，普遍增加了工资，提高了生活待遇。不少地区的公营工厂为了保证工人的生活水平不因战时物价变动而下降，从1941年起，还陆续实行实物工资和半实物工资（即发实物与货币相结合）制度，同时由厂方供给一部分衣食等日用品。在民营工厂，工人与厂方订立劳动合同，规定了最低工资、最高工时、救济失业和其他有关工人福利劳保的标准，使工人生活有所保证。通过经济改革，广大工人从切身利益中体会到共产党、抗日民主政府和工会是真正代表自己利益的，从而大大激发了坚持抗战的积极性和建设、保卫根据地的政治热情。

第二，组织工人一面生产，一面作战，为打破敌伪顽固的军事进攻和经济封锁而斗争。从1939年起，各根据地工会广泛动员

职工，以努力生产的实际行动，支援持久抗战。工人群众自力更生，艰苦奋斗，在极艰难的情况下，很快创办了一批军事工厂和民用工厂，为部队提供武器弹药和其他军需品。如，太行山区的黄崖洞兵工厂，开始只是几十个人的一个修配所，月产三五支步枪。但到1940年，这个兵工厂则发展到1000多名工人，年产可装备16个团的手榴弹、步枪、刺刀和炮弹。再如，山东胶东根据地的黄县圈杨家兵工厂，1941年不但能生产“汉阳造”“七九式”步枪，而且还能生产捷克式机枪，使山东主力部队每个排都配有两挺机枪。许多工人为了试制武器、弹药，被炸伤致残，甚至牺牲了生命。《把一切献给党》的作者、中国的保尔——兵工英雄吴运铎，就是皖南新四军军部修械所的工人。他和工友们在十分简陋的条件下，生产了一批又一批的新步枪。在一次挖取雷汞时，雷管爆炸，他左手四个手指头被炸掉，左膝盖被炸裂，左眼被炸瞎。出院后，他带着伤残，又同工人一起设计和制造了33台生产子弹的机床，年产子弹60万发。后来，他又和工人们造出了36门平射炮和大批炮弹，装备了部队。在吴运铎忘我精神的鼓舞下，工人的生产热情不断高涨，为抗战作出了自己的贡献。

各地工会在广泛发动工人积极参加生产的同时，还动员和组织工人，配合八路军、新四军，投入紧张的反“扫荡”斗争，各地年龄在16岁至45岁的工人，几乎都参加了自卫军和民兵，有的地方还单独成立工人游击队。他们配合八路军袭击敌人，破坏敌之交通运输，或担负侦察、警戒等工作。据晋察冀北岳区总工会统计，1941年，该区7个县工人一年共参战265次，杀、俘敌人226名，缴获大炮1门。另有9个县的统计，工人破坏交通273次，铁路与公路1013里，桥梁53座。在著名的百团大战中，正太铁路的工人与八路军一起破坏铁路桥梁，使敌人交通陷于瘫痪。井陉煤矿的工人配合八路军，炸毁日军在矿井的电机和锅炉，并焚烧了井陉煤矿，给敌人以重大创伤。

一面生产，一面作战，在生产中战斗，在战斗中生产，可以说是根据地工人运动的一种特殊形式。对此，中央职委在1945年1月的《解放区工人在战斗中》一文里，作了如下的描述，工人们的生产“是与战斗随时随地结合着的……他们是在一手操纵着机器，一手执着武器在生产的。他们平日在进行生产时，工人武装自卫队就派人轮流放哨警戒，一当战争迫近工厂时，他们就首先把机器、工具、原料转移到另一地区继续生产，或是把它们埋藏起来，带着小型机器，在战地中进行工作，或是举起刀枪进行冲锋肉搏的战斗，配合军队，抗击与袭扰敌人”。“工人们自己的口号是：生产中是积极的工人，战斗中是模范的战士。敌人来袭，则进行游击；打退敌人，又开始生产。所以，他们被解放区中的人民称之为‘生产游击队’”。

第三，组织失业工人，开展生产自救。全民族抗战初期，国民党的溃败，使大批失业工人流落到各抗日根据地。最初解决失业工人生活的主要办法是，发救济金、救济粮。这种办法大大加重了根据地政府的财政负担。抗战进入相持阶段后，根据地财政经济日益困难。各级工会为了减轻政府的负担，除动员部分失业工人参军外，大力开展生产自救，采用私人集股，与雇主合作、发动募捐等办法，开办生产合作社，小工厂、小煤窑、垦荒队等，把失业工人组织起来，生产自救。这样做既减轻了政府的负担，又改善了失业工人的生活质量，并且促进了根据地的经济发展。据统计，陕甘宁边区1939年只有鞋匠、磨面等12个手工业生产合作社，1939年开展失业工人生产自救后，各个行业的生产合作社很快发展到375个，还有各业职工的消费合作社369个。根据晋察冀北岳区15个县的统计，1941年有各类生产合作社87个。在冀中，有164个。在山东，工会举办的布业生产合作社使本区布匹自给，还支援了其他不产棉的根据地。晋绥边区招收闲散工人建立的生产合作社，不但解决了工人的失业问题，还储蓄了

150 万元保险金，以备灾荒之用。

第四，开展民主选举，为根据地各级政权输送工人干部。根据地的工人不仅有组织工会的自由，而且还有参加“三三制”政权，行使工人阶级当家作主的权利。1941 年边区政府推行民主政治，实行大选，各级工会组织认真进行这一工作。大选中，许多优秀的工会干部和工人代表当选为各级政府的领导成员。在陕甘宁边区第二届参议会上，有 23 位工人代表当选为边区参议员。在县议员与乡议员中，工人当选的就更多一些。以华中各根据地为例，工人参议员在区、县各级中占议员总数的 20%—30%。在民主选举中，一些有才干的工人还被推选到工厂的领导岗位，如中央印刷厂、新华化学厂、中央实验工厂和延长石油厂的厂长，原先都是优秀的老工人。

第五，开展战时工人的文化教育工作。由于根据地工人的文化水平很低，所以各级工会都很重视组织工人学习文化，开展扫盲运动。公营工厂的工人，一般每天都有一小时的文化学习时间。工会把不识字的工人分别送进夜校或识字组学习，在工会的组织下，陕甘宁边区工厂中 80%的青年人和 40%的成年人，都投入了识字扫盲运动。不少工厂消灭了文盲。在有条件的地方，工会还建立了工人俱乐部，在艰苦的战争环境中积极开展工人的文化体育活动。

总的来说，根据地工会认真贯彻了中共中央的指示，动员与组织工人为保卫和建设抗日根据地作了大量工作，成绩显著。但是在执行劳动政策和改善工人生活的斗争中，也曾出现过偏差。有些工会干部不顾战争环境中根据地的客观情况，片面提倡根据地工人要向大城市看齐，过高地提出不适当的经济要求（如加薪减时）。在片面强调改善工人生活的思想指导下，把工会的精力集中于开展向资方和雇主的斗争，忽视团结资方和雇主发动工人努力生产的工作。个别工会甚至把公营工厂的行政干部也列为开展斗争的“厂主”，并采取了错误的斗争形式。这些偏差，一度造成了厂主、业主与工人之间关系的紧张，雇工与雇主关系的紧张，在公营企业中，也出现了行政与工会对立、劳动纪律松弛和劳动生产率下降的现象。

实践证明，不注意改善工人的生活，就不能调动工人的抗日积极性，就不能坚持与巩固抗日根据地。但是，不顾抗战的需要，脱离根据地生产的实际水平，片面强调工人生活的改善，也是违背工人阶级长远利益的。鉴于这种情况，中共中央在 1940 年 12 月发出党内指示。

从 1941 年起，根据地各级工会贯彻中共中央的指示，开始纠正工作中的偏向。经过 1942 年的整风运动，进一步明确了根据地工会工作的方针任务，工会工作和工人运动都有了新的发展。

### （二）各抗日民主根据地工会的整风运动

尽管这一时期的工会工作有了进一步发展，但仍存在一些问题。除工会在处理劳资关系与解决工人生活问题上所存在的偏向之外，工会在组织问题上，在职工教育的问题上，还存在着许多形式主义和教条主义的倾向。教条主义曾经给中国革命和工人运动以极大损害，它的影响一直都未被肃清。通过一个普遍的马克思列宁主义的教育运动，彻底清除教条主义的影响，对于推进革命事业是十分必要的。从 1942 年 2 月起，中国共产党在全党范围内，展开了以反对主观主义特别是反对教条主义为主要内容的整风运动。

1942 年 4 月 21 日，中共中央在《关于五一节的指示》（以下简称《指示》）中，要求根据党中央及毛泽东整顿三风的号召，肃清职工运动中的主观主义、宗派主义、党八股的思想方法与工作作风的残余，改造根据地的工会工作。① 为正确开展工作，《指示》根据存在的问题，对主观主义、宗派主义、党八股的表现形式作了明确阐释。《指示》指出，职工运动中的主观主义主要表现为不估计今天根据地职工运动的环境：经济落后工业缺乏的农村，敌人反复“扫荡”的战争环境，新民主主义的政治经济的特点，硬将产业城市职工运动的一套办法搬到根据地来，不管有无工人及有多少工人，在乡村中普遍建立工会，有些地方甚至建立各种产业和职业总工会，并进行尖锐对立的斗争，这就是职工运动中主观主义的实质。职工运动中的宗派主义主要表现于某些工会中党员包办工会。当工人群众尚未发动起来时，派员发动工人组织工会是正确的，但工人群众已经起来，就应当实行民主选举工会领导机关；吸收非党员职工参加工会领导机关中工作。然而不少工会工作的党员仍继续包办的作风，以致某些工会出现脱离群众的现象。职工运动中的党八股表现于工作计划宣传教育的不切实际，特别在教育方面，在某些公营工厂工人教育中，不问对象夸夸其谈，大讲经济学、马列主义、哲学，而轻视与业务有关的技术教育，忽视反对行会主义思想及工人中某些狭隘思想的教育工作。②

为克服职工运动中的主观主义、宗派主义、党八股的残余，中共中央提出三点要求：一是必须进行客观环境的调查研究，研究具体的工作环境，研究劳资关系在抗战中的变化，分别研究每个资本家和雇主，研究公营工厂管理制度和生产技术的改进，研究工人成分在抗战中的变化；二是必须注意吸收工人中的积极分子，特别是熟练工人参加工会工作，发扬工会民主作风，吸收他们检查工会工作，只有通过他们才能团结全体职工。为吸收熟练

① 《解放日报》1942 年 4 月 22 日。

② 中共中央党史教研室选编：《中共党史参考资料（五）：抗日战争时期》（下），人民出版社 1979 年版，第 35—36 页。

工人积极分子到工会工作，在工会领导机关中，应实行共产党员最多只占三分之一的“三三制”；三是必须克服空洞的工作作风及夸夸其谈的教育内容、方式、方法去教育一般工人群众。

为贯彻职工运动方针，总结经验，改造公营工厂中党和职工会工作，1942 年 4 月 24 日，中共中央针对晋东南工作报告中反映的部分情况，如对各种工人生活、劳动情绪、劳资关系、物价比较等发出指示，指出晋东南抗日根据地职工会工作虽有了很大进步，但尚有很多弱点，主要表现在对抗日根据地的基本特点（战争、农村、新民主主义政权）的认识不足，因而对劳动政策了解不深刻，工作缺乏中心与经常性，党政军民关系有些不正常，所以职工会工作巩固还不深入，并从工资问题、农村劳资关系、工时、职工负担与支差、职工会组织形式、职工会主要工作任务六方面提出改进意见。

在提高干部认识的基础上，各根据地的工会先后召开了干部会议或代表大会，以整风精神检查纠正了上述各种错误倾向，研究改进了工会的工作。特别是陕甘宁边区总工会与边区政府合作，在 1942 年 5 月和 1943 年 4 月，先后召开了陕甘宁边区公营工厂工会干部会议和公营工厂会议，以整风精神讨论了边区公营工厂的性质、任务、经营管理等方面的理论和实际问题，并着重讨论解决了公营工厂职工会的方针任务问题。

为贯彻整风精神，陕甘宁边区总工会召开了公营工厂工会干部会议，就根据地公营工厂的性质和公营工厂中工人劳动的性质问题，展开了讨论，以便从根本上弄清根据地工会工作方针任务的变化和改变的道理。中共中央政治局委员、中共中央职工运动委员会主任邓发在《新民主主义政权下公营工厂的劳动性质与职工会任务》的报告中，对讨论作了总结。他指出：公营工厂是革命的公有财产，工厂工人作为本阶级的一员，他“自己也有一份”。公营工厂的产品，大部分为抗战所消耗。即使工人在这里创造了剩余价值，也是“为公共所有”。他还进一步说明：就算是私营工厂，因为它的产品主要是供给根据地人民的需要，并且还要负担抗日政府的费用，那里的“工人的劳动，也同样不完全是简单地（为资本家）创造剩余价值”①。根据上述原则，会议为公营工厂工会规定了“生产、生活、教育三位一体”的日常工作任务。

陕甘宁边区政府直属各公营工厂会议，是边区工会以整风精神检视既往工作，解决公营工厂工会工作方针任务问题而举行的一次会议。会议就公营工厂党和职工会工作提出意见，确定了公营工厂支部及职工会的基本方针和其任务，检视了目前公营工厂支部及职工会执行任务的情况，提出了克服公营工厂党和职工会工作缺点与完成生产任务的思路和举措。②

这两次会议，对推进边区经济建设和工会工作起了重要作用。会议根据邓发就工会问题作的报告，明确了根据地工人在公营工厂中的劳动，不是为资本家生产利润，而是为抗战和革命作贡献；公营工厂职工会的主要任务，是与企业行政合作，组织教育职工完成生产任务，并在发展生产基础上，与行政方面协商，适当改善职工生活。

1942 年 12 月，毛泽东在陕甘宁边区高级干部会议上所作的《经济问题与财政问题》的报告，进一步指出：边区公营工厂的“职工会工作有不适合于提高劳动纪律与劳动积极性的，必须加以改造。一个工厂内，行政工作、党支部工作与职工会工作，必须统一于共同目标之下，这个共同目标，就是以尽可能节省的成本（原料、工具及其他开支），制造尽可能多与尽可能好的产品，

---

① 《延安各界“五一”劳动节纪念大会致全国工友书》（1941 年 5 月 1 日），中华全国总工会中国职工运动史研究室编：《中国工会历史文献》第 4 卷，工人出版社 1959 年版，第 200 页。

② 《解放日报》1943 年 5 月 1 日。

并在尽可能快与尽可能有利的条件下推销出去”①。他强调这是行政、支部和工会“三位一体的共同任务，各顾各地把三方面的工作分裂起来的做法，是完全错误的”。毛泽东的这个讲话，为通过整风运动解决根据地公营工厂的经济管理和工会工作方针等问题，进一步指明了方向。

通过整风运动，还改进了根据地各级工会与党和行政的关系。特别是 1942 年 9 月 1 日，中共中央政治局通过了《关于统一抗日根据地党的领导及调整各组织间关系的决定》以后，党民不分、包办、清一色的现象有所减少。

在整风运动期间，各抗日根据地的工会还结合贯彻执行精兵简政的政策，检查纠正了组织上的形式主义，大大精简了机构和人员。根据中共中央的决定，根据地工、农、妇等群众团体的区县以上的领导机关，联合组成民众抗日联合会（简称“抗联”），对外保留各团体的名称，对内为抗联分管各种群众工作的部门。抗联工人部（即区以上各级工会）的工作重点是城镇工人，特别是公营工厂工人。由于根据地经过土改或减租减息，过去的农村工人大多成为农民，一般工人过于稀少的乡村，不再组织工会，只在工人比较集中的乡村建立工会小组。

除陕甘宁边区外，各抗日根据地也都在此期间进行了整风。工会领导机关与领导干部，系统地检查了自己的工作，开展批评与自我批评，总结经验教训，改进领导作风。在基层，一面组织干部学习工会工作的方针任务，一面教育工人认清自己劳动的目的和性质。工会表扬了那些吃苦耐劳、埋头苦干、爱厂如家的先进工人，批评了某些工会干部和工人中的经济主义、行会主义思想。稍后，敌后各抗日根据地的工会组织，也展开了这样的运动。

① 毛泽东：《经济问题与财政问题》（1942 年 12 月），《毛泽东文集》第 2 卷，人民出版社 1993 年版，第 464 页。

1943年5月1日，中共中央作出了《关于目前各抗日根据地职工运动的决定》。这个决定集中了当时各根据地工会在整风运动中已经取得的成果，从各个方面明确了抗日根据地职工运动的基本方针和工作任务，从而推动了整个抗日根据地工会工作的深入发展。

### （三）群众路线和新劳动者运动的兴起

工会整风的重要收获之一，就是运用群众路线开展起来的以模范工人赵占魁为旗帜的新劳动者运动。这是由中央职委和陕甘宁边区总工会首先发起，后经毛泽东倡导而在各根据地掀起的群众性的生产竞赛运动，也是一次"以新的态度对待新的劳动"的群众性的思想教育运动。它是工会整风中职工开展自我教育结出的硕果，也是工会工作深入实际调查研究的硕果。[①] 新劳动者运动在战胜困难、巩固发展抗日民主根据地中发挥了重要作用。

全民族抗战期间，中共中央的领导同志，不断地提出和强调相信人民群众和依靠人民群众这个马克思主义的基本思想，并概括地把它叫作"群众路线"。1943年6月1日，中共中央发表了由毛泽东起草的《关于领导方法的若干问题》，提出"一般号召和个别指导相结合""领导和群众相结合"的领导方法与工作方法。这就是群众路线的基本思想。《关于领导方法的若干问题》指出："从群众中集中起来，再到群众中坚持下去。如果无限循环，一次比一次更正确、更生动、更丰富。""一般号召和个别指导相结合"[②]，则是组织和实现这种"集中"和"坚持"过程时所必须

① 王建初、孙茂生主编：《中国工人运动史》，辽宁人民出版社1987年版，第251页。

② 毛泽东：《关于领导方法的若干问题》（1943年6月1日），《毛泽东选集》第3卷，人民出版社1991年版，第899页。

采取的方法。①

《关于领导方法的若干问题》的直接目的，原是更有效地推进整风运动，改变那种忽视总结群众斗争经验，而陶醉于不切实际的空谈的主观主义的领导；改变那种脱离群众，满足于一般号召而不注重具体指导的官僚主义领导。事实上，《关于领导方法的若干问题》的影响远远超出了这个范围，它成了各个工作领域改进领导方法和克服主观主义、官僚主义的思想武器。

群众路线在根据地工会工作中第一次自觉地贯彻执行，具体体现为赵占魁运动，即新劳动者运动的开展。

赵占魁（1896—1973），山西定襄县人，是同蒲铁路介休车站修理厂的一名铁工。他 12 岁起当雇工，长期做泥水匠小工，17 岁进入工厂当学徒，当翻砂工。1938 年，他 42 岁的时候，在日本军队的进攻中，失掉了自己的工作和妻子。以后辗转到了延安，进入中央职委举办的工人学校学习。在这里，他认识到，作为一名工人，自己的命运和共产党所领导的革命是血肉相连的。当他回顾自己的辛酸经历时说："我的血快要被人挤干了，而今天才找到自己的家。"② 1939 年，赵占魁到农具厂担任看火工。当时，生产设备十分简陋，工人只能露天操作。在高温的熔铁炉前，盛暑天气也要穿棉衣（代替石棉衣），工作非常辛苦。赵占魁热情地从事这种艰辛的劳动，数年如一日。他爱护公共财物，遵守劳动纪律，关心群众利益，热心公益事业，以自己的榜样团结了全厂职工。尤其是作为一个技术工人，他毫无一般老工匠所常有的那种保守习气，总是尽量地把技术传授给学徒，并且关心学徒的

---

① 毛泽东：《关于领导方法的若干问题》（1943 年 6 月 1 日），《毛泽东选集》第 3 卷，人民出版社 1991 年版，第 897—902 页。

② 新中国成立后，赵占魁曾任西北兵工工会主席，西北军政委员会劳动部副部长，西北总工会副主席，陕西省总工会副主席，中华全国总工会执行委员等职务，并当选为第一届政治协商会议全国委员会委员。1973 年在西安逝世。

生活，经常照顾和帮助他们。因此，他受到全厂职工的爱戴，曾当选为陕甘宁边区参议员。1942年9月11日，《解放日报》发表了《向模范工人赵占魁学习》的社论，号召边区公营工厂工人学习赵占魁的新劳动态度，学习他老老实实、积极负责、埋头苦干、自我牺牲的精神。10月，陕甘宁边区总工会向边区各级工会发出了《关于开展赵占魁运动的通知》。毛泽东在边区高级干部会议上的报告中，也发出了“发展赵占魁运动于各工厂”的号召。于是，学习赵占魁以新的态度对待新的劳动的群众生产竞赛运动，首先在陕甘宁边区的公营工厂职工中普遍开来；随后，在敌后各抗日根据地也得到了广泛的开展，有的根据地工会，在本地发现赵占魁式的模范工人以后，即以本地的先进模范人物为学习榜样，开展新劳动者运动，如晋冀豫边区的甄荣典运动、晋绥边区的张秋风运动等。

赵占魁运动是边区工会开展整风运动，在工会干部中明确和贯彻根据地的工运方针，克服和纠正经济主义、行会主义的结果。也是在企业管理干部中克服官僚主义、发扬民主作风和改进管理制度的结果。

学习赵占魁的号召发出之初，在一些工厂中，虽然提出了开展运动的口号，实际上并没有什么具体办法和措施。这不完全是工会的责任，而是和当时工厂行政工作、生产管理方面的薄弱，工人中党组织工作方针有欠明确等有关。当时，各个工厂中虽然都建立了厂长、党支部书记和工会主席联合组成的三人小组，作为工厂的领导核心。但是三者各自的具体工作，相互间的关系及配合，却不是很明确的。工会和企业行政在工作中时常发生抵触。继公营工厂工会干部会议之后，1943年3月，边区召开了公营工厂厂长会议，集中研究了加强公营工厂的党支部和工会工作，以及解决工厂的经营管理问题。会议总结了根据地办企业的经验，强调必须开展群众生产工作。会议批评了那些用简单的行政手段和官僚主义态度对待职工，不发动群众提高生产热情、维护劳动纪律，因而使生产和工作遭到损失的工厂。会议确定了公营工厂中工会的任务：精简机构；反对贪污、浪费；检查劳动纪律，合理解决工人的生活困难；深入开展赵占魁运动，保证生产任务的实现。会议有效地推进了企业和工会的整风运动及新劳动者运动的开展。

经过一系列的工作，企业管理方面也有了改进（充实领导机构，发扬民主作风，改善管理方式和管理制度），工人的生产热情很快有所提高。1943 年，新劳动者运动在边区得到了普遍推广。

在新劳动者运动中，职工群众以自己队伍中的先进人物为榜样，进行自我教育。运动通过提高工人的阶级觉悟，清除工人中的非无产阶级思想，加强工人队伍的团结，把他们从一名普通的生产劳动者，提高为自觉的革命战士。这种被激发的精神力量，迅速地在生产上得到了表现。新劳动者运动开展的这一年，边区各公营工厂的生产量，平均增长了 30%—50%。产品质量的改进、原材料的节约、生产成本的降低，都有显著的进步。

与此同时，赵占魁运动本身也在不断总结经验的基础上逐步发展和深入。从以树立新的劳动态度、提高劳动效率为主，渐次扩展为培养工人的劳动素质与提高劳动技术并重；运动的形式，也从树立某个新型工人为旗帜，改变为广泛选拔劳动英雄、模范人物，即每一行业或每一工厂、企业，都从本行业、本厂职工中选拔出自己的先进模范人物，作为学习的榜样和竞赛的标兵。这样，运动的内容更丰富，形式更多样化与群众化。

各根据地的劳动英雄、劳动模范队伍中，包括一些科学技术人员。如陕甘宁边区军工局机械总工程师沈鸿，边区军工局五厂厂长陈振夏，晋东南地区八路军前方总部军工部兵工四厂厂长陆达，晋察冀军区工业部技师韦彬等，便是其中的代表人物。他们分别以自己的科学技术知识和业务专长，为根据地的工业生产作出了巨大的贡献。一方面，“英雄”“模范”的称号，自然是对他们所作的贡献的褒奖；另一方面，这里也有鼓励工人学习和尊重科学知识，以提高他们的文化素质和技术水平的深层含义。

1943 年 11 月，陕甘宁边区召开了全区第一次劳动英雄大会。会上，毛泽东作了著名的《组织起来》的报告，号召全面开展大生产运动。1944 年冬，晋察冀、晋冀鲁豫边区都召开了各行业或公营工厂的劳动模范、先进人物大会，对各条战线的先进分子给予表扬和鼓励。这是新劳动者运动在各生产战线上的推广和发展，对于促进抗日根据地的生产运动，起了良好的作用。

新劳动者运动，给了根据地公营企业中长期以来就不断开展的群众生产运动一个确定的形式，为工会组织群众生产提出了比较系统的办法。运动的普遍和深入开展，使工会与工人群众的关系更加密切了，工会组织、工会工作也随之健全了起来。而工会工作的活跃，工会在增加生产和改善职工生活方面作用的加强，使它和企业中党组织及行政的关系也比过去融洽起来。同时，新劳动者运动也标志着根据地公营企业管理工作开始和职工群众相结合，生产工作中的群众路线在逐步形成；爱护工厂，努力生产，积极投身根据地经济建设，开始成为工人群众的自觉行动。

## 第十三章

# 战略相持阶段国民党统治区的工人斗争

国民党统治区工人阶级的斗争是整个抗日民族解放战争的一部分。在国民党被迫参加抗日战争的情况下，国民党统治区工人阶级斗争的主要任务不是反对国民党的统治，而是督促和支持国民党的抗战，争取抗日战争的胜利。但是，国民党采取的是压迫人民、消极抗战的路线，在它统治的地区，剥夺了工人阶级的自由。中国共产党根据抗日民族统一战线的总方针和国民党统治区的具体情况，正确地领导了国民党统治区工人阶级的斗争。

## 一、国民党统治区的工业和工人阶级状况

### （一）国民党统治区的工业状况

1937 年 7 月，随着抗战全面展开及战争初期中国军队的节节败退，国民政府的行政控制区域急剧缩小。1938 年初，国民政府的行政控制权尚存于鲁、冀、浙、苏等省部分地区和豫、徽、鄂、湘、赣、两广及西南、西北诸省，但到 1938 年底，鲁、冀、豫、徽、苏、鄂、赣、粤等省大部或局部地区相继沦陷，国民政府一

退武汉，再退重庆①，实际控制区只有经济欠发达、财政较贫穷的西南、西北诸省，财政收入、工业资源等均大幅减少，抗战面临着严重危机。

这一时期，以蒋介石、宋子文、孔祥熙、陈立夫和陈果夫兄弟“四大家族”为主体的官僚资本，在失去华北、华东那些重要活动地盘后，转移到了内地各省。他们利用政治上的特权和国难时机，在财政、金融和商业上谋利的同时，还吞并工矿业。同时，为维持统治地位，应付战争局面和准备反共反人民的内战，他们也需要在西南、西北重新建立军事工业以及和军事工业有关的工矿交通事业。正由于此，国民党统治区战时工业的发展，一开始就遭到官僚资本的垄断和掠夺。

在论及国民党统治区工业生产的时候，应当对工业合作运动（简称“工合”）作一简短叙述。全民族抗战时期，在国内外进步人士的提倡下，国民党统治区曾经一度发展了工业合作运动。这个运动，1938 年 4 月间在上海发起，由银行家徐新六任筹备委员会主席。一贯同情中国革命的新西兰人路易·艾黎（时任上海租界工部局工厂检查员），通过巴黎的一些工会募集到最初的一笔经费。嗣后，经英国驻华大使的引荐，这个推进工业合作运动的委员会得到国民党政府的认可，并拨款资助。1938 年 8 月 5 日，国民党政府的行政院长孔祥熙担任了“工合”理事长。利用这种关系，“工合”得以在国民党统治区 16 个省份开展活动。

“工合”的活动主要在农村。它利用国外捐款和国民党政府的少量拨款作基金，组织零散工人和个体劳动者（开始时主要是难民及工人家属），从事以纺织和日用化工产品为主的比较现代

① 武汉失守后的国民党统治区，主要是以重庆为中心的西南地区和以西安为中心的西北地区，共 10 个完整省份，即四川、云南、贵州、广西、陕西、甘肃、西康、青海、宁夏、新疆，以及西藏地方，还有湖南、湖北、广东、河南、安徽、浙江、福建等省尚未沦陷的部分。

化的手工业生产，同时举办一些社会服务事业（如医疗和技术培训等）和消费合作。到 1940 年 6 月，它已拥有工业生产合作社 1612 个，社员 21330 人，工人和学徒 3 万余人，另外，还有约 3 万名家庭纺纱女工。1942 年时，这些合作社的资本共有 2500 万元（法币，其中 35%是由国民党政府提供的）。①

由于上述种种特殊原因，1938—1942 年的五年中，国民党统治区的工业有了相当大的发展。中国工业战前大多集中在东南沿海地区。据国民党政府经济部统计，战前全国除东北地区以外，资本在万元以上的工厂有 3935 家，创办资本 37335.9 万元，工人总数是 456973 人，约 60%集中在上海、武汉、无锡、广州、天津等五大城市。② 其中属于西南、西北各省和湖南地区的，仅有工厂 237 家，资本 2533.4 万元，工人 33188 人。③ 1942 年底，大后方已有工厂 3758 家，资本 20 亿元（法币，依战前价格计算，下同），工人 241662 人，动力设备 14 万余马力。④ 其规模与 1933 年至 1934 年上海市的工业不相上下。和战前相比，这些地区的工厂数增加到近 16 倍，工厂工人数增加到 7 倍多。到 1944 年底，工厂数更达 5266 家，资本额达 480124.5 万元，工人数达 357663 人（不包括职员）。⑤ 但就水平而言，后方厂矿之规模，比起战前实在微弱，例如抗战以前我国纺织业全国纱锭总数为 280 万余锭，抗战后后方各省纱锭总数仅占战前 6%强，以个别单位来说，战前华商厂的纺纱锭子可达八九万枚，五六万枚的尤为司空见惯；而在抗战以后，整个四川全省的纱锭不到五万枚，以厂家而论，

① 齐武：《抗日战争时期中国工人运动史稿》，人民出版社 1986 年版，第 205 页。

② 陈真、姚洛：《中国近代工业史资料》第 1 辑，生活 · 读书 · 新知三联书店出版社 1957 年版，第 78 页。

③ 经济周报编辑部编：《经济周报》第 6 卷，经济周报社 1945 年 12 月。

④ 参见国民政府经济部统计处编印的 1942 年《后方工业概况统计》。

⑤ 李紫翔：《四川战时工业统计》，四川经济季刊 1946 年第 1 期。

最大的纱厂纱锭也没有达到两万枚的。

这一时期国民党统治区的工业特点如下：一是战时经济，即以军事为中心，经济生产围绕战时体制、战争需求而展开。二是举步维艰，正常的工业发展遭受重大损失，中国东部的近代化进程被彻底打断。无锡、南京的工厂被毁64%—80%。武汉三镇的工厂约有12%被毁，损失约1667万元。① 三是规模小，技术设备落后。据统计，除部分官办企业以外，全部民营工厂中，雇用工人不到30人的占41.47%，30—50人的占19.81%，平均不过50余人。民营工厂拥有的资本，每厂平均不足20万元，动力平均不过30马力。② 四是“公营”事业优势，以“四大家族”为主体的官僚资本在工业方面的垄断和独占。官僚资本垄断工业的最高组织是国民党政府的工矿调整委员会，“四大家族”官办工业的两大系统是国民党政府的资源委员会和兵工署，此外还有各省市的官办企业和“四大家族”的成员以私人名义开办的企业。五是工业区位的建立，重心西移，西南、西北地区的近代化进程仓促启动。战时的国民党统治区主要包括西南、西北诸省，国民政府在西南③、西北诸省的开放及经济布局上下了很大功夫，将工业建设的重点放在四川、云南、贵阳、湘西等地。④ 近代化的工业与交通运输线路，开始大规模出现在西南、西北地区。战前，这些省份工业水平很低，共有工厂234家，占全国工厂总数的6.03%，稍具规模的工厂几乎没有。1938年10月后，内迁工厂带动大后方工业迅速发展，1939年，7省共有工厂419家，1941年升至

① 陈真、姚洛：《中国近代工业史资料》第1辑，生活·读书·新知三联书店出版社1957年版，第79页。
② 参见国民政府经济部统计处编印的1942年《后方工业概况统计》。
③ 西南地区主要是指川、滇、黔、陕、甘、湘、桂7省。
④ 黄立人：《抗战时期大后方经济史研究》，档案出版社1998年版，第36页。

1306家，1943年再增到1376家。[①] 西迁工厂的分布形成以四川为中心，辐射云南、陕西、甘肃、湖南、贵州、广西的新工业区。这块“战前几乎无工业可言的”地区[②]，迅速集中工业力量，掀起开发大后方的热潮。1944年，西南7省占国民党统治区工厂总数的88.63%，四川一省的工厂就占44%，重庆一市又占四川工厂的半数以上，如纱锭的89%、冶炼和机器业的80%都在重庆，航运业的90%为重庆民生公司一家所有[③]。国民政府资源委员会战时兴办的119家大型国营工矿业，设在西南地区的多达77家。和战前相比，1943年西南地区的工厂增长13倍，资本增长146倍，工人增长7倍。六是重工业抬头，和战前纺织、服饰业占主导地位不同，国民党统治区工业在部门结构上占比重较大的是与军事生产相关的重工业，如化学、机械、纺织和冶金等行业。但工业发展并不平衡，这是由资源委员会对矿产品严格管制造成的。

由于国民党统治集团战时采取的一系列绞杀民族工商业的政策和官僚资本在工业方面的垄断，1942年后，国民党统治区的工业开始萎缩、凋敝。到1944年，国民党统治区随豫湘桂战役的大溃败而爆发军事政治危机之时，其经济也陷入崩溃。自那时起，不仅民营企业几乎全部倒闭，就是官办企业也难以为继。

### （二）国民党统治区的工人阶级状况

随着国民党统治区战时工业的发展，内地各省工人阶级的队伍规模也有了很大增长。1942年，国民党统治区的工厂工人已达24万多人，加上矿业、交通和兵工方面的工人，则国民党统治区产业工人的总数当在30万人以上。这是国民党统治区工人阶级的

---

① 陈真、姚洛：《中国近代工业史资料》第1辑，生活·读书·新知三联书店出版社1957年版，第98—99页。

② 参见国民政府经济部统计处编印的1942年《后方工业概况统计》。

③ 《国内工业向内南迁》，《工商日报》1939年6月10日。

基本队伍。除此以外，国民党统治区还有人数众多的手工业工人及其他非产业工人。国民党政府规定除军事工业外，凡年满16岁的工人都要强迫入会，因此社会部统计的会员人数，大体上就是国民党统治区工人阶级的总人数。

与国民党统治区工业发展的地域性、行业性相对应，国民党统治区工人阶级的分布状况也呈现显著的地域性和行业性。在内地各省间的分配上，产业工人数目最多的是四川省，其次是广西、云南、贵州、陕西、甘肃和湖南西部。在战争环境中发展工业，必须考虑防空条件，还要适应各省的资源条件，因此，国民党统治区建立起来的大小数千个工矿企业，大多散布在各地。只有重庆、西安、兰州、昆明、桂林、衡阳等地工业比较集中。特别是重庆一地，在1944年有产业工人9万余人，非产业工人10万余人，是国民党统治区战时工业和工人阶级最集中的城市。在部门结构上，随着与军事生产有关的重工业部门在整个工业中比重的增加，国民党统治区工业工人的人数在各工业部门中的分配情形也随之变化。除地域、行业上的一些特点外，战时国民党统治区的工人队伍发生的结构性重要转变是工人不再是大量地在外商企业中劳动，而是几乎全部在本国企业中劳动。这是一个意义重大的变化。① 众所周知，中国产业无产阶级的形成以至它的存在，与外国资本帝国主义侵入紧密相连。战前，在外商企业中从业的工人，约占全国产业工人的一半。这个工人队伍能够把无产阶级反抗资本进攻的武器（即罢工）用于民族斗争，加以地域分布和生产上的高度集中，使它在反对帝国主义的民族斗争中，成为最有战斗潜力的队伍。

除此以外，国民党统治区的工人阶级还具有自身的一些特点。国民党统治区工人阶级的队伍是在抗日战争时期才壮大起来的，

---

① 齐武：《抗日战争时期中国工人运动史稿》，人民出版社1986年版，第208页。

自然新工人占了绝大多数。这些新工人的来源主要是当地破产的农民和城市小生产者，此外，还有从敌占区逃亡出来的大批难民。其来源可分述如下：一是男工来源，以年富力强的乡村农民、本地手工艺者、战区转移来的军事工业和机械工业熟练工人、被拘后判作苦工的游民犯罪者为主；二是女工来源，以出征军人家属、本地手工艺者、战区妇女、女犯判作苦工者为主；三是童工来源，以贫苦市民子弟、街头流浪儿童为主。他们因复杂的社会出身而具有各种非无产阶级思想意识。

国民党统治区的工人阶级若按技术分类，则可以分为技工①、半技工②、粗工③和艺徒④。有些厂为争夺技术工人，就提高工资向其他工厂“挖工”，从而造成工人的“跳厂”和流动。战争造成的工业发展的不稳定性，使这种流动性普遍增强。此外，因通货膨胀，百物腾贵，工人的工资提高转瞬便失去它的价值。而这种情形，却为做“包工”或开办作坊，以致逐利商场或做投机生意提供了机会。于是，一些工人便离开工厂，去做独立劳动者或“小老板”。有些工人甚至去做倒卖工业器材的掮客、经纪人或者干脆“下海跑生意”。这些技术工人，在生产中占有重要地位，又往往有较深的社会阅历和较多的组织与斗争经验，本来应当为工人运动提供中坚力量。上述变化，使他们的这种使命感与实际作用大为减弱了。

国民党统治区工人阶级的这些特点，对于提高他们的阶级觉

---

① 技工的地位最高，其地位的取得大致靠其优异的技术，或靠其长久工作的资历。技工中又可分为特技、领班、技工三种，特技的地位最高，领班次之，技工又次之。特技及领班，在工作的过程中是技术上的领导者、指导者。

② 半技工介乎技工与粗工之间，比粗工的地位高，其有技术，但又比技工低，因其技术尚未达到优良地步。

③ 粗工是一种没有技术的工人，纯以出卖劳力为主。在工作过程中多半做些打杂以及不需要技术的工作。

④ 艺徒又叫养成工，是未来的半技工、技工的候补者。他们是在学习期间的工人。

悟、建立工人组织和开展斗争，带来很大的困难。比如，某些企业因妇女、儿童劳动占有很大比重，那里的工人队伍中，斗争中坚分子的成分总是比较少；工人中的帮派、地域观念，极容易造成隔阂，不利于工人的团结。重庆的几个大纱厂，便经常利用本地工人与外来工人的矛盾制造纠纷，发动破坏团结的斗争。抗战时期，除重庆地区和四川省的少数行业以外，国民党统治区的工人运动一般没有多少发展。领导力量薄弱，固然是最根本的原因。以上种种问题，也都是很重要的因素。

国民党统治区工人阶级具有以下一些突出的优点。第一，他们生活在战争环境里，天天接受民族解放斗争和阶级斗争的教育和锻炼，因此，政治觉悟都有很大提高。第二，他们中的新工人虽然占了绝大多数，但是也有一批从沿海沿江工业城市流亡来的老工人作为骨干。这批老工人大多数经过较长时期阶级斗争和生产斗争的锻炼，不仅有技术，而且富有阶级斗争的经验。第三，战时工人的流动性很大，这样固然增加了把工人阶级组织起来的难度，但是也有利于各个地区工人阶级的广泛联系和团结。第四，他们中有大批是从农村出来的破产农民，通过他们更加密切了工人阶级和广大农民的联系。

## 二、国民党对工人运动的控制和压迫

### （一）国民党对工人运动的高压统制

在全民族抗战时期的国民党统治区，工人阶级不仅在经济上生活十分艰难，在政治上的处境也很困难。以蒋介石为首的国民党统治集团，自从它绞杀大革命、窃取了国家政权以后，就对工人阶级采取了镇压和欺骗并行的政策。

全民族抗战初期，国民党虽然在1938年3月间公布的《抗战建国纲领》中，规定有“发动全国民众，组织工农商学各职业团体”“于不违反三民主义最高原则及法令范围内，对于言论、出版、集会、结社，当予以合法之充分保障”等条文，但是工人阶级及其他人民群众的政治地位并没有根本的改变。特别是1938年10月武汉失守以后，国民党便开始实行消极抗日、积极反共反人民的政策，加强它的封建、买办、法西斯的特务统治，使各阶层人民都生活在警察、宪兵特务横行，枷锁重重、暗无天日的境地，工人阶级在政治上遭受的压迫也就更加惨重了。

武汉失守以前，国民党就曾多方阻挠破坏工人自己起来进行抗日救国活动。武汉失守以后，国民党更完全禁止工人参加抗日救亡活动，并且封闭了工人群众在全民族抗战初期已经建立起来的各种救亡组织，如服务团、慰劳团、救护队、宣传队等，甚至连某些工厂成立的工人文艺组织，如剧团、歌咏队等，也都遭到取缔。为了统治压迫工人群众，不许工人去组织真正能够代表本阶级利益的工会，国民党在1941年8月公布了《非常时期工会管制暂行办法》，1942年12月公布了《加强工商团体管制实施办法》，1943年11月修正公布了《工会法》。在这一系列的法令中，规定“从事国家行政教育事业各机关之员工及军事工业之工人不得组织工会”；除此以外，凡年满16岁之男女工人都必须加入工会，并且不许自由退会。这样，就把国民党政府于1929年公布的《工会法》中规定的工人可以自由入会及退会的权利给剥夺了。不仅如此，依照上述法令组织起来的工会，再用下列四种办法来加强组织，以便管制。一是设主管官署。上述法令规定：“工会之主管官署，在中央为社会部；在省为省政府；在县市为县市政府”，筹备建立工会，必须“向主管官署申请许可”，并且必须由主管官署派员监督进行。二是派遣书记。工会本来应该是工人自己的群众组织，但是国民党政府的这些法律却规定，工会必须由政府选拔的人员派任工会书记。名义上是加强政府与工会之间的联系，实则为控制工会。而且这些“书记”往往是国民党派遣的特务，工人认为他们最不民主。三是训练工会干部。国民党政府的《工会法》规定，工会的首脑人物必须“定期进行严格的思想训练”，其中包括反共和防范工人争取生存与民主权利斗争的内容，规定工会“不得以任何理由宣言罢工”。四是实施示范工会制度。由中央或省政府在一定地区内选出一个工会，充实其人员与经费称为“示范工会”，作为其他工会的榜样。全民族抗战时期，在重庆、成都、昆明等地均有“示范工会”。

国民党在它统治的地区，建立了许多官办工会。这种官办工会推行“党化”政策，强迫工会职员、一般会员和工人参加国民党、三青团，并且强迫工人接受奴化教育和“思想训练”，不许工人阅读进步书报，否则就会被开除，或者被加上“异党”的罪名实施逮捕。为了加强特务统治，国民党在天水、西安、重庆、上饶和贵州等地，设立了规模巨大的“集中营”和“劳动营”。据当时一些人的估计，囚禁在这些“集中营”和“劳动营”中的工人、学生达20万人之多。在这些“集中营”和“劳动营”里，国民党采用了法西斯的残忍、野蛮的办法，来摧残进步工人学生的肉体和精神，并且经常举行大规模的集体屠杀。在官办企业和一些规模较大的民营企业中，国民党都派遣了多至数百人的警卫队和专做特务工作的稽查组。在稽查组下面，秘密地收买一些工头和工贼做特务，叫他们混在工人中间，暗中监视工人的思想行动，发现工人稍有不满情绪，即报告稽查组对其加以迫害。特别是在军事工业方面，国民党对工人完全实行军事管制，工人的言语行动受到军警特务的严密监视，工人住宅经常遭到军警特务的搜查。在这些企业里工作的工人完全被当作囚犯一样对待，偶有差错就要按军法处置，动辄开除、禁闭，甚至判刑。

1940年初，重庆一个官办企业的工人，因回家迎接母亲，向厂方请假，厂方不准，在工人离开工厂时，厂方即指使卫兵加以拘禁，交军法司判处了10年徒刑。在国民党法西斯的军警特务统治下，工人离厂都被判处10年徒刑，自然不能向厂方提出任何要求了。一个机械工人在1940年6月15日重庆《新华日报》的“读者信箱”里说：“在生活困苦，低级工人要求合理待遇的时候，我们也这样做了。因为我们的厂是政府设的，又因为我们的工人常被称为军人，所以我们工人用的方式是最柔和的恳求式的报告。我们用了商磋的语气，申诉我们处境的困苦，同时我们指出待遇不合理的地方；如管理杂务的副官们，月薪大都一二百元，作实际技术工作的，反而大都是二三十元了。我们期待的回答是即使空口解释也好，只要上方能知道我们的甘苦。可是连这样小的一个愿望也被无情的现实击破了！他们的回答是什么呢？是动员大批警卫队，是搜查，是逮捕！平时在我们身旁跳来跳去的指导员，现在用灵敏的嗅觉，钻进我们队伍中，于是又有人失踪了……”在国民党统治区的官办企业里，像这样的事情是很多的。

### （二）中国劳动协会在全民族抗战时期的主要活动

国民党系统的工会其实质是反对和利用工人的，其工作是空虚的。在这个系统外，也有极少数可称为民主工会，并愿意接受中国共产党的主张，与抗日民主根据地的工会合作，其中以中国劳动协会为典型代表。

中国劳动协会于1935年2月24日成立于上海，以“研究劳动理论，建设劳动文化，协谋劳动福利，促进劳动运动”为宗旨。虽然它是全国性组织，但不是依照国民党政府的《工会法》而组建的，因为该法不准许成立全国性的工会。在1935年工人的斗争力加强，全国又掀起了抗日救亡高潮的时候，国民党政府在广大人民的压力下，伪装民主，通过了伪《宪法》草案，选举了“国民大会”代表，准备实行所谓“宪政”。中国劳动协会就是在这种形势下产生的。加入中国劳动协会的工会，属于服务类的有361个，会员占中国劳动协会全体会员的43%，可见，中国劳动协会会员中几乎半数是交通运输工人，特别是近代化的交通运输工人，如铁路工人、汽车工人、邮电工人及海员等。在国民党所发表的统计数字中，交通运输工人占的比例很小，而且也不包括沦陷区及日本产业内的工人，中国劳动协会的会员有半数以上是城市工人，其中也包括一些沦陷区的工人。

全民族抗战爆发以后，中国劳动协会即领导上海80万名工人奋起抗战，担任救护、情报、运输、向导、破坏、游击等工作。中国劳动协会迁汉口后，响应共产党的号召，结成抗日民族统一战线，团结全国工人阶级的力量以加强抗战的阵营。中国劳动协会的政治主张比较倾向于民主与进步，特别是抗战爆发以后，它接受了中国共产党提出的团结、抗战、进步的政治主题，与陕甘宁边区总工会合作，建立了密切的统战关系。1938年3月，中国劳动协会与陕甘宁边区工会及其他地区的工会，共同发起组织全国工人抗敌总会，使全国工人在统一机构的领导之下，从事抗日斗争。但国民党政府害怕全国工人的团结会使独裁政治发生动摇，于是阻止全国工人抗敌总会的成立。全民族抗战初期，美国曾以石油废铁接济日本，屠杀中国人民，中国劳动协会曾向各国工人作广泛的宣传，力图阻止美国的不义行动。为了争取技术员工不为利用，中国劳动协会曾于1943年9月前后将逗留在上海、天津、香港的技工内迁重庆，共计736人。参加战时工作的技术员工，曾因日敌占据湘、桂而流离失所，中国劳动协会为他们介绍工作，设法救济，接受救济者9551人。

全民族抗战期间，中国劳动协会的工作比较注重工人的教育及福利事业，如在重庆、成都、兰州、西安等地都建有工人福利社；仅在重庆附近就设有42所工人技术学校，计有学生1980人。此外，中国劳动协会还编印刊物和举办劳动讲座。《中国劳动》

月刊是研究劳动问题的定期刊物，内容偏重于理论的研讨，共发行44期，每期3000份，至1945年秋季停办。《中国工人》是记载工人实际生活的定期刊物，于1943年8月创刊，抗战胜利后停办。中国劳动协会有时还邀请研究劳动问题的专家学者举行讲座，在全民族抗战期间共举行19次。中国劳动协会希望通过这些工作以资发展其组织。至于经费，系由美国工会联合会及美国产业工会联合会援助中国工人的抗日捐款所得。

全民族抗战期间，中国劳动协会在争取国际同情、开展援华运动方面作了很大贡献。自七七事变发生后，中国劳动协会即致电国际工会，揭露日本帝国主义者在华种种暴行，并请其坚持正义。1937年9月，国际工联向世界劳动人民发出宣言指出："国际工联对于中国人民十分表示同情，国际工人一致团结为后盾。日本侵略中国，就是破坏国际安定，与全世界爱好和平的国家作战。"同年6月，朱学范主席在日内瓦举行的第24届国际劳工大会，要求全世界的工人阶级联合起来，以有效的办法制止日本帝国主义者的狂妄侵略。大会作出决议："对于日本侵略者提出强硬抗议，对于中国人民的英勇斗争表示无限钦佩，并希望中国不久能得到民族解放的胜利。"

中国劳动协会的发展及其活动，虽然不是国民党统治区工会和工人运动的主体，但是它代表了国民党统治区工会中的进步力量，是中国共产党在工人运动中开展统一战线工作的结果，表明了党在国民党统治区工运方针政策的正确。

## 三、中国共产党领导下的国民党统治区工人斗争

### （一）党在国民党统治区工人运动的政策

全民族抗战初期，由于国民党政府对日作战比较努力，中国

共产党在国民党统治区领导工人运动的基本方针，主要不是反对国民党的独裁统治及其对工人的压迫剥削，而是教育和组织工人群众起来督促、推动和支援国民党的抗战，并在抗战中争取改善工人的政治地位和经济生活。在对待劳资关系方面，主张以团结抗日的大局为重，正确处理劳资纠纷，一般不发动大规模的罢工和怠工斗争。但是，抗战进入相持阶段后，国民党改变态度，推行消极抗日、积极反共的政策，不但剥夺了工人抗日救国的一切自由，而且残酷迫害中国共产党在国民党统治区的工运干部，摧残工人运动和一切抗日民主运动。

为了应对国民党政策的变化，逆转这一客观形势，中共中央提出：国民党统治区工人运动的工作方针要有相应的变化，就是要从全民族抗战初期轰轰烈烈的工作方式，迅速转为深入群众，埋头苦干，细致地在工人中进行组织工作、教育工作和争取改善生活的工作。在组织形式和斗争方式上，执行“荫蔽精干、长期埋伏、积蓄力量、以待时机”的方针，后被称为“十六字方针”。

“十六字方针”是中国共产党在国民党统治区和敌占城市中的工作方针，也是指导工人运动的基本方针。这是一个稳妥的、积极的方针。荫蔽精干，是这个方针的核心，暂时的隐蔽是为了以后更好地进击；长期埋伏，是适合当时情况的一种特殊斗争手段，不这样做就难以荫蔽精干，也根本谈不上积蓄力量；积蓄力量，是这个方针的根本要求，离开了这个要求，隐蔽和埋伏都只是消极的避战；而所有这一切，都是为了在时机成熟之时，达到“最后驱逐日本帝国主义出中国”的目的。而贯彻执行这个方针的关键，在于正确把握公开工作与秘密工作、合法斗争与非法斗争的结合。“十六字方针”的提出，标志着中国共产党领导沦陷区与国民党统治区工人运动和各方面工作的成熟。在这个正确方针的指引下，国民党统治区工人运动不断向纵深发展。“十六字方针”是根据抗日民族统一战线总方针和抗战相持阶段国民党统治区的具体情况而制定的行动方针。它所强调的组织形式和斗争方式的转变，完全是为了坚持抗战和将来实现抗战的彻底胜利。它并不取消在条件许可、有利于保卫工人权益和阻止投降妥协情况下的各种斗争。本着这一精神，国民党统治区的中共党组织和工运干部，在抗战进入相持阶段后，仍然坚持在“有理、有利、有节”的原则下，领导工人群众，开展必要的政治和经济斗争。

为了保卫工人的切身利益，国民党统治区的工人，在这一时期跟一些假借抗战名义，不顾工人生活的资本家（主要是官僚资本）进行了经常性的斗争。据不完全统计，从 1938 年至 1940 年，仅西安一地发生的工人经济斗争就有 36 起。1939 年至 1942 年，四川自贡、乐山、犍为等地盐场工人，不断地举行怠工、罢工和请愿斗争。其中规模最大、斗争最激烈的，是 1939 年 8 月自贡盐场 8 万余名工人反对乱拉壮丁的同盟罢工。为了保障食盐的生产和供给，国民党有关当局曾公布了盐场工人免征壮丁的法令。但是，当地负责征兵的机关和人员常常从应征壮丁处收受贿赂，免其服役，而从盐场绑架工人去充数。工人对此十分愤恨和恐惧。这次罢工，就是因为一个联保办事处强拉 6 名烧盐工人做壮丁引起的。国民党曾出动军队镇压，但是罢工工人在中共地下组织领导下坚持斗争，终于迫使当地国民党政府答应保证今后不再发生强拉壮丁等事件和其他一些条件。1940 年五六月间，川江各轮船公司海员，因物价暴涨，要求增加工资，也曾在中共秘密领导下举行联合大罢工，并取得了胜利。这期间，成都、重庆、桂林、贵阳、昆明等各地工人，也都进行过许多斗争。

在国民党包办工会，不许工人自己建立抗日组织和工会组织的条件下，中国共产党在组织国民党统治区工人群众的工作上，采取了巧妙灵活的形式。党指示工矿企业中的共产党员，一方面要隐蔽自己的身份，另一方面要积极利用一切机会参加到国民党的官办工会中去，在工人群众中进行深入细致的组织工作；并且利用国民党内部的派别斗争，继续争取官办工会中可以争取的部分上层人物和骨干分子靠近工人群众，共同反对官办工会中最反动的一派人物，使官办工会逐渐掌握在倾向于保护工人阶级利益而得到工人群众支持的人手中。同时，各地党的组织还根据群众需要和兴趣，建立了许多比较不受国民党注意的经济组织和文娱组织，如合作商店、剧团、歌唱队、球队、旅行队等。甚至许多工人中的旧式组织，如同乡会、拜弟兄、交姐妹等，都成了团结教育工人群众的形式。通过这些斗争和其他一些艰苦工作，国民党统治区的工人群众团结到了中共秘密组织的周围，抵制和揭露了国民党的妥协投降和分裂倒退的行径，锻炼积蓄了工人阶级力量，为在国民党统治区坚持抗战作出了贡献。

### （二）国民党统治区工人运动的深入

1938 年 12 月，国民党内亲日派头目汪精卫公开叛国投敌。国民党统治区各大城市的工人群众纷纷集会和示威，声讨汉奸和亲日派的罪行，表示了反对投降、抗战到底的决心，斗争持续了一段时间。1939 年 8 月，当大汉奸汪精卫窜到广州进行破坏抗战活动之际，香港《南华》《天演》《自由》三家汪派报馆的 80 多名印刷工人，为反对汪精卫的卖国投降活动，在八一三事变两周年纪念日那天，宣布离职罢工，封闭报馆，切断了汪精卫在香港制造投降卖国舆论的喉舌。虽然报馆以每日 8 元港币的高工资（相当于一个月的工资）相诱惑，但全体工人立场坚定，没有一人上工。香港的卖报工人为配合印刷工人的反投降活动，也不顾生活困难，拒售汉奸报刊。不久，这三家报馆的印刷工人组织了“回国服务团”，毅然离职，到桂林、贵阳、重庆等地，进行反对汪精卫卖国投敌的宣传，把反汉奸、反敌寇的斗争，扩大到了大后方的工友中间。

中国共产党在国民党统治区公开出版的机关报《新华日报》传播了这个消息，迅速扩大了香港印刷工人反汪斗争的影响。此后，中共中央职工委员会发出了《中央职委发起募捐援助香港反汪罢工工友运动的通知》和致各分局及各职工部电报，要求各级党部、各级职工部，各机关、学校，各群众团体，立即发动募捐援助运动，并将这一运动作为当前反对投降妥协、反对日寇汉奸的具体工作之一。9月12日，毛泽东、林伯渠、吴玉章、董必武、邓颖超、秦邦宪等各自捐款50元援助香港反汪罢工工人，并致电表示诚恳的慰问和崇高的敬意。9月24日，陕甘宁边区总工会也发了慰问电，捐款100元。10月，边区总工会又发表《为声援香港反汪罢工工友告边区各界同胞书》，发起援助香港反汪罢工工友的5分钱募捐运动。全边区捐款总数达3000余元。重庆工人在中共地下组织的领导下，喊出了“反对投降，坚持抗战”的口号，冲破了国民党当局的高压政策，用书信慰问和捐款等形式，支援香港反汪罢工工人的正义斗争。据报载，仅《新华日报》代收的捐款，就有2500多元。云南昆明的4名印刷工人绝食3天，省下伙食费，支援香港工友，表示了誓死反对投降、抗战到底的决心。从陕北高原到西南边陲掀起的香港反汪罢工工人的斗争，显示了工人运动的力量和各阶层人民坚持抗战的信心。

总的来说，在抗战相持阶段，国民党统治区产业工人的斗争较前沉寂，大规模的工人斗争相对减少。当时举行的大多是经济斗争，而且多数采取怠工、交涉和请愿的方式，斗争处于零星分散的状态。这种情况，同国民党对工人运动实行高压政策有直接关系，也与中国共产党在国民党统治区开展工运方针的转变有关。面对国民党的反共方针和对工人运动的高压政策，为了共同抗日的大局，也为了避免不必要的牺牲，中共尽可能地进行分散活动和利用合法斗争，深入工人群众，做细致的工作。这样做，虽然表面上轰轰烈烈的群众斗争场面减少了，但实际上，工人运动却更加深入了。通过这段时间的工作，工人阶级的力量得到了锻炼和积蓄，为进入战略反攻阶段推动国民党统治区工人运动的高涨打下了基础。

# 第十四章

# 战略相持阶段沦陷区工人的英勇斗争

沦陷区人民群众在长期的抗日战争期间，利用各种形式和手段，反抗日本侵略者的法西斯统治，有力地配合了敌后抗日根据地和正面战场的武装斗争。沦陷区工人群众是沦陷区抗日斗争的主力军，其抗日活动和工人运动是全民族抗战的一个重要组成部分。中国共产党适时适势地制定了沦陷区工人运动的“退却”策略和“荫蔽精干、积蓄力量”的方针，使沦陷区内工人运动得以开展，并为日后最终打败日本帝国主义侵略者作出了重大贡献。

## 一、沦陷区的工业和工人阶级状况

### （一）日本侵略者对沦陷区的掠夺

被日本侵略军占领的沦陷区，是我国工业最发达、工人最集中的地区。当时中国的近代工业，约70%集中于沿海沿江的大中城市。七七事变后，随着日军的疯狂进攻和国民党战场的溃退，仅一年多时间，我国主要的工业城市几乎全部沦陷，近200万名产业工人被迫生活在日本帝国主义统治下的人间地狱里。

日本对华产业政策以摧毁我国民族企业、夺取我国广大资源为目标。全民族抗战初期，日本侵略者即对中国的工业进行了强盗式的摧毁与掠夺。当武汉失守、正面战场趋于沉寂之时，日本对中国产业的掠夺也进入一个新的阶段：从明火执仗的抢劫，转为包举囊括的强占，进而利用这些被占领的产业榨取中国资源，实现所谓“以战养战”。日本侵略者在沦陷区的掠夺是多方面的，尤其是对公私财物、财政税收的直接劫掠，诸如攫取法币、套购外汇，滥发纸币、操纵金融，统制物资、垄断贸易，倾销货物、贩毒走私，以及假手伪政权横征暴敛等，独占产业、榨取资源则是最主要的掠夺手段。一是改订华北关税，把日货的进口税率减到最低限度，同时在华北发行伪联银券和伪蒙疆券与日元相联系，在华中采取各种金融措施。这是吸收沦陷区资源和独占沦陷区广大市场的主要手段；二是独占经营沦陷区的锁钥产业——电力、交通、通信、公用事业以及煤铁等矿，以及掠夺一般轻工业、实施原料分配统治，统筹重要制品的贩卖，这就更直接、更完密地缚住了沦陷区的经济生活。战时日本侵略者在华北沦陷区真正发展了的工业，就是工业原料的生产，特别是煤和铁矿石的开采；而为了能开动机器，并把这些生产出来的原料运输出去，相应地发展了电业和交通运输业。总而言之，利用中国的资本和劳力生产战略物资，然后把它运往日本，这便是全民族抗战时期日本帝国主义者所大肆宣扬的沦陷区的工业发展。

日本侵略者对中国的人力资源也进行了最残酷的掠夺。山东、河北两省，由于地理位置与东北接近，长期以来有大批劳动者到东北谋生。所以，以鲁、冀两省为中心的华北地区，自然而然地成了日本侵略者掠获廉价劳动力的猎场。1934 年伪满洲国成立时，日伪出于“治安”的考虑，曾经实行所谓“劳务统制”，限制关内人口流入东北。七七事变后，日本侵略者改变了限制关内人口出关的规定，大量吸收华北的劳动力流向东北。从 1938 年起，日伪开始实施产业开发的“五年计划”。这个“计划”在

“劳务”项下规定：对于东北的“生产开发及经济复兴”，华北地区需负责“劳务者”之有计划供应，特别要为矿业提供劳动力。从这一年起到1941年的四年间，华北地区平均每年有近100万名失业工人和破产农民被驱出关；而由东北入关者，平均每年不过5万人。从1942年到1944年，每年出关人数更超过100万人，1942年为104万人，1943年为103万人。此外，还有不少人被驱遣到内蒙古，[①] 之后至1945年夏季，这种劳动力掠夺的势头，一直持续下来。这些劳动者的移动与七七事变前华北各省剩余劳动人口自行流向关外的情况迥然不同。战前是自发的农业移民，流向主要是东三省北部。全民族抗战时期则是外出当劳工，流向主要是工矿区，特别是一些建筑工地。这是敌人有计划的掠夺。

抗战进入相持阶段，日本帝国主义者为加紧对中国资源的掠夺，公然违背国际法的准则，把在各抗日根据地及周围地区作战中捕捉的根据地民众和俘虏的抗日军人，大批运到东北，强迫他们做苦工，称为“特殊工人”。日本侵略者在东北利用伪政权，采取暴力手段，实行强迫的“义务劳动”制度，驱使沦陷区人民无条件地为敌人服各种劳役。包括到采掘工业和土建业中劳动。这种办法叫作“勤劳奉仕”。按照规定，凡属征兵不合格的青壮年（“国兵漏”）都要被编入“勤劳奉仕队”。服役期限是2个月，后改为6个月。全东北被用这种办法征调的劳工，1944年达120万人，1945年上半年更达300万人（其中包括所谓“行政供出”，即按地区摊派的民工）。这些“勤劳奉仕”的劳工备受虐待，病死或被虐杀的很多。特别是从事“国防”作业的劳工，往往于工程完毕后被集体屠杀。

日本帝国主义者在沦陷区大量使用强制劳工，其目的是双重的。一个目的是经济的，因为强盗式掠夺的急迫性，使其无法从

① 《中国经济》（第2卷）1944年10月。

常规的劳务市场得到足够的劳动力来代替它所缺乏的机械，只能强制或半强制地使用这种近乎无偿的劳动力，开采中国的地下资源。沦陷区兴办的煤、铁工业，规模很大而且集中。如抚顺煤矿，抗战期间曾拥有工人 9 万多人。一些笨重吃力的生产过程，都由成千上万中国工人以体力劳动来完成。所以，沦陷区工业的集中，一些企业中工人数目剧增，并非因工业迅速发展所引起的工人集中，而是日本侵略者疯狂掠夺中国劳动力资源的表现。另一个目的是政治的，它的核心是对华的种族灭绝。日本军国主义者知道，沦陷区的大量劳动力可以成为反对日本侵略的战斗力量，这正是其非常害怕的。如果通过劳工"募集"，把大批青壮年集中起来，然后用沉重的劳动和在劳动中的非人待遇及直接的残杀，大量消灭这些有生力量，就既解决了劳动力缺乏的问题，又可以削弱敌后抗战的潜力，有利于侵略者确保"治安"。

### （二）沦陷区的工业和工人阶级状况

日本在它所控制的地区，利用中国的资源和劳动力，发展了某些部门的工业生产。因此，沦陷区的工厂较战前有所增加，工人阶级的队伍也相应地扩大。抗日战争胜利前，包括东北，沦陷区的市和矿区的产业工人有 220 万至 250 万人。以地域分，东北有 120 万至 135 万人；华北有 50 万人上下，上海及华中、华南其他沦陷区的城市，有 45 万至 60 万人。其实，要研究清楚有关抗日战争时期沦陷区工人的队伍状况，主要是有关工人人数及工人分类等问题，是相当困难的。其原因是，第一，当时的报刊及史籍没有或很少留下这方面的记载可供研究；第二，日伪方面虽然留下不少有关这方面的调查统计资料，但他们对中国产业工人的认识和各种产业工人的分类都不够科学，因而，他们所留下的记载缺乏准确性及可信性。①

沦陷区的工业，不论就地区或就产业来说都非常集中。与此相应，沦陷区的工人也很集中，尤其是集中在那些大型厂矿企业中。比如鞍山铁矿，抗战胜利前有工人17万人。在华北，日本华北开发公司的64个子公司所属的163个企业单位，拥有工人25万人。坐落于北平市郊的华北制铁所，有工人2万多人。工人在地域上和产业上的异常集中，本来应当有利于工人的组织和形成巨大的反日力量，但是，由于战前城市工人运动没有打下有力的基础，加之因战争影响而形成的工人队伍的某些特点，这种潜力没有得到发挥。

沦陷区的工人队伍有如下特点：第一，许多老工人走散，大量来自农村的新工人涌进这个队伍。比如“蒙疆”地区的57200名工人，1939年原有的工人仅15000名，其余42200人全是从农村新募集的。他们的技术水平低下，非技术工人所占比例较战前更大。这种情形，大大削弱了工人反抗日本侵略者的能力。第二，不时发生变动和流动。以地区论，如战前的工业中心城市上海，全民族抗战初期工业遭到战火的摧毁，工人大量逃离；从1938年上半年开始到1940年，租界地区工业有了相当的发展，工人也有了回流；太平洋战争爆发后，上海工业又趋萎缩，大量失业工人再度流回农村。这便是一个突出的例子。以产业论，战前作为中国工业主体的纺织业，战时因原棉供应不足，大多停止生产，纺织工人也因此而人数锐减。其他如面粉业、缫丝业都有同样的情形。另外，因日本侵略者掠夺的需要而畸形发展的产业（如采掘业），则形成膨胀性的发展，从而吸引了大量的劳动力。此外，

---

① 这方面比较有据可依的资料可参见齐武所著《抗日战争时期中国工人运动史稿》一书。作者根据全民族抗战时期及其前后有关工人人数及其分类的大量资料，运用科学的研究方法，对这方面问题进行了深入研究，并作出了比较符合实际的核算。

因工资低下、职业不稳定而形成的工人流动也十分突出。所有这些情形，也极大地影响了工人特别是城市工人反抗日本侵略者的战斗力量。

沦陷区工人工时之长，与抗战前比较毫无二致，甚至变本加厉。据上海租界工部局调查，该地区 16 个行业中，8 个行业的工时在 11 小时以上，其中 6 个行业为 11 小时 50 分钟。青岛市的日商纱厂全是 12 小时工作制。邓发 1941 年在延安中央党校职工班上说：“无论在上海和平津，也无论在青岛和太原，今天敌后工人的工作时间大多数是 12 小时。就是 8 小时制的上海英电、法电和公共汽车等各外商企业，为了加紧剥削中国工人，战后也都改为 10 小时，如果把他们接工和交工所费的时间加上去，也足够 12 小时了。”在东北地区，有 40%的工厂工时在 12 小时以上，更有甚者竟长达 15—18 小时。据满铁调查，东北 1940 年在日本人经营的工厂做工的中国工人有 180860 人，劳动 12 小时的达 50080 人、13 小时的达 1140 人、14 小时以上的达 1684 人。

战时沦陷区的工矿企业中，生产方法落后，工人的劳动条件极为恶劣。概括地说是厂房狭窄，设备简陋，缺乏阳光，空气污浊。满洲制麻株式会社，厂房矮小，没有通风设备，车间里尘土飞扬，温度又高，根本呼吸不到新鲜空气。工人们用四句话概括当时的劳动条件：“低矮厂房闷死人，飞扬麻毛呛死人，笨重机器累死人，挨打受骂逼死人”。鞍山昭和制钢所的铸管厂、烧结厂和耐火材料厂的作业现场，阴暗、潮湿、粉尘多，又没有任何劳动保护措施，患硅肺病和风湿病的工人特别多。由于劳动条件恶劣，加上过长的劳动时间和过于紧张的劳动强度，经常造成工人的劳动灾害。据满铁调查部的调查材料，在 1939 年抚顺煤矿每一万人次就业者中，就有 74. 9 人遭遇灾害。

沦陷区工人所遭受的最残酷的压迫，是日本帝国主义者的殖民统治和半奴隶制的劳动管理。日本殖民者把它的法西斯军事统治与垄断资本相结合，从而形成最野蛮、最专横的管理制度。在华的日商企业主要有三种典型的劳动管理制度：特务管理制、枪刺下的作业制、“以夷制夷”的把头包工管理制。

## 二、沦陷区工人的反抗斗争

尽管日本侵略军在沦陷区实行残暴的统治，给工人群众的生存和斗争造成极大的困难，然而，不畏强暴、不甘心当亡国奴的沦陷区工人，在中共地下组织和工运干部的领导下，遵照“十六字方针”的精神，仍然同敌伪展开了多种形式的斗争，坚持了敌后抗战，使日军难于实现其确保占领区的战略意图。

东北是最早沦陷的敌占区。早在九一八事变以后，东北工人阶级就进行了顽强的反日斗争。抗日战争全面爆发后，东北工人除直接参加抗日武装外，还普遍采用怠工、磨洋工、毁坏敌之机器设备等办法，反抗日本帝国主义的统治。其中铁路工人的斗争尤其英勇。他们配合东北抗日联军，袭击敌人车站，破坏敌之通信线路，阻挠敌之军火运输，给日军造成极大威胁。

上海是抗战时期我国最大的敌占城市，也是我国最大的工业城市。我国产业工人的很大一部分集中在这里。抗日战争全面爆发后，中国共产党选派一批得力干部加强了对工人运动的领导，上海附近又有新四军开辟的抗日根据地。因此，上海工人阶级在贯彻“十六字方针”、保卫民族利益和阶级利益的斗争中，作出了显著的成绩，积累了丰富的经验。1939 年，上海工潮达 147 次，参加者有 20 万人。到 1940 年，上海工潮继续高涨，达到 427 次，参加人数 26. 6 万人。为了打击日本的殖民统治秩序，战斗在沦陷区的党组织还利用日、伪矛盾，发动群众开展合法斗争。[①]

华北各地的工人，也从未停止过战斗。全民族抗战初期华北工人的武装抗战，曾经狠狠地打击了敌人的威风。抗战进入相持阶段后，华北工人继续以多种方式坚持斗争。张家口车站的铁路工人，用怠工、破坏敌人的机车和生产工具、浪费敌之生产原材料和痛打鬼子监工等手段进行反抗，迫使日本人在只有几百工人的工厂中，都要派去近百名鬼子当监工。大同煤矿的工人，为了“不给日本人出煤”，采用怠工、磨洋工、出次煤，以及烧毁矿井、集体逃跑等方式，在矿区进行反掠夺、反迫害的斗争。河北井陉煤矿工人秘密组织了矿工锄奸队，开展了秘密的锄奸斗争，1942 年锄奸 118 人，使敌人闻之丧胆。

在其他沦陷区城市，如青岛、汉口、九江、广州等城市的工人，都在中共地下组织的领导下，根据可能的条件，同敌伪展开了多种形式的反抗斗争，并且取得了不同程度的胜利。沦陷区工人在极端困难的环境中进行的反抗斗争，充分体现了中国工人阶级坚贞不屈的民族气节和英勇顽强的斗争精神。他们的斗争，既威胁着日军在沦陷区的统治，也有力地支持了敌后根据地军民的抗日斗争。

## 三、中国共产党在沦陷区开展工人运动的方针政策

中国共产党关于沦陷区工人运动方针的制定不是一蹴而就的，也不是一成不变的。从最初的未能及时推出相关政策到“荫蔽精干”政策的提出再到“十六字方针”的贯彻执行，党在沦陷区的工人运动政策最终得以确立，对沦陷区工人运动起到了重要指导

① 中共中央党史和文献研究院著：《中国共产党的一百年（新民主主义革命时期）》，中共党史出版社 2022 年版，第 214 页。

作用。

在全民族抗日爆发后的一段时间内，中共未能及时地推出有关沦陷区工人运动与工人群众抗日活动的政策与策略，及至沦陷之际，使得一些人参加了抗日武装，另一些人则因“曾做公开活动的分子就不得不后撤”。更由于“主观之忽视”，“沦陷前只作撤退之布置，而没有作沦陷后之秘密布置”，结果致使当时沦陷区的“绝大多数重要城市及许多交通工业与工业生产部门，完全没有组织”“在敌厂的活动非常狭小”。仅中共在上海，以及“平津、太原及北宁路、正太路等有一点零碎的微弱的基础”。出现这种情况的原因，一是日本法西斯倚仗其武器先进、机械化程度高等优势，推行所谓“三个月灭亡中国”的速战速决策略；二是受社会上广泛流行的“速胜论”等观点影响，使毛泽东在1935年12月瓦窑堡党的活动分子会议上提出的“要打倒敌人必须准备作持久战”的观点，未能被全党和全国人民所完全接受。

至1938年初，中共中央已经意识到“目前党的力量还落在党的政治影响之后，甚至许多重要的地区，尚无党的组织，或非常狭小”的情况，将影响和阻碍党“担负起扩大与巩固抗日民族统一战线，以彻底战胜日本帝国主义的神圣任务”，十分必要“强大党的组织”。1938年3月15日，中共中央作出《关于大量发展党员的决议》，提出了若干原则，对在沦陷区发展党员，强调要“以不妨碍建立精干的极端秘密的党的组织为原则”。除此之外，中国共产党对于沦陷区工人运动和工人抗日活动，还没有提出更多的、适合于当时客观形势与客观条件的政策与策略。11月5日，根据抗日战争的长期性、复杂性和艰巨性的特点，根据沦陷区有组织的工人的力量薄弱的条件，中央职委副主任张浩在中共中央六届六中全会上的发言中提出了沦陷区工人运动的“基本方针是退却的，保存力量，积蓄力量，待机而动”的观点。

1939年4月，中共中央作出《关于开展职工运动与“五一”

工作的决定》。该决定提出中国共产党在抗日战争阶段“在工人运动中的基本方针，是与各抗日党派各抗日团体的工人运动进行统一战线，在统一运动中把工人组织起来，积极参加战争的各方面工作，在抗战中去解决工人失业、饥饿的问题与改善工人阶级政治、经济、文化的地位，以增加抗战建国的力量”。同年11月，张浩在党的六届六中全会上的发言，进一步提出要和“国民党的同志及工会领袖共同进行保护原有的工会组织”，要使工会的领导机构成为“小而精的团结坚固的统一战线的中坚领导机关”。这一领导机关要由“各党各派或无党派的民族意识，阶级意识最坚强，最可靠，认识最清楚，最有经验，最有锻炼的工人领袖”组成。1939年12月，毛泽东发表《中国革命和中国共产党》一文，对中国共产党在沦陷区的整个工作，提出措辞有所变化：在敌人长期占领的反动的黑暗的城市和农村中进行共产党的宣传工作和组织工作，不能采取急性病的冒险主义的方针，必须采取荫蔽精干、积蓄力量、以待时机的方针。

1940年5月4日，毛泽东在为中共中央起草的文件中，进一步强调了上述主张，提出在日本占领的沦陷区，中国共产党领导群众工作的方针是“荫蔽精干、长期埋伏、积蓄力量、以待时机”，反对急性和暴露的方针。1940年9月18日，中共中央书记处发出通知，宣布在中央设立敌后工作委员会，“领导和推动整个敌后工作”。在这一通知中，还列出上海、香港、天津、平西、晋察冀、晋东南等14个重点地区，是以后沦陷区工作的重点地区。要求各地的中央分局及临近沦陷区的各抗日根据地的区党委也相应成立城市工作委员会，要求“各委员会除主持人外，须有专门人负责进行研究工作与搜集培养派遣到敌后工作的干部”。为了使沦陷区城市工作真正地开展起来，中共中央书记处还在通知中要求各地详细讨论并制订沦陷区城市工作的计划，“并必须将讨论结果电告中央”。根据这一通知，各地以后陆续相应地建立了机构，对沦陷区城市工作即从这时全面地开展起来。1940年12月25日，毛泽东为中共中央起草了党内重要指示《论政策》，进一步解释了在组织方式和斗争方式上采取荫蔽精干、长期埋伏、积蓄力量、以待时机的政策。这十六个字是中国共产党对沦陷区包括工人运动在内一切工作的基本指导方针，它的提出和发展以及日后的执行，都和工人运动有着十分密切的关系。它来源于中国共产党多年的工人运动实践，同时它又是中国共产党对中国工人运动与中国革命及中国抗日战争客观规律的认识的总结。在这“十六字方针”的指导下，沦陷区中国工人群众避免了许多无谓的牺牲，为以后打败日本帝国主义和建立新中国指明了方向。

# 第十五章

# 战略反攻阶段工人阶级为夺取抗战最后胜利而斗争

1944 年 6 月 5 日，中共中央发出《关于城市工作的指示》，向全党全军提出了加强大城市和交通要道的工作、准备群众武装起义的任务。指示指出，待时机成熟，就可使城市的革命力量与根据地的武装相配合，里应外合进攻日本占领军，夺取大城市与交通要道。这是准备对日反攻的重要战略决策，也是中国革命由农村包围城市，到重新进入城市并由城市领导乡村这一历史性转折的开端。它为沦陷区城市的工人运动提出了新的斗争目标。从“胡世合事件”开始，到抗日战争胜利，在战时国民党统治区的政治、经济与文化中心的重庆，工人为争取生存、争取民主权利，进行了一系列的斗争，为促进全国工人运动的统一和团结，共同反对国民党一党专政，建立民主联合政府，更有效地支援前线，争取早日实现抗日战争和世界反法西斯战争的最后胜利打下了基础。抗战胜利到来之际，沦陷区的工人怀着兴奋的心情热烈地迎接解放，他们竭尽力量，保存工业设备，防止敌人的破坏。经过 14 年抗战，中国的工人阶级在抗战烽火中得到洗礼和磨炼，工人阶级与工会组织不仅有了较大发展，而且开始走向成熟。

## 一、党的七大和工人运动的新方针

### （一）党的七大和国民党统治区工运方针

1943 年是世界反法西斯战争大转变的“前夜”。在国际上，1942 年 11 月 19 日到翌年 2 月 2 日的斯大林格勒保卫战，苏联红军一举歼灭德军 33 万人，从根本上扭转了战局。1944 年，苏军把德军完全赶出国境。此时，英美两国在欧洲西部开辟了第二战场，美国在太平洋也加快了军事步伐，把战场转移到了日本本土。

在国内，从 1943 年开始，根据地军民在党的领导下，连续粉碎了日、伪对根据地的残酷“扫荡”，歼灭了大量敌伪军，恢复和扩大了抗日根据地。针对这种情况，以毛泽东为首的中共中央及时提出了主要依靠人民的力量去夺取抗战最后胜利的方针。正如 1944 年 4 月 12 日毛泽东在延安党的高级干部会议上指出的，实行这个方针，“要使我党我军和我们的根据地更加发展和更加强固起来，就要注意大城市和交通要道的工作，要把城市工作和根据地工作提到同等重要的地位”。到 1945 年春，除东北联军控制的地区以外，全国共有 19 个大的根据区，总面积 95.6 万平方公里，总人口为 9550 万人。根据地的发展和扩大，在全国范围内形成了对日军占领的大多数中心城市、交通要道和海岸线的强大战略包围。这些胜利，为全面大反攻创造了极为有利的条件。

为了团结全党和全国人民，夺取抗日战争的最后胜利，粉碎美蒋妄图在中国实行法西斯独裁统治的阴谋，把中国引向光明的前途，中国共产党于 1945 年 4 月，在延安召开了第七次全国代表大会。在这次大会上，毛泽东作了《两个中国之命运》的开幕词、《论联合政府》的政治报告和《愚公移山》的闭幕词。他从对国内外形势的分析出发，指出：“即使把日本帝国主义打败了，也还是有这样两个前途。或者是一个独立、自由、民主、统一、富强的中国，就是说，光明的中国，中国人民得到解放的新中国；或者是另一个中国，半殖民地半封建的、分裂的、贫弱的中国，就是说，一个老中国。”党和全国人民面临的任务，就是力争第一个前途，反对第二个前途，建立一个光明的新中国，反对一个黑暗的旧中国。

为此，毛泽东为中国共产党提出了一条马克思列宁主义的政治路线，这就是：“放手发动群众，壮大人民的力量，在我们党的领导之下，打败侵略者，建设新中国。”同时，大会也总结了工人斗争的历史经验，强调了工人运动的重大意义，指出中国工人阶级在自己的先锋队中国共产党的领导下，在北伐战争、土地革命战争和抗日战争三个时期，对中国人民的解放事业，作出了极大的努力和极有价值的贡献。

毛泽东在党的七大通过的《论联合政府》的报告中强调：“在最后打败日本侵略者的斗争中，特别是在收复大城市和交通要道的斗争中，中国工人阶级将起着极大的作用。”这个报告还对国民党统治区、沦陷区和解放区的工人群众工作，分别提出了具体的任务和方针。这些正确的路线和方针，成为指导三地区的工人群众夺取抗日战争最后胜利的保证。

在国民党统治区，重庆等地的工人和各阶层人民的民主运动正在发展。目前运动的弱点，是社会的基层群众还没有广泛地参加，地位非常重要而生活痛苦不堪的农民、工人、士兵和下层公教人员还没有组织起来。同时，有许多人对于民主运动的基本方针还缺乏明确的认识和坚决的态度。故此，国民党统治区的民主运动，应当有一个广泛的发展，并把分散的力量逐渐统一起来，为实现民族团结，建立联合政府，打败日本侵略者和建设新中国而斗争。这就是国民党统治区工人运动的方向和基本任务。国民党统治区工人阶级应该首先觉悟起来，率先投入这个伟大的斗争。

在沦陷区，工人阶级要把自己的力量组织在各种团体中，准备武装起义，一俟时机成熟，配合从外部进攻的军队，里应外合地消灭日本侵略者。要执行最广泛的抗日民族统一战线政策。不管什么人，只要是反对日本侵略者及其忠实走狗的，就要联合起来，为打倒共同敌人而斗争。要在工人中训练和提拔大批的积极分子，参加当地的工作，准备收复失地。中共中央强调，要把沦陷区的工作提到和解放区的工作同等重要的地位，加强产业中心的地下工作。当然，党的七大以后，由于客观形势的迅速变化，中共中央又改变了普遍组织城市工人武装起义的决定，这是中共中央为继续保存和积蓄城市革命力量，准备夺取全国胜利的英明决策。

在解放区，工人阶级要和一切抗日民主力量以新民主主义纲领为基础团结合作，为扩大解放区、缩小沦陷区，巩固和扩大抗日力量，推进抗战胜利而斗争。为了提高工人在抗日和生产中的积极性，必须充分执行改善工人待遇的政策，大规模地发展生产，开展劳动竞赛，奖励劳动模范，提高工人的觉悟水平和文化水平，培养大批干部。中共中央号召解放区工人群众，积极投入扩大解放区军队、游击队、民兵和自卫军的工作，工人干部要努力学会做经济工作，以适应形势发展的需要。

党的七大是党在新民主主义革命时期召开的一次极其重要的全国代表大会，这次大会确立了毛泽东思想为全党一切工作的指导思想，它所制定的政治路线和关于工人运动的方针任务，为新民主主义革命的完全胜利和全国工人运动的重新统一奠定了基础。

### （二）“城市工作”的提出

全民族抗战进入准备反攻阶段，夺取大城市与交通要道，成为驱逐日本侵略者出中国、争取最后胜利的决定性步骤。1944 年 4 月 12 日，毛泽东在延安高级干部会议的讲演中，强调了加强大城市和交通要道的工作、争取被日本帝国主义压迫的千百万劳动群众和市民群众、准备武装起义的重要作用。他说："关于大城市和交通要道的工作，我们一向是做得很差的。如果现在我们还不争取在大城市和交通要道中被日本帝国主义压迫的千百万劳动群众和市民群众围绕在我党的周围，并准备群众的武装起义，我们的军队和农村根据地就会得不到城市的配合而遇到种种困难。"① 根据这一形势，中共中央于当年 6 月 5 日发出《关于城市工作的指示》，向全党全军提出了加强大城市和交通要道的工作、准备群众武装起义的任务，要求各根据地党委，把城市工作提到和根据地工作同等重要的位置，以利于争取在日本侵略者压迫下的千百万群众，瓦解伪军、伪组织。

由于战前城市工人运动的基础薄弱，抗战爆发后原有力量又大部分转移到农村，致使城市工作长期没有得到加强。直到相持阶段的后期，除上海地区外，沦陷区城市的工人运动，一般没有多少恢复与发展。沦陷区工运工作的开展，远远落后于民族革命战争的需要和工人群众的抗日热情。日本侵略者之所以能够比较有效地控制数以百万计的中国工人供其驱使，除它一直维持着军事的优势（这是主要原因）外，中国工人运动的这个历史性的弱点，无疑是形成这种状况的一个重要原因。改变这种不利的情势，逐步加强包括工人运动在内的城市工作，在沦陷区城市聚集强大的力量，以利于对敌反攻，是一项重大的战略任务。

全民族抗战的初期和中期，党没有把武装夺取城市和加强城市工作作为自己的重要任务。在世界反法西斯战争与中国的抗日战争接近最后胜利之际，沦陷区各个城市，都处在抗日根据地的包围之中，开展沦陷区城市的工作，条件也空前有利。

---

① 毛泽东：《学习和时局》（1944 年 4 月 12 日），《毛泽东选集》第 3 卷，人民出版社 1991 年版，第 946 页。

中共中央在延安召开扩大的六届七中全会提醒全党："只有在现时，在抗日战争的最后阶段，在我党领导的军队已经壮大，并还将更加壮大的时候，将敌占区的城市工作提到和解放区工作并重的地位，积极地准备一切条件，以便里应外合地从中心城市消灭日本侵略者，然后把工作重心转到这些城市去，才是正确的。"会议要求"全党同志都应充分自觉地准备这一转变"。①

所谓"城市工作"，是中国共产党在沦陷区城市进行斗争的整体概念。其内容一般可以分为三个方面：首先，根本的是群众工作，包括工人运动、学生运动以及对其他各界（如文艺界、宗教界）或社会阶层（如城市贫民）的工作等。其次，统一战线工作。举凡爱国的资本家、开明士绅、社会名流以及宗教团体、少数民族及海外华侨的上层人物等，一切可以争取和团结的社会力量，都要去争取团结，并且利用这种上层关系，掩护下层的群众活动。最后，对伪军、伪组织进行渗透和策反工作。革命工作者打入日、伪组织中去，进行广泛稳妥的工作，一旦时机成熟，可以策动这些伪军、伪组织的成员起义反正，对侵略者反戈一击。

新的城市工作任务的提出，是和抗战进入局部反攻阶段相适应的。从这时起，党的城市工作便全部集中到争取千百万群众，准备武装起义夺取大城市与交通要道这个总目标。在《中共中央关于城市工作的指示》中，要求各地党委引导全党都来注意这一工作，从而改变过去一段时间内存在的，那种不重视或不太重视城市工作的观点，并认真总结经验、研究办法、组织机关、配备干部、展开工作，争取在一定期限内作出显著成绩。《中共中央关于城市工作的指示》强调要在干部中切实进行里应外合占领大城市的思想与政策教育。

---

① 毛泽东：《关于若干历史问题的决议》（1945 年 4 月 20 日），《毛泽东选集》第 3 卷，人民出版社 1991 年版，第 977 页。

在反抗日本侵略者的斗争中，抗日阵线的社会基础极为广泛，饱受欺凌和奴役之苦的沦陷区城市人民，渴望着报仇雪耻的这一天早日到来。抗日根据地的巩固和发展，迫使日本侵略者处于解放区的包围之中。但不管敌人的困难与危机如何严重，不管城市人民如何仇恨敌人的统治，也不管抗战胜利已经如何临近，日本侵略者在它所控制的城市和交通要道上，在力量对比上仍然占据极大优势。在这种情势下，单独的城市起义要取得胜利，必然是极为困难的。从游击战中发展起来的人民武装装备落后，攻坚作战有很多困难。要用强力攻克敌人坚固的设防城市，付出的代价必然很大。如果以根据地的军事力量为进攻的主力，与城市的起义里应外合，那就一定会以较小代价较容易取得胜利。掌握着城市经济与交通命脉的工人，是最坚定、最可靠的突击力量，是武装起义的决定力量之一。坚持“十六字方针”，利用各种可能，争取千百万的工人群众，积极地准备力量，等待时机到来，配合人民武装夺取大城市与交通要道，这是抗战胜利前夕沦陷区城市工人运动的中心目标。

## 二、解放区工人反攻准备工作和中国解放区职工联合会筹备会的成立

### （一）在对日反攻中解放区工人的忘我劳动

党的七大制定的政治路线和指导工人运动的方针政策，推动了工人阶级投入夺取抗战最后胜利的斗争。解放区工人在“一切为了前线，为了战争胜利”的战斗口号影响下，掀起大规模的生产突击竞赛，尽最大的人力、物力，为抗日大反攻准备充足的物质力量。工人们自觉地延长劳动时间，千方百计多生产，以提前和超额完成生产任务的行动，参加了驱逐日本帝国主义的最后

一战。

从1944年起，中国军队开始对日军进行局部反攻。早春季节，日军开始调整防务，集中机动兵力，准备在正面战场有所动作的时候，八路军、新四军就开始了对敌人的攻击。4月以后，日军向国民党军队连续进攻。敌后战场对日军的攻势，也逐步发展、扩大。1944年全年，八路军、新四军对日、伪军大小战斗达2万余次，毙伤日、伪军22万余名，俘日、伪军6万余名，争取伪军反正近3万名，收复县城16座，攻克据点、碉堡5000余处，收复国土8万余平方公里，解放同胞1200万人。八路军、新四军的攻势，牵制了大量的日军兵力，使它不可能更多地转移到正面战场。这就有力地支援了正面战场的作战，减轻了中国战区因国民党军的大溃败而造成的严重局势。

这一攻势一直延续到1945年上半年。根据地军民在当年的春季与夏季攻势中，接连给日、伪军以打击。这时，除东北抗日联军控制的地区外，全国已经有19个解放区，面积达95万平方公里，拥有人口9550万人。解放区建立的县政权，已经达到了国民党政府失去的721个县的82%。这些解放区，把敌占城市和交通要道完全孤立、分割开来，置于自己的战略包围之中。

抗战日益临近最后胜利，根据地亟须为战略反攻积蓄物质力量。在大力促进农业生产的同时，继续努力发展工业生产，构建自给自足的经济，成为解放区的一项急迫的和重大的任务。

自1943年解放区开展大生产运动以来，各抗日根据地先后召开了规模不等的劳动英雄代表大会，进一步推动了大生产运动的广泛开展。

陕甘宁边区第一届劳动英雄代表大会，于1943年11月26日至12月16日召开。之后，1944年1月7日至15日，晋绥边区召开了该区第一届劳动英雄大会；同年11月21日至12月7日，太行区召开了第一届劳动英雄大会；12月7日，晋察冀边区召开了边区公营工厂第一届劳动英雄、劳动模范大会；1945 年 1 月和 3 月，太岳区和冀鲁豫区，分别召开了劳动英雄代表大会。在敌后根据地，这种会议大都是和战斗英雄代表大会联合召开的。有些与会代表，既是生产劳动的模范人物，又是英勇杀敌的战斗英雄。会议既推动生产运动，也推动群众性的杀敌运动，因而通常被称为“群英会”。

“群英会”仪式隆重，气氛热烈。地区的党、政、军最高领导人，都出席并作报告或发表讲话，政府代表还在会上宣布全区性的生产计划。毛泽东《组织起来》的讲话，就是在陕甘宁边区劳动英雄代表大会上发表的。讲话大力提倡的合作化，成为以后很长时期推进农业生产发展的最重要的政策和手段。太行区第一届劳动英雄代表大会，为广泛地组织经验交流和互相学习，于会议同时举办了生产展览与战绩展览，向人们提供了生动而有说服力的实物和统计资料。展览用纵向排列，展示了根据地军民怎样在和日本侵略者及自然灾害的殊死搏斗中，一步一步走向胜利，并准备着对敌反攻和建设新社会的条件；通过横向排列，对照了沦陷区、国民党统治区、根据地三种不同的社会、三种不同的政策，对社会生产和人民生活造成的不同结果。参观者由此对根据地军民所取得的业绩和取胜的依据，以及根据地斗争对坚持长期抗战的巨大作用，可以一目了然。大会期间，太行全区有组织的和群众自发的参观者达 10 万人。这个与会议相结合的展览，获得了巨大的教育和宣传效果。这种组织形式和活动方式，集中群众的智慧，突出榜样的作用，极大地激发了军民努力生产、奋勇杀敌的积极性。

在当时的条件下，这类会议是以表彰农业中的劳动英雄为主的。1944 年 5 月 1 日，陕甘宁边区召开了以解决边区工业生产为中心议题的公营工厂职工代表会议，历时 24 天，实际上是有关工业生产、工人运动的一次联合工作会议，而在奖励工业战线的劳动英雄和模范人物方面，可以看作对边区第一届劳动英雄代表大会的补充。

会议总结了中共中央关于财政经济工作及工会工作的指示实施一年来的经验，讨论了公营工厂的生产管理和群众生产运动问题，并提出争取两年内做到工业必需品的全面自给。会议强调要切实提高产品质量，提高生产技术，强调进一步改善工厂的经营管理，精简机构和建立严格的经济核算制度。会议把这些措施，作为实现边区工业必需品全面自给的基本条件。会议着重研究了企业领导干部联系群众，依靠职工群众的积极性，以改进生产管理的问题。会议为正在普遍展开的新劳动者运动补充了新的内容：要求把发扬工人群众的劳动积极性与提高业务技术水平统一起来，把技术人员的科学知识和工人的实践经验结合起来，对于推进和提高各地的群众生产运动，是一个富有启发性的补充。它及时防止了那种只问劳动态度不问生产效益，只知增加劳动强度而不注意改进生产技术、劳动组织和生产管理的偏向。会议还奖励了一批工业生产方面的劳动模范人物。

在恢复和发展根据地的生产事业中，积累企业管理和开展工人运动的经验，并通过这种办法培养干部，是根据地建设中的一项重要任务。公营工厂职工代表会议为完成这项任务作了倡导和推动。陕甘宁边区和敌后各抗日根据地，贯彻了会议所提出的方针，有效地促进了经济建设的发展。

### （二）筹建职工联合会，争取出席世界职工代表大会

在开展生产运动的同时，各抗日根据地的工人运动，在中国共产党的领导下，以地区为主，有着政治上和工作上的完全统一与斗争策略的一致。但是，由于日本侵略者和国民党反动派的严密封锁，各个地区处于被块块分割的状态。加上各地工人运动发展的不平衡，在一段时期内还没有解放区统一的工会组织。

解放区的工人，虽然大多数分散在地域辽阔的农村，没有近代化的大生产把他们集中起来。但是，在共产党的领导下，他们有着广泛而普遍的工会（工人救国会）组织。在坚持敌后抗战和根据地建设中，有效地发挥自己的作用。各大战略区和陕甘宁边区一样，都有各地区的总工会（工人救亡协会），它们在各地区的各界抗日救国联合会统一领导下，与其他群众救亡团体——农民救国会、青年救国会、妇女救国会等一起，成为中共与根据地广大群众联系的纽带，成为抗日政府坚强的社会支柱。

解放区的工人运动，通过各种渠道，早已和沦陷区及国民党统治区的工人运动互通声气，建立联系和互相支援。而随着抗战胜利的临近，城市工作的地位日益重要。为了交流工作经验，进一步团结解放区工人，支援沦陷区和国民党统治区工人的斗争，为了突破国民党反动派的封锁，恢复和发展中国工人运动与世界工人运动的联系，促进中国工人与全世界工人的团结，实现全国工人运动统一的问题，便越来越迫切了。

1945 年 2 月 10 日，陕甘宁边区总工会通电敌后各抗日根据地的工会组织，提议成立中国解放区职工联合会，并组织筹备委员会进行筹备。4 月 22 日，筹备委员会正式成立。邓发、崔田夫分别担任正、副主任。7 月 15 日，筹委会发出通知，决定于当年 11 月在延安召开解放区职工代表大会。因抗战形势急转直下，解放区职工代表大会未能如期召开，解放区职工联合会没有正式成立。直到 1948 年第六次劳动大会以前，未出现过全解放区或全国统一的工会组织。

解放区职工联合会筹备委员会除积极筹备召开解放区职工代表大会外，从开始就主动致力于全国工人运动的统一以及和世界各国职工的团结。1945 年 2 月 6 日在伦敦召开的世界职工大会，曾邀请中国解放区职工派遣代表参加。由于国民党政府的阻挠，代表未能成行。筹备委员会成立后，立即推选董必武、陈郁、邓发、章汉夫共四人，代表解放区 80 万名职工，参加于当年 9 月在巴黎召开的世界工会第二次代表大会。解放区职工联合会筹委会的积极行动，推进了解放区工会与中国劳动协会的合作。

1945 年 6 月，中国劳动协会不顾国民党政府的阻挠，坚持自己的代表和解放区工会代表共同出席在巴黎召开的世界工会联合会成立大会。① 在中国劳动协会的积极支持与国民党统治区工人的声援下，解放区工会代表邓发和中国劳动协会代表朱学范共同出席了大会。会后，解放区工会即作为团体会员参加中国劳动协会。自此以后，直到新中国成立，解放区工会始终团结中国劳动协会的进步力量，在国际活动和国民党统治区的工人斗争中，加强彼此的合作。

这一行动，突破了国民党的封锁与禁锢，为中国革命的工人运动与世界工人运动进行国际交流打开了一个缺口。中国工人阶级的声音，在被迫中断多年之后，得以重新在国际舞台上回荡。正如邓发在致朱学范的信中所说：这一行动，不仅是形式上向各国工人表示中国劳动协会和解放区工会间的团结，而且由此奠定了中国职工团结统一的基础。这是中国劳动协会对解放区工人运动的积极配合，它有力地促进了中国工人运动统一的事业。嗣后，中国工会组织的国际活动，均由解放区工会代表与中国劳动协会代表共同出席。

争取全国工人运动的统一，是中国共产党领导工人运动的一贯方针。全民族抗战初期，陕甘宁边区工会曾经为此而积极活动。但那时，中国革命的处境还非常困难，中国共产党和它所领导的军队不够强大，陕甘宁边区几乎没有近代的产业工人。当时关于

① 原为第二次世界工会代表会议，1945 年 9 月 25 日至 10 月 8 日召开。从 10 月 3 日起，会议转为世界工会联合会的第一次代表大会。在这次会议上，正式成立了世界工会联合会。

全国工人运动统一的努力，自然也没有结果。从那时以后，中国共产党以坚持敌后抗战巩固抗日根据地为中心，放手发动工人群众，开展工人运动。经过八年奋斗，解放区的工人运动已经形成一支强大力量。在它的身后，有着中共领导的广大解放区及百万人民武装。因此，这一次的统一行动，和1938年的统一行动有不同的效果。

立足于根据地的解放区工联筹备会，在抗战胜利前后为全国工人运动的统一所做的努力，扩大了中共在广大工人群众中的影响，也提高了中国工人阶级在世界工人运动中的地位。

## 三、沦陷区工人的英勇斗争

### （一）东北沦陷区工人的武装斗争

战略地位十分重要的东北，是中国共产党开展城市工作的重点地区之一。东北与关内的敌占城市及矿区，虽然同属沦陷区，但工人运动发展的情况却不尽相同。这是不同的社会历史条件所形成的。全民族抗战时期东北的工运工作，基本上是在相持阶段后期，作为对日反攻准备工作的一个环节而展开的；并且主要是从关内各抗日根据地派遣力量，进入敌人长期占领、统治比较稳固的城市或矿区，重新恢复活动和开创局面的。

1939年12月25日，《中共中央关于敌后城市工作的决定》下达后，东北地区包括工运工作在内的城市工作即着手恢复。中共中央北方局、晋察冀分局、山东分局（主要是胶东区党委）都陆续派遣人员，到东北开展工作。但限于条件，这个阶段的工作是很薄弱的。1944年6月5日，《中共中央关于城市工作的指示》发出后，工作得到加强。

开展工作的方针是联系群众，准备力量，迎接革命高潮。组织上则采取异地领导、单线联系的方式。异地领导，即把对敌占区工作的领导机关设在抗日根据地；单线联系，即在当地工作的党员与党员之间，这一批派遣人员与另一批派遣人员之间，没有横向联系，各自为战。这样，纵然被派遣人员无法绝对避免为日、伪特务所发现和逮捕，但敌人没有可能弄清抗日根据地派往敌占区的全部工作人员及其分布状况，不至于一处暴露即引起连锁反应，招致全部工作的垮台。在《中共中央关于城市工作的指示》下达前后派往东北从事地下工作的人员，累计达200余名。其中有些人以建立上层关系和汇集情报为目的，他们不进行群众工作。那些以开展群众工作为目标的人员，分散活动于大连、抚顺、阜新、哈尔滨等地，还有少数人在营口、鞍山、本溪、辽阳等地活动。

1934年7月间，中共胶东工作委员会被破坏。部分党员为躲避国民党军阀的搜捕而潜入大连。他们在那里建立了党的地下支部，党员根据各自的条件实现职业化，谋求在当地存身。这个支部曾经领导过当地建筑工人的若干小规模罢工，没有引起日本殖民统治者的注意。全民族抗战爆发后，支部成员大多返回胶东。1941年冬，中共胶东区党委派遣战前曾经在大连活动过的共产党员左友文，到大连建立党的工作。左友文曾经是大连地下支部的成员。这次他接受任务潜回大连后，首先通过关系取得了大连市的户口。接着便开办商店，建立上层联系。同时利用1934年来大连、在当地已经有了立足点的党员，深入苦力工人中去。他们和搬运工人一起，到日本陆军仓库做苦力，在那里团结码头工人。他们到盐滩组织盐工，到果园串联农业工人，以扩大联系群众的范围。他们接盘了一处“苦力窝棚”①，把搬运工人中的积极分子

① 窝棚，码头工人住宿处。一个小把头所管辖的工人，通常住在一个窝棚内。所以，一个“苦力窝棚”也就是一个小包工单位，因而可以“出盘”或“出顶”。

集中起来，然后通过这些工人，影响和团结其他码头工人，还通过认老乡、串门拉家常，建立和周围群众的联系。他们自己赚取工资维持生活，积累活动经费。他们为此要经常忍受日本人的侮辱与殴打，并过着最艰苦的生活，但由此也就和周围的苦力工人没有任何外表上的差异，从而形成了自然的保护色。通过这样一些活动，左友文在工人中先后发展了60多名党员，重新建立了中共大连地下组织。

和左友文支部差不多先后进行活动的，还有一个群众抗日组织——大连各界抗日同盟分会。这个组织的第一个成员，是1942年9月，由中共胶东区党委领导的胶东海外各界抗日同盟总会（以下简称抗盟，党的外围组织）所派遣的。1943年春，抗盟大连分会成立，胶东区党委派了一个共产党员来领导工作。抗盟是个抗日的统一战线组织，工作对象不限于工人，但工人群众是重要对象。抗盟开设了一个具有相当资本的茶庄，作为谋取活动经费和进行联络的据点。他们通过这个据点，广泛地团结有志于反抗日本殖民统治的进步群众，扩大政治影响。他们利用没有固定形式的联盟发展组织，积蓄力量。在不到三年的时间内，便发展盟员100余人，联系密切准备发展的对象有1000余人。以此为基础，在大连市郊工人住宅区建立了21个工作据点。

规模略逊于大连，而工作方式、进展情况基本相同的活动，在阜新、鞍山、营口、本溪、抚顺、辽阳、北票、哈尔滨等地都有所开展。1945年抗战胜利来临时，这些地下工运工作者立即组织工人，建立武装，保护城市和矿山，为配合抗日武装力量接收和在当地开展各项工作，奠定了最初的群众基础。

### （二）其他沦陷区工人为迎接抗战胜利做最后的斗争

1945年8月15日，日本帝国主义宣告无条件投降，抗日战争取得了最后胜利。中国人民热切希望实现和平民主建立新中国，国民党政府企图独占抗战胜利果实，蒋介石在美帝国主义支持下，公开给伪军发了“切实负责地方治安”的命令，还任命了一大批汉奸，作为国民党政府在沦陷区的“总指挥”“总司令”，并借助业已宣布投降的日本军队，抢夺那些在抗日根据地包围下理应由敌后军民受降的地区和城市。

面对这样的形势，沦陷区的工人竭尽力量，保存工业设备，防止敌人的破坏。烟台市1300多名工人，在中国共产党地下组织的领导下，组成武装纠察队。他们占领了发电厂、汽车站、伪法院和区公所，控制了交通要道，配合进攻的八路军，全歼了准备逃窜的日、伪军，解放了烟台市。察哈尔省庞家堡铁矿工人，发动武装起义，夺取了伪矿警队的武装，攻下赵川车站据点。河北磁县峰峰煤矿工人，配合八路军收复了矿区。从8月18日到9月3日，矿工们紧密配合进攻部队作战，担任了对敌侦察、保护机器设备和破坏电网，以及在敌人碉堡下掩埋炸药的任务。为保证矿区完整地回到人民手中，他们出色地进行了战斗。唐山开滦煤矿赵各庄矿的工人，组织了一个营的武装，配合解放军攻击林西敌据点。平绥铁路工人以最快的速度修复遭到破坏的机车；武装起来的工人自卫队，取代了那些旧警察，在铁路沿线巡逻。8月26日，胶济铁路张（店）博（山）支线淄（川）博（山）段，经八路军收复后，1000余名铁路工人仅用了六个小时，就修复通车，保证了军运任务。1945年8月21日，平汉路南段的工人成立工人纵队，配合鄂豫皖区新四军，进击平汉线的日军。在工人的保护下，新收复的工业城市及矿区，都得以完好无损。许多企业迅速恢复生产，供应前线和人民生活的需要。

在上海，党组织动员了大批工人护厂。当日本宣布无条件投降时，全市约有5万名工人，占领敌人经营的工厂，保护机器与资财，张贴“欢迎新四军”的标语。自来水厂工人还举行短暂的罢工，迫使敌海军陆战队退出工厂。莫干山路有职工7000余名，为保护工厂与日、伪宪兵发生武装冲突。上海电力公司及沪东若干工厂的工人，曾收缴部分伪警察的枪支，以扩大地下武装。后来形势变化，新四军决定不进攻上海，地下军停止活动，护厂斗争也宣告停止。部分地下军随郊区的新四军撤退到苏北解放区。工运领导机关转而利用敌人投降，国民党反动派一时来不及恢复其统治的时机，迅速在各厂建立了工会组织，领导工人为解决生活问题而斗争。

山东淄博矿区的工人，进行了大规模的护矿和解放矿区的斗争。另如山东玲珑山金矿、许家沟云母矿、新汶煤矿、金岭镇铁矿，太行地区的峰峰、磁山、焦作、六河沟等煤矿，晋察冀边区的宣化铁矿、临水发电厂等工矿区，解放了的工人都以极大的热情迎接胜利。他们自动加工，努力生产，支援前线，并纷纷起来建立工会组织。

在东北，大连市的左友文支部成员，以日本陆军仓库的搬运工人为基础，并组织盐业工人参加，成立了 300 余人的武装。他们和由胶东来的八路军会合，北上沈阳，为开辟东北解放区而斗争。抗盟也独立组织了 500 人的武装，协助驻大连的苏联红军，肃清日伪残余势力和土匪，维持社会秩序，开展群众工作。他们在苏联红军同意下，整顿和改造了苏军警务系统所属的甘井子“治安”部队（这些部队是由最早取得合法地位的奸伪分子所组织的），为大连地区工作的开展和政权建设准备了有利的条件，提供了大量熟悉情况的干部。另如辽阳、阜新等地，地下的工运工作者和存留下来的“特殊工人”，也都组织工人，保护城市和矿山，维护社会秩序。阜新煤矿以矿工为主的群众武装，开始便达六七百人。

在日本关东军被苏联军队消灭，伪满洲国的各级机构土崩瓦解，而国民党军队和接收人员还没有到达以前，进入东北的共产党军队抓紧时机，对盘踞各地的伪满部队，或者加以消灭，或者接受其投诚，同时接管了大批武器、弹药及各种军用物资。共产党军队大量吸收当地工人、农民和被日军从关内抓到东北的“苦力”，以及知识青年到军队中来，使部队迅速得到发展。一个地域辽阔的东北革命根据地，在迅速形成中。

陕甘宁边区和华北各抗日根据地派遣了大批工运工作干部，随军挺进东北。他们在大连、哈尔滨等城市及鹤岗、西安等矿区，积极发动职工群众，进行民主改革，救济失业工人，为恢复遭到严重破坏的工业生产，建立和巩固东北根据地而奋斗。

## 四、国民党统治区工人运动状况

### （一）国民党统治区工人争生存、争民主的斗争

在中国共产党领导的解放区迅速恢复和发展的时候，国民党统治区却更加黑暗，在经济、政治、军事上都陷入了全面危机。

在经济上，一方面，国民党完全依赖于外援，对于仅有的迁川工业，不但不加以培植，反而采取打击政策，实行统购统销、专卖，致使工厂无法维持，纷纷减产和关厂，失业工人的数量迅速增加。由于拉丁、苛捐杂税使农民穷困到不足为生，统购统销、专卖政策和人民购买力的下降，导致工厂减产和关门，同时国民党统治区范围也逐渐缩小。而这时蒋介石却正在积极准备大规模的反共、反人民，致使国民党统治区的经济情况迅速恶化。从1941年起法币贬值的速度加快了，物价飞速地上涨，人民的生活，首先是工人的生活迅速恶化起来。

另一方面，以蒋介石、宋子文、孔祥熙、陈立夫和陈果夫兄弟“四大家族”组成的官僚买办集团，假借“抗日”的名义，大发国难财，利用各种手段，控制了中国的金融、商业、工业和农业，进行肆无忌惮的掠夺，使官僚资本进一步膨胀起来。他们借

口实施“货币统一发行办法”，滥发纸币。全民族抗战时期，国民党发行的纸币，比抗战前夕增长7300倍，给劳动人民带来深重的灾难。“四大家族”垄断商业，利用专卖制度，低价收购，高价出售，大搞投机倒把，牟取暴利，变相掠夺人民。以他们为首的大地主、大买办，在全民族抗战期间大量兼并土地，收取高额地租；加上国民党的苛捐杂税，农民收获量的50%至80%被刮走，弄得民不聊生。“四大家族”独占工业，全民族抗战期间，国民党统治区官僚资本占全部产业资本70%以上，他们利用这种优势，囤积居奇，兼并民族工业，使民族企业破产，重庆的民营工厂因此倒闭了三分之二，大批失业工人流落街头。

在政治上，蒋介石为了强化一党独裁制，身兼数种最高国家职务，一手包揽全国党政军大权。同时，他还设立了庞大的特务机关，如CC团、复兴社等特务组织遍布全国，囚禁、残害共产党员、爱国志士的各种集中营比比皆是。国民党统治区的人民完全没有民主和自由，过着人人自危、暗无天日的生活。

在军事上，从1944年4月到12月，国民党军队在日本为打通大陆交通线而发动的豫南战役、长（沙）衡（阳）战役和广西战役中，以80万军队对不足自己兵力四分之一的敌人，竟然望风而逃，损兵60万人，失地20余万平方公里，丢掉了郑州、长沙、桂林等大小城池146座。[①] 豫湘桂战役的溃败，是蒋介石推行消极抗战、积极反共反人民政策的结果。蒋介石集团没有利用相持阶段正面战场比较沉寂的有利时机和世界反法西斯战争日益走向胜利的国际形势，做切实有效的反攻准备。它无视全国人民的愿望，置民族的利益于不顾，而致力于排除异己，摧残一切进步力量和事物，以巩固它的独裁统治。这一政策，严重破坏了全国人

① 洪安琪、何布峰：《中国工人运动简史》，陕西人民教育出版社1987年版，第155页。

民的抗战团结，腐蚀了国民党军队对敌作战的意志，失尽了人心，因而它的统治危机四伏。

在这样的形势下工人运动高涨起来。1945 年 3 月爆发了“胡世合运动”，6 月有顺昌铁工厂的罢工，7 月有民生机器厂、中国毛纺织厂的罢工请愿，8 月有豫丰机器厂的罢工请愿。

这个时期工人运动的特点有：第一，大后方人民，首先是工人取得“胡世合运动”的胜利后，普遍地展开了各厂的斗争，以上列举的是几个大产业的斗争而已。第二，不但是经济性的斗争，而且经济斗争是与强烈政治内容的斗争相结合进行的，如“胡世合运动”是反特的斗争，民生机器厂是为保障人权的斗争，豫丰机器厂是要求组织工会的斗争。第三，斗争的形式是多种多样的，从上签呈、怠工、请愿直到罢工。

### （二）“胡世合事件”与国民党统治区工人斗争新高潮

1944 年初到 1945 年 8 月，在抗日战争的最后阶段，国民党统治区的形势又有了重大改变。国民党消极抗战、积极反共反人民的结果，在它统治的地区形成了“民生凋敝、民怨沸腾、民变蜂起”① 的混乱局面和豫湘桂战役的大溃败，各阶层人民对于国民党的独裁统治到了忍无可忍的地步。1944 年 9 月，中国共产党代表全国人民的要求，提出了“废止国民党一党专政，建立民主联合政府”的主张，立即得到全国人民的拥护。民主同盟、国民党内民主派和海外华侨团体都发表宣言，拥护共产党的主张，重庆、成都、昆明成立了各界民主促进会，各地工人、学生和文化界、妇女界也都纷纷为此举行集会游行。于是，在中国共产党提出的“建立民主联合政府”的号召下，国民党统治区的人民民主运动

---

① 毛泽东：《论联合政府》（1945 年 4 月 24 日），《毛泽东选集》第 3 卷，人民出版社 1991 年版，第 1045 页。

高涨起来了。

在全国民主运动高涨的形势面前，国民党统治集团继续坚持其法西斯独裁统治，对人民的要求不作丝毫让步，对工人运动仍然实行其一贯的统治镇压政策。这时国民党统治区的工人阶级，由于在国民党的特务统治下，生命毫无保障，同时受到物价高涨和失业的严重威胁，生活痛苦到了极点。这种状况迫使工人阶级在全国民主运动日益高涨的形势下，不顾国民党的统治镇压，坚决地起来展开了斗争。在1944年国民党的军事、政治、经济危机全面爆发，全国民主运动开始高涨起来的时候，各地工人要求保障工作，保障最低限度的生活和反对特务压迫的斗争也有了发展。据统计，仅重庆一市，1944年的罢工和劳资争议就达300多起。① 到了1945年初，就在国民党战时首都和国民党统治区最大的工业城市——重庆，爆发了工人群众反对特务迫害工人的大规模的政治斗争。

1945年3月20日，重庆电力公司发现国民党特务机关中韩招待所偷电，派工人胡世合前去剪线。特务田凯出来阻挡，当众枪杀工人胡世合。惨案发生后，重庆各界都异常愤慨，各业工人的情绪尤为激昂，纷纷提出“杀人偿命，立即枪毙特务凶犯田凯”的强硬要求。电力公司工人把胡世合的尸体陈放在市中心的长安寺，前往祭奠的工人、市民每天川流不息。他们送去数百幅挽联，上面都写着痛恨国民党特务统治，要求民主自由的言辞，如“特务横行何处去，民主自由几时来”“仗势行凶，还成什么世界”“人当狗屠，这是有枪阶级保障人权”等。工人还用散发传单和写信的方式把事件真相传播到所有工厂、学校和市民中去，重庆的一些民营报刊也都在显眼位置连日登载这一事件的进展。

① 王建初、孙茂生主编：《中国工人运动史》，辽宁人民出版社1987年版，第254页。

国民党起初竭力庇护特务田凯，企图用欺骗、威胁和分化等老一套的镇压办法，把工人的斗争平息下去，但是没有成功。工人的愤怒情绪越来越高，斗争的规模和影响越来越大，得到社会各界的广泛同情与声援。在这种情势下，国民党在事件发生后的第七天，不得不答应把田凯枪毙，以免事态更加扩大，不好收拾。这次斗争坚持了10天，参加斗争的工人和市民总计在20万人以上，直到枪毙了特务田凯，举行了五六万人的大规模示威性的追悼会和送葬游行以后，才宣告结束。

这次斗争从一开始就针对国民党的特务统治，具有鲜明的争取民主的政治斗争性质。它揭露了国民党统治腐败、黑暗的凶恶面目，打击了当时特务活动十分猖獗的气焰。由于各阶层人民对国民党特务到处行凶作恶，早已深为不满，因此这次斗争立即得到了市民、学生、新闻界、民族工商界及其他各方面人士的广泛同情和支持，形成了以工人阶级为主体的规模巨大的政治运动。这次斗争的胜利，不仅提高了重庆工人和各地工人的斗争信心，而且对当时各阶层人民的民主运动，也是一个极为有力的推动。

“胡世合运动”能够在国民党统治区的心脏地带迅速获胜，绝非偶然，这是中共南方局正确贯彻中共中央“十六字方针”和正确执行抗日民族统一战线策略原则的结果。中共南方局和地下党组织在领导这一斗争中，除广泛发动群众，争取社会各阶层人士的同情、造成强大的政治压力外，还成功地运用了正确的斗争策略：一是利用四川地方势力和外来的国民党中央势力之间的矛盾，尽可能争取重庆电力公司资方对工人的同情。二是利用国民党内部的矛盾，积极推动重庆电力公司官办工会出面，使斗争处于合法地位。三是始终注意公开斗争与秘密指挥相结合，用公开活动掩护秘密领导。既显示力量，又不暴露力量。四是在斗争中坚持“有理、有利、有节”的原则，在田凯被枪毙后，就说服群众，及时收兵，不再组织更大规模的抬尸游行，以免国民党借口镇压。

在重庆工人大规模反特斗争胜利结束以后，重庆、西安、成都、昆明、贵阳等各地工人都纷纷起来继续展开了各种各样的斗争。仅重庆一地，自 1945 年 6 月以后的三个半月，规模较大、方式较激烈、在社会上有一定影响的工人斗争就有 27 次之多，而且，这些斗争大都取得胜利或者部分胜利。就重庆来说，这一时期工人的斗争具有以下几个新的特点：

一是斗争普及各行各业，甚至处在国民党军事统治下的兵工人，也通过联名控诉或者通过报馆向社会呼吁的办法进行了斗争。但是这些斗争都是工人迫不得已而采取的行动，并且是以不破裂统一战线为前提的。

二是经济斗争与政治斗争密切结合。这一时期的斗争，虽然除少数反对军警特务压迫的斗争直接具有政治性质以外，大部分还是属于改善待遇、保障职业等经济性质，但是这些斗争客观上都属于当时各阶层人民要求改善国民党政府的民主运动的一部分，并直接或间接地对这种运动起推动作用。

三是多数斗争都是在中国共产党的领导下，有组织有计划地进行的。在斗争中，大多数采取了这样一些步骤：选举代表，划分小组；针对最迫切而且又有解决可能的问题提出要求；通过小职员和领班向厂方传达，观察厂方动静；如不生效，即由全体工人签名提出正式要求；再不生效，大家怠工，代表出面交涉；还不解决，才采取集体请愿或者短时期的罢工。

四是各厂工人在斗争中的密切联系和相互支持的形式比较普遍。有些工厂的工人采取行动前，就派出代表四处联络，因此斗争发生以后，各厂工人都纷纷声援，捐款帮助。特别是有些工厂的工人还采取了联合行动，如重庆沙磁区 27 家工厂的工人，为抗议资方大批开除工人曾经发表过联合声明，号召工人阶级“团结起来”。在这一时期的斗争中，大多注意了团结中下级职员和争取可以合作的官办工会站到工人方面的工作。同时，工人在斗争中，还纷纷写信到各大报馆申诉他们受到的种种压迫，争取社会舆论的同情和支持。

总之，在全国民主运动高涨的形势下，国民党统治区工人阶级的斗争，也有了广泛的开展，特别是在日本投降以后，国民党统治区工人阶级的斗争成了中国共产党领导的各阶层人民争取和平民主，反对内战独裁运动的一部分。从此，国民党统治区工人阶级的斗争，进入了一个新的时期。

第六编

# 解放战争时期的工人运动（1945—1949）

# 第十六章

# 工人阶级争取和平民主改善生活的斗争

从抗日战争正式结束到 1946 年 6 月，是国民党准备发动全面内战和中国共产党领导全国人民争取和平、民主，反对国民党内战、独裁政策的阶段。在这个阶段，国民党统治区（包括原大后方和收复区），职工群众通过争取遣散安置费用、要求复工就业、解决失业救济等经济斗争，有力地配合并积极地参加了各阶层人民的和平民主运动。与此同时，解放区工会面临国民党军事威胁和内战危机，按照中共中央“保卫解放区、争取和平民主”的总方针，重点开展新解放区的工会工作。通过反奸清算、争取民主权利、提高工资待遇等斗争，解放区工会团结新老解放区的职工群众，推动生产恢复，参与民主政权建设。这些工作不仅有力配合了人民武装打退国民党军队的局部进攻，保卫了抗战胜利成果，还为粉碎国民党即将发动的全面内战做了重要准备。

## 一、抗战胜利后的形势和中国共产党的工运方针

### （一）抗战胜利后的国际国内形势

1945 年 8 月 15 日，日本宣布无条件投降，中国人民 14 年艰

苦卓绝的抗日战争宣告结束。

抗日战争胜利后，饱经战火煎熬的中国人民迫切需要一个和平安定的环境，休养生息，重建家园。中国共产党代表全国人民的这一根本意愿和利益，主张团结一切爱国、民主、进步力量，决心把中国建设成为独立、自由、民主、统一、富强的新国家。这是一个光明的前途。与此相反，以蒋介石为首的国民党统治集团则企图依靠美国政府的大力支持，在中国继续维持国民党一党专政的统治。这是一个使中国继续停留在半殖民地半封建社会的黑暗的前途。为了争取中国走向光明的前途，中国共产党反映人民的要求，为争取和平民主进行了种种努力，领导广大人民同国民党统治集团的内战、独裁行径展开了复杂而激烈的斗争。中国革命由此进入一个两种命运、两个前途大决战的新时期——全国解放战争时期。

战后国际国内形势，总的来说，对中国人民实现和平建设新中国的目标是十分有利的。

国际上，经过第二次世界大战，帝国主义阵营整体衰退，进步力量蓬勃发展，为中国革命创造了有利外部环境。具体表现为：德、意、日三个法西斯国家被打败，传统殖民强国英法严重削弱，美国虽崛起为头号强国，但资本主义世界的总体力量有所下降。与此同时，社会主义苏联的国际地位显著提升，亚非拉民族解放运动蓬勃兴起加速殖民体系崩溃，各国工人运动与人民斗争持续高涨。这种力量对比的变化，使国际反动势力难以形成干预中国革命的联合阵线，为中国人民的解放事业以及工人运动的蓬勃发展创造了有利条件。

在国内，饱受抗日战争痛苦的中国人民经受了极大的磨炼，觉悟程度和组织程度空前提高。中国共产党领导的人民革命力量得到前所未有的发展壮大，经过 14 年抗战，中国共产党领导的人民军队发展到约 132 万人，解放区扩大到近 1 亿人口。经过整风运动，中国共产党在毛泽东思想的旗帜下达到了高度的团结。国民党统治区内由民主党派和民主人士组成的民主力量，也有很大的发展，并与共产党建立了密切的联系。早在抗日战争胜利前夕，党的七大就提出国共两党继续合作，通过民主联合政府的途径，实现建立独立、自由、民主、统一、富强的新中国的主张。这些主张受到全国人民和各民主党派的热忱欢迎。中国民主同盟于1945 年 8 月 15 日首先发出《在抗战胜利声中的紧急呼吁》，主张“民主统一，和平建国”，表示坚决反对一切反民主的和制造分裂引起内战的行动。随后，三民主义同志联合会和中国国民党民主促进会、中国民主建国会、中国民主促进会、民主科学座谈会、中国人民救国会、中华民族解放行动委员会等民主党派和人民团体，一致呼吁结束一党专政、建立联合政府、反对内战独裁。全国各阶层人民强烈要求实现独立、和平、民主、统一、富强的共同意志和愿望，汇成了努力实现和平民主，建设新中国的强大力量和潮流。

但是，历史发展的道路仍然是崎岖、曲折的。

抗战胜利后，以蒋介石为首的国民党政权控制着全国政权，并拥有逾 500 万军队。这支武装力量在美国军事援助和接收百万日军装备后，武器装备水平显著提升。同时，国民党政府通过接收敌产积累了空前规模的战略物资和外汇储备。此外，国内外所制造的蒋介石为“抗战建国领袖”的舆论，在国民党统治区和沦陷区相当一部分人民中间产生了相当大的欺骗作用。这一切，使得国民党统治集团过高地估计自己的力量，认为它有可能通过发动内战来消灭中国共产党及其所领导的人民革命力量。1945 年 5 月，国民党第六次全国代表大会正式否决中共“联合政府”主张，决定同年 11 月召开旨在强化一党专制的制宪国民大会，并通过了扶持官僚资本、坚持反共立场及准备内战等系列决议。蒋介石在大会期间说：“今天的中心工作，在于消灭共产党！日本是我们外部的敌人，中共是我们国内的敌人！”[①] 由于国民党当局有这样的既定方针，所以抗日战争刚胜利，中国就面临着内战的严重危险。

为了垄断受降权利，独占抗战胜利的果实，8 月 11 日，国民党政府最高统帅部一面命令国民党军队“积极推进，勿稍松懈”，依靠美国空军和海军，从遥远的西南内地运送军队到华北、华东及东北等地抢占战略要地和铁路交通线；同时命令日伪军队“负责维持地方治安”抵抗人民军队受降，甚至去“收复”被八路军、新四军解放的地区。国民党政府甚至委任南京伪国民政府的行政院副院长周佛海，作为负责接收的上海市行动总指挥部的总指挥；一面命令共产党领导的第十八集团军“应就原地驻防待命”。8 月 13 日，新华社发表评论，一针见血地揭露蒋介石的命令“从头到尾都是在挑拨内战”。[②]

尤为严重的是，国民党当局的反共政策获得了美国的强力支持。战后美国凭借其超强的经济和军事实力推行全球扩张战略，而控制中国是美国全球战略的重要组成部分。美国对华政策具有明确的双重目标：长期旨在扶植一个亲美的统一政权，短期则以“阻止共产党完全控制中国”为首要任务。这一政策基于三重战略考量：其一，将蒋介石政权打造为美国在亚洲的战略支点，巩固其亚洲防线；其二，出于遏制苏联的战略需要及反共立场，防范中苏结盟及中国革命对亚洲的辐射效应；其三，维护其在华殖民主义利益，企图将战后中国变为其倾销商品、获取廉价原料和进行自由投资的场所。

不顾人民要求，发动全面内战，是蒋介石集团的既定方针。

---

① 中共中央文献研究室编：《毛泽东传（1893—1949）》，中央文献出版社 1996 年版，第 743 页。

② 中共中央党史和文献研究院著：《中国共产党的一百年（新民主主义革命时期）》，中共党史出版社 2022 年版，第 265 页。

但在抗战刚结束之时，蒋介石立刻发动全面内战还有很多困难：国际方面，苏联、美国等基于各自战略利益均主张中国和平建国；国内民众强烈反内战、求和平的民意汹涌，国民党内部也存在反战声音。军事准备亦未就绪：其主力部队尚在西南，调遣至前线需要相当的时间；华东、华北战略要地多被八路军、新四军控制，使其处于不利态势。因此蒋介石在调集军队向解放区进逼、积极准备内战的同时，于 1945 年 8 月中、下旬向延安接连发出三次电报，邀请毛泽东去重庆“共同商讨”“目前各种重要问题”①，如果谈判不成，即放手发动内战，并把战争责任强加给中共。换言之，蒋介石企图通过“和平”谈判，即以共产党人到国民党政府中去“做官”为交换条件，迫使中国共产党交出军队和解放区的政权，达到消弭革命力量的目的。若不奏效，则通过“放手动员战争”的办法来消灭中共武装。蒋介石认为“这两条路，任取其一，都足以解决中共问题”。

上述情况表明，世界战略格局和中国国内的阶级关系正在发生重大而深刻的变化。以美国大力支持的蒋介石集团为代表的大地主大资产阶级专政，同以中国共产党为代表的人民大众之间的矛盾，正在取代日本帝国主义同中华民族之间的矛盾，而迅速成为中国社会的主要矛盾。在错综复杂的国内外形势中，如何正确地解决这个主要矛盾，是新的历史时期中国共产党所面临的首要问题。中国面临着两种命运、两个前途的激烈斗争。

抗战胜利初期的工人运动，就是在上述错综复杂的形势下开展的。

### （二）中国共产党的工人运动政策及方针

中国共产党对争取和平有着真诚的愿望，对局势也有着清醒

---

① 中共中央党史和文献研究院著：《中国共产党的一百年（新民主主义革命时期）》，中共党史出版社 2022 年版，第 266 页。

的认识，敏锐地认识到了国民党假借和平谈判以赢得时间进行内战准备的阴谋。党没有丧失警惕，提出了领导人民争取和平民主、保卫抗战胜利果实，准备用自卫战争粉碎国民党军事进攻的正确方针。解放区和国民党统治区的工人运动和工会工作是在这一总方针指导下进行的。

中国共产党对解放区工人运动的领导与对国民党统治区职工运动的领导采取了不同的方针。

在抗日战争胜利前夕，中国共产党于 1945 年 4 月召开的党的七大上，明确了当时解放区工人运动的总任务以及相关的劳动政策。大会指出：在抗日战争结束以后“中国工人阶级的任务，不但是为着建立新民主主义国家而斗争，而且是为着中国的工业化和农业近代化而斗争”。“在新民主主义的国家制度下，将采取调节劳资间利害关系的政策。一方面，保护工人利益，根据情况的不同，实行八小时到十小时的工作制以及适当的失业救济和社会保险，保障工会的权力；另一方面，保证国家企业、私人企业和合作社企业在合力经营下的正当的赢利，使公私、劳资双方共同为发展工业生产而努力。”① 党的七大闭幕以后，中共中央恢复了工人运动的领导机构——中共中央职工运动委员会。同年 9 月，根据党的七大确立的指导方针，解放区工会联合会筹备会在系统梳理和总结过往工人运动领导经验的基础上，制定了《中国解放区职工联合会纲领（草案）》，共 14 条。② 提出解放区工人斗争和工会工作的基本要求：扩大与巩固解放区职工组织，动员解放区职工参加恢复和扩大工业建设，组织劳动竞赛，正确贯彻公私

① 毛泽东：《论联合政府》（1945 年 4 月 24 日），《毛泽东选集》第 3 卷，人民出版社 1991 年版，第 1081—1082 页。

② 《中国解放区职工联合会纲领（草案）》（1945 年 9 月），中华全国总工会中国职工运动史研究室编：《中国工会历史文献》第 5 卷，工人出版社 1959 年版，第 4—5 页。

兼顾、劳资协调、调节劳资关系的政策；拥护民主政府与军队，参加政权建设；保护职工利益，实行八小时至十小时工作制，实行多劳多得，同工同酬，规定最低工资额；保护女工，改变陈旧的学徒制度，建立必要的社会保险；发展职工政治、技术、文化教育；援助全国各地职工民主运动，共同争取国内和平团结与民主；与世界职工组织密切联系，争取持久的世界和平。[①]《中国解放区职工联合会纲领（草案）》是在中共中央职工运动委员会的领导下制定的，它主要围绕恢复生产、保障工人权益、支持解放区建设等目标展开，集中体现了中国共产党关于解放区工人运动的政策主张。在解放区尚未颁布《工会法》和统一的劳动法令的背景下，这份纲领（草案）成为当时指导解放区工人运动的关键性文件，为工人运动提供了明确的方向和规范。

抗战胜利以后，中共中央根据争取和平民主、反对内战独裁的总方针，规定党在国民党统治区的任务是："扩大民族民主统一战线工作，与广大友好的及可能争取的中外人士合作，组织广大群众，发动要求民主，惩治汉奸，挽救经济恐慌，救济失业人民与援助还乡人民等项运动，并与政府当局继续谈判尚待解决的问题。"[②] 为了落实这一任务，中共中央指示，在国民党占领的大城市和交通要道，"必须仍作长期打算，蓄积力量，以待将来"，应尽可能留下未暴露的党员和进步力量，并派遣大批干部到这些地区建立工作"利用合法团结群众，以便将来更有力的进行民主

① 刘明逵、唐玉良主编：《中国工人运动史》第 6 卷，广东人民出版社 1998 年版，第 22 页。

② 《中共中央关于过渡时期的形势和任务的指示》（1945 年 10 月 20 日），中共中央文献研究室、中央档案馆编：《建党以来重要文献选编（1921—1949）》第 22 册，中央文献出版社 2011 年版，第 755 页。

运动”。[1] 根据中共中央指示的精神，在国民党统治区工人运动的基本方针是：继续坚持“荫蔽精干、长期埋伏、积蓄力量、以待时机”的十六字方针，充分利用公开合法的条件，运用灵活多样的斗争方式，在合法工会中发展进步力量，团结广大工人群众，争取民族资本家的支持，广泛开展争取生存权利、改善生活待遇的经济斗争，以及争取和平民主、反对内战独裁的政治斗争。[2] 中共中央针对国民党统治区特殊环境制定了“荫蔽精干、长期埋伏、积蓄力量、以待时机”的方针，展现了高超的政治智慧和灵活的斗争艺术。这一方针不仅成功保存和发展了革命力量，更开辟了解放战争第二条战线，为最终胜利作出了重要贡献。

## 二、解放区工人恢复发展生产增强自卫战争的力量

抗日战争胜利后，解放区范围迅速拓展，涵盖 506 座大中小城市，如哈尔滨、张家口、佳木斯等，还包括淄博、焦作、鹤岗等重要矿区和交通通信行业。1946 年 6 月，仅山东、华中、晋绥三个解放区就有职工 189 万人，其中不乏大量近代产业工人。这表明解放区工人队伍不断壮大，工业经济建设力量增强，工人阶级成为解放区建设的关键力量。在中共中央的正确领导下，解放区各级工会迅速扩充，会员人数大幅增加，广泛团结职工为恢复和发展生产、保卫抗战胜利成果、巩固解放区而积极奋斗，工会运动展现出蓬勃发展的新气象。

---

① 《中央关于在国民党占领的大城市与交通要道进行合法斗争的指示》（1945 年 8 月 29 日），中央档案馆编：《中共中央文件选集》第 15 册，中共中央党校出版社 1991 年版，第 256 页。

② 《解放日报》1946 年 6 月 25 日。

## （一）迅速建立和扩大工会组织

在新老解放区，工人运动的任务和方向各有侧重。对于老解放区，工会工作的重点在于持续调整、巩固和提升，组织工人积极应对新形势下提出的各项任务，以适应不断变化的环境和需求。而在新解放区，首要任务则是迅速打开工作局面，通过建立工会组织将分散的工人力量凝聚起来。

为了保卫人民抗战的胜利成果，壮大人民革命力量，建立巩固的根据地，中共中央派出大批军队和得力干部挺进东北，其中包括党的城市工作干部和工会干部，以加强对工人运动的领导。9月19日，中共中央向各中央局发出指示，明确规定“向北发展，向南防御”是党的一项“全国战略方针”①。为了贯彻这个方针，中共中央先后从各解放区抽调11万人的军队和2万名干部进入东北，包括中央委员10人（其中4人为中央政治局委员）、候补中央委员10人，并成立以彭真为书记、陈云等为委员的中共中央东北局，统一领导东北地区的工作。同年10月，中共中央在《关于加强北满工作的领导给东北局的指示》中强调指出：“在各大城市，必须派人成立总工会及青年、妇女筹备会，提出纲领、会章，召集各种会议，实现要求，发动和组织群众，再进而引导他们走上武装斗争。”② 在中共中央部署下，陈云、陈郁等将组建工会作为东北工作的首要任务。沈阳、大连等主要工业城市及矿区、铁路沿线迅速建立起各级工会组织，包括市总工会和产业工会。为统一领导，1945年11月24日，沈阳市总工会发起召开东北各地区工会代表座谈会，成立东北职工总会筹备委员会，推选陈郁为

① 中共中央党史和文献研究院著：《中国共产党的一百年（新民主主义革命时期）》，中共党史出版社2022年版，第270页。

② 中共中央文献研究室编：《刘少奇年谱（1898—1969）》（上卷），中央文献出版社1996年版，第508页。

主任，由 9 个重点工业城市和产业的工会代表组成常委，统筹推进东北工人运动。

在晋冀鲁豫解放区，焦作矿区的广大职工在 1945 年 9 月 8 日解放后迅速行动，一方面积极投入恢复生产的斗争，另一方面着手组建矿区工会组织。到了 9 月 20 日焦作矿工会成立时，已有 2 万余名工人加入工会。六河沟煤矿的工人在解放前就在中共地下党组织的领导下，秘密建立了工会组织和工人武装，与日伪势力展开斗争，基础良好。9 月 14 日六河沟解放后，第二天就成立了六河沟煤矿职工总会，下设 12 个分会，赵国全担任总会主任。与此同时，晋冀鲁豫解放区的其他地区、矿山和铁路干线也纷纷建立起工会组织。

1946 年 6 月，晋冀鲁豫边区总工会正式成立之后，新老解放区的工会组织不断健全和发展。到 1947 年 2 月，全区已经有太行、太岳、冀南 3 个行政区的职工总会，军工、城工、工矿 3 个直属工会，14 个区属工会和许多县级工会，会员总数已经有 40 余万人。①

在晋察冀解放区，1945 年 10 月 20 日，为适应抗战胜利后形势的变化，晋察冀边区各界抗日救国联合会作出《关于取消抗联会及恢复各团体独立领导系统的决定》。依据这一决定，晋察冀边区总工会于 10 月 24 日重新组建，会址设在张家口，马辉之担任主任。同时，边区总工会的机关刊物《工人报》也在 10 月正式复刊。张家口市总工会筹委会于 9 月成立，并立即承担起领导全市工人运动的工作；到 12 月，共建立起产业工会和工厂工会 81 个、行业工会 80 个，组织起来的工人达 13933 人；12 月 24 日，在张家口市首届工人代表大会上，正式成立张家口市总工会，

① “三晋”革命根据地工人运动史征编委员会：《晋冀鲁豫革命根据地工人运动史（1937. 7—1949. 9）》，中国工人出版社 1991 年版，第 246 页。

并通过了组织章程和目前纲领。①

在山东，1946年3月，在淄博工矿工人第一次代表大会上，正式成立了淄博特区职工联合总会，参加总会所属工会的工人近10万名；同月，在山东境内胶济、津浦两路各站工会成立的基础上，成立了山东省铁路职工联合总会；同年10月，山东区邮务职工总会成立。在此前后，青岛、烟台、威海等城市也相继建立起总工会。到1946年10月，山东省总工会下属共有胶东、滨海、渤海、鲁中、鲁南5个行政区职工总会，邮务、铁路2个省级产业工会，淄博、枣庄2个直属矿区工会和许多区属基层工会和产业工会，共有会员近40万名，占全省职工总数的60%以上。②

总之，抗战胜利后，各解放区迅速建立并扩大了工会各级组织，广泛地把工人群众组织起来。这一举措不仅对巩固和保卫解放区、恢复和发展生产起到了重要作用，还为解放战争期间工人运动的进一步发展奠定了坚实基础。

### （二）救济失业工人和组织生产自救

抗日战争胜利后，全国各工业城市和交通枢纽因长期战乱遭受严重破坏，特别是东北地区作为日伪统治的核心工业区，受损尤为严重。工矿企业设备损毁，铁路公路运输中断，导致整个工业生产体系陷入瘫痪状态。面对这一严峻形势，新解放区工会组织迅速行动起来，与政府密切配合，采取了一系列紧急救助措施：一方面发放救济粮款解决工人燃眉之急，另一方面组织生产自救，帮助失业工人渡过难关。

沈阳市总工会成立后，迅速协助政府发放大量粮食，救济失

① “三晋”革命根据地工人运动史征编委员会：《晋察冀革命根据地工人运动史（1937.7—1949.9）》，中国工人出版社1992年版，第267—277页。

② 山东省总工会编：《山东工人运动史》，山东人民出版社1988年版，第388页。

业工人；哈尔滨市总工会筹备处成立后，于 1945 年 11 月 7 日立即发表《告哈尔滨各界工友同胞书》，号召广大职工组织起来，发扬互助友爱精神，救济失业工人；1945 年底，齐齐哈尔市工会曾协助民主政府，从没收财产中提出 40 万斤粮食、25000 套衣服和 1300 余匹布，发给贫苦工人和市民；大连市的工厂企业在日本统治时期，已经完全走上军事生产的轨道。抗日战争胜利以后，由于工厂全部停产，20 万余名失业工人的生活受到严重威胁。针对这种情况，大连职工总会采取了很多措施。首先，成立了调解委员会，帮助工人解决向日本资本家和包工头索赔的问题。1945 年 9—12 月，共索取战争特别津贴费及退职金、保险金、储蓄金等各项赔偿款共计 1. 2 亿元，极大地缓解了 10 万余名失业工人的生活困难。① 其次，大连职工总会举办了民生贸易合作社，领导失业工人和工人家属开展生产自救运动，解决了 2. 5 万余名工人的工作和生活问题。最后，工会还要求政府对工人廉价售粮，有效地解决了工人的口粮问题。

1945 年 10 月 20 日，山东省总工会发布《为支援淄博十万工人的斗争给各级工会各业工会的紧急号召》。全省工人迅速响应，积极发扬阶级友爱精神，短时间内捐助了 100 余万元现金（北海币）、13. 8 万斤粮食以及大量衣物和布匹。工会还协助民主政府发放救济款 150 万元（北海币）和救济粮 200 万斤，并采取多种措施帮助失业工人重新就业。山东枣庄煤矿在战争中遭到破坏，工人全部失业。工会协助政府部门帮助工人成立自救组织，先后建立了贸易、煤炭等 40 多个生产单位，恢复了部分矿井的煤炭生产，组织 2000 多名工人复工。同时，工会将之前被敌人废弃的小窑给工人开采，解决了 5000 多名工人及其家属的生活和工作问

① 刘功成：《大连工人运动史（1879—1949）》，辽宁人民出版社 1989 年版，第 319 页。

题。在组织全矿区工人恢复生产的过程中，工会提升了自身的威信，调动了工人生产的积极性。从 6 月 14 日到 25 日的 12 天内，就有 1300 名工人加入工会组织。

张家口市总工会于 1945 年 10 月成立“工人职业介绍所”，根据年龄、技术和工种等具体情况，为要求就业者安排工作。到 1946 年 5 月，已经有 3138 名失业工人重新就业；为了从根本上解决失业工人的生活问题，各新解放地区工会还组织工人开展生产自救。1945 年 8 月到 12 月，张家口市工会组织在各级政府的大力帮助下，建立起 15 个工人消费合作社，生产与消费合作社 8 个，社员 6745 人，资金 420 万元（边币）。①

晋绥边区各级工会积极贯彻劳资两利政策，鼓励开展煤炭、硫黄等矿业生产，迅速恢复了 200 座矿窑的生产，解决了近 4000 名失业职工的就业问题。1945 年 12 月，在晋冀鲁豫的焦作矿区，300 余名失业工人在政府贷款的支持下，开办了新华煤炭运输公司。工会还组织工人对公司进行民主管理，保障了工人和家属的生活。通过这些救济失业的举措，广大工人群众切身感受到共产党及其领导的政府是真正为工人谋利益，工会是工人自己的组织。

### （三）发动群众开展清算汉奸斗争

在新解放区初期，工人运动的重要内容之一是开展群众性的反奸清算斗争。通过这一斗争，彻底清除了日伪残余势力，使工人在政治上真正实现了翻身，在经济上也得到了显著改善。

在晋冀鲁豫解放区，1945 年 9 月，焦作市政府召开公审大会，斗争并枪决了伪“华北兴亚巡抚军”司令李仙洲等 10 名罪

---

① “三晋”革命根据地工人运动史征编委员会：《晋察冀革命根据地工人运动史（1937. 7—1949. 9）》，中国工人出版社 1992 年版，第 263 页。

大恶极的汉奸,[1] 使广大工农群众扬眉吐气；在晋绥解放区，各级工会组织积极深入群众，认真倾听他们的呼声，精准确定重点清算对象，从而取得了显著成效。到 1946 年 5 月，仅丰镇一个县就组织清算斗争 20 次，洗刷混入工会内部的破坏分子的斗争 4 次，使工人得到斗争果实 260 万余元（西农币）[2]、小米 20 余万斤、小麦 9000 余斤、莜面 3000 余斤、羊皮 124 张、羊毛 130 斤等。[3] 在晋察冀解放区，张家口各业工人在 1945 年 9 月至 11 月间，共召开控诉和清算斗争大会 27 次，参加斗争的工人达 13933 人次，清算成果达 1327 万元（西农币）。承德市在 1945 年 9 月至 11 月间，共开展各种形式的清算斗争 61 次，斗争成果达 649 万余元（西农币）。[4]

1945 年 11 月，东北解放区的反奸清算斗争在南满地区率先燃起烽火，旋即呈星火燎原之势，蔓延至东满、北满、西满的各城市以及矿区。在工矿企业的斗争中，工会组织扮演着工人群众斗争的领头羊角色。以抚顺市为例，1946 年 1 月，当地工会组织便发起了 50 次斗争，给铁路和工矿中的残余反动势力以毁灭性打击，工人群众的政治觉悟在斗争中得到飞速提升，工会会员数量也如雨后春笋般，迅速增长至 4. 9 万名。北满地区因受战事波及较小，反奸清算斗争开展得更加深入透彻。在哈尔滨，老巴夺烟草公司的工人积极投身反奸清算斗争，政治觉悟迅速提升，工会组织也随之快速建立起来。而鹤岗煤矿的工人群众则在东北职工总会筹备委员会干部的直接引领下，采取了一系列有力举措：取

---

① “三晋”革命根据地工人运动史征编委员会：《晋冀鲁豫革命根据地工人运动史（1937. 7—1949. 9）》，中国工人出版社 1991 年版，第 252 页。

② “三晋”革命根据地工人运动史征编委员会：《晋绥革命根据地工人运动史（1937. 7—1949. 9）》，中国工人出版社 1992 年版，第 192 页。

③ 西农币，解放战争时期华北解放区西北农民银行发行的纸币。

④ “三晋”革命根据地工人运动史征编委员会：《晋察冀革命根据地工人运动史（1937. 7—1949. 9）》，中国工人出版社 1992 年版，第 257 页。

缔了汉奸和帮会头目拼凑的“维持会”及其武装力量，严惩了那些罪行累累的汉奸、把头，还对旧的管理体制和制度进行了大刀阔斧的改革，废除了把头制，构建起由党、行政、工会以及职工代表共同参与的民主管理委员会，这一系列变革极大地强化了工人群众的主人翁意识，推动生产得以快速恢复。在同蒲北段铁路，工人们开始清算那些过去依仗敌方势力压榨他们的站长和机务段长，并且已经组织起来维护自身权益。例如，在岱岳车站，200多名工人清算站长李文生和机务段长胡大有。李文生曾克扣工人工资，每天应发6斤食粮却只发4斤，还诬陷技术优良的进步工人田玉珠“通匪”，企图加害。经过清算，李文生吐出了60余万元的贪污款。在宁武车站，站长也主动吐出了私吞的800余万元公款，用于偿还和救济工人。①

新解放区在日伪统治时期饱受汉奸特务的残酷压迫。解放后，各级工会发动群众开展反奸清算斗争，严惩了一批罪大恶极的汉奸、特务和日方管理人员。这场斗争不仅清除了日伪残余势力，更使工人阶级政治觉悟显著提高。工人们将共产党视为依靠，把工会当作自己的组织，踊跃加入工会，使工会组织迅速壮大发展。

### （四）组织工人参加民主政权建设

新解放区工人政治解放和生活改善后，提升政治文化素养成为工人群众的普遍诉求和工人运动深化发展的内在需求。为此，各级工会积极开展干部培养工作：通过举办各类培训班，组织工人积极分子系统学习党的政策理论，着力提升其政治觉悟；重点培养产业工人骨干，择优吸收入党并选拔担任领导职务，为工会建设和解放区发展输送了大批优秀干部人才。

1946年4月，东北职工总会筹委会从沈阳迁至长春后，在伪

① 《解放日报》1946年9月14日。

皇宫旧址开办了东北工人政治大学，陈郁担任校长，1000余名企业干部和职工参加了学习。此外，东北职工总会筹委会还创办了机关报《东北工人报》。1945年10月至1946年4月，大连职工总会连续举办了5期工人训练班，共培养出820名工人运动骨干，并发展了300余名工人党员。①

1946年2月，晋察冀边区总工会要求各级工会全面开展工人教育，重点加强时事政治和业务培训，以提升工人思想觉悟、改善劳动纪律。这一指示在张家口市引发强烈反响，迅速掀起“三学”（政治、文化、技术）热潮。到1946年6月，全市有80余家企业创办起工人学校和识字班共50余所，在校学习的工人达到1万余名。② 在晋冀鲁豫边区，六河沟、焦作煤矿和长治等地的工会通过举办训练班、开设文化场馆等方式，有效提升了工人的政治文化素养，培养了大批工会和生产骨干。晋绥边区则创新培训形式，平绥铁路东段设立铁路学院，西段开展正规轮训，累计培养数百名工人积极分子，为工人运动输送了坚实力量。

解放区工会积极推动工人参政议政，在民主政权建设中发挥关键作用。1945年10月，大连总工会筹备会在中共领导下，通过政治斗争成功推选工人代表陈云涛出任副市长，打破了日伪残余和国民党势力对政权的垄断。1946年1月，又有31名工人当选市临时参议员，工会负责人唐韵超获选议长。这些重要突破使大连政权初具人民民主特征，工会组织也由此成为新生民主政府的重要支柱。

1945年10月至1946年底，解放区工人参政议政取得显著成效。在察哈尔省，萧明、陈儒仁、黄园3名工人代表出席省人民

---

① 刘明逵、唐玉良主编：《中国工人运动史》第6卷，广东人民出版社1998年版，第89页。

② “三晋”革命根据地工人运动史征编委员会：《晋察冀革命根据地工人运动史（1937.7—1949.9）》，中国工人出版社1992年版，第268页。

代表会议，铁路工人黄园当选省政府委员。同期，热河省 65 名工人代表参与选举省政府。至 1946 年末，晋察冀边区已有 406 名工人进入各级民主政权。①

## （五）完善新解放区的劳动政策和劳动法规

在抗战期间，各抗日根据地制定的劳动法规有效维护了工会权益，促进了工人运动的蓬勃发展。这些政策在战后继续发挥重要作用。1945 年 4 月，党的七大对新民主主义时期的劳动政策作出系统规划，强调要通过“调节劳资关系”实现双赢：既要切实保障工人权益，包括实行 8—10 小时工作制、建立失业救济和社会保障体系、确保工会合法地位；又要维护公私营企业的合理收益，推动劳资双方携手发展工业经济。这一政策框架既体现了对工人阶级权益的保护，也兼顾了经济发展需求，为解放区工业建设提供了制度保障。各解放区根据形势的发展所制定的施政纲领和劳动法令，仍坚持对工人运动积极支持和扶助的原则，如 1945 年 9 月 26 日《晋察冀边区行政委员会施政要端》规定：为调节劳资利害关系，应适当改善工人、店员生活，提高工作效能，保证各种企业之正当盈利，适当安置失业工人。② 12 月 31 日《苏皖边区临时行政委员会施政纲领》规定：贯彻改善民生政策，扶助工农运动的发展，资本家与雇主要增加工资与减少工作时间，工人与雇主要执行劳动纪律与提高生产效率，以期调剂劳资关系。③ 1946 年 5 月，苏皖边区政府又公布了《苏皖边区保护工厂劳动暂

① 刘明逵、唐玉良主编：《中国工人运动史》第 6 卷，广东人民出版社 1998 年版，第 97 页。

② 刘明逵、唐玉良主编：《中国近代工人阶级和工人运动》第 14 册，中共中央党校出版社 2002 年版，第 149 页。

③ 刘明逵、唐玉良主编：《中国近代工人阶级和工人运动》第 14 册，中共中央党校出版社 2002 年版，第 150 页。

时条例》，共 10 章 47 条，包括：总则、工作时间、放假、休息、工资、订合同互相保证、改善工人生活、劳动纪律、学徒、附则。

抗战胜利初期，各解放区工会积极贯彻落实《解放区职工联合会纲领（草案）》，相继召开工人代表大会，制定符合战时需要的行动纲领。以 1945 年 12 月张家口市工人代表大会通过的《张家口市总工会目前纲领》为例，其核心内容包括：动员工人增产支前；开展劳资两利的劳动竞赛，推动工人参与工厂管理；改善工人待遇，建立新型工资制度；组织工人参政议政。这些举措既保障了工人权益，又促进了战时经济发展。

1946 年 3 月，华中解放区第一次代表大会进一步细化公营工厂工会工作，作出如下决议：关于工资问题的决议、关于加强职工政治文化教育的决议、关于创办职工合作社的决议、关于健全公营工厂职工会组织的决议。这些决议为解放区工会工作提供了具体实施规范，形成了从纲领到细则的政策体系。

1947 年 1 月，正值解放战争激烈进行、边区工业急需发展的关键时期。为了发动和组织广大职工投入增产立功运动，提高军火生产以更好地支援前线作战，代表所属各工厂的晋冀鲁豫边区军工处与代表各厂职工的职工总会，在抗日战争时期制定的《晋冀豫区军用工业工厂集体合同准则》基础上，共同签订了《晋冀鲁豫边区军政联合财政经济办事处军工处、职工会集体合同》（以下简称《集体合同》）。这份合同依据边区政府颁布的劳动保护法规，详细规定了职工的工资标准、工作时间、劳动安全保护、工伤疾病保险、福利待遇、生产管理制度、职工文化设施以及职工应遵守的规章制度等，明确了工厂行政领导与职工双方各自的权利和义务。《集体合同》的执行，有效协调了工厂管理层与职工群众、企业行政管理与工会工作之间的关系。同时，它也极大地促进了基层工会在工作指导思想、具体工作内容和活动方式上的转变与提升，使工会工作能够兼顾对工厂发展负责与对职工权益负责，将两者统一起来。

此外，为了顺利推动生产运动、全面促进解放区工业经济发展，工会组织积极与民主政府及工厂行政方面合作：在公营企业中，推动建立了民主管理制度；在私营企业中，则采取了多种措施来协调劳资双方的关系，共同努力发展生产。这份《集体合同》的签订和执行，成为当时边区协调生产、保障军工供应、凝聚人心的重要举措，也为解放区建立新型和谐的劳动关系确立了典范，其历史作用十分重要。

解放区公营工厂作为人民财产，其管理模式直接影响工人的主人翁意识和生产积极性。为此，解放区党和政府着力推行民主化管理。1946 年 3 月，晋察冀边区政府颁布《公营工厂管理委员会条例》（以下简称《条例》），要求各厂建立管理委员会制度。各级工会积极配合行政落实这一民主管理机制，推动工厂管理从传统模式向工人参与的民主化转型。根据《条例》规定，工厂管理委员会的任务包括：发动群众贯彻党的方针政策，保证生产的顺利进行，协调和处理党、政、工三方面的问题，保卫与建设革命工厂。① 解放区公营工厂通过建立管理委员会制度，形成了民主协商的新型管理模式。以张家口振华面粉厂等企业为例，这一制度呈现出两个鲜明特点：一是行政领导坚持群众路线，重大决策前充分听取工人意见；二是工会发挥双向作用，既代表工人权益又支持行政管理。此外，山东等地工厂通过固定比例的工人代表席位，确保经营管理事项得到民主讨论。实践表明，这种民主管理方式有效提升了工人的主人翁意识，促进了生产效率的提高。例如，1946 年初，渤海区新立纺织厂管委会成立后，管理人员深入一线了解生产情况，听取工人建议，改变了过去指手画脚的作

① “三晋”革命根据地工人运动史征编委员会：《晋察冀革命根据地工人运动史（1937. 7—1949. 9）》，中国工人出版社 1992 年版，第 273 页。

风。工人的主人翁意识和生产积极性显著提高，3月份的产量比2月猛增2倍。①

抗战胜利初期，针对新解放区工商业主因不了解政策而停业的问题，各地工会配合政府采取多管齐下的措施：一方面组织工人店员宣传党的工商业政策，另一方面提供贷款支持，使张家口等地商户迅速恢复营业，至1946年上半年已有610家商户登记开业。同时，工会着力协调劳资关系——张家口市总工会成立专项工作组，通过协商保障工人权益，又教育职工遵守劳动契约；晋冀鲁豫边区工会在“劳资两利”原则下开展增资运动。这些举措既维护了工人合法权益，又调动了劳资双方的生产积极性，有效促进了经济恢复。如安阳水冶镇80余家卷烟厂的4000余名工人，在工会发动下与厂主交涉，使资方同意将工资由刚解放时的2元，提高到8元，并与资方达成“工人10天一休假，参加集会自由，解雇与上工均须经过工会同意”的协议②。

### （六）开展建立自卫武装和恢复发展生产运动

国民党表面上搞和平谈判，实则在紧锣密鼓地备战，企图一举将共产党及解放区扼杀。1945年10月2日，面对国民党军队向东北地区发动的大举进攻，以及日伪残余势力和反动分子趁机进行破坏活动、严重威胁社会治安与人民生命财产安全的严峻局面，中共中央发出《中共中央关于东北战略方针与部署给东北局的指示》，明确指出在各大城市必须发动和组织群众，引导他们走上武装斗争的道路，这样才能为组织武装力量以及与国民党进行政治斗争奠定广泛的群众基础。根据这一指示，东北各地的工会组织纷纷设立了武装部。通过广泛宣传中国共产党的政治主张，

---

① 山东省总工会编：《山东工人运动史》，山东人民出版社1988年版，第343页。

② “三晋”革命根据地工人运动史征编委员会：《晋冀鲁豫革命根据地工人运动史（1937. 7—1949. 9）》，中国工人出版社1991年版，第253页。

揭露蒋介石勾结日伪和美国挑动内战的罪行，使广大工人的政治觉悟迅速提高，积极加入各种形式的武装队伍。①

沈阳市总工会成立后，依据中共中央和中共中央东北局的指示，迅速组建了“沈阳市总工会工人武装训练队”，主要职责是维持社会秩序，保障机关团体的正常运转以及工厂企业的生产恢复。在总工会武装部的积极动员下，工人们积极响应，踊跃报名，仅用一个月时间，训练队规模就扩充至 4000 余人。1945 年 11 月 26 日，随着国民党主力部队向东北地区发动进攻，中共中央东北局和东北职工总会筹委会根据苏联驻军的要求撤离沈阳。在此情况下，这支工人武装队伍奉命更名为“东北工人教导队”，并跟随东北职工总会筹委会一同撤离。1946 年 3 月，教导队除留下 2 个连作为继续发展的基础外，全部编入正规部队新四军第七旅，开赴前线参加了著名的四平保卫战，② 并直接参加了解放东北全境的战斗。

在解放战争初期的东北地区，工会组织积极组建工人武装力量，成为革命军队的重要兵源。本溪 2500 名“特殊工人”被整编为第二十一旅六十二团；鞍山工人纠察队 800 人改编为辽南独立师第二团；同时另有鞍山 3000 名鞍山工人加入东北民主联军，编入第二十五旅七十三团。据统计，当时整个东北地区由工人组成的武装力量总人数已达 2 万余人。这些工人部队在建立巩固根据地、维护地方治安秩序、清剿日伪残余势力以及阻击国民党军进攻等关键任务中发挥了重要作用。东北工人如此大规模地、有组织地投身武装斗争，这一独特现象不仅鲜明地体现了东北工人运动的武装斗争特色，也充分彰显了工人阶级为争取解放所做出

① 刘明逵、唐玉良主编：《中国工人运动史》第 6 卷，广东人民出版社 1998 年版，第 104 页。

② 中共中央党史资料征集委员会、中国人民解放军辽沈战役纪念馆建馆委员会、《辽沈决战》编审小组合编：《辽沈决战》，人民出版社 1988 年版，第 424 页。

的巨大历史贡献。

山东解放区的工人武装在抗战胜利后迅速发展，形成重要战斗力。省总工会短期内动员4000余名工人加入脱产武装，并组建大量工人民兵组织。其中，烟台市总工会整编1500人组成工人纠察大队，下设5个中队和侦察队；淄博矿区成立工人大队，后扩编为支队，在矿区保卫和配合主力作战中表现突出。1946年6月枣庄解放战役中，工人力量尤为凸显：3000名工人直接参战，1000人承担战地勤务，工人纠察队一夜俘敌200余人。[①] 这些工人武装既有效保卫了生产设施，又在军事行动中发挥了重要作用，展现了解放区工人的组织力和战斗力。

在晋绥解放区，工会组织积极发动工人投身武装斗争。阳曲、太原等主要产煤区的矿工们迅速组建了工人自卫队，他们采取封锁交通要道、控制山口的有效策略，成功切断了阎锡山部队赖以维持的煤炭等关键战略物资供应线。与此同时，平绥铁路线上的工人也建立起武装纠察队，一方面全力保障铁路的紧急抢修和军事运输的绝对畅通，确保解放区命脉的运转，另一方面坚决有力地打击了铁路沿线猖獗的走私贩毒等破坏活动。

在晋冀鲁豫解放区，工会组织在工矿企业解放后同步推进生产恢复与工人武装建设。1945年9月六河沟煤矿解放后，工会立即扩编在收复战中表现突出的工人纠察队，强化矿区保卫工作。1946年5月1日，焦作煤矿工会筹委会将护矿武装整编为200余人的工人纠察队，这支半军事化力量在维护矿区秩序、开展反霸斗争等方面成效显著。[②] 这些工人武装既保障了生产安全，又巩固了新生政权，实现了经济建设与政权建设的有机统一。

---

① 刘明逵、唐玉良主编：《中国工人运动史》第6卷，广东人民出版社1998年版，第99—100页。

② 刘明逵、唐玉良主编：《中国工人运动史》第6卷，广东人民出版社1998年版，第99—100页。

抗战胜利后，面对国民党抢夺胜利果实和内战威胁，解放区迅速将工作重心转向经济恢复与战备建设。1945 年 12 月，中共中央在《1946 年解放区工作的方针》中明确要求大规模开展生产运动以解决军民需求。在这一政策指引下，各解放区工会积极组织生产竞赛、推动技术革新，掀起群众性生产热潮，为应对内战危机奠定了物质基础。

1946 年 3 月，哈尔滨机务段的工人们在反奸清算斗争的鼓舞下，积极投身恢复生产的工作中。经过昼夜奋战，他们成功修复了一台破损的机车，并将其命名为“毛泽东号”，为前线作战提供了有力支持；鸡西、鹤岗、蛟河、通化、赛马 5 个矿区职工在工会组织的生产竞赛中努力增产，1946 年全年共产煤 744000 吨①，有效解决了工业生产和人民生活的用煤需求。

在山东解放区，兵工企业工人成为支前生产的中坚力量。抗战胜利后，随着技术力量和设备的充实，该区兵工生产规模快速扩大。至 1946 年 2 月，已建成 27 个兵工厂，拥有 6000 余名职工。在工会组织下，工人们全力生产各类轻重武器及弹药，为华东解放军提供了坚实的后勤保障，有力支援了解放战争进程。

1945 年 10 月，晋察冀边区政府成立交通局后，全局职工在统一指挥下奋力抢修公路。到 1946 年上半年，已经修复冀中、冀东及热河地区的主要公路，总长达 2257 余公里，② 有力地保障了前线物资运输线的畅通。1946 年 5 月，张家口各厂工人在市总工会的领导下展开竞赛，以增加生产的实际行动支援前线，粉碎国民党军队的进攻。兵工厂、铁工厂工人自动加班加点赶造武器弹药；毛纺厂工人连续突击几昼夜，赶制几万套军装送往前线；皮

① 常城、李鸿文、朱建华：《现代东北史》，黑龙江教育出版社 1986 年版，第 458 页。

② “三晋”革命根据地工人运动史征编委员会：《晋察冀革命根据地工人运动史（1937. 7—1949. 9）》，中国工人出版社 1992 年版，第 291 页。

革厂制皮件工人工作量从每人每天60件猛增到120件。

总之，新老解放区通过上述各项工作，显著增强了工人阶级的力量，同时工会组织也得到了进一步的扩大。各解放区的工会工作逐渐聚焦于开展群众性的生产运动，通过组织劳动竞赛，既大幅提升工业产品数量质量，保障了前线军工需求和民生供给；又巩固了解放区政权，增强了党的阶级基础，培养了大批工人干部。这些举措不仅为后续的发展奠定了坚实的基础，而且对支持人民解放军取得胜利反攻也具有重要的意义。

## 三、国民党统治区工人争取遣散费保障生活的斗争

抗日战争胜利初期，国民党统治区工人群众燃放爆竹，互相庆贺，以为从此“苦尽甘来”。然而，国民党政府的“劫收”行径以及随之而来的严重生活压迫、失业恐慌和政治压迫，使一些原本对蒋介石集团抱有幻想的工人群众逐渐清醒过来。京、津、沪一带流传的民谣“想中央，盼中央，中央来了更遭殃”，以及广州一带群众的抱怨“烧错炮仗，拍错手掌，迎错老蒋”，生动反映了人民的失望与愤怒。人民哀叹，国民党对收复区的“接收”无异于第二次沦陷。这正是抗战胜利后，国民党统治区“工潮”汹涌澎湃的深刻社会根源。

### （一）收复区工人反“甄审”、反“接收”的斗争

#### 1. 反“甄审”斗争

抗战胜利后，国民党政府在接收过程中推行歧视性的“甄审”政策，一方面包庇汉奸，另一方面却将沦陷区职工污名化为“伪工人”（如北平电信局裁撤212人，占职工总数10%），并设置政治审查和资格考试阻碍复工复学。这种政治迫害与经济压榨相结合的反动政策，严重损害职工权益，激化社会矛盾。中共地

下党及时提出反对称职工为“伪人员”、反对甄别考试的口号，领导收复区各地职工开展了反“甄审”斗争。

在上海，国民党当局在接收金融系统时实施歧视性政策，将留守的中国银行、交通银行职员污名化为“伪职员”，仅发放相当于重庆调派人员三分之一标准的生活维持费，且长期拖欠正式工资。这种政治歧视与经济剥削激起了留沪职工的强烈抗议。在中共地下党组织的领导下，职工们采取有理有节的斗争策略：一方面通过银行业工会组织集体谈判，据理力争；另一方面积极争取具有爱国情怀的银行高层人士支持。经过多轮交涉，最终迫使当局取消歧视性的“甄审”政策，提高了工资待遇。

1945 年秋，国民党上海电信接收当局对华中电气通信公司实施严苛的“甄别”政策，单方面宣布沦陷期在职员工均为“伪职员”，要求必须通过政治审查考试方可续聘。面对这一歧视性政策，中共地下党组织迅速行动：首先深入群众揭露政策的不公实质，继而发动 600 余名职工于 9 月 29 日举行首次示威请愿。在首轮请愿未果、二次游行遭军警驱散的情况下，工人们毫不退缩，于 10 月 17 日发起第三次更大规模的抗争。这场持续两个多月的斗争始终坚持“有理、有利、有节”的原则，最终成功打破当局的政治歧视，使部分职工免试复职。

1945 年末至 1946 年初，上海纺织业掀起了声势浩大的反“甄审”浪潮。在中共地下党的组织领导下，各厂工人创造性地采取了多种斗争形式：沪西内外棉一、二厂工人开创“以在职工人支持失业工人”的斗争新模式，通过集体停工和联合冲厂等行动，迫使资方接受全员复工；沪东大康纱厂则通过工会渠道进行有理有节的谈判，最终达成抽签分期复工的折中方案。这些斗争虽然形式各异，但都体现了三个鲜明特点：一是策略灵活，因地制宜；二是团结互助，形成联合阵线；三是目标明确，聚焦废除歧视性用工政策，基本达到了反“甄审”的目的。

在北平，1945—1946 年间，反“甄审”斗争呈现出知识分子与工人阶级联合抗争的鲜明特色。国民党当局推行的“甄审”制度包含政治审查、学历验证及多轮考试，导致大批职工遭受降职或解雇。在此背景下，中共地下党巧妙依托“北师大校友联络会”这一合法组织，将反“甄审”斗争从文教界扩展至全市各行业。虽然电信局职工的直接诉求因实力悬殊未能实现，但这场斗争仍取得重要政治成果：一方面使“甄审”政策的执行力度大为减弱，另一方面促成了北平各界民主力量的初步联合。

在湖南，1946 年 5 月，浙赣铁路局遣散的 200 多名株萍段老路工因生活无着落要求复工。路局株洲办事处提出：年过 50 岁、有共产党嫌疑的不要，其余需考试合格后录用。工人据理力争，驳斥了这些不合理规定，最终使 200 多名老路工恢复了工作。①

2. 上海工人反“接收”斗争

1927 年大革命失败后，国民党通过“清党反共”的镇压手段和各种欺骗控制措施，将共产党领导建立的许多工会改组为在其控制下为其反动统治服务的工具。在抗日战争时期，沦陷区的国民党工运人员要么逃往大后方，要么投降日伪成为汉奸，只有共产党在沦陷区领导工人坚持斗争。因此，抗战胜利后，收复区的工会大多是在共产党的领导或影响下建立的。国民党为重建对工人运动的控制，采取了一套系统性的策略：首先，他们启用日伪时期的工会班底，将这些曾为侵略者服务的组织改头换面；其次，以“接收”为名，派遣大量特务、工贼进驻各地工会，通过“整顿改组”清除进步力量。

在保卫收复区职工运动与民主阵地的斗争中，中国共产党创造性地采取“合法斗争与秘密工作相结合”的策略方针，以上海

① 刘明逵、唐玉良主编：《中国工人运动史》第 6 卷，广东人民出版社 1998 年版，第 44 页。

为中心阵地，领导工人阶级开展了一场反对国民党接收、改组和解散工会的斗争，并呈现出斗争形式的合法性、组织系统的隐蔽性的鲜明特征。

日本投降后，国民党特派员陆京士返回上海，纠集旧部、汉奸等势力组建了1700余人的“工人忠义救国军”，武装控制各工厂区。1945年10月，国民党成立上海市总工会整理委员会（简称“整委会”），通过制定《上海市职业工会整理委员人选甄审标准》等规定，要求日伪时期工会必须由其指定人员接收整理，并强制所有工会向社会局登记审批。这些措施旨在清除工会中的进步力量，全面控制上海工人运动。

为了应对国民党政府通过行政手段控制工会的企图，地下党组织领导下的各业工会在“争取合法”的精神指引下，纷纷采取了灵活的应对策略。这些工会先后前往国民党市政府的社会局办理了登记手续。例如，原本在平凉村和平民村建立的联合工会，为了避免引起敌人的注意，决定在名义上改为符合国民党市党部规定的各区产业或职业工会筹备会。按照国民党的要求，所有工会在登记时均以筹备会的名义进行。经过一个表面上的筹备阶段后，这些工会再将预先选定的理事名单报请正式成立工会。

法商电车公司工会的成立是中共灵活运用合法斗争形式的典范。面对国民党指派邵子英为“指导员”控制工会的企图，中共地下党组织巧妙掌握整委会主导权——15名委员中三分之二为中共党员和积极分子。通过整委会，中共法电支部开展了清算伪工会、维护工人权益等工作，最终通过民主选举程序，于1946年3月24日正式成立工会。选举产生的理监事会中，中共党员占半数以上，9名常务理事均为中共党员和积极分子。这场胜利标志着中共地下党组织在上海工运领导权争夺战中取得重要突破，展现了地下党高超的斗争艺术。

到1946年上半年为止，上海地区在地下党组织领导或影响下，利用各种形式建立起的基层工会就有 230 多个，组织起来的职工近 19 万人。其中产业工会有 141 个，会员 99420 人；职业工会 93 个，会员 86262 人；特种工会 2 个，会员 2973 人。

3. 其他收复地区反“接收”斗争

1945 年 9 月，湖南安化县总工会复员过程中，进步人士黄文斌积极发动蓝田、桥头河两地工人，成功组建萝业、国药等四个行业工会，发展会员 2300 余人，并成立县总工会蓝桥办事处，由其担任主任。这为当地工人运动奠定了组织基础。1946 年 3 月至 5 月，长沙邮务工会改选期间，进步人士伍正心通过关心职工生活、组织“同乡会”等形式团结群众，最终在工会选举中取得重大胜利——以他为首的进步力量在 12 个理监事席位中赢得 9 席。同期，长沙地区多个职业工会在地下党领导下，通过合法选举成功掌握了工会领导权。这些胜利标志着进步力量在湖南工运中取得重要突破。

1946 年上半年，中共地下党组织领导的城市工运在多地区取得重要突破：2 月，唐山陶业工人在党组织领导下成功保卫工会负责人；3 月，宁波铁工业 300 余名工人在中共地下党指导下通过合法程序建立工会组织；5 月，天津中纺系统棉四、棉五厂工人展开反对国民党军警迫害工会干部的斗争并取得胜利。这一系列斗争展现了地下党组织在城市工运中灵活运用合法与非法相结合的斗争策略，有效维护了工人权益和组织建设。

在反抗国民党工会管控的斗争中，进步工人组织以多样化形式蓬勃发展。上海先后成立“上海工人协会”“上海四行二局员工联谊会”及店员组织“益友社”；重庆组建“重庆工人民主工作队”。最具策略性的是中国劳动协会 1946 年 2 月至 5 月间创立的四大行业组织：中国汽车工人技术福利促进会、中国机器工人联谊会、中国印刷工人联谊会和中国被服工人联谊会。这些组织以“技术交流”“福利互助”为名，既规避了国民党对工会的审批限制，又切实维护了工人权益。这些团体的成立旨在反对国民党对工人运动的独裁统治，通过合法的形式为工人争取权益，增强工人阶级的团结和组织能力。

在中国共产党的领导下，国民党统治区工人成功挫败了国民党控制工会的企图，不仅巩固和拓展了党的工运阵地，更通过这一斗争锤炼了工人阶级队伍，增强了工人群体的组织性和凝聚力，培养锻炼了大批政治坚定的工运骨干力量。这些成就为后续工人运动的深入发展奠定了基础。

### （二）原大后方工人要求失业救济和保障生活的工潮

抗战后期，国民党政府因专制独裁、官员贪腐和大发国难财，已在大后方严重丧失民心。以重庆为中心的西南、西北地区，曾是抗日战争时期的大后方。在 14 年抗战中，大后方的工人群众在工作时间长、工资低、生活困苦的煎熬中坚持做工，一切都为着抗战，一切都寄希望于抗战的胜利。然而，这些为抗战付出巨大牺牲的工人阶级，在胜利后遭遇的却是更为残酷的生存困境。抗战胜利后，国民党政府急于抢夺胜利果实，将接收变成“劫收”，大发胜利财，同时忙于准备内战，对大后方官办工厂采取紧缩外迁措施，导致大批工人失业。据史料记载，1945 年秋至 1946 年初，大后方约 75%的工厂陷入停产或半停产状态，仅重庆一地失业工人就突破 5 万，整个西南地区失业工人总数高达 17. 5 万余人。更为严峻的是失控的通货膨胀。国民党政府为维持内战军费，滥发法币，造成物价飞涨。1945 年 10 月，重庆生活必需品价格在 8 天内暴涨 20%—40%；至 1946 年 4 月，大米、小麦、猪肉等主要食品价格更是在 3 天内飙升 50%—70%。① 工人们拿到的工

① 刘明逵、唐玉良主编：《中国工人运动史》第 6 卷，广东人民出版社 1998 年版，第 25 页。

资，其实际购买力连最基本的生存需求都难以满足。这种经济上的崩溃与政治上的腐败相互交织，最终使国民党政权彻底丧失了在大后方的民心基础。

在抗日战争胜利后，原本应是欢庆的时刻，但大后方的工人却陷入了失业、饥饿与贫困的困境。他们不甘心在胜利后反而失去工作，纷纷团结起来，高呼："抗战时我们做工，胜利后反倒失业。政府不予救济，我们不能饿死！""要饭吃！要衣穿！"他们与国民党政府展开了一场要求就业、要求失业救济以及增加工资、改善生活待遇的斗争。据国民党政府公布的数据，在抗战胜利后的一年里，重庆地区发生了299起失业工人要求就业、救济和发放遣散费的斗争，涉及工人1.53万余人。[①]这场斗争涉及纺织、机器制造、印刷、卷烟、铁路、煤矿、建筑等多个行业。

重庆的国民党当局竭力阻挠失业工人的登记工作和集体斗争，甚至扬言"哪个登记就把哪个关起来"。卫戍司令部还发出布告，宣称"凡十人以上集会，未经批准，立即逮捕，格杀勿论"[②]。面对国民党当局的高压政策，失业工人请愿团重新调整领导，由失业工人、劳协兼职干事钱盛华代总干事，并改变斗争方式。他们将几万名失业工人按地区和单位编成上千个小组，每组3至5人，轮流前往国民党党政机关请愿。这种"打麻雀战""搞疲劳轰炸"的方式，既突破了国民党禁止10人以上集会和5人以上请愿的禁令，又对国民政府官僚机构造成极大困扰。最终，国民党政府不得不答应工人的要求。此外，驻重庆白市驿的美军基地工人、甘肃油矿局工人、中央印制厂工人、军需被服厂工人，以及财政部

---

① 刘明逵、唐玉良主编：《中国工人运动史》第6卷，广东人民出版社1998年版，第25页。

② 刘明逵、唐玉良主编：《中国工人运动史》第6卷，广东人民出版社1998年版，第30页。

部分已被解雇或待解雇的600多名工人，也纷纷为要求救济费和遣散费等开展请愿斗争。①

在抗日战争胜利后，不仅重庆的工人群众，国民党统治的原大后方其他各地的工人也纷纷展开了要求救济失业和保障生活的斗争。1945年9月，昆明裕滇纱厂工人通过罢工成功阻止资本家无理解雇80名工人；同年11月，云南蚕丝公司工人在集体抗争后，迫使资方向13名被遣散女工支付每人5000元遣散费。1946年3月，昆明200余名铁路工人发起请愿斗争，失业工人要求发放救济费、胜利奖金，在业工人则争取调回原籍、提高待遇。经过斗争，工人部分诉求得到满足。这些斗争展现了抗战后工人阶级维护自身权益的坚定意志和斗争智慧。

### （三）收复区要求复工救济的斗争

抗战胜利时，收复区人民曾对国民党政府寄予厚望，但很快便对其极度失望。在北平，接收的日伪物资中，入库的不足五分之一，其余大部分被接收官员据为己有。在天津，国民党经济部接收的262家工厂中，开工的不到三分之一，其余或被破坏，或失去生产价值，甚至被改成大官僚的住宅。上海市长钱大钧盗卖日伪物资，价值法币42亿元；国民党上海市党部主任委员吴绍澍，利用职权侵吞日伪房产1000余幢、汽车800余辆、黄金1万多条；人们讽刺这种接收为“三阳（洋）开泰”（捧西洋、爱东洋、要现洋）、“五子登科”（位子、金子、房子、车子、女子），称之为“劫收”。这种“劫收”行为，充分暴露了国民党统治集团的腐败堕落。1945年9月27日《大公报》发表的社论指出，这种行为“几乎把京沪一带的人心丢光了”。连一名国民党接收

① 刘明逵、唐玉良主编：《中国工人运动史》第6卷，广东人民出版社1998年版，第32页。

官员也向蒋介石进言："像这样下去，我们虽已收复了国土，但我们将丧失了民心"，其结果将使政府"基础动摇"，"在一片胜利声中，早已埋下了一颗失败的定时炸弹"。10 月 24 日，《大公报》发表《为江浙人民呼吁!》的社论说："这一带无数万的人民都曾为胜利狂欢过，而今却如水益深，如火益热，大众不得聊生。他们痛苦极了，比未胜利时还痛苦。"社评称国民党政府的接收给广大人民带来"一片胜利的灾难"。美国政府中的一些人也承认："国民党的文武官员在自日本手中收复之地区中的举止，已使国民党迅速地在这些领域中丧失了人民的支持和声望"。①

抗战胜利后，为应对庞大的军事与行政开支，国民党政府大量印制纸币，引发了严重的通货膨胀。在这种经济困境下，国民党政府采取了双重策略：一方面，将战时在大后方实施的食盐、糖等生活必需品的专卖制度推广到收复区，试图将这些地区的经济纳入其管控体系；另一方面，通过增加捐税等手段，大规模搜刮民众财富。与此同时，国民党政府中的贪官污吏和官僚资本家，利用收复区与大后方之间商品与货币比价的巨大差异，凭借政治特权和手中的大量法币，疯狂抢购和囤积物资，操纵市场，进一步榨取民众财富。由于收复区被"劫收"的日伪工矿企业中，有三分之二无法开工，民族工商业纷纷倒闭，城市失业工人数量不断增加。那些在日伪统治下本就艰难经营的民族工商业者，本以为抗战胜利后能迎来新生，却没想到又遭受如此严重的掠夺和摧残，这让他们感到极度愤懑。在武汉，国民党当局肆意侵吞日伪产业和普通商业者的财产，他们接收工厂的目的大多是捞取一笔钱财，随后便将工厂弃之不用，直接导致大批工厂停产关闭，大量工人失去工作，生活陷入困境，甚至流离失所，无家可归。据

---

① 《艾奇逊致杜鲁门总统的信》（1949 年 7 月 30 日），《中美关系资料汇编》第 1 卷，世界知识出版社 1957 年版，第 35 页。

1946 年 3 月统计，武汉三镇失业工人已达 10 万人，连国民党汉口市某参议员也不得不承认：“现在本市失业工人还甚多，尤其产业工人几乎全体失业。”①

抗日战争胜利后，国民党政府对上海的敌占工厂进行接收，但这一过程却演变为四大家族抢占上海产业的激烈争夺战。因此，接收工作历时 4 个月，却鲜有工厂得以复工。绝大多数工人被迫失业，到 1945 年底，据《时代日报》《经济日报》等媒体报道，上海工业约 90%陷入停顿，导致 50 万工人失业。这些失业工人流落街头，生活陷入绝境。为了摆脱“吃光、卖光”的困境，上海的工人群众在中共地下党员的领导下，开展了要求复工和救济的斗争。这场斗争从 1945 年 9 月持续到 1946 年初，共发生了 400 多起。斗争此起彼伏，相互推动，持续不断。其中影响较大的包括：沪西区以纺织业和机器业为主的工人斗争、沪东区以机器业为主的工人斗争，以及从大后方返回上海的失业工人的斗争等。②

### （四）在业工人要求改善生活待遇的罢工斗争

在失业工人展开斗争的同时，国民党统治区的在业工人也积极行动，为争取增加工资和改善福利待遇而展开频繁且激烈的斗争。据国民党政府的不完全统计，从 1945 年 10 月至 1946 年底的 14 个月间，重庆地区共发生工潮 432 起，涉及 457 家工厂和 99696 名工人。其中，发展为罢工的有 57 起。在这些罢工中，因工资问题引发的有 22 起，占罢工总数的 40%；因年终红奖问题引发的有 25 起，占罢工总数的 43.8%。由此可见，当时重庆工人的

① 湖北省总工会编：《湖北工人运动史（1863—1949）》，湖北人民出版社 1996 年版，第 423 页。

② 刘明逵、唐玉良主编：《中国工人运动史》第 6 卷，广东人民出版社 1998 年版，第 45 页。

罢工中，超过 80%是由工资和红奖问题引起的。[1]

在重庆工人争取增加工资和改善待遇的罢工斗争中，规模和影响较大的包括申新纱厂、裕华纱厂、中国毛织厂、军政部第二纺织厂、第十兵工厂等各工厂的工人罢工，以及银行职员罢工和邮电职工的怠工请愿等。其中，重庆大渡口钢铁厂、第十兵工厂、中国毛织厂等工人罢工，都对国民党当局的武力镇压进行了激烈反抗；全市 2000 名邮电职工的怠工罢工和游行请愿，公然冲破了国民党当局对邮电工人怠工罢工以及禁止 10 人以上集会、5 人以上请愿的禁令。[2] 这些罢工大多取得了一定的胜利。

在上海，随着物价的持续暴涨，工人阶级在抗战胜利后掀起了经济斗争的高潮。1946 年上半年，上海发生了 215 起罢工和 651 起劳资纠纷，涉及人数超过 77 万。这场斗争具有显著的行业联动特点：法商电车公司的工人通过“大请客”运动争取年终奖金；全市棉纺工人联合提出包含工资调整和福利保障的“18 条”诉求；电信系统的职工则采取“怠工”策略进行斗争。其中，持续 9 天 8 夜的上海大罢工影响最为广泛，涉及多个关键产业，几乎使城市运转瘫痪。[3] 这些斗争大多取得了实质性成果：法商电车公司发放了年奖，棉纺工人部分改善了待遇，电信职工获得了生活补贴调整。更重要的是，上海工人阶级通过这些斗争积累了丰富的组织经验，培养了大量工运骨干，为后续反对内战、争取民主的政治斗争奠定了坚实基础。

国民党统治区各地失业工人和在业工人的种种斗争，根源在

---

① 刘明逵、唐玉良主编：《中国工人运动史》第 6 卷，广东人民出版社 1998 年版，第 33 页。

② 刘明逵、唐玉良主编：《中国工人运动史》第 6 卷，广东人民出版社 1998 年版，第 35 页。

③ 刘明逵、唐玉良主编：《中国工人运动史》第 6 卷，广东人民出版社 1998 年版，第 49 页。

于国民党统治当局在抗战胜利后推行的内战独裁政策。这一政策导致国民经济无法恢复，失业工人数量不断增加，在业工人的生活状况也进一步恶化。正如1946年3月2日《新华日报》在社论《严重的工潮如何解决》中所指出的，各地罢工频发，是因为“抗战胜利后，国民党政府坚持内战独裁政策，使广大工人群众依然受到严重的生活威胁、失业恐慌和政治压迫”。这些斗争虽然在形式上是经济斗争，提出的诉求也多为经济性要求，但实际上反映了工人群众对国民党独裁统治和内战政策的强烈不满。国民党当局对工人斗争的镇压和破坏，不仅未能平息工潮，反而进一步暴露了他们的反动本质，加深了工人和各阶层人民对他们的不满和怨恨。

## 四、解放区工会和中国劳动协会的统一战线

### （一）解放区工会和中国劳动协会再度携手

在第二次世界大战期间，国际工人运动在共同抗击德、意、日法西斯的斗争中，超越了赤色职工国际和黄色职工国际等意识形态的界限，形成了广泛团结各国工人和工会、建立国际联合组织的强烈愿望。1945年2月6日至17日，世界工会代表会议在伦敦召开，会议一致通过了建立世界工会联合会（简称“世界工联”）的宣言，并选举产生了筹备世界工联的行政委员会。同年5月，行政委员会决定于9月在巴黎召开第二次世界工会代表会议，正式成立世界工会联合会。

1945年是中国工会运动走向国际舞台的关键一年。4月，朱学范在向国民政府提交的报告中首次提出组建包含解放区代表的统一代表团参加巴黎世界工会大会的构想。他在向国民政府社会部所作的关于参加伦敦世界工会代表会议情况的报告中，

就曾提出：中国劳动协会出席9月巴黎世界工会代表大会时，“宜扩充劳协代表团，包括解放区工会代表，以促进中国工会之团结”①。解放区工会联合会筹备会随即成立，由邓发担任主任，并于6月致电大会筹备会表达参会意愿，同时向朱学范提出合作建议。7月，世界工会大会秘书处明确表示希望看到更具代表性的中国代表团。9月，周恩来致信朱学范，正式提出解放区工会以团体会员身份加入劳动协会，并推举董必武等三人加入代表团的方案。10月，朱学范欣然接受这一提议，称赞此举实现了中国工人组织统一战线的夙愿。这一系列互动展现了中国共产党推动工会团结的真诚努力，也为中国工运在国际舞台上争取了更大话语权。

当时，国内外形势为解放区工会代表出席巴黎世界职工代表大会提供了有利条件。苏联、意大利、法国、英国等世界工联发起国都希望中国能派出一个包含解放区工会的代表团参加世界工会大会。甚至连国民政府驻英大使也不得不向国内发电报，反映国际舆论的这一要求。在国内，正值国共两党进行和平谈判，国民党当局对周恩来提出的要求，只能在口头上表示“赞许”。然而，当朱学范与社会部交涉时，社会部却百般刁难。朱学范随后找到国民党中央组织部部长，据理力争，明确表示：如果政府不允许解放区工会的代表出席世界工会代表大会，中国劳动协会也不会单独参加，因为世界工会已经跨越社会制度的差异联合在一起，如果中国劳动协会单独前往，可能会不受欢迎。在国内外形势和舆论的压力下，国民党当局最终同意邓发作为解放区工会的代表，加入中国劳动协会代表团。

1945年9月25日至10月8日，世界工会第二次代表大会在巴黎召开。中国劳动协会代表团由朱学范、邓发、刘选萃、安辅

---

① 朱学范：《我的工运生涯》，福建人民出版社1991年版，第322页。

廷、陈铁夫、彭锦有 6 人组成。在这次大会上，代表们讨论、修改并通过了章程草案，正式宣告世界工会联合会的成立。10 月 4 日，邓发在世界工联第一届代表大会上代表中国工会代表团发言。在发言中，邓发向全世界工人阶级宣布了战后中国工会的八项主张：（1）必须建立一个和平、民主、统一的新中国。（2）惩罚汉奸卖国贼，并没收其财产。伪军和伪工会，必须全部解散。（3）人民应有集会、结社、言论、出版的自由。工人应有组织工会的自由。（4）目前每周工作最多 48 小时。（5）应建立社会保险制度，保障工人的生活、就业和医疗待遇。（6）应废除陈腐的、残酷的学徒制。（7）工人应有权过问和参加国家政治生活。（8）应有效实施工人免费教育。① 这是中国工会代表在世界工联大会上发表的重要主张，它代表了中国工人阶级的共同心声。这一主张表达了中国工人阶级团结一心，致力于建设一个和平、民主、团结的新中国，努力改善工人劳动和生活条件，争取工会权利的坚定决心。这是世界各国首次听到中国解放区工会的声音，引起了各国工人代表的广泛关注和支持。朱学范将中国劳协的会员总数，包括解放区工会的 160 万会员，报告给了世界工联总书记赛扬，并提交了一张 16 万法郎的会费支票。在大会的选举中，朱学范当选为世界工会联合会副主席兼执行委员会委员，邓发当选为执行委员会候补委员兼理事会理事，刘选萃当选为理事会理事，刘宁一、彭锦有当选为候补理事。

中国劳动协会对解放区工会提出的八项主张表示赞同，这使得这八项主张成为中国劳动协会与解放区工会的共同纲领。解放区工会正式加入中国劳动协会成为团体会员，从而使中国劳动协会成为全国工人运动的统一战线组织。1946 年 4 月 8 日，邓发不幸遇难后，中国解放区职工联合会筹备会推选刘宁一担

---

① 陆象贤：《中国劳动协会简史》，上海人民出版社 1987 年版，第 57—58 页。

任主任，并由他代表该会出席世界工联会议。解放区工会领导人与中国劳动协会领导人共同进入世界工联的领导机构，恢复了中断 18 年的与世界工会的广泛联系。这一举措不仅使中国共产党领导的工会走向世界工运舞台，还扩大了中国工人阶级斗争在国际上的影响力，进一步将中国工人运动与世界职工运动紧密联系起来。

从解放区工会加入中国劳动协会，到中国工会统一代表团的组成，中国共产党领导的工会在国际舞台上崭露头角，开创了中国工运的新局面，为中国工人阶级和工会运动的团结统一奠定了坚实基础。

### （二）“二十三条政治主张”的发表

1946 年 1 月，随着国共两党政治协商会议即将闭幕，国民党统治区爆发了声势浩大的反内战、争民主运动。在此背景下，基于中国共产党和其他民主党派“和平、民主、团结、统一”的政治主张，以及战后中国工人运动的 8 项主张，朱学范、易礼容等人经过商讨，拟定了一份包含 23 条内容的政治主张。这份主张在获得邓发的同意后，于 1946 年 2 月 1 日在重庆《新华日报》上正式公布，即《中国劳动协会二十三条政治主张》。①

《中国劳动协会二十三条政治主张》是中国劳动协会在民主革命时期的纲领性文件。它的内容是：（1）迅速实现蒋主席的 4 项诺言，彻底保障人民身体、信仰、言论、集会、结社、居住、通信等基本自由。（2）迅速召开民选的国民大会，工人代表名额有明文规定。（3）扩大政府基础，由各党派及社会民主人士平等有效参加政府一切机构。（4）彻底消除内战根源，军队国家化。

---

① 刘明逵、唐玉良主编：《中国工人运动史》第 6 卷，广东人民出版社 1998 年版，第 110 页。

（5）惩办贪官污吏，严厉处置汉奸，审判战争罪犯，迅速解除敌军武装，遣送回国。妥善解散伪军，使勿滋扰民间。（6）根据第一期经济建设原则，确定国营范围，保护民营工业，反对官僚资本。（7）清查敌伪资产，严办接收贪污人员，迅速恢复光复区工业生产。（8）解决土地问题，实行二五减租，禁止高利贷，反对土豪劣绅压迫农民，提高农民生活，实行耕者有其田。（9）修改工会法，废止限制劳工的法令，反对派遣工会特派员、工会书记、工会整理委员……工人（包括军火业工人）有自由组织工会的权利。（10）组织全国工会联合会，各业工人应成立全国性产业工会。（11）工人有罢工、游行、请愿和团体契约的权利。（12）国营工厂工人有参加管理的权利。（13）民营工厂推行工厂会议制度，协调劳资关系。（14）工人有工作的权利，政府应拟定充分就业计划，藉以保证。（15）根据各地物价指数，以必需生活费用为标准，规定最低工资率，并实行不分性别，同工同酬。（16）改善工人福利，关于工厂安全及卫生设备应厉行工矿检查制度。（17）保护童工女工，严禁做深夜工。童工补习教育费用由厂方负担；女工产假期间应照给工资。（18）反对包工及包身工制度。（19）规定一周工作48小时制及休息休假办法。（20）推行工人补习教育及技术训练，反对学徒制。（21）举办年老、伤害、健康等劳动保险。（22）失业救济除消极的发给救济金、救济物资，及遣送回籍外，应定积极的救济办法，辅助工人转业就业。（23）对抗战有功与受伤工人及殉职工人遗属，应定奖励与褒恤办法。①

“二十三条政治主张”是1945—1946年国民党统治区颇具政治影响力的工人运动宣言，标志着抗战结束后民主运动与工人运动的深度结合。这一主张的发布，在国民党统治区内引发了广泛

① 《新华日报》1946年2月1日。

的关注和强烈反响，得到了广大群众、各地邮务工会以及部分地方工会的积极支持。同时，民主人士如郭沫若、马寅初等纷纷撰文声援。这一纲领性宣言的提出，不仅为民主运动注入了强大动力，也对国民党独裁统治构成了沉重打击。因此，中国劳动协会遭到了国民党政府的极度憎恨和残酷迫害。

解放区工会加入中国劳动协会以及“二十三条政治主张”的发表，标志着抗战胜利后解放区工会与中国劳动协会的合作不断深化。这种合作不仅在组织形式上实现了内部协作，还在纲领上形成了统一战线，从抗日民族统一战线顺利过渡到人民民主统一战线。此次成功合作，为全国工人运动的团结与统一奠定了坚实基础。

# 第十七章

# 工人阶级在人民解放战争中英勇奋战

从1946年6月国民党逆势而动，悍然发动全面内战，到1948年8月，是人民解放战争由战略防御转入战略反攻的阶段。在这个阶段，各解放区工会迅速动员职工，提出“积极生产，武装自卫，巩固后方，支援前线”的口号，倡导“一手拿枪，一手拿锤”，以多种方式支持人民解放军的自卫战争，成功粉碎了国民党的全面进攻。随后，各解放区工会组织工人开展“增产立功运动”，并配合农村土地改革，贯彻“发展生产，繁荣经济，公私兼顾，劳资两利”的方针，纠正了工会工作中的“左”倾错误，激发了职工的革命和生产积极性，有力地支援了人民解放军的战略反攻。与此同时，国民党统治区工人为了争取生存和民主权利，面对法西斯暴政展开了不屈不挠的斗争。各地工人通过罢工、怠工、请愿、游行示威等形式，开展反饥饿、反内战、反迫害、争生存的运动，形成了席卷国民党统治区各城市和行业的强大浪潮。这些工人运动与学生及其他各阶层人民的斗争相结合，推动了反美反蒋爱国民主运动的高潮，形成了与解放区军民相配合的“第二条战线”，使国民党政府陷入全民包围之中，有力地支持了人民解放战争的胜利发展。

## 一、内战爆发后解放区的工人运动

### （一）参军劳军，支援前线

1946 年 6 月，国民党在美国的支持下完成战争准备，撕毁停战协议和政协协议，对共产党领导的解放区发动包围进攻，全面内战爆发。解放区军民被迫奋起自卫，各解放区工会迅速行动，在组织工人自卫武装、配合主力部队保卫解放区的同时，动员工人开展参军劳军、支援前线活动。

在工会的动员下，各解放区掀起工人报名参军热潮。1946 年 10 月，晋察冀边区容城县经工会动员参军的青年达 1000 余人。到 1947 年 2 月，冀中区已有 4.3 万人参加人民解放军，其中不少是工会动员的工人。1946 年 11 月，国民党军队进攻六河沟矿区时，除几百名工人加入工人纠察队外，还有 60 余名青年工人报名参加正规部队奔赴前线。自卫战争开始后，东北解放区鹤岗煤矿有 650 名工人报名参军，鸡西和北票矿区参军工人均超 1000 名。到 1948 年，哈尔滨市包括工人在内的参军人数已经达到 2.3 万余名；在大连，仅铁路系统就有四批共 700 余工人参军。①

解放战争期间，各解放区工人除踊跃参军外，更在工会的组织下积极投身形式多样的支前运动。1946 年，本溪市总工会将本溪煤铁公司所属的三所职工医院整体改编为民主联军野战医院，专责救治前线伤员。1947 年春，值“三下江南”“四保临江”战役激烈进行之际，东北邮电局哈南办事处迅即组织电信工人成立前线工程队，抢赴战区修复线路与通讯设备，有力保障了作战指

---

① 刘明逵、唐玉良主编：《中国工人运动史》第 6 卷，广东人民出版社 1998 年版，第 268 页。

挥与前后方联络的畅通。同期，哈尔滨市动员 1490 名医务人员、632 名汽车司机及 5880 名民工奔赴前线，承担战地救护与物资运输重任；1948 年 3 月，该市又有 204 名汽车司机主动请缨参加战勤服务，随军转战东北，出色完成军运任务。1946 年冬至 1947 年春，为确保刘邓大军渡过黄河，中共冀鲁豫区党委与工会深入沿河地带，发动近 2000 名船工组建黄河造船队，于 10 余处工厂日夜赶造渡船；随后又组织 1270 名船工，成功完成运送大军渡河的关键使命。1947 年 10 月华北野战军攻打石家庄时，河北十县两万余名民工（含大量工人）组成担架队与大车队，以二百五十里的急行速度赶抵战场，在敌机轰炸与炮火中执行伤员抢救、转运及物资输送任务，为解放石家庄立下功勋。莱芜、孟良崮、鲁中、胶东等历次重大战役中，更有数万山东工人加入支前行列，或运送武器弹药粮秣，或参与担架队救护伤员，为战役胜利提供了不可或缺的支撑。工人阶级以其有组织的专业力量，在医疗救护、通讯保障、交通运输、战场勤务等关键领域，为全国解放事业构筑了坚实的战略后方。①

为确保前线主力部队的物资和财力供应，各解放区工会号召工人发扬自我牺牲和艰苦奋斗精神，开展了捐款捐物、减薪献工等多种支援前线活动。在东北，各地工会多次组织工人进行献金献物、劳军等活动。鸡西煤矿工人每月捐献一天工资支援前线；哈尔滨烟厂工人在 1947 年 5 月至 8 月间，捐出纸烟 43 箱、军鞋 920 双、现金 46 万余元（东北币）；吉林白城子铁路员工在 1947 年新年捐出牛肉 180 斤、羊 1 只和许多纸烟，又在 1948 年新年前夕捐出现金近 30. 2 万元（东北币）、布鞋 59 双、

① 刘明逵、唐玉良主编：《中国工人运动史》第 6 卷，广东人民出版社 1998 年版，第 269—288 页。

毡靴 122 双等。①

在华北，工人阶级同样积极投身于支援前线的活动中。1946 年 8 月至 1947 年 6 月期间，冀鲁豫区的职工共捐出现金 107.23 万元（冀钞）。在太行区，太行造纸厂等 30 余个厂矿的 2000 余名职工，在短短 80 天内节约小米 4.24 万斤，并献款 26 万余元（冀钞）。峰峰煤矿的工人将每月的第一天定为"劳动生产、捐献前线日"，并将这一天生产的煤炭所得款项 897.7 万元（冀钞）全部捐献给前线。张家口市总工会在 20 天内就收到全市工人捐出的价值 7000 万元（边币）的物品，并迅速组织慰问团送往前线。②

在山东，1947 年 2 月中共华东分局发出《关于开展献金献粮献物资运动的指示》后，全区工人积极响应，踊跃捐献。《大众日报》印刷厂全体职工捐出 5.3 万余元（北海币）。淄博矿区洪山煤号胜利一号井工人在短短几天内就捐出 10 万元（北海币）。1947 年 10 月，威海市工人在总工会的动员和组织下，捐出 32.27 万元（北海币）和粮食 7574 斤。到 1948 年初，山东解放区工人捐献的财物折合成北海币已近千万元，为前方指战员提供了极大的物质支援和精神鼓舞。③ 这些行动充分体现了工人阶级的无私奉献精神和对前线的大力支持。

### （二）增产立功运动

增产立功运动是在解放区面临前线物资紧缺、经济困难以及国民党封锁的背景下，中国共产党为保障战争供给、巩固解放区

---

① 刘明逵、唐玉良主编：《中国工人运动史》第 6 卷，广东人民出版社 1998 年版，第 270 页。

② 刘明逵、唐玉良主编：《中国工人运动史》第 6 卷，广东人民出版社 1998 年版，第 269 页。

③ 刘明逵、唐玉良主编：《中国工人运动史》第 6 卷，广东人民出版社 1998 年版，第 270 页。

而发动的群众性生产运动。为满足前线作战的军需物资需求，解放区工厂在设备简陋、原料短缺的条件下，通过延长工时、改进技术、开展劳动竞赛等方式提高生产效率。陕甘宁边区总工会向工人提出了“发展生产，保卫边区”的战斗任务。军需工厂的工人在转移后，仍坚持生产，在“后方多流一滴汗，前方少流一滴血”的战斗口号下，以极大的干劲，突击生产，保证军需物资及时送往前线。在山东解放区，广大工人在“一切为了前线胜利”的激励下，努力提高生产效率，增加产量。为了争取时间、提高生产速度，工人们忘我地投入劳动，主动放弃公休日，积极开展突击竞赛。胶东、烟台、威海卫、淄博等地的工人还普遍组织了工人纠察队，坚持“一手拿枪，一手拿锤”，日夜奋战在生产一线，发挥了模范带头作用，为自卫战争做出了贡献。

经过 8 个月的艰苦作战，解放区军民团结一心，成功歼灭了国民党军队的大量有生力量，粉碎了其全面进攻的企图。与此同时，国民党统治区的人民运动也如火如荼，不断高涨。1947 年 2 月 1 日，毛泽东根据中共中央政治局会议的精神，起草了《迎接中国革命的新高潮》的党内指示。该指示明确指出，国内形势已经发展到全国范围和新的人民大革命高潮的前夜。毛泽东在指示中提出了迎接中国革命新高潮、彻底粉碎蒋介石军事进攻、实现人民解放军大反攻以及将解放战争进行到底的各项方针政策。

1947 年 2 月 7 日，《解放日报》为纪念二七斗争 24 周年，根据中共中央指示精神，发表了《中国工人阶级今天的任务》社论(即二七社论)。社论号召解放区所有直接和间接参与兵工生产的工人，开展“新英雄主义的竞赛”，努力多造武器弹药，为解放战争贡献力量。同时，铁路工人和各种运输工人也被要求加紧生产，确保物资运输的高效畅通，为前线提供坚实的后勤保障。“为保证人民解放军的足食足衣，加强解放区各方面的力量而立功”。社论还具体论述了开展立功运动的意义和目的：（1）在思想上激发工人的革命热情，发扬工人的新英雄主义精神。（2）在政治上培养工人为人民服务的自觉性，克服一切个人主义思想。（3）在组织上培养积极分子，提拔大批工人干部。（4）在领导上改进工作方法，提高干部素质，加强内部团结，领导工人巩固和发展生产。（5）在技术上发挥工人阶级的创造性，鼓励发明、革新，提高生产技术，克服狭隘的经验主义保守思想。①

各解放区工会根据中共中央提出的迎接中国革命新高潮的战略方针和《解放日报》二七社论的号召，广泛动员和组织工人群众，开展了轰轰烈烈的增产立功运动。

晋冀鲁豫边区的增产立功运动非常有代表性。1947 年 2 月，晋冀鲁豫边区职工总会向全区职工发出号召，开展一个全面改造、全面提高的大生产运动②，旨在通过一系列具体措施，推动生产发展，支援前线。这些措施包括：第一，贯彻“劳资合作、公私两利”的方针，对生产工作、群众工作和领导工作进行全面改造，做到“数量多、质量好、成本低、原料足、销路广”，以发展生产，支援前线。第二，企业和职工都要制订出提高自己、提高生产的计划，深入开展新英雄主义的竞赛，争当劳动英雄，争创模范工厂，为人民建立更大更多的功劳。第三，贯彻群众路线，关心群众生活，使职工集中精力努力生产。第四，教育与团结职工，提高积极性与责任心，并组织群众性的检查总结及技术研究，培养工人干部。③ 此后，一场旨在改进企业管理和经营方式、全面提升产品质量和产量的增产立功运动在晋冀鲁豫边区蓬勃展开。

---

① 刘明逵、唐玉良主编：《中国工人运动史》第 6 卷，广东人民出版社 1998 年版，第 271 页。

② 《晋冀鲁豫边区职工总会为纪念“二七”号召全区职工开展大生产运动》（1947 年 2 月），中华全国总工会中国职工运动史研究室编：《中国工会历史文献》第 5 卷，工人出版社 1959 年版，第 147 页。

③ 刘明逵、唐玉良主编：《中国工人运动史》第 6 卷，广东人民出版社 1998 年版，第 271—272 页。

增产立功运动在兵工企业中开展得尤为出色。1947 年春，晋冀鲁豫边区军工处在边区总工会号召下，以“数量多、质量好、成本低、原料足、销路广”为竞赛目标，建立起完整的“记功—评功—表功”激励机制：技术革新使工效提升 1 倍以上且降低成本者记大功，仅提升工效者记中功，工效提高半倍记小功。这场运动通过“工厂挑战赛”形式展开，太行兵工厂首创炮弹产量月增 300%的纪录，全区军工企业普遍实现产能翻番。8 月 1 日，晋冀鲁豫军区司令员刘伯承在视察太行军事工厂时，赠送了由他亲笔题写的“提高兵工质量，增大歼灭战的实效”的锦旗，给军工企业工人以巨大鼓舞。此后，在军工处领导之下，增产立功运动被更名为“刘伯承工厂”运动，全区军工企业广泛掀起了争创“刘伯承工厂”的生产竞赛热潮。

“刘伯承工厂”运动的开展迅速取得了显著成效，主要体现在以下三个方面：第一，有效地促进了军工企业管理制度和管理水平在全面改造基础上的进一步提高。很多工厂通过建立新型的管理制度，极大地激发职工参与工厂管理的积极性，让他们真正成为工厂的主人；通过优化流程，解决了管理混乱的问题，使生产管理更加有序；通过加强经济核算，克服了生产的盲目性，有效降低了产品成本。第二，进一步提高了职工的政治思想觉悟，激发了他们高涨的劳动热情。在竞赛中，广大兵工厂工人为支援前线自动加工 217420 个，献工 28484 个。[①] 第三，推动了生产技术的革新。工人们在竞赛中改造工具 300 余件、发明创造 261 项，通过大搞技术革新和发明创造，实现了产品成本降低、质量提高和数量增加。太行军工部被人称为“炮弹大王”的甄荣典，在生产“八二”迫击炮弹时不断改进技术，创造了日产炮弹 135 发的

---

① “三晋”革命根据地工人运动史征编委员会：《晋冀鲁豫革命根据地工人运动史（1937. 7—1949. 9）》，中国工人出版社 1991 年版，第 288 页。

新纪录。[①] 技术革新大大提高了生产效率，实现了从“苦干”到“巧干”，改变了过去单纯依靠提高劳动强度、延长工作时间提高产量的状况。所以，增产立功运动极大地提升了解放区工业生产的整体水平。

在晋察冀新老解放区，从 1947 年 2 月开始，广大职工积极响应边区总工会的号召，踊跃投身于增产立功运动。这场运动是在公营企业逐步建立工厂管理委员会、初步实行民主管理制度，以及私营企业协调劳资关系的基础上，以增产节约为中心任务展开的。十分区被服厂的职工为了使前方战士及时穿上冬装而展开竞赛，他们发扬连续作战的精神，夜以继日地工作，终于在 20 天内把 15000 余套冬装、5000 顶军帽、3000 床棉被送到前线。[②] 军工厂的职工们在竞赛中积极创新，成功研制出带滚珠的自动铣头、用于车子弹带的专用刀架以及制造引信头的车床等先进设备。这些创新不仅有效降低了产品成本，还显著提高了生产效率。邮政系统的广大职工在支前工作中积极开展了立功运动。全体邮政员工响应号召，将自身工作与支援前线和为人民立功紧密联系起来，在单位与个人间展开热烈的竞赛。各局普遍建立业务手续制度，提升邮递速度，确保工作质量。邮工们视党的文件如生命，宁死不屈，绝不使文件落入敌手。河北霸县邮工刘占芳，年近七十，仍冒险在北平、天津、保定等国民党军队活动频繁地区传递文件、投递邮件，多次立功。1948 年 1 月被捕后，他面对敌人的严刑拷打，始终坚守秘密，最终壮烈牺牲。据不完全统计，1948 年 3—

① 刘明逵、唐玉良主编：《中国工人运动史》第 6 卷，广东人民出版社 1998 年版，第 276 页。

② “三晋”革命根据地工人运动史征编委员会：《晋察冀革命根据地工人运动史（1937. 7—1949. 9）》，中国工人出版社 1992 年版，第 287 页。

4 月，边区邮政系统职工有 49 人英勇牺牲，484 人光荣立功。[①]

在山东解放区的立功创模生产竞赛中，各厂职工高度重视技术革新。1947 年 2 月，胶东兵工总厂在完成生产加长特重炮弹的紧急任务时，胶东军工部科长陈惠人等人通过改进弹体外形，成功将炮弹初速提高，使射程达到 3000 余米，这一改进在孟良崮战役中发挥了巨大作用。陈惠人在立功运动中改进了 54 种工具和设备，荣获“华东特等人民英雄”称号。同年 4 月，华东野战军准备孟良崮战役时，军工四厂接到紧急任务，要求一个月内生产 3 万发八二式迫击炮弹。尽管全厂月生产能力仅 4000 发，但厂领导和工会迅速动员职工展开立功竞赛。职工们自觉加班，每天工作 12 小时以上，经过 31 天的艰苦奋斗，最终圆满完成任务，为孟良崮战役的胜利做出了重大贡献，全厂职工因此荣立集体一等功。[②]

在东北解放区，为了生产更多、更好的军火产品，支援前方战争，军工企业的职工们在极其艰苦的条件下，积极开展增产运动。他们展现出革命英雄主义精神，不顾个人安危，努力试制和生产各类武器弹药。大连建新公司的创始人之一、原华中军区军工部政委吴屏周，在 1947 年 9 月研制弹药时不幸壮烈牺牲，年仅 32 岁。同样来自大连建新公司的吴运铎，在研制弹药过程中身负重伤，但他依然坚强地继续从事弹药研究工作，并取得了显著成就，被誉为“中国的保尔”。[③] 此外，为了确保前线物资的充足供应，当地政府要求非军工企业也参与军火和军需物资的生产。这

① “三晋”革命根据地工人运动史征编委员会：《晋察冀革命根据地工人运动史（1937. 7—1949. 9）》，中国工人出版社 1992 年版，第 290 页。

② 刘明逵、唐玉良主编：《中国工人运动史》第 6 卷，广东人民出版社 1998 年版，第 286 页。

③ 刘明逵、唐玉良主编：《中国工人运动史》第 6 卷，广东人民出版社 1998 年版，第 292 页。

些企业的工会也积极组织职工开展各类生产竞赛，确保各项生产任务的顺利完成。据1948年9月统计，在哈尔滨的14365个工厂中，专门从事军火和军需生产的就有532个，职工总数达12307名。1947年至1948年，哈尔滨车辆厂的工人在完成铁路机车和车辆修理任务的同时，制造六〇式迫击炮3000余门、炮弹5万余发，八二式迫击炮2500余门、炮弹2万余发，制造和修理各种枪支1万余支，制造手榴弹、地雷和各种子弹数以十万计，修复山炮50门，制造马刀6000余把①；非军工企业职工生产的军需产品更是不计其数。

全面内战爆发后，解放区工人开展的增产立功运动呈现出以下四个显著特点：

第一，明确的革命目标。运动以支援前线、助力自卫战争胜利为明确目标。在这一目标的指引下，各解放区工人群众焕发出巨大的能量，忘我地投身于生产竞赛，力争在运动中建功立业。第二，促进企业的全面改造和提高。通过建立由党、行政和工会三方参加的工厂管理委员会及其他管理制度，对企业管理进行全面改进和改造。这不仅铲除了官僚主义弊病、改善了干群关系，还提高了职工的主人翁意识。大连市关东实业公司工会在《一九四八年立功运动总结》报告中指出：经过生产立功运动，"厂方与工人的关系，本质上有了变化，职工已成为工厂的主人翁。……立功运动之前和立功运动之后，完全两个样子，改变了我们的工作面目，对工厂的生产任务起了很大的作用。在过去很难解决的问题，在今天都已顺利地解决了，过去天天督促亦不能解决的问题，今天群众倒反督促了我们，在立功运动当中自动自觉地要求工作任务。"② 第三，生产上的全面要求。运动要求全面

① 齐武：《东北工人运动史纲》，中共中央党校出版社1992年版，第228—229页。

② 刘功成：《大连工人运动史（1879—1949）》，辽宁人民出版社1989年版，第354页。

实现毛泽东提出的“数量多、质量好、成本低、原料足、销路广”的目标。各地工会在竞赛活动中，不仅发动职工加工、献工提高产量，还组织职工开展技术研究和发明创造，改善机器设备，节约原料和降低成本，实现产品质量和数量的全面提高。在哈尔滨制动厂开展的两个多月立功运动中，取得了显著成效。运动开展之前，全厂每月最多只能修理 8 台车，平均每台车需要耗费 130 到 150 个工时。然而，立功运动开展后，不仅人员减少了 2 名，产量却增加了三分之一，每月修车数量提升至 12 台。在质量方面，也实现了大幅提升。过去，每台车都需要 100%返工修理，如今已有 80%的车辆能够一次性达到质量标准，事实上已经达到了特功的标准。① 第四，全面竞赛。根据中共中央关于工人运动的指示和解放区工人阶级的任务，各地工会在动员和组织工人开展增产立功运动时，将完成参军参战、支援土地改革等工作任务也列入评比条件。这使得解放区的工人运动在全面竞赛中得到了全面发展。

增产立功运动是抗日战争时期赵占魁运动在解放战争时期的延续与发展。它以“多造一粒子弹，多消灭一个敌人”为号召，将工人的劳动热情与革命胜利紧密结合；通过民主化管理、劳动竞赛和技术创新，解放区工业生产效率显著提升，尤其是军工生产实现跨越式增长，为战略反攻奠定了坚实的物质基础。这一运动不仅强化了工人阶级的主人翁意识，探索出“政治动员+科学管理”的生产模式，更培养了大批技术骨干，彰显了党依靠群众、发动群众的伟大实践智慧。这不仅为解放区从战略防御到战略进攻提供了坚实的物质基础，还为工会组织在领导工人开展生产运动方面积累了宝贵经验。

① 《东北日报》1948 年 3 月 29 日。

## 二、工人运动的“左”倾错误及其纠正

尽管党中央的路线和基本方针政策是正确的，但在实际工作中，各解放区在不同程度上出现了“左”的偏向，有时甚至表现为严重的冒险主义倾向。在组织工人群众支援人民解放战争的过程中，解放区工会的工作方针也曾一度出现“左”的偏向。比如，侵犯一部分民族工商业，在职工运动中片面强调工人眼前的福利，而忽视了城市的生产建设，甚至破坏了城市的生产设施；忽视党的领导，在党与群众的关系方面，笼统地提出“群众要怎样办就怎样办”的口号，否定了党的领导作用，助长了尾巴主义倾向。在党中央的指导下，解放区工会迅速采取措施，坚决纠正了这些“左”的错误，使工人运动和工会工作重新回到了正确的轨道上。

### （一）工人运动中“左”的错误偏向

随着革命形势的快速推进，解放区工会面临着将职工更广泛、深入地动员起来，参与解放区建设、发展生产和支援前线作战的紧迫任务。为了完成这一使命，各解放区工会投入了巨大努力，并取得了显著成效。然而，在领导职工开展工作的过程中，工会也出现了一些问题和偏差。特别是在处理劳资关系和执行劳动政策方面，存在“左”的倾向。在某些地区，甚至出现了将农村土地改革中针对地主的斗争方式错误地应用于城市中与资本家的斗争，导致工商业受到一定程度的破坏。这种现象在东北和华北的解放区都有所体现。

1946 年 7 月，为恢复遭日本侵略严重破坏的私营工商业，调和劳资关系以激发双方生产积极性，哈尔滨市在东北地区率先于私营企业中推行分红制。该制度实施的成效显著，工人生产热情

高涨，如老巴夺烟厂产量提升三分之一；双合盛面粉厂在日工时由 11 小时缩短至 10 小时的情况下，产量不降反增；濒临破产的东发合商场不仅偿清巨额债务，还实现了资本扩张。然而，这些初步成果使当时尚缺乏城市工商业管理经验的部分哈尔滨地下党、政府及工会干部滋生了盲目乐观情绪，未能准确把握党的工商业政策精神，片面强调工人利益诉求。在地方党政领导机关的倡导和工会的具体执行下，对群众运动采取了简单化的行政干预方式，导致分红制运动未经充分试点与调整，便在哈尔滨及其周边地区的私营工商业中迅速全面铺开，为后续政策执行埋下了隐患。

分红制的普遍推广导致劳资双方的思想和心理发生了显著变化。一方面，清算斗争的余威犹存，资本家因担心再次遭受工人的斗争和清算，同时寄希望于共产党会很快撤离城市，认为分红制不会持续太久，只要能保住家产即可。因此，他们违心地支持分红，甚至同意与工人“倒四六”分红。另一方面，刚刚获得解放的工人，由于缺乏必要的政治觉悟，只关注眼前利益，希望自己的收入越多越好，分红到手越快越好。工会干部未能正确引导工人，而是片面强调“工人利益”，提出“农民分地、工人分红”的口号，并采取突击行动，一两百家工商业一起订分红合同，将分红与诉苦相结合，组织工人斗争资本家。这种片面强调“工人利益”的错误倾向，导致工人经济主义膨胀和过激行动。工人对资方不信任，采取“查老底”、要求资本家“退红”“借红”等行为，甚至将因货价上涨形成的账面收入也作为红利分掉，这实际上是分掉了工厂和商店赖以周转的资本。仅在哈尔滨一个城市，总工会为了满足工人的要求，组织各业、各街道工会发动工人，采取乡村斗争的方式，对 100 余名在分红过程中有消极生产、造假账、藏敌产行为的中小资本家进行残酷斗争，其中有 50 余名被打。[①]

分红制运动在执行中出现的严重偏向，导致哈尔滨等东北解放区的城市的私营工商业迅速萎缩乃至大量倒闭，引发劳资关系高度紧张、工人大规模失业以及社会秩序混乱的严峻局面。与此同时，工会干部在领导企业民主改革和支援土地改革斗争过程中，也出现了值得警惕的“左”倾偏向。

1946 年 8 月至 1947 年 4 月间，随着鹤岗、鸡西两大矿区的解放，东北职工总会派出干部领导企业民主改革。改革有效激发了工人参与企业管理的热情，改善了管理状况，促进了生产恢复与发展。然而，在执行党的知识分子政策方面，工会干部出现了偏差，对工作造成了一定损失。比如，在废除旧的煤矿把头制度过程中，对旧职员和工程技术人员采取不加区别的排斥打击态度，并大幅降低其工资待遇。这种做法严重挫伤了技术管理人员的积极性，引发了对立情绪，给矿区生产的恢复造成了不利影响。

在支援土地改革斗争中，工会干部错误地将农村划分阶级成分的做法机械套用于工厂。例如在北票市，一些工会提出“搬了大石头搬小石头，一个也不漏”的口号，将普通工人简单对应为“贫雇农”，而将所有职员（无论职位高低）划为“中农”以上成分并没收其财产。这种做法严重扩大了打击面，形成了工会组织发展中的关门主义倾向，不仅阻碍了工会自身建设，也给工业生产带来了严重损失。这些“左”的偏差，是特定历史条件下缺乏经验的表现，留下了深刻的历史教训。

在华北地区，1947 年 10 月，中共中央颁布的《中国土地法大纲》极大地推动了解放区农村土地改革运动的开展。在此过程中，工会组织积极行动，派出大量干部和工人支援农民的土改斗

---

① 刘明逵、唐玉良主编：《中国工人运动史》第 6 卷，广东人民出版社 1998 年版，第 305 页。

争，为土地改革的顺利进行做出了重要贡献。然而，在这一过程中，工会也出现了一些“左”的偏向。特别是在土地改革末期，一些工会干部将农村斗争地主的过火方式引入城市，用于斗争私营工商业资本家，严重侵犯了民族工商业者的利益，违反了中共中央关于发展民族工商业的政策。中共晋冀鲁豫中央局在《关于清算运动中所发生的偏向给中央的报告》中列举了工会工作中“左”的倾向：第一，许多地方工人斗争无止境，劳动条件提得过高，资本家不愿再干；第二，军工厂实行供给制，工资低，峰峰煤矿和其他公营工厂实行薪金制，工资较高，军政两方争执多时，后来实行经济核算制，一律增加工资，才能解决了矛盾，促进了生产；第三，一些新占领的中小城市和交通线的工会和党支部一般不与厂方合作，不以发展生产繁荣经济为目的，而片面地追求满足工人暂时的利益。在晋冀鲁豫边区，仅 1947 年 5 月就斗垮了 73 家私人企业，没收了 10 家私人洋布庄。工会还制定了过高的工资标准，邢台 32 人店员年工资在 30 万元（冀钞）以上，有的工厂还要实行“倒三七”分红，使资方根本无利可图，造成大批工商业关门歇业。①

## （二）中共中央纠“左”的指示

对于各解放区工会工作中出现的偏向，中共中央非常重视。1947 年秋季，朱德在视察晋察冀野战军及冀中地区工作期间，注意到张家口、石家庄等地工人运动中存在一些问题。具体表现为工人要求发放双薪，以及将工资标准设定为足以养活四口之家的水平。这种做法导致工业产品与农产品之间的价格剪刀差不断扩大，进而引发了一系列严重的经济问题。朱德及时指出了工会工

① “三晋”革命根据地工人运动史征编委员会：《晋冀鲁豫革命根据地工人运动史（1937. 7—1949. 9）》，中国工人出版社 1991 年版，第 294 页。

作中存在的这些偏向，并协助设定了合理的工资标准，以纠正这一问题。1947 年 12 月，朱德又在《给党中央和毛泽东同志的一封信》中，对工人运动中存在的“左”倾偏向提出了严肃批评。他明确指出，张家口、石家庄等地的工人运动“走错了路”，工人工资过高，工人只顾自己改善生活，而不顾战争和大局，导致公私营工厂被迫关门，工人失业。朱德认为这是一种“自杀”政策，严重损害了工人阶级的根本利益。

1947 年 12 月，党中央在陕北米脂县杨家沟召开扩大会议（即十二月会议）。毛泽东在会议上作了《目前形势和我们的任务》的报告。他在深刻地分析国际国内形势，阐明彻底打败蒋介石，夺取全国胜利的政治和军事纲领及政策的同时，也在经济上着重阐明了新民主主义革命的三大经济纲领，即没收地主土地归农民所有，没收官僚资本归人民国家所有和保护民族工商业。他明确指出：“新民主主义国民经济的指导方针，必须紧紧地追随着发展生产、繁荣经济、公私兼顾、劳资两利这个总目标。一切离开这个总目标的方针、政策、办法，都是错误的。”① 他还指出，对于上层小资产阶级和中等资产阶级经济成分采取过“左”的错误政策，是绝对不允许的。

1948 年 2 月，毛泽东为中共中央起草了《关于工商业政策》的指示，明确阐述了纠正“左”的错误的方法。他指出，在领导方针上，必须预先防止将农村中斗争地主富农、消灭封建势力的办法错误地应用于城市。他强调要严格区分消灭地主富农的封建剥削与保护其经营的工商业，同时也要严格区分发展生产、繁荣经济、公私兼顾、劳资两利的正确方针，与片面的、狭隘的，实际上破坏工商业、损害人民革命事业的所谓拥护工人福利的方针。毛泽东

① 《目前形势和我们的任务》（1947 年 12 月 25 日），中共中央文献研究室、中央档案馆编：《建党以来重要文献选编（1921—1949）》第 24 册，中央文献出版社 2011 年版，第 535 页。

还指出，“应当向工会同志和工人群众进行教育，使他们懂得，决不可只看到眼前的片面的福利而忘记了工人阶级的远大利益”①。

1948 年 2 月 7 日，新华社根据中共中央指示精神发表了《坚持职工运动的正确路线，反对“左”倾冒险主义》的社论。社论强调，解放区职工运动的方针必须严格符合新民主主义的经济政策，即“发展生产、繁荣经济、公私兼顾、劳资两利”。社论指出，所有符合这一方针的做法都应得到发展，而违背这一方针的做法则需要改正。社论严肃批评了工会工作中出现的“左”倾偏向，要求各级工会认真讨论中央的路线、工业政策和工运方针。社论呼吁各级工会坚决纠正一切危害工人阶级、劳动人民及革命政府的“左”倾冒险主义思想、政策和办法，以确保工业建设和工人运动能够迅速步入正轨。②

### （三）贯彻正确工运方针

东北职工工作会议的召开标志着东北工会工作和工人运动走上正轨。1947 年 10 月，在中共中央东北局和哈尔滨市委的领导下，东北职工总会针对哈尔滨等地私营企业职工运动中出现的偏差进行了重要调整。当时在私营企业推行的“分红运动”中，出现了过分强调利润分配（以分红为主）、相对忽视基本工资保障（以工资为辅）的“左”倾偏向，这种做法严重影响了私营工商业的正常经营和发展。为了使工会干部彻底弄清思想认识，中共哈尔滨市委明确指出，这种以分红为主、工资为辅的工人运动方针是“左”倾冒险主义。这种偏向不仅会将工人阶级引向经济主

---

① 《关于工商业政策》（1948 年 2 月 27 日），中共中央文献研究室、中央档案馆编：《建党以来重要文献选编（1921—1949）》第 25 册，中央文献出版社 2011 年版，第 185 页。

② 刘明逵、唐玉良主编：《中国工人运动史》第 6 卷，广东人民出版社 1998 年版，第 308 页。

义和孤立，还会违反毛泽东提出的“发展生产、繁荣经济、公私兼顾、劳资两利”的总原则，以及战争第一、生产第一的总原则。因此，必须坚决纠正。在这一指示下，哈尔滨等地的工会组织动员各业工人群众，认真学习中共中央的政策，深刻认识到分红运动中出现的“左”倾偏向的危害，并迅速采取措施坚决纠正这些偏向，以确保工人运动和私营工商业的健康发展。

为了纠正“左”倾偏向并引导工人运动走向正确轨道，哈尔滨等地的工会组织采取了一系列措施：首先，将工人运动的重心转移到军事生产运动上，在公私营工厂中组织军工生产，并广泛开展增产立功运动，以满足战争需求；其次，取消私营企业中以分红为主、工资为辅的分红制度，改为以工资为主的战时工资制，并适当降低过高的劳动条件，例如老巴夺烟厂工人的收入从分红时的最高 12 万元降至战时工资制后的 5 万至 7 万元；再次，积极宣传中共中央的经济政策，在处理劳资矛盾时，停止使用抓、打、斗等过激手段，改用人民法庭和政府仲裁的形式；最后，着手研究和订立适应战争环境的劳动法，确保劳资双方都能接受。这些措施迅速将工人运动从“经济第一”的错误轨道引导到“战争第一、生产第一”的正确方向上，有效缓解了私营企业的劳资矛盾，消除了民族工商业者的顾虑，促使他们克服困难积极开工开业，有力地推动了支前生产的发展。以哈尔滨为例，1946 年仅有私营工商业 6347 户，到 1948 年 2 月已经发展到 22582 户。①

1948 年 3 月，中共中央东北局在哈尔滨召开东北职工工作会议，系统总结了解放战争以来东北地区工人运动的经验教训。会议着重纠正了各地工作中出现的“左”倾和右倾偏差，特别是针对过分打击私营工商业等“左”的错误倾向进行了深刻剖析。会议强调要充分发挥工人阶级在城市管理和企业生产中的主体作用。

---

① 常城等：《现代东北史》，黑龙江教育出版社 1986 年版，第 523 页。

这次会议为东北解放区工人运动的健康发展指明了方向，也为党在新解放城市开展工作提供了重要经验。

1948 年 8 月 1 日，中共中央东北局发布《关于公营企业中职员问题的决定》（以下简称《决定》），深入剖析东北工人运动中存在的“左”倾错误，特别是对职员的忽视和不加区别的打击，导致工人与职员对立，严重影响生产发展。为纠正这一问题，《决定》强调工人是企业基本生产力量，职员同样不可或缺，必须实现工人与职员的合作，激发双方积极性。同时，要根据日寇和国民党统治时期企业内职员与工人的不同关系，合理解决矛盾，提高工人觉悟，团结改造职员，实现员工团结互助。《决定》还提出正确对待职员的五项原则，明确人民企业内需有严格管理制度和代表人民及国家的管理人员，无论是老干部、新提升的工人职员还是旧管理人员，只要忠于业务、依规管理，员工包括共产党员都必须服从，以保障企业生产与业务的有序开展。

在中共中央东北局和地方党委的统一部署下，各级工会组织对公私营企业、矿山及铁路系统的工人运动进行了全面整顿。针对反奸清算、增资斗争及企业民主管理等运动中出现的“左”倾偏差，通过以下措施予以纠正：一是派遣大批干部深入基层，加强对工人的思想教育；二是注重团结教育下层职员群体，在企业建立由干部、工人和职员三方组成的管理委员会，有效改善了劳资关系和内部管理；三是健全企业管理制度，规范生产秩序。经过整顿，广大职工将支援前线作为首要任务，积极参与增产立功运动，不仅为解放战争提供了有力保障，也推动了工会组织和工人运动的健康发展。

1948 年初，华北解放区通过召开工商会议，为工会工作和工人运动确立了正确方向。各级工会干部深入学习领会中共中央关于新民主主义经济建设的重要指示，特别是关于纠正职工运动中“左”倾偏向的指示精神，在思想认识上实现了重要转变：一方面，充分认识到私营经济在新民主主义阶段的历史作用，积极引导职工与资方建立新型合作关系，保障企业合理利润，以促进生产恢复和经济建设；另一方面，坚持维护工人合法权益，通过协商方式适当改善劳动条件，真正落实“劳资两利”方针。

晋冀鲁豫边区的各级政府劳动部门和工会组织迅速响应中共中央的指示，积极行动起来。他们一方面着手制定保护工商业的条例，另一方面召开工商业会议，广泛听取意见和建议。同时，各级工会领导深入基层，详细调查和了解私营工商业在“左”倾偏向中遭受的损失情况。在此基础上，他们坚决按照中共中央的工商业政策，纠正错误，解决问题，努力恢复和发展工商业，为解放区的经济建设和社会稳定奠定坚实基础。比如，山西省长治市工会的主要领导人积极行动，挨家挨户探访那些曾被错误斗争的工商业主，退还了之前没收的财产，并且认真地向他们宣传党的政策。这些举措深深打动了工商业主们，他们深受感动，纷纷积极筹集资金、准备货源。最终，工厂的机器重新轰鸣起来，商业店铺也纷纷开门营业，私营工商业迅速恢复并发展起来。到1948年3月，长治市共有342户私营商店开门营业。①

晋察冀边区工会系统通过深入贯彻中央指示精神，切实纠正了工作中存在的“左”倾偏差。在组织建设方面，结合反动党团成员清查工作，对工会进行整顿改组，净化了工人队伍；在待遇保障方面，推行实物工资制，有效抵御了通货膨胀对职工生活的影响；在人才政策方面，保留技术人员原有薪资水平，采取团结教育的方式对待旧职员。这些举措显著激发了工人的生产热情，劳动生产率得到大幅提升。与此同时，边区正确落实保护民族工商业政策，使一度萧条的私营经济重现生机，形成了劳资共赢的

① “三晋”革命根据地工人运动史征编委员会：《晋冀鲁豫革命根据地工人运动史（1937. 7—1949. 9）》，中国工人出版社1991年版，第300页。

良好局面，为解放区经济发展注入了新的活力。

1948 年 5 月至 6 月 27 日，华北解放区工商业会议在石家庄召开，原晋察冀和晋冀鲁豫解放区的政府、工会和私营工商业代表参会。会议围绕中国共产党发展新民主主义经济的总方针，对公营企业经营管理、私营工商业劳资关系以及土地改革中侵犯民族工商业等问题进行了深入总结和检讨，并通过具体解决办法。这不仅纠正了华北地区工会工作和工人运动的方向，促进了其发展，还为华北工商业在统一政策和具体指导下的迅速发展奠定了基础。

总之，从 1948 年上半年开始，各解放区工会根据中共中央的指示和二七社论精神，组织干部深入学习党的方针政策，认真检查思想和工作中的问题，明确是非，吸取教训，进一步纠正了工人运动和工会工作的方向。这一系列措施使得解放区生产发展、市场繁荣，呈现出前所未有的新局面，为人民解放战争提供了有力支持。

## 三、“第二条战线”上的工人运动

### （一）国民党统治区工人参加抗议美军暴行和“抵制美货”运动

#### 1. 内战爆发后“美国货”的泛滥与美军的暴行

为了换取美国援助以发动内战，国民党当局不惜大肆出卖国家利益，与美国政府签订了一系列公开或秘密的不平等条约和协定。这些条约协定赋予美国垄断资本诸多特权，使其能够攫取巨额利润。美国的廉价商品如潮水般涌入中国市场，美商的大规模投资也进一步加剧了对中国资源的掠夺。这些行为对本已陷入危机的中国民族资本主义经济造成了毁灭性打击，同时也给广大职工群众带来了严重的利益损害。其中具有代表性的是 1946 年 11

月4日，南京政府与美国政府签订的“中美商约”，即《中美友好通商航海条约》。① 该条约共计30项条款，表面上以“平等互惠”为原则，实则通过法律形式确立了美国在华全面特权体系。条约赋予美国公民在华无限制的居住权、经商权和自由活动权，涵盖经济、文化、宗教等各领域；规定美国商品在中国市场享有超国民待遇，中国不得对其设置任何贸易壁垒；更以“航行自由”为名，允许美国商船及军舰在中国所有水域（包括非开放区域）自由通行。这种表面上对等的条款设计，由于中美两国国力的巨大差距，实际上构建了一套单方面有利于美国的经济殖民体系，使中国在经济主权、关税自主和国防安全等核心利益上遭受严重损害。该条约的实质是以商贸协定的形式，为美国对华进行全面渗透和控制提供了法律依据。条约签订后不久，美国记者伊斯雷尔·爱泼斯坦评论说：“一个世界上最先进的工业国同中国这样一个不发达国家之间的这样一个条约当然是完全不平等。”②

凭借在中国获取的诸多特权，美国商品如潮水般涌入中国市场。1946年，据中国海关统计，在中国对外贸易总额中，对美贸易占比高达53.19%。1946年4月，国民党政府颁布新《公司法》，不仅承认外国公司在中国享有与中国公司同等的权利，还给予美国公司特殊待遇，允许其在华投资时不必呈报资本额，即可涉足所有轻重工业部门。新《公司法》实施后的三个月内，美国在华开办的企业数量就激增至100多家，其在华投资占全部外国在华资本总额的比例也逐年大幅攀升。1936年，美国在华投资只占各国在华投资总额的8%，美国在中国对外贸易总额中仅占

---

① 王铁崖：《中外旧约章汇编》第3卷，生活·读书·新知三联书店1982年版，第1429—1449页。

② ［美］伊斯雷尔·爱泼斯坦、陈遥华等：《中国未完成的革命》，新华出版社1987年版，第418页。

22.55%，1946 年迅速上升为 53.19%。[①] 1947 年达到 70% 左右，1948 年上升为 80%。[②] “美国货充斥了市场的每一个角落……上海各大公司（如永安公司）美货就占了全部货物总数的 80%”，形成了“无货不美”“有美皆备”的局面。美国商品和资本的大量涌入，对中国本已陷入困境的民族资本主义经济造成了毁灭性打击，而四大家族则成为美国商品的“总买办”和美帝国主义垄断资本的附庸。

在国民党当局的纵容下，驻华美军以“征服者”姿态在中国境内肆意横行。这些美国军人频繁制造暴力事件，包括肆意殴打、撞伤、杀害、抢劫、强奸无辜百姓等。据不完全统计，从 1945 年 8 月至 1946 年 11 月，在上海、南京、北平、天津、青岛五市，美军暴行至少发生了 3800 起，导致中国人民死伤人数超过 3300 人。美国历史学家费正清也说，美军在上海的种种行为，“其情景远非通商口岸时代所能比拟。这同中国新的大国地位是很不相称的”[③]。

### 2. 国民党统治区工人反美抗暴运动

国民党政府的内战卖国政策以及美军的暴行，引发了中国人民的极大愤慨。在之前争取和平、保卫和平、反对内战和独裁的斗争基础上，国民党统治区的工人群众纷纷行动起来，积极参与反对美国援蒋、反对蒋介石卖国独裁和发动全面内战的斗争。一场以反对美蒋为中心的人民运动在国民党统治区迅速兴起。

中共中央提出明确的政策和策略，提出要将斗争目标提升到促使美军全面撤离中国，坚决反对美国干涉中国内政、助长内战，同时要求废除不平等的中美商约、抵制美货，以维护国家主权和

---

① 中国人民大学政治经济学系、《中国近代经济史》编写组：《中国近代经济史》下册，人民出版社 1978 年版，第 146 页。

② 吴承明：《帝国主义在中国投资》，人民出版社 1955 年版，第 45、50 页。

③ ［美］费正清、张理京：《美国与中国》，商务印书馆 1989 年版，第 244 页。

民族利益。1946 年 6 月 22 日，毛泽东发表重要声明，一针见血地指出：美国的军事援蒋政策是“中国大规模内战爆发与继续扩大的根本原因”，他们已经构成“中国的和平和安定与中国人民的生存和自由之严重巨大威胁”。声明严正要求美方“立即停止与收回对华的一切所谓军事援助，和立即撤回在华的美国军队”①。中共中央随即发出指示，要求各级党组织广泛发动群众团体和民主力量，掀起声势浩大的反战运动，通过舆论斗争揭露美国干涉内政和蒋介石的卖国行径。为加强对国民党统治区工作的领导，中共中央于 12 月 2 日作出重要机构调整：由周恩来兼任中央城市工作部部长，李维汉任副部长。新的城工部统一管理党在国民党统治区的各项工作，包括工运、农运、青运、妇运等各领域，并负责相关干部的培养工作。各中央局和分局也相应建立了城工部门。这一系列组织建设举措，为随后以学生运动为先导的“第二条战线”的形成奠定了坚实的组织基础，标志着中国共产党在国民党统治区的工作进入了一个新的发展阶段。

1946 年 6 月 22 日，上海工人协会率先向美国产业职工大会发出呼吁，倡议中美两国工人阶级与民众联合起来，共同反对美国政府援助国民党发动内战的政策，要求撤回驻华美军并停止军事援助。这一争取国际声援的倡议迅速获得美国进步力量响应，9 月下旬，美国 35 个城市同步发起“美军退出中国周”活动，表达对美国远东政策的强烈不满。消息传回中国后，上海各界迅即行动。9 月 23 日，上海人民团体联合会联合十余个人民团体发起本土“美军退出中国周”运动，并向联合国递交抗议书，严正反对美军在华驻扎及美国干涉中国内政。这一运动随即形成强大声势，迅速扩展至全国各大城市，掀起了一场规模空前的反美反干

---

① 《中共中央关于反对美国对蒋军事援助法案的声明》（1946 年 6 月 22 日），中共中央文献研究室、中央档案馆编：《建党以来重要文献选编（1921—1949）》第 23 册，中央文献出版社 2011 年版，第 314—315 页。

涉民众抗议浪潮。

9月22日晚，驻上海的美国水兵蛮横地打死了人力车工人臧大咬子。事件发生后，国民党当局包庇美军凶手，不予追究，这引发了人们的强烈愤慨。当时，上海人民团体正在开展“美军退出中国周”运动。得知惨案消息后，这些团体立即组成了“臧大咬子惨案后援会”，纷纷为死者家属捐款，并强烈要求惩办凶手和给予赔偿。《新华日报》为此特发表社论《臧大咬子惨案》，社论指出，美国水兵打死臧大咬子的暴行，是一年来美军无数暴行中的又一惨案，呼吁全国人民向美军在华暴行进行总清算。① 9月26日，中共中央就上海开展“美军退出中国周”运动发出指示，要求各地响应。中国人民争取世界和平协会代表沈体兰指出：“恢复中国和平的唯一方法就是撤退驻华美军，冻结对国民党政府的财政及其他援助。”上海工商界人士大声疾呼：“这样的美军，是我们工商界的对头，我们焉得不叫他们赶快回去！这样的美国经济政策，是我们工商界破产的重要原因，我们要求与美军同时撤退。”②《文汇报》开展民意测验，来自11个省的18000余件复信中有99%的民众要求美军撤离中国。北平、成都、广州、香港等城市的人民团体也纷纷集会，发表宣言，声讨美军暴行，揭露国民党当局的卖国行径，坚决维护国家主权。

“美军退出中国周”运动的开展，成为国民党统治区工人反美抗暴斗争的先声。驻华美军在中国土地上肆意妄为，犯下诸多罪行，引发了中国人民的愤怒与仇恨。1946年12月24日，美军在北平东单操场强奸一名中国女大学生的事件成为导火索，触发了一场声势浩大的抗议驻华美军暴行的群众运动。全国各大中城市的广大学生纷纷罢课，举行示威游行，高呼“美军退出中国”

---

① 《新华日报》1946年10月12日。

② 《文汇报》1946年9月29日。

“维护主权独立”等口号，掀起了全国性的反美抗暴斗争。学生运动兴起后，中共中央连续发出指示，要求各大城市地下党组织积极动员群众，发动游行示威，以最广泛的阵容，采取理直气壮的攻势，彻底揭露国民党的卖国和内战面目，反对美国的扶蒋反共政策，响应和支援北平学生的斗争。中共中央提出明确的斗争政策和策略，要求把斗争提高到促使美军全部撤离中国，反对美国干涉中国内政、助长内战，以及废除中美商约、抵制美货的口号上去。

在中国共产党的组织动员下，国民党统治区工人阶级成为反美抗暴斗争的重要力量。1947 年初，上海工人协会发布《否认伪宪法！反对美军暴行!》的宣言，以鲜明的政治立场将工人运动与民主爱国斗争紧密结合。宣言痛斥美帝国主义在华暴行，号召工人阶级与学生及各界爱国力量结成广泛联盟。宣言提出三大斗争目标：一是废除中美不平等条约体系，二是驱逐驻华美军，三是切断美国对蒋军事援助。这封信将抗暴斗争与当时的政治经济斗争相结合，指明了工人运动与学生运动及其他民主爱国运动组成联合战线的方向。

南京的人力车夫们强烈谴责“美国帝国主义这种兽行”，表示愿意成为北平学生的坚强后盾，要求美军立刻退出中国并向全中国人民道歉。重庆兵工厂的工人尽管处于国民党的军事管制之下，仍然通过各种渠道和方式向社会发出强烈呼吁：“我们要和学生一样行动起来，联合全国上下一切力量，我们把侵略我们的美军赶出中国去，我们更不能让反动的洋奴们干卖国的勾当!”① 1947 年 1 月 8 日，中国劳动协会香港总部发表声明，抗议美军暴行，指出只有即刻撤退驻华美军，才能避免暴行继续发生。同时，声明向美国工人发出呼吁：“以共同的力量修正美国错误的对华

① 《新华日报》1947 年 1 月 8 日。

政策，使其不干涉中国内政。”①

以抗议美军暴行为主要诉求的声势浩大的国民党统治区人民运动的兴起，有力地配合了人民解放军在解放区战场的作战。这条战线的发展，将使国民党统治集团陷入革命力量两面夹击的不利境地，难以自拔。

1947年2月，上海工人还掀起了大规模的“爱用国货、抵制美货”运动。早在1946年6月6日，上海工人协会就发布了《为反对内战挽救工业危机告工友书》，呼吁反对内战、反对官僚资本垄断，要求美国改变其殖民政策，并号召劳资双方共同抵制外货，以挽救工业危机。同月，上海三区百货业工会与上海机制国货工厂联合发起提倡国货运动，强烈要求限制外货倾销。1946年下半年，上海国货公司工会召开的国货厂商座谈会上，提出了“挽救工商业危机，反对美货倾销”的口号，这一主张得到了与会职工和民族工商业者的广泛支持。上海的民族资本家也积极参与其中。1946年，由于美国奶粉罐头的低价倾销，上海市场上的鲜牛奶滞销，全市30家甲级奶场倒闭了一半。为了抗议美国克宁奶粉的廉价倾销，资本家与工人联合牵牛上街游行，牛头上挂着“救救我吧”“我要活命”的牌子，这一行动赢得了社会的广泛同情。同年10月，上海200多家厂商共同举办“国货展览商场”，提倡买国货。《商报》在报道国货商场闭幕的消息时写道：“国货商场闭幕了，而我们愿望这国货两字，在人人心中并不从此闭幕，而是永远开着。”②

从1946年底到1947年1月，上海和国民党统治区的反美抗暴爱国运动高涨。中共中央根据形势的发展，指示各大城市党组

---

① 刘明逵、唐玉良主编：《中国工人运动史》第6卷，广东人民出版社1998年版，第134—135页。

② 《商报》1947年1月15日。

织把反美抗暴斗争与反对美国干涉内政、出卖军火及废除中美商约、抵制美货等群众要求相结合。[①] 1947 年 2 月，中共上海职工运动委员会根据中共中央和上海分局的指示，决定在受美货倾销严重威胁的上海百货业，发动一个包括民族资产阶级在内的“爱用国货、抵制美货”运动，并把这个任务交给百货业党委和三区百货业合法工会。[②]

三区百货业工会于 1946 年 3 月成立，突破了国民党当局的控制，是一个拥有 79 个单位、3000 余名会员的全市性百货业工会。该工会成立后，积极组织职工参与反美反蒋的爱国民主运动，致力于维护职工福利和群众切身利益。同时，根据职工特点和爱好，开展群众文化教育工作，举办演讲会，邀请郭沫若、马叙伦、陶行知等知名人士演讲反内战、争和平、反独裁卖国、争民主以及经济危机和美货泛滥的危害等议题。此外，通过建立书报代办组、图书馆，出版会刊，组织文娱体育活动等形式，传播进步思想，提升职工的爱国热情和阶级觉悟。

三区百货业工会接受任务后，迅速召开多次理事会和监事会，积极筹划运动的思想发动和组织准备工作。工会还多次邀请民族资本家参加座谈会，共同商讨如何开展“爱用国货、抵制美货”运动。尽管民族资本家深受美货泛滥之害，对工会的主张表示赞同，但大部分资本家对“抵制美货”这一口号感到担心害怕，认为其过于政治化，可能会得罪国民党当局。对此，工会负责人分头开展争取工作，反复说明在美货泛滥的情况下，提倡爱用国货必然要抵制美货，不提“抵制美货”无法充分表达广大职工的要求，因此坚持使用“爱用国货、抵制美货”这一口号。与此同

① 中共中央文献研究室编：《周恩来年谱（1898—1949）》（修订本），中央文献出版社 1992 年版，第 730 页。

② 刘明逵、唐玉良主编：《中国工人运动史》第 6 卷，广东人民出版社 1998 年版，第 141 页。

时，工会还召开所属各百货公司职工会议，讨论如何挽救民族工商业危机，保障职工生活。会议一致决定发动“爱用国货、抵制美货”运动，成立“爱用国货、抵制美货”筹备委员会（简称“爱抵会筹委会”）。[①] 2月8日爱抵会筹委会发表《告各界人士书》，呼吁各界人士“不能束手待毙”，“应该而且必须挽救自己的命运”。[②] 该宣言精准划定了抵制范围：一是非必需奢侈品，二是国内已能自主生产的商品及其替代品，同时豁免医疗等特殊用途物资。为扩大运动影响力，爱抵会筹委会定于次日在新新公司剧场举行成立大会，特邀郭沫若、马寅初等社会名流发表演讲，正式组建“爱用国货抵制美货委员会”。

爱抵会筹委会的活动很快就受到国民党当局的破坏和镇压。2月8日，国民党市党部获得关于成立“爱用国货、抵制美货”运动委员会的密报，立即密谋策划，作出打砸会场，重演较场口事件的决定。2月9日，200余名武装“护工队”暴徒冲击会场，制造了震惊全市的血案：数十名职工受伤，永安公司工会骨干梁仁达因抗议暴行惨遭虐杀。国民党特务制造的二九惨案，激起了全市工人和各界人民的强烈义愤，三区百货业工会立即成立了“梁仁达烈士治丧委员会”和“二九惨案后援会”，上海工人协会发表宣言，揭露了国民党当局有预谋有计划镇压民主运动的卑鄙行径，强烈要求惩办凶犯解散特务组织。“劝工大楼事件”的发生，进一步暴露了国民党当局与人民为敌的丑恶嘴脸，使反美反蒋运动不断深入发展，激发了更多民众的觉醒与抗争。

上海工人“爱用国货、抵制美货”的斗争，是全国人民反美反蒋抗暴斗争的重要组成部分。这场斗争深刻揭露了国民党当局卖国、内战、独裁的反动本质，引发了全上海的广泛关注，极大

---

① 梅洛：《上海百货业党史资料若干回忆》，《党史资料丛刊》1983年第3期。

② 刘明逵、唐玉良主编：《中国近代工人阶级和工人运动》第13册，中共中央党校出版社2002年版，第574页。

地教育了上海工人，进一步巩固和扩大了爱国民主统一战线，推动反美反蒋运动向更深层次发展。在广大民众的强烈抗议浪潮下，美国政府不得不宣布逐步从北平、天津、青岛等地撤退美军，并减少甚至一度中断对国民党政府的军事援助。这场抗议美军暴行和抵制美货的运动最终取得了重大胜利。

## （二）国民党统治区工人要求“解冻生活费指数”斗争

为满足扩大内战规模的需求，国民党政府军费开支急剧膨胀，致使财政收支严重失衡，陷入深度危机。全面内战爆发后，军费开支占财政支出比重飙升至一半以上。1947 年，国民政府财政总收入约为 14 万亿元（法币），而总支出高达 43 万亿元，财政赤字接近总支出的 70%。为填补这一巨大缺口，国民政府只能大量印钞。1947 年法币发行量达到 30 多万亿元，是 1946 年的 10 倍，较 1945 年抗战胜利时增长了 25 倍。即便上海等地的印钞厂全力运转，仍无法满足需求，甚至需要到美国和英国印刷钞票。这种无节制的印钞行为引发了恶性通货膨胀，物价飞涨，人民生活水平急剧恶化。时人惊呼：“中国不亡于日本，如今却要亡于经济总崩溃！”①

1947 年 2 月 16 日，为应对日益严峻的经济危机并进一步加强对人民的经济控制，国民政府出台了《经济紧急措施方案》，其中规定“冻结生活费指数”，即无论物价后续如何飙升，工人工资一律按照冻结前一个月（1947 年 1 月）的物价指数计算。这一政策导致国民党统治区广大职工的工资水平被固定在 1 月份的物价基础上，而物价却仍在持续攀升。在这种情况下，蒋介石的卖国独裁统治已经濒临经济崩溃的边缘，无论如何也找不到扭转局势的办法，广大工人和贫苦人民的生活越发陷入绝望。从 1947

① 《商务日报》1946 年 7 月 8 日。

年2月起，上海及国民党统治区各地的工人群众纷纷掀起反对冻结生活费指数、要求增加工资的斗争浪潮。

2月28日，中共中央根据中国革命将要出现新高潮的形势，指示各地党组织在工人和城市贫民中“要着重经济斗争的领导与发展”，对津沪等地工人反对冻结生活费指数、要求加薪的斗争应“善为领导，求得局部胜利，以巩固阵地，利于今后发展”。[①]根据中共中央的指示，上海地下党针对国民党当局的镇压政策和经济压迫，在职工群众中积极倡导“解冻生活费指数”的诉求，呼吁恢复工资与物价挂钩的合理机制，以应对国民党冻结工资导致的生活困境，并采取了“目标统一，斗争分散，充分酝酿，扩大影响”的策略开展斗争，在声势上和舆论上给国民党当局以巨大的压力。上海市的工人、公教人员对《经济紧急措施方案》强烈不满。该方案公布不到一星期，上海的工人运动就迅速从“以国货惨案为中心的爱国政治运动”转到群众要求最急迫、最广泛的保障生活，“反对紧急措施方面来”[②]，自2月份起，上海市各行业的职工们纷纷推选代表，持续前往国民党市政府和社会局进行请愿活动。其中，四区机器业工会召开代表会议，会上全体代表一致明确表示反对国民政府冻结生活费指数的政策。他们要求，如果政府无法将物价降低到1月份的水平，那么就应当解除对生活费指数的冻结，以保障工人应有的经济权益。并通告政府若3月5日前不合理解决，则联合本市各同业工会大请愿。[③] 此外，保险业、百货业、丝织业、电力业、化学业、橡胶业、炼钢业以

---

① 周恩来：《关于在蒋管区的工作方针和斗争策略的两个文件》（1947年2月28日，5月5日），《周恩来选集》上卷，人民出版社1980年版，第268页。

② 中共上海市委党史资料征集委员会：《解放战争时期中共中央上海局》，学林出版社1989年版，第49页。

③ 《文汇报》1947年2月25日。

及中华书局、报业职业工会等单位亦纷推代表向政府社会局请愿。①

全市各行业工人纷纷行动，形成了一波波此起彼伏、相互呼应、相互推动的斗争浪潮。5月1日，上海两万多工人将国民党原本计划用于反共宣传的“劳动节纪念大会”大游行，转变为一场要求“解冻生活费指数”的游行示威。工人们在大会上高呼“立即解冻生活费指数”“打倒官僚资本”等口号，同时打出“要求解冻生活费指数”的横幅。从5月2日起，京沪铁路员工、电信局职工、国际电台员工以及机器业、棉纺业等各行业的工人，纷纷开展各种形式的斗争，要求解冻生活费指数。5月8日，全市丝织业工人1万余人不顾国民党政府的禁令，走上街头游行请愿；法商电灯电车公司工人和国货公司职工3000余人也分别于9日和11日上街示威，包围了国民党市政府。工人们高呼“大票满天飞，工人饿肚皮!”“物价天天涨，工资跟不上!”等口号，声势浩大。5月10日，上海工人协会发表宣言，提出五项要求，其中最具代表性的是要求国民党当局在48小时内解冻生活费指数，否则将发动80万会员总罢工。同一天，上海无线电管理处和电讯交通局的数千名职工也举行了“饥饿罢工”，“声称伙食太差，营养不足，已使他们无法正常工作”。

在国民党政府出台《经济紧急措施方案》之后，国民党统治区各地工人纷纷响应，掀起了反对冻结生活费指数，要求提高工资、保障基本生活的斗争浪潮。除了上海，浙江的杭州、宁波等地的工人也积极投身其中。在杭州，丝织业工人率先以罢工的形式向资方展开斗争，并取得了胜利。当时，工人们要求按照2月份的物价指数发放工资，但遭到资方的拒绝。随后，8000多名工人于2月21日发起了总罢工，以实际行动捍卫自己的经济权益。

---

① 《解放日报》1947年3月10日。

罢工持续两天后，资方答应按1月份生活指数再加64%计算工资。工人斗争获胜，于23日起复工。[①] 5月份，杭州的罢工浪潮不断升级，大规模的工人运动接连爆发。5月1日，丝织业工人因资方拒绝加薪要求，发起了声势浩大的万人大罢工。同一天，第一纱厂工人也因要求发放工资差额而举行罢工，这一行动迅速得到了全市棉织工人的广泛支持和响应。5月8日，营造业的3000名工人举行同盟罢工，以集体行动向资方施压。5月10日，电讯员工响应上海电讯局员工的号召，也举行了罢工，导致电讯服务一度中断。5月21日、27日和30日，染织业、丝织业、纺织业工人先后举行同盟罢工。[②] 在宁波工委的领导下，宁波工人积极展开斗争。在国民党当局举办的"纪念五一大会"上，工人们利用机会，通过顺丰布厂女工的控诉，无情揭露了资本家对工人的残酷压榨，戳穿了当局"爱护劳工"的虚假宣传，使得大会变成了"控诉大会"，最终被迫散会。此后，反动当局与资本家勾结，对工人进行打压：永安布厂工人因要求加薪被拖出工厂且未结算工资；顺丰布厂开除参加五一大会的工人；大华布厂停工停膳；棉织业资方更是全行业停工，企图要挟工会停止活动。宁波工委分析形势后，决定继续斗争，发动鄞县织布业产业工会组织游行请愿。5月17日，400多名织布工人组成游行队伍，向县党部和县府进发，高呼"我们要饭吃""我们要有人的待遇"等口号，并散发传单，提出调整底薪等11项要求。[③] 经过县府出面调解，最终资方基本答应了工人的要求，这场有组织的罢工请愿斗争取得了胜利。这些罢工活动不仅反映了工人阶级对改善生活待遇的迫

---

① 《解放日报》1947年3月8日。

② 浙江省总工会编：《浙江工人运动史》，浙江人民出版社1988年版，第225—226页。

③ 刘明逵、唐玉良主编：《中国工人运动史》第6卷，广东人民出版社1998年版，第172页。

切需求，也展现了他们团结一致、相互支持的斗争精神。

《经济紧急措施方案》实施后，为争取生存和增加工资，广州工人从1947年2月下旬起展开了持续的斗争。尽管广州市社会局试图通过发放赈米、污蔑工人要求是“轻妄要求”等手段压制工人运动，但工人们并未退缩。2月28日，300多家金饰业工人率先向市政府请愿。3月2日，3000多名革履工人罢工10天，成功迫使200多家资方同意增加工资90%。3月16日，全市报纸印刷工人罢工，资方最终答应从2月16日起工资翻倍（增加100%）。公共汽车员工也因待遇问题与资方僵持，并在3月27日达成协议，资方同意加倍支付工资并补发休假期间的薪水。同时，制香、钟表、棚业等众多行业的工人也纷纷发起增资斗争并取得了胜利。到3月中旬，这场争取加薪的工潮达到高峰，席卷了30多个行业，超过20万名工人参与其中。

1947年初，中共南京市委为加强对职工运动的领导，成立了工人工作委员会，并在首都电厂、淮南煤矿、江南汽车公司等重要企业中建立了党支部。这些组织在南京工人争取增加工资、保障生活的斗争中发挥了关键作用。3月21日，南京江南和首都两公共汽车公司的工人因要求增加薪贴而怠工，导致全市汽车停运5小时。4月，南京中服洗染业工人要求改善待遇，资方最终被迫将工资提高五成半。5月2日，南京西善桥地区14个砖瓦厂的1000多名工人举行罢工，要求增加工资，罢工持续了20天，直到厂方同意加薪后才复工。4月底，江苏省南通唐家闸等地的纱厂2万多名工人因反对冻结生活费指数而举行大罢工，罢工持续了7天，甚至连厂警也加入支持。最终，厂方被迫将工人工资从原来的4947亿增加到1.5万亿。①

---

① 刘明逵、唐玉良主编：《中国工人运动史》第6卷，广东人民出版社1998年版，第173页。

1947年上半年，在地下党的领导下，武汉工人开展了多次斗争，涉及浴室、人力车、火柴、炼油、酿造、建筑、纺织、化工等多个行业，工人普遍要求增加工资。《经济紧急措施方案》颁布后，工人被逼无奈，反抗越发强烈。为国民党生产军火的第十一兵工厂也在1947年春因要求增资而怠工，工人以“没吃饱饭，没力气干活”为由拒绝工作，并包围厂部交涉，最终厂方同意增资20%才复工。鞋业资方虽表面上答应增资，却未实际执行，导致全市鞋业工人于3月22日举行大罢工。5月中旬，南洋烟厂工人也因要求增资而罢工，最终迫使资方答应部分要求。随后，天益烟厂、申新纱厂、洗染业、猪鬃业等工人也都为提高工资而举行罢工、怠工等斗争。①

1947年2月至6月，上海及国民党统治区其他各地工人围绕解冻生活费指数及其他诉求，展开了频繁的斗争。据不完全统计，仅国民党统治区12个大中城市中规模较大的工人斗争就有132起，其中反对冻结生活费指数、要求增加工资和改善待遇的经济斗争达112起，占总数的84%。这场持续数月的工潮呈现出三个显著特点：一是地域联动性强，从上海到浙江，从南京到广州，再到重庆、武汉，工人斗争此起彼伏，相互呼应，形成全国性的抗争浪潮；二是斗争形式多样，既有局部罢工，也有怠工抗议；三是经济诉求与政治诉求紧密结合。在工人阶级的持续抗争下，国民党当局最终被迫于1947年6月宣布解冻生活费指数，这场胜利不仅改善了工人生活，更标志着国民党统治区群众运动进入了新阶段。值得注意的是，这些斗争为后来“反饥饿”“反迫害”运动的全面爆发奠定了重要基础。

---

① 武汉市总工会工运史研究室：《武汉工人运动史》，辽宁人民出版社1987年版，第260—262页。

### （三）国民党统治区工人“反饥饿”“反迫害”运动

1947年7月之后，人民解放战争从战略防御阶段转入战略进攻阶段，而国民党反动统治区则陷入了政治、经济和军事的全面危机。国民党统治区的经济状况迅速恶化，物价飞涨达到前所未有的高峰。美联社1947年7月24日的电讯形象地描述了法币贬值的严重程度：100元法币在1940年能买1头猪，1943年只能买1只鸡，1945年买1条鱼，1946年买1个鸡蛋，而到了1947年，仅能买到三分之一盒火柴。这种恶性通货膨胀实际上是对广大民众的普遍掠夺。到1948年8月，国民政府的法币发行量已高达663万亿元，相比1937年全民族抗战前夕增加了47万多倍，而物价则飙升至抗战前的725万多倍。以上海为例，1948年1月白米每担价格为150万元，5月涨至580万元，8月进一步飙升至650万元，短短几个月内涨幅高达4.3倍。①

1948年，国民党当局在经济崩溃的困境中，先是发行“金圆券”并试图通过限价控制物价，但很快金圆券也沦为废纸，物价飞涨，国民党统治区工商业瘫痪，工人和各阶层人民生活困苦，挣扎在饥饿与死亡边缘。为维持摇摇欲坠的统治，国民党接连颁布《戡乱总动员令》《戡乱时期危害国家紧急治罪条例》《动员戡乱期间劳资纠纷处理办法》《戒严法》等法令，将镇压暴行披上“戡乱”合法外衣。1948年2月，国民党政府发布《后方共产党处置办法》，在上海列出含两千多名民主人士的黑名单，准备大逮捕；4月成立特别刑事法庭，规定鼓动罢工者一律送交审判；同时展开大规模逮捕，对工人运动和人民反抗斗争进行血腥镇压。

尽管国民党的暴政给国民党统治区工人运动的开展带来了诸

① 朱学范：《国民党统治区职工运动的报告》，中华全国总工会中国职工运动史研究室编：《中国历次全国劳动大会文献》，工人出版社1957年版，第383—384页。

多困难和障碍，但人民解放军转入反攻、第二条战线的形成以及全国革命高潮的到来，为工人运动的推进创造了极为有利的条件。1947 年 10 月 10 日，中国人民解放军总部向全国人民发出“打倒蒋介石，解放全中国”的号召；1948 年 5 月 1 日，中国共产党提议召开新的政治协商会议，筹备建立新的人民政权。在此背景下，国民党统治区的工人、农民以及上层资产阶级、中等资产阶级和其他爱国民主人士日益团结在中国共产党周围，人民民主统一战线不断壮大。随着广大群众将希望寄托于人民革命战争的胜利，根据中共中央的指示，国民党统治区的党组织不再使用“反内战”的口号，而是在“反饥饿”“反迫害”的旗帜下，继续领导人民开展斗争。根据形势的发展，中共中央在国民党统治区开展群众运动的总方针是：“长期打算，积蓄力量，发动斗争，推动高潮，配合反攻形势，发动第二战场，准备里应外合，争取全国胜利。”[①]关于开展工人运动的方针则是“用一切方法来保障工人不至于饿死，和用一切方法来推翻反动政府”。中共中央指出，反饥饿、反迫害、为救死求生而斗争是国民党统治区工人运动的基本特点，党在领导这些斗争的过程中，既要保护群众的日常利益，又要通过斗争聚集更多力量、扩大队伍并加以巩固，为迎接人民解放军做好准备。但是，在战略上必须保持谨慎，尤其是在敌人对群众运动进行疯狂镇压时，要善于避开锋芒，灵活迂回，避免过早与敌人正面决战。为了持久坚持斗争，必须灵活运用多样化的斗争策略，将直进与迂回、集中与分散、公开与秘密、合法与非法等手段有机结合，“使之此起彼伏，不同形态，车轮战式（即学生运动暂时休息，职工斗争又起，职工休息学生又起）”[②]。在共产党的领导下，工人运动以经济斗争为主，同时紧

① 童小鹏：《周恩来在解放战争时期领导第二战场斗争的历史贡献》，《党史研究与教学》1986 年第 3 期。

② 刘晓：《蒋管区群众斗争近况及今后策略问题》，《文献与研究》1985 年第 2 期。

密结合政治斗争，两者相互促进、循环提升，斗争水平不断提高。人民争取生存权利的斗争逐渐从单纯的经济诉求提升到推翻反动政权、消灭现存社会制度的革命运动的高度。1947 年下半年起，国民党统治区的工人运动迅速高涨。至 1948 年新历年关，一场以反饥饿、反压迫、救死求生为诉求的工人斗争浪潮席卷全国，波及上海、南京、北平、天津、青岛、武汉、广州、南昌等大中城市。这场斗争规模空前，直接涉及纺织、机械、造船、煤矿等重工业，以及金融、银行、水电交通等关键行业，间接影响毛织、丝织、染织、针织等轻工业，总计覆盖 40 余个行业门类。其中，纺织、交通、被服、海关等行业职工的反饥饿运动此起彼伏，多次发起罢工和怠工，单个工厂单次参与人数多达万余人。① 这些斗争成为第二条战线的重要组成部分，有力地配合了解放战争的进程。

1947 年 7 月，国民党政府实行“戡乱总动员”，以立法的形式表示同中国人民最后决裂。上海作为全国爱国民主运动的重要阵地和工人运动的核心区域，成为国民党当局镇压的重点目标。在颁布《戡乱总动员令》后，国民党首先在上海大肆破坏和镇压工人运动，制造了富通事件、申九惨案和王孝和事件等一系列血腥事件，对工人领袖和群众进行疯狂的逮捕与迫害。面对国民党的暴行，地下党组织和工会领导工人群众进行了坚决的反抗和斗争。

1947 年 9 月，上海的国民党当局派军警搜查中共地下组织领导的承印《电工月刊》和其他进步书刊的上海富通印刷所②，逮捕工会干部，又连续查封了上海电力公司、法商水电公司和三区百货业等工会，同时准备大批逮捕工会干部和工人。面对这一局

---

① 《人民日报》1948 年 4 月 20 日。

② 原“中国文化投资公司”，文化系统中共地下党于 1945 年 11 月创办，内战爆发后改为此名称。

势，党组织领导电力、丝织、毛纺、机器等行业工人举行罢工，抗议国民党当局的暴行并营救被捕人员。上海工人协会发表《抗议国民党当局蹂躏人权滥捕职工》的宣言，揭露国民党滥捕职工、迫害民主工会的阴谋和暴行。宣言中提出八项口号，包括反对滥捉人、要求释放被捕职工和各界人士、要求公布黑名单、要求保障人权等。这些行动最终迫使国民党当局放弃大规模逮捕工会干部和工人的企图。与此同时，在党组织的部署下，已经暴露的工会干部秘密撤离，而留下来的干部则进行了防御性布置。这些措施使得国民党企图一举摧毁上海革命工会力量的阴谋未能得逞，并最终迫使国民党当局陆续释放了被捕的工会干部和工人。

“富通事件”之后，上海工会继续组织工人开展各种斗争，而国民党则进一步加强对地下党领导的工会和工人运动的打击迫害。1948 年 4 月 21 日，国民党当局以“破坏发电机”为由，逮捕了“上电”工会常务理事、共产党员王孝和及其他工会干部和积极分子。面对国民党“特种刑事法庭”的酷刑拷问，王孝和毫不畏惧，坚贞不屈，敌人从他那里什么也没得到，最终将他判处死刑。在牺牲前，王孝和写下三封遗书，号召战友们：“为正义而继续斗争下去！前途是光明的！”9 月 30 日，王孝和在赴刑场途中高呼“特刑庭不讲理”“特刑庭滥杀人”“反动政府就要垮台了”等口号，最终在提篮桥监狱刑场英勇就义，年仅 24 岁。全国总工会就王孝和被残杀一事，致电全国和海外侨胞，严厉谴责国民党的罪行，并号召国民党统治区工人联合所有被压迫人民，继续以坚毅勇敢、灵活谨慎的态度与国民党进行斗争。

从 1947 年 7 月至 1948 年 12 月，上海工人反饥饿、反迫害的工潮中较大事件共发生了 65 起，其中 45 起采取了罢工、怠工、饿工等形式，34 次有全体工人参与，24 次取得了合理解决，而 6

次因遭到镇压而失败。[1] 这些数据表明，工人的斗争激烈且情绪高涨，多数情况下资方在工人强大压力下被迫答应工人要求。同时，这也反映出国民党政权在走向衰亡之际，对工人运动的镇压变得更加残酷。

尽管南京国民政府严厉镇压工人运动，但 1947 年至 1948 年间南京地区的工人斗争仍持续高涨。这一时期工人运动呈现三个显著特征：一是中共地下党组织加强领导，南京市委成立工人工作委员会并在重点企业建立支部；二是斗争形式以经济诉求为主，与反饥饿、反压迫的全国性浪潮相呼应；三是斗争策略灵活有效，形成规模化态势。较大的斗争有：1947 年 12 月 13 日，南京江南汽车公司 1000 余名职工因提出加薪和发给年奖的要求被拒绝，向资方开展“借花献佛”式斗争。该日职工照常出车只是不售票，市民自由乘车。斗争持续到下午，资方不得不屈从工人的要求，允予加薪。工人斗争取得胜利。[2] 1948 年 1 月 8 日，南京理发业 4000 名工人和洗衣业 300 名工人为要求增加工资进行罢工。[3] 5 月 4 日，南京 4000 多名人力车夫为反对车主提高租金而举行罢工。7 月，南京新街口、中山东路、国府路一带的私营机器工厂工人也发起罢工，要求资方按照当天的生活指数发放工资。同年中秋节，南京被服厂工人为要求按生活指数发工资举行长达三天的罢工和一周的怠工，斗争最终取得胜利。

在北平，石景山钢铁厂、门头沟各煤矿、北平电信局、公共汽车公司、长辛店铁路工厂、浴池业、织布业、建筑业、人力三轮车等许多厂、矿和行业中，都有中共支部或党员，他们团结周围的工人群众，与国民党反动派开展了多种形式的巧妙斗争，取

---

① 刘明逵、唐玉良主编：《中国工人运动史》第 6 卷，广东人民出版社 1998 年版，第 205 页。

② 《工资低微不能维持生活 京沪发生年关工潮》，《人民日报》1947 年 12 月 30 日。

③ 《反对蒋党饥饿政策 南京上海工人罢工》，《人民日报》1948 年 1 月 13 日。

得了一个又一个胜利。其中影响较大的是1948年10月电信局的“饿工”斗争。

1947年冬，中共中央工作委员会书记刘少奇在听取北平地下党工作汇报后指出：北平城市的工人中，市政工人是主要力量，地下党领导北平工人运动，要把主要精力放在市政工人方面，特别要把重点放在电信系统的工人工作上。中共华北城工部根据刘少奇指示把北平地下党工委改组为北平市政工人工作委员会（简称“市政工委”）。市政工委成立后，在电信局按不同工种和地区建立了党支部，加强对电信工人的领导。1948年4月，电信总局推行“调整待遇”方案，将原按职级发放的米贴改为按年龄划分：职工分员、佐、差、役四等，原员和一等佐享1石米贴，现改为30岁以上1石，25—30岁8斗，25岁以下6斗；佐、差则统一降至6斗，役仍无米贴。此次调整导致超半数职工待遇受损，引发普遍不满。

1948年，中共市政工委抓住米贴调整引发的民愤，精心组织“六八斗”斗争。斗争采取“以合法掩护非法”的策略：以六斗职工为核心，联合八斗职工，争取一石职工支持；通过伪工会等合法渠道，运用歌咏团等公开形式，创新采用圆圈签名法规避当局追查。这场斗争取得三重成效：一是群众觉悟显著提升，在6月工会改选中，61名小组长多数由地下党员和斗争骨干担任，使党组织掌握了工会基层领导权；二是利用国民党“戡乱”法令漏洞，创造了“饿工”这一合法斗争新形式；三是为同年10月北京电信局大规模“饿工”斗争奠定了组织基础。

1948年8月19日之后，国民党政府推行的“限价政策”和“币制改革”导致工人工资被冻结，而物价却在飞速上涨。到了10月份，一袋面粉的价格从“限价”时的七八元金圆券飙升至60多元，而在黑市上，价格更是高达100多元。与此同时，北平电信局普通职工的月薪仅为74.38元，连一袋面粉都买不到，工人们生活在极度饥饿的困境中。10 月 18 日，电信局东营工会小组长召开反饥饿座谈会，揭开了斗争的序幕。21 日，反饥饿小组长联席会议向局方提出了三项要求：(1) 每一员工发救济金 300 元。(2) 按限价每人配售两袋面、1 吨煤。(3) 保证每个员工的工资能按限价买到全部生活必需品。①

因国民党北平市当局对要求置之不理，10 月 27 日零时，北平电信局全体职工正式开始"饿工"行动。联络员和纠察队员迅速到岗，南局大门口挂出巨大的"饿"字标语，各局也贴满了诸如"饿!""真饿!""要温饱不妥协"等口号。同时，现场还张贴了《告同胞书》，详细说明了"饿工"的原因，呼吁社会各界的同情与支持。在"饿工"期间，军报、气象、水位、赈灾等重要信息仍照常收发，这使得当局难以借"戡乱"名义进行镇压；而商报则被停止发送，以此打击官僚资本家的利益。②

北平电信局的"饿工"行动导致各地发往北平的电报和长途电话中断，这一举动在全国引起震动。南京、上海等十几个城市的电信局迅速发来电报表示声援和慰问，天津、青岛等地的电信员工也开始酝酿类似的"饿工"行动。面对这一局面，国民党当局既无法拖延，又不敢进行镇压，更担心事态进一步扩大，最终迫不得已答应向每位员工发放 240 元救济金。这场斗争基本取得了胜利。中共地下党组织根据形势，决定适时结束"饿工"，并于当天 19 时 16 分宣布复工。③ 经过 19 个小时的斗争，员工的生活困难得到了缓解，职工群众在斗争中得到了锻炼，共产党在群

---

① 北京市总工会工人运动史研究室编著：《北京工运史料》第 4 册，工人出版社 1982 年版，第 156 页。

② 刘明逵、唐玉良主编：《中国工人运动史》第 6 卷，广东人民出版社 1998 年版，第 211 页。

③ 刘明逵、唐玉良主编：《中国工人运动史》第 6 卷，广东人民出版社 1998 年版，第 212 页。

众中的影响力也进一步扩大。

此外，重庆、武汉、成都、南昌、西安、昆明、长沙等城市工人的反饥饿、反迫害斗争也在持续发展。据不完全统计，从1947年下半年到1948年8月，甚至部分城市延续到1948年底，国民党统治区11个大中城市共发生较大规模的工潮事件196起。其中，以增加工资、改善待遇、反对解雇等为主要诉求的求生存反饥饿斗争有178起，反内战、反迫害斗争有18起。在斗争方式上，工人采用罢工、怠工、饿工、停工、绝食、游行示威等形式的有150起，占总数的76%；采用谈判、请愿、集会、评理、包围等较为温和方式的有46起，占总数的24%。①

在铁路行业，沪宁、沪杭、京沪、津浦、粤汉、平汉等重要铁路线，以及陇海路、胶济路、沈阳铁路局、浙赣路、湘桂黔路等地的铁路工人也纷纷展开了此起彼伏的反饥饿、反迫害斗争。据不完全统计，从1947年7月至1949年2月，国民党统治区铁路工人共发生较大规模的工潮42起。其中，采取卧轨、拦车、罢工、怠工、围攻等激烈斗争方式的有33起，每次斗争参与人数在1000人以上或全体参与的有28起。在这42起工潮中，工人要求至少部分解决问题的有22起。② 由此可见，铁路工人的反饥饿、反迫害斗争比其他行业的工人斗争更加激烈和壮观。工人们团结一致，斗志昂扬，取得了一个又一个胜利。这些斗争不仅沉重打击了国民党政府的统治，还有力地支援了人民解放战争的进程。

上述情况充分表明，在解放战争时期的国民党统治区，广大工人群众在中国共产党的坚强领导下，掀起了反饥饿、反迫害斗

---

① 刘明逵、唐玉良主编：《中国近代工人阶级和工人运动》第13册，中共中央党校出版社2002年版，第490页。

② 刘明逵、唐玉良主编：《中国近代工人阶级和工人运动》第13册，中共中央党校出版社2002年版，第491页。

争的高潮，展现出了坚强勇敢、不屈不挠的斗争精神。这场蓬勃发展的工人运动，与其他各阶层的斗争紧密结合，有力地配合了人民解放军的战略进攻，使国民党政府陷入了全民包围的困境，从而有力加速了其政权的崩溃和最终覆灭。

### （四）中国劳动协会被武装“接收”

抗日战争胜利后，中国劳动协会在爱国民主运动中的积极作用招致国民党当局的仇视。1946 年 8 月，国民党重庆当局召开党政军特联席会议，密谋镇压劳协。会议决议呈报陈立夫、谷正纲的电文赤裸裸地暴露了其阴谋。电文称，查中国劳动协会，年来发展组织，鼓动工潮……决定：一是由中央明令解散该会，拘捕首要分子，资产移交重庆市总工会；二是或授权地方政府，相机予以适当之措施。① 这份密电充分证明，随后发生的镇压劳协的“八六”事件，完全是国民党中央授意、重庆当局执行的蓄谋已久的政治迫害。

1946 年 8 月 6 日，国民党当局悍然发动镇压行动。重庆市总工会勾结警察部队，武力强占中国劳动协会重庆总部及附属福利机构，非法逮捕 38 名劳协成员。随后，国民党将镇压扩大至开封、西安、桂林、汉口等地，全面接管劳协分支机构。重庆法院更罗织罪名，通缉劳协领导人朱学范、易礼容。这一震惊全国的“八六”事件发生后，中国共产党立即通过《新华日报》揭露真相，重庆进步媒体纷纷响应，使国民党镇压民主运动的暴行迅速传遍全国，激起社会各界强烈抗议。

中国劳协理事长朱学范在上海得知重庆“八六”事件后，感到非常愤慨。他在谈话中指出：“总工会接收劳动协会，这本质

---

① 刘明逵、唐玉良主编：《中国工人运动史》第 6 卷，广东人民出版社 1998 年版，第 230 页。

上是一个政治问题。”他提到，8月6日黎明时分，300多名武装军警突然包围了重庆分会会址、医院和美工堂，而接收人员中还有一部分是便衣队。朱学范质疑道：“如果接收是合法合理的，为何要动用便衣队？便衣队究竟代表什么机关？”[①] 他认为这是一次严重的政治迫害，并表示将依法与相关方进行交涉及提出抗议。8月8日，朱学范在上海举行记者招待会，揭露劳协被强占的真相，并代表劳协向国民党政府提出四项要求：一是释放被捕人员；二是查办事件主使人；三是要求政府保障人权、职员安全，并防止类似事件再次发生；四是要求强占机关立即退出。这次记者招待会产生了广泛影响，国民党当局对劳协的迫害行为遭到国内外舆论的强烈谴责，而中国劳动协会则赢得了全国工人和各行业工会组织的同情与支持。

8月10日，《新华日报》发表《声援朱学范先生的呼吁》的社论，号召全国人民对国民党武装强占劳协、非法逮捕劳协员工的暴行开展斗争，指出这是“独裁与民主的斗争，法西斯与反法西斯的斗争”。上海100多个工会组织的代表到劳协总会慰问。解放区职工联合会筹备会发来电报，抗议国民党政府的暴行，指出：“反动分子如此非法破坏，显系为了贯彻其内战、独裁、压迫工人的倒行逆施。中国工人与世界工人均将起而反抗。”电文代表解放区150万工联会会员，向中国劳协表示：“我们拥护你们所提出的4条要求，并作你们的后盾。”[②] 重庆各行业工人纷纷通过《新华日报》发声，强烈谴责国民党当局镇压劳协的暴行。一群女工这样说：“劳协是我们工人的家，并不是政府和什么党团所办的‘市总工会’，这个团体我们根本就不承认他有什么资格来‘接收’，真是凶恶的法西斯行为。”[③] 汉口市总工会，四川、成

① 《新华日报》1946年8月10日。
② 《新华日报》1946年8月21日。
③ 《人民日报》1946年9月1日。

都、杭州等地的邮务工会也发来函电声援。文化界著名人士郭沫若、茅盾、叶圣陶等 68 人给劳协送来慰问信。

国民党当局制造的“八六”事件引发国际社会强烈谴责。美国劳工联合会执委会主席格林要求美国国务院调查真相，产业职工大会主席摩莱致电蒋介石抗议并要求查办，英国总工会主席西特穆慰问劳协，世界工会联合会总书记赛扬表示支持中国工人正义行动。美国工人也向蒋介石施压，要求解决劳协问题，否则重新考虑对国民党的援助。事件中，38 名劳协工作人员被捕，经多方交涉，最终在国际组织和社会各界压力下，国民党当局被迫释放了被捕人员。“八六”事件成为劳协员工成长与觉醒的重要契机。在实际斗争中，他们逐渐认清国民党的本质，开始脱离其控制。许多员工在后续斗争中意志越发坚定，并陆续加入中国共产党，为推翻国民党统治贡献了重要力量。

为了躲避国民党当局的政治迫害，1946 年 11 月 12 日，朱学范离开上海出走香港。临行前，他发表了《反对排斥解放区工会劳协和反对伪国民大会》的声明。11 月 18 日，上海《联合晚报》全文刊载了朱学范的声明。声明中说：“由于政府企图不断摧毁劳工界之统一，强迫中国劳动协会排斥解放区工会于其组织之外，并强迫中国劳动协会公开反共，而本会认为无此必要，本人为此只有离开中国。政府强迫本人参加非法的一党国民大会，而此一党国民大会，本人决不承认其为能代表全国人民之愿望也。政府对此举不满，想伪造罪名，立即将本人予以逮捕。政府又图假借中国劳动协会名义发表一公告，反对共产党及民盟，但此决非中国劳动协会所同意，也决非工人所能允可。本人离沪赴港，因局势危殆，难以在沪继续活动，但本人奋斗仍将努力不懈。”① 国民

① 刘明逵、唐玉良主编：《中国工人运动史》第 6 卷，广东人民出版社 1998 年版，第 235 页。

党企图逼迫朱学范发表反共声明，却适得其反。朱学范反而发表了一个坚决反对反共、与国民党决裂并转向中国共产党领导的人民革命的声明，沉重打击了国民党。朱学范抵港后，与易礼容商讨并得到解放区工会负责人刘宁一的同意，决定将劳协总部迁至香港，并更名为“中央干事会”，继续与共产党和解放区工会合作，在国际国内进行爱国民主斗争。20 日，劳协在香港《华商报》发表迁港声明，震动国内外。在易礼容主持下，劳协总部在九龙何文田梭椏道 15 号建立，上海部分劳协干部也在中共地下党安排下转移到香港参与工作。

劳协总部迁至香港后，国民党政府宣布朱学范所代表的劳协为非法组织，并派人接管了劳协的财物。与此同时，陆京士、水祥云盗用中国劳动协会的名义，发表拥护伪国民大会的电文，但这一行径遭到了朱学范的有力反击。朱学范于 1946 年 11 月 18 日发表否认伪国大的声明，声明说：“最近本人离沪后，上海更发现以本会名义发表删电，内容皆与本会平昔主张不符。本人兹特代表本会否认此电不负丝毫责任。”① 1946 年 12 月 8 日，陆京士操纵召开所谓的劳协第四届第五次理监事会，非法改组中国劳动协会领导机构，推选安辅廷为理事长。12 月 11 日，香港劳协总部就此发表否认上海伪劳协的重要声明指出：“现在中国劳动协会领导机构，已迁香港继续工作。上海该非法伪组织的一切言论行动，本会誓不承认。”②

在解放区工会的全力支持下，劳协总部继续积极开展国内外工作。总部派遣人员前往上海、武汉、重庆、南京等大城市，领导当地劳协会员开展瓦解国民党政府的活动及护厂斗争。曾在广西柳州被捕入狱的劳协干部陈青凌出狱后被派往衡阳，以工人互

① 《华商报》1946 年 11 月 18 日。
② 《华商报》1946 年 12 月 11 日。

助会的形式建立了地下劳协组织，吸收了 800 多名会员，并开展了护矿斗争。派往上海的劳协人员配合中共上海地下党开展斗争，于 1947 年 5 月 1 日与上海工人协会联合发表《告上海人民书》，揭露国民党当局的独裁统治、社会黑暗以及工人生活的痛苦。劳协在香港积极筹措捐款，慰问被反动派杀害的梁仁达、王孝和等烈士家属。其他各地的劳协人员，有的在当地中共地下组织的直接领导下开展工作，有的直接接受香港劳协的任务，为组织工人迎接解放做出了贡献。①

---

① 刘明逵、唐玉良主编：《中国工人运动史》第 6 卷，广东人民出版社 1998 年版，第 237 页。

## 第十八章

# 工人阶级迎接新中国的诞生

从 1948 年 9 月到 1949 年 9 月，人民解放军进入战略决战和夺取全国胜利的关键阶段。在此之前的 1948 年 8 月，中国解放区职工联合会筹备会在哈尔滨召开第六次全国劳动大会。大会通过了《关于中国职工运动当前任务的决议》和《中华全国总工会章程》，恢复重建了全国总工会。此后，各解放区工会按照大会方针，动员职工发展解放区工业生产，为解放全国提供物质支持。与此同时，国民党统治区的职工在共产党地下组织领导下，积极开展护厂斗争，反对国民党的搬迁和破坏，并以多种方式支援人民解放军。随着战局发展和各大城市解放，新解放城市的工会工作以协助接管城市和官僚资本企业、恢复生产为中心，迅速展开。

## 一、第六次全国劳动大会召开和全国总工会的重建

### （一）国民党的劳工政策和中华民国总工会成立

#### 1. 内战爆发后国民党的劳工政策

全面内战爆发后，国民党政府为稳固后方并压制工人运动，颁布了一系列严苛法令。1946 年 7 月，国民党中央下达《复员期间领导工人运动办法》密令，核心是通过党、政、军、警、特协

同，禁止“非法”罢工怠工，打击所谓“异党”活动。该办法确立了“公开与秘密”结合的控制方式，由官方社会行政机关出面指导成立工人团体，同时秘密在其中建立国民党、三青团控制的“党团”组织，并依托“工运指导委员会”强化特务监控与武装镇压。国民党政府社会部部长谷正纲亦密令各地设立此类机构，严防工人“越轨”。1947 年 3 月，国民党六届一中全会通过《工人运动实施纲要》，虽冠冕堂皇地宣称要“发展劳工组织”“提高劳工地位”“改善劳工生活”“培养纪律”“促进劳资合作”，实则明确规定工人运动由各级党部主导，通过农工运动委员会统一控制，其本质是将工人运动完全纳入国民党体制框架内严加束缚。

为贯彻其高压政策及“戡乱建国”方针，国民党当局自 1947 年起持续强化镇压体系：5 月 18 日出台《维持社会秩序临时办法》，严禁 10 人以上集会游行；6 月 22 日社会部密电要求建立“当日平息工潮”机制；7 月 19 日颁布的《动员戡乱完成宪政实施纲要》以“妨害生产秩序”为由全面禁止罢工。随着危机加深，11 月 6 日推出《动员戡乱期间劳资纠纷处理办法》以行政强裁压制工人诉求；12 月 25 日设立“特种刑事法庭”镇压异见。至 1948 年 5 月修正《戒严法》时，民众集会、罢工等基本权利被彻底剥夺，形成行政管制、司法迫害与军事戒严相结合的法西斯化控制体系。这一系列残酷镇压法令及《经济紧急措施方案》，彻底戳穿了《工人运动实施纲要》中“发展劳工组织”“提高劳工地位”“改善劳工生活”等承诺的虚伪性，这些空洞口号不过是欺骗与麻痹工人的工具。①

2. 工会法的修订以及“中华民国总工会”的成立

抗日战争胜利后，国民党政府依据其第六次全国代表大会通

---

① 刘明逵、唐玉良主编：《中国工人运动史》第 6 卷，广东人民出版社 1998 年版，第 122—124 页。

过的《劳工政策纲领》，对1943年修订的《工会法》进行了两次修改。1947年6月，第一次修改后的《工会法》公布，其最显著的变化是允许成立省总工会和全国总工会，并在第10章“联合组织”中具体规定了组织省级总工会、产业或职业工会全国联合会以及全国总工会的条件。1949年初，国民党政府再次对1947年的《工会法》进行了较大修改。此时，国民党在军事上已遭遇重大溃败，统治区域仅限于江南，政权岌岌可危。为了苟延残喘，国民党当局一方面继续军事对抗共产党，另一方面则制造和平烟幕呼吁和谈。在此背景下，于1949年1月7日颁布了新的《工会法》，声称体现“行宪精神”。这次修改主要将工会的成立、合并以及章程制定等方面，从原来的“许可制”改为“登记制”，表面上赋予工会更多“自主性”，但实际控制权仍在国民党当局手中。

国民党当局对《工会法》的这两次修订，表面上添加了一些民主词句作为点缀，但实质上是换汤不换药，其专制统治的本质丝毫未变。修订后的法律依然坚持国民党对工会的绝对控制：地方政府继续充当工会的直接管理者和监督者；关键行业和重要单位（如交通、军事、国营事业等）的工人，组建工会的权利仍然被剥夺。更具欺骗性的是，当局在修订法律的同时，还配套出台了《戡乱总动员令》《戡乱时期危害国家紧急治罪条例》等一系列高压法令，这些法令彻底架空了《工会法》中那点极其有限的所谓“民主承诺”。

自1927年背叛革命以来，以蒋介石为首的国民党统治集团在其《工会法》中一直严格禁止成立省及全国总工会。这两次修改则一反常态，新增了允许成立省总工会、产业工会全国联合会和全国总工会的条款，甚至将成立工会的审批制度从“许可制”改为“登记制”。这种改变表面上看似乎很“开明”、很“顺应潮流”，但其背后隐藏着深刻的政治目的。一是为了适应内战需要，加强对全国工人组织和工人运动的掌控。其真实意图是通过特务渗透和收买工贼来操纵这些新成立的省及全国总工会，将其变成服务于国民党“戡乱建国”政策的工具，用以镇压真正的工人运动，并集中劳工资源维护其摇摇欲坠的统治。二是为了粉饰其独裁统治，配合所谓“行宪国大”的召开。1948 年，为了给其垂死的统治披上“民主”外衣，国民党当局计划召开“行宪国大”，选举总统和副总统。为了从各级御用总工会中“合法”地“选举”出工会系统的“国大代表”，以装点“行宪国大”的门面，国民党政府迫切需要尽快建立省及全国总工会。三是为了与中国共产党争夺中国工会在国际上的代表权。“八六”事件后，原先代表国民党参与国际工会活动的中国劳动协会已与国民党彻底决裂，并与解放区工会实现了联合。为了取代劳协，争夺在国际工会组织中的代表席位，国民党亟需成立一个由其完全控制的新“全国总工会”。

在上述多重目的的推动下，1948 年 4 月 18 日，“中华民国总工会”成立大会在南京开幕。国民政府副主席兼立法院院长孙科、国民党中央组织部部长陈立夫、农工部部长马超俊、国民政府社会部部长谷正纲，以及来自英国、美国、法国、阿根廷等国的所谓“劳工代表”出席了大会，到会代表共 153 人。谷正纲在会上宣读了蒋介石的训词。蒋介石在训词中毫不掩饰地给这个所谓的“全国总工会”下达了首要政治任务：“在政府动员戡乱之国策下，领导全国劳工同胞，为剿灭共匪而彻底奋斗。”大会于 4 月 22 日闭幕。然而，国民党的欺骗手段根本无法得逞。这个“中华民国总工会”及其下属的国民党官办工会，遭到了广大工人群众以及真正代表工人利益的民主工会的坚决抵制，实际上处于名存实亡的状态。

1949 年 4 月，中国人民解放军渡江解放南京，成立仅仅一年的所谓“中华民国总工会”就随着国民党反动统治的覆灭而灰飞烟灭。

## （二）第六次全国劳动大会召开和全国总工会的重建

自1927年大革命失败之后，中国共产党曾在1929年秘密组织全国总工会在上海举办第五次全国劳动大会。然而，在此后近20年时间里，由于蒋介石频繁发动内战，围剿共产党领导的革命武装力量，以及1931年爆发并持续14年的抗日战争的影响，全国性劳动大会一直未能再次召开。

1947年秋，随着人民解放军转入战略反攻，不断取得胜利，战局迅速发生了根本性转折，即代表大地主大资产阶级的国民党反动统治开始走向全面崩溃和覆灭，中国共产党领导的解放战争和人民民主革命开始走向全国胜利的历史转折，预示着中国两种命运、两个前途的决战已进入最后阶段。为了制定“打倒蒋介石，解放全中国”的具体行动纲领，同年12月，中共中央在陕北米脂县杨家沟召开扩大会议（即十二月会议），讨论并通过了毛泽东在会上作的《目前形势和我们的任务》的报告，报告阐明了党的最基本的政治纲领，这就是：“联合工农兵学商各被压迫阶级、各人民团体、各民主党派、各少数民族、各地华侨和其他爱国分子，组成民族统一战线，打倒蒋介石独裁政府，成立民主联合政府。”①

1948年初，中国工人运动迎来重要转折。对于建立统一的全国工会组织，中共中央本来考虑是分两步走，先成立解放区工会联合会；将来进一步团结国民党统治区的进步工会，“走向成立全国统一的工会组织”。中国劳动协会理事长朱学范的行动推动了党召开全国劳动大会的决心。1月8日，朱学范在伦敦发表具有历史意义的《对于目前时局的宣言》，公开表明支持中国共产

① 毛泽东：《目前形势和我们的任务》（1947年12月25日），《毛泽东选集》第4卷，人民出版社1991年版，第1256页。

党领导的新民主主义革命，主张推翻蒋介石独裁政权、结束美国干涉。次月，朱学范辗转抵达东北解放区首府哈尔滨，以实际行动投身解放事业。他在抵达后立即发表声明，完全赞同中共中央的政治主张，并创造性提出《由解放区职工联合会筹委会与中国劳协共同发起召开第六次全国劳动大会的意见》，主张由解放区职工联合会筹委会与中国劳协共同发起这一历史性会议。朱学范及其领导的劳协的加入，不仅壮大了革命阵营的力量，更实现了国民党统治区与解放区工人运动的历史性汇流，为建立全国统一的工人阶级组织创造了重要条件。

随着革命形势的迅猛推进，解放区和全国工会运动迎来了前所未有的发展机遇，同时也面临着新的使命与挑战。工人阶级肩负着联合全民族、构建广泛统一战线并发挥核心引领作用的重任，而要实现这一目标，首要任务是进一步凝聚自身力量，推动全国工会组织与工人运动在团结与统一上取得实质性突破。为此，3月5日，中共中央向全国各地发出了《关于召开全国各解放区工会代表大会的指示》，明确提出："全国各解放区工会代表大会将在哈尔滨举行，准备成立解放区统一的工会联合会。并选出派赴比利时参加世界二次工代大会之代表。将来之解放区工联，将进一步团结蒋管区之进步工会代表，走向成立全国统一的工会组织，而形成以我党为领导的统一的工会运动。"① 3月15日，在中国革命形势发生重大转折的历史关头，中国解放区职工联合会筹备委员会贯彻中共中央战略部署，发出《关于召开解放区工会代表大会的紧急通知》。4月30日，中共中央在《纪念五一劳动节口号》中发出"解放区和蒋管区的职工联合起来，建立全国工人的统一

① 刘明逵、唐玉良主编：《中国近代工人阶级和工人运动》第14册，中共中央党校出版社2002年版，第885页。

组织，为全国工人阶级的解放而奋斗”① 的号召，立即得到各解放区工会组织和工人群众的热烈响应。

1. 刘少奇等中共中央领导人对华北工会代表团的重要讲话

在会议筹备阶段，解放区职工联合会筹备委员会按照中共中央的指示，要求各解放区工会组织逐级梳理自全面内战爆发以来领导工人运动的情况、经验得失以及存在的问题，并对工人薪资、工时、福利待遇等重要问题展开深入调研和系统整理。同时，各解放区工会组织需将相关统计资料上报。这些工作为中共中央研究制定工人运动和工会工作的方针政策，迎接中国革命的新高潮奠定了坚实基础，也体现了筹备工作的严谨性和前瞻性。

1948 年 4 月 28 日和 29 日，刘少奇、周恩来和朱德在西柏坡接见了即将赴哈尔滨参加大会的华北解放区工会代表，并就大会将要讨论、解决的问题，发表了具有指导意义的讲话。

在讲话中，刘少奇重点阐述了全国工人运动的基本方针，并指出应根据不同地区和不同产业的实际情况，灵活制定相应的具体方针与措施。他指出：第一，在工人运动中产业工人是基本力量，此外还有手工业工人和雇工。对这两部分工人的组织方法和工作方法应有所不同，过去不加区别都采取对产业工人的做法是不对的，对手工业工人应在纲领上有所体现。第二，对蒋管区与解放区工人的组织方法和工作方法也截然不同。在解放区，要坚决执行“发展生产、繁荣经济、公私兼顾、劳资两利”的政策，不照顾国家的利益，或不照顾工人的利益，就会发生偏向。蒋管区工人是以斗争手段保护自己的利益，而解放区工人在政治和经济上都有保障，如果再用斗争保障利益就是错误的。第三，不分

---

① 《中共中央发布纪念“五一”节口号》（1948 年 4 月 30 日），中共中央文献研究室、中央档案馆编：《建党以来重要文献选编（1921—1949）》第 25 册，中央文献出版社 2011 年版，第 284 页。

公营与私营的盲目斗争是一种极“左”的自杀政策，应该照顾公家和资本家的利益；工人最长远的利益是发展生产。[①] 周恩来着重对大会将要讨论的一些政策原则问题作了重要指示。他指出：关于新民主主义的经济方针，必须要接受毛泽东主席“发展生产、繁荣经济、公私兼顾、劳资两利”的指示，这是我们的总纲领。朱德在给华北代表讲话时强调：工人教育做了，过去有缺点。对工人的教育绝对不能放松，要和生产运动结合起来。[②]

刘少奇、周恩来和朱德的讲话为即将在哈尔滨举行的第六次全国劳动大会提供了明确的方向指引。这些讲话不仅为大会讨论和解决中国工人运动面临的诸多重大政策与原则问题奠定了坚实基础，还对成功召开此次大会、动员和组织全国工人阶级迎接全国范围内的革命胜利具有深远且重要的意义。

2. 第六次全国劳动大会的召开及意义

1948 年 7 月 31 日，大会筹备委员会在哈尔滨召开预备会议，经过充分讨论，与会代表达成一致意见：为了传承中国工人运动的优良传统，实现工人运动的统一领导，凝聚工人阶级的力量，联合所有民主爱国阶级，加速推翻国民党反动统治，会议决定接受中国劳动协会、上海、天津等代表团的建议，将即将召开的大会正式命名为第六次全国劳动大会，并将大会产生的全国性组织恢复为中华全国总工会的名称。刘少奇曾说过：“大会可称为劳动代表大会。本来最科学的名称应该是职工代表大会，但是，劳动大会在历史上有过作用，工人们熟悉这个名称，我们称为劳动

① 李桂才主编：《中国工会四十年资料选编》，辽宁人民出版社 1990 年版，第 1 页。

② 李桂才主编：《中国工会四十年资料选编》，辽宁人民出版社 1990 年版，第 13 页。

代表大会还是可以的。”①

鉴于关内解放区和国民党统治区的代表路途遥远，且必须穿越国民党控制区域，面临着重重危险，为确保与会代表的安全，中共中央统一安排部署，各解放区纷纷派出专门部队和交通员负责护送代表，并精心规划了多条路线，包括陆路、陆海联运，甚至不惜安排部分代表经由朝鲜绕行进入东北解放区。当与会代表抵达哈尔滨时，受到了筹备会和哈尔滨各界人士的热烈欢迎。

1948 年 8 月 1 日，第六次全国劳动大会在东北解放区首府哈尔滨隆重开幕。参加此次大会的代表来自全国各个地区、各大产业部门以及各种类型的工会组织。具体包括华北、华东、东北、西北、中原等解放区的代表，上海、天津、武汉等国民党统治区大城市的代表，铁路、矿山、军工、电业、纺织等重要产业部门的代表，以及解放区职工总会、中国劳动协会、国民党统治区地下民主工会等不同工会组织的代表。大会共有 518 名代表出席，他们代表了全国 283 万余名有组织的职工。② 当时，由于解放战争仍在进行，交通极为不便，来自国民党统治区的工会代表以及从香港增派的中国劳动协会代表总共不到 30 人，仅占解放区工会代表总数的不到十分之一。然而，他们却代表着中国工人阶级的大多数。因此，在大会筹备阶段，李立三设计了一个特殊的代表表决权和选举权方案。在大会的表决和投票选举过程中，采取了不同地区代表每票代表权不等额的计算方法，以使各地区代表权在大会总代表权中所占比例尽可能与该地区职工占全国职工总数的比例相适应。具体的方法是：东北各地的代表（约占到会代表

---

① 刘少奇：《关于召开第六次全国劳动大会问题的谈话》（1948 年 4 月 28 日），中共中央文献研究室、中华全国总工会编：《刘少奇论工人运动》，中央文献出版社 1988 年版，第 316 页。

② 刘明逵、唐玉良主编：《中国工人运动史》第 6 卷，广东人民出版社 1998 年版，第 323 页。

总数的三分之二），每票1权；来自国民党统治区和劳协的代表，每票17权；其余解放区，参照他们代表的职工数，每票1权、5权、8权和10权不等。这样，国民党统治区和劳协代表的代表权，占大会总的代表权的60%，基本上反映了国民党统治区代表的代表性。这种特殊选票的设立，充分体现了大会的公正性和民主性。陈云、李立三、蔡畅、陈郁、朱学范、李颉伯、唐韵超、张维桢等中共中央领导和工人运动领袖出席了此次大会，并当选为大会主席团成员。这是自1929年第五次全国劳动大会以来，中国工会历史上又一次规模宏大、代表广泛、意义深远的盛会。它充分展现了中国工人阶级在中国共产党的坚强领导下，经过长期革命斗争的洗礼，已经发展成为一支强大的有组织力量。同时，工人阶级的构成和素质也得到了极大提升。

在开幕式上，李立三宣读了中共中央致大会的祝词。祝词指出，大会的召开标志着我国人民解放战争接近最后胜利，全国性的新大革命时期已经到来，国民党在工人中的分裂政策宣告破产，全国工人运动重新在革命旗帜下实现统一。祝词强调，在这一关键时刻，全国工人阶级的最大任务是团结自身，联合农民、独立劳动者、自由职业者、知识分子、自由资产阶级和一切爱国分子，支持人民解放军，彻底歼灭国民党反动军队，推翻美帝国主义和国民党反动集团的统治，建立独立自由、强盛统一的中华人民民主共和国。为实现这一目标，解放区职工要贯彻“发展生产、繁荣经济、公私兼顾、劳资两利”的方针，努力生产，支援前线；国民党统治区职工要团结全体职工和人民，与帝国主义和官僚资本斗争，配合人民解放军解放城市，协助政府接管城市。中共中央的祝词为大会明确了基本任务和正确指导方针。

大会听取了陈云所作的《当前中国职工运动的总任务》、李立三的《关于中华全国总工会章程的报告》、朱学范的《关于国民党统治区职工运动》等多份重要报告。经过与会代表的深入讨论，大会一致通过了相关决议，其中最为关键的是《关于中国职工运动当前任务的决议》（以下简称《决议》）。这份决议是在西柏坡由周恩来、李富春等中共中央领导人亲自指导起草的，是第六次全国劳动大会以及新中国成立前后全国职工运动的纲领性文件。陈云在大会报告中详细阐述了该决议的主要内容和基本精神。《决议》共分为四章，全面系统地论述了中国职工运动的方针任务，并明确了完成这些任务的组织保障。①

《决议》的第一章明确了中国职工运动的总任务，强调“彻底推翻帝国主义及其走狗在中国的统治，建立新民主主义的人民共和国”是改善工人阶级及其他民主阶级人民现状的总前提，也是当前的最高利益与最高任务。第二章聚焦于国民党统治区职工运动的具体任务与方针。第三章全面系统地阐述了解放区职工运动的各项任务与基本方针，指出发展解放区工业生产的重要性，并要求解放区职工以领导阶级的使命感和主人翁精神，贯彻“发展生产、繁荣经济、公私兼顾、劳资两利”的经济建设方针。第四章则论述了成立全国工人阶级统一组织的必要性，以保障《决议》的实施，并正式决定恢复中华全国总工会。

在第六次全国劳动大会召开前，大会筹备委员会对即将成立的全国工会统一组织的组织原则和命名等问题进行了深入研究和准备。大会通过《中华全国总工会章程》，选举产生全国总工会领导机构，并正式恢复全国总工会。朱学范代表中国劳动协会在会上宣布该会作为团体会员加入全国总工会。李立三在 8 月 13 日作《关于中华全国总工会章程的报告》，分析全国形势新变化和工人运动新任务，指出工人运动组织形式需适应新使命。他强调工会宗旨是保护工人利益，包括当前利益（解决实际困难、增加

① 刘明逵、唐玉良主编：《中国工人运动史》第 6 卷，广东人民出版社 1998 年版，第 323—324 页。

工资、改善待遇等）和长远利益（掌握政权、推翻压迫、实现共产主义）。工会不仅要为工人的当前利益而斗争，也要为工人阶级的长远利益而奋斗。李立三还说明了全国总工会的组织原则和机构设置，其报告总结了中国工会自身建设的重大理论和政策问题，对工人运动和工会工作的健康发展具有重要意义。

根据第六次全国劳动大会通过的《章程》，大会选举产生了由陈云、李立三、朱学范、刘宁一、李颉伯等 53 人组成的全国总工会执行委员会。1948 年 10 月，全国总工会执委会在哈尔滨召开首次会议，推选陈云担任全国总工会主席，李立三、朱学范、刘宁一为副主席，并决定由李立三主持全国总工会的日常工作。

第六次全国劳动大会的召开是中国新民主主义革命时期工人运动史上的一座重要里程碑，具有承前启后的历史意义。它不仅是对新民主主义革命时期工人运动和工会运动的全面总结，更是推翻旧中国、建立新中国伟大征程的起点。首先，大会恢复重建了全国总工会，这标志着自 1927 年工会运动遭国民党反动派破坏后，全国工人阶级重新实现了大团结，工人运动在组织上恢复了统一。这对于充分发挥工人阶级的先锋作用，夺取新民主主义革命的彻底胜利，迎接新中国诞生以及承担新中国建设任务，具有极为重要的意义。其次，大会在解放战争进入战略决战、准备夺取全国胜利的关键时刻，总结了新民主主义革命各历史时期工人运动的经验教训，为动员和组织工人阶级支持人民解放军夺取全国胜利，确定了正确的运动方针。① 毛泽东在评价六次劳大的成就时曾指出："六次劳大决议是正确的。"② 再次，在这次大会上，党针对国民党统治区和解放区的工人运动及工会工作制定了不同

① 刘明逵、唐玉良主编：《中国工人运动史》第 6 卷，广东人民出版社 1998 年版，第 330—333 页。

② 李桂才主编：《中国工会四十年资料选编》，辽宁人民出版社 1990 年版，第 83 页。

的方针任务，精准指导了两个地区工人运动和工会工作的正确开展。这充分体现了中国共产党深邃的工运思想和高超的斗争策略，尤其是对解放区工会问题的探索及其实践成果，对新中国工会问题的探索具有极为重要的意义。苏区、抗日民主根据地和解放区开创的劳动竞赛与劳模运动，是中国共产党领导工人运动的一大创举。六次劳大将这一运动推向了更高、更广、更深的高潮。“发展生产、繁荣经济、公私兼顾、劳资两利”的方针，既保障了经济发展的中心任务，又兼顾了职工和资方的具体利益，显示出其在中国工运史和维权观方面的里程碑意义。毛泽东曾说过，“公私兼顾、劳资两利”的方针，在苏联没有，在东欧新民主主义国家没有，是我们独有的。六次劳大通过的有关劳动问题的决议，经中共中央转发后，成为新中国成立前后处理劳动问题的重要政策依据，也是各级人民政府建立劳动部门、制定劳动法规的重要参考。这些工运思想的新内容、新发展，使新民主主义革命时期中国马克思主义工会理论的发展达到了一个新水平、新境界。

### （三）解放区工人奋力支援三大战役和解放全中国的战争

#### 1. 支持军火生产的发展

在东北地区，各地工会积极组织军工企业职工，广泛开展“立功创模运动”，大量生产武器，为辽沈战役、淮海战役以及其他战场的作战提供了有力的物资支持。大连建新公司在解放战争期间为人民解放军提供了大量优质的军工产品，有力地支持了前线作战。1947 年，该公司生产了 3 万发一百二十四式和一百七十五式炮弹。1948 年，生产数量大幅提升，达到 23 万发，并生产了 900 门迫击炮。1949 年，公司生产了 51 万发一百二十四式和一百七十五式炮弹，2 万多发三十八式 75 毫米野战炮弹，同时还生产了一批美式 75 毫米山炮弹和苏式转盘冲锋枪。在三年的解放战争期间，大连工人总计为解放军生产了 1430 门六〇式迫击炮、

563 支苏式冲锋枪、24 只雷管、81.8 万个引信，以及大量其他军工产品，所有产品性能均十分优良。这些武器弹药源源不断地运往华东、华北等地的战场，发挥了巨大的作用。特别是在淮海战役中，解放军使用的 20 万发炮弹全部由建新公司生产，为战役的胜利做出了重要贡献。华东野战军副司令员粟裕在总结淮海战役胜利原因时曾指出："华东地区的解放，特别是淮海战役的胜利，离不开山东的小推车和大连的大炮弹。"[①] 东北全境解放后，东北人民政府接管了沈阳及南满地区的 9 个军工厂，使东北军工部在 1948 年 11 月迅速发展，形成了涵盖 9 个军工基地、74 个兵工厂的庞大体系。到 1949 年 4 月，东北军工部职工人数已达到 43687 人。在增产立功运动的激励下，新设立的军工厂大多超额完成了生产任务。据统计，1949 年东北军工部所属各厂，共生产十几种型号的炮弹 230 万余发、掷弹筒弹 11.6 万余发、各种枪支子弹 2177 万余发、修造四一式山炮、九二式步兵炮、七五式榴弹炮、六〇式迫击炮 651 门，配制轻重机枪 633 挺，冲锋枪 815 支，七九式步枪 8000 余支，转盘机 254 支。[②]

在山东，为了强化兵工生产的统筹管理，1948 年 6 月成立了鲁中南、胶东、渤海三个兵工局。在兵工局和各级工会的组织下，广大职工踊跃参与支前生产。工人们在生产竞赛中自发喊出"多出一粒子弹就多解放一个群众，做坏一粒子弹等于放走一个敌人"等口号，极大地激发了生产积极性，使得兵工产品的质量和产量显著提升。1948 年全年，全省兵工企业共生产各种炮弹 121.97 万发、子弹 503.52 万发、炸药 44.06 万斤、大炮 499 门。1949 年全年，共生产各种炮弹 77.05 万发，炸药 52.37 万斤，子

① 刘功成：《大连工人运动史（1879—1949）》，辽宁人民出版社 1989 年版，第 347—348 页。

② 常城等：《现代东北史》，黑龙江教育出版社 1986 年版，第 616 页。

弹 113.9 万发，九二式步兵炮和六〇式迫击炮 178 门。[①] 到 1949 年，全省已经有 37 个兵工厂，职工 2 万余人。山东军工系统的增产立功运动和兵工生产的发展，为支援人民解放战争做出了积极的贡献。

在晋冀鲁豫军工部及各级工会的组织和领导下，军工企业的“刘伯承工厂”生产竞赛运动不断深化。1949 年 5 月，太岳区军工第八厂率先发起生产竞赛活动，推动军火生产持续发展。冀鲁豫区五分区曹县修械所的 30 多名职工克服设备简陋等困难，积极修理和制造大量枪支，因此受到军区的表彰。其中，工人刘兴基凭借精湛的技术和勤奋的工作，被评为冀鲁豫区甲等劳动模范。到 1948 年底，冀鲁豫区的军火工厂共生产了数万发炮弹、若干门九二式火炮、300 架各种炮鞍、一部子弹机以及 2 万余斤甘油，这些物资直接供应给主力部队和地方武装，为前线战争提供了有力的支援。[②]

2. 推动军需生产的发展

在各解放区，公营和私营企业的工会在组织工人完成军火生产任务的基础上，还通过举办各类竞赛活动，积极生产各类军需物资，确保前线部队的物资供应。1949 年 4 月，东北军需部所属橡胶厂的职工们为支援人民解放军渡江作战，积极开展生产竞赛活动。仅 1949 年上半年，东北军需部就计划生产单军衣 181 万套、骑炮服 5 万套、军单帽 90 万顶、撒鞋 180 万双、单胶鞋 300 万双、麻袋 16.8 万条、毛巾 45 万条、袜子 72 万双、军毯 6.3 万条。[③] 1949 年 5 月，东北九大国营煤矿（鹤岗、鸡西、蛟河、西安、抚顺、阜新、通化、赛马、北票）职工展开大规模的劳动竞

① 王东溟：《山东人民支援解放战争史》，山东人民出版社 1991 年版，第 222 页。
② 刘明逵、唐玉良主编：《中国工人运动史》第 6 卷，广东人民出版社 1998 年版，第 336 页。
③ 常城等：《现代东北史》，黑龙江教育出版社 1986 年版，第 617 页。

赛，使各矿区煤炭产量大幅度提高。其中阜新煤矿仅半个月就生产原煤 71735 吨，超过竞赛计划的 30%。1949 年全年，东北九大煤矿共生产原煤 1124 万吨，炼铁焦炭 226942 吨，普通焦炭 104549 吨，全部超额完成生产计划。①

在华北地区，为全力支援平津战役，1948 年 12 月底，冀中区总工会向全区职工发出紧急号召，要求抓紧生产、全力支前，随后生产竞赛活动迅速在全区广泛展开。1949 年 1 月，张家口市工人仅用半个月时间，就完成了制造 230 架登城云梯、45 座木桥、3 万条麻袋和 800 余套棉衣的支前生产任务。张垣机制面粉厂的职工连续奋战 23 昼夜，生产出 28. 5 万公斤面粉，并迅速运往平津战役前线。冀鲁豫军区供给部被服厂的职工昼夜不停工作，仅用一周时间就赶制出 8000 套军装和 1 万顶军帽送往前线。②

在山东，渤海被服总厂于 1949 年 1 月接到了在五一节前交付 50 万套军装的艰巨任务。在工会组织的引领下，全厂职工积极开展技术革新和生产竞赛，最终在 4 月 18 日提前完成了任务。在淮海战役期间，济宁市工人承担了加工铁路道钉和夹板的任务。全市的铁工厂和铁匠炉工人齐心协力，仅用一个月时间就生产出 1 万枚道钉和 4700 块夹板。到 1949 年 1 月，济南市的工人群众共缝制了 75 万套军服和 50 万双军鞋。③

3. 工人参军参战

在解放战争战略决战的关键阶段，随着战役规模空前扩大，部队伤亡和减员严重，亟需后方补充大量兵员。各解放区政府和工会积极动员，广大工人群众响应号召，踊跃投身参军热潮。从

---

① 常城等：《现代东北史》，黑龙江教育出版社 1986 年版，第 579 页。

② 刘明逵、唐玉良主编：《中国工人运动史》第 6 卷，广东人民出版社 1998 年版，第 338—339 页。

③ 刘明逵、唐玉良主编：《中国工人运动史》第 6 卷，广东人民出版社 1998 年版，第 339 页。

1948 年 10 月至 1949 年 3 月，仅山东解放区就有包括工人在内的地方武装力量 12 万余人直接编入主力部队。与此同时，工人们还在后勤保障方面提供了强有力的支援。在东北战场，哈尔滨组织了 50 余名工人组成的机器碾米大队随军出征，保障部队粮食供应；阜新煤矿工人不仅捐献了 1000 余把铁镐，还派出大批青壮年工人奔赴前线协助部队挖掘战壕、修筑工事，矿区总医院和各矿医疗所积极投入伤员救护，尤其是在黑山阻击战期间，当新邱医院伤员安全受威胁时，2 万余名阜新矿工迅速行动，在短短几个小时内安全转移了 5000 余名伤员；营口的海员和码头工人在解放军攻打锦州期间，日夜奋战于辽河两岸抢搭浮桥，确保了部队、军火和军需物资的顺利通行，为锦州解放和辽沈战役胜利做出了重要贡献。在华北战场，晋冀鲁豫的鲁西南地区动员了包括搬运工人在内的 30 余万名民工、1 万余副担架和 10 万余辆大小车辆奔赴前线；郑州解放后，郑州铁路工人迅速行动，成功粉碎了国民党军队破坏黄河大桥的阴谋；1949 年 4 月 30 日，开封市工人组织了 500 人的支前运输大队，他们推着小车，跋山涉水，历时两个多月，行程数千里，共运送军粮 67.8 万余斤，为渡江战役提供了有力支持。

尤其要指出的是，在三大战役中，在党的坚强领导和全国总工会的动员组织下，广大工人群众积极支援这场空前规模的大决战，做出了巨大贡献。这时，人民解放军的交通运输条件极为简陋和落后。除东北地区控制了部分铁路外，主要依靠人力和较为落后的运输工具。军需物资的运输方式包括肩挑、车推、驴驮、船运等。从千里之外将大量的粮食、弹药等军需物资源源不断地运到前线，将伤病员送往后方医治。据统计，“在三大战役中，动员民工累计达 880 余万人次，人民群众出动支前的大小车辆 141 万辆，担架 36 万余副，牲畜 260 余万头，粮食 4.25 亿公斤”[1]。以淮海战役为例，“华东、中原、华北各地有包括工人在内的 543 万余人参加支前活动，为参战人数的 9 倍。动员担架 20.6 万副、大小车 88 万余辆、挑子 35.5 万副、大小船只 8500 余艘、汽车 257 辆。向前线运输弹药 1460 余万斤，粮食和其他军需物资 9.6 亿斤。向后方运送伤员 11 万余名”[2]。陈毅曾深情并形象地说过，淮海战役的胜利是人民群众用小车推出来的。解放战争得到包括工人在内的广大人民的热烈支持，有力地保证了战略决战的胜利，充分显示了人民战争的巨大威力。

4. 铁路工人支援军运

随着人民解放军在各战场连战连捷，各地铁路干线相继解放并回归人民手中。为迅速恢复铁路这一支援前线、输送武器弹药及军需物资的生命线，各地新解放的铁路工人在工会组织领导下，立即投身于接管铁路、抢修线路、机车车辆以及全力抢运军用物资和伤员的紧张工作中。

东北铁路工人在辽沈战役的关键时刻，以非凡的勇气和智慧谱写了壮丽的支前篇章。1948 年 9 月 28 日，昂昂溪机务段以范永为首的 16 人乘务组，面对敌机轰炸和地面拦截的双重威胁，历经五天四夜，成功将满载 30 节车皮爆炸物的 3005 次军列安全送达前线，创造了铁路运输史上的奇迹。这仅是东北铁路工人的一个缩影，在战役关键的 38 天里，共有 631 列军列穿越战火，近 2 万节车皮运送了总计 58.6 万吨作战物资，构筑起一条摧垮国民党防线的钢铁动脉。范永等特等功臣用铁轨上的忠诚践行了“解放军打到哪里，铁路就通到哪里”的誓言，他们的壮举不仅保障了

---

① 中共中央党史研究室著：《中国共产党历史第一卷（1921—1949）》下册，中共党史出版社 2011 年版，第 794 页。

② 刘明逵、唐玉良主编：《中国工人运动史》第 6 卷，广东人民出版社 1998 年版，第 342 页。

锦州战役的胜利，更彰显了中国工人阶级无畏的英雄气概。

铁路工人不仅在运输中建立功勋，在抢修恢复方面同样展现出卓越能力并取得显著成就。1948 年 10 月锦州解放后，6600 余名铁路工人迅速报到并投入抢修，仅用 9 天时间就奇迹般修复了原本预计需要 1 个月才能通车的铁路。与此同时，哈尔滨机务段的工人将废弃在铁路沿线的机车拉回厂区进行抢修，使许多报废机车重新焕发生机并投入使用；其中损坏最为严重的 304 号机车修复后被光荣命名为“毛泽东号”，随即投入到支援繁忙的军事运输任务中。同月，郑州解放后，当地铁路工人迅速自发开展器材捐献活动，共献出各类急需的铁路器材 140 件；在此基础上，工会组织上千名来自各行业的工人组成“战地抢修工程队”，义无反顾地奔赴前线，全力抢修被战争破坏的铁路路基、涵洞和桥梁，工人们以实际行动践行着“解放军打到哪里，铁路就修到哪里”的坚定决心，保障铁路大动脉的畅通无阻。11 月沈阳解放后，皇姑屯机车车辆厂的职工立即恢复生产，他们争分夺秒，最终比原计划提前整整 8 天制造出第一辆崭新的机车，该机车被命名为“华东号”，专用于支援华东地区铁路员工抢运至关重要的军用物资。12 月 1 日，徐州解放后，6000 余名铁路员工在军管会铁道处和铁路办事处的领导下，满怀热情地投入到“修路立功竞赛”之中；他们与沿线群众紧密协作，不畏艰辛地从山沟、河道和深井中挖掘搜寻出被敌人埋藏或丢弃的钢轨等宝贵铁路器材，并自力更生地打制修复所需的道钉、夹板和螺丝等零配件，克服重重困难，仅用短短 1 个月时间就胜利完成了津浦铁路济南至徐州段这一关键区段的艰巨抢修任务。

### 5. 支援解放军渡江

渡江战役的胜利离不开海员和船工的贡献。他们的勇敢和牺牲精神，不仅为战役提供了物质保障，更彰显了军民团结的力量。在渡江战役中，解放军当时缺乏大型军舰和机械化渡江工具，主要依靠民用的木船、渔船等小型船只，沿江的海员和船工为协助人民解放军突破国民党军队的长江防线做出了重要贡献。战役准备阶段，江苏、安徽、湖北等地的十几万名海员和船工积极报名，帮助解放军将士进行渡水训练。其中，安徽枞阳县组织了 12000 余名船工和 1000 余艘船只，参与渡江前的训练工作，极大地提升了解放军官兵的水战能力。渡江战役正式打响后，沿江的海员和船工们迅速投身支前战斗，表现出极大的勇气和智慧。芜湖长风轮船公司的“长风”轮海员们，不顾自身安危，驾驶轮船冲破对岸敌军密集的炮火封锁，成功将首批渡江部队运抵长江南岸。武汉的海员们同样不顾生死，面对飞机轰炸和炮火的猛烈攻击，将 40 万渡江部队及 31 吨军用物资安全运过长江。此外，被国民党军队劫持到长江南岸的数十条机动船的船工们，机智地摆脱敌人控制，将船只驶回北岸，协助解放军顺利过江。安徽北部的船工们也在渡江战役中奋力抢运渡江部队和物资，涌现出特等劳动英雄 4 名、英雄 4 名、一等功臣 177 名、二等功臣 4260 名、三等功臣 1031 名、四等功臣 508 名。据不完全统计，在渡江战役中，参加支前的船舶总数达 20970 艘。① 海员和船工们的无畏奉献和团结奋斗的力量，不仅保障了战役的胜利，更成为人民战争以弱胜强的典范，彰显了人民群众对解放事业的巨大支持。

长沙解放后，航运工人迅速征集所有可用的大小船只，在短短 4 天 4 夜的时间内，成功将数十万大军渡过湘江，追击残敌。此外，他们还组织了轮船、驳船和帆船共 1100 余艘，运送了数万吨物资和大量部队，有力地支援了解放战争。

在解放厦门的战役中，数百名船工昼夜不息地运送渡海部队。本可免于支前的超龄船工黄正川与老伴张水锦，怀着对党的赤诚

① 唐玉良、王瑞峰主编：《中国工运大事记》，辽宁人民出版社 1990 年版，第 136 页。

之心和对人民军队的深厚情谊，不仅主动请缨参战，更带动三个儿子一同投身战斗。一家五口分乘自家两条渔船穿梭于炮火之中，最终在激烈的海战中壮烈牺牲，用生命谱写了一曲军民同心、血浓于水的英雄赞歌。

6. 配合解放军解放城市的斗争

解放城市的战斗不仅是军事行动，更是一场人民广泛参与的战争。工人阶级作为重要的革命力量，积极投身其中，展现了高度的觉悟和英勇精神。

在解放上海战役期间，工人同样发挥了关键作用。他们积极为部队担任向导，带领解放军避开正面坚固火力点，熟练穿行于街巷之间，迅速推进并拔除敌人据点。华通电业机器厂的护厂队员主动请缨，引导乘坐军用卡车的解放军快速通过桥梁，沿途俘获大量敌军。当解放军进攻上海北站顽敌时，铁路工人更是不惧危险，冒着炮火深入敌穴进行劝降，有力协助解放军迅速解决战斗。济南工人冒着猛烈炮火，不顾个人安危，于夜间两次引导解放军成功炸毁东北方向桥梁，彻底粉碎了敌军企图利用深水封锁城东南的阴谋。在天津战役中，恒源纱厂工人用麻袋奋力堵住工厂围墙缺口，有效阻断了国民党军队的逃窜路线，最终使其全部被俘。石景山发电厂的一名工人则主动为解放军担任向导，精准指引部队消灭了厂内负隅顽抗的残敌。

## 二、国民党统治区工人配合接管城市的斗争

根据中共中央的指示和第六次全国劳动大会的精神，1948 年 12 月 13 日，中共中央华北局对平津地区中共地下组织在解放与接管城市中的工作问题作出了明确指示。该指示强调了平津等大城市和工业区的重要性和复杂性，要求地下党组织在各方面做好充分准备。指示说："在解放这些城市的战役中，我们虽然只能

有限地或者甚至不可能实行军事上的里应外合，但在城市接管工作上的里应外合，则是完全可能实行与必须实行的。我们必须尽可能保证这些重要的城市与工业区完整地归于人民所有。”指示强调地下党需积极开展对各界人士的动员工作，向他们广泛宣传中国共产党的城市政策以及长期建设城市的坚定方针；同时号召工人阶级、革命学生和全体劳动人民紧密团结起来，共同为城市的解放与建设贡献力量，“组织以工人及其他劳动群众与学生为骨干的纠察队或护厂、护校委员会等，保卫各重要机关、工厂、学校、仓库等，禁止破坏”，“用一切有效的方法，实现对城市的完整接收和管理”。①

中共中央上海局根据中央的指示精神，分析了京沪地区的实际情况，于 1949 年 1 月 10 日，作出了《京沪一般形势的特点及当前的基本方针与我们具体工作》的指示，规定京沪地区迎接解放的基本方针是：在“积极地、广泛地发展力量，巩固与扩大核心，加强重点工作，依靠基本群众，团结人民大多数的原则上，来为彻底解放京沪与具体准备对京沪的接收与管理而奋斗”。②

### （一）为准备迎接城市解放而采取的两项措施

当人民解放战争进入战略决战与全国胜利的关键阶段，中国共产党为迎接城市解放，在国民党统治区精心部署了两项核心组织措施：一是在香港秘密举办领导干部学习班；二是在国民党统治区广大职工群众中积极发展党的外围组织。

根据周恩来起草的中共中央指示精神，国民党统治区地下党组织在香港分期分批举办领导干部学习班。学习内容分为三个阶

---

① 《中共中央华北局关于平、津地下党组织在解放与接管城市中应如何工作的指示》，《北京党史研究》1989 年第 6 期。

② 中共上海市委党史资料征集委员会：《解放战争时期的中共中央上海局》，学林出版社 1989 年版，第 412 页。

段：第一阶段深入学习党中央指示，全面总结检查“荫蔽精干、长期埋伏、积蓄力量、以待时机”十六字方针的执行成效；第二阶段系统学习城市配合斗争与接管工作经验；第三阶段重点研究迎接解放的组织保障策略。通过集中学习，参训干部深刻认识到：在当前形势下，中共中央关于国民党统治区不组织武装起义的方针是完全正确的。与北伐战争和抗战胜利初期不同，此时人民解放军已拥有绝对军事优势，无需依靠城市起义来配合军事行动。国民党统治区地下党的核心任务转变为：广泛发动群众保护工厂、机关、学校及重要设施，坚决抵制国民党的破坏阴谋，为顺利接管城市、迅速恢复秩序和生产秩序做好充分准备。香港学习班有效规避了国民党当局的严密监视，通过集中轮训统一了领导干部的思想认识，明确了斗争任务，为他们返回各城市领导护厂护校、迎接解放的斗争奠定了坚实的组织基础和思想基础。

为有效动员和组织职工迎接解放，国民党统治区地下党坚决贯彻党中央部署，在各主要城市秘密建立起多种形式的群众性外围组织。以上海、武汉、广州等地为代表，先后成立了如“上海工人协会”“上海人民保安队”“武汉人民解放先锋队”“广州工人协会”等以工人阶级为主体的群众团体。在解放前夕的关键时刻，这些紧密围绕在党周围的外围组织，通过积极分化瓦解反动势力，在保护城市设施免遭破坏（护厂斗争）以及直接配合解放军入城接管方面，发挥了不可替代的关键作用。

## （二）大力培养工会干部

随着解放战争进入战略决战阶段，全国各地的解放进程不断加快。为了满足新解放区工会工作的需求以及为城市接管、改造和建设输送工人干部，工会组织急需培养和选拔大量干部。因此，举办工人政治学校和训练班，大规模培养工人干部，成为夺取全国胜利过程中工会运动的一项极为重要的任务。1948 年 12 月 10

日，中共中央指示全国总工会，迅速派出干部参与北平（北京）、天津的接收工作，并在市委的领导下开展工会工作。12 月 21 日，中共中央又发出《关于大量提拔培养产业工人干部的指示》，指出：革命正在迅速胜利发展的形势，要求“我党必须立即训练和准备大批接管全国各大城市及大工商业的干部”。根据沈阳、郑州等城市解放后的工作经验，接管工作主要应依靠从工人职员中提拔的懂得工商业和生产技术的干部去进行。为此，“我党必须从一切解放区的产业工人和职员中，立即训练、培养和提拔大批的干部，以便能够派遣他们和老干部一起去接管新解放的大城市及大的工商业，并参加党政军民各方面的工作。在一切可能的地方，大批地培养、训练和提拔产业工人和职员干部，已成为目前全党性的迫切的中心任务之一”①。

解放区工会根据中共中央指示，在党委领导下大力开展干部培训工作：一方面培养懂政策、熟业务的工商管理干部，支援新解放城市接管工作；另一方面培训工会干部，推动新解放区工会组织建设。1949 年 3 月，东北职工总会在沈阳成立东北工人政治大学，培养优秀工人学习政治理论和工会工作。1948—1949 年间，哈尔滨市选拔 2800 余名工人职员进入政府和企业管理岗位。华北地区通过多形式开展工会干部培训：华北职工总会筹委会在天津建立干部学校，李立三等领导同志亲自授课；1949 年冀中总工会分两批在区委党校轮训干部；北平解放后，市委自 3 月起组织工厂干部、地下党员参加为期 3 个月的培训班，仅第七十兵工厂就有 200 余人参训。

---

① 《中共中央关于大量提拔培养产业工人干部的指示》（1948 年 12 月 21 日），中共中央文献研究室、中央档案馆编：《建党以来重要文献选编（1921—1949）》第 25 册，中央文献出版社 2011 年版，第 741 页。

## （三）开展调查研究工作，准备接管城市

为保障城市解放后接管与恢复工作的顺利进行，临近解放之际，中国共产党在国民党统治区的地下党组织，紧密依靠广大工人群众和工会干部，开展了广泛而深入的系统性调查工作。

调查内容极具针对性，覆盖范围广泛。工厂企业层面：详细掌握其历史沿革、组织架构、人事构成、设备状况、生产销售情况、物资储备规模以及工会组织状态。安全与设施层面：摸排厂内外的敌特组织、反动团体活动情况，查清相关军事设施及周边重要基础设施（如交通、水电）状况。人员情报层面：对工厂负责人、关键技术人员、进步分子、破坏分子、投机分子等进行详细摸底；同时，调查地方名流、绅士、各党派人士的背景信息、政治立场及其社会关系网络。

这些调查获取的材料数量庞大、涵盖面广、内容详实，涉及军事、政治、经济、民生等多个关键领域。为确保信息的有效利用，材料被整理成两份：一份留存于当地基层组织备用；另一份则逐级上交，经过系统整理汇编成册。这些精心准备的调查资料，为后续进城的解放军部队和接管干部迅速掌握情况、顺利解放城市并实施有效接管，提供了极其重要的情报支持和决策依据。

## （四）反搬迁反破坏斗争

解放战争后期，天津、北平、上海等重要城市相继面临国民党破坏与拆迁威胁，工人阶级在中国共产党领导下展开英勇护厂斗争。

天津之战，解放炮火打响之际，各工厂工人护厂队、纠察队积极行动。城防司令陈长捷下令炸毁天津造纸厂，致使该厂遭炮击起火。护厂队员临危不惧，扑灭大火，更攀至三层高蒸煮锅，转移火炭防止耐酸砖冻坏。天津氧气制造厂受炮弹威胁，工人冒

险转移200瓶氧气，消除爆炸隐患；天津机器厂内，国民党预设电雷欲毁工厂，工人于解放军总攻前剪断引线，粉碎阴谋。

北平解放前夕，大型工矿多为官僚资本掌控，国民党妄图拆迁重要机器南运。中共北平市委“市政工人工作委员会”迅速组织工人纠察队、护厂队。石景山钢铁厂作为重工业重镇，国民党密令拆迁机器，工人以全面怠工应对，包装拖延、拆卸迟缓，使机器未运出一台；工程技术人员亦响应护厂。石景山发电厂工人秉持“大烟囱不能倒”信念，与敌周旋，确保设备完好、发电未断，为解放后城内供电奠定基础。

上海作为中国最大工商业中心，解放军南下时，国民党加速破坏与拆迁。江南造船厂作为重点目标，其地下党支部带领工人纠察队团结职工，妥善保存26000余张图纸及英美造船资料。面对敌人破坏，工人们在船坞注水减损，以水代油应对炸药威胁，混装废铁旧机保护机床，成功留存轮机车间100多台机床 。

在武汉，反搬迁斗争首先从军事工厂开始。1948年底，国民党当局下令将武汉被服总厂、三十兵工厂、海军造船厂等工厂的机器设备拆运走，调离技术工人，转移其他人员。[①] 这些工厂的工人在党组织的领导下，通过拖延时间、消极怠工、要求路费和安家费等多种方式展开斗争。武汉被服总厂计划迁往海南岛，工人们先是拖延时间，途中又不断要求增加路费，部分工人将家属留在武汉，迁移途中又逃回武汉，最终全厂有许多工人成功留在了武汉。三十兵工厂六所（位于汉阳）的搬迁，因工人的抵制拖延了两个多月才搬到武昌总厂；1949年2月总厂计划拆迁至柳州时，工人们又采取消极怠工的方式抵制：白天有人监督时就慢慢拆，晚上敌人离开后又赶紧装上，导致一天就能拆完的东西，十

① 湖北省总工会编：《湖北工人运动史（1863—1949）》，湖北人民出版社1996年版，第451页。

天还没拆完。同时，工人们还要求支付加班费、迁移费、安家费和遣散费，要求增加工资并发放银元，否则就停工，搞得敌人焦头烂额，三十兵工厂的迁移因此延误，直到解放时也没能把全部器材运走。海军造船厂的工人则利用反动军官忙于逃命的混乱局面，将工厂的车间和仓库上锁、贴封条，并在四周装上电网，挂上“留神触电”的牌子，成功阻止了敌人搬走或破坏机器设备的企图。

青岛发电厂是青岛工业的动力核心，也是军事和民生的重要能源。为保护设备，工人拆除了发电设备的关键零部件，并将备件秘密藏于发电所旧楼的夹壁墙小房间。国民党军官来厂查看设备，准备撤退时进行破坏。工人利用其对电业的无知，误导说煤厂的吊煤机是最重要的设备，一旦停止，全厂将停电。当国民党军官试图在房顶加设机枪阵地时，工人谎称房顶有高压电，使其不敢靠近，最终离开。青岛水厂工人为了保护水源地设备，昼夜值班巡逻，利用各种手段赶走国民党驻军，并在水源地周围架设电网，防止敌人破坏。解放后，水厂设备和资产完整无损地回到人民手中。临近解放时，国民党武装试图抢掠青岛中纺公司的纺织厂。护厂队动员工人将仓库中的4万多匹棉布转移到车间地沟中，避免被抢。青岛印染厂工人成立防护团，日夜戒备，用沙袋堵住工厂大门，多次阻止国民党军队进厂抢劫。解放时，印染厂的机器设备、厂房和18.5万匹棉布等物资均完整无损。①

1949年11月，国民党政府开始实施毁灭重庆的计划，重点破坏兵工厂和发电厂。重庆工人在地下党领导下，组织护厂队和纠察队，与敌人展开斗争。二十九兵工厂工程师简国治、刘家彝在清除敌人炸药时牺牲。重庆其他工人也投入保卫城市和人民财

---

① 刘明逵、唐玉良主编：《中国工人运动史》第6卷，广东人民出版社1998年版，第378页。

产的斗争，最终整座山城基本完整地回到人民手中。

### （五）积极参加新解放城市的各项接管工作

六次劳大通过的《关于中国职工运动当前任务的决议》明确了国民党统治区职工和革命职工团体配合人民解放军占领和接管城市的任务。1948 年 9 月后，随着战略决战的推进和城市解放，中共中央及各中央局发布了一系列指示，包括：10 月 15 日的《中共华北局关于接管太原的决定》、11 月 15 日的《中共中央关于军事管制问题的指示》、11 月 30 日的《中共中央关于新解放城市中组织各界代表会的指示》、12 月 10 日的《中共中央关于请派干部准备参加平津接收工作的指示》以及 12 月 13 日的《中共华北局关于平津地下党在解放与接管城市中工作的指示》等。这些指示进一步明确了接管城市的方针。

在中共中央及各中央局指示精神的指导下，各地工会和职工群众在党委领导和军政机关统一部署下，积极参与新解放城市的接管工作。主要是：

第一，协助解放军和人民政府维护城市秩序。在各大中城市解放后，工会干部迅速进城，深入工厂和企业，与中共地下党员一起动员组织工人群众，维持社会秩序。在北平、天津、济南、南京、上海等地解放后，许多企业工人在工会干部号召下，将护厂队改建为工人纠察队，部分工人还加入人民保安队，日夜巡逻，协助解放军和公安机关打击反动分子的破坏活动，保障城市稳定。

第二，开展救济工作。城市解放后，在当地党委的领导下，工会干部迅速深入各行业工人中，建立工会筹备委员会，并立即协助政府开展救济失业工人和城市贫民的工作。青岛在 1949 年 6 月解放以后，工会筹委会协助政府共发放粮食 56461 斤、现金 855854 元，救济失业工人和城市贫民 2520 户、10898 人。青岛市工会筹委会还协同政府实行以工代赈，组织失业工人和城市贫民

87638 人进行挖河、清理垃圾等工作。为此，共发出粮食 198685 斤、现金 371718 元，解决了大批工人和市民的吃饭问题，同时使市内环境和市政设施逐步恢复。①

第三，推荐工人代表参与各界代表会议，加强党政与群众的联系。根据中共中央 1948 年 11 月 30 日的指示，新解放城市的工会干部在实际工作中启发工人政治觉悟，增强其参政意识，推选代表参加市、区各级代表会议。这些代表一方面向政府反映群众意见和诉求，另一方面向群众传达政府政策。例如，1949 年 8 月，上海解放仅 3 个月后，就有 120 名工人代表参加了上海市第一届各界人民代表会议。同年 9 月，南京工人也选出代表出席南京市一届一次各界人民代表会议，并在会上发言。② 工人代表的参与标志着工人阶级开始在政治上参与城市管理，并为人民代表大会制的政权建设奠定了基础。

第四，协助政府接管官僚资本企业。这是工会和职工群众在城市接管工作中的重要任务。在党政机关的领导下，各地工会和职工群众依据相关方针政策，积极参与并完成了这一任务。以天津为例，1949 年 1 月 15 日天津解放后，军管会迅速派出军代表接管市内各单位。天津市官僚资本企业中的中共地下党员和工人护厂队积极配合军代表进厂，介绍情况、收集情报，并协助清点物资、核验设备，确保接管工作的顺利进行。至 1949 年 3 月底，天津军管会辖下的工业、交通、铁路等 13 个处对官僚资本企业的接管工作基本结束，完成了对市内大小企业和机关 663 个单位的

---

① 青岛市总工会工运史研究室：《青岛工人运动史（1897—1949）》，中共党史资料出版社 1989 年版，第 379 页。

② 刘明逵、唐玉良主编：《中国工人运动史》第 6 卷，广东人民出版社 1998 年版，第 404 页。

全部清点和接管。①

在解放全中国的伟大历史进程中，中国工人阶级以高度的政治觉悟和英勇无畏的斗争精神，谱写了一曲壮丽的英雄赞歌。李立三在 1949 年 7 月全国工会工作会议的开幕词中，高度赞扬和肯定了工人阶级的历史功绩，他说：国民党统治区的工人阶级，是真正响应了全国第六次劳动大会的号召，迎接人民解放军，尽力保护机器，阻碍和防止国民党反动派的破坏，并在人民解放军到达之后，立刻恢复生产，恢复城市中的正常生活，他们是光荣地完成了自己的任务。

## 三、新中国工运方针的奠基

### （一）党的七届二中全会与“全心全意地依靠工人阶级”方针的提出

1948 年 9 月 12 日至 1949 年 1 月 31 日，人民解放军于辽沈、淮海、平津三大战役中连获决定性胜利。国民党赖以维持反动统治的主要军事力量基本瓦解，东北全境、华北大部及长江以北的华中、中南地区相继解放，南京、上海、武汉等统治核心区域直面解放军攻势，蒋介石政权摇摇欲坠，中国革命胜利之势不可逆转。

值此历史转折的关键时期，1949 年 3 月 5 日至 15 日，中共中央于西柏坡召开党的七届二中全会。会议重点研讨毛泽东所作报告并通过相关决议，明确促进革命全国胜利及组织胜利的系列方针，作出党的工作重心由乡村转向城市的重大决策；同时制定全

① 天津市总工会工运史研究室：《天津工人运动史》，天津人民出版社 1989 年版，第 259 页。

国胜利后党在政治、经济、外交领域的基本政策，指明中国向工业国与社会主义社会转型的发展方向。此次会议形成的政策纲领，成为指导全党全军及全国人民夺取胜利、开展新中国建设的行动指南，其中“以恢复和发展生产为中心，全心全意依靠工人阶级”的城市工作方针，为工人阶级投身解放事业与新中国建设提供根本遵循。

1927 年大革命失败后，中共中央和中国工会的工作重心从城市转移到农村，开启了以农村包围城市、武装夺取政权的革命道路。在此期间，革命的主战场长期处于农村，主要依靠的是广大农村的贫苦农民，而根据地的工人群众多为雇工、手工业工人和苦力，真正意义上的近代产业工人数量极少。尽管共产党始终关注白区（国民党统治区）的工会工作，但由于国民党军队的封锁和围剿，党与城市工人阶级的联系相对减弱。在农村革命战争中成长起来的干部队伍，对城市工业和工人阶级较为陌生。因此，在大量城市解放后，党内部分人员对依靠何种力量管理和建设城市的问题产生了模糊认识。正如毛泽东指出的“在城市斗争中，我们依靠谁呢？有些糊涂的同志认为不是依靠工人阶级，而是依靠贫民群众。有些更糊涂的同志认为是依靠资产阶级”，这是一个很严重的问题。他强调：“我们必须批判这些糊涂思想。我们必须全心全意地依靠工人阶级，团结其他劳动群众，争取知识分子，争取尽可能多的能够同我们合作的民族资产阶级分子及其代表人物站在我们方面，或者使他们保守中立，以便向帝国主义者、国民党、官僚资产阶级作坚决的斗争，一步一步地去战胜这些敌人。同时即着手我们的建设事业，一步一步地学会管理城市，恢复和发展城市中的生产事业。”报告还强调恢复和发展生产事业，是我们从接管城市的第一天起，就必须紧紧抓住的“中心任务”，指出城市中其他各方面的工作，都要围绕着这个中心，并为这个中心工作服务。报告说：“只有将城市的生产恢复和发展起来了，将消费的城市变成生产的城市了，人民政权才能巩固起来。”①

在党的七届二中全会上，刘少奇着重强调了党在城市工作中必须全心全意依靠工人阶级，并以恢复和发展生产为中心的方针。他指出，为依靠工人阶级完成城市斗争的各项任务，必须在新解放城市的职工群众中着重开展三个方面的工作：一是保障工人生活，逐步提高工人生活水平，并让工人明白当前生活的艰苦是为了支持战争和建设，但共产党改善工人生活的斗争原则并未改变；二是开展工人政治教育，包括马列主义基本观点和中国革命基本问题的教育，以提高工人的觉悟，树立主人翁思想；三是建立工会组织，将觉悟的工人组织起来，并逐步建立地区和全国的产业总工会，实现全国工人的团结。为落实党的七届二中全会精神，进一步做好城市工作，刘少奇不仅发表了许多讲话，还亲自到北平、天津、唐山等地检查和指导工作，对当时的工会工作以及新中国成立后的工会工作起到了重要的指导作用。

中国共产党是马克思列宁主义同中国工人运动相结合的产物。工人阶级孕育了中国共产党。没有中国工人阶级和工人运动及其同马克思主义的结合，也就没有中国共产党的诞生。马克思主义认为，工人阶级随着产业革命而产生和发展，以出卖劳动力为生，以工资收入为主要生活来源。这种社会经济地位决定了工人阶级的特性。工人阶级是最先进的阶级，与最先进的经济形式相联系，力量最集中，掌握着最多的先进技术知识，代表着新的生产力和生产关系。同时，工人阶级是最革命、最坚决、最彻底的阶级，觉悟程度最高，在斗争中勇往直前，不仅是资本主义制度的埋葬者，更是社会主义和共产主义社会的创建者。作为工人阶级的先锋队，中国共产党自成立以来，始终将工人阶级作为自己的阶级

---

① 毛泽东：《在中国共产党第七届中央委员会第二次全体会议上的报告》（1949 年 3 月 5 日），《毛泽东选集》第 4 卷，人民出版社 1991 年版，第 1427—1428 页。

基础和依靠力量。党的事业与工人阶级的事业紧密相连，党的兴衰成败直接关系到工人阶级的前途和命运。

工人阶级是党的社会阶级载体和力量的基本源泉。工人阶级需要党，党也离不开工人阶级。党的七届二中全会和毛泽东提出的以恢复和发展生产为中心，全心全意依靠工人阶级的城市工作方针，不仅在1949年的革命转折关头和新中国成立初期发挥了巨大作用，其基本精神直到今天仍然具有极其重要的指导意义。那种无视我国工人阶级成长进步的观点，那种无视我国工人阶级主力军作用的观点，那种以为科技进步条件下工人阶级越来越无足轻重的观点，都是错误的、有害的。不论时代怎样变迁，不论社会怎样变化，全心全意依靠工人阶级的方针都不能忘记、不能淡化，工人阶级地位和作用都不容动摇、不容忽视。

## （二）华北职工代表会议和全国工会代表会议的召开

### 1. 华北职工代表会议

为切实贯彻第六次全国劳动大会决议，全面落实党的七届二中全会确立的“全心全意依靠工人阶级、恢复发展生产”城市工作方针，强化对华北及全国工会工作的统筹领导，1949年5月2日至11日，中华全国总工会于天津主持召开华北第一届职工代表会议。

彼时，平津战役胜利收官，华北全境宣告解放并转型为稳固后方。在此形势下，此次会议肩负重要使命：依据六次劳大决议与党的七届二中全会精神，动员组织华北全体职工，全力推进工业生产恢复发展，逐步实现消费城市向生产城市的转变；同时助力农业技术革新、提升农业生产水平，并持续为解放军解放全国提供支援。会议共汇聚525名经产业与地区工会选举产生的代表，连同600余位来宾参会。华北职工总会筹委会副主任赵国强致开幕词，栗再温代表筹委会作《华北职工运动的当前任务》报告，中共中央代表刘少奇、全国总工会副主席李立三亦发表重要讲话。

刘少奇在讲话中，针对会议核心议题予以深度阐释与精准指导。他指出，华北转变为战争后方后，战时工业向平时工业的转型任务艰巨复杂，需政府企业部门、各产业协同制定详尽计划，并充分吸纳工人意见推进实施；国营企业管理应构建全盘规划体系，各产业与工厂先拟定专项计划，再整合为整体方案。谈及工厂管理民主化，他强调公营工厂应普遍设立工厂管理委员会与职工代表会议，重大事项须经集体讨论决策，老解放区工厂更应大力开展民主化运动，革除官僚主义积弊。职工工资待遇方面，他提出多元实物供给保障方案；工会建设层面，着重强调全国近2000万工人的产业与职业组织化，明确会员会费制度与工会独立经费体系的重要性。

与会代表积极响应中共中央“为恢复和发展工业生产而奋斗”的号召，围绕刘少奇讲话与栗再温报告展开深入研讨，审议通过多项关键文件。《关于在国营和公营企业中建立工厂管理委员会与工厂职工代表会议的决定》及其《实施条例》等文件，彻底废除国民党时期遗留的不合理规章，明晰企业民主管理流程，协调行政与工会关系，稳定生产生活秩序，保障职工收入权益，激发职工生产积极性，有力推动新民主主义劳动政策落地实施。此外，会议还向华北人民政府提出设立劳动部门、妥善处理工人转业、统一工薪税制、强化职工教育等建设性建议。

华北第一届职工代表会议的成功召开，实现了华北全境解放后新、老解放区工人代表的首次历史性会师。会议形成的系列文件，为华北工人运动与工会工作指明方向，夯实了新民主主义劳动政策全面贯彻的根基，有力动员组织华北工人阶级投身工业生产恢复发展，为迎接全国解放筑牢坚实基础。

2. 全国工会工作会议

1949年夏，除西南、西北部分地区和台湾等岛屿外，全国主要工业城市均已解放。为贯彻第六次全国劳大决议和党的七届二中全会精神，统一解决工会工作中存在的问题，有计划地组织全国工人阶级，使其成为建设新民主主义国家和恢复生产的基石，全国总工会决定在北平召开全国工会工作会议。6 月 17 日，全国总工会发出通知，要求执行委员、候补执行委员及各地区、各产业工会负责人准备相关材料，并提交工会工作中遇到的问题和意见。

1949 年 7 月 23 日，全国总工会在北平召开全国工会工作会议，共有来自全国各省、市、区 72 个单位的 254 名代表出席。中共中央高度重视此次会议，毛泽东、周恩来、朱德均到会并发表重要讲话。毛泽东在讲话中，批评了工会组织发展中存在的“关门主义”现象，指出，“除了破坏分子及资本家外，一切职工，即使政治上落后的人，即使国民党工会的工作人员，只要有改造可能的，都应包括在工会组织之内”①，并且进一步阐明了在工会建设中团结大多数的思想，提出了党政工共同搞好生产的根本任务，成为当时和新中国工会的指导方针。周恩来在讲话中提出，为了恢复生产，建设新中国，工人阶级要实现四个方面的团结：工人阶级本身的团结；公营企业中工人与职员的团结；私人企业中与民族资产阶级的团结；中国工人阶级和国际工人阶级的团结。朱德在讲话中，强调工会作为工人阶级的组织，“在新民主主义政权下，它的任务首先应该是面向着生产”。②

本次会议的核心议题是工会组织问题。李立三着重指出了当前工人群众还没有全部组织起来的原因是工会组织发展上的“左”倾关门主义和形式主义。他说，“在战争时期人民解放军是

① 毛泽东：《关于工会工作的方针》（1949 年 8 月 11 日），《毛泽东文集》第 5 卷，人民出版社 1996 年版，第 326 页。

② 李桂才主编：《中国工会四十年资料选编》，辽宁人民出版社 1990 年版，第 82 页。

主力军，那么到了经济恢复和大规模经济建设时期，工人阶级就应该是主力军，工会要把工人群众组织起来，造成宏大的有组织的队伍”①。会议确定全国工会工作的中心任务是在一年内基本组织起全国工人阶级，特别是产业工人，使其承担起在新民主主义中国政权建设和经济建设中的领导阶级使命。围绕这一任务，会议讨论并解决了工会会员、会费、经费、组织系统及地方工会与产业工会关系等具体问题，通过了相关草案，提交全国总工会常委会批准执行。在发展工会组织方面，会议着重纠正了“关门主义”错误，同时警惕形式主义倾向。会议强调建立工会民主生活，实行民主选举制度，开展“大家办工会”运动，纠正委派制度和包办代替现象。此外，中国劳动协会理事长、全国总工会第二副主席朱学范在会上表示，中国劳协愿与中华全国总工会融合，实现中国工会运动的组织统一。②

会议的另一个重要议题是劳资关系问题。会议一致认为必须坚决执行“公私兼顾、劳资两利”的政策，并吸取了北平国药业订立劳资集体合同的经验，确认按行业订立集体合同是解决劳资关系问题的关键。会议通过了《关于劳资关系暂行处理办法》《关于私营工商企业劳资双方订立集体合同的暂行办法》《关于劳动争议解决程序的暂行规定》，并制定了《劳动局组织条例》。这些文件草案为各地政府劳动部门和工会正确处理劳资关系提供了依据。

会议还讨论了公营企业管理民主化问题，一致同意将华北职工代表会议通过的工厂管理委员会条例推广至全国公营企业。在工资和失业问题上，会议提出了初步解决方向和意见。各地代表

① 李思慎、刘之昆：《李立三之谜——一个忠诚革命者的曲折人生》，人民出版社 2005 年版，第 305 页。

② 刘明逵、唐玉良主编：《中国工人运动史》第 6 卷，广东人民出版社 1998 年版，第 434 页。

在会上就劳动保险、生产竞赛、领导生产运动、“大家办工会”以及北平国药业订立劳资集体合同等议题进行了典型报告，交流了工作经验。

全国工会工作会议是在中共中央领导下，继第六次全国劳动大会之后召开的又一次重要会议。毛泽东在接见会议代表时指出，此次会议旨在根据人民解放战争即将全国胜利和新中国即将建立的新形势，研究具体实施六次劳大通过的工人运动方针任务。会议总结了六次劳大以来全国工会工作的经验，探讨了贯彻党的七届二中全会精神、依靠工人阶级发展工业生产和接管城市的具体办法。此次会议在中国革命和中国社会历史的伟大转折关头召开，对中国工人运动和工会运动具有深远的历史意义。①

1949 年 8 月 26 日，中共中央发布《关于贯彻全国工会工作会议精神加强工会工作的指示》，要求各级党委召开专题会议传达会议精神，总结经验并部署工作。文件强调城市党委要以重要城市为重点，将工会建设作为政权和经济建设的基础环节，集中力量推进。各地党委随即召开会议落实指示，并增派干部强化工会工作。许多大中城市和工矿区（如北平、天津、唐山等）由市委主要领导人兼任工会主席，比如，中共北平市委副书记刘仁兼任北平市总工会筹备委员会主任，中共天津市委副书记黄火青兼任天津市总工会首任主席，中共唐山市委副书记阎达开兼任唐山市总工会首任主席。这种党委主要领导人直接兼任工会主席的做法，充分体现了党对工会工作的高度重视，确保了工会组织在党的领导下健康发展，推动全国工会工作迅速开展，走上统一正确轨道。

总之，新中国成立前夕全国总工会召开的两个会议，为特殊

---

① 刘明逵、唐玉良主编：《中国工人运动史》第 6 卷，广东人民出版社 1998 年版，第 434—435 页。

时期的工会工作奠定了良好基础。这两个会议之后，中国工会落实中共七届二中全会精神的措施更加具体，目标更加明确。各地工会工作者积极投身于将战时工业转化为平时工业、推动生产发展的各项工作。同时，会议通过的文件为各地政府劳动部门和工会正确处理劳资关系提供了重要依据。

## 四、全国总工会迁入北平和工会组织的发展

### （一）全国总工会迁入北平

全国总工会在哈尔滨恢复后，最初与东北职工总会（后改称“东北总工会”）合署办公。东北全境解放后，全国总工会随中共中央东北局和东北人民行政委员会迁至沈阳。1948 年 12 月 10 日，中共中央指示全国总工会派遣干部随军前进，准备参与平津接收工作，并要求平津解放后，全国总工会迁往北平或天津。1949 年 1 月北平和平解放后，全国总工会于 2 月迁至北平，并于 3 月 1 日在北平府前街 1 号正式办公，开始加强对全国工会运动的指导。

1948 年 10 月，全国总工会在哈尔滨召开六届执委会首次常委会议，决定设立组织部、文教部、生产部、劳保部、青运部、女工部、国际联络部、秘书处、私营企业工作委员会和国民党统治区工作委员会等机构，并进行了常委分工。但这些机构大多尚未建立，全国总工会便开始向沈阳和北平转移。在转移过程中，部分常委和干部因工作需要调离了全国总工会。

全国总工会迁入北平后，在中共中央的直接领导和帮助下，从各地抽调干部充实机关，并撤销原华北职工总会筹备委员会，将其多数干部留在全国总工会工作。1949 年 6 月，全国总工会在北平召开常委扩大会议，检查总结工作，讨论加强领导机构问题。

会议推选刘少奇为名誉主席，会议决定把全国总工会的机构设置调整为组织、文教、生产、工资、劳动保护与工人福利、国际联络、青工、女工八个部，秘书和行政两个处，一个研究室和手工业工人、店员、搬运工人等三个工作委员会，并确定各部门负责人。此次调整加强了全国总工会对各地区、各产业工会的领导，促进了工人和工会运动的团结与统一。会议还通过了《关于建立工会工作报告制度的决议》。

为了通过新闻报道和报刊评论，加强对全国职工的宣传教育，指导和推动全国工会运动的健康发展，全国总工会于 1949 年 7 月 15 日在北平创办了机关报《工人日报》，并作出《关于统一平、津、唐三市工人报纸与工人通讯工作的决定》。《工人日报》以华北各工业城市职工为主要对象，着重介绍华北职工工作经验，并促进各地职工交流。其创刊实现了全国总工会对全国已解放地区工人运动的统一宣传和指导。《发刊词》指出，《工人日报》要成为工人阶级的指南针和组织者，帮助工人明确方向，团结起来办好工会，成为新民主主义政权的支柱。从此，中国工人阶级拥有了统一的报纸，全国总工会以《工人日报》为中心，开展宣传教育和通讯活动，提高职工政治觉悟和文化水平，推动工人运动和工会工作迅猛发展。

为提升工会干部的理论政策水平和业务能力，培养适应新中国工会运动发展的领导骨干，1949 年 9 月，全国总工会决定将天津九江路的华北职工干部学校更名为“中华全国总工会干部学校”，由全国总工会副主席李立三兼任校长，狄子才、张云莹担任副校长。9 月 20 日，全国总工会发出《关于调训工会干部的通知》，宣布全国总工会干校成立，开始调训各省、市工会及产业工会的中层干部。第一期共调训 700 人，并具体分配了各地的名额，要求 10 月 10 日将调训干部名单上报全国总工会。随后即正式开学①。

全国总工会迁入北平后，通过加强领导机构、创办《工人日报》以及开办全国总工会干部学校，同时创办工人出版社，为实现和加强它对全国工会工作的领导准备了条件。

### （二）地区工会的发展

随着人民解放战争胜利推进，东北、华北、华东、中南、西北各省相继解放，在各地党委与全国总工会领导下，各级地方工会组织，尤在新解放城市蓬勃发展，渐成中国工会组织体系基本框架。

1948 年，东北地区工会建设率先取得突破。8 月 22 日，东北职工代表大会于哈尔滨召开，正式成立东北职工总会，李立三当选主席。辽沈战役胜利后，1948 年 10 月至 1949 年 5 月间，松江、合江、嫩江（后并入黑龙江省总工会）、吉林、辽宁等省级工会相继成立；本溪、沈阳等新解放城市亦同步设立市级工会机构，至此，工会组织覆盖东北全境。

同期，华北地区工会建设亦成果斐然。1948 年 5 月、9 月，晋察冀与晋冀鲁豫两大解放区合并后，10 月即成立华北职工总会筹备委员会，栗再温任主任。平津战役结束，北平、天津等主要城市迅速组建职工总会筹委会，冀中、冀东等 7 个区级工会筹委会亦相继成立。1949 年，伴随省级建制完善，河北、热河、河南等省级工会，以及内蒙古自治区、山西省总工会筹委会先后设立。至 9 月，华北地区工会组织网络全面建成。

华东地区工会建设同样进展显著。山东省总工会于老解放区恢复健全组织体系，淮海战役后，济南、潍坊等工业城市总工会

① 《中华全国总工会关于调训工会干部的通知》（1949 年 9 月 20 日），中华全国总工会中国职工运动史研究室编：《中国工会历史文献》第 5 卷，工人出版社 1959 年版，第 415 页。

相继成立。1949 年 2 月，山东黄河职工会成立；渡江战役胜利后，连云港至南京沿线新解放城市纷纷建立工会筹备组织。5 月 31 日，上海总工会筹委会在五卅纪念大会上正式成立，标志着华东地区工会建设迈向系统化新阶段。

西北地区工会组织于 1949 年经历重要变革。2 月，晋绥边区总工会撤销，分设晋西北、晋南工会转隶陕甘宁边区；5 月，西北总工会筹委会成立，整合陕甘宁、晋西北、晋南及兵工系统工会资源。西安解放后，筹委会迅速进驻，推进陕甘等省工会组建工作，推动西北工会组织体系完成重构。

同年，华中地区工会建设步伐加快。1949 年 5 月武汉解放，次月武汉市总工会宣告成立；7 月江西全境解放后，江西省总工会筹备委员会随即组建，有力推动华中地区工会组织的发展进程。

### （三）筹备建立全国和地区产业工会

新中国成立前夕，随着全国各地方工会组织的建立，为根据不同产业和行业特点开展工作，动员职工完成恢复和发展生产的任务，全国总工会决定建立各产业和行业系统的工会。1949 年 6 月，全国总工会第四次常委扩大会议决定指派专人筹备建立铁路、邮电、海员、纺织、矿山等系统的产业工会。7 月的全国工会工作会议进一步明确了按产业组织工会的原则及地方工会与产业工会的关系，推动了产业工会的建立和发展。

到 1949 年 9 月，全国已解放地区建立了多个产业总工会。在东北，有东北邮电、军工部、铁路、煤矿、盐业、纺织业职工总会及筹备委员会等；在华北，有平津区铁路、平绥铁路西段职工会，北平建筑业、国药业工会等；在华东，有上海铁路、航业界、海员工会等筹备委员会。此外，还有西北兵工部职工总会等地区性产业工会。[①]

随着各地区产业工会的蓬勃发展，全国性产业工会的组建工作快速推进。1949 年 7 月，全国铁路工会筹委会在北平率先成立；8 月邮电系统相继成立邮政、电信工会筹委会，并于 9 月合并为中国邮电总工会筹委会，成为新中国成立前夕最早的两个全国性产业工会。与此同时，煤矿、纺织、海员等十余个行业的全国性工会组织也在积极筹备，为新中国成立后产业工会体系的全面构建奠定了坚实基础。[②]

新中国成立前夕，除华北的省、市工会由全国总工会直接领导外，东北、西北、中南、华东等各大区均建立了总工会筹备机构或全国总工会办事处。全国已成立 47 个省、市总工会或筹备会，以及数以万计的基层工会组织，这些组织广泛覆盖了各个地区和行业，组织起来的职工总数达到了 573 万人，为新中国的工人运动和经济建设奠定了坚实的基础。

1949 年 10 月 1 日，中华人民共和国成立，开辟了中国历史的新纪元。中国工人运动和工会工作，随之由新民主主义革命进入社会主义革命和建设时期。

---

① 刘明逵、唐玉良主编：《中国工人运动史》第 6 卷，广东人民出版社 1998 年版，第 397 页。

② 刘明逵、唐玉良主编：《中国工人运动史》第 6 卷，广东人民出版社 1998 年版，第 398 页。

## 小　结

# 夺取新民主主义革命伟大胜利

自中国共产党成立后，党的中心任务就是中国工人运动和工会工作的主题和方向。从 1840 年到 1949 年，从中国工人阶级诞生到中华人民共和国成立，中国工人阶级和中国工会以大无畏革命精神，奋勇投身中国共产党领导的革命斗争洪流，为推翻帝国主义、封建主义和官僚资本主义“三座大山”，前赴后继、浴血奋战，为实现民族独立和人民解放、建立新中国作出了重要贡献。

1840 年鸦片战争爆发后，帝国主义列强的不断入侵让中国逐步成为半殖民地半封建社会。中国的近代工业正是在这种特殊的历史条件下产生和发展起来的，并从中诞生出了中国的近代工人阶级。中国工人阶级在半殖民地半封建社会中，既具备世界工人阶级的共性，又有独特之处：他们深受帝国主义、封建主义和资本主义三重压迫，革命性和斗争性极为坚决彻底；主要集中在大城市和大型厂矿企业，便于组织和团结；大多来自破产农民，与农民联系紧密，易于结成联盟。然而，中国工人阶级也存在弱点，如人数少、年龄轻、文化水平低，受传统观念和小生产意识影响深，其组织多为带有封建色彩的行会、帮口和秘密会社。

中国工人阶级这些突出的优点和弱点，对于中国工会运动乃至整个新民主主义革命，都产生了重大和深远的影响。中国工人阶级是中国新的生产力的代表，它和分散的农民阶级、软弱的资产阶级相比，是近代中国社会最进步、革命性最坚决的阶级，必然成为中国革命的领导力量。但是，中国工人阶级自身的弱点也表明，中国工人阶级要完成自己的历史使命，必须建立本阶级的革命政党。

中国的近代工人阶级队伍随着近代工业的发展而不断壮大，其斗争经验也在不断丰富，但从其组织形式、斗争方式、阶级觉悟等方面来看，他们的斗争还处在“自在”阶段，表现出明显的自发性特征。因此，直至1919年五四运动之前，中国的近代工人阶级还没有形成明确的阶级意识，没能提出自己独立的政治主张，更没有自己的统一组织和政党的领导。但是，经过这段时期的斗争磨砺，中国近代工人阶级的阶级意识正在逐渐觉醒，组织程度日渐成熟，他们即将从自在阶级走向自为阶级，成为历史舞台上的一股独立的强大政治力量。

五四运动是中国新民主主义革命的开端，也是工人阶级以独立姿态登上历史舞台的标志。五四运动促使马克思主义开始与中国工人运动相结合，1921年中国共产党的诞生就是这种结合的产物。中国产生了共产党，这是开天辟地的大事变，中国革命的面貌从此焕然一新。党的建立标志着工人阶级实现了从自在阶级向自为阶级的转变，工人运动在党的领导下，由此开始进入有意识、有组织的经济斗争和政治斗争的新阶段，并融入中国反帝反封建的新民主主义革命的洪流之中。这一时期，工人运动是党的工作重心。中国共产党效仿俄国十月革命的模式，尝试走以城市为中心的革命发展道路，在全国掀起了一次又一次工人运动高潮。从1922年1月到1923年2月，全国各地罢工130多次，其中大多数取得了胜利。党领导的第一次工人运动高潮，扩大了工人阶级和中国共产党的政治影响。

二七惨案的教训促使共产党人认识到，在半殖民地半封建的中国，仅靠工人罢工斗争是不行的，必须开展武装斗争并建立统一战线。因此，共产党人积极推动国民党改组，实现了国民党与共产党的第一次合作。统一战线建立后，工人运动开始走出低谷，重新走向高涨。1925 年 5 月，在各地工人运动持续复兴的基础上，全国总工会正式成立。在席卷全国的五卅反帝爱国运动中，工人阶级以最急进的立场、最能坚持的奋斗、最伟大的力量，向世界展示了中国工人阶级的领导力和革命精神。

从五卅运动以来，工人阶级和全国人民在反帝斗争中屡遭帝国主义和封建军阀的镇压与屠杀，深刻认识到中国工人运动必须与反帝反封建的国民革命相结合。在北伐战争中，工人阶级在中国共产党和全国总工会的领导下，积极支持北伐，推动工人运动达到新高潮。但是，由于国民党新老右派利用了当时共产党人政治上的幼稚，特别是利用了当时共产党中央领导机关的右倾软弱，进行反共分裂活动，破坏了国共合作的革命统一战线，也导致大革命的最终失败。大革命和工人运动的潮起潮落，用事实说明工人阶级是中国反帝反封建斗争的领导力量，也用血的教训验证了十月革命的模式不适合中国国情。

土地革命战争时期是中国新民主主义革命和工人运动的伟大转折时期。在这十年间，中国共产党领导的新民主主义革命和工人运动，经过艰苦卓绝、曲折复杂的斗争，实现了两次历史性的转折：由北伐战争失败到土地革命战争的兴起，由第五次反“围剿”战争的失败到抗日战争的兴起。在中国革命和工人运动的领导方面，中国共产党实现了由不成熟到成熟的伟大转变，逐步探索出适合中国特点的革命发展道路——农村包围城市，武装夺取政权。在这条革命道路的探索中，工人运动也在共产党领导的苏维埃区域和国民党统治区，循着各自的发展规律，在探索中发展，在发展中走向成熟。

在白区，“左”倾冒险主义和关门主义错误使得工人运动力量消耗严重，工会工作在城市难以正常开展；在苏区，随着中国共产党领导的苏维埃革命政权的建立，苏区工会应运而生。在中央苏区以《中华苏维埃共和国劳动法》为基础进行了相应的劳动制度建设，在与“左”倾思想的艰苦斗争中探索着中国工会的发展道路。苏区工会在动员和组织工人发展生产，配合和支援革命战争方面都进行了大量工作，为苏维埃的巩固和发展做出了卓越贡献。但是由于三次“左”倾错误路线的干扰，苏区工会运动中的“左”倾错误做法并没有得到根本的纠正。特别是王明“左”倾教条主义导致红军第五次反“围剿”战争失败以后，随着南方各主要根据地的丧失，苏区工会也全部遭到摧残。

抗日战争时期，九一八事变后，中日矛盾逐渐超越国内阶级矛盾上升为主要矛盾。七七事变拉开了中华民族和中国人民全面抗击日本帝国主义侵略战争的序幕。在国内主要矛盾发生根本变化和抗日救国的共同目标下，国共两党实现了再次合作。抗日民族统一战线的建立，在全国出现了一致反抗日本帝国主义的新局面。抗日战争时期大致可以划分为三个发展阶段：抗战战略防御阶段、抗战战略相持阶段和抗战战略反攻阶段。但是，由于国共两党从抗战一开始就实行了两条不同的路线，即国民党的“片面抗战”路线和共产党的“全民抗战”路线，从而形成了抗战时期的两个战场和三个地区的局势。所谓两个战场，即国民党的正面战场和共产党领导开辟的敌后战场；所谓三个地区，即国民党统治地区、共产党领导的抗日民主根据地和日本侵略者占领的地区。

三个地区、三个不同的阶段，使抗战时期工人运动的发生和发展所面临的形势错综复杂。在中国共产党的正确领导下，中国工人阶级的抗日救亡斗争根据三个不同阶段的形势变化、三个不同地区的敌我态势，采取了不同的策略、方法和斗争手段，并成功地提出了两条不同的工人运动方针政策，即在共产党领导的抗日民主根据地实行“发展生产、繁荣经济、公私兼顾、劳资两利”的政策，在国民党统治区和日军占领区实行“荫蔽精干、长期埋伏、积蓄力量、以待时机”的方针。这两种工人运动方针政策的形成，标志着中国工人运动在经历了十年内战的艰难探索后，开始走向成熟。这是共产党人对中国革命道路深入思考的结果，也是引领中国人民和工人运动取得抗日战争胜利的重要条件，蕴含着丰富的历史经验。

解放战争时期是中国新民主主义革命的决战阶段，也是工人运动走向成熟并取得胜利的关键时期。在这一时期，解放区和国民党统治区的工人群众，在中国共产党的坚强领导下，从各自不同的地位、环境和条件出发，开展了各种形式的斗争，为配合、援助人民解放战争，夺取革命在全国的胜利，做出了巨大贡献。随着新民主主义革命的全国胜利，全国总工会的恢复和重建，标志着自 1927 年大革命失败后工会运动遭受破坏以来，全国工人阶级重新实现了大团结，工人运动在组织上恢复了统一。这一时期积累的丰富经验，为新中国成立后工会工作的开展奠定了坚实基础。

我国现代工人运动是在中国共产党的领导下发展壮大起来的。新民主主义革命时期，全国总工会及其领导的各工会组织始终紧紧团结在中国共产党的周围，动员广大职工群众围绕党的纲领和不同历史时期确立的中心任务，前赴后继、敢于斗争、不怕牺牲，为推翻帝国主义、封建主义和官僚资本主义“三座大山”，为实现中华民族和中国人民的独立解放事业、建立新中国做出了巨大的贡献，给我们留下了宝贵的经验和深刻的启示。

坚持自觉接受中国共产党对工会的全面领导。中国共产党是中国革命事业的领导核心，它首先就是中国工人阶级和工人运动的领导核心。毛泽东曾经指出，“中国共产党的成立和劳动运动的真正开始是在一九二一年”。[1] 中国共产党的领导是中国工会的重要政治优势，也是工会保持高度统一和持续发展的根本政治保障。在新民主主义革命时期，中国工会的所有成就都是在党的领导下取得的。历次全国劳动大会均围绕党的政治路线和中心工作，制定工人阶级的基本方针和主要任务，每次大会都成为工人阶级和工会组织团结统一的新起点。从第一次全国劳动大会的 34 万名会员到第六次全国劳动大会的 283 万余名会员，中国工会的发展壮大离不开党的领导。正是因为有了党的领导，中国革命面貌焕然一新，中国工人运动才有了正确方向、奋斗目标和辉煌成就。中国工会不仅在党的直接领导下建立，还在其领导下发展壮大，这是党与工会关系的特点和优点，也是中国工会和工人阶级由弱变强、由小变大的根本原因。从中国工人阶级和中国工会产生和发展壮大的新民主主义革命历史的本质来看，始终贯穿一条基本规律，就是中国工会要时刻自觉接受中国共产党的全面领导，须臾不可脱离。

坚持服从服务党的大局和中心任务。在新民主主义革命时期，中国工会始终将服从和服务党的大局与中心工作作为首要任务。作为革命的中坚力量，工人阶级和工会在党的领导下始终站在斗争最前线。建党初期，党将工人运动作为中心工作，迅速掀起全国性罢工高潮。大革命失败后，革命重心转向农村，工会工作形成苏区与白区两条战线。抗日战争爆发后，工会遵循党的指示，支持抗日民族统一战线，发动工人投身抗战，将阶级利益与民族解放利益紧密结合。解放战争时期，工会组织工人生产支前、武装自卫，配合土改；国民党统治区工会则结合公开与秘密工作，利用合法形式开展经济和政治斗争。新民主主义革命时期中国工

① 毛泽东：《新民主主义论》（1940 年 1 月），《毛泽东选集》第 2 卷，人民出版社 1991 年版，第 697 页。

运发展历程启示我们：中国工会只有始终把党的纲领作为自己的纲领，把党的奋斗目标作为自己的奋斗目标，把自身的工作与党领导的中心工作、伟大事业紧密联系在一起，团结动员职工群众为完成党的中心任务贡献力量，才能代表职工群众，充分发挥作用，成为推动历史前进的积极力量。

坚持全心全意依靠工人阶级。中国共产党是马克思列宁主义与中国工人运动相结合的产物，工人阶级是党的社会基础和力量源泉。在半殖民地半封建的中国，工人阶级虽人数不多，但作为先进生产力的代表，具有革命的坚决性和彻底性，能够代表并团结全国人民共同奋斗。新民主主义革命时期的历史证明，只有工人阶级能够领导中国革命取得最终胜利。在党的领导下，中国工会动员各地工人群众，带头参与革命运动和战争，以坚定勇敢、不怕牺牲的革命精神，在多次斗争中发挥了先锋和骨干作用，为中国革命胜利做出了重要贡献。新民主主义革命时期中国工运的发展历程启示我们：中国共产党自成立以来，始终将工人阶级作为最坚实、最可靠的阶级基础。坚持全心全意依靠工人阶级方针，关系到巩固党的阶级基础和执政地位，也关系到中国工运事业的未来发展。不论时代怎样变迁，不论社会怎样变化，我们党全心全意依靠工人阶级的根本方针都不能忘记、不能淡化，我国工人阶级地位和作用都不容动摇、不容忽视。

坚持中国工人阶级队伍和工会组织的团结统一。工人阶级的力量源于其队伍的团结统一和整体优势的发挥。坚持工人阶级队伍和工会组织的团结统一，是中国工人运动历史发展的必然选择。列宁指出："工人的经济斗争和政治斗争开展得愈广泛，他们就愈迫切地感到统一的必要。没有工人阶级的统一，就不可能有工人阶级斗争的胜利。”① 中国工会与西方资本主义国家工会的重要区别在于，在中国共产党的领导下，中国工会从根本上摆脱了四分五裂的状况，实现了高度统一和工人阶级的广泛联合。中国工人阶级自诞生起就开展了反对帝国主义、封建主义和资产阶级压迫剥削的斗争，但早期分散的罢工斗争大多失败，原因在于工人之间缺乏有机联系，力量分散，未能有效团结对抗敌人。1922 年第一次全国劳动大会初步实现了工人阶级和工会运动的全国性团结统一；1925 年第二次全国劳动大会建立了全国工会的最高领导机关——中华全国总工会，实现了工人阶级的空前团结和组织统一；1948 年第六次全国劳动大会的召开，标志着中国工人运动在中国共产党的领导下重新实现了团结统一，推动工人运动不断取得胜利，最终赢得新民主主义革命的胜利。历史表明，在中国共产党的领导下，建立全国统一的工会组织，实现工人阶级的广泛联合，发挥整体力量，是中国工会的特点、优势和发展规律。

坚持认真履行维权服务基本职责。工人运动的目的，在于维护工人群众的切身利益，争取工人阶级的彻底解放。为此，必须将工人争取日常经济利益的斗争与改变其受压迫地位的政治斗争和革命运动相结合。这是马克思主义和共产党人的一贯主张，也是工人运动必须坚持的基本方针和原则。新民主主义革命时期的经验表明，维护职工合法权益需避免两种偏差：一种是只关注眼前的经济利益，而忽视工人阶级的根本、长远利益，如湖南劳工会的“只要面包，不问革命”倾向，以及苏区劳动政策中因“左”倾教条主义导致的片面追求工人福利的错误；另一种是只强调政治、长远利益，而忽视工人眼前的现实利益，如土地革命战争时期白区工运中忽视经济斗争意义、号召不切实际的政治罢

① 列宁：《向拉脱维亚边疆区社会民主党第四次代表大会提出的纲领草案》，《列宁全集》第 23 卷，人民出版社 1990 年版，第 210—211 页。

工和武装暴动的“左”倾冒险主义错误。因此，民主革命时期的工人运动要坚持正确方针和原则，即将工人争取最低生存条件的日常经济斗争与推翻“三座大山”统治的政治斗争相结合，通过经济政治斗争动员工人参与反帝反封建革命。违背这一方针，片面强调经济斗争或政治斗争，就要犯右的或“左”的机会主义错误。

# 中国工运通史

## 第二册（1949—1978）

中华全国总工会

国家出版基金项目
NATIONAL PUBLICATION FOUNDATION

中国工人出版社

**图书在版编目（CIP）数据**

中国工运通史．第二册，1949-1978 / 中华全国总工会编著．-- 北京：中国工人出版社，2025. 7. -- ISBN 978-7-5008-8715-7

Ⅰ．K261.3

中国国家版本馆 CIP 数据核字第 2025XJ9203 号

中国工运通史

| | |
|---|---|
| **出 版 人** | 董　宽 |
| **责任编辑** | 刘广涛 |
| **责任校对** | 张　彦 |
| **责任印制** | 黄　丽 |
| **出版发行** | 中国工人出版社 |
| **地　　址** | 北京市东城区鼓楼外大街45号　邮编：100120 |
| **网　　址** | http://www.wp-china.com |
| **电　　话** | （010）62005043（总编室）<br>（010）62005039（印制管理中心） |
| **发行热线** | （010）82029051　62383056 |
| **经　　销** | 各地书店 |
| **印　　刷** | 北京盛通印刷股份有限公司 |
| **开　　本** | 710毫米×1000毫米　1/16 |
| **总 印 张** | 126 |
| **总 字 数** | 1470千字 |
| **版　　次** | 2025年7月第1版　2025年10月第2次印刷 |
| **定　　价** | 392.00元（全四册） |

# 目录

CONTENTS

第七编

## 社会主义改造和实施“一五”计划中的工人运动（1949—1956）

第八编

## 探索中国社会主义道路中的工人运动（1956—1966）

第九编

## “文化大革命”中的工人运动（1966—1976）

第十编

## 拨乱反正与中国工人运动的新起点（1976—1978）

第七编

# 社会主义改造和实施“一五”计划中的工人运动（1949—1956）

## 第一章

# 国民经济恢复中的工人运动

1949 年 10 月 1 日，在中国共产党的领导下，中国人民经过艰苦卓绝的斗争，推翻了“三座大山”，建立了人民当家作主的新中国。中国工人运动和工会从此进入了一个新的历史时期，工人阶级、中国工会被赋予了新的使命和任务。从新中国成立到 1952 年底，国家处于国民经济恢复时期，工人阶级为恢复和发展国民经济，保卫和巩固新生的人民政权作出了巨大贡献。

## 一、新中国成立给工人阶级带来的历史性变化

### （一）新中国成立初期工人阶级队伍的基本状况

#### 1. 工人阶级队伍规模小

新中国成立初期，现代工业不发达，使用机器的工业只占 17%左右，工人阶级队伍规模很小。1949 年底，全国有职工 809 万人（不包括党政机关人员和文教、卫生系统的知识分子及相当数量的手工业工人、店员），只占到全国总人口的 1.49%，在城市总人口中占比也只有 14%。在全部职工中，产业工人约为 300 万人，占职工总数的 37%。他们中有 129 万人来自新中国成立后接管的官僚资本企业，有 164 万人来自民族资本经营的工厂企业，

另有 500 多万人分布在全国几百万户私营商业或其他社会服务性行业。在 809 万职工中有女职工 61 万人，绝大多数分布于纺织行业和轻工业生产部门。①

2. 产业构成不均衡，产业职工分布不合理

全国产业工人主要集中在纺织、矿山、煤炭、铁路、公路运输及五金冶炼等行业。以农副产品为原料的棉纺、缫丝、面粉、卷烟、造纸、制革等轻工行业，占整个工业的 74%，大多集中在东南沿海一带城市。仅上海、天津两地制造业工厂数量就占到主要城市制造业工厂总数的 87. 7%，职工人数占到 61%。② 重工业比重很小，而且偏集中于采矿、冶炼等初加工行业。钢铁业的 80%集中在辽宁等少数省的城市。在天津、上海、广州及东北少数城市，还有少量生产化工原料、一般油漆染料、医药产品的化工工业，交通运输业十分落后。建筑业在新中国成立前多为外国承包商所垄断，国内只有一些零星分散的小营造厂③。旧中国基本上没有自己的机器制造业，只有一些小型机械修配厂和军械修造厂。电力工业极端落后，全国每人每年只拥有 8. 6 度电，而且 80%的发电设备集中在少数大城市。新中国成立之初，发电量严重不足，限制了当时工业的发展。全国 2000 多个县以上城市，只有 72 个城市有自来水。全国从事地质工作的技术人员不足 300 人，地质勘查系统的职工总数不超过 800 人。

这种不均衡的产业构成和工业布局，也导致了我国职工分布不合理。根据 1949 年 10 月对全国已经建立工会组织的基层单位的调查（不包括当时尚待解放的西南和中南地区），在 626. 6 万

① 倪志福主编：《当代中国工人阶级和工会运动》（上），当代中国出版社 1997 年版，第 46 页。

② 中国社会科学院、中国档案馆编：《中华人民共和国经济档案资料选编（综合卷）1949—1952 年》，中国物资出版社 1996 年版，第 64 页。

③ 指施工企业或承包公司。

名职工中，纺织业职工为43.6万人，占7%；煤矿职工为40.49万人，占6.5%；铁路职工为42.48万人，占6.8%；搬运行业职工为41.43万人，占6.6%；化工业职工为14.97万人，占2.4%；五金冶炼职工为13.47万人，占2.2%；海员为8.55万人，占1.4%；电业职工为4.8万人，占0.76%；邮电职工为4.44万人，占0.7%；机械业职工为1.83万人，占0.29%；店员为97.47万人，占15.5%。另外，机关团体职工为38.79万人，占6.2%；文教卫生系统职工为22.76万人，占3.6%；市政职工为18.6万人，占3%；手工业工人为68.46万人，占10.9%；其他为153万人，占27%。①

### 3. 工人阶级文化水平、技术水平低

新中国成立初期，职工中的文盲、半文盲占职工总数的60%—80%，在煤矿、矿山、建筑、搬运等行业的职工以及纺织女工中，甚至有90%是文盲、半文盲。有些煤矿、建筑工程队的基层干部都是文盲、半文盲。大多数工人的技术水平较低，高级技术工人更是极为稀缺。在全国300万名产业职工中，文化技术水平较高的工程技术人员和管理人员只有30万人，仅占约10%。新中国成立后，农村中的部分农民、城市中的失业人员和市民也大量进入工人阶级队伍中，这使得职工队伍结构组成有了新的变化。

## （二）以工人阶级为领导、工农联盟为基础的人民民主专政新秩序的确立

1949年9月21日至30日，中国人民政治协商会议第一届全体会议在北平召开，会议通过了《中国人民政治协商会议共同纲

---

① 倪志福主编：《当代中国工人阶级和工会运动》（上），当代中国出版社1997年版，第47页。

领》（以下简称《共同纲领》）。《共同纲领》在新中国成立初期起到临时宪法的作用，以法律的形式建立起新生人民共和国的新秩序，确立了以工人阶级领导、工农联盟为基础的人民民主专政的国家，我国工人阶级的性质、地位、作用、任务、活动方式也因此发生了根本变化。

《共同纲领》在总纲中明确规定：中华人民共和国为新民主主义即人民民主主义的国家，实行工人阶级领导的、以工农联盟为基础的、团结各民主阶级和国内各民族的人民民主专政，反对帝国主义、封建主义和官僚资本主义，为中国的独立、民主、和平、统一和富强而奋斗。

《共同纲领》确立了以工人阶级为领导、工农联盟为基础的人民民主专政的新秩序，对于工人运动和工会工作来说，确立了基本的制度背景。

第一，《共同纲领》构建了新中国的基本政治制度。强调了工人阶级的领导阶级地位和工农联盟的基础作用，指出新中国的国体是工人阶级领导的、以工农联盟为基础的、团结各民主阶级和国内各民族的人民民主专政；政体是实行民主集中制的人民代表大会制度。

第二，《共同纲领》规定了新中国的基本经济制度和经济政策。中华人民共和国必须取消帝国主义国家在中国的一切特权，没收官僚资本归人民的国家所有，有步骤地将封建半封建的土地所有制改变为农民的土地所有制，保护国家的公共财产和合作社的财产，保护工人、农民、小资产阶级和民族资产阶级的经济利益及其私有财产，发展新民主主义的人民经济，稳步地变农业国为工业国。《共同纲领》确定了新中国经济建设的根本方针，即“以公私兼顾、劳资两利、城乡互助、内外交流的政策，达到发展生产、繁荣经济之目的。国家应在经营范围、原料供给、销售市场、劳动条件、技术设备、财政政策、金融政策等方面，调剂国营经济、合作社经济、农民和手工业者的个体经济、私人资本主义经济和国家资本主义经济，使各种社会经济成分在国营经济领导之下，分工合作，各得其所，以促进整个社会经济的发展”。

第三，《共同纲领》规定了公营和私营企业中职工和工会组织的职责和任务。在其第三十二条中明确规定：“在国家经营的企业中，目前时期应实行工人参加生产管理的制度，即建立在厂长领导之下的工厂管理委员会。私人经营的企业，为实现劳资两利的原则，应由工会代表工人职员与资方订立集体合同。公私企业目前一般应实行八小时至十小时的工作制，特殊情况得斟酌办理。人民政府应按照各地各业情况规定最低工资。逐步实行劳动保险制度。保护青工、女工的特殊利益。实行工矿检查制度，以改进工矿的安全和卫生设备。”《共同纲领》第四十七条还规定要“注重技术教育，加强劳动者的业余教育和在职干部教育”。《共同纲领》不仅确立了新中国的性质和基本制度，而且为工人运动和工会工作的开展提供了制度基础、规划了行动方向，鲜明地体现了党和国家对工人阶级在国家中的领导阶级地位和基础地位的肯定，体现了对工人阶级民主权利、物质利益的关怀、重视和尊重，指引、鼓舞广大工人阶级和工会为建设新中国而奋斗。

### （三）工人阶级历史地位与作用的变化

较之于旧中国，在工人阶级和劳动人民当家作主的新中国，工人阶级成为国家的领导阶级，在国家和社会政治经济生活中的地位从此发生了根本转变，工人阶级和工人运动所担当的历史作用也相应地发生了根本变化。这种根本变化体现在以下三个方面。

第一，工人阶级在国家和社会政治经济生活中的地位发生了根本变化。工人阶级由过去被压迫、剥削的阶级，转变成新民主主义国家的领导阶级，成为国家经济建设的主力军。作为工人阶级群众组织的工会，改变了过去与国民党反动政权的尖锐对立状态，成为新生人民政权最坚定的坚强柱石；成为党联系群众的桥梁和纽带；成为国家政权最亲密的合作者。

第二，工人阶级和工会组织的历史任务发生了根本变化。工人阶级和工会组织的任务由反对剥削阶级和反动势力的统治和压迫，捍卫无产阶级的阶级利益，转变为政治上当好维护人民民主政权的坚强支柱；经济上坚决贯彻执行“公私兼顾、劳资两利”的政策，在党的领导下，以恢复和发展生产为中心，达到繁荣经济的目的，并在生产发展的基础上，逐步改善广大职工的物质文化生活水平。

第三，工人阶级和工会组织的活动方式与工作方式也随之发生了重大变化。在新民主主义革命时期，工人阶级在党的领导下，采取了合法和非法的、政治与军事的、流血与不流血的、公开与秘密的斗争方式，通过举行罢工、怠工、游行、示威，直至武装暴动，配合革命根据地与国民党反动统治进行斗争；新中国成立后，工人阶级的历史地位和历史作用发生了根本的变化，工人阶级和工会组织的活动方式与工作方式也发生了根本变化，工人阶级在人民民主政权下，主要通过工会组织，建设新中国，开展各种形式的劳动竞赛，以国家主人翁的身份参加各项公开、合法的活动。

### （四）工人阶级面临的新形势和新任务

工人阶级在国家和社会政治经济生活中地位的根本变化，使我国工人运动和工会进入了一个新的发展时期。

新中国成立初期，工人阶级面临的形势是：中国人民革命取得了伟大胜利，工人阶级和全国人民欢欣鼓舞，中华大地呈现出万象更新的局面。

同时，国家还存在着很多严重的困难。国民党反动政权的残余部队仍在负隅顽抗，国民党在溃逃时遗留下大批残余势力，大肆进行破坏活动。新解放区的土地改革尚未进行，民主革命的任务还没有彻底完成。旧中国遗留下来的是全面崩溃的经济：工农业生产降至历史最低水平，1949 年的生产量与历史最高年产量（1936 年）相比，从农业上看，粮食产量减少了 21%，棉花产量减少了 45. 6%，1949 年全国人均粮食仅为 475 斤原粮（全民族抗战前每人平均约为 600 斤）。从工业上看，煤炭的产量仅为 1935—1936 年平均产量的 70%；电力工业方面，东北、华北、华东三大地区全部设备最大输出力仅占总装备容量的 65%；钢铁产量减少了 80%以上；棉织品减少了 25%以上。[①] 总体来看，工农业生产减产在一半以上。城市失业人数为 400 多万，乡村灾荒严重，有 4000 万灾民需要救济。据联合国“亚洲及太平洋社会委员会”统计，1949 年中国人均国民收入 27 美元，不到整个亚洲平均国民收入 44 美元的 2/3。[②] 与此同时，帝国主义在经济上实行封锁，在军事上实行包围，并伺机侵略和颠覆新中国。

摆在工人阶级面前的历史使命，就是在中国共产党的领导下，继续完成民主革命尚未完成的任务，全力恢复国民经济，巩固新生的人民政权，同时进行各项社会改革，促进新民主主义制度的巩固和发展。

为了适应新中国成立后工人阶级和工会组织地位和任务的变化，中华全国总工会在新中国成立后不久，就对工人运动和工会组织提出了五项具体任务：第一，发挥工人群众的主人翁责任感和劳动热情，开展生产竞赛。各级工会应教育工人正确执行“劳资两利”政策，遵守劳动纪律，爱护公共财产，厉行节约，使国家积累更多的资金来发展生产。第二，广大职工群众要用实际行

① 政务院财政经济委员会编：《1949 年中国经济简报》（1950 年），武力主编：《中华人民共和国经济史（1949—1999）》（上），中国经济出版社 1999 年版，第 48 页。

② 胡绳主编：《中国共产党的七十年》，中共党史出版社 1991 年版，第 368—369 页。

动拥护人民民主政权，模范地遵守国家法令，反对国民党特务分子的破坏和捣乱。各级工会要选送最优秀的工人干部参加各级政权，使工会真正成为人民民主政权的支柱。第三，维护工人阶级利益，改善工人生活，参与制定各种劳动保护法令，并协助政府的劳动人事部门，共同制定全国统一的工资制度。第四，加强对职工进行政治、文化、技术教育，提高职工的政治文化和技术水平。第五，为了组织广大工人群众完成上述艰巨任务，各级工会要搞好自身建设，建立和发展工会组织。

### (五) 党的七届三中全会为工会运动提出具体奋斗目标

为全面部署党在恢复国民经济阶段的各项工作，1950 年 6 月，中国共产党在北京召开七届三中全会。毛泽东向全会提交《为争取国家财政经济状况的基本好转而斗争》的书面报告，向全党提出了当前阶段的中心任务，并针对当前阶段出现的问题，作了《不要四面出击》的重要讲话。毛泽东的报告和讲话，提出了党在当时的中心任务是争取国家财政经济状况的基本好转，指出：要获得财政经济状况的根本好转，需要用三年左右的时间，创造三个条件，即土地改革的完成、现有工商业的合理调整、国家机构所需经费的大量节俭。提出要合理地调整工商业，调整税收；对待知识分子要在使用他们的同时对他们进行教育改造；必须认真进行失业工人和失业知识分子的救济工作，有步骤地帮助失业者就业；要切实而妥善地改善公私关系和劳资关系，使各种社会经济成分在具有社会主义性质的国营经济领导之下，分工合作，各得其所，以促进整个社会经济的恢复与发展。毛泽东最后总结指出："总之，我们不要四面出击。""我们一定要做好工作，使工人、农民、小手工业者都拥护我们，使民族资产阶级和知识分子中的绝大多数人不反对我们。”①

这次中央全会为三年经济恢复时期党的工作规定了明确的行动纲领和战略方针，对于开展各项民主改革、巩固人民民主专政、恢复国民经济起到了重要的指导作用，也对这一时期的工人运动和工会工作提出了明确的奋斗目标。

## 二、工会的组织建设及工作开展

### （一）新中国工会组织的统一与工会组织体系的建立

新中国成立后，作为工人阶级群众性组织的工会，在建设国家和巩固新生的人民政权中的作用日益重要，只有最大限度地把全国工人群众组织起来，才能真正发挥工会的作用。

1. 新中国工会组织的统一

1949 年，在全国的 809 万名职工中，组织起来的职工仅有 370 万人，不到全国职工的半数。伴随着全国政权的建立和巩固，国民经济要迅速恢复并发展，发挥广大职工的主人翁责任感和巨大的创造力，建立全国工会网络，健全和发展工会组织，成为一项非常紧迫的任务。

1949 年 7 月，全国总工会在北京召开了全国工会工作会议。出席会议的共有 72 个省、市、区单位的代表 254 人。党中央对这次会议极为重视，毛泽东、周恩来、朱德等中央领导同志都参加了会议并作了重要讲话。

这次会议的中心议题是工会组织问题。会议认为，发展工会组织必须肃清关门主义倾向，防止出现形式主义，要提倡大家办

① 毛泽东：《不要四面出击》（1950 年 6 月 6 日），《毛泽东文集》第 6 卷，人民出版社 1999 年版，第 75—76 页。

工会，建立起工会内部的民主制度，活跃工会民主生活。全国总工会副主席、党组书记李立三在开幕词中说："这次会议要讨论的第一个而且是主要问题，就是工会组织问题。""这次会议，如果解决了恢复和发展生产中和开展工会工作中的阻碍，就能成为全国工人运动的一个很大的推动力，对全国的生产事业以及整个的革命运动的一个很大的推动力。"

毛泽东在讲话中明确指出：工会是工人阶级的群众组织，我们要吸收一切雇佣劳动者，包括进步的、中间的、落后的都加入工会，只有极少数的反动分子除外。关门主义是在客观上帮助敌人的。同时要谨防扒手，防止反动特务分子混入工会。他指出：我们对落后的，犯过错误的，参加过国民党的，要教育他们，斗争他们，斗争是为了团结他们。办法是团结多数，孤立少数，这样把1500万到2000万的工人团结起来，我们就有了力量，也有了理了。毛泽东还在讲话中强调：工会要主动和行政搞好关系，要取得当地党委对工会工作的领导和支持，这是搞好工会工作的先决条件。

根据中央领导同志的讲话精神，会议讨论和通过了关于工会组织等问题的决定。这次会议重点研究解决全国各大城市相继解放后工会工作特别是工会组织工作中出现的问题，以便有计划有步骤地、大规模地将全国工人阶级组织起来，成为建设新民主主义国家及恢复与发展生产事业的可靠支柱；决定在一年左右把全国工人阶级基本组织起来。

为贯彻落实这次重要会议的精神，党中央于1949年8月26日向各地发布了《关于全国工会工作会议后各地工会工作问题的指示》，明确要求各城市党委要用自己的主要干部去加强工会工作。此后，各级党委根据中央精神，把大批优秀党员干部选派到各级工会的领导岗位，加强对工会工作的领导。不少省、市还由党委第一书记兼任工会主席。这些措施和部署为工会工作的开展开辟了广阔的前景。正是有了党的强有力支持，新中国成立以来的工会工作迎来了蓬勃发展的大好局面。

为改善工人阶级的组织状况，实现全国工会组织和工人运动的有机统一，1949 年 11 月 5 日至 10 日，中国劳动协会全国代表会议在北京召开。会议认为，新中国的成立，标志着中国共产党领导下的全国人民解放事业已取得基本胜利，根据第六次全国劳动大会制定的工人运动方针，全国工人阶级应当加强团结，统一力量来完成建设新中国的历史任务。全国总工会已树立了全国工人阶级群众组织的坚强的统一领导。因此，“劳协”一向所抱的目的和任务已告完成。会议的主要任务即结束中国劳动协会，完成全国总工会在全国工会组织上的统一，恢复中国共产党领导全国工会的光荣传统。

刘少奇、李立三、刘宁一到会并讲话。原中国劳动协会负责人、全国总工会副主席朱学范在开幕词中指出：今天，全国工人的团结统一完全实现了，“劳协”已经完成了它的历史任务，已无保留原来组织的必要。“劳协”会员应该依照全国总工会的组织系统，参加各地各种产业工会的组织，诚心诚意地接受全国总工会的领导，共同为谋求工人阶级的利益而奋斗。会议通过了结束“劳协”组织的决议，根据会议决议，原来的“劳协”会员依照全国总工会的组织系统，参加各地方、各全国产业工会。“劳协”的财产、档案、资料等全部移交全国总工会。

刘少奇在闭幕会上作了重要讲话。他指出：这次中国劳动协会全国代表会议讨论劳动协会的结束工作，将过去的工作作出总结，并移交给全国总工会，以后在全国总工会的统一组织里面，共同为组织工人、教育工人以及为它的前进而努力。“劳协”的这一态度很好，符合于工人阶级的利益，符合于目前国家经济建设的任务。他还进一步明确地指示：今后工人阶级的工作，仅由全国总工会一个组织去做还是不行的，还需要有分工，还需要有产业性的、分门别类的、根据具体目标对象分别组织工人、教育工人的产业工会，来配合国家的经济建设。全国总工会是全国工人的领导机关，它决定全国性的工作，解决全国性的问题，它担负了这一共同统一的工作。但是要担负工会今后的任务，并完成这一任务，就要建立起从上到下分门别类的全国工会的组织系统。因此，这个任务，不是“劳协”的组织形式所能担负的。

中国劳动协会的结束，实现了新中国工会组织和工人运动的统一，为推动中国工会组织迅速发展奠定了重要的组织基础。此后，在全国总工会的领导下，工会的组织建设全面发展，在较短的时间内建立起一支强大而统一的工会组织力量。

2. 工会组织体系的建立和工会组织的发展

第六次全国劳动大会闭幕后，李立三主持召开第一次全国总工会常委扩大会议，确定了常委的分工和全国总工会的工作机构：在全国总工会主席、副主席的领导下，设秘书长、组织部、文教部、生产部、劳动保护部、青工部、女工部、国际联络部、私营企业工作委员会、国统区工作委员会。随着形势发展，半年之后取消了国统区工作委员会，增设了工资部、劳动保险部、政策研究室和秘书处、行政处。随着全国总工会组织体系的发展和完善，基层组织不断发展壮大。

新中国成立初期，工会组织的发展重点是建立产业工会组织。1949 年 7 月召开的全国工会工作会议决定，首先把产业工人组织起来，使其在巩固新生的人民政权、恢复和发展国民经济等方面发挥主力军作用。1949 年 10 月 19 日，全国总工会召开常委扩大会议讨论决定，着重研究建立产业工会问题，决定筹建 21 个全国性产业工会组织。接着，全国总工会又明确提出，在最近半年内正式成立全国铁路、邮电、电讯、煤矿、纺织、海员、五金、食品、出版、文化教育 10 个产业工会，建立全国统一的产业工会组织的任务。1949 年 12 月 15 日，全国海员工会筹委会在北京成立。

1950 年，全国纺织工会代表会议、中国煤矿工会全国代表会议及中国搬运工会第一届全国代表大会、中国铁路工会代表会议等相继在北京召开，先后建立了 16 个全国性的产业工会领导机构（包括 6 个筹备委员会和 3 个工作委员会），全国各主要产业部门和主要城市的工人基本上组织了起来。一些大行政区和省、市也根据全国总工会的要求，着手建立起一些产业工会的地方组织，到 1950 年底，共建立了 85 个大行政区级的产业工会和 73 个省（市）级产业工会。

在产业工会的组织建设中也出现了一些问题。一是由于全国产业工会建立得太多太快，造成干部不够用，领导只能忙于在上面搭架子、建机构、搞条例。二是在工作上强调集中过多，造成一些全国性产业工会与地方工会的关系不协调。1951 年 1 月，全国总工会召开常委扩大会议，研究了当前工人运动问题及巩固健全工会的基层组织问题，对全国总工会在领导方法、领导作风、产业工会与地方工会关系等方面的问题进行了讨论，会议决定将已建立的产业工会，根据其工作发展与集中的程度，分为三类：第一，铁路、海员等产业工会，以产业为主解决重大问题，在实行中应征得地方工会意见，其所属基层工会的日常工作应接受地方工会领导；第二，纺织、食品、五金、煤矿等产业工会全国委员会的主要任务是配合有关产业部门，共同研究有关该产业全国性的问题，并通过地方工会去执行，给地方工会以变通的权利，实施过程中有困难，得向产业工会全国委员会反映，以便重新研究决定；第三，搬运、店员、手工业、教育、医护工作者等产业工会，在全国可以只成立工作委员会，已成立的产业工会，其工作方式须改变为工作委员会的工作方式，不直接发指示，以地方工会为主。

地方工会组织是以地域划分建立的地方各级工会体系，是与同级党委相对口并在同级党委领导下组建的。地方工会和全国性产业工会同为全国总工会所属的两种基本组织体系。在重点发展产业工会组织的同时，各地工会组织建设全面发展。截至 1950 年底，相继建立了东北、西北、中南三大行政区总工会，筹建了全国总工会华东、西南两大行政区办事处，47 个直属大行政区的省（市）总工会、176 个省属市总工会，以及 168 个县工会和 173 个专区工会办事处。

新中国成立初期，从中央到各地党委对工会的组织建设和工会工作都是非常重视的，把许多得力的干部派去做工会工作，一些地方的党委主要负责人还亲自兼任工会主席。地方工会在组建过程中，一般是由地方党委选派干部自上而下地搭架子，先建立筹备委员会，再发动群众自下而上地整顿充实各级工会组织，正式建立各级工会。工会的基层组织是按产业原则，以一个工厂、矿山、企业、事业、学校、商店等为单位，把这些单位的所有职工组织到同一个基层工会组织之中，作为密切联系群众、开展工会活动的基础。在党的领导下和人民政府的大力支持下，组建工会条件成熟的地方全力发展，条件不成熟的地方创造条件发展。例如，西南地区是大陆解放最晚的地区，工会组织的建立相对较晚。1949 年 10 月，正当人民解放军向大西南进军时，全国总工会决定派蔡树藩负责筹建西南工会工作的领导机构。1950 年 1 月，西南解放后不久，全国总工会西南办事处就在重庆建立。

1950 年 5 月，全国总工会在北京召开全国工会组织工作会议。会议检查了各地工会组织的发展情况，讨论制定了工会基层组织条例、组织工作条例及工会小组的组织条例。会议还研究了各全国产业工会的组织范围问题，确立了产业工会的组织范围及其与地方工会的关系，拟定了《关于建立组织员的规定》《关于各级工会如何总结工作与进行选举》《审查委员会组织条例》等草案。在全国总工会副主席李立三的积极推动下，由全国总工会制定并经党中央批准的《中华人民共和国工会法》在 1950 年发布，全国各地工会组织根据全国总工会的决定和《中华人民共和国工会法》的规定，逐步建立、健全了地方和产业的各级工会组织。截至1952年底，全国除台湾、西藏地区外，普遍建立了地方工会和产业工会，基本形成了全国工会网络。与此同时，根据党中央主管工会工作的刘少奇的指示，还建立了23个全国一级的产业工会（其中包括8个工作委员会、5个筹备委员会）和18万个基层工会。截至1956年底，全国工会已有1630多万会员，390万工会积极分子。工会组织的广泛发展，使工人阶级更加紧密地团结在中国共产党的周围，在国家各项工作中充分发挥了领导阶级的作用。

### 3. 创建工会干部学校，创办工会报刊

随着工会组织的迅速发展，提高工会干部的政治、业务素质，成为工会建设的一项重要工作。新中国成立前，东北总工会就举办了东北工人政治大学，为东北培养了大批政工干部。天津解放不久，全国总工会就在那里办起了华北职工干校。1949年9月，经党中央批准，改组为中华全国总工会干部学校，李立三兼任校长，狄子才为副校长。李立三在全国总工会干校第一期开学典礼上发表讲话，强调要把工会工作搞好，必须培养足够数量、有觉悟、有理论基础、有工会工作知识和经验的工会干部。1954年7月，全国总工会干校由天津迁至北京（现中国劳动关系学院所在地）。同时根据工会事业发展的需要，各省市工会也着手创办干部学校或工会干部培训班，为各级工会培养了大批工会干部和工会积极分子。到1952年，包括全国总工会干部学校，全国各地已经创办了60所工会干部学校。各地工会还帮助一些大型厂矿企业工会培训工会干部和工会积极分子，有力地促进了基层工会工作的开展。

工会的新闻出版事业是工会事业的重要组成部分，新中国成立后也获得了长足的发展。全国总工会机关报《工人日报》，是

在原北平《大众日报》的基础上于1949年7月15日创建的，原为周三日刊，后改为周六日刊。1951年，《工人日报》正式改为对开四版全国发行的综合性日报。毛泽东为《工人日报》题写了报纸刊头。在创办《工人日报》的同时，还创办了中国工人出版社，成为全国总工会直接领导的宣传出版机构。1950年2月，全国总工会决定《中国工人》杂志复刊，并交由中国工人出版社出版。同时，以中、俄、英三种文字出版发行彩色印制的《中国工人画刊》，介绍中国工人的政治、生产、学习和生活。

### （二）开展职工群众政治和文化教育

工会组织建立后第一件事就是在职工中开展政治启蒙教育。新中国成立初期，广大职工群众的政治地位虽然发生了根本变化，但是，旧社会的落后意识、旧观念、旧传统还束缚着人们。为了加强职工的思想建设，破除各种非无产阶级思想，树立工人阶级当家作主的主人翁责任感和自豪感，各级工会组织在大力发展、巩固自身的同时，还在广大职工中进行了政治启蒙教育。

各级工会组织在党的领导下，编写了各种通俗易懂、寓意哲理的工人读本，从地方到厂矿基层，普遍采取组织职工上大课，举办短期训练班和职工夜校等形式，向职工群众宣讲“谁是社会的主人”“劳动创造世界”“谁养活谁”“从猿到人”，以及阶级、阶级斗争、中国革命和中国共产党、共产主义等基本常识教育。各地还结合抗美援朝、镇压反革命和工矿企业的民主改革，在广大职工中开展了群众性的时事政策和阶级斗争教育运动，广大职工受到意义深远的爱国主义、国际主义和阶级斗争的教育。许多工矿企业通过组织形势报告会、控诉反革命罪行和诉苦大会、进行新旧社会对比、举办阶级教育展览、订立爱国公约等形式，对职工及职工家属进行政治教育，之后，结合“三反”“五反”运动，进一步在职工中进行党的优良传统和阶级教育。1952年，许多地方和工矿企业开始对职工开展比较系统的共产主义理想教育。

广大职工以极高的热情参加各种学习。经过脱产轮训，全国各大城市接受政治启蒙教育的职工占职工总数的 20%—50%。1950 年上半年，在全国 13 个大中城市中有 100 多万职工参加了比较系统的政治学习。为帮助各地职工学习，全国各级工会在 1949 年组织出版各种工人报刊多达 115 种。通过学习，广大职工群众增加了社会科学知识，开阔了眼界，提高了阶级觉悟和政治觉悟，划清了无产阶级与封建阶级、资产阶级的思想界限，克服了雇佣思想、奴隶观念和各种错误落后思想，逐步树立起工人阶级的领导意识、主人翁自豪感、责任感和新的劳动态度，激发了热爱共产党、热爱新中国和新生活的政治热情，从而发挥了工人阶级作为国家领导阶级的巨大作用，调动了广大职工的劳动积极性和创造性，为迅速医治战争创伤、恢复发展生产、支持国家各项工作奠定了坚实的思想基础。

政治启蒙教育运动对培育新中国工人阶级的成长起到了不容低估的作用。通过社会发展史的教育，使工人们懂得了劳动创造世界的道理，懂得了工人阶级的远大理想和自己肩负的历史使命，从而为自己树立无产阶级世界观奠定了坚实的基础。

经过一段时期的政治启蒙教育之后，广大工人群众迫切要求采取比较正规的办法，学习文化与技术。为此，全国总工会和各级工会积极倡办以文化为主的职工业余教育。1950 年 4 月，全国总工会在北京召集北京、天津、上海、武汉、济南、唐山、石家庄、旅大、哈尔滨九个城市的工会文教干部、职工业余学校的教员及工人学习模范，开了一次职工业余教育座谈会。在上述九个城市中参加业余学校学习的有 22 万余人，这反映了各地工人群众学习文化的迫切愿望。

1950 年 6 月 1 日，政务院发出《关于开展职工业余教育的指示》，确定职工业余教育以文化学习为主、以识字教育为重点的方针，对职工业余教育的对象、内容、形式作了详尽的规定，并提出：职工业余教育的对象以工厂企业中的工人职员为主，职工业余教育的内容以识字教育为重点。凡已经在职工中进行过一定时期的政治启蒙教育的工厂、企业，应开始有计划地开展识字运动，设立业余教育普通班，鼓励不识字的职工自动报名学习，争取在三五年内做到职工中现有的文盲一般能认识 1000 字左右，并具有阅读通俗书报的能力；同时，积极动员本企业中识字的职工和职工家属担任教员，要使每一个识字的人了解“教人识字”是自己义不容辞的责任和光荣的任务。

1950 年 9 月，教育部和全国总工会联合召开了全国工农教育会议，中心议题即确定新中国工农教育基本任务和实施方针，明确提出工农教育基本任务就是“开展识字运动，逐步减少文盲”。毛泽东接见了与会的全体代表，并与学习劳动模范亲切握手、合影，鼓励大家不断推动识字扫盲运动。会议还修正通过《关于举办工农速成中学和工农干部文化补习学校的指示》《关于开展农民业余教育的指示》《工农速成中学暂行实施办法》《工农干部文化补习学校暂行实施办法》《职工业余教育暂行实施办法》《各级职工业余教育委员会组织条例》六项草案。

于是，一场轰轰烈烈的识字扫盲运动在全国迅速展开，各地纷纷办起“扫盲班”。各级工会组织积极组织、动员广大职工利用业余时间进行识字教育。许多职工白天在车间工作，晚上又不辞辛苦地在“车间学校”学习识字。各级工会组织还动员识字的职工和职工家属投入识字教学中。1952 年，全国总工会发布《关于在工人中推行“速成识字法”的通知》，将在职工中有组织有计划推行“速成识字法”作为当时工人文化教育中的迫切任务。全国各工矿企业开始大规模推广“速成识字法”，扫除了职工群众中的大批文盲。到 1953 年，全国扫除职工文盲近 100 万人，大大提高了职工的文化素质。

## （三）《工会法》的颁布实施

### 1.《工会法》的颁布实施

1950年6月29日，毛泽东签署发布中央人民政府令，颁布实施《中华人民共和国工会法》（以下简称《工会法》）。这是新中国成立后最早公布实施的基本法律之一，是中国共产党领导下的中国工人阶级经过近30年革命斗争所获得的胜利成果，在中国工人运动和工会发展史上产生了深远的影响。

为适应建设统一的全国工会组织的要求，1950年初，在李立三的主持下，由全国总工会和劳动部组织力量着手《工会法》的起草工作。同年4月21日，政务院政务会议通过了《工会法（草案）》，并广泛征询各级人民政府和所属部门，特别是经济部门和工厂企业管理机关以及各地工会组织和工商业者的意见。经过两个月的讨论，使草案日臻完善并拥有了坚实的群众基础。6月28日，中央人民政府正式通过；6月29日，经毛泽东签署发布中央人民政府令，颁布实施《工会法》。

《工会法》共5章26条，以法律形式确立了新中国工会的性质、工会的组织原则、工会在人民民主政权中的地位与作用和工会的权利与职责。

关于工会的性质。《工会法》规定：工会是工人阶级自愿结合的群众组织。“凡在中国境内一切企业、机关和学校中以工资收入为其生活资料之全部或主要来源之体力与脑力的雇佣劳动者及无固定雇主的雇佣劳动者，均有组织工会之权。”这充分体现了工会组织的阶级性和群众性。

关于工会的组织原则。《工会法》规定：工会的组织原则是民主集中制。“各级工会委员会，均应由会员大会或会员代表大会选举产生。工会会员有根据工会章程之规定随时撤换其所选举之代表或委员之权利”，这体现了工会工作的民主原则。当然，工会工作的民主性不仅表现在选举上。李立三在对《工会法（草案）》的几点说明中强调，工会的事情要大家商量、大家来办，不能采取命令主义和包办主义。工会干部必须民主选举，工会问题必须经大家讨论，工会的事情必须大家来办，这三者是统一的。

关于工会在人民民主政权中的地位和作用及工会的权利和职责。《工会法》规定，“在国营及合作社经营的企业中，工会有代表受雇工人、职员群众参加生产管理及与行政方面缔结集体合同之权”；“在私营企业中，工会有代表受雇工人、职员群众与资方进行交涉、谈判、参加劳资协商会议，并与资方缔结集体合同之权”；“工会有保护工人、职员群众利益，监督行政方面或资方切实执行政府法令所规定之劳动保护、劳动保险、工资支付标准、工厂卫生与技术安全规则及其他有关之条例、指令等，并进行改善工人、职员群众物质生活与文化生活的各种设施之责任”。《工会法》还规定：为保护工人阶级的根本利益，工会要“教育并组织工人职员群众，维护人民政府法令，推行人民政府政策，以巩固工人阶级领导的人民政权”，“教育并组织工人、职员群众，树立新的劳动态度，遵守劳动纪律，组织生产竞赛及其他生产运动，以保护生产计划之完成”，“在国营及合作社经营的企业中，在机关、学校中，保护公共财产、反对贪污浪费和官僚主义，并与破坏分子作斗争”，“在私营企业中，推行发展生产、劳资两利政策，反对违背政府法令及妨害生产的行为”。这些规定较好地解决了工会与政府的关系、与国营企业和私营企业的关系，即政府全心全意依靠工人阶级，工会支持、协助政府开展工作；在国营和私营企业，工会有保护职工群众利益的权利，也有组织教育职工积极生产、保证完成生产计划的责任。这是在人民民主专政下，工会与政府之间新型的、互利的关系。

《工会法》还对工会经费的来源、工会经费独立原则作出规定，并要求工会根据此原则建立自己的财务制度，体现了人民政府给工会以各种财务方面的支持和优惠待遇。

《工会法》是根据工人阶级的当前利益和长远利益而制定的，体现了工人阶级的意愿和要求，为更好地发挥工会在国家和社会政治经济生活中的重要作用提供了法律保障和依据。

1950年7月8日，全国总工会发布《全国总工会关于学习与实施〈中华人民共和国工会法〉的决议》，要求各级工会认真学习《工会法》，召开会议专门讨论学习，各地区、各全国产业工会组织的负责干部要亲自作学习报告，《工会法》要作为各级工会所属干部学校的必修课程。全国各级工会组织和职工群众中迅速掀起学习、宣传《工会法》的热潮。

**2. 与《工会法》配套的实施办法的相继出台**

为了切实贯彻执行《工会法》，全国总工会参与制定了与《工会法》配套的有关工会经费、房屋设备等条款的实施办法。1950年7月12日，财政部下发通知，规定了各级工会事业费补助办法。10月11日，劳动部、财政部联合下发通知，要求凡已成立工会组织的生产单位或行政单位，应依照《工会法》第二十四条第二款之规定，按月拨交工会经费。1951年1月1日，全国总工会发布关于行政方面或资方拨交工会经费收缴暂行办法，规定：“凡工厂、矿场、银行、商店、农场、学校、医院、合作社等生产单位或行政单位的行政方面或资方，应按所雇全部职工（私营企业中资方代理人不在内）实际工资（包括货币部分实物部分及伙食）总额2%，按月拨交工会组织，作为工会经费（其中实际工资总额的1.5%为职工文化教育经费）。”

1951年2月24日，政务院发布《关于解决各级工会房屋设备问题暂行办法》，以保证各级工会获得办公、集会与举办群众福利及文教事业所需之房屋及设备。

这些与《工会法》配套的有关工会经费、房屋设备等条款的实施办法、规定的出台，有效地保障了《工会法》的实施，促进了工会组织的发展壮大。

《工会法》的出台，以及一系列劳动法律法规的相继颁布实施，适应了新中国成立初期劳动关系上的复杂局面，在调动职工群众及其他各方面的积极性、保障职工合法权益、恢复发展生产等方面发挥了重要作用，产生了深远的积极影响。

### (四）参与企业的民主改革与生产改革

新中国成立初期，人民政府接管了大批官僚资本主义企业。由于官僚资本主义企业在旧中国的畸形发展，在许多产业、行业内形成了一套由封建把头把持生产和管理的腐朽制度，搜身制、包工制等成为套在工人头上的沉重枷锁。许多工厂里的封建把头利用这套制度，控制、压迫工人，极尽盘剥之能事。新中国成立后，他们表面上收敛了许多，但仍然依靠长期形成的帮口势力，对工人群众进行控制。要迅速改造旧企业，依靠职工群众恢复和发展生产，使工人当家作主的地位充分体现，就必须彻底清除企业内生产和管理中一系列的腐朽制度。为此，党和国家更加重视企业民主管理，工会则担负起这一特殊的重要工作。这一时期的企业管理，是同企业民主改革、生产改革，废除旧社会遗留下来的各种旧制度结合在一起进行的。

从 1950 年起，党和政府在国营企业中开始了比较集中和全面的改革。改革大体分两个阶段进行：第一个阶段是进行民主改革，第二个阶段是进行生产改革。

民主改革是把官僚资本主义旧企业改造成为社会主义新企业过程中不可逾越的阶段，它是新中国成立初期在全国范围内进行社会改革的一个重要方面。

民主改革的第一项工作是清除企业中旧的官僚主义管理制度，建立工厂管理委员会和职工代表会议，吸收工人参加管理，实行企业管理民主化。1950 年 2 月 6 日，《人民日报》发表全国总工会主持起草的《学会管理企业》的社论。社论提出学会管理企业，把官僚资本主义企业改造成为新民主主义企业，应该成为中国工人阶级目前的中心口号。[①] 新民主主义企业与官僚资本主义企业在管理上的根本区别，就在于管理企业的民主化。在一切国营、公营企业中，实行企业管理民主化，建立工厂管理委员会和职工代表会议制度，吸收工人参加管理，是改造旧企业、管好人民企业的基本环节和中心环节。

1950年2月28日，中央财委发出《关于在国营工厂建立工厂管理委员会的指示》，提出“在国营、公营工厂企业中，必须把原来官僚资本统治时候遗留下来的各种不合理的制度，进行有计划有步骤的一系列的改革。这种改革的中心环节，就是建立工厂管理委员会，实行工厂管理民主化”。中央财委要求各地财经委指导和督促所有企业切实建立新的管理委员会，并批判各种不相信群众的错误思想与官僚主义作风。1951年9月，党中央作出《关于管理国营工厂的决定（初步草案）》，要求发动和依靠职工群众进行民主改革、生产改革。在建立厂长负责制的同时，推行企业民主管理。提出国营企业中的厂长必须尊重工会，一切生产管理上的重大问题，必须与工会商量，取得工会的同意。

根据上述精神，1950年，各国营工厂企业在发动群众的基础上，对旧有的官僚主义管理制度进行了改革，建立了有厂长、副厂长、总工程师和其他负责人以及相当于以上数量的工人职员代表参加的工厂管理委员会。管理委员会是工厂的最高行政领导机关，厂内一切重大问题都要经过管理委员会的讨论。同时，各厂矿企业还通过工人群众的选举建立了职工代表会议。职工代表会议是工厂管理委员会联系群众，发动和组织工人参加管理、行使主人翁权利的广泛性的群众组织。

---

① 《学会管理企业》，《人民日报》1950年2月6日。

与此同时，全国总工会在北京召开东北地区及旅大、沈阳、北京、天津、武汉、上海、唐山、太原、青岛等城市总工会生产部长会议，着重研究了工厂管理民主化问题。李立三在报告中强调，在新民主主义政权下，工会中心工作应当是生产工作，是在改革的基础上实现的。在关外，是开展全面生产运动；在关内，基本问题是改造旧企业、实现工厂管理民主化。随后，全国掀起了职工群众广泛参加的工厂管理民主化运动的热潮。据 1950 年底对全国 4375 个国营、公营厂矿企业的调查表明，建立工厂管理委员会的企业已经达到 1458 个，约占 1/3。在私营工厂企业，职工则通过建立劳资协商会议制度和劳资合作制度参与企业管理。

民主改革的第二项工作是清除隐藏在企业内部的反革命分子和封建残余势力，彻底废除种种压迫工人的制度，如封建把头制度、包工制、侮辱工人人格的搜身制度等。

新中国成立后，封建把头制度虽然受到了一定的打击，但并未来得及予以彻底清除，并且在企业中顽固地存在着。要进行民主改革，不废除封建把头制度，职工群众就不能得到彻底翻身解放，生产事业就很难恢复并取得发展。

1950 年 1 月，中国纺织工会全国代表大会通过了《关于废除"搜身制度"的决议》。该决议指出，搜身制度是旧社会统治阶级对工人人格上的一种极端侮辱；废除搜身制度，已经成为纺织企业职工迫切的呼声。会议责成中国纺织工会筹备委员会采取必要步骤，达到完全废除搜身制度的目的。纺织企业工会迅速组织动员职工群众废除搜身制度，以及各种鄙视、侮辱、打骂、压迫工人的坏习惯（不成文的制度）。

1950 年 2 月，中国搬运工会第一届全国代表大会通过了《关于废除各地搬运事业中封建把头制度暂行处理办法》。同年 3 月，中国煤矿工会代表会议通过了《关于废除把头制度向中央人民政府燃料工业部的建议》。政务院分别批准并公布了搬运工会、煤矿工会、纺织工会全国代表大会关于废除封建把头制度的决议和办法。到1951年10月，全国已有432个城市彻底废除了搬运行业的封建把头制度。据当时118个城市初步统计，经过斗争清除了有重大罪恶的封建把头1.56万多人。

1951年6月，全国总工会在北京召开建筑工会工作会议，要求在全国开展整顿建筑业、废除层层转包和封建把头制的斗争。新中国成立后，随着生产的恢复和发展，建筑工程任务日益增多。许多建筑业的把头开始大量招收来自农村的工人，层层转包，对工人层层克扣，在工程中偷工减料，造成了建筑行业的混乱。仅上海就出现了大大小小私营营造厂2700多家，1950年仅被克扣的工人工资就相当于三亿斤粮食。许多地方建筑工人实际所得工资仅为应得工资的三成。[①] 针对建筑业的严重混乱状况，经政务院同意，全国开展了整顿建筑业、废除层层转包和封建把头制的斗争。在这场斗争中，仅北京、上海、天津、沈阳、重庆五个城市的建筑业中就有7000多名封建把头被清除，一些罪大恶极的封建把头被严惩法办，大多数被教育改造，建筑业中层层转包、层层克扣盘剥的现象得到根本扭转。到1952年初，整个建筑业整顿工作告一段落。

1951年11月，党中央发出《关于清理厂矿、交通等企业中的反革命分子和在这些企业中开展民主改革的指示》，要求各地必须发动和依靠群众，有领导、有计划、有步骤地对所有企业，首先是对国营企业内部的反革命势力进行清理。对旧中国企业遗留的一套压制工人的旧制度进行民主改革，标志着民主改革运动在国营工矿交通企业中全面展开。

根据或参照这些指示、决定，纺织、煤矿、搬运行业和其他

---

① 中华全国总工会编：《中华全国总工会七十年》，中国工人出版社1995年版，第291页。

厂矿企业都先后发动群众，揭发控诉包工制、封建把头制以及其他压迫工人的制度，并明令废除。对封建把头，根据他们的不同罪行分别作了严肃的处理。在党的领导下，各级工会发动职工群众，对隐藏在企业内部的反动残余势力和封建把头进行揭发与斗争，对企业内部不协调的关系进行调整，对不合理的、压制工人的规章制度进行改革。

在废除封建把头制、建立班组劳动组织的过程中，党还要求把在技术上有经验、在群众中有威信的工人及职员大胆提拔到行政管理的岗位上，使企业生产管理大权真正掌握在工人阶级手中。据华南、华北八个煤矿的统计，在民主改革中受到处理的把头有2000余人，同时有1.2万多名工人被提升为组长、井长、矿长及技术员。

到1952年底，全国基本废除了搬运、纺织、煤矿、建筑业的封建把头，企业民主改革运动基本完成。在国营企业中，一般都建立起工厂、车间、班组三级生产管理制度；建立了以厂长为首的工厂管理委员会和职工代表大会制度，推行企业管理民主化。在私营企业中，主要是通过劳资协商会议，废除不合理的规章制度，通过资方逐步建立切实可行的有利于发展生产和保障职工正当权益的制度。

通过民主改革，革除了旧企业中不合理的腐败制度和无政府现象，进一步消除了发展生产力的障碍，提高了工人阶级的劳动热情，增强了工人阶级的团结。工人们说：“民主改革是工人在解放后的第二次翻身。”

在进行民主改革的同时，各厂矿、交通企业在技术管理方面也进行了改革，废除了落后的生产方法，采用新技术新工艺新方法生产。例如，燃料工业部在1950年作出了在国营煤矿全面推行新的生产方法的决定，废除过去长期采用的高落式与方柱式的采煤方法，采用三段长壁、矸石充填等新的采煤方法，以提高日采率和保证安全生产。此外，在纺织部门推广了“郝建秀细纱工作法”和“五一织布工作法”，在煤炭系统推广施玉海的安全工作经验和马六孩的快速掘进经验，在钢铁工业推广平炉快速炼钢法，在机械系统推广高速切削法，在铁路系统推广满载超轴五百公里运行经验，在建筑部门推广苏长有小组的先进砌砖法，等等。许多国营企业通过生产改革，建立起生产责任制、交换班制、质量检查制、合同制以及有关职工生活制度。一些私营企业在职工的推动下，通过劳资协商等有关渠道，废除了不合理的规章制度，建立起有利于生产发展和改善职工生活的制度。

就全国范围来说，企业的民主改革和生产改革紧密衔接，大体在 1952 年陆续完成。民主改革和生产改革的胜利完成，使实行改革的企业面貌焕然一新，使生产力得到进一步解放，使广大职工群众真正成了企业的主人，其积极性和创造性得到发挥，使国营经济得到迅速壮大。

### （五）推广基层工会工作经验

新中国成立初期，工会工作获得了长足发展，各地在实践中形成了许多经验。为了总结推广群众工作的经验，全国总工会着重抓了五三工厂工会基层工作的经验，用典型带动全盘，以建立正常稳定的工作秩序，迎接国家大规模的经济建设。

五三工厂是沈阳一家较大的国防工厂，是全国国营企业中工作经验比较全面的工厂。它的工会工作的基本经验主要有三项内容：一是政治工作与经济工作相结合，党、政、工、团有明确的依靠工人阶级的思想和群众路线的工作方法。在党的统一领导下，它们有很好的学习制度，注重领会党的政策思想，调查研究、抓住关键，典型示范，教育干部和群众。二是在思想一致的基础上，建立一套正常的工作秩序。行政方面不仅计划和管理生产，而且把劳动保护、劳动保险、举办职工福利等事业也作为自己的责任；

工会主要是组织群众的生产竞赛、进行群众教育及具体组织群众的物质文化生活；而党的领导，则主要体现在政治思想和对工会工作的领导方面。三是充分发扬批评与自我批评精神，使党、政、工、团形成经常制度，成为解决矛盾、加强团结、推动各项工作的动力。

五三工厂的经验，有效地解决了当时工矿企业中普遍面临的问题，妥善协调了党、政、工、团的关系，消除了某些混乱现象，迅速建立起正常稳定的工作秩序。党中央对五三工厂的经验予以充分肯定，并同意全国总工会在全国推广。

五三工厂经验的总结和推广，是新中国成立后工会工作进入一个新水平的标志，带动了全国工会基层工作朝气蓬勃地开展。

## 三、工人阶级为恢复国民经济而奋斗

### （一）协助政府接管官僚资本企业，建立国营经济基础

没收官僚资本归人民的国家所有，是新民主主义革命的三大经济纲领之一，也是《共同纲领》所规定的历史任务之一。

在旧中国，官僚资本垄断了国家的经济命脉，大肆掠夺人民财富，是国民党反动政权的经济基础。随着解放战争在全国的胜利，没收官僚资本企业，管制、征用、征购或者没收帝国主义在华的工矿企业，既是打碎国民党政权赖以存在的经济基础的需要，也是把它转变成为社会主义性质的国营经济的需要。这是工人阶级在党的领导下应完成的一项紧迫而重要的任务。

在旧中国，官僚资本集中了全国工业资本的 2/3 左右和全国工矿交通运输业固定资本的 80%，共有工矿企业 291 个，掌握了全国钢铁产量的 90%，煤产量的 33%，发电总量的 67%，水泥产量的 45%，有色金属和原油产量的全部。官僚资本不仅控制了重

工业生产，而且控制了轻工业生产，仅“中国纺织建设公司”就有64家纺织厂，其纱锭占全国纱锭总数的38%，织布机占全国机械化织布机总数的60%。官僚资本还垄断了全国的金融、铁路、航空和44%的轮船吨位。

为了保证对官僚资本接收的完整和顺利，党中央在解放战争后期十分注意对官僚资本企业的接管工作。在不断总结经验的基础上，党中央在1949年上半年先后发布了《关于接收官僚资本企业的指示》《关于接收江南城市给华东局的指示》《关于接收平津企业经验介绍》等文件，详细地规定了有关接收官僚资本企业的方针和政策。广大职工群众在党的领导下，积极协助政府，有组织、有步骤、有计划地接管官僚资本企业。到1949年底，全国共计没收官僚资本工业企业2858个，拥有职工129万余人，其中包括发电厂138个，采煤、采油企业120个，铁锰矿15个，有色金属矿83个，炼钢厂19个，金属加工厂505个，化学加工厂107个，造纸厂48个，纺织厂241个，食品企业844个。另外还有“四行两局一库”① 系统和国民党省市地方系统的银行2400多家，十几个垄断性的贸易公司，以及国民党政府所属全部交通运输企业。这些企业包括官僚资本最主要的部分，没收了它们，标志着接收官僚资本任务的基本完成。

在党的领导下，广大职工充分发挥了领导阶级的作用，在整个接管官僚资本企业的过程中，采取了十分谨慎和稳步前进的政策。对旧的企业机构、生产机构没有像对待旧政治机构那样进行破坏，而是加以保持，“维持生产，保证供应，原封不动，稳步前进”。这在解放战争尚未完全结束，社会秩序、生产秩序尚不

① “四行两局一库”是国民党统治时期官僚资本直接控制下的七大金融机构的合称。“四行”即中央银行、中国银行、交通银行、中国农民银行；“两局”即中央信托局、邮政储金汇业局；“一库”即中央合作金库。新中国成立后，中国银行、交通银行两行整顿改组，其余机构清理结束。

稳定，又缺乏现代化企业管理经验的情况下，是避免失误的正确做法。组织起来的职工群众，在配合政府接管企业的过程中，严格注意保持企业组织的原有机构，按照系统进行接收，保证了企业技术组织和生产系统的完整。对于企业原有人员，包括厂长、局长、监工、工程师及其他职员，除个别破坏分子必须逮捕处分外，一律留用并令其继续担负原来的职务、负责保护企业财产和生产的恢复与进行，并实行奖罚制度，“对保护有功者奖、怠工破坏者罚”。对于企业主要负责人已逃亡，或劣迹昭著者、非撤换不可者，也是尽量从本企业中选拔合适的人员去补任。确实无法提拔者，才由军管会征得工会意见，派该企业内行去管理。

在接管过程中，各级党组织紧紧依靠工人群众，通过职工会选派代表和积极分子与军管人员组成“清点委员会”“接管小组”，或协助军管会进行清点工作，极大地调动了职工群众的积极性。同时，还召开工人代表会议、各种形式的座谈会，利用工间、工余时间宣传党的政策，群众予以配合，检举揭发隐瞒破坏行为。广大职工普遍提高了觉悟和政策观念，在职工的积极协助下，查出了不少遗漏的器材、物资，保证了接收和清点工作的顺利完成。上海海关在接收工作中由于充分发动和依靠海关职工，使清点接收工作不到三天就顺利完成，完整地接管了全部财产和档案。

在接收官僚资本企业的过程中，工会发挥了重要的组织作用，把对企业的接收工作与恢复生产的工作有机地结合起来，对一切接管的工厂，基本按照原职原薪进行复工，保护了工厂，安定了人心，解决了职工生活问题，保证了机器照常运转，人员照常工作。工会还尽量把接收人员与经营企业人员的思想统一起来，避免了损失和浪费，从而使接收官僚资本的工作进行得十分顺利和成功。

广大工人群众在协助政府接管官僚资本企业的伟大斗争中，

有力地贯彻执行了党中央的方针和政策，发挥了领导阶级的作用，对于新中国成立初期稳定政治大局，克服财政经济困难，以及保证其他各项工作的开展，起到了极为重要的作用，也为以后的经济建设工作创造了一个良好的开端。

### （二）开展清仓查库和献纳器材运动

由于帝国主义对新中国的封锁禁运，以及国民党反动派在逃亡之际对城市和工业设施的人为破坏，大批工厂的设备破坏严重，大量生产器材丢失，工业生产的原材料供应不足，造成了许多工厂企业难以开工。为了迅速恢复工业生产，1950 年 3 月，政务院决定在全国开展清仓查库和献纳器材运动。全国总工会和各级工会号召、组织全国职工开展清仓查库和献纳器材运动，广大职工积极响应号召，以主人翁的责任感投入这一运动中。

献纳器材运动最初是沈阳皇姑屯铁路工人的一大创举，并由东北地区扩大到全国各厂矿企业。为了尽快恢复铁路运输，沈阳皇姑屯铁路工人纷纷把藏在家里的器材贡献出来，修复被破坏、损毁的火车，快速恢复了铁路运输。这一事迹被全国总工会发现，并在《东北日报》报道，得到工人群众的热烈响应。仅 1949 年 1—4 月，鞍山、抚顺两市职工就献纳器材 45 万件。据统计，从 1950 年 3—6 月，全国共清理出机器 20110 部、钢铁 19.6 万吨、汽车 7961 辆、发动机 5852 台和其他大批物资。这一运动的开展，不仅为工业生产解了燃眉之急，而且极大地调动了工人阶级的生产积极性，提高了主人翁觉悟。

鞍钢的模范工人孟泰，就是献纳器材运动中涌现出的最具有代表性的人物。东北解放之际，由于日伪和国民党反动派的破坏，鞍钢几乎成了一片废墟。为了尽快恢复生产，修复千疮百孔的高炉，老工人孟泰发动工友，整日在废料堆中寻找有用的零件和器材，让废铁变废为宝。经过几个月的努力，他们捡回了上万件零件、上千件器材，建立起了闻名全国的“孟泰仓库”。在孟泰等工人的努力下，鞍山钢铁公司的第一座高炉终于开工生产，这座高炉的配件材料几乎都来自“孟泰仓库”。孟泰在鞍钢开工大会上，被授予一等功臣。孟泰的精神也感染、激励着全国职工，在全国引发了热烈反响。在新解放的华北、华东地区，献纳器材运动逐渐推广起来，广大职工纷纷学习孟泰。北京电信职工从废料堆中清理出3000多支完好的真空管，北京石景山钢铁厂工人献出钢材5000余吨，各种机器零件万余件，天津中纺七厂的职工查出账外物资15800多件。

献纳器材运动为有效解决生产急需、迅速恢复工业生产作出了贡献，也增强了广大职工的主人翁责任感。

### （三）协助政府贯彻私营工商业政策

新中国成立初期，根据党的七届二中全会精神，在“发展生产、繁荣经济、公私兼顾、劳资两利”总方针指导下，制定了对资本主义工商业实行利用、限制和改造的政策。

广大职工群众，积极支持、拥护党的政策。他们积极向爱国资本家宣传党的政策方针，进行争取和团结，推动他们安心恢复发展生产。广大工人不惜主动降低工薪，千方百计地帮助资方扩大经营，渡过难关。上海申大面粉厂就是典型之一，资方由于资金困难，生产一度停顿。职工群众为解决困难，主动帮助资方改变经营方针，职工摊款帮助厂方购买机器，扩大经营范围，很快使这个厂恢复生产，从而避免了工厂倒闭、工人失业。职工对那些抽逃资金、消极经营、克扣拖欠工人工资的私营厂主，则开展说理斗争，协助政府进行监督和斗争，保证生产，维护经营。

新中国成立初期，不法资本家利用国家暂时的经济困难，投机倒把，哄抬物价，广大职工群众在工会组织下，配合公安、工商、金融等部门，坚决打击奸商违法行为和犯罪活动，平抑物价，稳定市场，保障人民安居乐业，维护了社会秩序，促进了生产的恢复和发展。

### （四）救济失业工人

新中国成立初期的几个月内，人民政府在财政经济方面采取了若干重大措施，扭转了一年来使广大人民遭受痛苦和莫大损害的通货膨胀局面，使物价趋于平稳。但由于暂时的市场停滞和工商业凋敝，出现关厂停业的现象，那些原来从事投机倒把或不适应群众需求的工商业，经营资本周转不畅，造成了工人失业，当时全国失业工人总数有 110 多万人。尤其是上海、南京、武汉、广州、重庆等城市的情况相当严重。在业职工群众虽然自己生活也很困难，但他们克己为国，分担经济困难，踊跃认购公债，并能理解政府裁减部分国营企业原有的年终双薪或“花红”的决定。

1950 年 4 月，上海市总工会号召本市在业工人捐献一日工资用于救济失业工人，同时函告全国总工会，呼吁全国工人阶级救济失业工人。全国总工会在积极向党中央反映情况和建议的同时，发表了《告全国工人书》，号召全国在业职工捐助一天工资救济上海和全国各地失业工人。这一号召得到全国职工和党政军民的热烈响应，到 7 月 5 日，全国共捐款 287. 9 亿元（旧人民币）。同年 6 月 17 日，政务院发布《关于救济失业工人的指示》，决定在本年度国家财政概算预备费项内拨出 4 亿斤粮食作为救济失业工人基金，由全国总工会与劳动部商定分配办法。《工人日报》发表《各地工会组织要做好救济失业工人的工作》的社论，号召各地工会对政务院的指示进行广泛的宣传和教育，贯彻以工代赈、生产自救的精神。在工会的组织下，失业工人采取转业训练、还乡生产、市政建设等办法，贯彻指示精神。由于工会组织、职工群众积极与政府一道克服工人失业问题，使这一长期困扰旧中国的“老大难”问题在较短时间内得到妥善迅速解决，充分体现了工人阶级政权的优势和工人阶级战胜困难、支援国家建设的主人翁精神。

### （五）开展爱国主义劳动竞赛

新中国成立初期，战争给社会造成巨大的破坏，生产萎缩、百业凋敝，动员广大工人、农民和一切劳动者快速恢复和发展生产，成为新生的人民政权刻不容缓的重要任务。在工业战线普遍开展的劳动竞赛成为当时恢复、发展生产的重要手段，各行各业涌现出了大量的劳动模范，引领、激励、鼓舞着广大职工投身到新中国的建设中。

这一时期的劳动竞赛，可以分为两个阶段。第一阶段是为支援全国解放和恢复工业生产而开展的劳动竞赛，第二阶段是为支援抗美援朝而开展的爱国主义劳动竞赛。

第一阶段的竞赛开始于新中国成立之前，较早解放的东北地区最先开展，其后北京、天津、唐山、石家庄、济南、青岛、郑州、上海、武汉、广州等城市陆续解放，工业领域的劳动竞赛也随之普遍开展。这一时期劳动竞赛的主要特点是以增加生产、厉行节俭为主题。

东北作为最早解放的地区，最先拉开劳动竞赛大幕，目的是尽快恢复铁路运输、机器制造，源源不断地向关内输送物资，支持全国的解放和建设。东北铁路系统的各站段开展了名为“铁牛运动”的劳动竞赛，以保障机车质量、保持铁路运输的通畅，并授予一些技术水平过硬、服务质量高、包乘零事故的车组和人员“铁牛号”的称号。1949 年冬，“铁牛号”机车完成了新中国成立后的第一个冬运任务。1949 年 11 月中旬，哈尔滨铁路局召开首届机务系统“铁牛”队员代表大会，司机长杜先扬作了典型经验报告，并被选为哈尔滨铁路局“铁牛”大队大队长。据东北人民政府工业部统计，截至 1950 年 3 月，该部所属 2/3 的工矿企业在过去的 5 个月中，先后创造了各种个人和集体新纪录19940多件。各厂矿在1949年10月至12月的平均劳动生产率比1949年9月提高了13%。

伴随着解放的步伐，关内刚刚解放的城市也陆续开展劳动竞赛。例如，北京石景山钢铁厂在“恢复生产，多出钢，出好钢”的口号下，各分厂、各车间、各工段纷纷下“战书”。经过竞赛，产品合格率由77%提升到了90%以上。天津电车公司职工也纷纷提出合理化建议，大大节约了成本。修理组电工薛培元研究改进了电车上大灯的装置，既节省了材料，又避免了连线漏电。机工李奇英、刘云书二人共同研制铣床的加工方法，生产功效大为提高。

与此同时，铁路、邮电、纺织等行业在全国率先发出了在全系统开展劳动竞赛的号召。在各级工会组织发动和行政的大力支持下，全国国营企业和私营企业中的劳动竞赛都逐步开展起来，涌现了大量的先进模范人物。各级工会及时总结经验，推广劳动模范的做法。东北地区工会组织发现了青年工人赵国有的模范事迹和马恒昌小组的经验，并编写了《生产小组的好样子》，向全国工矿企业推广。各地企业在学习的同时，也纷纷总结自己劳动竞赛的经验。

各行各业的劳动竞赛，大大地推进了工业生产的恢复。在1950年5月召开的全国工会生产工作会议上更明确地提出了组织生产竞赛是一切工会组织搞好生产的基本方法。

1950年7月，全国总工会发布《关于准备全国工农兵劳动模范代表会议的通知》，号召全国广大工人阶级积极动员起来，开展大规模劳动竞赛，用实际行动迎接此次大会，之后全国掀起了劳动竞赛的热潮。

第二个阶段的劳动竞赛，即爱国主义生产竞赛，是在全国工农兵劳动模范代表会议召开后开展起来的，是抗美援朝爱国主义运动的重要组成部分，是工人阶级为了支援抗美援朝运动而自发增加生产、节约材料的运动。其间，工人劳动模范率先发起了爱国主义生产竞赛，并在竞赛中展现出吃苦耐劳的精神。

1951 年，爱国主义劳动竞赛正式开展起来，马恒昌小组被抗美援朝精神深深鼓舞，决定通过开展劳动竞赛来支援前线战争，持续推动国家工业化建设。1 月 17 日，马恒昌小组在《工人日报》发表了《把爱国竞赛经常开展下去》的倡议书。该倡议的出现，极大地激起了劳动群众的竞赛热情，全国 1.8 万多个劳动小组积极应战，爱国主义劳动竞赛由此拉开序幕。马恒昌小组在全国发起爱国主义劳动竞赛的历史意义在于，促使广大人民群众摒弃封建的劳动观念，提高劳动热忱，以主人翁的姿态来发展生产。因此，爱国主义劳动竞赛是一场深刻的社会革命，极大地提高了工人群众的政治觉悟，提高了社会生产效率。

1951 年 2 月，党中央正式下达了《中共中央关于进一步普遍开展抗美援朝爱国运动的指示》，其中明确提到，抗美援朝战争正处于关键阶段，爱国主义竞赛活动应以及时满足战争需要、订立爱国公约为主要内容。① 马恒昌小组积极响应党中央号召，根据实际情况修订爱国公约，将抗美援朝爱国运动的护厂公约、爱国公约、竞赛条件等合并，共提出“保证产品质量达到 99%以上为优良品，保证全组都能学会高速切削初步操作方法和推行郭瓦廖夫工作方法”② 等六项劳动竞赛目标，并一直持续到抗美援朝结束。这一时期，伴随着爱国主义劳动竞赛的深入开展，越来越将技术改进作为竞赛的重要内容。在爱国主义劳动竞赛中，青岛国棉六厂青年女工郝建秀创造出一套科学的细纱工作法，被称为“郝建秀工作法”。这一工作法在全国纺织行业中进行了推广，并成为培训细纱挡车工的基本教材。据统计，当时这一工作法使全

---

① 中央档案馆、中共中央文献研究室编：《中共中央文件选集（1949 年 10 月—1966 年 5 月）》第 5 册，人民出版社 2013 年版，第 93 页。

② 《马恒昌小组订立爱国竞赛公约》，《人民日报》1951 年 7 月 26 日。

国每年增产近五万件纱。

1952 年 6 月，中国人民抗美援朝总会在推行爱国公约的号召中，明确强调人民群众应在性质相近的订约单位间，开展爱国公约的竞赛运动，评定优劣，奖励模范，以确保所订立的竞赛公约能够圆满地实现。[①] 订立和实现爱国竞赛公约就是响应这一号召的最适当形式。1952 年 7 月，党中央发布了《关于目前开展增产节约运动中应注意的问题的指示》，明确强调增产节约运动作为当前国家经济工作方面的重点任务，其活动目的和活动意义都应建立在“三反”运动全面胜利的前提基础上，始终依靠广大工人群众的劳动积极性和高度政治觉悟，“不仅要努力完成今年的生产财务计划和增产节约计划，而且要改进生产管理，改善劳动组织……以迎接即将到来的大规模的经济建设任务”[②]。

总之，工人劳动模范是爱国主义劳动竞赛的发起者与贡献者，他们发挥了榜样示范作用，带领工人以实际行动保家卫国。工人劳动模范在爱国主义劳动竞赛中展现出吃苦耐劳的精神，为工人阶级作出了表率。通过开展爱国主义劳动竞赛，各地区的工业生产有了较大进步，让新中国经济尽快走向了恢复和发展，推动了抗美援朝运动的开展。

### （六）全国工农兵劳动模范代表会议隆重召开

1950 年 9 月 25 日至 10 月 2 日，由中央人民政府政务院召开的全国战斗英雄代表会议和全国工农兵劳动模范代表会议，在北京同一会场同时举行。全国工农兵劳动模范代表会议，是新中国成立后召开的第一次全国劳动模范代表大会，在中国工运史、劳

① 《把爱国公约和劳动竞赛结合起来》，《人民日报》1951 年 7 月 26 日。

② 《中共中央关于目前开展增产节约运动中应注意的问题的指示》（1952 年 7 月 8 日），中共中央文献研究室编：《建国以来重要文献选编》第 3 册，中央文献出版社 2011 年版，第 246 页。

动模范史上具有重大的历史意义。这次大会是在解放战争和人民革命取得了全国范围的伟大胜利与大规模的恢复经济的建设工作业已开始的背景下召开的，极大地鼓舞了全国各族人民为建设新中国而努力奋斗的决心和信心。

1. 第一次全国劳动模范大会盛况空前

1950 年 7 月 21 日，中央人民政府政务院第四十二次政务会议通过《关于召开全国战斗英雄代表会议和全国工农兵劳动模范代表会议的决定》，确认召开全国战斗英雄代表会议和全国工农兵劳动模范代表会议，表彰劳动模范（主要是工人、农民和士兵）以及战斗英雄。

为了迎接第一次全国劳动模范大会的召开，响应全国总工会“全国工人阶级都应动员起来，开展群众性的生产竞赛，用实际行动来迎接这个大会”的号召，各地、各部门积极部署、认真落实，广大职工也纷纷开展生产竞赛迎接大会的到来。

1950 年 9 月 25 日下午 4 时，全国战斗英雄代表会议和全国工农兵劳动模范代表会议在北京中南海怀仁堂隆重开幕。出席大会的有中央人民政府主席毛泽东，副主席朱德、李济深，秘书长林伯渠，中央人民革命军事委员会总政治部主任罗荣桓，各部、委、院、署、行首长，各民主党派、各人民团体的领导人，以及来自世界各地的世界民主青年联盟代表及其他外宾等 800 余人。会议代表共 814 名，其中劳动模范代表 464 名，分别为正式代表 350 名、列席代表 114 名。政务院副总理兼财政经济委员会主任陈云致开幕词。毛泽东代表党中央致祝词，朱德致演说词，刘少奇、周恩来在会议上发表讲话。

毛泽东发表了热情洋溢的祝词：

全国战斗英雄代表会议和全国工农兵劳动模范代表会议的代表同志们！

中共中央向你们的会议致热烈的祝贺，并向你们的工作表示感谢和敬意。

你们在消灭敌人的斗争中，在恢复和发展工农业生产的斗争中，克服了很多的艰难困苦，表现了极大的勇敢、智慧和积极性。你们是全中华民族的模范人物，是推动各方面人民事业胜利前进的骨干，是人民政府的可靠支柱和人民政府联系广大群众的桥梁。

中国共产党中央委员会号召全党党员和全国人民向你们学习，同时号召你们，亲爱的全体代表同志和全国所有的战斗英雄、劳动模范同志们，继续在战斗中学习，向广大人民群众学习。只有决不骄傲自满并且继续不疲倦地学习，才能够对于伟大的中华人民共和国继续作出优异的贡献，并从而继续保持你们的光荣称号。

中国必须建立强大的国防军，必须建立强大的经济力量，这是两件大事。这两件事都有赖于同志们和全体人民解放军的指挥员、战斗员一道，和全国工人、农民及其他人民一道，团结一致，协同努力，方能达到目的。当此中华人民共和国开国第一个国庆纪念节日快要到来之际，你们在这里开会，是有巨大意义的。我们庆祝你们的会议获得成功，庆祝你们在今后工作中获得伟大的胜利。①

在会议期间，党和国家领导人以及战斗英雄和劳动模范作了多次报告。1950 年 9 月 26 日，在第二日听取典型发言会议上，刘少奇发表讲话，充分肯定了新民主主义社会制度的优越性，并提出要更加注重英模人物的选育，指出“在国防建设和经济建设的各方面，都需要有自己的英雄模范作为大家学习的榜样。新中

① 《毛泽东主席代表中共中央在全国战斗英雄和全国工农兵劳动模范代表会议上的祝词》（1950 年 9 月 25 日），《建国以来中共中央关于工人运动文件选编（1949 年 10 月—1959 年 10 月）》（上），中国工人出版社 1989 年版，第 9—10 页。

国的建设是需要数量更多、质量更高的英雄模范的”，“共产党和人民政府必须到处注意对英雄模范人物的培养和提拔”，并且要求英模们“谦虚谨慎，戒骄戒躁，努力学习”。①

两个代表会议始终沉浸在隆重而热烈的气氛中。54 位战斗英雄和劳动模范在会议上作了发言，报告自己的英雄模范事迹，交流经验和体会。

会议期间恰逢中秋佳节，毛泽东等党和国家领导人设宴招待全体代表。1950 年 10 月 1 日，英模代表在天安门观礼台参加了新中国第一次盛大的国庆典礼。在战斗英雄和劳动模范们即将返回工作岗位前夕，中央人民政府政务院还在北京饭店举行了欢送晚会。

2. 开启劳动模范评选、表彰的制度化

第一次全国劳动模范大会，是新中国成立以来首届全国性的劳动模范表彰大会，既是对那些在战斗和生产建设方面作出巨大贡献的优秀分子的首次全国性的表彰与奖励大会，也是一场盛大的政治检阅和革命总结运动，具有继往开来的历史特征和时代意义。此次大会从筹备、召开至闭幕，始终洋溢着革命英雄主义精神，在彰显新制度、新观念、新价值的同时，也使劳动模范制度逐步走向程序化、制度化和常态化。

第一次全国劳动模范大会闭幕后，全国总工会副主席李立三在《关于全国工农兵劳动模范代表会议的总结报告》中，从会议的筹备和组织领导两方面具体分析了存在的问题，明确提出评选劳动模范要形成固定的制度。

报告强调要更深入地宣传会议精神、最大限度地发挥会议影响，提高群众的认识、觉悟和劳动热情。第一，加大宣传力度，

① 《全国英雄模范两代表会议第二日分别集会听取典型发言 刘副主席聂代总参谋长向两会代表报告》，《人民日报》1950 年 9 月 27 日。

“要在每个工厂企业都召集群众会议或代表会议，传达这次会议的精神，宣读党中央致会议的祝词，并把它张贴在厂内各个车间、宿舍，要每个群众上工下工、吃饭的时间，或俱乐部举行晚会的时候宣读一两个，有必要和可能时并组织小组讨论”。第二，继续深入组织经常性的劳动竞赛，使其从时冷时热的突击运动转变为经常的运动。

报告提出评选劳动模范要形成固定的制度，对劳动模范评选时间、评选标准、表彰奖励办法、宣传等提出了规范性的建议和意见，为劳动模范表彰活动的制度化、常态化提供了指导方针。第一，要注重劳动模范的评选，“每次总结生产工作时，都必须评选劳动模范，而这种评选要依靠平日的生产成绩的可靠记录，在生产有成绩的小组、车间、工厂，都应该选出有代表性的模范人物，然后在这个基础上产生市、省、大行政区，整个产业以及全国性的劳动模范”。第二，要注重劳动模范的培育，提高其政治、文化、技术水平，继续发挥其模范带头作用，以永远保持劳动模范的光荣称号。第三，明确各级劳动模范大会的作用。全国性的劳动模范大会的作用是表扬与鼓励；依靠各产业部门的劳动模范大会进行深入的经验交流，推广先进生产方法。第四，详细规定了劳动模范大会的召开时间，并根据工农业特性对召开时间加以区分。第五，固定劳动模范的称号，“以后各地在生产中有功的人物只给以劳动模范的称号，而不称为劳动英雄。到了条件成熟时，由中央发布授予劳动英雄称号的办法，作为全国劳动模范人物的最高称号”。

1950 年 12 月 14 日，周恩来签署批准《关于全国工农兵劳动模范代表会议的总结报告》。本次劳动模范大会为以后逐步形成劳动模范表彰活动的制度化、常态化打下了坚实基础。

## 四、工人阶级为巩固人民民主政权而奋斗

### (一) 在抗美援朝中发挥重要作用

1950年6月25日，朝鲜战争爆发，以美国为首的“联合国军”把战火烧到鸭绿江边，直接威胁新中国的国家安全。为了保护新生的共和国，党中央作出了“抗美援朝、保家卫国”的战略决策。10月8日，中央军委主席毛泽东发布了《给中国人民志愿军的命令》；10月19日，中国人民志愿军跨过鸭绿江，入朝作战。

志愿军入朝后，党领导全国人民开展了轰轰烈烈的抗美援朝运动。1950年11月6日，全国总工会发表宣言，号召全国工人阶级开展抗美援朝保家卫国运动。宣言指出，抗美援朝保家卫国是中国工人阶级当前的神圣任务，号召全国工人群众，一致起来开展爱国竞赛运动，为提高生产加强国防力量而斗争。宣言同时号召广大职工响应各行各业劳动模范的号召，努力生产，支持抗美援朝的斗争：“铁路工人们！起来响应劳动模范李永同志的号召，展开超轴运动，保证运输任务的完成。机器工人们！起来响应劳动模范赵国有同志的号召，展开车间竞赛运动，保证为国家生产更多更好的机器。煤矿工人们！起来响应劳动模范张子富同志的号召，提前完成生产任务，为国家生产更多的煤炭……”

作为新中国主人的工人阶级，在这场运动中发挥高度的爱国主义精神和国际主义精神，建立了不朽的光辉业绩。大批铁路工人、医务人员、电讯工人、汽车司机和各种民工队志愿队分批奔赴朝鲜前线，在中国人民志愿军的后勤补给线上建功立业。据统计，截至1951年5月，仅华东地区参加部队的工人就有12490人，另有汽车司机1326人，医务工作者1140人。东北地区成为

抗美援朝的直接后方，参军参战、参加各种辅助工作的工人更是难以计数。赴朝的铁路工人，为了保证整个铁路交通运输的通畅，冒着被敌机轰炸的危险修筑铁路，有 167 个单位荣获集体功，2742 人荣获朝鲜民主主义人民共和国各级勋章。在公路运输队中，东北公路总局特级建桥模范常德山在抢修桥梁中贡献卓著，被授予朝鲜国家战士荣誉勋章。

与此同时，广大的工人阶级热烈响应毛泽东“增加生产，厉行节俭，以支持中国人民志愿军”的号召，提出了“工厂就是战场，机器就是枪炮”“减少一件废品，就是消灭一个敌人”的口号，夜以继日地奋战在工厂，为志愿军生产武器弹药、军需用品，有力保障了抗美援朝前线的战时需要。

全国工人阶级积极开展献工、献金、献物，甚至捐献飞机、大炮的运动，仅辽宁省就捐献了 235 架战斗机，有力地支援了抗美援朝战争。工人劳动模范在捐献飞机、大炮运动中发挥了重要作用，他们不仅主动签订爱国公约，每月捐献一定的数额，还说服带动工友一起捐款。北京石景山钢铁厂的全国劳动模范代表李金泉，提出 10 条保证条件，向全华北各公私营工厂电焊工人挑战。随后，全厂开展了组与组、班与班的竞赛，生产成绩显著提升。该厂炼铁部一、二、三锅炉房甲班全体工友捐一日工资，慰问中国人民志愿军和朝鲜人民军。第二天，高炉甲班和破石机班的工友们也起来响应，有的捐一日工资，有的捐两日工资，全体工友表示要坚决完成和争取超额完成任务。

各级工会组织在职工群众中不断普及与深入开展抗美援朝的时事教育，吸收更多的职工群众加入爱国主义劳动竞赛中。在全国范围内，很多劳动模范主动向群众宣传抗美援朝运动的意义，号召工人努力增产，捐献用于购买飞机、大炮的款项。辽宁省抚顺煤矿的劳动模范张子富，参加全国工农兵劳动模范代表会议返回抚顺后，在 12 天的时间里共作了 30 次传达报告，每次报告的人数在500人以上。他向抚顺人民传达了朝鲜战争的形势，激发出工人投身抗美援朝运动的热情。

广大女工也在抗美援朝爱国运动中发挥着重要的作用。新中国成立以来，广大妇女同志获得了解放，政治地位大大提高，在新中国建设事业中发挥了重要作用，在各条战线上不断涌现出大量劳动模范。在抗美援朝的伟大斗争中，许多女工直接参军到朝鲜前线作战，许多女护士参加了志愿军医疗队；还有许多女工留在生产岗位上，在“工厂就是战场，机器就是武器”的号召下，在全国范围内积极生产。各工业城市在1951年“三八”妇女节举行了大规模的表彰劳动模范大会，检查旧模范，评选新模范，鼓励女工向前看齐。在旅大市“三八”妇女节的表彰会上，纺织、电业、手工业联合会等的42个工厂，共奖励398名生产和学习模范的女工人、职员，全市选出83名工人模范、5个模范生产单位。

1953年7月27日，美国在板门店《朝鲜停战协定》上签字，中国人民取得了抗美援朝的伟大胜利，进一步巩固了新中国人民民主专政的国家政权，我国的经济建设和社会改革获得了相对稳定的和平环境。抗美援朝战争的伟大胜利，是中国人民站立起来后屹立于世界东方的宣言书，是中华民族走向伟大复兴的重要里程碑，对中国和世界都有着重大而深远的意义。①

### （二）参加镇压反革命运动

新中国成立初期，留在大陆的大批国民党特务、反动党团骨干等反革命分子，采取“长期埋伏，待机而动，重点破坏，进行暗害，武装袭扰”的策略，同人民政府对抗，妄图颠覆新生的人

① 中共中央党史和文献研究院著：《中国共产党的一百年（社会主义革命和建设时期）》，中共党史出版社2022年版，第372页。

民政权。朝鲜战争爆发后，国内各种反革命活动更加猖獗。

为了保证国民经济和土地改革的顺利进行，为抗美援朝战争建立稳固的后方基地，1950 年 10 月 10 日，党中央发出《关于镇压反革命活动的指示》，要求对反革命分子实行坚决镇压，从 12 月开始，镇压反革命运动在全国范围内轰轰烈烈地开展起来。1951 年 2 月，中央人民政府颁布《中华人民共和国惩治反革命条例》，各地政府依此进行镇压反革命工作。1951 年 4 月，全国总工会发表《为拥护政府坚决镇压反革命告全国工人书》，号召工人阶级协助政府进行肃清反革命的工作，要求广大工人群众认真学习《中华人民共和国惩治反革命条例》，控诉反革命分子的罪恶，检举反革命分子，提高警惕。《工人日报》发表《协助政府除奸反特是当前工会工作中的重要任务之一》的社论，指出协助政府进行除奸反特工作与爱国主义劳动竞赛是当前全国工会最实际、最重要的抗美援朝的工作内容；号召全国职工在工业战线上，协助政府肃清反革命分子，保障生产建设和人民安居乐业。

在镇压反革命运动中，各地工会在职工中开展广泛的宣传教育，通过各种渠道，采用广播、板报、读书小组、举办展览活动，大力宣传镇压反革命运动。各地工会还组织工人纠察队保护工厂，开展防火、防盗、防止敌人的破坏活动。在广大工人和市民的支持下，北京地区通过镇压反革命运动，发现并清除特务 1811 人，反动党团分子 3320 人，国民党流散官兵 7809 人，封建会道门道首、骨干 764 人；收缴长短枪 4799 支，各种子弹 42.5 万发。武汉搬运工人纠察队在镇反运动中协助政府查缉反革命案件 324 起；济南市搬运行业中查出各种反革命分子 300 多人，占该行业职工的 3%；重庆市搬运行业中查出别动队等 20 多个地下反革命组织，共 1255 人，其中潜伏特务分子占 10%，反动党团骨干及会道门头子占 36%，还查出机关枪等一批武器。在检举反革命分子的过程中，广大工人发挥了重要作用。在 1923 年二七惨案中杀害林祥谦等人的凶手、前京汉铁路郑州局局长赵继贤，虽然隐姓埋名逃匿多年，但仍然经过工人群众提供的线索，被公安部门逮捕归案，公审后被押解到武汉江岸枪决，受到了应有的惩罚。

通过参与镇压反革命运动，工人群众的政治思想觉悟大为提高，阶级立场也更加坚定，进一步激发了主人翁的责任感和生产积极性。1952 年，全国镇压反革命运动取得了伟大胜利。

### （三）支援农村土地改革运动

新中国成立后，广大新解放地区尚未进行土地改革。1950 年 6 月，中央人民政府颁布了《中华人民共和国土地改革法》，这部法律成为指导新解放区土地改革的基本法律依据。从 1950 年冬开始到 1952 年底，党领导占全国人口一多半的新解放区分批开展大规模的废除封建土地制度的改革。土地改革是数万万农民获得翻身的机会，是国家获得工业化的基本条件，是为新中国的工业化开辟道路，工人阶级为了达到中国工业化的目的，应当积极帮助农村实行土地改革。毛泽东明确地指出，“中国的主要人口是农民，革命靠了农民的援助才取得了胜利，国家工业化又要靠农民的援助才能成功，所以工人阶级应当积极地帮助农民进行土地改革”①。

土地改革得到了全国工人阶级的热烈支持，各级工会组织在各地党委的统一领导下派遣大批干部奔赴农村，直接参加土改运动，投入土地改革的实际工作中。同时，我国工人阶级同农民有着天然的联系。工人阶级队伍中有相当数量是来自农村破产的农民；许多职工家在农村，他们对农村土改十分关心。各地区与产业工会组织在职工中广泛宣传解释土地改革政策、法令，号召工

① 毛泽东：《在全国政协一届二次会议上的闭幕词》（1950 年 6 月 23 日），《建国以来毛泽东文稿》第 2 册，中央文献出版社 2023 年版，第 326 页。

人积极支持和帮助农民进行消灭封建土地所有制的斗争，不要同情、包庇亲友中的地主分子，切实说服他们认清形势，服从土地改革法令，接受土改。在不少工矿企业中，尤其是在工程技术人员和管理人员中，许多人出身地主家庭，同农村地主阶级有着很深的联系。有些私营工商业者本身也在农村拥有出租土地，属于工商业者兼地主。他们对于土改有一定的思想顾虑。各级工会组织准确把握《中华人民共和国土地改革法》中关于“保护工商业，不得侵犯”的规定，“地主兼营的工商业及其直接用于经营工商业的土地和财产，不得没收”①，“工商业家在农村中的土地和原由农民居住的房屋，应予征收。但其在农村中的其他财产和合法经营，应加保护，不得侵犯”②，工会还组织工人说服劝阻有些农村干部和农民进城揪斗工商业者兼地主分子的行为，稳定民族资产阶级，以利于生产的恢复与发展。

到 1952 年底，除新疆、西藏及四川一部分少数民族聚居地区外，全国大陆地区已基本上完成了土地改革。亿万农民从千百年封建土地所有制的枷锁下得到了彻底解放，成为土地的主人，也为新中国的工业化开辟了道路。工人阶级通过参与土地改革：一方面密切了城乡关系，巩固加强了工农联盟；另一方面也受到了深刻的反封建教育。

### （四）参加“三反”“五反”运动

“三反”运动是 1951 年冬在国家机关、国营企业和部队中进行的反对贪污、反对浪费、反对官僚主义的运动。“五反”运动

① 《中华人民共和国土地改革法》（1950 年 6 月 30 日），中共中央文献研究室编：《建国以来重要文献选编》第 1 册，中央文献出版社 2011 年版，第 292 页。

② 《中华人民共和国土地改革法》（1950 年 6 月 30 日），中共中央文献研究室编：《建国以来重要文献选编》第 1 册，中央文献出版社 2011 年版，第 292—293 页。

是1952年1月在私营企业工商业界开展的反对行贿、反对偷税漏税、反对盗骗国家财产、反对偷工减料、反对盗窃国家经济情报的运动。

在1951年开展的爱国主义增产节约运动和企业民主化运动中，各地陆续暴露出大量的贪污、浪费现象和官僚主义问题。1951年12月1日，党中央作出了《关于实行精兵简政、增产节约、反对贪污、反对浪费和反对官僚主义的决定》，指出必须坚决彻底揭露一切大中小贪污事件，开展“三反”斗争。1952年1月26日，党中央发出《关于在城市中限期开展大规模的坚决彻底的“五反”斗争的指示》，确定了“五反”运动的指导方针，即依靠工人阶级、团结守法的私营工商业者及其他市民，向违法的资本家开展一场大规模的坚决彻底的“五反”斗争。自此，“三反”“五反”运动在全国范围内开展起来。

1952年1月3日，《工人日报》发表了题为《1952年的第一件大事》的社论，指出，反对贪污、反对浪费、反对官僚主义，对工会机关和工会干部均有重大政治意义。1952年1月24日，《工人日报》发表题为《打退资产阶级的猖狂进攻，巩固工人阶级的领导权》的社论，号召全国职工，特别是私营商店店员，积极参加斗争。同时，全国总工会、中国店员工会和各地工会组织，把发动和组织店员工人作为工作重点。2月4日，党中央发出关于工矿中如何进行“三反”运动的指示，明确提出必须贯彻依靠工人阶级的根本方针，充分发挥工会的作用，发动工人群众，发扬工人群众的积极性。全国总工会机关（包括全国总工会干校）迅速派出370多名干部，分赴北京、天津、上海、青岛等地，帮助工矿企业开展运动。

1952年2月25日，全国总工会发出《关于开展工会系统“三反”运动和公私营企业的“三反”、“五反”运动的指示》，着力做了三项工作：第一，进行机关“三反”。全国总工会机关及各全国产业工会，经过“三反”运动，揭发了官僚主义作风，检查了贪污、浪费，批判了资产阶级思想影响，反出并处理了贪污分子86名，追回赃款赃物合计1.7亿元（旧人民币），占贪污款总数之24.32%。第二，派出大批干部协助各地开展“三反”“五反”运动。先后共派出干部733人（包括职工干校的400多人）分赴中央各工业、贸易、金融部门及天津、上海、北京、青岛、唐山等地。第三，在“三反”运动的基础上，本着“集中力量、加强领导、紧缩上层、充实下层”的方针，中央一级工会机构实行了大精简。全国总工会机关原十部一厅，先裁并为六部一厅（办公厅）一室（政策研究室）。各全国产业工会除独立性较大、工作初具规模的铁路、邮电、电业、兵工、纺织、煤矿、海员、搬运等工会外，其余分散性和地方性较大或尚在草创时期的产业工会，如店员、食品、盐业、五金、机器、化学、医务、金融、民航、教育、新闻出版印刷等工会，集中起来分为两地合署办公。这样，整个人员编制较过去减少了20.81%（过去全国总工会及各全国产业工会共有1706人，现共有1351人）。①

各地各级工会根据指示，积极抽调大批工会干部和优秀工人、店员，经过短期培训后，参加私营企业和商店“五反”运动，帮助职工提高政治觉悟，认清不法资产阶级唯利是图的本质和他们释放“五毒”给人民带来的危害。在普遍提高觉悟的基础上，通过召开群众大会等形式，揭发检举违法资本家的“五毒”行为。

在“三反”“五反”运动中，广大的职工群众被发动起来。全国主要大中城市的80%以上私营企业职工参加了斗争。据统

---

① 中华全国总工会党组：《中共中央批转中华全国总工会党组综合报告》（1952年），中华全国总工会办公厅编：《建国以来中共中央关于工人运动文件选编（1949年10月—1959年10月）》（上），中国工人出版社1989年版，第15—21页。

计，东北、华北、华东、西北60多个城市私营企业职工有195万余人参加了“五反”运动，占职工总数的90%。在“三反”“五反”运动中，工人阶级旗帜鲜明地走在斗争的前列，同贪污、浪费、官僚主义现象进行了不妥协的斗争，同不法的资产阶级进行了坚决的斗争，揭发出大量不法资本家的“五毒”行为。例如，郑州市店员工会组织检举不法资本家的材料竟有3900余件，其中偷税漏税的营业额420亿元（旧人民币），其他违法所得400多亿元（旧人民币）。天津市4万多名私营商店店员，揭发检举的材料达2.4万件。上海私营企业中的工人、店员、职员纷纷检举资本家的不法行为。启新纱厂资本家利用“代纺原棉”骗取国家资财的罪行，即由于该厂中党组织和工会组织领导全体职工检查、检举，也完全被揭穿了。在一些私营企业中，不法资本家还采用各种方式收买工会干部、限制工人参加工会活动，各地工会都结合运动对其进行了清理。

“三反”“五反”运动整顿了私营企业，打击了不法的资本家，但是在“五反”后也出现了劳资关系紧张的现象。其原因有三：一是一些资本家被打击后心存不满、消极观望，其中一小部分甚至故意停工、停伙、停薪，以制造失业来胁迫工人。二是“五反”中工人自发增加工资、减少工时、劳动纪律涣散，甚至干涉资方的合法权利。三是“五反”中城与城、乡与乡、公与私之间的经济来往受到阻滞，影响了生产。全国总工会和各级工会组织采取了两方面的措施：一是选择带头的行业和厂店作为样板。二是召开工人干部会议、工人代表会议、活动分子会议、资本家会议，讲解政策、说通思想，首先整顿生产经营，然后经过协商订立合同、解决工资和工时等问题。全国总工会和劳动部及华北工会组织了两个联合工作组，分赴北京、天津，协同当地工会，在党的统一领导下进行考察，解决劳资关系问题，再研究和解决监督问题。①

在“三反”“五反”运动过程中出现的经济生活不正常、劳资关系紧张、季节性失业等问题，导致了工人失业现象的增多。根据不完全的材料统计，至1952年6月中旬估计有150万人失业，比上一年年终增加1.5倍以上。各地政府分别采取介绍专业、以工代赈、办训练班、还乡生产、发放救济金等办法解决失业问题。全国总工会和各级工会组织，积极调整公私关系和劳资关系，通过增产节约运动和调节职工福利保障制度，协助政府逐步解决失业问题。②

到1952年6月，全国范围的“三反”“五反”运动进入尾声，“五反”运动于这一年10月结束。“三反”“五反”运动进一步扫除了旧社会遗留下来的污浊，加强了工人阶级和国营经济的领导地位，推动了私营企业中建立工人监督制度和进行民主改革，广大职工群众得到了锻炼，资产阶级受到深刻的教育，为私营工商业的正常发展创造了更为有利的条件。

## 五、工人阶级在国民经济恢复时期的重大成就与职工劳动生活条件的改善

### （一）工人阶级队伍的壮大与发展

伴随着国民经济的恢复和发展，工人阶级也不断壮大和发展。

---

① 中华全国总工会党组：《中共中央批转中华全国总工会党组综合报告》（1952年），中华全国总工会办公厅编：《建国以来中共中央关于工人运动文件选编（1949年10月—1959年10月）》（上），中国工人出版社1989年版，第15—21页。

② 中华全国总工会党组：《中共中央批转中华全国总工会党组综合报告》（1952年），中华全国总工会办公厅编：《建国以来中共中央关于工人运动文件选编（1949年10月—1959年10月）》（上），中国工人出版社1989年版，第15—21页。

据统计，全民所有制单位和城镇集体所有制职工，由 1949 年的 809 万人发展到 1950 年的 1185 万人，1951 年达到 1396.6 万人，1952 年达到 1603 万人，三年期间增长了近一倍，其中产业工人增长了 2.5 倍。私营企业职工增长到了 367 万人，合营企业职工达到 26 万人，私营商业企业人员也有了一定增长。①

各行业职工规模较 1949 年都有所扩大。纺织行业职工，1949 年时为 74.51 万人，到 1952 年增加到 96.98 万人，增长了 22.6%。1949 年，全国资源勘探系统的职工只有 800 人，建筑业职工 20 万人，到 1952 年建筑业和资源勘探系统的职工增加到 105 万人，增长了 4 倍。其他如煤炭、冶金、铁路等产业职工队伍都有较快增长。② 到 1952 年底，全国职工队伍（包括私营企业职工）达到 1603 万人，其中全民或集体所有制企业职工中，工业系统职工数量最多，达到 533 万人，占 33.25%；建筑业和资源勘探系统职工 105 万人，占 6.55%；运输邮电系统职工 114 万人，占 7.11%；商业服务业职工 293 万人，占 18.28%；文教科卫系统职工 239 万人，占 14.9%；机关团体 259 万人，占 16.15%；其他 60 万人，占 3.75%。这一时期，重工业、交通运输业、建筑业在迅速恢复的基础上，也有了快速的发展。③ 从 1952 年工业总产值的分布情况来看，沿海地区占 69%；内地占 31%，其中少数民族地区占 3.3%。④ 但是，工人阶级队伍的产业结构、产业布局和地域分布的整体格局，并没有发生根本变化。

---

① 倪志福主编：《当代中国工人阶级和工会运动》（上），当代中国出版社 1997 年版，第 91 页。

② 倪志福主编：《当代中国工人阶级和工会运动》（上），当代中国出版社 1997 年版，第 91 页。

③ 倪志福主编：《当代中国工人阶级和工会运动》（上），当代中国出版社 1997 年版，第 92 页。

④ 倪志福主编：《当代中国工人阶级和工会运动》（上），当代中国出版社 1997 年版，第 92 页。

### （二）工人阶级为恢复国民经济作出巨大贡献

新中国成立初期，工人阶级以主人翁的态度，以艰苦卓绝创造性的劳动为国民经济的快速恢复，尤其是工业领域的恢复、发展，作出了卓越的贡献。

1950年，全国工业总产值191.2亿元，比1949年增长36.4%。主要工业产品产量：钢61万吨，比上年增长286%；煤4300万吨，比上年增长34.4%；原油20万吨，比上年增长66.7%。1951年，全国工业产值263.5亿元，比1949年增长37.8%，主要工业产品产量已超过全民族抗日战争前的水平，钢90万吨，煤5300万吨，原油31万吨，发电量57.5亿度，棉布30.6亿米。1952年，全国工业总产值343亿元，比1949年增长30.1%。主要工业产品产量：钢135万吨，比上年增长50%；煤6600万吨，比上年增长24.5%；原油44万吨，比上年增长41.9%。①

交通运输业也获得长足的发展。内河航运里程由7.36万公里增加到9.50万公里。新中国成立初期，全国铁路主要干线几乎无一条全线通车。广大铁路员工同中国人民解放军铁道兵一道在极其艰苦的条件下抢修铁路。到1950年，全国原有铁路网基本修通。成都至重庆的成渝铁路和甘肃天水至兰州的天兰铁路，相继建成通车。到1952年底，全国铁路通车里程达到24500公里。公路运输里程由1949年的8.076万公里增加到12.6675万公里，大大超过旧中国的最高水平。

钢铁战线的职工以主人翁姿态投入钢铁工业的重建工作中。鞍山钢铁公司把流离失散的工人重新召回来，把技术人员和专家接回来，投入恢复重建工作，不到一年时间就完全恢复了生产，

① 国家统计局编：《中国统计年鉴（1984年）》，中国统计出版社1984年版，第20—21页。

并着手进行改造和重点建设。鞍钢无缝钢管厂和大型轧钢厂就是这个时期在苏联专家的帮助下建成的。重庆西南钢铁公司是由国民党统治时期的兵工厂改建成的，工人们艰苦奋斗、自力更生，轧制出新中国第一根重型钢轨，保证了成渝铁路建设的需要。全国各地大小钢铁企业都很快得到恢复，全国钢产量由 1949 年的 15. 8 万吨增加到 1952 年的 135 万吨。旧中国的有色金属工业年产量总共只有 13 万吨，是靠卖矿砂原料为主过日子的。为了迅速恢复生产，人民政府从东北几个大城市调集一批技术人员和青年，着手恢复重建旧矿山，到 1952 年，东北的天宝山、石嘴山等矿山和沈阳冶炼厂，中南地区的天明山、桂平以及湖南水口山铅锌矿等矿山，西南地区的云南锡业公司、东川、会泽矿和华东地区的铜官山等几十个矿山企业全部恢复了生产。分散在广东、江西、广西、湖南等省份开采钨、锡矿砂的集体企业也有了较快发展。

煤矿工人积极掀起群众性的劳动竞赛，总结推广先进操作方法，有力地促进了煤矿建设和煤炭生产。到 1952 年底，国营煤矿已有 83%恢复了生产。同时，对全国 32 个具有相当规模的矿井进行了改建和扩建，还着手阜新海州露天煤矿的建设工程。全国煤炭生产能力达到 7000 万吨，是 1949 年的 2. 18 倍，达到历史最高水平。经过三年恢复，原油产量由原来的 12 万吨增加到 44 万吨。发电量在原来年发电量 43 亿度的基础上提高了 70%。旧中国几乎没有机械制造业，国民经济恢复时期改造并新建起有一定规模的机械工厂 11 个，扩建机械厂 76 个，新建了太原重型机器厂，使中央所属的机械工厂达到 114 个；地方所属的机械工厂不仅很快恢复到战前最高水平，还新建起武汉、郑州、西安等六个相当规模的现代化纺织厂和哈尔滨亚麻厂。同 1949 年相比，1952 年的棉纱产量为 361. 8 万件，增长了 1 倍；棉布产量达 38. 3 亿米，增长了 1. 2 倍。在轻工业方面，自行设计建成了哈尔滨造纸厂，对吉林造纸厂进行了扩建，对天津、北京等地的造纸厂进行了技术改造。制糖业方面，除在黑龙江新建了两个大中型糖厂外，还对广东、吉林等老糖厂进行了技术改造和扩建。对东北、华北、淮北等地的盐场也开始进行基本建设工作。

私营工商企业职工也在党的政策引导下，主动团结民族资产阶级，努力增加生产，为国民经济的全面恢复和发展作出了贡献。

### （三）职工劳动条件和物质生活的改善

在党的领导下，工人运动和工会工作蓬勃开展，有效推动了国民经济的恢复、人民民主专政的巩固；而人民政权的巩固和经济的复兴，又为改善和提高工人阶级的物质文化生活水平提供了支持和保证。在生产发展的基础上，职工群众的物质文化生活及劳动条件有了明显改善和提高。

#### 1. 职工工资制度改革

为逐步解决旧中国遗留下来的职工工资制度混乱和不合理的问题，党中央责成全国总工会与劳动部，成立了有关产业部参加的工资委员会。从 1949 年 11 月开始对各产业、各地区的职工工资问题进行了广泛调查研究，着手草拟有关政策、条例，为全国工资改革做准备。1951 年，根据政务院财经委员会提出的在工资问题上采取由地区到全国逐步清理、逐步统一、逐步调整的方针，各级工会积极参与了职工工资的清理和调整工作。各地通过对职工工资的调整改革，基本上废除了旧的不合理的工资制度。在工矿企业中，工人实行了八级工资制，技职人员实行职务等级工资制。

工资制度改革使绝大多数职工工资有了增加，增加工资的人员比例一般在 80%以上。1952 年全国国营工矿企业职工年平均工资达到 446 元，比 1949 年增加了 60%—120%。全国职工平均工资，1952 年比 1949 年增加了 70%。① 对私营工商企业职工工资，主要遵照“劳资两利”方针，一般是通过劳资协商会议或由工会代表职工同资方签订劳资合同加以调整，工资制度也有所改变。私营企业职工的工资也有所提高。1952 年 3 月，把国家党政群机关工作人员中实行的供给制改为包干制，以工资分为标准单位，折发货币，待遇也适当地提高了。

1952 年，我国开始了第一次工资改革，当年全国职工和国家机关工作人员普遍增加了工资。据统计，国营企业职工工资，1952 年比 1951 年增加了 10%—36%；国家机关工作人员增加了 15%—31%；文化教育工作者、高等学校教师的工资提高了 18.6%，中等学校教师工资提高了 25.5%，初等学校教师的工资提高了 37.4%。②

由于工资收入的增加，职工生活水平与新中国成立前相比有了较大的提高。据统计，全民族抗日战争前的 1936 年，全国职工年平均消费额为 140 元左右（按 1957 年价格计算，下同），1952 年增长到 189.5 元，增长了 35%左右，城镇居民的储蓄 1952 年比 1950 年增长了 5.5 倍。③

2. 劳动保护条件明显改善

新中国成立后，国家把不断改善职工劳动条件和劳动保护，作为办好工厂企业的一项基本方针，也是工会组织的一项重要工作任务。1950 年，全国总工会和劳动部联合到天津对工厂安全卫生状况进行考察，并在这个基础上研究制定了有关条例。1951 年

---

① 董志凯：《1949—1952 年中国经济分析》，中国社会科学出版社 1996 年版，第 320 页。

② 董志凯：《1949—1952 年中国经济分析》，中国社会科学出版社 1996 年版，第 320—321 页。

③ 董志凯：《1949—1952 年中国经济分析》，中国社会科学出版社 1996 年版，第 321 页。

9月，全国总工会同劳动部在北京召开全国第一次劳动保护工作会议。会议正式通过《工厂安全卫生暂行条例》《限制工厂矿场加班加点暂行办法（草案）》《保护女工暂行条例》等劳动保护法规性的文件。1952年底，全国劳动保护工作会议正式通过了《加强劳动保护工作决定》以及有关安全卫生、保护女工的条例。会议对工厂劳动时间、加强劳动保护工作机构和在工矿企业中设立劳动保护监察等问题提出了建议。此后，各地在工矿企业逐步建立群众监督的制度。

3. 建立劳动保险制度

为了保护职工的身心健康，减轻职工生活中的特殊困难，1951年2月23日，政务院讨论通过了由李立三主持起草的《中华人民共和国劳动保险条例》(以下简称《条例》)。1951年2月26日，由政务院总理周恩来签署，中央人民政府颁布，并决定从1951年3月1日起开始生效。《条例》明确规定对职工的生、老、病、死、伤、残实行保险，并对劳动保险的实施范围、劳保待遇的标准和费用开支，作了明确规定。

《条例》公布后，广大职工奔走相告。工人们说：“这是旧社会连想都不敢想的事”，极大地鼓舞了职工的劳动热情。1951年3月，党中央发出《实行劳动保险准备工作的指示》，要求各级党委召集有关机关及工会党组联席会议，讨论执行《条例》的各项具体办法。由当地政府或劳动局出面召集有关公营企业的厂长、经理和私营企业的资方代表及工会负责人参加会议，动员切实实行《条例》及政务院的决定，并由工会制定各项准备工作的具体细则，做好企业全体工人职员的劳动保险登记工作。为保证《条例》顺利实施，全国总工会同劳动部举办了全国劳动保险干部培训班，各地方工会也采取各种形式对工厂企业的劳动保险干部和工会积极分子进行培训。被批准实行劳动保险的工厂企业都成立了由工会具体领导的工厂劳动保险委员会，负责职工的劳动保险登记等工作。

《条例》的实施，采取重点试行、逐步推广的方针。先是规定在100人以上公私营工矿企业及铁路、邮电、航运三个产业系统实行，对暂时未实行劳动保险的企业、事业单位，采取由工会组织同企业行政或私营企业资方，参照《条例》的原则与企业实际情况，进行协商，并通过签订劳动保险集体合同的办法加以解决。到1952年底，全国实行劳动保险的百人以上企业已达3861家，享受劳动保险的职工达330万人，连同他们的家属有1000多万人，百人以下企业中有46.7万名职工的劳动保险是通过签订劳动保险集体合同加以解决的。

国家机关工作人员的社会保险制度的建立，是通过颁布单项法令、法规逐步建立起来的。1950年12月政务院颁布了《关于国家机关工作人员的伤残和死亡待遇的规定》《国家机关工作人员的公费医疗待遇的规定》等规定。

4. 改善职工生活

在生产发展的基础上，各级人民政府和工会组织都重视职工居住条件的改善和福利设施的增置。在建设工人住宅方面，从1951年开始进行大规模建设，仅1952年，国家就付出28600亿元(旧人民币)，建造了可供100万职工及其家属居住的宿舍。许多厂矿还建起劳动模范楼，使在生产上作出大的贡献的先进生产者喜迁新居。

为改善职工生活，工会组织还协助企业行政在恢复发展生产的基础上，举办了一批职工的集体福利事业，工矿企业普遍设立职工食堂和职工浴室，女工多的工厂还建立了女职工保健室和托幼园所。据统计，到1952年，国营企业建立的托儿所已有1380多家，收纳幼儿4万多名，各省市一级单位为职工创办疗养院43个，休养所44个，职工残废院、养老院8个，孤儿院5个，还创办职工子弟学校961所。国家机关，国营企业、事业单位用于职工集体福利事业的费用相当于工资总额的14%。此外，还给职工发放交通补贴、房贴、电贴和冬季取暖费等，以弥补当时实行低工资制度之不足。

5. 职工文化教育和文体活动普遍发展

新中国成立后，党和政府非常重视职工教育，拨出款项，发展职工学校，有计划地输送青年工人提高专业水平。全国各地普遍办起工农速成中学和专科学校，以适应大规模国家经济建设的需要。到1952年底，工会协助行政在全国建立了16277所业余文化补习学校，参加学习的职工达308.7万人。工会协助企业行政举办的各种业余技校学习班有47.7万人参加学习。在工人中扫除文盲53.5万人。脱产进入各种技术学校深造的有5.63万人。职工文化教育得到普遍发展。

此外，全国还兴建了工人文化宫、俱乐部7329个，工会图书馆4544个，电影队336个。这些都为丰富职工文化生活发挥了显著作用。

职工物质文化生活的改善和提高，也进一步激发了职工群众的生产积极性和创造性，为国家经济的持续发展奠定了坚实的基础。

## 六、新中国成立初期工运理论的探索

新中国成立后，作为国家领导阶级的工人阶级，在国家政治生活和社会生活中的地位发生了根本变化，工会的地位、作用和活动方式及工作内容也相应地发生了变化。工人运动和工会工作取得了巨大成绩，但也开始面临许多新情况和新问题。这些新情况和新问题，涉及在新的历史条件下工会的地位、性质、职能和权利等最根本和最重大的问题。这些问题既是实际问题，又是理论问题，它尖锐地摆在各级工会面前。新中国成立初期工运理论的探索即围绕着这些问题展开。

### （一）李立三对新中国工运理论的探索

1948 年 8 月 1 日，李立三在第六次全国劳动大会上当选为全国总工会常务副主席。新中国成立后，主持全国总工会工作的李立三，从实际出发，在广泛调查、认真研究的基础上，深入进行理论研究和探讨。

第一，关于新形势下工会的存在基础。李立三认为，社会主义公营企业存在的公私矛盾，是工会存在的客观基础。他认为："在以工人阶级领导的新民主主义国家中，公营企业是全体人民的企业，是工人阶级自己的企业，是社会主义性质的企业，这里没有阶级对抗，没有剥削的存在。""但在公营企业中公私利益之间还是存在一定的矛盾，这也是不宜否认的。""这种矛盾的性质是工人阶级的整体利益与个人利益之间，长远利益与日常利益之间的矛盾。"① 这种矛盾的存在"就是在社会主义性质的国营企业中，还需要有代表工人群众的工会组织，以及工会还需要执行保护工人群众利益任务的客观基础"②。

第二，关于正确处理公私兼顾。工会在兼顾公私两个方面的同时，要侧重保护工人群众的利益。李立三认为，工会应当认识到社会主义企业中公私之间的根本利益是一致的，工会组织应当首先强调这种公私利益的一致性，对工人进行不断的教育。工会应当努力协同和帮助企业行政方面，发动工人群众开展劳动竞赛，

---

① 李立三：《在公营企业中贯彻公私兼顾政策问题的几点意见》（1949 年 6 月 12 日），中国工运学院编：《李立三赖若愚论工会》，档案出版社 1987 年版，第 16 页。

② 李立三：《关于在新民主主义时期工会工作中几个问题的决议（初步草案）》（1951 年 9 月 28 日），中国工运学院编：《李立三赖若愚论工会》，档案出版社 1987 年版，第 152 页。

为完成和超额完成生产计划而奋斗。但是，工会还必须切实关心工人的日常利益，“如果工会不这样做，便会发生脱离群众的危险，丧失其群众组织的作用”。李立三尖锐地指出：“共产党为什么要工会？如果为了进行生产，进行教育，那么工厂中行政组织已经很严密了，有整套的进行生产的机构，也可以进行教育，为什么还要工会呢？就是群众需要工会。”“群众为什么要工会？一般群众与先进群众还有距离，一般群众还是认为工会能保护他的利益。”“如果这一条没有搞好，他会感到工会可有可无。”①

第三，关于党、政、工的关系。李立三提出，企业中的党组织、行政和工会是具有不同性质、不同作用和不同工作方法的组织。党组织是由工人阶级的先进分子所组成的，党的领导作用是依靠党员的模范作用、核心作用来实现的。党对工会的领导，是通过党在工会中的党组织和党员来领导工会，使党的意见变成群众的意见。国营工厂中的行政组织，是代表国家管理工厂、执行生产计划的机关。厂长具有最后决定权，但厂长管理和领导生产最好是通过工厂管理委员会。工会负有监督企业行政领导，使之避免官僚主义和决策错误的责任。李立三认为，工会与行政有时在某些具体问题上发生争论，不仅是不可避免的，而且有时是必要的；这种争论的性质，就是工人阶级内部以批评与自我批评的方法来求得某些具体问题上矛盾的一致性，也是工会与行政互相帮助、互相补充的一种具体表现形式。

第四，关于处理劳资纠纷的途径和手段。李立三认为，在新民主主义革命时期，同资产阶级的斗争方式不能像过去一样采取罢工、怠工、武装暴动等方式，而是要采取谈判、协商、调解、仲裁、法院裁判这几种方式。

---

① 李立三：《关于在新民主主义时期工会工作中几个问题的决议（初步草案）》（1951 年 9 月 28 日），中国工运学院编：《李立三赖若愚论工会》，档案出版社 1987 年版，第 152—153 页。

第五，关于把工会办成真正的工人群众组织的思想。李立三认为，工会应是代表全体工人（包括先进的、中间的和落后的）的群众组织。工会密切联系群众的根本问题，是工会工作的民主化。应该由工人自己办工会。工会组织应该由民主选举产生，不能由党和行政委派或包办。工会的经费要独立，要靠工会会费来解决，基层工会干部不脱离生产。

## (二) 新中国成立初期在工会问题上的分歧

新中国成立初期，对工运理论进行深入探索的，除李立三外，具有代表性的还有邓子恢。当时，任中共中央中南局第三书记的邓子恢主管中南地区工会工作。1950 年夏季，邓子恢针对中南地区工会工作严重脱离群众的现象，发表了一系列讲话和文章，表述了自己的意见。其后，在党内出现不同的意见，并表现为与高岗①（时任东北局第一书记）的分歧与争论。

1950 年 7 月，在中南总工会筹委扩大会上，邓子恢针对当时中南地区工会出现的严重脱离群众的现象，工会干部缺乏明确的阶级立场，不重视维护工人群众的正当利益等问题提出了三个问题：第一，工会工作的立场问题；第二，工会要代表职工利益的问题；第三，工会的工作方法和工作作风问题。邓子恢的基本观点是，在公营企业中，工会工作者的立场和态度不应与企业行政管理人员混同起来，虽然双方的“基本立场”一致，即都是在为国家，同时也是为工人阶级自己的利益服务这样的前提下工作，但是在“具体立场”上仍然应有所区别。他们各自的工作岗位、任务不同，即使在公营工厂中，“工会仍有代表工人的利益”“保护工人群众日常切身利益”的基本任务，而不

① 高饶反党集团。1954 年，党的七届四中全会进行揭发批判。1955 年被开除党籍。

能脱离这个基本任务，盲目地跟着企业行政领导走，对漠视工人利益的官僚主义不加批评和反对，成为“厂方的附属品”。在厂方与工人利益完全一致的时候，当然彼此和谐合作；如果某些规定与某些措施对工人不利时，则工会工作者必须根据工人的意见，同厂方商量修改。他批评有些工会工作者不善于从工会本身的立场来贯彻党的政策，在公营工厂中常常表现为与行政毫无二致，提同样的口号，说同样的话，做同样的事，不能从代表工人利益的立场出发做好工作。这样，工会就成为工人不大需要的东西，成为可有可无的组织。

邓子恢的报告在公开发表之前，其主要内容曾于 1950 年 7 月 29 日以中南局的名义向党中央报告过。8 月 4 日，刘少奇为党中央草拟转发这个报告的批语，批语中说：“这个报告很好，望照邓子恢同志的做法，在最近三个月内认真地检查一次工会工作并向中央作一次报告。”党中央批语经毛泽东、周恩来、朱德、李立三等传阅后下发。7 月 30 日，《长江日报》发表邓子恢的报告；8 月 4 日，全国总工会的机关报《工人日报》转载邓子恢的报告并加了编者按。按语说：邓子恢同志提出的三个问题非常重要，不仅是中南工会要解决的问题，并且是全国工会干部要加以解决的理论问题。全国总工会为此还发出通知，要求全国工会干部学习邓子恢的报告。4 月 9 日，《人民日报》全文转载邓子恢的报告。从此，关于工会的理论问题引起了广泛的注意和讨论。

邓子恢的报告发表后，首先在东北引起了异议。因为早在邓子恢的报告发表之前，当时任东北局第一书记的高岗就于 1950 年 7 月 21 日在东北总工会执委扩大会议的报告中强调：“党政工一个目的，亲密团结搞生产，切忌对立起来提问题。”邓子恢的报告发表之后，在东北城市工作会议上，有人批评邓子恢的报告宣传“机会主义的原则与理论”，高岗在这次会议的总结讲话中也批评邓子恢的报告“欠妥”“混淆思想”。在邓子恢的报告公开发表之后，高岗又于 1951 年 4 月组织人员写了一篇题为《论公营工厂中行政与工会立场的一致性》的文章，对邓子恢的报告提出针锋相对的批评。这篇文章的基本观点是：公营工厂中没有剥削，没有阶级矛盾，行政与工人的利益是一致的，行政与工会没有立场的不同。他认为“具体立场不同”的说法，一是模糊了工人阶级的领导思想及其在国家政权中的领导地位，二是模糊了公营企业与私营企业在本质上的区别。

高岗准备将这篇文章作为《东北日报》社论公开发表。为此，他于 1951 年 4 月 22 日写信给毛泽东，请他审查修改此文，并请示“可否在报上发表”。4 月 29 日，胡乔木就此事写信向毛泽东和刘少奇报告，认为高文用正面批驳的方法批驳邓子恢的报告是不适宜的，“工会更应当重视工人的直接福利，许多工会不重视是不对的”。5 月 10 日，刘少奇在胡乔木的信上批示：“我意高岗同志的文章暂不发表，待四中全会讨论此问题时，当面谈清楚，高文可送邓子恢同志一阅。”5 月 16 日，刘少奇又亲自写信给高岗说：“关于工厂与工会立场问题你写的文章，我已看过，已送交主席，可能主席尚未来得及看。我的意见以为四中全会即将召开并要讨论这个问题，子恢同志亦来，可以在那时加以讨论，因此，你的文章暂时以不发表为好。”

新中国成立初期的这场关于工会问题的争论，双方争论焦点的实质是如何正确地认识和处理工会与行政、工会与党、工会与职工群众的关系等问题。以后虽然由于党的七届四中全会延期、会议中心议题发生重大变化，此问题并未在全会上讨论，但是这样一场涉及中国工人运动和工会工作发展方针的争论并未消失，并进一步引起了党中央的高度重视，且产生了始料未及的影响。

## （三）刘少奇对新中国工运理论的探索

对于新中国成立初期发生的工运理论问题的争论，当时主管工会工作的党中央副主席刘少奇从新中国成立后工人阶级状况的变化和工会面临变革的实际出发，认真研究了双方文章的论点，于1951年五六月间撰写了读邓、高两文的长篇读书笔记（收入《刘少奇选集》下卷时，题为《国营工厂内部的矛盾和工会工作的基本任务》）。在文章中，刘少奇深刻地论述了国营工厂的基本矛盾和工会存在的客观基础，阐明了工会与企业、工会与政府、工会与党的关系，阐明了工会的性质、地位、作用等一系列关于社会主义工人运动的基本理论。

第一，阐明了国营工厂内部的基本矛盾及其性质。刘少奇首先深刻地分析和正确论证了国营企业内部的基本矛盾。他指出，当工人阶级领导的国家已经建立，把工厂收归国有，并且进行了民主改革以后，国营工厂内部就再没有阶级对抗和剥削关系存在了，工厂管理机关与工人群众的关系就从根本上变为一种同志的关系了。它打破了发展生产的桎梏，为生产力的发展开辟了广阔的前途。这是社会主义的国营工厂优于资本主义工厂的基本原因，但是，这并不等于国营工厂内部没有矛盾了。刘少奇指出：“一切事物的构成都是矛盾的构成，国营工厂的内部结构当然也是矛盾的结构。什么是构成国营工厂的内部基本矛盾呢？这就是国营工厂管理机关与工人群众之间的矛盾，就是国营工厂内部的公私矛盾。”接着他又分析了这种矛盾的性质：“这种矛盾与资本家工厂中的阶级对抗完全不同，它是一种在根本上非敌对的、可以和解，也应该调和的矛盾。”① 刘少奇在确定了国营工厂内部的基本

① 刘少奇：《国营工厂内部的矛盾和工会工作的基本任务》（1951年），中共中央文献研究室、中华全国总工会编：《刘少奇论工人运动》，中央文献出版社1988年版，第402页。

矛盾就是国营工厂管理机构与工人群众之间的矛盾之后，又率先把社会主义的矛盾概括为两类不同性质的矛盾，而国营工厂内部的基本矛盾和关系就是“工人阶级内部和人民内部的矛盾和关系”。他敏锐地看到并且较早地提出了“人民内部的矛盾”这个新概念，而且从“和解”的角度去分析矛盾。

第二，论述了国营工厂工会存在的必要性和特殊作用。他从当时国营企业内部的现实矛盾出发，分析工会存在的必要性和特殊作用。他认为，由于国营工厂内部这种基本矛盾的长期存在，“因此，在目前的国营工厂中以及在将来社会主义的长时期内，工会还是必要的”，“只有到了共产主义社会，这个矛盾才能最后和解”，“在那时，工会的特殊作用也就消失了，不需要工会了”。正是导源于此，“在国营工厂中由工人群众组织工会，并由工会代表工人群众（一方面）和工厂管理机关（另一方面）协议并调处各种有关双方的问题，以至于签订合同及其他协定等，就是必要的”。换言之，在国营企业中的工会组织是职工群众的重要代表者，在这里，国家及行政管理机关是通过工会和工人群众联系在一起的。因为工会是工人阶级的群众性组织，它不同于行政也不同于政党，它是全体工人群众的组织。而职工群众参加工会，“通常的出发点和目的很简单，就是要使工会成为保护他们日常切身利益的组织。他们是为了保护自己的利益和一般劳动者的利益而团结起来的、组织起来的”①。

第三，深刻分析了工会的基本任务。刘少奇认为，共产党与工人群众对工会存在看法上的差别。他指出：“在工会工作中还有一个基本问题是应该说清楚一下的，这就是工人阶级先锋

① 刘少奇：《国营工厂内部的矛盾和工会工作的基本任务》（1951年），中共中央文献研究室、中华全国总工会编：《刘少奇论工人运动》，中央文献出版社1988年版，第407页。

队——共产党与工人群众之间对于工会的看法上的差别。”① 这也是新中国成立初期工会问题争论中涉及的一个重要问题。早在20世纪20年代，列宁曾经指出：工会是党与工人群众之间联系的桥梁，是工人群众的共产主义学校，是人民政权的主要社会支柱之一。刘少奇认为：“对于工会作用的这些看法，是正确的……但是，应该了解：这些是先锋队的出发点，是先锋队对于工会的要求和所要实现的目的。这些要求和目的是只有共产党人和群众中的觉悟分子才能具有的，普通的工人，特别是工人中的落后部分，是还没有这些要求和目的的，我们也不能要求普通的工人都能具有这些要求和目的。”② 工会如果要实现先锋队对它的要求和目的，就必须真正成为最广泛的工人阶级的群众组织，普通工人，特别是政治上落后的工人，他们加入工会和参加工会的各种工作，出发点并不是要来建立共产党与工人之间的桥梁，也不是来参加共产主义学校和建立人民政权的社会支柱。他们通常的目的很简单，就是要使工会成为保护他们切身利益的组织。如果工会不能保护工人阶级的利益（既包括长远利益，也包括眼前利益），工人群众就势必脱离工会，以至于别求他途和办法去保护自己的利益。这样的话，工会要实现先锋队对它的要求，就只能是一句空话。刘少奇指出：“没有群众参加的工会，或群众对工会表示冷淡、没有热情和积极性的工会，那也就要失去工会应有的基本的

① 刘少奇：《国营工厂内部的矛盾和工会工作的基本任务》（1951年），中共中央文献研究室、中华全国总工会编：《刘少奇论工人运动》，中央文献出版社1988年版，第407页。

② 刘少奇：《国营工厂内部的矛盾和工会工作的基本任务》（1951年），中共中央文献研究室、中华全国总工会编：《刘少奇论工人运动》，中央文献出版社1988年版，第407页。

作用。”① 工会就是要使这两种要求和目的结合起来、统一起来，这是工会工作中最基本和经常的任务。工会工作必须从普通工人的要求出发，力求实现他们一切合理的能够实现的要求，然后逐步地提高工人们的觉悟，来实现我们党的要求和目的。

刘少奇在新中国成立初期工运理论问题的探索中，把马克思主义哲学理论、工会学说与中国工会运动的具体实践结合起来，揭示了中国工会运动发展的内在客观规律。这不仅对新中国成立初期的工会工作具有重要的理论指导意义，而且对整个社会主义时期的工会工作都具有重要的理论指导意义。

### （四）全国总工会党组第一次扩大会议及其影响

李立三、邓子恢等人关于新中国工运理论的有益探讨，不久被全国总工会党组第一次扩大会议打断。李立三在这次会议上被错误批判，工运理论的初次探索因此被打断，会议给之后的工人运动和工会工作带来了消极影响。

1951 年 12 月 13 日至 22 日，全国总工会党组扩大会议在北京召开。在会议召开前，党中央对全国总工会党组的领导机构进行了调整，成立了由刘少奇、李富春、彭真、赖若愚、李立三、刘宁一六人组成的党组干事会。参加全国总工会党组扩大会议的人员，除了全国总工会党组成员，还包括全国总工会各部、各全国产业工会、各大行政区总工会和上海市总工会的负责人。

这次会议原定的方针是全国总工会党组干事会提出的“肯定成绩，纠正错误，总结经验，统一思想，改进工作，以便进一步展开全国工人运动，迎接国家的新建设任务”。李富春主持会议，

① 刘少奇：《国营工厂内部的矛盾和工会工作的基本任务》（1951 年），中共中央文献研究室、中华全国总工会编：《刘少奇论工人运动》，中央文献出版社 1988 年版，第 408 页。

并代表全国总工会党组作报告。他首先总结了三年来我国工人运动和工会工作的成绩，指出这些成绩为今后全国工会工作的进一步开展奠定了基础。同时提出，全国总工会领导，主要是李立三工作上存在的错误和缺点。党组扩大会议同时认为：全国总工会的领导工作是犯了重大错误的。这些错误主要地应由李立三同志负责。会议对李立三的错误批判主要为三个方面：第一，关于工会工作的根本方针上，认为李立三犯了狭隘的经济主义错误。第二，关于工会和党的关系上，认为李立三犯了严重的工团主义错误。第三，关于处理具体工作方法的问题上，认为李立三的领导方式犯了主观的、形式的、家长制的错误。

李立三在会议期间先后进行了三次检讨发言，进行了诚恳的自我批评，并对一些指责进行了解释。会议不顾李立三的解释，最终给他作了完全错误的结论。

全国总工会党组第一次扩大会议后，李立三被调离全国总工会。1953 年 1 月，全国总工会六届执委会第二次扩大会议通过《关于全国总工会工作的决议》和会议结论，并发至各级党委和工会，要求各地工会组织学习，肃清影响。

全国总工会党组第一次扩大会议对李立三的批判是错误的，党的十一届三中全会后，这一错误得到纠正。① 这次全国总工会党组扩大会议打断了对新中国工运理论问题的有益探索；对所谓“经济主义”“工团主义”的批判，给广大的工会工作者造成了思想上和政策上的混乱，给以后的工人运动和工会工作带来了严重的消极影响。

---

① 1980 年 3 月 20 日，在党中央为李立三等人举行的追悼会上，王震代表党中央致悼词时，对李立三在主持全国总工会期间的工作，作了充分肯定。悼词指出：“李立三同志的一生，是革命的一生，战斗的一生，他为中国人民的解放事业和伟大的共产主义事业，贡献了自己的毕生精力。”

# 第二章

# 社会主义改造中的工人运动

1953—1956 年，是中国工人运动进入社会主义改造和实现第一个五年计划的建设时期。在党的过渡时期总路线的指引下，新中国成立后中国工会召开的首次全国代表大会——中国工会第七次全国代表大会召开，提出了新的任务，制定了工会工作新的基本方针，为工人运动和工会工作新的发展指明了方向。各级工会和广大职工群众在中国工会七大方针的指引下，进行了卓有成效的工作，创造了光辉业绩。为完成和超额完成“一五”计划，各级工会动员和组织工人阶级开展了多种形式的社会主义劳动竞赛、合理化建议活动，开展了技术革新运动和先进生产者运动，为我国的社会主义建设作出了巨大贡献。在社会主义改造的伟大斗争中，各级工会积极组织职工在“一化三改”中建功立业，实现了对资本主义工商业和手工业的社会主义改造，有力地支援了农业合作化运动，在我国基本上消灭了剥削制度，确立了以公有制为主体的社会主义所有制，为全面建设社会主义准备了必要的条件。

## 一、党在过渡时期总路线的提出和中国工会七大的召开

### （一）党在过渡时期总路线的提出

新中国成立前夕，党的七届二中全会为即将诞生的中华人民

共和国确立了各项基本政策，提出了使中国由农业国转变为工业国，由新民主主义社会发展到社会主义社会的基本方向。党基于我国的基本国情，提出中国实现社会主义必须分两步走，即必须经过新民主主义革命才能转入社会主义革命，设想在工业发展、国营经济壮大后，采取“社会主义步骤”，实现资本主义工商业的国有化和个体农业的集体化。1951 年，毛泽东又提出了新中国发展的中长期战略，即“三年准备，十年计划经济建设”。

新中国成立后，经过三年艰苦卓绝的奋斗，到 1952 年，我国国民经济得到了全面的恢复和初步发展，工人阶级队伍的状况也已经发生了深刻的变化，全国职工总数达到 1500 万人，党的全心全意依靠工人阶级的方针得到了切实的贯彻，工人阶级已经成为国家经济建设的主力军。此外，国营工商业和私营工商业的产值比重已经发生了根本变化。到 1952 年 9 月，我国工业生产总值中，国营工商业的比重上升到了 67. 3%，私营工商业的比重下降到了 32. 7%，国营经济的规模已经超过私营经济。在工业和商业流通领域，一场深刻的社会变革实际上已经开始。土地改革在全国范围内基本完成，农村互助合作事业普遍发展，互助合作呈现从初级向高级过渡的趋势，一场更为深刻的农村生产力的变革也在悄然兴起。

新的形势表明，国民党反动统治留下的混乱局面已经得到了根本扭转，国家实现了政治、经济、社会的稳定，具备了开展大规模经济建设的条件。党对社会主义改造的步骤有了新的认识。

1952 年 9 月，毛泽东提出“中国怎样从现在逐步过渡到社会主义”的指导方针和大致设想。1953 年 6 月 15 日，中央政治局扩大会议对此进行了讨论。毛泽东首次提出了党在过渡时期总路线的基本内容，后来正式表述为：“从中华人民共和国成立，到社会主义改造基本完成，这是一个过渡时期。党在这个过渡时期的总路线和总任务，是要在一个相当长的时期内，逐步实现国家的社会主义工业化，并逐步实现国家对农业、对手工业和对资本主义工商业的社会主义改造。这条总路线是照耀我们各项工作的灯塔，各项工作离开它，就要犯右倾或‘左’倾的错误。”[①] 1954年2月，党的七届四中全会通过决议，正式批准中央政治局确认的这条路线。过渡时期总路线的内容可以简称为“一化三改”或“一体两翼”：社会主义工业化是其主体；对农业、手工业的社会主义改造，对资本主义工商业的社会主义改造，为“两翼”。也就是说，总路线及其过渡时期的总任务是由两个方面构成的，一是逐步完成国家的工业化，二是逐步完成对非公有制经济的社会主义改造。

这条总路线是社会主义工业化和社会主义改造并举的总路线，反映了工人阶级和全国人民为建设一个伟大的社会主义国家而奋斗的强烈愿望。实现国家工业化既是中国共产党的伟大奋斗目标，也是中国工人的历史使命。

为筹划国家工业化，在国民经济恢复时期，党和国家领导人就在着手制定我国国民经济的第一个五年发展计划。这是实现国家工业化进程中具有重大意义的第一步。从1953年起，我国开始进入大规模的经济建设时期。1954年9月，第一届全国人民代表大会第一次会议将过渡时期的总路线和总任务写入《中华人民共和国宪法》。1955年7月，第一届全国人民代表大会第二次会议正式通过国家从1953年执行的第一个五年发展计划（以下简称“一五”计划）。贯彻过渡时期总路线，完成国家“一五”计划和实现社会主义改造，成为这一时期工人阶级和全国人民的中心任务。

---

① 《为动员一切力量把我国建设成为一个伟大的社会主义国家而斗争》（1953年12月），中共中央文献研究室编：《建国以来重要文献选编》第4册，中央文献出版社2011年版，第602—603页。

### （二）全国职工兴起学习总路线的热潮

过渡时期总路线公布后，很快在全国形成了一个学习宣传总路线的热潮。为了在工会各项工作中贯彻过渡时期总路线，使广大职工深入学习总路线，1953 年 11 月，全国总工会发出《关于学习、宣传与贯彻过渡时期总路线的指示》，要求各级工会把对过渡时期总路线的学习作为工会最基本的思想建设工作，强调在宣传教育中要使广大职工认识到，只有实现过渡时期总路线，才能满足工人阶级和全体劳动者日益增长的物质和文化需要，而工人阶级对于实现这一伟大历史任务担负着主要责任；提出在工会工作中贯彻总路线的主要步骤是动员全体职工群众完成或超额完成国家的建设计划，完成或超额完成国家建设计划的基本方法则是劳动竞赛，工会各级组织必须结合对总路线的学习与宣传，不断深入推进劳动竞赛；指出在资本主义工商企业中的工会和职工群众担负着对资本主义工商业进行社会主义改造的重大责任，国家资本主义企业中的工会组织和职工群众要积极参与企业管理，开展劳动竞赛，提高劳动效率，使这些企业的各种制度和生产水平逐步向国营企业看齐，使社会主义改造逐步深入；还强调工会要对广大职工反复进行工农联盟的教育，认识到农民和手工业者是工人阶级可靠的同盟，工会对于农业和手工业的社会主义改造要给予有效的帮助。

全国总工会《关于学习、宣传与贯彻过渡时期总路线的指示》发布后，各级工会开始大张旗鼓地向广大职工群众进行过渡时期总路线的宣传教育工作，在全国职工中掀起了学习总路线的高潮。《工人日报》《上海劳动报》《中南工人日报》《西南工人日报》《四川工人报》与《浙江工人报》等工会报纸，从 1953 年底采取多种形式集中宣传报道党在过渡时期的总路线。各级工会也集中使用多方面的力量，“正面地、具体地”向职工宣讲如何建设社会主义的道理，力图不断提升职工群众的社会主义觉悟。

这场轰轰烈烈的对于过渡时期总路线的宣传教育，不仅使广大职工群众看清了社会主义的美好前途，知道了社会主义在我国如何实现，同时，也使职工群众达到了自我教育的目的，深刻认识到劳动的意义，明确自己的劳动就是在建设社会主义，从而更加自觉地树立起社会主义劳动态度。经过教育学习，广大职工的社会主义劳动态度得到了增强。有的工人说，“每一榔头，每一锤子，都是为了建设社会主义”；有的工人说，“多生产一吨水泥，就是为社会主义基础打一个地角”。这一时期，在职工群众中“为社会主义而劳动”成为最能鼓舞热情的口号，职工群众的生产热情普遍提高。广大职工群众经过对过渡时期总路线的教育学习，对于党在过渡时期的国家政策有了比较全面的了解；认识到国家为了实现社会主义，不仅正在逐步实现社会主义工业化，而且也正在对农业、手工业和资本主义工商业逐步实行社会主义改造。

在资本主义工商业中的工会组织，着重对职工群众进行对资本主义工商业改造的宣传教育。经过教育学习，一些资本主义工商业的职工改变了过去认为在私营工商业做工不光彩，不愿为资本家干活儿的思想；增强了工人阶级主人翁的意识，认识到作为工人阶级具有双重责任，既要努力生产，又肩负着对资本家进行团结、教育、改造的责任。当时职工群众中流传着这样的说法：“现在要向社会主义过渡了，大家都要上船，别给留在岸上。”① 生动地表达了当时私营企业职工群众欢欣鼓舞的心态。过渡时期总路线的公布，对私营企业的资产阶级产生了极大的震动。一些有政治远见的资本家，基本上持赞成的态度。相当一部分资本家

① 中华全国总工会编：《中华全国总工会七十年》，中国工人出版社 1995 年版，第 327 页。

则采取观望的态度，疑虑重重。也有一部分资本家表现出对总路线的不满和抵触，甚至抵抗，哀叹“无可奈何花落去，一生心血付诸东流”①。私营企业的工会在做职工群众教育宣传的同时，也积极协助政府，开展对资本家的爱国主义和社会主义前途的教育，且收到了良好效果。

## （三）中国工会七大的召开和新的历史时期工人运动方针的确立

### 1. 全国总工会为召开中国工会七大做准备

为进一步适应国家有计划大规模经济建设的要求，总结六次劳大以来工人运动取得的伟大成就和经验，进一步确立新的历史时期工人运动的方针和任务，动员全国工人阶级保证完成国家的建设任务，全国总工会决定召开全国性的工会代表大会。

为了开好这次大会，全国总工会于 1953 年 1 月和 4 月，先后召开了两次执委会会议，为即将召开的工会代表大会做组织上和思想上的准备。1953 年 1 月，全国总工会六届二次执委会扩大会议召开，对六次劳大召开四年来的工会工作进行了基本总结，提出了 1953 年的工作要点，决定在 5 月召开第七次全国劳动大会，并将广大职工群众为保证完成国家计划的劳动竞赛发动和组织起来作为准备工作的中心环节。会议重申拥护 1951 年全国总工会第一次党组扩大会议的决议和对这次党组扩大会议的结论，并认为全国总工会的领导过去所犯的错误有一定的社会基础和代表性，因而有必要把这次党组扩大会议的文件在全国各级工会干部中深入学习。通过学习，正确地解决工人运动的指导思想、方针问题。执委会还对产业工会的建设、在公私营企业中推广集体合同及职工工资制度等问题进行了研究。

① 中华全国总工会编：《中华全国总工会七十年》，中国工人出版社 1995 年版，第 327 页。

值得注意的是，召开全国总工会六届二次执委会扩大会议的本意是统一思想，澄清 1951 年 12 月全国总工会党组第一次扩大会议以来工会干部思想上的混乱，但是这次会议决议中重申了全国总工会党组第一次扩大会议对李立三的错误批判，要求工会系统进一步肃清所谓的“严重的工团主义错误倾向”“经济主义倾向”。这对以后的工会工作造成了消极影响，给部分工会干部造成了精神压力。

党中央批转了这次执委会扩大会议的决议和会议的总结。2 月 7 日，《人民日报》发表了题为《坚持工人运动的正确方向，为国家工业化而奋斗》的社论。社论重申了 1951 年全国总工会第一次党组扩大会议关于全国总工会的领导犯了所谓原则错误的结论，并公之于世。[1] 2 月 12 日，《工人日报》发表了题为《贯彻全国总工会六届二次执委会扩大会议的决议，积极迎接第七次全国劳动大会》的社论，着重讲到新中国成立到 1951 年这段时间，全国总工会的领导犯了所谓的“严重的工团主义错误，走上狭隘的经济主义道路”，以及领导作风上的主观主义错误问题，要求广大工会干部总结经验，纠正错误影响，统一思想。2 月 12 日，《工人日报》发表赖若愚的文章——《克服工会工作中的工联主义倾向》。此后，在全国工会系统开展了学习全国总工会第一次党组扩大会议文件，批判、纠正实际工作中并不存在的倾向和错误问题。执委会的决议、报刊的社论以及署名文章的发表，给工会组织和工会干部带来了巨大的震动，引起了工会干部思想上的混乱，给广大工会工作者带来了消极影响。[2]

1953 年 4 月，全国总工会六届三次执委会会议召开，会议一

① 倪志福主编:《当代中国工人阶级和工会运动》（上），当代中国出版社 1997 年版，第 141 页。

② 倪志福主编:《当代中国工人阶级和工会运动》（上），当代中国出版社 1997 年版，第 141 页。

致通过，决定将“第七次全国劳动大会”改名为“中国工会第七次全国代表大会”。从此，“工会全国代表大会”这一名称沿用至今。

2. 中国工会七大的召开

1953年5月2日至12日，中国工会七大在北京召开。出席大会的有来自全国各省、市和产业工会的代表813人，代表全国1020万名工会会员。以世界工会联合会总书记路易·赛扬为首的代表团和苏联工会代表团，以及欧洲、亚洲、大洋洲、非洲等地的20多个国家的30多个工会组织的代表105人也应邀参加了这次大会。中央国家机关和职工家属共175人列席了会议，此外还有志愿援朝的中国铁路运输工人的代表参加。刘少奇代表党中央、林伯渠代表中央人民政府、陈叔同代表全国政协分别向大会致词。毛泽东接见了出席中国工会七大的代表。①

大会由全国总工会副主席刘宁一宣布开幕并致词。在开幕词中，他指出：这次大会，是中国工人阶级在中国人民民主革命胜利，建立中华人民共和国以后的第一次工会全国代表大会，在中国工人运动的历史进程中是一个具有重大意义的事件。

中共中央政治局委员、书记处书记刘少奇代表党中央向大会致祝词。刘少奇在祝词中高度赞扬了中国工人阶级在革命斗争中和革命胜利以后的巩固人民民主专政、支援抗美援朝和恢复国民经济的斗争中所表现出来的勇敢、勤劳和智慧，尽了自己在历史上所应担当的责任。

刘少奇在祝词中指出：“我们祖国现在正开始进入一个新的历史时期，并向我们提出了新的历史任务，这就是实现我们国家的工业化和逐步过渡到社会主义社会的任务。”“在目前条件下，我们国家的发展，首先要求我国的工业必须有迅速的发展，特别

---

① 《中国工会第七次全国代表大会开幕》，《人民日报》1953年5月3日。

是要发展和建立我国的重工业。”“我国现有的工业生产水平，无论在数量上和质量上都必须逐年提高，许多工厂将要加以改建和扩建，同时，还要建设许多新的工厂和新的工业部门，其他经济事业和文化教育事业也必须适应工业的发展而迅速发展起来。”“我们必须使我们的国家逐步成为具有高度技术水平的工业国。”“这个历史任务的胜利完成，将使我们的国家和人民大大富强起来，但这是特别有赖于中国工人阶级作更有组织和更高觉悟的斗争的。”

刘少奇还指出：“为了完成这个新的历史任务的目的，我们必须尽最大的努力发挥广大工人群众的积极性和创造性，为完成与超额完成国家的经济计划而奋斗。”“为了这个目的，我们必须对工人群众加强共产主义的教育，提高工人群众的觉悟程度，使他们认识到全体人民的利益、国家利益与个人的利益的一致性。同时，必须采取批评与自我批评的方法去克服企业中的各种缺点和错误，反对官僚主义，反对破坏劳动纪律的各种现象，不断巩固劳动纪律。为了这个目的，我们还必须经常地、密切地关心工人群众的生活状况，在增加生产的基础上，按照必要与可能逐步改善工人的物质与文化生活和工人的工作条件，提高工人阶级以及全体劳动人民的物质和文化福利。”他要求工会工作要发扬优点，克服缺点，使我们的工作能够如列宁所说的那样，真正成为“新生活的建设者”，成为“新的千百万人的教育者”。①

刘少奇还指出，中国工人阶级必须把国际工人运动作为自己一种光荣的不可推脱的责任。最后他强调，我们必须加强工人阶级本身的团结，必须更进一步巩固同农民的联盟，巩固同知识分子的联盟，巩固以工农联盟为基础的人民民主阵线。

---

① 《在中国工会第七次全国代表大会上 中共中央代表刘少奇同志的祝词》，《人民日报》1953 年 5 月 3 日。

全国总工会秘书长赖若愚向大会作了《为完成国家工业建设的任务而奋斗》的报告。报告回顾了第六次全国劳动大会以来，特别是新中国成立后工会运动取得的巨大成就和工人阶级的伟大贡献，工会工作在国民经济恢复过程中发挥的重大作用，完成了工会在这个历史时期的任务。报告指出，在国家进入有计划经济建设的新的历史时期，工会组织最重要最基本的任务，就是在中国共产党的领导下，联系并教育工人群众，不断提高工人群众的觉悟程度和组织程度，巩固工农联盟，团结各阶层人民，积极地完成国家建设计划，并在发展生产的基础上，逐步改善工人阶级和全体劳动人民的物质生活和文化生活，并为逐步实现国家的工业化与过渡到社会主义社会而奋斗。

报告指出，工会组织搞好生产的基本方法，就是逐步引导群众开展劳动竞赛。通过劳动竞赛，高度地发挥工人、工程技术人员和职员的积极性和创造性，改善劳动组织，改进劳动生产过程，改良工具和操作方法，以提高劳动生产率。劳动竞赛应由新中国成立初期那种凭借工人高度热情，加强劳动强度，突击性较大而忽视产品质量和劳动保护的情况，转向以注重劳动与技术相结合，推广先进经验，发掘生产潜力，提高劳动效率，提高产品数量和质量，并注重劳动保护和技术安全为特点的方向上来。

报告强调在工人中进行系统的政治、技术、文化教育的重要性。要有计划地从工人群众中培养技术人员和管理人员。私营企业中的工会组织必须认真贯彻“发展生产，劳资两利”的方针，以搞好生产为中心，这是工人阶级的最大利益所在。应通过劳资协商会议和订立劳资合同，改善经营管理，搞好生产，并在发展生产的基础上，解决工人群众必要的和可能办到的福利问题。对资本家违反人民政府政策法令、压迫工人、破坏工人团结的各种不法行为，则必须进行群众监督和必要的斗争。

关于工会组织建设，报告强调特别要加强基本建设工程和新建厂矿工人的工作，加强新工厂中的工作，进一步健全基层工会工作，紧紧掌握工会工作“面向生产，面向基层，面向群众”的方针。同时，有计划有步骤地加强产业工会。要求根据产业特点，具体解决劳动保护问题和职工群众的福利问题。

这次大会一致通过了《关于中国工会工作报告的决议》《关于修改中国工会章程的决议》《关于工会财务工作的报告》等。大会选举产生了全国总工会第七届执行委员会委员，选举刘少奇为中华全国总工会名誉主席，选举赖若愚为中华全国总工会主席，刘宁一、刘长胜、朱学范当选全国总工会副主席，赖若愚、刘宁一、许之桢、陈少敏（女）、李颉伯、刘子久、栗再温、董昕组成全国总工会书记处。

1953 年 5 月 13 日，《人民日报》发表题为《为实现中国工会新时期的任务而斗争》的社论。社论指出，这次大会的成就“标志了中国工人运动和工会工作发展的一个新的历史时期”①。

3. 对中国工会章程的修改

中国工会七大将六次劳大通过的《中华全国总工会章程》改名为《中华人民共和国工会章程》，并根据新中国成立以后新形势和工会工作的新经验，对工会章程进行了修订。

新修订的工会章程由《中华全国总工会章程》的 5 章 22 条修改为 7 章 39 条。“总章”部分单列，不再作为一章；“组织”一章拆分为“组织机构”“工会的全国领导机关”“工会的地方组织”“工会的基层组织” 4 章；加上“会员”“经费”“附则”，共 7 章。在内容上，新的工会章程在关于人民民主专政下工会的性质、任务与作用，关于入会的条件和会员的权利与义务，关于工会组织原则和组织机构，关于工会基层组织和手工业工人中的工会组织等问题，都进行了较大的修改和补充。

---

① 《为实现中国工会新时期的任务而斗争》，《人民日报》1952 年 5 月 13 日。

在中国工会七大修改章程中，对人民民主专政下工会的性质、任务和作用这一根本性的问题作了更加明确的规定。

关于工会的性质，新修订的章程明确规定中国工会是“中国工人阶级的群众组织”。这既表明了它的阶级性，划清了工人阶级与剥削阶级的界限，分清了工人阶级与独立生产者的区别，又体现了它的群众性，是一个“以工资收入为自己生活资料之全部或主要来源的体力劳动者和脑力劳动者，不分民族、性别及宗教信仰自愿结合的工人阶级的群众组织”。

关于工会的任务，新的章程规定：“中国工会在国家建设时期最重要的任务，就是加强工人阶级的团结，巩固工农联盟，教育工人群众自觉遵守国家法令和劳动纪律，努力发展生产，不断提高劳动生产率，为完成与超额完成国家生产计划，加速国家工业化和逐步过渡到社会主义社会而斗争。工会应经常地关心工人群众的生活状况和劳动条件，并应在发展生产的基础上，逐步地，但是积极地改善工人群众的物质生活和文化生活。”这一规定体现了在新中国成立以后，中国工人阶级已经成为国家的领导阶级；在人民民主专政下的工会工作的方针、任务、作用，已经发生了根本性的变革，工会必须以搞好生产为自己经常的中心任务。

新的工会章程还对工会在国营企业、公私合营企业和私营企业中的作用进行了阐述。新章程规定：在国营企业中，工人就是企业的主人，工会有动员和组织工人群众，保证完成和超额完成国家生产计划的神圣责任。在公私合营或固定为国家加工的企业中，工会对于搞好生产和监督契约的执行，负有重大的责任。在私营企业中，工人虽然仍处于被剥削的地位，但工人的政治权利和正当的经济利益，有国家法令和工会组织的确切保障；因此，在私营企业中，工会也有组织和教育工人群众搞好生产与监督资本家遵守政府法令的责任。这样，使私营企业在国营经济的领导下，对国计民生起积极作用乃是符合工人阶级的根本利益的。

关于工会的组织原则和组织机构，新章程“组织机构”一章中规定，“中国工会是按照产业原则在民主集中制的基础上建立起来的”，产业工会的组织原则，是将同一企业、机关等单位的工会会员组织在同一产业工会的基层组织中。“工会的全国领导机关”一章规定：“中华全国总工会执行委员会的全体会议选举主席团和书记处。”全国总工会过去由常务委员会领导日常工作，为了更集中加强全国总工会的工作及对各全国产业工会的领导，所以设立主席团和书记处。地方工会组织的名称，改为地方工会联合会。各级地方工会联合会，是该地方的产业工会组织和地方工会组织的联合领导机关。

4. 中国工会七大的历史贡献

中国工会七大是工会组织在新中国成立以后召开的第一次全国性的大会。这次大会根据形势的变化，适时地确定了以生产为中心，生活、生产、教育三位一体的工会工作方针，保证了工人阶级在大规模经济建设时期充分发挥主力军的作用。它对工会组织在过渡时期以及进入社会主义建设时期以后要完成的主要任务提出了明确的要求。

第一，要求工会组织必须在中国共产党的领导下，动员组织工人阶级并团结各阶层人民，以国家经济建设为中心，积极完成国家建设计划，为逐步实现国家的工业化和社会主义改造而奋斗。这是事关全局的根本性方向问题，无论是在过渡时期，还是在社会主义建设时期，工人阶级的基本活动，归根结底都是要全力发展社会生产力。因此，中国工会七大确立的以生产为中心的工人运动指导方针，不仅是及时的，而且是正确的。

第二，要求工会联系并教育工人群众，不断提高工人群众的觉悟程度和组织程度。这体现了工会的教育职能，以及工会应当发挥的桥梁纽带作用，是社会主义国家工会所独具的特性之一。

一方面，作为工人阶级自己的组织，工会具有较高的组织程度和较完备的组织系统，具备为职工群众提供教育的条件；另一方面，中国工会自觉接受党的领导，需要用党的理论、思想武装工人阶级的头脑，提高职工群众的思想觉悟和政治素养，成为党联系职工群众的纽带。

第三，要求工会在发展生产的基础上，逐步改善工人阶级和全体劳动人民的物质生活和文化生活。从发展生产与提高人民生活的关系来看，这无疑是正确的。但是，中国工会七大确立的工人运动的方针，并没有将维护职能和发挥工会的维护作用列入其中。如果从工会的基本属性，从工会在社会主义国家政治体系中的地位和其应当发挥的独特作用来看，这存在着明显的缺陷和历史局限性。工会是最广泛的工人阶级群众组织，不仅应当维护工人阶级的长远的、根本的利益，还应当维护工人阶级眼前的和日常的利益；不仅应当代表工人阶级中先进成员的利益，还应当代表普通成员的利益。此外，工人阶级中还包括少量的落后分子，作为群众性组织的工会，也应当维护这部分职工的利益。维护职能的缺失，使得这一方针没有完全准确地反映工会组织的性质、职能和在人民民主专政政权中的特殊作用。这对于当时和其后的社会主义建设时期的工人运动和工会工作都产生了不利的影响，在一定程度上限制了工会在社会主义建设各个方面发挥的应有作用。

## 二、工人阶级为实现“一五”计划而奋斗

### （一）第一个五年计划的提出

“一五”计划的指导方针和基本任务是：集中主要力量发展重工业，建立国家工业化和国防现代化的初步基础；相应地发展交通运输业、轻工业、农业和商业；相应地培养建设人才；有步

骤地促进农业、手工业的合作化；继续进行对资本主义工商业的改造；保证国民经济中社会主义成分比重稳步增长，同时正确地发挥个体农业、手工业和资本主义工商业的作用；保证在发展生产的基础上逐步提高人民物质生活和文化生活的水平。①

"一五"计划是落实过渡时期总路线和总任务的行动纲领，集中强调了两方面的任务。一是强调集中力量建设以机械、钢铁、能源和军工为核心的重工业，以奠定我国工业化的基础。二是加速对农业、个体手工业和资本主义工商业的社会主义改造。这两大任务是贯穿"一五"计划时期的两条主线。

### （二）劳动竞赛的推进与深化

中国工会七大以后，工会工作的首要任务就是动员和组织全国职工，为实现第一个五年计划而奋斗。劳动竞赛作为工会组织搞好生产的最基本方法，不断地被推进和深入。

"一五"期间，劳动竞赛不断有新的发展，各产业、各地方对劳动竞赛在不同时期的提法也不相同，如增产节约劳动竞赛、爱国主义劳动竞赛等。1954 年 8 月，党中央对劳动竞赛的性质和口号的提法作了统一规定，在过渡时期公私营企业统一使用"劳动竞赛"的口号。1956 年初，实现了对资本主义工商业全行业的改造之后，对劳动竞赛又统称为社会主义劳动竞赛。

#### 1. 确立劳动竞赛的指导思想

1953 年 11 月 10 日，赖若愚在全国总工会第七届执委会主席团第三次会议上作《把劳动竞赛向前推进一步》的报告，提出要把劳动竞赛向前推进一步。他指出："以往的劳动竞赛，大多还是处于初级阶段。初级阶段劳动竞赛的主要特点是，偏重于加强劳动强度，突击性、盲目性很大，缺乏组织性和计划性，往往对

① 胡绳主编：《中国共产党的七十年》，中共党史出版社 1991 年版，第 387 页。

产品质量和劳动保护注意不够。”要把劳动竞赛向前推进一步，应当是有组织有计划地进行，应当着重改进生产技术与劳动组织，推广先进经验，发掘生产潜力，以提高劳动生产率，提高产品数量和质量，降低产品成本，改善操作环境和技术安全，全面地完成或超额完成计划任务。11 月 15 日，全国总工会第七届执委会主席团第三次会议通过了《关于把劳动竞赛向前推进一步的决议》，一致认为必须把劳动竞赛向前推进一步：要将职工的劳动经验和科学技术相结合；要使劳动竞赛成为劳动的经常方式，而不是时起时落；各地区、各产业必须根据自己的具体情况，制订出具体的步骤和方法，创造自己的典型经验。

1954 年 1 月，全国总工会发布《关于在国营厂矿企业中进一步开展劳动竞赛的指示》，进一步阐述开展劳动竞赛的意义、指导思想和具体做法，并厘清了劳动竞赛与资本主义竞争之间的本质差别。资本主义的竞争是通过打击别人来夺取和巩固“胜利”的，而劳动竞赛是以先进带动落后来达到共同提高，其目的是逐步地把落后者提高到先进者的水平，不断消除生产中的落后环节，不断提高劳动生产率。1954 年初到 1955 年 3 月，全国总工会将劳动竞赛与技术革新结合，开展了轰轰烈烈的群众性的技术革新运动。这对广大职工掌握新技术，提高劳动生产率起到了巨大的推动作用。1956 年初，在全国社会主义改造取得胜利之时，社会主义劳动竞赛在全国工交、基本建设等各条战线形成高潮。1956 年 4 月，由党中央倡导，在全国总工会的领导下，又开展了先进生产者运动，劳动竞赛在更大规模更高水平上深入开展起来，其间涌现出了大量先进工作者。

### 2. 劳动竞赛的普遍、深入开展

“一五”期间，劳动竞赛更加普遍、深入地开展起来。劳动竞赛的形式、内容越发丰富。厂际劳动竞赛普遍开展，劳动竞赛又与职工合理化建议活动、先进经验的推广、集体合同制度的推行紧密地结合在一起，极大地调动了广大职工的热情，推动了各个行业劳动生产率的提高，对于促进顺利完成国家计划起到了重要的推动作用。

（1）厂际劳动竞赛的普遍开展

从1954年开始，厂际之间的劳动竞赛在一些城市和产业中出现，1955年开始普遍开展起来。厂际劳动竞赛，通常由产业工会或地方工会组织，广泛吸引工人、工程技术人员和职员参加，以促进不同工厂的经验技术交流，推动落后企业改善管理，提升技能水平，从而缩小与先进企业的差距。例如，1955年化工系统厂际劳动竞赛，多达90%的所属企业职工参与了进来，推动当年化工总产值较上年增长了43%。重工业系统组织了43个专业的厂际劳动竞赛，机械工业系统组织了机床、机车、电机、重型机械、动力机械等20种同类产品的劳动竞赛。这些行业系统的劳动竞赛职工参与度高、专业性强、规模大，很好地促进了整个行业生产率的提高。

厂际劳动竞赛的主要形式是由全国产业工会和相应的工业部组织的厂际竞赛。例如，全国机械工会同第一机械工业部共同组织在天津、上海、沈阳三个自行车厂举办的劳动竞赛。这三个企业的职工数量、设备条件、生产规模大体相当，但是在产量、质量、劳动生产率上存在着很大的差异，沈阳自行车厂要落后于上海、天津自行车厂50%以上。为了实现先进带动落后，从1955年4月起开展了厂际劳动竞赛，半年后沈阳自行车厂的产量、质量都大为提高，还在电镀、油漆、焊接这三个主要工艺方面居于领先地位。党中央批转了这三个企业厂际劳动竞赛的经验，提出：今后组织和指导劳动竞赛的基本精神是，落后的（个人、单位）要虚心地学习先进的（个人、单位），使自己更加先进。强调在劳动竞赛中要互相学习，互相帮助，取长补短，共同提高。[①]

厂际劳动竞赛的其他形式，还有由性质相近、规模相似的工厂企业，在工会的引导下自行签订竞赛合同，规定竞赛指标和检查评比办法，定期评比。在一些地区，由地方工会组织本地区同类型的企业开展地区性的厂际劳动竞赛。

形式多样的厂际劳动竞赛的开展，极大地提升了广大职工的劳动热情，形成了互学互助、先进带动后进的良好风气，推动了企业劳动效率的大幅提升。

（2）将职工合理化建议与劳动竞赛结合起来

职工合理化建议活动，作为群众生产运动的一项重要内容，在这一时期普遍开展。企业行政和工会建立起专门处理合理化建议的机构，将劳动竞赛、技术改进和合理化建议同企业经营管理结合起来。主要的做法是围绕完成生产计划所要求的各种技术措施，发动职工群众有目的地提出合理化建议，以解决生产中的关键性问题。1953 年，全国职工提出合理化建议达 73.8 万件，其中 35.7 万件被采纳，用于改进生产过程和改进企业管理，取得了重大效益。1954 年的群众合理化建议更多的是围绕改进技术、革新创造方面，全年共提出合理化建议 84.9 万件，被采纳 46.3 万件。1955 年，群众生产运动的重心主要在推广先进工作经验方面，可是群众合理化建议仍然达到 59.8 万件，被采纳 25.8 万件。1956 年，先进生产者运动在全国开展，职工的合理化建议活动达到新的高潮，全年共提出 183.1 万件合理化建议，其中 75.7 万件被采纳。这一时期，与劳动竞赛相结合的职工合理化建议活动，激发了广大职工的劳动热情，在推动企业改进生产经营管理方面起到了重要作用。

---

① 中华全国总工会编：《中华全国总工会七十年》，中国工人出版社 1995 年版，第 330—331 页。

（3）将推广先进经验与劳动竞赛结合起来

在劳动竞赛中，大力推广先进经验是一个普遍性的做法。第一个五年计划中，全国各行各业越来越重视总结本系统的先进经验，以此推动更好地完成国家计划。这些先进经验大多是从先进生产者实践中总结而来，一些重大生产技术的改进也大多是企业领导、工人、工程技术人员共同创造的劳动成果。1956 年，全国普遍开展先进生产者运动，总结、学习、推广先进经验成为将劳动竞赛推向更高水平的关键环节。全国产业工会和各产业部门，积极帮助企业总结带有推广价值的先进经验，树立先进典型，通过丰富多彩的形式，在产业系统中介绍推广。有的是组织先进生产者到同类企业中传授先进技术、经验，有的是组织技术观摩展演，有的是举办先进经验成果展览。此外，召开先进经验交流会也是当时推广先进经验的常见形式。

“一五”期间，涌现出了大量的先进经验，极大地提高了各个行业的劳动生产率，有力保证了国家计划的顺利完成。在纺织系统大力推广“三大工作法”，即 1953 年在上海总结的“安全工作法”，以及在国民经济恢复时期推广的“郝建秀细纱工作法”和“五一织布工作法”，成为全国纺织工人的操作规范。煤矿系统也涌现出一系列先进经验：大同矿区马六孩的“多孔道掘进循环作业法”、鸡西矿区崔国山掘进队的“快速掘进法”、矿区建设方面的“平行作业法”等先进经验。在建筑系统中，大力推广谢万福的“木工流水作业法”、黄德藏的“钢筋流水作业法”、张连庆的“混凝土搅拌流水作业法”，以及王苏慈的“平行流水按图施工法”等。铁路系统在推广“满载超轴 500 公里”运动基础上，又推广“孙孝菊调度法”“郭春林养路法”等 200 项重大先进经验。公路系统则围绕着开展安全节油竞赛，推广先进经验。内河航运系统从 1953 年起推行“一列式拖带法”，解决了长期以来存在的货物堵塞现象。邮电系统广泛地推广了“沈阳市话机械股工作法”，1956 年整理出了 106 项先进经验。化工系统在厂际劳动竞赛中，总结推广重大先进经验 174 项。冶金系统在 1956 年就举办了厂际先进经验交流会议 100 多次，推广先进经验和技术 242 项。电力系统大力推广“科学安全运行法”，不仅减少了运行责任事故，也使得广大职工强化了安全供电的意识。①

（4）将推行集体合同制度与劳动竞赛结合起来

“一五”期间，许多工矿企业将集体合同的内容列入了劳动竞赛中，通过在合同中订立生产规划，规定行政与工会在生产过程中和完成计划后的相互保证条件。1953 年，中国工会七大强调：订立集体合同，在明确劳动竞赛的指标、保证完成国家计划、有步骤地改善工人群众的物质生活和文化生活、提高劳动群众的热情等方面具有重大意义。在国营企业中，通过集体合同就可以把国家利益和个人利益紧密地具体地联结在一起。凡企业管理制度初步形成、有一定生产计划和生产定额的企业，均须推行集体合同制度。自此，这一制度在全国推行起来，并与劳动竞赛紧密结合在一起。

1953 年，铁路系统的 9 个铁路局签订了 320 份全面集体合同，有 325 个站、段、厂等基层单位签订了 379 份集体合同。其后，全国铁路系统行政与工会代表职工签订集体合同得到普遍推广，逐步制度化。航运、纺织、重工业等产业也相继推行订立集体合同制度。纺织工业部和中国纺织工会发出《关于国营工厂中签订集体合同的联合指示》，党中央批转了这个《联合指示》，进一步推动了纺织系统集体合同制度的推行。推行这项制度的纺织企业，也更为顺利地完成了国家计划。到了 1956 年初，全国已经有 1000 多个中央主管的具有一定规模的大中型企业建立了集体合同

---

① 倪志福主编：《当代中国工人阶级和工会运动》（上），当代中国出版社 1997 年版，第 150—151 页。

制度。与此同时，将推行集体合同制度与劳动竞赛结合起来也更加普遍。

3. 开展群众性技术革新运动

技术革新运动起始于 1952 年鞍钢工人张明山创造的“反围盘”在鞍钢推广。张明山创造“反围盘”成功以后，鞍钢内部掀起了一个群众性的技术改造运动。从 1952 年 9 月至 1953 年 7 月，参与技术改进、提合理化建议的职工占职工总数的 22%，被采纳的合理化建议达 468 件，其中已经试验成功的有 299 件。这些成功的建议中有 51 件增加了产量，有 23 件提高了质量，有 28 件保证了安全生产，有 66 件节省了劳动力，有 22 件改善了操作环境，有 40 件使体力劳动大大减轻。

1954 年 4 月 14 日，“鞍钢技术革新展览”在北京劳动人民文化宫举办，连续展出三个月，前往参观的达 37 万人次。鞍钢技术革新在各大城市及厂矿企业中引起了强烈反响。鞍山钢铁公司的张明山、王崇伦、唐立言、黄荣昌、刘祖威、朱顺余、傅景文七位鞍钢劳动模范出席开幕式。在两次座谈会的讨论和交流的基础上，他们建议在全国范围内发起技术革新运动，并草拟了《关于在全国范围内开展技术革新运动的建议书》，提出九点建议作为全国职工共同努力的目标：第一，改善旧有的生产技术设备，逐步改变费力的、笨重的手工操作为机械的或半机械的操作；第二，改进操作办法，充分发挥生产技术设备潜力；第三，合理地利用工作时间，减少原料、材料、工具、燃料、电力的消耗；第四，改进技术标准、技术检查与技术安全的措施；第五，根据国家计划的要求，努力进行新产品的研究、设计与试制；第六，学习苏联先进经验，学习新技术和新操作方法，不断地突破定额；第七，改善生产组织和劳动组织，节约人力，缩短非生产时间，克服生产中的不均衡和脱节现象；第八，工人、工程技术人员和职员密切合作，发挥集体智慧，搞好生产；第九，不自满，不骄傲，互相学习，互相帮助。

1954 年 4 月 20 日，全国总工会主席团第七届五次会议召开，全国总工会主席赖若愚在会上作了题为《劳动竞赛已经开始走上一个新阶段——技术革新》的报告。报告指出：“技术革新已开始在全国各地动员起来，这就使劳动竞赛具备了新的内容，开始走上了一个新的阶段。”5 月 27 日，全国总工会发布《关于在全国范围内开展技术革新运动的决定》，正式提出“技术革新”口号。随后，一个以提高技术、改进技术、学习和掌握新技术为主要内容的群众性技术革新热潮在全国迅速掀起。

在技术革新运动中，劳动模范充分发挥了带头作用。劳动模范探索创造出一系列先进技术，推动了劳动竞赛从初级阶段向高级阶段发展，极大地发展了生产力。鞍钢公司作为技术革新运动的范例，仅用一年多的时间，其机械、轧钢、炼钢、炼铁、矿山等厂矿的工程技术人员在相关专家的帮助下，就提出了大量合理化的竞赛建议，创造出一系列先进的操作方法和经验。其中电气和机械设备方面的重大技术革新产品达 545 件，成功研制出钢绳厂的自动切断机、选矿厂的团矿自动回车道等 309 件新产品。王崇伦研制出的“万能工具胎”更是在 1953 年用一年时间就顺利完成了以往四年的全部生产任务量，树立了破除传统生产定额、陈旧技术标准的典范，被誉为“走在时间前面的人”。劳动模范带领下的技术革新，有效保证了鞍钢公司超额完成国家增产节约计划和生产劳动计划，使其 1953 年的生产总值比 1951 年增加了近 1 倍，劳动生产率提高了 65%。

其他各地、各行业也在技术革新运动中提高了工人的生产技术，改进了设备，劳动生产率有了极大地提高。例如，山东省的劳动生产率提高了几倍到十几倍，有的产品甚至填补了国内空白。五〇一厂试验室从氧化铝生产流程中回收金属镓，并建成生产车间，当年生产镓 1853 公斤，使国内的镓产量跃居世界首位。博山电机厂研制成功汽车启动机、发电机，在全国最先为解放牌汽车配套，后又研制成功微电机、直流测速电机等，填补了国内微特电机的空白。新华制药厂技术员王志强，成功试制出过去国内不能制造的玻璃反应缸，在质量完全合乎标准的情况下，成本比进口的降低了 90%。

在劳动模范的带领下，技术革新运动深入广大群众之中，使得劳动动员更加深入充分。

4. 开展先进生产者运动

1956 年是实现我国第一个五年计划的关键一年，也是国民经济各方面任务极其繁重、紧张的一年。1 月 1 日，《人民日报》发表社论《为全面地提早完成和超额完成五年计划而奋斗》，首次提出“又多、又快、又好、又省”的社会主义建设方针，号召全国人民为提早完成和超额完成“一五”计划而奋斗。为了更为广泛地动员全国职工群众继续深入开展劳动竞赛，增加生产、厉行节约、反对浪费，保证完成和超额完成国家计划，轰轰烈烈的先进生产者运动在全国全面展开。

（1）先进生产者运动的兴起

1956 年 1 月 6 日至 13 日，为响应党和国家的号召，全国总工会第七届四次执委会讨论通过《关于动员全国职工迎接中国共产党第八次全国代表大会，开展社会主义竞赛，提前完成第一个五年计划的决议》，提出提前完成“一五”计划最有效的方法是全力推广先进生产者的经验，学习苏联先进经验，开展合理化建议，以求不断改进、提高技术，学习和掌握新技术，改进操作方法，改善劳动和生产组织，严格按照产品品种和质量的要求，发动群众突破现有定额，达到先进生产者的水平，并不断取得新的成就，做到多、快、好、省。2 月 9 日，全国总工会第七届十次主席团会议通过《关于开展先进生产者运动的决议》（以下简称《决议》）。《决议》明确指出，先进生产者运动实质上就是推广先进经验、组织广大职工群众向先进生产者看齐的运动。《决议》还确定了先进生产者的评选标准：在保证完成任务和保证质量的条件下，经过群众评选，工会各级组织和相应的行政部门就可以授予他们先进生产者、先进工作者或先进单位的荣誉称号。

1956年3月12日，党中央正式发布《关于积极领导先进生产者运动的通知》，要求各级党委、行政部门、工会组织和青年团组织都必须加强对于先进生产者运动的领导，以保证先进生产者运动的广泛开展，使其成为最广泛、最深刻的群众运动，成为发展我国社会主义经济的强大动力。随后，先进生产者运动在全国范围内全面展开，从大、中、小城市到县、镇，从工交战线到商业、文教、卫生和国家机关，均开展起来。

（2）先进生产者运动引发“比学赶帮”高潮

开展先进生产者运动，既是为了保证全面完成国家计划，也是向先进水平看齐和靠拢。其主要形式有车间、科室、厂际、同业务、同工种的劳动竞赛；组织先进生产者进行示范表演；推广群众性的技术互助互学运动；开展合理化建议活动等。在先进生产者运动中，作为劳动主力军的工人阶级，其生产积极性和创造性被极大地调动起来，纷纷以更加昂扬的斗志积极投入生产运动，冲破保守思想、反对官僚主义，大量提出合理化建议，学习和推广先进经验，在短时期内就创造出大量新的定额和新的生产纪录，到处呈现出“学先进，帮后进，先进更先进”的可喜局面。

东北作为工业重镇，在工业建设中占有举足轻重的地位，在先进生产者运动中捷报频传。1956年，辽宁省在年初就有160多万名职工投入劳动竞赛。当年，全省大部分企业全面超额完成国家计划。

先进生产者运动极大地调动了工交、基本建设以及财贸、文教战线职工的劳动积极性和创造性，到1956年全国已提前完成“一五”计划的主要指标，一批基础工业和新的产业部门建立起来，初步改变了旧中国工业较为落后的面貌。“一五”期间，国家对经济和文教卫生部门的基本建设投资达 493 亿元，全国实际完成基本建设投资总额 550 亿元。施工建设项目在 1 万个以上，其中限额以上的 921 个。因基本建设而新增的固定资产达 440 亿元，其中新增工业固定资产 214 亿元，超出旧中国近百年所积累的工业固定资产的 60%左右。机器自给率在 60%以上，金属材料自给能力在 80%以上，初步建立了工业化物质技术基础。在产值方面，以工业产值为例，1957 年全国工业总产值达到 784 亿元，超过原定计划的 21%，比 1952 年增长近 1.3 倍，平均每年增长 18%。

（3）先进生产者数量大为增长

先进生产者运动是全民性的劳动竞赛，广泛而深入，数以万计的先进生产者和生产集体涌现出来，在数量规模上大大增长。1956 年 3 月以前，各地统计的先进生产者人数，上海市 5 万余人、北京市 2 万余人、江苏省 2.1 万余人、新疆维吾尔自治区也有 1.2 万余人；陕西西安、河北唐山、辽宁沈阳等 10 个城市先后涌现出 3.6 万多名先进生产者和 2448 个先进单位，6 万多名工人突破了各种定额；全国铁路系统有 90%以上的火车司机突破了运输定额。截至 1956 年底，全国共有先进集体 11.4 万余个，先进班组 183.1 万余个，先进生产者 125.9 万人。

与此同时，先进生产者也帮助广大职工群众提高了社会主义觉悟。例如，七二四厂已经有 65%的落后工人达到先进水平；五三工厂二车间原有的 63 名落后职工中已经有 27 人达到先进水平，21 人提高到一般水平。天津钢厂工程技术人员深入小组，同工人密切合作研究生产关键技术，帮助工人提出了 700 多件合理化建议，并且及时地协助处理了这些建议。鹤岗煤矿技术员教给工人技术，使该矿的一一〇采煤场每个回采工效由 2.3 吨提高到 7.3 吨。

先进生产者运动作为劳动竞赛的一种新形式，是党和国家根据国家建设和经济发展的总目标适时调整、顺势而为的产物，是一场推广先进经验、组织广大职工群众向先进生产者看齐的运动。它改善了技术革新运动中关于其定义“不确切、不完善”的缺点，保留和突出了学习先进技术，推广先进生产者经验，开展合理化建议，强调先进帮后进、落后学先进，在短时间内打破定额、刷新纪录，并且不断达到新的、先进的、更先进的定额，实现共同提高。先进生产者运动扬长避短，更充分地发挥出劳动者的创造性和积极性，为“一五”计划的顺利完成贡献了重要力量。

### （三）全国先进生产者代表会议的召开

为了表彰先进生产者和先进集体，总结和推广先进经验，将先进生产者运动推广至全国，以提前完成和超额完成国家的“一五”计划，在党中央和国务院的倡议下，全国总工会于 1956 年 4 月 30 日至 5 月 10 日隆重举办盛况空前的先进生产者代表会议，也被称为第二次全国劳动模范大会。

1956 年 4 月 30 日上午，全国先进生产者代表会议在北京体育馆开幕，来自 26 个民族，28 个省、自治区和 22 个产业的正式代表和特邀代表 6186 人出席会议。与会代表的职业丰富性大大增加，正式代表包括产业工人、工程技术人员、企业管理人员、勤杂人员、科学工作者、文化工作者、教育工作者、医务工作者和机关工作者，特邀代表有来自军队、手工业合作社、农业生产社和职工家属代表，另有个别公私合营企业的资方代理人参加了开幕式。会上，党中央授予全国先进集体称号 853 个，全国先进生产者称号 4703 人，是第一次全国劳动模范大会授予劳动模范称号人数的 10 倍还多，并且这些先进生产者基本集中在工业领域。

毛泽东、刘少奇、周恩来、朱德、陈云、邓小平等党和国家领导人出席开幕式。出席此次会议的领导人还有全国人大常委会，中国人民政治协商会议全国委员会，国务院各办公室、各部、各委员会负责人，以及各人民团体负责人。

刘少奇代表党中央致祝词，对先进生产者给予高度赞扬，指出："在人民民主制度的条件下，先进生产者不但是人民群众的先驱，而且成了人民群众的核心，成了国家和人民群众之间的重要纽带。先进生产者是社会和国家领导力量的不可缺少的组成部分；没有先进生产者，也就不可能有完全正确的领导。"① 他还指出，先进生产者、普通生产者和生产的领导者应在先进生产者运动中各司其职、协同奋斗。他勉励先进生产者、先进工作者，以及农民、手工业者、人民解放军指战员和其他爱国人民中的每一位先进分子，要在党中央和国务院的领导下，密切联系群众，带领群众不断地向先进水平看齐，不断前进、再前进，齐心协力，共同完成伟大的历史革命。

全国总工会主席赖若愚作了《把先进生产者运动持久开展下去》的报告。报告从五个方面论述如何将先进生产者运动在广大职工中广泛持久地开展下去。第一，全体职工的劳动积极性和创造性是建设社会主义无穷无尽的力量源泉，是建设社会主义的首要保证。第二，基本方针是"又多、又快、又好、又省"。要求生产厂矿和基本建设单位在"好"和"省"的前提下生产得"又多、又快"，全面地超额完成各项技术经济指标。第三，社会主义竞赛的根本原则是"互相学习、互相帮助、取长补短、共同提高"。社会主义竞赛要求先进生产者热情耐心地帮助其他在生产上暂时落后的职工，使多数人都能够达到先进水平。第四，我国工人阶级要成为有高度文化的，能掌握现代科学技术的阶级。第

---

① 《刘少奇同志代表中共中央在全国先进生产者代表会议上的祝词》（1956 年 4 月 30 日），中华全国总工会办公厅编：《建国以来中共中央关于工人运动文件选编（1949 年 10 月—1959 年 10 月）》（上），中国工人出版社 1989 年版，第 448 页。

五，要打破保守思想，反对官僚主义。

5 月 10 日，全国先进生产者代表会议闭幕，全国总工会副主席朱学范致闭幕词。朱学范在闭幕词中高度赞扬新中国成立后，我国劳动人民新的劳动态度和道德品质，即革新和首创精神、克服困难的精神、对国家利益及群体切身利益的高度负责精神等。同时呼吁，要在我国劳动者中普遍、扎实地树立起这种劳动态度和道德品质，使其能够更充分地发挥积极性和创造性，从事社会主义建设。

1956 年 5 月 31 日，全国总工会提交的《关于全国先进生产者代表会议的总结报告》获批。报告指出，在全国先进生产者代表会议结束后，各地必须在党委部署下做好三件事：一是必须做好传达工作和宣传工作；二是要做好推广先进经验的深入细致的组织工作；三是要关心职工群体的切身利益。

会议期间，王崇伦、苏广铭、黄永昌、曹永康、詹水晶、钱学森、华罗庚等百余位先进生产者和优秀科学家代表进行了发言，交流和总结了先进的生产经验和工作经验。中国科学院力学研究所所长钱学森作了《让科学技术突飞猛进》的发言，提出科学工作者的事业也是整个劳动人民的事业，高级知识分子也正在脱离他们从前的阶级地位，正在加入劳动大军的队伍里，并表示他本人也永远要努力争取做一名先进生产者。

来自全国工业、科技、教育、文化、卫生等各战线的 6000 余名代表一致通过《全国先进工作者代表会议全体代表给全国职工的一封信》，标题为《把祖国建设成为富强的社会主义工业大国》，信中倡导全国职工以将我国建设成为一个完全现代化的、富强的社会主义工业大国为己任，在各自工作岗位上依靠集体智慧和力量，以主人翁的态度、大胆革新的精神，不断把社会主义建设事业向前推进。努力提高文化水平，努力提高技术、改进技术、学习与掌握新技能来提高我国技术水平，有计划、有步骤地在我国的各个经济部门实现技术改造。同时与一切保守思想和官僚主义现象进行不懈的斗争。为了祖国的繁荣昌盛，为了大家的幸福生活，由先进生产者以身作则，同全国职工一起在“互相帮助、互相学习、取长补短、共同提高”原则的指导下，把先进生产者运动更广泛地开展起来，用提前和超额完成“一五”计划的实际行动，迎接党的八大。

1956年5月19日，赖若愚在《工人日报》发表了《先进生产者运动中的几个问题》，剖析先进生产者运动中出现的四组关系：社会主义竞赛与先进生产者运动的关系、先进与落后的关系、创造精神和劳动纪律的关系、劳动热情与生产技术的关系。从理论层面厘清了先进生产者运动中出现的矛盾，为推动先进生产者运动健康持久地发展起到了重要指导作用。

## 三、工人阶级为完成社会主义改造而奋斗

### （一）在资本主义工商业改造中发挥重要作用

1953年8月，全国总工会召开七届二次主席团会议，着重分析了“五反”运动后职工队伍和资产阶级的思想动态以及工会工作面临的形势和任务，指出：“在改造资本主义工业的过程中，是充满着斗争的，而这一斗争是必须依靠工人阶级来进行的，工会组织在这一斗争中担负着重大的责任。因此，加强资本主义工业中的工会工作是具有深刻的意义的。”① 会议通过了《关于加强资本主义工业中的工会工作的指示》（以下简称《指示》），《指示》强调：加强资本主义工业中的工会工作，必须贯彻党的利

① 《关于加强资本主义工业中的工会工作的指示》（1953年），中华全国总工会办公厅编：《建国以来中共中央关于工人运动文件选编（1949年10月—1959年10月）》（上），中国工人出版社1989年版，第178页。

用、限制和改造的方针，以发展生产为工作的中心，引导教育广大工人群众懂得党和国家对资本主义工业和资产阶级的政策，充分认识在过渡时期工人阶级担负着改造资本主义工业的重大责任。改造资本主义工业，必须首先改造它的经营管理。而改善它的经营管理，没有工人阶级的协助与监督是不可能的。工会在资本主义工业中的任务，就是团结和领导全体职工努力生产，积极协助资本家改善经营管理，改善劳动条件，改变经营管理上的腐败落后状态。为贯彻“发展生产，劳资两利”的方针，工会和资方可以订立“劳资合同”，组织职工开展劳动竞赛，开展合理化建议，推广先进经验。只要资本家遵守国家法令，按合同办事，对于他们应得的利润的支配不要干涉。[①]《指示》还提出必须认真研究资本主义工业的工资问题，逐步改变工资问题上的严重不合理；同时加强劳动保护工作，逐步改善安全卫生条件。同时，还明确提出对于资本主义工业的改造工作，必须贯彻劳资协商精神，要加强企业中的劳资协商会议，并应在劳资协商会议上设增产节约委员会，研究处理有关改革经营管理和发展生产方面的各种问题，并通过这种制度实现对资本家的监督。

毛泽东对上述文件作了批示，认为这个文件很好，并在批示中指出：对资本主义企业，必须采取利用、限制、改造的方针。这里所说的改造是指在承认资本家的受限制的不完全的私有制的条件下，使资本主义企业逐步地变为国家资本主义企业，即在人民政府管理下的，以各种方式和国营社会主义经济联系与合作的，受工人监督的资本主义企业。同时指出，在这种国家资本主义企业中，资本家在整个盈利中占 1/4 左右，利润的 3/4 为国家所得税、工人福利费和营业设备公积金。

---

① 《关于加强资本主义工业中的工会工作的指示》（1953 年），中华全国总工会办公厅编：《建国以来中共中央关于工人运动文件选编（1949 年 10 月—1959 年 10 月）》（上），中国工人出版社 1989 年版，第 182 页。

1953 年 9 月 1 日，党中央批转全国总工会《关于加强资本主义工业中的工会工作的指示》，指出："中央批准这个指示，并认为这个指示是正确的。各级党委和各级工会，应加以讨论并贯彻执行。"该指示中所指出的"四马分肥"的比例，即企业整个利润的分配中，资本家、所得税、福利费、公积金各占 1/4，是适合多数资本主义工厂企业的。但是如果某些工厂资本家依靠正常经营，而不是"五毒"或其他不法行为，获得 1/4 比例，也是允许的。资方所得不及该比例，要达到这一比例，必须向工人说清楚，在工人同意后方可实行。经党中央和毛泽东审阅修改的这个指示精神，对后来私营企业工会工作以及对资本主义工业企业的改造，都发挥了重要的指导作用。

党在过渡时期的总路线公布后，工人阶级同资产阶级斗争的焦点由利润问题转向企业所有权问题。1954 年，国家开始有计划地扩展公私合营企业。资产阶级的一些开明人士开始接受改造，积极搞好生产，改善经营状况。另一部分资本家对于公私合营则采取各种方式进行抵制，甚至采用违法活动进行对抗。

针对这些问题，1954 年 3 月，全国总工会召开全国私营企业工会工作座谈会。会议分析了在党的过渡时期总路线公布后私营企业的动向，研究了加工订货工厂和公私合营工厂中工会工作存在的问题，以及加强私营企业职工教育，加强生产过程中的监督作用等问题；并对在私营企业中劳资协商会议下设增产节约委员会、订立劳资合同等问题提出了具体的建议。党中央批转了这次会议的报告和赖若愚在会上的讲话，要求将执行中发现的问题和经验及时报告中央。

这一时期在国营经济迅速发展的同时，很多资本主义工业企业出现了不景气或停工、半停工的现象，出现了大量工人因此失业的现象。根据地方工会的报告，1954 年，北京、上海、天津停工减产的私营企业达到了 8707 家，受影响的工人有 78.5 万多人。

武汉、广州、太原、哈尔滨等城市也有类似现象。一些工人生活窘迫，出现了思想混乱的状况。经过调查，全国总工会在 1954 年 12 月就上述现象和问题向中央写报告，分析了产生问题的原因，建议把发展国营经济与改造资本主义经济企业结合起来，统筹安排，解决资本主义批发商垮台后，国营企业未能跟上，造成产供销脱节，以及在原材料分配上对私营企业照顾不够等问题，从而减少私营企业工人失业的问题。同时必须对失业、半失业工人的生活给予关怀、帮助，及时安置失业工人。对于有意抽逃资金、搞垮工厂、制造失业的不法资本家，要予以严厉的法律制裁；加强资本主义企业中工人群众对企业的领导作用和监督作用。

1954 年以来，私营企业合营的步伐开始加快，公私合营工业企业的数量大为增加，由原来的 1000 多家扩展到 1900 多家，占到整个私营工业企业的 33%，合营企业职工占原私营企业职工的 23%。在公私合营的过程中，私营企业的工会组织积极动员职工参加劳动竞赛，团结守法的资本家一起搞好生产经营。同时，各级工会对私营企业职工进行社会主义教育和政策教育，增强私营企业职工根据政府法令监督和帮助资本家走上国家资本主义道路的责任意识。

1955 年下半年，全国总工会和各级工会领导机关组织力量对资本主义商业改造问题进行调查研究，并在此基础上向党中央报送了《关于加强私营商业中店员工会工作的请示报告》，比较全面地反映了私营商业社会主义改造的情况，提出私营商业走组织起来的道路已成为现实可能。党中央在批转上述报告时指出：全国总工会党组所提的各项意见是正确的。这种经过调查研究以解决工作中重大问题的工作方法也是好的。正确贯彻党对私营商业的社会主义改造政策，使之服务于社会商品流转，满足人民生活需要是有重要意义的。而组织和教育广大店员工人自下而上地支持国家对私营商业进行社会主义改造，监督资本家遵守政府法令和经销、代销规章，改善经营管理，降低不合理费用开支，则是对私营商业进行社会主义改造的重要条件，也是店员工会的重要任务。

1956年新春伊始，资本主义工商业的社会主义改造高潮首先在北京兴起。1月10日，北京市宣布全市私营工商业全部实现全行业公私合营。到1月底，全国各大城市及50多个中等城市相继宣布实现全行业公私合营。各级工会从上到下，全力以赴投入了这场史无前例的生产资料所有制的伟大变革。各地工会组织都积极在职工中和资本家及其家属中开展政策宣传，带领新合营企业的职工进行清产核资工作，教育职工坚守岗位，保证生产的正常运行。一些大城市的工会还采取多种形式培训积极分子，参加社会主义改造工作。例如，北京市总工会先后培训了1.2万多名工会干部和积极分子参加公私合营工作。大批老工人和积极分子自愿参加义务劳动，白天坚持生产，晚上参加清产核资，广大职工为能参加这项工作而感到自豪。年底，全国已基本完成对资本主义生产资料的社会主义改造，原私营企业职工的99.4%转为合营企业职工，有199.1万户私营商业转为国营、合营或合作商店，职工达到原私营商业职工的85.1%。

在社会主义改造高潮中，由于时间过急，工作比较粗，形式简单划一，以至于合营面过宽，改组过多，过早地消灭了个体经济，使国有经济失去了应有的补充，给人民的生活带来了诸多不便。尽管如此，通过国家资本主义道路，采取赎买政策，胜利地实现了对资本主义工商业的社会主义改造，极大地促进了社会生产力的发展，这一马克思主义的伟大实践，是具有深远历史意义的。

资本主义工商业完成了社会主义改造后，企业性质发生了根本的变化，企业内部关系也发生了变化。工会组织如何适应这种变化处理好各种关系，确定自己在合营企业中的地位、任务及如何发挥自身的作用，都成为必须进一步明确和加以解决的问题。

1956年11月，全国总工会召开全国公私合营企业工会基层工作会议，着重研究如何适应形势变化，确定合营企业工会的作用、任务问题。陈云到会作了重要讲话。他说，在私营企业实行合营以前，工会和增产节约委员会实际上是企业的领导机构，这对推动生产、实行社会主义改造起了很大作用。在公私合营后，工会参与企业管理的职权让给了公股代表。当时我们没有强调保存管理委员会，没有强调公股代表必须继续发挥工会与增产节约委员会的权力和作用，这是很大的疏忽，必须加以纠正。工人对此不满是有理由的。因此，必须恢复和建立工人群众参加管理的管理委员会。

赖若愚在这次会议上作了《公私合营企业工会组织的当前任务》的报告，对公私合营企业中工会的任务、作用、企业管理民主化、工会如何组织职工正确发挥群众监督作用、工会如何教育职工团结改造资本家以及关心改善职工劳动条件和物质福利待遇、加强工会自身建设等问题作了系统的论述。他指出：要看到合营后企业内部发生的一系列变化，应该相应改变工会工作内容和工作方法，同时也要看到公私合营前工会所取得的不少经验仍然是有用的。其中最主要的经验就是组织群众参与生产管理，在企业经济活动中真正发挥群众的监督作用。改造企业，改造资本家，必须依靠广大职工群众，没有广大职工群众的积极行动，党的政策就无法贯彻执行。因此，在公私合营企业中同样需要实行民主管理，建立职工代表大会制度，有职工代表参加的工厂管理委员会，并赋予它一定的权力。

资本主义工商业全行业合营后，各级工会都在合营企业职工中广泛进行了关于党的资产阶级和平改造政策的宣传教育活动。工会还组织资方人员同工人一道参加劳动竞赛，发挥他们的特长，为改善管理、发展生产服务。据天津、武汉、太原、无锡等14个城市调查，在劳动竞赛中获得奖励、受到表扬、被评为先进工作者的资本家和资方代理人就有6500多人。事实表明，接受改造、追求进步在当时的资产阶级中还是主流。另外，也确有少数资本家耿耿于怀、消极怠工，有的则故意制造纠纷，说明社会主义改造胜利后，工人阶级同资产阶级之间的矛盾斗争还是长期存在的。

### （二）支援农业合作化

1955年下半年，全国出现农业合作化高潮。1956年1月，全国总工会第七届四次执委会议作出《关于动员职工支援农业合作化和农业生产的决议》，号召全国职工积极行动起来，支援农业合作化运动。广大职工群众在各级工会的组织指导下，对农业合作化运动给予了积极支持和热情支援。

第一，开展劳动生产竞赛，以工业上的成就支援农业合作化运动。随着农业合作化运动的迅速开展，农民对各种新式农具、农业机器、农药和化肥等方面的需求日增。为满足农民的需要，广大职工，特别是生产农业机器的职工，努力提高技术，降低成本，保证质量，生产出物美价廉的农机具支援农业。

在农业合作化运动中，全国许多农机具工厂都组织技术人员或工人，利用业余时间到农业生产合作社开展支农活动。机械工业部和全国第一机械工会在1955年底邀集全国40个农具机械制造厂的代表，在北京签订了支援农业合作化劳动竞赛合同，以响应北京农业机械厂职工关于开展支援农业合作化的厂际竞赛的倡议，全国有2000多家农具机械制造厂职工参加了这一竞赛活动。

第二，商业供销合作社、运输业职工，根据农业合作化中农民的需要，适时地把各种新式农具、化学肥料、农药和各种日用品送往农村。全国供销总社天津生产资料批发站的职工，从1956年7月至10月先后把8万余吨化肥和农药、2900多台打稻机、喷雾器等各种农机具，运往华北各地。

第三，建立工会组织与农业生产合作社的经常联系。各大城市工会组织和厂矿企业的工会组织，还与农业生产合作社建立了定点联系。农忙时发动职工参加义务劳动，支援农业三夏、三秋，进行抢收、抢种。帮助农业合作社建立图书馆、俱乐部，帮助维修农机具。还派出电影队、文艺剧组活跃农村文化生活，深入宣传党的政策。这样，就使工人和农民之间，不仅从政治上、经济上，而且从日常接触上建立起巩固的联盟和深厚的兄弟情谊。

第四，以先进的技术支援合作化运动，推动农业技术革命。工会组织充分发挥工业的技术优势，组织工矿技术业务骨干，到农村传授技术，为农民培养技术人才。各地农机具工厂纷纷组织工人技术支农小队，辅导农民使用和推广新式农机具。各省、市、县的农业技术推广站的职工都积极参加支援农业生产合作社推广新技术的活动，帮助农业生产合作社培训技术力量。

工人阶级的全力支援，有力地促进了农业合作化运动的迅速发展。到1956年底，全国建立了75.6万个农业生产合作社，入社农户占总户数的96%，其中加入高级社的农户占总农户数的88%。在我国农村，基本完成了对农民个体私有制的社会主义改造。

### （三）积极支持手工业的社会主义改造

1953年，城乡手工业工人和手工业者约1930万人，手工业产值在全国工业总产值中占25%，有相当数量的人民生活用品及生产资料产品是手工业生产的。遵照党中央“积极领导，稳步前进”的手工业改造方针，从1953年开始，全国手工业合作化进入普遍发展阶段，到年底，全国已有手工业合作社4806家，社员30多万人，1954年发展到90万人。

为做好手工业工人中的工会工作，全国总工会在1953年8月组织调查组，到手工业比较集中的成都市进行了将近一年的调查研究。1954 年 7 月，全国总工会向党中央提交了《关于手工业工人中工会工作的请示报告》。调查报告比较全面地反映了手工业生产状况和手工业职工队伍情况，并对手工业的社会主义改造问题提出若干政策性意见。党中央批准了这个请示报告，并同意全国总工会提出的有关建议。批示认为，报告中提到雇用 10 人以下的手工业小资本家，在合作社基础较强的条件下，个别地直接地吸收其参加合作社，可能是对小手工业资本家实行社会主义改造的一种有效办法。

1955 年后，手工业合作化逐步走向高潮。全国合作总社向党中央报告，提出：希望全国工会系统积极参加和帮助手工业的社会主义改造工作。为此，全国总工会决定从各级工会抽调一批工会干部，参加对手工业合作化的领导。1956 年，全国基本上完成了手工业的社会主义改造。

## 四、工人阶级在社会主义改造中取得的重大成就及职工物质文化生活的改善

### （一）工人阶级为提前完成“一五”计划作出巨大贡献

从 1953 年到 1956 年，我国工人阶级坚定地贯彻执行了党在过渡时期的总路线，在国家各项经济建设事业中，艰苦创业，忘我劳动，为完成“一五”计划发挥了主力军的作用，取得了辉煌成就。

“一五”期间，我国工业总产值平均每年递增 19.6%。到 1956 年底，工业总产值达 642 亿元，比上年增长 28.2%。主要工业产品产量：钢 447 万吨，比上年增长 56.84%；煤 1.1 亿吨，比上年增长 12.2%；发电量 166 亿度，比上年增长 35%。基本建设投资总额为 155.8 亿元。

到1956年，我国已提前一年完成了“一五”计划规定的主要指标，一批基础工业和新的产业部门建立起来，开始改变旧中国工业极为落后的面貌。

在此期间，实际完成施工的工矿企业单位有一万多个。苏联援建的156项工程，有68项全部或部分建成投产。旧中国从来没有的新的工业部门，如飞机、汽车、新式机床、矿山设备、有色金属冶炼等相继建立起来。我国能够自己设计年产90万吨煤炭的矿井、年产3600万吨的选煤厂。

交通运输和邮电事业得到迅速发展。五年内新建铁路33条，全国铁路通车里程近3万公里。公路运输业进入全面发展阶段。全长4000多公里的康藏、青藏公路建成通车。全国公路通车里程达25万公里，比1952年增加了1倍。国家邮电事业，强化了以北京为中心的全国邮电通信网，全国25个重点城市新建、扩建了自动电话，2000多个县城通了电话。全国96%的乡通了邮路。能源工业和地质事业的发展也是史无前例的。开工新建的煤矿187个，平均29个月就有一个新矿井投产，增加生产能力2580万吨。电力工业以建设火力发电为主，共新建、扩建火电厂76座。同时，开始了钱塘江、新安江等一批水电站建设。

石油工业是在条件极其艰难的情况下开发前进的。到1956年，全国原油产量达到145.7万吨，为1952年的3.31倍。广大地质职工常年在人迹罕至的地方勘探地质，寻找矿藏，提前超额完成“一五”计划规定探明的铁矿、石油、煤炭、铜、钨、铝、锰、磷等储量指标。机械工业的职工和大批优秀知识分子、技术专家，用自己的智慧和辛勤劳动，创建起新中国的机器制造业，仅用三年时间就建成了我国第一个大型汽车制造厂，生产出第一批国产解放牌载重汽车。机械制造专家沈鸿以惊人的毅力和科学的态度，率领职工试制成功我国第一台万吨水压机。电子工业的开工建设项目有27个，连同扩建、改建和技术改造的单位共80

多个。航空工业前后只用六年多时间便完成了从修理向制造的过渡，这在世界航空工业发展史上也是少见的。1954 年第一架国产飞机上天，1956 年第一架国产喷气式歼击机试飞成功，并投入批量生产。一些早年在国外留学的专家历经艰辛返回祖国，满腔热忱地参加航空工业的创建。从美国归来的徐舜寿、从英国归来的陆孝彭等就是这些人中的优秀代表，他们主持了第一架喷气机和第一代强击机的设计工作。

为确保苏联援建的 156 项工程的建设，成千上万的建筑业职工风餐露宿，艰苦奋战，仅用一年零三个月就建成第一个大型现代化无缝钢管厂。纺织工业职工提前一年便超额完成了“一五”计划任务。为支援内地建设新厂，上海、天津、青岛等纺织厂的大批技术工人、工程技术人员和管理人员迁往内地，为社会主义建设奉献自己的青春和聪明才智。

### （二）职工物质文化生活的改善

“一五”期间，由于生产的迅速发展，职工群众物质生活和文化生活得到了改善。

#### 1. 职工生活有了较大提高和改善

旧中国遗留下来的近 400 万失业人员基本上得到了安置，解决了 1300 万人的就业问题。全国职工总数达到 2977 万人（其中全民所有制职工 2423 万人）。通过实行各项工资政策，于 1951 年进行了工资改革，废除了工资分①制度，实行货币工资制度。按产业规定了职工的工资等级和职员工资级别，使职工生活水平得到提高。同 1952 年相比，职工工资提高了 37%，工资总额也因就业人数增加而翻了两番以上，达 148 亿元（1957 年）。每年就业

① 工资分亦称“工薪分”，是以一定种类和数量的实物为计算基础，用货币表示的工资计算单位。新中国成立初期计发工资时曾采用工资分制度。

人数增加160多万人。此外对生活困难的职工进行了适当的补助。例如，1956年春，全国总工会对北京市职工物质生活状况及存在问题进行了深入调查，据516个厂矿的统计，1955年与1952年比较，工资平均提高了11.56%，而同时期物价指数上升了12.64%，职工实际工资降低了1.08%。而且，新中国成立以来，职工供养人口增加，许多单身职工结婚了，人口寿命延长，死亡率降低。为了帮助职工解决物质生活中的迫切问题，全国总工会向党中央及时汇报情况，打了请示报告，得到党中央的肯定和批示。随后，全国总工会根据党中央精神制定公布了《职工生活困难补助办法》和《互助储金组织通则》两个文件。根据职工实际生活困难的不同情况，采取不同的解决办法：一是做好困难补助工作，严重困难户给予长期补助，一般困难户给予季节或临时性补助，由企业有关经费开支。二是组织家属搞副业生产，进行自救。三是给予生活困难的职工子弟以优先就业的机会。还根据群众的普遍要求，办好互助储金，鼓励职工发扬互助精神，互助互济，合理安排生活，勤俭持家。

为了解决职工的后顾之忧，充分利用各种条件，积极为职工解决住宅问题。新中国成立以来，随着生产规模和国家基本建设的扩大，职工人数增加很快，住房也陆续增加，但赶不上职工的增长数。据全国总工会抽样调查，1949年至1952年的职工人数增加了97%，住房面积增加了187%；1952年至1955年，职工人数增加了20%，而住宅面积只增加了16%。有不少行业缺房严重。例如，北京市建筑工程局，有家属宿舍的仅占职工总数的8.58%。因此，国家很重视解决职工的住房问题。截至1956年，共为职工兴建住宅8100万平方米。对于住私房的给予一定的补贴。对于有条件的（如企业积压大量奖励基金的单位），实行“自建公助”。如全国铁路系统，新中国成立后五年内，新建住宅达144.5858万平方米，约为新中国成立前全部职工住宅的35%。

但是这仍然赶不上铁路职工人数增长，他们便利用“自建公助”办法，在1954年至1955年建设住宅46.7948万平方米，解决了近2万户职工的住宅问题，缓解了历史遗留下来的房荒问题。

“一五”期间，工会还为职工举办了许多集体福利事业。到1957年，省、市工会举办的疗养院约有170个，拥有床位6200多张。先后有近百万职工得到治疗或休养。在女职工多的工厂企业，兴办了妇幼保健事业。全国基层单位已办起托幼组织1.1万多个，受托儿童达26.1万人，建立起女工哺乳室8200多个。国家机关，企业、事业单位用于附加工资和各项福利的费用达96亿元，为工资总额的19.2%。

2. 职工劳动保险事业和劳动保护有了加强

随着生产建设事业的发展，劳动保险事业的管理和实施也有了变化。1954年2月，政府决定把劳动保险事业归工会统一管理。由此，全国总工会成为全国劳动保险业务的最高领导机构，基层工会委员会成为执行劳动保险业务的基层单位，中央人民政府劳动部为全国劳动保险业务的最高监督机关。3月，全国总工会召开全国工会劳动保险工作会议，进一步明确劳动保险必须坚持为群众服务、为生产服务的方针。1956年，劳动保险的实施范围由原来只限于铁路、邮电、航运3个产业和百人以上国营工厂企业，扩大到全国18个产业系统所属的国营企业，部分区、县以上集体所有制企业参照实行了劳动保险。享受劳动保险的职工，到1957年达到1150万人，比1952年增加了820万人（不含百人以下企业签订劳动保险集体合同的职工）。

1956年5月，全国总工会在北京召开了全国工会劳动保险生活住宅工作会议。这次会议由全国总工会草拟了《中华人民共和国社会保险条例（草案）》和《有关当前职工生活中若干问题的决定》。同年9月，国务院发布了《工厂安全卫生规程》《建筑安装工程安全规程》《工人职员伤亡事故报告规程》。9月，卫生部和全国总工会又发出《关于加强工矿企业卫生医疗工作的联合指示》，加强了职工劳动保险、疾病医疗，注重解决各种严重危害职工健康的慢性疾病。增加了经费，扩建了设施，仅全民所有制单位劳保福利费用，1956 年就比上年增加了近 10 亿元。同时，增加了退休职工的劳保金额，放宽了领取退休金的范围。其他如女工生育、丧葬补助费用等也酌量增加。到 1955 年，我国职工已有 570 万人享受劳动保险待遇，到 1956 年增加到了 700 万人。享受公费医疗的职工达 590 万人。工会还为职工修建了许多休养所、疗养院，使奋战在各条战线上、进行艰苦劳动的职工，每年有一定的假期医疗或休养。此外，职工的劳动条件也不断改善，五年内国家用于劳动保护的拨款达 29 亿元。各企业普遍采用机械化、半机械化代替了繁重艰险的手工劳动，给企业车间增加设施，改善职工劳动条件和卫生条件，保证职工身心健康。

“一五”计划开始后，一些工厂矿山中加班加点增多，生产中伤亡事故上升，职工的职业病相当严重。据调查，从 1950 年 5 月到 1954 年 8 月底，全国工矿企业中每天因工死亡 9 人，因工受伤 600 多人，煤矿、建筑业尤为严重。1955 年 4 月，中央批转了全国总工会党组《关于几年来全国伤亡事故简况报告》，要求各级党委和工会组织，中央各工业部、劳动部，要认真加强职工劳动保护，减少职工因工伤亡事故，以利于国家社会主义建设。9 月，中央批转全国总工会党组《关于工会工作和厂矿企业中存在着的有关群众的问题和我们的意见》的报告，再次提出要严格限制厂矿企业加班加点，防止损害工人健康，影响产品质量，造成巨大浪费的现象。随即国务院发布了《工厂安全卫生规程》《建筑安装工程安全规程》《工人职员伤亡事故报告规程》。为贯彻这些规程，各级工会对职工展开了广泛宣传。1956 年，全国各级工会对厂矿企业职工健康状况进行了普遍调查，发现职工因病影响出勤以及危害职工健康的慢性病有发展的趋势。为此，全国总工会和卫生部发出《关于加强工矿企业卫生医疗工作的联合指示》，要求重视职工卫生医疗和加强矽肺病防治工作。

3. 职业教育、娱乐和文化生活有了明显改善

党和政府在“一五”期间，非常重视提高职工科技、文化水平。在1200万名产业工人中，有35%是新中国成立前的老工人，文化水平低，国家，企业、事业单位拨出很大一笔款项来兴办教育，参加业余学习的职工已达502.3万人。各级工会组织还举办了各种业余学校，如扫盲识字班，初级、高级小学班等，使在职职工的文化、技术水准不断提高，知识不断丰富；使他们处处感到社会主义制度的优越性，感到党和政府的关怀，感到工会组织是职工之家，从而激发了他们建设社会主义祖国的热忱和积极性。

职工的体育运动也得到了蓬勃发展。1955年10月2日至9日，全国第一届工人体育运动会在北京举行。参加比赛的运动员有1700多人，是从17个产业系统的120多万名职工运动员中层层选拔出来的。比赛项目有田径、自行车、举重、篮球、排球和足球。这届运动会有10名运动员打破了4项田径、2项自行车、5项举重全国纪录。党和国家领导人毛泽东、刘少奇、朱德等参加了开幕式，并观看了部分比赛。刘少奇、周恩来、朱德为大会题词，勉励广大职工开展体育运动，为社会主义建设服务。

## 五、“一五”期间职工队伍和工会自身建设的加强

### （一）“一五”期间职工队伍建设

全国总工会和各级工会在发动和组织广大职工群众贯彻执行过渡时期总路线，为实现“一化三改”和提前完成“一五”计划的过程中，非常注意发挥工会的教育职能，重视加强工人阶级队伍的建设。

1. 加强政治和劳动纪律教育

在“一五”期间，为了使工人阶级担负起领导阶级的重担，完成面临的艰巨任务，各级工会组织非常重视对职工进行形势与任务的教育。通过对中国工会七大文件的学习和贯彻，在职工中组织学习过渡时期总路线，对“一五”计划的宣传和学习等，掀起了一个个热潮，使党的政策深入职工，从而变成工人阶级的自觉行动。

在大规模经济建设过程中，一些厂矿企业曾一度出现劳动纪律松弛的情况。在部分职工中旷工、怠工、违反纪律和厂规等现象屡有发生，造成有些厂矿产品质量下降、残次产品率增加，生产计划不能如期完成。

为了克服职工群众中劳动纪律松弛的现象，1953 年 7 月召开的全国总工会七届二次执委会通过了《关于巩固劳动纪律的决议》，分析产生劳动纪律松弛现象的社会历史根源，阐明了加强劳动纪律的意义，提出了改进措施。全国总工会党组将该决议报送党中央，中央后批转各级党委和各地工会党组予以贯彻执行。党中央指出，巩固和整顿劳动纪律的工作，在目前的工人运动中有着十分重大的意义。它是在现有基础上进一步提高工人觉悟水平，以保证完成国家建设计划的必要步骤，是在工矿企业中完成民主改革之后，开始建立计划管理和责任制时不可缺少的措施。同时，党中央明确指出，这一工作是属于工人阶级内部自我教育的性质，绝不可混同于旨在肃清反动残余势力的民主改革运动，或为击退资产阶级猖狂进攻的“五反”运动。因此，各地工矿企业中进行这一工作，必须坚持教育的方针，必须采取群众性的批评与自我批评的方法。

各级党委和各地工会党组认真贯彻执行党中央的指示，在职工中广泛地开展了教育活动。领导干部以身作则，自上而下地检查缺点，总结工作，揭露短处，认真改正，对启发阶级觉悟、提高认识起到了推动作用。广大职工则纷纷学习老工人的优良品质，批判资产阶级的好逸恶劳、追求享受的腐朽思想和腐朽作风，思想觉悟提高很快，劳动纪律得到了加强。

为了加强劳动纪律并使之制度化，1954 年 5 月，政务院颁布了《国营企业内部劳动规则纲要》。全国总工会发出了通知，要求各级工会认真组织职工学习贯彻纲要，在“一五”时期起到了重要作用。

2. 进行《中华人民共和国宪法》的学习教育

1954 年 9 月，第一届全国人民代表大会第一次会议讨论通过了《中华人民共和国宪法》（以下简称《宪法》）。这是我国第一部社会主义类型的宪法，是我国的根本大法。它充分反映了我国各族人民的意志。《宪法》确认，我国是以工人阶级为领导的，以工农联盟为基础的人民民主国家。我国的一切权力属于人民。人民行使权力的机关是全国人民代表大会和地方各级人民代表大会。组织原则是民主集中制。《宪法》规定了公民享有广泛的民主权利和应尽的义务。《宪法》把实现过渡时期的总路线作为国家在过渡时期的总任务及其具体步骤用法律形式固定下来，明确规定：中华人民共和国依靠国家机关和社会力量，通过社会主义工业化和社会主义改造，保证逐步消灭剥削制度，建立社会主义社会。

《宪法》是中国共产党领导工人阶级和全国各族人民长期革命斗争的结果与无产阶级革命和建设的历史经验的结晶，为我国社会主义法制建设奠定了坚实基础。它成为新中国各阶层群众的政治生活准则和行为规范。它适应了我国开始社会主义革命和建设纷繁复杂的局面，对于保证党的领导，坚持人民民主专政，坚持社会主义方向，保障人民的民主权利和正常的社会秩序、生产秩序、生活秩序等方面发挥了重要作用，并产生了深远的历史影响。

早在《宪法》草案征求意见阶段，全国总工会即发出通知，要求各地工会组织职工及其家属宣传、讨论宪法草案，进行一次法制教育。在《宪法》正式颁布后，全国总工会在1954年10月发出《关于向职工群众广泛宣传〈中华人民共和国宪法〉的通知》。10月10日，《工人日报》发表了《组织广大职工群众学习宪法》的社论，要求利用广播、报纸杂志、板报、文艺宣传等各种形式，大张旗鼓地向职工群众进行宣传，组织职工学习，做到家喻户晓，人人皆知，使每个职工都成为爱国守法的模范。

广大职工群众在这场广泛宣传学习《宪法》的热潮中，进一步树立了社会主义信念，增强了国家主人翁意识，激发了政治热情，加强了思想建设，推动了社会主义劳动竞赛的广泛开展，对保证和超额完成“一五”计划起到了推动作用，显示了我国工人阶级的雄厚力量。

### （二）“一五”期间工会自身建设

“一五”期间，为了充分发挥工人阶级在国家建设中的伟大作用，党加强了对工会的领导，推广五三工厂经验，加强基层工会建设。

#### 1. 第二次全国工会基层工作会议召开

为了加强基层工会正规化建设，推广先进典型经验，1953年12月16日至31日，全国总工会在北京召开了第二次全国工会基层工作会议。出席会议代表和列席代表共341人，包括中共中央办公厅、宣传部、组织部、共青团中央、全国妇联的有关负责人，有各省、市工业部部长及一些厂矿企业的党委书记、车间党支部书记，以及一些地方团委、大工矿区团委书记和工会干部。

这次会议之前，党中央批转了全国总工会党组《关于推广五三厂经验的情况报告》。党中央认为这个报告很好，全国总工会采取的创造典型、推广先进经验的做法是教育干部、推动工作、改进领导的有效办法，要求各地党委重视推广五三工厂经验，并同意全国总工会召开会议。

五三工厂坚持依靠工人阶级管好企业，抓典型，运用典型人物的先进思想和先进集体经验，推动全盘工作，取得了很大成绩。

这次会议的中心议题，是继续学习、推广五三工厂的经验，以及中长路、鞍山大型基本建设等先进经验和沈阳机床三厂整顿工会工作秩序的试点经验。他们的经验集中在具有明确依靠工人阶级办好企业的指导思想，在加强计划管理的过程中，以完成作业计划为中心，开展劳动竞赛；在保证完成国家计划的工作中，在落实每项工作中都注意抓典型、抓关键、抓思想，运用先进典型推动整体工作。会议引起了轰动效应，达到了预期结果。为了巩固、继续推广和传播五三工厂等单位的好经验，根据党中央指示，这次会议要求各地在学习五三工厂等单位的经验时，结合检查本单位的工作，总结经验，改正缺点，树立自己的先进旗帜，克服保守和自满情绪，推动工作的改进。会后，全国各地都积极地贯彻了这次会议精神。

2. 全国工会组织工作座谈会召开

为了加强工会基层组织的建设，健全领导体制，改进思想作风和工作作风，1955 年 11 月 7 日至 17 日，全国总工会在北京召开了全国工会组织工作座谈会。出席会议的有江苏、山东、山西、辽宁、黑龙江、陕西六个省和北京、天津、上海、武汉、沈阳五个市的工会联合会，各全国产业工会、哈尔滨区铁路工会和五三工厂工会主席等共 26 人。

会议报告指出，随着国家有计划的经济建设的开展和厂矿企业管理水平的不断提高，就必须整顿工会基层工作秩序，进一步发挥工会的组织作用，来保证国家建设计划的完成，并且争取超额完成。根据 7 个产业、27 个省市工会的统计，1954 年有 159 个重点厂矿的工会基层组织整顿了工作秩序，取得了成效；但是，工会基层组织在如何对待群众和如何走群众路线方面还有许多问题。因此，全国总工会在1955年的工作要点中指出，工会基层组织必须发扬民主，健全民主生活制度，开展批评与自我批评；改善领导方法，克服官僚主义和命令主义作风；加强工会积极分子工作和工会小组工作。会议报告还强调必须做好以下工作：一是改进领导思想和工作作风，克服官僚主义与命令主义倾向；二是进一步发挥积极分子的作用，精减基层编制，减少专职干部；三是加强小组工作，克服小组工作薄弱的现象。与会者就上述精神进行了深入讨论，并围绕上述精神，由五三工厂工会介绍了经验，印发了沈阳水泵厂、长春机务段、天津造纸厂等13个单位的经验。

在会议座谈讨论的基础上，全国总工会主席赖若愚作了《关于工会组织工作问题和1956年工会的几件主要工作》的讲话。他指出，自两次全国基层工会工作会议以后，工作有了进步。现在比较好的小组已经达到30%左右，普通小组达到50%左右，落后的小组有20%左右。所谓落后，系指劳动竞赛没有正常地开展起来，各种制度不健全，劳动纪律松懈，事故较多，小组生产任务不能经常完成，职工群众文化、物质生活方面的困难问题不能或很少解决，民主生活差，小组不团结，小组长和小组干事不大起作用。全国有工会积极分子270万人，而且1955年一年就培训了24万人。这是很大的成绩。但是从整个编制来看，有很多基层仍然编制庞大。他要求各级工会组织借鉴先进单位的典型经验，改进工作。

会议讨论修订了《关于工会基层组织总结与改选的规定》《关于工会各级委员会委员、经费审查委员会委员名额及各级工会代表大会代表名额的规定》《工会基层委员会组织工作委员会（或组织委员）工作条例》三个草案。

通过对这次会议精神的贯彻，各级工会加强了基层建设，注意发扬民主，改进领导作风，发挥积极分子作用，进一步密切了同职工群众的联系。

3. 加强党对工会的领导，充分发挥工会组织的作用

1955 年 6 月，全国总工会党组向党中央报送《关于工会工作和厂矿企业中存在着的有关群众问题和我们的意见》的报告。报告深刻指出了存在的问题：一是工会工作转向生产以后，对劳动竞赛一般是重视的，但是对群众的生活普遍关心不够。不少干部认为关心群众的生活也叫“经济主义”，不敢提有关职工群众生活方面的问题；也有些干部以反对“经济主义”为借口来掩盖自己不关心群众生活的官僚主义。二是工会工作中缺乏民主生活，命令主义作风相当严重。三是工会中脱离生产的干部过多，基层工会不善于吸引和依靠广大积极分子进行工作。因此，工会不能及时地、准确地了解群众的思想、情绪和要求。全国总工会党组的报告中还指出，目前厂矿企业中在对待职工群众方面有些问题亟待解决。

关于党对工会的领导，全国总工会党组在报告中提出，各级党的组织对工会一般是重视的。但对党如何领导工会这个问题，并未完全解决，有些党组织和党的干部对工会的性质、作用和具体业务了解不够，对如何领导工会缺乏经验，各级工会的党组织很少帮助党的组织来研究这些问题。所以，有些党的组织不善于运用工会组织、发挥工会组织的作用进行工作。有些不是着重政治思想方面的领导，而常常是包办工会的日常具体业务，或不加指导而放任自流。这些问题都应加以解决。

党中央对全国总工会党组的报告很重视，作了重要指示。党中央指出，这一报告反映和提出了在厂矿企业、职工群众和工会组织中的一些值得注意的问题，党中央认为，各省、市、自治区党委和各产业部委党组应该重视和解决这些问题，加强党对于厂矿企业和工会工作的领导。

为了改进厂矿企业中党的工作，加强对工会的领导，把各项工作做好，党中央委托全国总工会，由赖若愚主持起草了《加强党对工会工作的领导》的文章，经中央政治局讨论并提出许多重要理论观点修改审定后，以《人民日报》社论的形式于 1955 年 9 月 10 日发表。党中央为此发出《关于人民日报发表社论〈加强党对工会工作的领导〉的通知》。该通知指出，党中央认为，目前加强党对工会工作的领导是“十分需要的”，要求根据社论精神，检查和改进这方面的工作。

社论从七个方面论述加强党对工会工作的领导这一中心问题。第一，必须加强党对劳动竞赛的领导。组织劳动竞赛是全党的事业。党应当通过工会来组织竞赛，教育所有的党员和青年团员积极地参加竞赛。在竞赛过程中，党还必须正确地组织企业行政、工会和青年团之间的协作。企业中的党组织就必须十分注意职工群众的文化、技术教育，注意推广行之有效的先进经验，支持群众的合理化建议。同时，签订集体合同，组织群众生产会议。党组织必须运用工会来进行这些工作，并帮助工会解决工作中的各种困难。在劳动竞赛中要贯彻“按劳付酬、物质鼓励”的原则。必须使物质鼓励同政治教育相结合。第二，党必须运用工会组织巩固劳动纪律。党的各级组织必须根据具体情况，督促工会组织经常地、反复地进行劳动纪律教育，同一切败坏劳动纪律的现象进行不断的斗争。第三，党必须运用工会组织经常了解职工群众的生活状况和思想状况，了解群众的情绪和要求，并且要热情地关怀职工群众的物质、文化生活。第四，党的各级组织，必须注意发挥工会组织对国家机关和经济机关的群众监督作用。第五，党的各级组织必须重视工会组织在社会主义改造事业中的作用。第六，党的各级组织还必须注意工人阶级和工会组织的阶级纯洁性。第七，党的各级组织应该进一步加强对工会组织的领导，使工会的全部工作都遵循党的方针政策来进行。

《人民日报》的这篇社论，科学地总结了党领导工会工作的基本经验，精辟地阐述了新中国成立后工会工作的任务、方针和职能作用，明确地提出了加强党对工会工作领导的基本内容，它是新中国成立后指导工会工作的重要文献。

## 六、工运理论的再次探索

中国工会七大在全国总工会党组第一次扩大会议的基础上制定的国家建设时期的基本方针和任务，符合当时国家的政治和经济建设要求，受到工会工作者和工人阶级的拥护和支持，在指导工会动员和组织工人阶级胜利完成“一五”计划方面发挥了巨大作用；但是，受到全国总工会党组第一次扩大会议批判“经济主义”的消极影响，工会工作在实践工作中出现了忽视职工群众生活及切身利益的偏差。

针对上述情况，以赖若愚为代表的工会工作者，从1952年下半年起，继刘少奇、李立三之后，重新对工运理论进行了探索。

赖若愚在全国总工会党组第一次扩大会议后，担任全国总工会秘书长，之后又当选为全国总工会主席。从1951年底到1958年5月，他主持全国总工会工作达六年之久。结合工会运动的实际，赖若愚对工运理论进行了再次探讨，为丰富和发展社会主义工运理论作出了重要贡献。特别是1954年12月18日，他在《工人日报》发表了《如何对待群众?》一文，直到1958年5月去世前，他在许多报告、讲话、文章中就工会和工运理论的重大原则问题，阐明了自己的观点，并引起了深刻的社会反响。赖若愚在工运理论上的贡献主要有以下几点。

### (一) 正确对待群众是工会工作的一个根本问题

赖若愚认为，如何正确对待群众是工会工作中的一个根本问题。不正确处理这一问题，工会就有脱离群众的危险，而脱离群众对于工会来说，是一切危险中间最大的危险。他指出，脱离群众的现象在我们工会组织中确实存在，而且还在滋长着。为什么会出现这种现象？除了客观原因，他认为这是许多工会工作者忘记了工会的性质是党领导下的群众自己的组织。他们不是把自己置身于群众之中，而是置身于群众之外；不是以同志的态度对待群众，而是以上司的态度对待群众；不是时刻关心群众的生活和情绪，而是只关心自己对于群众的要求。

那么如何正确地对待群众呢？他明确指出：“正确地对待群众，也就是党中央和毛主席所一再教导我们的群众观点、群众路线的问题。我们一切工作归根结底都是为了群众，同时也必须经过群众、依靠群众，如果没有群众的支持和群众自己的努力，任何事情都是办不成的。”①

工会要密切和群众的联系，就必须正确处理生产和生活福利的关系。他认为工会组织劳动竞赛，即群众生产工作，是完全必要的。但是，这并不是说为了发展生产就可以不注意群众的生活福利。“相反地，为了高度地发挥群众的劳动积极性和创造性，来有效地发展生产，必须热情地关怀群众的切身利益，关怀群众生活。”他还讲了正确地关心群众的生活与经济主义倾向的区别：“离开了发展生产这一工人阶级的基本利益，甚至违反这一基本利益而讲生活福利，这是经济主义倾向；可是，‘在发展生产的基础上，根据需要与可能的原则，逐步改善职工群众的物质生活与文化生活’，则是完全必要的。问题的关键在于，‘在发展生产的基础’。”在对待群众生活问题上，“我们工会组织中是存在着不关心群众的官僚主义现象的”。他认为，经济主义和官僚主义都是片面地强调了国家利益和群众利益的一个方面，而离开了另

① 赖若愚：《如何对待群众?》，《工人日报》1954 年 12 月 18 日。

外一面，其结果同样是对生产不利，因而是违反国家利益的。为什么在工会组织中会存在不关心群众生活的官僚主义现象呢？从思想作风上检查其根源：第一，有些同志只看到政权的力量。第二，有些同志陶醉在解放以来所取得的辉煌胜利之中，看不见自己工作中的问题，不注意群众的要求。说到底，还是如何对待群众的问题。①

### （二）工会必须保护职工群众的物质利益和民主权利

在社会主义建设事业中，工会的作用究竟是什么？在 1956 年 9 月召开的党的八大会议上，赖若愚提出了这一问题。他在发言中首先讲到工人阶级的根本任务和工会的作用。他说："工人阶级在取得政权以后，最根本的任务就是努力发展生产，不断地提高社会生产力，把我国建设成为一个伟大的社会主义工业国。""在社会主义建设事业中，工会的作用，就在于联合和团结全体工人阶级，保护职工群众的物质利益和民主权利，并且以共产主义的精神来影响、教育广大的职工群众，使广大群众和自己的先锋队紧密地联系起来。在群众的觉悟程度和组织程度日益提高的基础上，发扬中国工人阶级艰苦奋斗、克勤克俭的传统，以创造性的劳动和负责精神，来建设社会主义的新生活。"②

赖若愚强调，工会只有联系了群众，才能发挥作用，如果脱离了群众，它就什么积极作用也不会有。在社会主义企业里，最本质的问题是国家利益和职工个人利益的一致，但是也应看到它们之间有一定的矛盾。党的方针是把两方面的利益正确地结合起来。从工会组织来说，既要教育职工群众正确地对待国家利益，

---

① 赖若愚：《如何对待群众?》，《工人日报》1954 年 12 月 18 日。

② 赖若愚：《进一步发挥工会组织在社会主义建设中的作用》（1956 年 9 月 23 日），中国工运学院编：《李立三赖若愚论工会》，档案出版社 1987 年版，第 390—391 页。

又要组织职工群众保护自己的切身利益，这样才能有效地联系群众，把群众的社会主义积极性调动起来。同样，发展生产，是工人阶级取得政权以后的根本利益。只有生产发展了，才有可能改善生活。因此，工会组织必须围绕着这一中心任务来展开自己的活动。只有如此，才能有效地鼓舞群众的劳动热情。离开发展生产而侈谈改善生活，是一种经济主义倾向；反之，不顾群众生活而只顾生产，是一种官僚主义倾向。两者都是错误的。他特别指出：“在反对经济主义之后，却又犯了另一种错误，即注意了发展生产，而忽视了改善生活，以致严重地脱离了群众。”①

赖若愚指出，工会组织必须保护职工群众的物质利益和民主权利，具体地说：一是要维护党的政策和国家法令不被违反，因为党的政策和国家法令是全面地保护工人阶级利益的。二是要及时地了解并解决群众在工作上和生活上发生的问题，努力改善群众的劳动条件和生活条件。三是要支持群众的正确的建议和批评，使这些建议不受压制，这些批评不受打击，而且受到尊重。

### （三）工会组织必须充分发挥群众监督作用

赖若愚认为，在社会主义企业里，工会与行政的利益在根本上是一致的，即都是为了办好企业、发展生产，都代表工人阶级的整体利益和关心工人切身利益。但是，由于工会和行政工作性质不同，看问题的角度不同，两者之间也存在着差别和矛盾。只讲一致，不讲差别和矛盾，结果形成工会与行政“一个鼻孔出气”，模糊了工会的特点，也滋长了工会内外的官僚主义倾向。

---

① 赖若愚：《进一步发挥工会组织在社会主义建设中的作用》（1956 年 9 月 23 日），中国工运学院编：《李立三赖若愚论工会》，档案出版社 1987 年版，第 393 页。

克服官僚主义的有效方法就是实行群众监督。① 工会组织必须充分发挥这种群众监督的作用。

第一，群众监督的性质。赖若愚认为，工会（群众）在社会主义企业中的监督和在资本主义企业中的监督有性质上的差别。在资本主义企业中，群众监督是工人阶级对资产阶级斗争的一种形式；而在社会主义企业里，群众的监督虽然包含着批评与斗争，但是从性质上说，它是吸收群众参加企业管理工作的一种方式，也是提高职工群众的主动性和积极性、培养建设人才的一种方式。因而对于企业行政方面的监督，也就是对于企业行政方面的有效协助。

第二，工会的责任。赖若愚指出，工会监督即群众监督，是工会组织群众或代表进行监督。整个群众的监督，是党委领导下的群众监督，但是要通过工会来实现，工会的责任是重大的。他还根据《工会法》的有关规定指出，工会监督是有基本的法律根据的，但还不完备，由不完备到完备需要一个过程，工会的监督作用不能因为劳动立法不完备就取消了。

第三，工会监督的前提。赖若愚指出，工会的监督是群众的监督，不是工会干部的监督。因而工会必须首先把自己的一切工作都放在群众的监督之下，工会本身必须是很民主的。只有这样，工会才能密切地联系群众，才能代表群众，并且结合群众来进行监督。他提出，工会必须有健全的民主制度，定期召开职工代表大会、工会会员大会或代表大会，听取群众的意见，工会的领导应该由群众选举产生，等等。

第四，群众监督的方法和形式。赖若愚指出，群众监督的最

---

① 赖若愚：《进一步发挥工会组织在社会主义建设中的作用》（1956 年 9 月 23 日），中国工运学院编：《李立三赖若愚论工会》，档案出版社 1987 年版，第 394 页。

主要的方法就是建立和健全民主制度，吸引群众参加生产管理，开展群众性的批评。他强调，要真正实行群众监督，群众就必须参加企业管理，如果不能参加企业管理，所谓的监督只不过是站在旁边批评一下，不能起什么作用。

### （四）在党的领导下，工会必须积极开展自己的独立活动

赖若愚在党的八大发言中指出：工会“应当在党的政治思想领导之下积极开展工会活动”。这里面包含三层意思：一是工会必须在政治上接受党的领导，贯彻党对工会工作的正确路线。工会如果离开了党的领导，就会迷失方向，不能正确地发挥自己的作用。二是党对工会的领导是政治思想的领导，是通过工会中的党员来实现的，而不是直接对工会发号施令。三是工会在党的领导下积极开展自己的独立活动。工会的一切方针、政策和重大措施都必须根据党的指示来决定，工会的各种具体活动，则必须根据群众自己的意见、习惯、爱好来进行，通过工会的独立活动，来实现党的领导。

工会和党都是工人阶级的组织，但是二者又有区别。赖若愚指出：党是工人阶级的先锋队，它只包括工人阶级的先进部分。它是工人阶级的领导力量，但是它并不是工人阶级的“本队”。而工会却是工人阶级的群众组织，它几乎包括了工人阶级的全体成员，也可以说它是工人阶级的“本队”。工会组织把工人阶级的先进部分和落后部分联结在一起，成为党团结本阶级和团结全体劳动人民的一个重要的纽带。正是在这个基础上，他才提出工会一方面必须接受党的领导，一方面又要积极地开展自己的各种活动。他力图从组织的性质上来说明工会与党的区别，以防止和

纠正党群不分，党对群众组织包办代替的现象。①

### （五）工会要在正确处理人民内部矛盾中发挥调节作用

1957年5月，赖若愚在全国总工会直属机关党员干部大会上所作的整风动员报告中，提出了“充分发挥工会在解决人民内部矛盾中的调节作用”的思想。工会组织是代表群众利益的，不仅代表群众的眼前利益、局部利益，而且要代表群众的长远利益、整体利益。因此，工会组织在处理这些矛盾的时候，应当照顾得全面些，应当起调节作用。“所谓调节作用，就是一方面支持职工群众的正确意见、合理要求和建议。这中间工会跟行政是会有斗争的。另一方面，工会要对群众由于不了解全面情况而提出的一些不正确、不合理的或在一定时期内办不到的意见、要求和建议进行说服教育，缩小群众与领导者之间的距离。”他还说，“要达到说服教育职工群众的目的，首先要支持群众的正确意见，帮助群众解决问题。只有这样，工会才不会脱离群众，才有资格向群众说服教育，职工群众才愿意听你的话。”“所以，工会要真正起到教育的作用，首先必须和群众打成一片。这是工会向职工进行教育的先决条件。”②

赖若愚关于工运理论的基本思想，在当时对于指导和发挥工会在我国社会主义建设中的重要作用，促进工人运动的健康发展意义重大，进一步丰富和发展了社会主义时期的工运理论。其中，许多工运思想至今仍有现实指导意义。

---

① 赖若愚：《进一步发挥工会组织在社会主义建设中的作用》（1956年9月23日），中国工运学院编：《李立三赖若愚论工会》，档案出版社1987年版，第397页。

② 赖若愚：《整顿工会领导作风，密切与群众的联系，充分发挥工会在解决人民内部矛盾中的调节作用》（1957年5月），中国工运学院编：《李立三赖若愚论工会》，档案出版社1987年版，第450—457页。

第八编

# 探索中国社会主义道路中的工人运动（1956—1966）

# 第三章

# 探索中国社会主义道路中的工人运动

1956 年，中国共产党第八次全国代表大会的召开，全党工作中心转向经济建设，对于工人运动和工会工作也提出了时代条件下的新要求。中国工人阶级在国家和社会政治经济生活中发挥着重要作用，承担着新的历史使命。1957 年，中国工会第八次全国代表大会的召开，明确了工人阶级的中心任务，即团结动员全国工人阶级为完成第二个五年计划、为尽可能快地把我国建设成为社会主义强国而奋斗。

## 一、国内外环境的变化与“十大关系”的提出

### （一）工人阶级面临内外环境带来的新挑战

我国在全面进行社会主义建设的同时，国际环境也发生了重大变化。国际局势的有利因素主要体现在：在社会主义阵营和资本主义阵营间的“冷战”有逐步缓和的迹象，中国与主要资本主义国家的关系也显露出一些改善的痕迹，中日民间关系的发展引人注目，中美关系在两国大使级谈判开始后有所缓和，此时正在蓬勃兴起的亚非拉民族解放运动也使一些新兴国家正逐步走向社

会主义阵营。与此同时，科学技术和世界经济也进入了一个快速发展时期。社会主义国家在第二次世界大战后的十年间恢复经济建设和社会建设，大力发展科学技术，按照计划发展经济的道路，依靠社会主义制度集中力量办大事的优越性，通过不断扩大投入，实现经济增长，一方面取得了举世瞩目的成就，另一方面也显示出社会主义制度的优越性。有利的国际局势为我国进行全面的社会主义建设提供了良好的外部环境。与此同时，国际方面也存在一些不利因素，苏共二十大揭露了斯大林的错误，在社会主义阵营内部引发了混乱，波兰和匈牙利先后发生罢工、骚乱事件，帝国主义趁机掀起反共反社会主义的浪潮。在国内，社会主义改造基本完成以后，我国确立了社会主义制度，实现了由新民主主义到社会主义的转变，进入全面建设社会主义的新阶段。从总体上来看，国内环境对开展全面社会主义建设是有利的，但其中也有着急躁和轻视困难的隐忧。面对国内外出现的新情况，中国共产党人开始积极探索中国自己的社会主义发展道路，工会各项工作也面临着新的挑战。

### （二）从社会主义革命走向社会主义建设

我国社会主义制度建立起来后，面对落后的生产力发展水平，如何更好地建设社会主义成为中心问题。这一问题的解决，需要正确认识国情，坚定不移地把工作重心转向经济建设；需要探索和开创一条符合中国国情的社会主义建设道路。这对于刚刚完成新民主主义革命和社会主义革命的中国共产党和中国工人阶级来说，是一个崭新的重大课题。中国新民主主义革命的胜利让我们积累了充足的革命经验，而面对急速展现在面前的全面建设社会主义的任务，党和工人阶级由于缺乏相应的经验积累，只能在实践中不断探索前进。

在社会主义建设初期，我国学习苏联经验和苏联的过程中，逐步暴露出一些问题，使中国共产党和中国工人阶级清楚地认识到苏联的社会主义建设模式未必适合中国，中国应该结合本国的实际国情和实际发展状况探索具有中国特色的社会主义发展道路，将马克思主义与中国社会主义建设再次结合，解决发展中的现实问题。社会主义在全面建设的过程中，以实现马克思主义与社会主义建设的再次结合为中心问题，并围绕这一问题展开探索。摸着石头过河的过程必然会经历挫折，会形成深刻的经验教训，这些都将成为中国探索符合中国国情的社会主义建设道路的指明灯。

### （三）“十大关系”的提出与影响

在探索社会主义建设的过程中，中国共产党和中国工人阶级认识到了苏联经验和苏联模式的弊端，也认识到了探索适合中国国情的社会主义建设道路的重要性。基于此，毛泽东提出以苏为戒，独立探索适合中国国情的社会主义建设道路，《论十大关系》的提出就是这一探索的开始。

从 1956 年 2 月 14 日至 4 月 24 日，毛泽东分别听取国务院 35 个部委关于工业生产和经济工作的汇报。从 4 月下旬起，毛泽东又听取了各省、市、自治区党委的汇报。“十大关系”是在听取汇报的过程中逐渐归纳概括出来的。1956 年 4 月 25 日，毛泽东在中央政治局扩大会议上作了《论十大关系》的讲话，中央政治局随后连续讨论了三天。根据讨论中提出的意见，毛泽东进行修改补充，于 5 月 2 日向最高国务会议作了报告。以 1956 年 2 月毛泽东等中央领导人对中国经济建设情况和存在问题进行的系统调研为基础，1957 年 2 月，毛泽东在最高国务会议第十一次（扩大）会议上作《关于正确处理人民内部矛盾的问题》的重要讲话，中国共产党和中国工人阶级在社会主义的建设探索中，以实际国情、社情为出发点，把握发展中的现实问题，加深了对一个落后国家应该如何建设社会主义的认识，在创新理论的基础上形成了马克思主义和中国社会主义建设具体实际相结合的良好开端。

“十大关系”是在汲取苏联教训、总结中国经验的基础上提出来的。前五大关系主要讲经济等问题，从经济工作的各个方面来调动各种积极因素；后五大关系主要讲政治等问题，从政治生活和思想文化生活各方面调动各种积极因素。关于重工业和轻工业、农业的关系，毛泽东指出：“重工业是我国建设的重点。必须优先发展生产资料的生产，这是已经定了的。但是决不可以因此忽视生活资料尤其是粮食的生产。”“我们现在的问题，就是还要适当地调整重工业和农业、轻工业的投资比例，更多地发展农业、轻工业。”关于沿海工业和内地工业的关系，毛泽东认为：“沿海的工业基地必须充分利用，但是，为了平衡工业发展的布局，内地工业必须大力发展。”“好好地利用和发展沿海的工业老底子，可以使我们更有力量来发展和支持内地工业。如果采取消极态度，就会妨碍内地工业的迅速发展。”关于经济建设和国防建设的关系，毛泽东说：“可靠的办法就是把军政费用降到一个适当的比例，增加经济建设费用。只有经济建设发展得更快了，国防建设才能够有更大的进步。”关于国家、生产单位和生产者个人的关系，毛泽东强调：“国家和工厂，国家和工人，工厂和工人，国家和合作社，国家和农民，合作社和农民，都必须兼顾，不能只顾一头。”“把什么东西统统都集中在中央或省市，不给工厂一点权力，一点机动的余地，一点利益，恐怕不妥。”关于中央和地方的关系，毛泽东提出：“应当在巩固中央统一领导的前提下，扩大一点地方的权力，给地方更多的独立性，让地方办更多的事情。”毛泽东还提出：“中央要注意发挥省市的积极性，省市也要注意发挥地、县、区、乡的积极性，都不能够框得太死。”关于汉族和少数民族的关系，毛泽东指出：“我们着重反对大汉族主义。地方民族主义也要反对，但是那一般地不是重点。”“我们要诚心诚意地积极帮助少数民族发展经济建设和文化建设。”关于党和非党的关系，毛泽东说：“究竟是一个党好，还是几个党好？现在看来，恐怕是几个党好。不但过去如此，而且将来也可以如此，就是长期共存，互相监督。”关于革命和反革命的关系，毛泽东指出，还有反革命，但是已经大为减少。今后社会上的镇反，“要少捉少杀”。机关、学校、部队里面清查反革命，“一个不杀，大部不捉”。“对一切反革命分子，都应当给以生活出路，使他们有自新的机会。”关于是非关系，毛泽东说，党内党外都要分清是非。“对于革命来说，总是多一点人好。”对于犯错误的同志，要帮助他们改正错误，“允许他们继续革命”。“‘惩前毖后，治病救人’的方针，是团结全党的方针，我们必须坚持这个方针。”关于中国和外国的关系，毛泽东明确提出了“向外国学习”的口号。他指出：“我们的方针是，一切民族、一切国家的长处都要学，政治、经济、科学、技术、文学、艺术的一切真正好的东西都要学。但是，必须有分析有批判地学，不能盲目地学，不能一切照抄，机械搬运。他们的短处、缺点，当然不要学。”毛泽东指出：“提出这十个问题，都是围绕着一个基本方针，就是要把国内外一切积极因素调动起来，为社会主义事业服务。”“我们一定要努力把党内党外、国内国外的一切积极的因素，直接的、间接的积极因素，全部调动起来，把我国建设成为一个强大的社会主义国家。”①

《论十大关系》的讲话，初步总结了我国社会主义建设的经验，提出了探索适合我国国情的社会主义建设道路的任务。在重工业和轻工业、农业的关系问题上，要用多发展一些农业、轻工业的办法来发展重工业；在沿海工业和内地工业的关系问题上，要充分利用和发展沿海的工业基地，以便更有力量来发展和支持

① 毛泽东：《论十大关系》，《人民日报》1976 年 12 月 26 日。

内地工业；在国家、生产单位和生产者个人的关系问题上，三者的利益必须兼顾，不能只顾一头，既要提倡艰苦奋斗，又要关心群众生活；在中央和地方的关系问题上，要在巩固中央统一领导的前提下，扩大地方的权力，让地方办更多的事情，发挥中央和地方两个的积极性；在汉族与少数民族的关系问题上，要着重反对大汉族主义，也要反对地方民族主义，要诚心诚意地积极帮助少数民族发展经济建设和文化建设；在党和非党的关系问题上，共产党和民主党派要长期共存，互相监督；在是非关系问题上，对犯错误的同志要实行“惩前毖后，治病救人”的方针，要允许人家犯错误，允许并帮助他们改正错误；在中国和外国的关系问题上，要学习一切民族、一切国家的长处，包括资本主义国家先进的科学技术和科学管理方法，要反对不加分析地一概排斥或一概照搬。

《论十大关系》的中心思想是调动一切积极因素，团结全国各族人民，多快好省地建设社会主义。《论十大关系》系统地提出了我国社会主义革命和建设的基本方针和政策，对于如何建设社会主义有了新认识，对社会主义建设有很强的针对性和理论指导作用。毛泽东多次说：“前几年经济建设主要学外国经验，1956年4月论十大关系开始提出自己的建设路线，有我们自己的一套内容。”《论十大关系》和一系列新方针的提出，展现了中国共产党和中国工人阶级为寻找适合中国国情的社会主义建设道路而解放思想、多方探索的生动景象，为党的八大的召开做了重要的思想理论准备。

## 二、党的八大的召开及影响

《论十大关系》的基本思想和方针政策，在党的八大得到了充分体现。大会作出重要战略决策，要求全党的工作重心适时地转移到集中力量发展生产力这一方面来。开启了全面建设社会主义的历史进程。

## （一）党的八大的召开

《论十大关系》中提出基本思想和方针政策，在党的八大及其稍后的决策中，得到了较多的体现和进一步发挥，产生了积极影响。

1956 年 8 月 30 日，毛泽东在党的八大预备会议第一次全体会议上指出，大会的目的和宗旨是，总结党的七大以来的经验，团结全党，团结国内外一切可以团结的力量，为建设伟大的社会主义中国而奋斗。9 月 10 日，他又在预备会议第二次全体会议上讲话，希望在建设社会主义时期不要像民主革命时期犯那么多和那么长时间的错误，避免栽那么多筋斗。

1956 年 9 月 15 日至 27 日，党的八大在北京召开。这是新中国成立后我们党召开的第一次全国代表大会。毛泽东致开幕词。大会指出，社会主义制度在我国已经基本建立起来，国内的主要矛盾发生了转变，人民对于建立先进的工业国的要求同落后的农业国的现实之间的矛盾，人民对于经济文化迅速发展的需要同当前经济文化不能满足人民需要的状况之间的矛盾成为这一时期的主要矛盾。在中国社会主义制度已经建立的情况下，这一矛盾的实质也就是先进的社会主义制度同落后的社会生产之间的矛盾。解决这个矛盾的办法是发展社会生产力，实行大规模的经济建设。为此，大会作出重要战略决策，将党和国家的工作重点转移到社会主义建设上来。大会在总结中国第一个五年计划实施经验的基础上，既反保守又反冒进，实施综合平衡中稳步前进的经济建设方针。为此，党和全国人民的主要任务是集中力量发展社会生产力，把我国尽快地从落后的农业国变为先进的工业国。

9 月 15 日，刘少奇《在中国共产党第八次全国代表大会上的政治报告》（以下简称《政治报告》），全面体现了《论十大关系》的有关精神。在报告中，刘少奇讲到了重工业和轻工业的关系问题，工业布局上沿海和内地的配合问题，在发展生产的基础上逐步改善职工生活的问题，争取 90%的合作社社员收入增加的问题，党同民主党派的关系问题，适当调整中央和地方的行政管理职权的问题，汉族帮助少数民族发展的问题，对反革命分子实行惩办和宽大相结合的政策问题，以及对于犯错误的同志采取正确的态度问题，等等。

9 月 16 日，周恩来《关于发展国民经济的第二个五年计划的建议的报告》也体现了《论十大关系》的相关精神。他结合“二五”计划建议，具体阐述了重工业和轻工业的关系问题，沿海和内地间的工业布局问题，改善人民群众生活的问题，民族工作问题，以及正确划分中央和地方的行政管理职权，调动地方积极性的问题。

11 月 10 日至 15 日，党的八届二中全会在北京召开。刘少奇在题为《目前时局问题的报告》中，提出应当遵照毛主席关于“又要重工业，又要人民”的指示，不能把同人民的关系搞得太紧张。周恩来在会上作了《关于 1957 年度国民经济发展计划和财政预算的控制数字的报告》，指出：“如果不关心人民的当前利益，要求人民过分地束紧裤带，他们的生活不能改善甚至还要降低水平，他们要购买的物品不能供应，那么，人民群众的积极性就不能很好地发挥，资金也不能积累，即使重工业发展起来也还得停下来。”

在改革经济管理体制方面，党的八大后迈出了重要的一步。1957 年九十月间召开的党的八届三中全会通过了陈云主持起草的关于改进工业管理体制、商业管理体制和财政管理体制的三个文件，作出了调整中央与地方的关系，向地方下放原由中央掌握的一些权力的规定。

另外，刘少奇在《政治报告》中对工会组织的任务、作用作了阐述，指出工会组织在社会主义建设事业中的任务是，一方面应当用说服教育的方法吸引工人群众，通过社会主义竞赛和先进生产者运动，为不断提高劳动生产率而斗争；另一方面，应当密切关心群众生活，发挥群众的监督作用，向一切企业中违法乱纪、侵害群众利益、不关心群众生活的官僚主义现象进行勇敢的斗争。

## （二）党的八大的贡献与意义

党的八大是我们党在建设社会主义历史道路上一个光辉的里程碑，是党的历史上具有深远历史意义和重大现实意义的大会。

### 1. 分析社会主要矛盾变化

党的八大将马克思列宁主义基本原理与中国革命和建设的实际结合起来，正确分析了社会主义改造基本完成后，国内主要矛盾的变化，提出了党在今后的根本任务。党的八大在分析了三大改造基本完成、国内主要矛盾发生的巨大变化后，得出社会主义制度在我国已经基本建立起来，国内的主要矛盾已不再是无产阶级和资产阶级之间的矛盾结论，强调我们国内的主要矛盾是人民对于建立先进的工业国的要求同落后的农业国的现实之间的矛盾，是人民对经济文化迅速发展的需要同当前经济文化不能满足人民需要的状况之间的矛盾。这一矛盾，在我国社会主义制度已经建立的情况下，也就是先进的社会主义制度同落后的生产之间的矛盾。无产阶级同资产阶级之间的矛盾，虽然在一定范围内还存在，但已经不是中国社会的主要矛盾，而降为次要矛盾。因此，党的工作重点是领导全国人民进行社会主义经济建设，大力发展生产力，实现国家的工业化，以逐步满足人民日益增长的物质文化的需要。党的工作重点及时地战略转移，是对我国革命和建设的经验作了马克思列宁主义的科学总结。

2. 制定全面开展社会主义经济建设的正确方针和建立新的社会经济体制方案

党的八大总结了七大以来的经验，借鉴了苏联经济建设的经验教训，制定了全面开展社会主义经济建设的正确方针和建立新的社会经济体制的方案。为了能大力发展社会生产力，尽早改变我国的落后面貌，党的八大总结了新中国成立以来，特别是“一五”计划期间积累的经验。在生产上，提出了必须保持重工业、轻工业和农业之间的比例关系，即在肯定优先发展重工业的同时，必须重视发展轻工业和农业，阐明了发展重工业和轻工业、农业之间的辩证关系。党的八大决议指出：优先发展重工业的同时，我们必须根据原料，资金的可能和市场的需要，积极发展轻工业，片面强调重工业的发展而轻视轻工业的发展，结果反而会削弱重工业。在发展速度上，党的八大坚持了既要反对右倾保守，又要反对急躁冒进，综合平衡稳步向前发展的方针。这就是在充分分析了我国丰富的人力和物力资源、市场等方面后，正确估计经济上、财政上和技术力量上的客观限制和保持后备力量的必要性，积极而又稳妥地推进国民经济的发展。

党的八大提出了改进经济管理体制的问题，根据毛泽东《论十大关系》中分析的经济管理体制中存在着中央过分集权的弊病，要求适当扩大地方和企业的权力，发挥两个积极性。党的八大还提出了按照“统一领导、分级管理”的原则，划分了中央和地方的管理职权，保证企业在国家统一领导和统一计划下，在计划管理、财务管理、干部管理等方面有适当的自治权力。这些要求加上陈云在党的八大发言中“三个主体、三个补充”的重要意见，初步构成了区别于传统模式的以计划经济为主、以商品经济为辅的社会主义经济体制方案。

3. 确定了加强党的建设的正确路线和方针

党的八大分析了党执政后的状况，确定了加强党的建设的正确路线和方针，总结了党的建设的经验，提出了新的历史时期加强党的建设的正确路线和方针，指出我们党已处在执政党的地位，党面临着新的考验。这种地位很容易使一些党员沾沾自喜、滋长骄傲自满情绪，脱离实际，脱离群众，发展主观主义、宗派主义，产生官僚主义。因此，为了防止这种现象出现，就必须加强党内的思想教育，提高全党的马克思列宁主义水平，发扬党的实事求是、密切联系群众的优良传统和作风，树立全心全意为人民服务的思想，坚决同官僚主义、主观主义和宗派主义作斗争。同时要发扬党内民主生活，建立民主集中制。党的八大借鉴苏联的经验，提出反对个人崇拜、个人突出的任务，指出“个人崇拜是一种有长远历史的社会现象，这种现象，也不会不在我们党的生活和社会生活中，有它的某些反应”。因此，必须“继续坚决地执行中央反对个人突出、反对对个人歌功颂德的方针”，继续坚持集体领导和个人负责相结合的制度。党的八大在进一步扩大社会主义民主、健全社会主义法制等方面也提出了许多正确的思想。

党的八大是我国进入全面建设社会主义时期的一次历史性盛会，成为党领导全国人民独立自主地探索本国社会主义建设道路的历史起点，为社会主义事业的发展和建设指明了方向。党的八大关于社会主要矛盾和党的根本任务的论述，反映出当时中国社会发生巨大历史转折的实际情况，标志着党的工作重心转移到经济建设上来，对工会组织在社会主义建设事业中发挥更大的作用提出了新要求。

### （三）正确处理人民内部矛盾的提出

1956 年，我国对农业、手工业和资本主义工商业的社会主义改造基本完成，开始转入全面建设社会主义时期。无产阶级同资产阶级之间的矛盾已经基本上解决，几千年来的阶级剥削制度的历史已经基本上结束，社会主义制度在我国已经基本上建立起来了。国内的主要矛盾已经是人民对于经济文化迅速发展的需要同当前经济文化不能满足人民需要的状况之间的矛盾，虽然阶级斗争在一定范围内存在，但是人民内部矛盾已经成为政治生活的主题。

由于“革命时期的大规模的急风暴雨式的群众阶级斗争基本结束”，而人民内部矛盾则逐渐地、大量地暴露出来，因此，正确处理人民内部矛盾的问题就成了国家政治生活中的主题。

1957 年 2 月 27 日，毛泽东在北京中南海怀仁堂主持召开了国务院最高国务会议第十一次扩大会议，发表了《关于正确处理人民内部矛盾的问题》的重要讲话，1800 多位各方面人士出席了会议。毛泽东运用唯物辩证法分析了社会主义社会的矛盾问题，指出社会主义社会也有矛盾，社会主义社会的基本矛盾仍然是生产力和生产关系、经济基础和上层建筑的矛盾。毛泽东还指出，社会主义社会存在敌我矛盾和人民内部矛盾，在剥削阶级作为阶级被消灭以后，人民内部矛盾处于突出地位；敌我矛盾要用强制、专政的方法来解决，人民内部矛盾只能用民主的、说服教育的方法，也就是“团结—批评—团结”的方法去解决。会上第一次提出了正确处理人民内部矛盾的命题，为我国社会主义事业的发展奠定了基础。

《关于正确处理人民内部矛盾的问题》创造性地提出了社会主义社会两类矛盾学说。毛泽东对两类不同性质社会矛盾的特点、地位、表现及解决方法等进行了全面论述，丰富和发展了社会主义社会矛盾的学说，对马克思主义理论宝库是一个重大贡献。

## 三、新形势下工运理论的新探讨

在工人阶级通过共产党执掌国家政权以后，工人阶级内部的矛盾不仅依然存在，而且有凸显之势，如果党和工会对此缺乏认识或认识不正确、处理不当，就会严重影响工人阶级内部的团结，进而影响党的阶级基础和工会的群众基础，影响经济建设。这个问题在新中国成立初期即已存在，刘少奇、李立三、邓子恢等人也曾做过探讨，提出过一些正确的理论观点，然而这些观点不仅没有得到肯定，李立三还在全国总工会党组第一次扩大会议上受到错误批判，因而使这个问题不仅没有得到很好的解决，反而有了扩大的趋势。当我国社会出现大变革的时候，受一些复杂因素的影响，工人阶级的内部矛盾便凸显出来，工会应当怎样认识和解决这一新矛盾至关重要。于是在党和国家都在探讨正确处理人民内部矛盾的大背景下，工会系统便再次掀起了探讨工会理论问题的热潮。

### （一）探讨正确处理人民内部矛盾的问题

毛泽东发表《关于正确处理人民内部矛盾的问题》的讲话后，全国总工会和广大职工群众就如何密切同人民群众的关系、发挥工会在处理人民内部矛盾中的作用，进行了研究探索。

1957 年 3 月中旬，全国总工会在北京召开了第七届五次执委会扩大会议。会议根据毛泽东讲话精神，着重研究工会在正确处理人民内部矛盾中的作用和群众监督问题。会议期间，赖若愚作《工会在实行企业民主管理中的作用问题》的报告，指出处理人民内部矛盾问题是社会主义建设中的一个根本问题，对工会来说，更是非常重要的一个问题。他认为，工会要把解决群众争议和发挥工人群众积极性结合起来，推动企业民主管理和群众监督。

会议之前，全国总工会对职工罢工请愿情况进行调查分析发现，1956 年春季，我国发生罢工请愿事件的主要原因：一是在全国省辖市以上的城市中，大约有 160 万名失业人员。由于没有相应的社会保障制度，某些失业人员聚集，宣泄不满。二是 1956 年进行的全国工资改革对某些领导人员的工资标准核定过高，有些工资关系安排得不妥当。企业里科长以上领导干部的工资标准过高，增加工资超过工人过多。部分普通工人对此反应强烈，表示不满，罢工请愿。这一时期的罢工请愿事件，每起人数一般有十多人至数十人，多者有一二百人，甚至近千人，有一万多名工人卷入。如内蒙古自治区森林工业管理局所属单位，从1956年6月到9月共发生6起工人罢工请愿事件，参加者少则数十人，多则300人。截至1956年12月上旬，上海轻纺工业有53个合营工厂的1834名工人因工资和福利问题先后发生罢工、怠工、退社请愿等事件，其中罢工的有10个厂、116人，怠工的有3个厂、60人，退社请愿的有2个厂、29人，在厂内闹事并包围公方代表准备罢工请愿的有38个厂、1629人。全国总工会将调研报告提交党中央，提出：正确对待群众的要求，反对官僚主义；正确贯彻党中央提出的增产节约的方针；加强和改善劳动力的调配工作；加强对职工群众的政治思想教育；建议党中央责成有关方面加速制定劳动立法工作五条建议。

会后，全国总工会各部门分别深入企业，了解工人群众的基本状况和基层厂矿工会在解决人民内部矛盾方面存在的问题。在实地考察的过程中，发现基层厂矿工会干部存在脱离群众的问题，群众监督没有发挥应有的作用，工会在调解群众矛盾和群体事件中也不能发挥应有的作用。针对实地考察了解的情况，一批反映基层工矿工会实际情况的报告和文章见诸报端。党中央高度重视，分别于当年的3月和4月下发了《中共中央关于处理罢工、罢课问题的指示》和《中共中央关于研究有关工人阶级的几个重要问题的通知》两个文件，对这类问题提出了具体的解决办法和解决措施。

《中共中央关于处理罢工、罢课问题的指示》（以下简称《指示》）指出：为了防止罢工罢课一类事件的发生，根本办法是随时注意调整社会主义社会内部关系中存在的问题，首先是克服官僚主义，扩大民主。为了使人民内部矛盾能够通过“团结—批评—团结”的正常方式得到解决，必须及时地了解和正确地处理群众对领导的意见和要求。官僚主义的领导者不但不注意去了解群众的意见和要求，而且在群众向他们提出意见和要求之后，也是拖延敷衍，不去积极解决那些必须解决和可能解决的问题，甚至采取欺骗办法和压迫办法。这种官僚主义现象必须坚决克服。克服官僚主义需要加强由上而下的领导，同时需要动员群众的力量，实行由下而上的监督。《指示》指出，在工厂中扩大民主，是依靠群众克服官僚主义的有效步骤。

在工厂方面，应该在实行党委领导下的厂长负责制的同时，实行和加强党委领导下的群众监督。党委应该领导工会、青年团积极反映群众的意见和要求，并且领导和督促工厂行政部门正确地、迅速地处理和给群众以答复。各地应该在企业中积极试行常任的职工代表大会制度，作为群众参加企业管理和监督行政的权力机关。它的职权大致可以初步拟定如下：

第一，听取和讨论厂长的工作报告，审查和讨论企业的生产计划、财务计划、技术计划、劳动工资计划和实现这些计划的重要措施，定期检查计划的执行情况，并且提出建议。

第二，审查和讨论企业奖励基金、福利费、医药费、劳动保护拨款、工会经费以及其他有关职工生活福利的经费开支；在不违反上级管理机关的指示、命令的条件下，可以就上述范围作出决议，交企业行政部门或者其他有关方面执行。

第三，在必要的时候，向上级管理机关建议撤换某些企业领导人员。

第四，对上级管理机关的规定有不同意见的时候，可以向上级管理机关提出建议；但是如果上级管理机关经过研究仍旧坚持原有决定的时候，就必须贯彻执行。

党委必须正确地处理国家、人民的整体和长远利益同本单位群众的局部和暂时利益的关系，应该正确地表现职工群众的意志，又要力求使它不致作出错误的、不能执行的决议。如果职工代表大会作出的决议是错误的、不能执行的，应该由上级领导机关采取适当的方法加以纠正。

《指示》还强调，为了防止罢工罢课一类事件的发生，除了扩大民主以外，还必须加强群众的思想政治教育。这也是反官僚主义的任务之一。思想政治教育近年受到忽视，这种情况必须加以改变。不少官僚主义的领导者在工作中不努力提高群众的政治觉悟，不做群众工作，不了解群众的情况和情绪，单纯依赖行政力量的强制和物质利益的刺激。我们必须彻底地批判和纠正这种官僚主义态度，切实加强在群众中的思想政治工作，密切地注视群众的思想动态，认真解决群众中的思想问题。

《指示》指出，由于我们在工人群众中的思想政治教育工作薄弱，而工人队伍又增长很快，一部分工人忽视整体利益和长远利益的倾向有了发展。在学生和知识分子中，埋头业务不问政治、斤斤计较个人生活地位和其他不正确的倾向也逐渐抬头。应该针对这种情况对群众进行教育，使群众深刻了解我们的工作和学习都是为了一个崇高的目的——建设社会主义和准备实现共产主义，而为了达到这个远大的目的，就必须经过一个艰苦奋斗的过程。应该通过生动的事实教育群众，使群众觉悟到我们现在的生活比过去一般地说来已有相当大的改善；但是由于我国长期落后，不可能在短期间把一切问题都解决，只有在发展生产的基础上逐步求得解决。本单位的领导人员和高级机关的领导人员都必须经常向群众作报告，同群众谈话，为群众讲解所关心的当前问题。在这些讲话中，必须采取老实态度，对群众说真话，不要夸大事情的有利方面而隐瞒事情的不利方面。不要随便许愿，使群众在诺言不能兑现时感觉失望受骗。应该把困难的情况、原因、性质和解决办法告诉群众，领导和动员他们共同克服困难，使他们对困难有准备，对前途有信心。应该使群众了解，我国目前还处在由落后的农业国逐步变为先进的工业国的过渡时期，国家财力有限，干部经验有限，人民生活中的许多困难和建设工作中的许多错误缺点是不可避免的。如果认为在全国解放后的短短几年内，什么事情就都可以做得十全十美，社会和个人的各种需要就都可以完全满足，这纯粹是一种没有根据的幻想，而且就是在社会主义社会建成以后，生活也仍然会有困难，工作也仍然会有缺点，人民内部也仍然会有矛盾；但是这种困难和缺点本质上不同于剥削制度，它们是完全能够在社会主义基础上克服的，人民内部矛盾本质上不同于敌我矛盾，也应该用不同的方法去解决。为了便于教育和动员群众，为了加强同群众的团结，领导人员必须认真注意同群众同甘共苦，在艰苦奋斗方面起模范作用。

《指示》提出，少数的罢工罢课和群众性示威游行一类事件发生时，党应该采取的方针是：第一，允许群众这样做，而不是禁止群众这样做。因为：（1）群众这样做并不违反宪法，没有理由加以禁止；（2）用禁止的办法不能解决问题；（3）有些理由不充足、有违法行为的群众闹事，固然是坏事，同时也是好事，因为党可以利用闹事的过程教育干部，克服官僚主义，加强思想政治教育。第二，群众要闹，应该让他们闹够，不要强迫中止，以便使群众在闹事的过程中受到充分的教育，作为补偿平时思想政治教育缺乏的一种手段。除非发生重大破坏行动或者其他严重违反刑法的行为，不得捕人，不得以军警包围或者以其他方法使用暴力。第三，对群众在事件中提出的要求，应该同群众按正常方式提出的要求同样对待，即接受其中正确的可行的部分，对目前做不到的要求进行解释，对不正确的要求加以批判。第四，在事件平息以后，应该认真地对干部和群众进行教育，一面健全民主生活，一面提高群众觉悟。凡是犯了错误的都应该指出他们的错误，使他们得到教训；但是一般地不要挫伤广大群众的情绪，也不要挫伤好干部的情绪。

《指示》还提出，少数的罢工罢课和群众性示威游行一类事件发生时，党委和党员应该遵守以下原则：第一，无论行政负责人是不是党员，党委对于行政方面的意见都应该用正常的方法提出，并且应该向群众宣传按照民主集中制和“团结—批评—团结”的方式提出和解决问题。党委和党员个人都不允许主动地领导群众以闹事的办法反对行政当局。第二，在群众已经非闹事不可的时候，党委应该指定一部分党员甚至全体党员参加，以便掌握领导，联系群众和教育群众，不使群众被坏分子引向错误道路。党员应该积极支持群众的真正合理的要求，而不要为官僚主义分子的恶行和上级的错误措施辩护，但是党员不应该提出无理的要求。如果群众中有人提出无理要求和反动口号，应该加以批评和驳斥。第三，党员在群众闹事的过程中，必须遵守党的组织原则，随时向党的领导机关报告请示，按照领导机关的指示行动。如果违反纪律，应该分别情况，慎重处理。一般地着重教育，除情况特别严重者外，不要轻易开除他们的党籍。以上原则也适用于团委和团员，但是对于团员错误的处理要更加从宽。

《中共中央关于研究有关工人阶级的几个重要问题的通知》（以下简称《通知》）提出了四个方面的问题：一是关于职工群众参加企业管理问题。企业应该结合实际情况和最近几年来的经验，规定适当的制度和组织形式，扩大企业管理方面的民主，保证职工群众能够切实参加企业管理和对行政工作实行有力的监督，体现工人阶级国家主人翁的地位和作用，充分发挥社会主义企业的优越性。二是关于职工生活问题。《通知》指出，需要根据轻重缓急分别加以研究和逐步解决的问题，有工资、奖励制度，职工住宅，日常生活福利（如生活必需品的供应、食堂、交通、困难户救济等），劳动就业，疾病医疗，改进劳动保险制度，改进劳动保护工作和有关工人生活的其他问题。三是关于工人阶级内部团结和教育问题。《通知》指出，对职工的政治、文化、业务、技术教育工作，应当进行全面的考虑和合理的安排，克服目前存在的片面强调文化教育、忽视思想政治教育的缺点，使思想政治教育得到经常的重视，以便达到把工人阶级队伍不仅在文化技术上武装起来，而且在政治上思想上武装起来的目的。四是关于企业中党、工会和共青团组织的工作问题。《通知》指出，应该研究如何培养工会独立活动的能力，加强和扩大工会和青年团在群众中的组织、教育活动，使广大职工群众团结在党的周围，形成一支有觉悟、有组织、有纪律、有文化技术的战斗队伍。《通知》强调了研究上述问题的重要性和复杂性，要求在全党范围内开展研究讨论，并探讨解决方案。《通知》还要求全国总工会党组在8月底以前提出解决这些问题的具体方案，并报党中央。全国总工会按照党中央下发的《通知》的要求，召开对工人阶级和工会问题的研究讨论，并取得了一些成果。

### （二）探讨工人阶级出现的新问题

由于国民经济建设上出现急躁冒进，导致一些产业和企业盲目扩大招工，使工人队伍在“一五”计划期间迅速增加，导致了剩余劳动力的出现，城市失业人口给新工人，给职工队伍带来一系列新的问题和矛盾。此时，摆在党和国家面前的一个大而现实的问题，是如何妥善安排大量过剩的劳动力。

1957年，工会系统对全国过剩的劳动力状况进行了全面调查。调查数据显示，北京、河南、江苏、江西、武汉、西安、包头、兰州等地的过剩的劳动力人口都达到了数以万计的程度。在诸多行业中，又以建筑业最为突出。面对众多的需要重新安置或动员返乡生产的工人，各地政府和地方工会都投入了很大力量来解决现实存在的问题，积极帮助工人解决生活上的困难。工人队伍的迅速扩大带来的另外一个问题是提高新工人的素质。我国的职工人数从1949年的725.7万人，增加到1953年的1856万人，又进一步增加到1956年的2977万人，而且新增加的工人大多来自农村，此外还有城市贫民、失学青年、家庭妇女及少数无业游民、剥削阶级分子，亟须提高他们的思想政治素养。特别是在新兴工业城市或新建的企业矿山中，这种成分的新工人占绝对多数。因此，如何教育和团结这些新工人，如何提高新工人的思想政治觉悟，如何改造他们的世界观和价值观，使其成为既掌握生产技能，又具有组织纪律性的新工人，就成为摆在党和工会面前必须完成的一项艰巨任务。

1956年，工人罢工和请愿事件频繁在一些城市发生，逐步暴露出人民内部矛盾的问题。据全国总工会不完全统计，1956年仅全国总工会直接处理的罢工事件就有29起，请愿57起，其中24起是职工到全国总工会请愿。罢工和闹事的形势呈上升态势：第一季度有6起，第二季度增至19起，第三季度增至20起，到第四季度则达到41起。参加罢工、请愿的人数，一般有十多人至数十人，多者有一二百人，甚至近千人。这些事件中，搬运装卸工人、新招收的青年工人（主要是中学生）、由沿海地区内调的工人（主要是新建城市的工人）、建筑工人、临时工人和森林工人最多。全国总工会对工人罢工和请愿事件十分重视，派出工作组到各地进行实地调查，了解工人罢工和请愿事件的原因、经过，以及工人的实际困难和实际需求，调解矛盾，并对职工进行说服教育。全国总工会主席赖若愚率工作组到上海进行工人罢工的实地调查。调查表明，有81.7%的职工对生活待遇和工资待遇不满，还有部分职工对领导干部的工作作风不满，职工得不到应有的尊重和对待，这些矛盾进一步激化就演变成了闹事事件。工人罢工和请愿事件的发生影响了社会生产，造成了严重的经济损失。全国总工会结合调研反映的实际情况形成《中华全国总工会党组关于职工罢工请愿情况的报告》，上报党中央。报告对工人的罢工和请愿进行了详细分析，提出合理对待群众要求、加强领导干部工作作风、加强职工思想政治教育等建议。党中央在转发这个调查报告的同时，发出《指示》和《通知》，指出：如何调动工人阶级的积极性，充分发挥工人阶级在国家政治经济生活中的积极作用，是社会主义建设中一个至关重要的问题。

### （三）探讨工会的性质、地位、作用

工会要正确处理人民内部矛盾，就要认清工会存在的客观基础，明确工会的性质、作用和地位。全国总工会主席赖若愚在处理工人罢工和工人请愿事件的过程中，其工会思想也逐渐发生了变化。他先后发表《关于当前工会工作中的若干问题》《关于工会建设的几个问题》等文章和讲话，深入研究工会的作用与地位，党委、行政与工会之间的关系，也表达出对工会工作脱离群众、忽视群众要求等问题的担忧。全国总工会党组在报送党中央的报告中，认为，“现在工会向党闹独立性的现象一般的已经克服了，整个工会工作已经转向生产”，但出现了许多工会组织对群众生活关心不够、不解决群众实际问题、命令主义作风严重，以及“工会对违法乱纪、官僚主义、虚报成绩、贪污浪费、损害国家利益和工人阶级利益的现象”，没有起到应有的监督作用等重大缺点。1956 年 9 月，赖若愚在党的八大上的发言中再次强调，工会只有认真关怀和保护职工群众的利益，才能发挥联系群众的作用；在工会与党的关系上，党必须加强对工会的领导。“但是，在党的领导下，工会必须积极开展自己的独立活动。党对工会的领导，应当着重在思想政治方面。工会的一切方针、政策和重大措施，都必须根据党的指示来决定，而工会的各种具体

活动，却必须根据群众自己的意见、习惯、爱好……来进行。”①这些思想同李立三等前几年的观点大体一致。

在研究如何正确处理人民内部矛盾问题的时代背景下，工会开展了对工人阶级执掌国家政权条件下，工会存在的客观基础和工会的性质、地位、作用等深层次理论问题探讨，并以《中国工运》为宣传载体，开辟专栏，专门讨论工会重大理论问题。在此期间，《中国工运》编辑部共收到讨论稿95件，发稿25件，其中发表的丁云（真名高元）的两篇文章，即《对于工会作用问题的一点意见》（《中国工运》1957年第4期）和《工会存在的客观基础是什么》（《中国工运》1957年第13期），引起了广泛而热烈的讨论。

## 四、工人阶级中的整风“反右”

### （一）整风“反右”在全党广泛开展起来

为了整顿全党的思想作风问题，协调社会主义社会的各种关系，调动一切可以调动的积极因素，党中央决定在全党开展整风运动，以反对官僚主义、宗派主义和主观主义。

1957年4月27日，党中央正式发出了《关于整风运动的指示》，指出，为了适应由革命时期转入建设时期的新形势，为了克服近年来干部新滋长的脱离群众和脱离实际的官僚主义、宗派主义和主观主义，有必要进行一次普遍深入的整风运动，以提高思想，改进作风，调动一切积极力量，为建设社会主义国家而奋斗。该指示明确规定，整风运动是一次用恰如其分的批评与自我

① 赖若愚：《行政与工会的关系》（1951年3月），《关于在新民主主义时期工会工作中几个问题的决议（初步草案）》（1951年9月28日），中国工运学院编：《李立三赖若愚论工会》，档案出版社1987年版，第146—155页。

批评的方式，进行的既严肃认真又和风细雨的思想教育运动，其主题是正确处理日益突出的人民内部矛盾，主要是人民群众同领导者之间的矛盾。通过整风“造成一个又有集中又有民主，又有纪律又有自由，又有统一意志、又有个人心情舒畅、生动活泼，那样一种政治局面”。4 月 30 日，毛泽东主持召开最高国务会议第十二次（扩大）会议，就全党整风运动进行吹风和动员。毛泽东说：“几年来都想整风，但找不到机会，现在找到了。”“现在已造成批评的空气，这种空气应继续下去。”“整风总的题目是要处理人民内部矛盾，反对三个主义。”① 5 月 1 日，《人民日报》刊发党中央关于整风运动的指示，标志着整风运动的全面展开。次日，《人民日报》发表题为《为什么要整风?》的社论，指出，在社会主义改造基本完成以后，人民内部矛盾已经在我国历史舞台上代替敌我矛盾而居于主要地位。要在全国采取扩大民主生活、扩大批评和自我批评的方法，使领导者和群众之间的矛盾变得容易发现和容易顺利解决，使全体人民在社会主义社会中感觉到有充分的自由、平等和主人翁的感觉，这样，他们就会更容易地脱离旧时代的影响，更积极地建设社会主义的经济和文化。社论强调，这次整风运动的目的，也就是要全党学会正确地处理人民内部的矛盾，以便完满地完成发展社会主义建设、建成社会主义国家的伟大任务。《人民日报》接着又相继刊发《同群众同甘共苦》《为什么要用和风细雨的方法来整风》等文，为整风运动鼓与呼。

在整风运动中，广大人民群众针对党政工作和干部的思想作风提出大量意见和建议，对于密切联系群众，发展社会主义民主，调动广大群众积极性，起到积极促进作用；但是，后来整风运动

---

① 中共中央党史和文献研究院编：《毛泽东年谱（1956. 10—1959. 03）》第 6 卷，中央文献出版社 2023 年版，第 142 页。

转向反右派斗争，在全国范围内蔓延开来，这场疾风暴雨式的阶级斗争延续到1958年上半年才结束。1958年5月，刘少奇代表中央委员会在党的八大二次会议作报告时，对整风运动作了总结，指出整风运动“已经在政治、经济、思想、文化各个战线上收到了伟大的成效”。他的总结大致可归纳为以下几点：第一，整风这条总纲带动了党和国家的全部工作。党的整风运动和反右派斗争，发展为全民的整风运动，而全民的整风高潮，又进一步推动了全民的生产和建设高潮。第二，整风运动和反右派斗争，是我国在思想战线和政治战线上的社会主义革命。这是关于社会主义和资本主义两条道路的带有决定性意义的斗争。由于这个斗争的胜利，就在最广大的人民群众中形成了一个共产主义的思想大解放，从而深刻改变了我国阶级力量的对比。第三，清除了党内的阶级异己分子和叛徒，这是党的事业的一个大胜利。第四，少数民族人民群众的社会主义觉悟提高了，各民族之间的友爱和团结出现了新的面貌。第五，劳动人民中间的政治空气，在整风运动和反右派斗争以后发生了深刻变化，群众的政治觉悟和社会主义积极性都大大地提高了。第六，随着批评和自我批评的展开，在我国出现了人与人关系的深刻变化，许多工作人员的命令主义作风有了很大改变。刘少奇强调说：“在整风运动中展开的这样广泛的批评和自我批评，这样尖锐的反官僚主义的斗争，和随之而来的这样平等的人与人的关系，在任何资本主义国家中是不能设想的。”①

需要指出的是，反右派斗争出现了严重扩大化，使大批干部和知识分子被扣上了“右派”的帽子，遭受错误的批判，给党和国家造成严重损失和深远的消极后果。

---

① 刘少奇：《中国共产党中央委员会向第八届全国代表大会第二次会议的工作报告》（1958年5月5日），中共中央文献研究室编：《建国以来重要文献选编》第11册，中央文献出版社2011年版，第252页。

## （二）整风“反右”在工会系统广泛开展起来

1957 年 5 月，面对全国错综复杂的形势，在党中央关于开展整风运动指示精神的指导下，赖若愚在全国总工会直属机关党员干部大会上作了《整顿工会的领导作风，密切与群众的关系，充分发挥工会在解决人民内部矛盾中的作用》的动员，强调工会干部要根据工会工作中的实际问题，找出矛盾所在，研究解决问题、化解矛盾的办法。工会工作主要面临的问题是工会没有能够深入融入群众，没有真正成为广大工人群众自己的组织。比如，部分工会组织与工会干部不善于自下而上地从群众中发现问题，交流经验，提拔干部。在工会领导机关中，还很少有从工人群众中提拔起来的干部。部分工会组织，缺乏充分的民主生活，没有定期的会议制度；对于国家财产与工人生命不够关心；对于工人群众的日常生活问题也不够重视，不能认真负责地去逐级整理工会的经费制度。工会组织中弥漫着官僚主义与命令主义的工作作风和非无产阶级的思想意识。为此，工会系统应积极参加党中央所指示的整风运动，严格整顿一下自己的工作作风。因此，阶级矛盾在全国范围内基本解决以后，工会工作面临的亟待解决的问题是，在工会没有处理人民内部矛盾经验的前提下，如何处理工会与人民群众的关系，如何将工会工作与行政工作区分开来，如何使工会工作在企业管理中发挥有效功能，如何处理党的领导与工会工作的关系。

工会整风是全党整风的一部分，首先从工会的领导机关着手，进而深入贯彻到各级工会干部。主要用阅读若干指定文件，总结工作，分析情况，开展批评和自我批评等方法。除了学习各地党委指定的整风文件，工会干部还要学习刘少奇关于修改党章报告中的群众路线、列宁的“工会在新经济政策条件下的作用和任务”、《工会法》及邓子恢在中南总工会筹委扩大会议上的报告，通过研究文件，从实际问题出发，用批评与自我批评的方法，检讨思想与工作作风存在的问题，检查与总结工作，使工会工作与群众更密切地联系起来。

工会系统的整风运动推动了工会理论的探索与讨论。各级工会在正确处理人民内部矛盾这一主题引导下，围绕工会在社会主义建设时期的性质、地位、作用和任务展开思考和研究，对于反对工会工作中的“经济主义”“工团主义”和对李立三批判的问题提出异议。随着整风运动的深入与转向，工会系统的整风运动转向反右派斗争并出现扩大化。1958 年 5 月至 8 月召开的全国总工会党组第三次扩大会议，错误地把赖若愚等当时一部分全国总工会领导人定为“严重右倾机会主义、宗派主义”，罪名是“反对党对工会的领导，向党向政府争夺权力，篡改党的工运方针，崇拜工人的自发运动”。[①] 各地方工会也有部分干部由于对工会运动中出现的问题提出自己的看法，而受到批判或被划成“右派分子”，遭受了不应有的批判和打击。

### （三）厂矿企业开展整风和社会主义教育运动

随着反右派斗争逐步进入高潮，厂矿企业开展了轰轰烈烈的整风和社会主义教育运动。1957 年 9 月 12 日，党中央发出《关于在企业中进行整风和社会主义教育运动的指示》（以下简称《指示》），指出：全国各地工厂、矿山、交通等企业要运用大字报、辩论会、批评和自我批评的方式，进行整风和社会主义教育运动，要在经过适当准备之后，放手发动工人群众提意见，诚恳地倾听群众批评。对于群众有关本企业的各种意见，领导机关都要进行研究，贯彻执行党中央边整边改的方针，凡是应该立即改

① 李桂才主编：《中国工会四十年资料选编（1948—1988）》，辽宁人民出版社 1990 年版，第 796—804 页。

正的都要立即改正。各企业在经过群众“大鸣大放”和边整边改以后，应该结合工人们在大字报和小组会上所提出的一些问题进行讨论，如：工人阶级怎样在全体人民中尽到领导责任的问题；个人和集体、个人和国家的关系；改善生活和发展生产的关系；自由和纪律、民主和集中的关系；工人阶级和农民的关系。此外，还要讨论党是否能领导企业，能否领导科学技术，知识分子是否应该同工农群众结合，发展技术是否可以不问政治等问题。同时，在讨论的过程中，还要对职工群众加以引导，使其认识到资本主义和社会主义是两条根本不同的道路；认识工人阶级在社会主义改造和社会主义建设中的领导作用；认识资产阶级右派企图篡夺国家领导权、恢复封建制度、资本主义制度的阴谋；认识建设社会主义是工人阶级和全国人民的根本利益。而增产节约是建设社会主义的基本方法；认识勤俭建国、勤俭办企业和勤俭持家，是把我国建设成为伟大的社会主义工业国和逐步提高人民生活水平的根本方针；认识工人阶级必须要建立和巩固自觉的、严格的社会主义劳动纪律，同各种破坏劳动纪律的现象作斗争。《指示》还强调，一切企业在整风期间都应该保持正常的生产秩序，做到整风和生产两不误。

为了进一步推动企业的整风运动，1957 年 9 月 14 日，党中央下发《关于企业整风运动应该注意的若干事项的通知》（以下简称《通知》），要求每一个企业所属的各个单位和全体人员都必须进行整风。大中型企业的技术人员、职员的整风，大体上可以仿照机关学校的做法进行。对于工人群众，主要是进行社会主义教育，提高他们对于工人阶级在社会主义改造和社会主义建设中的领导作用的认识。在工人中不作左中右的划分，不进行反右派斗争。企业的技术人员和职员中的多数人，由于他们接近生产实践，经常要同工人群众发生关系，新中国成立以来又经过各项政治运动和生产运动的锻炼，因而同机关、高等学校中的知识分子不同。在确定他们当中的“右派分子”和进行反右派斗争的时候，特别要慎重对待那些专心业务、确有真才实学的高级工程技术人员。对技术人员职员中的“右派分子”、工人中的反社会主义分子和其他坏分子，除严重违法乱纪者外，在运动期间一般不要作组织处理，等到全国运动基本结束的时候通盘考虑，规定出统一的处理办法。①

为了进一步贯彻落实《指示》和《通知》的要求，全国总工会于 1957 年 9 月 16 日召开全国工会代表会议。会议以如何开展工矿企业整风和社会主义教育为主题，讨论研究企业在整风运动中如何重点解决教育群众、提高群众、改进工作、搞好生产、办好企业的问题。随后，企业工会迅速动员组织职工群众行动起来，工矿企业整风和社会主义教育运动在各大城市逐步开展起来。从北京、天津和东北三省的调查数据来看，到 11 月初，已有 3800 多家企业，240 多万名职工参加了整风运动，占职工总数的 84%。职工群众在整风运动中针对所在单位提出了上千万条意见和建议，问题主要集中在所在单位的生产管理、领导思想作风、职工生活福利、工资奖励等方面，表现出了极高的政治热情和职业素养。许多工矿企业领导针对群众“鸣放”的意见做好调查研究，针对具体问题逐一进行整改，为企业的发展注入了新的生机活力。在此期间，工会和有关领导机关，积极帮助企业开展工作，为企业整风和社会主义教育运动夯实力量。

---

① 《中共中央关于企业整风运动应该注意的若干事项的通知》（1957 年 9 月 14 日），中央档案馆、中共中央文献研究室编：《中共中央文件选集（1949 年 10 月—1966 年 5 月）》第 26 册，人民出版社 2013 年版，第 175—178 页。

## 五、中国工会八大召开

1957 年 12 月 2 日至 12 日，中国工会八大在北京召开。出席大会的代表有 989 人，代表全国 1630 多万名会员。党和国家领导人毛泽东、刘少奇、周恩来、朱德、邓小平等出席了开幕式。这次大会的主要任务是总结四年来的工会工作；讨论和决定工会在第二个五年计划时期的具体任务；修改《中国工会章程》；选举全国总工会第八届执行委员会。

大会由全国总工会副主席刘长胜致开幕词，中共中央副主席刘少奇代表党中央致祝词。国务院副总理李富春代表国务院作了《关于我国第一个五年计划的成就和今后社会主义建设的任务、方针的报告》。全国总工会主席赖若愚代表第七届执委会向大会作了题为《团结全国人民 勤劳节俭 建设社会主义的新中国》的工作报告。许之桢向大会作了《关于修改中国工会章程的报告》，栗再温作了《关于工会财务工作的报告》，向明华作了《中华全国总工会第七届经费审查委员会工作的报告》。大会着重阐述了当前和今后一个时期中国工人阶级和工会的主要工作，集中、明确地解决了以下几个重大问题。

### （一）工人阶级和工会工作的任务

刘少奇在祝词中指出，我国工人阶级和我国人民在今后 10 年到 15 年的基本任务，就是要在优先发展重工业的基础上，实行工农业并举的方针，把我国建设成为一个具有现代工业、现代农业和现代科技文化的社会主义强国。工人阶级目前的中心任务就是坚持执行勤俭建国、勤俭办企业、勤俭办一切事业的方针，掀起新的生产高潮来迎接第二个五年计划，为完成和超额完成新的国家计划而斗争。他认为，目前，企业需要进一步扩大民主生活，在工矿企业中已经开始实行了在党委领导下的职工代表大会制度，现在又正在进行整风运动，这些都是扩大企业民主的有效形式。他说，工会过去在社会主义建设事业中起了很大的作用，现在应该加强党对工会工作的领导，使工会真正成为广大群众的共产主义学校，成为党联系自己阶级的桥梁。他勉励一切工会干部都应该在生活上同群众打成一片，克服脱离群众、脱离实际的作风，处理好各种利益关系和人民内部矛盾，在克服困难中创造出好的工作方法和作风，把自己锻炼成为坚强的干部。

李富春在《关于我国第一个五年计划的成就和今后社会主义建设的任务、方针的报告》中指出：依靠全国工人阶级和全体人民的努力，我国发展国民经济的第一个五年计划已经完成和超额完成。他要求工人阶级在即将形成的社会主义建设高潮中，不但要严肃地解决敌我矛盾，而且还要正确地处理人民内部的各种矛盾。在这些斗争中，每一个觉悟的工人都应当发挥出自己的模范作用、带头作用和骨干作用，团结全国人民去争取社会主义革命和社会主义建设的更大胜利。

赖若愚在工作报告中提出，要把工人阶级队伍培养成为一个有觉悟、有组织、有纪律、有文化技术的更加坚强的战斗队伍，把工会造就成为真正的千百万人的教育者、新生活的建设者。他提出在完成第一个五年计划以后要集中力量发展工业，支援农业，为第二个五年计划努力奋斗。他强调工会作为工人阶级的群众组织，要以贯彻执行党的群众路线为核心，密切联系群众。在企业管理中，要发挥职工群众的积极作用，以职工群众在劳动工资、劳保福利、职工住宅问题的意见建议，为相关政策法令提供制定和执行依据。要从全局出发，逐步改善职工生活，加强职工业余活动，加强对职工的技术培训，提升广大职工的文化素养。在加强工会建设的过程中，要不断改进工作作风，克服官僚主义、宗派主义和主观主义对工会工作的影响。

## （二）修改工会章程

中国工会八大将中国工会七大通过的《中华人民共和国工会章程》改名为《中国工会章程》，并通过了《中国工会章程》和《关于修改中国工会章程的报告》的决议，批准了全国总工会第七届执行委员会提出的，由中国工会八大加以修正和补充的《中国工会章程（草案）》。

大会通过的新的工会章程，从两个方面修改了工会组织原则。一是将“中国工会的组织原则是民主集中制”，修改为“工会的各级领导机关实行集体领导和个人负责相结合的原则，一切重大问题都要经过集体的讨论和决定”。二是将“按照产业原则”组织起来的中国工会，修改为“按照产业和地区相结合”的原则。中国工会八大章程规定：“中国工会是按照产业和地区相结合的原则组织起来的。产业原则就是将同一企业、机关、学校单位中的会员，组织在同一个基层组织中。”“产业和地区相结合的原则，就是省、自治区、直辖市、自治州、省辖市、县（镇）工会联合会是当地工会组织和各产业工会组织的地方联合领导机关。中华全国总工会是各地区工会组织和各产业工会全国组织的全国联合领导机关。”把中国工会七大章程中“将国民经济同一工业部门中的工会会员组织在一个全国性的产业工会组织中”的规定，修改为“同一国民经济系统中，或者性质相近的几个国民经济系统中的会员，可以组织在全国性或者地方性的产业工会组织中”。上述修改内容主要是基于我国各地工业基础和发展水平很不平衡的实际情况，保持与党和国家的领导体制的政治要求相符合。

大会选举产生了全国总工会第八届执行委员会。在全国总工会第八届一次执委会上，赖若愚再次当选中华全国总工会主席，刘长胜、朱学范、许之桢、陈少敏当选为副主席。刘长胜、许之桢、栗再温、董昕、张维桢、张修竹、顾大椿、康永和、郗占元被推选为书记处书记。

中国工会八大发表了《告全国职工书》，号召全国职工贯彻党中央关于“勤俭建国、勤俭办企业、勤俭办一切事业”的方针，为尽可能快地把中国建设成为社会主义强国而奋斗。《工人日报》为祝贺中国工会八大的召开，发表了《以百倍信心和毅力来实现新的任务》的社论，号召全国广大职工为第二个五年计划而努力奋斗，充分发挥工会在社会主义建设事业中的作用。

中国工会八大的成功召开，取得了重要成果，它在沿用中国工会七大的工会工作方针的同时，也取得了新的突破，如：中国工会八大关于职工代表大会和职工群众参加企业管理、监督企业行政及加强自我教育等方面的规定，对于扩大职工民主权利，改进工会作风，调动广大职工的积极性、创造性和责任感有积极的作用。中国工会八大后，随着形势的发展变化，尤其是党和工会内部的“左”倾错误思想的日益严重，即使是工会八大方针任务中的正确方面也没能得到很好贯彻，工人运动和工会工作走上了曲折发展的道路。

# 第四章

# 纠“左”过程中工人运动的发展

为了尽快改变中国贫穷落后的面貌，1958 年，国家制定了社会主义建设总路线，开展了“大跃进”和人民公社化运动。各级工会和职工群众积极贯彻落实国家方针政策，开展增产节约运动、开展先进生产者运动、开展技术革新和技术革命运动，积极纠正“左”倾错误带来的消极影响，统一职工群众的思想认识，加强职工群众的思想政治教育，为社会主义建设作出了重要贡献。

## 一、工人阶级大力开展增产节约运动

### （一）掀起增产节约运动

1956 年 11 月，党的八届二中全会针对当时财政出现赤字、市场供应紧张、商品库存下降的经济形势，决定开展增产节约运动。1957 年 2 月 8 日，中共中央政治局通过《关于 1957 年开展增产节约运动的指示》，提出，增产节约是发展社会主义经济、扩大社会主义积累的基本方法。为了缓和物资供应和财政支出的紧张局面，1957 年，国家对经济建设规模和速度作适当调整，在全国范围内开展群众性增产节约运动。6 月 3 日，国务院颁布《关于进一步开展增产节约运动的指示》，指出，1957 年是我国第一个五年计划的最后一年，在这一年不但要完成第一个五年计划，而且要为第二个五年计划做好准备，因此开展一个普遍的、深入的增产节约运动，就更具有特殊重大的意义。

1957 年的增产节约运动，主要采取了以下措施：

第一，所有企业单位、事业单位和人民团体严格控制人员编制。1957 年劳动计划中规定增加的人员，只能在原有人数以内统一调剂，一律不准自行招收。各部门的中等技术学校、技工学校和各企业附属的技工训练班所需要的新生，只准首先在现有机关、部队、团体、企业单位、事业单位的多余人员中招收。如果确需另外招收新生，必须由劳动部审查批准。地方企业单位所需要的初级技术人员，应当从中央各部门所属技术学校多余的毕业生中调配。

第二，执行精减上层、加强下层的方针，合理调整现有的机构和人员。无论是行政单位、企业单位还是事业单位的管理机构，都应当进行精简；但是在精简机构的时候，对于被精简的人员，必须做好安置，否则不允许裁减。为了精简机构和改进工作，各方面业务的主管人员，应当按照业务的分工，分别地深入下层，调查机构庞大、手续繁多、办事迟缓的实际情况，亲自了解官僚主义、主观主义和形式主义给下级机关和基层单位所造成的困难和恶果。同时，应当普遍发动所属单位的职工群众，认真讨论简化手续、减少报表、提高效率、改进工作的有效办法。然后由主管单位根据调查结果和群众意见，进行综合研究，拟定调整机构、合理使用人员的具体方案，加以实施。

第三，国家机关的工作人员，企业单位和事业单位的职工，在 1957 年除个别调整以外，一般地不增加工资，也不提高级别。一部分人员工资过高的，应当适当予以降低。在全体工作人员中，应当大力地提倡同群众共甘苦的作风。企业职工的附加工资和奖金，机关人员的福利费开支，都必须进行整理，凡是标准过高的，都应当适当降低；凡是不合理的，都应当采取适当步骤，逐步加以废除。各部门和各地方自定的有关职工的工资、福利和奖金等制度，有关技工学校学生的助学金制度，应当一律报送劳动部统一审查整理。

第四，加强经济核算，降低企业单位和事业单位的管理费用。各部门应当会同工会组织研究如何吸引广大职工来监督企业单位和事业单位中降低管理费用的办法和制度，经过试点，取得经验，并且提出普遍推行的方案。所有企业单位和事业单位，都应当改善经营管理，节减事业费开支，节约流动资金，并且克服物资的损失和浪费的现象。

第五，对于机关、团体、部队、学校、企业和事业单位的集体消费，应当有系统地加以节减。为此就必须严格地节约行政费用，降低供应标准，取消某些不合理的特殊供应办法，停止购置家具、汽车和自行车等用品，整顿和减少各部门和地方的内外刊物，减少办公杂支，除特定场合外严禁请客、送礼，并且克服在开会方面、文娱活动方面以及对外活动方面的浪费现象。凡是市场上供应不足的商品，对于机关、团体、部队、学校、企业和事业单位的供应，应当分情况加以调整。例如煤炭、纸张、副食品等，应当大大地降低供应标准，公用布匹则应当停止供应。

第六，在群众中广泛开展储蓄和认购公债运动。这是减轻市场供应紧张的重要方法之一，应当大力地号召群众在自愿的原则下积极进行。

第七，努力节约粮食。所有机关、部队、团体、学校、企业和事业单位，在 1957 年，平均每人每月应当节约一斤粮食。同时，在城市和农村的人民群众中提倡粮食的节约。

### （二）先进生产者运动进一步深入开展

1956 年 2 月，全国总工会作出《关于开展先进生产者运动的决议》后，各级工会开展“互相学习、互相帮助、取长补短、共同提高”的群众运动，订立包教包学、师徒合同，组织推先队，观摩表演、传授技术。1956 年 4 月 30 日至 5 月 10 日召开的全国先进生产者代表大会闭幕后，会议代表将交流成果带回各地，把先进经验向劳动成果转化。同时，有 63 位苏联先进生产者受邀参会，他们在会议结束后分别前往国内 25 个城市传授经验。经过苏联代表指导，上海、重庆、沈阳等地每炉炼铜的时间平均缩短 10 个小时，不少前期从国外进口却不会使用的先进设备也开始投入生产。

1957 年 2 月，各级工会深入开展以增产节约为中心内容的先进生产者运动。在改进生产上，不少企业将先前分隔开来的技术环节和生产环节结合起来，由工程技术人员和生产一线职工直接交流生产需要和技术改进方向，减少了因缺乏交流造成的技术和生产脱节现象。同时，各厂矿企业都着力做好群众工作，开展批评和自我批评，进而提出合理化建议和改进措施。在物质激励方面，针对先前奖励制度存在的平均主义、标准不一等现象，在贯彻物质鼓励、按劳取酬等社会主义原则上作出了一些调整改变，以发明创造、技术改进和合理化建议为参考标准，制定了新的奖励条例。按照国务院要求在厂矿企业中做好工资改革工作，工资改革强调了工资水平和生产率之间的关系，对高级技术工人和高级科学技术人才的工资予以较大幅度的提升。在职工生活改善方面，除了促进生产，还注重提升职工的生活水平，聚焦困扰职工群众不能全身心投入生产工作的因素，健全劳动保护措施机制，为职工购买劳动保险，针对职工住宅、食堂、生活用品供应、子女教育等采取了一系列措施。例如，一些工厂节省行政经费开支以补充食堂工作人员的工资和设备购置费，并进一步精打细算，适当调整伙食标准，以满足大多数职工的需求。在交流宣传方面，各级工会积极宣传中央文件精神，宣传《全国先进生产者代表会议全体代表给全国职工的一封信》，号召全国工人积极投身到运动中。制作黑板报、漫画、竞赛图表，组织文化宣传队，到工厂车间一线放映电影等强化宣传，使争做一名先进生产者成为普遍追求。

从 1958 年初开始，各地各产业职工为掀起生产新高潮，开展起“比先进，比多快好省”的劳动竞赛。广大职工以赶超英国为目标，破除迷信，解放思想，试制成功活性染料、大型气体压缩机等一批新产品、新设备，填补了国内生产的空白。

## （三）把增产节约运动推向高潮

从 1958 年 11 月开始，由于党中央调整降低了 1959 年工业生产的指标，采取了整顿和加强企业管理等措施，因而 1959 年后各方面情况有所改善，群众生产运动逐步被有秩序的生产活动取代。广大职工响应党中央关于开展增产节约运动的号召和迎接新中国成立 10 周年，掀起了增产节约和技术革新、技术革命运动的新高潮。各级工会组织做了大量的工作，取得了一些重要经验，但工作中也存在一些问题，经验教训也较为深刻。

### 1. 深入开展增产节约运动

1959 年 4 月，全国人大二届一次会议提出了开展全民的增产节约运动的要求。全国总工会按照党中央、全国人大和国务院的要求，推动职工群众积极参与增产节约运动，并于同年 6 月召开各省、市、自治区工会主席（扩大）会议，通过《关于动员全国广大职工掀起增产节约新高潮和有关工会工作问题的报告》，将职工参与增产节约运动推向高潮。会议讨论了关于基层工会组织在增产节约运动中的若干工作方法问题，并综合整理成《关于工会组织在增产节约运动中若干经验纪要》，从九个方面概括了工会组织在增产节约运动中的主要经验：第一，加强增产节约运动中的政治思想工作。第二，精打细算，厉行节约。第三，发动群众提高产品质量。第四，大搞技术革新和技术革命。第五，深入开展“比先进、学先进、赶先进”竞赛。第六，加强竞赛的组织工作。第七，发动群众，协助企业领导改善经营管理。第八，巩固劳动纪律。第九，注意安全生产，关心群众生活。会后，全国总工会将这一纪要下发各级工会组织，并发表《关于动员全国职工掀起增产节约新高潮的号召书》，号召全国职工团结一致、齐心协力，以最高的热情参与和推动增产节约运动的开展。①

2. “比学赶帮”运动进一步发展

1959年8月，党的八届八中全会作出了《关于开展增产节约运动的决议》。8月下旬，全国总工会第八届六次主席团扩大会议又向全国广大职工发出号召。各地总工会相继把增产节约运动抓了起来。在党中央的号召下，全国掀起了轰轰烈烈的增产节约运动。工业战线上的职工掀起了“学先进、比先进、赶先进”的热潮。例如，轧钢厂的青年工人在“三结合”中，以双车、双炉、双灌双浇口的办法解决了设备负荷不够的问题，试制成功了20多种不同规格的轧辊。在武汉、上海等地出现了群众性的“先进帮后进”活动，并很快在全国各地推开，形成了“比先进、学先进、赶先进、帮后进”的竞赛热潮。而且，这一运动已由“比学赶”先进生产者和先进生产者帮助后进工人，向着“比学赶”先进集体和先进集体帮助落后集体发展。各地都有成千上万的先进生产者和先进小组，帮助在生产上落后的工人和小组达到先进水平。青岛市仅9月和10月就有3283个先进小组帮助了3289个落后小组达到了先进水平；有24980名先进生产者帮助了16367名普通工人赶上了先进生产者的水平。沈阳市在11月和12月有8300多名先进生产者组成740多个“跃进服务队”，帮助了6300多名普通工人，并使其中2300多人达到了先进生产者的水平。这

① 倪志福主编：《当代中国工人阶级和工会运动》（上），当代中国出版社1997年版，第236页。

种群众性的“比学赶帮”活动，不仅推动了增产节约运动的深入发展，而且使“互相帮助、互相学习、取长补短、共同提高”的社会主义竞赛原则更加具体化。

### 3. 开展多种形式的“一条龙”大协作

“一条龙”大协作是“大跃进”时期生产协作的重要方式，它的主要特点是以生产单位为中心，把同它有关的商业、运输部门组织起来，以大协作的倡议，固定协作的具体内容，互相配合，把产、供、销各个环节密切地结合起来。“一条龙”大协作反映出广大职工生产协作的自觉性进一步提高，协作范围更广泛，协作形式更多样。鉴于“一条龙”大协作对于促进各部门团结协作、促进生产具有重要作用，全国各地、各个行业都陆续开展了“一条龙”协作赛。海河公路运输企业“一条龙”运输生产大协作，使海河、公路运输企业内部形成了行之有效的运输生产大协作的形式。其做法是：以局、站、港党委领导为核心，组织车、货、调、保、材、统、陆、装、站、队十大环节，成为一线相连、环环紧扣的“一条龙”运输生产大协作。同时，根据运输生产情况和职工生产动态，及时找出关键，提出要求，交代任务，攻关键、破关键，开展竞赛运动。海河、公路运输企业实行“八个统一”和“五个固定”。“八个统一”指的是：统一思想、统一计划、统一调度、统一班制、统一指标、统一竞赛、统一行动、统一检查工作；“五个固定”指的是：定任务、定时间、定劳力、定车船、定制度；并随之制定了“七个保障”：港、站保障，调度保障，厂、队技术部门保障，材料部门保障，装卸部门保障，驾驶员、船员保障，路政、航政部门保障。乐山专区“一条龙”大协作组成了条块相连、内外结合的纵横“一条龙”。其做法是：通过协作公约的方式确定任务指标、运输路线、完成时间；通过开展“五比”（比政治思想、比领导作风、比团结互助、比干劲、比措施）竞赛的方式，把计划指标、作业过程和工作制度做到统一安排，协同动作。随着“一条龙”运输大协作的深入开展，针对运输管理和业务工作带来的新问题，乐山专区进行了管理改进和业务革新，运用承托双管、三员协作、两线指挥，大大缩短了车船周转时间。这种新的协作竞赛形式的发展，广泛地调动了各方面的积极因素，大大发挥了现有设备的潜力，使运输工作迅速适应了新形势的需要。

4. 技术表演赛兴起

技术表演赛赛的是操作技术、工作方法，赛协作、赛干劲、赛巧劲，从而提高生产水平和劳动效率，以达到降低成本、降低消耗的目的。这种新的竞赛形式具备了促进工人不断学习技术、掌握技术、提高技术的作用，表演赛的过程也是实学、实干、实教的过程。通过互相表演、互相鉴定，以达到“师傅表演徒工学、徒工表演师傅指导”的目的。阜新发电厂在全厂开展了“一条龙”大联合的技术表演赛，在调动职工生产积极性的同时，也使生产的每一个环节积极配合起来。他们以安全、多发、少用，确保全年完成发电任务为目标，把增产节约运动推向一个新的高潮；通过签订协议的形式，把全厂数千名职工组成一个统一行动的，为实现全厂生产水平提高的群众竞赛运动。其特点不仅是比产量、比指标、比效率，更重要的衡量指标是比安全和比卫生。由于开展了大查缺陷、解决缺陷的表演赛，安全而可靠地消除了缺陷，从而有效地防止了事故的发生。技术表演赛在各级工会积极推广下，在全国范围内广泛开展起来，全国各个地区和各个行业的技术表演赛都取得了良好的效果。

在鞍山第三炼钢厂技术表演竞赛取得良好效果后，辽宁掀起了技术表演竞赛的高潮，从 1959 年 5 月至 10 月，全省参加技术表演赛的人数达到 80 万人。表演赛的形式也趋于多样化，有单人表演、多人表演、叫号表演、先进带后进表演、多工种联合表演等。在技术表演赛的推动下，广大职工改进了工具、改进了劳动组织、改进了作业条件，同时还创造了高生产效率。技术表演赛的广泛深入开展，使行政计划管理、日常生产部署和大搞群众运动更加密切地结合在一起。表演赛的开展进一步调动了广大职工群众的冲天干劲，“比先进、学先进、赶先进”的热潮如火如荼，形成了“争上游、鼓干劲”的风气。在这个过程中，职工群众的思想觉悟进一步提高，互帮互助、互相学习、团结协作的氛围更加浓厚。技术表演赛通过现场会议、展览会、先进经验推广队等形式，将先进的生产经验和生产技术推广到全国各地，甚至直接送到职工群众手中，对促进生产起到了显著作用。其中，煤矿工会和煤炭部的推广队、机械工会推广队、水泵先进经验推广队、铸造先进经验观摩推广队等在各自领域内推广先进生产经验，大大提高了职工群众的生产技能和生产效率。尽管如此，受“大跃进”的影响，工矿企业原材料供需失衡，使增产节约运动受到限制，职工群众的生产积极性也受到了抑制。

## （四）开展技术革新和技术革命运动

1958年，党的八大二次会议确定了“鼓足干劲、力争上游、多快好省地建设社会主义”的总路线，会后全国掀起了“大跃进”和“人民公社化”热潮。自1959年11月全国群英大会号召开展“比学赶帮”运动后，在全国范围内开展“比先进、学先进、赶先进”的劳动竞赛，形成了“比学赶帮”的第一次高潮。以上海机床厂为例，该厂运用先进经验推广赛的形式，采取了“人人比赛、层层选拔、大比大赛、取长补短、优中选优、集中提高、贯彻下去”的方法。首先由同机床日夜三班工人比，从中选出最好的先进经验和掌握这种先进经验的代表；其次以小组为单位进行同工种比，再从中选出掌握最好的先进经验的代表参加车间比；最后则是全厂比。这种竞赛贯彻了自下而上的领导干部、工人和技术人员三结合的方针，做到了边比赛、边评比、边总结，迅速形成了“比学赶帮”的竞赛热潮。各车间通过这种竞赛，生产效率普遍提高了20%以上；但是，在更多的中小型工业企业中，比拼体力依然是主流。例如，上海针棉织品采购供应站缺少煤炭，于是使用远东缝纫厂和上海第三钢厂的工业废料——洗煤泥和煤炭屑来保证用煤。在运输过程中，供应站的职工同运输工人通宵达旦地运煤。其中，采购员苏玉笙甚至“没有睡上两个钟头，又照常上班，看到工厂有货没人送，又主动地帮助工厂送货”。

从1960年开始，毛泽东亲自领导了全国规模的技术革新和技术革命运动，促使其成为一个全民性的政治运动。1960年1月，党中央批转《中共太原市委关于开展以机械化和半机械化为中心的技术革新和技术革命运动的决议》。党中央在批示中要求“中等以上的城市党委把这项工作摆在重要的地位，并且立即掀起一个以大搞半机械化和机械化为中心的技术革新和技术革命的群众运动”。1960年3月，党中央在《加强当前技术革新、技术革命运动领导的批示》中指出，“技术革新和技术革命运动现在已经成为一个伟大的运动，急需总结经验，加以领导”，“这种调查、研究、总结的工作，在今年三、四、五三个月内要基本做完。由党中央各部委党组、各地方党委及各部门党组分头去做，并要开规模较大的现场会议”。1960年3月18日，党中央转发了《全国总工会党组关于当前技术革新、技术革命情况的报告》和《关于技术革命大丰收》，明确提出要把技术革命作为全民运动，把技术革新运动引导到正确的、科学的、全民的轨道上。1960年3月22日，由毛泽东亲自起草批示、党中央批转了中共鞍山市委《关于工业战线上的技术革新和技术革命运动开展情况的报告》，批示充分肯定了鞍钢的经验，要求各地区、各部门把这个报告“转发所属大企业和中等企业，转发一切大中城市的市委，当然也可以转发地委和城市，并且当作一个学习文件，让干部学习一遍，启发他们的脑筋，想一想自己的事情，在1960年一个整年内，有领导地、一环接一环、一浪接一浪地实行伟大的马克思主义的城乡经济技术革命运动”。这一批示大大推动了技术革新、技术革命运动的发展。

1960年3月25日，全国总工会、第一机械工业部、共青团中央根据党中央批示召开全国技术革新、技术革命重庆现场会议。参会代表共1546人。会议总结和交流了重庆市和其他城市三个月来技术革新和技术革命运动的经验，提出全国大中小城市要广泛开展技术革新、技术革命运动，结合工业技术改造与农业技术改造，推动国民经济的全面高涨。5月，党中央批转了全国总工会、第一机械工业部、共青团中央关于这次现场会议的报告。在党中央的多次批示、号召和各个地区、各个部门的组织动员下，1960年上半年，一个以机械化半机械化、自动化半自动化为中心的技术革新和技术革命运动高潮在全国掀起，广大职工以极大的干劲投入了运动，取得了一定的成绩。可见，“比学赶帮”运动是一系列增产节约劳动竞赛活动的总和，是此前劳动竞赛的延续。

### （五）召开全国“群英会”

在实施发展第二个五年计划的过程中，全国广大职工建设社会主义的积极性很高，各行各业不断涌现出社会主义建设的先进模范人物和先进模范集体，起到了引领模范作用。1959年初，党中央、国务院决定于1959年第四季度在北京召开全国“群英会”。1959年10月25日，正值新中国成立10周年之际，全国“群英会”在刚刚落成的人民大会堂召开，6576名来自全国各行各业的先进集体和先进生产者代表汇聚一堂，刘少奇、周恩来、朱德等党和国家领导人出席大会。

全国总工会发表了《为迎接工业交通基建财贸先进集体先进生产者会议全总告全国职工书》（以下简称《告全国职工书》），

指出，1959 年是苦战三年具有决定意义的一年，为响应党和政府的号召，在社会主义劳动竞赛中，昂扬斗志，意气奋发，拿出更大更好的成绩和千千万万的先进事迹，献给全国工业先进集体和先进生产者代表会议。

1959 年 10 月和 1960 年 6 月，党中央、国务院分别召开了全国工业、交通运输、基本建设、财贸方面社会主义建设先进集体和先进生产者代表会议（简称“工业群英会”），全国教育和文化、卫生、体育等方面社会主义建设先进单位和先进工作者代表会议（简称“文教群英会”）。这两次会议是继 1956 年全国先进生产者代表大会之后，规模较大、影响较深的表彰先进的大会，对于推广先进经验，推动技术革命和文化革命都起了积极的作用。

1. 全国工业群英会

1959 年初，全国总工会向党中央、国务院建议召开一次表彰大会。党中央同意全国总工会的建议，于同年 3 月 21 日发出《中共中央、国务院关于召开全国工业、交通运输、基本建设、财贸方面社会主义建设先进集体和先进生产者代表会议的通知》，决定于第四季度召开大会。

为动员广大职工响应党中央通知的号召，全国总工会于 3 月 23 日发出了为迎接大会召开的《告全国职工书》。文中说道：“全体职工同志们，今年是我国国庆十周年，是更大跃进的一年，是苦战三年具有决定意义的一年。我们要热烈响应党和政府的号召，在社会主义劳动竞赛中，昂扬斗志，意气奋发，拿出更大更好的成绩和千千万万的先进事迹，献给全国工业先进集体和先进生产者代表会议。”

随后，从全国总工会、各级地方工会、各级产业工会到基层工会，都积极参与了总结典型、宣传典型和评选等工作。各有关部门、各地方也都积极做好大会的各项准备工作。

1959年10月25日到11月8日，全国工业群英会在北京召开。参加大会的代表共6576人，其中先进集体代表2565人，先进生产者代表3260人，还有特邀代表751人。他们代表了全国将近30万个先进集体和300多万名先进生产者。朱德代表党中央和国务院向大会致祝词，强调最广泛地动员人民群众，最充分地发挥人民群众的积极性和创造性的重要意义；提出了在10年左右的时间内，在主要工业产品的产量方面赶上和超过英国，尽快地实现农业技术改造，使农业逐步实现机械化、水利化、化学化和电气化，大力支援农业，以强大的现代技术武装农业，这是我国人民特别是工人阶级的光荣任务。周恩来、李富春、薄一波、谭震林、李先念、聂荣臻、陆定一分别向大会作了报告。大会期间共交流了3492项经验，还抽出七天时间，按34个产业系统和部门分别进行交流活动。这次会议在广大职工中产生了深远影响。

一是在劳动竞赛中，大力发扬了共产主义的协作精神。劳动竞赛运动是一个取长补短、共同提高的运动。竞赛的目的不在于比一个高低、比一个上下。评比只是竞赛的一种手段，目的是通过评比，树立先进旗帜，总结先进经验，并推而广之，求得共同的提高。在竞赛中发扬共产主义的协作精神，提倡互相学习、互相帮助是十分重要的。比先进、学先进、赶先进和先进带后进，已经成为普遍的社会风气。大会交流期间，代表们介绍了许多先进思想和先进事迹，“见困难就上，见荣誉就让，见先进就学，见后进就帮”，成为会内会外最响亮的口号。在这种先人后己、舍己为公的高尚品格的影响下，全国掀起了共产主义大协作的热潮。

二是涌现出的全国劳动模范和先进集体、先进个人、先进典型，为工业、交通、财贸等行业树立了榜样和标杆。先进集体有马恒昌小组、马万水小组、裔式娟小组；先进个人有孟泰、苏广铭、赵梦桃、倪志福、黄荣昌、王崇伦等；先进典型有王进喜、李瑞环、张百发、罗淑珍、马学礼、吴良潮、詹水晶、王凤恩、徐呈龙、徐永基等。

三是充分交流了各个方面的先进经验。会议以大会、中会、小会的形式展开。10月26日至31日是大会，11月2日至5日是由冶金、机械、煤炭、水利电力、化工、石油、建筑、铁道等26个部门分别召开的中型专业会议。为了更充分地交流经验，做到“献宝取经”，一机部和农机部召开的中型会议，分群众运动企业管理、铸造、煅热焊、车工、铣刨、钳磨、电工、县以下农业机械修配八个组交流经验。这次大会促进了劳动竞赛和增产节约运动的广泛开展，对提前完成国民经济计划起了积极作用。但是，这次大会是在全国开展“反右倾”斗争中召开的。在“左”倾思想影响下，大会提出的有些口号、任务，脱离了客观实际；在有些典型的宣传报道中，也有不够实事求是之处。

2. 全国文教群英会

为表彰文教战线的先进集体和先进个人，1960年6月1日至11日，全国文教群英会在北京召开。由党中央、国务院授予全国先进单位称号3092个，授予全国先进工作者称号2700多人。大会号召文教工作者要把文化革命推向新高潮。刘少奇、周恩来、朱德、宋庆龄、董必武、邓小平等党和国家领导人出席大会。全国人大常委会副委员长林枫向大会作了《大搞文化革命，实现工农群众知识化，知识分子劳动化》的长篇报告，强调知识分子要努力学习毛主席著作，加强思想改造，走与工农相结合的道路，为社会主义建设作更大贡献。全国总工会主席刘宁一在会上讲话。全国文教群英会是为了落实知识分子政策，调动一切积极因素，掀起文教系统革命创新而召开的，对文化与教育卫生事业的发展起到了振奋、激励和导向作用。

## 二、强化职工劳动保障工作

### （一）加强职工劳动保护工作

在 1958 年开始的“大跃进”中，由于强调苦干、忽视劳逸结合和安全生产，冲掉了必要的规章制度和操作规程，工会的劳动保护组织和工作在“左”倾思想指导下也大为削弱。许多工矿企业事故频发，特别是人身伤亡事故成倍上升。针对这种情况，全国总工会从 1959 年上半年开始，不断对劳动保护工作情况进行调查，向党中央反映情况，提出改进建议，会同有关部门发出通知、指示，促进劳动保护工作的开展。

1959 年 6 月，全国总工会和国家经委、国家基建委、劳动部联合发出《关于安全生产的通知》，就规章制度、设备维修、安全设施、安全技术教育以及进行安全生产大检查问题，提出了意见和要求。随后，全国总工会和卫生部、劳动部联合发出《加强夏秋季节基本建设工地安全卫生工作的通知》。同年 10 月，全国总工会又和国家经委、国家基建委、劳动部、卫生部、公安部联合发出《关于做好冬季劳动保护工作的联合通知》。

### （二）完善职工保障制度

1957 年 9 月，周恩来在党的八届三中全会上作的关于劳动工资和劳保福利问题的报告，对实施的劳动保险制度给予了充分肯定。报告同时指出，“制度还很不完善，某些劳保待遇有不切实际和不够合理的地方”，“主要的缺点是走得快了一些，办得多了一些，与我国人口多、底子薄、广大农民生活水平还比较低的现状不相适应”。根据中共八届三中全会精神和周恩来的指示，全国总工会会同政府有关部门对《劳动保险条例》进行了修改补充和改进。

1. 完善职工医疗制度和退休制度

1956年，全国总工会召开全国职工生活工作会议，并将会议情况上报国务院。国务院根据报告内容决定取消《劳动保险条例》中关于贵重药费由职工个人负担的规定，改由企业行政支付，减轻了患急重病职工的经济负担。1957年，国务院发布《关于工人、职员退休处理的暂行规定》，统一企业和机关事业单位职工的退休制度，明确连续工龄的计算标准就是参照本企业工龄的计算模式，取消《劳动保险条例》中关于发给在职养老（超过退休年龄而继续工作的）补助费的条款，放宽退休条件，改为男工人、职员年满60周岁，连续工龄满5年，一般工龄满20年；女工人年满50周岁、女职员年满55周岁，连续工龄满5年，一般工龄满15年。按照过去的退休要求，工龄是不能中断的，一旦中断连续工龄就会被清零。领取养老金的条件一般要求连续工龄满5年或者10年以上。

2. 合理解决职工患病的治疗和待遇问题

1957年11月18日，劳动部、卫生部、全国总工会在北京召开第一次全国防止矽尘危害工作会议。参加会议的有中央各产业部门代表282人，各省、市代表138人，教学科研机构47人，列席337人，共计804人。会上，浙江湖州石粉厂介绍了水磨石英的经验，龙烟铁矿介绍了湿式凿岩正规化的经验。会议还讨论了五个技术方案。劳动部副部长毛齐华作了总结报告。1958年4月22日，国务院批转卫生部、劳动部、全国总工会《召开第一次全国防止矽尘危害会议的报告》。批文提出，工厂粉尘浓度尚未达到国家标准的，要在1958年内将矽尘浓度降到2mg/m$^3$以下，控制砂肺病的发展。1957年初，全国总工会协同劳动部、卫生部制定了《职业病范围和职业病患者处理办法的规定》，划定了14种职业病，并对患职业病职工的诊断、治疗和治疗期间待遇都作了明确规定。《职业病范围和职业病患者处理办法的规定》的发布，适应了经济发展的新情况，保护了工人的身体健康，初步解决了当时职业卫生工作无标可依、无据可循的问题。

## 三、全面发展职工文化技术教育

1957 年，在各方面的推动下，职工教育继续发展。全国参加业余学习的职工达到 763.2 万人，比 1956 年增加 261 万人，增长 51.97%。1958 年 9 月，党中央、国务院发布《关于教育工作的指示》，提出教育工作的方针、任务、要求等。其中强调，"今后的方向，是学校办工厂和农场，工厂和农业合作社办学校"，"全国将有三类主要的学校：第一类是全日制学校，第二类是半工半读学校，第三类是各种形式的业余学习的学校"。这一年，职工教育出现了全面大发展的新形势。

从 1958 年初开始，全国掀起了又一次扫盲运动高潮。这一年，全国参加扫盲学习的职工达 456 万人，扫除文盲 200 万人，接近第一个五年计划期间扫除职工中文盲的总数。与此同时，各级各类职工业余学校大量增加，办学形式有了大的突破，出现了多种多样的办学形式。在厂矿企业里，采取了工厂办学与车间办学的分级办学形式。除厂矿企业办学、地区办学外，又发展了企业联合办学、协作办学，按产业、行业系统办学等形式，还举办了政治、文化、技术三结合的红专学校，也有一贯制的技术学校、文化学校或红专大学，以及技术业务的短期学习班，等等。有的大中企业和单位还单独或联合办起了职工业余大学。1958 年，全国参加业余学习的职工大量增加，达到 1200 万人，比 1957 年增加了 57.2%。各地还试办了一批半工半读学校。但是，受"大跃进"和"左"倾思想的影响，在职工教育中也出现了急于求成、夸大主观意志、忽视职工教育的特点和规律等偏差，高指标、瞎指挥、浮夸风也较为严重，致使教学质量差，名不副实，挫伤了职工的积极性。

1959 年 3 月，国务院二办召开了全国工矿企业职工教育工作会议，总结了正反两方面的经验，讨论了职工教育的方针、任务、领导管理等问题。会后，党中央批转了《关于当前工矿企业职工教育中几个问题的报告》。该报告指出，工矿企业职工教育的方针和普通学校教育的方针是一个，但是工矿企业和普通学校有不同情况，在贯彻方针的要求和做法上应该有所不同。今后应该强调“结合生产，统一安排，因材施教，灵活多样”等原则。教育结合生产，对工矿企业的职工教育来说是一个中心问题。在今后一个时期，发展职工教育，应该继续以业余教育作为主要形式。在发展中要切实加强巩固提高工作。在领导管理方面，提出了“职工教育工作在党委领导之下由工会负责办理，其他组织协助工会办好职工教育”的原则。

1959 年 7 月，全国总工会建立了教育部，并组织力量对职工教育状况进行调查研究。各地方工会也先后建立了职工教育机构，会同有关方面逐步承担了负责职工教育的任务。

各级工会组织积极贯彻了全国工矿企业职工教育工作会议的精神，提出了改进与加强职工业余教育的意见和措施，收到一定成效，特别是在教育结合生产、为生产服务方面积累了一定的经验。同时，广大职工群众为迎接新中国成立 10 周年和全国工业群英会的召开，生产积极性高涨，学习文化技术的要求也十分迫切。这一年，全国参加业余学习的职工达到 1682.6 万人，占职工总数的 49.3%，比 1958 年增加了 40.2%。其中，职工业余高中、中专和大专有较大的发展，参加业余高中、中专学习的达 75.3 万人，参加业余大专学习的达 16.8 万人。

## 四、工会工作遭遇挫折

社会主义基本制度的建立和“一五”计划的超额完成，鼓舞了全民建设社会主义的热情。为了改变中国贫穷落后的面貌，国家制定了社会主义建设总路线，发动了“大跃进”和人民公社化运动，“左”倾思想迅速发展起来，对工人运动和工会工作产生了重大影响。

### （一）党的八大二次会议和社会主义总路线的制定

1957年9月，党的八届三中全会通过了《农业发展纲要十四条（修正草案）》。11月13日，《人民日报》发表社论，提出了“大跃进”的口号。1958年5月5日至23日，党的八大二次会议在北京召开。根据毛泽东的提议，通过了“鼓足干劲、力争上游、多快好省地建设社会主义”的总路线。刘少奇代表中央委员会所作的政治报告，对这条总路线的解释是，现在党的主要任务是进行社会主义建设，要实行技术革命和文化革命（当时文化革命的含义是发展为经济建设服务的文化教育卫生事业），认为“建设速度的问题”是“摆在我们面前的最重要的问题”，还提出工业和农业、中央工业和地方工业、大型企业和中小型企业并举的“两条腿走路”的方针。

社会主义建设总路线的提出，反映了党和广大人民群众迫切要求尽快改变我国经济文化落后状况的普遍愿望，体现了党中央、毛泽东关于社会主义建设的思路。在社会主义建设中，如果既能保持“鼓足干劲、力争上游”的精神状态，又能保持科学冷静的头脑，尊重客观规律，把“多快”与“好省”统一起来，社会主义建设事业是可以顺利发展的；但是，由于这条总路线是在批评反冒进的过程中形成的，是在急躁冒进、急于求成的思想指导下制定的，忽视了国民经济的综合平衡，夸大了主观意志的作用，因而存在严重的缺陷。在宣传和经济工作中实际上又片面地强调一个“快”字，提出“速度是总路线的灵魂”，于是，盲目求快就压倒了一切。1958 年 8 月，中共中央政治局扩大会议估计当年粮食产量将从 1957 年的 1850 亿公斤增加到 3000 亿—3500 亿公斤。基于这种过高的估计，各省、自治区党委把工作重心从农业转到工业方面，并正式决定和公开宣布 1958 年的钢产量要从 1957 年的 535 万吨增加到 1070 万吨，全国随即出现全民大炼钢铁运动，实现钢产量 1070 万吨成为压倒一切的中心任务。农村不顾秋收大忙，抽调 5000 万劳动力炼钢；城市的机关、团体、学校甚至街道居民都支起炉灶大炼钢铁，高指标、瞎指挥和浮夸风盛行。

### （二）全国总工会党组第三次扩大会议

#### 1. 全国总工会党组第三次扩大会议的召开

1958 年 5 月 26 日，全国总工会党组第三次扩大会议在北京召开。全国总工会各部门，各全国产业工会，各省、市、自治区工会以及少数基层工会和专、县工会的负责人，共 370 人参加这次会议。会议根据党中央指示和党的八大二次会议精神，围绕工会工作中的敌我斗争和两条路线斗争展开，检查总结工会工作中的成绩，纠正错误，探讨工会如何在社会主义革命和社会主义建设中发挥积极作用。

全国总工会党组第三次扩大会议为期 71 天，共分三个阶段。会议第一阶段从 5 月 26 日到 6 月 18 日，错误地批判斗争了工人日报社原社长陈用文和全国总工会书记处办公室原副主任秦达远。会议对陈用文 1957 年在《工人日报》发表的《西行纪要》（主要记述 1957 年全国总工会主席赖若愚在西北视察工作时的一些讲话）和《南斯拉夫工人自己管理制度》两篇文章，无限上纲，进行了错误的批判。陈用文被错定为“隐藏在工会内部的阶级异己分子、反党反社会主义的右派分子”，当作“白旗”拔了。秦达远被错定为“反革命分子”，当作“黑旗”拔了。①

会议第二阶段从6月19日到7月19日，错误地批判了全国总工会已故主席赖若愚、全国总工会书记处书记董昕等人。会议根据一些断章取义、歪曲原意的不实之词，认为他们“反对党对工会的领导”；“向政府争夺权力，诋毁无产阶级专政”；“修正工会的任务和作用”；“歪曲党的群众路线，鼓吹自发的工人运动”；“进行严重的宗派活动，破坏党的团结和统一”。② 会议采取断章取义的批判，诬之为“本队论”，是“反党活动的理论武器”，这是没有根据的。

会议第三阶段从7月20日到8月5日，主要是讨论党中央《关于工会组织问题的意见》，研究工会体制问题和整改措施，提出改进意见和方案。会议通过了《全国总工会党组第三次扩大会议的决议》。该决议叙述了赖若愚、董昕等人的所谓错误，认为全国工会干部必须“彻底肃清右倾机会主义和宗派主义的错误影响，正确解决党和工会的关系问题，把工会完全放在党的领导之下”“工会的各级组织实质上就是各级党委的工会工作部”“工会必须在政治上、组织上、业务上完全服从党的统一领导”。该决议提出，“工会必须坚决贯彻执行中央成都会议关于工会工作的决议，改变工会体制。各级工会都必须无条件地在各级党委的领导下进行工作，全国总工会和各全国产业工会要改变过去垂直领导的方法。各省、市、自治区工会联合会改为地方总工会，各级产业工会实际上要成为各级工会的工作部门。全国总工会必须下放权力，大大紧缩机构，修改规章制度，充分发挥地方工会的积

---

① 中华全国总工会编：《中华全国总工会七十年》，中国工人出版社1995年版，第377—378页。

② 中华全国总工会编：《中华全国总工会七十年》，中国工人出版社1995年版，第378页。

极性”。该决议还要求“工会组织必须把整风运动深入下去进行到底，认真贯彻执行中央指示和这次党组扩大会议的决议，高举红旗，拔掉白旗”，全体工会干部必须“克服行会思想和工团主义、经济主义思想”。①

2. 全国总工会党组第三次扩大会议的影响

全国总工会第八届二次执委会议于 1958 年 8 月 6 日召开。会议传达了全国总工会党组第三次扩大会议的精神，要求各级工会组织继续开展整风运动。会议补选刘宁一为中华全国总工会主席，增选李颉伯为副主席、书记处书记，补选刘宁一、李颉伯为主席团委员。会议决定：撤销董昕的全国总工会主席团委员和书记处书记的职务，撤销陈用文等人的全国总工会主席团委员和执委会委员的职务。会议通过《关于工会体制的决议》《关于改变劳动保险工作和集体劳动保险事业管理的决议》。②

1958 年 9 月，党中央批转了《关于全国总工会党组第三次扩大会议向中央的报告》《刘澜涛同志在全国总工会党组第三次扩大会议上的发言》《全国总工会党组第三次扩大会议的决议》三个文件。全国各省、自治区、直辖市工会先后召开会议，传达贯彻全国总工会党组第三次扩大会议的精神。这次党组扩大会议在“左”倾思想影响下，背离了实事求是的原则，破坏了党的民主生活准则，对赖若愚等人进行了错误的批判和处理，使工会工作遭到了严重挫折，造成了严重后果。③

---

① 中华全国总工会编：《中华全国总工会七十年》，中国工人出版社 1995 年版，第 378 页。

② 倪志福主编：《当代中国工人阶级和工会运动》（上），当代中国出版社 1997 年版，第 257—259 页。

③ 中华全国总工会编：《中华全国总工会七十年》，中国工人出版社 1995 年版，第 379 页。

### （三）“工会消亡”风的提出与危害

1958年5月召开的党的八大二次会议是发动“大跃进”运动的一次重要会议，会议提出了一系列不切实际的任务和指标。1958年8月，中共中央政治局北戴河会议在提出要为1070万吨钢而奋斗的同时，作出《关于在农村建立人民公社问题的决议》，认为这是“指导农民加速社会主义建设，提前建成社会主义并逐步过渡到共产主义所必须采取的基本方针”。该决议一方面肯定公社目前还是集体所有制，不忙于改为全民所有制；另一方面又提出快则三四年，慢则五六年或者更长一些时间，就可以实现向全民所有制的过渡，并说“看来，共产主义在我国的实现，已经不是什么遥远将来的事情了”。北戴河会议后，全国农村出现了人民公社化运动高潮，只用了一个多月就基本实现公社化。[①] 在“左”的思想影响下提出的不切实际的计划、指标和口号，给工会工作和工会组织也带来了重大影响。与此同时，“工会消亡”问题也被提出来。

“工会消亡”从1958年3月党中央成都会议通过的《关于工会组织问题的意见》初见端倪。1959年1月，全国总工会党组在北京召开第四次扩大会议，围绕“工会消亡”展开争论。全国总工会领导反复强调，工会消亡是必然趋势，其理由是工会是阶级矛盾和阶级斗争的产物，没有了阶级，工会自然要发生变化。1959年，随着党中央纠正“大跃进”和人民公社化运动中已觉察的错误，头脑发热、急于过渡的思想有所转变，“工会消亡”风才暂告停止。但是，工会系统中“工会消亡”的错误思想并没有根本扭转。全国总工会党组在1959年6月5日上报党中央的报告

① 中共中央党史研究室著：《中国共产党的九十年》，中共党史出版社、党建读物出版社2016年版，第500—502页。

中，虽然对“工会消亡”的问题作了检查，却坚持说：“工会消亡的提法是没有错误的，工会最后的发展趋势，必然是消亡，问题只是对形势的估计显然快了一些，工会消亡的提出早了一些，把将来要实现的事情作为现实，把某些县的做法当作一般，这是应该引以为教训的。”

在这种错误思想指导下，“工会消亡”之风一遇到适宜的气候条件，就会再度兴起。随着城市人民公社运动的发展，整个工会工作发生了更为深刻的变化。1960 年，全国总工会召开省、自治区、直辖市工会主席会议，明确规定在已经建立公社的地方和社办工厂企业中，不再建立工会。这是自 1958 年以来，工会系统第二次刮起的“工会消亡”风。第二次“工会消亡”风，对大中城市和大型企业工会的冲击比第一次更为严重，再度造成工会干部和职工群众的思想混乱，工会工作又陷入困境。①

在“工会消亡”风的影响下，截至 1958 年底，河北、河南、山东、黑龙江、甘肃等省份 588 个县的 230 个县工会被撤销；177 个县工会虽未撤销，但已停止活动，保留下来的县工会干部存在思想波动、情绪不稳的问题。“工会消亡”风还进一步蔓延到省、市工会和厂矿基层工会，导致工会干部思想混乱，工会组织摘牌合并，工会干部频繁流动，工会发挥的作用大打折扣。

### （四）工会“纳入城市人民公社”的提出与影响

1959 年七八月间，庐山会议的召开打断了纠正“左”倾错误的进程，在全党开展的“反右倾”斗争使“左”倾错误进一步扩大。1960 年 1 月，中共中央政治局扩大会议在上海召开，会议错误地估计了“反右倾”斗争以后的所谓大好形势，要求把城市人

---

① 李玉赋主编：《新编中国工人运动史》下卷，中国工人出版社 2020 年版，第 420 页。

民公社试办并推广起来。

全国总工会在党中央指示精神的指导下，于 1960 年 2 月 20 日召开第八届三次执委会议。会议研究讨论了关于组织城市人民公社的问题，提出工会要将人民公社这种新生事物建立和发展起来，各级工会组织要积极参与到兴建人民公社的工作中。

1960 年 3 月 9 日，党中央发出《关于城市人民公社问题的批示》（以下简称《批示》）。《批示》指出：对于城市人民公社的组织试验和推广，应当采取积极态度，并希望今年上半年全国城市普遍试点，取得经验，下半年普遍推广。为了经常注意城市人民公社发展的情况和交流经验，党中央指定以全国总工会党组为主，结合其他有关部门研究这方面的问题。① 3 月 23 日，全国总工会党组专门讨论研究了党中央的批示，并到各地进行调查研究，向党中央递交了《有关城市人民公社概况的报告》。5 月，全国总工会在北京召开省、市、自治区工会主席会议，研究讨论大办城市人民公社以后，工会工作的变化和城市人民公社的发展，强调在新形势下，各级工会组织采取适当步骤和方法去适应形势变化。5 月 27 日，全国总工会向党中央报送《关于当前城市人民公社发展情况和几个问题的报告》。党中央于 6 月 8 日批转了这个报告，强调了报告提议的重要性，请各地研究参照执行。

1960 年 6 月，在党中央召开的政治局扩大会议上，毛泽东作了《十年总结》的讲话，指出了“大跃进”中的一些错误，并承认在社会主义革命和建设中的盲目性问题。② 由于人民公社建立一哄而起，加之建立后出现了很多问题，1960 年下半年开始整顿和巩固工作。9 月 3 日，全国总工会党组向党中央报送《关于整

---

① 中华全国总工会编：《中华全国总工会七十年》，中国工人出版社 1995 年版，第 382 页。

② 中共中央党史和文献研究院编：《毛泽东年谱（1959. 04—1961. 06）》第 7 卷，中央文献出版社 2023 年版，第 418 页。

顿和巩固城市人民公社问题的报告》，9 月 18 日，党中央批转了这个报告，要求各地参照办理。此后，全国总工会为整顿和巩固城市人民公社做了大量工作。

工会“纳入城市人民公社”比“工会消亡”风的冲击更为严重。一方面，工会干部和职工群众以为公社会代替工会，这种思想混乱抑制了工会干部的事业心和积极性；另一方面，全国上下的工会组织都将精力集中于人民公社，疏于本职本责的工会工作，使工会工作受到了削弱。

# 第五章

# 国民经济调整中的工人运动

受“大跃进”等的影响，我国国民经济发展和人民生活从1959年至1961年遭遇严重的困难。1961年1月，党的八届九中全会决定对国民经济实行“调整、巩固、充实、提高”的方针，并采取精减职工、减少城镇人口、压缩基建规模、降低重工业发展速度等一系列重大措施，调整国民经济结构和运行方式，收到了预期的成效。在贯彻执行国民经济调整方针的过程中，工会组织虽然受到“左”倾错误的冲击，出现了一些曲折，但从总体上来看，在协助政府克服困难、组织职工搞好生产、加强工会自身建设等方面还是做了大量的工作，取得了一定的成绩。

## 一、工会组织协助政府完成精减职工任务

在“大跃进”期间，城市生产规模不断扩大，一些农村劳动力涌入城市，造成职工人数急剧增加。与1952年相比，1957年职工人数净增1673万人，到1960年增加到5044万人（全民所有制）。由于大规模的人口涌入城市，不仅严重削弱了农业生产第一线的力量，同时也加剧了粮食和副食品市场的供应矛盾。而且，当时为了保证城市的粮食供应，不得不加大对农民粮食的征购量，即便如此，当时的城市粮食供应依然紧张。而且，当时为了保证粮食的供应，国家也是拿出了当时的国库粮来应对粮食短缺问题，

但是依然没有办法来解决粮食问题。当时陈云作为国家经济的负责人，他表示：“只有减少‘大跃进’以来多招收的职工和膨胀的城镇人口，没有别的路可走。”所以，当时唯一的出路就是精减城市人口。

1961 年 5 月 21 日至 6 月 12 日，党中央在北京召开会议，作出了大幅精减城镇人口的重大决策。会上，刘少奇、周恩来就粮食问题、压缩城镇人口问题作了重要讲话。陈云对动员城市人口下乡的问题作了精辟的分析。他强调指出，为了解决当时面临的粮食紧缺问题，必须采取一系列紧急措施。第一，持续调整党在农村的基本政策，这是解决问题的根本之策。第二，工业部门必须全力支援农业，提供必要的技术和资源，以提高农产品产量。第三，国家需要考虑进口粮食来满足需求，但这存在时间和数量上的限制。第四，为了减轻城市粮食需求压力，必须积极动员城市人口参与农村生产，减少城市对粮食的依赖。陈云特别强调了这四条措施中的第一条是最为根本的，而第二、第三条存在时间和数量的限制，而第四条是不可或缺的，不采取将无法解决问题。陈云的讲话，使与会者对粮食问题的重要性、动员城市人口下乡的必要性有了更明确的认识，也坚定了大量精减职工和城镇人口的决心。

党中央在《关于妥善安排精简下来的职工的通知》中提出了被精减职工的几种处理办法。第一，一部分新吸收的职工不再由国家开支工资，到农村去参加农业生产。第二，压缩县以上企业、事业的一部分职工到县办、社办企业顶替出一部分不熟练的劳动力参加农业生产。第三，一部分较老的职工可以到国营农场参加生产。第四，一部分较老的职工可以仿照干部下放的办法，保留原工资，组织起来到农村人民公社与农民同吃同住同劳动，必要时经省（市、自治区）批准再调回来。①《关于减少城镇人口和压缩城镇粮食销量的九条办法》和《关于精减职工工作若干问题的通知》对精减职工的对象作了具体规定。《关于精减职工工作若干问题的通知》中规定，精减职工的主要对象，是1958年1月以来参加工作的来自农村的新职工，要动员他们回到各自的家乡，参加农业生产。1957年底以前参加工作的来自农村的职工，确是自愿要求回乡的，也可以准许离职回乡。原先就是城市居民的职工，不论新老，一般都不精减，确属自愿回家，回家之后生活又有保障的，也可以准许离职回家；某些1957年以前参加工作的老职工，如其因为年老体弱，自愿退休或退职的，也可以准许退休或退职。该通知还对被精减人员的待遇、回乡后的工作安置等问题作了规定。②

此后，全国总工会在党中央精神指示下积极协助有关部门做好精减职工的工作，多次研究解决办法，并成立了精减职工工作办公机构处理相关事宜。

1961年7月，全国总工会召开省、自治区、直辖市工会主席会议，讨论研究了精减职工的相关事宜。会议认为，精减职工和减少城镇人口，是贯彻执行国民经济发展按农轻重次序和以农业为基础、以工业为主导的方针，支援农业生产，战胜暂时困难的积极措施，对进一步巩固工农联盟、调整城乡关系、调整工业和农业比例具有深远的意义。会议强调这是一项复杂而又紧迫的工作，涉及千百万人的劳动和生活，必然会有不少思想问题和实际

① 《中共中央关于妥善安排精简下来的职工的通知》（1960年11月12日），中华全国总工会编：《建国以来中共中央关于工人运动文件选编（1949年10月—1959年10月）》（上），中国工人出版社1989年版，第926—927页。

② 《中共中央关于精减职工工作若干问题的通知》（1961年6月28日），中华全国总工会编：《建国以来中共中央关于工人运动文件选编（1949年10月—1959年10月）》（上），中国工人出版社1989年版，第941—945页。

问题。工会要把这项工作作为当前突出的任务，本着认真安排、负责到底、自始至终、切实做好的精神，协助企业行政做好这项工作。会议之后，全国总工会成立了精减职工工作办公室。各级工会组织配合有关部门和企业行政做了大量思想工作和组织动员工作，尽力帮助被精减人员解决实际困难问题。①

由于农业继续减产，1962 年精减职工工作进一步深化。1962 年 2 月 21 日，刘少奇在中南海西楼主持召开中央政治局常委扩大会议（西楼会议）。他指出，现在处于经济恢复时期，但与 1949 年后三年恢复的情况不一样，是个不正常的时期，带有非常时期的性质。恢复经济不能用平常的办法，要用非常的办法，把调整经济的措施贯彻下去。陈云在会上讲话强调，减少城市人口，是克服困难的一项根本措施，无论从临时办法看，还是从长久考虑，都必须如此。陈云认为按照刘少奇的说法，当时是非常时期，既然是非常时期，就要有应付非常时期的办法。西楼会议期间，2 月 22 日，中央书记处正式决定成立中央精简小组。小组由杨尚昆、习仲勋、谢富治、张启龙、马文瑞、章夷白、高云屏、童小鹏八人组成，杨尚昆为组长。②

1962 年 2 月，党中央发出《关于一九六二年上半年继续减少城镇人口 700 万人的决定》。5 月，党中央、国务院又发出《关于进一步精减职工和减少城镇人口的决定》。该决定要求全国职工人数在 1961 年底 4170 万人的基础上，再减少 1056 万—1072 万人。全国城镇人口在 1961 年末 1.2 亿人的基础上再减少 2000 万人（包括从城镇减到农村去的职工在内），力争在 1962 年内或者

① 中华全国总工会编：《中华全国总工会七十年》，中国工人出版社 1995 年版，第 387 页。

② 当代中国研究所著：《中华人民共和国史稿（1956—1966）》第 2 卷，人民出版社、当代中国出版社 2012 年版，第 152—154 页。

1963 年上半年大部完成。[1]

工会系统团结一致，积极协助有关部门和企业行政进行调查摸底、宣传动员，对于被精减的职工给予生活上的帮扶，解决职工困难。例如，帮助被精减职工偿还所欠债款的实际困难，对困难的职工给予生活补助；帮助职工解决缺少衣服、炊事用具、雨具和回乡生产所需的小型农具的困难；与有关部门联系，帮助职工群众争取票证；与公社事先挂钩，安排职工返乡的生产劳动、住宿问题；对有困难的职工还派专人将其送到所去县、公社以至家里，使其得到妥善安置。各级工会积极总结精减职工中的经验和教训，归纳总结出精减职工中好的做法和不好的做法，对于精减中有些单位发生的工作方法简单、粗暴，在精减对象和发给还乡待遇等方面未按政策办事等问题采取措施予以纠正。全国总工会编印了《精简职工情况》，作为向党中央和有关部门反映各地精减职工工作情况的不定期刊物。

在党中央的号召和动员下，广大职工识大体、顾大局，与国家一起共渡难关，在各方共同努力、协调一致下完成了这项艰巨的任务。从 1961 年至 1963 年 6 月的两年半时间里，全国共减少职工 1887 万人，全国城镇人口共减少 2600 万人，基本完成了党中央规定的精减任务。职工和城镇人口的减少，巩固了农业基础，缓解了国家财政负担，缓和了城市粮食供应的紧张状况，扭转了财政经济困难状况。

## 二、安排好群众生活，帮助职工渡过难关

1960 年开始，城市居民和职工的生活普遍面临严重困难。农

① 中华全国总工会编：《中华全国总工会七十年》，中国工人出版社 1995 年版，第 387 页。

业生产连续下降使城市居民和职工的粮食、食油定量降低，市场供应紧张，物价上涨，职工生活困难。1960 年 11 月 14 日，党中央发出《关于立即开展大规模采集和制造代食品运动的紧急指示》，要求各地抓紧秋收已经完毕的时机，大规模地动员群众，采集和制造代食品，以克服困难，渡过灾荒。各个地区、各个部门都着力抓好职工生活工作。

1961 年初，党中央指示工会要侧重关心工人生活，抓好职工生活工作。全国总工会根据党中央的指示召开职工生活座谈会。会议以职工生活为主题，在交流职工生活基本情况的基础上，研究探讨了如何以食堂为中心全面关心职工生活的经验。会议提出，工会要安排好职工生活，要着重抓好职工食堂、副食品和代食品生产工作，搞好职工困难补助，抓紧对浮肿病、妇女闭经等疾病的防治，加强职工宿舍工作和职工家属工作等。1961 年 5 月，党中央批转全国总工会党组《关于改进基层工会工作的报告》，提出当前基层工会的主要任务是，在企业党委的领导下，配合企业行政，从关心群众生活着手，加强思想政治教育工作，提高职工的生产积极性。此后，各级工会组织在办好职工食堂、做好职工困难补助、改善职工住房条件等方面做了大量工作，提高了职工对工会的信任度。

### （一）抓好食堂和副食品生产工作

1961 年 5 月，全国总工会为加强食堂管理工作，提出办好职工食堂的主要标志是：有健全的民主管理组织和制度；主食按定量吃够，热饭热菜热汤，干净卫生；便利群众，排队时间短；定期公布账目。各级工会组织在总结交流食堂管理工作经验，组织开展食堂工作竞赛，调动食堂工作人员的积极性，在推广粗粮细做、瓜菜代粮、粮菜混吃等方面，做了大量工作，对办好职工食堂起了较好的作用。①

在工会组织的助力下，各地厂矿企业先后发展了以养猪、种菜为中心的副食品生产，特别是农场或副食品生产基地的建立，为生产粮食、种植蔬菜和饲养猪、羊、家禽等提供了广阔的场所，以满足职工的需要。多数厂矿企业、事业单位发动职工群众参与到养猪、种菜等副食品生产中。例如，江西盘古山钨矿，1961 年已建立综合农场三个，共种菜 1011 亩，养猪 1022 头、家禽 12000 多只，还饲养牛、羊等家畜，全矿职工每人每天能吃到自种菜 1.5 斤，每月吃到肉食 1 斤多。大庆油田从 1960 年起创建了职工农场和家属农场，以自己生产的粮食、蔬菜、家禽、家畜等，解决了大庆油田会战最困难时期职工和家属的生活困难，为大庆油田会战的胜利作出了贡献。黑龙江省庆华工具厂工会，利用厂区和集中家属住宅区的可耕零星土地，从 1960 年冬开始，组织职工和家属种植各种蔬菜。至 1961 年秋，平均每户分到蔬菜 310 多斤，既改善了职工的生活，也节省了职工的开支。在发展副食品生产的同时，各地厂矿企业、事业单位还积极推广了培植小球藻，制造人造肉精、叶蛋白、淀粉等代食品经验，努力使职工增加营养，吃饱吃好。②

### （二）加强对职工的困难补助

1958 年“大跃进”、人民公社化运动急于向社会主义社会过渡，片面强调高速度追求高指标，加之农业遭遇持续三年困难时期，粮食大幅减产，国民经济陷于困难境地，城乡人民生活水平急剧下降，党和人民面临新中国成立以来最严重的经济困难。根

---

① 倪志福主编：《当代中国工人阶级和工会运动》（上），当代中国出版社 1997 年版，第 274 页。

② 倪志福主编：《当代中国工人阶级和工会运动》（上），当代中国出版社 1997 年版，第 274—275 页。

据国家统计局1962年6月对15个大中城市1738户职工生活情况的调查，其中生活困难、入不敷出的职工占56.3%。

在这种背景下，各级工会组织在协同企业行政开展农副业生产、改进食堂管理、尽量保障职工吃得饱的基础上，千方百计补助和救济困难职工。1962年10月，全国总工会和劳动部、财政部联合发布《关于做好当前职工生活困难补助工作的通知》。该通知规定了补助的对象和经费来源，补助对象是重要工业城市中的每人每月平均收入不足12元的职工家庭；一般工业城市中的每人每月平均收入不足10元的职工家庭；专、县以下城镇中生活困难的职工；其中，边远的少数民族地区的困难职工的补助标准可高于12元。补助经费来源于三个方面：一是从现有的福利费、企业奖金和工会会员交纳的会费中各提取一定的比例。从福利费提取的比例一般应不少于福利费总金额的60%（事业单位、国家机关、人民团体）；从企业奖金中提取的比例一般应不少于企业奖金总金额的20%；从工会会费中提取的比例一般应为工会会费总金额的40%。二是从银行冻结的工会历年结余经费中提用一定的金额。三是从国家财政拨出一定的金额，或者从银行冻结的企业、事业、机关的结余经费中提用一定的金额。从1962年10月到1963年3月，共提取经费2.5亿元。另外，各地还拨出相当数量的棉布、絮棉、针织品等物资进行了实物补助，得到补助的职工有650万人，对帮助职工渡过灾荒起了重要作用。

1961年初，据各地工会对职工生活状况的调查，职工中的困难户由5%上升到了15%—20%。由于精减职工和动员来自农村的家属回乡等原因，厂矿企业的职工家属居住在农村的比重增加。据1962年春调查，有的市占60%左右，有的占70%—80%，特别是矿区比重更大。在乡职工家属中的困难户占30%—50%。对此，全国总工会于1962年6月向党中央写了报告，并要求各地工会切实做好在乡职工家属的工作，对生活困难的给予适当补助。不少省市工会拨出专款，帮助在乡职工家属渡过困难，对安定职工思想起了很好的作用。生活困难职工经过这次补助后，基本上可以买齐定量供应的主要必需品。工会给生活困难职工提供了物质生活保障，解决了职工们过年过节的吃穿问题。1963 年，在国民经济全面好转的情况下，职工生活困难的状况逐渐改变，全国物价有所下降。同时，国家决定给 40%的职工增加工资，帮助职工缓解了经济困难。

### （三）加强劳动保护工作

1960 年 1 月，全国总工会和国家经委、国家基建委、劳动部、公安部发布《关于加强劳动保护工作，保证生产继续跃进的联合通知》。3 月，全国总工会和劳动部、国家基建委、公安部发布《关于加强雨季安全生产工作的联合通知》。4 月，全国总工会和劳动部联合召开第四次全国劳动保护工作会议，号召在全国工矿企业中开展“十防一灭”运动。“十防”是防撞压、防坍塌、防爆炸、防触电、防中毒、防粉尘、防火灾、防水淹、防烧烫和防坠落。“一灭”是力争消灭死亡事故。5 月，党中央发布《关于切实注意劳逸结合，保证持续大跃进的指示》，要求必须保证群众每天睡眠八小时和必要的自由支配时间。6 月，全国总工会召集部分市县工会干部座谈贯彻中央指示情况，并组织工作组到江苏、河北、山东、上海等地对劳逸结合问题进行专门调查，发现仍然忽视劳逸结合的单位占 20%左右，已有改进但还达不到中央要求的占 50%左右。据此，全国总工会于 9 月向中央写了《关于职工劳逸情况的报告》，深入分析劳逸结合不好的根本原因是指标高、任务重、指挥乱等问题造成的。为了缓解这一问题，从 1961 年到 1962 年，我国进入国民经济大幅调整和整顿时期，加强和健全企业管理，使“大跃进”时期劳逸结合的难题逐步得到解决。12 月，党中央发布《关于在城市坚持八小时工作制的通知》，要求一切单位、一切部门，在一般情况下，无例外地必须严格实行八小时工作制，不得任意加班加点，不得侵占干部和群众的业余休息时间。

1960年，各全国产业工会和地方工会，配合有关部门，大都进行了安全生产大检查。据11个省、自治区、直辖市的不完全统计，共揭发出问题650多万件，已整改79%左右。当年第三季度，全国总工会协同国家经委、劳动部、卫生部、公安部及12个产业部，组成安全生产联合检查组，分赴东北三省、华北三省和上海、山东、河南、湖北、陕西、甘肃、四川等省市，重点检查了1280个企业单位的安全工作状况。发现1960年1月至10月，全国职工因事故死亡人数比1959年同期增长了35.8%。绝大部分事故的原因，主要是有些领导干部没有很好地贯彻安全生产方针，存在把安全与生产对立起来的错误思想和不关心工人生命安全的官僚主义。据此，全国总工会、国家经委等五个单位向党中央写了《关于当前安全生产的检查报告》，提出了解决问题的六条意见。党中央同意这个检查报告，指出对六条意见可由各部门根据具体情况掌握。

1958年至1961年，工矿企业年平均事故死亡比“一五”时期增长了近4倍，其中1960年5月山西大同老白洞煤矿煤尘爆炸事故死亡六百余人，为新中国成立以来最严重的矿难。1963年，国务院颁布了《关于加强企业生产中安全工作的几项规定》，恢复安全生产秩序。全国总工会和煤矿工会对煤矿的安全生产状况作了调查研究，向党中央写了《关于改善煤炭工业安全状况的报告》。该报告反映了煤炭工业在三年“大跃进”中事故逐年增加的严重情况，提出了改进工作的意见。报告指出：1957年以来，煤矿系统自上而下的和自下而上的群众性安全检查工作削弱了。流于形式的工会劳动保护工作委员会对此具有不可推卸的责任，全国总工会对此已作检查，并将安全工作作为主要任务重点来抓。

要求结合整风运动，发挥工会组织的劳动保护作用，加强群众性安全督促工作。安全检查监督是煤炭工业系统恢复的重中之重，健全自上而下的安全检查监督机构，设置负责安全的专职人员，做好安全检查监督工作。

这一时期，全国总工会会同国家经委、劳动部等有关部门多次发出关于做好安全生产、加强劳动保护工作的联合通知，召开专门会议研究劳动保护工作问题。党中央多次批转国家经委、劳动部、全国总工会等部门有关安全生产和劳动保护工作的专题报告。1961 年，国民经济开始实行“调整、巩固、充实、提高”的方针，各级工会配合政府有关部门和企业行政，进一步加强了劳动保护工作。9 月，党中央发布《国营工业企业工作条例（草案）》，要求企业行政和工会正确执行国家的劳动保护法令。12 月，全国总工会发出了《关于试行修改后的“工会基层（车间）委员会劳动保护工作委员会组织条例”和“工会小组劳动保护检查员工作条例”的通知》。企业在逐步整顿和加强管理的过程中改善了安全生产、劳动保护状况。

1965 年，全国结束了国民经济调整，开启了新一轮的生产高潮。党中央颁布了《国营工业企业工作条例（修正草案）》，对安全生产、劳动保护工作作出明确具体的规定。但是，生产过程中盲目追求生产速度，重速度而不顾安全的错误思想再次抬头，加上对工人安全教育方面重视不够，导致伤亡事故有所增加，伤亡人数也有所增加。为此，工会系统进行调研统计，从 1966 年 13 个省市 1 月份伤亡事故的统计数据中可以看到，伤亡事故和死亡人数比上年有所增加。全国总工会将调研统计分析结果和安全生产的实际情况以《关于生产高潮中应注意安全生产的报告》上报党中央，党中央批转报告并提出注意安全生产和劳逸结合的要求。

### （四）改善职工住房条件

为了改善职工住房条件，这一时期，全国总工会将工会结余经费先后分两批拨出，用于职工宿舍的修建。根据 1961 年 5 月党中央工业交通座谈会提出的要求，全国总工会会同有关部门和省、自治区、直辖市就职工宿舍问题和矿山工人住宅问题，会同煤炭、冶金、建筑、化学四个工业部就全国煤矿、金属矿和非金属矿矿山的职工宿舍建设规划问题，进行了研究，提出建设方案，加以具体安排。四个部计划投资 11471 万元，于 1961 年共建矿山宿舍 269.4 万平方米。全国总工会决定从工会结余经费中拨出 4000 万元，其中拨给煤炭部 3000 万元，冶金部 1000 万元，作为建设职工宿舍之用。1965 年 4 月，全国总工会又将各级工会结存经费的一半，约 2 亿元，用于修建职工宿舍，首先解决一部分离厂太远影响休息或居住过分拥挤的职工宿舍问题。拨款分三年使用。1965 年拨款 5000 万元，分配给各省、自治区、直辖市工会安排使用，其中最多的 450 万元，最少的 50 万元，一般的 100 万元到 250 万元。之后，计划在“文化大革命”开始后被迫中止。

### （五）加强职工家属工作

全面做好职工生活工作也包括做好职工家属工作，各级工会组织在着重抓好职工生活工作的同时，大力加强了职工家属工作。不少地方和基层工会结合当前形势和中心工作，加强了对职工家属的形势教育、勤俭建国和勤俭持家方针的宣传教育，发动与组织职工家属开展竞赛。有的地方和基层在家属中开展了以“政治思想好、勤俭持家好、生活安排好、团结互助好、教养子女好”为内容的“五好”竞赛；有的开展了以“保证工人吃得好、休息好、出勤好、家庭团结好、抚育子女好”为内容的竞赛；还开展了评比五好家属、五好夫妻、五好家属小组等活动。许多基层发动家属以勤俭持家、计划用粮为中心安排好家庭生活，组织家属开展群众性修理服务工作，组织家属之间的生活互助，等等。1962年3月，全国总工会召开了工会女工、家属工作会议，总结交流了女工、家属工作经验。会议要求各级工会建立健全女工、家属工作机构，并提出了工作意见和要求。各地工会还注意了总结交流和宣传职工家属工作的经验和职工家属中的先进典型，强调职工家属的支持和理解对于困难时期的职工群众搞好生产，渡过灾荒具有积极的作用。①

### （六）进一步加强职工医疗制度改革和患病职工安置工作

#### 1. 进一步加强职工医疗制度改革

1965年，根据党中央批转卫生部报告中指出的“公费医疗制度应做适当改革，劳保医疗制度的执行也应适当整顿”的精神，全国总工会和劳动部于1966年4月联合发布《关于改进企业职工劳保医疗制度几个问题的通知》，规定企业职工患病医疗时的挂号费、出诊费改由职工个人负担；职工服用的营养滋补药品的费用，由本人自理；职工因工负伤住院医疗期间的膳费改为个人负担1/3，企业补助2/3；职工供养直系亲属患病医疗时，除手术费和药费仍由企业负担1/2外，检查、治疗和住院等费用，改由个人负担。

#### 2. 解决患病职工安置问题

1962年12月10日，劳动部、卫生部、全国总工会在北京联合召开第二次全国防止矽尘危害工作会议，总结第一次全国防尘会议以来的工作和经验。周恩来亲自听取了会议汇报，并指示“要力争在三五年内解决我国工业企业中矽尘危害问题”。1963年

---

① 倪志福主编：《当代中国工人阶级和工会运动》（上），当代中国出版社1997年版，第279—280页。

2月9日，国务院批转劳动部、卫生部、冶金部、煤炭部和全国总工会召开的全国防止矽尘危害工作会议的报告。报告除规定改善矽尘工人作业条件，减少矽尘危害问题外，着重解决了患矽肺病职工的安置和生活待遇问题。报告提出，要对患矽肺病职工生活上给予一定的照顾。对于调做轻便工作的，不要降低他们原来的标准工资；对于脱产休养的，在一年内由企业行政按原标准工资发给，一年后按原标准工资的90%发给生活补助费。对自愿还乡休养的一期矽肺病人，按原标准工资的60%发给长期生活补助费；患二、三期矽肺病及一期矽肺合并活动性肺结核病或代偿机能乙、丙的病人，可按90%发给长期生活补助费。为了更好地贯彻国务院批转的报告，1963年7月，全国总工会还会同卫生部、劳动部制定颁发了《关于矽尘作业工人医疗预防措施实施办法》和《关于加强矽肺病职工的医治与疗养工作的联合指示》，明确规定了矽肺病的预防及患病职工医疗、患病期间待遇以及生活安置，为职工的生活和治疗提供了可靠保障。①

## 三、加强职工思想政治教育工作

新中国成立初期，工会就开展过思想政治教育工作，取得了不错的成绩。在国民经济调整时期，各级工会组织进一步贯彻落实党中央指示精神，进一步加强对职工的思想政治教育工作，积极开展学习雷锋、讲“三史”（革命斗争史、厂史、家史）以及学习毛泽东著作等活动，对职工进行革命传统教育，增强了广大职工克服困难和建设社会主义的信心，振奋了革命精神，为胜利完成国民经济的调整任务起了积极的作用。

---

① 倪志福主编：《当代中国工人阶级和工会运动》（下），当代中国出版社1997年版，第129页。

1963 年 12 月 9 日，在全国工业交通工作会议召开前夕，毛泽东收到冶金工业部部长王鹤寿的《为了加强思想政治工作，提议在企业里学习解放军》的报告，提出了学习解放军政治工作的建议。1964 年 1 月 7 日，毛泽东在听取全国工业交通情况汇报时，指示报纸要报道学习解放军的问题。1964 年 1 月 16 日，党中央、国务院在批转总政治部和国务院财贸办公室《关于从军队选调 10 万转业军官到商业部门服务完成情况的报告》的批示中指出："商业部门必须学习解放军加强政治思想工作的经验。"至此，"全国人民学解放军"运动在全国正式发动起来。1965 年 5 月 11 日，党中央发布《关于在全国工业交通系统建立政治工作机关的决定》，决定规定：所有工业交通部门，都要学习解放军，把思想政治工作放在第一位。随后，工交系统相继建立政治工作部门，掀起了抓思想政治工作、学习解放军的热潮。为适应这一新形势的要求，全国总工会在省、自治区、直辖市工会主席会议上，讨论了如何学习解放军经验的问题。会议要求各级工会要把思想政治工作放在一切工作的首要地位，切实把思想政治工作做到职工群众的生产活动中去、日常生活中去、职工家庭中去和工会的各项活动中去，并提出以工会小组、俱乐部、职工宿舍、业余学校为工会进行思想政治工作的主要阵地，把思想工作做深做细。各级工会为贯彻这次会议精神，开展了多种形式的职工思想政治工作。

### （一）开展职工教育活动

为战胜三年经济困难，工会积极推进革命传统教育。在进行阶级教育和社会主义教育中，许多地方工会和基层工会开展讲革命故事活动，成为向职工进行阶级教育和社会主义教育的有力工具，实行群众自我教育的良好形式。故事的内容紧密结合各个时期党的政治任务，为中心工作服务。故事员不但在车间、班组、俱乐部、食堂讲，还深入单身宿舍、家属住宅区讲。辽宁抚顺发电厂工人故事员张功升，从1961年到1965年，先后配合党的中心任务讲了74个故事，听众有14万多人次。从1962年7月至1963年底，上海市工人文化宫共组织了706场故事会，听众有27万多人次。

1963年5月8日，毛泽东在东北、河南关于社会主义教育运动的两个报告批示中指出："用讲村史、家史、社史、厂史的方法教育青年群众这件事，是普遍可行的。"此后，首先在各级学校广泛开展了请"三老"（老贫农、老工人、老红军）作"忆苦思甜"报告，通过社会调查写村史、家史、社史、厂史等活动，向学生进行阶级和阶级斗争教育。1963年8月，全国总工会宣传部在青岛召开俱乐部工作座谈会，提出各种职工业余文化阵地都要开展以工厂史、老工人家史为内容的阶级教育活动。同年12月召开的全国总工会第八届五次执委会议，再次强调各级工会要着重抓好革命史、厂史、家史教育。全国工厂企业、各级工会普遍开展了"三史"教育，主要方式是作报告、办展览，一直延续到"文化大革命"前期。"三史"教育对于促进工会的群众化作风以及培养青年工人艰苦朴素的作风起到了一定的积极作用。但在整个教育过程中，由于其主要的着眼点是提高和强化人们的阶级和阶级斗争觉悟，存在着"左"的形式主义倾向。

### （二）开展向雷锋学习的活动

1962年8月15日，沈阳部队某部战士雷锋因公牺牲。1963年1月7日，国防部命名雷锋生前所在部队运输连四班为"雷锋班"。新华社、《人民日报》、《解放军报》、《中国青年报》等全国主要媒体加大雷锋事迹宣传力度，在全国全军产生了空前的轰动效应，雷锋的名字家喻户晓。1963年3月5日，毛泽东题词"向雷锋同志学习"在《人民日报》发表后，一个自觉学习雷锋的活动在全国各条战线轰轰烈烈地展开了。1963 年 3 月 6 日，全国总工会发出《关于广泛组织全国职工向雷锋同志学习的通知》，要求各级工会把组织广大职工向雷锋学习作为对职工进行阶级教育和社会主义教育的重要内容。在广大职工中树立以雷锋为榜样，学习雷锋有远大理想，有崇高的生活目的，不怕困难，爱憎分明，做永不生锈的螺丝钉的革命精神；学习雷锋艰苦朴素，为公忘私，舍己为人，全心全意为人民服务的工人阶级品质。各级工会组织和工会的文化宫、俱乐部、图书馆、广播站、业余学校都积极地开展了学雷锋的各项活动，并及时总结、宣传了学习雷锋活动中出现的好人、好事、好经验。在各个地方、各个部门的共同重视、大力配合和宣传下，全国职工很快掀起向雷锋学习的热潮，广大职工的精神面貌更加焕发。办实事，做好事，全心全意为人民服务，成为整个工人阶级和全社会的时代风貌。继学习雷锋之后，1965 年 11 月和 1966 年 2 月，全国又先后掀起了向王杰、焦裕禄学习的热潮。焦裕禄的不为名、不为利，不怕苦、不怕死，一心为革命，一心为人民，为人民鞠躬尽瘁的无产阶级革命精神，以及他的大搞调查研究，坚持从群众中来到群众中去的领导方法，在广大职工特别是广大干部中产生了很大影响。①

### （三）开展学习毛泽东著作的活动

“没有革命的理论，就没有革命的行动。”为了帮助广大民众正确了解中国革命的经验，掌握中国革命和建设的基本理论和方法，在党中央的倡导下，各界群众迅速掀起学习毛泽东著作的热潮。随着《毛泽东选集》第二卷、第三卷的出版，毛泽东思想作为中国革命和建设的指导思想在全国得到广泛传播。1960 年 4

---

① 倪志福主编：《当代中国工人阶级和工会运动》（上），当代中国出版社 1997 年版，第 282—283 页。

月，团中央、全国总工会、全国妇联在哈尔滨联合召开“全国青年学习马克思列宁主义、学习毛泽东著作黑龙江现场会议”。广大职工群众把毛泽东著作作为必修的教科书，从中学习观察、分析问题的立场、观点、方法，带动了整个社会的价值取向和精神风貌。为了在全国职工中掀起学习毛泽东著作的热潮，各级工会组织把落实职工学习毛泽东著作作为重要任务，组织成立各种学习毛泽东著作小组。工会的业余学校开办毛泽东著作学习班和辅导班，各地工人文化宫举办了学习毛泽东著作辅导讲座和辅导员培训班，帮助职工学习和为基层培养学习辅导员。广大职工比较普遍地学习了毛泽东的《纪念白求恩》《为人民服务》《愚公移山》等著作，提升了思想政治觉悟；还有很多职工学习了毛泽东的《矛盾论》《实践论》等哲学著作，在实际工作中运用哲学思想解决问题，拓宽了工作思路。例如，大庆油田的职工，在会战期间认真学习《实践论》《矛盾论》，以“两论”作指导，解决了大庆油田艰苦创业中很多生产建设技术上的问题和生活上的困难，创造出了辉煌业绩。

### （四）开展社会主义思想政治教育活动

党的八届十中全会以后，党中央决定在全国城乡发动一次普遍的社会主义教育运动。较早开始进行社会主义教育运动的是河北、湖南等省份。河北保定地区进行了“小四清”（即清理账目、清理仓库、清理财物、清理工分），湖南结合纠正所谓“单干风”开展运动。1963 年 2 月，中央工作会议提出在农村进行以“四清”为主要内容的社会主义教育运动，在城市开展“五反”（反对贪污盗窃、反对投机倒把、反对铺张浪费、反对分散主义、反对官僚主义）运动。5 月，毛泽东在杭州召开有部分中央政治局委员和大区书记参加的会议，制定了《关于目前农村工作中若干问题的决定（草案）》（即“前十条”）。“前十条”认定“四清”和“五反”是“打击和粉碎资本主义势力猖狂进攻的社会主义革命斗争”，要求各地训练干部进行试点。5 月 20 日，党中央把它作为指导社会主义教育运动的纲领性文件在党内传达。根据党中央的指示精神，各级工会组织加强了职工在阶级、阶级斗争和反对修正主义方面的教育。9 月，中央工作会议通过《关于农村社会主义教育运动中一些具体政策的规定（草案）》（即“后十条”）。“后十条”在充分肯定“前十条”关于阶级斗争形势和社教运动性质的论断基础上，进一步提出了运动要“以阶级斗争为纲”的方针。这是“左”倾指导思想的继续和发展。1964 年底至 1965 年初的中央政治局会议制定《农村社会主义教育运动中目前提出的一些问题》（即“二十三条”），规定农村和城市的社会主义教育运动一律称为“四清”（清政治、清经济、清组织、清思想）运动，使阶级斗争扩大理论进一步发展，到 1966 年春，全国约有 1/3 的县、社进行了“四清”运动，虽对解决干部作风和经济管理问题有一定作用，但把许多不同性质的问题都当成阶级斗争或者是阶级斗争在党内的反映，使不少干部和群众受到不应有的打击。

这一时期如火如荼开展的职工思想政治教育，有经验也有教训。好的经验体现在讲“三史”和以讲革命故事为主要内容的革命传统教育，组织职工学雷锋、学大庆“铁人”王进喜、学解放军、学习毛泽东著作等。主要的教训体现在受“以阶级斗争为纲”的影响，出现阶级斗争扩大化的错误；在教育方式上，出现了“不通就辩论”（实际上是批判）的强制压服做法和不问实效的浮夸、形式主义倾向。

## 四、改进职工文化技术教育工作

1960 年 1 月，全国总工会会同教育部、共青团中央、全国妇联等有关部门在哈尔滨市召开了全国职工业余教育黑龙江现场会议。会议着重交流了黑龙江省和其他一些地区发展职工教育的经验，并就职工教育的规划、教学、组织领导、半工半读等问题进行了专题讨论。会议提出，当前职工教育的任务是，坚决扫除现有青壮年职工中的文盲、半文盲，及时普及初等教育，大办业余中等和高等教育，迅速培养技术力量，积极培养提高师资。要求争取在1960年或者1961年基本上扫除现有青壮年职工中的文盲，1961年或者1962年扫尾。还提出了三年和八年职工业余教育发展规划的初步设想。在加强组织领导方面，会议提出，省、市、自治区和省属市、专区、专属市工会都要建立教育部。各省、市、自治区工会都要有一名主席或副主席主管教育工作，基层要有一名副主席专管这项工作。1960年3月，党中央批转了全国总工会《关于全国职工业余教育黑龙江现场会议的报告》。各地积极贯彻这次会议精神，职工教育出现了大发展的高潮。特别是职工中专和大专教育有很大的发展。各地都办起了一批职工业余大学。1960年3月，北京开办了全国第一所电视大学，其后，上海、沈阳、长春、哈尔滨、广州等城市相继开办了电视大学。吉林、重庆等地开办了业余广播大学。

1960年7月，教育部和全国总工会在天津召开全国业余教育会议，主要研究农民、职工的扫盲和业余教育的任务，交流教学改革的经验。会议提出，要大办业余教育，使之逐步成网成系；要在教学方法、教学内容、适应成人特点等方面进一步进行改革。首先使工农群众尽快地先专本行，然后针对具体情况，逐步使他们成为“多能”。会议要求下半年掀起更大规模的扫盲运动、群众学习运动和教学改革的高潮。

1960年，全国参加业余学习的职工人数达到2257.1万人，占职工总数的53.7%，是新中国成立以来职工入学比例最高的一年，比1959年增加34.1%，其中参加业余中专、高中学习的职工达 158.5 万人，比 1959 年增加 110.5%；参加业余大专学习的职工达 47.8 万人，比 1959 年增加 184.5%。

在这两年里，职工教育取得了不小的发展。但是，黑龙江现场会议和天津会议在“左”倾思想影响下，提出的职工业余教育任务和时间要求，是脱离客观实际的，在实际工作中又不适当地鼓吹和简单地促进，以致出现了指标层层加码，进度层层加快，浮夸不实、强迫命令、形式主义等现象。在教学改革中，不是有计划、有步骤地重点试验，而是大家都试验，特别是要求过高过急，造成许多业余学校在教改中出现了进度过快、降低要求、教学质量差、学得不巩固等问题。

国民经济调整期间，各级工会组织对职工业余教育进行的调研结果显示，1961 年职工参加业余学习的人数比 1960 年下降了 1000 多万人，1962 年职工参加业余学习的人数比 1960 年下降了 2000 多万人，直到 1963 年才开始逐步回升。各级工会组织根据调研结果进行探讨研究，认真总结了 1958 年以来职工业余教育的经验教训，着重从办学规模、办学形式、教学计划、教学制度、师资培养等方面进行提升改进。1961 年 9 月和 10 月，全国总工会先后在杭州和北京召开职工业余教育工作座谈会，分析职工业余教育的状况，针对职工业余教育存在的问题提出了改进工作的意见和建议。为了贯彻落实“鼓足干劲，实事求是，巩固提高，稳步发展”的职工业余教育工作的总方针，会议强调要运用具体分析、区别对待的方式方法，进一步巩固和发展学习队伍；根据企业和职工需要，抓好初等教育和高等教育。1962 年 8 月，全国总工会在青岛召开了职工业余高等教育工作座谈会，研究职工业余高等学校在实际教育教学中存在的问题，并起草了相关的文件。会议期间，全国总工会和教育部共同组织部分省、市的职工业余学校教师，编写了职工业余初等语文和数学课的教学大纲，审阅了职工业余初等和中等教育的教材，组织编写职工业余初等教材。

在经费管理方面，全国总工会发出《关于企业职工业余教育经费开支问题的通知》和《关于企业职工业余学校专职工作人员配备的暂行规定》，明确规定了职工业余教育经费的开支范围和专职工作人员配备的具体要求。

1963年，职工业余教育工作随着国民经济和职工生活状况的好转而逐步回暖，职工参加业余学习的人数逐步增加，各种与生产服务密切相关的大专班和短期培训班得到快速发展，其中参加大专班学习的职工有19万人，参加各种短期培训班的职工有45.65万人，职工业余教育在为企业培养急需的专业人才中发挥了重要作用。

1963年12月25日至1964年1月8日，全国总工会和教育部共同召开全国职工业余教育工作会议，回顾交流了办学、教学和领导管理方面的经验，讨论了今后两年职工业余教育的任务。会议总结了1959年至1963年职工业余教育工作的成效：1959年至1963年的5年中，组织了900多万名职工参加扫盲学习，其中多数脱离了文盲状态；有100多万名职工从初等（高小，下同）班毕业，50多万名职工从初中班毕业，10多万名职工从中专（高中）班毕业，2万名职工从业余大专班毕业。由于业余教育的开展和坚持，并陆续给企业输送了毕业生，职工的文化面貌进一步发生了变化。据3000多个基层单位的调查，工矿企业职工中，文盲、半文盲的约占20%，初等文化程度的约占40%，初中文化程度的约占27%，高中、中专文化程度的约占10%，大专文化程度的约占3%。职工文化程度的变化，为职工学习马克思列宁主义、毛主席著作和党的方针政策提供了有利条件，为广大职工掌握先进的工艺技术、广泛开展技术革新创造了有利条件，也为从工人中培养技术干部和管理干部创造了有利条件。而且在坚持举办职工业余教育的单位，已经培养出一批高、中级工程技术干部和管理干部。会议同时总结了职工业余教育工作存在的问题：在教学内容、教学方法和办学制度方面还存在着不切合实际的地方。在国民经济暂时困难的情况下，适当收缩办学规模，强调巩固提高是应当的，但是，工作中还存在对困难看得过多、抓得不紧、放任自流的现象。工会干部对“工会负责办理职工业余教育”在认识上还不尽一致，有的教育行政部门对职工业余教育工作也有所放松，各有关部门之间的协作也不够密切。

针对在技术工人中，受过系统技工教育少，能掌握复杂技术和新技术的高级工少，工程技术人员的数量少，受过高等专业教育少的问题，以及管理人员中，有不少人缺少必需的业务知识，影响管理水平的问题，会议提出今后两年的任务：一是扩大办学规模，使全国入学职工由现有的200多万人增至四五百万人。二是抓紧扫除剩余文盲。对有条件学习的文盲，采取先易后难、分期分批的办法组织起来学习。文盲较多的单位，更需要着重抓好。三是积极组织初等和初中文化程度的职工学习，切实提高他们的读、写、算能力。要特别注意培养生产骨干、老工人和从工人中提拔的干部，可以根据需要和可能，采用半工半读或短期脱产形式，组织他们参加学习。四是办好业余中专和业余大专，以提高现有工程技术人员的水平，从工人中培养技术后备力量。五是适应企业生产和练好基本功的需要，组织各种短期技术（业务）班和各种单科班，也可以举办业余初级技术学校。会议还讨论了《关于职工业余高等学校工作的暂行规定（草案）》《关于职工业余学校教师工作的若干规定（草案）》等文件。1964年4月，党中央批转报告，并要求各地方、各有关部门按照执行。

在会议精神的指示下，各地的职工业余教育有了较大提升和发展，全国参加业余学习的职工也有了大幅增加，半工半读学校的数量也有所增加。根据教育部的不完全统计，截至1964年下半年，全国共有4000所半工半读学校，参加学习的职工有

80多万人。[①] 在此期间，虽然职工业余教育受到了城乡社会主义教育运动开展的影响，但总体还处于稳步发展中。与此同时，职工业余教育的师资队伍也有所提升，他们精通教学业务，热爱职工业余教育事业，为职工业余教育的发展贡献了力量，同时涌现出一批通过职工业余教育提升自身业务能力的好职工和办好业余职工教育的好单位。“文化大革命”前，全国总工会召开全国职工业余教育经验交流会，在充分交流职工业余教育办学经验和教学经验的基础上，提出“为革命而学，为革命而教，为革命而办好职工业余学校”的口号。会议强调了阶级斗争，强调要按毛泽东思想举办职工业余教育，用毛泽东思想来武装和改造职工业余教育队伍，把职工业余学校办成宣传毛泽东思想的阵地。

## 五、开展“五好”竞赛和职工技术协作活动

### （一）开展以“五好”为目标的“比学赶帮”增产节约运动

1961年1月，党的八届九中全会正式决定了“调整、巩固、充实、提高”八字方针，开启了对国民经济的全面调整。9月15日，党中央下发《关于当前工业问题的指示》，要求所有工业部门都必须毫不动摇地、切实地贯彻执行“调整、巩固、充实、提高”的方针。经过调整，工业企业有了较大的恢复和发展。1962年9月12日，国家经济委员会党组向党中央呈交《关于中央局经委主任会议情况的报告》，提出“今年后四个月，要在工业部门中开展一个以支援农业、增产日用工业品和解决‘短线’原材料为中心的增产节约运动”。9月28日，党中央批转了该报告，并

① 倪志福主编：《当代中国工人阶级和工会运动》（上），当代中国出版社1997年版，第287页。

认为“在工业交通部门开展一个以支援农业、增加日用工业品和解决‘短线’原材料为中心的增产节约运动，是恰当的、必要的。各部门、各地区须要认真做好组织工作，发动广大职工，鼓足干劲，开展好这一运动”。为进一步发动和组织职工群众，扎扎实实地开展增产节约运动，大力支援农业，1963 年 1 月 17 日，全国总工会党组在呈交党中央的《关于全总八届四次执委会议的情况报告》中，明确提出要“广泛开展社会主义劳动竞赛”，其中就包括发挥先进班组、先进生产者的作用，广泛开展“比学赶帮”的活动。1 月 29 日，党中央批转该报告，要求“各地党委和有关的行政部门，指导和帮助各地方工会和各产业工会，结合本地区、本产业的具体情况，认真贯彻执行”。第二次“比学赶帮”运动轰轰烈烈地开展起来。

“五好”竞赛是一些基层厂矿企业工会首先提出并积极实行的。1963 年 9 月，全国总工会在总结基层工会工作经验的基础上，会同国家经济贸易委员会作出《关于在工业、交通企业中开展“五好”企业和“五好”职工竞赛问题的报告》，提出通过评选奖励政治工作好、计划完成好、企业管理好、生活管理好、干部作风好的企业和政治思想好、完成任务好、遵守纪律好、经常学习好、团结互助好的职工的办法，来促进生产的发展和管理的进步。党中央、国务院于同年 10 月批转了这个报告。报告中统一规定了“五好”企业、“五好”职工、“五好”班组标准的具体内容，“五好”企业是政治工作好、计划完成好、企业管理好、生活管理好、干部作风好；“五好”职工是政治思想好、完成任务好、遵守纪律好、经常学习好、团结互助好；“五好”班组是政治工作好、完成任务好、班组管理好、经常学习好、团结互助好。并规定了评比奖励和授予“五好”荣誉称号的办法。其中规定“五好”企业由国务院主管部门和省、自治区、直辖市人民委员会（或委托大中城市人民委员会）评比，授予称号。竞赛要在党委统一领导下，行政、工会和共青团分工协作，密切配合，工会要做好竞赛的日常组织工作。此后，全国各地广泛开展了以“五好”为目标的“比学赶帮”增产节约运动。这是这一时期社会主义劳动竞赛的新发展。各地开展的“五好”竞赛和先进生产者运动统一起来，比过去的劳动竞赛、先进生产者运动的内容更为丰富，要求更加全面，既反映了企业加强政治思想工作的要求，又反映了全面搞好生产和加强管理的要求，体现了政治和经济、技术的结合，科学管理和群众运动的结合，生产和生活的结合，领导和群众的结合，有力地推动了“比学赶帮”活动和增产节约运动的深入发展。在争做“五好”企业和“五好”职工目标的指引下，广大职工的生产积极性进一步提高，解决了不少关键的技术性问题，提高了生产效率和企业管理水平。

### （二）群众性技术协作活动的兴起

1961年，国民经济非常困难，企业在提高产品质量、增加产品品种、降低成本和提高劳动生产率等方面，遇到了诸多重大技术难题。工厂处于关、停、并、转、砍的状态，好多工厂的产品卖不出去。

为了攻克技术难关，广大职工积极开展技术协作活动，合力攻关。例如，沈阳市空气压缩机厂的工程师吴家柱、沈阳拖拉机厂的技术员林海丰和沈阳高压开关厂的技术员吴大有，帮助拖拉机厂解决了“东方红”拖拉机一些部件的精度问题。困难时期，生产28马力拖拉机的许多零件都需要手工来磨，既费时又费力，而且质量也不过关。三人发挥各自技术专长，共同攻关。经过多次组装、试验，终于成功研制出振动研磨机，一下子解放了20多个人，质量也合格了，还节约了成本。

沈阳塑料厂有10台两马力的纽扣压力机，厂里工人操作时掌握不好压力技术，经常打齿轮。劳动模范张成哲、林海丰、李文全等人到该厂进行技术协助，在压力机上安装了一个成型开关，并帮助工人掌握操作技术，解决了打齿轮的问题。沈阳钟表厂生产的钟表质量低、成本高，主要是一些关键技术长期没有得到解决。劳动模范林海丰、周振华等人到该厂进行技术协助，帮助制作和安装定位器，提高了效率，产品合格率更是高达100%。沈阳市味精厂生产的味素是出口产品，由于色泽不白、颗粒不均匀、吸潮力大、包装不好，需要跟上海生产的味素“搭车”出口。工厂邀请了七名市劳动模范进行技术协作，发现该厂的立式耐酸泵和铸铁管路长期失修，影响了味素的质量，协作组马上对此进行维修改造，使这个困扰企业多年的问题终于得到了解决。

技协组织日益发展壮大，提供的技术也越来越多。1961年10月24日，经中共沈阳市委批准，沈阳市职工技术协会成立了。在沈阳市总工会的大力扶持下，技协组织的声势越来越大，影响越来越广。1963年，彭真到沈阳视察，对吴家柱、林海丰、吴大有的汇报给予充分肯定。彭真认为这种职工群众自觉地组织起来进行技术协作的办法，同各企业直接领导下的“三结合”互相配合，是依靠广大职工群众，自力更生地提高我国技术水平的一种方式，以最快、最跃进的速度赶上世界先进水平的一条很好的道路。技协组织成立短短三年就发展到了三万人，在各大工厂持续发挥作用。

职工技术协作活动帮助企业解决了一些长期未能解决的关键技术问题，交流了先进经验，提高了职工的技术水平和团结协作的能力，显示出社会主义制度下职工群众高度的主人翁责任感，推进了企业技术进步。

1964年8月，国际科学讨论会在北京召开，有亚洲、非洲、拉丁美洲、大洋洲一共 43 个国家和地区的 353 名科学家参加①，共提交了 299 篇论文。工人出身的北京永定机床厂工程师倪志福发表论文，介绍了他发明的“倪志福钻头”。工人出身的工程师、上海江南造船厂焊接试验室主任唐应斌宣读论文《一万二千吨锻造水压机的焊接生产》，总结了他及其同伴们的生产实践经验和科学研究成果。

## 六、开展“学大庆”活动

自 1960 年 5 月开始，我国集中全国石油部门的人力、物力，经过三年多的艰苦奋斗，开发了大庆油田。

在开发建设过程中，不仅生产了物质产品，还培养出了一支有一定技术素质、有组织、有纪律、能打硬仗的石油工业队伍，涌现出一大批英雄模范和先进集体。其中最突出的是“铁人”王进喜。

1950 年春，王进喜通过考试成为新中国第一代钻井工人。从 1950 年春招工到 1953 年秋，王进喜一直在老君庙钻探大队当钻工，又勤快又能吃苦，各种杂活都抢着干。他说，党把我们当主人，主人不能像长工那样磨磨蹭蹭、被动地干活。艰苦的钻井生产实践，锻炼了他坚忍不拔的品格和大公无私的先进思想。1956 年 4 月 29 日，王进喜光荣地加入中国共产党，这是他人生旅途的一个里程碑。入党不久，王进喜担任了贝乌五队队长，带领贝乌五队在石油工业部组织的以“优质快速钻井”为中心的劳动竞赛中，提出了“月上千，年上万，祁连山上立标杆”的口号，创出了月进尺 5009.3 米的全国钻井最高纪录。1956 年 10 月，王进喜

---

① 倪志福主编：《当代中国工人阶级和工会运动》（上），当代中国出版社 1997 年版，第 292 页。

到新疆克拉玛依参加石油工业部召开的现场会。余秋里部长、康世恩副部长把一面“钻井卫星”红旗颁发给他。贝乌五队被命名为“钢铁钻井队”，王进喜被誉为“钻井闯将”。1959 年 9 月，王进喜出席甘肃省劳动模范会议，被选为中华人民共和国成立 10 周年国庆观礼代表和全国“工交群英会”代表。休会期间，王进喜参观首都“十大建筑”，路过沙滩时，看到行驶的公共汽车上背着“煤气包”，才知道国家缺油。他感到一种莫大的耻辱，这位坚强的西北汉子蹲在沙滩北大红楼附近的街头哭了起来。从此，这个“煤气包”成为他为国分忧、为民族争气的思想动力之源。

1960 年 2 月，东北松辽石油大会战打响。3 月 25 日，王进喜带领 1205 钻井队到达萨尔图车站。面对极端困难和恶劣的环境，会战领导小组作出了学习毛主席《实践论》和《矛盾论》的决定。王进喜组织 1205 队职工认真学习“两论”。通过学习，王进喜认识到：“这困难，那困难，国家缺油是最大困难；这矛盾，那矛盾，国家建设等油用是最主要矛盾。”1205 钻井队的钻机到了，没有吊车和拖拉机，汽车也不足。王进喜就带领全队工人用撬杠撬、滚杠滚、大绳拉的办法，“人拉肩扛”把钻机卸下来，运到萨 55 井井场，仅用四天时间，便把 40 米高的井架竖立在茫茫荒原上。井架立起来后，没有打井用的水，王进喜组织职工到附近的水泡子破冰取水，带领大家用脸盆端、水桶挑，硬是靠人力端水 50 多吨，保证了按时开钻。萨 55 井于 4 月 19 日胜利完钻，进尺 1200 米，首创 5 天零 4 个小时打一口中深井的纪录。

1960 年 4 月 29 日，1205 钻井队准备往第二口井搬家时，王进喜的右腿被砸伤，却仍在井场坚持工作。由于地层压力太大，第二口井打到 700 米时发生了井喷。危急关头，王进喜不顾腿伤，扔掉拐杖，带头跳进泥浆池，用身体搅拌泥浆，最终制伏了井喷。房东赵大娘看到王进喜整天领着工人不分白天黑夜地干，饭做好了也不回来吃，感慨地说：“你们的王队长可真是个‘铁人’

哪!”余秋里得知后，连声称赞赵大娘叫得好。在第一次油田技术座谈会上，余秋里号召四万会战职工“学铁人、做铁人，为会战立功，高速度、高水平拿下大油田”！同年4月29日，“五一”万人誓师大会上，王进喜成为大会战树立的第一个典型，成为石油大会战的一面旗帜。号召一出，群情振奋，广大石油工人迅速掀起了“学铁人、做铁人，为会战立功”的热潮。

从1960年5月开始，经过几万名石油职工三年的大会战，终于建成了大庆油田。大庆油田是在国家极其困难的条件下，完全依靠自己，根据中国专家独创性的地质理论进行勘探而发现的。到1963年底，大庆油田已建成146平方公里、原油年生产能力600万吨的生产基地，占全国同期陆上总产量的51.3%，累计生产原油1155万吨。1963年12月，周恩来在第二届全国人民代表大会第四次会议上自豪地宣布：“我国需要的石油，现在可以基本自给了。”同年12月26日的《人民日报》刊发消息：中国人民使用“洋油”的时代，即将一去不复返了。

1964年1月7日，毛泽东在听取全国工业交通情况汇报时，指示报纸要写点新鲜事物，报道学习解放军、学习石油部，并在会上表扬了石油部经验和大庆“铁人”王进喜。2月5日，党中央发布《关于传达石油工业部〈关于大庆石油会战情况〉的报告的通知》，指出：它是一个多快好省的典型。它的一些主要经验不仅在工业部门中适用，在交通、财贸、文教各部门，在党、政、军、群众团体的各级机关中也都适用，或者可做参考。该通知要求把文件一直传达到基层，同时布置要播放石油部报告的录音。2月13日，在人民大会堂举行的春节座谈会上，毛泽东发出号召：“要鼓起劲来，所以，要学解放军、学大庆。”“要学习解放军、学习石油部大庆油田的经验，学习城市、乡村、工厂、学校、机关的好典型。”从此，全国掀起一股轰轰烈烈的宣传大庆、学习大庆的热潮。

1964 年 4 月 20 日，《人民日报》头版头条刊发长篇通讯《大庆精神大庆人》，第一次提出“大庆精神”并阐述：“大庆精神，就是无产阶级的革命精神。大庆人，是特种材料制成的人，就是用无产阶级革命精神武装起来的人。这种精神、这种人，正是我们学习的崇高榜样。”

为了贯彻落实党中央的指示精神，全国总工会在第八届五次执委会议和省、自治区、直辖市工会主席会议上研究讨论向大庆油田学习的问题，提出要以大庆油田作为一面镜子，改进与提高自己的工作。各级工会组织根据会议的精神，陆续开展学习大庆的活动。“工业学大庆”的群众运动掀起了 1965 年新的生产高潮。

1965 年底至 1966 年初，全国工交系统工业学大庆会议、全国工交工作会议及全国工交政治工作会议相继召开。“铁人”王进喜两次应邀在会上作了题为《为革命艰苦奋斗一辈子》的报告。王进喜用生动朴实的语言讲述了自己在大会战中的亲身经历和体会，引起与会代表的强烈反响。随后，全国总工会为了进一步推动“工业学大庆”运动，组织各级工会领导干部共 170 多人到大庆油田参观学习。《工人日报》同步采访报道。从 1966 年元旦开始到 2 月中旬，《工人日报》连续系统地宣传报道了大庆七个先进人物和七个先进集体的事迹和经验。对“铁人”王进喜的宣传，除刊登长篇通讯外，连续发表了三篇论“铁人”的革命精神的社论，还刊登了各种唱“铁人”、谈“铁人”、学“铁人”的诗歌、故事等数十篇，对深入开展学大庆运动起了重要促进作用。

1966 年 3 月，全国工交工作会议和全国工交政治工作会议推荐了全国 70 个大庆式企业，作为全国工业交通系统各类企业的学习榜样。同年 4 月，国家经委、工交党委、工交政治部、石油工业部、全国总工会、共青团中央在大庆油田联合举办大庆经验学习班，参加学习的有全国六个大区和国防工业所属企业的党、政、工干部共 1185 人。①

大庆精神、铁人精神是广大石油职工在困难的时候、困难的地方、困难的条件下，学习和运用毛泽东思想，继承和发扬中国共产党、中国工人阶级和中国人民解放军的优良传统，在开发建设大庆油田的实践中逐步培育和形成的，是战争年代革命精神的继承和发展，是中华民族精神的重要组成部分。无论是过去、现在，还是将来，大庆精神都是激励人们不断奋进的重要精神力量。

## 七、国民经济调整中工会工作的整顿和曲折

1962 年，党中央审视“大跃进”中经济建设存在的问题，召开扩大工作会议。会上毛泽东、周恩来、邓小平等中央领导人发表讲话，并进行问题分析和自我批评。会议以统一全党思想为目的，总结了“大跃进”以来经济建设工作的基本经验教训，为纠正实际工作中的错误提供了重要指导。

### （一）工会系统迈开纠“左”步伐

1960 年 11 月，党中央发出《关于农村人民公社当前政策问题的紧急指示信》，要求全党用最大努力坚决纠正“共产风”；1961 年 1 月，党的八届九中全会决定对国民经济实行“调整、巩固、充实、提高”的八字方针。以这两件事为标志，“大跃进”运动实际上已被停止，国民经济开始转入调整的新轨道。毛泽东在党的八届九中全会以及为准备这次全会而召开的中央工作会议上，号召全党恢复实事求是、调查研究的作风。之后，毛泽东、周恩来、刘少奇、朱德、邓小平、陈云等中央领导人带头深入基

① 倪志福主编：《当代中国工人阶级和工会运动》（上），当代中国出版社 1997 年版，第 295 页。

层调查研究。为系统解决农村人民公社存在的问题，毛泽东于1961年3月主持起草《农村人民公社工作条例（草案）》（简称“农业六十条”）。全党大兴调查研究之风，为各领域的调整提供了重要的思想基础。工业领域调整围绕降低钢产量等指标和整顿企业秩序展开。为了积极响应中央工作会议有关纠“左”的精神，1961年7月5日，全国总工会召开省、市、自治区工会主席会议，在肯定成绩、总结经验的同时，着重检查了三年来工会工作中存在的问题和失误，检查了“工会消亡”和“工会纳入城市公社”的错误，并进行了批评与自我批评。全国总工会副主席李颉伯代表全国总工会作了工会工作检查和当前工作意见的报告。报告首先肯定了三年来各级工会在党的领导下做了许多工作，在社会主义建设事业中起到了积极作用，并总结了工会必须在政治上、组织上、业务上完全服从党的统一领导，工会必须把党的中心任务作为自己的中心任务，在工作中与行政等有关方面团结一致、通力协作的三条基本经验。但报告同时指出，工会工作中也存在不少问题，主要是在完成党的中心任务时，放松甚至丢掉了某些经常工作，民主生活制度不健全，关心群众生活、倾听群众意见和及时地向党委反映情况不够等。这些问题的存在，使工会在一定程度上脱离了群众。报告在分析产生上述问题的原因时，检查了全国总工会在领导和工作中的缺点和错误。即对于工会发展趋势的估计不切实际，在农村人民公社化之后，错误地提出县镇工会的消亡问题，以及在投入城市人民公社工作中，错误地提出把工会逐步纳入公社和多谈公社、少谈工会；没有全面贯彻执行中央成都会议精神，对下级工会工作缺乏必要的领导；缺乏全面系统的调查研究，一切从实际出发执行得不好，等等。上述缺点错误的存在，致使部分工会干部思想混乱，对工会工作产生了不利影响。

### (二) 工会逐步恢复工作

1961年春，中共中央政治局委员李富春视察了北京第一机床厂，指出工会没有发挥自身作用，存在“形同虚设”的问题。1961年5月，全国总工会党组根据李富春提出的整改意见，在讨论调研的基础上，形成《关于改进基层工会工作的报告》并提交党中央，得到党中央批转。工会系统迅速作出调整恢复工作，针对工会没有或者没有很好发挥作用的实际问题展开行动。各基层工会以职工群众为中心，从职工群众的实际需求出发，了解职工群众实际生活中的困难，并帮助解决；关心群众生活福利，尽可能提高职工群众的福利待遇；重视职工群众的政治素养和生产技能的提升，加强职工思想政治教育和生产技能的培训，提升职工群众的政治觉悟和生产积极性。在恢复整改的过程中，各基层工会更加注重改进工会工作方法和工会工作作风，增强组织内部的民主，加强与职工群众的联系，发挥工会组织作用。1961年12月，党中央批转《关于调整、充实基层工会干部问题的请示》，明确了基层工会干部的任职资格，强调只有相当于企业党委副书记或副厂长的干部才能担任大中型企业基层工会主席，企业工会要视自身情况予以调整。各企业工会按照文件要求，积极调整基层工会干部。1961年9月16日，“工业七十条”经庐山中央工作会议讨论通过并发布试行。“工业七十条”系统总结了新中国成立以来特别是“大跃进”以来工业管理工作的经验教训，根据当时的实际情况，提出国营工业企业改进和加强企业管理工作的一些指导原则，并作出具体规定。全国总工会以“工业七十条”为依据，拟定了《国营工业基层工会工作试行条例（草案）》，在1962年底召开的全国总工会第八届四次执委会上进行了讨论。该条例对工会的性质、任务、基本经验和各项群众工作作了具体规定，对进一步加强和促进基层工会工作具有重要的指导意义。

## （三）“左”倾错误的进一步发展与纠正

在国民经济调整顺利实施、各方面的情况有了初步好转以后，党内的“左”倾错误指导思想再度抬头，并且持续发展。尽管当时党和工会内部也曾采取一些措施尽可能地消除其不良影响，但由于种种原因，终究没能阻止其发展，从而使工会工作和工人运动陷入了更深的危机之中。

### 1. 七千人大会的召开

1962年1月11日至2月7日，扩大的中央工作会议（即七千人大会）在北京召开，比较系统地初步总结了“大跃进”以来的经验教训。毛泽东在会上着重讲了实行民主集中制的问题，充分发扬党内民主和人民民主的问题。他表示，我们的态度是：坚持真理，随时修正错误。我们工作中的是和非的问题，正确和错误的问题，这是属于人民内部矛盾的问题。解决人民内部矛盾……只能用讨论的方法，说理的方法，批评和自我批评的方法，一句话，只能用民主的方法、让群众说话的方法。但如果没有充分的民主生活，没有真正实行民主集中制，就不可能实行批评和自我批评这种方法。会上，毛泽东还带头作自我批评。刘少奇在讲话时认为，目前的困难形势，很大程度上是由于我们工作上和作风上的缺点、错误引起的。他引用了在湖南调研时当地农民说的一句话——“三分天灾，七分人祸”。刘少奇还指出，“人有多大胆，地有多大产”的口号是错误的。有的同志说，犯“左”倾错误是方法问题，犯右倾错误是立场问题，这也是不正确的。“左”有方法问题，也有立场问题；右有立场问题，也有方法问题。不能做那种脱离实际的、脱离群众的、冒里冒失的、不管三七二十一就去蛮干的那种加引号的“左”派。邓小平在会上讲党的建设，强调要坚持党的优良传统。最近几年，党的优良传统有相当程度地削弱，给工作带来很大危害。首要原因是不少同志对毛泽东思想学习不够，体会不够；其次是在这几年的党内斗争中发生了一些偏差。由于没有贯彻实行民主集中制、运动中斗争过火等原因，我们要注意坚持党的优良传统。坚持党的优良传统，除调查研究、实事求是、联系群众、及时纠正错误等以外，必须注意健全党的生活，包括坚持民主集中制。在小组发言中，周恩来批评了这几年的浮夸和说假话现象，认为这是党风不纯的表现，强调要坚持毛泽东讲的实事求是，说真话，鼓真劲，做实事，收实效。七千人大会推动了国民经济的全面调整，增强了全党团结奋斗、战胜困难的信心。在全党和全体人民的共同努力下，国民经济逐渐复苏，形势趋于好转。但是，“左”的错误并没有从根本上得到纠正，党内特别是中央领导层的意见分歧也未完全消除。①

1962 年 5 月 19 日，全国总工会召开会议，作了《关于四年来全总工作的初步检查和今后改进意见的报告》（以下简称《报告》）。首先，该《报告》总结了全国总工会和各级工会组织四年来的经验教训，对工会工作问题进行自检，承认全国总工会领导工作中存在的缺点和错误。主要体现在：一是工会在贯彻落实党的方针政策上具有盲目性和片面性，没有处理好党的领导、工会工作和人民群众之间的关系，工会既要服从党的领导，又要密切联系群众；而工会在实际工作中对前者的重视程度要远远大于后者。二是工会工作在执行过程中发生了严重偏离。从“工会消亡”风到“工会纳入人民公社”的提出，反映出工会发展的趋势出现了严重偏差，导致县级工会被撤销、合并，工会的作用无法正常发挥。三是工会工作存在官僚主义和脱离群众的问题，盲目跟风，工作浮躁。四是工会工作缺乏民主的工作作风，民主生活不健全。其次，《报告》总结了产生上述问题的原因：对于什么

---

① 中共中央党史研究室著：《中国共产党历史第二卷（1949—1978）》下册，中央党史出版社 2011 年版，第 592—601 页。

是社会主义、如何建设社会主义以及对于建设社会主义的长期性、复杂性认识不足；对于工会工作的作风问题重视不足；对于工会与行政、工会与国家、工会与群众的关系认识不足；对于工会坚持群众路线的认识不足。最后，《报告》提出改进意见：一是整顿工会工作，实事求是地处理工会问题，形成求真务实、联系群众的工作作风。二是提升工会干部政治思想水平。将党的各项政策、党的工运方针与工会工作相结合，总结研究工会工作的经验教训，理顺党、工会、行政和群众的关系。三是加强工会组织建设和工会财务工作。四是要坚持贯彻民主集中制，大力开展调查研究，把党的主张变为职工群众自觉的行动。

在自查自纠的过程中，全国总工会领导认识到全国总工会党组第三次扩大会议指导思想和实际工作存在的错误和偏差，在总结经验教训、厘清工作思路的基础上，统一广大职工群众的思想认识，提出切合实际的改进措施。全国总工会按照党中央文件的指示精神，开始进行工会系统内部的纠“左”工作，摘掉了受到错误批判或受到组织处分、被划为“右派分子”的帽子，缓和了工会组织内部的矛盾，恢复了工会组织的民主生活，扭转了工会组织的工作作风。工会系统统一思想，团结一致，在努力纠“左”的过程中取得了显著成效。但是，“左”倾的错误思想并没有从根本上予以清除，工会工作中出现的问题只是作为局部问题进行处理。“左”倾错误思想依然在党内和工会系统中产生消极作用。

**2. “左”倾错误再次给工会工作带来冲击**

1962 年 9 月 24 日，中国共产党在北京召开八届十中全会。会议指出，我国人民当前的迫切任务是：贯彻执行毛泽东同志提出的以农业为基础、以工业为主导的发展国民经济的总方针，把发展农业放在首要地位，正确地处理工业和农业的关系，坚决地把工业部门的工作转移到以农业为基础的轨道上来。党的八届十中全会号召全国各民族的工人、农民、知识分子、民主党派、一切爱国人士，更加紧密地团结起来，在党中央和毛泽东同志的领导下，更高地举起社会主义建设总路线、“大跃进”、人民公社的光辉旗帜，鼓足干劲，努力增产节约，为争取明年农业的丰收、为争取国民经济的新发展、为争取我国社会主义事业的新胜利而奋斗。[①] 会议再次强调阶级斗争。“左”倾观点也在党内抬头。这一错误观点后来被概括为党在整个社会主义历史阶段的基本路线，成为党内“左”倾错误的重要理论依据，对日后党和国家的工作包括工会工作都产生了越来越严重的影响。尽管如此，毛泽东在全会上讲话的结尾时说：鉴于 1959 年庐山会议的教训，提醒大家要把经济调整工作放在第一位，不要因为阶级斗争干扰我们当前的工作。这对当时以主要力量搞好国民经济的调整工作起到了一定的作用。

党的八届十中全会以后，“左”的错误指导思想继续发展，在全国开展了大规模阶级斗争。这种局面下，工会工作也受到明显冲击，并造成了工会思想理论一定程度的混乱。为了统一工会系统的思想认识，1962 年 11 月，全国总工会召开第八届四次执委会议，会议按照执委的要求草拟了《关于工会工作中若干认识问题的意见（草稿）》，明确了工会的性质、任务和作用，强调工会要服从党的领导，要关心群众生活、密切联系群众，澄清了全国总工会党组第三次扩大会议以来一直困扰着工会干部的一些思想认识问题，对实际开展工会工作、解决工会问题具有重要指导作用。会议还增选马纯古为全国总工会副主席，增选马纯古、张天民、赵国强、狄子才为全国总工会书记处书记。1963 年 1 月，党中央将这个意见批转各地。

---

① 《中国共产党第八届中央委员会第十次全体会议通过决定进一步巩固人民公社集体经济发展农业生产》，《人民日报》1962 年 9 月 29 日。

### 3. 工会系统再度纠“左”

1964 年，各级工会组织按照党中央的指示精神，动员组织大批工会干部参加城乡“四清”运动。运动中工会组织的作用被弱化，比如，厂矿企业的“四清”代替工会组织，重新登记会员、实行“预备会员制”等。这些错误的做法是在阶级斗争扩大化“左”倾指导思想的影响下和城镇“社教”运动试点的冲击下产生的。为此，工会系统到各地走访调查、研究工会工作出现的问题，并给予经常性的指导，指明了工会系统的纠“左”方向。

第一，纠正工交企业在建立政治部过程中，把工会并入政治部的错误。1964 年 3 月 18 日，全国总工会党组向当时主管工会的中央领导人杨尚昆报送《关于工业交通系统中政治部与工会组织的关系问题的意见》，反映在建立政治部的过程中，有些企业将工会并入政治部，成为政治部下属的一个部门，或者索性取消工会名称，将工会改为政治部下的群众工作部，只管职工的生活福利工作。杨尚昆将该文件批给全国工业交通第一次政治工作会议。会议主持人谷牧要求各地、各部门立即采取措施纠正这一错误做法，提出关于工会的领导体制在中央没有作出新的决定之前，仍按原来的规定执行，不要轻易改变。企业的政治部，应当在企业党委的领导下，协助工会做好工作，更好地发挥工会作用。

第二，纠正部分厂矿企业“四清”试点工作中发生的用“革命工人协会”代替工会组织的错误。1965 年 2 月，全国总工会召开省、市、自治区工会主席会议，会议围绕厂矿企业“四清”试点工作中发生的用“革命工人协会”代替工会组织的问题展开讨论研究，认为工会应发挥自身作用，整顿厂矿企业“四清”试点中的问题，对于实验性质的新做法应当谨慎审视，严格把关。党中央批转全国总工会会议的报告，强调各级工会组织要加强同群众的密切联系，要求各级工会组织要调派一些有群众基础和群众经验的工会干部到地方，强化地方工会作用的发挥。同年 9 月，党中央批转全国总工会党组《整顿基层工会若干意见（草案）》，指出不少地方实行工会预备会员的办法应尽快停止。

第三，整顿县工会工作。全国总工会基于1963年对县工会的实地调研，拟定了《县工会工作条例（草案）》，并将实地调研情况以《关于加强县工会工作的报告》的形式报送给党中央。报告提出：县工会工作在国民经济调整的过程中逐步恢复，工会工作得到普遍加强，在实地调研座谈的县工会中，有20%—30%的县工会工作成效显著。对于党中央提出的加强县工会领导、健全组织、密切与群众联系、发挥积极分子的作用、积极主动地当好党的助手五点意见，全国总工会积极动员县工会贯彻落实，切实保证工会工作实效。党中央对全国总工会的工作给予了充分肯定，认为全国总工会党组在调查研究之后，对县镇职工队伍和工会工作情况的分析是正确的，对今后加强县工会工作的意见也是可行的。党中央同时指出《县工会工作条例（草案）》可由全国总工会发各地试行，并继续收集意见、总结经验。此后，全国县级工会工作进一步改进和加强。

第四，整顿基层工会工作。全国总工会召开的省、市、自治区工会主席会议，与工会主席们交流了基层工作经验。在此基础上，1963年底，全国总工会召开第八届五次执委会议，执委会议对基层工会组织建设提出四项要求：充实和提高基层工会的领导骨干，调整积极分子队伍，摸清职工情况、整顿会员队伍，整顿工会各项事业。1964年2月9日，党中央批转全国总工会党组关于全国总工会第八届五次执委会议的情况报告，指出：工会工作要进一步加强，要发挥工会自身作用，密切联系群众，切实做好群众工作，克服官僚主义，深入群众，让群众发挥监督作用，在实际工会工作中摸索总结出一套既适合中国情况，又能保持中国工会优良传统的工会工作经验。全国总工会以党中央关于工会工作的指示精神为指导，研究探讨了整顿、加强基层工会工作的意见，拟定了《整顿基层工会的若干意见（草稿）》报送党中央。1965 年 9 月 8 日，党中央批转了全国总工会《整顿基层工会若干意见（草稿）》。随后，整顿基层工会的工作也得到了各地党委的重视，对于开展“四清”运动和社会主义教育的单位都进行了相应整顿，基层工会的活力也在逐步整顿的过程中渐渐增强起来。

第九编

# “文化大革命”中的工人运动

（1966—1976）

# 第六章

# “文化大革命”初期动乱的影响与工人阶级的抗争

从“文化大革命”发生到党的九大召开，近三年时间里，中国发生了严重的政治内乱，新中国成立以来17年的工运路线和工会工作被否定，工人运动的基本方针发生历史性的改变，工人群众组织纷纷成立。

## 一、“抓革命、促生产”方针的提出与工人运动

### （一）“文化大革命”的全面发动

1966年5月4日至26日，中央政治局召开扩大会议。会议于5月16日通过的《中国共产党中央委员会通知》（简称“五一六通知”）指出：“混进党里、政府里、军队里和各种文化界的资产阶级代表人物，是一批反革命的修正主义分子，一旦时机成熟，他们就会要夺取政权，由无产阶级专政变为资产阶级专政”；认为“赫鲁晓夫那样的人物”，“现正睡在我们的身旁，各级党委必须充分注意这一点”。会议决定撤销以彭真为首的文化革命五人小组，其后成立由陈伯达任组长，康生任顾问，江青、张春桥等

任副组长的中央文化革命小组①（简称中央文革小组）。这次中央政治局扩大会议是“文化大革命”正式发动的标志，会议通过的“五一六通知”是发动“文化大革命”的纲领性文件。会后，“文化大革命”异常迅猛地开展起来。

从1966年5月下旬起，北京市大、中学校的学生率先响应号召，起来“造修正主义的反”。5月25日，北京大学贴出了“全国第一张马列主义的大字报”②，向北京大学党委和北京市委发难。5月31日，陈伯达率工作组进驻人民日报社并改组报社领导班子。6月1日，《人民日报》发表陈伯达授意起草并经他修改和审定的社论《横扫一切牛鬼蛇神》。此后，该报连续发表社论，号召群众起来进行“文化大革命”。当晚，中央人民广播电台播发北京大学聂元梓等七人的大字报。6月2日，《人民日报》全文刊登，并配发评论员文章《欢呼北大的一张大字报》，称北大的党组织是“假共产党”“修正主义的‘党’”，号召群众起来彻底摧毁“黑帮”“黑组织”。此后，许多城市的大中学校很快掀起以党组织负责人、校长、教师为对象的所谓“斗黑帮”的浪潮。③

在很短时间里，学生造反组织蜂拥而起，到处揪斗学校领导和教师，许多学校的党组织陷于被动以致瘫痪。一些党政机关也受到冲击，社会动乱开始出现。为在运动中维护和坚持党的领导，保持社会稳定，1966年6月上旬，在刘少奇、邓小平的主持下，

---

① 1966年5月28日，党中央公布了重新设立的中央文化革命小组名单，陈伯达任组长，康生任顾问，江青、王任重、刘志贤、张春桥任副组长，组员有谢镗忠、尹达、王力、关锋、戚本禹、穆欣、姚文元。这个名单后来在“文化大革命”中有过多次变动。

② 指北京大学哲学系聂元梓、宋一秀、夏剑豸、杨克明、高云鹏、李醒尘、赵正义在1966年5月25日写的题为《宋硕、陆平、彭珮云在文化革命中究竟干些什么?》的大字报。

③ 中共中央文献研究室编：《周恩来年谱（1949—1976）》下卷，中央文献出版社2020年版，第34页。

党中央作出决定，派工作组到大、中学校协助党组织领导运动，并拟定了有领导有秩序开展运动的八条要求，力图使局势稳定下来。各地工作组在领导运动的过程中，得到多数群众的支持，同时加剧了同造反派的对立。在如何对待运动的问题上，刘少奇、邓小平等领导人同中央文革小组之间的分歧日趋尖锐。江青、陈伯达、康生先是在学生中进行挑拨，又向毛泽东作了片面汇报。毛泽东改变了原先同意派工作组的主张，严厉指责工作组“起坏作用，阻碍运动”，“实际上是站在资产阶级立场，反对无产阶级革命”。刘少奇、邓小平对此承担了责任，作了检讨。根据毛泽东的意见，党中央于 7 月 26 日决定撤销工作组。

1966 年 8 月 1 日至 12 日，党的八届十一中全会召开，毛泽东主持了这次会议。到会的有中共中央委员、候补委员 141 人和各省、市、自治区党委负责人，中央文革小组成员。中央有关部门负责人及首都高等学校师生代表 47 人列席了会议。全会召开当天，毛泽东给清华大学附属中学红卫兵写信，表示对他们造反精神的热烈支持。8 月 5 日，毛泽东发表《炮打司令部——我的一张大字报》。大字报发表后，会议随即转入对刘少奇、邓小平的批判。8 日，全会通过《中国共产党中央委员会关于无产阶级文化大革命的决定》（简称“十六条”），对“文化大革命”运动的目的、对象、依靠力量、工作方法等作出了错误的规定。它规定这次运动的目的是“斗垮走资本主义道路的当权派，批判资产阶级的反动学术‘权威’，批判资产阶级和一切剥削阶级的意识形态，改革教育，改革文艺，改革一切不适应社会主义经济基础的上层建筑，以利于巩固和发展社会主义制度”。“十六条”还特别强调，“这次运动的重点，是整党内那些走资本主义道路的当权派”。该文件与“五一六通知”一样，没有对如何判断“走资派”以及“左派”“右派”等提出明确判别标准，也没有对如何实现党的领导作出具体规定。会议根据毛泽东的提议，改组了中央领导机构①，同时改组了中央书记处。5月的中央政治局扩大会议和8月党的八届十一中全会的召开，标志着“文化大革命”的全面发动。

毛泽东发动“文化大革命”的出发点，是防止资本主义复辟、维护党的纯洁性和寻求中国自己的建设社会主义的道路。作为一个执政的无产阶级政党的领袖，毛泽东极为关注艰难缔造的党和人民政权的巩固，高度警惕资本主义复辟的危险，并努力探索解决这个问题的途径，这是十分可贵和富有远见的。他为消除党和政府中的腐败现象和特权、官僚主义等脱离群众现象所做的坚持不懈的斗争，也一直赢得了党和人民群众的拥护、支持。但是，毛泽东对党和国家政治状况的错误估计这时已经发展到非常严重的程度。他认为党中央出了修正主义，党和国家面临资本主义复辟的现实危险。过去开展的“四清”等运动已不能解决问题，只有公开地、全面地、由下而上地发动广大群众，才能揭露党和国家生活中的阴暗面，把所谓被“走资派”篡夺了的权力夺回来。②

1966年8月18日，在北京天安门广场举行了有百万人参加的群众大会。毛泽东身着军装，接见了来自全国的师生和红卫兵。一名红卫兵给毛泽东佩戴红卫兵袖章，毛泽东欣然接受，表示他对红卫兵的支持。林彪在代表毛泽东和党中央发表的讲话中，号召“要打倒走资本主义道路的当权派，要打倒资产阶级反动权威，要打倒一切资产阶级保皇派，要反对形形色色的压制革命的行为，要打倒一切牛鬼蛇神”，并要求红卫兵“大破一切剥削阶级的旧思想、旧文化、旧风俗、旧习惯”。这次大会后，红卫兵

① 选举毛泽东、林彪、周恩来、陶铸、陈伯达、邓小平、康生、刘少奇、朱德、李富春、陈云为中央政治局常务委员会委员。

② 中共中央党史和文献研究院著：《中国共产党的一百年（社会主义革命和建设时期）》，中共党史出版社2022年版，第556页。

运动席卷全国。

1966年9月初，党中央、国务院发出关于组织外地师生来京参观“文化大革命”的通知，各地红卫兵纷纷涌入北京“取经”，北京红卫兵也分赴各地“点火”，号称“大串连”。大串连遍及全国城乡，红卫兵运动达到高潮，动乱迅速遍及全国。

## （二）批判“资产阶级反动路线”

1966年10月1日，《红旗》杂志第十三期发表《在毛泽东思想的大路上前进》的社论。社论说：“有极少数人采取新的形式欺骗群众，对抗‘十六条’，顽固地坚持资产阶级反动路线。”“对资产阶级反动路线，必须彻底批判。”这篇社论首次提出“批判资产阶级反动路线”的问题，这既是对刘少奇、邓小平在“文化大革命”初期所定方针无限上纲的批判，也是向持有抵触情绪的领导干部施加更大的压力。①

1966年10月9日至28日，以批判“资产阶级反动路线”为主题的中央工作会议在北京召开。这次会议是继5月中央政治局扩大会议和8月八届十一中全会之后，对“文化大革命”进行的再一次发动。毛泽东提出，这次会议要解决“思想不通”的问题。陈伯达、林彪按照同一基调，先后作主题发言。陈伯达在题为《无产阶级文化大革命中的两条路线》的报告中说：毛主席的革命路线，“是让群众自己教育自己、自己解放自己的路线”；错误路线则是“反对让群众自己教育自己、自己解放自己”；“两条路线的斗争还在继续，而且还会经过多次的反复”。林彪在讲话中说：“几个月来文化大革命中的情况是两头的劲很大，中间就有一点劲头不足，中间甚至还有一点顶牛。”他宣称：“革命的群

① 中共中央党史研究室著：《中国共产党历史第二卷（1949—1978）》下册，中共党史出版社2011年版，第773页。

众运动，它天然是合理的。”他指名攻击刘少奇、邓小平执行了一条“压制群众，反对革命的路线”，说：“一个是群众路线，一个是反群众路线。这就是我们党内两条路线的尖锐的对立。”对“资产阶级反动路线”的批判，把矛头集中地对准各级党政领导机关及其负责人，攻击他们“执行错误路线”。[1] 林彪、陈伯达在这次会议上的讲话被大量印发，全国掀起批判“资产阶级反动路线”的浪潮。

在批判“资产阶级反动路线”运动中，提出“打倒一小撮”的口号，在行动上是打倒一大片。机关单位、学校的群众组织批斗“走资派”，许多党政领导干部和教授、教师、作家被当作“黑帮分子”“资产阶级代表人物”“反动学术权威”“反革命修正主义分子”并受到批判。一些爱国民主人士、工商业者和归国侨胞也受到冲击。劳动模范、优秀专家、演员被打成“黑线”代表人物。1967 年 1 月 8 日，周恩来出席“全国石油系统批判资产阶级反动路线大会”。针对大庆油田领导班子瘫痪、“铁人”王进喜遭揪斗、油田生产失去正常指挥等情况，周恩来指出：王进喜反对工人离开油田放弃生产，这是对的。为什么有人硬要反对大庆、硬要打倒铁人王进喜？这是阴谋，是为了毁掉毛主席树立的这个典型。无数的油井停下来了，我们忍心看着这样吗？抓革命、促生产是这样抓的吗？你们造什么反？如果把应该进行的业务工作停下来，那就是造错了方向。当有造反派呼“打倒刘少奇、打倒邓小平”口号时，周恩来当即背过身去以示抗议，说：在中共八届十一中全会的决定上，他们两位还是党中央常委。批判可以背靠背，不要用揪斗的方法。[2] 在批判“资产阶级反动路线”浪

---

① 中共中央党史研究室著：《中国共产党历史第二卷（1949—1978）》下册，中共党史出版社 2011 年版，第 775 页。

② 中共中央文献研究室编：《周恩来年谱（1949—1976）》下卷，中央文献出版社 2020 年版，第 108 页。

潮冲击下，各级党政领导机关和领导干部的权威急剧下降，社会秩序开始失控。

## （三）“文化大革命”蔓延至工业领域

红卫兵运动迅猛兴起，大串连现象到处泛滥。为了使国民经济尽可能少受干扰，党中央就维护工农业生产问题接连发出通知，明确提出红卫兵不要到工厂、农村进行大串连，要求完成好生产任务。

1966 年 8 月下旬，北京红卫兵到上海大串连，开始冲击中共上海市委。不少工人在中共上海市委机关外主动和红卫兵辩论，一部分劳动模范还贴出拥护中共上海市委的大字报。9 月 4 日，部分劳动模范和“五好”工人联合打电报给中共中央，反对红卫兵对中共上海市委的围攻。红卫兵开始到工厂去大串连，煽动工人起来造反。① 9 月 7 日，陶铸根据周恩来的指示，主持起草《人民日报》社论《抓革命，促生产》，提出“革命和生产两不误”；要求各生产单位和业务部门加强领导，广大工人、社员和科技人员及其他劳动者“应当坚守生产岗位”，学生不要到农村和工厂去干预那里的革命和生产。② 9 月中旬，在周恩来的主持下，经毛泽东批准，党中央就维护工农业生产问题发出《关于抓革命、促生产的通知》，要求做好以下几项工作：第一，《人民日报》9 月 7 日《抓革命，促生产》的社论，应当写成大字报张贴起来，并组织全体职工认真学习讨论。第二，工业（包括国防工业）、农业、交通、财贸部门，应当立即加强或组成各级生产业务指挥机构。第三，职工应当坚守岗位。外出大串连的，应当迅速返回

---

① 《上海工运志》编纂委员会编：《上海工运志》，上海社会科学院出版社 1997 年版，第 57 页。

② 中共中央文献研究室编：《周恩来年谱（1949—1976）》下卷，中央文献出版社 2020 年版，第 58 页。

原工作单位，积极参加本单位的革命和生产。学校的红卫兵、学生不要进入工矿企业、科学研究和设计事业单位大串连。第四，各单位凡已经开展“文化大革命”的，应当在党委统一领导下，迅速组成抓革命和抓生产、抓业务两个班子。职工的“文化大革命”放在业余时间去搞；还未开展“文化大革命”而生产任务又重的单位，可以推迟进行，但必须对“文化大革命”进行充分的正面教育。第五，不论是中央直属的和地方的工矿企业、事业、商业、服务业、科学研究、设计单位，在“文化大革命”中对该单位领导干部的撤换，应由上级党委主动加以调整，不采取群众直接罢官的做法。第六，各单位必须抓好质量、品种、节约、安全等项工作。

1966 年 9 月 15 日，周恩来在接见全国各地来京师生大会上的讲话中着重指出，搞好工农业生产，关系很大。它关系到我国社会主义建设。为了有利于工农业生产的正常进行，大中学校的红卫兵和革命学生，现在不要到工厂、企业单位和县以下的机关、农村人民公社去进行串连，工厂、农村不能像学校那样放假，停止生产来革命。①

在江青、张春桥等鼓动、指使下，红卫兵仍然纷纷到工厂串连工人造反，不少工厂企业出现了造反组织。1966 年 11 月 9 日，上海第十七棉纺织厂王洪文、上海玻璃机械厂潘国平等在“造反有理”的旗号下成立了“上海工人革命造反总司令部”（简称“工总司”），在成立宣言中公开提出“我们要夺权”的口号。中共上海市委根据“十六条”精神和党中央关于不要成立跨行业组织的规定，决定对“工总司”持“不赞成、不支持、不参加”的态度。11 月 10 日凌晨，“工总司”煽动、裹胁一部分人以到北京

---

① 中共中央文献研究室编：《周恩来年谱（1949—1976）》下卷，中央文献出版社 2020 年版，第 63 页。

“告状”为名，在上海近郊安亭站卧轨拦火车，致使沪宁线交通中断31个小时。周恩来得知后要陈伯达电告中共中央华东局书记处书记韩哲一，要华东局和上海市委顶住，不能承认“工总司”是合法的组织，不能承认卧轨拦车是革命的行动。同时，致电在安亭站的上海工人，指出他们这次行动“不但影响本单位的生产，而且大大影响全国的交通”，要求工人“立即回到上海去，有问题就地解决”。[①] 中央文革小组派张春桥赴上海解决此事。11月11日晚，张春桥到上海后，不同华东局和上海市委商量，即去安亭站会见造反群众。11月13日下午，他又违背上午在上海市委会议上达成的不承认“工总司”的一致意见，擅自签字同意“工总司”提出的五项要求，承认“工总司”是合法的革命组织。上海市委对张春桥的行为提出了批评。但11月16日，毛泽东在中央政治局会议上拿出《宪法》，认为“工总司”符合“结社自由”，肯定了张春桥的处理。上海市委被迫接受既成事实。[②]

承认“工总司”是合法组织，激起了上海工人极大的愤慨。1966年12月28日，以老工人、党团员为骨干的上海另一个全市性的工人组织“捍卫毛泽东思想工人赤卫队上海总部”（简称“赤卫队”）万余人到康平路上海市委机关办公地点，要求上海市委承认“赤卫队”是革命群众组织。

1966年11月17日至23日，全国计划会议、工业交通会议在北京召开。会前，周恩来曾要求余秋里抓紧准备召开这次会议，力求把1967年的计划安排得早些、好些；要谷牧组织一个班子，研究工交系统如何贯彻“抓革命、促生产”的方针，使工业生产减少损失。会上，与会人员对陈伯达提出的《关于工厂文化大革

---

① 中共中央文献研究室编：《周恩来年谱（1949—1976）》下卷，中央文献出版社2020年版，第87页。

② 当代中国研究所著：《中华人民共和国史稿（1966—1976）》第3卷，人民出版社、当代中国出版社2012年版，第39页。

命的十二条指示（草案）》中有关“允许工厂成立派系组织”“允许学生到工厂串连”等条款表示强烈反对，对由于“文化大革命”的冲击使得工交战线混乱表示担忧，认为工厂与学校不同，生产的连续性很强，不能中断。11 月 19 日，周恩来出席由谷牧主持的工交座谈会，并在讲话中把当时的形势概括为“方兴未艾，欲罢不能，大势所趋，因势利导”四句话，要大家抱着“我不入苦海，谁入苦海”的态度，因势利导，挺身而出，保卫党和国家的利益，个人被冲垮了也毫无抱怨。① 根据会议的意见和周恩来的多次讲话精神，谷牧起草出《工交企业进行文化大革命的若干规定》（又称“十五条”）。其中提出：“十七年来，工交战线基本上是执行毛主席革命路线的。”并规定：第一，工业化大生产具有连续性和社会协作性，不能停产闹革命，只能有步骤分期分批地搞文化革命；第二，工人参加“文化大革命”活动，只能在业余时间内进行，八小时工作制不能侵犯；第三，学生不能到工厂串连。“十五条”遭到陈伯达和中央文革小组的反对和指责。周恩来得知后，于 11 月 22 日同李富春到毛泽东处将此情况作了汇报。毛泽东听后表示，工矿企业还是要分期分批进行“文化大革命”，八小时生产不能侵犯，工人只能在业余时间闹革命。责成谷牧带个班子到上海、沈阳、天津听取各派工人的意见，继续进行修改，争取在 12 月份发出。

1966 年 12 月 4 日至 6 日，林彪主持中央政治局扩大会议。会上，谷牧汇报了工矿交通企业文化革命座谈会的情况。林彪、康生、陈伯达、王力等对谷牧根据周恩来指示所写的《关于工矿交通企业文化革命座谈会的汇报提纲》进行了指责和批判，称汇报提纲“集中地反映了一套错误的东西，就是不要搞‘文化大革

---

① 中共中央文献研究室编：《周恩来年谱（1949—1976）》下卷，中央文献出版社 2020 年版，第 90 页。

命’”。会议通过了陈伯达起草的《关于抓革命、促生产的十条规定（草案）》（也称“工业十条”）。[①] 此规定经毛泽东批准，12月9日由党中央发出。“工业十条”改变了运动只限于文教部门和党政机关的原定部署，把运动扩展到工矿企业。在这种情况下，全国工矿企业工人“停产闹革命”的现象很快泛滥开来。他们在工厂建立群众造反组织，进行大串连。各级主管工业生产的领导干部工作更加困难，大多受到冲击。工人造反组织同大、中学校的学生造反浪潮联系起来，严重干扰了国民经济的正常进行。这是导致全国大动乱的一个严重步骤。

1966年12月，“全国红色劳动者造反总团”的数百人来到全国总工会机关造反。在“全红总”强占全国总工会机关办公大楼以后，全国总工会被迫停止一切工作和活动。1967年1月11日，中央政治局作出全国总工会的金库封存、资金冻结、全总党组没有权力再签署下达任何文件等决定。

## 二、“全面夺权”与“革命大联合”的冲击

### （一）上海工人造反组织制造“一月风暴”

1967年元旦，《人民日报》和《红旗》杂志发表题为《把无产阶级文化大革命进行到底》的社论。社论认为：1967年，将是全国全面展开阶级斗争的一年；将是无产阶级联合其他革命群众，向党内一小撮走资本主义道路的当权派和社会上的牛鬼蛇神展开总攻击的一年；将是更加深入地批判资产阶级反动路线，消除它

① 这一规定提出工矿企业可以成立派别组织，允许学生到工厂大串连，工人也可以到学校大串连。这一文件的下达，改变了党中央关于工矿企业原则上不开展“文化大革命”的决定，使“文化大革命”正式扩及全国工交财贸各部门的基层单位。

的影响的一年；将是一斗、二批、三改取得决定性胜利的一年。社论说："我国无产阶级文化大革命出现了一个新局面"，其特点之一是"广大的工人、农民起来了。他们冲破各种阻力，建立自己的革命组织，投入了无产阶级文化大革命运动"。社论强调："我国现代史上的文化革命运动，都是从学生运动开始，发展为工人运动和农民运动，发展为革命的知识分子同工人农民相结合。这是客观的规律。""1967 年，我国的无产阶级文化大革命将按照这个客观规律进一步地展开。"这就预示着，产业工人将成为运动的"主力军"。随后，很快发生了上海"一月风暴"。

1967 年 1 月 4 日，张春桥、姚文元以"中央文革小组调查员"的名义回上海。当天，上海《文汇报》的造反派接管报社。1 月 5 日，上海市委机关报《解放日报》的造反派也宣布接管报社领导权。同一天，张春桥接见"工总司"代表，说："基本问题是把领导权夺过来，把走资本主义道路的当权派揪出来，打倒。"1 月 6 日，他们策划召开了彻底打倒上海市委的大会，批斗了陈丕显、曹荻秋等上海市委、市政府的主要负责人，并把全市高级干部数百人揪到会场陪斗。大会发出三项通令，宣布不再承认曹荻秋为上海市委书记处书记和上海市市长，勒令陈丕显交代所谓"反革命罪行"，并将由造反派造成的生产瘫痪、交通阻塞的责任强加于上海市委。1 月 11 日，中共中央、国务院、中央军委、中央文革小组联合发出《给上海市各革命造反团体的贺电》，肯定并支持上海的"夺权"，号召全国党政军民各界学习上海的"经验"。1 月 22 日，《人民日报》发表社论《无产阶级革命派大联合，夺走资本主义道路当权派的权!》指出，在无产阶级专政条件下，从党内一小撮走资本主义道路的当权派和坚持资产阶级反动路线的顽固分子手里，自上而下地夺权，这是今年展开全国全面阶级斗争的一个伟大开端，是一场无产阶级和资产阶级的大决战。从此，全国迅速掀起夺权的浪潮。

## （二）工人群众组织在夺权分化中走向联合

在上海夺权的带动下，我国工人运动出现了严重的扭曲。各地掀起由造反派夺取各级党政领导机关乃至各工厂领导机构权力的“一月革命”风暴，“文化大革命”由此进入“全面夺权”阶段。从 1967 年 1 月中下旬起，山西、贵州、青岛、黑龙江等地的造反派组织先后宣告夺了省、市委，省、市人委的党、政、财、文领导权。连同第一个夺权的上海市，这五个省市都是在中央文革小组直接插手和授意下进行夺权的，而且很快得到了中央的承认。① 夺权狂潮一经引发便不可收拾。

在“怀疑一切”“打倒一切”的口号下，部分群众组织从“踢开党委闹革命”“批判资产阶级反动路线”到“停工停产闹革命”，最后演变为造反组织。造反派各立山头，夺权狂潮一浪高过一浪。在林彪、江青一伙的煽动下，工人阶级队伍出现严重分裂，持不同观点的群众形成了所谓“造反派”和“保皇派”、“革命派”和“守旧派”。造反派同倾向于支持原党政领导的群众之间发生了激烈的冲突，这一派夺权组织同那一派夺权组织之间也经常发生激烈的冲突。许多地方的夺权，实际上就是各造反组织之间的争权、抢权，一些地区甚至出现了二次夺权、反复夺权的混乱局面。② 党的各级组织和党员的组织生活都陷于停顿，不少党政领导人被批斗、抄家，直至被打倒，生产建设事业受到严重损害。

除第一批夺权的五省市外，其他省、市的几派力量分别夺权，不能建立统一的权力机构，陷入激烈的争夺之中。毛泽东主张实

① 当代中国研究所著：《中华人民共和国史稿（1966—1976）》第 3 卷，人民出版社、当代中国出版社 2012 年版，第 42 页。

② 中共山东省委党史研究室著：《中国共产党山东历史第二卷（1949—1978）》下册，山东人民出版社 2018 年版，第 634 页。

行“大联合”，在成立临时权力机关前，先建立工人、学生等的联合组织，开代表会议。但是，全国性的无政府主义夺权浪潮泛滥，局势就难以像毛泽东设想的那样能够控制了。各地的群众组织迟迟不能联合夺权，已经成立革命委员会的地区，也爆发了新的内部争斗，甚至发展到大规模武斗。夺权斗争导致全国局势严重恶化，形成“全面内战”的局面。

1967 年 3 月 22 日，北京市革命职工代表会议（“工代会”）在人民大会堂召开。新华社 23 日电讯稿报道：目前在向党内一小撮走资本主义道路当权派夺权斗争的阶段，首都厂矿企业无产阶级革命派在大好形势和新的战斗任务面前，在伟大领袖毛主席的号召下，正在开始逐步实行按系统、按部门、按单位的革命大联合。“工代会”上宣布北京市革命职工代表会议是全市革命职工组织的最高权力机构。在会议闭幕期间设立一个常设委员会，负责处理日常工作。北京市“工代会”是继 1966 年 11 月 9 日成立的“工总司”以后，全市性工人造反组织的又一新的组织形态。此后，“工代会”成为各地工人造反组织大联合的主要形式，“工代会”也成为其组织名称。“工代会”名义上是在“革命大联合”基础上建立的，实际上大多是各种帮派组织的凑合，其领导权往往被“造反派”头头所控制和掌握。

在首都大专院校红卫兵代表大会、市贫下中农代表会议、市革命职工代表会议、首都中学红卫兵代表大会相继召开的基础上，经党中央同意，1967 年 4 月 19 日至 20 日，北京市革命委员会召开第一次全体会议。市革委会有工人代表 24 名，贫下中农代表 13 名，军队代表 17 名，大、中学生代表 20 名，机关干部代表 13 名，文教卫生系统代表 6 名，街道居民代表 4 名。代表中许多是各个领域造反派组织的头目。4 月 20 日下午，庆祝北京市革委会成立大会在北京工人体育场召开。周恩来代表党中央、国务院、中央军委到会讲话，宣布党中央批准成立北京市革命委员会。

### （三）“工宣队”进驻学校

1968 年 1 月 1 日，《人民日报》《解放军报》和《红旗》杂志发表经毛泽东批准的元旦社论，提出“人类历史上第一次文化大革命，已经在 1967 年取得了决定性胜利”，1968 年的主要任务是号召各地区进一步“促进革命大联合，建立‘三结合’的各级革命委员会”。

在实现省、市群众组织形式上的大联合后，各地把工作重点放在筹建革命委员会上。按照规定，革命委员会由革命干部的代表、军队的代表和革命群众的代表三方组成，称为“革命的三结合”。在筹建过程中，除军队的代表较容易产生外，群众组织代表，特别是干部代表受到造反派的刁难和阻碍难以达成一致。许多地区或单位的革委会代表人选需要解放军驻军部队、军管会与各派群众组织反复协商，因此原定成立革委会的时间被一再推迟。

1968 年初，北京各级革委会陆续成立，但大专院校成立革委会的单位只有三分之一。北京高等院校、学生组织的派性斗争越来越激烈，酿成严重的流血事件，大规模武斗屡禁不止。为了刹住武斗风，根据毛泽东指示，北京 60 多个工厂的工人组成“首都工人毛泽东思想宣传队”，并于 7 月 27 日上午进入清华大学，宣传制止武斗、收缴武器、拆除工事、整顿秩序。8 月 17 日晚上，毛泽东听取林彪、黄永胜、吴法宪、温玉成汇报工作。当汇报到许多院校长期联合不起来时，毛泽东说：“总会有团结的时候，事情总是有始有终。可以军管。北京的学校要有工人、解放军进去。北京八十万工人，抽出十分之一——八万人就够了，实际上用不着十分之一，并不影响生产。完全是工人不行，要有解放军。现在北京的学生，不怕解放军，就是怕工人。因为他们摸到解放军的底，有五不政策①。解放军对学生没办法，工人硬一些。”②

1968 年 8 月 19 日下午，毛泽东召集中央文革小组碰头会成员开会。谈到工人和解放军宣传队进驻学校搞“斗批改”的情况时，毛泽东说：“（‘文化大革命’）已经两年多了，不斗不批不改，尽搞武斗。打内战这叫作革命吗？这里面一定有坏人。我很注意逍遥派的动向，逍遥派是多数，他们之所以逍遥，就是他们反对打内战，不愿意搞武斗。”③ 8 月 22 日、23 日、24 日，毛泽东三次审阅修改姚文元的文章《在工人阶级的领导下，认真搞好斗、批、改》，审阅时将文章题目改为《工人阶级必须领导一切》，并加写和改写部分文字：在这场无产阶级“文化大革命”中，红卫兵小将奋起造党内一小撮走资派的反，学校中的资产阶级反动势力暂时地遭到了一次沉重的打击。但随后不久，有些人又暗地活动起来，挑动群众斗群众，破坏“文化大革命”，破坏斗、批、改，破坏大联合和“革命的三结合”，破坏清理阶级队伍的工作和整党的工作。这种情况引起了广大群众的不满。现实的状况告诉我们：在这种情况下，单靠学生、知识分子不能完成教育战线的斗、批、改及其他一系列任务，必须有工人、解放军参加，必须有工人阶级的坚强领导。④

1968 年 8 月 25 日，党中央、国务院、中央军委联合发出《关于派工人宣传队进学校的通知》，要求“各地应该仿照北京的办法，把大中城市的大、中、小学校逐步管起来。在已经成立了

---

① 指中国人民解放军在“三支两军”中坚持的“打不还手，骂不还口，不捕人，不开枪，不动气”政策。

② 中共中央党史和文献研究院编：《毛泽东年谱（1966. 10—1976. 09）》第 9 卷，中央文献出版社 2023 年版，第 183 页。

③ 中共中央党史和文献研究院编：《毛泽东年谱（1966. 10—1976. 09）》第 9 卷，中央文献出版社 2023 年版，第 183—184 页。

④ 中共中央党史和文献研究院编：《毛泽东年谱（1966. 10—1976. 09）》第 9 卷，中央文献出版社 2023 年版，第 185—187 页。

革命委员会，在工人中已经实行革命大联合，清理阶级队伍工作有了显著成效的大、中城市，都要在革命委员会领导下，以优秀的产业工人为主体，配合人民解放军战士，组成毛泽东思想宣传队，分批分期，进入各学校。先搞试点，总结经验，逐步普及。先进大学，后进中、小学。没有两派组织，也没有武斗的学校，也要进入。""抽调工人的人数，大体上可占当地产业工人1/10左右"之后，加写"或更少一点，不会妨碍生产。可以轮换"。此后，派遣"工宣队""军宣队"进驻学校的办法，不仅普及各教育单位，而且扩大到除军管以外的各级机关。党中央采取的这一系列措施，有力地平息了武斗，在一定程度上抑制了动乱。从此时起，虽然还有反复，但就全国来看，形势开始趋于稳定，社会秩序、生产秩序得到逐渐恢复。到1968年9月，全国除台湾地区以外的省、市、自治区全部成立了革命委员会，实现了所谓"全国山河一片红"。地方各级革委会实行所谓"一元化"的高度集中领导，取代了原来的各级中共党委和人民代表大会、人民政府，成为地方最高权力机构。

## 三、工人运动的困境与职工群众的抗争

### （一）"文化大革命"前工运路线遭残酷批判

1967年3月30日，《红旗》杂志发表戚本禹撰写、经毛泽东审阅修改并批准发表的《爱国主义还是卖国主义？——评反动影片〈清宫秘史〉》。文章不点名地诬陷刘少奇是"假革命、反革命"，"是睡在我们身边的赫鲁晓夫"，第一次在中央报刊上宣称"一定要把党内最大的走资本主义道路的当权派拉下马"。文章提出刘少奇从历史到当前的所谓八个问题。事实上，这八个问题，有的是纯属子虚乌有的编造，有的是中央集体作出的决定，有的

后来被历史证明是正确的。5月8日，《人民日报》和《红旗》杂志又联合以编辑部名义发表了由王力、关锋起草，经毛泽东审阅修改的另一篇文章《〈修养〉的要害是背叛无产阶级专政》，指责刘少奇的著作《论共产党员的修养》“是反马克思列宁主义、反毛泽东思想的大毒草”。“它的要害，就是背叛了马克思列宁主义的无产阶级专政学说”，“就是完全地、彻底地背叛了马克思列宁主义，就是完全地、彻底地背叛了无产阶级的革命事业”。和前述八个问题一样，这些罪名也是完全不符合事实的。以后，各种报刊和红卫兵小报批判、谩骂刘少奇以及大批党政军领导人，形成空前的政治围攻，全国掀起了“大批判”的浪潮。①

1967年5月29日，《人民日报》发表1966年2月林彪委托江青召开的部队文艺工作座谈会纪要。纪要称，文艺在新中国成立以来被一条“反党反社会主义的黑线专了我们的政”。此后，“黑线专政论”被推而广之。新中国成立以来17年的工人运动和工会工作，也被说成是刘少奇“修正主义”的“黑线统治”。1967年10月5日，《人民日报》转载《北京日报》9月13日发表的全国总工会群众组织“革联”署名文章《是“工运领袖”还是头号工贼——彻底批判中国的赫鲁晓夫的反革命修正主义工运路线》。该文说，中国的赫鲁晓夫颠倒历史，“他在工人运动中推行的是一条反革命修正主义工运路线。这条反革命修正主义工运路线就是以经济主义、工联主义为核心，在解放前，竭力维护帝国主义、封建主义和官僚资本主义的统治，反对武装夺取政权；解放后，坚持走资本主义道路，反对社会主义革命，反对无产阶级专政”，“彻底批判中国赫鲁晓夫的反革命修正主义工运路线，对于保证我国和国际工人运动沿着毛主席所指引的无产阶级革命路线胜利

① 当代中国研究所著：《中华人民共和国史稿（1966—1976）》第3卷，人民出版社、当代中国出版社2012年版，第52页。

前进，有着重大的、深远的意义，这也是我国工人阶级的一项光荣任务”。1968 年 5 月 27 日，《人民日报》又发表全国总工会“大联委”的文章《彻底批判中国赫鲁晓夫“三会一团”反革命修正主义工运路线》。文章强调：“工人阶级的革命群众组织是党团结广大职工群众向阶级敌人进行斗争的中坚力量，是广大职工群众活学活用毛泽东思想的大学校。”“中国的赫鲁晓夫及其在工会中的代理人，在工会工作中顽固地推行一条反革命修正主义工运路线，即取消阶级斗争，反对无产阶级专政，反对突出无产阶级政治，篡改工会的阶级性质，反对党的领导，大办‘生产工会’‘福利工会’‘全民工会’，大搞‘工团主义’。归根结底，就是反对用毛泽东思想指导工人运动，妄图把工人运动引向复辟资本主义的道路。这条反革命修正主义路线流毒甚广，必须彻底批判。”林彪、江青集团把对刘少奇的诬陷演化为对工会的诬陷，开始不间断地批判所谓修正主义工运路线，企图彻底砸烂工会。

在错误思潮的影响下，工人运动和工会工作中正确的东西都受到批判，如把工会在党的领导下独立负责地工作，看作“向党闹独立的‘工团主义’”；把“以生产为中心，生产、生活、教育三位一体”的工运方针，当成“反对突出无产阶级政治的‘生产工会’”；把组织社会主义劳动竞赛，给优胜者以必要的物质奖励，说成是“搞资本主义竞争”“腐蚀工人队伍”的“经济主义”；把工会维护职工利益，关心职工生活，说成是“福利工会”；把国家颁发的劳保条例，举办工人疗养事业看作“修正主义物质基础”和“资产阶级生活方式”；甚至还把不分性别、民族、宗教信仰，工人阶级成员都可加入工会的做法，说成是“办全民工会”，“把工会变成资本主义复辟的工具”。这些所谓“大批判”完全否定了“文化大革命”前中国工人运动和工会工作路线、方针、政策、任务的正确性。在这种错误思潮的影响下，甚至连工会的正常工作也全被说得一无是处，广大工会组织和工会干部辛勤工作取得的积极成果被一笔勾销。例如，把工会办业余学校，对工人进行文化技术教育，说成是“引导职工走白专道路”；把文化宫、俱乐部办茶座、举行职工舞会、放国外影片，斥之为“毒害职工思想”；工会组织职工文艺演出，凡是富有生活气息的节目，统统被指责为“资产阶级情调”；职工疗养院改善和美化环境，让疗养人员吃好、休息好、调养身心，被批判为“灌输资产阶级毒素”，是“培养修正主义温床”，等等，全面否定工会工作，否定工会组织和工会干部17年来为党的工运事业所作出的贡献。这些歪曲历史真相的诬蔑和批判，欺骗性和危害性极大，给人们对我国工人运动和工会工作的认识造成了严重的思想混乱，极大地伤害了各级工会组织和广大工会干部的积极性。

### （二）地方和基层工会组织被严重破坏

在“一月风暴”发生后，各地方和基层的工会组织也纷纷被夺权。工会被夺权后，各级工会主要领导干部普遍受到残酷批判，大部分工会业务被转移，工会经费被冻结。上海、黑龙江、山东三省市工会组织的遭遇具有典型意义。

工会被冲砸。根据张春桥“总工会已经变修了，可以取而代之”的授意，1967年1月19日，上海工人革命造反总司令部和上海市总工会机关内的造反派一起采取行动，夺了市总工会党组的权，封了市总工会的大印，“工总司”总部进占上海市总工会办公大楼。2月1日，“工总司”与上海市总工会机关的造反组织发表了《联合通告》，通告称：上海市总工会在以张祺为首的一小撮走资本主义道路当权派的把持下，长期忠实执行刘、邓、彭、杨的反革命修正主义路线，已经成为一个修正主义的工会司令部。

经过王洪文等人的策划，1967年11月15日，中华造船厂的造反派以揪叛徒为名，首次冲砸市总工会机关，把张祺等12名革命干部押至该厂劳动，接受所谓批判。王洪文还造谣、污蔑“总工会干部75%是叛徒、特务、工贼、反革命”，还叫嚣“总工会不砸烂，我王洪文就无立足之地”。

工会被改造。1967年2月成立的黑龙江省革委会在其组织架构上设立了三个委员会：政治委员会、生产委员会、群众工作委员会，其中群众工作委员会负责群众团体工作。4月3日，省革委会群众工作委员会在《关于群众工作委员会各组职责和人员编制问题初步意见》中，提出了改造工会的具体意见。他们认为原工会组织“以生产为中心，生产、生活、教育三位一体”的工运方针是修正主义的。多年来，在这个方针的指导下，在工作中，没有高举毛泽东思想伟大红旗，不突出政治，不以阶级斗争和两条道路斗争为纲，而是大搞经济主义，大办福利事业，提倡物质刺激，把“共产主义的学校”“阶级斗争的工具”，演变成了“福利工会”。因此，必须彻底砸碎修正主义的工运方针，把工会办成毛泽东思想大学校。

针对原省工会机关机构设置，认为黑龙江省总工会是“苏修”工会那套体制，必须实行彻底改革。提出撤销四个部和取消在省总工会内设的九个产业工会，改设宣传组、组织组、生产组和综合组。宣传组负责组织职工活学活用毛主席著作和时事政策、形势任务的学习，运用好一切宣传工具、宣传形式、宣传阵地（文化宫、俱乐部），加速职工思想革命化；组织组的职责是充分发挥职工代表大会和职工代表的群众监督作用，教育职工批判资产阶级，向官僚主义和一切违法乱纪的现象进行斗争，同时加强各级工会的思想建设和组织建设；生产组负责抓革命、促生产，搞好“五好运动”，发挥职工的积极性和创造性，以政治促生产，开展技术革新、技术革命，以保证国家各项计划任务的完成和超额完成；综合组紧跟党的中心任务，搞专题调查研究，总结典型经验，综合反映情况，正确地贯彻党的方针政策，组织接待以及处理日常工作等。

工会被代替。山东省总工会机关的革命造反派同山东革命工人造反总指挥部（以下简称“山工总”）结合在一起，于1967年3月9日夺了原山东省总工会的权，并有27名（原省总工会共有干部107人）中层和一般干部被结合，参加了“山工总”的工作。10月24日，“山东革命工人高举毛泽东思想伟大红旗 彻底砸烂修正主义工会 把革命工人组织办成毛泽东思想大学校誓师大会”召开。会上宣布：自1967年10月24日撤销山东省总工会，原省总工会党、政、财、文一切大权，在“工代会”召开以前，由“山工总”直接掌管。原省总工会的干部，除总指挥部根据工作需要结合少部分同志外，其余的原则上一律到基层去，和群众一起活学活用毛主席著作，一起劳动，一起战斗，一起进行“斗私、批修”，搞好“文化大革命”，改造世界观；原来的工会业务，原则上暂时停止办理，非办不可的，如财务、劳动保险等，由指挥部安排专人暂时办理，待与有关单位协商后，再行移交；原省总工会的“走资派”带到基层去，边劳动、边“消毒”，接受群众监督，进行思想改造。

随着全国各地革委会普遍成立，在某些日常工作得到恢复、社会秩序趋于稳定之时，“工代会”取代工会被提到日程上来。北京市“工代会”于1968年9月18日宣布接管市总工会，废除市总工会及其所属各级工会一切印章，同时改用北京市“工代会”及所属各级“工代会”印章。1968年11月1日，北京市“工代会”常设委员会下发了《关于接管旧工会建立基层工代会的暂行办法》，明确随着清理阶级队伍和革命大批判的深入开展，尚未建立基层“工代会”的各厂矿企业、事业单位，应在本单位革命委员会领导下，立即“砸烂”旧工会，接管旧工会，必须在11月底前建立起本单位的“工代会”组织。自12月1日起，“工代会”举行的各项政治活动和办理有关劳保、福利等方面问题，均凭基层“工代会”印章办理，否则一律不予受理。

## （三）职工群众抵制内乱的斗争

“文化大革命”是毛泽东发动，被反革命集团利用，给党、国家和各族人民带来严重灾难的内乱。起初，广大职工群众是出于对党和领袖的信赖而拥护和参加的，他们希望通过这场“文化大革命”来克服实际生活中存在的弊端，防止资本主义复辟。然而，林彪、江青一伙利用他们的合法身份和貌似革命的理论，施展阴谋诡计，竭力把这场运动引向歧途，这引起了工人群众对“文化大革命”极左思潮和林彪、江青一伙倒行逆施的不满和抵制斗争。

不少工会干部对这场轰然兴起的“革命”不理解。他们对“文化大革命”的内容和方式，对那么多革命领导干部和职工被隔离、受批判，对指责刘少奇是修正主义的代表人物及其所带来的严重后果，感到十分困惑，思想上想不通。党的八届扩大的十二中全会表决通过《关于叛徒、内奸、工贼刘少奇罪行的审查报告》时，与会的中共中央委员、全国总工会副主席陈少敏不畏高压，没有举手。① 他们的这种情况，反映了相当多的工会干部和工人群众对“文化大革命”的真实态度。“文化大革命”初期，许多原本出于对党和毛泽东的信赖而被卷入运动的群众，并不赞成那些残酷斗争、无情打击的行为。后来，他们经过不同的途径逐步觉悟，纷纷离开造反队伍，或者成为“逍遥派”，或者反过来以各种形式抵制和反对“文化大革命”，反对林彪、江青集团的倒行逆施。

许多普通工人采用多种方式抵制“文化大革命”的错误。当红卫兵四处大串连、冲击党政机关时，当“抄家”“打砸抢”“夺

---

① 中共中央文献研究室编：《刘少奇传》（下），中央文献出版社 2008 年版，第 982 页。

权”“武斗”之风刮起时，当为工会工作作出过贡献的干部被冲击时，都有工人群众的抵制斗争。他们有的贴大字报表明反对看法，有的设法保护被迫害的老工会干部，有的则直接反对林彪、江青一伙的横行无忌，当众斥责其成员是制造动乱的“黑手”“后台”，是肆意篡改马克思列宁主义基本原理的政治骗子。全国著名劳动模范时传祥公开反对批判刘少奇，因而遭到批斗和迫害。

尽管抵制和反抗的形式多种多样、高低起伏不同，但当事者都受到了不同程度的打击和迫害，特别是“公安六条”① 颁布后，不少人被加上了错误的罪名，挨批斗、受酷刑，有的还献出了宝贵的生命。哈尔滨铁路局图书馆的郭维彬，1967 年在单位召开的一次会议上，公开称颂刘少奇是一个忠于马克思列宁主义的无产阶级革命家，决心为刘少奇翻案，同时还说，“文化大革命”犯了方向性、路线性错误，中央文革小组是一个搞资本主义复辟的司令部，等等。由于这些言论，她在监狱中被长期关押，达八年之久。山东临沂矿务局莒县兰官庄煤矿青年工人傅春绿看到许多干部被绑在车上游街示众，还遭到造反派的打骂。他在思索中，认定林彪、江青等人有野心。他们之所以打倒从中央到地方的一大批德才兼备的干部，就是为了篡党夺权。于是，他写了《炮打江青，火烧林彪》的大字报，并于 1968 年 2 月 12 日亲手把大字报贴在天安门墙上。文中写道：“大家擦亮眼睛看一看，现如今以林彪为首的奸臣，伙同江青，一心里想篡权……名义上保卫毛

① 1967 年 1 月 13 日，中共中央、国务院颁布《关于在无产阶级文化大革命中加强公安工作的若干规定》（简称“公安六条”），规定凡是“攻击污蔑伟大领袖毛主席和他的亲密战友林彪同志的，都是现行反革命行为，应当依法惩办”。以后，这一条实际扩展为凡是对江青、康生、陈伯达一伙稍有不满的，就以现行反革命论处。这一规定是“文化大革命”中造成大量冤假错案的重要原因之一。

主席，暗地里大搞混乱。”[①] 大字报贴出后，傅春绿被逮捕，并以“现行反革命分子”的罪名被判处死刑。在死刑复核期间，傅春绿因长期遭受关押和摧残，身体极度虚弱，于 1970 年 1 月 12 日在狱中含冤去世，年仅 28 岁。

① 中共山东省委党史研究室著：《中国共产党山东历史第二卷（1949—1978）》下册，山东人民出版社 2018 年版，第 649 页。

## 第七章

# 工人阶级在艰难曲折中<br>推动经济技术发展

1969年4月1日至24日，党的九大在北京召开。此后，“文化大革命”进入“巩固胜利成果”阶段。在这一阶段，一方面是通过“斗、批、改”，落实政策，加强团结，恢复国家的正常秩序；另一方面，按照“抓革命、促生产”的基本方针，发展生产，提高人民的生活水平。同“天下大乱”时的情况比较，社会秩序逐步有所好转，连续两年下降的国民经济在1969年有了恢复性增长，第三个五年计划基本完成，三线建设发展迅速。

### 一、“斗、批、改”运动的干扰

“斗、批、改”的任务最早是在1966年8月党的八届十一中全会通过的《关于无产阶级文化大革命的决定》中提出的。1968年9月，各级革命委员会建立后，“斗、批、改”逐渐成为在革委会领导下全国性的实践。1971年9月，九一三事件发生后，“斗、批、改”很少再被提及。①

① 中共湖北省委党史研究室著：《中国共产党湖北历史第二卷（1949—1978）》，湖北人民出版社2015年版，第434页。

### （一）“反复旧”运动再度激化社会矛盾

党的九大前后，一些靠造反起家的人，或因地位较“天下大乱”时有所下降，或因未被“结合”进革委会而心怀不满，他们纷纷打起“反复旧”“反右倾”之类的旗号，提出“造反派打天下也得坐天下”的要求，鼓动夺权，再度严重激化了社会矛盾。

从 1967 年下半年起，由于人民解放军在山东“三支两军”中发挥着举足轻重的作用，引起了省革委会主任王效禹的不满。王效禹虽然在济南军区和省军区担任重要职务，但其所依靠的是以“山东革命工人造反总指挥部”（简称“山工总”）、“红卫兵山东指挥部”“红卫兵山东文艺革命造反司令部”等为主的造反派。1968 年 12 月 5 日，由“山东革命工人造反总指挥部”抽调人员组成“工宣队”，进驻省革委会生产指挥部。“工宣队”进驻后，立即宣布生产指挥部的一切大权归“工宣队”，撤销生产指挥部领导小组，成立生产委员会，召开“反复旧”斗争大会。1969 年 1 月，王效禹派“工宣队”进驻军队中开展大鸣、大放、大字报、大辩论，企图由造反派领导军队的单位。[①]“反复旧”造成全省 39%的县（市）革委会和 47%的公社革委会被摧垮、改组或被变相夺权，使山东“文化大革命”以来的各种社会矛盾被再度严重激化。“反复旧”不仅造成山东局势再度混乱，而且在不少省份也产生了连锁反应，河南、四川、福建、浙江以及武汉、兰州等地都不同程度地受到影响。

1969 年 4 月 3 日至 9 日，湖北省少数造反派头头操纵武汉市“工代会”，提出“造反派受压”，叫嚷要“将工代会的旗帜打出

① 中共山东省委党史研究室著：《中国共产党山东历史第二卷（1949—1978）》下册，山东人民出版社 2018 年版，第 655 页。

去”。9 日晚，他们在汉口六渡桥闹市区发表讲演，煽动群众参加武汉“反复旧”；11 日，张贴和印制《人类解放我解放，洒尽热血为人民》的大字报，鼓动群众“杀向社会”；随后，又在武汉民生路工艺大楼召开“反复旧、反逆流、反复辟动员大会”。27 日，市“工代会”所属的《武汉工人》发表《复旧倾向的十种表现》，列举十种所谓复旧现象，说明群众组织在革委会中的权力基础被严重削弱，号召造反派坚持斗争，要“颠倒被颠倒的历史”，“夺回被资本主义当权派篡夺了的权力”。进入 5 月后，少数造反派头头企图扩大事态。5 月 7 日，组织所谓“工人调查团”冲击湖北省和武汉市革委会。5 月 11 日，武汉“工代会”全委会作出决定，向武汉市革命委员会派出“工人调查团”。5 月 16 日，“工人调查团”发出公告，指责武汉市革委会“破坏一元化领导”，“搞复旧”。5 月 17 日，“工人调查团”首先进驻武汉市革委会，调查市革委会“搞复旧”问题。与此同时，他们还频繁组织集会讲演、火炬游行、静坐绝食，致使市内交通屡次发生阻塞。一些不明真相的群众离开工作岗位，冲向社会，使刚刚有所好转的生产、生活和社会秩序再次被打乱。

1969 年 5 月 4 日至 28 日，参加党的九大的山东省革委会和济南军区 27 人被留在北京集中学习，以解决山东问题。学习期间，毛泽东、周恩来等中央领导先后七次接见学习班成员，对解决山东问题及王效禹的错误作出明确指示。5 月 24 日，学习班根据党中央的指示，以给中央报告的形式，就解决山东问题提出了十条措施，其中就群众造反组织自身建设及与革委会的关系进行了规范。措施提出要相信和依靠群众，严格掌握政策，耐心细致地做好群众工作；不能再在群众中划“革”与“保”，不准重拉队伍、另立山头；进驻公、检、法的“文攻武卫”组织要迅速撤离，继续加强军事管制；撤销“文攻武卫”组织，建立和健全“三代会”[1]，并置于各级革委会的领导之下；不要与下面发生垂直领导关系，不准插手外单位、外地区的“文化大革命”。

1969 年 5 月 19 日，周恩来接见湖北省、武汉市革命委员会部分常委和九大代表时指出：5 月 11 日，武汉“工代会”的“关于湖北省武汉地区目前无产阶级文化大革命若干问题的决议”把形势估计错了，17 日“工代会”进驻市革委会是错误的。[2] 5 月 27 日，毛泽东审阅周恩来、陈伯达、康生报送的湖北省革委会 5 月 25 日关于解决武汉“反复旧”问题的报告和党中央的批示稿，批示：“照办。”中央批示指出：在社会上错误思潮和无政府倾向的影响下，提出所谓“反复旧”运动，把矛头指向省市革委会、人民解放军和革命干部，把“三代会”首先是“工代会”置于一切之上，这样做，是不符合毛主席关于革命大联合、革命“三结合”和一元化领导的教导的。[3] 随后，此件以党中央文件的名义发出。

湖北省革委会立即传达党中央批示，采取措施使外出大串连的人员回到原单位。1969 年 7 月 7 日至 13 日，省革委会连续召开常委会，指出所谓“反复旧”的主要错误是“一凌驾”（凌驾在革委会之上）、“两歪曲”（歪曲毛泽东和中央指示）、“三指向”（把斗争矛头指向党、政府和解放军）[4]，要求认真检查和批判“外因论”“特殊论”等为“反复旧”错误辩解的言论，促进革命生产的大发展，把“坚持原则、坚持团结、坚持说服教育、坚持逐级贯彻”作为处理“反复旧”运动的基本原则。

1969 年 7 月 23 日和 8 月 28 日，党中央分别对有关省和自治

---

① “三代会”指工人代表大会、贫下中农代表大会、红卫兵代表大会。

② 中共中央文献研究室编：《周恩来年谱（1949—1976）》下卷，中央文献出版社 2020 年版，第 292 页。

③ 中共中央党史和文献研究院编：《毛泽东年谱（1966. 10—1976. 09）》第 9 卷，中央文献出版社 2023 年版，第 253—254 页。

④ 中共湖北省委党史研究室著：《中国共产党湖北历史第二卷（1949—1978）》，湖北人民出版社 2015 年版，第 423 页。

区发出布告和命令，要求无条件停止武斗，解散“山头”，上交一切武器装备，恢复铁路、公路交通，加强军政、军民团结，加强各族人民的团结。党中央的这些措施得到广大群众的拥护。经过各方面共同努力，9月后，全国范围内大规模的武斗基本平息。

在“斗、批、改”阶段，革委会与“工代会”“贫代会”“红代会”（简称“三代会”）之间的关系是明确的，革委会是权力机构，“三代会”是群众组织，两者不是平行关系，是领导与被领导的关系，不容许将“三代会”凌驾于政权之上，不容许以“三代会”的名义组织群众冲击各级革委会。1969年10月4日，山东省革委会批转《山东革命工人造反总指挥部关于取消“山工总”的请示报告》，严厉制裁了煽动停工停产、挑动武斗的帮派头头。

### （二）“清理阶级队伍”

为了指导各条战线的“斗、批、改”，毛泽东亲自在北京市抓“六厂二校”① 的典型。1968年5月25日，党中央、中央文革小组转发《关于北京新华印刷厂军管会发动群众开展对敌斗争的经验》。文件称北京新华印刷厂各级领导权被国民党反动派的残渣余孽篡夺，并介绍军管人员进厂后领导夺权斗争，在全厂召开对敌斗争大会，批斗反革命分子等多方面“经验”，以及进一步深挖特务分子的打算。毛泽东对该报告作出批示，指出：“在我看过的同类材料中，此件是写得最好的”，“建议此件批转全国”。

---

① 1968年初，毛泽东派解放军8341部队（中央警卫部队）、毛泽东思想宣传队陆续进驻北京针织总厂、北京新华印刷厂、北京化工三厂、北京北郊木材厂、北京二七机车车辆厂、北京南口机车车辆厂六个工厂和清华大学、北京大学，与原驻厂（校）的工人、解放军毛泽东思想宣传队配合，领导“斗、批、改”。1969年1月，党中央正式把“六厂二校”树为“斗、批、改”的典型，毛泽东要求各地各单位仿照执行。从1968年至1970年，“六厂二校”几乎提供了“斗、批、改”所有的主要经验。

所谓“清理阶级队伍”就是要把混入革命队伍里的叛徒、特务、“走资派”以及地主、富农、资本家、反革命分子、坏分子、右派分子等清理出来，做到阶级阵线分明。但在没有法治约束和党的有关政策被弃置不顾的背景下，“清理阶级队伍”带有强烈的主观随意性，往往成为派性斗争、挟嫌报复、排除异己和处理一些所谓“历史问题”的堂皇理由，更加扩大了“阶级斗争”的范围。

“清理阶级队伍”运动虽然清理出为数极少的坏人，但由于指导思想完全错误，政策界限模糊不清和派性作怪，致使一大批干部群众受到无辜打击和迫害。在“清理阶级队伍”工作中，制造了许多冤假错案，其中黑龙江省“90兵工厂特务组织案”的影响较大。90兵工厂原是建于20世纪20年代的东三省兵工厂，日军侵占沈阳后改为奉天造兵所，全面抗战胜利后国民党接收沈阳，成立兵工署第90兵工厂。新中国成立初期，90兵工厂的部分技术骨干调到哈尔滨、齐齐哈尔等地参加军工企业建设。1968年，在“清理阶级队伍”时，错误地把从90兵工厂调入哈尔滨市671厂的工作人员，说成是参加了所谓“90兵工厂特务组织”，定为“清理”对象，进行“审查”“深挖”。他们中的大多数人被无中生有地扣上“国民党员”“特务”等罪名，身体和精神上遭受了残酷的折磨。据统计，仅齐齐哈尔市因所谓“90兵工厂特务组织案”被清理、审查、揪斗者即有2000多人，受到株连的家属、亲友竟有8000余人，在社会上造成极其恶劣的影响。与此相关，沈阳五三工厂所谓“匪兵工厂国民党潜伏特务组织”一案，805名老工人几乎全部受审，531人被专政，349人被打成“潜伏国民党员”。[①] 郑州市自来水公司工程师、美籍华人著名科

① 《中国工会运动史料全书》编辑委员会、《中国工会运动史料全书·辽宁卷》编委会编：《中国工会运动史料全书·辽宁卷》上册，辽宁人民出版社1999年版，第九章第11页。

学家吴健雄的弟弟吴健豪，是郑州市五届人大代表、五届政协常委，曾对党的统一战线工作作出过积极贡献，并受到过周恩来的肯定和表扬。1968 年 10 月 16 日，吴健豪被扣上“反动技术权威”“特务”等莫须有的罪名，惨遭迫害致死。①

1968 年 12 月 1 日，毛泽东在《北京市革命委员会转发新华印刷厂在对敌斗争中坚决执行党的“给出路”政策的经验报告》上批告林彪、周恩来及中央文革小组各成员：“建议将此件转发各地参考。对反革命分子和犯错误的人，必须注意政策，打击面要小，教育面要宽，要重证据，要调查研究，严禁逼、供、信。对犯错误的好人，要多做教育工作，在他们有了觉悟的时候，及时解放他们。”12 月 3 日，周恩来为中共中央、中央文革拟了转发批语，指出：“请你们认真学习毛主席的批示和注语，认真研究这一经验总结，并且联系到当地的实际情况，区别两类矛盾，依靠群众，坚决执行毛主席‘给出路’的政策。”② 当日，党中央批发《北京市革命委员会转发新华印刷厂在对敌斗争中坚决执行党的“给出路”政策的经验报告》，提出“清理阶级队伍”中应注意政策，强调掌握“稳、准、狠”的原则，要求正确区分两类不同性质的矛盾，清理对象的定案，必须经过调查，有确凿证据。这些对“清理阶级队伍”中的过火做法有所限制。

1969 年 4 月 28 日，毛泽东在党的九届一中全会上发表讲话。他说：“据我观察，不讲全体，也不讲绝大多数，恐怕是相当大的一个多数的工厂里头，领导权不在真正的马克思主义者、不在工人群众手里。过去领导工厂的，不是没有好人。有好人，党委书记、副书记、委员都有好人，支部书记有好人。但是，他是跟

---

① 中共河南省委党史研究室著：《中国共产党河南历史第二卷（1949—1978）》，中共党史出版社 2014 年版，第 496 页。

② 中共中央文献研究室编：《周恩来年谱（1949—1976）》下卷，中央文献出版社 2020 年版，第 262 页。

着过去刘少奇那种路线走，无非是搞什么物质刺激、利润挂帅，不提倡无产阶级政治。工厂里确有坏人。这说明革命没有完。这个革命要过细地做工作，粗枝大叶不行，粗枝大叶往往搞错。有些地方抓多了人，这个不好。你抓多了人，抓起来干什么呢？他也没有杀人，也没有放火，又没有放毒，我说只要没有这几条，就不要抓。至于犯走资派错误，那更不要抓。工厂里头，要让他工作，要他参加群众运动。人家犯了错误，无非是过去犯的，或者加入国民党，或者做了些坏事，或者是犯了最近一个时期的错误，就是所谓走资派，要他们跟群众一道，如果不让他们跟群众一道，那就不好了。团结起来，为了一个目标，就是巩固无产阶级专政，要落实到每个工厂、农村、机关、学校。”①

### （三）精简机构和干部下放劳动

全国的精简机构工作是从1968年6月宣传推广灵宝县（今灵宝市）的所谓精兵简政经验开始的。② 6月25日，《河南日报》发表长篇通讯，报道了灵宝县精兵简政的情况。7月11日，《人民日报》在头版发表《灵宝县革委会实行领导班子革命化，精兵简政，密切联系群众》的消息。消息称，灵宝县革委会把原设立的8组2室改为4个组，办公人员由原来的近百人减少到30人（包括解放军代表12人）。在报道消息时，《人民日报》还配发了编者按，提出“各级革命委员会，中央各工作部门，都要像灵宝县那样，认真落实毛主席的最新指示，做好清理阶级队伍的工作，

① 中共中央党史和文献研究院编：《毛泽东年谱（1966.10—1976.09）》第9卷，中央文献出版社2023年版，第247页。

② 中共河南省委党史研究室著：《中国共产党河南历史第二卷（1949—1978）》，中共党史出版社2014年版，第503页。

走精兵简政的道路”①。

1969 年 7 月，国务院所属 62 个部门拟合并为 21 个，全部下放的行政人员有 21 万人。在精兵简政的过程中，许多地方不仅撤销了一些行政机构，而且精简合并了不少企业、事业单位。一些单位在进行精兵简政时，还将许多规章制度当作束缚手脚的条条框框彻底砸烂，致使工作和生产秩序受到破坏，产生了极大的混乱，造成了许多损失。

精兵简政使大批干部失去原来的工作岗位，被下放劳动。当时，干部下放劳动的方式主要有两种：一是办“五七”干校，二是插队。“五七”干校最早始于黑龙江省庆安县。1968 年 5 月 7 日，黑龙江省革委会按照毛泽东的“五七指示”在该省庆安县创办了柳河“五七”干校，组织大批省直属机关干部去干校下放劳动。毛泽东对这一做法给予了高度评价。他指出：“广大干部下放劳动，这对干部是一种重新学习的极好机会，除老弱病残者外都应这样做。在职干部也应分批下放劳动。”随后，全国各地普遍创办“五七”干校，把大批干部、教师、科学工作者、文艺工作者、新闻出版工作者、工程技术人员、医疗卫生人员、体育工作者等送到“五七”干校或农村去劳动。

1968 年 12 月 16 日，汪东兴召集中直机关各单位的军事代表

---

① 后经查实，灵宝县所谓“精兵简政”其实是一个虚假报道。1968 年，灵宝县革委会成立以后，并没有搞什么“精兵简政”。灵宝县革委会某些负责人为了捞取政治资本，在郑州炮制了关于灵宝县“精兵简政”的假报道，先后在《河南日报》和《人民日报》的突出位置发表。这件事轰动了全国，前往灵宝参观学习的人络绎不绝。“盛名”之下，灵宝县革委会某些负责人才慌了手脚，匆匆忙忙地着手“精简机构，下放人员”。从精兵简政“经验”发表到粉碎“四人帮”后的 1979 年，灵宝县革委会的工作人员从来没有减少到 30 人。1979 年 2 月 8 日，《人民日报》在《戳穿一个假典型——河南灵宝县精兵简政的调查》中指出：1968 年 7 月 11 日，林彪、“四人帮”控制的《人民日报》，曾以整版篇幅，吹捧灵宝县“精兵简政”的假经验，引起灵宝广大干部、群众的强烈不满。最近本报记者重新作了调查，证实灵宝的“经验”是假的。

开会，会中传达了周恩来有关全国总工会的重要批示：“拟建议全总本身在军代表领导下，只实现革命大联合，进行革命大批判和清理阶级队伍，不搞革命三结合，其所属机构亦如此。”1969年1月7日，全国总工会军代表根据毛泽东关于干部下放劳动的指示，派人去河南罗山县、息县筹建全国总工会“五七”干校。1969年3月至6月，全国总工会机关、全国总工会干校、《工人日报》以及重工业、水电、公路运输工人疗养院的绝大部分干部和工勤人员，先后下放到“五七”干校劳动，并继续进行“文化大革命”的大批判、清理阶级队伍、整党等活动。

“五七”干校的“学员”，无论资历深浅、职务高低，所有人都叫“五七战士”。他们不分年龄、性别，一律按照军队建制，编入划定的连、排、班，由“军宣队”或“工宣队”管理。“学员”们接受劳动锻炼，自食其力，除种田、挑粪、养猪、做饭、挑水、打井、盖房等体力劳动外，还层层大办各种类型的毛泽东思想学习班，校部办、班排连队办、田间地头办和贫下中农一起办，大力开展活学活用毛泽东著作的群众运动；把学习、宣传、贯彻、落实毛泽东思想放在重于一切、大于一切、高于一切、先于一切的地位，把宣传最新指示不过夜，学习最新指示不漏人，落实最新指示不掉队，执行最新指示不走样，作为理论文化宣传学习的标准。毛泽东著作“天天读，时时读”“早请示、晚汇报”，修“忠”字台，跳“忠”字舞，人人戴像章，处处绘头像。还采取“走出去”“请进来”的形式，请当地的老工人、老贫农、老干部讲“三史”（家史、村史、阶级斗争史）、诉“三苦”（阶级苦、民族苦、资产阶级反动路线苦），让“学员”接受工农兵“再教育”。干校还组织毛泽东思想宣传队，深入周围的生产队和学校，宣传毛泽东思想，开展革命大批判，狠批所谓“修正主义”。有的“五七”干校则变成变相迫害干部、惩罚知识分子的场所。直到1979年2月，国务院下发《关于停办“五七”干校有关问题的通知》，“五七”干校才正式退出历史舞台。

干部下放劳动，实际上是将自“文化大革命”初期受到冲击而停止工作的许多机关和事业单位的干部、知识分子安置起来、等待分配的需要，是当时各级革委会精简机构急需安置大批编余干部的需要，同时也是“清理阶级队伍”等运动处理一批被认为“有问题”干部的需要。广大干部、知识分子虽然经受了锻炼，增加了对农村的了解，但是长时期被排除在各项业务工作和科学文化研究之外，耽误了在本职工作中，利用所学专业知识为社会主义建设贡献力量并继续深造的宝贵时光，给国家现代化建设造成了很大的损失。

### （四）“教育革命”

“教育革命”是“斗、批、改”的另一项重要内容，主要是改革各级学校教学体制、教学内容和教学方法。毛泽东认为，“教育革命”首先“必须有工人阶级领导，必须有工人群众参加。在农村，则应由工人阶级的最可靠的同盟者——贫下中农管理学校”。据此，在各类城镇学校中，普遍实行工人宣传队或解放军宣传队、革命师生和革命干部三结合的领导体制，以“工宣队”或“军宣队”负责人为核心建立各级党组织。这类措施从体制上否定了校长、教师在学校教学中的主导作用。

“文化大革命”开始后，全国高等学校停止招生，大学“停课闹革命”达四年之久。1968 年 7 月 21 日，毛泽东对《从上海机床厂看培养工程技术人员的道路》的调查报告作出批示：“大学还是要办的，我这里主要说的是理工科大学还要办，但学制要缩短，教育要革命，要无产阶级政治挂帅，走上海机床厂从工人中培养技术人员的道路。要从有实践经验的工人农民中间选拔学生，到学校学几年以后，又回到生产实践中。”同月 22 日，《人民日报》发表了这篇调查报告和编者按语。按语说，这个调查报告"提出了学校教育革命的方向"。此后，全国各地纷纷办起了类似的附属于厂矿企业的"七二一"大学。普通高校也纷纷进行办学试点，比如，陕西省的西安交通大学和西北工业大学从1969年9月开始分别筹备符合各自办学特点的实验班，以"改革旧的教育制度、改革旧的教学方针和方法"为指导思想，从工人、农民中选荐学生，从有丰富实践经验的工人、工程技术人员中选聘兼职教员。西安交通大学开办了学制两年的"七二一"电机实验班，西北工业大学开办了学制一年半的"教育革命实验班"。①

1970年6月27日，党中央批转了《北京大学、清华大学关于招生（试点）的请示报告》，中央决定在部分高校进行恢复招生试点，采取"群众推荐、领导批准和学校复审相结合的办法"，学制缩短为二至三年，学生称为"工农兵学员"，其任务是"上大学、管大学，用毛泽东思想改造大学"。从1971年起，各地高校开始招收"工农兵学员"。例如，成都市各高校当年共招收"工农兵学员"1346人，他们选拔学生的标准是"把政治表现、路线觉悟放在首位"，文化条件是"有相当于初中毕业以上的实际文化程度"，取消了文化考试，实行"自愿报名，群众推荐，学校审查"的办法。招生对象为"具有二年以上实践工作经验的优秀工农兵"，不招收应届高中毕业生。发展到1976年，成都市各高校一共招收六届工农兵大学生，共26866人。②

1971年4月至7月，国务院在北京召开全国教育工作会议。由张春桥、姚文元修改审定的《全国教育工作会议纪要》提出了所谓"两个估计"，即新中国成立后17年"毛主席的无产阶级教育路线基本上没有得到贯彻执行"，"资产阶级专了无产阶级的

① 中共陕西省委党史研究室著：《中国共产党陕西历史第二卷（1949—1978）》，中共党史出版社2020年版，第397页。

② 中共成都市党史研究室著：《中国共产党成都历史第二卷（1949—1978）》，中共党史出版社2011年版，第392页。

政”；大多数教师和新中国成立以后培养出来的高等学校学生的“世界观基本上是资产阶级的”。“两个估计”长时期成为广大教师乃至广大知识分子的沉重精神枷锁。

所谓“教育革命”和纪要中的“两个估计”，给教育领域造成了严重的恶果。整个“文化大革命”时期，教育领域一直是“重灾区”。教师被视为“世界观基本上是资产阶级”的，处于被改造的地位；热心传授和学习文化知识被说成“白专”道路；正常的教学秩序被打乱。许多“工农兵学员”入学时文化程度过低，专业课程大幅减少，基础理论教育被忽视，教育质量严重下降。同时应看到，在当时极为困难的条件下，大多数教师恪尽职守，不少“工农兵学员”经过刻苦努力，取得一定的学习成绩，在后来的各项建设事业中发挥了重要作用。但总的来说，这种“教育革命”贻误了青少年的健康成长，影响了教育事业的发展。

### （五）“工厂管理革命”

所谓“工厂管理革命”是从批判经济管理制度开始的。1967年6月5日，上海《解放日报》发表题为《发展社会主义，还是复辟资本主义？——评“工业七十条”》的长篇文章。该文章把1961年邓小平主持制定的《国营工业企业工作条例（草案）》说成是“瓦解社会主义经济、复辟资本主义的黑纲领”；把规定企业是经济组织，任务是生产，说成是抹杀阶级斗争，鼓吹生产第一；把规定党委领导下的厂长负责制和总工程师对技术工作总负责，说成是取消党的领导，推行资产阶级专政；把强调按劳分配，说成是钞票挂帅；把强调经济核算、增加盈利，说成是利润挂帅；把建立严格的规章制度，说成是大搞资产阶级“管卡压”；把提倡学习外国先进经验，说成是“崇洋媚外”。以此为开端，新中国成立以来的各种经济管理制度、方针、政策遭到批判或废弃，大批经济管理干部受到冲击和迫害。

1969年，全国进入“斗、批、改”阶段，在“改革不合理的规章制度”口号推动下，《红旗》杂志发表《改革不合理的规章制度是一场革命——北京市北郊木材厂的调查报告》，将“文化大革命”前的办厂方针和企业经营管理方法统统扣上“反革命修正主义的办厂路线”“修正主义企业管理”“专家治厂”“对工人群众实行管、卡、扣、罚”等政治帽子，工厂的管理机构和规章制度一概被斥为搞“烦琐哲学”，取而代之的是工人、干部、技术人员三结合，“精兵简政”，撤销一系列业务科室，建立“无产阶级政治挂帅，人人负责”的“新制度”。事实证明，这么做的结果是，企业的正常运转受到人为破坏，生产陷入无政府状态，管理混乱、事故频发，根本没有起到“促生产、促发展、促工作”的作用。①

随着“六厂二校”经验在各地工厂企业被复制推广，“工厂管理革命”冲击了原有的管理制度。1969年5月10日，国务院决定鞍钢由辽宁省革委会与冶金部“双重领导”，由辽宁省主管。1969年10月成立鞍山市革命委员会生产组，下辖矿山、炼铁、炼钢、轧钢、动力、生产直属系统等单位。至此，在全国人民心目中影响至深的“鞍山钢铁公司”名称被取消了。1971年8月，鞍山市革委会生产组撤销，组成第一、第二工交组，第一工交组领导鞍钢生产，第二工交组负责市内各地方企业生产。第一工交组成立前后，在厂区、矿山各单位开展声势浩大的“革命大批判”，搞所谓“政治建厂”，大肆宣传林彪、江青一伙鼓吹的“政治可以冲击一切”“以生产为中心是修正主义旧体制、是复辟资本主义的基础”，要“建立没有规章制度的工厂”、要“砸烂旧体制，彻底闹革命”，等等，极左的口号盛极一时。各厂矿撤销生

① 中共北京市委党史研究室著：《中国共产党北京历史第二卷（1949—1978）》，北京出版社2011年版，第385页。

产车间、工段、班组，按军队建制，改为营、连、排、班，在生产过程中大搞“三忠于”“四无限”①。第二初轧厂把70%的基层干部、班组长“罢官”，多年建立健全的1081条规章制度被废弃，说什么“烧忠字钢不软不硬，轧忠字钢不曲不弯”，大搞无规章作业和自由操作。这种破坏生产秩序的倒行逆施，严重违反企业生产规律，造成生产中的严重混乱，受到广大职工的抵制和反对。②

## 二、全面展开三线建设

加强三线建设，是党中央在20世纪60年代中期作出的战略决策。1965年9月2日，在毛泽东、周恩来指导下，由国家计委拟定的《关于第三个五年计划安排情况的汇报提纲（草案）》提出：第三个五年计划必须立足于战争，从准备大打、早打出发，积极备战，把国防建设放在第一位，加快三线建设，逐步改变工业布局；“三五”计划期间一定要把建设重点放在三线，否则就会犯方向性错误。10月，该计划经中央工作会议讨论通过。③ 1966年2月26日，邓小平在全国工业交通工作会议和工业交通政治工作会议上说：“要从立足国防战略布局抓三线建设。”“建设大小三线这个纲，贯穿着整个第三个五年计划。不只是第三个五年计划，至少第四个五年计划，还是这条纲。”

---

① 忠于毛主席，忠于毛泽东思想，忠于毛主席的革命路线；对毛主席要无限热爱、无限敬仰、无限崇拜、无限忠诚。

② 李华忠、张羽主编：《鞍钢四十年》，辽宁人民出版社1989年版，第74—78页。

③ 陈东林：《1966—1976年中国国民经济概况》，四川人民出版社2016年版，第104页。

“各省把自己的小三线搞起来，也很重要。”① 在随之而来的“文化大革命”动乱中，三线建设不少建设项目处于停顿和半停顿状态。

1969年后，随着当时严峻的备战形势，三线建设重新大规模、高速度地展开。1969年二三月间召开的全国计划座谈会通过《1969年国民经济计划纲要（草稿）》，要求大力加强国防工业、基础工业和大、小三线建设。“四五”计划草案以“备战、备荒、为人民”“要准备打仗”和“用打仗的观点观察一切、检查一切、落实一切”为指导思想，要求集中力量加快大三线战略后方的建设，力争在1975年建成部门比较齐全、工农业协调发展的强大的战略后方。1970年计划安排的大中型项目，三线地区占60%左右；全年基本建设投资总额中，三线地区占55.3%。1971年，计划用于大三线建设的投资，占全部预算内投资的55%以上。②

加快三线战略后方的建设，是循着两种方式进行的。一种方式是投资新建，另一种方式是沿海地区老企业向三线地区搬迁。前一种方式，则主要采取老工业区、老企业支援新建项目的办法，而且强调支援三线“人要好人、马要好马”，对口包干，负责到底；后一种方式也伴有部分的新投资，以搬迁的部分为基础，加以补充或者进行扩建，这就加快了建设进度，使建设项目能在较短的时间内竣工投产。

参加三线建设的广大工人、干部、科技人员、解放军官兵和民工，发扬“一不怕苦、二不怕死”的创业精神，怀着与帝国主

---

① 邓小平：《立足国防，搞好三线战略布局》（1966年2月26日），中共中央文献研究室编：《邓小平文集（1949—1974年）》下卷，人民出版社2014年版，第270—271页。

② 中共中央党史研究室著：《中国共产党历史第二卷（1949—1978）》下册，中共党史出版社2011年版，第827—828页。

义发动侵略战争争时间、抢速度的决心，在“文化大革命”动荡的政治环境中，战胜了种种难以想象的困难和恶劣的自然条件，用自己的汗水和生命，谱写出一页页动人的爱国主义篇章。广大建设者修铁路、建工厂、开矿山，在短期内初步建立起门类比较齐全的工业生产体系，形成了一批新的工业基地和巨大的生产能力。从西北的荒原沙漠到西南的深山僻谷，三线建设工地上的动人事迹到处可见。

在铁路建设中，1970 年 7 月至 1973 年 10 月，在极端恶劣的条件下，铁道兵指战员和铁路工程建设人员在人迹罕至的崇山峻岭中克服重重困难，相继建成了连接西南地区的成昆铁路、湘黔铁路、襄渝铁路，连同此前建成的宝成铁路、川黔铁路、贵昆铁路，改变了西南地区长期交通梗阻的闭塞落后状况。成昆铁路是连接成都和昆明的重要铁路干线，途经四川西南和云南北部的崇山峻岭，70%的地段地势险恶，地质结构复杂，既有钢铁般坚硬的岩层，也有一炸即塌方的松软泥石，素称“地质博物馆”。干线跨越的大渡河、金沙江等河流两岸分布着高达几百米的悬崖峭壁。铁路建设条件之艰苦恶劣，为中国铁路史上所罕见。铁路全线修建桥梁 991 座，总延长 92.7 公里，相当于 56 座武汉长江大桥；金沙江大桥主跨 192 米，是当时全国铁路上跨度最大的钢梁桥。全线修凿隧道、明洞 427 座，总延长 341 公里；沙木拉打隧道长 6379 米，是当时全国最长的铁路隧道。桥梁和隧道相加的总长度，竟占全线总长度的 39.4%。广大建设者以惊人的毅力，作出了巨大的牺牲，终于创造出世界铁路史上的奇迹。1970 年 7 月 1 日，总长 1085 公里的成昆铁路通车。

在国防科技工业方面，我国建立了雄厚的生产基础和一大批尖端科研试验基地。以重庆为中心的常规兵器工业基地体系，不仅能够大批量生产轻武器，而且能够生产相当数量的先进重武器，到 1975 年兵器生产能力已占全国的近一半。分布在四川、贵州、陕西的电子工业基地，形成了生产门类齐全、元器件与整机配套、军民用兼有的体系。四川、陕西等地的核战略武器科研生产基地，拥有从铀矿开采提取、元件制造到核动力、核武器研制的核工业系统。贵州、陕西、四川、湖北等地的航空工业基地建成的125个项目，到1975年占全国生产能力的2/3。四川、陕西、贵州、湖北、湖南等地的航天工业基地建有96个项目，形成了比较完整的战略导弹、战术导弹、火箭动力系统研制生产基地，包括中国第一个自行设计建设的卫星地面测控中心、西昌卫星发射中心等。船舶工业在长江中上游的川东、鄂西、广西、云南、江西等地建设了造船、船用设备、水中兵器生产基地和十余个科研设计机构。到1975年，三线地区国防工业的固定资产原值、净值，主要产品生产能力，技术力量和设备水平都已超过一、二线地区，大大改变了国防工业的布局状况，具有重要的战略意义。[①] 1991年1月，时任中央军委副主席的刘华清说：“三线建设总的部署、布局和原则是正确的，是一个伟大的战略措施。从当前来看，特别是从海湾战争爆发后来看，都证明我们过去建设三线是对的，不能后悔。”[②]

属于重中之重项目的攀枝花钢铁工业基地坐落在四川横断山脉的渡口，气候炎热干燥，交通十分闭塞。建设者的粮食要自己用骡子运，吃水要下到谷底端，常常是野菜就干粮，条件非常艰苦。来自全国各地的工人、干部、专家，经过十余年的艰辛创业和科研攻关，硬是在面积仅2.5平方公里、通常不具备大规模施工条件的荒凉山坡上，建起了一个现代化的大型钢铁联合企业。从1965年春破土动工，到1970年6月炼出了第一炉铁水，从

① 当代中国研究所著：《中华人民共和国史稿（1966—1976）》第3卷，人民出版社、当代中国出版社2012年版，第125—126页。

② 陈东林：《1966—1976年中国国民经济概况》，四川人民出版社2016年版，第112页。

1975 年建成的一期工程投产，到 1980 年，主要产品产量达到并超过了设计水平，攀枝花钢铁工业基地成为西南地区最大的钢铁工业基地。

能源工业是三线建设的重点部门，主要有贵州六枝、盘县、水城地区和陕西渭北地区的煤炭基地，湖北的葛洲坝水电站，甘肃的刘家峡、八盘峡水电站，贵州的乌江渡水电站，四川石油天然气开发，陕西秦岭火电站等。到 1975 年，三线地区的煤炭产量已从 1964 年的 8367 万吨增加到 2. 12 亿吨，占全国同期增长总额的 47. 9%；年发电量已从 1964 年的 149 亿度增加到 635 亿度。此外，石油、机械等一大批建设项目也在中西部建立起来，形成了若干新的工业中心。例如，包括川、贵、云在内的基本上完整的西南机械工业基地，包括鄂西、湘西、豫西在内的华中地区新的机械工业中心，以机床、轴承制造为特色的汉中工业区，以机床、工具、农机配件制造为特色的关中工业区，以仪表、低压电器、农机、轴承制造为特色的天水工业区，以仪表、机床制造为特色的银川工业区和以机床、拖拉机、内燃机制造为特色的西宁工业区。四川、湖北、河南、陕西等省经过三线建设时期的工作，都建立起了相当程度的工业基础。西安、成都等成为新兴技术中心和高、精、尖产品生产基地。①

三线建设在很大程度上改变了新中国成立后工业布局不平衡的状况，为西部地区提供了难得的发展机遇。由于当时的特殊环境，三线建设也存在许多问题，如过分突出战备因素，忽视经济规律，建设投资比例不协调，造成国民经济各部门间比例严重失调；过分强调“靠山、分散、进洞”原则，投资效益差，浪费严重，遗留问题很多。尽管如此，三线建设仍然是中国经济建设史上的空前壮举。

---

① 汪海波主编：《新中国工业经济史》，经济管理出版社 1986 年版，第 352—353 页。

## 三、“两弹一星”

1965 年初，毛泽东和党中央采纳了钱学森等希望把研制人造卫星列入国家任务的建议，并把我国第一颗人造地球卫星命名为“东方红一号”。1970 年 4 月 24 日，我国自行设计制造的第一颗人造地球卫星“东方红一号”，由长征一号运载火箭一次发射成功，而且在跟踪手段、信号传输形式和星上温控系统等技术方面均超过了苏、美等国首颗卫星的水平，开创了中国航天事业的新纪元，使我国成为继苏联、美国、法国、日本之后世界上第五个具备独立发射人造卫星技术的航天大国。毛泽东从他书房的收音机里清晰地听到了卫星上传来的《东方红》乐曲，极为高兴。作为纪念，自 2016 年起，我国将每年的 4 月 24 日定为“中国航天日”。

为了保障第一颗人造地球卫星发射成功，我国动用了全国近 60%的通信线路，从试验场区到各个观察测控站，仅守卫通信线路的民兵就多达 60 万人。在全国数万公里的线路上，保证每一根电线杆下面，日夜有人值守，以防破坏。正是社会主义制度形成的气势磅礴的强大合力，有效地解决了我国经济科技基础薄弱与发展尖端科技需求之间的矛盾，大大加速了中国“两弹一星”以及其他大国重器的研发制造和投入使用进程，成为中国人民探索宇宙、利用太空、造福人类的重要支撑。“两弹一星”的成功，有赖于一批领军人才，也有赖于我国工人阶级的默默奉献。1968 年 12 月 28 日，周恩来接见国防科委、七机部学习班两派群众代表。谈到“东风三号”地地导弹试验成功时，他说：“正是七机部武斗打得最凶的时候搞的，许多部件不大合规格。但为什么能响？靠的是我们工人阶级。老工人花了一个月的时间检查了多次，发现二百多个问题，最关键的有七十多个，老工人一个一个把它解决好，有些是重新搞，所以试验成功了。”①

在一穷二白的基础上起步，1966 年 10 月，我国第一次成功进行了发射导弹核武器的试验；1967 年 6 月，成功爆炸了第一颗氢弹；1969 年 9 月，首次成功进行了地下核试验；1970 年 4 月，我国成功发射第一颗人造地球卫星“东方红一号”；1971 年 8 月，第一艘核潜艇建成并完成系泊试验；1971 年 9 月，洲际火箭首次飞行试验成功。新中国在较短的时间内，就取得了“两弹一星”事业的辉煌成就。

“两弹一星”是中国人民从“东亚病夫”到站立起来的具体体现，是新中国社会主义建设辉煌成就的重要标志，显示了我国攻克尖端科技难关的伟大创造力量。它不仅为我们建立战略导弹部队提供了装备技术保障，增强了我军在高技术条件下的防御能力和作战能力，打破了超级大国的核讹诈和核垄断，增强了我国的国防实力和国际地位，而且有力地推动了我国经济发展和各行各业建设，激发了全国人民振兴中华的爱国热情，也孕育出了“热爱祖国、无私奉献，自力更生、艰苦奋斗，大力协同、勇于登攀”的“两弹一星”精神。同时，还培养造就了一大批“能吃苦、能攻关、能创新、能奉献”的科技骨干，促进了科技创新和社会进步，为我国高新科技及相关产业的发展奠定了坚实基础。正是靠着“两弹一星”的战略保障和强力支撑，我国赢得了较长时间的和平、稳定和发展机遇，创造出世所罕见的经济发展奇迹。正如邓小平所言：“如果六十年代以来中国没有原子弹、氢弹，没有发射卫星，中国就不能叫有重要影响的大国，就没有现在这样的国际地位。这些东西反映一个民族的能力，也是一个民族、一个国家兴旺发达的标志。”②

---

① 中共中央文献研究室编：《周恩来年谱（1949—1976）》下卷，中央文献出版社 2020 年版，第 266—267 页。

② 《邓小平文选》第 3 卷，人民出版社 1993 年版，第 279 页。

## 四、地方工业体系快速形成

为了改变中央统得过多、过死的状况，同时由于作出了战争随时可能爆发的估计，因而需要各地尽快建立起独立完整的地方工业体系，以便届时能各自为战。1970年2月召开的全国计划会议提出把全国划为十个大协作区，各自建立工业体系，自己武装自己。全国计划会议重新强调要大力发展地方“五小”工业，各省、市、自治区都要建立自己的小煤矿、小钢铁厂、小化肥厂、小水泥厂和小机械厂，形成为农业服务的地方工业体系。以后，“五小”工业的含义又有发展，泛指由地、县两级举办的小型工业。

1970年3月5日，国务院拟定《关于国务院工业交通各部直属企业下放地方管理的通知（草案）》，要求各部把直属企业、事业单位的绝大部分下放地方管理，以地方为主，少数由中央和地方双重领导；极少数大型或骨干企业，实行以中央为主的双重领导；正在施工的直属基建项目同样下放地方。该通知规定：下放工作要在本年内完成。同日，党中央决定，将大庆油田、长春汽车制造厂等2600多个中央企业、事业单位下放地方。一些重点大型企业下放后，一时间地方出现无法解决生产计划、原材料和设备供应等问题，下放过快、过深，在倒逼地方完善协作体系的过程中，企业经济效益下降不可避免。

国家对于“五小”工业的发展，提供了重要的财政支持：从1970年起的五年内，中央财政安排了80亿元专项资金，由省、市、自治区统一掌握，重点使用，扶植“五小”工业的发展；新建的县办“五小”企业，在两三年内所得的利润60%留给县级财政，继续用于发展“五小”工业；对于暂时亏损的“五小”工业，经省、市、自治区批准，可以由财政给予补贴或者在一定时期内减免税收。资金确有困难的，银行或信用社还可以给予贷款支持。为支援地方“五小”工业，上海、东北等老工业基地为全国地方工业的发展提供了大量设备。如1970年，上海市在超额完成国家计划的同时，为各地制造了100多套小化肥厂的关键设备。各省市工业部门以及各工业部门的大型骨干企业，也为地方工业生产了大量设备。

在大型企业下放和中央产业政策支持下，地方对于发展工业也表现出了巨大的热情。在中央财政支持之外，地、县两级的投资也逐年增加。地方工业在多种因素的推动下，得到快速发展，有的初步形成了工业体系。1970年，全国有近300个县、市兴建了小钢铁厂，90%的县建立了农机修造厂，20多个省、市、自治区建起手扶拖拉机厂、动力机械厂和农机具制造厂。1970年上半年，全国建成投产小型化肥厂150座，水泥厂300个，化纤厂65个，洗衣粉厂24个，甜菜糖厂91个，塑料原料厂35个，正在建设的小水电站达12000多处。1970年地方小钢铁工业的炼钢能力较1969年增长1.5倍，生铁产量增长1.8倍，小化肥厂、小水泥厂的产量占全国总产量的40%，以小煤窑为主的南方各省煤炭产量增长70%。其中，直接为农业生产服务的小机械厂、小化肥厂、小水泥厂发展最快，构成这一时期地方“五小”工业的骨干。①

## 五、中国援建坦赞铁路

坦桑尼亚与赞比亚分别在1961年和1964年相继宣布独立。赞比亚以蕴藏丰富的铜矿而闻名，铜矿贸易是其重要经济收入来

① 中共中央党史研究室著：《中国共产党历史第二卷（1949—1978）》下册，中共党史出版社2011年版，第831页。

源。但赞比亚是一个内陆国家，东西南三面都是未独立的殖民地，殖民者控制着出海口，切断了铜矿贸易的线路，只能通过东北方向的坦桑尼亚出口铜矿。为此，坦、赞两国领导人决定建设一条连接两国的铁路，打通出海口。新成立的两个国家经济基础薄弱，无力自行筹建大型工程，只能申请世界银行贷款，求助于西方国家。世界银行对两国是否有能力建成这样一条铁路持怀疑态度，拒绝了他们的请求。西方国家也从自身利益考量，认为修建坦赞铁路是不切实际的幻想，对援建坦赞铁路的请求采取拒斥态度。坦、赞两国转而求助苏联政府，也同样遭到拒绝。在四处求援无果的情况下，坦、赞两国领导人找到了中国。

1965 年 2 月，坦桑尼亚总统尼雷尔首次访华，在同中方领导人会谈时，表达了请求中国援建坦赞铁路的愿望。这是一个耗资巨大的工程，中国刚刚经历了三年困难时期，国内经济仍很困难。中国政府从支持非洲国家争取民族独立，积极发展中国同第三世界国家友好合作关系的战略角度，表示同意援建这条铁路。中方将援助非洲当作应尽的国际义务，不求回报。1967 年 6 月，赞比亚总统卡翁达访华期间，再次探询中国政府对修建坦赞铁路的意见。中国政府明确表示，只要坦、赞两国下定决心，中方愿意投资修建坦赞铁路，并强调这是对广大非洲人民反帝反殖民地和争取民族独立斗争的支持，帮助支持非洲国家发展民族经济，巩固维护民族独立。1967 年 9 月 5 日，中国、坦桑尼亚、赞比亚三国政府在北京签订《关于修建坦桑尼亚—赞比亚铁路的协定》。协定规定中国提供无息的、不附带任何条件的贷款 9.88 亿元人民币，并派专家对这条铁路进行修建、管理、维护，培训技术人员。

援建项目确定后，中国政府迅速派出了勘测设计人员，于 1970 年 10 月正式动工兴建。坦赞铁路东起坦桑尼亚首都达累斯萨拉姆（现首都为多多马），西至赞比亚的新卡比里姆博希，全长1860公里，是新中国成立后最大的援外成套项目之一。作为当时并不富裕的第三世界国家，中国在人力、物力、财力上真诚无私地帮助坦、赞两国修建铁路。全线修建桥梁320座、隧道22条，兴建车站93个，建设房屋37.6万平方米；发运各种设备材料近100万吨，先后派遣工程技术人员5.6万人次，高峰时期在现场施工的中国员工达1.6万人，投入物资机械83万吨，累计派出专家和工程技术人员3000多人次。

为建设这条铁路，中国工人作出了不可磨灭的历史贡献。在坦赞铁路建设过程中，五万余名援外人员往返于中国和坦桑尼亚之间。他们中绝大部分是乘远洋客轮漂洋过海，历经半个多月的孤寂、不适，忍受大洋颠簸才到达坦桑尼亚的。有的晕船吃不下饭，有的甚至靠打吊针才坚持到达累斯萨拉姆。

坦赞铁路全线工程浩大，技术复杂，虽然中方人员早就做好了吃苦的准备，但到非洲后，发现当地施工条件的艰苦程度远远超出了想象。铁路沿线地形复杂，线路需跨越高山、峡谷、湍急的河流、茂密的原始森林，沿线许多地区荒无人烟，猛兽袭击、蚊虫叮咬、热带疾病肆虐，时刻威胁着工人们的生命健康。中国工人以百折不挠的精神，在40℃—50℃的高温下坚持作业。工程进入烂泥区，工人们就奋不顾身地跳入泥潭，一浸泡就是一整天；推土机的驾驶室里闷热颠簸，驾驶员的脊背和臀部经常发炎溃烂，工人们就咬牙坚持；有的技术人员在操作重型机械时被倾倒的路障砸断手臂，依然忍痛作业，直到险情排除。工人们艰苦奋斗的事迹，催人泪下，数不胜数。援建坦赞铁路期间，有68位中国援外人员献出了宝贵的生命，其中约三成人员牺牲于工地，三成人员牺牲于疟疾等热带传染病，其余四成左右人员被恶性交通事故夺去了生命，他们之中最小的年仅 22 岁。[1] 中国工人发扬了特别能吃苦、特别能战斗、特别能忍耐的精神，以愚公移山的意志，将铁路工程建设一点点地向前推进。中国工人吃苦耐劳、艰苦奋斗的精神感动了坦、赞两国施工人员，他们也向中国工人学习，共同努力推进施工进度。经过全体工程技术人员的共同努力，1976 年 7 月 14 日，这条曾被西方舆论断言不可能建成的铁路比预期时间提前建成通车。

坦赞铁路的建成促进了坦桑尼亚和赞比亚两国国民经济的发展，从经济上摆脱了殖民主义控制，有力支持了非洲的民族解放运动，架起了中非友谊的桥梁，密切了我国与非洲国家之间的联系，提高了中国的国际地位和影响力，在中非关系史上具有重要的里程碑意义。

---

① 中华人民共和国商务部编著：《中国援非第一路——援建坦赞铁路纪实》，中国商务出版社 2015 年版，第 149 页。

## 第八章

# 工人运动的转机及其反复

1971年，随着林彪反革命集团的覆灭，国内局势开始出现新的变化。周恩来在毛泽东的支持下，把批判林彪反革命集团的罪行和批判极左思潮结合起来，逐步恢复了“文化大革命”前的一些正确的政策措施，这为工人运动步入正轨创造了条件。

## 一、落实党的各项政策

九一三事件后，毛泽东、周恩来领导全党尽可能稳妥地处理事件遗留的一些紧迫的重大问题。周恩来在毛泽东的支持下主持党中央日常工作，着手落实党的各项政策。

### （一）落实党的干部政策

由于林彪反革命集团是以极左的面目从事阴谋活动的，因此，对林彪反革命集团的揭发批判，也就自然集中在批判极左思潮上。根据毛泽东的决策，周恩来因势利导，在更大范围内展开了对极左思潮的批判。以此为基础，对各地区、各部门一系列工作进行调整和整顿。首先是落实党的干部政策，推倒加在许多干部头上的诬陷不实之词，把他们从被打倒、被专政的状态下解放出来，恢复原有待遇，安排一定的工作。1972年4月24日，《人民日报》发表题为《惩前毖后，治病救人》的社论，重申了党的干部政策，强调要相信大多数的干部是好的和比较好的，指出：“要严格区分敌我矛盾和人民内部矛盾这两类不同性质的矛盾。除了极少数混进革命队伍的阶级敌人和屡教不改、不可救药的分子外，对一切犯错误的同志，不论老干部、新干部，党内的同志、党外的同志，都要按照‘团结—批评—团结’的公式，采取教育为主的方针。”《人民日报》的社论，进一步推动了全国落实干部政策的步伐。

通过落实党的干部政策，一大批被打倒的党政军领导干部重新走上领导岗位，加强了党内抵制和纠正“文化大革命”错误的力量，为部分地方纠正“左”的错误、进行经济调整和整顿，起到了积极的推动作用。与此同时，各地也注重落实党的知识分子政策，使多数工程技术人员回到了技术岗位上。以济南市为例，到 1972 年 4 月，济南钢铁厂、济南第一机床厂、济南第二机床厂、济南汽车制造厂、黄台发电厂和济南国棉三厂六个单位，共有工程技术人员 940 名，已回到技术岗位的 651 名，占 69. 3%，有力地调动了广大干部和工程技术人员的积极性。①

1972 年 8 月 21 日，经毛泽东审阅同意，党中央、中央军委发出《关于征询对“三支两军”问题的意见的通知》，并附《关于“三支两军”若干问题的决定（草案）》。该决定说：不可低估“三支两军”工作在“文化大革命”中的作用，但在地方党委成立以后，“三支两军”必须适应变化了的情况，军队工作除接受军事系统垂直领导外，省军区、军分区、县人武部必须纳入地方党委的一元化领导，驻地方的野战军在与地方相关的工作上也必须接受所在省、市、自治区党委的领导。在地方和单位的党委成立后，军管即可撤销，“军宣队”也撤回部队，“支左”领导机构

---

① 中共山东省委党史研究室著：《中国共产党山东历史第二卷（1949—1978）》下册，山东人民出版社 2018 年版，第 698 页。

也撤销。10月1日，《人民日报》《解放军报》和《红旗》杂志联合发表周恩来主持起草的题为《夺取新的胜利》的社论。社论提出：要“加快社会主义建设的步伐”；“继续落实毛主席的干部政策、知识分子政策、经济政策等各项无产阶级政策”；“要提倡又红又专，在无产阶级政治统帅下，为革命学业务、文化和技术”。

### （二）调整和整顿国民经济

为整顿纪律，恢复秩序，批判极左思潮并进行生产动员，国务院及其所属各部委召开了一系列专业会议。在短短的一年多时间里，国务院各种专业会议之多、之密集，为新中国建设史上所少见。这些会议在不同程度上批判了极左思潮和无政府主义，强调落实政策和恢复、发展生产，提出了近期或中期生产、工作规划，扭转了一些行业生产连续下滑的局面，对恢复和发展生产起了推动作用。

在1971年12月至1972年2月召开的全国计划会议上，周恩来指出，现在我们的企业乱得很，要整顿。首次提出了整顿的任务。会议确定了若干整顿的措施：要求加强统一计划，整顿企业管理；恢复和健全岗位责任、考勤、技术操作规程、质量检验、设备管理和维修、安全生产、经济核算七项制度；要抓产量、品种、质量、原材料动力消耗、劳动生产率、成本和利润七项指标，把产品质量放在第一位；落实党的干部政策、党对工人和技术工人的政策，坚持又红又专的方向；反对无政府主义，等等。《会议纪要》在周恩来主持下讨论定稿，建议由中央转发。后来被张春桥扣压，借口是：文件长了，不好发。① 周恩来在一些全国性的重要会议上和其他场合，反复强调批判极左思潮，指出极左思潮不批透，人们就没有勇

---

① 中共中央党史研究室著：《中国共产党历史第二卷（1949—1978）》下册，中共党史出版社2011年版，第858页。

气贯彻党的正确路线。针对当时干部在生产和业务工作上普遍存在的顾虑，他指出“运动与业务不能对立”，鼓励各级干部理直气壮地抓生产、抓业务。关于按劳分配，他指出：“按劳分配的问题，现在是四个一样[①]嘛！还有干难干易一个样。‘不利于调动职工积极性，也不利于控制职工人数的增加’，这句话说得对！”周恩来强调：“必要的奖励制度是可以的。”[②] 所有这些，对于推动工业部门的整顿和工业生产的发展具有积极的作用。

根据周恩来的意见，国务院有关经济部门提出整顿企业和加强经济管理的具体办法和措施。1972 年 3 月 21 日，国务院业务组领导李先念、华国锋、余秋里等在北京接见中国第一重型机器厂、哈尔滨电机厂、哈尔滨汽轮机厂三厂汇报会的人员。接见中，国务院业务组的领导指出，三个厂子很重要，能不能完成当年国家计划，对全国影响很大。因此，党委要抓生产，企业要认真落实党的政策，健全生产指挥机构，加强生产管理，搞好生产。这次接见使三个工厂职工深受鼓舞，科研、生产干劲倍增。[③] 1972 年 5 月，《人民日报》发表文章，提出社会主义的企业管理需要合理的规章制度。多数省市的企业先后开展与反对无政府主义、加强企业管理密切相关的社会主义劳动竞赛。劳动竞赛除提出政治学习、纪律、作风等当时所称的“大指标”外，还规定在生产领域比产量、比质量、比出勤、比安全、比消耗等“小指标”，并与某种物质奖励相联系。1972 年 11 月，哈尔滨汽轮机厂自行设计制造的中国第一台 20 万千瓦汽轮机，一次试车成功。1972 年 12 月，哈尔滨电机厂试制成功中国第一台 20 万千瓦双水内冷

---

① 这里说的“四个一样”，是对当时在分配方面的平均主义做法的概括说法，即干多干少一个样，干好干坏一个样，会干不会干一个样，干与不干一个样。

② 《周恩来选集》下卷，人民出版社 1984 年版，第 465 页。

③ 中共黑龙江省委史志研究室著：《中国共产党黑龙江历史第二卷（1949—1978）》，中共党史出版社 2021 年版，第 501 页。

汽轮发电机。

## （三）对外经济贸易工作实现新突破

1972 年批判极左思潮中，我国的对外经济工作出现了重要转机。自 20 世纪 60 年代末至 70 年代初，西方发达国家和发展中国家之间的经济往来日趋增多。与此同时，随着中美关系的缓和，中国重返联合国，一些西方国家与中国建交，大大削弱了国际敌对势力长期以来对我国的封锁。这些有利因素与 20 世纪 70 年代初周恩来批判极左思潮、落实党的政策一起，为我国扩大对外经济交流创造了有利条件。1972 年前后，周恩来等还顶着江青等人大批所谓“崇洋媚外”“爬行主义”的压力，克服“左”倾错误的干扰，为发展对外经济技术交流作出了不懈的努力。广州出口商品交易会虽曾一度受到严重干扰，但在周恩来的关心、指导下，仍然坚持下来并逐步有所发展。

1972 年 1 月，根据周恩来指示，李先念听取了余秋里召集国家计委及有关部委负责人研究后的汇报，决定抓住西方资本主义国家在经济危机中急于出口的有利时机，根据国内需要，进口成套化纤、化肥技术设备。1 月 22 日，李先念、华国锋、余秋里向周恩来报送国家计委《关于进口成套化纤、化肥技术设备的报告》，建议引进我国急需的化纤新技术成套设备四套，化肥设备两套，以及部分关键设备和材料，约需四亿美元。2 月 5 日，周恩来批示同意该报告并报毛泽东。毛泽东立即圈阅批准了这个报告。[①] 之后，周恩来强调：对引进技术，只能“一学、二用、三改、四创”，即在消化、吸收后，再创新、改革。[②]

---

① 中共中央党史研究室著：《中国共产党历史第二卷（1949—1978）》下册，中共党史出版社 2011 年版，第 862—864 页。

② 中共中央文献研究室编：《周恩来年谱（1949—1976）》下卷，中央文献出版社 2020 年版，第 499 页。

在1972年引进一系列项目顺利进行的基础上，1973年1月2日，国家计委向国务院提出《关于增加设备进口、扩大经济交流的请示报告》。报告在对前一阶段对外引进工作进行总结的基础上，建议在今后三五年内引进43亿美元的成套设备。其中包括：13套大化肥、4套大化纤、3套石油化工、1个烷基苯工厂、43套综合采煤机组、3个大电站、武钢1.7米轧机，以及透平压缩机、燃气轮机、工业汽轮机工厂等项目。这就是后来被称作“四三方案”的“文化大革命”期间最大的引进工程。这是继20世纪50年代156项工程后第二次引进外国先进技术设备规模最大、种类最多的方案。这次大规模的引进，是在“文化大革命”这样特定的背景下，面向西方资本主义国家的大规模经济交流。它是批判极左思潮、落实党的政策的产物，是打破“文化大革命”时期经济贸易领域“闭关自守”局面的一个重大步骤，也是对外经济技术交流的一大成就。以后，在此方案基础上，国家又陆续追加了一批项目，计划进口总额达到51.4亿美元。我国利用这些设备，通过国内自力更生的生产和设备改造，兴建了26个大型工业项目，总投资额约214亿元。到1982年，26个项目全部投产。其中，投资额在10亿元以上的有：武钢1.7米轧机、北京石油化工总厂、上海石油化工总厂一期工程、辽阳石油化纤厂、黑龙江石油化工总厂等。这些项目取得了较好的经济效益，对我国此后经济发展和技术进步发挥了重要的促进作用。

### （四）落实党的科教、文化政策

1972年8月召开了全国科学技术工作会议，这是“文化大革命”以来第一次全国性的讨论科技工作的会议。会议就加强科研工作、重视基础理论研究等问题展开讨论。一些著名科学家反映，“文化大革命”以来，许多地方科技工作没有规划，没有管理，没有考核；不少研究单位的大部分时间是在搞运动、体力劳动和其他社会活动，研究工作的时间根本没有保证，科研人员怕戴上“三脱离”[①] 的帽子，不敢搞科学实验和理论研究；国内外的学术交流活动太少，普遍感到闭塞。他们希望在科研问题上提倡不同意见的争论，不要用狭隘的和实用的眼光来看待理论研究工作。他们的意见得到周恩来等领导人的支持。1972 年 9 月 11 日，周恩来写信给张文裕和朱光亚，对第二机械工业部四〇一所 18 位科学工作者来信中提到的发展高能物理研究的建议表示很高兴。周恩来提出，“这件事不能再延迟了。科学院必须把基础科学和理论研究抓起来，同时又要把理论研究与科学实验结合起来。高能物理研究和高能加速器的预制研究，应该成为科学院要抓的主要项目之一”[②]。1973 年 2 月，中科院召开高能物理研究和高能加速器预制研究工作会议，并正式成立中科院高能物理研究所。

1972 年 10 月 6 日，周培源在《光明日报》发表题为《对综合大学理科教育革命的一些看法》的文章，提出工和理、应用和理论都必须受到重视，不可偏废；综合大学理科要对基本理论的研究给予足够的重视。10 月 29 日，《人民日报》发表河北省怀来县沙城中学的文章，提出中学教学应“以课堂教学、学习书本知识为主”，在当时“教育革命”的氛围中公开地表示了不同意见。这两篇文章在社会上，特别是在教育、科技领域里引起很大的反响。1972 年，周恩来还指导了文化、卫生、体育等系统批判极左思潮的斗争。他反复强调：过去林彪造成了极左思潮、形式主义，只搞那个“突出政治”，不搞业务，现在要提倡为革命刻苦钻研业务技术，提高质量，勇敢攻关。针对文艺界万马齐喑的局面，他指出：极左思潮不肃清，艺术质量提不高。现在要提倡毛泽东

---

① “三脱离”，即脱离生产劳动、脱离群众、脱离实际。

② 中共中央文献研究室编：《周恩来年谱（1949—1976）》下卷，中央文献出版社 2020 年版，第 536 页。

思想指引下的“百花齐放”。同年4月，北京市新华书店开始发行《红楼梦》《水浒传》《三国演义》《西游记》等中国古典文学名著，改变了“文化大革命”以来停止出版古典和近代文学作品的状况。北京市新华书店各门市部都出现了排长队购书的景象。在体育工作方面，同年10月在南京举行了“文化大革命”以来的第一次全国田径运动会。

在粉碎林彪反革命集团后的两年间，各地认真贯彻党中央批判极左思潮和落实党的政策的各项部署，各工交企业纷纷采取了一些正确的措施，广大干部群众积极工作、努力生产。1972年，袁隆平开创的杂交水稻研究由中国农业科学院和湖南省农业科学院牵头，列为全国农林重大科研协作项目，1973年籼型杂交水稻优质品种育成。中国中医研究院接受抗疟药研究任务，屠呦呦任科技组组长，1972年成功提取出新型抗疟药青蒿素。这项科研成果被广泛运用，挽救了世界上数百万患者的生命。

1973年，全国工农业总产值达3967亿元，完成计划102.8%。其中工业总产值2789亿元，完成计划102.3%，比上年增长9.5%。经济效益也有了提高，全民所有制工业劳动生产率在连续两年下降后，比上年提高3.3%；固定资产交付使用率也比上年提高13%。工业产品质量严重下降的情况有了改变。1973年，成为“文化大革命”发动以后经济效益最好的一年。①

## 二、工会组织得到初步恢复

1973年1月1日，《人民日报》《解放军报》和《红旗》杂志联合发表《新年献词》，明确提出，工会、共青团、妇联等群

① 当代中国研究所著：《中华人民共和国史稿（1966—1976）》第3卷，人民出版社、当代中国出版社2012年版，第117页。

众团体要经过整顿逐步健全起来。4 月 11 日，党中央发出〔1973〕17 号文件，向全国批转北京市委和上海市委关于召开工会代表大会的请示报告。党中央批语指出：工会是工人阶级的群众组织，是无产阶级专政的坚强柱石，是“广大工人群众学习共产主义的学校”。工会的任务是：在党的领导下，组织工人学习马克思列宁主义、毛泽东思想，进行思想和政治路线方面的教育；狠抓阶级斗争和路线斗争，批判资产阶级，批判修正主义，巩固无产阶级专政；贯彻执行“抓革命，促生产，促工作，促战备”的方针，多快好省地建设社会主义；积极地为党和国家培养和输送工人干部；协助和监督各级干部执行党的路线、方针和政策，坚持社会主义方向；关心工人生活，搞好安全生产和劳动保护，注意工人的文化技术教育；坚持无产阶级国际主义，教育广大工人群众，树立只有解放全人类才能最后解放无产阶级自己的远大理想，为世界革命贡献自己的力量。党中央强调，整顿工会要以基层为重点，在工人运动基本上实现革命大联合等条件具备的时候，首先召开省、市、自治区和工业集中的大、中城市的工会代表大会，将省、市、自治区和大、中城市的工会组织建立起来。要坚持工会的阶级性，同时坚持它的群众性。各级党委要加强对工会工作的领导，首先是加强对产业工人组织的领导。①

各级党委都很重视这次工会整顿工作，截至 1973 年 12 月底，先后有 28 个省、市、自治区工会召开代表大会，选举产生了领导班子。工会组织的整顿与健全，客观上使工人运动的混乱局面有了好转。它使遭受破坏和撤销的工会组织重新出现在职工群众面前。一些老的工会工作者得以重新发挥积极作用，工会组织在当时的历史条件下为维护职工权益做了一定的工作。但是，由于

---

① 王渔、李双寿、尚鸿志等主编：《当代中国工人阶级和工会运动记事》，辽宁大学出版社 1989 年版，第 358 页。

“文化大革命”的“左”倾错误还在全局中居于支配地位，所以此时的工会组织整顿与健全必然存在很大的局限性。例如，在工会性质、任务问题上，一方面在规定的七项任务中重提了抓生产、多快好省地建设社会主义，关心工人生活，搞好安全生产和劳动保护，注意工人的文化技术教育（这些曾被“四人帮”污蔑为“生产工会”和“福利工会”）；另一方面又把“狠抓阶级斗争和路线斗争，批判资产阶级，批判修正主义”放在更为重要的地位。工会的整顿与健全，始终贯穿着两股力量和两种思想的尖锐斗争。一大批原工会工作者带着恢复工会优良传统的愿望，力图使整顿与健全后的工会能够在生产、生活、教育诸方面，继续发挥工会的职能。但那些操纵“工代会”的“四人帮”党羽、帮派分子继续控制了一定的领导权，他们是根本不赞成恢复工会及其传统的，用他们的话说就是“绝不允许工会穿新鞋走老路”。这就造成了工会组织的严重不纯，一些工会重大思想理论是非也没有得到彻底澄清，这些都严重阻碍了工会的整顿健全工作和工会正确作用的发挥，所以这次工会组织的整顿与健全是不彻底的。全国性的工会代表大会在“文化大革命”期间虽然始终未能召开，但地方工会组织恢复活动毕竟反映了国家政治生活开始逐步走向正常。

## 三、批判极左思潮的中断与党的十大召开

各个领域清除极左思潮影响、落实政策及恢复生产、工作秩序所做的工作和取得的成绩，得到广大群众的拥护。根据周恩来1972年8月初以来多次强调要批判极左思潮的指示精神，1972年10月14日，《人民日报》以一个整版发表三篇批判极左路线和无

政府主义的文章①，以鲜明的立场、犀利的语言揭露了“文化大革命”中盛行的“打倒一切”“砸烂一切”“群众运动天然合理”等谬论，特别告诫人们要警惕极左思潮的“重新出现”。这三篇文章在全国产生了较大影响，受到广大干部、知识分子、工农群众的欢迎。

1973 年 2 月，周恩来在听取国家计委汇报时，历数无政府主义在企业中的种种表现，指出：“林彪一伙破坏经济所造成的恶果这两年表现出来了”，国民经济“现在根本没有比例”，计划工作也“确实没有‘王法’”，对极左思潮“一定要批透，把破坏性后果消除掉”。他同时强调要把“整顿的方针”写清楚，要实行按劳分配和必要的奖励制度。根据周恩来的指示，国家计委起草的提交 1973 年初全国计划会议讨论的《关于坚持统一计划，加强经济管理的规定》，仍然坚持 1972 年全国计划会议纪要中纠正极左思潮的基本观点，并有所发展。规定得到除上海市外 28 个省、市、自治区代表的赞成。

1973 年 8 月 24 日至 28 日，党的十大在北京召开。大会的政治报告进一步揭露和批判了林彪反革命集团的罪行，指出：“林彪及其一小撮死党是一个‘语录不离手，万岁不离口，当面说好话，背后下毒手’的反革命阴谋集团。”但又将林彪反革命集团的实质和目的确定为“彻底背叛九大路线”。报告认为，“党内两条路线斗争将长期存在，还会出现十次、二十次、三十次”。大会通过的关于修改党章的报告强调，党章修改草案和党的九大党章比较，“主要是充实两条路线斗争经验的内容”，增写了“文化大革命”“今后还要进行多次”。将“反潮流”精神作为原则写进党章，这为江青集团不断制造新的动乱提供了理论依据和新的口

① 指《无政府主义是假马克思主义骗子的反革命工具——学习笔记》《坚持无产阶级铁的纪律——读〈共产主义运动中的“左派”幼稚病〉的一点体会》《一个阴谋家的丑史——二读〈巴枯宁〉》三篇文章。

号。这个党章修改草案的基本精神与党的九大通过的党章是一致的，都是“左”倾指导思想的产物。党的十大选举的结果，在有限程度内反映了近两年来批判极左思潮、落实干部政策的积极成果。一批久经考验的、在“文化大革命”开始后受到打击和排斥的老干部，如邓小平、王稼祥、谭震林、乌兰夫、李井泉、廖承志、李葆华等被选进中央委员会。

## 第九章

# 工人阶级的继续抗争与“文化大革命”的结束

在 1975 年邓小平主持的全面整顿中，工人阶级排除“四人帮”的干扰和破坏，做了大量卓有成效的工作。1976 年清明节前后，全国爆发了以“天安门事件”为中心的悼念周恩来、反对“四人帮”、支持以邓小平为代表的党的正确领导的强大抗议运动。“四人帮”将悼念活动污蔑为“反革命暴乱性质”，并掀起大规模的“批邓、反击右倾翻案风”运动。1976 年 9 月 9 日，毛泽东逝世后，江青一伙加紧了篡夺党和国家最高领导权的活动。中共中央政治局执行党和人民的意志，于 1976 年 10 月 6 日一举粉碎江青反革命集团，结束了长达 10 年之久的“文化大革命”。工会组织初步恢复了正常工作，我国工人运动进入新的历史发展时期。

## 一、邓小平主持全面整顿

1975 年 1 月 13 日至 17 日，第四届全国人民代表大会第一次会议在北京召开。周恩来抱病作政府工作报告。报告重新明确了 1964 年 12 月三届全国人大一次会议提出的全面实现农业、工业、国防和科学技术“四个现代化”的宏伟目标，提出发展国民经济的两步走设想。这次大会确定以周恩来为总理、邓小平为第一副总理，为邓小平主持国务院工作奠定了基础。四届全国人大一次会议后，周恩来病情加重。邓小平在毛泽东、周恩来的支持下，逐步全面主持国务院的日常工作，继而又同时主持党中央的日常工作。邓小平着手对各方面工作进行全面整顿，以扭转全国发生的混乱局面。

邓小平以铁路部门的整顿作为突破口。1975年3月5日，邓小平在全国省、市、自治区党委主管工业的书记会议上作了题为《全党讲大局，把国民经济搞上去》的重要讲话。他指出，现在的大局是国家建设的两步设想。“只敢说革命，不敢抓生产”，“这是大错特错”。“当前的薄弱环节是铁路”，这个问题不解决，“整个计划都会落空”。“解决铁路问题的办法，还是要加强集中统一。”必要的规章制度一定要恢复和健全，组织性、纪律性一定要加强。“现在闹派性已经严重地妨碍我们的大局”，“对闹派性的人要再教育”，大派小派都要解散，要把闹派性的头头从原单位调走，调动后再钻出新的头头再调，“不服从调动不发工资”。[①] 徐州地处京沪、陇海两条铁路大干线的交会点。1974年冬以来，武斗再起，堵塞严重，处于半瘫痪状态，直接影响到华东以至全国铁路干线运输。为了扭转徐州铁路运输严重受阻的局面，全国工业书记会议一结束，铁道部部长万里就率领导小组来到济南铁路局徐州分局，坐镇解决该局的问题。按照中央关于最迟要在3月底解决徐州问题的部署，铁道部领导小组深入进行调查，通过召开铁路系统职工大会，宣讲中央《关于加强铁路工作的决定》，讲大局、讲党性，讲团结、讲纪律，狠批派性。在万里的直接领导下，徐州铁路分局通过采取拘留煽动派性、搞打砸抢的

① 邓小平：《全党讲大局，把国民经济搞上去》（1975年3月5日），《邓小平文选》第2卷，人民出版社1994年版，第4—7页。

坏头头，调整领导班子和落实政策等措施，一举解决了极为严重的派性问题和运输秩序混乱的问题。① 铁路部门只用了一个多月时间，就使铁路交通这个“文化大革命”以来的“老大难”问题迅速得到解决。到4月底，堵塞严重的几个铁路局的所辖路段全部疏通，全国20个铁路局中有19个超额完成计划。全国铁路日装车平均达到53700多车，比2月份多10000余车；煤炭日装车达到17800多车，五年来第一次完成生产计划。②

针对“文化大革命”中，工业部门的各种必要的规章制度大多被否定或批判，工业企业无章可循、无法可依，恢复正常的生产秩序极为困难的状况，邓小平在着手抓工业的整顿时，首先重视对指导工业发展的路线、方针、政策的研究和贯彻。这方面的工作集中反映在《关于加快工业发展的若干问题》（简称“工业二十条”）的制定和贯彻之中③。这个文件于1975年8月经国务院批准，下发全国工业企业贯彻执行。“工业二十条”的主要内容有：第一，不能把搞好生产当作“唯生产力论”和业务挂帅来批判，学习理论必须促进安定团结，促进生产发展；第二，要调整“勇敢分子”当权的领导班子，要把坏人篡夺的权力夺回来；第三，继续在职工中划分所谓造反派和保守派是错误的；第四，建立以岗位责任制为中心的生产管理制度，建立强有力的能独立工作的生产指挥系统；第五，必须虚心学习外国一切先进东西，有计划、有重点地引进国外先进技术；第六，坚持实行不劳动者不得食，各尽所能，按劳分配的社会主义原则，不分劳动轻重、

① 中共山东省委党史研究室著：《中国共产党山东历史第二卷（1949—1978）》下册，山东人民出版社2018年版，第721页。

② 中共中央党史研究室著：《中国共产党历史第二卷（1949—1978）》下册，中共党史出版社2011年版，第923页。

③ 徐之河、李令德：《中国公有制企业管理发展史续篇（1966—1992）》，上海社会科学院出版社1996年版，第40页。

能力强弱、贡献大小，在分配上都一样，这不利于调动群众的社会主义积极性；第七，所有干部、工人、科技人员都要走又红又专的道路；第八，必须加强纪律性，对违反纪律的行为要批评教育，严重的要给予处分，直至开除厂籍。“工业二十条”批判了“四人帮”散布的一些谬论，提出了整顿企业、加快发展工业的方针、政策和措施。它是解决“文化大革命”在经济战线上造成的混乱和灾难的纲领性文件。

在贯彻“工业二十条”的过程中，邓小平与江青反革命集团开展了针锋相对的斗争，并取得了初步的胜利。1975 年 7 月 17 日，经毛泽东圈阅，中共中央转发国务院《关于上半年工业生产情况的报告》。报告说：今年上半年，传达贯彻毛主席关于理论问题、关于还是安定团结为好和把国民经济搞上去的三项重要指示和中央九号、十二号、十三号文件，工业交通战线的形势发生了显著的变化。当前的主要问题是，有一批重点企业，革命问题没有解决好或正在解决，生产还没有搞上去。目前，要抓紧解决重点企业的领导班子问题，坚决同资产阶级派性作斗争，认真落实党的政策。中央的批语，要求将此报告迅速传达到所有工矿企业的干部和群众，对报告中提出的各项要求切实付诸实施。① 各地按照党中央的部署，抓住时机，批判派性，采取坚决措施，制止派性斗争的蔓延。

1975 年 8 月 8 日，《人民日报》刊登一组建立和健全岗位责任制的事例。编者在这组报道前加了这样一段按语：“坚持岗位责任制，是工业交通企业建立和健全必要的规章制度的一个重要环节。必要的规章制度，是广大群众生产实践经验的科学总结，它反映了企业管理的客观规律。实行岗位责任制，是工人群众对

① 中共中央党史和文献研究院编：《毛泽东年谱（1966. 10—1976. 09）》第 9 卷，中央文献出版社 2023 年版，第 601 页。

革命工作高度负责精神的体现。各级领导要充分发动群众，建立和健全岗位责任制，进一步办好社会主义企业。”在这一组事例中包括：第一，开滦煤矿范各庄矿采煤五区发动群众制订岗位责任制并认真执行，使全区生产秩序井然，采掘面规格质量和机电设备完好率显著提高，日产量比过去提高 300 多吨。第二，山西大同矿务局广大职工进一步提高了维护和遵守革命纪律的自觉性，1975 年上半年全面完成了国家规定的七项经济技术指标。第三，太原重型机器厂一金工车间五米磨床的工人们，严格遵守操作规程，精心爱护设备，保质保量地完成了加工任务。第四，河北省永年县炼铁厂青年工人严格遵守岗位责任制，对技术精益求精，一丝不苟地控制产品质量。另据《人民日报》的报道，我国最大的丝绸印染联合企业之一的杭州丝绸印染联合厂，原来是浙江省有名的“老大难”单位。通过整顿，这家企业在 1975 年中也有了转机，从 7 月起白长丝、绸缎、印染绸的产量稳步提高；“8 月份全厂又超额 11.74%完成了总产值计划……质量也有所提高”①。

在主持召开的各种类型的会议上，邓小平明确、坚定地提出要进行全面整顿的指导思想。他强调指出：全国各方面存在着整顿问题，工业、农业、商业、财贸、文教、科技都要整顿。就工会工作，他提出：工会不能光谈抓阶级斗争，对生产、生活福利还是要抓。不能因为批了“唯生产力论”，就不敢抓生产了。不要因为批了“福利工会”以后，对职工生活就不管了②。他的这些讲话、批示，促使人们从长期极左思潮的影响下醒悟过来，精神为之大振。在邓小平的领导下，叶剑英、李先念等一批老同志先后恢复工作，担任领导职务的老同志同心协力、密切配合，各

---

① 《端正路线，加强团结，面貌大变》，《人民日报》1975 年 9 月 11 日。

② 1975 年 9 月 7 日，邓小平在审阅中国工会九大筹备工作报告送审稿时作出的批示。

方面的整顿很快开展起来。

通过一年整顿，“文化大革命”以来混乱不堪的工业企业有了很大的变化。在全国广大工业企业中，整顿得到绝大多数职工的支持，工业生产秩序部分得以恢复正常，因而取得了巨大的成绩。1975 年工业总产值比上年增长 15.1%，主要工业产品中原煤增长 16.7%，原油增长 18.8%，发电量增长 16%，棉纱增长 16.9%。社会商品零售额达 1271 亿元，比上年增长 9%。全国工交战线这么快就出现这么好的形势，是“文化大革命”以来所未曾有过的。实践证明，邓小平抓住薄弱环节，从铁路整顿开始，对工交战线各行业进行整顿，其指导思想和方针、政策都是切合实际的，其成效是十分显著的。更重要的是，全面整顿是党和人民反对“左”倾错误和“四人帮”的一场重大斗争，唤起了全国人民的空前觉醒，加速了“四人帮”走向灭亡的进程。

## 二、工人阶级对“四人帮”的倒行逆施进行抵制

### （一）党中央对“四人帮”的遏制

对于邓小平主持下在各个领域所作的整顿，“四人帮”从一开始就利用种种借口、采取各种手段进行阻挠和抗拒，并伺机反扑。1975 年 2 月 9 日，这时由江青集团控制的《人民日报》发表《学好无产阶级专政的理论》的社论。社论说：“我们的任务，是不断铲除滋生修正主义的土壤”，“同新产生的资产阶级分子作斗争”。对于贯彻毛泽东关于学习理论的指示，周恩来、邓小平等人和“四人帮”采取完全不同的态度。周恩来、邓小平等提倡学习理论，联系实际，重点是反对资产阶级派性，实现安定团结；反对无政府主义和资产阶级作风，建立健全规章制度和生产秩序，把生产搞上去；宣传只有发展社会生产力，才能体现社会主义的

优越性。“四人帮”则反对“经验主义”，号召“破除资产阶级法权”，煽动“打土围子”。他们把整顿工作中提出的各种措施诬蔑为“经验主义”，借以攻击周恩来、邓小平等党和国家领导人。毛泽东对“四人帮”反“经验主义”的不良意图有所察觉，对他们提出了批评。

1975 年 5 月 27 日和 6 月 3 日，邓小平根据毛泽东的意见，两次主持中央政治局会议，对“四人帮”在“批林批孔”运动前后的错误进行批评。自“文化大革命”发动九年来，中央政治局连续开会批评江青等人，这是第一次。经毛泽东同意，从 1975 年 7 月开始，党中央的日常工作也由邓小平主持。这为整顿工作在全国的展开创造了更为有利的条件。

### (二)“四人帮”利用工会九大筹备组的阴谋

1975 年 2 月 21 日，党中央发出《关于成立中国工会第九次全国代表大会筹备组的通知》。“四人帮”乘机把他们的亲信、死党金祖敏[①]派来任筹备组组长。工会九大筹备组一成立，张春桥就向金祖敏讲，工会建立起来以后，主要是抓阶级斗争、路线斗争和思想教育，目的是巩固无产阶级专政。张春桥还反对文教、卫生和科研单位推选出席中国工会九大的代表和建立工会组织。他认为，在这些单位建立工会，不利于对他们（指这些单位的知识分子）的教育和思想改造。

1975 年 3 月 21 日，金祖敏在工会九大筹备组第一次会议闭幕讲话中宣布，文教、卫生、科研系统不推选中国工会九大代表，但这些单位所属的工厂可以推选代表；这些工厂中目前尚未建立工会组织的，暂不建立。选举代表时，要注意选“文化大革命”

---

① 金祖敏，当时任中共中央委员、中共上海市委常委、上海市革委会副主任、上海市总工会副主任。

和“批林批孔”运动中涌现出来的积极分子，防止把中间人物选上来。否则，工会就没有战斗力。他还说文教、卫生、科研单位建立工会，是不利于无产阶级在上层建筑其中包括各个文化领域对资产阶级实行全面专政的……同工会是工人阶级的群众组织的性质、工会是无产阶级专政柱石的作用，也是不符合的。他们把广大脑力劳动者排斥在工会组织大门之外，制造了工人阶级两个组成部分（体力劳动者和脑力劳动者）之间的对立和分裂，削弱了工人阶级的整体力量。

王洪文和金祖敏鼓吹工会是工人阶级的战斗指挥部，否定党对工人阶级的领导。1975 年三四月间，为了制造篡党夺权的舆论，“四人帮”抛出了姚文元的《论林彪反党集团的社会基础》和张春桥的《论对资产阶级的全面专政》两篇文章，在文章中，公然提出工会要“领导工人群众向走资派作斗争”。金祖敏立即授意，起草中国工会九大工作报告和工会章程时，要很好地体现这两篇文章的精神，强调工会的重要任务就是抓阶级斗争，就是领导工人群众同党内的“走资派”进行斗争。他们还在工运领域掀起了“抓还乡团”“揪走资派”的浊浪。工会九大筹备组的倒行逆施，不能不引起工会干部和职工群众的反感和抵制，越来越多的人看清了“四人帮”的真实面目。

### （三）职工群众与“四人帮”英勇斗争

经历近十年的风雨，对于“四人帮”的野心，工人阶级中有觉悟的成员早有察觉，并开始进行针锋相对的斗争。上海越剧团的演员兼教师朱锦多，自 1973 年 7 月以后的两年时间里，多次给毛泽东写信揭露张春桥、江青的问题。1975 年 8 月，他在给毛泽东的信中即提出：上海民兵的装备情况和编制情况不仅要上报党中央，而且要让毛主席和全体政治局都详细知道，它的领导权应无条件地归于毛主席为首的党中央；对于这些危害革命的

“革命者”，我们不能不引起注意。

长春市第一光学仪器厂铣工史云峰，“文化大革命”初期以敏锐的眼光看穿这场运动“左”倾错误的实质，他曾给将被揪斗的老师密传消息，使其有所警惕；他把被揪斗后的老校长护送回家；他严词反对将矛头指向市委工作队。大串连期间，史云峰对“文化大革命”的认识进一步深化。他勇敢地为老一辈无产阶级革命家鸣不平，对林彪、“四人帮”一伙予以义正词严的指控。九一三事件后，史云峰在震惊之余，对“文化大革命”有了更为深刻的思考。1974 年 10 月 26 日，他把自己对“文化大革命”的意见和看法简要归纳整理出若干条，以口号的形式写成 25 份传单，并将传单全部投递出去。两天后的傍晚，他又将自己写的一条标语张贴在长春市胜利公园门前的交通岗亭上。此事很快被反映到北京。“四人帮”将其列为“第 44 号反革命要案”，要求长春市公安局迅速侦破。1974 年 12 月 24 日，史云峰被捕入狱。在几十次的审讯中，史云峰始终不曾改变自己的观点，英勇地为坚持真理而斗争，他因此被杀害。①

1975 年 1 月，长春电影制片厂拍摄了反映大庆石油工人创业精神的影片《创业》，江青攻击这部影片是为刘少奇树碑立传，责令文化部加以扼杀。编剧张天民据理抗争，于 5 月 18 日分别给毛泽东和邓小平写信，对江青和文化部核心小组批判故事片《创业》“在政治上、艺术上都有问题”的“十条意见”提出不同看法，并建议重新上映。7 月 25 日，毛泽东在信上批示：“此片无大错，建议通过发行。不要求全责备，而且罪名有十条之多，太过分了……不利调整党的文艺政策。”毛泽东的批示使长期受到压制、打击的文艺工作者欣喜异常，奔走相告，沉寂多年的文化

---

① 中共吉林省委党史研究室著：《中国共产党吉林省历史第二卷（1949—1978）》，中共党史出版社 2018 年版，第 547 页。

领域又显露出一丝生机。①

江苏省吴桥县机械厂工人李连兴，于 1975 年 7 月 15 日给县委寄出一封公开信，批判姚文元及其一伙“抢班夺权”“大搞唯心主义”“篡改马列原理”，故意对抗四届全国人大精神的做法，指出姚文元与林彪是一丘之貉，妄图颠覆无产阶级专政，破坏安定团结，阻碍国民经济的发展。这些斗争仅仅是大海中的几朵浪花，却充分表明工人群众的日益觉醒，并站在反对“四人帮”斗争的前列，预示着工人阶级公开的抗议运动即将到来和“四人帮”一伙的必然垮台。

## 三、粉碎“四人帮”

1976 年 1 月 8 日，周恩来逝世。周恩来具有卓越的历史贡献，在全党和全国人民心中享有崇高威望。他的逝世引起了全党全军和全国各族人民的无限悲痛。1 月 11 日下午，周恩来的遗体送八宝山火化时，上百万人自动伫立在十里长街两旁，冒着严寒默哀送灵。1 月 14 日，首都百万职工和各界人民涌向天安门广场，献上无数花圈、白花。1 月 15 日上午 9 时 15 分，黄浦江上数百艘船上的职工抗拒江青反革命集团不许悼念的禁令，同时响起悲壮的汽笛声进行悼念，长达 37 分钟。

1976 年 1 月 28 日，毛泽东提议由华国锋主持党中央日常工作。2 月 3 日，中共中央发出 1976 年 1 号文件，由华国锋任国务院代总理，华国锋开始同时主持党中央和国务院的日常工作。

从 1976 年 2 月上旬到 3 月初，在福州、杭州、武汉、贵阳、郑州、长沙、厦门、哈尔滨、徐州、顺德、三明、重庆、太原、

① 中共吉林省委党史研究室著：《中国共产党吉林省历史第二卷（1949—1978）》，中共党史出版社 2018 年版，第 535 页。

西安等地，都出现大标语、大字报、传单等，指责、批判“四人帮”，有些县、市还出现公开揭露“四人帮”罪行的街头演说。同年3月5日，新华社摘发沈阳部队纪念毛泽东发出“向雷锋同志学习”号召13周年的文章，文中引用周恩来给雷锋同志的题词。受“四人帮”控制的《文汇报》发表这条消息时，把周恩来的题词全部删掉。人们立刻警觉地认为，这是“四人帮”图谋从政治上反对周恩来。3月25日，《文汇报》第1版的新闻《走资派还在走，我们就要同他斗》中，出现了“党内那个走资派要把被打倒的至今不肯改悔的走资派扶上台”这样的语句。人们立即意识到，这是明目张胆地把“党内那个走资派”的帽子扣到周恩来的头上。①

这些接连发生的事件，激起了广大干部和群众的极大愤怒。南京的工人、学生首先走上街头，揭露“四人帮”的阴谋。1976年3月30日晨，南京大学学生在铁路工人支持下，用柏油和白漆把“警惕赫鲁晓夫式的野心家、阴谋家篡党夺权”等大标语刷在列车车厢上，让奔驰的列车把战斗的号召带到全国各地。同年3月31日，南京汽车厂制泵分厂职工，在新街口东侧最醒目的地方，贴出一条大标语：“打倒大野心家、大阴谋家——张春桥!”直接点明了斗争目标，把南京的群众运动推到了高潮。

首都人民对于“四人帮”的倒行逆施早已义愤填膺。1976年3月25日晨，40多名职工把一块长约三米、高一米半的横匾送到人民英雄纪念碑北侧。这块翠柏铺底、白色镶边的横匾上挂着一面用红花组成的中国共产党党旗，旗上嵌着与“四人帮”禁令针锋相对的13个金字：“敬爱的周总理，我们日夜想念您。”在“四人帮”大搞白色恐怖、严禁悼念周恩来的形势下，这块不寻常的

① 当代中国研究所著：《中华人民共和国史稿（1966—1976）》第3卷，人民出版社、当代中国出版社2012年版，第286页。

横匾唤出了广大职工群众的心声。3 月 30 日中午，北京市总工会工人理论组的同志们在纪念碑南侧张贴了讨伐“四人帮”的第一篇檄文。这篇贴于精制花圈上的悼词表示：要坚决学习周恩来对敌斗争的坚定性和坚强的无产阶级党性；要继承周恩来的遗志，为把我国建设成社会主义的现代化强国，为壮丽的共产主义事业的胜利，披荆斩棘，奋斗终身。悼词的作者向周恩来庄严宣誓：“誓与党内外的资产阶级血战到底!”这里说的“资产阶级”，是指江青、张春桥、王洪文、姚文元一伙野心家、阴谋家。① 4 月 2 日，中国科学院一〇九厂的 400 多名职工胸佩白花、臂缠黑纱，排着整齐的方队，以“敬爱的周总理，我们永远怀念您”的巨大横幅为前导，高举四块醒目的诗牌，由东华门经王府井进入天安门广场。诗牌上赫然写着：“红心已结胜利果”“碧血再开革命花”“倘若魔怪喷毒火”“自有擒妖打鬼人”。这些犀利的诗句当天就传遍了整个北京城。针对“四人帮”收、毁花圈的卑鄙手段，北京重型电机厂的职工特制了一个四米多高，由钢架、铁叶和钢花组成的大型钢铁花圈。4 月 2 日，职工们把这个重一吨半的钢铁花圈，徒步推车从西郊送到天安门广场，表达工人阶级捍卫党和周恩来光辉形象的钢铁决心和铲除“四人帮”的钢铁意志。

1976 年 4 月 4 日（农历丙辰年清明），悼念活动达到高潮。首都和外地来京的群众，不顾当时一再重申的禁令，先后到天安门广场的有 200 多万人次，声势浩大，群情激愤，锋芒直指“四人帮”。当天，南京、郑州、杭州、西安等城市都出现了群众自发悼念周恩来活动的高潮。4 月 4 日晚，华国锋主持召开中央政治局会议（邓小平、叶剑英、李先念未参加），讨论连日来天安

① 王建初、熊子云主编：《当代工人运动》，辽宁人民出版社 1990 年版，第 222 页。

门广场发生的事态。这次会议在江青等人的左右下，把天安门广场发生的事态定为反革命事件，并认为它干扰了当时运动的大方向。会议决定当晚采取清理天安门广场的花圈、标语等措施。毛泽东的联络员将政治局会议情况和决定写成书面报告，毛泽东圈阅了这份报告。4 月 5 日凌晨，群众看到天安门广场所有的花圈、诗词、挽联等都被撤走，异常气愤，同奉命维持秩序的民兵、警察和部队战士发生严重冲突。晚上 9 时 30 分，一万多民兵和警察奉命手持木棍跑步进入广场，驱赶、殴打和逮捕留在广场的群众。①

从 1976 年 3 月底到 4 月 5 日，在北京天安门广场发生的人民群众大规模悼念周恩来、反对“四人帮”、拥护邓小平的事件，被称作“天安门事件”。这一时期在全国各地发生的相同性质的活动，被统称为“四五运动”。这场强大的抗议活动，显示了工人阶级和人民群众对“四人帮”的极大愤怒和力量，表明这个阶级不愧是久经考验的、立场坚定的革命领导阶级。

1976 年 4 月 7 日晚，中央人民广播电台向全国广播：由毛泽东提议，中央政治局通过，华国锋任中共中央第一副主席、国务院总理；撤销邓小平党内外一切职务，保留党籍。

1976 年 9 月 9 日，毛泽东逝世。毛泽东同志是伟大的马克思主义者，伟大的无产阶级革命家、战略家、理论家，是马克思主义中国化的伟大开拓者，是近代以来中国伟大的爱国者和民族英雄，是党的第一代中央领导集体的核心，是领导中国人民彻底改变自己命运和国家面貌的一代伟人。对于他的逝世，全党全军和全国各族人民极为悲痛。18 日，首都百万群众在天安门广场举行了极为隆重的追悼大会。

① 中共中央党史和文献研究院著：《中国共产党的一百年（社会主义革命和建设时期）》，中共党史出版社 2022 年版，第 615 页。

1976 年 10 月 6 日，以华国锋、叶剑英、李先念等同志为代表的中共中央政治局，执行党和人民的意志，采取断然措施，对王洪文、张春桥、江青、姚文元实行隔离审查。“文化大革命”的十年内乱至此结束。10 月 24 日，首都百万人民在天安门广场隆重集会，热烈庆祝粉碎江青反革命集团的伟大胜利。全国各地也纷纷举行庆祝游行活动，广大职工积极参加各种庆祝活动。我国进入新的历史发展时期，中国工人运动翻开了新的一页。

第十编

# 拨乱反正与中国工人运动的新起点（1976—1978）

# 第十章
# 揭发批判“四人帮”的罪行

“文化大革命”结束以后，无论从国内来看，还是从国际来看，我国面临的形势都非常严峻。世界经济快速发展，科技进步日新月异。如何把握国内外发展大势，如何顺应时代潮流和人民愿望，如何就关系国家前途命运的大政方针作出政治决断和战略抉择，这是中国工人阶级和它的先锋队中国共产党面临的重大政治问题。

## 一、“文化大革命”结束以后的国际国内形势

经过十年的内乱，当中国再次回首看世界时，国际环境已经发生了很大变化，其突出特点就是政治经济多极化的发展。进入20世纪70年代后，随着东西方关系的缓和，在美苏两极之外，世界出现了西欧、中国和日本等新的力量中心，再加上第三世界力量的增长和发生的各种动荡所造成的全球不稳定因素的增加，使美苏两个超级大国再也没有足够的能力去控制世界。在政治多极化发展的同时，世界经济也发生了重大转折，即从美国一国独霸的局面开始向美国、欧共体、日本三足鼎立的局面过渡。苏联在20世纪60年代经济实力也有很大的增强，同时在拉丁美洲和亚洲出现了一些新兴工业国家和地区，并且形成了一支新兴的经济力量。其中“亚洲四小龙”，即韩国、新加坡和中国台湾地区、

中国香港地区，经济起飞尤其抢眼。新兴工业化国家和地区的兴起对世界经济格局产生了重要影响，进一步加强了世界经济多极化的发展趋势。经济发展的支撑力量是科技，在 20 世纪 70 年代，“二战”后出现的以原子能技术、电子计算机、合成材料、火箭技术为代表的第三次科技革命浪潮方兴未艾，科技革命迅速提高了一些国家的经济实力，从根本上改变了世界经济力量对比，塑造了新的世界经济格局。以上情况表明，20 世纪 70 年代正处于一个时代主题从战争向和平转换的关键阶段，世界各国以科技为先导、以经济为中心的综合国力竞争日益加剧，这不仅将决定新的世界格局和秩序，决定世界各国在国际社会中的地位和利益，而且决定各个国家和民族的生死存亡、兴旺发达。像中国这样的发展中国家如果认不清形势、不迎头赶上，就会丧失机遇，落入被“边缘化”的危险。①

粉碎“四人帮”的胜利，使工人阶级和广大人民群众欢欣鼓舞，热切期望各方面工作尽快走上健康发展的轨道。但是，十年内乱积累下的许多严重的政治问题、社会问题和经济问题却不得不认真面对。在政治上，“四人帮”虽被粉碎，但他们长期经营的帮派体系尚未被彻底摧毁，余党还未及时清除，有的甚至还在负隅顽抗；他们的反革命罪行还未被深入揭发批判，他们散布的流毒还远未肃清。而“文化大革命”及其以前的“左”的错误理论和实践，还在相当程度上影响着人们，阻碍着国家发展。要彻底清除这些障碍，还需要作出长时间的努力。在经济上，由于十年内乱，特别是林彪、江青反革命集团的破坏，使国民经济遭受了严重损失，据统计，仅 1974 年至 1976 年，全国工业总产值损

① 李玉赋主编：《新编中国工人运动史》下卷，中国工人出版社 2020 年版，第 463 页。

失大约1000亿元。[①] 国民经济重大比例关系失调，市场供应紧张，人民生活相当困难。更为紧迫的是，即使在粉碎“四人帮”后，一些地区的动乱也仍未停止，一些铁路枢纽仍被阻塞，一些工厂还在停产。面对这样的形势，工人阶级和工会组织最为紧迫的任务就是，深入揭批江青反革命集团的罪行，清查他们的帮派体系，肃清其流毒和影响，积极恢复和发展国民经济，迅速扭转十年内乱造成的经济困难，从政治上、思想上和经济上进行拨乱反正，推动国家尽快走上健康发展轨道，使中国的社会主义建设事业和工运事业胜利实现伟大的转折。

## 二、党中央推动开展揭批“四人帮”的罪行

粉碎“四人帮”后，党中央首先从稳定社会的政治需要出发，部署了一场以揭批“四人帮”的政治罪行、肃清“四人帮”的思想流毒为目的的全国性揭批运动。1976年10月18日，党中央将王洪文、张春桥、江青、姚文元反革命集团事件通知各级党组织，传达到全党和全国人民，号召全党团结起来，揭发批判“四人帮”。11月中旬，党中央在北京召开全国宣传工作座谈会，提出要揭发批判“四人帮”的罪行，把他们的一切谬论收集起来，一个一个地批深批透。

1976年12月10日，党中央公布《王洪文、张春桥、江青、姚文元反党集团罪证（材料之一）》，揭批“四人帮”运动进入第一阶段。这一阶段，主要揭露“四人帮”拉帮结派、企图篡党夺权、危害人民的罪行。1977年3月6日，党中央下发“四人帮”罪证“材料之二”——《“四人帮”的反革命面目及其罪恶

① 李玉赋主编：《新编中国工人运动史》下卷，中国工人出版社2020年版，第464页。

历史》，揭批“四人帮”运动进入第二阶段。这一阶段主要揭露“四人帮”的反革命目的和罪恶历史。这一阶段为党的十届三中全会处理“四人帮”作了准备。在这一阶段中，《人民日报》《解放军报》和《红旗》杂志发表了一系列批判文章。分别驳斥了“四人帮”对1975年整顿中的三个著名文件《关于科技工作的几个问题》《论全党全国各项工作的总纲》《关于加快工业发展的若干问题》的诬陷。在思想认识初步统一的基础上，1977年7月16日至21日，党的十届三中全会召开。全会一致通过《关于恢复邓小平同志职务的决议》，决定恢复邓小平中共中央委员，中央政治局委员、常委，中央副主席，中央军委副主席，国务院副总理，中国人民解放军总参谋长的职务。全会通过了《关于王洪文、张春桥、江青、姚文元反党集团的决议》，决定开除王、张、江、姚四人的党籍，撤销其党内外一切职务。

1977年9月23日，党中央公布“四人帮”罪证“材料之三”，即《“四人帮”在各个领域散布的反动谬论》，揭批“四人帮”运动进入第三阶段。这一阶段，主要揭露“四人帮”歪曲、篡改马克思列宁主义和毛泽东思想的罪行，向揭批“四人帮”反革命理论的深层次发展。邓小平复出后，主管科教方面的工作。1977年8月4日至8日，他连续五天主持召开科学和教育工作座谈会。在有人谈到“两个估计”问题时，他指出：“绝大多数知识分子是愿意为社会主义服务，并且作出了贡献的。我在三中全会上讲了毛泽东思想体系问题，也讲了知识分子问题。‘老九不能走’，说明知识分子是香的不是臭的。要理解毛主席的整个教育思想体系。从马克思到毛主席，都认为从事脑力劳动的人也是劳动者，无非是脑力劳动还是体力劳动的区别。”① 关于十七年的

① 中共中央文献研究室编：《邓小平年谱》第4卷，中央文献出版社2020年版，第176页。

估计问题，他指出：“主导方面是红线。十七年中，绝大多数知识分子，不管是科学工作者还是教育工作者，在党的正确领导下，努力工作，取得了很大成绩。现在各条战线的骨干力量，大都是建国以后我们自己培养的，特别是前十几年培养出来的。知识分子绝大多数是自觉自愿地为社会主义服务的。”①

邓小平十分重视教育战线的拨乱反正问题。他指出：1971年，姚文元修改、张春桥定稿的《全国教育工作会议纪要》里，讲了所谓“两个估计”，即“文化大革命”前十七年教育战线是“资产阶级专了无产阶级的政”，是“黑线专政”；知识分子的大多数“世界观基本上是资产阶级的”，“是资产阶级知识分子”。“两个估计”是不符合实际的。怎么能把几百万、上千万知识分子一棍子打死呢？我们现在的人才，大部分还不是十七年培养出来的？对这个《纪要》要进行批判，划清是非界限。② 1977年10月，从迟群的笔记本上查出了毛泽东指示的原始记录。1971年6月，毛泽东同王洪文、张春桥、江青、姚文元等谈话，说：对十七年不能估计过低。绝大多数知识分子是好的，是要革命的，拥护社会主义的；反对社会主义的，坏的是少数，很少数。但是，他们隐瞒了毛泽东的指示。1971年7月，在姚文元修改、张春桥定稿的《全国教育工作会议纪要》里，炮制了完全否定“文化大革命”前十七年教育工作和知识分子的所谓“两个估计”。③ 1977年11月18日，经邓小平审阅的《教育战线的一场大论战——批判“四人帮”炮制的“两个估计”》一文以教育部大批判组的名

① 中共中央文献研究室编：《邓小平年谱》第4卷，中央文献出版社2020年版，第178页。

② 中共中央文献研究室编：《邓小平年谱》第4卷，中央文献出版社2020年版，第203页。

③ 中共中央文献研究室编：《邓小平年谱》第4卷，中央文献出版社2020年版，第225页。

义在《人民日报》上发表。

江西等省结合本地实际，广泛开展“三大讲”① 活动，通过“三大讲”活动和各种形式的批判会，使广大干部群众进一步了解“四人帮”篡党夺权阴谋活动的阶级根源、历史根源和社会根源，进一步提高积极参与揭批“四人帮”及其在各地亲信斗争的自觉性。②

在揭批“四人帮”的同时，中共中央对“四人帮”帮派体系作了清查。从1977年1月起，中共中央陆续对受“四人帮”影响较深的云南、辽宁、甘肃、安徽等省的领导班子进行改组，对一些党政军重要领导部门作了必要的调整和加强。③ 1977年8月，党的十一大又明确了清查工作的领导方针和步骤。各地采取了坚决措施，清查“四人帮”的帮派体系以及与他们篡党夺权活动有牵连的人和事，逐步调整各级领导班子。大规模揭批“四人帮”运动的开展，使广大干部群众初步分清了被林彪、江青反革命集团搞乱的思想是非、理论是非、路线是非和政策是非，思想获得解放，理论水平和思想觉悟得到提高，许多正确的思想和实践重新得到肯定。

## 三、工运领域揭批“四人帮”的斗争

粉碎“四人帮”以后，工运领域开展了揭批“四人帮”的斗争，并且取得了很大成绩。但是，工人运动依然受到“左”倾方

---

① “三大讲”，即大讲在“四人帮”横行时党受其害、国受其害、厂受其害、身受其害的深仇大恨；大讲同“四人帮”针锋相对斗争的经历；大讲同“四人帮”作斗争的经验和体会。

② 中共江西省委党史研究室著：《中国共产党江西历史第二卷（1949—1978）》下册，中共党史出版社2016年版，第717页。

③ 当代中国研究所著：《中华人民共和国史稿（1976—1984）》第4卷，人民出版社、当代中国出版社2012年版，第7页。

针的影响，仍面临不少困难。

## （一）全国总工会揭批运动逐渐展开

工运领域是“文化大革命”的重灾区，是受“四人帮”干扰破坏十分严重的领域，致使全国总工会机关的运动落后于形势和基层。

1977年4月8日，《人民日报》发表巩群的批判文章《揭穿“四人帮”利用工会篡党夺权的阴谋》。文章揭露张春桥在工会九大筹备组第一次会议期间，别有用心地提出“建立工会干什么”的问题。“四人帮”在工会九大筹备组的黑干将抛出“工会是工人阶级的战斗指挥部”的谬论。姚文元则于1976年5月21日在工会九大筹备组理论组署名文章中加上工会要“领导工人群众同党内走资派作斗争”，强调这是工会的历史经验总结和工会的根本任务。①

1977年8月5日，党中央批准，由马纯古等9位同志组成全国总工会机关领导小组，负责机关的工作和清查运动。在此之前，8月4日，党中央决定由马纯古主持全国总工会机关工作。自此，全国总工会机关揭批“四人帮”的群众运动深入发展。10月24日至11月上旬，全国总工会机关连续召开了10次揭批“四人帮”、原工会九大筹备组组长金祖敏和黑联络点罪行的大会。

## （二）彻底揭批“四人帮”的工运谬论及反动罪行

1977年12月29日，《人民日报》发表全国总工会机关批判组的批判文章：《彻底批判“四人帮”的“工运黑线统治”论》，

① 王渔、李双寿、尚鸿志等主编：《当代中国工人阶级和工会运动纪事》，辽宁大学出版社1989年版，第378页。

揭露批判了“四人帮”炮制“工运黑线统治论”的谬论。“文化大革命前十七年，工会的历次代表大会，都是在毛主席、党中央亲切关怀和直接领导下召开的。”历次工会代表大会确定的工运方针、决议和工会章程，都是经毛主席、党中央批准的。尽管少数负责人犯过错误，但在全国工人运动中，“毛主席的革命路线是主流”；“工会工作的成绩是基本的、主要的”。文章指出，“四人帮”把“文化大革命”前的工会说成是“全民工会”“生产工会”“福利工会”，完全是造谣和污蔑。“工会既然是无产阶级专政体系中党联系广大工人群众的‘传动装置’，它在组织上就必须把阶级性和群众性正确地统一起来。”马克思列宁主义认为，“革命是为了解放生产力，搞好生产是工会在无产阶级专政下新的历史任务”。在生产发展的同时，应该勤勤恳恳、切切实实地关心职工生活，研究改善工人生活的办法。这篇文章，对各级工会组织联系工运战线和工会实际工作，深揭狠批“四人帮”有重要的指导意义。各地工会结合学习和座谈全国总工会机关批判组的文章，集中力量，彻底揭发批判“四人帮”炮制的“工运黑线统治论”，认清其反动实质，从思想上、政治上和理论上搞清工运路线的是非界限，把被“四人帮”颠倒了的路线是非真正纠正了过来。

经过历时半年的揭批查工作，1978 年 2 月 6 日，全国总工会机关领导小组将清查工作情况汇总形成了综合报告。报告指出，清查出来的大量事实说明，工会九大筹备组是“四人帮”同各省联系的联络点，原工会九大筹备组主要负责人受“四人帮”指挥，勾结一些部门和地方的党羽，参与篡党夺权活动的罪行，这是千真万确的。主要事实是：第一，金祖敏一伙窃取了工会九大筹备组的领导权之后，紧跟“四人帮”篡党夺权的步伐，疯狂反对毛主席、周总理以及党中央其他领导同志。他们散布“中央分两派”，把“四人帮”奉为“革命派”，把“反经验主义”塞进中国工会九大文件草稿，矛头指向周总理。他们诬陷邓小平副主席“搞清君侧”。攻击“四个现代化”是“卖国主义的现代化”。第二，毛主席病重期间和逝世以后，金祖敏及其帮派加紧步伐，参与“四人帮”的反革命阴谋，直到粉碎“四人帮”以后，他们仍妄图反扑。第三，金祖敏及其帮派参与“四人帮”篡党夺权阴谋活动，是直接受“四人帮”指挥，同“四人帮”在国务院一些部门和一些省市的党羽紧密勾结进行的。第四，多年来，“四人帮”一再插手工运战线，阴谋利用工会篡党夺权，分裂工人阶级的团结，破坏工人运动。第五，金祖敏及其帮派为盘踞全国总工会机关，控制工运战线，残酷打击迫害全国总工会机关坚持毛主席革命路线的干部、群众，民愤极大。第六，金祖敏还在全国总工会机关培植资产阶级帮派。①

### （三）各地各级工会开展揭批查运动

工会系统从领导机关到基层单位，从领导干部到广大职工，都以严肃的态度和极大的热情投入揭批查运动。各地各级工会在党委领导下，联系本地本单位实际，组织职工和工会干部揭发批判“四人帮”利用工会充当篡党夺权工具的罪行和他们分裂工人阶级队伍，砸烂工会组织，迫害工会干部、劳动模范、老工人的罪行；批判了他们炮制的所谓“工运黑线统治论”和“三会一团”等谬论；批判了他们煽动无政府主义、鼓动停工停产、败坏工人阶级优良传统和作风的罪行；批判了他们破坏正常管理制度、攻击技术人员发挥作用、反对关心群众生活等方面的谬论和罪行，清查了工会系统与“四人帮”篡党夺权阴谋活动有牵连的人和事，基本上摧毁了“四人帮”在工运领域的帮派体系。通过这场

① 王渔、李双寿、尚鸿志等主编：《当代中国工人阶级和工会运动纪事》，辽宁大学出版社 1989 年版，第 384 页。

斗争，广大工会干部和职工认清了“四人帮”的罪恶历史和反动面目，在许多重大问题上分清了思想理论是非，干部队伍的阵线也比较清晰了。在“左”倾方针得以延续的背景下，工运领域的揭批斗争是不彻底的，尤其是平反冤假错案进展缓慢，拨乱反正呈现徘徊的局面。

# 第十一章
# 工人阶级为恢复国民经济贡献力量

在恢复发展生产的过程中，工业系统的干部和职工被压抑的积极性得到解放，为尽快改变工业经济不断下降的局面，广大职工群众决心把被“四人帮”耽误的时间夺回来，把“四人帮”造成的损失补回来，全国范围内迅速掀起社会主义劳动竞赛的热潮。

## 一、继续贯彻“工业学大庆”的方针

大庆油田是中国工人阶级在毛泽东思想指引下，在外国势力对我国封锁的情况下，发扬自力更生的精神，创立的一个发展特大型石油工业企业的成功范例。为了甩掉“贫油国”的帽子，以“铁人”王进喜为代表的大庆石油工人，在当时极其困难的条件下，以“宁肯少活 20 年，拼命也要拿下大油田”的冲天豪情，战天斗地，拼搏奉献，创造了“爱国、创业、求实、奉献”的大庆精神、铁人精神，谱写了一曲曲建设社会主义的激越赞歌，集中展现了我国工人阶级的崇高品质和精神风貌。大庆油田为中国工业企业管理的发展提供了一个典范。粉碎“四人帮”后的头两年中，中国工业的整顿和恢复，都是在“工业学大庆”的口号下开展的。①

1977 年 1 月 19 日，党中央发出《关于召开全国工业学大庆会议的通知》，通知要求动员全党、全国工人阶级，把“工业学大庆”的革命群众运动推向一个新的阶段，为普及大庆式企业而奋斗。工业战线的广大干部和群众响应党中央号召，把大庆提出的“大干社会主义有理，大干社会主义有功，大干社会主义光荣”的战斗口号化作实际行动，以优异成绩迎接全国工业学大庆会议的召开。

1977 年 4 月 20 日，全国工业学大庆会议在大庆油田开幕。中共中央主席、国务院总理华国锋主持大会，国务院副总理李先念致开幕词，大庆油田党委书记、革委会主任宋振明在大会上介绍了大庆的基本经验。4 月 27 日，大会转到北京继续召开。5 月 4 日，国务院副总理余秋里受党中央委托向大会作了题为《全党、全国工人阶级动员起来 为普及大庆式企业而奋斗》的报告。会议明确了以下几个主要问题：第一，狠抓企业整顿，要求 1977 年首先把那些关系到国民经济全局的重点企业的领导班子整顿好。第二，各个企业要以大庆为榜样，认真学习解放军的经验，建立健全政治工作机构，切实加强企业的政治思想工作。同时要像大庆那样抓好社会主义的企业管理。第三，广泛开展劳动竞赛，掀起增产节约新高潮，使各项技术指标在最短时间内达到本企业的历史最好水平，在两三年内达到本行业的国内先进水平。第四，提出学不学大庆，是走不走自己工业发展道路的问题。第五，要

① 徐之河、李令德：《中国公有制企业管理发展史续篇（1966—1992）》，上海社会科学院出版社 1996 年版，第 66 页。

求在第五个五年计划期间，按评比大庆式企业的六条标准①，把全国1/3的企业建成大庆式企业。5月14日，大会闭幕，国务院副总理纪登奎致闭幕词，国务院副总理王震、谷牧向代表颁发了《光荣册》。大会以党中央、国务院名义授予全国大庆式企业、全国先进企业称号2126个，授予全国先进生产者称号385人。这次会议对于恢复“文化大革命”中受到严重破坏的工业企业管理，发挥了巨大的作用。

黑龙江省工交、基本建设战线各级党组织和广大职工，结合本单位实际，以大庆为榜样，开展了“全国学大庆，大庆在我省，我们怎么办”的大讨论，对照大庆找差距，努力工作创造新成绩。到1977年6月末，全省工业总产值完成全年计划的49.7%，同比增长6.9%，创造了历史同期最好水平。72种主要产品中，有49种超过同期最好水平。许多轻工产品和支农产品大幅增长。② 江西第四机床厂，因受到“四人帮”及其在江西亲信的严重破坏，从1974年开始，年年亏损，月月靠贷款发工资。中共南昌市委在抓好领导班子的思想整顿和组织整顿中，把党性强、觉悟高、密切联系群众的老干部和技术人员充实到领导班子，情况很快就起了变化。厂党委带领全厂职工学大庆，学在前，干在前，遇到困难冲在前。讲大干，自己带头干，自己带头流大汗；

---

① 六条标准：一、认真学习马克思列宁主义、毛泽东思想，坚持党的基本路线，坚持企业的社会主义方向。二、有一个坚决执行党的路线和政策，密切联系群众，团结战斗，老中青三结合的党的领导核心。三、有一支能在三大革命中打硬仗，具有“三老四严”革命作风的职工队伍。四、坚持“两参一改三结合”的原则，有一套依靠群众、符合生产发展要求的科学的管理制度。五、在技术革新和技术革命方面不断有新的成果，全面完成国家计划，主要技术经济指标达到国内先进水平。六、坚持五七道路，工人以工为主，兼搞别样，在有条件的地方，搞好农林牧副渔业生产；在搞好生产的同时，安排好职工生活。

② 中共黑龙江省委史志研究室著：《中国共产党黑龙江历史第二卷（1949—1978）》，中共党史出版社2021年版，第543页。

讲快上，自己带头打硬仗。1977 年上半年，厂级领导干部平均每人劳动 40 天，中层干部平均每人劳动 72 天。从 5 月开始，党委成员全部搬到办公室住宿，做到了“工人三班倒，班班见领导”，大大鼓舞了全厂职工大干社会主义的积极性。当年 6 月底，即超额完成全年总产值计划，主要产品产量完成了年计划的 75.4%。①

1978 年 4 月中旬，国务院再次召开全国工业学大庆工作会议，总结交流一年来工业交通战线揭批“四人帮”，开展“工业学大庆”运动的经验。在这次会议上，大庆油田、开滦煤矿、鞍山钢铁公司等企业及石油部、煤炭部、冶金部、铁道部等部门，系统地介绍了一年来揭批“四人帮”、深入学大庆和整顿企业管理的情况及经验。“四人帮”被粉碎后的两年多时间内，在全国工业企业中开展的“工业学大庆”群众运动，对广大工业企业开展企业管理整顿工作，恢复生产正常秩序，建立和健全必要的企业规章制度，起到了巨大的作用。但是，在开展“工业学大庆”群众运动和评比大庆式企业的过程中，搞了一些形式主义的评比、检查和验收工作，助长了在企业管理中追求形式主义的工作作风。②

## 二、开展社会主义劳动竞赛

1977 年 3 月 30 日，党中央发出通知，同意并批转国家计委《关于 1977 年国民经济计划几个问题的汇报提纲》。通知强调各级党委要深入发动群众，抓好深揭狠批“四人帮”的斗争，大鼓革命干劲，调动一切积极因素，开展社会主义劳动竞赛，努力增

① 中共江西省委党史研究室著：《中国共产党江西历史第二卷（1949—1978）》下册，中共党史出版社 2016 年版，第 730 页。

② 徐之河、李令德：《中国公有制企业管理发展史续篇（1966—1992）》，上海社会科学院出版社 1996 年版，第 68 页。

产节约，完成和超额完成 1977 年国民经济计划。广大职工热烈响应党中央号召，社会主义劳动竞赛在各条战线、各地区更加热火朝天地开展起来。

从 1977 年 3 月开始，铁路、冶金、水电、轻工业、煤炭等行业都开展了本系统的社会主义劳动竞赛。铁路是劳动竞赛的发起源头。1977 年 3 月，郑州铁路局和北京铁路局率先相互开展竞赛，引发全国铁路系统的强烈反响，掀起“比学赶帮超”的竞赛热潮，使铁路运输生产稳步上升，当年第二季度就创造了历史最高纪录。在铁路系统带动下，劳动竞赛推向全国。在遭受强烈地震破坏的唐山开滦煤矿，广大职工坚持生产，在震后一年多的时间里，共排除井下积水 1.6 亿多吨，修复巷道 700 多公里，修理机器设备 3.3 万多台，到 1977 年 12 月全矿平均日产量达 7 万吨，已恢复到地震前的水平。钢铁企业的职工发扬主人翁精神，积极配合企业的整顿，使企业面貌很快改观，全国钢铁生产到 1977 年 10 月已超过历史最好水平。1977 年春，上海轻工业系统的自行车等行业首先开展“学大庆，比学赶帮争先进”竞赛活动，提出以“三高二低创水平”为目标的社会主义竞赛。“三高”即高产、高效、高质，“二低”即低耗、低成本，“创水平”是创历史最高水平。其他行业中也联系实际，普遍开展劳动竞赛，全市有 180 万余人参加竞赛活动。1977 年下半年，纺织系统开展“万米无疵布”、保温瓶行业开展“万只无损耗”、仪表行业开展“万点焊接无差错”、冶金行业开展“万炉无事故”“百日无事故”等形式的劳动竞赛，取得了良好的成绩。在竞赛过程中，许多企业建立和健全各项合理的规章制度，加强了生产技术管理以及经济核算和经济活动分析等工作，提高了企业管理水平。①

① 徐之河、李令德：《中国公有制企业管理发展史续篇（1966—1992）》，上海社会科学院出版社 1996 年版，第 72 页。

全国工交战线社会主义劳动竞赛还呈现出跨省跨市联动发展的态势，到1977年9月中旬已经有26个省、直辖市、自治区开展了省际竞赛。东北三省开展了“比学赶帮超”革命竞赛。三省省委以建成大庆式企业的六条标准为内容，以实现各自的规划为目标，互学互帮、互相促进。在这场比赛中，提出“看谁普及大庆式企业迈出的步伐大，看谁工业发展速度快，看谁各项经济技术指标完成得好，看谁对国家贡献多”的口号。[①] 四川、山东等省也开展了“工业学大庆”竞赛活动。1977年7月28日，四川省委工业学大庆办公室、山东省委工业学大庆办公室共同制发《关于四川、山东两省开展工业学大庆革命竞赛活动的意见》。竞赛的内容是赛工业学大庆、普及大庆式企业的步伐，赛工业发展速度，赛工业发展水平，赛工业支援农业，赛对国家的贡献；竞赛的形式主要是采取对口学、对口赛的方式，开展地市与地市、行业与行业、企业与企业之间的互帮互学竞赛活动。第一批开展对口学、对口赛的单位是：成都市与济南市，重庆市与青岛市，渡口市（今攀枝花市）、自贡市与淄博市，宜宾、绵阳地区与昌潍地区，乐山、内江地区与烟台地区，成都铁路局与济南铁路局，四川石油局与山东胜利油田，四川化工局与山东石油化工局。浙江省杭州市与常州市、温州市开展了挂钩竞赛活动，三市各行业、各企业广泛开展了以优质、高效、低耗为主要内容的劳动竞赛，掀起了技术革新、技术练兵的热潮。杭州钢铁厂的“百炉无废钢”、杭州橡胶厂的“千条无次胎”、杭州棉纺织厂的“万米无疵布”等竞赛都创造了先进纪录。化肥、冶炼、发电、机械等行业的广大职工，在努力增加生产的同时，认真调查所在企业与行业的消耗水平，大力开展技术革新，尽量采用新技术，千方百计降

① 中共黑龙江省委史志研究室著：《中国共产党黑龙江历史第二卷（1949—1978）》，中共党史出版社2021年版，第544页。

低燃料、电力和原材料的消耗，坚持从节约中求增产，取得了比较显著的效果。

经过广大职工的努力奋斗，全国工业总产值从 1977 年 3 月起逐月增加，到 6 月，有 24 个省、自治区、直辖市超过 1976 年同期水平。80 种主要工业产品的产量绝大多数已高于上年同期水平，其中 26 种创造了历史最高月产水平。1977 年的工业总产值比上年增长 14.6%，这一年，全国有 60%的职工不同程度地增加了工资。①

1977 年 11 月 24 日至 12 月 11 日，全国计划会议在北京召开。会议提出到 20 世纪末，全国要实现农业、工业、国防和科学技术的现代化，主要产品质量、主要生产技术多数接近、少数赶上和超过当时的世界先进水平。从 1978 年到 1985 年是关键时期，要打一场前所未有的、具有决定意义的“大仗”，赢得一个高速度、高水平。为此，会议提出了一个不符合国力、财力的冒进指标，要求新建和续建 120 个左右的大型项目，其中包括：30 个大电站、8 个大型煤炭基地、10 个大油气田、10 个大钢铁基地、9 个大有色金属基地、10 个大化肥厂等。这种高指标，助长了当时国民经济发展中已经出现的急躁冒进倾向。②

## 三、国民经济在整顿中逐渐得到恢复

1977 年 3 月 3 日至 16 日，国务院召开全国计划会议，明确肯定 1975 年邓小平主持整顿期间有关部门起草的《关于加快工业发展的若干问题》《关于科技工作的几个问题》《论全党全国各项工

① 中共中央党史研究室著：《中国共产党历史第二卷（1949—1978）》下册，中共党史出版社 2011 年版，第 998 页。

② 中共中央党史研究室著：《中国共产党历史第二卷（1949—1978）》下册，中共党史出版社 2011 年版，第 1001 页

作的总纲》是三篇好文稿。经济理论界也从 1977 年 2 月起开展了关于按劳分配和“资产阶级法权”等问题的讨论。该讨论在 4 月以后逐步扩大规模。在讨论中，批判了把按劳分配说成是“产生资产阶级法权的经济基础”，把发展生产说成是所谓“唯生产力论”等谬论。

1978 年 4 月 20 日，党中央颁发《关于加快工业发展若干问题的决定（草案）》（简称“工业三十条”）。这个文件是在 1975 年起草的《关于加快工业发展的若干问题》（简称“工业二十条”）基础上修订而成的，对企业整顿提出了具体标准，明确规定企业要以生产为中心，理直气壮搞好生产；坚持以责任制为核心的各项规章制度，大力提高企业管理水平。该决定指出，国营工业企业要实行党委领导下的厂长分工负责制，还必须建立党委领导下的职工代表大会或职工大会制。职工代表大会要定期听取企业领导的工作报告，讨论企业的有关重大问题，对企业的工作提出批评、建议，对领导干部进行监督，并有权向上级建议处分、撤换某些严重失职、作风恶劣的领导人员。这一决定要求所有企业都要全心全意依靠工人阶级，贯彻执行群众路线，大搞群众运动。要重视老工人，充分发挥他们的骨干作用；热情关怀青年工人的成长，发挥他们的突击作用。同时，该决定还对企业的政治工作，培训干部、工人和技术人员，劳动竞赛和革命比赛，各尽所能、按劳分配，关心职工生活和纪律等问题，作了具体的规定。“工业三十条”发布后，许多企业纷纷开始试行各种形式的责任制。例如，济南市第一汽车运输公司根据运输生产特点，从上到下建立起运务工作、机务工作、经营管理、生活服务、政治工作五条线，重新建立党委领导下的经理分工负责制，改变了企业领导和管理上的混乱现象。截至 1978 年 6 月，该公司的运量、吨公里、燃料节约等多项指标都达到和超过了当时历史最高水平。①

1978年下半年，经济理论界又一次举行按劳分配问题理论讨论会。这是1977年举行的三次按劳分配问题理论讨论会的继续和深入。与前几次会议相比，这次会议的规模更大，参加人数更多，讨论的内容也更深入。与会者既有从事经济理论研究的同志，又有来自农村、企业和经济管理部门的代表。大家既讨论了按劳分配的性质，又着重讨论了在实践中怎样体现按劳分配原则的问题。不少人根据社会调查写出报告，对体现按劳分配的各种劳动报酬形式，包括计件工资和奖金等提供了有说服力的分析和论证。②这场讨论还进一步涉及商品生产、价值规律等问题。5月22日，国务院财贸小组理论组在《人民日报》上发表《驳斥“四人帮”诋毁社会主义商品生产的反动谬论》一文。这篇文章的发表把经济理论问题的讨论进一步推向深入。③

在按劳分配问题讨论的推动下，1978年5月7日，国务院发出通知，要求贯彻逐步改善职工生活的方针，有条件、有步骤地实行奖励和计件工资制度。9月，国务院要求有关部门尽快提出改革工资制度、奖励制度和劳保福利制度的具体意见。11月25日，国务院批转财政部《关于国营企业试行企业基金的规定》，允许完成国家计划的企业提取一定数量的利润作为企业基金，用于举办集体福利事业和奖励职工，把企业经营成果同企业和职工切身利益联系起来，以改变企业办好办坏一个样的现象。同年下半年，全国有不少企业和单位恢复了计件工资和奖金制度，有效

---

① 中共山东省委党史研究室著：《中国共产党山东历史第二卷（1949—1978）》下册，山东人民出版社2018年版，第783页。

② 《在北京举行的按劳分配讨论会贯彻百家争鸣方针 按劳分配理论讨论逐步深入》，《人民日报》1978年11月3日。

③ 中共中央党史研究室著：《中国共产党历史第二卷（1949—1978）》下册，中共党史出版社2011年版，第1033页。

地调动了广大职工的生产积极性。例如，青岛第二橡胶厂过去胶料浪费，无人管理。1978 年 11 月，该厂从超额劳动价值中拿出 3%—4%作为奖金，实行单项节约奖励，鼓励了全厂职工的积极性，使人人都关心计划完成情况，仅当月上旬便节约帘子布和胶料 2 万多元。山东煤炭系统实行计时工资加奖励的 25 个矿，1978 年 1 月至 9 月发奖金 320 万元，实现利润 5127 万元，扣除奖金后比 1977 年同期净增 1655 万元，增长 52%。①

1978 年的工业总产值又比上年增长 13.5%，80 种主要产品中，有 65 种完成和超额完成了国家计划，其中钢产量达到 3178 万吨，比 1976 年增长 55.3%，扭转了连续几年在 2000 万吨左右徘徊的局面。② 所有这些说明，遭受“文化大革命”严重破坏的工业生产已经得到初步恢复和发展。工业的恢复和发展，又带动了整个国民经济的恢复和发展，工人阶级发挥了主力军作用，作出了巨大贡献，亦为历史转折的实现准备了必要的条件。

---

① 中共山东省委党史研究室著：《中国共产党山东历史第二卷（1949—1978）》下册，山东人民出版社 2018 年版，第 785—786 页。

② 中共中央党史研究室著：《中国共产党历史第二卷（1949—1978）》下册，中共党史出版社 2011 年版，第 998—999 页。

# 第十二章

# 中国工人运动新的伟大起点

## 一、抵制“两个凡是”与真理标准问题大讨论

1977年2月7日，《人民日报》《解放军报》和《红旗》杂志发表题为《学好文件抓住纲》的社论。这篇社论强调揭批“四人帮”是“当前的纲”，要“抓纲治国”。同时，公开提出“凡是毛主席作出的决策，我们都坚决维护；凡是毛主席的指示，我们都始终不渝地遵循”（后被称为“两个凡是”）。它的实质是要把毛泽东晚年的“左”倾错误延续下来。“两个凡是”提出不久，1977年4月，尚未恢复领导职务的邓小平在给党中央的信中提出，“我们必须世世代代地用准确的完整的毛泽东思想来指导我们全党、全军和全国人民”①。叶剑英、陈云、聂荣臻、徐向前等老一辈革命家也反复强调发扬实事求是的优良传统，抵制“两个凡是”的推行。

在全国局势逐步稳定的基础上，1977年7月21日，邓小平在党的十届三中全会上讲话，指出：马克思列宁主义、毛泽东思想是我们党的指导思想。毛泽东思想继承和发展了马克思列宁主

① 中共中央文献研究室编：《邓小平年谱》第4卷，中央文献出版社2020年版，第157页。

义。我说要用准确的完整的毛泽东思想作指导思想的意思是，要对毛泽东思想有一个完整的准确的认识，要善于学习、掌握和运用毛泽东思想的体系来指导我们各项工作。只有这样，才不至于割裂、歪曲毛泽东思想，损害毛泽东思想。①

1977 年 8 月 12 日至 18 日，党的十一大在北京召开。华国锋代表第十届中央委员会作政治报告，总结了同“四人帮”的斗争，宣告“文化大革命”已经结束，重申在 21 世纪内把我国建设成为社会主义的现代化强国是新时期党的根本任务。但由于当时历史条件的限制和华国锋错误的影响，这次大会没有纠正“文化大革命”的错误理论、政策和口号，反而加以肯定，因而未能完成从理论和党的指导方针上根本拨乱反正的任务。邓小平致闭幕词时强调指出：我们一定要恢复和发扬毛主席为我们党树立的群众路线、实事求是、批评与自我批评、谦虚谨慎、戒骄戒躁、艰苦奋斗等优良传统和作风，全心全意为中国人民和世界人民服务；我们一定要恢复和发扬民主集中制的优良传统和作风，在全党、全军、全国努力造成一个又有集中又有民主，又有纪律又有自由，又有统一意志，又有个人心情舒畅、生动活泼，那样一种政治局面。② 会议还提出，要加强党对工会、共青团、妇联等群众组织的领导，把这些组织整顿好、建设好，充分发挥它们应有的作用。然而，大会继续肯定“文化大革命”，延续“无产阶级专政下继续革命的理论”，这为拨乱反正设置了障碍。

面对“两个凡是”造成的严重影响，人们开始感到，要彻底澄清“四人帮”造成的思想混乱，不能不首先解决这样的问题，即：究竟应当用什么样的态度对待毛泽东的指示？判定历史是非

① 中共中央文献研究室编：《邓小平年谱》第 4 卷，中央文献出版社 2020 年版，第 162 页。

② 中共中央文献研究室编：《邓小平年谱》第 4 卷，中央文献出版社 2020 年版，第 182 页。

的标准到底是什么？[①]

1978年3月18日，全国科学大会在北京召开。邓小平在会上强调“科学技术是生产力”这一马克思主义的观点，并且指出，知识分子的绝大多数已经是工人阶级和劳动人民自己的知识分子，是工人阶级自己的一部分。他们与体力劳动者的区别，只是社会分工的不同。由此，党扭转了多年来对知识分子的“左”的政策，知识和知识分子重新受到重视。4月22日下午，邓小平出席全国教育工作会议开幕式并发表讲话。他指出：学校是为社会主义建设培养人才的地方，人才的标准是德、智、体几方面都得到发展，成为有社会主义觉悟的有文化的劳动者。学生把坚定正确的政治方向放在第一位，这不仅不排斥学习科学文化，相反，应该越加自觉、刻苦。考试是检查学习情况和教学效果的一种重要方法，要认真研究、试验，改进考试的内容和形式。他还指出：要尊重教师的劳动，提高教师的质量。一个学校能不能为社会主义建设培养合格的人才，培养德智体全面发展、有社会主义觉悟的有文化的劳动者，关键在教师。要提高人民教师的政治地位和社会地位。不但学生应该尊重教师，整个社会都应该尊重教师。党中央召开的这两个会议，使科学、教育、文艺等各个领域的知识分子受到极大的鼓舞。一大批被长期禁锢的电影、戏剧及其他中外优秀文艺作品得到解放，文联、作协等群众团体重新恢复工作，各种文艺创作逐步活跃起来。

1978年5月10日，中共中央党校《理论动态》第60期，发表了经胡耀邦审定的《实践是检验真理的唯一标准》一文。5月11日，《光明日报》以特约评论员名义公开发表这篇文章，新华社向全国转发。文章鲜明地提出：实践不仅是检验真理的标准，

---

① 中共中央党史和文献研究院著：《中国共产党的一百年（改革开放和社会主义现代化建设新时期）》，中共党史出版社2022年版，第633页。

而且是唯一的标准。马克思主义的理论宝库并不是一堆僵死不变的教条。“四人帮”加在人们身上的精神枷锁还远没有完全粉碎，对“四人帮”设置的禁区“要敢于去触及，敢于去弄清是非”。文章明确提出，不能拿现成的公式去限制、宰割、剪裁无限丰富的飞速发展的革命实践，应该勇于研究新的实践，提出新的问题。文章一经发表便在广大干部群众中引起强烈反响，引发了关于真理标准问题的大讨论。5 月 12 日，《人民日报》《解放军报》等全文转载。5 月 13 日，又有多家省报转载。《实践是检验真理的唯一标准》重申了马克思主义认识论的一个基本原理：社会实践不仅是检验真理的标准，而且是唯一的标准。这篇文章虽然主要是对马克思主义认识论的一个基本问题作正面阐述，但实际上是从思想路线方面批判了“两个凡是”的观点，并且触及盛行多年的思想僵化和个人崇拜现象。文章发表后，立即在党内外引起关注。7 月 21 日，邓小平同中共中央宣传部部长张平化谈话，就真理标准问题的讨论指出：不要再下禁令、设禁区了，不要再把刚刚开始的生动活泼的政治局面向后拉。7 月 22 日下午，邓小平同胡耀邦谈话，明确肯定和支持真理标准问题的讨论。指出：《实践是检验真理的唯一标准》这篇文章是马克思主义的。争论不可避免，争得好。引起争论的根源就是“两个凡是”。[①] 此后，在邓小平的领导、支持下，一场关于真理标准问题的大讨论在全国展开。从 7 月底开始，各省、自治区、直辖市和中央的一些部门以及各大军区、各军兵种、军委直属单位的主要负责人相继发表讲话或文章，公开表明支持实践是检验真理的唯一标准的立场。[②] 各地宣传部门和党校也积极配合，纷纷举办讨论会或培训班，推

① 中共中央文献研究室编：《邓小平年谱》第 4 卷，中央文献出版社 2020 年版，第 345 页。

② 中共山东省委党史研究室著：《中国共产党山东历史第二卷（1949—1978）》下册，山东人民出版社 2018 年版，第 828 页。

动这场讨论的开展。这场大讨论为冲破“两个凡是”的严重束缚，重新确立马克思主义的思想路线、政治路线和组织路线奠定了理论基础，成为实现党和国家历史性伟大转折的思想先导。

对我国发展的紧迫性和经济政治体制存在的弊端有着深刻认识的邓小平，先是在中央领导层大声疾呼，社会主义就是要加快发展生产力，要学习、引进国外先进技术和管理经验，大胆改革经济管理体制；随后，他又到部分省市，同地方领导人谈思考已久的想法，促成解放思想的浩大声势。1978 年 9 月，邓小平在东北三省、河北唐山及天津等地视察，走一路讲一路，用他自己的话说是“到处点火”。他反复强调，现在摆在我们面前的问题，关键还是实事求是、理论与实际相结合、一切从实际出发。他说：“我们现在要实现四个现代化，有好多条件，毛泽东同志在世的时候没有，现在有了。中央如果不根据现在的条件思考问题、下决心，很多问题就提不出来，解决不了。”① 他呼吁，世界天天发生变化，新的事物不断出现，新的问题不断出现，我们关起门来不行，不动脑筋永远陷于落后不行。一定要根据现在的有利条件加速发展生产力，使人民的物质生活好一些，使人民的文化生活、精神面貌好一些。一句话，就是要革命，不要改良，不要修修补补。他还提出，揭批“四人帮”的群众运动要适时结束，转入正常工作，提出了把党和国家工作重点转移到现代化建设上来的重要主张。邓小平的这些重要主张得到中央政治局常务委员会的赞同。从 1978 年 9 月下旬到 11 月中旬，有 21 个省、自治区、直辖市党委主要负责人发表支持真理标准问题讨论的谈话。② 这些为随后召开的中央工作会议和党的十一届三中全会作出把党和国家

① 中共中央文献研究室编：《邓小平年谱》第 4 卷，中央文献出版社 2020 年版，第 379 页。

② 中共山东省委党史研究室著：《中国共产党山东历史第二卷（1949—1978）》下册，山东人民出版社 2018 年版，第 832 页。

工作中心转移到经济建设上来、实行改革开放的历史性决策，准备了充分条件，奠定了坚实基础。

## 二、召开全国总工会八届七次执委扩大会议

经过一年多的努力，工会系统揭批“四人帮”取得丰硕成果。根据党中央的部署，1978 年 4 月 22 日至 24 日，全国总工会在北京召开八届七次执委扩大会议。会前于 4 月 16 日至 21 日召开了省、市、自治区总工会负责人会议。会议讨论了中国工会九大筹备工作，讨论修改了关于召开中国工会九大的通知、中国工会九大代表产生办法和名额分配方案，归纳了“四人帮”反革命修正主义路线在工运战线的具体表现，初步澄清了工会工作的路线是非、理论是非和思想是非。出席执委扩大会议的有全国总工会负责人、执委、候补执委和各省、市、自治区工会负责人，共 190 多人。这是全国总工会停止活动长达 11 年之后召开的第一次执委会议，它标志着全国总工会作为全国工会组织的最高领导机构的活动正式恢复。会议原则通过了关于召开中国工会九大的通知，并一致同意 1978 年 10 月在北京召开中国工会九大。

执委扩大会议回顾了新中国成立以来的工人运动和工会工作，批判了“四人帮”抛出“工运黑线统治论”，全盘否定工会工作成绩的谬论。一致认为，新中国成立以来全国总工会和各级工会在党的领导下，做了大量工作，成绩是主要的，广大工会干部和积极分子是好的和比较好的，他们同林彪、“四人帮”的干扰破坏进行了坚决的抵制和顽强斗争，作出了应有的贡献。

会议认为，“四人帮”搞乱工运领域的实质是要扭转工人运动和工会工作的正确方向，并阴谋以帮代会，以会代党，把工会凌驾于党和政府之上，妄图利用工会篡党夺权。会议集中清理和批判了“四人帮”搞乱工运领域的谬论和罪行，包括颠倒社会主

义历史阶段的敌我关系；污蔑工会是“生产工会”“福利工会”和“全民工会”；推行愚民政策；煽动无政府主义等。会议指出他们反对“抓革命、促生产”，反对关心职工生活，反对把包括知识分子在内的职工群众广泛地组织起来，反对工会组织职工学政治、学文化、学技术，反对工会对职工进行组织性、纪律性教育，严重破坏社会主义革命和建设，破坏党与群众的血肉联系，破坏工人阶级团结，破坏职工队伍的革命化、现代化建设，破坏工人阶级的革命传统和革命作风。这些都给工人运动和工会工作造成巨大损失，必须彻底肃清。

1978 年 4 月 27 日，全国总工会召开粉碎“四人帮”后的第一次全国劳动模范座谈会，115 名劳动模范出席了会议。华国锋、邓小平、李先念、汪东兴等中央领导同志接见出席全国劳动模范座谈会的代表，国务院副总理余秋里到会讲话。这是一次揭批“四人帮”的声讨会，是向党中央表决心进行新长征的誓师会。《人民日报》发表了与会全体劳动模范签名的《决心书》，《决心书》号召全国劳动模范争当新长征的排头兵。

全国总工会八届七次执委扩大会议后，全国总工会机关的各临时机构相继建立，筹备中国工会九大的报告起草组、修改工会章程组、组织组正式开展工作。各地工会认真传达全国总工会八届七次执委扩大会议精神，积极进行中国工会九大的筹备工作。各地职工群众也陆续把全国劳动模范座谈会的《决心书》变成实际行动，大战红五月，力争月月红。

## 三、筹备中国工会九大

1978 年 5 月 1 日，全国总工会发出《关于召开中国工会第九次全国代表大会的通知》（以下简称《通知》），要求各级工会组织发动职工群众积极参加，并打好揭批“四人帮”的第三战役，深入揭批他们的反革命修正主义路线；组织职工响应党中央关于“提高整个中华民族的科学文化水平”的号召，掀起一个新的持久的学习运动；组织以增产节约为中心的社会主义劳动竞赛，全面完成和超额完成国家计划；关心职工生活，保护和发扬职工的革命积极性和劳动热情；发动职工积极参加企业整顿，在整顿企业的同时把工会整顿好、建设好。《通知》号召全国职工发扬工人阶级的革命传统，向社会主义“四个现代化”宏伟目标奋勇前进，用优异的成绩迎接中国工会九大的召开。《人民日报》全文刊载《通知》，并发表《广泛开展社会主义劳动竞赛》的社论。社论指出，组织劳动竞赛，搞好生产，是工会的一项重要任务。各级工会组织要从“四人帮”强加的所谓“生产工会”的精神枷锁下解放出来，切实地把组织社会主义劳动竞赛的工作抓紧抓好。

1978 年 5 月 28 日，党中央转发《中国工会第九次全国代表大会代表产生办法和名额分配方案》并发通知。通知希望各地党委领导和帮助所属工会组织，按照这个文件的规定，结合当前中心任务，认真选好出席中国工会九大的代表，并做好召开中国工会九大的各项准备工作。在社会主义革命和社会主义建设新的发展时期，各级党委要进一步加强对工会工作的领导。党委要有一名书记分工主管工、青、妇工作。要配好各级工会的领导班子，充分发挥工会组织的作用。6 月 17 日，党中央转发《中华全国总工会第九届执行委员会组成方案》，要求各地党委指导所属工会，做好中国工会第九届执委和候补执委的推荐工作。各地党委十分重视中国工会九大的筹备工作。截至 8 月中旬，半数左右的省、市、自治区总工会的领导班子已经调整和加强，清查工作基本完成，机构和人员有所充实，并积极开展工作；有部分省、市工会主要负责人作了调整充实，班子尚待进一步整顿，清查运动还在进行，工会工作还没有完全展开；极少数省、市总工会的领导班子还没有整顿，清查运动的盖子还没有完全揭开，尚无力指导各项工作的开展。

1978 年 8 月 17 日至 28 日，全国总工会再次召开省、市、自治区总工会负责人会议。会议主要是讨论研究中国工会九大的文件准备和组织准备，集体讨论修改第八届执行委员会的工作报告和《工会章程》《修改工会章程的报告》等文件。在会议过程中，还讨论了从指导思想上解决工会怎样跟上形势，动员与组织广大职工群众，加速实现“四个现代化”的问题。会议结束前，中共中央组织部部长胡耀邦到会讲话，具体阐述了新的历史时期工人阶级的历史使命和工会工作的方针任务，对修改好中国工会九大文件，开展当前的工会工作，提出了明确的指导思想。关于工人阶级的战斗历程，胡耀邦讲道：工人阶级掌握政权后，要以主人翁的姿态参与国家大事，关心国家大事，把经济建设搞好。正因为我们搞了这一条，才在中国革命胜利后的短短二十多年内，把经济建设的规模搞得这么大。全国解放以后，工人阶级的这个历史功绩是载入史册的。这一条要展开讲，要批判“四人帮”叫嚣的“停工停产闹革命”，什么“宁要社会主义的低速度，不要资本主义的高速度”，等等。他还提出要展开批判林彪、“四人帮”，分裂工人阶级队伍，搞无政府主义，这一派、那一派，我们广大工人阶级抵制了这个东西，维护了团结，使“四人帮”这个阴谋没有得逞。关于新时期工会工作的基本方针和工作方法，胡耀邦讲道：“我们工会要吸引工人学政治、学文化、学科学、学技术，工会要成为一个大学校。引用列宁讲的共产主义学校，比较抽象，要具体化。要学政治，学无产阶级专政，学企业管理，学技术，学科学，等等，在生产中学。”他还讲道：要关心职工生活。要鼓足干劲讲这一条。要澄清什么叫“福利主义”，“福利主义”是把福利提到第一位，离开整体利益讲局部利益，离开生产讲福利，这才叫“福利主义”。工会是不是有个别同志有过“福利主义”的倾向，但我说我们整个工会没有福利主义路线，不存在这个问题。要打破这个枷锁。你们要关心工人群众生活。胡耀邦的讲话，使到会的同志深受教育和鼓舞，为改好会议文件，开展好当前的工会工作，明确了指导思想，增强了信心。

## 四、中国工会九大胜利召开

1978 年 10 月 11 日至 21 日，中国工会九大在北京召开。出席会议的代表包括 30 多个民族的 1967 人，代表全国 5000 多万工会会员。中共中央主席华国锋，副主席叶剑英、邓小平、李先念、汪东兴以及党和国家的其他领导同志出席了大会。

1978 年 10 月 8 日，邓小平审改在中国工会九大上的祝词，并批送华国锋、叶剑英、李先念、汪东兴核阅。10 日，邓小平又致信华国锋、李先念：“工大祝词，我又考虑了一下，加改了两段，这是比较重要的改动。”修改祝词时，增加的内容为：第一，“进行这些改革，是全国人民的长远利益所在，否则我们不能摆脱目前生产技术和生产管理的落后状态。中央相信，为了四个现代化的利益，全国工人阶级一定会在这些改革中起大公无私的模范先锋作用，各工会组织一定会用深入群众的宣传组织工作积极协助各企业顺利地实现这些改革，为革命和建设的事业作出新的杰出贡献。”第二，“我们的企业要实行党委领导下的厂长或经理负责制，要建立强有力的生产指挥系统。工会要教育全体会员维护企业实行高度集中的行政领导，维护生产指挥系统的高度权威。只有这样，才能有效地克服现在普遍存在的无人负责现象，才能正常地、有秩序地组织生产。也只有这样，才能不断地扩大再生产，增加利润，同时不断地改善职工生活，从而确实保证国家利益、集体利益和个人利益的统一。”①

1978年10月11日下午，中国工会九大在人民大会堂开幕，邓小平代表党中央、国务院致词。邓小平首先肯定了六次劳大、中国工会七大和八大所规定的工人运动的路线、方针、任务是正确的。全国总工会和各级工会组织在党的领导下，做了很多很好的工作，对全国的社会主义革命和社会主义建设的胜利发展起了重大作用。在党的领导和工会的帮助下，全国各民族、各地区、各工业部门都涌现了一批劳动模范和工人阶级的革命骨干，他们至今还是我们学习的榜样和团结的核心。他还充分肯定了我国工人阶级同林彪、江青两个反革命集团所进行的英勇斗争，赞扬我国工人阶级不愧是久经考验的、立场坚定的革命的领导阶级。

邓小平在致词中指出：揭批“四人帮”的斗争在全国广大范围内已经取得决定性的胜利，我们已经能够在这一胜利的基础上开始新的战斗任务。实现四个现代化，是一场根本改变我国经济和技术落后面貌，进一步巩固无产阶级专政的伟大革命。这场革命既要大幅度地改变目前落后的生产力，就必然要多方面地改变生产关系，改变上层建筑，改变工农业企业的管理方式和国家对工农业企业的管理方式，使之适应于现代化大经济的需要。为了提高经济发展速度，就必须大大加强企业的专业化，大大提高全体职工的技术水平并且认真实行培训和考核，大大加强企业的经济核算，大大提高劳动生产率和资金利润率。因此，各个经济战线不仅需要进行技术上的重大改革，而且需要进行制度上、组织上的重大改革。工会要教育全体会员维护企业实行高度集中的行政领导，维护生产指挥系统的高度权威；要教育全体会员积极参

---

① 中共中央文献研究室编：《邓小平年谱》第4卷，中央文献出版社2020年版，第395—396页。

加企业的管理；要努力保障工人的福利；要密切联系群众。①邓小平的致词，在深刻总结新中国成立以来中国工人运动和工会工作历史经验的基础上，系统阐明了新时期中国工人运动和工会工作发展的客观规律与前进方向，是指导新时期中国工人运动和工会工作的纲领性文件。12 日，这个致词在《人民日报》上全文发表。

会上，倪志福受全国总工会第八届执行委员会委托作题为《中国工人阶级新的伟大历史使命》的工作报告。报告总结了我国工会工作的历史经验，充分肯定新中国成立以后我国工会工作的成绩是主要的。广大工会干部勤勤恳恳、任劳任怨，为党和工人群众做了大量工作。报告强调，我国工人阶级新时期的历史使命也就是我们工会的使命。因此，工会在动员组织工人群众为实现新的历史使命而进行的斗争中必须更好地发挥作用。为此，报告提出了新时期工会工作的基本方针，即在中国共产党的领导下，遵循党的十一大路线，团结、教育、吸引广大职工不断提高政治觉悟，掌握现代科学技术，积极参加管理，广泛开展社会主义劳动竞赛，努力提高劳动生产率，并在发展生产的基础上逐步改善职工群众的物质文化生活，为实现新时期的总任务而奋斗。

为了贯彻这个方针，报告强调要着重做好五项工作：第一，加强对工人群众的政治教育和文化技术教育；第二，吸引工人参加管理，保障工人当家作主的民主权利；第三，把社会主义劳动竞赛提高到一个新的水平；第四，关心群众生活，保护工人利益；第五，把各级工会组织切实整顿好、建设好。

大会选出了中国工会第九届执委会执委 193 人，候补执委 85 人。10 月 22 日，全国总工会第九届执委会举行第一次全体会议，

① 中共中央文献研究室编：《邓小平年谱》第 4 卷，中央文献出版社 2020 年版，第 399—400 页。

选举倪志福为全国总工会主席，朱学范、马纯古、康永和、黄民伟、陈宇、宋侃夫、王崇伦、韩荣华、刘玉娥（女）、章瑞英（女）为副主席。选举马纯古等29人为常务委员会委员。

中国工会九大是粉碎“四人帮”后我国工运战线拨乱反正、继往开来的一次大会，是全国工人阶级和工会工作者盼望已久的一件大事，是相隔21年召开的我国工人阶级和工会工作者的又一次盛会，标志着全国总工会作为全国工会领导机关的活动正式恢复。为庆祝中国工会九大胜利闭幕，《人民日报》发表题为《中国工人运动伟大的新起点》的社论。

# 小　结

# 社会主义革命和建设时期的工人运动与工运事业取得了巨大历史性成就

新中国的成立，开创了中国工人阶级和劳动人民当家作主的新纪元，开辟了我国工人运动和工运事业的广阔前途，标志着我国的工人运动和工运事业进入了社会主义革命和建设时期。在这一时期，党面临的主要任务是，实现从新民主主义到社会主义的转变，进行社会主义革命，推进社会主义建设，为实现中华民族伟大复兴奠定根本政治前提和制度基础。① 在这一伟大进程中，在党的领导下，我国工人阶级为党和国家事业发展作出了重大贡献，工运事业取得巨大的历史性成就，为建设新中国、推进实现中华民族伟大复兴贡献了强大力量。

新中国成立后，中国工人阶级由过去的被压迫被剥削阶级变成新政权的主人、新中国的领导阶级与社会主义革命和建设的主力军，中国工人运动的主要任务转变为团结教育吸引广大工人群众为建设新中国而奋斗。

为实现国家工业化和巩固人民民主政权，党中央、全国总工会确定了新中国工人运动的方针，即在政治上必须坚决支持、拥

---

① 中共中央党史和文献研究院著：《中国共产党的一百年（社会主义革命和建设时期）》，中共党史出版社 2022 年版，第 624 页。

护和捍卫各级人民政权；在经济上应坚决贯彻和执行“发展生产、繁荣经济、公私兼顾、劳资两利”的总方针。新中国工会工作方针充分体现了转折时期的特点，它既要考虑彻底完成民主革命遗留的任务，更要依据新中国成立后形势、任务的巨大变化而不断修正、深化和发展，使之符合客观实际，发挥指导作用。在这一工会工作方针和政策的指导下，工会组织迅速发展壮大，工会工作展现出生机勃勃的景象。

为适应新的形势，党领导制定有关法律、制度、政策等，确保工会在国家政治、经济和社会生活中的地位。1950 年 6 月，《工会法》以法律形式确立了新中国工会的性质、工会的组织原则、工会在人民民主政权中的地位与作用以及工会的权利与职责，为工人阶级通过自己的群众组织发挥在国家事务、社会事务中的重要作用提供了法律依据。

新中国成立初期，作为国家主人翁的工人阶级，在中国共产党的领导下，义不容辞地站到了恢复生产、发展经济的第一线。广大工人阶级积极协助政府接管官僚资本企业，开展献纳器材运动，协助政府贯彻私营工商业政策，开展新纪录运动和爱国主义劳动竞赛，为恢复和发展国民经济作出了突出贡献。在恢复国民经济的斗争中，在各项劳动竞赛中涌现出大批劳动模范和先进人物。中共中央、国务院为表彰他们的业绩，1950 年 9 月 25 日在北京召开了全国战斗英雄和全国工农兵劳动模范代表会议。毛泽东在大会中盛赞他们是“全中华民族的模范人物，是推动各方面人民事业胜利前进的骨干，是人民政府的可靠支柱和人民政府联系广大群众的桥梁”。这次盛会是新中国成立后的首次全国劳动模范大会，不仅是对各行各业先进人物业绩的肯定，也是对全国工人阶级在恢复、发展国民经济中所作贡献的充分肯定。这次大会，也为我国评选和表彰劳动模范提供了重要的范本，产生了深远的历史影响。

我国工人阶级在努力恢复国民经济的同时，为保卫和巩固新生的人民政权进行了艰苦卓绝的斗争。抗美援朝战争爆发后，全国总工会发表宣言，号召全国工人阶级开展“抗美援朝、保家卫国”运动。数以万计的铁路工人、电信工人、汽车司机、建筑工人和医务人员等，告别家园，跨过鸭绿江，奔赴朝鲜战场。在中朝军队的大后方，工人们提出了“工厂即战场，机器即武器”的口号，开展了爱国增产运动，制定“爱国公约”，积极献工、献金、献物，甚至捐献飞机、大炮，为抗美援朝战争的胜利提供了坚强保障。各级工会还积极组织广大职工支援土地改革，参加镇压反革命运动、“三反”“五反”运动，推动民主改革，为巩固人民政权作出了突出贡献。

过渡时期，党中央向工人阶级和工会提出了为实现国家的工业化和逐步过渡到社会主义社会而奋斗的新的历史任务，要求工会充分发挥广大工人群众的积极性和创造性，为完成和超额完成国家的经济计划而奋斗，为提高劳动生产率、提高产品质量、严格节约和降低产品成本而奋斗，并领导制定了工人运动和工会工作新方针，指明了工运事业前进发展的方向。

1953 年 5 月 2 日至 12 日，中国工会七大在北京召开。会议的主要任务是总结六次劳大以来的工运经验，迎接大规模经济建设高潮的到来，确立了向社会主义过渡时期的工运方针，动员和组织工人群众参加国家经济建设。大会明确提出国家建设时期的工会工作任务，就是在中国共产党的领导下，联系并教育工人群众，不断提高工人群众的觉悟程度和组织程度，巩固工农联盟，团结各阶层人民，积极地完成国家建设计划，并在发展生产的基础上，逐步改善工人阶级和全体劳动人民的物质生活，为逐步实现国家的工业化和过渡到社会主义而斗争。这次大会确立了生产、生活、教育三位一体的工会工作方针，标志着中国工人运动和工会工作进入一个新的历史时期。这个方针贯彻了党在过渡时期总路线的基本要求，突出以生产为中心的工人运动和工会工作任务，强调关心职工群众生活、提高职工队伍素质，在团结动员广大职工贯彻过渡时期总路线、提前和超额完成“一五”计划、实现社会主义改造等方面发挥了巨大作用，推动我国工运事业向前发展。

在基本完成社会主义改造、确立社会主义制度后，党中央要求加强党对工会工作的领导，使工会真正成为广大群众的共产主义学校，成为党联系自己阶级的桥梁和纽带；要求一切工会干部都应该在生活上同群众打成一片，把自己锻炼成为坚强的干部。在组织领导体制上，根据党中央的意见，工会确定了“实行同级党组织和上级工会双重领导，以同级党组织领导为主”的组织领导原则，逐步建立起与新中国国体、政体和经济管理体制与运行方式相适应的工会组织领导体制和运行机制，对我国工运事业和工会工作产生了深远影响。

1957 年 12 月 2 日至 12 日，中国工会八大在北京召开。大会主题是：把全体工人阶级动员起来，为完成国民经济第二个五年计划，把我国建成一个具有现代工业、现代农业和现代科学文化的社会主义强国而继续努力奋斗。这次大会最主要的贡献就是明确了工人阶级和工会在社会主义建设中的任务，并据此制定了正确的方针政策，从而为处于社会主义建设中的工人运动和工会工作指明了方向，对动员和团结全国工人阶级保证完成第二个五年计划任务，充分发挥工会在社会主义建设事业中的作用具有重大而深远的意义。

按照党中央指示要求，中国工会团结动员广大职工群众，广泛深入地开展劳动竞赛和先进生产者运动，开展增产节约运动，以空前热情投入社会主义革命和建设，为完成国家生产建设计划、推动社会主义事业发展，作出了重大贡献。这一时期，我国工业生产能力大幅提高，工业产品产量成倍增加，工业经济效益和技术经济指标大为改善，一大批建设项目竣工投产，我国初步建立了比较完整的工业体系，为社会主义现代化建设奠定了重要的物质技术基础。

新中国成立后，对工运理论的不断探索是工人运动创新发展的现实需要，也是历史发展的客观要求。作为国家领导阶级的工人阶级，在国家政治、经济和社会生活中的地位发生了根本的变化，工会的地位、作用和活动方式及工作内容也相应地发生了深刻的变化。刘少奇、李立三、邓子恢和赖若愚等人从新中国工人运动和工会工作的实际出发，对工会在社会主义条件下存在的客观基础，工会的地位、作用、任务和职能，进行了全面而深刻地探讨。这一时期，工运理论艰难而卓有成效的开拓，奠定了社会主义工运理论的基础。

“文化大革命”时期，工人运动和工运事业遭遇了重大挫折。全国总工会停止工作，一些工会干部、劳动模范和职工群众遭到了冲击，但工人阶级始终坚定不移地跟党走，仍然自觉地坚守岗位、坚持生产，国民经济取得了一定的进展，工业交通、基本建设和科学技术都取得了一些重要成就。

粉碎“四人帮”后，党中央提出要加强党对工会的领导，把工会组织整顿好、建设好，充分发挥工会应有的作用，激发了广大工会干部和职工群众为实现“四个现代化”贡献力量的高昂热情。1978 年 3 月，党中央指示，要求全国总工会尽快召开一次执委扩大会议，为召开中国工会九大做准备。全国总工会八届七次执委会和全国劳模座谈会的召开，全国总工会机关各职能部门、各地方工会和各全国产业工会开始恢复活动，都表明中国工人运动迎来了一个新的发展阶段。

1978 年 10 月，中国工会九大隆重召开。这是粉碎“四人帮”后我国工运战线拨乱反正、继往开来的一次盛会，确定了新时期工人运动的任务和工会工作的基本方针，标志着中国工人运动新的伟大征程的开启。

从新中国成立到改革开放前夕，在中国共产党的领导下，我国工人运动和工运事业蓬勃发展，为社会主义革命和建设作出了积极贡献。作为国家主人翁的工人阶级，在各级工会组织带动下，充分发挥了主力军作用，以空前的热情投入新中国和社会主义建设中，并取得了丰硕成果，为推进实现中华民族伟大复兴贡献了强大力量。

国家出版基金项目
NATIONAL PUBLICATION FOUNDATION

# 中国工运通史

## 第三册

（1978—2012）

中华全国总工会

中国工人出版社

**图书在版编目（CIP）数据**

中国工运通史．第三册，1978-2012 / 中华全国总工会编著．-- 北京：中国工人出版社，2025. 7. -- ISBN 978-7-5008-8715-7

Ⅰ．K261.3

中国国家版本馆 CIP 数据核字第 2025PB7859 号

中国工运通史

| | |
|---|---|
| 出 版 人 | 董　宽 |
| 责任编辑 | 葛忠雨 |
| 责任校对 | 张　彦 |
| 责任印制 | 黄　丽 |
| 出版发行 | 中国工人出版社 |
| 地　　址 | 北京市东城区鼓楼外大街45号　邮编：100120 |
| 网　　址 | http://www.wp-china.com |
| 电　　话 | （010）62005043（总编室）<br>（010）62005039（印制管理中心） |
| 发行热线 | （010）82029051　62383056 |
| 经　　销 | 各地书店 |
| 印　　刷 | 北京盛通印刷股份有限公司 |
| 开　　本 | 710毫米×1000毫米　1/16 |
| 总 印 张 | 126 |
| 总 字 数 | 1470千字 |
| 版　　次 | 2025年7月第1版　2025年10月第2次印刷 |
| 定　　价 | 392.00元（全四册） |

# 目录 / CONTENTS

第十一编

## 改革开放与中国特色社会主义开创中的工人运动（1978—1992）

第十一编

# 改革开放与中国特色社会主义开创中的工人运动（1978—1992）

## 第一章

# 历史性的伟大转折和工会工作的拨乱反正

经过“文化大革命”结束后的两年徘徊时期，随着党的十一届三中全会的召开，中国工人运动进入崭新时期。在党的领导下，各级工会组织在解放思想中拨乱反正，平反了一大批冤假错案，为劳动模范和老工人落实了政策，激发了工人阶级建设社会主义的热情。同时，工会各方面的工作也逐渐恢复与发展，工会组织建设不断健全，职工群众的生产与福利工作逐渐展开，企业民主管理工作取得重大进展，对职工群众的劳动保护不断加强，职工队伍建设逐步走向正轨，尤其是对职工的思想政治教育走向了系统化、规范化。这一时期，工人阶级积极投身于经济建设和改革开放，为国民经济的发展作出了巨大贡献。

## 一、历史性的伟大转折

随着全党全国真理标准问题的讨论和各条战线拨乱反正的开展，1978 年 11 月 10 日至 12 月 15 日，中央工作会议在北京召开，讨论从 1979 年起把全党工作的着重点转移到社会主义现代化建设上来等问题。

## （一）解决历史遗留问题

会上，陈云提出解决历史遗留问题的意见，得到了与会者的响应。1978 年 11 月 25 日，中央政治局作出为天安门事件平反，为“二月逆流”平反，为“薄一波等六十一人叛徒集团”案和彭德怀、陶铸、杨尚昆等错案平反的决定，解决了一批重大的历史遗留问题，确认“反击右倾翻案风是错误的”。之后，此次中央工作会议对在真理标准问题上出现的意见分歧进行讨论。经过思想交锋，会议要求确立实事求是思想路线的呼声更为强烈。12 月 13 日，邓小平在闭幕会上作了题为《解放思想，实事求是，团结一致向前看》的讲话。他指出，首先是解放思想，只有思想解放了，我们才能正确地以马克思列宁主义、毛泽东思想为指导，解决过去遗留的问题，解决新出现的一系列问题。一个党，一个国家，一个民族，如果一切从本本出发，思想僵化，迷信盛行，那它就不能前进，它的生机就停止了，就要亡党亡国。他提出各方面的新情况都要研究，各方面的新问题都要解决，尤其要注意研究和解决管理方法、管理制度、经济政策这三方面的问题。他强调：“再不实行改革，我们的现代化事业和社会主义事业就会被葬送。”① 讲话提出了一个“大政策”，就是要允许一部分地区、一部分企业、一部分工人农民，由于辛勤努力成绩大而收入先多一些，生活先好起来。一部分人生活先好起来，就必然产生示范力量，就会使整个国民经济不断地波浪式地向前发展，使全国各族人民都能较快地富裕起来。② 这一讲话是解放思想、开辟新时期新道路的宣言书，实际上成为随后召开的十一届三中全会的主

---

① 邓小平：《解放思想，实事求是，团结一致向前看》（1978 年 12 月 13 日），《邓小平文选》第 2 卷，人民出版社 1994 年版，第 150 页。

② 中共中央党史和文献研究院著：《中国共产党的一百年（改革开放和社会主义现代化建设新时期）》，中共党史出版社 2022 年版，第 638 页。

题报告。

## （二）党的十一届三中全会的召开

经过中央工作会议的充分准备，1978 年 12 月 18 日至 22 日，党的十一届三中全会在北京召开。全会指出：现在就应当适应国内外形势的发展，及时地、果断地结束全国范围的大规模揭批林彪、“四人帮”的群众运动，从 1979 年起把全党工作的着重点和全国人民的注意力转移到社会主义现代化建设上来。实现“四个现代化”，要求大幅地提高生产力，也就必然要求多方面地改变同生产力发展不适应的生产关系和上层建筑，改变一切不适应的管理方式、活动方式和思想方式，因而是一场广泛、深刻的革命。全会果断地停止使用“以阶级斗争为纲”的错误口号，指出：现在还存在着极少数敌视和破坏我国社会主义现代化建设的反革命分子和刑事犯罪分子，我们决不能放松同他们的阶级斗争，决不能削弱无产阶级专政。但大规模的急风暴雨式的群众阶级斗争已经基本结束，对于社会主义社会的阶级斗争，应该按照严格区别和正确处理两类不同性质的矛盾的方针去解决，按照宪法和法律规定的程序去解决，决不允许混淆两类不同性质的矛盾的界限，决不允许损害社会主义现代化建设所需要的安定团结的政治局面。

全会认真讨论了国际形势和外交工作，认为党和政府的对外政策是正确的、成功的。全会讨论了加快农业生产问题和 1979 年、1980 年国民经济计划的安排，作出了关于实行经济体制改革的决策和关于加快农业发展的决定。

全会认真讨论了“文化大革命”中发生的一些重大政治事件，以及“文化大革命”前遗留下来的某些历史问题，指出：1975 年，邓小平同志受毛泽东同志委托主持党中央工作期间，各方面工作取得很大成绩，全党、全军和全国人民是满意的。“四人帮”硬把 1975 年的政治路线和工作成就说成是所谓“右倾翻案风”，这个颠倒了的历史必须重新颠倒过来。1976 年 4 月 5 日的天安门事件完全是革命行动。全会决定撤销党中央发出的有关“反击右倾翻案风”运动和天安门事件的错误文件。全会审查和纠正了过去对一些重要领导人所作的错误结论，肯定了他们对党和人民的贡献，并提出了加强社会主义民主和健全社会主义法制的任务。

全会对进一步继承和发扬毛泽东倡导的马克思主义学风，即坚持唯物主义的思想路线问题，展开了深入的讨论；高度评价了关于实践是检验真理的唯一标准问题的讨论，认为这对于促进全党和全国人民解放思想，端正思想路线，具有深远的历史意义。

全会批判了“两个凡是”的错误方针，强调：党中央在理论战线上的崇高任务，就是领导、教育全党和全国人民历史地、科学地认识毛泽东的伟大功绩，完整地、准确地掌握毛泽东思想的科学体系，把马克思列宁主义、毛泽东思想的普遍原理同社会主义现代化建设的具体实践结合起来，并在新的历史条件下加以发展。

全会认为，对于“文化大革命”，也应当历史地、科学地、实事求是地去看待。适当的时候作为经验教训加以总结，统一全党和全国人民的认识，是必要的，但是不应匆忙地进行。全会根据党的历史经验教训，决定健全党的民主集中制，健全党规，严肃党纪。

这次全会标志着党重新确立了马克思主义的思想路线、政治路线和组织路线，实现了新中国成立以来党的历史上具有深远意义的伟大转折，开创了中国社会主义现代化建设和改革开放的新的历史时期，并开始形成以邓小平同志为核心的第二代中央领导集体。党的十一届三中全会结束了粉碎“四人帮”后党和国家工作在徘徊中前进的局面，对中国工人运动和工会工作的开展产生了根本性影响。从这时起，在中国共产党的领导下，中国工人阶级踏上了建设中国特色社会主义新的伟大征程，以一往无前的进取精神和波澜壮阔的创新实践，在开创和发展中国特色社会主义中铸就了新的辉煌。

## 二、工会领域拨乱反正基本完成

“文化大革命”十年内乱给党和国家造成了巨大损失。由于国家的主要领导人在指导思想上继续受“左”倾错误的影响，在“文化大革命”结束后的两年时间内，整个国家处于徘徊局面，工人运动和工会工作亦是如此。为打破这种僵局，实现工会工作的全面复兴，党和国家意识到必须认真清理工运领域的“左”倾错误，在实现指导思想拨乱反正的同时付诸实践——平反各种冤假错案。为贯彻党的十一届三中全会精神以及解放思想、实事求是的思想路线，工会组织不断澄清工会运动中的路线是非、理论是非、思想是非和历史是非，进行了大刀阔斧的拨乱反正。

### （一）工会指导思想的拨乱反正

由于长期以来受“左”倾错误的影响，工会组织被认为存在着严重的“经济主义”和“工团主义”，受到错误批判。“文化大革命”期间，“四人帮”炮制“工运黑线统治论”，把新中国成立以来17年的工会斥为“旧工会”“生产工会”“福利工会”“全民工会”，搞乱了工会干部的思想，对新中国工运事业的发展造成了严重冲击。党的十一届三中全会以后，工会工作指导思想的拨乱反正主要解决三个问题：一是摆脱“以阶级斗争为纲”的思想路线，把工作转到以经济建设为中心上来；二是摆脱“工团主义”的历史包袱，在党的领导下积极主动、独立负责地开展工作；三是摆脱“经济主义”的精神枷锁，旗帜鲜明地代表和维护职工群众利益，替职工群众说话，为职工群众办事。

工会工作指导思想的拨乱反正，是通过学习贯彻邓小平中国工会九大致词、党的十一届三中全会精神、党中央对全国总工会《对中华全国总工会党组第三次扩大会议的复查报告》的批示、党的十一届六中全会精神，以及不断总结拨乱反正实践中的经验等逐步实现的。

为贯彻党的十一届三中全会精神，全国总工会于 1979 年 2 月下旬召开九届二次常委（扩大）会议，会议强调，“工会的一切工作、一切活动都应当紧紧围绕着社会主义现代化建设这个中心进行”。会议通过了《加强安定团结，广泛深入地开展增产节约运动》的决议，还讨论了《关于建立健全职工代表大会制度的意见》（征求意见稿）。此次会议的召开，进一步明确了工会今后的工作任务，强调工会工作应从以下六个方面着手：一是以生产为中心，广泛深入开展增产节约运动；二是围绕生产建设，加强政治思想工作；三是发扬企业民主，建立和健全职工代表大会制度；四是抓紧办好职工业余教育，努力提高职工科学文化水平；五是做好群众生活工作，减少职工的后顾之忧；六是继续搞好工会组织的整顿建设，改进思想作风和工作方法。

为深入贯彻党中央对工会工作的一系列指示精神，反对影响工会组织健康发展的各种错误观念，端正工会指导思想，恢复工会组织的优良传统，1979 年 10 月，全国总工会在北京召开了九届二次执委（扩大）会议。会议认为，在“文化大革命”以前，工会工作中正确路线占主导地位，不存在“工团主义”和“经济主义”。在社会主义改造基本完成以后，研究和解决工会面临的许多问题是很有必要的。会议在解放思想的基础上，总结正反两方面经验，澄清了新中国成立以来工运历史上的重大理论和路线是非问题，彻底否定了“左”倾错误强加给工会的一切不实之词，提出了新时期做好工会工作、发挥工会作用的基本原则。

这次会议肯定了中国工会九大以来工会组织在推行职工代表

大会制度、对实践是检验真理的唯一标准的学习讨论，以及工会自身组织上的整顿和建设等方面的工作，并指出工会工作应坚持如下原则：一是工会必须自觉接受和服从党的统一领导，坚决贯彻党的路线、方针、政策，围绕党的中心任务开展工作，同时根据自身的特点独立负责地、积极主动地组织开展各项活动；二是工会既要维护企业行政的集中领导，教育群众增强组织性纪律性，又要组织群众实行民主管理，发挥群众监督作用，敢于代表群众讲话，大胆地维护群众的政治经济利益；三是做好党和国家与人民群众之间的桥梁与纽带，既要自上而下地宣传党和国家的重大决策、决定、指示和要求，又要向党全面地反映群众的动态。为贯彻工会工作的以上原则，工会组织必须践行“从群众中来到群众中去”的工作方法。

会议同时指出了新时期工会工作的主要任务：第一，进一步开展以高产、优质、多品种、低消耗和安全生产为主要内容的增产节约劳动竞赛；第二，坚决维护群众的切身利益，切实解决当前职工生活中迫切需要解决而有可能解决的问题；第三，坚决维护职工当家作主的权利，积极推行职工代表大会制度；第四，加强思想政治工作和文化技术教育。这次会议尤其指出工会要进一步加强自身组织建设，其目标就是要使工会真正成为工人信得过，能替工人说话、替工人办事的组织，把各级工会领导班子建设好，抓好基层工会组织建设，对职工队伍的状况进行调查研究等。①

此后，各级工会组织进一步得以恢复健全，工会各项工作和制度得以建立；以四化为中心、各种形式的社会主义劳动竞赛和职工合理化建议活动广泛开展；召开全国劳模大会，劳模工作进一步恢复；制定和下发了有关加强劳动保护的文件，重大安全事

① 中华全国总工会办公厅编：《中华全国总工会文件选编（一九七八年——一九七九年）》，工人出版社 1982 年版，第 173—182 页。

故得以严肃处理，整个工会工作呈现欣欣向荣的大好局面。

然而，在进行指导思想的拨乱反正中，工会工作也遭遇了来自工会内外部的阻力。内部阻力主要是指由于长期以来受“左”倾错误的影响，一些工会干部仍然受限于“经济主义”“工团主义”思想，不能理直气壮地维护职工群众的利益；外部阻力主要是指有些党政干部，特别是企业党政干部对工会的性质、作用、任务认识不清，对工会工作的开展造成了不少困扰。为了消除这些阻力，全国总工会作出了积极努力：一是1980年7月向中共中央书记处提出“各级党委加强对工会的领导，发挥工会组织应有的作用”① 的建议，使各级党政干部正视工会的作用；二是向工会干部尤其是工会领导干部强调，维护职工的民主权利和物质利益是做好工会工作的关键；三是加强基层工会工作，把做好工会工作的指导思想落实到基层工会的各项实际工作中，以提高职工群众生产工作的积极性。

1981年6月，党的十一届六中全会顺利召开，会议通过了《关于建国以来党的若干历史问题的决议》。决议回顾了新中国成立以前党的历史，总结了社会主义革命和建设的历史经验，对一些重大事件和重要人物作出了评价，从根本上否定了“文化大革命”和“无产阶级专政下继续革命”的错误理论；决议实事求是地评价毛泽东的历史地位，充分肯定了毛泽东思想作为党的指导思想的伟大意义；决议关于新时期我国社会主要矛盾的判断，继承了党的八大的判断，是符合中国实际的；决议既对多年来的“左”倾错误和毛泽东晚年的错误作了科学分析和深刻批评，又坚决维护了党在长期斗争中形成的优良传统。决议的通过，标志

① 中华全国总工会办公厅编：《中华全国总工会文件选编（一九八〇年）》，工人出版社1982年版，第61页。

着党在指导思想上的拨乱反正胜利完成。①

在党的十一届六中全会精神的指导下，1981 年 10 月全国总工会九届三次执委（扩大）会议召开，倪志福代表全国总工会执委会作工作报告。这次会议标志着工会工作指导思想上拨乱反正历史任务的基本完成，一个以经济建设为中心，以推进企业民主管理为重点，坚持代表和维护职工的民主权利和切身利益，不断加强职工队伍建设和工会组织建设的工会工作新局面得以形成。

### （二）工会领域平反冤假错案

在解放思想、拨乱反正的过程中，平反冤假错案是一项重要内容，特别是对 1951 年错误批判李立三和 1958 年错误处理赖若愚进行了深入细致的复查工作，并为受到牵连而被错误批判的同志进行平反昭雪。

为刘长胜平反。刘长胜是上海工人运动和上海地下党的杰出领导者，是我国工人运动优秀的领导人和卓越的国际工会运动活动家。“文化大革命”中，刘长胜遭受林彪、江青反革命集团的诬陷和迫害，于 1967 年 1 月 20 日含冤去世。1979 年 1 月 24 日，党中央为刘长胜平反昭雪。在邓小平主持的平反昭雪追悼大会上，党中央在悼词中给予刘长胜的评价为：优秀党员、伟大战士，中国工人运动的开拓者、求索者、奋斗者和杰出领袖。

为小说《刘志丹》一案平反。刘志丹是土地革命战争时期西北红军和西北革命根据地主要创建者之一，1936 年 4 月，在红军东征作战期间不幸牺牲。1956 年，为了纪念刘志丹，在周恩来总理的指示下，工人出版社约请作家李建彤承担创作任务——创作小说《刘志丹》。1962 年，康生竭力煽动对小说《刘志丹》进行

① 中共中央党史和文献研究院著：《中国共产党的一百年（改革开放和社会主义现代化建设新时期）》，中共党史出版社 2022 年版，第 653—655 页。

批判。“文化大革命”期间，姚文元诬陷小说《刘志丹》“为反党分子高岗翻案”。1979 年 8 月 4 日，党中央批转中央组织部《关于为小说〈刘志丹〉平反的报告》，该报告指出：所谓利用写《刘志丹》小说进行反党活动一案，是康生制造的一大错案，应予以彻底平反。1979 年 9 月 13 日，全国总工会在北京召开机关全体工作人员大会，为 1962 年因《刘志丹》案而受迫害的领导和干部平反，对因编辑出版该小说而遭受迫害的《工人日报》的若干名干部进行平反。

为赖若愚等平反。1979 年初，本着“解放思想、实事求是”的原则，全国总工会首先对新中国成立以后，在中国工人运动史上造成极大影响和严重后果的全国总工会党组第三次扩大会议，错误批判赖若愚等全国总工会主要领导人的历史错案进行复查，并撰写了复查报告、作出了复查结论。1979 年 6 月 18 日，全国总工会党组作出《对中华全国总工会党组第三次扩大会议的复查报告》和《对中华全国总工会党组第三次扩大会议的复查结论》，推翻了全国总工会党组第三次扩大会议对赖若愚、董昕等人所作的错误结论。1979 年 9 月 19 日，党中央向全国各省、市、自治区党委批转了全国总工会党组向党中央报送的《关于全总党组第三次扩大会议的复查结论和复查报告》。1979 年 10 月 31 日至 11 月 7 日，全国总工会九届二次执委（扩大）会议在北京召开。会议通过了《关于撤销全总八届二次执委会对董昕、王榕、陈用文和杜存训同志处分决定的决议》。

为李立三平反。1979 年，在对赖若愚案进行复查之后，全国总工会党组成立的历史专案复查小组针对全国总工会党组第一次扩大会议，对当时全国总工会主要领导人李立三的错误批判也进行了复查和纠正。1980 年 3 月 20 日，中国共产党的优秀党员、无产阶级革命家、工人运动的杰出领导人李立三追悼会在北京举行，中共中央政治局常委彭真主持追悼会，中共中央政治局委员王震致悼词，明确宣布：为李立三平反昭雪，恢复名誉，林彪、“四人帮”一伙加于李立三的一切诬陷不实之词，都统统推倒。1981年3月3日，全国总工会党组向中共中央书记处报送《对全总党组第一次扩大会议的复查结论》。结论指出，李立三在主持全国总工会工作期间，认真贯彻党中央的工运方针，为巩固新生的人民政权、为工人阶级掌握政权后的工会建设做了大量的奠基工作，对社会主义建设时期工会存在的必要性作了探讨，他提出的在社会主义企业中公私利益之间的矛盾是工人阶级内部矛盾的观点，至今仍有现实意义。

为刘少奇平反。1980年2月，党的十一届五中全会一致通过为刘少奇平反昭雪的决定，决定撤销党的八届二中全会强加给刘少奇的“叛徒、内奸、工贼”的罪名和把刘少奇“永远开除出党，撤销党内外的一切职务”的错误决议，恢复刘少奇作为伟大的马克思主义者、无产阶级革命家、党和国家主要领导人的名誉。5月1日，《人民日报》重新发表刘少奇1956年4月30日在全国先进生产者代表会议上的祝词。同日，倪志福、康永和、顾大椿在《红旗》杂志发表怀念刘少奇的文章——《中国工人运动的杰出领袖》。5月17日，刘少奇追悼大会在北京人民大会堂举行。中共中央副主席、国务院副总理邓小平致悼词，指出：“‘文化大革命’时期，林彪、江青一伙出于阴谋篡党夺权的反革命目的，利用我们党的缺点和错误，蓄意诬陷和残酷迫害刘少奇同志”，“在遭受林彪、江青一伙残酷迫害、处境异常艰难的时候，他始终保持共产党人的革命信念”。[①] 5月19日，《人民日报》发表题为《恢复毛泽东思想的本来面目——论为刘少奇同志平反》的社论。

① 中共中央文献研究室编：《邓小平年谱》第4卷，中央文献出版社2019年版，第634—635页。

全国各地工会组织在平反冤案错案中积极行动，为一大批遭受迫害的工会干部、劳动模范以及老工人落实了政策。1980 年 4 月，全国总工会就劳动模范受迫害的情况向党中央作了《关于林彪、“四人帮”迫害劳动模范情况的报告》，半数以上省、自治区、直辖市总工会对劳动模范情况进行了普查，市、县工会和基层工会对受迫害的劳动模范逐个查清、逐个作出复查结论，予以平反昭雪，并为他们重新安排了工作。

从 1978 年中国工会九大到 1983 年中国工会十大，短短几年间，在党中央的领导下，工运领域在全国范围内进行了大量的拨乱反正工作，明确了中心任务，为我国工人运动和工会工作的开展指明了方向，工会工作得到了全面的恢复和发展。

## 三、工会工作的恢复与发展

1978 年中国工会九大召开之后，工会领域的解放思想、拨乱反正基本完成，工会工作的基本方针和任务也不断明确。从中国工会九大到中国工会十大的召开，在党的十一届三中全会精神和党的十二大精神的引领下，我国工人运动和工会工作在解放思想、拨乱反正的过程中逐渐恢复和发展，在工会组织建设、劳动保护、职工教育以及企业民主管理等方面都取得了较大成绩。

### （一）工会工作基本方针和任务的确定

中国工会九大提出新时期工会工作的基本方针和任务。1981 年 10 月，全国总工会九届三次执委（扩大）会议召开，进一步研究新时期的工会工作，部署下一阶段工会工作的主要任务。中共中央书记处书记、国务院副总理万里在会议上指出，我国的国民经济发展远远不能满足全国人民日益增长的物质生活和文化生活需要，这就要求我们的工人阶级要团结起来，把生产搞好，把经济搞好，这也是工会组织的第一号任务。倪志福在《贯彻党的六中全会精神充分发挥广大职工当家作主的积极性，为把国民经济搞上去而奋斗》的工作报告中要求，各级工会组织要抓好三项工作，即搞好职工代表大会制度，推行和完善经济责任制，加强思想政治工作，并把建立和发展职工代表大会制度作为重点。

1982年9月，党的十二大召开。邓小平在开幕词中提出“建设有中国特色的社会主义”的重大命题。这一重大命题回答了进入改革开放新时期后中国走什么样的道路问题，成为指引新时期改革开放和社会主义现代化建设的伟大旗帜。胡耀邦作了题为《全面开创社会主义现代化建设的新局面》的报告。

大会提出，党在新时期的总任务是：团结全国各族人民，自力更生，艰苦奋斗，逐步实现工业、农业、国防和科学技术现代化，把我国建设成为高度文明、高度民主的社会主义国家。围绕这个总任务，大会对开创社会主义现代化建设新局面作出全面部署。大会确定从1981年到20世纪末的20年，我国经济建设的总目标是，在不断提高经济效益的前提下，力争使全国工农业年总产值翻两番，人民的物质生活达到小康水平。这次大会的一个显著特点是，在提出经济建设目标的同时，提出要努力建设高度的社会主义精神文明和高度的社会主义民主的战略方针。

党的十二大闭幕以后，全国总工会发出《关于学习宣传党的十二大文件的通知》，要求各级工会在今后一段时间里，把搞好党的十二大文件的学习、宣传工作作为中心任务，以邓小平的开幕词为指导思想，全面理解党的十二大提出的各项任务和主要精神。为学习贯彻党的十二大精神，明确今后工会工作的方针和主要任务，全国总工会于1982年10月召开了16个省、自治区、直辖市总工会负责人座谈会，讨论研究如何开创工会工作新局面的问题。会议提出，为开创工会工作新局面需做好以下几个方面：一是学好党的十二大文件，用党的十二大精神武装全体工会干部，做到在政治上同党中央保持高度一致。二是加强调查研究，研究新情况，总结新经验，走出新路子，做好工会群众工作。三是继承和发扬党的群众工作的优良传统，在密切联系群众、发挥工会作为党和群众的强大纽带作用上狠下功夫。

各地工会特别是广大基层工会，都把学习贯彻党的十二大精神作为重要任务，积极开展群众性的读报活动，认真学习党中央的各项方针、政策，还通过“学习十二大文件答辩会”“十二大中心问题宣传栏”等形式，引导职工进行自我教育，为他们提高思想觉悟，向党中央确立的目标看齐并在工作中身体力行打下了良好基础。

### （二）工会组织建设

中国工会九大确立了新时期工会工作的主要任务，其中加强工会组织建设、恢复工会的各项职能是一项重点工作。在中国工会九大和党的十一届三中全会精神的指引下，全国总工会努力推动恢复和健全工会组织，加强工会组织建设尤其是基层工会组织建设，包括工会干部的培训工作，工会工作作风、工作方法的改进，工会财务、经审工作等。

中国工会九大以后，全国总工会着力推进工会组织领导体系的恢复工作。全国总工会的各专业工作部门陆续恢复与建立，分别召开了专业工作会议，恢复和修订了有关规章制度和工作条例。1978 年 10 月，作为全国总工会机关报的《工人日报》复刊。全国总工会干部学校于 1978 年 11 月复校开学。29 个省、自治区、直辖市总工会和县（旗）、市、区（州、盟）工会机构逐步健全，工会干部力量不断充实。1979 年 1 月起，恢复企业、事业、机关行政方面拨交工会经费，由工会自行管理经费的制度，确定工会财务工作为工会建设服务、为群众服务、为生产服务的方针和七项财务制度，以保证工会各项事业活动的开展，并在全国总工会九届二次执委会议上选举产生了全国经费审查委员会。17 个产业工会全国委员会或工作委员会恢复工作，并相应地恢复、建立了地方产业工会。1980 年 11 月召开了 19 个省市总工会和铁路工会、海员工会以及工会干校参加的工运史工作座谈会，确定了工运史研究工作的具体任务和基本措施，推进了地方工会工运史研究机构的建立。1981 年 6 月，全国总工会党组复函中共民航总局委员会，“同意成立中国民航工会筹备组，并逐步恢复建立民航系统工会组织，开展工作”。同年 11 月，全国总工会党组批准成立中国民航工会工作委员会。1981 年 7 月，经党中央批准，全国总工会法律顾问委员会在北京正式成立，积极参与政府和产业部门制定有关法律、条例的工作。

全国基层工会组织建设也逐渐恢复。1979 年初，广东省总工会等在《关于在合作商店建立工会组织的请示报告》中指出，合作商店是社会主义性质的企业，其职工以工资收入为生活的主要来源，绝大多数是劳动者，因此合作商店已具备了组织工会的条件。同年 6 月，全国总工会、商业部、全国供销合作总社发布《同意在合作商店建立工会组织的批复》。自此，工会开始在合作商店建立工会组织，扩大了工会组织的覆盖面。

1980 年 12 月 25 日至 1981 年 1 月 8 日，全国总工会在北京召开全国工会基层工作座谈会。参加会议的包括 124 位工作成绩显著的工会基层组织负责人，各省、市、自治区总工会的负责人和组织部部长，部分市、地、县工会负责人，还包括部分企业负责人。会议交流了工作经验，讨论了加强和解决工会基层工作的问题。在工会组织建设的恢复和加强中，涌现出一大批先进工会基层组织、先进工会小组和先进工会工作者。如在全国工会基层工作座谈会上交流的江苏戚墅堰机车车辆工厂工会、北京外文印刷厂工会、上海市纺织局工会、沈阳黎明机械公司工会等。

全国工会基层工作座谈会后，各地工会组织认真贯彻会议精神，增强全局观念、群众观念和服从党的领导，把党确定的任务与群众的要求结合起来，通过工会的群众工作来实现党的任务。具体来说，主要有三个方面的经验：一是从全局出发，围绕经济调整开展群众工作，在实现党的中心任务中发挥工会的作用；二是紧紧抓住密切联系群众这个根本问题，使工会真正成为职工群众自己的组织；三是党委加强对工会的领导，充分发挥工会组织的纽带和助手作用。①

1982 年 6 月，中共中央颁发《中国共产党工业企业基层组织工作暂行条例》和《中国共产党财贸企业基层组织工作暂行条例》。这些文件为工会组织建设的恢复提供了依据。

随着工会工作的恢复与发展，基层组织建设不断壮大。1979 年，全国工会共有基层组织 32. 9 万个，1980 年为 37. 6 万个，1981 年为 41. 1 万个，1982 年为 43. 3 万个。到 1983 年，全国工会基层组织已达 44. 7 万个，比 1979 年增长 11. 8 万个，增长幅度为 35. 9%；车间工会 54. 5 万个，比 1980 年 6 月增长 9. 6 万个，增长幅度为 21. 4%；建立工会组织单位的职工有 8845. 7 万人，工会会员为 7693. 4 万人，组织率约为 87%，比 1979 年 74. 6%的组织率增长 12. 4 个百分点；专职工会工作者 32. 8 万人，比 1979 年增长 10. 7 万人，增长幅度为 48. 4%；工会积极分子 981. 9 万人，比 1979 年增长 384. 7 万人，增长幅度为 64. 4%。全国职工总数达 1. 15 亿人，中国工会成为世界上最大的工会组织。②

工会干部培训工作得以恢复。1979 年 1 月 17 日，胡耀邦在全国总工会干校座谈会上发表讲话，着重指出工会的工作方法问

① 中华全国总工会办公厅编：《中华全国总工会文件选编（一九八一年）》，工人出版社 1982 年版，第 279—281 页。

② 李玉赋主编：《新编中国工人运动史》下卷，中国工人出版社 2020 年版，第 497 页。

题。他指出，工会工作首先要了解全国的工业形势和问题，了解新情况，掌握新问题；其次，“要懂得下情，了解下情”，不仅要蹲点，还要跑面，同人民群众保持密切的联系；最后，要善于同其他部门或其他团体协作，工青妇要相互支持①。1981 年 1 月 14 日，《人民日报》发表题为《大大加强工会工作》的社论。社论强调，工会干部要发扬实干精神，为职工群众办实事。为了适应新时期工会工作的要求，各级工会普遍恢复和加强了对工会干部的培训工作。1980 年 3 月，全国总工会根据党中央关于干部“革命化、年轻化、知识化、专业化”的要求，发出《关于加强工会干部培训的通知》。为贯彻落实该通知精神，各级工会积极组织干部培训。到 1980 年 6 月底，全国省市工会都普遍恢复和建立了工会干部学校。1980 年 8 月，为贯彻落实中央组织部《关于重新颁发中央管理的干部职务名称表的通知》，全国总工会和各级工会组织按照工会干部四化的要求，加强对工会干部管理与培训工作，促进工人运动与工会工作有效开展。到 1983 年，全国工会干部学校已达 58 所，加上基层工会组织举办的各种训练班，共培训工会干部和积极分子 233.9 万人。②

### （三）生产工作和劳模工作

在党的十一届三中全会精神和中国工会九大精神的指导下，全国总工会坚持以四化建设为中心，广泛开展以增产节约为主要内容的群众性劳动竞赛以及职工技术协作活动，大力表彰劳动模范和先进单位，积极动员广大职工投身社会主义现代化建设。1980 年前后，党中央、国务院和全国总工会多次发布关于

① 中华全国总工会办公厅编：《中华全国总工会文件选编（一九七八年——一九七九年）》，工人出版社 1982 年版，第 55—59 页。

② 李玉赋主编：《新编中国工人运动史》下卷，中国工人出版社 2020 年版，第 498 页。

动员广大职工深入开展群众性增产节约运动的通知、决议。例如，1979 年 9 月和 12 月国务院举行表彰全国工交基建战线和农业及科教文卫战线先进企业、先进单位和先进劳动模范大会，1980 年全国总工会发布《关于试行〈劳动模范工作暂行条例〉的通知》，1981 年和 1982 年均召开了庆祝“五一”国际劳动节的劳模座谈会。

1. 大力开展劳动竞赛和群众性技术协作活动

增加生产、厉行节约，是实现国民经济快速、稳定发展的根本举措。为了积累建设资金，扩充技术装备，改善人民生活，1979 年前后，各级工会积极响应党中央号召，广泛而深入地开展了各种形式的群众性增产节约运动。

1979 年 2 月，全国总工会九届二次常委（扩大）会议在北京举行，康永和代表全国总工会书记处作了题为《跟上伟大转折，做好工会工作》的工作报告。会议作出了《加强安定团结，广泛深入地开展增产节约运动》的决议。2 月中旬，全国总工会联合石油部、煤炭部、冶金部等部门启动了增产节约运动。4 月，上海在全市范围内开展以优质、高产、多品种、低消耗为中心内容的增产节约运动。增产节约运动在企业中也取得了明显的效果。兰州刘家峡化工厂通过增产节约运动扭转了亏损局面，1979 年三、四月份实现连续盈利。增产节约运动使辽宁省在 1979 年第一季度就节约原煤 36 万吨、焦炭 9 万吨、燃料油 4 万吨、木材 4 万立方米、电 1.4 亿度、钢铁 6 万多吨等。此外，辽宁省重点考核了 1258 种产品的质量，其中有 1027 种达到或超过了历史最高水平。①

全国总工会九届二次常委（扩大）会议明确提出，工会当前

① 中华全国总工会办公厅编：《中华全国总工会文件选编（一九七九年——一九八〇年）》，工人出版社 1982 年版，第 100—112 页。

的首要工作是进一步广泛、深入、持久地开展以优质、高产、多品种、低消耗和安全生产为主要内容的增产节约劳动竞赛。对于劳动竞赛，会议提出四点要求：第一，进一步广泛开展群众性技术革新和合理化建议活动；第二，坚持精神鼓励和物质鼓励相结合的原则；第三，加强劳动保护工作；第四，切实做好劳动模范、先进生产者和先进工作者的工作。为贯彻落实全国总工会九届二次常委（扩大）会议的精神，全国范围内各行各业的工会组织开展了轰轰烈烈的劳动竞赛，形成了人人争先进、人人为四化的大好局面。机械工业部门的职工为响应党中央的号召，开展了“百条龙”同行业厂际竞赛和学、赶、超马恒昌式班组活动。冶金工业部门的职工也广泛开展了小指标百分赛活动，有力地激发了工人群众用技术显身手的热情，也大大提高了劳动生产率。基建战线上，北京市第六建筑公司一区二队最先开展了创全优工程的竞赛活动，该竞赛既要求质量好，也要求速度快、效率高、成本低。1978 年 11 月，北京、天津、唐山三市建筑业在北京举行创全优工程竞赛动员大会，三市签订了竞赛协议书。之后，三市从点到面迅速开展劳动竞赛，取得了显著效果：建成一批全优工程，出现了好的样板；各项指标大幅增长，创出了新水平；促进企业管理全面加强，提高了广大职工学习技术和业务的积极性；在优先保证国家积累的基础上，增加了职工收入。三市的实践表明，开展创全优工程竞赛，是实现少花钱、多盖房、快盖房、盖好房的好方法，极大地适应了社会主义现代化建设的需要。1980 年 10 月，《国家建委 全国总工会 国家建工总局关于京津唐三市开展创全优工程竞赛情况和今后意见的报告》，进一步肯定了两年内三市在开展创全优工程竞赛方面取得的成绩：调动了职工的积极性，提高了职工队伍的素质，加强了企业管理，经济效果明显。在三市的推动下，1980 年全国施工企业普遍开展了创全优工程活动。上海宝山钢铁总厂、天津石油化纤厂等工业建设项目，也先后创出了单项全优工程。①

1980 年 4 月初，全国总工会召开九届常委第四次（扩大）会议，会议通过《关于动员职工为四化立功，深入开展增产节约运动，迎接党的十二大召开的决议》（以下简称《决议》），将开展增产节约运动进一步深化为在职工群众中开展为四化立功的运动。《决议》提出："当前，工会组织的重要任务，就是要在党的领导下，适应四化建设的需要，支持群众首创精神，积极开展为四化立功的群众活动……使职工认清工人阶级的历史使命，增强主人翁责任感和实现四化紧迫感，发扬艰苦创业的优良传统，齐心协力搞四化，一心扑在四化上，在全国掀起一个人人为四化立功，人人争当先进的热潮。"②《决议》对开展"为四化立功的群众活动"提出几点建议：一是要以增产节约为中心；二是进一步开展小指标百分赛，把立功活动落到实处；三是有计划有组织地开展厂际竞赛，争创先进单位；四是广泛开展合理化建议活动，为四化献计献策；五是在立功活动中，充分发挥先进人物的作用。同时强调，工会作为党联系群众的纽带，必须抓好各级工会领导班子的建设和整顿，改进领导作风，克服官僚主义。工会干部要生活在群众之中，深入群众，深入基层，深入生产，了解新情况，研究新问题③。

为推动增产节约运动，各地在工会组织的带领下开展了广泛的群众性技术协作活动。1979 年 4 月，全国总工会在北京分批召

① 中华全国总工会办公厅编：《中华全国总工会文件选编（一九八〇年）》，工人出版社 1982 年版，第 80 页。

② 中华全国总工会办公厅编：《中华全国总工会文件选编（一九八〇年）》，工人出版社 1982 年版，第 158 页。

③ 中华全国总工会办公厅编：《中华全国总工会文件选编（一九八〇年）》，工人出版社 1982 年版，第 158—162 页。

开了部分省、市、自治区群众技协工作汇报座谈会。[①] 1979 年 9 月，由全国总工会、中国科协、第一机械工业部、农业机械部发起，其他有关部门参加的全国机械工业部分省市技术交流表演会在上海召开。来自全国 29 个省、市、自治区的代表共 440 人参加了这次交流表演会，进行了多工种、综合性的技术表演交流，全国机械工业战线的能工巧匠会聚一堂，增强了赶超世界先进技术水平的信心。

实践证明，增产节约劳动竞赛和群众性技术协作活动的开展对于调动职工的生产积极性，提高职工群众的科学技术水平，提高劳动生产率，增加经济效益以及加强企业管理都发挥了重要的作用。

### 2. 加强劳模工作

1979 年 8 月，国务院发出《关于表彰全国先进企业和全国劳动模范的通知》。9 月，国务院在北京人民大会堂举行颁奖仪式，嘉奖工业、交通、基本建设系统的先进企业和劳动模范。党和国家领导人分别向 118 个全国先进企业和 222 名全国劳动模范颁发了奖状、奖章和证书。10 月，全国总工会九届二次执委会议强调，“工会应该建立起劳模工作制度，设立劳模档案”，切实做好劳动模范、先进生产者和先进工作者的工作，要爱护和支持他们的首创精神，使他们能够不断地进行技术革新，把企业的生产潜力充分地挖掘出来。[②] 1979 年 12 月，国务院在人民大会堂举行第二次授奖仪式，嘉奖农业、财贸、教育、卫生、科研战线的全国先进单位和全国劳动模范，向全国各地 351 个先进单位和 340 名劳动模范颁发了奖状、奖章和证书。1980 年 3 月，全国总工会发

---

① 中华全国总工会办公厅编：《中华全国总工会文件选编（一九七八年——一九七九年）》，工人出版社 1982 年版，第 232 页。

② 中华全国总工会办公厅编：《中华全国总工会文件选编（一九七八年——一九七九年）》，工人出版社 1982 年版，第 179 页。

出《关于试行〈劳动模范工作暂行条例〉的通知》。该条例明确了劳动模范工作的基本原则，要求劳动模范的管理工作要坚持分级管理原则，同时明确了诸如建立劳模档案等相关工作制度。①

党的十一届三中全会后，在党的正确路线、方针、政策的指引下，各级工会组织开展了学赶先进的群众生产运动。1980 年 4 月 16 日，《人民日报》介绍大连造船厂工程师、全国劳动模范、“爆炸大王”陈火金的先进事迹并发表题为《要勇于攀登科学技术高峰》的社论。1981 年 4 月 16 日，新华社报道，著名全国劳动模范、全国总工会副主席王崇伦在担任中共哈尔滨市委副书记时，解决了群众关心的“吃豆腐难”的问题。胡耀邦对此批示，需要大批像王崇伦这样的实干家，真正办点实事，不要光在那里空谈议论。4 月 29 日，全国总工会和北京市总工会在中南海怀仁堂联合召开了首都劳动模范、先进生产（工作）者座谈会。中共中央书记处书记宋任穷到会讲话。5 月 1 日，《人民日报》发表题为《发扬主人翁的实干精神——庆祝“五一”国际劳动节》的社论，《工人日报》发表题为《工人阶级与社会主义——纪念“五一”国际劳动节》的社论。

1982 年 3 月，全国总工会、共青团中央、全国妇联向中共中央书记处报送《关于发挥先进人物的作用，推进学赶先进活动的报告》。先进模范人物的宣传与报道激发了广大职工学赶先进的积极性，提高了他们建设社会主义的热情。

### （四）职工劳动保护和生活福利工作

“文化大革命”十年内乱给企业生产管理造成许多问题，特别是 1979 年前后，全国各地出现了若干起重大生产安全事故。这

---

① 中华全国总工会办公厅编：《中华全国总工会文件选编（一九八〇年）》，工人出版社 1982 年版，第 148—151 页。

些重大生产安全事故的发生迫切要求党和国家，尤其是各级工会组织重视生产安全问题，加强对广大职工的劳动保护，千方百计地帮助职工解决就业、生产安全、住房等方面的实际困难。

为了减少企业中安全生产事故的发生，1978 年 10 月，中共中央下发《中共中央关于认真做好劳动保护工作的通知》，通知指出："加强劳动保护工作，搞好安全生产，保护职工的安全和健康，是我们党的一贯方针，是社会主义企业管理的一项基本原则。"通知要求各级工会组织要加强群众劳动保护工作，加强安全生产教育，协助行政贯彻劳动保护的各项规定。

1979 年 1 月，全国总工会颁发《关于贯彻执行〈中共中央关于认真做好劳动保护工作的通知〉的通知》，并出台《基层工会和车间工会劳动保护工作委员会工作条例（试行草案）》和《工会小组劳动保护检查员工作条例（试行草案）》（这两个条例于 1980 年 10 月以正式文件的形式颁发）。8 月，全国总工会党组向党中央报送《关于认真做好劳动保护工作的意见》。10 月，全国总工会九届二次执委会议强调，在劳动保护方面，工会要经常掌握情况，研究改进的措施和意见，把劳动保护的要求落实到车间、班组和个人，并且作为重要内容列入劳动竞赛的检查评比条件。12 月，全国总工会党组向党中央、国务院报送《关于最近三起重大事故的报告》。1980 年 8 月，国务院作出《关于处理"渤海 2 号"事故的决定》。

1980 年 6 月 11—19 日，全国工会第三次群众劳动保护工作会议在北京召开。这次会议总结了工会劳动保护工作 30 年来的经验教训，特别是研究了《中共中央关于认真做好劳动保护工作的意见》发出后工会劳动保护工作的成绩和不足，提出进一步加强劳动保护的措施。万里在会议上发表讲话，要求各级党委加强对劳动保护工作的重视，迅速改变劳动保护问题多的局面。为此，要采取以下措施：一是加强对工人的思想教育和技术训练，建立健全生产操作的规章制度，各级领导要带头执行、带头遵守劳动纪律和规章制度；二是要广泛发动群众监督，既要有群众监督，又要有相互监督；三是从实际条件出发，逐步改善生产技术设备，改善劳动条件；四是各产业要以加强劳动保护为出发点，根据各自特点改革劳动制度；五是加强科学研究，培养劳动保护方面的技术人员。万里在讲话中特别提出，当安全与生产发生矛盾时，要先解决安全问题再生产，并要求把安全生产、劳动保护工作恢复到历史最好水平。①

全国工会第三次群众劳动保护工作会议召开之后，全国总工会上报中共中央的报告即《中华全国总工会党组关于全国工会第三次群众劳动保护工作会议的报告》，对新中国成立以来我国在劳动保护方面的经验教训进行了系统总结，主要包括：第一，安全和生产是不可分割的整体，安全是生产的重要组成部分，是保证生产正常进行的基本条件。安全与生产发生矛盾，要服从安全，先解决安全问题然后再生产。第二，我们的党是无产阶级政党，关心工人的生命安全和身体健康，是我们的天职。第三，科学的规章制度是安全生产和文明生产的保证。各行各业必须做到有章可循、有章必循、违章必究，反对瞎指挥，反对无政府主义，把监督权交给工人群众。第四，必须从组织上加以保证。从中央到地方乃至企业，都要建立对劳动保护具有一定权力的专职机构，并在工人中建立一支群众劳动保护积极分子队伍。第五，在职工中广泛普及安全技术和工业卫生科学知识，提高他们的技术水平，增强他们预防事故和职业病的能力。第六，加强法制，依法严肃处理伤亡事故。报告强调，要加强对广大干部，特别是各级领导干部的教育，从认真总结经验教训着手，提高对安全生产和劳动

① 中华全国总工会办公厅编：《中华全国总工会文件选编（一九八〇年）》，工人出版社1982年版，第11—17页。

保护工作的认识，增强自觉性，避免盲目性，切实改进劳动保护工作。①

1982 年 3 月 20 日，全国总工会党组向党中央、国务院报送《中华全国总工会党组关于在厂矿企业防止发生重大灾害事故的报告》。7 月 8 日，国务院发出《关于加强领导，防止企业继续发生重大伤亡事故的紧急通知》。7 月 21 日，全国总工会发出关于认真贯彻国务院该文件的通知。该通知指出，各级工会要协助行政认真贯彻执行，并积极做好群众劳动保护工作，配合有关部门认真开展群众性安全生产大检查；发动群众，广泛开展预防事故和职业病的各种群众活动，充分发挥工会劳动保护组织的作用；认真参加职工伤亡事故的调查处理，坚持“三不放过”原则；深入开展各种形式的安全生产竞赛，不断总结和推广这方面的先进经验，推动企业搞好安全生产和文明生产。

在劳动保护方面，全国总工会和各级工会主要做了以下三方面工作。第一，对突发安全事故进行严格调查、追究责任。1979 年，吉林通化矿务局松镇煤矿瓦斯爆炸、天津海洋石油勘探局渤海 2 号钻井船翻沉、吉林市煤气公司液化气厂气罐破裂引起连续爆炸，全国总工会积极参与了对这三起事故的调查。国家劳动总局和全国总工会向党中央和国务院等提交了相关报告。第二，建立健全劳动保护制度和工会劳动保护机构，加强对女职工的劳动保护，广泛开展职业病防治工作。1980 年，全国大部分工会恢复和建立了劳动保护工作机构，建立了劳动保护工作委员会。同年 1 月，全国总工会召开女工工作会议，要求各级工会协助行政切实做好对女职工的劳动保护工作。10 月，全国总工会会同卫生部、国家劳动总局等八部门召开防治矽肺病②协作会议，草拟了

① 中华全国总工会办公厅编：《中华全国总工会文件选编（一九八〇年）》，工人出版社 1982 年版，第 67—69 页。

② 矽肺病为“硅肺病”的旧称，本书为和相关文件名称保持一致，采用旧称。

《关于防治矽肺病协作会议纪要》。第三，把劳动保护工作纳入劳动竞赛中，把安全生产作为竞赛指标之一。1980 年，我国建立了“安全月”制度，各级工会广泛开展“安全月”活动。在“安全月”活动期间大力开展宣传教育活动和安全大检查，提高了广大职工群众的安全生产意识，有效降低了安全事故的发生率。①

由于各级工会认真贯彻党中央、国务院以及全国总工会有关加强安全生产和劳动保护等方面的规定，积极向有关部门反映情况，提出合理化建议，协同工作，生产事故逐年减少。1980 年全国职工工伤人数比 1979 年减少 7.2%，伤亡人数减少最多的是煤炭部门，比 1979 年下降 21.4%。1981 年全国职工死亡人数比 1980 年下降 10%。② 全国总工会还与政府相关部门密切合作，在职业病防治、工业环境治理等方面做了大量的工作。

为配合加强劳动保护工作，各级工会协同有关劳动行政部门，积极为恢复和发展劳动保险制度做了大量工作。1980 年 4 月，全国总工会在北京召开劳动保险工作会议。会议提出，要认真执行国家现有的劳动保险政策和法规，建立健全各项劳动保险制度，搞好退休、退职职工的管理工作。会议讨论落实劳动保险工作的步骤和方法，并由 12 个先进基层单位介绍了经验，要求各级工会协同各级劳动部门密切合作，共同加强劳动保险工作。会议强调，要做好四方面的工作：一是根据国家有关政策法规，整顿和加强基层劳动保险工作；二是认真贯彻执行国家的劳动保险政策、法令，建立健全机构和制度；三是加强劳动保险的群众工作，与行政部门一道，加强对退休、退职职工的管理教育；四是继续做好职工疗养事业的恢复整顿工作。5 月 3 日，全国总工会批转了这

---

① 李玉赋主编：《新编中国工人运动史》下卷，中国工人出版社 2020 年版，第 483—484 页。

② 李玉赋主编：《新编中国工人运动史》下卷，中国工人出版社 2020 年版，第 484 页。

次会议的文件，并发出通知，要求各省、市、自治区总工会与劳动局共同研究，认真贯彻《关于整顿与加强劳动保险工作的通知》和这次会议的精神。之后，全国各级工会组织加快了恢复劳动保险工作的步伐。

全国铁路总工会在恢复劳动保险时，认真抓好四项工作：一是建立健全劳动保险机构，培训专业骨干人员；二是大力开展劳动保险政策法规的宣传教育工作；三是认真做好劳动保险的基础工作，合理支付各项待遇；四是总结验收，健全制度。到 1980 年底，全国 6000 多万全民所有制职工和 1000 多万区、县以上集体所有制企业职工，基本享有了劳动保险待遇，国家每年支付的劳动保险和医疗费用近百亿元。经过各级工会的努力，各行各业的劳动保险工作取得了重大进展，各项制度基本得到恢复，有效稳定了职工情绪，充分调动了广大职工的生产积极性，推动了工业生产的健康发展，维护了职工的合法权益。①

维护职工利益，关心职工生活，解决职工生活中遇到的各种困难，是工会工作的一项重要任务。1979 年 7 月，全国总工会生活保险部在北京召开全国工会职工生活工作经验交流会，会议要求各级工会组织“切实关心群众生活，努力保障工人的切身利益，协助和监督行政采取多种方法，及时解决迫切需要解决而有可能解决的问题”。会议部署了广泛开展生活后勤战线的劳动竞赛，发动和组织职工群众开展互济活动，依靠群众的力量解决职工生活中的问题；积极协助企业行政改善职工居住条件，参与职工住宅建设规划的制定、落实和房屋分配工作；做好职工困难补助工作；在有条件的地方，工会要协助企业大力发动和组织职工及其家属、子女，因地制宜搞好农副产业，改善职工生活；积极

---

① 李玉赋主编：《新编中国工人运动史》下卷，中国工人出版社 2020 年版，第 484—485 页。

做好劳动保险工作等。1980 年 10 月，全国总工会又发出《关于进行职工生活大检查的通知》，要求各级工会协同有关部门和企业行政，深入基层、深入实际，对职工生活工作认真地进行一次检查。

1980 年以后，全国总工会和各地方工会多次组织职工进行生活大检查，帮助解决职工的工资、住房、子女教育等一系列问题。

一是深入开展职工生活后勤方面的劳动竞赛。湖南长沙、湘潭、株洲、衡阳、邵阳 5 市在办好食堂竞赛中，注意抓好炊事人员的思想政治工作，促进了职工食堂服务质量的改善。此外，托儿所、幼儿园、医务室、集体宿舍、澡堂等的服务质量也普遍有所改善。

二是认真开展职工生活大检查。1981 年 8 月 11 日，全国总工会党组向中共中央书记处报送《关于停产半停产城镇集体所有制企业职工生活困难问题的报告》。8 月 15 日，中共中央发出《关于关心人民群众文化生活的指示》。同日，全国总工会党组向中共中央书记处报送《关于开展职工生活工作检查的情况报告》。江西省总工会自 1980 年 11 月至 1981 年 3 月，对全省职工生活普遍进行了一次大检查。省总工会领导带队，深入 6 个地区、9 个市、20 个县的 102 个基层单位，进行深入调查研究，解决一些职工生活中的实际困难。据不完全统计，江西省总工会在职工生活检查中，共提出意见和建议 8585 条，着手解决的有 3719 条。

三是大力抓好群众性的互助互济活动，依靠群众自己的力量解决职工群众生活上的某些困难，尤其是住房问题。1981 年 2 月，全国总工会、国家城建总局联合发出《中华全国总工会 国家城建总局关于做好厂矿企业职工住房分配工作的通知》。上海市各级工会在行政的支持下，帮助职工修缮、扩建自有住房，增加住房面积达 100 万平方米；1981 年，沈阳市用“自建、公助、群帮”的办法共建房 17 万平方米，解决了 9500 多户职工的住房困难，占当年职工分到公建住宅户数的1/3；邮电系统各级工会积极推行“自建公助”的建房方法，也在一定程度上缓解了住房紧张状况。在互助储金方面，据1980年6月的统计，全国建立互助储金的基层单位有25.5万多个，储金额达9.6亿元，借款达3228万人次。

四是协助劳动部门和企业行政，积极解决职工及其子女的就业问题。1978年以来，全国总工会一直强调，要把解决职工子女就业问题作为职工生活工作的重点之一。各级工会组织积极贯彻党中央、国务院广开门路、积极发展服务事业、着重在集体经济和个体经济中开拓就业渠道的方针与措施。1980年8月2日至7日，党中央在北京召开全国劳动就业工作会议。党中央转发了这次会议决定的文件《进一步做好城镇劳动就业工作》。该文件在总结历史经验的基础上，结合调整所有制结构和产业结构，提出“要积极创造条件，在国家统筹规划和指导下，实行劳动部门介绍就业、自愿组织起来就业和自谋职业相结合的方针”，并提出建立劳动服务公司，对安置待业人员为主的集体企业实施税收优惠、促进就业的政策措施。

五是推动实行多种形式用工制度，广开门路解决城镇就业问题。1981年8月28日，煤炭工业部、国家劳动总局发布《关于统配煤矿当前劳动方面几个主要问题的暂行规定》，提出根据煤矿生产特点，井下采掘工人除使用固定工外，还应当使用农村协议工，不转户粮关系，签订合同，到期轮换。1981年10月17日，中共中央、国务院作出《中共中央 国务院关于广开门路，搞活经济，解决城镇就业问题的若干决定》，指出要逐步改革国营企业的经济制度和劳动制度，招工用工要坚持实行全面考核，择优录用，要实行合同工、临时工、固定工等多种形式的用工制度，逐步做到人员能进能出。同时提出，在调整所有制结构和产业结构的基础上，广开就业门路，在国家的统筹规划和指导下，实行劳动部门介绍就业（与国有企业相对应）、自愿组织起来就业（与集体所有制企业相对应）和自谋职业（与个体劳动和经营相对应）相结合的就业方针。

为激发职工群众生产的积极性，加强企业的工资制度，国家还采取了一系列措施，诸如调整工资区类别、实行计件工资等。1979 年 11 月 8 日，国务院发布《关于调整工资区类别的几项具体规定》，指出从 1979 年 11 月 1 日起，先将国家机关、文教、科研、卫生、体育、财贸等部门实行三、四类工资区各提高一类，五类以上的工资区暂时不动。1980 年 4 月 1 日，国家计委、国家经委、国家劳动总局印发《关于试行〈国营企业计件工资暂行办法（草案）〉的通知》，对企业实行计件工资条件作出具体规定。到 1980 年，全国 75%以上的职工晋升了工资等级。随着党和国家就业政策的不断推进以及奖励制度的实行，绝大多数职工家庭收入显著增加。全民所有制职工年平均工资 1980 年比 1979 年增长近 80 元。

### （五）职工队伍建设

中国工会九大后，工会组织加强革命传统教育，开展学赶先进活动和“五讲四美”“三热爱”教育，努力提高职工的思想道德素质，恢复和加强职工文化技术教育和职工业余文体活动，努力提高职工的文化技术素质。1982 年，倪志福在《工人阶级的历史使命》一文中指出，“工人阶级是先进生产力的代表，也应该是建设社会主义精神文明的先驱”，“要在建设高度的精神文明中，做全国人民的表率”，“工人阶级必须在改造客观世界的同时不断改造自己”。为此，工会必须加强思想政治工作，发挥共产主义大学校作用，“努力建设一支为四化奋斗的，思想先进、技术熟练、纪律严明、团结协作的工人阶级队伍”。

### 1. 第一次全国职工队伍状况调查

为了摸清全国工人阶级在新时期的基本状况，从各方面加强职工队伍建设，中共中央书记处研究室会同全国总工会于 1982 年 3 月初到 4 月中旬，针对当时全国工人阶级状况组织了一次系统调查，这也是第一次全国职工队伍状况调查。参加调查的有国务院所属的 11 个部、局，选择了 11 个企业作为重点调查单位，同时，对上海和江苏所属几个具有代表性的大中城市做面上的考察，最终形成《关于当前我国工人阶级状况的调查报告》（以下简称《调查报告》）。这次调查的一个重要内容，就是了解职工群众对党的十一届三中全会以来的方针政策认识和接受的程度。调查结果表明，绝大多数职工群众对党的十一届三中全会以来党和国家的重大方针政策是拥护的。《调查报告》就有关工人阶级队伍建设的几个具有理论性和政策性的问题，提出了明确的看法和建议。

《调查报告》得出一个重大结论，即在新的历史条件下工人阶级作为一个阶级不仅存在，而且在向以经济建设为中心的战略转移中依然发挥重要作用，提出了如何正确认识和看待已占职工总数 60%以上的年轻工人、如何树立工人阶级主人翁责任感、重新向工人阶级灌输共产主义思想等一系列重大理论和实践问题。

一是关于资产阶级在中国被基本消灭以后，无产阶级还是否存在的问题。自新中国成立到 1981 年，随着我国社会主义建设事业的发展，工人阶级队伍发生了很大的变化。据统计，全国职工人数从 1949 年的 800 万人增加到 1981 年的 1.09 亿人，同时，1981 年全国职工在城镇居民中的比重，已由 1949 年的 14%上升到 60%左右。其中，全民所有制的产业工人在全国城镇中的比重由 1949 年的 7%提高到 35%。《调查报告》明确指出，资产阶级作为剥削阶级在中国被基本消灭以后，工人阶级仍然存在，而且将要作为强大的和先进的阶级长期存在，同时对其他阶级和阶层会产生重要影响。从根本上说，一方面，这是因为我国生产力还远远没有发展到消灭一切阶级和阶级差别的水平，历史赋予工人阶级的历史使命还远远没有完成。另一方面，工人阶级是同社会化大生产相联系的劳动者阶级，是比资产阶级更先进的阶级，是最有前途的阶级。工人阶级的这种历史地位和作用，是不以人们的主观意志为转移的，也不会因为这个阶级内部存在暂时的消极现象而改变。

二是关于对工人阶级新一代的认识问题。据统计，1966年以来参加工作、年龄在35岁以下的青年工人到1981年已达6000多万人，约占职工总数的60%，且大部分人处在生产第一线，成为骨干和主力。例如，上海第十七棉纺厂的挡车工，35岁以下的占90%以上；广州远洋运输公司35岁以下的海员占88%；北京市第三建筑公司的生产班组长中，年轻的班组长占62%；大庆油田的生产班组长中，1966年以来参加工作的占68%。这充分说明现代化建设的重担已经历史地落在我国工人阶级新一代肩上。这些青年工人和以往的工人相比，文化水平较高，90%以上具有初中或高中学历，感觉敏锐，接受新鲜事物的能力强，掌握新技术、新工艺的速度比较快。同时，这些青年工人在政治方面主流是好的，思想比较活跃，视野比较开阔，能够较快地理解比较复杂的社会政治以及党和国家的方针政策。11个重点企业的调查情况表明，青年工人中好的和比较好的占大多数，其中不少人已经继承了工人阶级的优良品质和光荣传统，成为企业政治工作和生产建设的骨干。正确认识工人阶级新一代，是在工人阶级中进行一切工作和活动的基本出发点。《调查报告》明确指出，“这部分工人总的说来，政治上、生产上和生活作风上的表现也是好的，这是本质和主流”，“但是应该看到，他们是在十年内乱期间成长的，十年内乱中的各种阴暗面，对他们不能不发生程度不同的影响”。

三是关于重新向工人阶级灌输共产主义思想的问题。工人阶级虽然是最先进的阶级，但它不可能自发地产生科学社会主义思想。只有经过教育和灌输，接受了科学社会主义思想，工人阶级才能提高阶级觉悟，从自在阶级变为自为阶级。调查显示，在工人阶级中，有相当一部分人政治热情有所下降，受资产阶级思想的影响，缺乏工人阶级应有的远大理想。这与相当一个时期以来，我们党对工人阶级的共产主义教育明显削弱有关。《调查报告》认为，现在完全有必要把重新向工人阶级灌输共产主义思想的任务提到全党面前，要采取各种有力措施，使这项工作卓有成效地开展起来，并使这种教育逐步正规化、系统化，形成一种体系；要根据青年工人善于独立思考、求知欲强、兴趣爱好广泛等特点，加强教育工作的针对性、知识性和生动性，做到正面教育疏导为主，循序渐进，形式灵活多样；工会系统要加强以工人阶级为主要对象的调查研究工作、宣传教育工作和出版工作等。调查中发现，不少地方在对工人阶级进行共产主义教育方面积累了一些经验。例如，江苏省扬州纱厂创办的政治学校，坚持正面教育，实行疏导方针，紧密结合青年工人的思想实际进行党的四项基本原则和工人阶级历史使命教育，取得了良好的效果。《调查报告》同时指出，在向工人阶级进行共产主义思想政治教育的同时，必须十分重视在工人阶级中进行文化教育和科学技术教育。

四是关于认真实行职工代表大会制度的问题。《调查报告》指出，多年的经验表明，职工代表大会是提高工人阶级主人翁责任感、发挥当家作主积极性，办好社会主义企业的基本组织形式。但是各地在实行职工代表大会制度的过程中阻力还是相当大的，1982 年职工代表大会召开得比较好的只占 1/5 左右，很多流于形式，广大职工对此感到失望。此外，不少企业的干群关系紧张，工人缺乏应有的民主权利，已成为影响广大职工政治积极性和生产积极性的重要原因之一。《调查报告》明确建议，要把认真执行职工代表大会制度作为企业整顿的重要内容，对其执行得不好的单位不能列为先进企业，要把评议干部列为职工代表大会的一项重要议程。例如，辽宁省抚顺矿务局电机车修配厂在党委的领导下，先后于 1980 年、1981 年的职工代表大会上，开展了评议领导干部的活动。《调查报告》强调，工人阶级要通过职代会制度行使当家作主、参加企业管理的民主权利。

五是关于在工人阶级中严格实行按劳分配的社会主义原则问题。调查表明，在大多数的企业中，按劳分配的社会主义原则并没有得到认真贯彻，不论基本工资和奖金都存在这个问题。就基本工资来说，工人的实际技术水平高于他们的工资等级。鞍钢第一炼钢厂 36 名炉长，工资等级最高的六级，最低的二级，平均为 3.86 级，比 1957 年的工资等级低了 3.5 级，与他们的技术水平不相当。从对鞍钢、一汽、大庆油田、大同煤矿、南京无线电厂等 10 个单位的调查来看，1966 年至 1976 年间入厂，工龄在 6—16 年的青年工人，其工资等级为二级的占 36%，三级的占 50%，四级和五级的只占 12%，即使是技术尖子，有创造发明的劳动模范，其工资最高也未超过五级。这是因为 20 多年来，企业停止了正常的工资调整制度，这也严重影响了工人生产的积极性和政治积极性。《调查报告》明确指出，在社会主义初级阶段必须坚持和严格实行按劳分配制度。为了有计划有步骤地解决工人阶级中按劳分配存在的问题，除了国家在政策方面继续努力，还应该在工人阶级中开展思想政治工作。

六是关于更大规模地开展先进生产者运动的问题。《调查报告》指出，先进生产者运动是我国工人阶级和其他劳动群众建设社会主义并进一步实现共产主义的伟大实践，对于促进社会主义现代化建设事业和加强工人阶级自身建设，都具有重要的意义。调查显示，各地各单位开展先进生产者运动的情况不平衡，收效也各不相同。例如，大庆油田坚持每年年终开展“评比选树”活动，对于油田的开发和建设，确保油田稳产高产发挥了很大的作用；上海第五钢铁厂从 1981 年以来开展合理化建议活动，提高了企业的经济效益。但是对于多数企业来说，还存在以下问题：一是不少领导干部对开展先进生产者运动的作用认识模糊，顾虑重重，束手束脚；二是许多企业程度不同地存在着孤立打击先进的不良倾向，严重影响着学赶先进活动的开展；三是在先进人物的选拔、使用、宣传等方面存在一些弊病，需要加以改进。

七是关于提高党员的政治质量和积极而慎重地吸收优秀青年生产工人入党的问题。调查显示，对于被调查单位的干部队伍和党员队伍，总的来说，是好的和比较好的。大多数党员能够做到政治上与党中央一致，工作上兢兢业业。但由于某些原因，在部分干部和党员中程度不同地存在着脱离群众的现象，尤其生产一线的党员数量太少，直接影响着党和群众之间的联系及党的战斗力。生产工人中党员过少，是关系到共产党的阶级性质和党的群众基础的大问题，必须迅速改变管理部门党员相对集中，而生产第一线党员奇缺，越是艰苦的劳动岗位党员越少的极不正常的情况。《调查报告》强调，争取群众，保持党和群众的紧密联系，是我们每一个党员的神圣职责，争取群众一定程度上也就是为人民服务。

这次调查还关注了工人的业余文化生活等问题，提出了改进工作、解决问题的建议。1982 年 8 月 4 日，全国总工会发出《关于学习〈关于当前我国工人阶级状况的调查报告〉的通知》，要求广大工会干部正确认识新形势下工人阶级的状况，加强和改善职工思想政治工作，在改革和社会主义现代化建设中更好地发挥工人阶级的作用。全国总工会各部门以及各级工会认真学习了报告精神，对于新形势下加强和改善职工的思想政治工作发挥了重要作用。

### 2. 落实知识分子政策

落实知识分子政策是调整社会关系的重要方面。在拨乱反正的过程中，党中央高度重视落实知识分子政策问题。为激励广大知识分子进行社会主义现代化建设的积极性，党和国家采取了一系列有效措施。1979 年 11 月，国务院发布《中华人民共和国自然科学奖励条例》。12 月，国务院先后颁发了工程技术、农业、编辑、外语、经济、会计等专业技术干部评定职称的暂行规定。随着各方面方针政策的落实，尊重知识、尊重人才的社会氛围逐步形成。①

1981 年 3 月，中央领导就知识分子问题作出批示，强调知识分子无论是党员或非党员，都是党和国家的干部，按照干部统一管理。4 月 23 日，中共中央办公厅、国务院办公厅发出通知，要求尽可能改善科技人员特别是第一线做实际工作的中年科技人员的工作条件和生活条件；政治上受迫害还没有落实政策的，要尽快落实政策。

在加强职工队伍建设过程中，全国总工会也敏锐地认识到，提高职工队伍的文化技术素质，一定要造成尊重知识、尊重知识分子的风气。工人、工程技术人员、管理人员、教师、医生等都是工人阶级的重要成员。工人离不开知识分子，知识分子也离不开工人。工人要努力学习理论知识，知识分子要重视理论与实践相结合，相互尊重，取长补短，采取工人、技术人员、领导干部三结合，工厂、科研单位、学校三结合等形式，团结合作，齐心协力，为建设社会主义和共产主义的伟大事业并肩战斗。

全国总工会和各级工会积极协助有关部门改善知识分子的工作条件和生活条件，主要做了以下几方面工作：一是在职工中宣传知识分子是工人阶级的一部分，强调发挥知识分子重要作用的意义；二是尽快恢复文教科研等单位的工会组织，规定各级工会代表大会和工会委员会中，知识分子应当占适当的比例；三是在

① 中共中央党史和文献研究院著：《中国共产党的一百年（改革开放和社会主义现代化建设新时期）》，中共党史出版社 2022 年版，第 646 页。

技术革新和技术协作等群众生产活动中认真实行工人、技术人员、领导干部三结合和工厂、科研单位、学校三结合；四是在劳动竞赛中注重在知识分子中评选劳动模范和先进工作者；五是在企业民主管理工作中，适当增加技术人员在职工代表中的比例。① 这些落实知识分子政策的措施极大地激励了知识分子为实现四化建设不懈奋斗的使命感和责任感。

3. 提高职工思想道德素质

加强思想政治工作，坚持在职工中进行四项基本原则教育，提高广大职工的思想道德素质，是这一时期工会的重要工作。1980 年 7 月 15 日至 26 日，全国总工会在大连召开职工思想政治工作座谈会。1981 年 2 月 20 日，党中央、国务院作出《关于加强职工教育工作的决定》，全国总工会于 27 日发出关于贯彻执行该文件的决定。

为提高职工思想道德素质，在全国总工会和各级工会的组织下，全国广泛开展了“学赶先进”活动、“五讲四美三热爱”活动以及“振兴中华”读书活动。

（1）开展“学赶先进”活动

广泛、深入、持久地开展群众性的“学赶先进”活动，是建设社会主义物质文明和精神文明的一项重要内容。通过开展大规模的“学赶先进”活动，发挥榜样的作用，激发工人阶级投身社会主义现代化建设的热情，同时加强工人阶级的自身建设。

1980 年 5 月，辽宁省为推动“学赶先进”活动的开展，在沈阳举行了万人大会，介绍在爆炸加工新技术研究上取得重大成果的大连造船厂工艺科爆炸加工实验室工程师陈火金的模范事迹，还组织了陈火金模范事迹报告会，在全省掀起“学习陈火金，为

---

① 中华全国总工会编：《中华全国总工会七十年》，工人出版社 1995 年版，第 437—438 页。

四化立功”的高潮。

1981 年 2 月，北京市总工会发出《关于组织全市职工学习高云涛、田继跃同志舍己救人革命精神的通知》。1981 年 2 月 1 日，北京市二一一厂青年工人高云涛、北京市皮件厂退休老工人田继跃，在崇文区蒲黄榆大桥东侧护城河，为抢救一名落水儿童，光荣地献出了自己宝贵的生命。北京市总工会发出倡议，要学习他们热爱党、热爱社会主义，对工作认真负责，精益求精，对同志互助友爱，先人后己的高贵品质；学习他们“一不怕苦，二不怕死”的舍己为人的革命精神。

1982 年下半年，全国总工会连续发出号召全国职工向赵春娥、罗健夫、蒋筑英等人学习的通知，要求广大职工向先进人物看齐，以他们为榜样，为完成“六五”计划，开创社会主义建设新局面作出自己的贡献。12 月，国务院作出《关于授予赵春娥、罗健夫、蒋筑英全国劳动模范称号的决定》，赞扬他们是党和人民的好儿女，是工人阶级的杰出代表。

赵春娥是河南省洛阳市老集煤场工人，因在平凡的岗位上做出了不平凡的事迹，被评为全国商业特级劳动模范、河南省劳动模范。1982 年 6 月和 8 月《工人日报》分别发表两篇社论——《这就是共产主义思想——赞工人阶级的好女儿赵春娥》和《我们的时代需要这样的献身精神——再论赵春娥的共产主义思想》，高度赞扬了赵春娥革命第一、工作第一、他人第一，鞠躬尽瘁、死而后已的精神，并指出要学习她全心全意为共产主义事业、为人民的利益服务的革命献身精神。赵春娥的事迹在全国职工中引起了强烈的反响，许多地方的职工都用自己的实际行动向赵春娥学习。

罗健夫是航天工业部陕西骊山微电子公司的一名工程师，是一位“甘为科研献终生”的科学家。他淡泊名利、勇于攻关，为我国航天工业作出重大贡献，被誉为“中国式的保尔”①。1969年，他主持国家空白项目——图形发生器攻关。1975年，他研制成功“Ⅱ型图形发生器”。之后，他继续研制“Ⅲ型图形发生器”，至1981年10月已独立完成全部电控设计。1982年6月16日，正在调试设备的罗健夫突然病倒，医治无效去世。1983年2月，罗健夫被国务院追授为全国劳动模范。

蒋筑英是中国科学院长春光学精密机械与物理研究所的一名研究员，他甘做追光路上的“铺路石”，研制出我国第一台光学传递函数测试装置，成为知识分子的优秀代表。② 他经过刻苦钻研先后解决了国产镜头研制工作中许多关键性技术难题。1982年6月，因病逝世。1982年11月30日全国总工会发出《中华全国总工会关于号召全国职工向蒋筑英同志学习的通知》，号召全国职工认真学习蒋筑英的共产主义思想、忘我的劳动态度和勇攀科技高峰的首创精神。③ 1983年，他被追授为全国劳动模范，被追认为中国共产党党员。2019年9月，蒋筑英被表彰为新中国“最美奋斗者”。

这三位劳动模范在自己的工作岗位上，为我国社会主义现代化建设作出了卓越的贡献，是全体职工学习的榜样。“学赶先进”不仅是向模范人物学习，还要向优秀的工人队伍学习。1982年1月，全国总工会党组向中共中央书记处报送邯郸市第二建筑公司（以下简称“邯二”公司）职工队伍的调查报告——《一支特别能战斗的建筑施工队伍》。自1979年援建唐山以来，“邯二”公

---

① 中共中央党史和文献研究院著：《中国共产党的一百年（改革开放和社会主义现代化建设新时期）》，中共党史出版社2022年版，第719页。

② 中共中央党史和文献研究院著：《中国共产党的一百年（改革开放和社会主义现代化建设新时期）》，中共党史出版社2022年版，第719页。

③ 中华全国总工会办公厅编：《中华全国总工会文件选编（一九八二年）》，工人出版社1984年版，第436页。

司各项经济技术指标连续三年达到了全国同行业最高水平。调查报告指出，“邯二”公司最主要的经验，就是他们的各级领导和广大职工群众有干劲，发扬了国家主人翁精神。“邯二”公司受到胡耀邦的高度赞扬，国家建委和建工总局发出了学赶“邯二”的通知，河北省委和邯郸市、唐山市也作出了号召各行各业向“邯二”学习的决定。

在“学赶先进”活动中也出现了一些问题，例如：不少先进人物遭讽刺、受打击，思想压力大；兼职多、会议多、社会活动多，生产工作时间得不到保证；学习与深造难以保证，个人生活方面也存在一些实际问题等。针对这些问题，中共中央书记处指出，宣传先进模范人物，推广先进经验，开展“学赶先进”活动，一定要坚持实事求是，坚持群众路线，坚持一分为二的观点，反对脱离实际、生搬硬套和形式主义。要鼓励和指导先进模范人物谦虚谨慎、刻苦学习、联系群众、不断前进，并且关心和帮助他们解决实际困难。

（2）开展“五讲四美三热爱”活动

1981 年 2 月，全国总工会、共青团中央、全国妇联等九个单位联合发出《关于开展文明礼貌活动的倡议》，倡议在全国人民中，特别是在青少年中，开展以讲文明、讲礼貌、讲卫生、讲秩序、讲道德和心灵美、语言美、行为美、环境美为内容的“五讲四美”文明礼貌活动，着力提高广大职工的思想道德素质。

全国各级工会组织响应号召，积极参加“五讲四美”活动。在活动中，各级工会与行政、共青团加强合作，利用各种阵地广泛宣传这一活动的意义，举办巡回报告会和先进事迹展览，举行环境美活动日和文明礼貌活动月，组织由职工自愿参加的“学雷锋”小组和“为您服务”活动队，开展文明车间、文明班组、文明家庭竞赛，等等。各地企业、事业单位不同程度地出现了整洁绿化、文明生产、团结协作，有秩序、有纪律、有礼貌的新风貌；职工中出现了许多拾金不昧、助人为乐、见义勇为、舍己为人、忠于职守、为国分忧的先进人物。“五讲四美”活动的顺利开展，活跃了工会的思想政治工作，也提高了广大职工尤其是青年职工的思想道德素质，同时使企业取得了一定的经济效果。此外，很多单位制定了“文明守则”“四美公约”“营业语言规范”和各种条例、规定等，为职工群众的自我教育提供了基本行为准则。

各条战线结合各自生产业务开展了独具特色的“五讲四美”文明礼貌活动。工业企业侧重落实经济责任制，促进产品质量的提高、节约消耗、整顿纪律，实行文明生产；交通运输部门侧重于安全正点、节约能源、服务周到、方便乘客；邮电系统着重贯彻“迅速、准确、安全、方便”的服务方针；商业系统着重文明经商，礼貌待客，创办最佳商店，争当最佳营业员；医务部门着重树立医德新风，提高医疗质量，改进服务态度；教育系统强调以身作则、为人师表，把学校办成培育社会主义精神文明的基地。

1981 年 6 月，全国总工会在湖南省湘潭市召开了有 19 个省、市、自治区总工会宣传工作负责人参加的职工“五讲四美”活动经验交流会。会议指出了各地开展“五讲四美”活动取得的成果，并提出为持续、深入地开展此活动，应循序渐进，与思想政治教育和科学文化教育密切结合，坚持疏导、自愿原则，开展群众性的自我教育活动，搞好群众性的“五讲四美”守则和公约，充分发挥工人文化宫、俱乐部、图书馆等文化阵地的作用。

1982 年 2 月，全国总工会发布的《中华全国总工会关于动员广大职工积极参加“全民文明礼貌月”活动的通知》明确指出，“全民文明礼貌月”活动重点抓好三个方面：搞好环境卫生，解决一个“脏”字；整顿公共秩序，解决一个“乱”字；提高服务质量，解决一个“差”字。通知规定，每年三月为“全民文明礼貌月”，这是推动“五讲四美”活动持续开展，倡导社会主义精神文明的重要措施。[①] 同月，中共中央办公厅转发党中央宣传部《关于深入开展“五讲四美”活动的报告》，报告总结了“五讲四美”活动开展的情况和存在的问题，指出要加强领导，加强对“五讲四美”活动的宣传教育工作，同时为活动的开展提供必要的物质条件。

1983 年 1 月，中央宣传部等 20 多个部门又提出，在“五讲四美”活动中，开展“热爱祖国、热爱社会主义、热爱人民”的教育活动，这些活动被统称为“五讲四美三热爱”活动。“五讲四美三热爱”活动的开展端正了社会风气，促进了城市环境的优化，改善了人们之间的关系，使整个社会呈现出良好的道德面貌，有力地促进了社会主义精神文明建设。

（3）开展“振兴中华”读书活动

1982 年，上海市总工会发起了“振兴中华”读书活动，受到广大职工特别是青年工人的热烈响应。上海市总工会会同有关单位共同组织的“振兴中华”读书活动，开始是以学“三史”（中国近代史、社会发展史、中国革命史）、接受爱国主义教育为主要内容的，后来发展为学政治、学经济、学科学、学技术、学文化等涉及多学科的内容广泛的读书活动。上海市总工会在这一活动中，采用多种形式吸引职工自觉读书，还会同共青团市委联合组织了“振兴中华职工演讲团”下基层巡回演讲，抓住青年的思想，激励青年的进取心。

此项活动在各地取得了一定成效。例如，天津碱厂从组织职

① 中华全国总工会办公厅编：《中华全国总工会文件选编（一九八二年）》，工人出版社 1984 年版，第 175—176 页。

工学习中国近代史入手，开展“三热爱”教育，并因势利导把焕发出来的政治热情引导到爱厂、爱岗位、爱工种上去，使职工群众特别是青年工人的精神面貌发生了很大的改变；吉林省辽源矿务局西安煤矿把发扬主人翁精神作为治本教育，广泛深入开展了“爱矿山、做主人”的活动，并在实际工作中落实工人当家作主的权利。

4. 加强职工教育工作

1978年3月18日至31日，中共中央召开全国科学大会，邓小平作重要讲话，明确提出科学技术是生产力，科技人员是工人阶级的一部分。1979年1月，《人民日报》发表题为《完整地准确地理解党的知识分子政策》的文章。随着思想的解放以及改革开放的不断推进，党和国家高度重视知识分子以及科学技术在社会主义现代化建设中的作用，同时把提高广大职工群众的科技文化素质作为重点工作。加强职工教育工作主要从加强职工业余教育和推动职工业余文体活动开展两方面进行。

第一，加强职工业余教育。职工业余教育是中国工会九大所确定的一项重要任务。1979年7月25日至8月6日，全国总工会职工业余教育工作座谈会在北京召开。会议指出，职工业余教育的恢复和发展，对提高广大职工的文化技术水平、培养急需的技术力量、推动增产节约运动、树立好学上进的革命风尚都起了积极的作用。

1980年2月，全国总工会发出《关于妥善处理职工业余教育领导管理体制问题几点意见的通知》，对职工业余教育中领导管理体制问题提出具体建议：开展职工业余教育必须在党委的统一领导下，各有关部门分工负责，各有侧重，通力合作；职工业余教育的领导管理体制应力求稳定等。8月，全国总工会发出《关于试行〈地方总工会举办的职工业余大学暂行工作条例〉的通知》，通知对于职工业余大学招收学员的方法、培养目标、课程设置等作出了详细规定，有力地促进了职工业余教育活动的开展。

1981年，党中央、国务院发出《关于加强职工教育工作的决定》。决定指出，职工教育是开发智力、培养人才的重要途径，是持续发展国民经济的可靠保证，它同现代化建设的成败有着极其密切的关系；职工教育要有计划地实行全员培训，建立正规的职业教育制度；各级工会都要积极参与职工教育的管理工作，发挥监督作用，维护和保障职工的学习权利。

同年，全国计划会议提出的“六五”计划设想以及《1982年经济和社会发展计划要点》，第一次列入了职工教育的内容。许多地区、部门和单位在调查研究的基础上，制定和修订职工教育规划，并加强职工教育师资队伍的建设。在职工教育方面，许多地区还出现了一些先进典型，创造了新经验，例如山东韩旺铁矿、哈尔滨锅炉厂、青海齿轮厂、石家庄汽车厂等都积累了一些经验。还有一些企业为加强职工教育的管理，制定了“工作条例”“管理办法”“规章制度”，做到了办学有目标、教学有计划、学习有基地、考核有制度，职工教育开始走向正规化。

1981年12月，国家经济委员会主任、党组书记袁宝华在全国职工教育工作座谈会上的总结讲话中指出，各地积极贯彻《关于加强职工教育工作的决定》，职工教育出现了新的局面，尤其是重视青年的补课工作。例如，上海炼油厂在向车间下达生产任务的同时，下达青年补课的入学率、结业率等指标，1981年全厂补课对象的入学率已达到83%；重庆酿造厂从1978年开始坚持文化、技术教育，已经使60%的青壮年职工从小学文化程度提高到初中、初技毕业水平。

1982年，地方工会举办的职工业余大学已有82所，在校学员8万多人。其中，大学本科、专科班学员3万人，各种单科、短期进修班学员4万人，高中文化补习班学员1万多人。职工业余大学为提高职工文化、技术、业务水平，为地方中小企业培养各类人才，充实技术力量作出了贡献，并受到了企业和职工群众的欢迎。1982 年，全国总工会发布的《中华全国总工会关于加强职工业余大学工作的通知》，对各类职工业余大学①提出了具有针对性的意见，为职工业余大学的举办指明了方向，同时强调各级工会要加强对职工业余大学的领导。

这个时期，职业技术培训事业也迎来发展的春天。党的十一届三中全会以来，党和国家高度重视职工技术培训工作，作了许多重要指示，极大地促进了职工教育事业的发展。据截至 1981 年底的不完全统计，全国技工学校已有 3000 多所，在校学员 70 万人；劳动服务公司举办的就业训练中心和技术训练班的学员已达三四十万人。

第二，推动职工业余文体活动开展。1978 年 12 月，在上海文化宫《于无声处》剧组调京演出期间，全国总工会宣传部召开了部分省、市工会宣传干部、文化宫俱乐部主任和业余作者参加的工人业余文艺工作座谈会。会上一致认为，要繁荣职工业余文艺创作，活跃职工文化生活，必须解放思想，敢于实践、敢于创新，必须坚持社会主义方向，坚持“为无产阶级政治服务、为生产服务、为职工群众服务”的方针，坚持“业余、自愿、小型、多样”的原则，同时发挥各种文艺形式以及文化宫、俱乐部的作用。此外，还要加强领导，积极整顿工人文化事业。

1979 年 6 月，全国总工会宣教部在江苏无锡市召开了 14 省、市、县以上工人文化宫、俱乐部座谈会。座谈会认为，工人文化宫、俱乐部是工人阶级的群众性文化事业单位，是工会在党的领导之下向职工及其家属进行共产主义教育的重要场所，也是各级

① 当时各地工会举办的职工业余大学大致分为三类：一是基本具备办学条件的学校；二是还不完全具备办学条件，但经过一段时间的努力，能够达到审批要求的学校；三是客观上不具备办大学的条件，师资、设备、经费等很难解决，即使经过一两年也达不到审批要求的学校。

工会为执行新时期总任务而开展各项群众活动的前哨阵地，各级工会要加强对工人文化宫、俱乐部的领导。

1981 年 11 月，全国总工会在《全总关于贯彻中央“关于关心人民群众文化生活的指示”的几点意见》中指出，要提高对关心群众文化生活的认识，认真执行职工文化工作的方针、政策，积极而有步骤地建设职工文化体育活动场所，同时加强职工文化体育工作队伍的建设。

在上述会议精神和文件的指导下，各地工会在党和政府的支持下大力开展职工业余文体活动，并取得了一定成效。1982 年全国有各类职工文化宫、俱乐部 24500 多个，10%的县城都建起了职工俱乐部。地方工会举办的职工学校有 1500 多所，基层工会主办的职工学校有 11400 多所。1982 年底，从工会举办的职工大专学校毕业和单科结业的已有 165000 多人。为了增进职工的身体健康，工会积极恢复职工疗休养事业。截至 1983 年，工会举办的疗养院共有 33000 多个床位。①

## （六）普遍推行企业民主管理

1978 年，邓小平在中国工会九大致词中明确提出：为了实现“四个现代化”，“所有的企业必须毫无例外地实行民主管理，使集中领导和民主管理结合起来。今后企业的车间主任、工段长、班组长要由本车间、工段、班组的工人选举产生。企业的重大问题要经过职工代表大会或职工大会讨论”。倪志福代表全国总工会第八届执委会在中国工会九大上的报告强调，新时期工会工作要吸引工人参加管理，保障工人当家作主的民主权利。中国工会九大之后，各级工会努力推动企业加强民主管理，保障职工行使

① 全国总工会办公厅书记处办公室编：《中国工会十大以来重要文献选编》，光明日报出版社 1988 年版，第 204 页。

当家作主的民主权利。1979 年 10 月，全国总工会九届二次执委（扩大）会议提出，1980 年一年内要在企业中普遍恢复和建立职工代表大会制度。

1980 年 8 月，邓小平在中共中央政治局扩大会议上对普遍推行职工代表大会制度再次作了肯定。党的十一届六中全会通过的《关于建国以来党的若干历史问题的决议》把职工代表大会制度作为党在全面建设社会主义时期的重要经验之一，载入史册。1980 年 8 月 30 日至 9 月 10 日，五届全国人大三次会议在北京召开。会议指出，各企业、事业单位要普遍成立职工代表大会或职工代表会议，它们有权讨论或决定自己职权范围内的重大问题，有权选举、罢免或建议任命、建议罢免本单位的行政领导人员。随后，企业民主管理和职工代表大会制度进入逐步恢复与发展阶段。

1981 年 5 月 29 日至 6 月 8 日，全国总工会、中央组织部、国家经委在北京联合召开全国企业民主管理座谈会。中共中央书记处书记万里、宋任穷、余秋里发表重要讲话。会议讨论通过了《国营工业企业职工代表大会暂行条例》。条例明确要求，所有企业必须在实行党委领导下的厂长负责制的同时，建立和健全党委领导下的职工代表大会制度，发扬职工群众主人翁的责任感，保障职工群众当家作主管理企业的民主权利。该条例明确规定了职工代表大会的职权和职工代表的权利、义务，明确基层工会委员会承担职工代表大会工作机构的任务，负责大会闭会期间的日常组织工作，办理大会或主席团交办的任务。1982 年，党中央、国务院颁布的《国营工厂厂长工作暂行条例》，党中央颁发的《中国共产党工业企业基层组织工作暂行条例》《中国共产党财贸企业基层组织工作暂行条例》，都把推行职工代表大会制度作为重要内容，特别是全国人大把国营企业推行职工代表大会制度纳入宪法，使企业民主管理有章可循、有法可依。

1981年6月10日，《工人日报》发表题为《社会主义企业必须加强民主管理》的社论。7月13日，党中央、国务院发出通知，批准并转发了《国营工业企业职工代表大会暂行条例》。通知高度评价了企业职工代表大会制度的重要意义并指出，职工当家作主和民主管理企业是社会主义企业同资本主义企业的本质区别之一。职工代表大会是增强职工群众主人翁意识、提高自身责任感，办好社会主义企业的基本组织形式，也是党的一项重要政策。通知强调，推广和完善职工代表大会制度，关键在于加强和改善党的领导。各级工会组织要把贯彻落实职工代表大会制度作为重点工作，协助党委做深入细致的群众工作，选调相当于企业党委副书记、副厂长一级的干部担任基层工会主席。

1981年7月，在《中华全国总工会党组关于全国企业民主管理座谈会精神的初步贯彻情况向中央的报告》中，全国总工会认为各工业部门和各省市党委在落实企业民主管理过程中的共同点是行动快、认识高、措施好。① 职工代表大会制度的恢复和重建，不仅有效地保障了职工的民主管理权利，促进了工会各项工作以及企业民主管理工作的开展，而且在一定程度上推动了国家政治的民主化。

1981年10月7日，全国总工会九届三次执委（扩大）会议把搞好职工代表大会制度作为工会工作的重点，并就如何做好这项工作提出了具体建议。万里在会议上强调，推行经济责任制必须与民主管理相结合，职工代表大会要有奖惩之权、立法之权（工厂的立法权，不是国家的立法权）、人事任免之权（至少有推荐好厂长、罢免不好的厂长之权），对好的职工有表扬之权、对

① 中华全国总工会办公厅编：《中华全国总工会文件选编（一九八一年）》，工人出版社1983年版，第99页。

坏的有批评之权，再不行的有除名之权。①

随着《国营工业企业职工代表大会暂行条例》以及相关会议精神的落实，全国各地企业、事业单位积极推行职工代表大会制度，并取得了显著成效。据统计，到1981年底，全国建立职工代表大会的企事业单位达到101100多个，北京、上海、天津、沈阳、哈尔滨、广州、南京、重庆等市的大中型企业已基本普及了这一制度。在全国文教、科研、卫生等系统内也已有8400多个单位实行职工代表大会制度。同时，民主选举、民主评议或民主推荐干部的工作也取得较大进展。

1982年底，全国建立职工代表大会制度的单位已近20万个，大中型企业已经基本上普及了这一制度。经过初步整顿的企业，也开始实行民主选举行政领导人制度。

从中国工会九大到中国工会十大的五年，在党中央的领导下，我国工会组织迅速恢复和发展，我国职工不断提高政治觉悟，增强建设本领，在维护安定团结、恢复和发展国民经济以及促进社会风气等方面作出了巨大贡献。在生产发展的基础上，我国职工的生活有了明显改善。大部分职工提高了工资，家庭就业人口增加，职工家庭人均收入普遍增加，一部分职工的居住条件有所改善。

---

① 中华全国总工会办公厅编：《中华全国总工会文件选编（一九八一年）》，工人出版社1983年版，第32—33页。

# 第二章

# 改革开放全面展开中的工会工作

党的十二大明确提出建设有中国特色的社会主义的重大命题，这一命题的提出，回答了进入改革开放新时期后走什么样的道路这一全党和全国人民最为关心的重大问题。改革开放全面展开，社会主义现代化建设出现新局面，我国工人运动进入了新时期。1983年10月，全国总工会召开了中国工会第十次代表大会。中国工会十大的主题是在社会主义物质文明和精神文明建设中发扬工人阶级的主人翁精神，这是我国工人运动进入崭新时期提出的总要求。全国职工必须充分认识工人阶级的历史地位和历史责任，以建设社会主义现代化国家为己任，义不容辞地站在现代化建设的最前列，艰苦奋斗，自强不息，在两个文明建设中充分发挥主力军作用。在党的十二大精神和中国工会十大精神的指引下，工会工作迅速融入社会主义现代化建设的新浪潮中，不断革新与发展。

## 一、党的十二大与工会工作新要求

### （一）党的十二大提出建设有中国特色社会主义的重大命题

1982年9月，中国共产党第十二次全国代表大会在北京召开。邓小平明确提出了“建设有中国特色的社会主义”重大命题。邓小平在开幕词中指出："我们的现代化建设，必须从中国的实际出发。无论是革命还是建设，都要注意学习和借鉴外国经验。但是，照抄照搬别国经验、别国模式，从来不能得到成功。这方面我们有过不少教训。把马克思主义的普遍真理同我国的具体实际结合起来，走自己的道路，建设有中国特色的社会主义，这就是我们总结长期历史经验得出的基本结论。"① 建设有中国特色的社会主义重大命题既是对新中国历史经验的充分肯定，又是对新时期改革开放和社会主义现代化建设的重要指引。

胡耀邦代表党中央向大会作了题为《全面开创社会主义现代化建设的新局面》的报告。报告确定党在新的历史时期的总任务是："团结全国各族人民，自力更生，艰苦奋斗，逐步实现工业、农业、国防和科学技术现代化，把我国建设成为高度文明、高度民主的社会主义国家。"② 围绕这个总任务，大会对开创社会主义现代化建设的新局面作出全面部署。大会把继续推进经济建设作为全面开创新局面的首要任务，确定从 1981 年到 20 世纪末的 20 年，我国经济建设总的奋斗目标是，在不断提高经济效益的前提下，力争使全国工农业的年总产值翻两番，即由 1980 年的 7100 亿元增加到 2000 年的 2.8 万亿元左右，使人民生活达到小康水平。把 20 世纪末的奋斗目标由先前的实现四个现代化改为实现小康，从战略思想上解决了长期存在的急于求成的问题。大会还实事求是地将农业、能源、交通、教育和科学技术规定为经济发展的战略重点。大会的一个显著特点是，在提出经济建设目标的同时，提出要努力建设高度的社会主义精神文明和高度的社会主义

---

① 邓小平：《中国共产党第十二次全国代表大会开幕词》（1982 年 9 月 1 日），《邓小平文选》第 3 卷，人民出版社 1994 年版，第 2—3 页。

② 中共中央文献研究室编：《全面开创社会主义现代化建设的新局面》（1982 年 9 月 1 日），《十二大以来重要文献选编》（上），中央文献出版社 2011 年版，第 11 页。

民主的战略方针。大会指出，社会主义精神文明是社会主义民主的重要特征，是社会主义制度优越性的重要表现。建设社会主义的物质文明和精神文明，都要靠继续发展社会主义民主来保证和支持。社会主义民主的建设必须同社会主义法制的建设紧密结合起来。

报告清晰指明了工人阶级队伍的现状和问题，全面论述了工人运动和工会工作的主要任务。报告指出，我们党是工人阶级的政党，必须注意依靠本阶级的群众。我国工人阶级队伍的构成近年来发生了新老交替的很大变化。由于大批老工人党员退休，大量青年工人进入工人阶级队伍，加上一些工人党员不断被抽调到管理部门，形成了生产第一线党员减少，而且越是艰苦劳动的岗位党员越少的严重情况。这削弱了党同产业工人的直接联系。从现在起，必须大大加强党在生产第一线的工作，动员符合条件的党员到生产第一线，同时吸收具备党员条件的优秀工人入党。报告接着强调了工会的重要性，认为必须大大加强党在工会中的工作，使工会成为联结党和工人群众的强大纽带。

党的十二大鲜明地提出建设有中国特色社会主义的指导思想，确定了党在新的历史时期的总任务，提出了全面开创我国社会主义现代化建设新局面的奋斗目标、战略重点、实施步骤和一系列方针政策，同时突出强调社会主义精神文明建设，对新时期的工人阶级和工会工作提出了明确的任务和要求，为中国工运事业发展开辟了广阔道路。

### （二）工会面临的新要求

在党的十二大精神的指引下，工会工作需要开创新局面。这要求工会在实际工作中更好地贯彻执行党中央对工会工作方针、原则、政策，取得更加明显的效果。各级工会领导干部在政治上、业务上、作风上都需要有明显的提高，做好群众工作。一是要求将绝大多数职工群众发动起来，自觉地、创造性地为实现党的十二大制定的社会主义现代化建设的宏伟纲领积极奋斗。二是要求工会工作在开创新局面的过程中研究我国工会工作的实际情况，总结我国工会工作的实践经验，特别是党的十一届三中全会以后的新情况和新经验，明确新的历史时期给工会工作带来的新情况。三是要求在开创工会工作新局面中做好实际工作。党的十二大报告要求，“必须认真实行职工代表大会制度，使它和工会都能在思想教育、企业管理和工人生活的改善中发挥重要作用”。为了贯彻党的十二大精神，工会这一时期主要围绕以下四项任务展开工作：（1）继续把推行和不断完善职工代表大会制度作为工会工作的重点。将该项工作与贯彻执行《国营工厂厂长工作暂行条例》《中国共产党工业企业基层组织工作暂行条例》结合起来。（2）进一步把群众性的学先进、赶先进立功竞赛活动开展好。开展“学赶先进”的活动既有利于推动物质文明建设，也有助于加强社会主义精神文明建设，对于促进社会主义现代化建设事业的发展和加强职工队伍的建设，都具有重要的意义和作用。（3）为开好全国职工思想政治工作会议做好准备，总结地方工会职工思想政治工作的新经验，在加强职工思想政治工作方面打开新局面。（4）改善职工的物质和文化生活。要教育群众在努力发展生产、降低各种消耗、不断提高劳动生产率的基础上争取生活改善。

## 二、中国工会十大与新时期工会工作方针

中国工会十大召开之前，中共中央书记处于 1983 年 3 月 14 日召开第 47 次会议，讨论了中国工会十大工作报告的提纲，就工会的性质和任务作出重要指示。中共中央书记处指出，工会的性质和任务应当是在党的领导下，代表工人阶级利益，为工人阶级办事的群众组织。新中国成立以后，在“左”的思想指导下，工

会工作受到了很大干扰，长期强调党的领导，但忽视了工会是工人阶级的群众组织的特点，在一定程度上，工会成了行政机关，脱离了工人群众。这种状况必须改变。工会工作一定要从工会是“党领导下的群众组织”这个特点出发，切切实实地为职工办事，办些具体的好事，把职工的积极性调动起来；一定要维护职工的根本利益，在社会和国家生活中起积极作用；一定要面向工厂、面向工人，密切联系群众，反映职工的呼声和要求，真正成为“职工之家”“工人之友”。该指示明确了工会的性质，确定了新时期工会工作的方针，为中国工会十大的召开做了最重要的准备。

### （一）中国工会十大的召开

1983 年 10 月 18 日至 29 日，中国工会第十次全国代表大会在北京召开。出席会议的代表有 1998 人，特邀代表 328 人。党和国家领导人胡耀邦、邓小平、李先念、陈云、彭真、邓颖超、乌兰夫等出席大会开幕式，并会见了全体代表。中共中央政治局常委、国家主席李先念代表党中央、国务院向大会致词，全国总工会主席倪志福作了题为《在社会主义物质文明和精神文明建设中发扬工人阶级的主人翁精神》的工作报告。大会通过新的工会章程，选举了全国总工会第十届执行委员会。

李先念的致词，肯定了我国工人阶级在整个革命和建设的历史进程中的伟大历史功绩；充分肯定了工人阶级在党的十一届三中全会路线的指引下作出了新的历史贡献。李先念指出，我国工人运动已经进入一个新的发展阶段，新时期工人运动的根本任务是实现党的十二大确定的宏伟目标。为适应这个根本任务的要求，工会必须把提高广大职工的思想政治素质和科学文化素质，在两个文明的建设中发扬工人阶级的主人翁精神当作自己的首要职责。李先念要求工会切实担负起动员和组织职工进行基本理论教育与科学文化学习的责任；要求广大职工利用现代科学文化知识武装自己，成为一个合格的社会主义物质文明和精神文明的建设者。

李先念认为，工会的职责之一是代表和坚决维护职工的利益。工会、青年团、妇联都是党领导下的有职有权、能够独立负责地开展工作的重要团体。工会既是党联系职工群众的桥梁和纽带，也是职工群众自身利益的保护者。团结本组织的成员积极参与国家的建设与管理，代表本组织成员的利益，是工会等群众组织必须具有的作用。各级党组织和各级政府应该大力支持工会的工作。把工会按照自己的职权独立负责地进行工作同“向党闹独立性”“工团主义”等混为一谈是完全错误的。李先念要求各级工会组织必须旗帜鲜明地同一切危害职工利益的现象作斗争，同领导工作中存在的各种对党对人民不负责任、无视职工民主权利、不关心职工生活的官僚主义作斗争。

倪志福代表上届执委会所作的工作报告，总结了中国工会九大后工人运动和工会工作取得的重要成绩和宝贵经验，提出新时期工会工作的核心任务和对工会建设的基本要求。报告指出，我国工人运动已经进入了为社会主义现代化建设而英勇奋斗的新时期。在社会主义物质文明和精神文明建设中，主力军的任务历史性地落到我国工人阶级的肩上。因此，我国职工要在不断提高经济效益的前提下，为逐步实现工业、农业、国防和科学技术的现代化，把我国建设成为高度文明、高度民主的社会主义强国而努力奋斗。

报告指出新时期工会工作的方针和任务。工作方针是，以四化建设为中心，为职工说话、办事，维护职工的合法权益，加强对职工的思想政治教育和文化技术教育，建设一支有理想、有道德、有文化、守纪律的职工队伍，充分发挥工人阶级在社会主义物质文明和精神文明建设中的主力军作用。根据这个方针，报告提出工人阶级在新时期的六项任务：提高阶级觉悟，自觉遵守纪律；学习文化技术，增长建设才干；推进民主管理，反对官僚主义；着眼国家全局，逐步改善生活；发扬战斗精神，反对歪风邪气；更大规模地开展先进生产者和先进集体活动。

报告在论述工会自身建设的任务时强调了改革目标、精神和内容，即工会为了密切联系群众，必须以改革的精神，从思想上、工作方法和工作作风上、组织上认真加强工会建设。工会要认清自身组织特点，面向基层和群众，在社会主义现代化建设中生机勃勃地发挥积极作用，展现自身的战斗力。这就要求坚持三个“一定要”：一定要以自己是党领导的群众组织这个特点出发，切切实实地为职工多办事、办好事，把职工的积极性调动起来；一定要维护职工的合法权益，勇敢地扶持正气，压制邪气，在社会和国家生活中起积极作用；一定要面向基层面向职工，密切联系群众，反映职工的呼声和要求，真正成为“职工之家”。

大会通过了新的《中国工会章程》。新章程是为了适应我国工人运动和工会工作进入新的历史时期的需要而修订的，它不仅体现出党的十二大精神和党中央对工会工作的一系列重要指示，而且比较充分地反映出中国工会九大以后工会工作的经验教训，清除“左”倾思想的影响，去除工会行政化、机关化的现象，解决工会脱离群众的问题。与中国工会九大章程相比，新章程作了较大的修改，在章程结构上由原来的五章二十条增加为八章三十六条。在总则部分对工会的性质、地位、作用和方针任务都作了更加明确的规定。新章程开宗明义地规定“中国工会是中国共产党领导的职工自愿结合的工人阶级群众组织”，表明工会的阶级性和群众性。新章程强调工会必须遵循党的纲领和路线，贯彻执行党的方针政策，同时又要根据群众组织的特点，反映职工群众的愿望和要求，积极主动、独立负责地开展工作；工会既要遵守和维护国家宪法和法律，又要组织和代表职工参与国家事务、社会事务和经济文化事业的管理等。这些规定使工会能够更好地在新时期发挥联结党和职工群众的纽带作用。新章程的另一个鲜明特点是扩大了职工的民主权利，健全了工会的民主生活和民主制度。新章程要求切实保证会员有权选举、监督、罢免工会的领导成员，有权决定和检查监督工会的全部工作；对国家生活和社会生活问题提出的批评与建议有权要求工会向有关部门如实反映；在合法权益受到侵犯时，有权要求工会给予保护；凡经民主选举产生的工会主要领导人非经选举人和上一级工会同意，不得任意调动，等等。贯彻执行这些规定，有利于促进工会的民主化，实现工会组织的群众化。新章程力求减少工会组织机构的层次，对基层工会的基本任务作了比较具体的新规定。同时新增加了“工会干部和工会积极分子”一章，这为各级工会干部加强工会同职工间的血肉联系，使工会成为名副其实的“职工之家”提供了制度依据。①

大会表彰了先进基层工会 116 个，先进工会小组 990 个，优秀工会工作者 1116 名，优秀工会积极分子 8840 名，分别颁发了奖旗、奖章和证书。这在工会全国代表大会史上还是第一次。

大会选举了全国总工会第十届执行委员会。倪志福等 24 人当选执行委员、马骏等 83 人当选候补委员。在十届一次执委会上，倪志福当选为中华全国总工会主席。顾大椿、尉健行、罗干、王崇伦、章瑞英（女）、王家宠、蒋毅当选为副主席，王申祥等 34 人当选为全国总工会主席团委员。新一届执行委员会主要由三部分人员组成：专业工会工作者，同工会工作关系密切的专家，以及同群众有联系、有文化的先进模范人物。从这一届执委会的组成人员来看，平均年龄为 45 岁，比上届执委委员平均年龄 52 岁降低了 7 岁。执委的文化水平也有显著提高，具有大专以上文化程度的约占委员总数的 38%。书记处 11 人中，55 岁以下的有 9 人，具有大专以上文化程度的有 6 人。

---

① 《新时期加强工会建设的新章程》，《工人日报》1983 年 10 月 24 日第 2 版。

### （二）新时期工会工作方针的提出

中国工会十大提出的新时期工会工作的方针，既概括了新时期工人阶级的历史责任和历史任务，体现了党对工会工作的总体要求，又提出如何从工会特点出发实现工人运动和工会工作的根本任务，突出强调了工会的维护和教育职能。这个方针，基本上反映了广大职工和工会工作者的要求，是在工运领域中进行拨乱反正和吸取新中国成立以后工会工作正反两方面经验教训的结果。此外，中国工会十大确立的以经济建设为中心的工作方针，特别是在方针中提出为职工说话、办事，维护职工的合法权益，这是工会强调维护职能和作为群众组织的特点在新中国成立之后第一次出现在工会工作方针中，是中国工会十大最重大的历史成就，是党的十一届三中全会以后工会指导思想的根本转变，也是新中国成立后工会理论的重大突破。方针还提出要积极稳妥进行工会改革，把我国工会建设成为中国共产党领导的独立自主、充分民主、职工信赖的工人阶级群众组织，在国家和社会生活中发挥重要作用的社会政治团体。

中国工会十大是我国工人运动发展进程中的一次具有重大意义的会议，这次大会以党的十二大为指导，在工运领域完成拨乱反正的基础上，从指导思想上进一步清算了“左”倾错误影响；在政治上明确了以经济建设为中心的工作方针，提出要积极稳妥地进行工会改革；在组织上完成新老交替，实现了干部的新老合作。大会总结了新时期工人阶级的历史责任和历史任务，体现了党对工会工作的总体要求，突出强调了工会的维护和教育职能，开创了工人运动和工会工作新局面。

## 三、动员和组织职工为社会主义现代化建设作贡献

在社会主义物质文明和精神文明建设中，各级各产业工会动员广大职工不断发挥主动性、积极性和创造性，利用技术协作等群众性技术活动、社会主义劳动竞赛、“双增双节”运动等形式，提高经济效益，搞好重点建设，充分发挥工人阶级的主力军作用。

### （一）开展职工技术协作和技术扶贫活动

中国工会十大后，中国职工技术协作活动在全国各地迅速开展，在加速技术改造、推进技术进步中发挥了重大作用，成为新时期工会工作的一项重要内容。职工技术协作活动还带动工会的技术扶贫工作成为国家扶贫战略的重要组成部分之一，取得显著的经济效益和社会效益，为改善贫困地区的落后面貌作出了巨大贡献。

1982 年，全国总工会成立中华全国职工技术协作委员会（以下简称全国技协），经过一年多时间，有 20 个省、市、自治区和 117 个城市建立了职工技术协作委员会（以下简称职工技协），发动和组织生产建设第一线的广大职工开展了大量的群众性技术协作、技术革新活动。上海市职工技协帮助本市企业攻克 799 项技术关键，推广 27 项新技术；组织 100 多万中青年职工开展技术表演赛，在不同程度上提高了中青年工人的技术素质。沈阳市职工技协开展 1610 个先进技术成果交流活动，并组织各种专业队帮助本市 25 家企业扭亏。天津市职工技协围绕节约能源目标，广泛开展职工技协活动，先后帮助本市企业改造工业锅炉 540 台，一年节煤 4 万吨；推广高温水采暖、强化燃烧等 30 项新技术，一年创造价值 2000 多万元。也有许多城市企业建立了职工技协组织，在企业的技术改造和技术进步中起到积极作用。天津市各企业内部

开展“双革”活动，一年收益达5500多万元。截至1983年底，职工技协组织攻克较大的技术关键8747项，推广先进技术经验1303项，举办各种专业培训班5307期。仅北京、上海、天津、西安、武汉、昆明六个市的职工技协组织，就培训各种专业人才17.7万多人。由能工巧匠、工程技术人员、有专业知识的干部组成的“三结合”职工技协队伍，1982年初有40多万人，一年多时间已经发展到100万人。其中有一大批是退休职工，这些人员既壮大了技协队伍，也将多年工作实践积累的经验进行推广，为企业的技术改造和技术进步发挥了重要作用。

1985年，随着技术市场不断开放，全国技协作出两项重要改革：一是明确提出技术攻关、新技术推广、技术咨询、技术培训等技术服务活动，可根据工作量、技术难易、物资消耗以及所产生的经济效益，在双方协商的前提下收取技术服务费。二是鼓励贯彻按劳分配原则，打破分配上的“大锅饭”，给予职工应有的物质报酬。技术服务费的收取是符合时代要求的。科学技术是第一生产力。每一项科学技术成果的取得，都要付出艰辛的劳动，需要消耗大量的人力和物力。因此，技术服务也同劳动产品一样是商品。20世纪60年代的群众性技术协作活动，虽然曾对各种技术成果的传播和推广产生了巨大作用，但这种依靠行政手段推广技术成果的方式已经不能满足社会主义市场经济发展的需要，无法有效满足各行各业技术改造、技术进步，将科技成果迅速转变成现实生产力的迫切要求。技术服务收费和按劳分配奖励有利于激发职工的积极性，促进科学技术的发展，拓宽技术交流协作的领域，且适度有偿不会造成技术成果的封锁和垄断。

与20世纪60年代的职工技协活动相比，除技术服务活动收费外，这一阶段的职工技协活动还呈现出一些新特点：第一，全国技协组织的成立扩大了职工技协的辐射范围和协作深度。全国技协组织成立后，职工技协组织快速发展，职工技协的活动范围，从厂内、厂际、行业间、省与省，逐渐发展到地区之间横向的技术协作和与国外职工之间的经济技术交流。活动内容由传统的操作技术经验交流和工艺攻关发展到开发新产品、推广科技新成果、消化引进国外的先进技术，活动形式也越来越多样化。第二，技协组织开始重视为职工群众服务。以前职工技协组织主要为生产建设服务，较少考虑改善生活设施和劳动保护设施，这一阶段的职工技协开始注重改善职工的劳动条件和生产环境。如北京、沈阳、哈尔滨、上海的技协组织，开发出多种多样的木工平刨和冲压设备的安全装置，防止工人被冲伤手或刨伤手；南京、杭州的技协组织在防护高频电磁辐射方面作出了有益尝试。第三，技协活动同群众性的技术革新、合理化建议活动紧密结合起来。这种做法有效调动了职工的积极性，提高了企业的经济效益。一些企业技协积极分子带领广大职工从岗位出发，针对生产中的实际问题，开展“五小”活动，激发了职工钻研技术的热情。

全国技协成立后的三年多时间里，全国已有各级职工技协组织约 6.4 万个，会员 212.7 万人，技术交流站 6.7 万个，形成了全国省、市、自治区和基层的职工技协组织体系。各级工会建立的职工技术协作组织攻克关键技术 21 万项，创造经济效益 44 亿元；推广新技术 12 万项，创造经济效益 46 亿元。

工会技术扶贫工作逐步扩大。1984 年 1 月，胡耀邦在地方调研时指示，工会组织要在地区间技术协作中发挥积极作用，可以组织一些老工人到技术落后的山区去，帮助提高技术。这为职工技协的工作指明了新方向。同年 4 月，全国技协组织上海、北京、天津、沈阳等 12 个城市的 25 名技术人员和专家，到重庆进行技术攻关、技术交流活动，攻克了 11 项技术关键，签订了 9 项技术协作协议，培养了 54 名种子队员，取得了较好的效果。这次活动是工会开展地区间的群众技术协作活动的一次有益尝试。

1985 年，职工技协以重庆、兰州等城市为重点，组织北京、上海、天津、沈阳、哈尔滨、武汉、鞍山等十多个城市的几百名能工巧匠、工程技术人员和专家，开展了支援西南西北地区间职工技术协作活动，主要开展了以下三个方面的工作：一是利用先进的技术和生产经验帮助上述地区攻克一批重大技术难题。西南铝加工厂依靠鞍山钢铁公司技术协作人员，解决了压延分厂热轧系统电机组换向冒火现象。二是推广各地职工技协创造的科技成果和先进技术。重庆通用机械厂在技术协作中学习沈阳市双排大间距先进技术，改造冲天炉后稳定了铁水温度，降低了废品率。三是促成企业间的技术交流和技术学习，调动职工学习技术的积极性。宁夏回族自治区经济贸易委员会和自治区职工技协邀请北京市技协积极分子陈钟盛举办“铸铁冷焊特别技术”训练班，通过系统讲授铸铁冷焊理论及工艺方法，培养了一批铸铁冷焊技术骨干。这些尝试说明，职工技协可以凭借自身技术和优势，在经济不发达地区大显身手，直接为四化建设作出贡献。从此，向贫困地区支援能工巧匠工作逐渐成为国家扶贫工作的一个重要组成部分。

1986 年 2 月，在南宁市召开的中央机关赴云南、贵州、广西省区考察组的汇报会上，中央领导谈到，全国只有几个后进的省区，云南、贵州、广西三省区再加上甘肃、青海、西藏、宁夏，算上去共七个，可以考虑四川、上海、江苏、浙江等省市同后进的省区搞技术支援，选一些能工巧匠，能工巧匠的作用不能轻视，由国家科委和全国总工会牵头。4 月，全国总工会发出号召，要求经济比较发达、技术比较先进的地区和企业，要大力支援老区、少数民族地区、边远地区、贫困地区和乡镇企业。组织一大批能工巧匠和具有丰富实践经验与专业知识的离退休职工与技术人员，帮助老、少、边、穷地区提高管理水平和技术水平。为响应全国总工会号召，浙江、四川、江苏三省和上海市总工会陆续派出调查组，经过调研工作制定出切实可行的扶贫方案，并派出 100 余名能工巧匠，到各个扶贫点开展工作。湖北、湖南、福建、广东、辽宁、黑龙江等省的工会组织，对本省的贫困地区进行实地考察后，采用多种服务方式和方法，取得了良好的效果。

这次扶贫工作主要集中在四个方面：一是帮助贫困地区的乡镇企业进行技术创造，改进落后的工艺和设备。二是向贫困地区的乡镇企业提供新工艺、新配方，提高产品质量，增加品种类型。三是向贫困地区的乡镇企业提供先进技术，提升贫困地区企业的生产能力。四是帮助贫困地区的乡镇企业培训工人和管理人员，提高企业职工素质。经过半年多时间，浙江、四川、江苏三省和上海市总工会在三个试点地区共扶植了乡镇企业 31 家，救活濒临倒闭的企业 5 家，签订的 62 项技术项目大部分完成，开发新产品、新品种 30 个，培训工人和管理人员 200 多名。福建省工会派出技术扶贫小分队 124 个，组织科技人员和能工巧匠参加技术扶贫工作 872 人次，为 163 个贫困乡镇企业转让技术成果 25 项，完成技术攻关 123 项，创造经济效益 800 多万元，培训各类人员 1280 人。

邓小平曾经指出："社会主义的目的就是要全国人民共同富裕，不是两极分化……我们提倡一部分地区先富裕起来，是为了激励和带动其他地区也富裕起来，并且使先富起来的地区帮助落后的地区更好地发展起来。提倡人民中有一部分人先富裕起来，也是同样的道理……一个公有制占主体，一个共同富裕，这是我们所必须坚持的社会主义的根本原则。"① 开展工会技术扶贫是坚持社会主义方向的一项重要内容，符合社会主义的根本原则。帮助贫困地区的人民脱贫致富，走上共同富裕的道路，是工会义不容辞的责任。工会扶贫工作使职工技协的活动领域从发达地区发

① 邓小平：《一靠理想二靠纪律才能团结起来》（1985 年 3 月 7 日），《邓小平文选》第 3 卷，人民出版社 1994 年版，第 110—111 页。

展到贫困地区，从大型企业发展到中小型企业和乡镇企业，为贫困地区的人才培养、技术提升作出了巨大的贡献。

### （二）开展社会主义劳动竞赛

#### 1. 开展先进生产者和先进集体活动

各级各地工会根据中国工会十大精神，进一步扩大规模开展先进生产者和先进集体活动，探索社会主义劳动竞赛的新形式，推进职工的合理化建议，加强基层班组建设，有效推动了企业改革，促进了经济效益的提高，展现出我国工人运动在社会主义现代化建设中的崭新局面。

开展先进生产者和先进集体活动，是广大职工主人翁精神的生动体现。这项活动的重要内容是开展“创先进、学先进、赶先进”的社会主义劳动竞赛。它对于社会主义现代化建设事业的发展、加强工人阶级队伍建设，都具有重要意义和作用。中国工会十大以后，“学赶先进、争当先进、帮助后进”活动迅速扩大。截至1987年，全国有36万个基层工会开展了“学赶先进”竞赛活动，占基层工会总数的67.6%。评选出先进集体160万个，先进生产工作者1183万人。①

1984年10月，党的十二届三中全会通过了《中共中央关于经济体制改革的决定》（以下简称《决定》），提出我国社会主义经济是“在公有制基础上的有计划的商品经济”，“所有权同经营权是可以适当分开的”。《决定》就增强企业活力、实行政企职责分开、实行厂长（经理）负责制、保障职工企业民主管理权利等问题作出部署。在城市经济体制改革的大背景下，以“学赶先进”为主题的劳动竞赛逐渐适应变化的形势，呈现出鲜明的时代

① 中国工运研究所：《1988年全国工会工作发展概况统计》，《中国工运》1988年第6期。

特色。各行业、各级工会根据实际情况不断探索适合自身特点的竞赛形式和竞赛目标，摒弃某些单纯追求产值速度的弊病，以提高经济效益和社会效益为中心指导思想，广大职工群众创造出创佳创优赛、重点工程赛、百家窗口赛、利税大户赛、扭亏增盈赛、出口创汇赛等，使竞赛内容、领域以及组织等方面有了新发展。竞赛活动内容开始围绕提高经济质量、降低消耗、提高经济效益、推动技术进步和提高管理水平等改革任务设置。黑龙江省总工会会同政府有关部门组织企业职工开展竞赛，仅用一年时间就使全省 52 家原亏损 50 万元以上的大户扭亏为盈，促进全省工交企业经济效益的提高。① 安徽省总工会与省政府联合组织全省 90%以上的企业开展“创最佳经济效益”劳动竞赛，组织各企业职工广泛开展“技术攻关”竞赛，及时解决了一批影响经济效益提高的技术等关键问题。1985 年前 11 月全省完成工业总产值 201 亿元，比上年同期增长 25%。② 一些地方工会开展了“三师（工程师、经济师、会计师）”竞赛，优秀厂长、优秀企业家竞赛，推进了经营管理的改善和经济效益的提高。竞赛活动领域逐渐扩展到乡镇企业、三资企业等非全民所有制企业。竞赛活动组织朝科学、规范的方向发展。全国有部分省、自治区建立了省一级竞赛委员会，部分地市也建立了相应的组织机构，形成上下贯通的组织网络。山西、安徽、广东三省，从上到下建立了党政领导挂帅、工会主办的劳动竞赛委员会，构建了竞赛活动的保障体系。③

2. 探索行业联合立功竞赛

“六五”期间，电力建设取得了很大的发展，投产将近 2000

① 李玉赋主编：《新编中国工人运动史》下卷，中国工人出版社 2020 年版，第 508 页。

② 李玉赋主编：《新编中国工人运动史》下卷，中国工人出版社 2020 年版，第 508 页。

③ 中华全国总工会编：《中华全国总工会七十年》，中国工人出版社 1995 年版，第 483 页。

万千瓦。1986年我国电站装机容量已经达到8600万千瓦，年发电量达到4100亿度，世界排名第五。但是，电力发展速度和电力供应仍然不能满足我国工农业发展、四化建设和人民生活的需要，是一个突出的矛盾。不少地区拉闸限电频繁，一些工厂只能“停三开四”，“以电定产、以电限产”的情况时有发生。增强电力建设不是一个行业和一个部门能够完成的，需要各相关行业相互配合。

1986年4月，六届全国人大四次会议通过《中华人民共和国国民经济和社会发展第七个五年计划》（以下简称“七五”计划）。在“七五”计划中，对电力建设的安排是五年内电站建设总规模达到6000万至6500万千瓦，竣工投产发电装机3000万至3500万千瓦，制造大中型发电设备4000万至4500万千瓦，并形成年产1000万千瓦发电设备及相应的输变电设备生产能力。1986年国家制定的计划是投产装机500万千瓦及全部电力建设；制造600万千瓦发电设备及相应输变电设备。为了实现上述电力建设的奋斗目标，1986年5月，机械工业部、水利电力部、机械冶金工会、水利电力工会开展了确保电站建设联合立功竞赛。主要参与者是参加电站建设的各设备制造厂，各科研、设计、施工单位；主要内容是在执行所承担的具体任务中，开展以保质量、保工期、比效率、比协作为主要内容的联合立功竞赛活动。

在机械设备制造企业的大力支持下，长江葛洲坝工程局首创一年投产5台12.5万千瓦机组的好纪录；山东电建一公司用10个月时间完成邹县电厂第二台30万千瓦机组的投产任务，创全国同类机组安装施工的新水平，使邹县电厂一期工程荣获“国家优质工程银质奖”；水电部第六工程局仅用56天就完成太平湾电站3号机组的安装任务。经过水电、机械两个系统广大职工的共同努力，1986年胜利实现竞赛的奋斗目标。当年，全国大中型发电机组投产542.97万千瓦，加上小型机组共投产663.8万千瓦。这次联合立功竞赛涌现出了许多先进单位、集体和个人。长江葛洲坝工程局、安徽电建一公司、西北电建一公司、河北电建公司和吉林送变电公司荣获了五一劳动奖章，被评为全国先进集体。①横向联合劳动竞赛对于推进行业间劳动竞赛具有非常深刻的意义。竞赛有力地促进了两个产业的相互支持和密切合作，加强了设备制造单位与电力施工单位之间的相互联系和信息交流，进一步调动了电力和技协职工建设四化的积极性和创造性，对优质高效地搞好电力重点建设工程发挥了显著作用。

3. 开展合理化建议和技术革新活动

群众性合理化建议和技术革新活动，是开发智力资源、挖掘企业潜力的重点。我国工人阶级有着开展合理化建议和技术革新活动的光荣传统。从 20 世纪 50 年代初期到 60 年代中期，合理化建议和技术革新活动在社会主义建设方面起到了很大的推动作用。

中国工会九大后，国务院于 1982 年颁布并实施《合理化建议和技术改进奖励条例》，群众的合理化建议和技术革新活动得到恢复与蓬勃发展。1985 年 5 月，出席五一劳动奖章授奖仪式的全体代表在北京发出广泛开展合理化建议和技术革新活动的倡议：全国职工要积极行动起来，树立远大理想，发扬主人翁精神，为社会主义现代化建设大规模地、深入持久地开展合理化建议和技术革新活动。《人民日报》评价说："合理化建议和技术革新活动的展开，一定会有力地推动经济发展和科学技术的进步，推动各项工作的不断前进，全面开创社会主义现代化建设的新局面。"②实践证明确实如此。1985 年有近一千万职工提出合理化建议 975 万件，采纳 453 万件，实现 299 万件。1986 年 6 月，国务院修订了《合理化建议和技术改进奖励条例》，将合理化建议范围由生

① 夏汝奎等主编：《当代中国产业职工和产业工会》，海洋出版社 1990 年版，第 195—196 页。

② 《广泛开展合理化建议和技术革新活动》，《人民日报》1985 年 5 月 2 日第 1 版。

产技术领域扩展到经营管理等方面，奖金水平有所提高，并增加了有偿转让和群众监督的规定。

北京市利用“合理化建议评审委员会”，提高了群众合理化建议和技术革新活动的规范化水平。约80%的区、县、局和企业建立了“合理化建议评审委员会”，将合理化建议的提出、筛选、采纳、实施流程进行整合，基本上做到提出建议有着落、采纳与否有答复、实施见效有奖励，积极引导职工，把技术革新的主攻方向放在提高产品质量、降低物质消耗、挖潜开发新产品等方面。据北京市合理化建议、技术革新领导小组办公室对75个区县局总公司110万名职工的统计，1986年参加合理化建议、技术革新活动的人数达70万人，比1985年增加近一倍。被采纳的合理化建议19万多件，能直接计算的价值达2亿多元。①

班组是企业直接组织群众完成生产计划和工作任务的基础组织。班组建设在我国拥有比较悠久的历史，但在新形势下传统的班组工作无法适应改革要求。为此，1985年8月，全国总工会发布了《关于加强企业班组建设的通知》，要求切实把班组整顿好、建设好，加强班组的民主管理，广泛开展班组竞赛等班组活动，促进企业改革的深入发展。1986年7月，国务院发布《国务院关于加强工业企业管理若干问题的决定》，主要是针对企业素质差、技术和管理落后的问题，提出“抓管理、上等级，全面提高素质”的要求，在“七五”计划期间，要把提高产品质量、降低物质消耗和增加经济效益，作为考核工业企业管理水平的主要指标。这些要求都需要在班组这一基层组织实现。因此，加强班组建设、提高企业素质成为工会重要的工作内容之一。1986年9月，全国总工会和国家经委联合召开了全国班组工作会议，这是新中国成

① 《七十万职工为企业献计献策 合理化建议一年创利两亿多》，《人民日报》1987年1月7日第2版。

立以后第一次召开全国性的班组工作会议。会议研究新时期班组建设工作的新特点，交流了上海市和太原钢铁公司等一批先进班组的经验，集中表彰了296个全国先进班组和119个全国先进班组长，并向这些先进班组和个人分别颁发了五一劳动奖状和五一劳动奖章。《工人日报》评论道，这次会议“对于动员全国职工群众以实际行动推进经济体制改革和胜利实现‘七五’计划目标，一定会起到重要作用”①。会议还讨论了《关于加强工业企业班组建设的意见》，经修改后，于1986年12月下发。这是我国班组建设历史上第一个法规性质的文件。同年11月，国家经委、劳动人事部、全国职工教育管理委员会、全国总工会共同制定并颁发了《关于加强企业班组长培训工作的意见》，强调要采取多种形式和手段，加强企业班组长培训，逐步建立班组长培训考核制度，提高班组长素质，夯实企业班组建设。

各级工会根据全国班组工作会议和全国总工会要求，不断加强班组建设。这一阶段班组建设呈现出两个新趋势：一是班组管理科学化。各基层工会不断加强智力投资，通过干部培训提高班组骨干的管理技能；增加情感投资，加强班组骨干和基层组员之间的沟通交流；改善工作环境，培养职工的主人翁意识。这带来的可喜变化是，班组长在民主管理方面开始逐步由个人主导转向群众参与，在生产方面由单纯的生产型转向生产管理型；在人才选用方面由体力型逐步转向体智力结合型。二是将承包责任制落实到基层班组。不少企业将“包”字进厂落到实处。工厂让“包”字进车间、进工段、进班组，使每个人都目标明确、责任明确、利益明确，形成“风险人人有，重担大家挑”的局面。这使企业生产发展速度和效益都有大幅提高。②

① 《加强班组建设 增强企业活力》，《工人日报》1986年9月19日第1版。

② 《承包经营之后怎么办？——北京六位厂长、经理谈深化企业改革》，《人民日报》1987年7月22日第1版。

### （三）推进“双增双节”活动

进入20世纪80年代中期，我国的经济发展迅速，但存在过热情况，需要采取切实措施加以克服，防止今后经济建设发展出现困难。解决这些问题的办法是压缩基建投资，增产节约、增收节支。1987年党中央明确指出，今年全国要抓好两件大事，其中之一是在经济工作中，坚持改革、开放、搞活方针，开展增产节约、增收节支运动。增产节约、增收节支运动需要有重点：增产增收主要是增产适销对路产品，保证国家财政增收；节约开支主要是提高产品质量，降低物资消耗，加速资金周转和节省各项开支。各地、各产业部门响应党中央的号召，广泛发动职工群众投入“双增双节”活动，取得了丰硕成绩。

各地、各产业工会结合本单位实际情况，实行目标管理，协助企业制定了增产节约、增收节支计划和措施，并分解落实到班组和个人。冶金系统10个特大钢铁企业在1987年3月上旬全部提出“双增双节”的奋斗目标和主要措施；黑龙江省落实了7.21亿元的“双增双节”目标；上海市采取了压缩投资规模、调整产品结构、搞好开源节流、加速产品流通、压缩行政开支等五大措施。1987年上半年，全国共完成工业总产值4927亿元，比去年同期增长15%；全民工业企业劳动生产率提高6.6%。与此同时，全国县级以上全民和集体所有制工业企业总消费能源2.2亿吨标准煤，明显低于同期工业增长幅度。每万元工业产值消费的能源，由5.19吨减少到5.01吨。上述企业节约和少用能源820万吨，相当于同期能源增产量的近一半。①

这一时期各地在深化改革、搞活企业上迈出更大步伐，以完善企业的经营机制为中心，普遍推行了各种形式的承包经营责任

---

① 《我工业企业双增双节取得成效》，《人民日报》1987年8月16日第1版。

制。据不完全统计，1987 年，全国 7814 户大中型企业中，已经实行承包经营责任制的有 4046 户，占总数的 51.8%。[①] 不少企业把开展“双增双节”活动同深化企业改革紧密结合起来，改善经营管理，取得了实效。胜利油田在开发方面对采油单位全面推行大包干，把过去单纯包产量改为产量、产能、投资、成本、质量等全面承包，根据实行的利润按一定的留成比例建立生产发展基金、职工福利基金和奖励基金；在钻井方面实行单井目标管理，钻井与油田实行甲乙方合同制，按成本节约和打井质量考核计奖；在基建方面试行项目投资包干、施工预算承包和设计单位的企业化试点。和 1986 年同期相比，1987 年 1 月至 4 月份钻井进尺增长 23.6%，原油产量增长 17.5%，工业总产值增长 16.5%。[②]

## 四、加强职工思想政治教育和文化技术教育

工人阶级在社会主义现代化建设中起到极为重要的建设和引领作用。各级工会不断探索，根据改革形势将思想政治工作同经济工作紧密结合，根据职工队伍结构变化调整职工教育工作，努力培养造就一支有理想、有道德、有文化、守纪律的新一代工人阶级队伍。

### （一）着力提高职工的思想觉悟和文化技术水平

科学技术的现代化是四化建设的关键，科学技术知识对经济建设的促进作用不断凸显。作为一项重要的战略任务，各地方各产业工会根据自身实际情况延续并拓展了这项重要工作内容，在职工教育方面取得了不少新进展。

---

① 《工交战线上半年“双增双节”成绩显著》，《工人日报》1987 年 7 月 30 日第 1 版。

② 《胜利油田“双增双节”迈大步》，《人民日报》1987 年 6 月 16 日第 1 版。

进入20世纪80年代后，我国工人阶级的人数以平均每年近400万人的速度递增，35岁以下的青年职工约占职工总数的60%，整个工人队伍的年龄结构发生了变化。这一群体的文化程度较高、求知欲强，但受到“文化大革命”的影响，缺乏对马克思主义和工人阶级基本知识的系统学习。此外，改革开放带来的国外资本主义思想和资产阶级生活方式，使部分青年职工容易出现资产阶级自由化倾向。因此，职工思想政治工作在从过去的“以阶级斗争为纲”转到为社会主义现代化建设服务的过程中，开始重点关注青年工人。

1983年7月，党中央批转了《国营企业职工思想政治工作纲要（试行）》（以下简称《纲要（试行）》）。《纲要（试行）》指出，职工群众思想政治工作的重点对象是青年工人，各级领导需要了解他们的心理、思想和感情，针对他们的特点来确定教育内容和教育方法。教育内容可以分为两个部分：一是比较系统的爱国主义、集体主义、社会主义、共产主义的思想教育；二是日常的思想政治教育。两者需要统筹兼顾。《纲要（试行）》要求将正规办学、脱产轮训作为对企业职工进行系统思想教育的一个主要形式。如举办脱产、半脱产或业余的职工政治学校，短期脱产的政治轮训班或学习班，分期分批地轮训职工。除脱产轮训外，还应鼓励职工通过业余自学完成课程。此外，企业职工思想政治教育要同丰富多彩的业余文化体育活动结合起来。

根据党中央的要求，各级地方、产业工会协助地方政府及企业健全职工教育机构，协同配合同级职工教育机构贯彻落实有关职工教育的部署；积极参与职工教育的管理工作，发挥监督作用，维护和保障职工的学习权利等；推动企业和社会办学，认真办好工会系统的学校和训练班。重点工作是对青年职工进行政治思想教育和文化、技术补课。据1983年底对26个省、自治区、直辖市的7454万名职工的统计，参加各级各类比较系统的文化、技术、业务培训的职工共1959万人，占所有职工的26.3%（详见表2.1）。[①] 职工学校除业余大学、业余中等专业学校外，主要侧重于开办初中文化、初级技术的单科班和职业技术班。学习形式也很灵活，主要以业余、半脱产为主。其中，地方工会举办的职工大学有66所，学员6.6万余人；职工中等学校1400多所，学员70多万人。基层工会办学的有1.5万多个，学员近270万人。全国参加工会系统各类职工学校学习的职工有347万人，占全国参加学习职工总数的18%。一些地方工会试着将思想政治教育和文化技术课程相结合，如对职工进行分期分批的短期脱产政治轮训，或在教学中结合进行政治思想教育，取得了一定的效果。

**表2.1　1983年全国职工教育情况**

| 职工学习类别 | 人数（万人） | 比例（%） |
| --- | --- | --- |
| 职工高等教育学习 | 126.5 | 6.5 |
| 中等专业学习 | 83.8 | 4.3 |
| 高中文化学习 | 74.6 | 3.8 |
| 初中文化学习 | 833.4 | 42.5 |
| 初等文化学习 | 99.0 | 5.0 |
| 短期技术业务学习 | 741.5 | 37.8 |

这一时期，在全国总工会和各级工会的不懈努力下，职工教育取得大踏步前进。截至1987年底，全国各公司工会和各产业局工会以及各级地方工会建立的各种类型的职工学校共计1300多所，其中职工大学75所，职工中专89所，职工学校1139所；专职教师4900多人，包括大学教师1800人。参加学习的职工达109.2万人，各类学校毕业和结业的人数为58.4万

① 全国职教办：《一九八三年全国职工教育情况》，《经济工作通讯》1984年第3期。

人。办学的基层工会 3.2 万个，专职教师 1.8 万人，组织了 395 万名职工参加学习。①

该时期的职工教育具有四个方面的鲜明特点：一是重点关注青壮年职工的思想和文化技能水平；二是岗位职务培训、干部培训逐步加强；三是职工教育进一步转向经济建设、企业发展所需文化、管理、科学技术知识方面；四是校企合作得到发展。职工教育工作在提高职工的政治、文化、技术、业务素质，促进企业生产发展方面取得了很好的成效，为四化建设贡献了重要力量。

同一时期，职工读书活动发展迅速。“振兴中华”读书活动是应广大群众渴望读书的迫切愿望而产生的。“文化大革命”结束后，广大群众在解放思想的大浪潮中逐渐摆脱思想文化的禁锢，迫切渴望读书学习，弥补空白的宝贵时光。然而，一些不健康的书刊在社会上广泛传播，“一些青年读者文化知识贫乏、欣赏水平不高，因而对‘离奇’‘惊险’‘爱情’的追求，超过了其他方面”②。因此，需要通过读书提高职工的文化水平，充实精神世界，抵制不健康或低级趣味的书刊，引导职工形成正确的思想认识。“振兴中华”读书活动最初是在上海开展，后逐渐在全国各地推广。

1983 年 4 月，全国总工会在上海召开了全国职工读书活动经验交流会，分享了上海市和其他省市开展职工读书活动的经验。同年 5 月，全国总工会党组向党中央呈交了《中华全国总工会党组关于在职工中开展读书活动的报告》，认为读书活动反映了广大职工，特别是青年职工奋发向上、积极进取的精神面貌。读书活动进一步激发了职工群众的学习热情，使广大职工中出现了一

① 中国工运研究所：《1988 年全国工会工作发展概况统计》，《中国工运》1988 年第 6 期。

② 中共中央宣传部编：《宣传动态（一九八一年选编）》，中共中央党校出版社 1982 年版，第 119 页。

个争相读书学习的好势头。1983年6月，《人民日报》发表社论，认为职工读书活动是“一项意义深远的活动”，称其“时间不长，效果很好，值得在全国职工中提倡和推广”。① 同月，党中央批复了全国总工会党组《关于在职工中开展读书活动的报告》，要求充分发挥工会、共青团以及各宣传、教育部门的作用，组织出版、报刊和图书馆、文化馆、文化宫、俱乐部等各有关单位通力合作，把越来越多的职工吸引到读书活动中。

各级工会在开展读书活动时采取多种多样的方式。一是在基层职工中建立读书小组，将职工组织起来共同学习。北京第一制药厂在举办读书活动时，“不是像以往那样停留在发号召、做决定上；而是根据群众的兴趣和爱好，让群众自觉自愿地组织读书小组”②。二是开展如知识竞赛、演讲比赛、书评等形式的活动，吸引广大职工参与读书活动。《工人日报》于1983年和1984年主办了两次读书活动竞赛，在职工中影响较大。在演讲比赛方面，上海市率先探索举办职工演讲比赛，由比赛优胜者组成的“振兴中华报告团”受到热烈欢迎，听众达十余万人次③。在书评活动方面，抚顺市总工会建立一支书评骨干队伍，开展有组织的业余书评活动，利用口头书评形式，先后举行了《蹉跎岁月》《高山下的花环》《人到中年》等书评报告会，在社会上引起较大反响，既引起职工业余读书的兴趣，又帮助职工加深了解书籍的思想内涵。据不完全统计，“仅1982年、1983年两年，抚顺市总工会工人文化宫职工业余图书评论组就写出书评文章140余篇，举行图

---

① 《意义深远的一件大事——评上海市在职工中开展读书活动》，《人民日报》1983年6月9日第1版。

② 《开展读书活动的一个好经验》，《工人日报》1983年9月18日第1版。

③ 中共中央宣传部编：《宣传动态（一九八三年选编）》，中共中央党校出版社1984年版，第126—127页。

书评论会 14 次，听众达 1500 余人次”[1]。一些地区还采用了征文、讲座等方式，取得很好的效果，受到职工的欢迎。三是通过表彰读书活动中的先进集体与个人，激励职工持续读书学习。1984 年 6 月，全国总工会在人民大会堂举行了“振兴中华”职工读书活动积极分子表扬大会，向 203 名“振兴中华”职工读书活动积极分子颁发了证书[2]。

1985 年 2 月，为了鼓励职工自学成才，全国总工会颁布了《中华全国总工会职工自学成才奖励暂行条例》，明确了自学成才奖的申请条件、奖励形式以及评选组织等。同年 6 月，全国总工会在全国职工读书、自学活动经验交流会上，首次颁发职工自学成才奖，50 名自学成才的职工各获奖章 1 枚、奖状 1 张、奖金 1000 元。另有 245 名读书、自学积极分子和 37 个先进集体（单位）受到表彰。[3]

职工读书自学活动范围广、程度深、影响大、时间长。职工读书自学活动促进了社会主义精神文明建设，带动了读书学习的良好风尚，创新了职工思想政治工作方式，同时也提高了职工队伍的思想道德素质与科学文化水平。

### （二）着力推动职工在精神文明建设中发挥作用

改革开放后，我国职工队伍的思想观念、精神状态和生活方式都发生了积极变化，20 世纪 80 年代初的“五讲四美三热爱”活动、“振兴中华”职工读书活动对促进职工思想素质提高起到了积极的作用。然而，在职工队伍中，封建思想和小生产观念，以及长

---

① 抚顺市地方志办公室：《抚顺市志 · 市情要览卷》，辽宁民族出版社 2005 年版，第 500 页。

② 《深入开展读书活动　促进“两个文明”建设》，《人民日报》1984 年 6 月 25 日第 4 版。

③ 《全总首次颁发职工自学成才奖》，《工人日报》1985 年 6 月 8 日第 1 版。

期形成的对社会主义优越性的理解，有着相当广泛的影响；职业道德观念薄弱、劳动纪律松弛等现象不同程度存在；受到资产阶级自由化的思潮影响，“一切向钱看”等思想也有受众。1986 年 9 月，中共中央作出《中共中央关于社会主义精神文明建设指导方针的决议》（以下简称《决议》）。《决议》强调，搞资产阶级自由化，即否定社会主义制度、主张资本主义制度，是根本违背人民利益和历史潮流，为广大人民所坚决反对的。《决议》要求，要培育有理想、有道德、有文化、有纪律的社会主义公民。这是我党第一个关于精神文明建设的纲领性文件。全国总工会在解读《决议》时指出，加强职工队伍精神文明建设，必须坚持一切着眼于建设。不能把眼光总放在对旧的、落后的思想意识和行为的批判、指责、查禁、纠偏上，要坚持“立”字当头，致力于新思想、新道德、新文化、新风尚的建设。同时要求各级工会组织要把在职工中加强劳动纪律和培养职业道德作为精神文明建设的重点来抓。

创建企业文明单位，是群众性精神文明建设活动的重要内容之一。各地各级工会在创建企业文明单位活动中，加强思想政治工作，引导干部职工克服和破除与改革不相适应的旧思想、旧观念，树立和发展与商品经济相适应的新思想、新观念。结合企业内部的实际情况，加强法制、理念、党性和职业道德教育。广州一些企业建立了自己的“企业文明”，形成巨大的凝聚力，使职工“抱团”，齐心协力，为企业争先努力。白云山制药厂倡导“白云山人精神”——“爱厂、兴利、求实、进取”，这一企业文明口号，是根据白云山厂的特点和实践提出和形成的。白云山制药厂各级领导切切实实关怀职工，努力改善职工的物质生活，同时又丰富人们的精神文化生活。行政部门将上门清扫、送货上门、专车接送、生日蛋糕和贺卡落实，切实为职工服务；工厂每周三举办一次“文化沙龙”活动，职工在这里广泛讨论企业领导和职工关心的问题，为决策的科学化、民主化拓宽了有效渠道；厂里拨专款订阅书报杂志，进行科研技术、改革管理奖励，并举办各种文化和科技培训班，每年还选派职工到全国对口大专或中专进修。一个年轻女职工自豪地说："我是幸福的白云山人，我爱自己的家。"白云山制药厂通过上述方式，不仅稳定了职工队伍，同时有效提高了劳动生产率。1986 年人均产值达到 6 万元，是 1978 年的 4 倍。① 企业文明的建立需要强有力的思想政治工作，但需要避免抽象、空洞、搞形式主义，白云山制药厂通过引导职工热爱企业、热爱本职工作，将工会的精神文明建设与职工日常工作紧密结合，形成了企业独特的文明口号。

加强劳动纪律和职业道德对建设精神文明具有重要意义，有助于加强职工的组织性和纪律性。1986 年，全国总工会通过《加强劳动纪律，培养职业道德，在两个文明建设中发挥主力军作用》的决议。在全国总工会的要求和号召下，各级工会和企业认真整顿劳动纪律，取得了实效。一些地方采用生动活泼的自我教育方式，如举办演讲活动，让职工在文明的氛围中不断成长。也有一些地方采用了劳动竞赛的方式，如山西省总工会在全省组织开展优质服务立功竞赛活动，山东省济南市总工会组织全市 7 个窗口行业开展"十佳"竞赛，促进了职业道德水平的提高。一些企业认真整顿劳动纪律，通过宽严相济的手段对职工进行教育；制定劳动纪律责任制，将劳动纪律责任分配到全体干部，形成党委到班组长齐抓共管的体制机制。在职工道德教育方面，不少企业从自身光荣历史和优良传统出发，通过"爱厂爱家"等主题活动、劳动模范或优秀职工事迹激发职工的荣誉感和责任感。很多服务行业中的企业不断打造工作规范程序条例、商品质量管理规范等，将职业道德作为职工考核依据，与工资挂钩，形成了有动

① 《建立自己的"企业文明"——访广州一些大中型企业的见闻和启示》，《人民日报》1987 年 2 月 6 日第 2 版。

力和压力的制度化体系。

## 五、推进民主管理，维护职工主人翁地位

遵循党的十二届三中全会的精神，各级工会积极参与企业改革，大力加强企业的民主管理，健全了职工代表大会制度。各地方和产业工会提高了参政议政的能力，充分发挥工会在国家和社会生活中的作用。工会组织还积极参与国家机关的立法活动，参与制定经济和社会发展规划，参与涉及职工生活、劳动条件等方面政策、措施的制定和实施工作，维护了工人阶级的主人翁地位。

### （一）聚焦城市企业工会建设，维护职工合法权益

城市是社会分工和商品经济发展的产物，是城乡经济网络的枢纽。经济体制改革的目标之一是将城市建设成为工业、贸易、金融、交通、信息、科学、文化和政治的中心，发挥其在社会主义现代化建设中的主导作用。城市功能的变化对城市工会建设提出了新的要求。这一时期，工人阶级的大部分成员、工会的大部分基层组织相对地集中在城市。所以，加强城市一级工会建设，在整个工会建设中有着重要的意义。在聚焦城市工会建设的过程中，工会主要从以下三个方面入手推进改革。

一是抓好以职工代表大会为主要形式的企业民主管理。武汉市总工会在职代会的选举权落实方面做得较为出色。1984 年 5 月，武汉市开始试行企业行政领导干部民主选举、基层单位工作人员从工人中选聘、企业行政领导干部招聘制、中小学行政干部任期制四个方案。无论是民主选举还是招聘、选聘，从组织发动、拟定简章、制定方案、审议人选、演讲答辩、收集意见到考核评议等各个环节，都依靠职工代表大会，体现职工当家作主的作用。厂长（经理）候选人由群众推荐和个人自荐相结合，利用无记名

投票和差额选举的办法产生。厂长（经理）选举包括：在职代会上提出治厂方案和改革方案，进行公开答辩，无记名投票，民主选举四个环节。当选后，报上级领导机关批准、任命。仅1984年5月至6月间，武汉市就选举厂长（经理）415人。新选厂长（经理）平均年龄为34.6岁，其中，党员占总人数的53.5%，具有高中和大专文化水平的占总人数的56%。一般干部、工人走上领导岗位的占总数的30%。在民主选举厂长的75家单位中，连续盈利的有31家，扭亏为盈的有24家，减少亏损的有7家。①

1986年9月，党中央、国务院颁布了《全民所有制工业企业厂长工作条例》《中国共产党全民所有制工业企业基层组织工作条例》和《全民所有制工业企业职工代表大会条例》，推动了职工代表大会职权的进一步落实。其中，《全民所有制工业企业职工代表大会条例》规定了职工代表大会在民主管理企业方面的五大职权：对企业生产经营计划等重大问题的审议建议权；对职工收入分配、重要规章制度等重大问题的审议通过权；对职工生活福利方面重大问题的审议决定权；对行政领导干部的评议、监督和奖惩建议权；对厂长（经理）的推荐或选举权。《工人日报》评论道："这是党中央、国务院对我国工人阶级在企业中的当家作主地位和管理社会主义企业才能的充分肯定。条例的颁布，使企业进一步加强民主管理有章可循。"②

实行厂长负责制后，一个重要的讨论是厂长负责制和民主管理的关系。一些职工群众担心实行厂长负责制会削弱职工当家作主的主人翁作用，影响职工群众的主动性和创造性。为了让职工群众相信厂长负责制不会造成上述影响，各级工会不断探索，积累出不少经验。如在思想发动阶段，工会协助党委发挥引导作用。

---

① 《破除干部职务终身制 启用大批新人挑大梁 武汉市二百多企业选举厂长（经理）》，《人民日报》1984年7月25日第2版。

② 《把企业民主管理推向新阶段》，《工人日报》1987年1月19日第2版。

针对职工群众对厂长负责制和一长制、厂长负责制和民主管理等认识不清的问题，积极引导，为实行厂长负责制扫除思想障碍。在选举厂长阶段，发动职工发挥主人翁作用。一些企业组织职工先推选厂长候选人，之后通过职工代表大会选出厂长。在厂长发表改革方案阶段，动员职工提出改革建议，行使当家作主的权利，充实和改善厂长的改革方案。在厂长组建团队班子阶段，通过民主评议，发挥职工代表大会的监督作用。一些企业建立了工作体制，如“三级两会制”。之后发动职工开展献计献策活动。献计献策涉及企业的发展方向、新产品开发、提高产品质量、生产经营管理、思想政治工作、生活福利等各个方面。上述实践证明，实行厂长负责制和保障工人阶级主人翁地位是协调统一的。

三个条例发布后，在各级工会积极推动下，企业民主管理呈现出一些新的特点。

首先是把审议企业生产经营重大决策作为民主管理的重点。1987 年的数据显示，全国职工代表全年提出了 611.8 万项提案，其中有 279 万项是关于生产经营管理方面的，占提案总数的 45.6%。[①] 其次是工会和职工代表大会开始把民主管理的重点进一步落实到监督企业干部和维护职工合法权益方面。1987 年全国已有 36.4 万个基层单位建立了职工代表大会制度，已建职工代表大会的单位中，评议企业领导干部的单位有 19.5 万个，被评议的干部人数为 148.6 万人，奖励干部 12.2 万人，免职干部 1.6 万人。[②] 最后是厂、车间、班组的多层次民主管理网络逐渐形成。1987 年实行厂级、车间、班组三级民主管理的单位有 12.7 万个，

---

① 中国工运研究所：《1987 年全国工会工作发展概况统计》，《中国工运》1988 年第 6 期。

② 中国工运研究所：《1987 年全国工会工作发展概况统计》，《中国工运》1988 年第 6 期。

占总数的 34.9%。[①] 有些企业的职工代表大会还建立了经营管理委员会、规章制度审定委员会、生活福利委员会、评议干部委员会、提案委员会等民主管理横向系统。还有些企业建立了民主讨论会、民主接待日、民主咨询服务等民主管理形式，吸引更多的职工参与民主管理。

二是加强安全生产和劳动保护。1982 年 7 月国务院制定的《国务院关于加强领导，防止企业继续发生重大伤亡事故的紧急通知》出台后，各级组织和广大职工积极努力防范，事故率呈现下降趋势。

然而，安全生产工作发展存在不平衡的现象，企业事故多、职业病严重的局面没有被完全扭转。1984 年，一次性死亡 3 人以上重大事故和死亡人数分别比 1983 年增加了 59.9%和 4.6%，其中，乡镇企业特别是小煤窑的死亡事故大量增加。全国总工会分析了 1984 年发生的 115 起事故，发现因领导责任心不强、冒险蛮干、违章指挥造成的占 39.3%；因管理混乱、劳动纪律松弛、不经培训上岗、违章作业造成的占 39.3%；因设备、安全设施管理不善以及工程质量不合格等造成的占 21.4%。同时，职业病问题，特别是矽肺发病率高的问题也没有得到有效控制，据统计，1983 年底全国矽肺和疑似矽肺病人已达 100 多万人，且还在继续增长。

针对上述问题，1983 年劳动人事部下设劳动保护监察局、锅炉压力容器安全监察局和矿山安全监察局，负责不同行业的劳动安全监察工作。次年，全国总工会与国家经委、劳动人事部、卫

---

① 中国工运研究所：《1988 年全国工会工作发展概况统计》，《中国工运》1988 年第 6 期。

生部、公安部组成“安全月”领导小组，在全国“安全月”[①]活动中到部分地区进行抽查，6月评选并表彰了全国121个安全文明生产先进单位。1985年广泛开展了“一遵两反三落实和做一件好事”活动[②]，主要是对基层干部和职工群众进行法制教育和安全知识教育；开展群众性监督检查，发动职工人人动手，查隐患，提建议，搞整改，每个职工都为消除一个隐患、避免一起事故、促进安全生产做一份贡献。1985年讨论修改了加强工会劳动保护工作的三个相关条例，即《工会劳动保护监督检查员暂行条例》《工会小组劳动保护检查员工作条例》和《基层（车间）工会劳动保护监督检查委员会工作条例》。其中，《工会劳动保护监督检查员暂行条例》第二条指出，“在工会系统中设立监督检查制度，市以上各级总工会劳动保护部门设立工会劳动保护监督检查员，基层工会和车间工会，建立劳动保护监督检查委员会，工会小组设不脱产的劳动保护检查员”。这条规定搭建起职工群众的三级劳动保护监督检查网络。此外，上述三个条例明确了劳动保护监督检查员、劳动保护监督检查委员会和劳动保护检查员的配置要求、工作职责等内容，为后续劳动保护的各项检查制度的建立提供了政策依据。同年，经国务院批准增编了800名劳动保护专业干部，用于充实和健全省属市以上的各级总工会的劳动保护工作机构，并设立专职“工会劳动保护监督检查员”。新增加的劳动保护专业干部编制专岗专用，经费由本级工会财政统筹安排。1986年6月，全国总工会首次任命了155名工会劳动保护监督检

① “安全月”活动始于1980年，国务院批准建立“安全月”制度，并决定从当年开始，每年5月为“安全月”，在全国开展安全活动，组织安全检查，进行全民性安全宣传教育。1985年4月发布通知，今后不再搞全国性的“安全月”活动。

② “一遵两反三落实和做一件好事”是指遵章守纪，反对违章指挥、违章作业，安全作业、措施、组织三落实，为劳动保护做一件好事。

查员，到1987年全国工会小组的劳动保护监督检查员已经增长到260余万人。这些检查员依照规定职权独立开展监督检查工作，在工会劳动保护方面发挥了重要作用。1987年11月，全国总工会表彰全国安全生产先进班组27个，授予全国优秀工会小组劳动保护检查员称号17人。

全国煤炭工会在劳动保护的监督管理和维护职工权益方面作出了有益成绩。1983年4月，中国煤炭工会发出了《关于建立基层工会群众安全监督检查委员会》的通知，得到了煤炭工业部的支持。到1986年初，据对86个统配局、矿的不完全统计，已经有55个局，485个矿、处，9480个区队建立了群众监督组织，3.57万个班组建立了群众监督小组，组建群众监督员队伍人数为12.8万人。三年的时间内，各级群众监督组织及群众监督员共提出安全隐患278万条，落实并处理253万条，及时避免重大事故8万余次，对制止“三违”①、消除隐患、促进生产起到重要作用。② 1986年上半年，煤炭战线创出新中国成立后全员劳动效率和安全生产最高水平，6月份平均每天生产原煤首次突破一吨大关，死亡率和重大恶性事故发生率大幅下降。③

同一时期，女职工的劳动保护也在不断加强。据1983年统计，全国有女职工4000多万人，占职工总数的36%。其中，轻工、纺织、财贸系统的女职工占50%以上；纺织、财贸系统的生产一线人员中，女职工占比为80%左右。这些女职工是四化建设中不可缺少的重要力量。1983年，各级工会普遍对女工劳动保护情况进行了调查，提出了加强女工保护的建议。一些省、市、自

① “三违”是指生产作业中违章指挥、违章作业、违反劳动纪律。

② 夏汝奎等主编:《当代中国产业职工和产业工会》，海洋出版社1990年版，第151页。

③ 《煤炭战线上半年甩两个包袱 全员劳动率安全生产创纪录》，《人民日报》1986年7月15日第1版。

治区政府制定了女工保护的规定和措施，并贯彻落实到基层。对从事有害生理和生育的工种及过于繁重体力劳动的女工，建议企业行政部门调整其岗位。全国铁路系统将7000多名女养路工换岗。对不适合女工从事的“三八”高空带电作业班、“三八”女子船队、“三八”女子掘井队等工作岗位，大部分根据实际情况做了调整。此外，女工卫生室、孕妇休息室等女工保护设施被快速建立起来。据1987年对12个省、市1169家纺织企业的调查，90%的企业建立了女工冲洗室，77%的企业建立了孕妇休息室，91%的企业建立了婴儿哺乳室。[①] 在制度建设方面，截至1985年初，在各地工会的积极努力下，已经有9个省、市、自治区以党委或政府的名义颁发地方性女工劳动保护管理条例。1985年8月全国总工会颁发的《基层工会女工工作委员会条例》第四条规定：“监督、协助行政贯彻执行有关职工劳动保护的政策、法令、规定，结合本单位实际，建立健全女工保护制度和女工保护设施。组织医务人员定期向女职工讲解妇幼卫生知识。”上述规定对于加强女职工劳动保护具有较好作用。

然而，在城市经济体制改革的过程中，女职工工作出现了一些新问题和新矛盾。一些企业将有实际困难的女职工当成包袱，在用工方面对女工采取歧视、排斥的态度。有的企业不给女职工产假、工资；有的企业取消了哺乳时间，没有取消哺乳时间的，不扣除生产定额，为不影响收入，哺乳女职工只好不给孩子喂奶；有的企业将女职工的劳动保护设施改作他用；有的企业被承包后不愿继续聘用孕期、哺乳期女职工，要求女职工领取部分工资后离职回家，等等。为此，许多基层工会女工组织在企业制定承包方案时，主动提出加强女工劳动保护的措施，向女工宣传自身保

① 夏汝奎等主编：《当代中国产业职工和产业工会》，海洋出版社1990年版，第101页。

护的重要性。各级工会女工干部协助行政部门，通过广开生产门路，把从事繁重体力劳动和有害女性生理机能工作的女职工调整出来，安排到适合她们从事的岗位上。女职工既要完成生产定额，参加各种形式的业余学习，又要兼顾家务劳动和照顾孩子，其中产生的矛盾单靠女职工自身很难解决。因此，各级工会女工部门积极协助行政部门兴办拆、洗、缝、补等服务事业，建立儿童活动站。在女职工集中的单位，开展互助互济活动，为女职工分忧解愁。

这一时期劳动保护相关规定不断出台，劳动保护监督三级网络逐渐完善，劳动保护工作开始逐渐朝制度化、规范化的方向发展。各级工会积极站出来为职工说话，维护职工的合法权益，保障职工的劳动安全。

三是推进工资制度和劳动制度改革。20 世纪 80 年代初的工资制度基本上是沿袭 1956 年工资改革后的制度，总体思路是在确立统一的等级工资制的基础上通过正常提高工资标准和晋级，并采取计件奖励制度等分配形式，形成一套由党中央直接进行调控的货币工资体系和工资增长机制。因此，工资分配的平均主义现象比较普遍，职工工资同企业的生产经营脱节，同职工本人的劳动技能、劳动贡献联系不密切，以致“干多干少一个样、干好干坏一个样、干与不干一个样”。在工资管理体制上，企业缺乏自主权，不能采取适合本企业生产经营特点的分配办法和工资形式。显然，上述制度无法有效适应城市经济体制改革，很难调动职工的积极性和创造性，需要进行调整。

工资制度改革早在 20 世纪 80 年代初就开始酝酿。1983 年 4 月，劳动人事部《关于一九八三年企业调整工资和改革工资制度问题的报告》（以下简称《报告》）就是一次积极的尝试。这次改革的主要目的是把调整工资同企业的经济效益、职工个人劳动成果挂钩。《报告》中提到，“经济效益好的企业，除按照国家分配的增资指标使用外，还可以从企业自有资金中拿出一部分，在一九八三年给多数职工调整工资”。城市经济体制改革全面铺开后，不少全民所有制和集体所有制企业，都在根据自己的生产特点，酝酿探索新的分配方法和工资形式。一些企业在工资改革方面作出了突出成绩，成效十分显著。这些企业普遍改革企业内部分配制度，实行效益结构工资制度，将工资分为基础工资和浮动工资两个部分。浮动工资既与职工当月劳动成果直接挂钩，也与全厂经济效益、职工晋升等挂钩。①

1985 年，国务院颁发《国务院关于国营企业工资改革问题的通知》，要求从 1985 年开始，在国营大中型企业中，实行职工工资总额同企业经济效益按比例浮动的办法。同时改革了工资管理制度，将国家对企业工资的管理调整为分级管理体制。企业的工资改革要求贯彻执行按劳分配的原则，具体工资分配形式则由企业根据实际情况自行研究确定。这是企业工资制度的一项重大改革，在一定程度上打破了工资平均主义的情况，调动了职工的积极性。然而，在实行经营承包责任制过程中，一些国营商业、饮食服务业和小型工业企业降低甚至取消了职工的一些劳动保险福利待遇，如减发或停发病假工资、产假工资、退休金；减发因工负伤和职业病医疗期间的待遇；将医药费全部平分给职工个人包干使用，节约归己，超支自理；撤销托儿所、食堂、医务室；取消探亲假工资和路费、宿舍冬季取暖补贴、副食品价格补贴，等等。这些做法严重损害到职工的利益。为此，全国总工会主要从以下两个方面开展了工作：一是与体改委、国家计委、劳动人事部等部门积极推进社会保障制度的改革方案，在待业保险、养老保险、医疗保险、最低工资等方面提出了充分的建议。二是强调对职工权益的保障。中央书记处书记郝建秀在工会十届二次执委

① 《成都轴承总厂搞改革实行效益结构工资制》，《人民日报》1986 年 7 月 29 日第 2 版。

会上指出："改革的目的是调动职工的积极性，决不允许损害职工的正当权益，奖勤罚懒是对的，必须坚持，但不能把奖勤罚懒当成罚病、罚女、罚老。"各级工会和职工代表在全国总工会的指示下认真协助和监督企业管理者，正确执行国家有关劳动保险和福利待遇方面的政策规定，充分发挥职工代表大会的作用，取得了一定的效果。

劳动制度也发生了变革。新中国成立后，我国逐步建立了一套社会主义劳动制度，对消除雇佣劳动、安排城镇人口就业、促进国民经济的恢复和发展都起了重要作用。然而，随着改革的深入，这种单一的固定工制度已经开始不适应国民经济发展的需要，它的主要弊端是"进了不能出，上了不能下，该调调不动"。城镇劳动力由国家统包分配，用工单位不能根据生产和工作需要选择和增减劳动力，劳动者也不能在国家政策允许范围内适当选择职业。这种"铁饭碗"制度影响了企业和社会效益的提高，使企业和职工都失去了活力。随着城市经济体制改革的推进，上述劳动制度无法有效增强企业活力、调动职工的积极性，改革迫在眉睫。

1986 年 7 月，国务院发布了《国营企业实行劳动合同制暂行规定》《国营企业招用工人暂行规定》《国营企业辞退违纪职工暂行规定》和《国营企业职工待业保险暂行规定》四项暂行规定。《工人日报》评论道："这是建国以来劳动制度的一次重大改革，是整个经济体制改革的一个重要方面和必不可少的配套措施，具有重要的意义和作用。"① 劳动制度改革的重点是劳动合同制的实行。《国营企业实行劳动合同制暂行规定》第二条指出，企业在国家劳动工资计划指标内招用常年性工作岗位上的工人，除国家另有特别规定者外，统一实行劳动合同制。实行劳动合同制符合

① 《一项具有重大意义的改革》，《工人日报》1986 年 9 月 10 日第 1 版。

社会主义有计划的商品经济的发展和城市经济体制改革的要求，有利于扩大企业自主权、增强企业活力。要改变单纯用行政手段分配和录用职工的办法，实行企业和职工在一定条件下相互选择、平等协商，通过劳动合同的形式，确定企业与职工之间的劳动关系。劳动合同规定双方的权利、义务和合同期限。劳动合同制的实行既给予了劳动者选择职业的权利，也给予了企业用工自主权。它有助于劳动力的合理流动和社会化管理。

在实行劳动合同制的同时，劳动制度改革还包括以下三项：一是招工制度改革。改革招工制度的目的是保证招工质量，提高职工队伍素质。由于“子女顶替”和“内招”职工子女规定的存在，企业和职工之间很难相互选择，企业在招工和管理方面存在不少困难。因此，《国营企业招用工人暂行规定》明确要求，国营企业招用工人，必须面向社会，公开招收，全面考核，择优录取，废除“子女顶替”制度和“内招”职工子女的办法。二是员工辞退制度的建立。允许企业辞退违纪职工，有利于加强企业劳动纪律，维护正常的生产工作秩序和广大职工的利益。改革之前，企业对严重违反劳动纪律但又不够开除条件的职工很难处理，这些人“大错误不犯，小错误不断”，严重损害了国家和集体的利益。因此，《国营企业辞退违纪职工暂行规定》明确指出，企业对经过教育和行政处分仍然无效的违纪职工可以辞退，并具体规定了辞退职工的范围、条件、待业救济等。被辞退的职工，如果对辞退结果有异议，可以向有关部门提出申诉，按照劳动争议程序裁决。三是职工待业保险和养老保险制度的建立。两项制度的建立是实行劳动合同制、辞退违纪职工两项规定和解决企业破产后有关问题的配套改革措施。根据《国营企业实行劳动合同制暂行规定》第二十六条的规定，国家对劳动合同制工人退休养老实行社会保险制度。企业缴纳的数额为劳动合同制工人工资总额的15%左右，劳动合同制工人缴纳的数额为不超过本人标准工资的

3%。根据《国营企业职工待业保险暂行规定》第二条的规定，实行职工待业保险的范围包括：宣告破产的企业的职工；濒临破产的企业法定整顿期间被精减的职工；企业终止、解除劳动合同的工人；企业辞退的职工；职工待业保险基金由企业按照其全部职工标准工资总额的1%缴纳。职工待业期间，可以根据工龄和待业时间的长短，分别领取本人标准工资的50%和75%的待业救济金。待业救济期限，工龄在五年以上的，最多为两年；工龄在五年以下的，最多为一年。

劳动制度改革也涉及干部制度改革，干部同样能上也能下。武汉钢铁公司1986年一次精减干部2000多名，其中70多名带“长”的干部和500多名科员回到生产第一线。1987年又对新提拔的285名处级干部进行考核，将13名无明显成绩者就地免职。同年，湖北省武汉市两个区、七个局和一个大型企业共10个单位有196人因不能胜任工作被免除职务或调动工作，占新提拔干部的13.2%。这些人除个别人是因投机钻营、以权谋私被撤职外，其余或是因提拔跨度大，缺少必要的“台阶锻炼”，或是因只有专业技术，缺乏组织指挥、驾驭全局的能力，导致局面打不开，工作成绩平平而被撤职。① 武汉市在干部制度改革中，不断教育干部群众破除“官贵民轻”“上荣下辱”等落后观念，同时确立岗位责任制，定期民主评议干部，使干部上下进退有据可依。这些被撤下来的干部，虽然职务降低，但能够扬长避短，在新的岗位上更好地发挥特长。武汉石化厂原来一个车间副主任辞职后当了设备员，只用预定时间的一半就完成了一套设备改造图纸的设计任务。这个厂被调职或免职的干部，在专业技术岗位做出成绩的有46人，不少人还被评为优秀党员、先进生产者。《人民日

① 《不以进喜 不以退忧 不以上荣 不以下辱 武汉新干部能上也能下》，《人民日报》1986年9月18日第1版。

报》评论道："能上能下，才可以使我们的干部队伍像长盛不衰的运动队一样，始终由处于'最佳竞技状态'的'最佳选手'组成，带领群众去夺取四化大业一块又一块的'金牌'。"①

在工资制度和劳动制度改革过程中，各级工会积极参与有关法律制度的制定和贯彻实施工作，及时了解和解决改革当中出现的新情况和新问题，积极地向有关部门提出自己的意见和建议。考虑到企业有减少福利待遇和公开辞退违纪职工的权力，各级工会在这一时期切实加强了民主监督工作，特别是在监督职工福利待遇保障、劳动合同签订和实施、劳动争议的调解和仲裁方面作出了不懈的努力。

### （二）聚焦国家和社会事务，提出工会参政议政

自中国工会十大以后，党中央曾多次强调工会参与管理国家和社会事务、参与管理企业的权利和作用，要求各级工会成为政府和企业管理者的坚强后盾和亲密合作者。1985 年在庆祝"五一"国际劳动节暨全国总工会成立六十周年大会上，党中央指出，"在社会主义现代化建设时期，工会要团结广大会员积极参加国家的建设和管理，反映广大职工的愿望和要求，在制定和实施有关经济和社会发展计划及政策方面，在经济体制改革的整个过程中发挥更大的作用"。② 工会参政议政是工会参加国家和社会事务、参加企业管理的重要形式，这是由我国工会的性质所决定的。我国工会是工人阶级最广泛的群众性组织，是国家政治体制中重要的社会政治团体，是党联系本阶级群众的桥梁纽带，具有鲜明的阶级性和政治性。工会所代表的工人阶级同整个国家的经济活动和社会、政治生活有着最紧密的联系。所以，工会有责任

---

① 《新干部也要"能下"》，《人民日报》1986 年 9 月 18 日第 1 版。
② 《万里代表党中央国务院讲话》，《人民日报》1985 年 5 月 1 日第 1 版。

和权利直接和间接参与国家和社会生活，参与管理国家和社会事务。

1985 年 8 月，全国总工会党组向党中央提交《关于工会参加党和政府有关会议和工作机构的请示》，提出："一、党中央、国务院及有关部委在研究、制定有关国家的经济和社会发展计划以及重大方针政策时，凡涉及职工切身利益问题时，通知全国总工会参加必要的会议或工作；二、吸收工会参加涉及职工利益的各项重大改革的领导机构；三、各产业部和地方也应就上述原则吸收产业工会和地方工会参与这方面的工作和活动。" 11 月，党中央批准了这三条意见，为工会多层次参政议政开辟了具体的渠道。在全国总工会的要求和推动下，城市总工会及其所属的产业工会，积极主动参加城市的经济、科技、教育等各项改革，反映职工的意愿和要求，在审议或讨论计划、方案时提出意见和建议。工会参政议政开始自上而下在各层级工会全面铺开。

全国总工会陆续参加了国家工资改革领导小组、物价改革小组、房租改革小组等，在涉及职工切身利益的工资、物价的改革等重大问题上，及时倾听多方面意见，积极反映群众的呼声，为维护职工利益、促进改革做了大量的工作。全国总工会在调查研究的基础上先后向国家提出了《关于企业工资改革若干问题的建议》和《实行职工基本生活费用与相应物价指数挂钩的建议》，受到政府和有关专家们的重视。国务院曾经专门讨论过全国总工会提出的职工基本生活费与物价挂钩的建议。全国总工会还参加了《企业法》《破产法》等重要法律的制定和修改工作，参加了企业领导制度的三个条例、劳动制度改革的四个暂行规定以及承包、租赁暂行条例等重要文件的制定和修改工作，参加了涉及职工切身利益的劳动工资、安全生产、社会保障、物价、住房等重大改革政策的研究制定和有关的领导机构改革，参加了政治体制的研究工作，仅 1986 年就对 21 个相关法律草案、法律性文件提出了意见。

各地方工会也积极参与党和政府涉及职工利益重大决策的讨论，参与了地方性法规和规范性文件的制定。浙江省总工会及各部门加强有关政策和法规的研究，1986 年至 1990 年，由省总工会拟文、省委批转，或由省总工会和省政府联合发布的文件有 10 多个，包括《浙江省中外合资经营企业工会条例》《浙江省女职工劳动保护暂行规定》《关于在企业内部工资奖金分配中发挥工会和职代会作用的规定》《关于调整全民所有制企业职工死亡后丧葬费及供养直系亲属生活困难补助费标准的通知》等。其中有关非因工死亡职工供养的直系亲属生活困难救济费由一次性支付改为按月支付的规定，以及有关退休金由企业负担改为社会统筹试点等规定，都是在全国各省市里较早进行改革的。一些地方工会组织成立了群众性物价监督机构，协同有关主管部门，监督市场物价，维护职工消费者的利益。1985 年，全国开展职工物价监督活动的城市已经有 90 多个，建立了 1200 多个职工物价监督站，职工物价监督员达 13000 多人。沈阳、长春、唐山、天津、石家庄、武汉、常德、株洲、攀枝花、鸡西等市总工会，组织职工物价监督站开展了丰富多样的“站帮店”活动，取得了很好的效果。上海市和天津市在生产经营单位职工代表大会中建立物价监督小组（委员会），敦促各经营单位自觉执行物价政策，维护价格改革的信誉和广大消费者的利益。

工会参政议政具有多方面和多层次的特点。多方面的特点表现在工会参政议政的内容方面。工会需要参与国家立法，参与国民经济和社会发展计划的制定，参与有关职工各项重大改革方案、政策的研究，以及企业重大经营决策、发展规划和重要制度，等等。多层次的特点则表现在工会参政议政的结构方面。工会参政议政主要分为四个层次：全国总工会在国家层级，各全国产业工会在相应的产业系统中，地方各级工会和城市工会在本地区层级，企业事业单位的基层工会在本组织内参加民主管理。其中，工会参政议政的基础在基层。基层承担着双重任务：一方面，当企业成为相对独立的经济实体后，企业的重大决策绝大多数是和职工自身利益相联系的，职工群众参政议政的积极性很高，因此工会要积极参与本单位的职工民主管理，参与重大决策，监督行政领导，维护职工合法权益；另一方面，工会又要积极主动地，有调查、有分析地向上级反映职工的意见和要求，为上级工会参政议政、为党和政府进行宏观决策提供真实准确的依据。工会参政议政的这种多方面和多层次特点，是协商民主在劳动关系领域中的重要表现形式。

### （三）聚焦文化与生活，举办职工文化活动和创办职工福利事业

对于满足职工的文化需求、丰富群众的精神生活，工人文化宫和俱乐部有着重要的作用。据不完全统计，北京、天津、上海、南京等 18 个市、区文化宫和俱乐部仅 1982 年就举办有关政治、科技、文艺的报告、讲座 2400 多次，听众达 77 万人次；开展理论学习班 1500 多个，学员人数约 14 万人；举办各种展览会 403 个，观众人数约 145 万人。上述文化宫和俱乐部通过政治宣传和理论教育，成为职工的思想政治教育阵地；通过开展科学技术教育和文化活动，成为职工的文化技术教育学校；通过群众性文艺活动、体育活动以及娱乐活动的开展，成为职工的文化生活乐园。掀起热潮的“振兴中华”职工读书活动、“五讲四美三热爱”、职工道德教育等活动，主要是以文化宫和俱乐部作为主要宣传阵地的。城市经济体制改革后，全国总工会认为思想文化教育部门应该以社会效益为一切活动的唯一准则，逐步改善经营管理，增强自我发展的能力。在这一要求下，各地各产业工会着手改善文化宫和俱乐部设备陈旧、管理落后、内容单调、效益不高的现状。

一些基层工会对活动项目进行收费，将收入用于添置设备和改善硬件条件。一些工会建立了职工图书馆、阅览室，并开展书籍借阅交流活动等，加强了文化宫和俱乐部的管理。这使工会组织更好地满足了广大职工的文化生活需求。

职工体育运动也是职工文化事业的重要组成部分之一。党的十一届三中全会以后，随着国民经济的迅速发展和人民生活水平的提高，我国职工体育事业开始出现崭新的局面。据 1985 年统计，全国经常参加体育活动的职工有近 4000 万人；全国有几十万个职工业余运动队、数百万名队员；各级工会已有专职体育干部 1 万多人，兼职体育干部 19 万人。① 为了进一步推动职工体育运动的发展，1985 年 9 月，全国总工会会同国家体委等单位主办了第二届全国工人运动会。这届工运会切实贯彻党的体育方针，帮助职工更好地适应现代物质文明和精神文明建设的要求。工运会共设 8 个比赛项目和 1 个表演项目，有 4800 多名运动员参加。8 个项目共决出 115 枚金牌，298 名运动健儿打破全国工人纪录。这些运动员在赛场内外表现出了良好的精神面貌。本届组委会还评选出北京中心赛区 14 个精神文明运动队和 163 名精神文明运动员和裁判员。② 与 1955 年举办的第一届工人运动会相比，这一届工运会的比赛项目从 6 项增加到 8 项，参赛代表团从 17 个增加到 32 个，职工运动员由 1700 多人增加到 4800 多人。经过这次工运会，更多的职工参与到体育锻炼中。据统计，1985 年经常参加体育锻炼的职工人数已达 1000 万人。

各级工会组织一直积极举办职工福利事业，改善职工生活。如参与职工分房工作，力求本着民主分房原则，解决职工住房拥挤和缺房问题；组织群众性的物价监督活动，揭露和制止违反国

① 《增强体质 振奋精神 建设四化——热烈祝贺第二届全国工人运动会隆重开幕》，《人民日报》1985 年 9 月 7 日第 1 版。

② 《第二届全国工人运动会胜利闭幕》，《人民日报》1985 年 9 月 16 日第 1 版。

家物价政策的歪风，打击欺行霸市、哄抬物价的不法分子；建立幼儿园、托儿所，保障女职工的生活待遇。城市经济体制改革后，各级工会开始尝试兴办为职工服务的第三产业，既为职工群众排忧解难，又能够自负盈亏，取得了较好的社会效益与经济效益，开辟了工会工作的新领域。在总结试点经验的基础上，1985 年 11 月，全国总工会会同国家经委、财政部等 5 个单位联合发出《关于工会兴办为职工服务的第三产业的管理规定（草稿）》，就工会兴办第三产业的性质、范围及有关政策作出明确规定。文件强调，工会办第三产业，坚持在组织、经济上与主管工会脱钩；坚持为职工群众服务和为社会主义服务的方向。文件还指出，要正确处理社会效益与经济效益的关系，把社会效益放在首位，但不能忽视经济效益，造成经营亏损。在管理体制上，必须坚持政企分开原则，工会现职干部特别是领导干部不得兼任第三产业的职务。第三产业交主管工会的利润，必须进入本级经费，用于发展工会事业和开展群众活动，不能用于提高主管工会干部的工资、福利待遇。在上述精神指导下，各地基层工会在兴办各种服务和经营相结合的第三产业上做了大量工作，为职工排忧解难，扩大了工会组织在职工群众中的影响。同时增加了工会经济收入，给工会各项工作的开展提供了相应的物质保证。有的基层工会兴办的第三产业获利超过本级留成经费的数倍。据统计，截至 1987 年全国基层工会举办幼儿园、托儿所、哺乳室 14.7 万个，比上年增加 2.3 万个；受托儿童 519.7 万人，比上年增加 3.4 万人；建立互助储金会的基层单位有 30.3 万个，参加的职工有 4940 万人。①到 1988 年上半年，仅上海市和辽宁省已经有 1500 家基层工会创办了经济实体。

---

① 中国工运研究所：《1987 年全国工会工作发展概况统计》，《中国工运》1988 年第 6 期。

为了适应改革形势，全国总工会于1985年4月召开了生活保险工作会议，明确指出我国社会保险制度必须改革，要求各地工会积极主动配合有关部门，有步骤地进行社会保险制度的研究改革和完善，建立新的社会保险体系。此外，会议还讨论了退休职工的管理服务工作。进入20世纪80年代，我国退休职工的人数不断增加，1985年全国已有1400多万名退休职工。然而，除了一些大型厂矿企业和部分市县及产业建立了退休职工管理组织，开展了退休职工管理服务，不少地方和单位的退休职工只能获取退休费，遇到问题无人解决。为此，1985年6月，全国总工会发出《关于加强退休职工管理服务工作的通知》，要求各级各地工会督促协助地方和企业建立健全各级退休职工管理服务组织，关心退休职工的物质和精神生活，多渠道、多层次地兴办多种形式的养老事业。不少省市和产业工会根据全国总工会要求，从各自的实际情况出发，建立了各种形式的专群结合、条块结合、统一领导、分级管理的退休管理组织，如退休职工管理委员会、退休职工联合会和老年人协会，试办了各种老年事业，收到良好的效果。江苏省苏州市经市委、市政府批准，成立了市退休职工管理委员会，由市总工会负责指导日常工作。同时，苏州市下属的区、局、公司、镇、街道等也建立了退休职工管理组织。苏州市将退管经费列入退休费统筹项目，由市统筹办公室按规定统一拨给市退休职工管理委员会，实现了机构、人员、经费“三落实”。苏州市同时建立了退休职工活动室，制定了走访慰问制度等，得到了广大退休职工的认可。

各级各地工会重视发展群众性补充保险事业，依靠群众自己的力量为职工分忧解难。上海市总工会成立的“救急解难基金委员会”，为待业职工解除后顾之忧，仅1986年10月至1988年6月，全市就有3万余人次享受了待业保险。湖南省总工会在全省倡导开展群众性互济活动，据邵阳等六地市的调查，到1986

年底，在 2975 个企业中已成立“丧葬互济会”3657 个。河北、四川等省还大力兴办“职工抚恤基金会”“死亡丧葬互济会”“合同制职工互助医疗保险”等多种形式的群众性补充保险事业，使广大职工获得更多保障。①

职工疗养休养事业对患病职工、劳动模范、先进生产者增进身体健康，重返劳动岗位，对我国生产建设起到了很大作用。党的十一届三中全会以后，疗养休养事业逐步恢复，1985 年，各地工会恢复工人疗养院、休养所 130 多处，床位 34000 多张。然而，很多疗养院、休养所建造于 20 世纪 50 年代或 60 年代，房屋破旧，设备落后，同时疗养休养经费不足以对现有疗养院、休养所进行更新改造。因此，1985 年 6 月，全国总工会下发《中华全国总工会关于职工疗养休养事业体制改革的决定》，指出疗养院、休养所需要向经营型、服务型的第三产业转变；改革方向是坚持疗养休养为主，同时兼顾与疗休养事业相联系的其他服务事业，扩大服务范围。疗养休养要努力实现经费自给，形成以事业养事业的模式。自 1986 年起，全国总工会要求县总工会举办的 100 张床位以下的疗养院、休养所采取独立经营、自负盈亏的方式，并要求其他类型的疗养院、休养所在 1987 年前实现经费自给。全国总工会对疗养院、休养所进行了指标化考核，不合格的院所需要限期整改或被停拨经费补助。在全国总工会的要求下，各地疗养院、休养所努力探索改革，根据职工疗休养需要的变化，将服务领域扩展到疾病疗养、康复、休养、度假、参观旅游等多个方面，办出了自身的特色。吉林省第一职工疗养院聚焦心脑血管疾病康复疗养，并聘请医学专家等进行指导，成为吉林省地区有一定名气的心脑血管疾病康复疗养院。一些省、自治区、直辖市总工会

---

① 李玉赋主编：《新编中国工人运动史》下卷，中国工人出版社 2020 年版，第 525 页。

明确了疗养院、休养所的职责，每年核定各院所的经济、技术指标，加强考核和检查、评比工作；有的省市工会和疗养院签订了承包合同。辽宁省丹东市和黑龙江省哈尔滨市等疗养院实行了院长任期目标责任制。一些疗养院、休养所实行分级管理，把全院总的目标管理任务和指标分解落实到科室和个人，并改进工资和奖励办法，使责、权、利相结合，调动了广大职工搞好工作的积极性和创造性，使服务质量不断提高。

## 六、职工队伍状况调查和工会自身建设

### （一）第二次全国职工队伍状况调查

1986 年，全国总工会进行了第二次全国职工队伍调查，以及时地、连续地掌握我国社会变革中职工队伍状况的发展变化，并对突发事件中职工队伍的动向尽快作出信息反馈，为工运理论政策研究和领导决策提供科学的依据。第二次全国职工队伍调查的目的是了解党的十一届三中全会以后，特别是实行以城市为中心的全面经济体制改革以后，我国职工队伍的状况，重点是职工的素质状况。调查的基本内容是了解职工对党的路线、方针、政策，特别是对改革、开放、搞活政策和经济政治形势的认识与态度，经济体制改革对职工的经济生活、社会生活以及生活方式和观念形态引起的新变化，职工在企业中的主人翁地位和发挥主人翁精神的状况，职工的理想、道德、文化（技术）和纪律状况以及企业特别是工会进行职工思想政治工作的实际情况。1986 年 3 月初至 5 月中旬，全国总工会对 29 个省、自治区、直辖市总工会及部分基层工会的一万多名干部进行了问卷和访谈，之后形成了《关于当前我国职工队伍基本状况的调查报告》。

调查发现，1985 年我国职工总数为 12357 万人。其中，男性

占总人数的 61. 85%，女性占总人数的 38. 15%，男性职工数量是女性的 1. 62 倍。年龄在 35 岁以下的占总人数的 57. 11%，即一半以上的职工是青年职工，1977 年后参加工作的职工占总人数的 36. 64%。职工的文化水平集中在初中、高中和中专水平，占比达 76. 2%，整体文化水平不高。工人占职工总数的 70. 17%，专业技术人员占职工总数的 12. 92%，工人人数比专业技术人员多出 4 倍多。拥有中共党员和共青团员政治面貌的工人占比为 48. 33%，群众占比为 51. 34%。在全民所有制企业的职工占比为 73%，集体所有制企业的职工占比为 26%。综上所述，这一时期男性职工人数较多，以中青年职工为主，不同程度地受到一定的教育，成为生产力的主要构成部分。虽然职工的文化水平总体依然不高，却比 1982 年调查时的情况有明显进步。职工以工人为主，专业技术人员占比相对较少。职工中约一半没有加入共青团或加入中国共产党。全民所有制职工占比最高，非全民所有制（个人承包、中外合资、外商独资等各种所有制形式）的职工虽然呈现出明显的增长趋势，但总体人数不多，占比只有 1%（详见表 2. 2）。

**表 2. 2　调研职工的基本情况**

| 序号 | 调研内容 | 类别 | 占比（%） |
|---|---|---|---|
| 1 | 性别 | 男 | 61. 85 |
| | | 女 | 38. 15 |
| 2 | 年龄 | 25 岁以下 | 21. 74 |
| | | 26—35 岁 | 35. 37 |
| | | 36—45 岁 | 25. 61 |
| | | 46 岁以上 | 17. 30 |
| 3 | 学历 | 识字不多 | 2. 44 |
| | | 小学 | 11. 72 |
| | | 初中 | 43. 02 |

续表

| 序号 | 调研内容 | 类别 | 占比（%） |
|---|---|---|---|
| 3 | 学历 | 高中、中专 | 33.18 |
| | | 大专、大学 | 9.68 |
| 4 | 职务 | 工人 | 70.17 |
| | | 干部 | 16.92 |
| | | 专业技术人员 | 12.92 |
| 5 | 政治面貌 | 中共党员 | 21.12 |
| | | 共青团员 | 27.21 |
| | | 民主党派 | 0.35 |
| | | 群众 | 51.34 |
| 6 | 参加工作时间 | 1949 年以前 | 1.94 |
| | | 1949—1958 年 | 13.13 |
| | | 1959—1965 年 | 13.43 |
| | | 1966—1976 年 | 34.68 |
| | | 1976 年以后 | 36.64 |
| 7 | 职工所有制形式 | 全民所有制 | 73.00 |
| | | 集体所有制 | 26.00 |
| | | 其他 | 1.00 |

数据来源：《中国职工状况调查数据：1978—2018》中国工人出版社 2018 年版，第 17—18 页；《中国职工状况调查报告：1978—2018》，中国工人出版社 2018 年版，第 38 页。

1986 年职工工资比 1979 年有明显的提升。1979 年，46.13%的职工月基本收入在 50 元以下。到 1986 年，工资在 50 元以下的只占 15.45%，大多数职工工资集中在 50 元至 80 元，85 元以上的也超过 20%。而 1979 年，85 元以上收入的职工只占总人数的约 3%。1986 年，职工每月还有津贴和奖金，约 40%的职工每个月能拿到 10 元至 20 元奖金，约 20%的职工能拿到 20 元至 30 元奖金（详见表 2. 3）。因此，82. 05%的职工觉得家里生活水平较1979 年有所提高。

**表 2. 3　调研职工的工资、奖金和津贴收入**

| 月基本收入 | 50 元以下 | 50—60 元 | 60—70 元 | 70—85 元 | 85—100 元 | 100 元以上 |
|---|---|---|---|---|---|---|
| 1979 年 | 46. 13% | 15. 62% | 9. 41% | 6. 24% | 2. 23% | 0. 82% |
| 1986 年 | 15. 45% | 21. 89% | 19. 43% | 20. 14% | 10. 91% | 10. 52% |
| 月津贴和奖金 | 不足 10 元 | 10—20 元 | 20—30 元 | 30—40 元 | 40—50 元 | 50 元以上 |
| 1986 年 | 24. 62% | 39. 55% | 19. 23% | 7. 98% | 3. 35% | 2. 32% |

数据来源：《中国职工状况调查数据：1978—2018》，中国工人出版社 2018 年版，第 18 页。

调查同时收集了职工的价值观、信念和教育学习情况。在价值观和信念方面，约 30%的职工认为“一切向钱看”是腐朽的资产阶级思想和价值观念，但也有相同比例的职工认为这可以调动职工的积极性。在国家、社会和个人的关系方面，约33%的职工认为应该以国家、社会、他人的利益为重，而约50%的职工认为三者应同时兼顾。在对天命、天运的态度方面，超过 40%的职工认为这是唯心主义不可信，但也有超过 30%的职工认为既不可全信也不可不信。调查发现，职工的理想追求，随着职工年龄的增长呈规律性变化，青年职工，尤其是 25 岁以下的青年职工，比中老年职工的理想层次要低，明显呈现出以自我为中心的倾向。在劳动积极性方面，约 40%的职工认为劳动积极性的发挥一般化，主要原因是工资待遇低（32. 21%）、领导作风和方法不好（25. 2%）、劳保福利差（16. 64%）。在教育学习方面，约 32%的职工正在参加读书自学，24%的职工自己攻读专业书籍，有约 33%的职工想参加学习却没有途径。在政治学习方面，职工主要喜欢聘请有说服力的典型人物现身说法作讲座或报告（41. 51%）、参观访问（30. 01%）、谈心交朋友（30. 85%）和结合本企业建设实际作报告和讨论（19.43%）等方式。约1/5的职工认为企业宣传党的方针政策及时，但也有约1/3的职工认为当前干部素质低，不能服人。①

这次调查还了解了职工对改革的看法。在经济改革方面，67.68%的职工肯定了经济体制改革，认为改革走的是一条具有中国特色的社会主义道路，或认为改革是强国富民的必由之路。61.43%的职工认可对外开放政策，认为对外开放政策是建设有中国特色社会主义的重要政策，或认为对外开放政策是实现四化不可缺少的条件。但也有31.52%的职工认为，改革开放会带来腐朽思想等消极影响。在对待个体经济的态度上，83.28%的职工认同发展个体经济，认为个体经济是发展社会主义经济的必要补充，或认为其虽然不是社会主义性质，但对发展国民经济有好处，或认为其有利于解决就业问题。从具体的改革内容来看，82.69%的职工认可价格体系改革，认为理顺价格体系，有利于国民经济发展；或认为物价有升有降，符合经济发展规律和价值规律，有利于搞活经济；或认为物价稳定才能显示出社会主义的优越性。约40%的职工认为工资改革应该贯彻按劳分配原则，纠正分配上的平均主义；但也有约22%的职工认为工资改革是对物价上涨的一种补偿。80%左右的职工认为扩大企业自主权有一定的好处，约38%的职工认为改革企业招工制度有利于打破“铁饭碗”，促进技术进步；同样约38%的职工认为改革企业招工制度有利于加强企业管理，提高劳动生产率；但也有约15%的职工认为改革企业招工制度会造成职工缺乏保障，不利于培养主人翁精神。超过40%的职工认为工人在企业中的主人翁地位有所提升，但也有30%左右的职工觉得没有变化。且只有不到30%的职工认为职工

① 本书编辑组：《中国职工状况调查数据：1978—2018》，中国工人出版社2018年版，第22—29页。

代表大会在审议企业重大决策、监督评议干部方面有作用，约45%的职工认为职工代表大会就是走形式的工具。在政治改革方面，15.63%的职工认为改革开放后至1986年是新中国成立以来最好的时期之一；41.12%的职工认为形势大好，但问题也不少；40.26%的职工认为经济形势好，社会风气不好。约80%的职工认为没有四项基本原则就没有社会主义事业，或认为四项基本原则是实现四个现代化的根本保证。在整党问题上，51.76%的职工认为党风有明显好转，但也有36.67%的职工认为整党以来党风没有明显变化。约60%的职工对党风和社会风气根本好转有信心，但也有约30%的职工对此信心不大。在入党态度方面，约13%的职工入党意愿强烈，在努力争取入党；约24%的职工有入党意愿，但觉得自己的条件不具备；约23%的职工有入党意愿，但看到党风不正的现象，暂时不想争取；还有约18%的职工没有思考过这个问题。①

调查还询问了职工对工会工作的看法。在职工看来，工会主要应该抓好生活福利工作（53.43%）、文化技术培训（31.17%）、组织社会主义劳动竞赛（20.88%）和职工之家建设（21.33%）。且约40%的职工认为工会和“职工之家”“职工之友”还存在一定差距，约25%的职工认为工会除收会费和组织文体活动外没有发挥作用。但也有超过30%的职工认为工会为职工群众办了一定的好事实事，有约8%的职工认为工会像政府机关。②

总的来说，这一时期，我国的职工队伍以男性、青年人为主，与第一次职工调查相比，女职工比例不断提高，职工的文化水平不断提升，职工类型中技术人员比例有所增长，职工收入有所提

① 本书编辑组：《中国职工状况调查数据：1978—2018》，中国工人出版社2018年版，第19—21页。

② 本书编辑组：《中国职工状况调查数据：1978—2018》，中国工人出版社2018年版，第28—29页。

升。职工总体上对改革持支持态度，认识到改革给我国经济和社会发展带来的生机和活力，但对政治改革的效果感受不明显。职工大多支持价格制度改革，基本支持工资制度改革和劳动制度改革。相比于平均主义“大锅饭”的思想，越来越多的职工开始接受按劳分配的思想，并认可劳动合同制。从调查来看，这一时期职工的价值观处于一种相对复杂的冲突状态中，这些职工扎根于我国的传统文化，又正处在改革的浪潮中，还受到国外传入思想的影响，开始有更强的自我认知。职工在政治教育方面更加务实，且部分职工认为工会工作不够突出，不仅是在职工代表大会方面发挥的作用不明显，在“职工之家”的建设方面也一样。这对在城市经济体制改革的新形势下如何充分发挥工会的优势提出了新要求。因此，工会需要进一步思考如何能够切实维护职工利益，改善工作作风和方法，提高工会干部的素质，使工会与群众密切联系在一起。

### （二）工会组织整顿和建设“职工之家”工作

1983 年 3 月，锦州市总工会针对基层工会组织不够健全、工作开展不够活跃等问题，组织 5 个调查组深入 185 家基层单位进行调研。调研发现，30 个基层工会中有 21 个工会在不同程度上让工会干部做非工会业务工作，如抓基建、跑供销等，工会工作常常被“撂荒”，工会干部长期被抽调。同年 5 月，锦州市总工会提出“抓基层、打基础，努力开创工会工作新局面”的奋斗目标，在全市工会中开展工会争创“职工之家”、工会干部争做“职工之友”的“双争”竞赛活动。全市各级工会组织积极响应，在车间建起小食堂、小休息室、小卫生间等设施，改善了职工的厂休条件，一些工会开始给职工发理发票、洗澡券等，受到职工的热烈欢迎。10 月，锦州市总工会制定了先进工会标准，开展了第二阶段的“双争”竞赛。

锦州市“职工之家”的建设经验得到党中央的肯定并在全国进行了推广。《人民日报》总结了锦州市总工会的五点经验：一是建立和健全一支能力强、闯劲大的工会干部队伍；二是在各基层工会之间开展争创“职工之家”竞赛活动；三是围绕四化大目标，和当地报纸一起举办职工读书竞赛活动，吸引了全市二十几万职工参加；四是切切实实为职工说话办事，鼓舞职工建设四化的劲头；五是积极争取党的领导，发挥社会各方面力量支持工会工作。[①] 全国总工会根据锦州等地经验，在 1984 年提出用 3 年左右的时间，对全国 43 万个基层工会普遍进行一次整顿，逐步把基层工会办成名副其实的“职工之家”的要求，并强调“职工之家”不是一个荣誉称号，而是工会基层组织是否符合工会十大要求的一个标志，是切合新形势要求的合格标准。同时，全国总工会通过了《全国总工会关于整顿工会基层组织开展建设“职工之家”活动的试行办法》，规定整顿工会基层组织，建成“职工之家”的六条标准。

经过不懈努力，截至 1985 年底，已有 22 万个基层工会建成“职工之家”，占基层工会总数的 48%。[②] 从已经验收合格的单位来看，主要成效表现在以下方面：一是领导班子切实加强。凡验收合格的单位，都配齐了专、兼职的正、副主席。基层工会主席多数进入同级党委班子。二是基层干部服务意识有效提高。验收合格的单位基本能够及时有效地帮助基层解决许多政策性问题和实际问题，倾听群众呼声，关心群众疾苦，为群众排忧解难，受到群众称赞。三是企业民主管理得到发展。验收合格的单位普遍建立起职工代表大会，并能够行使职权。企业的重大问题一般能够提请职工代表大会审议或决定，大多数单位建立起民主评议干

---

① 《把工会办成“职工之家”》，《人民日报》1984 年 4 月 14 日第 4 版。

② 1985 年约有基层工会 46 万个。

部制度，少数单位实行民主选举行政领导人制度。四是聚焦四化和改革建设。验收合格的单位基本能够以四化建设为中心，在推进企业改革、改善企业经营管理、促进技术进步、提高经济效益等方面发挥了显著作用。五是参政议政能力不断加强。大多数单位在努力提高工会的地位，形成党、政、工共建“职工之家”的局面，促进党、政、工“三加强”，密切了工会同职工群众的关系。为了巩固和提高“职工之家”工作的成果，借鉴河北省总工会、山西省太原市总工会的经验，对于已经获得“职工之家”称号的工会，全国总工会在1986年进一步开展了创建“先进职工之家”和“模范职工之家”的竞赛活动，1988年10月授予237个基层工会“模范职工之家”称号。

随着第一批基层工会顺利建成“职工之家”，整顿建家工作开始从大中企业向小企业事业发展，从工业、交通建筑行业向财贸、文教、卫生和科研系统发展，从大城市向县（区）镇发展，从体力劳动密集的单位向脑力劳动密集的单位发展。在四化建设中，包括乡镇企业在内的小企业逐渐成为一支朝气蓬勃的生力军，在国民经济中占据越来越重要的位置。据统计，1984年底全国有工业企业43.7万个，其中小企业占工业企业总数的98.6%，小企业的总产值占全部工业总产值的55.2%。[①] 如此多的单位和职工人数需要得到重视。据调查，小企业事业工会组织占全国工会基层组织总数的90%左右，组织数量多，单位分散，其中约有70%分布在各县；有一些地处偏僻，条件较差；80%左右的基层工会没有专职干部；党团员人数比较少，职工的思想工作较为薄弱，迫切需要加强工会工作。1985年7月，全国总工会提出努力加快小企业事业整顿建家的步伐，要求从小企业事业的特点出发，依靠群众建家。各省、自治区、直辖市总工会根据全

---

① 国家统计局：《中国统计年鉴（1985）》，中国统计出版社1985年版，第305页。

国总工会要求开始重视这项工作，结合对县工会的调查，普遍采取措施，发挥县工会对建家的指导作用，极大推进了小企业事业的建家活动。

1986 年 6 月底，全国又有 5 万多个基层工会建成了“职工之家”，按照六条标准验收合格的基层工会总数占全国应建家基层工会总数的61%，相较于1985 年底提升了 13%。小企业事业整顿建家活动也取得了较大的进展。1987 年 12 月，全国总工会十届五次执委会议宣布，花三年多时间，基本完成了整顿基层组织、建设“职工之家”的任务。

这一时期“职工之家”建设的特点是建家与整顿相结合。“职工之家”建设是与工会改革密切联系在一起的。这种特点反映出党对工会工作的基本要求。邓小平在中国工会九大致词中指出，“工会组织都必须密切联系群众，使广大工人都感到工会确实是工人自己的组织，是工人信得过的、能替工人说话和办事的组织，是不会对工人说瞎话、拿工人的会费做官当老爷、替少数人谋私利的组织。工会要为工人的民主权利奋斗，反对形形色色的官僚主义，它本身就必须是民主的模范。工会要教育工人艰苦奋斗、大公无私、严守纪律、服从调动、爱厂如家，工会干部自己就必须在所有这些方面都成为模范。只要工会这样做了，工会就会在工人群众中享有很高的威信，可以为四个现代化作出重大的贡献”。①

工会不仅是替工人谋点福利，帮工人解决点困难，或把工会变成工人业余活动的场所；工会也要反映出社会主义国家工会的性质和宗旨，体现出职工群众与工会组织的亲密关系。要完成工会十大任务，必须加强工会自身建设问题。

建家与整顿的结合也有历史原因。“文化大革命”对工会组

---

① 邓小平：《工人阶级需为实现“四个现代化”作出优异贡献》（1978 年 10 月 11 日），《邓小平文选》第 2 卷，人民出版社 1994 年版，第 138 页。

织造成了不小的破坏，工会无论是在组织制度、业务制度、班组建设方面，还是在工作方法、工作作风、干部素质方面，都存在一些问题。中国工会十大以后，工会的基层组织体系虽然逐步被重建，但干部队伍建设的步伐依然不快。据调查，基层工会主席中有 53%的人年龄在 50 岁以上；具有大专文化程度的只占 6%，初中以下文化程度的占 70%以上。有些地区、单位把准备退居二线的党政干部派到工会担任领导职务，工会干部队伍的老化和文化程度较低的问题持续存在。党中央的“三一四指示”[①] 就曾要求，各级工会组织的新班子人员组成方面应该有一个显著的变化。要解放思想，拓宽视野，按照德才兼备的原则，经过充分的群众路线，把一批年富力强、有文化知识、同工人群众有密切联系的中青年干部提拔到领导岗位上来。因此，在建设“职工之家”过程中，各级工会在干部队伍和干部制度方面进行了探索和改革。一些单位把符合四化要求、有组织领导能力、能开创新局面、群众拥护的年轻干部选拔上来。一些基层工会破除委派制，由会员代表大会直接民主选举工会主席，实行干部任期制。一些工会由会员选举的工会主席按企业党政副职待遇，进行管理；工会组织的工作人员实行招聘制。这些做法部分被延续下来，为 20 世纪 80 年代末的工会组织改革奠定了基础。

### （三）乡镇企业和三资企业工会工作的初步探索

随着中国的对外开放、对内搞活经济方针的贯彻落实，乡镇企业和三资企业迅速发展起来，在上述企业工作的职工越来越多。为了维护这些职工的利益，全国总工会开始探索乡镇企业和三资企业的工会工作建设与发展。

自 1984 年《关于开创队社企业新局面的报告》发出后，农

---

① “三一四指示”是指 1983 年 3 月 14 日党中央对工会工作的指示。

村经济进一步向商品化、专业化和现代化方向转变，乡镇企业不断增加，工人阶级队伍不断扩大。1984 年我国已经形成了一支由农民转化的 3000 多万人的乡镇企业职工队伍，1986 年队伍人数增长到 7600 万人。这支队伍是我国工人阶级的新兴力量。

乡镇企业的兴起使县级经济发生了历史性的变化，对县工会工作提出了新的要求。这一时期，乡镇企业的性质和从业人员的定位尚不明确，企业情况非常复杂，发展参差不齐。有一些已经具有一定生产规模和稳定的产品，经济实行独立核算，企业内部管理制度比较完善，企业中的人员已经摆脱自然经济和小生产的生产方式，在工厂企业里从事社会化的工业生产，并以工资收入为其主要生活来源，基本上具备了工人阶级的特征；也有一些乡镇企业没有定型，人员经常流动，亦工亦农，时办时停，技术力量欠缺，生产水平落后，管理水平较差，企业工作人员缺乏知识和技术。鉴于这种情况，中央领导认为乡镇企业不应该忙于建立工会组织。已经组建工会的乡镇企业要根据自身特点和企业职工构成的特殊情况开展活动，不宜照搬全民所有制企业工会工作的一套办法，甚至同城市集体所有制企业也有所不同，要因地制宜，从实际出发。鉴于此，工会的重点工作包括两个方面：一是积极、慎重、稳步地在建立工会组织条件基本成熟的企业中做好扩大组建工会试点的工作，总结组建工会的经验；二是进行调查研究，从理论上明确乡镇企业的性质以及从业人员的定位等问题。这种谨慎和求证态度反映出我国工会工作实事求是的指导思想。组建工会需要根据客观的社会需要，不能脱离客观现实，靠主观臆想盲目建立工会组织。

珠江三角洲地区踏踏实实开展乡镇企业建会工作，取得了有益经验。1984 年，广东省总工会根据乡镇企业发展的实际情况，开始在一些生产规模较大、产品销售稳定、职工人数较多的乡镇企业建立工会组织。之后，珠江三角洲及沿海地区大部分乡镇企业纷纷建立起工会组织。仅以广东省佛山市南海区（当时称为南海县）为例，截至 1986 年，该县乡镇企业共建立工会组织 210 个，占乡镇企业总数的 48.1%，会员人数 21331 人。为了适应乡镇企业工会的需要，广东省各地政府在区一级建立了工会，名为镇工会工作委员会，作为县总工会派出机构在镇办企业开展活动。镇工会工作委员会在镇党委的直接领导下开展工作，人员编制属于镇政府或镇工业发展总公司，活动经费大部分是由镇工业发展总公司负担。1986 年，广东省新会县 19 个镇都建立了工会组织，佛山市南海区建立了 9 个县乡镇企业管理局工委会和 10 个镇工委会。①

三资企业的工会工作建设是改革开放带来的另一个新课题。1984 年 1 月，邓小平在考察深圳等特区后，提出“实行开放政策，有个指导思想要明确，就是不是收，而是放”②。根据这一指示，党中央、国务院决定，除进一步办好四个经济特区外，逐步开放 14 个港口城市和海南岛，把利用外资、引进技术的步子迈得更大些。在上述政策的推动下，三资企业不断发展和增加。考虑到在中外合资、合作及外商独资企业工作的中国职工，也是我国工人阶级的组成部分，这要求工会必须尽快研究如何组建经济特区工会、中外合资企业工会组织。

1983 年 9 月，国务院颁布的《中华人民共和国中外合资经营企业法实施条例》（以下简称《实施条例》）为工会组建自身组织提供了法律依据。《实施条例》第十二章和第十三章明确提到职工的招收、招聘、辞退、辞职、工资、福利、劳动保险、劳动保护、劳动纪律、技术培训等事宜，并强调合营企业职工有权按

① 广东南海县总工会：《积极稳妥地发展乡镇企业工会组织》，《中国工运》1987 年第 9 期。

② 邓小平：《办好经济特区，增加对外开放城市》，《邓小平文选》第 3 卷，人民出版社 1993 年版，第 51 页。

照《中华人民共和国工会法》和《中国工会章程》的规定建立基层工会组织。工会是职工利益的代表，要依法维护职工的民主权利和物质利益。这之后，全国总工会和各级工会也在不断摸索三资企业的工会建设。三资企业和国营企业、集体企业存在很大不同，三资企业有以下四个方面特点：一是企业内部的组织结构由外商、中方代表、职工（包括外籍或港澳地区员工）组成，构成了一种新的劳资关系。二是企业依靠现代管理理念和严格的规章制度进行经营管理，强调依法依规办事。三是企业对职工的技术水平和科学文化知识要求高，对职工的能力要求较高。四是企业内部的思想较为多元，职工对精神生活、文化生活的要求越来越高。考虑到三资企业的组织结构、管理制度、职工技能和素质要求、精神文化与我国国营企业等存在一定差异，因此全国总工会认为可以根据企业的特点“特事特办，新事新办，立场不变，方法全新”。

1985 年 5 月，广东省总工会总结了深圳、珠海、汕头经济特区外商投资企业工会工作的实践经验，针对当时遇到的实际问题，制定了《广东省经济特区企业工会规定》（以下简称《规定》）。这是我国第一部关于工会工作的地方性法规。《规定》明确了特区企业工会组织的定义、性质、法律地位和工作职责，解决了工会工作中的一些实际问题，从而有力地促进了三资企业工会工作的开展。全国总工会于同年 6 月转发了该《规定》，供经济特区和开放城市等地区参考。到 1987 年，深圳、珠海、汕头三个经济特区三资企业工会组建率已经提高到 91. 1%。①

虽然工会组建率不断提升，但侵犯职工权益的现象也不断出现。一些三资企业的经营管理权主要由外来投资者及其代理人掌握，由于不熟悉或不遵守中国的劳动法规，出现不同程度损害和

① 林道程：《外商投资企业工会的特点》，《中国工运学院学报》1988 年第 3 期。

侵犯职工权益的现象。据统计，深圳市蛇口区工会1987年受理的劳动争议41宗，涉及人数1034人，属于企业处理不当、交涉后改正的就有25宗，涉及1017人次。深圳市劳动争议仲裁委员会办公室（以下简称市仲裁办）1986年10月至1987年7月受理的劳动争议案件100宗，涉及外商投资企业的劳动争议有45宗，占总数的45%。此外，三资企业职工绝大多数是合同工、临时工，企业在雇佣、辞退职工等方面有较大的自主权。市仲裁办处理的100宗案件中，因变更或解除合同引起争议的占33%，居各类案件的首位。为此，广东省各级工会主要依据《规定》，使企业工会有法可依，依照法律和合同规定的内容和程度，代表和维护职工合法的利益。①

由于三资企业机构较为精简，非生产人员少，因此企业工会中设立工会专职委员的情况极少。为此，许多外商投资企业工会努力发扬工会工作的优秀传统，依靠工会积极分子开展工会活动，取得了很好的效果。如深圳市蛇口区1988年有85家外商投资企业，除去工会派出一人外，其余工会主席和工会委员全部为兼职。② 这些工会主席和工会委员基本上在业余时间开展活动，活动内容注重实效，不搞“花架子”，获得了基层员工的好评。

乡镇企业工会组织的试建和三资企业工会组织的创建，标志着工会组织在改革开放的新形势下有了新的探索和发展，生动地证明了工会工作紧密围绕国家大局不断改进和完善。

总的来说，这一时期，基层工会组织不断发展壮大。1987年，全国基层工会数达53.6万个，已建工会组织的单位共拥有职工1亿多人，工会会员人数为9336万人，入会率为89.7%。1.2

① 林道程：《外商投资企业工会的特点》，《中国工运学院学报》1988年第3期。
② 林道程：《外商投资企业工会的特点》，《中国工运学院学报》1988年第3期。

万个乡镇企业建立了工会组织，占全国基层工会总数的2.4%。[①]基层工会组织的发展使基层工会能够开展群众工作，在团结职工、参与民主管理等方面发挥应有的作用。

---

① 中国工运研究所：《1987年全国工会工作发展概况统计》，《中国工运》1988年第6期。

## 第三章

# 继续推进改革开放和社会主义初级阶段基本路线确立下的工会工作

党的十三大系统阐述了党在社会主义初级阶段的理论，明确概括了党在社会主义初级阶段的基本路线。这一理论的提出，为坚持改革开放、坚持和发展中国特色社会主义提供了有力的理论武器，推动改革开放事业继续前进。我国工人运动和工会工作也在改革中不断推进，为国家的经济发展作出极为重要的贡献。1988 年 10 月，全国总工会召开了中国工会第十一次全国代表大会。中国工会十一大的主题是推进工会改革，团结亿万职工，在全面深化改革中发挥主力军作用，这次大会提出了工会在全面深化改革中的方针和任务，明确了工会改革的目标、原则、方向和实施步骤。在党的十三大和中国工会十一大精神的指引下，我国工人阶级肩负历史重任，紧密团结起来，为实现四化建设而不断奋斗。

## 一、党的十三大与工会工作新要求

### （一）党的十三大确立党在社会主义初级阶段基本路线

1987 年 10 月，中国共产党第十三次全国代表大会在北京召开。大会通过了《沿着有中国特色的社会主义道路前进》的报告。报告提出，党的十三大的中心任务是坚持和发展十一届三中全会以来的路线，加快和深化改革，进一步确定经济建设、经济体制改革和政治体制改革的大政方针，确定在改革开放中加强党的建设的基本方针。

大会系统阐述了社会主义初级阶段的理论，明确概括了党在社会主义初级阶段的基本路线。从社会主义初级阶段这一新的认识出发，大会把党在社会主义初级阶段的基本路线概括为：领导和团结全国各族人民，坚持“一个中心、两个基本点”，即以经济建设为中心，坚持四项基本原则，坚持改革开放，自力更生，艰苦创业，为把我国建设成为富强、民主、文明的社会主义现代化国家而奋斗。大会规定了“三步走”的经济发展战略，对加快和深化改革作出全面部署。“三步走”经济发展战略的第一步是实现国民生产总值比 1980 年翻一番，基本解决人民的温饱问题；第二步是实现到 20 世纪末国民生产总值再翻一番，人民生活达到小康水平；第三步是到 21 世纪中叶，人均国民生产总值达到中等发达国家水平，人民生活比较富裕，基本实现现代化。大会还对党的十二届三中全会提出的公有制基础上的有计划的商品经济作了进一步阐述，指出社会主义有计划的商品经济体制，应该是计划与市场内在统一的体制。新的经济运行机制，总体上来说应当是国家调节市场，市场引导企业。要围绕转变企业经营机制这个中心环节，分阶段地进行计划、投资、物资、财政、金融、外贸等方面体制的配套改革，逐步建立起有计划的商品经济新体制的基本框架。

报告明确指出我国工会的职能和工作方式，为工会工作的改革指明了方向。报告指出，工会等群众团体历来是党和政府联系工人阶级及人民群众的桥梁和纽带，在社会主义民主生活中具有重要作用。要理顺党和行政组织同群众团体的关系，使各种群众团体能够按照各自的特点独立自主地开展工作，能够在维护全国人民总体利益的同时，更好地表达和维护各自所代表的群众的具体利益。群众团体也要改革组织制度，转变活动方式，积极参与社会协商对话、民主管理和民主监督，把工作重点放在基层，克服官气和行政化倾向，赢得群众特别是基层群众的信任。

党的十三大明确了党在这一阶段的基本路线，制定了一段时期内我国经济发展、经济体制改革和政治体制改革的基本方针和行动纲领，提出了工会工作的一些重要指导原则，为中国工会在深化改革中进一步发挥作用和工会自身改革提供了清晰的方向和指示。

### （二）工会工作新要求

根据党的十三大的要求，工会需要认真贯彻执行党在社会主义初级阶段的基本路线，在改革中更好地发挥作用，动员广大职工为完成党的十三大确定的各项任务而努力。社会主义社会的根本任务是发展生产力，工人阶级是改革和建设的主力军。当前的形势要求工会组织紧紧围绕经济建设这个中心，在维护国家利益的同时，代表和维护职工群众的具体利益，调动职工的积极性，把推动社会生产力的发展和代表维护职工群众的具体利益更好地统一起来。这突出表现在以下几个方面。

首先，在社会主义初级阶段，必须坚持改革，而只有广大职工群众的积极参与和坚决支持，改革才能取得成功。工会有责任在职工中深入地进行党的基本路线的宣传教育，使广大职工紧密联系改革的实践，不断加深对“一个中心、两个基本点”的理解，充分认识改革的社会主义性质及其艰巨性、复杂性，推动改革开放的深入发展。其次，社会主义初级阶段不可避免地存在多种所有制形式、多种经营方式和多种分配方式等社会经济现象，社会利益将日趋多样化，并随着改革的进程不断调整。协调各种社会利益群体之间的利益关系，是保证改革顺利进行的重大问题。工会要反映职工的意愿，在制定各项改革政策和立法的过程中，承担起参与协调社会利益、维护职工具体利益的重要责任。在深化企业改革中，工会既要支持企业实行承包、租赁等各种改革措施，支持全面实行厂长负责制，又要作为职工利益的代表者与企业经营者建立合作和对话的良好关系，使经营者的管理权威和职工群众的主人翁地位相统一，充分调动经营者和生产者两个积极性，共同为搞活企业而团结奋斗。再次，在社会主义初级阶段，国家经济和人民生活水平逐步由温饱向小康过渡的发展时期，可能出现过高过急的消费要求，社会成员富裕程度的差别和先富后富的过程也可能引起社会成员心理上的不平衡。所有这一切都可能影响社会安定，工会应该以高度的社会责任感，积极做好工作，充分发挥工人阶级在维护社会安定中的主导作用，保证改革和经济建设得以顺利地向前推进和发展。最后，工会应当在国家经济和社会发展中发挥更积极有效的作用，尤其要把提高社会经济效益和产品质量放在突出的战略性位置上，发动广大职工，发扬自力更生、艰苦创业的精神，降低消耗，提高劳动效率，增加出口创汇，加强基础设施和基础工业建设，支援农业生产和农村经济，开展“双增双节”运动。工会还要致力于提高整个职工队伍的素质，坚持抓好对职工的职业教育和培训，把我国的职工队伍建设成为素质优良、纪律严明的劳动大军。

社会主义初级阶段的种种矛盾和繁重任务，迫切需要进行工会改革，使工会在党的领导下，能够代表和维护职工具体利益，真正得到群众拥护和信赖，在治理整顿经济、促进改革开放、加快现代化建设的事业中，在维护国家和社会安定团结中，发挥工人阶级主力军作用。

## 二、中国工会十一大与中国工会的新定位

中国工会十大以后，我国工人运动和工会工作在改革中不断推进，为改革开放和国家的经济发展作出了极为重要的贡献。党的十三大制定了我国经济发展、经济体制改革及政治体制改革的基本方针和行动纲领，这要求工会必须进一步进行改革，适应党的十三大提出的新目标。工会需要更好地表达和维护职工的具体利益，改革组织制度，转变工作方式，密切同职工群众的联系，在推进改革中找准自己的位置，进一步促进经济发展，在经济体制改革和建设社会主义民主过程中发挥更大的作用。

### （一）中国工会十一大的召开

1988 年 10 月 22 日至 28 日，中国工会第十一次代表大会在北京召开。出席会议的代表有 1515 人，特邀代表 282 人。其中，中青年代表占 84.7%，女性代表占 26.4%，还包括了乡镇企业、三资企业的会员代表、归侨职工代表和台湾代表。这充分反映了全面改革进程中我国职工队伍结构出现的显著变化。邓小平、李先念、彭真等党和国家领导人出席大会开幕式并会见了全体代表。

党中央给大会的致词充分肯定了工人阶级是我国的领导阶级，是推动社会发展和进步的强大力量；充分肯定了中国工会九大和中国工会十大规定的我国工人运动和工会工作的路线、方针和任务，高度评价了我国工会在团结广大职工投身改革和建设事业，促进国家经济繁荣和维护社会安定团结中的重要作用。致词指出，全面深化改革需要依靠和发挥工人阶级的积极性、主动性和创造精神，落实《企业法》关于职工参与民主管理的规定。在经营权和管理权分离以后，不仅应强调经营者的管理权威，而且应重视职工的民主管理和政治荣誉。经营者的权威，不可能离开劳动者

的积极性而孤立存在。职工的物质利益不可能离开职工的民主权利而单独实现。企业的兴衰成败，有赖于包括经营者在内的全体职工的共同努力。

致词还阐明了工会改革的原则和任务，强调了在社会主义条件下，职工群众既有同其他社会成员共同的利益，即国家总体利益，也有自己的具体利益。过去忽视工会必须维护职工具体利益这一面，给工会建设带来过不应有的消极影响。现在应当认真吸取工人运动正反两方面的经验教训，按照党的十三大精神，把以经济建设为中心，在维护全国人民总体利益的同时更好地表达和维护职工群众的具体利益，作为我国工人运动和工会工作的一项基本指导原则，使工会更好地履行自己的社会职能。工会组织要实行群众化和民主化，克服和防止行政化倾向。工会只有把工作重点放在基层，放在企业，做好基层工会的工作，才能真正成为职工群众信得过的自己的组织。

全国总工会主席倪志福作题为《推进工会改革 团结亿万职工在全面深化改革中发挥主力军作用》的工作报告。报告概括总结了中国工会十大以后各级工会所进行的开创性工作和所取得的成就，提出了工会在全面深化改革中的主要任务。报告指出，中国工会十大以后，工人阶级为建设社会主义物质文明和精神文明作出了巨大的贡献。如果没有工人阶级的积极参与和推动，我国的改革和建设不可能取得这样的伟大成就。同时也指出了工会自身建设和改革方面存在的问题。

报告提出了工会在全面深化改革中的方针和任务，即以经济建设为中心，立足改革全局，把发展生产力和维护职工利益结合起来，增强基层工会活力，实现工会的群众化、民主化，团结广大职工为建设有中国特色的社会主义而奋斗。为贯彻实施这一方针，要着重做好四项工作：一是发挥职工群众积极性，提高企业经济效益。二是参与协调社会矛盾，促进社会深化改革。三是推进民主政治建设，维护社会安定团结。四是加强精神文明建设，提高职工队伍素质。

报告在论述工会改革时明确了改革的目标、原则、方向和实施步骤。改革目标为：把工会建设成为中国共产党领导的，独立自主、充分民主、职工信赖的工人阶级群众组织，在国家和社会生活中发挥重要作用的社会政治团体。为实现这一目标，规定这一时期工会改革的主要内容是：进一步明确工会的社会职能，理顺工会与党、政府的关系，密切工会和群众的关系，改革工会的组织制度和活动方式，实现工会的群众化、民主化。

大会通过了《中国工会章程部分条文修正案》。主要对部分条文作出如下修改：一是对工会的定位和功能有了更清晰的表述。在“总则”中增加了工会“是重要的社会政治团体”，工会的功能是“坚持以经济建设为中心，在维护全国人民总体利益的同时，更好地表达和维护职工群众的具体利益”。二是增设各级工会女职工委员会。如第十三条增加“县和县以上各级工会增设女职工委员会，表达和维护女职工的特殊利益”；第二十七条增加“基层工会设女职工委员会”。三是调整工人代表大会召开时间的间隔。如第二十四条将工会基层组织的会员大会或会员代表大会“一般每两年召开一次”调整为“一般每年召开一次”。四是调整工会委员会主席、副主席的选举方式。第二十五条将“工会基层委员会选举主席、副主席”修改为“工会委员会的主席、副主席，可以由会员大会和会员代表大会直接选举产生，也可以由基层工会委员会选举产生。主席、副主席和工会委员会委员的人员，应由会员自下而上提名，并在充分酝酿协商的基础上确定正式候选人”。考虑到中国工会十大通过的《中国工会章程》基本上能适用于社会主义现代化建设和工会自身建设的需要，故此次修订只对章程做了部分修改。同时，由于我国经济体制建设不断深化，政治体制改革逐步展开，工会改革还刚刚起步，许多问题尚待在实践中进一步探索，所以大会所作修改主要针对的是不适合新情况的条文。

大会授予了 237 个基层工会“模范职工之家”称号，表彰了优秀工会工作者 621 名，优秀工会积极分子 971 名。大会选举了全国总工会十一届执行委员会。在十一届一次执委会上，倪志福被选举为中华全国总工会主席。新的执委会不设候补委员，在人事变动时采取替补的办法，体现出工会组织制度的改革。

### （二）中国工会的新定位

中国工会十一大是我国工会工作发展进程中的一次十分重要的会议。改革是这次大会的鲜明主题。大会明确了要通过改革来理顺工会与党和行政的关系，使工会成为党领导的，独立自主、充分民主、职工信赖的工人阶级群众组织；在维护全国人民总体利益的同时，更好地表达和维护职工群众的具体利益。这一指导思想和理论突破，表达了工会组织长期以来的愿望和要求，即工会的角色是在党的领导下独立自主开展工作，在国家和社会生活中发挥重要作用的社会政治团体，工会不再是行政化倾向严重的“官老爷”，而是群众化、民主化的职工“娘家人”。这一工会工作基本指导原则、工会方针和工会改革的基本设想，对当时以及后来的工会工作和工会理论探索产生了重要的影响。

## 三、调动职工群众积极性，提高企业经济效益

根据党的十三大和中国工会十一大确定的各项任务目标，各级和各产业工会以经济建设为中心，把发展生产力和维护职工利益统一起来，不断推动企业改革。各级工会鼓舞广大职工继续发扬工人阶级的主人翁精神，深入开展以企业经营和效益提升为核心的“双增双节”运动、群众性技术活动、社会主义劳动竞赛，

发挥工会的建设职能。

## （一）继续深入开展“双增双节”运动

中国工会十一大指出，要以提高质量和降低消耗为主要内容，突出创先、创新、创汇、创最佳效益的时代特点，深入持久地开展“双增双节”等活动，为繁荣社会主义商品经济和扩大对外开放服务。

各地工会根据中国工会十一大精神组织职工群众深入开展“双增双节”运动，取得较好的效果。辽宁省总工会（以下简称省总工会）在1988年底认真分析全省经济形势，发现次年辽宁省工业企业将面临能源、原材料短缺和资金严重不足的局面，形势严峻。为了防止生产滑坡，省总工会于1989年初号召职工立即行动起来，积极投身到以“挖潜力，上水平，降消耗，压需求，反浪费，增效益”为主要内容的“双增双节”运动中来，并制定了人均创百元、全省创效益10亿元的奋斗目标。因各级领导重视且目标明确，广大职工的积极性被充分调动起来，短短3个月时间已初见成效。据不完全统计，1989年1月至3月，辽宁省参加“双增双节”运动的职工已达708.5万人，占全省职工总数的70.9%，落实的立功指标已达11.12亿元，是计划立功指标的112%。省总工会同时把“双增双节”运动同形势教育结合起来，激发职工群众的主人翁责任感。“双增双节”运动初期，省总工会派出干部对11个市和鞍山、辽阳、沈阳3个市的重点企业职工的思想状况进行调查，发现部分职工存在思想障碍，如积极性不高，有失落感，对分配不公、物价以及社会上的各种不正之风有意见。针对这些思想状况，省总工会要求各级工会结合实际，开展形势教育，优化企业内部环境，激发职工群众的主人翁责任感。根据省总工会的要求，辽宁省各地企业采取多种方式开展形势教育。有的开展算细账活动，有的办厂史展览、反浪费展览以及讲传统等活动，结合本企业实际解决企业存在的问题。丹东某企业发动职工揭露本厂经营和管理方面存在的问题，边评边治理，收到很好的效果。在组织职工群众开展“双增双节”运动中，各级工会将“双增双节”运动同建设企业利益共同体结合起来，正确处理发展生产与物质利益的关系。一方面把职工的精力集中到发展生产和提高经济效益上来，另一方面也十分注重维护职工群众的切身利益，在工资、奖金、住房、生活、保险、劳动保护以及改善劳动条件、生产条件等职工福利方面作出了相应规定，使发展生产和改善生活协调配合。如沈阳第一制药厂（现为东北制药集团沈阳第一制药有限公司）在工会与企业行政部门签订的双保合同中规定了“双增双节”的指标，也规定了建立职工人身保险和家庭财产保险等条款。这些规定使职工意识到，企业是一个利益共同体，只有企业生产得到发展，职工生活才能相应改善。

1988 年，全国总工会将省级工会财务竞赛与“双增双节”活动进行结合，取得了良好的效果。1988 年，各省上缴给全国总工会的经费比上年增加 1420 万元，增长了 14.1%。上缴经费比上年增长 20%以上的省、直辖市、自治区和系统包括河北省、内蒙古自治区、民航系统、湖北省、新疆维吾尔自治区、广西壮族自治区、铁路系统、吉林省、天津市、北京市和浙江省。同年，各地努力压缩基建费、会议费和行政费，在节支方面也取得明显效果。通过竞赛，省级工会财务管理水平进一步提高。1989 年 7 月，全国总工会十一届三次主席团（扩大）会议作出《动员全国职工深入开展“双增双节”运动的决议》，各地工会组织响应全国总工会号召，根据本地区、本行业的不同情况，有效动员和组织职工开展“双增双节”活动，普遍开展了以创先、创新、创优、创最佳经济效益为主要特色的社会主义劳动竞赛，在利税大户、重点工程和服务行业开展了各种达标赛、夺杯赛、为四化立功活动、班组升级赛，并积极举办技术比赛、技术攻关、技术革新和合理化建议活动，取得了较好成绩。

### （二）开展技术扶贫和技术协作活动

工会系统的技术扶贫一直是国家扶贫工作的重要力量之一，为改变贫困地区的落后面貌、脱贫致富起到了重要作用。1988 年 2 月，国务院副总理田纪云提出“国家机关要为贫困地区脱贫致富作出新的更大的贡献”的指示精神，同年 4 月，全国总工会发出《关于继续做好技术扶贫工作的通知》，要求工会系统在巩固过去技术扶贫成果的基础上，扩大扶贫工作点和技术服务范围，摸索技术扶贫工作的新路子。工会各级技协组织积极采取各种措施，开展了多形式、多渠道的技术扶贫活动，使工会系统的技术扶贫工作有了新的发展。

1988 年开始，全国大部分省、市的职工技协组织根据全国的统一安排和本地区的实际情况增加了扶贫点和援助项目，并组织力量付诸实施。如 1988 年，上海市与云南省、广西壮族自治区、新疆维吾尔自治区签订合同，完成较大新增项目 16 项，完成 1987 年未完成项目 27 项。天津市对甘肃省的技术扶贫由庆阳地区扩展到张掖、酒泉等四个地区，项目由过去单一的轻纺行业发展到冶金、化工、医疗等行业。北京市的扶贫点发展到 6 个省市的 48 个贫困县。湖北省对本省革命老区的扶贫，县一级由 17 个发展到 24 个，乡一级发展到 144 个，村一级发展到 90 个。辽宁、河南、河北三省均在本省 20 多个县的几百个中、小乡镇企业中开展技术支援。地处西南、西北的云南、贵州、青海、内蒙古、宁夏等省区，一方面吸引沿海和先进地区力量，另一方面组织自身力量在本地区开展技术扶贫。因此，工会组织的技术扶贫工作，在全国范围内既形成地区间统一安排的对重点乡镇和重点项目支援的局面，又形成省、市、区、县根据自身实际情况开展的内部及内外结合的多层次、多渠道技术扶贫的局面。

这一时期的扶贫经验是，贫困地区乡镇企业不仅需要各种技术服务来解决一些短平快的技术项目，更需要综合治理、全面发展，将技术进步和科学管理结合起来。贵州省某水泥厂 20 世纪 80 年代后期用于技术改造的资金已达 470 万元，仍连年亏损。浙江省总工会技协对该厂进行技术攻关和技术培训后，依然不能彻底扭转局面。为了解决上述问题，江苏省某厂进行了从技术到管理的全面承包。不到一年时间，该水泥厂生产水泥 8860 吨，比前年同期增长 60%，水泥成本下降 14.6%，企业扭亏盈利，产品质量显著提高；企业管理得到加强，骨干队伍逐步形成，企业“造血”功能不断加强。

强化发达地区和落后地区的交流协作也是这一时期扶贫工作的特色之一。1988 年，陕西省职工技协组织举办了全省首次职工技术扶贫洽谈会，参加洽谈的有军工、高校、科研单位、大中型企业和乡镇企业代表共 100 多人。会上共签订技术合同 72 项，成交额达 1500 万元。300 多名贫困地区和乡镇企业代表不仅观摩了新技术成果，开阔了眼界，还找到了适用于本地区、本企业的技术，解决了技术难题。截至 1989 年底，扶贫洽谈会已完成合同 39 项，创造经济效益 1000 万元。

20 世纪 80 年代末期，我国出现市场销售疲软、工业增长速度回落过猛的情况，叠加一直存在的生产结构失调、经济体制和运行机制不合理等问题，不少企业面临严重经济困难，企业经济效益不佳，亏损情况严重。面对上述问题，全国总工会要求各省、市职工技协在帮助扶贫企业、挽救濒临破产企业等方面充分发挥作用。许多省、市职工技协遵照全国总工会要求，提出扶持困难企业的任务目标，扎扎实实开展工作，取得了成效。

1989 年 11 月底，辽宁省沈阳市有 300 多家国营企业和 1000 多家市属集体企业，1989 年亏损的企业多达 340 家，其中国营企业 103 家、市属集体企业 237 家，亏损金额达 1.3 亿元左右。为了帮助这些企业摆脱困境，市总工会成立了沈阳市劳动模范、技协积极分子扶贫扭亏集团（以下简称“劳模扶贫集团”），其以劳动模范、技协积极分子为主体，以工会为依托，具有社团法人资格。劳模扶贫集团成立后，先后同36个亏损企业签订了扶贫扭亏协议。为了帮助亏损企业开发新产品，劳模扶贫集团同沈阳市专利事务所一起，举办了专利成果发布洽谈会，向亏损企业无偿或优惠提供专利成果，第一次发布专利成果311项，当场成交7项，达成意向性协议89项。沈阳市光学电子仪器厂原来存在产品单一、不适宜市场需求、连续3年亏损的问题。集团先后组织东北工学院（今东北大学）和沈阳真空技术研究所的劳动模范等力量，先后开发出白炽灯、矿用二氧化碳探头等7种新产品，增强企业的产品竞争力。对于一些缺乏基本生产要素的亏损企业，通过牵线搭桥的方式由先进企业实施兼并。为了增强集团的扶贫能力，劳模扶贫集团按照国务院要求建立劳模扶贫集团基金会，用部分筹集资金对一些企业提供少量优惠贷款。在劳模扶贫扭亏活动中，沈阳市总工会依靠多方资源，主动与市经委、财政局、税务局、劳动局和金融等部门取得联系，请上述部门制定一些优惠政策。此外，集团在扶贫扭亏过程中注重创造条件，增强企业自身“造血”能力，在实际工作中注重帮带亏损企业的领导班子，与领导班子一起研究扭亏具体方案，鼓励班子成员振奋自强，取得了一定效果。

天津市总工会发动全市职工广泛开展“为国分忧、为政府作劲、为企业解难”的“三为”立功活动，组织各级劳模服务队803个，有9030名劳动模范、先进人物和技术骨干参加，先后深入近200个停产或亏损企业，对生产、经营、管理、产品质量等方面的1678个项目开展服务，使160个企业出现转机。也有一些省市系统开展了“节约一两纱，献出一片情”“我为企业扭亏使实劲”等活动，把帮助企业扭亏增盈作为工作的重点之一，依靠和发动广大职工群众，克服了实际困难。

这一时期，全国各级工会技协组织工作重点是组织技协会员和职工群众，围绕企业产品结构调整、提高产品质量、开发适销对路产品，开展技术攻关、技术革新、技术改造、技术开发、技术培训以及组织各种科技攻关队，进行“揭榜攻关竞赛”“科技兴厂立功竞赛”等各种立功竞赛活动。部分市和企业技协组建HGCC（合理化建议—技术革新—创造发明）小组开展活动，为增强企业活力和竞争力、把企业推向市场、提高职工技术素质，做了扎扎实实的工作，有力地推动了企业生产发展和经济效益的提高。上海市职工技协1989年成立专项技术攻关队4642个，直接参与新产品开发1493项，将技术服务积累的发展基金4740万元无息提供给部分企业开发新产品，为缓解企业困难发挥了积极作用。此外，各级技协组织积极参与各级政府或部门对重点建设难题所组织的攻关，为完成国家“七五”攻关项目等贡献了力量。例如北京市第六建筑工程公司（现为北京六建集团有限责任公司）在承建第十一届亚运会配套工程——中央电视塔工程中采用了“滑框倒模法”；河北省秦皇岛市技协焊接攻关队在大型综合水利工程——“引青济秦工程”中完成了5号隧道钢管高难度的焊接任务。为了促进职工技术素质的提高，帮助职工在岗位上成才，各级技协组织和专业技术协会广泛开展了技术练兵比武等活动。安徽省技协1990年组织150万名职工参加142个工种的技术练兵比武活动；江苏省南京市、湖北省武汉市组织了百万职工参加技术能手选拔赛；吉林省吉林市组织了40万人参加百工种排头兵选拔赛活动；新疆维吾尔自治区举办了5万名职工参加的、80多个工种的技术比武活动。1991年10月，全国总工会在庆祝职工技协活动兴起30周年之际，表彰全国职工技协先进集体136个，全国职工技协先进个人243名，全国职工技协优秀技术成果121项，向4495名参加技协活动近30年的积极分子颁发了荣誉证书。

邓小平南方谈话和《中共中央、国务院关于加快发展第三产业的决定》出台后，各级技协组织抓住时机，利用技协的技术和人才优势，根据各地各单位的具体情况，兴办各种类型的经济实体。其中，有技术开发型，即利用技协开发的产品自筹资金办厂；有技术咨询型，即利用自己技术信息软件优势，进行软件经营、咨询服务；有技术输出型，即利用自身科技成果，以技术入股等集资合股方式向外省市输出技术，组建各种联营有限责任公司；有技术补缺型，即根据本企业产品更新换代的情况，对产品维修、配件、调试方面的空白及时拾遗补阙；还有技术攻关型，即利用技协的人才优势，承担本企业和社会所急需的特种工具、模具、专用非标设备的开发制造，等等。

### （三）稳步推进群众性合理化建议活动

1988 年 9 月，党的十三届三中全会提出治理经济环境、整顿经济秩序、全面深化改革的方针。治理经济环境，主要是压缩社会的总需求，抑制通货膨胀。1989 年开始大幅压缩全社会固定资产投资，控制消费基金过快增长，采取各种措施，稳定金融，严格控制货币发行，克服经济过剩现象。整顿经济秩序，主要是整顿在新旧体系转换中出现的混乱现象，特别是流通领域的各种混乱现象。

为完成治理整顿和深化改革任务，促进国民经济的持续、稳定、协调发展，1990 年 4 月，全国总工会作出《关于动员全国职工广泛开展合理化建议和发明创造活动的决议》，同年 5 月，五一劳动奖章和五一劳动奖状获得者进京劳动模范代表再次向全国职工发出倡议，要求开展紧密围绕“双增双节”目标和任务的群众性合理化建议和发明创造活动。9 月，全国总工会、国家计委决定成立全国合理化建议和技术改进活动领导小组。11 月，国家计委制定的《“国家级企业技术进步奖”奖励办法》中，把企业开展合理化建议活动的成效列入考核条件，这为合理化建议活动提供了制度化保障。

各地在开展群众性合理化建议和技术改进活动中，注意从推进技术进步入手，发动职工围绕产品结构的调整、新产品的研发，引进技术的消化、吸收与国产化，新技术成果的推广与应用以及老企业的技术改进等方面献计献策。山西省潞安矿务局在“七五”期间采纳科技进步方面的合理化建议 2396 件，完成技术革新和技术改进项目 464 项，获国家级科技进步全优奖和煤炭工业技术进步特等奖。内蒙古第一机械制造厂（现为内蒙古第一机械集团有限公司）围绕国家经济建设的重点，把开发交通、能源产品作为主攻方向，先后开发出铁路车辆、石油机械、冶金设备三大类主干产品，开发新产品 60 多种，产品结构实现了由单一军品向军民结合、多品种、多层次、多种经营的重大转变，使企业走出低谷。1985 年至 1989 年民品产值每年以 4000 万元至 5000 万元的幅度增长，民品产值占总产值的 60%。

针对企业管理落后、经济效益低的状况，许多企业把提高企业管理水平作为合理化建议活动的一项重要内容，发动和组织职工围绕企业人力、物力、财力等资源的有效配置，学习和运用国内外先进的管理方法和手段，采用国际先进标准等方面开展合理化建议活动，取得了较好的成效。部分企业以提高经济效益为中心，把提高质量、降低成本作为合理化建议的主攻方向，实行三个“三结合”（领导干部、工人、技术人员三结合，公司、配套厂、科研单位三结合，设计者、生产者、消费者三结合），并推广“双零”（“零缺陷”和“零库存”）管理方法，促进了技术进步和管理进步。武汉钢铁公司（现为中国宝武钢铁集团有限公司，以下简称武钢）大力推行职工自主管理办法，增强了职工的参与意识。1991 年，武钢已经有 93%的二级厂矿和 90%的车间开展了职工自主管理活动，活动小组达 2114 个，年获得经济效益 2000 多万元。

许多企业通过技术培训、技术攻关、学习创造等活动，激发了职工群众的积极性，提高了职工群众的素质。黑龙江省哈尔滨锅炉厂、哈尔滨汽轮机厂、哈尔滨电机厂是我国制造大型电站设备的骨干企业。从“七五”技术改造工程开始，这些厂把启迪职工的创造意识、提高职工的技术业务素质，作为深化合理化建议活动的基础来抓。在对全体职工进行全过程培训的基础上，本着突出重点抓关键、立足本岗攻难关的原则，采取短期培训、专家指导、专题讲座、岗位练兵、答疑解难、技术比赛等多种方法对职工进行培训，使职工技术素质有了很大的提高。三个厂生产工人的技术等级比“六五”时期平均提高了 1.6 级，有 543 名工人获工人技师职称，关键设备主操作手达 7 级工以上水平。

为了鼓励在合理化建议活动中取得优异成绩的全国企业和职工，1991 年 3 月，全国总工会和国家计委授予 991 名同志合理化建议和技术改进活动积极分子称号，并颁发证书；授予 250 个单位全国合理化建议和技术改进活动先进集体称号，并颁发奖状。实践证明，群众性合理化建议和技术改进活动，是挖掘职工群众的智力潜能、发展经济的一项重大措施。

### （四）开展以提升效益为主的社会主义劳动竞赛

经过治理整顿，“七五”计划后期经济形势逐步好转。1990 年 12 月，在“七五”计划完成的基础上，党的十三届七中全会通过《中共中央关于制定国民经济和社会发展十年规划和“八五”计划的建议》，提出今后十年，要实现现代化建设的第二步战略目标，把国民经济的整体素质提高到一个新水平。

1991 年是“八五”计划的第一年，也是继续推进治理整顿、深化改革的重要一年。1991 年初，国务院基于我国经济效益不高的老问题，作出开展“质量、品种、效益年”活动的决定。

工业企业[①]自 1984 年后经济效益基本上呈持续下降或缓慢上升的趋势，劳动、资金、材料消耗、固定资产等产出效益均呈下降趋势。与 1984 年相比，1988 年每百元工资利税额下降率为 25.7%；资金利税率下降约 14.8%；百元物耗利税下降约 22.5%；净产值占总产值比重下降约 4%。同一时期，工业可比产品成本持续上升，由 1984 年的 2%上升到 1989 年的 22.7%。其中主要原因是占成本 70%以上的物质消耗上升。这说明，我国投入成本在不断攀升。在产出方面，根据国家技术监督局的数据，1990 年我国工业产品抽样合格率约为 77%，优质品产值率约为 26%。跟踪调查的 75 个大中型城市中，优质品产值率最高的为 56.05%，最低的只有 10.3%，企业生产中的不良品损失率占年产值的 10%—15%。产品效益不高的一个重要表现是存在大量质次价高和假冒伪劣商品。1991 年市场商品的抽查合格率仅为 55%。在不合格商品中，假冒伪劣等商品占 40%。在产品结构和新产品开发方面，我国每年开发的近 6 万项各类新产品，能够达到国家水平的只占 3.5%。此外，根据国家统计局的统计，1990 年 43 种主要工业中，库存偏大的商品[②]有 31 种，占所有品种的 72%。

上述数据已经表明，质量和品种问题成为我国经济发展的一个短板。质量差、品种少不仅直接影响一个企业的经济效益，而且影响着整个国民经济的宏观效益。因此，需要提高产品效益，而效益和质量、品种是有机的统一体。要实现以效益为中心就需要把质量意识和品种意识放在第一位，全面加强质量管理，这是“质量、品种、效益年”活动的核心。

1991 年，为贯彻国务院决定，全国总工会号召组织全国职工

---

① 这里的工业企业只包括全民所有制预算内独立核算的工业企业。

② 主要是指一些质量无保证、价格偏高的不适销对路商品。

广泛深入开展以“质量、品种、效益年”为主要内容的社会主义劳动竞赛。各级工会积极响应全国总工会号召，配合企业调整产业结构，明确产品质量、品种、物耗、能耗和成本的指标要求，落实到班组和个人，建立目标责任制并严格考核，有效促进了产品质量上档次、新产品开发和效益的提高。我国轻工业产品开发在“质量、品种、效益年”活动中呈现新趋势。不少产品采用新材料、新技术、新设计，如强度高且更轻便的钛合金自行车，激光全息摄影处理表盘，微机控制、电子显示的缝纫机，达到了20世纪80年代国际先进水平。① 北京市总工会向全市300万名职工发出号召，广泛开展爱国立功竞赛活动，有效促进了企业提高产品质量、增加产品种类，改善经济效益。据统计，1991年5月全市职工已实现经济效益上亿元。② 同年，全国总工会开展了女职工学先进、比奉献、为“八五”建功立业的竞赛活动，也取得了可喜成果。据全国总工会统计，1991年全国有30多万个企业开展了劳动竞赛，参赛职工达6548.8万人，创经济效益498.7亿元，比上年增长73.4%。③

1992年是“八五”计划的第二年，国家经济工作重点是转换经营机制，调整结构，深化改革，提高效益。围绕这一中心，全国总工会要求各省、自治区、直辖市工会、产业工会动员和组织职工，围绕“质量、品种、安全、效益”，广泛开展“岗位创一流、班组创先进、企业创效益”的社会主义劳动竞赛。这一时期，青年职工已经占职工总人数的70%左右，不少青年职工已经成为企业生产的骨干和主力。然而，现实问题是，青年职工的总体技术素质偏低，一些青年职工对学习技术知识动力不强，制约了企业发展。因此，各地工会根据全国总工会要求，将这一年的

① 《我国轻工产品开发呈现新趋势》，《人民日报》1992年1月7日第2版。
② 《京津沪职工投身质量品种效益年》，《人民日报》1991年5月1日第1版。
③ 《全国职工劳动竞赛成效显著》，《人民日报》1992年4月24日第1版。

工作重点放在推进技术进步和提高职工素质上。各级工会组织的劳动竞赛主要在献绝招、练本领、学技艺上下功夫，带动青年职工钻研先进技术，帮助青年职工成为技术能手。这有效提高了职工队伍素质，推进了企业技术进步，提高了企业经济效益。

总的来说，20 世纪 80 年代末至 90 年代初的社会主义劳动竞赛、技术协作等群众生产技术活动呈现出一些新特点。劳动竞赛和技术活动的思路开始朝向市场经济需求，为企业参与市场竞争服务，并向经营、流通、信息、科技领域拓展，竞赛和活动内容向质量、技术和效益方面转变，竞赛和活动方式向多样和以企业为主的方向发展，竞赛和活动考核开始向市场认可、社会承认、客户满意方面变化。上述社会主义劳动竞赛和群众性活动的开展，推动了企业的技术进步，切实提高了企业的经济效益。

## 四、加强精神文明建设

由于世界新技术革命迅速发展，市场竞争日益加剧。为了更好地加强我国经济和文化建设，职工队伍的素质需要不断提高。因此，各级工会积极团结全体职工，加强社会主义精神文明建设，从劳动模范表彰和职工科学文化技术提升入手，努力将职工队伍打造成素质优良的劳动大军，发挥工会的教育职能。

### （一）召开劳模表彰大会和开展巡回报告活动

表彰先进、充分发挥劳动模范的作用，是党和政府动员全国职工进行精神文明建设和经济建设的重要方法。20 世纪 50 年代，党中央和国务院曾先后三次召开过全国劳模大会，共评选了 1.3 万多名全国劳动模范和全国先进生产者。这些劳动模范和先进生产者在社会主义建设事业中，充分发挥了骨干作用和带头作用。60 年代初至 70 年代末，党中央和国务院召开过六次小型表彰会，之后又陆续授予少数先进人物荣誉称号，但没有再召开过全国劳模大会。党的十一届三中全会后，在改革开放和经济建设中，全国各条战线涌现出一大批先进模范人物，对这些先进模范人物进行表彰，有利于鼓舞全国职工积极投身改革，推动社会主义精神文明建设和物质文明建设。1988 年 5 月，全国总工会党组提交了《关于建议 1989 年召开全国职工劳模大会的请示》（以下简称《请示》）。同年 9 月，中共中央政治局常委会原则同意《请示》。经过精心筹备，1989 年 9 月，全国劳动模范和先进工作者表彰大会在北京召开。大会授予 1987 名同志全国劳动模范光荣称号，授予 803 名同志全国先进工作者光荣称号。《人民日报》评论道："这次大会既是检阅建国 40 年、特别是改革 10 年成就的大会，也是维护社会稳定，加强社会主义精神文明建设，激励全国人民振奋精神，在党中央的坚强领导下，为完成治理整顿、深化改革目标的一个动员大会。"① 这次全国劳动模范和先进工作者表彰大会的召开，充分肯定了劳动模范和先进工作者的带头作用、骨干作用和桥梁作用，肯定了劳动模范和先进工作者在各条战线上的创造性劳动和无私奉献，有效动员了全国人民向劳动模范和先进工作者学习。

1989 年表彰大会延续了历次劳模表彰大会的做法，给予劳动模范代表极高的礼遇。如国家领导人亲自到北京站迎接，与代表们共同交流座谈；代表们参加了中华人民共和国成立 40 周年庆祝活动，充分体现出社会主义国家劳动者的主人翁地位。表彰大会充满了改革开放新气象。评选的指导思想和基本原则紧扣党的十一届三中全会确定的路线以及以经济建设为中心的总任务；评选条件是热爱祖国、坚持四项基本原则、拥护改革开放总方针，

---

① 《弘扬革命英雄主义精神——热烈祝贺全国劳动模范和先进工作者表彰大会开幕》，《人民日报》1989 年 9 月 28 日第 1 版。

在各自工作岗位上作出重大贡献者；评选时限和范围是 1980 年以来涌现的全国劳动模范和先进工作者。因此，一大批锐意进取、创新改革的企业领导，各战线的优秀代表们被纷纷选出。“当代愚公”李双良、中国的“保尔·柯察金”吴运铎、“抓斗大王”包起帆、“杂交水稻之父”袁隆平等都在这次受表彰的 2790 人中。

这次表彰大会体现出我国劳模表彰制度的逐渐成熟和完善。具体表现为：一是表彰大会的名称固定了下来。1989 年的大会定名为“全国劳动模范和先进工作者表彰大会”，全国劳动模范称号授予的是企业职工、农民和社会主义事业建设者；先进工作者称号授予的是机关和事业单位的职工和管理者。二是表彰对象范围扩展。与 20 世纪 80 年代以前召开的九次全国劳动模范表彰大会相比，这次大会实现了行业全覆盖，受表彰者分别来自工业、农业、交通、财贸、基建、科研、教育、文化、卫生、体育等 51 个系统或行业。三是表彰组织程序进一步完善。国家专门成立了“全国劳动模范和先进工作者表彰大会筹备委员会”，在全国总工会设立筹委会办公室，统一负责颁发通知、分配名额、协调进度等各项工作。四是表彰方式为精神奖励和物质奖励相结合。由于受到“左”的思想干扰，很长一段时间不再给予劳动模范物质奖励。1989 年 9 月，国务院专门下发《国务院办公厅关于一九八九年全国劳动模范和先进工作者奖励升级问题的通知》，规定劳模和先进工作者晋升两级工资，对农民中的全国劳动模范每人奖励 1000 元。此后的表彰大会基本沿袭了 1989 年表彰大会的制度机制。

为了宣传劳动模范先进事迹，弘扬劳动模范先进思想，在全国职工中进一步掀起学赶先进的热潮，在 1990 年“五一”国际劳动节后，全国总工会组织劳动模范报告团分赴各地进行巡回报告。报告团由 33 名全国劳动模范和先进集体的代表组成，这些代表来自25个省、自治区、直辖市，14个不同的产业和行业，年龄最大的67岁，最小的26岁。其中既有普通工人、知识分子，也有企业的经营管理者。报告团共在29个省、市、直辖区的48个城市作了100余场报告，直接听众逾20万人。首场报告在人民大会堂举行，江泽民等党和国家领导人与首都各界6000多名干部群众一起，听取大庆油田1205钻井队第12任队长申冠等五位劳动模范的报告。劳模团的报告受到广泛好评，劳模用自身的丰富实践经验和崇高的献身精神现身说法，让广大职工群众信服。可以说，这是依靠职工群众进行自我教育的一次成功实践。

### （二）加强职工思想教育

进入20世纪90年代，职工队伍的年龄结构、思想观念等发生了很大变化。据统计，1990年我国职工总数达1.37亿，比1985年增长了10%。其中，35岁以下的中青年职工占比70%，比1985年增加了约13%。这些职工在思想观念、价值取向、道德信念、文化素质等方面都具有很多新特点。在就业方面，职工群众更加注重个人才能的发挥和人生价值的实现；在企业经营方面，职工群众不仅重视效益和对新技术的掌握，而且具有很强的参与意识；在生活方式方面，职工群众更倾向于“求知、求美、求乐”；在人际关系方面，职工群众更向往和谐、团结、互助、融洽的氛围；在婚恋意识方面，职工群众更偏重心灵、才能和学识方面；在看待社会风气方面，职工群众更希望文明与公正的社会环境。同时，与市场经济相关的时间观念、市场竞争、效率观念、信息观念等，也日益被广大职工接受。职工越来越重视“时间就是金钱，效率就是生命”的观念，并更加推崇那些面对新技术革命、新学科挑战勇于探索创新的专家学者。从世界高新技术和工业化进程中，这些职工看到了中国的差距，激发了强烈的竞争意识和民族进取心。与此同时，由于计划经济体制的影响，平均主义、“大锅饭”等思想意识和传统习惯依然在一定程度上束缚着职工的行为观念，在企业不断改革的过程中，相当一部分职工的文化技术素质和劳动技能无法适应改革的节奏。此外，在改革开放中，不少职工经不住金钱的诱惑，产生了“一切向钱看”和崇拜西方生活方式的消极倾向。①

1990 年至 1991 年，各级工会在全国总工会部署下组织职工群众广泛深入地开展了“双基”“三热爱”“四职”② 等主题教育活动。结合本地区实际，各地工会组织把上述教育同主人翁教育和职业道德教育相结合，同学习宣传先进模范人物相结合，同做好本职工作相结合，引导职工形成爱企业、爱本职、爱岗位的主人翁精神；并充分运用工会各种宣传阵地，广泛吸引职工参加演讲、讲故事、征文等“学、演、展、赛”活动，让职工登台当主角，使职工在健康向上、丰富多彩的活动中受到教育。在职工文化技术教育方面，各级工会组织也作出了努力。据统计，1991 年办学的基层工会有 7.4 万个，比上年增加了 123.2%；专职教师 2.8 万人，比上年增加了 1.2 万人；培训人数为 2400.2 万人，比上年增长了 6.5 倍。其中，业务技术班培训人数为 551.7 万人，岗位培训班培训人数为 546 万人，组织岗位操作技能培训的基层工会有 25.6 万个，参加培训人数为 970.8 万人。③

---

① 中华全国总工会编：《中华全国总工会七十年》，中国工人出版社 1995 年版，第 536—537 页。

② “双基”是指基本国情和党的基本路线；“三热爱”是指以主人翁精神热爱企业、热爱本职、热爱劳动；“四职”是指职业责任、职业道德、职业纪律和职业技能。

③ 中华全国总工会编：《中华全国总工会七十年》，中国工人出版社 1995 年版，第 538 页。

## 五、维护职工的民主权利

代表和维护职工群众的合法权益，是作为工人阶级自愿结合的群众组织的工会的基本职责和主要工作。党的十三大和中国工会十一大召开后，由于改革的不断深入，以及随之而来的所有制形式、经营管理形式、分配方式和劳动用工制度等的变化，触及职工群众利益和权利、影响职工生活的问题变得复杂多样。因此，各级各产业工会加强以职工代表大会为基本形式的企业民主管理，在企业改革中贯彻“全心全意依靠职工群众”思想，积极参与涉及职工利益的立法工作和方案制定，建立工会与政府联席会议制度，切实提高了工会的参与职能。

### （一）积极参与各项涉及职工利益的改革方案制定

为了适应改革的需要，全国各级地方和产业工会普遍加大了参政议政的力度，在深化改革、维护职工权益中发挥了重要作用。

全国总工会主动参与各项涉及职工利益的重大改革方案的研究制定，增强了改革方案的科学性和可行性，为一些方案的出台打下了较好的群众基础。全国总工会先后向党中央、国务院提出了《关于物价、工资、社会保险制度改革的若干建议》《关于逐步实行基金多渠道、形式多层次、管理社会化的企业职工养老保险制度的建议》《关于加强企业退休职工管理服务工作的报告》等建议或报告，得到了党中央、国务院的重视。有关改革企业职工养老保险制度、扶持职工合作建房等建议，也都在国务院和党中央有关部门相关的决定中得到体现。

1989 年前后，一些地方出现停工待工情况。这次停工待工来势猛、解决难度大，部分停待工人员和离退休人员的基本生活得不到保障，各级政府和企业行政部门不得不采取一些非常措施，紧急筹措资金，对职工基本生活进行安排，这暴露出我国社会保障制度不健全的问题。全国总工会深入调查研究，把解决“双停”问题作为工会参政议政的重要内容之一，先后向党中央、国务院提出了《关于保障低收入职工生活的建议》《关于扶助贫困职工逐步摆脱生活困境的调查报告》《关于当前企业职工停工待工状况和几点建议的紧急报告》《关于职工扶贫工作的报告》《关于长江葛洲坝工程局两万多职工生活严重困难的报告》等报告或建议。党中央、国务院及时采纳全国总工会解决停工待工职工困难的建议，作出了重要决策，保证了职工队伍的稳定和治理整顿的顺利进行。

这一时期，市县以上工会也积极参与政府关于企业劳动人事、工资分配、养老保险、待业保险和住房制度改革等工作和方案的制定，对于治理整顿、深化改革中的一些重大问题提出了一系列建设性意见。辽宁省各级工会从 1988 年到 1990 年，参与制定和修改涉及职工切身利益的地方性法规、条例达 1500 多项，提出的修改意见达 1 万多条。山西、四川、江西等省总工会协同政府制定了一系列有关文件，解决了离退休人员生活补贴，提高国营企业职工死亡待遇，改进职工病伤假期生活待遇，提高城镇职工生活困难补助标准，安置停工待工职工生活等实际问题，收到了良好效果。许多厂矿企业也制定了工人参政议政的制度和办法，使参政议政的内容更为具体，取得了职工的广泛好评。

值得一提的是，工会参政议政离不开对经济和社会生活问题进行调查研究。湖南省总工会对停工、待工企业状况、企业承包情况，河北省总工会对劳动制度改革辞退职工情况，上海市总工会对人均住房面积不足 2 平方米的特困户问题、提高退休职工最低生活标准问题，都是进行专题调查后向各地政府提出建议得到解决。全国纺织工会关于老厂车间危房的调查，轻工业工会关于提高盐业工人待遇的调查，邮电工会关于改善乡邮员工作、生活条件的调查，得到国务院和产业部的重视，使产业职工中一些“老大难”问题得到解决。上述调查研究对于政府决策的民主化、科学化，对于工会更好地为职工说话办事，具有重要的意义。

### （二）贯彻全心全意依靠工人阶级方针的国营企业深化改革工作

1988 年 4 月，七届全国人民代表大会一次会议通过的《中华人民共和国全民所有制工业企业法》，对“两权分离”的改革原则作了明确的规定，将企业的责、权、利以法律形式确定下来，为企业承包经营制改革提供了法律保障。这是新中国成立以来全民所有制企业的第一部基本法，使企业可以建立起在国家宏观调控下的自主经营、自负盈亏、自我约束机制。其中第四十五条规定厂长是企业的法定代表人，企业建立以厂长为首的生产经营管理系统。厂长在企业中处于中心地位，对企业的物质文明建设和精神文明建设负有全面责任。国营企业深化改革在当时被形象地称为打破“大锅饭”，即企业不再吃国家的“大锅饭”，职工不再吃企业的“大锅饭”。与企业职工根本利益相关的劳动关系从此发生极为深刻的变化。

虽然《企业法》明确规定“国家保障职工的主人翁地位，职工的合法权益受法律保护”，且承包责任制有利于调动企业积极性和增强企业活力，然而，在第一轮承包中，由于缺乏经验以及其他多种原因，一些企业忽视职工民主管理，严重影响了职工群众的主人翁积极性，职工群众有着较强的失落感。为了加强党同人民群众的联系，1989 年 6 月，在党的十三届四中全会上，江泽民进一步重申了党全心全意依靠工人阶级的指导方针。1991 年，党中央工作会议再次强调了全心全意依靠工人阶级的问题。党中央同意全国总工会报送的《关于进一步发挥工人阶级主力军作用需要解决的几个问题的报告》，进一步明确依靠工人阶级的一些重要政策。根据党中央的指示，不少企业勇于从自身实际出发，不断探索，取得了显著的成效。

天津劳动保护橡胶厂厂长张世伦在实践探索中总结发明出群体经营工作法。概括起来就是将传统的厂长集权管理转变为全方位、多层次、多形式的分权管理，通过赋予广大职工群众直接从事或参与经营的权力，进一步把全体职工——脑力劳动者和体力劳动者同生产资料紧密结合起来，使职工既是生产者又是经营者，充分挖掘了企业内部的潜力。全员承包和群体经营的最大好处是，明确了全体职工是企业的主体。企业对国家承担的责、权、利指标层层分解，落实到群体、个人，形成明确的经济责任制，真正做到风险共担、利益共享，为建设社会主义企业利益共同体奠定了可靠的基础。实行全员承包和群体经营，也比较容易防止经营决策失误，防止以权谋私，防止经营者与广大职工矛盾的加剧和对立情况的出现。这一管理方法在不少企业中得到应用，并取得良好效果。

为了更好地调动职工参与企业民主管理的积极性，不少企业尽可能提高各项重要工作的透明度。一些企业在进行经营问题重大决策前会充分征求职工意见，然后提交职工代表大会审议决定。这样既不妨碍厂长行使自身的管理职责、提出自己的初步方案，又可以集中群众智慧，完善方案，避免在重大问题上出现失误。有些企业规定企业领导如果有违背国家利益和职工群众利益的决策，职工代表大会可以行使否决权。有些企业将有关工资奖金的分配交由职工民主讨论决定，奖金的分配完全公开，奖励方案以及职工福利的方案也都通过民主管理组织来制定。首都钢铁公司职工代表大会还选举产生了同企业生产指挥系统并行的生活管理委员会，该委员会是一个自组织，负责组织职工自己管理企业一切生活福利事业。一些企业很重视让职工及其代表在企业人事方面拥有更大发言权，包括对企业各级领导干部的评议、监督以及奖惩、升降和任免。

企业民主管理是深化企业改革必不可少的配套措施。鞍山钢铁公司在20世纪90年代初就做到每年11月、12月先开职工代表大会讨论明年计划，再开公司计划会议执行职工代表大会的决议，凡是职工代表大会决定的，任何人、任何机构无权擅自改变。首都钢铁公司实行了职工代表大会领导下的经理（厂长）负责制，公司职工代表大会是公司的最高权力机构。企业领导者越是重视发扬民主，职工群众的主人翁积极性发挥得也越好，企业领导者的管理权威也就越高，从严治厂和科学管理就更能够有效落实。企业因此形成良性循环，越搞越活，越办越好。

“八五”计划制定后，企业普遍进入第二轮承包或延长承包期，各级工会组织进一步从保障职工在承包经营中的主体地位出发，强化职工在承包中的民主参与，落实职工代表大会五大职权，企业三级民主管理网络逐步形成。企业招工、工资分配、考核晋级、建章立制、住房分配、生活管理等已经初步形成了民主参与的程序和制度。一些企业职工甚至能够参与到制定承包方案、签订承包合同、选择企业承包人的过程中，企业民主管理水平明显提高。许多地方和企业推行全员承包，签订集体合同，认真搞好企业内部分配，调动职工积极性，增强了企业的内在活力。山东省滕州市总工会，以实行分配公开为突破口，拓展企业民主管理新路子的经验，使工会保障工作民主参与朝着法治化和制度化的方向迈进。

### （三）切实提高参政议政的能力

伴随着工会与政府之间逐渐形成合作和协商对话关系，各级工会不断加强对政府和行政的民主参与和社会监督作用，逐渐建立起政府和工会联席会议制度。陕西省总工会是全国各省市级工会中最早与省政府正式召开联席会议的工会组织。1988年12月，陕西省总工会与省政府召开第一次联席会议，就有关贯彻执行《企业法》、加强职工民主管理等职工关心的实际问题在协商一致的基础上作出决议，1989年上半年顺利得到落实和解决。1989年9月，陕西省总工会与省政府召开了第二次联席会议。这次会议正式通过了《陕西省人民政府与陕西省总工会联席会议制度试行办法》，使原则上每半年一次的联席会议制度化。两次联席会议在陕西全省影响极大，效果良好。

陕西省总工会建立的联席会议制度既是县级以上工会与同级政府参政议政的重要渠道，也成为许多大中型企业工会代表职工群众参加企业民主管理的补充和延伸。企业虽然有职工代表大会，但因为职工代表大会每半年才召开一次，间隔周期较长，在职工代表大会闭会期间，有些急于解决的问题无法通过职工代表大会解决，联席会议则成为一种较好的补充形式。在联席会议上，工会可以直接代表职工向公司管理层提出议案，它比职工代表大会更灵活一些。此外，联席会议也有职工代表参加，工会与政府都能直接听到职工群众的声音和要求，这增加了联席会议的群众基础。陕西省总工会和省政府召开的第二次联席会议上，就增加了两名职工代表参加会议。

陕西省总工会与政府在全国首创的联席会议制度具有两个方面的突出优势：一是联席会议制度有利于在工作上理顺工会与政府之间的平等合作关系，提高工会的社会政治地位，增强职工群众对工会的信赖，有助于加强政府决策的民主化和公开化；二是联席会议制度既开辟了基层以上工会参政议政的渠道，成为工会代表职工群众对政府工作实行民主参与和社会监督的一个重要途径，又建立起政府依靠工会等群众团体达成双向沟通、相互了解的一种好形式。

工会参政议政和联席会议制度在全国范围内的普遍建立，有力地推动了各项改革事业的发展。据统计，1990年，各级地方工会和产业（局）工会与同级政府、行政部门召开的联席会议有1452个，提出议题、专题报告、提案11万件，解决办理了8300多件。1991年，全国县级以上政府与同级工会召开的联席会议或座谈会有1200多个，其中省一级的联席会议或座谈会有10多个。工会参政议政和联席会议制度不仅在范围和数量上得到扩大，在制度上也不断规范化。

工会与政府的联席会议制度确立了工会的立场和政治地位，在维护职工权益方面发挥了重要的桥梁作用。然而，这个时期，工会面临的改革局面更加复杂，承包经营责任制和转换企业经营机制带来许多新问题。如何做好亏损企业的工作、如何在实行劳动合同制后确保职工在企业中的主人翁地位、“三项制度改革”（即深化国有企业劳动、人事、分配制度改革）中的劳动争议和仲裁工作怎么做、企业富余人员的生活如何有效保障、企业减负后职工的福利如何衔接等，上述很多问题都没有明确的制度依据。这都需要各级工会加强立法参与，加强理论和政策研究，以适应改革开放的进程，在改革中充分发挥作用。

1992年，邓小平南方谈话后，我国政治经济形势发生了巨大变化，各省市围绕转换企业经营机制，积极推进三项制度改革，取得了明显进展。在劳动制度改革方面，企业用人自主权逐步落实，许多企业分别推行了全员劳动合同制或劳动合同化管理和优化劳动组合等多种形式的改革。在工资分配方面，大部分企业实行了工资效率挂钩办法，多数企业内部分配突破原有等级工资制的束缚，开始探索建立适合企业特点的工资制度和分配办法。在社会保险方面，全国多数企业和多数职工、离退休人员参加养老保险社会统筹。工伤保险和医疗保险改革试点也在逐步扩大。在改革中，各地以提高劳动生产率和转换机制为主导，结合本地区的实际情况，对企业三项制度大胆改革，创造了许多新形式、新办法。湖南省株洲市1992年规定，企业有权自主决定用工条件、用工对象、用工数量、用工形式和用工时间，取消定向招工；企业用人原则上不受户、粮关系限制，不受年龄性别、在职与非在职的限制；企业职工流动全部进入劳务市场，政府有关部门今后不再办理招工手续，只监管企业与职工的劳动合同。湖北省实行“双辞”制度，即企业与职工任何一方违反劳动合同，都有权提出辞退和辞职。北京市对实行工资绩效挂钩的企业，经过一次核定挂钩的工资基数和效益数后，在一定条件下可以自主确定工资总额，政府不再下达工资计划，核定企业工资基数。上海市对实行工资挂钩的企业，将职工工资、资金和各种津贴、补贴一次性核入工资总额后列入成本，政府主要通过征收个人收入调节税来进行调节。

同年，全国总工会和有关省、市工会对全国 8 个城市就转换企业经营机制的试点情况进行了两轮调查，包括试点企业 954 家，涉及职工 207 万人，占预算内国营工业企业数的 19.8%，职工数的 20.5%。调查发现，经济发展较快的地区，改革力度较大，推进比较顺利，社会震动不大；经济条件不太好的城市，企业改革困难较多，尤其是经济发展困难的地区和行业，政府财力不足，企业承受能力低，改革难度更大。此外，各地改革一般以“四放开”“五自主”为主，采取完善承包制、利税分流、股份制、引进外资、企业兼并等形式落实企业自主权。也有企业从三项制度改革入手，取得一定成效。在深化内部改革中，企业对涉及职工利益的问题，一般都比较审慎，注意发挥职工代表大会的作用，把改革方案交给职工讨论或职工代表大会审议，取得职工群众的理解和支持。但是也有部分地方和企业存在简单化的倾向，工作做得比较粗糙，存在形式主义和“一刀切”的现象。

## 六、关心职工的切身利益

在深化经济体制改革过程中，一些企业实行承包经营制后，出现了侵犯职工合法权益的现象；一些企业停工减产或减员增效，导致部分职工下岗待业，生活陷入困境。对此，各地工会和各产业工会尽力做好跟踪调查，掌握和分析职工工作和生活状况，主动做好工作，化解各种矛盾，发挥工会的维护职能。

### （一）工会开展"送温暖"活动

随着国家缩减投资规模和调整产业结构，相当数量的企业停产、半停产，职工放长假待业、收入大幅减少的情况不断增多。1988 年 6 月，劳动部、财政部和全国总工会发布了《关于适当提高城镇职工生活困难补助标准的通知》（以下简称《通知》），全国各地、各级各产业工会主动配合政府和主管部门，认真落实《通知》要求，对停产、半停产企业逐个摸底，进行研究分析，落实资金来源，保障职工的基本生活。1989 年 4 月至 8 月，全国总工会组织黑龙江、辽宁、河南、甘肃、湖北、上海、天津、石家庄、西安、长春、南昌、太原等 12 个省、市总工会和唐山开滦矿区工会，对 960 家有代表性的企事业单位的近 150 万名职工的状况进行了一次系统调查。调查发现，职工家庭人均月可支配收入低于当地职工困难补助标准①的贫困职工占职工总数的 6.73%，其中人均月可支配收入低于 30 元的特困职工占职工总数的 2%。贫困职工中，35 岁至 55 岁的中年职工占 64.5%，一般表现为家庭人口多、就业面小、负担重、患病多，且因生活困难长期得不到治疗；"半边户""农转非"及有农村赡养人口的职工占 30%，表现为住房困难、粮油靠高价购买、子女就业升学问题无法解决。这种职工贫困户在一些"三线"企业和煤炭、钢铁企业尤为突出。此外，经济效益差的中小企业比经济效益好的企业贫困职工

---

① 当时当地职工困难补助标准为：特大城市人均可支配收入为每月不超过 50 元，大中城市为每月不超过 45 元，小城市和县镇为每月不超过 40 元。

数多；集体所有制单位比全民所有制单位的贫困职工数多；贫困地区比经济较发达地区的贫困职工数多；交通运输、农林、工业等行业比建筑、机关团体、科教文卫和商业饮食服务业的贫困职工数多。调查同时发现，职工普遍存在子女就业问题突出、职工住房困难大、停工待工职工生活条件进一步恶化、贫困职工得不到相应的困难补助以及物价上涨导致职工心理压力大等问题。这些调查对于党中央了解基层职工的困难情况、解决基层职工的实际困难具有重要的意义。根据上述专题调查以及各地工会提供的情况，全国总工会就停产、半停产企业职工生活问题向党中央报告，受到党中央、国务院的重视。

根据党中央、国务院的批示，在继续做好经常性困难补助工作的同时，各地工会不断改进救助办法，从“输血”变为“造血”，逐步开展以生产经营自救为中心的职工扶贫工作。齐齐哈尔铁路局工会率先改革困难补助经费的使用办法，把困难补助经费的一部分用来进行“贷款扶贫”，即由工会向有闲置劳动力的困难职工发放贷款，扶植他们从事种植、养殖、商业饮食服务和修理业等生产劳动，依靠他们自身的力量摆脱贫困，收到了明显效果。这种个体贷款扶贫方法投资少，见效快，脱贫率高，经营方式灵活多样，在一些城市、厂矿区和主要产业得到广泛推行，成为各地、各单位职工扶贫工作的主要方法。开展个体贷款扶贫工作最早的全国铁路工会系统和黑龙江各级工会，通过这种方式，在1990年已经分别使4.1万和30万户贫困职工家庭脱贫。也有一些工会特别是企业工会，积极协助企业开展多种经营，兴办第三产业，优先安置贫困职工家属、子女或暂时待业职工就业，解决职工面临的困难。

广东、湖北、辽宁等省的一些城市或企业工会组建了扶贫互助基金会和互助储金会，通过提供救济的方法向特困职工进行经济扶助。辽宁省部分大中型企业工会建立的“大互助储金会”在企业生产经营发生困难时有效保障了职工的基本生活。针对少数贫困职工缺乏自救条件和大批职工因企业亏损、停产半停产造成生活困难等特殊情况，一些地方工会和产业工会相继建立特困职工救济基金。这种基金分为两类：一类是负责向各种特困职工提供救济的“特困职工扶贫救济基金会”和“救急济难基金会”。这类基金组织在上海、黑龙江、吉林、辽宁、山西、甘肃、青海、安徽、湖北、河南等省、直辖市的部分地方工会和企业工会的直接组织与积极倡导下，广泛建立并迅速发展起来。另一类是对亏损和停产、半停产企业特困职工提供能够维持基本生活贷款的“特困职工生活保障周转基金”。该基金是由沈阳市总工会倡导，会同政府有关部门联合建立，并在辽宁全省推广。

1989 年底，全国总工会决定在经费十分紧张的情况下拿出一部分经费作为救济慰问款，交由地方工会统筹安排。之后，各级工会也纷纷挤出部分经费，广泛开展“送温暖、办实事”活动。1992 年，全国总工会发动各级工会组织在“两节”期间开展“进万家门、知万家情、解万家难、暖万家心”的“送温暖”活动。全国总工会组织了“送温暖”慰问团，由三位副主席和五位书记处书记带队，38 名来自全国产业工会和全国总工会的部门干部参加，分八路赴安徽、江苏、湖北、河南、四川、浙江、湖南、贵州、黑龙江、辽宁、吉林、广西、山东、陕西、甘肃、青海、山西、北京等 18 个省、自治区、直辖市的 47 个市县，慰问了各行各业 168 个企事业单位和 540 户职工家庭。这次“送温暖”活动以 1991 年皖苏受灾地区、“双停”和亏损企业的困难职工、离退休职工为主要对象，倾听职工群众的诉求，取得了良好效果，在社会各界引起强烈反响。此后，各级工会每年元旦、春节期间，都与党政领导一道，深入困难企业和困难职工家庭中，“送温暖”活动逐渐向常态化、制度化的方向发展。

总的来说，各级工会广泛调动国家、集体、个人各方面的力量，多层次、多渠道地开展扶贫工作，取得了良好的效果。截至1990年，全国已有29个省、自治区、直辖市的10万多个基层单位开展了职工扶贫工作，被扶助的贫困职工达250多万人，其中实现脱贫的有140万人，连同他们的家属脱贫人数达600万人。帮助贫困职工脱贫，是社会主义制度的本质要求，是党和政府全心全意为人民服务的根本宗旨所决定的义不容辞的责任，是工会切实维护职工利益、为职工群众办好事、办实事的具体体现。

### （二）加强职工劳动保护和立法工作

20世纪80年代后，工会劳动保护工作得到进一步加强，初步形成了群众监督检查体系和工作网络，并发挥了重要作用。但是部分企业存在管理混乱和短视行为，使事故隐患、尘毒危害逐步增加、恶化，造成一系列重大伤亡事故。为了保护职工在生产过程中的安全健康，保证四化建设的顺利进行，各级工会按照有关法律法规的规定，不断强化群众监督责任，保护职工健康与安全。

1987年上半年连续发生重大的安全生产事故，给人民生命财产和国家经济建设造成了极大损失。同年6月，国务院发出《国务院关于加强安全生产管理的紧急通知》，要求各级领导和全体职工高度重视安全生产，切实加强安全生产管理工作。10月，全国总工会、劳动人事部、煤炭工业部、中国煤矿工会联合组成了安全检查团，对全国44个统配矿务局、30个地方国营煤矿和24个乡镇煤矿重点进行了安全大检查。大检查涉及85个采面、96个掘进头、86条通风系统和上万台机电设备的安全质量状况，检查发现地方煤矿存在的普遍问题是现场管理混乱、要求不严、事故隐患多。针对上述问题，全国总工会等部门提出五项措施，并取得成效。1988年1月至7月，百万吨死亡率比去年同期下降 5.62%。[①]

这一时期，各级各地工会按照全国总工会要求加强了质量标准化管理工作。内蒙古大雁矿区是 20 世纪 70 年代开发的，矿区基础差，企业整体素质低，1985 年百万吨死亡率高达 7.46%。自 1986 年起，大雁矿务局（现为内蒙古大雁矿业集团有限责任公司）从矿井质量标准化入手抓管理，对矿井水患进行全面治理。在此基础上，重点抓采、掘等工作，五年间投入资金 1100 万元，使井下所有巷道都实现“三无、一通、四条线”，即无杂物、无积水、无淤泥，水沟畅通，轨道、照明、管道、电缆四条线畅通。1989 年，大雁矿务局的安全生产百万吨死亡率下降到 0.816%，两个生产矿都实现了国家特级质量标准化矿井要求。[②] 一些矿务局重视制度建设，生产矿井、基层单位建立了一系列标准化达标和考核标准、安全管理系统与培训制度等，有效提高了现代化矿井的管理水平。山东兖州矿务局南屯煤矿从顶板管理、采煤工作面到立柱、缆线等工作，都制定了人、责、物合一的考核标准，为安全生产和高标准矿井建设提供了制度保障；同时有效培训职工，严格持证上岗制度，形成了一支技术操作合格的职工队伍，为质量标准化管理提供了人才保障。[③]

我国职业危害最严重的是尘害。随着采矿、冶炼、建材和有尘加工工业的发展，有尘企业及接尘职工快速增加。1987 年至 1988 年，全国总工会对 26 个省、自治区、直辖市有尘企业粉尘作业场所的调查统计发现，尘点平均合格率只有 38.9%。全国大中型水泥厂，尘点平均合格率为 51%；全国陶瓷八大产区，尘点平均合格率为 33%；全国农机铸造业，尘点平均合格率为 20%；

---

① 《全国统配煤矿安全生产创纪录》，《人民日报》1988 年 8 月 2 日第 1 版。

② 《大雁矿务局质量标准化管理成效显著》，《人民日报》1990 年 12 月 1 日第 2 版。

③ 《兴旺的煤矿——兖州矿务局南屯煤矿发展现代化纪实》，《人民日报》1991 年 10 月 29 日第 1 版。

全国统配煤矿，尘点平均合格率仅为10%。其中，尘点超标几百甚至几千倍的情况到处可见。同时，我国尘肺病患病率高，死亡人数较多。据全国总工会对10个省、市的调查发现，截至1985年底，共查出Ⅰ期至Ⅲ期尘肺病患者21万人，0期至Ⅰ期患者35万人，发病率为12.9%。因尘肺病死亡的职工人数也在上升。据有色、冶金系统统计，1985年的尘肺病死亡人数与同期工伤死亡人数的比例为2.94∶1.96。此外，尘肺病患者的医疗、抚恤、工资、补贴等经济损失惊人。据全国总工会对全国125个尘肺危害严重企业调查，每年平均为每个尘肺病患者支付医疗等费用2500元，且尘肺病给职工本人及家属都带来极大的痛苦，容易影响职工队伍的积极性。总的来说，由于对粉尘危害的认识严重不足，法律制度不完善，我国尘肺病快速增多，并表现出多发、高发、高死亡、高损失的特点。

为了解决这一问题，1987年11月，卫生部、劳动人事部、财政部和全国总工会修订颁发了《职业病范围和职业病患者处理办法的规定》，明确提出被确诊患有职业病的职工享受国家规定的工伤保险待遇或职业病待遇，对职业病患者的保障规定、经费来源和管理方法作出相应规定。同年12月，国务院发布了《中华人民共和国尘肺病防治条例》，规定“三同时”原则，即新建、改建、扩建、续建有粉尘作业的工程项目，防尘设施必须与主体工程同时设计、同时施工、同时投产；该条例还同时就监督和监测、健康管理、奖励与处罚措施等内容进行了规定。

1987年至1988年，全国总工会会同29个省、自治区、直辖市总工会和有关产业工会全国委员会，对一些重点产业和县以上工矿企业的粉尘危害现状及治理情况进行了调查并形成报告。1988年8月，全国总工会向国务院提交了《中华全国总工会向国务院关于加强工矿企业粉尘治理工作的建议》，详细介绍了尘害的现状及原因，并提出九项建议，对于改善职工的劳动条件和劳动环境，消除职业病危害、减少职工职业病发病率提供了政策思路。

中国工会十一大以后，女职工队伍进一步扩大，到 1989 年底，我国已经有 5036 万名城镇女职工和近 5000 万名乡镇企业女职工，形成了一支庞大的队伍。在经济体制改革的过程中，由于历史、社会以及女职工自身原因，女职工在竞争中处于不利的地位。

为了加强对女职工的劳动保护，各级各地工会认真探索制定本省、本地区有关女职工劳动保护的法规。1987 年，上海市总工会向市政府提交《关于制定上海市女职工劳动保护规定的报告》，得到上海市政府批准后率先实行。继而浙江、北京、河南、云南等 12 个省（市）相继制定了地方性法规。这些地方性法规的出台，对全国女职工劳动保护规定的出台起到积极的促进作用。

1988 年，国务院颁布《女职工劳动保护规定》（以下简称《规定》），这是新中国成立后我国第一部有关女职工劳动保护的法规。法规有力保障了女职工的劳动权益，减少和解决了她们在劳动中因生理机能造成的特殊困难，保护其安全与健康。《规定》出台后，各级工会认真参与制定本省、本地区有关女职工劳动保护的法规，河北、江苏、湖北、广西、山东、黑龙江、福建、四川、广东等相继拟订了实施细则。一些省、直辖市、自治区把落实《规定》列入企业升级和评选先进的考核指标。江苏省明确要求，违反《规定》不得评为先进企业和国家二级企业；湖北、黑龙江等省也有类似规定。江苏省无锡市采取了“请、顶、调、放”措施，基本解决怀孕七个月和产后哺乳期内女职工值夜班的问题，受到女职工的热烈欢迎。这些地方性法规的出台和细则的拟定，有效保障了女职工的劳动权益。

用工制度改革后，企业不愿招收女职工和女职工就业难的问题进一步加剧。针对上述情况，各级各地工会将工作重点放在维护女职工劳动权益和妥善安排编余女职工方面。全国总工会女职工部和各省市工会女职工部一起，在调查研究的基础上，向国务院提交了《城市妇女就业等方面面临的新问题》报告，分析了造成女性就业难的重要原因之一是女职工生育子女给企业经济效益造成负面影响。《工人日报》和地方工人报刊围绕“在发展商品经济中如何正确认识女职工生育价值”的话题展开了为期半年的大讨论。据十几个省市工会不完全的统计，参加讨论的有近 1000 万人，有 20 多家报刊、电台、电视台报道了这次讨论的情况，有 10 多家地方报刊开辟了专栏和专版，引起了各级政府的关注和广泛的社会反响。南通市、鞍山市总工会会同妇联、劳动局等有关单位和部门，经过调查测算，分别提出了实行女职工生育基金社会统筹和享受哺乳假的女职工工资由夫妻双方单位分别承担的做法，得到了市政府和市人大的批准，之后这两种方法得到推广。截至 1989 年，全国已有三个省 20 多个市研究制定了方案，有八个市六个县已经开始实施，在一定程度上缓解了女职工就业难的问题。此外，各级工会女职工组织积极协助企业行政部门，广开就业门路，妥善安置编余女职工。据 19 个省市的不完全统计，截至 1989 年，各级各地工会共协助安置编余女职工 40 余万人。

20 世纪 80 年代末的劳动保护工作致力于安全生产和质量标准化管理，各级工会更加注重粉尘治理和职工的劳动保护，在一定程度上减少了安全事故和尘肺等职业病的发生，维护了职工的劳动健康权益。女职工劳动保护在这一时期也有重要进展，《女职工劳动保护规定》的施行使女职工劳动保护获得了法律依据，极大保护了女性的劳动权益。

### （三）完善劳动争议处理和分配公开制度

1987 年 7 月，国务院发布的《国营企业劳动争议处理暂行规定》使我国劳动争议处理工作进入了法治轨道。之后，各级工会遵循该法律，在处理劳动争议工作中维护职工群众的合法权益，开拓了工会处理劳动争议工作的新局面。1990 年，全国已经有近半数的全民所有制企业和部分集体所有制企业建立了 22.5 万个劳动争议调解委员会。多数调解委员会本着服务群众的精神，把大量劳动争议解决在基层。据黑龙江等 13 个省、自治区总工会的不完全统计，1987 年至 1990 年，劳动争议调解委员会调解劳动争议约 15 万件，调解成功率达 90%左右。

各地工会在处理劳动争议问题时取得了以下三点经验。一是做好劳动争议的预防工作，把争议解决在萌芽状态。这是减少或避免发生争议的关键。湖北省总工会参与政府有关部门关于劳动争议处理法规的制定，从根本上做好预防工作。浙江省杭州市总工会和政府部门联合开展厂规厂纪大检查，通过纠正与现行劳动法律法规相悖的厂规厂纪，促进企事业单位内部规章制度的制定和完善。河北省唐山市总工会针对可能产生劳动争议的苗头，及时进行调查，找出症结所在，做好疏导化解工作，使大多数劳动争议在萌芽状态得到解决，为稳定大局作出了贡献。二是发挥企业调解委员会的作用，妥善处理劳动争议。企业劳动争议调解委员会的调解，是处理好劳动争议的第一个环节。各地根据国务院的规定分别在企业建立了一级或两级调解组织，在车间、班组设立了劳动争议调解小组或劳动争议调解员，建立了调解组织。一些单位制定了职工来访接待、劳动争议处理登记、工作例会、档案、回访等制度，使调解工作程序化和制度化。湖北省宜昌市总工会对基层工会实行目标管理，把劳动争议处理工作的好坏作为检验“职工之家”是否合格的标准，进一步促进了劳动争议处理工作的开展。三是积极参与劳动争议仲裁，充分发挥工会在劳动争议仲裁中的作用。劳动争议仲裁工作是公正合理地处理劳动争议的重要环节。不少地方工会加强同当地劳动行政部门和企业主管部门的合作，共同办案。注重发挥工会熟悉企业和职工情况，熟悉劳动法律法规，善于做群众工作，群众乐于接受工会意见的优势，使工会在处理劳动争议中起到了不可替代的作用。

在治理整顿时期，解决企业内部分配不公问题显得十分重要。实行分配公开制度，有助于职工队伍稳定、企业稳定和社会稳定。全国总工会强调要重视发挥企业工会和职工代表大会的作用，实现分配公开，实现分配相对公正。全国总工会在1990年的工作任务计划中要求，厂长的全部收入不超过职工平均收入的一倍，最高不超过三倍。经营困难、减收的企业，干部、工人的待遇一视同仁。经营者和承包领导班子其他成员的收入分配方案，必须经过职工代表大会审议，做到分配公开。山东省滕州市总工会根据全国总工会的要求，会同市体改委等单位，联合下发了《关于在企业中实行分配公开的意见》（以下简称《意见》）。《意见》要求各单位联系实际制定分配公开方案及实施细则，经党政联席会议同意和职工代表大会审议通过后实施；要求各单位根据职工群众关心的“热点”，确定公开内容，并逐步拓宽公开领域，要求各单位必须建立规范的“分配公开园地”，把每个职工的出勤、工资、奖金、各种扣罚、医疗费等情况按月在园地内公布，对于工资调整、升级晋级、职称评定、住房分配、困难救济、人员调动、废旧物资处理等临时性内容，利用黑板报或红纸上墙的形式进行一次性公开；有关全厂生产经营方面的情况，则通过会议、简报的形式按月公开。为便于职工群众随时监督检举分配中的不正之风，各单位还设立了分配公开监督信箱。①

① 李玉赋主编：《新编中国工人运动史》下卷，中国工人出版社2020年版，第537页。

# 第四章

# 工会国际工作新局面

党的十一届三中全会以后，随着对国际形势判断的变化，外交政策发生重大调整，中国在发展同世界各国的友好关系方面取得重大进展。在此背景下，中国工会顺势开启了国际工作新局面，坚持“独立自主、广泛联系”的方针，逐步恢复并加强了同周边国家工会的关系，进一步加强了同发展中国家工会的团结合作，广泛开拓了同发达资本主义国家工会的联系，恢复了同苏联、东欧国家工会的关系。同一时期，中国工会积极投身国际工运事务，逐步同世界上130多个国家和地区的工会组织恢复与建立了友好关系，国际工作取得了前所未有的大发展，开创了历史新局面。

## 一、工会国际工作的国内国际背景

### （一）我国外交政策的调整

中共中央作出工作重心转移的决策后，中国外交工作的指导方针也作出了重大调整，明确了外交工作的主要任务，除一如既往维护国家独立和主权、反对霸权主义外，还要配合国家经济建设，争取一个有利的国际和平环境。1982年9月，党的十二大报告郑重申明中国坚持独立自主的外交政策，以和平共处五项原则为指导发展同各国的关系。报告还着重说明中国共产党愿按照

“独立自主、完全平等、互相尊重、互不干涉内部事务的原则，发展同各国共产党和其他工人阶级政党的关系”①。后来，这四项原则的应用范围逐步扩大，成为中国共产党同世界各国政党建立和发展党际关系的基本原则。到20世纪80年代中期，根据国际形势的发展变化，邓小平明确提出了“和平和发展是当代世界的两大问题”的判断。他指出：“现在世界上真正大的问题，带全球性的战略问题，一个是和平问题，一个是经济问题或者说发展问题。”② 1985年6月，邓小平在中共中央军委扩大会议上再次清楚地阐述了中国外交方针的“两个重要的转变”。第一个转变，有利于使中国把工作重点转移到经济建设上来。第二个转变，则使中国独立自主的和平外交政策的特点更加鲜明。

### （二）新时期中国工会国际活动的任务和方针

党的外交政策的调整为工会国际工作开创新局面提供了有利条件。当时中国工会国际工作面临的主要任务是，恢复“文化大革命”后中断的对外联系，广泛发展同各国工会的联系，扩大中国工会在国际工运中的作用和影响，为社会主义现代化建设和工会建设服务。中国工会坚持“独立自主、广泛联系”的方针，超越意识形态的差异和所属国际工会组织的不同，在独立、平等、互相尊重、互不干涉内部事务的原则基础上，发展同各国工会的友好关系。在复杂多变的国际形势下，中国工会本着坚持原则、多做工作、广交朋友、利用矛盾的精神，积极主动充分利用有利条件，开拓前进，进一步扩大了中国工会在国际工运中的作用和影响。

---

① 中共中央文献研究室编：《全面开创社会主义现代化建设的新局面》（1982年9月1日），《十二大以来重要文献选编》（上），中央文献出版社2011年版，第38页。

② 邓小平：《和平和发展是当代世界的两大问题》（1985年3月4日），《邓小平文选》第3卷，人民出版社1993年版，第105页。

## 二、中国工会国际活动的全面恢复和发展

### （一）加强同世界各国工会的广泛联系

在周边国家方面，中国先后同朝鲜、印度、日本等国工会恢复了友好关系。1979 年 3 月至 4 月，中央领导和全国总工会领导分别会见了朝鲜职业总同盟代表团。10 月，中国工会代表团访问朝鲜。此后五年中，中国与朝鲜不断进行互访，巩固和扩大了同朝鲜工会的友好关系。同一时期，中国与印度等国各派工会的关系也得到发展。1981 年，受印度共产党（马克思主义）影响的印度工会中心访华，次年参加国际自由工会联合会（以下简称“自由工联”）的印度全国工会大会主席巴特、印度劳动协会总书记瓦希斯特分别率团访华。1984 年 3 月，全国总工会主席倪志福应印度全国工会大会的邀请率团访问了印度，这是历史上全国总工会主席首次访印。倪志福受到了印度总理英·甘地夫人的接见，拜会了各派工会，推动了同印度各派工会关系的全面发展。在发展同印度工会关系的同时，也于 1988 年恢复了同蒙古和老挝工会的关系。

中日工会的友好交往是两国民间交流的重要组成部分。中国工会九大闭幕后两个月，日本工会总评议会（以下简称“总评”）即派其顾问、前议长市川诚前来商谈发展中日工会友好关系的问题。1979 年 11 月，全国总工会副主席率团应总评邀请访问日本。代表团在这次访问中还拜会了总评下属的十多个主要产业工会，以及有长期友好关系的日本劳动联合会和新产别工会，并首次同自由工联会员、日本第二大全国性总工会全日本劳动总同盟进行了接触。从此中国工会同日本四个全国性总工会都建立了友好关系。

在20世纪80年代，中日工会交往频繁，从全国性总工会、产业工会、地方工会一直到企业工会，从各级工会领导一直到工人群众，有20个省市总工会同日本相应城市的工会建立了友好关系。全日本电机机器劳动组合联合会、日本钢铁联盟、日本劳动总同盟等工会多次组织数百人的“友好之船”和“友好之翼”访华，扩大了中日工会友好关系的基础。与此同时，同日本工会的对华友好团体、工人福利机构、劳动研究机构广泛开展有关工会工作和劳动问题的交流，接受了进修生、派出技术专家等技术经济合作，丰富了友好交流的内容，推动中日工人和工会友好向深入方向发展。

为推动两国工会长期友好往来，1986年中国工会代表团在访问日本时提出了“把两国工会友好关系推向21世纪”的口号，并发表了三项倡议：（1）开展工会工作交流和工人之间的技术文化交流，努力促进两国的经济合作；（2）进一步发展人员往来，特别是发展青年工人、青年工会工作者的交流；（3）围绕全世界工人和工会共同关心的和平、发展和工人权益三大问题，加强合作，互相支持，共同前进。① 这一倡议的提出，极大促进了双方友好关系的发展，引起了广泛的社会反响。1992年5月，日本工会联合会会长山岸章力排重重阻力，率领代表团访问中国，这是第一个发达资本主义国家工会主要领导人在北京政治风波后访华，对推动西方国家工会同中国工会恢复关系起了积极作用。

由于历史和政治原因，我国同东南亚各国的工会关系建立得比较晚。在发展同南亚和东南亚国家工会的关系时，既注重同执政党工会的关系，也同受在野党影响的公开合法并有群众基础的工会发展关系。随着国家关系的发展以及1983年中国恢复在国际

① 李玉赋主编：《新编中国工人运动史》下卷，中国工人出版社2020年版，第788页。

劳工组织中的活动，我国工会开始在国际多边活动中同东盟国家工会有接触。1986 年，受新加坡执政党领导、参加自由工联的新加坡职工总会派团访华。鉴于当时东南亚一些国家工会直接同中国工会往来有困难，中国工会采取了在国家多边活动中发展双边接触的做法。例如，中国工会代表利用去菲律宾、马来西亚和泰国参加国际劳工组织亚太区域会议的机会，拜会了这些国家工会的总部。再如，1987 年和 1989 年，国际劳工组织在北京举办亚洲太平洋地区工人教育研讨会，参加这两次会议的东盟国家工会有参加自由工联的马来西亚职工总会、菲律宾职工大会、泰国劳工大会、新加坡职工总会，有参加世界劳工联合会（以下简称“世界劳联”）的菲律宾自由工人联合会、泰国劳工大会，还有独立的印度尼西亚全国工会，会后我国工会邀请上述工会组织在中国参观访问，增进了相互的了解和友谊，双方逐渐从在多边活动中接触发展为直接双边往来。全国总工会主席倪志福先后应邀访问了新加坡、老挝、越南和印度尼西亚。为了推动亚洲工会的团结合作，中华全国总工会于 1991 年召开了“工会与发展和就业亚洲研讨会”，前来参会的有 14 个国家 42 个工会组织的 61 名领导人，就农村发展、新技术应用、外资企业、工会参与等问题进行了探讨。

在同西亚和阿拉伯国家工会发展关系中，中国工会坚决支持巴勒斯坦人民恢复民族权利的斗争。1982 年，中国工会代表团参加了由阿拉伯工会联合会等在利比亚首都黎波里举行的声援巴勒斯坦、纳米比亚、南非工人和人民的国际工会会议，这是中国工会在 1979 年中国同美国建交以后首次参加声援性国际工会会议。中国工会坚定地支持阿拉伯人民收复失地和巴勒斯坦人民恢复民族权利的正义斗争，推动了中国工会同阿拉伯国家工会关系的全面发展。1991 年爆发了海湾战争，阿拉伯工会联合会和阿拉伯地区工会分裂为两派，中国工会同两派工会都保持联系，并对伊拉克、巴勒斯坦、约旦工会联合组成的访华团进行了劝说工作。

中国工会九大后，中国迅速同20世纪五六十年代就已同中国工会建立起友好关系的非洲工会恢复关系。这一时期，中国工会同非洲工会统一组织建立起了友好关系，非洲工会统一组织是在非洲影响力最大的工会组织，致力于为非洲大陆和国际工运事业发展而奋斗，它与中国工会在国际事务和活动中互相支援，密切协作，对于推动地区和国际工运发展，促进中非民间友好关系发挥了重要作用。1984年4月，全国总工会主席倪志福率团访问非洲，提出中国工会对非洲工作的四项原则：（1）支持非洲各国工会加强团结，反对外来干涉，从非洲地区实际出发，走独立发展的道路；（2）支持非洲各国工会和工人为维护民族独立、发展民族经济和争取建立国际经济新秩序而努力；（3）坚决同第三世界各种工会站在一起，为反对帝国主义、殖民主义、霸权主义、种族主义，维护世界和平而斗争，在国际性的工会多边活动中为维护第三世界工人和工会的权益，加强同非洲国家工会的磋商、相互支持和合作；（4）根据平等、自主、量力而行、讲究实效的原则，同非洲国家工会在双方感兴趣的领域，采取灵活多样的形式，加强交流和合作。[①] 这些原则受到非洲各国工会的热烈欢迎，推动了中非工会友好关系的发展。到20世纪80年代末，中国工会已同非洲工会统一组织以及50多个非洲国家工会建立和发展了良好的关系，高层领导人频繁互访。1991年非洲工会统一组织总书记松莫努来华访问，受到了江泽民总书记的亲切会见。

这一时期，中国工会对拉丁美洲地区采取了积极的态度，先后派出代表团访问了众多拉丁美洲国家，并逐步同拉美地区大多数国家的工会恢复或者建立了友好关系。随着拉美地区民主化进

---

① 李玉赋主编：《新编中国工人运动史》下卷，中国工人出版社2020年版，第787页。

程的发展，中国工会本着“求同存异”的原则，逐步全面发展同拉美三个政治倾向不同的区域工会组织及其会员组织的友好关系。1980 年，世界劳联下属最大的地区组织——拉美中央工会代表团访问中国。同年 4 月，中国工会代表团参加了自由工联的会员组织墨西哥工人联合会召开的第十次代表大会，并应拉美中央工会的邀请访问委内瑞拉。中国工会代表团的这次活动是中国工会第一次同自由工联、世界劳联这两个系统下属的拉丁美洲全国性总工会直接交往。从此，中国工会陆续同这两个系统的拉丁美洲工会广泛建立了友好关系。1983 年 7 月，中国工会代表团出席世界联合会（以下简称世界工联）的会员组织哥伦比亚工人工会联合会第四次代表大会，广泛接触与会的世界工联会员组织代表，推动了同世界工联系统拉美工会关系的恢复。1986 年 2 月，全国总工会领导人应邀参加墨西哥工人联合会第十一次代表大会，并在致词中宣布了中国工会发展同拉美工会友好关系的四项原则，受到拉美各国工会的广泛赞誉。1992 年，全国总工会主席倪志福率领代表团访问墨西哥、巴西、古巴和委内瑞拉，这是历史上中国工会领导人第一次访问拉丁美洲国家。

改革开放以后，西方国家对中国的了解不断增多。中国工会抓住有利时机，坚持贯彻独立自主、广泛联系的方针，采取各种有力措施，全面发展同所有发达资本主义国家工会的友好关系。在发展同欧洲主要资本主义国家工会的关系中，起了重要作用的西方工会领导人有两人，一是德国工会联合会主席费特尔，二是意大利劳工联盟总书记本维努托。费特尔是德国和西欧工会运动中具有重要影响力的人物，于 1979 年应邀亲率代表团访问中国，这是自由工联西欧会员组织中首先应邀访华的重要领导人。本维努托是意大利社会党人，1978 年以前曾作为知名人士受邀访问中国。之后，本维努托又两次访问中国。在费特尔和本维努托的影响和推动下，发达国家自由工联会员工会纷纷同中国工会建立关系，主要领导人相继访问中国，其中包括英国职工大会总书记默里、瑞典总工会主席尼尔松和马尔姆、比利时总工会主席布鲁克和总书记德鲁姆、加拿大工会大会主席麦克德莫特，以及挪威、丹麦、芬兰、荷兰、瑞士、西班牙等国工会的领导人。中国工会同世界工联的两个主要会员组织法国总工会和意大利总工会于20世纪80年代初恢复了关系。在欧洲发达资本主义国家工会领导人纷纷访华的同时，全国总工会多位领导人也分别率团访问了这些国家，全国总工会主席倪志福于1987年和1989年先后访问了原联邦德国、荷兰、瑞典和挪威。

最早同中国工会恢复关系的西欧国家工会是德国五金工会和意大利劳工联盟，并先后同中国工会互相访问。之后，同中国工会恢复交往的工会组织有法国总工会、西班牙工人委员会以及葡萄牙工会总联盟。中国工会代表也通过多种方式实现了同西欧、北欧和澳大利亚工会组织的交流。

中国工会在发展同欧洲发达资本主义国家工会的关系中，着重增进相互了解，帮助他们更好地了解中国和中国工会，在增进相互了解的基础上，增进友谊，增强合作。为了深入发展同发达资本主义国家工会的关系，中国工会同他们开展了实际事务的交流和合作：通过派出去考察、请进来讲课等方式，交流工会工作和劳工问题的经验，还就经济和技术问题进行多种形式的合作。这些都丰富了友好交流的内容，推动了友好关系的发展。

在同东欧各国工会的关系方面，中国工会在“文化大革命”中保持了同罗马尼亚工会的友好交往，20世纪80年代继续得到进一步发展。中国工会九大后，中国同南斯拉夫工会的关系迅速发展，中方派出代表团参加南斯拉夫工会第八次代表大会，这是中国工会恢复国际事务工作后派出的第一个代表团。双方高层领导人频繁互访，还通过互派报告员、考察团、报刊记者等多种形式交流工会工作经验。当时，受中苏关系的制约，中国工会在发展同东欧其他国家工会的关系时，采取了积极主动、方式灵活、照顾对方处境、避免操之过急的方针。1983 年至 1986 年，中国逐渐与东欧的匈牙利、捷克斯洛伐克、原民主德国、波兰和保加利亚五个国家恢复关系，并且在交往中本着结束过去、开拓未来的精神，进行了各种实质性的交流活动。20 世纪 80 年代后期，上述东欧五国的工会主席先后访问了中国，全国总工会主席倪志福也于 1988 年访问了匈牙利、波兰和原民主德国，双方在交往中就工会改革、思想政治教育、干部教育、劳动立法、社会保障等问题广泛交流了经验。

中苏两国工会关系是随着中苏两国国家关系的改善而恢复发展的。双方通过在东欧各国工会代表大会上的多次接触，商定两国工会关系的恢复从发展产业工会关系开始。1985 年和 1986 年，两国工会交换了综合性的产业工会代表团，1987 年双方互派由书记处书记率领的代表团进行访问，恢复了全国性总工会一级的关系。1989 年 10 月，全国总工会主席倪志福访问了苏联。苏联解体后，中国工会于 1990 年 12 月应邀派观察员代表团出席了在莫斯科举行的世界工联第十二次代表大会，在会上阐明了中国工会对当前国际工运形势的主张和看法，受到了与会代表的热烈欢迎。

### （二）参与和开展国际工运事务

1971 年联合国恢复中华人民共和国在联合国的合法席位后，国际劳工组织也于同年恢复了中国的合法席位。但是由于受到“文化大革命”中极左思潮的影响，中国并未及时参与国际劳工组织的活动。1983 年 6 月，由三方代表组成的中国代表团参加第六十九届国际劳工大会，中国正式恢复了在国际劳工组织中的活动。自恢复与国际劳工组织的关系后，中国工会就一直采取积极合作的态度，在恢复国际劳工组织活动后的第二年，参加了国际劳工组织领导机构理事会的竞选。在自由工联控制国际劳工组织理事会工人组的情况下，中国工人代表以不参加集团的独立候选人身份参加竞选而获胜，这是对中国工会国际工作的检验。中国工会始终站在维护国际工人运动团结和利益的立场上，在涉及国际工人运动的重要问题上，积极阐明自己的观点，并提出相关建设性意见。

在国际劳工组织的各项活动中，中国工会同各国工会特别是广大发展中国家工会广泛联系和合作，为维护世界劳动人民的权益、促进社会正义作出了不懈努力。在制定劳工标准、推动国际劳工立法的工作中，中国工会同各国工会一起，坚决反对雇主企图降低劳工标准的种种图谋。中国工会从维护发展中国家利益出发，主张在注意实现各项劳工标准的普遍性原则的同时，还应考虑到世界各国经济发展水平的不同，要允许根据不同的国情在实施中有一定的灵活性。在工会权利问题上，中国工会揭露自由工联和美国劳联-产联在人权和工会权利问题上使用双重标准以及借维护工人权利之名，行干涉他国内政之实的伎俩。

为推进中国的现代化建设和工会建设，中国工会积极派人参加了国际劳工局主持举办的有关职工教育、职业安全与卫生、产业关系、工人福利及青年工人、女工等专题性的会议、研讨会和学习班，也邀请国际劳工局专家来华举办有关国际劳工组织基本情况、劳工标准、化学工业和建筑业的安全与工业卫生、人口问题等讲习班。双方还于 1987 年和 1989 年，在北京合作举办了以“90 年代教育面临的挑战”和“劳动保护、工作条件和工会”为主题的亚太地区工人教育研讨会，在职工教育方面与国际劳工组织达成友好合作，并取得了显著的成效。

中国工会在进行扎扎实实工作、开展双边活动的同时，积极开展多边性活动，努力参加国际劳工组织的活动以及其他区域性工会组织或某些国家工会举办的多边性国际活动，同时也根据需要独立地在华发起举办一些国际多边性活动。

1986 年“国际和平年”，中国工会邀请了亚洲、非洲、拉丁美洲和欧洲国家的工会代表来中国参加相关活动，并举办了“工会与和平国际”座谈会、以和平为主题的工人业余文艺演出和工人摄影、美术和书法展览等活动。为了顺应非洲国家工会要求交流经验的愿望，1987 年中华全国总工会与非洲工会统一组织合作，在北京举办了两次工会在发展中作用的研讨会，先后共有 25 个非洲国家工会参加。1988 年又扩大了范围，在北京举办了工会在就业和发展中作用的研讨会，邀请了亚非拉和东欧西欧国家工会的代表参加。

为了推动亚洲工会的团结与合作，顺应亚洲各工会组织的愿望，中国工会分别于 1991 年和 1993 年召开了“工会与发展和就业亚洲研讨会”，共计 14 个国家 42 个工会组织的 61 名领导人参加了相关活动。1993 年 8 月，中国工会又在北京和大连举行了包括俄罗斯、哈萨克斯坦、吉尔吉斯斯坦、蒙古、乌兹别克斯坦、中国和独联体工会联合会等 7 个国家 8 个工会在内的主题为“市场经济和工会”专题会晤，与会代表就向市场经济转轨过程中的工会工作交流了经验，并在大连对不同所有制企业中的工会工作进行了系统考察，取得了良好的效果。

独立地举办这些多边活动，就各国工会关心的主题广泛讨论、交流经验，既扩大了中国工会的影响，又使各国工会从中受益。

### （三）成立中国职工对外交流中心

自 1979 年起，应国务院港澳办要求，全国总工会每年接待大批港澳工人自费参观团，以增进大陆地区职工与港澳地区职工之间的相互学习、相互了解。为进一步推动现代化建设，部分来自日本等国家、地区的退休老工人和技术人员受聘来华企业传授技术经验，以促进国内经济技术进步。随着改革开放不断深入，通过开展民间交流以广泛团结港澳工人、争取港澳中间工会，加强经济技术学习、促进对外经济合作等方面的现实需求日益紧迫。基于此，1984 年 12 月 11 日，在北京人民大会堂举行中国职工对外交流中心成立大会，同时宣布成立中国职工交流中心。中国职工对外交流中心由全国总工会、中国企业管理协会、中国国际贸易促进会、中国科学技术协会、全国青联、全国妇联等团体发起成立，主要任务是组织中国职工同各国职工在技术、文化、教育、经营管理、社会福利、社会劳动政策等领域进行友好交流，邀请外国专家来华进行业务技术指导和派遣人员到国外进修、考察技术，为外国企业同中国企业进行经济技术合作起到中介、联络作用。此后 10 年间，中国职工对外交流中心在 20 多个行业开展了技术交流活动，解决了丝绸缩水率、维修彩色电子分色机、果蔬栽培等方面的技术难题；派遣了近 2000 名进修生赴国外进修和考察了电子、技协、纺织服装、现代化厨房设备、饭店管理等方面的技术。许多人进修考察回来后成为企业的骨干。中国职工对外交流中心通过与外国企业合作举办研讨会以及其他多种方式，协助外国企业同中国企业达成了一些经济技术合作协议和贸易合同。

# 第五章

# 扎实推进工会自身建设与工会改革

党的十一届三中全会以后，随着改革开放的全面展开与不断推进，与职工群众的利益息息相关的物价、工资、劳动、流通四个领域开始逐步改革，带来了社会利益的多样化和社会矛盾的复杂化。工会继续深入开展建设职工之家活动，增强基层活力，并进一步加强三资企业的工会工作，取得一定成效。1988 年《企业法》开始实施后，企业中的新管理体制和企业经营机制没有完全形成；劳动人事制度改革也仅处在酝酿探索阶段。国家政治体制改革虽然起步，但政府职能的转变尚未成型。因此，工会改革的目标、改革的方式，也都受到整个改革进程的影响和制约。在此历史背景下，工会组织经过积极探索、反复打磨，形成了《工会改革的基本设想》这一重要研究成果，推动了党的全心全意依靠工人阶级方针的落实，为推进工会自身改革找到了新路。

## 一、工会自身建设

### （一）继续深入开展建设职工之家活动

开展建设职工之家活动，是推动各级工会把工作重点放在基层，全面加强基层工会建设，提高基层工会工作整体水平的有效形式。自 1984 年全国总工会开始建设职工之家后，四年时间中，各级工会抓基层、打基础、促改革，有力地加强基层工会建设，使基层工会向着群众化、民主化迈出扎实的一步，为充分发挥基层工会组织的作用打下了良好的基础。增强基层活力，是工会建设的一项长期任务。为了巩固整顿建家成果，1990 年“五一”国际劳动节期间，全国总工会颁发了《中华全国总工会关于继续深入开展建设职工之家活动的决定》，要求基层工会继续深入开展建设职工之家活动，并明确工作的重点从抓组织整顿转到增强基层活力上来。

各级各地工会认真贯彻全国总工会相关文件精神，按照“统一要求，分类指导，重点突破，逐步推进，整体提高”的思路，积极开展建设职工之家的活动，大中型企业工会努力把工作下沉到车间、班组，县（区）工会则抓好小型企业工会的建设。各级工会的做法主要如下。

一是围绕经济建设和企业发展开展建家活动。建家活动不单纯是工会建设问题，实质上也是企业建设问题。开展建家活动的目的，在于使全心全意依靠工人阶级的指导方针真正在基层得到落实，调动职工群众当家作主的积极性，增强企业的凝聚力，吸引广大职工以厂为家，共同把企业建设好。各地工会坚持建家就是建企业，紧紧围绕企业的中心任务开展工作，把推动本单位的改革和建设、提高企业经济效益作为建家活动的主要目标，并列入考核内容，把企业的难点、职工关心的热点作为建家工作的重点，提高了基层工会为企业生产经营服务的自觉性，调动了职工参与企业生产经营管理的积极性。

二是将建家活动深入班组。把建家活动深入班组，有利于把职工群众真正发动起来，投入企业的改革和建设中。实践中，不少企业结合班组建设开展了班组建“小家”活动，把职工群众作为建家活动的主体，强调按照职工群众的意愿和要求开展工作，受到职工群众的欢迎和拥护。为确保建家活动是以群众为基础开展的，各地各单位普遍规定合格职工之家、先进职工之家、模范职工之家的群众认可率至少在60%的基础上逐步提高。

三是在建家中全面落实工会的四项社会职能。这是加强工会自身建设，使基层工会在改革全局中更好发挥作用的必然要求。实践中，不少企业从改善工作、学习环境入手，落实工会社会职能，把劳动竞赛、民主参与、思想工作以及生活互助等有机结合起来，使工会工作得到全面加强。一些工会机关积极探索，勇于改革，制定了许多行之有效的制度，如联系点制度、基层调研制度、建家工作责任制等，初步改变了过去“靠指令、靠活动”统率基层的做法，形成“机关围着基层转、基层围着职工转”的良好运行机制。

四是建家活动由党政工团齐抓共管。实践中，各级党委重视和支持建家活动的开展，并创造了良好的条件。有的省、市委召开常委会听取工会建家工作的汇报，讨论建家方案。有的以党委名义召开研究工会基层工作的会议，部署建家工作。有的市、县委领导和党政部门负责人员参加建家领导小组。有的省总工会同省委、省政府有关部门联合发文，把建家工作同党的建设、企业建设结合起来，同党政的评先结合起来，相互促进。由于各级党政领导的重视，许多基层把建家工作纳入党委的工作计划和行政的责任目标，使建家活动更富有成效。

到1991年底，全国建成合格职工之家337996个，占基层工会总数的55%。其中，市（地）级先进职工之家27231个，省级（自治区、直辖市）模范职工之家3469个。

### （二）进一步加强三资企业的工会工作

20世纪90年代初，我国对外贸易环境进一步放松，外商投资企业数量不断增加。但是这些企业也存在侵害职工合法权益的现象，如企业私招、乱雇工人，不依法与工人签订劳动合同，逃避缴纳社会保险金；强制职工大量加班，随意提高劳动定额，克扣、拖欠甚至侵吞工人工资；一些小企业的管理人员任意打骂、侮辱、处罚职工，职工人身权利无保障；职工的劳动、生活条件很差，缺乏劳动保护措施，工伤事故多。这些造成了企业与职工劳动纠纷不断，停工、罢工事件时有发生。与高发的职工权益受损事件形成鲜明对比的是，外商投资企业的工会组建率和职工入会率偏低。截至 1990 年，全国外商投资企业工会组建率不足 30%。

出现这种情况的原因主要有以下几个方面：一是相当多的外商对中国工会缺乏了解，担心工会与企业对立，对组建工会持有戒心和疑虑，少数外商甚至公开抵制企业组建工会；二是有些外商投资企业的中方管理人员对外商有迁就情绪，对组建工会持不积极态度；三是相当一部分职工来自农村，缺乏组织工会的意识。为此，各开放城市和特区、开发区工会在组建外商投资企业工会方面积极探索，取得了良好效果。

三资企业同时也面临企业与投资环境之间的矛盾。外资企业不熟悉中国的相关法律政策，在我国办厂过程中经常会遇到很多困难。福建省厦门市外商独资企业工会联合会凭借广泛的社会联系，积极为外商投资办厂创造条件；邀请外商与有关部门领导座谈，主动协助外商解决一些具体难题，在协调矛盾、促进生产上作出贡献。菲律宾投资的一家食品公司曾与内地某乡镇企业合资办厂，投资 12 万余元，不仅未获利，本金也无法追还。工会联合会得知情况后主动协助追索，将被骗资金如数收回。1990 年 12 月台风横扫厦门，一些外资企业受损。台风刚过，联合会的工会人员第一批赶到受灾现场，帮助企业救灾。工会为外商投资企业排忧解难，赢得了企业对工会的理解和重视。

三资企业同时也面临企业与员工之间的矛盾。一些企业是合资兴办，股东对公司职工福利限制较多。上述公司工会为切实维护职工权益，代表职工与公司签订了集体劳动合同，规定企业应以当年物价上涨指数为职工工资的递增率，保证公司职工不会因物价上涨而遭受经济损失。工会同时在职工教育方面狠下功夫，帮助职工适应现代化生产的管理方式。一些公司工会坚持把岗位培训、业余学习和经济杠杆三者紧密结合起来。公司对生产线工人进行培训上岗，对生产中出现的问题随时进行技术指导，并根据流水线作业的特点，利用业余时间开班授课。公司还建立了职工教育激励机制，实行学历工资制度，利用经济利益激励职工的学习热情。职工开展的教育培训使职工技术素质迅速提高。① 福建省三资企业工会通过协调企业内外部矛盾，协助企业排忧解难，狠抓职工教育等实在而卓有成效的工作，切实维护了三资企业和职工的合法权益，调动了三资企业广大职工的积极性、创造性，为促进我国社会主义现代化建设事业的发展作出了贡献。

虽然已经取得了不小的成绩，但三资企业工会也面临着建立工会难、开展工会工作难的突出问题。据统计，1990 年厦门市已经开业的三资企业有 506 家，建立工会的仅 200 家；福州已经开业的三资企业有 437 家，已经建立工会的有 108 家，其中能够相对独立自主、正常开展工作的仅 40 余家。1991 年广东省有 67.5%的外商投资企业和 92.5%的“三来一补”企业未建立工会。而建立了工会后，又出现了开展工会工作困难的问题：一些外商投资企业不能安排工会活动的时间，拒绝拨交工会经费；有的外商投资企业不同意工会代表职工列席董事会，处分职工时也不征求工会的意见。上述困难也与我国法律程序不完善或执法不力有关。

① 王华：《关于增强三资企业工会活力的调查与思考》，《中国劳动关系学院学报》1992 年第 3 期。

## 二、工会改革的基本设想

### (一)《工会改革的基本设想》的酝酿与提出

在中国工会九大的开幕致词中，邓小平指明了新时期工人运动的方针、任务，为工会改革做好理论和思想上的准备。中国工会从“文化大革命”的混乱中恢复过来，摘掉长期悬在工会和工会干部头上的“经济主义”和“工团主义”两顶帽子，明确了工会维护职工合法权益不是“经济主义”，反映职工的要求不是“工团主义”。根据邓小平致词的要求以及 1982 年《宪法》的施行，全国企事业单位普遍建立了职工代表大会制度，加强了职工对企业的民主管理和民主监督。

中国工会十大以后，作为先进生产力代表的工人阶级的组织，工会在发展生产建设的同时是否也需要承担必要的社会责任和社会作用，在工会中产生了一些不同的声音，这是一个必须重视的问题。以城市为重点的经济体制改革全面展开后，工会面临着如何处理改革中出现的大量问题、如何对待发展生产力和维护职工利益的关系、如何在改革中进行自我定位的问题。工会改革的任务正式提上日程。

1984 年 6 月，全国总工会十届三次主席团会议召开，会议主要议题是分析改革对工会工作带来的新情况，研究工会如何适应改革、参加改革和进行自身改革。同年 12 月，全国总工会十届二次执委会议明确提出，要把发展生产、发展经济同维护职工利益统一起来，统一了广大工会干部的思想。这次会议形成了工会改革的初步构想。1985 年 7 月，全国总工会十届六次主席团会议，在确定以加强企业民主管理为工会工作重点的基础上，针对我国工会欠缺社会政治地位及社会作用的现实，提出工会要参与国家和社会事务管理，拓宽了工会工作的领域。

1987 年 12 月，全国总工会十届五次执委会议重点讨论了工会改革的问题。会议讨论了全国总工会起草的《关于工会改革若干问题的意见》（征求意见稿），指出了在工会改革中迫切需要解决的几个问题。会后，全国总工会组织了 7 个专题小组，就工会的社会职能和工作方针、工会同党的关系、工会同政府和行政的关系、工会的组织制度和活动方式、工会的干部人事制度、工会办实业等问题，分别到一些省市调查研究，召开地区性座谈会或研讨会，获得了大量基层资料和建议。

1988 年 10 月，全国总工会召开十届六次执委会议，正式审议通过了《工会改革的基本设想》（以下简称《设想》）。同年 10 月，中国工会十一大印发了《设想》。《设想》以党的十三大确定的基本路线为指引，在总结我国工会运动历史经验教训的基础上，全面分析我国工会工作的现状，按照当时经济体制改革和政治体制改革的总体要求、构想，对新时期工会的社会职能和工作方针、工会改革的外部条件、工会自身的几项重大改革都提出了明确的意见。这一重要文件在我国工会运动发展历史上具有重大意义，对工会改革和工会工作具有重大指导作用。

中国工会十一大后，中国工会经历了国际国内复杂形势的考验，进一步证明了《设想》是符合时代要求的。

### （二）明确工会组织的四项职能和三个关键点

工会改革是政治体制改革的重要组成部分。根据《设想》，工会改革的目标是把我国工会建设成为中国共产党领导的，独立自主、充分民主、职工信赖的工人阶级的群众组织，在国家和社会生活中发挥重要作用的社会政治团体。为此，一要理顺工会的外部关系，主要是理顺工会和党的关系，理顺工会和政府与行政方面的关系，使工会依法独立自主地开展工作，成为职工群众参政议政的有组织的民主渠道，以更好地发挥党联系群众的纽带作用和政府的坚强社会支柱的作用；二要密切工会与群众的联系，以增强基层工会活力为中心环节，深入进行工会的自身改革，明确工会的社会职能和工作方针，改革组织制度与活动方式，克服和防止行政化倾向，实现工会组织的群众化、民主化。

1. 工会组织的四项职能

根据《设想》，在社会主义初级阶段，我国工会的社会职能主要体现在四个方面：（1）维护职工群众的合法利益和民主权利；（2）吸引职工群众参加改革，努力完成经济与社会发展任务；（3）参与国家和社会事务的管理，参与企业、事业单位的民主管理；（4）通过工会提高职工队伍素质。概括来说，工会的四项社会职能是维护职能、建设职能、参与职能和教育职能。这四项社会职能是相互联系、相互作用的有机整体，从不同方面体现了工会应有的社会功能。

在维护职能方面，党中央在“三一四”指示中就强调过工会的维护职能，之后在各种场合多次强调工会要维护职工的合法权益，使工会成为职工群众自己的组织。党的十三大报告更进一步指出，工会等群众组织要“在维护全国人民总体利益的同时，更好地表达和维护各自所代表的群众的具体利益”①。这为工会履行维护职能指明了方向。工会履行维护职能，既是职工群众的迫切要求，也是党和政府对工会的要求。

工人阶级是社会主义现代化的主要建设者，工会要动员广大职工群众为实现国家的经济和社会发展任务而奋斗，这是工会的建设职能。它是我国工会的一项重要职能。党的十三大报告阐述

① 中共中央文献研究室编：《沿着有中国特色的社会主义道路前进》（1987 年 10 月 25 日），《十三大以来重要文献选编》（上），中央文献出版社 2011 年版，第 38 页。

了我国社会主义初级阶段理论和党在初级阶段的基本路线，强调指出，“一切有利于生产力发展的东西，都是符合人民根本利益的，因而是社会主义所要求的，或者是社会主义所允许的。一切不利于生产力发展的东西，都是违反科学社会主义的，是社会主义所不允许的”①。这对于正确认识这一阶段面临的主要矛盾，以及解决这个主要矛盾的根本途径，提出了科学理论和根本标准。因此，以经济建设作为党的工作重心，既代表工人阶级和全体人民的根本利益，也科学地规定了工人阶级承担的历史任务。工会是党领导下的工人阶级群众组织，要把发展生产力作为自己一切活动的出发点和归宿。这是工会履行建设职能的根源所在。

工会的参与职能是工会性质、地位及其面临社会矛盾的客观要求。党的十三大报告指出，“社会主义民主政治的本质和核心，是人民当家作主，真正享有各项公民权利，享有管理国家和企事业的权力。现阶段社会主义民主政治的建设，必须着眼于实效，着眼于调动基层和群众的积极性，要从办得到的事情做起，致力于基本制度的完善”②。工会作为工人阶级的群众组织，作为社会主义政治体系中重要的社会政治团体，在代表和组织职工群众参与社会各个层次的管理、实行社会监督方面，有着不可替代和不可推卸的责任。

工会历来重视教育职能，工会是工人阶级进行自我教育的学校。随着我国经济体制改革和发展，我国工人阶级队伍不断发展

---

① 中共中央文献研究室编：《沿着有中国特色的社会主义道路前进》（1987 年 10 月 25 日），《十三大以来重要文献选编》（上），中央文献出版社 2011 年版，第 49 页。

② 中共中央文献研究室编：《沿着有中国特色的社会主义道路前进》（1987 年 10 月 25 日），《十三大以来重要文献选编》（上），中央文献出版社 2011 年版，第 38 页。

壮大。工人阶级作为国家的领导阶级和现代化建设的主导力量，无论是在国家的经济、政治生活中，还是在科技文化领域，都发挥着日益重要的作用。随着知识分子的加入和管理者阶层的扩大，以及乡镇企业农村劳动者的加入，工人阶级队伍成为一个更加复杂的社会政治群体。20 世纪 80 年代后，产业工人队伍新老交替的速度大大加快，青年职工占比不断增加，成为我国社会主义现代化建设的重要参与者。上述情况要求工会必须适应各种类型、各部分职工的特点开展相适应的教育活动，提高职工群众的思想道德素质和文化技术水平。

工会四项职能是逐步发展和完善的，但总体来说，它们是相互联系、相互作用的，关系着工会整体作用的发挥。①

**2. 工会改革的三个关键点**

工会自身改革的外部条件是理顺工会和党委、工会和政府（行政）的关系，这是工会改革的关键点之一。在工会与党的关系方面，工会是在党的领导下建设和发展起来的，坚持党对工会的领导是工会一贯坚持的政治原则。因此，工会一方面必须自觉接受党的领导，另一方面作为党领导的人民团体，要依照法律和章程独立地开展工作。在工会和行政的关系方面，工会和政府在法律地位上是平等的。工会需要代表职工群众参与国家和社会管理，成为职工群众参政议政的组织化的民主渠道，并在政府行使国家权力的过程中发挥社会监督的作用②。这也理顺了党和政府同工会的关系，使工会能够更好地独立自主开展工作。

工会改革的内部关键点是基层工会。全国总工会十届二次执委会议明确指出，要把工会工作的立足点放在加强基层工会工作

---

① 陈骥：《改革中的工会和工会的改革》，中国工人出版社 1999 年版，第 21—34 页。

② 吴建平：《改革开放以来中国工会的制度变迁》，社会科学文献出版社 2021 年版，第 107 页。

上来。1984 年开始的整顿建家活动健全了工会基层组织，充实了工会领导干部，改善了工会同职工群众的关系，使基层工会工作有所加强，为下一步改革提供基层保障。但工会组织运转机制没有发生根本转变。中国工会是职工自愿结合的工人阶级群众组织，广大职工群众是在基层工会之内被组织起来的，基层工会是工会组织的基础。这是工会作为一个群众组织的性质所决定的，它意味着工会必须有广泛的群众性和高度的民主性。因此，工会需要充分尊重基层组织和职工群众的自愿和自主的原则。随着改革的不断深化，每个企业、每个基层情况各有不同，这要求基层工会有独立处理各种问题的能力。工会需要从原来主要依靠自上而下布置、检查、管理、指挥的运转机制，逐步转变为自下而上的代表、协调、服务的新运转机制。《设想》要求上级工会要把主要精力放在了解、反映基层和会员群众的意见与要求上，在一定层次上进行民主参与和社会监督，进行理论政策的指导，加强工会干部培训等。这实际上是要求工会各级领导机构在思想观念和工作方法等方面进行转变。

工会进行组织和人事制度改革，是保证工会履行自身职能、工会组织正常运转的必要条件。这是工会改革的第三个关键点。《设想》中提出了工会干部人事制度改革的目标是由党委主管、工会协管的体制逐步转向由工会按工会章程和条例自行管理干部的制度。但工会干部人事制度改革涉及的问题十分复杂，包括编制、职称、待遇、职务、经费以及人员流动等，是一项系统工程，并受到国家干部管理制度改革的制约，必须循序渐进地进行。《设想》提出，工会干部制度改革的突破口，是实行对工会领导的民主选举，首先是基层工会干部的民主选举制。这可以改变事实上存在的委派制，是工会实现民主化、群众化的必要条件。

## 三、党对工会的领导进一步加强

### （一）党中央关于全心全意依靠工人阶级的新论述

20世纪80年代末90年代初，苏联解体、东欧剧变。由于国际上反共反社会主义的敌对势力的煽动，国际大气候和国内小气候导致1989年春夏之交我国发生严重政治风波。党和政府依靠人民，旗帜鲜明反对动乱，捍卫了社会主义国家政权，维护了人民根本利益。1989年6月，党的十三届四中全会在北京召开，全会分析了国内发生政治风波的性质和原因，初步总结了经验教训，明确了当前和今后一个时期党的方针和任务，并对党中央领导机构作出调整。全会强调，要继续坚决执行党的十一届三中全会以来的路线、方针和政策，继续坚决执行党的十三大确定的“一个中心、两个基本点”的基本路线。

1989年7月，中共中央总书记江泽民等中央领导人同出席全国总工会十一届三次主席团（扩大）会议的全体成员进行了座谈，阐明了全心全意依靠工人阶级的指导思想和工会工作必须遵循的一系列原则。他谈道：“我国宪法的总纲对工人阶级领导、工农联盟、人民民主专政都写得清清楚楚：‘中华人民共和国是工人阶级领导的、以工农联盟为基础的人民民主专政的社会主义国家。’宪法序言中，对党的领导作用和我国近代史作了一个扼要的叙述，写得很精练，写得很好。中国共产党领导全国各族人民进行革命所取得的国家政权，就是工人阶级领导的政权。我们的国家是工人阶级领导的国家，不全心全意依靠工人阶级依靠谁！

全心全意依靠工人阶级这一条，我们决不可动摇。”① 以宪法为依据，江泽民同志再次明确并强调了工人阶级的领导地位。在谈到工会时，江泽民指出，工会是工人阶级的群众性组织，既应该是在党的统一领导下活动，又要是相对独立的组织。工会只有在党的领导下进行工作，才能够保证自己的正确政治方向。但是也不能把工会变成党委的一个部门，等同于党委的宣传部、组织部一类的机构，这样的话，工会就不能代表群众说话，就不能更好地维护职工的利益。江泽民接着指出，全心全意依靠工人阶级，必须把工会办好，充分发挥工会的作用。工会应该具备参政议政的功能，“成为发扬社会主义民主的渠道”②。此外，工会应该发挥教育功能，表现形式是“一所提高全体职工群众思想觉悟的大学校”③。工会需要利用工会这个渠道把工人的意见反映出来，也需要通过工会在职工中进行爱国主义、基本路线和工人阶级主人翁精神的教育。

江泽民的上述重要讲话重申了我国工人阶级的地位和作用，明确了工会组织的工作方针和原则，对深化中国工人运动和推进工会工作具有重要的理论和实践意义。

## （二）加强党对工会领导的重要指示

为了进一步树立全心全意依靠工人阶级和广大人民群众的思想，1989 年 12 月，党中央发出《关于加强和改善党对工会、共青团、妇联工作领导的通知》（以下简称《通知》）。《通知》深

① 江泽民：《正确认识工会的作用》（1989 年 7 月 26 日），《江泽民文选》第 1 卷，人民出版社 2006 年版，第 64 页。

② 江泽民：《正确认识工会的作用》（1989 年 7 月 26 日），《江泽民文选》第 1 卷，人民出版社 2006 年版，第 65 页。

③ 江泽民：《正确认识工会的作用》（1989 年 7 月 26 日），《江泽民文选》第 1 卷，人民出版社 2006 年版，第 66 页。

刻阐述了社会主义条件下工会等群众组织的性质、地位、作用，以及党对工会领导的正确原则、方针、政策，并就加强和改善党对工会工作领导的基本指导思想、指导原则、目标途径及方式方法等作出一系列规定。

《通知》明确指出，工人阶级是我们国家的领导阶级，是先进生产力和生产关系的代表，是建设和改革最根本的动力。党的性质、宗旨和指导思想，决定了党必须把一切为了人民的利益作为自己全部活动的出发点和归宿。人民群众是党的力量源泉和胜利之本。全心全意依靠工人阶级和广大群众，就要充分尊重上述群体的国家主人翁地位，保护上述群体的合法权益，调动上述群体的积极性和创造性，扩大上述群体对党和政府工作的监督，提高上述群体的思想政治觉悟和科学文化水平，这都需要充分发挥工会的作用。

《通知》明确了党对工会工作领导的原则和要求。中国共产党是中国工人阶级的先锋队，是各族人民利益的忠实代表，是社会主义事业的领导核心。工会是党领导下的工人阶级群众组织，坚持党的领导，是做好工会工作的根本保证。《通知》重申了在工会干部人事管理上仍受同级党委和上级组织的双重领导，以同级党委领导为主的根本原则。① 工会围绕党在每个时期的中心任务开展工作。同时，党组织应当支持工会依照法律和各自的章程，独立自主、创造性地开展工作；支持工会在维护全国人民总体利益的同时，更好地维护职工群众的利益。工会用党的路线、方针、政策为群众说话、办事，将广大职工紧密地团结在党的周围为社会主义事业奋斗，加强党同群众的密切联系，成为党联系群众的桥梁和纽带。

---

① 吴建平：《改革开放以来中国工会的制度变迁》，社会科学文献出版社 2021 年版，第 108 页。

《通知》提出党领导下的工会功能，一是要充分发挥工会在思想政治教育中的作用。各级工会应当在职工中经常进行工人阶级优良传统的教育，增强广大职工的国家主人翁责任感；深入开展职业责任、职业道德、职业纪律、职业技能的“四职”教育，大力提高职工队伍的素质。要鼓励和支持广大职工搞技术革新、提合理化建议。在治理整顿和深化改革时期，要教育广大职工理解和体谅国家困难，努力增产节约、增收节支，不断提高经济效益。二是工会应当成为广大群众有组织、有纪律、有领导的参政议政的民主渠道。政府及有关部门正在研究制定经济和社会发展计划，制定教育、劳动、工资、社会保障、物价、住房以及其他涉及职工切身利益的重大政策、措施，设立工资、物价等有关职工切身利益的专门机构时，需要充分听取工会的意见或吸收工会代表作为正式成员加入工作。某些涉及群众切身利益的重大问题，各级政府或有关部门可以与同级工会分别或共同联署发布文件。在具体路径方面，《通知》指出要增强基层工会的活力，加强工会干部队伍建设。

《通知》是党中央加强和改善对工会等群众团体领导的重要纲领性文件，充分体现了党中央关于全心全意依靠工人阶级的指导思想和对工会工作的高度重视与支持，它的核心是要通过加强和改善领导，充分发挥群团组织在贯彻党的基本路线、推进社会主义现代化建设中的桥梁纽带作用和社会支柱作用。《通知》肯定了中国工会十一大以后确定的工会改革总目标，推动了各级工会在党委的领导下自觉沿着党中央指明的正确方向前进，对于我国工人运动和工会工作的开展具有十分深远的影响。

# 第十二编

# 建立社会主义市场经济体制进程中的工人运动（1992—2002）

# 第六章

# 建立社会主义市场经济体制与探索有中国特色社会主义工会工作新路子

1992年，以邓小平的南方谈话和党的十四大为标志，中国改革开放和社会主义现代化建设迈入了一个新的发展阶段。建立社会主义市场经济体制是一项前所未有的探索，涉及经济、政治、社会和文化等各个方面的深刻变革。这不可避免地带来了一系列政策和利益关系的大规模调整，为工运事业发展带来了全新的机遇和挑战。社会主义市场经济是与社会主义基本制度紧密相连的，工人阶级作为国家主人翁的地位不会改变。党中央明确强调，我们党领导的改革和社会主义现代化建设的所有活动与整个过程，都必须坚定地依靠工人阶级的力量。这要求在政治上给予保证，制度上确保落实，素质上不断提高，以及权益上得到有效维护。为了贯彻全心全意依靠工人阶级的方针，必须充分发挥工会的作用，把工会工作做好。工会在这一时期被赋予了更重要的职责和使命，成为党和职工群众之间的桥梁和纽带，为职工提供更多的权益保障和服务。

## 一、党的十四大与工会工作面临的新形势

### （一）党的十四大与建立社会主义市场经济体制改革目标的确立

在党和国家历史发展的紧要关头，1992 年春，邓小平先后到武昌、深圳、珠海、上海等地视察，发表了重要谈话。邓小平十分关注加快推进改革开放问题。他指出，革命是解放生产力，改革也是解放生产力。在谈话中，邓小平精辟地阐述了计划和市场的关系问题，从根本上解除了把计划经济和市场经济看作属于社会基本制度范畴的思想束缚，使人们对计划与市场关系问题的认识有了新的重大突破。邓小平还反复强调抓住时机，加快发展，解决中国的发展问题，关键是要坚持党的基本路线不动摇。邓小平的南方谈话，科学总结了党的十一届三中全会以来的实践探索和基本经验，从理论上深刻回答了长期困扰和束缚人们思想的许多重大问题，是把改革开放和现代化建设推向新阶段的又一个解放思想、实事求是的宣言书，对中国整个社会主义现代化建设事业具有重大而深远的意义，对即将召开的党的十四大具有十分重要的指导作用。

1992 年 10 月，中国共产党第十四次全国代表大会在北京召开。党的十四大作出三项具有深远意义的决策：一是抓住机遇，加快发展，集中精力把经济建设搞上去；二是明确我国经济体制改革的目标是建立社会主义市场经济体制；三是确立邓小平建设有中国特色社会主义理论在全党的指导地位，将建设有中国特色社会主义理论和党在社会主义初级阶段的基本路线写入党章。

建立社会主义市场经济体制，要认真抓好四个相互联系的重要环节：一是转换国有企业特别是大中型企业的经营机制，把企

业推向市场，增强它们的活力，提高它们的素质；二是加快市场体系的培育；三是深化分配制度和社会保障制度的改革；四是加快政府职能的转变。国有企业的体制改革，建立现代企业制度是经济体制改革最重要的目标之一。国企改革从过去的放权让利、政策调整进入转换机制、制度创新阶段。1993 年 12 月 29 日，全国人大常委会通过了《公司法》，并于 1994 年 7 月 1 日起开始实施。《公司法》的根本目的是要通过规范公司的组织和行为，保护公司及有关利害关系人的合法权益，使公司的活动纳入法制轨道，形成良好的社会经济秩序，为市场主体提供公平、有序的发展环境，从而促进社会主义市场经济的发展。从 1994 年起，国务院和各地先后选择了 2700 多家国有企业进行建立现代企业制度试点工作，推行公司制、股份制改革。伴随着现代企业组织形式的引进，用工方式以及分配方式也发生了变化。国有企业向现代企业制度转轨过程中，工会组织的地位、作用、权利遭遇很大困扰，出现了所谓“新三会”（股东会、董事会和监事会）与“老三会”（党委会、职工代表大会和工会）之争。如何用新的方法和路径来发挥工会作用，切实维护职工群众的合法权益，使改革和建设在协调、稳定的基础上健康发展，成为摆在工会组织和广大工会工作者面前的新课题。

党的十四大报告还强调要加强和改善党对工会、共青团、妇联等群众组织的领导，充分发挥它们作为党联系群众的桥梁纽带作用。

党的十四大是在我国加快改革开放和社会主义现代化建设的新形势下召开的一次十分重要的大会，为正确认识社会主义初级阶段的工运问题，积极探索适应社会主义市场经济要求的工会工作新路子，制定社会主义市场经济体制条件下工会工作的总体思路，引导工会组织发展提供了根本指导。

### (二) 社会主义市场经济体制下工会工作新的机遇与挑战

以建立社会主义市场经济体制为目标的改革，给我国带来一系列重大变化，尤其是社会经济关系、劳动关系的新变化对工人阶级产生了深刻影响，这为工会工作领域的拓展提供了极好的机遇。在市场经济条件下，工会要把研究经济关系和劳动关系放到重要位置上，把它作为工会参与经济工作及发挥桥梁纽带作用的基点。工会组织要主动协助政府和企业行政处理好改革中涉及职工切身利益的各种问题。工会要积极参与协调经济关系与劳动关系，除参与国家或地方的法律法规和宏观经济政策的研究制定以外，要把工作重点放在企业上，尤其要加强过去工会工作比较薄弱的那些方面，比如，在三资企业、乡镇企业、民办高科技企业以及私营企业中，注重对这些企业职工切身利益和合法权益的研究和保障。在市场经济条件下，工会在处理其所代表的利益主体与外部各利益主体关系，以及处理工人阶级内部各阶层的利益关系方面的工作任务变得更加繁重。

工会如何应对时代变化，研究新情况，解决新问题，创造性地开展工作，也面临着多方面的严峻挑战。在社会主义市场经济体制的摸索中，如何搞好国有企业经营体制的转换同时又能维护好职工的合法权益，如何处理国家、企业、职工三者的关系；如何加强监督，如何创新工作方法应对新形势新问题，都是工会面临的挑战。搞好国有企业特别是国有大中型企业经营机制的转换，直接涉及职工群众的切身利益，工会必须开展复杂艰巨的工作。深化改革和扩大开放，使劳动关系由国家与职工的关系逐步转变为企业与职工的关系，并向市场化、契约化的方向发展，国家、企业、职工三者的利益关系日益清晰。工会作为职工利益代表者的身份更加明确，工会代表职工调节劳动关系、维护职工合法权益的任务空前突出。发展市场经济要依法规范政府、企业、职工等各方的行为，强化监督和制约机制，这也要求工会加大参与立法、制定政策和执法监督的力度。同时，工会干部自身的素质亟待提高。计划经济体制下的工会工作向市场经济体制下的工会工作转变，工会工作领域得到拓展，这使工会干部面临许多新问题、新挑战，要求工会干部必须加强学习，转变观念，提高能力，适应形势需要，进行自我转型。

发展社会主义市场经济，工会必须把工作重点放在参与深化企业改革，特别是国有大中型企业经营机制的转换上。转换企业经营机制，把企业推向市场，增强活力，提高素质，是建立社会主义市场经济体制的中心环节，必须集中力量，切实抓紧抓好。转换企业经营机制，关键是理顺产权关系，实行政企分开，使企业真正成为法人实体和市场竞争主体，做到企业自主经营，职工当家作主。要努力推动《全民所有制工业企业转换经营机制条例》的贯彻落实，积极促进国有大中型企业进一步完善经营承包制、试行与发展股份制、合理组建企业集团和有些国有小企业的出租出售，加强工会的主动参与、跟踪调查和协调监督。要从推动综合配套改革和技术改造入手，促进产品升级换代，增加生产，厉行节约，反对浪费，做到优质低耗，提高效率、效益，为企业进入市场多做工作。要积极推动企业结构调整，改变“大而全”“小而全”的状况，逐步做到专业化生产、集约化经营和社会化服务。要重视亏损企业的工作，积极配合企业发展需要。发动职工按照市场的要求，调整产品结构，提高产品质量，开拓新的门路，尽快促使企业扭亏为盈。实行股份制有利于促进政企分开、转换经营机制和积聚社会资金，是推动企业自负盈亏、增强活力的一种形式。在国家股和国有法人股占主体的情况下，并不改变企业的社会主义性质。根据 1988 年《中华人民共和国全民所有制工业企业法》，职工代表大会作为职工行使民主管理权力的机构，它的性质和任务同董事会、股东大会不同，不能相互取代。工会要努力探索和理顺职工代表大会与董事会、股东大会的关系。

## 二、中国工会十二大与探索有中国特色社会主义工会工作新路子

党的十四大确定了在20世纪末初步建立起社会主义市场经济体制、实现国民经济发展第二步战略目标的宏伟蓝图，将我国的改革开放和现代化建设全面推进到一个新阶段。在此形势下，召开新一届中国工会全国代表大会、制定工运新方针已成为紧迫的现实任务。

### （一）中国工会十二大的召开

1993年10月24日至30日，中国工会第十二次全国代表大会在北京召开。出席大会的代表1600人，代表全国的1.02亿工会会员。同时，还有296名特邀代表和21名港澳地区工会界的来宾出席了大会。党和国家领导人江泽民、李鹏、乔石、李瑞环、朱镕基、刘华清、胡锦涛等出席了开幕式。

中共中央政治局常委、中央书记处书记胡锦涛代表党中央、国务院发表了《我国工人阶级的伟大使命》的致词。胡锦涛在致词中盛赞我国工人阶级是一支特别能战斗的队伍，始终是推动社会前进的最基本的动力。胡锦涛指出，中国工人阶级新时期的伟大使命，就是同全国人民一道，高举建设有中国特色社会主义的旗帜，全面贯彻党的基本路线，牢牢把握经济建设这个中心，坚定不移地发展社会主义市场经济，坚定不移地发展社会主义民主政治，坚定不移地发展社会主义精神文明，为把我国建设成为富强、民主、文明的社会主义现代化国家而努力奋斗。胡锦涛指出，历史已经证明并将继续证明，我国工人阶级不愧是同社会化大生产相联系的觉悟最高、纪律性最强的阶级，不愧是国家的领导阶

级，不愧是推动社会进步的中坚力量，不愧是革命和建设的主力军。发展社会主义市场经济，并不改变国家的性质和工人阶级在国家生活中的领导地位，各级党委和政府仍然必须旗帜鲜明地、毫不动摇地坚持全心全意依靠工人阶级的方针。

胡锦涛专门指出中国工会在建设社会主义现代化过程中的重要地位、历史作用及未来展望。中国工会是党领导的工人阶级群众组织，是党联系职工群众的桥梁和纽带，是国家政权的重要社会支柱。改革开放 15 年来，各级工会组织坚持党的“一个中心、两个基本点”的基本路线，团结和动员广大职工为维护社会稳定，推进改革开放和现代化建设，做了大量的工作，发挥了重要作用。加快改革开放，发展社会主义市场经济，工会必须承担更艰巨的任务，发挥更重要的作用，这是党的重托、职工群众的期望，也是社会主义市场经济的内在要求。职工群众需要工会敢于和善于为自己说话办事，更好地代表和维护自己的合法权益，充分发挥民主渠道和社会调节作用。工人阶级和工会与党之间的这种亲密无间的血肉联系，在新形势下显得更加重要。依靠职工群众搞好国有企业特别是大中型企业经营机制转换，是巩固社会主义制度和发挥社会主义优越性的关键所在，工会在这方面的工作非常艰巨。乡镇企业、外商投资企业和私营企业的迅速发展，工人阶级队伍不断壮大，使得工会的组织建设任务异常繁重。经济发展走上依靠科技进步和提高劳动者素质的轨道，改革开放既要吸收和利用世界各国包括发达资本主义国家所创造的一切文明成果，又要抵御资本主义腐朽思想对职工队伍的影响，使工会提高职工素质的任务进一步加重。新形势下工会的地位作用更重要，工会工作只能加强不能削弱。

全国总工会副主席、书记处第一书记张丁华代表全国总工会第十一届执委会作了题为《团结动员全国职工发挥主力军作用为夺取有中国特色社会主义事业的更大胜利而奋斗》的工作报告。报告总结了改革开放15年来我国工人运动和工会工作所取得的伟大成就和工会工作的基本经验。报告指出，改革开放15年来，我国工人阶级为改革开放和社会主义现代化建设事业作出了重大贡献，是社会主义现代化建设的主力军，是推动改革开放的强大动力，是维护社会安定团结的中流砥柱，是建设社会主义精神文明的主导力量。改革开放15年来，中国工会在理论上有新的突破，实践上有新的创造，工作领域有新的扩展，社会作用有新的增强。报告同时深刻指出了工会工作存在不足，即在社会主义市场经济形势下，思想观念不完全适应客观形势的要求，对经济关系和劳动关系研究不够，多层次多渠道参与不够，工会组织的群众化、民主化建设还有差距，需要进一步改进工作作风，密切与职工群众的关系。这为积极探索有中国特色社会主义工会的新路子奠定了思想和理论基础。

中国工会十二大提出了今后一个时期我国工会工作的方针：坚定不移地贯彻执行党的以经济建设为中心、坚持四项基本原则、坚持改革开放的基本路线，在维护全国人民总体利益的同时，更好地表达和维护职工群众的具体利益，全面履行各项社会职能，充分发挥民主渠道和社会调节作用，团结和动员全国职工，巩固和发展安定团结的政治局面，为把我国建设成为富强、民主、文明的社会主义现代化国家而奋斗。

根据这一方针，大会提出了各级工会必须努力实现的主要任务：(1) 动员职工发扬艰苦奋斗创业精神，为国民经济上新台阶建功立业；(2) 依靠职工深化改革，努力推进国有企业特别是国有大中型企业转换经营机制；(3) 进一步扩大工会工作领域，促进乡镇、外商投资和私营企业的健康发展；(4) 加强立法参与和决策参与，依法维护职工权益；(5) 加强职工队伍建设，全面提高职工素质；(6) 统筹规划，积极稳妥地发展工会企事业；(7) 大力支援农业，进一步巩固新时期工农联盟；(8) 加强工会国际工作和发展同港澳台地区工会的合作与交流。

社会主义市场经济体制的建立对工会工作和工会建设提出了新的要求，工会工作和工会建设必须主动适应新形势、新任务的要求，并在工会章程中作出相应规定。因此，中国工会十二大通过了关于《中国工会章程》（修正案）的决议。修改后的《中国工会章程》，对总则部分作了较大的调整和充实，进一步明确了工会的性质、身份和活动准则，扼要阐述了中国工人阶级的地位和作用，明确了工会工作的指导思想和基本任务，集中阐述了工会的社会职能，增写了工会在社会主义市场经济条件下参与协调劳动关系、调节社会矛盾的作用，对工会与政府、工会与企业事业行政间关系的内容作了补充。在条文部分增写了有关“会徽”的内容。这次修改后的《中国工会章程》规定的中国工会会徽，是全国总工会根据广大会员群众的建议和要求，通过在全国范围内征集设计图案，最后由专家评定和艺术加工产生的。会徽以圆形为主体，选用汉字“中”“工”，经艺术改造组合成主题图案，象征中国工会和中国工人阶级的团结统一。修改后的《中国工会章程》体现了邓小平建设有中国特色社会主义理论和党的基本路线的要求，体现了发展社会主义市场经济对工会工作和工会建设的要求。新的《中国工会章程》的通过和实施，对于加强新时期工会工作和工会建设具有十分重要的意义。

中国工会十二大选举产生了全国总工会十二届执行委员会委员 241 人，并选举产生了新的主席团和书记处，组成了全国总工会新的领导集体。在全国总工会十二届一次执委会议上，中共中央政治局委员、中央书记处书记、中央纪委书记尉健行当选为中华全国总工会主席，十二届主席团第一次会议推选张丁华为书记处第一书记。

中国工会十二大是在我国改革开放走向深化的关键节点召开的一次盛会。这次大会贯彻了邓小平南方谈话和党的十四大精神，突出了改革的主旋律，研究了工会面临的迫切需要解决的问题，形成新的工作思路，取得丰硕成果，在改革开放以来的工会史上留下了浓墨重彩的一笔。

### （二）探索有中国特色社会主义工会工作新路子

1993 年 10 月 24 日，江泽民在接见中国工会十二大主席团常务主席时发表重要讲话，他指出："建设有中国特色社会主义是人类历史上最辉煌的事业，也是中国工人阶级和广大人民群众自己的事业。当前，我国社会主义现代化建设正处在关键时期。我们要在本世纪末初步建立起社会主义市场经济新体制，实现党的十四大确定的宏伟目标和任务。完成这一宏伟任务，必须全心全意依靠工人阶级，充分发挥工人阶级的主力军作用。工人阶级要认清自己的历史使命，紧紧团结在党的周围，艰苦创业，奋发努力，为改革和建设不断作出新的贡献。改革开放 15 年来，各级工会组织以邓小平同志建设有中国特色社会主义理论和党的基本路线为指导，在推进改革开放和现代化建设中，做了大量工作，取得了很大成绩。当前，深化企业改革，转换国有企业特别是大中型企业的经营机制，是摆在我们面前的一个重大课题。各级工会要团结和动员广大职工积极投身改革，推动改革不断深入。要及时反映职工群众的意见和要求，切实维护职工的合法权益。要积极探索有中国特色社会主义工会工作的新路子，努力开创工会工作的新局面"。江泽民还强调指出，各级党委要加强和改善对工会工作的领导，支持工会依照法律和自己的章程独立自主地开展工作，使工会真正成为党和政府密切联系广大职工群众的桥梁和纽带。

1994 年，全国总工会、地方和产业工会紧密围绕"积极探索有中国特色社会主义工会工作新路子，努力开创工会工作新局面"的精神，重点对从计划经济向社会主义市场经济转变过程中工会工作存在的若干问题进行调查和研究。在深入研究的基础上，形成《关于建立社会主义市场经济体制过程中工会工作若干问题的意见》（以下简称《意见》），这是积极探索和思考社会主义市场经济体制下工会工作新路子的重要成果。

《意见》深入分析了由计划经济向市场经济转变过程中职工和工会面临的新情况、新问题，初步形成工会在重大工作问题上的基本思路；对工会组织在改革、发展、稳定等重大问题面前应当采取的基本态度与政策主张提出意见；对建立社会主义市场经济体制过程中工会工作的有关基本问题作出预测。具体内容包括以下方面。

第一，在工会工作面临的形势和任务上，《意见》分析了社会主义市场经济体制建立带来的经济关系、劳动关系、利益关系等一系列深刻变化，指出工会代表和维护劳动者合法权益的身份与作用更加明确和清晰，市场经济的发展要求工会发挥更重要的作用，并且进一步明确了工会在动员职工投身改革和建设、代表和维护职工利益、协调劳动关系和社会利益矛盾、进行立法和政策参与、加强职工教育等方面的重要任务。

第二，在工会工作的基本方针和中心任务上，《意见》指出工会要坚定不移地贯彻党的基本路线，紧紧把握抓住机遇、深化改革、扩大开放、促进发展、保持稳定这个全党全国工作的大局，以经济建设为中心，全面履行各项社会职能，充分发挥民主渠道和社会调节作用，在维护全国人民总体利益的同时，更好地表达和维护职工群众的具体利益。

第三，在国有企业转机建制和加强企业工会工作上，《意见》强调工会要坚持以国有企业特别是国有大中型企业为工作重点，积极推进企业转机建制，坚持和发展职工民主管理，通过发展和完善企业领导体制与组织管理体制，切实保障职工主人翁地位的落实，同时积极探索和开拓适应现代企业制度的工会工作。

第四，在外商投资企业、私营和乡镇企业工会工作上，《意见》指出要把加快外商投资企业、私营和乡镇企业工会组建步伐，维护职工合法权益，作为工会当前一项十分紧迫的任务，尽快把这些企业的工会组织组建起来，同时要努力提高外商投资企业和私营企业工会工作水平，依法维护职工的公民权利、人身权利和劳动权利。

第五，在协调劳动关系、维护职工合法权益上，《意见》指出维护职工合法权益是“两个维护”相统一的具体体现，代表职工参与劳动关系的调整是工会维护职工利益的基本工作，工会调整劳动关系必须维护《劳动法》赋予职工的各项劳动权利和民主权利，从就业、报酬、休息、劳动安全、社会保障等各个方面维护职工的合法权益。

第六，在工会立法和政策参与上，《意见》指出工会要积极参与涉及职工切身利益的改革方案、规章制度及法律法规的制定，参与解决影响改革、发展、稳定的突出问题，在立法、政策制定和调节社会矛盾过程中，充分表达职工群众的意见，当前要积极推进涉及职工利益问题的协商机制和参与体系的建立与完善，形成有效解决涉及职工利益和复杂社会经济矛盾的有效机制。

此外，全国总工会还在全国范围内通过持续深入地跟踪调研、蹲点调研等方式，发现、培育、总结、推广一批经验，发挥典型引领作用。1994 年 6 月，全国总工会政策研究室调查组通过蹲点调查，形成《鲜明的职工利益代表者的身份和作用——关于蛇口工业区工会工作模式的调查报告》，总结了经济技术开发区、工业区工会工作的先进典型——“蛇口模式”。1997 年 3 月，全国总工会、广东省总工会、深圳市总工会联合调查组形成《全新的区、镇、村经济发展公司三级工会网络体系——关于深圳宝安区新经济组织工会工作模式的调查报告》，提炼了新经济组织组建工会开展工作的先进典型——“宝安之路”。1997 年 10 月，全国总工会政研室、辽宁省总工会联合调查组形成《工会工作格局的创新——关于葫芦岛市工会工作经验的调查报告》，概括了适应市场经济形势创造城市工会工作新格局的先进典型——“葫芦岛之路”。1998 年 7 月，全国总工会政研室、吉林省总工会、四平市总工会联合调查组形成《强化自身 突出维护 努力推动农业大县向经济强县迈进——关于吉林省四平市梨树县工会工作经验的调查报告》，推广了新形势下做好县级工会工作的先进典型——“梨树之路”。

为探索开展产业工会和集团工会工作，1997 年 3 月，全国总工会通过调研制定《关于企业集团建立工会组织的试行办法》，对企业集团工会的建立及组织体制、机构设置和干部配备等都作出规定。1998 年初，全国总工会对产业工会工作开展调研，召集全国产业工会负责人座谈研讨会，就进一步加强产业工会工作提出意见和建议。

## 三、社会主义市场经济体制下工会工作的总体思路与实践探索

### （一）工会工作总体思路的提出

1994 年 7 月，全国人大常委会审议通过《中华人民共和国劳动法》（以下简称《劳动法》），自 1995 年 1 月 1 日起施行。1994 年 12 月中旬，全国总工会第十二届二次执委会会议召开。会议期间，全国总工会主席尉健行作了题为《以贯彻实施〈劳动法〉为契机，推动工会改革和建设，在改革发展稳定中更好地发挥作用》的讲话，提出了新时期工会工作的总体思路，即“以贯彻实施《劳动法》为契机和突破口，带动工会各项工作，推动自身改革和建设，努力把工会工作提高到一个新水平，在改革、发

展、稳定中更好地发挥作用”。

工会工作总体工作思路的核心要求包括以下几点：第一，以贯彻实施《劳动法》为契机，工会应进一步强化维护职能，明确维护是工会的基本职责，并确认工会代表和维护职工群众利益的社会地位。第二，工会维护职工利益的职责应体现为“两个维护”的统一，即维护全国人民的总体利益与维护职工的具体利益的统一，这是维护工作的指导原则。同时，维护职工的政治权利与经济利益的统一，也是维护工作的重要内容。第三，通过保护和调动职工的积极性来推动经济发展，是工会以经济建设为中心开展工作的着力点。第四，突出维护职能，并以此带动工会其他职能的履行，进而提升工会整体工作的水平。第五，工会应充分运用《劳动法》赋予的权利和义务，特别是通过平等协商和签订集体合同等关键环节，发挥工会在整体上维护职工利益的作用。

工会工作总体思路是在发展社会主义市场经济过程中，对中国工会十二大确定的工作方针的坚持与发展，是积极探索有中国特色社会主义工会工作新路子的成果，是对社会主义初级阶段工会理论和实践的重大突破。

首先，工会工作总体思路回答了社会主义初级阶段工会存在的必然性问题。在社会主义初级阶段，工会组织赖以存在的客观基础是劳动关系。工会是社会经济矛盾的产物，主要是劳动关系矛盾的产物。在社会化大生产条件下，无论国家的社会制度如何，只要存在劳动关系矛盾，就会存在工会，只是不同社会制度的国家和不同历史时期劳动关系矛盾的性质不同。

其次，工会工作总体思路明确了工会的现实身份和地位。工会产生和发展的客观基础，决定了代表和维护职工群众的合法权益始终是工会的基本属性。针对社会主义市场经济体制建立过程中劳动关系发生的急剧而深刻的变化，广大职工的劳动经济权益、民主政治权利和精神文化需求等方面，都出现了一系列新情况、新问题、新矛盾。工会的实际地位是在政府和企业面前代表职工群众，是职工群众利益的社会代表，维护职工合法权益是工会的基本职责，建立协调稳定的劳动关系是工会重要的社会责任。继1992年《工会法》明确提出“工会在维护全国人民总体利益的同时，代表和维护职工的合法权益”的职责之后，工会工作总体思路更进一步强化了工会维护职工权益的职能，通过依法维护职工的合法权益，保护和调动职工群众的积极性。这种维护是指坚持在维护全国人民总体利益的同时，更好地表达和维护职工群众的具体利益；在维护职工群众经济利益的同时，维护职工群众的政治权利和精神文化利益；在突出维护职能的同时，全面履行建设、参与、教育等多项社会职能，保证党的基本路线的贯彻实施，为国民经济持续、快速、健康发展创造良好的社会环境。

最后，工会工作总体思路明确了工会工作在党和国家工作大局中的位置。在全党全国工作的大局中，工会工作是局部工作，局部工作要服从和服务于全局，贯彻实施《劳动法》，处理各种劳动关系和利益矛盾，都不能离开大局。有利于改革、发展和稳定既是工会工作的重要前提，也是其归宿点。

1997年5—6月，全国总工会分6片31个调研检查组，由250多名干部组成，对全国各地贯彻落实工会工作总体思路的情况进行全面调研和检查，听取31个省（自治区、直辖市）和171个市（地）、县（区）总工会工作汇报，形成了一批质量较高的调研报告，推动了总体思路的贯彻落实。全国总工会对总体思路的提出、形成和发展进行深入研究，形成《关于工会工作总体思路的理论研究与实践探索》一书。

## （二）社会主义市场经济体制下工会工作的先进经验

### 1. 城市工会工作先进典型——葫芦岛经验

改革开放和建立社会主义市场经济体制过程中，面对经济关系、劳动关系发生的一系列新变化，城市工会如何在改革、发展、稳定的大局中更好地发挥作用？辽宁省葫芦岛市总工会作为一个年轻的城市工会（葫芦岛市 1989 年建市，原名锦西市，1994 年 9 月更名为葫芦岛市），在这方面进行了大胆有益的探索，从 1989 年组建到 1996 年仅 7 年时间，就取得了可喜的成绩。

葫芦岛市总工会高举邓小平理论的伟大旗帜，坚持党的基本路线，全心全意依靠工人阶级，在市委和市政府的领导与支持下，从国有企业相对集中的中等城市的实际出发，创造性地贯彻新时期工会工作总体思路，形成了立足全局、突出维护、心系职工、有为有位的城市工会工作新格局，逐步走出了一条具有葫芦岛特色的城市工会工作新路子。葫芦岛市总工会创新的这种工作格局，是工作路数（指导思想）、工作体系、工作机制、工作方式、工作环境五个方面有机结合的统一体。一是明确城市工会贯彻总体思路的具体工作路数：在服务大局中求作为，在劳动关系的深刻变化中明身份，在协调社会利益矛盾中尽职责，在构筑职工生活互助保障体系中办实事，在强化自身建设中增活力。二是探索适应总体思路要求的城市工会四大工作体系：调研参与体系、协调监督体系、生活保障体系、指导服务体系。三是形成城市工会贯彻总体思路的工作机制：源头参与制度、机关工作制度、服务基层制度。四是创新城市工会贯彻总体思路的工作方式：坚持依法治会，努力把工会工作纳入法治化轨道；实行开门办会，逐步形成社会化的工会工作格局；强调民主兴会，推动工会工作的群众化、民主化建设。五是营造城市工会贯彻总体思路的工作环境：市委成为工会贯彻总体思路的坚强后盾，政府十分尊重和全力支持工会工作，社会各方面积极参与和配合。

正是这种工作格局，推动工会建会率达98%、职工入会率达97%、职代会建制率达88%、民主评议领导干部率达88%、平等协商和签订集体合同率达87%、劳动争议调解委员会建制率达98%、劳动争议调处率达93%，使工会在全局中发挥着不可替代的重要作用，不仅各级党政部门给予高度评价，更为可喜的是广大职工对市总工会工作的满意率也由1992年的52%提高到1997年的84%。

1997年10月，为了探索工会工作新路子，全国总工会政研室与辽宁省总工会对辽宁省葫芦岛市工会贯彻工会工作总体思路、创新工作格局的经验进行了调查并形成了《工会工作格局的创新——关于葫芦岛市工会工作经验的调查报告》，概括了适应市场经济形势创造城市工会工作新格局的先进典型——葫芦岛经验。尉健行对调查报告作了重要批示。全国总工会办公厅印发了该调查报告。报告认为，葫芦岛市总工会面对经济关系、劳动关系的新变化，从国有企业相对集中的中等城市的实际出发，创造性地贯彻工会工作总体思路，形成了立足全局、突出维护、心系职工、有为有位的城市工会新格局。葫芦岛市总工会工作格局的创新，为新形势下做好城市工会工作提供了有益的启示。

2. 县级工会工作先进典型——梨树经验

吉林省梨树县是一个有32个乡镇、83.6万人口的农业大县，是国家商品粮基地县之一，粮食产量居全国产粮大县第四位，综合实力居全省10强县第五位。全县职工5.2万人，其中，工会会员5.1万人。县总工会所属320个基层工会、495个分会、3050个工会小组，建会率为98.5%，职工入会率达98%。

梨树县总工会一直坚持突出维护、为县委中心服务、为职工群众服务，强化自身建设的工作思路，开拓创新，扎实工作，取得了显著成绩，先后三次被吉林省人民政府授予“模范集体”称号。1986 年吉林省总工会作出了“向梨树县总工会学习的决定”，树立了全省工会工作的一面旗帜；梨树县被全国总工会授予“基层工作先进县”称号。县委领导评价工会工作时提到三个“离不开”，即，发展经济、推动社会前进，离不开工会；职工队伍的稳定、社会的安定，离不开工会；维护职工利益、发挥职工主人翁作用，离不开工会。在对 540 名基层单位党政工领导进行的测评中，认为县总工会作用发挥得好的有 475 人，占 88%；认为作用发挥得较好的有 65 人，占 12%。他们都认为梨树县总工会有“四力”：组织有凝聚力，工作有号召力，经济有实力，社会有影响力。在对来自企业的 2000 名职工进行的测评中，认为工会作用发挥得好的占 95.1%，较好的占 4.9%。

为什么在改革开放十几年的历程中，梨树县总工会工作始终走在前面？他们的经验主要有：县委、县政府的高度重视和支持，是重要保证；职工群众的参与和信赖，是活力源泉；县总工会的自强和进取，是最根本的内在因素。他们以超前的意识、求实的精神和创新的气魄，从县级工会实际出发，开拓进取，大胆实践，构筑了以围绕中心、突出维护、强化自身服务为特色的县级工会工作模式：一是明确突出维护、服务全局的工作路子；二是形成围绕难点、狠抓重点的工作格局；三是形成群众化、民主化的组织体制和活动方式，依法建会，主席直选，干部自管；四是培养献身工运事业的干部队伍；五是营造宽松有利的工作环境，自觉接受县委领导，积极争取县委、县政府及社会各界对工会工作的支持。

梨树县总工会为实现梨树县从农业大县向经济强县发展所开创的“强化自身 突出维护 服务大局 有为有位”的工作路子，把工会总体思路的要求具体化为“围绕中心抓服务，突出重点抓维护，深化改革抓参与，强化自身抓干部”的工作路数；形成围绕“大事”“重点”“难点”“热点”问题开展工作的“四围绕”

工作格局；提出和实践“企业改制到哪里，工会组织就跟踪巩固和重建到哪里”的“随变随建”原则；为防止企业改制后平等协商、签订集体合同走过场，工会建立了预审制、参与制、督查制；扩大基层民主，全面实行工会主席由会员群众直接选举的方式；采取目标管理、PDCA 循环、ABC 分类、因果分析、六步工作法等一整套科学的工作方法。

1998 年 7 月，为了总结推广吉林省四平市梨树县工会工作经验，研究探索县级工会工作新路子，全国总工会政研室与吉林省总工会、四平市总工会积极合作，对吉林省四平市梨树县工会工作经验进行了长期的跟踪调查研究，联合撰写了《强化自身 突出维护 努力推动农业大县向经济强县迈进——关于吉林省四平市梨树县工会工作经验的调查报告》。梨树县工会工作的基本经验得到了党中央领导的高度重视，胡锦涛和尉健行都为此作了重要批示。全国总工会办公厅向全国各级工会印发了这一调查报告和胡锦涛、尉健行的批示。为总结推广梨树县工会工作经验，全国总工会于 7 月 27 日至 29 日在吉林省四平市召开了全国工会“梨树工会工作经验”理论与实践研讨会，推广了新形势下做好县级工会工作的先进典型——梨树经验。

### 3. 维护职工合法权益的先进典型——蛇口模式

蛇口工业区是交通部香港招商局兴办的我国第一个经济开发区。从 1979 年起，蛇口工业区利用自筹的 6000 万元外汇人民币在蛇口开始了大规模的招商引资和开发建设工作。经过 15 年的滚动发展，工业区总资产已达 56 亿元，为国家上交各种税款累计达 31.54 亿元，已发展成为投资环境良好、经济实力雄厚、劳动关系协调、两个文明建设成果显著的工业区，并初步建立起适应社会主义市场经济要求的现代企业制度和社区管理制度。成立于 1983 年的蛇口工业区工会，针对工业区特有的社区环境、经济关系和劳动关系，突出工会作为职工利益代表者的身份，以全新的工作模式创造性地开展工作，在特区建设和维护职工利益方面发挥了重要作用。工会在实践中逐步积累了一套比较完整、系统的经验，形成了具有蛇口特色的工作模式，为探索社会主义市场经济条件下工会工作的新路子作出了贡献。

全国总工会政研室组织调研组于1994年3月对改革大潮中创造了“蛇口模式”的香港招商局蛇口工业区工会的工作进行了全面调查，在深入了解和分析整个社区经济发展、经济关系、劳动关系的基础上，对工业区工会工作的基本经验、工作模式进行了系统总结，形成了《鲜明的职工利益代表者的身份和作用——关于蛇口工业区工会工作模式的调查报告》。该报告得到了胡锦涛的重要批示，受到全国总工会领导和党中央有关部门的重视。

该调查报告充分肯定了工业区立足改革、大胆探索所逐步形成的适应市场经济要求的新型经济关系和劳动关系。这种适应市场经济要求的经济关系和劳动关系的形成从根本上保证和推动了工业区经济及社区的全面发展，从而为积极探索社会主义市场经济条件下工会工作新模式创造了条件。该调查报告充分肯定了工业区工会工作的总思路，即自觉接受党的领导，以职工利益代表者和维护者的身份，独立自主地、创造性地开展工作。工会在党委的领导下，从特区实际出发，最大限度地发挥主观能动性，想实招，使实劲，干实事，求实效，以强烈的创新意识、自我发展意识、开拓意识，创造性地开展工作，使各项工作取得了出色的成果。

工业区工会确定的工作重点，即针对“三资”企业多、劳动关系复杂、劳动争议集中等特点，始终把维护“三资”企业职工合法利益、调整劳动关系作为工作的重点和强项，并以此为“龙头”带动全盘工作。为此，工业区工会在组织体制、运行机制、活动方式方面进行了积极探索。在组织体制方面，工会是以权责明确、精干高效的决策层，兼专结合、组织健全的工作层和面向基层、全员参与的活动层为主要特征的。工会公开民主选举工会主席，公开考试招聘工会干部，坚持职工对工会干部的民主测评；上级工会对基层工会实行领导和指导相结合，以指导为主，赋予基层工会高度自主权；基层工会主席实行专兼结合，以兼为主，活动依靠工会积极分子开展。在运行机制方面，工业区工会充分履行法律法规赋予的职权，依法循章，自主运作，坚持对行政工作支持与制衡的统一，实行工会人事、决策、活动和财务“四公开”，工会工作实行量化考评、定期通报和群众监督。在活动方式方面，工业区工会强调自上而下和自下而上相结合，以自下而上为主，支持业余自愿，小型多样，注重职工广泛参与，讲求质量和效果。工业区工会多年实践形成的这种相对独立的组织体制、灵活多样的运行机制和业余自愿的活动方式有利于密切工会与职工的联系，有利于充分发挥工会的作用。

工业区工会从市场经济对工会工作的要求出发，把工会改革设想中提出的许多重大问题付诸实践并取得积极效果，触及了工会工作深层次的问题，同时提供了一套新鲜的工作经验和模式，对于加快工会自身改革和建设，探索社会主义市场经济条件下工会工作的新路子、提高工会工作水平，具有重要的借鉴意义。

# 第七章

# 跨世纪发展中工会工作的新突破

在 20 世纪末至 21 世纪初，中国工会工作进入了一个重要的转折时期。面对新的形势和任务，工会进一步突出了维护职能，致力于更好地代表和维护职工的权益。2001 年，《工会法》经过修改，更加突出了工会的维护职能，以适应市场经济条件下的工作重点。修改后的《工会法》明确了工会通过平等协商和集体合同制度来协调劳动关系，维护职工的劳动权益，为 21 世纪的工会工作拓展了新的起点。同时，工会组织自身的建设工作也得到了重视，特别是基层工会的组建工作。随着非公有制经济的发展，务工人员数量快速增加，劳资关系冲突增多，非公有制企业工会的组建问题成为工会工作的重点之一。1998 年召开的中国工会第十三次全国代表大会提出了“哪里有职工，哪里就必须建立工会组织”的要求，强调最大限度地将职工组织到工会中来。在国内外环境的挑战下，工人阶级与全国人民一起，坚定地支持和推进改革开放与现代化建设，成功地应对了亚洲金融危机的影响，为经济社会发展取得一系列重大胜利作出了贡献。这一时期，工会的角色和作用得到了进一步强化，为维护职工权益和社会稳定发挥了积极作用。

## 一、党的十五大与工会工作面临世纪之交的新形势

### （一）党的十五大与加快推进国有企业改革

1997 年 9 月 12 日至 18 日，中国共产党第十五次全国代表大会在北京召开。党的十五大明确提出旗帜就是方向，将邓小平理论作为指引党继续前进的旗帜，并与马克思列宁主义、毛泽东思想一起作为党的指导思想写入党章。大会提出了党在社会主义初级阶段的基本纲领，阐明了建设有中国特色社会主义经济、政治、文化的基本特征和基本要求，指出公有制为主体、多种所有制经济共同发展是我国社会主义初级阶段的一项基本经济制度；依法治国是党领导人民治理国家的基本方略，是发展社会主义市场经济的客观需要；建设有中国特色社会主义文化就是以马克思主义为指导，以培育有理想、有道德、有文化、有纪律的公民为目标，发展面向现代化、面向世界、面向未来的，民族的科学的大众的社会主义文化。党的十五大在党的十三大提出的我国经济发展“三步走”战略的第二步目标即将实现之际，对如何实现第三步目标作出进一步规划，提出“小三步走”发展战略，围绕着这个发展战略，对我国的跨世纪发展作出战略部署。

党的十五大重申了建立现代企业制度是国有企业改革的方向，提出把国有企业改革同改组、改造、加强管理结合起来，着眼于搞好整个国有经济，抓好大的，放活小的，对国有企业实施战略性改组；实行鼓励兼并、规范破产、下岗分流、减员增效和再就业工程，形成企业优胜劣汰的竞争机制；推进各项配套改革，建立国有资产管理、监督和运营机制以及社会保障体系、城镇住房公积金等，力争到 20 世纪末大多数国有大中型骨干企业初步建立现代企业制度。国务院在 1997 年确定把“优化资本结构”试点

的城市由 58 个扩大到 111 个，参加试点的大型企业集团由 57 家扩大到 120 家。1998 年国有企业改革继续推进，政企分开迈出重大步伐，我国组建了中国石油天然气集团、中国石油化工集团、上海宝钢集团等一批特大型企业集团。这些大型国企按照市场要求运作，不再承担行政性职能，由政府授权经营国有资产，增强了自我发展和参与国际竞争的能力，初步形成了新的管理体制。按照建立现代企业制度的要求，许多国有企业进行了公司制和股份制改造，并在境内或境外资本市场成功上市，不仅募集了大量资金，改善了资产结构和经营状况，而且在促进多元化投融资体系形成、扩大国家财政收入渠道等方面都发挥了积极作用。国有小企业发挥“船小好掉头”的优势，采取改组、联合、兼并、租赁、承包经营、股份合作制、出售等形式，加快了改革步伐。

党的十五大还将“工会、共青团、妇联等群众团体要在管理国家和社会事务中发挥民主参与和民主监督作用”作为健全社会主义民主制度的重要内容。

在世纪之交的关键时刻，党的十五大承前启后、继往开来，明确回答了中国改革开放和社会主义现代化建设的一系列重大理论和实践问题，从思想上、政治上、组织上为我国实现跨世纪发展提供了重要保证。党的十五大和一系列决策部署，为中国工会第十三次全国代表大会的召开和跨世纪发展中的工会工作指明了方向。

### （二）工会工作面临世纪之交的新形势

世纪之交，我国工会工作面临着许多新的形势和挑战。

第一，经济体制转轨带来了新的挑战。党的十五大以后，以建立现代企业制度为方向的国有企业改革攻坚全面展开。由于亚洲金融危机导致我国出口锐减，加上多年重复建设造成国内产能过剩，几乎所有工业产品都供大于求。这种状况使历史包袱沉重而且经营机制转换又没有到位的国有企业面临前所未有的严重困难，大批企业停产或半停产，上千万职工下岗。

第二，职工队伍结构的变化带来了新的挑战。随着经济体制的转型，工人阶级的内部结构发生了显著的变化，涌现出了一些相对独立的利益群体，如下岗职工、农民工等新的劳动者群体。这些群体的出现，使得职工队伍的结构更加多元化和复杂化。由于职业岗位、文化素质的差异，以及地区、体制、行业和企业的不同，职工之间的经济收入和社会地位产生了明显的差异。相对于企业管理者而言，产业工人的经济收入增长速度较为缓慢，收入差距逐渐拉大。同时，地区发展的不均衡也导致了沿海地区的收入水平普遍高于内地和西部地区，即使从事相同的工作，地域间的收入差距也是客观存在的。这些现象给工会工作带来了新的挑战和机遇。工会组织需要积极适应这种变化，调整工作重点，更好地维护不同职工群体的权益。首先，工会组织需要加强对下岗职工、农民工等弱势群体的关注和帮扶，为他们提供更多的就业培训、法律援助和生活保障。其次，工会组织需要积极推动收入分配制度的改革，缩小职工之间的收入差距，促进社会的公平和谐。最后，工会组织还需要加强自身的建设和发展，提高组织能力和服务水平，更好地满足广大职工的需求和期望。通过积极应对职工队伍结构变化带来的挑战，工会组织可以更好地发挥桥梁纽带作用，推动企业与职工之间的和谐发展，为社会的稳定与进步作出更大的贡献。

第三，职工民主参与意识的增强带来了新的挑战。随着经济的发展和社会的进步，职工对于企业经营管理和自身权益的关注度日益提高，他们更加积极地参与到企业的民主决策和监督中。职工民主参与意识的增强，既是社会进步和经济发展的必然趋势，也是职工利益诉求多样化、复杂化的体现。这种变化要求工会组织必须适应新的形势，积极探索和创新工作方式方法，以满足职工日益增长的民主需求和参与愿望。为此，工会组织需要建立健全民主参与机制，如职工代表大会、厂务公开等制度，确保职工的知情权、表达权和监督权得到充分保障。同时，工会组织还应加强自身建设，提高工作能力和水平，特别是在沟通协调、解决问题等方面，以更好地服务职工群众，维护他们的合法权益。此外，面对职工民主参与意识增强带来的挑战，工会组织还应积极推动企业文化的建设，营造和谐、民主的企业氛围，增强职工的归属感和凝聚力；通过加强与职工的沟通交流，了解他们的真实想法和需求，为企业的发展提供有力的支持和保障。总之，职工民主参与意识的增强对工会工作提出了更高的要求，工会组织应积极应对挑战，创新工作方式方法，加强自身建设，为职工群众提供更加优质高效的服务。

第四，世纪之交，中国所面临的国际环境经历了翻天覆地的变化。随着世界政治多极化、经济全球化趋势的加强以及科学技术的飞速发展，全球范围内的国际竞争越发激烈。特别是经济全球化的浪潮和中国加入世界贸易组织（WTO），使得中国与世界的联系越发紧密，这无疑给中国带来了巨大的经济机遇，从而有力推动了经济增长、增加了就业机会。但与此同时，加入 WTO 无疑也给中国的工会工作带来了新的挑战。一方面，WTO 的规则强调成员国应保护劳工权益，确保劳动力市场的公平竞争。这就要求我国工会组织在劳动关系协调和维护职工权益方面发挥更加积极的作用。同时也促使我国工会组织加强与国际劳工组织的交流与合作，共同致力于全球劳工权益的保护事业。另一方面，贸易自由化的推进加剧了企业间的竞争压力。为了保持竞争力，一些企业可能会考虑降低劳动力成本，这可能会对职工权益造成一定影响。此外，随着对外开放程度的不断扩大，大量外商投资企业涌入中国，给国内的劳动关系带来新的变化和挑战。

面对这些新的变化和挑战，中国工人阶级和工会必须以更宽广的视野来认识和把握中国与世界的发展大势。工会需要勇于应对21世纪的挑战，不断创新工作思路和方法，加强自身建设，提高维权能力和服务水平，在这场全球竞争中展示出更大的作为，将中国的社会主义现代化建设事业推向一个新的高度。

## 二、中国工会十三大与工会工作跨世纪发展中的新突破

随着改革开放的深化和向社会主义市场经济转型，工会工作面临新的机遇和挑战。全国总工会十二届二次执委会适时提出了旨在进一步突出维护职能的工会工作总体思路，中国工会十三大强调要坚持和发展工会工作的总体思路，全国总工会十三届二次、三次、四次执委会会议先后提出了贯彻这一总体思路的“五突破一加强”的基本工作框架、“三个最大限度”的工作目标和“抓机制、办实事、转作风、求实效、促发展”的工作思路，强调一手抓调整劳动关系的机制建设，一手抓为职工群众特别是困难职工办实事。

### （一）中国工会十三大的召开

党的十五大为我国的改革开放和社会主义现代化建设的跨世纪发展作出了全面部署，为了贯彻党的十五大精神，同时也是为了有效应对21世纪工会工作面临的挑战，尤其是在市场经济条件下解决传统的工会体制面临的变革问题，中国工会决定召开第十三次全国代表大会。

1998年10月19日至24日，中国工会第十三次全国代表大会在北京举行。来自全国31个省、自治区、直辖市总工会和各全国产业工会，以及中直机关、中央国家机关工会联合会的37个代表团，共1652名正式代表、207名特邀代表和24名列席代表出席大会。香港、澳门工会的来宾也应邀出席了大会。江泽民、李鹏、

朱镕基、李瑞环、胡锦涛、尉健行、李岚清等党和国家领导人出席大会开幕式。

中共中央政治局常委、国家副主席胡锦涛代表党中央发表了题为《工人阶级要为实现我国跨世纪发展的宏伟目标不懈奋斗》的祝词。祝词充分肯定了中国工人阶级的伟大历史功绩，提出为实现党的十五大确定的各项任务，为实现跨世纪的宏伟目标，工人阶级要大力发扬艰苦创业和开拓创新精神，始终站在推动社会生产力发展的前列；要自觉倡导社会新风，在社会主义精神文明建设中发挥模范带头作用；要全面提高自身素质，更好地肩负起时代赋予的光荣使命。胡锦涛希望全国各级工会把维护全国人民总体利益与维护职工具体利益统一起来，全面履行工会的维护、建设、参与、教育等各项社会职能，把广大职工紧密团结在党和政府周围，引导职工为实现党的中心任务和奋斗目标多作贡献；把继承工会工作优良传统与在实践中勇于创新统一起来，坚持解放思想、实事求是，用改革的精神研究新情况，解决新问题，探索新路子，创造新经验，使工会工作不断焕发出新的生机与活力。胡锦涛要求广大工会干部按照江泽民关于讲学习、讲政治、讲正气的要求，进一步加强学习，坚定理想信念，增强全局意识，树立群众观念，注重廉洁自律，全面提高素质，努力成为职工群众的贴心人，更好地完成党交给的光荣任务。

全国总工会副主席、书记处第一书记张丁华代表全国总工会十二届执委会向大会作了题为《高举邓小平理论伟大旗帜 团结动员各族职工为实现我国跨世纪宏伟目标而奋斗》的工作报告。报告对多年来特别是中国工会十二大以来五年的工作进行了回顾，肯定了各级工会认真贯彻党的十四大、十五大精神，为推进社会主义现代化建设作出的新贡献。五年来，各级工会落实工会十二大确定的方针任务，坚持和发展工会工作总体思路，围绕全党全国工作的大局开展工作，推动党全心全意依靠工人阶级方针的贯彻落实，在探索中国特色社会主义工会工作的新路子中取得了可喜的进展，在全局中发挥了积极作用。报告对邓小平关于工人阶级与工会的理论进行了比较系统的概括和阐述，明确指出，邓小平关于工人阶级与工会的理论，中心思想就是强调要全心全意依靠工人阶级，工人阶级要为实现社会主义现代化作出优异贡献，工会要自觉接受党的领导，更好地代表和维护职工群众的利益。报告把邓小平关于工人阶级与工会的理论同以江泽民同志为核心的党的第三代领导集体关于工人阶级与工会的重要论述结合起来，要求各级工会干部把学习邓小平关于工人阶级和工会的理论，与学习以江泽民同志为核心的党的第三代领导集体的有关论述相结合，加深理解，学以致用，在党的领导下，同政府及有关方面一起，努力把党全心全意依靠工人阶级的方针落到实处，进一步明确工会作为职工利益代表者和维护者的身份，认真履行职责，在全局中更好地发挥作用。

中国工会十三大进一步强调要坚持和发展工会工作总体思路，制定了工会工作指导方针，即“在中国共产党的领导下，高举邓小平理论伟大旗帜，全面贯彻党的十五大精神，坚持基本路线和基本纲领，坚定不移地推动全心全意依靠工人阶级方针的落实，突出工会的维护职能，充分发挥民主参与、民主监督和社会调节作用，不断加强工会的群众化、民主化、法制化建设，更好地为职工群众服务，团结、教育和动员广大职工，为深化改革、促进发展、维护稳定，把建设有中国特色社会主义事业全面推向 21 世纪而努力奋斗”。为贯彻这一方针，首先，必须坚持服务全局。自觉地把工会工作放到全党全国工作的大局中去认识和把握，紧紧围绕党的中心工作，坚定不移地推动党的全心全意依靠工人阶级方针的贯彻落实，着力保护和发挥广大职工的主人翁积极性和创造性，更好地完成党和政府提出的各项任务。其次，必须突出依法维权。明确维护职工合法权益是维护全国人民总体利益与维护职工群众具体利益的统一，既维护职工的经济利益，又维护职工的政治权利和精神文化利益，并把职工的积极性引导到改革和发展上来。再次，必须抓住工作重点。大力推行平等协商和集体合同制度，坚持和完善以职工代表大会为基本形式的企事业民主管理、民主监督制度，努力推动送温暖工程经常化、制度化、社会化。最后，必须以改革的精神加强自身建设。加强工会组织建设，密切与职工群众的联系，增强工会组织的吸引力和凝聚力，不断推进工会工作的群众化、民主化、法制化。这四个方面有机统一、不可分割，是贯彻今后五年工会工作指导方针、坚持和发展工会工作总体思路的基本要求，是工会组织从自身性质和特点出发，更好地服从服务于全党全国工作大局的努力方向。

根据工会工作的指导方针，中国工会十三大提出了未来五年工会工作的主要任务，即团结和动员广大职工为深化改革、促进发展、维护稳定，实现“九五”计划和2010年远景目标建功立业；推动建立健全维护职工和工会权益的法律体系、劳动关系协调机制、职工民主参与和民主监督制度；关心职工生活，促进下岗职工再就业，在推动各级政府（行政）保障职工基本生活的基础上，逐步建立职工生活补充保障体系；加强职工队伍建设，努力提高职工的思想道德和科学文化技术素质；大力提高工会组建率和职工入会率，积极稳妥地发展工会事业，不断推进工会自身改革和建设，积极探索和逐步形成有中国特色社会主义工会工作的新路子。

中共中央政治局常委、书记处书记、全国总工会主席尉健行致大会闭幕词。尉健行指出，要完成大会赋予的任务，最根本的是坚持用邓小平理论指导工人运动和工会工作。他要求各级工会遵照党中央对工会工作的指示，依照法律和工会章程独立自主地、创造性地开展工作，努力把工会组织建设成为深受广大职工信赖的“职工之家”。

在随后举行的全国总工会十三届一次执委会议上，选举产生了全国总工会第十三届执委会主席团，主席团成员由主席、副主席和主席团其他委员组成。尉健行再次当选为中华全国总工会主席。全国总工会十三届一次主席团会议推选张俊九为全国总工会书记处第一书记。

中国工会十三大是在世纪之交国内外环境发生复杂变化情况下召开的一次重要盛会。大会高举邓小平理论伟大旗帜，认真贯彻党的十五大精神，总结了中国工会十二大以来的成绩和经验，明确了工人阶级面向21世纪的神圣使命，提出了工运事业跨世纪发展的指导方针，选举产生了全国总工会新一届领导班子，通过了《中国工会章程》修正案。这些成果明确了世纪之交中国工人运动和工会工作的正确方向，对于团结动员全国各族职工为实现中国跨世纪宏伟目标而奋斗，把中国工运事业全面推向21世纪产生了重大而深远的影响。

### （二）工会工作的“五突破一加强”

中国工会十三大以后，工会工作以突出维护职能为主轴继续全面展开。为了进一步顺应建立社会主义市场经济体制的新形势，推进工会重点工作取得新进展，1999年9月召开的党的十五届四中全会，通过了《中共中央关于国有企业改革和发展若干重大问题的决定》，明确提出了国有企业改革和发展的奋斗目标、指导方针和一系列重大政策措施，深刻阐述了在推进国有企业改革和发展中，必须坚持党的全心全意依靠工人阶级的根本指导方针，充分发挥工会组织的作用，为新形势下的工会工作提供了难得的发展机遇。

1999年12月召开的全国总工会十三届二次执委会会议，抓住这一机遇，适时提出了2000年和今后一个时期工会工作的指导思想，即以邓小平理论和党的基本路线为指导，认真贯彻党的十五大、十五届四中全会和中共中央经济工作会议精神，抓住机遇，开拓创新，进一步突出和履行维护职能，实现工会重点工作的突破和自身改革与建设的加强，保护、调动、发挥广大职工的积极性和创造性，在改革发展稳定的大局中更好地发挥工人阶级的主力军作用。

根据这一指导思想，全国总工会明确提出了工会工作“五突破一加强”的重点任务。具体内容是：积极协助党政做好减员增效、下岗职工基本生活保障和再就业，深入实施“送温暖”工程，对特困职工承担“第一责任人”职责的工作有新的突破，即当好“第一知情人”“第一报告人”“第一帮助人”；坚决维护职工的经济利益，进一步理顺劳动关系，推动平等协商和集体合同制度的工作有新的突破；切实保障职工的民主权利，坚持和完善以职工代表大会为基本形式的企业民主管理制度，实行厂务公开和民主评议企业领导人的工作有新的突破；推动国有独资和国有控股公司不断完善法人治理结构，建设全心全意依靠职工办好企业的领导班子，董事会、监事会都要有职工代表参加的工作有新的突破；加快新建企业工会组建步伐，最大限度地把职工组织到工会中的工作有新的突破；以改革的精神加强工会自身建设，认真解决工会领导机关的机构、机制、干部素质等方面不适应形势任务要求的突出问题。

“五突破一加强”是对全国总工会十二届二次执委会提出的工会工作总体思路的继承、创新和坚持、发展。从工会工作总体思路到“五突破一加强”的基本框架，突出了工会维护职工合法权益的职能，明晰了工会如何突出和履行维护职能的基本路数，明确了“五突破一加强”是工会当前的重点工作任务，强调了努力实现宏观维护和微观维护的统一。“五突破一加强”所关涉的都是当时工会工作中亟须攻坚的方面，对于维护职工群众的利益具有重要的意义。

“五突破一加强”是坚定不移地推动党全心全意依靠工人阶级的根本指导方针的贯彻落实。它的实质就是维权问题，主要就是维护职工的经济利益、民主权利和精神文化需求。“五突破一加强”中的第一个突破，实质是维护困难职工的经济利益。第二个突破强调的是平等协商和签订集体合同，实质是维护广大职工群众的经济利益。概括第一个、第二个突破，强调的都是维护职工的经济利益，不同的是要在两个方面实现维护，一个是对困难职工，另一个是对全体职工。第三个突破强调的是坚持和发展职工代表大会制度，实行厂务公开和民主评议企业领导干部，这项工作的实质是保障广大职工的民主权利。第四个突破强调的是国有独资和国有控股公司的董事会、监事会中都要有职工代表参加，这项工作的实质是通过职工代表进入企业的法人治理结构，参加企业的领导班子，保障职工群众的民主权利。第三个、第四个突破，强调的都是保障职工的民主权利，不同的是要通过两个途径实现保障，一个是职工代表大会，另一个是职工代表。前四个突破的实质只有一个，就是维护职工的合法权益，不同的是要在经济利益和民主权利这两个方面进行维护。第五个突破，强调的是最大限度地把新建企业的职工组织到工会中，其实质既是依法维护职工参加和组织工会的组织权，更是强调实现工会维权工作必须有的组织保证。“一加强”强调的是各级工会领导机关自身的改革和建设，通过改革工会领导机关的组织体制、运行机制、活动方式和不断提高工会干部的整体素质，来更好地为基层服务，为职工群众服务，为突出和履行维护职能服务，其实质是着力从立法和制定政策参与、职工劳动权益的政策研究和工会理论建设等方面解决好宏观维护、源头维护的问题。实现工会微观维护和宏观维护就是实现、维护、发展人民群众的利益。

“五突破一加强”的重点就是突出维护职工的经济利益和切实保障职工的民主权利。经济利益和民主权利是人的积极性的两大基本动因。经济利益原则、民主权利原则是调动人的积极性必须遵循的两大基本原则。离开经济利益和民主权利，职工群众积极性、创造性的保护、调动和发挥是无源之水、无本之木。工会要赢得广大职工群众的信任和拥护，要发挥好党联系职工群众的桥梁纽带作用，最重要、最根本的是要把实现、维护和发展广大职工群众的利益作为一切工作的出发点和落脚点。这是基本框架重点中的核心问题。

“五突破一加强”是一个统一整体，各项重点工作之间、重点工作与其他工作之间都有着内在的紧密联系，处于“你中有我、我中有你”的有机统一体中，不可分割、不可孤立，更不可对立。整体性是从提出基本框架到实施基本框架都必须始终坚持的一个重大原则。强调基本框架的整体性，是强调“五突破一加强”是工会工作的重点但不是工会工作的全部，只要我们抓住、抓好它，就一定能够把工会各个方面的工作都带动起来。强调基本框架的整体性，是强调保护职工的积极性与调动和发挥职工的积极性是统一的、一致的、有内在联系的。工会必须首先关心职工、帮助职工、维护职工的利益，保护职工的积极性，这是工会全部工作的着手点和前提；工会必须吸引职工、教育职工、凝聚职工，做好思想政治工作，增强工会组织的吸引力和战斗力，这是调动职工积极性的重要保证；工会必须动员职工、发动职工、组织职工，为职工群众的具体利益和全国人民的总体利益不懈奋斗，做好劳动竞赛、合理化建议、技术革新、技术协作、发明创造等群众性经济技术活动，实施好群众性“经济技术创新工程”，这是把保护、调动起来的广大职工的积极性合理发挥出去的落脚点，也是对工人阶级长远利益的维护。

为推动“五突破一加强”工作任务的落实，1999 年 12 月召开的全国总工会十三届二次执委会会议提出了工会工作“三个最大限度”的工作目标：最大限度地把广大职工组织到工会中，最大限度地维护广大职工的合法权益，最大限度地保护、调动和发挥广大职工的积极性、创造性，在实现“十五”计划中充分发挥工人阶级的主力军作用。全国总工会十三届四次执委会会议强调，一手抓调整劳动关系机制的建设，一手抓为职工群众办实事，保护、调动、发挥好广大职工的积极性、创造性。

“五突破一加强”及“三个最大限度”“两手抓”的提出，回答了在新的历史条件下工会“干什么”和“怎么干”的问题，抓住了工会工作的重点和要点，既是对工会工作总体思路的继承和发展，也是对市场经济条件下工会工作规律的再探索。它们的有效开展，更好地保护、调动和发挥了广大职工投身改革和发展的积极性和创造性，在进一步突出履行维护职能的同时，带动了其他各方面工作的开展和创新，提高了工会工作的整体水平。

### （三）贯彻党的全心全意依靠工人阶级的指导方针

坚定地推进全心全意依靠工人阶级的根本指导方针，有利于提高工会工作在全局中的地位，有利于全面发挥各项职能作用，有利于发挥桥梁纽带作用，具有长远战略意义和现实指导意义。

从党的十四大至中国工会十二大及二次执委会会议期间，党中央一再重申并深刻阐述了全心全意依靠工人阶级的思想和指导方针。全心全意依靠工人阶级作为我们党一贯的指导方针，是工人阶级理论的重要组成部分，推动这一根本方针的落实成为新时期工会工作的重要内容。职工的主人翁地位和权利的保障是一个十分重要的前提条件，直接关系到全心全意依靠工人阶级根本方针能否贯彻落实。1992 年，全国总工会组织工会和有关方面的力量，开展了全国工人阶级队伍状况的第三次较大规模的调查。这次调查形成的主要成果，充分论证了在建立和发展社会主义市场经济过程中，必须全心全意依靠工人阶级，正确认识和切实保障职工的主人翁地位和权利，正确处理工人阶级内部矛盾，调整好工人阶级内部关系，以及进一步明确工会代表职工群众的地位等。1996 年 6 月 24 日至 25 日，全国总工会、中共中央党校、《求是》杂志社联合在北京人民大会堂召开“全心全意依靠工人阶级的理论与实践”研讨会。中共中央政治局委员、全国总工会主席尉健行，全国人大常委会副委员长倪志福等出席会议。会议着重研究和探讨了贯彻党全心全意依靠工人阶级的指导方针遇到的新情况和新问题，从理论和实践的结合上回答了当前理论界和实际工作中面临的若干重大问题和社会热点问题，研究和探讨了新形势下贯彻依靠方针的途径和办法。

在推进建立社会主义市场经济过程中，各级工会特别是企业工会认真学习贯彻党中央关于全心全意依靠工人阶级的新论述，结合企业自身实际，积极推动和配合企业党政，努力把全心全意依靠工人阶级的指导方针贯彻到基层、落实到企业。1996 年 7 月 12 日至 13 日，全国总工会在上海第一钢铁（集团）有限公司召开“全心全意依靠职工办企业现场经验交流会”。会上，全国总工会领导张丁华、杨兴富就学习推广上海一钢公司等企业的先进经验，深入研究在企业落实依靠方针的途径方法，更好发挥工人阶级主力军作用，推进国有企业的改革发展等问题讲话。上海第一钢铁（集团）有限公司和上海沪昌钢铁有限公司的党政工领导及有关人士在会上作了典型发言。同年 9 月 26 日，全国总工会制定并下发了《全国总工会关于全心全意依靠职工群众搞好企业若干问题的意见》，进一步深入阐述了全国总工会十二届三次执委会会议提出的“六个必须”，并提出了贯彻落实的要求。

1997 年 8 月 28 日至 30 日，全国总工会在河北邯郸钢铁集团有限责任公司再次召开全心全意依靠职工办好企业现场经验交流会。会议贯彻《中共中央关于进一步加强和改进国有企业党的建设工作的通知》精神，交流新形势下贯彻党全心全意依靠工人阶级的根本指导方针的经验，表彰先进，推动全心全意依靠职工办好企业。

中共中央政治局常委、中央书记处书记胡锦涛对开好这次会议作了重要指示。胡锦涛指出，当前，我们正处在把建设有中国特色社会主义的伟大事业全面推向21世纪的重要历史时期，要更好地推进改革开放和社会主义现代化建设事业，顺利实现跨世纪的宏伟目标，必须毫不动摇地坚持全心全意依靠工人阶级的方针。尤其是在深化国有企业改革的进程中，更应该坚定不移地贯彻这一方针。要通过政治、经济、法律、行政、舆论等手段，使全心全意依靠工人阶级的方针在国家政治、经济和社会生活的各个方面切实得到体现。

尉健行在会上发表了《努力把全心全意依靠工人阶级的方针落实到企业》的重要讲话。尉健行在讲话中强调，全心全意依靠工人阶级，是我们党和国家的性质以及工人阶级的历史地位和任务决定的，是我们党一贯坚持的根本指导方针，是邓小平建设有中国特色社会主义理论的重要内容。国有大中型企业是我国国民经济的支柱，如何依靠职工群众办好企业，是各级党政领导的重要责任，是全社会普遍关心的重大问题。贯彻党全心全意依靠工人阶级的方针，工会负有重要责任，起着不可替代的作用。尉健行重申了全国总工会提出的推动不同类型企业落实全心全意依靠工人阶级指导方针要做到的两个“六个必须”。

河北、山东、甘肃省委，冶金部、中国石油天然气总公司和邯郸钢铁集团有限责任公司、安徽阜阳化工总厂、中国一拖集团有限公司、沈阳市第四建筑工程（集团）公司、蚌埠铁路分局等企业的代表，分别介绍了依靠职工办好企业的经验。

各级地方、产业和企业工会积极探索贯彻依靠方针新的实现途径。19个省（自治区、直辖市）总工会与省委和省政府有关部门联合召开依靠职工办好企业的有关会议；26个省、自治区、直辖市和部分国家部委（总公司）以党委和政府（行政）名义下发依靠职工办企业的若干意见，一些国家部委（总公司）也制定了全心全意依靠工人阶级的政策性文件。16 家产业工会配合有关部委，选树了 79 个依靠职工办好企业的典型，涌现出像石家庄第二印染厂、上海二纺机股份有限公司、中国嘉陵工业股份有限公司、上海第五钢铁厂、首都钢铁总公司等一批依靠职工群众办好企业的典型。这些典型的共同点在于，都是企业领导者牢固树立了依靠职工群众办好企业的思想，坚持实行生产经营民主、经济分配民主、财产管理民主、干部使用民主、生活福利民主，尤其是吸收职工参与企业重大决策，并为此建立起一整套实现职工当家作主的制度。企业管理的民主化，充分调动了职工的积极性和主人翁责任感，增强了企业的活力，使上述企业的经营状况向好，经济效益连年递增。

# 第八章

# 工人阶级队伍的发展与主力军作用的发挥

党的十一届三中全会后，随着改革开放的深入推进，我国工人阶级队伍得到持续发展壮大。到 1997 年底，我国职工总数已接近 3.5 亿人，成为国家发展的重要支柱。随着国民经济结构的优化和产业结构的调整，工人阶级在各产业的分布也发生了显著变化。第一、二产业的就业比例有所下降，而第三产业的就业比例则明显上升。这一趋势反映了我国经济结构的转型升级和产业布局的调整。随着所有制结构的多样化发展，城镇公有制企业进行了改制和减员增效，我国就业市场逐步形成了与多种所有制经济共同发展相适应的从业格局。在这一过程中，乡镇企业成为推动就业增长的重要力量，其职工增加的速度远超城镇职工，特别是在 1992 年之后这一特点更为突出。到 1998 年，全国新增在职职工中有近 70%是在乡镇企业实现的，这标志着农村劳动力转移和流动进入了一个新的阶段。这一历史性的重大变化表明，长期形成的工业集中在城市、乡村主要发展农业的产业格局正在发生深刻变化。乡镇企业的快速发展孕育了新型工人阶级队伍的形成，农村劳动力开始大规模地向城市和乡镇企业转移和流动，农民外出务工出现了新的高潮。截至 21 世纪初，农民外出务工人数已达到 1.14 亿人。20 世纪 90 年代，工人阶级继续发挥主力军作用，推动经济社会的发展，积极参与国有企业改革，努力转换经营机制，深入开展生产经济技术活动，大力参与精神文明创建活动，涌现出了一批先进劳动模范，为全社会树立了榜样。

## 一、工人阶级队伍的发展

为了全面深入了解我国职工队伍的基本状况，全国总工会于1992年和1997年先后进行了全国性的职工队伍状况调查。这些调查涵盖了职工的经济生活、思想观念、政治地位、文化技术水平、劳动关系状态、内部结构以及职工队伍的整体发展趋势等多个维度。调查结果显示，随着改革开放的深入推进，我国工人阶级的构成和分布经历了显著的变化。特别是到了20世纪90年代，工人阶级的基本特征相较于之前变得更加多元化和复杂化。这些变化不仅反映了社会发展的新趋势，也给工会工作的开展带来了新的挑战和影响。工会需要更加灵活地适应这些变化，以更好地服务广大职工群体。

### （一）工人阶级规模和结构的变化

改革开放20年来，广大职工以高度的主人翁责任感和艰苦创业精神，忘我劳动，无私奉献，创造了巨大的物质财富，推动了国民经济持续、快速、健康发展。据国家统计局有关数据，我国国内生产总值从1978年的3624.1亿元，增长为1997年的74772.4亿元，按可比价格计算，增加了4.92倍，平均每年增长9.8%。国内生产总值中，以农业为主的第一产业与第二、三产业所占比重发生了重大变化。1978年时第一产业所占比重为28.1%，第二产业为48.2%，第三产业为23.7%；到1997年时，第一产业所占比重减少为18.7%，第二产业增加为49.2%，第三产业增加为32.1%。第一产业创造的产值增加了1.54倍，第二产业增加了7.42倍，第三产业增加了5.81倍；第一产业的平均发展速度为5%，第二产业为11.9%，第三产业为10.6%。①

随着我国经济的蓬勃发展，职工队伍也呈现出空前的壮大态势。在职职工的数量以惊人的速度攀升，特别是在20世纪90年代中期，这一增长趋势达到了一个高峰。据相关统计数据，1978年职工总数为12339万人，占全部从业人员的30.7%；1992年为26074万人，占全部从业人员的39.8%；1997年底，职工总人数已接近3.5亿人，占全部从业人员（6.96亿）的50%。其中国有、集体和其他所有制经济职工（包括联营、股份制、外商投资和港澳台投资经济职工）14668万人，私营经济从业人员（不包括私营企业主及其家庭从业人员）616万人，乡镇企业职工（不包括生产规模过小、不符合标准的企业中的职工人数）13050万人，个体工商户中的雇工、雇员1600万人，离开土地或在异地务工的农民工（有别于国家按计划和有关政策，从农村招工、招生以及征地农民安置等“农转非”人员）5000万人左右。② 与1978年相比，我国职工总数激增了2.3亿人，相较于1992年也增加了近亿人。这一巨大的增长主要得益于农村剩余劳动力的有效转化和吸纳。这个事实表明，工薪劳动者的人数已经超过了其他社会劳动者从业人数。工人阶级数量的大幅增加，表明了我国的工业化和经济的社会化、市场化、现代化程度有了较大的提高。

随着我国工业化的迅猛推进，产业结构经历了深刻的更新与升级，进而引发了就业人口在三大产业间分布的显著变化。

1992年，我国职工在第一、第二产业和第三产业中的就业比重分别为3.9%、59.8%和36.3%。当时，第三产业在城镇就业人

---

① 本书编辑组编：《中国职工状况调查报告：1978—2018》，中国工人出版社2018年版，第114页。

② 本书编辑组编：《中国职工状况调查报告：1978—2018》，中国工人出版社2018年版，第115页。

口中的占比仅为18.8%，其产值在国内生产总值中的比重也仅为27%，这在发展中国家中都算是偏低的，凸显了我国国民经济结构的不合理性。为了优化国民经济结构、缓解经济生活中的深层次矛盾并促进经济的更快发展，1992年党中央和国务院联合发布了《关于加快发展第三产业的决定》。这一战略性部署为第二产业和第三产业的迅猛发展铺平了道路，促使农业劳动力大量向第二、第三产业转移。随着时间的推移，第一产业就业人员的比重不断下滑，而第二、第三产业就业人员的比例则持续攀升。到了1997年，第一、第二、第三产业就业比重已调整为3.2%、58.6%和38.3%。[①] 与1992年相比，第一产业和第二产业的就业比例有所下降，而第三产业的就业比例则显著提升。发展第三产业不仅投入少、见效快，而且对于推动市场发育，提升服务的社会化和专业化水平，减轻企业、事业和机关的负担，以及吸纳富余劳动力就业等方面都具有显著优势。据全国职工队伍状况调查分析，到了2002年，职工在第一、第二、第三产业中的就业比例分别为1.1%、41.4%、57.5%。[②] 这一变化的结果是，职工队伍中直接从事物质生产的劳动者人数在整体职工队伍中的比重逐渐下降，而在各种服务业和公用事业中从事非物质生产的劳动者的比重则呈现出不断上升的趋势。

随着所有制结构的变革和产业布局的调整，过去那种在职职工几乎全部集中在公有制经济单位的局面已经发生了显著改变。城镇公有制企业为了适应新的经济形势，纷纷进行改制和减员增效，这直接导致了传统意义上的职工队伍数量及其在总从业人员中的比重逐年下滑。与此同时，与多种所有制经济并存的就业格

① 本书编辑组编：《中国职工状况调查报告：1978—2018》，中国工人出版社2018年版，第118页。

② 本书编辑组编：《中国职工状况调查报告：1978—2018》，中国工人出版社2018年版，第153页。

局已经逐渐成形。根据国家统计局的数据，我们可以清晰地看到这一变化趋势。1992 年，在国有和集体经济单位就业的职工占比高达 55.6%，而在乡镇企业就业的职工占比为 40.6%，相比之下，在非公有制企业就业的职工仅占 3.8%。然而，到了 1997 年，这一比例发生了显著变化，国有和集体经济单位就业的职工占比降至 44.9%，乡镇企业就业的职工占比升至 45.4%，而非公有制企业就业的职工占比则增长至 9.6%。[①] 这些数据生动地反映了我国就业结构的多样化和动态变化。

乡镇企业在走向社会化、专业化生产的过程中，也孕育并塑造了一支新型工人阶级队伍。随着乡镇企业的蓬勃发展，在职职工的城乡分布格局发生了深刻变化，乡镇企业职工所占的比重显著上升。1978 年，全国城镇职工总数为 9499 万人，占在职职工总数的 77.06%，而乡镇企业职工数量为 2827 万人，占在职职工总数的 22.94%。到 1996 年底，乡镇企业的数量已飙升至 2326 万家，其从业人员数量更是达到了 13508 万人，占全国农村劳动力的 29.43%。尽管这部分职工中有些人仍与土地保持着一定联系，保留着“亦工亦农”的身份特征，但已有约 4000 万人成功完成了从农民到工人的职业转型。同时，流入城市的农村剩余劳动力数量也呈现出惊人的增长趋势，从 20 世纪 80 年代初期的几百万人迅速增长到 1998 年的 6000 多万人。其中，跨省流动的人口大约为 3000 万人，而长期稳定在城市就业的农村劳动力更是达到了 4000 万至 5000 万人。截至 1998 年，城镇职工在在职职工总数中的占比已调整为 46.87%，而乡镇企业职工在在职职工总数中的占比则攀升至 47.63%，全国新增的 13393 万在职职工中，乡镇企业贡献了近 70%的增长份额。这一系列数据不仅见证了乡镇企业的

① 本书编辑组编：《中国职工状况调查报告：1978—2018》，中国工人出版社 2018 年版，第 118 页。

崛起和农村劳动力的转型，也揭示了我国职工队伍结构和城乡就业格局的深刻变革。随着时间的推移，这种转变趋势越发明显。到2000年全国第五次人口普查时，新型工资劳动者在全国工人总数中的占比已经超过了50%，其中在第二产业中的占比更是高达57.5%，在第三产业中也占据了37%的比重。这些数据清晰地反映了我国工人阶级结构的演变和乡村工业化进程的加速。

1998年，城乡其他经济类型单位以及私营企业职工的总数达到了3037万人，占在职职工总数的11.68%。具体到城镇范围，这些其他经济类型单位和城镇私营企业的职工数量为2425万人，占城镇在职职工总数的18.46%，同时也占据了城镇从业人员总数的11.73%。这些其他经济类型单位和私营企业职工数量的增长呈现出一个显著特点，即增长速度非常快。大多数类型的年增长率不仅超过了在职职工整体的年增长率，也超过了公有制经济单位职工的年增长率。到了2004年底，全国范围内三资企业（即中外合资、中外合作和外商独资企业）的全部从业人员数量已经达到1444.47万人。同时，全国城乡私营企业从业人员数量也迅速攀升至5017.3万人，其中包括投资者948.6万人，城镇私营企业从业人员2993.7万人，以及乡村私营企业从业人员2023.5万人。此外，全国个体就业人员数量也达到了2521万人。这三类就业人员加起来，已经占据了城镇总就业人员（26476万人）的1/3。[①]这一数据清晰地反映了我国非公有制经济的迅猛发展和就业结构的多样化趋势。

随着农村改革的深入推进，农业生产力得到了极大的解放和发展，乡镇企业如雨后春笋般崭露头角。这一变革促使大量农民离开土地，转而投身于乡镇企业的就业大军，从而开创了“离土

① 张彦宁，陈兰通：《2006中国企业劳动关系状况报告》，企业管理出版社2006年版，第116—123页。

不离乡”的农业剩余劳动力转移新模式，这也被普遍认为是农民工群体的雏形。最早涌现农民工身影的地区，便是乡镇企业繁荣的苏南和广东的珠江三角洲地区。

1992年，邓小平的南方谈话犹如春风，为中国经济带来了蓬勃生机。国家政策随之调整，开始放宽对农民进城务工的限制，对农民工的管理策略也转变为鼓励、引导与宏观调控下的有序流动。随着沿海地区的经济迅猛发展，农村劳动力的转移和流动步入了一个快速增长的阶段，农民外出务工的热潮再度掀起。此时，“进厂又进城、离土又离乡”的农民工群体大量涌现。调查显示，1993年全国的农民工数量已达到6200多万人，相较于1989年增加了3200多万人；其中跨省流动的人数约为2200万人，这一数据较1989年翻了一番还多。而到了2000年，根据第五次全国人口普查的数据，农业户口人员在第二、三产业的就业人口中所占的比重已高达46.5%。在第二产业中，农业户口的从业者占比更是达到了57.6%，在建筑业中更是占到了80%的比重。进入21世纪后，国家着手消除农民进城就业的不合理障碍，努力推动城乡劳动力市场的一体化进程。同时，国家在就业、社会保障、户籍、教育、住房以及小城镇建设等多个领域积极推进配套改革。随着农民工流动环境的持续优化，以及农村经济结构的调整、工业化的加速和城镇化的快速推进，选择到城市打工的农民数量不断攀升。到21世纪初，这一数据已达到惊人的1.14亿人。

农民工是中国社会在经历从计划体制向市场体制、农业社会向工业社会以及传统社会向现代社会转型过程中的一种独特现象。农民工的涌现，有力地打破了计划经济时代那种严格的城乡二元分割结构，这无疑是中国改革开放以来的一项重要成果。作为一个规模庞大的就业群体，农民工在全国范围内外出务工，尽管他们的户籍仍然属于农民，并且在农村还保留有承包地，但他们却常年或大部分时间投身于非农产业的生产经营活动中，以工资作为主要的生活来源，构成了建筑、采掘和一般服务业的劳动力主体，并且已经发展成为中国产业工人不可或缺的一部分，其数量甚至已经超越了传统上由城镇居民组成的产业工人。以青年为主的农民工群体大多已经超越了传统的农民观念和生活方式。他们接受了城市文明和工业文明的熏陶，形成了高度的组织性和纪律性。这些特征使他们具备了成为工人阶级的基本条件。将这一庞大群体纳入工人阶级的范畴，不仅标志着工人阶级外延的第三次扩展，而且丰富了工人阶级的内涵，这在中国工人运动的历史上具有重要意义。

农民工的工会工作已初步展开。随着农民工群体成为工人阶级的重要组成部分，工会的重要职责也在扩展，维护农民工的合法权益成为其不可或缺的任务，农民工工作因此被纳入工会工作的重要领域。农民工在艰辛的“打工”历程中，不仅通过学习和实践在知识技能上逐渐向工人阶级靠拢，而且在思想、观念和行动上也与工人阶级日益融合。他们正逐步成为工人阶级的新生力量，同时也成为工会组织新的服务对象。鉴于农民工在社会中的地位相对较低，他们往往面临艰苦的工作条件，自身利益易受侵害。因此，他们迫切需要工会组织的支持和保护。农民工群体的独特性，要求工会组织给予更多的关注和有针对性的服务。将农民工纳入产业工人的大家庭，积极吸收他们加入工会，并坚决维护他们的合法权益，已成为工会组织当时的一项紧迫而重要的使命。

### （二）工人阶级基本特征的变化

根据 1992 年全国总工会开展的职工队伍状况调查，与改革开放前相比，职工队伍的文化技术水平已经实现了大幅提升，文化结构和技术结构也得到了进一步的优化，这基本上与我国当时的经济发展水平保持了一致。从事脑力劳动或脑体结合的劳动者在职工队伍中的比例有了显著增长，技术工人成为队伍中的主体，他们的技术素质也得到了明显的提升。同时，职工学习文化技术的积极性也有所增强。到了 1997 年，职工的知识技术构成进一步得到了优化。根据调查数据，职工的平均受教育年限达到了 12. 19 年，相比 1992 年同类调查结果增加了 0. 74 年，而大专及以上文化程度的职工比例也上升了 8. 2%。与 1992 年相比，初、中、高级职称的职工比重均有所上升。此外，职工队伍的平均年龄呈现出下降的趋势，特别是 1978 年以后参加工作的职工在队伍中已经占到了 56. 6%的比例。然而值得注意的是，与乡镇企业、非公有制企业以及农民工相比，国有企业和集体所有制企业的职工队伍明显呈现出老龄化的态势。

职工的生活状况发生了较大变化，整体生活水平得到显著提升。职工的工资收入实现了大幅增长，这使得大多数职工的家庭生活得到明显改善，生活质量也随之提高。在住房方面，无论是住房面积还是质量，都比过去有了显著的进步。人们对当时的经济生活普遍持乐观态度。除工资收入以外，职工的其他收入来源也在逐渐增多，如第二职业的收入、投资收益等都在不断增长。《关于职工经济生活现状调查的数据统计分析报告》显示，1997 年城镇职工的年平均收入已经达到了 7914. 55 元。有 56. 2%的职工认为近几年自己的个人收入有了大幅的提高或者有所提高，同时，也有 52. 4%的职工表示他们的家庭收入在近几年里有了显著的或一定程度的增加。

职工对自身的劳动权利和经济利益的关注度在持续上升，与用人单位之间的关系也逐渐通过契约来明确和规范。在 1992 年至 1997 年的六年间，因就业、工资、保障等问题，城镇职工与单位之间发生的劳动争议案件数量呈现出逐年增长的趋势，总体水平达到了 8. 4%。据此估算，每年因这些劳动争议涉及的职工人次达 190. 2 万人次。同时，城镇职工参与单位集体劳动争议的总体水平为5.6%，推算下来，每年因发生集体劳动争议涉及职工126.8万人次。截至1997年底的统计数据显示，全国城镇企业中已经有10728.1万名职工实行了劳动合同制度，这一数据占到了同口径职工总数的97.5%，这显示出劳动合同制度在城镇企业中得到普及。此外，有14万个基层单位与职工签订了集体合同，这些合同覆盖了国有、集体以及其他所有制经济的职工，覆盖率接近40%，体现了集体合同在维护职工权益方面的重要作用。

职工的思想状况和价值观念也经历了显著的变化，这些变化的主流趋势是积极且向上的。随着我国改革开放的深入，广大职工对国家在这一进程中所推行的方针政策表达了高度的认同，他们的思想认识也逐渐统一到建设有中国特色社会主义道路上来。职工们对党的理解更为深刻和理性，他们普遍认为改革开放和现代化建设事业必须在党的领导下进行，这已成为大多数职工的共识。在处理国家、社会、集体和个人之间的利益关系时，广大职工优先注重国家、社会和公众的利益，他们崇尚爱国主义和集体主义，展现出了较高的政治觉悟和思想素质。具体数据显示，有55.1%的职工明确表示支持“国家对国有小企业进行改革的基本政策”，同时有66.1%的职工赞同“让职工在基层单位更多地参与自我管理”。随着市场经济的不断发展，职工的思想观念也日趋务实。他们重视自我价值的实现和对经济利益的追求，并崇尚平等竞争的原则。这些变化使职工们能够更好地适应时代的发展需要。

在职工政治生活领域，1992年全国总工会开展的全国职工队伍状况调查显示，随着我国民主与法制建设的不断推进，职工参与政治组织的人数始终维持在一个较高的比例。广大职工对改革开放以来国家所推行的方针政策表达了广泛的赞同。无论是在宏观层面还是在微观层面，职工的政治生活都处于一个正常且健康的状态。职工的政治地位和公民权利得到了法律的有力保障。特别值得一提的是，企业民主管理等基层民主生活在职工中得到了进一步的发展和深化。截至 1997 年，全国城镇中近 80%建有工会组织的基层单位都已经建立了职工代表大会制度，这一比例相较于 1992 年有所上升。此外，有 6149 个基层以上的工会与同级政府和行政部门建立了联席会议制度。这些工会还参与了政府部门 3069 件政策和重大改革措施的制定，并与有关部门共同起草了 1361 件法律法规。[①] 这些数据充分表明了职工在政治生活中的积极参与和有效贡献。

### （三）工人阶级发展中的问题和挑战

从我国现代化进程的推进和未来战略发展视角来看，当时我国职工在文化技术方面的整体素养仍有待提升，与现代化建设所期望的标准存在较大的差距。具体而言，文化技术结构的不合理布局、实际操作技能的偏低层次、学习新知识与技术的内驱力不足，以及劳动组织的不完善等问题仍然突出。这些问题均在不同程度上制约了我国经济发展的潜力和持续性。面对这样的现状，工会应肩负起重要使命，高度重视并致力于提升职工的文化技术素质，积极推动职业教育的蓬勃发展，以确保我国经济能够真正依赖于技术革新和劳动者素养的全面提升来实现持续稳健的增长。

第一，收入不均状况加剧。尽管职工整体生活水平有了显著提升，但不同地区、行业、所有制以及经济效益各异的企事业单位之间，乃至职工个人间的收入差距却在不断拉大。这种差距越发向高文化、高技术、高职务人群倾斜，尤其是高层管理人员的收入增长速度非常快。无论是在全社会范围内，还是单就工人阶级内部而言，贫富差距已然形成。城市中开始涌现出贫困职工群

---

① 中华全国总工会：《中国工会年鉴（1999）》，《中国工会年鉴》编辑部 1999 年版，第 434 页。

体。因体制转变而陷入困境的职工，现已成为城镇贫困人口的主要组成部分。面对这一严峻形势，工会必须高度重视，并采取切实有效的措施来保障低收入职工和贫困职工的基本生活，以遏制两极分化趋势的进一步蔓延。

第二，劳动关系存在诸多不规范之处，劳动权益受侵犯的事件频发，给劳动执法带来极大挑战。劳动合同的规范性和法律约束力均表现欠佳，据调查，近半数（48.8%）的职工对劳动合同的履行情况评价为一般或不佳。[①] 尽管集体合同的签订率较高，但部分合同文本质量堪忧，甚至仅停留在纸面形式上，缺乏实际约束力。此外，劳动相关法律法规的滞后出台，也对劳动关系的和谐稳定造成了不良影响。在实际劳动环境中，拖欠工资问题依然严重，工时制度的执行情况亦不容乐观。特大、重大劳动安全事故屡次发生，严重威胁着职工的安全与健康。同时，职业培训工作未能紧跟市场发展的步伐，难以满足日益变化的劳动需求。在劳动争议的处理上，总体调解和解决水平有待提高，劳动合同的高签订率并未带来相应的履行质量。更为严重的是，一些基本的劳动标准在实际操作中难以得到落实，劳动执法领域存在无法可依、有法不依、执法不严、违法不究等突出问题，亟待解决。

第三，下岗失业问题日益严峻，下岗失业人数急剧增加，导致下岗失业人员经济收入大幅下滑。同时，他们所获得的生活补助金额远不足以维持基本生活，再就业更是面临着重重困难。1997 年全国总工会开展的全国职工队伍状况调查结果显示，在受访的下岗失业人员当中，有高达 90%的人是在 1993 年以后失去工作的，然而，这部分人的再就业率却低得惊人，仅为 18.76%。[②]

---

① 中华全国总工会：《中国工会年鉴（1999）》，《中国工会年鉴》编辑部 1999 年版，第 434 页。

② 中华全国总工会：《中国工会年鉴（1999）》，《中国工会年鉴》编辑部 1999 年版，第 434 页。

这一数据深刻揭示了当时下岗失业问题的严重性和再就业的巨大挑战。

第四，社会保障体系的发展显著滞后于现实需求，城镇中已然涌现出贫困阶层。在整个“八五”计划期间，我国城镇贫困人口数量始终在 1100 万至 1450 万之间波动，占城镇居民总人口的比重为 3.7%—6%。养老保险基金的收缴情况并不理想，导致相当多的职工对自己退休后的基本生活保障感到担忧。失业保险基金的收入不足以应对支出，工伤保险的覆盖面也有待进一步扩大。职工对当前实施的养老保险制度的评价普遍不高，同时，各单位拖欠职工医疗费用的问题也相当严重，亟待解决。

第五，随着经济快速发展，工人阶级内部的阶层关系也经历了显著的变化，阶层分化现象凸显。在这一过程中，经营者被赋予了更大的权力，使得工人阶级内部的管理者阶层与工人阶层之间的关系发生了转变，从政府主导逐渐转变为企业自主。企业享有了用工的自主权，这导致企业管理者阶层与工人阶层之间的关系更多地建立在契约的基础之上。数据显示，到 1996 年底，已经有高达 96.4% 的城镇企业职工与企业签订了劳动合同。[①] 然而，这种阶层分化的现象也在一些企业中引发了干群关系的紧张，这种紧张关系直接伤害并刺激了工人的情感。这种阶层分化是现代社会发展的一个客观要求。正确地理解和处理这种分化，不仅有助于提高社会效率和组织化程度，还能对社会的整体发展起到积极的推动作用。

第六，职工的民主权利在实践中并未得到充分保障。1992 年全国总工会开展的全国职工队伍状况调查结果显示，当时职工在理论上的地位与其在现实生活中的地位之间存在不容忽视的差距。

① 冯同庆：《工人阶级内部阶层关系的变化与工人阶层的地位》，《工会理论与实践》（中国工运学院学报）1997 年版第 3 期，第 15 页。

职工普遍对自己政治权利的实现程度评价不高，这凸显出保障职工主人翁地位的体制仍需进一步建立和健全。在具体实践中，职工代表大会在履行其职能时常常流于形式，缺乏实质性的参与和监督。对管理层的监督制约制度也存在不健全的问题。特别是在企业改制后，一些企业的民主管理有所削弱，董事会、监事会中的职工代表比例偏低，导致其参与和监督作用不明显。值得注意的是，自1992年以来，认为职工在基层单位的主人翁地位有所提高的比例相较于1992年的调查数据下降了12.5%①，这无疑是一个令人担忧的趋势。针对这些问题，需要在发展社会经济的同时，加快社会主义民主建设的步伐，进一步完善法制体系。工会作为职工的代表，应当积极拓宽职工参与企业管理和国家事务的渠道，确保职工的民主权利得到切实保障和实现。

第七，在向社会主义市场经济转型的过程中，受到外来文化和社会上不良因素的冲击，一些消极乃至腐朽的思想观念开始在部分职工中蔓延。历史虚无主义、拜金主义以及极端个人主义等错误思潮，在一定程度上侵蚀了职工队伍。面对这一形势，工会必须紧密结合当前职工的思想实际，进一步加强和改进职工的思想政治工作，着力提升职工的思想道德水平。通过加强职工的思想道德建设，推动建立起符合社会主义市场经济要求的职工思想道德体系，更好地引领职工队伍向着积极、健康的方向发展。

## 二、工人阶级在推动经济社会发展中发挥主力军作用

1993年11月14日在党的十四届三中全会上通过《中共中央关于建立社会主义市场经济体制若干问题的决定》，提出建立适

---

① 中华全国总工会：《中国工会年鉴（1999）》，《中国工会年鉴》编辑部1999年版，第434页。

应市场经济要求，产权清晰、权责明确、政企分开、管理科学的现代企业制度。国企改革的方向从过去的放权让利、政策调整转向了更为深入的转换机制和制度创新，形成与市场经济相适应的管理体制和经营机制，从而更好地应对市场挑战，提升竞争力。

1997 年 9 月，党的十五大提出了“要从战略上调整国有经济布局”的重要决策，计划用三年左右的时间，力争使大多数国有大中型骨干企业初步建立现代企业制度。1999 年 9 月，党的十五届四中全会通过了《中共中央关于国有企业改革和发展若干重大问题的决定》，进一步提出要大力发展股份制公司，通过国有控股和参股的方式来实现国有经济对国民经济的控制力。这些重大决策部署推动了国有企业产权和所有制结构的调整，向股份制改革、实现产权多元化的方向迈进。产权制度改革的过程不仅是一个产业结构优化升级的过程，更是一个淘汰落后、创造新兴、调整优化就业结构的进步与发展过程。在这个过程中，企业中的经济关系和劳动关系变得日益复杂和多元化，职工与企业的关系不再是计划经济体制下的一聘定终身。为了达到市场化的目标，政府逐步实施了“砸烂铁饭碗”“三项制度改革”等一系列改革措施，稳步建立起了市场化的社会保障体系与契约化的劳动合同关系。这些变化不仅使企业的用工制度更加灵活，也增强了职工的市场竞争意识和自我保障意识。

### （一）深入开展群众性经济技术创新活动

1993 年召开的中国工会十二大提出，要“动员职工发扬艰苦创业精神，为国民经济上新台阶建功立业”。为实现这一目标，会议强调引导职工以主人翁的姿态投身于劳动和工作中的重要性，鼓励职工与企业形成紧密的利益共同体，共同分享企业成果，共同承担市场风险。同时，会议还强调了继续深化“双增双节”、劳动竞赛、合理化建议、技术创新以及技术协作等活动的重要性，为职工们充分展示才华和智慧提供广阔的舞台。为了具体落实这一精神，全国总工会分别在 1994 年和 1996 年提出了更为细化的行动要求。全国总工会于 1994 年和 1996 年先后提出了“岗位做贡献、班组争先进、企业创效益”和“动员和组织亿万职工广泛开展争当新时期先进劳动者活动，为实现‘九五’计划和跨世纪宏伟目标建功立业”的要求，使劳动竞赛不断保持活力，常赛常新。这些举措有力地推动了职工们积极投身国家建设，为实现国家经济发展目标贡献自己的力量。

1996 年八届全国人大四次会议批准《关于国民经济和社会发展“九五”计划和 2010 年远景目标纲要的报告》后，全国职工响应全总号召，广泛开展“学先进、比贡献、创一流、增效益”活动。在这场广泛的劳动竞赛中，北京、山西、辽宁、山东等地涌现出了一批先进典型（邯钢、吉化、洛拖和胜利油田）。这些企业不仅在本地区取得了显著的成绩，而且其成功的经验也在全国范围内得到了广泛的推广和应用，进一步推动了建功立业活动的深入开展。统计数据显示，1996 年后，全国范围内参加社会主义劳动竞赛的人数已经达到了 2. 3 亿人次，通过这些竞赛活动创造的经济效益高达 965 亿多元。在国防系统方面，有 250 个企事业单位的 193 万名职工积极投身于“第二次创业”社会主义劳动竞赛中，职工参赛率高达 94. 2%，单位参赛率也达到了 87%。此外，“双增双节”活动也取得了显著成效，创造了 61. 8 亿元的经济效益。这些数字不仅展现了广大职工的积极性和创造力，也充分证明了劳动竞赛在推动国家经济发展和实现远景目标中的重要作用。

根据全国总工会十三届二次执委会会议关于在全国亿万职工中广泛深入地开展群众性经济技术创新工程的决议，2000 年 10 月，中华全国总工会正式颁布了《关于实施群众性经济技术创新工程的意见》（以下简称《意见》）。《意见》将创新置于核心位置，着重强调了实施经济技术创新工程的重要性，并指出这一工程必须紧密适应发展社会主义市场经济的需求。《意见》明确提出了增强企业的科技开发能力、市场竞争能力以及抗御风险能力作为经济技术创新工程的主攻方向。同时，该工程还将解决企业发展过程中遇到的难点、实现扭亏为盈等紧迫问题作为工作的重点。在创新技术、加强管理、提升效益、优化服务等方面，《意见》鼓励广大职工从本职工作出发，积极学习先进经验，努力争创一流业绩，为企业和社会作出更大的贡献。这一活动的推出受到了地方党政机关和企业的热烈欢迎和高度重视。各地纷纷成立领导小组，结合实际情况制定具体的实施方案或意见。仅在活动启动当年，参与该活动的企业单位数量就达到了233394家，充分显示了广大职工对经济技术创新工程的热情和参与度。这一活动的深入开展，无疑将为推进企业改革与发展，增强企业活力和竞争力，提供强大的动力和支撑。

在同期，围绕国家重大工程项目，如三峡工程和青藏铁路建设等，广泛开展了形式多样的建功立业劳动竞赛活动。这些活动不仅极大地激发了参与建设的广大职工的工作热情，还有效地推动了这些重点工程按时、高质量地完成。通过各种职工经济技术活动，企业成功地解决了生产技术中的一些棘手难题，并培养出大批高技能的技术工人，为企业技术进步和科技成果转化为实际生产力发挥了至关重要的作用。截至2002年底的统计数据显示，全国范围内共有29.4万个企业工会组织职工参与了经济技术活动，参与各种形式劳动竞赛的职工人数达到了惊人的1.7亿人次，这些活动累计创造了2305亿元的经济效益。同时，职工们提出了6506万件合理化建议，为企业带来了1088.5亿元的经济效益。在技术创新方面，这些活动共推广了34.3万项新技术，组织了73.6万项技术攻关项目，进一步创造了273.5亿元的经济效益。值得一提的是，经济技术创新活动还不断向第三产业延伸，形成了全国范围内职工多层次、多领域、多角度广泛参与的局面。

在向社会主义市场经济转型的过程中，全国亿万职工以极大的热情积极参与群众性技术创新活动，充分贡献自己的智慧和才能，为改革开放和社会主义现代化建设事业作出了不可磨灭的贡献。这种广泛的参与和努力取得了显著的成效。到 1998 年，我国的国民生产总值已经跃升至 8. 59 亿元，这一数字使我国在全球经济排名中位居第七，仅次于美国、日本、德国、法国、英国和意大利。国家“九五”计划的顺利完成进一步巩固了这一成就。进入 21 世纪，我国经济继续保持强劲增长势头。到 2000 年，国内生产总值达到 10. 13 万亿元，人均国民生产总值比 1980 年翻两番的目标不仅得以实现，而且还超额完成。随后，“十五”计划的顺利实施进一步推动了我国经济的发展。到 21 世纪初，国内生产总值已经攀升至 116694 亿元，人均国内生产总值达到 9030 元。按当时的汇率计算，这一数字首次突破了 1000 美元大关，标志着我国经济发展迈上了一个重要台阶。

### （二）大力开展群众性精神文明创建活动

在中国工会十二大的积极引导下，广大职工积极投身于“学理论、学文化、学科学、学技术、学管理、学法律”的“六学”活动，这一活动不仅提高了职工的政治理论水平，还帮助他们掌握了现代化的科学技术、管理、法律等多方面的知识。通过参与工会举办的各种形式的培训班和竞赛，职工们不断提升自己的职业技术素质，为企业的持续发展和社会的繁荣进步作出了重要贡献。随着改革开放的深入，职工教育得到了快速发展。越来越多的职工走进工会各级各类职工学校学习，培养了对“学文化、学技术”的兴趣，从根本上提高了职工队伍的文化技术素质。这一趋势在 1994 年至 1998 年尤为明显，有 500 万名职工从各类职工学校毕业，其中 30 万人获得了职工大学、职工中专学历，这充分展示了职工们对学习的热情和追求进步的决心。为了适应对外开放政策带来的新技术、新管理方法，广大职工还积极参与岗位培训，努力提升自己的岗位技能。1994 年，全国总工会经济部主办的班组长电视岗位培训吸引了 10 多万职工参加。1994 年至 1998 年，共有 1.3 亿人次职工参加了基层工会组织的各种培训和学习活动，这一数字令人印象深刻，反映了职工们对于提升自身能力的迫切需求。除了岗位培训，各地工会还结合行业、企业特点开展了技术练兵、技术比武等活动。这些活动不仅激发了职工们的学习热情，还为他们提供了展示自己才华的平台。例如，天津市总工会联合多家单位开展的“学绝技、创绝招、争做技术明星”活动，吸引了全市 6871 个基层单位、200 多万名职工参加，覆盖了全市 265 个主要行业，涉及全市 3795 个主要工种。这种广泛的参与和覆盖，不仅提升了职工们的技能水平，还增强了企业的竞争力和创新能力。在全国范围内，技术比武比赛也成为一项重要的职工活动。1994 年至 1996 年，参加全国技术比武比赛的职工达到了 5500 万人次，产生了 2 万多名省级技术能手。这些技术能手不仅在自己的岗位上发挥了重要作用，还为企业的技术创新和发展作出了突出贡献。同时，一些企业还积极推广和总结以职工名字命名的先进操作法，这种做法不仅激励了职工们的创新精神，还为企业积累了宝贵的技术财富。

在全国工会组织的积极推动下，职业道德建设得到了深入开展。通过与国家经贸委、中宣部、国务院纠风办等部门的联合，全国总工会成功组建了全国职工职业道德建设指导协调小组，制定并下发了一系列关于加强职工职业道德建设的指导意见。这些举措有力地推动了职业道德建设在全国范围内的广泛实施。为了具体落实职业道德建设，认真贯彻《公民道德建设实施纲要》，全国工会组织开展了丰富多彩的评比活动，如职工职业道德“双十佳”“文明行业”“文明班组”“文明岗位”等。这些活动激发了广大职工的参与热情，营造了积极向上的工作氛围。据统计，共有 292 人荣获全国职工职业道德十佳标兵和先进个人称号，这些先进模范人物如包起帆、李双良、徐虎、李素丽、王启民、王涛等，成为全国职工学习的榜样，他们的优秀品质和时代精神得到了广泛的弘扬。同时，全国工会组织还大力实施了“职工素质建设工程”，通过组织开展“创建学习型组织，争做知识型职工”等活动，推动了职工队伍整体素质的提升。全国工会系统创建了 79 所示范性职工学校和 51 个示范性文化宫，充分利用这些文化教育阵地开展职工培训和读书自学活动。到 1998 年，已有 1 亿多人次的职工参与了读书自学活动，703 人荣获全国职工自学成才奖，这些成果充分展示了职工队伍的学习热情和进取精神。总的来说，这个时期的全国工会组织在职业道德建设和职工素质教育方面作出了积极的努力，取得了显著的成效；通过一系列的活动和举措，提升了职工队伍的整体素质和职业道德水平，为企业的持续发展和社会的和谐稳定作出了重要贡献。

在中国工会十三大之后，各级工会进一步加大了职工队伍的建设力度，积极推动职工的思想政治教育以及文化技术培训，力求在提升职工整体素质上取得新的进展。

为了更深入地了解职工的思想动态以及工会开展思想政治工作的实际情况，2000 年 3 月中旬至 6 月中旬，全国总工会宣教部特别组织了一次大规模的调查。调查对象涵盖了 23 个城市以及铁路系统的 100 家企业的一线职工。为了确保调查的全面性和代表性，调查组采用了问卷调查和座谈会等多种形式进行数据采集。这次问卷调查共涉及了 1 万名一线职工。从职工所在企业的所有制性质来看，国有企业职工占比达到了 76%，而其他所有制企业的职工则占了 24%。在职职工的比例高达 93. 8%，而下岗职工则占了 6. 2%。在性别分布上，男职工占 55. 9%，女职工则占 44. 1%。这些数据充分反映了调查的广泛性和多样性。基于这次深入的调查，全国总工会宣教部形成了《关于当前企业一线职工思想状况的调查报告》。这份报告不仅详细分析了职工的思想状况，也为工会今后更有效地开展思想政治工作提供了有力的数据支持和参考依据。

报告通过深入分析统计资料，揭示了一线职工对于改革开放、企业深化改革以及社会稳定和经济增长目标的普遍支持。绝大多数职工对此表示满意，并期望改革步伐能够进一步加快。特别是40岁以下的青年职工群体，他们中超过半数的人对于加入共青团、共产党以及争当先进模范抱有强烈愿望，展现了积极向上的职业追求。在思想政治工作的加强方面，大多数职工认为这是非常必要的，体现了他们对于精神文化建设的重视。面对下岗问题，多数职工表现出积极应对的态度，他们认为通过加强技术培训、重新就业或自主创业是解决问题的有效途径。此外，在工会的维权作用以及职工代表大会职权落实方面，约半数职工认为大部分工作能够得到有效执行。然而，报告也指出了职工中存在的一些值得关注的思想倾向。部分职工表现出理想信念的淡漠，甚至有相当数量的职工信仰宗教，这在一定程度上反映了他们精神生活的多元化和复杂性。同时，一些社会问题也引发了职工的不满情绪，其中下岗就业、医疗改革和子女教育成为他们最为关切的问题。此外，多数职工认为工人在社会政治、经济生活中的地位有所下降，这反映了他们对于自身权益和社会地位的担忧。值得注意的是，有相当数量的职工对国企改革脱困的前景缺乏信心，这可能与改革的复杂性和不确定性有关。总体而言，报告揭示了一线职工在思想政治、职业发展以及社会生活中的多元态度和关注焦点。这为工会和相关部门进一步了解职工需求、加强思想政治工作以及推动改革提供了重要参考。

根据职工的思想状况调查结果，报告提出了一系列具有针对性和可操作性的对策与建议。首先，要着重加强职工思想政治工作的针对性和实效性，确保思想政治工作与解决职工实际困难紧密结合，以解决实际问题来推动思想的进步。其次，需要有效解决社会分配不均和企业内部分配不均的问题，为职工创造更加公平合理的经济环境。同时，报告强调了在党政机关领导干部反腐倡廉工作的基础上，企业必须进一步加强自身的反腐败工作，以树立良好的企业形象和风气。对于下岗和失业职工群体以及40—50岁职工群体所面临的实际困难和思想问题，应给予高度重视和妥善解决，确保他们的权益得到充分保障。此外，党政领导应关注新建企业的工会组建工作，努力加强基层工会组织特别是新建企业工会组织以及党组织的建设，为职工提供更好的组织依托和服务。最后，报告呼吁应确保工会宣传文化活动阵地与地方文化事业单位享有同等的政策待遇，从而推动职工文化活动的蓬勃发展。这些对策和建议旨在全面提升职工的思想素质和生活质量，为企业的稳定发展和社会的和谐进步奠定坚实基础。

在此基础上，全国总工会还制定下发了《中华全国总工会关于贯彻中央思想政治工作会议精神的意见》，对工会在职工思想政治工作中的任务目标和方针原则、各级工会的职责等都作出规定，提出明确要求。

全国总工会加强职工思想政治工作的举措，指导和推动了各级工会职工思想政治工作迈上新台阶。1999年后，各级工会通过组织开展全国班组职工学习邓小平理论知识问答竞赛、征文活动、演讲大赛和全国职工职业道德建设“双十佳”“双百”班组评选表彰等示范性活动，帮助职工深入学习邓小平理论和党的十五大精神，贯彻落实《公民道德建设实施纲要》，职工职业道德建设和职工思想教育得到加强和改进。在同级党委领导下，各级工会积极发动组织职工深入开展声讨、揭批“法轮功”邪教组织的斗争。利用工会宣传文化阵地，采用多种宣传方式，揭露“法轮功”的邪恶本质，引导职工不受骗、不上当，并与之坚决斗争。

在庆祝中国共产党成立80周年之际，组织全国职工开展“党在我心中”演讲大赛，唱响共产党好、社会主义好、改革开放好主旋律，激发全国亿万职工为实现21世纪社会主义现代化建设宏伟目标不懈奋斗。这些大规模活动的开展，有力宣传了工人阶级的先进思想，加强了职工队伍的理论武装，提高了职工队伍的辨别能力，培育了积极向上的主流取向。

全国各级工会在加强职工教育方面采取了积极措施，通过办学等方式提升职工的科学文化技术水平。自1996年5月起，全国总工会着手打造工会系统的示范性职工学校，选定124所职工学校作为试点，以期在全国范围内树立标杆。地方工会与试点学校纷纷响应，积极投入创建活动，取得了显著的成果。为总结经验并推动工会办学进一步发展，2000年4月，全国总工会在广州召开了重要会议。会议强调，面对21世纪的新挑战，工会办学必须与时俱进，紧密结合素质教育。要坚持面向现代化、面向世界、面向未来的办学方向，以开放的思想和实事求是的态度，勇于创新，积极实践，寻找适应新时代工会任务的教育模式。会议还提出，工会应有效利用内部资源，形成集团化的办学优势，以提高整体竞争力，扩大社会影响力，并增强工会的内部凝聚力，为工会工作奠定更广泛的群众基础。会议公布了全国工会系统示范性职工学校名单，并对部分优秀学校进行了表彰，颁发了荣誉牌匾和证书，以此鼓励它们在工会教育事业中继续发挥引领作用。

示范性职工学校的成功创办，为工会办学注入了新的活力。为了更全面地了解工会办学的实际情况，全国总工会在2000年3月至2001年9月进行了一次深入的调查。这次调查显示，截至2001年9月，经过地方教育行政部门的正式批准，全国各地工会所创办的职工学校数量已达到608所，涵盖了从高等到中专再到业余学校的各个层次，其中职工高等学校47所、职工中专学校54所、职工（业余）学校507所。这些学校不仅数量众多，而且师资力量雄厚，共有 7422 名专职教师和员工，其中 4541 人是专业教师，更有 1127 人拥有高级职称。这些学校的在校生总数超过了 54 万人，同时它们还为各种在岗、转岗员工提供了大量的短期培训机会，培训大专以上 11.17 万人，各种在岗、转岗短训 24 万多人次，再就业培训和其他培训也达到了近 10 万人次。在硬件设施方面，这些学校共占地 5864 亩，建筑面积达到了 128.4 万平方米。它们的固定资产总额高达 7.32 亿元，拥有丰富的图书资源，藏书量达 503.6 万册，并配备了先进的计算机设备，共计 16094 台（套）。在中国工会十三大后的五年里，各级工会积极响应，组织了多达 4544 万人次的职业培训、技能练兵和技术比武活动。此外，还有 4600 万人次参与了计算机知识的普及和应用学习，400 万人次接受了创造学知识的培训。值得一提的是，全国有近 1/3 的省级工会与相关部门合作，共同实施了旨在提高职工整体素质的工程项目。

各级工会通过组织开展示范性文体活动，进一步加强了职工文化体育工作，活跃丰富了职工精神生活。1999 年，为庆祝新中国成立 50 周年和展现广大职工主人翁风采，全国总工会与中国文联共同主办了“全国产业职工迎国庆文艺展演与全国职工戏剧小品大赛”；为迎接澳门回归，全国总工会与澳门工会联合会共同举办“职工迎回归书画美术摄影展”；2000 年，全国总工会与中国文联、中央人民广播电台、中国音协共同举办了“新世纪工人歌曲征集”活动；2002 年，全国总工会与中国文联、中央电视台共同主办“首届职工艺术节”，从 2002 年 5 月至 2003 年 1 月历时半年，据不完全统计，全国有上千个企业直接参加本届艺术节各项活动，有上万名职工登台献艺，有近百万名职工观看艺术节各项文艺演出活动，参观艺术节各项展览，在全国各地职工中引起强烈反响；2002 年 12 月 31 日，全国总工会办公厅下发《关于印发“五一”文化奖评选办法的通知》，决定从 2003 年起实施“五一”文化奖评选活动。该奖下设新闻、图书、文学、歌曲、影视剧作、舞蹈曲艺小品、美术书法摄影七个类别。每年的1月1日至3月15日为报送时间，5月对相关奖项进行表彰。

在推动职工体育活动开展方面，全国总工会作出了积极努力。1999年，为庆祝新中国成立50周年，全国总工会组织开展了大型的“迎建国五十周年职工体育活动月”活动，活动覆盖了全国27个省、自治区、直辖市，吸引了2355万名职工积极参与。2000年，全国总工会又开展了全国范围的职工“体质测定”活动，并评选出先进示范单位和优秀组织奖。此次活动得到了20个省、自治区、直辖市总工会以及全国各产业、行业体育协会的大力支持。他们对所属的159个基层单位进行了全面的体质测试、数据录入和监测分析工作。统计数据显示，接受测试的职工人数达到了228.64万人，占受测单位职工总数的56.1%，其中合格人数为165.88万人，占比达74.2%。2001年，结合国家申办奥运会的背景，全国总工会再次组织了以申奥为主题的职工体育活动月系列活动。据统计，全国共有6134万名职工参与了这一系列的申奥签名活动，展现了广大职工对国家大事的热情和支持。随后的2002年，总工会继续与国家体育总局等相关部门合作，举办了全国职工健身系列活动和红色之路全国职工团队健身挑战赛等多项活动。这些活动不仅丰富了职工的业余生活，也提升了他们的身体素质和团队协作能力。为了深入贯彻落实《中共中央 国务院关于进一步加强和改进新时期体育工作的意见》以及全国体育工作会议的精神，2002年10月29日，全国总工会专门下发了通知，对如何进一步加强和改进新时期职工体育工作作出了具体部署。这一举措旨在推动全民健身计划在广大职工中的深入实施，进一步提升职工的健康水平和生活质量。

### （三）劳模先进在推动经济社会发展中不断涌现

1995年4月29日，江泽民在庆祝“五一”国际劳动节暨表彰全国劳动模范和先进工作者大会上发表讲话，高度赞誉了我国工人阶级和各族劳动群众充分发挥历史主动精神，在各自工作岗位上作出了辉煌的业绩，涌现出一大批劳动模范和先进工作者，他们的崇高思想和模范事迹，展现了我们的时代精神和工人阶级的精神风貌，显示了工人阶级和劳动群众作为历史的创造者、改革开放和现代化建设的主力军的伟大作用，各条战线的劳动模范和先进工作者为全社会树立了光辉的榜样。因此，我们倡导全社会都要尊重、爱护劳动模范和先进工作者，虚心向他们学习，关心他们的工作和生活，榜样的力量是无穷的；并且着重强调了要大力宣传他们的主人翁责任感和艰苦创业精神、忘我的劳动热情和无私奉献精神、强烈的开拓进取意识和创新求实精神、良好的职业道德和爱岗敬业精神，充分发挥他们的骨干、带头和桥梁作用，努力扩大他们在全社会的积极影响，以激励广大干部和群众进一步弘扬中华民族的爱国主义精神和中国工人阶级的优秀品质，战胜前进中的各种困难，为我国社会主义现代化建设作出新的更大的贡献。江泽民回顾了中国工会70年来在党的领导下的光辉历程，并高度评价了工会为我国革命、建设和改革事业作出的重大贡献。工会不仅是职工群众合法权益的坚定代表者和有力维护者，更是党与广大职工群众之间紧密联系的桥梁和纽带。党中央主要领导明确指出工会“肩负着职工群众合法权益的代表者和维护者的神圣职责”①，体现了党中央对工会在维护职工权益方面所起到的作用的认可。

① 中华全国总工会：《中国工会年鉴（1996）》，《中国工会年鉴》编辑部1999年版，第2页。

中国工会十二大之后，各级工会都积极培养、选拔和表彰那些为国家建设和社会进步作出了杰出贡献的劳动模范、先进个人以及先进集体。中国工会十三大之后的五年，全国范围内共有2946位杰出的个人荣获了全国劳动模范的崇高荣誉，1629个出色的集体获得了全国五一劳动奖状，5069位优秀的个人被授予了全国五一劳动奖章。

包起帆，上海港南浦港务公司技术经理、高级工程师，国家级中青年专家，中共上海市委委员，上海市第九届人大代表，党的十四大代表，全国劳动模范。1968年参加工作，从一名普通装卸工自学成为高级工程师。20多年来，以“在岗位尽责，为事业奉献”的精神，发明创造了70多项高效安全的装卸工艺，被誉为“抓斗大王”。先后获得国际发明金奖9项，国内发明科技奖40多项，还把发明创造的新型抓斗、工索具技术推广到全国200多个港口、冶金、矿山、建筑和林场等单位使用，产生4亿多元的经济效益。1993年交通部、海员工会等单位发出了《关于在全国交通系统开展向全国劳动模范包起帆学习的决定》的通知。1994年中宣部举办了包起帆“新时期创业精神报告”的专场报告。

徐虎，上海普陀区房产管理局中山北路房管所水电维修工。他自1975年从事水电维修工作以来，因踏实肯干、服务周到被住户投票选为上海市优秀社会服务工作者，1995年被新闻媒体誉为服务明星。1985年6月，他为了更好地搞好服务，特制作三只特约报修箱，挂在居委会的电话间墙上。从1985年到1996年的10年间，他在搞好白天工作的同时，用自己的业余时间为居民排忧解难。无论是严寒酷暑，还是刮风下雨，他从不顾个人的困难，每天按时开启三只特约报修箱，逢年过节也不例外，挂箱10年间的10个除夕夜，除了两年没有报修单外，其余8个除夕夜，他都是在上门为居民服务中度过的。10年，他开箱3191次，义务修理2155处，其中74处并不是他的管区，共花费6382个小时的业余时间为居民排忧。他除了自己十年如一日坚持为民服务外，还热忱帮助其他同志，他的徒弟也挂出了三只特约报修箱，义务开箱六年之久。徐虎曾先后被评为上海市劳动模范和全国劳动模范。

李素丽，全国劳动模范。她以卓越的服务精神和无私的奉献，赢得了广大乘客的深深赞誉。她创建了公交“李素丽服务热线”，为公众提供了更为便捷、高效的服务渠道。在职业生涯早期，李素丽曾在北京市公交总公司公汽一公司第一运营分公司担任 21 路公共汽车售票员。自 1981 年投身公交事业以来，李素丽始终将“全心全意为人民服务”作为自己的行动指南。在三尺票台上，她用真情架起了一座与乘客相互理解的桥梁，把微笑送给了四面八方的乘客。她礼貌待客，体现了一个“热”字；照顾乘客，体现了一个“恒”字；关心同志，体现了一个“情”字；要求自己，体现了一个“严”字。她注意钻研售票业务，刻苦学习管理心理学、英语、哑语等知识，不断提高自身素质。她在平凡的工作岗位上，以真诚、热情的服务态度，为乘客提供了细致入微的帮助和关怀。正因如此，她被广大乘客誉为“老人的拐杖，盲人的眼睛，外地人的向导，病人的护士，群众的贴心人”，这些称号充分展现了她在人们心中的崇高地位。她认为，做好售票员的工作，不仅要有为人民服务的好思想，还要有一定的科学文化知识和过硬的业务本领，两者相辅相成，才能把全心全意为人民服务的宗旨落到实处。2000 年，李素丽因其卓越的贡献和杰出的表现，荣获全国劳动模范称号。这是她对公交事业无私奉献和卓越成就的最好见证，也是全国人民对她的最高赞誉。

王启民，大庆石油管理局勘探开发研究院院长、教授级高级工程师，被中国石油天然气总公司党组授予“新时期铁人”称号。他 1961 年从北京石油学院毕业后，一直在油田从事地质开发研究工作。36 年来，先后主持了油田分层注水接替稳产、油田高含水期开采等八项重大开发试验任务；参加或组织了 40 项科研攻关课题和油田“七五”“八五”“九五”开发规划编制研究等工作，获国家、省部和局级奖励17项，多次获国家科技进步奖。其中“稳油控水”工程的成功，使油田含水低于81%，有效地控制了产液量的剧增，与国家审计规定的“八五”油田开发指标相比，五年累计多产油610.6万吨，少产液24749万吨，加上少注水、少作业、少用电、少建配套工程，累计增收节支150亿元。1996年“稳油控水”系统工程荣获国家科技进步特等奖。36年来，他以铁人为榜样，不计名利、不计报酬、埋头苦干、作风严谨，被大家誉为新时期的铁人。为了搞好试验，他长年累月工作在第一线，很少顾家。他忍受类风湿性脊椎炎的病痛，每次试验都在风里雨里埋头苦干，给大家作出了榜样。他曾被国家人事部命名为中青年有突出贡献的专家，1995年被国务院授予全国劳动模范称号。

王涛，湖北东风汽车公司总装配厂调整工，曾多次被评为湖北省、机械工业部劳动模范，被授予全国机械工业职工楷模称号。1996年荣获全国五一劳动奖章；1998年被全国总工会评为“全国十大杰出工人”“全国职工职业道德十佳标兵”；2000年被授予全国劳动模范称号，先后三次受到中共中央总书记、国家主席、中央军委主席江泽民的亲切接见。他1975年进厂，多年来在平凡艰苦的工作岗位上，埋头苦干，无私奉献；钻研业务，精益求精，经他手调试的东风汽车有15万多辆，从未出现过质量差错，赢得了汽车“调整大王”的美誉。他负责调整的东风八吨平头柴油车是新品种，调整难度非常大。为了完成调试任务，王涛带领全组人员，刻苦钻研技术，他自己就掌握了电、气焊、钣金等五种以上技术，并利用业余时间，写成了《八吨平头柴油车基本结构及其调整》一书，以及《八吨平头柴油车常见故障30例》《三吨轻型车调整方法》两本小册子。厂里把王涛写的书作为教材，对调整工进行培训，使调整质量和速度大为提高。为此，公司将王涛的调整法命名为“王涛操作法”，加以推广。多年来，他完成重大技术革新 10 多项，提出合理化建议 300 多项，实施 280 多项，累计创经济效益 20 多万元。

1998 年夏，我国遭遇一场历史罕见的特大洪涝灾害。长江、嫩江、松花江发生超历史纪录的特大洪水，珠江流域的西江和福建闽江也一度发生大洪水，受灾人口达 2.3 亿人。面对特大灾害的考验，党中央、国务院、中共中央军委正确决断、周密部署。广大军民不畏凶险、奋力抗灾。党和国家领导人多次亲临抗洪一线，各级领导干部也纷纷奔赴现场。全国上下万众一心，夺取了抗洪抢险斗争的全面胜利。在同洪水的搏斗中，党和人民铸就了万众一心、众志成城，不怕困难、顽强拼搏，坚韧不拔、敢于胜利的伟大抗洪精神。其中，合肥铁路的全体干部职工坚决贯彻江泽民总书记提出的“三个确保”① 的重要指示与洪水进行了顽强的抗争，成功地保障了铁路主线的安全畅通，出色地完成了运送抗洪抢险部队和物资的任务，确保了铁路管段内的大江堤坝安全，为全国抗洪抢险斗争的胜利作出了不可磨灭的贡献。江泽民对广大铁路职工在抗洪抢险中所取得的显著成绩给予了充分的肯定，并高度赞扬他们展现出的英勇顽强、团结协作和艰苦奋斗的精神风貌。

---

① “三个确保”是指确保长江大堤安全，确保武汉等重要城市的安全，确保人民的生命财产安全。

## 第九章

# 积极促进劳动关系稳定协调

1995 年，我国经济已经提前实现了原定于 2000 年比 1980 年翻两番的目标，显示出了强劲的增长势头。伴随着经济的飞速发展，社会利益格局和利益关系发生了深刻的调整。随着国有企业逐渐向市场化转型，非公有制经济迅速崛起，我国的劳动关系在性质上发生了重要转变，从以国家与国家职工之间的行政关系为主，转变为以企业与企业雇员之间的市场关系为主。① 因此，工会更加注重研究新形势下的劳动关系特点，不断完善自身的组织建设和工作机制，大力推行劳动合同制度、平等协商和集体合同制度、劳动争议处理和劳动法律监督制度，推动民主管理制度不断发展，加强与职工群众的沟通和联系，提升服务职工的能力和水平，更好地履行职责，发挥其在社会经济发展中的积极作用。

## 一、劳动用工市场化

### （一）劳动用工新变化

改革开放后，外资、合资、私营等各种类型的非公有制经济

① 吴建平：《改革开放以来中国工会的制度变迁》，社会科学文献出版社 2021 年版，第 110 页。

得到迅速发展，逐步形成了以公有制为主体，多种经济成分并存的格局。据统计，1978 年国内生产总值中，非公有制经济仅占 0.9%，1997 年该比重上升为 24.2%，到 2002 年已经占国内生产总值的近 1/3。[①] 非公有制经济的快速发展大大推动了市场化进程，进一步拓宽了就业渠道，提供了更多的就业岗位，使非公有制经济单位的职工人数大幅增加，尤其是城镇私营及个体从业人员增长快速。2002 年，城镇私营个体经济从业人员达 4267 万人，比 1997 年增长 59.9%，占城镇全部从业人员的比重由 1997 年的 12.8%上升到 17.2%。2002 年，城镇国有单位及城镇集体单位从业人员比重由 1997 年的 67%下降至 33.4%。[②] 由此可见，非公有制经济的迅速崛起为我国职工队伍发展壮大补充了新鲜血液。从就业人数上看，非公有制经济的就业人员已经超过了国有企业和公有制部门，成为我国的就业主体。这意味着在中国，市场化劳动关系至少在数量上占据了主导地位。

国有企业是指传统的国有独资企业和公司化改造以后国有投资占主导地位的股份制企业。国有企业改革经历了从 20 世纪 80 年代的放权让利、实行承包责任制，到 20 世纪 90 年代通过建立现代企业制度、实行股份制改造、产权重组等多种形式进行产权制度改革，以及世纪之交针对大型国有企业的以主辅分离、辅业改制为特征的新一轮结构调整等三个发展阶段。20 世纪 90 年代后期，伴随着国有企业改革方针的调整变化，国有企业的劳动关系继续发生根本性变化。

首先，随着国有企业“抓大放小”和“有进有退”战略的实施，大批原国有企业职工脱离旧体制进入市场化就业领域。改革

① 本书编辑组编：《中国职工状况调查报告：1978—2018》，中国工人出版社 2018 年版，第 151 页。

② 本书编辑组编：《中国职工状况调查报告：1978—2018》，中国工人出版社 2018 年版，第 152 页。

主要在两个层面上进行：一是实行国有经济退出的战略，将大批国有中小企业通过出售、转让、改造为股份合作制等多种方式实现民营化，国有工业企业从 1997 年的 74388 家，减少到 2002 年的 42696 家，原来国有企业的职工也转入改制后的民营企业。二是继续保留的国有企业实行制度改造和创新，实行股份制改造，建立现代企业制度。在这一改革进程中，由于企业破产停业、“减员增效”，大批国有企业的职工以下岗和失业的方式脱离原有的旧体制，先后进入市场化就业领域。

其次，国有大中型企业在股份制改造中采取了一系列措施，包括建立和完善企业的法人治理结构、成立国有投资公司、对国有资产实行委托经营，等等。这一改革方向，继续推动国有企业职工的劳动关系发生根本性变化。随着法人治理结构的建立和完善、所有权和经营权的分离、所有者和经营者制衡机制的形成，国有企业的职工由国家职工变为企业职工，职工与企业经营者的利益区别更加明晰，职工与企业的关系也逐步变为一种“劳资关系”，与非公有制企业不同的是，在这里，“资”代表国有资本。

### （二）参与协调劳动关系

我国经济结构调整和国有企业深化改革的推进，引起了大规模的结构性、政策性减员，就业形势日趋严峻。城镇失业率逐年上升，2001 年失业率已达 3.6%，登记失业人数达 600 万人。而在再就业服务中心的下岗职工有 600 万人，大部分职工协议即将期满，这部分职工和已出再就业服务中心尚未就业的职工都面临着再就业的问题。我国城镇单位就业人员从 1996 年起开始减少。据国家统计局统计，2001 年三季度，国有单位从业人员 7953 万人，同比减少 474.5 万人；集体单位 1424.8 万人，同比减少 201.2 万人。到 2002 年，我国城镇单位就业人员已经从 1995 年的 15301 万人减少到 10985 万人，共减少 4316 万人，国有和集体单位就业人员减少量达到6123万人。破产企业、资源枯竭企业、改制企业经济性裁员力度也在加大，并将持续一个较长时期。

由于资本和技术密集程度提高，国民经济增长对就业的拉动效应逐步减弱。1997年我国GDP增长8.8%，就业增加1.1%；1998年GDP增长7.8%，就业增加0.5%；1999年GDP增长7.2%，就业只增加0.36%。需向非农产业转移和向城镇流动的农村剩余劳动力从前几年的约1.3亿人已增长到1.5亿人，且有继续增长的趋势。据国家计委等有关方面预测，“十五”期间国民经济若按7%的速度增长，全国城镇各类就业岗位约增加4000多万个，而同期城镇新增劳动力的供给总量约为5200万人。同时，下岗职工实现再就业难度明显加大。据统计，下岗职工再就业率1998年为50%，1999年为42%，2000年为35%，到2001年第三季度末下降到18.8%。1998年以来，全国累计出再就业服务中心的国有企业下岗职工已达2300余万人，但真正以再就业方式出再就业服务中心的比例较低，有些职工即使实现了再就业，也仍存在就业岗位不稳、新的劳动关系难以建立和收入低下等问题。

2001年中国加入WTO，这既给职工的劳动就业带来了机遇，也在一段时期内带来巨大的冲击。加入WTO有利于我国对外贸易的增长，有利于引进外资，刺激宏观经济的发展，对就业产生积极的影响，但加入WTO后国际竞争加剧，我国面临着产业结构的调整、优化和升级，某些传统产业和企业的优势随之丧失，企业重组、兼并、关闭、破产的趋势增加。一段时期内，我国的结构性失业比较突出，对一部分失业和下岗职工再就业构成严峻挑战，新增劳动力就业问题也同样严峻。

与经济结构的变化如影随形的是劳动关系的持续变化和复杂化。与国有企业不同，规模较小、劳动密集的私营企业、个体经济组织等倾向于采用更加灵活的用工方式，工作岗位相对不稳定，容易发生劳动争议。同时，国有企业大量使用劳务派遣工，也成为劳动关系的一个新特点。[①] 劳动关系的这种变化对工会如何有效维护职工权益提出了新要求，工会的维权职能更加突出，但也增大了维权难度。劳动关系的协调机制、社会保障制度等亟待完善。由于非公有制企业的增长，劳资关系有待进一步规范，职工利益受侵害的情况增多。部分企业为了增加盈利，减少成本，降低劳动条件，加大工人的劳动强度，增加劳动时间，减少人工成本，减少安全生产和卫生费用。发展中国家的“低工资竞赛”有利于投资者而不利于工人。我国劳动力供大于求的现状使劳动力市场中的“买方市场”更加严重，劳动力价格下降，劳动报酬偏低，收入分配差距进一步拉大。社会保障制度的不完善造成部分国有企业的社会保障负担重，并且相当多的非公有制企业拒绝参保，社会保障只覆盖一部分企业和职工。

这一时期劳动关系紧张和冲突已经成为一个日益严重的社会问题，并且这种企业内部的紧张关系经常突破企业的界限，进入公共领域，职工群众往往处于弱势地位，其合法权益被强行侵害。1993 年深圳市龙岗区葵涌镇“11·19”致丽工艺玩具厂的特大火灾事故和福州马尾“12·13”高福公司的特大火灾事故，引起了社会强烈关注[②]，集中反映了外商投资企业安全生产和劳动保护方面存在的问题。从 1996 年到 2004 年，劳动争议案件的数量从 4.8 万件迅速增加到 26 万件，增加了 4 倍多，而其中集体争议案件数从 3000 多件增加到 1.9 万多件，增加了 5 倍多；劳动者当事人数从 18.9 万人增加到 76.5 万人，增加了 3 倍多，集体劳动争

① 程延园，王甫希：《变革中的劳动关系研究：中国劳动争议的特点与趋向》，《经济理论与经济管理》2012 年第 8 期，第 10 页。

② 吴建平：《改革开放以来中国工会的制度变迁》，社会科学文献出版社 2021 年版，第 110 页。

议劳动者人数也从 9.2 万人增加到 47.8 万人，增加了 4 倍多①。

发展社会主义市场经济，工会必须主动加大参与协调劳动关系的力度。随着改革开放和发展市场经济，劳动关系日趋复杂化，这个问题在外商投资企业尤为突出。工会参与协调劳动关系，一方面要坚决支持和推动改革，使生产关系不断适应生产力发展的要求，解放和发展生产力；另一方面，要主动协助政府和行政，处理好改革中涉及职工利益的各种问题，努力使各种所有制、各种经营方式企业职工的积极性，都能充分合理地发挥出来，努力推进社会主义市场经济的发展。

参与协调劳动关系的重点在企业。工会要针对不同所有制、不同经营方式企业的不同劳动关系，加强调查研究，搞好参政议政。工会要抓好劳动合同和集体合同的签订、实施和监督。要协助政府和行政安置好企业富余人员。在物质利益分配上，既要积极支持各项改革，不吃“大锅饭”，建立竞争机制，更好地实现按劳分配的原则，又要兼顾效率与公平，根据企业和职工的综合承受能力来把握改革的力度，使企业发展，职工受益。要积极推动职工最低工资保障、最低生活保障尽快走上法治轨道，使少数困难职工有基本生活保障。进一步加强劳动保护，是工会参与协调劳动关系中不可忽视的一项工作。要坚持安全第一，预防为主，专兼结合，群防群治的方针，努力搞好安全生产，要特别注意依法维护女职工的特殊权益。

工会参与协调劳动关系的目标是：逐步建立起适应社会主义市场经济要求的，有利于保障职工主人翁地位和调动职工积极性的，有利于增强企业凝聚力和创造力的，以法律和合同为基础的稳定的劳动关系，为改革开放和经济发展创造良好的环境。稳定

① 国家统计局人口和就业统计司，劳动和社会保障部规划财务司：《中国劳动统计年鉴 2005》，中国统计出版社 2005 年版，第 523 页。

的劳动关系是扩大开放、吸引外资重要而必不可少的投资“软环境”。因此，必须加强外商投资企业的工会工作，维护职工群众的合法权益，搞好与外商合作共事，共谋企业发展，为职工群众服务，为促进改革开放服务，为经济建设服务。

## 二、切实维护职工合法权益

为了切实维护改制企业职工的合法权益，全国总工会以及各地工会都对此问题进行了大量的调查研究，涉及职工劳动权益的经济补偿、债权债务、社会保险关系接续、新签劳动合同合规、再就业、失业者生活保障等方面问题。全国总工会十三届四次执委会会议后，各级工会组织加大协调劳动关系力度，突出抓好平等协商、集体合同制度和职工代表大会制度，进一步建立健全了调整劳动关系的两个主要机制，有效地维护了职工的经济利益和民主权利。

### （一）推行劳动合同制度

1994年劳动部发布了《关于全面实行劳动合同制的通知》后，这一制度在城镇各类企业中广泛实施。《劳动法》对订立劳动合同的原则、劳动合同的期限、劳动合同的变更、终止和解除等基本内容作了具体的规定，并强调要通过全面实行劳动合同制的办法来规范企业和职工之间的关系。《劳动法》第二十七条规定，用人单位濒临破产进行法定整顿期间或者生产经营状况发生严重困难，确需裁减人员的，应当提前三十天向工会或者全体职工说明情况，听取工会或者全体职工的意见，经向劳动行政部门报告后，可以裁减人员。《劳动法》第三十条规定，用人单位解除劳动合同，工会认为不适当的，有权提出意见。如果用人单位违反法律、法规或者劳动合同，工会有权要求重新处理；劳动者申请仲裁或者提起诉讼的，工会应当依法给予支持和帮助。随后，劳动部还出台了《关于实行劳动合同制度若干问题的通知》《关于企业职工流动若干问题的通知》《企业经济性裁减人员规定》《违反和解除劳动合同的经济补偿办法》《违反〈劳动法〉有关劳动合同规定的赔偿办法》等规章，使劳动合同制度趋于完善。

1994 年 12 月全国总工会十二届二次执委会会议审议通过了《全国总工会关于贯彻实施〈劳动法〉的决定》（以下简称《决定》）。《决定》指出，劳动合同是劳动者与用人单位确立劳动关系，明确双方权利和义务的协议；建立劳动关系应当订立劳动合同。工会要有针对性地进行劳动用工制度改革的宣传教育，积极帮助和指导职工签订好劳动合同，主动配合用人单位妥善处理出现的新情况、新问题。

各级工会要加强宣传教育工作，使职工充分认识依法签订劳动合同的必要性和重要性，明确双方的权利和义务。在劳动合同的订立、续订、变更、解除、终止等方面为职工提供切实的指导和帮助；主动参与劳动部门关于劳动合同范本的制定；企业劳动合同文本必须严格按劳动部门提出的范本加以规范，合同中的劳动标准不得低于集体合同的要求；企业上岗合同不能代替劳动合同；职工和企业都是劳动关系的主体，签订劳动合同必须坚持依法、平等、自愿、协商一致的原则；监督企业和教育职工履行劳动合同，阻止和纠正违反劳动合同的行为；防止无效劳动合同，坚决反对通过欺诈、威胁等手段订立劳动合同的行为。

此外，各级工会要妥善处理国有企业固定工签订劳动合同问题。鉴于不少企业两种用工制度并存，在实行全员劳动合同制的过程中，对大量固定工转为合同制工，应从有利于职工队伍和社会的稳定出发，视条件分步实施，力求在多数职工理解的基础上进行。对于工龄长的职工、女职工和老、弱、病职工，应建议地方政府在制定劳动合同制度实施步骤时，采取保护措施。

《决定》明确要求各级工会要积极参与地方劳动合同制度实施步骤和《劳动法》配套法律法规的制定工作。企业工会要积极推动企业制定贯彻实施《劳动法》的具体措施和建立健全相应的规章制度，保障劳动者享有的劳动权利。

1995 年，各地工会积极参加了推行劳动合同制度的工作。在参与制定地方劳动合同制度的实施方案中，提出对原固定工、女职工、老弱病职工采取相应保护措施的建议，很多被政府采纳；在签订劳动合同的过程中，主动参与劳动合同范本的制定，协助企业依法规范劳动合同文本，注意处理好固定工签订劳动合同的问题。到 1995 年底，全国实行劳动合同制的人数已达 5032.4 万人，占职工总数的 44.5%。①

工会在推动劳动合同制度的实施方面扮演了举足轻重的角色。具体来说，工会在这一过程中的作用主要体现在以下几个方面。第一，为职工提供签订劳动合同的指导和帮助。1992 年《工会法》第二十条规定，工会帮助、指导职工与企业以及企业化管理的事业单位签订劳动合同。第二，对用人单位在解除劳动合同时进行监督。《工会法》第二十一条进一步规定，企业事业单位处分职工，工会认为不适当的，有权提出意见。企业单方面解除劳动合同时，应当事先将理由通知工会，工会认为企业违反法律、法规有关合同，要求重新研究时，企业应当研究工会的意见，并将处理结果书面通知工会。第三，作为劳动者的代表，签订集体合同以对劳动合同进行调整。《劳动法》规定，集体合同由工会代表职工与企业签订。依法签订的集体合同对企业和企业全体职工具有约束力。职工个人与企业订立的劳动合同中劳动条件和劳动报酬等标准不得低于集体合同的规定。劳动和社会保障部 1994

---

① 中华全国总工会：《中国工会年鉴（1996）》，《中国工会年鉴》编辑部 1996 年版，第 20 页。

年12月发布的《集体合同规定》进一步规定，工会可以就劳动合同的管理等与企业进行协商，为工会参与企业劳动合同管理工作提供法律依据。第四，对劳动合同制度的执行情况进行监督和检查，以及调解和处理因劳动合同而产生的争议。《劳动法》第八十八条规定，各级工会依法维护劳动者的合法权益，对用人单位遵守劳动法律、法规的情况进行监督。因劳动合同履行发生的争议在劳动争议中所占比例较大，工会在劳动争议处理中发挥着重要的作用：主持劳动争议调解委员会，对劳动合同争议进行调解，及时在企业内部化解矛盾；作为劳动关系三方代表之一，参与劳动争议仲裁；当职工认为企业侵犯其劳动权益时，帮助和支持职工申请仲裁和提起诉讼。

### （二）推行平等协商和集体合同制度

根据全国总工会十二届三次执委会会议的部署和要求，各级工会高度重视并把力推、巩固平等协商和签订集体合同制度作为工作重点。

#### 1. 平等协商和集体合同机制建设

1996年1月8日，全国总工会书记处批准成立了全国总工会集体合同办公室，作为主抓集体合同工作的部门。为了实现三次执委会会议提出的关于集体合同工作的目标，努力把工会工作总体思路落实到基层，全国总工会要求各级工会推行平等协商与集体合同要重在建制，即着力于把平等协商的工作格局、工作机制建立起来，把注重质量贯穿始终。1996年4月、5月和8月，全国总工会相继召开了三次推动集体合同工作电话会，包括北京在内的16个省市总工会介绍了抓集体合同工作的经验，推动工作开展。1996年5月17日，劳动部、全国总工会、国家经贸委、中国企业家协会联合发出《关于逐步实行集体协商和集体合同制度的通知》，对推动平等协商与集体合同制度工作和建立三方协调机制问题作出了规定，为各方面共同推动集体合同工作的开展创造了良好的社会环境。1996 年 7 月至 9 月，全国总工会书记处八位领导分九个组到 15 个省、自治区、直辖市对集体合同工作进行检查指导，全国人大对部分省市贯彻《劳动法》的情况进行检查，其中集体合同工作是一项重要内容。

1998 年，推行平等协商和集体合同制度工作继续狠抓进度，注重质量，坚持重在建立工作格局和工作机制，推进深入发展，工作取得了新的成效。首先，关注新情况、研究新问题，推动工作向纵深发展。在调查研究的基础上，全国总工会制定下发了《关于集团公司建立平等协商和集体合同制度的意见》《关于建立区域性行业性平等协商和集体合同制度的意见》和《工会参加工资集体协商的指导意见》。文件对规范集团公司建制工作，解决外商企业、私营企业和小型企业建制难的问题，以及促进工资决定机制和分配方式的改革，维护职工权益起到了指导、推进作用。到 1998 年底，全国共有 22 个省、自治区、直辖市签订了区域性集体合同 778 份，覆盖企业 25129 家，覆盖职工 88.8 万人；签订行业性集体合同 628 份，覆盖企业 7805 家，覆盖职工 241.3 万人。其次，对改制企业平等协商和集体合同工作进行了大量的调查研究，提出了加强改制企业平等协商和集体合同制度的意见。

1999 年 4 月，全国总工会成立了平等协商签订集体合同工作协调领导小组，并由全国总工会书记处书记带队，分八路到 16 个省市进行集体合同工作调研检查。针对工作中的新情况、新问题，全国总工会下发了《关于加强改制企业平等协商和集体合同工作的意见》和《关于认真做好到期集体合同续签工作的通知》，对集体合同工作的开展起到了指导作用。针对一些新建企业劳动关系不够协调，侵犯职工合法权益现象时有发生的情况，全国总工会于 2000 年 9 月下发了《中华全国总工会关于在新建企业加快建立平等协商和集体合同制度的意见》。

2001年，各级工会进一步提高了对平等协商、集体合同工作的重要性和必要性的认识，继续把这项工作摆上重要议事日程，认真总结经验，积极加以推进，取得了可喜的成绩。继续推动在所有企业建立健全平等协商和集体合同制度。2001年11月20日至21日，全国总工会与劳动和社会保障部、国家经贸委、中国企业联合会、中国企业家协会联合在江苏省南京市召开全国贯彻实施《劳动法》《工会法》推进集体合同、劳动合同工作经验交流会。中共中央政治局常委、书记处书记、全国总工会主席尉健行出席会议并发表重要讲话，就推行平等协商集体合同制度提出“六个坚持”的工作新要求，即坚持所有企业都要推行平等协商和集体合同制度；坚持平等协商与签订集体合同相协调、重在平等协商；坚持把职工关心的热点、难点问题作为平等协商、集体合同的重点，并在协商中努力加以解决；坚持把工资集体协商作为推行集体合同制度的重要内容，由工会或职工代表与企业进行平等协商，在协商一致的基础上签订工资协议；坚持推行集体合同和劳动合同制度有机衔接起来，督促企业认真执行劳动合同制度；坚持把推行集体合同和劳动合同制度与建立现代企业制度结合起来，把推行集体合同和劳动合同制度过程中积累的经验和取得的成果，充实和纳入现代企业制度中。

2002年，集体合同工作认真贯彻落实全国总工会十三届四次执委会会议精神和南京会议精神，加强调整劳动关系机制的建设，维护职工合法权益，促进社会稳定和经济发展。以加强平等协商和集体合同机制建设，积极推进工资集体协商和推动三方协调机制建设为重点，加强调查研究，组织研讨和交流，提出工作指导意见，进行指导和督促，取得较大成效。在综合分析全国各地贯彻南京会议精神情况的基础上，全国总工会形成了《关于各地贯彻南京会议精神情况及意见的报告》。为了规范平等协商集体合同工作，进一步加强平等协商集体合同机制建设，在反复征求意见的基础上，全国总工会制定了《关于加强平等协商集体合同机制建设的意见》，提出了要以基层为重点，建立健全平等协商、履约责任、监督检查、职工参与和评价等制度，进一步强调要加强监督制约和保证机制，提高集体合同的履约率和实效性。全国总工会还积极推动集体合同立法，起草了《关于尽快制定〈集体合同法〉的建议》，并上报全国人大。还参与劳动和社会保障部关于《集体协商规定》的修改，大部分修改意见被采纳。

2000 年 11 月，劳动和社会保障部颁布了《工资集体协商试行办法》。工资集体协商是平等协商中的核心内容，是深化平等协商、集体合同制度新的突破口。全国总工会十三届三次执委会会议提出，要把工资集体协商作为平等协商、集体合同的重要内容，按照《工资集体协商试行办法》，由工会代表职工就企业工资分配制度、工资分配形式、工资水平等与企业进行平等协商，签订专项集体合同或作为集体合同中的重要内容。各级工会注重抓工资集体协商机制的确立，注意研究不同所有制、不同行业、不同企业经营情况和外商投资企业不同投资国别工资集体协商的特点，有针对性地做好这项工作，使工资集体协商工作得到健康发展，以此推动平等协商机制的健全完善。十几个省总工会结合本地实际，与政府有关部门联合下发文件和制定了相关政策，选择不同行业、不同类型企业进行工资集体协商试点。上海、江苏、河南、福建、浙江等省市 3000 家企业开展了工资集体协商试点。截至 2001 年底，全国有二十几个省份约 2 万户企业进行了工资集体协商。①

此外，全国总工会深入基层调查研究，先后到江苏、甘肃、青海、浙江、辽宁等省进行调研，总结典型经验，研究存在的问

---

① 中华全国总工会：《中国工会年鉴（2002）》，《中国工会年鉴》编辑部 2002 年版，第 59 页。

题，形成了《关于部分省市推行工资集体协商情况的调查报告》。在此基础上，有针对性地提出加强工资集体协商工作的对策和建议，经征求各地工会的意见，初步制定了《关于大力推行工资集体协商工作的意见》，要求各级工会以党的十六大关于深化分配制度改革的精神指导工资集体协商工作，制定工作规划和工作目标，确定协商的内容和重点，加大工作指导力度，不断推进工资集体协商工作。在各级工会和有关方面的共同努力下，各地工资集体协商工作取得了很大进展，据统计，到年底，全国签订专项工资集体协议的企业已达 13.53 万多家。通过工资集体协商各级工会有效地协调了劳动关系，深化了平等协商和集体合同工作，维护了职工的合法权益，促进了企业的改革发展。

2. 平等协商和集体合同工作取得的成效

加强高层参与，推动法制化建设。为推动集体合同制度的法制化，各地均加强了集体合同制度的立法工作，继广东、福建之后，浙江、山西和郑州两省一市经地方人大审议通过并颁布了所在省市的《集体合同条例》，一些省市工会也正积极争取制定集体合同地方性法规。海南、江苏、黑龙江等省已建立了劳动关系三方协调会议制度，有力地促进了平等协商和集体合同工作的健康发展。沿海 12 省市开展建制评比活动，突破了难点，打开了局面。截至 1998 年底，外商投资企业、乡镇企业、私营企业建立集体合同的分别达到 27925 家、43693 家、43965 家。

抓好培训工作，提高工会干部和协商代表素质。各级工会按照全国总工会要求，抓紧、抓好培训工作，涌现出一批优秀组织和优秀师资个人。为吸取国外推行集体合同制度的经验，1998 年 12 月中旬，全国总工会与国际劳工组织合作在中国工运学院举办了为期一周的集体谈判和集体合同培训班，对部分省市不同企业类型的工会干部进行了培训。2001 年，为了加强对工会工资集体协商师资和协商代表的培训，全国总工会与国际劳工局联合培训各省市工资集体协商师资和谈判员近百名。为进一步贯彻《工资集体协商试行办法》，推进工资集体协商工作，2002 年 9 月 12 日至 19 日举办了工资集体协商培训班，请有关领导人和专家讲授了工资集体协商相关知识，交流了经验，全国总工会领导人出席并讲话，对进一步开展工资集体协商工作提出了明确要求。

区域性、行业性和外商投资企业、乡镇企业和私营企业建立集体合同制度取得突破性进展。2001 年，河北、江苏、上海、河南、大连等地开展了区域性、行业性工资集体协商，对于维护职工工资分配权益、稳定劳动关系和促进企业发展，起到了比较明显的作用。截至 2002 年底，全国建立平等协商和集体合同制度的企业已达 30.86 万家，覆盖职工 6167.59 万人；签订区域性集体合同 6.53 万份，覆盖企业 74.29 万家，覆盖职工 2071.25 万人；签订行业性集体合同 1.8 万份，覆盖企业 21.91 万家，覆盖职工 1260.2 万人；有 16 个省、自治区、直辖市制定颁布了集体合同地方性法规；有 20 个省、自治区、直辖市颁布了劳动合同管理条例或规章。①

### （三）推行劳动争议处理和劳动法律监督制度

#### 1. 参与劳动争议处理和劳动法律监督

工会积极参与劳动法律监督，劳动争议调解、仲裁与诉讼，在建立稳定协调的劳动关系中发挥了积极作用。为及时依法处理劳动争议，维护当事人双方的合法权益，《劳动法》《中华人民共和国企业劳动争议处理条例》、新修订的《工会法》等法律法规确定了我国处理劳动争议的机构和“一调、一裁、二审”的处理

① 中华全国总工会：《中国工会年鉴（2003）》，《中国工会年鉴》编辑部 2003 年版，第 32 页。

程序。全国总工会还制定了《工会参与劳动争议处理试行办法》《工会劳动法律监督试行办法》等规章，以保障职工在劳动争议纠纷中享有公平合理的权利。工会成立省、市（地）、县（区、局）、企业四级劳动法律组织，普遍建立劳动争议调解委员会，组建工会劳动争议调解员兼职仲裁员队伍，加大执法检查和调处劳动争议的工作力度，参与、揭露、处理侵犯职工合法权益的行为，特别是外资企业和私营企业中侮辱职工人格、危害职工生命和健康的侵权事件。工会在全国范围内建立了 29 万个基层劳动争议调解委员会，积极开展劳动争议调解和参与劳动争议仲裁，使大量矛盾解决在基层，化解在萌芽状态，促进了职工队伍和企事业单位的稳定。截至 2002 年 6 月，各级工会建立的劳动法律监督组织达 15022 个，提请劳动监督部门处理的违反劳动法律的行为和事件 14782 件；劳动法律监督组织受理违法违规案件 50876 件。工会系统在劳动争议仲裁委员会中的代表有 15585 名，工会法律服务机构 350 多家。

2. 参与职业安全卫生法律法规和政策的制定

在一系列有关劳动安全卫生法律法规及劳动安全卫生国家标准的起草中，工会积极参与并提出意见和主张，将工会依法维护职工劳动安全和职业健康权益、组织职工对安全生产工作进行监督等内容纳入有关法律法规。

工会对劳动安全卫生法、劳动卫生标准进行了调研论证和预案研究，提出了工会的意见，并会同煤炭部制定下发了落实煤矿工人行使安全生产的 10 项权利和保障职工行使安全生产权利的七项措施，促进改善职工劳动条件、生产环境，保护职工的生命健康安全。工会对 1985 年全国总工会颁布实施的劳动保护“三个条例”① 进行了修改、补充和完善。修改后的《工会劳动保护监督检查员工作条例》扩大了任命范围，调整了任命权限；修订了工会劳动保护监督检查员条件的内容；增加了监督检查员职责的内容；对劳动保护监督检查员必要的工作条件和津贴待遇作了原则性规定。修改后的《基层工会劳动保护监督检查委员会工作条例》扩大了适用范围，限定了委员会成员构成，充实了工作职责。修改后的《工会小组劳动保护检查员工作条例》进一步适应了基层监督检查网络的工作要求；简化了小组检查员条件；精练了小组检查员职责和权利。修改后的“三个条例”体现了国家法律法规赋予工会组织的职责和权利，有利于巩固和发展已建立的工会劳动保护组织网络和工作体系，使工会工作更具实用性、有效性和可行性。

仅 2001 年、2002 年两年内，工会在与各级地方政府和有关部门的联席会议上提出劳动保护的议题、提案达 25137 件，解决并落实的有 16712 件。全国总工会还会同国家有关部门进行全国安全生产大检查和有毒有害化学品专项整治的督察，对安全生产管理上存在的问题、重大事故隐患和职业病危害因素提出整改意见；积极推动国家开展对小煤矿安全生产专项治理，与政府有关部委共同对全国煤炭安全生产秩序进行整顿治理。实施工会劳动保护监督检查制度，群众性劳动安全卫生监督检查工作得到加强。

### （四）推动民主管理制度不断发展

随着现代企业制度试点工作的推进，全国总工会加强了对试点企业和大型集团公司工会组织体系、企业职工民主管理的调查研究，提出了一系列工作意见，并积极推动在企业中建立民主评

---

① “三个条例”指的是 1985 年全国总工会颁布的《工会劳动保护监督检查员工作条例》《基层工会劳动保护监督检查委员会工作条例》《工会小组劳动保护检查员工作条例》。

议企业领导干部制度，使企业民主管理进一步深化。在贯彻工会工作总体思路过程中，各级工会努力推动以职工代表大会为基本形式的企业民主管理制度不断发展，使实行厂务公开制度和民主评议企业领导人制度的工作有了新突破。

1. 坚持和完善职工代表大会制度

企业职工代表大会制度，是职工参与企业管理、监督企业干部的基本形式，是我国基层民主制度的重要组成部分。早在1957年，工会就在企业中正式建立起职工代表大会制度。到20世纪80年代，这一制度以立法的形式专门确定下来。职工代表大会的主要任务是贯彻执行党和国家的方针政策，正确处理国家、企业、职工三者的利益关系，在法律范围内行使职权，保障职工的合法权益和主人翁地位，调动职工积极性，办好社会主义企业。

20世纪90年代以后，随着国有企业改制，职工代表大会受到严重冲击。建立现代企业制度的过程中出现的职工董事和监事制度、股份制企业中出现的职工持股以及1999年后国有企业全面推行的厂务公开制度，是职工民主参与企业管理新途径的探索。尽管“新三会”和“老三会”的关系处理成为新时期职工民主参与企业管理面临的难题，但在以国有企业、国有投资为主体的公司制企业中，职工代表大会仍然是职工民主参与企业管理的基本形式。国有和国有控股企业进一步充实职工代表大会内容，完善职工代表大会制度。工会组织积极配合党和政府推动企业切实做到改制方案提交职工代表大会审议；涉及职工切身利益的重大问题由职工代表大会讨论决定；集体合同草案经职工代表大会通过；履行情况向职工代表大会报告；积极开展职工代表大会民主评议企业领导干部、选举职工董事和职工监事等方面的工作，职工代表大会质量有了提高。2001年，职工代表大会制度建设和职工民主管理工作在新的形势下得到加强。国有企业职工代表大会在民主管理、民主监督方面的积极作用得到进一步发挥，非公有制企业也逐步建立起职工代表大会制度。截至2001年底，建立职工代表大会制度的非公有制企业单位有56685家，占已建工会组织非公有制企业的6%①，并且各级工会把建立完善职工代表大会制度同建立健全平等协商和集体合同制度有机地结合起来。企业的职工代表大会为基层的民主政治建设和企业改革发展，发挥了积极的推动作用。

2002年，全国总工会先后对江苏、广西、北京等省、自治区、直辖市非公有制企业民主管理工作进行调研，发现、总结了一批典型经验。截至2002年6月底，全国已有12个省（自治区、直辖市）出台了在非公有制企业实行民主管理的指导意见。截至2002年9月底，企事业基层工会组织所在单位建立职工代表大会制度的达到33.1万家，其中召开了职工代表大会的有28.9万个，占87.3%；实行企业业务招待费使用情况向职工代表大会报告制度的有23.6万个，占71.3%；开展民主评议企事业单位领导干部的有26.9万个，占81.3%；全国有8.39万个非公有制企业建立了职工代表大会制度②，15个省市制定了非公有制企业民主管理的指导性文件。

2. 坚持和完善厂务公开制度

党的十五大明确提出，要扩大基层民主，加强基层民主政治建设，保证人民群众直接行使民主权利、依法管理自己的事情。随着改革深入发展，现代企业制度逐步建立，以职工代表大会制度为法定基本组织形式的企业职工民主管理制度，也面临如何发展和完善的问题。

实行厂务公开是推进企业民主政治建设的重大举措。厂务公

---

① 中华全国总工会：《中国工会年鉴（2002）》，《中国工会年鉴》编辑部2002年版，第49页。

② 中华全国总工会：《中国工会年鉴（2003）》，《中国工会年鉴》编辑部2003年版，第32页。

开的主要内容包括三个方面：企业改革发展和生产经营方面的重大问题，涉及职工切身利益方面的问题，企业党风廉政建设方面的问题。实行厂务公开必须重视职工代表大会作用的发挥，职工代表大会是厂务公开的基本形式。根据不同的公开内容，厂务公开可采取其他适当的形式，如党政工联席会、中层干部会、厂情发布会、厂务公开栏等，但要坚持以职工代表大会为基本形式不能动摇。

全国各地围绕深化国有企业改革和职工群众关心的热点问题，通过实行厂务公开，让职工知厂情、监厂事、参厂政，真正当家作主，积极探索社会主义市场经济条件下加强民主管理和民主监督的新的途径，从而在理论和实践上为落实党的十五大精神、依靠职工办企业闯出了一条新路。1998 年 8 月，全国总工会对河北石家庄天同拖拉机公司、辽宁抚顺特殊钢公司、天津国际经济技术合作公司等企业进行专题调研。这些公司实行职工代表大会、厂务公开、民主管理、民主监督的创造性实践，得到了党中央领导的充分肯定。1998 年 10 月，全国总工会和中纪委、中组部、国家经贸委等在京联合召开了“实行厂务公开，加强企业民主监督、民主管理”研讨会，总结了工作，交流了经验，对未来扩大试点、推进这项工作进行了部署，讨论修改了《关于实行厂务公开，加强企业民主监督、民主管理的意见》。1999 年，全国总工会开展以厂务公开为重要内容的职代会制度建设调研，与中央纪委等联合发出《关于推行厂务公开制度的通知》。

1999 年 1 月，中纪委、国家经贸委、全国总工会联合成立全国厂务公开协调小组，下设办公室，统一协调指导全国厂务公开工作，并于 4 月 18 日至 20 日在天津召开了全国厂务公开经验交流会。中纪委、国家经贸委、全国总工会负责人，各省、自治区、直辖市纪委、市（计）经（贸）委、总工会的负责人，中央国家机关有关部委的负责人，部分国有大企业负责人，全国各产业工会负责人和基层及典型单位代表共300人出席会议。会上，天津国际经济技术合作公司等13个典型单位的代表在大会上发言介绍经验，黑龙江逊克农场党委等17个单位进行了书面交流。此次会议规模大、层次高、内容丰富，对厂务公开工作具有巨大推动作用，产生了广泛影响。会后，各地抓住机遇，乘势而上，形成了世纪之交厂务公开工作蓬勃发展的态势。

2000年以后，各地在推开厂务公开的同时，着重在健全机制、规范运作上下功夫。有些省、自治区、直辖市出台了考核标准、工作规范等指导性文件，有些省、自治区、直辖市结合“三讲”（讲学习、讲政治、讲正气）、党风廉政建设、企业扭亏增盈等内容深化厂务公开，许多省、自治区、直辖市还在事业单位积极推行校务、院务、所务公开，并积极探索在非公有制企业中实行厂务公开的新路子。全国厂务公开协调领导小组的六个成员单位组成调研检查组，于2000年10月至11月和2002年8月至10月两次开展了对部分省、自治区、直辖市厂务公开情况的调研检查。调研检查结果表明，厂务公开的成效十分明显，发展势头强劲，环境氛围良好，为企事业单位进一步发展奠定坚实基础，但也存在一些领导干部认识不足、发展不平衡、协调不够、制度机制建设薄弱等问题。

2001年3月，中纪委、中组部、中央企业工委、国家经贸委、监察部和全国总工会联合发出了《关于做好2002年厂务公开工作的通知》。同年6月3日，中共中央办公厅、国务院办公厅发出《关于在国有企业、集体企业及其控股企业深入实行厂务公开制度的通知》（以下简称《通知》）。《通知》共分四个部分，分别对厂务公开的重要意义、指导原则、总体要求、主要内容、实现形式和组织领导作出阐述，规定国有企业、集体企业及其控股企业以外的其他企业，可依照法律规定，采取与本单位相适应的形式实行厂务公开，推进民主管理工作。《通知》是加强基层民主政治建设的一项重要保障制度，是对职工群众实践经验的总结和概括，它的出台规定了厂务公开工作的正确方向，确保了基层职工的民主权利，有利于基层党风廉政建设，促进了企业的改革、发展和稳定。各地深入开展厂务公开工作，使厂务公开的内容和程序进一步规范，并向企业经营管理领域延伸，厂务公开的要求逐步融入依靠职工办企业的体制、机制和制度之中，推动了企业的改革和发展。许多非公有制企业也根据实际情况向职工公开企业的有关情况。河北等省人大常委会审议通过了《厂务公开条例》，把厂务公开纳入法制化轨道。截至 2002 年底，全国实行厂务公开的企业单位 24 万多家，其中非公有制企业单位 3.9 万家，均比上年有较大增长；有 19 万多家企业建立了职工代表大会民主评议企业领导干部制度；有 19 万多家企业建立了企业业务招待费向职工代表大会报告制度。①

实行厂务公开制度具有十分重要的现实意义。第一，实行厂务公开把需要职工了解的事项公开化，使企业民主管理的内容更为充实、民主管理的形式更加灵活多样，有利于坚持和完善以职工代表大会为基本形式的企业民主管理制度，职工可以通过多种途径和渠道更广泛地直接参与企业管理，使广大职工民主管理、民主监督权利充分得到保证，有利于加强企业民主政治建设。第二，实行厂务公开是贯彻落实全心全意依靠工人阶级方针的必要手段。要贯彻这一方针，坚持依靠职工办好企业，必须通过必要的制度、措施、方法和手段来保障职工的主人翁地位，落实职工的民主权利。实行厂务公开、使职工知厂情，便于职工有效行使民主监督、民主管理的权利，有助于从政治上保证职工作为企业主人的权利，从制度上落实职工当家作主的权利，有利于职工在

① 中华全国总工会：《中国工会年鉴（2002）》，《中国工会年鉴》编辑部 2002 年版，第 36 页。

企业民主参与中提高自己的素质，更有力地维护了职工的合法权益。第三，实行厂务公开是加强企业管理、推动企业改革和发展的有效措施。搞好国有企业的一个重要方面就在于充分发挥职工的智慧和作用，依靠职工群众加强企业管理，提高企业管理水平，确保国有资产保值增值。实行厂务公开，加强民主监督和民主管理，密切了干群、党群关系，稳定了劳动关系，调动了广大职工的积极性和创造性，增强了企业的凝聚力和市场竞争力，从而促进了企业的改革和发展。第四，实行厂务公开是加强企业党风廉政建设，促进企业领导班子廉洁自律的重要保证。实践表明，深化企业改革，企业转机建制，必须同时建立健全对企业领导的监督制约机制。促进企业党风廉政建设的一个重要方面就是依靠职工群众加强对企业领导的监督，实行厂务公开正是一个行之有效的制度，它可以从制度上保证干部的清正廉洁。

3. 坚持和完善职工董事、职工监事制度

职工董事、职工监事制度，是依照法律规定，通过职工代表大会（或职工大会及其他形式）民主选举一定数量的职工代表，进入董事会、监事会，代表职工行使参与企业决策权利、发挥监督作用的制度。凡依法设立董事会、监事会的公司，都应建立职工董事、职工监事制度。职工董事、职工监事制度的确立，是建立现代企业制度、完善公司法人治理结构的重要内容；是维护职工合法权益，调动和发挥职工的积极性和创造性，建立和谐稳定的劳动关系，促进企业改革、发展、稳定的内在需要，也是企业民主管理的重要形式之一。

职工董事、职工监事制度主要包括以下几个方面：一是公司章程对设立职工董事、职工监事以及对其参与公司决策和管理、行使监督权利所作出的明确规定。它应当包括根据公司治理结构确定是否依法设立职工董事、职工监事，规定职工董事、职工监事在公司董事会和监事会中的比例或具体的人数、名额的预留和确认等相关规定。二是有关职工董事、职工监事通过职工代表大会民主选举、罢免和监督的资格条件、提名办法和程序规则。三是与职工董事、职工监事权利和义务等相关的各项规定。它包括对职工董事、职工监事应享有的权利和待遇、应负的义务和责任等的相关规定；为职工董事、职工监事参加各种会议、查阅文件资料、调查研究提供条件而建立的各项工作制度；为提高职工董事、职工监事的业务素质和参与监督能力而建立的学习培训等方面的制度。四是职工董事、职工监事向职工代表大会负责，在职工代表大会上述职，接受职工代表评议监督，以及职工董事、职工监事与工会开展维权活动等相关规定，等等。

国有企业改革的目标是建立现代企业制度，而现代企业制度的基本特征是以完善的法人制度为基础，以有限责任为特征，以公司治理结构为代表。党的十五届四中全会更是把公司治理结构提高到公司制企业的核心位置，即“公司法人治理结构是公司制的核心”，并指出要明确股东会、董事会、监事会和经理层的职责，形成各负其责、协调运转、有效制衡的公司法人治理结构；同时，针对中国的国情和特点，还特别指出国有独资和国有控股公司的董事会、监事会都要有职工代表参加，工会和职工代表大会按照有关法律法规履行职责。

1993 年 11 月，党的十四届三中全会通过的《中共中央关于建立社会主义市场经济体制若干问题的决定》明确提出，建立适应市场经济要求、产权清晰、权责明确、政企分开、管理科学的现代企业制度；建立现代企业制度，是发展社会化大生产和市场经济的必然要求，是我国国有企业改革的方向；国有企业实行公司制，是建立现代企业制度的有益探索；实行公司制的企业，要按照有关法规建立内部组织机构；工会与职工代表要组织职工参加企业民主管理，维护职工的合法权益。根据 1993 年 12 月第八届全国人大五次会议通过的《中华人民共和国公司法》相关规定，国有公司制企业，依法通过职工代表大会和其他形式实行民主管理；其董事会成员中应当有由公司职工民主选举产生的职工代表；监事会要有适当比例的由公司职工民主选举产生的职工代表。这为职工董事、职工监事工作的开展及其制度的建立提供了法律支持。

从1994年起至2000年，国务院和各地先后选择了2700多家国有企业进行建立现代企业制度试点，为职工董事、职工监事工作的开展及其制度的建立提供了契机。全国总工会于1995年下发了《关于加强现代企业制度试点企业工会工作和职工民主管理的若干意见》，明确要求“必须在企业董事会、监事会中有工会组织职工民主选举产生的职工代表，并逐步形成充分发挥职工代表作用的制度”。1996年，中共中央办公厅、国务院办公厅转发了全国总工会与原国家经贸委、国家体改委联合下发的《关于国务院确定的百家现代企业制度试点中工会工作和职工民主管理的实施意见》，对做好董事会和监事会中职工代表的选举工作，建立相应的工作制度提出明确要求，体现了党中央和国务院对探索建立职工董事、职工监事制度的高度重视。特别是1999年党的十五届四中全会通过的《中共中央关于国有企业改革和发展若干重大问题的决定》明确要求，国有独资和国有控股公司董事会与监事会都要有职工代表参加，为进一步建立职工董事、职工监事制度提供了有力的政策依据，推动了这项工作的快速发展。

中国工会十三大后，各级工会在积极参与国有企业公司制改革中，着力探索在公司制企业中职工参与管理的新形式，加大参与立法和制定政策的力度，特别是推动《公司法》的修改，在职工代表进入董事会、监事会的人员比例、运作程序、作用发挥等方面提出具体意见，为这项工作创造良好的法律和政策环境。在各级工会不懈努力下，职工代表进入董事会、监事会取得良好进展。

截至2002年6月底，全国已经建立职工董事制度的公有制企业有38350家，其中国有独资和国有控股公司有9973家，占已建立工会组织的国有独资和国有控股公司的79.33%。建立职工监事制度的公有制企业有39573家，其中国有独资和国有控股公司有9794家，占已建立工会组织的国有独资和国有控股公司的77.90%。建立职工董事、职工监事向职工代表大会报告工作制度并接受职工群众监督的公有制企业有33789家。①

职工董事、职工监事同企业工会组织有着密切的关系，企业工会在产生、管理、服务职工董事、职工监事等方面有重要职责。工会既是职工利益的表达者和维护者，又是职工代表大会的工作机构，因此，工会对于推进职工董事、职工监事制度建设责无旁贷，应成为职工董事、职工监事开展工作、履行职责的坚强后盾。工会作为职工代表大会的工作机构，承担着组织开展企业民主管理工作的责任，并肩负着推进建立职工董事、职工监事制度，做好相关组织、服务和协调工作的责任。一是公司工会要根据自荐、推荐情况，在充分听取职工意见的基础上负责职工董事、职工监事候选人的提名，组织召开职工代表大会选举职工董事、职工监事，并报上一级工会组织备案。二是公司工会应协调有关方面建立职工董事、职工监事制度及其他各项工作制度，承担职工董事、职工监事的日常联系工作，并积极为职工董事、职工监事参与公司的决策提供有关法律法规、政策文件等信息资料和咨询等服务，根据职工董事、职工监事的要求通报有关情况并提供相关资料。三是在涉及职工切身利益的重要规章制度的制定、重大事项的决议以及执行过程中，公司工会应向职工董事、职工监事提供职工群众的相关意见。四是公司工会应为职工董事、职工监事召开座

① 中华全国总工会：《中国工会年鉴（2003）》，《中国工会年鉴》编辑部2003年版，第27页。

谈会、走访职工、开展调查研究活动等做好组织工作和提供相应的服务。五是公司工会要认真了解职工董事、职工监事履行职责的工作情况，组织职工代表对职工董事、职工监事履职情况（包括出席董事会及监事会会议、就相关决议事项开展调查研究、反映职工诉求和意愿等履职活动的记录、勤勉尽职程度和履行职责的能力等方面的情况）进行无记名投票测评。

## 三、工会保障工作的新进展

全国总工会十二届三次执委会会议后，各级工会认真贯彻落实工会工作总体思路的要求，着力加强和改进工会保障工作，使之能够适应新情况、解决新问题，在深化改革中更好发挥积极作用。工会积极协助党委、政府和企业做好减员增效和下岗职工基本生活保障工作。深入下岗职工，关心职工疾苦，倾听呼声，督促和帮助企业规范职工下岗程序，做到在确定下岗分流方案前，必须提出职工基本生活保障和再就业意见，提交职工代表大会讨论充分听取意见后，推动和监督其实施。为保证下岗职工的生活，推动改革的顺利进行，坚定广大职工改革意识，工会推动并监督“两个确保”① “三条保障线”②，特别是低保政策的落实，推动养老、医疗、失业、工伤、生育保险的社会保障体系逐步健全、普及；积极推动和大力开展职工互助合作保险，为职工构筑抵御风险的第二道防线，整体提高广大职工的社会保障水平，缓解国家法定标准和职工实际需要之间的矛盾；督促企业解决拖欠职工工资问题，落实职工工资分配；督促企业向下岗职工发放基本生活

① “两个确保”是指确保企业离退休人员基本养老金按时足额发放，确保国有企业下岗职工基本生活费按时足额发放。

② “三条保障线”是指下岗职工基本生活保障、失业保险制度保障和城镇居民最低生活保障制度。

费，交纳养老、失业和医疗保险费，千方百计地保障下岗职工的基本生活。工会还努力改善劳动模范待遇，通过建立劳动模范补充养老保险、发放荣誉津贴、建立劳动模范专项基金等多种形式，为劳动模范解决了大量实际问题。

### （一）协助政府推进再就业工程

随着经济体制的转轨和经济结构调整，企业原有的用工形式发生了结构性变化。尤其是国企改制贯彻“减员增效”与“抓大放小”的战略方针，对国有企业职工产生了两方面的直接影响：一是导致职工大规模下岗，使他们在改革以前甚至改革初期所享有的经济、政治待遇受到冲击；二是国有小型企业以及集体企业改变成非公有制企业，使被改制的企业职工，或者被企业购买者接收而成为私营企业雇工，或者下岗失业，进入失业人员群体。一方面是城镇失业率逐年上升；另一方面则是城镇各类就业岗位严重不足，下岗职工再就业难度加大，其再就业率逐年下滑，形成了相当一部分困难职工群体。据统计，1993 年至 1997 年下岗职工人数以年均 40% 的速度增长，1997 年底达到 1151 万人。这引起了党和政府的高度重视，党和政府从改革、发展和稳定的大局出发，采取一系列措施着力解决。

针对深化企业改革过程中下岗职工数量增加、就业矛盾十分突出的情况，各级工会加大工作力度，以多种形式、多种渠道协助政府做好下岗职工分流安置工作。工会积极支持有条件的国有企业实行主辅分离、转岗分流，推动有关方面多渠道安置下岗职工，同时加快劳动力市场建设步伐，形成市场导向的就业机制。为此，工会兴办职业培训机构，培训下岗职工，使一大批下岗职工掌握了新的劳动技能，增强了下岗职工的再就业竞争力；工会举办职业介绍机构，介绍下岗职工、失业人员再就业；各地工会通过兴办解困贸易市场、生产自救基地和劳动福利事业，吸纳下岗职工和失业人员再就业。

1. 参与推进再就业工程

在宏观参与方面，工会坚持以调查研究为基础，加大了宏观参与和群众监督的力度，推动了再就业政策的制定和落实。在建立和进入再就业服务中心、“两个确保”等政策的制定上，代表职工群众的意愿提出了许多可行性政策建议，较好地履行了维护职工权益职能，如最低生活保障线的建立和落实、建立下岗申报制度、下岗分流方案必须经职工代表大会讨论、规范裁员行为和企业用工行为、保障下岗职工基本生活费的发放、夫妻双方不能同时下岗、保护劳动模范人物的权益问题等。这些建议被各级政府和有关部门采纳，在政策中得到体现。

1996 年 8 月，全国总工会下发了《关于工会促进失业职工再就业和企业富余职工分流安置的意见》。文件要求各级工会要贯彻全心全意依靠工人阶级的指导方针，依靠职工群众深化企业改革，提高经济效益，从根本上解决失业职工再就业和富余职工分流安置问题。1996 年至 1997 年，工会参与企业富余职工的分流安置工作的目标是：通过发展职业介绍和职业培训机构，继续创办职工解困集贸市场、发展三产等多种形式和渠道，为 50 万名企业富余职工和 20 万名失业职工提供再就业机会，争取对 100 万名职工实行职业技能培训和转业转岗培训。力争在 1995 年的基础上，使全国工会系统职业介绍机构的数量增长 20%—30%，并且在介绍成功率上有新的提高。到 1996 年底，各地工会创办的 300 多个职业介绍所，成功地介绍和安置失业职工与下岗人员再就业 26.5 万人次。①

1997 年 3 月，为贯彻《国务院关于在若干城市试行国有企业

① 中华全国总工会：《中国工会年鉴（1997）》，《中国工会年鉴》编辑部 1997 年版，第 53 页。

兼并破产和职工再就业有关问题的补充通知》精神，全国总工会成立5个调研组，与10个省级总工会联合，对上海等10个优化资本结构试点城市的兼并破产企业职工和下岗职工再就业及工会作用等情况进行调研。

1998年5月，党中央、国务院召开国有企业下岗职工基本生活保障和再就业工作会议以后，进一步加大了工作力度，紧紧围绕改革、发展、稳定的大局，认真贯彻落实《中共中央、国务院关于切实做好国有企业下岗职工基本生活保障和再就业工作的通知》精神，把协助政府和企业做好下岗职工基本生活保障和再就业工作作为头等大事，充分发挥自身优势，采取有效措施，千方百计为下岗职工再就业创造条件，为他们办实事，“送温暖”，取得了明显成效。

1999年，全国总工会、各地工会和产业工会将协助党政做好国有企业减员增效、下岗职工基本生活保障和再就业工作作为重点调研课题，成立专题调查组，了解国有企业下岗职工的情况、再就业方面面临的问题，提出了政策建议。

自2000年3月国务院办公厅发出《关于切实做好国有企业关闭破产和职工下岗再就业工作有关问题的紧急通知》以来，各级工会积极参与国有企业关闭破产和职工下岗再就业工作。全国总工会及时向各地工会转发了国务院的紧急通知，要求各级工会充分认识做好国有企业关闭破产和职工下岗再就业工作的重要性，积极参与国有企业关闭破产方案的制定和实施工作，方案未经本企业职工代表大会讨论通过的，一律不得进入破产程序。

为进一步加强国有关闭破产企业的工会工作，全国总工会于2001年5月下发了《关于在国有企业实施关闭破产中加强工会工作的意见》，就充分做好企业关闭破产和职工安置工作的重要性，明确工会参与这项工作的任务，积极参与国有企业破产有关政策、方案的制定与实施工作，充分发挥工会民主监督作用，妥善处理涉及职工切身利益的问题，配合党政组织认真做好职工的思想政治工作，切实关心职工的生活和就业等问题提出了具体要求。

企业关闭破产过程中，工会机构不能撤，工会工作人员应坚守岗位，要在推动涉及职工切身利益的具体问题的解决和维护本企业职工队伍稳定方面发挥积极作用。同时，全国总工会有关部门和部分全国产业工会以典型调查与抽样调查相结合的方式，对部分城市的破产企业进行了调查，提出了如下建议：政府应为推动国有企业关闭破产和职工再就业工作做好财力准备和给予财力支持；对三线军工企业关闭破产和职工安置应给予适当特殊政策；要优化促进就业的制度环境，推动市场导向型就业机制的形成和劳动力市场的发育；加快建立和完善社会保障体系等。尉健行、吴邦国等中央领导对此作了重要批示，并对工会参与关闭破产和职工下岗再就业工作给予了充分的肯定。

2002 年 9 月，全国再就业工作会议召开以后，党中央、国务院下发了《关于进一步做好下岗失业人员再就业工作的通知》。在文件的制定过程中，全国总工会自始至终积极参与，共提出 26 条意见，其中 23 条意见被采纳。全国总工会还与劳动和社会保障部等 11 个部门制定下发了《关于贯彻落实中共中央 国务院〈通知〉有关问题的若干意见》。全国总工会与国家经贸委等 8 个部门共同制定了《关于国有大中型企业实行主辅分离辅业改制分流安置富余人员的实施办法》。

**2. 推进再就业工程的具体措施**

在组织领导方面，各级工会由主要领导负责主抓，把这项工作列入重要议事日程，实行目标责任制，层层抓落实，从组织上保证了工作的深入开展。全国总工会于 1998 年 5 月成立了促进再就业工作领导小组，各省、市、自治区工会也相继成立领导小组，从上到下形成了有领导、有制度、有目标、有措施、有检查的工作格局。以调查研究为基础，在建立和进入再就业服务中心、

“两个确保”等政策制定上提出政策建议。同年6月，党中央、国务院发出《关于切实做好国有企业下岗职工基本生活保障和再就业工作的通知》。与此同时，各级工会还注意加大群众监督力度，推动政策的落实。许多省、市工会建立了季度报表制度，随时掌握、检查促进再就业工作的进展、落实情况，并敢于讲真话、报实情，纠正侵犯下岗职工合法权益的行为。许多基层工会在企业制定下岗分流方案时，注意发挥职工代表大会的作用，使这项工作民主决策公开公正。

在措施实施方面，各级工会从实际出发，采取多种形式，拓宽渠道，直接为下岗职工再就业提供有效服务，如继续大力创建工会职业介绍机构和再就业培训机构、兴办工会经济实体、建立再就业基地和解困贸易市场等，受到广大职工的拥护。

1998年，全国总工会继续加大下岗失业职工再就业培训工作的力度，取得了新的进展。2月27日，全国总工会召开促进再就业培训电话会议，研究部署今后一个时期工会深入开展再就业培训的目标和任务。会议要求各级工会要把再就业培训作为一项重要工作来抓，确定了全国工会力争每年完成150万名下岗失业职工再就业培训，并使100万名下岗职工重新获得就业机会和岗位的奋斗目标。电话会议后，各级工会按照全国总工会的统一部署，进一步加强领导，层层动员，提高认识，集中宣教、保障、事业、女工、技协等各方面力量，明确职责，多管齐下，确保目标任务的完成。首先，各地根据实际制定规划，明确任务，层层分解指标，落实责任，进一步建立和完善培训网络。截至1998年6月底，85%以上的工会组织都把职工学校、文化宫、技协作为开展再就业培训的重点单位，建成了再就业培训基地（中心）。其次，积极主动与当地政府有关部门联系，加大了源头参与的力度，把工会开展的培训纳入当地再就业工程的规划之中，在经费、生源、考核、发证等方面为工会再就业培训创造各种有利条件，初步形成就业指导、培训、发证、推荐上岗的一条龙服务体系，提高培训的实效性。由于各级工会组织认识到位、措施得力，截至1998年底，创办职业介绍机构已达2000余个，成功介绍下岗、失业职工再就业80多万人次；兴办职业培训机构8000余个，以免费或低收费方式对下岗职工开展技术技能培训，累计培训职工394万人次，经过培训后重新上岗的达100余万人次；兴办企事业6万多家、吸纳就业人员73.6万人。[①] 2000年，各级工会兴办职业培训机构1万余个，举办各种培训班2.5万余期，参加培训的职工达175万人次；兴办职业介绍机构近4000个，仅2000年就介绍下岗、失业职工再就业55万人次。[②]

各地工会还创办了一些面向下岗职工的再就业基地和扶贫解困贸易市场，并通过企事业工会和其他安置就业性经济实体等各种渠道促进下岗职工再就业近90万人次。

此外，结合社区发展，各地工会积极组织下岗职工下街道、进社区，多渠道寻找就业门路。各级工会通过开设大众化早点供应车、筹建保洁服务公司、建立地区非机动车管理中心、创办小商品一条街等，千方百计安置下岗职工，特别是对年龄较大、生活较为困难、就业愿望比较迫切的下岗职工进行了重点扶持。许多企业工会还结合本行业技术特点，由工会干部带头组织下岗职工从事手工编织、家电维修等工作，通过生产自救实现再就业。

在宣传教育方面，各级工会注重思想疏导和典型示范，帮助、引导下岗职工和用人单位树立正确的择业观和用人观。许多地方工会在职工中开展了“转观念、迎挑战、做主人”和评选下岗职工“再就业明星”等活动，通过树立先进典型，帮助下岗职工转

① 中华全国总工会：《中国工会年鉴（1999）》，《中国工会年鉴》编辑部1999年版，第60页。

② 中华全国总工会：《中国工会年鉴（2001）》，《中国工会年鉴》编辑部2001年版，第47页。

变观念，走自强自立之路。1998 年 5 月，全国总工会与中宣部联合组织下岗职工再就业先进事迹报告团，到 10 个城市巡回演讲；与中国教育电视台联合开办了《再就业培训工程》专栏，每周播出一期。许多地方工会通过媒介，广泛宣传下岗职工下岗不失志、勇敢创新业的先进事迹，促进了再就业工作的深入发展。

### （二）建立健全困难职工帮扶系统

随着社会主义市场经济体制的逐渐建立，我国社会的所有制结构和劳动关系发生了深刻的变革，就业、薪酬分配、社保等呈现出了新的特点和问题，工会帮扶工作也面临着严峻挑战。各级工会通过各种渠道积极做好困难职工的帮扶工作，走访慰问困难企业和困难职工家庭。全国大多数县（市、区）工会及 18 万个基层工会建立了特困职工档案，与困难职工家庭建立了包户帮困联系。工会在协助政府健全社会保障体系的同时，推进“送温暖”工程深入发展，对特困职工切实承担起第一责任人的重任，帮扶工作取得重要进展。

#### 1. 困难职工帮扶中心的建立和发展

困难职工帮扶中心是各地工会适应新形势要求，在实践中创造的帮助扶持困难职工的新举措。2002 年 1 月，天津、昆明两地总工会首先建立了工会困难职工帮扶中心。中心设置办公场地、调配专职工作人员，主要为困难职工提供信访接待、政策咨询、生活救助、就业帮扶等一站式的帮扶服务，受到了广大职工群众的青睐。同年 9 月，全国总工会总结了天津等地的经验，提出要在三年内，在全国 200 个大中城市建立困难职工帮扶中心的工作目标，标志着我国工会帮扶工作迈上一个新台阶。

为推动和规范困难职工帮扶中心发展，2002 年 12 月，全国总工会制定下发《中华全国总工会关于建立困难职工帮扶中心的意见》，就建立困难职工帮扶中心的基本原则、工作目标、制度建设、机构设置和人员配备、资金筹集和管理、组织领导等问题作出规定，指导了困难职工帮扶中心工作的开展。据不完全统计，到21世纪初，全国共有11个省级总工会、240个地市级工会和700余个县级工会及部分行业工会建立起困难职工帮扶中心，许多地方形成了政府和社会大力支持、工会牵头操作、有关部门积极配合、困难职工得到有效帮扶的工作格局，全国各地帮扶中心已累计帮扶困难职工160.8万人次，累计发放救助款1.72亿元。

2.“送温暖”工程及其社会化、规范化与制度化发展

针对深化国有企业改革后出现的大量职工下岗，相当一部分职工群众生活发生困难的情况，从1992年元旦、春节开始，全国总工会组织各级工会开展了“进万家门、知万家情、解万家难、暖万家心”的“送温暖”活动。1994年，根据形势发展和职工群众的意愿，全国总工会又将起初仅在元旦、春节期间开展的这项活动拓展为“送温暖”工程，使之向经常化、制度化、社会化方向发展，并努力推动其与完善社会保障制度相结合。

1995年底和1996年初，江泽民、李鹏、胡锦涛、吴邦国、尉健行等中央领导人深入基层，到受灾地区、困难企业慰问生活困难群众，并就依靠广大职工克服暂时困难和实施“送温暖”工程等问题作重要指示。各省、市、自治区和国务院有关部委的领导也纷纷深入基层，为职工群众解决生产生活中的实际问题。按照中共中央办公厅、国务院办公厅1995年《关于千方百计解决部分群众生活困难问题的通知》精神，经过深入调研，全国总工会与劳动部等于1996年1月联合发出通知，对进一步做好困难企业职工生活保障、生产自救和分流安置工作提出政策措施。

1996年1月16日，全国总工会召开电视电话会议，传达党中央领导人重要讲话精神，推广了鞍山等地经验，对推进“送温暖”工程的经常化、制度化、社会化提出了明确的要求。在春节之前，全国总工会书记处成员带队分赴部分省市慰问，检查指导

工作。在各级党组织和政府的重视支持和各级工会的积极推动下，“送温暖”工程得到了广大职工和社会各界的积极响应，初步形成了“互助互济，八方支援”的社会氛围。同时，各级工会认真贯彻党中央领导人要使“送温暖”工程逐步形成一种机制，使它成为社会保障制度的一个补充的指示精神，围绕建立健全“送温暖”机制进行了探索。具体内容包括积极建立困难职工档案，摸清困难职工的数量、结构、分布、困难程度等动态情况，有的放矢制定帮困的具体措施；党委作决定，工会牵线搭桥，普遍推行领导干部联系困难企业和困难职工家庭制度；推动建立“送温暖”工程基金，不断完善管理制度和运作方法；推动并协助地方政府采取有力措施，落实最低工资规定，推行最低生活保障制度，保障离退休金、职工生活困难补助和下岗人员生活费的发放；制定相关的政策、规定等。

在调查研究的基础上，1996 年 9 月，全国总工会在青岛市召开 14 个省市工会参加的研讨会，探讨了“送温暖”工程机制建设问题，形成了《关于“送温暖”工程资金使用管理办法》《关于建立和完善领导干部联系生活困难职工户制度的意见》《建立生活困难职工档案制度的暂行办法》《中国工会职工互助补充保险试行办法》等。1998 年 9 月，全国总工会下发了《关于建立职工补充保障体系的意见》，提出 1998 年至 2002 年职工补充保障体系的发展目标：用五年左右的时间，初步建立起对国家社会保障体系具有补充功能的、群众互助互济性质的，具有中国工会特色的职工补充保障体系雏形。在各级工会的努力下，工会“送温暖”工程的社会化、规范化和制度化建设取得重要进展，形成了“送温暖”工程工作的领导管理体制逐步健全，实施“送温暖”工程的各个环节有规划目标、有责任制度、有落实措施、有监督检查手段，经常性救助功能增强的工作局面。

在各级党委、政府的领导和关怀下，在广大职工的积极参与和社会各界的支持下，经过各级工会的共同努力，工会“送温暖”工程不断发展，从元旦、春节期间开展的“送温暖”活动，向“送温暖”工程拓展，从重点帮扶特困职工向维护困难职工群体合法权益延伸；以建立中心城市的“困难职工帮扶中心”为重要载体，在保障职工基本生活、促进企业改革、维护社会稳定方面作出了突出贡献。

第一，“送温暖”基金稳步增长。各级工会通过各种方式，累计筹集“送温暖”慰问款 10442 亿元，走访慰问 482 万户（次）困难企业和 3975 万户（次）困难职工、劳动模范、离退休职工和伤病残职工家庭。截至 2001 年初，全国各级“送温暖”工程基金的资金结存额达 27 亿元。

第二，普遍建立困难职工档案制度。全国共有 447 个城市工会、4046 个县（市、区）级工会及 18 万个基层工会建立了困难职工档案，在档特困职工家庭 301 万户。工会组织在建立困难职工档案、摸清特困职工底数等方面，主动协助民政部门做好将符合条件的特困职工进“低保”的申报、办证工作，努力使之做到“应保尽保”，并使这一制度发挥其社会保障“最后屏障”作用，实现“送温暖”工程同完善社会保障制度有机结合。

第三，推行领导干部联系困难企业和困难职工家庭制度。据不完全统计，截至 2000 年底，全国共有 47.3 万名各级党政领导干部与 4.9 万户困难企业、638 万户困难职工家庭结成帮扶对子。该制度已由当初工会一家行动逐步发展成为党委政府牵头、工会组织牵线搭桥、党政工领导机关和领导干部参加的社会行动，有力地推动了“送温暖”工程社会化进程。

3. 推动职工各项保障制度发展

第一，推动养老保险制度改革。1997 年 7 月 16 日，国务院下发了《国务院关于建立统一的企业职工基本养老保险制度的决定》，在资金来源、保障方式、企业与个人缴费比例、养老金计发办法、养老金的管理以及社会化服务等方面都作出了统一规定。建立统一的企业职工基本养老保险制度，是深化社会保险制度改革的重要步骤，是养老保险制度改革历史上的一个重要的里程碑。为进一步深化企业职工养老保险制度改革，加大基本养老保险基金管理和调剂力度，确保企业离退休人员基本养老金的按时足额发放，1998 年 8 月 6 日，国务院下发了《关于实行企业职工基本养老保险省级统筹和行业统筹移交地方管理有关问题的通知》，将铁道部等 11 个行业的基本养老保险移交地方管理，实行省级统筹。2001 年，工会参与在辽宁、吉林、黑龙江开展的完善城镇社会保障体系试点工作，积极协助研究各地个人账户“做实”标准和中央财政补助标准，进一步推动了全国职工养老保险改革工作。

各级工会在积极参加和推动建立统一的企业职工基本养老保险制度的同时，着力建立职工补充保障体系。全国总工会于 1998 年 9 月下发了《中华全国总工会关于建立职工补充保障体系的意见》，提出 1998 年至 2002 年职工补充保障体系的发展目标，即用五年左右的时间，初步建立起对国家社会保障体系具有补充功能的、群众互助互济性质的，具有中国工会特色的职工补充保障体系雏形。该意见指导职工互助补充保险规范发展，使得在一些地区、行业逐步形成了以养老、医疗、伤残（因工或非因工）、死亡（因工或非因工）、生育、意外灾害等为主要内容的，较为完善的职工互助补充保障体系。到 1998 年底，全国工会保障系统建立职工互助补充保险组织 5.9 万多个，参加职工 2000 多万人，历年累计结余 23 亿多元，在改革和完善社会保险制度中发挥了积极作用。

第二，推动城镇职工基本医疗保障制度改革。在总结 1995 年江苏镇江、江西九江两市医疗改革试点和 1996 年全国部分城市扩大试点经验的基础上，国务院于 1998 年 12 月 26 日颁布了《关于建立城镇职工基本医疗保险制度的决定》（以下简称《决定》），标志着医疗保险制度改革在全国范围内按照统一的原则和模式展开。

医疗保险制度改革的主要任务是建立保障职工基本医疗需求的社会医疗保险制度，遵循的原则是：基本医疗保障水平要与社会主义初级阶段生产力发展水平相适应；城镇所有用人单位及其职工都要参加基本医疗保险，实行属地管理；基本医疗费用由用人单位和职工双方共同负担；基本医疗保险实行社会统筹和个人账户相结合。这次医疗保险制度改革，可以归纳为“低水平，广覆盖，统账结合，多层次”。所谓“低水平”，就是基本医疗保险只为职工提供最基本的医疗保障；“广覆盖”，就是城镇所有劳动者都要参加基本医疗保险；“统账结合”，就是实行社会统筹医疗基金与个人医疗账户相结合的模式，以增强职工自我保障意识和节约医疗费用，并发挥社会统筹医疗基金的互济作用；“多层次”，就是为了保证基本医疗保险的顺利实行，满足职工群众不同层次的医疗需求，在实行基本医疗保险的同时，建立包括商业医疗保险、互助医疗保险和社会医疗互助等在内的补充医疗保险体系，对基本医疗保险进行补充。

《决定》提出，基本医疗保险费用由用人单位和职工共同缴纳，用人单位缴费率控制在职工工资总额的6%左右，职工缴费率一般为本人工资收入的2%。随着经济的发展，用人单位和职工缴费率可作相应调整。职工个人缴纳的基本医疗保险费用全部计入个人账户，用人单位缴纳的基本医疗保险费用分为两部分，一部分用于建立统筹基金，一部分划入个人医疗账户。划入个人医疗账户的比例一般为用人单位缴费的30%左右，具体比例由统筹地区确定。统筹基金和个人账户要划定各自的支付范围，不得互相挤占。统筹基金的起付标准原则上控制在当地职工年平均工资的10%左右，最高支付限额原则上控制在当地职工年平均工资的4倍左右。起付标准以下的医疗费从个人账户中支付或个人自付。起付标准以上、最高支付限额以下的医疗费用，主要从统筹基金中支付，个人也要负担一定比例。超过最高支付限额的医疗费用可以通过商业医疗保险等途径解决。

《决定》还提出，离休人员的医疗待遇不变，医疗费用按原资金渠道解决，支付有困难的由同级人民政府帮助解决。二等乙级以上革命伤残军人的医疗待遇不变，医疗费用按原资金渠道解决，由社会保险经办机构单独列账管理，医疗费支付不足部分由当地人民政府帮助解决。退休人员参加基本医疗保险，个人不缴纳医疗保险费，对退休人员个人账户的计入金额和个人负担医疗费的比例给予适当照顾。国家公务员在参加基本医疗保险的基础上，享受医疗补助政策。同时《决定》提出，国有企业下岗职工的基本医疗保险费包括单位缴费和个人缴费，均由再就业服务中心按照当地上年度职工平均工资的60%为基数缴纳。在监督方面，《决定》提出，统筹地区应设立由政府有关部门代表、用人单位代表、医疗机构代表、工会代表和有关专家参加的医疗保险基金监督组织，加强对基本医疗保险基金的社会监督。

2001年，城镇职工基本医疗保险制度改革取得突破性进展。截至2001年底，全国有339个地级以上统筹地区和1435个单独统筹县（市）实施了城镇职工基本医疗保险制度，分别覆盖全国地市县总数的97%和81%，参保人数达到7630万人，较上年新增3330万人。在全国推行医疗保险改革的同时，工伤、生育保险工作也取得积极进展，参保职工人数分别达4200万人和3300万人。截至2001年底，医疗保险改革的启动扩面任务基本完成，医疗保险制度新机制开始发挥作用；基本医疗保险基金有了稳定来源，改变了原公费劳保医疗制度下经常发生的拖欠职工医疗费和不同单位职工医疗待遇苦乐不均的现象；医疗费用分担机制有效遏制了不合理的医疗费用增长；政事分开、统一高效的管理机制，保证了新制度的顺利实施和稳健运行；医疗保险管理系统初步建立，全国绝大多数地区已经在各个管理层基本建立了统一的医疗保险管理系统，各项医疗保障管理职能基本划转到位，多数统筹地区建立了比较先进的医疗保险计算机网络，为实施医疗保险管理提供了技术保证。

第三，职工互助合作保险事业不断发展。在全国总工会的倡导下，各级工会组织广泛开展了职工医疗互助补充保险工作，通过定额补助、按比例补助、医疗救助等方式，对职工看病就医遇到的困难进行了切实的帮助。还有一些基层工会在给职工发放医疗互助保险待遇的同时，针对职工因病造成的贫困，给予了职工一定的贫困救济，帮助职工渡过难关，对于完善我国多层次的医疗保险体系，促进城镇职工基本医疗保险制度改革的顺利进行起到了积极作用。1998 年初，为了规避和防范金融风险，国务院决定对我国的金融保险行业进行整顿，保障工作部代表工会参加了国务院金融保险业整顿办公室的工作，先后向国务院提交了《中国工会职工互助补充保险的简况》《职工互助补充保险的界定分析》《关于职工互助补充保险的两点补充说明》等材料，并对国务院“互助合作保险整改方案”进行研究，起草了《关于互助合作保险整改方案的意见和建议》。同年下发《中华全国总工会关于建立职工补充保障体系的意见》，对职工互助补充保险的发展作出了原则性的规定，在一定程度上促进了职工互助补充保险的规范发展。截至 1998 年底，全国工会保障系统建立职工互助补充保险组织 5.9 万多个，参加职工 2000 多万人，历年累计结余 23 亿多元。

2000 年，职工互助合作保险事业进入深入发展阶段。中国职工保险互助会指导各级互助保险组织认真贯彻落实国务院 1999 年发布的《国务院批转整顿保险业工作小组保险业整顿与改革方案的通知》精神，以规范运营、提高质量为目标，加强内部管理和监控，保证资金安全运作，防范金融风险，实现了全国职工互助保险事业的稳步发展，规模有所扩大。截至2000年底，全国工会建立互助保险办事处38个，发展会员850万人，支付赔偿金1400万元，保险储金达25亿元，职工分红4600万元。① 在2000年11月召开的全国工会保障工作会议上，江苏省总工会、济南铁路局工会、石家庄铁路分局工会分别介绍了他们配合医疗保险制度改革，积极开展职工医疗互助补充保险的经验和做法，对于推动职工医疗互助补充保险工作的深入发展起到了积极作用。为了提高工会从事职工医疗互助补充保险干部的业务素质，全国总工会保障工作部组织力量编写了《职工医疗互助补充保险培训班讲义》，并举办培训班，从基本医疗保险制度与职工医疗互助补充保险的立项、测算、操作及实践等方面，对地方和基层工会从事职工医疗互助补充保险工作的人员进行了系统的培训。同时，配合业务工作的开展，全国总工会保障工作部还编印了《职工医疗互助补充保险实施办法选编》，全面介绍了福建省、上海市、南京市、石家庄铁路分局、九江石油化工总厂开展职工医疗互助补充保险的具体实施办法，为各级工会开展职工医疗互助补充保险工作提供了有益的参考。2000年底，全国总工会下发了《关于印发上海市〈关于促进本市发展多层次医疗保障的指导意见〉的通知》，充分肯定了上海市各级工会开展职工医疗互助补充保险工作的做法，并对各级工会继续推动职工医疗互助补充保险工作的深入发展提出了具体要求。

此外，适应职工需求开发新险种，全国总工会完成了“职工重大疾病互助保险计划”的试点工作，为下一步扩大试点打下良好基础。由工会创办的职工互助合作保险初步形成了企业、市、省、国家四级互为补充、协调发展的局面。截至2001年底，工会

---

① 中华全国总工会：《中国工会年鉴（2001）》，《中国工会年鉴》编辑部2001年版，第53页。

举办的各种类型职工互助合作保险组织已有 8 万多个，全国参加职工互助补充保险的职工人数达到 2400 余万人，保险资金结存数十亿元，累计有 600 余万人次获得了保险给付。职工互助合作保险事业的发展，在整体上提高了广大职工的社会保障水平，缓解了国家法定标准与职工实际需要之间的矛盾。工会与政府有关部门一道，努力改善劳动模范待遇，通过建立劳动模范补充养老保险、发放荣誉津贴、提高工资待遇、建立帮扶劳动模范专项基金等多种形式，为劳动模范解决了大量实际问题。

# 第十章

# 工会源头参与成效显著

## 一、建立健全源头参与工作机制

### （一）参与劳动法规政策的制定与修订

1993 年 10 月召开的中国工会十二大把“加强立法参与和决策参与，依法维护职工权益”作为工会工作的主要任务之一。之后，各级工会领导机关进一步加大参与制定法律法规和政策的工作力度，力求通过源头参与从法律法规政策上维护职工合法权益，构建和谐稳定劳动关系。

1992 年至 2002 年末，各级工会领导机关先后推动和参与制定有关维护职工与工会权益的法律法规和各项政策规定共 1264 件。其中，全国总工会直接参与了《工会法》《安全生产法》《职业病防治法》《工伤保险条例》《劳动合同法（草案）》《集体合同法（草案）》《社会保险法（草案）》等 30 多部法律法规的起草和制定工作。全国总工会还提出制定《集体合同法》等立法建议，参与《就业促进法》《劳动争议调解仲裁》《失业保险条例》等众多法律法规的研究制定，促进了许多涉及职工切身利益的重要问题的解决。全国总工会参与了《劳动法》《公司法》等 100 多项国家立法的法律法规的起草和修改工作，参加多项执法检查，促进了许多涉及职工切身利益的问题的解决。各级工会还以贯彻实施《劳动法》为契机和突破口，依法调整社会主义市场经济体制下的劳动关系，促进劳动关系向契约化、法制化方向发展，维护职工合法权益，依法建会、依法维权的法律保障体系初步形成。

1994 年全国总工会共收到全国人大常委会和国务院送来征求意见的法律、法规草案 30 件，经研究，通过书面、会议发言等形式提出修改意见和建议，很多意见被采纳。正式提出修改意见的法律、法规及规章有：《乡镇企业法》《出版管理条例》《广告法》《证券法》《审计法》《教育法》《职业病防治法》《社会保险法》《破产法》《职业教育法》《中外合资经营企业法实施条例》《劳动保障监察条例》《企业职工工伤保险条例》《爱国卫生条例》《公司登记注册条例》《仲裁法》《全国人民代表大会常务委员会关于惩治违反公司法的犯罪的决定》等。

1996 年，全国总工会法律部积极参与与职工权益相关的法律法规的制定工作，先后参与了《集体合同规定》《乡镇企业法》《合伙企业法》《就业促进法》《独资企业法》《劳动合同法》《境外劳务人员权益保障规定》等 19 项法律、法规的制定工作。参与立法的重点是《集体合同规定》，在调查研究的基础上，全国总工会率先起草了《集体合同规定》的框架，得到了有关方面的肯定，认为可以作为起草《集体合同法》的基础。同时还针对《工会法》实施过程中存在的问题，提出了对《工会法》作出修改和制定补充规定的初步意见，全国总工会向全国人大常委会提交了对《工会法》作出补充规定的建议。

为了有效控制职业危害，保障劳动者的安全健康，全国人大常委会和国务院已将职业卫生立法列入立法计划。1998 年由卫生部牵头组织起草《职业卫生法》，全国总工会一开始便参与了这项法律的制定工作。全国总工会经济工作部除了参加该法框架的研究，还派人员参加了由国家有关部门组成的调查组，进行立法调研。在该法草案（征求意见稿）下发各地、各产业工会征求意见的同时，全国总工会就该法草案中职业卫生工作方针，国家、企业、工会的职责，三方协商制度，劳动者权利和义务，“三同时”工作程序等内容提出了具体修改意见。

2000 年，工会法律工作以邓小平理论和党的基本路线为指导，认真贯彻“三个代表”重要思想和党的十五届四中、五中全会精神，按照全国总工会十三届二次执委会提出的指导思想和工作任务，抓住机遇，开拓创新，在依法维权、依法治会、推进工会工作法制化等方面取得了明显进展。第一，参与修改了有关法律法规，如起草了对《海关法》《公司法》《破产法（草案）》《专利法》《婚姻法修正案（征求意见稿）》《国家公务员行政处分条例（草案）》《事业单位聘用制暂行条例（修改稿）》《中外合资经营企业法》《中外合作经营企业法》《外资企业法》等 16 部法律、法规草案的修改意见。第二，推动了有关法律法规的出台，如召开《职工基本养老保险条例》研讨会，参加《职业病防治法》配套法规论证会、职业病防治法座谈会等，参与劳动合同法和集体合同法的立法工作，起草《关于制定〈中华人民共和国集体合同法〉的议案》及《关于建立全国性劳动关系三方协商委员会的提案》。第三，推动并指导了地方工会参与立法工作。例如：对部分地方工会参与立法工作进行了研究、协调和指导，协助北京市总工会修改《北京市实施〈中华人民共和国工会法〉办法》；协助河南省洛阳市总工会制定《洛阳市企业职工民主权利保障条例》；推动五个省、市制定了《集体合同条例》；对广东省工会参与地方立法进行指导；推动河南、河北等地制定了劳动关系三方协商（协调）会议制度。

2001 年，工会法律工作深入贯彻江泽民总书记“七一”重要讲话和党的十五届六中全会精神，按照全国总工会的统一部署，努力推进工会工作“五突破一加强”，以“三个最大限度”为目标，在依法治会、依法维权、推进工会工作法制化等方面取得了显著成绩。第一，参与立法工作进一步加强。《中华人民共和国工会法（修正案）》于10月27日由九届全国人大常委会第二十四次会议审议通过，并公布施行。全国总工会又起草制定了《全总参与立法领导小组关于2001年全国总工会参与国家立法工作意见》，对涉及职工权益保障和工会维权工作的立法活动进行统一安排；参与了《劳动合同法》《集体合同法》《社会保险法》的立法工作。第二，加大了工会法律服务工作的力度，如参与了最高人民法院《关于审理劳动争议案件适用法律若干问题的解释》的制定工作；与劳动和社会保障部、国家经贸委、中国企业联合会/中国企业家协会联合印发了《关于进一步加强劳动争议处理工作的通知》。

世纪之交，虽然我国以《劳动法》及一系列配套法规为标志的劳动法律体系已初步形成，但由于当时部分法律规范仍不明晰，工会在处理企业劳动关系、维护职工合法权益方面受到很大制约。《工会法》对参与和组织工会的权利及有关法律责任都作了明确的规定。但《工会法》的执法主体不明确，责任追究工作难以操作，这使工会组建工作遇到不少困难。如一些非公有制企业的经营者不愿或阻挠成立工会，一些职工由于民主和法律意识不足而不愿入会，大量的农民工找不到为自己说话办事的组织而入会无门。而且关系劳动权益保障的劳动标准也不全面不具体。《劳动法》中有关劳动合同的法定条款缺乏社会保险的内容。在《劳动法》颁布实施的前几年中，由于没有将职工应享有的社会保险待遇纳入劳动合同，职工下岗后在社会保险关系的接续上出现诸多的问题。2001年中国加入WTO，劳动关系的协调将越来越多地依据法律与国际规则进行，但我国批准的国际劳工公约很少，国际劳工组织提出的基本权利和原则在当时还未到位，工会源头参与任重道远。

### （二）建立联席会议制度

工会组织积极推动建立健全源头参与的工作机制，进一步健全完善与政府及有关部门召开联席会议的机制。

联席会议制度始于 1988 年，由陕西省政府和陕西省总工会首倡建立，随后这项制度向全国推广，建制率稳步提高。1999 年 12 月，中共中央政治局常委、中华全国总工会主席尉健行在陕西视察工作时，对联席会议制度给予高度评价，指出："这是从宏观和源头上通过协商维护职工合法权益的一个很重要的制度，一个很重要的措施。"2000 年全国总工会下发了《关于转发〈陕西省总工会关于与省政府建立联席会议制度情况的报告〉的通知》，将建设政府与同级工会联席会议制度列入全国总工会每年重点工作。

2000 年 12 月 28 日，国务院副总理吴邦国主持召开国务院与全国总工会的第一次沟通工作情况会议，全国总工会领导介绍了工会工作情况，会议就工会反映的有关职工切身利益方面问题进行了研究，吴邦国作了重要讲话，并要求这种沟通工作情况会议以后要每年召开一次。这次会议对于推动全国政府与同级工会联席会议制度建设工作起到了重要的促进作用。

2001 年修订的《工会法》第三十四条对地方各级政府可召开会议向工会通报重要工作和研究解决工会反映的职工群众意见作出规定，使联席会议制度建设逐渐步入法制化轨道——"县级以上地方各级人民政府可以召开会议或者采取适当方式，向同级工会通报政府的重要的工作部署和与工会工作有关的行政措施，研究解决工会反映的职工群众的意见和要求。"这里讲的召开会议可以有多种形式，例如联席会议、座谈会、沟通会等，其中最重要的形式是政府与同级工会联席会议。截至 2002 年 9 月底，在全国基层以上工会组织中，有 1933 个与同级政府和行政部门建立联席会议制度。截至 2002 年末，全国有 22 个省、自治区、直辖市总工会与同级政府建立了联席会议制度，其中有 19 个省、自治区、直辖市政府办公厅下发了建立联席会议制度的文件，有 16 个省、自治区、直辖市已将联席会议制度向市、县一级拓展。全国总工会与国务院就职工关心的热点问题举行了多次沟通情况会议，有力地促进和推动了许多涉及职工利益问题的解决。

建立健全联席会议制度要注意处理以下几个方面的关系。

一是联席会议与同级党组织的关系。建立联席会议制度的主要目的是加强政府与职工群众的联系，疏通工会组织向政府反映职工意愿的渠道。中国共产党作为执政党，同政府和工会的联系非常密切，政府和工会是党领导下的工作执行机关和社会团体，二者只是在工作角度和工作方式上有差异，政府和工会都要在党的领导下开展工作，都要贯彻落实党的路线、方针、政策。因此，工会在推进联席会议制度建设过程中，要正确处理好联席会议与同级党组织的关系，按照中国特色社会主义工会发展道路的要求，把坚持自觉接受党的领导作为中国工会的根本政治原则，使联席会议制度建设始终在同级党委的坚强领导下，沿着正确的方向发展。

二是联席会议与劳动关系三方协商机制的关系。劳动关系三方协商机制，是由政府、职工和企业三方各自的代表共同研究解决劳动关系方面重大问题的制度安排，其主体由三方构成，分别为各级人民政府劳动行政部门代表政府，同级工会代表职工及企业方面代表用工方。联席会议制度是各级政府与同级工会互通重大信息，研究解决工会反映的职工群众的意见和要求，加强工会源头参与的民主协商制度和工作机制。联席会议制度与劳动关系三方协商机制，既有明显区别，也有重要联系。区别表现在：一是主体不同，联席会议以政府与同级工会为主体，三方机制由职工（劳动者）、企业（用工方）、政府（劳动部门）三方组成。

二是内容有别，联席会议主要是沟通研究经济社会发展、劳动关系、职工队伍状况和工会工作中的有关问题，三方机制则主要是研究解决劳动关系方面的具体问题。三是层级差异，联席会议属于政府与同级工会举办的工作会议，三方机制则是由政府劳动行政部门与工会及企业共同召开，前者比后者的参与层次更高。联席会议与劳动关系三方协商机制的共同点在于，两者都是工会源头参与的重要形式，而且有着密切的联系。由于联席会议研究的问题更宽泛，也包括劳动关系问题，因此在实践中，有些三方会议难以解决的问题往往提交联席会议再行研究决定。因此，政府与工会联席会议和劳动关系三方协商机制在工作上既有联系，又不尽相同，是相互结合、相互促进的关系。

三是联席会议与政府职能部门的工作联系制度的关系。各地在建立政府与同级工会联席会议的同时，也建立了政府职能部门与工会的工作联系制度。一方面，政府职能部门加强与工会组织的信息沟通、交流，在研究制定涉及职工切身利益的法律法规，国民经济和社会发展战略、发展规划，研究与职工利益直接相关的政策措施时，主动邀请工会代表参加并认真听取意见。另一方面，工会为全面履行社会职能，积极主动加强与政府职能部门的沟通交流，形成长效工作联系制度，这种工会与政府职能部门的工作联系制度，是工会加强源头参与的重要渠道和平台，为工会及时了解政府工作大局和源头参与政府各项涉及职工利益的重大决策，提供了重要制度保障，也为工会选择联席会议议题、更好地发挥联席会议的作用、推进联席会议的发展，提供了必要的信息支持。因此，联席会议与政府职能部门的工作联系制度，都是工会代表职工参与管理国家事务、管理经济和文化事业、管理社会事务，协助政府开展工作的重要民主参与制度，两者相辅相成、互相促进、互为补充，体现了工会主动代表职工源头参与和政府尊重工会地位、积极支持和吸收工会参政议政的要求。

### （三）建立劳动关系三方协调机制

在协调劳动关系机制建设上，劳动关系三方协调机制的基本建立是一个重要进展。1990 年，全国人大常委会批准了国际劳工组织《三方协商促进履行国际劳工标准公约》（第 144 号公约）后，即着手建立全国一级的三方协商制度。

2001 年，劳动关系三方协调机制建设取得突破性进展。劳动关系三方协商机制是实行市场经济制度的国家协调劳动关系的通行做法。在我国社会主义市场经济体制初步建立的形势下，全国总工会推动有关方面于 2001 年建立了国家协调三方劳动关系会议制度。2001 年 6 月，在尉健行主持下，全国总工会与劳动和社会保障部召开了联席会议，共同研究了加强劳动法律监督、协调劳动关系的有关工作，形成了《劳动和社会保障部与中华全国总工会关于进一步加强劳动法律监督工作联席会议纪要》。8 月，全国总工会与劳动和社会保障部、中国企业联合会/企业家协会召开会议，原则上通过了《关于建立国家协调劳动关系三方会议制度的意见》，正式建立了国家协调劳动关系三方会议制度，三方会议在劳动和社会保障部劳动工资司设立办公室，负责协调组织召开会议的日常工作。

2002 年，推动劳动关系三方协调机制建设不断发展。全国总工会与劳动和社会保障部、中国企业联合会/企业家协会密切配合，组织召开了国家协调劳动关系三方会议第二次、第三次会议，参与研究确定了 2002 年国家三方会议工作要点；同时加强与劳动和社会保障部、中国企业联合会/企业家协会，以及国家三方会议办公室的联系与协调，及时沟通情况，建立相关制度，保证工作有效运作；与劳动和社会保障部、中国企业联合会/企业家协会联合下发了《关于建立健全三方协商机制的指导意见》，要求各地充分认识建立三方协调机制的重要意义，明确了三方协调机制的职责，推动和指导地方从实际出发建立、完善三方协商机制。

2002 年 8 月，全国总工会召开了推动劳动关系三方协调机制的工作座谈会，交流经验，部署工作。来自全国 25 个省、自治区、直辖市总工会主管三方协调机制工作部门的负责同志参加了会议。全国总工会副主席、书记处书记、党组副书记孙宝树出席会议并讲话。他在讲话中指出，各地工会要从实际出发，正确把握三方机制原则，明确三方机制主要内容，关注劳动关系领域中的突出问题和职工群众关心的热点、难点问题，通过三方协调机制等各种渠道，积极反映职工群众的意见和要求，提出工会的主张和建议，协助政府和企业行政解决好这些问题；探索三方协调机制的运行方式和工作方式，充分发挥三方机制的作用，真正让广大职工和企业感到三方协调机制是具体的、实在的、必要的、管用的。在座谈会上，云南、江苏、山西、大连、上海普陀区总工会五个单位介绍了三方协调机制工作的做法和经验。8 月 26 日至 29 日全体与会人员参加了全国总工会、国际劳工局举办的促进三方协调机制和社会对话研讨会，由国际劳工局专家就建立三方协调机制和开展社会对话工作进行了培训，与会人员就三方协调机制建设工作进行了交流。

截至 2002 年底，全国除西藏以外的 30 个省、自治区、直辖市都建立了省一级三方协调机制，实现了国家协调劳动关系三方会议第二次会议提出的“年内在全国省一级基本建立起协调劳动关系三方机制”的目标。已建立三方协调机制的省份正在努力将三方协调机制向市、县、乡镇、街道延伸。

## 二、《工会法》的颁布与修改

### （一）1992 年《工会法》的颁布

1992 年 4 月 3 日，七届全国人大五次会议通过了《工会法》，并正式颁布实施。这是我国工会发展史上的一件大事，充分体现了党和国家对工人阶级和工会组织的高度重视和大力支持，使工会建设和工会工作进一步纳入了法制化轨道，为工会依法行使权利、履行义务，在国家政治、经济和社会生活中更好地发挥作用创造了良好的法律环境，也对工会工作提出了新的更高要求。中共中央宣传部、全国总工会、司法部于 1992 年 4 月联合发出《关于认真学习、宣传〈工会法〉的通知》，并把《工会法》列入第二个五年普法规划。

1.《工会法》的颁布过程

新中国成立之初，中央人民政府颁布了三个重要法律，即《婚姻法》《工会法》《土地改革法》。在中华人民共和国成立伊始、百废待兴之际，三个基本法的颁布施行，为工人、农民和广大妇女当家作主和解放、发展社会生产力提供了重要法律保障。1950 年《工会法》的颁布施行，对建立新中国的工会组织，巩固以工人阶级为领导、以工农联盟为基础的人民民主专政的政权，组织和教育广大职工在社会主义革命和建设中发挥主动性、积极性和创造性，维护工人阶级的主人翁地位和合法权益，起到了重要作用。40 多年来，特别是党的十一届三中全会以来，我国政治、经济和社会状况发生了巨大的深刻的变化，职工队伍有了很大发展，以公有制为主体的多种经济成分和以按劳分配为主的多种分配形式的存在，计划经济与市场调节相结合的经济体制和运行机制的建立，社会主义民主与法制建设的逐步完善，使工会工作的内容有了新的发展；党和广大职工对工会工作提出了更高的要求。为适应形势发展的需要，对《工会法》进行修改十分必要。

1978 年，全国总工会启动了对《工会法》的修改工作。1989 年起，《工会法》的修改工作改由全国总工会与全国人大常委会法制工作委员会共同负责。《工会法》的修改工作一直是在党中央的领导和关怀下进行的，中共中央书记处几次讨论过《工会法》(修改草案)。1991 年 12 月 12 日，江泽民主持中共中央政治局常委会讨论并原则上通过了全国人大常委会党组报送的《工会法（修改草案）》和请示报告。1992 年 2 月 20 日第七届全国人大常委会审议了《工会法（修改草案）》，4 月 3 日七届全国人大五次会议表决通过了《中华人民共和国工会法》，同时废止 1950 年《工会法》。新颁布的《工会法》共六章，四十二条，包括总则、工会组织、工会的权利和义务、基层工会组织、工会的经费和财产、附则。

2.《工会法》颁布实施的重大意义

《工会法》的颁布实施具有重要的现实意义和深远的历史意义。

第一，《工会法》的颁布实施有力地推进了我国经济建设和改革开放事业。改革是从根本上改变束缚生产力发展的经济体制。建立充满生机和活力的社会主义经济体制，促进有计划的商品经济的发展，调动职工群众的积极性和创造力，把他们从不适应旧体制的束缚中解放出来，是解放和发展生产力的关键，是改革开放事业取得成功的重要保证。从一定意义上说，职工群众是否能主动地投身于改革开放的实践中，决定着改革开放的成败和生产力解放的程度。当职工群众真正意识到改革开放代表着他们的根本利益，是为了保障他们的主人翁权利和义务，从而把改革开放当作自己的事业时，他们就能迸发出无穷的智慧和力量，就能与党和政府同心同德，甚至牺牲一些眼前的利益，将改革开放事业推向前进。随着改革的不断深入，劳动人事、工资分配、社会保障等涉及职工切身利益的改革措施逐步出台，更需要广大职工增强改革意识和心理承受能力，理解、支持和参与改革，也需要工会及时反映广大职工群众的呼声和要求，向党和政府提出意见和建议，切实维护职工的合法权益。《工会法》总结了40多年来，特别是党的十一届三中全会以来我国工人运动和工会工作的成果，体现了工人阶级作为国家领导阶级当家作主的民主权利，具体规定了工会在改革开放的条件下，组织和代表职工参加管理国家和社会事务，管理经济和文化事业，参加企业民主管理，协助政府和企业行政开展工作，参与协调劳动关系和利益关系，为工会支持改革、推动改革和动员职工投身改革提供了法律保障。改革越深入，涉及职工利益的问题越多，工会的任务越重，《工会法》越显得重要。

第二，《工会法》的颁布实施表明我国社会主义民主法制建设取得了新进展。《工会法》属于基本法律，在我国法律体系中占有重要地位。我国工人阶级是国家的领导阶级，是先进生产力和生产关系的代表。推进改革开放和建设事业，维护安定团结的政治局面，振兴我们的国家和民族，工人阶级起着中流砥柱的作用。工人阶级的地位和作用、工人阶级的民主权利能否得到法律上的保障，对整个国家和社会产生着极其深刻的影响。工会是工人阶级最广泛的群众组织，它拥有1.1亿会员，在我国社会生活中占有举足轻重的地位。基层工会作用发挥好了，职工群众的民主权利就有了基本保证。各级工会组织的作用发挥好了，国家民主渠道的畅通就增加了一份保证。《工会法》的颁布实施，必将更好地发挥工会作为职工群众参政议政的民主渠道的作用，使我国社会主义民主有了更丰富的内容和更坚实的基础，有利于国家的长治久安。

第三，《工会法》的颁布实施标志着我国工会工作进入了新阶段。《工会法》适应新的历史条件，以法律的形式明确规定了工会的性质、任务、权利、义务、活动准则和组织原则，使工会工作在改革开放的社会环境中有了更加完备的法律依据。《工会法》的颁布实施，使工会能够在法制轨道上更好地发挥党联系职工群众的桥梁纽带作用，代表职工参政议政的民主渠道作用；能够正确地参与协调劳动关系和错综复杂的利益矛盾，动员和组织职工为解放和发展生产力，加快国民经济发展作出更大的贡献；能够不断推进工会的自身建设和改革，把工会建设成为中国共产党领导的，独立自主、充分民主、职工信赖的工人阶级群众组织。

第四，《工会法》的颁布实施对国际工人运动和工会工作产生了积极的影响。世纪之交，国际工运风云变幻，第二次世界大战后形成的两极格局已基本结束。在东欧剧变、苏联解体后，西方敌对势力妄图在国际工运中孤立我国。与此同时，广大第三世界国家工会和进步工会希望中国工会在国际工运中发挥更大的作用。《工会法》展现在国际社会面前的是一部具有中国特色社会主义工人运动和工会工作的法律，为加强各国工会组织之间的团结与合作，促进当代国际工运中和平、发展、工人权益三大课题的逐步解决，作出了应有的贡献。

### （二）《工会法》的修改

#### 1.《工会法》的修改历程

1992年颁布的《工会法》实施以来发挥了重要作用，但随着社会主义市场经济体制的建立、经济结构的战略性调整、公有制实现形式的多样化和非公有制经济的快速发展，我国的社会经济成分、组织形式、就业方式、利益关系和分配方式日益多样化，经济关系和劳动关系发生了深刻变化，涉及职工劳动就业、劳动报酬、劳动保险、劳动保护、劳动教育等方面的矛盾变得更加复杂、突出，侵犯职工和工会权益的问题屡屡发生，直接影响职工队伍和社会政治的稳定及工会作用的发挥。工会工作面临诸多新的亟待解决的问题，迫切需要根据新的形势任务要求认真总结实践经验，对《工会法》进行修改。

自 1992 年下半年中共中央明确在我国建立社会主义市场经济体制以来，全国总工会多次提出修改《工会法》的建议。1998 年 12 月，九届全国人大常委会将《工会法》的修改纳入了本届常委会的立法规划；1999 年初与全国人大常委会法工委、全国人大内司委和全国总工会就《工会法》修改问题进行了广泛的调研、论证，随后起草了《工会法》修正案草案和报告。2001 年 8 月，九届全国人大常委会第二十三次会议对《工会法修正案（草案）》进行了第一次审议。同年 10 月 27 日，关于修改《工会法》的决定经九届全国人大常委会第二十四次会议表决通过。江泽民发布中华人民共和国第 62 号主席令，公布《全国人民代表大会常务委员会关于修改〈中华人民共和国工会法〉的决定》。

2.《工会法》的修改内容

2001 年修正的《工会法》由原来的六章四十二条修改为七章五十七条。第一章总则，第二章工会组织，第三章工会的权利和义务，第四章基层工会组织，第五章工会的经费和财产，第六章法律责任，第七章附则。《工会法》的修改涉及 40 余条，其中心是突出和强化工会维护职工合法权益的职能。认识和把握《工会法》修改的内容，务必抓住和突出这个中心，最重要的是以下几个方面。

在工会职能的问题上，《工会法》明确规定：“中华全国总工会及其各工会组织代表职工的利益，依法维护职工的合法权益”“维护职工合法权益是工会的基本职责”。这是法律对工会职能作出的重大调整和明确规定，对保障工会组织切实发挥作用，以实现最大限度地维护广大职工的合法权益，最大限度地保护、调动和发挥广大职工的积极性、主动性和创造性，提供法治源头的坚实支撑。

在加强新建企业工会组建问题上，《工会法》明确规定：“企业、事业单位、机关有会员二十五人以上的，应当建立基层工会委员会；不足二十五人的，可以单独建立基层工会委员会，也可以由两个以上单位的会员联合建立基层工会委员会，也可以选举组织员一人，组织会员开展活动”“上级工会可以派员帮助和指导企业职工组建工会，任何单位和个人不得阻挠”。对阻挠职工依法参加和组织工会或阻挠上级工会帮助、指导职工筹建工会的行为，要依法追究其法律责任。这些重要规定，为最大限度地把广大职工吸引和组织到工会中提供了强有力的法律支持。

在工会专职干部设置和对工会干部保护的问题上，《工会法》明确规定：“职工二百人以上的企业、事业单位的工会，可以设专职工会主席。工会专职工作人员的人数由工会与企业、事业单位协商确定”“罢免工会主席、副主席必须召开会员大会或者会员代表大会讨论，非经会员大会全体会员或者会员代表大会全体代表过半数通过，不得罢免”“基层工会专职主席、副主席或者委员自任职之日起，其劳动合同期限自动延长，延长期限相当于其任职期间；非专职主席、副主席或者委员自任职之日起，其尚未履行的劳动合同期限短于任期的，劳动合同期限自动延长至任期期满。但是，任职期间个人严重过失或者达到法定退休年龄的除外”。作出这些极为重要的法律规定，目的全在于强化对工会干部履行维护职工合法权益基本职责的保护。

在基层工会维护职工合法权益的两个主要机制上，《工会法》明确规定：“工会通过平等协商和集体合同制度，协调劳动关系，维护企业职工劳动权益”“工会依照法律规定通过职工代表大会或者其他形式，组织职工参与本单位的民主决策、民主管理和民主监督”。通过这两个重要而基本的载体和手段，实现对职工经济利益、当家作主的政治权利和精神文化需求的保护。保障工人阶级和广大劳动群众的经济、政治和文化权益，是工会一切工作的根本基点，也是保护、调动和发挥广大职工积极性、主动性、创造性的根本途径。

在工会经费的问题上，《工会法》明确规定：“建立工会组织的企业、事业单位、机关按每月全部职工工资总额的百分之二向工会拨缴经费”“无正当理由拖延或者拒不拨缴工会经费的，基层工会或者上级工会可以向当地人民法院申请支付令；拒不执行支付令的，工会可以依法申请人民法院强制执行”。从企业工资总额中拨缴2%的经费给工会，并允许从成本中列支，这是国家财政对工会工作的扶助。《工会法》规定按照统一标准拨缴工会经费和执行程序，使工会为职工服务和开展活动有了更加可靠的经费保障。

在法律责任问题上，《工会法》增加了法律责任一章，对工会合法权益受侵犯的法律救济，对依法行使职权工会干部的打击报复，职工因参加工会活动被解除劳动合同以及妨碍工会依法行使职权，阻挠工会或者职工依法组建或参加工会等，都明确规定了执法主体、法律程序，并明确了处罚规定，从而使《工会法》的贯彻实施有了法律保证。

修改后的《工会法》贯彻和体现了“三个代表”重要思想的要求，适应了客观形势发展的变化，坚持了党的解放思想、实事求是的思想路线和与时俱进、开拓创新的品格；为做好社会主义市场经济新形势下的工会工作，提供了强大的法律武器，把工会在新的历史条件下加强组织建设、建立稳定协调的劳动关系、维护职工合法权益、突出和强化工会的维护职能、充分发挥工人阶级在改革发展稳定中的主力军作用等方面遇到的诸多亟待解决的问题，从法律上作出了明确规定，进一步明确了工会在国家政治、经济和社会生活中的地位；明确了工会的权利与义务，对加强工会组织建设、履行好基本职责，充分发挥工会作为党密切联系职工群众的桥梁纽带作用、国家政权的重要社会支柱作用和职工合法权益代表者维护者的作用，产生重大而深远的影响。

## 三、《劳动法》的颁布及其对工会工作的影响

### （一）《劳动法》的颁布

在党的十四大精神指引下，经济体制改革步伐加快，非公有制经济如雨后春笋般发展起来，国有企业也加紧了适应市场经济要求的改革。经济关系和劳动关系都在急剧深刻地发生变化，劳动关系变得更加复杂。但是，由于国家劳动法律、法规还不完备，在一些地方和企业，特别是在一些外商投资企业中，存在严重侵犯职工合法权益的问题：有的不与职工签订劳动合同，随意辞退职工；有的压低、克扣职工工资，延长工时，强迫职工加班加点工作；有的拒绝为职工提供必要的劳动保护，接连发生重大伤亡事故；还有的对职工滥施惩罚、侮辱人格，侵犯职工人身权利，造成极为严重的后果，恶化了企业劳动关系，影响了企业发展和社会稳定。这一客观形势要求必须及时地强化法律调控手段，市场经济呼唤《劳动法》尽早出台。

1994 年 7 月 5 日，八届全国人大常委会第八次会议审议通过《中华人民共和国劳动法》。国家主席江泽民签署第 28 号主席令颁布了这部法律，自 1995 年 1 月 1 日起施行。1995 年 1 月 12 日，全国总工会召开电话会议，要求各级工会组织认真学习、贯彻《劳动法》。13 日，全国总工会和劳动部在京联合举行《劳动法》颁布实施座谈会。

《劳动法》的根本立法宗旨是“保护劳动者的合法权益，调整劳动关系，建立和维护适应社会主义市场经济的劳动制度，促

进经济发展和社会进步”。它从我国宪法的基本原则出发，对劳动者的权利、义务和权益保护等作出了明确而具体的规定，对用人单位和劳动者提出了一系列行为规范，将劳动关系的调整纳入了法治化轨道。《劳动法》的颁布，使我国的劳动立法迈上了一个新台阶，使有关机关处理劳动争议有法可依，使劳动者与用人单位能够明晰双方的权利义务，对劳动者和用人单位均有裨益。《劳动法》颁布后，国务院、劳动部又先后颁布了一系列劳动法规和规章，以配合《劳动法》的实施。

### （二）《劳动法》的实施对工会工作的影响

作为力图规范市场经济条件下劳动关系的基本法律，《劳动法》的制定及实施具有十分重要的意义，它明确规定了在发展社会主义市场经济过程中，工会在调整劳动关系，维护劳动者合法权益中的地位、权利、渠道和方法，并提供了法律保障。《劳动法》第七条规定：“劳动者有权依法参加和组织工会。工会代表和维护劳动者的合法权益，依法独立自主地开展活动。”这就明确了工会是劳动者合法权益的代表者和维护者，维护劳动者的合法权益是工会的法定职责。明确工会的法律地位和职责，是发展社会主义市场经济过程中国家、企业、职工三方利益格局日益清晰化的客观趋势，是劳动关系发展变化的必然结果，也是广大职工群众的迫切要求和愿望。可以说，《劳动法》的颁布为工会工作总体思路的确立提供了基础。

1994 年 12 月召开的全国总工会十二届二次执委会会议审议通过了《全国总工会关于贯彻实施〈劳动法〉的决定》，提出“以贯彻实施《劳动法》为契机和突破口，带动工会各项工作，推动自身改革和建设，把工会工作提高到一个新水平，在改革、发展、稳定中更好地发挥作用”。这一要求后来被概括为“工会工作总体思路”。工会工作总体思路的精髓就是进一步突出工会的维护职能，明确维护职工的合法权益是工会的基本职责，同时也是工会服从服务于党和国家工作大局的主要手段。各级工会抓住贯彻实施《劳动法》这个难得的机遇，认真学习《劳动法》，大力贯彻实施《劳动法》，努力在维护职工合法权益方面使工会工作有一个突破性进展，增强了工会的凝聚力，使工会更好地为全党全国的大局服务。

# 第十一章

# 工会港澳台工作及国际交流与对外宣传

20世纪90年代以来，国际工运的格局逐渐朝多极化方向发展，传统的两极格局已终结。国际自由工联试图占据工运霸主地位，而各派力量正在重新分化组合。中国工会遵循“独立自主、广泛联系”的方针，推动国际工运朝着有利于“和平、发展、工人权益”的方向发展，并努力建立国际工会运动新秩序。1994年是中国工会国际交往非常活跃的一年，接待了大量外国工会来访团，并派出多个团组访问多个国家。1996年全国总工会在南京召开了全国工会国际暨港澳台工作会议，进一步推动了工会国际工作的进展。进入2000年，中国工会积极发挥工会民间外交特点，不断扩大在国际工会运动中的影响和作用。同年，在贵阳召开了全国工会系统国际暨台港澳工作会议，加强了外事工作的管理。全年共接待外国来访代表团59起，派出代表团320人次出国访问。2001年，中国工会围绕党的十五届五中、六中全会精神和工会重点工作，进一步加强和深化与各国工会和工会国际组织的友好交流，全年共接待来访代表团63个，派出代表团67个。2002年，中国工会在国际劳工局理事会成功当选工人副理事。中国工人代表出席了理事会第285次会议，展示了中国工会的新形象。这些活动宣传了中国工会的成就和作用，加深了与各国工会和工人的友谊和了解，扩大了中国工会在国际工会运动中的作用和影响。

## 一、发展同港澳台地区工会的合作与交流

遵循“和平统一、一国两制”的方针，中华全国总工会持续加强与中国台湾、香港及澳门工会的友好合作关系，并深化与中国台湾劳工界及工会的交流与合作。1993 年 5 月 11 日，来自中国台湾的劳工福利事业协会的一个九人代表团抵达北京，这标志着在长达 40 多年的分离后，海峡两岸的劳工界首次实现了正式的交流。全国总工会主席倪志福热情接待了台湾劳工福利事业协会的大陆访问团，对台湾劳工界首次组团来访表示热烈的欢迎。双方达成共识，决定以中国职工交流中心和台湾劳工福利事业协会作为两岸劳工界交流的窗口。全国总工会副主席、书记处第一书记张丁华等人参与了此次会见。

1994 年 3 月，全国总工会召开了重要的全国工会国际暨台港澳工作会议。这次会议对于推动工会国际工作和加强港澳台的工作具有重要意义。同年，香港、澳门的工联会会长以及台湾劳工福利协会会长率领的代表团参加了国庆庆典活动。此外，香港工联会的主要干部也组成了一个代表团访问了北京，这进一步增强了我们与港澳台工会的联系与交流。

## 二、加强工会国际交流

### （一）深化与周边国家工会关系

1994 年，我国工会与亚洲邻近国家的工会关系达到了前所未有的良好状态。在这一年里，蒙古和韩国的总工会主席相继对我

国进行了访问，同时，东盟五国的工会也全部与我国工会正式建立了正常的交往关系。我国工会与独联体国家的工会之间的高层交往也呈现出日益频繁的趋势。我国热情接待了来自俄罗斯、哈萨克斯坦、乌兹别克斯坦、蒙古、韩国、老挝、孟加拉国、印度尼西亚以及印度的总工会主席或总书记所率领的代表团。土库曼斯坦的总工会主席也特地前来拜访了全国总工会。值得一提的是，在过去，一年内能有这么多周边国家的工会最高领导人访问我国是罕见的。此外，以全国总工会副主席、书记处第一书记张丁华为首的中国工会代表团对俄罗斯、哈萨克斯坦和乌兹别克斯坦进行了访问。这次访问具有里程碑意义，因为它标志着中国工会的主要领导人首次出访独联体国家。代表团还访问了马来西亚和菲律宾，成功促成了中国工会与东盟所有国家工会的双边关系的建立。

1997 年，我国工会进一步深化了与周边国家工会的关系，并积极开拓了与拉丁美洲未建交国家工会的合作。在这一年里，日本工会总联合会代表团访问了中国，并受到了国家主席江泽民的亲切接见。这次访问对于推动中日两国工会和工人之间的友好交流产生了深远的影响。值此中日邦交正常化 25 周年之际，中国工会还精心举办了一场盛大的联谊活动，中日双方共有 600 余人参与其中。这一活动在国内外引起了热烈的反响，进一步拉近了中日两国工会和人民心灵之间的距离。同时，全国总工会主席尉健行会见了韩国劳动总联合会的代表团，这次会晤标志着中韩两国工会的关系迈上了一个新的台阶。此外，中国工会与印度最大的工会组织——全国工会大会之间的关系也取得了实质性的进展，为两国工会的未来合作奠定了坚实的基础。

### （二）与广大发展中国家工会关系继续巩固

与广大发展中国家工会的传统友谊和团结更加巩固，高层往来和友好合作逐步增多。1994 年至 1995 年，中国工会代表团出访非洲和拉丁美洲。马里、赞比亚、突尼斯、哥伦比亚、古巴等一些发展中国家工会代表团来访。与此同时，中国工会与各友好工会之间的实质性交流与合作得到进一步拓展。如与印度尼西亚工会共同推动舟山渔业公司与该国合作捕鱼。中国工会还向一些发展中国家工会提供了力所能及的物质援助。新加坡、叙利亚、巴西、科威特、尼泊尔、塔吉克、苏丹等七个国家八个全国性总工会的主席或总书记先后率团访华。

1995 年，中国工会还积极开拓以前与我国尚无交往的东欧国家罗马尼亚、马其顿、斯洛伐克工会之间的关系，恢复了与南斯拉夫独立工联的关系。中国工会代表团出访了非洲、亚洲和拉丁美洲的许多发展中国家。

1996 年，中国工会加深了与亚、非、拉等发展中国家工会老朋友的关系。全国总工会副主席、书记处第一书记张丁华出席非洲工会统一组织理事会，进一步加深了中国与非洲工会的友谊。科特迪瓦、几内亚、老挝、越南、缅甸、墨西哥、马来西亚等国工会纷纷派高级代表团来访，不仅进行了友好访问，还积极探讨加深实质性合作的途径。

2000 年，在朝鲜半岛局势出现缓和的情况下，中国工会进一步加大了对韩国和朝鲜工会的工作力度，与蒙古、越南等国工会和工人的友谊也进一步加强。中国工会与非洲和拉丁美洲发展中国家工会的传统友谊进一步发展，着重做了埃及、伊朗、伊拉克、马里、古巴、巴西、阿根廷、秘鲁等有影响的国家工会的工作，首次组织全国劳动模范代表团赴古巴友好访问，在国内外引起了较大反响。拉脱维亚工会代表团访华后，波罗的海三国工会已全部与全国总工会建立了友好交流关系。2002 年，应科特迪瓦工人总联合会、毛里塔尼亚劳动者联合会和伊朗工人之家的邀请，全国总工会副主席、书记处第一书记张俊九率中国工会代表团对上述三国进行了友好访问。

## （三）与发达国家工会的关系有所发展

1994 年，中国工会与西方发达国家工会和国际产业工会的关系加快恢复。例如，中国工会在同意大利、西班牙工会关系正常化的基础上，拓宽了实质性合作的领域，在干部培训、旅游及调研等方面达成双方合作协议；与法国总工会的关系得到实质性的改善；新西兰工会理事会、澳大利亚煤矿工会等向中国工会发出邀请；英国、德国、瑞士、芬兰等国的部分重要产业工会也恢复与我国工会交往；美国旧金山劳工理事会代表团访华进一步推动了中美两国工会间的交往。此外，国际自由工联下属重要产业工会——国际五金工会和国际建筑工会派团访问中国，增进了相互了解，使中国工会与法国总工会和德国五金工会的友好关系进一步深化。根据与法国总工会和德国五金工会达成的协议，全国总工会组织了 38 名大企业工会主席赴法、德两国接受培训和进行考察。与德国艾伯特基金会合作，派团赴德国考察了工会干部培训情况。

1995 年，中国工会与发达国家工会关系有了较大突破。例如，中国工会代表团应日本劳动组合总联合会（简称“联合”）邀请访问日本，日本“联合”正式邀请全国总工会主席尉健行于 1996 年访日，两会关系实现正常化；中国工会代表团应新西兰工会理事会邀请访新，澳大利亚工会理事会也向中国工会发出访澳邀请，中新、中澳两国工会间友好关系恢复，全国总工会副主席、书记处第一书记张丁华出访意大利、德国和瑞士，进一步推动了中国工会与西欧发达国家工会关系的改善。此外，中国工会还与英国、挪威、荷兰、瑞典、希腊等国工会进行了接触、交流。

1996 年，中国工会与西方发达国家工会关系取得新进展，与部分西方发达国家工会实现了高层次往来。全国总工会主席尉健行于 1996 年 4 月应日本工会总联合会的邀请，率中国工会高级代表团访问了日本，恢复了中断近三年之久的中日两国工会高层互访，实现了中日两国工会的关系正常化。卢森堡、挪威、希腊、葡萄牙、西班牙、意大利等国工会，先后派遣高级代表团访问中国。除了挪威、意大利工会，其余四国均为该国工会最高领导人率团访华。

1996 年，中国工会稳妥地拓宽了与发达国家工会实质性交流合作活动的领域。例如，中国工会与日本湘南教职员工会合作，于年初在日本举办了日本军国主义侵华罪行图片、实物展，在日本社会引起较大反响，并得到中国驻日本大使馆的高度评价，据日方统计，共有 4 万人参观了展览；推动日本全电通与中国邮电工会合作，签署了在北京共同建立“中日电信职工友好中心”协议书，建设一个中日电信工人交流活动基地；为救助灾区，征得日本工会捐助 315 万日元和部分援助物资，支援了云南地震灾区和长江流域洪水灾区。

1996 年，围绕贯彻工会工作总体思路和工会中心工作，全国总工会与德国艾伯特基金会联合举办集体谈判与集体合同、德国与中国工会国际研讨会，为保障部工资谈判学习班聘请了德国、新加坡、西班牙等国的五位工会工资集体谈判专家讲课。组织了集体合同赴法考察团和工会旅游业务考察团各一个团出国考察，协助华中电管局组团赴日考察劳动关系共计 270 多人次。与卢森堡总工会和挪威总工会分别签署了两国工会《加强友好交流与合作协议书》，在互派友好访问团、联合召开研讨会、培训工会干部、接受考察团、开展旅游等问题上达成了一致。

2001 年初，为推动中日两国友好事业在 21 世纪继续发展，中国工会和日本工会共同在北京建立了“中日劳动者友好之碑”，进一步推动了中日两国工会的友好合作关系向前发展。① 2002 年，配合中日邦交正常化 30 周年的纪念活动，全国总工会与日本工会联合举办了 3 项大型群众性活动，增进了两国工人和人民之间的友谊。②

2000 年国际自由工联首次组派高级代表团访华，之后，德国、英国、奥地利和西班牙等国工会以及国际五金工会等领导人相继访华。这些活动增进了他们对改革开放后的中国和中国工会的了解，消除了许多疑惑和误解，推动了中国工会与西方大国工会对话和交流的步伐，效果明显。这些活动表现出“两多”的特点：一是利用国际劳工局和外国工会组织的专家和资源，紧紧结合工会重点工作开展的合作项目增多；二是为国家经济建设和环境保护服务的交流项目增多。③ 2001 年，中国工会充分利用外国工会以及国际工会组织的专家力量和资金，通过向外国派遣中国工会劳动关系考察团和与外国工会在华共同举办研讨会等形式，学习和借鉴适合中国国情的外国工会的先进经验，在交流内容上与中国工会的重点工作结合得更加紧密，合作渠道和领域逐步拓宽，合作活动日益规范。此外，中国工会还继续加强对外宣传工作和对国际工会运动的调研工作。④

全德工人联合会是德国最大的全国性总工会，是世界上的重要工会组织之一，也是国际自由工联和欧工联的主要成员组织，在国际工会运动中发挥着重要的作用。1989 年后全德工人联合会

---

① 中华全国总工会：《中国工会年鉴（2002）》，《中国工会年鉴》编辑部 2002 年版，第 76 页。

② 中华全国总工会：《中国工会年鉴（2003）》，《中国工会年鉴》编辑部 2003 年版，第 72 页。

③ 中华全国总工会：《中国工会年鉴（2003）》，《中国工会年鉴》编辑部 2003 年版，第 66 页。

④ 中华全国总工会：《中国工会年鉴（2002）》，《中国工会年鉴》编辑部 2002 年版，第 75 页。

与全国总工会关系中断，20 世纪 90 年代中期逐渐恢复接触。经过多年工作的积累，2000 年 5 月，全德工人联合会主席舒尔特访华，恢复了两国总工会的交往关系。同年 10 月，中共中央政治局委员、中华全国总工会主席尉健行率中国工会代表团访问德国时也会见了全德工人联合会的主要负责人，不仅实现了两会关系正常化，而且推动了两会之间的实质性交流与合作。随后，两国工会保持了频繁的高层交往。2001 年 9 月以来，全国总工会领导人曾多次率团访德。

英国职工大会在国际工会运动中有较大的影响力，是国际自由工联、欧工联、欧洲工会咨询委员会和英联邦工会理事会的重要会员组织。国际自由工联总书记和重要的国际产业工会主要领导人大多来自职工大会下属产业工会。英国职工大会是最早同全国总工会建立和发展关系的主要西方国家工会之一。英国职工大会与全国总工会在 20 世纪 80 年代有着正常的交往关系，20 世纪 90 年代后，两会关系一度停止。进入 21 世纪后，两会关系逐步得到恢复和发展。2001 年，英国职工大会总书记蒙柯斯以来华参加英国-中国协会研讨会的名义访问了全国总工会。

美国劳联-产联是国际自由工联内最大的全国性总工会之一，在国际工会运动中具有举足轻重的影响力。长期以来，劳联-产联对中国工会采取不接触、不友好甚至敌对的态度。20 世纪 80 年代中期，美国工会的一些有识之士曾积极推动两国工会关系的发展。2002 年初，劳联-产联下属的亚太劳工联盟代表团访问中国，取得积极效果。同年 9 月，劳联-产联下属最大的产业工会——美国服务雇员工会主席斯特恩率美国工会代表团访华，尉健行主席会见了代表团。

### （四）与世界性和地区性工会组织的关系得到发展

中国工会一直主张为了更好地发挥国际劳工组织的作用，国际劳工组织各机构包括理事会，应充分体现普遍性和代表性原则，既包括不同社会制度国家和不同政治倾向的工会组织的代表，又包括不同地区、处于不同发展水平和发展阶段国家的工会组织的代表，以便在讨论国际劳工和国际工会运动问题时广泛听取各方意见，更好地动员各国工会和各国际工会组织积极参与解决国际工运面临的共同问题，从而推动国际工运的不断发展和壮大。

中国工会在国际劳工组织的地位和作用不断提高，影响逐年扩大。自1983年恢复参加国际劳工组织活动后，中国工会代表曾于1984年、1987年、2002年、2008年成功当选国际劳工局理事会工人组副理事。中国工会重返国际劳工组织决策机构，扩大了参与重大国际劳工事务的国际活动空间。与此同时，全国总工会首次与国际劳工组织工人活动局签署了《加强技术合作谅解备忘录》，促使中国工会与国际劳工组织的技术合作不断加强。

1. 积极参与国际劳工组织的活动

中国工会积极参与国际劳工组织的各类会议和活动，包括技术合作项目，并广泛联系，宣传自己，以争取更多工会组织的理解和支持；就涉及工人权益、就业和改善工作及生活条件等重大问题阐明立场，坚定地同发展中国家工会站在一起，参与国际经济和社会发展战略及政策的制定，参与劳动立法和执法的监督。1994年，中国工会积极参与国际劳工组织的多边活动。在1994年第81届国际劳工大会上，中国工会代表团与82个国家93个工会组织广泛接触交流，赢得了与会各国工会特别是发展中国家工会的理解和支持。同年，国际劳工大会主席、国际劳工局助理局长、雇主组主席、理事会主席等国际劳工组织高级官员先后拜会全国总工会。全国总工会除了派团参加国际劳工大会及五金、海事委员会会议，还应邀参加了19次国际专题研讨会，比1993年增加了17次，还参加了国际劳工局北京局的三方性活动。

中国海员代表参加了第84届国际劳工（海事）大会，再次当选为国际劳工组织联合海事委员会海员组正委员。围绕《劳动法》配套法律的制定，与国际劳工组织北京局合作，调研起草《集体合同规定》草案并召开多次研讨会。举办平等与妇女权益研讨会。国际劳工局曼谷局派多功能工作队来华参加中国工会举办的化学信息卡培训班等。全国总工会派人参加了国际劳工组织的重要会议及各类研讨会、培训班等共 15 起 23 人次。1999 年，圆满完成了出席第 87 届国际劳工大会的各项任务，派代表积极参加国际劳工组织的产业和专业会议以及在曼谷局召开的有关三方会议等共 17 起，与国际劳工局的合作取得了较大的进展。2001 年，中国工会与国际劳工局特别是工人组的关系取得了新进展，国际劳工局局长索马维亚、理事会工人组主席布雷特和工人活动局副局长分别访华，就国际劳工局与中国工会合作事宜进行了交流。

全国总工会利用国际劳工局和外国工会的资金及专家力量，通过在华举办研讨会和派遣代表团成果考察等形式，在下岗职工再就业培训、平等协商与集体合同及工资谈判、工人参与和开发区工会工作的劳动关系等方面开展了合作。

2000 年，全国总工会圆满完成了第 88 届国际劳工大会任务，积极参加国际劳工局和曼谷局的有关会议，还选派经验丰富的干部参加了外交部组织的中欧人权国际研讨会。

2002 年，全国总工会积极参加国际劳工局和有关人权方面的国际多边会议，主动宣传中国和中国工人基本权利的巨大进步，做了大量增信释疑的工作。

2. 与世界工联、世界劳联保持友好联系

1995 年，以世界工联主席内托为首的世界工联高级代表团访华，使中国工会与世界工联的关系更加巩固。世界劳联总书记古斯特率团访华，宣布两会之间建立正式双边关系。此外，阿拉伯工联总书记、非洲工会统一组织总书记、拉美工人中央工会领导人都应邀访华，加深了双边关系。

1995 年 10 月，以总书记古斯特为团长的世界劳联代表团应中华全国总工会的邀请来华访问，“实现了过去 8 年中提出的建立正式关系的愿望”，此后双方多次实现高层互访。2001 年，中华全国总工会与世界劳联的关系取得了新突破，中华全国总工会副主席、书记处第一书记张俊九率中国工会代表团应世界劳联的邀请访问了比利时，取得了圆满成功，对推动两会友好关系的深入发展起到了重要作用。①

3. 与国际自由工联的关系

20 世纪 70 年代以前，中国工会与国际自由工联基本上无往来。中国实行改革开放后，双方领导人有所接触。1997 年，中国工会恢复了与国际自由工联的单独直接合作，实现了与国际自由工联关系的实质性进展。2 月，中国工会接待了国际自由工联亚太区域组织总书记和泉孝访华。在第 85 届国际劳工大会上，中国工会领导人与国际自由工联总书记进行了自 1989 年以来的首次接触与对话。9 月，国际自由工联亚太区域组织高级代表团实现了访华。中国工会与国际自由工联下属国际产业工会之间的关系向前发展，至此，国际自由工联下属的 16 个国际产业工会中，已有一半与中国工会建立了交往关系。全国总工会书记处书记张丁华、李奇生率团出访了挪威、瑞典、希腊及北欧三国，使中国工会与欧洲国家工会之间的关系出现了新的进展。国际劳工组织与中国工会的合作正在逐步恢复，邀请中国工会代表参加三方活动的次数与人数逐年增加，1997 年达 21 起 44 人次。

2000 年 2 月，国际自由工联总书记比尔·乔丹率 5 人代表团首次访华，这是该组织自成立 50 多年以来，首次派代表团访华。

① 中华全国总工会：《中国工会年鉴（2002）》，《中国工会年鉴》编辑部 2002 年版，第 75 页。

通过访问，代表团亲眼所见的大量事实，对他们触动较大。他们承认改革开放给中国带来了空前的繁荣，承认中国工会为维护工人权益做了大量工作，承认两国工会确实存在分歧，但愿意与中国工会继续进行接触和对话。国际自由工联在同年 11 月召开的执行委员会上讨论了代表团提交的访华报告，确认了可继续保持和发展与全国总工会对话的政策。国际自由工联代表团的访华成功，说明了中国和中国工会在国际劳工领域的影响不断扩大。[①] 此后双方开始接触和对话。近年来，中华全国总工会领导人在国际多边场合和国际自由工联总部所在地比利时首都布鲁塞尔与国际自由工联领导人进行了接触和对话。目前，国际自由工联对中国工会采取“接触促变”和“批评性对话”政策。

### （五）积极参加世界多边活动扩大影响

1995 年，中国工会一年内组织参加了多项大型国际多边活动，这是以往少有的。通过参加多边活动，中国工会推动了多边关系发展，例如，中国工会代表参加了 1995 年 3 月在丹麦首都哥本哈根举行的联合国社会发展问题世界首脑会议，之后中国工会代表参加了在纽约召开的社会发展问题世界首脑会议第二次筹备会及在北京召开的社会发展国际研讨会。中国工会代表出席了在丹麦首都哥本哈根举行的世界社会发展首脑会议，参加了国际劳工组织举办的工会论坛。

1995 年 4 月，中国工会邀请外国工会代表团参加了在天津举办的外商投资企业工会工作国际研讨会并出席了全国总工会成立 70 周年纪念活动。1995 年 6 月，中国工会代表团参加了第 82 届国际劳工大会。

① 中华全国总工会：《中国工会年鉴（2001）》，《中国工会年鉴》编辑部 2001 年版，第 67 页。

1995 年 9 月 14 日，联合国第四次世界妇女大会在北京举行。中国工会为世界妇女大会及举办“中国女职工劳动保护”非政府专题论坛做了大量筹备工作。中国工会代表团一行 63 人出席大会并参加了非政府组织论坛的活动。代表团遵循抓住机遇，多做工作的指导思想，除了积极参与大会各项活动，还成功地举办了“中国女职工劳动保护”专题论坛，吸引了来自亚洲、非洲、拉丁美洲、欧洲和北美洲及国际工会组织等的 130 多位外国代表和新闻界人士参加。此外，中国工会还与 50 多个国家 120 多个工会组织的代表进行了不同形式的交流。组织了 18 个国家的 49 位工会代表参观了中国民航幼儿园、中德合资维修公司、民航气象中心和乘务员培训中心，与民航职工进行了友好座谈。

1995 年，中国工会代表还参加了埃及开罗世界人口大会非政府论坛并申办了“中国女职工生育保险”和“中国女职工劳动保护”两个专题论坛。1994 年，中国工会派观察员参加了世界工联第 13 次代表大会并向世界工联基金提供了力所能及的物质援助。此外，全国总工会国际部出版《国际工运》月刊 12 期，不定期出版《国际工运要闻》57 期；以法、日、西班牙、阿拉伯文出版《中国工会工作通讯》6 期，英文双月刊《中国工会》6 期；编发《全国总工会外事情况交流》4 期。这些刊物的出版，对扩大中国工会的影响，推动中国工会国际工作的开展都起到了很好的作用。

1997 年，中国工会在国际活动中的实质性交流项目增多，不仅加强了中国工会与外国工会的友好关系，而且为中国工会的自身建设作出了贡献。一是编译了近百万字的《国外劳动立法和集体合同汇编》一书。二是从日本国际劳动财团获得了一笔中日两国工会交流专项费用，年内实现了两个合作项目。三是与德国艾伯特基金会、日本工会、国际劳工组织等合作，举办了 5 次研讨会，共有 368 人次参加。四是与卢森堡、意大利、瑞典、德国、西班牙、日本等国工会和国际劳工组织合作，共派出了 9 起劳动关系考察团，并编印了4期考察报告专辑。五是完成了《国际工运形势的分析和对今后工作对策的思考》《国外失业现状的比较与分析》《德国失业问题和再培训》等3篇调研报告。围绕中国工会的中心工作，全年共出版《国际工运》12期，英文《中国工会》4期，《国际工运要闻》57期，英、法、日、西班牙4种文字的《中国工会通讯》7期，《外事情况交流》6期，新编英文折页3个和中国工会明信片1套。中国邮电工会与日本全电通合作建设的“中日电信工人培训中心”竣工，日方无偿投资3亿日元。这是两国产业工会的第一个合作实体。

2000年，工会实质性交流与合作的力度加大，效果明显，表现出“两多”的特点：一是利用国际劳工局和外国工会组织的专家与资源，紧紧结合工会重点工作开展的合作项目增多；二是为国家经济建设和环境保护服务的交流项目增多。一年来，全国总工会利用国际劳工局和外国工会的资金及专家力量，通过在华举办研讨会和派遣代表团出国考察等形式，在下岗职工再就业培训、平等协商与集体合同及工资谈判、工人参与和开发区工会工作的劳动关系等方面开展了合作。为了更好地维护我国外派海员的正当权益，全国总工会在大连组织了亚洲海员工会高峰会议，共12个国家和地区的18个海员工会派出47名代表与会，中国海员工会还与日本海员工会和挪威/亚洲海员工会分别签订了维护外派海员利益的协议；日本钢铁劳联派出120多人的大型代表团访华，就环境保护问题进行了专题交流，中日两国青年工人在北京长城脚下共同栽种友谊之林，共商促进环保大计等。

2001年，中国工会加大了与国际劳工局和国际工会组织等多边交流与合作的力度。中国工会与国际劳工局特别是工人组的关系取得了新进展，国际劳工局局长索马维亚、理事会工人组主席布雷特和工人活动局副局长分别访华，就国际劳工局与中国工会合作事宜进行了交流。中国工会与世界劳联的关系也取得了新突破，全国总工会副主席、书记处第一书记张俊九率中国工会代表团应世界劳联的邀请访问了比利时，取得了圆满成功，对推动两国工会友好关系的深入发展起到了重要作用。此外，中国工会继续与国际自由工联保持接触和对话；继续与世界工联加强交往、合作、交流；首次与联合国开发署开展促进就业和加强工会能力建设合作项目。

2002 年，全国总工会实现了与联合国开发计划署的首次合作，联合国开发计划署出资 73 万美元，与全国总工会签署了“对下岗职工再就业提供小额贷款”和“加强中国工会能力建设”的合作项目。与挪威总工会合作，编辑出版了《挪威的工会工作》（中文版）一书。

## 三、加大对外宣传和调研的力度

中国工会在这一时期继续加强对外宣传工作和对国际工会运动的调研工作。

1996 年，全国总工会编印了图文并茂的中国工会工作系列介绍英文版折页 7 种，介绍中国工会工作和国际工作的大图片展览 20 张，关于中国工会工作情况介绍的录像带 1 部。一年来，编辑出版了英文版《中国工会》2 期、《中国工会通讯》（英、法、日、西文 4 种文字）4 期、《对外宣传参考材料》8 期、《外事情况交流》6 期、《国际工运》12 期、《国际工运要闻》50 期、《外台外刊摘登》55 期。围绕建立平等协商、签订集体合同制度的重点工作，翻译了德国、日本、东欧、拉美等地区劳动立法和集体合同范本约 70 万字。

1997 年，中国工会的国际工作首先以加大对外宣传力度为主线，全面推动工会外事工作发展，为国家整体外交和工会全局工作服务，各项工作取得可喜成绩。首先，全年接待来访代表团 91

起，共762人次，来自52个国家；派出代表团38起，共190人次，访问了28个国家。通过这些活动，中国工会和工人加深了与世界各国工会及工人之间的友谊和相互了解，扩大了中国工会在国际工会运动中的影响。其次，建立了对外宣传网络。1997年，全国总工会与中国国际广播电台、新华社、中央电视台、北京电视台、《中国日报》、《工人日报》、《北京日报》、《北京周报》等有影响的新闻媒体建立了紧密的合作关系；在各省、市选择了100个不同类型、特点各异的基层单位作为全国总工会的接待基地，逐步形成工会上下、内外相结合的对外宣传网络；根据以我为主、主动宣传的原则，制定了完整的全年对外宣传工作计划。最后是强化了宣传手段。全国总工会国际部装备了同传设备和投影仪等现代化宣传设施，实现了电脑国际联网，加速了对外宣传信息的传递；在进一步办好《中国工会》英文季刊和《中国工会通讯》的基础上，采取了多样化的宣传形式。

1998年，中国工会在国际工作中加大以搞好中国工会十三大对外宣传为核心的对外宣传工作力度，紧紧围绕为国家总体外交和工会全局工作服务来开展工作，取得了可喜的成绩。全年接待来访代表团78起，共586人次；派出代表团58起，共270人次。通过这些活动，中国工会进一步深化了与周边国家工会的关系，扩大了中国工会在亚洲的影响。1998年，中国工会加大了对日本、马来西亚、新加坡和印度等国工会组织的工作力度，与周边国家工会的关系逐步加深。全国总工会副主席、书记处第一书记张丁华率中国工会代表团访问了日本。为纪念中日和平友好条约签订20周年，全国总工会与日本工会界共同开展了两项大的纪念活动：一是与日本钢铁劳联在西安共同举办了中日青年工人友好联谊知识竞赛活动；二是北海道中日友好道民会议议长古川隆之率日本北海道纪念中日友好条约签订20周年和平友好代表团访华。马来西亚职工大会主席兰帕克首次率高级代表团访华，推动了两会关系向深度发展。全国总工会与印度全国工大的关系也得到深化。

1999 年，中国工会在国际工作中坚持为国家总体外交和工会全局工作服务，积极发挥工会民间外交特点，不断扩大中国工会在国际工会运动中的影响和作用，取得了可喜的成绩。1999 年，中国工会在重大政治事件中站稳立场，紧密配合了国家总体外交。针对以美国为首的北约野蛮轰炸南联盟的罪恶行径，全国总工会抓住“五一”国际劳动节的契机，通过新华社向全世界发表了《坚决声援南斯拉夫劳动人民反对北约轰炸的正义斗争》一文。在以美国为首的北约悍然袭击我国驻南联盟大使馆的暴行发生后，中国工会向全世界所有热爱和平的友好工会组织通报了事实真相。1999 年，中国工会完成了“经济全球化的影响及工会对策的研究”等重点调研课题，继续出版发行了《中国工会》等 5 种刊物，编印了图文并茂地介绍全国总工会的中英文对照版小册子等。

2000 年，中国工会的对外宣传和调研工作有了新提高。在对外宣传工作上，提出要树立对外宣传材料的“精品”意识，在提高《中国工会》英文刊物的质量上下功夫，对刊物的排版、图片和撰文都进行了改进，改进后的《中国工会》英文刊物图文并茂，生动活泼；另外，利用国际互联网等新技术，加快了中国工会要闻的传递。在调研工作上，中国工会注重调研和工作需要的结合，针对我国即将加入世界贸易组织和工会机构改革的问题，完成了“加入世界贸易组织对我国工会工作的影响”和“部分西方国家工会组织结构的比较和分析”两个重点课题。

20 世纪 90 年代以来，经济全球化加速发展，西方国家工会处境困难，各种劳工问题有增无减。21 世纪以来，西方国家工会普遍面临着严峻的就业形势、社会福利和工资被进一步削减、经济调整未能给工人带来实惠等问题。在严峻的形势下，西方国家工会运动也发生了深刻的变化，并在变革中寻求出路。随着经济的区域化和全球化，区域性的工会组织的作用也在不断加强。北美自由贸易区的建立和欧洲一体化的继续发展使得区域工会组织的作用正在确立与发展。而与此同时，西方发达国家工会的经济保护主义日益突出。西方一些发达国家的工会把失业归咎于发展中国家，认为西方国家的雇主或在国内以低于本国工人工资的水准来雇用他们，或直接到发展中国家设厂，这就减少了发达国家工人就业的机会。西方国家工会还认为自由贸易导致了西方社会的进一步两极分化，要求发展中国家遵守国际劳工标准以平等发展。事实上，西方工会的这些观点是片面且错误的，实则是在为西方发达国家自身的结构性问题寻找“替罪羊”。

综上，改革开放以来，中国工会顺应对外开放与经济全球化的趋势，积极扩大对外交往，实现了从封闭条件下的工会向对外开放条件下的工会的历史性转变。改革开放以前，中国工会的对外交往领域主要局限在苏联和东欧等社会主义国家工会和一些第三世界国家工会，与欧美资本主义国家工会和国际工会组织没有建立实质性的交流关系。改革开放以后，中国工会主动适应对外开放与经济全球化的趋势，坚持“独立自主、广泛联系”的方针，超越意识形态的差异，积极扩大对外交往，发展同各国及国际工会组织的交流，国际交往逐步恢复并有较大发展。秉持着开放、包容、平等、务实的理念和姿态，中国工会不仅以宽广的视野积极吸收和借鉴各国工会工作的有益经验，不断创造自身辉煌，而且以超越意识形态差异的胸怀，广交朋友，增进了外国工会对中国特色社会主义工会发展道路的理解。

# 第十二章

# 工会组织建设的新突破与工会自身改革

中国工会十二大后，工会为适应时代发展和贯彻总体工作思路，进一步加强了自身的改革和建设。工会工作总体思路对工会组织和自身改革提出了新的要求，工会需要在精神状态、思想观念、运行机制、工作方法、组织体制和工作格局等方面实现较大的转变。工会改革不仅需要从理论层面进行探讨和研究，还需要结合实际情况不断推进。随着非公有制经济的快速发展，劳资关系冲突增多，企业工会工作，尤其是非公有制企业工会组建问题，成为工会工作的重点。中国工会十三大提出了“哪里有职工，哪里就必须建立工会组织”的要求，从 1999 年开始在非公有制企业中推行大规模的工会组建运动。全国总工会十三届二次执委会议强调了新建企业工会组建工作的重要性，将其作为重中之重的任务来抓。2000 年，全国总工会十三届五次主席团（扩大）会议专题研究了新建企业工会组建工作，将其作为重大紧迫的任务来抓。同年 11 月，全国总工会召开了全国新建企业工会组建工作会议，进一步推动了这项工作的开展。通过这些努力，工会在非公有制企业中加快了组建步伐，更好地维护了职工的合法权益，促进了劳资关系的和谐发展。同时，这也为工会在 21 世纪的发展奠定了坚实的基础。

## 一、工会组建获得新突破

中国工会十二大后的十年期间，工会组织建设的一个重要任务就是在新的领域里组建工会。在长期计划经济体制下，我国企业只有国有企业和集体企业两种，工会组织在这些企业中有比较健全的组织体系和工作传统。随着经济体制改革和市场经济的发展，外商投资企业、私营企业和乡镇企业大量增加并迅速成长，成为国民经济的重要组成部分。在这些企业中就业的职工群众人数随着企业的快速发展而大量增加。但在这些企业中，维护职工群众切身利益的力量相当薄弱，不仅工会组织甚少建立，就连在这些企业特别是在乡镇企业中工作的劳动者的职工身份也未能得到明确界定，在这种情况下，职工群众的利益显然很难得到保障。工伤事故、拖欠工资、随意开除和处罚工人等问题时有发生。针对这种情况，工会顺应客观实际提出新要求，适时调整工作方向，开拓新的领域，在外商投资企业、私营企业和乡镇企业中着力组建工会组织，维护职工群众的切身利益。

### （一）加快非公有制经济组织工会建会步伐

全国总工会十二届二次执委会提出，以贯彻实施《劳动法》为契机和突破口，进一步加快在外商投资企业、私营企业和乡镇企业组建工会的步伐，加强非公有制经济组织工会的工作，依法维护职工的合法权益，更好地发挥工会的作用。

1999 年 2 月，全国总工会印发《全国总工会关于加强新经济组织工会工作的意见》。该意见提出要继续加大外商投资企业、私营企业和乡镇企业等非公有制经济组织工会工作的力度，推进工会工作法制化建设，切实维护职工合法权益，加快建立协商谈判和集体合同制度，深入开展“双爱双评”活动，积极推进外商投资企业、私营企业和乡镇企业等非公有制经济组织工会领导体制的建立，并就上述问题提出了具体要求和1999年的工作目标。同年7月底至8月下旬，由全国总工会外商投资企业工作办公室、私营企业工作办公室分三次召开工会工作座谈会，交流各省市近期外商投资企业、私营企业等经济组织工会工作发展的情况和工作经验，研究了工作中存在的问题，并针对这些问题提出对策建议，对全国总工会起草的《全国总工会关于进一步加强新经济组织工会组织建设工作的意见》进行了讨论、修改。2000年，全国总工会针对新建企业工会组建及工作中的问题，加强了调查研究和指导，4月和8月分别在安徽省合肥市、江苏省南京市召开有18个省（自治区、直辖市）总工会主管新建企业工会工作的负责人参加的座谈会，就新建企业工会组建目标的确定，实现新建企业工会组建率的突破以及新建企业工会工作出现的问题等进行认真研究。

2000年11月11日至12日，全国新建企业工会组建工作会议在浙江宁波召开，总结交流前一段新建企业工会组建工作的进展情况和经验，研究分析当前面临的严峻形势，确定今后一个时期推进新建企业工会组建工作的目标和任务，提出了实现新建企业工会工作突破的四条标志：一是新建企业工会组建率和职工入会率都有较大幅度的提高，到2002年底，把绝大多数新建企业职工组织到工会中来。二是建立并形成以协商谈判制度和集体合同制度为主要形式的有效维护职工合法权益、促进企业健康发展的工作运行机制和活动方式。三是建立并形成适应新建企业工会工作发展要求的工会组织领导体制和工作网络。四是建立并形成党委领导、政府支持、各方配合，具有良好舆论氛围和相应法规、制度保障的新建企业工会工作外部环境。会上，浙江省委、北京市委、四川省委、湖南省委分别介绍了重视、加强对新建企业工会组建工作领导等方面的经验。河北省、广东省、宁波市等18个省市总工会和大连经济技术开发区总工会以大会发言或书面发言的形式，交流了经验。此外，会议代表还考察了宁波中华纸业有限公司、宁波利时塑胶有限公司、雅戈尔集团股份有限公司等企业。

2001 年 2 月，全国总工会印发《中华全国总工会关于加强新建企业工会组建工作的意见》，要求各级工会充分认识新建企业工会工作面临的形势和任务，增强做好新建企业工会工作的使命感、责任感和紧迫感。该意见明确了到 2002 年底的建会工作目标，要求建立维护职工合法权益、促进企业健康发展的工作运行机制和活动方式，包括以“维护职工合法权益，共谋企业健康发展”为新建企业工会工作指导思想，建立以协商谈判制度和集体合同制度为主要形式的劳动关系协调机制；建立健全劳动安全卫生群众监督检查制度；健全职工伤亡事故报告、调查处理制度；建立健全工会代表职工参与企业管理的制度；深入开展“双爱双评”活动；建立适应新建企业工会工作发展要求的组织领导体制和工作网络；争取党委的领导和政府的支持，创造新建企业工会工作的良好外部环境等。

2002 年，新修改后的《工会法》的实施，为大力推进非公有制经济组织工会工作带来新契机。2002 年 3 月，全国总工会印发《中华全国总工会办公厅关于以贯彻实施修改后的〈工会法〉为契机 确保实现 2002 年工会组建目标的通知》。通知要求 2002 年各级工会组织要以贯彻实施修改后的《工会法》为契机，继续依法大力推进工会组建工作，确保全年工会组建目标的实现；要统一思想，抓住机遇，抓紧建会和巩固发展建会成果，加强组织领导，搞好督促检查。围绕贯彻通知精神，全国总工会加强了对新建企业工会组建及发挥作用情况的调研，调查显示，各地认真落实全国新建企业工会组建工作会议精神，按照“哪里有企业，哪里有职工，哪里就必须建立工会组织”的要求，采取有效措施，集中力量推进新建企业工会组建工作，新建企业工会组建和发展会员工作取得显著成效。

2002年6月，全国总工会在安徽合肥召开全国推进新建企业工会组建及发挥作用工作座谈会。会议围绕推进新建企业组建工会，充分发挥新建企业工会作用，提高基层工会工作整体水平等问题进行了认真研讨。会议强调，如期完成全国工会会员的发展目标，是全国总工会向党中央的庄严承诺，是向全国职工的庄严承诺，是当前全会关注的一项硬任务，只能突破，不能落空。

1. 加强外商投资企业工会工作

1993年，深圳“11·19”特大火灾事故发生后，全国总工会迅速组织力量参与事故的调查。调查发现，在外商投资企业中，那些劳动条件恶劣、工人合法权益遭受侵犯、工人安全和健康失去保障的企业，往往是没有工会组织的企业。而那些已经建立工会并较好地发挥工会作用的企业，这类问题相对要少得多。1992年《工会法》颁布后，全国总工会着手加强外商投资企业工会的组建工作，但由于种种原因，这项工作进展缓慢，大多数企业仍未组建工会。这既违反了我国的法律，又不利于加强对外商投资企业的管理和监督，也不符合国际惯例。全国总工会向国务院提出了严肃处理事故责任者的意见和加强外商投资企业安全生产的建议，得到了重视和采纳。以调查处理这起事故为突破口，全国总工会大力推动外商投资企业组建工会。凡已开工的企业必须按照法律规定组建工会。新建外商投资企业，要在投产前组建工会。

1994年1月，全国总工会通过调研，上报《关于外商投资企业劳动关系和组建工会情况的报告》，中共中央办公厅、国务院办公厅4月转发全国总工会报告，为加强外商投资企业工会工作提供指导。同年6月，全国总工会在河北省石家庄市召开外商投资企业工会工作会议。全国总工会向中央上报的关于外商投资企业劳动关系和工会工作的报告，经中共中央书记处办公会议专题研究，党中央和国务院办公厅予以转发，为加强外商投资企业工会工作提供了指导性文件。全国外商投资企业工会工作会议后，各地工会把外商投资企业组建工会作为当年工作的重点，制定规划抓紧落实。许多省、市党政领导重视和支持这项工作，以党委名义进行部署。不少地方在审批企业立项时，把组建工会写入协议或合同中，由有关部门督促落实。很多省、市在有关法规中对外商投资企业工会工作作出了规定，14 个省、自治区、直辖市颁布施行了《外商投资企业工会工作条例》，为推动外商投资企业工会工作提供了法制保障。

全国总工会迅速传达了江泽民总书记在视察福建三资、台资企业期间的重要指示和对厦门鑫兴鞋业有限公司员工集体罢工事件的批示，组织 9 个调查组，分赴 19 个省（区、市），同当地工会一起进行调查，并及时召开电话会议，推动外商投资企业组建工会工作。据对 20 个省市的统计，截至 1994 年 9 月底，外商投资企业开业数 7.55 万个，已组建工会 2.47 万个，占开业企业总数的 32.7%；与上年底相比，新增加工会 1.65 万个，组建率提高 20 个百分点。到 1994 年末，沿海开放城市和几个开发区的外商投资企业工会已普遍组建起来。各地加大了外商投资企业工会工作的力度。对危害职工安全与健康、侵犯职工人身权利、克扣侵吞职工工资、非法阻挠组建工会等事件，进行了坚决斗争，有效地维护了职工的合法权益，为协调劳动关系、共谋企业发展创造了良好的环境。

1995 年 3 月，全国总工会召开十二届五次主席团会议，集中研究了加快外商投资企业工会的组建步伐，充分发挥外商投资企业工会作用的问题。1995 年 4 月 3 日，全国总工会下发《关于以贯彻实施〈劳动法〉为契机和突破口 进一步加强外商投资企业工会工作的通知》；4 月 25 日，全国总工会在天津举行外商投资企业工会工作国际研讨会；之后全国总工会又设立了外商投资企业工作办公室。1995 年 8 月，全国总工会与中国外商投资企业协会联合下发《关于在外商投资企业开展“双爱双评”活动的通知》。

1996 年是非公有制经济组织工会工作全面发展的一年。1 月 17 日，全国总工会办公厅下发了《全国总工会关于近期在新经济组织贯彻落实工会工作总体思路的意见》，对全年新经济组织工会工作作了安排，主要包括以下方面：一是加快新经济组织工会组建步伐，仍然是今后一个时期各级工会组织的一项重要任务。二是推进协商谈判制度、集体合同制度的建立，是外商投资企业、私营企业工会工作的一项重点工作。三是新经济组织工会要积极开展工作，不断提高工作水平。四是适应新经济组织工会工作发展的需要，建立新经济组织工会的领导体制。1996 年初，全国总工会外企办在汕头召开了“双爱双评”活动座谈会。会后，全国总工会基层工作部、外商投资企业工作办公室联合发出《关于开展“双爱双评”活动的实施意见》。这项活动得到了各级党政和有关部门的支持，得到基层的拥护。4 月 4 日，全国总工会召开全国外商投资企业工会工作电话会议。上海、天津、张家港市总工会、福州马尾开发区和北京巴威公司等单位分别介绍了推行集体合同制度的经验。到 1996 年底，北京等 8 个省、市已建立外商投资企业工会工作机构，浙江已成立私营企业工会联合会。

1997 年，为了推动外商投资企业工会工作迈上新台阶，在外商投资企业中建立稳定协调的劳动关系，根据 1995 年 8 月全国总工会和中国外商投资企业协会联合发出的通知精神，全国总工会外企办会同各省、市、自治区总工会主管外商投资企业工会工作的部门，组织了外商投资企业职工爱企业、企业经营者爱职工的“双爱双评”活动。经过一年的调查、筛选，确定了“双爱双评”先进企业、先进职工和职工之友表彰名单。12 月 19 日至 21 日全国总工会在上海召开了“全国外商投资企业‘双爱双评’活动表彰暨工会工作交流会”，全国总工会相关领导人出席会议并讲话，总结了几年来外商投资企业工会工作的成绩，部署了 1998 年度外商投资企业工会工作的任务，提出了工作要求。会上，全国总工会授予北京吉普汽车有限公司等 88 家企业全国外商投资企业“双爱双评”活动先进企业称号，授予庚执红等 93 人全国外商投资企业“双爱双评”活动优秀职工称号，授予王平生等 114 人全国外商投资企业“双爱双评”活动优秀职工之友称号。

### 2. 私营企业的工会组建工作稳步发展

1994 年，各地工会着手研究和进行私营企业组建工会的试点。1995 年，全国总工会召开了私营企业组建工会座谈会，制定了《中华全国总工会关于加强私营企业工会工作的意见》。一些省、市公布了私营企业组建率高、工作活跃的市和县名单，探索私营企业工会工作运行机制也取得了初步成果。1995 年 9 月 12 日，全国总工会与中央统战部、劳动部、国家工商行政管理局联合下发了《关于在私营企业组建工会和开展工会工作的通知》。9 月 21 日至 23 日，全国总工会在张家口市召开了全国私营企业工会工作会议，私营企业组建工会工作全面启动。到 1997 年底，私营企业已建立工会组织 29132 家。

1998 年 10 月 9 日，根据全国总工会十二届书记处 161 次会议的决定，成立“中华全国总工会私营企业工作办公室”，机构设在全总基层工作部。其职责包括调查研究、加强工作指导和总结交流工作经验等；主要任务是抓紧私营企业工会组建工作；依法维护私营企业职工的权益；积极推动私营企业工会领导体制的建立；在调查研究的基础上就私营企业工会工作比较突出的问题，如工会组建、工会主席的产生、维护基层工会干部合法权益等，提出指导性意见；继续开展“双爱双评”建设职工之家等活动，该机构的设立加强了对私营企业工会工作的领导。2000 年，为摸清私营企业工会工作的基本情况，进一步提出加强和规范私营企业工会工作的指导性意见，实现私营企业工会工作的新突破，全国总工会下发了对私营企业组建工会和工会工作情况进行调研的通知，并通过综合各地上报的调查报告，结合对部分省市的调研、召开部分省市私营企业工会工作座谈会等，形成了《关于全国私营企业工会工作的调查与分析》，讨论修改了《关于进一步加强私营企业工会工作的若干意见》。

3. 加强乡镇企业工会建设

1993 年 11 月 10 日，全国总工会印发了《中华全国总工会关于加强乡镇企业工会工作的意见》，指出为适应乡镇企业迅猛发展的要求，各地要在总结试点经验的基础上从实际出发贯彻全面规划、突出重点、以点带面、积极发展的方针，有计划、有步骤地加快在乡镇企业组建工会的步伐。1994 年，在中央领导的关怀和中共中央办公厅的协调下，全国总工会和农业部就乡镇企业组建工会问题交换意见，取得了共识，达成了一致意见。中共中央办公厅协调会议纪要下发后，各地工会同有关部门一起，明确条件，制定规划，搞好试点。许多地方已经解决了乡镇企业工会干部配备、工会经费收缴以及乡镇工会干部编制问题。经过各方努力，乡镇企业的工会组建率有较大提高，工会的作用较为明显。截至 1997 年底，乡镇企业建立的工会由 1992 年的 1.9 万家，发展到 7.6 万家。

4. 非公有制经济组织建会成效

由于全国总工会的指导以及各级工会的勤奋工作，2002 年，我国工会基层组织建设取得历史性突破。截至 2000 年 9 月底，全国新建企业工会组织数达到 113.14 万个，发展会员 4180.42 万人。全国基层工会组织数由 1997 年的 51 万个增加到 171.3 万个，全国工会会员总数由 9131 万人增加到 1.3 亿人，提前完成全国新建企业组建工会工作会议上提出的工会组建工作的目标任务。与 1997 年相比，全国基层工会组织数净增加 120.3 万个，会员数净增4266.8万人，达到历史最高水平。①

为进一步巩固建会成果，充分发挥新建企业工会作用，各地还把建会、建制、建家统一于加强基层工会建设的全过程，建会是建制、建家的前提，建制是建家的重要内容，建家工作已经成为全面加强基层工会建设的有效载体，新建企业工会显示出旺盛的生命力。各级工会组织还积极推动新建企业工会组织体制、组织网络的建立健全，切实加强乡镇（村）、街道（社区）和工业区、高新技术园区工会组织的建立，积极帮助乡镇、街道工会解决机构设置、人员编制、干部配备、工会经费收缴等具体问题。各级工会组织积极探索建立外商投资企业工会联合会、私营企业工会联合会，并探索按区域、行业、市场、楼宇等来建立多种形式的基层工会组织，推进社区工会建设，扩大了工会组织的覆盖面。

在大力推进非公有制经济组织工会工作中，还涌现出了一大批新建企业工会组建先进单位和个人。非公有制经济组织建会工作取得如此成效，原因主要有五点：一是各级党委高度重视新建企业工会组建工作，把工会组建工作摆上重要议事日程；二是各级工会积极与政府有关部门密切配合，共同推进新建企业工会组建工作；三是各级工会及党和政府努力把新建企业工会纳入法制化、规范化轨道；四是各级工会实现目标责任管理，层层落实工会组建工作责任制；五是各级工会认真总结和推广典型经验，加强分类指导。

5. 三级工会网络体系的“宝安模式”

在非公有制经济组织发展迅猛的地区，如何建立健全工会组织领导体系和工作网络，更好地发挥在维护职工合法权益、调整

① 中华全国总工会：《中国工会年鉴（2003）》，《中国工会年鉴》编辑部2003年版，第52页。

劳动关系、保护和调动职工群众的积极性、共谋企业发展中的作用是工会面临的重大课题。面对挑战，深圳市宝安区总工会以前瞻性的目光和务实的作风，闯出了一条既适应社会主义市场经济要求，又具有宝安特色的非公有制经济组织工会工作新路子——“宝安工会工作模式”。这种由“区、镇、村”组成的三级工会工作新模式，在协调劳动关系，维护职工权益，促进宝安经济发展和社会进步等方面发挥了重要作用，得到全国总工会肯定，并在全国推广，成为深圳工会事业发展史上的一座里程碑。

1993 年 1 月，宝安正式撤县建区，标志着宝安由传统农业县向以工商业和制造业为主的城市工业区发展。那时，地处深圳西大门的宝安，在经历了十几年改革开放春风的吹拂后，早已发生了翻天覆地的变化。“三资”企业、“三来一补”企业、私营企业等经济组织迅猛发展，带来职工队伍的不断壮大，除了本地农民“洗脚上田”，更有几十万名打工者从全国各地云集宝安，成为推动宝安经济腾飞的主力军。

在现实的需求下，宝安开始筹建区一级工会。当时宝安除了区镇村所属企业，还有 2000 多家外商企业和私营企业，劳务工和外来人员已经达到 46 万人，但基层工会只有 533 家。由于投资者和劳动者有着不同的利益需求，由此引发的劳动争议和纠纷也不断增多。1994 年 6 月，宝安区召开第一届工会代表大会。宝安工会的干部们确定把“建立区、镇、村三级工会网络体系”作为工作重心，并大胆提出“一年打基础，两年建网络，三年出成果”的工作思路。

为了打开工作局面，在工会组建之初，宝安工会首先与组织部联合发文，要求镇（街道）工会主席，由当地负责党群工作的副书记来当，这些党群书记大多是建设宝安的老功臣，已有一定的威信，更容易开展镇一级工会的工作。此外，宝安工会还通过树立典型的方式进行示范和引领。镇一级工会以工会组建率高的观澜镇为典型，创建“达标工会”，村一级工会主抓福永镇的和平村、白石厦村，区属企业以宝恒集团有限公司、沙井的黄埔工业联合总公司为榜样，做到级级有典型经验。各级工会建立后，通过开展劳动竞赛、技能培训等一系列活动，大大提高了企业的生产效率，与此同时，工会根据企业的特点建议企业推出各类奖励制度，也极大地鼓舞了职工的积极性，促进了企业发展，宝安区基层工会很快获得了企业家们的普遍欢迎。

在企业组建工会的过程中，宝安工会提出了“三个一”组建工程，即“成熟一个，发展一个，巩固提高发挥作用一个”，做到不仅成立工会，也使工会真正运作起来，而不只是挂个牌子、做个样子。1995 年 12 月 20 日，随着沙井街道最后一个村级工会成立，全宝安区 8 个镇 1 个街道，118 个行政村全部建立了工会，至此，区管镇、镇管村、村管下属企业的三级工会组织网络建立起来。

1996 年，宝安组建企业工会 1600 多家，当时，这个数字在全国都是惊人的。宝安工会的迅猛发展引起了全国总工会的重视。1996 年，全国总工会、广东省总工会、深圳市总工会成立联合调查组到宝安调研。调查组亲自到工厂，详细询问职工、老板关于工会的运作情况。1996 年 8 月，一篇名为《全新的区、镇、村经济发展公司三级工会网络体系——关于深圳宝安区新经济组织工会工作模式的调查报告》上报到了全国总工会书记处，报告写道：“这一带有方向性、前瞻性的创新和突破，展示出旺盛的生命力，对全国蓬勃发展的 2200 多万家乡镇企业和新经济组织发达地区有较强的典型示范作用。”全国总工会主席尉健行看到报告后批示：“宝安的经验很好。他们在创建新经济组织工会的领导体制和开展工会其他工作的经验都值得研究和借鉴。”之后报告被报送给中共中央政治局常委、书记处书记胡锦涛，他批示：“深圳市宝安区工会工作的经验很好。赞成认真加以总结，组织探讨，以推动在新经济组织中，尤其是在中外合资企业中组建工会的步伐，促进工会在维护职工合法权益和搞好企业生产经营中发挥不可替代的作用。”

1997 年 4 月，全国总工会在宝安区召开“宝安工会工作模式”研讨会，全国省一级工会、地市级工会 250 多人参与，“宝安工会工作模式”像一颗种子，撒向全国。1998 年，“宝安工会工作模式”被写入全国总工会十三大的工作报告，在政治局会议上被讨论。10 月 24 日，宝安区总工会荣获“全国模范区工会”称号。2000 年，为修改《工会法》，全国人大特意派了队伍到宝安征求意见。原有的《工会法》要求工会建立到区一级就可以了，但宝安的工作模式证明，工会建立到镇一级非常有必要。最后全国人大认为工会建立到镇一级，需要写进《工会法》，这一变化正是来自宝安区总工会的实践经验。

深圳市宝安区工会在区党政领导的重视支持下，大胆创新，积极工作，到 1995 年底，实现了工会组建率的三个 100%，并大幅地推动了村管“三来一补”企业工会组建和其他各项工作的迅速发展。建区以来，各级工会共调处劳动争议案件 4995 起，其中区总工会调处 368 起，基层工会调处 4627 起。据 1996 年上半年统计，各级工会接到群众来信 413 件，接待上访 539 宗，共 725 人次。对所有的纠纷，他们始终注意发挥三级调解组织作用，坚持做到多办少转，结案率达 98. 3%，有力地促进了宝安区劳动关系的稳定，也对全国蓬勃发展的 2200 多万家乡镇企业和新经济组织发达地区产生较强的典型示范效应。

深圳宝安区新经济组织工会的工作经验是：清晰明确的思想认识、全新有效的组织网络、系统扎实的工作思路、服务全局的工作重心。第一，全过程地抓认识的统一和提高。第二，抓住工作重点，以点带面，分类指导，分步推进。第三，注意树立典型，用典型进行示范和引领，打开工作局面。第四，加强工会干部的配备、管理和培训，强化自身。第五，善于争取党政领导的支持，形成工会工作的合力。第六，建立完善各项制度，推动工会工作逐步制度化、规范化。

### （二）调整入会政策及加强会员会籍管理

#### 1. 调整入会政策

临时性劳务工广泛分布于建筑、煤矿、交通运输、邮电、金融、保险、商贸等多个行业，他们大多是农民工、本地或外来城镇下岗及失业人员，具有数量大、分布广、流动性强的特点。据调查，临时性劳务工作为弱势群体，其合法权益常常受到侵犯。他们在用人单位一方面是生产一线的主力，劳动时间长、强度大；另一方面却往往被当作“局外人”，劳动报酬低，基本没有知情权和参与权，获得教育培训的机会少，缺乏基本的社会保障。

为了更有利于适应市场经济条件下劳动关系和职工构成的新变化，最大限度地把职工组织到工会中来，2002 年，全国总工会开展了针对临时性劳务工入会问题的广泛调研，呼吁各级工会，及时把临时性劳务工吸纳到工会中，一是要求各级工会提高认识，打破限制临时性劳务工加入工会的框框，只要本人与用人单位存在劳动关系，有入会要求，就要及时把他们吸收到工会中来；二是要采取有力措施，加大发展临时性劳务工工会工作的力度，把建立发展会员工作机制作为工会组织建设的头等大事抓紧抓好；三是要从实际出发，研究临时性劳务工入会的实际问题，尽快出台有关指导性文件，推动工作的进展，使更多游离于工会组织之外的临时工加入工会中。为此，全国总工会起草了《关于发展临时性劳务工加入工会组织的意见（讨论稿）》。

#### 2. 加强会员会籍管理

2000 年 9 月，全国总工会制定下发了《中华全国总工会关于加强工会会员会籍管理有关问题的暂行规定》。该规定的亮点在于：明确职工加入工会的条件和程序，凡是符合《中国工会章程》规定的以工资为主要生活来源，与用人单位建立劳动（工作）关系，包括事实劳动关系的职工，均可以申请加入工会，取得全国总工会会员会籍，只要职工本人提出口头或书面申请，填写《中华全国总工会入会申请书》和《工会会员登记表》，经基层工会审核批准，即可成为工会会员；明确工会会员会籍管理"坚持职工劳动（工作）关系在哪里，会员组织关系就在哪里，会员组织关系随劳动（工作）关系流动的原则"，较好解决流动职工会员会籍管理问题，有效地防止了工会会员的流失。

全国总工会还对工会会员证作了重大修改，下发了《中华全国总工会关于颁发〈新中华全国总工会会员证〉的通知》，要求各级工会组织通过颁发新的工会会员证，对广大会员进行工会组织观念和会员意识的教育。

这些规定放宽了职工入会的资格条件，简化了职工入会的程序，疏通了会员的流转途径，加强了会员的会籍管理，尤其是有利于新经济组织职工入会和工会组建。

### （三）增强基层工会活力

加强工会基层组织建设、增强基层工会活力，以适应公有制为主体、多种所有制经济共同发展的要求，是工会改革和建设的中心环节。1997 年初，在总结多年开展建设职工之家活动经验和分析新时期基层工会工作新情况、新问题的基础上，全国总工会印发了《关于贯彻落实工会工作总体思路把建设职工之家活动提高到新水平的意见》。该意见的亮点是对新形势下国有企业、集体企业和公有产权占主体地位的公司制企业工会工作提出了六个方面的要求：一是积极支持和依法监督企业领导干部，在促进建设一支全心全意依靠职工群众推进企业改革和发展的好的领导班子方面有作为、有贡献。二是坚持和完善以职工代表大会为基本形式的企业民主管理制度，认真落实职工代表大会的各项职权。企业的各项改革方案需经职工代表大会审议，业务招待费向职工代表大会报告，职工代表大会民主评议企业领导干部要形成制度。三是建立平等协商和集体合同制度，建立企业劳动争议调解组织，形成协调企业劳动关系问题的有效机制。四是工会参与企业决策和管理形成制度。积极反映职工群众对企业管理、发展的意见、建议和要求。公司制企业的董事会、监事会中，要有工会组织职工民主选举产生的一定数量的职工董事和职工监事，并通过制度保证职工代表有效地行使职权，切实发挥作用。五是依法独立自主地开展工作，突出维护职能，保护和调动职工群众的积极性和创造精神，并将其引导到推动企业改革和发展上来。六是重视和加强工会组织建设，配齐选好领导班子，健全和完善工会民主制度。同时，该意见还要求外商投资企业、私营企业要积极开展以“双爱双评”为主要内容的建设职工之家活动，对乡镇企业、科学、文化、卫生、教育、机关等系统工会开展建家活动提出了相应要求。

各级工会组织创新基层工会工作，积极探索在企业临时性用工人员中发展会员的办法，使大量在国有、集体、非公有制企业就业的临时工、协议工以及个体经济组织中的非正规就业人员加入工会组织；积极探索会员与非会员有所区别的措施、办法，不断增强工会组织的吸引力、凝聚力；积极探索在条件成熟的中小企业实行工会主席直选、由上级工会推荐企业工会主席人选、向社会公开招聘工会工作志愿者、建立基层工会干部保护机制等做法，建立激发工会干部活力的机制；积极探索基层工会实现群众化、民主化的做法；坚持工会按期换届选举、定期向会员（代表）大会报告并民主评议工会工作，实行会员代表大会代表常任制向上一级延伸的做法；积极探索将新建企业工会以及单个中小企业工会难以承担的维权职责上移，由上级工会出面协调和帮助解决职工和基层工会面临的困难与问题的做法，使职工权益的维护有了更加坚实的保障，进一步密切了工会与职工群众的联系。

为加强基层工会建设，扎实开展建家活动，全国总工会从1997年1月起至1998年9月，对自1983年后获得全国模范职工之家称号的基层工会进行了复查验收。在复验中，各地坚持实事求是和职工群众认可的原则，要求职工对工会工作的满意率不得低于90%，基层单位把复查验收当作对本单位总体工作、职工素质和凝聚力的检验。到1998年9月，全国有模范职工之家1131个。经复查验收，保持荣誉的基层工会有1057个，占总数的93.46%；被撤销称号的有74个，占总数的6.54%。通过复查显示，大多数全国模范职工之家能在经济体制改革和企业劳动关系发生深刻变化的情况下，紧紧依靠党的领导，获得行政及职工群众的支持，努力贯彻工会工作总体思路，在改革、发展、稳定中发挥了重要作用，在落实全心全意依靠工人阶级的方针、坚持完善职工代表大会制度、建立平等协商和集体合同制度、开展“送温暖”活动以及工会自身改革和建设方面有了新进展。各地方和铁路、民航、金融等全国产业工会把开展建设职工之家活动作为工会基层工作的基本形式，不断赋予建家活动新的内容，并把复查验收与推动工作紧密结合起来。对不坚持召开职工代表大会、不建立平等协商和签订集体合同制度及其他重点工作达不到要求的，实行“一票否决”。复查验收推动了企（事）业工会工作水平的提高。

2002年，增强基层工会活力、努力推动建设职工之家活动进入一个创新发展的新时期。全国总工会深入调查研究建设职工之家工作遇到的新情况、新问题，在总结经验的基础上，以与时俱进、开拓创新的精神，赋予建设职工之家活动以新的内容，举办了工会基层组织深入开展建设职工之家活动研讨班，提出《关于在新建企业深入开展建设职工之家的意见》（讨论稿）。

## 二、工会自身改革不断加强

中国工会十二大报告指出，为适应新形势、新任务的要求，必须不断加强工会自身改革和建设。工会改革的中心环节是增强基层工会活力，关键是转变各级工会领导机关的运行机制和活动方式，加快工会的群众化、民主化进程。

工会自身建设与改革发展的进程存在一定差距。伴随经济体制改革，我国经济关系和劳动关系发生了广泛而深刻的变化，由计划经济体制下单一的公有制经济，发展成为以公有制为主体、多种经济成分和经营方式并存的局面。非公有制企业大量增加并高速增长，它们已成为国民经济的重要组成部分。国企职工下岗、再就业，农民工入城，在非公有制企业中工作的职工群众的人数大量增加。企业在劳动关系中的地位和权利随着企业自主权利的日益增大而不断增长，企业主的权利地位和经济利益相对提高，而劳动者则处于弱势和被动地位，地位相对下降，权利很容易受到侵害，劳动关系的矛盾越来越显像化。非公有制企业里，维护职工群众切身利益的力量相当薄弱，职工群众的利益很难得到保证，工伤事故、拖欠工资、随意开除和打骂工人等问题时有发生。因此，工会迫切需要注入新的活力，以新的姿态担负起历史赋予的使命，全力维护职工群众的切身利益，在发展市场经济的过程中发挥应有的作用。

工会自身改革和建设的目标是：按照我国政治体制和经济体制改革的要求，逐步改革不适应社会主义市场经济条件下工会工作的组织体制、运行机制、活动方式及各项制度，全面加强工会的思想建设、组织建设、作风建设，努力把工会建设成为中国共产党领导的、用建设有中国特色社会主义理论武装的、能够带领职工群众为实现党的任务英勇奋斗的、思想上政治上组织上坚强的、深受广大职工信赖的工人阶级群众组织。

工会自身改革和建设的主要任务是：从履行工会基本职责和调整社会主义市场经济条件下日益复杂的劳动关系的需要出发，采取具体措施和办法，着力解决好深化经济体系改革和贯彻实施《劳动法》给工会带来的新矛盾、新问题，努力推进工会工作总体思路的贯彻落实。重点是要进一步加强工会思想理论建设，增强工作预见性、系统性、原则性和创造性；加强基层工会建设，增强基层工会活力；积极推进工会领导机关的改革，转变运行机制和活动方式；大力加强工会领导班子和干部队伍建设，不断提高工会工作水平。

### （一）工会思想、组织、作风建设得以加强

1996 年，全国总工会提出《关于工会自身改革和建设若干问题的研究提纲》，并召开“工会自身改革和建设理论与实践研讨会”，形成了转变工会领导机关运行机制的初步设想。

1997 年 10 月 23 日至 27 日，全国工会改革和建设座谈会在山东齐鲁石化公司召开。全国总工会副主席、书记处书记杨兴富作了题为《高举邓小平理论伟大旗帜 贯彻落实党的十五大精神 努力推进工会改革和建设》的报告。会议着重讨论了《全国总工会关于推进工会改革和建设的意见（试行）》，明确提出了工会改革和建设的目标和主要任务。

1998 年后，全国总工会又组织各全国产业工会、全国总工会各部门及各级地方工会，围绕县级工会建设开展调查研究，提出了《全国总工会关于进一步加强县级工会工作的意见》。

推进工会自身改革和建设，是为了适应新形势新任务的需要。全国总工会明确提出，工会改革和建设的基本原则，就是保证工会在党的领导下，依照法律和工会章程独立自主地开展工作；自觉地把工会工作放到全党全国工作的大局中加以把握，与工会工

作实际密切结合；以增强基层工会活力为中心环节，努力实现工会组织群众化、民主化；解放思想，实事求是，与国家政治体制和经济体制改革相适应，正确处理继承与发展的关系，积极探索，勇于创新。

### （二）工会领导机关机构改革基本完成

推进工会自身改革，其中一个重点就是工会领导机关的机构改革。

本着政治体制和机构设置服从工作需要、工作分工服从工作任务的要求，按照“精干、统一、效能”的原则，工会机关首先应调整机构设置，理顺工作关系，明确任务职责，提高干部素质和工作效率，转变活动方式，改进工作作风，努力提高工作水平；其次，加快工会领导机关干部人事制度的改革步伐，加强和规范干部管理工作，建立和健全各项人事制度，形成公开、公平、竞争、择优的用人机制；再次，按照革命化、年轻化、知识化、专业化的要求，调整和优化干部队伍结构；最后，做好工会干部协管工作，争取党委和行政的支持，选配好各级工会的领导班子和主要领导干部，努力做到主要领导干部按同级党政副职配备。截至 2002 年 9 月，全国共有 28 个省级工会主席由副省级领导干部担任。这一时期，工会领导机关在机构改革中得到强化和提高，机关干部人事制度改革取得新进展，工会干部协管工作也取得新的进展，各级工会领导班子建设得到加强。

全国总工会和各省级工会普遍加强工会重点工作部门的力量，根据工作需要对产业工会的设置做了调整。第一，各级产业工会积极开展特色工作，加强源头参与，提高调研能力，积极反映产业职工的问题，建立对口联席会议制度，有针对性地提出对策建议，共同解决问题。第二，工会领导机关不断完善科学民主决策程序，强化制度建设和内部管理，制定改进作风建设的具体意见；

科学化、民主化、制度化的新的选人用人机制初步形成，一批优秀中青年干部通过公开选拔、竞争上岗，走上领导岗位。第三，工会领导机关积极转变运行机制和活动方式，初步形成围绕重点开展工作的格局，使工作更加贴近基层和职工群众。第四，各级工会进一步改进和完善了财务、经审制度。工会财务制度改革创新深化，工会拨缴经费收入稳步增加。国家加大经济改革的力度，客观上不同程度地加大了工会经费收缴难度，在此情况下，工会采取有效措施，克服重重困难，加大依法收缴工会经费工作力度。全国总工会 5%的经费收入增长 6.8%，与全国职工工资总额相比，增长幅度提高 0.9%。资产管理工作逐步规范，工会事业单位经费自给率达到 94.4%。工会经审得到加强，工会经审制度体系框架初步建立等。第五，工会女职工组织不断发展。截至 2002 年 9 月，各级工会女职工组织有 46.6 万个，维护女职工合法权益工作成效显著。

1998 年 5 月 19 日至 23 日，全国总工会在浙江台州市召开新经济组织工会领导体制研讨会，来自北京、天津、福建、河北、江苏、浙江等 13 个省市总工会主管新经济组织工作的领导人出席会议。会议总结交流了各地建立新经济组织工会领导体制的一些成功经验和做法，会后形成了《关于建立新经济组织工会领导体制的调查和思考》的调查报告。报告重点对加强新经济组织工会领导体制的建立提出了包括组织机构设置、工会组建方式、职责确定、干部配备、隶属关系等方面的十大改革性建议，这既是全国总工会十二届三次执委会会议以来对新经济组织工会工作实践经验的深刻总结，也是对今后工作方向和着力点的进一步明确。

1998 年 8 月 17 日至 21 日，全国总工会在新疆乌鲁木齐召开有全国各特区、开发区工会工作的领导参加的全国特区、开发区第十一次工会工作会议。会议专题介绍、研讨大连经济技术开发区工会工作的经验，主要是：把“维护职工合法权益，共谋企业健康发展”作为开发区工会工作的指导思想，逐步建立起了“依法维护的法治环境，协商谈判的维护制度，联手运作的维护体系，上下结合的维护网络”，并使之规范化、制度化；加强和改善开发区党工委对工会工作的领导，即在政治上把关定向，帮助工会选配强有力的干部，在关键问题上支持工会，尊重工会社团法人的地位，支持工会改革干部管理制度等，同时大连经济技术开发区工会善于争取党和政府的领导与支持，积极主动地通过各种渠道和形式，向党和政府以及有关部门宣传工会工作，使党和政府更多地了解全国工会工作的部署和开发区工会工作的现状，使之为工会独立自主地开展工作创造条件；充分认识建设一支高素质工会干部队伍的紧迫性，抓好各级工会干部和骨干力量的选拔配备和培养教育，着力提高开发区工会干部的整体素质。大连经济技术开发区的经验对进一步推动特区、开发区工会的改革和建设，把特区、开发区工会工作提高到一个新水平具有积极作用。

### （三）工会干部整体素质不断提高

在改革中，工会领导班子、干部队伍和积极分子队伍建设不断强化，工会干部教育培训工作力度加大，干部队伍整体素质显著提高。

#### 1. 加大工会干部培训力度

全国总工会从1995年开始，采用点名调训的方式，先后在中国工运学院举办了八期省级工会领导干部研讨班，共培训省级工会领导干部和全国总工会机关局级干部419人。各级工会十分重视积极分子队伍建设，把它作为工会组织建设的重要内容来抓，定期进行研究，并组织力量不断对工会积极分子队伍进行调整，实行滚动式发展，走出了一条符合群众组织特点的新路子。据1997年统计，全国工会积极分子人数已经由1995年的9198219人增加到13326671人，且素质有了很大提高，在活跃基层工会工作中发挥了骨干作用。同一时期，全国绝大多数省级工会分别举办了工会领导干部研讨班，对地（市）工会和大型企业工会领导干部进行培训。1998 年上半年全国总工会又举办了两期地级市工会主席研讨班，全国 200 余名地级市工会主席接受了培训，认真研究深化改革中的城市工会工作。“九五”期间，全国累计有 46. 7 万名专职工会干部参加了上岗资格培训。为吸取国外推行集体合同制度的经验，1998 年 12 月中旬，全国总工会与国际劳工组织合作在中国工运学院举办了为期一周的集体谈判和集体合同培训班，对部分省市不同企业类型的工会干部进行了培训。通过这次培训，学员们了解了国际上集体谈判的做法，领会了新的教学形式。1998 年后的五年间，全国累计参加各种适应性岗位培训的工会专兼职干部达 327. 5 万人次；实施全国工会干部“十五”培训规划后的 2001 年至 2002 年，全国有 18. 0 万名工会专职干部和 35. 3 万名兼职干部参加了各级工会及 200 多所工会干部院校举办的岗位资格轮训。

2. 实施“1633”工程

1996 年，全国总工会下发了《关于加强培训工会法律专业人才的实施方案》，决定自 1996 年到 1998 年用三年左右的时间，实施为各级工会培养急需的法律专业人才的“1633”工程，即培养律师或工会法律工作者 1120 名、劳动争议兼职仲裁员 6000 名、劳动争议调解员和工会劳动法律监督员各 30 万名。各级工会在实施“1633”工程的过程中，结合本地区、本单位的实际情况，齐心协力，努力探索，大胆实践，勇于创新，采取了许多行之有效的措施和做法，积累了宝贵的经验。

1997 年，为了继续实施全国总工会“1633”工程，全国总工会组织部与法律工作部就工会法律专业人才培训联合下发了《工会法律工作者培训班教学计划》《关于下发工会法律工作者证书颁发、管理的实施细则的通知》《关于对工会法律专业人才培训情况进行调研的通知》。1997年初，全国总工会法律工作部会同组织部对1996年工会法律专业人才培训情况进行了摸底调查和汇总统计，向全国工会系统通报，并对1997年的培训工作作出了安排。1997年6月15日至7月15日，全国总工会组织部、法律工作部与中国工运学院在京共同举办了工会法律工作者培训试点班，参加学习的各地工会干部57人。通过一个月的强化培训，学员们学习了20门课程，领取了工会法律工作者资格证书，其中80%的学员成绩优秀。培训试点班之后，各地省级工会陆续举办本省的工会法律工作者培训班。9月，全国总工会组织部和法律工作部组成联合调查组，分别赴山东、安徽、江西、陕西、甘肃、宁夏、河南等地，对法律专业人才培训情况进行调研。据不完全统计，到1997年10月，已培训工会劳动法律监督员近10万人，其中，吉林已完成计划的112%、黑龙江完成90%、宁夏完成73%、辽宁完成70%、河北完成67%。到1997年6月，全国培训工会劳动争议兼职仲裁员、劳动争议调解员任务已完成过半。①

为了解各地培训任务的完成情况，总结工会法律专业人才培训的成绩和经验，继续大力推进工会法律专业人才培训工作，全国总工会组织部和法律部于1998年11月上旬组成联合调查组，分别到上海、江苏、河南、吉林、河北、四川、重庆等七省市，深入地市、产业、企业工会和工会干部院校，对开展工会法律专业人才培训的情况进行了抽查。

从调查情况看，工会法律专业人才培训的主要做法有五点：一是领导重视、狠抓落实是搞好工会法律专业人才培训的前提；二是规定规划、统一部署是搞好工会法律专业人才培训的基础；三是形式多样、注重实效是搞好工会法律专业人才培训的重要条

① 中华全国总工会：《中国工会年鉴（1998）》，《中国工会年鉴》编辑部1998年版，第48页。

件；四是加强管理、规范制度是搞好工会法律专业人才培训的重要保证；五是明确职责、通力协作是搞好工会法律专业人才培训的保障。

全会经过三年的努力，基本达到了“1633”工程预定的目标，取得了良好的效果。培训的主要成绩是：一是培养了一支初具规模的掌握岗位所需专业知识的工会法律专业人才队伍，促进了工会法律工作机构的建设；二是增强了广大工会干部的法律意识，促进了各级工会运用法律手段维护职工和工会组织的合法权益；三是提高了工会劳动争议处理水平，加强了工会法律监督工作。据统计，1996 年到 1998 年三年来，全国共培训工会法律工作者 2215 人，已超额完成培训 1120 人的任务。① 劳动争议兼职仲裁员、劳动争议调解员、工会劳动法律监督员的培训工作也超额完成了任务。

① 中华全国总工会：《中国工会年鉴（1999）》，《中国工会年鉴》编辑部 1999 年版，第 67 页。

第十三编

# 全面建设小康社会中的工人运动

（2002—2012）

进入21世纪，在“和平与发展”的时代主题下，世界政治格局朝着“一超多强”的方向深入发展，经济格局进一步发生变化，科学技术发展步伐更加突飞猛进。随着中国加入WTO，中国对外开放格局不断扩大，中国在迎来新的发展机遇的同时也面临许多新挑战。在全球化进程不断加快的国际背景下，中国也处在建立和完善社会主义市场经济体制的关键时期。党的十六大以后，以胡锦涛同志为主要代表的中国共产党人，团结带领全党全国各族人民，在全面建设小康社会进程中推进实践创新、理论创新、制度创新，成功在新形势下坚持和发展了中国特色社会主义。

随着国内外环境的深刻变化，中国工人阶级队伍也发生显著变化，中国工运事业也在21世纪进入一个关键时期，面临着前所未有的发展机遇与风险挑战。随着中国经济不断融入全球化体系，中国在这一时期成为跨国资本投资设厂的重要地区，大量非公有制企业应运而生。在改革开放进入攻坚阶段，中国工人阶级队伍在发展壮大的同时，其内部结构也开始出现新的变化。非公有制经济和第三产业分布的职工更是成为中国工人阶级队伍的主要组成部分。农民工队伍不断壮大，并成为中国工人阶级队伍的重要组成部分。工人阶级在不同产业、不同所有制企业的分布状况也开始出现重大变化。职工队伍思想出现了新的变化与发展，劳动者的权益意识也在不断增强。

在中国共产党领导下，中国工会立足自身使命，不断发展中国工运事业。一方面，立足国情、会情，中国工会十四大提出努力开创新世纪新阶段工会工作新局面，中国工会十五大提出坚定不移地走中国特色社会主义工会发展道路，团结动员全国亿万职工为夺取全面建设小康社会新胜利而奋斗。中国工会强调自身建设，特别是在理论建设方面，逐渐探索形成了中国特色社会主义工会发展道路，并以之为引领，明确中国工会发展的时代定位与历史作用，积极开展各项工作，团结带领广大职工为全面建设小康社会不断作出贡献。另一方面，中国工会先后提出“组织起来，切实维权”的工作方针，深入推进“两个普遍”。各级工会不断加强基层工会组建工作，加大农民工入会工作；在劳动关系市场化发展过程中，不断推进和谐劳动关系建设；探索形成“以职工为本、主动依法科学维权”的中国特色社会主义工会维权观，不断加强源头参与工作；成功地完成了从困难职工救助中心到困难职工帮扶中心的转型，职工帮扶工作取得重要成效。

中国工会积极发挥工会“大学校”作用，提高职工队伍整体素质，保持和发展广大工人阶级的先进性，组织动员广大工人阶级当好主人翁，深入开展劳动竞赛，推进群众性经济技术创新工作发展。面对国际金融危机挑战，各级工会大力开展工会与企业、职工的“共同约定行动”，应对挑战。截至 2012 年底，中国国内生产总值达到 51.9 万亿元，排名世界第二。在这一伟大成就中，中国工人阶级作出了巨大贡献。

## 第十三章

# 全面建设小康社会与21世纪工会工作新局面的开创

进入21世纪后，在邓小平理论和“三个代表”重要思想、科学发展观的引领下，中国特色社会主义现代化建设事业取得了飞速发展，国民经济和社会发展取得巨大成就。在这一过程中，工人阶级充分体现了领导阶级本色，发挥了现代化建设主力军的作用。随着党的十六大和中国工会十四大的召开，中国工会明确了新世纪新阶段的工运主题与使命，带领广大工人阶级，在21世纪初继续发挥工人阶级主力军作用，为全面建设小康社会、加快推进社会主义现代化作出新的贡献，开创新世纪新阶段工会工作新局面。

## 一、党的十六大与工会工作面临的形势任务

### （一）21世纪初中国社会经济发展新情况

进入21世纪，我国国民经济和社会发展取得了巨大进步。截至2002年，国内生产总值从1997年的74000亿元增加到102000亿元，年均增长速度为7.7%。国家财政大幅增长，全国财政收入从1997年的8651亿元增加到18914亿元，年均增加2053亿

元。外汇储备从1399亿美元增加到2864亿美元，固定资产投资累计为172000亿元。这些数字充分反映了中国在实体经济方面的大发展。在跨世纪阶段，我国集中力量建设了一批具有战略意义的重大基础设施。如在水利方面，三峡工程二期建设基本完工，黄河小浪底水利枢纽投入使用，南水北调工程开工建设。在交通方面，全国公路建设投资达到12343亿元，公路通车里程达到176万千米，其中25200千米为高速公路。铁路运营里程达到71500千米，机场、港口、邮电通信建设也迅速发展。西部大开发战略实施后，西部地区投资总规模达到6000多亿元，开工建设36项重点工程。青藏铁路、西气东输、西电东送等国家重点工程，以及“油路到县”“送电到乡”“广播电视到村”等惠民工程进展顺利。① 这些巨大成就的背后，离不开我国工人阶级的重要作用和巨大贡献。

工人阶级和广大人民群众最为关注的以国有企业改革为重点的经济体制改革，以及以解决下岗职工问题为重点的社会保障体系建设也得到了突破性进展。我国社会主义市场经济体制确立之后，形成了以公有制经济为主体、多种所有制形式共同发展的经济体制。公有制经济在这一过程中得到了发展和壮大，尤其是国有企业改革取得重大突破。国有大中型骨干企业大多初步建立起现代企业制度，涌现了一批有实力、有活力、有竞争力的优势企业；国有中小企业进一步放开搞活。同时，垄断行业管理体制改革迈出实质性步伐；城乡集体经济也得到新的发展。股份制经济不断扩大；个体、私营等非公有制经济较快发展，在发展经济、增加就业、活跃市场、扩大出口方面发挥了重要作用。

在以解决下岗职工问题为重点的社会保障体系建设方面，党

---

① 朱镕基：《政府工作报告》，中共中央文献研究室编：《十六大以来重要文献选编》（上），中央文献出版社2005年版，第155—156页。

和政府多管齐下，在有力实现国有企业改革和经济发展的同时，尽可能地保障了人民生活水平的稳定。随着国有企业改革的深入发展，我国下岗失业人员规模不断扩大。2002 年，党中央、国务院召开全国再就业工作会议，围绕“开辟就业门路，积极创造就业岗位”“完善和落实促进再就业的扶持政策”“改进就业服务，强化再就业培训”“坚持统筹兼顾，搞好就业的宏观调控”“巩固‘两个确保’，完善社会保障体系”等问题，提出了一系列的工作安排。[①] 经过努力，我国平稳度过了“下岗潮”。广大职工在这一历史进程中作出了历史性的奉献。

在解决下岗职工生活和再就业问题的过程中，建立并不断完善社会保障体系发挥了至关重要的作用。党和国家提出加快社会保障制度改革、完善社会保障体系，要适应社会主义市场经济体制建设及现代企业制度要求，在所有企业及外企的中方职工中“推行和深化养老、医疗、失业等社会保险制度及住房制度的改革，建立健全社会保障体系，为劳动力资源的合理配置和正常流动创造条件”；对国有企业，要求在做好下岗职工基本生活保障的同时，“继续深化企业职工养老保险制度改革，加快立法步伐”。[②] 2003 年，全国社会保障基金累计达到 1242 亿元，全国符合低保条件的城市困难居民已被全部纳入最低生活保障体系，初步实现了应保尽保的目标。经过不断探索和发展，截至 2003 年，国有企业下岗职工基本生活保障制度、失业保险制度、城市居民最低生活保障制度均已基本建立，全国城镇参加基本养老保险、

① 《中共中央、国务院关于进一步做好下岗失业人员再就业工作的通知》（二〇〇二年九月三十日），中共中央文献研究室编：《十五大以来重要文献选编》（下），人民出版社 2003 年版，第 2582—2595 页。

② 《中共中央、国务院关于切实做好国有企业下岗职工基本生活保障和再就业工作的通知》（一九九八年六月九日），中共中央文献研究室编：《十五大以来重要文献选编》（上），人民出版社 2000 年版，第 394—404 页。

基本医疗保险和失业保险的人数大幅增加。

## （二）党的十六大与全面建设小康社会目标确立

2002年11月，中国共产党第十六次全国代表大会召开。大会的主题是：高举邓小平理论伟大旗帜，全面贯彻“三个代表”重要思想，继往开来，与时俱进，全面建设小康社会，加快推进社会主义现代化，为开创中国特色社会主义事业新局面而奋斗。大会报告明确回答了新世纪新阶段中国共产党举什么旗、走什么路、实现什么样的发展目标等重大问题。这就是要高举马克思列宁主义、毛泽东思想、邓小平理论和“三个代表”重要思想的旗帜，走中国特色社会主义发展道路，带领全国人民在21世纪前半叶实现全面建设小康社会并进而实现社会主义现代化。

党的十六大回顾了党的十五大以来的工作，系统总结了党的十三届四中全会后的奋斗历程和基本经验。特别是大会对“三个代表”重要思想进行了系统阐释。党的十六大指出“三个代表”重要思想是对马克思列宁主义、毛泽东思想、邓小平理论的继承和发展，反映了当代世界和中国的发展变化对党和国家工作的新要求，是加强和改进党的建设、推进我国社会主义自我完善和发展的强大理论武器，是全党集体智慧的结晶，是党必须长期坚持的指导思想，并将其写入党章。

党的十六大确立了全面建设小康社会的目标：在优化结构和提高效益的基础上，国内生产总值到2020年力争比2000年翻两番，综合国力和国际竞争力明显增强；社会主义民主更加完善，社会主义法制更加完备，依法治国基本方略得到全面落实，人民的政治、经济和文化权益得到切实尊重和保障；全民族的思想道德素质、科学文化素质和健康素质明显提高，形成比较完善的现代国民教育体系、科技和文化创新体系、全民健身和医疗卫生体系；可持续发展能力不断增强，生态环境得到改善，资源利用效率显著提高，促进人与自然的和谐，推动整个社会走上生产发展、生活富裕、生态良好的文明发展道路。为实现全面建设小康社会，大会从经济建设和经济体制改革、政治建设和政治体制改革、文化建设和文化体制改革、国防和军队建设、“一国两制”和祖国统一、国际形势和对外工作、加强和改进党的建设等几个方面作出战略部署。党的十六大是21世纪以来，中国共产党召开的第一次全国代表大会，大会科学地总结过去，规划未来，以其成功而鲜明的理论创新和实践创新载入中国共产党与中国特色社会主义发展的史册。

“十五”计划以及党的十六大确定的发展方略，为中国经济与社会在21世纪之初的发展指明了方向，奠定了坚实的基础。

### （三）开创工会工作新局面

党的十六大提出要“加强对工会、共青团和妇联等人民团体的领导，支持他们依照法律和各自章程开展工作，更好地成为党联系广大人民群众的桥梁和纽带”。党的十六大胜利闭幕后，全国总工会党组就立即召开机关处级以上干部大会，传达党的十六大和十六届一中全会精神，并对学习宣传贯彻党的十六大精神提出三点要求：一是要组织工会干部和广大职工认真学习党的十六大精神，切实把思想和行动统一到党的十六大精神上来，把力量和智慧凝聚到为实现党的十六大提出的奋斗目标建功立业上来；二是坚决履行维护职工合法权益的基本职责，最大限度地保护、调动和发挥广大职工的积极性和创造性；三是以党的十六大精神为指导，继续探索中国特色社会主义工会工作新路子。

2002年12月，全国总工会十三届五次执委会召开。会议深入学习贯彻党的十六大精神，以进一步开创工会工作新局面。会议立足新的形势任务，提出工会工作的总体要求是：以邓小平理论和“三个代表”重要思想为指导，深入学习贯彻党的十六大精神，坚定不移地推动全心全意依靠工人阶级根本指导方针的贯彻落实，切实履行维护职工合法权益的基本职责，健全机制，办好实事，突出重点，务求实效，保护调动发挥好广大职工的积极性创造性，为实现党的十六大提出的目标任务充分发挥工人阶级的主力军作用。其中，贯彻这个总体要求的关键就是必须把切实代表和维护广大职工群众的利益，真正作为工会贯彻“三个代表”重要思想的根本要求，作为工会一切工作的出发点和落脚点。健全机制主要是着力从工会领导机关和基层不断建立和完善调整劳动关系的有效机制上下功夫。办好实事主要是着力从参与涉及职工利益的立法、政策制定，帮助职工特别是困难职工、困难劳模，为其排忧解难上下功夫。突出重点主要是着力从保护职工的经济、政治、文化权益，尤其是促进下岗失业人员再就业和建立健全社会保障体系上下功夫。务求实效主要是着力从提高职工群众的满意程度，维护职工队伍的稳定、调动职工积极性和促进经济发展上下功夫。

具体而言，会议围绕学习贯彻党的十六大精神，强调工会要从五方面开展工作。①

一是全面贯彻“三个代表”重要思想，把广大工会干部和职工群众的思想和行动统一到党的十六大精神上来。工会组织需要将认真学习贯彻党的十六大精神作为首要任务，将思想和行动统一到党的十六大精神上来，把智慧和力量进一步凝聚到为实现党的十六大提出的目标、任务上来。围绕主题，把握灵魂，抓住精髓，明确工会贯彻“三个代表”重要思想的具体体现以及党和职工群众对工会组织的殷切期望就是紧密结合工会工作实际，坚定不移地推动党全心全意依靠工人阶级根本指导方针的贯彻落实，

① 中华全国总工会编：《中国工会年鉴（2003）》，《中国工会年鉴》编辑部 2003 年版，第 18—21 页。

依法坚决履行维护职工合法权益的基本职责，继续坚持一手抓调整劳动关系机制的建设，一手抓为职工特别是困难职工群体办实事，最大限度地把广大职工组织到工会中来，最大限度地维护广大职工的经济政治文化权益，最大限度地保护调动发挥广大职工的积极性创造性，并把这种积极性创造性组织和引导到为实现党的十六大提出的目标、任务、建功立业上来。

二是提高职工队伍整体素质，为全面建设小康社会建功立业。工会组织要牢牢把握全面建设小康社会的奋斗目标，加快推进社会主义物质文明、政治文明、精神文明协调发展，关系到党的第三步战略目标的实现、中华民族的伟大复兴，符合包括工人阶级在内的全国各族人民的长远利益和根本利益。各级工会一定要进一步团结和引导广大职工，大力弘扬工人阶级优良传统和伟大时代精神，以强烈的主人翁责任感、使命感，坚定不移地支持党和国家提出的各项政策措施，积极投身和大力推进各项改革与建设，为全面建设小康社会作出更大的贡献。工会要教育和帮助职工群众不断提高自身的思想道德和科学文化技术素质，为全面建设小康社会提供精神动力和智力支持；积极探索新形势下开展劳动竞赛、合理化建议、技术革新、技术协作和发明创造等群众性经济技术活动的新途径、新办法，使新时期的群众性经济技术活动充满时代气息，富于创造性，焕发出新的生机和活力。

三是关心职工的就业和生活，努力为广大职工特别是困难职工群体办实事。各级工会要看到目前职工生产生活中还有不少实际问题需要解决，特别是下岗失业人员再就业和困难职工的基本生活保障问题还比较突出。因此，工会组织一定要从贯彻党的十六大精神、实践“三个代表”重要思想的高度，从密切党与人民群众血肉联系、维护改革发展稳定大局的高度出发，充分认识促进下岗失业人员再就业、关心职工特别是困难职工生活问题的极端重要性，把它作为一项重大的政治任务切实抓紧抓好。广大工会干部一定要牢记党全心全意为人民服务的宗旨，进一步转变作风，深入基层，深入职工群众，特别是深入困难多、问题多、矛盾多的地方和企业，体察职工情绪，关心职工疾苦，倾听职工呼声，及时反映职工的意愿和要求，扎扎实实地帮助他们解决实际问题；要积极协助各级党政，落实党中央关于进一步解决好这方面问题的部署和要求，检查扶贫帮困措施的落实情况，贯彻全国再就业工作会议精神，推动党中央和国务院制定的促进下岗失业人员再就业各项政策措施以及各地、各产业的有关实施意见落到实处；要充分发挥工会自身优势，认真抓好下岗失业人员开展职业培训，为下岗失业人员提供职业介绍服务，建立和规范困难职工帮扶中心建设。同时，各级工会要进一步加大参与和监督的力度，监督企事业单位规范裁员行为，推动有关方面解决拖欠职工工资问题，坚决防止新的拖欠行为发生；继续推动“两个确保”“三条保障线”政策的落实，切实做好“三条保障线”的衔接工作；督促企业认真执行国家有关劳动安全卫生的法律法规，落实安全生产责任制，发挥工会劳动保护监督检查三级网络优势。

四是进一步加强调整劳动关系机制建设，促进劳动关系的和谐稳定。工会组织需要明确调整劳动关系，维护职工合法权益，保持职工队伍稳定，是保持长期和谐稳定的社会环境的重要保证。各级工会必须围绕建立健全调整劳动关系的机制，形成一套科学合理的机制、制度开展工作。工会领导机关要加强调查研究，搞好源头参与，加大在劳动立法、涉及职工权益政策制定方面的参与力度和执行有关法律法规、政策的监督力度；大力推进省级地方工会与同级政府建立联席会议制度，推动其向市（地）、县（市、区）一级发展，积极推动产业工会与政府相应部门建立联席会议制度；进一步推动多层次劳动关系三方协商机制的建立与规范运作，不断向市（地）一级发展，积极探索建立三方协商机制专门工作委员会和产业三方协商机制。基层工会要继续推进所有企业特别是非公有制企业建立平等协商、集体合同制度，大力推行区域性、行业性集体合同；以基层企业为重点，建立健全平等协商、履约责任、监督检查、职工参与和考核评价等相关制度，真正把职工关心的热点、难点问题作为平等协商、签订集体合同的重点；坚持和完善以职工代表大会为基本形式的企业民主管理制度，并在落实职权、讲求实效上下功夫；还要积极配合党政，高度重视和切实做好维护职工队伍稳定的工作，切实维护职工队伍和社会政治的稳定。

五是适应新的形势任务要求，以改革的精神不断推进工会自身建设。这是贯彻党的十六大精神，做好工会各项工作的重要保证。各级工会要以改革的精神加强工会的思想、组织和作风建设，务必按照“三个代表”重要思想的要求，进一步解放思想，从依法坚决履行工会基本职责的根本要求出发，切实把维护职工合法权益作为工会一切工作的出发点和落脚点，以奋发有为的精神状态，大胆创新工会的理论、体制、机制和方法，大力转变工作作风，努力增强工会组织的吸引力和凝聚力。同时，各级工会还要着力加强工会基层组织建设，继续坚持哪里有职工哪里就要组建工会的原则，最大限度地把广大职工组织到工会中来，巩固党的阶级基础和扩大党的群众基础；加强和改进县级工会工作，进一步建立和完善乡镇、行政村、街道、社区以及经济技术开发区工业区、高新技术产业园区工会的组织体制，建立健全工作机构，明确职责，更好地发挥工会组织作用。各级工会干部要自觉坚持用邓小平理论和“三个代表”重要思想武装自己，增强政治敏锐性、政治鉴别力，把握工会工作的正确政治方向。

各级工会积极学习贯彻党的十六大精神，坚持以邓小平理论和“三个代表”重要思想为指导，立足全局，振奋精神，团结和带领全国各族职工，充分发挥工人阶级的主力军作用，在全面建设小康社会，加快推进社会主义现代化中扎实工作，开拓进取，开创中国特色社会主义事业新局面。

## 二、中国工会十四大的召开与新世纪新阶段工会工作新局面的开创

2003 年 9 月 22 日，中国工会第十四次全国代表大会在北京召开，来自全国各行各业的 1698 名代表和 253 名特邀代表出席大会。胡锦涛、温家宝、吴邦国等党和国家领导人出席大会。会议由中共中央政治局委员、全国总工会主席王兆国主持。

### （一）中国工会十四大的主要内容及精神

#### 1. 党中央给中国工会十四大的祝词

中共中央政治局常委、国家副主席曾庆红代表党中央向大会发表祝词。① 祝词首先对大会的召开表示了祝贺，随后回顾了工人阶级在 20 世纪历史进程中发挥的重要作用，指出中国工人阶级已经发展成为“一个包括广大知识分子在内的，由各种所有制企业、各种机关事业单位的全体体力劳动者和脑力劳动者构成的统一整体”。广大工人阶级为深化改革、扩大开放、加快发展、保持稳定作出了巨大贡献。祝词对中国共产党提出的一系列关于工人阶级和工会工作的重大理论观点与方针政策进行了概括。这些重大理论观点和方针政策是毛泽东思想、邓小平理论和“三个代表”重要思想的有机组成部分，为新世纪新阶段中国工人运动的发展指明了方向。

祝词对中国工人阶级提出了新的要求。第一，工人阶级要在

---

① 曾庆红：《我国工人阶级要在全面建设小康社会的伟大事业中发挥主力军作用——在中国工会第十四次全国代表大会上的祝词》（2003 年 9 月 22 日），《人民日报》2003 年 9 月 23 日第 1 版。

全面建设小康社会中充分发挥主力军作用，就必须进一步增强主动性，就必须进一步发挥创造性，就必须进一步发展先进性。第二，祝词对中国工会提出了要求和期望：一是“要准确把握自己的定位，做到围绕中心、服务大局，全面履行各项社会职能，突出维护职工合法权益的职能”；二是“必须适应时代发展和社会生活的变化，以改革精神不断加强自身建设，进一步开创工作新局面”；三是“切实当好党的路线方针政策的忠实执行者，当好职工群众合法权益的积极维护者”。党中央的祝词体现了在新的历史条件下，党中央对于工人阶级和工会组织的殷切希望。祝词为中国工会十四大提供了根本指导思想，确立了大会的主题和方向。

**2. 中国工会十四大主要内容**

中共中央政治局委员、全国总工会主席王兆国代表全国总工会十三届执委会向大会作报告。① 报告开宗明义地提出中国工会十四大的主题是：“高举邓小平理论伟大旗帜，以‘三个代表’重要思想为指导，认真学习贯彻党的十六大精神，团结动员广大职工，充分发挥工人阶级主力军作用，为全面建设小康社会、加快推进社会主义现代化作出新的贡献，努力开创新世纪新阶段工会工作新局面。”

报告对中国工会的历史以及过去五年的成绩作出了评价和总结。报告指出中国工人阶级在新民主主义革命时期、社会主义建设时期、改革开放新的历史时期作出的巨大贡献，证明了中国工人阶级“不愧为中国共产党的阶级基础和我们国家的领导阶级，不愧为我国先进生产力的代表，不愧为我国社会主义物质文明、政治文明和精神文明建设的主力军”。报告对中国工会十三大后

① 中国工会十四大文件组编：《中国工会十四大文件汇编》，中国工人出版社2003年版，第14—39页。

的工会工作进行了回顾总结，在总结历史成就的同时，也指出了工作中存在的问题。这些问题主要集中在“维护职工合法权益的工作还面临许多困难，工会组建特别是把非公有制企业职工、进城务工人员组织到工会中来的任务还比较繁重，工会领导机关联系基层和职工群众还不够深入，一些基层工会的工作还需要进一步加强、作用还需要进一步发挥，还有许多重大理论和实践问题需要深入研究”。这些不足和问题也正是中国工会十四大需要讨论和解决的。

报告重点阐释了“三个代表”重要思想对于工会工作的指导意义，指出“‘三个代表’重要思想涵盖经济、政治、文化和党的建设各个领域，进一步回答了什么是社会主义、怎样建设社会主义的问题，创造性地回答了建设什么样的党、怎样建设党的问题，是面向21世纪的中国化的马克思主义，是全党全国人民在新世纪新阶段继续团结奋斗的共同思想基础，是实现全面建设小康社会宏伟目标的根本指针，也是工会工作的根本指导思想。工会工作要适应新的时代发展和新的实践要求，开创新的局面，就必须坚持以‘三个代表’重要思想统领工会工作全局，把‘三个代表’重要思想贯穿到工会各项工作之中”。

### 3. 中国工会十四大对《中国工会章程》的修订及其他事宜

中国工会十四大还审议通过了修改《中国工会章程》的决议。立足21世纪中国政治、经济、社会生活所发生的深刻变化以及党的十六大提出的全面建设小康社会目标，中国工会十四大对《中国工会章程》进行了修订，以更好地推动工会工作适应新阶段、新形势及新任务。

《中国工会章程》修订内容中，首先就是在总纲部分将“三个代表”重要思想写入章程，将之确立为工会工作的指导思想。作为党联系职工群众的纽带和桥梁，将“三个代表”重要思想写入章程，体现了中国工会的本质，也是中国工会推动党的全心全意依靠工人阶级的根本指导方针的贯彻和落实。同时，将“推动党的全心全意依靠工人阶级根本指导方针的贯彻落实”作为工会工作的指导思想。

其次，《中国工会章程》修订内容明确了“中国工会的基本职责是维护职工合法权益”。与2001年新修订的《工会法》保持一致，体现了工会法制化建设。除了总纲部分的修改，还对章程的其他细节条文进行了修订。这包括立足劳动关系变化，增写的“会员组织关系随劳动（工作）关系变动，凭会员证接转”，以加强工会会员管理，防止会员流失；增写了“主席团闭会期间，由主席、副主席组成的主席会议行使主席团职权。主席会议由中华全国总工会主席召集并主持”，以更好地完善中华全国总工会执行委员会主席团的集体领导制度和民主决策机制，加强规范化建设，提高工作效率；修改相关条文以加强基层工会委员会的建设及作用发挥；增写“‘统一领导、分级负责’的经费审查监督体制”、制定“工会经费审查监督制度”以建立健全工会经费审查监督体制。

大会关于修改《中国工会章程》的决议，“体现了‘三个代表’重要思想和党的十六大精神，反映了新形势新任务对工会工作的新要求，吸收了近几年来工会工作的新鲜经验，符合《工会法》的规定和工会工作的实际”。“《中国工会章程（修正案）》的通过和实施，对于贯彻落实党的全心全意依靠工人阶级根本指导方针，进一步加强工会自身建设，做好社会主义市场经济条件下的工会工作，具有十分重要的意义”。

除了审议通过十三届执委会报告和修改《中国工会章程》，工会十四大还审议通过了全国总工会十三届执委会财务工作报告、经费审查委员会工作报告，选举产生了新一届全国总工会领导机构，王兆国当选为新一届中华全国总工会主席。大会还举行了表彰全国模范之家等表彰活动。其中，首钢总公司工会委员会等

800 个单位荣获全国模范职工之家称号；首钢新钢有限责任公司第三炼钢厂动力车间高压变电丙班工会小组等 999 个单位荣获全国模范职工小家称号。此外，还有 748 人荣获全国优秀工会工作者称号，588 人获得全国优秀工会积极分子称号，198 人获得全国优秀荣誉工会积极分子称号。通过表彰活动，各级工会明确要进一步广泛深入开展建设职工之家活动，发挥工会职能，推进各项工作发展。

### （二）中国工会十四大关于工会工作的部署

中国工会十四大深刻分析了中国工会在新世纪新阶段面临的新形势新任务，明确提出了中国工会十四大之后五年的目标任务，对中国工会之后一个时期的工作作出全面部署。大会指出 21 世纪初的 20 年，将是我国重要战略机遇期，国内外各种局势对中国工会工作的开展提供了机遇、提出了挑战。为了实现党的十六大制定的奋斗目标，为了应对国内外局势复杂的环境变化，为了更好地密切与职工群众的联系，大会在明确工会未来五年的目标任务后，对工会工作作出具体部署。

第一，努力提高职工队伍素质，团结动员广大职工为全面建设小康社会建功立业。各级工会要提高职工队伍素质，造就“四有”队伍。在思想建设上，各级工会要以“三个代表”重要思想为核心，加强职工思想政治工作，提升个人素养和职业道德，培育树立与社会主义市场经济相适应的思想观念。在科学技术上，各级工会要深入开展劳动竞赛、技术革新的群众性经济技术活动，动员职工参加各种创新示范活动，学赶先进，争创一流。

第二，切实履行基本职责，在改革、发展、参与、帮扶的过程中维护好职工合法权益。各级工会在做好企业改革、壮大国家经济实力的同时，要努力维护职工的合法权益。另外，工会组织还要在扩大就业、增加工资、提高社保、加强安全等方面做好维护工作。在发挥参与职能过程中，工会要积极参与各种法律法规政策的制定，提出意见，代表工人发出声音；协助政府做好下岗人员再就业工作，以及特困职工帮扶工作。

第三，大力弘扬劳模精神，促进全社会形成“尊重劳动、尊重知识、尊重人才、尊重创造”的良好氛围。各级工会要重点培育劳模精神，弘扬劳动模范身上的劳动热情和无私奉献精神、强烈的开拓进取意识和创新求实精神、良好的职业道德和爱岗敬业精神。在全社会营造学习劳模、尊重劳模、关爱劳模、崇尚劳模、争当劳模的社会氛围，充分发挥劳动模范的示范和导向作用。各级组织要做好培育劳模、树立劳模、表彰劳模、关爱劳模的具体工作。

第四，加快工会组建步伐，充分发挥基层工会组织的作用。各级工会要依法加大工会组建力度，重点做好非公有制经济单位和进城务工人员的工会组建工作，同时继续做好国有、集体改制企业工会组织的整顿、重建工作，坚决制止、纠正随意撤并工会组织和机构的行为。在工会工作中，加强基层工会建设，重视基层、增强基层工会活力，为基层工会开展工作创造有利条件。

第五，以改革精神加强工会自身建设，进一步提高整体工作水平。工会组织建设要适应新世纪的形势要求，把工会建设成为坚持党的领导、实践“三个代表”重要思想、服务工作大局、切实履行职责、职工群众信赖的工人阶级群众组织。工会组织要提高调研水平，加强研究能力，深化干部人事制度和组织廉政建设。工会干部要强化政治意识，提升业务能力，改变工作作风。

中国工会十四大全面详细地分析了进入21世纪后中国工人阶级和工会工作所面临的时代使命，也强调了工人阶级的地位和全心全意依靠工人阶级的基本方针。大会申明了工会工作的指导思想和具体任务，为未来五年中国工会开拓进取，团结奋斗，努力开创新世纪新阶段工会工作新局面，团结动员广大职工为全面建设小康社会，实现中华民族的伟大复兴指明了前进方向。

2003 年 9 月 28 日，胡锦涛在同全国总工会新一届领导班子成员和中国工会十四大部分代表座谈时指出，大会的召开“对于进一步团结动员全国广大职工群众为全面建设小康社会、开创中国特色社会主义事业新局面而奋斗，具有十分重要的意义”，强调“我国工人阶级的前途命运是同党和国家的前途命运紧紧联系在一起的，我国工人阶级的地位和作用也是同党和国家事业的发展紧紧联系在一起的。全面建设小康社会，是全党全国人民在新世纪新阶段的历史任务，也必然是新世纪新阶段我国工人运动的主题。我国工人运动只有牢牢把握这一主题，才能始终坚持正确的方向，生机勃勃地向前发展”。① 他在讲话中要求广大工人阶级要努力成为艰苦创业的模范、勤奋学习的模范、增进团结的模范；中国工会及广大工会干部面对新形势、新任务时，要坚持以邓小平理论和“三个代表”重要思想为指导，认真贯彻落实党的十六大精神，充分发挥自身优势，全面履行各项职能，不断开创工会工作新局面，更好地动员广大职工群众为全面建设小康社会贡献力量。中国工会及广大工会干部要坚定不移地贯彻执行党的路线方针政策，要全心全意地为职工群众服务，要以改革的精神加强自身建设。中国工会及广大工人阶级要牢记使命，投身各项事业之中。

## 三、“组织起来、切实维权”工作方针的提出

世纪之交，中国职工队伍变化迅猛。乡镇企业职工、进城务工人员、新兴产业职工、非公有制企业职工成为中国工人队伍的

---

① 中国工会十四大文件组编：《中国工会十四大文件汇编》，中国工人出版社 2003 年版，第 1、3 页。

重要组成部分。将新的职工群体组织起来，中国工会责无旁贷。国企改制不仅给职工带来基本生活保障与再就业的压力，还导致工会会员流失情况显著。非公有制经济中职工规模不断增大，不仅组织建设工作亟待加强，而且职工政治与经济权益被侵犯情况凸显，特别是农民工群体等弱势群体入会率偏低，这些都直接影响着劳动关系的和谐发展以及劳动领域矛盾的解决。

中国工会在服务党和国家中心工作中，不仅要深化改革、促进发展，还需要做好维护稳定的工作，特别是维护职工队伍稳定的工作。其核心是将工人纳入工会组织，加强基层工会建设，切实维护其合法权益。2003 年 12 月，王兆国提出要“加强工会基层建设、发挥基层工会作用，关心职工生产生活、维护职工切身利益”，要围绕“组织起来、切实维权”两个重点工作开展工作。“关心职工生产生活、维护职工切身利益，是工会组织义不容辞的重要责任。工会组织特别是基层组织只有牢牢抓住这个重点，才能充分发挥自身的特点和优势，真正把群众利益无小事的要求落到实处”。

### （一）开展工会系统大调研

中国工会十四大提出要加强调查研究，提高调研水平，增强研究能力，通过深入扎实的调研活动提出具有指导性、针对性、前瞻性的政策意见和建议。全国总工会十四届三次主席团扩大会议上进一步提出“要进一步加大调查研究力度，切实转变作风，真正深入实际、深入基层，及时总结先进经验，提出政策性指导意见，通过典型研究引路，推动面上工作的开展”。针对组织起来的难点工作以及如何突破工作，维权工作的难点与突破等问题，结合当时全党大力弘扬的求真务实精神、大兴求真务实之风，全国总工会在全国工会系统开展大调研活动。2004 年 2 月，全国总工会举办了“组织起来、切实维权”调研工作培训班。全国总工会成立了大调研综合协调组和6个专题调研组，分别由全国总工会领导人牵头，有关部门负责人具体负责。全国总工会书记处主持制定了大调研的总体方案。全国31个省、自治区、直辖市总工会，9个全国产业工会和新疆生产建设兵团工会，分别承担了大调研课题。2004年7月，全国总工会十四届四次主席团（扩大）会议上进一步明确大调研的具体安排，同时提出搞好大调研及推动工会全局工作必须牢牢把握的十条原则。同年10月，共形成100余篇、共计100多万字的专题调研报告和大调研总报告。2005年1月，全国总工会党组向党中央报告了大调研情况及取得的成果。

各级工会在大调研工作中，进一步发现了工会工作面临的新情况和新问题。一是社会主义市场经济体制的建立和完善，国际局势的发展变化，使工会工作面临复杂局面，这包括非公企业越来越多，经济主体多元化格局，社会群体分化现象明显，职工从"单位人"到"社会人"的重大转型以及劳动关系矛盾的日益突出、社会利益矛盾的大量出现等情况。二是我国经济的发展、社会生活的变化，给职工队伍带来深刻影响。职工队伍总量扩大的同时，非公企业职工大量出现，第二、三产业及新兴产业领域职工规模也显著增加。具体来看，公有制职工数量从1999年占职工总数的79%下降到2003年的38.4%，非公有制企业职工则从占职工总数占比的21%上升到61.6%，非公有制企业职工成为企业职工的主体组成。① 特别是职工内部分化现象严重，职业稳定性下降，以及由此对工会工作目标、对象、内容等提出的调整与改进需求。三是落实"组织起来、切实维权"，当前还存在一些突出问题，主要涉及"四个不适应"，即工会组织建设的体制和机制

① 李滨生主编：《全国工会理论研究文集2006》，中国工人出版社2008年版，第264页。

与职工队伍和企业状况的迅速发展变化不相适应、工会履行维护职责的能力和手段与党的要求和维护职工群众自身合法权益的迫切需要不相适应、工会工作机制和活动方式与工会肩负的责任和承担的任务不相适应、工会干部素质和能力与加强党的执政能力建设、构建社会主义和谐社会对工会工作提出的新要求不相适应。① 这也要求工会需要不断加大、加快组建力度，最广泛地将职工组织到工会中，采取各种举措切实维护职工群众的合法权益，同时加大工会组织自身建设以及工会干部队伍建设及素质的提升。

在大调研进行过程中，全国总工会把大调研与全国人大常委会开展《工会法》执法检查紧密结合，提出《工会法》执行中难点与主要问题的解决意见与建议。在大调研的基础上，立足工会工作面临的新情况、存在的突出问题，以及对各地工会工作的典型经验的总结，如完善工会“小三级”组织网络、建立中国特色劳动关系三方协商机制、推动建立区域性职代会制度等经验，从全国总工会层面开始形成并制定指导性意见，以推动工会工作有序进行。全国总工会在研究制定下发《中华全国总工会关于开展建立乡镇（街道）总工会试点工作的意见》《中华全国总工会关于组织各种所有制企业、事业单位及机关的劳务工加入工会的通知》《中华全国总工会关于进一步加强国有企业改制过程中工会工作的意见》《中华全国总工会关于进一步加强非公有制企业职工民主管理工作的通知》等文件的同时，还与劳动和社会保障部、中国企业联合会等相关部门联合下发《关于贯彻实施〈集体合同规定〉的通知》等一系列文件。尤为重要的是，“通过大调研，集中全会的智慧，凝练大调研成果，形成了《中华全国总工

① 全总大调研综合协调组：《2004 年全国工会“组织起来、切实维权”大调研总报告摘要》，《中国工运》2005 年第 3 期。

会关于进一步加强基层工会工作的决定》”。[1] 这成为此后工会进一步明确及贯彻落实“组织起来、切实维权”工作方针的重要背景及依据。

## （二）明确“组织起来、切实维权”工作方针

2004 年 12 月，全国总工会十四届五次主席团会议进一步强调当代中国工会工作不断发展的前进动力就是理论以及体制与工作的创新。王兆国在讲话中提出“准确把握新形势下工会工作的时代主题、政治责任、基本职责和前进动力，归结起来，核心就是‘组织起来、切实维权’”。会议指出，一年多的实践已经充分证明这一方针符合中国工会实际，强调将“组织起来、切实维权”作为工会工作方针，在之后的工作中要坚定不移地长期坚持下去。会议提出工会工作要“在以胡锦涛同志为总书记的党中央领导下，高举邓小平理论和‘三个代表’重要思想伟大旗帜，以全面建设小康社会为主题，以巩固党执政的阶级基础为主线，以表达和维护职工合法权益为重点，以理论体制、工作创新为动力，按照‘组织起来、切实维权’的工作方针广泛组织职工、深入动员职工、真心依靠职工、热忱服务职工，为建设中国特色社会主义事业作出新的更大的贡献”。

全国总工会十四届二次执委会明确提出要认真理解和贯彻落实“组织起来、切实维权”的工会工作方针，会议指出，“‘组织起来、切实维权’工作方针具有丰富深刻的内涵，它涵盖了工会工作的各个方面，是一个完整的体系，……‘组织起来’，就是要用共同理想凝聚职工，团结动员广大职工在全面建设小康社会中更好地发挥工人阶级的主力军作用；就是要把广大职工组织到

① 孙宝树：《关于“组织起来、切实维权”大调研工作的总结报告》（2004 年 12 月），《中国工运》2005 年第 1 期。

党领导的工会中来，维护职工队伍和工会的团结统一，增强党的阶级基础和扩大党的群众基础；就是要依靠各级组织做好职工群众的工作，更好地维护职工的合法权益；就是要组织广大职工提高自身的思想道德素质和科学文化业务素质，不断发展工人阶级的先进性，使工人阶级始终站在时代的前列。‘切实维权’，就是要把表达和维护广大职工群众的利益作为工会一切工作的出发点和落脚点，在维护全国人民总体利益的同时，维护好职工群众的具体利益；就是要在推动改革、促进发展、积极参与和大力帮扶的过程中，维护职工群众的经济利益、民主政治权利和精神文化权益；就是要协助党和政府解决就业、分配、社会保障和职业安全卫生等涉及职工切身利益的重大问题，推动建立协调稳定的劳动关系，维护职工队伍和社会政治稳定，促进构建社会主义和谐社会；就是要依法维权、依法规范工会自身行为，推动健全完善涉及职工和工会权益的法律法规，把工会维权和工会自身建设纳入法制化轨道；就是要满腔热忱地为职工群众做好事、办实事、解难事，特别是要为困难职工排忧解难”。①

各级工会在具体工作中，以“组织起来、切实维权”为工作方针，结合各自具体工作实际，明确工作重难点，思考、部署和推进工作，贯彻落实这一方针，形成了许多宝贵经验，既维护了职工合法权益，同时推动了社会稳定，促进了地方社会与经济发展。如福建泉州非公有制企业发展迅猛，上百万名外来务工人员分布于此。泉州市总工会调研发现该地存在企业用工制度不规范、企业劳动环境恶劣以及拖欠及克扣外来务工人员工资、扣押外来务工人员身份证等侵犯外来务工人员权益的情况。在邀请外来工列席市政协会议、旁听人大常委会议的同时，泉州市积极转变思

① 张俊九：《贯彻落实“组织起来、切实维权”工作方针　努力开创新形势下工会工作的新局面（节选）——在全总十四届二次执委会议上的工作报告》，《中国工运》2005 年第 1 期。

路，在对外来务工人员组织起来、切实维权的过程中，将工会工作的中心从城区向乡村转移、从国有经济向非公有制经济转移，不断加强以乡镇（街道）工会—村（居、社区）工会—企业工会为主体的“小三级”工会组织网络的建设与完善，在全市161个乡镇（街道）全部建立乡镇（街道）工会委员会，承担一级地方工会的职能。同时，泉州市不仅成立了三家乡镇总工会，还在有10家以上企业分布或是工业产值在2000万元以上的1600多个村、社区成立村一级工会。通过普遍组建乡镇（街道）和村（社区）工会，从而实现了工会组织对所有用人单位的全覆盖，特别是使那些不具备独立建会条件的企业职工也能够加入工会。截至2004年，该市共建立基层工会19220家，拥有会员126.5万人，其中非公有制企业工会16693家，105.5万多名外来工成功加入工会。通过这一实践，泉州市总工会探索形成的维护外来工合法权益的“外来工维权新模式”项目还入围了第三届（2005—2006年度）“中国地方政府创新奖”。①

随着非公有制经济组织的大量建立，工人队伍的不断扩大，中国工会不断强调加大工会组织组建力度，将工人阶级团结起来，加大工会覆盖面，改善工会体制，在经济与政治方面均具有显著意义。从世界范围来看，进入21世纪，国际工人运动进入低潮，工会会员流失率高、入会率低，工会密度持续下降，集体谈判等工会维护劳动者权益的主要途径也受到限制，工人运动进入低潮。与之相反，中国工会立足国情，顺势而上，通过“组织起来、切实维权”，在国际工人运动陷入低潮的情况下，有力地加强了工会组织建设，突出工会维权职能，走出了一条中国特色发展道路。各级工会在实践中对“组织起来、切实维权”的工作方针的认识

① 肖玉保，吴铎思，丁文清：《全力构建维权新模式》，《工人日报》2005年12月2日第6版。

不断深化，“精辟概括了新形势下党对工会工作的要求、职工群众对工会组织的期望和工会必须承担的政治责任，必须正确认识、认真贯彻、长期坚持，努力做到在以胡锦涛同志为总书记的党中央领导下，高举邓小平理论和‘三个代表’重要思想伟大旗帜，以全面建设小康社会为主题，以巩固党执政的阶级基础为主线，以表达和维护职工合法权益为重点，以理论、体制、工作创新为动力，按照‘组织起来、切实维权’的工作方针，广泛组织职工、深入动员职工、真心依靠职工、热忱服务职工，为建设中国特色社会主义事业作出新的更大的贡献”。①

① 全总大调研综合协调组：《2004 年全国工会“组织起来、切实维权”大调研总报告摘要》，《中国工运》2005 年第 3 期。

# 第十四章

# 新形势下坚持<br>中国特色社会主义工会发展道路

党的十六大之后，在全面建设小康社会的奋斗目标下，党中央立足我国国情，科学分析国内外局势，不断推进党的思想理论建设，在毛泽东思想、邓小平理论和“三个代表”重要思想的基础上，进一步深化马克思主义中国化的发展成果。党的十七大提出中国特色社会主义理论体系并对其作出概括。中国工会在中国特色社会主义理论体系的指引下，在党和国家的战略部署下，立足大局，解放思想，开拓创新，明确使命，不断深化中国特色社会主义工会发展道路，不断提升职工服务工作的效能、增进维护职工合法权益的能力，团结动员广大职工群众在全面建设小康社会中积极发挥主力军作用，不断推进我国经济发展与社会建设取得新成就。

## 一、党的十七大与工会工作面临的形势任务

### （一）党的十六大以来中国经济与社会的发展

2003 年 4 月，胡锦涛总书记在广东考察时提出要坚持全面的

发展观。[1] 8月底9月初，胡锦涛总书记在考察江西时，首次使用“科学发展观”的表述。10月，党的十六届三中全会指出，科学发展观就是要“坚持以人为本，树立全面、协调、可持续的发展观，促进经济社会和人的全面发展”。[2] 科学发展观的提出是对20多年改革开放实践的经验总结，也是全面建设小康社会的时代要求。它是对党的三代中央领导集体关于发展的重要思想的继承和发展，是马克思主义关于发展的世界观和方法论的集中体现，是同马克思列宁主义、毛泽东思想、邓小平理论和“三个代表”重要思想既一脉相承又与时俱进的科学理论，是我国经济社会发展的重要指导方针，是发展中国特色社会主义必须坚持和贯彻的重大战略思想。

在经济体制建设方面，党的十六届三中全会审议通过了《中共中央关于完善社会主义市场经济体制若干问题的决定》。该决定指出，完善社会主义市场经济体制就是要“完善公有制为主体、多种所有制经济共同发展的基本经济制度；建立有利于逐步改变城乡二元经济结构的体制；形成促进区域经济协调发展的机制；建设统一开放竞争有序的现代市场体系；完善宏观调控体系、行政管理体制和经济法律制度；健全就业、收入分配和社会保障制度；建立促进经济社会可持续发展的机制”[3]，为全面建设小康社会提供强有力的体制保障。党的十六届五中全会审议通过了

---

① 胡锦涛：《增创新优势，开拓新局面，实现新发展（二〇〇三年四月十五日）》，《胡锦涛文选》第2卷，人民出版社2016年版，第43页。

② 《中共中央关于完善社会主义市场经济体制若干问题的决定》（二〇〇三年十月十四日中国共产党第十六届中央委员会第三次全体会议通过），中共中央文献研究室编：《十六大以来重要文献选编》（上），中央文献出版社2005年版，第465页。

③ 《中共中央关于完善社会主义市场经济体制若干问题的决定》（二〇〇三年十月十四日中国共产党第十六届中央委员会第三次全体会议通过），中共中央文献研究室编：《十六大以来重要文献选编》（上），中央文献出版社2005年版，第465页。

《中共中央关于制定国民经济和社会发展第十一个五年规划的建议》，对“十一五”作出宏观部署。

2006年10月，党的十六届六中全会通过《中共中央关于构建社会主义和谐社会若干重大问题的决定》。《决定》强调要按照民主法治、公平正义、诚信友爱、充满活力、安定有序、人与自然和谐相处的总要求，构建社会主义和谐社会，推动社会建设与经济建设、政治建设、文化建设协调发展；要以解决人民群众最关心、最直接、最现实的利益问题为重点，着力发展社会事业、促进社会公平正义、建设和谐文化、完善社会管理、增强社会创造活力。①

在党和国家的战略部署下，我国经济发展与社会建设取得了举世瞩目的成就，通过加强和改善宏观调控，促进了经济的平稳发展。党和国家针对经济运行中的突出问题，有的放矢，调整经济结构，促进经济的良好运行。同时，加大科技领域的投入，促进产业结构优化升级。针对区域发展不协调，相继提出振兴东北老工业基地和中部崛起战略，努力推动区域经济的协调发展。

在经济发展过程中，经济制度改革和创新仍然是重点工作。在坚持以公有制经济为主体，多种所有制经济共同发展的方针下，通过国有企业股份制改革，一批具有国际竞争力的大型国有企业发展壮大。非公有制经济也随着法制环境和经济环境的改善而得到快速发展。2005年，国务院专门下发通知，鼓励、支持和引导个体、私营等非公有制经济的发展。② 非公经济在促进经济增长、

---

① 《中共中央关于构建社会主义和谐社会若干重大问题的决定》（二〇〇六年十月十一日中国共产党第十六届中央委员会第六次全体会议通过），中共中央文献研究室编：《十六大以来重要文献选编》（下），中央文献出版社2008年版，第650页。

② 《国务院关于鼓励支持和引导个体私营等非公有制经济发展的若干意见》（二〇〇五年二月十九日），中共中央文献研究室编：《十六大以来重要文献选编》（中），中央文献出版社2006年版，第684—694页。

扩大就业、增加税收、活跃市场方面发挥了重要作用。

国家投入大量资金加强基础设施建设。2004 年，西气东输工程全线建成并投入使用；2006 年，三峡工程全线建成，青藏铁路顺利通车；2007 年，北斗系统开始建设，杭州湾跨海大桥建成贯通；2008 年，京沪高铁开工建设，京津城际铁路建成。西电东送工程、南水北调工程、红沿河核电站、载人航天、月球探测、汶川地震救灾、北京奥运建设等重点工程和重大任务顺利完成。广大工人阶级作出了巨大贡献，国家体育场“鸟巢”还把建设者们的名字刻在建筑钢梁上，以示纪念。

特别是在度过世纪之交的下岗高峰后，我国就业形势逐年好转，趋于稳定。截至 2008 年初，国家财政安排就业补助资金累计 666 亿元，实现平均每年城镇新增就业 1000 多万人、农村劳动力转移就业 800 多万人，基本解决了国有企业下岗职工再就业问题，完成了下岗职工基本生活向失业保险并轨。全国社会保障五年累计支出达到 19500 亿元，比 2003 年增长 1.41 倍。① 城镇最低工资标准得到提高，居民收入明显增加，拖欠农民工工资问题基本得到解决。2006 年，国务院印发《国务院关于解决农民工问题的若干意见》，大力解决农民工工资拖欠以及开展权益维护等工作。

民主法制建设稳步推进，特别是事关推动经济建设和构建和谐劳动关系的法律法规的出台，对相关领域的发展起到了重要作用。2004 年及其后的几年间，全国人大修订或颁布实施《妇女权益保障法》《公司法》《证券法》《劳动合同法》《就业促进法》《劳动争议调解仲裁法》等法律，法规层面则修订或颁布实施了《公司登记管理条例》《工伤保险条例》《劳动保障监察条例》《职工带薪年休假条例》等。这些法律法规的颁布、修订与实施，

---

① 温家宝：《政府工作报告》（二〇〇八年三月五日），中共中央文献研究室编：《十七大以来重要文献选编》（上），中央文献出版社 2009 年版，第 299 页。

对于我国劳动关系和谐发展起到了至关重要的作用，体现了我国法治化建设进程。

### （二）党的十七大和全面建设小康社会的新部署

2007 年，党的十七大召开。大会的主题是：高举中国特色社会主义伟大旗帜，以邓小平理论和“三个代表”重要思想为指导，深入贯彻落实科学发展观，继续解放思想，坚持改革开放，推动科学发展，促进社会和谐，为夺取全面建设小康社会新胜利而奋斗。大会指出，“中国特色社会主义伟大旗帜，是当代中国发展进步的旗帜，是全党全国各族人民团结奋斗的旗帜。解放思想是发展中国特色社会主义的一大法宝，改革开放是发展中国特色社会主义的强大动力，科学发展、社会和谐是发展中国特色社会主义的基本要求，全面建设小康社会是党和国家到二〇二〇年的奋斗目标，是全国各族人民的根本利益所在”。

党的十七大报告回顾了党的十六大以来的工作，系统总结了改革开放以来我国取得的成绩和进步的根本原因就是“开辟了中国特色社会主义道路，形成了中国特色社会主义理论体系”，并指出“高举中国特色社会主义伟大旗帜，最根本的就是要坚持这条道路和这个理论体系”。党的十七大报告还对中国特色社会主义理论体系作出概括。中国特色社会主义道路，就是在中国共产党领导下，立足基本国情，以经济建设为中心，坚持四项基本原则，坚持改革开放，解放和发展社会生产力，巩固和完善社会主义制度，建设社会主义市场经济、社会主义民主政治、社会主义先进文化、社会主义和谐社会，建设富强民主文明和谐的社会主义现代化国家。中国特色社会主义道路之所以完全正确、之所以能够引领中国发展进步，关键在于我们既坚持了科学社会主义的基本原则，又根据我国实际和时代特征赋予其鲜明的中国特色。在当代中国，坚持中国特色社会主义道路，就是真正坚持社会主义。中国特色社会主义理论体系，就是包括邓小平理论、“三个代表”重要思想以及科学发展观等重大战略思想在内的科学理论体系。这个理论体系，坚持和发展了马克思列宁主义、毛泽东思想，凝结了几代中国共产党人带领人民不懈探索实践的智慧和心血，是马克思主义中国化最新成果，是党最宝贵的政治和精神财富，是全国各族人民团结奋斗的共同思想基础。中国特色社会主义理论体系是不断发展的开放的理论体系。实践证明，马克思主义只有与本国国情相结合、与时代发展同进步、与人民群众共命运，才能焕发出强大的生命力、创造力、感召力。

党的十七大对科学发展观进行了阐释，提出全面贯彻落实科学发展观。大会对实现全面建设小康社会奋斗目标提出新要求，要“增强发展协调性，努力实现经济又好又快发展”“扩大社会主义民主，更好保障人民权益和社会公平正义”“加强文化建设，明显提高全民族文明素质”“加快发展社会事业，全面改善人民生活”“建设生态文明，基本形成节约能源资源和保护生态环境的产业结构、增长方式、消费模式”五个发展战略。[①] 在科学发展观的指引下，党和国家作出了一系列的战略部署，推进全面建设小康社会的深入发展。

### （三）贯彻落实党的十七大精神，推进工会各项工作深入开展

党的十七大强调“支持工会、共青团、妇联等人民团体依照法律和各自章程开展工作，参与社会管理和公共服务，维护群众合法权益”。工会工作贯彻落实党的十七大精神的基本思路和主要举措包括：一是要深入扎实做好党的十七大精神的学习贯彻工

---

① 胡锦涛：《高举中国特色社会主义伟大旗帜，为夺取全面建设小康社会新胜利而奋斗》（二〇〇七年十月十五日），中共中央文献研究室编：《十七大以来重要文献选编》（上），中央文献出版社 2009 年版，第 15—16 页。

作。各级工会要在各级党委的统一领导下，组织广大职工和工会干部认真学习贯彻党的十七大精神，将思想和行动统一到党的十七大精神上来。二是团结动员广大职工为实现党的十七大提出的目标任务建功立业。党的十七大是全党意志的集中体现，也是广大职工的根本利益与共同愿望的集中体现。要按照党的十七大要求，尊重职工群众的主体地位，发挥他们的首创精神。三是要加大维护职工合法权益的力度。把实现好、维护好、发展好职工群众的根本利益作为工会工作的出发点和落脚点。四是要进一步提高职工队伍的整体素质。五是要研究和推进新形势下的工会工作。立足党的十七大，各级工会要站在新的历史起点上，针对工会工作的对象、领域、内容、方式和环境的新变化，按照党的十七大的战略部署和要求，积极研究新情况、解决新问题，大力推进工会理论、体制和工作创新，坚持走中国特色社会主义工会发展道路，不断开创工会工作新局面。①

2007 年 10 月 23 日，全国总工会机关召开传达学习贯彻党的十七大精神会议，对工会组织学习贯彻党的十七大精神工作提出了要求，强调要以党的十七大胜利召开为强大动力，推进工会各项工作的深入开展。10 月 24 日，全国总工会党组理论学习中心组召开学习党的十七大精神专题报告会。10 月 25 日，全国总工会党组理论学习中心组集中学习党的十七大精神，王兆国出席会议并就工会系统的学习贯彻工作提出明确要求。10 月 26 日，全国总工会学习贯彻党的十七大精神会议在北京召开，王兆国出席会议并作重要讲话。会议要求各级工会深刻领会党的十七大精神实质，团结动员广大职工切实做到在共建中共享、在共享中共建，开创建设中国特色社会主义工会新局面。10 月 27 日，全国总工

① 《学习贯彻党的十七大精神　不断开创工会工作新局面——中华全国总工会副主席、书记处第一书记孙春兰在党的十七大分组会上的发言（摘要）》，《工会博览》2007 年第 11 期。

会发出《中华全国总工会关于认真学习贯彻党的十七大精神的通知》。

随后，中共中央书记处在关于工会工作的意见中，一是要求各级工会要深入学习贯彻党的十七大精神，把各级工会干部的思想和行动统一到党的十七大精神上来，把广大职工的智慧和力量凝聚到实现党的十七大确定的各项任务上来。学习好、贯彻好党的十七大精神是当前和今后一个时期各级工会组织的首要政治任务。二是要引导各级工会干部和广大职工群众深入贯彻落实科学发展观，为促进经济社会又好又快发展创造新业绩。全国总工会和各级工会组织要认真学习领会中央经济工作会议精神，根据党中央确定的经济工作总体要求，研究和部署工会各项工作，动员组织广大职工立足本职岗位、争创一流业绩，推动国民经济又好又快发展。三是要切实维护职工群众合法权益，进一步发展和谐劳动关系，为促进社会和谐发挥重要作用。各级工会组织要坚持以人为本，把关注民生、保障民生、改善民生的要求进一步体现到工会工作中去。四是要以改革创新精神加强工会组织自身建设，努力把工会组织建成学习型、服务型、创新型群众组织。充分发挥各级工会在组织职工、引导职工、服务职工和维护职工合法权益中的重要作用，积极当好改革开放的促进者、和谐社会的建设者、职工合法权益的维护者，把各级工会建成在党坚强领导下与职工同呼吸、与时代共进步的名副其实的职工之家。①

2007 年 12 月，在全国总工会十四届十四次主席团（扩大）会议上，王兆国强调要深入学习贯彻党的十七大精神和中央经济工作会议精神，进一步统一思想、凝聚力量，研究建设中国特色社会主义工会问题，更好地发挥工会组织在党和国家工作大局中

① 中华全国总工会编：《中国工会年鉴（2008）》，《中国工会年鉴》编辑部 2008 年版，第 1—2 页。

的作用，团结动员广大职工，在推进中国特色社会主义事业中充分发挥工人阶级主力军作用。① 一是各级工会要认真学习贯彻党的十七大精神和中央经济工作会议精神，团结动员广大职工在推进中国特色社会主义事业中充分发挥主力军作用。这包括紧紧围绕实现全面建设小康社会奋斗目标的新要求，促进国民经济又好又快发展；落实职工的民主政治权利，促进社会主义民主政治建设；把提高职工队伍整体素质作为长期的战略任务，促进社会主义文化大发展大繁荣；保障职工共享改革发展成果，促进以改善民生为重点的社会建设。二是各级工会要以党的十七大精神为指导，努力建设中国特色社会主义工会。这包括坚持思想基础，进一步坚定建设中国特色社会主义工会的发展方向；明确历史方位，进一步把握建设中国特色社会主义工会的必然要求；发展理论体系，进一步丰富建设中国特色社会主义工会的理论内涵；推动实践发展，进一步增强建设中国特色社会主义工会的动力和活力。三是各级工会要进一步加强工会干部队伍建设，以良好的精神状态做好工会工作。这包括要加强领导班子和干部队伍建设；进一步振奋精神；切实转变作风。

在全国总工会十四届五次执委会上，王兆国围绕贯彻党的十七大精神，扎实做好工会工作进一步提出要求。②

一是把学习贯彻党的十七大精神不断引向深入，切实增强做好新形势下工会工作的使命感和责任感。这包括要深刻认识高举中国特色社会主义伟大旗帜的重大意义，坚定不移地走中国特色社会主义道路；要深入领会科学发展观的科学内涵和根本要求，不断增强贯彻落实科学发展观的自觉性和坚定性；要全面把握中

---

① 中华全国总工会编：《中国工会年鉴（2008）》，《中国工会年鉴》编辑部 2008 年版，第 8 页。

② 中华全国总工会编：《中国工会年鉴（2008）》，《中国工会年鉴》编辑部 2008 年版，第 2—5 页。

国特色社会主义事业的总体布局和党的建设新的伟大工程的总体要求，增强夺取全面建设小康社会新胜利的信心和决心；要准确理解党的十七大报告中关于工人阶级和工会工作的重要论述，进一步推动党的全心全意依靠工人阶级方针的贯彻落实。

二是充分发挥工会组织的职能作用，为夺取全面建设小康社会新胜利贡献智慧和力量。各级工会组织要深入贯彻落实科学发展观，进一步认清形势、明确任务，广泛开展一系列扎实有效的工作和活动，最大限度地激发广大职工的主人翁意识和创造精神，大力推进社会主义经济建设、政治建设、文化建设、社会建设。这包括要充分发挥组织职工的作用，团结带领广大职工，为实现经济社会又好又快发展建功立业；要充分发挥引导职工的作用，不断提高广大职工的思想道德水平和科学文化素质；要充分发挥服务职工的作用，推动解决职工群众最关心、最直接、最现实的利益问题；要充分发挥维护职工合法权益的作用，积极促进劳动关系的和谐稳定。

三是以改革创新精神加强工会自身建设，不断增强工会组织的吸引力和凝聚力。这是工会更好地团结带领广大职工实现党的十七大确定的目标任务所必须做到的。各级工会组织要适应新形势下工作对象、领域、内容、方式和环境的新变化，全面加强和改进思想建设、组织建设、作风建设和制度建设，真正把工会建设成为学习型、服务型、创新型的群众组织，更好地成为党联系职工群众的桥梁纽带、国家政权的重要社会支柱。这就要解放思想、大胆创新；要健全组织、夯实基础；要深入基层、转变作风。

这次会议还审议通过了全国总工会十四届执委会主席团向十四届五次执委会议作的工作报告。报告围绕之后工会工作的安排部署指出，要全面贯彻党的十七大精神，高举中国特色社会主义伟大旗帜，坚持中国特色社会主义道路，以邓小平理论和“三个代表”重要思想为指导，深入贯彻落实科学发展观，牢牢把握全面建设小康社会奋斗目标的新要求，着力推动科学发展、促进社会和谐，以发展和谐劳动关系、维护职工合法权益为主线，以贯彻实施《劳动合同法》为契机，以加强工会能力建设为保障，创新思路、完善机制，强化措施、务求实效，坚定不移地走中国特色社会主义工会发展道路，努力推进中国特色社会主义工会建设，团结动员广大职工以主人翁的劳动热情和创造活力，为推动中国特色社会主义经济建设、政治建设、文化建设和社会建设作出新的更大的贡献。

全国总工会十四届五次执委会议要求各级工会要紧紧围绕全面贯彻党的十七大精神，把推动科学发展、促进社会和谐的基本要求体现到各项工作中去，牢牢抓住发展和谐劳动关系、维护职工合法权益这条主线，坚持全面推进、突出重点，统筹兼顾、狠抓落实，不断提升工会工作整体水平开创工会工作新局面。这具体包括六方面工作：一是认真学习宣传贯彻党的十七大精神，用党的十七大精神武装头脑、指导实践、推动工作；二是团结动员广大职工充分发挥主力军作用，在促进国民经济又好又快发展上创造新业绩；三是大力实施职工素质工程，在建设高素质职工队伍上提升新水平；四是充分发挥协调劳动关系机制作用，在保障职工劳动经济权益和民主权利上取得新进展；五是努力维护职工社会权益，在以改善民生为重点的社会建设上作出新贡献；六是以改革创新精神加强工会自身建设，在推进中国特色社会主义工会建设上迈出新步伐。①

在学习贯彻落实党的十七大精神过程中，各级工会积极团结动员广大职工，万众一心，开拓进取，为实现夺取全面建设小康社会新胜利、谱写人民美好生活新篇章而奋斗，工会工作也进入新的阶段。

---

① 中华全国总工会编：《中国工会年鉴（2008）》，《中国工会年鉴》编辑部 2008 年版，第 15—18 页。

## 二、中国工会十五大的召开与全面建设小康社会新部署下的工会工作新阶段

2008年10月17日，中国工会第十五次全国代表大会在北京人民大会堂开幕。尤为显著的是，在这次大会的参会代表中，有47名农民工代表，他们来自制造、建筑、环卫及餐饮服务等行业。他们是改革开放以来第一批当选并参加中国工会全国代表大会的农民工代表。党和国家领导人胡锦涛、吴邦国、温家宝、贾庆林等出席大会。王兆国主持大会。

### （一）中国工会十五大的主要内容及精神

#### 1. 党中央给中国工会十五大的祝词

习近平代表党中央发表了题为《在夺取全面建设小康社会新胜利中充分发挥工人阶级主力军作用》的祝词。①

祝词首先向大会开幕表示祝贺，并对改革开放三十年来中国工人阶级和中国工会工作给予了高度赞扬和肯定。祝词对中国工人阶级提出了期望和要求，强调工人阶级要在夺取全面建设小康社会新胜利中充分发挥主力军作用。一是要以解放思想为先导、以改革创新为动力，在新的思想高度上形成改革开放的共识，要在党的领导下奋力推进各方面体制创新。二是要为推动科学发展、促进社会和谐贡献力量。三是要坚持走中国特色自主创新道路，在加快建立以企业为主体、市场为导向、产学研相结合的技术创新体系以及促进科技成果向现实生产力转化方面贡献智慧和力量。

---

① 习近平：《在夺取全面建设小康社会新胜利中充分发挥工人阶级主力军作用——在中国工会第十五次全国代表大会上的祝词》（2008年10月17日），《人民日报》2008年10月18日第1版。

祝词对工会工作提出了新的期望和要求：一是要坚定不移地走中国特色社会主义工会发展道路。二是要切实维护好广大职工群众的合法权益。三是要以改革创新精神进一步加强工会组织自身建设。祝词还对工会与港澳地区工会组织和国际工会组织的联系合作，以及各级党政与工会之间的关系做出指示。

大会祝词体现了党和国家对工人阶级和中国工会的关心关爱，体现了党全心全意依靠工人阶级的根本方针。祝词中对工人阶级和工会工作提出的要求，反映了在夺取全面建设小康社会新胜利的新形势下，党对工人阶级和工会工作的期望，这为中国工会十五大指明了方向。

2. 中国工会十五大主要内容

王兆国代表全国总工会十四届执委会向大会作了题为《高举中国特色社会主义伟大旗帜 团结动员亿万职工 为夺取全面建设小康社会新胜利而奋斗》的报告。① 报告提出大会的主题是：全面贯彻党的十七大精神，高举中国特色社会主义伟大旗帜，以邓小平理论和“三个代表”重要思想为指导，深入贯彻落实科学发展观，坚定不移地走中国特色社会主义工会发展道路，努力建设中国特色社会主义工会，务实创新、开拓进取，团结动员全国亿万职工为夺取全面建设小康社会新胜利而奋斗。

报告总结了中国工会十四大以来工会工作取得的重大成就。第一，工人阶级主力军作用进一步发挥，在推动经济社会又好又快发展中作出了新贡献。第二，工会组建工作实现历史性突破，巩固了党的阶级基础和扩大了党的群众基础。第三，树立和落实工会维权观，促进了企业劳动关系和谐与社会稳定。第四，参与

① 王兆国：《高举中国特色社会主义伟大旗帜 团结动员亿万职工 为夺取全面建设小康社会新胜利而奋斗——在中国工会第十五次全国代表大会上的报告》（2008 年 10 月 17 日），《中国工运》2008 年第 11 期。

立法和政策制定取得显著进展，推动了维护职工权益法律体系的初步形成。第五，困难职工帮扶体系逐步健全，在推进社会建设中发挥了重要作用。第六，工会对外交往开创新局面，扩大了中国工会的国际影响。第七，工会理论创新取得新成果，推动了工会各项工作蓬勃发展。报告同时还指出“在看到成绩的同时，也要清醒地看到，我们在前进中还面临不少困难和问题”，这主要表现为在劳动就业、收入分配、社会保障等涉及职工切身利益问题仍然比较突出的情况下，工会服务职工、维护职工权益的能力和水平还需要进一步提高；在工会组织迅速发展、会员人数大量增加的情况下，工会的组织体制、运行机制、活动方式还需要进一步创新；在工会工作形势日趋复杂、任务更加繁重的情况下，工会干部联系职工群众、开拓创新的意识还需要进一步增强。

报告对坚持走中国特色社会主义工会发展道路，建设中国特色社会主义工会的内涵进行了阐释。

### 3. 中国工会十五大对《中国工会章程》的修订及其他事宜

立足党的十七大对全面建设小康社会建设征程的新部署、社会主义市场经济体制的不断发展完善带来的社会经济成分、就业方式、组织形式、利益关系等的多样化发展以及中国职工队伍结构发生的根本性变化这一新情况，中国工会也在组建方式、运行机制、经费管理、活动方式与效能等方面面临新的机遇与挑战。因此，中国工会十五大对《中国工会章程》进行了修订，并通过了《中国工会第十五次全国代表大会关于〈中国工会章程〉（修正案）的决议》。

中国工会十五大对《中国工会章程》的修订主要体现在以下方面：一是在“总则”中落实党的十七大精神，在工会工作指导思想中写入“高举中国特色社会主义伟大旗帜”“深入贯彻落实科学发展观”的内容。二是将社会主义市场经济体制下中国工会工作的经验与理论创新成果写入章程，其核心是中国特色社会主义工会发展道路、“组织起来、切实维权”的工作方针及中国特色社会主义维权观。具体修订中，在“总则”中增加了“坚持走中国特色社会主义工会发展道路，坚持组织起来、切实维权的工作方针，坚持以职工为本，主动依法科学维权的维权观”的内容。三是立足社会主义和谐社会建设的总目标，结合工会自身工作内容及特点，在“总则”中增加了“构建和谐劳动关系”的内容。四是在工会组织自身建设方面，为了加强基层工会工作，在“总则”中写入中国工会在企业、事业单位中“按照促进企事业发展、维护职工权益的原则”的内容；在工会会员方面，在最大限度将职工组织到工会中的原则指导下，对于会员所在组织的规定中增加了“其他社会组织”及“或者与用人单位建立劳动关系”的内容，删去职工加入工会要“工会小组讨论通过”的规定，简化入会手续；在职工权益方面也进行了修改，同时还增加了职工享受工会提供的生活救助、法律服务、就业服务等内容；在工会组织外事活动方面写入“独立自主、互相尊重、求同存异、加强合作、增进友谊”的工会国际事务坚持的指导原则，以发挥工会优势，推动建立国际工运新秩序，维护国家根本利益及我国职工权益。在工会基层组织建设、工会干部、工会经费与财产等方面，《中国工会章程》也立足新形势进行了修订。

此外，大会还审议通过了《中华全国总工会第十四届执行委员会财务工作报告》《中华全国总工会第十四届经费审查委员会工作报告》，并选出全国总工会新一届领导集体，王兆国当选为新一届中华全国总工会主席。

### （二）中国工会十五大关于工会工作的部署

2008 年 10 月 21 日，中国工会十五大闭幕。大会闭幕词高度赞扬了中国工会十五大的时代价值与意义，指出：“这次大会是在全党全国人民为夺取全面建设小康社会新胜利而努力奋斗的新形势下召开的一次十分重要的会议。大会高举旗帜、继往开来、与时俱进，是一次鼓舞人心、团结民主的大会，求真务实、开拓奋进的大会。大会必将以丰富的理论成果和鲜明的时代特征载入中国工运事业的光辉史册，激励和鼓舞亿万职工在全面建设小康社会的伟大征程中，谱写无愧于时代的新篇章！”①

大会对中国工会十五大之后五年的工会工作进行了部署：推动科学发展，以创建“工人先锋号”为载体，广泛开展职工建功立业活动，大力实施职工素质建设工程，更加充分地发挥工人阶级主力军作用；促进社会和谐，以创建劳动关系和谐企业为手段，大力发展和谐劳动关系，维护职工队伍和社会稳定；推动共建共享，以劳动就业、收入分配、社会保障和劳动安全卫生为重点，健全完善维权机制，不断增强维权实效；加强民主管理和基层民主建设，以职工代表大会为基本制度，扩大有序参与，维护职工民主政治权利；激发组织活力，以加强基层工会建设为着力点，提高领导机关服务基层、服务职工的水平，增强工会组织吸引力、凝聚力。报告还对工会加强和改进产业工会、同港澳台工会加强联系、工会对外交流工作的工作要点进行了部署。

在总任务的统摄下，大会对之后的工会工作做出了详细安排。

一是激发职工创造活力，团结动员广大职工为推动科学发展作出更大贡献。要落实科学发展观，大力弘扬劳模精神，通过各种群众性技术创新活动，激发广大职工的创造潜能和活力，为建设资源节约型和环境友好型社会，为建设创新型企业和创新型国家作出工人阶级应有的贡献。

二是用社会主义核心价值体系教育引领职工，大力推进职工文化、企业文化建设。不断提高职工队伍的思想道德素质和科学

---

① 孙春兰：《中国工会第十五次全国代表大会闭幕词》（2008 年 10 月 21 日），《中国职工教育》2008 年第 11 期。

文化素质，培养和造就数以亿计的高素质劳动者队伍。工会自身也要加强文化事业，加大对文化宫、俱乐部等设施的投入，丰富职工的文化生活。

三是以劳动就业、收入分配、社会保障、劳动安全卫生为重点，推动职工在共建的基础上共享经济社会发展成果。工会应紧紧围绕职工最关心、最直接、最现实的利益问题，发展和谐劳动关系，促进实现体面劳动，维护职工合法权益。

四是完善基层民主制度，保障职工享有更多更切实的民主权利。工会要代表和组织职工参与国家和社会事务管理，参与企业、事业单位和机关的民主管理，大力推进基层民主制度建设。在党委领导、政府负责、社会协同、公众参与的社会管理格局中，充分发挥工会作用。

五是以改革创新精神加强自身建设，不断增强工会组织的吸引力和凝聚力。各级工会要重视工会自身建设的重要性，工会干部要加强作风建设，真正做到深入群众，要加强基层工会建设，建立健全基层工会各项制度，激发基层工会工作活力。

2008 年 10 月 21 日，胡锦涛在同全国总工会新一届领导班子成员和中国工会十五大部分代表座谈时的讲话中，强调大会的成功召开“是全国广大职工政治生活中的一件大事，对于全面贯彻党的十七大精神，团结动员全国广大职工为夺取全面建设小康社会新胜利、开创中国特色社会主义事业新局面而奋斗，具有十分重要的意义”。① 基于党的十七大描绘的继续全面建设小康社会、加快推进社会主义现代化的宏伟蓝图以及提出的各项目标任务，立足中国工人阶级队伍的发展壮大、素质的提高、权益的进一步实现的新情况，他对工人阶级进一步发挥主力军作用提出两项新

① 中国工会十五大文件组编：《中国工会十五大文件汇编》，中国工人出版社 2008 年版，第 1 页。

要求：一是要求工人阶级成为继续解放思想、锐意改革创新的时代先锋；二是要求工人阶级成为推动科学发展、促进社会和谐的行动楷模。他对中国工会和广大工会干部，提出四项要求：一是要坚持走中国特色社会主义工会发展道路；二是要全面提高职工队伍思想道德素质和科学文化素质；三是要继续强化社会主义和谐劳动关系；四是要以改革创新精神不断加强工会自身建设。

中国工会积极学习贯彻讲话精神，坚定党的理论方针政策，牢牢把握全面建设小康社会这个当代中国工运的主题，贯彻中国工会十五大会议精神，承担起时代重任，不负党的重托及广大职工群众的殷切期望，带领广大职工投身于中国特色社会主义伟大事业，凝心聚力，创造新的辉煌成就。

## 三、中国特色社会主义工会发展道路的发展与深化

党的十一届三中全会召开后，在以邓小平同志为核心的第二代中央领导集体的带领下，我国开创了中国特色社会主义新道路。立足世界大局，把握国内大局，在中国共产党领导下，中国特色社会主义理论体系不断发展丰富。进入 21 世纪以来，在和平与发展的时代主题下，世界朝着多极化方向发展。立足世情、国情、会情，中国工会提出了要坚持走中国特色社会主义工会发展道路。中国特色社会主义工会发展道路系统回答了“走什么样的工会发展道路、建设什么样的工会”这一时代课题，并对之进行了系统的经验总结。中国特色社会主义工会发展道路是党的工运理论与中国工人运动实践相结合的产物，并在实践中不断丰富和发展。在改革开放深入推进与全面建设小康社会的背景下，中国工会坚持并不断发展完善中国特色社会主义工会发展道路，深入指导和推进中国工人运动发展。

## (一) 中国特色社会主义工会发展道路的形成过程

2005 年 3 月 31 日，王兆国在全国总工会机关保持共产党员先进性教育活动报告会上的讲话中，正式提出要坚定理想信念，坚定不移地走中国特色社会主义工会发展道路。之所以要坚持走中国特色社会主义工会发展道路，是因为中国工运事业的前途命运始终同党的事业紧密相关，工人运动的主题与党的历史使命高度一致。在新的历史条件下，中国工会有六大特点和优势，要积极发挥自身的特点与优势，坚持走中国特色社会主义工会发展道路。他提出必须坚持以马克思列宁主义、毛泽东思想、邓小平理论和“三个代表”重要思想为指导，坚持在党的领导下独立自主地开展工作，坚持围绕中心、服务大局，坚持维护全国人民总体利益与职工具体利益的统一，坚持工人阶级的团结和工会组织的统一。这既是中国特色社会主义工会发展道路的基本内涵，也是判定这条道路成功与否的重要标准。这也对中国特色社会主义工会发展道路进行了初步的内涵界定。

2005 年 4 月 25 日，王兆国在庆祝全国总工会成立 80 周年大会上的讲话中再次提出要坚持走中国特色社会主义工会发展道路，指出必须坚持以邓小平理论和“三个代表”重要思想为指导，必须坚持中国共产党对工会的领导，必须坚持服从服务于党和国家工作大局，必须坚持切实代表和维护职工群众的合法权益，必须实行工人阶级队伍的广泛联合和工会组织的高度统一，必须坚持在独立自主的基础上开展工会对外交往，必须坚持推进工会的理论创新、体制创新和工作创新。这七个方面既是我国工会长期实践经验的归纳总结，也是今后做好工会工作应当遵循的原则要求，对于我们探索中国特色社会主义工会发展道路具有重要意义。因此，这七个方面也初步形成中国特色社会主义工会发展道路的基本内涵。

2005年7月，全国总工会十四届六次主席团（扩大）会议召开。王兆国在会上基于四个方面再次强调了必须坚持走中国特色社会主义工会发展道路：从提高党的执政能力看，做好党的群众工作，增强党的阶级基础；从当前的国际国内形势看，适应我国经济社会的多样性发展，抵御西方敌对势力的政治图谋；从中国工人阶级的特点看，发展壮大工人阶级队伍，提高工人阶级整体素质，维护工人阶级利益；从中国工会的性质看，工会作为党联系职工群众的桥梁纽带、国家政权的重要社会支柱。中国特色社会主义工会发展道路要在继承中发展、实践中完善、创新中提高。特别是这次会议通过了《关于坚持走中国特色社会主义工会发展道路的决议》，明确提出坚持走中国特色社会主义工会发展道路，从根本上解决“建设什么样的工会，怎样建设工会”这一重大问题。

《关于坚持走中国特色社会主义工会发展道路的决议》再次明确了坚持走中国特色社会主义工会发展道路是应对国际国内形势发展变化的必然要求，是巩固党的阶级基础和执政地位的必然要求，是开创工会事业发展新局面的必然要求。中国特色社会主义工会发展道路不仅系统总结了80多年来中国工会的实践经验、工会事业的内在规律，也是中国工会理论与实践方面最新的创新成果。《决议》从坚持以邓小平理论和“三个代表”重要思想为指导，坚持自觉接受中国共产党对工会的领导，坚持服从服务于党和国家工作大局，坚持切实表达和维护职工群众的合法权益，坚持工人阶级队伍和工会组织的团结统一，坚持独立自主地开展工会对外交往，坚持推进工会的理论创新、体制创新和工作创新等七个方面进一步丰富和完善中国特色社会主义工会发展道路的指导思想、根本任务、职能作用、组织体制、对外交往以及内在动力。这既构成了中国特色社会主义工会发展道路的基本内涵，也成为是否坚持走中国特色社会主义工会发展道路的评判标准。

中国特色社会主义工会发展道路基本形成后，立足国情，随着实践的发展，不断完善。2006 年 5 月，在全国工会领导干部高级研讨班上，王兆国再次提出工会工作要更好地服从服务于党和国家工作大局，解决面临的新情况新问题，不断提高新形势下的工会工作水平，坚定不移地走中国特色社会主义工会发展道路，就必须进一步加强工会理论研究。2008 年 4 月，针对建设中国特色社会主义工会，王兆国在全国工会领导干部理论研讨会议上提出：必须坚定不移地自觉接受党的领导，在推进党的工运事业发展中开创新局面；建设中国特色社会主义工会，必须坚定不移地服从服务于党和国家工作大局，团结动员广大职工在推动科学发展、促进社会和谐中展现新作为；建设中国特色社会主义工会，必须坚定不移地肩负起工会的神圣职责，在维护职工合法权益上取得新进展；建设中国特色社会主义工会，必须坚定不移地维护工人阶级的团结和工会组织的统一，为维护社会主义国家政权增添新力量。

2008 年 10 月，中国工会十五大召开，大会进一步指出中国工会要坚定不移地走中国特色社会主义工会发展道路。王兆国在中国工会十五大报告中，对中国特色社会主义工会的基本内涵，用“五个坚持”和“四个必须”进行了阐释。“五个坚持”即坚持中国共产党对工会的领导；坚持发挥工人阶级的主力军作用；坚持以职工为本，主动依法科学维权；坚持维护工人阶级团结和工会组织统一；坚持独立自主、互相尊重、求同存异、加强合作、增进友谊的工会对外方针。“四个必须”则是指必须以中国特色社会主义理论体系为指导，深入贯彻落实科学发展观；必须服从服务于党和国家工作大局；必须不断扩大覆盖面、增强凝聚力；必须坚持解放思想、改革创新。

2009 年，王兆国又从八个方面对中国特色社会主义工会发展道路的基本内涵进行了全面阐释：一是坚持自觉接受中国共产党的领导，二是坚持以中国特色社会主义理论体系为指导，三是坚持中国工会的社会主义性质，四是坚持服从服务于党和国家工作大局，五是坚持维护职工群众的合法权益，六是坚持不断发展工人阶级先进性，七是坚持维护工人阶级的团结和工会组织的统一，八是坚持推动形成公正合理的国际工运新秩序。相比较于之前的七个方面，这八个方面的内容更加全面和系统化。为了使中国特色社会主义工会发展道路越走越宽，王兆国还提出要处理好自觉接受党的领导与独立自主创造性地开展工作的关系、处理好争取政府支持与工会主动发挥作用的关系、处理好促进企业发展与维护职工权益的关系、处理好服务职工与依靠职工的关系、处理好学习借鉴国外工会有益经验与坚持中国工会特色的关系。

2012 年 1 月 6 日，王兆国在全国总工会十五届十一次主席团会议上的讲话中，对中国特色社会主义工会发展道路又进行了新的阐释，其基本内涵及表达进一步发生变化。这具体包括坚持自觉接受党的领导，坚持工会的社会主义性质，坚持不断发展工人阶级先进性，坚持构建和谐劳动关系，坚持维护职工合法权益，坚持完善社会主义劳动法律体系，坚持推动形成公正合理的国际工运新秩序，坚持以改革创新精神加强工会自身建设等内容。在同年 1 月 7 日召开的全国总工会十五届六次执委会上，通过了《中华全国总工会关于学习宣传实践中国特色社会主义工会发展道路的决议》。王兆国再次强调这八个方面，并对其具体内容进行了全面深刻的阐释。至此，中国特色社会主义工会发展道路的基本内涵得以明确。

随后，各级工会开始广泛开展学习宣传实践中国特色社会主义工会发展道路的活动，并将之作为 2012 年工会工作的主题，掀起学习宣传实践中国特色社会主义工会发展道路的高潮。2012 年 3 月，全国总工会在北京召开全国工会学习宣传实践中国特色社会主义工会发展道路座谈会。4 月，全国总工会在中央党校举办中国特色社会主义工会发展道路专题学习班，35 个省级工会的 87 名主要领导干部参加集中培训。此后，全国总工会又相继召开学习宣传实践中国特色社会主义工会发展道路暨服务职工活动南方片区、北方片区座谈会，以及学习宣传实践中国特色社会主义工会发展道路研讨会。全国总工会党组、书记处领导及各省、自治区、直辖市总工会主要负责同志带头宣讲，共组织宣讲活动 1 万多场，参加的工会干部职工 2000 多万人，形成了全方位、多角度、立体式的学习与宣传局面。从而加深了工会干部及广大职工群众对中国特色社会主义工会发展道路的认识与理解，推动了广大干部职工群众的积极贯彻与支持。

### （二）中国特色社会主义工会发展道路的基本内涵

中国特色社会主义工会发展道路是引领中国工运事业走向蓬勃发展的必由之路、成功之路、胜利之路。学习宣传实践中国特色社会主义工会发展道路“是高举中国特色社会主义伟大旗帜，坚持中国特色社会主义道路、理论体系、制度的内在要求”；“是应对国际国内形势发展变化，在党和国家工作大局中充分发挥作用的客观需要”；“是做好新形势下职工群众工作，不断增强党的阶级基础、扩大党的群众基础的必然选择”；“是提高工会建设科学化水平，继续开创党的工运事业繁荣发展新局面的重要保证”。[①] 因此，广大工会干部和工人阶级，只有深刻理解中国特色社会主义工会发展道路的基本内涵、精神实质和理论实践要求，才能不断增强对中国特色社会主义的道路自信、理论自信、制度自信，在思想上、政治上、行动上始终同党中央保持高度一致。

---

① 中华全国总工会研究室编：《沿着中国特色社会主义工会发展道路奋勇前进》，中国工人出版社 2013 年版，第 191—192 页。

全国总工会在《中华全国总工会关于学习宣传实践中国特色社会主义工会发展道路的决议》里，对中国特色社会主义工会发展道路内涵从八方面进行了全面深度的阐释，可以概括为“八个坚持”。其中，中国特色社会主义工会发展道路的核心是坚持党的领导，根本是坚持工会的社会主义性质，关键是维护职工合法权益。“八个坚持”的具体内涵如下。

一是坚持自觉接受党的领导。这是中国工会的根本政治原则，也是中国工会区别于西方工会的显著标志。必须坚持以中国特色社会主义理论体系为指导，贯彻落实党的路线方针政策，服从服务于党和国家工作大局；坚持对党负责和对职工群众负责相统一，把坚持党的领导与独立自主创造性开展工作结合起来；坚决维护工人阶级团结和工会组织统一，坚持全国建立统一的中华全国总工会，绝不允许出现“第二工会”，始终做密切党和职工群众联系的桥梁纽带。

二是坚持中国工会的社会主义性质。我国社会主义制度决定了中国工会的社会主义性质。必须坚持中国特色社会主义道路、理论体系和制度，坚持工会鲜明的阶级性、广泛的群众性和高度的政治性的统一。认清中国工会与西方工会的本质区别，增强政治敏锐性和政治鉴别力，保持清醒头脑和正确方向；在支持改革开放、推动科学发展，参与加强和创新社会管理、保持社会和谐，维护职工合法权益、促进社会公平正义等方面发挥积极作用，坚持和不断发展社会主义性质，始终做社会主义国家政权的重要社会支柱。

三是坚持发展工人阶级先进性。我国工人阶级是先进生产力和生产关系的代表，是推进中国特色社会主义伟大事业的主力军。必须推动党的全心全意依靠工人阶级根本方针的贯彻落实，倡导勤奋劳动、诚实劳动、创新劳动，弘扬工人阶级伟大品格和劳模精神，在全社会形成依靠主力军、建设主力军、发展主力军的浓厚氛围，充分发挥工会“大学校”作用，全面提高职工队伍的思想道德素质、科学文化素质和技术技能素质，保护好、调动好、发挥好职工群众的积极性主动性创造性，组织引导广大职工自觉投身全面建设小康社会伟大实践，始终做团结动员广大职工充分发挥主力军作用的重要人民团体。

四是坚持构建和谐劳动关系。工会是发展和谐劳动关系的重要推动力量，承担着重要的社会责任。必须正确认识我国劳动关系的性质和特点，以规范有序、公正合理、互利共赢、和谐稳定为目标，把劳动关系的建立、运行、监督、调处都纳入法制轨道；坚持党政主导的和谐劳动关系构建格局，主动站在协调劳动关系第一线，坚持依照法律通过协商、协调、沟通的办法化解劳动关系矛盾，不采取过激手段解决劳动纠纷；充分发挥工会与政府联席会议制度、协调劳动关系三方机制等作用，加强劳动合同、集体合同和职代会制度建设，着力推进“两个普遍”，深化创新厂务公开民主管理工作，促进企业与职工协商共事、机制共建、效益共创、利益共享，始终做发展社会主义新型劳动关系的重要社会力量。

五是坚持维护职工群众合法权益。维护职工合法权益是工会的神圣职责，代表和维护职工群众利益是工会一切工作的出发点和落脚点。必须贯彻落实“组织起来、切实维权”工作方针，把广大职工组织到党领导的工会中来，团结动员广大职工为实现党和国家的中心任务发挥主力军作用；切实维护职工群众的经济、政治、文化、社会权益，使广大职工共享改革发展成果。必须牢固树立“以职工为本，主动依法科学维权”工会维权观，坚持维权工作的根本宗旨、重要原则、核心理念、途径方法和总体格局，主动了解和帮助解决职工的实际困难与问题，变事后介入为事前参与，做到主动维权；监督企业依法经营，引导职工理性合法表达利益诉求，把维权纳入规范化、制度化、法制化轨道，做到依法维权；维权诉求应符合经济社会发展总体水平和企业生产经营状况，有利于扩大就业和提高职工工资收入，不简单照搬西方发达国家标准，做到科学维权。坚持“促进企业发展、维护职工权益”企业工会工作原则，组织引导职工做企业发展的主人，推动企业主动保障职工的合法权益，把企业建设成为企业和职工的利益共同体、事业共同体、命运共同体。必须推动党政主导的维护职工群众权益机制建设，促进利益协调机制、诉求表达机制、矛盾调处机制、权益保障机制的建立和完善，把维护全国人民总体利益与维护职工群众具体利益结合起来，把维权工作贯穿推动改革、促进发展、积极参与、大力帮扶的全过程，始终做职工合法权益的代表者和维护者。

六是坚持完善社会主义劳动法律体系。我国劳动法律法规是中国特色社会主义法律体系的重要组成部分，《工会法》《劳动法》《劳动合同法》等一系列劳动法律法规为履行工会各项职能、实现职工全面发展提供了法制保障。必须立足国情和工会工作实践，代表和组织职工加强立法参与，积极推动劳动法律法规的制定实施，从制度上、源头上维护职工各项权益，保障职工当家作主的权利。必须主动加大工会劳动法律监督力度，积极配合人大、政府、政协加强劳动法律执法检查、监察和视察工作，推动实现有法必依、执法必严、违法必究。必须大力开展法制宣传教育，使职工群众和工会干部增强法制观念，学会运用法律；充分运用法律武器履行工会职责，加强法律援助工作，把法律赋予的权利用好用足，始终做组织职工参与社会主义民主法制建设的重要渠道。

七是坚持推动形成国际工运新秩序。工会对外工作是工会全局工作的重要组成部分，是国家民间外交的重要方面。必须高举和平、发展、合作、工人权益的旗帜，遵循独立自主、互相尊重、求同存异、加强合作、增进友谊的方针，加强与国际、地区和各国工会的交往、交流与合作，切实维护我国国家利益和职工权益。必须服从服务于国家总体外交和工会全局工作，坚持学习不照搬、借鉴不接轨，拓展中国工会国际舞台，扩大中国工会国际影响，提高中国工会国际地位，始终做推动形成公正合理、民主和谐国际工运新秩序的积极力量。

八是坚持以改革创新精神加强自身建设。加强自身建设是工会工作创新发展的强大动力。必须加强工会思想建设、组织建设、作风建设、制度建设和反腐倡廉建设，充分激发工会组织特别是基层工会生机活力，提高工会服务科学发展、服务社会和谐、服务职工群众的能力本领。必须结合实际创新工会组织体制、运行机制和活动方式，建设学习型、服务型、创新型工会，使工会工作更好地体现时代性、把握规律性、富于创造性，始终做广大职工信赖的“职工之家”。

### （三）探索和形成中国特色社会主义工会发展道路的重大意义

在中国共产党的领导下，中国特色社会主义工会发展道路，是中国工会 80 多年、新中国成立 60 多年、改革开放 30 多年来发展经验与实践的总结与理论升华，是中国工会运动发展的历史选择，又是中国工会把握自身本质特征，明确与西方工会在产生、性质、职能、地位、组织等方面的本质区别和显著不同，坚持中国工会自身特色，在对外开放新格局中坚定不移走建设中国特色社会主义事业所取得的成就。中国工会在建设道路上，既没有仿效苏联，更没有照搬西方，而是立足中国特色社会主义工会道路，立足中国所处的世情、自身的国情和工会的会情，围绕中国工会“走什么样的工会发展道路、建设什么样的工会、工会发挥什么样的作用”这一重大时代课题，在继承优良传统和致力改革创新中，探索形成了中国特色社会主义工会发展道路。

中国特色社会主义工会发展道路的提出和完善离不开中国特色社会主义事业的发展以及中国特色社会主义理论体系的发展。中国工会高度自觉地坚持中国特色社会主义道路、中国特色社会主义理论体系和中国特色社会主义制度，在将之与中国工运事业结合的过程中探索形成的中国特色社会主义工会发展道路，适应了时代的要求、符合中国基本国情，体现了中国工会的性质，契合工运规律，是对马克思主义工运理论的继承和发展。中国工会十五大召开时，党中央在祝词中强调中国特色社会主义工会发展道路“体现了共产主义远大理想与中国特色社会主义共同理想的统一，体现了时代要求与中国国情的统一，体现了工人阶级长远利益与当前利益的统一”。① 只有坚定不移地沿着这条道路走下去，中国工会才能焕发蓬勃生机和旺盛活力，更好地担负起时代赋予的崇高使命。中国工会十六大指出，中国特色社会主义工会发展道路“是新世纪新阶段以来党的理论创新与工会实践相结合的科学总结，是我们党关于新时期工人阶级和工会工作重要思想的集中体现”。②

中国工会提出中国特色社会主义工会发展道路的理论，不仅深刻地揭示了中国工会的历史使命、本质特征、政治保证、理论指导、基本职责等重大问题，更加指明了中国工会的发展方向、发展目标、发展路径和发展动力，是繁荣发展党的工运事业的根本遵循。2008 年，党中央在给中国工会十五大的祝词中提出“全国各级工会组织要坚持中国特色社会主义理论体系、坚定不移地

---

① 中国工会十五大文件组编：《中国工会十五大文件汇编》，中国工人出版社 2008 年版，第 11—12 页。

② 李建国：《高举旗帜　改革创新　团结动员亿万职工在实现中国梦历史进程中充分发挥主力军作用——在中国工会第十六次全国代表大会上的报告》，《中国工运》2013 年第 11 期。

走中国特色社会主义道路，始终做到与时代发展同步伐、与改革开放共命运、与党和职工群众心连心，使中国特色社会主义工会发展道路越走越宽广”。① 胡锦涛在同全国总工会新一届领导班子和中国工会十五大部分代表座谈会上的讲话中指出，“中国特色社会主义工会发展道路是中国特色社会主义道路的重要组成部分”。他提出，一方面要全面把握中国特色社会主义工会发展道路的精神实质，做到三个结合，即“把坚决按照工会章程和有关法律法规独立自主开展工作同自觉接受党的领导紧密结合起来，把维护职工群众具体利益同维护全国人民根本利益紧密结合起来，把服务职工、维护职工合法权益同组织职工、教育引导职工紧密结合起来，不断提高为职工群众服务的能力和水平”；另一方面“要准确把握经济关系、劳动关系和职工队伍发展变化的新特点，探索社会主义市场经济条件下工会工作的规律，努力使中国特色社会主义工会发展道路越走越宽广”。②

中国工会十六大指出，“中国特色社会主义工会发展道路适应时代要求、符合基本国情、体现工会性质、契合工运规律，科学回答了‘走什么样的工会发展道路、建设什么样的工会、工会发挥什么样的作用’的重大时代课题”，坚持中国特色社会主义工会发展道路保持了中国工会工作的正确政治方向。大会还从“六个始终”的角度对坚持中国特色社会主义工会发展道路、推进中国工运事业的实践中积累的宝贵工作经验进行了总结：一是“始终自觉接受党的领导，坚决贯彻落实党中央的重要指示精神，依照法律和章程独立自主地开展工作”；二是“始终重视科学理论的指导作用，紧跟党的理论创新步伐，以工会理论创新带动体

---

① 中国工会十五大文件组编：《中国工会十五大文件汇编》，中国工人出版社2008年版，第12页。

② 中国工会十五大文件组编：《中国工会十五大文件汇编》，中国工人出版社2008年版，第5页。

制创新和工作创新”；三是“始终围绕党和国家工作大局，立足群众组织特点优势，在推进中国特色社会主义伟大事业中充分发挥工会组织作用”；四是“始终站在职工群众立场上说话办事，积极发展和谐劳动关系，旗帜鲜明地维护职工群众权益”；五是“始终注重提升服务科学发展、服务职工群众的能力，主动争取更多资源和手段，推动形成社会化工作格局”；六是“始终自觉把握世界大势，立足国情会情，坚持独立自主走自己的路”。

中国特色社会主义工会发展道路的形成，系统回答了21世纪以来中国工会举什么旗，走什么路，实现什么目标这一理论问题。2013年4月28日，中共中央总书记、国家主席、中央军委主席习近平在同全国劳动模范代表座谈时强调，“中国特色社会主义工会发展道路是中国特色社会主义道路的重要组成部分，深刻反映了中国工会的性质和特点，是工会组织和工会工作始终沿着正确方向前进的重要保证。要始终坚持这条道路，不断拓展这条道路，努力使这条道路越走越宽广”①。中国工会坚定不移地走中国特色社会主义工会发展道路是历史的必然和现实的必需，广大工会干部深入学习、广泛宣传、自觉遵循，不断推动中国特色社会主义工会事业的发展，中国特色社会主义工会发展道路也在实践过程中不断拓展和丰富其实践特色、理论特色、时代特色，引领广大职工，为全面建成小康社会、实现中华民族伟大复兴的中国梦而不断奋斗。

## 四、深入推进“两个普遍”工作

党的十七大以及中国工会十五大召开后，各级工会继续落实

① 习近平：《实干才能梦想成真》（2013年4月28日），中共中央党史和文献研究院编：《习近平关于工人阶级和工会工作论述摘编》，中央文献出版社2023年版，第3页。

“组织起来、切实维权”这一工会工作方针以及中国特色社会主义维权观。立足经济关系以及劳动关系领域的新变化，中国工会继续围绕新形势下“建设什么样的工会、怎样建设工会”的重大问题进行探索，以人为本，深入推进“两个普遍”，构建和谐劳动关系，推进广大劳动者实现体面劳动。

### （一）推广“双措并举、二次覆盖”

随着中国特色社会主义工会发展道路理论内涵的不断发展，工会工作指导方针也不断丰富，开创建设中国特色社会主义工会新局面。在基层工会组建工作中，各地在实践中也形成了典型经验，其代表就是“双措并举、二次覆盖”。2003 年山西阳泉在上站街道建立全市第一家工会联合会，覆盖 6 个中小型企业工会、567 名会员；其后又以地域相近、行业相同为组建原则，建立起形式多样的街道工会联合会，社区村工会联合会，楼宇、一条街、餐饮业、市场工会联合会等基层工会。阳泉市通过社会化选聘方式，为工会联合会配备职业化工会干部，按照该市最低工资的 120%支付工资，并为其缴纳各类社会保险。其工资由省、市、县（区）三级工会分担，其福利待遇与正式职工一样。在基层工会联合会建立过程中，阳泉市总工会遵循联合制、代表制原则，从该组织上贯通联合会与其所属基层工会的关系，以发挥上级工会代行维权职责的“以上带下”“以上代下”功能。①

“双措并举、二次覆盖”就是通过建立区域性、行业性基层工会联合会，面向社会招聘职业化工会工作者。“双措并举”是前提、是关键，“二次覆盖”是目的、是效果。② 通过这一方式，

---

① 中华全国总工会组织部，中华全国总工会基层组织建设部编：《企业工会组建工作培训教材》，中国工人出版社 2011 年版，第 90 页。

② 中华全国总工会组织部，中华全国总工会基层组织建设部编：《企业工会组建工作培训教材》，中国工人出版社 2011 年版，第 87 页。

在小型非公有制企业各自建立工会组织的基础上组建区域性行业性基层工会联合会，为动态中推进本区域、本行业企业工会组建、会员发展构建起了一个坚固的“前沿阵地”。基层工会联合会及时、永续推动流水的小型非公有制企业组建工会，将组建工会与工会发挥作用有机结合，把基层工会建设与加强基层工会干部队伍建设有机结合，加强了工会组织的凝聚力与吸引力。基层工会联合会通过从社会招聘社会化工会工作者，优化工会工作者队伍结构，解决了基层专职工会干部人员少、力量弱的问题。

2009 年 3 月，全国总工会在阳泉召开了全国工会基层组织建设暨县级工会工作会议，阳泉等地介绍了建立基层工会联合会、聘用社会化工会工作者的经验，并将之称为“双措并举、二次覆盖”。会议重点总结推广了山西省阳泉市总工会等地工会组建工作经验，认为“双措并举、二次覆盖”这一方式破解了小型非公有制企业建会难、维权难的时代课题，明确提出要在全国范围大力开展“双措并举、二次覆盖”工作，“通过两至三年的努力，切实推进小型非公有制企业工会联合会的建立有一个大幅度进展，推进社会化工会工作者的数量有一个大幅度增长”的工作目标，加强工会基层组织建设。

2010 年 2 月，王兆国在全国总工会十五届三次执委会议上的讲话中指出，要以改革创新的精神全面加强工会自身建设，努力建设学习型、服务型、创新型工会。要着眼于党建带动工建、工建服务党建，大力加强工会组织建设，不断创新工会组织体制运行机制、活动方式，最大限度地把包括农民工、劳务派遣工在内的广大职工组织到工会中来，扩大工会组织覆盖面。要始终把工作重点放在基层，创新联系职工群众的载体，畅通联系职工群众的渠道，把工会建设牢牢扎根于职工群众之中，增强工会工作凝聚力。要坚持和健全工会民主集中制，保持与会员的密切联系，提高会员对工会事务的参与度。2010 年 7 月，王兆国在全国总工会十五届六次主席团会议上的讲话中指出，要深入推进双措并举、二次覆盖，建立区域性、行业性基层工会联合会，规范基层工会联合会建设。要以农民工、劳务派遣工为主要对象，切实提高已建会企业职工入会率，最大限度组织职工加入工会，夯实工会工作基础。

### （二）深入贯彻“两个普遍”

全国总工会十五届四次执委会议上提出“两个普遍”：要依法推动企业普遍建立工会组织，最广泛地把包括农民工、劳务派遣工在内的广大职工吸引到工会组织中来；要依法推动企业普遍开展工资集体协商，推动建立健全企业职工工资协商共决机制、正常增长机制和支付保障机制，不断提高工资集体协商水平，努力实现保障职工合法权益与促进企业健康发展的和谐统一。“两个普遍”主要着力于工会组织建设及以工资集体协商为核心的维权建设，这既是对“组织起来、切实维权”方针的进一步发展，又进一步丰富了中国特色社会主义工会维权观。会议通过了《中华全国总工会关于进一步加强企业工会工作充分发挥企业工会作用的决定》。在加快依法推动企业普遍建立工会组织的步伐中，各级工会开展了“广普查、深组建、全覆盖”建会集中行动。2011 年 1 月，在贯彻“两个普遍”的工作部署中，全国总工会颁发了《中华全国总工会 2011—2013 年推动企业普遍建立工会组织工作规划》《中华全国总工会 2011—2013 年深入推进工资集体协商工作规划》。

各地工会立足自身实际，积极采取措施贯彻落实，形成了一批典型经验，如餐饮行业工资集体协商的“武汉样本”。2011 年，武汉餐饮企业有 4 万多家，常态从业人员达到 45 万人，年产值 500 多亿元。根据武汉市总工会调查发现，80% 以上的企业只保证大厨和服务总监等高端员工的福利待遇，普通员工不仅薪酬随意性很大，而且权益缺乏保障。基于武汉市尚未建立餐饮行业工会联合会，武汉市总工会通过“以上代下”的方式，由武汉市商贸金融烟草联合会代表职工，武汉餐饮协会代表企业方，双方进行集体协商。双方重点对工资分配制度、最低工资标准、工资增长机制、加班工资、医疗待遇、女职工保护等 11 个项目进行磋商，经过多轮协商，最终达成一致。① 2011 年 4 月 23 日，《武汉市餐饮行业工资专项集体合同》正式签订。根据该集体合同，武汉餐饮行业在与员工签订用工合同时，薪酬福利不得低于该合同标准。如远城区餐饮从业人员最低工资不低于 996 元，中心城区不低于 1196 元。当年已签订用工合同的，若工资低于此标准，须依据新标准重新签订。合同还规定 2011 年餐饮行业职工工资涨幅不低于 9%。企业若违反合同规定，将依法承担相关责任。随后，依据该合同，武汉市餐饮行业开始按照标准进行自查，3000 余家餐饮企业为职工不同程度地涨了工资。② 武汉市总工会也积极运用法律、行政等手段，加强对履约情况进行监督检查，督促企业自觉按照行业标准执行。

当时关于行业性工资集体协商，尚未有一部全国性的指导办法，企业开展工资集体协商主要依据 2000 年原劳动和社会保障部颁布的《工资集体协商试行办法》。这次集体协商酝酿许久，仅“谈判”就用了将近两个月，“摸着石头过河”。《武汉市餐饮行业工资专项集体合同》成为当时涉及从业人员最多的一份工资专项集体合同，不仅成为武汉市其他行业的标杆，也成为全国的一个典范，引发全国关注。王兆国作出批示，要求“认真总结武汉样本经验，提高集体协商的能力效果和水平”。

---

① 文慧，胡文辉：《武汉餐饮行业首签工资集体合同》，《湖北日报》2011 年 4 月 24 日第 3 版。

② 文慧，胡文辉：《中华全国总工会推介工资集体协商“武汉经验”》，《湖北日报》2011 年 5 月 23 日第 2 版。

2011 年 5 月 19 日，全国总工会在武汉召开深入推进行业性工资集体协商工作座谈会，重点推介了“武汉经验”。当年 9 月，美国第二大工会——变革谋胜利工会联合会到全国总工会访问交流，在听取武汉市总工会的工资集体协商工作情况介绍后，称赞在维护职工权益方面，“中国工会真正在发挥作用”。2012 年 1 月 2 日，“武汉工会首推餐饮行业工资集体协商”入选中央电视台“中国年鉴 · 2011‘十大事件’”。各地工会也结合实际，学习、借鉴并加以推广。如沈阳市工会组织着眼“三个最大限度”推动工资集体协商，武汉市经济技术开发区签订全国首份国家级开发区工资专项集体合同，海南酒店与餐饮行业签订了行业工资专项集体合同，大连高新区软件行业签订了首份针对高学历、高素质、高技能白领群体的覆盖 589 家企业、10 余万名职工的工资专项集体合同。①

随着“两个普遍”的贯彻落实，中国工会进一步明确了大力推进构建社会主义和谐劳动关系的目标。立足劳动关系性质与特点，中国工会坚持和谐发展、互利共赢的劳动关系理念以及“促进企业发展、维护职工权益”的企业工会工作原则。和谐劳动关系建设，离不开职工群众的积极参与和大力支持，各级工会要引导职工与企业同呼吸、共命运，依法理性表达利益诉求，共建共享。各级工会也不断加强源头参与，加强依法维护职工权益，重视发挥劳动争议调解制度、工会与政府联席会议、劳动关系三方协商机制等作用的发挥。

2011 年 1 月，在全国总工会十五届八次主席团会议上，王兆国指出“劳动关系矛盾在我国属于人民内部矛盾，不具有根本的对抗性。我们已经建立了比较完善的调整劳动关系的法律法规和

① 中华全国总工会编：《中国工会年鉴（2013）》，《中国工会年鉴》编辑部 2013 年版，第 48 页。

制度体系，应当也完全可以通过协商、协调、沟通的办法来解决劳动关系矛盾，这既是我们党和国家性质所决定的，也是中国工会的职责和优势。工会是维护职工合法权益的组织，在企业要代表和维护职工的利益。经过协商、协调、沟通仍达不成共识、解决不了问题的，还有党和政府来解决，我们国家有党和政府主导的维护群众权益机制，政府有权督促企业执行劳动法律法规和政策，落实职工群众合法权益”。在此基础上，他提出“要坚持以规范有序、公正合理、互利共赢、和谐稳定为目标，充分考虑劳动关系双方地位和作用的均衡，把劳动关系的建立、运行、监督、调处等环节都纳入法制轨道”，力争把构建和谐劳动关系纳入经济社会发展规划，形成“党委重视、政府支持、各方配合、合力推进”的工作格局。

在扎实推进“两个普遍”工作过程中，工会覆盖面进一步扩大，组织凝聚力也进一步增强，维权力度不断提升，促进了职工队伍与社会稳定，也推进了和谐劳动关系建设与发展。2011 年 8 月，全国构建和谐劳动关系先进表彰暨经验交流会在北京举行。这是国家第一次召开的构建和谐劳动关系会议。习近平出席会议并讲话。他指出“构建和谐劳动关系，是建设社会主义和谐社会的重要基础，是增强党的执政基础、巩固党的执政地位的必然要求，是坚持中国特色社会主义道路、贯彻中国特色社会主义理论体系、完善中国特色社会主义制度的重要组成部分，其经济、政治、社会意义十分重大而深远”。① 讲话要求各级党委和政府进一步提高认识、强化责任，把构建和谐劳动关系作为一项重要而紧迫的政治任务抓实抓好。随后，全国总工会发出通知，要求认真学习宣传贯彻全国构建和谐劳动关系先进表彰暨经验交流会精神。

① 《全国构建和谐劳动关系先进表彰暨经验交流会在北京举行》，《光明日报》2011 年 8 月 17 日第 3 版。

2012年1月，王兆国在全国总工会十五届六次执委会议上的讲话中指出，要“继续依法推动企业普遍建立工会组织、普遍开展工资集体协商，最广泛地把包括农民工、劳务派遣工等在内的职工群众组织到工会中来，把行业（区域）工资集体协商与企业工资集体协商有机结合起来，保障职工工资正常增长和及时支付，推动最低工资标准逐步提高，促进合理有序的收入分配格局加快形成；推动厂务公开民主管理工作深入发展，广泛开展和谐劳动关系创建活动，打牢保障职工权益、保持社会稳定的坚实基础”。各级工会坚持全心全意为职工群众办实事，积极开展创建劳动关系和谐企业活动，共促企业发展、共享发展成果，不断推进工运事业前进，为和谐社会建设作出贡献。

## 第十五章

# 工人阶级队伍的发展壮大与劳动关系领域新情况

进入21世纪后，中国工人阶级队伍变化显著。在坚持公有制为主体、多种所有制经济共同发展的基本经济制度中，中国工人阶级队伍不断发展壮大，而且在结构组成方面也发生重大变化，农民工成为中国工人阶级的重要组成部分。工人阶级在不同产业、不同所有制企业的分布状况、职工队伍的思想文化状况及劳动权益意识，以及劳动关系市场化下出现的一系列状况，深刻影响了这一时期工会工作的趋向。

## 一、迈入21世纪后工人阶级队伍基本状况

随着改革开放的不断深化，国民经济进一步发展，工人阶级队伍不断壮大，从2002年到2006年，职工队伍人数从2.07亿人增加到2.7亿人，年均增长达到6.9%。企业职工是职工队伍的主体，占比达到72.2%。在职工队伍总体数量占比中，农民工数量进一步增大，在一些产业领域已经占据主体地位。[①] 截至2011年底，全国共有职工35061.4万人，比2007年增加6262.6万人，

① 中华全国总工会研究室编：《第六次中国职工状况调查》，中国工人出版社2010年版，第41页。

增长 21.7%。[①] 在性别方面，男性比重略高于女性。特别是非正规就业人员规模不断扩大，从 2007 年到 2011 年，每年有 1.45 亿到 1.58 亿人员以非正规就业形式劳动，约占城镇就业人员总数的 40%。[②] 职工性别分布方面，男性职工多于女性职工。与经济发展格局相呼应，东部地区职工分布数远大于中西部地区。广东、江苏、山东、浙江等省份是职工数量分布多、排名前列的重要地区。

### (一) 职工产业分布集中

进入 21 世纪后，随着经济发展与产业结构的调整，职工的产业分布开始出现显著变化。城镇职工向第三产业集中趋势明显，农民工群体则在第二产业中分布较多。2007 年，第六次中国职工状况调查显示，职工分布产业发生进一步变化。其中第一产业占比 1.7%，第二产业占比 46.6%，第三产业占比 51.7%。[③] 特别是城镇职工越来越多地转向第三产业，城镇职工在第三产业的占比从 2002 年的 57.5%进一步提高，达到 67.1%。[④] 从具体行业来看，制造业、建筑业、批发和零售业依然是职工分布较为集中的几个行业。其中制造业占比最大，其次为建筑业，最后为批发和零售业。

2012 年第七次中国职工状况调查显示，从 2007 年到 2011 年底，第二产业的从业人员从 4.5 亿人增加至 5 亿人，增长达到

---

① 中华全国总工会研究室编：《第七次中国职工状况调查》上卷，中国工人出版社 2013 年版，第 33 页。

② 中华全国总工会研究室编：《第七次中国职工状况调查》上卷，中国工人出版社 2013 年版，第 70 页。

③ 中华全国总工会研究室编：《第六次中国职工状况调查》，中国工人出版社 2010 年版，第 40 页。

④ 中华全国总工会研究室编：《第六次中国职工状况调查》，中国工人出版社 2010 年版，第 40 页。

11.7%。与之相应地，第二、三产业的从业人员在全部从业人员中的比例也有所上升，从2007年的59.2%上升到65.2%。① 在具体分布方面，第二、三产业职工人数基本持平，城镇职工多集中在第三产业，农民工多集中在第二产业。2012年第七次中国职工状况调查显示，第一产业职工占比4.2%，第二产业职工占比47.6%，第三产业职工占比48.2%。57.6%的城镇职工分布在第三产业，而农民工情况恰恰相反，62.9%的“70后”“80后”的农民工分布在第二产业。②

### （二）职工综合素质增强

进入21世纪后，劳动者队伍新老更替速度开始加快。“70后”“80后”职工已经成为职工队伍的主力。

在职工文化素质方面，职工总体教育程度普遍提高。2007年第六次中国职工状况调查显示，职工文化水平相较于2002年有明显的提高。

在职工受教育程度方面，全部职工平均受教育年限增加到11.48年，其中城镇职工平均受教育年限为12.37年，农民工平均受教育年限为10.43年。其中初中文化水平的职工占比30.6%，高中文化占比26.6%。③ 2012年第七次中国职工状况调查显示，职工队伍全体平均受教育年限上升到12.95年。特别是大专（高职）水平职工增加到25.6%，比2007年的16.9%提高8.7%。④

---

① 中华全国总工会研究室编：《第七次中国职工状况调查》上卷，中国工人出版社2013年版，第56页。

② 中华全国总工会研究室编：《第七次中国职工状况调查》上卷，中国工人出版社2013年版，第56页。

③ 中华全国总工会研究室编：《第六次中国职工状况调查》，中国工人出版社2010年版，第64页。

④ 中华全国总工会研究室编：《第七次中国职工状况调查》上卷，中国工人出版社2013年版，第56页。

在职工技术水平方面，呈现持续增长状态。2012 年第七次中国职工状况调查显示，受调查职工中拥有专业技术职称的占比 46%，比 2007 年提高了 12.8%。其中拥有初级职称的职工占比 21.9%，拥有中级职称的占比 19.1%，拥有高级职称的占比 5%，比 2007 年分别提高了 7.2%、3.9%、1.7%。[①] 专业技术人员中拥有专业技术职称的占比高达 86.8%，比 2007 年提高了 4%。此外，调查显示 52%的职工接受过技校、职高、中专、高职等职业教育，专业技术人员中接受过职业教育的比例高达 62.6%，这有力地促进了职工技术技能水平的提高。

### （三）职工收入稳步提升

在职工收入方面，2007 年第六次中国职工状况调查显示，职工月收入平均工资为 1366.9 元。其中城镇职工月平均工资为 1520.27 元，相较于 2002 年的 1037.21 元，增加了 483.06 元，提高了 46.6%。76.6%的职工近五年来工资收入有所增加，加入工会的职工平均工资为 1569.79 元，高出未加入工会职工工资的 31%。[②] 2012 年第七次中国职工状况调查显示，全国职工月平均工资为 2562.5 元，相较于 2007 年城镇职工月平均工资增长了 68.6%。农民工月平均工资达到 2368.72 元，相较于 2007 年增长比例达到 95.6%。[③] 农民工与城镇职工的收入差距扩大趋势有所减缓。2012 年的调查显示，“城镇居民家庭人均可支配收入中近 2/3 来自工资性收入，农村居民家庭人均纯收入中近 1/2 来自工

① 中华全国总工会研究室编：《第七次中国职工状况调查》上卷，中国工人出版社 2013 年版，第 34 页。

② 中华全国总工会研究室编：《第六次中国职工状况调查》，中国工人出版社 2010 年版，第 43 页。

③ 中华全国总工会研究室编：《第七次中国职工状况调查》上卷，中国工人出版社 2013 年版，第 72 页。

资性收入，2007 年至 2012 年，城镇居民家庭可支配收入增长了 78.2%，农村居民家庭人均纯收入增长了 91.2%”。①

工资收入的增加提高了职工家庭的生活水平。2002 年第五次中国职工状况调查显示，职工认为家庭生活水平有很大提高的占比 4%，有所提高的占比 53.6%。2007 年，调查显示，职工认为家庭生活水平有很大提高的占比 10.1%，增加了 6.1%，认为生活有所提高的占比 63.1%，增加了 9.5%；相应地，认为家庭生活水平有所下降的或有很大下降的，占比分别从 15.7%、4.5%下降到 8.7%、2.2%。② 2012 年调查显示，认为自己的工资收入水平在所在城市属于中等偏上或高收入的职工占比 9.7%，表示自己的工资收入水平在所在城市属于中等的职工占比 40.4%。③ 特别是在职工家庭收入支出方面，教育、文化、娱乐、服务性支出开始稳步提升。

### （四）职工思想精神状态稳定积极

进入 21 世纪后，职工对国家社会发展非常关注。广大职工拥护党和国家的各项大政方针，并能积极践行。对党的领导，广大职工抱以信任、拥护和支持的基本态度，支持改革开放政策。职工也深刻地认识到工人阶级的地位与重要性。广大职工对于以人为本的科学发展观和构建社会主义和谐社会的理念也非常认可。

2007 年第六次中国职工状况调查显示，94.2%的职工认为以人为本的科学发展观“符合中国经济发展现实”“能让广大群众

① 中华全国总工会研究室编：《第七次中国职工状况调查》上卷，中国工人出版社 2013 年版，第 37 页。

② 中华全国总工会研究室编：《第六次中国职工状况调查》，中国工人出版社 2010 年版，第 68 页。

③ 中华全国总工会研究室编：《第七次中国职工状况调查》上卷，中国工人出版社 2013 年版，第 37 页。

得到实惠”“有利于促进经济社会和城乡协调发展”；88.2%的职工认为构建社会主义和谐社会的战略思想“符合中国社会实际，有利于促进社会稳定”“合民心，顺民意，能让广大群众得到实实在在的好处”。特别是职工思想也较为理性，如认为落实科学发展观等需要经过长期努力才能实现。①

2012 年第七次中国职工状况调查显示，76%的职工了解或听说过社会主义核心价值体系的内容；77.8%的职工对改革开放使自己的生活变得更好表示赞同；82.3%的职工赞成应该继续坚持改革开放；79.4%的职工对全面建成小康社会拥有信心；66.3%的职工相信自己未来的生活会变得更好。② 广大职工普遍认同以爱国主义为核心的民族精神和以改革创新为核心的时代精神，特别是广大职工以之鼓励自己勤奋劳动、无私奉献。在对改革开放的看法中，82.3%的职工赞成继续坚持改革开放，77.8%的职工表示改革开放使其生活变得更好了，61.9%的职工表示能享受到比较充分或一定程度的社会保障。③ 66.5%的职工对“十二五”规划目标持肯定和乐观态度，59.7%的职工对建党 100 周年时建成惠及全体人民的小康社会表示“充满信心”或“比较有信心”。④ 广大职工对未来预期普遍乐观。

这一时期，职工的思想精神状态表现出两个基本特点。

一是广大职工道德观念积极向上，社会责任感明显增强。特别是广大职工群众对于爱国、敬业、诚信、友善等职业道德规范

① 中华全国总工会研究室编：《第六次中国职工状况调查》，中国工人出版社 2010 年版，第 140 页。

② 中华全国总工会研究室编：《第七次中国职工状况调查》上卷，中国工人出版社 2013 年版，第 119 页。

③ 中华全国总工会研究室编：《第七次中国职工状况调查》上卷，中国工人出版社 2013 年版，第 138 页。

④ 中华全国总工会研究室编：《第七次中国职工状况调查》上卷，中国工人出版社 2013 年版，第 139 页。

以及“尊老爱幼、男女平等、夫妻和睦、勤俭持家、邻里互助”的家庭美德高度认同。特别是在这一时期，广大职工有着积极向上的劳动观。职工群众对“最美教师”“最美乡村医生”“最美司机”等时代楷模高度认同。面对国际金融危机的冲击，面对汶川大地震、舟曲特大山洪泥石流、玉树地震等重大自然灾害，广大职工识大体、顾大局，同舟共济，共克时艰，发扬“信念坚定、立场鲜明、艰苦奋斗、勇于奉献、胸怀大局、纪律严明、开拓创新、自强不息”的工人阶级的伟大品格，弘扬劳模精神，凝聚共识，为实现中国梦而不断奋斗。

二是职工队伍心态总体乐观进取，个人价值取向更加现实与理性。广大职工更加重视实现权益。在工作中，越来越多的职工希望通过劳动获得更多收入，勇于竞争，但也不希望工作压力太大，不再认同“重复的工作、最低的工资、围墙的管理”。[①] 职工更加注重经济利益提升的同时，也注重精神文化生活的丰富，追求生活质量的提高。很多职工将网站、微博等作为信息获取的重要渠道。职工在利益诉求的表达方面更加理性。如在 2010 年南海本田事件中，工人已经开始出现代际更迭的情况，“尽管上千工人参与到停工和表达诉求之中，但厂区秩序良好，劳资双方都没有出现过激行为和不理智举动”。[②] “在整个事件中，工人并不是仅仅诉诸自己的利益，也开启了建立新的生产秩序的进程。基于此，在相关各方相互理解和接纳后，尽快恢复了生产”。[③]

值得注意的是，由于收入差距拉大等原因，职工对于就业难、

---

① 中华全国总工会研究室编：《第七次中国职工状况调查》上卷，中国工人出版社 2013 年版，第 139 页。

② 《本田汽车零部件制造公司因劳资纠纷停工　本田在华整车企业全线停产》，《人民日报》2010 年 5 月 28 日第 15 版。

③ 冯同庆、王侃、闻效仪：《“事后协商”与“事先协商”——一种始于自发而被推广还可创新的模式和经验》，《中国工人》2012 年第 9 期。

看病贵、房价高等问题颇有微词。一部分职工精神压力与心理负担较大，存在不满情绪。职工心理健康方面的问题开始凸显。

## 二、农民工成为工人阶级队伍的重要组成部分

进入21世纪以来，随着中国经济社会发展，特别是城镇化进程的加快，越来越多的农民成为中国工人阶级队伍的重要组成部分。随着经济不断发展，特别是工业化与城镇化进程的加快，进城务工人员的数量不断增长。进城务工人员已经成为中国劳动大军的重要组成部分。农民工为中国的现代化建设做出重要贡献，是推进中国城市化和加快中国工业化的重要途径，特别是“农民外出务工，进城打工，是工业带动农业、城市带动农村、发达地区带动落后地区的有效形式，是走中国特色城镇化道路的现实途径”。[①] 2003年，中国工会十四大报告中直接提出“一大批进城务工人员成为工人阶级的新成员”。2004年中央一号文件《中共中央 国务院关于促进农民增加收入若干政策的意见》中，明确提出“进城就业的农民工已经成为产业工人的重要组成部分”。[②]

### （一）农民工总体情况

#### 1. 农民工规模不断扩大

2006年，农村出乡镇从业的农民工达到1.3亿人[③]，占到城

① 《“三农”问题的重大举措——国务院研究室副主任韩长赋解读〈国务院关于解决农民工问题的若干意见〉》，《农村工作通讯》2006年第4期。

② 《中共中央 国务院关于促进农民增加收入若干政策的意见》，《中华人民共和国国务院公报》2004年第9期。

③ 中华全国总工会研究室编：《第六次中国职工状况调查》，中国工人出版社2010年版，第69页。

镇从业人员总数的46%[①]。2007年第六次中国职工状况调查显示，农民工已经成为中国产业工人的主要力量。到2008年时，全国农民工总计达到22542万人。从外出农民工的地域分布来看，中部、西部地区是外出农民工的主要输出地。东部地区是农民工输入的重要地区。到2012年，全国农民工增加到26261万人。根据国家统计局《2012年全国农民工监测调查报告》，其中东部地区有农民工11191万人；中部地区有农民工8256万人；西部地区有农民工6814万人[②]。从总的情况来看，东部地区依然是农民工主要的分布地区。从农民工的群体构成来看，在性别方面，男多女少。到2012年时，男性农民工占比66.4%。在劳动（受雇）关系方面，到2012年时，外出农民工中受雇人员占总外出人数比为95.3%，本地农民工受雇人员占本地农民工总数比为72.8%[③]。从受雇关系可以发现，农民工确实已经成为工人阶级的重要组成部分。

2. 农民工文化水平提升

在年龄及文化方面，农民工群体整体较为年轻；在文化方面，农民工群体中初中文化水平者较多。2002年第五次中国职工状况调查显示，进城务工人员平均年龄38.07岁，比城镇职工低3.46岁；平均受教育年限为9.68年，比城镇职工少2.29年；[④] 57.9%

① 中华全国总工会研究室编：《第六次中国职工状况调查》，中国工人出版社2010年版，第65页。

② 国家统计局：《2012年全国农民工监测调查报告》，2013年5月27日，国家统计局网站。

③ 国家统计局：《2012年全国农民工监测调查报告》，2013年5月27日，国家统计局网站。

④ 中华全国总工会研究室编：《第五次中国职工状况调查》，中国工人出版社2006年版，第26页。

的农民工在就业后未再接受过职业技能培训。① 一些接受过培训的农民工所掌握的技能也仅限于基本操作，技术含量不高。由于文化水平较低，且大多缺乏技术能力，农民工从事的劳动多是比较苦、累、脏、险的工作，且工作稳定性较差。到 2012 年，40 岁以下的农民工仍然占到农民工总数的 59.3%。② 农民工平均受教育年限为 11.50 年，仍然低于城镇职工的 13.77 年。受教育程度在高中及中专以下的农民工占 76%，高于城镇职工的 49.6%。③ 值得注意的是，外出农民工中年轻农民工文化程度相对较高。外出农民工中初中文化水平的占比 62%，高中、中专、大专及以上文凭的占比 26.5%。30 岁以下青年农民工中初中文化水平的占比 57.8%，高中、中专、大专及以上文凭的占比 36.4%。④ 总体来看，农民工的文化水平有所提升。特别是各地农民工技能培训及农民工学校的发展，有力地增强了农民工的文化素质。

3. 农民工就业地区分布领域变化

在农民工主要分布企业类型及产业方面，东南沿海地区的非公有制经济单位成为农民工流入的主要地区。特别是以广东为代表的珠三角地区，农民工已经成为职工队伍的主体构成。到 2007 年时，农民工群体已经成为非公有制经济中劳动力的主体构成。到 2012 年时，在就业领域的分布方面，制造业、建筑业、服务业是农民工分布最多的三大领域。其中，制造业是农民工分布最多的领域，建筑业的从业农民工数量也稳步增加。

---

① 中华全国总工会研究室编：《第五次中国职工状况调查》，中国工人出版社 2006 年版，第 108 页。

② 国家统计局：《2012 年全国农民工监测调查报告》，2013 年 5 月 27 日，国家统计局网站。

③ 中华全国总工会研究室编：《第七次中国职工状况调查》上卷，中国工人出版社 2013 年版，第 47 页。

④ 国家统计局：《2012 年全国农民工监测调查报告》，2013 年 5 月 27 日，国家统计局网站。

表 15.1　2008—2012 年农民工从事的主要行业分布占比情况

单位：%

| 行业 | 2008 年 | 2009 年 | 2010 年 | 2011 年 | 2012 年 |
|---|---|---|---|---|---|
| 制造业 | 37.2 | 36.1 | 36.7 | 36.0 | 35.7 |
| 建筑业 | 13.8 | 15.2 | 16.1 | 17.7 | 18.4 |
| 交通运输、仓储和邮政业 | 6.4 | 6.8 | 6.9 | 6.6 | 6.6 |
| 批发零售业 | 9.0 | 10.0 | 10.0 | 10.1 | 9.8 |
| 住宿餐饮业 | 5.5 | 6.0 | 6.0 | 5.3 | 5.2 |
| 居民服务和其他服务业 | 12.2 | 12.7 | 12.7 | 12.2 | 12.2 |

资料来源：国家统计局《2012 年全国农民工监测调查报告》。

## （二）农民工工时、工资及相关社会保障情况

与城镇职工相比，农民工整体经济状况较差，流动性较强，劳动时间普遍较长，但工资收入更低。农民工群体的职业身份大多是企业工人，其在劳动收入、生产安全、社会保障等劳动权益方面，受损明显。劳动合同的签订和履行状况较差，这是其合法权益被侵犯的主要表现形式之一。特别是大量中小型企业中雇用的临时工较多，很多未签劳动合同，口头约定的情况较多，以致当劳动者合法权益受损失时维权艰难。同工不同酬和同工不同权等情况也很明显。

到 2007 年，随着经济发展以及整顿农民工欠薪问题等一系列保护农民工权益的政策的颁布和实施，农民工的工资收入也有所增加。农民工在劳动合同签订方面的情况，总体上有很大改善。农民工签订劳动合同的占比 55.5%，加上聘用合同（占比 3.6%）

和劳务合同（占比 10. 4%），总占比达到 69. 5%。[①] 农民工的社会保障方面也有所发展，各事业单位就业的农民工中享受到养老保险的占比 42. 6%，享有医疗保险的占比 39. 3%，享有失业保险的占比 23. 1%，享有工伤保险的占比 44. 2%，享有生育保险的占比 13. 9%。在各类企业工作的农民工，享有养老保险的占比 44%，享有医疗保险的占比 40. 7%，享有失业保险的占比 24%，享有工伤保险的占比 45. 8%，相较于 2002 年分别提高 12. 1%、20. 4%、15. 4%、12. 8%。[②] 农民工享有医疗和工伤保险的比例上升相对明显，但农民工整体劳动时间依然明显高出城镇职工，平均周工作 52. 44 小时，其中 76. 3%的农民工周工作时长超出 40 小时。企事业单位职工中，79. 9%的农民工存在加班情况[③]，但大部分无法足额领到加班费。

到 2012 年时，农民工工资收入，与之前相比，总体上有所提高，但行业差距较为明显。值得关注的是，尽管东部地区工资较高，但基于生活成本开支较大等因素，中西部地区农民工在东部地区的务工收入结余低于本地区务工的农民工的平均结余。因此，随着中西部地区经济发展、就业机会增加，农民工就近择业的趋势逐渐明显。

根据《2012 年全国农民工监测调查报告》显示，外出农民工的社会保险呈现类似情况，尽管水平有所提高，但总体不高。养老保险、医疗保险、失业保险和生育保险的参保率在 2008 年之后基本提高了 4%左右，但参保率相对较高的工伤保险在 2008 年到

---

① 中华全国总工会研究室编：《第六次中国职工状况调查》，中国工人出版社 2010 年版，第 52 页。

② 中华全国总工会研究室编：《第六次中国职工状况调查》，中国工人出版社 2010 年版，第 78 页。

③ 中华全国总工会研究室编：《第六次中国职工状况调查》，中国工人出版社 2010 年版，第 44 页。

2012年，没有明显提高。农民工社会保险参保率的地域差异也较明显，东部地区务工农民工各项保险的参保率高于中、西部地区。在行业方面，农民工的社保水平差异也较大。参保情况相对较好的行业包括制造业、交通运输仓储邮政业、批发零售以及服务业，但在建筑、住宿餐饮这些行业的农民工其各项保险的参保比例仍然显著低于其他行业。

**表15.2 2008—2012年外出农民工参加社会保障的比例**

单位:%

| 行业 | 2008年 | 2009年 | 2010年 | 2011年 | 2012年 |
|---|---|---|---|---|---|
| 养老保险 | 9.8 | 7.6 | 9.5 | 5.6 | 14.3 |
| 工伤保险 | 24.1 | 21.8 | 24.1 | 8.0 | 24.0 |
| 医疗保险 | 13.1 | 12.2 | 14.3 | 16.7 | 16.9 |
| 失业保险 | 3.7 | 3.9 | 4.9 | 23.6 | 8.4 |
| 生育保险 | 2.0 | 2.4 | 2.9 | 13.9 | 6.1 |

资料来源：国家统计局《2012年全国农民工监测调查报告》。

## 三、劳动关系领域新情况

进入21世纪以来，在劳动关系市场化发展的过程中，劳动者、用人单位与政府三方格局关系已经形成，既有彼此共同利益，又有各自独立诉求。从劳动关系具体类型上看，非公有制企业和混合所有制企业成为劳动关系的主体构成。在社会主义市场经济条件下，劳动者与企业之间的关系更加紧密，相应地，其劳动关系中矛盾也日渐凸显。特别是在中国加入WTO之后，随着产业结构的调整，劳动者队伍出现进一步分化。在劳动者收入方面，劳动者群体内部收入差异进一步扩大。在劳动问题显现的同时，弱势群体问题也进一步突出。

## （一）劳动关系领域新问题

进入21世纪后，职工内部由于经济地位与社会地位等方面差异凸显，开始出现不同群体。一方面，职工队伍中既有大量低收入劳动者群体，又有普通职工群体，同时还有收入较高、社会地位较高的群体，其阶层、地位出现分化。另一方面，虽然劳动关系总体较为稳定，但一些不利于和谐劳动关系建设的矛盾因素已经显现，职工群体的劳动权益意识不断加强，维权意识开始提升。这一时期，劳动关系领域主要出现以下新问题：

一是劳动安全卫生方面的问题持续存在。如2002年黑龙江鸡西煤矿发生特大瓦斯爆炸，2007年山西省临汾市洪洞县瑞之源煤业有限公司新窑煤矿发生“12·5”特别重大瓦斯爆炸事故。随后几年，江西丰城新建煤矿、河南大平煤矿、辽宁孙家湾煤矿等地区相继发生重大安全事故。造成事故频发的主要原因之一就是安全生产工作不到位。如2007年山西省临汾市洪洞县瑞之源煤业有限公司新窑煤矿“12·5”特别重大瓦斯爆炸事故中，国务院调查小组就发现该企业虽然“六证齐全”，但还出现了包括“一是超层越界、非法盗采；二是违规作业、以掘代采；三是管理混乱、严重超员；四是盲目施救、蓄意迟报；五是打击非法行为不力、疏于监督管理”等严重违法违规问题。① 在安全生产方面，一些企业基于减少成本等因素，劳动者的安全防护工作不到位，卫生标准各方面也不达标，直接带来劳动者职业病等一系列严重问题，且其领域从传统的矿山、冶金行业等，扩大到制漆、玩具、制鞋、塑料、印刷、电子等制造业领域。在地域上，开始从城市向农村，从东部向中西部转移。

---

① 《洪洞12·5事故是2006年以来一次死亡人数最多事故》，2007年12月9日，中国政府网。

二是劳动关系领域发生了一些重大群体性事件。2009 年发生的影响很大的吉林通钢事件，其所反映的就是企业改制过程中职工权益的维护问题。2010 年上半年，富士康工人连续跳楼事件发生，引发国内外关注，其原因之一就是该企业的军事化管理与超时加班的劳动状态的长期存在。同年，广东发生南海本田事件，天津等地也相继发生丰田合成有限公司、三美电机厂工人集体停工等事件。职工的个体权益意识不断增强，面对权益受损或不公现象，职工维权意识不断增强。在维权方式方面，群体性事件的发生也对工会工作与和谐劳动关系的构建提出新的挑战。

三是出现了以山西“黑砖窑”事件为标志的严重侵犯农民工合法权益的问题。山西“黑砖窑”事件披露后，胡锦涛、温家宝、王兆国等党和国家领导人作出重要批示。全国总工会迅速成立专项工作组，赶赴山西，和山西省总工会前往洪洞县了解案情。随后，由劳动和社会保障部、公安部、全国总工会组成的联合调查组进行调查，并参与善后处理工作。全国总工会明确表示“作为职工权益的代表者和维护者，工会必须旗帜鲜明地维护他们的合法权益”，“案件中涉及的农民工是职工群体的组成部分，维护他们的权益，工会是责无旁贷的”。在随后的处理中，全国总工会工作组和山西省总工会也明确地提出工会组织的意见和建议，特别是提出“应当对企业非法用工情况进行全面排查，坚决打击非法用工、使用童工、侵害农民工合法权益的违法行为。工会组织作为职工权益的表达者、维护者，要积极参与、配合有关执法主体部门开展维权活动，维护农民工合法权益”。①

四是职工群体诉求出现新特点。引发国际社会关注的南海本田事件，对中国工会提出进一步的新要求，工会需要应对职工群

---

① 《全国总工会举行发布会介绍“山西黑砖窑”处理情况》，2007 年 6 月 18 日，中国政府网。

体诉求，加强工会自身改革。在解决南海本田事件过程中，广东省各级工会积极参与协调，工会组织以主动的态度回应劳动者提出的经济利益诉求，促成了劳动者与企业达成协议。可以说，这起事件中工资集体协商的成功在广东乃至全国范围内具有标志性的意义。在南海本田事件解决后，针对工资待遇过低等关键性问题，在制度层面引发多地同时提高最低工资标准情况，各级工会积极开展工资集体协商工作，以促进劳动关系和谐发展与体面劳动的不断推进。从 2010 年 7 月 1 日开始，“北京、河南、深圳、陕西、安徽、海南等多省市同时提高最低工资标准，平均增幅多在 20%以上”。[①] 此外，在工会组织层面，这一事件也进一步反映了工会基层组织建设的薄弱以及基层工人对工会组织的需求。在“以上带下”机制下，工会要明确工人“提出诉求的目的不是要破坏生产秩序，而是希望有新的秩序”[②]，工会应将自上而下与自下而上工作方式相结合，进而要转变工作思路，探索经济矛盾下的集体协商等方式来开展工会维权工作。

面对这些新情况，中国工会需要进一步加强工作思路的转变，加强对广大职工群体，特别是农民工群体的尊重与关怀。在参与山西“黑砖窑”事件时，全国总工会表示“在政法机关加大案件查处力度的同时，工会组织要积极配合政府部门举一反三，展开排查，防止此类案件再次发生”。各级工会要积极吸取经验教训，首先，就是进一步认清现实，“工会基层组织的建设工作、维权工作以及法律宣传工作都还存在着一些盲点和死角，比如在组建上，在农村，现在工会组织正在组建中，覆盖率整体不高，发生案件的曹生村就没有工会组织”。虽然这是极个别现象，但“大多数在这类的小砖厂、小煤窑、小冶炼厂打工的农民工，他们的安全

---

① 补牢：《南海本田集体谈判始末》，《中国工人》2010 年第 9 期。

② 冯同庆，王侃，闻效仪：《“事后协商”与“事先协商”——一种始于自发而被推广还可创新的模式和经验》，《中国工人》2012 年第 9 期。

生产的条件、工资福利保障还是十分低下，有的条件甚至恶劣，工会维护农民工合法权益的工作任重而道远”①。其次，各级工会要进一步加强“组织起来、切实维权”工作，加强基层工会组建，将大量农民工组织起来，不断叫响“职工、农民工有困难找工会”的口号，依法维护职工权益。这起事件后不久，全国总工会就与劳动和社会保障部、公安部、监察部、建设部等部委和单位联合开展了为期三年的“整治非法用工打击违法犯罪专项行动”。

全国总工会进一步要求各级工会要大力推动集体协商工作。这也对工会工作再次提出要求：一是立足《劳动法》《劳动合同法》的原则性规定，进一步发挥工会源头参与等方面的职责，完善集体协商中的一些程序性事项的规定；二是发挥工会基本职能，更好地代表和组织职工开展集体协商工作，更好地实现“集体劳动关系中工人的组织化与工会的群众化的结合”。②

2011 年 3 月“两会”期间，在“构建和谐劳动关系，促进和谐社会建设”专场记者会上，全国总工会代表进一步表示要从五方面开展工作：一是继续积极参与国家有关分配制度改革方案的制定，参与有关工资条例的制定和修改。二是积极推动并协助政府建立和完善工资指导线、人力资源市场工资指导价位、行业人工成本信息指导等制度，同时继续推动具备条件的地区适时提高当地最低工资标准。三是进一步大力推动企业普遍开展工资集体协商，通过工资集体协商推动提高工人工资。四是努力推动建立和完善工资支付保障机制，主要是推动地方政府建立工资支付保障金制度和欠薪应急周转金制度，总结推广各地解决拖欠农民工

① 《全国总工会举行发布会介绍“山西黑砖窑”处理情况》，2007 年 6 月 18 日，中国政府网。

② 常凯：《劳动关系的集体化转型与政府劳工政策的完善》，《中国社会科学》2013 年第 6 期。

工资的成功经验和做法，同时会同有关部门依法严肃查处各类拖欠职工和农民工工资的典型案件。五是推动企业依法为职工缴纳社会保险，增加职工福利。工会机制也要随着经济社会的发展与时俱进。

### (二) 农民工等弱势群体问题显现

在工人阶级队伍中，一些弱势群体也开始出现。在这之中，以农民工群体为代表的弱势群体的问题更为显著：农民工群体的经济状况显著低于其他劳动者阶层，经济地位较弱，社会地位低，受城乡二元体制影响，农民工处在“经济上的接纳，政治上的排斥，人格上的歧视”的状态；农民工职业发展空间有限，是“城市社会中一个较为封闭的边缘化群体”。①

农民工群体的就业大多集中于以“苦、脏、累、险”为特点的技术含量低、劳动强度大的领域。农民工群体所在企业往往属于劳动密集型产业，同时多为非公有制企业，在劳动保险、收入分配等权益方面大多不够完善，欠薪等一系列问题较为突出。“从发生拖欠的企业所有制类型来看，主要集中在私营企业、外资企业和港澳台投资等非公有制企业；从发生的行业来看，多为服务业、建筑业、制造业等劳动密集型行业，尤以建筑行业最为严重”。② 以建设部统计为例，到2004年2月，仅建筑行业拖欠的农民工工资就达到310多亿元。③ 2003年农妇熊德明向国务院总理温家宝反映丈夫工资被拖欠后，掀起了解决农民工工资拖欠

① 中华全国总工会研究室编：《第七次中国职工状况调查》上卷，中国工人出版社2013年版，第47页。

② 中华全国总工会研究室编：《第五次中国职工状况调查》，中国工人出版社2006年版，第99页。

③ 中华全国总工会研究室编：《第五次中国职工状况调查》，中国工人出版社2006年版，第64页。

工作高潮。“农民工工资直接涉及1亿多人的利益，涉及社会稳定，涉及党和政府执政为民的宗旨，绝对不是一个小事”①。

农民工工资收入也相对较低。2005年4月，经国务院批准成立的“农民工问题调研和文件起草组”在调查中就发现，“湖南、四川和河南三省的抽样调查，农民工月实际劳动时间超过城镇职工的50%，但月平均收入不到城镇职工平均工资的60%，实际劳动小时工资只相当于城镇职工的1/4。据调查，沿海有的地区农民工工资过去10年年均提高不到10元，除物价上涨因素以外，实际上是负增长”。② 2005年4月30日，参加当年全国劳动模范和先进工作者表彰大会的9位农民工劳动模范在相关座谈会上就提到农民工伙食受物价上涨而降低水平所反映出的低工资问题、农民工子女城市就学的问题、农民工社保在一些地区的空白问题，以及农民工维权措施在一些地方没有落实等问题。全国劳动模范尚且面临很多实际问题，普通农民工的处境也可想见。③

农民工在劳动安全生产方面的权益受损更成为劳动问题的重灾区。如在职业病方面，2002年，河北省高碑店发生农民工苯中毒事件，朱镕基作出批示，要严惩有关人员，保护职工利益。2009年湖南耒阳市风钻农民工因尘肺病到深圳维权，同年，河南籍农民工张海超“开胸验肺事件”，都引起社会极大关注。农民工吃的是青春饭和身体饭，但在社会保障方面，其养老保险、工伤保险、医疗保险等参保率很低，给长期从事长时间、高强度、劳动卫生环境较差的工作的农民工带来了极大的损失和困难。

---

① 《“三农”问题的重大举措——国务院研究室副主任韩长赋解读〈国务院关于解决农民工问题的若干意见〉》，《农村工作通讯》2006年第4期。

② 国务院研究室课题组编：《中国农民工调研报告》，中国言实出版社2006年版，第12页。

③ 裴季壮：《为广大农民工鼓与呼——〈国务院关于解决农民工问题的若干意见〉起草工作回顾》，《紫光阁》2007年第9期。

2010年，全国总工会组建了新生代农民工问题课题组，《关于新生代农民工问题的研究报告》得到党中央领导批示，要求立足新生代农民工的特点，加强在工资分配等物质方面面临困难的解决，重视对农民工进行精神关怀与思想引领。

非正规就业和劳务派遣工群体规模有扩大趋势。2002年第五次中国职工状况调查显示，以临时工、小时工、季节工、劳务工及自由职业者为代表的非正规就业人员就达到7000万人以上，他们的流动性较强，其中很多也是农民工。特别是下岗再就业人员中，从1998年到2003年，实现再就业的1830万名国企下岗失业人员中，80%以上是灵活就业人员。① 到2007年时，非正规就业在新增就业机会的总构成中占比高达95%，“成为城市吸纳新增劳动力和剩余劳动力的主渠道”，群体规模增大。② 但值得注意的是，非正规就业本身规范化程度较低，同时在法律法规与制度方面也还不健全，因此，这部分劳动者的合法权益容易受损。农民工，特别是下岗职工中有很多都是困难职工群体，再就业困难，经济收入低，社会保障较差，本身处于弱势地位。当其劳动权益受损时，维权艰难。

2008年1月1日《中华人民共和国劳动合同法》正式实施后，很多企业开始大量使用劳务派遣工。一些企业滥用劳务派遣工，在有的企业中与传统正式工的比例甚至达到1∶1。据全国总工会有关统计，2012年第七次中国职工状况调查显示，我国有劳务派遣工4200多万人。③ 劳务派遣工分布行业广泛，主要集中在

---

① 中华全国总工会研究室编：《第五次中国职工状况调查》，中国工人出版社2006年版，第11页。

② 中华全国总工会研究室编：《第六次中国职工状况调查》，中国工人出版社2010年版，第40页。

③ 中华全国总工会研究室编：《第七次中国职工状况调查》上卷，中国工人出版社2013年版，第47页。

金融、能源、交通运输仓储和邮政行业。从群体组成来看，劳务派遣工包括了农民工、城镇职工及一些就业困难的大、中专毕业生。农民工、下岗职工与劳务派遣工出现高度重合。劳务派遣工整体年龄偏大、文化素质与技能水平偏低。其在劳动过程中面临的主要问题包括就业不稳定、工资收入较低、劳动安全卫生保障差、民主参与程度低、发展机会少等。[①] 劳务派遣工面临“同工不同权”、“同工不同酬”、作为用人单位的“外人”的情况突出。此外，由于用人单位不规范用工，相关法律法规制度不健全，加上劳动力市场总体供大于求，以及劳动者本身身份、法律、权利等意识薄弱，劳务派遣工面临的劳动问题如果不及时解决，既不利于劳动者的身心健康，还会带来职工队伍不团结、不稳定等情况，不利于和谐社会建设。[②] 同时，滥用劳务派遣工与党的全心全意依靠工人阶级的方针明显相悖，职工归属感差，责任感与忠诚度受到影响，也不利于企业发展，不利于社会发展与社会治理。

国家及各级工会采取了一系列措施解决这些问题。针对农民工问题，2006 年国务院专门印发了《关于解决农民工问题的若干意见》（以下简称《意见》）。《意见》指出农民工面临的突出问题包括“工资偏低，被拖欠现象严重；劳动时间长，安全条件差；缺乏社会保障，职业病和工伤事故多；培训就业、子女上学、生活居住等方面也存在诸多困难，经济、政治、文化权益得不到有效保障。这些问题引发了不少社会矛盾和纠纷。解决好这些问题，直接关系到维护社会公平正义，保持社会和谐稳定”。[③] 以农

① 中华全国总工会研究室编：《第七次中国职工状况调查》上卷，中国工人出版社 2013 年版，第 171—172 页。

② 中华全国总工会研究室编：《第七次中国职工状况调查》上卷，中国工人出版社 2013 年版，第 174—177 页。

③《国务院关于解决农民工问题的若干意见》，《中华人民共和国国务院公报》2006 年第 10 期。

民工欠薪问题为例，《意见》提出建立农民工工资支付保障制度，特别是“建立工资支付监控制度和工资保证金制度，从根本上解决拖欠、克扣农民工工资问题”，要求劳动保障部门“重点监控农民工集中的用人单位工资发放情况”。[①] 以欠薪为例，在各方努力下，农民工欠薪问题有所缓解。如2008年农民工工资拖欠比例占比4.1%，2009年占比1.8%，2010年占比1.4%，2011年占比0.8%，2012年占比0.5%。值得注意的是，虽然欠薪问题所占比例持续降低，但农民工工资拖欠情况仍然明显，解决这一问题仍然任重道远。

各地积极贯彻落实《意见》，以改善农民工等群体的处境。如2006年，烟台市工会组织从维护农民工经济收入权、劳动就业权、生命健康权、政党诉求权、社会保障权、政治荣誉权六个方面探索农民工权益维护，在7个县、市、区总工会建立“工会法律服务援助中心”，为农民工提供法律援助，追讨补偿款、赔偿款和农民工工资139.7万元。[②] 杭州市委、市人民政府印发《关于做好外来务工人员就业生活工作的若干意见》后，杭州市总工会从四个方面采取措施，加大对外来务工人员的权益维护：一是加大工会组建力度，通过推广项目工会、流动人员工会等方式，提高外来务工人员的入会率；二是强化工会维权职责，包括加强工会维权机制与网络建设，在乡镇（街道）建立职工法律维权工作站，开展法律援助工作，仅在2006年就为外来务工人员提供100多场次的法律咨询服务；三是加强教育培训，提高外来务工人员的思想道德水平、科学文化素质以及职业技能，如在劳动模范评选等活动中选树外来务工人员典型；四是搞好外来务工人员的工会服务工作，开展“送电影、送演出下基层”“送温暖”等

---

① 《国务院关于解决农民工问题的若干意见》，《中华人民共和国国务院公报》2006年第10期。

② 《烟台工会六策并举为农民工撑起一片蓝天》，《中国工运》2006年第5期。

活动。①

党的十六大提出“对为祖国富强贡献力量的社会各阶层人们都要团结，对他们的创业精神都要鼓励，对他们的合法权益都要保护，对他们中的优秀分子都要表彰，努力形成全体人民各尽其能、各得其所而又和谐相处的局面”。党的十七大提出“必须在经济发展的基础上，更加注重社会建设，着力保障和改善民生，推进社会体制改革，扩大公共服务，完善社会管理，促进社会公平正义，努力使全体人民学有所教、劳有所得、病有所医、老有所养、住有所居，推动建设和谐社会”。在劳动关系市场化的过程中，劳动纠纷与劳动争议增多。特别是在非公有制企业中，劳动问题尤为显著。除了党和国家采取相关措施，这些劳动问题的存在也对工会工作提出了挑战。如面对大量非公有制企业职工的出现，怎样通过工会将其组织起来，加强工会阵地建设，就是工会首先要面临的问题。面对困难职工，面对职工合法权益受损等问题，如何发挥作用维护职工合法权益，从源头上加强工作，促进和谐劳动关系建设，推动社会和谐稳定，维护好劳动者的合法权益，当好职工群众的娘家人，成为中国工会面临的重大课题。

① 《杭州市总工会加强外来务工人员维权服务工作》，《中国工运》2006 年第 5 期。

# 第十六章

# 中国特色社会主义工会工作新局面

进入21世纪后，中国工会在全面建设小康社会进程中，不断强化工会维护、建设、参与、教育等基本职能，加强各项工作的组织开展，使得全心全意依靠工人阶级的根本方针在工人运动和工会工作中进一步落实，使广大职工在推动我国经济社会发展中的主力军作用进一步发挥。在党的坚强领导下，中国工会团结动员广大职工在全面建设小康社会中充分发挥工人阶级主力军作用，在职工劳动经济权益、职工民主政治权利、职工精神文化权益、职工社会权利等方面取得了显著成就。在为全面建设小康社会努力奋斗的新形势下，中国特色社会主义工会工作新局面得以开创，并不断深化。

## 一、开展群众性经济技术创新活动，推动职工建功立业

广大职工以主人翁姿态，立足国情、围绕大局，积极参加各种适应市场经济要求的群众性生产经济技术活动。各级工会积极贯彻《中华全国总工会关于实施群众性经济技术创新工程的意见》，以群众性经济技术创新工程为载体，不断加强组织、开展科技创新等主题的劳动竞赛。与此同时，以“学技能，练内功，企业发展我成长”为主题，各级工会组织广大职工围绕“三技一化”“五创一争先”等主题开展技术比赛、岗位练兵、合理化建

议活动和劳动竞赛。

## （一）广泛开展劳动竞赛与“工人先锋号”创建活动

2002年，全国总工会除了继续开展三峡建设等重点工程劳动竞赛，还新组织了青藏铁路建设以及其他重点工程的劳动竞赛。全国总工会还印发《关于在青藏铁路建设中开展建功立业劳动竞赛活动的决定》。2003年，在劳动竞赛组织工作中，各级工会积极落实党中央“一手抓防治非典，一手抓经济建设”的指示，继续抓重大工程劳动竞赛的同时，还在制约国民经济发展的“瓶颈”产业、受非典影响较大的行业以及本职岗位上开展建功立业劳动竞赛活动。同年，全国总工会联合国家经济贸易委员会、科学技术部、劳动和社会保障部下发《关于举办全国职工职业技能大赛的通知》，组织召开了全国职工职业技能大赛，上百万名职工参加各级比赛。

2004年，工会组织积极推动“创建学习型组织、争做知识型职工”活动的开展。各级工会号召广大职工立足本职、勤奋学习、学赶先进、争创一流，开展技术创新，评选表彰创新示范岗和创新能手。全国总工会还在全国职工中开展评选优秀技术创新成果活动，召开了全国职工技术创新成果表彰大会，奖励创新成果完成者。《中华全国总工会职工技术成果奖奖励暂行办法实施细则》《中华全国总工会关于授予全国行业职工职业技能比赛获奖选手“全国五一劳动奖章”的意见》和《关于授予全国行业职工职业技能比赛获奖选手“全国五一劳动奖章”的意见实施细则》，对经全国总工会批准的全国行业职工职业技能比赛获得各工种第一名并符合全国五一劳动奖章条件者，可按程序申报全国五一劳动奖章。这进一步激发了广大职工的积极性和创造热情。同年，全国总工会与国家安全生产监督管理总局联合下发《关于开展全国职工安全生产普及教育活动的通知》，开展“安康杯”

竞赛。全国“安康杯”竞赛组委会编写《全国职工安全生产知识普及教材》，建立了全国“安康杯”竞赛专门网站，为参赛企业和职工提供信息化服务平台，利用网站开展全国职工网上安全生产知识比赛，全国两万多名职工参加了比赛。

2005年，立足企业发展和技术进步，各级工会围绕奥运工程、青藏铁路、杭州湾大桥等国家重点工程建设和东北老工业基地振兴等项目动员组织广大职工开展劳动竞赛。同年，根据《国务院关于做好建设节约型社会近期重点工作的通知》，全国总工会印发《关于动员全国职工为建设节约型社会作贡献的通知》，各级工会积极组织开展“我为节约作贡献”活动。各级工会还广泛组织开展以节能降耗为主要内容的节约竞赛、合理化建议、发明创造、技术革新、技术攻关和技术协作活动，动员职工发扬主人翁精神，千方百计节约资源、降低能耗、提高效益。在活动开展中各级工会还充分发挥职工技协组织作用，鼓励职工创新和推广新技术、新工艺、新方法。同时，各级工会继续结合“创建学习型组织、争做知识型职工”等活动，深入开展职工经济技术创新工程。

在职工技术方面，各级工会组织各地职工技协参加第十五届全国发明展览会，各地报送的143个项目中，获得金奖21项、银奖30项、铜奖44项、专项奖9项，获奖率高达66.4%。全国“安康杯”竞赛组委会下发了关于2005年度开展全国职工安全卫生消防知识普及教育活动的通知后，各级工会积极组织职工开展相关活动。全国总工会与国家安全生产监督管理总局、国家煤矿安全监察局、公安部共同举办了全国职工安全卫生消防知识电视大赛。全国职工安全卫生消防知识百题答题竞赛活动吸引了全国1000多万名职工参加。2005年“安康杯”竞赛活动的参赛企业数和职工人数再创新高，分别达到15万家和6500万人。同年12月，全国总工会十四届执委会第三次全体会议立足“十一五”计划，通过了《中华全国总工会关于团结动员广大职工为实现“十一五”规划建功立业的决议》。

2006年2月，全国总工会发出《关于在全国职工中广泛开展“当好主力军、建功‘十一五’、和谐奔小康”竞赛活动的通知》，强调要“保护好、调动好和发挥好职工积极性主动性创造性”，把职工的智慧和力量凝聚到现代化建设上来，要积极开展劳动竞赛，“通过竞赛活动，普遍提高职工技能水平，进一步增强职工创新能力，促进安全生产形势的好转，推动资源节约型、环境友好型社会建设，为国民经济又快又好发展作出积极贡献”。[①] 各级工会积极贯彻党中央及全国总工会决议，组织开展“当好主力军，建功‘十一五’，和谐奔小康”劳动竞赛活动。各级工会积极贯彻落实，组织开展竞赛活动。上海世博会、金沙江水电两个国家重点工程建设劳动竞赛启动，东北三省开展“振兴杯”劳动竞赛活动，“我为节约做贡献”等活动继续进行。全国总工会在三峡召开部分国家重点工程建设劳动竞赛研讨会，总结推广先进经验。

2007年，各地工会继续深入推进“当好主力军、建功‘十一五’、和谐奔小康”主题竞赛活动。8月，全国总工会下发《关于深入开展创建“工人先锋号”活动的实施意见》，提出“围绕创一流工作、一流服务、一流业绩、一流团队开展创建活动”，召开部署创建“工人先锋号”活动电视电话会议。随后各地工会制定发布了各地关于“工人先锋号”创建活动实施办法、评选表彰“工人先锋号”的通知等文件，将这一活动的发展定位为长期坚持、职工认可、影响广泛的劳动竞赛新品牌。“工人先锋号”的评选表彰和宣传，有力地促进了劳动竞赛的深入发展。为了更好

① 中国金融工会全国委员会编：《工会工作参考资料汇编（2002—2006）》下册，中国金融出版社2007年版，第250页。

地开展“当好主力军，建功‘十一五’，和谐奔小康”主题竞赛，全国总工会在浙江召开了“当好主力军，建功‘十一五’，和谐奔小康”竞赛活动经验交流会。

立足国家经济总体形势和经济发展转型，各地工会围绕“工人先锋号”创建活动，进一步深入开展劳动竞赛，以推进群众性经济技术创新工作发展，动员组织广大职工建功立业。如广东省总工会制定发布了《广东省“工人先锋号”创建活动实施办法》《关于评选表彰广东省“工人先锋号”的通知》等文件，将该活动定位为一个“长期坚持、职工认可、影响广泛的劳动竞赛新品牌”①。在第一次评选过程中，广东省总工会依据建功“十一五”劳动竞赛的情况，评选了200多个有着“全省优秀、行业领先、业绩全面、亮点突出”成绩的先进班组、车间及工段，并在2008年初授予其“广东省工人先锋号”荣誉称号。“工人先锋号”的评选表彰和宣传有力地促进了劳动竞赛的深入发展。仅2007年，广东省动员组织职工1891万人次参加各类劳动竞赛，创造的直接经济价值达到456.1亿元。② 天津市总工会强调“工人先锋号”必须“符合坚持技术创新、坚持管理创新、坚持经营创新、坚持以职工为本的标准，努力使‘工人先锋号’真正成为企业发展、行业进步的助推器”。③ 各地的实践成效显著，如天津港“孔祥瑞操作队”设计的电缆卷筒防出槽、脱落保护装置可避免港口大型机械电缆损坏、拉断和人员伤亡事件，每年为天津港节约维修成本100多万元，创效1700多万元。2007年，“孔祥瑞操作队”被

---

① 《广东工会年鉴》编纂委员会编：《广东工会年鉴（2008）》，广东人民出版社2009年版，第51页。

② 《广东工会年鉴》编纂委员会编：《广东工会年鉴（2009）》，广东人民出版社2010年版，第38页。

③ 于宛尼：《“工人先锋号”：让主力军的旗帜高高飘扬》，《工人日报》2007年12月10日第1版。

天津市总工会命名为“工人先锋号”集体。凝聚广大工人优良传统的“工人先锋号”得到社会普遍认可。各级工会普遍开展“工人先锋号”创建活动，引领和团结广大职工，发挥工人阶级主力军与时代先锋作用，积极建功立业。

2007 年，国务院印发《关于印发节能减排综合性工作方案的通知》，全国总工会联合国家发改委等 17 部委印发《关于印发节能减排全民行动实施方案的通知》，继续开展职工节能减排活动，引导职工开展“五小”活动等，促进节能减排目标实现。“安康杯”竞赛进一步发展，竞赛内容不断丰富，如班组安全建设等成为竞赛的重要考核指标。同时，在开展区域性“安康杯”竞赛活动的基础上，各级工会也重视发挥产业和行业协会的作用，鼓励开展竞赛活动。“安康杯”竞赛还以进社区的形式，大力动员非公有制企业和非高危行业企业参加竞赛活动。到 2007 年底，全国开展劳动竞赛的企事业工会达到 19.6 万个，占全国企事业工会的 14.7%；开展劳动竞赛的班组达到 172.7 万个，占企事业工会所在单位班组的 72.1%；参加企事业工会组织的劳动竞赛的职工达 4218.9 万人次，其中参加技术比赛的职工有 1396.1 万人。在职工技协方面，全国职工技协组织达到 2.9 万个，推广新技术项目 27.5 万项。[①] 劳动竞赛与职工技术创新工作等成为促进经济建设的重要方式。

对于涌现出来的典型，各级工会也积极进行表彰。如在抗击“非典”斗争中的先进群体和劳动模范，全国总工会授予全国五一劳动奖章。对“神舟号”飞船载人飞行试验中作出突出贡献的先进集体和个人，中华全国总工会也及时进行表彰和慰问。与此同时，各级工会积极开展创新工程示范岗和创新能手评选活动。

---

① 全国总工会研究室：《2007 年工会组织和工会工作发展状况统计公报》，《中国工运》2008 年第 6 期。

全国铁路总工会于2007年在呼和浩特市召开深入学习福生庄养路工区开展的创建铁路“工人先锋号”现场会，福生庄养路工区、“毛泽东号”机车组、“周恩来号”机车组、“朱德号”机车组等一批先进集体被命名为首批铁路“工人先锋号”。通过贯彻落实尊重劳动、尊重知识、尊重人才、尊重创造的方针，工会不断营造崇尚劳模、学习劳模、争当劳模、关爱劳模的良好社会氛围，带领广大职工推动经济社会又好又快地发展。

### （二）推进创先争优建功立业活动，助推经济发展方式转变

2008年国际金融危机发生，在经济下行压力加大情况下，国内又相继遭遇了雨雪冰冻、汶川大地震。各级工会立足经济发展过程中面临的实际困难，从提高自主创新能力、促进经济平稳快速增长等方面开展各类劳动竞赛，积极创建“工人先锋号”，带领广大职工发扬主人翁精神，发挥主力军作用，参与竞赛，聚焦发展，共克时艰、共促发展。中国工会十五大提出要以创建“工人先锋号”为主要载体，深入开展“当好主力军，建功‘十一五’，和谐奔小康”和“我为节能减排作贡献”等劳动竞赛活动，在劳动竞赛开展中抓好重点行业和关键领域的重点工程、重点项目劳动竞赛，引导职工在提高自主创新能力、加快转变经济发展方式、推动产业结构优化升级、加强能源资源节约和促进生态文明建设等方面创造一流业绩，把实现党和国家发展目标变成亿万职工的自觉行动，为建设资源节约型、环境友好型社会作出积极贡献。

2008年，围绕支援抗震救灾，全国总工会在生产帐篷、活动板房等灾区急需物资的企业职工中开展劳动竞赛，同时还组织开展了以“为祖国争光，为奥运添彩”为主题的立功竞赛活动。全国总工会还对在四川汶川特大地震抗震救灾中作出突出贡献的1199个先进集体授予“抗震救灾重建家园‘工人先锋号’”。在

重点工程劳动竞赛方面，继续推进金沙江流域水电工程、上海“世博会”工程建设劳动竞赛的同时，组织开展了京沪高速铁路建设工程、曹妃甸建设工程和汶川特大地震灾后重建重点工程建设劳动竞赛，同时继续开展“我为节能减排作贡献”活动。

2008 年 12 月，全国总工会十五届二次执委会议发布《关于在全国职工中广泛开展“同舟共济保增长、建功立业促发展”竞赛活动的决议》。2009 年初，各级工会贯彻党中央提出的“保增长、保民生、保稳定”政策措施与部署，开展“保增长促发展”劳动竞赛。2009 年 3 月，《中华全国总工会关于全面实施职工素质建设工程的意见》制定颁发后，各级工会继续加强职工技术创新工作，搞好“五小”活动，以“工人先锋号”创建活动为抓手，推进“当好主力军，建功‘十一五’，和谐奔小康”和“同舟共济保增长、建功立业促发展”的主题劳动竞赛。① 2009 年 5 月，全国总工会颁布《关于广泛深入开展社会主义劳动竞赛的决定》。同年，全国总工会还印发了《关于开展“十大产业振兴”劳动竞赛的意见》。

各地工会立足本地经济建设实际情况，在重点领域、重大项目建设，特别是那些投资规模大、就业岗位多、对经济劳动作用强的基础设施建设和制约经济发展瓶颈的建设项目中组织开展劳动竞赛。除了继续开展“同舟共济保增长、建功立业促发展”竞赛活动，全国总工会继续加大力度推进包括西气东输二线、金沙江水电等重点工程劳动竞赛活动。落实 2008 年中央经济工作会议和《国务院关于进一步实施东北地区等老工业基地振兴战略的若干意见》精神，全国总工会在黑龙江省召开了东北四省（区）工会经济技术干部座谈会，组织安排了“振兴杯”劳动竞赛。东北

① 《中华全国总工会关于全面实施职工素质建设工程的意见》，《中国职工教育》2009 年第 4 期。

四省区80%以上的企业、近1300万名职工参与到竞赛活动中来。

2010年，全国总工会发出《关于围绕加快经济发展方式转变深入开展建功立业竞赛的意见》，提出要以“加快经济结构调整、促进经济平稳较快发展”为主题，推进建功立业竞赛发展。2010年8月，全国总工会和中央创先争优活动领导小组联合下发《关于在工会组织和广大职工中深入开展创先争优活动的意见》，在劳动竞赛方面提出要“着力提高社会主义劳动竞赛科学化水平，努力在产品创新、服务精良、管理科学、生产安全、节能减排等方面取得扎扎实实的新成效”。[①] 2010年7月，全国“安康杯”竞赛表彰暨经验交流电视电话会议举行，10家连续五年以上获得全国“安康杯”竞赛优胜企业荣誉称号的企业被授予全国五一劳动奖状，1498家企事业单位被授予2009年度全国“安康杯”竞赛优胜企业称号。全国“安康杯”竞赛活动继续深入发展，以“加强班组安全建设、强化一线教育管理”为主题，竞赛活动向中小企业、社区和街道延伸。2010年，全国“安康杯”竞赛参赛企业已达到28.5万家，参赛职工8700万人。

2011年，全国总工会印发《中华全国总工会2011—2015年劳动竞赛规划》，广泛开展“当好主力军、建功‘十二五’”主题劳动竞赛，特别要在重大工程建设中普遍开展劳动竞赛，推进创先争优建功立业活动。[②] 2011年1月，全国总工会十五届五次执委会审议通过《中华全国总工会关于组织动员广大职工为实现“十二五”规划目标任务创先争优建功立业的决议》。3月，全国总工会召开了“当好主力军、建功‘十二五’”创先争优劳动竞

---

① 全总基层组织建设部编：《〈中华全国总工会关于进一步加强企业工会工作充分发挥企业工会作用的决定〉辅导读本》，中国工人出版社2010年版，第183页。

② 孟志中主编：《中国工会常用政策法律法规大全》，中国言实出版社2015年版，第380—383页。

赛启动电视电话会议。4 月，全国总工会联合中央创先争优活动领导小组制定发布《关于以纪念“五一”国际劳动节为契机深入推进工会组织和广大职工创先争优活动的通知》。各地工会也积极响应号召，制定劳动竞赛规划，动员广大职工参与各类竞赛，为实现“十二五”规划目标任务创先争优建功立业。同年，全国总工会还将“西部大庆”、港珠澳大桥、新疆交通项目、保障性安居工程四个工程建设劳动竞赛纳入全国重大工程示范性劳动竞赛，将上海浦东新区、天津滨海新区、重庆两江新区和浙江舟山群岛新区四个新区建设劳动竞赛作为促进区域发展全国示范性劳动竞赛。

2012 年，全国总工会制定颁布了《2012 年劳动竞赛计划》《关于加强劳动竞赛机制建设的意见》等文件，并总结推广河北唐山、江苏江阴等典型经验。全国总工会联合全国工商联等多部门颁发《关于进一步加强职工技术创新工作的意见》，进一步促进劳动竞赛与群众性经济创新活动的深入开展。同年，全国促进区域发展示范性劳动竞赛经验研讨会在上海召开。各级工会继续深入组织开展劳动竞赛，团结动员广大职工，为实现“中国梦”目标建功立业，重点工程劳动竞赛围绕“优质、高效、安全、按期、创新、廉洁”主题不断深化发展。

各级工会在非公有制企业和中小企业比较集中的产业集群、工业园区也开展了“携手保增长、和谐促发展”主题劳动竞赛活动，以“促进企业发展，构建和谐劳动关系，实现企业和职工全面发展的‘双赢’为目标”，营造“同心、同向、共创、共赢”局面。如江阴市民营经济企业占到全市企业总数的 90%，生产总值占全市 60%，从业人员占职工总数 80%。江阴市总工会开展了以促进民营企业发展为目标，以提高职工整体素质为重点的劳动竞赛；立足民营经济发展的不同阶段，江阴市组织了“率先杯”立功活动。2008 年国际金融危机爆发后，举办了“企业有困难、职工怎么办”等竞赛引导职工与企业凝聚力量对抗危机。2010年，组织“百万工人大练兵、建功立业促转型”劳动竞赛，对劳动竞赛取得优秀成果的职工予以奖励及晋升优先等推荐和安排，推动破解民营经济转型发展困局，将劳动竞赛、经济转型、企业发展有机统一、互动并进。[①] 全国总工会对江阴市总工会在非公企业中开展劳动竞赛的做法和经验进行调研总结后，在全国进行推广。截至2012年10月，已建立工会的非公企业劳动竞赛的覆盖面达到67.4%，职工参与率达到63.7%。同时，全国各级工会在国务院确定的电力、煤炭、钢铁、有色、建材、石油石化、化工、印染、造纸、建筑交通运输等高耗能、高排放行业中，广泛开展了重点行业节能减排达标竞赛活动，进一步深化了“我为节能减排作贡献”活动。以“比创新、比技能、比管理、降能耗和排放”（三比一降）为主要内容的竞赛活动广泛开展，促进了行业节能减排目标任务的实现，推动了企业健全和完善节能减排管理制度。截至2012年10月底，全国职工节能减排义务监督员人数达到74.2万人，全国职工提出节能减排合理化建议数量近300万件。[②]

### （三）职工技术创新活动不断发展

进入21世纪以来，各级工会积极采取措施促进职工技术创新活动发展。

在职工技术创新表彰方面，23个省（自治区、直辖市）总工会和相关部门选树了一批有突出贡献的创新能手，表彰了一批有重大经济效益和社会效益的创新成果。16个省（自治区、直辖

① 中华全国总工会编：《中国工会年鉴（2013）》，《中国工会年鉴》编辑部2013年版，第423—424页。

② 中华全国总工会编：《中国工会年鉴（2013）》，《中国工会年鉴》编辑部2013年版，第96页。

市）举办了职工创新成果展，开展各种形式的群众性经济技术创新活动的企业达 29 万家。2003 年，全国总工会制定印发《全国职工创新示范岗、创新能手评选办法》《中华全国总工会职工技术成果奖奖励暂行办法》，设立职工技术成果奖。各级工会积极组织开展计算机知识普及和应用学习工作。2002 年，全国有 400 万名职工参加学习培训。2003 年，全国职工职业技能大赛以及全国职工计算机知识学习普及应用汇报表演举办，有 4600 万名职工参加，实现了“全国中青年职工计算机知识普及率达到 50%”的三年目标。

在职工技术协作工作方面，2006 年，全国工会提升职工技能工作经验交流会召开。全国总工会下发《中华全国总工会办公厅关于进一步加强职工技协工作的通知》《中国职工技术协会关于进一步加强基层职工技协建设的意见》。同年，全国总工会组织开展第二届全国职工职业技能比赛，中国职工技协推荐的一汽大众职工王洪军的“轿车快速修理法”创新成果荣获国家科学技术进步奖二等奖，成为职工技术成果参加国家科技进步奖评选工作的历史性突破。同时，在贯彻党的十六届五中全会和全国科技大会精神，推动企业成为技术创新主体的工作中，全国总工会联合科学技术部、国务院国资委在全国范围开展“技术创新引导工程”，三部门联合下发《创新型企业试点工作实施方案》，开展创新型企业试点工作，在技术创新、品牌创新、体制机制创新、经营管理理念创新和文化创新等方面成效突出的 103 家企业和转制科研院所进行试点，将试点成效显著、符合有关条件的企业命名为“创新型企业”。

2008 年，中国工会十五大提出要按照在广大职工中深入开展技术革新和发明创造活动，争做“创新能手”“创新示范岗”“创新型班组”，“广泛开展职工技术交流和技术协作，激发广大职工的创造潜能和活力，促进企业发展重点、难点和关键问题的解决，为建设创新型企业和创新型国家作出重要贡献”。全国总工会推荐的中油东北炼化工程有限公司和中石化胜利油田分公司两项工人技术创新成果获2008年度国家科学技术进步奖二等奖。2009年，全国总工会推荐的上海宝钢分公司和江苏泰州供电公司获2009年度国家科学技术进步奖二等奖。在2009年举行的第三届职工职业技能大赛中，各工种决赛第一名被全国总工会授予全国五一劳动奖章，各工种决赛前五名获人力资源和社会保障部授予的全国技术能手称号。2010年，在第三届全国职工优秀技术创新成果评选表彰活动中，职工参与申报成果793项，其中148项获得职工创新成果奖。

2011年7月，中国职工技术协会制定印发《中国职工技协2011—2015工作规划》，提出职工技协要团结动员广大技协会员，广泛深入开展群众性技术革新、技术协作、发明创造合理化建议活动，努力实现把技协建设成为职工交流技术技能的园地、培养技术工人的学校、开展技术攻关的阵地、推广职工技术创新成果的平台和技术工人创新之家的工作目标。2011年11月全国职工技术创新工作会议召开，以六部委名义制定印发《关于进一步加强职工技术创新工作的意见》。同年，全国总工会推荐的山东电力集团超高压公司获2011年度国家科学技术进步奖二等奖。自2006年起，全国总工会已连续六年推荐九位技术工人获得国家科技进步奖二等奖。

2012年，各级工会继续深入引导职工开展“五小”活动，推动职工技术创新活动开展。各级工会还积极组织广大职工开展岗位练兵、技能培训、技术比赛等活动，选树“首席员工”“技术能手”“金牌工人”“创新能手”以及创建优秀技能人才（劳模）工作室，有力地促进了职工技术学习与技能水平的提高。截至2012年10月底，各级工会培训职工达到862万人次，开展岗位练兵活动的企业达到73.5%，开展技能比赛的企业达到55.9%。

通过以上活动，提升技术等级的职工达 455 万人，实行选树“首席员工”“金牌工人”等制度的企业达 16.4 万家，共选树技能带头人 35.9 万人。全国总工会与科技部、人力资源和社会保障部、工业和信息化部联合举办的第四届全国职工职业技能大赛中，4000 多万名职工参加初赛，190 支代表队的 946 名职工参加全国决赛，规模创历史新高，共有 21 人获全国五一劳动奖章荣誉称号，3285 人获全国技术能手荣誉称号。

各级工会通过开展劳动竞赛，调动职工参与性、积极性、创造性。如中国第二重型机械集团在弘扬“劳动光荣、工人伟大”精神中，着力打造以尊重劳动、尊重创造的企业共识为特点的企业文化，将尊重劳动、尊重创造贯穿企业生产管理全过程。一是打造适应“大制造”理念的劳动竞赛平台，发挥劳动竞赛对企业生产经营的作用，通过开展“流动杯”等多种形式劳动竞赛，将竞赛与重点生产工作任务结合。二是建立健全保障劳动者利益的制度机制，激发劳动者的热情与创造活力。特别是建立“鼓励创新、宽容失败”的创新激励机制，“损失费用企业承担，成绩和荣誉归研究人员享有”的制度消除了研发人员的思想顾虑，对知识产权的保护和激励更是激发了广大职工的创造活力与潜能。①

立足深化社会主义市场经济体制背景，以重点工程竞赛、企业技术创新、发挥劳模示范带动作用为突破口，各级工会大力推进区域发展劳动竞赛与职工技术创新活动发展。劳动竞赛的规模、层次、内容、效益、水平等方面不断朝着纵深方向发展。特别是在广泛开展劳动竞赛时，各级工会积极探索符合市场经济规律以及产业、行业、企业特点的劳动竞赛形式，将开展劳动竞赛与促进企业发展、维护职工权益结合起来，与弘扬劳模精神、提高职

① 中华全国总工会编：《中国工会年鉴（2013）》，《中国工会年鉴》编辑部 2013 年版，第 420 页。

工素质结合起来，不断增强劳动竞赛活动吸引力、感召力、持久力。截至 2012 年，全国共有职工技协组织 6. 6 万个。全国开展劳动竞赛的企事业单位工会 62. 8 万个，占全国企事业单位工会的 26. 8%。参加企事业单位工会组织的劳动竞赛的职工 7861. 3 万人次，开展选树技能带头人的企事业单位工会 11. 8 万个，选树技能带头人 43. 8 万人，建立技能人才（劳模）创新工作室 5 万个。① 在鼓励职工开展技术创新等工作中也涌现出如“振超效率”等一批优秀典型。

## 二、加强职工思想引领与建设高素质职工队伍

中国工会十四大指出，“提高职工队伍整体素质，是保持和发展工人阶级先进性的关键所在。职工素质的高低，不仅关系到企业的兴衰、职工自身利益的实现，而且与经济的发展、社会的进步紧密相连。只有教育帮助职工不断提高思想道德、技术业务和科学文化素质，努力发挥工会组织作为职工群众‘大学校’的作用，才能建设一支有理想、有道德、有文化、有纪律的职工队伍，使工人阶级始终站在时代发展的前列，担当起历史赋予的光荣使命”。随着工人阶级在改革开放和社会主义现代化建设中主力军作用不断推进，也需要工人阶级的思想道德素质和科学文化素质不断提高。

### （一）思想政治宣传与道德法治教育

党的十六大召开后，全国总工会印发《中共中央关于认真学习贯彻党的十六大精神的通知》，在工会系统迅速兴起学习贯彻

① 全国总工会研究室编：《2012 年工会组织和工会工作发展状况统计公报》，《中国工运》2013 年版，第 6 页。

党的十六大精神的热潮。全国总工会书记处成员组成 8 个宣讲团，分赴各省开展宣讲活动，与各地工会干部一起学习领会党的十六大精神。2003 年 6 月，中共中央下发《关于在全党兴起学习贯彻“三个代表”重要思想新高潮的通知》。全国总工会组织编写《全面建设小康社会职工百题问答》，并在《工人日报》刊登“全面建设小康社会百题竞赛”试题，组织开展全国职工学习党的十六大精神系列活动。

各级工会坚持用中国特色社会主义理论体系武装职工。全国总工会宣教部编辑出版《社会主义核心价值体系职工读本》，结合英雄模范、道德楷模、优秀员工等的事迹，推进各级工会开展职工群众学习、掌握社会主义核心价值体系的内容及其基本内涵。各级工会通过开展“知荣辱、树新风、促和谐”主题教育活动、“八荣八耻”社会主义荣辱观宣传教育活动等方式，组织职工社会主义核心价值体系学习教育。2006 年，全国总工会与中央文明办、江苏省总工会在江苏淮安召开“学习实践社会主义荣辱观现场经验交流会暨全国职工‘知荣辱、树新风、促和谐’知识演讲大赛”活动。

各级工会深入贯彻《公民道德建设实施纲要》，继续加强职工职业道德建设工作，宣传和普及“爱国守法、明礼诚信、团结友善、勤俭自强、敬业奉献”的基本道德规范，组织广大职工学习，以职业道德建设为着力点，不断强化广大职工的职业道德素养。全国总工会宣教部编辑出版《共建和谐职工道德读本》、与中央文明办等单位联合组织开展“全国道德模范”评选活动。各级工会通过各种形式对广大职工进行宣传教育，号召广大职工践行爱国、敬业、诚信、友善的道德规范。

在法治宣传与教育方面，各级工会以《劳动法》《工会法》等事关劳动者权益的法律法规为中心，不断加强法律知识的宣传与普及。多省总工会印制了修改后的《工会法》单行本下发各工会，利用报刊媒体、文化宫、俱乐部等宣传阵地，加强对《工会法》的宣传，使广大职工深入学习。各级工会围绕涉及职工权益的其他法律法规的宣传工作也在持续开展。如为广大职工免费发放《劳动法》《劳动法律监督条例》《工会法》《职业病防治法》《女职工劳动保护规定》《妇女权益保障法》等。

2006年，“五五”普法规划开始后，各级工会积极贯彻普法工作会议要求，在工会系统开展普法宣传教育工作。特别是在2007年6月《劳动合同法》通过后，围绕《劳动合同法》开展的宣传教育成为各级工会“五五”普法的重要内容。各地工会组织增加发放《劳动合同法》《劳动争议调解仲裁法》等法律法规资料，同时通过举办讲座、培训班、现场咨询、有奖知识问答、播放法律宣传短片和电影、“送法上门”等多种方式，使广大职工对《劳动合同法》等一系列法律形成正确认识，认真学法，避免误解误读，做到思想上明法懂法，行动上用法守法。

在法律学习方面，以“五五”普法和“六五”普法为抓手，各级工会积极宣传《宪法》《劳动法》《工会法》《劳动合同法》《妇女权益保障法》《社会保险法》。为了加强职工对相关法律的了解，各级工会开展了形式多样的宣传活动。如针对《社会保险法》，各地工会一方面免费向广大职工发放《社会保险法》宣传资料，另一方面提供咨询。在送法上门活动中，各地工会也积极加强《社会保险法》等的宣传普及，号召广大职工学法、知法，依法办事。随着“互联网+工会”的兴起，各级工会组织也积极利用互联网加强工会法律知识的宣传工作，通过开展一系列活动，在职工中广泛普及法律知识，引导职工知法、懂法、守法、用法，促进职工依法行使权利、履行义务，自觉用法律规范行为。

2007年，党的十七大召开后，各级工会积极采取各种方式，组织职工学习党的十七大精神，加强思想政治教育，坚定广大职工永远跟党走的政治信念。全国总工会印发《关于开展学习宣传贯彻党的十七大精神主题教育活动的通知》，举办全国工会宣教领导干部培训班，培训了200名党的十七大精神宣讲员骨干，开展各种形式的学习宣讲活动，掀起了职工学习党的十七大精神的热潮。各级工会通过培训班、宣讲会等多种形式，开展以“高举旗帜、科学发展、共建和谐”为主题的学习、领会、贯彻党的十七大精神的活动，武装工会干部及广大职工头脑。《工人日报》及各地工人报纸同步刊登学习党的十七大精神知识竞赛100道试题。这些工作引导职工树立正确的世界观、人生观、价值观，提高了广大职工的思想政治觉悟，为推动科学发展、促进社会和谐提供了思想基础和精神动力。

2009年，各级工会积极组织开展“共铸理想信念、共促科学发展”主题教育感言征集活动，通过宣传中华人民共和国成立以来特别是改革开放以来国家建设的成就，对广大职工进行思想引导。2011年6月，全国总工会下发《中华全国总工会关于做好纪念中国共产党成立90周年宣传活动的通知》。以“工人阶级永远跟党走”为主题，各级工会广泛开展宣传教育活动。6月30日，全国总工会在国家博物馆举办“永远跟党走”图片展，引导广大职工坚定理想信念，立足本职岗位，推动科学发展，促进社会和谐，以实际行动向建党90周年献礼。

2012年，各级工会广泛开展学习宣传实践中国特色社会主义工会发展道路的活动。全国总工会组织编写《中国特色社会主义工会发展道路学习读本》《中国特色社会主义工会发展道路百题问答》和《宣讲提纲》等资料。全国总工会党组、书记处同志及各省（自治区、直辖市）总工会的主要负责人带头宣讲，形成全方位、多角度、立体式的学习宣传声势。宣讲等活动提升了广大工会干部和职工的思想认识，使其明确了坚持走中国特色社会主义工会发展道路的重要性、必要性，使广大干部和职工在实践中自觉坚持。

此外，各级工会广泛开展迎接党的十八大主题的宣传教育活动。如在全国职工中开展“讴歌辉煌成就 凝聚奋进力量”社会主义核心价值体系主题教育活动，举办以“感恩·奉献·永远跟党走”为主题的全国职工网络感言征集活动，在工人报刊、网站开设“走在中国特色社会主义工会发展道路上”等栏目，举办“阳光路上”五一文艺晚会等，大力宣传党的十六大以来取得的辉煌成就，巩固广大职工团结奋斗的思想基础，为迎接党的十八大胜利召开营造良好氛围。党的十八大召开后，各级工会积极组织广大职工开展党的十八大精神的学习，推动广大职工“当好主人翁、建功新时代”。

## （二）弘扬工人阶级伟大品格与劳模精神

各级工会非常重视劳动模范评选表彰工作，采取积极措施加强对广大职工进行劳模精神及工人阶级伟大品格的宣传引导，营造“尊重劳动、尊重知识、尊重人才、尊重创造”的社会氛围。如 2005 年召开的全国劳动模范和先进工作者表彰大会，国务院授予 2124 人全国劳动模范荣誉称号，授予 845 人全国先进工作者荣誉称号。地方各级工会在面向基层、面向经济建设的背景下，与时俱进，注重在一线职工中培养和选树知识型、技能型、创新型劳动模范，扩大劳动模范评选的范围。

各级工会重视弘扬劳模精神，发挥劳动模范的示范导向作用。如 2005 年 3 月，广东省总工会在组织开展的保持共产党员先进性教育活动专题报告会上，专门邀请全国人大代表、全国劳动模范、韶关钢铁集团工人、高级技师罗东元作先进事迹报告。随后广东省委、省政府发出《中共广东省委、省人民政府关于向罗东元同志学习的决定》。2005 年 7 月广东省总工会、韶关市总工会、韶钢集团公司工会还在韶关市联合举办《知识工人罗东元人生格言》首发仪式。广东省各级工会加强宣传，在全省职工中掀起向罗东元学习、争做知识型职工的热潮。

2006年，全国总工会与中央宣传部、科技部、交通部、中共上海市委在人民大会堂联合举办“包起帆同志科技创新先进事迹报告会”，组织报告团前往北京高校和辽宁、上海等地开展宣讲活动，全国总工会还与科技部、交通部共同作出《关于在全国职工中开展向包起帆同志学习的决定》。通过宣传，钟南山、许振超、李斌、包起帆、孔祥瑞等工人阶级优秀代表的先进事迹得到广泛宣传，形象深入人心。2009年中华人民共和国成立60周年时，党中央、国务院拨专款为每位劳动模范发放1000元的国庆慰问金。①

中国工会十五大提出“要大力弘扬劳模精神，把职工群众的创造性劳动同劳动模范的先进性引领结合起来，进一步增强广大职工投身改革和建设的主人翁意识与创造活力，用工人阶级的先进思想和模范行为引领带动全社会”。2010年2月，王兆国在全国总工会十五届五次主席团会议上提出要大力弘扬信念坚定、立场鲜明，艰苦奋斗、勇于奉献，胸怀大局、纪律严明，开拓创新、自强不息的新时期中国工人的伟大品格，要广泛宣传劳动模范的先进事迹和崇高精神，在全社会形成“工人伟大、劳动光荣”的浓厚氛围。各级工会采取多种形式弘扬中国工人阶级的伟大品格和劳模精神，倡导热爱劳动、勤奋劳动的时代风尚，营造尊重劳动、保护劳动的社会环境，焕发广大职工的劳动热情和创造活力，充分发挥工人阶级的主力军作用。

各级工会积极开展劳动模范宣传工作，以在全社会营造“尊重劳模、关心劳模、崇尚劳模、学习劳模、争当劳模”的良好社会氛围。2009年，全国总工会举办了“时代领跑者——新中国成

---

① 《广东工会年鉴》编纂委员会编：《广东工会年鉴（2010）》，广东人民出版社2011年版，第69页。

立以来最具影响的劳动模范”评选活动，在各地推荐的劳动模范中产生120名候选人，包括王进喜、时传祥、袁隆平等60名不同历史时期的劳动模范，成为中华人民共和国成立以来群众心中最具影响的劳动模范。其中37位还入选了“100位新中国成立以来感动中国人物”。全国总工会加大全国五一劳动奖状、五一劳动奖章和“全国工人先锋号”的表彰力度，不断向一线职工倾斜。通过全国职工职业道德建设评选表彰，选树全国职工职业道德建设标兵单位和全国职工职业道德建设标兵，分别授予全国五一劳动奖状和全国五一劳动奖章。各级工会积极组织职工观看弘扬劳模精神的电影《铁人》，在全社会形成学习劳模、争当劳模、关爱劳模的良好氛围。

2010年4月，全国劳动模范和先进工作者表彰代表大会在人民大会堂举行。胡锦涛等党和国家领导人出席大会。2010年7月，全国总工会第十五届四次执委会审议通过《关于深入学习劳模精神、大力弘扬中国工人阶级伟大品格的决议》。2011年2月，全国总工会印发《关于加强劳动模范工作的意见》，再次强调“要把学习宣传劳模作为劳模工作的一项重要任务来抓”。各级工会积极发挥工会宣传阵地、报刊和互联网等媒体的作用，深入宣传工人阶级伟大品格和劳模精神。如2010年，全国总工会联合中央宣传部、解放军总政治部、辽宁省委推出劳模精神和年度重点宣传典型郭明义，组织了对郭明义先进事迹的调研考察，向中央宣传部提出宣传建议，党中央主要新闻媒体、重点新闻网站、主要商业网站、都市类媒体对郭明义先进事迹进行了连续三天的集中报道。2012年，由郭明义、包起帆等八名先进个人和山东潍柴“三高”试验队、河南平煤集团大学生采煤队、中国航天科技集团等三个先进集体代表为主要成员的全国劳模先进事迹报告团，开展了巡回报告。劳动模范宣传引导工作，让广大职工身边有典型，学习有榜样，奋斗有目标，促使广大职工群体将智慧和力量凝聚到改革发展稳定的目标任务上来。

### （三）加强知识型职工队伍建设

进入21世纪以来，围绕科教兴国战略、人才强国战略的要求，各级工会积极发挥工会文化技术教育阵地的作用，号召广大职工争当知识型职工，适应建设学习型社会的要求。2004年初，全国总工会与中央文明办等九部委联合下发《关于开展全国“创建学习型组织，争做知识型职工”活动的实施意见》。由九部委主管领导组成“创争”活动领导小组，还成立了全国创争活动指导协调小组。为了促进活动开展，工会积极组织编写“创争”活动职工通俗读本百题问答，开展“创争”活动知识竞赛，建立“创争”活动网站，编制学习型组织考核评价指标体系，推动“创争”活动广泛开展。“创争”活动在全国迅速开展起来，涌现出了一批先进典型。2005年，《“创争”活动考核评价指标体系》《全国学习型组织标兵单位和知识型职工标兵评选表彰办法》《全国学习型组织、知识型职工奖励条例》《全国学习型组织、知识型职工奖励办法》印发，进一步促进了“创争”活动的开展。2006年1月，全国总工会等十部委在北京举行“创建学习型组织，争做知识型职工”活动表彰电视电话会议。

各地立足自身情况，因地制宜采取措施，促进职工素质提升。如上海市总工会探索形成加强组织推进机制、资源整合机制、经费监督机制、品牌培育机制，全面深入开展职工素质工程，效果显著。上海机电工会牢牢把握全国知识型职工标兵李斌这一先进典型，建立李斌技师学院，评选李斌式班组、李斌式职工，将学习全国知识型职工标兵李斌活动品牌化、基地化、制度化，引领职工素质提升。普陀区总工会则大力推进新经济组织职工素质工程，为职工搭建学习交流平台。宝钢股份宝钢分公司工会在广大基层班组开展工人发明家孔利明式科技创新团队建设，为激发职工的聪明才智和创造活力提供舞台。浙江省总工会在2006年12月开办了专业性的“浙江职业技能论坛”网络平台。全省1200万名职工通过该平台，免费向专家咨询、与同行交流、下载技术学习培训相关资料以及获得有关国家政策、政府文件等免费信息服务。青岛港集团研究出台《青岛港2006—2008年“创争规划”》，并通过建立1个人才培训中心、10个科技创新基地、100个职工图书室和学习之家以及海外联合办学方式，实现网络化教育传输，职工队伍素质显著提升，从多年前12000多人只有初中学历，发展到以5000名拥有各类专业技术职务职称的专业技术人员和5000多名高级技术工人为主体的高素质职工队伍。十大“全国杰出进城务工青年”——农民工皮进军，更是新时期产业工人的杰出代表。[①] 2007年，全国总工会联合中央宣传部、中央文明办等多部委共同主办的以“创新我们的学习——开创职工素质教育新局面”为主题的“2007年首届中国职工学习论坛”在北京举行开幕典礼，并开通了中华职工学习网。各级工会极为重视工会文化教育阵地的建设和作用发挥，大力推进包括“职工书屋”“职工教育培训优秀示范点”等的建设。

全国总工会决定从2008年起，用三年时间在全国重点扶持援建3000个“职工书屋”示范点，并发动各级工会以点带面，用五年时间全面推动“职工书屋”建设。2008年1月，全国总工会印发《中华全国总工会关于开展全国工会“职工书屋”建设的实施意见》，“职工书屋”工程开始系统开展。同年，1000家全国工会“职工书屋”示范点的图书全部配送到位，各地工会自建9800多家“职工书屋”，藏书总量达到1330.58万册。截至2009年底，建成2000个全国“职工书屋”示范点，带动基层建成“职工书屋”2万多个。在全面建设“职工书屋”过程中，各地职工书屋

① 《“创争”活动：推进中国工人阶级知识化》，《职业技术教育》2007年第21期。

由点及面逐步建立，在职工中形成“多读书、读好书”的良好氛围，掀起职工读书活动热潮，为提高职工科学文化技术知识发挥作用。

2010 年，全国总工会命名了 700 个全国职工教育培训示范点、100 个职工教育培训优秀示范点和 31 所女职工示范培训学校，建立首批 10 家职工职业技能实训基地，开展职业技能培训 314.3 万人次，培训家政服务人员 23 万人。同年，全国新建职工书屋示范点 1000 家、职工书屋 1.2 万家，总结推广了南田农场通过企业文化、职工文化促进企业和职工共同发展、共享成果、共促和谐的典型经验，推进了企业文化和职工文化建设。2011 年，全国总工会评选出 800 个全国职工教育培训示范点，命名 100 个教育培训机构为“全国职工教育培训优秀示范点”，在全国建立 100 个职工职业技能实训基地，选树 52 所女职工培训示范学校，在全国新建 1 万家工会职工书屋，为新建的 1000 家示范点配备 110 余万册价值 3000 万元的图书。

与此同时，各级工会不断加强职工教育培训工作。2002 年全国职业教育工作会议召开后，工会系统职工学校积极发展以岗位评委席为重点、以就业为导向的职业教育，取得显著成绩。2005 年 10 月，国务院颁布《国务院关于大力发展职业教育的决定》，全国总工会在贯彻落实该决定的工作中，于 2006 年 6 月，印发《中华全国总工会关于工会系统各类职工学校改革与发展的意见》。该意见明确强调工会系统各类职工学校是开展职工教育和职业培训的重要力量，在工会职工教育工作中，需要积极推进工会系统职工学校深化改革，整合资源，调整工会办学布局结构，探索工会办学多种实现形式，重点建设好一批示范性职工学校和培训基地等。特别是工会办学要积极融入地区经济建设和社会发展之中，“紧紧围绕提高职工素质的要求，结合劳动预备制度、职业资格证书制度、就业准入制度的实施和高技能人才培养，着力培养学生的实践能力、创造能力和创新能力，激发学生的创新活力，拓展职业教育功能”。

2008 年 12 月，全国总工会第十五届二次执委会议通过了《关于充分发挥工会“大学校”作用 提高职工队伍整体素质的决议》，提出“培养造就一大批知识型、技术型、创新型的高素质职工”。2009 年，《中华全国总工会关于全面实施职工素质建设工程的意见》印发。在全面实施职工素质建设工程，深入开展“共铸理想信念、共促科学发展”主题教育活动和“创建学习型组织，争做知识型职工”活动中，各级工会有针对性地开展职工技能培训，推出了一批创新能手、创新示范岗和创新班组。

2010 年，全国总工会制定并实施《全国职工素质建设工程五年规划（2010—2014 年）》和《关于实施女职工提升素质建功立业工程的意见》。在《全国职工素质建设工程五年规划（2010—2014 年）》中提出：“从 2010 年起，各级工会要以加快培养和造就一支宏大的高素质职工队伍，作为工会推动加快经济发展方式转变、加快提高自主创新能力的重要切入点，通过全面实施全国职工素质建设工程，使职工队伍理想信念更加坚定，职业道德建设更加深入，科学知识更加普及，技术人才结构更加合理，职工教育培训机制更加完善，职工文化和企业文化更加繁荣。”

工会职业培训机构有序发展。截至 2012 年，全国各地区基层以上工会共有职业培训机构 4479 个，2012 年度工会职业培训机构培训 1753435 人次，排名前三的为河北、山西、广西。河北基层以上工会有职业培训机构 963 个，2012 年培训 82417 人次；山西基层以上工会有职业培训机构 920 个，当年培训 74531 人次；广西基层以上工会有职业培训机构 557 个，当年培训 78989 人次。①

① 中华全国总工会编：《中国工会年鉴（2013）》，《中国工会年鉴》编辑部 2013 年版，第 585 页。

### （四）农民工知识文化与素质技能的提高

随着进城务工人员规模不断扩大，各级工会加强提升农民工队伍文化素养。如在普法工作中，针对农民工权益维护问题，在农民工分布大省积极开展法律宣传与咨询活动。《劳动合同法》颁布后，各级工会重视加强对广大农民工群体进行《劳动合同法》的宣传与普及。很多工会启动“送法上门”活动，免费发放法律法规文件给农民工，提高其法律知识水平与素质，号召其通过合法理性的途径，依法维护自身权益。

一是针对农民工群体文化素养整体较弱的情况，各级工会积极开展工作，提高农民工文化技术水平。2006 年 5 月，全国总工会、教育部、劳动和社会保障部、文化部、国家广电总局多部门在北京联合启动“向农民工送文化行动”。全国总工会拨出 1000 多万元资金，在全国建立 200 多个流动电影放映队和 31 所农民工业余学校。全总提出各级工会力争在 5 年时间内，对 1000 万名农民工开展文化技术技能培训。全国总工会授牌的每所农民工业余学校每年应至少完成 5000 名至 10000 名农民工的培训任务。工会流动电影放映队深入基层、工地和社区，北方城市每个流动电影放映队每年为农民工放映电影场次应不少于 80 场，南方城市不少于 100 场，观众人数在 3 万人以上。各级工会将“向农民工送文化行动”纳入工会维护农民工合法权益的整体工作中，积极采取各种措施，深化“向农民工送文化行动”，做好农民工思想政治引导工作，加强对农民工的人文关怀，提升农民工的科学文化素质和劳动技能。

在农民工高等教育方面，立足新生代农民工群体日渐成为劳动力主体的现实，各级工会积极开展工作创新。2009 年，大连市总工会在全国首创“资助农民工上大学”活动。大连市总工会每年提供 100 万元专项资金，为符合条件的参加成人高考被录取的农民工资助全额学费，直至其毕业。首批资助的224名农民工大学生在大连工人大学的机械制造与自动化等专业学习。2011年，北京市总工会实施“首都农民工大学生助推计划”，按照“学历+技能”的培养模式，“通过送文化、送知识、送技能等方式让农民工经过为期两年半的学习，获得大专毕业证书。助推计划帮助农民工尽快融入城市生活，提高岗位竞争能力，从而推动全市职工队伍素质的整体提升，实现体面劳动”。① 2011年首期录取的农民工大学生有140人，均获得北京市总工会提供的6000元学费全额资助，就读专业为建筑工程管理。② 北京市总工会职工大学还为农民工设置了符合他们特点的教学方案与教学形式。从2011年到2012年计划实施的两年中，近千名农民工获得了资助。2012年，杭州市总工会推出“资助农民工上大学计划”，来杭州工作的外地农民工可以就读杭州市工人业余大学。符合条件报名的农民工819人，最终578人经过全国成人高校统考后被录取，实际招生入学人数超出计划招生人数的2.4倍。③ 2012年，合肥市总工会全额资助首批109名优秀农民工在合肥职工大学学习，采取学历加技能的培训方式，农民工大学毕业后可获得大专毕业证及职业技能证。受到全额资助的优秀农民工来自合肥市三个开发区、四个老城区所属的大型企业。这些“在政治上要求进步，业务上是企业骨干，与企业有稳定劳动关系，年龄在18—35周岁，具备高中或相当于高中文化程度的优秀农民工均在选择之列”。④ “资助农民工上大学”活动对新生代农民工提高自身素质、丰富精神文化生活发挥了积极作用，使越来越多的农民工看到希望，使其在劳动过程中更有尊严，有力地推动了农民工队伍的稳定及发展。

---

① 《北京：资助万名优秀农民工上大学》，《中国职工教育》2013年第2期。

② 《北京首批农民工免费上大学》，《乡村科技》2012年第4期。

③ 《杭州578名农民工圆了大学梦》，《工会信息》2013年第3期。

④ 《合肥市总工会全额资助优秀农民工上大学》，《工会博览》2012年第8期。

二是提高农民工职业技能。2006年，全国总工会颁发了《中华全国总工会关于工会系统各类职工学校改革与发展的意见》，提出“要把加强农民工培训作为工会职工学校开展职工教育和职业培训工作的重点内容，多渠道、多形式、多层次地开展农民工培训工作，努力提高农民工的职业道德和职业素质。实行学历教育与职业培训相结合，以职业培训为主；职前教育与在职培训相结合，以在职培训为主；就业培训、农民工培训与继续教育相结合，以就业和农民工培训为主”。

各级工会高度重视农民工技能培训，探索构建农民工培训体系，取得显著成绩。如在农民工流入大省的广东，各级工会采取措施，搭建农民工业余学校。2006年9月，广东省总工会农民工业余学校揭牌，其依托广州工人文化宫培训学院，主要针对农民工进行职业技能与兴趣等方面的培训。① 2007年，深圳市盐田区总工会与区委党校、区人力资源局联合创办盐田区劳务工学校，这是广东省第一家劳务工学校。② 立足本区支柱产业，盐田区工会以盐田区劳务工学校为教育平台，大力开展劳务工教育培训工作，为农民工提供优惠、便利、实用的教育培训服务，陆续开办了物流、计算机、报关员、酒店服务业等多个技能培训教育班，共培训外来劳务工500多名。③

截至2008年，全国县及县级以上地方工会拥有独立举办的职工教育机构1809所，在校人数123.7万人，其中职工高等院校39所，占2.2%；职工中等学校275所，占15.2%；培训中心244

① 《广东工会年鉴》编纂委员会编：《广东工会年鉴（2007）》，广东人民出版社2008年版，第67页。

② 《广东工会年鉴》编纂委员会编：《广东工会年鉴（2008）》，广东人民出版社2009年版，第173页。

③ 汤建芬主编：《深圳劳动关系发展报告（2010）》，社会科学文献出版社2010年版，第162页。

所，占 13.5%；再就业培训基地 455 所，占 25.1%；农民工业余学校 538 所，占 29.7%；技能人才实训基地 403 所，占 22.3%。获得基层以上工会表彰的创建学习型组织先进单位 1.3 万个，创建学习型组织先进班组 1.7 万个，知识型职工标兵和先进个人 4.2 万人。在工会宣传文化教育阵地建设方面，全国基层工会共有直属文化宫、俱乐部 3 万个，馆藏图书 1 万册以上的直属图书馆 1.7 万个，直属体育场、体育馆 2.2 万个。全国县及县级以上地方工会共有直属文化宫、俱乐部 1685 个，馆藏图书 1 万册以上的直属图书馆 398 个，直属体育场、体育馆 225 个。全国县及县级以上地方工会拥有直属文化体育协会 766 个，会员 463.5 万人。①

三是提升农民工综合素质。各级工会积极贯彻《2003—2010 年全国农民工培训规划》，落实《中华全国总工会关于全面实施职工素质建设工程的意见》以及文化部、人力资源和社会保障部、全国总工会联合下发的《关于进一步加强农民工文化工作的意见》，积极行动，丰富农民工文化生活，助推农民工素质提升。立足农民工权益维护等开展普法宣传与安全生产等方面的宣传教育工作。如 2010 年底上海市在马陆镇农民工宿舍永盛公寓举行了由上海市总工会与市司法局主办、嘉定区司法局和嘉定区总工会承办的“共创和谐——法律援助与困难职工同行”大型咨询活动。数十名法律专家和律师在现场接待农民工，对农民工关心的年底欠薪、工资过低、工伤认定等问题进行详细解答，共接待咨询 80 余人次，发放宣传资料与物品 1500 余份，通过各类活动引导农民工懂法、守法，依法维权。

各级工会积极整合资源，推进工会职工学校、社会职业技能

---

① 中华全国总工会研究室：《2008 年工会组织和工会工作发展状况统计公报》，《中国工运》2009 年第 7 期。

培训学校和企业职工培训机构三方合作的农民工职业培训体系形成，通过对农民工进行思想教育和技能培训，提升农民工素质，帮助农民工更好地融入城市中。如2009年，上海市总工会联合市文明办等10家单位开展“迎世博”农民工基本素质教育培训工程，至2010年底，上海全市共培训农民工200万人。广东省将农民工技能培训工作作为工会职工学校开展职工教育和职业培训工作的重点，一批农民工技能培训示范基地和就业培训基地诞生，如深圳市总工会农民工学校被全国总工会确定为“全国工会农民工技能培训示范基地”，广州市总工会羊城职工职业技术学院、东莞市虎门镇工会职工技术培训学校、佛山市总工会职工学校和韶关市困难职工帮扶中心等4个培训基地被全国总工会确定为“全国工会就业培训基地”。广东省根据女职工特点，设置女职工周末学校、外来女工流动课堂，对在职职工进行科学文化与专业技术教育培训，提升其素质。[①] 青岛港开全国先河，从2011年起为从事一线装卸的农民工“评职称”，评聘了200多名装卸工艺员、装卸工艺师。

### （五）加强工人文化宫阵地建设

各级工会积极推动工人文化宫、俱乐部、体育场馆的改革与发展，不断丰富职工文化生活，提高职工文化素质。如2004年，全国总工会成立中国职工文化体育协会，积极参与国家《公共文化体育设施条例》的制定，与国家体育总局等开展合作，组织开展了“全国亿万职工迎奥运健身活动月系列活动”“全国职工乒乓球大赛”等活动。建立职工文化活动示范基地，组织文艺汇演、职工文化艺术节等，不断丰富职工精神文化生活。各地工会

① 《广东工会年鉴》编纂委员会编：《广东工会年鉴（2010）》，广东人民出版社2011年版，第86页。

也积极开展实践，形成品牌。如2005年，上海市工人文化宫在建宫55周年之际，与南京市工人文化宫、杭州市工人文化宫共同发起建立“长三角”城际工人文化宫联席会，以开放的合作组织形式，搭建文化交流与展示的平台，发挥各自优势，实现资源共享，合作协同发展。同年，“长三角”城际工人文化宫联席会召开首届年会，来自南京、宁波、南通、温州、无锡、杭州、上海等地的20家城市工人文化宫工作者相聚上海，共商职工文化事业大业，共谋工人文化宫发展大计。①

2005年11月，全国总工会颁布《关于推进地方工人文化宫俱乐部改革与发展的意见》。各级工会进一步加强工人文化宫等建设。特别是在服务对象方面，各地工人文化宫关注农民工的培训与娱乐工作，打造品牌。如青岛市总工会专门建立了一支以工会干部为主、专家学者为辅、专兼职相结合的师资队伍，利用青岛市工人文化宫活动阵地，定期举办面向农民工的各种知识讲座，或者上门为农民工进行宣讲和技能培训，开展“流动课堂”活动。青岛市工人文化宫的阅览室还向农民工免费开放，并积极组织书源，定期、定时为农民工送书上门，定期轮换，开展“流动书箱”活动，不断充实农民工的精神文化生活，助力其提升素质，更好融入城市。②

2007年5月，全国工人文化宫改革与发展论坛暨工人文化宫、俱乐部工作委员会第一次年会在江苏常州召开。2010年，全国总工会对全国省、地、县三级工人文化宫开展调查，形成《关于全国地方工人文化宫、俱乐部的情况报告》。2011年，全国总工会与文化部等多部门形成《文化部、财政部、教育部、中华全

① 徐大为、张路：《“长三角”城际工人文化宫合力打造品牌》，《工人日报》2005年10月28日第6版。

② 杨明清、张恩刚：《青岛打造服务农民工工作品牌》，《工人日报》2006年5月9日第1版。

国总工会、共青团中央、全国妇联、中国科协关于推动工人文化宫、青少年宫、妇女儿童活动中心和科技馆等免费开放工作的调研报告》，促进工人文化宫的发展。各级工会在贯彻落实报告精神过程中，积极推动以工人文化宫为代表的职工文化阵地公益性原则与市场化道路相结合，实现社会效益和经济效益双赢。

围绕工人文化宫的建设，各地工会也形成共识：一是加强工人文化宫的阵地建设，可围绕工人文化宫的场地、经费等方面采取措施。二是工人文化宫要突出文化，坚持公益性文化事业，适应职工的文化娱乐需求。三是工人文化宫在管理方面需要完善机制，加强专业人才队伍，适应市场竞争。四是政府机构需要将工人文化宫纳入公益性文化事业单位建设范围，给予资金和政策扶持。各地在实践中也积极探索路径。如南京市工人文化宫从 2004 年开始恢复文化宫差额拨款事业单位性质；苏州市工人文化宫的改造被政府列为着力解决的“十件实事”之一，补贴 2000 万元，并给予一定的贷款贴息。①

截至 2012 年，全国县及县级以上地方工会拥有独立举办的职工教育机构 1668 所，其中职工高等院校 63 所，占 3.8%；职工中等学校 205 所，占 12.3%；农民工业余学校 352 所，占 21.1%；女职工培训学校 390 所，占 23.4%；职业技能实训基地 696 个，占 41.7%。全国基层工会共有直属文化宫、俱乐部 5.6 万个，馆藏图书 1 万册以上的直属图书馆 4.4 万个，直属体育场、体育馆 6.1 万个，开展“创建学习型组织、争做知识型职工”活动的基层工会 90.7 万个。全国县及县级以上地方工会共有直属文化宫、俱乐部 6038 个，馆藏图书 1 万册以上的直属图书馆 6247 个，直属体育场、体育馆 4644 个。全国县及县级以上地方工会拥有直属

---

① 彭广余，翟慎良：《工人文化宫，一个“老字号”的迷失与找寻》，《新华日报》2007 年 5 月 10 日第 3 版。

文化体育协会1.5万个，会员929.6万人。①

## 三、开展职工维权帮扶工作

2002年12月，中央书记处办公会议在听取全国总工会党组工作汇报后，对工会工作提出了几点意见，强调要切实代表和维护广大职工群众的利益，并将其作为工会一切工作的出发点和落脚点。2003年2月，针对工会维护职工群众合法权益的问题，王兆国指出新形势下工会突出维护职能体现了工会与时俱进的精神，有利于保护、调动和引导广大职工群众的积极性、创造性，有利于工会在深化改革、促进发展和维护稳定中发挥更大的作用。工会要切实维护职工群众的合法权益，必须把维护职能贯穿到促进发展、推动改革、积极参与、大力帮扶的全过程。2003年，中国工会十四大再次提出“维护职工合法权益是工会存在和发展的必然要求，也是我们党赋予工会组织的重要任务”。②

### （一）中国特色社会主义维权观的提出

“组织起来、切实维权”的工会工作方针提出后，2004年7月，全国总工会十四届四次主席团（扩大）会议对于切实做好职工维权工作，进一步提出四大原则：一是必须在维护全国人民总体利益的同时，更好地维护职工群众的具体利益，把维护贯穿推动改革、促进发展、积极参与、大力帮扶的全过程；二是不仅要

---

① 全国总工会研究室：《2012年工会组织和工会工作发展状况统计公报》，《中国工运》2013年第6期。

② 王兆国：《以“三个代表”重要思想为指导团结动员广大职工在全面建设小康社会中充分发挥工人阶级主力军作用——在中国工会第十四次全国代表大会上的报告》（2003年9月22日），《中国工会十四大文件汇编》，中国工人出版社2003年版，第14—40页。

维护职工群众的合法权益，也要引导职工群众关心企业，共谋发展，通过经济发展和社会进步使职工群众的利益全面得到提高；三是不仅要维护职工群众的经济利益，还要维护好职工群众的民主政治权利和精神文化利益；四是不仅要重点维护好进城务工人员、下岗失业人员等困难职工群体的权益，也要维护普通职工群体和高学历、高职称、高收入职工群体的合法权益。同年，全国总工会建立了全国工会职工维权热线电话 12351，并于 2004 年 10 月 15 日正式开通。该电话号码是信息产业部核配全国工会职工维权热线专用号码，全国各地职工均可拨打该电话与当地工会或外地工会反映情况。截至 2014 年底，全国总工会、各省级总工会及地市级总工会就开通职工维权热线 376 个，接听、处理职工电话近 9 万人次，对职工反映的问题进行了相应处理，有效地维护了职工群众的合法权益，受到职工好评。

各地工会在探索职工权益维护工作中，也形成工会维权的“义乌模式”的典型经验。改革开放以来，位于浙江省中部的义乌市建立起以小商品为主的工商业体系，外来务工人员不断增加，达到百万人。这些外来务工人员以农民工为主，分布的企业虽然有大有小，性质及行业各有不同，但大多为非公有制企业。义乌市总工会通过社会调研发现，劳动关系领域呈现出劳动关系矛盾多样性、复杂性、隐蔽性及可变性四大特点，带来的直接后果就是刑事案件时有发生，社会秩序不安定。① 立足这些情况，义乌市总工会从职工最现实的需求出发，通过建立健全工会法律维权机构，构筑职工维权社会化大平台，探索形成了“义乌模式”。“义乌模式”包括两方面内容：一是搭建载体，二是构建、完善四个机制。②

---

① 佟新：《中国劳动关系调研报告》，中国言实出版社 2009 年版，第 277 页。

② 中华全国总工会编：《中国工会年鉴（2005）》，《中国工会年鉴》编辑部 2005 年版，第 34—35 页。

搭建载体主要包括建立义乌市职工法律维权中心。2000 年 10 月，义乌市总工会建立了全国首个专门的维权机构——义乌市总工会职工法律维权协会，同时招聘四名法律专业人才开展维权工作，具体业务接受公检法的指导。同时，义乌市总工会每年向职工法律维权中心下拨 30 余万元维权活动经费，同时专门向电信部门申请开通职工维权热线电话“516872886”（“51”代表劳动者的节日，“6872886”为当地方言“来吧，请你帮我”的谐音），以方便职工记忆和求助。这就形成了工会领导下的，以社会化服务和市场化运作为主的职工维权社会化模式。

四个机制包括劳动争议调解机制、法律援助机制、仲裁参与机制、诉讼代理机制。在劳动争议调解机制方面，义乌市总工会与市司法局联合成立义乌市总工会人民调解委员会，在有职工 100 人以上的企事业单位建立人民调解委员会，并规定企业原有劳动争议调解委员会与人民调解委员会实行两块牌子一套班子。在法律援助机制方面，2002 年 2 月市总工会与市司法局联合发文，成立了义乌市法律援助中心职工工作部，实现与市法律援助中心衔接，使工会法律援助工作融入市法律援助体系中。在仲裁参与机制方面，市总工会积极争取市劳动争议仲裁委员会的支持，做到凡涉及职工的劳动争议案件都由工会仲裁员独任仲裁或组庭仲裁。市劳动争议仲裁委员会受理劳动争议案件后，可在市总工会组庭予以调解，调解成功的，由市劳动争议仲裁委员会制作调解书，从而有效地表达和体现了工会的维权主张，维护了职工的合法权益。在诉讼代理机制方面，市总工会通过争取与有关法律事务所联合，由法律事务所直接开函出庭，使工会劳动争议诉讼出庭合法化。同时，对复杂、重大的案件由法律事务所指定人员协助工会共同办理，从而保证办案质量。为了解决经济困难职工无力支付诉讼费的问题，义乌市总工会还通过新闻发布会，向社会公开承诺为权益受侵害的职工提供免费诉讼代理，专门建立诉讼费垫付基金。与此同时，义乌市总工会非常重视与新闻媒体合作，通过组建浙江工人日报义乌维权工作站，跟踪采访、报道，与义乌广播电台合作，专门开辟《工会纵横》栏目，以案说法，为工会维权提供支持。其建立的义乌、开化跨地区联合维权工作站是中国首家城际之间联合开展跨地区维权的工会维权组织。

2004 年 11 月 27 日，党中央主要领导人对《浙江义乌市探索职工维权社会化新模式》作出批示，强调“完善在工会组织领导下的维权机制很有必要。要注意总结经验，不断强化职能，更好地为职工服务”。11 月 29 日，全国总工会强调贯彻落实批示精神，总结推广义乌市维权经验，加强依法维权工作，切实服务职工，发挥好工会的桥梁纽带作用。全国总工会基层工作部牵头，全国总工会办公厅、研究室、法律部、保障工作部等派人参加，组建联合调查组，对义乌市总工会创新法律维权机制的情况进行调查、总结，并在之后进行宣传推广。《义乌市工会社会化维权经验》获得了当年浙江省总工会工会工作创新奖特等奖。

立足这一时期的工会维权工作实际，2004 年 12 月，王兆国在全国总工会十四届二次执委会议上再次强调，在表达和维护职工群众合法权益时，要从解决突出问题入手，要从帮扶困难职工入手，要从完善维权机制入手，要从加强思想引导入手。2005 年 3 月，王兆国在全国总工会机关保持共产党员先进性教育活动报告会上的讲话以及 4 月庆祝中华全国总工会成立 80 周年大会上的讲话中，针对工会的维权工作再次强调“坚持维护全国人民总体利益与职工具体利益的统一”和“必须坚持切实代表和维护职工群众的合法权益”。2005 年 7 月，《关于坚持走中国特色社会主义工会发展道路的决议》在阐释中国特色社会主义工会发展道路的七大基本内涵时，也强调要坚持切实表达和维护职工群众的合法权益。2005 年 9 月，在全国工会维权机制建设经验交流会上，王兆国在讲话中再次强调要切实把工会组织领导下的维权机制建设好、完善好，把职工群众的合法权益实现好、引导好、发挥好，团结和引导广大职工积极投身全面建设小康社会的伟大实践，为构建社会主义和谐社会作出应有贡献。

2005 年 12 月，在全国总工会十四届七次主席团（扩大）会议上，王兆国在讲话中提出中国工会从我国劳动关系的性质和特点出发，要坚持以人为本的维权目标，最大限度地维护职工合法权益；坚持“两个维护”统一的原则，把维护贯穿于改革、发展、参与、帮扶的全过程；坚持运用法律手段，健全在工会组织领导下的维权机制，把维权纳入规范化、制度化、法制化的轨道；坚持社会化的维权方式，推动形成党委领导、政府重视、社会支持、职工参与、工会运作的维权工作格局。中国工会在实践中逐步确立的维权观念，是成功经验的系统总结，必须在今后的维权工作中长期坚持下去，并不断加以完善。可以说，这从基本原则、制度建设、方式方法几个方面初步系统提出了中国特色社会主义工会维权观。在全国总工会十四届三次执委会上审议通过了《中华全国总工会关于加强协调劳动关系、切实维护职工合法权益、推动构建社会主义和谐社会的决定》，进一步从维护职工合法权益的重要性和紧迫性，维护职工合法权益工作的指导思想、主要原则和基本任务，维护职工合法权益的制度与机制建设，维护职工合法权益工作的落实以及提高维护职工合法权益的能力和水平几个方面作出明确系统的规定。

2006 年 5 月，王兆国在全国工会领导干部高级研讨班上的讲话中，系统阐述了主动维权、依法维权、科学维权的基本内涵。主动维权，就是要有主动的意识、超前的预见和积极的作为，充分发挥主观能动性，积极主动地参与法律法规和政策性文件制定，参与企业改制方案的制定和实施，实现从事后介入的被动维护向提前参与的主动维护转变，主动了解职工的实际困难和问题，主动帮助他们反映情况、解决问题。依法维权，就是要增强法制意识，运用法律手段，健全在工会组织领导下的维权机制，把维权纳入规范化、制度化、法制化的轨道，督促和推动《劳动法》《工会法》及有关法律法规的落实，引导职工以理性合法的方式和渠道表达利益诉求，依法规范自身行为。科学维权，就是要把握工会维权工作涉及面广、政策性与专业性强等特点，用科学理论来指导，用科学态度来协调，用科学方法来推进，配合有关部门制定维护职工权益的科学标准。比如提高职工的收入水平，必须进行科学测算，做到既要有利于建立与经济社会发展水平相适应的工资增长机制，又要有利于国家改革开放和企业健康发展，有利于更多的劳动力充分就业。我们的劳动标准和工资标准要符合国民经济发展的总体水平和企业的经营状况，不能超越社会主义初级阶段的历史条件，不能简单地照搬西方发达国家的标准。这就要求工会必须妥善处理好各方面的利益关系，不断提高维权工作的质量和水平。

2006 年 12 月 8 日，王兆国在全国总工会十四届十一次主席团（扩大）会议上的讲话中提出立足中国国情、适应时代发展，牢固树立中国特色社会主义工会维权观。他指出维权观是工会维权工作根本宗旨、重要原则、核心理念、途径方式等的集中体现，事关维权工作的性质、方向和成效。加强协调劳动关系，切实维护职工权益，推动构建和谐社会，关键是牢固树立中国特色社会主义工会维权观。工会组织坚持走中国特色社会主义工会发展道路，提出保障工人阶级和广大劳动群众的经济政治文化权益是发挥他们积极性创造性的根本途径，明确维护职工合法权益是工会的基本职责，确定“组织起来、切实维权”的工作方针，把维护贯穿于推动改革、促进发展、积极参与、大力帮扶的全过程，完善工会组织领导下的维权机制，做到主动维权、依法维权、科学维权，逐步形成了中国特色社会主义工会维权观：以职工为本、主动依法科学维权。至此“以职工为本、主动依法科学维权”的中国特色社会主义工会维权观全面形成。

贯彻落实中国特色社会主义工会维权观，需要坚持维护全国人民总体利益与维护职工群众具体利益相统一的维权原则；坚持竭诚为职工群众服务的维权宗旨；坚持和谐发展、互利共赢的维权理念；坚持统筹兼顾、突出重点的维权方法；坚持党政主导、工会运作的维权格局。在工会维权机制方面，要建立健全利益协调机制，确保职工群众共享改革发展成果；建立健全诉求表达机制，充分反映职工的意愿和要求；建立健全矛盾调处机制，维护职工队伍团结稳定和社会和谐；建立健全权益保障机制，切实解决职工生产生活困难。同时，中国特色社会主义维权观还要求加强学习，提高素质，进一步增强工会组织和工会干部的维权能力，这包括要不断夯实维权工作的组织基础；切实提高协调劳动关系、维护职工合法权益的政策水平和业务能力；始终保持奋发有为的精神状态，树立与时俱进的创新意识。

中国特色社会主义工会维权观是中国特色社会主义工会发展道路的重要内容。社会主义市场经济体制建立以来，在党的领导下，中国工会为了建立稳定和谐劳动关系进行的探索与创新，为中国特色社会主义工会维权观的提出奠定了扎实的实践基础。中国特色社会主义工会维权观集中体现了党对工会维权工作的总体要求。其中，自觉接受党的领导，是工会维权工作沿着正确方向发展的根本保证，促进国家经济发展和社会进步是工会维权工作的前提和基础。特别是在维权工作中，通过把坚持党政的主导性与发挥工会的主动性统一起来，加强与社会各方面的沟通、联系和配合，从而努力形成党委领导、政府支持、社会配合、工会运作、职工参与的维权格局，确保维权工作取得实实在在的成效。中国特色社会主义工会维权观解决了“维护什么、怎样维护”的问题，符合实现共建共享和谐社会的总体要求。各级工会通过落实这一思路，积极发展和谐劳动关系，助推社会主义和谐社会建设。

## （二）困难职工帮扶中心建设与职工帮扶工作开展

### 1. 大力建设并完善困难职工帮扶中心

各级工会积极加强帮扶工作，大力推进困难职工帮扶中心的建设与完善，在帮扶组织建设、帮扶工作的开展、帮扶经验交流等方面取得了不同程度的进展。

一是帮扶组织不断完善。2002 年 1 月，天津市总工会成立了全国第一家困难职工帮扶中心。2003 年中国工会十四大后，各级工会积极创建和完善各种形式的困难职工帮扶中心。2003 年底，全国共有 11 个省级总工会、240 个地市级工会和 700 余个县级工会及部分行业工会建立了困难职工帮扶中心。截至 2004 年底，全国 11 个省级工会、322 个地市级工会以及 1697 个县级产业和基层工会建立了帮扶中心。其中，辽宁、江苏、湖北、河南、广东、云南、陕西等 7 个省的地市级城市全部建立了帮扶中心。全国总工会委托各省级总工会对各地成立的地市级以上帮扶中心进行了检查验收，对验收合格的 300 个帮扶中心颁发了牌匾，并一次性给予每个地市级帮扶中心 10 万元启动资金。各地帮扶中心投入资金总额达到 6.2 亿元，在政策咨询、法律援助、就业服务、生活救助、医疗救助、教育救助等方面共计帮扶困难职工 350.7 万人次，发放帮扶资金 4 亿多元。[①] 同时，帮扶中心组织规模，尤其是基层组织建设方面快速发展。截至 2008 年底，全国县级以上帮扶中心 3096 家，其中省级 16 家，地市级 358 家，县级 2722 家，100%的城市和 98%的县级城镇都已建立帮扶中心，为建立和完善

① 中华全国总工会编：《中国工会年鉴（2005）》，《中国工会年鉴》编辑部 2005 年版，第 35 页。

“送温暖”活动的长效机制，努力实现困难职工帮扶工作的可持续发展打下了坚实的基础。

二是帮扶工作内容不断丰富，帮扶成效不断提高。各地工会根据本地经济发展以及困难职工的实际情况，因地制宜，对困难职工提供生活救助、就业服务、政策咨询和法律援助等工作。2003 年，全国各类帮扶中心累计帮扶困难职工 160.8 万人次，其中包含信件来访 42.8 万人次、政策咨询 25.5 万人次、推荐就业 31.1 万人次、就业培训 19.2 万人次、提供法律援助 2.3 万人次、生活救助 19.2 万人次、医疗救助近 9 万人次和帮助困难职工子女上学 11.7 万人次，累计发放救助款 1.72 亿元，其中生活救助 6300 余万元、医疗救助款 1500 余万元、资助困难职工子女上学 9400 余万元。2008 年，全国各级工会困难职工帮扶中心共筹集帮扶资金 21.5 亿元，帮扶困难职工 627 万人，帮扶农民工 191.5 万人。下岗职工的就业帮扶方面，全国总工会提出从 2003 年至 2005 年“帮扶下岗职工三年实现三个 150 万”就业工作目标，即“全国工会系统对 150 万名下岗失业人员开展职业培训，为 150 万名下岗失业人员提供职业介绍，依靠工会劳动福利事业和工会直接联系等多种渠道帮助 150 万名下岗人员实现再就业”。这一目标最终超额完成，“其中，培训下岗失业人员 223.9 万人次，完成目标任务的 149.3%；成功介绍下岗失业人员再就业 155.3 万人次，完成目标任务的 103.5%；安置和扶持 220.2 万人实现了再就业，完成目标任务的 146.8%”。①

三是帮扶工作经验进行总结推广。全国总工会积极组织进行帮扶工作的经验总结与推广活动。2003 年，全国总工会召开全国工会困难职工帮扶中心工作座谈会，各省、自治区、直辖市总工

---

① 王兆国：《把促进再就业作为义不容辞的责任》，《人民日报》2006 年 8 月 4 日第 15 版。

会和副省级城市总工会分管主席和保障工作部部长、困难职工帮扶中心主任，新疆生产建设兵团总工会、中华全国铁路总工会和全国总工会有关部门负责人，以及国家劳动和社会保障部、民政部有关同志共 110 余人参加了会议。王兆国对会议的汇报材料作了重要批示："帮扶工作是困难职工最盼望的，也是党和政府希望工会在这方面能很好发挥作用的，各级工会把这项工作抓实抓出成效来，就会取得多方满意的效果。保障工作部要不断总结新经验、新方法及时推广。"会议认真总结了各地困难职工帮扶中心的工作，对下一步做好困难职工帮扶工作提出了明确具体的要求。

四是党和国家对工会帮扶工作予以充分肯定，并给予大力支持。党和国家领导人十分关注困难职工帮扶中心的工作成绩。2006 年 5 月，胡锦涛在视察昆明市总工会困难职工帮扶中心时对帮扶中心的工作给予了充分肯定，给广大工会工作者以极大鼓舞。2006 年底，胡锦涛视察辽宁省葫芦岛市连山区扶贫超市。2007 年 12 月视察天津市困难职工帮扶中心，再次对工会做好帮扶工作作出重要指示。使帮扶中心成为充满爱心、充满阳光的困难职工之家。全国各地工会困难职工帮扶中心也得到地方领导重视。许多地方的党政领导人积极支持帮扶中心的建立，在资金、政策、场地等方面给予大力资助。一些地方还形成了在党委直接领导下，党、政府、工会及有关部门共同参与有效运作的大帮扶格局。各级工会也不断加强困难职工帮扶中心建设质量，不断提高其规范化、制度化建设，提升帮扶工作的实力、内容及质量，使之成为党政所望、职工所需、社会支持、竭诚为职工服务的"职工之家"。[1] 从 2006 年开始，中央财政专门设立了面向困难职工帮扶

---

① 王兆国：《把促进再就业作为义不容辞的责任》，《人民日报》2006 年 8 月 4 日第 15 版。

工作的“工会困难职工帮扶中心专项资金”，拨付资金用于各地困难职工帮扶中心开展帮扶工作。

2. 加强基层工会帮扶中心与站点建设、推进困难职工帮扶工作的制度化发展

中国工会十五大提出围绕困难职工帮扶中心建设加大帮扶工作的力度，拓展帮扶范围，完善帮扶方式，提高帮扶水平，深入推进帮扶工作的开展。此后，困难职工帮扶工作有了新的制度化发展。全国各级工会开始进行帮扶中心改革，推进基层工会帮扶中心和站点建设，不断强化长效帮扶机制，推动工会帮扶工作可持续发展。工会与政府、劳动、司法、工商、税务等部门建立共同协商解决困难职工问题的合作机制，建立健全了工会帮扶中心之间的跨区域维权机制。全国总工会根据《关于困难职工帮扶中心专项资金使用管理办法》，印发了《关于贯彻落实〈困难职工帮扶中心专项资金使用管理办法〉有关事项的通知》。此外，全国总工会还按照财政部意见制定了专项资金分配办法，配合审计署对2008年中央财政专项资金进行审计，制定了工会帮扶工作管理软件升级方案，完成了软件系统的升级改进工作，并对全国省、地、县110多名帮扶干部进行培训。通过各项努力，中国工会不断深入推进帮扶工作的常态化、机制化、长效化发展。

2008年，全国总工会印发了《关于进一步加强困难职工帮扶中心建设指导意见》，推动各地市以上帮扶中心及工会保障部门普遍使用工会帮扶工作管理软件，以保证统计数据等各方面工作完整、准确。2010年底，全国县级以上帮扶中心达到3457家，其中省级16家、地市级441家、县级3000家，100%的地市级城市和应建的县级城镇都已建立帮扶中心。各级工会建立29597个县级以下帮扶站点。2011年，全国困难职工帮扶中心建设进一步发展，全国县级以上帮扶中心整合优化至3444个，其中省级19个、地市级461个、县级2964个，所有的地市级城市和县级城镇

都建立了帮扶中心，县级以下帮扶站点增加至 32768 个。2012 年，全国县级以上帮扶中心已达 3504 个，其中省级 21 个，地市级 469 个，县级 3014 个，数量上相较于 2011 年均有所增加。乡镇街道、企业工会帮扶站点达到 17.4 万个，并通过自建或联建方式，建立爱心医院 1443 个、爱心药店 2343 个、扶贫超市 2424 个、爱心学校 1060 个，帮扶中心不仅数量增加，在帮扶形式上也实现了多样化发展。

各地也立足自身特点，打造帮扶工作品牌。武汉市青山区辖区是湖北省钢铁、石化、重型机械等重要生产基地，包括了武钢等 10 多家国有大型企业和科研机构，此外还有区属 1300 多家中小型企事业单位，共有 6 万多名职工、2 万多名农民工。该区是老工业基地，职工队伍呈现出“三多”特点，即下岗职工多、困难职工多、农民工增加多，因而劳动关系较为复杂，劳动争议案件也有所上升。立足这一情况，青山区总工会在原“困难职工帮扶中心”基础上扩建了一个 560 多平方米的办公场地，设置生活救助、法律援助等 16 个服务窗口热线电话，建立农民工之家、职工技能培训教室、劳动争议调解室等，打造困难职工帮扶中心、劳动争议调解中心、农民工维权服务中心、职工法律援助中心“四位一体”的维权帮扶中心，为职工提供一站式帮扶服务。通过拓展工会帮扶维权机制，成为职工信得过的困难职工的“第一帮扶人”、劳动争议的“第一防线”、维护稳定的“前沿阵地”。①

2011 年 6 月，胡锦涛视察了武汉市青山区困难职工帮扶中心，充分肯定帮扶困难职工是保障和改善民生的一项重要工作，帮扶中心不愧是“困难职工之家”，提出要坚持服务宗旨，加大帮扶力度，竭诚为困难职工多办实事、多做好事、多解难事，真

---

① 徐福平，邹明强：《四位一体“一站”到家——武汉市青山区总工会帮扶体系调查》，《工人日报》2009 年 11 月 24 日第 6 版。

正成为党和政府联系职工群众的桥梁和纽带。各级工会组织积极学习贯彻批示精神，从“坚持服务宗旨，当好职工贴心人；加大帮扶力度，实现帮扶常态化；健全帮扶机制，推进帮扶长效化；整合各方资源，形成帮扶社会化”四个方面不断加强帮扶中心建设。① 各地工会重视省、市、区（县）及基层帮扶中心与站点的上下联动，从而形成有效覆盖职工的帮扶网络。截至2012年，全国各地基层以上工会困难职工帮扶中心共计帮扶职工12416707人，生活救助4125093人，医疗救助701613人，资助子女上学508511人。②

3. 巩固发展“送温暖”“金秋助学”等品牌工作

进入21世纪以来，各级工会积极采取各种措施，通过各种主题活动，落实帮扶工作，“送温暖”工程等帮扶品牌进一步发展和巩固，活动主题更加鲜明，形成品牌效应，在改革、发展与社会秩序稳定工作方面发挥积极作用。

2002年1月，江泽民先在对全国总工会党组报告作出批示“送温暖是我们党的好传统，要发扬”后，又亲笔为“送温暖”工程题词。2003年中国工会十四大后，“送温暖”工程在经常化、制度化、社会化方面不断得到新的发展，有了新的变化，受到社会各界及职工群众的赞誉与欢迎。

一是“送温暖”资金工程投入力度进一步加大。2004年，全国总工会共投入元旦、春节期间“送温暖”资金3000万元，比中国工会十四大前增长了20%，再加上用于支持各地帮扶中心建立所投入的2000万元，全国总工会共计投入困难职工帮扶工作的资金达到了5000万元；各级工会筹集“送温暖”慰问款共22.3

---

① 中华全国总工会编：《中国工会年鉴（2012）》，《中国工会年鉴》编辑部2012年版，第40页。

② 中华全国总工会研究室编：《中国工会统计年鉴（2013）》，中国统计出版社2015年版，第114页。

亿元。2006年元旦、春节期间“送温暖”活动中，全国各级总工会筹集“送温暖”资金28.9亿元。截至2012年，全国建立“送温暖”工程基金的基层工会总数达到21.539万个，“送温暖”工程基金结存额达到35.46亿元。建立“送温暖”工程基金的基层工会总数位列前三的省份为四川、山东、江苏。四川省建立的“送温暖”工程基金的基层工会28605个，“送温暖”工程基金结存额1.58亿元；山东省建立“送温暖”工程基金的基层工会24857个，“送温暖”工程基金结存额达2.29亿元，江苏省建立“送温暖”工程基金的基层工会16673个，“送温暖”工程基金结存额1.99亿元。①

二是“送温暖”工程覆盖面广泛，重点突出。在基本做到对特困职工家庭逐户走访慰问的同时，各级工会组织还对困难的全国劳动模范和省部级劳动模范以及部分患大病、子女上学难等存在特殊困难的职工进行重点慰问。如广东省在劳动模范帮扶救助工作中，开始建立并完善对全国、省级劳动模范发放“三金”制度。“三金”包括春节慰问金、低收入困难补助金和特殊困难帮扶金。结合元旦、春节“送温暖”活动，组织开展慰问劳动模范的活动，并形成惯例。与此同时，围绕劳动模范的最低工资保障、落实“两个确保”和城市最低生活保障线等制度也日益形成，并得到有效的贯彻落实。

三是做到治标与治本相结合。各地工会组织除了对特困职工进行资金、物资救助，还根据职工的困难原因，有针对性地给予免费职业培训、推荐工作岗位、联系“一帮一”助学、赠送医疗补充保险和医疗优惠卡等救助措施，注意从根本上解决或缓解特困职工的实际困难，达到了很好的帮扶效果。

① 中华全国总工会编：《中国工会统计年鉴（2013）》，中国统计出版社2015年版，第112页。

2008 年中国工会十五大召开后，“送温暖”等工作品牌进一步深入发展。2010 年元旦、春节期间，全国各级工会开展了以“心系职工情，温暖进万家”为主题的“两节送温暖”活动。活动期间，全国各级工会在对工会建档的困难职工、困难劳动模范进行普遍走访慰问的基础上，重点开展对受国际金融危机冲击生产经营仍很困难企业的困难职工和农民工、改制重组和关闭破产企业的困难职工（包括内退职工）、资源枯竭矿区和独立工矿区的困难职工、因自然灾害或突发事件致贫的困难职工、因家庭成员患大病或子女上学等导致生活特别困难的低保边缘职工五类群体的走访慰问。全国各级工会组织广泛动员社会各界力量，共筹集“送温暖”资金 33.6 亿元，走访 16.9 万家困难企业，慰问 571 万户困难职工和 119 万户农民工家庭，实现对困难职工家庭走访慰问全覆盖、不遗漏的目标。2011 年“两节”期间，全国各级工会共筹集“送温暖”资金 36.5 亿元，比 2010 年新增近 3 亿元，走访 10.5 万家困难企业，慰问困难职工、劳动模范、农民工和节日期间坚守工作岗位的一线职工 778.4 万人。2012 年“两节”期间，全国各级工会共筹集“送温暖”资金增加至 38.5 亿元，比前一年增加 2 亿元，走访慰问企业 28.6 万家（次），走访慰问困难职工、农民工、困难劳动模范、一线职工 1053 万人（次）。这些成绩将“送温暖”工程推到了一个新的发展高度。

经过多年实践，“送温暖”工程受到各级党政领导的重视和支持，形成全社会广泛参与的格局，成效显著。同时，“送温暖”工程与其他帮扶工作相结合，特别是与社会保障制度相结合，在内容、方式与开展途径方面更加规范，实现了从对特困职工的帮扶向维护困难职工群体合法权益扩展的转型。

各级工会不断深化推进帮扶困难职工子女入学，打造“金秋助学”品牌活动。2005 年，全国总工会办公厅发出《关于开展 2005 年“金秋助学”活动的通知》，并召开全国工会金秋助学活动电视电话会议，对活动进行动员部署。在各级党政部门的高度重视支持和社会广泛参与下，活动取得良好效果。2005 年全年全国工会共筹集助学资金 3.06 亿元，共资助学生 34.94 万人。2006 年，“金秋助学” 活动共筹集助学款 5.2 亿元，共资助学生 52.40 万人，2007 年 “金秋助学” 活动共筹集助学款 7.34 亿元，共资助学生 82.29 万人，实现了三年三个跨越发展。

中国工会十五大召开后，“金秋助学” 作为一个帮扶明星品牌得到了巩固和发展。在 2008 年的 “金秋助学” 活动中，各级工会筹集资金 7.3 亿元，帮助 82.3 万名困难职工子女入学，其中投入汶川地震灾区的助学资金就达到 1.1 亿元，全国 19 个结对帮扶省份共计投入 1531 万元，帮助灾区困难职工及农民工上学子女 30 万人。“金秋助学” 活动通过采取种种助学帮扶的措施，加大对灾区职工群众子女就学的帮助，从而确保不让一名灾区职工子女因灾辍学。2010 年全年，“金秋助学” 活动共筹集助学资金 8.9 亿元，比 2009 年增加 11.25%，共为 65.61 万名困难职工发放助学款，特别是对困难农民工子女的帮扶也实现了全覆盖，共为 18.33 万名困难农民工子女提供 2.06 亿元助学款。2011 年的 “金秋助学” 活动，共筹集资金 9.8 亿元，比上年增长 10%，资助困难职工和困难农民工子女 68 万人，其中困难农民工子女有 20.7 万人。全国各级工会还将 “金秋助学” 活动与当年困难职工家庭高校毕业生阳光就业行动相结合，广泛动员社会各界开展结对帮扶，提升助学帮扶效果。2012 年，“金秋助学” 活动共筹集资金 10.96 亿元，资助困难职工和困难农民工子女 70.8 万人，其中困难农民工子女有 20.4 万人，实现了连年增长的目标，更广泛地帮扶了困难职工。在 “金秋助学” 活动中，各级工会广泛动员社会各界开展结对帮扶，整合各方资源，积极推动国家助学政策的落实，充分发挥工会困难职工帮扶中心的作用，大力开展精神帮扶和人文关怀，充分体现出工会助学和国家助学体系的有机衔接，在发挥好政府助学主渠道作用的同时，起到了拾遗补阙作用。

各地工会还积极探索就业帮扶。2008 年，各级工会针对因地震等自然灾害造成就业困难的家庭，通过就业援助活动，帮助失业人员自主创业。特别是在青年就业扶助方面，2009 年，全国总工会与教育部联合下发《关于开展“困难职工家庭高校毕业生阳光就业行动”通知》，号召各级工会实施困难职工家庭高校毕业生阳光就业行动，对享受国家就业扶持政策后经济上仍有困难的职工家庭高校毕业生予以经济资助，优先安排实习培训和推荐就业，努力保证他们顺利实现就业。各地工会按照全国总工会的统一部署，与教育部、人力资源和社会保障部等部门密切配合、通力协作，广泛整合社会资源，大力开展就业援助，取得了较为显著的成效。2009 年 4 月至 9 月，全国各级工会共帮助 15.2 万名需要就业援助的困难职工家庭高校毕业生实现就业，占需援助总数的 95.6%，困难职工家庭高校毕业生的总体就业率达到 96.4%。这一举措不仅帮扶了困难职工家庭，而且推动了新增劳动力就业问题，体现了帮扶工作的综合性、整体性。

4. 抗震救灾中的帮扶工作

2008 年，汶川特大地震发生后，全国各级工会积极发挥工会组织体系完善、密切联系群众的组织优势，向灾区拨款、捐款，开展“重建家园、再献爱心”大行动，动员广大职工群众捐款捐物。截至 2008 年 5 月 22 日，全国各级工会捐赠和动员组织的募捐款项及物资累计 16.39 亿元。地震当天，全国总工会连夜紧急向四川省总工会拨款 100 万元救灾慰问金。5 月 13 日，全国总工会又向四川、甘肃、重庆及陕西等灾区工会组织拨款 850 万元，作为救灾慰问金。到 5 月 24 日，全国总工会累计向灾区工会提供救灾款项及各项物资总计6336.6万元。[①] 全国各级工会累计向灾区拨款、捐款和工会组织募集社会各界捐款（物）价值累计31.77亿元。[②] 全国各产业工会积极组织本系统、本产业企事业单位及职工捐款捐物，有力出力；全国总工会经济技术部积极发挥先进集体及劳动模范的带头作用，组织动员各地劳动模范及全国五一劳动奖状获得单位踊跃捐款。地方各级工会也积极组织动员广大职工开展各项活动。特别是各级工会积极发挥工会职能，高举“农民工有困难找工会”的大旗，关爱汶川地震灾区籍农民工群体。[③]

王兆国专门就各级工会做好四川地震灾区籍在外务工农民工工作作出重要批示；全国总工会党组、书记处多次就做好地震灾区籍农民工工作提出明确要求，要求各级工会贯彻好国务院农民工工作联席会议办公室印发的《关于做好抗震救灾期间农民工工作的紧急通知》。各地工会结合本地工会工作，下发对农民工慰问等文件，第一时间开展摸底排查，以慰问金、发放电话卡、帮助购买车票、帮助四川籍农民工结算工资、为需要回乡探视农民工争取假期以及企业不得与其解除劳动合同等一系列实际工作，开展慰问帮扶等实际工作。如福建省泉州市总工会为直系家属遇难的受灾农民工每人发放5000元慰问金；深圳市总工会向深圳市总帮扶中心拨付100万元专款，开展灾区农民工帮扶救助工作等。[④]

---

① 王娇萍，丁军杰：《募集捐款捐物工会尽显组织优势》，《工人日报》2008年5月24日第1版。

② 中华全国总工会：《中国工会年鉴（2009）》，《中国工会年鉴》编辑部2009年版，第80—81页。

③ 王娇萍，丁军杰：《募集捐款捐物工会尽显组织优势》，《工人日报》2008年5月24日第1版。

④ 王娇萍：《靠近你，更要温暖你——全国各级工会关爱汶川地震灾区籍农民工纪事》，《工人日报》2008年5月28日第1版。

在2008年6月13日，全国总工会正式启动了全国工会“抗震救灾、重建家园”十大帮扶行动，目标是“力争在三到五年内，切实帮助受灾地区工会重建帮扶和服务职工群众的能力，通过提供技术支持帮助受灾地区骨干企业尽快恢复生产，帮扶灾区职工群众基本解决生产生活中的实际困难，重建美好家园”。[①]

十大帮扶行动主要内容有：第一，资金帮扶，包括“继续深入开展‘重建家园，再献爱心’工会会员大行动，将募集的资金全部用于支援抗震救灾和重建工作”等。第二，物资帮扶，包括“加大对灾区紧缺物资的筹集力度，组织动员社会各界和广大职工为灾区捐赠紧缺生活用品，发动企业为灾区支援救灾设备和物资”等；第三，技术帮扶，包括“各级职工技协组织发挥技术和人才优势，组建专业技术人员队伍，帮助灾区重建”“组织非灾区技术实力领先的企业和灾区结成帮扶对子，对口开展技术帮扶”等。第四，信息帮扶，包括“充分发挥工会组织网络健全的优势，为灾区企业重建或恢复生产过程中急需的物资、技术、产品销路等方面提供信息帮助”“积极向受灾地区工会和职工提供异地就业岗位、就业技能培训和创业项目等信息，提供国家和各地政府有关抗灾重建的各种救助、补贴和优惠政策信息，帮助灾区职工充分享受政策待遇”等。第五，生活帮扶，包括“灾区各地工会尽快恢复困难职工帮扶中心的正常运转，开展为灾区困难职工‘送温暖’活动，并进行全面帮扶服务”等。第六，就业帮扶，包括“各灾区工会要尽快摸清因地震灾害造成暂时失业、待工职工的情况，结合灾区灾后重建中产业结构调整和岗位技能需求，与非灾区工会密切协作，根据灾区职工的就业愿望和需求，积极开展省际对口劳务合作，有针对性地组织免费就业技能培训、

---

① 《全国工会“抗震救灾、重建家园”十大帮扶行动启动》，《中国职工教育》2008年第7期。

提供职业介绍服务、组织劳务输出和异地安置就业”等内容；助学帮扶，包括“要在灾区加大工会助学力度，深入开展金秋助学活动”等。第七，医疗帮扶，包括“对在地震灾害中致残致病的职工，各级工会要积极协助政府部门切实落实各项医疗工伤保险、医疗救助政策，并对有特殊困难的职工提供必要的医疗救助”等。第八，法律帮扶，包括“灾区各级工会要深入灾民安置点等职工集中区域，开展法制宣传教育，增强职工法律政策观念”。第九，文化帮扶，包括在灾区职工相对集中的安置点和临时居住区建立一批“工会文化活动室”等措施，丰富灾区职工群众的精神文化生活。①

在开展帮扶工作中，上海市总工会、河南省总工会、广东省总工会、北京市总工会等21个省、自治区、直辖市总工会与都江堰市、江油市、汶川县、什邡市等四川省重灾县（市）工会结对子。哈尔滨市总工会等九个副省级城市总工会以“多帮一”的方式分别与甘肃陇南市、甘南藏族自治州总工会，陕西汉中市、宝鸡市总工会结对子，开展帮扶工作。②

## （三）农民工维权帮扶工作的开展

各级工会积极贯彻落实相关政策，加强对农民工的维权帮扶工作。农民工群体是劳动者群体中的弱势群体。农民工讨薪被打致死等新闻屡有出现，不断引发社会各界关注。农民工欠薪问题不仅引发了一些群体事件和极端事件，还出现一些自发的维权组织。2003年，针对农民工工资拖欠问题，各级工会积极开展活动。

---

① 中华全国总工会编：《中国工会年鉴（2009）》，《中国工会年鉴》编辑部2009年版，第544—545页。

② 中华全国总工会编：《中国工会年鉴（2009）》，《中国工会年鉴》编辑部2009年版，第545—546页。

2003年8月，全国总工会印发《中华全国总工会关于切实做好维护进城务工人员合法权益工作的通知》，提出积极维护进城务工人员合法权益。各级工会要主动指导和帮助进城务工人员与用人单位依法签订劳动合同，监督企业严格执行并落实《劳动法》赋予劳动者的各项权利，不得在劳动合同期限内随意解除进城务工人员的劳动关系；要协同政府有关部门，重点解决拖欠和克扣进城务工人员工资问题，要加强对用人单位支付进城务工人员工资情况的监督，建立工资支付监控、企业欠薪公示公告制度，监督企业按时足额支付职工工资报酬，对拖欠和克扣进城务工人员工资的用人单位，要协同劳动行政部门责令其及时补发；要进一步加强安全生产和防治职业危害的监督检查工作。加强工会劳动保护监督检查工作，落实《工会劳动保护监督检查员暂行条例》《基层工会劳动保护监督检查委员会工作条例》和《工会小组劳动保护检查员工作条例》。工会劳动保护监督检查三个《条例》，加大安全生产群众监督力度，督促企业认真执行国家有关劳动安全卫生的法律法规和标准；要积极促进政府有关部门研究制定进城务工人员参加养老医疗、失业和工伤保险的具体办法，扩大社会保障对进城务工人员的覆盖面。在加强维护进城务工人员合法权益的督促检查工作，组织力量进行认真的排查摸底，有针对性地解决进城务工人员合法权益受到侵犯的突出问题方面，还要努力为进城务工人员办实事、好事。各地困难职工帮扶中心（职工维权服务站）要把维护进城务工人员合法权益、为他们排忧解难纳入工作范围，对他们在生活和工作中遇到的困难主动给予帮扶。

2003年12月，全国总工会向党中央提交《关于解决当前企业拖欠职工工资问题的建议报告》，提出加大专项治理力度，重点解决建筑、餐饮等行业拖欠农民工工资问题，具体措施为：在建筑企业建立欠薪处理法人负责制；建立职工工资支付担保制度；

建立综合治理机制，将企业欠薪与市场准入、企业年检、竣工验收等手段结合起来；建立欠薪追偿机制；设立“清薪绿色通道”，对于拖欠农民工工资案件，劳动监察部门要快立案、快查处、快结案，人民法院要快立案、快财保、快结案；建立部分裁决制度；加强劳动合同管理，企业无论采取何种用工形式都必须与职工签订劳动合同。劳动合同中应明确规定职工工资必须按月足额支付。全国总工会还专门印发《中华全国总工会办公厅关于进一步做好治理企业欠薪工作的通知》，要求各级工会积极协助政府及相关部门做好治理企业欠薪工作通知，维护职工合法权益，积极落实《国务院办公厅关于切实解决建设领域拖欠工程款问题的通知》，帮助农民工追讨被拖欠的工资。

2003 年 1 月，《国务院办公厅关于做好农民进城务工就业管理和服务工作的通知》颁布，支持工会组织依法维护农民工权益。2005 年，温家宝在给国家统计局《对“农民工”问题的几点思考》的报告中作出批示，要求国务院研究室会同有关部门从深层次研究农民工问题，研究涉及农民工的政策措施，统筹城乡发展，引导农民工合理有序流动，保护农民工的合法权益，提高农民工的整体素质，为他们进城务工创造良好的环境和有利的条件。该批示还指出，要大力发展乡镇企业和县域经济，扩大农村富余劳动力就地转移。温家宝总理明确提出，研究成熟后制定一个指导性的文件。[①] 按照国务院研究室的统一部署，全国总工会对农民工权益保障问题进行调研，形成《关于农民工权益保障问题的调研报告》，提出意见和建议在国务院出台的《国务院关于解决农民工问题的若干意见》中被采纳。

2005 年，全国总工会联合劳动和社会保障部等多部门联合印

① 裴季壮：《为广大农民工鼓与呼——〈国务院关于解决农民工问题的若干意见〉起草工作回顾》，《紫光阁》2007 年第 9 期。

发《关于进一步解决拖欠农民工工资问题的通知》，针对农民工欠薪问题进一步提出要坚持标本兼治、综合治理的方针，加快建立预防和解决拖欠工资问题的长效机制，加强对企业招用农民工的管理，指导、推动企业与农民工签订劳动合同，大力发展并规范劳务分包企业，逐步杜绝包工头现象，及时处理拖欠农民工工资的劳动争议案件等，做好维护农民工劳动保障权益的普法宣传、法律服务、法律援助工作。2005年底，全国总工会还印发《中华全国总工会办公厅关于进一步配合有关部门做好进城务工人员欠薪清理工作的通知》，要求各级工会积极贯彻落实，加大宣传力度，提高用人单位及进城务工人员的法律意识，认真配合开展清查工作，发挥工会优势，帮助进城务工人员解决因欠薪造成的实际生活困难；要求大中城市和县（区）工会的困难职工帮扶中心把解决进城务工人员因欠薪遇到的临时困难纳入工作范围，及时帮助其解决就业、医疗和基本生活等方面的问题。

2006年，胡锦涛强调“改善农民进城务工经商环境，保护进城务工经商农民合法权益”。① 同年，《国务院关于解决农民工问题的若干意见》印发。全国总工会发出切实维护农民工合法权益的紧急通知，各级工会积极贯彻落实“农民工有困难找工会”口号与目标，广泛开展为农民工“送温暖”、送清凉、送文化、送健康、送安全、送维权活动，加大农民工权益维护工作，集中力量为农民工办好十件实事。如“向农民工送文化行动”丰富农民工文化生活。帮扶方面，据对全国25个省市的不完全统计，仅在2006年元旦、春节“送温暖”活动中，各级工会慰问农民工73.31万户，向193.03万名农民工进行再就业、劳动工资、社会保障、劳动合同签订等方面的政策宣传，为9.12万名农民工提供

① 胡锦涛：《建设社会主义新农村》（2006年2月14日），《胡锦涛文选》第2卷，人民出版社2016年版，第416页。

就业岗位，为11.19万名农民工提供就业培训，为4.8万名农民工提供医疗服务。特别是在“金秋助学”活动中，各级工会将农民工子女纳入活动范围，协助党委、政府帮助8万名农民工子女走进学校，为1.74万名农民工子女提供助学帮助。[①] 各级工会发放防暑降温用品折合人民币1亿多元，为农民工提供健康体检123万人次。与铁道部、交通部联合开展帮助农民工平安返乡行动，更是成为工会工作响亮的名牌之一。

2006年，全国总工会联合国家安全生产监督管理总局、国家矿山安全监察局联合开展“关爱农民工生命安全与健康特别行动”，下发《关于开展“关爱农民工生命安全与健康特别行动”的通知》。从全国总工会到各省、市工会相继成立关爱农民工生命安全与健康特别行动领导小组，把农民工相对集中的矿山建筑和加工制造等高危行业作为重点，广泛开展“查隐患、堵漏洞、保安全”活动，促进企业不断改善农民工的安全卫生条件。同年，全国总工会与国家安全生产监督管理总局等多部门联合下发《关于加强农民工安全生产培训工作的意见》，对农民工通过多途径开展职业安全卫生技能培训，帮助其提高安全生产技能和对各类事故的防范能力，引导农民工爱岗敬业、遵章守纪、增强法治观念，依法维护自身安全健康合法权益。在安全生产方面，“安康杯”竞赛活动开始加大对农民工的组织与动员。各级工会积极督促企业整改危害农民工身心健康和生命安全的事故隐患4.2万个，涉及农民工480万人。各级工会在广大农民工中广泛宣传安全生产方针，普及安全卫生知识，发放与职工安全健康权益相关的法律法规宣传材料上千万份，以多种形式培训农民工约1000万人。在源头参与维护农民工合法权益方面，各级工会积极参与推

① 中华全国总工会编：《中国工会年鉴（2007）》，《中国工会年鉴》编辑部2007年版，第35页。

动政府制定有关改善农民工生产生活条件的相关政策与法规，据17个省的不完全统计达1700余件。

2007年，各级工会把农民工维权工作作为工会工作的重中之重，积极推进农民工维权工作机制建设。洪洞县“黑砖窑”非法用工事件发生后不久，全国总工会参与了劳动和社会保障部等九部委对全国18个省（自治区、直辖市）开展的整治非法用工、打击违法犯罪专项行动督察工作，配合有关部门查处非法用工行为，参与检查小砖窑、小矿山、小煤窑、小作坊“四小”及其他用人单位62万户，参与调查处理劳动违法案件33.1万件，并通过参与立法和执法监督检查，为保障和发展职工权益创造了更加有利的环境。① 全国总工会制定下发《关于建立健全十项机制维护农民工合法权益的意见》，从源头入会、双向维权、法律援助等10个方面对维护农民工合法权益工作做出具体规定。地方工会也制定出台贯彻落实十项机制的措施。各级工会在最大限度地把广大农民工组织到工会中来的同时，加大力度开展农民工合法权益维护及帮扶工作。

2007年9月，全国工会推进农民工维权十项机制建设现场经验交流会召开时，全国共有23个省 、自治区及直辖市总工会制定出台了贯彻落实十项机制的措施。广东、四川、河南、安徽等12个省总工会签订《泛珠三角·省际间工会维护农民工合法权益协议书》，上海、石家庄、厦门等50多个城市建立城际间维权协作机制，实现了农民工维权工作的联合互动，提高了维权工作实效。各级工会协同有关部门共为农民工追讨欠薪17.29亿元，涉及农民工265.4万人。截至2007年7月底，全国农民工参加工伤保险的人数达3207万人，参加医疗保险的人数达2733万人，参

---

① 中华全国总工会编：《2003—2008年中国工会维护职工合法权益蓝皮书》，中国工人出版社2009年版，第42页。

保率分别为26.73%和22.78%。各级工会组织协助有关部门组织农民工专列187列，运送农民工平安返乡3029.7万人次，向企业争取和发放返乡经济补贴1.1亿元。同年，有20名优秀农民工获全国五一劳动奖章。2007年底，全国共有农民工会员5833.9万人。全国已建工会企业中，签订了劳动合同的农民工达到2441.1万人，占已建工会企业农民工总数的44.6%。①

在农民工维权工作中，也形成了典型经验。如北京市总工会立足外地来京农民工数量大和分散性、流动性强的特点，从2006年起，建立了与市人社局、市建委、市公安局四方联合的农民工维权联动机制。为了更好地发挥农民工维权四方联动机制作用，北京市总工会还加强组织领导成立农民工维权工作领导小组，与湖北省总工会、河南省总工会等探索建立双向维权机制，形成了各部门密切配合、齐抓共管的良好工作格局，在维护首都稳定中收到很好的成效。②

城际间工会也积极探索建立跨地域的城际间工会维权联动机制。2005年1月，宁波、杭州、温州、义乌、成都等市总工会签订了《城际间工会维权合作协议》。该协议在原有城市法律援助合作的基础上，增加了提供就业信息、落实就业岗位、接转会员关系、指导签订劳动合同、购买社会保险等合作项目，使维权联动有了更新、更广的合作内容与合作空间。③ 这标志着城际间工会维权联动机制开始形成。在农民工输出大省四川省，四川省总工会在探索建立本省、市、州工会维权联动机制后，还先后与上

① 全国总工会研究室：《2007年工会组织和工会工作发展状况统计公报》，《中国工运》2008年第6期。

② 中华全国总工会编：《中国工会年鉴（2012）》，《中国工会年鉴》编辑部2012年版，第614页。

③ 《“城际联动”：为农民工撑起“保护伞”》，《工人日报》2005年7月5日第5版。

海、江苏等省、自治区、直辖市和新疆生产建设兵团建立省际农民工维权联动机制，与河北、湖南、陕西、青海等省、自治区工会签订维权联动协议，与西藏自治区总工会签订农民工法律援助协议。到2008年初，四川省总工会共与13家省级工会建立了维权联动机制，形成“限时即办”等经验；成都、绵阳、德阳、泸州等16个市还分别与省外57个市（地）总工会建立维权联动机制；遂宁安居区、巴中巴州区等10个县（市、区）工会与省外20余个县（市、区）工会签订《农民工维权合作协议书》等合作协议。[①] 通过建立城际间工会维权联动机制，省、市工会之间形成维权联盟，通过发挥各工会的资源优势，互相支援，降低成本，增强效能，充分发挥工会维护职能。

## 四、大力开展和谐劳动关系建设

进入21世纪以来，各级工会积极贯彻“组织起来、切实维权”工作方针，促进劳动关系和谐稳定和经济持续发展。党的十六届六中全会提出“发展和谐劳动关系”后，全国总工会十四届四次执委会议明确了“切实维护职工群众合法权益，为发展和谐劳动关系作出积极努力”的任务，各级工会在党中央和全国总工会会议精神的指引下，积极推进和谐劳动关系的建设。

2005年9月，在全国工会维权机制建设经验交流会上，王兆国提出建立社会主义新型劳动关系。同年12月，全国总工会印发《中华全国总工会关于加强协调劳动关系、切实维护职工合法权益、推动构建社会主义和谐社会的决定》，明确提出建立规范有序、公正合理、互利共赢、和谐稳定的社会主义新型劳动关系，

① 高柱，颜琨：《四川与13家省级工会建立维权联动机制 两年跨省为农民工讨回工资860万元》，《工人日报》2008年2月26日第1版。

努力促进社会主义和谐社会建设。建立中国特色社会主义新型劳动关系的基本原则包括党的领导原则、依法推进原则、协商自愿原则、国家干预原则、合作双赢原则。建立中国特色社会新型劳动关系的主要任务是“培育和健全协调劳动关系的主体，推进劳动关系三方格局的进一步形成；建立表达和维护职工合法权益的宏观调控机制；建立表达和维护职工合法权益的微观协调机制；培养与市场经济相适应的职工文化，为建立中国特色社会主义新型劳动关系提供精神动力”。①

工会是参与社会主义新型劳动关系建设的重要主体，其作用无可替代。因此，各级工会把维护职工合法权益放在突出位置，通过参与协调劳动关系和社会利益关系，着力解决涉及职工群众切身利益的矛盾和问题，在协调的基础上促进劳动关系和谐，防止激化矛盾，使广大职工的利益得到更好实现和保障，推动形成全体人民各尽其能、各得其所而又和谐相处的社会。② 2007 年至 2008 年，全国总工会独立或与其他组织合作，先后开展了“发展和谐劳动关系高层论坛”“创建劳动关系和谐企业活动专题调研”“创建劳动关系和谐企业活动巡礼宣传展”等活动，并成立“创建劳动关系和谐企业活动指导协调小组”，积极探索建立和谐劳动关系。各地工会也围绕和谐劳动关系建设积极开展工作。如 2007 年，深圳市宝安区政府制定下发《关于加强和改善劳务工工作 建立和谐劳动关系的若干意见》。宝安区劳动、社保、职业能力开发、安监、公安、总工会等 22 个相关职能部门从就业、社保、培训、就餐、就医、交通、治安、子女教育和生活环境等方面制定了相关配套措施，最终形成了“1+22”文件，推动和谐劳

① 中华全国总工会编：《中国工会年鉴（2006）》，《中国工会年鉴》编辑部 2006 年版，第 357 页。

② 中华全国总工会编：《中国工会年鉴（2006）》，《中国工会年鉴》编辑部 2006 年版，第 464 页。

动关系建设。①

再如，浙江省慈溪市在创建劳动关系和谐企业、构建和谐社会的进程中，把企业作为实现社会和谐的重要突破口和着力点，把创建劳动关系和谐企业活动拓展为以发展和谐劳动关系为核心、强化企业社会责任、处理好企业与环境的关系“三位一体”的创建和谐企业活动，并将其纳入党委、政府工作主渠道，围绕劳动关系、环境关系和社会关系三个重点，明确提出了“劳资双方合作共赢，生产与环境协调发展，社会责任自觉到位，诚信体系不断健全，竞争能力日益增强”的和谐企业创建目标，有效地激发了企业作为主体开展创建活动的积极性、主动性，摸索出具有典型特色的“慈溪经验”。这些探索与实践，进一步拓宽了深化创建劳动关系和谐企业活动的路子，取得了积极成效，对全国其他地区建设和谐劳动关系具有较强的示范和借鉴作用。2008 年初，全国总工会对浙江省慈溪市开展创建和谐企业活动情况进行调研并形成了调研报告。同年 7 月，全国工会创建劳动关系和谐企业现场经验交流会在浙江省慈溪市召开，推广以创建劳动关系和谐企业为基础，引导广大企业由劳动关系和谐延伸到环境关系和谐、社会关系和谐“三位一体”创新做法的“慈溪经验”，实现企业与职工、社会、文化和自然环境的和谐发展。

2008 年，中国工会十五大提出“促进社会和谐，以创建劳动关系和谐企业为手段，大力发展和谐劳动关系，维护职工队伍和社会稳定”。围绕这一任务，在中国工会十五大之后，各级工会大力发展和谐劳动关系，取得了非常显著的成绩。特别是为了应对国际金融危机，发挥工会在保增长、扩内需、调结构方面的重

① 深圳市宝安区总工会编：《沐改革卅载春风　看而今累累秋实——“宝安工会工作模式”的昨天、今天和明天》，《改革 · 发展 · 创新论坛　创新与发展论坛》，深圳报业集团出版社 2010 年版，第 382 页。

要促进作用，在全国总工会领导下，各级工会开展了“共同约定行动”。2008年12月29日，全国总工会十五届三次主席团（扩大）会议召开，王兆国在会议讲话中强调要大力开展工会与企业、职工的“共同约定行动”，“团结动员广大职工与企业和衷共济、应对挑战，在促进国民经济平稳较快发展中充分发挥主力军作用”。开展“共同约定行动”，“是在应对金融危机中充分发挥工会组织作用的有效载体，是坚持‘促进企业发展、维护职工权益’企业工会工作原则的重要体现。要通过开展‘共同约定行动’，督促企业特别是国有企业带头履行社会责任，努力做到不裁员，稳定工作岗位，协商确定薪酬，及时发放工资，切实提高职工技术技能水平，引导广大职工立足本职、争创一流，积极主动献计出力，与企业共同应对危机，促进发展与和谐。基层和企业工会要通过开展‘共同约定行动’，使企业经营者更加充分认识到，职工是企业发展的主体，摆脱困境离不开职工的支持和参与，促进发展离不开职工的创造和贡献，牢固树立依靠职工办企业的思想，使广大职工正确认识自身权益与企业和国家发展的关系，与企业和衷共济、共谋发展，推动形成企业关爱职工、职工关心企业的良好氛围”。① 会议审议通过了《中华全国总工会关于在全国职工中广泛开展“同舟共济保增长、建功立业促发展”竞赛活动的决议（草案）》。

在全国总工会十五届二次执委会议上，全国总工会领导对工会与企业、职工开展“共同约定行动”进行了工作部署。2009年2月，全国总工会印发《中华全国总工会关于深入推进“共同约定行动”的意见》（以下简称《意见》），指导各级工会组织开展工作。《意见》指出，各级工会要充分认识到工会主导开展的

① 《王兆国在全总第十五届三次主席团（扩大）会议上强调大力开展工会与企业、职工的“共同约定行动”》，《中国职工教育》2009年第1期。

“共同约定行动”是深入学习践行科学发展观、“服务科学发展、服务职工群众”的实际行动；是落实党中央、国务院关于有效应对金融危机一系列决策措施、促进经济平稳较快发展的迫切需要；是坚定不移走中国特色社会主义工会发展道路，坚持“促进企业发展、维护职工权益”原则的重要举措。《意见》要求各级工会在深入开展该工作时，“要以保增长、促发展，保民生、促就业，保稳定、促和谐为总体目标，把保岗位、保工资、实现‘稳员增效’作为重点，团结动员广大职工与企业同舟共济、共谋发展，进一步激发企业活力，推动提高企业竞争力和抗风险能力”。《意见》还提出“共同约定行动开展要坚持依法推进、互利共赢、共同协商、因地制宜的四大原则，在具体内容、方式方法、范围时机等方面提出具体要求”。①

在实践过程中，各级工会深入开展“共同约定行动”与企业和谐劳动关系建设，大力推进和谐劳动关系建设。“共同约定行动”对政府、企业、劳动者有不同要求。各级工会要积极“推动和督促政府落实各项就业扶持政策和有关减轻企业负担稳定就业局势的政策措施；按时足额发放工资和缴纳社会保险，利用开工不足的间歇加强职工技术技能培训；要动员吸引广大职工积极参加‘同舟共济保增长、建功立业促发展’竞赛活动，为提高企业自主创新能力，优化产品结构，加快产业升级和结构调整，增强企业竞争力贡献力量，进而形成企业关爱职工、职工关心企业、共谋企业发展和实现职工权益的良好氛围”。②

各级工会积极采取措施，动员广大职工发挥主力军作用，实现经济平稳健康发展。如大连市总工会提出“五要”原则，即

---

① 中华全国总工会编：《中国工会年鉴（2010）》，《中国工会年鉴》编辑部 2010 年版，第 502—503 页。

② 中华全国总工会编：《中国工会年鉴（2010）》，《中国工会年鉴》编辑部 2010 年版，第 502—503 页。

“要充分发挥广大职工在应对金融危机中的主力军作用，增强信心，共克时艰，为大连经济平稳较快增长建功立业；要搞好培训，充分发挥工会大学校作用，做好职工培训工作，提高职工素质；要维护职工合法权益和职工就业权，在应对金融危机过程中，尽可能让职工少下岗或不下岗，少减薪或不减薪；要加大帮扶工作力度，扩大覆盖面，让职工在困难中切实感受到工会组织的关怀和温暖，激发他们爱党爱国的热情；要加强工会自身建设，开展‘工会干部走访企业、走进职工家庭’活动，了解企业困难和职工群众的想法、愿望”。广东省总工会则提出坚持“四抓”、落实“四为”的工作思路和目标，即“抓源头，为党政分忧，……推动劳动关系三方召开专门会议，落实‘共同约定行动’部署；抓竞赛，为经济加油，围绕保增长、扩内需、调结构，保持经济平稳较快增长的目标，有针对性地加强职工思想政治工作；抓实事，为职工服务，……为广大职工办十件实事；抓载体，为企业和谐，在所有企业深入开展‘企业爱员工、员工爱企业’活动，倡导企业严格遵守劳动法规，切实履行社会责任”。①

2009 年 1 月，全国总工会在北京召开加强工会协调劳动关系工作研讨会，会议贯彻王兆国提出的关于开展“共同约定行动”的重要指示精神，分析了经济形势给协调劳动关系工作带来的机遇和挑战，研究了推动“共同约定行动”深入开展的具体方法，要求各级工会加大宣传力度，推动“共同约定行动”深入开展。2009 年 5 月，全国总工会在唐山再次召开了加强工会协调劳动关系工作座谈会，听取了各地对“共同约定行动”各方面的意见建议。同年 6 月，全国总工会在北京召开“共同约定行动”汇报会。全国总工会集体合同部还在调研基础上形成了《以广泛深入开展“共同约定行动”为新的实践载体，充分发挥创建劳动关系

① 《各地工会积极开展“共同约定行动”》，《工人日报》2009 年 1 月 5 日第 1 版。

和谐企业活动在应对金融危机中的积极作用——关于开展“共同约定行动”暨创建劳动关系和谐企业活动的情况报告》，总结经验，不断推进这一工作开展，特别是中小企业和谐劳动关系建设。截至2009年底，通过集中公开签约、倡议书等形式，全国开展以保岗位、保工资、稳员增效为重点的“共同约定行动”的企业达到631015家，覆盖职工8427.9万人，占建立工会组织的企业职工的45.6%，基本形成了“企业不裁员、少裁员，不减薪、少减薪，协商确定薪酬的良好氛围，取得了多方共赢的积极成效”。①

在构建和谐劳动关系发展过程中，形成了如传化样本的典型经验。浙江省杭州市萧山区的传化集团是一家涉足化工、物流、农业、科技创新、投资等领域，横跨一、二、三产业的非公有制企业，是“中国企业500强”之一，总收入过百亿元。其不仅是非公有制企业党建的一面红旗，同时也是构建和谐企业的一个标杆。传化集团始终强调“三个统一”：员工的价值观、企业的价值观与社会的主流价值观三者相统一；员工个人目标与企业的发展目标相统一；国家、社会、股东、员工的利益相统一。同时，企业重视促进“四个转变”：一是从雇佣与被雇佣观念转变为企业员工树立利益共同体、命运共同体、事业共同体的观念；二是从以利益为劳动关系的连接点转变为以感情为劳动关系的连接点；三是从以管理约束为手段维系的劳动关系转变为以企业愿景激励为手段维系的劳动关系；四是从以满足员工的基本需要为主转变为以满足员工的发展需要为主，试图通过实现“四个转变”来达到“以人为本”的劳动关系管理的新境界。②

与此同时，传化集团充分发挥企业党群组织在构建和谐劳动

① 中华全国总工会编：《中国工会年鉴（2010）》，《中国工会年鉴》编辑部2010年版，第40页。

② 苏琳：《依靠广大员工　打造和谐企业》，《经济日报》2006年12月20日第11版。

关系中的重要责任。基于“企业只有把员工放在心上，员工才会把企业扛在肩上”的理念，让员工做企业的主人，形成“企业关爱员工、员工关心企业”的和谐氛围。在国际金融危机发生时，职工携手替企业分忧；在民工荒出现时，职工队伍稳如泰山。职工利益被置于首位，多年收入年均增长率高于企业利润增长率，实现了职工与企业共创和谐、共享成果、共谋长远的“传化样本”。[①] 2007 年 8 月，传化集团被劳动和社会保障部、全国总工会等授予“全国模范劳动关系和谐企业”称号。同年 11 月，传化集团与其他 15 家获奖企业共同发出了“广泛深入创建劳动关系和谐企业”的倡议。

2010 年，习近平就传化集团和谐劳动关系建设作出重要批示，传化集团被评选为“全国模范劳动关系和谐企业”，成为全国样本，2011 年又获得“全国双爱双评先进企业”称号。全国总工会也深入传化集团开展了构建和谐劳动关系的调研与经验总结工作。中国工运研究所撰写了《关于浙江传化集团构建和谐劳动关系调研情况的报告》。中国工人出版社编辑出版了《“传化样本”解读——构建和谐劳动关系企业启示录》一书，收录了以浙江传化集团为代表的劳动关系和谐企业工作经验，并宣传推广。中央电视台、《工人日报》等也纷纷大力宣传。全国总工会与中央和国家机关有关部门联合召开了构建和谐劳动关系现场经验交流会，宣传推广浙江传化集团等企业和浙江省构建和谐劳动关系的经验，推广企业经营管理者尊重职工、依靠职工的理念，引导企业、职工建立利益共同体，促进社会和谐稳定。浙江省总工会也牵头组织发展和谐劳动关系先进事迹全省巡回演讲，大力推广传化集团依靠职工办企业、努力构建和谐劳动关系的基层经验。

2012 年 9 月至 11 月，全国总工会集体合同部开展了“中国

---

① 王慧敏，江南：《“传化样本”解读》，《人民日报》2011 年 1 月 25 日第 6 版。

劳动关系问题调查与研究”活动，采取分专题、分人员深入研究、部门集中讨论的形式进行，将我国劳动关系领域内重点问题分成全球化背景下中国劳动关系的现状特点及发展趋势、中国劳动关系转型过程中政府的角色定位、工会推进劳动关系和谐发展的职责任务及方式方法、中国劳动合同制度的改进对劳动关系的规范意义、集体合同制度是实现和谐劳动关系的有效制度形式、中国劳动者的分层化研究、中国劳动争议的演变及劳动争议调解仲裁制度的现状问题及发展趋势、主要市场经济国家调整劳动关系类型及做法、工会推进协调劳动关系工作的分析、我国收入分配制度中的问题及其解决路径等 10 个方面，形成 10 篇专题研究报告。这体现了工会对和谐劳动关系建设的高度关注和深度思考。同年底，全国总工会召开全国部分省（自治区、直辖市）工会劳动关系座谈会议，认真学习党的十八大关于构建和谐劳动关系的一系列新观点、新论断，并对我国劳动关系领域出现的新情况、新问题以及问题的成因、发展态势等进行了深入的分析研判。会议围绕如何按照党的十八大总体部署和党中央、国务院对构建和谐劳动关系的要求，积极探索，大胆实践，以开展集体协商工作和创建劳动关系和谐企业活动为抓手，深入推进工会协调劳动关系相关工作，积极推动构建和谐劳动关系等问题进行了深入研讨，取得了许多新的认识，拓展了许多新的思路。

全国总工会制定出台构建和谐劳动关系企业的指导意见，适时表彰了一批全国创建劳动关系和谐企业先进典型，推动了党政支持、多方协同、企业和职工参与、工会运作的工作格局的形成，在全社会特别是各类企业形成发展和谐劳动关系的浓厚氛围。在探索和谐劳动关系整体发展思路、不断推进劳动关系发展的同时，各级工会在各项具体工作开展过程中也不断开拓创新，在三方协商、集体协商和集体合同制度、企业民主管理等方面也取得了新的成就。

### （一）三方协调机制继续发展

2003年中国工会十四大后，全国总工会不断地积极推进劳动关系三方协调机制建设与发展，充分发挥三方机制协调劳动关系的作用。截至2005年，全国共建立各级三方协调组织6684个，省（自治区、直辖市）已全部建立三方协调机制，有74.5%的市（地）和59.8%的县（市）建立了三方协调机制，并向乡镇、街道、社区延伸，初步形成了多层次的三方机制组织体系，为加强三方对话和交流，在宏观和中观层面协调劳动关系奠定基础。

全国总工会与劳动和社会保障部、中国企业联合会、中国企业家协会先后举行了七次国家级劳动关系三方会议。历次会议对三方会议制度、会议活动、经验总结、先进评选、国家政策、法律监督等劳动关系领域相关问题进行了协商，对先进工作经验进行了交流，促进了劳动关系和谐发展，成为三方协商的重要常设沟通渠道。全国总工会在参与的过程中也不断提升协商成效，参与制定和实行了《国家协调劳动关系三方会议制度》等文件，整合和凝聚了工会参与国家三方机制工作的力量。

在三方机制建设的过程中，各地因地制宜积极探索。辽宁省在2002年就提出通过三方协商推动建立和谐劳动关系的设想，制定《辽宁省建立和谐劳动关系三年行动计划》。陕西财贸工会先后与物资储备系统、供销社系统和部分行业协会及商业集团公司建立工会工作联席会议制度，联系与合作的领域涉及调查研究、推广经验、开展职工技能比赛、建立规章制度等方面。陕西财贸工会还通过加强源头参与机制建设，形成了产业工会与有关部门和行业协会“配合密切、机制联动、功能互补”的社会化维权格局，解决了供销系统退休职工养老保险基金的落实、导游员管理、商业信息员权益、两改企业职工安置、落实餐饮服务业职工的休息权和加班报酬权及收入过低等问题。[①] 在此基础上，陕西财贸工会进一步探索产业、行业一级的劳动关系三方协商机制。

全国总工会积极在全国范围内进行经验交流活动，表彰先进，推广典型。2005 年，全国总工会在福州召开全国协调劳动关系三方机制工作会议暨表彰大会。会议表彰了全国优秀劳动争议仲裁和调解工作先进集体、优秀个人及创建和谐劳动关系模范企业，10 家单位在会上介绍分享了成功经验。2007 年，全国创建劳动关系和谐企业与工业园区活动表彰暨经验交流会议在北京召开，全国总工会、劳动和社会保障部、中国企业联合会三方负责人出席会议。王兆国接见了与会代表并发表讲话，要求各级党委和政府要加强领导，协调劳动关系三方要互相配合，抓住劳动关系建立、运行、监督、调处等环节，努力实现企业与职工共谋发展、共创效益、共享成果的局面。会议授予郑州铁路局等 298 家企业全国模范劳动关系和谐企业称号，授予辽宁省沈阳高新技术产业开发区等 25 个工业园区“全国模范劳动关系和谐工业园区”称号。

全国总工会还积极贯彻党的十七大精神，探索中国特色三方机制的建设。2008 年，为探索具有中国特色协调劳动关系三方机制发展趋势，加强对中国协调劳动关系三方机制理论的研究，充分发挥三方机制在协调劳动关系中的作用，全国总工会组织开展了“中国特色三方机制发展趋势课题研究”，从三方机制的内涵及其在我国的建立和发展、中国特色协调劳动关系三方机制取得的主要成效和面临的机遇与挑战、中国与市场经济发达国家三方机制对比分析、推进中国特色协调劳动关系三方机制发展的对策思考，进行了全面翔实的分析和阐述，为探索具有中国特色三方协商机制拓展思路。中国工会十五大召开后，全国总工会及各级

---

① 毛浓曦：《探索建立行业劳动关系三方协商机制》，《工人日报》2009 年 7 月 3 日第 2 版。

工会继续加强工会参与协调劳动关系三方机制工作，全国建立三方协调机制的组织得到了持续发展，数量持续增加，同时在理论建设、组织建设、工作实践等方面也取得了新的突破。

一是不断推进三方协商机制向乡镇、街道延伸，初步形成多层次的组织体系。2009 年，全国共建立三方机制 14451 个，其中省级 31 个，市（地）级 318 个，比 2008 年增长 2.9%；县（市）级 2531 个，比 2008 年增长 4.9 %；街道、乡镇、村、社区以及各地产业、工业园区 10100 个，比 2008 年增长 6.0%，初步形成了多层次的三方机制组织体系。2010 年，全国共建立三方机制 16554 个，比 2009 年增长 1.1%；街道、乡镇、村、社区以及各地产业、工业园区 10395 个，比 2009 年增长 2.9%。2011 年，全国共建立三方机制 19812 个。2012 年，全国共建立三方机制突破 2 万大关，达到 2.4 万个。

二是三方协商机制的制度化、常态化建设得到稳步推进。2009 年至 2012 年间，国家协调劳动关系三方会议共举行了四次会议。会议对我国发展和谐劳动关系面临的形势和挑战、党和国家关于建立和谐劳动关系精神的指示、国家协调劳动关系三方会议制度的修定、各地贯彻落实全国构建和谐劳动关系先进表彰暨经验交流等主要议题进行研究和探讨，深度推进了国家级协调劳动关系三方机制的发展。特别是 2011 年，国家协调劳动关系三方会议第十六次会议对协商会议体制进行改革，按照党中央有关文件精神要求，增加全国工商联为国家三方会议成员单位，与中国企业联合会/中国企业家协会一起作为雇主方代表，从而形成“三方四家”的格局。同年，31 个省（自治区、直辖市）也将各地工商联纳入地方三方机制。随后，一些地方还将税务部门、劳动安全监察部门等纳入三方机制。

三是三方协商机制的理论化研究更加深入。2009 年，全国总工会起草了《关于国家协调劳动关系三方机制组织构架的意见建议》《关于对三方机制中雇主代表主体现状的分析和我们的相关意见建议》；研究制定了三方机制工作调研的方案和深化我国协调劳动关系三方机制改革研究（委托课题）方案；与有关单位组成“中国协调劳动关系三方机制发展研究”课题组，编写出版了我国第一部三方机制发展研究专著《中国协调劳动关系三方机制发展研究》。2009 年 12 月，全国海上劳动关系三方协调机制在北京成立，同时举办《中国远洋船员集体协议》首签仪式。

四是在实践层面，各级工会积极结合贯彻“两个普遍”的工作部署等，发挥三方机制作用。如湖北省在推进工资集体协商过程中，一方面坚持“党委重视、政府主导、工会推动、各方配合”的工作格局；另一方面湖北省总工会与省人社厅、省企业联合会合作，依托协调劳动关系三方会议，推动工资集体协商工作深入开展，三方还联合下发了《关于进一步推进企业工资集体协商工作的通知》，明确了全省企业开展工资集体协商工作的总体要求和工作目标，同时对三方各有关单位的职责进行了明确分工。①

### （二）推进集体协商和集体合同制度发展

集体协商和集体合同制度实行以来，在劳动关系建设领域发挥了重大作用。中国工会十四大后，各级工会进一步积极深入推进集体合同制度的发展，集体合同签订数量、覆盖企业、覆盖职工等关键数据从 2004 年的 64.7 万份、135.9 万家企业、9808.7 万名职工，连续增长到 2008 年的 110.75 万份、190.77 万家企业、14953.53 万名职工。

2004 年，劳动和社会保障部重新公布《集体合同规定》。全

---

① 邹明强，蒋萍：《湖北省总专项表彰工资协商先进》，《工人日报》2011 年 4 月 21 日第 2 版。

国总工会随即联合下发《关于贯彻实施〈集体合同规定〉的通知》。该《通知》指出要认真学习宣传《集体合同规定》，充分认识开展集体协商、签订集体合同工作的重要性；加大推进建立健全集体协商机制的力度，实现制度化、规范化；明确集体协商代表的权利和义务，提高集体协商代表的自身素质；以工资集体协商为切入点，努力提高集体协商的实效性；从实际出发，确定集体合同的形式和内容；加强指导，密切配合，推动集体协商、集体合同工作健康发展。该《通知》还特别指出，在非公有制企业特别是小型企业比较集中的地区，要在总结经验的基础上，积极探索区域性、行业性集体协商，在一定区域或行业范畴内，由用人单位代表或企业代表组织同相应的职工代表或工会组织遵循法律、法规、规章的规定，针对劳动报酬、工作时间、休息休假、劳动安全卫生、职业培训、补充保险和福利等事项或其中的若干项，通过集体协商签订集体合同。如 2006 年，北京市朝阳区和平街地区召开职工代表大会暨集体合同签订仪式，首批 404 家各类企业代表与职工代表签订了集体合同。朝阳区和平街成为北京市首个签订区域性集体合同的地区。① 通过地区集体合同，特别是将外来务工人员及灵活就业人员纳入集体合同，广泛提高职工参与程度，有助于从源头维护职工权益，促进企业和谐发展。

在推进集体合同制度的进程中，各级工会重视集体合同工作的专业性。2004 年，全国总工会举行了全国工会集体合同工作经验交流会议。2006 年，全国总工会组织召开关于开展区域性集体协商工作意见座谈会。同年，全国总工会举办全国地方工会劳动合同集体合同工作培训班，全国 31 个省（自治区、直辖市）的 140 余名产业工会和基层工会干部参加了培训。培训班还邀请部

① 罗青：《本市首个区域性集体合同签定》，《北京社会报》2006 年 8 月 5 日第 2 版。

分地方工会和企业工会干部介绍了开展协调劳动关系工作的经验，分别召开了劳动合同、集体合同和创建劳动关系和谐企业活动座谈会，提出了推动工作的对策措施。2007 年，全国总工会又举办了全国工会集体合同工作培训班，培训期间还召开座谈会，听取各地工会的意见建议，提出了推动工作的对策措施。

随着集体合同工作的不断发展，全国各地也涌现出先进经验和突出典型，各级工会积极开展交流工作，分享成功经验，不断推动全国集体合同工作的整体发展。2006 年我国第一家沃尔玛工会建立，2008 年 6 月，全国总工会相关负责人会见沃尔玛（美国）总部副总裁，并就进一步推进沃尔玛（中国）工会工作，特别是做好签订集体合同工作进行会谈。同年 7 月，沈阳沃尔玛率先完成与企业签订集体合同。全国总工会及时抓住时机召开了全国工会推动沃尔玛签订集体合同工作座谈会，沃尔玛企业所在地的 50 个城市总工会领导人出席会议。沈阳、泉州、深圳市总工会的有关领导在会上介绍了推动沃尔玛企业签订集体合同工作的经验。9 月，全国 108 家沃尔玛建会企业全部开展了集体协商，并签订了集体合同。

浙江省温岭市新河镇是一个工业重镇，分布有 100 多家羊毛衫厂，从事该行业的工人达 1.3 万多人，年生产总值近 10 亿元。羊毛衫生产是典型的劳动密集型产业，准入门槛与技术含量相对较低，生产、销售受季节性影响较强，加之没有统一规范的计件工资（工价）表，企业用工无序竞争现象严重，职工流动性强，技术工人跳槽频繁，不仅影响企业正常生产，也使得职工合法权益无法得到保障，因工资问题引发的劳动问题频发。2003 年开始，政府与工会出面召开了羊毛衫行业职工工资恳谈会，开始推进行业工资集体协商，历经 6 次协商、10 次工资恳谈会、发放 500 多份征求意见表、3 次调整基准工价后，最终确定了行业普遍认可的最低工资标准。2003 年 8 月，在新河镇劳动关系三方协调委员会的主持下，新河镇工会与行业协会签订了《羊毛衫行业工资（工价）协商协议书》，并报劳动部门备案，作为企业与职工签订劳动合同的附件，与劳动合同具有同等效力。双方约定行业工资协商每年进行一次。在协议签订的第二天，长屿羊毛衫行业工会成立，体现了行业工资集体协商对等原则。通过这一做法，行业内形成了“行业工会代表工人，行业协会代表企业，双方根据一定标准进行协商，最后签订协议书，以合同的形式把议定的工资固定下来”的做法。[①] 工价得以稳定，行业用工无序竞争状态得到改善，劳动关系变得和谐。随后温岭市开始推广长屿羊毛衫行业工资集体协商的经验。到 2008 年，羊毛衫、水泵、轴承、注塑、制鞋、帽业、船舶修造等 7 个行业的 600 多家企业都开展了行业工资集体协商，涉及职工 3 万多人，基本实现了工资集体协商全覆盖。

2007 年 11 月，温家宝考察浙江时，对浙江温岭行业工资集体协商作出批示，肯定了温岭市在行业工资集体协商中的成功经验。全国总工会随即联合中国财贸轻纺烟草工会、浙江省总工会、台州市总工会，赴温岭市就羊毛衫行业开展工资集体协商工作的经验进行调研，形成了《关于落实温家宝总理批示 总结推广浙江省温岭市新河镇羊毛衫行业开展工资集体协商经验的有关情况和建议》的报告，对“温岭经验”进行推广。2008 年 4 月，全国工会工资集体协商工作经验交流会在浙江杭州召开，会议学习贯彻温家宝重要批示精神，总结交流了温岭等地工会工资集体协商经验，推动了以工资集体协商为核心的协调劳动关系工作的开展。2008 年 6 月，全国总工会还印发了《关于建立集体协商指导员队伍的意见》《关于开展集体协商要约行动的意见》，进一步推动这

① 李刚殷，王娇萍：《在民主协商中实现双赢》，《工人日报》2008 年 4 月 14 日第 2 版。

一工作开展。

中国工会十五大后，各级工会进一步深化及推进集体协商与集体合同工作。2009 年，全国总工会下发《关于积极开展行业性工资集体协商工作的指导意见》，明确范围、协商主体、协商代表的产生、协商内容及重点、协商程序等，强调各级工会要积极争取党委、政府和协调劳动关系三方的重视和支持；加强行业工会组织建设，为加强行业性工资集体协商工作提供组织保障；各级工会领导机关要加强对行业性工资集体协商工作的总结和指导服务。

2010 年，国家协调劳动关系三方联合下发《深入推进集体合同制度实施彩虹计划的通知》，提出力争用三年时间，基本在各类已建工会的企业实行集体合同制度；对于未建工会的小企业，通过签订区域性、行业性集体合同提高覆盖比例。该《通知》还强调把深化“共同约定行动”与加强集体合同制度建设结合起来。继续以工资集体协商为重点内容，以非公有制企业和劳动密集型企业为重点对象，推进建立完善企业工资分配共决机制、职工工资正常增长机制和支付保障机制。各级协调劳动关系三方要积极推动集体合同立法工作，进一步加大集体合同法律法规宣传力度，规范集体协商程序，广泛开展集体协商“要约行动”。

2010 年至 2012 年，全国总工会还多次组织与集体协商和集体合同制度有关的经验交流会。如 2010 年全国工会工资集体协商工作现场经验交流会；2011 年全国工会创建劳动关系和谐企业活动暨工资集体协商工作交流推进会、深入推进行业性工资集体协商工作座谈会、全国工会工资集体协商工作经验交流会；2012 年全国工会推进世界 500 强企业工资集体协商工作经验交流会议、全国产业工会推进工资集体协商工作通气会议等。这些经验交流活动，有效地加强了全国总工会与地方各级工会和产业工会的交流，促进了地方工会组织及产业工会集体协商和集体合同工作的开展，促进了地方工会及产业工会业务能力的快速提升。

推动集体协商和集体合同制度的深化发展，需要有高素质的工会干部队伍。各级工会非常重视集体协商和集体合同工作干部队伍的培养。2009 年，全国工会集体协商工作培训班在北京举办。2010 年 4 月底，全国总工会连续举办全国工会协调劳动关系工作培训班和全国工会集体协商指导员培训班。2011 年，全国总工会为贯彻落实依法推动企业普遍建立工会组织、普遍开展工资集体协商的要求，专门制定了《全国工会集体协商指导员培训实施计划（2011—2013 年）》，确定了全国工会集体协商指导员培训的指导思想和基本原则，提出到 2013 年，对所有集体协商指导员和分管、从事此项工作的工会干部普遍完成一遍培训，建立起一支懂法律、能代表职工、会维护职工合法权益、善于协商、能充分发挥作用的集体协商指导员队伍的总目标。

通过积极开展各项工作，各地在推进集体协商和集体合同工作方面成果显著。例如，东风汽车有限公司探索形成了四项沟通协商机制：一是公司总裁与工会主席定期会晤制度，搭建劳资高层交流沟通平台，凸显工会协调劳动关系的地位与作用；二是公司总裁定期向职工代表通报情况制度，搭建职工参与公司重大决策平台，疏通职工表达利益诉求的渠道；三是工会与劳动管理部门通报协商制度，搭建薪酬分配协商共决平台，建立科学合理的工资集体协商机制；四是工会与相关行政部门通报协商制度，搭建执行层面交流互动平台，确保以职工为本理念的全方位落实。通过四项制度，东风汽车公司建立起工会、职工与企业管理层的直接沟通，为企业、职工互信共赢打下坚实基础。该经验在东风汽车公司得到全面推广。特别是 2011 年广东本田汽车零部件制造有限公司发生劳资冲突时期，东风本田未发生任何影响生产秩序的情况。湖北省机冶建材工会、湖北省总工会对其进行调研后，总结其既符合国际惯例也符合中国惯例的特点，指出其为国有、集体及控股企业以及外资、合资及非公有制企业的平等协商机制提供了路径。①

各地立足自身特点，采取措施推进集体协商。广东省总工会提出以行业（区域）性工资协商、500 强企业工资协商建制为重点，从加强组织领导、加强工会组织建设、充分发挥基层工会作用、积极实施工资集体协商要约行动、加强工资集体协商指导员队伍建设、建立健全信息报送制度、实施目标考核制度、建立健全激励约束机制八个方面，全面推进工资集体协商工作，在全省已建工会企业普遍建立起工资集体协商制度。2012 年 8 月，广东省总工会召开了 2012 年全省工资集体协商工作会议，及时总结各地推进工资集体协商的工作情况，交流工作经验，以深化工作。截至 2012 年底，广东全省已组建工会的 70.5%的大中型企业建立了工资集体协商制度，86.8%的世界 500 强在粤企业建立了工资集体协商制度。从全国来看，截至 2012 年 9 月底，全国共签订集体合同 224.3 万份，同比增长 24.4%，覆盖企业 579.4 万家，同比增长 59.4%；共签订工资专项集体合同 122.8 万份，同比增长 33.4%，覆盖企业 308.2 万家，同比增长 57.9%。② 全国签订集体合同数量取得了连年增长、覆盖面不断扩大的优异成绩。

### （三）加强企业民主管理法治化建设

企业民主管理是实现和谐劳动关系建设的重要组成部分，各级工会不断探索现代企业民主管理制度建设，推进民主管理法制化建设，通过职工代表大会与厂务公开制度，不断加强国有企业与非公有制企业的民主管理制度。

---

① 王娇萍：《基于平等和平衡的协商共决》，《工人日报》2011 年 5 月 30 日第 1 版。

② 中华全国总工会编：《中国工会年鉴（2013）》，《中国工会年鉴》编辑部 2013 年版，第 83 页。

1. 加强企业民主制度的理论研究与制度建设

中国工会十四大后，各级工会不断推进企业民主管理的法制化、制度化、理论化建设。2004 年，全国总工会印发《企事业民主管理法规文件资料》，系统地整理了有关企业民主管理的各级党政会议精神、国家与各地方法律法规、部分典型企事业民主管理制度和规定。2005 年，全国总工会召开全国民主管理立法研讨会，并对《企业职工民主管理条例》的初稿进行了讨论和修改。2008 年，全国总工会先后两次举行了《企业民主管理条例》研讨会，就制定《企业民主管理条例》的有关问题进行了深入研讨。这些举措有效推动了企业民主管理法制化建设的强化。

在加强企业民主管理法治化的同时，全国总工会还不断加强企业民主管理建设。一方面，加强调查研究。2005 年，全国总工会组成三个调研组，分赴 9 省（市）、41 个市（县），就职工民主管理机制建设问题进行了调查研究，对发现的问题提出“转变观念，把握新时期职工民主管理的特点；加强非公有制企业民主管理制度建设工作；加大宣传力度，提高民主管理的社会认知程度；加快立法工作步伐，建立和完善与市场经济体制相适应的民主管理法律体系；加强理论研究，为民主管理机制建设提供理论支持；加强培训工作，提高民主管理机制建设水平”六项对策建议。2007 年，全国总工会针对企业民主管理基础理论研究滞后，企业民主管理立法、推行工作理论支持不足的情况，加强企业民主管理基础理论的研究，先后分四次举行了研讨活动。另一方面，组织培训班，提高工会干部民主管理理论素养，加强企业民主管理队伍建设。2006 年，全国总工会组织职工开展民主管理培训班，来自全国各省、自治区、直辖市总工会及部分地区工会、企事业单位工会的 120 名学员参加了培训。

非公有制企业民主管理是中国工会十四大后各级工会组织开展民主管理工作的重点领域，各级工会积极探索非公有制企业民主管理的制度和方法。2004年，江苏、上海等省（市）总工会在南京召开“部分省市区域（行业）职工代表大会暨小型非公有制企业民主管理调研座谈会”。与会人员一致认为，区域（行业）职工代表大会制度是当前小型非公有制企业实行民主管理的一种有效形式，体现了“组织起来、切实维权”的工作方针。推行这一制度，必然带动小企业和相应的街道、园区、村、乡镇等工会的组建工作，并为组建后的工会组织提供一个工作平台。由于这一制度尚在起步阶段，还有许多具体问题需要解决，需要有新的理论加以论证，更需要有新的法律法规来加以保障。2004年和2005年，全国总工会先后两次组织开展全国非公有制企业民主管理培训班，就全国非公有制企业发展情况、国家相关法规政策、怎样做好非公有制企业厂务公开民主管理工作等内容进行培训，以促进企业民主管理工作开展。

中国工会十五大后，各级工会在企业民主管理方面不断探索新的模式，在企业民主管理总体建设、职工代表大会和厂务公开工作以及非公有制企业民主管理发展方面都有了新的变化。这首先体现在对企业民主管理工作进行了总体的改革与探索。2009年，全国厂务公开协调小组办公室与中国劳动关系学院在大连联合举办了国际金融危机背景下企业民主管理论坛。32位来自国务院国资委、全国工商联、工会和企业方面的代表介绍了在应对国际金融危机中充分发挥厂务公开、企业民主管理制度作用的经验和做法，并就企业民主管理理论和实践的创新与发展，以及国企改制关键时期企业应如何坚持实行厂务公开民主管理、确保改革顺利进行等问题展开深入讨论。会议认为，在新形势下，厂务公开民主管理工作面临新的发展机遇，要进一步加强理论创新、制度创新和工作创新，推动厂务公开民主管理全面、深入发展。

从2009年开始，全国总工会积极参与《企业民主管理规定》的制定过程。2009年7月和11月，国务院牵头分别举行了《企业民主管理条例》立法工作会议和立法论证会。全国总工会代表对制定《企业民主管理条例》的背景、必要性、构架和基本内容作了说明。2011年，随着《企业民主管理规定》立法工作的逐步开展，全国总工会积极参与到《企业民主管理规定》的起草工作中。全国厂务公开协调小组办公室在现行政策和法律法规的基础上，结合新形势、新任务的要求，对《企业民主管理条例（草案）》的相关内容进行了修改，起草了《企业民主管理规定》，在广泛征求全国厂务公开协调小组各成员单位和地方厂务公开协调领导机构及相关部门意见的基础上，进行了修改完善。

2012年，中央纪委、中央组织部、国务院国资委、监察部、全国总工会、全国工商联联合下发《企业民主管理规定》。随后，全国厂务公开协调小组积极开展广泛宣传，同时开展《企业民主管理规定》专题培训，就《企业民主管理规定》出台的背景、意义、主要内容、创新与亮点以及现代企业法人治理、厂务公开民主管理理论与实践等内容进行了专题培训。此外，还编写了《企业民主管理规定》辅导读本供全国工会组织学习使用。在贯彻落实《企业民主管理规定》的时代契机下，各地加快推进厂务公开民主管理制度化、规范化、法制化建设，27个省（自治区、直辖市）出台了30余个有关企业民主管理的地方性法规。同年，全国总工会相继印发《中华全国总工会办公厅关于在推进事业单位改革中加强民主管理工作的通知》《中华全国总工会关于加强公司制企业民主管理工作的意见》，进一步加强企事业单位民主管理工作。在具体实践层面，以职工代表大会制度和厂务公开制度为核心的企业民主管理工作不断深入推进。

2. 职工代表大会制度建设不断加强

各级工会不断加强职工代表大会制度建设。特别是在非公企业职工代表大会建设方面，一些地方工会的探索卓有成效。如上海市在加大推进非公有制企业职工代表大会制度建设时，在社区、行业、楼宇、工业园区等探索建立区域性联合职代会，形成区域性工会联合会、联合工会的有力支撑以及区域经济协调劳动关系的有效平台和优化经济发展的重要抓手。截至2004年6月，上海市共建立区域性联合工会约3000家，覆盖企业7万家左右，涉及职工约60万名。其中，建立区域性联合职代会的有1385家，覆盖企业2.9万家，约占联合工会的46.2%，企业覆盖率约41.5%。区域性职工代表大会包含六种模式：一是以居民区、街道、村区为标准的小区职工代表大会模式；二是以各开发区、经济园区为标准的园区职工代表大会；三是以区域内相同行业的企业为标准的行业职工代表大会；四是既顾及行业特性，又必须依托地区工会进行具体工作的专业特色行业职工代表大会；五是以各商务大厦内所属企业为标准的楼宇职工代表大会；六是以区域内企业性质为标准的外商企业职工代表大会。同时，上海各区立足自身特点，也形成了一些特色职工代表大会模式。如静安区的汽配行业职工代表大会运行模式，实现行业与地域结合的条块互动；普陀区以区域性职工代表大会为基本平台建立的工会与政府联席会议制度、平等协商制度和劳动法律监督制度的“四轮”联动模式，则形成了社区民主管理体系。①

截至2005年底，全国建立职工代表大会制度的企事业单位达到42.9万个，2006年达到90.1万个，2007年达到108.6万个，2008年达到156.8万个。以中央企业为代表的国有大中型企业，普遍实行了职工代表大会制度，并在此基础上不断巩固和发展，逐步实现了制度化、程序化、网络化。非公有制企业职工代表大会建设也实现了快速发展，在县以下小型非公有制企业集中和行业集群的乡镇（街道）、村（社区）、开发区、科技园区、工业园区等，也积极建立推广了联合职工代表大会、区域性行业性职

① 张路：《上海探索建立区域性职代会》，《工人日报》2004年8月4日。

工代表大会制度。一些地区还出台了相关法律，为职工代表大会建设及其职能发挥保驾护航。如2006年，江西省十届人大常委会第22次会议通过《江西省职工代表大会条例》，济南市总工会出台《区域性职工代表大会管理规定》。2007年，云南省十届人大常委会第28次会议通过《云南省职工代表大会条例》，辽宁省第十届人民政府第76次常务会议通过《辽宁省职工代表大会规定》。

为推进职工代表大会制度的不断发展，全国总工会还组织召开了一系列工作研讨会。2006年5月，全国部分省市工会区域（行业）职工代表大会工作研讨会在福建召开。会议认为实行区域（行业）职工代表大会是在小型企业中推行民主管理的有效形式，在缓解劳资矛盾，促进区域经济发展等方面起到一定的作用。同年11月，全国工会推进职工代表大会制度建设经验交流会议在广州召开，对坚持和完善职工代表大会制度提出“必须坚持党的领导”“必须紧紧围绕改革发展稳定的大局”“必须与时俱进，开拓创新”“必须推动立法，依法推进”“必须坚持企事业与职工‘双赢’”五点基本原则。2008年8月，全国部分省市工会区域（行业）职工代表大会工作研讨会召开。会议对非公有制企业，特别是小型企业提出可以通过发挥区域和行业职工代表大会作用，破解工会维权中的难题，保障职工的各项民主权利落到实处。

各地工会积极探索实践职工代表大会制度。如2008年，上海静安区曹家渡街道律德大厦的“楼宇职工代表大会”出台一系列制度，包括职工代表名单必须公示，关系职工切身利益的重大问题必须表决，通过劳资协商确定企业工资共同标准并进行备案，劳动合同签订方式采取“职工代表定框架，企业确认”的会签制等内容，效果显著。自职工代表大会建立以来，该大厦内企业劳动合同签订率达100%，带薪休假执行率达98.5%，83%的企业建立了工资集体协商制度，88%的企业建立了工资正常增长机制，职工与企业关系融洽。[①] 随后“律德模式”也在静安区开始广泛推行。

中国工会十五大后，推进完善企业改制重组关闭破产中的职工代表大会制度是各级工会的重点工作之一。特别是在2009年“通钢事件”发生后，全国总工会再次提醒企业、工会、政府等各方重视作为企业“利益相关方”的职工的权利意识，针对涉及职工权益的企业兼并重组等内容，要保障职工的知情权、参与权等；工会要代表广大工人积极发挥作用，加强职工代表大会建设，促进其在企业改制等工作中发挥实质作用。2009年，全国总工会下发《关于在企业改制重组关闭破产中进一步加强民主管理工作的通知》，要求切实加强企业改制重组关闭破产中的民主管理工作，在企业改制重组关闭破产中要严格履行民主程序，改制方案要提交企业职工代表大会或职工大会审议，职工的裁减和安置方案等涉及职工切身利益的重大问题要提交职工代表大会审议通过。一些地方也相继出台规章制度，加强非公有制企业职工代表大会制度的规范化发展。如河北省2009年出台《河北省区域（行业）职工代表大会工作规范（试行）》，明确规定25人以下小型企业和有雇佣关系的个体工商户，要按照属地或行业原则，建立区域或行业职代会。

2010年，为加强区域（行业）职工代表大会建设经验，全国总工会召开了工会推进区域（行业）职工代表大会制度建设经验交流会。会议对10多年来各级工会推进区域（行业）职工代表大会制度建设取得的成果进行了总结，对贯彻落实《中华全国总工会关于推行区域（行业）职工代表大会制度的意见（试行）》提出意见。会议提出在县以下非公有制企业比较集中的地区或行

---

① 高路：《上海：“楼宇职代会”为“白领”维权》，《新华每日电讯》2008年10月21日第2版。

业建立区域（行业）职工代表大会制度，已成为不具备单独建立职工代表大会条件的中小企业推行企业民主管理的重要载体，成为中小企业劳动关系双方沟通协商的重要平台，在维护职工合法权益、构建中小企业和谐劳动关系、推动地方经济社会发展中发挥了重要作用。会议同时提出之后一段时间的工作重点是逐步规范区域（行业）职工代表大会职工代表的产生程序和构成，明确区域（行业）职工代表大会的职责内容和工作重点，加强制度体系建设，为区域（行业）职工代表大会规范运作提供制度保障。

2011 年，为纠正一些企事业单位职工代表大会运作不规范的问题，全国总工会专门下发《中华全国总工会办公厅关于规范召开企业职工代表大会的意见》，就职工代表产生、职工代表大会按期换届和定期召开、职工代表大会表决形式等职工代表大会制度运行必须遵循的原则和程序，作出明确规定。2012 年全国总工会、文化部印发《国有文化企事业单位职工代表大会实施办法（暂行）》。2012 年，全国已建立工会的企事业单位单独建立职工代表大会制度的有 404. 9 万家，比 2011 年增加了 126. 8 万家，其中公有制企业 24. 6 万家，事业单位 44. 5 万家。单独建立职工代表大会制度的非公有制企业 335. 8 万家，区域（行业）职工代表大会覆盖企业 158. 6 万家。建立职工代表大会制度的单位数量连年增加，特别是非公有制企业的职工代表大会建设在数量与质量上也有明显发展。通过职工代表大会进一步落实职工的知情权、监督权，保障职工行使各项民主权利，既形成与发展了我国企业管理的特色与优势，同时也维护了职工权益，保障了企业稳定，促进了劳动关系和谐发展。

3. 厂务公开制度深化发展

各级工会组织积极发挥自身作用，不断推进厂务公开制度的深化发展。厂务公开民主管理工作呈现出全面推进、逐步规范、不断深化的发展势头，取得了明显成效。2004 年到 2008 年，全国实行厂务公开制度的企事业单位数量逐年增加，其中非公有制企业实行厂务公开的数量增速明显加快。截至 2008 年，实行厂务公开制度的企事业单位达到 147.5 万个，其中国有、集体及其控股企业 17.8 万个，非公有制企业 102.9 万个。在厂务公开制度化管理上，2004 年至 2008 年，全国厂务公开协调小组每年举行一次集体会议，对前一年的厂务公开工作进行总结，并安排新一年的工作任务。与此同时，全国厂务公开协调小组举行了三次全国范围内的厂务公开民主管理工作调研检查，形成了全国性的厂务公开工作制度化、常态化工作特点。

在厂务公开工作中，各级工会不断推进厂务公开工作的方法创新、工作经验交流，多方位增强厂务公开的成效。如湖北省厂务公开工作历经兴办试点、全面推开、逐步深化三个战略阶段，形成了“党委统一领导、党政共同负责、有关方面齐抓共管，职工广泛参与”的领导体制和工作格局。到 2003 年底，湖北省厂务公开工作初步实现了“五个转变”：由国有企业向非公有制企业转变；由企业向事业单位转变；由厂级公开向基层公开转变；由一般公开向全过程公开转变；主体由党委、工会向“第一执行人”（厂长、经理）转变。在公开内容方面，在企业改革改制、经营管理、领导干部党风廉政建设方面不断深化；公开形式也不断发展创新。到 2003 年底，湖北省 98%的国有、集体及其控股企业实行了厂务公开，91%的教育、科技、文化、卫生、体育等事业单位实行了内部事务公开。同时，湖北省还对武钢“值班厂长”、东风汽车公司“二会一”、荆门的“二权公开”、襄樊的“马桥镇经验”、江岸车辆段“运用 ISO9000 模式创新厂务公开机制”等一大批厂务公开典型经验进行了总结和推广。①

① 王四新，彭维俊：《湖北厂务公开实现“五个转变”》，《工人日报》2003 年 12 月 10 日。

各级工会积极推动厂务公开民主管理制度建设。2005 年 7 月，《企事业单位厂务公开民主管理控制程序》研讨论证会在湖北宜昌召开，与会人员听取了湖北省总工会介绍制定和推行《企事业单位厂务公开民主管理控制程序》的有关情况，并展开研讨。2007 年，全国各级工会组织在推动厂务公开民主管理制度法制化建设方面取得巨大进展，一年内有九个省份制定了新的地方性法规，这些地方立法具有较强的针对性和可操作性，为推进厂务公开民主管理工作提供了法律保障，也为推动国家立法提供了实践经验和依据。为推动厂务公开民主管理工作深入发展，调动和激发广大职工群众的主人翁积极性，为实现“十一五”规划、构建社会主义和谐社会作出更大贡献，2006 年，全国厂务公开领导小组向 400 个全国企事业单位和 110 个省级以下各级机关推动厂务公开民主管理工作先进单位进行表彰。2007 年，全国厂务公开领导小组召开全国厂务公开民主管理工作先进单位表彰电视电话会议，介绍了中共内蒙古自治区委员会、中国网通等五家单位开展厂务公开民主管理工作的经验。

中国工会十五大后，厂务公开制度也取得了显著进步。从 2008 年到 2012 年，全国厂务公开协调小组先后举行了五次常态化会议，安排部署工作，并在 2008 年、2010 年、2012 年相继开展了第五、六、七次全国厂务公开民主管理工作调研检查，2009 年开展了全国厂务公开职工代表大会制度建设状况抽样调查。调查工作一方面了解了各单位在应对国际金融危机、深化企业改革、促进保障和改善民生及社会稳定、推进经济平稳较快发展方面的成功经验和做法；另一方面则是了解了各单位“公开解难题、民主促发展”主题活动情况、贯彻落实《企业民主管理规定》情况、企事业单位五年建制目标实现情况和职工代表大会民主评议企业领导人员的开展等情况，发挥监督作用，落实了全国厂务公开协调小组对各地方厂务公开工作的常态化监督管理。2011 年，全国厂务公开协调小组办公室下发了《关于大力开展厂务公开、职工代表大会建制专项行动的通知》。同时，厂务公开民主管理工作的重点锁定在非公有制企业。此外，全国总工会极为重视厂务公开工作干部的培养，2009 年先后两次举办全国厂务公开民主管理培训班，2011 年组织开展了厂务公开民主管理培训工作。

立足网络信息技术发展，厂务公开信息化建设不断推进。2010 年，全国厂务公开协调小组从健全信息管理机制、拓宽信息采集渠道等方面进一步加强全国厂务公开民主管理网站的管理与建设，在各省（自治区、直辖市）增设网站二级管理员，使网站真正成为全国厂务公开民主管理工作信息共享平台，更好地发挥网站的宣传阵地作用。2011 年、2012 年，全国厂务公开协调小组召开了厂务公开民主管理信息工作座谈会。同时，通过对厂务公开民主管理信息工作先进单位和先进个人的表扬、通报，进一步推动这一工作。以广东为例，2012 年，广东省着手建立厂务公开民主管理电子监察管理系统。通过该系统建设，纪检监察部门可以实现远程监察管理工作。所有连线上网的企事业单位，向社会公众展示本单位厂务公开工作信息，直接接受广大职工群众的评议监督。

厂务公开制度深化发展中也形成了一些典型经验。如青岛市总工会在厂务公开民主管理工作中，形成了“建立制度、形成规范、落实职权、发挥作用”的职工代表大会星级创建要求，实现了厂务公开民主管理工作的“三个拓展”。凡涉及企业改革发展、改制的重大决策方案和涉及职工切身利益的重大问题，由“企业公开什么职工才能知道什么”，向“职工想知道什么就公开什么拓展”；由国有、集体及其控股企业和事业单位向非公有制企业拓展；由职工对企业领导人员的监督向通过建立现代企业制度健

第十五编

# 习近平总书记对工人阶级和工会工作的关心指导

# 目录 / CONTENTS

第十四编

## 中国特色社会主义新时代的工人运动

**图书在版编目（CIP）数据**

中国工运通史．第四册，2012–2024 / 中华全国总工会编著．-- 北京：中国工人出版社，2025.7. -- ISBN 978-7-5008-8715-7

Ⅰ．K261.3

中国国家版本馆 CIP 数据核字第 2025XS1241 号

中国工运通史

| | |
|---|---|
| **出 版 人** | 董　宽 |
| **责任编辑** | 蒋佩轩　罗荣波 |
| **责任校对** | 张　彦 |
| **责任印制** | 黄　丽 |
| **出版发行** | 中国工人出版社 |
| **地　　址** | 北京市东城区鼓楼外大街45号　邮编：100120 |
| **网　　址** | http://www.wp-china.com |
| **电　　话** | （010）62005043（总编室） |
| | （010）62005039（印制管理中心） |
| **发行热线** | （010）82029051　62383056 |
| **经　　销** | 各地书店 |
| **印　　刷** | 北京盛通印刷股份有限公司 |
| **开　　本** | 710毫米×1000毫米　1/16 |
| **总 印 张** | 126 |
| **总 字 数** | 1470千字 |
| **版　　次** | 2025年7月第1版　2025年10月第2次印刷 |
| **定　　价** | 392.00元（全四册） |

国家出版基金项目
NATIONAL PUBLICATION FOUNDATION

# 中国工运通史

## 第四册

（2012—2024）

中华全国总工会

中国工人出版社

全监督约束机制拓展。①

青岛市青岛港（集团）有限公司的厂务公开和民主管理创新尤为典型。青岛港（集团）有限公司在职工代表大会基础上，积极开拓创新，建立了包括民主评议领导干部、四级厂务公开、干群恳谈问答会、员工接待日、职工满意度调查等“20 条民主管理渠道”，还有“40 项公开”“六连环”表决程序；集团党政领导每年向职工代表述职述廉，接受民主评议；30 多个基层单位全部设置“一点通”查询机，做到事事透明；400 多个基层队全部实行队务管理“十公开”，每月张榜公示；全港职工人手一张“民主管理万能卡”，工时、工资、考勤、奖罚信息一目了然。② 青岛港（集团）有限公司在真正使职工做“港口的主人”的目标下，想问题、办事情、做决策的出发点和落脚点都是“职工拥护不拥护、赞成不赞成、高兴不高兴、答应不答应”。从 2006 年起，集团职工代表大会增选了 65 名农民工代表。③ 企业充分尊重职工、依靠职工，发挥厂务公开民主管理的职能，将之贯穿港口经营管理全过程，劳资关系协调融洽，激发职工热情与使命感，职工、企业共建互享，成效显著，受到党中央领导高度评价。全国总工会成立了青岛港经验调研组，撰写了《青岛港实行民主管理构建和谐劳动关系经验调研报告》。

为了推动厂务公开工作，全国总工会通过组织召开各类经验交流会，推进厂务公开工作。2009 年，全国总工会召开全国厂务公开民主管理工作汇报会，2010 年，召开全国厂务公开民主管理

---

① 杨明清，吴留文：《青岛工会探索企业劳动关系协调机制》，《工人日报》2012 年 8 月 23 日第 2 版。

② 汪玚：《创新之泉涌出汩汩希望——青岛港经验理论与实践研讨会在京召开》，《交通建设与管理》2012 年第 6 期。

③ 中共山东省委宣传部编：《聚焦 2012 中央媒体眼中的山东》，山东人民出版社 2013 年版，第 175 页。

工作经验交流暨先进单位表彰电视电话会议。江苏省厂务公开协调小组等六家单位分别介绍了各自开展厂务公开民主管理工作的做法和经验。408 家全国厂务公开民主管理先进单位和 100 家全国推动厂务公开民主管理工作先进单位在会上受到表彰。特别是 2012 年 5 月，针对受党中央领导高度评价的厂务公开优秀典型青岛港（集团）有限公司，全国总工会在北京召开青岛港经验理论与实践研讨会。中央书记处书记何勇，全国总工会、交通运输部、山东省等部门领导出席会议。会议充分肯定了青岛港（集团）有限公司深化创新厂务公开民主管理的工作经验，要求各地充分学习，积极探索中国特色企业发展之路。会后，全国总工会下发《关于学习青岛港实行厂务公开民主管理构建和谐劳动关系经验的通知》，各级工会积极开展学习会议精神和青岛港经验的活动。

经过长期实践，各级工会组织在厂务公开工作方面也形成了一定的机制。一是形成了党委统一领导、党政共同负责、有关方面齐抓共管、职工群众广泛参与的领导体制和工作格局。二是厂务公开管理制度规范化、制度化、法治化不断深入。2012 年，全国厂务公开协调小组还专门印发《全国厂务公开协调小组及其办公室工作规则》，进一步推进厂务公开工作的规范化开展。三是厂务公开工作与企业党风建设和反腐倡廉工作等有机结合。企业厂务公开积极融入企业制度，事业单位则与民主管理深入结合，提升效果。四是厂务公开形式结合企事业重点工作，日益多样化、深度化。国有企业厂务公开民主管理制度不断巩固，特别是国有企业在改制重组和关闭破产中，毫不动摇地坚持厂务公开民主管理工作，发挥了积极作用。在非公有制企业不断提高职工群众参与管理的能力，结合劳动合同、集体合同的签订、履行，将涉及职工切身利益的重大事项公开，通过与职工关注事项的紧密结合，深化厂务公开工作。截至 2012 年，全国已建立工会的企事业单位单独建立厂务公开制度的有 395.5 万余家，其中公有制企业 23.6

万家，事业单位41.3万家，单独建立厂务公开制度的非公有制企业330.6万家。厂务公开建制率不断提高，质量也不断提高，成为企事业单位发展的助推器。

## 五、源头参与工作进展显著

进入21世纪后，各级工会积极参与有关职工权益的法律法规的制定工作，代表职工群众表达意愿，提出工会建议和意见，推动劳动关系的法治化、制度化建设。同时，各级工会不断加强法律监督组织建设及制度化建设，不断深化工会法律监督工作。各级工会还不断加强与党政组织联系，加大力度建设党政联席制度，拓宽工会参政议政职能的渠道。在劳动争议处理方面，制度化建设也不断深入，法律援助工作取得进展。

### （一）积极参与立法及修订工作

进入21世纪以来，全国总工会积极参加各项法律法规的制定或修订工作，先后参与了《劳动合同法》《公司法》《社会保险法》《企业破产法》《劳动争议处理法》《劳动争议调解仲裁法》《社会保险法》等数十部法律法规的制定、修订工作，向全国人民代表大会提出了工会的意见和建议，表达职工群众立场。特别是在《劳动合同法》等与职工群众关联极为密切的相关法律法规制定过程中，工会发挥了非常重要的作用。

2005年，全国总工会成立参与劳动合同立法协调领导小组，整理编辑了劳动合同立法参考资料，向全国各省级总工会调查了解劳动合同制度贯彻实施中存在的主要问题和意见建议。领导小组针对劳动合同立法中的难点、热点问题，与中国政法大学民商法学院的专家、教授们进行专题论证。为了积极审慎地开展《劳动合同法》立法工作，全国总工会会同国务院法制办、劳动和社

会保障部、中国企业联合会共同组成联合调研组，就《劳动合同法》中涉及的重点问题进行调研讨论。全国总工会法律工作部受国务院法制办委托，牵头带领联合调研小组分别在北京和昆明召开了华北地区和西南地区两个座谈会，广泛听取了两地区 10 个省（自治区、直辖市）政府法制办、劳动和社会保障部、工会组织、企业代表组织的意见和建议，并对《劳动合同法（草案）》的制度设计及其所涉及的相关问题进行了深入探讨，提出了一些有建设性的创新思路。此外，全国总工会还组织召开了两次全国总工会法律顾问委员专题研讨会，在广泛听取各地方、专家学者及全国总工会相关部门意见基础上，先后五次围绕《劳动合同法》与《劳动法》的关系、《劳动合同法》的适用范围、劳动合同的试用期、劳动合同的期限、用人单位规章制度、劳务派遣、集体合同等重点问题，对《劳动合同法（草案）》征求意见稿提出修改意见。2006 年，在《劳动合同法（草案）》的征求意见活动中，“各级工会通过座谈会、问卷调查、报刊网络宣传等多种方式，发动职工群众提出意见建议，在全国人大常委会征集到的 19 万条意见和建议中，职工意见占 65%”。[①] 广大职工提出的意见与建议，直接反映了职工群众和各级工会组织的呼声。通过各种努力，绝大多数意见和建议被立法机关接受和采纳。2007 年，《劳动合同法》由十届全国人大常委会第二十八次会议通过并公布。

中国工会十五大后，全国总工会进一步加强和谐劳动关系的法制化建设，重点参与了《社会保险法》《工伤保险条例》《人民调解法》等数十部法律的制定，同时还重点参与了《工会法》《劳动合同法》的修订工作，从源头上维护职工群众的合法权益。2010 年，全国总工会与全国人大加强联系与合作，推动《工会

---

① 全总基层组织建设部编：《〈企业工会工作条例〉指导读本》，中国工人出版社 2006 年版，第 53 页。

法》的修订工作。全国总工会首先落实《全国人大常委会执法检查组关于检查〈中华人民共和国工会法〉实施情况的报告》的有关情况，起草专门报告，并向全国人大作专题汇报。此后，全国总工会又与全国人大常委会法工委、全国人大内司委召开联席会议，就有关情况进行了磋商，并对《工会法》修订的前期工作做了部署。在部署方针的指导下，全国总工会开展广泛调研，并在此基础上起草了《工会法修正案（建议稿）》。在起草过程中，全国总工会召开法律顾问委员会会议，就《工会法》修改及修改的重点问题进行研讨。全国总工会各级领导也十分关注《工会法》的修改建议情况，对此听取了专题汇报。在推动《工会法》修订过程中，全国总工会还加强对基层工会的影响，将2009年全国人大常委会开展执法检查有关资料汇编成册，印发给基层工会。

2008年《劳动合同法》正式实施之后，全国总工会积极参与《劳动合同法》的修正。2012年，全国总工会把参与《劳动合同法》的修改作为参与立法工作的重中之重，深入开展调查研究，及时准确地掌握劳务派遣有关情况；召开全国总工会法律顾问委员会会议，征求关于《劳动合同法（修正案）》的意见，积极动员和组织全国总工会法顾委委员，就配合修改《劳动合同法》撰写文章，做好宣传工作；积极向有关部门充分反映职工和工会主张，推动各方重视工会意见；与全国人大“两委”有关部门召开专题会议，反映工会掌握的情况。

《劳动合同法》修订工作正式启动后，全国总工会及时研究《劳动合同法修正案（草案）》，形成书面修改意见，经全国总工会书记处讨论审定后，报送全国人大财经委和法工委；协助全国人大“两委”举办座谈会，组织职工反映意见和建议；配合全国人大对劳动合同法修改可能造成的劳动用工方面发生的变化进行量化分析。全国总工会还召开全国工会参与修改《劳动合同法》工作座谈会，对各级工会做好《劳动合同法修正案（草案）》公

开征求意见工作进行动员部署。会议结束后，全国总工会法律工作部要求各地，尤其是市、县级工会组织专门力量，深入企业和劳务派遣职工中，宣传《劳动合同法》修改的重大意义，听取和收集职工群众的意见、建议。在全国人大收集到的55.7万条意见、建议中，大多数是职工和工会的意见和建议。[①] 工会的意见与主张大多数体现在2012年12月28日十一届全国人大常委会第三十次会议审议通过的《劳动合同法修正案》中。

地方工会源头参与是工会源头参与工作的重要组成部分。各级地方工会一方面积极推动全国人大制定的法律法规的落实，另一方面积极协助地方人大和政府加大地方法律法规的建设，源头参与力度不断增强，成果显著。2002年，北京、江西等16个省、自治区、直辖市总工会推动地方人大修改颁布了地方《工会法》实施办法。一些地方的工会组织还推动地方人大和政府制定出台了一批保障职工权益的地方性法规、规章，为更好地维护职工和工会组织的合法权益提供了强有力的法律保障。2004年，各省、自治区、直辖市和有立法权城市的工会积极推动和参与有关职工和工会权益的地方性法规的制定，全年共参与了297部地方性法规、规章的制定工作。其中广东、安徽、河南、贵州等四省制定了地方实施工会法办法，使国内根据修改后的《工会法》制定新的地方实施工会法办法的省（自治区、直辖市）达到了28个。各地工会还积极开展劳动法律监督条例等的出台。如2004年，云南省人大常委会通过了《昆明市工会劳动法律监督条例》。2006年，浙江省人大常委会批准通过了《杭州市工会劳动法律监督条例》《宁波市工会劳动保障法律监督条例》。2008年，江苏省十一届人大常委会第四次会议审议批准了《徐州市工会劳动法律监督

① 中华全国总工会编：《中国工会年鉴（2013）》，《中国工会年鉴》编辑部2013年版，第100页。

条例》。2012 年，江苏省十一届人大常委会第二十六次会议通过《江苏省工会劳动法律监督条例》。在源头参与方面，在涉及职工权益的立法和政策制定中，各级工会积极努力，以使职工群众和工会的意见得到重视与体现，成效显著。

全国总工会也不断加大对地方工会参与立法工作的指导与帮助。全国总工会法律工作部加大了与各地工会法律工作部门的工作联系，对地方工会参与立法工作予以指导。如为青海省人大制定《青海省企业民主管理条例》、西藏自治区人大制定《西藏自治区职工代表大会条例》以及海南省人大正在审议的《海南省集体合同条例》提供了修改意见和咨询服务。全国总工会还为《黑龙江省集体合同条例》《浙江省企业民主管理条例》《湖北省企业工会条例》《广东省企业民主管理条例（草案）》《深圳经济特区集体协商条例（修改草案征求意见稿）》给予指导，提出的意见建议大多被采纳。

### （二）加强党政联席会议制度等建设，开辟参政议政多渠道

各级工会坚持和完善地方工会与同级政府联席会议制度，积极与党政机关密切联系，与中央办公厅、国务院及各部委联系、沟通、合作，在工资拖欠、职工住房、住房公积金管理使用、农民工平安返乡、小额信贷合作项目、社会保障体系、医疗卫生体制改革等直接与职工相关的政策制定过程中，表达了工会的意见和建议，反映职工群众的呼声，保障职工群众利益不受侵害。2003 年 7 月，全国有 19 个省（自治区、直辖市）总工会与同级政府建立了联席会议制度。① 各级工会通过多渠道参政议政，维护职工利益，贯彻党全心全意依靠工人阶级的方针，体现工人阶

① 李江泓：《19 个省级工会与政府建立联席会议制度》，《新华每日电讯》2003 年 7 月 21 日第 1 版。

级主人翁地位。如2002年全国总工会机关机构改革后，中国农林水利工会率先与国家林业局建立联席会议制度，不仅推动了全国产业工会与对口部委联席会议制度的建立与发展，同时通过双方交流合作，有力维护了林业职工合法权益，推动了林业改革，促进了和谐劳动关系建设。全国各产业工会也与对口部委建立联席会议制度，并形成工作常态。截至2008年初，全国有28个省（自治区、直辖市）建立了工会与政府联席会议制度或召开了有关会议。[①] 市、县（区）政府与同级工会联席会议制度建设也不断推进。以陕西为例，到2010年底，全省10个市下辖90%的县、区建立了政府与工会联席会议，使之成为一项常态制度。[②]

全国总工会与政府有关部门积极沟通协调开展调查研究，提出工会的主张建议。各级工会组织积极贯彻落实全国人大提出的“在2007年底基本解决工资拖欠问题”的要求。2006年初，经国务院同意，由劳动和社会保障部牵头，包括财政、国资、国土资源、建设、公安、监察、司法、银行、工商、工会共11个部门与单位共同组织成立了解决企业工资拖欠问题的部际联席会议。2006年，全国总工会与政府相关部门共同起草《关于推进企业解决工资拖欠问题若干意见》。该《意见》于当年11月由国务院办公厅以通知形式转发，以推动全国范围内全面开展解决企业拖欠职工工资工作。各级工会积极配合政府部门开展这一工作。全国大部分省、自治区直辖市建立了解决企业拖欠职工工资问题联席会议和相关领导小组，结合摸底调查，制定相关政策等多项措施，

① 蓝玉贵：《我国28省、区、市建立工会与政府联席会议制度》，《中国信息报》2008年3月16日第2版。

② 毛浓曦：《陕西九成以上县区建立政府与工会联席会议制度》，《工人日报》2010年12月17日第1版。

取得了推进企业解决工资拖欠问题的突破性进展。①

各级工会积极参与劳动和社会保障部等部门开展的工资支付督察活动。在农民工工资支付方面，全国总工会与劳动和社会保障部等多部门开展农民工工资支付情况专项检查活动。在最低工资保障制度方面，全国总工会积极参与劳动用工大检查，重点对最低工资标准执行情况进行督察，开展2007年各地最低工资标准调整和执行情况调查，及时指导各地工会参与最低工资标准的调整，并向国务院报送了《关于2007年各地最低工资标准调整和执行情况及建议》的报告，温家宝作了重要批示。地方各级工会也积极开展工作，对于违法行为等向当地劳动部门举报，督促整改，协助劳动保障部门对其予以纠正。在各级工会的共同参与和努力下，到2006年，全国29个省、自治区、直辖市调整了最低工资标准，部分省市的最低工资标准达到当地在岗职工月平均工资的40%，全国所有省份按照《最低工资规定要求》，制定或提高非全日制小时最低工资标准。相较之前，这是实行最低工资标准制度后调整幅度最高、范围最大的一年。②

中国工会十五大后，各级工会不断完善与同级政府联席会议制度，积极与党政机关密切联系，多渠道参与政策制定，维护职工合法权益。全国总工会先后参加了有关深化医药卫生体制改革配套文件、国家收入分配制度改革、发展家庭服务业促进就业等重要民生政策的制定和修改，在《工资条例》《建立和完善企业职工工资正常增长机制指导意见》《农民工培训指导意见》《发展家庭服务业的指导意见》《人力资源市场条例》《对外劳务合作管理条例》等规章与政策的制定修改中，发出工会声音，彰显职工

---

① 中华全国总工会编：《中国工会年鉴（2007）》，《中国工会年鉴》编辑部2007年版，第70页。

② 中华全国总工会编：《中国工会年鉴（2007）》，《中国工会年鉴》编辑部2007年版，第70页。

群众意愿。

从 2008 年至 2011 年，全国总工会多次参与国家社会保险改革；参加地方医改领导工作机构和实施方案研究制定；推动关闭破产企业退休人员和困难企业职工全部纳入医疗保障政策的落实；深入研究工会参与社会保险基金监督的方式，推动国家建立社会保险监督委员会，进一步参与《城镇职工基本养老保险个人账户投资管理办法》的制定，从源头上维护职工合法权益，将职工的合理要求和工会的意见建议体现到法律法规和各项政策中去。

各地在加强工会与党政联席会议等工作时，呈现出显著特点。一是加强党政领导对联席会议制度的重视和领导，多地专门指定分管领导负责这一工作。二是加强联席会议的组织建设，印发相关政策，保障联席会议常态化有序开展。三是重视市、县（区）政府与同级工会联席会议制度建设，搭建起纵向立体的联席会议体制。四是不断开拓与政协等多部门的联席会议体系建设，搭建横向全面的联席体系。五是在联席会议的议题方面，立足国家中心工作，重视与职工、工会相关议题的提出与讨论。六是积极发挥协商民主方针，通过推进政府与工会协商民主，实现政府决策科学化的同时，从源头参与保障职工权益。

### （三）加强工会法律监督组织建设和制度化改革，深化工会法律监督工作

各级工会组织不断加强法律监督组织建设与改革，不断健全工会劳动保护监督检查三级网络体系，扩大工会法律监督工作的范围，提升各级工会劳动法律监督组织和劳动保障法律监督员的数量，积极开展法律监督工作，加强监督检查力度，维护法律权威。各级工会独立或会同政府部门就专门问题展开调查和专项执法检查。尤其是在一些重大伤亡事故或严重侵害劳动者和工会合法权益的重大案件中，全国总工会展开积极调查，各级工会积极

参与，向有关机构提出工会的处理意见和建议，维护了职工群众的合法权益。

2002 年至 2005 年，在全国各级工会的重视和努力下，各级工会劳动法律监督组织从 15.5 万个增加到 17.9 万个，劳动法律监督员从 30 多万名增加到 54.5 万名，由政府聘用的劳动监督员从 3800 余人增加到 20281 人，工会劳动法律监督体制得到了快速发展。2007 年山西“黑砖窑事件”曝光后，全国总工会立即组成工作组，赴山西调查有关情况，同地方工会一道敦促有关部门对侵害农民工权益的情况进行监督检查，并撰写了关于山西“黑砖窑”案件的报告，得到有关方面高度评价。在国务院常务会上，全国总工会建议在全国范围内开展一次清理非法用工的执法检查，该意见得到了国务院的采纳。

2009 年，全国总工会配合全国人大常委会开展了《工会法》的执法检查。全国总工会首先就《工会法》执法检查的重点内容起草了《全国人大常委会工会法执法检查纲要》，此后又下发通知，要求各级工会配合全国人大开展检查工作，并作出详细部署。全国总工会还专门召集全国受检查的 13 个省的企管主席和法律工作部部长参加动员大会。2009 年 10 月 10 日，在全国人大常委会召开的《工会法》执法检查组第二次全体会议上，对全国人大常委会执法检查组《关于检查〈中华人民共和国工会法〉实施情况的报告》提出了意见和建议。如 2011 年 11 月，西安市未央区人民法院在处理一起商业纠纷案件时，错误地从企业工会法人账户上强制划拨工会经费、帮扶资金 88 万元。全国总工会知悉此消息后，迅速与西安市中级人民法院协调，说明情况和最高人民法院的司法解释，请他们纠正错误执行裁定。经全国总工会数次督促，陕西省、西安市两级总工会多次协调、沟通，最终纠正了法院的错误执行，成功退还了 88 万元工会经费。

各地工会也立足实际，积极探索深化工会法律监督工作。哈

尔滨市总工会立足劳动者处于弱势地位、难以与企业实现真正平等的情况，将加强工会劳动法律监督与政府劳动监察相结合，作为提高工会维权能力的重要着力点。一是经与劳动和社会保障局多次研究协调，联合制定发布了《哈尔滨市工会劳动法律监督与政府劳动行政监察协作办法》《哈尔滨市聘用劳动管理协察员试行办法》等文件，从政策上加以规范引导。二是与劳动和社会保障局联合举办劳动管理协察员培训班，建立联合监督执法的体系。三是建立有效的工作机制和制度。如劳动法律监督监察工作例会制度，定期研究劳动法律监督问题和解决措施，共同依法开展劳动法律监督检查、信息通报和反馈制度，日常处理处罚的合作及反馈制度，重大联合会商处理制度等。通过劳动部门的大力支持，使工会劳动法律监督工作落到实处。[①] 三方面有机结合，强化了工会法律监督职能及其落实，维护了职工合法权益，促进了社会稳定。

### （四）发展完善劳动争议调解组织，增强劳动争议处理制度性建设

为了适应21世纪社会发展需要，中国工会积极探索创新推进劳动争议处理制度，开拓劳动争议处理新方式、新路径。全国总工会强调深入推进劳动争议调解组织的建设，加强调解队伍建设，深入基层开展调解工作。各级工会不断加强劳动争议处理制度性建设，注重劳动争议调解组织的建立健全，不断扩大基层调解组织，广泛参与劳动争议案件的处理工作，推动和谐劳动关系的建立。各级工会重视基层调解人员的培养，多次开展相关组织培训、资格培训，不断扩大调解员队伍，为依法维护职工合法权益提供

---

① 郭强，王娇萍：《哈尔滨做强工会劳动法律监督》，《工人日报》2005年9月20日第5版。

队伍支持。在各级工会的努力下，许多劳动争议通过调解制度得到妥善处理，广大职工群众的合法权益得到保护，对维护社会稳定产生了积极影响。

2003年至2005年，全国劳动争议调解组织得到快速发展。截至2005年，全国建立劳动争议调解组织239433个，其中区域性、行业性劳动争议调解组织8891个，企业劳动争议调解委员会230542个；劳动争议调解组织受理劳动争议258230件，其中区域性、行业性劳动争议调解组织受理64944件，调解成功51426件，调解成功率达79%。全国有5572名工会干部取得劳动争议仲裁员资格证书，3775名工会干部被各级劳动争议仲裁委员会聘为劳动仲裁员，相比2004年增加1117人，增长5.1%；工会劳动仲裁员参与处理案件2.2万件，占劳动仲裁委员会受理案件总数的5.7%。

全国总工会积极推动这些调解组织开展劳动调解经验交流活动。2004年，全国总工会在浙江宁波召开全国工会劳动争议调解工作现场会，各省、自治区、直辖市总工会70余名代表参加会议。劳动和社会保障部、中国企业家协会（中国企业联合会）也应邀参加了会议。会议期间，代表们听取了不同地区和行业的经验介绍，实地考察当地劳动争议调解工作开展情况，并讨论了《关于进一步加强劳动争议调解工作的意见》（代拟稿）。通过交流会，各级工会充分认识到新形势下加强劳动争议调解工作的重要性、紧迫性，采取有效措施，切实加强劳动争议调解工作。

各级工会积极采取措施，不断推进劳动争议调解组织的新发展。如在北京市总工会大力推动下，2009年6月由北京市总工会、人社局和司法局组成的劳动争议调解三方联动机制建立。2010年，北京市信访办、市高级人民法院和市企业联合会加入联动机制，从而形成六方联动。联动各方以调解优先为原则，明确职责分工，合力推动劳动争议调解工作，形成资源共享、工作联

动、优势互补、相互配合的工作格局。北京市总工会还积极加强劳动争议调解组织建设，在全市16个区县和经济开发区建立劳动争议调解中心实体，建立服务、交通运输、建筑、工业（国防）四个产业系统的劳动争议调解中心。在全市251个街道和乡镇建立劳动争议调解委员会，建立区所辖企业调解组织6718个，职工百人以上的企业建立调解委员会5114家，形成横向到边、纵向到底的全覆盖劳动争议调解和劳动法律监督网络体系，极大地增强了劳动争议调解的实效性。①

截至2010年，全国建立的各类劳动争议调解组织增加到533500个，受理劳动争议案件增加到393468件，调解成功案件增加到175416件。相比2004年，组织数量增加了161.65%，受理案件增加了61%，调解成功率提高了221.65%。组织数量增长幅度与劳动争议案件调解成功率均高于争议案件受理率，体现出各级劳动争议调解组织的工作成效。为加强调解队伍人员建设，全国总工会还多次举办了劳动争议调解仲裁人员培训班。2008年至2010年间，全国总工会先后举办了全国工会劳动争议调解仲裁法师资培训班，《劳动合同法》《劳动争议调解仲裁法》培训班，全国工会劳动争议调解员、兼职仲裁员资格培训班等，数百名调解员得到专业培训，取得相应资格，极大地推动了调解员队伍建设。

各地在实践过程中也形成了一些有效做法。一是在劳动人事争议调解工作中不断加大组织建设与制度完善，特别是推动建立乡镇、街道调解网络，重点建立区、乡镇劳动争议联合调解组织，大力推动企业建立劳动争议调解组织，发挥人民调解作用。二是在调解工作中，不断整合资源，形成联动机制。如浙江省创建的

① 中华全国总工会编：《中国工会年鉴（2012）》，《中国工会年鉴》编辑部2012年版，第614页。

“劳动纠纷调解中心”将行政调解、人民调解、仲裁调解、司法调解和工会劳动争议调解等各方资源进行整合。三是在调解工作理论与实务方面，不断增强对调解员进行法律专业方面的教育与培训，选聘退休法官、律师等加入调解队伍，不断增强力量。四是加强协调，在“调、裁、诉”的衔接方面不断开展工作，提高调解协议的权威及执行力。①

## （五）工会法律援助工作取得新进展

各级工会深入加强法律援助工作，法律援助组织不断增加，推动法律援助人才队伍建设，有效地帮助广大职工依法开展维权活动。法律援助组织从咨询、指导、代理等多元化渠道，帮助广大职工开展维权工作，取得了良好的效果和社会影响，得到了党中央和广大职工群众的认可。各级工会积极借助社会法律资源，组建法律援助中心、职工法律援助律师团等机构，构建职工法律援助网络建设，丰富和创新维权载体。特别是在法律援助方面，打破地域界限的城际法律援助工作也开始发展。如立足进城务工人员特点，除了开展“农民工专项法律援助”等系列活动，各地工会还积极打破地域界限，开展城际间职工法律援助。2004 年 1 月，石家庄、成都、福州、温州四城市总工会在国内率先签订《城际间工会法律援助合作协议》。作为国内第一个工会组织签订的跨地域维护进城务工人员权益的协议书，其包含了提供法律咨询和非诉调解，为经济困难人员提供代书和代理服务，为务工人员加入当地工会提供法律援助等内容。②

2003 年至 2005 年，全国法律援助机构数量分别为 2393 个、

---

① 中华全国总工会编：《中国工会年鉴（2011）》，《中国工会年鉴》编辑部 2011 年版，第 457 页。

② 耿建扩，蔺玉堂，李东顺：《石家庄、成都、福州、温州四城市工会联手维护打工者权益》，《光明日报》2004 年 1 月 15 日。

2990 个、3856 个；工作人员数量分别为 6048 人、9976 人、11059 人；处理案件数量分别为 31778 件、39879 件、30755 件。工会法律援助工作有力地促进了工会维权工作的开展，发挥了对职工群体特别是困难群体的组织保障作用，推动了劳动关系和谐稳定。如四川省总工会从 1998 年建立职工法律援助中心后，到 2004 年，除了建立覆盖全省所有市、州、县职工法律援助机构体系，还在部分省产业（局）和高校工会建立相应机构，搭建起具有工会特色的法律援助组织网络体系。各级职工法律援助机构先后免费为职工和工会组织提供法律咨询 35 万次，参与大量诉讼和非诉讼案件的处理，涉及职工 8 万多名。① 四川省总工会职工法律援助中心还荣获了 2004 年司法部授予的“全国法律援助先进集体”称号，是全国工会系统中唯一获此称号的先进单位。

2005 年，为加强工会法律援助制度创新，全国总工会与司法部积极沟通协商，提出了在工会系统开展公职律师试点工作的建议，制定了全国工会系统公职律师试点工作方案，接待并处理了大量工会干部和职工的法律咨询。2006 年 5 月，全国总工会下发《关于进一步做好工会法律援助工作的意见》，以加强各级工会的法律援助工作。2006 年，全国工会系统公职律师试点工作正式启动。全国总工会根据司法部《关于开展公职律师试点工作的意见》《关于同意中华全国总工会开展公职律师试点工作的函》，先后制定并发布了《工会公职律师试点工作方案》《工会公职律师管理办法（试行）》，以指导各级工会具体贯彻落实该工作。同年 8 月，全国总工会和司法部为第一批获得公职律师执业证书的人员举行执业证书颁发仪式，颁发证书，授予全国工会系统 669 名从业人员公职律师资格。全国总工会还在 2007—2008 年先后两

① 高柱，雷远龙，张莹：《四川工会法律援助网覆盖巴山蜀水》，《工人日报》2004 年 9 月 21 日。

次在中国劳动关系学院举办工会公职律师培训班，对具有工会公职律师资格的工作者进行了《工会法》《劳动法》《劳动合同法》等法律法规的培训。

在中国工会十五大之后，各级工会在继续加强法律援助工作时，除了进一步建立健全法律援助组织机构、推动法律援助政策不断完善、法律援助机构和人员不断发展外，特别对法律援助制度进行了创新改革。各级工会积极参与社会矛盾纠纷“大调解”体系建设，有力提升法律援助的实际成效，从而推动职工群众合法权益通过法律途径得到有效维护。如上海市工会在 2009 年进一步加强创新，探索形成了与司法、律师协会进行三方合作的机制。一方面通过三方合作，促进普法工作开展，提高工会干部法律素养。如与司法部门配合推进“五五”法制宣传教育进基层、进车间、进班组、进园（社）区活动，提高劳动者法律素养。另一方面，重视提升法律援助效果，通过与人民调解组织联手，提高基层劳动争议调解能力。同时，上海市工会组织与司法、律师协会定期研讨，共同分析劳动关系新特点、新趋势，与律师协会资源互补，共同提升工会干部的法律素养和专职律师的司法实践能力。①

2011 年，全国总工会通过积极参与社会矛盾纠纷“大调解”体系建设，组织开展了工会法律援助机制建设情况的调研，起草了调研报告，并提交至中央办公厅；建立健全职工法律援助等维权服务长效机制，下发《中华全国总工会关于建立健全职工法律援助等维权服务长效机制的意见》；推广宣传了全国地方工会组织在完善法律援助工作方面的优秀典型经验；召开了全国工会参与社会管理、做好职工法律援助等维权服务工作经验交流会；开

① 张路：《上海：三方联手打造职工法律援助平台》，《工人日报》2009 年 5 月 18 日第 2 版。

展了全国工会职工法律援助等维权服务示范单位申报活动。

2012年3月，全国总工会印发《中华全国总工会2012—2014年推进职工法律援助工作规划》，明确提出了职工法律援助工作机构、人员队伍、工作制度、工作覆盖面、保障能力三年目标任务和主要措施，以推动各地建立健全职工法律援助等维权服务工作长效机制，切实维护职工合法权益，促进和谐劳动关系建设。截至2012年，全国各级工会建立的法律援助机构达到23653个，法律援助工作人员5.7万人，受理案件81072件，结案58412件。仅2012年，通过法律援助途径，各级工会就为职工挽回经济损失11.22亿元。

# 第十七章

# 工会港澳台工作及国际交流

进入21世纪，中国工会积极贯彻党中央对台工作和港澳工作的决策部署，开展各项工作，通过创办海峡职工论坛等品牌交流活动，不断增强与港澳台地区工会交流合作的机制建设与活动开展，有力地加强了工会港澳台工作。同时，基于这一时期政治多元化、经济自由化等特点，立足经济全球化背景以及中国加入世贸组织等新变化，中国工会工作也处在新的国际政治经济环境中，同时还要应对国际劳工标准、企业社会责任标准等对中国经济社会发展的影响。中国工会外事工作的开展，也在这一大局中把握重点，使工会工作更好地服务于国家中心工作及总体外交。在不断开放变化的经济社会环境中，中国工会继续采取“独立自治、广泛联系”的基本方针，贯彻工会外事工作服务国家总体外交及工会全局工作的理念，不断加强与各国工会组织、区域和国际工会组织的交流交往，开展各项工作。中国工会外事工作不断与时俱进，开拓创新，推动21世纪工会国际工作的全面发展，因势利导，趋利避害，在不断推动国际工运新秩序形成的同时，更好地为国家经济建设、总体外交和工会全局工作服务。

## 一、不断加强与港澳台工会的交流合作

进入21世纪以来，中国工会积极贯彻落实党中央对台工作和

港澳工作的决策部署，不断推进工会港澳台工作的开展，发挥自身优势，加强与港澳台工会组织、劳动团体的交流合作。2002年，国际海事组织（IMO）规定，只有IMO成员国且资质被认定合格的国家主管部门所颁发的船员适任证书和培训证书才可被视为有效证书，中国台湾海员将不得再凭台湾省所颁发的船员相关证书前往任何国际港口。为帮助中国台湾海员，中国海员建设工会与全国总工会台湾事务办公室共同努力，主动争取交通部、国家海事局支持，在2002年3月促成了台湾船员来大陆培训、考试、取证办法的出台，并约定由广东海事局在接受中国海员工会的委托后，具体负责承担台湾海员工会推荐的台湾海员履约培训。这一措施受到台湾海员的极大好评，增强了台湾海员对祖国的认同感。至2003年1月17日，已有10批共260名台湾海员参加培训，并获得中华人民共和国海事局颁发的海员适任证书。①

2005年，为了贯彻落实中央书记处关于工会对外工作的重要指示精神，全国总工会召开了全国工会对外暨台港澳工作会议；在抗战胜利60周年之际，组织开展了“两岸四地”大型活动，加强与港澳台工会和劳动界的团结。2006年9月，全国总工会在北京举办了首次“海峡两岸工会论坛”，台湾省方面26个主要工会和团体的105名工会干部应邀出席。论坛围绕“和平、发展、工人权益”主题，两岸工会干部共160余人汇聚一堂进行深入交流，通过了以共同致力于维护两岸关系和平稳定发展和两岸职工合法权益为主要内容的《海峡两岸工会论坛共识》。论坛的举行为两岸工会交流搭建了新平台。2007年，全国总工会首次与福建省人民政府等单位在福州共同举办第五届中国·福建项目成果交易会。“第二届海峡两岸职工创新成果展”作为交易会重要组成

① 中华全国总工会编：《中国工会年鉴（2003）》，《中国工会年鉴》编辑部2003年版，第97页。

部分，展出了144个职工发明项目，其中有44个来自中国台湾、香港。

中国工会十五大后，各级工会不断加强与港澳台工会界与劳动界的交流活动。2008年，内地（祖国大陆）工会积极与港澳台爱国工会组织及劳动团体开展友好合作，如积极开展支持台湾工会与劳动界反对“入联公投”工作，并妥善地应对了台湾地区领导人选举。2008年5月1日举行的“向祖国报告”——2008年庆祝“五一”国际劳动节文艺晚会邀请香港、澳门工会“五一”代表团成员一起观看。特别是在2008年四川汶川地震发生后，港澳台工会组织及劳动界团体纷纷致电全国总工会并捐款捐物，支援灾区。如台湾电力工会、台湾加工出口区产业工会联合会、台湾石油工会、台湾邮政工会、台湾华航工会、台湾营造业工会、台湾铁路工会等台湾地区诸多工会组织致电全国总工会，表达对地震灾区民众的关怀问候。台湾总工会理事长在电文中表示“谨代表台湾劳工表达最高慰问与祝愿”；邮政工会电函表示“企盼受灾户得以渡过难关，早日远离伤痛，重建家园”。一些台湾工会组织也积极组织动员职工向灾区捐款捐物。地震发生时，正在北京访问的台湾不动产服务工会负责人梁淑娟捐款1万元人民币，委托全国总工会转交汶川地震灾区职工。[①] 在团结动员职工开展抗灾救灾工作中，中国职工交流中心收到了港澳台工会组织捐款5541622.72元。[②] 中国职工交流中心也积极组织接待港澳台工会来访团，同时组织安排前往港澳台地区的出访工作。从2008年开始，全国总工会举办海峡两岸工会论坛，促进两岸工会交流与合作。“2008年海峡两岸工会论坛”于2008年11月在海南博鳌举

① 《台湾工会慰问汶川地震灾区人民和职工》，《工人日报》2008年5月17日第2版。

② 中华全国总工会编：《中国工会年鉴（2009）》，《中国工会年鉴》编辑部2009年版，第332页。

行，论题主题为“通邮、通航、通商与工会作用”，170多名来自海峡两岸工会和劳动界的代表参与研讨。全国总工会及海南省委领导出席开幕式并致词，中国国民党中央常务委员、台湾劳工联盟总会理事长等出席开幕式并致词。论坛的开展有益地促进了两岸的交流与合作，标志着两岸工会和劳动界的交流与合作进入新的发展阶段。

2009年，根据党中央对台工作和港澳工作的决策部署，全国总工会召开全国工会港澳台工作会议，进一步推进工会港澳台工作。工会组织积极学习贯彻胡锦涛在纪念《告台湾同胞书》发表30周年座谈会上的重要讲话，团结动员广大职工和工会干部为推进两岸关系和平发展、促进祖国和平统一进程献计出力。2009年，全国总工会与澳门工会联合会共同在北京举办了“京澳两地职工书画摄影作品联展”，庆祝澳门回归祖国十周年。“2009海峡两岸工会论坛”顺利举办，论坛主题为“国际金融危机与工会作用”。2010年4月，海峡两岸工会论坛首次在台湾高雄举行，“2010海峡职工论坛”的主题为“两岸经济合作与工会作用”，来自海峡两岸工会和劳动界的400多位代表汇聚一堂。“2011海峡两岸工会论坛”中，来自海峡两岸工会和劳动界的350多位代表，围绕“ECFA时期的工会作用：组建工会和促进就业”的主题，展开了交流研讨。2012年举办的“2012海峡两岸工会论坛”中，围绕“深化ECFA时期工会交流，推动构建和谐劳动关系”的主题，海峡两岸工会和劳动界的360余位代表开展了热烈交流。“海峡两岸工会论坛”的影响越来越大，成为两岸工会和劳动界加深了解的渠道、谋划合作的机制、增进友谊的平台，有力地促进了两岸工会及劳动界的交流与合作，也进一步推动了两岸关系和平发展。

同时，其他交流活动也积极开展。2009年，由全国总工会主办、福建省总工会承办的第四届海峡两岸职工创新成果展于6月

份在福建福州金山展览城举办，吸引了4万多人次光临展区、洽谈咨询。2010年6月，由全国总工会中国职工交流中心主办、福建省总工会承办的“2010海峡职工论坛”在厦门举行。论题主题为“两岸经济合作与职工交流”，来自海峡两岸工会界和劳工界的200多名代表进行交流探讨。2010年6月18日，“第五届海峡两岸职工创新成果展”举行，展出了15个省市工会及中国香港、台湾地区的195个项目，其中72个项目实现对接，签约合作金额达到16.77亿元。2012年举办的“第七届海峡两岸职工创新成果展”，以“小产品大市场、小发明大智慧、小创造大理想”为参展理念，征集的职工创新成果项目中来自中国台湾的有30个、香港的有5个。2012年举行的“2012海峡职工论坛”以“加强技术培训，造福两岸职工”为主题，两岸工会界和劳动界代表200多人出席会议；论坛还举办了“两岸职工技能展示”，组织两岸近百名一线职工代表共同进行数控技能展示。

## 二、中国工会对外活动的基本方针政策

在新的国内外形势下，中国工会外交工作的具体任务与目标进一步明确。2002年，全国工会国际会议召开，会议立足国际工会运动形势，提出继续发挥工会民间外交作用，在工会外事工作中要突出工会重点工作，特别是要努力熟悉国际劳工标准、积极参与国际劳工事务，加大对外宣传工作力度，在广泛联系中重点开展同周边友好发展中国家工会的工作，以及用“交往”和“斗争”对待西方工会“接触”和“演变”的政策，稳步改善和发展与西方国家工会的关系。2004年，针对工会国际工作，全国总工会明确要坚持中国工会性质，在国际工会运动中树立起与中国发展水平相符的中国工会形象，扩大中国工会国际影响，服务国家总体外交工作、服务国内工会工作、服务经济建设大局、服务国

家统一大局。

2003 年，中国工会十四大对工会外事工作提出新的要求，要“大力开展交流与合作，积极参加国际劳工组织等多边国际活动，努力增进与各国工人和人民之间的了解与友谊，不断扩大中国工会的国际影响，共同致力于推动形成公正合理的国际工会运动新秩序，为推进世界的和平、发展和维护工人权益的进步事业，作出不懈的努力”。[①] 2008 年，为了应对更加开放的外部环境，进一步扩大中国工会的国际影响，中国工会十五大对工会外交工作进一步提出“继续奉行独立自主、互相尊重、求同存异、加强合作、增进友谊的工会对外方针，加强同各国工会、区域工会、国际工会组织的交往与合作。继续办好‘经济全球化与工会’国家论坛，加强对话与沟通，扩大工会对外宣传，为推动发展相互尊重、平等交流、友好合作、民主团结的国际工会关系作贡献”。

在这一时期国际工会运动中，西方工会的话语权依然很大，这使得以中国为代表的发展中国家工会需更加努力维护本国及本国工人的权益。同时，西方工会中很多人，包括领导人物，对中国工会的客观了解知之甚少。中国加入 WTO 后，对外开放程度不断加深，在这一过程中，工人权益等相关问题也进一步显现。因此，中国工会秉持国际工运应该丰富多彩的思路，在维护和平、发展、合作、工人权益的旗帜下，在遵循“独立自主、完全平等、互相尊重、互不干涉内部事务”基本原则的基础上，与各个国家及各个国际工会组织建立和发展关系。中国工会坚持“国际工运应充分反映各国在经济发展、社会进步和文化传统等领域呈现出的多样性和独立性，努力扩大包容性、民主性，积极反映不同的利益诉求与呼声，促进国家工运民主和谐、共赢发展，为推

① 王兆国：《以“三个代表”重要思想为指导 团结动员广大职工在全面建设小康社会中充分发挥工人阶级主力军作用——在中国工会第十四次全国代表大会上的报告》（2003 年 9 月 22 日），《工人日报》2003 年 9 月 28 日第 1 版。

动建设持久和平、共同繁荣的和谐世界而努力”。

中国工会积极主动应对新的局势，发挥工会民间外交特点与优势，一方面研究和借鉴西方工会运动中适合中国国情的较为成熟的工作经验，不断开拓中国工会的国际活动空间，扩大中国影响，更好地发出中国工会声音，增信释疑，展示中国工会形象，让世界看到中国的发展变化。另一方面，中国工会还积极站上国际舞台，不断加强与国际劳工组织等机构的合作，参与到事关国际工人的相关规则的制定工作中，积极与多个国家工会组织开展交流，扩大对话，争取支持，加强合作，在国际工运中展示中国工会形象。在“走出去”和“请进来”的过程中，中国工会形象得到充分展示，扩大了中国影响，有力服务了国家中心工作。

## 三、与主要大国工会组织关系的稳步改善与发展

### （一）中国工会与美国工会交往新进展

进入21世纪以来，中美两国工会组织的交往有了新的进展。2002年，美国劳联 产联下属亚太劳工联盟访问中国。同年9月，应全国总工会邀请，美国劳联-产联副主席、美国服务雇员工会主席安迪·斯特恩率美国工会代表团一行访问中国。尉健行在北京会见了美国工会代表团，介绍了中国的政治经济形势，强调中国工会愿意在“独立自主、完全平等、互相尊重、互不干涉内部事务”的原则基础上发展与各国工会包括美国工会的关系。斯特恩表示，希望探讨建立美国工会和中国工会关系的可能性，表达了发展两国工会关系的愿望，并邀请中国工会派代表团访问美国。美国工会代表团还拜会了中国卫生部，参观了北京育才学校、天坛医院；与上海市总工会进行了交流，参观了上海通用汽车公司。

2003年8月，应美国服务雇员工会和加州大学洛杉矶分校劳

工研究中心的联合邀请，中国科教文卫体工会主席一行的中国工会代表团访问美国。访美期间，中国工会代表团参加了由洛杉矶劳工中心举办的中美劳动关系研讨会，介绍了中国工会的基本情况和中国劳动关系的现状；参加了美国亚太劳工联盟第七次全国代表大会并向大会致贺词；与美国服务雇员工会、劳工联盟等工会领导人进行了会谈，探讨两国工会交流与合作的可能性，并就两国工会关系的前景及存在的问题交换了意见；在纽约先后拜会了皇后学院劳工教育中心、服务工会纽约分会和美国服装纺织联合工会纽约分会，与美国地方和基层工会的管理人员进行了接触。这是 1985 年后中国工会第一次应美国产业工会邀请，正式派代表团出访美国。中美两国工会实现互访，起到了增信释疑、增进了解、扩大共识的积极效果，具有重要突破意义。

特别是在 2005 年，美国工会领域发生巨大变化，劳联-产联内部的美国服务雇员工会、美国卡车司机工会、美国食品工会等七家工会脱离劳联-产联，组建了变革谋胜利工会联合会。2005 年，变革谋胜利工会联合会主席随斯特恩带领的美国工会代表团访华。2007 年 5 月，美国变革谋胜利工会联合会主席安娜·博格带领代表团正式访华。中共中央政治局常委、全国政协主席贾庆林及中共中央政治局委员、全国总工会主席王兆国会见美国变革谋胜利工会联合会主席安娜·博格。同年，应美国变革谋胜利工会联合会邀请，中国工会代表徐德明访问美国。2008 年 8 月，王兆国会见美国服务雇员工会主席斯特恩。

2009 年 8 月，美国变革谋胜利工会联合会主席安娜·博格率团第二次访华，王兆国会见安娜·博格。在这次访华中，双方就两国工会交流与合作进行了协商，达成共识，签署了《中华全国总工会与美国变革谋胜利工会联合会交流与合作备忘录》。这一交流也受到党和国家领导人充分肯定。2011 年 6 月，中国工会代表团访问美国。2011 年 9 月，王兆国会见美国变革谋胜利工会联

合会主席汉森。中国与美国工会的交流往来工作不断深化。

### （二）中国工会与欧盟国家工会交流的新拓展

中国与欧盟国家工会组织的往来不断增多。

中国工会与英国工会增进理解。2004 年 4 月，全国总工会领导人访问英国职工大会。同年，王兆国会见英国职工大会总书记巴伯。2004 年 10 月，英国职工大会总书记正式访问中华全国总工会。2005 年，全国总工会领导回访英国职工大会。2007 年 11 月，王兆国再次会见了英国职工大会总书记巴伯。2008 年 5 月，应英国职工大会的邀请，中国工会代表访问英国。2009 年 6 月，应英国职工大会的邀请，全国总工会领导访问英国。

中国工会与德国工会交流规模不断增大。全国总工会领导多次访问德国工会联合会。2004 年 5 月，德国工会联合会主席访华。2008 年 5 月，应德国五金工会的邀请，中国工会代表访问德国。2009 年 8 月，王兆国会见德国工会联合会主席麦克·佐默尔。2009 年，应德国工会联合会邀请，中国工会代表访问了德国。2010 年，中国工会代表团赴德国参加德工会联合会第十九次全国代表大会。2012 年，中国工会代表团访问德国。中国工会与德国工会联合会的合作深入开展，两国工会关系不断提升。

中国工会与欧盟其他国家工会的交往也有了突破和发展。2002 年，应法国总工会、瑞士冶金钟表工会、德国艾伯特基金会邀请，中国工会代表团分别访问了法国、瑞士、德国。2002 年，中国工会与挪威工会合作，出版了《挪威的工会工作》（中文版）。2002 年 12 月，应意大利劳工联盟邀请，中国工会代表团访问意大利。2002 年 10 月 ，尉健行会见卢森堡总工会主席约翰·加斯特涅罗。2003 年 9 月，应匈牙利工会联合会邀请，中国工会代表团访问匈牙利。2003 年 12 月，应挪威全国总工会邀请，中国工会代表团访问挪威。2003 年，中国工会代表团前往荷兰和

瑞典进行考察访问。2004 年，应罗马尼亚自由博爱工会联合会邀请，中国工会代表赴布加勒斯特出席了罗马尼亚博爱工会联合会第五次代表大会。

2005 年，应挪威总工会和丹麦总工会的邀请，中国工会代表团访问挪威和丹麦。2005 年，应奥地利总工会邀请，中国工会代表团访问奥地利。2006 年 5 月，应保加利亚和匈牙利独立工联的邀请，中国工会代表访问保加利亚和匈牙利。2006 年，应葡萄牙工人总工会、西班牙工人总联盟邀请，中国工会代表访问葡萄牙、西班牙。2006 年 5 月，应希腊劳工联合会和马耳他工人总工会的邀请，中国工会代表访问希腊和马耳他。同年，应塞尔维亚工会联合会和黑山工会联合会的邀请，中国工会代表访问塞尔维亚和黑山。2006 年 9 月，应塞浦路斯劳动者联合会的邀请，中国工会代表访问塞浦路斯。2007 年 6 月，应罗马尼亚工会集团、波兰工会全国协议会、匈牙利全国工会联合会的邀请，中国工会代表访问罗马尼亚、波兰和匈牙利。2008 年 5 月，应挪威工会联合会邀请，中国工会代表访问挪威。2008 年 4 月，王兆国会见芬兰中央工会主席。2008 年 5 月，应卢森堡独立工会联合会邀请，中国工会代表访问卢森堡。2011 年，中国工会代表团访问波兰、比利时等国家。2011 年，王兆国先后会见卢森堡独立工会联合会主席雷丁、比利时天主教工会联合会主席吕克 · 科特贝克。

### （三）中国工会与日本工会交往的深入

2002 年 2 月底 3 月初，应日本日中技能者交流中心邀请，全国总工会领导率中国职工对外交流中心代表团访问日本。2002 年 3 月，尉健行先后会见日本日中技能者交流中心理事长槙枝元文、日本工会总联合会顾问鹫尾悦也。应日本工会总联合会邀请，当年 4 月，中国工会代表团访问日本，6 月，中国工会老干部代表团访问日本。特别是为了纪念中日邦交正常化 30 周年，中日两国

工会开展了一系列活动。全国总工会与日本工会总联合会举办了三项大型群众性活动：一是中国工会首次组派了由 126 名劳动模范及优秀工会干部组成的大型代表团访问日本；二是来自中国 22 个省、自治区、直辖市总工会的 300 名代表与日本 29 个都道府县工会组织的 378 名代表共同来北京参加了中日友好城市工会联谊活动；三是在北京举办了中日产业工会交流大会。这些活动规模大、形式活、效果好，受到中日双方工人群众喜爱，大大增进了两国工人和人民之间的友谊。上海、江苏、湖北、河北、广西等地总工会都分别与日本相应的友好城市工会共同举办了纪念研讨活动，使这项纪念活动的影响更加广泛。2002 年 9 月 1 日，尉健行会见来华出席纪念中日邦交正常化 30 周年暨中日友好城市工会联谊活动的日本工会总联合会事务局长草野忠义以及 29 个都道府县工会联合会和其他劳动团体的代表。9 月 16 日，尉健行会见出席纪念中日邦交正常化 30 周年暨中日产业工会交流活动的日本工会总联合会会长世森清及日本九个产业工会的代表。

2003 年，中日确定“工会主动参与改善中小企业劳动安全卫生状况培训班”三年培训项目。2003 年 12 月，应日本全国工会总联合会邀请，中国工会代表团访问日本。2004 年，中国工会与日本教职员工会在北京、东京举办了两次关于历史教科书问题的讨论。2005 年，为纪念中国人民抗日战争胜利 60 周年，中国工会与日本工会共同举办了一系列纪念活动。4 月，应日本工会总联合会的邀请，中国工会代表团访问日本。8 月，中国工会与日本教职员工会在南京召开中日教师历史教育经验交流会。随后中国工会邀请日本兵库县日中友好教育文化交流代表团来华访问，在上海召开中日教师和平教育交流研讨会，在北京召开中日工会和平教育座谈会，并参观了抗日战争纪念馆。9 月，应日本全国工会总联合会的邀请，中国工会代表率团访问日本。

2006 年 5 月，中国工会邀请日本钢铁劳联组织 140 多名日本

青年工人访华，并与首都钢铁公司青年工人进行了交流。同年，王兆国先后会见日本工会总联合会会长高木刚、日本日中技能者交流中心理事长槙枝元文、日本富士通工会“青春之船”访问团干部。2007 年 10 月，应日本工会总联合会的邀请，中国工会代表出席日本联合会第十次代表大会，随后又应日本工会总联合会邀请访问日本。2008 年 3 月，应日本工会总联合会的邀请，中国工会代表对日本进行工作访问。2009 年 10 月，应日本工会总联合会的邀请，中国工会代表出席了日本工会总联合会第十一次代表大会并检查工会赴日研修生工作。同年，王兆国会见日本工会总联合会会长高木刚。2011 年，中国工会代表团访问日本，出席日本工会总联合会第十二次代表大会。中国工会代表团赴日本出席全国总工会与日本国际劳动财团共同举办的中日劳动关系研讨会。

### （四）中国工会与俄罗斯及西方其他发达国家工会的交流往来

2004 年 10 月，王兆国会见俄罗斯独立工会联合会主席什玛科夫。2005 年 5 月，应俄罗斯独立工会联合会邀请，中国工会代表团访问了俄罗斯。2012 年，中国工会代表团访问俄罗斯。

中国工会与其他西方发达国家工会的交流方面也有进展。如 2005 年 4 月，新西兰工会理事会主席罗斯・威尔逊率团访华。2006 年 9 月，应澳大利亚建筑、林业、煤矿、能源工会和新西兰工会理事会的邀请，中国工会代表团访问澳大利亚和新西兰。2012 年，中国工会代表团再次访问澳大利亚和新西兰。

## 四、与周边国家工会的友好交流

21 世纪以来，中国工会与周边国家工会的往来不断丰富，关系不断增强。2002 年，应朝鲜职业总同盟邀请，中国工会代表团

访问朝鲜。2004 年 8 月，王兆国会见了朝鲜职业总同盟委员长廉淳吉。2005 年，应朝鲜职业总同盟邀请，中国工会代表率团再次访问朝鲜。2007 年，中国工会代表第三次访问朝鲜。2003 年 11 月，中国工会“爱心天交流团”访问韩国。访韩期间，代表团拜会了 LG 电子总部和韩国劳动组合总联盟，参观了汉城大学附属医院和 LG 电子平泽工厂，与汉城大学附属医院防治非典专家进行了专业交流，加深了全国总工会与 LG 电子和韩国劳动组合总联盟的相互了解，丰富了合作内容，拓宽了交流领域，产生了积极影响。2006 年 7 月，应韩国劳动组合总联盟邀请，中国工会代表团访问韩国。2009 年 11 月，应朝鲜职业总同盟、韩国工会总联盟邀请，中国工会代表分别访问朝鲜和韩国。

2002 年，应越南劳动者总联合会和老挝工会联合会邀请，中国工会代表团访问两国。2005 年 4 月，应越南劳动者总联合会和老挝工会联合会的邀请，中国工会代表团再次访问越南和老挝。2007 年 5 月，王兆国会见老挝工会联合会主席翁佩·赛圭亚宗多瓦。2008 年 12 月，应老挝工会联合会的邀请，中国工会代表团访问老挝。2010 年，中国工会代表团访问越南。

2005 年 4 月，应新加坡职工总会邀请，中国工会代表团访问新加坡。2006 年 7 月，应马来西亚职工总会的邀请，中国工会代表团访问马来西亚。2010 年，中国工会代表团访问马来西亚和新加坡。2011 年 9 月，中国工会代表团出席新加坡海员工会会议和庆典活动。2011 年 5 月，中国工会代表团出席新加坡职工总会 50 周年庆典活动。

2002 年 10 月，尉健行会见哈萨克斯坦工会联合会主席西雅兹别克·穆加舍夫。2005 年 4 月，应哈萨克斯坦工会联合会和蒙古工会联合会的邀请，中国工会代表团访问哈萨克斯坦和蒙古。2005 年 8 月，蒙古工会联合会主席索德诺姆道尔应邀率团访问中国。2008 年 5 月，应蒙古工会联合会邀请，中国工会代表访问蒙古。

2003 年 12 月，应印度工会中心邀请，中国工会代表团赴印度出席印度工会中心第十一次代表大会。2007 年 1 月，应印度工会中心的邀请，中国工会代表团出席印度工会中心第十二次全国代表大会。2012 年，中国工会代表团访问印度、尼泊尔和老挝。

## 五、与发展中国家工会加强团结

21 世纪以来，中国工会与发展中国家工会的访问、交流活动不断增强，友谊不断加深。

在与亚洲发展中国家工会的交流方面，2002 年，中国工会代表团前往伊朗访问。2002 年 9 月，尉健行会见巴勒斯坦工人总联合会总书记海伊德尔·伊卜拉欣。2003 年 9 月，应阿塞拜疆工会联合会邀请，中国工会代表团访问阿塞拜疆。2005 年 11 月，应土耳其工会联合会的邀请，中国工会代表团访问土耳其。2007 年 4 月 19 日至 27 日，应科威特工人总联合会和叙利亚工人工会总联合会的邀请，中国工会代表访问科威特和叙利亚。

在与拉美地区工会的交流方面。2002 年，应古巴工人中央工会邀请，中国工会代表团前往古巴参加 2002 年“五一”庆祝活动。2004 年 2 月，应古巴工人中央工会、巴西工会力量和墨西哥工人联合会邀请，中国工会代表团访问了古巴、巴西和墨西哥。2005 年，应墨西哥工农革命联合会的邀请，中国工会代表团访问墨西哥。2006 年，应智利工人统一工会和阿根廷总工会的邀请，中国工会代表张秋俭访问智利和阿根廷。2007 年，应巴西工人统一工会的邀请，中国工会代表团访问巴西。2007 年 4 月，王兆国会见墨西哥工农革命联合会总书记伊萨亚斯·冈萨雷斯及拉美安第斯国家工会领导人。2007 年 11 月，应拉美工人中央工会和秘鲁总工会邀请，中国工会代表团访问委内瑞拉和秘鲁。2010 年，中国工会代表团访问智利、阿根廷和古巴。2012 年中国工会代表

团访问古巴、墨西哥、阿根廷、巴西、乌拉圭。

在与非洲国家工会交往方面。2002 年，尉健行相继会见莫桑比克劳工组织中央工会主席马齐涅、毛里塔尼亚劳动者联合会总书记迪纳、肯尼亚中央工会组织主席彼得·莫瑟。2002 年，应毛里塔尼亚劳动者联合会、科特迪瓦工人总联合会邀请，中国工会代表团前往科特迪瓦、毛里塔尼亚访问，加深彼此之间的友好关系。2003 年 8 月 28 日，王兆国在北京会见了苏丹工人工会总联合会主席坎杜里。2004 年，应突尼斯劳动者总联合会、阿尔及利亚劳动者总联合会和摩洛哥劳工联合会邀请，中国工会代表团访问突尼斯、阿尔及利亚和摩洛哥。2004 年 1 月，应埃塞俄比亚工会联合会邀请，中国工会率团访问埃塞俄比亚。2004 年 8 月，王兆国会见纳米比亚全国工人工会主席卡彭达。2005 年 4 月，博茨瓦纳工会联合会主席拜彼迪率团访华。2005 年 5 月，应纳米比亚全国工人工会和坦桑尼亚工会大会的邀请，中国工会代表团访问两国。2005 年 11 月，应苏丹工人工会总联合会邀请，中国工会代表团访问苏丹。2006 年，应南非工会理事会的邀请，中国工会代表出席南非工会理事会代表大会并访问南非；应南非工会大会的邀请，中国工会代表参加南非工会大会并顺访南非。2006 年 9 月，应利比亚生产者联合会邀请，中国工会代表访问利比亚。2007 年，应毛里求斯劳工大会、肯尼亚工会中央组织和坦桑尼亚工会大会的邀请，中国工会代表访问毛里求斯、肯尼亚和坦桑尼亚。2009 年，中国/刚果（布）、刚果（金）工会领导人研讨会在北京举办，刚果（金）工联主席在开幕式致词，刚果（布）工联、刚果（布）劳联、刚果（金）工联、刚果（金）劳联的主席或总书记分别发言。2010 年，中国工会对牙买加、圭亚那、特立尼达和多巴哥进行友好访问。2011 年 10 月，中国工会代表团访问肯尼亚、塞舌尔和乌干达。2012 年，中国工会代表团对南非和纳米比亚进行友好访问，并出席南非工会大会代表大会。

特别是对当时还未与中国建交国家的发展中国家工会，中国工会积极利用国际多边场合分别做上述国家工会领导人的工作，持续深化与发展中国家工会的关系。如2007年，全国总工会邀请布基纳法索等三国主要工会领导人来华访问。同年10月中旬，全国总工会还邀请来自中美洲和加勒比地区危地马拉、洪都拉斯、萨尔瓦多、尼加拉瓜、巴拿马和多米尼加共和国等六个未建交国和新建交国哥斯达黎加的29家工会的32名工会领导人联合组团来华访问。2005年，全国总工会组织了中国-中美洲、加勒比国家工会组织研讨班，中美洲和加勒比地区的七个未建交国的19位工会领导人来华出席了研讨班。

与此同时，中国工会还向发展中国家工会提供一定的援助，受到了受援助国工会组织的高度评价。2008年，在加大对发展中国家工会援助力度的工作中，中国政府批准援建的非洲工会统一组织的加纳恩克鲁玛非洲劳工学院宿舍楼项目工程进展顺利，同年1月，应非洲工会统一组织的邀请，中国代表应邀参加了开工仪式。2010年，中国工会代表出席了援建非洲工会统一组织恩克鲁玛非洲劳工学院学生宿舍楼竣工仪式。

此外，2010年，中国工会代表团访问斐济。2011年，王兆国会见南太平洋地区工会领导人。与发展中国家工会组织加强交流，增进了这些国家对中国国情和中国工会的了解，特别是增进了他们对中国改革开放政策取得的成绩和新形势下的中国工会的了解，对中国工会与其他国家工会组织增进友谊、开展合作发挥了积极作用。

## 六、积极主动参与国际工运事务

进入21世纪，在世界多极化和经济全球化进程不断加剧过程中，国际工会运动仍然呈现出北强南弱的基本格局。以美国和西

方发达国家的工会为主要力量的国际自由工联（2006年与世界劳工联合会合并为国际工会联盟）依旧在国际工运舞台占据主导地位，影响巨大。中国工会在“独立自治、广泛联系”的工作方针之下，坚持“独立自主、完全平等、互相尊重、互不干涉内部事务”的基本原则，积极主动参与国际工会运动，从中国工人与世界工人的根本利益出发，在促进国际工会运动新秩序的形成中发挥中国力量。

### （一）积极参与国际劳工组织活动

21世纪以来，中国工会积极参加国际劳工组织相关会议及活动，积极展示中国工会形象，宣传中国工会，扩大中国工会的影响。2001年，国际劳工局局长索马维亚及理事会工人组主席布雷特与工人活动局副局长分别访华后，中国工会第一次与国际劳工局、工人活动局就双方之后两年合作事宜签署谅解备忘录。2002年以来，中国工会每年都派代表参加国际劳工大会。2002年全国总工会参与国际劳工局及有关人权方面的会议，宣传中国工人基本权利，增信释疑。同年6月，中国工会代表团前往瑞士日内瓦出席第90届国际劳工大会。在国际劳工局理事会的换届选举中，中国工人代表、全国总工会副主席徐锡澄参加工人副理事的竞选并成功当选。这是中国自1984年、1987年两次当选为工人副理事后，时隔10余年再次成功当选。2008年第97届国际劳工大会上，中国工人代表以高票当选理事会工人组副理事。2009年4月，全国总工会积极与人力资源和社会保障部、中国企业联合会与国际劳工组织北京局在北京联合举办了国际劳工组织成立90周年纪念座谈会，国际劳工组织总干事索马维亚以视频方式在会议上致词，全国总工会领导出席会议并致词。

2009年，在第98届国际劳工大会上，中国工会代表被推举为应对国际金融危机委员会发言人、工人培训委员会委员，这是

中国工会自恢复在国际劳工组织活动以来的第一次。会议期间，在“独立自主、广泛联系”的对外活动方针下，中国工会代表团积极参加大会及相关委员会讨论，开展多边、双边工作，阐述中国工会对国际劳工领域涉及的重大问题的观点。这些观点包括全球化给劳动领域带来了重大影响，面对挑战，“和平、发展和工人权益”应该是各国工会的共同任务，呼吁国际劳工组织应该发挥优势作用，反对把核心劳工标准作为限制和阻碍发展中国家经济发展的手段，反对滥用和扩大对国际劳工标准的监督机制等。第98届国际劳工大会规模大、级别高，世界贸易组织总干事拉米、法国总统萨科齐、巴西总统卢拉等国家元首和政府首脑及多国副总统和政府部长等出席大会并发言。中国工人代表在大会发言中介绍了中国和中国工会积极应对国际金融危机的做法和经验，重点介绍了中国工会积极推动“保增长、保民生、保稳定”所做的工作，并提出了四项具体建议，引起与会代表和国际工会界的高度关注。

2011年，第100届国际劳工大会上，中国工会代表、全总书记处书记江广平高票当选为国际劳工组织理事会工人正理事，这是自中国1983年恢复在国际劳工组织活动以来，中国工会代表首次当选为工人正理事。2011年，王兆国会见国际劳工组织总干事索马维亚。2011年12月，中国工会代表团赴日本出席国际劳工组织亚太区域会议。2012年6月，第101届国际劳工大会在瑞士日内瓦召开。中国工会代表团充分展示宣传中国特色社会主义工会发展道路，努力增加在国际劳工组织中的话语权，探索创新工会合作机制。特别是中国工会代表在大会上的发言，从劳动法规政策、工会组建和发展会员、工资集体协商、厂务公开和职工代表大会、职工帮扶五个方面，全面介绍了中国工会在维护劳动者权益、促进社会和谐发展方面取得的进展与成效，提出“应对金融危机的根本在于尊重劳动创造”，得到了与会代表尤其是工会

界的热烈响应。

## （二）积极参与联合国相关活动

2002 年 3 月 29 日，联合国开发计划署与中华全国总工会开展的第一个合作项目——《加强中国工会的能力建设》举行签字仪式。该项目为期 4 年，联合国开发计划署出资 73 万美元，全国总工会提供配套资金 150 万元人民币，实施该项目的河南省及厦门市政府和工会提供相应配套资金。2002 年底该项目正式启动，其具体内容包括通过小额贷款方式解决下岗职工再就业、促进建立三方机制、开展劳动力市场研究、加强对工人培训及为外资和私营企业女工提供服务等。联合国计划开发署驻华办事处副主任倪荣国亲自参加了在河南省焦作市举行的贷款首次发放仪式，对项目进展情况表示满意。2003 年 7 月 16 日，全国总工会主席王兆国会见了联合国开发计划署驻华代表处代表克斯汀·莱特娜。

## （三）不断加强与国际性、区域性工会联合组织的交流往来

21 世纪以来，中国工会积极参加多边活动，通过工会国际工作加大为工会中心工作服务的力度。2002 年 3 月，尉健行会见国际自由工联指导委员会主席、日本工会总联合会顾问鹫尾悦也。2002 年 4 月 4 日，尉健行会见世界劳工联合会产业行动主席米歇尔·博维。2003 年 3 月，应世界工联邀请，中国工会代表团访问世界工联总部。2004 年 10 月，王兆国会见了来华出席经济全球化与工会国际论坛的世界工会联合会总书记亚历山大·扎里科夫。2006 年，王兆国会见世界工联总书记马瑞克斯，2008 年 12 月会见世界工联副总书记巴乔。同年，应世界工会联合会邀请，中国工会代表团出席世界工会联合会第十五次代表大会。2008 年 5 月，应世界工联邀请，徐振寰访问在希腊雅典的世界工联总部。2009 年，全国总工会副主席、书记处第一书记孙春兰对世界工联

总部和国际工联总部进行了访问，这是全国总工会第一书记对两个组织第一次正式访问，强化了与世界工联的传统友谊，巩固了与国际工联的对话关系。2010 年 4 月全国总工会书记处书记徐振寰出席了世界工联成立 65 周年纪念大会。2011 年 4 月，中国工会代表团赴希腊出席世界工联第十六次代表大会。针对国际工联及世界工联，中国工会秉持的立场是“承认国际工联和世界工联两大国际工会组织。但在具体层面，与国际工联保持联系，加强下层交流，遏制渗透。对世界工联加强支持，以保持国际上两大不同性质的工会组织”。

同时，中国工会积极加强与区域性工会组织的交流往来。2004 年 1 月，应非洲工会统一组织邀请，中国工会率团出席在苏丹首都喀土穆举行的非洲工会统一组织第八次代表大会。2004 年 5 月，王兆国会见了非洲工会统一组织总书记松莫努。2005 年 5 月，应非洲工会统一组织的邀请，中国工会代表团出席非洲工会统一组织总理事会。2008 年 5 月，中国工会代表团出席在利比亚召开的非洲工会统一组织第九次代表大会。2010 年，中国工会代表团赴阿尔及利亚参加非洲工会统一组织第 33 次总理事会。2012 年，中国工会代表团赴阿尔及利亚参加非洲工会统一组织第十次代表大会。

2004 年，中国工会代表团出席在苏里南首都帕拉马里博举行的加勒比劳工大会第十五次代表大会。2004 年，中国工会代表赴巴西出席拉美工人中央工会第十二次代表大会暨成立 50 周年纪念大会。同年 12 月，中国工会代表团出席在叙利亚首都大马士革召开的阿拉伯工联第十一次代表大会。2005 年 7 月，应亚洲工会兄弟会邀请，中国工会代表团赴泰国出席亚洲工会兄弟会第十五次代表大会。2009 年 4 月中国组织举办“中国与东盟国家工会领导人研讨会”。2010 年，中国工会代表团出席了阿拉伯工联第十二次代表大会。

这一时期，中国工会还积极参与到有关工人权益维护的国际活动之中。如 2003 年，中国海员建设工会与亚洲海员工会签订中国、挪威、新加坡海员外派集体协议，保护中国外派海员权益；全国总工会还与国际劳工局、联合国计划开发署和日本、韩国总工会以及德国、奥地利、挪威、瑞典、丹麦等产业工会合作共同举办了“三方机制和社会对话”“性别平等”“劳动力市场”“青年干部考察培训”“女干部考察培训”“职业安全与卫生”等考察团、培训班、讲习班等共 23 期，约 680 人次参加。同年，中日两国工会确定了中日“工会主动参与改善中小企业劳动安全卫生状况培训班”三年合作项目，该项目被纳入中日两国政府间合作计划。

### （四）积极参与其他多边活动

中国工会积极通过其他多边活动，宣传中国工会，提升中国工会的影响力和话语权。2008 年 10 月，中国工会代表出席亚欧人民论坛，与出席论坛的外国工会领导人就共同关心的问题进行交流。2010 年，中国工会代表赴比利时出席亚欧会议社会伙伴论坛，赴美国参加 20 国集团劳工部长与社会伙伴磋商会议，赴韩国出席了 20 国集团工会协调会议等。2011 年 9 月，中国工会代表团赴法国出席 20 国集团社会伙伴会议。同年 11 月，赴法国出席 20 国集团工会领导人会议。2012 年，中国工会代表团参加在墨西哥举行的 20 国集团工会领导人会议，宣传我国的宏观经济政策以及中国工会维护职工权益所做的工作，引起与会代表的积极关注，获得各方的赞赏与肯定，反响热烈。同年，中国工会代表还赴墨西哥参加了 20 国集团社会伙伴会议，赴越南参加了亚欧会议社会伙伴论坛。12 月，中国工会代表团赴俄罗斯参加国际体面劳动高级会议。

中国工会还举办了一系列工会国际活动。

1. 举办经济全球化与工会国际论坛

2004 年 10 月，为应对经济全球化给国际工会运动带来的挑战，全国总工会与世界工会联合会、非洲工会统一组织、阿拉伯工人工会国际联合会、独联体总工会联合会在北京共同举办了经济全球化与工会国际论坛。世界工联总书记扎里科夫，非洲工会统一组织主席坎杜里、总书记松莫努，独联体总工联总书记谢尔巴科夫，阿拉伯工联副总书记马吐克等国外工会领导人前往出席论坛。中共中央总书记、国家主席胡锦涛会见了出席论坛的外方工会代表。中共中央政治局委员、全国总工会主席王兆国也分别会见了出席论坛的外国工会组织代表团。大会设置了“经济全球化对国际工会运动的影响与对策”“国际工会运动的发展趋势”两个论坛，参会代表围绕论坛主题及共同关心的问题，讨论坦诚而热烈，交流经验，形成共识，通过了《经济全球化与工会国际论坛共识》，增进了彼此之间的友谊。

继首届经济全球化与工会国际论坛举办后，截至 2012 年，该论坛共举办了八次。

2005 年 9 月，“2005’经济全球化与工会”国际论坛在上海举行。世界工联、非洲工会统一组织、亚洲兄弟会、拉美中央工会等国际和区域性工会组织以及印度、巴西、墨西哥和南非等国的全国性工会组织领导人共 20 余名外宾参加此次论坛。论坛主题是提高工会组建率的对策与措施、经济全球化条件下工会参与消除贫困。2006 年 12 月，“2006’经济全球化与工会”国际论坛在北京举行，论坛主题为工会组织在经济全球化条件下如何构建和谐劳动关系，为实现和谐世界做贡献。“2008’经济全球化与工会”国际论坛在北京召开，来自世界工联、非洲工会统一组织、阿拉伯工联和拉美工人中央工会等国际和区域工会组织以及亚非拉国家的共计 64 名工会领导人出席。中共中央总书记、国家主席胡锦涛出席开幕式并发表重要讲话。论坛主题为“可持续发展、

体面劳动和工会的作用”。

2009 年第五次“经济全球化与工会”国际论坛上，参加论坛的来自国际和区域工会、亚非拉和欧洲工会的近百名工会领导人高度评价吴邦国委员长关于中国党和政府领导中国人民应对国际金融危机、保持经济平稳发展和维护广大工人权益的重要讲话。论坛对推动国际工运健康发展产生了深远影响。

2010 年，第六次“经济全球化与工会”国际论坛在北京召开，来自国际和区域工会、亚非拉和欧洲工会的领导人出席了论坛，中共中央政治局常委、国家副主席习近平出席论坛开幕式并致词。中共中央政治局委员、全国人大常委会副委员长、中华全国总工会主席王兆国出席论坛开幕式，发表讲话并会见与会外国代表。

特别是在 2011 年，第七次“经济全球化与工会”国际论坛在北京召开时，两位国际劳工组织副总干事首次出席。论坛主题为“转变经济发展方式与提升劳动者素质”和“体面劳动与社会保障”。与会代表一致通过《“2011’经济全球化与工会”国际论坛共识》。这次会议共有来自 89 个国家和地区、146 个工会组织的 209 名代表参加，规模创历史新高。2012 年，第八次“经济全球化与工会”国际论坛举办。100 多名来自亚、非、拉和欧洲国家工会组织以及国际和区域工会组织、国际劳工组织的代表参加了论坛。论坛发起组织之一阿拉伯工联的总书记马吐克评价指出，“论坛已成为国际工会运动的舞台，为各工会组织之间交流与合作搭建了平台”“在这里我们可以畅所欲言，就所关心的议题开放、民主、平等地展开讨论，这是在其他地方无法做到的”①。“经济全球化与工会”国际论坛成为真正属于工会的国际论坛，

① 《保持特色，推动国际工运的“中国力量”——记中国工会外事工作的创新与发展》，《工人日报》2012 年 7 月 18 日第 1 版。

在国际工运领域发挥着独特的、不可替代的作用。

2. 举办发展中国家工会领导人国际研讨会

除了举办经济全球化与工会国际论坛，中国工会在配合国家总体外交、扩大中国工会影响工作中，还积极组织开展发展中国家工会领导人的国际研讨工作。

2004 年 12 月，全国总工会在北京举办非洲国家工会领导人研讨班。来自 17 个非洲国家工会的 21 位主要领导人参加研讨班，其中 16 人是第一次访华。参加研讨班的非洲国家工会领导人对中国经济社会发展以及中国工会的作用予以高度评价，赞成中国工会的主张，希望建立中非工会的长期合作机制。这对密切中国工会与非洲各国工会的友好合作关系发挥了积极作用。此后，从 2005 年到 2012 年每年都举行相关研讨培训活动。

2005 年，共举办六期研讨会，分别为全总–亚洲兄弟会工会能力建设研讨会，中国–中美洲、加勒比地区工会研讨会，亚洲工会研讨会、中国–非洲葡语国家工会研讨会、亚洲国家工会研讨会、中国–中亚国家工会研讨会，累计 26 个发展中国家的 102 名工会领导人来华进行了交流与研讨。

2006 年，共举办六期国际研讨会，分别为南美国家工会研讨会、老挝工会干部研讨会、部分独联体国家和蒙古国工会研讨会、非洲英语国家工会研讨会、非洲法语国家工会研讨会、北欧国家工会研讨会，累计 45 个国家 106 名工会领导人应邀来华出席国际研讨会。

2007 年，共举办五期研讨会，分别为阿拉伯国家工会研讨会、拉美安第斯国家工会研讨会、老挝工会干部研讨班、东盟国家工会研讨会、东欧国家工会研讨会，累计 31 个国家 126 名外国工会领导人应邀来华出席国际研讨会。

2008 年，共举办四期国际研讨会，分别为老挝工会干部培训班、拉美加勒比工会领导人研讨班、非洲工会领导人研修班、南

亚工会领导人研讨班，来自亚洲、非洲和拉美 36 个国家的 86 名工会领导人应邀出席培训研讨活动。

2009 年，共举办四期国际研讨会，分别为东盟国家工会研讨会、老挝工会干部培训班、中国-叙利亚工会研讨班及中国-刚果（金）、刚果（布）工会研讨会，来自亚非 11 个国家的 73 名工会领导人应邀出席培训研讨活动。《中国工会对外援助五年规划》提出后，这一工作得到继续发展。

2010 年，共举办七期研讨培训活动，分别为老挝工会干部培训班、中国-阿拉伯工会妇女工作研讨会、中国-南亚国家工会领导人研讨会、中国-非洲葡语国家工会领导人研讨会、中国-非洲法语国家工会领导人研讨会、中国-中美洲加勒比国家工会领导人研讨会、中国-独联体国家工会领导人研讨会，累计 162 名发展中国家工会领导人来华进行了交流与研讨。

2011 年，共举办了五期研讨培训活动，分别为中国-南太平洋国家工会领导人研讨会、老挝工会干部培训班、中国-东盟国家工会领导人研讨会、非洲英语国家工会领导人研讨会、世界工联女性工会领导人研讨会，累计 111 名发展中国家工会领导人来华进行了交流与研讨。

2012 年全年举办五期培训研讨活动，分别为中国-拉美国家工会领导人研讨会、中国-蒙古工会工作研讨会、中国-老挝工会干部研讨会、中国-非洲国家工会领导人研讨会、世界工联青年干部研讨班，累计 96 名发展中国家工会领导人和骨干成员来华参加研讨和交流。

此外，2008 年四川汶川发生地震后，一批外国工会领导人及国际性工会组织领导向中国表示慰问与支持。2008 年 5 月非洲工会组织第九次代表大会召开期间，世界工联总书记马瑞克斯、非工会统一组织主席坎杜里及总书记松莫努、阿拉伯工联副总书记马吐克以及突尼斯劳联总书记、利比亚生产者联合会总书记、尼

日利亚劳动大会主席、加纳工会主席等外国工会组织领导人就四川汶川地震向中国表示慰问。世界工联农业食品工会国际总书记、独联体总工联总书记、伊朗工人之家总工书记、哈萨克工联主席、巴西工会力量总书记、卢森堡独立工联主席、塞尔维亚工联主席、法国南比利牛斯大区工会总书记等分别代表其所属工会组织致函全国总工会，表达慰问。[①] 全国总工会中国职工对外交流中心还接收到国外工会和劳动组织捐款，其中日报工会和相关组织捐款1179092.88元，其他国家和地区组织捐款20211.25元。[②]

职工体育文化方面的活动也不断开展。如2010年11月，首届国际职工体育交流会在北京举办，印度、越南、新加坡、日本、蒙古、俄罗斯、保加利亚、墨西哥、突尼斯等国工会体育组织应邀参加，中外职工600余人参加了拔河、乒乓球、羽毛球、街头篮球、游泳及保龄球等项目的比赛活动。2012年11月，国际职工体育交流会再次在北京举行，来自中国、保加利亚、墨西哥、老挝、越南、新加坡、马来西亚、韩国、蒙古、突尼斯、俄罗斯、白俄罗斯、德国等13个国家的工会组织和职工体育组织约250名职工代表参加了交流活动，这是中国工会第三次举办国际职工体育交流活动，也是历年来外国代表团参加人数最多的一次。

总的来说，工会外事工作是中国特色社会主义工会发展道路的重要组成部分。中国工会坚持相互尊重，互不干涉；坚持求同存异，团结合作；坚持民主平等，共同发展；坚持组织起来，切实维权的主张；坚持独立原则，各国工会有权根据本国国情与工人意愿，选择自身的模式与道路，彼此之间超越意识形态、文化等差异，加强团结，促进合作，特别是更好地维护发展中国家工

---

① 《外国工会领导人继续就汶川地震来电慰问》，《工人日报》2008年5月17日第2版。

② 中华全国总工会编：《中国工会年鉴（2009）》，《中国工会年鉴》编辑部2009年版，第332页。

人权益，让发展中国家工会认识中国工会，让发达国家工会了解中国工会。中国工会积极主动开展工作，“坚持以我为主，变被动为主动，掌握主动权，打好主动仗，围绕特定主题，适时建立中国自己的多边性、区域性的工会论坛，通过多种形式的活动，积极宣传中国工会的政策主张，努力在与中国工会密切相关的国家事务中发挥主导作用”。中国工会积极把对华友好国家工会力量组织和团结起来，建立扩大中国工会国际影响的平台，服从服务于国家整体外交战略和部署，提高中国工会的国际地位，促进公正合理、民主和谐国际工运新秩序的形成，为推动世界和平与发展作出了贡献。

# 第十八章

# 工会组织建设与自身改革

2002年以来，中国工会继续完善“党委领导、政府支持、工会运作、各方配合”的工作格局，不断深入推进基层工会组建，加强工会组织建设。特别是在新建企业工会组建工作中，以“党建带工建，工建服务党建”为目标，不断加大力度进行推进。在贯彻“组织起来、切实维权”方针下，结合“两个普遍”工作要求，不断扩大工会组织覆盖面，增强工会组织的凝聚力。在这一过程中，各级工会组织不断加强工会组织自身建设以及工会干部队伍建设。

## 一、加强工会基层组织建设

### （一）推进基层工会与企业工会组建工作

21世纪以来，各级工会抓住贯彻实施新修改的《工会法》这一有利时机，加强建会工作。全国工会2002年下半年工作部署暨职工队伍状况调查动员会议宣布，截至2002年3月底，全国新建企业建会95.3万家，发展会员3584.7万人，全国工会会员总数达到12251万人。为了更好地推进新建企业工会组建工作，全国总工会在2002年下半年工作部署中再次重申，各地工会上报的职工数、会员数坚决不与上解工会经费工作挂钩，同时各省级总工

会对下也必须取消职工数、会员数与上解工会经费挂钩的做法，以消除各级工会顾虑，从而更好地引导和鼓励各级工会抓好新建企业工会组建及改制企业工会的重建等工作，完成发展会员的目标。

2002年6月，全国总工会在合肥召开了全国推进新建企业工会组建暨发挥作用工作座谈会，对新建企业工会组建工作的推进、充分发挥新建企业工会作用、提高基层工会工作进行讨论与经验总结。截至2002年底，全国工会基层组织数已从五年前的51万个增长到171万个，增长了2.35倍；全国工会会员总数从五年前的9000万人发展到1.34亿人，增长了49%。基层工会组织数和工会会员数均创历史最高水平。其中，非公有制企业建立工会组织110万家，累计发展会员4300万人；全国乡镇已建工会3.3万家，占其总数的83%，城市街道建立工会6112家，占其总数的74%[①]。可以说，工会组建工作实现了阶段性胜利，创造了历史新高。特别是全国新增的4300万名会员中，大多数是进城务工人员。以进城务工人员大省广东省为例，在其972万名工会会员中，外来务工人员达到450万—500万人的规模。[②]

为了促进新建企业基层工会组织的建立及组织健全，以更好地发挥基层工会组织在维护职工合法权益等方面的作用，2003年7月全国总工会印发《中华全国总工会关于在新形势下深入开展建设职工之家活动的意见》。该意见强调通过加强职工之家建设，推进新建企业工会组建及其职能发挥，增强基层工会组织的凝聚力与吸引力。2003年8月，全国工会基层工作会议召开，会议再次强调工会基层组织的重要性，强调加强工会基层组织建设。针

---

① 中华全国总工会基层组织建设部编：《基层工会建家20年（1983—2003）》，中国工人出版社2003年版，第71、77页。

② 中华全国总工会基层组织建设部编：《基层工会建家20年（1983—2003）》，中国工人出版社2003年版，第73页。

对大量进城务工人员主要分布在私营企业等非公有制企业的情况，2003 年 8 月全国总工会印发《中华全国总工会关于切实做好维护进城务工人员合法权益工作的通知》，明确提出“要抓紧做好非公有制企业特别是使用进城务工人员较多企业的工会组建工作，最大限度地把进城务工人员组织到工会中来”①。

2003 年 9 月，中国工会十四大召开，大会再次提出“最大限度地把职工组织到工会中来，把他们团结和凝聚到党的周围”。随着“组织起来、切实维权”工会工作方针的提出，各级工会积极贯彻落实，以扩大覆盖面、增强凝聚力。全国总工会相继颁布《中华全国总工会关于进一步加强国有企业改制过程中工会工作的意见》《中华全国总工会关于组建工会和发展会员工作考核奖励办法（试行）》《中华全国总工会关于开展建立乡镇（街道）总工会试点工作的意见》。特别是 2004 年 12 月，全国总工会十四届二次执委会议审议通过《中华全国总工会关于进一步加强基层工会工作的决定》，再次强调要切实加强基层工会工作，“既要推进基层工会组织的建立，又要推进基层工会作用的发挥；既要推进公有制企业、事业单位和机关工会工作的巩固和发展，又要推进非公有制经济组织工会工作的规范和提高；既要推进工会组织领导体制向乡镇、街道以及社区延伸，又要推进基层工会自身的改革和建设，全面加强基层工会工作，最广泛地把职工群众组织到工会中来，最充分地把基层工会的活力激发出来，努力把基层工会建设成为组织健全、维权到位、工作活跃、作用明显、职工信赖的职工之家，在改革发展稳定大局中充分发挥工会组织的作用”。在该决定的指导下，全国工会组建工作大踏步前进。

一是各级工会积极探索建立地方“小三级”工会组织体制，

① 中华全国总工会基层组织建设部编：《基层工会建家 20 年（1983—2003）》，中国工人出版社 2003 年版，第 9 页。

开展建立乡镇（街道）总工会。截至2005年底，全国已建乡镇工会3.5万个，占全国乡镇总数的94.7%，已建城市街道工会5278个，占全国城市街道总数的89.4%，基本实现全国总工会2000年提出的“工会组织领导体制向乡镇（街道）一级延伸”的要求。2005年11月，全国总工会召开全国乡镇（街道）工会工作座谈会，在各地创建“示范乡镇（街道）工会”中，确认了103个全国“示范乡镇（街道）工会”。2006年，推行乡镇总工会试点工作规范乡镇（街道）工会建设，建立健全乡镇（街道）工会村（社区）一级工会组织，进一步完善小三级工会组织网络。全国约有1000多个乡镇建立了总工会。

二是在非公有制企业中各级工会积极推进“职工之家”建设活动，“双爱双评”（即关爱员工的经营者、热爱企业的好员工，评关爱员工的优秀经营者、评热爱企业的优秀员工）活动迅速开展。全国总工会与全国工商联还在2004年4月召开全国民营企业关爱员工实现双赢经验交流会，对“双爱双评”先进企业、优秀员工等进行表彰。2005年，全国总工会与中国外商投资企业协会、全国工商联联合在全国非公有制企业继续深入开展以“双爱双评”为主要内容的建家活动。2005年7月，全国第二次推进外商投资企业组建工会工作座谈会在福建厦门召开，推广厦门太古飞机工程有限公司组建工会工作的经验。2006年3月，全国外商投资企业工会组建工作座谈会在北京召开，进一步研究推进外商投资企业工会组建工作。

三是加快企业工会建设步伐。在2005年7月全国总工会十四届六次主席团（扩大）会议上，王兆国在讲话中提出要切实加强企业工会建设，在新一轮国企改制即将开始的情况下，做好改制企业的工会工作。特别是“要对企业工会工作实行分类、分层指导，进一步加强企业工会建设，增强企业工会活力。要适时制定加强企业工会建设的文件，提出具有针对性和可操作性的指导意

见”。在加强企业工会建设工作中，全国总工会开始启动制定《企业工会工作条例》。2006 年 7 月 5 日，王兆国在全国总工会十四届九次主席团（扩大）会议上作了《高度重视和切实加强企业工会工作》的讲话，强调加强企业工会工作的重要性。会议还审议通过了《企业工会工作条例（试行）》。

2006 年 12 月《企业工会工作条例（试行）》正式颁布。条例规定“企业工会贯彻促进企业发展、维护职工权益的工作原则，协调企业劳动关系，推动建设和谐企业”。在企业工会组建工作中，外商投资企业（含港澳台资企业）的工会组建工作发展迅猛。截至 2006 年 9 月，在全国外商投资（含港澳投资）企业中，建立工会 6.1 万个，覆盖单位 8.3 万家，会员达到 1179.1 万人，工会组建率及职工入会率分别达到 54.2%、55.5%。[①] 特别是在工会组建工作中，在全球最大商业零售业巨头、世界 500 强之首的沃尔玛建会，这一世界性难题得到突破性解决。这不仅是中国工运史上的一件大事，更在国际工会运动中产生了很大影响。

2006 年 7 月 29 日，福建省泉州市晋江分店建立了全国首家沃尔玛店工会。随后沃尔玛在 30 多个城市的分店也开始建会工作。2006 年 8 月，全国总工会与沃尔玛（中国）总部进行了建设性会谈，达成《全国总工会与沃尔玛（中国）总部会谈备忘录》。在备忘录中，双方就沃尔玛分店工会筹备组的成立及其成员组成，沃尔玛各分店工会委员会成员、主席、副主席候选人的产生方式等进行了约定，并且明确提出“沃尔玛各分店行政正、副职人员，人力资源部门负责人及其近亲属不作为本店工会主席、副主席和工会委员会成员候选人”，沃尔玛各分店工会履行《工会法》规定的责任与义务，并约定沃尔玛各分店工会与分店行政“平等

---

① 中华全国总工会编：《中国工会年鉴（2007 年）》，《中国工会年鉴》编辑部 2007 年版，第 54 页。

合作，相互支持，共谋企业和谐发展”①。沃尔玛在全国60多家分店和沃尔玛中国（深圳）总部全部建立了工会基层组织。2006年10月，全国总工会专门就沃尔玛工会组建工作举行了境外媒体新闻通气会。中国工会“攻破”沃尔玛，实现了在沃尔玛组建工会，是“组织起来、切实维权”工作取得的重要成就。以沃尔玛为代表，各级工会掀起了推进外商投资企业工会组建的热潮。

四是加强乡镇（街道）工会建设。截至2007年9月底，全国41040个乡镇（街道）中，建立工会组织的有40150个，占比97.8%。335家乡镇（街道）工会被评为全国百家示范乡镇（街道）工会。全国总工会还转发了山东省总工会解决乡镇（街道）工会经费保障问题的文件，推广山东省总工会创新组织体制、加大经费投入等做法，引导各地用创新办法推进乡镇（街道）工会工作。在企业工会方面，《企业工会工作条例（试行）》印发后，全国总工会在两家国有企业、两家股份制企业、一家私企、一家外企开展落实《企业工会工作条例（试行）》试点工作，总结经验。2007年4月，在吉林召开全国工会贯彻落实《企业工会工作条例（试行）》暨推行非公有制企业工会主席职业化现场会，总结交流吉林、湖北省总工会与17个企业工会经验，进一步部署企业工会工作，落实《企业工会工作条例》，并在随后印发《企业工会主席合法权益保护暂行办法》。

五是加强非公有制企业工会组建。针对非公有制企业工会组建，各级工会积极发挥党建引领工建作用，推动工会组建工作发展。特别是通过与中央组织部联合开展推进非公有制企业党工共建调研契机，推进党工组织建设，努力使党工组织互为依托、互促互动、共同发展。在外企工会组建方面，发扬沃尔玛建会精神，

---

① 全总基层组织建设部编：《〈企业工会工作条例〉指导读本》，中国工人出版社2006年版，第298—299页。

召开了沃尔玛建会一周年座谈会，总结交流外资企业建会经验。2007 年，全国第十二届高新区及全国经济特区、经济技术开发区第二十次会议在包头、大连召开，推进外企工会组建工作。各级工会在外企建会工作中，牢牢把握工会领导权、主动权，推动了戴尔、柯达、富士康等世界 500 强企业和其他各类企业党工组织建设。截至 2007 年 9 月，麦当劳、肯德基单独成立工会委员会的门店已超过 1500 家，发展会员 4 万余人。全国工会会员总数达 1.93 亿人，新增 2297.9 万人，其中农民工会员 6000 万人，新增 1700 多万人，基层工会数达 150.8 万个，新增 18.4 万个，涵盖基层单位 319 万个。①

### （二）深入贯彻“两个普遍”，推动企业普遍建立工会组织

中国工会十五大召开后，各级工会继续在“组织起来、切实维权”方针下，继续加强工会组织建设，不断扩大工会组织覆盖面，增强凝聚力。特别是随着“两个普遍”的提出，工会组织建设进一步推进，以不断加大对广大职工的覆盖，增强工会组织的凝聚力。与此同时，在工会组织自身建设以及工会干部队伍建设方面，各级工会不断加大力度，提升工会工作能力，做好新形势下职工群众工作，在党和国家工作大局中更好地发挥工会组织应有的作用。

2008 年初，各级工会进一步开展工会组织建设工作，以推动工会组建实现又好又快发展的要求及目标。一方面，各级工会继续在中小型企业集中的地区建立区域性、行业性基层工会联合会，加强村、社区工会建设；另一方面，各级工会集中力量，抓住外商投资企业工会组建这一工作重点。从 2008 年 6 月中旬到 10 月

---

① 中华全国总工会编：《中国工会年鉴（2008）》，《中国工会年鉴》编辑部 2008 年版，第 45 页。

底，全国总工会统一部署开展了推动世界500强等跨国公司建会集中行动。在这场为期100余天的建会集中行动中，全国各地工会按照全国联动、创新工作举措、加强分类指导、务求工作实效的要求，开展了推动世界500强等跨国公司建会集中行动。一批多年拒不建会的“钉子户”被攻克，扭转了跨国公司建会率较低的状况，带动了各种所有制企业建会，扩大了工会组织的覆盖面，在国内外产生了积极的影响。截至2008年底，世界500强等跨国公司法人单位累计建会3843家，建会率提高到85%，工会会员增加到213万人。在河北、湖北、沈阳等地区的世界500强跨国公司等的建会率甚至达到100%。在企业工会组织建设方面，全国总工会召开了全国企业工会工作座谈会，制定印发《企业工会主席产生办法（试行）》。同年，还组织开展模范职工之家评选表彰工作，对全国民营企业“关爱员工、实现双赢”先进单位和个人进行表彰，以进一步促进企业工会建设，在乡镇（街道）工会规范化建设方面，截至2008年6月，全国41541个乡镇（街道）中，已建立工会组织的有40937个，占比98.5%，其中有4621个乡镇（街道）建立了总工会，占总数的11.3%。为了进一步促进基层工会组织工作，全国总工会还在2008年通过自下而上推荐、自上而下考核审查的办法，对北京市崇文区东花市街道工会委员会等100个“全国‘六好’乡镇（街道）工会”进行表彰。

在劳务派遣工的建会工作中，2009年4月，全国总工会印发《中华全国总工会关于组织劳务派遣工加入工会的规定》，提出要最大限度地把包括劳务派遣工在内的广大职工组织入会，规定“劳务派遣单位和用工单位都应当依法建立工会组织，吸收劳务派遣工加入工会，任何组织和个人不得阻挠和限制。劳务派遣工应首先选择参加劳务派遣单位工会，劳务派遣单位工会委员会中应有相应比例的劳务派遣工会员作为委员会成员。劳务派遣单位没有建立工会组织的，劳务派遣工直接参加用工单位工会”。同

时还对劳务派遣工会员派遣期间的管理、工会经费拨付等做出规定。

2009 年，全国总工会推广山西阳泉市和辽宁朝阳市“双措并举、二次覆盖”的经验，以加强基层工会组织建设工作。辽宁省朝阳市非公有制企业迅猛发展，25 人以下的小型非公有制企业占比达到 80%以上，但工会组织自身建设还不规范、力量薄弱，以及大多非公有制企业工会主席是兼职主席，作为企业雇员的同时担负企业工会工作，处理劳动关系矛盾时面临的难度大，以及单建制的基层工会组织数量剧增，仅靠上级地方工会领导工作难以到位。辽宁省朝阳市总工会基于以上基本现实情况，探索工会工作新思路。一是积极组建区域性、行业性基层工会联合会，将分散的、众多的非公有制企业工会有机组织起来，实现工会组织的二次覆盖。二是工会干部方面，力争实现职业化工会干部对小型企业工会工作的全覆盖。在这一工作中，朝阳市工会整合资源，将基层工会联合会的组建与职业化工会干部的选配结合起来，工会组织体系建设与干部队伍建设相结合，发挥工会整体作用。

2009 年，通过社会招聘，朝阳市向城区新建的 37 个基层工会联合会全部选派了职业化工会主席。在职业化工会干部工资来源方面，朝阳市工会争取到市委、市政府支持，通过增设社会公益性岗位选派职业化工会干部，同时由政府补贴每人每月 530 元并缴纳三险，不足的费用及其他两险由市总工会支付；在经费方面，通过市总工会给予工作补助、县区和乡工会给予补贴以及从上级工会回拨经费中划出一定比例的方式解决基层工会工作经费问题。朝阳市总工会还印发了《朝阳市非公企业区域性、行业性、园区工会联合会标准化建设规定》，加强工会组织及工会干部工作的规范化，以充分发挥作用。到 2008 年底，朝阳全市建立

基层工会组织3405家，发展会员36.6万人。①

在推广“双措并举、二次覆盖”时，各地强调把工会组建工作的重点从规模以上、生产型企业为主向中小型非公有制企业、第三产业转移，组建工作的对象向农民工转移；从建会方法上看，积极借鉴“源头入会”“劳务市场入会”和“项目工会”等创新做法，在会员管理方面，贯彻落实2009年2月全国总工会印发《关于切实做好农民工会员会籍管理的紧急通知》中要求的会员“一次入会、持证接转、全国通用、进出登记”，加强动态管理，确保会员离岗不离会，以最大限度防止会员流失。2009年9月，全国总工会专门印发《中华全国总工会关于加强小企业工会联合会建设的意见》，进一步对小企业工会联合会组建的建设原则、方法、职责、制度等进行规定，推动小企业工会联合会规范化建设。截至2009年底，全国工会基层组织数达到184.5万个，全国工会会员总数达到2.26亿人，连续六年平均每年净增1000万人以上。在金融危机影响带来的生产企业受到严重冲击的情况下，通过各级工会的努力，全国没有一个省（自治区、直辖市）的工会组织和会员总数出现负增长。

2010年，全国总工会十五届四次执委会议明确提出“两个普遍”，通过《中华全国总工会关于进一步加强企业工会工作充分发挥企业工会作用的决定》，在推动企业普遍建立工会组织工作中，以非公有制企业特别是外资企业、港澳台资企业、中小企业为重点领域；在建会方法上，继续深入推进“双措并举、二次覆盖”，建立区域性、行业性基层工会联合会，规范基层工会联合会建设以及建会程序；在建会对象方面，以农民工、劳务派遣工为主要对象。2010年8月，全国总工会下发《关于开展“广普

① 辽宁省朝阳市总工会：《双措并举 二次覆盖 为新时期工会工作提供强有力的组织保证》，《中国工运》2009年第4期。

查、深组建、全覆盖”集中行动的通知》，决定从当年 9 月到年底，在全国范围内通过开展集中行动，依法推动企业普遍建立工会组织。

2010 年 8 月，全国工会基层组织建设工作会议召开。会议进一步提出坚持“党建带动工建、工建服务党建”，积极开展“广普查、深组建、全覆盖”集中行动；以企业集中的开发区、工业园区、商贸楼宇、集贸市场为重点区域，以世界 500 强跨国公司等外资和港澳台资企业，出租车行业、物流、商贸等现代服务业企业以及一些中小非公企业为重点单位，建立区域性、行业性基层工会联合会，规范基层工会联合会建设，不断扩大工会组织覆盖面；以农民工、劳务派遣工为主要对象。为了进一步促进集中建会工作的开展，同年 9 月，全国总工会基层组织建设部召集各省（自治区、直辖市）总工会对口业务部门人员会议，部署开展建会集中行动。

2011 年 1 月，全国总工会颁发了《中华全国总工会 2011—2013 年推动企业普遍建立工会组织工作规划》（以下简称《规划》），在工会组织规划的“三年规划”中提出“两个普遍”的总体目标等要求及目标，再次强调工会组织建设以非公有制企业集中的经济开发区、工业园区、工业聚集区为重点领域，以农民工、劳务派遣工为重点对象，开展集中建会行动。4 月，全国工会贯彻落实《规划》推动工会组建工作会议在厦门召开，提出具体贯彻落实《规划》的思路和措施。2011 年 7 月，全国总工会印发了《中华全国总工会关于进一步加强开发区、工业园区工会工作的意见》，加强开发区、工业园区工会工作开展。在工会组建对象方面，2011 年开展了全国工会组织劳务派遣工入会集中行动。7 月，全国总工会在辽宁召开全国工会组织劳务派遣工入会工作现场经验交流会，提出从 7 月底到 12 月底开展全国工会组织劳务派遣工入会集中行动。会后，各级地方工会和产业工会迅速

行动，在全国开展劳务派遣工入会集中行动。至2011年底，各级工会掌握的8909家劳务派遣企业中，7119家建立工会组织，建会率达到79.8%；391.18万名劳务派遣工中，已发展工会会员331.56万人，入会率达到84.8%，集中行动成效显著。

2012年，为了确保《规划》任务完成，全国总工会在当年4月颁发《中华全国总工会组建工会和发展会员工作年度考核办法》。截至2012年9月底，全国有基层工会266.3万个，比2011年增加34.4万个，增长了14.8%。全国工会会员人数28021.3万人，比2011年增加2136.3万人，增长了8.2%。其中农民工会员10490万人，占37.4%。企业工会中，公有制企业16.3万个，占比8%；非公有制企业187.3万个，比2011年增加33万个，占比92%。企业工会会员中，公有制企业职工3861.7万人，占比18.7%；非公有制企业16836.7万人，占比81.3%，比2011年增加了2064.8万人。①

## （三）农民工入会工作的起步与发展

进入21世纪后，农民工群体迅速壮大，但工会组织率提升却较为缓慢。2002年职工队伍状况调查显示，农民工入会率低。由于不了解、不认识工会，农民工群体中出现"同乡会""打工者协会"等自发的维权组织。大量进城务工人员未被本单位工会吸纳入会，在合法权益维护及民主管理权利落实方面也存在明显不足。因此，开展农民工入会工作非常重要。2002年，全国总工会起草了《关于发展临时性劳务工加入工会组织的意见》（讨论稿），对广泛分布在建筑、煤矿、交通运输、邮电、金融、保险、商贸等多个行业的临时性劳务工，提出要加强其入会工作。临时

① 全国总工会研究室：《2012年工会组织和工会工作发展状况统计公报》，《中国工运》2013年第6期。

性劳务工主要是农民工、本地或外来城镇下岗及失业人员，数量大、分布广、流动性强，多从事临时性劳务工作，合法权益常常受到侵犯，缺乏基本的社会保障。因此，全国总工会提出采取有力措施，打破限制临时性劳务工加入工会的条条框框，只要本人与用人单位存在劳动关系、有入会要求，就可以及时组织其入会。

2003 年，全国工会基层工作会议针对这一时期出现的大量进城务工人员，提出要加强工会组织建设，维护进城务工人员的合法权益。同年 8 月，全国总工会印发《中华全国总工会关于切实做好维护进城务工人员合法权益工作的通知》，要求各级工会提高思想认识，把维护进城务工人员合法权益作为工会的一项重要工作来抓，“依照《工会法》《劳动法》和《中国工会章程》的规定，组织进城务工人员加入工会。在公有制企事业单位，要按照有关法律政策规定，对进城务工人员与城镇职工一视同仁，不得拒绝他们入会。统计职工入会率，必须包括进城务工人员在内的所有职工。要抓紧做好非公有制企业特别是使用进城务工人员较多的企业的工会组建工作，最大限度地把进城务工人员组织到工会中来”，同时，要求各级工会积极探索进城务工人员入会的多种组织形式和维权方式。进城务工人员输出地和输入地工会，都要采取积极措施，共同承担起维护进城务工人员合法权益的职责。“输出地工会要加强对进城务工人员进行《工会法》《劳动法》的宣传教育，使其了解劳动法律法规和自身的权利义务，在增强维护自身合法权益的意识同时，主动与输入地工会取得联系，沟通情况，积极协助输入地工会做好维权工作；输入地工会要按照属地管理的原则，及时组织进城务工人员入会，并认真做好会员会籍关系接转工作，切实承担起维护进城务工人员合法权益的主要职责”。

2004 年中央一号文件《中共中央、国务院关于促进农民增加收入若干政策的意见》发布，在拓宽农民增收渠道中，乡镇企

业、私营企业等进一步受到鼓励。越来越多的农民工在第二、第三产业从事劳动，因此文件指出“进城就业的农民工已经成为产业工人的重要组成部分”。2004 年 8 月，《中华全国总工会关于组织各种所有制企业、事业单位及机关的劳务工加入工会的通知》，提出为认真贯彻落实中国工会十四大精神，按照全国总工会十四届三次主席团（扩大）会议提出的“组织起来、切实维权”的工作要求，坚持“哪里有职工，哪里就要建立工会组织”的原则，把各种所有制企业、事业单位及机关的劳务工加入工会组织工作摆上重要议事日程，最大限度地把这部分劳务工组织到工会中来，为切实维护他们的合法权益提供有力的组织保障。“凡在各种所有制企业、事业单位及机关从业，与用人单位建立劳动关系（含事实劳动关系）的劳务工，不论户籍关系在哪里、用工形式如何、就业时间长短，都要依法把他们组织到工会中来”。

2004 年 12 月，国务院办公厅下发《关于做好农民进城务工就业管理和服务工作的通知》，支持工会组织依法维护农民工的权益，要求各级政府积极支持工会组织依法开展工会活动，维护农民工权益。2006 年《国务院关于解决农民工问题的若干意见》印发后，各级工会积极落实意见，加大农民工入会工作。截至 2006 年 9 月底，在全国工会会员中，农民工会员达到 4097.8 万人。2007 年，在贯彻《中华全国总工会关于推进维护农民工合法权益十项工作机制建设的意见》中，各级工会积极加强农民工的源头入会工作。各级工会积极创新工会组建形式，加强源头入会机制建设，简化入会手续，建立完善优惠措施，最大限度地把广大农民工组织到工会中来。全国总工会还先后总结推广山东寿光、河北唐山、四川成都和陕西澄城等六个市、县总工会推进农民工入会工作的经验。

特别是中国工会十五大召开后，各级工会不断采取措施，大力推进农民工工会组建工作，不断加大力度，对其开展入会工作，

既扩大工会组织建设，又不断扩大工会工作覆盖面。如2009年2月，全国总工会召开了“千万农民工援助行动”电视电话会议，立足农民工已经达到2.3亿人的情况，提出“通过加大工会组建力度，新发展农民工会员500万人以上”。在农民工入会工作中，会议提出要“继续加大农民工源头入会力度，积极探索适合农民工特点的入会形式、建会方式和工作平台，适应农民工流动性大、职业身份变化快的特点，大力推广和完善农民工‘一次入会、持证接转、全国通用、进出登记’的会员会籍管理制度，畅通农民工会籍接转渠道，加强对返乡农民工的会籍管理工作，防止农民工会员流失”①。各级工会积极贯彻落实，以进一步叫响做实“农民工有困难、要维权找工会”。在推广“双措并举、二次覆盖”的经验中，各级工会积极将工会组建工作的对象向农民工转移。

2010年，在贯彻执行“两个普遍”时，各级工会组织继续以农民工、劳务派遣工为主要建会对象。在2011年工会组织规划的“三年规划”中，农民工仍然是建会的重点对象。以北京为例，2011年时，在北京就业的农民工已经达到369万人，成为首都经济社会和城市建设的重要力量。北京市总工会在农民工工会组建方面，按照“谁用工、谁管理、谁建会”的原则，规定用人单位对所使用的成建制企业、劳务派遣组织中的农民工入会工作，负有组织指导责任；对于区县总工会，按照“输出地与输入地相配合，属地管理，双重领导”的原则，要求其对辖区内的所有企事业单位、社区街道的农民工入会工作负有监督、协调的责任。②通过严格落实建会责任制，各级工会加强农民工建会工作。各级工会依托“首都职工素质教育工程”，积极开展技能培训、职业

① 中华全国总工会编：《中国工会年鉴（2010）》，《中国工会年鉴》编辑部2010年版，第29页。

② 中华全国总工会编：《中国工会年鉴（2012）》，《中国工会年鉴》编辑部2012年版，第614页。

介绍、普法教育和文体活动等工作，以社会化、项目制的运作方式，深入落实“千万农民工援助行动”，关心关怀农民工，效果显著。

## 二、加强工会组织自身建设

21 世纪以来，在党中央的关怀与支持下，中国工会不断加强工会组织体系建设，以乡镇（街道）工会、村（社区）工会和企业工会为组成的基层工会组织建设不断加强，产业工会组织建设与改革也有序开展。在创建学习型工会中，不断加强知识型工会干部队伍建设，工会工作作风等方面不断得到加强，促进了工会自身建设。

### （一）改进工会自身组织体系建设

#### 1. 加强省级工会领导班子配置

中国工会继续深入贯彻落实党中央 1989 年 12 号文件精神，推进配强配好省级工会主席这一工作。按照“经济发达、职工人数多的地方，在提名党委常委候选人时，应考虑同级工会的党员主要负责人”的要求，在全国总工会领导下，积极主动与地方党委和有关系统党委加强联系，2002 年底，在省级工会领导班子方面不断加强。全国 31 个省级总工会、3 个不驻会全国产业工会和中共中央直属机关工会联合会、中央国家机关工会联合会中，21 个已实现工会主席按同级党政副职要求配备。2005 年，全国 36 个省级工会领导班子中，工会主席按副省（部）级干部配备已有 31 个，达到了 86.1%。2006 年底，36 个省级工会的 34 名主席（海南、新疆的主席暂时空缺）中，按副省（部）级配备的达 30 个，占 88.24%。省级工会工会主席高职级配备数量不断提升。同

时，在各地党委领导下，工会领导机关干部人事制度改革继续推进，通过公开选拔竞争上岗，一些优秀中青年干部走上领导岗位。2012 年，全国总工会印发《关于省级工会换届和届中领导班子成员调整有关程序的规定》。到 2012 年 5 月，全国市、县级工会主席同级副职配备分别达到了 87.35%和 76.11%，比 2011 年分别提高了 4.17%、6.53%。

2. 推动基层工会干部职业化、社会化

2006 年，全国总工会以“六好乡镇（街道）工会”为载体，加强乡镇（街道）工会的规范化建设。特别是在基层工会干部方面积极探索基层工会干部职业化、社会化的新途径。2007 年，全国总工会利用推进非公有制企业党工共建工作调研和贯彻落实《企业工会工作条例》等契机，督促和指导各地配备专职乡镇（街道）干部，落实待遇。如及时总结推广吉林省总工会采取“社会化招聘、派遣式用工、合同化管理”的办法，加强乡镇（街道）工会干部队伍建设的经验，引导各地从实际出发，采取“专、兼、群”相结合的办法，解决乡镇（街道）工会“无人干事”的问题。全国共有乡镇（街道）工会组织员、协理员 5 万多人，成为活跃在工会基层工作一线的生力军。

各地积极探索建立职业化工会工作者队伍。如从 2003 年开始，广州市工会就已经着手探索建立职业化工会工作者队伍。当年成立的广州市工会志愿者队伍（次年更名为工会协理员队伍）是广东省首支社会化工会专职干部队伍。到 2009 年底，广州全市 12 个区、县级市均建立了协理员队伍，234 名协理员被派驻在全市 170 多个镇街、工业园区和市区两级困难职工帮扶中心，成为一支活跃的、务实的“干事”队伍。他们走街串巷，深入一线，入住户、下企业，在推进工会组建、推行集体协商、促进再就业、帮扶困难职工等工作中发挥了重要作用。2009 年，全市工会协理员共协助组建工会 1.51 万家，协助签订和续签集体合同或工资协

议 2. 59 万份，指导帮助 2. 26 万名失业人员成功实现再就业。[1]

### 3. 加强产业工会组织建设

产业工会组织建设不断调整增强。到 2002 年，全国产业工会机构改革后的组建工作基本完成。2003 年，全国总工会相继起草《关于铁路、民航、金融工会组织领导体制问题的汇报》《关于确定金融系统十四家金融机构机关工会领导关系的报告》《关于理顺中央企业工会领导关系和加强企业集团工会工作有关问题的汇报》，对相关产业工会及中央企业工会和企业集团工会领导关系进行研究，提出意见和建议。参加驻会全国产业工会全委会会议，提出增加全国产业工会全委会委员和常委会委员的意见，并起草《关于适应全国产业工会工作的需要，进一步加强和完善省级产业工会组织有关问题的意见》。

2004 年，全国总工会通过召开全国工会组织工作座谈会、产业工会负责人会议和大企业工会负责人座谈会等方式，对产业工会、行业工会尤其是在京中央企业工会的组织建设工作进行调研，形成了《关于理顺地方工会、产业工会与国有大企业集团工会组织体制的调研报告》，正式提交《全国产业工会领导在京中央企业工会，进一步发挥产业工会作用的有关问题的报告》和《关于中央企业工会领导关系问题的请示》，以理顺中央企业工会领导关系，确保工会组织体系的健全和统一。全国产业工会方面，针对全国产业工会在部分省、市、县没有对应机构以致影响产业工会领导体制上下贯通的问题，通过调研，形成地方工会以集群产业为主，可建立相应的行业工会，不强调所有的产业工会都上下对口，但工作必须有人负责的统一认识；同时增加了各产业工会活动经费和全委会委员、常委会委员的职数。

---

① 广州市总工会编：《破与立：1992—2012 广州工会耕耘路》，中国工人出版社 2012 年版，第 149—150 页。

2005年，全国总工会起草《关于国务院国资委监管的在京中央企业工会领导关系问题的调研报告》，明确提出在国资委建立机关工会，由中央国家机关工会联合会领导，不建立中央企业工会联合会，在京中央企业工会由相关全国产业工会领导；京外中央企业工会以所在地方总工会领导为主，同时接受相关全国产业工会领导。中央企业工会主要负责人由全国总工会党组协助国资委党委管理。2006年，通过调研和与各金融机构多次的沟通、协调，全国总工会明确中国金融工会设在银监会，接受银监会党委的领导。2007年，根据全国总工会书记处会议关于中国金融工会接受中共中国银行业监督管理委员会领导的意见，经请示国务院和中央组织部有关领导同意后，下发《中华全国总工会关于中国金融工会接受中共中国银行业监督管理委员会领导有关问题的通知》。

2007年，全国总工会组织开展产业工会工作专题调研，抽调产业工会部分同志组成调研组，分别到江苏、上海等地，对产业工会特别是中心城市产业工会建设面临的新情况新问题，以及如何进一步健全完善产业工会组织体系等问题进行调查研究，组织起草了《中华全国总工会关于进一步加强和改进新时期产业工会工作的意见》(以下简称（《意见》)。特别是召开了有4个直辖市、9个省、20个省辖市总工会，及各全国产业工会和全国总工会有关部门负责人参加的五次座谈会征求对《意见》稿的意见和建议，为全国产业工会工作座谈会做好前期筹备工作。

4. 着力加强基层工会组织规范化建设

中国工会十五大后，工会组织非常重视自身规范化建设。除了继续加强全国产业工会组织建设，还重点加强基层工会组织的规范化建设。以乡镇（街道）工会、村（社区）工会和企业工会为代表的基层工会组织建设得到不断加强。2009年9月，《中华全国总工会关于加强小企业工会联合会建设的意见》，进一步强

调“在县以下建立多种形式的区域性、行业性小企业工会联合会，面向社会公开招聘专职工会工作者”。2010 年，在工会组织自身建设方面，全国建立各种区域性、行业性基层工会联合会 10.7 万个，选聘社会化专职工会工作者 18767 名，大部分乡镇（街道）建立了工会组织，许多地方特别是经济发达地区工会组织延伸到村和社区。①

2010 年 2 月，全国总工会十五届三次执委会议通过了《中华全国总工会关于加强和改进新形势下工会自身建设的决定》，提出要继续扩大基层工会组织覆盖面，推动构建城乡统筹的基层工会格局，健全“小三级”工会组织网络，同时切实加强县（市、区）以下行业工会建设。2011 年 5 月，《中华全国总工会关于进一步加强县级工会组织工作的意见》，强调“县级工会组织工作是工会重要的基础性工作”，要加强县级工会组织建设。2011 年，全国总工会下发《关于进一步加强开发区、工业园区工会工作的意见》，强调加强开发区、工业园区工会组织的自身建设。

在企业工会工作方面，2010 年，全国总工会印发《中华全国总工会关于进一步加强企业工会工作充分发挥企业工会作用的决定》，要求认真贯彻“促进企业发展、维护职工权益”的企业工会工作原则，将企业工会建设成为职工信赖的职工之家。上级工会要在企业工会面临困难、难以履行维权职责时，出面指导帮助解决或代行其维权职责，保护企业工会干部，提高维权工作实效，同时要“采取多种渠道，为乡镇（街道）工会、区域性、行业性基层工会联合会至少配备一名专职工会干部，充分发挥这一级工会直接指导服务企业工会的重要作用”②。针对企业工会主席，要

① 中华全国总工会编：《中国工会年鉴（2011）》，《中国工会年鉴》编辑部 2011 年版，第 35 页。

② 《中华全国总工会关于进一步加强企业工会工作充分发挥企业工会作用的决定》，《中国工运》2010 年第 8 期。

加强培训和激励。

在各方力量共同推动下，乡镇（街道）工会规范化建设水平进一步提高，很多乡镇（街道）工会工作委员会逐步转变为工会联合会和总工会。工会干部配备也不断加强。2011 年，全国总工会在宁波召开全国乡镇（街道）工会工作经验交流会，针对加强乡镇（街道）工会规范化建设与创新、发挥乡镇（街道）工会作用交流经验，还现场观摩了宁波市江北区庄桥街道总工会和江北区洪塘街道刀片行业工会联合会建设和工作情况。

2010 年 5 月，全国总工会印发《中华全国总工会关于进一步加强建设职工之家工作充分发挥基层工会作用的意见》，“评选表彰一批全国模范职工之家、全国模范职工小家、全国优秀工会工作者。适当扩大对非公有制企业工会、乡镇（街道）工会、村（社区）工会、各类基层工会联合会的表彰比例。对于作出突出成绩的先进基层工会和优秀工会干部，可由省（部）级工会即时推荐申报，由全国总工会授予荣誉称号。对于获得全国模范职工之家称号的企事业单位工会和工会主席，上级工会和本单位可以给予适当物质奖励”。在工会组织建设朝着“学习型、服务型、创新型”方向发展的过程中，全国总工会积极出台《中华全国总工会关于进一步加强工会理论研究工作的意见》，加强工会理论研究工作；制定《基层工会经费收支管理办法》《中国工会审计条例》《企业工会主席产生办法（试行）》《企业工会主席合法权益保护暂行办法》《组建工会和发展会员工作年度考核办法》等，进一步促进工会建设。

### （二）加强工会干部教育培训，改进工会工作作风

#### 1. 持续开展工会干部教育培训工作

2002 年，全国总工会下发《“十五”期间工会干部轮训教学

计划》，发放全国统一的工会干部轮训资格证书，制定了《中华全国总工会关于培训工会专业人才的实施计划》和相关文件。全国总工会组织编写的《工会干部培训教程》由中国工人出版社出版，作为工会干部培训的基本教材，实现了工会干部培训基本教学内容的统一与规范。为了更好地推进培训工作，全国总工会还组织了两期培训教程的师资培训班。特别是根据中央组织部的部署，受中央组织部考试中心的委托，全国总工会组织部组织机关各单位，编制工会各专业、各学科、各部门考试大纲，完成了200个知识点、2000道试题的编制任务，使工会领导干部公开选拔竞争上岗第一次有了全国性试题库，填补了全国工会干部教育培训工作的一项空白。

2003年，在工会干部教育培训工作方面，全国总工会研究起草《关于全国工会干部院校建设和培训质量考核评估办法（征求意见稿）》，设计《全国省级工会干部院校考核评估自查和验收指标体系》，促进工会干部培训工作开展。全国总工会还向中央人才工作协调小组报送《中华全国总工会关于贯彻落实中央有关会议精神，进一步加强人才工作情况的报告》。2004年，全国总工会研究制定《2004年—2008年全国工会干部教育培训规划和全总机关干部教育培训规划》《中国工会国外培训工作五年规划（2004—2008年）》。在工会干部培训方面，形成了工会领导干部培训班、地市级工会主席轮训班、大型骨干企业工会主席轮训班等工会干部培训工作品牌。2005年，各级工会积极贯彻落实《中华全国总工会关于培训工会专业人才的实施计划》，组织编写《〈工会干部培训基础教材〉编写提纲汇编》，加强工会干部培训基础教材建设。

2005年，王兆国在全国总工会机关保持共产党员先进性教育活动报告会上的讲话中指出，全总机关和省级工会的主要领导同志要成为政治家、社会活动家和协调劳动关系专家。对广

大基层工会干部，要在“妈妈心、婆婆嘴、闲不住的两条腿”精神下，提高自己，切实为职工解决实际困难和问题，努力成为协调劳动关系的专门人才。工会党员干部要具备“五种能力”：一是切实提高服从服务于党和国家工作大局的能力；二是切实提高组织职工、动员职工、依靠职工和服务职工的能力；三是切实提高表达和维护职工合法权益的能力；四是切实提高构建和谐稳定社会主义新型劳动关系的能力；五是切实提高工会理论创新、体制创新和工作创新的能力。在工会干部培训方面，各级工会不断贯彻落实这一思路，提高干部队伍整体素质。围绕“五种能力”，各级工会进一步加强对工会干部的教育培训工作与院校建设。

2006 年 8 月，全国工会干部教育培训工作电视电话会议召开。同年，全国总工会印发《2006—2010 年全国工会干部教育培训规划》，全面部署“十一五”期间工会干部教育培训工作，同时组织编写“十一五”期间全国工会干部培训基础教材。到 2006 年底，全国总工会举办各级各类工会干部培训班 41 期，培训工会干部 4320 人次；各级地方及产业工会共培训工会干部 98.3 万人次，进一步提高工会干部的素质和能力。①

2010 年 2 月，全国总工会印发《中华全国总工会关于加强和改进新形势下工会自身建设的决定》，提出“以提高培训质量和效率为重点，积极推进工会干部教育培训的改革创新。发挥工会大学校作用，全面推进工会干部教育培训理念、内容、方式和体制机制的改革创新……新任工会主席要做到当年上岗当年培训。切实加大非公有制企业工会干部培训工作力度，积极开展远程教育。认真总结经验，严格教学管理，加强院校建设和师资队伍建

① 全总基层组织建设部编：《〈企业工会工作条例〉指导读本》，中国工人出版社 2006 年版，第 55 页。

设，不断提高教学质量，充分发挥工会干部院校培养造就高素质工会干部的作用”。

在工会干部培训的具体实践中，职业化工会干部培训班、乡镇（街道）工会干部培训班、外企工会主席培训班等陆续举办，提升了工会干部素质。如2008年，相继举办了全国乡镇（街道）工会主席培训班和全国外商投资企业工会主席培训班；2009年，举办了世界500强企业工会主席培训班；2010年10月，举办了全国乡镇（街道）工会干部培训班。2010年，《企业工会组建工作培训教材》由中国工人出版社出版。2011年1月，全国总工会印发《全国工会集体协商指导员培训实施计划（2011—2013年）》。2011年7月，举办了全国工会建设职工之家培训班。2012年5月，全国总工会出台《中华全国总工会关于加强专职集体协商指导员队伍建设的意见》，通过加强专职集体协商指导员队伍的建设，进一步推动工会集体协商工作。

2011年6月，全国工会干部教育培训工作会议在北京召开。6月17日，全国总工会印发《2011—2015年全国工会干部教育培训规划》。2012年1月，全国总工会十五届六次执委会议通过《中华全国总工会关于学习宣传实践中国特色社会主义工会发展道路的决议》后，各级工会通过多种形式组织广大工会干部深入学习宣传中国特色社会主义工会发展道路，提高工会干部的理论素养。如在2012年4月，全国总工会在中央党校举办中国特色社会主义工会发展道路专题学习班。2011年，由中华全国总工会主管、中华全国总工会组织部主办、中工网承办的全国工会干部教育培训网这一在线学习平台正式开通，更好地满足了工会干部的学习需求。

全国参加各类工会干部培训人次不断增加。以各地区基层以上各级工会干部教育培训工作情况为例，2002年，参加轮训的工会干部302893人次；参加专职工会干部培训的90150人次；参加

适应性岗位培训的工会干部297076人次；参加工会领导干部研讨班的4727人次；参加工会专业人才培训班的26404人次；参加工会师资培训班的5994人次。[①] 到2012年，参加工会干部任职培训（轮训）的629183人次；参加工会干部适应性岗位培训的882172人次；参加工会领导干部研讨班的143867人次；参加企业工会干部培训班的1287589人次；参加工会专业人才培训班的285431人次；参加工会师资培训班的69963人次；参加乡镇、街道（社区）工会干部培训班的406944人次[②]。

2. 不断加强工会工作作风建设

工会组织建设及工会工作的有效开展需要不断加强工会工作作风。2010年2月，全国总工会十五届三次执委会议通过《中华全国总工会关于加强和改进新形势下工会自身建设的决定》，从加强和改进新形势下工会自身建设的重要性和紧迫性等八个方面提出加强工会自身建设，强调加强和改进工会自身建设应遵循坚持自觉接受党的领导，坚持全面履行工会各项社会职能、突出维护职能，坚持工会组织的团结统一，坚持解放思想、实事求是、与时俱进的基本原则；同时要求各级工会从工会组织体系完善、工会干部队伍建设、工会工作作风等方面不断加强工会自身建设，进一步改进作风，密切与职工群众的联系。各级工会及工会干部要防止和克服工会组织行政化、机关化倾向，切实解决一些工会干部脱离会员和职工群众的问题；坚持求真务实，坚持深入基层，加强调查研究，加强党风廉政建设。同年，全国总工会印发《中华全国总工会关于进一步加强企业工会工作充分发挥企业工会作用的决定》，针对工会工作再次强调要从改进工作作风入手，克

---

① 中华全国总工会研究室编：《中国工会统计年鉴（2003）》，中国统计出版社2006年版，第96页。

② 中华全国总工会研究室编：《中国工会统计年鉴（2013）》，中国统计出版社2015年版，第109页。

服工会机关化、行政化现象，深入企业、贴近职工，总结推广基层创造的工作经验。

在加强工会工作作风方面，结合中央部署的创先争优活动，2010 年 8 月，党中央创先争优活动领导小组、全国总工会联合印发《关于在工会组织和广大职工中深入开展创先争优活动的意见》，在工会系统深入开展创先争优活动，对活动中涌现出的先进工会基层组织、优秀工会工作和劳动模范要及时发现和表彰，树立典型，总结宣传，发挥先进典型的示范引领作用。全国总工会在宣传活动中，开展了对全国优秀工会工作者王远文先进事迹的宣传，引领广大工会干部向其学习。2011 年，全国总工会组织全国工会“十面红旗、十大标兵”先进事迹报告团在五省市进行巡回报告，有力地展示了工会干部风采。

2011 年 12 月，习近平在主持中央书记处办公会议听取全国总工会党组汇报工作时，指出开展“面对面、心贴心、实打实服务职工在基层”活动这一工作思路很有创意，要积极抓好落实。为了进一步密切工会与职工群众的联系，全国总工会于 2012 年 1 月相继印发《中华全国总工会关于开展“面对面、心贴心、实打实服务职工在基层”活动的意见》和《全国总工会机关开展“面对面、心贴心、实打实服务职工在基层”活动实施方案》，从总体要求、主要任务、方法步骤和组织领导等方面对这一活动作出具体安排和详细部署。全国总工会十五届六次执委会议把深入开展服务职工活动确定为 2012 年工会工作的主线。

各级工会结合时代发展特点和职工群众实际，深入基层、深入一线，与职工面对面沟通交流，了解职工状况，与职工增进互信理解，心贴心地开展职工思想工作，在求真务实作风下，为职工实打实地说话办事。如天津市各级工会按照“进万家企业、访百万职工”和努力推动解决一批职工权益现实问题、消除一批基层劳动关系矛盾隐患、树立一批先进典型、形成一批工会工作创

新发展成果的活动目标任务，以生产经营困难的企业、困难职工多的企业、劳动关系存在矛盾隐患的企业、工会工作相对薄弱的企业为重点，在各层面开展了形式多样的服务活动。全年全市各级工会共走访基层企业28625家，服务职工1006685人，帮助基层企业和职工解决生产生活问题12196个。[①]

2012年，各级工会层层发动、广泛动员，成立了5.2万个服务职工工作组，组织工会干部103万人次，采取分工包片、蹲点等方式，深入40.1万家企业，走访慰问91.4万户困难职工家庭和劳模家庭，发放救助金8.6亿元，与757.9万名一线职工、企业经营者交流，了解职工生产生活、思想动态及企业生产经营状况，做好宣传引导、释疑解惑和帮扶工作，推动解决职工实际困难。[②] 2012年5月、6月，全国总工会在江苏、北京相继召开学习宣传实践中国特色社会主义工会发展道路暨服务职工南方片区、北方片区座谈会，会议的重要内容就包括总结交流各地工会开展“面对面、心贴心、实打实服务职工在基层”活动的经验。在北方片区会议上，北京、天津、河北、山西、内蒙古、辽宁等15个省（自治区、直辖市）工会和新疆生产建设兵团工会介绍了学习宣传实践工会发展道路和开展服务职工活动的做法和经验。同年9月，全国总工会印发《关于深化“面对面、心贴心、实打实服务职工在基层”活动、建立健全服务职工长效机制的意见》，推动这一工作持续发展。

为了进一步加强工会工作，以“工会组织亮牌子，工会主席亮身份”为题的“双亮”活动也在全国蓬勃开展。如福建省总工会针对非公企业员工流动性大，一些非公企业的工会组织

---

① 中华全国总工会编：《中国工会年鉴（2013）》，《中国工会年鉴》编辑部2013年版，第162页。

② 中华全国总工会编：《中国工会年鉴（2013）》，《中国工会年鉴》编辑部2013年版，第53页。

虽然建立起来，但企业主和职工对工会了解很少，甚至出现“员工找不到工会组织，认不得工会干部”的情况，于2007年印发《关于在全省非公有制企业中开展“工会组织亮牌子示职责、工会干部亮身份许承诺”活动的通知》，要求企业工会“有班子、有牌印、有场所、有经费、有制度、有活动”①。2009年时，福建省5万多个非公有制企业的大门或显著位置悬挂工会牌子，工会活动场所也得以标注，工会干部的姓名、联系方式等也会在企业宣传栏等显眼位置公开，工会干部佩戴胸卡，戴牌上岗。“双亮”活动的开展直接拉近了职工与企业的距离，显著地提高了工会干部的责任感。2012年，福建省全省企业工会“双亮”覆盖面达84.6%，其中非公有制企业工会“双亮”覆盖面达85.7%。②

在总结福建省总工会“企业工会亮牌子、工会主席亮身份”经验的基础上，2012年3月，全国总工会印发《关于在企业工会实施“工会组织亮牌子、工会主席亮身份”的意见》，在全国企业工会部署广泛实施“双亮”行动，以拉近工会与职工的距离，推动建立健全会员评价报告制度、记录制度、检查制度和激励约束制度。根据意见要求，2012年全国企业工会实施“双亮”的覆盖面要达到50%以上，通过两到三年的努力，基本实现全覆盖。此后，全国31个省（自治区、直辖市）总工会制定或转发实施“双亮”文件。各地工会领导高度重视，突出典型示范，以点带面抓落实，同时结合“面对面、心贴心、实打实服务职工在基层”活动，解决职工面临的困难与问题，拉近工会组织、工会干部与职工群众的距离，促进企业工会规范化建设。全国总工会此

① 肖玉保：《福建五万非公企业工会亮牌子干部亮身份》，《工人日报》2009年4月21日第1版。

② 中华全国总工会编：《中国工会年鉴（2013）》，《中国工会年鉴》编辑部2013年版，第197页。

后还确立了河北省等 5 家省级总工会以及邯郸市等 10 家城市总工会作为“双亮”示范点。各省（自治区、直辖市）也确定各自的企业工会“双亮”示范点。2012 年 6 月底，全国 10 万多家企业开展了“双亮”工作①。

① 中华全国总工会编：《中国工会年鉴（2013）》，《中国工会年鉴》编辑部 2013 年版，第 32 页。

## 小 结

# 工人阶级在党的领导下进行改革开放和社会主义现代化建设

1978 年 12 月，党的十一届三中全会果断结束“以阶级斗争为纲”，实现党和国家工作中心战略转移，开启了改革开放和社会主义现代化建设新时期，实现了新中国成立以来党的历史上具有深远意义的伟大转折，中国工运事业也进入了新的历史发展阶段。在此后的 30 多年里，中国工人阶级始终与时代同行、与发展同步，其规模不断壮大，素质日益提升，视野愈加开阔，结构更为优化。他们自觉承担起新的历史使命，听党话、跟党走，始终走在时代前列，积极投身于建设中国特色社会主义事业的伟大实践之中。与此同时，中国工会在中国共产党的领导下，高举中国特色社会主义伟大旗帜，主动适应社会主义市场经济条件下劳动关系的新变化，锐意进取、开拓创新，不断总结实践经验，走出了一条中国特色社会主义工会发展道路。

党的十一届三中全会以后，以邓小平同志为主要代表的中国共产党人，团结带领全党全国各族人民，深刻总结新中国成立以来正反两方面经验，围绕什么是社会主义、怎样建设社会主义这一根本问题，借鉴世界社会主义历史经验，创立了邓小平理论，解放思想，实事求是，作出把党和国家工作中心转移到经济建设上来、实行改革开放的历史性决策，深刻揭示社会主义本质，确立社会主义初级阶段基本路线，明确提出走自己的路——建设中

国特色社会主义，科学回答了建设中国特色社会主义的一系列基本问题，制定了到21世纪中叶分三步走、基本实现社会主义现代化的发展战略，成功开创了中国特色社会主义。中国工运事业也因此迎来了历史性转机和新机遇。

自中国工会九大召开之后，在党中央的领导和支持下，各级工会组织解放思想、拨乱反正，平反了一大批冤假错案，激发了广大职工群众建设社会主义的热情。基层工会组织陆续得到恢复和发展，逐步有序开展各项工会工作。首先，组织和动员广大职工群众以四化建设为中心，围绕生产和管理中的问题，积极广泛参与社会主义劳动竞赛、合理化建议、技术革新、技术协作与技术交流等各种群众性经济技术活动，努力提高劳动生产率，为国民经济的恢复、调整与发展作出巨大贡献。其次，积极关心职工群众生活，做好各项职工福利工作，切实解决职工生活中迫切需要解决而又难以解决的问题，包括监督和协助行政做好劳动保险工作，恢复和办好疗（休）养事业，推动生活后勤部门开展劳动竞赛，组织群众性的互助互济活动，建好职工食堂、托儿所、浴室等集体福利设施，以及建设职工文体活动阵地等。再次，通过办好各种职工学校，组织各种兴趣小组等方式，加强对职工群众的思想政治教育和文化技术教育，在增进其主人翁责任感的同时，提高其政治、科学、技术和文化水平。最后，以建立健全职工代表大会制度为重点，大力推进企业民主管理，保障职工群众参与企业民主管理的各项职权，更好地激励广大职工群众以主人翁的姿态投身工作。

在城市经济体制改革全面展开之际，广大职工群众积极支持改革、参与改革，正确处理个人利益和集体利益的关系，发挥了维护社会安定团结的中流砥柱作用。各级工会组织充分发挥桥梁纽带作用，一方面团结、动员和组织广大职工群众发挥社会主义现代化建设主力军的作用；另一方面直面经济体制改革下职工、

企业和国家利益分化后带来的问题，积极表达和维护职工群众的具体利益。在党中央的领导和支持下，各级工会领导机关参政议政的渠道更为通畅，与职工切身利益相关的诉求能更好地反映在党和国家的重大方针政策以及各产业和地方的经济发展规划之中。与此同时，各级工会组织还深入开展“两个文明”建设、形势教育、工作纪律和职业道德教育等活动，发挥了工会共产主义学校的作用。在这一过程中，工会的职能发生了一些重要变化。从之前的做好生产、生活、教育和民主管理等工作，逐步转变为发挥好维护、建设、参与和教育四项社会职能。

党的十三届四中全会以后，以江泽民同志为主要代表的中国共产党人，团结带领全党全国各族人民，坚持党的基本理论、基本路线，加深了对什么是社会主义、怎样建设社会主义和建设什么样的党、怎样建设党的认识，形成了“三个代表”重要思想，在国内外形势十分复杂、世界社会主义出现严重曲折的严峻考验面前捍卫了中国特色社会主义，确立了社会主义市场经济体制的改革目标和基本框架，确立了社会主义初级阶段公有制为主体、多种所有制经济共同发展的基本经济制度和按劳分配为主体、多种分配方式并存的分配制度，开创全面改革开放新局面，推进党的建设新的伟大工程，成功把中国特色社会主义推向 21 世纪。

党的十四大明确建立社会主义市场经济体制的改革目标之后，工人阶级以高度的主人翁精神和历史责任感，坚定站在深化改革开放的最前列。特别是在国有企业改革进入兼并、重组、改制、破产的攻坚阶段，下岗分流和减员增效任务艰巨，工人阶级发扬识大体、顾大局的优良传统，正确对待改革过程中利益关系和利益格局的调整。广大职工群众积极转变观念、负重前行，经受住了考验，实现了新生。随着非公有制企业的迅速发展，尤其是数以亿计的农民工涌入城市，源源不断加入工人队伍，工人阶级的整体力量更加强大，不仅在经济建设中发挥主力军作用，而且还

是维护社会稳定的中流砥柱。

在建立社会主义市场经济体制的过程中，我国的劳动关系性质逐步从行政主导型向市场主导型转变，工会在劳动关系中作为职工利益代表者和维护者的身份也愈加明晰，并积极探索有中国特色社会主义工会工作的新路子，努力开创工会工作新局面。特别是在《劳动法》颁布之后，工会工作总体思路确立，即“以贯彻实施《劳动法》为契机和突破口，带动工会各项工作，推动自身改革和建设，努力把工会工作提高到一个新水平，在改革发展稳定中更好地发挥作用”。工会在全面履行各项社会职能的同时更加突出维护职能。2001 年修订后的《工会法》第六条也明确强调“维护职工合法权益是工会的基本职责”。在履行维护职能的过程中，中国工会不仅积极协助做好下岗职工基本生活保障和再就业工作，深入实施“送温暖”工程，积极推动建立健全各项社会保障制度，而且还探索和建立了诸多维护职工合法权益和协调劳动关系的制度与机制，比如源头参与制度、劳动关系三方协调机制、平等协商和集体合同制度、劳动争议处理制度和工会劳动法律监督制度等。

党的十六大以后，以胡锦涛同志为主要代表的中国共产党人，团结带领全党全国各族人民，在全面建设小康社会进程中推进实践创新、理论创新、制度创新，深刻认识和回答了新形势下实现什么样的发展、怎样发展等重大问题，形成了科学发展观，抓住重要战略机遇期，聚精会神搞建设，一心一意谋发展，强调坚持以人为本、全面协调可持续发展，着力保障和改善民生，促进社会公平正义，推进党的执政能力建设和先进性建设，成功在新形势下坚持和发展了中国特色社会主义。

进入 21 世纪后，中国工运事业面临的国内和国际政治经济环境发生了重大变化。科技革命日新月异，国际竞争日趋激烈，中国社会主义市场经济体制初步确立，改革开放进入攻坚时期，困

难与机遇并存。特别是在加入世界贸易组织后，经济全球化给中国的经济社会生活带来了前所未有的深刻影响。

一方面，我国经济日益融入全球化市场体系，使我国的制造业获得了一次新的发展机遇，虽然主要处于价值链的底端，但作为一个发展的必然阶段，事实上帮助解决了大量工人和农民工的就业问题，并培养出了一支掌握一定知识和技能的庞大产业工人队伍。另一方面，大量制造业处于价值链底端的这种处境，又容易引发劳动关系紧张及职工合法权益维护问题，而与经济全球化及互联网技术发展相伴而来的是各种思潮的涌入、碰撞和传播，其中就有一些国际工运和社会运动的思潮，这必然对我国的社会稳定造成一定影响。此外，人们的法律意识和权利意识逐渐成熟起来，他们越来越了解自己的权利并学会用法律手段来维护自身权益。加上 2008 年全球金融危机的爆发和延续以及我国经济增速放缓、产业结构调整，这些都必然引发诸多经济和社会问题。

在这种形势下，中国工会一方面积极组织动员广大职工群众当好主人翁，深入开展劳动竞赛，推进群众性经济技术创新工作发展，组织动员广大职工建功立业，特别是在面对国际金融危机的挑战下，各级工会大力开展工会与企业、职工的“共同约定行动”，组织动员广大职工与企业和衷共济、应对挑战，为保持经济平稳发展作出了重要贡献。另一方面，中国工会提出努力开创新世纪新阶段工会工作新局面，先后提出“组织起来、切实维权”的工会工作方针、“以职工为本，主动依法科学维权”的中国特色社会主义工会维权观、“促进企业发展、维护职工权益”企业工会工作原则，以及深入推进“两个普遍”、不断构建和谐劳动关系的要求等。

在这一系列重要的经验总结和理论探索基础之上，中国工会十五大正式提出坚定不移地走中国特色社会主义工会发展道路。中国特色社会主义工会发展道路作为中国特色社会主义道路的重

要组成部分，系统回答了中国工会走什么样的工会发展道路、建设什么样的工会、工会发挥什么样的作用等重大时代课题。在中国共产党的领导下，在中国特色社会主义理论的指导下，中国工会将引领广大职工群众为全面建设小康社会不断作出新的贡献。

第十六编

## 始终坚持自觉接受党的领导，团结引导广大职工坚定不移听党话、跟党走

第十七编

## 广大职工积极奋进新征程、建功新时代

第二十一编

# 全面深化工会改革和建设

第二十二编

## 加强工会和职工对外交流交往



第二十三编

## 全面加强工会系统党的建设

# 第十四编

# 中国特色社会主义新时代的工人运动

## 第一章

# 党的十八大与中国工人运动的时代主题

## 一、党的十八大

2012年11月8日至14日，中国共产党第十八次全国代表大会在北京举行。大会通过《坚定不移沿着中国特色社会主义道路前进 为全面建成小康社会而奋斗》的报告。

党的十八大是在我国进入全面建成小康社会决定性阶段召开的一次十分重要的大会。大会回顾和总结了过去五年的工作和党的十六大以后的奋斗历程及取得的历史性成就，确立了科学发展观的历史地位。

大会贯穿始终的一条主线就是坚持和发展中国特色社会主义。大会强调，中国特色社会主义道路，中国特色社会主义理论体系，中国特色社会主义制度，是党和人民90多年奋斗、创造、积累的根本成就，必须倍加珍惜、始终坚持、不断发展。

大会指出，建设中国特色社会主义，总依据是社会主义初级阶段，总布局是社会主义经济建设、政治建设、文化建设、社会建设、生态文明建设“五位一体”，总任务是实现社会主义现代化和中华民族伟大复兴。大会强调，发展中国特色社会主义是一项长期的艰巨的历史任务，必须准备进行具有许多新的历史特点的伟大斗争。

大会明确提出“两个一百年”奋斗目标：在中国共产党成立一百年时全面建成小康社会，在新中国成立一百年时建成富强民主文明和谐的社会主义现代化国家。同时，根据我国经济社会发展实际，顺应我国经济社会新发展和广大人民群众新期待，提出了全面建成小康社会要努力实现经济持续健康发展、人民民主不断扩大、文化软实力显著增强、人民生活水平全面提高、资源节约型环境友好型社会建设取得重大进展等新要求，既鼓舞人心又切实可行，极大激励了全党全国各族人民为实现全面建成小康社会目标而努力奋斗。

大会根据中国特色社会主义事业“五位一体”总体布局和全面建成小康社会的目标要求，对我国经济建设、政治建设、文化建设、社会建设、生态文明建设、国防和军队现代化、“一国两制”实践和推进祖国统一、党的建设作出全面部署。

党的十八大报告坚持以人为本的思想，把实现好、维护好、发展好最广大人民的根本利益，作为一切工作的出发点和落脚点，对工人阶级和工会工作等问题作出一系列重要论述。

在坚持全心全意依靠工人阶级上，强调要尊重劳动、尊重知识、尊重人才、尊重创造，营造劳动光荣、创造伟大的社会氛围；更加注重健全民主制度、丰富民主形式，保证人民依法实行民主选举、民主决策、民主管理、民主监督；健全以职工代表大会为基本形式的企事业单位民主管理制度，保障职工参与管理和监督的民主权利，提高基层人大代表特别是一线工人、农民、知识分子代表比例；完善党的代表大会制度，提高工人、农民代表比例，重视从青年工人、农民、知识分子中发展党员。

在保障和改善民生上，强调深化企业工资分配制度改革，推行企业工资集体协商制度，保护劳动所得，千方百计增加居民收入；推动实现更高质量的就业，鼓励多渠道多形式就业，促进创业带动就业，做好以高校毕业生为重点的青年就业、农村转移劳动力就业、城镇困难人员就业工作；改革完善企业和机关事业单位社会保险制度，建立兼顾各类人员的社会保障待遇确定机制和正常调整机制；加强职业技能培训，提升劳动者就业创业能力，增强就业稳定性；有序推进农业转移人口市民化，努力实现城镇基本公共服务常住人口全覆盖，积极推动农民工子女平等接受教育。

在推进社会管理创新上，强调建立健全党和政府主导的维护群众权益机制，完善信访制度，完善人民调解、行政调解、司法调解联动的工作体系，畅通和规范群众诉求表达、利益协调、权益保障渠道；健全劳动标准体系和劳动关系协调机制，加强劳动保障监察和争议调解仲裁，构建和谐劳动关系；强化企事业单位、人民团体在社会管理和服务中的职责，引导社会组织健康有序发展，充分发挥群众参与社会管理的基础作用。

在加强和改进党的群众工作上，强调以人为本、执政为民，始终保持党同人民群众的血肉联系，支持工会、共青团、妇联等人民团体充分发挥桥梁纽带作用，更好反映群众呼声，维护群众合法权益。报告全面把握了我国发展新要求和人民群众新期待，符合工人阶级和广大劳动群众根本利益和长远利益，必将给全国各族人民带来更大的福祉，激发广大职工为推动经济社会又好又快发展建功立业。

大会审议并一致通过《中国共产党章程（修正案）》，把大会报告确立的重大理论观点和重大战略思想写入党章。这次党章修改，把科学发展观同马克思列宁主义、毛泽东思想、邓小平理论、“三个代表”重要思想一道确立为党的行动指南，并深刻阐明了科学发展观的时代背景、科学内涵、精神实质和贯彻落实科学发展观的基本要求。大会选举产生了新一届中央委员会和中央纪律检查委员会。

2012 年 11 月 15 日，党的十八届一中全会选举产生了新一届中央领导机构，选举习近平为中共中央总书记，决定习近平为中共中央军事委员会主席。

党的十八大在历史发展的关键时刻，集中全党全国各族人民的智慧，为党和国家事业的发展包括工人运动和工会工作的发展指明了前进方向。大会对于党团结带领工人阶级和全国各族人民继续努力，全面建成小康社会，加快推进社会主义现代化，开创中国特色社会主义事业包括工运事业新局面，产生了重大而深远的影响。

2012 年 11 月 16 日，中央政治局召开会议，对认真学习宣传和全面贯彻落实党的十八大精神作出部署。全国总工会迅速在工会系统组织学习贯彻党的十八大精神。当天，全国工会学习贯彻党的十八大精神电视电话会议召开，会议号召各级工会组织更加自觉地接受党的领导，认真学习贯彻党的十八大精神，团结引导广大职工为实现党的十八大提出的宏伟目标作贡献，为确保到 2020 年实现全面建成小康社会的奋斗目标充分发挥工人阶级主力军作用。同日，全国总工会印发《关于认真学习宣传贯彻党的十八大精神的通知》，要求各级工会深刻领会、准确把握党的十八大精神实质，紧密结合工作实际，认真抓好贯彻落实。11 月 20 日，全国总工会召开“学习贯彻党的十八大精神、总结党的十六大以来工会工作成就”座谈会。会议要求各级工会以党的十八大精神为指导，认真总结党的十六大以来工会工作取得的成就与经验，不断增强道路自信、理论自信、制度自信，进一步丰富完善中国特色社会主义工会发展道路理论与实践，团结动员广大职工为全面建成小康社会、夺取中国特色社会主义新胜利建功立业。11 月 21 日，全国总工会党组理论学习中心组召开扩大会议，集中学习党的十八大精神。12 月 4 日，全国总工会举办机关党务工作者学习贯彻党的十八大精神研讨班，要求把思想进一步统一到党的十八大精神上来，把力量凝聚到实现党的十八大确定的各项任务上来。

2013 年 3 月，全国总工会十五届七次执委会议通过了《中华全国总工会关于深入学习贯彻党的十八大精神 坚定不移走中国特色社会主义工会发展道路 团结动员广大职工为全面建成小康社会建功立业的决议》，对把学习贯彻党的十八大精神不断引向深入，始终保持工运事业正确政治方向，动员广大职工为全面建成小康社会建功立业等作出了进一步部署。

## 二、提出实现中华民族伟大复兴的中国梦

党的十八届一中全会结束后，习近平在同中外记者见面时，阐述了新的中央领导集体肩负的对民族的责任、对人民的责任、对党的责任，强调“人民对美好生活的向往，就是我们的奋斗目标”①。2012 年 11 月 29 日，党的十八大闭幕不久，习近平率领中央政治局常委和中央书记处同志来到国家博物馆，参观《复兴之路》展览。习近平首次提出并阐述实现中华民族伟大复兴的中国梦，指出：“实现中华民族伟大复兴，就是中华民族近代以来最伟大的梦想。这个梦想，凝聚了几代中国人的夙愿，体现了中华民族和中国人民的整体利益，是每一个中华儿女的共同期盼。”②强调，“我们这一代共产党人一定要承前启后、继往开来，把我们的党建设好，团结全体中华儿女把我们国家建设好，把我们民

① 习近平：《人民对美好生活的向往，就是我们的奋斗目标》（2012 年 11 月 15 日），《习近平著作选读》第 1 卷，人民出版社 2023 年版，第 60 页。

② 习近平：《实现中华民族伟大复兴是中华民族近代以来最伟大的梦想》（2012 年 11 月 29 日），《习近平著作选读》第 1 卷，人民出版社 2023 年版，第 63 页。

族发展好，继续朝着中华民族伟大复兴的目标奋勇前进”①。

此后，习近平持续地、多方面多角度地作了大量论述，使得中国梦的内涵不断丰富。2013 年 3 月 17 日，习近平在十二届全国人大一次会议上指出：“实现中华民族伟大复兴的中国梦，就是要实现国家富强、民族振兴、人民幸福”②，明确概括了中国梦的基本内涵、本质。习近平强调，实现中国梦必须走中国道路、弘扬中国精神、凝聚中国力量。中国道路，就是中国特色社会主义道路，这条道路具有深厚的历史渊源和广泛的现实基础。中国精神，就是以爱国主义为核心的民族精神和以改革创新为核心的时代精神，这种精神是凝心聚力的兴国之魂、强国之魂。中国力量，就是中国各族人民大团结的力量。只要我们紧密团结，万众一心，为实现共同梦想而奋斗，实现梦想的力量就无比强大，我们每个人为实现自己梦想的努力就拥有广阔的空间。习近平指出，“中国梦归根到底是人民的梦，必须紧紧依靠人民来实现，必须不断为人民造福”③。我们要实现的中国梦，不仅造福中国人民，而且造福各国人民；强调在努力实现各自的梦想的同时，同国际社会一道，推动实现持久和平、共同繁荣的世界梦，为人类和平与发展的崇高事业作出新的更大的贡献。中国梦是和平、发展、合作、共赢的梦，同各国人民的梦想息息相通，实现中国梦将为世界带来极大的机遇。

习近平指出，实现中华民族伟大复兴的中国梦，根本上要靠包括工人阶级在内的全体人民的劳动、创造、奉献。要使中国梦

---

① 习近平：《实现中华民族伟大复兴是中华民族近代以来最伟大的梦想》（2012 年 11 月 29 日），《习近平著作选读》第 1 卷，人民出版社 2023 年版，第 63 页。

② 习近平：《在第十二届全国人民代表大会第一次会议上的讲话》（2013 年 3 月 17 日），《习近平著作选读》第 1 卷，人民出版社 2023 年版，第 97 页。

③ 习近平：《在第十二届全国人民代表大会第一次会议上的讲话》（2013 年 3 月 17 日），《习近平著作选读》第 1 卷，人民出版社 2023 年版，第 99 页。

真正同每个职工的个人理想和工作生活紧密结合起来，真正落实到实际行动之中。要把广大职工群众充分调动起来，满怀信心投身于为实现中国梦而奋斗的火热实践，形成万众一心、众志成城的磅礴力量。

中国梦以深刻的思想、丰富的内涵，使其成为中国走向未来的鲜明指引，成为中华民族团结奋斗的最大公约数和最大同心圆，成为激励中华儿女团结奋进、开辟未来的一面精神旗帜，成为影响当代中国和世界历史进程的一个重要思想概念，为坚持和发展中国特色社会主义注入新的时代内涵。同时，也成为新时代党的工运事业和工会工作必须紧紧围绕的时代主题。

2013 年 3 月 1 日，全国总工会十五届七次执委会议选举中共中央政治局委员、全国人大常委会副委员长兼秘书长李建国为中华全国总工会主席。9 月 23 日，李建国在全国总工会十五届八次执委会议上强调，为实现中华民族伟大复兴的中国梦而奋斗，是全党全国人民的历史任务，是我国工人阶级的历史使命，是我国工人运动的时代主题。

## 三、中国工会十六大

### （一）中国工会十六大召开

2013 年 10 月 18 日至 22 日，中国工会第十六次全国代表大会在北京举行。习近平、李克强、张德江、俞正声、王岐山、张高丽等党和国家领导人到会祝贺，刘云山代表党中央致祝词。李克强为全体代表作经济形势报告。来自全国各行各业的 1900 多名中国工会十六大代表和近百名特邀代表出席大会。

中国工会十六大是在我国进入全面建成小康社会决定性阶段召开的一次十分重要的会议。大会的主题是：高举中国特色社会主义伟大旗帜，以邓小平理论、“三个代表”重要思想、科学发展观为指导，深入贯彻党的十八大精神和习近平总书记系列重要讲话精神，坚定不移走中国特色社会主义工会发展道路，坚定信念、改革创新、埋头苦干，团结动员亿万职工在全面建成小康社会、实现中华民族伟大复兴的中国梦的历史进程中充分发挥工人阶级主力军作用。

刘云山代表党中央发表《在为实现中国梦不懈奋斗中铸就工人阶级新辉煌》的祝词。祝词高度赞扬了在改革开放的历史进程中，我国工人阶级在党的坚强领导下，胸怀全局、锐意进取，为中国特色社会主义事业建立了卓越功勋；肯定了各级工会组织自中国工会十五大以来，牢牢把握我国工人运动的主题，团结动员亿万职工建功立业，推动工会工作取得显著成就，开创了工运事业新局面。

祝词深刻分析了我国工人阶级和工会组织面临的新形势，强调实现党的十八大描绘的宏伟蓝图，实现中华民族伟大复兴的中国梦，必将造福工人阶级，也必须紧紧依靠工人阶级。我国工人阶级要深入贯彻党的十八大精神，深入贯彻习近平总书记系列重要讲话精神，进一步增强责任感、使命感，大力弘扬主人翁精神，充分发挥主力军作用，为实现中国梦而不懈奋斗。要始终做坚持中国道路的柱石，做弘扬中国精神的楷模，做凝聚中国力量的中坚，用先进思想、模范行动影响和带动全社会，形成团结奋斗、共创未来的正能量。要始终做全面深化改革的推动者、参与者，积极投身改革，勇于探索、大胆实践，促进我国社会主义制度自我完善和发展，为推进中国特色社会主义伟大事业作出新的贡献。

祝词指出，工会组织在团结动员广大职工为实现中国梦而奋斗的进程中肩负崇高使命。要始终坚持正确方向、锐意改革创新，充分发挥我国工人阶级的主力军作用，始终保持我国工会组织的团结统一，在组织职工、引导职工、服务职工、维护职工合法权益上，作出更大努力、发挥更大作用。做好工会工作，要坚定不移走中国特色社会主义工会发展道路，牢牢把握党和国家工作大局，坚持全心全意为职工群众服务，以改革创新精神加强工会组织自身建设。

祝词强调，全心全意依靠工人阶级是党的根本指导方针，任何时候任何情况下都不能有丝毫动摇。各级党委和政府要采取有力措施，把这一方针贯彻到政策法规制定、社会管理服务的全过程，贯彻到推动改革发展、维护和谐稳定的全过程。要加强和改进党对工会工作的领导，支持工会依照法律和章程独立自主创造性地开展工作，关心爱护工会干部，为工会工作创造更加有利的条件。

李克强应邀在中国工会十六大上作经济形势报告。李克强深刻分析和阐述了我国的经济形势，强调要巩固经济稳中向好态势，让改革发展成果惠及全体人民。李克强指出，应对前进道路上存在的风险和挑战，需要包括广大职工在内的全体人民共同努力。发展经济的根本目的是造福人民。要切实维护劳动者合法权益，高度重视农民工问题，解决好关系群众切身利益的养老、医疗、低保、住房等基本保障问题，创造更多的就业创业机会，让广大劳动者共享改革发展成果。各级工会组织要继续发挥党和政府密切联系职工群众的桥梁纽带作用，团结广大职工投身现代化建设事业。

李建国代表全国总工会十五届执委会作题为《高举旗帜 改革创新 团结动员亿万职工在实现中国梦历史进程中充分发挥主力军作用》的报告。报告分三个部分：过去五年的工作和十年的主要经验；牢牢把握为实现中华民族伟大复兴的中国梦而奋斗这个我国工人运动的时代主题；今后五年的目标任务。

报告总结了过去五年来工会工作的主要成绩和新进展，回顾了党的十六大和工会十四大以来十年工会工作的历程和成就，在充分体现工会工作发展变化和创新亮点的基础上，深刻总结了十年工会工作的基本经验，明确提出为实现中华民族伟大复兴的中国梦而奋斗，是我国工人运动的时代主题。

报告提出，工人阶级是全面建成小康社会、坚持和发展中国特色社会主义、实现中国梦的主力军。在实现中国梦的新征程中，必须毫不动摇地贯彻落实党的全心全意依靠工人阶级根本方针，不断巩固工人阶级的领导阶级地位，进一步焕发历史主动精神和伟大创造力量，激励广大职工踊跃投身社会主义经济建设、政治建设、文化建设、社会建设和生态文明建设，始终做坚持中国道路的柱石、弘扬中国精神的楷模、凝聚中国力量的中坚。

报告强调，工会是党领导的工人阶级群众组织，团结动员广大职工为实现中国梦而奋斗是工会的庄严历史使命。中国特色社会主义伟大事业的胜利推进，党的十八大绘制的宏伟蓝图和中国梦展示的光明前景，为工会开展工作提供了宽广舞台；党对工会工作的坚强领导和对工会发展道路的充分肯定，为工会发挥作用提供了根本保证。同时，工会工作也面临一系列新情况新问题。实现党的十八大确立的目标任务，让职工群众实现更高质量的就业、获得更加公平合理的收入、享有更加充分的社会保障，享有法律赋予的民主权利，享有丰富的精神文化生活和良好的生态环境，实现体面劳动、全面发展，工会组织和工会干部肩负着重大责任。全会同志务必牢记党的重托，不辜负职工群众期望，牢牢把握我国工人运动的时代主题，充分发挥党联系职工群众的桥梁纽带作用、国家政权的重要社会支柱作用、职工利益的代表者和维护者作用，奋力把党的工运事业推向前进。

围绕全面建成小康社会、实现中华民族伟大复兴的中国梦的历史任务，报告提出今后五年的工作目标：大力推动全心全意依靠工人阶级的根本方针贯彻落实，使广大职工的主人翁地位得到充分保障；有效调动职工群众的积极性主动性创造性，使广大职工的主力军作用进一步发挥；切实加强维权和服务工作，使广大职工的各项权益得到更好的维护；努力建设学习型服务型创新型工会，使工会组织的凝聚力影响力显著增强。实现这些目标，要着力做好六个方面工作：激发广大职工创造活力，为全面深化改革、推动科学发展、加快转变经济发展方式再立新功；引导广大职工积极践行社会主义核心价值观，汇聚起为实现中国梦奋斗的正能量；切实维护和发展职工权益，构建服务职工工作体系；大力发展和谐劳动关系，促进社会主义和谐社会建设；不断强化源头参与和制度创新，增强工会工作的法制基础和制度保障；积极加强和改进工会自身建设，打造深受职工群众信赖的“职工之家”。

大会明确了今后五年工人运动的主题和工会工作的指导思想、方针任务和工作目标，对于团结动员亿万职工在全面建成小康社会、实现中华民族伟大复兴的中国梦的历史进程中充分发挥工人阶级主力军作用，具有重要的现实意义和深远的历史意义。大会修改了《中国工会章程》，产生了中华全国总工会新一届领导班子，为在新的历史起点上不断开创工会工作新局面奠定了坚实的领导组织基础。

大会通过了《关于中华全国总工会第十五届执行委员会报告的决议》《关于〈中国工会章程（修正案）〉的决议》《关于中华全国总工会第十五届执行委员会财务工作报告的决议》《关于中华全国总工会第十五届经费审查委员会工作报告的决议》。

大会选举产生了中华全国总工会第十六届执行委员会，在其第一次全体会议上，选举产生了中华全国总工会第十六届执行委员会主席、副主席和主席团委员。李建国当选为中华全国总工会主席。陈豪等 14 位同志当选为中华全国总工会副主席。在全国总工会十六届一次主席团会议上，推选陈豪为中华全国总工会书记处第一书记。此前，中共中央已任命陈豪为中华全国总工会党组书记。

2014 年 10 月，中共中央决定，李玉赋任中华全国总工会党组书记。2014 年 12 月，全国总工会十六届三次执委会议选举李玉赋为中华全国总工会副主席，全国总工会十六届六次主席团会议推选李玉赋为中华全国总工会书记处第一书记。

2018 年 3 月，全国总工会十六届八次执委会议选举全国人大常委会副委员长王东明为中华全国总工会主席。

### （二）习近平同中华全国总工会新一届领导班子成员集体谈话

2013 年 10 月 23 日，习近平在中南海同中华全国总工会新一届领导班子成员集体谈话并发表重要讲话。刘云山参加集体谈话。

习近平强调，我国工人运动的时代主题，是为实现中华民族伟大复兴的中国梦而奋斗。工会要牢牢抓住这个主题，把推动科学发展、实现稳中求进作为发挥作用的主战场，把做好新形势下职工群众工作、调动职工群众积极性和创造性作为中心任务，把巩固党执政的阶级基础和群众基础作为政治责任，竭诚为职工群众服务，切实维护职工群众权益，不断焕发工会组织的生机活力。

习近平从六个方面对工会工作进行了深刻阐述：

第一，在革命、建设、改革各个历史时期，我们党都注重发挥党领导的工会组织的重要作用。坚持全心全意依靠工人阶级，充分发挥工人阶级主力军作用，把广大职工群众紧紧团结在党和政府周围，这是我们党的一个突出政治优势，也是中国特色社会主义的一个鲜明特点。

第二，工会工作做得好不好、有没有取得明显成效，关键看有没有坚持正确政治方向。坚持正确政治方向，就是要坚持中国共产党领导和社会主义制度。工会是做工人阶级工作的，而工人阶级是我们党最坚实最可靠的阶级基础。只有坚持党的领导，工会工作才能方向明确、不走偏路，才能做得有声有色、扎实有效。

工会要永远保持自觉接受党的领导这一优良传统。要坚决贯彻落实党的大政方针和决策部署，自觉服从服务于党和国家工作大局，坚持中国特色社会主义工会发展道路，勇于实践、勇于创新，努力使这条道路越走越宽广。

第三，实现中华民族伟大复兴的中国梦，根本上要靠包括工人阶级在内的全体人民的劳动、创造、奉献。要使中国梦真正同每个职工的个人理想和工作生活紧密结合起来，真正落实到实际行动之中。要把广大职工群众充分调动起来，满怀信心投身于为实现中国梦而奋斗的火热实践，形成万众一心、众志成城的磅礴力量。要在全社会大力弘扬我国工人阶级的优秀品质，大力宣传劳动模范和其他典型的先进事迹，加强对广大青少年的教育，让劳动最光荣、劳动最崇高、劳动最伟大、劳动最美丽的观念蔚然成风，让全体人民进一步焕发劳动热情、释放创造潜能，通过劳动创造更加美好的生活。

第四，保障职工群众经济、政治、文化、社会权益是我国社会主义制度的根本要求，是党和国家的神圣职责，也是发挥广大职工群众积极性、主动性、创造性最重要最基础的工作。工会要赢得职工群众信赖和支持，必须做好维护职工群众切身利益工作，促进社会公平正义。工会维权要讲全面，也要讲重点，重点就是职工群众最关心最直接最现实的利益问题，就是职工群众面临的最困难最操心最忧虑的实际问题，在经济发展的基础上不断提高职工群众生活水平和质量，使他们不断享受到改革发展成果。

第五，群众路线是党的生命线和根本工作路线，也应该成为工会工作的生命线和根本工作路线。工会必须牢记党的重托、不忘工会职责，增强对职工群众的感情，密切同职工群众的联系，为他们排忧解难，始终同职工群众心连心。要积极扩大工会工作覆盖面，努力把工作做到所有职工群众中去，使工会工作更贴近基层、贴近职工群众，更符合职工群众意愿。工会干部特别是领导干部，要更多到职工群众中去，依靠职工群众开展工作，使工会组织真正成为广大职工群众信赖的“职工之家”。

第六，各级党委要加强和改善对工会工作的领导，认真研究解决工会工作中的重大问题，为工会工作提供更多支持，创造更好条件，热情关心、严格要求、重视培养工会干部。工会干部要加强学习、增强本领，努力走在时代前列、走在职工群众前列，在经济社会发展最需要的地方、在企业生产一线、在职工群众的伟大实践中经风雨、见世面，努力把自己锤炼成听党话、跟党走、职工群众信赖的“娘家人”。

习近平总书记的重要讲话，内涵丰富、思想深刻、高瞻远瞩，是对我国工运事业大政方针的一次集中阐述。讲话从党和国家工作全局和实现中国梦的战略高度出发，对新的时代条件下我国工会的职能作用作了深刻、系统、清晰的阐述，鲜明指出了工会坚持什么样的政治方向、如何坚持正确政治方向，进一步明确了工会在为实现中国梦而奋斗中的历史使命和具体任务，并对工会在新形势下更好维护和发展职工利益以及改进工作作风提出了更高要求。这一系列新思想、新观点、新论断，为进一步做好新形势下的工会工作指明了前进方向，提供了强大思想武器。

2013 年 10 月 28 日，全国总工会印发《中华全国总工会关于认真学习宣传贯彻中国工会十六大精神的通知》，要求各级工会认真学习领会习近平总书记重要讲话精神。各地工会积极部署学习贯彻，带动了工会干部和广大职工的学习热情，形成了团结奋斗、共创未来的局面。

11 月 8 日，全国总工会党组理论学习中心组召开学习会议，专题学习习近平总书记重要讲话精神。会议强调要进一步深入学习贯彻习近平总书记重要讲话精神，把党中央对工会工作的要求落到实处，把中国工会十六大各项工作部署落到实处。

# 第二章

# 党的十九大与中国工人运动的根本遵循

## 一、党的十九大

2017 年 10 月 18 日至 24 日，中国共产党第十九次全国代表大会在北京举行。习近平代表第十八届中央委员会向大会作题为《决胜全面建成小康社会 夺取新时代中国特色社会主义伟大胜利》的报告。

党的十九大是在全面建成小康社会决胜阶段、中国特色社会主义进入新时代的关键时期召开的一次十分重要的大会。

大会把党的十八大以来党的理论创新成果明确概括为习近平新时代中国特色社会主义思想，并确立为党的指导思想。这是这次大会的一个重大历史贡献。大会要求全党以习近平新时代中国特色社会主义思想统一思想和行动，增强学习贯彻的自觉性和坚定性，把习近平新时代中国特色社会主义思想贯彻到社会主义现代化建设全过程、体现到党的建设各方面。

大会报告明确了中国共产党人的初心和使命，就是为中国人民谋幸福，为中华民族谋复兴。大会高度评价十八届中央委员会的工作并指出，党的十八大以来，以习近平同志为核心的党中央以巨大的政治勇气和强烈的责任担当，提出一系列新理念新思想新战略，出台一系列重大方针政策，推出一系列重大举措，推进一系列重大工作，解决了许多长期想解决而没有解决的难题，办成了许多过去想办而没有办成的大事，推动党和国家事业发生历史性变革。

大会作出了中国特色社会主义进入新时代的重大政治判断。这个新时代，是承前启后、继往开来、在新的历史条件下继续夺取中国特色社会主义伟大胜利的时代，是决胜全面建成小康社会、进而全面建设社会主义现代化强国的时代，是全国各族人民团结奋斗、不断创造美好生活、逐步实现全体人民共同富裕的时代，是全体中华儿女勠力同心、奋力实现中华民族伟大复兴中国梦的时代，是我国日益走近世界舞台中央、不断为人类作出更大贡献的时代。

大会作出我国社会主要矛盾已经发生转化的重大政治论断。会议指出，我国社会生产力水平总体上显著提高，社会生产能力在很多方面进入世界前列，更加突出的问题是发展不平衡不充分，这已经成为满足人民日益增长的美好生活需要的主要制约因素。因此，我国社会主要矛盾已经转化为人民日益增长的美好生活需要和不平衡不充分的发展之间的矛盾。

大会结合“两个一百年”奋斗目标，对决胜全面建成小康社会、开启全面建设社会主义现代化国家新征程作出战略部署和安排，对经济建设、政治建设、文化建设、社会建设、生态文明建设以及国防和军队建设、港澳台工作和外交工作、新时代党的建设进行了全面部署。

党的十九大报告中，许多内容与工人阶级和工会工作密切相关。主要包括：中国特色社会主义最本质的特征是中国共产党领导，中国特色社会主义制度的最大优势是中国共产党领导，党是最高政治领导力量；我国是工人阶级领导的、以工农联盟为基础的人民民主专政的社会主义国家，国家一切权力属于人民，坚持以人民为中心；加快建设制造强国，加快发展先进制造业，推动互联网、大数据、人工智能和实体经济深度融合，在中高端消费、创新引领、绿色低碳、共享经济、现代供应链、人力资本服务等领域培育新增长点、形成新动能；建设知识型、技能型、创新型劳动者大军，弘扬劳模精神和工匠精神，营造劳动光荣的社会风尚和精益求精的敬业风气；深化国有企业改革，发展混合所有制经济，培育具有全球竞争力的世界一流企业；推动协商民主广泛、多层、制度化发展，统筹推进政党协商、人大协商、政府协商、政协协商、人民团体协商、基层协商以及社会组织协商；完善政府、工会、企业共同参与的协商协调机制，构建和谐劳动关系；完善城镇职工基本养老保险和城乡居民基本养老保险制度，完善失业、工伤保险制度；注重从产业工人、青年农民、高知识群体中和在非公有制经济组织、社会组织中发展党员；增强群众工作本领，创新群众工作体制机制和方式方法，推动工会、共青团、妇联等群团组织增强政治性、先进性、群众性，发挥联系群众的桥梁纽带作用，组织动员广大人民群众坚定不移跟党走，等等。所有这些内容，成为新时代工会工作的基本遵循和重要任务。

大会审议并一致通过《中国共产党章程（修正案）》。这次党章修改，把习近平新时代中国特色社会主义思想同马克思列宁主义、毛泽东思想、邓小平理论、“三个代表”重要思想、科学发展观一道确立为党的行动指南。大会选举产生了新一届中央委员会和中央纪律检查委员会。

10 月 25 日，党的十九届一中全会选举习近平为中共中央总书记，决定习近平为中共中央军事委员会主席。

党的十九大是一次不忘初心、牢记使命、高举旗帜、团结奋进的大会，对鼓舞和动员包括全国广大职工在内的全党全国各族人民继续推进全面建成小康社会、坚持和发展中国特色社会主义具有重大意义。

10月27日，李建国在全国总工会机关党员干部传达学习党的十九大精神会议上作辅导报告。会议强调，各级工会组织和广大工会干部要把认真传达学习、全面贯彻落实党的十九大精神，为实现党的十九大确定的目标任务而奋斗作为重大政治任务和工作主题，紧密团结在以习近平同志为核心的党中央周围，以习近平新时代中国特色社会主义思想统一思想和行动，以新时代的新作为开创工会工作新局面。

10月26日、30日，分别召开全国总工会党组扩大会议和全国工会系统电视电话会议，对全国总工会机关和工会系统学习贯彻党的十九大精神作出部署，提出明确要求。同时，全国总工会印发了《关于认真学习宣传贯彻党的十九大精神的通知》，迅速掀起了学习宣传贯彻党的十九大精神的热潮。11月1日，全国总工会党组理论学习中心组举办学习贯彻党的十九大精神专题会议，党组、书记处同志分别发言，交流了学习党的十九大精神的体会认识和抓好贯彻落实的举措打算。

2018年1月17日，全国总工会印发《中华全国总工会关于以习近平新时代中国特色社会主义思想为指导 团结动员亿万职工为实现党的十九大目标任务建功立业的决议》，号召全国各级工会组织和广大工会干部，以习近平新时代中国特色社会主义思想为指导，全面学习贯彻党的十九大精神。

## 二、全面建成小康社会与开启全面建设社会主义现代化国家新征程

党的十八大报告明确提出在中国共产党成立100年时全面建成小康社会，并确定了全面建成小康社会的目标。2015年10月29日，党的十八届五中全会一致通过了《中共中央关于制定国民经济和社会发展第十三个五年规划的建议》。“十三五”规划建议

是全面建成小康社会决胜阶段的路线图，进一步明确了全面建成小康社会目标的基本内涵，从思想上、战略上、重点上、布局上、举措上、指标上进行了细化，确保这一目标如期实现。

习近平在党的十九大报告中指出，从十九大到二十大，是“两个一百年”奋斗目标的历史交汇期。我们既要全面建成小康社会、实现第一个百年奋斗目标，又要乘势而上开启全面建设社会主义现代化国家新征程，向第二个百年奋斗目标进军。

习近平提出，综合分析国际国内形势和我国发展条件，从2020年到本世纪中叶可以分两个阶段来安排。第一个阶段，从2020年到2035年，在全面建成小康社会的基础上，再奋斗十五年，基本实现社会主义现代化。到那时，我国经济实力、科技实力将大幅跃升，跻身创新型国家前列；人民平等参与、平等发展权利得到充分保障，法治国家、法治政府、法治社会基本建成，各方面制度更加完善，国家治理体系和治理能力现代化基本实现；社会文明程度达到新的高度，国家文化软实力显著增强，中华文化影响更加广泛深入；人民生活更为宽裕，中等收入群体比例明显提高，城乡区域发展差距和居民生活水平差距显著缩小，基本公共服务均等化基本实现，全体人民共同富裕迈出坚实步伐；现代社会治理格局基本形成，社会充满活力又和谐有序；生态环境根本好转，美丽中国目标基本实现。第二个阶段，从2035年到本世纪中叶，在基本实现现代化的基础上，再奋斗十五年，把我国建成富强民主文明和谐美丽的社会主义现代化强国。到那时，我国物质文明、政治文明、精神文明、社会文明、生态文明将全面提升，实现国家治理体系和治理能力现代化，成为综合国力和国际影响力领先的国家，全体人民共同富裕基本实现，我国人民将享有更加幸福安康的生活，中华民族将以更加昂扬的姿态屹立于世界民族之林。

在全面建成小康社会之际，我们党适时提出新的战略目标。

2020年10月26日至29日，党的十九届五中全会在北京举行。习近平受中央政治局委托作工作报告并发表重要讲话。全会审议通过《中共中央关于制定国民经济和社会发展第十四个五年规划和二〇三五年远景目标的建议》。

全会指出："'十四五'时期是我国全面建成小康社会、实现第一个百年奋斗目标之后，乘势而上开启全面建设社会主义现代化国家新征程、向第二个百年奋斗目标进军的第一个五年。"① 全会锚定2035年基本实现社会主义现代化的远景目标，综合考虑未来一个时期国内外发展趋势和我国发展条件，对"十四五"时期把握新发展阶段、贯彻新发展理念、构建新发展格局、推动高质量发展作出了系统谋划和战略部署。

全会从九个方面明确了基本实现社会主义现代化的远景目标，即我国经济实力、科技实力、综合国力将大幅跃升，经济总量和城乡居民人均收入将再迈上新的大台阶，关键核心技术实现重大突破，进入创新型国家前列；基本实现新型工业化、信息化、城镇化、农业现代化，建成现代化经济体系；基本实现国家治理体系和治理能力现代化，人民平等参与、平等发展权利得到充分保障，基本建成法治国家、法治政府、法治社会；建成文化强国、教育强国、人才强国、体育强国、健康中国，国民素质和社会文明程度达到新高度，国家文化软实力显著增强；广泛形成绿色生产生活方式，碳排放达峰后稳中有降，生态环境根本好转，美丽中国建设目标基本实现；形成对外开放新格局，参与国际经济合作和竞争新优势明显增强；人均国内生产总值达到中等发达国家水平，中等收入群体显著扩大，基本公共服务实现均等化，城乡区域发展差距和居民生活水平差距显著缩小；平安中国建设达到

① 习近平：《关于〈中共中央关于制定国民经济和社会发展第十四个五年规划和二〇三五年远景目标的建议〉的说明》，《人民日报》2020年11月4日第2版。

更高水平，基本实现国防和军队现代化；人民生活更加美好，人的全面发展、全体人民共同富裕取得更为明显的实质性进展。

全会提出了“十四五”时期经济社会发展主要目标，即经济发展取得新成效，在质量效益明显提升的基础上实现经济持续健康发展，增长潜力充分发挥，国内市场更加强大，经济结构更加优化，创新能力显著提升，产业基础高级化、产业链现代化水平明显提高，农业基础更加稳固，城乡区域发展协调性明显增强，现代化经济体系建设取得重大进展；改革开放迈出新步伐，社会主义市场经济体制更加完善，高标准市场体系基本建成，市场主体更加充满活力，产权制度改革和要素市场化配置改革取得重大进展，公平竞争制度更加健全，更高水平开放型经济新体制基本形成；社会文明程度得到新提高，社会主义核心价值观深入人心，人民思想道德素质、科学文化素质和身心健康素质明显提高，公共文化服务体系和文化产业体系更加健全，人民精神文化生活日益丰富，中华文化影响力进一步提升，中华民族凝聚力进一步增强；生态文明建设实现新进步，国土空间开发保护格局得到优化，生产生活方式绿色转型成效显著，能源资源配置更加合理、利用效率大幅提高，主要污染物排放总量持续减少，生态环境持续改善，生态安全屏障更加牢固，城乡人居环境明显改善；民生福祉达到新水平，实现更加充分更高质量就业，居民收入增长和经济增长基本同步，分配结构明显改善，基本公共服务均等化水平明显提高，全民受教育程度不断提升，多层次社会保障体系更加健全，卫生健康体系更加完善，脱贫攻坚成果巩固拓展，乡村振兴战略全面推进；国家治理效能得到新提升，社会主义民主法治更加健全，社会公平正义进一步彰显，国家行政体系更加完善，政府作用更好发挥，行政效率和公信力显著提升，社会治理特别是基层治理水平明显提高，防范化解重大风险体制机制不断健全，突发公共事件应急能力显著增强，自然灾害防御水平明显提升，发展安全保障更加有力，国防和军队现代化迈出重大步伐。

2020 年 11 月 2 日，全国总工会十七届八次主席会议在北京召开。会议强调要深入学习贯彻党的十九届五中全会精神特别是习近平总书记重要讲话精神，团结动员广大职工为全面建设社会主义现代化国家建功立业，为实现“十四五”规划和 2035 年远景目标作出更大的贡献。

在以习近平同志为核心的党中央坚强领导下，我国经济社会发展取得新的重大成就，脱贫攻坚战取得全面胜利，迎来了全面建成小康社会的光荣时刻。2021 年 7 月 1 日，庆祝中国共产党成立 100 周年大会举行。习近平庄严宣告，经过全党全国各族人民持续奋斗，我们实现了第一个百年奋斗目标，在中华大地上全面建成了小康社会，历史性地解决了绝对贫困问题，正在意气风发向着全面建成社会主义现代化强国的第二个百年奋斗目标迈进。这是中华民族的伟大光荣，这是中国人民的伟大光荣，这是中国共产党的伟大光荣。

## 三、中国工会十七大

### （一）中国工会十七大召开

2018 年 10 月 22 日至 26 日，中国工会第十七次全国代表大会在北京举行。习近平、李克强、栗战书、汪洋、赵乐际、韩正等党和国家领导人到会祝贺，王沪宁代表党中央致词。李克强为全体代表作经济形势报告。来自全国各行各业的 2000 多名中国工会十七大代表和近百名特邀代表出席大会。

中国工会十七大，是在我国进入全面建成小康社会决胜阶段、中国特色社会主义进入新时代召开的一次重要会议。大会的主题是：以习近平新时代中国特色社会主义思想为指导，坚持走中国特色社会主义工会发展道路，忠诚党的事业，竭诚服务职工，团结动员亿万职工为决胜全面建成小康社会、夺取新时代中国特色社会主义伟大胜利而奋斗。

王沪宁代表党中央发表了题为《展示新时代我国工人阶级团结奋斗新风采》的致词，肯定了党的十八大以来，在以习近平同志为核心的党中央坚强领导下，我国工人阶级以高度的主人翁使命感和历史责任感，积极投身进行伟大斗争、建设伟大工程、推进伟大事业、实现伟大梦想的火热实践。中国工会十六大以来，各级工会坚持以习近平新时代中国特色社会主义思想为指导，组织动员职工建功立业，推动构建和谐劳动关系，推进产业工人队伍建设改革，深化工会改革创新，各项工作取得重要进展，工会组织和工会工作政治性、先进性、群众性显著增强。

致词强调，习近平总书记关于工人阶级和工会工作的重要论述，为新时代工运事业和工会工作创新发展指明了前进方向。实现党的十九大提出的宏伟蓝图，是全党全国各族人民的共同任务，更是我国工人阶级的历史使命。希望我国工人阶级把思想和行动统一到党的十九大精神上来，坚守理想信念，弘扬民族精神，激发劳动热情，矢志改革创新，练就过硬本领，唱响新时代奋斗者之歌。

李克强应邀在中国工会十七大上作经济形势报告，深刻分析和阐述了当前我国经济形势。报告指出，在国际国内环境错综复杂多变的大背景下，全国上下在以习近平同志为核心的党中央坚强领导下，不断深化改革开放，积极应对困难挑战，我国经济运行总体平稳、稳中有进，各项指标保持在合理区间，经济结构得到持续优化，实现了有就业、收入增、物价稳的良好发展。我们既要看到我国发展具有较大韧性和回旋余地，又要高度重视困难挑战，贯彻好党中央、国务院各项部署，坚持稳中求进工作总基调，根据实际不断创新宏观调控思路和方式，不搞大水漫灌，持续深化改革、扩大开放、促进创新，着力优化营商环境，更大力度简政减税降费，更有效激发市场主体活力，更多举措挖掘内需潜力，更有针对性破解实体经济发展难题，更好保障和改善民生，保持经济平稳运行在合理区间，促进经济高质量发展。

李克强指出，我国拥有世界上规模最大的人力人才资源，这是发展的巨大潜力和优势。只要我们把千千万万劳动者的积极性主动性创造性调动起来、发挥出来，就没有克服不了的困难。要在发展中保障好广大职工合法权益。把稳就业作为宏观政策的优先目标，做好重点群体就业和困难企业职工稳岗转岗、就业帮扶工作。努力增加职工收入。扎牢社会保障安全网，维护好女职工权益，有效保障职工劳动安全。工会组织作为党联系职工群众的桥梁纽带，要坚决维护习近平总书记核心地位，坚决维护党中央权威和集中统一领导，高举中国特色社会主义伟大旗帜，积极服务发展大局，竭诚服务职工群众，为构建和谐稳定的劳动关系发挥更大作用。各级政府要大力支持工会工作。

王东明代表全国总工会十六届执委会作了题为《以习近平新时代中国特色社会主义思想为指导 团结动员亿万职工为决胜全面建成小康社会 夺取新时代中国特色社会主义伟大胜利而奋斗》的报告。

报告从六个方面总结了五年来工会工作取得的显著成绩：切实加强对职工的思想政治引领，党执政的阶级基础和群众基础更加巩固；大力弘扬劳模精神、劳动精神、工匠精神，工人阶级在实现中国梦中的主力军作用充分发挥；扎实推进产业工人队伍建设改革，工人阶级先进性不断增强；深入开展维权服务工作，职工群众获得感、幸福感、安全感大幅提升；持续深化工会改革创新，工会组织吸引力、凝聚力、战斗力明显增强；全面加强工会系统党的建设，风清气正的政治生态进一步形成。报告同时指出了工会工作存在的一些问题和不足。

报告从坚持党对工会工作的领导，坚持全心全意依靠工人阶级，坚持为实现中华民族伟大复兴的中国梦而奋斗，坚持中国特色社会主义工会发展道路，坚持弘扬劳模精神、劳动精神、工匠精神，坚持高举维护职工合法权益旗帜，坚持增强政治性、先进性、群众性的工会改革方向，坚持加强基层工会建设等八个方面，深刻阐述了习近平总书记关于工人阶级和工会工作的重要论述的基本内涵。要求各级工会深刻领会和切实践行习近平总书记关于工人阶级和工会工作的重要论述，立足新时代中国特色社会主义新方位，在实现党的十九大描绘的宏伟蓝图中贡献力量；立足社会主要矛盾新变化，在不断满足职工群众美好生活需要中担当作为；立足共建共治共享社会治理新格局，在推动构建中国特色和谐劳动关系中履职尽责；立足全面深化改革新阶段，在构建联系广泛、服务职工的工会工作体系中开拓创新。

报告提出了今后五年工会工作的主要任务是：全面贯彻党的十九大精神，以习近平新时代中国特色社会主义思想为指导，深入学习贯彻习近平总书记关于工人阶级和工会工作的重要论述，坚持走中国特色社会主义工会发展道路，坚定政治方向，凝聚奋进力量；着力推进产业工人队伍建设改革，充分激发职工劳动热情和创造活力；着力做好工会维权服务工作，切实提升职工群众获得感、幸福感、安全感；着力深化工会改革创新，全面增强政治性、先进性、群众性；着力提高工会系统党的建设质量，把工会组织建设得更加充满活力、更加坚强有力。报告从六个方面作了总体部署：始终坚持正确政治方向，推动习近平新时代中国特色社会主义思想在工会系统形成生动实践；牢牢把握我国工人运动时代主题，团结动员广大职工以主人翁姿态建功新时代；切实维护职工合法权益，推动构建和谐劳动关系；提高服务工作质量，更好满足职工群众美好生活需要；深化工会改革创新，不断增强工会工作的动力活力；推进工会系统党的建设，为做好新时代工会工作提供坚强保证。

大会表决通过《关于中华全国总工会第十六届执行委员会报告的决议》《关于〈中国工会章程（修正案）〉的决议》《关于中华全国总工会第十六届执行委员会财务工作报告的决议》《关于中华全国总工会第十六届经费审查委员会工作报告的决议》。

2018 年 10 月 25 日，全国总工会十七届一次执委会议召开，选举王东明为中华全国总工会主席，李玉赋等 15 位同志当选为中华全国总工会副主席。其中，三位来自生产一线的全国劳动模范郭明义、巨晓林、高凤林当选为中华全国总工会兼职副主席。在全国总工会十七届一次主席团会议上，推选李玉赋为中华全国总工会书记处第一书记。

2020 年 12 月，中共中央决定，陈刚任中华全国总工会党组书记。2021 年 2 月，全国总工会十七届四次执委会议选举陈刚为中华全国总工会副主席，全国总工会十七届九次主席团会议推选陈刚为中华全国总工会书记处第一书记。

### （二）习近平同中华全国总工会新一届领导班子成员集体谈话

2018 年 10 月 29 日，习近平在中南海同中华全国总工会新一届领导班子成员集体谈话并发表重要讲话。王沪宁参加集体谈话。

习近平对中国工会十七大成功召开、对中华全国总工会新一届领导班子表示热烈祝贺，向全国各族职工群众、劳动模范和工会工作者致以诚挚问候。习近平指出，过去 5 年，全国总工会和各级工会认真学习贯彻新时代中国特色社会主义思想，落实党中央关于工会工作的决策部署，在加强职工政治引领、组织职工建功立业、维护职工合法权益、保持职工队伍稳定、深化工会改革创新、推进工会系统党的建设等方面做了大量富有成效的工作，工会在党和国家工作大局中的作用进一步彰显。

习近平对党的工运事业和工会工作提出明确要求。一是工会要忠诚党的事业，通过扎实有效的工作把坚持党的领导和我国社会主义制度落实到广大职工群众中去。要认真落实新时代党的建设总要求，增强“四个意识”，坚定“四个自信”，坚决维护党中央权威和集中统一领导，始终在政治立场、政治方向、政治原则、政治道路上同党中央保持高度一致。要完善学习制度，深入开展习近平新时代中国特色社会主义思想的学习培训，增强对党的基本理论、基本路线、基本方略的政治认同、思想认同、情感认同，不断提高运用马克思主义立场、观点、方法分析解决问题的能力和水平。要深刻领会党中央关于工人阶级和工会工作重要论述的精神实质，结合实际落实到工会工作全过程和各方面。要把执行党的意志的坚定性和为职工服务的实效性统一起来，把党的路线方针政策和决策部署落实到工会各项工作中去，把党的意志和主张落实到广大职工中去。

二是完成党的十九大提出的目标任务，必须充分发挥工人阶级主力军作用。我国广大职工要牢牢把握为实现中国梦而奋斗的时代主题，把自身前途命运同国家和民族前途命运紧紧联系在一起，把个人梦同中国梦紧密联系在一起，把实现党和国家确立的发展目标变成自己的自觉行动，爱岗敬业、争创一流，以不懈奋斗书写新时代华章，共同创造幸福生活和美好未来。要围绕树立新发展理念、推动高质量发展、建设现代化经济体系，引导职工以“当好主人翁、建功新时代”为主题，深入开展各类竞赛活动。要加强产业工人队伍建设，加快建设一支宏大的知识型、技能型、创新型产业工人大军。劳动模范是民族的精英、人民的楷模。大国工匠是职工队伍中的高技能人才。工会要协同各个方面为劳动模范、大国工匠发挥作用搭建平台、提供舞台，培养造就更多劳动模范、大国工匠。

三是引导职工群众听党话、跟党走，巩固党执政的阶级基础和群众基础，是工会组织的政治责任。时代变化了，但从群众中来、到群众中去的工作方法不能变。工会要适应新形势新任务，加强和改进职工思想政治工作，多做组织群众、宣传群众、教育群众、引导群众的工作，多做统一思想、凝聚人心、化解矛盾、增进感情、激发动力的工作，更好强信心、聚民心、暖人心，使广大职工在理想信念、价值理念、道德观念上紧紧团结在一起。要最大限度把农民工吸收到工会中来，使他们成为工人阶级坚定可靠的新生力量。要坚持以社会主义核心价值观引领职工，深化“中国梦·劳动美”主题教育，打造健康文明、昂扬向上、全员参与的职工文化。要把网上工作作为工会联系职工、服务职工的重要平台，增强传播力、引导力、影响力。

四是工会要坚持以职工为中心的工作导向，抓住职工群众最关心最直接最现实的利益问题，认真履行维护职工合法权益、竭诚服务职工群众的基本职责，把群众观念牢牢根植于心中，哪里的职工合法权益受到侵害，哪里的工会就要站出来说话。要做好城市困难职工解困脱困工作，及时做好因各种原因返贫致困职工的帮扶救助，为广大职工提供具有工会特点的普惠性、常态性、精准性服务。

五是工会改革是全面深化改革的重要组成部分。党的十九届三中全会对群团组织改革提出了新的要求，工会要认真贯彻落实，构建联系广泛、服务职工的工会工作体系。要树立大抓基层的鲜明导向，坚持眼睛向下、面向基层，把力量和资源向基层倾斜投放，把广大职工凝聚在党的周围。要加强对工会干部的教育、管理、监督，完善联系职工群众的制度机制，深入基层一线，加强调查研究，坚决防止“四风”特别是形式主义、官僚主义，让职工群众真正感受到工会是职工之家，工会干部是最可信赖的娘家人、贴心人。

六是各级党委和政府要贯彻党的全心全意依靠工人阶级的方针，保证工人阶级的主人翁地位。要加强和改进党对工会工作的领导，研究解决工会工作中的重大问题，推动建设一支高素质专业化的工会干部队伍，支持工会依法依章程创造性开展工作。

习近平总书记亲切接见中华全国总工会新一届领导班子成员并发表重要讲话，充分体现了党中央对广大职工和工会干部的关心重视，对工运事业和工会工作的坚强领导，对工会组织寄予的厚望。这是对全国广大工会干部的激励鞭策，也是对亿万职工群众的巨大鼓舞。习近平总书记的重要讲话，站在事关党和国家工作大局的战略高度，突出强调了坚持党对工会工作领导的根本原则、团结动员亿万职工积极建功新时代的使命担当、加强职工思想政治引领的重要任务、履行维权服务的基本职责、深化工会改革创新的方向目标，把我们党对工运事业和工会工作的规律性认识提升到了一个新高度，是指导新时代工运事业和工会工作的纲领性文献。

10 月 30 日，全国总工会十七届二次主席团会议在北京召开，传达学习习近平总书记重要讲话精神。会议要求把习近平总书记重要讲话精神、习近平总书记关于工人阶级和工会工作的重要论述不折不扣落到实处，努力完成中国工会十七大提出的目标任务。10 月 31 日，全国总工会印发《中华全国总工会关于认真学习宣传贯彻习近平总书记重要讲话精神完成好中国工会十七大目标任务的通知》，在广大工会干部和职工群众中迅速掀起了学习宣传和贯彻落实的热潮。

11 月 1 日，全国总工会机关召开会议，传达学习习近平总书记的重要讲话精神，传达学习中国工会十七大和全国总工会十七届二次主席团会议精神。会议进一步强调要深入学习领会习近平总书记重要讲话和习近平总书记关于工人阶级和工会工作的重要论述的精神实质，准确理解和全面把握中国工会十七大精神，团结动员亿万职工以主人翁姿态建功新时代，更好满足职工群众美好生活需要。

# 第三章

# 党的二十大与中国工人运动的新使命

## 一、党的二十大

2022 年 10 月 16 日至 22 日，中国共产党第二十次全国代表大会在北京举行。习近平代表第十九届中央委员会向大会作题为《高举中国特色社会主义伟大旗帜 为全面建设社会主义现代化国家而团结奋斗》的报告。

党的二十大是在全党全国各族人民迈上全面建设社会主义现代化国家新征程、向第二个百年奋斗目标进军的关键时刻召开的一次十分重要的大会。

大会高度评价新时代取得的伟大成就。过去五年和新时代以来的十年，在党和国家发展进程中极不寻常、极不平凡。以习近平同志为核心的党中央统筹中华民族伟大复兴战略全局和世界百年未有之大变局，全面贯彻党的基本理论、基本路线、基本方略，统揽伟大斗争、伟大工程、伟大事业、伟大梦想，以伟大的历史主动精神、巨大的政治勇气、强烈的责任担当，团结带领全党全国各族人民采取一系列战略性举措，推进一系列变革性实践，实现一系列突破性进展，取得一系列标志性成果，攻克了许多长期没有解决的难题，办成了许多事关长远的大事要事，经受住了来自政治、经济、意识形态、自然界等方面的风险挑战考验，创造了新时代中国特色社会主义的伟大成就，推动我国迈上全面建设社会主义现代化国家新征程，实现中华民族伟大复兴进入了不可逆转的历史进程。

新时代十年的伟大变革，在党史、新中国史、改革开放史、社会主义发展史、中华民族发展史上具有里程碑意义。

习近平新时代中国特色社会主义思想为新时代党和国家事业发展提供了根本遵循，是贯穿党的二十大报告的灵魂。党的十八大以来，我们党坚持把马克思主义基本原理同中国具体实际相结合、同中华优秀传统文化相结合，勇于进行理论探索和创新，以全新的视野深化对共产党执政规律、社会主义建设规律、人类社会发展规律的认识，取得重大理论创新成果，集中体现为习近平新时代中国特色社会主义思想。党的十九大、十九届六中全会提出的“十个明确”“十四个坚持”“十三个方面成就”概括了这一思想的主要内容，必须长期坚持并不断丰富发展。这一创新理论，科学回答中国之问、世界之问、人民之问、时代之问，是当代中国马克思主义、21 世纪马克思主义，是中华文化和中国精神的时代精华，实现了马克思主义中国化时代化新的飞跃，使科学社会主义在 21 世纪的中国焕发出新的蓬勃生机。党的二十大明确提出，不断谱写马克思主义中国化时代化新篇章，是当代中国共产党人的庄严历史责任。继续推进实践基础上的理论创新，要把握好习近平新时代中国特色社会主义思想的世界观和方法论以及贯穿其中的立场观点方法，必须坚持人民至上，必须坚持自信自立，必须坚持守正创新，必须坚持问题导向，必须坚持系统观念，必须坚持胸怀天下。

“两个确立”是党在新时代取得的重大政治成果，是新时代引领党和国家事业从胜利走向新的胜利的政治保证，是战胜一切艰难险阻、应对一切不确定性的最大确定性、最大底气、最大保证。新时代党和国家事业取得历史性成就、发生历史性变革，从根本上讲，在于确立了习近平同志党中央的核心、全党的核心地位，确立了习近平新时代中国特色社会主义思想的指导地位。

大会全面把握党和国家事业发展新要求、人民群众新期待，明确提出了新时代新征程中国共产党的使命任务。习近平强调："从现在起，中国共产党的中心任务就是团结带领全国各族人民全面建成社会主义现代化强国、实现第二个百年奋斗目标，以中国式现代化全面推进中华民族伟大复兴。"① 党的二十大对全面建成社会主义现代化强国两步走战略安排进行宏观展望，重点部署了未来五年的战略任务和重大举措。

大会指出，必须牢记坚持党的全面领导是坚持和发展中国特色社会主义的必由之路，中国特色社会主义是实现中华民族伟大复兴的必由之路，团结奋斗是中国人民创造历史伟业的必由之路，贯彻新发展理念是新时代我国发展壮大的必由之路，全面从严治党是党永葆生机活力、走好新的赶考之路的必由之路。

党的二十大报告的许多内容，都与工会工作密切相关，对工人阶级和工会工作也提出了很多新的要求。

大会强调，我国是工人阶级领导的、以工农联盟为基础的人民民主专政的社会主义国家；要全心全意依靠工人阶级，健全以职工代表大会为基本形式的企事业单位民主管理制度，维护职工合法权益；强调发展全过程人民民主，保障人民当家作主，统筹推进政党协商、人大协商、政府协商、政协协商、人民团体协商、基层协商以及社会组织协商。

大会强调，坚持尊重劳动、尊重知识、尊重人才、尊重创造，在全社会弘扬劳动精神、奋斗精神、奉献精神、创造精神、勤俭节约精神，努力培养造就更多大师、战略科学家、一流科技领军

---

① 习近平：《新时代新征程中国共产党的使命任务》，《求是》2024 年第 13 期。

人才和创新团队、青年科技人才、卓越工程师、大国工匠、高技能人才；强调注重从青年和产业工人、农民、知识分子中发展党员；发挥党和国家功勋荣誉表彰的精神引领、典型示范作用，推动全社会见贤思齐、崇尚英雄、争做先锋。

大会强调，增进民生福祉，提高人民生活品质，紧紧抓住人民最关心最直接最现实的利益问题，着力解决好人民群众急难愁盼问题，扎实推进共同富裕；强调坚持多劳多得，鼓励勤劳致富，促进机会公平，增加低收入者收入，扩大中等收入群体；强调健全就业公共服务体系，破除妨碍劳动力、人才流动的体制和政策弊端，消除影响平等就业的不合理限制和就业歧视，使人人都有通过勤奋劳动实现自身发展的机会；强调统筹职业教育、高等教育、继续教育协同创新，推进职普融通、产教融合、科教融汇，优化职业教育类型定位；健全终身职业技能培训制度，推动解决结构性就业矛盾；完善促进就业带动创业的保障制度，支持和规范发展新就业形态；强调完善基本养老保险全国统筹制度，发展多层次、多支柱养老保险体系；扩大社会保险覆盖面，健全基本养老、基本医疗保险筹资和待遇调整机制，推动基本医疗保险、失业保险、工伤保险省级统筹；强调健全劳动法律法规，完善劳动关系协商协调机制，完善劳动者权益保障制度，加强灵活就业和新就业形态劳动者权益保障。

大会强调，坚定不移贯彻总体国家安全观，确保国家安全和社会稳定，严厉打击敌对势力渗透、破坏、颠覆、分裂活动；强调提高公共安全治理水平，推进安全生产风险专项整治，加强重点行业、重点领域安全监管；强调完善社会治理体系，在社会基层坚持和发展新时代“枫桥经验”，畅通和规范群众诉求表达、利益协调、权益保障通道，及时把矛盾纠纷化解在基层、化解在萌芽状态；强调深化工会、共青团、妇联等群团组织改革和建设，有效发挥桥梁纽带作用，等等。

这些新部署新要求，涉及亿万职工的切身利益，涉及工会的职责与任务，充分体现了我们党坚持以人民为中心的发展思想，坚持全心全意依靠工人阶级的方针，体现了以习近平同志为核心的党中央对工人阶级和广大劳动群众的关心关爱，对工运事业和工会工作的高度重视，为做好新时代新征程工会各项工作指明了前进方向、提供了根本遵循。

大会审议并一致通过《中国共产党章程（修正案）》，把党的十九大以来习近平新时代中国特色社会主义思想新发展写入党章，以更好反映以习近平同志为核心的党中央推进党的理论创新、实践创新、制度创新成果。大会要求全党深刻领悟“两个确立”的决定性意义，全面贯彻习近平新时代中国特色社会主义思想，把这一思想贯彻落实到党和国家工作各方面全过程。大会选举产生了新一届中央委员会和中央纪律检查委员会。

10 月 23 日，党的二十届一中全会选举习近平为中共中央总书记，决定习近平为中共中央军事委员会主席。

党的二十大认真总结过去五年工作，全面总结新时代以来以习近平同志为核心的党中央团结带领全党全国各族人民坚持和发展中国特色社会主义取得的重大成就和宝贵经验，深入分析国际国内形势，全面把握新时代新征程党和国家事业发展新要求、人民群众新期待，制定行动纲领和大政方针，对于动员全党全国各族人民坚定历史自信、增强历史主动，守正创新、勇毅前行，为全面建设社会主义现代化国家、全面推进中华民族伟大复兴而团结奋斗具有重大意义。

党的二十大闭幕不久，全国工会系统通过组织召开学习宣传贯彻党的二十大精神座谈会、专题学习班、宣讲报告会，组织开展“中国梦・劳动美——凝心铸魂跟党走 团结奋斗新征程”全国职工学习党的二十大精神知识竞赛，举办“喜庆二十大 奋进新征程”文艺演出等，掀起学习贯彻党的二十大精神的热潮。

10月24日，全国工会学习贯彻中国共产党第二十次全国代表大会精神会议以电视电话会议形式召开。会议强调各级工会要把学习宣传贯彻党的二十大精神，作为当前和今后一个时期的首要政治任务，找准党的二十大精神与工会工作的切入点和结合点，踔厉奋发、勇毅前行、团结奋斗，在新时代新征程上不断开创党的工运事业和工会工作新局面。会议要求充分发挥工人阶级主力军作用，组织动员亿万职工在以中国式现代化推进中华民族伟大复兴的征程中建功立业，牢牢把握我国工人运动时代主题，广泛深入持久开展各种形式的劳动和技能竞赛，大力弘扬劳模精神、劳动精神、工匠精神，抓好抓实职工素质提升工作，夯实实现中国式现代化的技术技能基础。

10月25日，全国总工会党组召开扩大会议传达学习党的二十大精神。会议强调，要切实把思想和行动统一到党的二十大精神上来，为全面建设社会主义现代化国家、全面推进中华民族伟大复兴而团结奋斗。按照《中共中央关于认真学习宣传贯彻党的二十大精神的决定》要求，11月1日，全国总工会党组举办理论学习中心组党的二十大精神专题学习班，进一步加深对党的二十大精神的理解把握，完整、准确、全面领会蕴含其中的重要思想、重要观点、重大战略、重大举措。同时，全国总工会印发了《关于认真学习宣传贯彻党的二十大精神的通知》。

2023年2月13日，全国总工会十七届七次执委会议在北京召开。会议以习近平新时代中国特色社会主义思想为指导，全面贯彻落实党的二十大精神，传达学习中央书记处关于群团工作的指示精神，总结2022年工会工作，对2023年工作任务作出部署。会议通过《中华全国总工会关于全面贯彻落实党的二十大精神组织动员亿万职工为全面建设社会主义现代化国家团结奋斗的决议》，号召各级工会深入学习宣传贯彻党的二十大精神，全面贯彻习近平新时代中国特色社会主义思想，充分发挥工会组织在推进中国式现代化中的作用，组织动员亿万职工为全面建设社会主义现代化国家、全面推进中华民族伟大复兴而团结奋斗。

2023 年 2 月，中共中央决定，徐留平任中华全国总工会党组书记。2023 年 3 月，全国总工会十七届八次执委会议选举徐留平为中华全国总工会副主席，全国总工会十七届十七次主席团会议推选徐留平为中华全国总工会书记处第一书记。

## 二、以中国式现代化全面推进强国建设、民族复兴伟业

2021 年，经过全党全国各族人民共同努力，我国如期全面建成小康社会、实现了第一个百年奋斗目标。现在，我国正意气风发迈上全面建设社会主义现代化国家新征程，向第二个百年奋斗目标进军，以中国式现代化全面推进中华民族伟大复兴。

在党的二十大报告中，习近平明确指出，在新中国成立特别是改革开放以来长期探索和实践基础上，经过十八大以来在理论和实践上的创新突破，我们党成功推进和拓展了中国式现代化。

中国式现代化，是中国共产党领导的社会主义现代化，既有各国现代化的共同特征，更有基于自己国情的中国特色。

中国式现代化是人口规模巨大的现代化。我国十四亿多人口整体迈进现代化社会，规模超过现有发达国家人口的总和，艰巨性和复杂性前所未有，发展途径和推进方式也必然具有自己的特点。我们始终从国情出发想问题、作决策、办事情，既不好高骛远，也不因循守旧，保持历史耐心，坚持稳中求进、循序渐进、持续推进。

中国式现代化是全体人民共同富裕的现代化。共同富裕是中国特色社会主义的本质要求，也是一个长期的历史过程。我们坚持把实现人民对美好生活的向往作为现代化建设的出发点和落脚点，着力维护和促进社会公平正义，着力促进全体人民共同富裕，

坚决防止两极分化。

中国式现代化是物质文明和精神文明相协调的现代化。物质富足、精神富有是社会主义现代化的根本要求。物质贫困不是社会主义，精神贫乏也不是社会主义。我们不断厚植现代化的物质基础，不断夯实人民幸福生活的物质条件，同时大力发展社会主义先进文化，加强理想信念教育，传承中华文明，促进物的全面丰富和人的全面发展。

中国式现代化是人与自然和谐共生的现代化。人与自然是生命共同体，无止境地向自然索取甚至破坏自然必然会遭到大自然的报复。我们坚持可持续发展，坚持节约优先、保护优先、自然恢复为主的方针，像保护眼睛一样保护自然和生态环境，坚定不移走生产发展、生活富裕、生态良好的文明发展道路，实现中华民族永续发展。

中国式现代化是走和平发展道路的现代化。我国不走一些国家通过战争、殖民、掠夺等方式实现现代化的老路，那种损人利己、充满血腥罪恶的老路给广大发展中国家人民带来深重苦难。我们坚定站在历史正确的一边、站在人类文明进步的一边，高举和平、发展、合作、共赢旗帜，在坚定维护世界和平与发展中谋求自身发展，又以自身发展更好维护世界和平与发展。

中国式现代化的本质要求是：坚持中国共产党领导，坚持中国特色社会主义，实现高质量发展，发展全过程人民民主，丰富人民精神世界，实现全体人民共同富裕，促进人与自然和谐共生，推动构建人类命运共同体，创造人类文明新形态。

2023 年 2 月 7 日，习近平在新进中央委员会的委员、候补委员和省部级主要领导干部学习贯彻习近平新时代中国特色社会主义思想和党的二十大精神研讨班上强调，党的二十大报告明确概括了中国式现代化五个方面的中国特色，深刻揭示了中国式现代化的科学内涵。这既是理论概括，也是实践要求，为全面建成社会主义现代化强国、实现中华民族伟大复兴指明了一条康庄大道。新中国成立特别是改革开放以来，我们用几十年时间走完西方发达国家几百年走过的工业化历程，创造了经济快速发展和社会长期稳定的奇迹，为中华民族伟大复兴开辟了广阔前景。实践证明，中国式现代化走得通、行得稳，是强国建设、民族复兴的唯一正确道路。

中国式现代化，深深植根于中华优秀传统文化，体现科学社会主义的先进本质，借鉴吸收一切人类优秀文明成果，代表人类文明进步的发展方向，展现了不同于西方现代化模式的新图景，是一种全新的人类文明形态。中国式现代化作为科学社会主义的最新重大成果，在国际上引起广泛关注。中国式现代化，打破了“现代化=西方化”的迷思，展现了现代化的另一幅图景，拓展了发展中国家走向现代化的路径选择，为人类对更好社会制度的探索提供了中国方案。中国式现代化中蕴含的独特世界观、价值观、历史观、文明观、民主观、生态观等及其伟大实践，是对世界现代化理论和实践的重大创新。

中国式现代化为党的工运事业和工会工作提供了广阔前景。工人阶级作为我国的领导阶级，作为我们党最坚实最可靠的阶级基础，在党的旗帜下，从来都具有走在前列、勇挑重担的光荣传统。推进中国式现代化，符合工人阶级根本利益和共同愿望，也离不开包括工人阶级在内的全体人民的劳动、创造、奉献。组织动员工人阶级为党的中心任务而奋斗，是党交给工会组织的重要任务，也是中国工人运动和工会工作的主题和方向。进一步全面深化改革、推进中国式现代化是一项前无古人的开创性事业，不是敲锣打鼓就能实现的，工会要继续组织动员职工群众自觉投身改革，围绕推进中国式现代化建功立业。

2023 年 2 月 10 日，全国总工会党组传达学习习近平总书记在新进中央委员会的委员、候补委员和省部级主要领导干部学习贯彻习近平新时代中国特色社会主义思想和党的二十大精神研讨班开班式上的重要讲话精神，对进一步找准工会贯彻落实的着力点和切入点，组织动员广大职工为推进中国式现代化团结奋斗、建功立业作出部署，要求全国总工会和各级工会要认真学习贯彻习近平总书记重要讲话精神，深刻认识中国式现代化是我们党领导人民长期探索和实践的重大成果，深刻认识中国式现代化是中国共产党领导的社会主义现代化，深刻认识中国式现代化是强国建设、民族复兴的康庄大道，深刻认识中国式现代化是一种全新的人类文明形态，深刻认识中国式现代化是一个系统工程，需要统筹兼顾、整体推进，深刻认识中国式现代化必须进行伟大斗争，忠诚履职尽责、积极担当作为，在以中国式现代化全面推进中华民族伟大复兴中作出新的更大贡献。

## 三、中国工会十八大

### （一）中国工会十八大召开

2023 年 10 月 9 日至 12 日，中国工会第十八次全国代表大会在北京举行。习近平、赵乐际、王沪宁、丁薛祥、李希等党和国家领导人到会祝贺，蔡奇代表党中央致词。来自全国各行各业的 2000 多名中国工会十八大代表和 50 余名特邀代表出席大会。

中国工会十八大是在我国迈上全面建设社会主义现代化国家新征程、向第二个百年奋斗目标进军的关键时刻召开的一次十分重要的大会。这次大会的主题是：坚持以习近平新时代中国特色社会主义思想为指导，全面贯彻党的二十大精神，深入贯彻习近平总书记关于工人阶级和工会工作的重要论述，全面落实全心全意依靠工人阶级根本方针，忠诚履职、勇于担当，组织动员亿万职工为全面建设社会主义现代化国家、全面推进中华民族伟大复兴团结奋斗。

蔡奇代表党中央发表了题为《奋力书写我国工人阶级投身强国建设民族复兴的壮丽篇章》的致词，向大会召开表示热烈祝贺，向全国广大职工和工会干部致以诚挚问候。致词指出，党的十八大以来，在以习近平同志为核心的党中央坚强领导下，我国工人阶级紧紧团结在党的周围，勇担重任、拼搏实干，为推动党和国家事业取得历史性成就、发生历史性变革作出了重要贡献。中国工会十七大以来，各级工会坚持以习近平新时代中国特色社会主义思想为指导，加强党的建设，深化改革创新，强化职工思想政治引领，推进产业工人队伍建设改革，履行维权服务职责，构建和谐劳动关系，动员广大职工积极建功新时代，同全国人民同步迈上全面建设社会主义现代化国家新征程。

致词强调，党的二十大确立了以中国式现代化全面推进强国建设、民族复兴伟业的中心任务。党的中心任务就是中国工人运动和工会工作的主题和方向。工人阶级要以忠诚可靠赓续工人阶级政治本色，以劳动创造担当工人阶级使命任务，以过硬本领展现工人阶级时代风采，以团结奋斗弘扬工人阶级崇高品格。各级工会要深入学习贯彻习近平新时代中国特色社会主义思想，深入学习贯彻习近平总书记关于工人阶级和工会工作的重要论述，忠诚党的事业、竭诚服务职工，始终坚持正确政治方向，广泛凝聚团结奋斗伟力，切实提高维权服务质量，有效发挥桥梁纽带作用，推动党中央决策部署落地见效，奋力谱写党的工运事业崭新篇章。

王东明代表全国总工会十七届执委会作了题为《以习近平新时代中国特色社会主义思想为指导 组织动员亿万职工为强国建设民族复兴团结奋斗》的报告。报告分为三个部分：新时代我国工运事业的发展和过去五年的工作；坚持用习近平新时代中国特色社会主义思想统领工会工作；今后五年的主要工作。

王东明指出，党的十八大以来，以习近平同志为核心的党中央始终关心关爱工人阶级，高度重视并有力领导推进党的工运事业和工会工作。亿万职工群众牢记习近平总书记和党中央的殷殷嘱托，坚定不移听党话、跟党走，诚实劳动、勤勉工作，锐意创新、敢为人先，汇聚起奋进新时代的磅礴力量，在打赢脱贫攻坚战、全面建成小康社会、统筹推进疫情防控和经济社会发展、有效应对风险挑战中发挥了重要作用。中国工会十七大以来，我们坚持以习近平新时代中国特色社会主义思想为指导，深入贯彻习近平总书记关于工人阶级和工会工作的重要论述，围绕中心、服务大局，积极进取、勇担责任，聚焦主责主业、坚持改革创新，保持和增强政治性、先进性、群众性，推动各项工作取得新进展新成效，奋力谱写了党的工运事业和工会工作新篇章。

王东明强调，党的中心任务就是中国工人运动和工会工作的主题和方向。新征程上，中国工人阶级和工会一定要在以习近平同志为核心的党中央坚强领导下，以党的旗帜为旗帜、以党的意志为意志、以党的使命为使命，坚定理想信念、坚守使命追求，自觉团结奋斗、积极改革创新。坚持党对工运事业和工会工作的领导，坚持全心全意依靠工人阶级的根本方针，牢牢把握为实现中华民族伟大复兴中国梦而奋斗的时代主题，加强对职工群众的思想政治引领，努力建设高素质劳动大军，大力弘扬劳模精神、劳动精神、工匠精神，切实实现好、维护好、发展好工人阶级和广大劳动群众合法权益，深入推进工会改革创新。

王东明提出，今后五年主要工作的总体要求：坚持以习近平新时代中国特色社会主义思想为指导，全面贯彻党的二十大精神，深入贯彻习近平总书记关于工人阶级和工会工作的重要论述，紧紧围绕党和国家工作大局，忠诚党的事业、竭诚服务职工，改革创新、奋发进取，保持和增强政治性、先进性、群众性，持续提高引领力、组织力、服务力，充分发挥党联系职工群众的桥梁纽带作用，团结引导亿万职工群众坚定不移听党话、跟党走，为全面建设社会主义现代化国家、全面推进中华民族伟大复兴发挥主力军作用。

王东明从九个方面阐明了今后五年主要工作：一是坚持党的全面领导，引导职工群众更加紧密团结在党的周围；二是聚焦高质量发展这个首要任务，组织职工群众建功立业、创新创造；三是用心用情做好维权服务工作，实现好、维护好、发展好职工群众根本利益；四是着眼统筹发展和安全，坚决维护劳动领域政治安全；五是突出抓好基层基础工作，打通服务职工群众“最后一公里”；六是贯彻全面依法治国部署要求，大力推进工会工作法治化；七是深化工会改革和建设，有效发挥党联系职工群众的桥梁纽带作用；八是加强工会和职工对外交流交往合作，讲好中国工人阶级故事；九是落实新时代全面从严治党要求，推动工会系统党的建设高质量发展。

大会审议通过《关于中华全国总工会第十七届执行委员会报告的决议》《关于〈中国工会章程（修正案）〉的决议》《关于中华全国总工会第十七届执行委员会财务工作报告的决议》《关于中华全国总工会第十七届经费审查委员会工作报告的决议》。

大会选举产生了中华全国总工会新一届领导机构。在全国总工会十八届一次执委会议上，王东明当选为中华全国总工会主席，徐留平等15位同志当选为中华全国总工会副主席。在全国总工会十八届一次主席团会议上，推选徐留平为中华全国总工会书记处第一书记。

中国工会十八大全面总结了新时代十年工会工作的成就和经验，系统总结了工会十七大以来的工作，明确了新时代新征程上工会组织肩负的历史使命和工会工作的目标任务，对于团结动员亿万职工依靠劳动创造扎实推进中国式现代化，在强国建设、民族复兴的新征程上充分发挥工人阶级主力军作用，具有重大意义。

## （二）习近平同中华全国总工会新一届领导班子成员集体谈话

2023 年 10 月 23 日，中国工会十八大闭幕不久，习近平在中南海同中华全国总工会新一届领导班子成员集体谈话并发表重要讲话。蔡奇参加集体谈话。

习近平肯定了过去五年和新时代十年党的工运事业和工会工作的重要成就。习近平指出，党的十八大以来，在党中央坚强领导下，我国工人阶级在党和国家事业发展中发挥了主力军作用，工运事业取得历史性成就，工会工作实现全方位进步。过去五年，广大职工群众与党同心、跟党奋斗，在经济建设、科技创新、脱贫攻坚、乡村振兴、疫情防控、抢险救灾等重大工作中，展现了敢打硬仗、勇挑重担的时代风采。全国总工会和各级工会加强职工思想政治引领，推进产业工人队伍建设改革，保障劳动者权益，维护劳动领域政治安全，深化工会系统改革，政治性、先进性、群众性不断增强。对工人阶级作出的重大贡献，对工会工作取得的新成绩，党中央是充分肯定的。党中央对全国总工会新一届领导班子寄予殷切期望。

习近平从五个方面对今后一个时期的工会工作提出明确要求。第一，坚持党的领导必须全面地、有效地贯彻落实到工会工作全过程和各方面。要坚定维护党中央权威和集中统一领导，始终在思想上政治上行动上同党中央保持高度一致。要坚持不懈用习近平新时代中国特色社会主义思想凝心铸魂，持续推动理论武装走深走实，不断增强学习践行党的创新理论的思想自觉和行动自觉。要牢记“国之大者”，找准工会工作与党的中心任务的结合点、切入点、着力点，推动党中央决策部署在工会系统落实落地。要加强思想政治引领，做好职工思想政治工作，教育引导广大职工坚定不移听党话、跟党走，确保工人阶级始终是我们党最坚实最可靠的阶级基础。

第二，要把广大职工群众紧密团结在党的周围，为实现党的中心任务而团结奋斗。要围绕贯彻新发展理念、构建新发展格局、推动高质量发展，广泛深入开展各种形式的劳动和技能竞赛，激发广大职工的劳动热情、创造潜能，在各行各业各个领域充分发挥主力军作用。要大力弘扬劳模精神、劳动精神、工匠精神，发挥好劳模工匠示范引领作用，激励广大职工在辛勤劳动、诚实劳动、创造性劳动中成就梦想。要围绕深入实施科教兴国战略、人才强国战略、创新驱动发展战略，深化产业工人队伍建设改革，加快建设一支知识型、技能型、创新型产业工人大军，培养造就更多大国工匠和高技能人才。

第三，工人阶级和广大劳动群众是社会财富的主要创造者，推动全体人民共同富裕取得更为明显的实质性进展，首先要体现在亿万劳动者身上。工会作为职工利益的代表者和维护者，要认真履行维权服务基本职责，着力解决关系职工群众切身利益的实际问题，重视维护新就业形态劳动者的合法权益。要加强企事业单位民主管理，畅通职工诉求表达渠道，引导职工依法维护自身权益，推动构建和谐劳动关系。

第四，要继续深化工会改革和建设，牢固树立大抓基层的鲜明导向，夯实基层基础，激发基层活力，不断增强基层工会的引领力、组织力、服务力。要健全已有的组织基础，扩大工会组织覆盖面。要创新工作方式，努力为职工群众提供精准、贴心的服务。工会干部要践行党的群众路线，深入调查研究，及时了解职工所思所想所盼，不断增强服务职工本领，真心实意为职工说话办事。全国总工会要带头加强自身建设，当标杆、作表率，成为让党放心、让人民满意的模范政治机关。

第五，各级党委要加强对工会和工会工作的领导，选好配强工会领导班子，热情关心和严格要求工会干部，重视培养和使用工会干部。要注重发挥工会组织作用，及时研究职工群众和工会工作遇到的重要问题，支持工会创造性开展工作。各级政府要发挥好政府和工会联席会议作用，积极帮助工会解决职工群众的实际困难和问题。

习近平总书记的重要讲话，高度评价了党的十八大以来我国工人阶级在党和国家事业发展中作出的重大贡献，充分肯定了新时代工运事业取得的历史性成就、工会工作实现的全方位进步，对做好今后一个时期的工会工作提出明确要求，对中华全国总工会新一届领导班子寄予殷切期望，集中阐述了党中央关于工人阶级和工会工作的大政方针，充分体现了以习近平同志为核心的党中央对工人阶级和工会工作一如既往的高度重视和关心关怀，充分体现了习近平总书记对工运事业和工会工作一以贯之的深邃思考和科学谋划，是对习近平总书记关于工人阶级和工会工作的重要论述的最新丰富发展，是指引新时代新征程党的工运事业和工会工作创新发展的纲领性文献。

10 月 24 日，全国总工会党组召开会议，认真传达学习习近平总书记重要讲话精神，研究部署学习宣传贯彻的具体举措，强调要充分认识习近平总书记重要讲话的重大意义，深刻领会其精神实质和核心要义，确保不折不扣落实到工会工作全过程各方面。

10 月 25 日，全国总工会十八届二次主席团会议在北京召开，会议传达学习了习近平总书记重要讲话精神。会议强调，要认真学习贯彻习近平新时代中国特色社会主义思想，深入学习贯彻习近平总书记关于工人阶级和工会工作的重要论述，深刻领悟“两个确立”的决定性意义，增强“四个意识”、坚定“四个自信”、做到“两个维护”，坚持党的全面领导，牢记党的中心任务就是中国工人运动和工会工作的主题和方向，在推进中国式现代化中充分发挥工人阶级主力军作用和工会的桥梁纽带作用。

10 月 25 日，全国总工会印发《中华全国总工会关于认真学习宣传贯彻习近平总书记重要讲话精神努力完成中国工会十八大确定的目标任务的通知》，就认真学习、深刻领会习近平总书记重要讲话的重大意义和精神实质、全面把握中国工会十八大确定的目标任务作出部署安排。

10 月 31 日，全国总工会党组理论学习中心组召开专题会议，认真学习习近平总书记重要讲话精神，加强对党中央致词精神、中国工会十八大报告和文件精神的理解把握，并结合工会实际对学习宣传贯彻工作进行研讨部署。会议强调，要坚决贯彻落实习近平总书记重要讲话精神，最广泛地把职工群众组织动员起来，为实现党的中心任务团结奋斗。

第十五编

# 习近平总书记对工人阶级和工会工作的关心指导

# 第四章

# 习近平总书记始终高度重视工人阶级和工会工作

习近平总书记始终心系工人阶级和广大劳动群众，始终高度重视工运事业和工会工作。在地方工作期间，习近平就经常深入生产一线、生产车间、企业单位、科研机构、工会机关、职工群众开展调查研究和走访慰问，对做好地方工运事业和工会工作提出明确要求。在担任浙江省委书记期间，习近平将工运事业和工会工作纳入“八八战略”的大格局中。在担任上海市委书记和中共中央政治局常委、中央书记处书记期间，习近平更加重视推进工运事业和工会工作的发展与进步。在2008年中国工会十五大上，习近平代表党中央致祝词，强调中国工会在长期探索实践中形成的中国特色社会主义工会发展道路，是中国特色社会主义道路的重要组成部分。

党的十八大以来，习近平总书记每逢“五一”国际劳动节都以不同方式向职工群众致以节日祝贺，每到一地考察都深入基层看望劳动模范、慰问职工群众，亲临全国总工会机关与劳模代表座谈，多次给劳模和一线职工等回信，多次出席与劳模、职工群众直接相关的会议活动并发表重要讲话，特别是先后出席中国工会十六大、十七大、十八大，并三次同中华全国总工会新一届领导班子成员集体谈话。这一系列重要讲话、重要指示批示、贺信回信等，蕴含着习近平总书记对新时代中国工人阶级和工会工作的深刻思考和重大理论贡献，闪耀着马克思主义的真理光辉，彰显了大国领袖的人格力量，充分体现了一位马克思主义政治家、思想家、战略家的使命意识、深谋远虑和历史担当。

## 一、亲临全国总工会机关同全国劳动模范代表座谈

2013 年 4 月 28 日，习近平亲临全国总工会机关，同全国劳动模范代表座谈并发表重要讲话。习近平指出，在我们党团结带领人民进行革命、建设、改革各个历史时期，劳动模范始终是我国工人阶级中一个闪光的群体，享有崇高声誉，备受人民尊敬。长期以来，广大劳模以高度的主人翁责任感、卓越的劳动创造、忘我的拼搏奉献，谱写出一曲曲可歌可泣的动人赞歌，铸就了“爱岗敬业、争创一流，艰苦奋斗、勇于创新，淡泊名利、甘于奉献”的劳模精神，为全国各族人民树立了光辉的学习榜样。

习近平强调，我国工人阶级一定要在坚持中国道路、弘扬中国精神、凝聚中国力量上发挥模范带头作用，万众一心、众志成城，为实现中华民族伟大复兴的中国梦而不懈奋斗。幸福不会从天而降，梦想不会自动成真。“空谈误国，实干兴邦”，实干首先就要脚踏实地劳动。

习近平指出，工人阶级是我国的领导阶级，是我国先进生产力和生产关系的代表，是我们党最坚实最可靠的阶级基础，是全面建成小康社会、坚持和发展中国特色社会主义的主力军。坚持和发展中国特色社会主义，必须全心全意依靠工人阶级、巩固工人阶级的领导阶级地位，充分发挥工人阶级的主力军作用。

习近平强调，中国特色社会主义是当代中国发展进步的根本方向，也是引领我国工人阶级走向更加光明未来的必由之路。我国工人阶级要牢固树立中国特色社会主义理想信念，发扬我国工

人阶级的伟大品格，用先进思想、模范行动影响和带动全社会，坚持以振兴中华为己任，增强历史使命感和责任感，立足本职、胸怀全局，自觉把人生理想、家庭幸福融入国家富强、民族复兴的伟业之中，把个人梦与中国梦紧密联系在一起，始终做坚持中国道路的柱石、弘扬中国精神的楷模、凝聚中国力量的中坚，始终以国家主人翁姿态为坚持和发展中国特色社会主义作出贡献。

习近平指出，劳动是财富的源泉，也是幸福的源泉。人世间的美好梦想，只有通过诚实劳动才能实现；发展中的各种难题，只有通过诚实劳动才能破解；生命里的一切辉煌，只有通过诚实劳动才能铸就。必须牢固树立劳动最光荣、劳动最崇高、劳动最伟大、劳动最美丽的观念，崇尚劳动，造福劳动者，让全体人民进一步焕发劳动热情、释放创造潜能，通过劳动创造更加美好的生活。全社会都要贯彻尊重劳动、尊重知识、尊重人才、尊重创造的重大方针，维护和发展劳动者的利益，保障劳动者的权利。要坚持社会公平正义，努力让劳动者实现体面劳动、全面发展。

习近平强调，工会工作要顺应时代要求、适应社会变化，善于创造科学有效的工作方法，把竭诚为职工群众服务作为工会一切工作的出发点和落脚点，全心全意为广大职工群众服务，让职工群众真正感受到工会是“职工之家”，工会干部是最可信赖的“娘家人”。各级党委和政府要加强和改善对工会的领导，支持工会开展工作。

习近平总书记亲临全国总工会机关，与全国劳动模范代表座谈，体现了党中央对工人阶级的深厚感情，对劳动模范的高度重视，对工会工作的充分肯定，也是对全国总工会机关干部和全国广大工会工作者的极大关怀、信任、鼓舞和鞭策。

## 二、给“郭明义爱心团队”回信

2014年3月4日，习近平给“郭明义爱心团队”回信，对他们服务社会、助人为乐、爱岗敬业给予充分肯定，并向全国广大志愿者和爱心人士致以崇高敬意。

习近平在信中表示，得知你们“跟着郭明义学雷锋”，用爱心温暖需要帮助的人，在服务社会、助人为乐、爱岗敬业中提升人生境界，感到很欣慰。

习近平指出，雷锋精神，人人可学；奉献爱心，处处可为。积小善为大善，善莫大焉。当有人需要帮助时，大家搭把手、出份力，社会将变得更加美好。

习近平强调，我国工人阶级应该为全社会学雷锋、树新风作出榜样，让学习雷锋精神在祖国大地蔚然成风。他希望“爱心团队”努力践行社会主义核心价值观，积极向上向善，从“赠人玫瑰、手有余香”中感受善的力量，以实际行动书写新时代的雷锋故事，为实现中国梦有一分热发一分光。

## 三、在乌鲁木齐接见劳动模范和先进工作者、先进人物代表

2014年4月28日，习近平到位于乌鲁木齐高新技术产业开发区的新疆果业集团有限公司考察，向公司全体职工特别是辛勤工作在生产经营一线的职工问好，祝大家“五一”国际劳动节快乐。4月30日，习近平在乌鲁木齐接见新疆28名劳动模范和先进工作者、先进人物代表，代表党中央、国务院，向全国劳动模范和先进工作者、先进人物，向全国各族工人、农民、知识分子和其他劳动群众，致以节日的祝贺和诚挚的问候。随后在同劳动

模范和先进工作者、先进人物代表座谈时，习近平发表了重要讲话。

习近平指出，一代又一代的劳动模范和先进工作者、先进人物，是我国劳动人民的杰出代表，是祖国和人民的骄傲。你们大家以强烈的主人翁责任感，立足本职，争创一流，集中体现了伟大的时代精神、创业精神、奉献精神，为国家和民族增添了绚丽光彩。党和人民感谢你们。在座各位获得的荣誉，既是大家辛勤劳动的回报，也是党和人民对劳动者的敬重。

习近平强调，劳动是一切成功的必经之路。当前，全国各族人民正满怀信心为实现“两个一百年”奋斗目标而努力。实现我们确立的奋斗目标，归根到底要靠辛勤劳动、诚实劳动、科学劳动。我们要在全社会大力弘扬劳动光荣、知识崇高、人才宝贵、创造伟大的时代新风，促使全体社会成员弘扬劳动精神，推动全社会热爱劳动、投身劳动、爱岗敬业，为改革开放和社会主义现代化建设贡献智慧和力量。劳动模范和先进工作者、先进人物不仅自己要做好工作，而且要身体力行向全社会传播劳动精神和劳动观念，让勤奋做事、勤勉为人、勤劳致富在全社会蔚然成风。特别是要通过各种措施和方式，教育引导广大青少年牢固树立热爱劳动的思想、牢固养成热爱劳动的习惯，为祖国发展培养一代又一代勤于劳动、善于劳动的高素质劳动者。

习近平指出，劳动，是共产党人保持政治本色的重要途径，是共产党人保持政治肌体健康的重要手段，也是共产党人发扬优良作风、自觉抵御“四风”的重要保障。广大党员、干部要带头弘扬劳动精神，增强同劳动人民的感情，带头在各自岗位上勤奋工作、踏实劳动。

习近平指出，包括广大知识分子在内的我国工人阶级是改革开放和社会主义现代化建设的主力军。当前，因为加快转变经济发展方式、促进经济结构战略性调整、化解过剩产能等原因，一些企业和职工遇到了种种困难。越是这样，越要发挥职工群众主人翁作用，越要关心职工群众生产生活和职业发展，把全心全意依靠工人阶级的方针落实好。

习近平强调，广大劳动模范和先进工作者、先进人物要把取得的荣誉作为新的起点，努力在新的征途上再创新业、再立新功。对劳动模范和先进工作者、先进人物，各条战线广大职工和各族人民群众要向他们学习，各级党委和政府要热情关心他们的工作、学习、生活，为他们的健康和幸福、为他们更好发挥作用创造良好环境和条件。

这次重要讲话的核心思想就是要全心全意依靠工人阶级，就是要在全社会倡导劳动精神、弘扬劳模精神，就是要依靠辛勤劳动、诚实劳动、科学劳动来推动改革开放和社会主义现代化建设。

## 四、出席庆祝“五一”国际劳动节暨表彰全国劳动模范和先进工作者大会

2015年4月28日，庆祝“五一”国际劳动节暨表彰全国劳动模范和先进工作者大会在北京举行。习近平在会上发表重要讲话。李克强主持大会，张德江、俞正声、王岐山、张高丽出席，刘云山宣读《中共中央、国务院关于表彰全国劳动模范和先进工作者的决定》。

习近平在讲话中强调，我们所处的时代是催人奋进的伟大时代，我们进行的事业是前无古人的伟大事业。全面建成小康社会，进而建成富强民主文明和谐的社会主义现代化国家，根本上靠劳动、靠劳动者创造。无论时代条件如何变化，我们始终都要崇尚劳动、尊重劳动者，始终重视发挥工人阶级和广大劳动群众的主力军作用。这就是我们今天纪念“五一”国际劳动节的重大意义。

习近平指出，我们要始终弘扬劳模精神、劳动精神，为中国经济社会发展汇聚强大正能量。劳动是人类的本质活动，劳动光荣、创造伟大是对人类文明进步规律的重要诠释。正是因为劳动创造，我们拥有了历史的辉煌；也正是因为劳动创造，我们拥有了今天的成就。我们一定要在全社会大力弘扬劳模精神、劳动精神，引导广大人民群众树立辛勤劳动、诚实劳动、创造性劳动的理念，让劳动光荣、创造伟大成为铿锵的时代强音，让劳动最光荣、劳动最崇高、劳动最伟大、劳动最美丽蔚然成风。在我们社会主义国家，一切劳动，无论是体力劳动还是脑力劳动，都值得尊重和鼓励；一切创造，无论是个人创造还是集体创造，也都值得尊重和鼓励。

习近平强调，我们要始终坚持人民主体地位，充分调动工人阶级和广大劳动群众的积极性、主动性、创造性。人民是历史的创造者，是推动我国经济社会发展的基本力量和基本依靠。我们一定要发展社会主义民主，坚持党的领导、人民当家作主、依法治国有机统一，坚持工人阶级的国家领导阶级地位，推进基层民主建设，更加有效地落实职工群众的知情权、参与权、表达权、监督权。我国工人阶级和广大劳动群众要增强历史使命感和责任感，立足本职、胸怀全局，自觉把人生理想、家庭幸福融入国家富强、民族复兴的伟业之中。

习近平指出，我们要始终实现好、维护好、发展好最广大人民根本利益，让改革发展成果更多更公平惠及人民。全心全意为工人阶级和广大劳动群众谋利益，是我国社会主义制度的根本要求，是党和国家的神圣职责，也是发挥我国工人阶级和广大劳动群众主力军作用最重要最基础的工作。我们一定要适应改革开放和发展社会主义市场经济的新形势，从政治、经济、社会、文化、法律、行政等各方面采取有力措施，促进社会公平正义，实现好、维护好、发展好最广大人民根本利益，特别是要实现好、维护好、发展好广大普通劳动者根本利益。要面对面、心贴心、实打实做好群众工作，扎扎实实解决好群众最关心最直接最现实的利益问题、最困难最忧虑最急迫的实际问题。

习近平强调，我们要始终高度重视提高劳动者素质，培养宏大的高素质劳动者大军。提高包括广大劳动者在内的全民族文明素质，是民族发展的长远大计。要深入实施科教兴国战略、人才强国战略、创新驱动发展战略，把提高职工队伍整体素质作为一项战略任务抓紧抓好，实施职工素质建设工程，推动建设宏大的知识型、技术型、创新型劳动者大军。要深入开展中国特色社会主义理想信念教育，打造健康文明、昂扬向上的职工文化，拓展广大职工和劳动者成长成才空间，不断提高思想道德素质和科学文化素质。

习近平指出，我国工人阶级是我们党最坚实最可靠的阶级基础。在当代中国，工人阶级和广大劳动群众始终是推动我国经济社会发展、维护社会安定团结的根本力量。各级党委和政府要把全心全意依靠工人阶级的根本方针贯彻到经济、政治、文化、社会、生态文明建设以及党的建设各方面，落实到党和国家制定政策、推进工作全过程，体现到企业生产经营各环节。

习近平强调，工会是党联系职工群众的桥梁和纽带，工会工作是党的群团工作、群众工作的重要组成部分，是党治国理政的一项经常性、基础性工作。新形势下，工会工作只能加强，不能削弱；只能改进提高，不能停滞不前。各级工会组织和广大工会干部要坚定不移走中国特色社会主义工会发展道路，坚持自觉接受党的领导的优良传统，自觉运用改革精神谋划推进工会工作，把工作重心放在最广大普通职工身上，带领亿万职工群众坚定不移跟党走。各级党委要加强和改善对工会的领导，注重发挥工会组织的作用，及时研究解决工会工作中的重大问题，热情关心、严格要求、重视培养工会干部，为工会工作创造更加有利的条件。

## 五、出席中央党的群团工作会议

2015 年 7 月 6 日，中央党的群团工作会议召开，习近平出席会议并发表重要讲话。这次会议的主要任务是分析研究新形势下党的群团工作面临的新情况新问题，贯彻落实《关于加强和改进党的群团工作的意见》，总结成功经验，解决突出问题，推动改革创新，努力开创党的群团工作新局面。由党中央召开党的群团工作会议，在党的历史上还是第一次，足见党中央对群团和群团工作的重视。

习近平强调，群团事业是党的事业的重要组成部分。党的群团工作是党通过群团组织开展的群众工作，是党组织动员广大人民群众为完成党的中心任务而奋斗的重要工作。这是我们党的一大创举，也是我们党的一大优势。在革命、建设、改革各个历史时期，在党的领导下，工会、共青团、妇联等群团组织积极发挥作用，组织动员广大人民群众坚定不移跟党走，为党和人民事业发展作出了重大贡献。事实充分说明，新形势下，党的群团工作只能加强、不能削弱，只能改进提高、不能停滞不前。我们必须根据形势和任务发展变化，加强和改进党的群团工作，把工人阶级主力军、青年生力军、妇女半边天作用和人才第一资源作用充分发挥出来，把 13 亿多人民的积极性充分调动起来。我们必须从巩固党执政的阶级基础和群众基础的政治高度，抓好党的群团工作，保证党始终同广大人民群众同呼吸、共命运、心连心。我们必须把群团组织建设得更加充满活力、更加坚强有力，使之成为推进国家治理体系和治理能力现代化的重要力量。

习近平强调，对党的群团工作取得的显著成绩，必须充分肯定，同时必须注重解决存在的问题，特别是要重点解决脱离群众的问题。工会、共青团、妇联等群团组织要增强自我革新的勇气，抓住巩固和拓展党的群众路线教育实践活动成果、开展“三严三实”专题教育的时机，在群团组织中深入推动思想教育、问题整改、体制创新，转变思想观念，强化群众意识，改进工作作风，提高工作水平。

习近平指出，要切实保持和增强党的群团工作的政治性。政治性是群团组织的灵魂，是第一位的。群团组织要始终把自己置于党的领导之下，在思想上政治上行动上始终同党中央保持高度一致，自觉维护党中央权威，坚决贯彻党的意志和主张，严守政治纪律和政治规矩，经得住各种风浪考验，承担起引导群众听党话、跟党走的政治任务，把自己联系的群众最广泛最紧密地团结在党的周围。

习近平强调，中国特色社会主义群团发展道路，是中国特色社会主义道路在群团工作领域的具体展开。这条道路是在党探索中国特色社会主义工会发展道路、中国特色社会主义青年运动方向、中国特色社会主义妇女发展道路的长期实践中形成和发展起来的，符合我国国情和历史发展趋势。要坚持党对群团工作的统一领导，坚持发挥桥梁和纽带作用，坚持围绕中心、服务大局，坚持服务群众的工作生命线，坚持与时俱进、改革创新，坚持依法依章程独立自主开展工作。党组织要鼓励和引导群团组织充分发挥作用，群团组织要积极作为、敢于作为。

习近平指出，要切实保持和增强群团组织的先进性。我们的工会、共青团、妇联等群团组织是党直接领导的群众组织，承担着组织动员广大人民群众为完成党的中心任务而共同奋斗的重大责任，必须把保持和增强先进性作为重要着力点。要牢牢把握为实现中华民族伟大复兴中国梦而奋斗的时代主题，紧紧围绕党和国家工作大局，组织动员广大人民群众走在时代前列，在改革发展稳定第一线建功立业。要以先进引领后进，以文明进步代替蒙昧落后，以真善美抑制假恶丑，教育引导广大人民群众不断提高思想觉悟和道德水平，坚定走中国特色社会主义道路，自觉践行社会主义核心价值观，真正成为党执政的坚实依靠力量、强大支持力量、深厚社会基础。

习近平强调，群团组织必须始终站在党和人民的立场上，坚持为党分忧、为民谋利，把思想政治工作贯穿所开展的各种活动，多做组织群众、宣传群众、教育群众、引导群众的工作，多做统一思想、凝聚人心、化解矛盾、增进感情、激发动力的工作。

习近平指出，要切实保持和增强群团组织的群众性。群众性是群团组织的根本特点。群团组织开展工作和活动要以群众为中心，让群众当主角，而不能让群众当配角、当观众。要更多关注、关心、关爱普通群众，进万家门、访万家情、结万家亲，经常同群众进行面对面、手拉手、心贴心的零距离接触，增进对群众的真挚感情。要大力健全组织特别是基层组织，加快新领域新阶层组织建设。群团组织和群团干部特别是领导机关干部要深入基层、深入群众，争当全心全意为人民服务宗旨的忠实践行者、党的群众路线的坚定执行者、党的群众工作的行家里手。

习近平强调，要坚持眼睛向下、面向基层，改革和改进机关机构设置、管理模式、运行机制，坚持力量配备、服务资源向基层倾斜。要积极联系和引导相关社会组织。要高度注意群众的广泛性和代表性问题，更多把普通群众中的优秀人物纳入组织，明显提高基层一线人员比例。

习近平指出，群团组织要着眼党和国家工作大局，在大局下思考，在大局下行动，同时立足职责定位、立足所联系的群众，寻找工作结合点和着力点，推动群团组织职能与时俱进。群团组织要强化服务意识，提升服务能力，挖掘服务资源，坚持从群众需要出发开展工作，更多把注意力放在困难群众身上，努力为群众排忧解难，成为群众信得过、靠得住、离不开的知心人、贴心人。

习近平强调，各级党委要坚持德才兼备、五湖四海，加强群团干部培养管理，选好配强群团领导班子，提高群团干部队伍整体素质。广大群团干部要加强思想道德修养，坚定理想信念，严格要求自己，自觉践行“三严三实”，自觉抵制和纠正“四风”问题。

习近平强调，各级党委必须从党和国家工作大局出发，切实加强和改进对党的群团工作的领导。要坚持党委统一领导、党政齐抓共管、部门各负其责、党员干部带头示范、群团履职尽责的工作格局。各级党委和政府要为群团组织开展工作创造有利条件。要深入把握党的群团工作规律，完善党委领导群团组织的制度，提高党的群团工作科学化水平。

## 六、在安徽合肥主持召开知识分子、劳动模范、青年代表座谈会

2016 年 4 月 26 日，习近平在安徽合肥主持召开知识分子、劳动模范、青年代表座谈会并发表重要讲话。

习近平指出，实现中华民族伟大复兴是十分伟大而又十分艰巨的事业，需要全体中华儿女众志成城、万众一心，把一切力量都凝聚起来，把一切积极因素都调动起来。我国是工人阶级领导的、以工农联盟为基础的人民民主专政的社会主义国家。知识分子是工人阶级的一部分，劳动人民是国家的主人，青年是国家的未来和民族的希望。把全面建成小康社会的美好蓝图变为现实，广大知识分子要充分发挥自身优势，勇于担当、敢于创新，服务社会、报效人民，不断提供重要的人才支撑、智力支撑、创新支撑；广大劳动群众要以劳动模范为榜样，爱岗敬业、勤奋工作，锐意进取、勇于创造，不断谱写新时代的劳动者之歌；广大青年要充分展现自己的抱负和激情，胸怀理想、锤炼品格，脚踏实地、

艰苦奋斗，不断书写奉献青春的时代篇章。

习近平强调，勇立潮头、引领创新，是广大知识分子应有的品格。广大知识分子要增强创新意识，把握创新特点，遵循创新规律，既奇思妙想、“无中生有”，又兼收并蓄、博采众长，甘于“十年磨一剑”，在尊重个人创造的同时注重发挥集体攻关的优势。要坚持面向经济社会发展主战场、面向人民群众新需求，让创新成果更多更快造福社会、造福人民。

习近平指出，天下为公、担当道义，是广大知识分子应有的情怀。广大知识分子要坚持国家至上、民族至上、人民至上，始终胸怀大局、心有大我；坚守正道、追求真理，立足我国国情，放眼观察世界，不妄自菲薄，不人云亦云；实事求是、客观公允，重实情、看本质、建真言，多为推进党和人民事业献计出力。

习近平强调，知识分子工作是党的一项十分重要的工作。各级党委和政府要切实尊重知识、尊重人才，充分信任知识分子，加快形成有利于知识分子干事创业的体制机制，放手让广大知识分子把才华和能量充分释放出来。要减少对知识分子创造性劳动的干扰，让他们把更多精力集中于本职工作。要善于运用沟通、协商、谈心等方式做好知识分子思想工作，多了解他们工作学习生活中的困难，多同他们共同探讨一些问题，多鼓励他们取得的成绩和进步。

习近平强调，知识分子有思想、有主见、有责任，愿意对一些问题发表自己的见解。各级党委和政府以及各级领导干部要就工作和决策中的有关问题主动征求他们的意见和建议，欢迎他们提出批评。对来自知识分子的意见和批评，只要出发点是好的，就要热忱欢迎，对的就要积极采纳；即使一些意见和批评有偏差，甚至不正确，也要多一些包容、多一些宽容，坚持不抓辫子、不扣帽子、不打棍子。各级领导干部要善于同知识分子打交道，做知识分子的挚友、诤友。

习近平指出，美好生活靠劳动创造。广大劳动者无论从事什么职业，都要勤于学习、善于实践，踏实劳动、勤勉劳动，在工作上兢兢业业、精益求精，努力在平凡岗位上干出不平凡的业绩。要在全社会大力弘扬劳动精神，提倡通过诚实劳动来实现人生的梦想、改变自己的命运，反对一切不劳而获、投机取巧、贪图享乐的思想。

习近平强调，劳动模范是劳动群众的杰出代表，是最美的劳动者。要在全社会大力宣传劳动模范的先进事迹，为劳动模范更好施展才华、展现精神品格提供全方位支持。各级党委和政府要关心爱护广大劳动群众，切实把党和国家相关政策措施落实到位，支持广大劳动群众积极就业、大胆创业。要切实维护广大劳动群众合法权益，帮助广大劳动群众排忧解难，积极构建和谐劳动关系。

习近平强调，实现中华民族伟大复兴的中国梦，需要一代又一代有志青年接续奋斗。广大青年要以国家富强、人民幸福为己任，胸怀理想、志存高远，积极投身中国特色社会主义伟大实践，并为之终生奋斗。要加强思想道德修养，自觉践行社会主义核心价值观，不断养成高尚品格。要坚持艰苦奋斗，不贪图安逸，不惧怕困难，不怨天尤人，依靠勤劳和汗水开辟人生和事业前程。青年的人生之路很长。心中有阳光，脚下有力量，为了理想能坚持、不懈怠，才能创造无愧于时代的人生。

习近平指出，青年时光非常可贵，要用来干事创业、辛勤耕耘。广大青年要如饥似渴、孜孜不倦学习，既多读有字之书，也多读无字之书，注重学习人生经验和社会知识，注重在实践中加强磨练、增长本领。要敢于做先锋，而不做过客、当看客，让创新成为青春远航的动力，让创业成为青春搏击的能量，让青春年华在为国家、为人民的奉献中焕发出绚丽光彩。

习近平强调，各级党委和政府要充分信任青年、热情关心青年、严格要求青年、积极引导青年，为广大青年成长成才、创新创造、建功立业做好服务保障工作。各级领导干部要做青年朋友的知心人、青年工作的热心人。

## 七、出席全国国有企业党的建设工作会议

2016 年 10 月 10 日，习近平出席全国国有企业党的建设工作会议并发表重要讲话。习近平指出，坚持全心全意依靠工人阶级的方针，是坚持党对国有企业领导的内在要求。要健全以职工代表大会为基本形式的民主管理制度，推进厂务公开、业务公开，落实职工群众知情权、参与权、表达权、监督权，充分调动工人阶级的积极性、主动性、创造性。企业在重大决策上要听取职工意见，涉及职工切身利益的重大问题必须经过职代会审议。要坚持和完善职工董事制度、职工监事制度，鼓励职工代表有序参与公司治理。

习近平总书记的重要讲话从坚持和发展中国特色社会主义、巩固党的执政基础执政地位的高度，深刻回答了事关国有企业改革发展和党的建设的一系列重大问题，具有很强的战略性、思想性、针对性，是加强新形势下国有企业党的建设的纲领性文献，对于做强做优做大国有企业、推进党和国家事业发展具有重要指导意义。

## 八、主持召开中央全面深化改革领导小组第三十二次会议

2017 年 2 月 6 日，习近平主持召开中央全面深化改革领导小组第三十二次会议，审议通过《新时期产业工人队伍建设改革方案》。会议指出，工人阶级是我国的领导阶级，产业工人是工人阶级的主体力量。要从巩固党的执政基础的高度，从促进我国经

济社会持续健康发展的高度，加快产业工人队伍建设改革，坚持全心全意依靠工人阶级的方针，按照“政治上保证、制度上落实、素质上提高、权益上维护”的总体思路，针对影响产业工人队伍发展的突出问题，创新体制机制，提高产业工人素质，畅通发展通道，依法保障权益，造就一支有理想守信念、懂技术会创新、敢担当讲奉献的宏大的产业工人队伍。

会议听取了全国总工会、上海市、重庆市群团改革试点工作总结报告，指出试点工作围绕保持和增强政治性、先进性、群众性这条主线，着力破除“机关化、行政化、贵族化、娱乐化”问题，取得明显成效。已经开展试点的群团和地方要继续在建机制、强功能、增实效上下功夫，巩固改革成果。其他群团和地方要学习借鉴试点经验，针对实际问题抓实改革举措。各级党委要切实加强对群团工作的组织领导。

## 九、给中国劳动关系学院劳模本科班学员回信

2018 年 4 月 30 日，习近平给中国劳动关系学院劳模本科班学员回信。

习近平在回信中指出，你们为党和国家事业发展作出了突出贡献，被评为劳动模范，如今又在读书深造，这是对大家辛勤劳动、无私奉献的褒奖，也是党和国家对劳动者的关怀。

习近平强调，社会主义是干出来的，新时代也是干出来的。希望你们珍惜荣誉、努力学习，在各自岗位上继续拼搏、再创佳绩，用你们的干劲、闯劲、钻劲鼓舞更多的人，激励广大劳动群众争做新时代的奋斗者。

习近平强调，劳动最光荣、劳动最崇高、劳动最伟大、劳动最美丽。全社会都应该尊敬劳动模范、弘扬劳模精神，让诚实劳动、勤勉工作蔚然成风。

习近平的回信充分体现了以人民为中心的发展思想和全心全意依靠工人阶级的方针，充分体现了对劳动模范和广大职工的亲切关怀和殷切期望，充分体现了对劳动精神、实干作风的有力倡导。

## 十、对我国技能选手在第 45 届世界技能大赛上取得佳绩作出重要指示

2019 年 9 月，习近平对我国技能选手在第 45 届世界技能大赛上取得佳绩作出重要指示。习近平强调，劳动者素质对一个国家、一个民族发展至关重要。技术工人队伍是支撑中国制造、中国创造的重要基础，对推动经济高质量发展具有重要作用。要健全技能人才培养、使用、评价、激励制度，大力发展技工教育，大规模开展职业技能培训，加快培养大批高素质劳动者和技术技能人才。要在全社会弘扬精益求精的工匠精神，激励广大青年走技能成才、技能报国之路。

## 十一、向大庆油田发现 60 周年致贺信

2019 年 9 月 26 日，习近平向大庆油田发现 60 周年致贺信。习近平在贺信中指出，60 年前，党中央作出石油勘探战略东移的重大决策，广大石油、地质工作者历尽艰辛发现大庆油田，翻开了中国石油开发史上具有历史转折意义的一页。60 年来，几代大庆人艰苦创业、接力奋斗，在亘古荒原上建成我国最大的石油生产基地。大庆油田的卓越贡献已经镌刻在伟大祖国的历史丰碑上，大庆精神、铁人精神已经成为中华民族伟大精神的重要组成部分。

习近平强调，站在新的历史起点上，希望大庆油田全体干部职工不忘初心、牢记使命，大力弘扬大庆精神、铁人精神，不断改革创新，推动高质量发展，肩负起当好标杆旗帜、建设百年油

田的重大责任，为实现“两个一百年”奋斗目标、实现中华民族伟大复兴的中国梦作出新的更大的贡献。

## 十二、给郑州圆方集团全体职工回信

2020 年 4 月 30 日，习近平给郑州圆方集团全体职工回信，向他们并向全国各族劳动群众致以节日的问候。习近平指出，伟大出自平凡，英雄来自人民。面对这次突如其来的疫情，从一线医务人员到各个方面参与防控的人员，从环卫工人、快递小哥到生产防疫物资的工人，千千万万劳动群众在各自岗位上埋头苦干、默默奉献，汇聚起了战胜疫情的强大力量。希望广大劳动群众坚定信心、保持干劲，弘扬劳动精神，克服艰难险阻，在平凡岗位上续写不平凡的故事，用自己的辛勤劳动为疫情防控和经济社会发展贡献更多力量。

## 十三、出席全国劳动模范和先进工作者表彰大会

2020 年 11 月 24 日，习近平出席全国劳动模范和先进工作者表彰大会并发表重要讲话，代表党中央、国务院，向受到表彰的全国劳动模范和先进工作者表示热烈的祝贺，向为改革开放和社会主义现代化建设作出突出贡献的我国工人阶级和广大劳动群众致以诚挚的问候。

习近平强调，光荣属于劳动者，幸福属于劳动者。社会主义是干出来的，新时代是奋斗出来的。劳动模范是民族的精英、人民的楷模，是共和国的功臣。我国是人民当家作主的社会主义国家，党和国家始终坚持全心全意依靠工人阶级方针，始终高度重视工人阶级和广大劳动群众在党和国家事业发展中的重要地位，始终高度重视发挥劳动模范和先进工作者的重要作用。立足新发

展阶段，贯彻新发展理念，构建新发展格局，推动高质量发展，必须紧紧依靠工人阶级和广大劳动群众。我国工人阶级和广大劳动群众要更加紧密地团结在党中央周围，勤于创造、勇于奋斗，努力在全面建设社会主义现代化国家新征程上创造新的时代辉煌、铸就新的历史伟业。

习近平指出，长期以来，在党的领导下，我国工人阶级和广大劳动群众与祖国同成长、与时代齐奋进，奏响了“咱们工人有力量”的主旋律，各条战线英雄辈出、群星灿烂。特别是进入新时代以来，我国工人阶级和广大劳动群众在实现中国梦伟大进程中拼搏奋斗、争创一流、勇攀高峰，为决胜全面建成小康社会、决战脱贫攻坚发挥了主力军作用，用智慧和汗水营造了劳动光荣、知识崇高、人才宝贵、创造伟大的社会风尚，谱写了“中国梦·劳动美”的新篇章。

习近平强调，要大力弘扬劳模精神、劳动精神、工匠精神。劳模精神、劳动精神、工匠精神是以爱国主义为核心的民族精神和以改革创新为核心的时代精神的生动体现，是鼓舞全党全国各族人民风雨无阻、勇敢前进的强大精神动力。劳动是一切幸福的源泉。新形势下，我国工人阶级和广大劳动群众要继续学先进赶先进，自觉践行社会主义核心价值观，用劳动模范和先进工作者的崇高精神和高尚品格鞭策自己，将辛勤劳动、诚实劳动、创造性劳动作为自觉行为。各级党委和政府要尊重劳模、关爱劳模，完善劳模政策，推动更多劳动模范和先进工作者竞相涌现。全社会要崇尚劳动、见贤思齐，弘扬劳动最光荣、劳动最崇高、劳动最伟大、劳动最美丽的社会风尚。要开展以劳动创造幸福为主题的宣传教育，把劳动教育纳入人才培养全过程，培养一代又一代热爱劳动、勤于劳动、善于劳动的高素质劳动者。

习近平指出，要充分发挥工人阶级和广大劳动群众主力军作用。工人阶级是我国的领导阶级，是先进生产力和生产关系的代表，是坚持和发展中国特色社会主义的主力军。我国工人阶级和广大劳动群众要坚定不移听党话、矢志不渝跟党走，当好主人翁，建功新时代。要立足党和国家各项事业发展全局，立足党中央对改革发展稳定各项工作的决策部署，广泛深入持久开展劳动和技能竞赛，积极参加群众性创新活动。要增强历史使命感和责任感，深刻认识国家好、民族好大家才会好，自觉维护大局、服务大局。要加强工人阶级的团结，加强工人阶级同其他劳动群众的团结，坚定战胜各种困难的信心和决心，始终做党执政的坚实依靠力量。

习近平强调，要努力建设高素质劳动大军。劳动者素质对一个国家、一个民族发展至关重要。我国工人阶级和广大劳动群众要树立终身学习的理念，养成善于学习、勤于思考的习惯，实现学以养德、学以增智、学以致用。要适应新一轮科技革命和产业变革的需要，勤学苦练、深入钻研，不断提高技术技能水平。要完善和落实技术工人培养、使用、评价、考核机制，培养更多高技能人才和大国工匠。要增强创新意识、培养创新思维，展示锐意创新的勇气、敢为人先的锐气、蓬勃向上的朝气。要推进产业工人队伍建设改革，造就一支有理想守信念、懂技术会创新、敢担当讲奉献的宏大产业工人队伍。

习近平指出，要切实实现好、维护好、发展好劳动者合法权益。要坚持以人民为中心的发展思想，维护好工人阶级和广大劳动群众合法权益，不断提升工人阶级和广大劳动群众的获得感、幸福感、安全感。要把稳就业工作摆在更加突出的位置，不断提高劳动者收入水平，构建多层次社会保障体系，改善劳动安全卫生条件，使广大劳动者共建共享改革发展成果，以更有效的举措不断推进共同富裕。要建立健全困难群众帮扶工作机制，把党和政府的关怀送到困难群众心坎上，让他们感受到社会主义大家庭的温暖。要健全党政主导的维权服务机制，健全劳动法律法规体系，为维护工人阶级和广大劳动群众合法权益提供法律和制度保障。

2020 年适逢中华全国总工会成立 95 周年。习近平向为党的工运事业和工会工作作出突出贡献的老一辈工会工作者，向全国各级工会组织和广大工会干部，向广大职工和工会积极分子表示诚挚的慰问。习近平指出，工会要总结 95 年来的成绩和经验，努力提高工会工作能力和水平。各级党委要从巩固党执政的阶级基础和群众基础的高度，认真贯彻全心全意依靠工人阶级的方针，加强和改进对工会工作的领导，为工会履行职责、发挥作用不断创造有利条件。

## 十四、向首届全国职业技能大赛致贺信

2020 年 12 月 10 日，习近平向首届全国职业技能大赛致贺信。习近平在贺信中指出，技术工人队伍是支撑中国制造、中国创造的重要力量。职业技能竞赛为广大技能人才提供了展示精湛技能、相互切磋技艺的平台，对壮大技术工人队伍、推动经济社会发展具有积极作用。希望广大参赛选手奋勇拼搏、争创佳绩，展现新时代技能人才的风采。

习近平强调，各级党委和政府要高度重视技能人才工作，大力弘扬劳模精神、劳动精神、工匠精神，激励更多劳动者特别是青年一代走技能成才、技能报国之路，培养更多高技能人才和大国工匠，为全面建设社会主义现代化国家提供有力人才保障。

## 十五、向首届大国工匠创新交流大会致贺信

2022 年 4 月 27 日，习近平向首届大国工匠创新交流大会致贺信。习近平在贺信中强调，技术工人队伍是支撑中国制造、中国创造的重要力量。我国工人阶级和广大劳动群众要大力弘扬劳

模精神、劳动精神、工匠精神，适应当今世界科技革命和产业变革的需要，勤学苦练、深入钻研，勇于创新、敢为人先，不断提高技术技能水平，为推动高质量发展、实施制造强国战略、全面建设社会主义现代化国家贡献智慧和力量。各级党委和政府要深化产业工人队伍建设改革，重视发挥技术工人队伍作用，使他们的创新才智充分涌流。

## 十六、给山东省地矿局第六地质大队全体地质工作者回信

2022 年 10 月 2 日，习近平给山东省地矿局第六地质大队全体地质工作者回信，对他们弘扬优良传统、做好矿产勘查工作提出殷切期望。习近平在回信中表示，建队以来，你们一代代队员跋山涉水，风餐露宿，攻坚克难，取得了丰硕的找矿成果，展现了我国地质工作者的使命担当。

习近平强调，矿产资源是经济社会发展的重要物质基础，矿产资源勘查开发事关国计民生和国家安全。希望同志们大力弘扬爱国奉献、开拓创新、艰苦奋斗的优良传统，积极践行绿色发展理念，加大勘查力度，加强科技攻关，在新一轮找矿突破战略行动中发挥更大作用，为保障国家能源资源安全、为全面建设社会主义现代化国家作出新贡献，奋力书写“英雄地质队”新篇章。

## 十七、给中国航空工业集团沈飞“罗阳青年突击队”的队员们回信

2022 年 11 月 12 日，习近平给中国航空工业集团沈飞“罗阳青年突击队”的队员们回信。习近平在回信中说，你们以罗阳同志为榜样，扎根航空装备研制一线，在急难险重任务中携手拼搏奉献，这种团结奋斗的精神非常可贵。

习近平指出，你们在信中表示，要深入学习贯彻党的二十大精神，让青春在建设航空强国的火热实践中绽放光芒，说得很好。把党的二十大描绘的宏伟蓝图变成现实，需要各行各业青年勇挑重担、冲锋在前。希望你们继续弘扬航空报国精神，心往一处想，劲往一处使，在推动航空科技自立自强上奋勇攀登，在促进航空工业高质量发展上积极作为，争做有理想、敢担当、能吃苦、肯奋斗的新时代好青年，为全面建设社会主义现代化国家、全面推进中华民族伟大复兴作出新贡献。

## 十八、给中国航发黎明发动机装配厂“李志强班”职工回信

2023 年 9 月 1 日，习近平给中国航发黎明发动机装配厂“李志强班”职工回信。习近平在回信中说，看到来信，我想起了十年前同大家在车间交流的情景。这些年，中国航空发动机事业有了长足进步，初步探索出一条自主创新发展的新路子，航空发动机研制战线的同志们为此付出了大量心血。

习近平强调，航空发动机是国之重器，是国家科技实力和创新能力的重要体现。希望你们牢记使命责任，坚定航空报国志向，弘扬劳模精神、工匠精神，努力攻克更多关键核心技术，加快航空发动机自主研制步伐，让中国的飞机用上更加强劲的“中国心”，为建设航空强国、实现高水平科技自立自强积极贡献力量。

## 十九、给中国一重产业工人代表回信

2024 年 9 月 27 日，习近平给中国一重产业工人代表回信。习近平指出，我曾两次到一重，大家对科技创新和产品质量的执着追求给我留下了深刻印象。这些年，你们聚焦重大装备制造关

键核心技术难题奋力攻关，取得不少新突破，展现了新时代中国产业工人的爱国心、创造力。

习近平强调，制造业是立国之本、强国之基。新时代新征程，希望你们坚守技能报国初心，弘扬劳模精神、劳动精神、工匠精神，苦练内功、提高本领，继续为建设制造强国、推动东北全面振兴贡献智慧和力量。中央企业要深化改革创新，增强核心功能，提升核心竞争力，努力做强做优做大，为以中国式现代化全面推进强国建设、民族复兴伟业作出更大贡献。

## 第五章

# 学习贯彻习近平总书记关于工人阶级和工会工作的重要论述

## 一、习近平总书记关于工人阶级和工会工作的重要论述的基本内涵

党的十八大以来，习近平总书记从党和国家事业发展全局出发，就党的工运事业和工会工作发表一系列重要讲话、作出一系列重要指示，形成了习近平总书记关于工人阶级和工会工作的重要论述。这些重要论述，立意高远，内涵丰富，思想深刻，科学回答了工人阶级和工会工作的一系列方向性、根本性、战略性重大问题。

2015 年 4 月 29 日，李建国在纪念中华全国总工会成立 90 周年大会上发表题为《发扬优良传统 锐意改革创新 在“四个全面”伟大实践中续写中国工会新篇章》的讲话。讲话指出，习近平总书记多次就新形势下的我国工人阶级和工会工作发表重要讲话、作出重要批示，提出了许多新思想新观点新要求。习近平总书记强调，自觉接受党的领导是工会的优良传统，要通过扎实有效的工作把坚持党的领导和社会主义制度落实到广大职

工群众中去，生根发芽，落地开花；党的全心全意依靠工人阶级的根本方针任何时候都不能忘记、不能淡化，要贯彻到经济、政治、文化、社会、生态文明建设以及党的建设各方面，落实到党和国家制定政策、推进工作全过程，体现到企业生产经营各环节；为实现中华民族伟大复兴的中国梦而奋斗是我国工人运动的时代主题，实现中国梦根本上要靠包括工人阶级在内的全体人民的劳动、创造、奉献，必须坚持崇尚劳动、造福劳动者，大力弘扬劳模精神、劳动精神；中国特色社会主义工会发展道路是中国特色社会主义道路的重要组成部分，深刻反映了中国工会的性质和特点，是工会组织和工会工作始终沿着正确方向前进的重要保证；工会必须始终高举维护职工权益的旗帜，在维护职工合法权益上更加有为，推动发展和谐劳动关系；抓住基层工会这个基础和关键，着力扩大覆盖面、增强代表性，着力强化服务意识、提高维权能力，着力加强队伍建设、提升保障水平，切实增强工会组织的凝聚力，引导广大职工群众坚定跟党走；要把广大农民工这支工人阶级的新生力量组织起来，切实维护他们的利益，把他们团结在党的周围；工会要在坚持党的群众路线、密切联系职工群众方面作表率；时代在发展，事业在创新，工会工作也要发展、也要创新，要加强工人阶级和工会工作理论政策的学习研究。这些重要思想和论述，丰富和发展了我们党的工运理论，指明了新的历史条件下我国工运事业的前进方向。

2018 年 10 月 22 日，王沪宁在代表党中央向中国工会十七大的致词中郑重指出，习近平总书记始终高度重视工人阶级和工会工作，领导召开党的历史上第一次中央党的群团工作会议，指导制定加强和改进党的群团工作意见、全国总工会改革试点方案和产业工人队伍建设改革方案，每到一地考察都深入基层看望劳动模范和一线职工，亲临全国总工会机关与劳模代表座谈，给“郭明义爱心团队”、中国劳动关系学院劳模本科班学员回信，就工人阶级和工会工作作出重要指示，深刻阐明了工会工作地位作用、目标任务、实践要求，形成了习近平总书记关于工人阶级和工会工作的重要论述，科学回答了工人阶级和工会工作的一系列方向性、根本性、战略性重大问题，贯穿了党的全心全意依靠工人阶级的方针，丰富了马克思主义工人阶级和工运学说，为新时代工运事业和工会工作创新发展指明了前进方向、提供了根本遵循。

王东明在中国工会十七大报告中，从八个方面高度概括了习近平总书记关于工人阶级和工会工作的重要论述的核心要义和基本内涵。

一是坚持党对工会工作的领导。强调中国共产党领导是中国特色社会主义最本质特征，是中国特色社会主义制度的最大优势，党是领导一切的。做好群众工作，保持党同人民群众的血肉联系，是全党重大而紧迫的政治任务。工会工作是党的群团工作、群众工作的重要组成部分，是党治国理政的一项经常性、基础性工作。各级党委要加强和改进对工会的领导，注重发挥工会组织的作用，加大对工会工作的支持保障力度，为工会工作创造更加有利的条件。这是做好工会工作的政治原则和根本保证。

二是坚持全心全意依靠工人阶级。强调工人阶级是我们党最坚实最可靠的阶级基础，是我国的领导阶级。坚持和发展中国特色社会主义，必须巩固工人阶级的领导阶级地位，充分发挥工人阶级的主力军作用。全心全意依靠工人阶级要贯彻到党和国家政策制定、工作推进全过程，落实到企业生产经营各方面，做到在政治上保证、制度上落实、素质上提高、权益上维护，更好地把广大职工群众紧紧团结在党和政府周围。这是党和国家始终坚持的根本方针。

三是坚持为实现中华民族伟大复兴的中国梦而奋斗。强调实现中华民族伟大复兴，是中华民族近代以来最伟大的梦想，根本上要靠包括工人阶级在内的全体人民的劳动、创造、奉献。

工会要牢牢抓住这个主题，把推动科学发展、实现稳中求进作为发挥作用的主战场，建设知识型、技能型、创新型劳动者大军，在改革发展稳定第一线建功立业。这是我国工人运动的时代主题。

四是坚持中国特色社会主义工会发展道路。强调中国特色社会主义工会发展道路是中国特色社会主义道路的重要组成部分，深刻反映了中国工会的性质和特点，符合我国国情和历史发展趋势。要始终坚持这条道路，不断拓展这条道路，做到自觉接受党的领导、团结服务职工、依法依章程开展工作相统一，努力使这条道路越走越宽广。这是工运事业和工会工作发展的正确方向。

五是坚持弘扬劳模精神、劳动精神、工匠精神。强调要树立劳动最光荣、劳动最崇高、劳动最伟大、劳动最美丽的理念，倡导辛勤劳动、诚实劳动、创造性劳动，尊敬劳动模范，用劳模的干劲、闯劲、钻劲鼓舞更多的人，激励广大劳动群众争做新时代的奋斗者，营造劳动光荣的社会风尚和精益求精的敬业风气。这是引领教育广大职工的重要抓手。

六是坚持高举维护职工合法权益旗帜。强调保障职工权益是我国社会主义制度的根本要求，是党和国家的神圣职责，也是发挥广大职工群众积极性、主动性、创造性最重要最基础的工作。工会要坚决维护职工合法权益，把竭诚为职工群众服务作为一切工作的出发点和落脚点。要发挥好协调劳动关系的作用，健全劳动关系协调机制，及时正确处理劳动关系矛盾。这是工会组织的基本职责。

七是坚持增强政治性、先进性、群众性的工会改革方向。强调时代在发展，事业在创新，工会工作也要发展、也要创新。加强和改进新形势下工会工作，最重要的是要保持和增强政治性、先进性、群众性。政治性是工会组织的灵魂，先进性是工会工作的重要着力点，群众性是工会组织的根本特点。在建机制、强功能、增实效上下功夫，创新组织体制、运行机制、活动方式、工作方法，让职工群众真正感受到工会是“职工之家”，工会干部是最可信赖的“娘家人”、贴心人，把工会组织建设得更加充满活力、更加坚强有力。这是推进工会工作创新发展的根本要求。

八是坚持加强基层工会建设。强调必须以职工为中心、让职工当主角，眼睛向下、面向基层，力量配备、服务资源向基层倾斜，着力扩大覆盖面、增强代表性，着力强化服务意识、提高维权能力，着力加强队伍建设、提升保障水平，切实增强工会组织的凝聚力。最大限度把农民工吸收到工会组织中来，使他们成为工人阶级坚定可靠的新生力量。这是工会工作彰显活力的基础和关键。

2023 年 9 月，中共中央党史和文献研究院编辑的《习近平关于工人阶级和工会工作论述摘编》一书正式出版。该书分八个专题，共计 240 段论述，摘自习近平 2012 年 11 月 15 日至 2023 年 7 月 7 日期间的报告、讲话、说明、贺信、回信、指示、批示等 70 多篇重要文献。

八个专题中，坚持党的领导是最高政治原则，居于统摄和管总地位，决定了中国工会的根本性质、前途命运；全心全意依靠工人阶级是根本方针，彰显了党和国家的性质和工人阶级的地位作用；为实现中华民族伟大复兴中国梦而奋斗是时代主题，锚定了新时代党的工运事业的目标方向；加强对职工群众的思想政治引领是重大政治任务，体现了工会工作的鲜明特色和突出政治优势；建设高素质劳动大军是基础性战略性工程，明确了工会服务党和国家工作大局的重要着力点；劳模精神、劳动精神、工匠精神是强大精神动力，展现了中国共产党人精神谱系的时代价值；维护职工合法权益、竭诚服务职工群众是工会的初心所在、使命所系，揭示了工会组织的安身立命之本；深入推进工会改革创新是时代发展强音，指明了工会组织永葆生机活力、当好桥梁纽带的动力所在。八个专题既相对独立又相辅相成，构成了一个有机统一的整体，集中反映了习近平总书记对工运事业和工会工作的深刻洞察、前瞻思考，科学阐明了新时代党的工运事业和工会工作的地位作用、时代主题、发展道路、目标任务、根本保证等一系列方向性、根本性、战略性重大问题，为做好新时代新征程工会工作提供了根本遵循，进一步丰富和发展了习近平总书记关于工人阶级和工会工作的重要论述，对于新时代新征程工运事业和工会工作创新发展，团结动员亿万职工为全面建设社会主义现代化国家、全面推进中华民族伟大复兴贡献智慧和力量，具有十分重要的意义。

中国工会十八大报告对习近平总书记关于工人阶级和工会工作的重要论述作了新的阐释，并将其概括为“八个要”：要坚持党对工运事业和工会工作的领导，永远保持自觉接受党的领导这一优良传统，坚定不移走中国特色社会主义工会发展道路；要坚持全心全意依靠工人阶级的根本方针，巩固工人阶级的领导阶级地位，充分发挥工人阶级的主力军作用；要牢牢把握为实现中华民族伟大复兴中国梦而奋斗的时代主题，紧紧围绕党和国家工作大局，组织带领广大职工群众为实现发展目标建功立业；要加强对职工群众的思想政治引领，引导职工群众听党话、跟党走，巩固党执政的阶级基础和群众基础；要深化产业工人队伍建设改革，努力建设高素质劳动大军；要大力弘扬劳模精神、劳动精神、工匠精神，依靠劳动创造扎实推进中国式现代化；要坚持以职工为中心的工作导向，切实实现好、维护好、发展好工人阶级和广大劳动群众合法权益；要围绕保持和增强政治性、先进性、群众性，深入推进工会改革创新，健全联系广泛、服务职工的工会工作体系。

中国工会十八大高度评价习近平总书记关于工人阶级和工会工作的重要论述的理论贡献和实践价值。会议强调，这一重要论述系统阐明了新时代党的工运事业和工会工作的地位作用、工运主题、发展道路、目标任务、根本保证，深刻回答了新时代为什么要全心全意依靠工人阶级、怎样全心全意依靠工人阶级，建设什么样的工会、怎样建设工会等方向性、根本性、战略性重大问题，为新时代新征程党的工运事业和工会工作提供了根本遵循。这一重要论述，是习近平新时代中国特色社会主义思想的重要组成部分，是对马克思主义劳动学说和工运学说的继承和发展，是对中华优秀传统文化的传承和发扬，是对党领导工运事业丰富实践和宝贵经验提炼升华的重大成果，把我们党对工人运动和工会工作的规律性认识提升到一个新高度，为新时代工运事业和工会工作创新发展指明了前进方向、提供了行动指南，具有重大政治意义、深远历史意义、深刻理论意义、鲜明实践意义。

## 二、把学习贯彻习近平总书记关于工人阶级和工会工作的重要论述引向深入

2018 年 10 月 30 日，全国总工会十七届二次主席团会议召开，会议传达学习了习近平总书记同中华全国总工会新一届领导班子成员集体谈话时发表的重要讲话。会议要求，在广大工会干部和职工群众中迅速掀起学习宣传习近平总书记重要讲话精神的热潮，以实际行动推动习近平总书记关于工人阶级和工会工作的重要论述在工会系统形成生动实践，奋力谱写新时代工运事业和工会工作新篇章。

2019 年 3 月 22 日，全国总工会在北京召开学习贯彻习近平总书记关于工人阶级和工会工作的重要论述理论研讨会。此后，

每年召开一次理论研讨会，形成工会学习贯彻习近平总书记关于工人阶级和工会工作的重要论述的制度性安排。在学习过程中，广大职工群众和工会干部迫切希望出版一部全面系统阐释习近平总书记关于工人阶级和工会工作的重要论述的精髓要义、思想内涵、时代价值和实践要求的权威读物。2018 年、2020 年，在中央有关部门指导和支持下，全国总工会两次编印习近平关于工人阶级和工会工作论述摘编的学习资料。全国总工会党组多次召开会议研究部署，组织专门力量加强对重要论述的学习阐释工作。2021 年，在中国共产党成立 100 周年之际，由全国总工会课题组编写的《深入学习贯彻习近平总书记关于工人阶级和工会工作的重要论述》由中国工人出版社出版发行，该书从八个方面全面展现了习近平总书记关于工人阶级和工会工作的重要论述的丰富思想内容、深刻历史逻辑、鲜明价值立场和深厚人民情怀，是深化对重要论述学习的权威辅导读物。

2023 年 9 月，《习近平关于工人阶级和工会工作论述摘编》公开出版后，王东明指出，习近平总书记关于工人阶级和工会工作的重要论述，是习近平新时代中国特色社会主义思想的重要组成部分，为新时代党的工运事业和工会工作指明了前进方向，提供了根本遵循。《论述摘编》的公开出版，充分体现了习近平总书记和党中央对工人阶级和工会工作的高度重视，是亿万职工群众、工会组织和广大工会干部政治生活中的一件大事。各级工会要结合正在开展的主题教育，认真组织好学习宣传和贯彻落实，团结带领广大职工和工会干部更加深刻认识“两个确立”的决定性意义，不断增强“四个意识”，坚定“四个自信”，坚决做到“两个维护”，坚定不移听党话、矢志不渝跟党走，为强国建设、民族复兴贡献智慧和力量。

2023 年 9 月 12 日，全国总工会党组召开扩大会议学习《论述摘编》，对抓好《论述摘编》的学习宣传贯彻作出部署。会议指出，《论述摘编》是学习宣传贯彻习近平总书记关于工人阶级和工会工作的重要论述的权威读本。各级工会要深刻理解《论述摘编》出版发行的重大政治意义、理论意义、实践意义，推动重要论述走向基层、走进企业、走近职工，把学习成效切实转化为谋划推动工会工作创新发展的思路举措。随后，全国总工会就认真学习宣传贯彻《论述摘编》印发通知，要求各级工会加强组织领导、强化学习培训、广泛宣传宣讲、抓好学用结合，迅速兴起学习宣传贯彻的热潮。

9 月 20 日，全国工会深入学习宣传贯彻《习近平关于工人阶级和工会工作论述摘编》座谈会在北京召开。王东明在讲话中指出，学习宣传贯彻习近平总书记关于工人阶级和工会工作的重要论述，是当前和今后一个时期工会的重大政治任务。要以《论述摘编》出版为契机，加强学习培训、宣传宣讲、研究阐释，把习近平总书记重要论述贯彻落实到工会工作各方面和全过程，推动工会工作不断迈上新台阶。

9 月 22 日，全国总工会党组理论学习中心组召开专题学习会议，对习近平总书记关于工人阶级和工会工作的重要论述进行再学习、再领会，推动学习宣传贯彻重要论述进一步往深里走、往心里走、往实里走。会议指出，《论述摘编》是习近平总书记关于工人阶级和工会工作的重要论述的主要内容的科学概括，要深入学习重要论述的政治属性、人民立场、实践导向、守正创新的特征，完善创新工作体系、工作内容和工作方式，突出抓好基层基础工作，全面加快工会系统数字化建设，为亿万职工群众提供高效、实时、精准、贴心的服务。

9 月 25 日，深入学习习近平总书记关于工人阶级和工会工作的重要论述专题座谈会在福建宁德召开，上海、浙江、福建、延安、宁德、正定等地工会干部畅谈学习体会。会议指出，要把握习近平总书记关于工人阶级和工会工作的重要论述的历史逻辑、理论逻辑、实践逻辑，贯通联系起来学习领会其核心要义和实践要求。

9月26日，学习《习近平关于工人阶级和工会工作论述摘编》专家研讨会在北京举行。会议聚焦《论述摘编》各个专题，将理论探讨与推动实践相结合，听取专家专业解读、深刻阐释和对工会工作的意见建议，围绕工会工作和劳动领域的重大理论和实践问题进行深入交流，为做好新时代工会工作提供了启迪和借鉴。

2023年10月，中国工会十八大召开后，全国总工会和各级工会第一时间召开会议，学习贯彻习近平总书记重要讲话精神和中国工会十八大精神，部署开展学习宣传贯彻工作。各级工会采取多种形式广泛宣传阐释重要论述，深入基层一线、走近职工身边，组织开展形式多样、丰富多彩、职工群众喜闻乐见的宣传宣讲活动，推动重要论述进机关、进企业、进车间、进班组，将学习成果转化为工会干部和广大职工奋进新征程、建功新时代的内在动力。

2024年10月24日，学习宣传贯彻《中共中央、国务院关于深化产业工人队伍建设改革的意见》工作会议召开。王东明出席会议并讲话，对学习宣传贯彻《意见》进行动员部署，强调要认真贯彻落实党中央、国务院关于深化产业工人队伍建设改革的重要要求，推动改革不断走深走实。王东明指出，中共中央、国务院印发《意见》，是贯彻习近平总书记关于工人阶级和工会工作重要论述的重大举措，是贯彻落实党的二十届三中全会精神作出的重大部署，充分体现了习近平总书记和党中央对工人阶级的高度重视，对广大产业工人的关心关怀，为进一步深化产业工人队伍建设改革指明了方向，提供了遵循。2024年，各级工会坚决贯彻落实习近平总书记重要指示批示精神和党中央重大决策部署。认真落实“第一议题”制度，及时传达学习习近平总书记“五一”重要指示、给中国一重产业工人代表回信等重要指示批示精神，推动党中央决策部署在工会系统落实落地。制定关于进一步推动贯彻落实习近平总书记同中华全国总工会新一届领导班子成员集体谈话时的重要讲话精神走深走实的分工方案。研究制定《中华全国总工会关于贯彻落实党的二十届三中全会精神 在进一步全面深化改革推进中国式现代化中充分发挥工人阶级主力军作用和工会桥梁纽带作用的意见》，提出12方面的46条举措。各级工会广泛开展有特色、接地气、入人心的学习宣传贯彻活动，凝聚起以中国式现代化全面推进强国建设、民族复兴伟业的磅礴力量。

第十六编

# 始终坚持自觉接受党的领导，团结引导广大职工坚定不移听党话、跟党走

# 第六章

# 加强思想政治引领

## 一、习近平总书记高度重视加强职工思想政治引领

2013年10月23日，习近平在同中华全国总工会新一届领导班子成员集体谈话时指出：“我国广大职工群众在推动经济社会发展中地位重要，在社会上影响也大，如果通过工会扎实有效的工作把坚持党的领导和社会主义制度落实到广大职工群众中去，生根发芽，落地开花，那工会工作在政治上就是合格的。各种各样的活动都可以搞，但所有活动最终都要体现到教育引导职工群众自觉坚持党的领导和社会主义制度上来。工会工作首先要想这个问题，做工会工作的同志脑子里一定要有这根弦。”“要在广大职工群众中加强对中国梦的宣传教育，使中国梦真正入脑入心，真正同每个职工的个人理想和工作生活紧密结合起来，真正落实到实际行动之中。”①

2015年4月28日，习近平在庆祝“五一”国际劳动节暨表彰全国劳动模范和先进工作者大会上强调，要深入开展中国特色社会主义理想信念教育，培育和践行社会主义核心价值观，弘扬

① 习近平：《在同全国总工会新一届领导班子成员集体谈话时的讲话》（2013年10月23日），《习近平关于工人阶级和工会工作论述摘编》，中央文献出版社2023年版，第41—42页。

中华优秀传统文化，开展以职业道德为重点的“四德”教育，深化“中国梦·劳动美”教育实践活动，不断引导广大群众增强中国特色社会主义道路自信、理论自信、制度自信。要创新思想政治工作方式方法，加强人文关怀和心理疏导，打造健康文明、昂扬向上的职工文化，丰富职工精神文化生活，不断满足广大职工群众精神文化需求。

2015 年 7 月 6 日，习近平在中央党的群团工作会议上强调，群团组织“必须始终站在党和人民的立场上，坚持为党分忧、为民谋利，把思想政治工作贯穿所开展的各种活动，多做组织群众、宣传群众、教育群众、引导群众的工作，多做统一思想、凝聚人心、化解矛盾、增进感情、激发动力的工作。群团组织要自觉成为在群众中、在基层凝聚人心、坚守前哨、冲锋陷阵的战斗队、工作队，组织动员广大人民群众自觉捍卫中国共产党领导和我国社会主义制度。一个是要有强大凝聚力，把人紧紧拢在一块儿；一个是要有强大战斗力，能够打硬仗、打难仗、打苦仗。这是党对群团组织的十分重要的要求”①。

2016 年 10 月 10 日，习近平在全国国有企业党的建设工作会议上指出：“要推动党的理论创新成果进企业、进车间、进班组、进头脑，引领职工群众听党话、跟党走，在事关政治方向和重大原则性问题上立场坚定、旗帜鲜明。”②

2018 年 10 月 29 日，习近平在同中华全国总工会新一届领导班子成员集体谈话时指出：“引导职工群众听党话、跟党走，巩

---

① 习近平：《在中央党的群团工作会议上的讲话》（2015 年 7 月 6 日），《习近平关于社会主义政治建设论述摘编》，中央文献出版社 2017 年版，第 194—195 页。

② 习近平：《在全国国有企业党的建设工作会议上的讲话》（2016 年 10 月 10 日），《习近平关于工人阶级和工会工作论述摘编》，中央文献出版社 2023 年版，第 46 页。

固党执政的阶级基础和群众基础，是工会组织的政治责任。时代变化了，但从群众中来、到群众中去的工作方法不能变。工会要适应新形势新任务，加强和改进职工思想政治工作，多做组织群众、宣传群众、教育群众、引导群众的工作，多做统一思想、凝聚人心、化解矛盾、增进感情、激发动力的工作，更好强信心、聚民心、暖人心，使广大职工在理想信念、价值理念、道德观念上紧紧团结在一起。要最大限度把农民工吸收到工会中来，使他们成为工人阶级坚定可靠的新生力量。”①

2020 年 11 月 24 日，习近平在全国劳动模范和先进工作者表彰大会上指出：“我国工人阶级和广大劳动群众是国家的主人，要加强政治理论学习，加强党史、新中国史、改革开放史、社会主义发展史学习，自觉做中国特色社会主义的坚定信仰者、忠实实践者。要发扬优良传统，承担历史使命，把党和国家确定的奋斗目标作为自己的人生目标，以民族复兴为己任，自觉把人生理想、家庭幸福融入国家富强、民族复兴的伟业之中，做新时代的追梦人。要立足党和国家各项事业发展全局，立足党中央对改革发展稳定各项工作的决策部署，围绕国家重大战略、重大工程、重大项目、重点产业，广泛深入持久开展劳动和技能竞赛，积极参加群众性创新活动，汇聚起众志成城的磅礴力量。要增强历史使命感和责任感，深刻认识国家好、民族好大家才会好，正确处理个人和集体、当前和长远、局部和整体的利益关系，自觉维护大局、服务大局，最大限度增加和谐因素、最大限度减少不和谐因素。要深刻认识团结就是力量、团结才能前进的道理，发扬团结协作、互助友爱的精神，加强工人阶级的团结，加强工人阶级同其他劳动群众的团结，坚定战胜各种困难的信心和决心，始终

① 《团结动员亿万职工积极建功新时代 开创我国工运事业和工会工作新局面》，《人民日报》2018 年 10 月 30 日第 1 版。

做党执政的坚实依靠力量。”①

2022年3月1日，习近平在2022年春季学期中央党校（国家行政学院）中青年干部培训班开班式上指出：“近年来，以平台经济为代表的新业态蓬勃兴起，聚集了大量新就业群体，包括网约车司机、货车司机、外卖送餐员、快递员等。要高度关注新业态发展，坚持网上网下结合，做好新就业群体的思想引导和凝聚服务工作，不断巩固党执政的阶级基础、群众基础、社会基础。”②

2023年10月23日，习近平在同中华全国总工会新一届领导班子成员集体谈话时指出：“要坚持不懈用新时代中国特色社会主义思想凝心铸魂，持续推动理论武装走深走实，不断增强学习践行党的创新理论的思想自觉和行动自觉。要牢记‘国之大者’，找准工会工作与党的中心任务的结合点、切入点、着力点，推动党中央决策部署在工会系统落实落地，更好发挥工会职能作用。要加强思想政治引领，做好职工思想政治工作，教育引导广大职工坚定不移听党话、跟党走，确保工人阶级始终是我们党最坚实最可靠的阶级基础。”③

## 二、推动党的创新理论在职工中落地生根

党的十八大以后，工会组织把深入学习宣传贯彻习近平总书记系列讲话精神和治国理政新理念新思想新战略作为首要政治任务。

---

① 习近平：《在全国劳动模范和先进工作者表彰大会上的讲话》，《人民日报》2020年11月25日第2版。

② 习近平：《努力成长为对党和人民忠诚可靠、堪当时代重任的栋梁之才》，《求是》2023年第13期。

③ 习近平：《组织动员亿万职工积极投身强国建设、民族复兴的伟大事业》，《求是》2024年第9期。

全国总工会建立了党组学习传达贯彻习近平总书记重要讲话工作制度，全国总工会领导班子带头学习，做到第一时间传达学习、原原本本领会精神实质、及时研究贯彻落实措施，切实用讲话精神武装头脑、指导实践、推动工作。各级工会组织充分发挥各级工会报刊、网站和工人文化宫（俱乐部）、职工学校等工会宣传教育主阵地作用，借助中央主要媒体，大力宣传习近平总书记重要讲话精神，宣传以习近平同志为核心的党中央对广大职工的关怀，宣传各级工会组织和工会干部、职工群众学习贯彻讲话精神的举措和成效。各地工会结合实际开展多种形式的学习活动，通过举办专题学习班、研讨班、集中轮训班、座谈会、辅导报告会、学习论坛，及时发放学习问答、学习读本等，积极利用新闻报道，网上征文，开辟报刊、网络专版，宣传专栏等方式，组织职工群众和工会干部系统深入地学、联系实际地学，不断将学习工作推向深入。

党的十九大以后，各级工会组织把学习宣传贯彻习近平新时代中国特色社会主义思想和党的十九大精神作为首要的重大政治任务来抓。协调中央主要媒体宣传报道一线职工代表和工会系统学习宣传贯彻习近平新时代中国特色社会主义思想和党的十九大精神情况。召开全国总工会主管媒体主办单位和出版单位负责人会议，协调《工人日报》、《中国工运》、《中国工人》、中工网等全国总工会主管媒体以专栏、专版、专题、专稿、专访、视频直播等多种形式集中宣传习近平新时代中国特色社会主义思想和党的十九大精神，及时反映各级工会干部和广大职工群众学习宣传贯彻情况。工会组织完善理论学习制度，扎实开展党内集中学习教育，坚持不懈用党的创新理论统一思想、统一意志、统一行动，推动习近平新时代中国特色社会主义思想进企业、进车间、进班组，走近职工身边、走进职工心里。

党的二十大以来，各级工会把团结引导职工听党话、跟党走作为重要政治责任，用党的创新理论武装职工的工作进一步向纵深发展，持续增进职工对党的创新理论的政治认同、思想认同、理论认同、情感认同。深入学习贯彻《习近平关于工人阶级和工会工作论述摘编》，定期召开学习贯彻重要论述理论研讨会，形成学习贯彻党的工运创新理论的制度性安排。按照学懂弄通做实的要求，通过专题学习、集中轮训等多种形式，教育引导广大工会干部读原著、学原文、悟原理，真正做到学深悟透、融会贯通，带动在职工群众中兴起学习贯彻习近平总书记关于工人阶级和工会工作的重要论述的热潮。广大职工积极参与中国特色社会主义理想信念教育，牢固树立中国特色社会主义共同理想。党史、新中国史、改革开放史、社会主义发展史宣传教育广泛开展，加强红色工运资源的挖掘保护和管理运用，命名一批全国职工爱国主义教育基地，推动理想信念教育逐步常态化制度化。

2022 年，第九次全国职工队伍状况调查显示，广大职工认为，新时代党和国家事业取得的历史性成就、发生的历史性变革来之不易，根本在于有以习近平同志为核心的党中央领航掌舵，有习近平新时代中国特色社会主义思想科学指引。94. 2%的职工认为党的百年奋斗从根本上改变了中国人民的前途命运，开辟了实现中华民族伟大复兴的正确道路；92. 9%的职工认可党和政府在打赢脱贫攻坚战、全面建成小康社会方面的工作；95. 5%的职工对坚定不移推进全面从严治党、大力推进反腐倡廉的做法支持或比较支持，比 2017 年提高 4. 1 个百分点；91. 4%的职工认为中央八项规定及其实施细则出台以来贪污腐败的情况有所减少，比 2017 年提高 10. 6 个百分点；96. 9%的职工认为党和政府在抗击新冠疫情中始终坚持生命至上、精准防控，保障人民生命健康安全的做法非常好或比较好。广大职工认为，中国特色社会主义具有前所未有的光明前景，对党和国家大政方针、党中央重大决策部署坚决拥护，认为以中国式现代化推进中华民族伟大复兴的使命任务前所未有，以共同富裕推进为民造福事业的力度前所未有，以伟大自我革命引领伟大社会革命的实践前所未有。95.2%的职工对全面建成社会主义现代化强国、实现中华民族伟大复兴的中国梦有信心；90.1%的职工对到本世纪中叶全体人民共同富裕基本实现有信心；88.4%的职工认为“十四五”规划目标正确、切实可行，能让百姓得到实惠；85.2%的职工认为未来的生活会越来越好，比2017年提高15.3个百分点。

# 第七章

# 丰富职工精神文化生活

## 一、践行社会主义核心价值观

2013 年 10 月，《中华全国总工会关于进一步加强工会宣传思想工作的意见》指出，为深入学习贯彻全国宣传思想工作会议精神，进一步加强工会宣传思想工作，充分发挥工会教育引导作用，更好地服务党和国家工作大局、服务工会工作全局、服务职工群众，打牢亿万职工团结奋斗的共同思想基础，提出要广泛开展“四德”教育。以职业道德建设为重点，大力推进职工队伍“四德”建设，深化社会公德、职业道德、家庭美德和个人品德教育，引导职工群众把实现个人理想与为国家振兴和社会发展进步作贡献统一起来。广泛开展学雷锋志愿服务活动、职业道德模范评选表彰等精神文明创建活动，创建文明行业、文明岗位，争做文明职工，引导职工群众从我做起、从身边的小事做起，树立良好的道德规范。

2014 年 3 月 4 日，习近平给“郭明义爱心团队”回信，号召广大职工争做社会主义核心价值观的践行者，争做雷锋精神和中华传统美德的继承者。3 月 19 日，全国总工会向全国广大职工发出《关于积极参与志愿服务活动争做职工志愿服务者的倡议》，动员广大职工广泛深入开展学雷锋志愿服务活动。11 月 6 日，全国总工会下发《关于在广大职工中培育和践行社会主义核心价值观的实施意见》，要求各级工会把社会主义核心价值观融入广大职工的政治立场、价值追求、职业操守、精神境界等各个方面，以社会主义核心价值观集聚广大职工为实现中国梦而奋斗的强大合力。

全国总工会在《关于在广大职工中培育和践行社会主义核心价值观的实施意见》中指出，工人阶级是我国的领导阶级，是先进生产力和生产关系的代表，各级工会组织有责任有义务把社会主义核心价值观融入广大职工的政治立场、价值追求、职业操守、精神境界等各个方面，使广大职工普遍追求富强、民主、文明、和谐的国家发展目标，充分认同自由、平等、公正、法治的社会价值取向，自觉遵守爱国、敬业、诚信、友善的个人行为准则。要通过引导职工继承弘扬优秀历史文化，强化职工敬业奉献精神，建设育人化人的先进职工文化，用好用活工作载体等方法，强化宣传教育，以社会主义核心价值观集聚广大职工为实现中国梦而奋斗的强大合力。要通过深入开展“中国梦·劳动美”主题教育实践活动，大力弘扬劳模精神，推进法治建设和道德建设，开展学雷锋志愿服务活动，深化群众性精神文明创建工作等途径，突出实践养成，推动社会主义核心价值观广泛融入职工的生产生活。

2015 年，第十四届全国职工职业道德建设评选表彰结果揭晓。河北冀中能源峰峰集团有限公司等 20 个单位荣获“全国职工职业道德建设标兵单位”称号，丁铁梅等 20 人荣获“全国职工职业道德建设标兵个人”称号，71 个单位、87 人分获“全国职工职业道德建设先进单位”和“全国职工职业道德建设先进个人”称号。

2018 年，由全国总工会、中央宣传部、中央文明办、工业和信息化部、商务部、国务院国资委联合举办的第十五届全国职工职业道德建设评选表彰结果揭晓。中建二局安装工程有限公司等

20个单位荣获“全国职工职业道德建设标兵单位”称号，马荣等20人荣获“全国职工职业道德建设标兵个人”称号；42个单位、44人分获“全国职工职业道德建设先进单位”和“全国职工职业道德建设先进个人”称号。此次评选注重面向基层、面向一线。候选标兵单位涉及铁路、金融、航空、钢铁、煤炭、电力、建筑、制造、公交、通信、公安、文教卫生、市政等近20个行业。候选标兵个人中有巡山工、养路工、采油工、环卫工，也有教师、医生、警察、技术工人。一线职工和基层工作者候选人占报送总数的78.1%。

2021年7月，王东明在全国工会学习贯彻习近平总书记在庆祝中国共产党成立100周年大会上的重要讲话精神座谈会上的讲话中指出，要深刻认识伟大建党精神是中国共产党的精神之源。站在“两个一百年”奋斗目标历史交汇点上，面对中华民族伟大复兴的光明前景，要继续弘扬光荣传统、赓续红色血脉，把伟大建党精神继承下去、发扬光大。要以社会主义核心价值观引领职工，积极弘扬中华优秀传统文化，深化群众性精神文明创建活动，加强以职业道德为重点的“四德”建设，形成健康文明、昂扬向上的职工文化，凝聚起亿万职工奋进新征程、建功新时代的磅礴力量。

2022年7月29日，全国总工会举行党的十八大以来工会工作成就经验新闻发布会，介绍有关情况并指出，全国总工会采取多种形式持续推动新时代党的创新理论进企业、进车间、进班组，职工群众对“两个确立”的政治认同、思想认同、理论认同、情感认同明显增强。“中国梦·劳动美”的价值引领深入基层、扎根职工。培育和践行社会主义核心价值观，加强“四德”建设，持续开展全国职工职业道德建设评选表彰活动、“网聚职工正能量 争做中国好网民”活动等。在全国范围内建设全国工会职工书屋示范点超过一万家，带动各地建成职工书屋13万余家。

2022 年 12 月，第十七届全国职工职业道德建设评选表彰结果正式公布。全国总工会会同中央宣传部、中央文明办、工业和信息化部、商务部、国务院国资委联合发布表彰决定，授予天津市振华物流集团有限公司等 20 个单位“全国职工职业道德建设标兵单位”称号，公雪杰等 20 名同志“全国职工职业道德建设标兵个人”称号；授予北京城建集团有限责任公司工程总承包部等 50 个单位“全国职工职业道德建设先进单位”称号，刘博强等 50 名同志“全国职工职业道德建设先进个人”称号。

## 二、“中国梦 · 劳动美”主题宣传教育

“中国梦 · 劳动美”主题宣传教育是工会的一项品牌活动。2013 年 4 月 1 日，为全面学习宣传贯彻党的十八大精神，深入开展中国特色社会主义宣传教育，不断把中国梦的宣传教育活动引向深入，中华全国总工会下发《关于开展“中国梦 · 劳动美”主题宣传活动的意见》。各级工会通过宣讲报告、媒体宣传、文化活动等方式，面向基层、面向职工，全方位、多层次、多角度深入开展各类宣传教育活动，激励广大职工立足岗位、凝聚力量，自觉做中国道路的实践者、中国精神的承载者、中国力量的主力军，为实现中华民族伟大复兴的中国梦努力奋斗。

举办“中国梦 · 劳动美”五一特别节目。2014 年 5 月 1 日，“中国梦 · 劳动美”——2014 年庆祝“五一”国际劳动节特别节目主会场演出在北京铁路局动车检修库举行，全国劳模代表、全国五一劳动奖状、全国五一劳动奖章和全国工人先锋号代表及北京铁路局动车段职工近千人观看演出。2015 年 4 月 26 日，举办 2015 年庆祝“五一”国际劳动节心连心特别节目，在北京设立主会场，在天津和广东设立分会场，深入车间班组、深入职工群众，累计超过 1. 5 亿人次收看节目。2016 年 4 月 28 日，“中国梦 · 劳

动美”——2016 年庆祝“五一”国际劳动节心连心特别节目主会场设在中关村国家自主创新示范区展示中心，分会场分别设在吉林长春中国中车集团生产车间和浙江杭州阿里巴巴集团滨江园区，此次活动坚持走基层、心连心的演出方式，在全国广大职工和工会干部中引起极大反响。2017 年 4 月 26 日，“中国梦·劳动美”——2017 年庆祝“五一”国际劳动节心连心特别节目在北京新机场主航站楼建设工地上演。2018 年 4 月 24 日，“中国梦·劳动美”——2018 年庆祝“五一”国际劳动节心连心特别节目北京会场的演出，在亚洲基础设施投资银行总部永久办公场所建设工地上演。2019 年 4 月 26 日，“中国梦·劳动美”——2019 年庆祝“五一”国际劳动节心连心特别节目完成录制，“五一”期间实况播出后，在全社会特别是广大职工群众中引起强烈反响。2020 年 4 月 26 日，“中国梦·劳动美”——致敬劳动者“五一”特别节目在中央电视台完成录制工作。2021 年 4 月 26 日，“中国梦·劳动美——永远跟党走 奋进新征程”2021 年“五一”国际劳动节特别节目在北京市国家会议中心二期工地进行录制。2022 年 5 月 1 日，“中国梦·劳动美”——2022 年“五一”国际劳动节心连心特别节目，紧扣“中国梦·劳动美——奋进新征程 建功新时代”的主题主线，深入宣传习近平总书记致首届大国工匠创新交流大会贺信精神，创新使用真诚的讲述方式、精心的仪式设计和巧妙的印章构思，呈现新时代劳动者的精神风貌，大力弘扬了劳模精神、劳动精神、工匠精神。特别节目在总台平台跨媒体触达 3.59 亿人次。2023 年 5 月 1 日，“中国梦·劳动美”——2023 年“五一”国际劳动节心连心特别节目在多个媒体平台同步播出，全网话题阅读量达 12 亿次。2024 年 5 月 1 日，“中国梦·劳动美”——2024 年“五一”国际劳动节“心连心”特别节目，在央视综合频道（CCTV－1）、综艺频道（CCTV－3）、音乐频道（CCTV－15），央视新闻、央视频、央视网、央广网、云听客户端，以及文艺之声、音乐之声、经典音乐广播等平台播出。特别节目围绕“中国梦·劳动美”主题，以“向‘新’出发”为主线，创新采取“1个北京主会场+1个京外分会场+N个外拍点”模式，深入企业厂矿一线录制。节目以“双手绘新卷”为主线，通过“新”突破—绘自立自强之卷，“新”产业—绘创新驱动之卷，“新”面貌—绘奋斗逐梦之卷三个篇章，展现劳动模范、大国工匠、高技能人才、普通劳动者在新征程上的精神风貌，为广大劳动者送上“五一”节日祝福。

举办各类文艺比赛。2013年，全国总工会举办“中国梦·劳动美”全国职工诗词创作大赛，征集参赛稿1.53万余首（篇），讴歌伟大时代，展现时代的变迁，颂扬祖国建设成就，弘扬中国工人阶级的伟大品格和劳模精神。2014年，全国总工会与国务院国资委共同举办“中国梦·劳动美·幸福路”全国职工微电影大赛，收到参赛作品690多部，参赛作品形式新颖、题材广泛、生产生活气息浓郁，收到了良好的教育效果。2015年4月，全国总工会举办全国职工经典诵读大赛，以“传承文化、提升素质”为主题，引导职工多读书、读经典，加深对民族精神和中华优秀传统文化的理解，增强民族凝聚力和自豪感。全国总工会、国家新闻出版广电总局、国务院国资委等单位共同举办第二届“中国梦·劳动美·幸福路”全国职工微影视大赛，收到参赛作品978部，648家企业逾万名职工参与。2017年9月29日至10月7日，第四届全国职工摄影展在上海举行。2017年10月，第三届全国职工诗词创作大赛在北京举行，收到参赛作品1.3万首，评出获奖作品56首。2017年12月11日，第四届全国职工微影视大赛总结展演在广州举行，全国415家单位报名参赛，参赛作品2083部。2019年10月29日，“中国梦·劳动美”第六届全国职工微影视大赛总结展演活动在太原工人文化宫举行，收到160多个单位报送的1546部作品，展现了工人阶级主力军作用和劳动模范的时代风采，展示了劳动者之美、劳动者之歌、劳动者之魂、劳动者创造美好的新时代。2020 年，以“中国梦 · 劳动美”为主题，在广大职工群众中组织开展了第七届全国职工摄影展、第七届全国职工书画展、《国家体育锻炼标准》职工达标系列赛等职工文体活动。2022 年 11 月 11 日，举办“中国梦 · 劳动美——当好主力军奋进新征程”第九届全国职工摄影展，收到全国 71 个团体、17820 位作者报送的 48326 件（组）作品。2023 年 12 月 15 日，第十届全国职工摄影展在吉林省长春市开展，收到作品 36723 件（组），数量再创新高。

开展文艺作品创作和展演。2015 年 2 月 27 日，全国总工会邀请部分知名作家艺术家在北京举行作家艺术家深入职工创作实践活动出征仪式。各地、各产（行）业工会组织专业和业余文艺创作人员深入企业，培训基层文艺骨干，创作了《娘家人》《钢铁，是这样炼成的》等一批反映工会工作和工人阶级伟大品格的优秀文艺作品。2017 年 11 月 20 日至 27 日，第四届全国职工书画展在浙江浦江举办，征集职工书画作品 3208 幅，评选出书法入展作品 130 幅，绘画入展作品 50 幅。2018 年 10 月 19 日，在全国总工会机关举办“中国梦 · 劳动美”第五届全国职工摄影展。2018 年 12 月 26 日，在哈尔滨工运历史展览馆举行“中国梦 · 劳动美”第五届全国职工书画展。元旦、春节期间，与中国书法家协会合作开展“送万福、进万家”书法公益活动，共举办 9 场在京示范性活动，指导各地深入基层企业、园区、工地积极开展“送万福、进万家”书法公益活动，共印制发放春联和福袋约 300 万份，惠及 1000 万职工群众。开展文艺工作者下基层活动，首批 10 名作家深入大国工匠所在单位采风创作。2023 年 4 月，由全国总工会、国务院国资委主办的“凝心铸魂跟党走 团结奋斗新征程”——全国首届企（行）业歌曲、职工舞蹈、职工曲艺小品展演暨颁奖晚会在北京举行，通过贴近职工工作和生活的优秀文艺作品，展现新时代广大职工昂扬向上的时代风采。

## 三、职工素质建设工程

2012 年，党的十八大重申“建设学习型社会”目标。“建设学习型社会”是党中央向全党全国人民发出的伟大号召，是富有时代精神的战略要求。培育和造就一支高素质的知识型、技能型、创新型职工队伍，成为新时代工会的一项重要任务。

制定实施全国职工素质建设工程五年规划。2014 年，全国总工会开展《全国职工素质建设工程五年规划（2010—2014 年）》实施情况调研。结果显示，五年来，职工素质建设工程组织领导机构健全，工作机制基本形成；职工思想道德素质有效提升，职工队伍科学文化素质、技能水平显著提高，民主法治、健康安全、文明素质明显增强；职工教育培训阵地建设不断加强，各级工会创新活动载体，形成了一批职工教育活动品牌。

2015 年 4 月 10 日，全国总工会制定《全国职工素质建设工程五年规划（2015—2019 年）》，提出加强职工队伍思想道德素质建设、科学文化素质建设、技术技能素质建设、民主法治素质建设、健康安全卫生素质建设等五项目标任务，深入开展“中国梦·劳动美”主题宣传活动、职工读书学习活动、职工职业道德建设活动、劳动竞赛和技术技能培训活动、民主法治宣传教育活动、群众性安全生产和职业病防治教育活动、职工文化体育活动等七项工作载体，以及加强组织领导、建立经费保障机制、加强职工教育培训阵地建设、完善考核激励机制等四项保障措施。通过建立资源集成、形式多样、贴近职工、务实有效的职工素质建设工程模式，培育形成一批职工素质建设工程品牌，努力建设一支强大的知识型、技术型、创新型职工队伍。2016 年，落实职工素质建设工程五年规划工作安排，根据《全国工会职工教育培训示范点建设实施办法》，在各地推荐的基础上，通过审核材料、实地考察等程序，确定北京三元集团教育培训中心等200个教育培训机构为全国职工教育培训示范点。12月30日，中华全国总工会办公厅印发《关于命名全国职工教育培训示范点的通知》，对每个示范点拨付10万元扶持资金，并要求各省级总工会积极整合资源，按1∶1的比例配套示范点扶持资金，共同推进全国职工教育培训示范点建设。2017年，继续命名200个全国职工教育培训示范点。

2019年10月12日，全国职工素质建设工程十周年座谈会在广州召开。会议总结了全国职工素质建设工程十年来取得的成效，提出推进职工素质建设工程改革创新，要与深化产业工人队伍建设改革、加强职工思想政治引领有机融合、一体推进，突出问题导向和职工需求导向，加强顶层设计、深化实践探索，确保职工素质建设工程落地见效。

2020年12月25日，全国总工会印发《全国职工素质建设工程五年规划（2021—2025年）》，提出到2025年的工作目标：习近平新时代中国特色社会主义思想更加深入人心，广大职工践行社会主义核心价值观的自觉性不断加强，终身学习支撑保障更加有力，技能培训体系更加健全，教育培训效果更加显著，思想道德、科学文化、技术技能、民主法治、健康安全、社会文明素质明显提高，每年帮助30万职工特别是农民工提升学历水平，每年帮助60万职工提升技能等级，造就一支有理想守信念、懂技术会创新、敢担当讲奉献的宏大产业工人队伍。

开展“大国工匠进校园”活动。2016年，全国总工会和教育部联合开展“大国工匠进校园”活动，把这一活动作为教育培训一支高素质职工队伍后备军的重要抓手，引导职业院校师生深入学习大国工匠精湛的技术技能和精益求精的工匠精神，树立积极健康的职业观、成才观，为职业院校和企业合作培养造就更多大国工匠搭建平台，为推进供给侧结构性改革、发展实体经济提供高素质的劳动者。10 月 10 日，首场活动在北京工业职业技术学院进行。中国关心下一代工作委员会、全国总工会、教育部等相关机构和部门领导出席活动并讲话，高凤林、宁允展两位大国工匠现场展示技艺，与师生交流互动。之后，“大国工匠进校园”系列活动在湖北、广西、上海等地陆续开展，在职业院校中掀起大力弘扬工匠精神、培养造就更多大国工匠的热潮。

2017 年，全国总工会联合教育部分别在咸阳、深圳、青岛、包头、成都、无锡、铁岭、银川等地以及中国劳动关系学院举行了九场“大国工匠进校园”示范活动，邀请 20 名大国工匠走进校园，向广大职业院校师生展示工匠高超技艺，共有十所院校、一万多名学生参加了现场活动，数万名学生通过视频、网上直播参加了活动。6 月 16 日，全国总工会与教育部在无锡联合召开“大国工匠进校园”阶段性总结部署会议，肯定了“大国工匠进校园”活动取得的显著成效。

2018 年，全国总工会与教育部一起指导部分地方工会和教育部门，在北京、天津、河北、辽宁、浙江等省（市）职业院校开展“大国工匠进校园”活动，创新活动形式，强化校企合作。5 月上旬，指导辽宁大连金普新区工会举办“大国工匠进校园”全国职业教育活动周专场活动，以六校联合的形式，组织相关企业与职校现场签订合作协议，启动了线上工匠学院——蓝领学院和金普新区职教联盟。

2019 年，“大国工匠进校园”活动持续在全国范围内推进，吉林、浙江、安徽、山东、湖南、陕西、新疆等省（区、市）在职业院校继续开展百余场“大国工匠进校园”活动。大国工匠走进职校，与师生面对面交流，传授高超技艺、讲述成长经历；学校通过设立大师工作室等与大国工匠建立长期联系，推进校企合作，助力职教育人，大力弘扬工匠精神，厚植工匠文化。同时，各地工会组织和教育部门积极组织各类工匠人物走进大中小学。11 月 21 日，全国总工会与教育部、中央宣传部、国务院国资委、共青团中央、全国妇联、中国科协等部委和单位联合在北京大学启动“奋斗的我 最美的国”新时代先进人物进校园工作，发挥榜样作用，引导广大青年学生敬仰先进、学习先进、争做先进。

2023 年 6 月 15 日，全国工会职工教育工作座谈会暨劳模工匠进校园工作推进会在杭州召开。会议明确新时代新征程工会职工教育工作的着力点，教育引导广大职工培育时代新风新貌，走技能成才、技能报国之路，推动工作理念和方法创新，打造数字化时代职工教育新品牌。7 月 14 日，全国总工会办公厅、教育部办公厅印发《关于大力弘扬劳模精神劳动精神工匠精神 深入开展“劳模工匠进校园”行动的通知》，在“大国工匠进校园”“劳模进校园”等活动基础上，联合实施“劳模工匠进校园”行动。总体目标是：通过五年左右时间，实现“劳模工匠进校园”行动在大中小学全贯通，在基础教育、职业教育、高等教育、继续教育全覆盖，弘扬劳模精神、劳动精神、工匠精神的机制不断健全，劳模工匠兼职教师队伍不断壮大，支持劳动教育有效开展的各类资源不断丰富。2024 年，“劳模工匠进校园”活动共覆盖职工和学生超 2000 万人。

开展农民工“求学圆梦行动”。2016 年 3 月 1 日，按照《全国职工素质建设工程五年规划（2015—2019 年）》关于推广实施“农民工求学圆梦助推计划”的部署，全国总工会和教育部联合印发《农民工学历与能力提升行动计划——“求学圆梦行动”实施方案》，倡导各级工会和教育部门对农民工利用工余时间继续学习提升学历、通过各类培训提升技能进行帮助和资助。方案提出，“到 2020 年，在有学历提升需求且符合入学条件的农民工中，资助 150 万名农民工接受学历继续教育，使每一位农民工都能得到相应的技术技能培训，能够通过学习免费开放课程提升自身素质与从业能力”。全国各省（区、市）总工会和教育厅（委、局）制定了本地区的行动实施方案，提出了具体的扶持计划和工作措施。广东、江苏、海南等省总工会对生源组织和经费资助作了详细安排，分别拨出专项经费用于资助参与行动的农民工。上海市教委拨出专项经费资助在岗人员学历提升。河北、天津、吉林等省（市）对专业设置、学费减免、学生入学方式等提出了明确要求。

2017 年，全国总工会与教育部共同开展农民工“求学圆梦行动”。5 月，组织天津、河北、吉林、江苏、安徽、山东、海南等省（市）赴广东集中调研，学习广东省总工会和广州市总工会推进农民工“求学圆梦行动”工作的经验和做法。选取不同地域不同类型的五家重点企业作为示范企业重点跟踪扶持，指导企业根据实际情况与有关院校开展合作，及时帮助农民工申请学费补贴，并做好经验总结和宣传推广。全年已开展活动的 21 个省（区、市）农民工学历继续教育招生数达 20.3 万人。

2018 年，各级工会和教育部门一起大力推进农民工“求学圆梦行动”。从源头上争取政策和资金扶持，全国总工会与财政部联合修订 2006 年印发的《企业职工教育培训经费使用管理办法》，将企业职工教育经费的提取比例由原来的 1.5%—2.5%扩大到 1.5%—8%，准予税前扣除并可以用于学历提升教育。全国总工会和教育部于 2018 年 11 月在江苏省南京市联合召开全国农民工“求学圆梦行动”推进会，通过总结经验、分析形势、解决问题，为进一步深入开展农民工“求学圆梦行动”凝聚共识、注入动力、作出部署。充分利用中国职工教育网、江苏工会学院、安徽农民工继续教育公共服务平台、广东职工教育网等职工教育培训网站资源开展活动。2019 年，制定《2019 年农民工“求学圆梦行动”专项扶持资金分配方案》，全国总工会每年投入 1000 万元专项扶持资金，各级工会和教育部门每年帮助30万名农民工提升学历。截至2024年6月，全国各级工会累计投入11.17亿元专项资金，资助240多万农民工实现学历与技能提升，培训各类农民工600万人次。

启动学习型职工读书行动。2014年4月22日，“争当学习型职工读书行动”启动仪式在北京城建集团中国国学中心项目基地举行，全国总工会、国家新闻出版广电总局、北京市总工会、北京城建集团相关负责人现场向劳动模范和职工代表赠送了《之江新语》《〈中共中央关于全面深化改革若干重大问题的决定〉职工学习问答》《幸福就这么简单》《员工心理健康自助读本》等书籍，并向全国职工推荐50本（套）精品图书，发出号召广大职工积极参与“争当学习型职工读书行动”的倡议。举办“读书，让梦想成真”主题征文活动，共收到全国各地投稿1.03万篇，评选出最佳征文20篇和优秀征文100篇，评选出优秀组织奖50个。各地工会精心组织开展了丰富多彩的读书分享会、读书节、读书演讲、互赠好书等活动，受到了广大职工的好评。

提升女职工数字技能。为加强女职工数字技能教育和培训，2022年9月16日至29日，首次举办全国女职工数字技能提升网络培训班，依托中国工人出版社“学习强会”平台以线上方式进行全程直播授课和互动交流，来自全国的500余名女职工工会干部、女劳模工匠和女职工代表参训。2023年8月，在清华大学举办巾帼劳模工匠数字技能培训班，组织全国50名巾帼劳模工匠代表参加学习培训。2024年1月，全国总工会印发《女职工数字技能提升方案》，加大数字时代的知识型、技能型、创新型女职工培养力度，提升女职工数字技能水平。

## 四、职工体育工作

2016年、2017年，连续两年组织开展“承载梦想，走向健康”全国健步走网络公开赛，全国参赛机构超过2800家，覆盖31个省（区、市），80多万名职工报名参加。2016年9月4日至8日，第四届全国职工围棋大赛在南宁举行，各省（区、市）及行业体协选派了47支代表队260多名选手参加比赛。

2017年，与国家体育总局航空运动管理中心、中国定向运动协会等单位联合开展“中国杯”国际定向越野巡回赛，共设五站，近两万名职工参加。

2018年，依托职工文化体育协会，开展了“中国梦·劳动美”系列职工文体活动，9月，在浙江杭州举办围棋大赛，全国共有56支代表队近300名选手参加。10月，在山西大同举办第七届全国职工全健排舞大赛，来自全国22个省（区、市）的46支代表队1400名选手参加，共评出39个集体和个人金奖。

2019年12月，《国家体育锻炼标准》职工达标试点赛启动仪式在全国总工会国际交流中心举行，所有参赛并达标的职工均获得由国家体育总局印发的达标证书。

2021年10月12日至15日，“中国梦·劳动美——永远跟党走 奋进新征程”全国职工乒乓球大赛在全国总工会国际交流中心举行，来自各省（区、市）总工会、各全国产业工会、中央和国家机关工会联合会的31支代表队近300名运动员参加了比赛。

2021年12月至2022年6月，组织开展全国职工线上运动会，采用人工智能技术、“菜单式”运动达标及地图闯关等方式为广大职工提供线上运动项目，并根据参赛规模、团体达标率等评选“十佳赛区”。各省（区、市）、各全国产业工会、中央和国家机关工会联合会共设43个赛区，全国8万多家机关、企事业单位近400万名职工参与活动。2022年7月至12月举办全国职工线上健身运动专题活动，以原有的全国职工线上健身运动平台为基础，设置“运动菜单”，为职工提供AI运动场、工间健身训练、健步走、跑步、骑行等运动项目，根据时事热点以及工会重点工作拟定不同主题，设置地图闯关、知识学习问答、闯关奖励等环节，吸引了广大职工踊跃参与，取得了良好效果。

2023年7月24日至28日，全国总工会、新疆维吾尔自治区总工会共同举办“中国梦·劳动美——团结奋斗开新局 喜迎工会十八大”2023年全国职工羽毛球大赛。本次大赛按甲（青年）、乙（中年）两组进行三场制混合团体赛，包括男子双打、女子双打、混合双打三个项目，共有来自各省（区、市）总工会、各全国产业工会的36支代表队近600名职工参加。大赛开闭幕式和决赛进行线上直播，累计观看人数超3000万人次。开展全国职工线上健身运动系列活动，提供“菜单式”“订单式”服务，覆盖12万家单位660万名职工。

# 第十七编

# 广大职工积极奋进新征程、建功新时代

# 第八章

# 大力弘扬劳模精神、劳动精神、工匠精神

## 一、劳模精神、劳动精神、工匠精神的提出

劳模精神、劳动精神、工匠精神是中国共产党人精神谱系的重要组成部分，在新时代新征程上展现出巨大的引领价值，在激发人民力量、振奋民族精神方面发挥了重要作用。党的十八大以来，习近平对弘扬劳模精神、劳动精神、工匠精神高度重视，多次发表重要讲话、作出重要指示，深刻阐释弘扬劳模精神、劳动精神、工匠精神的重要意义和基本内涵。

2013 年 4 月 28 日，习近平亲临全国总工会机关同全国劳动模范代表座谈时指出，长期以来，广大劳模以平凡的劳动创造了不平凡的业绩，铸就了“爱岗敬业、争创一流，艰苦奋斗、勇于创新，淡泊名利、甘于奉献”的劳模精神，丰富了民族精神和时代精神的内涵，是我们极为宝贵的精神财富。这是习近平担任党的总书记以来，首次对劳模精神的内涵进行阐述，对其时代意义进行褒扬和升华。

2014 年 4 月 30 日，习近平在乌鲁木齐接见劳动模范和先进工作者、先进人物代表时指出，我们要在全社会大力弘扬劳动光荣、知识崇高、人才宝贵、创造伟大的时代新风，促使全体社会

成员弘扬劳动精神；劳动模范和先进工作者、先进人物不仅自己要做好工作，而且要身体力行向全社会传播劳动精神和劳动观念；广大党员、干部要带头弘扬劳动精神。这是习近平在讲话中首次提出劳动精神的概念。

2015 年 4 月 28 日，习近平在庆祝“五一”国际劳动节暨表彰全国劳动模范和先进工作者大会上强调，“在前进道路上，我们要始终弘扬劳模精神、劳动精神，为中国经济社会发展汇聚强大正能量”①。

2016 年 4 月 26 日，习近平在安徽主持召开知识分子、劳动模范、青年代表座谈会。他强调，无论从事什么劳动，都要干一行、爱一行、钻一行。在工厂车间，就要弘扬“工匠精神”，精心打磨每一个零部件，生产优质的产品。这是习近平在讲话中首次提出工匠精神的概念。

2017 年 10 月 18 日，习近平在党的十九大报告中指出，建设知识型、技能型、创新型劳动者大军，弘扬劳模精神和工匠精神，营造劳动光荣的社会风尚和精益求精的敬业风气。

2018 年 4 月 30 日，习近平给中国劳动关系学院劳模本科班学员回信，强调“劳动最光荣、劳动最崇高、劳动最伟大、劳动最美丽。全社会都应该尊敬劳动模范、弘扬劳模精神，让诚实劳动、勤勉工作蔚然成风”②。

2018 年 10 月 29 日，习近平在同中华全国总工会新一届领导班子成员集体谈话时，首次将劳模精神、劳动精神、工匠精神并列在一起，强调“劳动模范是民族的精英、人民的楷模。大国工

① 习近平：《在庆祝“五一”国际劳动节暨表彰全国劳动模范和先进工作者大会上的讲话》（2015 年 4 月 28 日），《习近平关于工人阶级和工会工作论述摘编》，中央文献出版社 2023 年版，第 79 页。

② 习近平：《给中国劳动关系学院劳模本科班学员的回信》（2018 年 4 月 30 日），《习近平书信选集》第 1 卷，中央文献出版社 2022 年版，第 170 页。

匠是职工队伍中的高技能人才。体现在他们身上的劳模精神、劳动精神、工匠精神，是伟大民族精神的重要内容”①。

2019年9月23日，习近平对我国技能选手在第45届世界技能大赛上取得佳绩作出重要指示，强调“要在全社会弘扬精益求精的工匠精神，激励广大青年走技能成才、技能报国之路”②。

2020年11月24日，习近平在全国劳动模范和先进工作者表彰大会上指出，在长期实践中，我们培育形成了爱岗敬业、争创一流、艰苦奋斗、勇于创新、淡泊名利、甘于奉献的劳模精神，崇尚劳动、热爱劳动、辛勤劳动、诚实劳动的劳动精神，执着专注、精益求精、一丝不苟、追求卓越的工匠精神。这是习近平首次对劳模精神、劳动精神、工匠精神的内涵进行系统概括和阐释，标志着我们党对劳模精神、劳动精神、工匠精神的认识达到了一个新水平，进一步丰富发展了马克思主义劳动学说，鲜明体现了我们党与时俱进的理论品格。

2022年4月27日，习近平在致首届大国工匠创新交流大会的贺信中指出，“我国工人阶级和广大劳动群众要大力弘扬劳模精神、劳动精神、工匠精神，适应当今世界科技革命和产业变革的需要”③。

2023年在“五一”国际劳动节到来之际，习近平代表党中央向全国广大劳动群众致以节日的祝贺和诚挚的慰问，“希望广大劳动群众大力弘扬劳模精神、劳动精神、工匠精神，诚实劳动、勤勉工作，锐意创新、敢为人先，依靠劳动创造扎实推进中国式

---

① 习近平：《在同全国总工会新一届领导班子成员集体谈话时的讲话》（2018年10月29日），《习近平关于工人阶级和工会工作论述摘编》，中央文献出版社2023年版，第84页。

② 《弘扬精益求精的工匠精神 激励广大青年走技能成才技能报国之路》，《人民日报》2019年9月24日第1版。

③ 《勤学苦练深入钻研勇于创新敢为人先 为推动高质量发展实施制造强国战略贡献智慧和力量》，《人民日报》2022年4月28日第1版。

现代化，在强国建设、民族复兴的新征程上充分发挥主力军作用”①。

2023 年 9 月 1 日，习近平在给中国航发黎明发动机装配厂“李志强班”职工回信中指出，“希望你们牢记使命责任，坚定航空报国志向，弘扬劳模精神、工匠精神，努力攻克更多关键核心技术”②。

2023 年 10 月 23 日，习近平在同中华全国总工会新一届领导班子成员集体谈话时强调，要大力弘扬劳模精神、劳动精神、工匠精神，发挥好劳模工匠示范引领作用，激励广大职工在辛勤劳动、诚实劳动、创造性劳动中成就梦想。

近年来，党和国家始终重视和弘扬劳模精神、劳动精神、工匠精神。从 2016 年开始，国务院几乎在每年的政府工作报告中，都强调弘扬劳模精神、劳动精神、工匠精神。2016 年强调，鼓励企业开展个性化定制、柔性化生产，培育精益求精的工匠精神；2017 年强调，要大力弘扬工匠精神，厚植工匠文化，恪尽职业操守，崇尚精益求精，完善激励机制，培育众多“中国工匠”，打造更多享誉世界的“中国品牌”，推动中国经济发展进入质量时代；2018 年强调，要弘扬劳模精神和工匠精神，建设知识型、技能型、创新型劳动者大军，来一场中国制造的品质革命；2019 年强调，要大力弘扬奋斗精神、科学精神、劳模精神、工匠精神，汇聚起向上向善的强大力量；2021 年强调，要弘扬工匠精神，以精工细作提升中国制造品质；2024 年再次强调，要弘扬工匠精神，打造更多有国际影响的“中国制造”品牌。

2017 年中共中央、国务院印发的《新时期产业工人队伍建设

---

① 《习近平向全国广大劳动群众致以节日的祝贺和诚挚的慰问》，《人民日报》2023 年 5 月 1 日第 1 版。

② 《弘扬劳模精神工匠精神 为实现高水平科技自立自强积极贡献力量》，《人民日报》2023 年 9 月 3 日第 1 版。

改革方案》，2018 年中央办公厅、国务院办公厅印发的《关于提高技术工人待遇的意见》，都强调要弘扬劳模精神、劳动精神、工匠精神。2018 年国务院印发的《关于推行终身职业技能培训制度的意见》指出，要强化工匠精神和职业素质培育，大力弘扬和培育工匠精神，提高劳动者践行工匠精神的自觉性和主动性，健全以职业能力为导向、以工作业绩为重点、注重工匠精神培育和职业道德养成的技能人才评价体系。2019 年国务院印发的《国家职业教育改革实施方案》指出，“宣传展示大国工匠、能工巧匠和高素质劳动者的事迹和形象，培育和传承好工匠精神”。2022 年 4 月全国人大常委会新修订的《职业教育法》指出，要“培育劳模精神、劳动精神、工匠精神”。在人力资源社会保障部修订的《国家职业技能标准编制技术规程》中，将工匠精神和敬业精神内涵融入国家职业技能标准中，作为职业道德要求的重要内容。

习近平深刻指出，“劳模精神、劳动精神、工匠精神是以爱国主义为核心的民族精神和以改革创新为核心的时代精神的生动体现”①。在劳模精神、劳动精神、工匠精神的激励和感召下，我国工人阶级在实现中国梦伟大进程中拼搏奋斗、争创一流、勇攀高峰，为决胜全面建成小康社会、决战脱贫攻坚发挥了主力军作用，为推动经济社会高质量发展、以中国式现代化全面推进强国建设、民族复兴伟业作出了突出贡献，用智慧和汗水营造了劳动光荣、知识崇高、人才宝贵、创造伟大的社会风尚，谱写了“中国梦·劳动美”的新篇章。

---

① 习近平：《在全国劳动模范和先进工作者表彰大会上的讲话》（单行本），人民出版社 2020 年版，第 4 页。

## 二、劳动模范评选表彰

### （一）全国劳动模范表彰

为及时表彰为国家建设和社会发展作出卓越贡献的先进集体和先进个人，1950 年至 2020 年，我国先后召开了 14 次全国劳动模范表彰大会，从 1989 年开始形成制度，每五年召开一次。自 1985 年开始，除召开全国劳动模范表彰大会的年份外，每年庆祝“五一”期间，全国总工会还会开展全国五一劳动奖状、全国五一劳动奖章评选表彰等活动。

2015 年 4 月 28 日，党中央、国务院召开全国劳动模范和先进工作者表彰大会，授予 2064 人全国劳动模范荣誉称号、授予 904 人全国先进工作者荣誉称号。习近平、李克强、张德江、俞正声、刘云山、王岐山、张高丽等党和国家领导同志出席大会。习近平发表重要讲话，号召我国工人阶级和广大劳动群众要更加紧密地团结在党中央周围，弘扬劳模精神，弘扬劳动精神，弘扬我国工人阶级和广大劳动群众的伟大品格，在实现“两个一百年”奋斗目标的伟大征程上再创新的业绩，以劳动托起中国梦。李克强主持大会。刘云山宣读《中共中央、国务院关于表彰全国劳动模范和先进工作者的决定》。这是继 1979 年后，以党中央、国务院的名义对劳动模范进行的最高规格的表彰，目的就是要弘扬劳模精神、劳动精神、工匠精神，弘扬我国工人阶级和广大劳动群众的伟大品格，向全社会传递劳动最光荣、劳动最崇高、劳动最伟大、劳动最美丽的理念，彰显党和国家尊重劳动、尊重知识、尊重人才、尊重创造的工作方针。

2020 年 11 月 24 日，在全国劳动模范和先进工作者表彰大会上，党中央、国务院决定授予 1689 人全国劳动模范称号，授予

804人全国先进工作者称号。习近平、李克强、栗战书、汪洋、王沪宁、赵乐际、韩正等党和国家领导同志出席大会。习近平发表重要讲话，强调劳动模范是民族的精英、人民的楷模，是共和国的功臣。党和国家始终坚持全心全意依靠工人阶级的方针，始终高度重视工人阶级和广大劳动群众在党和国家事业发展中的重要地位，始终高度重视发挥劳动模范和先进工作者的重要作用。李克强主持大会。王沪宁宣读了《中共中央、国务院关于表彰全国劳动模范和先进工作者的决定》。

### (二) 全国五一劳动奖章、奖状和全国工人先锋号评选表彰

五一劳动奖作为中华全国总工会颁发的最高奖项，自1985年首次颁发后，在全国广大企业和亿万职工中产生了巨大影响，对激励职工学习先进、争当先进发挥了重要作用。全国五一劳动奖包括全国五一劳动奖状和全国五一劳动奖章。其中，全国五一劳动奖状授予在我国境内依法注册或登记的企业、事业单位、机关、社会组织及其他组织以及驻外机构；全国五一劳动奖章授予中国籍员工。全国工人先锋号授予上述企业、事业单位、机关、社会组织及其他组织以及驻外机构所属的部门或单位。

2011年11月25日，全国总工会颁布了《全国五一劳动奖状全国五一劳动奖章、全国工人先锋号评选管理工作暂行办法》，对荣誉称号的授予范围、条件、奖励、管理、撤销等方面都作出了明确规定，“评选全国五一劳动奖状、全国五一劳动奖章和全国工人先锋号要面向基层、面向一线职工”。2012年，荣获全国五一劳动奖章的一线职工和专业技术人员达763名，占推荐个人总数的61.83%，比2011年增加了30.49个百分点，其中农民工的比例持续增加，由2007年的20名增加到2012年的126名，占推荐个人总数的10.21%，比2011年提高2.21个百分点。在1085个全国工人先锋号中，班组达780个，占总数的71.89%。同时，

2012 年非公有制企业获全国五一劳动奖状、全国五一劳动奖章和全国工人先锋号的比例也大幅提高。荣获全国五一劳动奖状和全国工人先锋号的非公企业及所属单位分别为 104 个和 352 个，各占获奖总数的 33.02%和 32.44%，分别比 2011 年提高 2.73 个百分点和 4.07 个百分点。401 名非公有制企业职工荣获全国五一劳动奖章，占获奖职工总数的 32.50%，比 2011 年提高了 1.38 个百分点。

2020 年 4 月，全国总工会办公厅印发《关于进一步加强和规范五一劳动奖评选表彰工作的通知》，明确要求按照党中央提出的面向基层、面向一线、面向普通劳动者的基本原则，高标准、高质量地做好五一劳动奖评选表彰工作，注重向基层一线职工倾斜。一是明确名额分配比例。基层一线职工的比例不得低于 55%，注重向产业工人倾斜，农民工应占一定比例，严格控制企业负责人和领导干部比例，一般不超过 20%，司局级及以上干部不参加评选。二是明确界定企业一线职工。企业一线职工指直接从事生产或业务的人员，包括车间主任（含）以下的生产人员、直接面向顾客的服务人员、主要从事技术工作的专业技术人员等，主要从事管理工作的企业中层（如部门经理）及以上人员不属于一线职工。三是明确界定机关事业单位一线干部。省部级五一劳动奖评选的一线干部指县处级（不含）以下人员，机关县处级包括一至四级调研员，按其职级和职务中的高者进行界定，事业单位的管理岗位五、六级职员对应县处级；地市级五一劳动奖评选的一线干部指科级领导职务（不含）以下人员。主要从事专业技术工作（如教学、科研、医疗等）的人员属于一线职工。

2022 年 2 月，在全国总工会印发的《关于推荐评选 2022 年全国五一劳动奖和全国工人先锋号的通知》中，要求推荐的全国五一劳动奖章人选中，产业工人不低于 35%，其他一线职工和专业技术人员不低于 20%，科教人员不低于 20%，农民工不低于

10%。要体现时代特征，注意推荐货车司机、网约车司机、快递员、外卖配送员等新就业形态劳动者，少数民族职工和女职工应占一定比例。非公有制企业及其职工在全国五一劳动奖和全国工人先锋号中的比例均不得低于35%。要优先推荐具有工匠精神的高技能人才和优秀技术工人；注重推荐在劳动和技能竞赛中涌现的先进集体和先进职工。

2023年，在《关于推荐评选2023年全国五一劳动奖和全国工人先锋号的通知》中提出，要积极支持现代化产业体系中的重点产业，推荐的全国五一劳动奖状、奖章和全国工人先锋号中，重点产业的比例不低于35%。2024年，全国五一劳动奖和全国工人先锋号的评选表彰，全面贯彻党的二十大精神，在常规表彰对象中，有48.6%的奖状、33.7%的奖章、33.5%的先锋号属于发展新质生产力的对象。

从1985年开始，截至2024年，全国总工会共表彰了全国五一劳动奖状集体10750个、全国五一劳动奖章获得者36863名、全国工人先锋号17504个。全国总工会对获奖的先进集体、先进个人颁发证书、奖牌或奖章。全国五一劳动奖章获得者享受省部级劳动模范待遇。

### （三）全国五一巾帼标兵岗、全国五一巾帼标兵评选表彰

全国五一巾帼标兵岗、全国五一巾帼标兵是全国总工会设立的授予先进女职工集体和个人的荣誉，是全国总工会经中央批准予以保留的八个表彰项目之一。2009年至2024年，表彰项目名称为全国五一巾帼奖（集体）、全国五一巾帼奖（个人）、全国女职工建功立业标兵岗、全国女职工建功立业标兵；2011年起更名为全国五一巾帼标兵岗、全国五一巾帼标兵。2005年至2024年，全国总工会已表彰先进集体6736个、先进个人6629名，充分展示了女职工爱岗敬业、创新创造、精益求精的巾帼风采，极大激

励和鼓舞了广大女职工立足岗位、拼搏奉献，深受基层工会和广大女职工欢迎，已成为工会组织的一项重要品牌工作。

为进一步规范全国五一巾帼标兵岗、全国五一巾帼标兵评选表彰管理工作，充分发挥先进典型的示范引领作用，2022 年 11 月，全国总工会根据《工会法》《中国工会章程》《工会女职工委员会工作条例》，按照《国家功勋荣誉表彰条例》《评比达标表彰活动管理办法》等有关要求，制定出台了《全国五一巾帼标兵岗、全国五一巾帼标兵评选表彰管理暂行办法》，对评选范围、评选条件、评选程序、动态管理等作出明确规定。同时，为加强全国五一巾帼奖动态监督管理，实现评选流程、档案管理的线上化、便捷化，推进评选表彰工作制度化、规范化，全国总工会女职工委员会 2022 年建设了全国五一巾帼奖评选表彰管理信息系统，包括奖项管理、评审工作、档案管理、工作提醒、系统管理等功能。

2023 年 3 月 24 日，全国五一巾帼奖表彰大会在北京召开，大会共表彰全国五一巾帼标兵岗 450 个、全国五一巾帼标兵 450 名，较 2021 年各增加 100 个（名）。她们当中有党的二十大代表、大国工匠、全国先进工作者、全国“最美公务员”、国家科学技术进步奖获得者；中共党员占 78.7%，本科及以上学历占 79.1%，产业工人、一线职工和专业技术人员占 75.1%，高级工以上的高技能人才占 27.3%，中级以上职称的专业技术人员占 58.7%，曾获得省级以上劳动和技能竞赛奖项的占 43.1%，新就业形态劳动者占 6.2%。2024 年，根据清理优化评比达标表彰工作有关要求，全国五一巾帼奖评选纳入全国五一劳动奖评选表彰。

### （四）劳模管理服务工作

全国总工会高度重视做好劳模的管理服务工作，积极发挥劳模作用，激发广大职工群众学赶先进的热情和积极性，营造“尊重劳模、关心劳模、学习劳模、争当劳模”的良好社会氛围。

组织劳模疗休养。为切实提升劳模疗休养工作的制度化、规范化水平，根据党和国家功勋荣誉表彰工作委员会指示精神和2018年5月中央办公厅、国务院办公厅印发《功勋荣誉表彰奖励获得者待遇规定（试行）》，针对劳模疗休养中产生的问题，全国总工会研究起草了《关于进一步加强劳模疗休养工作的意见》，对劳模疗休养的对象、时间及地点、内容、经费和规范等予以明确，确保劳模疗休养工作能够持续顺利开展。各级工会按照全国总工会制定的《县级以上工会支出管理暂行办法》《基层工会经费收支管理办法》和省（区、市）总工会制定的实施细则或实施办法，明确补助内容、标准，对优秀技术工人疗休养活动予以补助。积极争取地方财政对优秀技术工人疗休养活动的支持。工人疗养院参照本地区劳动模范疗休养接待标准，合理确定优秀技术工人疗休养期间的诊疗、伙食、住宿、交通、外出参观学习及其他疗休养费用。

2019年12月10日，全国总工会印发《关于进一步加强和规范劳模疗休养工作的意见》，明确要求坚持面向基层、面向一线、面向普通劳动者开展劳模疗休养，重点安排劳动强度大、工作环境艰苦、发挥骨干作用的劳模；疗休养地点原则上为工会系统的疗养院所，以全国劳模疗休养基地或省级劳模疗休养基地为主；疗休养活动以促进劳模身心健康为主要目标，鼓励引导劳模相互交流、学习提高。2020年，受新冠疫情影响，全国总工会没有统一组织劳模疗休养活动，但仍由各省级总工会根据本地区实际情况组织就近在本省（区、市）内开展疗休养活动。

2023年5月，全国总工会印发《关于深入开展优秀技术工人休疗养活动的意见》，要求深入开展优秀技术工人休疗养活动，坚持面向基层一线，逐步扩大优秀技术工人参与休疗养活动的覆盖范围。

截至2023年，全国总工会已组织49570人次的全国劳模、全国五一劳动奖章获得者和部分省部级劳模参加疗休养。在全国总工会的示范带领下，各地工会也蓬勃开展劳模疗休养活动。全国31个省（区、市）总工会共组织超过20万人次的省部级以上劳模进行疗休养。2024年6月，2024年全国劳模疗休养活动在北京启动。全国人大常委会副委员长、中华全国总工会主席王东明看望首批参加疗休养的200多名劳模工匠代表。6月至11月，全国总工会分53批次组织4600名劳模工匠进行了疗休养。

解决劳模生活困难。2014年6月24日，全国总工会印发《全国劳模专项补助资金发放管理办法（试行）》，进一步明确补助资金使用范围，包括：劳模生活困难补助、特殊困难帮扶、春节慰问、疗休养和健康体检补助，以及经财政部批准的其他支出；明确发放对象及资金用途、资金补助标准、申报与发放形式，以及资金监督管理等事项，切实规范资金发放管理工作，提高劳模专项补助的使用绩效。2015年，国务院办公厅下发《关于做好省部级以上劳模困难帮扶工作的通知》，明确要求“中央财政要利用现有资金渠道，继续做好全国劳模帮扶工作”。2020年，全国总工会根据中央印发的《功勋荣誉表彰奖励获得者待遇规定（试行）》《生活困难表彰奖励获得者帮扶办法（试行）》，结合全国劳模专项补助资金发放工作的实际情况，对《全国劳模专项补助资金发放管理办法》进行了重新修订。这些政策措施有力地促进了劳模生活困难问题的解决，充分体现了党和政府对劳模的关心关爱。

各地也陆续出台一些提高劳模待遇的政策。全国大部分省（区、市）设立劳模荣誉津贴，使省部级以上劳模离退休后每月可领到荣誉津贴；有些省（区、市）设立专项劳模帮困资金，用于解决省部级以上劳模的生活困难；有些省（区、市）定期安排省部级以上劳模体检和疗休养，出台优先报销劳模医疗费用、实行医疗补助和住房优惠等政策。

## 三、做好先进典型选树宣传工作

### （一）选树宣传“最美职工”和大国工匠

一是选树宣传“最美职工”。自2014年起，全国总工会每年与中央宣传部共同发布宣传全国“最美职工”。2014年4月23日，中央宣传部、全国总工会首次共同发布“最美职工”。《人民日报》、新华社、中央电视台等中央主要媒体和网站集中宣传了10位“最美职工”的先进事迹；4月28日，在北京人民大会堂举办了“吴吉林同志先进事迹报告会”。2017年，中央宣传部、中央文明办、全国总工会在中国文明网向全社会公开发布10位“最美职工”的先进事迹。发布仪式以“劳动创造美好生活”为主题，380余家地方文明网站同步播出。2018年，“最美职工”发布仪式以“当好主人翁、建功新时代”为主题，现场播放了反映“最美职工”事迹的视频短片，采访讲述了他们的工作情境和生活感悟，《人民日报》“五一”当天推出整版“最美职工”报道，并单独报道多位“最美职工”事迹；新华社分三次发布事迹综述和组图，并被100余家媒体采用；央视《新闻联播》发布“最美职工”消息；《经济日报》连续两天推出“最美职工”专版；《光明日报》《科技日报》推出多篇“最美职工”事迹报道。中央各新闻网站在首页显著位置转载发布仪式消息及事迹报道，工会系统微信、微博持续半个月发布“最美职工”事迹短片。2023年“最美职工”注重选树产业工人、新就业形态劳动者等群体，最终推选出九位“最美职工”。2024年4月，在“五一”国际劳动节来临之际，中央宣传部、全国总工会向全社会宣传发布九名“最美职工”先进事迹。从2014年至2024年，共宣传发布

110位“最美职工”，他们以饱满的热情、顽强的奋斗、智慧的创造在平凡岗位中创造了不凡业绩，生动展现了新时代工人阶级的精神风貌。

二是选树宣传大国工匠。自2015年起，全国总工会与中央广播电视总台联合打造“大国工匠”宣传品牌，推出11季《大国工匠》专题片，在《新闻联播》等重要平台宣传大国工匠。2015年11月20日，与中央电视台共同召开《大国工匠》座谈会，总结《大国工匠》节目的成功经验，探索创新工会宣传方式。12月9日、16日连续在《人民日报》推出两期“打造大国工匠品牌，建设高素质职工队伍”工会专版，宣传17位“大国工匠”的先进事迹。2016年，全国总工会与国家互联网信息办公室联合开展“中国梦·大国工匠篇”大型主题宣传活动，赴上海、山东、辽宁、湖北等地采访工匠典型70余名。此后每年与国家互联网信息办公室联合开展“中国梦·大国工匠篇”主题宣传活动，截至2024年，共宣传各地各行业工匠人才256位。2017年，全国总工会着力做好叫响做实“大国工匠”品牌工作，与中央宣传部、中央电视台联合推出八集《大国工匠》新闻专题片及《大国工匠》第三季、第四季，在全社会特别是广大职工中引起强烈反响，央视新闻客户端八场直播共计触达用户3320.5万人，新浪微博阅读量达2.7亿次，秒拍视频播放量达1.3亿次。2019年3月1日，首届“大国工匠年度人物”发布仪式在中央电视台综合频道首播。截至2024年，共举办五届“大国工匠年度人物”发布仪式，推选出高凤林、竺士杰、艾爱国等50位大国工匠，在全国各地职工群众、各级工会干部中引起较大反响。

在全国总工会带动下，各级工会纷纷推出本地区工匠的培养宣传计划，“大国工匠”品牌建设成效明显。如与人民网联合推出县域劳动者点赞活动，宣传县级特色产业中涌现出的优秀劳动者；《工人日报》、中工网等工会媒体长期设立“身边的大国工匠”“劳模人物”“绝技绝活”等专栏专题，带动各级工会打造各具特色的工匠人物选树宣传品牌；创新宣传载体和形式，加大融媒体报道力度，与新华社、央视频分别联合推出“劳动创造幸福”“劳动最光荣”系列融媒产品，提高工匠品牌在新媒体平台上的影响力。

## （二）举办首届大国工匠创新交流大会

2022年4月27日至29日，以“技能强国，创新有我”为主题的首届大国工匠创新交流大会在深圳举办。大会由全国总工会主办，广东省总工会、深圳市人民政府、中国职工技术协会承办。开幕当天，习近平总书记专门向大会致贺信，指出技术工人队伍是支撑中国制造、中国创造的重要力量；号召我国工人阶级和广大劳动群众要大力弘扬劳模精神、劳动精神、工匠精神，适应当今世界科技革命和产业变革的需要，勤学苦练、深入钻研，勇于创新、敢为人先，不断提高技术技能水平，为推动高质量发展、实施制造强国战略、全面建设社会主义现代化国家贡献智慧和力量；强调各级党委和政府要深化产业工人队伍建设改革，重视发挥技术工人队伍作用，使他们的创新才智充分涌流。习近平总书记的贺信，在广大职工和工会干部中引发热烈反响。

开幕式上，举行了“技能强国-全国产业工人学习社区”示范平台建设启动暨首家企业试点平台上线仪式。大会在深圳会展中心设置77个交流区，并利用3D、VR技术等“互联网+展会”模式实现数字化、智慧化办展，展示中国制造取得的辉煌成就，展现新时代产业工人拼搏奋进的风采。大会首次组织开展职工创新成果转化签约活动，开发“首届大国工匠创新交流大会线上签约管理系统”，共有495项职工创新成果在线签订成果转化意向书，总金额达84.86亿元。

### （三）举办大国工匠论坛

2022年9月1日至2日，首届大国工匠论坛在湖南长沙隆重举行。论坛深入学习贯彻习近平总书记致首届大国工匠创新交流大会贺信精神，以“匠心逐梦·强国有我”为主题，为大国工匠和工匠人才展现风采、分享经验、切磋技艺、提升素质搭建平台。全国人大常委会副委员长、中华全国总工会主席王东明向论坛书面致辞。王东明指出，要认真学习贯彻习近平总书记关于培养大国工匠和工匠人才的重要讲话、重要指示精神，大力弘扬劳模精神、劳动精神、工匠精神，探索更多创新性引领性实效性举措，培养造就更多的大国工匠和工匠人才，团结带领广大职工为全面建设社会主义现代化国家、实现第二个百年奋斗目标贡献智慧和力量。论坛由全国总工会、中共湖南省委、湖南省人民政府主办，是我国首次为“工匠”举办的全国性论坛。论坛还邀请大国工匠、有关部委领导、专家学者、工会干部和企业家代表，围绕“《职业教育法》与大国工匠培养”“社会环境营造与大国工匠培养”等主题深入研讨。同时设置了“巾帼工匠论坛”环节。劳模工匠、专家学者和知名企业家围绕“为巾帼劳模工匠成长营造更好的社会环境和工作环境”这一主题广泛交流。此外，论坛上发布了《匠心逐梦 强国有我：大国工匠风采录》，并向全国各行各业工匠和技能人才发出倡议。围绕论坛举办，各方组织了一系列活动，包括开展主题征文活动，组织湖湘劳模工匠创新成果展、致敬大国工匠特别节目等。

2023年7月28日，由全国总工会、中共北京市委、北京市人民政府共同主办的第二届大国工匠创新交流大会暨大国工匠论坛在北京展览馆开幕。北京、天津、河北三地总工会同步启动了“京津冀协同发展劳动和技能竞赛”。此次大会涵盖了展览和论坛活动，展览面积18834平方米，设置六大展示交流区，共展出职工创新成果1200多件，来自全国47个参展单位共500余名劳模工匠现场参展、交流互鉴；论坛包括顶尖科学家、卓越工程师、大国工匠交流论坛和巾帼工匠论坛，以及五场分论坛。同时，大会还设置了“工匠路演”和主题征文活动，并表彰了第三届北京大工匠。

## 四、发挥劳模工匠作用

### （一）开展“劳模工匠助企行”专项行动

为深化产业工人队伍建设改革，2023 年 7 月 28 日，在第二届大国工匠创新交流大会暨大国工匠论坛期间，全国总工会正式启动“劳模工匠助企行”专项行动，充分发挥劳模和工匠人才作用，助力“专精特新”企业、中小微企业高质量发展。其主要内容涵盖搭建需求匹配平台，开展技术服务和技能培训，助力企业研发、技术攻关和工艺改进等。全国总工会计划每年投入 2000 万元专项资金，力争到 2025 年末，组织 2 万人次劳模工匠参与此项活动，为企业解决 2 万个现场技术问题，帮助 10 万人次企业职工提升技能水平。各级工会培养选树的 103 名大国工匠、6600 多名省级工匠、3.8 万余名地市级工匠人才和 1.2 万余名全国劳动模范、全国五一劳动奖章获得者中的技术工人参与行动。全国总工会于 2023 年选择上海、江苏、浙江、福建、广东五个地区开展试点，逐步推进。

2024 年的“劳模工匠助企行”专项行动，累计组织 3.2 万人次劳模工匠开展 1.7 万次活动，解决技术问题 2.9 万个，帮助 3.5 万人次职工提升技能水平。

### （二）创建劳模和工匠人才创新工作室

2012 年 3 月 23 日，全国总工会、科技部、工业和信息化部、人力资源社会保障部、国务院国资委、全国工商联联合印发《关于进一步加强职工技术创新工作的意见》，明确要求普遍建立覆盖企业主要工种的优秀技能人才（劳模）创新工作室，充分发挥劳动模范和优秀技能人才的示范引领作用。2013 年 12 月 20 日，李建国在第四届全国职工优秀技术创新成果表彰大会讲话中，明确要求“总结推广劳模创新工作室等经验做法，发挥劳模和高技能人才在推动技术创新中的领军作用”。2014 年，全国总工会把推进创新工作室创建工作确定为重点工作，召开全国劳模创新工作室创建工作推进会，要求各级工会以创新精神推动创新工作室创建工作广泛深入开展，进一步提高质量、增加效益，发挥作用、扩大影响，并命名第一批 97 家全国示范性劳模创新工作室。2015 年，全国总工会举办全国示范性创新工作室论坛和领衔人培训交流活动。2015 年 11 月，为进一步发挥创新工作室创新、攻关、集聚、引领的功能，全国总工会设立职工创新补助资金，制定《职工创新补助资金管理办法》，对符合条件的劳模创新工作室项目给予补助资金支持。

2017 年，全国总工会进一步规范创新工作室创建工作，制定出台《关于进一步深化劳模和工匠人才创新工作室创建工作的意见》。《意见》指出，深化创新工作室创建工作，有利于传承劳模精神、劳动精神、工匠精神，展示劳模和工匠人才的时代风采，增强劳模和工匠人才的感召力，让广大职工学有榜样、赶有目标；有利于发挥劳模和工匠人才的示范引领作用，更好地传播劳动技能、创新方法、管理经验，培养造就更多大国工匠；有利于提升职工技能素质，为职工学习交流、攻坚克难构筑平台，夯实大众创业、万众创新群众基础；有利于提高职工创新能力，促进优秀创新成果转化应用，增强企业自主创新能力和核心竞争力，实施创新驱动发展战略。《意见》制定了明确的目标任务：到 2020 年，创新工作室创建工作取得重大进展，各级创新工作室创建总数超过 10 万家，全国示范性创新工作室总数达到 300 家，形成以全国示范性创新工作室为引领、以省市级创新工作室为中坚，基层创新工作室蓬勃发展的良好局面。创新工作室的运作更加规范，创新创效成绩更加突出，品牌影响力更加显著，真正成为发挥劳模和工匠人才作用，传承劳模精神、劳动精神、工匠精神的“新平台”，解决生产技术难题的“攻关站”，推动企业技术创新的“孵化器”，培养高技能人才的“练兵场”，促进职工队伍整体素质不断提高，打造一支知识型、技术型、创新型技术工人队伍。

同年 7 月 7 日，全国总工会出台《全国示范性劳模和工匠人才创新工作室命名管理工作暂行办法》，健全完善全国示范性创新工作室命名管理工作。11 月，全国工会深化劳模和工匠人才创新工作室创建工作会议在浙江宁波召开，命名了第二批 100 家全国示范性劳模和工匠人才创新工作室，对新时代创新工作室创建工作进行了部署。

2018 年，全国总工会组织开展首批 97 家全国示范性创新工作室现场考核工作。从考核情况看，自 2014 年命名以来，首批全国示范性创新工作室在精神弘扬、创新攻关、技能传承、人才培养等方面发挥了重要的示范带动作用，突出展现了团队协作有力、工作开展有序、创新业绩突出、聚焦人才培养、示范效应显著等五方面特点。

2020 年，全国总工会组织开展第三批 100 家全国示范性劳模和工匠人才创新工作室创建命名工作，并对前两批全国示范性创新工作室进行了考核。同年，设立了全国示范性创新工作室补助资金，并制定了《全国示范性劳模和工匠人才创新工作室补助资金管理暂行办法》，对每个全国示范性创新工作室给予 10 万元经费补助。截至 2024 年底，全国总工会命名 297 家全国示范性劳模和工匠人才创新工作室，示范带动创建各级各类创新工作室 10.5 万家。

### （三）工匠学院建设

工匠学院是中国职业教育体系中的重要组成部分，是深化产业工人队伍建设改革的重要载体。

2014 年，《国务院关于加快发展现代职业教育的决定》提出“产教融合、校企合作”模式，为工匠学院奠定了政策基础。

2016 年，“工匠精神”首次写入政府工作报告，推动高技能人才培养成为国家战略。

2017 年，部分省市（如广东、江苏）聚焦先进制造业和现代服务业，依托职业院校或龙头企业试点建设“工匠学院”。

2020 年 4 月 10 日，全国总工会十七届三次执委会议明确提出“规范新时代工匠学院建设”。

2022 年 7 月 14 日，全国总工会办公厅印发《关于进一步做好工匠学院建设工作的通知》。《通知》指出，工匠学院主要功能是对职工开展职业教育培训，提升职工技术技能水平，重点聚焦培养高精尖缺人才和高技能人才、聚焦职工技术创新，努力把工匠学院建设成为职工技能素质提升、技术创新的基地，职工技术创新成果孵化、展示、交流转化的平台和载体。《通知》对统筹推进工匠学院建设提出了要求。第一，推进工匠学院体系建设。各省（区、市）总工会要紧扣国家区域重大战略，结合当地区域优势和产业特点，开展工匠学院建设。加强对地方总工会、产业工会、龙头企业的指导，优先在产业集中度较高的地级市、主导产业特色突出的县（市）建设符合产业发展需求的工匠学院。可依托具有专业优势、人才优势、技能培训资源优势的机构或企业开展工匠学院建设。第二，推动产业（行业）工匠学院建设。各全国产业工会要积极引导落实企业培养产业工人主体责任，推进具有产业（行业）特色的工匠学院建设。推动大型骨干企业，特别是产业链、供应链链主企业建立工匠学院，引导带动产业链、供应链上下游企业、中小微企业开展职工技能提升培训。第三，发挥企业主体作用。鼓励国有企业特别是中央企业发挥人才资源优势，利用技工院校、培训中心、实训基地等，牵头建设适应企业发展需要和人才需求的特色工匠学院。支持非公有制企业，特别是中小型“专精特新”企业、制造业单项冠军企业，建设符合企业人才培养需求的专业化工匠学院。第四，推进数字化工匠学院建设。各级工匠学院应建设网上学习平台或数字工匠学院，推进工会线下培训资源的数字化转化，推进工匠学院师资、课程、学员、管理等信息化数字化建设。鼓励结合数字技能人才培养工作，积极推进数字化应用特色工匠学院建设，培养复合型数字化技能人才。第五，开展共建共享。支持各地将工匠学院建设纳入公共实训基地、全民数字素养与技能培训基地等建设范围，注重发挥劳模和工匠人才创新工作室、工会学校、公共实训基地、职业院校、技工院校、企业培训中心和实训基地等功能作用，推动共建共享，为广大职工群众提供理论和实操综合培训服务。截至2023年底，各省（区、市）总工会、各全国产业工会通过自建、与企业共建、与职业院校（高校、技工院校）联合办学、依托劳模和工匠人才创新工作室、建设线上平台等多种方式已建设工匠学院360家，工匠学院已经成为提升广大职工技术技能水平、传承工匠精神、培养工匠人才的重要载体。

2024年4月28日，全国总工会办公厅印发《“1+1+N”工匠学院体系建设三年行动方案（2024—2026年）》。“1+1+N”工匠学院体系，即建设1家全国工匠学院、1家全国网上工匠学院、N家全国工匠学院建设点。全国工匠学院由中国劳动关系学院承担建设，主要是宏观规划、宏观指导、检查督导等。通过建立评估考核体系，推进工匠学院建设点规范化、标准化建设；深入开展工匠学院理论研究和基础研究，加强工匠学院师资队伍和课程体系建设；重点培训各级各类工匠学院教师队伍（含管理人员）和省级以上工匠人才；加强与全国网上工匠学院的联动沟通，搭建各级各类工匠学院学习交流平台。全国网上工匠学院由“技能强国–全国产业工人学习社区”平台承担建设，主要是广泛开展职工线上技能学习培训等。通过建立激励机制，共建共享培训和教师资源，健全完善课程体系，有效解决工学矛盾，吸引广大职工广泛开展线上技术技能学习培训。全国工匠学院建设点由各省（区、市）总工会、各全国产业工会根据区域经济特色和产业优势，依托企业培训中心（企业大学）、职业院校（技工院校）、工会学校建设。围绕发展新质生产力，推进新型工业化和加快建设制造强国、质量强国、网络强国和数字中国，通过培育特色工种品牌，积极培养推进产业高端化、智能化、绿色化发展的紧缺型、复合型工匠人才。承担全国网上工匠学院实操培训，同全国工匠学院及各级工匠学院网上学习平台共享课程和教师资源。《方案》明确提出，到2026年基本建成覆盖全国、服务职工群众、工会特色明显、技术技能培训能力突出、工匠人才培育成效显著的“1+1+N”工匠学院体系，建成全国工匠学院建设点500家。其中，2024年建设100家全国工匠学院建设点，2025年建设200家，2026年建设200家。2024年上半年全国工匠学院完成基本建设，全国网上工匠学院上线试运行。

## 五、实施大国工匠人才培育工程

2023年2月13日，全国总工会十七届七次执委会议明确提出“探索实施大国工匠人才培育工程”的要求。

2023年5月6日，由全国总工会主办的首期劳模工匠创新培训营在清华大学拉开帷幕，109位中国劳动关系学院劳模本科班学员参加了为期一周的培训。这是深入贯彻党的二十大精神和习近平总书记致首届大国工匠创新交流大会贺信精神的重要举措之一，也是对实施大国工匠人才培育工程的一次探索。

培训营致力于弘扬劳模精神、劳动精神、工匠精神，切实提高劳模工匠的创新能力，其间安排了丰富多彩的学习内容，包括深入学习贯彻党的二十大精神讲座，以新技术发展与产业新发展、全面开放新格局与高质量发展新机遇、传统产业转型升级与新兴产业培育壮大、创新思维与创新管理为主旨的专题报告，并组织走访高端制造业进行实践教学、集中研讨，助力劳模工匠提高站位、开阔视野、提升能力，在交流研讨中互学互鉴，碰撞出更多智慧火花，立足岗位推动高质量发展、推进中国式现代化。完成培训后，清华大学继续教育学院为劳模工匠发放证书。

2024 年 1 月 4 日，全国总工会印发《大国工匠人才培育工程实施办法（试行）》，计划每年培育 200 名左右大国工匠，示范引导各地、各行业每年积极支持培养 1000 名左右省部级工匠、5000 名左右市级工匠，形成大国工匠带头引领，工匠人才不断涌现，广大职工积极走技能成才、技能报国之路的良好局面，推动深化产业工人队伍建设改革，建设国家战略人才力量，为推进中国式现代化、推动高质量发展提供重要人才支撑。《办法》对培育对象条件进行了明确规定：培育对象要具备政治素质过硬，有五年以上一线生产现场工作经历，长期践行精益求精、执着专注、一丝不苟、追求卓越的工匠精神，具有突出技术技能素质等基本条件。此外，培育对象应在大国工匠能力标准上有突出潜能，即在引领力、实践力、创新力、攻关力、传承力等“工匠五力”上有明显的发展潜力。《办法》提出了大国工匠的培育措施。培育期一般为两年，培育期满，由全国总工会向完成培育任务并评价合格的入选对象颁发大国工匠证书。培育期内，推荐单位制定实施本单位的大国工匠培养方案，定期报备培育情况。通过举办劳模工匠创新培训营、大国工匠高级研修班、境外培训计划、工匠学院等培训项目，支持培育对象参加国内外相关培训、研修。

《办法》提出将给予大国工匠支持保障。全国总工会设立大国工匠激励保障专项资金，支持工匠开展项目攻关、技能传承等工作。如创建以其领衔、命名的创新工作室，支持若干在国家重大战略、重大工程、重大项目、重点产业中担当重任的培育对象开展创新攻关项目等。培育期满获得大国工匠证书后，工会比照全国劳模标准为人选落实待遇，并加强对大国工匠的推荐使用。此外，《办法》还明确了大国工匠遴选程序，包括部署、推荐、评审、公示、公布等。

2024 年 2 月，全国总工会印发《关于推选 2024 年大国工匠培育对象的通知》，决定在 2024 年推选 200 名左右大国工匠进行培育，培育期为两年，示范引导各地、各行业积极支持培养 1000 名左右省部级工匠、5000 名左右市级工匠，为支撑中国制造、中国创造培养造就一大批大国工匠、高技能人才，带动建设一支知识型、技能型、创新型产业工人队伍。

2024 年 7 月 8 日，全国总工会印发《关于公布 2024 年大国工匠培育对象并开展大国工匠培育工作的通知》。经推荐、形审、网审、会评、审定、公示等程序，220 人被确定为 2024 年大国工匠培育对象。本次培育设置智能制造、新能源、新材料、芯片、人工智能等几十种专业课程，致力于帮助培育对象提升专业素质能力，创新管理思维与方法，掌握互联网、人工智能先进技术等，适配新质生产力的能力需求。同时，将以“见人、见物、见精神”为原则，使培育对象“工匠五力”得到大幅度提升锻炼，培育出合格的大国工匠；通过培育过程解决一些行业、企业技术难题，创造一些新的先进操作法、工作法，产生一批优秀创新成果；发挥大国工匠示范带动作用，大力弘扬劳模精神、劳动精神、工匠精神，传承工匠技术技能，激励更多职工走技能成才、技能报国之路。

2024 年 9 月 9 日，全国总工会举办的大国工匠人才培训营在清华大学举行一期开班式，首批220名来自不同领域的大国工匠培育对象开始接受为期一年的线上线下培训。全国总工会党组书记、副主席、书记处第一书记徐留平出席开班式，并以“牢记殷殷嘱托勇担光荣使命在进一步全面深化改革、推进中国式现代化伟大征程中再立新功”为题，为大国工匠培育对象作辅导报告。此次举办的大国工匠人才培训营一期是大国工匠人才培育工程的标志性项目。值得关注的是，本期培训营分为四期、三个阶段，建立“测学践评”学习体系，采用理论导师和技能导师“双导师”模式，邀请清华大学教师、中国工程院院士等专家学者作为理论导师，大国工匠作为技能导师联手助学。同时，安排人工智能实验室、智能制造实验室参观学习，创新课题研讨和专家导师指导等内容。

2024年10月12日，《中共中央、国务院关于深化产业工人队伍建设改革的意见》提出，大力培养大国工匠，实施大国工匠人才培育工程，为深化推进大国工匠人才培育指明了方向。

## 第九章

# 广泛深入持久开展劳动和技能竞赛

劳动竞赛是中国工会围绕中心、服务大局的重要载体，在不同历史时期发挥了重要推动作用。进入新时代，劳动竞赛的功能、内容、形式等不断创新和拓展，在2016年全国总工会制定的《2016—2020年劳动和技能竞赛规划》中，劳动竞赛正式表述为劳动和技能竞赛。伴随我国经济由高速增长阶段转向高质量发展阶段，劳动和技能竞赛成为动员广大职工为全面建设社会主义现代化国家建功立业、推动高质量发展的重要途径。

## 一、劳动竞赛服务全面建设小康社会

“十二五”时期是全面建设小康社会的关键时期，是深化改革开放、加快转变经济发展方式的攻坚时期。2011年1月21日，全国总工会印发《中华全国总工会2011—2015年劳动竞赛规划》，提出要充分发挥工会组织优势，广泛开展“当好主力军、建功‘十二五’”主题竞赛活动，大力弘扬工人阶级伟大品格和劳模精神，团结动员广大职工为全面实现“十二五”规划目标任务创先争优、建功立业。

“十二五”期间，劳动竞赛的总体要求之一是要紧扣科学发展的主题，抓住加快转变经济发展方式的主线，在推动经济结构战略性调整、推进科技进步和创新、加快资源节约型和环境友好型社会建设等方面切实发挥作用。在此基础上，劳动竞赛的工作任务是要深入开展多种形式的创先争优建功立业活动，推动经济结构战略性调整；大力开展职工技术创新活动，加快推进创新型企业和创新型国家建设；广泛开展职工素质提升活动，为加快转变经济发展方式提供人力资源支持等。

针对非公有制企业发展较快而劳动竞赛又相对滞后的状况，全国总工会要求加大工作力度，推动竞赛活动在非公有制企业中广泛开展。2012 年，全国总工会重点在非公企业比较集中的产业集群、工业园区中，开展以“促进企业发展，构建和谐劳动关系，实现企业和职工全面发展的‘双赢’”为目标的“携手保增长、和谐促发展”主题竞赛活动。2014 年，全国总工会赴天津、上海、广东、安徽、甘肃等省市进行调研，通过广泛座谈与交流，起草了《关于进一步加强非公企业劳动竞赛工作的意见》。当年全国已建工会规模以上非公有制企业劳动竞赛覆盖面为 70.9%，职工参与率为 69.1%，均高于上年同期。2015 年 1 月，全国总工会制定印发《关于进一步开展非公企业劳动竞赛的意见》。各地工会积极探索非公有制企业开展竞赛活动的新途径新模式，最大限度地把非公有制企业职工吸引到竞赛活动中来。

为推动实现在重大工程建设中普遍开展劳动竞赛的目标，全国总工会决定在原有重大工程示范性劳动竞赛的基础上，开展促进区域发展全国示范性竞赛。2012 年，全国总工会在上海浦东新区、天津滨海新区、重庆两江新区、浙江舟山群岛新区等四个新区开展促进区域发展全国示范性劳动竞赛的基础上，又从国家战略大局出发，把福建平潭综合实验区劳动竞赛作为促进区域发展全国示范性劳动竞赛。据不完全统计，2012 年五大赛区共有 2.4 万家单位、近 200 万名职工参与竞赛活动。2014 年 11 月，全国总工会在重庆两江新区召开促进区域发展全国示范性劳动竞赛交流会，同时举办劳动竞赛与区域带动论坛和劳动竞赛工作座谈会，围绕劳动竞赛在区域发展或企业发展中的作用等问题进行了研讨交流。同时，全国总工会印发《关于在全国促进区域发展示范性劳动竞赛中开展评估工作的通知》，进行竞赛评估试点。从 2012 年开始，促进区域发展示范性劳动竞赛开展三年来，上海浦东新区等八个新区（实验区）职工共提合理化建议 192 万件、技术革新 11.7 万项、发明创造 4.8 万项。2015 年，全国总工会继续指导在上海浦东新区、天津滨海新区、重庆两江新区、浙江舟山群岛新区、福建平潭综合实验区、广州南沙（深圳前海、珠海横琴）新区、兰州新区、山西省综改试验区八个国家级新区（实验区）中开展促进区域发展示范性劳动竞赛。11 月，在浙江舟山召开“十二五”劳动竞赛总结暨促进区域发展全国示范性劳动竞赛交流会。

“十二五”期间，企业班组建设得到有力推动。2012 年 11 月，全国总工会、工业和信息化部、国务院国资委和全国工商联在武汉联合召开全国企业班组建设工作会议。2014 年，全国总工会与国家质检总局共同开展“全国质量月”活动，与中国质量协会等有关机构共同开展“优秀质量管理小组”和“质量信得过班组”评选、“中国杰出质量人”推选，第二届质量知识竞赛、“中国质量志愿者行动”等活动。经全国总工会推荐，31 个质量管理小组荣获全国优秀管理小组称号，14 个班组获得全国质量信得过班组称号。2015 年，全国总工会组织广泛开展以创建工人先锋号为载体的班组竞赛活动，协助企业提高班组成员整体素质、加强班组管理、建设职工小家，促进企业发展。8 月 12 日，全国总工会在北京举办优秀班组长交流活动，肯定了多年来班组建设所取得的成绩，对做好下一步工作提出了具体要求。14 位班组长代表交流了经验和做法。

2015 年 4 月，全国总工会、科技部、人力资源社会保障部、工业和信息化部联合举办第五届全国职工职业技能大赛。大赛紧紧围绕提高职工职业技能素质，推动发展方式转变，顺应产业技术发展潮流和产业结构升级趋势，共设焊工、加工中心操作工、数控机床装调维修工、计算机程序设计员和动画绘制员五个工种，吸引了350多万名职工参加，带动120多万名职工晋升了技术等级，李志波等五名选手获全国五一劳动奖章，曹彦文等24名选手获全国技术能手称号。

2015年4月，全国总工会制定《全国职工素质建设工程五年规划（2015—2019年）》，提出要发挥劳模创新工作室、“首席技师”、“首席员工”的示范作用，广泛开展职工技术创新活动，形成学技能、练本领、促创新的热潮。

“十二五”期间，劳动竞赛顺利完成了五年规划提出的目标任务。截至2014年底，全国已建工会规模以上企业劳动竞赛覆盖面为80.6%，职工参与率为81.2%，分别比2010年增长10.4个百分点和16.6个百分点。“十二五”期间，职工技术创新活动蓬勃开展，广大职工积极参加岗位练兵、技能培训、技术比赛、技术交流、评聘“首席工人”等活动。全国职工提合理化建议达5703.9万件，平均每年实施率55.6%；实现职工技术革新352.2万项，发明创造86.2万项，获得国家专利50.2万项，总结推广先进操作法76.4万项。职工技术创新所获得的国家级奖项181项，获得的省部级奖项8188项，均超额完成规划目标。截至2015年底，开展岗位练兵活动的企事业工会达到数十万个，参加技能比赛的职工2337.1万人次；开展选树“首席员工”“金牌工人”等活动的企业达17.6万家，共选树技能带头人54.8万人，组织73.1万对技能人才（劳模）师徒结对，创建劳模创新工作室7.8万多个。

## 二、劳动和技能竞赛服务全面建成小康社会

“十三五”时期是全面建成小康社会的决胜阶段，是我国深化改革、加快转变经济发展方式的攻坚时期。2016 年 9 月，全国总工会发布《2016—2020 年劳动和技能竞赛规划》，提出要紧紧围绕“十三五”规划目标任务，牢固树立和积极践行创新、协调、绿色、开放、共享的发展理念，注重面向基层、面向一线职工、面向普通劳动者，以提升职工技能素质、推动企业技术创新为重点，广泛开展“践行新理念、建功‘十三五’”主题竞赛活动，大力弘扬劳模精神、劳动精神、工匠精神，把广大职工主人翁精神和创新活力充分激发出来，为全面建成小康社会建功立业。

根据新形势新要求，“十三五”期间劳动和技能竞赛强调要落实创新驱动发展、制造强国、质量强国、“一带一路”建设、京津冀协同发展、长江经济带发展等国家战略，结合国家重大发展战略、重大基础设施建设、重大科技项目和重大活动开展竞赛，助推产业结构优化升级、区域发展、科技进步和工程建设。在职工技能素质提升方面，提出要建设知识型、技术型、创新型职工队伍，围绕“中国制造 2025”，把关键技术、前沿技术、高端技术和解决生产难题、关键问题作为竞赛的主要内容，深入开展职工职业技能竞赛活动。在竞赛规划中，还将争创工人先锋号，提高班组建设水平作为一项重要举措，提出要以提升质量、创新技术、提高效率、安全生产等为重点，广泛开展以创建工人先锋号为载体的班组（科室、团队）竞赛活动，更好地调动一线职工的积极性主动性创造性，为实现企业发展目标作贡献。

为深入推进重大战略劳动和技能竞赛，2017 年 6 月，全国总工会印发《关于围绕国家重大战略开展全国引领性劳动和技能竞赛的通知》，决定围绕京津冀协同发展、长江经济带发展、“一带

一路”建设、振兴东北等国家重大战略，开展全国引领性劳动和技能竞赛。7月，全国总工会组织召开了全国引领性劳动和技能竞赛启动暨京津冀协同发展交通一体化建设劳动和技能竞赛推进大会，提出要把全国引领性劳动和技能竞赛打造成推动国家重大战略实施、助推经济社会发展的重要平台，提升职工技能素质、培育新时期产业工人队伍的重要平台，弘扬劳模精神和工匠精神的重要平台，提高竞赛活动水平、发挥示范引领作用的重要平台。在全国总工会推动下，全国引领性劳动和技能竞赛成为各级工会动员广大职工在经济建设主战场发挥主力军作用的重要途径。从2017年开始，中华全国铁路总工会陆续开展“打造精品工程，建设智能京张”和“创丰碑工程，建精品京雄”劳动竞赛，发动职工积极参加“八比八创”（比质量，创优质精品工程；比工艺，创匠心精品工程；比安全，创平安精品工程；比创新，创智能精品工程；比进度，创高效精品工程；比环保，创生态精品工程；比降耗，创节能精品工程；比廉洁，创阳光精品工程）活动，把京雄城际铁路、京张高铁建设成为“精品工程、安全工程、智能工程、绿色工程”。云南省总工会、四川省总工会和中国三峡集团持续开展金沙江流域乌东德、白鹤滩水电工程等劳动竞赛；北京市总工会、天津市总工会和河北省总工会成立交通一体化建设劳动和技能竞赛领导小组；上海、江苏、浙江、安徽四省市总工会签订推进中国长三角地区职工劳动技能创新战略合作协议；广东省工业系统开展粤港澳大湾区重大工程劳动竞赛，为区域协调发展增添动力。

“十三五”期间劳动和技能竞赛成效显著。截至2019年底，全国开展主题竞赛活动的已建工会规模以上企业66万余家，参与职工3.2亿人次；2016年至2019年，广大职工提出合理化建议3751.79万件、实施2373.8万件，开展技术革新214.5万项，完成发明创造80.8万项、先进操作法64.5万项。

一是以全国引领性劳动和技能竞赛为重点，围绕中心、服务大局的作用有效发挥。各级工会紧紧围绕京津冀协同发展、长江经济带建设、“一带一路”建设、雄安新区建设、粤港澳大湾区建设、振兴东北地区老工业基地等重大战略开展主题劳动和技能竞赛，超过6万家企业1500万名职工参与竞赛活动，服务和推动了经济社会高质量发展、全面建成小康社会、脱贫攻坚等重大战略任务的贯彻实施。以粤港澳大湾区建设为例，广东省总工会批准设立了粤港澳大湾区（广东）建设劳动和技能竞赛工业赛区和海员赛区。其中，工业赛区涵盖30个分赛区，参建职工超过130万人，项目投资总额接近9300亿元；海员赛区涵盖6个分赛区，参建职工超过30万人，项目投资总额接近3000亿元。

二是以产业工人队伍建设改革为契机，职工技能水平大幅提升。各级工会广泛开展岗位练兵、技术培训、技能竞赛、技术交流等活动，不断提升职工技能水平。共举办技术培训班22.93万场次，参加职工1693.59万人次，提升技能等级235.26万人次，其中组织农民工培训566.6万人次。全国总工会与科技部合作，实施高技能领军人才境外培训计划，组织75名高技能领军人才赴德国、日本培训。全国总工会上线“技能强国-全国产业工人技能学习平台”，组织143名劳模工匠进行直播培训，累计培训职工1亿多人次。坚持练赛合一，联合相关部委举办第六届全国职工职业技能大赛等全国一类大赛30余项，吸引1.2亿人次参赛，470多万人次提升了技术等级。着力激发职工创新创造潜力，7名一线职工获国家科学技术进步奖，2项职工发明专利分获中国专利奖金奖和银奖，24项获优秀奖，4名技术工人荣获全国创新争先奖状。

三是以广泛深入持久为基本要求，竞赛机制更加完善。加强顶层设计，全国总工会印发《关于广泛深入持久开展“五小”活动的指导意见》《重大工程建设劳动和技能竞赛工作指南》《关于进一步加强劳动和技能竞赛绩效评估工作的通知》《企业劳动和技能竞赛绩效评估指标体系（试行）》《关于进一步深化劳模和工匠人才创新工作室创建工作的意见》等文件，制度机制更加完善。弘扬劳模精神、劳动精神、工匠精神，选树技能带头人180.9万人，开展技能人才（劳模）师徒结对237.2万对，命名全国示范性劳模和工匠人才创新工作室297家。制定《关于进一步提高非公企业劳动和技能竞赛工作水平的意见》，截至2019年，全国开展竞赛活动的已建工会规模以上非公企业49万家，职工1.9亿人次；提出合理化建议2163万余项，技术革新112万余项，发明创造35万余项。努力拓展竞赛内容和范围，组织三届“安康杯”竞赛，维护职工安全健康权益；深入开展“我为节能减排做贡献”等活动，团结动员广大职工为推进生态文明建设作贡献。

四是针对新冠疫情带来的影响，大力开展夺取疫情防控和经济社会发展双胜利主题劳动和技能竞赛。2020年3月，全国总工会办公厅下发《广泛深入持久开展劳动和技能竞赛 助力夺取疫情防控和实现经济社会发展目标双胜利的通知》，强调广大职工是抗击疫情、实现经济社会发展目标的主力军，各级工会要根据各地分区分级精准防控要求，因地因企开展“当好主人翁、建功新时代”主题劳动和技能竞赛；针对疫情对非公企业特别是中小企业影响较大的实际情况，发动职工献计献策，组织劳动模范、技术能手深入企业开展技术服务、技术帮扶活动。各级工会大力开展夺取疫情防控和经济社会发展双胜利主题劳动和技能竞赛，团结动员广大职工助力复工复产，为做好“六稳”工作、落实“六保”任务作出了重要贡献。

## 三、劳动和技能竞赛服务经济社会高质量发展

2020年12月，全国总工会下发《关于进一步提高非公企业

劳动和技能竞赛工作水平的意见》，要求贯彻落实党的十九大和历次中央全会精神，特别是习近平总书记关于工人阶级和工会工作的重要论述以及产业工人队伍建设改革重要指示精神，引导广大非公企业紧扣推动高质量发展，广泛深入持久开展劳动和技能竞赛，进一步提高竞赛工作水平，着力在扩大覆盖面、提高参与度上取得突破。

2021年7月，全国总工会发布《劳动和技能竞赛规划（2021—2025年）》，对“十四五”时期开展劳动和技能竞赛作出全面部署，提出要紧扣推动高质量发展，广泛深入持久开展“建功‘十四五’、奋进新征程”主题劳动和技能竞赛，大力弘扬劳模精神、劳动精神、工匠精神，进一步增强竞赛的针对性和实效性，动员广大职工为全面建设社会主义现代化国家建功立业。

同月，全国总工会印发《关于深入开展“十四五”全国引领性劳动和技能竞赛的通知》，决定围绕国家重大战略、重大工程、重大项目、重点产业，聚焦深入实施制造强国战略、坚持创新驱动发展、促进区域协调发展、振兴实体经济、重大基础设施建设、推动绿色发展及安全发展等，深入开展“十四五”全国引领性劳动和技能竞赛。重点开展以下竞赛：围绕京津冀协同发展、长江经济带发展、粤港澳大湾区建设等国家重大战略，开展区域协调发展竞赛；围绕深化供给侧结构性改革和推进产业基础高级化、产业链现代化水平，以节能降耗、绿色发展、创新驱动和智能制造等为重点，开展产业转型升级竞赛；围绕川藏铁路、西部陆海新通道、北斗产业化等重大工程，重大科研设施、重大生态系统保护修复、公共卫生应急保障等重大项目，开展重大工程建设竞赛；聚焦重大科技项目、关键核心技术和产业优化升级等，开展创新示范引领竞赛；聚焦战略性新兴产业、技术前沿和核心基础零部件、关键基础材料等，开展职工职业技能竞赛；紧盯碳达峰碳中和目标要求，围绕改善环境质量、提升生态系统质量和稳定性等，开展绿色发展竞赛。与此同时，以“安康杯”竞赛为载体，把煤矿、建筑、交通、石油、化工、电力等高危行业和非公中小企业以及设备、技术、工艺落后的企业作为重点领域，把一线职工、农民工、重体力劳动职工等群体作为重点对象，开展安全发展竞赛。

“十四五”期间劳动和技能竞赛取得新进展，共开展127个全国引领性劳动和技能竞赛项目。在全国总工会的统一部署下，各省（区、市）总工会和各全国产业工会积极组织竞赛的落实和推进工作。比如，2022年7月，上海市总工会召开2022年加快经济恢复和重振暨“建功‘十四五’、奋进新征程”上海职工劳动和技能竞赛推进会。会议提出将深入推进浦东社会主义现代化建设引领区、长三角一体化高质量发展、上海“五个中心”建设、优化营商环境、城市数字化转型暨上海“特色”新基建等五大全国引领性竞赛，发挥示范带动作用；围绕全面推进五个新城建设、中国国际进口博览会、新就业形态劳动者等重点领域和行业开展竞赛，发挥竞赛凝心聚力作用；结合上海经济社会发展和产业转型发展升级需求，对标全国职工职业技能大赛开展“3+6+X”职工职业技能竞赛，涵盖机器人、建筑信息模型（BIM）技术员、无人机操作、数控机床维修工等项目，着力培养高素质技能人才。

“十四五”期间劳动和技能竞赛的特点表现在三个方面：一是明确提出坚持推动高质量发展的基本原则，促进供给侧结构性改革、重大战略实施和产业基础高级化、产业链现代化，在推动高质量发展中充分发挥工人阶级主力军作用。二是更加注重以职工为中心和坚持创新引领，引导职工积极参与科技创新，紧扣激发人才创新活力提升职工技能水平。三是落实广泛深入持久的基本要求，牢固树立系统观念，抓大促小、示范带动、整体推进，强调激发各类市场主体活力，使中小微企业、“三新”组织、机关事业单位竞赛工作持续推进。

# 第十章

# 深化群众性创新创造活动

党的十八大以来，党和国家作出实施创新驱动发展战略的重大决策部署，把创新作为引领发展的第一动力。在国家创新体系中，群众性创新创造活动是重要的组成部分，群众性技术创新队伍是一支不可或缺的战略科技力量，为推进社会主义现代化建设提供了有力支撑。

## 一、群众性创新创造活动的部署开展

2012 年 3 月 23 日，全国总工会与科技部、工业和信息化部、人力资源社会保障部、国务院国资委、全国工商联联合印发《关于进一步加强职工技术创新工作的意见》，指出开展职工技术创新活动，加强职工队伍建设，组织动员职工积极参与技术创新实践，是提高职工创新能力，促进创新型国家和创新型企业建设的重要途径。要大力加强职工技术培训工作，广泛开展职工技术创新活动，充分发挥劳动模范和优秀技能人才的引领作用，切实加强对职工技术创新工作的组织领导。2013 年 2 月，国务院办公厅下发《关于强化企业技术创新主体地位全面提升企业创新能力的意见》，明确要求广泛开展职工合理化建议、技术革新、技能大赛等群众性技术创新活动，对有突出贡献的职工优先晋升技术技能等级，充分调动职工参与技术创新的积极性，提高企业职工科技素质。2015 年，全国总工会印发《职工创新补助资金管理办法（试行）》。2020 年 1 月 20 日，全国总工会印发《职工创新补助资金管理办法》，明确规定职工创新补助资金的设立是用于鼓励和支持一线职工技术创新活动，重点支持创新工作室开展的技术攻关、技术革新、发明创造等，要求进一步管好用好职工创新补助资金，确保职工创新补助资金科学管理、规范实施、取得实效，推动建设知识型、技能型、创新型劳动者大军。截至 2023 年底，共补助一线职工创新项目 329 项，累计发放补助资金 5395 万元。

2019 年 10 月，全国总工会印发《关于广泛深入持久开展“五小”活动的指导意见》，要求注重岗位创新、解决一线问题、增强创新能力，扩大覆盖面、提高参与度，使活动落实到基层、深入一线，并长期坚持下去、形成长效机制，进一步组织动员广大职工建功新时代。《指导意见》明确了开展“五小”活动的总体要求。特别强调“五小”活动要坚持以职工为中心，尊重职工首创精神；坚持以需求为导向，围绕生产经营的重点和难点，紧密结合岗位实际开展活动；坚持在继承中创新，不断丰富和完善内容、方式、载体；坚持共建共享，在促进企业发展的同时让职工受益。《指导意见》从大力增强职工岗位创新能力、立足岗位开展“五小”活动、进一步扩大“五小”活动覆盖面、促进“五小”活动成果的推广和转化、加强“五小”活动的组织领导等方面作出了安排，要求活动从国有企业向非公企业，从生产领域向管理、服务等领域延伸，从企业向机关事业单位扩展。《指导意见》强调，要把合理化建议作为“五小”活动最基础最重要的环节，既提高广泛性、参与率，又提高合理化建议的质量，促进合理化建议的采纳和实施。同时，完善“五小”活动体系，创新活动方式方法，特别是要按照建设“智慧工会”的要求，运用“互联网+”、移动客户端、大数据、云计算等现代化手段组织开展活动，促进活动在策划动员、组织实施、考核评选等各个环节的智能化，增强活动的先进性、便利性和趣味性。为更好地促成“五小”活动成果转化，《指导意见》提出要搭建职工创新成果交流、转化平台，建立职工创新成果库，推动成果走出班组、走出企业、走向社会。同时，重视职工创新成果知识产权保护，增强职工知识产权意识，加大创新成果应用和孵化力度，并强化奖励激励措施，推动企业合理制定“五小”成果收益分配方案等，保护好职工创新创造的积极性。

地方工会也围绕职工技术创新工作，积极出台鼓励职工创新创造的相关行动方案。2023 年，江苏省总工会、省发展改革委、省教育厅、省科技厅等 16 部门联合印发《关于认真贯彻党的二十大精神促进职工在新时代新征程创新创造的意见》，从引领职工投身创新创造实践、提高职工科技创新服务能力、搭建职工科技创新成长平台、激发新就业形态劳动者创新发展潜能四个方面提出 14 条措施，动员全省职工不断提高创新能力，释放创造活力。云南省总工会印发《云南省总工会深化产业工人队伍建设改革 提升职工素质 鼓励职工创新创造三年行动计划（2023—2025 年）》，制定了四项行动 16 条具体举措，为新时代产业工人创新创效集聚资源、搭建载体、提供保障。在深化技术创新行动上，计划到 2025 年投入不少于 2000 万元，评选不少于 150 项省职工技术创新成果、先进操作法（工作法）和合理化建议，支持不少于 100 个职工创新补助项目实现有效转化。浙江省总工会印发《浙江省职工创新工作体系建设三年行动方案（2024—2026 年）》，明确了健全完善职工创新组织协同体系、职工创新能力形成体系、职工创新服务保障体系三项重点任务和 21 项任务清单。

## 二、群众性创新创造活动蓬勃发展

一是举办海峡两岸职工创新成果展。创新成果展从2006年举办第一届开始，逐渐成为两岸职工技术交流、职工创新能力和创新成果展示的重要平台。2014年8月，经全国清理和规范庆典研讨会论坛活动工作领导小组审核批准，该展会成为全国总工会主办的唯一展会。2015年6月18日至21日，第十届海峡两岸职工创新成果展举行，共征集对接项目221项，金额44028万元。其中，签约90项，总金额24427万元；达成协议98项，总金额18435万元；意向合作33项，总金额1166万元。

2016年6月18日至22日，第十一届海峡两岸职工创新成果展在福州举行。10个省（区、市）总工会和中华两岸劳动关系发展协会、台湾总工会、台北杰出发明家协会、海峡两岸劳工发展交流协会等组队参展，共展出116个创新项目。其中，劳模创新项目28个、“五小”创新项目30个、职工创新项目34个、台湾职工创新成果24个；对接项目202个，总金额达1.96亿元。展会首次举办以“匠心归来”为主题的论坛，李万君等六位全国著名劳模进行了交流分享。

2017年6月18日至21日举行的第十二届海峡两岸职工创新成果展，共设置“八闽工匠、华夏工匠、宝岛工匠”三个主题展区，来自海峡两岸的140余名职工发明人和工匠代表集中展出39个创新项目，共对接项目178项，总金额达到1.46亿元，成果展现场推介职工创新项目260项。展会期间，举办了“大国工匠——师徒对话”论坛。

2018年6月18日至21日，第十三届海峡两岸职工创新成果展以“创新大舞台、职工展风采”为主题，展示了48个职工创新项目。其中，辽宁、浙江、宁夏、湖北、安徽等省（区）项目 11 项，台湾项目 16 项，福建项目 21 项。对接 13 项，签约总金额 1.69 亿元，累计 15 万人次观展。展会期间，举办了“大国工匠——高技能领军人才”论坛，2017 年度国家科学技术进步奖二等奖获得者黄金娟、洪家光，福建三宏再生资料科技有限公司沈来勇三位同志作主旨发言。

2019 年 6 月 18 日至 21 日，第十四届海峡两岸职工创新成果展以“传承工匠精神、激发创新活力”为主题，展示了 61 个职工创新项目，对接金额 1.84 亿元，企业自行转化 27 项，转化金额 4.11 亿元。展会期间，举办了“大国工匠 · 创新筑梦”论坛。2018 年国家科学技术进步奖二等奖、全国五一劳动奖章获得者王曙群，中车长春轨道客车股份有限公司轨道车辆装调工罗昭强，全国技术能手、2017 年度全国五一劳动奖章获得者林玉登，荣获 2019 年度福州市劳动模范的台籍职工吕元锦作主旨发言。

二是组织开展“四技五小两比”群众性创新创造活动。围绕深化产业工人队伍建设改革，广泛深入开展“四技”（技术革新、技术创新、技术攻关、技术创造）、“五小”（小发明、小创造、小革新、小设计、小建议）、“两比”（岗位练兵、技术比武）等群众性创新创造活动。

自 2019 年全国总工会就广泛深入持久开展“五小”活动提出指导意见后，各级工会进一步完善以岗位创新、班组（团队）创新、劳模和工匠人才（职工）创新工作室以及创新工作室联盟等为主要内容的“五小”活动体系。2022 年，全国总工会面向各省（区、市）总工会、各全国产业工会开展了“五小”等群众性创新创造活动典型案例征集活动，遴选出 63 篇典型案例汇编成《“五小”等群众性创新活动典型案例集》，从增强职工岗位创新能力、创新“五小”活动方式方法、扩大“五小”活动覆盖面、促进“五小”活动成果推广和转化等多方面，集中展示了不同层级、不同行业工会组织开展群众性创新创造活动的经验做法，助推“五小”等群众性创新创造活动广泛深入持久开展。

2023年5月24日，全国总工会在山西省晋中市召开全国县级工会“五小”活动现场会，启动全国“五小”等群众性创新系列活动。系列活动分四个阶段推进，坚持“学、练、评、赛”的原则，以赛促学，加强职工群众创新教育，激发职工创新创造热情，在全社会、各企业营造创新创造的浓厚氛围。第一阶段为全国“五小”课堂征集、发布和学习；第二阶段面向全国职工广泛开展知识对战活动；第三阶段为全国职工“五小”创新成果征集及线上投票；第四阶段为全国职工“五小”创新大赛总决赛。2023年，全国已建工会单位职工提出合理化建议777.7万条，开展技术革新项目57.5万项，取得发明创造30.4万项。

2024年1月16日，2023年全国职工“五小”优秀创新成果发布活动在江苏徐州举行，展示、发布20项“五小”优秀创新成果。系列活动带动全国3733.9万名职工参与“五小”活动，产生337.47万项“五小”成果，形成先进工作法13.45万项。共有106个“五小”创新成果入围优秀创新成果。五个优秀创新成果第一完成人分别在现场进行了成果展示，主办方邀请的大国工匠、全国劳动模范、“技术大咖”代表进行现场点评。2024年，为突出企业主体作用和职工主人翁地位，积极组织开展“四技五小两比”群众性创新创造活动，提出优质合理化建议823万件，实现突破性技术革新60.8万项、发明创造32.6万项。

三是推进职工技术协会工作。中国职工技术协会是由全国总工会领导的开展群众技术活动的全国性、专业性、非营利性社会组织。2011年7月，中国职工技术协会六届一次理事会议召开后，中国职工技术协会制定了《中国职工技术协会2011—2015年工作规划》，确定了2011年至2015年中国职工技术协会工作指导思想、总体要求和保障措施，提出中国职工技术协会要团结动员广大会员，广泛深入开展群众性技术革新、技术协作、发明创造、合理化建议活动，努力实现把职工技术协会组织建设成为职工交流技术技能的园地、培养技术工人的学校、开展技术攻关的阵地、推广职工技术创新成果的平台和技术工人创新之家的工作目标。

各级职工技术协会组织始终坚持“为国分忧，为企业解难，为职工服务”的宗旨，紧紧围绕党和国家工作大局以及工会工作全局，广泛开展了技术革新、技术攻关、技术改造、技术交流、技术推广、技术协作、发明创造、合理化建议等群众性技术创新活动和技能大赛活动，发现和培养了一大批劳动模范和高技能人才。

## 三、职工技术创新成果评选表彰

### （一）开展职工优秀创新成果评选交流活动

开展全国职工优秀技术创新成果评选表彰活动，是深入实施科教兴国战略、人才强国战略、创新驱动发展战略的重要举措。自 2004 年起，全国总工会、科技部、工业和信息化部、人力资源社会保障部联合举办了四届全国职工优秀技术创新成果评选表彰活动。2018 年以来，四部门又联合举办了三届全国职工优秀技术创新成果交流活动，共有 586 项成果获奖。在 2018 年第五届全国职工优秀技术创新成果交流活动中，职工共申报创新成果 1041 项，涉及机械电机、资源环保、电子信息、石油化工、轻工纺织、道路交通等 12 个行业。经评审、公示和考察，共评出职工优秀技术创新成果 60 项，其中一等成果 3 项、二等成果 15 项、优秀成果 42 项。这些成果技术含量高、实用性强，完成人以中青年技术工人为主，劳模工匠人才引领作用显著。12 月，这些成果在北京进行了展示交流。2019 年 1 月，在北京召开第六届全国职工职业技能大赛暨第五届全国职工优秀技术创新成果交流活动总结大会。

在2023年第七届全国职工优秀技术创新成果交流活动中，职工共申报创新成果1418项，涉及12个行业，共评出100项优秀成果，其中一等成果3项、二等成果15项、三等成果30项、优秀成果52项。

### （二）推荐国家级技术创新奖项

国家科学技术进步奖授予在技术研究、技术开发、技术创新、推广应用先进科学技术成果、促进高新技术产业化，以及完成重大科学技术工程、计划项目等方面作出突出贡献的公民和组织。国家科技奖励工作办公室曾专门设置工人农民技术创新组，奖励工人、农民身份的一线科技人员在科学研究和技术开发活动中，完成具有重大市场应用价值的产品、技术、工艺、材料、设计和生物品种及其推广应用的科技成果。2023年，取消工人农民技术创新组，设置高技能人才技术创新组。

2006年以来，全国总工会在各级工会申报的基础上，精心组织筛选和推荐。2007年，中国第一汽车集团有限公司一汽大众汽车有限公司工人技师王洪军的“王洪军轿车钣金快速修复法”和宝山钢铁股份有限公司炼铁厂工人技师韩明明的“金属检测和自动除铁新技术”获得国家科学技术进步奖二等奖。2015年，大兴安岭神州北极木业有限公司高级技师白伟东完成的“异形承载木梁拼板制造技术与应用”获得国家科学技术进步奖二等奖。2017年，国网浙江省电力有限公司电力科学研究院高级技师黄金娟和沈阳黎明航空发动机（集团）有限责任公司高级技师洪家光获得国家科学技术进步奖二等奖，其中，黄金娟是首位经全国总工会推荐获国家科学技术进步奖的女性技术工人。2018年，中车长春轨道客车股份有限公司罗昭强的“高速列车整车调试环境模拟技术及应用”、上海航天设备制造总厂有限公司王曙群的“航天超细直径小腔检漏管路制造技术及推广应用”荣获国家科学技术进步奖二等奖。2019 年，国网江苏省电力有限公司无锡供电分公司何光华的“高落差高压电缆线路无损施工技术创新及应用”、金川集团股份有限公司潘从明的“镍阳极泥中铂钯铑铱绿色高效提取技术”荣获国家科学技术进步奖二等奖。2020 年，上海隧道工程有限公司李鸿的创新项目“超大直径盾构掘进新技术及应用”获得国家科学技术进步奖二等奖。2021 年，山东电力集团超高压公司高级技师高森完成的“架空线路清障检测机器人”项目，获得国家科学技术进步奖二等奖。2023 年，首都航天机械有限公司高凤林完成的“新一代运载火箭高效能氢氧发动机焊接制造技术”项目，获得国家科学技术进步奖二等奖。

全国创新争先奖是经党中央批准，由人力资源社会保障部、中国科协、科技部、国务院国资委共同设立的奖项，表彰奖励在创新争先行动中作出突出成绩的科技工作者和集体，每三年评选表彰一次。2016 年 5 月 30 日，习近平在全国科技创新大会、两院院士大会、中国科协第九次全国代表大会上发表重要讲话，要求“团结引领广大科技工作者积极进军科技创新，组织开展创新争先行动”。

2017 年 5 月 27 日，庆祝全国科技工作者日暨创新争先奖励大会在北京举行。会上颁发了首届全国创新争先奖，大亚湾反应堆中微子实验团队等 10 个科研团队被授予创新争先奖牌，王过中等 28 人被授予创新争先奖章，丁列明等 254 人被授予创新争先奖状。由全国总工会推荐的江苏省电力试验研究院有限公司技术主管高级技师朱洪斌、国网山东省电力公司检修公司淄博分部输电运维专工高级技师高森、呼和浩特铁路局焊轨段高级工程师郭晋龙荣获创新争先奖状。他们三位是所有获奖者中仅有的来自生产一线的技术工人。2020 年，沈阳黎明航空发动机（集团）有限责任公司首席技能专家洪家光荣获第二届全国创新争先奖状。

中国专利奖是知识产权领域的最高奖项，目的是鼓励发明创造，培育创新文化。中国专利奖设中国专利金奖、银奖、优秀奖，中国外观设计金奖、银奖、优秀奖，每年评选一次。全国总工会自 2017 年起，正式成为中国专利奖的推荐单位，每年可推荐 10 个专利项目。推荐项目由各省（区、市）总工会根据评选通知要求选拔推荐，经全国总工会组织专家评审、辅导后推荐参加评选。2017 年，全国总工会推荐的发明专利中，1 项获得金奖、7 项获得优秀奖，并成为唯一获得最佳组织奖的非专业组织。2019 年，全国总工会制定了《全国职工参评中国专利奖专利项目遴选推荐办法》，开发了“中国职工优秀专利管理系统”。自 2017 年以来，全国总工会推荐的一线职工专利中 1 项获得中国专利奖金奖、2 项获银奖、39 项获优秀奖，全国总工会先后获得第十九届中国专利奖最佳组织奖、第二十一届中国专利奖优秀组织奖。

# 第十一章

# 在统筹疫情防控和经济社会发展中贡献力量

2020 年是全面建成小康社会之年。就在全国人民向着决胜全面建成小康社会、决战脱贫攻坚冲刺的关键时刻，一场突如其来的新冠疫情暴发了。

新冠疫情是百年来全球最严重的传染病大流行，是新中国成立以来遭遇的传播速度最快、感染范围最广、防控难度最大的一次重大突发公共卫生事件。在疫情影响下，人民群众的生命健康受到严重威胁，各个生产领域都经受了不同程度的冲击，民生就业面临巨大困难。以习近平同志为核心的党中央始终坚持人民至上、生命至上，团结带领全党全国各族人民同心抗疫，取得疫情防控重大决定性胜利。全国各级工会坚决贯彻落实习近平总书记关于疫情防控的系列重要讲话、重要指示精神和党中央决策部署，组织动员广大职工和工会干部积极投身疫情防控的人民战争、总体战、阻击战，全力支持帮助企业复工复产，为统筹疫情防控和经济社会发展作出了重要贡献。

## 一、统筹部署疫情防控工作

新冠疫情发生后，全国总工会及时传达学习中央政治局常委会会议、中央政治局会议和党中央统筹推进新冠肺炎疫情防控和经济社会发展工作部署会议等会议精神，把疫情防控工作作为最重要最紧迫的工作来抓。王东明多次作出批示指示，并在全国总工会十七届三次执委会议等多个会议上对工会统筹做好疫情防控和推动经济社会发展提出明确要求。

2020 年 1 月 26 日，全国总工会专门成立应对新冠肺炎疫情工作领导小组，统筹指导工会系统疫情防控各项工作。2020 年 1 月 27 日，全国总工会发布《关于抗击新型肺炎疫情的倡议书》，要求各级工会把疫情防控工作作为当前最重要、最紧迫的工作抓实抓好，号召全国各行各业的广大职工和各级工会干部迅即行动起来，为做好疫情防控工作贡献智慧和力量。倡议书要求深刻认识做好疫情防控工作的重要性和紧迫性，坚定不移把党中央的决策部署落到实处。要求各级工会干部在党委和政府的统一领导、统一指挥下，协同其他部门做好疫情防控工作，落实好联防联控、群防群控的各项措施。扎实做好职工舆论引导工作，密切关注有关政策措施和疫情动态，面向职工做好宣传解读工作，争当宣传引导志愿者。

2020 年 2 月 2 日，全国总工会下发《关于充分发挥工会组织作用 团结动员广大职工坚决打赢新型冠状病毒感染肺炎疫情防控阻击战的通知》，要求把打赢疫情防控阻击战作为当前工会的重大政治任务，按照党中央、国务院的统一部署，落实工作责任，按照联防联控要求构筑群防群治抵御疫情的严密防线。加强组织引导，积极采取行动，团结动员各行各业职工有序参与疫情防控工作。加强帮扶服务，做好对坚守疫情防控一线职工的关心关爱工作。要求工会系统各级党组织和广大党员发挥战斗堡垒作用和先锋模范作用，在危难时刻挺身而出、英勇奋斗、扎实工作。

2020 年 2 月 23 日，全国总工会召开专题会议，贯彻落实中央统筹推进新冠肺炎疫情防控和经济社会发展工作部署会议精神。

会议强调各级工会要认真学习领会习近平总书记重要讲话精神，切实把思想和行动统一到习近平总书记重要讲话精神和党中央决策部署上来，扎扎实实抓好贯彻落实，统筹推进工会疫情防控和全年各项重点工作，做到两不误、两促进，团结动员亿万职工为夺取疫情防控和实现2020年经济社会发展目标双胜利作贡献。

2020年3月2日，全国总工会下发《关于做好新冠肺炎疫情防控期间支持企业安全有序复工复产和劳动关系协调工作的通知》，要求各级工会积极协助做好稳就业工作，督促和协助企业为职工提供必要的劳动保护条件，切实维护职工合法权益，协调劳动关系，团结动员亿万职工为夺取疫情防控和实现经济社会发展目标双胜利贡献力量。各级工会要推动国家稳就业政策落地见效，帮助和督促企业多转岗、少下岗，多就业、少失业，并及时劝导符合复工条件的企业职工按时返岗。工会专项防疫资金对农民工集中返企的交通组织和服务提供必要支持，配合政府、企业开展远程精准推送岗位、点对点返工等服务。督促和协助企业为职工提供必要的劳动保护条件，教育引导职工遵守疫情防控的各项规定，开展职工心理疏导、情绪支持等服务。积极引导职工和企业通过集体协商，妥善处理复工复产前后职工劳动报酬、工作时间、休息休假、劳动保护及女职工生育保护等问题；坚持依法协调劳动关系，发挥工会劳动法律监督作用，建立疫情期间职工法律服务绿色通道；充分发挥各级协调劳动关系三方机制作用，加大对特殊时期企业劳动关系处理的指导服务力度，坚决维护劳动关系和职工队伍稳定。

2020年4月10日，全国总工会以电视电话会议的方式召开十七届三次执委会议。会议指出，各级工会要深入学习贯彻习近平总书记重要讲话精神和党中央决策部署，贯彻党的十九届四中全会精神，团结动员职工为统筹推进疫情防控和经济社会发展充分发挥主力军作用。

2022 年 5 月 19 日，国家协调劳动关系三方下发《关于应对疫情影响进一步做好集体协商工作的通知》，实施集体协商“稳就业促发展构和谐”行动计划，指导各级工会在疫情期间普遍开展集体协商集中要约行动。各级工会会同人社、企联、工商联指导企业与职工就停工停产、劳动报酬、工作时间、轮岗轮休等重大事项，开展应急应事、一事一议的灵活协商，引导企业尽最大努力不裁员、少裁员。

2022 年 5 月，全国总工会印发《关于做好常态化疫情防控形势下促进企业发展维护职工权益工作的通知》，要求积极做好常态化疫情防控形势下促进企业发展、维护职工权益各项工作。聚焦广大职工特别是货车司机、网约车司机、快递员、外卖配送员等新就业形态劳动者关切的急难愁盼问题，及时向党委、政府和上级工会反映职工利益诉求。着眼完善政府、工会、企业共同参与的协商协调机制，进一步做实各级协调劳动关系三方机制。深入开展和谐劳动关系创建活动，遇到矛盾纠纷时多沟通、勤协调、善协商。健全劳动关系风险监测、分析、预防、处置长效机制，引导职工依法理性表达利益诉求，帮助职工通过协商方式解决劳动争议，及时为权益受到侵害的职工提供法律援助。

2022 年 7 月 4 日，全国总工会办公厅印发《加大工会经费投入助力疫情防控与经济社会发展的若干措施》，推出设立新就业形态劳动者关爱资金、加大工会送温暖帮扶力度、支持受疫情影响严重的行业和小微企业发展、加大职工互助保障项目经费投入等 20 条举措，要求各级工会结合实际推动落实，进一步建立健全工会经费普惠职工的长效机制，助力疫情防控与促进经济社会发展。

2022 年 11 月，全国总工会就贯彻党中央关于疫情防控决策部署做好疫情防控工作印发通知，要求各级工会按照疫情要防住、经济要稳住、发展要安全的要求，推动高效统筹疫情防控和经济社会发展，坚决打赢常态化疫情防控攻坚战。要强化责任担当，按照各级党委、政府和疫情指挥机构的统一指挥调度，更早更快更坚决落实防疫措施。要主动协助政府和企业做好稳就业工作，妥善处理好疫情防控期间劳动关系问题，维护职工合法权益，推动构建和谐劳动关系，维护劳动领域政治安全，促进职工队伍和社会大局和谐稳定。

## 二、推进疫情防控重点工作

新冠疫情发生后，全国工会系统坚决贯彻落实习近平总书记关于疫情防控的指示精神和党中央决策部署，组织动员广大职工和工会干部积极投身疫情防控工作，全力支持帮助企业复工复产，关心职工群众生产生活，在有效防控疫情、实现经济社会发展目标双胜利上发挥了工会组织的积极作用。

积极筹集物资，加大疫情防控投入力度。疫情暴发后的四个月内，全国总工会及各省级工会安排疫情防控资金 24.92 亿元。全国总工会拨付 4059 万元专项资金用于疫情防控，与其他省（区、市）工会、企业工会援助湖北省市工会物资和资金合计 1.05 亿元，其中，全国总工会援助湖北的首批抗疫物资 2020 年 1 月 28 日即送抵疫区。同时，开展向北京援鄂医务人员家属送温暖的“筑湾”活动，共配送两批次 2600 份价值 140 余万元的“正餐组合包”。地方工会对援鄂医务人员慰问实现全覆盖，以多种方式慰问疫情防控一线职工。湖北省工会系统慰问服务疫情防控一线人员 93.88 万人次（其中医务人员 12.66 万人次），浙江省工会共慰问基层单位 2.7 万家、一线防疫人员 115.4 万人次。各级工会及时组织职工参加重点防疫项目建设，做好水电煤油气保供和交通、通信、物流支持保障等工作，加班加点生产医用物资和生活必需品等，充分发挥了工人阶级主力军作用。

聚焦稳就业促就业，助力企业复工复产。就业是民生之本，新冠疫情影响下的稳就业任务十分艰巨。各级工会把稳就业作为统筹推进疫情防控和经济社会发展的一项紧迫政治任务，主动作为、多措并举，帮助企业复工复产。全国总工会积极配合相关部门开展就业服务，与人力资源社会保障部、全国妇联、全国工商联等部门联合开展“春风行动”“民营企业招聘周”“金秋招聘月”等活动。同时，指导各级工会强化就业技能培训，延伸服务链条，提升服务水平，重点做好转岗待岗职工、新就业形态劳动者、农民工、困难职工及其家庭成员等重点群体的就业援助，实现工会就业服务工作全年常态化开展，活动覆盖面和影响力不断扩大。上海市总工会建立企业用工状况和重点群体就业调查机制，开展职工就业状况专题分析研究，形成《关于疫情防控期间上海企业复工复产和职工就业状况的分析报告》，受到上海市委、市政府领导的肯定。山东省总工会于2020年2月中旬和3月下旬组织了2915家企业和53万余名职工参与企业用工情况和职工返岗复工情况调查，提出了“应对新冠肺炎疫情做好稳就业工作十项措施”和“支持企业安全有序复工复产和劳动关系协调工作措施”，促进了复工复产和稳就业工作的落实。各级工会还关注农民工返岗工作，投入专项经费提供包车、包机等服务，帮助职工返岗和企业招工，解决了很多企业“用工难”的问题。在助力农民工有序返岗工作中，各级工会针对疫情期间不能开展大型招聘活动的困难，积极搭建网上就业服务平台。全国总工会于2020年3月12日开通全国工会就业服务平台，以微信公众号“工会就业服务号”的形式，发布全国范围内的就业岗位。广西、内蒙古、黑龙江、上海、江苏、浙江、福建、安徽、四川、陕西、甘肃等省（区、市）都建立了工会网上就业服务平台，多数与全国工会就业服务平台实现了用工信息资源的互联互享。

高度重视疫情对劳动关系的影响，做好职工维权服务工作。

全国总工会及时制定下发劳动关系协调工作的相关文件，对涉及劳动关系调整的法律法规和政策进行梳理和研究，引导职工和企业通过集体协商妥善处理复工复产中职工劳动报酬、工作时间、休息休假等问题。浙江、福建、山东、河南、陕西等多地工会开展集体协商集中要约行动，引导职工与企业同舟共济、共渡难关，取得良好效果。各级工会密切跟踪劳动关系运行动态，加强监测和预判预警，推动完善劳动争议调处机制，及时提供法律服务，努力把劳动关系矛盾化解在基层。全国总工会于 2020 年 2 月 12 日至 18 日，分别对河南、广东、广西、四川等地的 5.12 万名职工，以及河南、内蒙古、山东、辽宁、北京、广东、上海、四川、天津等地的 3 万家企业进行问卷调查，研究分析在企业复产、职工复工过程中存在的就业及劳动关系领域问题，提出对策建议。2 月 20 日至 25 日，通过全国工会劳动关系监测网络，及时对 1160 家企业的复工复产和劳动关系稳定情况进行调查，了解企业复工和职工劳动经济权益存在的情况。针对受疫情影响导致生活困难的职工群体，全国总工会深入开展调研摸排工作，组织开展了全国低收入职工家庭受疫情影响情况大调研，全面掌握困难职工生产生活受疫情影响的情况，第一时间将受疫情影响无法就业、收入下降导致基本生活困难的职工纳入了建档范围。同时，推动出台了疫情期间保障困难职工生活的相关政策。充分发挥中央财政专项帮扶资金及工会送温暖资金作用，为困难职工增发疫情期间生活补贴，保障疫情期间困难职工家庭基本生活。对受疫情影响的低收入职工，特别是困难职工，广泛走访慰问，帮助解决急难愁盼的实际问题，切实巩固城市困难职工解困脱困的工作成果。截至 2022 年 5 月，全国各级工会共筹集资金 71.09 亿元，帮扶慰问职工 2038.04 万人次。

加强宣传引导，汇聚疫情防控正能量。各级工会及时通过工会宣传阵地和主流媒体、网络平台发出声音，引导职工识大体、顾大局，自觉维护社会大局稳定。大力宣传习近平总书记对广大职工群众的关心关怀关爱，大力宣传疫情防控中的先进人物事迹和各地工会的好经验好做法，普及防疫科学知识，激励广大职工树立信心、战胜疫情。全国总工会媒体平台和文化单位创新方式方法，及时传播工会参与、助力复工复产的举措和成效，积极推出疫情防控书籍、创作昂扬向上的文艺作品，传递正能量、汇聚精气神。在2020年全国劳动模范和先进工作者评选中，特别向为抗击疫情作出重大贡献的一线医务人员和其他战线的职工群众倾斜，共推荐评选出300名奋战在抗击新冠疫情一线的先进个人，表彰他们的先进事迹和崇高精神。

加强对防疫一线医务人员和职工群众的关心关怀。疫情发生后，各级工会迅速开展慰问、服务防疫工作一线医务人员的“工会行动”，并配合督促有关单位进一步做好一线医务人员自身防护和待遇保障工作。对于其他疫情防控一线的职工群众，包括坚守机场、高铁（火车）站、汽车客运站、码头口岸和高速公路收费站等交通枢纽岗位职工，交警、城管、环卫、快递、出租等户外工作者，以及卫生健康和民生保障相关行业职工，各级工会通过为他们发放防护用品、开展慰问等方式，让广大职工感受到“娘家人”的温暖。

第十八编

# 深入推进产业工人队伍建设改革

# 第十二章

# 加强顶层设计和组织领导

工人阶级是我国的领导阶级，是我们党最坚实最可靠的阶级基础，是全面建成小康社会、坚持和发展中国特色社会主义的主力军。产业工人是工人阶级的主体力量，是创造社会财富的中坚力量，是创新驱动发展的骨干力量，是实施制造强国战略的有生力量。党的十八大以来，以习近平同志为核心的党中央坚持以人民为中心的发展思想和全心全意依靠工人阶级的根本方针，围绕提高产业工人队伍整体素质、发挥产业工人骨干作用、维护产业工人合法权益、保障产业工人主人翁地位等，作出重要制度安排，制定一系列政策措施，产业工人队伍建设取得新的进展。

## 一、《新时期产业工人队伍建设改革方案》出台

2016 年 8 月 21 日，中央全面深化改革领导小组办公室下发《中央全面深化改革领导小组改革任务书》，要求由全国总工会牵头，会同国家发展改革委、教育部、工业和信息化部、人力资源社会保障部等部门，做好产业工人队伍建设改革方案的起草制定工作。五部门把研究制定改革方案作为一项重大政治任务来抓，迅速成立推进产业工人队伍建设改革协调小组，全力以赴开展工作。2016 年 9 月至 10 月，产业工人队伍建设改革协调小组成立六个调研组，分别赴 12 个省（区、市）、100 多家企业开展调研，并听取党政领导、产业工人、工会干部、企业经营者和专家学者

等意见建议，最后形成基本方案。在改革方案的研讨论证中，先后两次征求中央和国家机关30多个部门和单位的意见。在取得普遍共识的基础上，提请中央全面深化改革领导小组审议。

2016年10月10日，习近平在全国国有企业党的建设工作会议上强调，坚持全心全意依靠工人阶级的方针，是坚持党对国有企业领导的内在要求，要在政治上保证、制度上落实、素质上提高、权益上维护，不能当口号喊。这些重要论述，涉及产业工人队伍建设改革的意义、目标、原则、方向和重点等方面，进一步深化了我们党对产业工人队伍发展变化与特点规律的认识，为推进产业工人队伍建设改革提供了根本遵循。

2017年2月6日，习近平主持召开十八届中央全面深化改革领导小组第三十二次会议，审议通过《新时期产业工人队伍建设改革方案》。会议指出，工人阶级是我国的领导阶级，产业工人是工人阶级的主体力量。要从巩固党的执政基础的高度，从促进我国经济社会持续健康发展的高度，加快产业工人队伍建设改革，坚持全心全意依靠工人阶级的方针，按照“政治上保证、制度上落实、素质上提高、权益上维护”的总体思路，针对影响产业工人队伍发展的突出问题，创新体制机制，提高产业工人素质，畅通发展通道，依法保障权益，造就一支有理想守信念、懂技术会创新、敢担当讲奉献的宏大的产业工人队伍。2017年4月14日，中共中央、国务院印发《新时期产业工人队伍建设改革方案》，这是我们党和国家历史上第一次对产业工人队伍建设改革专门进行谋划和部署。《改革方案》明确了新时期产业工人队伍建设改革的指导思想、基本原则、目标任务以及改革举措，厘清了为什么改、怎么改、通过什么途径、达到什么目标等一系列重大问题。

2017年4月30日，中央办公厅、国务院办公厅印发《贯彻落实〈新时期产业工人队伍建设改革方案〉责任分工方案》，围绕改革的主要举措，对各相关部门的责任和任务提出了具体的安排和要求。其中，全国总工会负责牵头的任务有：突出产业工人思想政治引领、健全保证产业工人主人翁地位的制度安排、创新面向产业工人的工会工作、打造更多高技能人才、创新产业工人队伍建设网络载体、打造网络学习平台、推行“互联网+”普惠性服务、创新技能导向的激励机制、改进劳动和技能竞赛体系、加大对产业工人创新创效扶持力度、组织产业工人积极参与实施“走出去”战略和“一带一路”建设、加强有关产业工人队伍建设的法治保障、完善产业工人劳动经济权益保障机制、深化产业工人队伍建设理论政策研究、营造尊重劳动崇尚技能鼓励创造的社会氛围等15项，参与的任务有：改革职业技能培训制度、统筹发展职业学校教育和职业培训、促进农民工融入城市稳定就业、畅通产业工人流动渠道、建立社会多元投入机制等。6月20日，全国总工会下发《关于认真学习宣传贯彻〈新时期产业工人队伍建设改革方案〉的通知》，就深刻认识推进产业工人队伍建设改革的重大意义、全面把握推进产业工人队伍建设改革的主要内容、充分发挥工会在推进产业工人队伍建设改革中的积极作用等提出明确要求，强调要将此作为各级工会当前和今后一个时期的重要政治任务抓紧抓好，建设宏大的产业工人队伍，更好地肩负起团结引导亿万产业工人听党话、跟党走的政治责任。

## 二、《新时期产业工人队伍建设改革方案》的主要内容

《改革方案》明确了新时期产业工人队伍建设改革的指导思想，即高举中国特色社会主义伟大旗帜，全面贯彻党的十八大和历次中央全会精神，坚持以邓小平理论、“三个代表”重要思想、科学发展观为指导，深入贯彻习近平总书记系列重要讲话精神和治国理政新理念新思想新战略，围绕统筹推进“五位一体”总体

布局和协调推进“四个全面”战略布局，坚持稳中求进工作总基调，贯彻落实新发展理念，适应把握引领经济发展新常态，按照政治上保证、制度上落实、素质上提高、权益上维护的总体思路，改革不适应产业工人队伍建设要求的体制机制，充分调动广大产业工人的积极性主动性创造性，为实现“两个一百年”奋斗目标、实现中华民族伟大复兴的中国梦更好地发挥产业工人队伍的主力军作用。

《改革方案》提出了新时期产业工人队伍建设改革的基本原则，包括：一是坚持党的领导，把握正确方向。加强和改进党对产业工人的领导，坚持全心全意依靠工人阶级的方针，坚守忠诚党的事业、竭诚服务职工的责任担当，最广泛地把产业工人组织动员起来，为实现党和国家的目标任务建功立业。二是坚持服务大局，发挥支撑作用。牢牢把握为实现中华民族伟大复兴中国梦而奋斗的工人运动时代主题，着力提升产业工人的素质能力，通过辛勤劳动、诚实劳动、创造性劳动，推动经济社会持续健康发展。三是坚持以人为本，落实主体地位。维护社会公平正义，从解决产业工人普遍关心的突出问题入手，提高产业工人的经济、政治、文化、社会地位，实现体面劳动、全面发展。四是坚持问题导向，勇于改革创新。针对不同区域、不同行业、不同规模、不同所有制企业的不同性质和特点，因地制宜、因企施策，抓住重点和难点，破除束缚产业工人队伍建设的思想观念和体制机制，清障搭台，强化保障，积极稳妥推进改革，确保改革落地见效。

《改革方案》提出了新时期产业工人队伍建设改革的目标任务，即把产业工人队伍建设作为实施科教兴国战略、人才强国战略、创新驱动发展战略的重要支撑和基础保障，纳入国家和地方经济社会发展规划，通过改革，产业工人队伍不断壮大、综合素质明显提高，保障产业工人地位的制度更加健全，产业工人合法权益进一步实现，劳动光荣、技能宝贵、创造伟大的时代风尚更加浓厚，造就一支有理想守信念、懂技术会创新、敢担当讲奉献的宏大的产业工人队伍。

《改革方案》还提出了新时期产业工人队伍建设改革的主要举措，共五个方面25条。具体包括：第一，加强和改进产业工人队伍思想政治建设。这是做好新时期产业工人队伍建设改革工作的灵魂和基础，是筑牢党执政的阶级基础和群众基础的有力抓手。改革举措包括四项：强化和创新产业工人队伍党建工作，突出产业工人思想政治引领，健全保证产业工人主人翁地位的制度安排，创新面向产业工人的工会工作。第二，构建产业工人技能形成体系。目的是要通过改革和完善相关制度，有效干预技能形成过程，形成有利于提高产业工人队伍技能水平的体制环境，提升产业工人的技能素质，为实施制造强国战略提供强大的技能支撑和人才保障。改革举措包括六项：完善现代职业教育制度，改革职业技能培训制度，统筹发展职业学校教育和职业培训，改进产业工人技能评价方式，打造更多高技能人才，促进农民工融入城市、稳定就业。第三，运用互联网促进产业工人队伍建设。在互联网技术迅速发展的形势下，产业工人队伍建设需要不断创新载体，更多更充分地运用信息化手段，打造全域化、数字化、立体化的互联网服务平台，推行“互联网+”普惠性服务。第四，创新产业工人发展制度。目的是适应产业工人的现实需求，正视和克服产业工人发展面临的困难，为产业工人的成长成才搭建多样化平台，拓宽产业工人发展空间，畅通产业工人流动渠道，创新技能导向的激励机制，改进劳动和技能竞赛体系，加大对产业工人创新创效扶持力度，组织产业工人积极参与实施“走出去”战略和“一带一路”建设，充分调动产业工人的积极性主动性创造性。第五，强化产业工人队伍建设支撑保障。加强有关产业工人队伍建设的法治保障，完善财政投入机制，建立社会多元投入机制，完善产业工人劳动经济权益保障机制，深化产业工人队伍建设理论政策研究，营造尊重劳动、崇尚技能、鼓励创造的社会氛围。

为保障产业工人队伍建设改革的主要措施得到有效落实，《改革方案》从四个方面进行了具体安排。一是构建合力推进改革的工作格局。坚持党委统一领导，政府有关部门各司其职，工会、行业协会、企业代表组织充分发挥作用，统筹社会组织的协同力量。建立贯彻落实的协调机制，由全国总工会牵头、各相关部门参与，形成整体合力。二是有力有序推进改革，着力在支柱产业、战略性新兴产业和骨干企业中推进，发挥国有企业的带动作用。三是做好改革宣传工作，营造关心、支持改革的良好社会环境。四是加强对改革实施的督促检查，确保《改革方案》落地见效。

## 三、建立健全组织领导机构

### （一）国家层面

为更好地贯彻落实《改革方案》，经请示中央全面深化改革领导小组办公室，推进产业工人队伍建设改革协调小组对成员单位和参与单位进行了扩展。推进产业工人队伍建设改革协调小组由全国总工会牵头，会同中央组织部、国家发展改革委、教育部、工业和信息化部、人力资源社会保障部、财政部、国务院国资委等部委作为成员单位，中央宣传部等 26 个部委作为参与单位。协调小组下设办公室，办公室设在全国总工会，由全国总工会办公厅、组织部、宣传教育部、研究室、劳动和经济工作部、财务部等有关部门组成。2017 年 7 月 25 日，召开推进产业工人队伍建设改革协调小组第一次会议。2024 年 4 月 19 日，协调小组印发《关于调整推进产业工人队伍建设改革协调小组办公室组成和分工的通知》，增加全国总工会权益保障部、基层工作部、法律工作部三个部门为办公室成员单位。

2020 年 8 月 25 日，协调小组出台《推进产业工人队伍建设改革协调小组工作规则》，对协调小组机构的组成和工作职责进行了明确，建立协调小组会议制度、改革任务牵头工作机制、联络员工作制度、调研督查督办工作制度等。

2021 年 4 月 21 日，王东明在全国推进产业工人队伍建设改革工作经验交流会上提出，要健全完善协调小组及办公室工作机制，建立健全产业工人队伍建设改革工作培训交流机制、分类指导机制、产业工会作用发挥机制、促进企业重视和积极推进改革机制、评价考核机制等多项机制。

2021 年 6 月 8 日，协调小组印发《关于健全完善推进产业工人队伍建设改革协调小组办公室工作机制的通知》，明确办公室组成、职责和工作机制。6 月 18 日，印发《关于建立全国产业工会推进产业工人队伍建设改革作用发挥机制的意见》，指出各全国产业工会要把产改作为“一把手”工程，建立各全国产业工会全国委员会主要负责同志负总责的改革领导机构，把推进产业工人队伍建设改革列入全委会和常委会的重要议事日程。

2022 年 3 月 15 日，协调小组印发《建立推进产业工人队伍建设改革工作情况评价考核机制的意见》《关于建立发挥企业推进产业工人队伍建设改革主体作用机制的意见》《关于建立健全推进产业工人队伍建设改革专题培训机制的意见》，分别就评价考核工作的组织实施、主要内容，企业发挥主体作用的要求和机制，加强专题培训工作等进行了具体部署。

2022 年 10 月 24 日，协调小组印发《关于建立健全推进产业工人队伍建设改革分类指导机制的意见》，针对高技能领军人才、技术工人、农民工等不同群体，提出分类指导意见。

### （二）地方和部门层面

各省（区、市）按照《改革方案》的要求，积极成立当地推进产业工人队伍建设改革的领导机构，负责统筹安排各项工作。到2022年底，31个省（区、市）和新疆生产建设兵团均成立推进产业工人队伍建设改革协调领导机构，其中26个省（区、市）由省委副书记担任协调（领导）小组组长，5个省（区、市）和新疆生产建设兵团由党委常委或省级领导担任协调（领导）小组组长。

全国总工会为积极落实各项承担任务，不断完善组织领导机构和工作机制。2017年6月，全国总工会办公厅印发《贯彻落实〈新时期产业工人队伍建设改革方案〉全国总工会负责任务实施方案》，明确了各部门的具体职责。2022年，全国总工会在全国总工会劳动和经济工作部增设产业工人队伍建设改革处，负责协调有关单位和部门的产业工人队伍建设改革工作。

# 第十三章

# 聚焦产业工人队伍建设改革重点任务

《新时期产业工人队伍建设改革方案》印发以来，党中央、国务院以及相关部委围绕落实思想引领、建功立业、素质提升、地位提高、队伍壮大等重点改革任务，出台相关制度文件 100 多个，涉及思想政治建设、技术工人待遇、职业发展、职业教育改革、职业技能培训、技能人才队伍建设、产教融合、企业职工教育经费提取、权益保障、发挥企业主体作用等多个方面，着力推动解决产业工人在薪酬待遇、技能形成、晋升使用等方面存在的突出问题，培养造就了一大批大国工匠和高技能人才。其中，全国总工会出台相关制度文件 20 多个，涉及劳动和技能竞赛、劳模和一线职工兼职工会副主席、推进货车司机等群体入会、加强产业工会工作、集体协商、民主管理等。

## 一、加强和改进产业工人队伍思想政治建设

2019 年 3 月 31 日，中央办公厅、国务院办公厅专门印发《关于加强和改进新时代产业工人队伍思想政治工作的意见》，明确加强和改进新时代产业工人队伍思想政治工作的指导思想、基本原则、基本目标，提出抓好理论武装工作、深入开展理想信念

教育、培育和践行社会主义核心价值观、强化产业工人主人翁意识、切实解决产业工人关心关注的实际问题、丰富产业工人精神文化生活、发挥思想政治工作阵地作用、加强产业工人网上思想引领工作和营造崇尚劳动、关心产业工人社会氛围等任务和举措，并要求强化党委统一领导、落实企业党组织主体责任、发挥工会组织和社会力量作用、加强思想政治工作队伍建设等。

2020 年 11 月 13 日，全国总工会办公厅印发《中华全国总工会关于加强新时代职工文化建设的指导意见》，要求着力打造职工文化品牌，加强职工文化阵地建设，创新职工文化服务内容和活动载体，完善职工文化建设的制度体系和工作机制。2021 年 10 月，中央办公厅、国务院办公厅印发《关于推动现代职业教育高质量发展的意见》，对加强职工思想政治教育工作提出了明确要求。2022 年 10 月，中央办公厅、国务院办公厅印发《关于加强新时代高技能人才队伍建设的意见》，提出要加强对技能人才的政治引领和政治吸纳，注重做好党委（党组）联系服务高技能人才工作。2022 年 12 月，中央办公厅、国务院办公厅印发《关于深化现代职业教育体系建设改革的意见》，教育部印发《职业学校校企合作促进办法》《“十四五”职业教育规划教材建设实施方案》等一批有关职业教育的政策文件，明确要求加强职工思想政治教育。2023 年 7 月 14 日，全国总工会办公厅、教育部办公厅印发《关于大力弘扬劳模精神劳动精神工匠精神 深入开展“劳模工匠进校园”行动的通知》，要求大力弘扬劳模精神、劳动精神、工匠精神，推动实现“劳模工匠进校园”行动在大中小学全贯通。

各级工会把加强思想政治引领作为首要任务，积极宣传贯彻习近平新时代中国特色社会主义思想，通过劳模宣讲、职工演讲、主题阅读、知识竞赛、文艺展演等多种方式，引导产业工人用党的创新理论成果武装头脑，广大产业工人对“两个确立”的认识进一步深化，“四个意识”进一步增强，“四个自信”更加坚定，“两个维护”更加自觉。深入开展形势任务教育，围绕学习宣传贯彻党的十九大、二十大和党的十九届、二十届历次全会精神，广泛开展线上线下宣传教育活动，深入开展党史学习教育，开展“与共和国同成长、与新时代齐奋进”“决胜小康、奋斗有我”“永远跟党走、奋进新征程”“喜迎二十大、建功新时代”等系列宣传教育活动，凝聚思想共识、激发奋进力量。召开加强和改进新时代产业工人队伍思想政治工作推进会，开展全国新就业形态劳动者思想状况调查，指导技工院校开足开好思想政治理论课，产业工人思想政治工作得到加强。

## 二、打造劳动和技能竞赛体系

2017 年以来，全国总工会印发了《关于围绕国家重大战略开展全国引领性劳动和技能竞赛的通知》《关于深入开展“当好主人翁、建功新时代”主题劳动和技能竞赛的意见》《关于广泛深入持久开展“五小”活动的指导意见》《关于进一步提高非公企业劳动和技能竞赛工作水平的意见》《劳动和技能竞赛规划（2021—2025 年）》等相关文件，规划和部署产业工人参与经济社会建设的各项工作，推动产业工人在全面建成小康社会、全面建设社会主义现代化国家中发挥主力军作用。

各级工会把广泛深入持久开展劳动和技能竞赛，作为组织产业工人建功立业的重要平台和载体。推动在新产业新业态新组织中开展竞赛，不断扩大竞赛的覆盖领域和职工群体。深化“五小”等群众性创新活动，探索创建跨区域、跨行业、跨企业的创新工作室联盟。制定劳动和技能竞赛五年规划，健全完善劳动和技能竞赛长效机制，开展劳动和技能竞赛绩效评估，基本建立起以世界技能大赛为引领、全国职业技能大赛为龙头、全国行业职业技能竞赛和地方各级职业技能竞赛以及专项赛为主体、企业和院校职业技能比赛为基础的具有中国特色的职业技能竞赛体系，竞赛活动逐步向常态化、长效化方向发展。2024 年，举办第三届上合组织国家职工技能大赛，组织两期“鲁班学艺——中国工匠人才出国培训团”，打造产业工人技能人才国际交流品牌。通过各种竞赛，广大产业工人干事创业的热情更加高涨，为实现中国梦而奋斗的积极性主动性创造性不断增强。

## 三、构建产业工人技能形成体系

在职业教育方面，2021 年 10 月 12 日，中央办公厅、国务院办公厅印发《关于推动现代职业教育高质量发展的意见》，提出职业教育吸引力和培养质量显著提高，建成现代职业教育体系，全面推进技能型社会等发展目标。2022 年 4 月 20 日，《职业教育法》修订通过，进一步明确了职业教育的目的定位、地位作用，优化了职业教育的构成体系、办学主体等。2022 年 12 月 21 日，中央办公厅、国务院办公厅印发《关于深化现代职业教育体系建设改革的意见》，强调要有序有效推进现代职业教育体系建设改革，切实提高职业教育的质量、适应性和吸引力，培养更多高素质技术技能人才、能工巧匠、大国工匠。

在技能培训方面，2018 年 9 月 30 日，国家发展改革委、教育部、科技部等 11 部门印发《关于提升公共职业技能培训基础能力的指导意见》，要求加强公共职业技能培训基础平台建设，构建培训和就业良性互动机制。2021 年 6 月 8 日，人力资源社会保障部、财政部、国务院国资委、全国总工会、全国工商联联合印发《关于全面推行中国特色企业新型学徒制 加强技能人才培养的指导意见》，提出在企业全面推行新型学徒制培训，创新中国特色技能人才培养模式。2021 年 12 月 15 日，人力资源社会保障部、教育部、国家发展改革委、财政部联合印发《“十四五”职业技能培训规划的通知》，从培训体系、培训供给、培训质量、培训标准化、发展通道、规范落实等六个方面提出改革举措。2022年6月2日，人力资源社会保障部、工业和信息化部、国务院国资委联合印发《制造业技能根基工程实施方案》，指导各地加快培养制造业高质量发展急需的高素质技能人才。2022年10月7日，中央办公厅、国务院办公厅印发《关于加强新时代高技能人才队伍建设的意见》，针对高技能人才的培养、使用、评价、激励等进行了全面部署。

在技能人才评价方面，2019年8月19日，人力资源社会保障部印发《关于改革完善技能人才评价制度的意见》，要求通过建立科学的技能人才评价制度，激励引导技能人才成长成才。2020年11月7日，人力资源社会保障部印发《关于支持企业大力开展技能人才评价工作的通知》，推动建立以市场为导向、以企业等用人单位为主体、以职业技能等级认定为主要方式的技能人才评价制度。2020年12月28日，人力资源社会保障部出台《关于进一步加强高技能人才与专业技术人才职业发展贯通的实施意见》，围绕打通高技能人才与专业技术人才职业发展进行了具体安排。2022年3月18日，人力资源社会保障部印发《关于健全完善新时代技能人才职业技能等级制度的意见（试行）》，要求全面推行职业技能等级制度，构建由学徒工、初级工、中级工、高级工、技师、高级技师、特级技师、首席技师组成的职业技能等级（岗位）序列。

## 四、健全产业工人主人翁地位制度安排

在政治地位上，党和国家高度重视产业工人参政议政、参与管理国家和社会事务的权利。《新时期产业工人队伍建设改革方

案》印发以后，中央组织部在制定省市县各级党委换届文件时，明确要注意推荐一定数量的工人党员作为代表人选；工人代表比例不低于上次党代会。同时，做好产业工人中的优秀代表到群团组织兼职、挂职有关工作，配合做好人大代表、政协委员中产业工人的数量和比例相关工作；中央统战部在配合有关部门制定换届文件中，支持适当提高基层代表特别是一线工人、农民、专业技术人员在县乡两级人大代表中的比例；全国人大在起草有关县乡两级人大换届选举工作的文件中，明确提出适当提高包括一线工人在内的基层代表比例的要求；全国政协推动增加各级政协委员中产业工人的数量和比例，为政协委员履职提供高质量服务。2018 年 4 月 18 日，全国总工会印发《关于充分发挥地方工会劳模和一线职工兼职副主席作用的意见》，推动提高产业工人在各级工会委员会、常务委员会中的比例。2019 年 1 月 15 日，全国总工会印发《基层工会会员代表大会条例》，对会员代表大会的组成和职权、会员代表的产生、会员代表大会的召开都作了详细的说明。2019 年 6 月 25 日，全国总工会印发《关于加强专职集体协商指导员队伍建设的意见》，明确要求建立专职集体协商指导员的选聘、管理、使用和培养制度。2020 年 7 月 6 日，全国总工会组织部印发《关于加强对工会兼挂职干部规范管理、激励担当的实施办法（试行）》，加强在工会领导班子中配备产业工人兼职副主席并推动发挥作用。2020 年 12 月 29 日，全国总工会办公厅印发《中华全国总工会关于推行企业集团职工代表大会制度的意见》，对集团职代会的职权、工作要求以及制度建设提出了相应的指导性意见。国务院国资委党委印发《关于进一步加强中央企业职工代表大会制度建设的指导意见》，对行使和落实职代会的审议建议权、审议通过权、监督评议权、民主选举权和法律法规赋予职代会的其他权利等进行了明确。

在经济地位上，党和国家高度重视提高产业工人经济收入。

2018年3月7日，中央办公厅、国务院办公厅印发《关于提高技术工人待遇的意见》，从提高高技能领军人才待遇水平、提高技术工人收入水平、支持技术工人凭技能提高待遇、畅通技术工人成长成才通道等四个方面提出了16项改革举措，要求提高高技能领军人才的政治待遇、经济待遇和社会待遇，探索技术工人长效激励机制，加大校企合作培养技术工人力度，完善技术工人平等享受待遇政策等。2021年1月26日，人力资源社会保障部办公厅印发《技能人才薪酬分配指引》，引导企业建立多层级的技能人才职业发展通道、完善体现技能价值激励导向的工资分配制度。2023年12月11日，全国总工会、人力资源社会保障部、中国企业联合会/中国企业家协会、全国工商联联合印发《关于开展集体协商 建立健全技术工人薪酬激励机制的指导意见》，要求充分发挥集体协商制度作用，引导企业建立健全技术工人薪酬激励机制。

## 五、发展壮大产业工人队伍

2017年12月6日，国务院办公厅印发《保障农民工工资支付工作考核办法》，明确提出要有效预防和解决拖欠农民工工资问题，切实保障农民工劳动报酬权益。2018年3月8日，全国总工会印发《推进货车司机等群体入会工作方案》，明确以开展“货车司机入会集中行动”为牵引，大力推进货车司机、快递员、护工护理员、家政服务员、商场信息员、网约送餐员、房产中介员、保安员等群体（“八大群体”）入会，实现“八大群体”入会工作的突破，推动农民工入会工作实现新提升。2019年7月26日，人力资源社会保障部、最高人民法院、全国总工会等五部门联合印发《关于实施“护薪”行动全力做好拖欠农民工工资争议处理工作的通知》，要求切实解决拖欠农民工工资劳动争议处理过程中调解结案难、调查取证难、裁审衔接难等问题，完善协商、调解、仲裁、诉讼相互协调、有序衔接的多元处理机制。2020年7月28日，国务院办公厅印发《关于支持多渠道灵活就业的意见》，提出要坚持市场引领和政府引导并重、放开搞活和规范有序并举，因地制宜、因城施策，清理取消对灵活就业的不合理限制，强化政策服务供给，创造更多灵活就业机会，鼓励自谋职业、自主创业。2020年11月17日，全国总工会办公厅印发《关于加强工会劳动保护工作的意见》，提出要推动新时代工会劳动保护工作创新发展，切实维护职工安全健康权益。2021年8月23日，国务院印发《"十四五"就业促进规划》，提出要坚持经济发展就业导向，支持中小微企业和个体工商户持续稳定发展，支持多渠道灵活就业和新就业形态发展，加快农业转移人口市民化，优化创业环境，鼓励引导各类群体投身创业。2023年6月29日，人力资源社会保障部颁布实施《人力资源服务机构管理规定》，提出要加强对人力资源服务机构的管理，规范人力资源服务活动，健全统一开放、竞争有序的人力资源市场体系，促进高质量充分就业和优化人力资源流动配置。

# 第十四章

# 强化统筹协调和分类指导

推进产业工人队伍建设改革工作，需要建立健全联系沟通机制，构建统筹谋划、协同推进、信息共享、督查督办的工作平台，加强分类指导，坚持精准化、精细化、差异化原则，充分调动相关各方力量，发挥企业推进改革的主体作用，健全产业工会发挥作用机制，把资源和力量整合起来，把各方积极性调动起来，形成推进改革的合力。

## 一、协调小组发挥统筹协调作用

《新时期产业工人队伍建设改革方案》印发后，全国总工会按照责任分工方案的要求，认真履行牵头抓总职责，会同相关部门成立推进产业工人队伍建设改革协调小组，完善工作机制，研究提出产业工人队伍建设改革年度工作计划，及时开展工作总结，加强宏观指导、政策协调和组织推进。

从 2017 年开始，协调小组每年定期召开协调小组会议、协调小组成员单位联络员会议、协调小组办公室会议等，总结产业工人队伍建设改革的进展情况，分析改革过程中的重要性紧迫性问题，研究确定当年的重点工作安排。

2019 年 11 月 8 日，全国推进产业工人队伍建设改革工作电视电话会议在北京召开。会议认真学习贯彻党的十九届四中全会精神，学习贯彻习近平总书记关于工人阶级和工会工作的重要论述特别是关于产业工人队伍建设改革的重要指示精神，回顾推进产业工人队伍建设改革进展情况，交流工作情况和经验，对深化改革进行再动员再部署。

2021 年 4 月 21 日，全国推进产业工人队伍建设改革工作经验交流会在江苏无锡召开，会议通报了推进产业工人队伍建设改革第一批试点的工作情况和下一步试点的工作安排。

2022 年 3 月 15 日，协调小组印发《建立推进产业工人队伍建设改革工作情况评价考核机制的意见》，建立对各省（区、市）推进产业工人队伍建设改革工作情况定期评价考核机制，全面深入掌握《新时期产业工人队伍建设改革方案》贯彻落实情况，推动重点任务有效落实，推进改革政策集成优化，增强工作指导精准性。评价考核工作由协调小组统筹领导，协调小组办公室牵头组织实施。评价考核内容包括综合评价考核和关键绩效评价考核。评价考核结果以协调小组专报的形式进行通报，同时呈报党中央，为协调小组分析研判、分类指导、督查督办提供依据。

在同日印发的《关于建立健全推进产业工人队伍建设改革专题培训机制的意见》中，就建立专题培训制度、师资队伍建设制度、课程和教材开发制度、培训阵地作用发挥制度、培训组织领导制度提出明确意见。要求开展分组分类培训，全国总工会会同有关部委每年举办一期专题研讨班或培训班，各省级推进产业工人队伍建设改革组织领导机构每年举办一期培训班并统筹推进本地区的培训工作。

2022 年 5 月 19 日，协调小组召开学习贯彻习近平总书记重要指示精神、深入推进产业工人队伍建设改革电视电话会议。会议通报了产业工人队伍建设改革五年工作主要情况和下一步工作打算，中央组织部、国家发展改革委、教育部、工业和信息化部、财政部、人力资源社会保障部、国务院国资委以及广东省、山东省推进产业工人队伍建设改革领导机构负责同志分别作交流发言。

## 二、建立和完善分类指导机制

我国产业工人队伍来自第一、二、三产业中的多个行业，内部构成具有一定复杂性，彼此之间在劳动过程、工资收入、社会保障、民主参与等方面存在相当的差异。推进产业工人队伍建设改革工作必须重视精准性和有效性，针对不同产业工人群体采取有针对性的办法和措施。

2022 年 10 月 24 日，协调小组印发《关于建立健全推进产业工人队伍建设改革分类指导机制的意见》。针对高技能领军人才，通过完善工资正常增长机制，拓宽收入渠道，加强作用发挥，强化评价使用激励，优化社会环境，全面提高其待遇和保障水平。针对技术工人，加大培养培训力度，完善技术工人培养、评价、使用、激励、保障等措施，优化社会环境，不断营造良好社会氛围，实现技高者多得、多劳者多得，激发技术工人积极性、主动性、创造性。针对农民工群体，通过保障工资支付、提升农民工学历与能力、提升农民工技能水平等，将农民工培养成合格产业工人，提高农民工的政治、经济和社会待遇，促进农民工融入城市稳定就业，平等享受各项服务保障措施。

2022 年 11 月，全国总工会、国务院国资委联合印发《关于充分发挥国有企业在推进产业工人队伍建设改革中带动作用的意见》，为国有企业深化产业工人队伍建设改革、充分发挥示范带动作用提供了政策依据和工作指导。《意见》强调，要加强产业工人队伍思想政治建设，强化和创新产业工人队伍党建工作；构建完善国有企业产业工人技能形成体系，落实企业培养产业工人的主体责任，建立和完善贯穿产业工人职业生涯全过程的职业技能培训制度，足额提取职工教育培训经费；积极引导产业工人岗位创新，组织开展群众性经济技术创新活动，为产业工人创新成果转化提供服务；普遍创建劳模和工匠人才创新工作室，行业龙头企业探索创建跨区域、跨行业、跨企业的创新工作室联盟，推动解决关键核心技术难题。在加强机制保障方面，强调要强化国有企业的政治责任，把产业工人队伍建设改革工作纳入国有企业政治巡视内容，纳入对企业党建工作考核、党政领导班子年度考核的重要内容。

# 第十五章

# 持续深化产业工人队伍建设改革

2017年产业工人队伍建设改革工作启动以来，协调小组采取全面试点和项目试点相结合、中央层面和地方层面相结合的方式，围绕改革重点任务和难点问题，统筹组织产业工人队伍建设改革试点工作，发挥典型案例的示范引领作用，扩大社会影响力，不断深化产业工人队伍建设改革，取得了显著成效。

## 一、实施产业工人队伍建设改革试点工作

2020年1月，协调小组印发《关于开展产业工人队伍建设改革试点工作的通知》，启动了第一批产业工人队伍建设改革试点工作。第一批试点安排13个地方和企业，其中全面试点单位6个，项目试点单位7个，试点期限一年。全面试点单位包括黑龙江省、江苏省、成都市、国家电网公司、山东豪迈机械科技股份有限公司、金川集团有限公司。项目试点单位包括红豆集团、宁波舟山港集团、曹妃甸港集团、东北工业集团、中国中车集团、北京吉利大学、广东省等。同年，全国有23个省（区、市）开展了试点工作，其中省级层面试点约350个，地市级及以下试点超过1200个。

2021年4月，协调小组启动第二批产业工人队伍建设改革试点工作，采取项目制方式进行，在12个单位开展了11个项目试点。

分别为：大庆油田有限责任公司强化产业工人思想政治引领，上海市构建和完善产业工人技能形成体系，工业和信息化部教育与考试中心建设网络学习平台，云南曲靖市麒麟职教集团产教融合校企合作建设职工职业技能实训基地，山东省加大对产业工人创新创效扶持力度，安徽海螺水泥股份有限公司提高产业工人经济地位，深圳市促进农民工融入城市，浙江省深化非公企业产业工人队伍建设改革，河南省、中国中铁股份有限公司创建劳模和工匠人才创新工作室联盟，陕西法士特汽车传动集团公司建立健全技能导向激励机制，中国航天科技集团有限公司改革完善技能人才评价制度等。同时要求各地开展地方试点。各省（区、市）结合实际，开展省级层面试点超 1120 个，市级及以下试点超 11900 个。

## 二、组织开展产业工人队伍建设改革深化年、提升年和五周年系列活动

2020 年，协调小组以“推进产业工人队伍建设改革深化年”为主题，制定《推进产业工人队伍建设改革协调小组工作规则》《推进产业工人队伍建设改革协调小组办公室组成、分组和职责分工》，印发《2020 年产业工人队伍建设改革工作要点》，要求各成员单位聚焦重点难点，强化机制、深化试点，破解难题、狠抓落实，把产业工人队伍建设改革工作提升到新水平。

开展“产业工人队伍建设改革提升年”行动。2021 年是“十四五”规划开局之年，协调小组以“产业工人队伍建设改革工作提升年”为主题，进一步强化统筹谋划，在总结 2020 年工作的基础上研究部署 2021 年工作，落实产业工人思想引领、建功立业、素质提升、地位提高、队伍壮大等改革措施。全国总工会会同协调小组各成员单位和参与单位，对改革进展和成效进行评估，起草《关于〈新时期产业工人队伍建设改革方案〉落实情况的评估

报告》。召开全国产业工会工作座谈会，对产业工会落实产业工人队伍建设改革任务提出具体要求。在《中国工运事业和工会工作“十四五”发展规划》等重要文件中，提出深化改革的工作目标和具体推进措施。

为迎接党的二十大，协调小组决定2022年开展产业工人队伍建设改革五周年系列活动，就如何把产业工人队伍建设改革工作引向深入进行谋划部署。2022年1月26日，全国总工会书记处审议通过《产业工人队伍建设改革五周年系列活动方案》。2022年5月19日，协调小组召开了学习贯彻习近平总书记重要指示精神、深入推进产业工人队伍建设改革电视电话会议，全面梳理改革五年取得的成效和积累的经验，分析了存在的问题，规划了下一步努力方向，并向中央作了专题报告。协调小组还组织开展产业工人队伍建设改革五周年优秀理论征文、专题培训班、十大产业百家企业深化产改专项行动、31个省（区、市）五年产业工人队伍建设改革工作的评价考核等重大活动或项目，推进产业工人队伍建设改革向纵深发展。

## 三、产业工人队伍建设改革取得阶段性成效

2022年5月19日，推进产业工人队伍建设改革协调小组在北京召开学习贯彻习近平总书记重要指示精神、深入推进产业工人队伍建设改革电视电话会议，全面总结了五年改革取得的主要成效。

### （一）产业工人的信念更加自觉坚定

中央办公厅、国务院办公厅印发的《关于加强和改进新时代产业工人队伍思想政治工作的意见》，为提升产业工人思想政治工作水平提供了基本遵循。产业工人党员发展力度不断加大，中

央组织部从2018年开始连续四年下达产业工人发展党员指导性计划，基本实现职工50人以上企业有党员、100人以上企业有党组织的目标。全国总工会印发《关于加强新时代职工文化建设的指导意见》，召开加强和改进新时代产业工人队伍思想政治工作推进会，开展全国新就业形态劳动者思想状况调查，深入开展党史学习教育，凝聚思想共识、激发奋进力量。中央宣传部和全国总工会联合开展“最美职工”等学习宣传活动，举办“中国梦·劳动美”“五一”特别节目，发布11届全国“最美职工”110人次，制作播出11季《大国工匠》专题片，发布五届“大国工匠年度人物”50名，引领产业工人听党话、跟党走，大力弘扬劳模精神、劳动精神、工匠精神，推动形成崇尚劳模、尊重劳动、尊崇工匠的时代风尚。

### （二）产业工人主力军作用得到更好发挥

积极搭建产业工人建功立业平台，基本建立起以世界技能大赛为引领、全国职业技能大赛为龙头、全国行业职业技能竞赛和地方各级职业技能竞赛以及专项赛为主体、企业和院校职业技能比赛为基础的具有中国特色的职业技能竞赛体系。全国总工会制定劳动和技能竞赛五年规划以及《关于进一步提高非公企业劳动和技能竞赛工作水平的意见》，围绕国家重大战略、重大工程、重大项目、重点产业，组织动员3.7亿人次产业工人参与多种形式的劳动和技能竞赛，在推动高质量发展中建功立业。大力支持产业工人创新创造，深化“五小”等群众性创新活动，探索创建跨区域、跨行业、跨企业的创新工作室联盟，命名297家全国示范性劳模和工匠人才创新工作室，创建各级各类创新工作室8.5万余家，21名一线产业工人的创新项目获国家科学技术进步奖。成功举办首届大国工匠创新交流大会，495项职工创新成果在线签订成果转化意向书，不断激发产业工人创新创造活力。

## （三）产业工人队伍技术技能水平显著提升

从加强职业教育、加大财政投入、支持企业加强职工教育培训、提供社会培训资源等方面入手，为产业工人队伍技术技能提升提供全方位支持保障。2022年出台新修订的《职业教育法》，为加强职业教育、提高技术工人培养水平提供法律保障。大力推动产教融合、校企合作，发展改革委认定63家国家产教融合型企业和21个国家产教融合试点城市。财政部会同人力资源社会保障部指导各地从失业保险基金中提取资金1139亿元统筹用于实施职业技能提升行动，会同国家税务总局将企业职工教育经费支出的税前扣除限额由工资总额的2.5%提高至8%。人力资源社会保障部组织8300多万人次参加补贴性培训，完成企业新型学徒制培训124万人。全国总工会制定《关于充分发挥工会在建设知识型、技术型、创新型技术工人队伍中作用的意见》；会同教育部开展农民工“求学圆梦行动”，培训各类农民工600万人次；建设“技能强国–全国产业工人学习社区”，培训职工超2亿人次；推进工匠学院体系建设，实施高技能领军人才境外培训计划。截至2024年，全国技能人才总量超过2亿人，高技能人才超过6000万人，技能人才占就业人员总量的比例超过27%。

## （四）产业工人地位和待遇进一步提高

明确产业工人在各级党组织和人大、政协、群团组织的代表大会代表、委员会委员中的比例，28个省级工会配备46名产业工人兼职副主席。增加产业工人在各级各类劳动模范和先进代表等评选中的名额比例，马毛姐、艾爱国、黄宝妹等三名产业工人党员被授予“七一勋章”；2018年以来全国五一劳动奖章表彰中产业工人比例均超过40%，2020年全国劳模表彰中一线工人和企业技术人员占比达71.1%。中央办公厅、国务院办公厅2018年印发《关于提高技术工人待遇的意见》，明确提出要进一步完善企业工资分配制度，建立技术工人工资正常增长机制，探索技术工人长效激励机制等；国家发展改革委开展技能人才专项激励计划试点，建立健全培养、考核、使用、待遇相统一的激励机制；2019年，全国总工会启动了优秀技术工人疗休养工作，并将每年组织100万人次优秀技术工人疗休养的目标任务写入《中国工运事业和工会工作“十四五”发展规划》，2023年印发《关于深入开展优秀技术工人休疗养活动的意见》，各级工会组织优秀技术工人疗休养人次稳步上升，2023年达到160.5万人次；国务院国资委指导中央企业落实《国有科技型企业股权和分红激励暂行办法》；人力资源社会保障部出台“新八级工”职业技能等级制度；工业和信息化部印发《关于深化工程技术人才职称制度改革的指导意见》，突破产业工人职业发展“天花板”。

### （五）产业工人队伍不断发展壮大

2022年开展的第九次全国职工队伍状况调查报告显示，产业工人的分布总体呈现如下特点。

#### 1. 产业工人的结构特征

从性别上看，产业工人性别结构整体上比较均衡，女性略多于男性。在产业工人中男性占比为48.8%，女性占比为51.2%，其中女性比例比2017年提高2.1个百分点。从平均年龄上看，采矿业产业工人平均年龄最高，信息传输、软件和信息技术服务业产业工人平均年龄最低。产业工人的平均年龄为38.29岁，比2017年提高了1.61岁，且略低于全部职工的38.35岁。从户籍性质上看，农民工占产业工人的比例有所提高且超过半数。产业工人中本地农业户口占38.2%，外地农业户口占13.9%，二者合计占比52.1%，与2017年相比，产业工人中的农民工占比提高了9.1个百分点。

2. 产业工人队伍的素质水平稳步提升

在产业工人思想政治素质状况方面，产业工人党员队伍发展力度不断加大。根据第九次职工队伍状况调查，从政治面貌上看，产业工人中的共产党员占17.5%，共青团员占18.9%，二者合计占36.4%。在产业工人文化素质状况方面，产业工人中研究生及以上学历占0.9%，大学本科学历占22.3%，大专（高职）学历占29.7%，三者合计占52.9%，比2017年提高了3个百分点；学历为高中（职高）、中专（中技）的产业工人合计占27.0%，比2017年降低了3.4个百分点；学历为初中及以下的产业工人占20.1%，与2017年基本持平。从平均受教育年限来看，参加调查的产业工人平均受教育年限为13.16年，比2017年提高0.08个百分点。

在产业工人技术技能素质状况方面，人力资源社会保障部的数据显示，我国技能劳动者超过2亿人，占就业人口总量的26%；高技能人才超过6000万人，占技能人才总量的30%。一支知识型、技能型、创新型高素质产业工人大军正在加快形成，高层次、高技能人才不断涌现。第九次职工队伍状况调查数据显示，参加调查的产业工人中，高级技师占0.5%，技师占1.6%，高级工占2.8%，中级工占7.2%，初级工占13.2%，合计占25.3%。从专业技术职称来看，参加调查的产业工人中，2.3%的产业工人具有高级职称，11.4%的产业工人具有中级职称，15.6%的产业工人具有初级职称，合计占29.3%。79.3%的产业工人参加了单位组织的培训，比2017年提高了3.8个百分点，参加培训的产业工人中有90.8%通过培训提高了技能等级或专业技能。

3. 产业工人队伍的劳动经济权益实现情况显著改善

在产业工人劳动收入权益情况方面，第九次职工队伍状况调查数据显示，参加调查的产业工人平均从事工作份数为2.32份；平均工龄为14.43年，比2017年提高0.98年。76.9%的产业工人最近五年内没有失业经历，89.1%的产业工人最近五年内没有下岗经历，80.4%的产业工人最近五年内没有待岗经历，91.4%的产业工人最近五年内没有安置转岗经历。95.1%的产业工人与单位签订了各类劳动合同、聘用合同或其他用工合同，比2017年提高2.9个百分点；产业工人周平均实际工作天数为5.6天，与2017年基本持平；周平均工作时间约为46小时，比2017年下降了0.22小时。产业工人从单位获得的到手月平均收入约为5290元，比2017年增加了1772元。74.7%的产业工人2019年以来涨过工资，平均增长约608.4元，平均比2017年提高234.7元。97.9%的产业工人表示单位未拖欠过工资，比2017年提高2.1个百分点。81.1%的产业工人对目前工作表示满意或非常满意，比2017年提高7.1个百分点。

在产业工人社会保障权益情况方面，参加养老保险的产业工人比例为92.9%，比2017年提高7.1个百分点，19.5%的产业工人所在单位提供了补充养老保险，比2017年提高0.6个百分点。参加职工基本医疗保险的产业工人比例为84.7%，比2017年提高5.6个百分点；参加职工医疗互助活动的产业工人比例为22.5%，比2017年提高2.2个百分点；参加工伤保险的产业工人比例为88.7%，比2017年提高7个百分点；参加失业保险的产业工人比例为80.3%，比2017年提高8.9个百分点；参加生育保险的产业工人比例为77.3%，比2017年提高8.2个百分点。企业为其缴存住房公积金的产业工人比例为40.7%，比2017年提高1.5个百分点。53.4%的产业工人表示，单位为其缴纳各类保险的基数有所提高，比2017年提高6.5个百分点。

在产业工人劳动安全卫生权益情况方面，79.0%的产业工人表示2021年以来参加过单位组织的安全生产和职业卫生方面的培训。在有防疫用品需求的产业工人中，83.1%表示可以得到单位及时足量的防疫用品。产业工人工作环境不存在高温低温、粉尘、噪声、有毒有害气体、辐射、机械故障隐患的比例分别为71.8%、73.4%、70.9%、84.8%、90.9%和74.3%，分别比2017年提高0.6个百分点、1.1个百分点、1.5个百分点、2.4个百分点、2.7个百分点、0.9个百分点。59.4%的产业工人参加过单位组织的体检，比2017年提高4个百分点；41.0%的女性产业工人2021年以来参加过单位组织的女职工妇科及乳腺疾病检查。94.9%的产业工人没有患过职业病也没有受过工伤，比2017年提高1.4个百分点；3.8%的产业工人得过职业病或受过工伤但已经治好。

2024年7月，党的二十届三中全会审议通过的《中共中央关于进一步全面深化改革、推进中国式现代化的决定》强调要“建设一流产业技术工人队伍”，对新时代新征程深化产业工人队伍建设改革作出新部署、提出新要求。2024年10月12日，中共中央、国务院印发《关于深化产业工人队伍建设改革的意见》，明确提出9个方面、27条重要举措。这是贯彻党的二十届三中全会精神作出的重大部署，充分体现了习近平总书记和党中央对工人阶级和工会工作的高度重视，对广大产业工人的关心关怀，为进一步深化产业工人队伍建设改革指明了方向。

第十九编

# 以维权服务提升职工获得感、幸福感、安全感

# 第十六章

# 维护职工劳动经济权益

党的十八大以来，各级工会注重维护职工合法权益，坚持以职工为中心的工作导向，加强制度建设，发挥组织优势，践行群众路线，整合各方资源，工会维护职工合法权益的体制机制和工作能力显著提升，工人阶级主人翁地位得到有效巩固，职工劳动经济权益得到极大改善，职工群众美好生活需要得到更好满足，新就业形态劳动者、农民工、女职工等重点群体的权益维护工作取得重要进展。

## 一、推动实现更高质量和更充分的就业

中国特色社会主义进入新时代，我国社会主要矛盾已经转化为人民日益增长的美好生活需要和不平衡不充分的发展之间的矛盾。就业是美好生活的重要组成部分，劳动者不仅希望有工作，而且对就业质量也有更大的期许。党的十八大以来，党和政府始终坚持以人民为中心，逐步明确了“实现更加充分更高质量就业”的目标，强调实施就业优先战略和更加积极的就业政策。这一阶段，我国全面贯彻劳动者自主就业、市场调节就业、政府促进就业和鼓励创业的方针，坚持发挥市场在促进就业中的决定性作用，推动统一开放、竞争有序的人力资源市场体系建设，出台《关于大力推进大众创业万众创新若干政策措施的意见》，支持鼓

励大众创业、万众创新，形成了供求双向选择、劳动者自主就业创业新格局。2018 年，在中美贸易摩擦背景下，党中央提出做好“六稳”（稳就业、稳金融、稳外贸、稳外资、稳投资、稳预期）工作，其中“稳就业”居于首位。2019 年的《政府工作报告》提出，要实施就业优先政策，并首次将就业优先政策置于宏观政策层面。2020 年以来，随着新冠疫情在全球的不断蔓延，党中央始终高度重视就业工作，并在“六稳”的基础上提出了“六保”（保居民就业、保基本民生、保市场主体、保粮食能源安全、保产业链供应链稳定、保基层运转）的任务，其中“保就业”居于首位。各级工会认真贯彻落实党中央决策部署，把做好就业工作摆在更加突出的位置，促进更多职工实现稳定就业、高质量就业。

2013 年 6 月至 11 月，全国总工会组成专题调研组，分别赴黑龙江、江苏、安徽、山东、贵州和陕西等六省就职工职业技能培训工作开展实地调研。通过召开座谈会，深入基层考察工会职业院校、培训机构和部分社会职业院校、培训机构，了解职业教育和职业技能培训情况、各地政府和工会在提高劳动者素质技能方面所采取的政策措施、存在的主要矛盾和问题、潜在挑战以及职工职业技能培训工作发展趋势。2016 年，全国工会就业援助月活动更名为全国工会就业创业援助月活动。活动以困难职工解困脱困为目标，以化解过剩产能过程中职工分流安置工作为重点难点，突出“创业创新”，通过扶持就业创业实现帮扶解困。全年各级工会组织专场招聘会 8511 场次，提供免费就业服务 693. 95 万人。组织参加创业培训 14. 21 万人，组织创业推介项目 2. 47 万个。2017 年，全国工会就业创业援助月活动更名为全国工会就业创业服务月活动。活动期间，各级工会共组织各类招聘活动 7909 场次，提供免费就业服务 657. 27 万人次，组织参加职业技能培训 67. 71 万人次。2017 年至 2018 年，为切实维护供给侧结构性改革中分流职工的劳动经济权益，协助做好职工安置工作，全国总工会组织专家、学者深入辽宁盘锦，甘肃白银，江西新余、萍乡等重点地区，通过召开座谈会、实地调研、个案访谈等形式，深入了解重点行业、企业职工群体劳动经济权益状况，形成《资源衰退型城市转型过程中就业和职工权益保障问题研究总报告》和五个分报告。2017 年，全国总工会在吉林省吉林市组织召开东北地区与东部地区部分省市工会对口就业合作座谈会，建立对口就业合作机制，围绕劳务对接、职业培训、创业创新、机构建设等内容加强协调联系。2018 年，全国总工会联合 58 集团，在东北三省七市开展“工创美好生活”联合招聘活动，重点为去产能分流职工、城镇失业人员、农村转移劳动力等群体提供专业化就业服务，精准对接就业岗位。活动期间共举办招聘会 10 场，组织企业 1200 余家，为求职者提供就业岗位 2.8 万余个，达成就业意向 6500 余人。2019 年 10 月和 12 月，全国总工会组织调研组分别赴山西、江西、山东、重庆、四川、辽宁、吉林、黑龙江等地参与专项调研，发放并回收调查问卷 6700 余份，形成《辽宁、吉林厂办大集体改革职工安置压力犹存》调研报告。

2020 年，为贯彻中央关于统筹推进新冠肺炎疫情防控和社会经济发展工作部署会议精神，帮助广大职工群众平安有序返回工作岗位，全国总工会于 3 月 12 日开通全国工会就业服务平台，根据企业和职工需求，持续更新招聘信息。7 月至 9 月，依托全国工会就业服务平台，启动“助力荆楚 · 共创未来”对口就业援助湖北活动，组织上海、江苏、浙江、广东、福建等省（市）工会与湖北省开展劳务对接。活动期间，线上平台共吸引 3058 家企业，提供招聘岗位 10683 个，求职参与量达到 13960 人次；举办线下招聘和就业服务活动 31 场，提供就业服务 7 万多人次。截至 2022 年底，全国工会就业服务平台已覆盖全国 31 个省（区、市）及新疆生产建设兵团总工会，累计用工单位 3 万余家，9.6 万条招聘信息，150 万个就业岗位。2019 年至 2022 年，全国总工会就做好就业服务工作连续下发通知，指导各级工会结合实际，创新就业服务模式、丰富就业服务内容、打造就业服务品牌，工会就业服务工作覆盖面和影响力持续扩大。为贯彻落实《国务院办公厅关于促进家政服务业提质扩容的意见》，2020 年至 2022 年，全国总工会连续安排专项资金支持引导各级工会广泛开展家政技能培训，累计投入专项资金 2895.12 万元，培训家政人员 53.77 万人。为了解疫情和贸易形势对就业和职工权益的影响，全国总工会连续三年组织开展农民工等重点群体就业和劳动经济权益状况调研，对 31 个省（区、市）的 50 万名职工开展网络调研，并形成调研报告；指导各级工会组织发挥本级就业工作领导小组、协调劳动关系三方机制作用，参与就业政策的制定完善，协助党委、政府落实就业优先政策。截至 2022 年底，全国 31 个省级工会、380 个地市级工会组织参与到本级就业工作联席会议机制中。2022 年 5 月至年底，全国总工会开展“千企万岗促就业，勠力同心促发展”工会线上就业服务活动，指导各级工会推进线上招聘，加强对受新冠疫情影响的重点行业、重点企业和重点职工群体的及时服务，助力企业复工复产和职工返岗稳岗。2022 年 6 月，全国总工会启动 2022 年困难职工家庭高校毕业生阳光就业暖心行动。活动期间，各级工会依据困难职工档案，深入调查摸底，建立完善困难职工家庭高校毕业生就业服务实名制档案，研究制订阳光就业暖心行动实施方案和帮扶措施，实现“一人一档”“一人一策”；动员国有企业、劳模企业、爱心企业，广泛联系中小微企业、民营企业，积极发掘就业岗位，为困难职工家庭高校毕业生等群体提供精准化的就业指导和人力资源服务，确保困难职工家庭高校毕业生基本实现就业。

2021 年，全国工会就业创业服务月活动更名为全国工会就业创业服务系列活动。

2023 年 2 月 25 日，全国总工会在江苏南京启动“春风送岗

促发展 工创美好新生活”全国工会就业创业服务系列活动。活动重启线下就业服务，江苏、上海、浙江、安徽、福建、广东、广西、重庆、四川等地工会同步开展线下招聘活动，为求职者和用工单位搭建对接平台。2024 年 3 月 13 日，全国总工会在福建省福州市启动 2024 年“工会帮就业”行动。“工会帮就业”涵盖“工会培训帮就业”“工会创业帮就业”“工会协作帮就业”“工会援助帮就业”“工会 AI 帮就业”五个专项行动，计划全年提供普惠性、常态化就业服务 1000 万人次，提供就业技能培训 100 万人次，组织跨地区劳务输送 100 万人次，精准就业援助 100 万人次，扶持 5 万名劳动者创业并带动就业 50 万人次，选树工会就业创业项目试点 200 个，为企业招工稳岗和职工高质量充分就业注入新动能。这是全国总工会按照“559”① 部署安排，聚焦广大职工就业创业需求，推动工会就业服务向数智化方向转型、向“普惠性+特殊性”方向发展，打造的一项品牌活动。2024 年，通过“工会帮就业”行动，提供就业帮扶服务达 1600 万人次；创建“工会服务职工就业帮扶云”，2024 年 7 月上线以来入驻企业达

---

① “559”即 5 大工程、5 大行动、9 个方面的工作。5 大工程：职工群众思想政治引领建设工程；职工群众建功立业创新创造建设工程；产业工人队伍建设工程；典型标杆的选树培育和示范推广建设工程；工会数智化建设工程。5 大行动：新就业形态劳动者维权服务三年行动；非公企业工会建设三年行动；“小三级”工会建设三年行动；职工群众急难愁盼问题解决“12351+”专项行动；涉工法律规定执行监督专项行动。9 个方面的工作：大力加强职工思想政治引领，着力在政治性、广泛性、有效性上下功夫；广泛组织动员职工建功立业，着力在出实招、求实效、得实惠上下功夫；认真履行维权服务基本职责，着力在抓重点、解难题、送急需上下功夫；坚决维护劳动领域政治安全，着力在关口前移、预防化解、及时有效处置上下功夫；有力夯实工会工作基层基础，着力在推动基层工会“建起来”“转起来”“强起来”上下功夫；深入推进工会工作法治化，着力在落实落地、日常监督、智能服务上下功夫；加强工会和职工对外交流交往合作，着力在建平台、强合作、优宣传上下功夫；加快工会数智化建设步伐，着力在优服务、提效率、体系化上下功夫；提升工会系统党建质量，着力在讲政治、讲先进、讲纯洁上下功夫。

6.8 万家，提供岗位超 270 万个。2011 年至 2024 年，全国总工会连续 13 年开展就业援助服务活动，累计组织线上线下招聘会 18.7 万场次，为 7879.9 万人次提供就业服务，帮助 3074.7 万人次参与技能培训。

## 二、突出维护职工收入分配权益

工资收入是职工劳动经济权益的核心，是工会维护职工合法权益的重点。党的十八大提出，必须深化收入分配制度改革，努力实现居民收入增长和经济发展同步、劳动报酬增长和劳动生产率提高同步，提高居民收入在国民收入分配中的比重，提高劳动报酬在初次分配中的比重。2013 年 2 月，国务院批转《关于深化收入分配制度改革的若干意见》，提出了促进中低收入职工工资合理增长的具体措施，建立反映劳动力市场供求关系和企业经济效益的工资决定及正常增长机制。完善工资指导线制度，建立统一规范的企业薪酬调查和信息发布制度。根据经济发展、物价变动等因素，适时调整最低工资标准。以非公有制企业为重点，积极稳妥推行工资集体协商和行业性、区域性工资集体协商，逐步解决一些行业企业职工工资过低的问题。党的十九大明确提出，坚持按劳分配原则，完善按要素分配的体制机制，促进收入分配更合理、更有序，并要求履行好政府再分配调节职能，加快推进基本公共服务均等化，缩小收入分配差距。党的二十大提出，要进一步完善收入分配制度，努力提高居民收入在国民收入分配中的比重，提高劳动报酬在初次分配中的比重。坚持多劳多得，鼓励勤劳致富，促进机会公平，增加低收入者收入，扩大中等收入群体。完善按要素分配政策制度，探索多种渠道增加中低收入群众要素收入，多渠道增加城乡居民财产性收入。

各级工会积极参与收入分配制度改革。推动健全科学的工资水平决定机制、正常增长机制和支付保障机制，积极参与《保障农民工工资支付条例》等法规政策的制定，推动完善工资指导线等制度。

一是参与职工工资制度制定和改革工作。2013 年，全国总工会参与制定中国首个年度行业性工资福利工作指导文件《2014 年餐饮行业工资福利工作指导意见》，确定“合理确定职工工资福利水平和工资增长，促进企业可持续发展，保障员工核心利益”为 2014 年餐饮行业工资集体协商的主题，提出了 2014 年工资集体协商的五项重点内容，包括行业工资支付的最低标准、固定工资增长幅度、工资福利制度和结构、建立健全常态培训制度、应对企业经营困难等，为指导餐饮行业健康可持续发展提供了政策依据。2015 年，全国总工会开展职工工资分配和社会保险状况调查，完成对 300 家企业经营状况、3000 名职工工资分配和社会保险情况的问卷和走访调研，了解掌握职工工资分配和社会保险状况以及职工权益方面出现的情况和问题；根据全国人大财政经济委员会要求，在“十三五”规划研讨会作《关于当前企业职工收入分配和社会保险制度运行情况的汇报》，就全国总工会关于提高职工工资收入的研究情况向国家建言献策。同年，召开劳动标准与工会参与国际研讨会，围绕国际劳工标准与中国劳动标准体系建设，工会在参与劳动标准体系建设方面作用和经验，关于工资、工作条件等具体劳动标准的国际、本国经验与案例，劳动定额等技术性劳动标准制度建设和执行情况进行交流和研讨。

2019 年，全国总工会开展技能要素多渠道参与企业分配课题研究。课题组赴江苏、河北等地开展实地调研，对全国八个省（区、市）的 1029 户企业及 1.2 万名劳动者进行问卷调查分析，使用国家权威统计机构数据和部分地区劳动力市场工资价位信息，分析技术工人工资结构、水平、增长和分配关系，了解技能要素参与企业分配的现实情况，总结经验，剖析问题，并从国家政策、企业管理以及切实发挥工会组织和协调协商机制作用角度提出针对性的建议和措施。2020 年以来，全国总工会总结推广江苏、浙江等地关于技能、创新要素参与分配的经验做法，推动企业建立健全职工技能工资薪酬体系和创新创造激励机制，引导职工“以技提薪”，提升技术工人薪酬待遇。

二是参与最低工资政策制定。2014 年，全国总工会委托课题组开展《最低工资制度落实和工会参与情况》课题研究。课题组先后赴上海、重庆、福建等省（市）实地调研，在成都召开工会最低工资问题专题研讨会，并就工会参与情况在 31 个省（区、市）开展问卷调查，在此基础上形成关于最低工资制度落实和工会参与情况的课题报告。2017 年 6 月 6 日，工会参与最低工资标准制定工作研讨会在浙江宁波召开。各地工会交流了参与最低工资标准制定和收入分配改革工作的经验和成果，并探讨了工作中存在的困难和问题。2018 年、2019 年连续两年，全国总工会委托专业机构开展专题研究，针对制造业、批发和零售业等受最低工资标准调整影响较大的劳动密集型行业，开展最低工资标准调整对劳动者影响的问卷调查。通过分地区、分行业的问卷调查，配合宏观统计数据，对最低工资标准调整对于劳动者特别是劳动密集型低收入行业劳动者基本生活的保障程度进行评估分析，为科学提高最低工资标准提供数据支撑。2020 年以来，全国总工会每年与人力资源社会保障部合作开展最低工资标准调整对劳动者和企业影响的评估，指导地方工会参与本地区最低工资标准调整。2021 年，针对各地最低工资标准调整频率和幅度下降、低收入劳动者及其家庭的基本生活保障不足、部分地区在调整最低工资标准过程中三方协商不够充分、工会参与力度不够等问题，全国总工会下发了《关于各省、自治区、直辖市最低工资标准调整情况的通报》，推动各地适时合理调整最低工资标准，提高低收入劳动者工资水平。

## 三、开展职工社会保险工作

2013 年 6 月至 8 月，全国总工会分赴湖北、吉林、辽宁、黑龙江、甘肃等省开展调研，听取政府有关部门、企业和职工对养老保险制度改革的意见。9 月，全国总工会召开研讨会。10 月，形成《关于职工养老保险制度改革的几点建议》的研究报告。2014 年，全国总工会先后参与养老保险顶层设计重点问题的研究，以推动完善职工大病医疗保险制度为重点，参与深化医药卫生体制改革工作。在全国部分省市开展失业保险制度实施情况调研，了解失业保险制度实施情况和改革中存在的问题。2016 年，全国总工会全程参与降低“五险一金”费率工作，先后就“十三五”医改规划、“十三五”卫生与健康规划、健康中国“2030”规划、现代公立医院管理、心理健康服务、药品价格改革等 21 项政策进行研究并提出工会意见。深度参与养老保险制度改革重点问题研究，分别就《基本养老保险基金投资管理办法》《城乡养老保险制度衔接暂行办法》《关于完善养老保险个人账户问题汇报提纲》和养老保险制度改革具体方案及其配套文件等提出了工会意见。2017 年，全国总工会在全国范围内组织开展工会社会保险主题调研，组织地方工会围绕维护职工“五险一金”权益工作形成 40 余篇调研报告。

2018 年，全国总工会多次参加国务院深化医药卫生体制改革领导小组办公室专题会议，并配合开展工作，推动医改工作向纵深发展。2019 年，全国总工会先后深入天津、辽宁大连就新产业、新业态、新模式劳动者社会保险权益问题开展专题调研；以职工社会保险权益为主要内容，围绕完善新业态从业人员社会保险制度、社保费征缴体制改革、职工基本医疗保险个人账户改革、特殊工种提前退休、部分困难企业职工社会保险费拖欠和断缴、不同地区不同制度之间社保关系转移接续等职工关心关注的重点问题，在全国范围内开展工会社会保险主题调研。组织召开工会社保主题调研成果交流研讨会，围绕做好新时代维护职工社会保险权益工作等方面的问题进行交流研讨。与中国劳动和社会保障科学研究院合作，开展“三新”劳动者社会保险权益问题研究并形成《“三新”劳动者社会保险权益问题研究》专题报告。2020年，开展“扩大长期护理保险试点改革中的职工权益维护研究”和“医疗保险个人账户改革中的职工权益维护研究”。

2021 年，全国总工会、人力资源社会保障部等八部门联合出台了《关于维护新就业形态劳动者劳动保障权益的指导意见》，要求各地要放开灵活就业人员在就业地参加基本养老、基本医疗保险的户籍限制，以出行、外卖、即时配送、同城货运等行业的平台企业为重点，组织开展平台灵活就业人员职业伤害保障试点。通过国务院常务会议及相关部委专题会议，就实施渐进式延迟退休年龄、基本养老保险全国统筹等职工关心关注的问题反映职工诉求，提出工会组织的意见和建议。以职工社会保险权益为主要内容，紧密结合“十四五”时期社会保险制度改革任务，围绕基本养老保险制度改革（调整退休年龄）、特殊工种提前退休、基本医疗保险个人账户改革、新业态从业人员参加社会保险、长期护理险试点改革等问题，重点针对职工群众对社会保险制度改革的意愿和诉求，在参保及待遇落实方面的障碍与问题开展调研。2022 年，全国总工会参与推动完善平台灵活就业人员社会保险政策，联合人力资源社会保障部共同参与职业伤害保障试点评估、完善特殊工种提前退休政策规范调整等工作，及时反映职工诉求。同年，全国总工会就提高城镇非本地户籍职工养老保险参保质量、新业态劳动者工伤保险体系构建等重点内容开展课题研究，在 16 个省份 24 个城市组织开展问卷访谈调研，了解国家制定的非本地户籍职工在就业地参保政策落地成效。

党的十八大以来，我国社会保险覆盖面不断扩大。截至2023年底，全国参加城镇职工基本养老保险人数52121万人，参加职工基本医疗保险人数37094万人，参加失业保险人数24373万人，参加工伤保险人数30170万人，参加生育保险人数24907万人。新就业形态人员职业伤害保障试点取得实质性进展，截至2023年底，七个试点省市累计参保731万人。

## 四、保障职工安全生产和职业健康权益

党的十八大以来，我国职业安全卫生制度进一步得到完善，职工安全生产和职业健康权益进一步得到维护。2016年12月，党中央、国务院印发《关于推进安全生产领域改革发展的意见》，提出了一系列改革举措和任务要求。陆续出台了《安全生产法实施条例（草案）》《生产安全事故应急条例》，建立了以11部有关专项法律等为支撑的安全生产法律法规标准制度体系。先后四次修订《职业病防治法》，发布了若干职业卫生部门规章和职业卫生标准，执法和监督力度显著增强。全国安全生产状况持续好转，职业病危害的源头治理和专项整治力度不断加大、急性重大职业病危害事件得到有效遏制。2023年，全国各类生产安全事故死亡人数连续21年下降，职业病发病情况连续7年好转。

各级工会牢固树立安全发展理念，坚持生命至上、安全第一，深入开展以“安康杯”竞赛为载体的群众性安全生产和职业健康活动，组织动员职工立足岗位开展隐患排查治理，完善工会劳动保护监督机制，切实加强安全生产群众监督，增强职工的自我防护意识和防护能力。督促企业履行安全生产主体责任，建立健全职业病防治责任制，推动订立劳动安全卫生专项集体合同，消除生产过程中的不安全因素。积极参加国家安全生产工作巡查、督查、考核和安全生产事故调查处置工作，旗帜鲜明维护职工的合

法权益。

2013 年 6 月，全国总工会印发《关于充分发挥工会劳动保护监督检查作用促进企业安全生产的紧急通知》，要求各级工会结合全国安全生产大检查，在所有地区、行业（领域）的生产经营单位，开展群众性安全生产监督检查活动，全面排查、消除隐患，完善措施、督促整改。2014 年，深入四川、福建、山东、辽宁、甘肃、浙江、河南等地就工会组织职工开展隐患排查工作进行调研。2015 年，指导地方和企业工会加大对矿山、冶金、化工、建材和加工制造等高危行业企业（尤其是中小型企业）的作业现场职业安全卫生监督检查。2016 年 5 月，参加国务院安委会安全生产第一巡查组，重点巡查了江苏省政府及有关部门，延伸巡查了徐州、连云港等 9 个市、27 个县政府和 50 多家企业。10 月，参加了国务院安委会安全生产第五巡查组对河南省安全生产工作进行的巡查。2017 年 2 月，分别对河北、广东两省就省级政府安全生产工作进行现场考核，对海南省安全生产大检查工作进行综合督查，对湖北、海南两省开展安全生产综合督查和“回头看”工作。2018 年，对海南、陕西就省级政府安全生产工作进行现场考核。2019 年 1 月，印发《关于做好 2018 年春节和全国两会期间群众性安全生产工作的通知》，组织开展群众性安全生产监督检查活动。2021 年，全国总工会带队对山西、云南、甘肃三个省和应急管理部、国家矿山安全监察局、中国银保监会三个部门开展三轮安全生产检查考核。2021 年，由全国总工会领导同志带队对重庆、河南两省和自然资源部、科技部、国家民航局开展安全生产和消防工作现场考核。推动建立企业重大隐患治理情况向负有安全生产监督管理职责的部门和企业职代会“双报告”制度，推动企业和职工签订劳动安全卫生专项集体合同，督促指导各级工会组织动员职工立足本职岗位开展生产安全隐患“随手拍”活动。2022 年，各级工会开展工会劳动保护日常监督检查，重点对燃气经营企业安全生产开展群众性监督检查工作，全国总工会对重庆、四川等地工会此项工作进行了抽查，在全国检查期间发现并推动企业整改问题隐患 5 万多个，提出意见建议近 10 万条；各级工会参加各类安全生产检查 200 多万次，组织动员广大职工开展安全隐患“随手拍”活动近 10 万次。

2023 年 3 月、5 月，全国总工会带队对广西、海南进行了两轮关于岁末年初安全生产重大隐患专项整治工作和重大事故隐患专项排查整治行动的督导检查；8 月，对广西开展了重大事故隐患专项排查整治 2023 行动第三阶段督查暗访工作。督导检查和暗访期间，发现问题隐患 1000 多条，重大事故隐患 30 多条；11 月，对海南、广西开展 2023 年度省级政府安全生产和消防工作考核巡查。在国务院安委会年度安全生产考核中，全国总工会于 2020 年、2022 年、2023 年先后被评为优秀等级。2023 年 5 月，全国总工会办公厅印发《关于在工会系统开展重大事故隐患专项排查整治 2023 行动的通知》，持续督促指导各地工会认真组织开展本地区专项排查整治行动。

# 第十七章

# 全面深化服务职工工作

不断满足人民群众对美好生活的需要是新时代中国共产党的执政理念，也是各级工会服务职工群众的努力方向。党的十八大以来，各级工会从履行工会基本职责出发，把竭诚为职工群众服务作为工会一切工作的出发点和落脚点，为亿万职工群众提供精准、贴心服务。2013年，中国工会十六大提出，全心全意为职工群众服务是工会的根本宗旨，要着眼于更好地满足职工群众多层次需求，努力构建服务职工工作体系，扩大服务对象范围、拓展服务领域、创新服务手段、夯实服务基础，形成服务职工群众长效机制。2018年，中国工会十七大提出，要坚持职工利益无小事的理念，顺应职工对美好生活的新期待，把工作重心放在广大职工身上，从大处着眼、小处着手，满腔热情做好服务职工工作，坚持职工需求导向，构建以精准帮扶为重点的工会服务职工体系，提高服务工作质量，更好满足职工群众美好生活需要。2023年，中国工会十八大提出，要用心用情做好维权服务工作，大力开展服务帮扶，加强工会服务工作的研究分析，在做好传统服务的基础上，适应时代要求和职工群众需求，全面运用数字化技术，推出更多更好更及时的服务职工群众项目。

## 一、健全服务职工体系

大力推进“会、站、家”一体化建设。即以依法建会为基础，以职工服务（困难职工帮扶）中心和职工服务（帮扶）站为抓手，以建设“职工之家”为目标，把组建工会、创办职工服务站点、建设“职工之家”统一起来，形成纵向到底、横向到边、条块结合的工作网络，实现组织机制合一、服务资源合一、服务活动合一。

拓展工会帮扶中心功能。在全国已建立20多万个帮扶中心和站点的基础上，进一步突出服务职工、坚持需求导向、提高服务质量的理念，将帮扶中心打造成普惠服务职工的枢纽型平台。市级以上工会要着重提升困难职工帮扶（职工服务）中心综合服务职工功能，并与政府公共服务平台有效对接；县（区）工会要推动县（区）财政设立并增加帮扶专项资金，建立健全困难职工档案，打造职工维权、困难救助、就业帮扶、法律援助、信访热线、争议调解、心理疏导一体化、一站式服务平台。

充分发挥工会资产服务职工的效能。以突出工会资产公益性服务性为主线，强化工会资产服务基层、服务职工功能，为工会服务职工接长手臂、延伸触角。深入开展工人文化宫、工人疗休养院清理整改工作，加强对职工互助保障活动的规范和管理。建立工人文化宫标准体系，首批评选了48家全国标准的工人文化宫，组织实施全国工人文化宫“点亮”工作。突出抓好劳模疗休养基地、职工医疗康复定点机构等重点业务领域工作，把传统的劳模和职工疗休养转型升级为现代化的健康管理。进一步健全职工互助保障组织、管理制度，完善组织运营和监管模式。

## 二、加强服务阵地建设

服务阵地是工会组织的重要资产，是工会履行基本职责的重要依托和组织载体。各级工会坚持公益性服务性方向与社会化市场化运作有机结合，优化调整工会服务阵地类型和功能，合理安排工会服务阵地布局和数量，努力推进工会服务阵地建设高质量发展。

明确服务阵地建设导向，坚持以职工为中心的工作导向，把竭诚服务职工群众作为做好工会资产工作的根本，以工会资产实现高质量发展为目标，不断做优做强工会资产。深化工会资产改革创新，增强团结教育、维护权益、服务职工功能，实现把社会效益放在首位、社会效益和经济效益有机统一，以优质服务赢得广大职工群众的认可。开展工会服务阵地清理整改工作，收回整体出租、承包、委托经营服务阵地，加强和规范服务阵地管理，实现工会服务阵地“回归公益、聚焦主业、自主经营、依法监管”。截至2024年，各级工会充分发挥工人文化宫作用，提供形式多样、丰富多彩的学习培训、文体活动，年服务群众达1.58亿人次。工会疗休养基地年服务职工达575万人天。推进女职工休息哺乳室建设，全年新增6000多家。

完善工会服务阵地体制机制。2022年11月23日，全国职工服务阵地“两性两化”运作推进会以视频会议形式召开，要求各级工会坚持公益性服务性方向与社会化市场化运作有机结合，在实现职工服务阵地高质量发展方面迈出坚实步伐。坚持边试点边总结，以点促面、逐步推开。推动职工服务阵地之间加强资源共享、信息共通、平台共建，不断把职工服务阵地社会化市场化运作引向深入，形成上下联动、各方支持、合力推进的工作局面。

创新服务阵地建设模式。四川省总工会把典型引路作为推进规范化建设的有效手段，创新开展争创“十佳”模范职工之家活动。组织专家、学者、会员代表组成评审小组进行综合评审，在历年来评选的全国、省级模范职工之家中，优中选优、差额评选了“十佳”模范职工之家10个、模范职工之家建设标兵单位40个，树立了一批叫得响、立得住、有影响的建家工作旗帜标杆。广东省总工会建设新就业形态劳动者服务站点，结合推进货车司机等群体入会工作，在全国率先开展“司机之家”建设，制定《广东“司机之家”建设规范》，与广东省交通集团、中石化广东销售公司等企业合作，在高速公路服务区、港口码头、物流园区等货车司机集聚地建设“司机之家”900多家。长春市总工会打造“1+17+N+X”的工作体系。“1”即以长春市总工会作示范引领，建设一体化旗舰服务阵地；“17”即以县区作特色开发，打造多元化服务职工集群；“N”即以基层作触角延伸，建设标准化幸福企业；“X”即以社会资源作服务对接，开发、拓展普惠化合作项目。中国海员建设工会推进职工服务阵地和“会、站、家”一体化建设，做强做优“环卫工人节”“司机之家”等服务品牌，为广大劳动者提供优质服务。

## 三、实施提升职工生活品质行动

2021年5月，全国总工会就“持续提升职工生活品质”工作进行部署，指出要在促进职工享有更稳定的工作上下功夫，要在促进职工享有更满意的收入、更可靠的社会保障、更充足的生活福利、更丰富的精神文化生活上下功夫，要在激发职工提升生活品质的内生动力上下功夫。

2021年9月，全国总工会印发《关于开展提升职工生活品质试点工作的通知》，重点围绕推进工会帮扶中心赋能增效打造服务职工综合体、引导企业塑造职工幸福生活环境进行试点。同时开展关爱职工公益伙伴纽带计划，旨在打造服务职工综合体，依托工会帮扶中心，探索服务职工一体化功能，建设服务职工项目标准化体系，建立社会资源与职工需求精准对接的枢纽型平台，培育多类型服务职工基地，创新多层次多领域工会服务职工项目融合平台，建设网上网下深度融合的服务职工智能化平台，精准服务职工创新孵化区，以及建设高质量服务职工示范区。同年12月，全国总工会印发《关于发布提升职工生活品质全国总工会试点单位名单的通知》，确定20家工会帮扶（服务）中心、50家企业（工业园区）作为首批提升职工生活品质全国总工会试点单位，并安排1500万元经费用于培育创新帮扶服务职工项目。

截至2023年底，全国总工会共确定三批提升职工生活品质全国总工会试点单位，各级工会确定了1371家工会帮扶中心和4396家企业作为提升职工生活品质的试点单位，推动落地了一批帮扶服务项目，培育了一批服务职工基地、关爱职工公益伙伴，取得了一系列可复制可推广的阶段性成果。

## 四、打造工会驿站品牌

针对户外劳动者“吃饭难、喝水难、休息难、如厕难”等实际问题，全国总工会推动建立以户外劳动者为主要对象的工会驿站体系。2022年，全国总工会已推树5500个最美驿站，投入资金2750万元，覆盖全国31个省（区、市）和新疆生产建设兵团。2023年7月，全国总工会启动工会驿站“双15工程”，提出到2023年底建成15万个工会驿站，全国主要城市的重点区域基本实现工会驿站15分钟服务圈交叉覆盖。截至2024年底，建成工会驿站18.61万个，不断提高服务质量和内容，年服务群众近8亿人次。在完成“双15工程”的基础上，积极开展工会驿站“新双15工程”（推树15%的工会驿站成为最美工会驿站，将

15%的工会驿站升级为24小时智能化驿站），为户外劳动者提供更可及、更便捷的服务。工会驿站得到地方政府的大力支持，不少工会驿站功能不断丰富。在普惠服务的基础上，一些地方的工会驿站因地、因时制宜，为户外劳动者提供思想引领、创业就业、“园区枫桥”等定制服务，不断刷新劳动者的进“站”体验，一些工会驿站为新就业形态劳动者提供其特别关心的充电、理发、吃饭等服务。考虑到当地气候特点，广西南宁的工会驿站甚至配备了烘干机，方便劳动者雨天及时烘干衣服。一些地方工会创新“建管用”模式，推动驿站从“有没有”向“好不好”转变。贵州省总工会探索形成“工会自建”“独建托管”“企业自建”“工企联建”“以店养站”等多种工会驿站建设模式；山西省总工会从建设标准、在线管理、考评摘牌等方面持续发力；安徽省总工会委托第三方机构，通过实地暗访和线上问卷调查方式，对全省工会驿站建设工作进行评价。一些地方工会借助新技术对工会驿站赋能添“智”。在福建、湖南、黑龙江等地，户外劳动者在完成身份信息登记后，手机扫码或者直接刷脸就能进入全城的工会驿站。24小时不打烊的暖心服务，大幅提升了职工的获得感、幸福感，让不少劳动者从驿站的“头回客”变成“回头客”。工会驿站切中需求痛点、难点的精准服务，让户外劳动者感受到触手可及的温暖，不少快递小哥、外卖小哥等化身社区服务志愿者，为城市基层治理注入了新活力。

## 五、做好工会农民工工作

加强对农民工维权服务工作的领导。成立全国总工会农民工工作领导小组，制定印发进一步做好为农民工服务工作的实施意见以及《农民工工作规划（2016—2020年）》等文件，把农民工服务工作经费纳入项目预算管理。完善全国总工会农民工工作领导小组的各项工作制度。加强理论研究、课题调研、统计调查、舆情监测、网络平台建设等基础性工作，全国总工会领导同志和有关部门开展农民工工作专题调研，推动工会农民工工作深入开展。

大力发展农民工工会会员。在全国广泛开展“货车司机入会集中行动”等活动，积极吸收以农民工为主体的货车司机等群体加入工会，到2020年底实现全国农民工入会率达到55%的目标。与此同时，各级工会积极维护农民工权益，解决他们在劳动就业、工资报酬、技能培训、社会保障、安全生产、生活困难等方面的问题，把“农民工有困难找工会”落到实处，让广大农民工感受到工会大家庭的温暖。

开展农民工职业技能竞赛和培训活动。组织动员广大农民工投身“当好主人翁，建功新时代”主题劳动和技能竞赛，开展网上技能培训活动，不断提升农民工的技能水平。广东省深圳市聚焦促进农民工融入城市课题，通过深化农民工技能形成体系建设、农民工稳就业保就业工作和农民工权益维护工作，努力把农民工培养成为稳定的高素质产业工人。

多措并举解决拖欠农民工工资问题。2019年，成立全国总工会根治欠薪工作领导小组，参与《保障农民工工资支付条例》及配套措施制定，每年组织全国工会系统配合政府开展职工欠薪冬季专项活动，建立健全欠薪周报告、欠薪典型案例发布制度，加强实地排查，及时发现欠薪风险隐患，做到“所有线索、全数处理”。推动落实根治欠薪各项长效机制，充分发挥工会12351职工维权热线、信访等作用，加强工会法律援助服务，推动解决拖欠农民工工资案件。对困难行业企业，积极开展协商协调，推动企业努力稳住岗位、保障基本工资发放。加强工会劳动法律监督，推广劳动用工法律体检、劳动用工监督评估等做法，落实好企业工资支付、劳动用工管理等制度，层层把好防止欠薪的关口，防止发生新的欠薪。健全完善多部门联动的劳动争议多元化解机制，通过协商、调解等方式有效解决因农民工欠薪引发的劳动争议纠纷。

提高农民工社会和政治地位。在全国总工会十六届四次执委会议和中国工会十七大上，选举农民工巨晓林为全国总工会兼职副主席。截至 2020 年 12 月，有一名农民工担任全国总工会主席团成员，有六名农民工担任全国总工会执委。北京、天津、山西、内蒙古、吉林、黑龙江、上海、江苏、浙江、安徽、江西、河南、云南、西藏、青海等 15 个省（区、市）总工会配备了农民工兼职副主席。全国总工会从 2004 年开始把农民工纳入全国劳动模范和全国五一劳动奖章评选工作当中，截至 2019 年 4 月，有 275 名农民工荣获全国劳动模范称号，951 名农民工荣获全国五一劳动奖章。据统计，从 2011 年开始，农民工在全国五一劳动奖章获得者中所占比例逐年提高，2019 年是 104 人，人数首次过百。

开展农民工法治宣传和公益法律服务行动。自 2017 年起，全国总工会联合司法部、全国律协连续五年在全国开展服务农民工公益法律服务行动，2017 年至 2020 年累计投入专项工作经费超过 1 亿元。各地工会牵头对接同级司法行政部门和律师协会，广泛组建“工会干部+律师志愿者”服务分队，聚焦农民工群体职业特点、维权难点和诉求重点，综合运用多种形式提供普法宣传、法律咨询、争议调解、案件代理等服务。在深入农民工相对集中的场所举办普法活动的同时，依托各类网络信息平台推出咨询解答、视频教学、以案说法等服务，广泛开展法治宣传教育。各地工会组织律师志愿者为用人单位上门提供“法治体检”服务，开展法律审查和风险评估，出具法律意见建议，指导督促用人单位依法合规用工。

## 六、加大服务女职工力度

高度重视女职工维权服务工作。2021 年，维护女职工权益被写入《中国工运事业和工会工作“十四五”发展规划》。2022 年，全国总工会印发《关于加强新时代工会女职工工作的意见》，提出要切实维护女职工合法权益和特殊利益。主动加强源头参与，推动工作场所性别平等、维护女职工合法权益和特殊权益的法律制度政策体系日趋完善。建立健全女职工维权工作制度机制，广泛组织开展女职工维权行动月“情系女职工 法在你身边”普法宣传等活动，充分发挥女职工权益保护专项集体合同作用，深入开展“一函两书”劳动法律监督、维权案例调处、法律援助，推动女职工权益保护法律法规政策落实落地。积极适应女职工在精神文化、身心健康、平衡工作和家庭等方面的多样化差异化需求，以及新就业形态女性劳动者队伍不断壮大的实际，打造了“玫瑰书香”主题阅读活动、女职工休息哺乳室、“两癌”筛查、“会聚良缘”婚恋交友等维权服务品牌，为不同群体女职工提供细致精准的维权关爱服务。

制定制度性文件保护女职工合法权益。2022 年，国家卫生健康委、国家发展改革委、国家医保局、全国总工会等 17 个部门联合发布《关于进一步完善和落实积极生育支持措施的指导意见》，提出构建生育友好的就业环境：一是加强源头参与，运用好《女职工劳动保护特别规定》颁布 10 周年的实施评估结果，进一步推动女职工权益保护法律法规政策的健全。二是围绕职工关切，切实做好女职工休息哺乳室的建设，更好满足孕产期、哺乳期女职工需求，推动用人单位将弹性上下班等灵活工作方式纳入集体合同和女职工权益保护专项集体合同，制定有利于职工平衡工作和家庭责任的制度机制。三是发挥工会劳动法律监督作用，做好女职工权益保护法律法规政策执行情况的监督检查。同时推动和参与专项执法检查，督促用人单位落实相关法律法规。2023 年，最高人民检察院、全国总工会等六个部门联合发布《工作场所女职工特殊劳动保护制度（参考文本）》《消除工作场所性骚扰制度（参考文本）》，从源头上形成对用人单位内部规章制度的规范，推动共建平等和谐的工作场所和安全健康的工作环境。

推动构建生育友好型社会。全国总工会高度重视支持有条件的用人单位为职工提供托育服务。2018 年，全国总工会女职工委员会开展全国工会爱心托管班推荐申报，正式启动工会爱心托管服务工作，这是工会组织帮助职工解决生育后顾之忧的一项重要举措。各级工会精心组织、加强规范，不断加大爱心托管服务工作力度，把托管服务纳入党史学习教育“我为群众办实事”实践活动等实事项目。全国总工会共投入 2000 多万元，带动各地举办托管班 1.6 万余个，托管职工子女 40 多万人。注重加强顶层设计，印发《中华全国总工会关于加强新时代工会女职工工作的意见》，明确基层工会开展的职工子女托育服务所需经费，可以从工会经费中列支。2021 年 10 月，在全国 15 个省（区、市）开展用人单位提供托育服务专题调研，倡导用人单位在工作场所为职工提供福利性托管、托育等照护服务。2022 年至 2023 年，全国总工会联合国家卫生健康委持续开展全国爱心托育用人单位推荐申报工作，共公布 175 家全国爱心托育用人单位，全国总工会、省级工会共下拨 3000 万元专项补助资金，鼓励和支持有条件的用人单位为职工提供托育服务。联合国家卫生健康委加强托育人才队伍建设，组建专家组，连续两年举办专题培训，指导建设托育服务类的女职工创新工作室，为各地推进用人单位托育服务提供专业支持。2024 年，联合国家卫生健康委、全国妇联开展首届全国托育职业技能竞赛，带动各地层层开展技能竞赛，以赛促学，助力托育服务人才培养，推动托育服务工作规范化开展。推进家庭友好型工作场所建设，编制《创建家庭友好型工作场所指导手册》，联合相关部门征集并发布典型案例。

开展多种形式的女职工关爱公益活动。设立全国总工会“关爱女职工专项基金”，打造由工会引领，社会各方力量共同参与的爱心公益平台。举办“情系女职工 法在你身边”普法宣传活动，增强女职工法治观念，帮助女职工提升劳动安全健康意识和能力，推动用人单位建立健全工作场所性别平等制度机制。启动“关爱女骑手 明天‘会’更‘美’”活动，活动发放的暖心包主要包含生理卫生及日常护理用品等，未来还将根据季节变化和外卖女骑手实际需求进行周期性调整和补充。

# 第十八章

# 做好城市困难职工解困脱困工作

推动城市困难职工解困脱困是习近平总书记和党中央交给工会组织的一项重要政治任务。在党中央坚强领导下，在各级党委政府大力支持下，在各级工会组织和广大工会干部共同努力下，2021年，城市困难职工解困脱困工作目标如期实现，为全面建成小康社会、推动共同富裕作出了积极贡献。

## 一、城市困难职工解困脱困工作目标如期实现

为贯彻落实2015年11月中央扶贫开发工作会议精神特别是习近平总书记重要讲话精神，2016年1月召开的全国总工会十六届四次执委会议，将城市困难职工解困脱困作为重点工作进行了全面部署，提出在参与打赢农村贫困人口脱贫攻坚战的同时，解决好城市困难职工问题，确保到2020年全体职工同步迈入全面小康社会。全国总工会党组就紧紧围绕国家脱贫攻坚大局，加大城市困难职工解困脱困的帮扶和保障力度向中央书记处汇报，得到充分肯定。“加大城市困难职工解困脱困的帮扶和保障力度”被列入了中央政治局常委会2016年工作要点。4月，工会系统进一步做好困难职工解困脱困和农民工入会服务工作电视电话会议在北京召开，会议对做好困难职工解困脱困工作作出了再动员、再部署。

2016年5月，全国总工会下发《关于进一步做好困难职工解困脱困工作的实施意见》，要求把困难职工解困脱困工作自觉融入党和国家脱贫攻坚大局，坚持把“精准”贯穿于困难职工解困脱困工作全过程，重点针对五类困难职工群体，按照就业创业解困脱困一批、社会保险制度覆盖一批、大病保险和医疗互助保险保障一批、社会救助兜底一批的“四个一批”脱困路径，对接困难职工需求，精准施策、靶向发力，大力实施“技能培训促就业”“创业援助”“阳光就业”“职工医疗互助”“金秋助学”“一帮一”“为困难职工送温暖”七个行动计划，深入推进困难职工解困脱困工作。6月，全国总工会下发《关于做好困难职工解困脱困建档立卡工作的通知》，要在2016年10月31日前全面完成建档立卡工作，摸清帮扶需求，明确帮扶主体，落实帮扶措施，实施动态管理，进行考核问效。同时印发《关于开展2016年困难职工家庭高校毕业生阳光就业行动和金秋助学活动的通知》，明确在全国范围内开展困难职工家庭高校毕业生阳光就业行动和金秋助学活动要求。12月6日，全国总工会印发《困难职工档案管理办法》，进一步规范困难职工档案管理，全面、真实、及时掌握困难职工的生活状况，切实发挥档案在困难职工精准帮扶、解困脱困中的基础性作用。

2017年7月，全国总工会印发《困难职工帮扶工作有关问题的说明》，从十个方面明确困难职工建档立卡、困难标准衡量、解困脱困标准、家庭状况核查、资金使用、信息化管理等标准和流程。9月21日至23日，在云南召开全国工会开展困难职工解困脱困研讨会，推广“祥云样本”，进一步推进全国工会困难职工解困脱困工作。11月，全国总工会和民政部共同下发《关于加强工会组织与民政部门困难职工家庭数据比对和信息共享工作的通知》，建立困难职工帮扶和社会救助政策衔接机制，实施困难职工数据比对、信息共享，全国31个省（区、市）和新疆生产建设兵团全部建立与民政数据比对、信息共享机制。12 月，全国总工会下发《关于精准、规范做好困难职工帮扶的通知》，要求切实做好困难职工的信息比对和精准识别，规范建档立卡工作。

2018 年 1 月，全国总工会向全国社会救助部际联席会议办公室报告全国工会困难职工解困脱困工作开展情况，并提出着力解决社会救助“碎片化”“断崖式”“福利捆绑”等问题，积极推动社会救助改革，扩大对困难职工社会救助的覆盖面等建议。3 月，全国政协总工会界 63 名委员联名向大会提交《加大城市困难职工帮扶解困力度，推动困难职工同步迈入小康社会》的提案，建议将城市困难职工解困脱困工作纳入国家扶贫攻坚整体规划通盘考虑。该提案作为全国政协成立 70 年 100 件有影响力重要提案之一，受到政协第十三届全国委员会表彰。4 月，制定《关于进一步落实困难职工解困脱困责任制的方案》，进一步健全完善分层负责、联系协同、任务分解、结对帮扶的解困脱困工作责任制。7 月，下发《关于 2018 年中央财政专项帮扶资金管理使用有关事项的通知》，启动中央财政专项帮扶资金使用模式改革，全面实施预算绩效管理，精准施策到户、项目到人。10 月 29 日，习近平总书记在同中华全国总工会新一届领导班子成员集体谈话时明确指出，要做好城市困难职工解困脱困工作，及时做好因各种原因返贫致困职工的帮扶救助，为广大职工提供具有工会特点的普惠性、常态性、精准性服务。12 月，全国总工会印发《工会送温暖资金使用管理办法（试行）》，进一步明确送温暖资金使用、管理、监督事项，拓展送温暖对象范围，加强送温暖工作与解困脱困工作有效衔接。

2019 年《政府工作报告》指出要“加大城镇困难职工脱困力度”，明确由民政部和全国总工会牵头实施。2019 年 7 月 30 日，全国总工会召开城市困难职工解困脱困工作座谈会，充分肯定了 2015 年以来工会推动城市困难职工解困脱困取得的成绩，客观分析了做好城市困难职工解困脱困工作存在的困难和问题，明确提出了下一阶段扎实推进城市困难职工解困脱困的目标任务。10月，全国总工会印发《城市困难职工解困脱困工作成效第三方评估实施方案》，启动城市困难职工解困脱困第三方评估工作。

2020年，针对新冠疫情，全国总工会连续下发《关于做好关心坚守防疫抗病岗位一线医务人员工作的通知》《关于充分发挥工会组织作用团结动员广大职工坚决打赢新型冠状病毒感染肺炎疫情防控阻击战的通知》《关于拨付2020年中央财政专项帮扶资金保障疫情期间困难职工基本生活有关事项的通知》《关于下拨2020年工会常态化送温暖资金有关事项的通知》等文件，对坚守疫情防控一线职工关心关爱，及时开展形式多样的慰问和服务，为全国深度困难职工发放疫情期间临时生活补贴。同时部署困难职工解困脱困工作，要求各级工会配合政府防范职工返贫发生，将因疫情影响和因病的低收入职工纳入政府救助范围。6月，全国总工会印发《中央财政专项帮扶资金使用管理办法》，拓展和完善中央财政专项帮扶资金使用管理方式，对深度困难、相对困难、意外致困等不同困难类型的建档立卡困难职工家庭实施分层建档、分类施策、精准帮扶，健全层次清晰、各有侧重、有机衔接的常态化梯度帮扶长效机制。12月，全国总工会完成了第三方机构对城市困难职工解困脱困工作的成效评估工作。

2021年5月31日，全国总工会城市困难职工解困脱困工作总结表彰会召开。王东明在讲话中指出，全国32个省级总工会已全部完成解困脱困目标任务，工会建档立卡的549.87万户城市困难职工家庭全部如期实现解困脱困，构建起层次清晰、各有侧重、有机衔接的常态化梯度帮扶长效机制，困难职工生活水平明显提高、发展能力不断增强、精神风貌得到改变，党同职工群众的血肉联系更加紧密，为全面建成小康社会、推动共同富裕作出了积极贡献。会议总结了城市困难职工解困脱困工作的有益经验，即坚持党的领导，为推进城市困难职工解困脱困提供坚强政治保证；坚持统筹谋划，把城市困难职工解困脱困工作摆在工会突出位置来抓；坚持合力推进，发挥集中力量办大事的制度优势；坚持严格标准，把精准要求贯穿于城市困难职工解困脱困工作全过程；坚持建章立制，有效构建帮扶城市困难职工的长效机制。会议要求，要认真学习贯彻习近平总书记重要讲话精神，大力弘扬脱贫攻坚精神，在如期实现城市困难职工解困脱困工作目标的基础上，继续保持主要帮扶政策总体稳定，健全防止返贫动态监测机制，构建多层次常态化帮扶新格局，持续提升职工生活品质，不断巩固拓展城市困难职工解困脱困成果，实现巩固解困脱困成果与提升职工生活品质的有效衔接，让职工群众有更多获得感、幸福感、安全感。

## 二、巩固拓展城市困难职工解困脱困成果

2021 年，《中国工运事业和工会工作“十四五”发展规划》明确提出，“健全困难职工家庭常态化帮扶机制”，积极参与社会救助制度顶层设计，促进困难职工帮扶与社会救助体系相衔接。巩固拓展城市困难职工解困脱困工作成果，健全困难职工家庭生活状况监测预警机制和常态化帮扶机制。

各级工会对已脱困职工开展“回头看”，认真落实中华全国总工会、民政部《关于加强工会组织与民政部门困难职工家庭数据比对和信息共享工作的通知》精神，建立评估指标和监督机制，探索实行第三方评估，完善困难职工退出机制，确保困难职工进得来、退出去。建立健全工会预防相对困难职工返贫常态化帮扶工作机制，完善多层次梯度帮扶格局，推进困难职工帮扶与政府救助、公益慈善力量的有机结合，推动建立低保与扶贫有序衔接的机制，实现帮扶送温暖常态化、经常化、日常化。对于因

残疾、重病丧失劳动能力的深度贫困职工，推动政府纳入救助制度兜底，建立工会常态化帮扶机制，切实当好困难职工的第一知情人、第一报告人、第一帮助人。

2022 年，财政部印发《职工困难帮扶资金管理办法》，明确职工困难帮扶资金用于支持工会巩固城市困难职工解困脱困成果，持续提升职工生活品质，在职工遇到临时性、突发性、特殊性困难时开展前置性、补充性、开发性帮扶和送温暖服务，把党和政府的关心关怀、工会组织的温暖送到职工心坎上。随后，全国总工会印发《中央财政职工困难帮扶资金项目管理实施细则》《关于开展 2022 年职工困难帮扶项目申报工作的通知》，进一步适应广大职工群众美好生活需要，聚焦职工群众急难愁盼的实际问题，切实做好职工困难帮扶服务工作。此次下拨资金主要用于各地工会协助政府兜牢基本民生底线，重点保障巩固城市困难职工解困脱困成果，优先支持困难职工帮扶项目。要求各级工会根据职工困难情况和实际需求，充分发挥帮扶资金作用，开展生活救助、子女助学、大病救助、职业培训和职业介绍等有针对性的事前预防和事后救助项目。同时，帮扶资金支持对特殊职工群体的送温暖和帮扶服务，支持解决新就业形态劳动者等特殊职工群体遇到的急难愁盼问题，对发生临时性、突发性困难的职工开展帮扶和慰问。此外，帮扶资金还可用于支持工会帮助资源枯竭型城市、独立工矿区、远离城市的偏远工作场所以及艰苦岗位一线职工等特殊职工群体改善生活条件、解决生活后顾之忧，支持提升职工生活品质工作。

2024 年上半年，全国总工会下拨 9.55 亿元中央财政职工困难帮扶资金，支持各级工会巩固城市困难职工解困脱困成果、特殊职工群体送温暖、改善艰苦一线职工生活条件等三方面 1842 个帮扶服务项目，帮助解决职工急难愁盼问题。

# 第十九章

# 加强新就业形态劳动者权益维护

新就业形态劳动者是工人阶级的重要组成部分，是推动经济高质量发展、构建新发展格局、建设创新型国家的重要力量。以习近平同志为核心的党中央高度重视新就业形态劳动者合法权益维护问题。2015 年，党的十八届五中全会提出，要完善创业扶持政策，加强对灵活就业、新就业形态的支持。2020 年全国两会期间，习近平在看望参加政协会议的经济界委员时强调："疫情突如其来，'新就业形态'也是突如其来。对此，我们要顺势而为，让其顺其自然、脱颖而出。当然，同'新就业形态'相配套的法律法规政策措施也不能姗姗来迟。"① 2022 年，党的二十大报告提出，健全劳动法律法规，完善劳动关系协商协调机制，完善劳动者权益保障制度，加强灵活就业和新就业形态劳动者权益保障。这为各级工会组织开展新就业形态劳动者权益维护工作提供了依据和遵循。

## 一、加强对新就业形态劳动者权益维护的顶层设计

新就业形态劳动者是伴随数字经济、平台经济的发展而形成

---

① 《从人民中汲取磅礴力量——习近平总书记同出席 2020 年全国两会人大代表、政协委员共商国是纪实》，《人民日报》2020 年 5 月 29 日第 1 版。

的新的职业群体。2020 年，依托互联网平台的共享经济服务提供者约 8400 万人，灵活就业人员 2 亿多人。新就业形态劳动者主要是货车司机、网约车司机、快递员、外卖配送员等群体。第九次全国职工队伍状况调查数据显示，新就业形态劳动者成为职工队伍的重要组成部分。以男性青壮年为主，农业户籍人员比例较高，不同行业职工学历呈现明显差别，70.7%的货车司机学历在初中及以下水平，38.0%的网约车司机学历为大专及以上，快递员、外卖配送员学历集中在高中及以下水平。这导致新就业形态劳动者的知识水平、技能水平、保障水平等与数字经济发展需求不相称，特别是权益保障问题日益凸显，如劳动者社会保障缺失、平台管理不够规范、劳动关系认定困难、劳动者技能水平不高、服务体系不够健全等，影响了新就业形态劳动者的就业积极性。第九次全国职工队伍状况调查新就业形态劳动者网络专项调查显示，23.6%的新就业形态劳动者未参加任何形式的社会保险，尤其是外地流动人口的未参保率达 30%，工伤保险参保比例仅为 12.8%。做好新就业形态劳动者权益维护工作，是贯彻落实新发展理念、推动经济高质量发展的必然要求，是大力发展数字经济和平台经济，完善社会主义市场经济法治体系的应有之义，是激发全社会创新创造活力，营造公平有序市场环境的必然要求。

《中国工运事业和工会工作“十四五”发展规划》指出，工会要配合人力资源社会保障部门研究制定维护新就业形态劳动者劳动保障权益政策，积极推动建立健全新就业形态劳动者参加社会保险制度，推动研究出台新就业形态劳动者职业伤害保障办法等相关政策措施。推动灵活用工集中的行业制定劳动定额指导标准。加强平台网约劳动者收入保障，推动平台企业、关联企业与劳动者就劳动报酬、支付周期、休息休假和职业安全保障等事项开展协商。推动平台网约劳动者民主参与，督促平台运营企业建立争议处理、投诉机制。指导推动快递、外卖、网约出行、网约货运、家政、保洁等灵活就业人员较多的行业建立、完善劳动者权益保障机制，加强对平台网约劳动者的法律援助和生活服务。积极参与国家企业社会责任制度建设，推动落实企业社会责任。加强对各类社会组织和新阶层新群体的主动关注、积极联系、有效覆盖。

2021年，全国总工会与人力资源社会保障部、交通运输部等相关部门联合印发《关于维护新就业形态劳动者劳动保障权益的指导意见》《关于加强货车司机权益保障工作的意见》等文件，出台了《关于切实维护新就业形态劳动者劳动保障权益的意见》《关于推进新就业形态劳动者入会工作的若干意见（试行）》等工作意见，为做好新就业形态劳动者工作提供了政策依据。

2021年3月，全国总工会赴北京、山西等地就新就业形态群体权益保障问题开展调研，召开全国总工会相关业务部门和部分劳动法专家学者研讨会，形成《新型用工中的劳动者权益保护和社会保障制度研究报告》。全国政协总工会界别提交《关于加强对新就业形态劳动者权益保障的提案》，从完善法律和政策、加强执法监管、强化行业自律等方面，聚焦新就业形态劳动者权益保障，呼吁莫让新就业形态劳动者“困在系统里”。

2021年6月至7月，全国总工会与人力资源社会保障部、国家发展改革委、交通运输部、应急管理部、市场监管总局、国家医保局、最高人民法院联合印发《关于维护新就业形态劳动者劳动保障权益的指导意见》。同时，联合相关部委印发《关于做好快递员群体合法权益保障工作的意见》《关于落实网络餐饮平台责任切实维护外卖送餐员权益的指导意见》《关于加强交通运输新业态从业人员权益保障工作的意见》，重点加强新就业形态劳动者中快递员、外卖员、网约车驾驶员等群体的权益保障工作。

《关于维护新就业形态劳动者劳动保障权益的指导意见》提

出规范用工，明确劳动者权益保障责任；健全制度，补齐劳动者权益保障短板；提升效能，优化劳动者权益保障服务；齐抓共管，完善劳动者权益保障工作机制等四大项 19 小项指导意见。规定“符合确立劳动关系情形的，企业应当依法与劳动者订立劳动合同”“个人依托平台自主开展经营活动、从事自由职业等，按照民事法律调整双方的权利义务”，同时引入了“不完全符合确立劳动关系情形”的表述，规定“不完全符合确立劳动关系情形但企业对劳动者进行劳动管理的，指导企业与劳动者订立书面协议，合理确定企业与劳动者的权利义务”。

2021 年 7 月 12 日，全国总工会下发《关于切实维护新就业形态劳动者劳动保障权益的意见》，要求各级工会充分认识维护新就业形态劳动者劳动保障权益的重要性紧迫性，推动建立健全新就业形态劳动者权益保障机制。提出强化思想政治引领，加快推进建会入会，切实维护合法权益，推动健全劳动保障法律制度，及时提供优质服务，提升网上服务水平，加强素质能力建设等工作举措。7 月 19 日，全国工会新就业形态劳动者劳动权益维护工作电视电话会议召开。7 月 20 日，全国总工会有关负责人就《关于切实维护新就业形态劳动者劳动保障权益的意见》相关问题接受记者采访，就意见出台的主要背景、研究起草意见时的考虑、在新就业形态劳动者权益保障方面主要开展的工作、新就业形态劳动者建会入会工作等内容作介绍。

2021 年新修改的《工会法》增加规定：工会适应企业组织形式、职工队伍结构、劳动关系等方面的发展变化，维护劳动者参加和组织工会的权利，明确新就业形态劳动者参加和组织工会的权利。

2022 年 3 月，全国政协总工会界提交《关于进一步维护新就业形态劳动者权益 促进平台经济可持续发展的提案》。提案指出，我国在促进平台经济规范发展和维护新就业形态劳动者权益保障方面取得成效的同时仍然存在一些问题，建议完善法律制度，加快新就业形态领域的理论研究步伐，完善相应的劳动保障标准，出台与新业态形势相适应的法律规定，修改《劳动法》《社会保险法》等法律，对劳动者、劳动关系、职工、工资收入等基本概念作出界定，消除新就业形态劳动者中部分群体在适用法律上的现实困难。

2022 年，为做好工会参与立法工作，推动解决新就业形态劳动者权益保障法律短板问题，从源头上维护新就业形态劳动者劳动保障权益，全国总工会把推动和参与新就业形态劳动者权益保障法律制度建设作为重点工作，开展专题调查研究，形成《关于维护新就业形态劳动者权益法律制度建设情况研究报告》。

截至 2022 年 7 月，各省（区、市）总工会积极推动参与政府部门制定新就业形态相关规范性文件共计 69 件，下发新就业形态劳动者权益维护相关文件 44 件，推动新就业形态劳动者权益保障制度化、规范化。山西省总工会推动省人大将关于新就业形态从业人员权益保护的法规制定列入省人大立法预备项目。青海省总工会下发《关于推进新就业形态劳动者入会工作的若干意见（试行）》，重点加强入会工作。上海市总工会制定《服务灵活就业群体工会会员项目经费使用管理办法》，强化经费使用管理。山东省总工会下发《关于推动新业态行业集体协商工作十条措施的通知》，着力加强集体协商工作。

## 二、推进新就业形态劳动者权益协商协调机制建设

2021 年，在全国总工会和各级工会大力推动下，京东集团开展集体协商，签订《京东集团集体合同》《京东物流集体合同》，覆盖近 30 万名京东快递员、货车司机、仓储分拣员；饿了么、美团等平台企业相继与上海、北京的外卖配送员代表召

开协商恳谈会，出台了一系列措施，提高了近 20 万名配送员的权益保障水平。

2022 年，全国总工会启动“新就业形态劳动者温暖服务季”活动，开展 2022 年度“暖途·货车司机职业发展与保障行动”，持续推进工会户外劳动者服务站点建设，扎扎实实为新就业形态劳动者排忧解难，形成 13 个签约项目，覆盖货车司机超过 100 万人。开展集中组织新就业形态劳动者参加职工互助保障活动专项行动，2022 年组织参保人数 209.46 万人次，受益人数 3.08 万人次。2023 年，全国总工会印发《关于推进新就业形态劳动者权益协商协调机制建设工作的通知》，要求发挥全国工会组织系统合力，重点聚焦货运、网约车、快递、网约配送等行业的 12 家头部平台企业，推动建立与劳动者的协商协调机制，畅通和规范劳动者的诉求表达、利益协调通道，共同推进新就业形态劳动者权益保障水平的提高。针对推动平台企业与工会、劳动者建立协商协调机制，通知要求，定期召开会议，就计件单价、抽成比例、报酬支付办法、劳动量与劳动强度、工作时间、劳动安全与卫生、订单分配、奖惩制度、补充保险等直接涉及劳动者权益的事项开展协商，保障劳动者的知情权、表达权和建议权。2024 年，以开展新就业形态劳动者维权服务三年行动为着力点，突出头部平台企业作用，制定推进新就业形态劳动者权益协商协调机制建设的指导性文件，推动美团、饿了么、滴滴等平台企业与新就业形态劳动者代表就派单机制、配送时间、奖惩规则等事项开展协商，探索创新民主管理工作内容和方式。

## 三、加强新就业形态劳动者权益维护

各级工会结合实际创造性开展新就业形态劳动者权益维护工作，探索形成了很多成功经验和有效做法。2024 年，全国总工会开展新就业形态劳动者移动体检专项工作，投入补助资金 3100 万元，为各级工会采购移动体检车 31 辆；投入体检补助资金 5000 万元，用于补助各级工会 10 万名新就业形态劳动者移动体检，带动各级工会每年组织新就业形态劳动者体检不少于 50 万名；投入 1500 万元，补助 1 万名新就业形态劳动者疗休养。江苏省总工会提出“一揽子”计划服务新就业形态劳动者，整合工会资源力量，建立 50 个新就业形态劳动者服务小分队，提供“小、快、灵、闪”的菜单式服务，如送体检、送保险、送心理咨询等活动。标准化建设工会驿站、司机之家等，做到劳动者走在路上能够“看得见”，打开手机地图能够“找得着”，走进站点网点能够“用得上”。中国财贸轻纺烟草工会联合饿了么本地即时电商平台及其入驻商家共同打造“一平米温暖爱心驿站”，休息区、就餐区、交流学习区等功能区完全开放，微波炉、饮水机、休息躺椅、应急药箱等一应俱全；依托驿站这一载体，饿了么还着力开展党建引领工作，开辟骑士关怀、职业成长等区域，不定期组织外卖配送员等进行学习交流、开展活动。安徽省总工会向新入会的新就业形态劳动者赠送在职职工意外伤害互助保障计划，真诚关爱新就业形态劳动者会员，有效提升抵御意外风险的能力，扎实做好新就业形态劳动者入会服务工作。上海等地深入开展“互联网+”工会普惠性服务，积极探索面向新就业形态劳动者的意外伤害险等精准服务项目。

2022 年 7 月，在上海市总工会、普陀区总工会的共同指导推动下，饿了么平台与外卖送餐员举行协商恳谈会，诞生了平台企业与新就业形态劳动者民主协商纪要；2023 年 7 月，上海市总工会指导饿了么平台召开网约送餐行业全网职工代表大会（扩大）会议，形成并签订首份全网集体合同，覆盖该平台全国七大片区、1. 1 万个配送站点和超过 300 万名众包、专送骑手和站点服务商人员。2023 年 3 月，上海市总工会会同市邮政管理局，推动圆通速递有限公司召开全国快递行业全网职工代表大会（扩大）会议，圆通全国七大片区的180名职工代表参加会议，审议通过快递行业首份全网集体合同。2023年8月22日，山东省总工会联合美团召开省级骑手权益保障恳谈会，此次恳谈会形成《会议纪要》，列出按时足额发放报酬、改善骑手送单条件、促进骑手职业发展、与工会联合组织骑手免费体检活动、设立困难骑手帮扶机制等具体措施。这份为山东省网约配送员“量身定制”的权益保障方案，惠及省内1万名至1.5万名美团骑手。2024年5月2日，路歌签订全网集体合同。2024年5月22日，货拉拉召开深圳市域协商恳谈会。2024年5月29日，运满满召开全国性协商恳谈会。2024年上半年，韵达运用数智化赋能维权服务，将超过10万条工会驿站数据直接植入一线20余万名快递员日常工作界面。2024年，全国总工会深化“快递员温暖服务季”活动，惠及快递员220万人次。启动工会服务新就业形态劳动者送“爱心餐”专项行动，在北京、长沙、温州、宁波等地试点运行基础上，2024年底进一步覆盖上海、杭州、郑州、武汉、重庆等共计15个城市，累计服务260万人次；开展新就业形态劳动者子女关爱工作，下拨20万元支持12家头部平台企业工会开展“六一”儿童节关爱活动。

第二十编

# 积极推动构建和谐劳动关系

# 第二十章

# 完善构建和谐劳动关系的制度机制

构建和谐劳动关系，是促进经济高质量发展和社会长期稳定，增强党的执政基础、巩固党的执政地位的必然要求。进入新时代，各级工会聚焦维权维稳工作主线，扎实推进和谐劳动关系构建，在促进劳动关系双方互利共赢和经济社会各项事业高质量发展中发挥了重要作用。

## 一、党中央高度重视构建和谐劳动关系

党的十八大以来，习近平立足党和国家工作全局谋划和推进劳动关系工作，先后在党的十九大、全国劳动模范和先进工作者表彰大会、同全国劳动模范代表座谈、同中华全国总工会新一届领导班子成员集体谈话等重要会议和场合，就构建和谐劳动关系发表一系列重要讲话，作出一系列重要批示，深刻回答了构建和谐劳动关系“为什么”“干什么”“怎么干”等一系列重大理论和实践问题，为做好协调劳动关系工作指明了方向、提供了遵循。

2012 年 11 月，党的十八大明确提出健全劳动标准体系和劳动关系协调机制；2013 年 11 月，党的十八届三中全会通过的《关于全面深化改革若干重大问题的决定》进一步要求创新劳动

关系协调机制；2015 年 3 月，党中央、国务院印发《关于构建和谐劳动关系的意见》，从全面实行劳动合同制度、积极推行集体协商和集体合同制度、健全协调劳动关系三方机制等方面对健全完善劳动关系协调机制作出部署；2017 年 10 月，党的十九大报告指出，完善政府、工会、企业共同参与的协商协调机制，构建和谐劳动关系；2019 年 10 月和 2020 年 10 月，党的十九届四中、五中全会进一步重申健全劳动关系协调机制；2022 年 10 月，党的二十大报告强调要完善劳动关系协商协调机制。这一系列重大决策部署充分表明，完善劳动关系协商协调机制在党和国家工作大局中的地位作用更加重要、政策保障更加完善、实践探索更加有力，意味着劳动关系协商协调的制度、机制、主体、内容和方法等更加全面系统、广泛深入。

## 二、持续推动构建和谐劳动关系法治化建设

随着《工会法》《劳动法》《劳动合同法》《就业促进法》《劳动争议调解仲裁法》《社会保险法》等法律制（修）订，协调劳动关系、保障职工权益的主要法律制度已经基本确立。尽管现行劳动法律仍在一定程度上存在运行不顺畅、执行不到位等问题，如集体合同、民主管理等一些重要法律制度仍有待建立健全，但是法治始终是工会参与协调劳动关系、维护职工基本权益的强有力保障。

工会组织主动适应新时代劳动法治建设的新任务新要求，参与《工会法》等涉工领域法律法规制修订工作，代表职工参与劳动法律政策制定，着力推动工会工作法治化建设。《工会法》的修改及实施对构建和谐劳动关系具有重要推动意义。2021 年 12 月 24 日，十三届全国人大常委会第三十二次会议通过《关于修改〈中华人民共和国工会法〉的决定》，新修改的《工会法》于

2022年1月1日起施行。该法在总则第六条指出，工会通过平等协商和集体合同制度等，推动健全劳动关系协调机制，维护职工劳动权益，构建和谐劳动关系。同时还规定，工会依照法律规定通过职工代表大会或者其他形式，组织职工参与本单位的民主选举、民主协商、民主决策、民主管理和民主监督。新修改的《工会法》作为确立工会在国家政治、经济和社会生活中的地位，确定工会的权利与义务，发挥工会在社会主义现代化建设事业中作用的重要法律，为新时代工会组织依法建会、管会、履职、维权特别是推动构建和谐劳动关系，提供了更加坚实的法治保障。

全国总工会围绕基层工会建设及女职工、新就业形态劳动者等重点群体相关权益保障印发一系列文件，大力推动构建和谐劳动关系。例如，《中华全国总工会关于加强和规范区域性、行业性工会联合会建设的意见》指出：加强区域性、行业性工会联合会建设，对于基层工会组织围绕中心服务大局，促进区域、行业经济持续健康发展，参与基层社会治理、积极发挥作用，加强维权服务、构建和谐劳动关系，树立以职工为中心的工作导向、夯实工会基层基础，确保职工队伍和工会组织团结统一具有重要意义。《中华全国总工会关于加强乡镇（街道）工会建设的若干意见》提到乡镇（街道）工会的主要工作职责，要在同级党（工）委和上级工会领导下，依法独立自主地开展工作，维护职工合法权益，指导开展集体协商、签订集体合同，健全以职工代表大会为基本形式的企事业单位民主管理制度，健全协调劳动关系机制。《中华全国总工会关于加强县级工会建设的意见》要求每年至少召开一次政府和工会联席会议，对构建和谐劳动关系作出总体部署和规划；积极推动建立和完善由政府、工会、企业共同参与的协商协调机制，共同研究解决劳动关系领域和涉及职工权益的重大问题，立足共建共治共享社会治理新格局，推动构建中国特色和谐劳动关系。《中华全国总工会关于加强新时代工会女职工工作的意见》强调维护女职工合法权益和特殊利益，定期开展普法宣传活动，常态化做好维权典型案例评选、联合专项执法检查、工会劳动法律监督，及时推动侵犯女职工权益案件调查处理，促进劳动关系和谐稳定。《中华全国总工会关于切实维护新就业形态劳动者劳动保障权益的意见》要求推动完善社会矛盾纠纷多元预防调处化解综合机制，重点针对职业伤害、工作时间、休息休假、劳动保护等与平台用工密切相关的问题，为新就业形态劳动者提供法律服务。

## 三、推动完善协调劳动关系三方机制

经过多年发展，我国初步形成了层级分明、覆盖广泛的协调劳动关系三方机制组织体系。2015 年党中央、国务院印发《关于构建和谐劳动关系的意见》以来，各级三方按要求不断健全协调劳动关系三方机制，共同推动了劳动法律法规的实施，促进了劳动关系领域利益协调机制、诉求表达机制、矛盾调处机制和权益保障机制的建设，推动解决了大量劳动关系矛盾纠纷，对构建和谐劳动关系发挥了独特作用。推动完善协调劳动关系三方机制，一是覆盖至更大范围，做实省、市、县三级地方及产业的协调劳动关系三方机制，并向乡镇（街道）、经济开发区、高新技术园区延伸；二是健全工会与政府联席会议制度、人大代表和政协委员参政议政制度等；三是针对劳动关系领域出现的新情况、新问题，国家三方办公室不定期召开专题会议，共同商议解决问题的办法和措施；四是协调劳动关系三方成员单位共同全力推行相关行动计划的实施。2019 年以来，国家三方加大制度建设力度，联合印发《关于实施集体协商“稳就业促发展构和谐”行动计划的通知》《关于做好新型冠状病毒感染肺炎疫情防控期间稳定劳动关系支持企业复工复产的意见》等文件，充分发挥三方机制在劳动关系调整中的重要作用，积极构建和谐劳动关系。截至 2021 年末，全国报送人力资源社会保障部门审查并在有效期内的集体合同 132 万份，覆盖职工 1.2 亿人。联合实施劳动关系“和谐同行”能力提升三年行动计划，开展“和谐同行”千户企业培育共同行动和双爱双赢评选表彰活动。2020 年，国家三方开展“和谐同行”千户企业培育共同行动，通过各级协调劳动关系三方共同行动，面向企业开展指导服务，提高企业劳动用工管理水平，培育“企业关爱职工，职工热爱企业”的和谐理念，打造具有影响力的劳动关系和谐企业典型。2022 年 6 月，国家协调劳动关系三方会议第 27 次会议听取了关于实施行动计划的总结报告，审议通过了《集体协商十佳案例（2019—2021 年）》。此外，全国总工会牵头总结评估《关于构建和谐劳动关系的意见》的落实情况，召开全国工会协调劳动关系工作座谈会。

全国总工会通过积极推进新时代和谐劳动关系创建活动，组织召开全国工会协调劳动关系工作座谈会，深入推动构建和谐劳动关系。2019 年，召开全国构建和谐劳动关系先进表彰会，表彰了 342 家模范劳动关系和谐企业和 50 个模范劳动关系和谐工业园区。为了激励更多企业和职工积极参与和谐劳动关系创建活动，国家协调劳动关系三方于 2022 年命名了 350 家企业和 50 家工业园区为全国和谐劳动关系创建示范企业、示范工业园区。2023 年 1 月，人力资源社会保障部、全国总工会、中国企业联合会/中国企业家协会、全国工商联联合发布《关于推进新时代和谐劳动关系创建活动的意见》，要求在更大范围、更广层次、更多内容上不断丰富和发展和谐劳动关系创建实践。全国总工会深化和谐劳动关系创建活动，要求充分发挥全国模范劳动关系和谐企业与工业园区的示范作用。2024 年 3 月，全国总工会联合召开第一届全国和谐劳动关系创建工作先进集体和先进个人表彰暨经验交流会，强调要把稳就业促增收摆在突出位置，进一步织密扎牢劳动者权益保障网，推动构建多层次多元化的劳动关系协商协调格局，有效防范化解劳动关系领域矛盾纠纷，提升基层劳动关系公共服务水平；要完善政府、工会、企业三方协商协调机制，深化和谐劳动关系创建；各级工会要用心用情做好维权服务，各级工商联、企业联合会要引导企业主动履行社会责任，共同推动和谐劳动关系高质量发展。

## 四、参与劳动执法检查和实施劳动法律监督

2014 年 3 月 7 日至 8 日，全国总工会与国际劳工组织在江西南昌联合举办了落实工作场所劳动标准、反对强迫劳动国际研讨会。10 月 24 日至 25 日，全国总工会与国际劳工组织在内蒙古呼和浩特联合举办了发挥工会劳动法律监督作用、构建和谐劳动关系国际研讨会。

2015 年 1 月印发的《中华全国总工会关于贯彻落实党的十八届四中全会精神大力推进工会工作法治化建设的实施意见》要求，强化监督检查，促进严格执法。要组织和代表职工积极建议和配合人大执法检查、政府行政执法、政协委员视察，开展劳动法律法规和工会法的监督检查，推动严格执法，依法纠正和查处违法行为。要充分发挥新闻媒体作用，加强对劳动违法行为的舆论监督。要推行工会劳动法律监督意见书和建议书制度、重大典型劳动违法案件曝光和公开谴责制度，充分发挥工会劳动法律监督组织和监督员作用，加大工会劳动法律监督力度。要推动完善劳动违法失信行为惩戒机制。要重点推动劳动合同、劳动报酬、劳动安全卫生、社会保险等法律法规的贯彻落实，加强对一线职工、农民工、劳务派遣工、困难职工等群体合法权益的维护。

2015 年 2 月，全国总工会梳理了 2014 年我国劳动关系领域的违法案件和劳动事件，并从中挑选十起具有典型意义的案件进行

集中公布。

2016 年 10 月 13 日，全国总工会召开加强工会劳动法律监督工作座谈会。与会代表围绕工会劳动法律监督工作中的重点难点问题及今后一段时期的工作思路和主要任务进行研讨。上海市、江苏省、广东省、云南省、辽宁省总工会和四川省德阳市总工会作了典型经验发言。

2021 年 3 月，全国总工会印发《工会劳动法律监督办法》。明确了工会开展劳动法律监督的职责和重点，细化了与政府劳动保障监察部门密切协调配合、完善工会劳动法律监督“两书”（地方工会依据法律法规制发的《工会劳动法律监督意见书》和《工会劳动法律监督建议书》）制度等相关条款。

2021 年 6 月，全国总工会与人力资源社会保障部联合印发《关于开展超时加班问题集中排查化解工作有关事项的通知》，聚焦超时加班问题易发多发的重点行业、重点企业、重点园区，突出对平台企业以及直接为其提供外包（劳务）的关联企业、科技研发岗位占比较高的技术密集型企业以及其他传统劳动密集型加工制造企业和服务业企业，集中开展超时加班问题排查化解工作。

为总结宣传各地典型经验，2022 年、2023 年，全国总工会组织开展了工会劳动法律监督十大优秀案例推选活动，其中 2023 年从各地推荐的 89 个案例中，综合考虑案例的典型性、示范性、影响力以及当地工作开展的规范性、创新性等多方面因素，选出了十大优秀案例。

天津、江西、山东、内蒙古等地相继颁布《工会劳动法律监督条例》，各地的省、市、县、企业四级工会劳动法律监督体系逐步完善，监督组织不断健全、监督员队伍不断壮大。各级工会组织不断创新工会劳动法律监督模式。江苏省总工会较早开始试行对企业用工状况开展“法律体检”，2021 年联合省人社厅、卫生健康委、应急管理厅印发《关于实施企业劳动用工监督评估专项服务行动的意见》，从当年起对企业劳动用工情况进行常态化“法律体检”，帮助企业防范劳动用工风险，化解劳动争议纠纷。2021年，浙江省总工会与省人民检察院出台《关于建立职工劳动权益保护公益诉讼协作配合机制的意见》，提出在全省各级检察机关、工会之间建立沟通联络、信息共享、线索移送、办案协作等机制。浙江台州椒江区总工会创新推出“职工哨”劳动法律监督新模式，密切关注区内职工队伍情况，在防范风险、化解矛盾、维护职工合法权益等方面发挥了重要作用。

“一函两书”作为一种源头治理、预防在前的法律监督措施，对于保障劳动者合法权益，预防化解劳动用工风险，推动构建和谐劳动关系，具有重要意义。2024年2月，最高人民检察院、全国总工会联合印发《关于协同推进运用“一函两书”制度保障劳动者权益工作的通知》，明确了“一函两书”制度的基本内涵、适用范围、工作主要目标以及检察监督与“一函两书”衔接协作等内容。

## 五、建立预防与化解劳动纠纷动态化机制

提升工会组织的社会服务能力、源头治理能力、监测预警能力，强化风险应对与预防。各级工会总结推广源头治理劳动纠纷经验，建立健全工会、法院、人社、司法等部门联动机制，健全工会劳动关系发展态势监测和分析研判制度，推动建立在线解决机制。在劳动关系领域监测预警方面，要求各级工会加强劳动关系领域风险排查化解、应急处置，对发现侵害职工权益的问题，要及时制止、批评，推动协调有关方面解决，将问题和风险隐患化解在基层一线、消除在萌芽状态。对一些地方劳动关系矛盾集中显现的情况，工会组织要主动介入、积极作为，协助党政妥善处理，帮助职工群众表达利益诉求，引导职工及时恢复正常生产

秩序。2023 年，已在全国 31 个省（区、市）建立 145 个城市直报点、2985 家企业的劳动关系发展态势监测网络点。

推动劳动争议多元化解协作联动机制，及时化解矛盾纠纷。全国总工会要求各级工会积极推动劳动争议处理工作，通过协商、调解、仲裁、诉讼等方式依法调处劳动关系矛盾纠纷。开展劳动争议多元化解试点工作，建立健全“法院+工会”劳动争议诉调对接机制。推动建立完善劳动争议多元化解协作联动机制，联合人社、法院、司法等部门构建“调裁诉援”有效衔接工作体系，推进劳动领域多元解纷“一站式”平台建设。截至 2023 年 6 月底，已有 22 个省（区、市）和新疆生产建设兵团的 1863 家工会调解组织入驻人民法院调解平台开展工作，累计接受委派诉前调解纠纷 57. 8 万件。2024 年 11 月，召开全国工会坚持和发展新时代“枫桥经验”暨新时代“枫桥经验”工会实践现场推进会，推动基层工会创新落实。完善“工会+法院+检察院+人社+司法”劳动争议多元化解机制，推动工会与法院“总对总”在线诉调对接。2024 年工会系统处置调解案件共 80. 8 万件，其中直接受理调解争议案件 16. 5 万件，接受仲裁机构委派调解争议案件 18. 1 万件，接受法院委派委托调解案件 46. 2 万件，调解成功率约 80%。常态化开展职工队伍稳定风险隐患专项排查化解工作，及时有效处置重大问题。

## 六、加强工会参与劳动争议处理

2017 年 3 月，全国总工会与人力资源社会保障部、中央综治办、最高人民法院、司法部、财政部、全国工商联、中国企业联合会/中国企业家协会等八部门联合印发《关于进一步加强劳动人事争议调解仲裁完善多元处理机制的意见》，指导各地普遍建立党委领导、政府主导、政法协调、人社牵头，工会等有关部门

（系统）发挥职能作用的争议处理机制，细化了工会参与劳动人事争议处理的主要任务。

2020 年 2 月，全国总工会和最高人民法院联合印发《关于在部分地区开展劳动争议多元化解试点工作的意见》，在内蒙古、吉林、上海、江西、山东、湖北、广东、四川等八省（区、市）和西安、宁波、北海三市开展劳动争议多元化解试点工作。试点地区工会会同法院积极争取党委政府支持，建立完善党委领导、政府主导、各部门和组织共同参与的劳动争议预防化解机制。健全劳动争议多元化解工作沟通机制，鼓励和引导争议双方当事人通过协调、调解、仲裁等非诉讼方式解决纠纷，加强工会参与劳动争议调解工作与仲裁调解、人民调解、司法调解的联动。推动完善法规规章，做好理论研究和宣传引导，完善调解协议自动履行机制，提高非诉讼纠纷解决方式的社会认可度。

2021 年 6 月，全国总工会与最高人民法院联合下发《关于加快推进劳动争议纠纷在线诉调对接工作的通知》，明确建立“总对总”在线诉调对接机制，指导各级工会劳动争议调解服务资源入驻人民法院调解平台，开展全流程在线调解、在线申请司法确认或出具调解书等诉调对接工作，全面提升劳动争议调解工作的质量和效率。全国总工会会同最高人民法院自 2021 年 7 月至 2023 年 8 月，通过网络直播形式举办了 20 期在线调解工作培训，指导各地工会干部和调解员学习掌握线上诉调对接工作操作流程。试点地区工会与法院合作对接，共同研究制定工作方案，建立完善制度机制，加快培育调解队伍，合力调处劳动争议，探索形成各具特色的工作模式和经验，为促进劳动关系和谐和社会稳定、推动经济社会高质量发展发挥了积极作用。

2022 年 10 月，全国总工会与人力资源社会保障部、中央政法委、最高人民法院、工业和信息化部、司法部、财政部、全国工商联、中国企业联合会/中国企业家协会等九部门联合印发

《关于进一步加强劳动人事争议协商调解工作的意见》，从加强源头治理、强化协商和解、做实多元调解、健全联动工作体系和提升服务能力等方面对广泛吸纳各方参与劳动争议协商调解工作作出具体部署。对工会法律服务阵地建设和机制建设作出具体部署，明确要求探索推进工会组织在劳动人事争议案件较多、劳动者诉求反映集中的仲裁院、人民法院设立工会法律服务工作站，具备条件的地方工会可安排专人入驻开展争议协商、调解和法律服务工作，建立常态化调解与仲裁、诉讼对接机制。此后，河南、山东、福建等地工会陆续联合人力资源社会保障部门、法院设立法律服务工作站，并选派职工维权律师进驻站点，为职工、工会工作者和基层工会组织提供无偿法律服务。

截至 2021 年，全国各地区基层企事业工会共建立工会劳动法律监督组织 70.1 万个，拥有工会劳动法律监督员 133.2 万人，工会劳动保障法律监督员 84 万人。截至 2024 年 10 月底，入驻最高人民法院调解平台的工会调解组织和调解员从 2021 年的 959 家、2748 名增长到 2547 家、8781 名。

2023 年 6 月 8 日，全国工会参与劳动争议多元化解工作研讨会在浙江宁波召开。与会人员就完善工会参与劳动争议多元化解以及如何进一步推进工作提出意见和建议，北京、上海、江苏、湖北、广东、四川、宁波、广州、深圳等地总工会交流了经验。12 月 29 日，全国总工会印发《工会参与劳动争议处理办法》，对工会依法参与劳动争议协商、调解、仲裁、诉讼，加强工会参与劳动争议处理工作数字化建设、平台建设、队伍建设、能力提升以及经费保障等作出规定，要求进一步规范和加强工会参与劳动争议处理工作，提升工作实效，充分发挥工会在参与劳动争议多元化解、推动构建和谐劳动关系中的重要作用。

各地工会会同人民法院积极探索劳动争议多元化解新模式。广州、佛山等地充分发挥律师专业优势，在法院诉讼服务中心和职工之家设立律师调解工作室，协调律所派驻值班律师，为劳动者提供法律咨询、风险预警、诉讼代理等服务，妥善化解了大量重大劳动争议；四川成都、广元等地积极争取党政支持，由党委、政法委牵头，法院、人社、司法行政、工会、工商联、企业联合会/企业家协会等单位参加，建立劳动争议“一站式”联调机制，将纠纷解决端口前移，通过协商、调解有效减少了进入诉讼程序的劳动争议案件数量。

## 第二十一章

# 推行集体协商和集体合同制度

集体协商制度是协调劳动关系的重要制度安排，对于调整劳动关系具有重要的基础性作用。集体协商在我国已有多年实践，多个省份出台并实施了这项制度，还有许多地方将这项制度明确写入地区经济发展规划中。实施集体协商制度，一方面提升了企业职工在收入分配中的“话语权”，鼓励了职工的积极性，成为一些地方缓和劳资关系、维护社会稳定的重要手段；另一方面能够促进企业留住人才，改善企业用工环境，最终实现劳资双方互利共赢。

## 一、进一步落实完善集体协商和集体合同制度

### （一）不断扩大集体协商和集体合同覆盖范围

2012 年 11 月，党的十八大报告提出：“推行企业工资集体协商制度，保护劳动所得。多渠道增加居民财产性收入。”各级工会全面贯彻落实党的十八大精神，以非公有制企业为重点，以实现劳动关系和谐为目标，大力推进“两个普遍”（依法推动企业普遍建立工会组织、普遍开展工资集体协商），提高工会组建率和职工入会率，提高集体合同的质量和实效，不断扩大工会覆盖面、增强工会凝聚力。同时，认真落实国家协调劳动关系三方推

进集体合同制度实施“彩虹计划”，切实抓好非公企业、世界500强在华企业的工资集体协商工作，积极推行“上代下”“协商层级上提”“签订合同下移”等做法，扎实推进区域性、行业性工资集体协商工作，培育集体协商指导员队伍。与此同时，由于多方面因素制约，我国集体协商工作中仍存在一些亟待解决的突出问题，2013年1月召开的国家协调劳动关系三方会议总结认为：“彩虹计划”基本实现了已建工会企业普遍建立集体合同制度的目标，但还存在部分集体协商实效性不强、部分集体合同质量不高等问题，集体协商作用尚未得到充分发挥。

为贯彻落实党的十八大和十八届三中全会精神，进一步推进集体协商和集体合同工作，构建和谐劳动关系，国家协调劳动关系三方会议研究决定，从2014年至2016年，在全国范围内推进实施集体合同制度攻坚计划。总目标是：不断扩大集体协商和集体合同覆盖范围，确保2015年末集体合同签订率达到80%，2016年继续巩固和提高；着力提升集体协商质量、增强集体合同实效，逐步形成规范有效的集体协商机制，畅通职工利益诉求表达渠道，促进企业发展、维护职工权益，更好地发挥集体协商和集体合同制度对调整劳动关系的基础性作用。

### （二）推动集体协商提质增效

2014年3月，全国总工会印发《关于提升集体协商质量增强集体合同实效的意见》，明确提出提升集体协商质量、增强集体合同实效，努力推动实现集体协商制度健全完善、工作机制系统科学、协商准备全面充分、协商内容翔实具体、协商程序依法合规、协商过程真谈实谈、协商结果公平合理、协议履行及时有效。意见提出，从2014年起，用五年时间，在集体协商建制率动态保持在80%的基础上，集体合同所覆盖职工对集体协商的知晓率达到90%，职工对开展集体协商和签订集体合同工作的综合满意度稳步提高。

2014 年 4 月，全国总工会印发《深化集体协商工作规划（2014—2018 年）》，提出了集体协商提质增效的具体措施，制定了目标任务：一是进一步巩固集体协商建制率。已建工会组织企业集体协商建制率保持在 80%以上，其中百人以上已建工会组织企业建制率保持在 90%以上。二是不断提升集体协商质量。建制企业职工对集体协商的参与率达到 70%以上，知晓率达到 90%以上，职工对开展集体协商和签订集体合同工作的综合满意度稳步提高。三是逐步扩大集体协商指导员队伍规模，努力培养一批工会集体协商谈判专家。全国专（兼）职集体协商指导员队伍规模达到 15 万人以上，其中专职集体协商指导员队伍规模达到 1 万人以上。四是加强集体协商业务培训，全国各级工会每年培训从事集体协商工作的工会干部和集体协商指导员 24 万人次，其中全国总工会每年重点培训师资 600 人次，每个省级总工会每年培训不少于 300 人次，每个地市级总工会每年培训不少于 200 人次，每个县级总工会每年培训不少于 60 人次，通过扩大培训规模、提升培训层次，不断提高从事集体协商工作的工会干部和集体协商指导员的能力水平。五是分级分类培育一批集体协商典型。全国每年培育 20 个不同层次、不同类型、在国内外有一定影响的行业集体协商典型；培育 60 家企业、10 个区域协商效果突出、影响广泛的集体协商典型。五年共形成 100 个行业、300 家企业、50 个区域集体协商典型，充分发挥集体协商典型的示范引领作用。

2017 年 10 月，党的十九大明确指出要完善政府、工会、企业共同参与的协商协调机制，构建和谐劳动关系。这是继 2015 年党中央、国务院发布《关于构建和谐劳动关系的意见》后，党中央在顶层设计层面关于促进集体协商进一步作出的决策部署。为进一步推动完善集体协商相关制度机制，全国总工会会同有关部门实施两项行动计划。一是开展2019—2022年集体协商“稳就业促发展构和谐”三年行动。自2019年起，人力资源社会保障部、全国总工会、中国企业联合会/中国企业家协会、全国工商联等国家协调劳动关系三方实施了集体协商“稳就业促发展构和谐”行动计划。这项为期三年的行动计划顺利完成，各级三方共计培训协商代表127万人次，培育省级和地市级协商典型案例8000多个；全国31个省（区、市）和新疆生产建设兵团已建工会的企业集体协商建制率全部动态保持在80%以上；疫情期间，各级三方指导企业和工会就做好职工权益保障和支持企业稳岗留工开展协商，推动企业和职工同舟共济、共克时艰。同时，开展集体协商“春季集中要约行动”，针对新冠疫情给企业生产经营造成的困难，全国总工会、人力资源社会保障部、中国企业联合会/中国企业家协会、全国工商联联合印发《关于应对疫情影响进一步做好集体协商工作的通知》；鼓励各地工会探索通过集体协商推动职工技能要素和创新成果参与企业分配，推动提高技术工人薪酬待遇，持续推进集体协商工作提质增效。二是实施劳动关系“和谐同行”能力提升三年行动计划，组织开展城市工会集体协商竞赛活动，指导各地开展集体协商集中要约行动，强化专职集体协商指导员队伍建设。此外，针对新业态劳动者的权益保障，工会系统积极推动平台企业依法规范用工，探索多领域多行业、头部平台企业建立协商协调机制，畅通新就业形态劳动者诉求表达渠道。重点推进非公企业开展集体协商、签订集体合同。2024年上半年，全国27个省（区、市）总工会、322个地市工会联合协调劳动关系三方，开展了不同形式的集中要约行动。

## 二、集体协商和集体合同制度的推行

### （一）集体合同覆盖面不断扩大

各级工会把推进集体协商和集体合同作为工作重点，许多地方成立了由党政负责同志牵头的工作协调领导小组，将其纳入地方发展和法治化建设的重要内容，有力地推动了集体协商和集体合同工作的开展。各级工会大力培养集体协商专门人才，有力配合了协商工作的开展。截至2016年底，全国共有集体协商指导员15万人，其中专职指导员5464人，省、市、县（区）三级集体协商指导员体系已基本建成。《中国工会统计年报》数据显示，2017年，全国共签订集体合同246.6万份，覆盖企业646.1万家，覆盖职工2.85亿人。2021年，全国单独基层企业工会单独签订综合集体合同覆盖企业77.3万家，覆盖职工8833万人；单独签订工资专项集体合同覆盖企业67.9万家，覆盖职工7380万人；单独签订劳动安全卫生专项集体合同覆盖企业25.3万家，覆盖职工2811万人；单独签订女职工权益保护专项集体合同覆盖企业42万家，覆盖职工1662万人。

### （二）工资集体协商成为协商的核心内容

2010年7月，全国总工会旗帜鲜明地提出了“两个普遍”，将工资集体协商工作摆在了各级工会重中之重的位置。此后，全国总工会又下发《2011—2013年深入推进工资集体协商工作规划》，计划用三年时间实现已建工会企业80%以上建立工资集体协商制度的目标。不少地方工会把集体协商作为重点工作来抓，列为“一把手”工程，加大人财物投入力度，取得了显著成效。工资分配由企业单方决定逐步向企业和职工共同决定转变，减少和化解了劳动关系矛盾，工会组织凝聚力和影响力进一步提升。《中国工会统计年报》数据显示，2005—2017 年，全国签订工资专项集体合同数由 25. 2 万份增加到 129. 8 万份，覆盖企业数由 41. 4 万家增加到 357. 7 万家，覆盖职工数由 0. 35 亿人增加到 1. 62 亿人。2021 年，全国单独基层企业工会单独签订工资专项集体合同覆盖企业 67. 9 万家，覆盖职工 7380 万人。

### （三）行业性（区域性）集体协商逐步推开

2008 年，中央领导对浙江温岭羊毛衫行业的工资集体协商作出批示，并要求全国推广。全国总工会不断加大行业性（区域性）集体协商推进力度，将劳动密集型、中小企业集中的行业性（区域性）作为推进集体协商的主攻方向，加强工种指导价位、劳动定额、计件单价等行业劳动标准体系建设，使这种集中化的集体协商形式得到了快速的发展。经过多年实践，我国行业性（区域性）集体协商取得了长足进展：一是协商层级灵活多样，很多地区开展了市级乃至省级的行业集体协商。二是协商内容不断深化，把涉及劳动者权益的事项尽可能地纳入协商范围。三是协商方法日趋成熟，出现了多雇主协商、先听证后协商等多种协商模式。四是先进典型不断涌现，出现了武汉餐饮行业、大连软件行业、邳州板材行业等一大批行业性（区域性）集体协商好典型。五是产业工会优势得到发挥。绝大多数全国产业工会都就推进行业集体协商下发了指导意见，推动本产业工会所属行业开展集体协商。《中国工会统计年报》数据显示，到 2016 年，全国共签订行业性集体合同共 25. 7 万份，覆盖企业 134. 8 万家，覆盖职工 0. 43 亿人（2005 年为 0. 11 亿人）；全国共签订区域性集体合同 34 万份，覆盖企业 386. 9 万家，覆盖职工 0. 95 亿人（2005 年为 0. 27 亿人）。到 2021 年，全国基层以上工会签订行业性集体合同 2. 5 万份，覆盖企业 42 万家，覆盖职工 2020. 1 万人；全国基层以上工会签订区域性集体合同6.4万份，覆盖企业123.7万家，覆盖职工2759.4万人。

## 三、大力推动新就业形态集体协商建制

随着互联网平台经济的快速发展，平台从业人员数量不断增长，但新就业形态劳动者的权益保障制度建设相对滞后于平台经济发展，互联网平台企业内部的协商协调机制建设也相对缓慢，导致劳动者诉求表达渠道不畅。广大平台从业人员的劳动定额、收入报酬、劳动保护、职业发展等权益亟须通过集体协商途径予以保障。同时，让劳动者参与企业决策，也有利于企业和行业健康发展。

2021年，人力资源社会保障部、全国总工会等八部门联合下发了《关于维护新就业形态劳动者劳动保障权益的指导意见》，要求各级工会积极与行业协会、头部企业或企业代表组织开展协商，签订行业集体合同协议，推动制订行业劳动标准。自2022年起，新就业形态领域逐步开始探索集体协商实践，呈现出协商范围不断扩大、协商形式更加规范、协商效力更加具有约束力的发展趋势。

2021年，北京市总工会制定《关于维权向前一步积极构建和谐劳动关系的工作措施》，包括九条措施及五个配套文件，作为全市工会权益维护的重点工作进行推进，在四个区开展新就业形态劳动者劳动保障权益维护试点工作，选取的京东集团等七家试点企业均签订了集体合同。2022年，在总结试点工作基础上扩大覆盖面，重点推进经营地在北京的全国互联网百强企业，特别是17家互联网平台头部企业和14家品牌快递企业集体协商和职代会工作，各项工作取得阶段性成效。

2022年，中国国防邮电工会率先探索开展快递行业区域集体

协商工作。充分发挥全国产业工会联合制、代表制的组织制度优势，主动对接全委会委员单位和已建立工作联系机制的地方产业工会，积极协调政府主管部门、行业协会联合推进快递行业区域集体协商。因企制宜、一企一策，积极推进顺丰、京东、中通、圆通等多家快递头部企业开展二次集体协商，工资收入增幅、社保缴纳等多项核心条款成功纳入企业二次协商集体合同约定内容，并组织签订“1+3”集体合同。

自2021年起，上海市总工会坚持问题导向，探索建立以协商恳谈、职代会（联合）会议、建会建制工作联动和全网协商协调为代表的新就业形态协商协调模式，推动饿了么、叮咚、盒马（中国）、圆通、中通等九家公司总部在沪的互联网平台企业建立全网协商协调机制，推动美团（上海）等网约送餐平台企业建立地区总部民主协商制度，推动饿了么平台创新性开展与一线外卖送餐员的协商恳谈模式，诞生全国首份平台企业与新就业形态劳动者民主协商纪要。

2022年底，滴滴（北京）被全国总工会确定为推进新就业形态劳动者权益协商协调机制建设工作的重点企业之一。北京三级工会联动推进，多次前往滴滴总部，与平台企业党委、工会及相关部门负责人就企业生产经营、工会职能发挥、职工权益维护等问题进行深入座谈交流，引导建立“维护职工权益与促进企业发展是互利双赢”的共识，在企业内部形成管理层支持、各部门积极支持配合，共同推动协商协调机制建设的工作局面。2023年1月，在北京市、区、街道三级工会的推动下，滴滴（北京）网约车司机协商恳谈会在滴滴总部召开，形成了《2023年滴滴（北京）网约车司机协商恳谈会专项协议》，协议内容包括协商机构与机制建设、职业伤害与安全保障、收入与奖励补偿、福利与关怀、公益帮扶与奖励、专属商业保险等六项内容23条具体措施，目标是惠及全市在滴滴平台获取收入的网约车司机，为他们在工作中增添一份安心保障。

2024 年 5 月 2 日，由全国总工会指导的网络货运行业首个全网职代会在安徽合肥召开，包括 70 名货车司机在内的共计 121 名职工代表参加路歌平台（全网）一届一次职工代表大会（扩大）会议，会议审议通过了《路歌平台全网职工代表大会（扩大）会议实施办法》《路歌平台全网货车司机权益保障集体合同》。这项集体合同对货车司机群体最为关注的运费收入、运输保障、运输安全、协商协调机制等权益保障问题作出明确回应，如规定货车司机的运费收入应根据运输订单的完成情况确定，标准与货物性质、距离、路线难易等因素相关；建立“线上+线下”的互助体系，为货车司机提供全链条的道路互助救援服务；督促发货方避免司机疲劳驾驶，合理确定工作时间和货物送达时限；要求通过协商协调方式解决司机问题，保障司机的知情权、参与权；在工会的指导下，保障司机入会权利，推动网上入会工作等。

# 第二十二章

# 推进企事业单位民主管理制度落实

党的十八大以来，以习近平同志为核心的党中央深化对社会主义民主政治发展规律的认识，提出了全过程人民民主的重大理念。习近平在党的二十大报告中就“发展全过程人民民主，保障人民当家作主”作出部署，强调要积极发展基层民主，健全以职工代表大会为基本形式的企事业单位民主管理制度，维护职工合法权益，对新时代深化企事业单位民主管理工作提出了新的更高要求。各级工会积极探索企事业单位民主管理工作的特点和规律，推动了民主管理不断向广度和深度拓展。

## 一、企事业单位民主管理纳入法治化轨道

在《宪法》原则的指导下，企事业单位民主管理在经济立法、劳动立法和有关工会的立法中，都得到具体体现。我国《劳动法》明确规定：“劳动者依照法律规定，通过职工大会、职工代表大会或者其他形式，参与民主管理或者就保护劳动者合法权益与用人单位进行平等协商。”这为加强企事业单位民主管理提供了有力法律保障。

2012 年 2 月 13 日，中央纪委、中央组织部、国务院国资委、监察部、全国总工会、全国工商联联合印发《企业民主管理规定》。这是继 1986 年《全民所有制工业企业职工代表大会条例》实施后，全面规范以职工代表大会为基本形式的企业民主管理制

度的重要规章。该规章打破企业所有制界限，明确指出所有企业都要建立以职工代表大会为基本形式的民主管理制度。《规定》围绕职工代表大会制度进行专章规范，详细规定了职工代表大会组织制度和职权、职工代表大会工作制度、职工代表的产生和权利义务等内容，进一步规范了企业实行民主管理的程序和规则。同时，根据国有企业、公司制企业、中小企业、集团企业不同的实际情况分别作出具体规定，增强了针对性和可操作性。

2022 年 1 月 1 日起实施的新修改的《工会法》指出，“工会依照法律规定通过职工代表大会或者其他形式，组织职工参与本单位的民主选举、民主协商、民主决策、民主管理和民主监督”，新增“民主选举”“民主协商”的民主程序内容作为基本内容，为工会推进职工民主管理工作提供了更加完善的法律依据。2023 年 10 月 12 日，中国工会十八大通过了《中国工会章程（修正案）》，依据党的二十大精神和《工会法》，增写发展全过程人民民主，对工会参与民主管理的范围进行扩展，有利于各级工会更好履行参与职能，健全以职工代表大会为基本形式的企事业单位民主管理制度，组织和教育职工依照宪法和法律规定行使民主权利，发挥国家主人翁的作用。2023 年 12 月 29 日新修订的《公司法》第十七条明确规定，“建立健全以职工代表大会为基本形式的民主管理制度”，新增解散、申请破产公司应听取公司工会、职工意见和建议的法定事项，即公司研究决定申请破产时，应当听取公司工会的意见，并通过职工代表大会或者其他形式听取职工的意见和建议。

各地企业民主管理的立法工作不断推进，截至 2022 年底，全国 29 个地方人大共通过了 36 个有关民主管理的地方性法规。在制定职代会建设的法律责任规定时，大部分地区在评优评先上设置门槛，推进单位建立职代会；青海、新疆、宁夏、河北等地区施行经济惩罚，不建职代会或职代会执行不力的将给予罚款；上海市总工会运用“一函两书”，将一些违反《上海市职工代表大会条例》的企事业单位“书”进市公共信用信息服务平台，违反《上海市职工代表大会条例》将被公共信用信息服务平台“记录在案”。

## 二、企事业单位民主管理制度不断完善

2012年11月8日，党的十八大明确指出：“全心全意依靠工人阶级，健全以职工代表大会为基本形式的企事业单位民主管理制度，保障职工参与管理和监督的民主权利。”为贯彻落实党的十八大关于扩大社会主义民主、完善基层民主制度的精神，适应中国现代企业发展形势的要求，12月13日，全国总工会制定下发《中华全国总工会关于加强公司制企业民主管理工作的意见》，指导公司制企业理顺职代会制度与董事会、监事会和经营管理层的相互关系，大力推动公司制企业依法建立健全民主管理制度。2015年，中共中央、国务院《关于构建和谐劳动关系的意见》对完善以职工代表大会为基本形式的企业民主管理制度、推进厂务公开制度化和规范化、推行职工董事职工监事制度提出了明确要求。

2016年，全国总工会制定出台了《关于深入推进非公有制企业民主管理工作的意见》，提出“建制扩面、提质增效”的要求。同年，全国总工会下发《关于加强公司制企业职工董事制度、职工监事制度建设的意见》，突破了所有制，依法分类指导和推动所有建立董事会的公司制企业建立职工董事制度。在非公企业中，职工代表大会制度有了长足发展，出现了一批开展较好的企业，取得了成功的经验。各地非公企业探索实行了民主管理委员会、民主议事会、劳资恳谈会、民主协商会、总经理接待日等多种民主形式，企业民主管理的实践更加丰富。在经济发展比较快、中

小企业比较集中的地方，建立了区域（行业）职工代表大会制度，以解决区域（行业）内带有共性的问题。

2019 年，《2019—2023 年全国企业民主管理工作五年规划》出台。《规划》明确：中央企业全部建立职代会制度，符合条件的公司制企业建立职工董事和职工监事制度；已建工会的国有企业及其控股企业、100 人以上的非公有制企业普遍建立职代会、厂务公开制度。推进事业单位普遍建立职代会、厂务公开制度；普遍推行区域（行业）职代会制度，鼓励小微企业结合自身特点开展多种形式的民主管理活动，实现 100 人以下非公有制企业民主管理制度覆盖率稳步增长。全国总工会于 2020 年 12 月 28 日印发《关于推行企业集团职工代表大会制度的意见》，对推行集团职工代表大会制度的重要意义、基本原则、工作要求、职工内容、制度建设等进行表述。为规范职工代表大会操作流程，完善职工代表大会运作机制，充分发挥职工代表大会积极作用，推动企业民主管理工作高质量发展，依照相关法律法规和政策文件规定，全国厂务公开协调小组办公室于 2022 年 3 月 17 日制定《职工代表大会操作指引》。

2022 年第九次中国职工状况调查数据显示，有 85.1%的单位建立了职工（代表）大会制度；91.7%的单位能够按期召开职工（代表）大会；80.3%的单位在制定重大经营决策时经过职工（代表）大会讨论审议；87.7%的单位在制定涉及职工权益的工作方案时，经过职工（代表）大会表决决定；76.4%的职工认为单位的职工（代表）大会作用发挥好。职工诉求的反映渠道更加多元，66.4%的职工直接向班组长或单位领导反映意见，53.9%的职工通过单位职工（代表）大会发表意见，50.1%的职工向工会组织或职工代表反映意见。

## 三、积极推进企事业单位民主管理制度与现代企业制度融合

企事业单位民主管理制度必须同中国特色现代企业制度相融合，同企业改革发展稳定相结合，同企事业单位专业管理相契合，才能适应形势发展需要，更好地发挥“稳定阀”和“推进器”作用，构筑起企业与劳动者利益共同体、事业共同体、命运共同体。

2015 年 9 月 13 日，党中央、国务院发布《关于深化国有企业改革的指导意见》，指出要完善现代企业制度，健全公司法人治理结构，要求加强董事会内部的制衡约束，国有独资、全资公司的董事会和监事会均应有职工代表。

2016 年 10 月，习近平在全国国有企业党的建设工作会议上发表重要讲话，指出要健全以职工代表大会为基本形式的民主管理制度，推进厂务公开、业务公开，落实职工群众知情权、参与权、表达权、监督权，充分调动工人阶级的积极性、主动性、创造性。企业在重大决策上要听取职工意见，涉及职工切身利益的重大问题必须经过职代会审议。要坚持和完善职工董事制度、职工监事制度，鼓励职工代表有序参与公司治理。结合全国总工会改革试点任务的落实，中华全国总工会制定了《关于深入推进非公有制企业民主管理工作的意见》《关于加强公司制企业职工董事制度、职工监事制度建设的意见》等，推动企业民主管理各项制度融入现代企业制度。

2017 年，《国务院办公厅关于进一步完善国有企业法人治理结构的指导意见》把健全以职工代表大会为基本形式的企业民主管理正式明确为法人治理结构的重要组成部分。

2021 年 9 月 27 日，全国厂务公开协调小组办公室在上海召开“规范召开企业职工代表大会现场经验交流会”，聚焦企业职

代会规范化建设中存在的主要问题，研究讨论解决办法和思路。会议强调，企业党组织要切实担负起领导责任，企业行政要履行主体责任，把职代会写入公司章程，与管理相结合，纳入制度体系。

各地方各单位以深化国有企业改革为契机，以构建和谐劳动关系为主线，根据改革发展进程逐步深化民主管理工作，推动越来越多的企业将民主管理纳入企业管理制度之中，成为公司法人治理结构的重要组成部分。一些地方推动企业建立多层级职代会制度，加强职工董事、职工监事制度建设，完善企业法人治理结构。一些企业坚持把民主管理工作与企业的经营管理、决策监督、党风建设有机融合，着力规范民主程序、落实职代会决议，推进企业健康持续发展。

## 四、破解新业态企业民主管理难题

进入新时代以来，随着平台经济、数字经济迅猛发展，新业态企业（行业）呈现快速发展势头，快递员、外卖配送员、网约车司机等新就业形态劳动者数量大幅增加。与此同时，维护新就业形态劳动者的权益也面临新形势新问题，全面落实民主管理工作面临新挑战。

为维护新就业形态劳动者权益，促进新业态企业（行业）规范健康持续发展，2021 年，全国总工会印发《关于推进新就业形态劳动者入会工作的若干意见（试行）》，指出要探索平台企业实行民主管理的方式方法，注重发挥产业、行业工会作用，引导平台企业和劳动者在劳动报酬、奖惩办法、工作时间、劳动定额等方面进行协商，为劳动者搭建理性有序表达合理利益诉求的渠道，保障劳动者对涉及切身利益重要事项的知情权、参与权、表达权，加强对平台企业执行劳动法律法规的有效监督。

2023年，全国总工会制定实施《深入推进新就业形态劳动者工会工作三年行动计划（2023—2025年）》，对涉及新就业形态劳动者劳动收入、职业发展、社会保障、职业安全等问题作出积极回应，包括加强法律保障，开展新就业形态就业人员职业伤害保障试点，提供公益性法律服务；突出平台企业主体作用，着力推进新就业形态劳动关系协商协调机制建设，探索创新与平台企业相适应的民主管理工作机制、内容和方法。

新就业形态劳动者群体集中的互联网平台企业的民主管理建制有了新突破。部分新业态头部企业针对新业态企业（行业）特点，对传统企事业单位民主管理工作方式方法作出了调整和改进。2023年12月22日，在全国总工会和北京市总工会的指导下，滴滴网约车平台首次全国范围司机恳谈会在北京召开，来自全国各地的滴滴网约车司机代表、滴滴平台企业代表参加协商恳谈，双方围绕网约车司机群体关注的派单规则、收入奖励、福利关怀和相关权益保障事项展开协商、形成共识，签署了滴滴网约车平台司机权益保障协议。作为全国总工会开展互联网平台企业与新就业形态劳动者协商试点工作的重要一环，在上海市总工会等单位指导下，饿了么平台与新就业形态劳动者首次开展协商恳谈会，优化配送时间起算节点等十项协商成果，给外卖配送员带来实惠。京东集团在2021年率先建立平台企业中的全国性、跨区域的集体协商及职代会制度。

## 五、营造企事业单位民主管理创新发展的良好氛围

各级工会通过网络、报刊等媒介，对企业民主管理的政策法规、理论研究、制度创新等发展情况以及典型经验等进行了广泛宣传，全国总工会对企事业单位民主管理网站进行了改版升级，提高了党政干部、企业经营管理者以及职工对企业民主管理的认

识，提高全社会对企业民主管理的关注度，为推动企业民主管理创新发展营造了良好的社会氛围。职工民主参与的手段和载体也在随着时代的进步不断创新发展，通过广泛应用企业内部网站、电子信箱、手机短信、QQ、微博、微信、手机 APP 等媒体、平台，促进职工参与民主管理互动性进一步增强，使更多的职工群众能够在更广大的范围内参与进来。

为表彰先进，深入总结和宣传各地的好经验和好做法，充分发挥典型单位的示范引领作用，不断推进企事业单位民主管理制度化、规范化、法治化建设，全国厂务公开协调小组在 2013 年、2017 年、2020 年、2023 年都开展了全国厂务公开民主管理工作先进单位表彰，通过评选表彰先进单位，发现、培育、总结、宣传和推广先进单位的成功经验和创新做法，以点带面推动工作的深入发展。2015 年 11 月 12 日，全国非公有制企业民主管理工作经验交流会在北京召开。会上，上海、广西、大连、临安等地方厂务公开协调领导机构办公室负责同志，以及山东新郎希努尔集团股份有限公司、新疆永升建设集团有限公司、北京五洲妇儿医院、湖北劲牌有限公司等企业代表发言，介绍了非公有制企业开展民主管理的经验和做法。2017 年 9 月 29 日，全国厂务公开民主管理工作经验交流暨先进单位表彰电视电话会议在北京召开。中国铁路工程总公司、辽宁省总工会、湖北达雅生物科技股份有限公司和上海市肺科医院等四个单位在会上介绍推进企事业单位民主管理工作的创新做法与实践经验。会议分别授予 400 个企事业单位“全国厂务公开民主管理先进单位”称号，100 个企事业单位“全国厂务公开民主管理示范单位”称号，100 个单位“全国推动厂务公开民主管理工作先进单位”称号。2018 年 9 月 11 日，全国民营企业民主管理现场会在杭州举行。此次会议是人力资源社会保障部、全国总工会、全国工商联三部门第一次联合组织、第一次在民营企业召开的全国民营企业民主管理现场会。大会以“深化企业民主管理创新发展内生动力”为主题。传化集团董事长徐冠巨在会上介绍了集团民主管理工作的先进经验并代表传化集团向全国民营企业发出倡议：一要尊重劳动，尊重劳动者；二要遵守国家法律，维护职工合法权益；三要共建共赢，让职工共享企业改革发展成果；四要加强人文关怀，促进职工全面发展；五要践行社会主义核心价值观，积极履行社会责任。

2020 年 7 月 31 日，《全国厂务公开协调小组办公室关于印发〈全国厂务公开民主管理工作先进单位评选表彰管理办法〉的通知》印发，进一步规范了全国厂务公开民主管理工作先进单位评选表彰工作。与此同时，《重庆市企业厂务公开民主管理示范单位评定标准》《甘肃省厂务公开民主管理工作先进单位评选命名管理办法》《云南省厂务公开民主管理先进工作单位选树命名办法》等多个地方规范性文件相继出台。2020 年 12 月 10 日，全国厂务公开民主管理工作经验交流暨先进单位表彰电视电话会议在京召开。会上，分别授予 400 个单位“全国厂务公开民主管理先进单位”称号，100 个单位“全国厂务公开民主管理示范单位”称号，100 个单位“全国推动厂务公开民主管理工作先进单位”称号。

为建设一支高素质、高水平的职工代表队伍，更加充分有效地保障职工参与管理和监督的民主权利，针对企业数量激增、职工流动性较强、基层工会力量薄弱的现状，全国厂务公开协调小组办公室制定了《2014—2018 年职工代表培训规划》《2019—2023 年职工代表培训规划》，编写了《职工代表培训教材》《企业民主管理简读本》等教材，以送教到基层、举办全国性培训班等方式，示范带动各级工会组织认真落实职工代表培训规划，努力确保每个县至少有一名能够讲授民主管理课程的师资，职工代表在任期内能够接受一次轮训，为建设一支高素质职工代表队伍建设提供了有效保证。

# 第二十三章

# 着力维护劳动领域政治安全

以习近平同志为核心的党中央高度重视劳动领域政治安全工作。习近平总书记多次作出重要指示批示，提出明确要求。工会是维护劳动领域政治安全的重要力量，在维护国家安全中发挥着重要作用。全国总工会和地方各级工会认真学习贯彻习近平总书记重要指示精神和党中央决策部署，坚决落实总体国家安全观，围绕统筹发展和安全，坚持底线思维、增强忧患意识，坚持维权维稳相统一，发扬斗争精神、增强斗争本领，做到守土有责、守土负责、守土尽责，切实维护劳动领域政治安全，促进职工队伍团结统一与社会和谐稳定。

## 一、把“五个坚决”要求落到实处

2018 年 6 月，全国总工会十六届十六次主席会议提出，要注意引导职工依法理性表达利益诉求，及时排查化解各类风险矛盾，坚决防止敌对势力对我职工队伍的渗透破坏，坚决防止所谓的“独立工会”“民间工会”出现，坚决维护职工队伍和工会组织的团结统一，坚决维护社会大局稳定，形成了“五个坚决”的部署要求。2018 年 10 月，全国总工会十七届二次主席团会议指出，要切实贯彻习近平总书记要求，增强政治敏锐性，坚决防止敌对势力借机插手煽动、渗透破坏，坚决防止“独立工会”“民间工会”的出现，坚决维护职工队伍和工会组织的团结统一，坚决维护企业和社会大局和谐稳定，坚决捍卫中国共产党领导和我国社会主义制度，初步明确了“五个坚决”要求的内涵。2019年2月，全国总工会十七届二次执委会议指出，要做到“五个坚决”，即坚决防止敌对势力借所谓“维权”插手煽动、渗透破坏，坚决防止所谓“独立工会”“民间工会”的出现，坚决维护职工队伍和工会组织的团结统一，坚决维护企业和社会大局和谐稳定，坚决捍卫中国共产党领导和我国社会主义制度，实现维权与维稳相统一，正式明确了“五个坚决”要求的内涵。

2019年5月，全国工会维权维稳工作座谈会在北京召开，会议强调，各级工会要提高政治站位，坚持底线思维，强化忧患意识，切实增强做好劳动领域维护政治安全工作的思想自觉、政治自觉和行动自觉，做到守土有责、守土负责、守土尽责。要强化职工思想政治引领，加强劳动领域风险化解，在党委领导下的维稳机制中充分发挥作用，做到“五个坚决”。要坚持维权和维稳工作相统一，不断增强全局性、系统性、协同性、预见性，加强组织领导和调查研究，健全制度机制，不断推动工会维权维稳工作迈上新台阶。

2020年4月，全国总工会十七届三次执委会议进一步阐明了“五个坚决”之间的关系：坚决防止敌对势力借所谓“维权”插手煽动、渗透破坏，这是维护劳动领域政治安全的前提；坚决防止所谓“独立工会”“民间工会”的出现，这是维护劳动领域政治安全的关键；坚决维护职工队伍和工会组织的团结统一，这是维护劳动领域政治安全的基础；坚决维护企业和社会大局和谐稳定，这是维护劳动领域政治安全的重点；坚决捍卫中国共产党领导和我国社会主义制度，这是维护劳动领域政治安全的根本。

2022年7月，全国总工会党组理论学习中心组围绕总体国家安全观举办专题辅导报告会。会议强调，各级工会和广大工会干部要增强使命感和责任感，充分发挥工会组织作用，着力推动工会参与全民国家安全教育工作往深处走、往实处落。要结合“中国梦·劳动美”主题宣传教育，广泛组织开展群众性国家安全教育和国防教育活动，丰富教育实践载体，挖掘红色工运资源，加强爱国主义、集体主义和社会主义教育，引导广大职工群众树立正确的国家安全观。要突出强化工会领导干部和青年职工的国家安全意识，以深入学习《总体国家安全观学习纲要》为契机，坚持全面系统学、及时跟进学、深入思考学、联系实际学，提高应对风险挑战能力，把学习成效转化为维护国家安全的生动实践。要切实维护劳动领域政治安全，以“时时放心不下”的责任感，认真扎实做好各项工作，把“五个坚决”要求落到实处，凝聚起攻坚克难、砥砺奋进的强大力量。

2023 年 2 月，全国工会维护劳动领域政治安全工作座谈会在北京召开。会议强调，要把习近平总书记和党中央的指示要求落到实处，以维护劳动领域政治安全的新成效，促进工会组织团结统一和职工队伍和谐稳定。要加强劳动关系发展态势监测和分析研判，及时发现掌握可能影响职工队伍稳定和劳动领域政治安全的突出问题，进一步加大劳动争议和矛盾纠纷的调处力度，真正把劳动领域风险隐患化解在基层、消除在萌芽状态。要强化引领构建，认真履行工会政治责任，团结引导广大职工群众坚定不移听党话、跟党走，以有效的思想政治引领筑牢维护劳动领域政治安全的思想根基。要坚持维权维稳相统一，扎实做好维权服务工作，帮助解决职工群众急难愁盼问题，夯实维护劳动领域政治安全的坚实基础。要加强维护劳动者权益的协商协调机制建设，推动建立规范有序、公正合理、互利共赢、和谐稳定的劳动关系，提高维护劳动领域政治安全的实际成效。

2024 年 1 月，全国工会维护劳动领域政治安全工作座谈会在北京召开，会议强调各级工会要牢固树立总体国家安全观，贯彻落实习近平总书记关于维护劳动领域政治安全的重要指示精神，以“时时放心不下”的责任感做好工作，全面落实“五个坚决”要求，以实际行动维护企业、职工队伍和社会大局和谐稳定。要守土有责、守土负责、守土尽责，勇于担当、主动作为，以落实“五个坚决”要求为主线，坚持“两手抓”工作格局，坚持维权维稳相统一，坚持推进体系能力建设，上下联动、共同努力，切实维护劳动领域政治安全。

## 二、加强维护劳动领域政治安全体制机制建设

维护劳动领域政治安全，完善的工作体制和机制是“压舱石”。全国总工会牵头建立部委协同工作机制。连续多年开展专项排查化解行动。落实党中央、国务院《关于构建和谐劳动关系的意见》，推动健全党政主导的维权服务机制。推动完善协调劳动关系三方机制、政府和工会联席会议制度、“人社+法院+工会”劳动争议多元化解机制，开展“稳就业促发展构和谐”行动计划等，为推动共建共治共享社会治理作出积极贡献。深化工会联系引导社会组织工作，依法协调做好工会系统有关工作，为维护劳动领域政治安全提供支撑。

各级工会积极探索，不断强化维护劳动领域政治安全机制体系和能力建设。贵州省总工会建立“1+1+N”工作推进机制，成立维护劳动领域政治安全工作小组，将贵州省12351职工维权服务热线接入全国总工会平台，实现全省一体统筹调度推进模式，共同打造维护劳动领域政治安全工作闭环。江苏省总工会于2021年在江阴市祝塘镇成立全省首家镇级劳动领域维护政治安全“2+1+N”工作专班，工作专班实体化运行，建立名单、明确分工、责任到人，“2”为镇党委书记和镇长，“1”为镇党委副书记，“N”为镇总工会、派出所、经济发展和改革局、综合执法局等单

位负责同志，所有工作专班成员集中调度、统筹安排。同时，特别成立顾问指导组，由省总工会第一蹲点工作组全体成员及江阴市总工会负责同志担任顾问，负责协调、指导祝塘镇全面开展劳动领域维护政治安全工作。工作专班实行工作组负责制，内设综合协调组、信息研判组、新闻舆情组、联动处置组四个工作组，切实落实各项工作任务。广西工会创新“法院+工会+人社+N”协作联动机制，将多元联动工作机制化、规范化。要求按照“有场地、有设备、有统一标识、有制度、有经费、有专兼职调解员”的“六有”标准，着力完善劳动争议多元联合调解中心建设，在市、县（区）和重点工业园区工会，构建“一中心、多工作室、多站点”的劳动争议多元化解平台体系，充分发挥多元化解机制在构建和谐劳动关系、维护劳动领域政治安全中的先手棋作用。

## 三、加强工会信访问题源头治理

为进一步落实各级工会及其领导干部、信访工作人员信访工作责任，从源头上预防和减少信访问题发生，推动信访问题及时就地解决，更好地维护群众合法权益、维护社会公平正义、维护社会和谐稳定，2017 年，全国总工会根据《信访工作责任制实施办法》有关要求，制定了《工会信访工作责任制实施细则》。

2022 年 2 月 25 日，党中央、国务院印发《信访工作条例》。2022 年 5 月 7 日，全国总工会党组理论学习中心组召开专题学习辅导报告会，深入学习领会习近平总书记关于加强和改进人民信访工作的重要思想，全面学习《信访工作条例》的主要内容。2022 年 6 月 7 日，全国工会信访工作会议以电视电话会议形式召开，会议总结交流工会信访工作情况，分析工会信访形势，部署做好当前和今后一个时期工会信访工作，强调要深入学习贯彻习近平总书记关于加强和改进人民信访工作的重要指示精神，贯彻落实《信访工作条例》和第九次全国信访工作会议精神，坚持稳字当头，站稳职工立场，切实推动解决职工信访突出问题，维护职工合法权益和社会和谐稳定。

2023 年，开展工会信访问题源头治理三年攻坚行动。全国各级工会积极创新举措，加强工会信访问题源头治理。如江西省总工会打造“三师一室”（法律援助律师、劳动关系协调师、健康工程师、劳动争议调解室）平台，排查化解各类矛盾纠纷，切实解决职工信访中反映突出的难点和热点问题。主要方式是通过市场机制，以“购买服务+志愿者”的形式组建专业化的服务团队，发挥各自专业优势开展信访工作，并综合多种举措实现信访工作“一体化、法治化、专业化、柔性化”，让每一个信访职工“携问题而来，载满意而归”。江苏省无锡市锡山区总工会坚持融入大局服务职工，在区司法局与区劳动人事争议仲裁院设立“法律援助中心劳动争议工作站”的基础上，增设工会驻仲裁院“职工法律援助站”，选派职工法律援助律师共同参与“一院双站”律师接访、值班服务，以部门联动、访调援裁对接、优势互补的形式，以接访即介入的主动性，践行工会依法维权、竭诚服务的使命担当，为化解劳资纠纷提供“一站式”多元帮扶服务，社会反响较好。

## 四、高度重视新就业形态劳动领域政治安全

加强新就业形态劳动者工会工作，是以习近平同志为核心的党中央交给工会的一项重要政治任务。全国总工会和地方各级工会认真贯彻落实习近平总书记重要指示批示精神和党中央决策部署，推动新就业形态劳动者工会工作取得积极成效。

2023 年，全国总工会制定了《深入推进新就业形态劳动者工

会工作三年行动计划（2023—2025 年）》，明确提出新就业形态劳动者建会入会的新任务，即 2023 年至 2025 年，平均每年新发展新就业形态劳动者会员 300 万人以上，三年累计达到 1000 万人入会，基本实现工会组织对平台企业、头部企业和新就业形态劳动者全覆盖。通过强力推进新就业形态劳动者入会攻坚行动，不断提升工会对新就业形态劳动者的组织覆盖和工作覆盖，建好用好工会服务站点阵地，贯通工会维权维稳各项工作，打造职工法律维权平台、畅通职工倾诉渠道，切实解决新就业群体最关心、最现实、最直接的民生问题，实现维权维稳的有机统一，坚决维护职工队伍和社会大局稳定。2023 年，建立全国总工会和省级工会与头部平台企业常态化沟通协调机制，实现头部平台企业总部全部建立工会，已有九家建立职代会制度，新发展新就业形态劳动者会员 380 万名；推动头部平台企业建立协商机制、签订集体合同，覆盖 230 万名快递员、300 万名外卖员和 380 万名网约车司机群体。

2024 年 1 月，全国总工会联合人力资源社会保障部、最高人民法院、司法部、全国工商联、中国企业联合会/中国企业家协会印发《关于加强新就业形态劳动纠纷一站式调解工作的通知》，明确规定对平台经济活跃、新就业形态劳动纠纷较多地区的人力资源社会保障部门、人民法院、司法行政部门、工会等单位应加强合作，充分发挥劳动争议调解、人民调解、司法调解特点优势，打造“人社牵头、部门协同、行业参与”的工作格局，构建新就业形态劳动纠纷一站式多元联合调解工作模式。

2024 年，全国总工会大力推进工会维权服务新就业形态劳动者三年行动。制定平台企业工会工作指引，推动 12 家头部平台企业在总部及省级分支机构建会基本全覆盖，建立市、县级新业态工会联合会 1.2 万家，新增新就业形态劳动者会员 413.6 万人。

## 五、建立健全劳动关系风险监测预警和分析研判机制

2019年，《人力资源社会保障部、全国总工会、中国企业联合会/中国企业家协会、全国工商联关于建立劳动关系风险监测预警制度的意见》发布。随后，各省市协调劳动关系三方会议也都印发了各省市关于建立劳动关系风险监测预警制度的实施意见，通过联合各级人力资源社会保障部门、工会组织、企业代表组织开展劳动关系领域风险防控工作，建立起劳动关系风险预警机制。

随着新业态的快速发展，新型用工方式增多，劳动关系呈现多元化、复杂化，对协调劳动关系提出了新课题，各地政府、工会都在积极探索破解之路。如江苏省昆山市总工会出台了《关于进一步深化劳动用工风险评估综合标准化试点工作的通知》，提出五个方面措施，对照排查潜在风险。《企业劳动用工风险评估规范》（草案）是供企业对照检查的一份劳动用工管理的负面清单，已经作为江苏省地方标准项目立项重点研究。昆山市总工会设计的“风险评估表”共有16项内容99个风险点，涉及职工招聘入职、试用期管理、劳动合同签订、工资管理、规章制度等方面，几乎囊括了企业劳动用工的各种情况。按“发生概率低、风险低”“易发生、风险较低”“易发生、风险高”等分为三个风险等级。企业只要对照项目表梳理用工现状，便可全面识别各种潜在的用工风险。在对照检查的基础上，形成企业劳动用工风险评估书，进而有针对性地提出解决方案。江苏省总工会、省人社厅、省卫生健康委、省应急管理厅在总结昆山等地开展劳动用工风险评估做法的基础上，2021年出台文件，在全省联合实施专项服务行动，对企业遵守劳动法律法规、依法保障职工权益情况进行监督评估和指导服务，帮助企业防范化解劳动用工风险，促进劳动

关系和谐稳定。江苏省总工会不仅注重加强与人社、卫健、应急管理等政府部门的协作联动，而且健全和完善了与这些部门的人员互聘、信息互通、调解互邀、处置互动工作机制，有力且有效地保证了企业劳动用工监督评估专项服务行动的实施。

## 六、加强工会网上引导工作

随着互联网普及，职工群体成为网络空间的重要参与者。为响应国家网信办“中国好网民”工程，2016 年，全国总工会印发《关于在广大职工中开展“网聚职工正能量 争做中国好网民”主题活动的通知》，首次明确以职工为主体开展网络素养教育。2017 年，活动形式不断扩展，推出“正能量诵读”“网络正能量歌曲征集”等子项目。首次举办“职工好网民”优秀案例征集，挖掘职工利用网络传播正能量的典型事迹。2018 年，全国总工会与中央网信办深化合作，将活动纳入“中国好网民”整体框架。重点聚焦工会网上工作创新，推动各级工会利用新媒体服务职工。2020 年，结合疫情防控，开展“抗疫·职工好网民”专题活动，表彰职工在疫情信息科普、网络互助中的贡献。首次发布《职工网络素养调查报告》，为活动提供数据支撑。2021 年，全国总工会联合人社部推出“职工好网民·网络技能提升计划”，覆盖直播带货、网络安全等实用技能培训，活动覆盖超 5000 万名职工，微博话题阅读量破 10 亿人次。2022 年，聚焦党的二十大主题，开展“劳动颂歌献给党”网络传播活动，新增“职工网络达人征集”“新媒体账号征集”等项目，努力推动大批网络正能量文化精品涌现，在网络空间体现工会工作的新特色、新亮点、新作为。推出“职工好网民公约”，明确“不传谣、不侵权、守隐私”等行为准则。2023 年，启动“职工好网民·数字素养行动”，针对新就业形态劳动者加强网络防诈、数字工具应用培训。首次设立

“职工网络文化国际传播奖”，鼓励讲好中国工人故事。截至2024年7月，活动累计征集各类作品10.8万件，总浏览量超5亿人次，活动推广触达7亿人次，形成“好网民课堂”“职工网络文化节”等子品牌，成为工会网络工作的核心抓手，推动职工群体从“被动受众”转变为网络正能量的主动传播者，助力构建和谐网络生态。

## 第二十一编

# 全面深化工会改革和建设

# 第二十四章

# 深入推动工会改革

习近平指出："党的群团工作是党通过群团组织开展的群众工作，是党组织动员广大人民群众为完成党的中心任务而奋斗的重要工作"①，将群团工作置于影响党和国家前途命运的高度。《中共中央关于加强和改进党的群团工作的意见》和中央党的群团工作会议对群团改革作出决定，在全国总工会、上海和重庆开展群团机关改革试点，将改革试点工作纳入全面深化改革"总盘子"加以统筹推进，全国总工会、上海市总工会和重庆市总工会贯彻党中央决策部署，按照党的十八届三中全会精神以及中央党的群团工作会议要求，主动对接、及时跟进，形成了上下联动、左右互动、整体推动的改革局面，高标准完成了群团改革试点任务，创造了一批可复制可推广的经验。

## 一、工会改革建设不断深化

### （一）全国总工会改革试点工作情况

党的十八大以来，以习近平同志为核心的党中央高度重视党

---

① 《切实保持和增强政治性先进性群众性 开创新形势下党的群团工作新局面》，《人民日报》2015 年 7 月 8 日第 1 版。

的群团工作，围绕工会改革发表一系列重要讲话，作出一系列重要指示。2013 年 4 月 28 日，习近平在同全国劳动模范代表座谈时指出，时代在发展，事业在创新，工会工作也要发展、也要创新。2015 年 4 月 28 日，习近平在庆祝“五一”国际劳动节暨全国劳动模范和先进工作者大会上指出，要自觉运用改革精神谋划推进工会工作，创新组织体制、运行机制、活动方式、工作方法，推动工会工作再上新台阶。

《中共中央关于加强和改进党的群团工作的意见》出台后，全国总工会召开党组会议，专题传达学习《中共中央关于加强和改进党的群团工作的意见》，并对贯彻落实工作作出了安排部署。

在中央党的群团工作会议上，习近平指出，工会、共青团、妇联等群团组织要增强自我革新的勇气。中央党的群团工作会议召开后，全国总工会高度重视，迅速传达，认真学习贯彻中央党的群团工作会议精神，制定并下发了《全国总工会关于学习宣传贯彻中央党的群团工作会议精神的通知》，要求各级工会加深对会议精神的理解，忠诚履行职责，勇于改革创新，在为实现中华民族伟大复兴中国梦而奋斗的进程中展现工会组织的新作为。各级工会在当地党委领导下，积极参与学习活动，组织广大职工和工会干部认真学习领会会议精神。2015 年 8 月 13 日，全国总工会正式印发《中华全国总工会关于贯彻落实〈中共中央关于加强和改进党的群团工作的意见〉的实施方案》，要求各级工会牢牢把握我国工人运动的时代主题，充分调动广大职工群众的积极性主动性创造性，把职工群众的智慧力量凝聚到中国特色社会主义的伟大实践中，在协调推进“四个全面”中谱写工会工作新篇章。

2015 年 11 月 9 日，习近平主持召开中央全面深化改革领导小组第十八次会议，会议审议并通过了《全国总工会改革试点方案》《上海市群团改革试点方案》《重庆市群团改革试点方案》，同时对推进党的群团改革提出了明确要求。会议指出，推进党的群团改革，必须紧紧围绕保持和增强政治性、先进性、群众性这条主线，强化问题意识、改革意识，着力解决突出问题，把群团组织建设得更加充满活力、更加坚强有力。群团组织要坚定不移走中国特色社会主义群团发展道路，坚持党对群团工作的统一领导，把自觉接受党的领导、团结服务所联系群众、依法依章程开展工作有机统一起来，在思想上政治上行动上自觉同党中央保持高度一致。要坚持为党分忧、为民谋利，从群众需要出发开展工作、深化改革，眼睛向下、面向基层，改革和改进机关机构设置、管理模式、运行机制，坚持力量配备、服务资源向基层倾斜。试点部门和地方要加强统筹协调，针对突出问题，对症下药，标本兼治，积极创造可复制可推广的经验。

2015 年 11 月 11 日，全国总工会召开机关改革试点工作动员部署大会，强调要坚持贯彻党中央的决策部署，统一思想认识，加强组织领导，明确责任分工，细化时间表和路线图，积极稳妥、扎实有序地推进各项改革措施的实施，努力完成好改革试点任务。11 月 25 日，全国总工会制定下发改革试点工作具体实施方案，逐项明确了责任分工和时间表、路线图，同时加强对改革试点工作的政策宣传解读，营造良好的舆论氛围。

2016 年 2 月 26 日，中央书记处办公会议专题听取全国总工会等群团组织深化改革进展情况汇报，对全国总工会改革试点工作给予肯定并提出具体要求。为凝心聚力推进工会工作改革创新，全国总工会成立以党组书记为组长的改革试点工作领导小组，2016 年内先后召开 40 次党组、书记处和领导小组会议，对照中央改革办通知提出的 35 条重大改革举措逐条对号入座，切实把党中央的部署要求落实到全国总工会改革试点方案制定和实施的全过程。

全国总工会党组、书记处坚持问题导向，从职工群众反映最强烈的问题改起，着重在改进工会领导机构人员构成和全国总工会机构设置，创新职工建功立业的载体和方式，完善维护职工权益制度和机制，着力做强基层夯实基础，坚决维护职工队伍和工会组织团结统一，创建工会网上工作平台，充分发挥全国总工会党组的领导核心作用七个方面加大改革力度，将改革举措分解为13项重点任务、25项主要制度文件、50项具体措施，逐项明确责任分工、时间表、路线图，加强督促检查、跟踪问效，确保改革试点各项任务落实。

全国总工会充分履行“忠诚党的事业、竭诚服务职工”的使命担当，态度坚决、行动迅速，积极主动、全面谋划，按照增“三性”、去“四化”、强基层、促创新的改革总体思路，开展改革试点工作。以发挥全国总工会党组领导核心作用为保证，增强了工会系统党组织的先进性纯洁性；以整合机构优化职能为突破口，增强了工会组织的广泛性代表性；以改进干部管理方式为关键点，激发了机关干部的动力和活力；以增强基层活力发挥作用为着力点，推动了工会工作的重心下移力量下沉；以创新工作载体机制为切入点，提升了工会组织凝聚力影响力；以建设“互联网+”工会工作新格局为手段，实现了服务职工群众全方位全天候；以实行工会工作社会化为抓手，拓展了联系职工的新途径新方式；以推进全国总工会改革试点为引领，促进了各级工会改起来强起来。

截至2017年，《全国总工会改革试点方案》提出的七个方面27条改革举措均如期完成，原定制订25项制度文件实际出台35项，改革试点工作实现了既定目标，取得了阶段性成果。全国总工会在如期完成改革试点任务基础上，充实深化工会改革创新领导小组，举办工会系统推进改革工作会议和专题研讨班、全国工会深化改革创新电视电话会议，开展改革落实情况专项督查。与此同时，全国总工会坚持以上带下，指导各级工会主动对接、及时跟进，整个工会系统改革全面展开、态势良好，全国总工会机关和事业单位精简编制25%，全国总工会经费全年收入的95%留在地方和基层工会，资源和力量进一步向基层倾斜。中央改革办《改革情况交流》多次专门介绍全国总工会改革试点情况，给予充分肯定。

2017年2月6日，习近平主持召开中央全面深化改革领导小组第三十二次会议，审议通过了《关于全国总工会改革试点工作的总结报告》，全国总工会改革试点取得阶段性成果：增强工会组织广泛性和代表性，提高领导机构中职工代表比例；对机关职能和机构设置进行整合优化；实行全国总工会机关编制“减上补下”，加大工会资源向基层倾斜力度；改进机关干部管理方式，突出基层一线工作经历、群众工作经历，不拘一格选拔人才，建立一支以专职为主、兼职与挂职相结合的机关干部队伍；实施全国工会“互联网+”行动计划，推行“互联网+”工会普惠性服务；联系引导劳动关系领域社会组织，做好维护职工队伍稳定工作。

### （二）学习贯彻习近平总书记关于党的群团工作和群团改革的重要指示精神

2017年8月22日，习近平对党的群团工作和群团改革作出重要指示，指出党的群团工作是党的一项十分重要的工作，群团改革是全面深化改革的重要任务。习近平强调，要推动各群团组织结合自身实际，紧紧围绕增强“政治性、先进性、群众性”，直面突出问题，采取有力措施，敢于攻坚克难，注重夯实群团工作基层基础。中央书记处要加强对群团改革的指导，中央改革办要加强对群团改革方案落实的督察，各级党委要负起组织推进群团改革的责任，正确把握方向，及时了解情况，认真解决难题，以改革推动群团组织提高工作和服务水平，努力开创党的群团工作新局面。

2017年8月26日，群团改革工作座谈会召开，对贯彻落实习近平总书记重要指示、深化群团改革作出重要部署。为贯彻落实党中央决策部署，全国总工会制定了《关于贯彻落实习近平总书记“8·22”重要指示和群团改革工作座谈会精神深化工会改革创新方案》，提出认真学习贯彻习近平总书记重要指示和群团改革工作座谈会精神，切实加强理论武装；以更大力度更实举措推动改革创新向基层延伸，使职工群众有更多的获得感；加强党对工会改革创新的领导，把握正确的政治方向；加强组织领导，强化责任担当等几个方面的意见，落实推进群团改革工作。

会后，全国总工会下发《关于深入学习宣传贯彻习近平总书记重要指示和群团改革工作座谈会精神的通知》，对工会系统切实把以习近平同志为核心的党中央对群团工作和群团改革的各项要求落到实处作出部署。各级工会按照通知要求，把学习贯彻习近平总书记重要指示和群团改革工作座谈会精神作为重大政治任务，切实把思想和行动统一到党中央决策部署上，以更大力度、更实举措深化工会系统改革创新。

### （三）制定并实施《深化工会改革创新实施方案》

2018年2月28日，党的十九届三中全会审议通过《中共中央关于深化党和国家机构改革的决定》和《深化党和国家机构改革方案》，立足经济社会发展全局，统筹推进党政军群机构改革，提出“深化党和国家机构改革的首要任务是，完善坚持党的全面领导的制度，加强党对各领域各方面工作领导，确保党的领导全覆盖，确保党的领导更加坚强有力”。

2018年10月29日，习近平在同中华全国总工会新一届领导班子成员集体谈话时指出，工会改革是全面深化改革的重要组成部分。党的十九届三中全会对群团组织改革提出了新的要求，工会要认真贯彻落实，构建联系广泛、服务职工的工会工作体系。要树立大抓基层的鲜明导向，坚持眼睛向下、面向基层，把力量和资源向基层倾斜投放，把广大职工凝聚在党的周围。要加强对工会干部的教育、管理、监督，完善联系职工群众的制度机制，深入基层一线，加强调查研究，坚决防止“四风”特别是形式主义、官僚主义，让职工群众真正感受到工会是职工之家，工会干部是最可信赖的娘家人、贴心人。

为了推动工会改革向纵深发展，2018 年全国总工会赴地方开展调研，全面了解地方工会改革推进情况和存在问题，听取地方工会和工会干部对深化改革创新的意见建议，研究制定了《深化工会改革创新实施方案》和责任分工方案，以及 20 多项制度文件。从加强党的全面领导、深化领导机构改革、优化强化工会职能、健全服务职工工作体系、夯实工会基层基础、扎实推进网上工会建设、建设高素质专业化干部队伍等七个方面，提出工会系统深化改革创新的具体措施，指导地方工会持续推进改革，着力解决突出问题、压实改革成效的举措频出，将改革成果不断向基层拓展延伸，将工会改革从试点先行、全面铺开，到整体推进、纵深发展，再到系统集成、提质增效，不断取得新的显著成效。

2019 年 10 月，党的十九届四中全会专门提出“健全联系广泛、服务群众的群团工作体系”的要求，要求群团组织在中国共产党的统一领导下，明确职责定位，切实加强和改进工作，体现自身价值，以群众为中心，围绕党和国家发展大局开展工作，把各阶层民众作用充分调动起来、发挥起来，更好地把所联系的人民群众紧密团结在党中央周围。2020 年 11 月 24 日，习近平在全国劳动模范和先进工作者表彰大会上指出，工会要总结 95 年来的成绩和经验，坚持和完善自觉接受党的领导制度、发挥工人阶级主力军作用制度、强化职工思想政治引领制度、劳动关系协调机制等，健全联系广泛、服务职工的工会工作体系，努力提高工会工作能力和水平。

### （四）工会改革向更深层次迈进

2020 年 10 月 26 日至 29 日，党的十九届五中全会召开，审议通过《中共中央关于制定国民经济和社会发展第十四个五年规划和二〇三五年远景目标的建议》。10 月 30 日，全国总工会机关召开会议，传达学习贯彻党的十九届五中全会精神特别是习近平总书记重要讲话精神，要求深刻把握党的十九届五中全会的基本精神和重大意义，迅速掀起学习宣传贯彻五中全会精神的热潮，把思想和行动统一到习近平总书记重要讲话精神上来，统一到五中全会提出的目标任务上来，为全面建设社会主义现代化国家开好局、起好步贡献智慧和力量。

2020 年 11 月 2 日，全国总工会十七届八次主席团会议在北京召开，会议强调要深入学习贯彻党的十九届五中全会精神特别是习近平总书记重要讲话精神，团结动员广大职工为全面建设社会主义现代化国家建功立业，为实现“十四五”规划和二〇三五年远景目标作出更大的贡献。

2020 年 12 月 30 日，全国总工会正式启动《中国工运事业和工会工作“十四五”发展规划》起草工作。在党中央的坚强领导下，全国总工会高度重视工会“十四五”规划制定工作。全国总工会党组成立由党组书记任组长的《规划》制定工作领导小组，先后召开三次党组会、多次务虚会进行研究，并牵头成立四个调研组，赴部分省市开展专题调研。

2021 年 1 月 7 日，习近平在听取中央书记处工作报告时指出，对群团改革要进行盘点、做好评估，在此基础上谋划好“十四五”时期群团改革，推动改革不断向基层延伸、取得更大成效。全国总工会始终把深入学习贯彻习近平总书记关于群团改革和工会改革的重要指示精神作为重大政治任务，始终保持工会改革的正确政治方向。2021 年 2 月，全国总工会十七届四次执委会议召开，会议通过《中华全国总工会关于认真学习贯彻党的十九届五中全会和全国劳模大会精神 组织动员广大职工为实现“十四五”规划和二〇三五年远景目标建功立业的决议》，努力建设高素质劳动大军，为实现“十四五”规划目标任务提供强大人力支撑。

2021 年 3 月 5 日至 11 日，十三届全国人大四次会议胜利召开，审查批准《中华人民共和国国民经济和社会发展第十四个五年规划和 2035 年远景目标纲要》，擘画了我国未来 5 年和 15 年发展的宏伟蓝图，为新时代的工运事业、工会工作指明了方向，提出了目标和要求。3 月 12 日，全国总工会机关召开会议传达学习全国两会精神。会议强调，各级工会要认真学习贯彻习近平总书记在全国两会上的重要讲话精神，切实把思想和行动统一到党中央关于“十四五”时期和 2021 年经济社会发展的决策部署上来，准确把握面临的新机遇新挑战，提高政治站位，强化责任担当，弘扬实干精神，团结动员广大职工为实现“十四五”时期经济社会发展目标任务作出新的更大贡献。

2021 年 3 月 23 日，全国总工会举办的“深入学习贯彻党的十九届五中全会精神 研究谋划工运事业和工会工作‘十四五’发展规划”专题研讨班在北京开班。通过集中学习研讨，加深对党的十九届五中全会和全国两会精神的理解和掌握，研究谋划“十四五”时期工运事业和工会工作的思路举措。研究制定工会“十四五”规划，是党中央对工会等群团组织提出的明确要求，是时代的呼唤、职工群众的期盼，更是各级工会的共同职责，为此后五年的工运事业和工会工作提供重要指引。

2021 年 7 月 21 日，全国总工会制定并发布了《中国工运事业和工会工作“十四五”发展规划》，历时六个多月，全国总工会坚持集思广益、发扬民主，通过书面和座谈征求意见、召开专题研讨班、举办专家论证会、开展建言献策活动等方式，在各级工会组织、劳模和一线职工、专家学者、中央和国家有关部委及群团组织等多个层面广泛征求意见，把制定规划的过程变成一个统一思想、凝聚共识的过程，一个振奋精神、谋划未来的过程。

《规划》以习近平新时代中国特色社会主义思想为指导，贯彻落实党的十九届五中全会和全国两会精神，学习贯彻习近平总书记在庆祝中国共产党成立 100 周年大会上的重要讲话精神，贯彻落实习近平总书记关于工人阶级和工会工作的重要论述，对标国民经济和社会发展“十四五”规划建议和纲要，明确了“十四五”时期中国工运事业和工会工作发展的总体要求、重点任务和保障措施。围绕立足新发展阶段、贯彻新发展理念、构建新发展格局、推动高质量发展，提出将牢牢把握为实现中华民族伟大复兴中国梦而奋斗的工运时代主题，以保持和增强工会组织和工会工作政治性、先进性、群众性为主线，以产业工人队伍建设改革和工会改革为动力，以推动工会工作高质量发展为着力点，始终坚持党的领导、坚持正确方向、坚持服务大局、坚持职工为本、坚持改革创新、坚持法治保障的基本原则，到 2025 年，努力实现工会理论武装得到新加强、职工思想引领取得新进展、职工建功立业展现新作为、维护职工权益取得新实效、服务职工水平实现新提升、工会组织建设呈现新活力的目标要求，团结引领广大职工在全面建设社会主义现代化国家中贡献力量。

《规划》发布后，各级工会在组织学习《规划》精神的基础上，因地制宜、守正创新，在对标各省市国民经济和社会发展第十四个五年规划和 2035 年远景目标纲要和《规划》要求的基础上，总结了各地工运事业发展成就，明确了未来五年工会工作面临形势、指导思想、主要目标、具体指标、重点任务和保障措施，制定了各省市工运事业和工会工作“十四五”发展规划及实施方案。

在工会改革过程中，以保持和增强政治性、先进性、群众性贯穿始终，抓牢工会改革的方向：始终坚持党对工会的领导，坚持用习近平新时代中国特色社会主义思想武装头脑，完善学习贯彻习近平总书记重要指示批示和党中央重大决策部署制度、党组（党委）会议“第一议题”制度等，团结引导广大职工群众坚定不移听党话、矢志不渝跟党走；牢牢把握我国工运时代主题，大力弘扬劳模精神、劳动精神、工匠精神，叫响做实“大国工匠”品牌，开展“最美职工”等评选和学习宣传，不断提升产业工人队伍建设改革实效，以“当好主人翁、建功新时代”等为主题开展劳动和技能竞赛，广泛开展群众性经济技术创新活动，汇聚起广大职工为实现中华民族伟大复兴中国梦建功立业的磅礴力量；优化工会组织机构设置，截至 2021 年 12 月，省级工会兼职副主席中劳模和一线职工 70 人，占 58.3%，全国总工会十七届执委、主席团成员中劳模和一线职工比例分别为 21.1%、23%，建立工会代表、执委提案制度，办理工会代表提案 386 件，执委提案 401 件，开展“公开解难题、民主促发展”主题活动，健全以职代会为基本形式的民主管理制度，连续开展基层工会建设年、落实年活动和“强基层、补短板、增活力”行动，夯实基层基础。

2022 年 1 月 1 日，新修改的《工会法》正式实施，工会的基本职责由“维护职工合法权益”扩展为“维护职工合法权益、竭诚服务职工群众”，工会加快构建以普惠性服务和精准帮扶为重点的工会服务职工体系，打通联系服务职工“最后一公里”，为广大职工提供更多适应性广、个性化强、针对性强的维权和服务，让更多职工共享改革发展成果。

2022 年 5 月 27 日，全国总工会深化工会改革创新领导小组全体会议在北京召开，深入学习贯彻习近平总书记关于群团改革和工会改革的重要指示精神，总结回顾了 2015 年至 2022 年的工会改革历程，研究部署深化工会改革创新工作。

2022 年 8 月，全国总工会决定 2022 年 9 月至 2023 年 9 月在工会系统集中开展“县级工会加强年”专项工作，聚焦“政治引领强、组织功能强、服务阵地强、制度机制强、作用发挥强”的“五强”目标，全国总工会带头对口联系102个县级工会，带动实现上级工会领导机关对全国2800多个县级工会对口联系指导全覆盖，促进人力、物力、财力向基层倾斜，推动工会改革不断向基层延伸、向纵深发展。

2022年10月，党的二十大报告提出，“深化工会、共青团、妇联等群团组织改革和建设，有效发挥桥梁纽带作用”，为群团组织改革提供了重要的理论指引、方法指导、行动指南。具体而言，就是要在“深化”上做文章，在“有效”上下功夫。首先要深刻领悟党的思想方针政策，始终坚持与党同心，增强“四个意识”，坚定“四个自信”，做到“两个维护”，把党的决策部署变成自觉行动，把个人的理想追求融入党和国家事业之中。同时要有效发挥桥梁纽带作用，健全联系广泛、服务群众的工作体系，带着感情和责任深入所联系的群众，主动想群众之所想、急群众之所急，为群众纾困解难，在党委和政府与群众之间建立畅通稳定的双向沟通渠道，倾听群众的呼声、反映群众的意愿，把所联系群众的诉求如实告诉党和政府，也把党和政府的温暖充分传递给所联系群众。

中国工会十八大强调，要从持续深化工会机关改革，健全完善工会组织体系，健全完善资金资产管理体系，全面加快工会系统数字化建设几个方面继续深化工会改革和建设，有效发挥党联系职工群众的桥梁纽带作用。2023年10月23日，习近平在中南海同中华全国总工会新一届领导班子成员集体谈话时强调，要继续深化工会改革和建设，牢固树立大抓基层的鲜明导向，夯实基层基础，激发基层活力，不断增强基层工会的引领力、组织力、服务力。要健全已有的组织基础，扩大工会组织覆盖面。要创新工作方式，努力为职工群众提供精准、贴心的服务。工会干部要践行党的群众路线，深入调查研究，及时了解职工所思所想所盼，不断增强服务职工本领，真心实意为职工说话办事。这些重要论述深刻阐明了深化工会改革和建设的重点任务，体现了改革永远在路上的时代要求，为新征程上深化工会改革和建设提供了科学指南。

2024 年，全国总工会持续深化工会建设和改革，着手建设工会工作体系。依据工会基本职责，系统梳理所有业务工作，在综合分析、深入研究的基础上，制定工会业务体系架构，着手构建工会工作标准体系，为下一步更高效率、更高质量服务亿万职工群众奠定基础。定期发布全国工会系统工作创新案例，总结、宣传、推广各级工会尤其是基层工会的创新做法和典型经验，有效激发工会工作者的创新创造活力。截至 2024 年底，全国总工会发布 11 期 1755 个工作创新案例，各省级工会发布 4561 个工作创新案例。各级工会积极学习、推广先进经验，努力在“比学赶帮超”的氛围中，提高服务职工群众的能力和效果。

## 二、上海市工会改革试点工作情况

### （一）总体情况

2015 年 11 月，上海市推出“1+3+X”群团改革方案，即全市群团改革试点方案、工青妇三家的改革方案及配套文件，正式启动群团改革。按照群团改革试点方案，此次改革的总体思路是坚持问题导向、改革思维和基层意识，理顺群团职能定位，优化组织体系框架，打破干部管理体制，创新工作方法，同时强化制度资源保障，以切实解决“四化”等脱离群众的突出问题，建立起“小机关、强基层、全覆盖”的群团组织体系，夯实基层基础，提升群团工作的有效性。

重构各级工会职能定位，优化组织体系框架，将工会组织区分不同层级，明确其职能定位：市、区总工会定位统筹型；街道、镇和开发区工会定位枢纽型和平台型；区域、行业、综合工会联合会定位端口型，代行基层工会难以履行的维权职责，打通服务职工的“最后一公里”；企业工会（联合工会）定位服务型，履行代表和维护会员权益的职责。推进机关扁平化改革，调整地方工会机构设置，推行政事分开。以聚焦主责、运转高效为目标，整合部门职能，调整内设机构，上海市总工会将14个部门精简为9个，区总直属事业单位已实现窗口化改革，优化业务经办流程。

推进干部队伍多元化，遴选制与专挂兼结合并行，采用符合工会组织特点的干部管理模式，建立一支德才兼备、精干高效和多元化的工会干部队伍。改变总工会领导班子结构，按专职成员不超过班子职数50%的要求，班子成员按一正五副配置，结构按3∶1∶2组成，建立干部专挂兼任用制度；实施遴选制，加大社会参与，按“2+1”方式组建机关工作队伍；招募工会工作志愿者或政府购买社会服务的方式，解决镇、街道和工业区工会以及下辖的“小三级”工会工作人力不足的问题；提高基层一线代表的比例，基层一线人员在市、区工会代表大会代表中占80%—85%。

实施以职工为主体的工作制度，从上海产业分布广、职工数量大、结构多样的特点出发，坚持区域与产业结合，适应职工流动集聚、生产生活、需求诉求变化的新情况，推进产业、行业工会建设，构建“条块结合、行业联合、重心下移、全面覆盖”的工会组织体系，建立“三级法人、三级预算和三级目标体系”的“小三级”工会，即街镇、开发区总工会，区域性、行业性工会联合会，企业工会或联合工会。

以网络化和社会化为方向，拓展工会工作新领域，适应互联网时代职工需求的新趋势，上海市工会整合了市总工会网站和

12351职工服务网，“上海工会发布”微博和“申工社”微信，12351职工服务热线和12351职工服务APP客户端，包括手机版《劳动报》，以及区县局（产业）工会网络服务系统、街道乡镇“小三级”工会、各类职工协会微信微博、工会干部个人微博微信，形成工会网上工作信息云和服务辐射圈。各区县又从职工实际需求出发，设立不同板块，既满足广泛性和大众化的职工群众需求，又适应个性化和小众化的差异，探索网上入会和电子会员证等试点，以新媒体拉近与会员的距离，让会员网上参与活动、得到服务，形成一支“互联网+工会”的工作队伍和职工网络队伍。

### （二）顾村经验

作为上海市总工会选择的首批试点单位之一，宝山区顾村镇总工会2016年7月开始非公企业工会改革试点工作，并在短时期内取得了较为明显的进展，2016年11月16日至17日，李建国前往上海调研工会改革试点情况时，对顾村镇总工会非公企业工会改革做法予以高度肯定，认为具有借鉴意义和推广价值，并提出要以总结推广这一试点经验为起点，来破解非公企业工会工作难题。由此，全国总工会于2016年12月28日印发《上海市宝山区顾村镇加强基层工会建设的经验做法》，向全国推广上海宝山区顾村经验。2017年2月16日召开的全国工会基层工作会议决定，以大力推广上海宝山顾村经验为抓手，全面开创工会基层工作新局面；5月26日至27日，全国工会推广上海顾村经验观摩交流会在宝山区召开，会议强调，各级工会要以总结顾村经验为契机，集中开展“强基层、补短板、增活力”行动，推动基层工会工作整体水平的提高和作用的发挥。

顾村镇总工会改革贯彻落实中央党的群团工作会议精神，推动工会改革向基层延伸，破解非公有制企业工会组建难、职工入会难、经费人员保障不足、维权服务不到位等基层工会面临的突出问题，通过对基层工会“瘦身减负”，即根据基层工会的实际处境，合理界定其主要职责，并“以上代下”承担起基层工会所难以承担的各项维护和服务职责，以此打通了联系服务职工的“最后一公里”，扩大了工会有效覆盖，激发了基层工会活力。

## 三、重庆市工会改革试点工作情况

重庆市开展群团组织机关机构改革，形成有专（职）有兼（职）有挂（职）的领导班子，市级群团机关机构精简，调减内设机构30%以上，重庆市总工会调减六个部门，职能进一步转变，试点区县及乡镇（街道）、村（社区）群团工作力量得到加强，同时围绕维权、创新创业和服务社会组织等建立了直接联系服务群众的工作平台，把群团工作推向服务“窗口”。

重庆市总工会着力破解群团工作中的“四化”突出问题，延伸工作触角，开展进万家门、访万家情、结万家亲活动，落实工会机关干部“联系一个非公组织、一个一线职工、一个农民工、帮扶一个困难职工”的“四个一”联系帮扶机制，改变工会机关干部不了解基层和职工的“衙门作风”。

重庆市试点区县在非公经济组织和社会组织集中的工业园区、创客园区、孵化园、专业市场、商圈、楼宇、重大项目工地等区域，按照“党建带群建”的要求，依托党群服务中心，设立了一批基层群团服务站，紧贴群众需求，服务内容实在，受到群众广泛好评。一般提供以下服务：一是为群众提供政策宣传、教育培训、困难帮扶、维权服务、文体娱乐、咨询援助、全天候接待等服务；二是吸收职工入会，引导非公经济组织和社会组织建立群团组织；三是服务引导社会组织和群众参与社会事务管理，为群众参与基层自治提供平台。推动群团组织网上服务与重庆群工系统互联互通，线上线下帮助群众解决实际问题。

重庆市总工会完成产业工会委员会制改革。重庆市产业工会改革的核心是实行委员会制，推行扁平化管理，增强广泛性和代表性。

一是组织体系由封闭式向开放性转变。打破市产业工会过去仅联系、服务、指导市直属企事业单位工会，只在国有企事业单位工会自我循环的现状，把产业工会工作触角延伸到相同或相近领域的非公企业和行业协会。

二是管理模式由单一式向多元性转变。产业工会领导由原来市总工会党组直接任命产生，转变为现在的产业工会委员、常务委员、经费审查委员会委员及领导班子成员全部由选举产生。

三是运行机制由行政式向民主性转变。重新明确产业工会机关的角色定位，探索建立重大事项征求意见制度，充分吸纳职工群众和基层工会的意见。

四是活动方式由指令式向群众性改变。充分发挥产业工会代表、委员、常委和班子成员在直接联系服务职工中的桥梁纽带作用，建立基层联系点、职工需求调查和诉求反馈回应、依靠职工群众推进工作制度，为职工提供更多精准、对路的服务。重庆市产业工会形成了专挂兼结合的班子结构，配备挂职副主席 1 名、兼职副主席 3—4 名，由来自国有、非公经济组织和社会组织的一线职工、劳动模范和工会主席担任。重庆市总工会 7 个产业工会共选举委员会委员 285 人，其中一线人员 256 人，占 90%；选举常委 147 人，其中一线人员 119 人，占 80%。

# 第二十五章

# 夯实工会基层基础

基层工会是工会组织的重要基础，离职工最近，联系职工最直接，服务职工最具体，承担组织引导职工群众的政治责任更艰巨、任务更繁重。全面深化改革、市场转型升级，不断变化发展的职工队伍，给基层工会工作带来了许多新的问题和新的挑战，如何加强基层工会组织建设是摆在各级工会组织面前的重要课题。党的十八大以来，各级工会主动改革创新工会组建和会员发展工作，最广泛地把农民工、劳务派遣工、灵活就业人员等吸收到工会中来。

## 一、加强基层工会组建工作

### （一）贯彻落实习近平总书记关于加强基层工会建设“三个着力”重要批示精神

2014 年，全国总工会在全国工会系统深入开展了加强基层工会建设问题调研活动。2014 年 9 月 8 日，习近平在《中共中华全国总工会党组关于落实习近平总书记重要指示加强基层工会建设调研情况报告》上作出重要批示，要求各级工会从巩固党执政的阶级基础和群众基础的高度出发，始终坚持正确方向，不断创新工作方法，着力扩大覆盖面、增强代表性，着力强化服务意识、提高维权能力，着力加强队伍建设、提升保障水平，切实增强工会组织的凝聚力，引导广大职工群众坚定跟党走，通过劳动创造更加美好的生活，为实现中华民族伟大复兴的中国梦添砖加瓦。

全国总工会将学习贯彻批示精神作为一项重大政治任务，组织各级工会深入学习领会批示精神，精心谋划贯彻落实的工作举措，切实将批示精神落到实处，并颁布了《中华全国总工会关于新形势下加强基层工会建设的意见》，提出通过3—5年的努力，使基层工会覆盖面明显扩大，服务职工能力明显提高，工会组织吸引力凝聚力明显增强，力争实现全国80%以上的基层工会基本达到“六有”（有依法选举的工会主席、有独立健全的组织机构、有服务职工的活动载体、有健全完善的制度机制、有自主管理的工会经费、有会员满意的工作绩效）目标。

全国总工会制定了《基层组织建设工作规划（2014—2018年）》，按照“巩固、发展、提高”的总要求，坚持重质量、求实效、抓创新、增活力，继续抓好工会组建和发展会员工作，调整考核指标，改进考核办法，不断扩大工会组织覆盖面，推广基层工会建设经验，加强对基层工会的指导服务，提高建会质量，制定《建会质量评价体系》。适应新型城镇化进程，在统筹城乡发展中拓展工会工作的触角和空间，把广大职工和农民工、非正规就业职工更好地组织到工会中来。加强乡镇（街道）、村（社区）、企业“小三级”工会组织网络建设，加强企事业单位特别是非公有制企业和新经济组织、社会组织工会工作。把更多的人力、物力、财力投入基层，开展“送教到基层”活动，2014年全国总工会本级行政经费中，对下补助比上年预算增加1.2亿元，为基层工会开展工作创造了有利条件。全国总工会研究制定了《关于新形势下加强基层工会建设的意见》的分工方案，将加强基层工会建设细化为60项具体工作任务，坚持问题导向，明确责任单位，全面推进实施，组建工会和发展会员工作取得显著成绩。

2015 年是基层工会建设“落实年”，为落实习近平总书记“三个着力”的重要批示精神及《关于新形势下加强基层工会建设的意见》，进一步扩大工会组织覆盖面，全国总工会以非公有制经济组织、社会组织为重点领域，以科技工作者、青年职工、农民工、劳务派遣工、自由职业者为重点对象，创新工会组织体制，组织动员广大职工加入工会，到 2015 年底，全国共建立了 3.0 万个乡镇（街道）工会组织，区域性、行业性工会联合会发展到了 12.2 万家，实现了对全国 80%左右的小微企业的工作覆盖。2016 年出台《工会基层组织选举工作条例》，规范基层工会选举，深化“双亮”，落实会员“四权”（工会会员的知情权、参与权、选举权、监督权），把加强基层工会建设的举措一一落到实处。

### （二）基层工会组织建设的制度保障

为推动基层工会组建工作，实现企业普遍建立工会组织，全国总工会于 2011 年制定《中华全国总工会 2011—2013 年推动企业普遍建立工会组织工作规划》，加大依法推动企业普遍建立工会组织工作力度，以非公有制企业为重点领域，以开发区、工业园区为重点地区，以农民工、劳务派遣工为重点对象，坚持运用党工共建等建会长效机制。2012 年是党中央确定的“基层组织建设年”，全国总工会把加强基层工会组织建设作为重点，扎实做好抓基层打基础工作，当年 4 月印发《组建工会和发展会员工作年度考核办法》，健全完善工会组建和发展会员考核办法，大力推进区域性、行业性基层工会联合会建设。

为加强基层工会制度化、规范化建设，全国总工会于 2011 年启动修订《工会基层组织选举工作暂行条例》。在认真总结福建省总工会经验的基础上，2012 年 3 月，全国总工会印发《关于在企业工会实施“工会组织亮牌子、工会主席亮身份”的意见》，在基层工会特别是非公有制企业工会部署实施、广泛开展“双亮”行动，破解非公企业工会规范化建设难题，推动建立健全会员评价报告制度、记录制度、检查制度和激励约束制度，提高规范化建设水平。2012 年 7 月，全国总工会召开“两个普遍”工作推进会，要求扎实推进“两个普遍”，在党和国家工作大局中充分发挥工会组织作用，当年全国建立基层工会组织 266.5 万个，覆盖单位 616.6 万个，工会会员达 2.8 亿人，分别增长 14.9%、7.3%和 7.3%。

2013 年，全国总工会为进一步推进工会组织建设，贯彻落实《关于进一步加强基层工会工作的决定》《企业工会工作条例》，制定颁布了《加强行业性基层工会联合会建设意见》，继续推进基层工会联合会建设；2013 年，全国总工会集中力量健全完善乡镇（街道）、村（社区）、企业“小三级”工会组织网络建设，落实工会组建三年规划，当年年底全国工会会员达到 2.9 亿人，其中非公有制企业会员 1.7 亿人，农民工会员 1.1 亿人；推行基层工会民主选举、会务公开、会员代表大会及代表常任制等制度。

### （三）重点人群入会集中行动

2015 年，全国总工会印发《关于开展“农民工入会集中行动”实施方案》的通知，集中对农民工群体的基层工会建设工作进行了部署和推进。2015 年新增农民工会员 1500 万人，2016 年全国总工会继续开展农民工入会集中行动，再次新增 1500 万人，实现农民工会员占农民工总数 50%以上。

2016 年，全国总工会印发《关于增强基层工会活力发挥基层工会作用的实施意见》，根据习近平总书记“三个着力”的重要指示精神，提出创新基层工会组织形式和入会方式，有效扩大工会组织覆盖面。

2017 年，全国总工会集中开展“强基层、补短板、增活力”行动，召开全国工会推广上海顾村经验观摩交流会，大力推广上海顾村镇依法建会、宁波北仑区建设“小三级”工会等经验，创新职工企业外入会和网上申请入会方式，加快新领域新阶层工会组建和会员发展，推进实名制和会员会籍管理工作，召开全国机关工会工作座谈会，扩大工会组织和工会工作有效覆盖面。截至2017年9月底，全国建立工会的基层组织280.9万个，工会会员人数达到3.03亿人，其中农民工会员1.4亿人。

2018年，全国总工会按照习近平总书记重要指示和党中央决策部署，开展货车司机等群体入会集中行动，在河北、上海宝山等五省（区）、五市（区）开展货车司机入会试点，召开全国工会推进货车司机等“八大群体”入会工作现场经验交流会，推进货车司机、快递员等群体入会工作，开展百人以上企业建会专项行动，推动农民工入会常态化发展。推广上海顾村、宁波北仑等地的经验做法，推动非公有制企业依法建会，开展乡镇（街道）、开发区（工业园区）工会组织建设专题调研。运用信息化手段畅通职工入会渠道，将各类重点群体纳入会员实名制管理体系。加强基层工会规范化建设，制定出台《事业单位工会工作条例》《基层工会会员代表大会条例》《中华全国总工会关于企业集团建立工会组织的办法》，做好组建工会和发展会员的“根基工程”。

2019年，全国总工会制定并印发《推进百人以上企业建会专项行动工作方案》的通知，深入推进百人以上企业建会专项行动，以百人以上企业为重点，深入摸底排查，集中力量突破，到2019年底，百人以上企业建会率显著提升，带动中小企业建会实现新增长，促进工会组建工作稳中有进、持续发展。

2021年，全国总工会将关注重点拓展至新就业形态劳动者，聚焦货车司机、网约车司机、快递员、外卖配送员等群体，加大建会入会力度，制定《关于切实维护新就业形态劳动者劳动保障权益的意见》，印发《关于推进新就业形态劳动者入会工作的若干意见（试行）》，深入开展“新就业形态劳动者入会集中行动”，各地工会将货车司机等新就业形态劳动者入会作为“一把手”工程，加强探索实践和分类指导，积累大量成果，货运、快递、网约车、外卖配送等四个重点行业12家头部企业均实现建会突破。

## 二、推动工会组织向新就业形态领域拓展

最大限度地把新就业形态劳动者组织到工会中来，是习近平总书记和党中央交给工会组织的一项重要政治任务，事关党执政阶级基础和群众基础的稳固，事关工会政治性、先进性、群众性的保持，事关工会桥梁纽带作用的发挥。

党中央高度重视维护好新就业形态劳动者劳动保障权益，习近平总书记多次作出明确指示，要求维护好新就业形态劳动者合法权益。2020年5月23日，习近平在全国政协经济界联组会上指出，“同‘新就业形态’相配套的法律法规政策措施也不能姗姗来迟”①。2020年11月24日，习近平在全国劳动模范和先进工作者表彰大会上强调，要适应新技术新业态新模式的迅猛发展，采取多种手段，维护好快递员、网约工、货车司机等就业群体的合法权益。2021年4月27日，习近平在广西考察时要求，要完善多渠道灵活就业的社会保障制度，维护好卡车司机、快递小哥、外卖配送员等的合法权益。党的二十大对加强灵活就业和新就业形态劳动者权益保障等再次作出部署，对各级工会深入做好新就业形态劳动者工作提出了明确要求。

2017年，全国总工会开展第八次全国职工队伍状况调查，就新技术新业态新模式下职工队伍和劳动关系发展情况形成了专题

---

① 《从人民中汲取磅礴力量——习近平总书记同出席2020年全国两会人大代表、政协委员共商国是纪实》，《人民日报》2020年5月29日第1版。

报告。2018 年，全国总工会开始推动“八大群体”（货车司机、快递员、护工护理员、家政服务员、商场信息员、网约送餐员、房产中介员、保安员）建会入会工作，“八大群体”中有相当一部分就属于新就业形态劳动者。2021 年，全国总工会围绕新就业形态群体权益保障开展了一系列专题调研，并指导部分地方工会探索建设网约送餐行业、快递行业集体协商机制，推行工会劳动法律监督工作。

2021 年 7 月，全国总工会制定印发《关于切实维护新就业形态劳动者劳动权益保障的意见》，从强化思想政治引领、加快推进建会入会、切实维护合法权益、推动健全劳动保障法律制度、及时提供优质服务、提升网上服务水平、加强素质能力建设七个方面对新就业形态工作进行了部署安排。在此基础上，启动“新就业形态劳动者入会集中行动”，提出全国新建各类基层工会组织 24 万个以上，新发展工会会员 1600 万人以上，其中新发展货车司机、网约车司机、快递员、外卖配送员等四个群体会员 800 万人以上，并形成一批可复制、可推广的经验模式，最大限度将新就业形态劳动者组织到工会中来。

2021 年 9 月，全国总工会印发《关于推进新就业形态劳动者入会工作的若干意见（试行）》，针对新就业形态劳动者建会入会和维权服务工作作出部署，从夯实新就业形态劳动者入会组织基础、明确新就业形态劳动者入会路径、创新新就业形态劳动者入会及管理方式、深化维权服务吸引新就业形态劳动者入会、强化新就业形态劳动者入会工作经费保障以及加强组织领导六个方面，对推动新就业形态劳动者入会工作进行了安排。

2021 年，新修改的《工会法》为深化新就业形态劳动者建会入会和维权服务提供了明确的法律遵循。全国总工会与人力资源社会保障部、交通运输部、市场监管总局等部门联合印发《关于维护新就业形态劳动者劳动保障权益的指导意见》《关于加强货车司机权益保障工作的意见》等文件。北京、浙江、四川、深圳等地工会，主动对接党委组织部门，推动将新就业形态劳动者工会工作纳入党建工作考核体系，与同级地方政府的人社、工信、交通运输、市场监管、邮政等部门，做好信息互通共享、资源支持保障工作。各地工会普遍对新就业形态劳动者工会工作作出安排部署，吉林、福建、陕西、新疆等 20 多个省（区）总工会多次召开主席会、调研会、调度会，指导推动工作。

2023 年 6 月 13 日，全国新就业形态劳动者工会工作推进会暨“三年行动”启动仪式举行，会议充分肯定了新就业形态劳动者工会工作取得的成效。7 月 14 日，全国总工会举行“关爱新就业形态劳动者”新闻发布会，正式公布《深入推进新就业形态劳动者工会工作三年行动计划（2023—2025 年）》，“三年行动计划”明确了工作目标，要求确保 2023 年到 2025 年新发展新就业形态劳动者会员 1000 万人以上，基本实现工会组织对平台企业、头部企业、新就业形态劳动者的全覆盖。随后，全国总工会和各级工会持续“输出”关爱新就业形态劳动者的务实举措，包括与饿了么平台签订全国外卖行业首份集体合同，派出机关干部赴平台企业蹲点，启动 2023 年“暖途货车司机职业发展与保障行动”等，对新就业形态劳动者关注的劳动收入、职业发展、社会保障、职业安全等问题作出了积极回应。

2024 年 3 月 1 日，以视频会议形式召开全国新就业形态劳动者维权服务工作推进会，启动新就业形态劳动者维权服务三年行动，发布全国总工会支持 12 家头部平台企业工会工作十大项目，印发 12 家头部平台企业工会工作方案；派出全国总工会机关干部赴美团、滴滴、货拉拉、满帮等 12 家平台企业蹲点组，一对一指导工作，推动满帮集团建会，推动 12 家平台企业重点城市分支机构建会、劳动者入会取得积极进展，不断扩大工会组织对新就业形态劳动者的有效覆盖。

## 三、开展“县级工会加强年”专项工作

县级工会是最基础的一级地方工会领导机关，在我国工会组织体系中处于承上启下的重要地位，是工会发挥桥梁纽带作用的“桥头堡”，是工会抓基层、打基础的“一线工作部”。2022 年 8 月，为加强县级工会工作，全国总工会召开了“县级工会加强年”专项工作启动会，明确了总体要求，强调要坚持上级工会对口联系指导与发挥县级工会主体作用相结合、坚持顶层设计与基层创新相结合，并推动工会系统人力、财力、物力等三个下沉，做好对口联系、调查研究、解决问题、巩固深化等四项任务，把县级工会打造成工会组织体系的坚强堡垒。

全国总工会定期召开全国总工会专项工作专班会商、双月调度、季度推进会议和省级专项工作专班会议，推动工作落实。全国总工会领导和各部门各单位，对口联系指导 31 个省份和新疆生产建设兵团的 100 个县级工会。组成 32 个调研组，由全国总工会领导或局级干部带队，通过实地走访、书面调研、视频连线等，倾听困难诉求，梳理问题清单，进行分类指导，推动困难和问题的解决。强化经费保障，安排专项预算 1.5 亿元，用于对口联系县级工会干部培训、技术工人疗休养、社会化工会工作者经费补助、职工服务阵地建设等方面支出。2023 年，全国总工会本级预算安排 5 亿元专项转移支付资金，用于各省级工会统筹开展专项工作的经费补助；将部分对口联系县级工会作为全国总工会提升职工生活品质先行先试单位。强化学习互鉴，全国总工会第一时间向全国 2800 多个县级工会赠送新出版的全国工会干部培训基础教材，在广州、杭州举办两期对口联系县级工会主席专题培训班，举办县级工会干部素质能力提升网络培训班，对全国县级工会机关干部进行全员式、全覆盖培训。组织召开六个片区交流座谈会，

征集县级工会工作典型案例，汇编各省专项工作实施方案、加强县级工会工作的制度文件，印发工作简报等，供各地参考。强化舆论宣传，在工会系统开展“团结奋斗开新局 喜迎工会十八大——县域劳动者风采”主题宣传活动，挖掘全国县域近2000名一线劳模工匠事迹，协调中央媒体、组织工会媒体进行宣传，与人民网联合推出新媒体互动点赞活动，展示100名县域劳模工匠先进事迹，指导《工人日报》和浙江、湖南、内蒙古等28个省级工会新媒体、10余家省级工人报刊开设“县域劳动者风采”专栏，及时面向工会组织和职工群众宣传工作动态、阶段成果和实际成效，营造良好氛围。

各省市级工会积极争取当地党委和政府重视支持，加强与有关部门沟通协调，不断强化工作力量和经费支持保障，健全完善工作制度机制，持续加强县级工会组织建设和阵地建设。2023年，31个省份和新疆生产建设兵团总工会、300多个地市级工会，均成立专项工作领导小组和工作专班，制定工作方案，明确分工安排。各省级工会共对口联系1400多个县级工会，各地市级工会共对口联系1900多个县级工会。辽宁、四川等省总工会协调相关部门为县级工会增加编制。湖南省总工会将70%的业务培训班指标分配到县级以下工会，增补县级工会主要领导为省总工会委员。江西省总工会将社会化工会工作者聘用权限下放至县一级，并提高省级补贴标准。新疆维吾尔自治区总工会新招聘1800余名社会化工会工作者，全部充实到园区和基层工会。湖北省总工会连续三年对县级工会拨缴经费收入进行定额兜底补助。广西、海南等省总工会制定《县级以上工会支出管理实施细则》。黑龙江省总工会和省政府联合印发通知、开展督查，推动县市区全部建立并严格落实县级工会和同级政府联席会议制度。江苏省总工会推动各县县委建立健全研究决定工会重大事项制度。浙江省总工会会同省委组织部出台《关于进一步加强新时代县级工会建设的若干举措》。河南全省158个县市区全部完成新业态工会联合会建设。上海市总工会出台工会职工文化阵地“两化”运作实施细则和专项资金补助办法。山东省136个县级工会全部建成职工服务中心并达到规范化标准。新疆生产建设兵团八个师（市）总工会争取编制部门支持设立职工服务中心。全国县级工会主席按同级副职配备的占82.91%；全国社会化工会工作者（含专职集体协商指导员）达4.43万人。各省级工会对县级工会新增转移支付共计38.85亿元；新设县级工人文化宫机构36家，启动县级工人文化宫新建、重建、改建、维修改造等项目222项。

县级工会抓住开展专项工作的有利契机，对标“五强”目标，加强向同级党委请示汇报，争取重视支持，认真落实各项工作制度机制，有效推动自身建设全面加强、各项工作全面提升。有的聚焦“政治引领强”，坚持党建带工建，推动把工会工作纳入党建工作总体规划和考核体系，探索职工思想政治引领的新途径新方法，扎实开展党的创新理论宣传宣讲；有的聚焦“组织功能强”，加强县级工会干部队伍建设和基层组织建设，推进新就业形态劳动者建会入会，全面夯实工会基层组织基础；有的聚焦“服务阵地强”，加强工人文化宫、职工服务中心等阵地建设及运营，探索推进共享职工之家和智慧工会平台建设；有的聚焦“制度机制强”，完善政府与同级工会联席会议制度，建立健全县级厂务公开协调领导机构，推动建立完善以职工代表大会为基本形式的企事业单位民主管理制度，发挥协调劳动关系三方机制作用；有的聚焦“作用发挥强”，深化产业工人队伍建设改革，深入开展劳动和技能竞赛，着力打造工会维权服务品牌。经统计，截至2022年底，全国县级工会资产服务阵地共有1667家，占全国工会资产服务阵地总数的60.51%。1667家县级工会资产服务阵地分布在全国的1396个县（区、市），覆盖全国县级行政区划比例为49.10%。

2024年4月7日，全国总工会召开“县级工会加强年”专项工作总结交流暨“小三级”工会建设三年行动启动部署会议，会议总结“县级工会加强年”专项工作经验，部署推进“小三级”工会建设三年行动。会议对“县级工会加强年”专项工作取得的成效给予充分肯定，强调要以县级工会为“大本营”，做到指导管理到位、组织人员到位、资金倾斜到位、日常管理到位、工作延伸到位，推动工会改革和建设向纵深发展、向基层延伸。要集中力量攻坚克难，找准“小三级”工会建设三年行动的突破口，努力做到“有人办事”“有钱办事”“有场所办事”。要重点抓好开发区（产业园区）工会建设，聚焦非公、小微企业和新就业形态劳动者，做到应建尽建，应入尽入，持续扩大工会组织的有效覆盖面。要抓好工会数智化建设，以“职工之家”APP建设为契机，大幅提高工会工作效率，让建会入会更加便捷。要加强典型引路，培育总结推广一批先进经验，激励工会上下齐心协力、改革创新、锐意进取、扎实工作，努力推动县级工会和“小三级”工会工作再上新台阶。

## 四、加强基层组织规范化建设

### （一）完善工会基层组织工作制度

2012年，全国总工会修订《工会基层组织选举工作条例》，制定《工会基层组织实行会务公开的意见》，完善规范工会会员（代表）大会制度，发挥全国企业工会工作红旗单位和全国优秀工会工作者标兵示范引领作用，深化全国工会党工共建创先争优活动，召开全国工会创先争优活动总结表彰会议。

2013年，全国总工会召开增强基层工会组织活力座谈会，集中研究贯彻党的十八届三中全会精神、把基层工会建设好、把基层工会的作用发挥好等问题。

2014 年，全国总工会印发《关于新形势下加强基层工会建设的意见》，明确建设“六有”工会的总目标，为基层工会提升自身活力提出了理论和实践层面上的指导。全国总工会召开增强基层工会组织活力座谈会，开展发挥基层工会作用、增强工会组织吸引力问题大调研，着力解决基层工会作用发挥不够、凝聚力不强的问题。

### （二）“做强基层”成为工会改革重点

2015 年，《中共中央关于加强和改进党的群团工作的意见》为基层工会工作创新提出了新的要求，增强基层工会组织活力符合群团工作改革的发展方向，符合工会自身的发展规律。在党的群团工作会议上，习近平对群团改革作出重要部署。2015 年 11 月发布的《全国总工会改革试点方案》就提出“做强基层”是工会改革的重点内容之一。由于基层工会组织普遍存在基础薄弱的问题，这就要求更多资源要向基层倾斜，更多的精力要投入基层一线，只有这样，才可以不断激发基层工会组织的活力，更好地发挥基层工会组织的作用。

2016 年，全国总工会印发《关于增强基层工会活力发挥基层工会作用的实施意见》，提出创新基层工会组织形式和入会方式，有效扩大工会组织覆盖面；创新基层工会活动方式和工作方法，增强工会组织吸引力、凝聚力、战斗力；打造忠诚党的事业、竭诚服务职工群众的工会干部队伍，提升基层工会干部履职能力；加强组织领导，不断提高基层工会工作保障水平等具体措施，切实增强基层工会活力。

### （三）开展专项行动，建立长效机制

2017 年，全国总工会组织开展“强基层、补短板、增活力”

行动，以改革创新精神推动重点工作实现新突破。为做好工会基层工作，工会深入学习宣传贯彻习近平新时代中国特色社会主义思想和党的十九大精神，推动学习宣传贯彻工作往深里走、往实里走、往心里走，在把握主线、融会贯通上深入，在突出工会基层工作特色、增强针对性时效性上深入，在推动落实党中央决策部署上深入，牢牢把握工会工作正确政治方向。全国总工会以《工会基层组织选举工作条例》的贯彻落实为契机，下发实施办法，制定操作流程，开展专项督查，着力纠正基层选举工作中党的领导弱化、程序不规范等问题，提升职工会员的主体地位，激发基层工会活力；同时适应“互联网+”时代企业组织形态和职工队伍的新变化，最大限度地把职工组织到工会中来，降低职工参与门槛，延伸工会工作手臂，扩大联系职工渠道，拉近服务职工距离，提高工会服务职工的普惠化、便捷化水平，让职工随时能在网上找到组织、参与活动，使工会组织更加接地气、聚人气、有生气。

2021 年 12 月，全国总工会印发《关于建立健全工会领导机关干部赴基层蹲点工作长效机制的意见》，进一步密切了工会领导机关与基层工会和职工群众的联系，推动解决基层工会和职工群众面临的实际困难和问题，改进工作作风，增进职工感情，提高做好职工群众工作能力水平。2022 年，全国总工会机关 8 个组、32 名干部陆续前往 8 个蹲点单位，开展了为期 3 个月的蹲点工作，深入基层服务一线，破解了一批工作难题，扩大了工会组织的有效覆盖，有效激发了基层工会组织活力。

## 五、推进职工之家建设

习近平指出，要“让职工群众真正感受到工会是职工之家，工会干部是最可信赖的娘家人、贴心人”①。工会要把竭诚为职工群众服务作为一切工作的出发点和落脚点，全心全意为广大职工群众服务。通过开展职工之家建设，全国总工会和各级工会组织与职工群众密切了联系、增进了感情，为职工提供了维权、帮助、援助等一系列服务，为推进工会基层组织更好地履行职责发挥了重要作用。

### （一）工会要成为“职工之家”

以习近平同志为核心的党中央对工会工作十分重视和关心，作出一系列重要指示和部署。2012 年 12 月，党中央提出“要不断增强工会组织的创造力、凝聚力，努力把工会建设成为深受职工群众信赖的学习型、服务型、创新型职工之家”。2013 年 4 月，习近平同全国劳动模范代表座谈时强调，要把竭诚为职工群众服务作为工会一切工作的出发点和落脚点，全心全意为广大职工群众服务，让职工群众真正感受到工会是“职工之家”，工会干部是最可信赖的“娘家人”。

2015 年 4 月，习近平在庆祝“五一”国际劳动节暨表彰全国劳动模范和先进工作者大会上发表重要讲话，进一步强调工会是“职工之家”，工会干部是最可信赖的“娘家人”。2018 年 10 月，习近平总书记在同中华全国总工会新一届领导班子成员集体谈话时强调，要让职工群众真正感受到工会是职工之家，工会干部是最可信赖的娘家人、贴心人。2022 年，在党的二十大报告中明确提出，工会等群团组织要深化改革和建设，有效发挥桥梁纽带作用，进一步为新时代工会工作指明了方向。

---

① 《团结动员亿万职工积极建功新时代 开创我国工运事业和工会工作新局面》，《人民日报》2018 年 10 月 30 日第 1 版。

## (二)“双亮”“六有”打造职工信赖的职工之家

全国总工会认真贯彻党中央决策部署，把职工之家建设作为一项经常性、基础性工作，作为加强工会建设的关键环节，扎实推进。2012年，广泛开展的“工会组织亮牌子、工会主席亮身份”的“双亮”活动，各级基层工会深入开展了建设职工之家和会员评家活动。2013年10月18日，中国工会十六大提出，要积极加强和改进工会自身建设，打造深受职工群众信赖的职工之家。以党中央关于开展建设职工之家指示30周年为契机，深入开展建设职工之家活动，建立会员评家报告制度、记录制度、检查制度和激励制度，坚持评家通报制度。全国总工会通过开展深化职工之家建设座谈会，积极推进深化“双亮”落实“四权”工作，确定六省12市为落实“四权”示范单位，2013年底“双亮”覆盖面达到80%以上。

2014年，全国总工会制定职工之家建设管理办法，以职工之家建设为引领，以会员是否满意为基本标准，建立健全基层工会建设综合考核评价体系。广泛深入开展“两个信赖”（“把工会建设成为职工群众信赖的‘职工之家’，把工会干部锻炼成为听党话、跟党走、职工群众信赖的‘娘家人’”）实践活动，深入开展“深化建家达标创优”活动，探索建立各层级模范职工之家创建、申报、考核、表彰、复查等制度，提升职工之家品牌影响力。按照“会、站、家”一体化的思路，把组建工会、创办职工帮扶服务中心、建设职工之家统一起来。探索推进联合职工之家、网上职工之家建设。

2015年，为深化职工之家建设，全国总工会开展“六有”工会建设和“双争”（“争创模范职工之家、争做职工信赖娘家人”）活动，制定《全国基层工会“职工之家达标创先”活动的意见》，评选表彰全国模范职工之家和优秀工会工作者，进一步增强加强职工之家建设。

全国总工会始终把深化职工之家建设作为推动工会工作全面发展的一项长期任务，指导建立了以“双亮”为前提、“六有”为基准、“双争”为动力、“评家”为手段的制度体系，职工之家建设步入制度化规范轨道。2019 年，全国总工会针对全面提升新时代职工之家建设水平明确了六个方面重点，包括加强规范建设、强化思想引领、促进改革发展、落实维权制度、拓展服务载体和开展会员评家，努力把基层工会建设成为组织健全、维权到位、工作规范、作用明显、职工信赖的名副其实的职工之家。与此同时，各级工会积极探索“会、站、家”一体化、网上职工之家、联合职工之家等建设，开展星级职工之家、示范职工之家等评选活动。

2020 年 8 月，全国总工会印发《全国模范职工之家、全国模范职工小家、全国优秀工会工作者评选表彰管理办法》，进一步规范职工之家建设，发挥先进典型的示范引领作用。《办法》坚持面向基层一线，突出工会基层组织、基层干部和一线职工，畅通基层工会和广大会员的参与渠道，着力夯实工会基层基础；坚持公开公平公正，保障评选表彰工作规范有序，保护调动会员积极性，确保表彰对象受到广大会员普遍认可，突出评选表彰的权威性；坚持会员主体地位，实行上级工会考察和职工群众评议相结合，充分尊重广大会员的知情权、参与权、表达权、监督权，真正让会员当主角，坚持高标准严要求，严格评选条件，做到优中选优，确保表彰对象的先进性，充分体现和发挥先进典型的引领性示范性；坚持动态监督管理，实行动态评估、跟踪监管，确保评选表彰的质量。截至 2022 年底，全国总工会共表彰 16 次，评选出全国模范职工之家 14557 个，模范职工小家 15412 个，优秀工会工作者 11527 名，全国优秀工会积极分子 15407 名。

# 第二十六章

# 加强工会工作法治化建设

工会工作法治化建设是法治国家、法治政府、法治社会一体建设的重要组成部分。党的十八大以来，各级工会以强化法治思维为切入点，以提高依法维权能力为着力点，以维护职工合法权益为落脚点，依法建会、依法管会、依法履职、依法维权，坚持在法治轨道上开展工会各项工作。

## 一、源头参与劳动法律法规制定修改

2014 年 12 月，全国总工会十六届三次执委会议提出《中华全国总工会关于贯彻落实党的十八届四中全会精神大力推进工会工作法治化建设的实施意见》，围绕全面推进依法治国的主题，明确工会贯彻落实党的十八届四中全会精神的意义和工会的职责，明确提出工会要立足于工会组织的特色和实际，确定工会在全面推进依法治国进程中应发挥的作用和开展的工作。

2020 年 12 月 9 日，为推进工会工作法治化建设，发挥工会组织和职工群众源头参与的作用，维护职工合法权益，全国总工会办公厅印发《中华全国总工会关于加强和改进工会参与立法工作的意见》，提出工会参与立法工作要求，明确了各级工会参与立法的职责任务。

2023 年全国两会期间，全国政协总工会界别提交《关于进一步维护新就业形态劳动者权益促进平台经济可持续发展的提案》，从完善法律制度、建立部际协调机制、出台各地配套政策、加强行业自律等四个方面，建议探索研究保护劳动者和平台经济发展之间保持动态平衡的现实路径，促进新业态就业市场更加健康稳定发展。提案建议，应加快新就业形态领域的理论研究步伐，完善相应的劳动保障标准，出台与新业态形势相适应的法律规定，修改劳动法、社会保险法等，对劳动者、劳动关系、工资收入等基本概念作出界定，消除新就业形态劳动者中部分群体在适用法律上的现实困难；建议有关部门在起草“基本劳动标准法”过程中，明确平台企业在平台用工关系中的义务及在多方关系中的责任，确认行业主管部门对平台企业的监管职责内容。

党的十八大以来，工会参与了《民法典》《法律援助法》《公司法》《安全生产法》《矿山安全法》《职业教育法》《职业病防治法》《工伤保险条例》《失业保险条例》《安全生产法实施条例》《住房公积金管理条例》《人力资源市场暂行条例》《劳务派遣暂行规定》《企业年金规定》《社会救助暂行办法》《慈善法》《中共中央、国务院关于推进安全生产领域改革发展的意见》《国家职业病防治规划（2016—2020年）》等法律法规的制定与修改工作。截至2023年6月，各级工会参与制定地方性法规896个、规范性文件2267个，其中30个省（区、市）出台集体合同条例25部，工资集体协商条例和规章17部，10个省（区、市）出台了《工会劳动法律监督条例》，16个省（区、市）出台《女职工劳动保护特别规定》实施条例或办法，为工会依法维护职工权益提供了重要法治保障。2021年《工会法》修改后，全国总工会及时指导省级地方工会推动立法机关尽快修改各地《工会法》实施办法或工会条例，截至2024年底，19个省份完成实施《工会法》的地方性法规修改，14个省份出台工会劳动法律监督条例。

## 二、《工会法》和《中国工会章程》的修改

2019年，全国总工会相关部门在全国范围内开展《工会法》实施情况专题调研，听取社会各方面特别是各级工会组织、职工代表的意见建议，形成《工会法》初步修改意见。同年，成立全国总工会推动工会法律制度完善与执行工作领导小组。随后，全国总工会相关部门针对《工会法》修改涉及的重点问题进行了专题研究论证，在此基础上形成了《工会法（修正草案）（全国总工会建议稿）》。2020年9月，与全国人大社会建设委员会联合开展了《工会法》实施情况调研。

2021年4月，《工会法》修改列入全国人大常委会2021年立法工作计划。此后，全国总工会与全国人大常委会法制工作委员会保持密切沟通，进一步修改完善修正草案及相关文稿，于10月8日正式报送全国人大常委会办公厅。

2021年12月24日，《全国人民代表大会常务委员会关于修改〈中华人民共和国工会法〉的决定》由十三届全国人大常委会第三十二次会议审议通过，自2022年1月1日起施行。此次《工会法》修改，涉及23个条款的修改，新增1条，重点突出坚持党的领导，完善《工会法》和工会工作指导思想，强化工会基本职责，丰富工会维护职工合法权益的手段，体现党中央对产业工人队伍建设改革的新要求，维护货车司机、网约车司机、快递员、外卖配送员等新就业形态劳动者权利，体现党中央对工会改革的新要求，做好与相关法律的衔接。

本次《工会法》修改的主要内容包括：突出坚持党的领导，明确工会是中国共产党领导的职工自愿结合的工人阶级的群众组织，是中国共产党联系职工群众的桥梁纽带，应当保持和增强政治性、先进性、群众性，建立联系广泛、服务职工的工会工作体

系。落实党中央对工会改革的新要求，明确新就业形态劳动者参加和组织工会的权利。增加规定：工会适应企业组织形式、职工队伍结构、劳动关系等方面的发展变化，维护劳动者参加和组织工会的权利。完善工会法和工会工作指导思想，明确将习近平新时代中国特色社会主义思想同马克思列宁主义、毛泽东思想、邓小平理论、“三个代表”重要思想、科学发展观一道确立为工会法和工会工作的指导思想。完善工会基本职责，将工会的基本职责由“维护职工合法权益”扩展为“维护职工合法权益、竭诚服务职工群众”，同时增加工会组织职工参与本单位的民主选举、民主协商，加强对职工的思想政治引领，以及开展劳动和技能竞赛活动的规定。体现中央对产业工人队伍建设改革的新要求，增加规定：工会推动产业工人队伍建设改革，提高产业工人队伍整体素质，发挥产业工人骨干作用，维护产业工人合法权益，保障产业工人主人翁地位，造就一支有理想守信念、懂技术会创新、敢担当讲奉献的宏大产业工人队伍。做好与相关法律的衔接，明确县级以上各级总工会可以为所属工会和职工提供法律援助等法律服务。扩大基层工会组织覆盖面，明确社会组织中的劳动者有依法参加和组织工会的权利，将工会组织以及工会工作的覆盖面由“企业、事业单位、机关”扩展为“企业、事业单位、机关、社会组织”。

《中国工会章程》是中国工会全国代表大会通过的规定工会组织性质、行动纲领、奋斗目标、组织原则和机构、会员的权利义务规章，是处理工会内部事务的基本准则，在根据《宪法》《工会法》及其他有关法律法规的前提下制定。

2018 年 10 月 26 日，中国工会十七大审议通过全国总工会十六届执委会提出的《中国工会章程（修正案）》，根据党的十九大通过的《中国共产党章程（修正案）》精神，依据十三届全国人大一次会议通过的《中华人民共和国宪法（修正案）》，按照

《工会法》的有关规定，对《中国工会章程》进行修改，把习近平新时代中国特色社会主义思想确立为中国工会指导思想，对学习贯彻习近平总书记关于工人阶级和工会工作的重要论述进行了充实，强调了工会坚持党的领导这一根本政治原则，强调了中国工会落实党的建设的总要求，对中国工会的基本职责进行了修改，对工会围绕中心服务大局调整充实了新的内容，对中国工会加强自身建设提出了新要求，对工会会员部分内容进行了调整和充实，调整了工会的组织制度，修改了工会的地方组织建设的相关内容，充实了工会的基层组织建设及发挥作用的基本任务和工作，对工会干部队伍建设提出了新要求，对工会经费和资产管理使用作出了新的规定。

2023 年 10 月 12 日，中国工会十八大审议通过了《关于〈中国工会章程（修正案）〉的决议》，此次修改主要在总则中增写深刻领悟“两个确立”的决定性意义、深入学习贯彻习近平总书记关于党的建设的重要思想、为实现新时代新征程党的中心任务而奋斗、发展全过程人民民主、推动产业工人队伍建设改革等内容，以及在有关条文中明确新就业形态劳动者入会权利，明确区域性、行业性工会联合会组织形式，规范基层工会委员会名称和任期，明确工会干部能力本领要求等。

## 三、加强职工法律服务

2012 年 1 月，全国总工会通过《关于学习宣传实践中国特色社会主义工会发展道路的决议》，指出要充分运用法律武器履行工会职责，加强法律援助工作，把法律赋予的权利用好用足，始终做组织职工参与社会主义民主政治建设的重要渠道。3 月，全国总工会制定《2012—2014 年推进职工法律援助工作规划》，对推进职工法律援助工作作出阶段性安排，明确了三年目标任务和实施举措。此外，专门制定了《全国工会职工法律援助维权服务示范单位规范化建设标准》，对市（地）、县（区）总工会设立的职工法律援助维权服务机构提出了规范化建设评价标准。同时，明确提出“实现困难职工、农民工申请工会实施法律援助的劳动侵权案件做到‘应援尽援’”目标，并就各级地方工会做好困难职工、农民工等弱势职工群体法律援助工作作出阶段性部署。各地工会推动农民工法律援助向“应援尽援、可援应援、特案特援”的方向发展，积极探索拓宽农民工寻求法律援助渠道，丰富农民工法律援助工作载体，在农民工集中地建立流动维权服务站，依托工会法律援助中心设立专门投诉举报接待室，组建专业化农民工法律援助服务团队，并紧扣岁末年初等时间节点，广泛开展农民工法律援助专项行动，帮助解决欠薪、裁员、断保等劳动关系纠纷。

2013 年 10 月，中国工会十六大对《中国工会章程》再次作出修改，明确县和县以上各级工会组织应当建立法律服务机构。各地工会按照《工会法》《中国工会章程》相关规定，结合实际积极推进涉及工会和职工的法律服务相关工作。全国总工会印发《中华全国总工会办公厅关于开展中央专项彩票公益金法律援助项目申请工作的通知》，提出经与中国法律援助基金会中央彩票公益金法律援助项目办公室协调，由全国总工会推荐 20 个工会法律援助机构（含开展职工法律援助工作的困难职工帮扶中心）作为项目实施单位，申请中央专项彩票公益金法律援助项目 2013 年度预算资金不少于 200 万元，用于 2014 年开展农民工、残疾职工、女职工法律援助工作。

2015 年 8 月，全国总工会办公厅印发《关于认真学习宣传贯彻〈关于完善法律援助制度的意见〉的通知》，就工会推进职工法律援助工作提出新的任务要求，从强化职能、突出重点、改进方式、规范服务等方面作出具体安排。

2017 年 11 月，全国总工会、司法部、全国律协联合启动实施“尊法守法·携手筑梦”服务农民工公益法律服务行动，组织各地工会组建“工会干部+律师志愿者”服务队伍，深入农民工集中的乡镇（街道）、社区及工地，摸查了解农民工法律需求，宣传法律法规，提供法律咨询，并以劳动争议多发的行业领域为重点，通过协商、调解、法律援助等方式多措并举提供服务。此后，全国总工会每年定期联合司法部、全国律协组织开展该项行动，为农民工提供法律援助等服务和帮助。2017 年至 2022 年，各地工会与司法行政部门和律师协会密切协作，累计组建 2. 1 万支“工会干部+律师志愿者”服务分队，组织 5. 7 万名律师志愿者，服务农民工 2900 多万人次，开展实地普法宣传 7. 3 万场次、线上普法宣传 2. 3 万场次，调处劳动争议案件 14. 1 万件次，办理法律援助案件 10. 1 万件次，帮助挽回经济损失超过 40 亿元。

2021 年 8 月，十三届全国人大常委会第三十次会议通过《法律援助法》。同年 9 月，全国总工会办公厅印发《关于学习宣传贯彻〈中华人民共和国法律援助法〉的通知》，要求各级工会牢固树立法治观念和依法履职意识，贯彻落实《法律援助法》关于工会法律援助相关规定，着力健全保障职工合法权益的渠道和方式，更好满足职工群众日益增长的法律服务需求。

2021 年 12 月，十三届全国人大常委会对《工会法》作出修改，对《工会法》与《法律援助法》相关规定作出衔接，明确“县级以上各级总工会依法为所属工会和职工提供法律援助等法律服务”，为工会开展法律援助工作提供了更为充分的法律依据。

2021 年 12 月 24 日，十三届全国人大常委会对《工会法》作出修改，规定“县级以上各级总工会依法为所属工会和职工提供法律援助等法律服务”，将法律服务确定为工会法定职责，并明确将工会开展法律援助纳入工会法律服务职责范围之内。此后，山西、上海、江西、甘肃、云南、福建等地陆续制定出台《工会法》实施办法和工会条例，均就地方工会设立法律服务机构、开展工会和职工法律服务工作作出相应规定。

为推进工会工作法治化，工会加强了工会公职律师队伍建设。自 1993 年起，公职律师制度开始在我国部分地区试行。2013 年 12 月，全国总工会、司法部联合下发《关于进一步加强工会公职律师试点工作的意见》，提出要进一步深化工会公职律师试点工作，在组织管理、队伍建设、作用发挥、经费保障等方面加大推动力度。此后一段时期，各地工会持续强化工会公职律师队伍建设和管理，积极组织工会公职律师参与源头立法、劳动法律监督、工资集体协商、劳动争议调处、职工法律援助、普法宣传等各项工作。2016 年，中央办公厅、国务院办公厅印发《关于推行法律顾问制度和公职律师公司律师制度的意见》，明确要求各级党政机关设立公职律师，并要求人民团体参照意见规定建立法律顾问、公职律师制度。2018 年，司法部印发《公职律师管理办法》，为人民团体加强公职律师队伍建设和规范公职律师管理提供了依据。2019 年 11 月，全国总工会办公厅印发《全国总工会机关公职律师管理办法（试行）》，对全国总工会机关本级公职律师管理、执业、培训和监督等工作作出规范。据统计，2024 年全国各级地方工会共有公职律师 1199 名，全国总工会机关层面共有 52 名公职律师。2006 年至 2022 年，共有 16 名工会公职律师因执业事迹突出被评选为“全国维护职工权益杰出律师”。

## 四、加强工会法治宣传

2011 年 4 月 25 日，全国总工会印发《中华全国总工会关于在工会干部和职工中开展法制宣传教育的第六个五年规划（2011—2015 年）》，明确“六五”普法对象主要是各级工会干部和企事业单位中包括农民工在内的广大职工。重点加强工会领导干部、基层工会干部和农民工的法制宣传教育。基本任务是学习宣传宪法、中国特色社会主义法律体系和国家基本法律、职工和工会组织权益的法律法规、社会管理的法律法规。努力推进职工法律文化建设，深入开展各种法治宣传教育主题活动。

2012 年 3 月 23 日，全国总工会结合正在开展的“面对面、心贴心、实打实服务职工在基层”活动，印发《中华全国总工会办公厅关于在工会系统开展“深化‘法律六进’，服务科学发展”法制宣传教育主题活动的通知》，组织了一系列“弘扬宪法精神，工会普法在行动”“送法到基层”“送法到工地、服务到基层”普法宣传活动。

2015 年 3 月 11 日，全国总工会印发《中华全国总工会办公厅关于开展全国工会系统“六五”普法检查验收工作的通知》，决定 2015 年 3 月至 8 月对工会系统贯彻落实“六五普法规划”的情况进行检查验收。通过自查和抽检验收各地“六五”普法组织领导和制度建设、基础保障工作、普法工作实施、工作成效等内容。“六五”普法使工会工作法治化建设水平得到进一步提升。“六五”期间，全国工会系统共举办包含法律知识课程的各类培训班 42461 期，参训工会干部近 493 万人次。为加强以农民工和劳务派遣工为主体的职工法治教育，学习宣传《劳务派遣暂行规定》，全国总工会法律工作部下发《关于学习宣传贯彻劳务派遣暂行规定的通知》，并编写《劳务派遣暂行规定简明读本》，赠送给工会干部和劳务派遣职工。

2016 年 8 月 29 日，全国总工会印发《中华全国总工会关于在工会工作者和职工中开展法治宣传教育的第七个五年规划（2016—2020 年）》，“七五”普法的主要目标是：法治宣传教育机制进一步健全，职责明确、运行有序、配合有力、协调高效的工会普法工作格局逐步形成，法治宣传教育内容更加丰富、形式更加多样，实效性进一步增强，法治宣传教育与工会工作法治化建设有效结合，依法建会、依法管会、依法履职、依法维权各项工作机制进一步完善，工会领导干部对《工会法》《劳动法》等法律法规做到应知应会、必知必会，运用法治思维和法治方式开展工作的能力进一步提高，工会工作者的法治观念和工会系统党员干部的党章党规意识进一步增强。主要任务是：深入学习宣传习近平总书记关于全面依法治国的重要论述，突出学习宣传宪法、保障职工和工会组织权益的法律法规。对象主要是各级工会工作者和包括农民工在内的广大职工群众，重点加强工会领导干部、基层工会工作者和农民工的法治宣传教育，把各级工会领导干部带头尊法、学法、守法、用法作为树立法治意识的关键。

2017 年 6 月 5 日，全国总工会和教育部联合印发《关于联合开展“尊法守法·携手筑梦”服务农民工法治宣传行动的通知》，以农民工为重点宣传对象，拓展高校师生服务社会渠道，进一步提高农民工法治道德自觉。此后，全国总工会和教育部、司法部、全国律师协会每年联合开展“尊法守法·携手筑梦”服务农民工法治宣传和公益法律服务行动。

2021 年 9 月 7 日，全国总工会印发《中华全国总工会关于在工会工作者和职工中开展法治宣传教育的第八个五年规划（2021—2025 年）》，“八五”普法规划坚持以习近平法治思想引领工会普法工作，主要目标为法治宣传教育与建会、管会、履职、维权等重点工作有机结合，工会普法工作制度机制体系、评价体系和责任体系更加健全。工会工作者和职工群众的法治观念明显增强，工会领导干部运用法治思维和法治方式开展工作的能力进一步提高，职工特别是农民工的法律素质得到显著提升。普法内容突出学习宣传习近平法治思想、宪法、民法典、与职工权益密切相关的法律法规。重点对象是领导干部、基层工会工作者、职工特别是农民工。重点工作是加大法治宣传力度和频次，加强劳动合同、安全生产、社会保障等方面的法律法规学习宣传，把法治教育与维权服务相结合，在提高维权服务中开展法治宣传教育。围绕新就业形态劳动者权益保障，编印普法手册，做好法律法规政策的分析解读，引导依法理性维权。开展对外法治宣传，主动对接需求，对走出去企业和“一带一路”共建国家中资企业的职工加强相关法律法规的培训。

2021 年 12 月，围绕第八个国家宪法日，结合新冠疫情防控工作实际，组织开展工会系统宪法宣传周活动，举办宪法进企业主题日法治讲座直播、职工法律知识竞赛等。开展全国工会“宪法进企业·新就业形态劳动者法治护航行动”，组织工会法律工作者、律师志愿者，深入新就业形态劳动者特别是货车司机、网约车司机、快递员、外卖派送员集中的区域和场所，聚焦劳动保障权益问题，开展为期一个月的法治护航行动。2022 年，全国总工会开展“宪法进企业”专题宣传，在“学习强会”平台、“劳法聚焦”微信公众号、中国工会法律服务平台同步开设全国工会“宪法宣传周”专区，共有 20.1 万人次访问，16 万人次参与闯关答题。2023 年，全国总工会开展“大力弘扬宪法精神，扎实推进工会工作法治化”专题活动，在“学习强会”平台、“劳法聚焦”微信公众号、中国工会法律服务网等开设学习专区，开展学习宣传习近平法治思想系列讲座视频、线上宣传活动，累计 1300 余万人次参与活动。

## 第二十七章

# 全面推进工会数智化建设

### 一、工会系统信息化建设

2013 年，全国总工会研究制定了《全国工会系统信息化发展规划（2013—2015 年）》，提出健全工会网络体系，完善统一网络平台，确保信息快捷安全。

2014 年 3 月，全国总工会在《全国工会系统信息化发展规划（2014—2018 年）》中率先对工会信息化工作进行了部署，要求到 2018 年全国工会系统信息化管理体制和工作机制基本健全，全国工会系统电子政务内网和外网建设稳步推进，重点业务应用系统建设取得显著成效，全国工会系统网站体系进一步完善，信息资源开发利用和共享程度明显提高，标准规范和安全保障体系基本建立，初步形成统一完整、功能完善、技术先进、安全可靠的工会系统信息化体系。《发展规划》明确了全国工会系统信息化建设的指导思想、工作原则、总体目标、主要任务和保障措施，强调了主要任务是建设全国工会系统电子政务内网、全国工会系统电子政务外网和全国工会系统网站体系，构建工会信息化标准规范体系，深化工会信息资源开发利用，建立健全工会信息安全保障体系，这标志着工会信息化建设分步实施被提上日程。2014 年 6 月，全国总工会制定印发《中华全国总工会办公厅关于加强全国工会系统网站安全管理的通知》，进一步提高全国工会系统网站安全防护水平。

2015 年，习近平在中央党的群团工作会议上强调，“工会、共青团、妇联等群团组织要下大气力开展网上工作，亮出群团组织的旗帜，发出我们的声音”。[①] 工会智能化、数字化发展的第二阶段正式开启，即“互联网+”工会改革阶段。在这一阶段，工会通过多种形式建设一体化、平台化的管理与服务体系，初步实现了职工网上入会，网上开展活动组织的功能。

为进一步构建工会工作新格局，全国总工会在 2016 年提出构建“互联网+”工会工作，把互联网作为提高工会工作效率水平的重要手段，推动将工会网络安全与信息化重点工作纳入“十三五”国家政务信息化工程。2016 年，全国总工会网络工作部成立，开始逐步探索职工服务平台建设，推动各级工会网上工作。部分省级工会逐步探索建立符合地方特色的信息化服务职工平台，具有代表性的是广东省总工会的“粤工惠”、山东省总工会的“齐鲁工惠”、天津市总工会的“知工”等，主要聚焦网上入会、技能培训、医疗互助、咨询解答、服务地图等功能。

2016 年底，全国总工会印发《全国工会会员管理信息系统指标体系与数据结构（试行）》，对工会信息化、标准化建设进行指导，这是全国总工会第一份关于信息化标准的文件，为指导建立全国统一的会员信息基础数据库奠定了基础。从 2016 年 12 月开始，全国总工会联合中央网信办每年在全国工会系统开展“网聚职工正能量 争做中国好网民”主题活动。

2017 年，全国总工会制定并发布《全国工会网上工作纲要（2017—2020 年）》《全国总工会网上工作行动计划》，以“一体

① 习近平：《加强和改进党的群团工作》（2015 年 7 月 6 日），《习近平关于工人阶级和工会工作论述摘编》，中央文献出版社 2023 年版，第 45 页。

推进、两个覆盖、三网并用、四大建设、十类应用”为主要任务，力争实现联系网、工作网、服务网整体合一，工会工作线上线下互动融合，实体和虚拟两大空间共同开展工作，形成方便快捷、务实高效的服务职工新通道。以“一片心、一叠卡、一张网、一个家”为抓手，打造全国总工会系统服务职工网络。开通全国总工会微博、微信公众号，开发移动客户端，强化工会帮扶、劳模管理等服务职工相关功能设计，实现服务职工工作全方位。北京、安徽等十多个省级总工会相继成立了网络工作部或类似机构，从组织层面为网上工会改革提供保障。全国总工会从 2017 年开始作为主办单位参与国家网络安全宣传周，根据中央网信办统一部署，2017 年举办网络安全技术高峰论坛“网络·劳动·安全——移动互联时代的挑战与责任分论坛”、个人信息保护主题日活动。

2018 年 2 月，全国总工会党组理论学习中心组专题学习工会网上工作，成立全国总工会网络安全和信息化领导小组，落实《全国工会网上工作纲要（2017—2020 年）》，启动全国总工会网上工作平台建设，研究制定《全国总工会信息化项目建设管理办法》，开展“互联网+”工会普惠型服务项目，整合各类职工技能网上学习平台，推动困难职工帮扶系统、劳动关系监测系统、工会法联网、“互联网+幸福女工”服务系统、信访网络平台等建设，举办个人信息保护主题日等活动。

## 二、智慧工会建设

2018 年 10 月召开的中国工会十七大，提出了“积极建设智慧工会”的要求。智慧工会以职工群众需求为中心，以智能应用为载体，以实现工会治理的技术融合、业务融合、数据融合为目标，提升工会智能化水平，提高工会服务能力，提升工会服务效率，智慧工会建设成为新时代工会完善治理体系、提升治理能力、更好服务职工群众的必由之路。

“十三五”期间工会加快智慧工会建设步伐，实施全国工会网上工作纲要，推动将工会网络安全与信息化重点工作纳入“十三五”国家政务信息化工程，建设“互联网+”工会工作新平台，开通全国总工会微博、微信公众号和今日头条、央视频、抖音官方账号，开发移动客户端，加强工会报刊媒体融合，推进全国工会新媒体矩阵建设，推动省级工会开展网上工作平台建设并上线运行和地方工会网评队伍建设，打造网上网下相互促进、有机融合的工作新格局。

2021 年 7 月、10 月，全国总工会先后印发了《中国工运事业和工会工作“十四五”发展规划》《全国工会网络安全和信息化“十四五”规划（2021—2025 年）》，对“十四五”期间的工会重点工作进行了谋划部署，提出加快智慧工会建设，打造工会工作升级版，构建基于大数据技术的工会治理能力提升体系，构建基于互联网技术的工会服务应用创新体系，构建基于云计算技术的工会网信基础支撑体系，巩固发展工会网上舆论阵地；要求各级工会了解、善用互联网新知识、新技术，拓宽工作思路，提升解决实际问题的能力，推动“智慧工会”工作创新发展，推动“十四五”全国总工会信息化建设工程，打造逻辑统一、覆盖全国的大数据系统和服务平台。

2022 年 2 月，全国总工会党组理论学习中心组召开专题学习会议，深入学习贯彻习近平总书记关于网络强国的重要思想，加快推进新时代工会网信工作高质量发展。会议指出，要深刻认识国家网络信息化发展的新格局，充分把握“十四五”时期国家网信工作的新要求，主动适应新经济、新业态职工队伍发展的新变化，认真落实《中国工运事业和工会工作“十四五”发展规划》《全国工会网络安全和信息化“十四五”规划（2021—2025

年）》部署，加快智慧工会建设，增强联系服务职工群众的穿透力，打造工会工作升级版。

2022年5月，全国总工会下发了《关于开展“十四五”全国总工会信息化建设工程（一期）省级试点工作的通知》，各省（区、市）总工会按通知要求，结合本地实际，组织编制本级试点申报方案。全国总工会网络工作部对各省总工会试点申报方案逐一研究分析，重点关注方案中有关组织保障、资金和人员保障、进度安排以及基础环境准备等情况。

2022年7月，《全国职工服务平台系统建设方案》指出，全国工会服务平台主要包括系统建设、与试点省总工会接入、省总工会及第三方平台信息资讯内容接入、现有/新建系统及管理端接入、全国工会服务平台运营端等建设内容。全国总工会与11个试点省份对接，在各级省总工会部署“神经元”系统，与全国总工会本级“云脑”连接，深入推进工会治理数字化、服务智能化协同发展，尝试构建逻辑统一、覆盖全国的大数据系统和服务平台。

全国工会服务平台主要包括Web端、移动端、管理中心、运营端等四个部分。全国职工服务平台提供了全国总工会“互联网+”应用的接入管理服务及“统一入口”，服务平台包含的应用系统主要是职工技能提升与创新系统、职工就业服务管理系统、职工疗休养管理系统。

智慧工会不仅是工会已有工作和服务的数字化、在线化，而且是工会组织体系重塑、工作流程再造、服务模式优化、工作方式转变的多重工会治理能力的提升。在智慧工会的建设过程中，全国总工会从顶层设计的角度构建了整体化、网络化的智慧工会管理体系，联通全国总工会、省市工会、各级产业工会，以互联网拓展工会组织覆盖面，打造数字化、智能化的工会管理系统，鼓励职工网上提交入会申请，线上线下审核办理，为工会管理与服务提供数据支撑。

各级地方工会也在智慧工会建设过程中积极参与创新。例如，上海总工会推出的“一网通办”平台，将大数据技术与新就业形态劳动者入会工作结合，运用智慧工会服务方式的创新，扩大工会组织覆盖、工会工作覆盖、工会服务覆盖。上海市总工会将线下推进工会组织体系建设与线上搭建工会组织架构相结合，升级上海工会组织库会员库，线上优化和完善“小二级”工会组织，做到线上线下深度融合、无缝衔接。针对新就业形态劳动者在线在网、流动频繁的特点，上海市总工会对原来需要人工层层审核的网上入会进行流程再造，打造便捷精准的网上入会平台。在“一网通办”的“随申办”平台、工会官微“申工社”平台都开设“我要入会”通道，同时上海各级工会都有工会组织码，让新就业形态劳动者通过扫码实时入会。职工扫码后，对接大数据比对社保、医保、人口等数据信息，匹配所在单位工会，实现精准入会、精准转会，做到“让数据多跑路，让职工少跑腿”，确保会员流动不流失。针对一些新就业形态劳动者社保信息缺失的情况，通过设置特定会员标签（包括快递物流、外卖配送、家政服务等 13 类标签），根据职工意愿可加入居住地、单位所在地工会，确保职工应入尽入，为精准服务打下基础。依托“随申办”平台工会电子会员证，纳入上海市电子证照库，同时以电子会员证为会员身份识别基础，以普惠服务为着力点，打造“随申办工会”服务平台，新就业形态劳动者会员入会领证“一键通达”，领取会员福利，办理法律援助、工匠申报、技师晋升奖励申请、疗休养等多项工会服务，查询户外爱心接力站等服务阵地的电子地图。2022 年 7 月还上线了“新就业形态劳动者互助保障（E 类）”，新就业形态劳动者个人可在手机端自助申请缴费参加保障。通过一站式服务平台，努力把新就业形态劳动者吸引过来、组织起来、稳固下来。上海市总工会扫码入会的全面推进，提升了职工入会体验，便捷职工入会，使新就业形态实名制会员大幅增加，随着大数据精准服务的提供，工会在新就业形态劳动者中的影响力、知晓度也大幅提升，普惠性的会员福利让职工实实在在地感受到入会的获得感，实现了工会数字化转型。

## 三、工会数智化建设

2023 年 6 月，全国总工会党组审议通过了《工会数字化转型工作方案》，明确了工会数字化转型的主要目标，即第一阶段，全国总工会数字化平台上线运行，基本实现宣传、服务、协同办公、基础应用四大功能，初步实现工会工作服务化、体系化、品牌化、创新化、数智化，让职工群众可感可知、可达可得；第二阶段，实现工会服务“一端通享”、业务办公“一网协同”，工会工作服务化、体系化、品牌化、创新化、数智化全面建成，数字引领工会工作高质量发展取得显著成效；第三阶段，建成高效、便捷、精准、统一的智慧工会，形成引领有力、服务智能、应用安全、职工满意、影响广泛的“工会系”网上生态。

2023 年 7 月，全国总工会先后召开全国总工会机关数字化转型动员部署会和全国工会数字化转型工作推进会，要求工会系统数字化建设至少要实现六个方面的成果。一是建设一个服务亿万职工群众且全国通行的服务终端，实现全国联网联通、无缝连接，直接、直达亿万职工群众，让广大职工群众时时处处事事可感可知、可达可得习近平总书记和党中央的关心关爱，以及工会的精准服务。二是打造“全国标准+地方特色”的集成式服务内容，这既有全国通行的标准服务内容，又有各地因地制宜的服务内容。三是建设“全国连通、全国总工会汇总，各省集中、各级主办”的 12351 职工维权热线平台，作为职工群众能够直接投诉、直达机关的信息系统，做到民有所呼、我有所应，着力解决职工群众急难愁盼、基层工会难以解决的问题。四是建设“全国连通、各地运转”的数字化办公系统。五是建立“全国总工会与地方、媒体与服务终端”融为一体的宏大数字化媒体矩阵群，构建工会大宣传格局系统。六是构建一套“标准唯一，统建共享”工会数字化工作基础体系，包括系统设计标准、技术架构标准、接口和业务标准、分析和运维标准、数据标准和基础代码等。8 月，全国总工会制定了《加快工会数字化建设工作方案》，全国总工会和各级工会持续发力，加快建设全国工会服务平台和数字化办公系统，构建数字化媒体矩阵。

2023 年 12 月 22 日，《全国总工会应用人工智能行动纲领》发布，正式启动全国总工会应用人工智能行动，推动全国总工会和各级工会探索应用人工智能先进理念和先进工具，加快“五化”特别是数智化建设，吹响了推动人工智能在全国工会系统中全面应用的号角。

2024 年 1 月，全国总工会印发《女职工数字技能提升方案》，落实《加快工会数字化建设工作方案》《全国总工会广泛应用人工智能行动》等部署，从构建女职工数字技能学习培训服务体系、全面提升女职工数字工作技能、大力培养女职工数字创新创造能力、加快提高女职工数字生活技能水平、系统强化女职工数字安全技能等五个方面作出了具体工作安排，加大数字时代的知识型、技能型、创新型女职工培养力度，提升女职工数字技能水平。

2024 年 4 月 3 日，全国总工会召开全国工会数智化建设会议，贯彻落实全国总工会“559”部署安排，深入实施工会数智化建设工程，为工会助力发展新质生产力提供有力支撑。会议指出，工会数智化建设是“559”部署安排的重要内容和基础工程。数智化建设具有复杂性、动态化等特点，全国总工会和各级工会特别是主要领导同志要充分认识其重要性和迫切性，把数智化建设作为年度重点工作来抓，形成合力、狠抓落实，确保工会数智化建设在工会系统同步推进。会议强调，要强化顶层设计，按照

“一个逻辑、一个架构、一个标准、一个数据源”的原则，夯实数智化建设基础，实现“一键入会”“一网全通”“一终端全维服务”的工作目标。要聚焦服务化，坚持职工视角，满足职工需求，丰富服务内容，打造职工爱不释手、充满活力的工会数智化建设工程。要抓好工作循环，在工会系统形成研究部署、协调检查的工作机制，主动融入工会数智化建设。要从全国总工会和各省、市、县级以及产业工会等各层级，全链路贯通数智化应用。要有计划、有步骤地做好前期试点工作，抓好典型培育和示范带动，总结经验，发现问题，改进完善，通过数智化建设推动工会工作全面提质增效。

2024 年 7 月，由全国总工会推出的线上智能服务平台“职工之家”APP 上线运行，其中包括 23 个“职工急需、工会所能”的维权服务模块。同时，基于人工智能的工会 OA 系统、工会大数据管理驾驶舱加快建设，工会行业大模型、工会智语创新应用，全国工会系统内容和数据的互联互通、共建共享正逐步变为现实。

第二十二编

# 加强工会和职工对外交流交往

## 第二十八章

# 加强与港澳台工会和劳动界的交流合作

党的十八大以来，在党中央的坚强领导下，全国各级工会贯彻港澳台工作大政方针，紧紧围绕党和国家港澳台工作大局和工会重点工作，充分发挥民间交流优势，扎实开展与港澳台工会和职工的交流交往，为新时代新征程推进“一国两制”实践行稳致远、推动两岸关系和平发展、推进祖国统一作出积极贡献。

## 一、工会港澳工作

工会港澳工作是党和国家港澳工作的重要组成部分。全国总工会长期关注港澳工会发展和工人运动，与爱国爱港爱澳工会开展密切交流合作，保持友好交往。

### （一）开展多元化交流，深化港澳工会和职工爱国情感

接待港澳工会“五一”代表团。自1985年4月起，全国总工会每年于“五一”国际劳动节期间，邀请以港澳爱国工会为主体，港澳工会和劳工界广泛参与的港澳工会“五一”代表团，参加在人民大会堂举办的“五一”劳模表彰大会，赴内地省市参观访问，深入了解国情民情和工会工作情况，感受国家改革开放取

得的伟大成就。历次代表团都得到全国总工会领导同志的亲切会见，极大增强了港澳爱国工会和职工的荣誉感、归属感、认同感。

举办港澳工会职工参与的技能竞赛活动。2014 年 10 月，全国总工会邀请港澳工会干部观摩团到北京观摩全国妇幼健康技能竞赛决赛。将港澳职工纳入国家技能竞赛范围，自 2015 年 6 月起，每两年邀请港澳工会组派代表团参加中国海员技能大比武交流活动。2024 年 11 月，全国总工会举办首届港澳与内地职工技术技能“互学互鉴”研讨营，邀请香港、澳门卫生健康系统职工深入了解内地卫生健康系统改革发展取得的成就，加强内地和港澳专业技能人才之间的交流，推动港澳职工在“一国两制”实践中发挥更加积极的作用。

发挥地方优势开展特色交流活动。2012 年以来，全国总工会指导多地工会与港澳工会举办“职工书画摄影联展”“职工厨艺技能交流赛”“职工云健步走友谊赛”等形式多样的交流活动。通过开展职工群众喜闻乐见的交流活动，以润物细无声的方式弘扬中华民族传统文化，宣传地方特色文化，增进港澳和内地工会及职工的情感联系。

### （二）着力培养人才，壮大爱国爱港爱澳工会力量

培养港澳爱国工会专业人才。自 2000 年起，全国总工会委托中国工运学院（中国劳动关系学院前身）为香港工会联合会和澳门工会联合总会及其他社团组织举办学历教育，培养有关专业人才。截至 2024 年，举办成人高等教育函授本专科班共 15 期。2017 年，教育部批准中国劳动关系学院为香港举办公共管理硕士专业学位研究生教育。2018 年，全国总工会同意中国劳动关系学院在香港特别行政区开班授课，为香港爱国工会培养公共管理硕士专业学位研究生，每月派学院老师赴香港为学员授课。

举办港澳工会青年交流活动。全国总工会自 2016 年起举办

“港澳工会青年研讨营”，邀请港澳工会青年干部、青年职工到内地开展主题研讨、交流、参访活动，为增进内地与港澳青年相互了解，促进港澳青年融入国家发展大局搭建了交流平台。

### （三）积极担当作为，助力港澳工会和职工融入新发展格局

建立粤港澳大湾区工会联席会议机制。为深化粤港澳工会交流合作，助力粤港澳大湾区建设，2019 年由全国总工会作为指导单位，广东省总工会与香港工联会、澳门工联总会共同发起建立了粤港澳大湾区工会联席会议机制。该机制是实现粤港澳大湾区工会之间的常态化沟通，发挥议事决策职能和凝聚粤港澳大湾区劳工共识的重要平台，为大湾区高质量发展发挥了应有作用。

落实同等待遇，做好港澳职工参评内地劳模等荣誉称号工作。全国总工会推进港澳台职工参与工会领域荣誉称号评选工作制度化建设，与国务院港澳办、国务院台办于 2019 年联合印发《关于将在内地（大陆）工作的港澳台职工纳入当地劳模等荣誉称号评选范围的通知》，并于 2024 年 4 月印发《关于进一步做好将在内地（大陆）工作的港澳台职工纳入当地劳模等荣誉称号评选范围工作的通知》，持续推动在内地工作的港澳台职工参评当地劳模等荣誉称号。截至 2024 年，共有 32 名港澳职工获评省市级劳动模范等称号，北京等 16 个省（市）制定了将港澳台职工纳入当地劳模评选范围的制度和措施。

### （四）广泛开展宣传，增进港澳职工对祖国的了解和认同

在参访交流活动中，全国总工会及时向港澳工会和职工宣传党的十八大、十九大、二十大及历次全会精神。广泛开展爱国主义教育和国情国策宣讲，让港澳职工了解中国历史、中国共产党历史和中国式现代化发展进程，亲身感受中华悠久历史文化，体验祖国经济社会发展成就。2022 年 2 月，全国总工会与澳门工联

总会共同举办澳门青年职工“感悟领袖情怀，砥砺青年成长”主题读书活动，近200名澳门青年参与，受到澳门青年广泛赞同。

为支持澳门爱国工会工作，丰富澳门职工精神文化生活，2023年2月，全国总工会向澳门工联总会捐建的公益文化品牌项目——澳门职工书屋正式启用，成为首间在境外开设的职工书屋示范点，打造了澳门职工群众深入学习党的二十大精神和开展爱国主义教育的职工学习阵地。

### （五）助力港澳抗疫，彰显守望相助的血脉深情

在香港、澳门新冠疫情严峻的紧急时刻，全国总工会心系港澳职工，迅速筹集口罩等抗疫物资，率先捐赠给港澳爱国工会等组织，第一时间表达了对港澳工会和职工的关心关怀，同时带动多地省（市）工会向港澳工会捐赠抗疫物资，前后共计捐赠口罩150万只、新型冠状病毒抗原检测试剂盒15万只，并协助香港工会联合会紧急采购药物，为港澳抗击疫情、尽快恢复经济社会发展发挥了积极作用。多年来，港澳工会也多次通过全国总工会向内地工会和职工捐赠扶贫、捐资助学以及支援抗洪救灾等，体现出港澳与内地职工同甘共苦、守望相助的血脉深情。

## 二、工会对台工作

工会对台工作是党和国家对台工作的重要组成部分。全国总工会紧紧围绕党和国家对台工作大局和工会重点工作，充分发挥民间交流优势，做了大量卓有成效的工作。

### （一）密切两岸工会和职工交流

自20世纪90年代起，两岸工会和职工就开始了交流往来，特别是2008年后，两岸工会和劳动界积极加强交流合作，逐步形

成了“全方位、多领域、宽层次”的交流格局，两岸工会和职工交流一度呈现大交流、大合作的良好局面。全国总工会从两岸职工福祉出发，更多地邀请台湾主要工会和劳工组织到大陆交流参访。2020 年新冠疫情期间，全国总工会通过新媒体方式举行线上交流活动，实现两岸工会和职工“云相约”，保持了两岸工会和职工的交流与合作。两岸疫情平稳转段以后，全国总工会以推动两岸人员往来正常化和两岸各领域交流合作常态化为目标，逐步恢复了与台湾岛内重点工会和劳工组织的往来。

### （二）充分发挥品牌活动影响力

举办海峡两岸工会论坛。2006 年至 2014 年，全国总工会在大陆和台湾先后交替举办八届海峡两岸工会论坛，台湾主要工会和劳工组织及大陆各省、自治区、直辖市总工会受邀参与。工会论坛紧跟两岸关系发展进程，围绕两岸劳动领域中的热点问题深入展开研讨，凝聚了两岸工会共同致力于推进两岸关系和平发展的共识，在促进两岸关系和平发展中发挥了积极作用。论坛期间，党和国家领导人曾多次会见与会的部分台湾工会代表并合影留念。2015 年，考虑到两岸形势变化，工会论坛暂停举办。

举办海峡职工论坛。自 2010 年起，全国总工会在福建厦门连续举办了 15 届海峡职工论坛，累计吸引近 3000 名两岸劳模、传统技艺大师、工会干部、一线职工、青年职工代表参与，论坛内容以加强两岸职工交流、提升两岸职工技能为主，得到各方一致认可。

创新工会对台工作载体。为增强对台交流的针对性和实效性，全国总工会统筹整合全国各级工会开展的两岸交流活动，于 2024 年 6 月推出“海峡两岸百工百业交流活动”品牌。在北京、福建、江苏、河南等省（市）总工会的共同努力下，共举办八项子活动，来自两岸的近 400 名工会干部、基层职工、劳模代表、传统技艺大师等参加相关活动。

（三）深化两岸职工技能、文体交流

以技能交流为抓手，强化两岸职工技能传承，推动台湾船员到大陆培训考证、换证工作，邀请台湾船员及海事院校师生组队参加第六届中国海员技能大比武，开展海峡两岸（皖台）青年职工技能竞赛交流活动、鄂台职工技能交流活动、海峡两岸暨香港职工焊接技能比赛、齐鲁工匠台湾交流培训、豫台职工厨艺大赛、闽台匠人大会等。以体育交流为媒介，促进两岸同胞心灵契合，举办闽台职工运动交流赛、平潭两岸职工自行车赛、豫港澳台职工云健步走友谊赛等。以文化交流为纽带，开展黔台职工主题文化交流活动、中华民族抗日战争史与抗战精神传承研讨会、闽港澳台职工书画摄影联展、两岸职工中秋联谊晚会、文化采风活动等。

（四）加强两岸青年交流交往

全国工会系统高度重视和支持台湾青年发展，邀请台湾青年、学生来大陆参访。自 2007 年起，成功举办 10 届“台湾工会青年研讨营”，邀请 45 岁以下台湾青年工会干部、职工代表到大陆参访。加强两岸劳动关系领域学生交流，定期组织中国劳动关系学院学生赴台湾进行短期学习，邀请台湾学生来大陆参加中国大学生人力资源职业技能大赛。鼓励台湾青少年到大陆求学、就业、创业，中国劳动关系学院获取招收港澳台学生资质；举办两岸海员技能交流研讨会，邀请交通运输部海事局负责同志为台湾海事院校学生介绍大陆海事院校情况及相关惠台政策；江苏省总工会开展“海峡两岸青春梦训练营”，组织台湾高校师生及家长参访江苏省内重点高校和南京台湾青年创业学院。

## （五）推动落实同等待遇、促进融合发展

推动台胞职工同等评优评先。截至2024年，全国共有17个省（市）的188名台胞职工获评工会系统荣誉称号，5个台资企业工作班组获评省级工人先锋号，2个台资企业获评先进集体。切实做好在大陆就业的台胞职工的权益保障工作。开展节假日、会员生日、生病住院等慰问活动，将符合条件的台湾职工纳入工会职工医疗互助范围，为台湾职工子女提供金秋助学、勤工俭学等帮扶，为权益受到损害的台胞职工提供免费法律援助。全国总工会还派员前往台资企业密集省份开展实地调研，帮助台企台胞解决急难愁盼问题，助力台企台胞融入新发展格局、参与高质量发展。

## 第二十九章

# 开展工会双边多边国际交流

党的十八大以来，中国工会坚持以习近平新时代中国特色社会主义思想为指导，在独立、平等、互相尊重、互不干涉内部事务的原则上，遵循“独立自主、互相尊重、求同存异、加强合作、增进友谊”的工会对外工作方针，不断深化同世界各国工会的友好关系与务实合作，提升中国工会在国际劳工领域的话语权和影响力，营造于我有利的外部劳工环境，为推动构建人类命运共同体作出积极贡献。中国工会已与150多个国家、400多个工会组织建立了友好关系，在产业工会之间、友好省州的地方工会之间，也建立了广泛的交流合作关系。

### 一、大力宣介习近平新时代中国特色社会主义思想

#### （一）发挥民间外交优势，扩大主场外交成果

主场外交是指一国以本国境内为外交舞台、利用主场优势开展的外交活动，其价值在于可以利用主场的天时、地利、人和等多种优势，拟定有利于本国的议题或议程，推动制定有利于本国的国际规则或秩序，从而实现外交目标。党的十八大以来，我国“主场外交”高潮迭起，通过亚信峰会、APEC峰会、G20杭州峰

会、“一带一路”国际合作高峰论坛、中国共产党与世界政党高层对话会、金砖国家领导人会晤、亚洲政党专题会议等一系列多边峰会，贡献中国方案和中国智慧，彰显中国气派和中国力量，中国的国际地位和影响力显著增强。中国工会积极配合我国重大主场外交活动，邀请国际劳工界代表出席“一带一路”国际合作高峰论坛、二十国集团劳动就业部长社会伙伴对话会等重要活动，举办共建“一带一路”国家工会多边会议、二十国集团劳动会议、金砖国家工会论坛等相关工会配套活动，在多边合作机制框架下，协调各国工会立场、凝聚国际劳工界更广泛的共识，为丰富主场外交成果、增强主场外交效果、扩大主场外交影响作出了工会贡献。

### （二）加强对外宣传，讲好中国故事、中国工人阶级故事、中国工会故事

全国总工会把习近平新时代中国特色社会主义思想、党的十九大和二十大精神、“一带一路”倡议、人类命运共同体理念等作为工会对外宣传的重要内容，充分利用出席国际劳工大会、国际劳工组织理事会、金砖国家工会论坛、二十国集团劳动会议等国际劳工领域重要会议及国际、区域和国家工会组织代表大会，举办多双边交流研讨活动等机会，巧妙设置和引导议题，用外国工会领导人易接受、能听懂的方式，宣传习近平新时代中国特色社会主义思想，宣传我国经济社会发展成就和抗疫故事，宣传中国特色社会主义工会发展道路的理论和实践，以春风化雨、润物无声的方式讲述中国故事、中国工人阶级故事、中国工会故事，中国发展模式、中国工会道路和中国理念主张得到越来越广泛的理解与认同。

### （三）把握重大时间节点，提升宣介效果

中国工会精准把握党的全国代表大会、新中国成立 70 周年、中国共产党成立 100 周年、中国工会全国代表大会等重要时间节点，充分利用工会多双边交流平台、合作机制，面向国际劳工界开展宣传，大力宣传习近平新时代中国特色社会主义思想和党的十九大、二十大及党的十九届、二十届中央历次全会精神。2021 年，全国总工会成功举办“中国共产党领导下的中国工运事业发展”多边视频交流会，面向国际劳工界宣传中国共产党栉风沐雨、披荆斩棘的百年奋斗史，与会外国工会领导人盛赞中国共产党百年来取得的伟大成就。协调世界工联总书记马瑞克斯、非工统总书记马祖德参加“世界政党政要和知名人士等谈中共百年、看中共百年”访谈活动，在庆祝中国共产党成立 100 周年之际接受《人民日报》、中央广播电视总台、中国国际广播电台等媒体采访，获得良好的社会反响。非工统、朝职盟、朝农勤盟、斯里兰卡工会、白俄罗斯工联等多个区域和国家工会组织于 2021 年“七一”前夕向中华全国总工会发来贺电贺信，在国际劳工领域为庆祝中国共产党成立 100 周年营造了浓厚氛围。2022 年，全国总工会学习宣传贯彻党的二十大精神，开展工会对外工作。党的二十大开幕前，中华全国总工会与各友好组织保持密切沟通，及时传递会议相关信息。大会闭幕后，全国总工会第一时间制定对外宣介方案，向国际劳工界宣讲党的二十大精神。2022 年 11 月 24 日，中越工会以“中共二十大与工会工作”为主题召开专题视频会议，全国总工会、中国宝武钢铁集团，以及越南劳动总联合会总部 5 个部门与其下属 6 个产业工会、12 个省市工会的代表参会，会议加深了越南工会干部对中国和中国共产党的了解，增进了中越两国工会之间的友谊。

## 二、参与全球劳动治理

随着中国综合国力和国际地位的提升，各国工会特别是发展中国家工会期待中国工会在全球劳动治理中发挥更大作用。中国工会准确把握世界发展大势，发挥自身优势，积极参与和推动全球劳动治理体系改革，为国家发展建设营造了有利的外部劳工环境。

### （一）加强与国际劳工组织的合作

中国是国际劳工组织创始成员国之一。自1983年恢复在国际劳工组织活动后，中国每年均派代表团出席该组织重要会议，并积极参与其在国际劳工立法和技术合作方面的活动。党的十八大以来，中国与国际劳工组织的关系得到较大发展，开展了人员互访、考察、专家讲座、在华举办研讨会和讲习班、制订实施技术合作计划和体面劳动国别计划等活动。向国际劳工组织工人活动局提供资金援助，支持国际劳工组织亚太地区工会能力建设南南合作项目，赢得了国际劳工组织和亚太国家工会的广泛赞誉。利用国际劳工组织工人正理事身份，加强与发展中国家工会沟通协调，代表发展中国家发声，树立我国负责任大国工会形象。新冠疫情暴发后，多次派员出席国际劳工组织及其区域组织召开的线上会议，探讨疫情对劳动世界的影响和工会所能发挥的作用，贡献中国工会智慧，推动工会国际抗疫合作。

### （二）成功当选并连任国际劳工组织工人正理事

国际劳工组织理事会是国际劳工组织的决策机构。2011年6月，在多方的共同努力下，中国工会代表成功当选国际劳工组织工人正理事，这是我国1983年恢复在国际劳工组织的活动以来，中国工会代表首次当选该组织工人正理事，中国工会进一步走近了国际工运的舞台中央，在国际劳工事务中拥有了更多话语权和影响力。在 2014 年、2017 年、2021 年、2024 年国际劳工大会工人正理事选举中，成功连任了工人正理事，坚决维护了中国工会在国际劳工组织中的地位和话语权。

### （三）充分利用工会多边合作机制

自 2004 年起，全国总工会连续 10 次成功举办“经济全球化与工会”国际论坛，巩固和深化了与广大发展中国家工会的交流与合作，推动国际秩序向更加公正合理的方向发展。参加国际劳工大会、二十国集团劳动会议、金砖国家工会论坛等国际劳工界重要会议，深入参与涉及国际劳工标准和规则制定、劳工治理等重要议题的设置和讨论，推动将“构建人类命运共同体”等理念写入工会重要多边会议成果文件，不断增强中国工会在国际劳工事务中的影响力。

## 三、大力推动工会抗疫国际合作

新冠疫情期间，中国坚持把世界各国人民生命安全和身体健康放在第一位，充分展现负责任大国的自觉担当，第一时间发布病毒基因序列等信息，毫无保留地同世卫组织和国际社会分享防控、治疗经验，开展抗疫国际合作，为全球抗疫贡献了智慧和力量。中国工会坚决贯彻落实习近平总书记关于加强国际抗疫合作的重要讲话精神，与有关国家和国际、区域工会组织加强沟通，扎实推进工会抗疫国际合作。

### （一）参与国际劳工领域应对新冠疫情的交流研讨

新冠疫情期间，中国工会先后派代表出席了国际劳工组织

“劳动世界应对新冠肺炎疫情”全球视频峰会、国际劳工组织工人活动局“新冠肺炎疫情下的劳动世界”研讨会、国际劳工组织亚太区域关于“新冠肺炎疫情与劳动世界”研讨会和应对新冠肺炎疫情研究成果专刊高级别线上发布会、二十国集团劳动会议“新冠肺炎：工作场所的危害”网络研讨会、“2021 东盟劳动世界的未来”在线视频会议等多个国际、区域和国家工会组织间视频会议。同时与非洲工会统一组织举行“新冠病毒肺炎及其对工人的社会经济影响与工会作用”“后疫情时代的中非工会交流合作”视频研讨会等会议，分享疫情信息，交流抗疫经验，讲述中国抗疫故事，倡导国际劳工界携手推进抗疫国际合作。

### （二）及时给予友好工会组织抗疫物资援助

全国总工会克服抗疫物资紧缺的困难，向多家外国友好工会组织提供了力所能及的援助。2020 年，当新冠病毒在欧洲肆虐时，全国总工会向奥地利工联捐赠了外科口罩、FFP2 口罩、医用手套和医用防护服等防疫物资。中国驻奥地利大使在捐赠仪式上表示，经过疫情危机考验的中奥友谊将焕发新的活力，两国友好战略伙伴关系将取得更加丰硕的成果。奥工联主席代表奥工联和奥各个行业工会向中国工会提供的宝贵支持和友好捐助表示衷心感谢。中国工会还多次向柬埔寨工会提供客车、医用口罩、核酸检测试剂盒、消毒用喷雾器、儿童爱心包、防化靴、防化手套、防护服、防护面罩等急需的防疫物资。柬埔寨政府官员表示，中方的援助体现了中柬两国工会间钢铁般的兄弟情谊，双方关系将更加紧密和巩固，并进一步推动两国其他领域的友好合作向前发展。柬埔寨工会总联合会主席表示，中国工会的援助是在习近平主席“一带一路”倡议框架下，两国工会和工人相互支持、相互沟通、互学互鉴的具体体现，双方将继续加强友好交流关系。此外，中国工会还向世界工联、非工统、巴西工会、乌拉圭总工会、塞内加尔劳联等组织提供了力所能及的支持和援助，生动诠释了为世界谋大同、推动构建人类命运共同体的大国担当。

### （三）关心服务因疫受困海外职工

因新冠疫情，国际旅行受到限制，部分海外职工归国时遇到困难。2021—2022 年，全国总工会多次收到滞留海外的中国船员求助，有些船员已在国外港口被困一个月之久，通过与我驻外使馆、当地友好工会组织、当地海关相关机构沟通协调，全国总工会协助涉事船员从俄罗斯、芬兰等国成功归国。当我国船员在海外突然发病时，全国总工会致函印度尼西亚海员工会和亚洲海员峰会秘书处，协助其在印尼实现紧急就医。针对中国海员和挪威船东的集体协议即将到期，且新一轮谈判因疫情无法开展的情况，全国总工会积极做好挪威总工会的工作，推动挪方同意延长现有集体协议，确保我国船员权益不受影响，并于 2022 年 4 月成功签署新一轮中挪海员集体谈判协议，我国船员最低基薪、最低死亡赔偿金等都获得相应增长。

### （四）有效对冲国际劳工界疫情政治化噪声

新冠疫情期间，少数外国工会组织受疫情政治化、病毒标签化言论的影响，对我国抗疫举措产生疑虑。全国总工会充分利用各种工会多双边（视频）交流场合，宣传我国抗击疫情的成就，表明中国工会反对将疫情政治化、污名化的严正立场，推动将反对疫情政治化、污名化等主张写入第九届金砖国家工会论坛成果文件。同时，加强与友好工会组织的联络，利用友好工会组织官方网站澄清事实、驳斥对华负面言论，争取重要国际、区域和国家工会组织对我声援，在疫情政治化言论甚嚣尘上时有力支持政府稳步推进抗疫工作部署。

## 四、切实维护我国主权、安全、发展利益

中国工会在对外工作中，始终坚持总体国家安全观，在国际劳工领域切实维护国家主权、安全和发展利益。

### （一）坚决维护我国劳动领域政治安全

针对境外敌对势力借所谓“维权”插手我劳工事务、渗透破坏我职工队伍团结稳定的做法，中国工会坚决贯彻党中央关于加强劳动领域政治安全工作的决策部署，深刻认识加强劳动领域政治安全工作的重要意义，深入领会“五个坚决”要求的精神实质，认真制定应对相关领域风险挑战的工作预案和措施方法，不断增强维护劳动领域政治安全的政治自觉、思想自觉、行动自觉。在实际工作中，坚持加强顶层设计，不断健全完善相关工作的机制和制度建设；坚持从源头抓起，从重要领域、重要组织、重大事件入手，排查风险点，防范化解可能产生的隐患；坚持加强对国际工运形势的分析研判，不断增强防范意识、提高处置本领，有效防范各类风险连锁联动，坚决有力维护劳动领域政治安全。

### （二）有效应对涉台、涉港、涉疆等问题

在参与工会多边会议期间，全国总工会代表团始终保持高度警惕，在中国台湾地区个别组织妄图以“国家”名义参会时，积极与外交部、人力资源社会保障部及会议主办方沟通协调，及时瓦解敌对势力的图谋。针对以美国等西方国家为主导的工会组织频频就涉疆、涉港等问题向我发难的情况，全国总工会加强与相关部委的沟通协调，周密布置、果断出击。派出专门调研组赶赴新疆收集一手视频资料，指导新疆职工代表就涉疆案例在国际劳工大会上发言，举办中哈、中塔、中蒙口岸职工交流慰问活动等

多项举措，向外国工会和国际社会全面展示新时代新疆发展成就和职工精神面貌，表明中国工会立场，澄清事实、说明真相，有力驳斥了美国等西方国家的污我言论。

### （三）扎实做好对外人权斗争

为全面、正确、完整地反映我国劳动者权益的发展状况，中国工会不断强化理论武装，深入学习贯彻习近平总书记关于总体国家安全观、工人阶级和工会工作的重要论述，切实履行工会维权服务的基本职责，努力推动解决职工群众最关心、最直接、最现实的利益问题，不断增强广大职工群众的获得感、幸福感、安全感。加大对外宣传，出席联合国人权理事会工商业与人权论坛、联合国工商业与人权亚洲区域论坛、中欧人权对话会、南南人权论坛，向联合国人权高专办国别人权状况审查组、联合国经社理事会提供相关材料，利用发布《中国健康事业的发展与人权进步》《改革开放40年中国人权事业的发展进步》《为人民谋幸福：新中国人权事业发展70周年》白皮书等机会，全面宣介我国工会组建、集体协商、工人权益、性别平等、同工同酬、残疾人和移民工权益等情况，努力在国际劳工界营造于我有利的舆论氛围。

## 五、服务“一带一路”国际合作

习近平主席在2013年出访中亚和东南亚国家期间，先后提出共建“丝绸之路经济带”和“21世纪海上丝绸之路”（“一带一路”）重大倡议，得到国际社会的高度关注和积极响应。共建“一带一路”，为相关国家携手打造政治互信、经济融合、文化包容的利益共同体、责任共同体和命运共同体提供了平台与基础，对于维护世界和平稳定、促进繁荣发展具有深远持久的意义。“一带一路”倡议提出以来，中国工会敢于担当、积极作为，发挥"一带一路"沿线国家工会交流平台与机制作用，为夯实"一带一路"国际合作的民意基础和社会基础作出贡献。

## (一) 创设"一带一路"沿线国家工会干部汉语研修奖学金项目

为支持"一带一路"沿线国家工会能力建设，扶持知华友华力量，全国总工会与国家留学基金委合作设立了"一带一路"沿线国家工会干部汉语研修奖学金，鼓励和资助"一带一路"沿线国家工会干部来华学习汉语。2019—2020 学年，来自柬埔寨、老挝、尼泊尔、巴基斯坦、墨西哥、哈萨克斯坦、坦桑尼亚等国家的 10 名工会干部来华学习。2020—2021 学年，来自柬埔寨、老挝、尼泊尔、巴基斯坦、蒙古、越南、尼日利亚等国家的 9 名工会干部获得学习资格。2021—2022 学年，来自越南、老挝、尼泊尔、墨西哥、哥伦比亚、塞内加尔等国家的 7 名工会干部获得该奖学金。2022—2023 学年，来自蒙古、哈萨克斯坦、墨西哥和哥伦比亚等国的 4 名工会干部通过资格审核。

## (二) 持续开展"一带一路"沿线国家工会援助项目

党的十八大以来，中国工会进一步加强与国际劳工组织的合作，加大经费和师资投入，推进亚太地区工会组织能力建设南南合作项目、中国与安哥拉合作项目，赢得了亚非拉发展中国家工会的广泛赞誉。全国总工会举办了一系列"一带一路"沿线国家工会干部培训班，围绕"工会助力命运共同体建设""妇女和青年在未来劳动世界的作用"等主题以及各国共同关心的国际工运热点问题，与沿线国家工会进行交流研讨，共建"一带一路"和中国工会发展道路，获得沿线国家工会组织更广泛的认同。

### （三）搭建“一带一路”沿线国家职工人文和技能交流平台

持续推进“一带一路”沿线国家职工人文交流项目，开展中非、中挪、中巴、中赞、中缅、中哈、中蒙、中塔、中老、中越等多双边职工交流、专家研讨、青年座谈等活动，服务我国“走出去”战略。立足新时期产业工人队伍建设改革，开展上合组织国家职工技能大赛、职工技能交流营、工匠研修学堂，努力打造产业工人技能国际交流特色品牌。新冠疫情暴发后，创新职工交流模式，举办“职工谈‘我与中巴经济走廊的故事’”线上主题座谈会和“中柬职工一家亲”线上座谈会等活动，增进与沿线各国劳动者友谊。深化与古巴多层级、宽领域的交流与合作，中华全国总工会荣获古巴“友谊勋章”。推动工会交流纳入中老、中柬国家构建人类命运共同体行动计划，提升工会服务周边外交力度。

### （四）为“一带一路”沿线中资企业办实事、解难题

深入开展沿线国家中资企业劳动关系状况调研，了解企业和职工的状况和诉求，编写示范企业“民心相通”故事集，选树工会对外宣传和职工国际交流基地，举办“走出去”企业干部专题培训班，推动海外中资企业构建和谐劳动关系。联系境外企业，为其提供劳动关系、工会工作等方面的咨询和建议，助力我海外重要工程项目顺利推进。开展中哈、中蒙、中老“一带一路”沿线国家口岸职工交流慰问活动。与商务部、人力资源社会保障部就共建“一带一路”过程中涉及的劳工议题、劳工标准等进行深度研讨，为我国参与全球劳工治理、推进自由贸易区谈判提供支撑。

# 第二十三编

# 全面加强工会系统党的建设

# 第三十章

# 深入开展党内集中学习教育

## 一、党的群众路线教育实践活动

2013年5月，党中央印发《关于在全党深入开展党的群众路线教育实践活动的意见》；6月，召开党的群众路线教育实践活动工作会议。党的群众路线教育实践活动主要任务是教育引导党员干部树立群众观念，提高做好新形势下群众工作的能力，以“照镜子、正衣冠、洗洗澡、治治病”为总要求，以为民务实清廉为主要内容，以贯彻落实中央八项规定精神为切入点，坚决反对形式主义、官僚主义、享乐主义和奢靡之风。教育实践活动自上而下分两批进行，从2013年6月开始，到2014年9月底基本结束。党的群众路线教育实践活动是新时代党中央领导和开展的首次主题教育。

开展党的群众路线教育实践活动，既是全党的一件大事，也是各级工会的一件大事。根据党中央统一部署，全国总工会和各级工会认真深入开展党的群众路线教育实践活动。全国总工会党组把开展教育实践活动作为一项重大政治任务来抓，先后召开电视电话会议、座谈会、学习交流会等，对工会系统开展党的群众路线教育实践活动进行部署。全国总工会机关是第一批教育实践活动单位，于2013年7月召开动员大会，2014年1月召开总结大会。教育实践活动期间，全国总工会机关切实做到注重把学习贯穿全过程，夯实活动的思想基础；注重运用载体推进活动，体现工会的群众特色；注重面向基层依靠群众，创新活动的方式方法；注重开好专题民主生活会，突出活动的重点环节；注重边查边改解决问题，把握活动的根本目的；注重坚持一把手负总责，加强活动的组织保证，完成了预定各项任务，活动取得了较好成效，集中解决了全国总工会机关在“四风”方面存在的突出问题，在政治方向、思想认识、解决问题、制度建设、推动工作等方面取得了积极成果。2014 年 4 月 18 日，部委企业高校深化整改工作座谈会召开，全国总工会等八个部门和单位在会上作了交流发言，经验做法得到中央党的群众路线教育实践活动领导小组的肯定。

## 二、“三严三实”专题教育

2015 年 4 月，中央办公厅印发《关于在县处级以上领导干部中开展“三严三实”专题教育方案》，对 2015 年在县处级以上领导干部中开展“三严三实”专题教育作出安排。专题教育于 2015 年 4 月底在全党展开，不分批次、不划阶段、不设环节，主要对照“严以修身、严以用权、严以律己，谋事要实、创业要实、做人要实”的要求，聚焦对党忠诚、个人干净、敢于担当，着力解决“不严不实”问题，切实增强践行“三严三实”要求的思想自觉和行动自觉。

根据党中央统一部署，2015 年 5 月 7 日，全国总工会机关召开处级以上领导干部大会，举办“三严三实”专题教育第一次党课，正式启动全国总工会机关“三严三实”专题教育工作。随后，印发《全国总工会机关开展“三严三实”专题教育实施方案》。专题教育期间，李建国专门到全国总工会机关为党员干部讲党课、提要求，逐一同党组同志谈心谈话。全国总工会党组认真履行管党治党的政治责任，成立全国总工会机关党建工作领导小组，整合机关党建工作资源。党组同志认真学习贯彻《中国共产党廉洁自律准则》和《中国共产党纪律处分条例》，带头讲党课，开展专题学习研讨，分别参加所在党支部的组织生活会，开展对照检查，查找和解决“不严不实”问题。认真履行党风廉政建设主体责任和监督责任，全面开展党风廉政建设约谈工作，全国总工会党组书记和党组纪检组组长分别约谈机关各单位主要负责人。召开工会系统党风廉政建设座谈会，抓好责任落实和压力传导。运用好监督执纪的“四种形态”，加强监督执纪问责。完善规则和程序，规范全国总工会领导班子学习、议事、工作制度，提高带班子、带队伍、带作风的能力素质。

各级工会也通过座谈会、民主生活会等形式，深入开展“三严三实”专题教育，教育广大党员干部牢牢把握工会工作和工会组织政治性、先进性、群众性要求，进一步强化全面从严治党的政治责任，切实带好班子、带好队伍、带好作风，为实现“十三五”良好开局作出重要贡献。

## 三、“两学一做”学习教育

2016 年 2 月，中央办公厅印发《关于在全体党员中开展“学党章党规、学系列讲话，做合格党员”学习教育方案》，要求在全体党员中开展“两学一做”学习教育。4 月 6 日，党中央召开“两学一做”学习教育工作座谈会，对开展“两学一做”学习教育作出部署。

在中央召开“两学一做”学习教育工作座谈会当天，全国总工会召开党组会，认真学习领会习近平总书记重要指示和中央有关精神，研究制定实施方案，成立学习教育办公室。4 月 8 日，全国总工会机关召开开展“两学一做”学习教育动员大会。学习教育期间，全国总工会把党中央精神同工会组织特点紧密结合起来，认真贯彻习近平总书记对群团工作的重要指示精神，着力保持和增强工会组织的政治性、先进性、群众性，切实增强政治意识、大局意识、核心意识、看齐意识。全国总工会党组六次听取专题汇报，加强对日常工作指导，提出具体要求。两次举办专题培训班，分别对机关局处级干部和党务干部进行了培训。同时，坚持以党支部为基本单位，以“三会一课”为基本形式，按照指定学习书目认真组织学习党章党规和习近平总书记系列重要讲话，组织开展学习研讨和知识问答，保证了学习教育的有序开展。

## 四、“不忘初心、牢记使命”主题教育

2019 年 5 月，中央政治局召开会议，决定从 2019 年 6 月开始，在全党自上而下分两批开展“不忘初心、牢记使命”主题教育。“不忘初心、牢记使命”主题教育是在全党范围内开展的主题教育，是推动全党更加自觉地为实现新时代党的历史使命不懈奋斗的重要内容。

根据党中央统一部署，2019 年 6 月 3 日，全国总工会机关召开“不忘初心、牢记使命”主题教育动员部署大会。主题教育期间，全国总工会紧紧围绕学习贯彻习近平新时代中国特色社会主义思想这条主线，突出力戒形式主义、官僚主义这一重要内容，坚持把学习教育、调查研究、检视问题、整改落实等贯通起来、贯穿始终，采取有力措施，推动主题教育深入开展。全国总工会用五天时间，组织近 300 名党员干部读原著、学原文、悟原理，区分专题研讨交流。全国总工会党组、书记处同志带队深入基层联系点，围绕职工操心事、烦心事、揪心事，广泛听取工会干部、职工群众的意见建议。邀请“改革先锋”包起帆、“时代楷模”“改革先锋”张黎明等作先进事迹报告，邀请专家学者讲授“红船精神”的丰富内涵和时代价值、延安整风运动历史等。通过开

展主题教育，激发了广大工会党员干部干事创业的责任担当，做好维权服务工作的责任感、使命感明显增强，作风建设得到持续深入改进。

## 五、党史学习教育

2021 年 2 月 16 日，党中央印发《关于在全党开展党史学习教育的通知》，就党史学习教育作出部署安排。2 月 20 日，党中央召开党史学习教育动员大会，习近平出席会议并发表重要讲话。2024 年 2 月，党中央印发《党史学习教育工作条例》，并发出通知，要求各地区各部门认真遵照执行。党史学习教育要求全党同志做到学史明理、学史增信、学史崇德、学史力行，学党史、悟思想、办实事、开新局，以昂扬姿态奋力开启全面建设社会主义现代化国家新征程，以优异成绩迎接建党一百周年。

根据党中央统一部署，2021 年 3 月 3 日，全国总工会机关召开党史学习教育动员大会。3 月 4 日，全国总工会办公厅印发《关于广泛开展党史学习教育的通知》。12 月 30 日，全国总工会机关召开党史学习教育总结会议。党史学习教育期间，全国总工会和各级工会深入学习领会习近平新时代中国特色社会主义思想，深入学习领会习近平总书记关于党史学习教育的重要讲话精神，把党史学习教育作为贯穿全年的重大政治任务，紧紧围绕学党史、悟思想、办实事、开新局，把握目标要求，突出工会特色，通过召开党组理论学习中心组会议、座谈会、专题系列讲座，组织培训班、主题党日活动、青年大讲堂、劳模工匠巡回宣讲团、党史知识竞赛、劳模图片展和成就巡礼展等方式，推动党史学习教育有声有色、走深走实。特别是以组织“我为群众办实事”实践活动为载体，深入开展“工会进万家”调研走访慰问，全国总工会领导同志调研走访 14 个省份，发放慰问金 377. 8 万元，各省级总工会走访慰问劳模和工匠 11 万人，发放慰问金近亿元。全国总工会机关选派 15 个蹲点工作组、52 名机关干部赴基层开展为期三个月至六个月的蹲点活动，全国省市县三级工会共组成蹲点工作组 4488 个，赴基层蹲点的工会机关干部近 1.3 万人，开展普惠服务惠及职工 328.13 万人。

## 六、学习贯彻习近平新时代中国特色社会主义思想主题教育

2023 年 3 月，中央政治局召开会议，决定从 2023 年 4 月开始，在全党自上而下分两批开展学习贯彻习近平新时代中国特色社会主义思想主题教育。4 月 3 日，学习贯彻习近平新时代中国特色社会主义思想主题教育工作会议在北京召开。主题教育的总要求是学思想、强党性、重实践、建新功，根本任务是坚持学思用贯通、知信行统一，把习近平新时代中国特色社会主义思想转化为坚定理想、锤炼党性和指导实践、推动工作的强大力量，使全党始终保持统一的思想、坚定的意志、协调的行动、强大的战斗力，努力在以学铸魂、以学增智、以学正风、以学促干方面取得实实在在的成效，具体要达到凝心铸魂筑牢根本、锤炼品格强化忠诚、实干担当促进发展、践行宗旨为民造福、廉洁奉公树立新风的目标。着力解决理论学习、政治素质、能力本领、担当作为、工作作风、廉洁自律等六个方面的问题。

按照党中央统一部署，全国总工会作为第一批主题教育开展单位，始终把主题教育作为重大政治任务抓紧抓实。党中央主题教育工作会议召开后，王东明与全国总工会党组同志共同研究贯彻落实习近平总书记重要讲话精神的具体措施，对全国总工会机关和工会系统深入开展学习贯彻习近平新时代中国特色社会主义思想主题教育提出要求。全国总工会机关先后召开党组扩大会议，

党组理论学习中心组召开专题扩大会议，传达主题教育工作会议精神，认真学习习近平总书记重要指示精神，部署全国总工会机关和各级工会主题教育工作。2023 年 4 月 11 日，全国总工会机关召开会议，对全国总工会机关开展主题教育进行动员部署。随后，全国总工会和各级工会通过举办党组理论学习中心组专题学习、读书班、学习交流会等多种形式，深入学习《习近平著作选读》第一卷、第二卷等，深刻领悟习近平新时代中国特色社会主义思想的精神实质，按照学思想、强党性、重实践、建新功的总要求，做到学思用贯通、知信行统一，切实将习近平新时代中国特色社会主义思想转化为坚定理想、锤炼党性和指导实践、推动工作的强大力量。全国总工会党组履行主体责任，当好表率，多次召开专题研讨会，开好主题教育专题民主生活会。全国总工会机关迅速动员，压实责任、统筹兼顾，把深入学习贯彻习近平新时代中国特色社会主义思想主题教育同推动工会中心工作、大兴调查研究、筹备和召开中国工会十八大、解决职工群众急难愁盼问题等结合起来，以推动工会工作高质量发展。2023 年 7 月 26 日，全国总工会机关召开主题教育专题调研成果交流会。8 月 28 日，全国总工会机关召开学习贯彻习近平新时代中国特色社会主义思想主题教育总结会议。各级工会坚持目标导向和问题导向相统一，把理论学习、调查研究、推动发展、检视整改贯通起来，努力在以学铸魂、以学增智、以学正风、以学促干方面取得实实在在的成效。

## 七、党纪学习教育

2024 年 1 月，习近平在二十届中央纪委三次全会上指出，以学习贯彻新修订的《中国共产党纪律处分条例》为契机，在全党开展一次集中性纪律教育。为深入学习贯彻习近平总书记重要讲话精神和修订后的《中国共产党纪律处分条例》，经党中央同意，自 2024 年 4 月至 7 月，在全党开展党纪学习教育。

全国总工会对标对表习近平总书记关于党纪学习教育的重要指示精神和党中央决策部署，在中央层面党纪学习教育工作专班指导下，把开展党纪学习教育作为一项头等重要政治任务来抓，精心谋划、周密组织，压实责任、扎实推进，实现高站位开局、高要求开展和高效果落地，为推动工会工作高质量发展提供了重要保障。

王东明高度重视全国总工会机关和工会系统开展党纪学习教育，专门作出批示，两次听取情况汇报，提出明确要求。徐留平主持召开四次党组会议、七次党组例会、两次月度检查布置会等，党组成立全国总工会机关党纪学习教育工作专班，各单位也成立领导小组和工作专班，加强全过程指导。全国总工会机关专门召开动员部署会、现场交流会等，第一时间传达学习习近平总书记最新重要讲话特别是关于纪律教育方面的讲话及重要指示批示精神以及党中央的重大决策部署。

2024 年 4 月 19 日，全国总工会机关召开党纪学习教育动员部署会议，正式启动全国总工会机关党纪学习教育。会议要求，全国总工会和各级工会党组织、党员干部要深入学习贯彻习近平总书记关于党纪学习教育的重要讲话和重要指示精神，贯彻落实中央关于开展党纪学习教育的部署，高标准高质量组织开展全国总工会机关和工会系统党纪学习教育，务求取得实效。徐留平出席会议并讲话，对全国总工会机关党纪学习教育进行动员、作出部署。

各级工会坚持把学习贯彻习近平总书记关于全面加强党的纪律建设的重要论述作为重要政治任务，专题学习《习近平关于全面加强党的纪律建设论述摘编》，聚焦《中国共产党纪律处分条例》原原本本学习，逐章逐条学习，专题举办全国总工会机关党建及纪检工作培训班、党纪学习教育网络培训班、党务干部培训班、党员发展对象培训班等，召开全国总工会机关党纪学习教育警示教育会，教育党员干部增强纪律规矩意识，增强党员干部遵规守纪的思想自觉和行动自觉，着力解决对党规党纪不上心、不了解、不掌握的问题，着力解决工会重点领域存在的问题和风险。

2024 年 9 月 18 日，全国总工会党组理论学习中心组召开专题学习会议，全面总结全国总工会机关党纪学习教育开展情况和实际成效，研究部署进一步推动工会系统全面从严治党向纵深发展的思路举措。各级工会把深入学习贯彻习近平总书记关于全面加强党的纪律建设的重要论述作为一项长期的政治任务，结合工会工作实际全面系统学习，学深悟透、知行合一，真正把纪律规矩转化为政治自觉、思想自觉、行动自觉，把党纪学习教育成果持续转化为推动高质量发展的强大动力。

# 第三十一章

# 坚持全面从严治党

党的十八大以来，以习近平同志为核心的党中央深入推进新时代党的建设新的伟大工程，提出一系列创新理念，实施一系列变革实践，健全一系列制度规范，推动新时代党的建设新的伟大工程不断深化发展，初步构建起全面从严治党体系。全国各级工会组织坚决贯彻全面从严治党战略部署，以彻底的自我革命精神纵深推进正风肃纪反腐，纠治“四风”顽疾，严明党的纪律，严格规范党员干部行为，强化监督管理，严格制度落实，多措并举推动工会系统全面从严治党向纵深发展。

## 一、全面加强党风廉政建设和反腐败工作

认真贯彻党中央全面从严治党重大决策部署，突出重点强化政治监督，严明党的政治纪律和政治规矩，自觉履行“两个维护”使命任务。制定《全国总工会党组落实全面从严治党主体责任清单》《全国总工会党组关于贯彻落实〈中共中央关于加强对“一把手”和领导班子监督的意见〉的具体举措》《全国总工会党组关于党风廉政建设报告、约谈、检查工作的规定》等。做好对各单位“一把手”述责述廉评议相关工作，做好全国总工会党组负责同志对各单位“一把手”廉政谈话工作。制定《全国总工会机关纪委对关键岗位处室负责人廉政谈话实施办法》《全国总工

会加强对年轻干部教育培养管理监督的实施意见》，加强对年轻干部的教育管理监督。加强对重点领域关键环节的监督，对拟提拔干部和相关党组织、纪检组织换届人选进行廉洁审查，对拟推荐表彰的党员干部和部门单位党组织进行审核把关。认真做好机关党员干部晋职晋级等党风廉政意见回复。约谈相关部门和单位党组织主要负责人，针对苗头性、倾向性问题进行提醒。严格党员干部因私出国（境）审批，加强因公临时出国（境）管理，督促相关部门完善工作流程，做好因公出国（境）公示工作。制定加强全国总工会部门单位对外合作廉政风险管控举措，提醒有关党组织关注党员干部出现的苗头性问题，加强思想政治教育和日常管理。严格信访举报受理和问题线索处置。

坚持全面从严治党，强化监督执纪问责，扎实推进全国总工会机关党风廉政建设和反腐败工作。党的十八大以来，组织召开专门会议传达学习中央纪委历次全会精神和重要案件通报等文件精神；加强对重要领域、关键环节和重点工作的监督，与全国总工会组织部密切配合，协助落实领导干部报告个人有关事项，加强对配偶子女均已移居国（境）外党员干部的管理，对拟提拔的局处级干部进行廉洁审查；加强对党员干部因私出国（境）管理，并督促做好因公出国（境）公示工作；针对纪律审查中发现的问题，纠正机关党员领导干部兼职取酬问题，对直属单位领导班子薪酬管理进行规范；对信访举报进行调查核实，确保表彰活动的权威性和公信力；健全监督制约机制，制定全国总工会机关建立健全惩治和预防腐败体系《工作规划》及《分工方案》，督促职能部门围绕干部人事、经费管理、工程建设、资产监管等重点领域，制定完善制度，切实织密织牢制度笼子；落实党建工作责任制和主要责任人“一岗双责”，严肃党内政治生活；严肃执纪问责，保持惩治腐败高压态势。2017 年至 2023 年，全国总工会机关连续七年召开工会系统党风廉政建设工作会议，2022 年首次召开全国工会推进全面从严治党工作会议，对工会系统党风廉政建设和全面从严治党作出全面部署。

## 二、持续推进纪律审查工作规范化制度化

修订《全国总工会机关“走读式”谈话安全工作规定》《信访举报处理办法》，制定《全国总工会机关纪委涉案款保管和收缴工作办法（试行）》《全国总工会机关纪委执纪工作规程》《全国总工会机关纪委监督执纪工作实施办法》《全国总工会机关纪委处理检举控告工作实施细则》等，进一步规范线索处置程序和权限。健全全国总工会机关处级以下党员干部廉政档案制度，按照“一人一档”原则，建立完善全国总工会机关处级以下党员干部廉政档案，及时根据干部调整情况更新完善。向有关部门单位发出纪律检查建议书，督促相关党组织认真处理出现的苗头性问题，督促有关党组织做好纪律审查后续整改落实工作，切实发挥线索处置治本功能。强化党章党规党纪学习教育，督促各级党组织把党章党纪列入支部集体学习计划，组织党员干部认真学习党章党规党纪，及时传达中央纪委、中央和国家机关纪检监察工委典型案例通报。督促各级党组织常态化开展党章党规党纪学习教育，把廉洁教育列入工会干部培训、新入职人员培训、新提拔干部培训的重要课程。及时传达典型案例通报，向局级干部发出廉洁公开信、传阅忏悔书，组织观看违法违纪案件警示录和警示片。召开全国总工会机关警示教育会议、全国总工会直属单位违反中央八项规定精神问题查处情况通报会等，各直属单位集中开展警示教育活动。督促指导发生违纪案件的单位召开专题民主生活会、警示教育会。

全面加强纪检组织建设。严格落实《关于加强中央和国家机关部门机关纪委建设的意见》，制定《关于加强和改进全国总工

会直属单位纪委建设的意见》，对直属单位纪委建设作出全面规范。推动直属单位纪委建立健全工作机构，配备专职干部。落实直属单位线索处置报备制度，对直属单位纪委信访件登记和自办问题线索进行统计分析管理，加强对直属单位执纪审查工作的指导。落实直属单位纪检组织定期向全国总工会机关纪委汇报工作制度，对新任职的纪委书记进行约谈，认真做好直属单位纪委书记年度述职评议工作，召开全国总工会直属单位纪委书记履职情况座谈交流会。全面提升纪检干部能力素质。选派机关纪委干部参加中央和国家机关纪检监察工委、中央纪委驻中华全国总工会机关纪检监察组举办的业务培训班，选派干部参加中央巡视，举办直属单位专（兼）职纪检干部培训班，着力增强纪检干部监督执纪工作能力和水平。

## 三、全面加强全国总工会机关基层党建工作

党的十八大以来，认真贯彻《中国共产党党和国家机关基层组织工作条例》和《中央直属机关贯彻落实全面从严治党要求若干意见》，不断强化组织体系和组织功能。着力健全党的各级组织，按照“一岗双责”配备各单位党组织书记，每年举办党务干部培训班；督促指导各级党组织按期换届，加强对直属单位和新组建单位党建工作指导。认真贯彻《关于新形势下党内政治生活的若干准则》，坚持民主集中制、“三会一课”、民主生活会等党内生活制度，结合开展专题教育，每年组织召开党员领导干部民主生活会和党组织生活会。严格按照标准和程序发展党员，每年举办党员发展对象培训班，共培训 2643 人，发展党员 2021 人，预备党员转正 1191 人。

党的十九大以来，落实基层党组织三年行动计划，制定《全国总工会机关党支部标准化规范化建设实施办法（试行）》，广

泛开展“四强”（政治功能强、支部班子强、党员队伍强、作用发挥强）党支部建设，24个党支部被评定为中央和国家机关“四强”党支部，全国总工会机关评定“四强”党支部24个、评选机关党支部标准化规范化建设标兵单位9个、示范单位35个。坚持和加强党的全面领导，充分发扬党内民主，扎实做好党的十九大、二十大代表候选人推荐提名和推选中央和国家机关党的代表工作。加强工作指导，合理调整机关党组织机构设置，督促指导基层党组织按时换届。2021年5月，中国职工文化体育协会、中国职工技术协会、中国职工焊接技术协会、中国职工疗养协会、中国国防邮电职工技术协会、中国机械冶金职工技术协会等六家协会党组织关系与全国总工会机关正式脱钩。严肃党内政治生活，结合开展主题教育，每年组织召开党员领导干部民主生活会和组织生活会，全国总工会党组书记带头讲专题党课，党组成员带头落实双重组织生活，经常以普通党员身份参加所在支部活动，支持各级党组织外出开展党建活动。发挥党建考核指挥棒作用，2017年首次将党员领导干部党建述职纳入年度考核，2022年制定《全国总工会机关党建述职评议考核办法（试行）》，每年对党组织领导班子建设和党组织书记抓党建工作进行综合评价。加强专（兼）职党务干部队伍建设，定期举办党务干部培训班，选派专（兼）职党务干部外出参加培训，2021年6月起，将专（兼）职党务干部工作经历纳入干部履历。

## 四、坚持加强作风建设

党的十八大以来，全国总工会认真履行管党治党责任，严格执行中央八项规定，定期组织检查，有针对性地开展警示教育；认真落实党员干部直接联系群众制度，全国总工会领导班子成员带头，广泛建立基层联系点；组织机关党员干部深入开展“面对面、心贴心、实打实”服务职工在基层活动。

党的十九大以来，全国总工会机关巩固拓展落实中央八项规定精神成果，制定修改并严格执行《全国总工会关于贯彻落实中央八项规定精神的实施办法》，认真梳理党的十九大以来全国总工会机关和直属单位党员干部违反中央八项规定精神的情况，印发《关于进一步严格落实中央八项规定及其实施细则精神的通知》，对各级党组织和纪检组织落实责任提出明确要求。做好对中国工会十七大、十八大召开期间会风会纪的监督。印发《全国总工会机关干部赴基层蹲点作风纪律注意事项》，列出蹲点干部作风纪律十项禁令。加大对违反中央八项规定精神的问题专项检查和集中排查力度，开展违规公款购买消费高档白酒大检查，整治领导干部利用名贵特产类特殊资源牟取私利问题自查自纠。驰而不息纠治“四风”，在元旦、春节、“五一”、端午、中秋、国庆等重要节点，通过召开专题会议、印发通知、约谈提醒等形式，部署纠“四风”防反弹工作。把节日期间福利发放、制止餐饮浪费、疫情防控、公车使用管理、值班和公务活动等工作作为重点，与派驻纪检监察组联合开展专项监督检查，指导纠正相关问题。

坚决纠治形式主义为基层减负。成立全国总工会整治形式主义为基层减负专项工作机制，制定《全国总工会关于解决形式主义突出问题为基层减负的若干措施》《关于健全全总机关精简会议文件长效机制的若干措施》等，开展全国总工会机关形式主义突出问题自查自纠和集中排查整治，定期召开全国总工会机关整治形式主义为基层减负工作会议，制定整治形式主义为基层减负工作方案，出台《全总整治形式主义为基层减负专项工作机制工作规则》。集中整治群众身边不正之风和腐败问题，从严从紧控制总量，集中对全国总工会创建示范和评比表彰活动进行清理，2个创建示范活动和8个评比表彰活动分别压减至1个和3个。印发《关于深入贯彻落实习近平总书记重要指示精神，坚决制止餐

饮浪费行为 弘扬勤俭节约美德的通知》，研究制定《全总机关制止餐饮浪费行为的措施》。

2024 年，各级工会严格落实中央八项规定及其实施细则精神、《整治形式主义为基层减负若干规定》以及相关党内法规，常态长效纠治“四风”问题。全国总工会制定贯彻落实《若干规定》具体措施，提出 7 方面 20 条具体举措；加强调研活动数字化管理，防止扎堆调研、重复调研，不搞层层多人陪同；加强“职工之家”APP 使用管理，持续纠治“指尖上的形式主义”；压减会议活动数量，计划会议由 72 场压减至 59 场，综合性督查检查考核事项压减至 1 个，开展群众身边不正之风和腐败问题、违规吃喝、公务接待等专项整治，严肃查处违纪违法问题。

## 第三十二章

# 建设高素质专业化的工会干部队伍

党的二十大明确提出要“深化工会、共青团、妇联等群团组织改革和建设，有效发挥桥梁纽带作用”，并对工会工作提出许多具体要求。加强新时代工会干部队伍建设，充分激发广大工会干部的工作热情和担当精神，提高工会干部政治能力、业务素质，对于促进工运事业和工会工作高质量发展具有重要的推动作用。

## 一、做好干部选拔任用

落实新时代党的组织路线。在 2018 年全国组织工作会议上，习近平开创性地提出新时代党的组织路线：全面贯彻新时代中国特色社会主义思想，以组织体系建设为重点，着力培养忠诚干净担当的高素质干部，着力集聚爱国奉献的各方面优秀人才，坚持德才兼备、以德为先、任人唯贤，为坚持和加强党的全面领导、坚持和发展中国特色社会主义提供坚强组织保证。这在我们党的历史上是第一次，对马克思主义建党学说具有里程碑意义，指明了新时代党的建设和组织工作的前进方向、实践路径，是新时代党的建设和组织工作的生命线。适应新时代要求，中国工会十七大提出，贯彻落实新时代党的组织路线，完善工会干部培养、交流和使用制度，注重在基层一线和职工群众中培养工会干部，优化干部成长路径，打造以专职为主、兼职与挂职相结合的干部队伍。

坚持新时代好干部标准。2013 年 6 月，习近平在全国组织工作会议上强调，要建设一支宏大的高素质干部队伍，提出“信念坚定、为民服务、勤政务实、敢于担当、清正廉洁”的 20 字好干部标准。中国工会十七大修改的《中国工会章程》中要求，工会组织要深化干部队伍建设，工会干部要“信念坚定，忠于职守，勤奋工作，敢于担当，廉洁奉公，顾全大局，维护团结”。中国工会十八大指出，要落实新时代好干部标准，树立正确选人用人导向，健全完善兼、挂职工作机制，发挥工会院校培训主渠道作用，完善网络培训体系，提升工会干部能力素质，教育引导工会干部树牢正确政绩观，鼓足干事创业的精气神，打造忠诚干净担当的高素质专业化工会干部队伍。全国总工会党组始终坚持以好干部标准选人用人，严格把好第一位的政治关，深入考察干部的政治忠诚、政治定力、政治担当、政治能力、政治自律，全方位、立体化呈现干部的政治素质和政治表现，特别是结合具体工作，判断干部能否具有履职尽责的政治自觉，能否增强“四个意识”、坚定“四个自信”、做到“两个维护”。加强与派驻纪检组、机关纪委和有关单位纪检监察部门的沟通，严格把好廉洁关，深入了解干部是否能够廉洁自律、廉洁用权、廉洁齐家，保证考察时间，拓宽考察深度，结合个人有关事项、年度考核、纪检监察、巡视审计等情况，与干部的一贯表现进行比较、相互印证，切实防止“带病提拔”。严格把好能力素质关，坚持在实际工作、艰苦岗位、吃劲关头考察干部，看干部是否有乐于担当、敬业奉献的务实作风，是否有敢于担当、敢于碰硬的斗争精神，是否有善于担当、善作善成的能力本领。在工会干部协管中突出政治标准，严把廉洁关，加强与地方党委组织部门沟通协调，严格协管程序，提高协管工作实效性，推动加强地方工会领导班子和干部队伍建设。

探索适合群团的干部路子。要增强政治性、先进性、群众性，防止和克服机关化、行政化、贵族化、娱乐化；要顺应时代要求、适应社会变化，善于创造科学有效的工作方法。对于工会干部，要加强学习，增强本领，努力走在时代前列，走在职工群众前面，在经济社会发展最需要的地方、在企业生产一线、在职工群众的伟大实践中经风雨、见世面，努力把自己锤炼成听党话、跟党走，职工群众信赖的“娘家人”。工会干部队伍是做好新时代工会工作的重要组织保证。要加强工会干部的教育、管理、监督，完善联系职工群众的制度机制，深入基层一线，加强调查研究，坚决防止“四风”特别是形式主义、官僚主义，让职工群众真正感受到工会是“职工之家”，工会干部是最可信赖的“娘家人”、贴心人。2023 年 10 月，习近平在同中华全国总工会新一届领导班子集体谈话时强调，要选好配强工会领导班子，热情关心和严格要求工会干部，重视培养和使用工会干部。中央党的群团工作会议以来，全国总工会先后做好群团改革试点、改革全面推开工作。改进工会领导机构人员构成，优化全国总工会机关职能和机构设置，落实编制“减上补下”、内设机构整合等改革任务。着眼保持和增强工会工作和工会组织的政治性、先进性、群众性，改进机关干部培养和管理方式，加大干部交流和实践锻炼力度，侧重从劳模和一线优秀工会工作者中考录、遴选工会干部，重点把劳模和一线职工等地方工会兼挂职副主席纳入干部协管范围，建立起一支以专职为主、兼职与挂职相结合的工会干部队伍。为深入贯彻习近平总书记关于深化工会改革创新的重要指示精神，认真落实中央领导同志指示要求，全国总工会党组、书记处决定在全国总工会机关和全国工会系统常态化开展机关干部基层蹲点工作。2021 年 5 月至 2024 年 12 月，全国总工会机关共选派 47 个蹲点组、145 名机关干部赴基层和平台企业开展蹲点工作，围绕思想政治引领、建会入会、维权服务、和谐劳动关系、培养锻炼干部等五项任务，落实“四下基层”要求，发现一批需要长期推动解决的问题，提出一批解决深层次问题的思路，探索一批工会工作的创新做法，建立一批优会强会的制度机制，形成“四个一批”工作成果。截至2024年底，各级工会已累计组成蹲点工作组2.1万余个，派出蹲点干部6.4万余人。在此过程中，工会干部与职工群众的联系更加密切，帮助基层和职工办实事、解难题、出实招的成效更加显著，推动高质量发展本领、服务群众本领、防范化解风险本领得到进一步锻炼，工作作风大为转变，工会干部队伍精神面貌和能力本领得到有效改善。

加强干部选拔任用。全国总工会党组认真执行《党政领导干部选拔任用工作条例》，改进民主推荐，重新定位民主推荐的功能，更好地发挥民主推荐应有的作用；改进竞争性选拔，合理确定竞争性选拔范围，不再将其作为选拔干部的主要方式甚至唯一方式，不硬性规定竞争性选拔的频次和比例；完善考核评价工作，综合全面考察干部的德能勤绩廉；注重老中青梯次配备，落实公务员法和职务职级并行制度，发挥好职务职级两条晋升通道作用，大力选拔使用优秀年轻干部，让干部队伍中的老中青都有劲头、有奔头。

## 二、加强地方工会领导班子建设

全国总工会和各级工会坚决贯彻落实党的干部双重管理体制，创新工作理念，加强工会干部协管制度机制建设，加强与地方党委组织部的沟通协调，推动地方工会领导班子和领导干部协管工作落实落细。

2012年4月，制定印发《关于省级工会换届和届中领导班子成员调整有关程序的规定》，对干部协管的具体工作流程及报批要件提出具体要求。2015年2月，修订有关文件并印发《关于地方工会召开代表大会及组成工会委员会、经费审查委员会的若干规定》，对地方工会代表大会的代表、工会委员会和常务委员会、经费审查委员会及其常务委员会的组成和名额，代表资格审查委员会等大会机构的组成、产生、职责等，以及大会的选举方法和报批程序等具体问题作出规定，确保工会代表大会的规范、顺利召开。2018 年 4 月，印发《关于充分发挥地方工会劳模和一线职工兼职副主席作用的意见》，切实增强工会领导班子广泛性、代表性。2021 年 9 月，根据党中央关于干部双重管理工作的规定，研究制定全国总工会党组贯彻落实有关规定精神的具体问题。2024 年 4 月，研究制定《工会干部协管工作常态化沟通协调机制（试行）》，进一步确保工会干部协管工作开展的制度化、规范化、常态化。

以 2018 年和 2023 年全国省级工会集中换届为契机，全国总工会加大与地方党委组织部的沟通协调力度，对地方工会换届领导班子配备、领导班子人选联合推荐考察等主动提出意见建议，严把选人用人标准，着力从源头上加强地方工会领导班子建设。紧抓工会领导班子成员届中调整等干部协管关键环节，进一步完善相关工作流程，着力规范工作程序，推动重点协管职务初步人选沟通等重点工作前置，从优化班子结构、增强班子整体功能着手，切实把联合考察做深、做细，把班子配备的意见提准、提实。动态掌握省级地方工会领导班子配备情况，及时协调解决地方工会在干部协管和工会领导班子建设方面的问题和困难。

## 三、提升工会干部教育培训实效

工会干部教育培训工作坚持以习近平新时代中国特色社会主义思想为指导，以党的政治建设为统领，贯彻落实新时代党的组织路线，以习近平总书记关于新时代干部教育培训的重要指示精神为基本遵循，深入学习贯彻习近平总书记关于工人阶级和工会工作的重要论述，围绕保持和增强政治性、先进性、群众性，加强政治理论、党性修养教育培训，强化工会专业能力培训，为开创新时代工运事业和工会工作新局面提供组织保证和智力支撑。

坚持把学习贯彻习近平新时代中国特色社会主义思想摆在工会干部教育培训的最突出位置，作为工会干部院校的主课、工会干部学习的中心内容。党的十八大、十九大、二十大及历次中央全会召开后，全国总工会跟进举办专题研讨班、培训班或网络培训班。2019 年 4 月，全国总工会首次承办中央组织部委托举办的新时代党的工运事业和工会工作专题研究班。

在规划制度方面，全国总工会每五年制定一轮全国工会干部教育培训规划，召开一次全国工会干部教育培训工作会议，对未来五年工作作出部署安排。全国总工会党组、书记处每年初研究审议培训班次并印发年度工会干部培训班计划。党的十八大以来，全国总工会通过主体班、部门班、“送教到基层”等，直接培训各级工会干部约 102.3 万人次；着眼增强培养培训的时代性、系统性、针对性、有效性，构建全方位、全周期、立体化的培养培训体系；制定全国总工会机关干部培养培训大纲、培养培训计划、常态化培训方案；印发《中华全国总工会关于进一步加强工会干部教育培训工作的意见》《全国总工会机关培训费管理办法（试行）》《关于严格规范全总培训班现场教学有关事项的通知》等制度文件，推动工会干部教育培训工作规范化。

在阵地建设方面，全面加强工会干部院校建设，2012 年 10 月，启动全国工会干部院校示范校评估工作，建立五年一次工会干部院校评估制度，2018 年、2023 年分别对自主申报的省级工会干部院校进行评估。着眼新时代更好弘扬劳模精神、劳动精神、工匠精神，把大庆油田铁人学院、玉门铁人干部学院、山东省“劳模精神劳动精神工匠精神教育基地”列入工会干部教育培训阵地序列。深挖红色工运资源内涵，利用革命旧址、纪念馆打造了一批具有工会特色的党性教育教学点。

在师资队伍建设方面，实施骨干教师培养计划，每年举办一期骨干师资专题研修班。地方工会院校建立专职教师实践锻炼制度，每年安排专职教师参与工会重点工作和送教到基层活动；推动一批领导干部、专家学者和劳动模范、大国工匠、技能大师、优秀基层工会干部等担任兼职教师。

在课程教材建设方面，着眼提高工会干部专业能力，围绕团结动员职工建功新时代、加强职工思想政治引领、加大维权服务力度等重点任务，开展维护劳动领域政治安全、构建和谐劳动关系、基层工会组建、权益保障、集体协商、民主管理、就业创业、工会农民工工作、财务经审、资产管理、网上工会等履行岗位职责必备的业务知识学习培训。2023 年，首次开展工会干部教育培训好课程推荐工作。健全完善基本教材、必读教材、选读教材、特色教材、补充教材相结合的教材体系，组织修订全国工会干部培训基础教材。各级工会和工会干部院校及时更新课程教材内容，推动工会课程教材进党校（行政学院）和干部学院，产生良好的社会效应。

在培训数字化方面，建设完善全国工会干部教育培训网。全国工会干部教育培训网于 2011 年 2 月启动使用，2018 年 8 月采用新的网络技术标准重建，2023 年 9 月完成改版升级。截至 2024 年 8 月，全国工会干部教育培训网共有注册学员 16. 38 万人。为促进优质培训资源互联互通、共建共享，全国总工会主体班次部分课程通过全国工会干部教育培训网进行直播，取得良好效果。

## 四、从严从实加强干部管理监督

坚决贯彻落实党中央关于全面从严治党的要求，以政治监督为统领，深化选人用人监督、干部日常监督、巡视审计整改监督，把从严管理干部体现到干部队伍建设各环节、全过程。2016 年 7 月，根据全国总工会党组决定，在全国总工会组织部设立干部监督处。根据工作职责，不断完善领导干部报告个人有关事项、因私出国（境）审批、经商办企业，人事档案管理、考核、兼职和机构编制等一系列干部管理监督有关制度规定，持续织密干部监督网络，构建权威高效的监督体系。2016 年、2019 年，全国总工会党组分别接受中央巡视和中央组织部选人用人检查，做好整改工作。2016 年，开展干部人事档案专项审核。2019 年，按照党中央要求，开展规范领导干部配偶、子女及其配偶经商办企业试点工作。2021 年，开展机构编制执行情况和使用效益试点评估。2023 年，制定机关部门综合考核、工作人员年度考核和平时考核办法，完成人员编制精减 5%，制定中国劳动关系学院、全国总工会文工团“三定”规定。2024 年 1 月，首次开展机关部门综合考核工作。通过政治监督、选人用人监督和日常监督的有机结合，促进干部健康成长，确保干部队伍纯洁性和战斗力，为工会事业的发展提供有力保障。

# 展　望

2025年4月28日，党中央隆重举行庆祝中华全国总工会成立100周年暨全国劳动模范和先进工作者表彰大会。中共中央总书记、国家主席、中央军委主席习近平出席大会并发表重要讲话。这是我国工运事业发展史上具有里程碑意义的一件大事，充分体现了以习近平同志为核心的党中央对工人阶级和工会工作的高度重视，对全国广大劳动群众的亲切关怀，是对工人阶级和广大劳动群众及全体工会工作者的巨大鼓舞。习近平总书记的重要讲话贯通历史、现实、未来，科学回答了事关党的工运事业发展的一系列方向性、根本性、战略性问题，进一步丰富发展了习近平总书记关于工人阶级和工会工作的重要论述，具有很强的政治性、思想性、战略性、指导性，为新时代新征程工运事业和工会工作指明了前进方向、提供了根本遵循。

中华全国总工会成立100年来，在中国共产党领导下，各级工会紧紧围绕党在各个历史时期的中心任务，团结动员我国工人阶级紧跟党的步伐、走在时代前列，在推进革命、建设、改革伟大事业中建立不朽功勋，为实现民族独立和人民解放、建立新中国，为巩固新生的人民政权、建立社会主义基本制度、推进社会主义建设，为解放和发展社会生产力、建设中国特色社会主义作出了重要贡献，谱写了我国工人运动的壮丽篇章。

党的十八大以来，中国特色社会主义进入新时代。以习近平同志为核心的党中央就工人阶级和工会工作作出一系列重要论述，部署推进一系列重要工作，推动党的工运事业取得历史性成就、实现全方位进步。我国工人阶级紧紧团结在党的周围，在促进经济社会高质量发展、脱贫攻坚、抗击新冠疫情和各种自然灾害、应对各种风险挑战中勇担重任、拼搏实干，在新时代中国特色社会主义伟大实践中大显身手，为如期全面建成小康社会、推进中国式现代化作出了重要贡献。各级工会坚持以习近平新时代中国特色社会主义思想为指导，深入贯彻习近平总书记关于工人阶级和工会工作的重要论述，围绕中心、服务大局，聚焦主责主业、坚持改革创新，保持和增强政治性、先进性、群众性，加强党的建设，强化职工思想政治引领，推进产业工人队伍建设改革，履行维权服务职责，构建和谐劳动关系，动员广大职工积极奋进新征程、建功新时代，各项工作取得新进展新成效，奋力谱写了党的工运事业和工会工作新篇章。

100 年来，党的工运事业理论创新和实践发展的最重要成果，就是形成了中国特色社会主义工会发展道路。这条道路，坚持党对工运事业和工会工作的全面领导，确保工人运动始终沿着正确方向前进；坚持全心全意依靠工人阶级的根本方针，充分发挥工人阶级主力军作用；坚持服从和服务于党的中心任务，使工人运动和工会工作自觉在大局下行动；坚持工会组织的政治性、先进性、群众性，充分发挥党联系职工群众的桥梁和纽带作用；坚持以服务职工群众为生命线，切实维护职工合法权益、促进职工全面发展；坚持依法依章程开展工作，推动工会组织和工会工作在守正创新中不断增强生机活力。这些都是 100 年来党领导工运事业和工会工作宝贵经验的深刻总结，必须长期坚持。

党的二十大明确了以中国式现代化全面推进强国建设、民族复兴伟业的中心任务。这一中心任务，就是我国工人运动的时代主题。2024 年 7 月，党的二十届三中全会审议通过的《中共中央关于进一步全面深化改革、推进中国式现代化的决定》，围绕推进中国式现代化擘画了进一步全面深化改革的战略举措，对包括工会工作在内的群团工作提出了新的重要要求，对工会更好团结动员广大职工为进一步全面深化改革、推进中国式现代化而奋斗指明了方向、提供了遵循。

新时代新征程赋予工人阶级和工会组织光荣的使命。各级工会要坚持以习近平新时代中国特色社会主义思想为指导，全面贯彻党的二十大和二十届二中、三中全会精神，深入学习贯彻习近平总书记关于工人阶级和工会工作的重要论述，深刻领悟“两个确立”的决定性意义，增强“四个意识”、坚定“四个自信”、做到“两个维护”。要按照中国工会十八大确定的目标任务，紧紧围绕党和国家工作大局，保持和增强政治性、先进性、群众性，团结引导亿万职工群众坚定不移听党话、跟党走。要着眼推进共同富裕，顺应新一轮科技革命和产业变革，聚焦推动高质量发展，大力弘扬劳模精神、劳动精神、工匠精神，汇聚起工人阶级和广大劳动群众的磅礴力量，动员激励广大职工和劳动群众建功立业、创新创造，不断增进广大职工和劳动群众福祉。要坚持以职工为中心的工作导向，深化工会改革和建设，维护职工合法权益、竭诚服务职工群众、促进职工全面发展，一步一个脚印把实现中华民族伟大复兴的宏伟蓝图变成现实。

# 主要参考文献

1. 中共中央党史和文献研究院编：《习近平关于工人阶级和工会工作论述摘编》，中央文献出版社，2023 年。

2. 全国总工会课题组编：《深入学习贯彻习近平总书记关于工人阶级和工会工作的重要论述》，中国工人出版社，2021 年。

3. 中共中央党史研究室著：《中国共产党历史第一卷（1921—1949）》，中共党史出版社，2011 年。

4. 中共中央党史研究室著：《中国共产党历史第二卷（1949—1978）》，中共党史出版社，2011 年。

5. 中共中央党史和文献研究院著：《中国共产党历史第三卷（1978—2012）》（上册），中共党史出版社，2024 年。

6. 中共中央党史和文献研究院著：《中国共产党的一百年》（全四册），中共党史出版社，2022 年。

7. 中共中央党史和文献研究院：《中国共产党一百年大事记（1921 年 7 月—2021 年 6 月）》，人民出版社，2021 年。

8. 中共中央文献研究室、中央档案馆编：《建党以来重要文献选编（1921—1949）》（第 1—26 册），中央文献出版社，2011 年。

9. 中共中央文献研究室编：《建国以来重要文献选编》（第 1—20 册），中央文献出版社，2011 年。

10. 中共中央文献研究室编：《三中全会以来重要文献选编》（上、下），中央文献出版社，2011 年。

11. 中共中央文献研究室编：《十二大以来重要文献选编》(上、中、下)，中央文献出版社，2011年。

12. 中共中央文献研究室编：《十三大以来重要文献选编》(上、中、下)，中央文献出版社，2011年。

13. 中共中央文献研究室编：《十四大以来重要文献选编》(上、中、下)，中央文献出版社，2011年。

14. 中共中央文献研究室编：《十五大以来重要文献选编》(上)，人民出版社，2000年。

15. 中共中央文献研究室编：《十五大以来重要文献选编》(中)，人民出版社，2001年。

16. 中共中央文献研究室编：《十五大以来重要文献选编》(下)，人民出版社，2003年。

17. 中共中央文献研究室编：《十六大以来重要文献选编》(上)，中央文献出版社，2005年。

18. 中共中央文献研究室编：《十六大以来重要文献选编》(中)，中央文献出版社，2006年。

19. 中共中央文献研究室编：《十六大以来重要文献选编》(下)，中央文献出版社，2008年。

20. 中共中央文献研究室编：《十七大以来重要文献选编》(上)，中央文献出版社，2009年。

21. 中共中央文献研究室编：《十七大以来重要文献选编》(中)，中央文献出版社，2011年。

22. 中共中央文献研究室编：《十七大以来重要文献选编》(下)，中央文献出版社，2013年。

23. 中共中央文献研究室编：《十八大以来重要文献选编》(上)，中央文献出版社，2014年。

24. 中共中央文献研究室编：《十八大以来重要文献选编》(中)，中央文献出版社，2016年。

25. 中共中央文献研究室编：《十八大以来重要文献选编》（下），中央文献出版社，2018 年。

26. 中共中央党史和文献研究院编：《十九大以来重要文献选编》（上），中央文献出版社，2019 年。

27. 中共中央党史和文献研究院编：《十九大以来重要文献选编》（中），中央文献出版社，2021 年。

28. 中共中央党史和文献研究院编：《十九大以来重要文献选编》（下），中央文献出版社，2023 年。

29. 中共中央党史和文献研究院编：《二十大以来重要文献选编》（上），中央文献出版社，2024 年。

30. 刘明逵、唐玉良主编：《中国工人运动史（1—6 卷）》，广东人民出版社，1998 年。

31. 李玉赋主编：《新编中国工人运动史》（上、下），中国工人出版社，2020 年。

32. 中国工运研究所编：《中国工人运动一百年大事记（1921 年 7 月—2021 年 7 月）》，中国工人出版社，2023 年。

33. 本书编写组编：《中国职工状况调查报告：1978—2018》，中国工人出版社 ，2018 年。

# 后　记

党的十八大以来，习近平总书记高度重视党的历史的学习教育宣传，强调要开展党史学习教育，引导广大党员干部深入学习党史、新中国史、改革开放史、社会主义发展史、中华民族发展史，教育引导广大党员干部永葆初心、勇担使命。2021 年 6 月，全国人大常委会副委员长、中华全国总工会主席王东明要求各级工会深入学习贯彻习近平总书记重要讲话精神，扎实开展党史学习教育，与学习党领导下的百年工人运动史结合起来，从中汲取奋进力量。

全国总工会党组、书记处在深入开展党史学习教育和推动党史学习教育常态化长效化过程中提出编撰《中国工运通史》的重要任务。2022 年 4 月，全国总工会召开《中国工运通史》《中国工会志》编撰工作动员会议，时任全国总工会党组书记、副主席、书记处第一书记陈刚出席会议并讲话，启动工会史志编撰工作。

2023 年 2 月以来，全国总工会党组书记、副主席、书记处第一书记徐留平多次听取《中国工运通史》编撰工作进展情况汇报，提出明确要求，2023 年 7 月专门就工会史志编撰研究工作作出批示，要求按照既定的时间表和路线图保质保量完成编撰任务。

《中国工运通史》的编撰工作，坚持以习近平新时代中国特色社会主义思想为指导，认真贯彻习近平总书记关于党史和文献工作的重要讲话和指示批示精神，严格遵循以习近平同志为核心的党中央关于党的历史的一系列新论断和三个历史决议新观点，坚持辩证唯物主义和历史唯物主义，坚持解放思想、实事求是，坚持党性原则和科学精神相统一。全书以《中共中央关于党的百年奋斗重大成就和历史经验的决议》为遵循，注意吸收已出版的《中国共产党历史》第一卷、第二卷、第三卷上册，《中国共产党的一百年》等党史著作以及有关中国工人运动历史文献著作的精华，努力体现党的历史和党的理论研究的最新成果，反映中国工运历史和工运理论研究的新发展，确保政治导向正确、史实资料准确、记叙论述得当，力求为各级工会、广大职工和社会各界学习党领导的中国工人运动历史提供权威的读物，教育引导全体职工坚定历史自信、发扬历史主动，阔步迈向新征程。

本书编撰工作在全国总工会史志编审委员会领导下进行，全国总工会党组、书记处领导同志负责把关指导。设在中国工运研究所的全国总工会史志编审委员会办公室具体承担编撰任务。全书由徐璐、逄国君、张立新同志主持编写。

全书共计 140 余万字，分四册，第一册内容是新中国成立前的中国工人运动，由钟雪生同志统稿；第二册内容是社会主义革命和建设时期的中国工人运动，由曹荣同志统稿；第三册内容是改革开放和社会主义现代化建设新时期的中国工人运动，由吴建平同志统稿；第四册内容是中国特色社会主义新时代的中国工人运动，由逄国君、杨冬梅、韩建旭同志统稿。各册统稿人负责对本册内容进行全面梳理和整合。具体承担第一编至第二十三编撰写工作的有如下同志。第一编：吴建平，第二编：韩亚光、马学军，第三编：马思宇，第四编：刘晓倩，第五编：王菲，第六编：钟雪生，第七编：曹荣，第八编：杜楠，第九编：徐子华，第十编：徐子华，第十一编：徐文粉、崔思凝，第十二编：邓雅丹，第十三编：赵薇，第十四编：韩亚光、韩建旭、叶鹏飞、杨静，第十五编：韩亚光、韩建旭、刘佳，第十六编：徐田成、韩亚光、田田、高志菲，第十七编：赖金金、袁朝辉、叶鹏飞、杨静，第十八编：赖金金、袁朝辉、叶鹏飞、杨静，第十九编：廖枢权、袁朝辉、刘佳，第二十编：廖枢权、李嘉娜、刘佳，第二十一编：马骥、李嘉娜、叶鹏飞、杨静，第二十二编：马骥、李嘉娜、黄帅，第二十三编：徐田成、王压非、石绍庆、田田、高志菲。

参与核校的同志主要有：徐璐、逄国君、田晓青、韩亚光、韩建旭、王莹、王震、吕静、徐田成、高志菲、杨鹏、杨露佳、袁朝辉、柴芳墨、何雨、卢衍诚、雷懿、李荣喜、钟雪生、曹荣、吴建平、刘晓倩、王菲、杨静、杜楠、徐文粉、崔思凝、赵薇、张骁健、刘昉、李宛莹、葛忠雨、蒋佩轩、赵晨羽、刘广涛、严春、李岚、赵俊萍、赵贵芬、菅保珠。

在书稿征求意见过程中，各全国产业工会，全国总工会机关有关部门、有关直属单位，通过不同方式给予编撰工作帮助。党史、工运史专家提出了宝贵的意见和建议。参加书稿审读的专家学者有（按姓氏笔画为序排列）：王利中、关明、刘元文、刘荣刚、吕静、吕国泉、孙德宏、何步峰、李友钟、李滨生、吴明福、严天池、杨凤城、张珊珍、林辉、赵健杰、高中华、郭振影、樊锐、穆兆勇等。

本书的出版得到中央宣传部、中央党史和文献研究院等部门的指导和支持，谨表示崇高敬意和真挚感谢！

180 余年的中国工人运动历史以 140 余万字的体量呈现在大家面前，非常不易，书中难免会存在这样或那样的不足之处，恳请广大读者朋友批评指正。

全国总工会史志编审委员会办公室
中国工运研究所
2025 年 6 月